民族文字出版专项资金资助项目

ཕོ་བྲང་པོ་ཏ་ལར་བཞུགས་པའི་དགེ་ལུགས་པའི་དཔེ་དཀོན་ཕྱོགས་བསྒྲིགས་འདོན་ཐེངས་དང་པོ།

༼༡༽

ལོ་རྒྱུས་ཆོས་འབྱུང་གི་སྐོར།

༄། །གནས་བརྟན་བཅུ་དྲུག་གི་རྟོགས་བརྗོད་དང་། འདུལ་བའི་ཆོས་འབྱུང་།

རྩོམ་པ་པོ། ཡོངས་འཛིན་ཡེ་ཤེས་རྒྱལ་མཚན།

སྐྱོན་བཟང་དཔེ་རྙིང་འཚོལ་བསྡུ་ཁང་།
སེར་གཙུག་ནང་བསྟན་དཔེ་རྙིང་འཚོལ་བསྡུ་ཕྱོགས་སྒྲིག་ཁང་།
བོད་ལྗོངས་བོད་ཡིག་དཔེ་རྙིང་དཔེ་སྐྲུན་ཁང་།

图书在版编目（C I P）数据

布达拉宫馆藏格鲁派典籍汇编. 第一辑. 第一卷：藏文 / (清) 雍增·益西坚参著. -- 拉萨：西藏藏文古籍出版社, 2024.3

ISBN 978-7-5700-0936-7

Ⅰ. ①布… Ⅱ. ①雍… Ⅲ. ①格鲁派—古籍—汇编—藏语 Ⅳ. ①B946.6

中国国家版本馆CIP数据核字(2024)第066983号

布达拉宫馆藏格鲁派典籍汇编·第一辑·第一卷

作　　者	益西坚参
责任编辑	拉巴扎西
终　　审	索朗旺杰
封面设计	格次
排　　版	美桑古籍整理室
	色昭古籍办公室
出版发行	西藏藏文古籍出版社
印　　刷	成都新凯江印务有限公司
开　　本	787×1092　1/16
印　　张	51.25
字　　数	557千
印　　数	01－2,000
版　　次	2024年10月第1版
印　　次	2024年10月第1次印刷
书　　号	ISBN　978-7-5700-0936-7
定　　价	117.00元

དཔེ་སྐྲུན་གསལ་བཤད།

༢༠༡༩ལོའི་མི་རིགས་ཡི་གེའི་པར་སྐྲུན་ཆེད་སྤྱོད་མ་དངུལ་རོགས་སྐྱོར་རྣམ་གྲངས་ཏེ《ཕོ་བྲང་པོ་ཏ་ལར་བཞུགས་པའི་དགེ་ལུགས་པའི་དཔེ་དཀོན་ཕྱོགས་བསྒྲིགས་》ཞེས་པ་འདི་ཉིད་ངེད་བོད་ལྗོངས་བོད་ཡིག་དཔེ་རྙིང་དཔེ་སྐྲུན་ཁང་དང་སེར་གཙུག་ནང་བསྟན་དཔེ་རྙིང་འཚོལ་བསྡུ་ཕྱོགས་སྒྲིག་ཁང་གཉིས་མཉམ་ལས་ཐོག་ཕོ་བྲང་པོ་ཏ་ལར་བཞུགས་པའི་དཔལ་རི་བོ་དགེ་ལྡན་པའི་རིང་ལུགས་ཀྱི་གསུང་རབ་མཐོ་ཆེ་ལ་རྒྱུན་ལྡན་མཇལ་དཀའ་བ་ཁག་ཅིག་ཕྱོགས་བསྒྲིགས་བྱས་ནས། འདོན་ཐེངས་དང་པོར་ནང་དོན་ཁག་དགུ་དང་དེབ་གཟུགས་བཅུ་གཅིག་ཏུ་བྱས་པ་དེ་དག་ནི་བོད་རིག་པ་སྤྱི་དང་ཡང་སྒོས་སངས་རྒྱས་ཆོས་ལུགས་ཀྱི་མཚན་ཉིད་རིག་པ་དང་མདོ་སྔགས་གཞུང་ལུགས་སོགས་ལ་ཞིབ་འཇུག་བྱེད་པའི་དཔྱད་གཞི་མེད་དུ་མེད་ཙང་བ་ཤ་སྟག་ཡིན། དེ་ཡང་ད་ཐེངས་དཔེ་སྐྲུན་བྱེད་པའི་བརྒྱུད་རིམ་ཁྲོད་སེར་གཙུག་ནང་བསྟན་དཔེ་རྙིང་འཚོལ་བསྡུ་ཕྱོགས་སྒྲིག་ཁང་ནས་མ་ཡིག་རེ་རེ་བཞིན་སྒྲིག་རིས་སུ་ཕབ་བཀོད་དང་། པར་ཚ་སྒྲིག་བཟོ། ཐོག་མའི་པར་ཞུས་སོགས་ཀྱི་འགན་བཞེས་པ་དང་། ང་ཚོ་དཔེ་སྐྲུན་ཁང་གིས་རྩོམ་སྒྲིག་དང་མཐའ་ཞུས་སོགས་ཀྱི་འགན་འཁུར་ཡོད།

དེ་ཡང་དང་པོ་ལོ་རྒྱུས་རྣམ་ཐར་གྱི་སྐོར་ལས།《གནས་བརྟན་བཅུ་དྲུག་གི་རྟོགས་པ་བརྗོད་པ་》ཞེས་པའི་ནང་གཙོ་བོ་སྟོན་པས་ཆོས་ཀྱི་འཁོར་ལོ་བསྐོར་ཚུལ་དང་། སྟོན་པ་སྐུ་གཤེགས་ནས་གནས་བརྟན་བཅུ་དྲུག་གིས་བསྟན་པ་སྲིལ་ཚུལ། གནས་བརྟན་སོ་སོ་གནས་གང་དང་གང་དུ་བཞུགས་པ་དང་སོ་སོའི་ཕྱག་མཚན་གྱི་བཤད་པ། གནས་བརྟན་བཅུ་དྲུག་ལ་མཆོད་ཅིང་གསོལ་བ་གདབ་པའི་

ཚུལ་སོགས་ཞིབ་ཅིང་ཕྲ་བར་བཀོད་ཡོད། 《དམ་པའི་ཆོས་འདུལ་བའི་བྱུང་ཚུལ་བརྗོད་པ་》ཞེས་པར་རྒྱལ་བས་ཆོས་འདུལ་བ་ཇི་ལྟར་གསུངས་ཚུལ། རྒྱ་བོད་ཀྱི་འདུལ་འཛིན་དམ་པ་རྣམས་ཇི་ལྟར་བྱོན་ཚུལ། འདུལ་བ་ལུང་སྡེ་བཞིའི་ནང་དོན་བཅས་བསྡུས་ཡོད།

གཉིས་པ་ཐུན་མོང་བའི་རིག་གནས་སྐོར་ལས། 《གསེར་ཏོག་སུམ་རྟགས་》ཞེས་པར་བོད་སྐད་ཀྱི་དབང་དུ་བྱས་པའི་མིང་གི་ཚོགས་དང་། ཚིག་གི་ཚོགས། དེ་གཉིས་འགྲུབ་བྱེད་ཀྱི་ཡི་གེའི་ཚོགས་རྣམས་སུམ་ཅུ་པ་དང་རྟགས་ཀྱི་འཇུག་པའི་སྒོ་ནས་རྒྱས་པར་བཤད་ཡོད། 《དབྱངས་ཅན་སྒྲ་ཀ་ར་ཎའི་འགྲེལ་པ་རབ་ཏུ་བྱ་བ་གསལ་ལྡན་》ཞེས་བྱ་བ་འདི་ཡང་སློབ་དཔོན་ཨ་ནུ་བྷུ་ཏིས་མཛད་པ་དང་། ཏཱ་ལའི་བླ་མ་ལྔ་པ་ཆེན་པོས་སྐུལ་མ་མཛད་པ་ལྟར་རབ་བྱུང་བཅུ་གཅིག་པའི་ཤིང་བྱི་སྟེ་སྤྱི་ལོ་༡༦༨༥ལོར་བོད་སྐད་དུ་བསྒྱུར་བ་ཞིག་ཡིན་ཞིང་། ནང་དོན་ཐད་རང་བཞིན་དང་། རྐྱེན། རྣམ་འགྱུར་གསུམ་གྱི་སྒོ་ནས་རང་བཞིན་ལ་བྱིངས་དང་མིང་གཉིས། རང་བཞིན་དེ་གཉིས་མིང་ཚིག་བྱིངས་གང་རུང་སྒྲུབ་པར་བྱེད་པའི་རྐྱེན། རང་བཞིན་དང་རྐྱེན་གཉིས་འབྲེལ་བའི་རྣམ་འགྱུར། མཚམས་སྦྱོར་ལེའུ་ལྔའི་བསྒྱུར་བ་དང་དབྱེ་བ་རྣམས་རྒྱས་བཤད་བྱས་ཡོད།

གསུམ་པ་བློ་སྦྱོང་ལམ་རིམ་གྱི་སྐོར་ཏེ་《ལམ་རིམ་འཇམ་དཔལ་ཞལ་ལུང་དང་ལམ་སྒྲོན་གྱི་རྣམ་བཤད་》གཉིས་ནང་སྐྱེས་བུ་ཆེ་འབྲིང་ཆུང་གསུམ་གྱི་ལམ་ཉམས་སུ་ལེན་ཚུལ། ལམ་གྱི་རྩ་བ་བཤེས་གཉེན་བསྟེན་ཚུལ། འཆི་བ་མི་རྟག་པ། ངན་འགྲོའི་སྡུག་བསྔལ་བསམ་པ། བསྟན་པ་ལ་འཇུག་པའི་སྒོ་སྐྱབས་སུ་འགྲོ་བ། འཁོར་བའི་སྡུག་བསྔལ་བསམ་པ། བྱང་ཆུབ་ཀྱི་སེམས་ཇི་ལྟར་བསྐྱེད་པའི་ཚུལ། སེམས་བསྐྱེད་ནས་སྤྱོད་པ་ཕྱིན་དྲུག་ལ་སློབ་པའི་ཚུལ། དེ་ལས་འཕྲོས་པ་ཞི་ལྷག་གི་རྣམ་གཞག་སྐོར་སོགས་རྒྱས་པར་བཤད་ཡོད་པས། སྤྱོད་པ་ལ་སློབ་པའི་གང་ཟག་དབང་

པོ་རབ་འབྱིང་ཐ་གསུམ་གང་གིས་བལྟས་ཀྱང་རང་རང་གི་བློ་དང་འཚམས་པའི་གོ་བ་ངེས་ཅན་ཞིག་ཐུབ་པའི་ཁྱད་ཆོས་དང་ལྡན་ཡོད།

བཞི་པ་དམ་པའི་ཆོས་འདུལ་བའི་སྐོར་ལ་རྗེ་དགེ་འདུན་གྲུབ་ཀྱིས་མཛད་པའི་《འདུལ་བའི་གླེང་འབུམ་ཆེན་མོ་》སྟོད་སྨད་གཉིས་ནང་བོད་ཀྱི་ལོ་རྒྱུས་ཡིག་རྙིང་དག་ལས་སྔ་རབས་བོད་ཀྱི་བཙན་པོ་རྣམས་ཀྱིས་སྒྲུང་ལྡེའུ་བོན་གསུམ་གྱིས་སྲིད་བསྐྱངས་ཞེས་གསལ་བ་ལྟར། ཁ་སྒྲུང་གི་རྣམ་པའི་སྟེང་ནས་ཆབ་སྲིད་ཀྱི་ལམ་ལུགས་གཏན་ལ་ཕབ་ཡོད་པ་ནང་བཞིན། འདུལ་བའི་གླེང་འབུམ་ཆེན་མོ་འདིས་ཀྱང་སངས་རྒྱས་བཅོམ་ལྡན་འདས་ཀྱིས་གསུངས་པའི་འདུལ་བའི་བསླབ་ཁྲིམས་ཉིས་བརྒྱ་ལྔ་བཅུ་རྩ་གསུམ་སོགས་དགག་སྒྲུབ་གནང་གསུམ་གྱི་སྒོ་ནས་ཐོག་མར་འདུལ་ཁྲིམས་ཇི་ལྟར་བཅས་པའི་ཚུལ་དང་། ཡུལ་འདི་འདྲ་ཞིག་ཏུ་གང་ཟག་འདི་ལྟ་བུ་ཞིག་གིས་ཉེས་པ་འདི་ལྟ་བུ་ཞིག་བྱས་ཚེ་འདུལ་ཁྲིམས་འདི་དང་འདི་ལས་འགལ་ཞེས་སྒྲུང་དང་གཏམ་རྒྱུད་ཀྱི་རྣམ་པའི་ཐོག་ནས་ཁྲིམས་རེ་རེ་ལ་རྒྱབ་རྟེན་སྒྲུང་ལྟ་བུའི་འདུལ་བའི་གླེང་གཞི་རེ་རེ་བྱས་ནས་རྒྱས་བཤད་བྱས་ཡོད་པས་འདུལ་བའི་གླེང་འབུམ་ཆེན་མོ་ཞེས་པའི་མཚན་དུ་ཆགས།

ལྔ་པ་མངོན་པ་མཛོད་ཀྱི་སྐོར་ལ་ཅོ་ནེ་གྲགས་པ་བཤད་སྒྲུབ་ཀྱིས་མཛད་པའི་《ཆོས་མངོན་པ་མཛོད་ཀྱི་འགྲེལ་པ་》འདི་ནི་དུས་རབས་དྲུག་པའི་ཡས་མས་ཙམ་དུ་བྱོན་པའི་འཕགས་ཡུལ་གྱི་སློབ་དཔོན་དབྱིག་གཉེན་གྱིས་བརྩམས་པའི་ཆོས་མངོན་པ་མཛོད་ཀྱི་ཚིག་ལེའུར་བྱས་པར་འགྲེལ་བཤད་ཞིབ་པར་གནང་ཡོད་པ་སྟེ། ཡུལ་ཕུང་ཁམས་སྐྱེ་མཆེད་ཀྱི་རྣམ་གཞག་ལས་འདུས་བྱས་སྤྱིའི་མཚན་ཉིད་དང་། ཁམས་དང་རྣམ་པའི་རབ་དབྱེ། ནང་བཅུད་ཀྱི་སེམས་ཅན་གྱི་རྣམ་གཞག་དང་། ཕྱི་སྣོད་ཀྱི་འཇིག་རྟེན་གྱི་རྣམ་གཞག །ཉོན་མོངས་པའི་དབང་གིས་ལས་བསགས་ཏེ་འཁོར་བར་འཁོར་ཚུལ། ས་དང་ལམ་གྱི་རྣམ་གཞག །རྟེན་གང་ཟག་གི་རྣམ་གཞག །ལམ་

གྱི་ཁྱད་ཆོས་གཞན་བཤད་པ་སོགས་ཀྱི་སྒོ་ནས་སངས་རྒྱས་ཆོས་ལུགས་ཀྱི་མཚན་ཉིད་རིག་པའི་ལྟ་གྲུབ་རྩལ་དུ་བཏོན་ནས་འཆད་པར་བྱས་ཡོད།

དྲུག་པ་རྒྱ་ཆེ་བ་བྱམས་ཆོས་ཀྱི་སྐོར་ལ་བྲག་དཀར་བློ་བཟང་དཔལ་ལྡན་གྱིས་མཛད་པའི་《བྱམས་ཆོས་ཕྱི་མ་བཞིའི་འགྲེལ་པ་》ཞེས་པའི་ནང་སངས་རྒྱས་བཅོམ་ལྡན་འདས་ཀྱིས་ཆོས་འཁོར་རིམ་པ་གསུམ་བསྐོར་བའི་ནང་ཚན་བར་པ་ཡུལ་བྱ་རྒོད་ཕུང་པོའི་རིར་བཀའ་བར་པ་མཚན་ཉིད་མེད་པའི་ཆོས་འཁོར། ཤེར་ཕྱིན་གྱི་མདོ་ཡུམ་རྒྱས་འབྲིང་བསྡུས་གསུམ་གྱི་ཤུགས་བསྟན་སྦས་དོན་མངོན་རྟོགས་ཀྱི་རིམ་པ་གཙོ་བོར་འགྲེལ་བ་ལ་རྗེ་བཙུན་བྱམས་པ་མགོན་པོས་བྱམས་ཆོས་སྡེ་ལྔ་མཛད་པ་ལས་བྱམས་ཆོས་ཕྱི་མ་བཞི་ལ་འགྲེལ་པ་མཛད་པ་ཞིག་ཡིན།

བདུན་པ་ཟབ་མོ་དབུ་མའི་སྐོར་ལ་རྒྱལ་ཚབ་དར་མ་རིན་ཆེན་གྱིས་མཛད་པའི་《དབུ་མ་བཞི་བརྒྱ་པ་དང་རིན་ཆེན་ཕྲེང་བའི་དར་ཊཱིཀ་》ཅེས་པ་ནི་ཤེར་ཕྱིན་གྱི་མདོ་ཡུམ་རྒྱས་འབྲིང་བསྡུས་གསུམ་གྱི་སྦས་དོན་རྒྱ་ཆེ་བའི་ལམ་གྱི་རིམ་པ་བརྗོད་བྱར་བྱེད་པ་འཕགས་མཆོག་ཀླུ་སྒྲུབ་ཀྱིས་མཛད་པའི་དབུ་མ་རིན་ཆེན་འཕྲེང་བ་དང་། དངོས་བསྟན་ཟབ་མོ་སྟོང་པ་ཉིད་འབྱུང་བརྗོད་བྱར་བྱེད་པ་དཔལ་ལྡན་ཟླ་བ་གྲགས་པས་མཛད་པའི་དབུ་མ་བཞི་བརྒྱ་པ་གཉིས་ལ་འགྲེལ་པ་མཛད་པ་ཞིག་ཡིན་ཞིང་དར་མ་རིན་ཆེན་གྱིས་མཛད་པས་དར་ཊཱིཀ་ཞེས་པའི་མཚན་འདི་བྱུང་། གཞུང་གི་བསྟན་དོན་རྗེ་བཙུན་འཇམ་དཔལ་དབྱངས་ཀྱི་ཞལ་གདམས། འཕགས་མཆོག་ཀླུ་སྒྲུབ་ཉིད་ཀྱི་དགོངས་པ། དཔལ་ལྡན་ཟླ་བ་གྲགས་པས་ཇི་ལྟར་བཀྲལ་བ་ལྟར་གྱི་ཐལ་འགྱུར་བའི་ལུགས་སྲོལ། རྗེ་ཙོང་ཁ་པ་ཆེན་པོའི་དབུ་མའི་གསུང་རྩོམ་ཆེན་པོ་ལྔའི་གསུང་སྒྲོས་རྣམས་ལ་གཞི་བྱས་ནས་དབུ་མའི་བསྟན་བཅོས་གཉིས་ཀྱི་དགོངས་པ་བཀྲལ་ཡོད།

བརྒྱད་པ་རྒྱུད་སྡེ་སྤྱིའི་སྐོར་ལ《ཡི་དམ་རྒྱ་མཚོའི་སྒྲུབ་ཐབས་རིན་འབྱུང་དོན་

གསལ་》གླེགས་བམ་གཉིས་ཀྱི་བདག་ཉིད་ཅན་འདི་ནི་གསང་སྔགས་རྡོ་རྗེ་ཐེག་པའི་ཁོངས་སུ་གཏོགས་པའི་བྱ་རྒྱུད་དེ་བཞིན་གཤེགས་པའི་རིགས་དང་། པདྨའི་རིགས། རྡོ་རྗེའི་རིགས་ཏེ་བྱ་རྒྱུད་རིགས་གསུམ་དང་། རྣམ་སྣང་མངོན་བྱང་དང་རྡོ་རྗེ་སེམས་དཔའ་ལ་སོགས་པ་སྤྱོད་པའི་རྒྱུད། ཀུན་རིག་རྣམ་པར་སྣང་མཛད་སོགས་རྣལ་འབྱོར་གྱི་རྒྱུད། བདེ་གསང་འཇིགས་གསུམ་དང་དཔལ་དུས་ཀྱི་འཁོར་ལོ་ཧ་མགྲིན་སོགས་བླ་མེད་ཀྱི་རྒྱུད་བཅས་གསང་སྔགས་རྒྱུད་སྡེ་བཞི་ལས་བྱུང་བའི་ཡི་དམ་རྒྱ་མཚོའི་ལྷ་ཚོགས་སྒྲུབ་ཐབས་རིན་ཆེན་འབྱུང་གནས་ཀྱི་ལྷན་ཐབས་སམ་ཁ་སྐོང་དུ་མཛད་པ་ཞིག་ཡིན་པས་རིན་འབྱུང་དོན་གསལ་ཞེས་མཚན་ཐོགས།

དགུ་པ་གསང་སྔགས་བླ་མེད་ཀྱི་སྐོར་ལ《གསང་བདེ་འཇིགས་གསུམ་གྱི་ཁྲིད་ཡིག་》ཅེས་པ་འདི་ནི་རྗེ་ཤེས་རབ་རྒྱ་མཚོས་མཛད་པ་ཞིག་ཡིན་ཞིང་། དེ་ཡང་གསང་བདེ་འཇིགས་གསུམ་འདི་ནི་དཔལ་རི་བོ་དགེ་ལུགས་པའི་ཡི་དམ་གྱི་གཙོ་བོ་ཡིན་པ་དང་། རི་བོ་དགེ་ལུགས་པའི་བསྟན་པ་ལ་མདོ་སྔགས་ཟུང་འབྲེལ་གྱི་བསྟན་པ་ཞེས་ཡོངས་སུ་གྲགས་པ་འདི་ཡང་སྔགས་ཀྱི་བསྟན་པ་གསང་བདེ་འཇིགས་གསུམ་དང་འབྲེལ་ཆེ་ལ། ཁྱད་པར་དུ་དཔལ་གསང་བ་འདུས་པ་འདི་ནི་རྗེ་བླ་མ་ཙོང་ཁ་པ་ཆེན་པོའི་ལྷག་པའི་ལྷ་གཙོ་བོ་དེ་ཡིན་སྟབས། གསང་སྔགས་རྒྱུད་སྡེ་བཞིའི་རྩེ་མོར་གྱུར་པ་རྣལ་འབྱོར་བླ་ན་མེད་པའི་རྒྱུད་ཀྱི་ཡང་སྙིང་དཔལ་གསང་བ་འདུས་པའི་རྩ་རྒྱུད་ཀྱི་དགོངས་དོན་མཐའ་དྲུག་དང་ཚུལ་བཞིའི་རྒྱས་བཏབ་པའི་གནད་རྣམས་བཤད་རྒྱུད་ཆེན་པོ་དྲུག་གི་སྒོ་ནས་ལེགས་པར་བཤད་ཅིང་། རྗེ་ཤེས་རབ་རྒྱ་མཚོ་མཆོག་ནས་རྗེ་བླ་མ་ཙོང་ཁ་པ་ཆེན་པོ་ནས་རིམ་པར་བརྒྱུད་པའི་དཔལ་ལྡན་རྒྱུད་སྨད་གྲྭ་ཚང་གི་བཤད་རྒྱུན་ལས་བྱུང་བ་བཞིན་དཔལ་གསང་བ་འདུས་པ་ལམ་རིམ་པ་དང་པོ་བསྐྱེད་པའི་རིམ་པ་དང་རྫོགས་རིམ་རིམ་པ་ལྔའི་དམར་ཁྲིད་ཀྱི་རྣམ་གཞག་འདི་མཛད་ཡོད།

ད་ཐེངས་དཔེ་ཚོགས་འདིར་དཀར་ཆག་ཉུང་ཁ་གསལ་ཙམ་ཞིག་འགོད་དགོས་དོན་ནི། རྒྱ་གར་བ་རྣམས་ལེའུ་ཁ་ཡར་ལྟ་དང་། བོད་རྣམས་བམ་པོ་ཁ་མར་ལྟ་ཞེས་འབྱུང་བ་དང་། དེ་བཞིན་རྒྱ་གཞུང་མཚམས་སྦྱོར་གྱི་སྒོ་ནས་འཆད་པ་དང་། བོད་འགྲེལ་ས་བཅད་ཀྱི་སྒོ་ནས་འཆད་པའི་སྐོར་བོད་ཕྱི་མ་རྣམས་ལ་ཡོངས་སུ་གྲགས་པ་ལས། ས་བཅད་ཀྱི་སྟེང་ནས་འཆད་ཚུལ་འདི་ནི་བོད་མཁས་པས་གསར་གཏོད་གནང་བའི་བོད་རང་གི་ཐུན་མོང་མ་ཡིན་པའི་འཆད་ཚུལ་ཞིག་ཡིན། འདི་ལ་རྩ་བའི་ས་བཅད་དང་། ཡན་ལག་གི་ས་བཅད། ཉིང་ལག་གི་ས་བཅད་སོགས་སྡོང་པོ་ལས་ཡལ་ག་དང་། ཡལ་ག་ལས་ལོ་མ་གྲེས་པ་ལྟ་བུ་ས་བཅད་རྒྱ་ཆེ་བ་ཞིག་ཡོད་པ་རྣམས་སྡོང་འགྲེམས་ཀྱི་རྣམ་པའི་སྟེང་ནས་དཀར་ཆག་ཏུ་བཀོད་པ་སྟེ། ང་རྟགས་ཅན་གྱི་ས་བཅད་རྣམས་ག་རྟགས་ཅན་ལས་འཕྲོས་པ་དང་། ག་རྟགས་ཅན་ཁ་ལས་འཕྲོས་པ། ཁ་རྟགས་ཅན་ཀ་ལས་འཕྲོས་པ། ཀ་རྟགས་ཅན་ཡང་རྩ་བའི་ས་བཅད་ལས་འཕྲོས་པ་ཡར་དེད་ལུགས་ལྡོག་གི་རིམ་པ་དང་། རྩ་བའི་ས་བཅད་ཀྱི་ནང་གསེས་དག་ཀའི་ནང་དང་། ཀའི་ནང་གསེས་ཀྱི་ས་བཅད་དག་ཁའི་ནང་། ཁའི་ནང་གསེས་ཀྱི་ས་བཅད་དག་གའི་ནང་། གའི་ནང་གསེས་ཀྱི་ས་བཅད་དག་ང་རྟགས་ཅན་གྱི་ནང་གསལ་བའི་མར་དེད་ལུགས་འབྱུང་གི་རིམ་པའི་སྒོ་ནས་གཞུང་ཆེན་མོ་འཆད་རྩོད་སྐབས་ཀྱི་ས་བཅད་ཀྱི་འགྲོས་དང་བསྟུན་ཅི་ཐུབ་ཀྱིས་བསྒྲིགས་ཡོད། འདིས་ནི་གཞུང་སྤྱིའི་འཆད་ཚུལ་གྱི་རིམ་པ་དང་། དོན་གྱི་གཙོ་བོ་ཇི་འདྲ་ཞིག་གཏན་ལ་འབེབས་ཚུལ། རིགས་པའི་རྣམ་གྲངས་མང་ཉུང་ཇི་ཙམ་བསྟན་པ། ཁྱད་པར་དུ་རིགས་པའི་འཕུལ་མཚམས་མི་འདྲ་བ་རྣམས་སྐབས་སྟོབས་གང་དུ་འཇུག་པ་སོགས་ལ་སླར་ཟློས་ཀྱི་ཚིག་རྗེས་འབྲངས་པའི་སྒྲ་སྤྱི་ཙམ་དུ་མ་སོང་བར་དོན་གྱི་གོ་བ་གཏིང་ཕྱིན་ལ་མཐའ་ཆོད་པའི་འཆད་ཚུལ་སོགས་ཚོགས་ཆུང་དུས་གོ་ཐུབ་པའི་དམིགས་བསལ་གྱི་ཁྱད་ཆོས་ལྡན་ཡོད།

ང་ཚོས་རྩོམ་སྒྲིག་བྱེད་པའི་བརྒྱུད་རིམ་ནང་དཔེ་སྙིང་གི་ནང་དོན་ལ་སྔོན་འཁྲི་སྤྱི་ཙམ་ཡང་བྱས་མི་ཆོག་པའི་རྩ་དོན་རྒྱུན་འཁྱོངས་ཐོག་ཆད་ལྷག་དང་གསལ་ཁ་མེད་པ་རྣམས་མ་ཡིག་དངོས་དང་དཔེ་བསྡུར་ཞིབ་ཞུས་དང་། ད་དུང་དོགས་གནད་ཡོད་རིགས་སེར་གཙུག་ནང་བསྟན་དཔེ་སྙིང་འཚོལ་བསྡུ་ཕྱོགས་སྒྲིག་ཁང་གི་རྩོམ་སྒྲིག་པ་རྣམས་དང་བཀའ་བསྡུར་ལན་མང་ཞུས་ནས་དོགས་སེལ་ཞུས་ཁུལ་ལགས་ཀྱང་བདག་ཅག་རྩོམ་སྒྲིག་པའི་ཤེས་ཚད་དམན་ཞིང་སྒྱོང་གོམས་ཞན་པས་ནོར་འཛོལ་གྱི་ཆ་དུ་མ་ཞིག་ཡོད་ངེས་པས་གཟུར་གནས་མཁས་དབང་དང་རྒྱ་ཆེའི་ཀློག་པ་པོ་རྣམས་ཀྱིས་དགོངས་འཆར་ལྷུག་སྤྲོས་གནང་རྒྱུའི་རེ་བ་དང་བཅས་བོད་ལྗོངས་བོད་ཡིག་དཔེ་སྙིང་དཔེ་སྐྲུན་ཁང་ནས་བོད་རབ་བྱུང་ཤིང་འབྲུག་ལོའི་ཟླ་ཚེས་བཟང་པོར།

དཀར་ཆག །

༄༅། །ཐུབ་པའི་དབང་པོ་འཕགས་པ་གནས་བརྟན་བཅུ་དྲུག་དང་བཅས་པའི་རྟོགས་པ་བརྗོད་པ་རྒྱལ་བསྟན་རིན་པོ་ཆེའི་མཛེས་རྒྱན་ཕུལ་བྱུང་གསེར་གྱི་ཕྲེང་བ་ཞེས་བྱ་བ་བཞུགས་སོ། །

མཆོད་བརྗོད་དང་རྩོམ་པར་དམ་བཅའ་བ།

༄༅། །སུ་ནེ་རིཏྣ་ཆ་སྟྲ་བི་ར་ཙི་ཏ་ཤཱ་ནྟ་ཙྪ་སྱ་བ་དྷ་ནཾ་ཛ་ཡ་ཤཱ་ས་ན་ར་ཏྣ་སྱ་ཏ་ཏྭ་ལངྐཱ་ར་ཨ་ཧི་ཤ་ཡ་སུ་ཕཊྚ་སྱ་ཀྐ་ལ་ནྟ་མཿ དཻ་ཤི་ག་ཛྙ་ག་ཝཱནྟ་ཥྚ་ག་ཏཿ ཤཱ་སྟྲ་ཏྲ་སཾ་སྨྲྀ་གྲཱ་སཾ་བུདྡྷ་ཡ་བི་ཧླ་ཙ་ར་ཊ་སཾ་པནྣ་སུ་ག་ཏཿ ཡོ་ག་བི་ཏྲ་སྱུ་ཏྲ་ཊྲ་ད་མ་གཱ་ཏུ་ཏྲ་ར་སྨཱ་ར་ཎཱི་དེ་བ་ཙ་ན་ཏྣ་ཏྲཾ་དཻ་ཤི་གཿ ན་མོ་བུདྡྷ་ཤཱཀྱ་མུ་ན་ཡེ་སྭཱ་ཛྙཱ་ར་ཏྲཾ་གཙྪ་མི། །ཐུབ་པའི་དབང་པོ་འཕགས་པ་གནས་བརྟན་བཅུ་དྲུག་དང་བཅས་པའི་རྟོགས་པ་བརྗོད་པ་རྒྱལ་བསྟན་རིན་པོ་ཆེའི་མཛེས་རྒྱན་ཕུལ་བྱུང་གསེར་གྱི་ཕྲེང་བ་ཞེས་བྱ་བ། སྟོན་པ་བཅོམ་ལྡན་འདས་དེ་བཞིན་གཤེགས་པ་དགྲ་བཅོམ་པ་ཡང་དག་པར་(༢ན)རྫོགས་པའི་སངས་རྒྱས་རིག་པ་དང་ཞབས་སུ་ལྡན་པ། བདེ་བར་གཤེགས་པ། འཇིག་རྟེན་མཁྱེན་པ། སྐྱེས་བུ་འདུལ་བའི་ཁ་ལོ་བསྒྱུར་བ་བླ་ན་མེད་པ་ལྷ་དང་མི་རྣམས་ཀྱི་སྟོན་པ། སངས་རྒྱས་ཤཱཀྱ་ཐུབ་པ་ལ་ཕྱག་འཚལ་ལོ། །མཆོད་དོ་སྐྱབས་སུ་མཆིའོ། །(༢བ)སྟོང་གསུམ་མི་མཇེད་ཞིང་འདིའི་འགྲོ་རྣམས་ལ། །རྒྱལ་བ་གཞན་ལས་ཐུགས་རྗེ་ཆེས་ལྷག་པ། །སྟོན་པ་མཉམ་མེད་ཤཱཀྱའི་རྒྱལ་པོ་ལ། །སྒོ་གསུམ་གུས་པ་ཆེན་པོས་ཕྱག་འཚལ་ལོ། །བླ་མེད་སྟོན་པ་ཐུགས་རྗེ་ཅན་དེ་ཡིས། །སྙིགས་དུས་ཉམ་ཐག་འགྲོ་ལ་ཐུགས་བརྩེ་བས། །འགྲོ་བློའི་མུན་སེལ་བསྟན་པའི་སྒྲོན་མེ་ནི། །ལོ་གྲངས་ལྔ་སྟོང་གནས་པར་བྱིན་གྱིས་བརླབས། །ཐུབ་པ་མཆོག་དེས་བསྟན་

པའི་སྒྲོན་མེ་ནི། །གང་ལ་གདད་ནས་སྐྱོང་བར་ཞལ་བཞེས་པ། །སངས་རྒྱས་སྤྲུལ་པ་གནས་བརྟན་བཅུ་དྲུག་ལ། །སྒོ་གསུམ་གུས་པ་ཆེན་པོས་ཕྱག་འཚལ་ལོ། །ནམ་ཞིག་བྱམས་མགོན་སྤྲུལ་པ་འདིར་བྱོན་ནས། །ཚེ་ལོ་ཡར་འཕེལ་མཛད་པ་དེ་སྲིད་དུ། །ཐུབ་པའི་བསྟན་པ་གནས་དང་འཕེལ་བ་ནི། །གནས་བརྟན་ཆེན་པོ་རྣམས་ལ་ལྟོས་པར་གསུངས། །དེ་ཕྱིར་ཐུབ་བསྟན་འཛིན་པར་འདོད་རྣམས་ཀྱིས། །འཕགས་པའི་གནས་བརྟན་ཆེན་པོ་འདི་དག་ལ། །དད་ཅིང་གུས་པས་མཆོད་ཅིང་གསོལ་བཏབ་ན། །འདོད་དོན་ཐམས་ཅད་འགྲུབ་པར་རྒྱལ་བས་གསུངས། །ཚུལ་དེ་མཐོང་ནས་གནས་བརྟན་བཅུ་དྲུག་གི །རྟོགས་པ་བརྗོད་ལ་བདག་བློ་སྤྲོ་བ་སྐྱེས། །མཁྱེན་བརྩེ་ནུས་མཐུ་ཐོགས་པ་མི་མངའ་བ། །གནས་བརྟན་རྣམས་ཀྱིས་བྱིན་གྱིས་བརླབ་ཏུ་གསོལ། །བསྐལ་བཟང་རྒྱལ་བ་སྟོང་གི་བསྟན་པའི་ཁུར། །གང་ལ་གདད་ནས་བསྲུང་བར་ཞལ་བཞེས་པ། །མཐུ་སྟོབས་དབང་ཕྱུག་གསང་བའི་བདག་པོ་དང་། །བཀའ་སྡོད་རྣམས་ཀྱིས་བདག་གི་གྲོགས་མཛོད་ཅིག །

དང་པོ། སྟོན་པ་ཐུབ་པའི་དབང་པོ་ཞིང་འདིར་བྱོན་ནས་ཆོས་ཀྱི་འཁོར་ལོ་བསྐོར་ཚུལ།

དེ་ལ་འདིར་སྟོན་པ་ཐུབ་པའི་དབང་པོ་དང་། ཐུབ་པའི་དབང་པོས་བཀའ་བསྔོས་ནས་རྒྱལ་བའི་བསྟན་པ་ཕྱོགས་ཀུན་ཏུ་སྤེལ་(ཉན)ཞིང་རྒྱས་པར་མཛད་པའི་གནས་བརྟན་ཆེན་པོ་བཅུ་དྲུག་གི་རྟོགས་པ་བརྗོད་པ་ལ་བཞི། སྟོན་པ་ཐུབ་པའི་དབང་པོ་ཞིང་འདིར་བྱོན་ནས་ཆོས་ཀྱི་འཁོར་ལོ་བསྐོར་ཚུལ། སྟོན་པ་མྱ་ངན་ལས་འདས་པའི་ཚུལ་བསྟན་པའི་རྗེས་སུ་གནས་བརྟན་ཆེན་པོ་བཅུ་དྲུག་གིས་བསྟན་པ་འཛིན་ཅིང་སྤེལ་བར་ལུང་བསྟན་ཚུལ། གནས་བརྟན་བཅུ་དྲུག་པོ་སོ་སོའི་རྟོགས་པ་བརྗོད་རྒྱས་པར་བཤད་པ། ཐུབ་པའི་དབང་པོ་འཕགས་པ་གནས་བརྟན་བཅུ་དྲུག

དང་བཅས་པ་ལ་མཆོད་ཅིང་གསོལ་བ་གདབ་པའི་ཚུལ་ལོ། །

དང་པོ་ནི། བདག་ཅག་གི་སྟོན་པ་ཤཱཀྱའི་རྒྱལ་པོ་ཐུགས་རྗེ་ཅན་དེ་ཉིད་ཀྱིས་ཐོག་མར་ཇི་ལྟར་ཐུགས་བསྐྱེད་པའི་ཚུལ་ནི། མདོ་སྡེ་བསྐལ་བཟང་ལས། ང་ནི་སྔོན་ཚེ་དམན་པར་གྱུར་པའི་ཚེ། །དེ་བཞིན་གཤེགས་པ་ཤཱཀྱ་ཐུབ་ཆེན་ལ། །འཇམ་གང་ཞིག་ནི་དབུལ་བ་བྱས་ནས་ཀྱང་། །དང་པོར་བྱང་ཆུབ་ཏུ་ནི་སེམས་བསྐྱེད་དོ། །ཞེས་གསུངས་པ་ལྟར། སྟོན་པ་ཐུགས་རྗེ་ཅན་འདི་སྔོན་རྫ་མཁན་གྱི་བུ་ཁྱེའུ་སྣང་བྱེད་དུ་སྐུ་འཁྲུངས་པའི་ཚེ་དེ་བཞིན་གཤེགས་པ་ཤཱཀྱ་ཐུབ་ཆེན་ཞེས་བྱ་བ་འཇིག་རྟེན་དུ་བྱོན་པ་དང་མཇལ་ཏེ་རྫའི་བུམ་པ་འཇམ་གྱིས་བཀང་བ་མེ་ལོང་གིས་ཁ་བརྒྱན་པ་སོགས་མཆོད་པའི་ཡོ་བྱད་ཅི་ཡོད་ཕུལ་ཏེ། དེ་བཞིན་གཤེགས་པ་ཁྱེད་སྐུ་ཅི་འདྲ་དང་། །འཁོར་དང་སྐུ་ཚེའི་ཚད་དང་ཞིང་ཁམས་དང་། །ཁྱེད་ཀྱི་མཚན་མཆོག་བཟང་པོ་ཅི་འདྲ་བ། །དེ་འདྲ་ཁོ་ནར་བདག་ཀྱང་འགྱུར་བར་ཤོག །ཅེས་བརྗོད་ནས་བྱང་ཆུབ་མཆོག་ཏུ་ཐུགས་བསྐྱེད། གཞན་ཡང་སྟོན་པ་ཐུགས་རྗེ་ཅན་འདི་ཉིད་ཀྱིས་རང་ཅག་(༣བ)ཁམས་གསུམ་གྱི་འགྲོ་བ་འཁོར་བའི་གནས་ན་ལས་དང་ཉོན་མོངས་པས་བཅིངས་ཤིང་སྡུག་བསྔལ་བརྒྱ་ཕྲག་དུ་མས་མནར་བ་རྣམས་ཐུགས་ཀྱིས་མ་བཟོད་ནས་དེ་བཞིན་གཤེགས་པ་བགྲང་བ་ལས་འདས་པ་དག་གི་སྤྱན་སྔར་ཐུགས་བསྐྱེད་ཅིང་སྨོན་ལམ་འདེབས་པར་མཛད། ལྷག་པར་སྟོན་པ་ཐུགས་རྗེ་ཅན་འདི་ཉིད་ཀྱིས་བདག་ཅག་སྙིགས་མ་ལྔ་བདོའི་སེམས་ཅན་སངས་རྒྱས་དང་བྱང་ཆུབ་སེམས་དཔའ་གཞན་ཐམས་ཅད་ཀྱིས་ཡལ་བར་བོར་བའི་མགོན་མེད་རྣམས་ཀྱི་དོན་དུ་མི་མཇེད་འཇིག་རྟེན་གྱི་ཞིང་འདི་ཇི་ལྟར་བཟུང་བའི་ཚུལ་ནི། སྟོན་པ་ཐུགས་རྗེ་ཅན་འདི་ཉིད་སྔོན་བསྐལ་པ་ཆེན་པོ་འཛིན་པ་ཞེས་བྱ་བའི་དུས་སུ་བྲམ་ཟེ་རྒྱ་མཚོའི་རྡུལ་དུ་འཁྲུངས་པའི་ཚེ་རང་གི་སྲས་བྲམ་ཟེ་རྒྱ་མཚོའི་སྙིང་པོ་ཞེས་བྱ་བ་ཁྱིམ་ནས་ཁྱིམ་མེད་པར་རབ་ཏུ་བྱུང་ནས་མངོན་པར་རྫོགས་པར་སངས་རྒྱས་ཏེ་དེ་བཞིན་གཤེགས་པ་

རིན་ཆེན་སྙིང་པོ་ཞེས་བྱ་བར་གྱུར་པ་དེའི་སྤྱན་སྔར་འཁོར་ལོས་བསྒྱུར་བའི་རྒྱལ་པོ་རྩིབས་ཀྱི་མུ་ཁྱུད་དང་། རང་གི་སློབ་མ་བྲམ་ཟེ་རིག་བྱེད་ཀློག་པ་སྟོང་ལ་སོགས་པ་སྲོག་ཆགས་བྱེ་བ་ཕྲག་མང་པོ་བླ་ན་མེད་པ་ཡང་དག་པར་རྫོགས་པའི་བྱང་ཆུབ་ཏུ་སེམས་བསྐྱེད་དུ་བཅུག་ཅིང་དེ་དག་ཕལ་ཆེར་གྱིས་རང་རང་གི་སངས་རྒྱས་ཀྱི་ཞིང་བཟུང་བ་ན། འཁོར་ལོས་བསྒྱུར་བའི་རྒྱལ་པོ་རྩིབས་ཀྱི་མུ་ཁྱུད་ཀྱིས་བདེ་བ་ཅན་གྱི་ཞིང་གི་བཀོད་པ་བློ་ལ་བཟུང་ནས་དག་པའི་ཞིང་དེ་འགྲུབ་པའི་ཕྱིར་དུ་ཐུགས་བསྐྱེད་ཅིང་དམ་བཅས། ཁྲབ་འཇུག་རླུང་ཞེས་བྱ་བ་བདག་ཉིད་ཆེན་པོ་ཞིག་གིས་མ་དག་པའི་འཇིག་རྟེན་དུ་སེམས་ཅན་གྱི་དོན་(༤ན)བྱེད་པར་ཐུགས་བསྐྱེད་ཅིང་མ་དག་པའི་ཞིང་བཟུང་། དེ་མ་གཏོགས་པ་རྒྱལ་སྲས་བདག་ཉིད་ཆེན་པོ་དེ་དག་ཐམས་ཅད་ཀྱིས་གདུལ་བྱ་གདུལ་སླ་བ་དང་ཞིང་དག་པ་འབའ་ཞིག་བཟུང་ནས་རྩོད་ལྡན་ཚེ་ལོ་བརྒྱ་པའི་དུས་འདི་ཐམས་ཅད་ཀྱིས་སྤངས་ཤིང་ཡལ་བར་བོར་བ་ན། བྲམ་ཟེ་རྒྱ་མཚོའི་རྡུལ་གྱིས་སྙིང་རྗེ་ཆེན་པོ་བསྐྱེད་ནས་དེ་བཞིན་གཤེགས་པ་རིན་ཆེན་སྙིང་པོའི་སྤྱན་སྔར་བླ་གོས་ཕྲག་པ་གཅིག་ཏུ་གཟར་ནས་པུས་མོ་གཡས་པའི་ལྷ་ང་ས་ལ་བཙུགས་ཏེ་ཡོན་ཏན་དུ་མས་བསྟོད་ཅིང་མཆོད་ནས། བདག་ཅག་སྙིགས་མའི་འགྲོ་བ་རྣམས་ཀྱི་མགོན་སྐྱབས་སུ་འགྱུར་པའི་ཐུགས་བསྐྱེད་དང་དམ་བཅའ་འདི་ལྟར་མཛད་དེ། བཅོམ་ལྡན་འདས། བདག་གིས་སྲོག་ཆགས་བྱེ་བ་ཕྲག་མང་པོ་དག་བླ་ན་མེད་པ་ཡང་དག་པར་རྫོགས་པའི་བྱང་ཆུབ་ཡང་དག་པར་འཛིན་དུ་སྩལ་ཏེ། དེ་དག་གིས་ཀྱང་རང་རང་གི་སངས་རྒྱས་ཀྱི་ཞིང་རྒྱ་ཆེ་དགུ་དག་ཡོངས་སུ་བཟུང་ཞིང་འདུལ་བའི་སེམས་ཅན་ཡང་བསམ་པ་ཡོངས་སུ་དག་པ་དང་། དགེ་བའི་རྩ་བ་བསྔུན་པ་དང་། གདུལ་སླ་བ་དག་ཡོངས་སུ་བཟུང་ལགས་སོ། །གང་དག་སྐར་མ་སྐྱོང་ལ་སོགས་པ་བྲམ་ཟེའི་ཁྱེའུ་རིག་བྱེད་ཀློག་པ་སྟོང་རྩ་བཞི་པོ་འདི་དག་ནི་དེ་བཞིན་གཤེགས་པས་བསྐལ་པ་བཟང་པོར་ལུང་བསྟན་ཏེ། སྐྱེས་བུ་དམ་པ་དེ་དག་གིས་

ཀུང་འདོད་ཆགས་དང་། ཞེ་སྡང་དང་། ང་རྒྱལ་ལ་སྤྱོད་པ་དག་ཐེག་པ་གསུམ་པོ་དག་གིས་འདུལ་བར་བགྱིད་ལགས་སོད་ཀྱི། འོན་ཀྱང་དེ་དག་གིས་ཉོན་མོངས་པའི་སྒྲིབ་པ་ཤས་ཆེ་བ་དང་། རྩོད་པའི་དུས་ཀྱི་སྙིགས་མ་དག་ཡོངས་སུ་སྤངས་པས། བཙུན་པ་བཅོམ་ལྡན་(༤བ)འདས། དེ་དག་གིས་ཀྱང་མཚམས་མ་མཆིས་པ་བགྱིད་པ་རྣམས་དང་། དམ་པའི་ཆོས་སྤོང་བ་རྣམས་དང་། འཕགས་པ་ལ་སྐུར་པ་འདེབས་པ་རྣམས་དང་། ལོག་པར་ལྟ་བ་རྣམས་དང་། འཕགས་པའི་ནོར་བདུན་དང་བྲལ་བ་རྣམས་དང་། ཕར་མི་འཛིན་པ་རྣམས་དང་། མར་མི་འཛིན་པ་རྣམས་དང་། དགེ་སྦྱོང་དུ་མི་འཛིན་པ་རྣམས་དང་། བྲམ་ཟེར་མི་འཛིན་པ་རྣམས་དང་། བགྱི་བ་མ་ལགས་པ་བགྱིད་པ་རྣམས་དང་། བསོད་ནམས་མ་ལགས་པ་བགྱིད་པ་རྣམས་དང་། འཇིག་རྟེན་ཕ་རོལ་ལ་འཇིགས་པར་མི་ལྟ་བ་རྣམས་དང་། ལེགས་པར་སྤྱོད་པ་གསུམ་པོ་དག་དོན་དུ་མི་གཉེར་བ་རྣམས་དང་། དེ་བཞིན་དུ་ལྷ་དང་མི་རྣམས་ཀྱི་དཔལ་དང་འབྱོར་པ་དག་ལ་བརྙོན་པ་རྣམས་དང་། ཉེས་པར་སྤྱོད་པ་གསུམ་པོ་དག་ལ་ཡང་དག་པར་ཞུགས་པ་རྣམས་དང་། དགེ་བ་བཅུའི་ལས་ཀྱི་ལམ་དང་བྲལ་བ་རྣམས་དང་། དགེ་བའི་བཤེས་གཉེན་ཐམས་ཅད་ཀྱིས་སྤངས་པ་རྣམས་དང་། མཁས་པ་ཐམས་ཅད་ཀྱིས་བོར་བ་རྣམས་དང་། སྲིད་པའི་བརྩོན་རར་ཆུད་པ་རྣམས་དང་། རྒྱུན་ཕྱོགས་སུ་བདས་པ་རྣམས་དང་། འཁྱུར་བྱེད་ཀྱི་ཆུ་ཀླུང་དུ་ནུབ་པ་རྣམས་དང་། འཁོར་བའི་འདམ་དུ་བྱིང་བ་རྣམས་དང་། གཏི་མུག་གི་མུན་པ་དང་མ་བྲལ་བ་རྣམས་དང་། མི་དགེ་བའི་བགྱི་བ་ཐམས་ཅད་མ་བཏང་བ་རྣམས་དང་། སངས་རྒྱས་ཀྱི་ཞིང་སྟོང་པ་ཐམས་ཅད་དུ་བོར་བ་རྣམས་དང་། མི་དགེ་བའི་རྩ་བ་ཐམས་ཅད་དང་འགྲོགས་པར་གྱུར་པ་རྣམས་དང་། ལམ་ངན་པས་བཅོམ་པར་གྱུར་པ་རྣམས་དང་། ཉམ་ང་བ་ཆེན་པོ་ཐོབ་པར་གྱུར་པ་རྣམས་སྤངས་ལགས་ཏེ། (༥ན)དེའི་ཚེ་ན་བསྐལ་པ་བཟང་པོ་ལ་སངས་རྒྱས་ཀྱི་ཞིང་མི་མཛེད་ན་

མིའི་ཚེ་ལོ་བརྒྱད་ཅུ་ཐུབ་པར་འགྱུར་བ་ཐམས་ཅད་སྐྱེས་བུ་དམ་པ་མཁས་པ་འདི་དག་གིས་སྤངས་ཤིང་བོར་བས་དེའི་ཚེ་སྲིད་པའི་ཐ་གྲོང་དང་འཁོར་བའི་འབྲུལ་འཁོར་ན་སྐྱོབ་པ་མ་མཆིས་པ་དང་། སྐྱབས་མ་མཆིས་པ་དང་། དཔུང་གཉེན་མ་མཆིས་པ་དང་། སྡུག་བསྔལ་གྱི་སྣོད་དུ་གྱུར་པའི་སེམས་ཅན་དེ་དག་སྤངས་ནས་རང་རང་གི་སངས་རྒྱས་ཀྱི་ཞིང་བཟང་དགུ་ཡོངས་སུ་བཟུང་ཞིང་ཤིན་ཏུ་དུལ་བ་དང་། བསམ་པ་ཡོངས་སུ་དག་པ་དང་། དགེ་བའི་རྩ་བ་བསྐྲུན་པ་དང་། བརྩོན་འགྲུས་བརྩམས་པ་དང་། སངས་རྒྱས་མང་པོ་ལ་ལྷག་པར་བགྱི་བ་བགྱིས་པའི་འདུལ་བ་རྣམས་ཡོངས་སུ་བཟུང་བ་དེ་ལྟ་བུ་མ་ལགས་སམ། དེ་བཞིན་གཤེགས་པ་རིན་པོ་ཆེའི་སྙིང་པོས་བཀའ་སྩལ་པ། བྲམ་ཟེ། དེ་བཞིན་ཏེ། སེམས་ཅན་བསམ་པ་ཇི་ལྟ་བ་བཞིན་དུ་སྨོན་ལམ་འདེབས་པར་བྱེད་ཅིང་། སངས་རྒྱས་ཀྱི་ཞིང་གི་ཡོན་ཏན་བཀོད་པ་ཡང་ཡོངས་སུ་བཟུང་བ་རྣམས་ངས་ཀྱང་དེ་ཉིད་དུ་ལུང་བསྟན་ཏོ། །བྲམ་ཟེ་རྒྱ་མཚོའི་རྡུལ་གྱིས་གསོལ་པ། བཙུན་པ་བཅོམ་ལྡན་འདས། བདག་ནི་དཔེར་བགྱི་ན་ཤིང་ཀེང་ཤུ་ཀའི་འདབ་མ་བཞིན་དུ་སྙིང་འདར་ཞིང་བདག་གི་ཡིད་ནི་ཤིན་ཏུ་སྐྱོ་ལ། བདག་གི་ལུས་ཐམས་ཅད་ནི་ཤ་ཐང་བར་གྱུར་ཅིང་མཆིས་ན། བཙུན་པ་བཅོམ་ལྡན་འདས། གལ་ཏེ་དེའི་ཚེ་བྱང་ཆུབ་སེམས་དཔའ་རྣམས་ཀྱིས་སྤངས་ཤིང་རྩོད་པ་ཆེན་པོའི་དུས་ཀྱི་མུན་པར་འཕངས་ཏེ་ཐམས་ཅད་ཀྱིས་ཡོངས་སུ་སྤངས་པའི་སེམས་ཅན་རྣམས་བདག་གི་སྙིང་རྗེའི་(༥བ)གནས་སུ་འགྱུར་བ་ལྟ་ན། བཙུན་པ་བཅོམ་ལྡན་འདས། བདག་མ་འོངས་པའི་དུས་བསྐལ་པ་གྲངས་མེད་པ་གངྒའི་ཀླུང་གཅིག་གི་བྱེ་མ་སྙེད་འདས་ནས་བསྐལ་པ་གྲངས་མ་མཆིས་པ་གངྒའི་ཀླུང་གི་བྱེ་མ་སྙེད་གཉིས་པ་ལ་བབ་པ་ན། བསྐལ་པ་བཟང་པོ་དེ་ལ་སྐྱེ་དགུའི་ཚེ་ལོ་སྟོང་ཐུབ་པ་ན་སྡོད་ཅིང་། བདག་ཡུན་རིང་པོ་དེ་སྲིད་དུ་བྱང་ཆུབ་ཀྱི་སྤྱོད་པ་སྤྱོད་པ་ན་འཁོར་བས་ཡོངས་སུ་མི་སྐྱོ་བར་གྱུར་ཅིག །ཅེས་སོགས་དང་། གང་དག་བསྐལ་པ་བྱེ་བ་

ཁྲག་ཁྲིག་དཔག་ཏུ་མ་མཆིས་གྲངས་མ་མཆིས་པ་དག་ཏུ་སྤྲོ་བ་བརྟན་པོའི་སྟོབས་ཀྱི་ཤུགས་ཀྱིས་སྤྱོད་པ་ལ་ཇི་ལྟར་སྔོན་ཆད་བྱང་ཆུབ་སེམས་དཔའ་བླ་ན་མེད་པ་ཡང་དག་པར་རྫོགས་པའི་བྱང་ཆུབ་ཀྱི་སླད་དུ་སྤྱད་པ་སྤྱོད་པ་འགས་ཀྱང་དེ་ལྟར་སྤྲོ་བ་བརྟན་པོའི་སྟོབས་ཀྱི་ཤུགས་ཀྱིས་ཤེས་རབ་ཀྱི་ཕ་རོལ་ཏུ་ཕྱིན་པ་ལ་མ་སྤྱད་ཅིང་། སླད་ཀྱི་བྱང་ཆུབ་སེམས་དཔའ་གང་དག་བླ་ན་མེད་པ་ཡང་དག་པར་རྫོགས་པའི་བྱང་ཆུབ་ཀྱི་སླད་དུ་སྤྱད་པ་སྤྱོད་པར་འགྱུར་བ་དག་ཀྱང་དེ་ལྟར་སྤྲོ་བ་བརྟན་པོའི་སྟོབས་ཀྱི་ཤུགས་ཀྱིས་ཤེས་རབ་ཀྱི་ཕ་རོལ་ཏུ་ཕྱིན་པ་ལ་སྤྱོད་པར་མི་འགྱུར་བ་དེ་ལྟ་བུ་ལ་བདག་སྤྱོད་པར་གྱུར་ཅིག །སླད་མའི་བྱང་ཆུབ་སེམས་དཔའ་སྙིང་རྗེ་ཆེན་པོ་དང་ལྡན་པ་གང་ལགས་པ་རྣམས་ཀྱང་ཚུལ་ཁྲིམས་ཀྱི་ཡོན་ཏན་ལ་འགོད་པར་གྱུར་ཅིག །བདག་གིས་སེམས་དང་པོ་བསྐྱེད་པས་ཀྱང་སླད་མའི་བྱང་ཆུབ་སེམས་དཔའ་རྣམས་ཀྱི་སྙིང་རྗེ་ཆེན་པོ་འགྲུབ་པར་གྱུར་ཅིག །ཅེས་སོགས་སྨོན་ལམ་ཆེན་པོ་ལྔ་བརྒྱ་བཏབ་ནས་མི་མཇེད་འཇིག་རྟེན་གྱི་ཞིང་(༧ན)འདི་བཟུང་ཞིང་། སྙིགས་མའི་འགྲོ་བ་རྣམས་ཀྱི་མགོན་སྐྱབས་དང་དཔུང་གཉེན་དུ་འབྱོན་པར་ཐུགས་དམ་བཅས་པ་ན། དེ་བཞིན་གཤེགས་པ་རིན་ཆེན་སྙིང་པོ་ལ་སོགས་པའི་ཕྱོགས་བཅུའི་རྒྱལ་བ་སྲས་བཅས་ཐམས་ཅད་ཀྱིས་ལེགས་སོ་ཞེས་རྒྱ་ཆེར་བསྔགས་ཤིང་། ལྷག་པར་དེ་བཞིན་གཤེགས་པ་རིན་ཆེན་སྙིང་པོས་འགྲན་ཟླ་ཐམས་ཅད་དང་བྲལ་བའི་མེ་ཏོག་པདྨ་དཀར་པོ་ལྟ་བུར་བསྔགས་ཏེ། ཇི་ལྟར་བསྔགས་པ་ནི། དེ་བཞིན་གཤེགས་པ་དགྲ་བཅོམ་པ་ཡང་དག་པར་རྫོགས་པའི་སངས་རྒྱས་རིན་པོ་ཆེའི་སྙིང་པོས། བྲམ་ཟེ་རྒྱ་མཚོའི་རྡུལ་ལ་ལེགས་སོ་ཞེས་བྱ་བ་བྱིན་ཏེ། བྲམ་ཟེ་ཆེན་པོ་སྙིང་རྗེ་ཆེན་པོ་དང་ལྡན་པ་ཁྱོད་སེམས་ཅན་བགྲང་བ་ལས་ཡང་དག་པར་འདས་པ་རྣམས་ལ་ཕན་པར་བྱེད་པ་དང་། འཇིག་རྟེན་ལ་སྣང་བར་བྱེད་པར་གྱུར་པ་ནི་སྙིང་རྗེ་དང་ལྡན་པ་ཡིན་ཏེ། ལེགས་སོ་ལེགས་སོ། །བྲམ་ཟེ། འདི་ལྟ་སྟེ། དཔེར་ན་མེ་

ཏོག་གི་ཞིང་ཕུན་སུམ་ཚོགས་པ་ཞིག་ལ། ཁ་དོག་སྣ་ཚོགས་དང་། དྲི་སྣ་ཚོགས་དང་། རེག་པ་སྣ་ཚོགས་དང་། འདབ་མ་སྣ་ཚོགས་དང་། སྡོང་བུ་སྣ་ཚོགས་དང་། རྩ་བ་སྣ་ཚོགས་དང་། སྨན་གྱི་ཡོ་བྱད་ཀྱི་གནས་སྣ་ཚོགས་ཡོད་དོ། །དེ་ལ་མེ་ཏོག་ཁ་ཅིག་གི་ཁ་དོག་དང་དྲིས་ནི་དཔག་ཚད་བརྒྱར། ཁ་ཅིག་གིས་ནི་དཔག་ཚད་ཉིས་བརྒྱར། ཁ་ཅིག་གིས་ནི་དཔག་ཚད་སུམ་བརྒྱར་ལྷང་ངེ་ལྷན་ནེ་བྱེད་ཅིང་། མེ་ཏོག་ཁ་ཅིག་གི་ཁ་དོག་དང་དྲིས་ནི་གླིང་བཞི་པའི་འཇིག་རྟེན་གྱི་ཁམས་ཐམས་ཅད་དུ་ལྷང་ངེ་ལྷན་ནེར་བྱེད་ལ། སེམས་ཅན་(༨བ)གང་དག་མིག་མེད་པ་དག་གིས་མེ་ཏོག་དེའི་དྲི་བསམས་ན་ནི་མིག་དག་ཐོབ་པར་འགྱུར། འོན་པ་རྣམས་ཀྱིས་ནི་རྣ་བ་དག་ཐོབ་པར་འགྱུར། ཡན་ལག་ཐམས་ཅད་ཀྱི་བར་དག་ཉམས་པ་རྣམས་ཀྱིས་ནི་ཡན་ལག་ཐམས་ཅད་ཐོབ་པར་འགྱུར་བ་དང་། སེམས་ཅན་གང་དག་ནད་བཞི་བརྒྱ་རྩ་བཞི་པོ་དག་གིས་གཙེས་པར་གྱུར་པ་དེ་དག་གིས་དྲི་དེ་བསྣམས་ན་ནི་ནད་ཐམས་ཅད་ལས་ཡོངས་སུ་ཐར་བར་འགྱུར་བ་དང་། སེམས་ཅན་གང་དག་སྨྱོས་པ་དང་། བརྒྱལ་བ་དང་། སྨྱོས་པ་དང་། རེངས་པ་དང་། སེམས་རྒྱུགས་པ་དང་། སེམས་རྣམ་པར་གཡེངས་པ་དང་། དྲན་པ་རབ་ཏུ་ཉམས་པ་རྣམས་ཀྱིས་མེ་ཏོག་དེ་དག་གི་དྲི་བསྣམས་ན་ནི་དྲན་པ་ཐམས་ཅད་ཐོབ་པར་འགྱུར་བ་ཞིག་ཡོད་ལ། མེ་ཏོག་གི་ཞིང་དེའི་ནང་ནས་པདྨ་དཀར་པོ་མཁྲང་བ། སྲ་བ། རྡོ་རྗེ་ལས་གྲུབ་པ། འཇམ་པ། སྡོང་བུ་ནི་བཻ་ཌཱུརྱ། འདབ་མ་ནི་གསེར། ཟེ་འབྲུ་ནི་རྡོའི་སྙིང་པོ། ཟེ་བ་ནི་མུ་ཏིག་དམར་པོ། འཕང་དུ་ནི་དཔག་ཚད་བརྒྱད་ཁྲི་བཞི་སྟོང་། རྒྱར་ནི་དཔག་ཚད་འབུམ་ཡོད་པ་གཅིག་ཅིག་སྐྱེས་པར་གྱུར་ལ་པདྨ་དཀར་པོ་དེའི་ཁ་དོག་དང་དྲིས་ཕྱོགས་བཅུའི་འཇིག་རྟེན་གྱི་ཁམས་སངས་རྒྱས་ཀྱི་ཞིང་གི་རྡུལ་ཕྲ་རབ་ཀྱི་རྡུལ་སྙེད་དག་ཏུ་ཁྱབ་ཅིང་ལྷང་ངེ་ལྷན་ནེར་གྱུར་ལ། ཁྱམ་ཟེ། ཕྱོགས་བཅུའི་འཇིག་རྟེན་གྱི་ཁམས་སངས་རྒྱས་ཀྱི་ཞིང་གི་རྡུལ་ཕྲ་རབ་ཀྱི་རྡུལ་སྙེད་པོ་དེ་དག་ན་སེམས་ཅན་གྱི་ཁམས་གང་

དག་ལུས་མི་མཐུན་པ་དང་། ནད་ཀྱིས་ཉེན་པ་དང་། ཡན་ལག་ཉམས་པ་དང་། སྨྱོས་པ་དང་། བརྒྱལ་བ་དང་། སྨྱོས་པ་དང་། (༧ན)གཉིད་ལོག་པ་དང་། དྲན་པ་རབ་ཏུ་ཉམས་པ་དང་། སེམས་རྣམ་པར་གཡེངས་པའི་སེམས་ཅན་དེ་དག་གིས་པདྨ་དཀར་པོ་དེའི་འོད་མཐོང་ཞིང་དྲི་བསྣམས་ན་ནད་ཐམས་ཅད་རབ་ཏུ་ཞི་བར་འགྱུར་ཞིང་དྲན་པ་ཡང་འཐོབ་པར་འགྱུར་བ་དང་། སངས་རྒྱས་ཀྱི་ཞིང་དེ་དག་ན་སེམས་ཅན་གང་དག་ཤི་ནས་ཡུན་རིང་པོ་མ་ལོན་ཞིང་། ལུས་མ་ཞིག་པ་དེ་དག་གི་རོ་ལ་པདྨ་དཀར་པོ་དེའི་འོད་ཟེར་དག་གིས་ཕོག་གམ། དྲིས་རེག་ན་རོ་དེ་དག་ཀུང་སྲོག་གི་དབང་པོ་འཐོབ་པར་འགྱུར་ཞིང་ཡང་ཕྱིས་ལངས་ཏེ་མཛའ་བཤེས་དང་སྔག་གི་གཉེན་མཚམས་དག་མཐོང་ནས་དེ་དག་ཐམས་ཅད་སྐྱིད་མོས་ཚལ་དུ་ཞུགས་ཏེ་འདོད་པའི་ཡོན་ཏན་ལྔ་པོ་དག་འབྱོར་ཞིང་ལྡན་པར་འགྱུར་ལ་གནས་པར་འགྱུར་བ་དང་། གང་དག་ཡང་དེ་ནས་ཤི་འཕོས་པར་འགྱུར་བ་དེ་དག་ཀུང་ཚངས་པའི་གནས་དག་པར་སྐྱེ་བར་འགྱུར་ལ། དེ་དག་དེར་ཚེ་དཔག་ཏུ་མེད་པར་འགྱུར་ཞིང་ཡུན་རིང་པོར་གནས་པར་འགྱུར་བ་དང་། དེ་ནས་ཤི་འཕོས་ནས་ཀུང་གཞན་དུ་སྐྱེ་བར་མི་འགྱུར་བ་ཞིག་ཡོད་ན། བྲམ་ཟེ། མེ་ཏོག་གི་ཞིང་དེ་ཇི་ལྟ་བར་ཐེག་པ་ཆེན་པོའི་འདུས་པ་འདི་ཡང་དེ་བཞིན་དུ་བལྟ་བར་བྱའོ། །ཇི་ལྟར་ཉི་མ་འཆར་བར་ཉེ་བར་གནས་པའི་དུས་ན་མེ་ཏོག་དེ་དག་ཁ་བྱེ་ཞིང་རབ་ཏུ་རྒྱས་པར་གྱུར་ནས་ལྷང་ངེ་ལྷན་ནེར་གྱུར་ཅིང་། ཁ་ཅིག་གི་འཕང་དུ་ནི་དཔག་ཚད་བརྒྱ། ཁ་ཅིག་གི་འཕང་དུ་ནི་དཔག་ཚད་སྟོང་གི་བར་དུ་གྱུར་ནས་སེམས་ཅན་མང་པོ་དེ་དག་གི་ནད་སྣ་ཚོགས་རབ་ཏུ་ཞི་བར་བྱེད་པ་དེ་ལྟར་ནི་འཇིག་རྟེན་དུ་སངས་རྒྱས་ཉི་མ་དེ་བཞིན་གཤེགས་པ་སྐྱེས་(༧བ)བུ་དམ་པ་བྱུང་བ་ཡིན་ནོ། །ཇི་ལྟར་ཉི་མ་ཤར་བའི་འོད་ཟེར་དག་གིས་མེ་ཏོག་དེ་དག་ཁ་བྱེ་ཞིང་ལྷམ་མེ་ལྷང་ངེ་ལྷན་ནེར་གྱུར་ནས། ནད་སྣ་ཚོགས་ཀྱིས་ཉེན་པའི་སེམས་ཅན་རྣམས་ཀྱི་ནད་ཉེ་བར་ཞི་བར་འགྱུར་བ་དེ་ལྟར་

ནི་སྐྱེས་བུ་དམ་པ་ང་འཛིག་རྟེན་དུ་བྱུང་སྟེ་ཐུགས་རྗེ་ཆེན་པོའི་འོད་ཟེར་དག་གིས་སེམས་ཅན་རྣམས་ལ་ཁྱབ་པར་མཛད་ཅིང་ཁ་ཕྱེ་ནས་ཡང་དང་ཡང་དུ་སེམས་ཅན་རྣམས་བསོད་ནམས་བྱ་བའི་དངོས་པོ་གསུམ་པོ་དག་ལ་མངོན་པར་སྦྱོར་བར་མཛད་པ་དང་། ཁྱོད་ཀྱིས་ཀྱང་སེམས་ཅན་ཚད་མེད་གྲངས་མེད་པ་དག་བླ་ན་མེད་པ་ཡང་དག་པར་རྫོགས་པའི་བྱང་ཆུབ་ཡང་དག་པར་འཛིན་དུ་བཅུག་ཅིང་། བརྩུད་དེ་རབ་ཏུ་བཀོད་ནས་ང་ལ་ཕུལ་བ་དེ་དག་ཐམས་ཅད་ཀྱིས་ངའི་དྲུང་དུ་སངས་རྒྱས་ཀྱི་ཞིང་དག་ཡོངས་སུ་བཟུང་སྟེ། ཁ་ཅིག་གིས་ནི་སངས་རྒྱས་ཀྱི་ཞིང་ཡོངས་སུ་དག་པ་དག་ཡོངས་སུ་བཟུང་། ཁ་ཅིག་གིས་ནི་ཡོངས་སུ་མ་དག་པ་དག་ཡོངས་སུ་བཟུང་ཞིང་རང་རང་གིས་སྨོན་ལམ་ཇི་ལྟར་བཏབ་པ་དེ་ལྟར་ངས་ཀྱང་ལུང་བསྟན་པ་ཡིན་ནོ། །ཞེས་སོགས་ཀྱིས་རྒྱ་ཆེར་བསྔགས་ཤིང་། བསྔགས་པ་དེའི་མཇུག་བསྡུ་བ་ན་འདི་ལྟར་གསུངས་ཏེ། བྲམ་ཟེ། འདི་ལྟ་སྟེ། དཔེར་ན། ཁྱོད་ནི་ད་ལྟར་སྨོན་ལམ་གྱི་དབང་གིས་དེ་བཞིན་གཤེགས་པའི་སྤྱན་སྔར་བྱང་ཆུབ་སེམས་དཔའ་དཔག་ཏུ་མེད་གྲངས་མེད་པ་རྣམས་ཀྱི་ནང་དུ། དགེ་བ་ལུང་བསྟན་པའི་ཞིང་དུ་སྙིང་རྗེ་པདྨ་དཀར་པོ་ལྟ་བུར་སྐྱེས་པ་ཡིན་ནོ། །

གང་གི་ཚེ་ཁྱོད་ཀྱིས་སྙིང་རྗེ་ཆེན་པོ་བརྗོད་པས་མཚམས་མེད་པ་བྱེད་པ་དང་། མི་དགེ་བའི་རྩ་བ་དང་ལྡན་པར་གྱུར་པའི་བར་(ནས)ཀྱི་འདུལ་བ་རྣམས་ཡོངས་སུ་བཟུང་ཞིང་སྙིགས་མ་ལྔ་བདོ་བའི་སངས་རྒྱས་ཀྱི་ཞིང་ཡོངས་སུ་བཟུང་བའི་ཚེ། ཕྱོགས་བཅུའི་སངས་རྒྱས་བཅོམ་ལྡན་འདས་སངས་རྒྱས་ཀྱི་ཞིང་གི་རྟུལ་ཕྲ་རབ་ཀྱི་རྟུལ་སྙེད་དག་གིས་ཀྱང་སྐྱེས་བུ་དམ་པ་ཁྱོད་ལ་ལེགས་སོ་ཞེས་བྱ་བ་བྱིན་ཏེ། ཐོ་ཉ་དག་ཀྱང་བཏང་ནས་ཁྱོད་ཀྱི་མིང་སྙིང་རྗེ་ཆེན་པོ་དང་ལྡན་པ་ཞེས་བྱ་བར་བཏགས་སོ། །འཁོར་འདི་དག་ཐམས་ཅད་ཀྱང་ཁྱོད་ལ་མཆོད་པའི་ལས་བྱ་བའི་ཕྱིར་བརྩོན་པར་གྱུར་ཏོ། །སྙིང་རྗེ་ཆེན་པོ་དང་ལྡན་པ་ཁྱོད་ནི་མ་འོངས་པའི་

དུས་ན་བསྐལ་པ་གྲངས་མེད་པ་གངྒཱའི་ཀླུང་གི་བྱེ་མ་སྙེད་གཅིག་འདས་ནས། ལྷག་མ་བསྐལ་པ་གྲངས་མེད་པ་གངྒཱའི་ཀླུང་གི་བྱེ་མ་སྙེད་གཉིས་པ་ལ་བབ་པ་ན་བསྐལ་པ་བཟང་པོ་ལ་འཇིག་རྟེན་གྱི་ཁམས་མི་མཇེད་དེར་སྐྱེ་དགུའི་ཚེ་ལོ་བརྒྱ་ཉི་ཤུ་ཐུབ་ཅིང། ན་བ་དང་འཆི་བ་མང་བའི་སངས་རྒྱས་ཀྱི་ཞིང་ན་འཇིག་རྟེན་ལྗོངས་པ། འདྲེན་པ་མེད་པ། མི་དགེ་བའི་རྩ་བ་དང་ལྡན་པར་གྱུར་ཅིང། སེམས་ཅན་ལམ་ངན་པས་བཅོམ་པ། ཉམ་ང་བ་ཆེན་པོ་ཐོབ་པ། མཚམས་མེད་པ་བྱེད་པ། འཕགས་པ་ལ་སྐུར་བ་འདེབས་པ། དམ་པའི་ཆོས་སྤོང་བ། ལྷུང་བའི་རྩ་བ་འབྱུང་བ་ནས། ཇི་སྐད་སྔར་སྨོས་པའི་བར་དག་ལྟ་བུས་གང་བའི་འཇིག་རྟེན་དུ་དེ་བཞིན་གཤེགས་པ་དགྲ་བཅོམ་པ་ཡང་དག་པར་རྫོགས་པའི་སངས་རྒྱས་རིག་པ་དང་ཞབས་སུ་ལྡན་པ་བདེ་བར་གཤེགས་པ་འཇིག་རྟེན་མཁྱེན་པ་སྐྱེས་བུ་འདུལ་བ་ཁ་ལོ་བསྒྱུར་བ་བླ་ན་མེད་པ་ལྷ་དང་མི་རྣམས་ཀྱི་སྟོན་པ་སངས་རྒྱས་བཅོམ་(༢བ)ལྡན་འདས་སུ་འགྱུར་ཏེ། འགྲོ་བའི་འཁོར་ལོ་ནི་བཟློག །ཆོས་ཀྱི་འཁོར་ལོ་ནི་བསྐོར། དབང་བསྒྱུར་བའི་བདུད་དང་ཉོན་མོངས་པའི་བདུད་ནི་བཅིལ་ཏེ། ཕྱོགས་བཅུའི་སངས་རྒྱས་ཀྱི་ཞིང་མཐའ་ཡས་མུ་མེད་པ་དག་ཏུ་སྒྲས་ཁྱབ་པར་བྱས་ནས་ཁྱོད་ཀྱི་ཉན་ཐོས་འདུས་པ་ཆེན་པོ་དག་འབྱུང་བར་འགྱུར་བ་འདི་ལྟ་སྟེ། དགེ་སློང་སྟོང་ཉིས་བརྒྱ་ལྔ་བཅུ་དང་ལྡན་ཅིག་སྨོན་ལམ་ཇི་ལྟར་བཏབ་པ་དེ་བཞིན་དུ་ལོ་བཞི་བཅུ་རྩ་ལྔར་རིམ་གྱིས་སངས་རྒྱས་ཀྱི་མཛད་པ་དེ་ལྟ་བུ་མཐའ་དག་ཡོངས་སུ་རྫོགས་པར་བྱེད་པར་འགྱུར་རོ། །དེའི་ཚེ་ཇི་ལྟར་རྒྱལ་པོ་ཆེན་པོ་བདུད་རྩི་དག་པ་འདི་འོད་དཔག་མེད་ཅེས་བྱ་བར་འགྱུར་ཞིང་། བསྐལ་པ་ཚད་མེད་པ་དག་གིས་སངས་རྒྱས་ཀྱི་མཛད་པ་མཐའ་དག་བྱེད་པར་འགྱུར་བ་དེ་བཞིན་དུ། སྙིང་རྗེ་ཆེན་པོ་དང་ལྡན་པ་ཁྱོད་ཀྱང་བསྐལ་པ་ཆེན་པོ་བཟང་པོ་ལ་འཇིག་རྟེན་གྱི་ཁམས་མི་མཇེད་དེར་སྐྱེ་དགུའི་ཚེ་ལོ་བརྒྱ་ཉི་ཤུ་ཐུབ་པ་ན་དེ་བཞིན་གཤེགས་པ་ཤཱཀྱ་ཐུབ་པ་ཞེས་བྱ་བར་འགྱུར་ཏེ། ལོ་བཞི་བཅུ་

རྩ་ལྷུར་སངས་རྒྱས་ཀྱི་མཛད་པ་དེ་ལྟ་བུ་མང་པོ་དག་བྱེད་པར་འགྱུར་རོ། །སྐྱེས་བུ་དམ་པ་ཁྱོད་ཟླ་ན་མེད་པའི་མྱ་ངན་ལས་འདའ་བས་ཡོངས་སུ་མྱ་ངན་ལས་འདས་ནས་ཀྱང་དམ་པའི་ཆོས་ལོ་སྟོང་ལྷག་པར་གནས་པར་འགྱུར་རོ། །སྐྱེས་བུ་དམ་པ་ཁྱོད་ཀྱི་དམ་པའི་ཆོས་ནུབ་ནས་ཀྱང་ལུས་ལས་སྐྱེས་པའི་སྐུ་གདུང་རྣམས་ཀྱང་རང་གིས་སྨོན་ལམ་ཇི་ལྟར་བཏབ་པ་དེ་ལྟར་སངས་རྒྱས་ཀྱི་མཛད་པ་མང་པོ་དག་བྱེད་པར་འགྱུར་ཏེ། སྔར་ཇི་སྐད་སྨྲས་པ་དེ་བཞིན་དུ་ཡུན་རིང་པོར་སེམས་ཅན་རྣམས་འདུལ་བར་འགྱུར་རོ། །ཞེས་རྒྱ་ཆེར་བསྔགས་ཤིང་(༨ན)ལུང་བསྟན་པ་དང་དབུགས་དབྱུང་བ་མཛད་པ་ལྟར་རོ། །

དེ་ལྟར་སྟོན་པ་ཐུགས་རྗེ་ཅན་འདི་ཉིད་ཀྱིས་རང་ཅག་སྙིགས་མའི་འགྲོ་བ་རྣམས་ཀྱི་དོན་དུ་ཐུགས་བསྐྱེད་ནས། ཇི་ལྟར་སྨོན་ལམ་བཏབ་པ་དེ་ལྟར་ངེས་པར་འགྲུབ་པའི་ཕྱིར་ཚོགས་བསགས་ཚུལ་ནི། མཛོད་ལས། རྣམ་གཟིགས་མར་མེ་རིན་ཆེན་གཙུག །གྲངས་མེད་གསུམ་གྱི་ཐ་མར་བྱུང་། །དང་པོ་ཤཱཀྱ་ཐུབ་པ་ཡིན། །ཞེས་གསུངས་པ་ལྟར། དེ་བཞིན་གཤེགས་པ་ཤཱཀྱ་ཐུབ་ཆེན་ནས་བཟུང་དེ་བཞིན་གཤེགས་པ་གཙུག་ཏོར་ཅན་འཇིག་རྟེན་དུ་བྱོན་པའི་བར་ལ་གྲངས་མེད་དང་པོ་དང་། དེ་ནས་དེ་བཞིན་གཤེགས་པ་མར་མེ་མཛད་འཇིག་རྟེན་དུ་བྱོན་པའི་བར་ལ་གྲངས་མེད་གཉིས་པ་དང་། དེ་ནས་དེ་བཞིན་གཤེགས་པ་རྣམ་གཟིགས་འཇིག་རྟེན་དུ་བྱོན་པའི་བར་ལ་གྲངས་མེད་གསུམ་པ་སྟེ། བསྐལ་ཆེན་གྲངས་མེད་གསུམ་དུ་ཚོགས་བསགས། དེ་ཡང་འདུལ་བ་ལུང་ལས། སངས་རྒྱས་ཤཱཀྱ་ཐུབ་པ་ནས། །འདྲེན་པ་ཡུལ་འཁོར་སྐྱོང་གི་བར། །བདུན་ཁྲི་ལྔ་སྟོང་ཚང་བ་ཡི། །སངས་རྒྱས་རྣམས་ནི་ངས་མཆོད་དོ། །སངས་རྒྱས་ལེགས་མཛད་ནས་བཟུང་སྟེ། །དབང་པོ་རྒྱལ་མཚན་ཐུབ་པའི་བར། །བདུན་ཁྲི་དྲུག་སྟོང་ཚང་བ་ཡི། །སངས་རྒྱས་རྣམས་ནི་ངས་མཆོད་དོ། །སངས་རྒྱས་མར་མེ་མཛད་ནས་ནི། །སངས་རྒྱས་འོད་སྲུངས་བར་དག

ཏུ། །བདུན་ཁྲི་བདུན་སྟོང་ཚང་བ་ཡི། །སངས་རྒྱས་རྣམས་ནི་ངས་མཆོད་དོ། །ཞེས་འབྱུང་བ་ལྟར། གྲངས་མེད་དང་པོ་ལ་དེ་བཞིན་གཤེགས་པ་ཤཱཀྱ་ཐུབ་(༨བ)ཆེན་ནས་བཟུང་དེ་བཞིན་གཤེགས་པ་ཡུལ་འཁོར་སྐྱོང་གི་བར་སངས་རྒྱས་བདུན་ཁྲི་ལྔ་སྟོང་དང་། གྲངས་མེད་གཉིས་པ་ལ་དེ་བཞིན་གཤེགས་པ་ལེགས་མཛད་ནས་བཟུང་དེ་བཞིན་གཤེགས་པ་དབང་པོ་རྒྱལ་མཚན་གྱི་བར་སངས་རྒྱས་བདུན་ཁྲི་དྲུག་སྟོང་དང་། གྲངས་མེད་གསུམ་པ་ལ་དེ་བཞིན་གཤེགས་པ་མར་མེ་མཛད་ནས་བཟུང་དེ་བཞིན་གཤེགས་པ་འོད་སྲུངས་ཀྱི་བར་སངས་རྒྱས་བདུན་ཁྲི་བདུན་སྟོང་ལ་བསྙེན་བཀུར་ཞིང་མཆོད་པས་མཉེས་པར་མཛད་དེ་ཚོགས་གཉིས་བར་མ་ཆད་དུ་བསགས་སོ། །དེ་ཡང་ཟླ་བ་སྒྲོན་མའི་མདོ་ལས། སངས་རྒྱས་དག་ནི་བྱེ་བ་ཁྲག་ཁྲིག་དང་། །དེ་ལས་ལྷག་པ་གང་གའི་བྱེ་མ་སྙེད། །ཀུན་ཀྱང་བྱ་རྒོད་ཕུང་པོ་འདིར་བཞུགས་ཏེ། །མི་དབང་དེ་ཀུན་ང་ཡིས་བཀུར་སྟི་བྱས། །ཞེས་སོགས་རྒྱ་ཆེར་གསུངས་པ་ལྟར། སྟོན་པས་སློན་སློབ་པ་ལམ་གྱི་གནས་སྐབས་སུ་སངས་རྒྱས་གྲངས་མེད་དཔག་ཏུ་མེད་པ་གང་གའི་ཀླུང་གི་བྱེ་མ་སྙེད་དག་ལ་བསྙེན་བཀུར་ཞིང་མཆོད་པར་མཛད་ནས་རྫོགས་སྨིན་སྦྱང་གསུམ་གྱི་སྦྱོད་པ་མཐར་ཕྱིན་པར་མཛད་དེ་གཞི་དང་སྙིང་པོ་མེ་ཏོག་གིས་བརྒྱན་པ་ཞེས་བྱ་བའི་འོག་མིན་གྱི་ཞིང་དུ་ངེས་པ་ལྔ་ལྡན་ལོངས་སྤྱོད་རྫོགས་སྐུ་མངོན་དུ་མཛད་དེ། སྐུ་དེ་ལས་ནམ་ཡང་གཡོ་བ་མེད་བཞིན་དུ་མཁའ་ཁྱབ་ཀྱི་ཞིང་ཐམས་ཅད་དུ་གདུལ་བྱ་རང་རང་གི་དབང་པོ་དང་འཚམ་པའི་སྤྲུལ་པ་བསྟན་ནས་སེམས་ཅན་གྱི་དོན་མཛད་པ་ལས། སྟོན་གྱི་ཐུགས་བསྐྱེད་དང་། (༡༠ན) སྨོན་ལམ་དུས་སུ་སྨིན་ཏེ་མི་མཇེད་འཇིག་རྟེན་གྱི་ཞིང་འདིར་མཆོག་གི་སྤྲུལ་སྐུའི་མཛད་པ་སྟོན་དུ་ཉེ་བར། དགའ་ལྡན་དུ་ལྷའི་བུ་དམ་པ་ཏོག་དཀར་པོ་ཞེས་བྱ་བ་སྐྱེ་བ་གཅིག་ཐོགས་ཀྱི་བྱང་ཆུབ་སེམས་དཔའི་ཚུལ་བཟུང་སྟེ་དགའ་ལྡན་གྱི་ལྷ་རྣམས་ལ་ཆོས་སྟོན་ཅིང་བཞུགས་པ་ལས་ཞིང་འདིར་འགྲོན་པར་ཉེ་བའི་ཚེ་ཕྱོགས་བཅུའི་

སངས་རྒྱས་རྣམས་ཀྱི་མཐུས་སིལ་སྙན་དང་སྒྲུ་དབྱངས་དང་དཔག་བསམ་གྱི་ཤིང་ལྗུང་གིས་བསྒྲོད་པའི་སྒྲ་དག་ལས། བསོད་ནམས་རྒྱ་ཆེན་ཚོགས་མངའ་དྲན་རྟོགས་དང་། །བློ་གྲོས་མཐའ་ཡས་ཤེས་རབ་འོད་མཛད་པ། །མཚུངས་མེད་སྟོབས་མངའ་སྒྱུ་རྩལ་རྒྱ་ཆེ་བ། །མར་མེ་མཛད་ཀྱིས་ལུང་བསྟན་དགོངས་པར་མཛོད། །རྒྱ་ཆེན་དྲི་མ་མེད་པའི་ཐུགས་མངའ་བ། །དྲི་མ་གསུམ་སྤངས་རྒྱུགས་དང་སྐྱོན་ཞི་བ། །དགེ་བ་དྲི་མེད་རྣམ་པར་དག་པའི་ཐུགས། །སྟོན་ཆེ་ཛེ་ལྟར་སྤྲིན་སྤྱོད་དགོངས་པར་མཛོད། །ཞི་གནས་ཚུལ་ཁྲིམས་བརྟུལ་ཞུགས་བཟོད་པ་དང་། །དུལ་དང་བརྩོན་འགྲུས་བསམ་གཏན་ཤེས་རབ་སྟོབས། །བསྐལ་པ་བྱེ་བ་ཁྲག་ཁྲིག་རྣམས་སྤྱོད་པ། །སྤྱོད་རིགས་ཆེར་བྱུང་དགོངས་མཛོད་དགོངས་པར་མཛོད། །སེམས་ཅན་རྣམས་ལ་ཐུགས་བརྩེ་མཛད་གྱུར་ཅིང་། །སངས་རྒྱས་བྱེ་བ་ཁྲག་ཁྲིག་ཕྱོད་ཀྱིས་མཆོད། །དགོངས་མཛོད་དགོངས་པར་མཛོད་ཅིག་གྲགས་མཐའ་ཡས། །དེའི་དུས་ལགས་ཀྱིས་བཏང་སྙོམས་མ་མཛད་ཅིག །ཅེས་སོགས་འཛམ་བུའི་གླིང་དུ་ཕྱོན་ནས་ཆོས་ཀྱི་འཁོར་ལོ་རྒྱ་ཆེར་བསྐོར་དགོས་པར་བསྐུལ་བ་ན་དགའ་ལྡན་གྱི་ལྷ་རྣམས་ལ་ཆོས་སྣང་བའི་སྒོ་བརྒྱ་རྩ་བརྒྱད་བསྟན་(༧༠བ)ཅིང་བྱང་ཆུབ་སེམས་དཔའ་སེམས་དཔའ་ཆེན་པོ་བྱམས་པ་རྒྱལ་ཚབ་ཏུ་དབང་བསྐུར་ནས་གཟིགས་པ་ལྔ་ལ་གཟིགས་ཏེ་དགའ་ལྡན་གྱི་གནས་ནས་བབས་ཏེ། ལེགས་སྦྱར་གྱི་སྐད་དུ། ཨརྠ་སིདྡྷི། བོད་ཀྱི་སྐད་དུ་དོན་གྲུབ་ཅེས་པ་ས་མོ་ལུག་གི་ལོ་དཔྱིད་ཟླ་ཐ་ཆུང་ས་ག་ཟླ་བའི་ཚེས་བཅོ་ལྔའི་ཉིན་ཡུམ་སྒྱུ་འཕྲུལ་མ་སྐྱིད་མོས་ཚལ་གྱི་གཞལ་མེད་ཁང་ཆེན་པོར་གསོ་སྦྱོང་མཛད་པའི་ལྟུམས་སུ་ཞུགས་སོ། །ཡུམ་གྱི་ལྟུམས་སུ་བཞུགས་པའི་སྐབས་ཚངས་པ་དང་བརྒྱ་བྱིན་དང་འཇིག་རྟེན་སྐྱོང་བ་བཞི་དང་ཀླུའི་རྒྱལ་པོ་དགའ་བོ་ཉེ་དགའ་སོགས་དཀར་ཕྱོགས་སྐྱོང་བའི་ལྷ་དང་ཀླུ་དང་གནོད་སྦྱིན་དང་དྲི་ཟ་དང་གྲུལ་བུམ་དང་མིའམ་ཅི་སོགས་བགྲང་བ་ལས་འདས་པ་ཞིག་གིས་ཉིན་རེ་བཞིན་མཆོད་ཅིང་།

དེ་དག་ལ་ཆོས་བསྟན་ཏེ་སྨིན་གྲོལ་ལ་འགོད་པར་མཛད་དོ། །དེ་ལྟར་ཟླ་བ་བཅུའི་རིང་ལ་ལྷ་ལ་སོགས་པ་སེམས་ཅན་མང་པོའི་དོན་མཛད་ཅིང་ཟླ་བ་བཅུ་སོང་བ་ན་དྲུག་པོ་ཞེས་པ་ཞུགས་པོ་སྤྲེའུའི་ལོ་སྦྱོར་བཏང་དུ་དབོ་ཟླ་བའི་ཚེས་བཅོ་ལྔ་ལ་བབ་གྱུར། བསྟན་རྩིས་འགའ་ཞིག་ལས་ཤོལ་གྱི་དབང་གིས་མཆུ་ཟླ་བའི་བཅོ་ལྔ་ལ་བལྟམས་ཞེས་འབྱུང་། ཇི་ལྟར་ཡང་། ཟླ་བ་བཅུ་སོང་བའི་ཚེས་བཅོ་ལྔའི་ཉིན་ཡུམ་སྒྱུ་འཕྲུལ་མ་གསོ་སྦྱོང་མཛད་ཅིང་ལུམྦི་ཞེས་བྱ་བའི་སྐྱིད་མོས་ཚལ་ཆེན་པོར་འཁོར་ཁྲི་ཁྲག་མང་པོ་དང་། ལྷ་དང་མིའི་མཆོད་པའི་རྫས་བསམ་གྱིས་མི་ཁྱབ་པ་དང་བཅས་སྐུ་འཆག་ཅིང་བཞུགས་པ་ན་པླཀྵ་ཞེས་བྱ་བའི་རིན་པོ་ཆེའི་ཤིང་གི་ཡལ་ག་ལ་ཕྱག་གཡས་(༡༡ན)པས་འཇུས་ཏེ་བྱ་རྒྱང་བྱེད་ཅིང་གནམ་དུ་གཟིགས་པ་ན། རྩིབ་ལོགས་གཡས་ནས་གསེར་གྱི་མཆོད་སྡོང་ཉི་མ་བྱེ་བའི་མདངས་དང་ལྡན་པ་སྒོ་བུར་དུ་ཐོན་པ་ལྟར་དུ་སྐུ་བལྟམས། དེའི་ཚེ་ནམ་མཁའ་ཐམས་ཅད་ལྷའི་མཆོད་རྫས་ཀྱིས་གང་ཞིང་། ཚངས་པ་དང་བརྒྱ་བྱིན་གཉིས་ཀྱིས་ལྷའི་གོས་ཀཱ་ཤི་ཀས་ལྡེབས་ཏེ་བྱང་ཆུབ་སེམས་དཔའི་སྐུ་ལུས་ནམ་མཁའ་ལ་བླངས་པ་ན་ང་ཐོངས་གསུངས་ཏེ་ས་ལ་ཞབས་བཞག་ནས་ཕྱོགས་བཞིར་གོམ་པ་བདུན་བདུན་བོར་ཏེ། འཇིག་རྟེན་འདི་ན་ང་ཉིད་མཆོག་གོ་ཞེས་སོགས་སེང་གེའི་སྒྲ་དབྱངས་ཆེན་པོ་བསྒྲགས་སོ། །དེ་ལྟར་སྐུ་བལྟམས་ནས་དགུང་ལོ་ཉི་ཤུ་རྩ་དགུའི་བར་ཤཱཀྱའི་ཕོ་བྲང་ཆེན་པོར་བཞུགས་ནས་གཞོན་ནུ་རོལ་རྩེད་ལ་སོགས་པ་ཐབས་མཁས་ཀྱི་སྤྱོད་པའི་སྒོ་ནས་ལྷ་མི་བགྲང་བ་ལས་འདས་པ་ཐེག་པ་གསུམ་གྱི་ལམ་ལ་བཀོད་ཅིང་སྨིན་པར་མཛད། དེ་ནས་དགུང་ལོ་ཉི་ཤུ་རྩ་དགུ་ལ་བབ་པ་ཀུན་འཛིན་ཅེས་པ་ས་ཕོ་བྱི་བའི་ལོ་འཁོར་ལོས་བསྒྱུར་བའི་དཔལ་ཐམས་ཅད་མཆིལ་མའི་ཐལ་བ་བཞིན་དུ་བོར་ནས་ཁྱིམ་ནས་ཁྱིམ་མེད་པར་རབ་ཏུ་བྱུང་སྟེ། རང་གི་དབུ་སྐྲ་རང་གིས་བཅད་ཅིང་ན་བཟའ་ངུར་སྨིག་གསོལ་ནས་ནཻ་རཉྫ་ནའི་ཆུ་ཀླུང་གི་འགྲམ་དུ་ལོ་དྲུག་ཏུ་དཀའ་བ་སྤྱད་དེ་བསམ་གཏན་ལ་

རྩེ་གཅིག་ཏུ་བཞུགས། དེ་ནས་འཚང་རྒྱ་བའི་དུས་ལ་བབ་པ་ན་བསམ་གཏན་དེ་ལས་བཞེངས་ཏེ་སྐུའི་སྟོབས་བསྐྱེད་ནས། མ་ག་དྷ་རྡོ་རྗེའི་གདན་དུ་ཕེབས་ནས་ཨ་ཤྭད་ཐ་ཞེས་བྱ་བའི་བྱང་(༡༡བ)ཆུབ་ཀྱི་ཤིང་གི་དྲུང་དུ་ཐུན་མོང་བ་གདུལ་བྱའི་སྣང་ངོར་རྩྭའི་གདན་དང་། ཐུན་མོང་མིན་པར་སེང་གེའི་ཁྲི་ཆེན་པོའི་སྟེང་དུ་བཞུགས་ནས་སྲིད་ལ་བདུད་བྱེ་བ་ཕྲག་དུང་ཕྱུར་བྱམས་པའི་ཏིང་ངེ་འཛིན་གྱིས་བཏུལ། དགུང་ལོ་སོ་ལྔ་ལ་བབ་པ་རྒྱལ་བ་ཞེས་པ་ཤིང་ཕོ་རྟའི་ལོ་ས་ག་ཟླ་བའི་ཚེས་བཅོ་ལྔའི་ཐོ་རེངས་མངོན་པར་རྫོགས་པར་སངས་རྒྱས་པའི་ཚུལ་བསྟན་ཏོ། །དེ་ནས་རིམ་གྱིས་ཝཱ་ར་ཎ་སིར་ཕེབས་ནས་ཤིང་རྟ་ཟླ་བ་དྲུག་པའི་ཚེས་བཞིའི་ཐོ་རེངས་ཀྱི་དུས་སུ་ཀཽ་ཎྜི་ནྱ་ལ་སོགས་པའི་ལྔ་སྡེ་རྣམས་དང་། ཕྱོགས་བཅུ་ནས་ལྷགས་པའི་བྱང་ཆུབ་སེམས་དཔའ་རྣམས་དང་། ཚངས་པ་དང་། བརྒྱ་བྱིན་དང་། ལྷའི་སྲས་པོ་བརྒྱད་ཁྲིས་གཙོ་བྱས་པའི་ལྷའི་འཁོར་གྲངས་མེད་པ་དང་། གཞན་ཡང་གནོད་སྦྱིན་དང་ཀླུ་ལ་སོགས་པ་ས་དང་ནམ་མཁའི་དབྱིངས་ཐམས་ཅད་ཡོངས་སུ་གང་བའི་འཁོར་གྱི་དཀྱིལ་འཁོར་ཆེན་པོ་ལ་ཆོས་ཀྱི་འཁོར་ལོ་བསྐོར་ཏེ། དེ་ཡང་ལྔ་སྡེ་གདུལ་བྱའི་གཙོ་བོར་བྱས་ནས། དགེ་སློང་དག་འདི་ནི་སྡུག་བསྔལ་འཕགས་པའི་བདེན་པ་སྟེ་ཤེས་པར་བྱའོ། །འདི་ནི་ཀུན་འབྱུང་འཕགས་པའི་བདེན་པ་སྟེ་སྤང་བར་བྱའོ། །འདི་ནི་འགོག་པ་འཕགས་པའི་བདེན་པ་སྟེ་མངོན་དུ་བྱའོ། །འདི་ནི་ལམ་འཕགས་པའི་བདེན་པ་སྟེ་བསྒོམ་པར་བྱའོ། །ཞེས་སོགས་གསུངས་པས། ཀུན་ཤེས་ཀཽ་ཎྜི་ནྱའི་རྒྱུད་ལ་མཐོང་ལམ་སྐྱེས་ཏེ། དེའི་ཚེ་ལྷ་རྣམས་ཀྱིས་ཆེད་དུ་བརྗོད་པ་ཆེད་དུ་བརྗོད་ནས་མེ་ཏོག་གི་ཆར་ཕུལ་མོ་ནུབ་ཙམ་ཕབ་ས་རྣམ་(༡༢ན)པ་དྲུག་ཏུ་གཡོས་སོ། །དེ་ནས་སླར་ཡང་བདེན་པ་བཞི་ལན་གཉིས་སུ་བཟླས་ཏེ་གསུངས་པས་ལྔ་སྡེ་ལྷག་མ་རྣམས་ཀྱི་རྒྱུད་ལ་མཐོང་ལམ་སྐྱེས་ཤིང་། ཀཽ་ཎྜི་ནྱས་དགྲ་བཅོམ་ཐོབ་སྟེ་རྣམ་སྨྲར་གྱི་རྒྱལ་མཚན་འཛིན་པའི་མཆོག་ཏུ་ལུང་བསྟན། དེ་ནས་སླར་ཡང་

བདེན་པ་བཞི་ལན་གསུམ་དུ་བཟླས་ཏེ་རྒྱ་ཆེར་གསུངས་པས་ལྔ་སྡེ་ལྷག་མ་རྣམས་ཀྱིས་ཀྱང་དགྲ་བཅོམ་ཐོབ་སྟེ། སྟོན་པ་ཡང་དག་པར་རྫོགས་པའི་སངས་རྒྱས། དེས་བསྟན་པའི་ལུང་གི་ཆོས། ཆོས་དེའི་དོན་ཉམས་སུ་བླངས་པས་འབྲས་བུ་མངོན་དུ་གྱུར་པ་འཕགས་པ་དགྲ་བཅོམ་པའི་ཚོགས་ཏེ། དཀོན་མཆོག་གསུམ་མངོན་དུ་གྱུར་ནས་འཇིག་རྟེན་འདིར་རྒྱལ་བའི་བསྟན་པ་ཐོག་མར་བྱོན་པ་ཡིན་ཞིང་། དུས་དེ་ལ་ཆོས་འཁོར་བསྐོར་བའི་དུས་ཞེས་ཡོངས་སུ་གྲགས་སོ། །དེ་ནས་རིམ་གྱིས་ཡུལ་གཞན་དང་དུས་གཞན་དག་ཏུ་འདུལ་བ་ལུང་དང་། མདོ་སྡེ་དྲན་པ་ཉེར་བཞག་དང་། རྒྱ་ཆེར་རོལ་པའི་མདོ་དང་། མདོ་སྡེ་ལས་བརྒྱ་པ་དང་། རྟོགས་བརྗོད་བརྒྱ་པ་ལ་སོགས་པ་འཁོར་ལོ་དང་པོའི་སྡེར་གཏོགས་ཀྱི་མདོ་སྡེ་མཐའ་ཡས་པ་ཞིག་བཀའ་སྩལ་ཏོ། །དེ་ནས་དགུང་ལོ་བཞི་བཅུ་ཞེ་གཅིག་ཏུ་ཕེབས་པ་ལྟུགས་ཕོ་བྱི་བའི་ལོ་སུམ་ཅུ་རྩ་གསུམ་དུ་དབྱར་གནས་མཛད་དེ། ཡུམ་སྒྱུ་འཕྲུལ་མ་སུམ་ཅུ་རྩ་གསུམ་དུ་སྐྱེ་བ་བཞེས་པ་དེས་གཙོ་བྱས་ལྷ་རྣམས་ལ་ཆོས་བསྟན་ནས་དབྱར་ཟླ་བ་གསུམ་སོང་བ་ན། མོའུ་འགལ་གྱི་བུ་ཆེན་པོས་སུམ་ཅུ་རྩ་གསུམ་དུ་བྱོན་ནས་སྟོན་པ་ལ་འཛམ་བུའི་གླིང་དུ་འབྱོན་པར་གསོལ་བ་བཏབ་པ་ན་ཞག་བདུན་ནས་འོང་(༡༢བ)ཞེས་ཞལ་གྱིས་བཞེས། དེ་ལྟར་ཟླ་བ་དགུ་པའི་ཚེས་བཅོ་ལྔ་ལ་དབྱར་གནས་རྫོགས་པ་ནས་ཞག་བདུན་སོང་བ་ཟླ་བ་དགུ་པའི་ཚེས་ཉེར་གཉིས་ལ་སུམ་ཅུ་རྩ་གསུམ་ནས་རིན་པོ་ཆེའི་ཐེམ་སྐས་ལ་འབབ་པ་དང་། རྫུ་འཕྲུལ་སྤྲུལ་མས་འཛམ་བུའི་གླིང་དུ་ཕེབས་ཏེ། དུས་དེ་ལ་ལྷ་ལས་བབས་པའི་དུས་ཆེན་ཞེས་ཡོངས་སུ་གྲགས་སོ། །དེ་ནས་རིམ་གྱིས་ཡུལ་སྣ་ཚོགས་སུ་ཆོས་ཀྱི་འཁོར་ལོ་བསྐོར་ཞིང་། དགུང་ལོ་ང་བདུན་ལ་བབ་པ་མེ་ཕོ་འབྲུག་གི་ལོ་མཉན་ཡོད་དུ་ཆོ་འཕྲུལ་ཆེན་པོ་བསྟན། དེ་ནས་བྱ་རྒོད་ཕུང་པོའི་རི་ལ་སོགས་པར་ཤེར་ཕྱིན་གྱི་མདོ་སྡེ་རིན་པོ་ཆེ་རྒྱས་འབྲིང་བསྡུས་གསུམ་དང་། ཏིང་ངེ་འཛིན་རྒྱལ་པོའི་མདོ་དང་། སངས་རྒྱས་ཕལ་པོ་ཆེ་དང་།

འཕགས་པ་དཀོན་མཆོག་བརྩེགས་པ་ཆེན་པོ་སོགས་བཀའ་བར་པའི་སྡེར་གཏོགས་ཀྱི་མདོ་མཐའ་ཡས་པ་གསུངས། དེ་ནས་ཡངས་པ་ཅན་ལ་སོགས་པར་མདོ་སྡེ་དགོངས་འགྲེལ་སོགས་བཀའ་ཐ་མའི་སྡེར་གཏོགས་ཀྱི་མདོ་རྣམས་གསུངས། གསང་སྔགས་ཀྱི་ཆོས་འཁོར་བསྐོར་ཚུལ་ནི། བྱ་རྒོད་ཕུང་པོར་ཤེར་ཕྱིན་གྱི་མདོ་གསུང་བ་དང་དུས་མཉམ་དུ་དཔལ་ལྡན་འབྲས་སྤུངས་ཀྱི་མཆོད་རྟེན་དུ་དཔལ་དུས་ཀྱི་འཁོར་ལོ་སོགས་སྔགས་བླ་མེད་ཀྱི་ཆོས་མཐའ་ཡས་པ་གསུངས། དེ་བཞིན་དུ་རི་རབ་ཀྱི་རྩེ་དང་། སུམ་ཅུ་རྩ་གསུམ་གྱི་གནས་དང་། དགའ་ལྡན་གྱི་གནས་དང་། གནས་གཙང་མ་ལ་སོགས་པའི་ལྷ་གནས་མང་པོ་དང་། ཀླུའི་གནས་དང་། གནོད་སྦྱིན་གྱི་གནས་དང་། (༧༣ན)ཨོ་ཊི་ཡ་ན་ལ་སོགས་པའི་འཛམ་བུའི་གླིང་གི་གནས་ཁྱད་པར་ཅན་མང་པོར་གསང་སྔགས་རྒྱུད་སྡེ་བཞིའི་ཆོས་མཐའ་ཡས་པ་གསུངས་སོ། །དེ་ལྟར་སྡེ་སྣོད་གསུམ་དང་རྒྱུད་སྡེ་བཞིའི་ཆོས་མཐའ་ཡས་མུ་མེད་པ་ཞིག་བཀའ་སྩལ་པ་དེ་དག་ཀྱང་། ཇི་སྐད་དུ། ལྷ་ཡི་སྐད་དང་ཀླུ་དང་གནོད་སྦྱིན་སྐད། །གྲུལ་བུམ་དག་དང་མི་ཡི་སྐད་རྣམས་དང་། །འགྲོ་བ་ཀུན་གྱི་སྒྲ་རྣམས་ཇི་ཙམ་པ། །ཐམས་ཅད་སྐད་དུ་བདག་གིས་ཆོས་བསྟན་ཏོ། །ཞེས་གང་གསུངས་པ་ལྟར། ལྷ་དང་ཀླུ་ལ་སོགས་པ་འགྲོ་བ་རང་རང་གི་སྐད་དང་མཐུན་པར་སྟོན་པར་མཛད་ཅིང་གསུང་གཅིག་ཉིད་འགྲོ་བ་རང་རང་གི་སྐད་དང་མཐུན་པར་གོ་བ་དང་། རང་རང་གི་དབང་པོ་དང་བསམ་པ་དང་འཚམ་པའི་ཆོས་མཐའ་ཡས་པ་འབྱུང་བ་དང་། སྐུའི་བ་སྤུའི་ཁུང་བུ་རེ་རེ་ནས་ཀྱང་ཆོས་ཀྱི་རྣམ་གྲངས་མཐའ་ཡས་མུ་མེད་པ་རྒྱུན་དུ་འབྱུང་བས་རྒྱལ་བས་གསུངས་པའི་ཆོས་ཐམས་ཅད་ནི་རྒྱལ་བ་རང་ཉིད་མ་གཏོགས་སུས་ཀྱང་བརྗོད་པར་མི་ནུས་ལ། འོན་ཀྱང་གདུལ་བྱའི་ཉོན་མོངས་པའི་གཉེན་པོ་དང་མཐུན་པར་སྟོམ་གྱིས་བསྡུས་པ་ནི་ཆོས་ཀྱི་ཕུང་པོ་བརྒྱད་ཁྲི་བཞི་སྟོང་བཀའ་སྩལ་ཅེས་འབྱུང་ངོ་། །

དེ་ལྟར་སྟོན་པ་ཐུགས་རྗེ་ཅན་དེ་ཉིད་ཀྱིས་ཐེག་པ་ཆེ་ཆུང་གི་ཆོས་ཀྱི་འཁོར་

ལོ་མཐའ་ཡས་པ་ཞིག་བསྐོར་ཏེ་ལྷ་མི་བགྲང་བ་ལས་འདས་པ་སྨིན་ཅིང་གྲོལ་བར་མཛད་ནས། སྐུ་དངོས་ཀྱི་གདུལ་བྱ་ཀུན་དུ་རྒྱུ་རབ་བཟང་དང་། དྲི་ཟའི་རྒྱལ་པོ་རབ་དགའ་གཉིས་འདུལ་བའི་དུས་ལ་བབ་པ་ན་གྲོང་ཁྱེར་རྩྭ་ཅན་དུ་ཕེབས་ནས་དྲི(༧༣བ)ཟའི་རྒྱལ་པོ་རབ་དགའ་བཏུལ་ཏེ་བདེན་པ་མཐོང་བ་ལ་བཀོད། ཀུན་དུ་རྒྱུ་རབ་བཟང་ཆོས་བསྟན་ནས་དགྲ་བཅོམ་པའི་གོ་འཕང་ལ་བཀོད། དེ་ནས་སྟོན་པས་འཁོར་རྣམས་ལ་བཀའ་སྩལ་པ། འཁོར་རྣམ་བཞིས་ཕན་བདེར་འགྱུར་བའི་གསུང་རབ་ཡན་ལག་བཅུ་གཉིས་བསྒྲག །སྟོན་པ་སོ་ཐར་ལ་གྲིས། རྐན་པས་གཞོན་པ་རྣམས་ཡོ་བྱད་ཀྱིས་བསྡུ། གཞོན་པས་རྐན་པའི་མིང་འབོད་མི་བྱ། དད་པ་ཅན་ལ་སྟོན་པ་འབྱུངས་པ། སངས་རྒྱས་པ། ཆོས་གསུངས་པ། མྱ་ངན་ལས་འདས་པའི་ཕྱོགས་བཞི་བསྟན་པར་བྱའོ། །དགེ་སློང་དག་དཀོན་མཆོག་གསུམ་དང་བདེན་པ་བཞི་ལ་ཐེ་ཚོམ་ཡོད་ན་ཞུས་ཤིག །ཅེས་གསུངས་ནས་སྐུའི་སྟོད་གཡོགས་བསལ་ཏེ། དགེ་སློང་དག་དེ་བཞིན་གཤེགས་པ་བལྟ་བ་ནི་རྙེད་པར་དཀའ་ཡི། དེ་བཞིན་གཤེགས་པའི་སྐུ་ལ་ལྟོས་ཤིག །དགེ་སློང་དག་རེ་ཞིག་ཅང་མ་སྨྲ་ཞིག་དང་། འདི་ལྟར་འདུས་བྱས་ཐམས་ཅད་ནི་འཇིག་པའི་ཆོས་ཅན་ཡིན་ཏེ། དེ་ལ་འདི་ནི་དེ་བཞིན་གཤེགས་པའི་གསུང་གི་ཐ་མ་ཡིན་ནོ། །ཞེས་གསུངས་ནས་ཤིང་སཱ་ལ་ཟུང་གི་འགྲམ་དུ་མ་འོངས་པ་ན་བྱང་ཕྱོགས་གངས་རིའི་ལྗོངས་འདིར་རྒྱལ་བ་རང་ཉིད་ཀྱི་བསྟན་པ་ཡོངས་སུ་རྫོགས་པ་རྒྱ་ཆེར་དར་བར་འགྱུར་རོ་ཞེས་སྟོན་ཕྱིར་དབུ་བྱང་ཕྱོགས་སུ་བསྟན་ནས། དགུང་ལོ་བརྒྱད་ཅུ་སོང་ནས་གྱ་གཅིག་གི་ཐོག་ཏུ་ཕེབས་པ་རྣམ་གནོན་ཞེས་པ་ལྕགས་ཕོ་འབྲུག་གི་ལོ་ས་ག་ཟླ་བའི་ཚེས་བཅོ་ལྔའི་ཉིན་དོན་དམ་པར་ནམ་མཁའ་མ་ཟད་ཀྱི་བར་དུ་གཟུགས་སྐུའི་བཀོད་པ་དང་འཕྲིན་ལས་རྒྱུན་འཆད་པ་མེད་ཀྱང་གདུལ་བྱ་རྟག་འཛིན་ཅན་རྣམས་ཆོས་ལ་བསྐུལ་བ་དང་། དེ་བཞིན་གཤེགས་པ(༧༤ན)འཇིག་རྟེན་དུ་འབྱུང་བ་ཤིན་ཏུ་དཀོན་ཞིང་རྙེད་པར་དཀའོ་ཞེས་འདོམས་པ་དང་། སྟོན་

ཀྱི་ཐུགས་བསྐྱེད་དང་སྨོན་ལམ་གྱི་དབང་སོགས་ཀྱིས་མྱ་ངན་ལས་འདའ་བའི་ཚུལ་བསྟན་ཏོ། །དེ་ནས་རྒྱལ་བ་རང་ཉིད་མྱ་ངན་ལས་འདའ་བའི་ཚུལ་བསྟན་ཀྱང་སྟོན་ཀྱི་ཐུགས་བསྐྱེད་དང་སྨོན་ལམ་གྱི་དབང་གིས་བསྟན་པ་ལོ་ལྔ་སྟོང་དུ་གནས་པར་བྱིན་གྱིས་བརླབས་ཤིང་། སྐུ་གདུང་དང་རིང་བསྲེལ་མང་དུ་འཕེལ་ཏེ་འཛམ་བུའི་གླིང་ཐམས་ཅད་མཆོད་རྟེན་གྱིས་ཁྱབ་པར་བྱིན་གྱིས་བརླབས་སོ། །དེ་ལྟར་སྟོན་པ་མྱ་ངན་ལས་འདས་པའི་ཚུལ་བསྟན་པའི་དབྱར་དེ་རྒྱལ་པོ་མ་སྐྱེས་དགྲས་སྦྱིན་བདག་བྱས་ནས་རྒྱལ་པོའི་ཁབ་ཀྱི་བདེ་ཆེན་མའི་ཕུག་ཏུ་འོད་སྲུངས་ཆེན་པོ་ལ་སོགས་པའི་དགྲ་བཅོམ་པ་ལྔ་བརྒྱས་དབྱར་གནས་མཛད། དེའི་ཚེ་ཀུན་དགའ་བོ་ལ་མདོ་སྡེ་བསྡུ་བར་གསོལ་བ་བཏབ་པ་ན། དགྲ་བཅོམ་པ་ལྔ་བརྒྱའི་སྟམ་སྦྱར་རྣམས་བརྩེགས་པ་གདན་དུ་བཏིང་བའི་སྟེང་དུ་འཕགས་པ་ཀུན་དགའ་བོས་འཛེགས་ཏེ་ཞལ་མཉན་ཡོད་དུ་ཕྱོགས། ཕྱག་ཐལ་མོ་སྦྱར། གདོང་མཆི་མ་དང་བཅས་བཞིན་དུ་འདི་སྐད་བདག་གིས་ཐོས་པ་དུས་གཅིག་ན་ཞེས་བརྗོད་པ་ན། ལྷ་གྲངས་མེད་པ་ནམ་མཁའ་ལས་བབས་ཏེ་གུས་པར་ཉན་ཞིང་མདོ་སྡེའི་སྡེ་སྣོད་བསྡུས་སོ། །དེ་ཡང་དང་པོ་བདེན་བཞིའི་ཆོས་འཁོར་ནས་བཟུང་ཐ་མ་ཀུན་ཏུ་རྒྱུ་རབ་བཟང་ལ་གསུངས་པ་དང་། འཁོར་རྣམས་ལ་གསུང་གི་ཐ་མ་མི་རྟག་པ་བསྟན་པ་ཡན་ཆད་མདོ་སྡེ་ཇི་སྙེད་ཅིག་གསུངས་པ་ཐམས་ཅད་ཚིག་གཅིག་ཀྱང་མ་ལུས་པར་བློ་ལས་བཏོན་པའོ། །དེ་ལྟར་འཕགས་པ་ཀུན་དགའ་བོས་མདོ་སྡེ་(༧༨བ)བསྡུས་ནས་ཁྲི་ལས་བབས་ཏེ་འཁོད། དེ་ནས་འཕགས་པ་ཉེ་བར་འཁོར་ཁྲི་ལ་འཛེགས་ཏེ་འདུལ་བའི་སྡེ་སྣོད་རྣམས་བསྡུས་དེ་ནས་འོད་སྲུང་ཆེན་པོ་ཁྲི་ལ་འཛེགས་ཏེ་མངོན་པའི་སྡེ་སྣོད་རྣམས་བསྡུས་སོ། །དེ་ནས་འོད་སྲུངས་ཆེན་པོ་འདི་སྐམ་དུ་བདག་གིས་བསྟན་པའི་བྱ་བ་བྱས་ཟིན་གྱི། ད་ནི་མྱ་ངན་ལས་འདའོ་སྙམ་དུ་དགོངས་ནས་འཕགས་པ་ཀུན་དགའ་བོ་ལ་བསྟན་པ་གཏད་དེ། ཁྱོད་ཀྱིས་ཀྱང་བསྟན་པ་ཤ་ནའི་གོས་ཅན་ལ་གཏོད་

ཅིག་ཅེས་གསུངས་ནས་དེ་བཞིན་གཤེགས་པའི་མཆོད་རྟེན་རྣམས་ལ་ཕྱག་བྱས་ཏེ་ལྷོ་ཕྱོགས་ཀྱི་རི་བྱ་རྐང་ཅན་ཞེས་བྱ་བའི་རི་བོ་གསུམ་འདུས་ཀྱི་དབུས་སུ་ཕྱིན་ནས་རྩྭའི་གདན་ལ་སྐྱིལ་མོ་ཀྲུང་བཅས། བཅོམ་ལྡན་འདས་ཀྱིས་གནང་བའི་སྣམ་སྦྱར་སྐུ་ལུས་ལ་བཀབ་སྟེ། ཇི་སྲིད་བྱམས་མགོན་མ་ཕྱིན་གྱི་བར་དུ་ཕུར་མི་ཉམས་པར་བྱིན་གྱིས་བརླབས་ནས་མྱ་ངན་ལས་འདས་སོ། །དེ་ནས་འཕགས་པ་ཀུན་དགའ་བོས་འཁོར་རྣམ་བཞི་ལ་རྗེས་སུ་གདམས་ཤིང་། བསྟན་པ་ལོ་བཞི་བཅུ་ཙམ་གྱི་རིང་བསྐྱངས་ནས་ནམ་ཞིག་ན་བསྟན་པ་ཤ་ནའི་གོས་ཅན་ལ་གཏད་དེ། ཁྱོད་ཀྱིས་བསྟན་པ་ཉེར་སྦས་ལ་གཏོད་ཅིག་ཅེས་ལུང་བསྟན་ནས་མྱ་ངན་ལས་འདས་སོ། །དེ་ནས་འཕགས་པ་ཤ་ནའི་གོས་ཅན་གྱིས་བསྟན་པའི་བྱ་བ་རྒྱ་ཆེར་མཛད་དེ་མཐར་བསྟན་པ་ཉེར་སྦས་ལ་གཏད། དེ་ནས་འཕགས་པ་ཉེར་སྦས་ཀྱིས་སངས་རྒྱས་གཉིས་པ་བཞིན་དུ་བསྟན་པའི་བྱ་བ་བསམ་གྱིས་མི་ཁྱབ་པ་མཛད་དེ། སློབ་མ་དགྲ་བཅོམ་ཐོབ་པའང་གྲངས་མེད་པ་བྱུང་སྟེ། དགྲ་བཅོམ་ཐོབ་པ་རེ་རེ་བྱུང་བ་ན་སོ་ཤིང་སོར་ལྔ་པ་རེ་རེ་དོར་བས་ཐྲག་ཕུག་འདོམ་ལྔ་བཅུ་ཡོད་པ་(༧༥ན)ཞིག་སོ་ཤིང་གིས་ཡོངས་སུ་གང་བར་གྱུར་ཏོ། །འཕགས་པ་ཉེར་སྦས་ཀྱིས་བསྟན་པ་དྷི་ཏི་ཀ་ལ་གཏད། འཕགས་པ་དྷི་ཏི་ཀས་བསྟན་པ་འཕགས་པ་ནག་པོ་ལ་གཏད། དེས་ལེགས་མཐོང་ཆེན་པོ་ལ་བསྟན་པ་གཏད་དེ། དེ་དག་ལ་བསྟན་པའི་གཏད་རབས་བདུན་དུ་གྲགས་སོ། །སྟོན་པ་ཐུགས་རྗེ་ཅན་དེ་ཉིད་ཞིང་འདིར་ཕྱིན་པའི་ཚེ་ཉེ་བའི་སྲས་བརྒྱད་སོགས་བྱང་ཆུབ་སེམས་དཔའ་སེམས་དཔའ་ཆེན་པོ་བསམས་བཞིན་དུ་སྟོན་པའི་འཁོར་གྱི་ཚུལ་དུ་ཕྱིན་པ་བགྲང་བ་ལས་འདས་པ་དག་དང་འཕགས་པ་ཤཱ་རིའི་བུ་དང་། མོའུ་འགལ་གྱི་བུ་དང་། གནས་བརྟན་ཆེན་པོ་རབ་འབྱོར་དང་། གནས་བརྟན་ཆེན་པོ་འོད་སྲུངས་དང་། གནས་བརྟན་ཆེན་པོ་གང་པོ་དང་། གནས་བརྟན་ཆེན་པོ་ཀཱ་ཏྱ་ཡ་ན་ལ་སོགས་པ་གནས་བརྟན་བགྲང་བ་ལས་འདས་པ་དག་གིས་སྟོན་པ་ཐུབ་པའི་དབང་

པོའི་བཀའ་བཞིན་དུ་རྒྱལ་བའི་བསྟན་པ་ལྷ་དང་མིའི་ཡུལ་ཐམས་ཅད་དུ་རྒྱ་ཆེར་སྤེལ་བར་མཛད། ལྷག་པར་གནས་བརྟན་ཆེན་པོ་ཤཱ་རིའི་བུ་དང་། མོའུ་འགལ་གྱི་བུ་ཆེན་པོ་འདི་གཉིས་ནི་སྟོན་པའི་ཆོས་ཀྱི་སྲས་ཀྱི་ཐུ་བོར་གྱུར་པ། ཆོས་ཀྱི་རྒྱལ་རྔ་བརྡུང་བ། ཆོས་ཀྱི་དུང་ཆེན་པོ་འབུད་པ། ཆོས་ཀྱི་ཆར་ཆེན་པོ་འབེབས་པ། ཆོས་ཀྱི་རྒྱལ་མཚན་འཛིན་པ། རིགས་དྲུག་གི་སེམས་ཅན་རྣམས་ལ་གང་ལ་གང་འདུལ་གྱི་སྤྲུལ་པ་བསྟན་ཏེ་རྒྱལ་བའི་མཛད་པ་སྒྲུབ་པར་བྱེད་པ། མཆོག་ཟུང་ཞེས་ཡོངས་སུ་གྲགས་པ་ཡིན་ཞིང་། ལྷག་པར་ཐུབ་པ་ཆེན་པོ་འཕགས་པ་གནས་བརྟན་བཅུ་དྲུག་དང་བཅས་པ་ལ་མཆོད་ཅིང་ཐུགས་དམ་བསྐུལ་བའི་ཕྱིར་གསོལ་བ་འདེབས་པ་ན་ཚོགས་ཀྱི་ཞིང་དུ་ཐུབ་པ་ཆེན་པོ་གནས་བརྟན་བཅུ་དྲུག་དང་བཅས་པའི་བྲིས་སྐུ་བྱེད་པའི་ཚེ་ཐུབ་དབང་(༧༥བ)གི་གཡས་གཡོན་དུ་མཆོག་ཟུང་ངེས་པར་འབྲི་སྲོལ་ཡོད་པ་ལྟར་གནས་བརྟན་ཆེན་པོ་འདི་གཉིས་ཀྱི་རྟོགས་པ་བརྗོད་པ་འདིར་སྐབས་སུ་བབ་པས་ཅུང་ཟད་བརྗོད་ན།

འཕགས་པ་ཤཱ་རིའི་བུ་གང་དུ་འཁྲུངས་པའི་ཡུལ་ནི་གྲོང་ན་ལ་ད་ཞེས་བྱ་བ་ཡིན་ལ། བྲམ་ཟེའི་ཡུལ་གྲོང་ན་ལ་ད་ཞེས་བྱ་བ་དེར་དགེ་འདུན་གྱི་སྡེ་ཚོགས་ནས་བྲམ་ཟེ་ཆེན་པོ་སྒྲ་གཅན་འཛིན་བཟང་པོ་དང་། བདག་ཉིད་ཆེན་པོ་དཔལ་མགོན་འཕགས་པ་ཀླུ་སྒྲུབ་སོགས་མཁས་གྲུབ་བགྲང་བ་ལས་འདས་པ་བྱོན་པས་མཁས་གྲུབ་བྱེ་བའི་འབྱུང་གནས་དཔལ་ན་ལེནྡྲ་ཞེས་གྲགས་པ་དེ་ཕྱུང་བར་སྔོན་གྱི་ཆོས་འབྱུང་ཡིག་རྙིང་དག་ལས་འབྱུང་ངོ་། །གྲོང་ན་ལ་ད་ཞེས་བྱ་བ་དེར་ཡབ་བྲམ་ཟེ་སྐར་རྒྱལ་དང་། ཡུམ་ཤཱ་རི་ཀ་གཉིས་ཀྱི་སྲས་སུ་འཁྲུངས་ཏེ། དེ་ཡང་བདག་ཉིད་ཆེན་པོ་འདི་ཡུམ་གྱི་མངལ་དུ་ཞུགས་པ་ན་ཤཱ་རི་ཀ་རིག་པའི་གནས་ཐམས་ཅད་ལ་ཐོགས་པ་མེད་པར་བློ་གྲོས་རྒྱས་ཏེ་བྲམ་ཟེ་སྐར་རྒྱལ་དང་རྩོད་པ་ན་ཐར་ནས་སྐར་རྒྱལ་རྩོད་པ་བཟང་བ་ཡིན་ཡང་། དུས་དེ་ནས་བཟུང་སྟེ་ཤཱ་རི་ཀས་སྐར་རྒྱལ་རིགས་པས་ཚར་

བཅད་དོ། །དེ་ཅི་ཞིག་གི་ལྟས་ཡིན་སྙམ་དུ་བསམས་པ་ན་མངལ་དུ་ཞུགས་པ་དེའི་མཐུ་ཡིན་པར་ཤེས་ཏེ། དེ་ཡང་སེམས་ཅན་སྲིད་པ་ཐ་མ་པ། སྤྱོད་པ་ཚོལ་བ། ཐར་པའི་སྙིང་པོ་བཟུང་བ། མྱ་ངན་ལས་འདས་པ་ལ་ཕྱོགས་པ། འཁོར་བ་ལས་ཕྱིར་ཕྱོགས་པ། སྲིད་པའི་འགྲོ་བ་ཐམས་ཅད་དུ་འཆི་འཕོ་དང་སྐྱེ་བ་དོན་དུ་མི་གཉེར་བ། ལུས་ཐ་མ་འཛིན་པ་ཞིག་ལྷ་ལས་ཤི་འཕོས་ནས་ཤྲཱ་རི་ཀའི་མངལ་དུ་ཞུགས་སོ། །དེའི་ཚེ་ཤྲཱ་རི་ཀའི་རྨི་ལམ་དུ་མི་ལག་ན་སྒྲོན་མེ་ཐོགས་པ་ཞིག་གིས་བདག་གི་དཀུ་དྲལ་ཏེ་ཞུགས་པ་དང་། བདག་ཉིད་རི་ཆེན་པོའི་སྤྱི་ལ་འཛེག་པ་དང་། (༧༨ན)ནམ་མཁའ་ལ་འགྲོ་བ་དང་། རང་ལ་སྐྱེ་བོ་ཕལ་མོ་ཆེའི་ཚོགས་ཕྱག་འཚལ་ལོ་ཟེར་བ་རྨིས་ནས། སྐར་རྒྱལ་ལ་ཤྲཱ་རི་ཀས་ཁོ་མོ་ལ་རྨི་ལམ་འདི་ལྟ་བུ་རྨིས་སོ་ཞེས་སྨྲས་སོ། །སྐར་རྒྱལ་ཉིད་རྨི་ལྟས་ལ་མཁས་པ་ཡིན་མོད། རྨི་ལྟས་ཤེས་པ་གཞན་ལའང་དྲིས་པས། རྨི་ལྟས་ལ་མཁས་པའི་བྲམ་ཟེས་འདི་ལྟར་ལུང་བསྟན་ཏེ། རྨི་ལམ་དེ་ནི་བཟང་སྟེ། མི་ལག་ཏུ་སྒྲོན་མེ་ཐོགས་པས་དཀུ་དྲལ་ཏེ་ཞུགས་པ་རྨིས་པ་ནི་བུ་བཙའ་ཞིང་དེས་ལོ་བརྒྱད་གཉིས་ཀྱིས་དབང་པོའི་བརྡ་སྤྲོད་པ་བསླབས་ནས་རྩོལ་བ་ཐམས་ཅད་ཚར་གཅོད་པའི་ལྟས་སོ། །རི་ཆེན་པོ་ལ་འཛེག་པ་སོགས་ནི་རབ་ཏུ་བྱུང་ནས་བརྟུལ་ཞུགས་གྲུབ་པའི་བདག་ཉིད་ཆེན་པོར་འགྱུར་བའི་ལྟས་སོ་ཞེས་ལུང་བསྟན་ཏོ། །དེ་ནས་དུས་རེ་ཤིག་ན་སྐར་རྒྱལ་ཤྲཱ་རི་ཀ་དང་ལྷན་ཅིག་བརྩད་པ་ན་ཤྲཱ་རི་ཀས་དེ་ཚར་བཅད་པ་ན། སྐར་རྒྱལ་གྱིས་བསམས་པ། འདི་ནི་འདིའི་མཐུ་མ་ཡིན་གྱི་འདིའི་མངལ་དུ་ཞུགས་པ་དེའི་མཐུ་ཡིན་ནོ་སྙམ་མོ། །དེ་ནས་ཟླ་བ་དགུ་འདས་པ་ན། ཤྲཱ་རི་ཀ་ལས་ཁྱེའུ་གཟུགས་བཟང་བ། བལྟ་ན་སྡུག་པ། མཛེས་པ་གསལ་བ། གསེར་གྱི་མདོག་འདྲ་བ། མགོ་གདུགས་ལྟ་བུ། ལག་པ་རིང་བ། དཔྲལ་བའི་དབྱེས་ཆེ་བ། སྨིན་མ་འཛར་བ། སྣའི་གཟེངས་མཐོ་བ་ཞིག་བཙས་སོ། །ཁྱེའུ་དེའི་མེས་པོས། འདི་སྐར་རྒྱལ་གྱི་བུ་ཡིན་པས། ཉེ་རྒྱལ་ཞེས་མིང་བཏགས་སོ། །སྐར་རྒྱལ་གྱིས་བསམས་པ། མེས་པོས་ཕ་

ལས་དྲས་ཏེ་ཁྲིའུ་འདིའི་མིང་བཏགས་ཀྱི། བདག་གིས་འདིའི་མ་ལས་དྲས་ཏེ་མིང་གདགས་སོ་སྙམ་ནས། འདི་ཤཱ་རི་ཀའི་བུ་ཡིན་པས་ཤཱ་རིའི་བུ་ཞེས་བཏགས་སོ། །

དེ་ནས་བདག་ཉིད་ཆེན་པོ་དེ་མ་(༧༨བ)མ་བརྒྱད་ལ་གཏད་ནས་བསྐྱེད་བསྲིངས་ཏེ་ཆེར་སྐྱེས་པའི་ཚེ་ཡི་གེ་ལ་སོགས་པའི་ཕ་རོལ་ཏུ་སོན་ཅིང་བྲམ་ཟེའི་སྤྱོད་ཚུལ་དང་། སྤྱོད་པ་དང་། གཙང་སྦྲ་དང་། ཀུན་ཏུ་སྤྱོད་པ་དང་། ཐལ་བ་བླང་བ་དང་། བྱ་མ་བུམ་བླང་བ་དང་། ས་བླང་བ་དང་། ལག་སྟངས་དང་། ཐོར་ཚུགས་དང་། རབ་བརྟགས་བྱ་བ་དང་། ཀྱེ་ཞེས་བྱ་བ་དང་། རིག་བྱེད་བཞི་དང་། བྲམ་ཟེའི་ལས་དྲུག་ལ་མཁས་པས་བྲམ་ཟེའི་རིག་བྱེད་ཀྱི་ཕ་རོལ་ཏུ་ཕྱིན་པ། ཞེ་ལྡ་བུའི་ཤེས་པས་རང་གི་སྨྲ་བ་གསལ་བར་བྱེད་པ། གཞན་གྱི་སྨྲ་བ་ཚར་གཅོད་ནུས་པར་གྱུར་ཏོ། །དེས་ལོ་བརྒྱད་གཉིས་ཀྱིས་རིག་པའི་གནས་ཐམས་ཅད་བསླབས་ནས་རྩོལ་བ་ཐམས་ཅད་ཚར་བཅད་པར་གྱུར་ཏོ། །དེ་རེ་ཤིག་ན་ཕ་དང་ལྷན་ཅིག་རིག་བྱེད་འདོན་པར་བྱེད་པ་ན་དེས་སྐར་རྒྱལ་ལ་སྨྲས་པ། ཡབ། འདིའི་དོན་ཅི་ལགས། བུ། ཕོ་བོས་ཀྱང་འདིའི་དོན་མི་ཤེས་ཏེ། འདི་ལྟར་གསང་ཚིག་གི་གཞི་འདི་དག་ནི་སྔོན་གྱི་དྲང་སྲོང་རྣམས་ཀྱིས་བསྟོད་པ་བསྒྲགས་པ་ཙམ་མོ། །ཞེས་སྨྲས་པ་ན། ཤཱ་རིའི་བུས་སྐར་རྒྱལ་ལ་སྨྲས་པ། ཡབ། དེ་དག་གི་དོན་མ་མཆིས་སྙམ་མམ། འདིའི་དོན་ནི་འདི་ལགས་སོ་ཞེས་སྨྲས་པ་ན། སྐར་རྒྱལ་དགའ་ནས། བུས་བྱ་བ་ནི་གཉིས་ཏེ། ཕའི་གཞུང་སྲོང་བའམ། ཁྱད་པར་ལྷག་པར་རྟོགས་པ་ཡིན་ན། བུ་འདིས་ནི་བདག་ལས་ཁྱད་པར་ལྷག་པར་རྟོགས་སོ་སྙམ་སྟེ། བྲམ་ཟེའི་ཁྲིའུ་ལྔ་བརྒྱ་ཙམ་གསང་ཚིག་ཀློག་ཏུ་འཇུག་པ་དེ་དག་ཀྱང་དེ་ལ་གཏད་དོ། །ཉེ་རྒྱལ་བྲམ་ཟེའི་ཁྲིའུ་ལྔ་བརྒྱ་ཙམ་གསང་ཚིག་ཀློག་ཏུ་འཇུག་པ་ན་དེས་རིག་བྱེད་རིང་པོ་རྣམས་ཐུང་ངུར་བཞག །ཐུང་ངུ་རྣམས་རིང་པོར་བཞག་སྟེ་ཚིག་དང་ཡི་གེ་ཕྲི་ཞིང་དོན་དང་ངེས་པའི་ཚིག་ཏུ་བཞག་གོ །

མོའུ་འགལ་གྱི་བུ་ཆེན་པོ་གང་དུ་འཁྲུངས་པའི་ཡུལ་ནི་གྲོང་ཤིང་ཐགས་ཅན་

ཞེས་བྱ་བ་སྟེ། གྲོང་དེར་(༧༧ན)ཡབ་བྲམ་ཟེ་མདུན་ན་འདོན་གྲུ་འཛིན་ཅེས་བྱ་བ། ཕྱུག་
པ། ནོར་མང་བ། ལོངས་སྤྱོད་ཆེ་བ། ཡོངས་སུ་གཟུང་བ་ཡངས་ཤིང་རྒྱ་ཆེ་བ། རྣམ་
ཐོས་ཀྱི་བུའི་ནོར་དང་ལྡན་པ། རྣམ་ཐོས་ཀྱི་བུའི་ནོར་ལ་ནོར་གྱིས་འགྲན་པ་ཞིག་
དང་། དེའི་ཆུང་མ་བུད་མེད་ཀྱི་ཡོན་ཏན་ཐམས་ཅད་དང་ལྡན་པ་ཞིག་ཡོད་པ་དེ་
གཉིས་ཀྱི་སྲས་སུ་འཁྲུངས་ཏེ། དེ་ཡང་ཡབ་ཡུམ་དེ་གཉིས་ལ་ལོངས་སྤྱོད་རྒྱ་ཆེན་
པོ་དང་ལྡན་ཡང་། བུ་མེད་པས་བུ་འདོད་ནས་མཆོད་སྦྱིན་རྒྱ་ཆེན་པོ་བྱས་སོ། །དེ་
ནས་ནམ་ཞིག་ན་སེམས་ཅན་སྲིད་པ་ཐ་མ་ཞིག་གྲུ་འཛིན་གྱི་ཆུང་མའི་མངལ་དུ་
ཞུགས་སོ། །བུད་མེད་མཁས་པ་ལ། མ་འདྲིས་པའི་ཆོས་ལྔ་ཡོད་དོ། །སྐྱེས་པ་ཆགས་
པ་ཤེས་ཤིང་ཆགས་པ་དང་བྲལ་བ་ཤེས་པ་དང་། དུས་ཤེས་ཤིང་ཟླ་མཚན་ཤེས་པ་
དང་། མངལ་ན་གནས་པ་ཤེས་པ་དང་། གང་ལས་མངལ་དུ་ཞུགས་པ་ཤེས་པ་དང་།
ཁྱེའུ་དང་བུ་མོ་གང་དུ་འགྱུར་བ་ཤེས་ཏེ། བུ་ཡིན་ན་དཀུ་གཡས་པར་བརྟེན། བུ་མོ་
ཡིན་ན་དཀུ་གཡོན་པར་བརྟེན་པ་ལས། དཀུ་གཡས་པར་བརྟེན་པས། བུར་ཤེས་
ནས་ཁྱིམ་ཐབ་ལ་སྨྲས་པ། རྗེའི་སྲས་བདག་ལ་སེམས་ཅན་ཞུགས་པར་གྱུར་པ་ནི་
འདི་ལྟར། བདག་གི་དཀུ་གཡས་པར་བརྟེན་ཅིང་མཆིས་པས་ངེས་པར་ཁྱེའུར་འགྱུར་
གྱི་དགྱེས་པ་བསྐྱེད་དུ་གསོལ་ཞེས་སྨྲས་པས། བྲམ་ཟེ་གྲུ་འཛིན་ཡིད་དགའ་ནས་རོ་
སྟོད་བསྒྲངས་ཏེ་ལག་པ་གཡས་པ་བརྐྱངས་ནས། འདི་སྐད་ཅེས་ཕོ་བོ་ཡུན་རིང་པོ་
ནས་མངོན་པར་འདོད་པའི་བུའི་ངོ་མཐོང་བ་དང་། ཕོ་བོ་དང་མཐུན་པར་སྐྱེ་བ་
དང་། ཕོ་བོའི་བྱ་བ་དག་བྱེད་པ་དང་། གསོས་པས་ཕྱིར་གསོ་བ་དང་། བགོ་སྐལ་
ལ་སྤྱོད་པ་དང་། ཕོ་བོའི་རིགས་རྒྱུད་རིང་དུ་གནས་པར་བསྒྲུབ་པ་དང་། བདག་
ཅག་གཉིས་ཤི་བ་ན་སྦྱིན་པ་དག་སྦྱིན་ཞིང་བསོད་ནམས་(༧༧བ)དག་བྱས་ནས། འདི་
ཕ་མ་དེ་གཉིས་གང་དུ་སྐྱེས་ཤིང་འགྲོ་བའི་ཕྱི་བཞིན་དུ་འགྲོ་བར་གྱུར་ཅིག་ཅེས་མིང་
གིས་ཡོན་བསྔོ་བ་བྱེད་པར་གྱུར་ཅིག་ཅེས་ཆེད་དུ་བརྗོད་པ་ཆེད་དུ་བརྗོད་དོ། །དེ་

ནས་བྲམ་ཟེ་གྲུ་འཛིན་གྱིས། མཆིས་བྲང་གི་མངལ་ན་གནས་པ་ཡོངས་སུ་སྨིན་པར་བྱ་བའི་ཕྱིར། སྙིང་གི་ཁང་བཟང་གི་གཞིར་གྲང་བ་ན་གྲང་བའི་ཡོ་བྱད་དག་དང་། དྲོ་བ་ན་དྲོ་བའི་ཡོ་བྱད་དག་དང་། སྨན་པས་བཅས་པའི་ཟས་ཏ་ཅང་ཡང་མི་ཁ་བ་དང་། ཏ་ཅང་ཡང་མི་སྐྱུར་བ་དང་། ཏ་ཅང་ལན་ཚྭ་མི་ཆེ་བ་དང་། ཏ་ཅང་མི་མངར་བ་དང་། ཏ་ཅང་མི་ཚ་བ་དང་། ཏ་ཅང་མི་བསྐ་བ་དང་། ཁ་བ་དང་། སྐྱུར་བ་དང་། ལན་ཚྭ་དང་། མངར་བ་དང་། ཚ་བ་དང་། བསྐ་བ་རྣམ་པར་སྤངས་པའི་ཟས་དག་དང་། དོ་ཤལ་དང་། སེ་མོ་དོ་དང་། རྒྱན་གྱིས་སྤྲས་པའི་ལུས་ལྷའི་བུ་མོ། དགའ་བའི་ཚལ་ན་རྣམ་པར་སྤྱོད་པ་ལྟ་བུ་དང་། ཁྲི་ནས་ཁྲི་དང་། ཁྲིའུ་ནས་ཁྲིའུར་རྒྱུ་ཞིང་། ཤོད་ཀྱི་ས་གཞིར་མི་འབབ་པ་དང་། དེས་སྒྲ་ཡིད་དུ་མི་འོང་བ་ཙུང་ཟད་ཀྱང་མི་ཐོས་པར་གནོད་པ་མེད་པ་ཉིད་དུ་རིམ་གྲོ་བྱེད་དུ་བཅུག་གོ །དེ་ཟླ་བ་དགུ་འདས་ཏེ། ཁྱེའུ་གཟུགས་བཟང་བ། བལྟ་ན་སྡུག་པ། མཛེས་པ། གསལ་བ། གསེར་གྱི་མདོག་འདྲ་བ། མགོ་གདུགས་ལྟ་བུ། ལག་པ་རིང་བ། དཔྲལ་བའི་དབྱེས་ཆེ་བ། སྨིན་མ་འཛར་བ། སྣའི་གཟེངས་མཐོ་བ་ཞིག་བཙས་སོ་བཙས་ནས་དེའི་ཉེ་དུ་དག་འདུས་ཤིང་ལྷགས་ནས་ཉི་མ་ཉི་ཤུ་རྩ་གཅིག་ཏུ་བཙས་སྟོན་རྒྱ་ཆེར་བྱས་ནས་ཁྱེའུ་འདི་ལྟ་པང་དུ་བླངས་ནས་ཐོབ་པས་པང་ནས་སྐྱེས་ཞེས་བཏགས་ཤིང་། མོའུ་འགལ་གྱི་རིགས་ཡིན་པས་མོའུ་འགལ་གྱི་བུ་ཞེས་མིང་བཏགས་ནས་མ་མ་(༧༨ན)བརྒྱད་ལ་གཏད་དེ་བསྐྱེད་བསྲིངས། ཆེར་སྐྱེས་པའི་ཚེ་ཡི་གེ་ལ་སོགས་པའི་རིག་བྱེད་ལ་མཁས་པར་གྱུར་ཏོ། །དེ་ཕ་དང་ལྷན་ཅིག་རིག་བྱེད་འདོན་པར་བྱེད་པ་ན། དེས་གྲུ་འཛིན་ལ་སྨྲས་པ། ཡབ། འདིའི་དོན་ཅི་ལགས། བུ། ཁོ་བོས་ཀྱང་འདིའི་དོན་མི་ཤེས་ཏེ། འདི་ལྟར་གསང་ཚིག་གི་གཞི་འདི་དག་ནི་སྔོན་གྱི་དྲང་སྲོང་རྣམས་ཀྱིས་བསྟོད་པ་བསྒྲགས་པ་ཙམ་མོ་ཞེས་སྨྲས་པ་ན། པང་ནས་སྐྱེས་ཀྱིས་གྲུ་འཛིན་ལ་སྨྲས་པ། ཡབ། དེ་དག་གི་དོན་མ་མཆིས་སྐམ་མམ། འདིའི་དོན་ནི་འདི་

ལགས་སོ། །ཞེས་སྨྲས་པ་ན་གྲུ་འཛིན་དགའ་ནས། བུས་བྱ་བ་ནི་གཉིས་ཏེ། ཕའི་གཞུང་སྐྱོང་བའམ། ཁྱད་པར་ལྷག་པར་རྟོགས་པ་ཡིན་ན། བུ་འདིས་ནི་བདག་ལས་ཁྱད་པར་ལྷག་པར་རྟོགས་སོ་སྙམ་སྟེ། བྲམ་ཟེའི་ཁྱེའུ་ལྔ་བརྒྱ་ཙམ་གསང་ཚིག་སློག་ཏུ་འཇུག་པ་དེ་དག་ཀྱང་དེ་ལ་གཏད་དོ། །དེ་ནས། པང་ནས་སྐྱེས་ཀྱིས་བྲམ་ཟེའི་ཁྱེའུ་ལྔ་བརྒྱ་ཙམ་རིག་བྱེད་སློག་ཏུ་འཇུག་གོ །བྲམ་ཟེའི་ཁྱེའུ་རྣམས་མི་སློག་པའི་དུས་སུ་གྲོང་ཁྱེར་བལྟར་དོང་བ་དང་། ཉེ་རྒྱལ་གྱི་སློབ་མ་དག་གསང་ཚིག་འདོན་ཞིང་མདུན་ནས་སོང་། པང་ནས་སྐྱེས་ཀྱི་སློབ་མ་དག་གསང་ཚིག་འདོན་ཞིང་ཕྱི་བཞིན་སོང་བ་དང་། པང་ནས་སྐྱེས་ཀྱི་སློབ་མ་རྣམས་ཀྱིས་ཉེ་རྒྱལ་གྱི་སློབ་མ་རྣམས་གསང་ཚིག་སློག་པ་ཐོས་ནས་ཉེ་རྒྱལ་གྱི་སློབ་མ་དེ་རྣམས་ལ་སྨྲས་པ། ཅིའི་ཕྱིར་ཁྱེད་ཅག་གསང་ཚིག་གི་གཞི་ཉམས་པར་བྱས་ཏེ་སློག །ཉེ་རྒྱལ་གྱི་སློབ་མ་དེ་དག་གིས་སྨྲས་པ། འོ་ན་ཇི་ལྟར་བསླག་ཅེས་དྲིས་པས། པང་ནས་སྐྱེས་ཀྱི་སློབ་མ་རྣམས་ཀྱིས་སྨྲས་པ། འདི་ལྟར་སློག་གོ་ཞེས་སློག་ཚུལ་བརྗོད་པ་ན། ཉེ་རྒྱལ་གྱི་སློབ་མ་དེ་དག་གིས་སྨྲས་པ། ཁྱེད་ཅག་གིས་སུ་ལས་བསླག་ཅེས་(༧༢བ)དྲིས་པ་ན། པང་ནས་སྐྱེས་ཀྱི་སློབ་མ་དེ་དག་གིས་སྨྲས་པ། དེ་མི་ཤེས་པ་དེས་ཉི་མ་དང་ཟླ་བ་མི་ཤེས་པ་ཡིན་ནོ། །གྲུ་འཛིན་གྱི་བུ་པང་ནས་སྐྱེས་ལས་བསླགས་སོ། །པང་ནས་སྐྱེས་ཀྱི་སློབ་མ་དེ་དག་གིས། ཉེ་རྒྱལ་གྱི་སློབ་མ་རྣམས་ལ་སྨྲས་པ། ཁྱེད་ཅག་གིས་སུ་ལས་བསླག་ཅེས་དྲིས་པ་ན། ཉེ་རྒྱལ་གྱི་སློབ་མ་རྣམས་ཀྱིས་སྨྲས་པ། གང་གིས་དེ་མི་ཤེས་པ་དེས་ཀྱང་ཉི་མ་དང་ཟླ་བ་མི་ཤེས་པ་ཡིན་མོད། སྐར་རྒྱལ་གྱི་བུ་ཉེ་རྒྱལ་ལས་བསླགས་སོ། །དེ་ནས་ཉེ་རྒྱལ་གྱི་སློབ་མ་རྣམས་སྤྲ་གོང་བས་ཉེ་རྒྱལ་ཅན་སོང་བ་དང་། ཉེ་རྒྱལ་གྱིས་བྲམ་ཟེའི་ཁྱེའུ་དེ་དག་སྤྲ་གོང་བས་བཞིན་འགྱུར་བར་རིག་ནས། ཁྱེའུ་དག་ཅི་ཉེས་ཞེས་དྲིས་པ་ན། བྲམ་ཟེའི་ཁྱེའུ་དེ་དག་གིས་གསལ་པོར་བརྗོད་མ་ནུས་པར་ཅང་མ་ནོངས་སོ། །ཞེས་སྨྲས་པ་ན། ཉེ་རྒྱལ་གྱིས་བྲམ་ཟེའི་ཁྱེའུ་དེ་དག་ལ་སྨྲས་པ། བསམ་

པ་ནང་ན་ཡོད་པ་ཀུན། །ཕྱི་རོལ་ནས་ནི་ཉེ་བར་གསལ། །སྐད་མདོག་དབང་པོའི་རྣམ་པ་དང་། །རྣམ་པར་སྨྲ་བར་མི་ནུས་སོ། །ཞེས་བྱས་པ་ན། བྲམ་ཟེའི་ཁྱེའུ་དེ་དག་གིས་པང་ནས་སྐྱེས་ཀྱི་སློབ་མ་རྣམས་ཀྱིས་ཇི་ལྟར་ཟེར་བའི་སྐབས་དེ་རྒྱས་པར་བརྗོད་པ་དང་། ཉེ་རྒྱལ་གྱིས་སྨྲས་པ། ཁྱེའུ་དག་དེ་བཞིན་ཏེ། བྲམ་ཟེའི་ཁྱེའུ་དེ་དག་གསང་ཚིག་ཀློག་པ་བཞིན་དུ་བསླུག་པར་བྱ་བ་ཡིན་མོད། འོན་ཀྱང་ཁོ་བོས་རིག་བྱེད་རིང་པོ་རྣམས་ཐུང་ངུར་བཞག །ཐུང་ངུ་རྣམས་རིང་པོར་བཞག་སྟེ། ཚིག་དང་ཡི་གེ་ཕྲི་ཞིང་དོན་དང་ངེས་པའི་ཚིག་ཏུ་བཞག་གོ །ཞེས་སྨྲས་པས། ཁྱེའུ་རྣམས་སྤྱ་གོང་བ་མེད་པར་གྱུར་ཏོ། །པང་ནས་སྐྱེས་ཀྱི་སློབ་མ་རྣམས་ཀྱང་སྤྱ་གོང་ནས་པང་ནས་སྐྱེས་ཅན་སོང་བ་དང་། པང་ནས་སྐྱེས་ཀྱིས་བྲམ་ཟེའི་ཁྱེའུ་དེ་དག་སྤྱ་གོང་བས་བཞིན་འགྱུར་བར་རིག་ནས། ཁྱེའུ་(༧ན)དག་ཅི་ཉེས་ཞེས་དྲིས་པ་ན། བྲམ་ཟེའི་ཁྱེའུ་དེ་དག་གིས་གསལ་པོར་བརྗོད་མ་ནུས་པར་ཅང་མ་ཉོངས་སོ། །ཞེས་སྨྲས་པ་ན། པང་ནས་སྐྱེས་ཀྱིས་བྲམ་ཟེའི་ཁྱེའུ་དེ་དག་ལ་སྨྲས་པ། བསམ་པ་ནང་ན་ཡོད་པ་ཀུན། །ཕྱི་རོལ་ནས་ནི་ཉེ་བར་གསལ། །སྐད་མདོག་དབང་པོའི་རྣམ་པ་དག །རྣམ་པར་སྨྲ་བར་མི་ནུས་སོ། །ཞེས་བྱས་པ་ན། བྲམ་ཟེའི་ཁྱེའུ་དེ་དག་གིས། ཉེ་རྒྱལ་གྱི་སློབ་མ་རྣམས་ཇི་ལྟར་ཟེར་བའི་སྐབས་དེ་རྒྱས་པར་བརྗོད་པ་དང་། པང་ནས་སྐྱེས་ཀྱིས་སྨྲས་པ། ཁྱེའུ་དག་བདག་ཅག་ཀླུག་པ་བཞིན་དུ་བསླུག་པར་བྱ་བ་ཡིན་མོད། བྲམ་ཟེའི་ཁྱེའུ་དེ་ཤེས་རབ་ཅན་ཡིན་པས། དེས་རིག་བྱེད་རིང་པོ་ཐུང་ངུ་དང་། ཐུང་ངུ་རིང་པོར་བཞག་གོ་ཞེས་ཐོས་སོ་ཞེས་སྨྲས་པས། ཁྱེའུ་རྣམས་སྤྱ་གོང་བ་མེད་པར་གྱུར་ཏོ། །སྐབས་དེར་པང་ནས་སྐྱེས་དང་ཉེ་རྒྱལ་གཉིས་ཕན་ཚུན་གཅིག་གིས་གཅིག་ཐོས་མ་ཐག་མཐོང་འདོད་པར་གྱུར་ཏེ། ཉེ་རྒྱལ་ཕའི་གན་དུ་སོང་ནས། ཡབ། བདག་གྲོང་ཤིང་ཐགས་ཅན་དུ་མཆིའོ། །ཞེས་སྨྲས་པས། སྐར་རྒྱལ་གྱིས་ཅིའི་ཕྱིར་དུ་འགྲོ་ཞེས་དྲིས་པ་ན། ཉེ་རྒྱལ་གྱིས་གྲུ་འཛིན་གྱི་བུ་པང་ནས་སྐྱེས་བལྟ་བའི་སླད་

དུའོ། །བུ། དེ་ཁྱོད་པས་ཤེས་རབ་ཆེ་བ་ཞིག་ཡིན་ནམ། མ་ཡིན་མོད། ཆེས་ཕྱུག་པ་ལགས་སོ། །ཞེས་སྨྲས་པ་ན། སྐར་རྒྱལ་གྱིས་སྨྲས་པ། མི་གང་རིགས་ཀྱིས་ནད་པ་དང་། །ན་ཚོད་ནད་དང་ནོར་གྱིས་ནད། །དེ་ཀུན་ཐོས་པས་ནད་པ་ཡི། །སྨོ་ན་དོན་ཀུན་གཉེར་བས་སྤོད། །ཅེས་བྱ་བ་ཡིན་པས། གལ་ཏེ་དེ་འོངས་ན་ཐོས་པས་བགོ་བཤའ་བྱ་ཡི། བསྒྲོད་པར་མི་བྱའོ། །ཞེས་སྨྲས་སོ། །པང་ནས་སྐྱེས་ཀྱང་ཕའི་གན་དུ་སོང་ནས། ཡབ། བདག་གྲོང་ན་ལ་དར་མཆིའོ། །ཞེས་སྨྲས་པས། གྲུ་འཛིན་གྱིས་(༡༩བ) ཅིའི་ཕྱིར་དུ་འགྲོ་ཞེས་དྲིས་པ་ན། པང་ནས་སྐྱེས་ཀྱིས་སྐར་རྒྱལ་གྱི་བུ་ཉེ་རྒྱལ་བལྟ་བའི་སྐད་དུའོ། །བུ། དེ་ཁྱོད་པས་ཆེས་ཕྱུག་གམ་ཅི། མ་ཡིན་མོད། ཤེས་རབ་ཅན་ལགས་སོ། །ཞེས་སྨྲས་པ་ན་གྲུ་འཛིན་གྱིས་སྨྲས་པ། མི་གང་རིགས་ཀྱིས་ནད་པ་དང་། །ན་ཚོད་ནད་དང་ཐོས་པས་ནད། །དེ་ཀུན་ནོར་གྱིས་ནད་པ་ཡི། །སྨོ་ན་ཅི་བྱ་སྙམ་པས་སྤོད། །ཅེས་བྱ་བ་ཡིན་པས། གལ་ཏེ་དེ་འོངས་ན་ནོར་གྱིས་བགོ་བཤའ་བྱ་ཡི། བསྒྲོད་པར་མི་བྱའོ། །ཞེས་སྨྲས་སོ། །དེ་ནས་དུས་རེ་ཤིག་ན་རྒྱལ་པོའི་ཁབ་ཏུ་གླུའི་རྒྱལ་པོ་རི་བོ་དང་ཡིད་འོང་གཉིས་ཀྱི་དུས་སྟོན་ལ་བབ་བོ། །རྒྱལ་པོ་གཟུགས་ཅན་སྙིང་པོ་ནི་དེ་གཉིས་ཀྱི་དུས་སྟོན་ལ་བབ་པའི་ཚེ་བདག་ཉིད་ཀྱིས་ཉམས་སུ་མྱོང་བའམ་མ་སྐྱེས་དགྲ་གཏོང་བར་བྱེད་པ་ལ། དེའི་ཚེ་གཟུགས་ཅན་སྙིང་པོ་ལ་བྱ་བ་ཚུང་ཞིག་བྱུང་ནས་མ་སྐྱེས་དགྲ་ལ་ཁྱོད་སོང་ལ་རི་བོ་དང་ཡིད་འོང་གཉིས་ཀྱི་དུས་སྟོན་ཉམས་སུ་མྱོང་བར་གྱིས་ཤིག །ཅེས་སྨྲས་སོ། མ་སྐྱེས་དགྲ་དེའི་དཔོན་ལ་འོང་བར་ཐོས་ནས་གྲུ་འཛིན་གྱིས་བསམས་པ། མ་སྐྱེས་དགྲ་འདི་ཕ་འདས་ནས་རྒྱལ་པོར་འགྱུར་ལ། པང་ནས་སྐྱེས་ཀྱང་བདག་འདས་ནས་མདུན་ན་འདོན་དུ་འགྱུར་བས། ད་ལྟ་མ་སྐྱེས་དགྲ་འདི་བསྟེན་ན་དུས་སུ་འབབ་བུ་སྟེར་བར་འགྱུར་རོ་སྙམ་ནས་པང་ནས་སྐྱེས་ལ་སྨྲས་པ། ཁྱོད་གླུ་གཉིས་ཀྱི་དུས་སྟོན་ལ་སོང་ལ། དུས་སྟོན་དེ་ལ་རྒྱལ་པོ་དང་། མདུན་ན་འདོན་དང་། གྲོལ་བ་དང་། མཆོག་ཐོབ་པའི་སྟན་བཞི་

ལས། རྒྱལ་པོའི་སྔན་གཅིག་ཞིག་ལ། མདུན་ན་འདོན་གྱི་སྔན་ལ་འདུག་ཅིག །ཅེས་བསྒོ་ནས་བཏང་ངོ་། །དེས་ཀྱང་དུས་སྟོན་ལ་སོང་ནས་ཕས་བསྒོ་བ་དེ་བཞིན་དུ་འདུག་གོ །སྐར་རྒྱལ་གྱིས་ཀྱང་(༢༠ན)གཏམ་དེ་ཐོས་ནས་ཉེ་རྒྱལ་ལ་སྨྲས་པ། ཁྱོད་ཟླ་གཉིས་ཀྱི་དུས་སྟོན་ལ་སོང་ལ། དུས་སྟོན་དེ་ལ་སྔན་བཞི་ལས། མཆོག་ཐོབ་པའི་སྔན་ལ་དབྱིག་གུ་དང་རིལ་བ་ཞིག་ལ། རྩོལ་བའི་སྔན་ལ་འདུག་ཅིག །ཉི་མ་ཤར་ནས་ནུབ་པའི་བར་ལ་ཁྱོད་དང་མཉམ་པའི་རྩོལ་བ་གཞན་མེད་དོ། །ཞེས་བརྗོད་ནས་དུས་སྟོན་ལ་བཏང་ངོ་། །ཉེ་རྒྱལ་གྱིས་ཀྱང་ཕས་བསྒོ་བ་དེ་བཞིན་དུ་འདུག་གོ། །དེ་ནས་གར་མཁན་དག་གིས་ཧཱ་ཀའི་རྒྱུད་དུ་གླུ་བླངས་པ་དང་། མི་དག་གིས་བྲོ་བརྡུང་བ་དང་གླུ་བླང་བར་བརྩམས་པ་དང་། བདག་ཉིད་ཆེན་པོ་དེ་གཉིས་སྔོན་ཡུན་རིང་པོ་ནས་གོམས་པས་ལྷད་མོ་ལ་དགའ་བའི་བསམ་པ་མེད་པར་དབང་པོའི་སྒོ་བསྡམས་ཏེ་དྲན་པ་ནང་དུ་བཞག་ནས་འདུག་གོ །ཁྱེའུ་དེ་གཉིས་དབང་པོ་དག་ཕྱིར་བསྟན་ཏེ་འཁོད་པ་སྐྱེ་བོ་ཕལ་མོ་ཆེས་མཐོང་ནས། སྨྲས་པ། འདི་གཉིས་ཡང་ན་ཧླུན་པོ་གཉིས་ཤིག་གོ །ཡང་ན་ཤེས་པ་མི་འཁྲུགས་པ་གཉིས་ཤིག་གོ་ཞེས་བརྗོད་དོ། །དེའི་ཚེ་པང་ནས་སྐྱེས་ཀྱིས་ཉེ་རྒྱལ་ལ་སྨྲས་པ། བྲོ་བརྡུང་བ་དང་གླུ་དང་རོལ་མོ་རྣམས་སྣང་ངམ། དེས་སྨྲས་པ། གང་གིས་མཐོང་བ་དང་ཐོས་པ་ལ་སྣང་ངོ་། །པང་ནས་སྐྱེས་ཀྱིས་སྨྲས་པ། དབང་པོ་ནང་དུ་བསྡུས་པས་མ་མཐོང་བ་ནི་བདེན་ན། ཇི་ལྟར་མ་ཐོས། ཉེ་རྒྱལ་གྱིས་སྨྲས་པ། ཤི་ལྤགས་ཤི་བའི་རྒྱུས་པ་དང་། །འཆི་འགྱུར་བཞད་གད་འཇོ་སྒེག་གིས། །འཆི་བའི་སྐྱེ་བོ་འདུས་པ་ལ། །མཁས་པ་སུ་ཞིག་བག་མེད་བྱེད། །ཅེས་སྨྲས་པ་ན། པང་ནས་སྐྱེས་ཀྱིས་སྨྲས་པ། ཁྱོད་ཉེ་རྒྱལ་ཡིན་ནམ་ཞེས་དྲིས་པས། ཉེ་རྒྱལ་གྱིས་སྨྲས་པ། སྐྱེ་བོ་དག་གིས་(༢༠བ)དེ་ལྟ་ཤེས་སོ། །ཞེས་སྨྲས་སོ། །དེ་ནས་ཉེ་རྒྱལ་གྱིས་པང་ནས་སྐྱེས་ལ་སྨྲས་པ། ཁྱོད་ལ་བྲོ་དང་གླུ་དང་རོལ་མོ་རྣམས་སྣང་ངམ། ཞེས་དྲིས་པ་ན་པང་ནས་སྐྱེས་ཀྱིས། གང་གིས་མཐོང་བ་དང་ཐོས་

པ་ལ་སྣང་ངོ་ཞེས་སྨྲས་སོ། །ཉེ་རྒྱལ་གྱིས་ཇི་ལྟར་མ་ཐོས་ཞེས་དྲིས་པ་ན་པང་ན་སྐྱེས་ཀྱིས། རྒྱན་རྣམས་ཐམས་ཅད་ཁུར་ཡིན་ཏེ། །གར་རྣམས་ཐམས་ཅད་མཐོ་འཚམས་པ། །གླུ་རྣམས་ཐམས་ཅད་བཀྱལ་པ་སྟེ། །གཟུགས་ཀུན་མི་རྟག་ཉིད་ཡིན་ནོ། །ཞེས་སྨྲས་པ་ན། ཉེ་རྒྱལ་གྱིས་ཁྱེད་པང་ནས་སྐྱེས་ཡིན་ནམ་ཞེས་དྲིས་པས། པང་ནས་སྐྱེས་ཀྱིས། སྐྱེ་བོས་དེ་ལྟར་ཤེས་སོ། །ཞེས་སྨྲས་སོ། །དེ་ནས་ཉེ་རྒྱལ་གྱིས་པང་ནས་སྐྱེས་ལ་སྨྲས་པ། ཚུར་ཤོག །རབ་ཏུ་འབྱུང་ངོ་། །དེས་སྨྲས་པ། གང་གི་དོན་དུ་མཆོད་སྦྱིན་དང་། སྦྱིན་སྲེག་དང་། དཀའ་ཐུབ་བྱེད་པའི་མདུན་ན་འདོན་ནི་བདག་གི་ལག་མཐིལ་དུ་འོངས། སླང་པོ་ཆེས་འགྲོ་བའི་རིགས་སུ་སྐྱེས་ན། ཅིའི་ཕྱིར་རབ་ཏུ་འབྱུང་། ཉེ་རྒྱལ་གྱིས་སྨྲས་པ། ལྡོན་ཤིང་རྗེབ་པར་གྱུར་པའི་ཚེ། །ཡལ་ག་འདབ་མས་ཅི་ཞིག་བྱ། །དེ་བཞིན་སྐྱེས་བུ་འཆི་བའི་ཚེ། །ཡོངས་སུ་གཟུང་བས་ཅི་ཞིག་བྱ། །ཚུར་ཤོག །རབ་ཏུ་འབྱུང་ངོ་། །པང་ནས་སྐྱེས་ཀྱིས་སྨྲས་པ། ཕ་མ་ལ་དྲི་བར་བྱའོ། །པང་ནས་སྐྱེས་ཕ་མ་ཅན་སོང་སྟེ། ཡབ་ཡུམ། མཁྱེན་པར་མཛོད་ཅིག །བདག་རབ་ཏུ་འབྱུང་ངོ་། །ཕ་མས་དེ་ལ་སྨྲས་པ་གང་གི་དོན་དུ་མཆོད་སྦྱིན་དང་། སྦྱིན་སྲེག་དང་། དཀའ་ཐུབ་བྱེད་པའི་མདུན་ན་འདོན་ནི་བདག་(༢༧ན)གི་ལག་མཐིལ་དུ་འོངས། སླང་པོ་ཆེས་འགྲོ་བའི་རིགས་སུ་སྐྱེས་ན། ཅིའི་ཕྱིར་རབ་ཏུ་འབྱུང་། པང་ནས་སྐྱེས་ཀྱིས་སྨྲས་པ། ནགས་ན་ཤིང་ཤུན་རྩྭ་གྱོན་ཞིང་། །རྩ་བ་འབྲས་བུ་འཚལ་བ་དང་། །རི་དྭགས་ཕྱུག་པ་རྣམས་དང་ནི། །ལྷན་ཅིག་གནས་པ་མཆོག་ལགས་ཀྱི། །འཇིག་རྟེན་ཕ་རོལ་འཇིག་བྱེད་པའི། །མཁས་པས་རྒྱལ་སྲིད་སྨད་དུ་ནི། །གསོད་དང་འཆིང་དང་བརྡེག་པ་དག །བགྱིད་པ་དེ་ལྟ་མ་ལགས་སོ། །ཞེས་སྨྲས་པ་ན། ཕ་མས་སྨྲས་པ། ཁྱོད་ངེད་ཀྱི་བུ་གཅིག་པུ་སྡུག་ཅིང་ཡིད་དུ་འོང་བ་ཡིན་པས་འབྲལ་མི་ཕོད་དོ། །ཞེས་མ་གནང་བ་ན། པང་ནས་སྐྱེས་ཀྱིས་སྨྲས་པ། ཡབ་ཡུམ། གནང་ན་ལེགས། མི་གནང་ན་ད་སླན་ཆད་འཚལ་མའང་མི་འཚལ་ཕྱུག་ཀྱང་མི་འཚལ་ལོ། །མི་གནང་གིས། བྱ་

བ་གཞན་མ་སེམས་ཤིག །དེ་ནས་དེས་ཉི་མ་དྲུག་གི་བར་དུ་ཟན་བཅད་དོ། །ཕ་མས་སྨྲས་པ། ཁྱོད་གཞོན་པས་སྡུག་བསྔལ་མི་ཤེས་པ་ཡིན་གྱི། ཚངས་པར་སྤྱོད་པ་སྤྱད་དཀའོ། །རབ་ཏུ་དབེན་པ་བྱ་དཀའོ། །གཅིག་པུ་ཉིད་ལ་མངོན་པར་དགའ་བར་དཀའོ། །གནས་མལ་དགོན་པ་ནགས་ཁྲོད་དང་རི་དྲུང་དང་བས་མཐའ་དག་ཏུ་གནས་པར་མནགས་པར་དཀའོ། །གཅིག་པུ་དགོན་པར་གནས་པ་ཡང་སྡུག་བསྔལ་ལོ། །ཁྱོད་ཀྱིས་ཇི་སྲིད་འཚོའི་བར་དུ་རི་དྭགས་གདུག་པ་དང་ལྷན་ཅིག་གནས་པར་བྱ་དགོས་སོ། །ཁྱོད་ཀྱིས་ཇི་སྲིད་འཚོའི་བར་དུ་གཞན་གྱིས་བྱིན་པས་འཚོ་བར་བྱ་དགོས་སོ། །ཁྱོད་ཀྱིས་ཇི་སྲིད་འཚོའི་བར་དུ་མིའི་འདོད་པ་དག་ལས་དབེན་པར་བྱ་དགོས་སོ། །ཁྱོད་ཀྱིས་ཇི་སྲིད་འཚོ་བའི་བར་དུ་མིའི་དགའ་བ་དང་རྩེད་མོ་དག་(༢༧བ) ལས་དབེན་པར་བྱ་དགོས་སོ། །བུ་གཞོན་ནུ་པང་ནས་སྐྱེས་ཚུར་ཤོག །འདི་ཉིད་དུ་འདུག་ལ་འདོད་པ་དག་ལ་ཡང་ཡོངས་སུ་སྤྱོད་ཅིག །སྦྱིན་པ་དག་བྱིན་ཅིག །བསོད་ནམས་དག་གྱིས་ཤིག །དེ་ཙང་མི་སྨྲའོ། །དེ་ནས་དེའི་ཉེ་དུ་རྣམས་བསགས་ནས་དེ་དག་གིས་ཀྱང་ལན་གསུམ་དུ་དེ་སྐད་སྨྲས་ཀྱང་ཅང་མི་སྨྲའོ། །དེ་ནས་དེའི་ནེའུ་ལྷང་རྣམས་ལ་བསྒོ་ནས། དེ་དག་གིས་ཀྱང་ལན་གསུམ་དུ་སྨྲས་པས་ཅང་མི་སྨྲའོ། །དེ་དག་གིས་ཕ་མའི་དྲུང་དུ་སོང་ནས་སྨྲས་པ། མཁྱེན་པར་མཛོད་ཅིག །པང་ནས་སྐྱེས་གུམ་པས་ཅི་བགྱི། རབ་ཏུ་འབྱུང་བ་ནི་མཁས་པས་བསྔགས་པ་ལགས་པས། གལ་ཏེ་རབ་ཏུ་བྱུང་ནས་མངོན་པར་དགའ་བར་གྱུར་ན་འང་གསོན་པོ་ཉིད་དུ་གཟིགས་པར་འགྱུར་ལ་དགའ་བར་མ་གྱུར་ན་འང་དྲང་སྲོང་དག་ནི་སླར་ལྡོག་པ་ལགས་ཏེ། བུའི་གནས་ནི་ཕ་མ་མ་གཏོགས་པ་གཞན་མེད་པས་རབ་ཏུ་བྱུང་ན་ལེགས་སོ། །ཕ་མས། གཞོན་ནུ། དེའི་དུས་ལ་བབ་པར་ཤེས་ན་རབ་ཏུ་བྱུང་ཞིག །ཅེས་རབ་ཏུ་འབྱུང་བར་གནང་ངོ་། །དེ་ནས་དེ་འབྲས་ཁུས་རིམ་གྱིས་ལུས་ཀྱི་སྟོབས་བསྐྱེད་ནས། རིམ་གྱིས་ཉེ་རྒྱལ་ཅན་སོང་སྟེ། ཉེ་རྒྱལ་ལ་སྨྲས་པ། རབ་ཏུ་འབྱུང་ངོ་། །ཕ་

མས་གནང་ངམ། གནང་ངོ་། །ངས་ཀྱང་ཞུའོ། །ཕོ་བོ་ནི་དུས་དེ་སྲིད་ཀྱིས་ཕ་མས་གནང་ན། ཁྱོད་ད་ཇི་སྲིད་ཀྱིས་གནང་བར་འགྱུར། སྨྲས་པ། ཕོ་བོ་ད་ལྟ་ཕོ་ན་གནང་བར་བྱས་ཏེ་འོང་ངོ་། །དེ་ནས་ཉེ་རྒྱལ་གྱིས་ཕ་མ་གཉིས་ཀྱི་དྲུང་དུ་སོང་སྟེ། ཡབ་ཡུམ། བདག་ཡང་དག་པ་ཕོ་ནར་དད་པས་ཁྱིམ་ནས་ཁྱིམ་མེད་པར་རབ་ཏུ་འབྱུང་ངོ་། །ཕ་མ་གཉིས་ཀྱིས་སྨྲས་པ། བུ་ཁྱོད་(༢༢ན)ལ་རབ་ཏུ་བྱུང་བ་ལེགས་པ་ཡིན་ནམ། ལེགས་སོ། །བུ། འོ་ན་སོང་ལ་རབ་ཏུ་བྱུང་ཞིག །དེས་པང་ནས་སྐྱེས་ཀྱི་གན་དུ་སོང་ནས། ཚུར་ཤོག །བདག་ཅག་དད་པས་ཁྱིམ་ནས་ཁྱིམ་མེད་པར་རབ་ཏུ་འབྱུང་ངོ་། །དེས་སྨྲས་པ། ཁྱོད་ཕ་མས་གནང་ངམ། གནང་ངོ་། །པང་ནས་སྐྱེས་ཀྱིས་སྨྲས་པ། ཕོ་བོ་ནི་དེ་ཙམ་དུ་མ་གནང་ན། ཁྱོད་ཕ་མས་མྱུར་དུ་གནང་བའི་རྒྱུ་ཅི་ཡིན་ཞེས་དྲིས་པ་ན། ཉེ་རྒྱལ་གྱིས་སྨྲས་པ། ཁྱོད་ནི་འཆིང་བ་དམ་པས་བཅིངས་པ་དང་། ཕོ་བོ་ནི་དེ་ལྟ་མ་ཡིན་ཞིང་། ཚེ་རབས་ལྔ་བརྒྱར་རབ་ཏུ་བྱུང་བ་དང་། ཧ་ཅང་ཕྱུག་པའི་ཁྱིམ་དང་ནི། །དབུལ་པོའི་ཁྱིམ་དུ་མི་སྐྱེ་བར། །བར་མའི་ཁྱིམ་དུ་སྐྱེ་འགྱུར་ཞིང་། །རྟག་ཏུ་རབ་བྱུང་མང་བར་ཤོག །ཅེས་སྨོན་ལམ་བཏབ་པའི་ཕྱིར་རོ། །པང་ནས་སྐྱེས་ཀྱིས་ཉེ་རྒྱལ་ལ་སྨྲས་པ། བདག་ཅག་ནི་ཁྲམ་ཟེ་རབ་ཏུ་གྲགས་པ་ཡིན་པས། གང་ཡང་རུང་བ་ལས་རབ་ཏུ་མི་འབྱུང་གི །ལེགས་པར་བརྟགས་ནས་རབ་ཏུ་འབྱུང་ངོ་། །ཞེས་བགྲོས་ཏེ་མཐར་གྱིས་རྒྱལ་པོའི་ཁབ་ཏུ་ཕྱིན་ཏོ། །དེའི་ཚེ་མུ་སྟེགས་ཀྱི་སྟོན་པ་དྲུག་པོ་ཐམས་ཅད་མཁྱེན་པ་མ་ཡིན་བཞིན་དུ་ཐམས་ཅད་མཁྱེན་པར་ཁས་འཆེ་བ་དག་རྒྱལ་པོའི་ཁབ་ན་གནས་སོ། །པང་ནས་སྐྱེས་དང་ཉེ་རྒྱལ་གཉིས་ཀྱིས་འགྲོ་བ་སྐྱོང་གི་བུ་རྫོགས་བྱེད་ཅན་སོང་སྟེ་སྨྲས་པ། ཁྱོད་ཀྱི་ཆོས་ཀྱི་ཚུལ་ནི་གང་། སློབ་མ་ལ་གདམས་པ་ནི་གང་། ཚངས་པར་སྤྱོད་པའི་འབྲས་བུ་ནི་གང་། ཕན་ཡོན་ནི་གང་ཡིན་ཞེས་དྲིས་པ་ན། རྫོགས་བྱེད་ཀྱིས་(༢༢བ)སྨྲས་པ། ཕོ་བོ་འདི་ལྟར་སྨྲ་སྟེ། སྦྱིན་པ་དང་། མཆོད་སྦྱིན་དང་། སྦྱིན་སྲེག་དང་། ལེགས་སྤྱད་

དང་། ཉེས་སྤྱོད་དང་། དེ་དག་གི་འབྲས་བུ་དང་། རྣམ་སྨིན་མེད་དོ། །འཇིག་རྟེན་འདི་དང་། ཕ་རོལ་དང་། ཕ་མ་དང་། སེམས་ཅན་རྫུས་ཏེ་སྐྱེ་བ་དང་། དགྲ་བཅོམ་པ་མེད་དོ། །སྲོག་ནི་འདི་ཉིད་ལ་འཚོ་ཞིང་། ཤི་བའི་འོག་ཏུ་མི་འབྱུང་ངོ་། །སྐྱེས་བུའི་ལུས་ནི་འབྱུང་བ་ཆེན་པོ་ལས་གྱུར་པ་ཡིན་ཏེ། ཆེའི་དུས་བྱེད་པ་ན་སའི་ལུས་ནི་སའི་བག་ལ་ཞ། ཆུའི་ལུས་ནི་ཆུའི་བག་ལ་ཞ། མེའི་ལུས་ནི་མེའི་བག་ལ་ཞ། རླུང་གི་ལུས་ནི་རླུང་གི་བག་ལ་ཞ་བར་འགྱུར་རོ། །དབང་པོ་རྣམས་ནི་ནམ་མཁའ་ལ་ཐིམ་པར་འགྱུར་རོ། །རོ་ནི་ཁྲི་དང་ལྔའི་མི་དག་གིས་ཁྱེར་ཏེ་དུར་ཁྲོད་དུ་འགྲོ་ཞིང་བསྲེགས་ནས་མི་མངོན་པར་ཐལ་བར་འགྱུར། ཧུས་པ་ཐི་བའི་མདོག་འདྲ་བར་གནས་སོ། །འདི་ལྟར་རྨོངས་པས་ཉེ་བར་བསྟན་པ་ནི་སྦྱིན་པ། མཁས་པས་ཉེ་བར་བསྟན་པ་ནི་ལེན་པའོ། །གཞན་ཡོད་པར་སྨྲ་བ་དེ་དག་ཐམས་ཅད་ནི་གསོབ་གསོག་རྫུན་དུ་རྗེལ་བ་དག་ཡིན་ནོ་ཞེས་ཟེར་རོ། །དེ་གཉིས་འདི་སྙམ་དུ། འདི་ནི་ལམ་གོལ་པར་ཞུགས་པས་མཁས་པ་རྣམས་ཀྱིས་སྤང་བར་བྱ་བ་ཡིན་ནོ་སྙམ་ནས་སྨྲས་པ། བློ་ངན་འོག་པར་སྟོན་བྱེད་པ། །དམན་པ་སྟོན་པར་གྲགས་པ་སྟེ། །གང་གི་ཆོས་ནི་དེ་འདྲ་བ། །དེ་ཡི་ཆོས་མིན་ཅི་འདྲ་ཞིག །ཞེས་སྨོད་སྨོང་པ་བཞིན་དུ་བཏབས་ཏེ་སོང་ངོ་། །དེ་ནས་གནག་ལྷས་ཀྱི་བུ་ཀུན་ཏུ་རྒྱུ་ཅན་ཕྱིན་ནས། ཁྱོད་ཀྱི་ཆོས་ཀྱི་ཚུལ་ནི་གང་ཞེས་སོགས་དྲིས་པས། སེམས་ཅན་རྣམས་ཀུན་ནས་ཉོན་མོངས་པ་དང་། རྣམ་བྱང་དང་། ཤེས་པ་དང་། མཐོང་བ་དང་། སྟོབས་དང་། བརྩོན་འགྲུས་སོགས་མེད་དོ་ཞེས་སྨྲས་པ་ན། སྔར་བཞིན་སྤངས་སོ། །དེ་ནས་སྨྲ་འདོད་ཀྱི་བུ་མོའི་བུ་ཡང་དག་(༢༣ན)རྒྱལ་བ་ཅན་ཅན་སོང་ནས། ཁྱོད་ཀྱི་ཆོས་ཀྱི་ཚུལ་ནི་གང་ཞེས་སོགས་དྲིས་པས་གང་གཱའི་ལྷོ་ནས་སྲོག་གཅོད་པ་དང་། བྱང་ནས་སྦྱིན་པ་བྱེད་པ་གཉིས་ཀ་ལ་ཕྱིག་པའང་མེད། བསོད་ནམས་ཀྱང་མེད་པ་སོགས་སྨྲས་པ་ན། སྔར་བཞིན་སྤངས་སོ། །དེ་ནས་མི་ཕམ་སྐྲའི་ལྭ་བ་ཅན་སོང་ནས། སྔར་བཞིན་དྲིས་པས། ས། ཆུ། མེ། རླུང་།

བདེ་སྡུག་གསོན་པ་སྐེ་ལུས་བདུན་པ་ནི་མ་བྱས་ཤིང་མ་སྤྲུལ་པ་སྟེ། ཐེར་ཟུག་ཏུ་གནས་པ་ཡིན་ལ། དེ་ལ་མགོ་གཅོད་པ་སོགས་གང་གིས་ཀྱང་གནོད་པ་མེད་ལ། སེམས་ཅན་བྱིས་པ་དང་མཁས་པ་ནི་བསྐལ་ཆེན་བརྒྱད་ཁྲི་བཞི་སྟོང་དུ་མཚམས་སྦྱར་ནས་སྡུག་བསྔལ་མཐར་བྱེད་དོ། །དགེ་སྦྱོང་དང་བྲམ་ཟེ་ཚུལ་ཁྲིམས་དང་དཀའ་ཐུབ་ཀྱིས་ལས་བྱང་བ་མེད་དོ་ཞེས་སྨྲས་པས། སྣོད་སྟོང་པ་བཞིན་དུ་བཏབས་ཏེ་སོང་ངོ་། །དེ་ནས་ཀ་ཏའི་བུ་ནོག་ཅན་ཅན་སོང་ནས་སྔར་བཞིན་དྲིས་པས། ཕོ་བོའི་གན་དུ་འཛིག་རྟེན་ཕ་རོལ་ཡོད་དམ་ཟེར་ན་ཡོད་ཅེས་ལན་འདེབས། མེད་དམ་ཟེར་ནའང་མེད་ཅེས་ལན་འདེབས་ཞེས་སོགས་སྨྲས་པས། སྣོད་སྟོང་པ་བཞིན་དུ་བཏབས་ཏེ་སོང་ངོ་། །དེ་ནས་གཉེན་གྱི་བུ་གཅེར་བུ་ཅན་སོང་ནས་སྔར་བཞིན་དྲིས་པས། ཕོ་བོ་ནི་གང་ཟག་གིས་སོ་སོར་སྤྱོད་པ་ཅི་ཡང་རུང་སྔོན་བྱས་པའི་རྒྱུ་ལས་བྱུང་བ་ཡིན་ལ། ལས་རྙིང་པ་དཀའ་ཐུབ་ཀྱིས་བྱང་བར་འགྱུར་ཞིང་། ལས་གསར་པ་མ་བྱས་པས་ལས་དང་སྡུག་བསྔལ་ཟད་པར་འགྱུར་རོ་ཞེས་སྨྲས་པས། སྣོད་སྟོང་པ་བཞིན་དུ་བཏབས་ཏེ་སོང་ངོ་། །དེའི་ཚེ་དེ་གཉིས་མུ་སྟེགས་ཀྱི་(༢༣བ)སྟོན་པ་ཡང་དག་རྒྱལ་བ་ཅན་ཞེས་བྱ་བ་བྱུང་ནས་རིང་པོ་མ་ལོན་པ་ཞིག་ཡོད་པ་དེ་ཚོལ་དུ་སོང་སྟེ། རྒྱལ་བ་ཅན་གང་ན་ཡོད་ཅེས་དྲིས་པ་ན། ད་ལྟ་ནང་དུ་ཡང་དག་འཇོག་ལ་བཞུགས་སོ། །ཞེས་ཟེར་བ་ཐོས་པ་ན། དགའ་ཞིང་མགུ་ལ་ངོ་མཚར་ནས། ཀྱི་མ། བདག་ཅག་གིས་ནང་དུ་ཡང་དག་འཇོག་གི་སྒྲ་ཡུན་རིང་མོ་ནས་གདོད་ཐོས་སོ་སྙམ་སྟེ། དེ་ལས་སློང་བ་ནི་ཚུལ་དང་མི་མཐུན་པས་དེ་ལས་ལངས་པའི་ཚེ་འགྲོའོ་ཞེས་ཕྱོགས་གཅིག་ཏུ་འཁོད་དོ། །དེ་ནས་ཡང་དག་རྒྱལ་བ་ཅན་ནང་དུ་ཡང་དག་འཇོག་ལས་ལངས་པ་ན་བསམ་གཏན་གྱིས་དབང་པོ་ཆོམ་པ་མཐོང་ནས། གང་ལ་བཞིན་འདི་ལྟ་བུ་ཡོད་པ་དེ་ལ་ཡོན་ཏན་ཡོད་དོ་སྙམ་ནས་དེའི་གན་དུ་སོང་སྟེ་སྨྲས་པ་ཁྱོད་ཀྱི་ཆོས་ཀྱི་ཚུལ་ནི་གང་། སློབ་མ་ལ་གདམས་པ་ནི་གང་། ཚངས་པར་སྤྱོད་

པའི་འབྲས་བུ་ནི་གང་། ཕན་ཡོན་ནི་གང་ཡིན། ཞེས་དྲིས་པས་ཁོ་བོ་འདི་ལྟར་ལྟ་ཞིང་སྨྲ་སྟེ། བདེན་པ་དང་མི་འཆེ་བ་ནི་ཆོས་སོ། །ཞི་བ་དང་ཏ་ཤི་མེད་པ་ནི་ཚངས་པའོ། །དེའི་དོན་ཅི་ལགས། བདེན་པ་ནི་བདེན་པའི་བསམ་པས་རབ་ཏུ་བྱུང་བའོ། །མི་འཆེ་བ་ནི་ཆོས་ཐམས་ཅད་མི་འཆེ་བའི་གཞི་ལས་བྱུང་བའོ། །ཞི་བ་དང་། ཏ་ཤི་མེད་པ་ནི་མྱ་ངན་འདས་པའོ། །དེ་ནས་དེ་གཉིས་དད་དེ། དེ་ལས་རབ་ཏུ་བྱུང་ངོ་། །དེའི་ཚེ་ཡང་དག་རྒྱལ་བ་ཅན་གྱིས་དེ་གཉིས་རབ་ཏུ་ཕྱུང་ངོ་ཞེས་ཐམས་ཅད་དུ་གྲགས་པས་དེ་ལ་སྙིང་བཀུར་མང་པོ་བྱུང་ནས། དེས་བསམས་པ། བདག་སྔར་ཤན་ཊི་ལའི་རིགས་ཡིན་(༢༩ན)ལ། ད་ལྟའང་དེ་ཡིན་ན། ཅིའི་ཕྱིར་ད་ལྟ་བདག་ལ་སྙིང་བཀུར་མང་པོ་བྱུང་སྙམ་པ་ལས། དེ་གཉིས་ཀྱི་མཐུ་ཡིན་ནོ་སྙམ་ནས་སློབ་མ་ལྔ་བརྒྱ་ཡོད་པ་ལས་དེ་གཉིས་ལ་ཉིས་བརྒྱ་ལྔ་བཅུ་རེ་གཏད་དོ། །རེ་ཞིག་ན་ཡང་དག་རྒྱལ་བ་ཅན་ན་བར་བྱུང་ནས། ཉེ་རྒྱལ་གྱིས་པང་ནས་སྐྱེས་ལ་སྨྲས་པ། ཁྱོད་མཁན་པོའི་ནད་གཡོག་བྱེད་དམ་སྨན་འཚོལ། འདི་ཤེས་རབ་ཅན་ཡིན་པས་ནད་གཡོག་བྱེད་དུ་གཞུག་གོ་སྙམ་ནས། ཁོ་བོས་སྨན་བཙལ་ལོ། །ཞེས་སྨྲས་ནས། པང་ནས་སྐྱེས་སྨན་འཚོལ་དུ་སོང་བ་ན། ཡང་དག་རྒྱལ་བ་ཅན་གྱིས་འཛུམ་བསྟན་པ་དང་། ཁྱོད་ལྟ་བུའི་སྐྱེས་བུ་གཙོ་བོ་ནི་རྒྱུ་མ་མཆིས་པར་འཛུམ་པ་མི་མཛད་ན། དེའི་རྒྱུ་ཅི་ལགས་དེས་སྨྲས་པ། གསེར་གླིང་ན་རྒྱལ་པོ་གསེར་བདག་ཅེས་བྱ་བ་ཤི་ནས་དེའི་ཆུང་མ་མེ་ལ་མཆོངས་པ་ན། ཁོ་བོ་འདི་ལྟར་སེམས་ཏེ། འདོད་པའི་རྒྱུས་སྡུག་བསྔལ་མྱོང་ངོ་སྙམ་མོ། །མཁན་པོ་དུས་དང་། ཟླ་བ་དང་། ཉི་མ་གང་ལ། དེ་དག་ཆེ་གེ་མོ་ཞིག་ལའོ། །དེས་དེ་གླེགས་བུ་ལ་བྲིས་ནས། མཁན་པོ། བདག་རབ་ཏུ་བྱུང་བ་ནི་བདུད་རྩི་དོན་དུ་གཉེར་བ་ལགས་ན། མཁན་པོས་བདུད་རྩི་བརྙེས་ན་བདག་ལ་བགོ་བཤའ་མཛད་དུ་གསོལ་ཞེས་ཞུས་པ་ན་ཡང་དག་རྒྱལ་བ་ཅན་གྱིས། བུ། ཁོ་བོའང་བདུད་རྩི་དོན་དུ་གཉེར་བའི་ཕྱིར་རབ་ཏུ་བྱུང་བ་ཡིན་མོད། བདུད་རྩི་མ

སྙེད་དེ། འདི་ཉིད་ཀྱི་གསོ་སྦྱོང་བཅོ་ལྔ་པ་ལ་ལྷ་རྣམས་ན་རེ། ཆུ་ཀླུང་སྐལ་ལྡན་ཤིང་རྟའི་འགྲམ། དྲང་སྲོང་(༢༨བ)སེར་སྐྱའི་བསྟི་གནས་དང་ཉེ་བར་ཤཱཀྱ་གཞོན་ནུ་བྱུང་སྟེ། དེ་མཚན་མཁན་རྣམས་ཀྱིས། ཕོ་བྲང་དུ་བཞུགས་ན་འཁོར་ལོས་བསྒྱུར་རྒྱལ་དང་། རབ་ཏུ་བྱུང་ཆེ་ཡང་དག་པར་རྫོགས་པའི་སངས་རྒྱས་སུ་འགྱུར་རོ་ཞེས་ལུང་བསྟན་པའི་སྒྲ་ཐོས་ཀྱིས། ཁྱེད་གཉིས་དེའི་བསྟན་པ་ལ་རབ་ཏུ་བྱུང་ནས་རིགས་དང་། རུས་དང་། བྲམ་ཟེའི་ཁྱེའུར་སྐྲ་བར་མི་བྱ། རྒྱགས་པ་དང་། ང་རྒྱལ་བཅོམ་ནས་དེའི་དྲུང་དུ་ཚངས་པར་སྤྱོད་ཅིག་དང་། ཁྱེད་གཉིས་ཀྱིས་བདུད་རྩི་ཐོབ་པར་འགྱུར་རོ་ཞེས་སྨྲས་ནས། བསགས་པ་ཀུན་གྱི་མཐའ་འཛད་ཅིང་། །མཐོན་པོ་རྣམས་ཀྱི་མཐའ་ལྟུང་འགྱུར། །ཕྲད་པའི་མཐའ་ནི་འབྲལ་བ་སྟེ། །གསོན་པའི་མཐའ་ནི་འཆི་བ་ཡིན། །ཞེས་བྱ་བ་ཡིན་པས་དེ་འདས་ནས་དུར་ཁྲོད་དུ་བསྐྱིགས་ཏེ་མྱ་ངན་བསང་བ་བྱས་ནས་འཁོད་དོ། །དེར་གསེར་གླིང་ནས་བྲམ་ཟེའི་ཁྱེའུ་རལ་པ་གསེར་འདྲ་ཞེས་བྱ་བ་ཞིག་རིམ་གྱིས་རྒྱལ་པོའི་ཁབ་ཏུ་ཕྱིན་ནས་དེ་གཉིས་ཀྱི་འདུག་གནས་སུ་ཞུགས་པ་དང་། ཉེ་རྒྱལ་གྱིས་སྨྲས་པ་གང་ནས་འོངས། གསེར་གླིང་ནས་སོ། །ཁྱོད་ཀྱིས་གསེར་གླིང་ན་ངོ་མཚར་བའི་ཆོས་ཅི་མཐོང་། བདག་གིས་ངོ་མཚར་བའི་ཆོས་ཆེན་པོ་མ་མཐོང་སྟེ། འོན་ཀྱང་གསེར་གླིང་ན་གསེར་བདག་ཤི་བ་ན་དེའི་ཚུང་མ་མེ་ལ་མཆོངས་པ་མཐོང་ངོ་། །དུས་དང་། ཟླ་བ་དང་། ཉི་མ་གང་ལ། དེ་དག་ཆེ་གེ་མོ་ཞིག་ལའོ། །དེས་གླིགས་བུ་ལ་བྲིས་པ་བལྟས་པ་དང་། མཐུན་པར་མཐོང་ནས། པང་ནས་སྐྱེས་ལ་སྨྲས་པ། མཁན་པོས་ལྷའི་མིག་གིས་ཡུལ་གཞན་གྱི་གཟུགས་མཐོང་བ་དང་། ལྷའི་རྣ་བས་སྒྲ་ཡིད་དུ་འོང་བ་ཐོས་པ་ལས་ན་བདུད་རྩི་རྙེད་ཀྱང་(༢༥ན)བདག་ཅག་ལ་མ་བགོས་སོ། །པང་ནས་སྐྱེས་ཀྱི་བསམ་པ་ལ། ཉེ་རྒྱལ་འདི་ཤེས་རབ་ཅན་ཡིན་པས་འདིས་ཀྱང་བདུད་རྩི་རྙེད་པ་བདག་ལ་མི་བགོ་བའི་གནས་ཡོད་སྙམ་ནས། ཉེ་རྒྱལ། ཚུར་ཤོག །བདག་ཅག་གཉིས་གང་གིས་དང་པོར་བདུད་རྩི་རྙེད་

པ་དེ་ཕན་ཚུན་བསླད་པར་བྱའོ་ཞེས་ཁྲིམས་བཅས་ནས་ལྡོངས་རྒྱུར་སོང་ངོ་། །དེའི་ཚེ་བཅོམ་ལྡན་འདས་མངོན་པར་རྫོགས་པར་སངས་རྒྱས་ཏེ་རིམ་གྱིས་བྱོན་ནས་འོད་མའི་ཚལ་ན་བཞུགས་སོ། །དེ་གཉིས་ཀྱང་རྒྱལ་པོའི་ཁབ་ཏུ་ཕྱིན་པ་དང་། རྒྱལ་པོའི་ཁབ་ཆེམ་མེ་ཆེམ་མེ་འདུག་པ་མཐོང་ནས། དེ་གཉིས་ཀྱིས་བསམས་པ་འདི་ལ་རྒྱུ་གཉིས་ཡོད་དེ། ཕ་རོལ་གྱི་དམག་གི་འཇིགས་པ་དང་། དགེ་སྦྱོང་ངམ་བྲམ་ཟེ་བསོད་ནམས་དང་དབང་ཆེ་བར་གྲགས་པ་ཞིག་གནས་པའོ་སྙམ་ནས་རྒྱུ་སྐར་ལ་བལྟས་པས། ཕ་རོལ་གྱི་དམག་གི་འཇིགས་པ་མེད་པར་ཤེས་ནས། སངས་ཤེས་པར་བྱའོ་སྙམ་སྟེ། དཔྲལ་རིས་གསུམ་བྱས་ནས་སྤྱོད་ཡུལ་དུ་སོང་བའི་ཚེ། ཐར་སྤྲོག་ཆགས་འབུམ་ཕྲག་དུ་མ་ཕྱི་བཞིན་འབྲང་བ་ལས་དེའི་ཉིན་པར་སེམས་ཅན་གཅིག་ཀྱང་ཕྱི་བཞིན་མི་འབྲང་བས། འདིའི་རྒྱུ་གང་ཡིན་སྙམ་མོ། །དེའི་ཚེ་བཅོམ་ལྡན་འདས་ལ་མི་མཁྱེན་པ་དང་མི་གཟིགས་པ་མི་མངའ་བས། སངས་རྒྱས་བཅོམ་ལྡན་འདས་ཐུགས་རྗེ་ཆེན་པོ་དང་ལྡན་པ། འཇིག་རྟེན་ལ་ཕན་པར་ཞུགས་པ། སྲུང་བ་གཅིག་པུ་པ། ཉག་གཅིག་དཔའ་བ། གཉིས་པ་མེད་པ། གཉིས་སུ་མི་གསུང་བ། ཞི་གནས་དང་ལྷག་མཐོང་གིས་བཞུགས་པ། རིག་པ་གསུམ་(༢༥བ)གསལ་བ། བསླབ་པ་གསུམ་ལ་ལེགས་པར་བསླབས་པ། དུལ་བའི་གནས་གསུམ་གྱི་གཞི་ལ་མཁས་པ། ཆུ་བོ་བཞི་ལས་བརྒལ་བ། རྫུ་འཕྲུལ་གྱི་རྐང་པ་བཞིས་སྤྱོད་པའི་གཞི་ལ་ལེགས་པར་གནས་པ། བསྡུ་བའི་དངོས་པོ་བཞི་ལ་ཡུན་རིང་པོ་ནས་ཡོངས་སུ་སྦྱང་བ་མཛད་པ། བདེན་པ་བཞི་སྟོན་པ། མི་འཇིགས་པ་བཞིས་བསྙེངས་པ་མི་མངའ་བ། ཡན་ལག་ལྔ་སྤངས་པ། འགྲོ་བ་ལྔ་ལས་ཡང་དག་པར་འདས་པ། ཕུང་པོ་ལྔ་བདག་མེད་པར་སྟོན་པ། ཡན་ལག་དྲུག་དང་ལྡན་པ། ཕ་རོལ་ཏུ་ཕྱིན་པ་དྲུག་ཡོངས་སུ་རྫོགས་པ། རྟག་ཏུ་གནས་པ་དྲུག་གིས་གནས་པ། དབང་པོ་དྲུག་གི་གནས་པ། དབང་པོ་དྲུག་གི་སྒོ་བསྡམས་པ། ཡང་དག་པར་དགའ་བར་བྱ་བའི་ཆོས་དྲུག་ལ་གོམས་པར་མཛད་པ། བྱང་ཆུབ་

ཀྱི་ཡན་ལག་བདུན་གྱི་མེ་ཏོག་གིས་ཕྱུག་པ། འཕགས་པའི་ནོར་བདུན་སྟོན་པ། འཇིག་རྟེན་གྱི་ཆོས་བརྒྱད་ཀྱིས་མ་གོས་པ། ལམ་གྱི་ཡན་ལག་བརྒྱད་སྟོན་པ། སྙོམས་འཇུག་དགུ་ལ་མཁས་པ། ཀུན་ནས་མནར་སེམས་ཀྱི་དངོས་པོ་དགུ་ལ་མཁས་པ། སྟོབས་བཅུ་དང་ལྡན་པ། ཕྱོགས་བཅུར་སྙན་པ་ཡང་དག་པར་རྒྱས་པ། བརྒྱ་ཕྲག་བཅུར་དབང་བསྒྱུར་བ་ལས་ཁྱད་པར་དུ་འཕགས་པ་རྣམས་ཀྱི་ཆོས་ཉིད་ནི། ཉིན་ལན་གསུམ། མཚན་ལན་གསུམ་སངས་རྒྱས་ཀྱི་སྤྱན་གྱིས་འཇིག་རྟེན་ལ་རྣམ་པར་གཟིགས་ནས། གང་ནི་ཉམས་པར་གྱུར། གང་ནི་འཕེལ་བར་གྱུར། གང་ནི་གནོད་པར་གྱུར། གང་ནི་ཉམ་ང་བར་གྱུར། གང་ནི་མི་བདེ་བར་གྱུར། གང་ནི་གནོད་པ་དང་ཉམ་(༢༨ན)ང་བ་དང་མི་བདེ་བར་གྱུར། གང་ནི་ངན་སོང་ལ་གཞོལ། གང་ནི་ངན་སོང་ལ་འབབ། གང་ནི་ངན་སོང་ལ་བབ། གང་ནི་ངན་སོང་གི་ལམ་ནས་བསླང་སྟེ་མཐོ་རིས་དང་ཐར་པ་དང་འབྲས་བུ་ལ་བཞག་པར་བྱ། འདོད་པའི་འདམ་དུ་བྱིང་བ་གང་གི་ལག་ནས་དྲང་བར་བྱ། འཕགས་པའི་ནོར་གྱི་དབྱིག་དང་བྲལ་བ་གང་ནི་འཕགས་པའི་ནོར་གྱི་དབང་ཕྱུག་ལ་བཞག་པར་བྱ། གང་གི་སངས་རྒྱས་འབྱུང་བས་བརྒྱན་པའི་འཇིག་རྟེན་ནི་འབྲས་བུ་དང་བཅས་པར་བྱ། གང་གི་དགེ་བའི་རྩ་བ་དག་མ་བསྐྱེད་པ་ནི་བསྐྱེད་པར་བྱ། གང་གི་དགེ་བའི་རྩ་བ་དག་བསྐྱེད་པ་ནི་ཡོངས་སུ་སྨིན་པར་བྱ། ཡོངས་སུ་སྨིན་པ་གང་ནི་རྣམ་པར་གྲོལ་བར་བྱ། ཞེས་མཁྱེན་པ་དང་གཟིགས་པ་འཇུག་གོ །ཆུ་སྲིན་གནས་ཀྱི་དུག་ཅན་པ། །དུས་ལས་འདའ་བར་འགྱུར་སྲིད་ཀྱི། །སངས་རྒྱས་གདུལ་ལ་བྱམས་པ་ནི། །དུས་ལས་འདའ་བར་མི་འགྱུར་རོ། །ཇི་ལྟར་མ་ནི་བུ་སྡུག་གཅིག་པུ་ལ། །རྟོག་ཅིང་དེ་སྲོག་སྲུང་བར་བྱེད་པ་ལྟར། །དེ་བཞིན་གཤེགས་པའང་གདུལ་བའི་སྐྱེ་བོ་ལ། །རྟོག་པར་མཛད་ཅིང་དེ་སྲོག་སྲུང་བར་མཛད། །དེའི་ཚེ་ཉེ་རྒྱལ་དང་པང་ནས་སྐྱེས་གཉིས་གདུལ་བའི་དུས་ལ་བབ་ཅིང་། སྟོན་པས་འདུལ་ལམ་ཉན་ཐོས་ཀྱིས་འདུལ་དགོངས་པ་ན། ཉན་ཐོས་ཀྱིས་

འདུལ། རྫུ་འཕྲུལ་གྱིས་འདུལ་ལམ། སྤྱོད་ལམ་གྱིས་འདུལ་དགོངས་པ་ན། སྤྱོད་ལམ་གྱིས་འདུལ་བར་དགོངས། སྤྱོད་ལམ་གྱིས་འདུལ་བ་དེ་ལ་ཚེ་དང་ལྡན་པ་ཧ་ཐུལ་གཏོང་བར་མཛད་དེ། དེའི་སྤྱོད་ལམ་གྱིས་ལྷ་དང་མིའི་ཡིད་སྟུད་པར་བྱེད་པའི་ཕྱིར་རོ། །དེ་ནས་(༢༨བ)བཅོམ་ལྡན་འདས་ཀྱིས་བཀའ་སྩལ་པ། ཧ་ཐུལ། ཁྱོད་ཀྱིས་ཉེ་རྒྱལ་དང་པང་ནས་སྐྱེས་ལ་སོམས་ཤིག །ཧ་ཐུལ་ནི་བཅོམ་ལྡན་འདས་ཀྱི་བཀའ་ལ་ལྟག་པར་བྱ་བ་བྱེད་པ་ཡིན་པས་ཞབས་གཉིས་ལ་ཕྱག་འཚལ་ནས་སོང་ངོ་། །དེ་ནས་ཧ་ཐུལ་གྱིས། ས་དྲོ་ཤམ་ཐབས་བགོས། སྣམ་སྦྱར་དང་། ཆོས་གོས་དང་། ལྷུང་བཟེད་ཐོགས་པ་མཛེས་པས་རྒྱལ་པོའི་ཁབ་ཏུ་བསོད་སྙོམས་ལ་ཞུགས་སོ། །དེའི་ཚེ་ཉེ་རྒྱལ་གྱིས་ཧ་ཐུལ་ཐག་རིང་པོ་ནས་མཐོང་སྟེ། རབ་ཏུ་བྱུང་བ་འདིའི་སྤྱོད་ལམ་ལྷ་བུ་ནི་བདག་གིས་སྔོན་ཆད་མ་མཐོང་བས། དེའི་གན་དུ་སོང་ནས། ཁྱོད་ཀྱི་སྟོན་པ་གང་། གང་གི་ཕྱིར་རབ་ཏུ་བྱུང་། སུའི་ཆོས་ལ་དགའ་ཞེས་དྲིའོ་སྙམ་སྟེ་ཧ་ཐུལ་གྱི་གན་དུ་ཕྱིན་ཏེ་དེ་ལྟར་དྲིས་པ་དང་། ཧ་ཐུལ་གྱིས་སྨྲས་པ། ཤཱཀྱའི་རིགས་ལས་རབ་ཏུ་བྱུང་ནས་སངས་རྒྱས་པ་དེ་བདག་གི་སྟོན་པ། དེའི་ཕྱིར་རབ་ཏུ་བྱུང་། དེའི་ཆོས་ལ་དགའོ། །ཞེས་སྨྲས་པ་ན། ཉེ་རྒྱལ་གྱིས་ཧ་ཐུལ་ལ་དགེ་སློང་། ཆོས་དེ་སྟོན་ཅིག །ཅེས་ཞུས་པ་ན། ཧ་ཐུལ་གྱིས་ཁོ་བོ་ནི་གཞོན་ཞིང་རབ་ཏུ་བྱུང་བ་གསར་པས་དེའི་བསྟན་པ་རྒྱ་ཆེར་བསྟན་མི་ནུས་ཀྱིས། དོན་བསྟན་པར་བྱའོ། །ཞེས་གསུངས་པ་ན་ཉེ་རྒྱལ་གྱིས་ཧ་ཐུལ་ལ། དགེ་སློང་། ཁོ་བོ་ལ་ནི་དོན་དགོས་ཀྱིས། དོན་མང་ཡང་རུང་། ཉུང་ཡང་རུང་སྟོན་ཅིག །ཅེས་ཞུས་པ་ན། ཧ་ཐུལ་གྱིས་སྨྲས་པ། ཆོས་རྣམས་གང་དག་རྒྱུ་ལས་བྱུང་བ་དང་། །དེ་ཡི་རྒྱུ་དང་དེ་འགོག་གང་ཡིན་པའང་། །དེ་བཞིན་གཤེགས་པ་ཉིད་ཀྱིས་བཀའ་སྩལ་ཏེ། །དེ་སྐད་གསུང་བའི་ཚུལ་ཅན་དགེ་སྦྱོང་ཆེ། ཞེས་བརྗོད་དེ་ཆོས་ཀྱི་རྣམ་གྲངས་འདི་བཤད་པ་(༢༩ན)ན། ཉེ་རྒྱལ་ཆོས་རྣམས་ལ་ཆོས་ཀྱི་མིག་རྡུལ་མེད་ཅིང་དྲི་མ་དང་བྲལ་བ་སྐྱེས་སོ། །དེ་ནས་ཉེ་རྒྱལ་ཆོས་

མཐོང་བ་དང་། ཆོས་ཐོས་པ་དང་། ཆོས་རིག་པ་དང་། ཆོས་ཀྱི་གཏིང་སླེབ་པ་དང་། སོམ་ཉི་དང་ཐེ་ཚོམ་ལས་བརྒལ་བ་དང་། གཞན་གྱི་དྲིང་མི་འཇོག་པ་དང་། གཞན་གྱིས་མི་བཀྲི་བ་དང་། སྟོན་པས་བསྟན་པའི་ཆོས་རྣམས་ལ་མི་འཇིགས་པ་ཐོབ་ནས་སྨྲས་པ། སྐྱོབ་པ་རྣམས་ཀྱི་ཆོས་འདི་ཡིན། །བསྐལ་མང་བྱེ་བ་ཁྲག་ཁྲིག་ཏུ། །སྔོན་ཆད་མ་མཐོང་མ་ཐོས་པ། །འཆི་མེད་མྱ་ངན་མེད་པ་ཡི། །གོ་འཕང་འདི་ལ་རྗེས་སུ་རྟོགས། །ཞེས་ཆེད་དུ་བརྗོད་པ་ཆེད་དུ་བརྗོད་ནས་རྟ་ཐུལ་ལ་དྲིས་པ། བཅོམ་ལྡན་འདས་དེ་ད་ལྟ་གང་ན་བཞུགས། རྟ་ཐུལ་གྱིས་སྨྲས་པ། རྒྱལ་པོའི་ཁབ་འོད་མའི་ཚལ་ན་འོ། །ཞེས་གསུངས་པ་ན་ཉེ་རྒྱལ་ཡི་རང་སྟེ། རྟ་ཐུལ་ལ་ཕྱག་བཙལ་བསྐོར་བ་བྱས་ནས་ཡང་ནས་སླར་ཅན་སོང་བ་དང་། ཡང་ནས་སླར་ཀྱིས་ཉེ་རྒྱལ་ཐག་རིང་པོ་ནས་འོང་བ་མཐོང་སྟེ། ཁྱོད་ཀྱི་དབང་པོ་རྣམས་དྭངས། བཞིན་གྱི་མདོག་ཡོངས་སུ་དག །པགས་པའི་མདོག་ཤིན་ཏུ་དཀར་ན། ཁྱོད་ཀྱིས་བདུད་རྩི་རྙེད་དམ། ཞེས་དྲིས་པ་ན་ཉེ་རྒྱལ་གྱིས་རྙེད་དོ། །ཞེས་བཤད་དོ། །ཡང་ནས་སླར་ཀྱིས་ཉེ་རྒྱལ་ལ་ཆོས་དེ་སྟོན་ཅིག་ཅེས་བསླུལ་བ་ན། ཉེ་རྒྱལ་གྱིས་སྔར་གྱི་ཚིགས་བཅད་བརྗོད་པས། ད་དུང་ལན་ཅིག་བརྗོད་ཅིག །ཡང་ལན་ཅིག་བརྗོད་པས། དེས་ཀྱང་བདེན་པ་མཐོང་ནས། སྔར་བཞིན་ཆེད་དུ་བརྗོད་དེ་ཉེ་རྒྱལ་ལ་དྲིས་པ། བཅོམ་ལྡན་འདས་དེ་ད་ལྟ་གང་ན་བཞུགས། ཉེ་རྒྱལ་གྱིས་སྨྲས་པ། འོད་མའི་ཚལ་(༢༧བ)ན་འོ། །ཚུར་ཤོག་དེའི་སྤྱན་སྔར་ཚངས་པར་སྤྱད་པར་བྱའོ། །ཚེ་དང་ལྡན་པ། ཉེ་འཁོར་ལ་བལྟ་བར་བྱ་སྟེ། བདག་ཅག་ལྟ་བུ་གྲགས་པ་དང་ལྡན་པས་འཁོར་ལ་ལྟ་བ་ནི་ལེགས་པ་ཡིན་ནོ། །དེ་ནས་དེ་གཉིས་ཀྱིས་བྲམ་ཟེའི་ཁྱེའུ་རྣམས་ལ་སྨྲས་པ། ཁོ་བོ་ཅག་གཉིས་ནི་བཅོམ་ལྡན་འདས་ཀྱི་སྤྱན་སྔར་ཚངས་པར་སྤྱོད་ན། ཁྱེད་རྣམས་ཅི་བྱེད་ཅེས་དྲིས་པ་ན་བྲམ་ཟེའི་ཁྱེའུ་དེ་རྣམས་ཀྱིས་སྨྲས་པ། མཁན་པོ་གཉིས། བདག་ཅག་ཅི་འཚལ་བ་ཐམས་ཅད་ཁྱེད་གཉིས་ལ་བརྟེན་པ་ལགས་པས། བདག་ཅག་ཀྱང་ཁྱེད་གཉིས

ཀྱི་རྗེས་སུ་རབ་ཏུ་འབྱུང་བར་བགྱིའོ། །ཞེས་བརྗོད་པ་ན། ཁྱེའུ་དག་ད་དེའི་དུས་ལ་བབ་པར་ཤེས་པར་གྱིས་ཤིག །དེ་ནས་དེ་གཉིས་འཁོར་ལྔ་བརྒྱ་དང་བཅས་ནས་འོད་མའི་ཚལ་དུ་སོང་བ་དང་། ཧ་ཐུལ་ཤིང་དྲུང་ཞིག་ན་འདུག་པ་མཐོང་ནས། ཉེ་རྒྱལ་གྱིས་པང་ནས་སྐྱེས་ལ་སྨྲས་པ། དང་པོར་བཅོམ་ལྡན་འདས་ལ་ཕྱག་བྱའམ། གང་ལས་ཆོས་ཐོས་པ་དེ་ལ་ཕྱག་བྱ། ཞེས་བགྲོས་པ་ན། དང་པོར་ཆོས་ཐོས་པ་དེ་ལ་ཕྱག་བྱའོ། །ཞེས་གྲོས་མཐུན་ཏེ། དེ་གཉིས་ཧ་ཐུལ་ཅན་སོང་སྟེ་ཕྱག་བཙལ་བ་དང་། བྲམ་ཟེ་བླ་བ་ལ་དགའ་བ་ཞིག་ཀྱང་བླ་བ་ལ་ཕྱག་བྱེད་དོ། །དེའི་ཚེ་བཅོམ་ལྡན་འདས་ཀྱིས་མཁྱེན་བཞིན་དུ། ཧན་པ་དང་ནི་གཞོན་པའང་རུང་། །གང་ལས་ཆོས་ནི་རྣམ་ཤེས་པ། །དེ་ལ་གུས་པས་ཕྱག་བྱ་སྟེ། །བླ་བ་ཆོས་ལ་ཇི་བཞིན་ནོ། །ཞེས་བཀའ་སྩལ་ཏོ། །དེ་ནས་དེ་གཉིས་བཅོམ་ལྡན་འདས་ཀྱི་དྲུང་དུ་སོང་བ་དང་། བཅོམ་ལྡན་འདས་ཀྱིས་རྒྱང་རིང་པོ་ནས་དེ་གཉིས་གཟིགས་ཏེ་བཀའ་སྩལ་པ། དགེ་སློང་དག །ཁྱེད་ཀྱིས་རྒྱང་རིང་པོ་ནས་འོང་བ་འཁོར་མང་པོ་དང་བཅས་པ་འདི་གཉིས་མཐོང་ངམ། བཙུན་པ། མཐོང་ངོ་། །འདི་གཉིས་ནི་ངའི་ཉན་ཐོས་(༢༢ན)ཤེས་རབ་ཅན་དང་། རྫུ་འཕྲུལ་ཅན་གྱི་མཆོག་ཏུ་འགྱུར་རོ། །ཞེས་ལུང་བསྟན་ཏོ། །དེ་ནས་དེ་གཉིས་བཅོམ་ལྡན་འདས་ཀྱི་དྲུང་དུ་སོང་སྟེ་ཞབས་གཉིས་ལ་ཕྱག་བཙལ་ནས། བཙུན་པ། བདག་ཅག་ལེགས་པར་གསུངས་པའི་ཆོས་འདུལ་བ་ལ་རབ་ཏུ་བྱུང་བ་དང་། བསྙེན་པར་རྫོགས་པ་དགེ་སློང་གི་དངོས་པོར་གནང་ན། བཅོམ་ལྡན་འདས་ཀྱི་སྤྱན་སྔར་ཚངས་པར་སྤྱོད་པ་སྤྱད་པར་བགྱིའོ། བཅོམ་ལྡན་འདས་ཀྱིས་དེ་གཉིས་ལ། དགེ་སློང་། ཚུར་ཤོག །ཚངས་པར་སྤྱད་པ་སྤྱོད་ཅིག་ཅེས་བཀའ་སྩལ་པ་དང་། སྐྲ་དང་ཁ་སྤུ་བྲེགས་ནས་ཞག་བདུན་ལོན་པ་ཙམ་དང་། ལག་ན་ལྷུང་བཟེད་དང་བྱ་མ་བུམ་ཐོགས་པ་དང་། དགེ་སློང་བསྙེན་པར་རྫོགས་ནས་ལོ་བརྒྱ་ལོན་པའི་སྤྱོད་ལམ་ལྟ་བུར་གྱུར་ཏོ། །དེ་བཞིན་གཤེགས་པས་ཚུར་ཤོག་བཀའ་སྩལ་པས། །སྐྲ་ཡི་སྣམ་སྦྱར་གྱོན་པའི་

ལུས་ལྡན་ཞིང་། །མོད་ལ་དབང་པོ་རབ་ཞིར་གནས་གྱུར་ཏེ། །སངས་རྒྱས་དགོངས་པས་ལུས་གཟུགས་བཀབ་པར་གྱུར། །ཅེས་ཆེད་དུ་བརྗོད་པ་ཆེད་དུ་བརྗོད་དོ། །དེ་ཡང་འཕགས་པ་ཤཱ་རིའི་བུ་ཤེས་རབ་ཤིན་ཏུ་ཆེ་བ་ནི། སྔོན་བུད་མེད་ཞིབ་མ་མོ་ཞེས་བྱ་བ་ཞིག་ཏུ་སྐྱེ་བ་བཞེས་པ་ན། རང་སངས་རྒྱས་ཞིག་ལ་ཟླ་བ་གསུམ་དུ་བསོད་སྙོམས་བསྟབས། ན་བཟའ་རས་ཡུག་ཆེན་ཆེན་པོ་ལ་འོས་པ་ཞིག་བསྔོན། གྲི་དང་ཁབ་དང་སྐུད་པ་རྣམས་ཕུལ་བ་ན་རང་སངས་རྒྱས་དེས་ཀྱང་དེའི་ཚོགས་རྫོགས་པའི་ཕྱིར་དེ་དག་བླངས་ཏེ་དེའི་མདུན་དུ་གྲི་དེས་རས་ཡུག་ཆེན་དེ་དྲས་པ་ན། བུད་མེད་དེས་གྲི་འདིས་རྣོ་བར་རས་གཅོད་པ་དེ་ལྟར་བདག་ཀྱང་ཤེས་རབ་རྣོ་བར་གྱུར་ཅིག །ཅེས་སྨོན་ལམ་བཏབ། རང་སངས་རྒྱས་དེས་ཁབ་སྐུད་ཀྱིས་(༢༢བ)རས་དེ་ལས་ཆོས་གོས་དྲུབས་པ་ན་བུད་མེད་དེས་བདག་གིས་རང་སངས་རྒྱས་འདི་ལ་འདི་དག་ཕུལ་བའི་དགེ་བའི་རྩ་བ་འདིས། ཁབ་འདིས་ཟབ་མོར་འབིགས་པ་ལྟར་བདག་ཀྱང་ཤེས་རབ་ཟབ་མོར་གྱུར་ཅིག །སྐུད་པ་འདི་ཐལ་བྱུང་དུ་འགྲོ་བ་ལྟར་བདག་ཀྱང་ངེས་པར་འབྱེད་པའི་ཤེས་རབ་ཅན་དུ་གྱུར་ཅིག །ཅེས་སྨོན་ལམ་བཏབ་བོ། །འཕགས་པ་ཤཱ་རིའི་བུ་ཁྱིམ་ཏ་ཅང་ཕྱུག་པ་དང་དབུལ་བ་མིན་པར་འབྲིང་པོར་སྐྱེས་ནས་རབ་ཏུ་འབྱུང་བ་ལ་གེགས་མེད་པར་ཤིན་ཏུ་སླ་བར་གྱུར་པ་ནི། སྔོན་རྒྱལ་པོའི་བུ་ཞིག་ཏུ་སྐྱེ་བ་བཞེས་པའི་ཚེ་རབ་ཏུ་འབྱུང་བར་འདོད་ནས་ཡབ་རྒྱལ་པོ་ལ་ཞུས་ཀྱང་རྒྱལ་སྲིད་སྐྱོང་དགོས་ཞེས་མ་གནང་བ་ན། མི་དབུལ་པོ་ཟས་དང་གོས་ཀྱིས་ཕོངས་པ་ཞིག་མཐོང་ནས། དེ་ལ་སྨྲས་པ། ཁྱོད་ཅིའི་ཕྱིར་རབ་ཏུ་མི་འབྱུང་། ཞེས་བརྗོད་པ་ན། མི་དེས་སྨྲས་པ། བདག་ལ་ལྷུང་བཟེད་དང་ཆོས་གོས་མ་མཆིས་པས་རབ་ཏུ་མ་བྱུང་ངོ་། །ཚུར་ཤོག །ངས་ལྷུང་བཟེད་དང་ཆོས་གོས་སྦྱིན་ནོ་ཞེས་དེས་མི་དབུལ་པོ་དེ་ཁྲིད་ནས་དྲང་སྲོང་མངོན་ཤེས་ལྔ་དང་ལྡན་པ་ཞིག་འདུག་པའི་གན་དུ་སོང་སྟེ། འདི་ཁྱོད་ལས་རབ་ཏུ་འབྱུང་བར་འདོད་ཀྱིས་རབ་ཏུ་ཕྱུང་དང་། བདག་གིས

འདི་ལ་ཆོས་གོས་དང་ལྷུང་བཟེད་སྦྱིན་ནོ། །དྲང་སྲོང་དེས་དེ་རབ་ཏུ་ཕྱུང་ངོ་། །རྒྱལ་བུས་དེ་ལ་ལྷུང་བཟེད་དང་ཆོས་གོས་བྱིན་ནས་སྨྲས་པ། ཁྱོད་ཀྱིས་ཡོན་ཏན་གྱི་ཚོགས་ཅུང་ཞིག་ཐོབ་ན་བདག་ལ་བརྗོད་ཅིག །དེས་ཁས་བླངས་ནས་བསྒོམས་པས་རང་རྒྱལ་གྱི་བྱང་ཆུབ་ཐོབ་སྟེ། ངང་པའི་རྒྱལ་པོ་འདབ་མ་བརྒྱངས་པ་ལྟར་སྟེང་གི་ནམ་མཁའ་ལ་འཕགས་ནས་རྫུ་འཕྲུལ་བསྟན་པས། རྒྱལ་བུས་དེའི་རྐང་པ་གཉིས་ལ་གཏུགས་(ལ་ན)ཏེ་ཁྱོད་ཀྱིས་འདི་ལྟ་བུའི་ཡོན་ཏན་བརྙེས་སམ། ཐོབ་བོ། །དེས་བསམས་པ། འདིས་སྔོན་རབ་བྱུང་མ་ཐོབ་པ་ནི་དབུལ་པོར་སྐྱེས་པས་ཡིན་ལ། བདག་གིས་རབ་བྱུང་མ་ཐོབ་པ་ནི། ཁྱིམ་འདི་ལྟ་བུར་སྐྱེས་པས་ཡིན་ནོ་སྙམ་ནས། དགེ་བའི་རྩ་བ་འདིས། ཧ་ཅང་ཕྱུག་པོའི་ཁྱིམ་དང་ནི། །དབུལ་པོའི་ཁྱིམ་དུ་མི་སྐྱེ་བར། །བར་མའི་ཁྱིམ་དུ་སྐྱེ་འགྱུར་ཞིང་། །རྟག་ཏུ་རབ་བྱུང་མང་བར་ཤོག །ཅེས་སྨོན་ལམ་བཏབ་པའི་མཐུའོ། །

འཕགས་པ་ཤཱ་རིའི་བུ་བསྟན་པ་འདི་ལ་སྟོན་པའི་སྲས་ཀྱི་ཐུ་བོ་ཤེས་རབ་ཅན་གྱི་མཆོག་ཏུ་ལུང་བསྟན་པ་ནི། སྔོན་རྒྱལ་བ་འོད་སྲུངས་ཀྱི་བསྟན་པ་ལ། འདི་རབ་ཏུ་བྱུང་སྟེ། འདི་རབ་ཏུ་འབྱིན་པའི་དགེ་སློང་དེ་སངས་རྒྱས་འོད་སྲུངས་ཀྱིས་ཤེས་རབ་ཅན་གྱི་མཆོག་ཏུ་ལུང་བསྟན་ཏོ། །འདིས་ཚེ་ཇི་སྲིད་དུ་ཚངས་པར་སྤྱད་ཀྱང་ཡོན་ཏན་མ་ཐོབ་པར་འཆི་ཁར་སྨོན་ལམ་བཏབ་པ། མཁན་པོ་འདི་སངས་རྒྱས་འོད་སྲུངས་ཀྱིས་ཤེས་རབ་ཅན་གྱི་མཆོག་ཏུ་ལུང་བསྟན་པ་བཞིན་དུ། བདག་ཀྱང་བཅོམ་ལྡན་འདས་ཤཱཀྱ་ཐུབ་པའི་བསྟན་པ་ལ་རབ་ཏུ་བྱུང་ནས་དགྲ་བཅོམ་པ་ཐོབ་སྟེ། ཤེས་རབ་ཅན་གྱི་མཆོག་ཏུ་ལུང་སྟོན་པར་གྱུར་ཅིག །ཅེས་སྨོན་ལམ་བཏབ་པའི་མཐུའོ། །

འཕགས་པ་མོའུ་འགལ་གྱི་བུ་རྫུ་འཕྲུལ་ཆེ་བར་གྱུར་པ་ནི། མོའུ་འགལ་གྱི་བུ་འདི་སྔོན་དྲང་སྲོང་ཞིག་ཏུ་གྱུར་པ་ན། མི་དབུལ་པོ་ཞིག་རབ་ཏུ་ཕྱུང་སྟེ་ཡོ་བྱད་ཐམས་ཅད་ཀྱིས་ཕན་བཏགས་ཏེ་སྒོམ་དུ་བཙུག་པས། མི་དེས་རང་སངས་རྒྱས་ཀྱི་

འཕྲས་བུ་ཐོབ་ནས་ངང་པའི་རྒྱལ་པོ་འདབ་མ་བརྒྱངས་པ་ལྟར་སྟེང་གི་ནམ་མཁའ་ལ་མངོན་པར་འཕགས་ནས། འབར་བ་དང་། གསལ་བ་དང་། ཆར་འབེབས་པ་དང་། སྒྲོག་(༢༩བ)འབྱིན་པའི་ཆོ་འཕྲུལ་དག་བསྟན་པས། དྲང་སྲོང་དེས་རང་སངས་རྒྱས་དེའི་ཀ་ང་པ་གཉིས་ལ་གཏུགས་ནས་སྨྲས་པ། ཁྱོད་ཀྱིས་ཡོན་ཏན་གྱི་ཚོགས་འདི་ལྟ་བུ་བརྙེས་སམ། ཐོབ་བོ། །དེས་དེའི་ཀ་ང་པ་གཉིས་ལ་ཕྱག་བཙལ་ཏེ། དགེ་བའི་རྩ་བ་འདིས། འཕགས་པ་འདི་རྫུ་འཕྲུལ་ཆེ་བ་དེ་བཞིན་དུ་བདག་ཀྱང་རྫུ་འཕྲུལ་ཆེ་བར་གྱུར་ཅིག །ཅེས་སྨོན་ལམ་བཏབ་པའི་མཐུ་འོ། །མོའུ་འགལ་གྱི་བུ་ཆེན་པོ་རྫུ་འཕྲུལ་ཅན་གྱི་མཆོག་ཏུ་ལུང་བསྟན་པ་ནི། སྟོན་བསྐལ་པ་བཟང་པོ་འདི་ཉིད་ལ་སྐྱེ་དགུའི་ཚེ་ལོ་ཉི་ཁྲི་པ་ལ་སངས་རྒྱས་འོད་སྲུངས་ཀྱི་བསྟན་པ་ལ་འདི་རབ་ཏུ་བྱུང་སྟེ། འདི་རབ་ཏུ་འབྱིན་པར་བྱེད་པའི་དགེ་སློང་དེ་སངས་རྒྱས་འོད་སྲུངས་ཀྱིས་རྫུ་འཕྲུལ་ཅན་གྱི་མཆོག་ཏུ་ལུང་བསྟན་ཏོ། །འདིས་ཚེ་ཇི་སྲིད་བར་ཚངས་པར་སྤྱད་ཀྱང་ཡོན་ཏན་མ་ཐོབ་པར་འཆི་ཁར་སྨོན་ལམ་བཏབ་པ། མཁན་པོ་འདི་སངས་རྒྱས་འོད་སྲུངས་ཀྱིས་རྫུ་འཕྲུལ་ཅན་གྱི་མཆོག་ཏུ་ལུང་བསྟན་པ་བཞིན་དུ་བདག་ཀྱང་བཅོམ་ལྡན་འདས་ཤཱཀྱ་ཐུབ་པའི་བསྟན་པ་ལ་རབ་ཏུ་བྱུང་ནས་དགྲ་བཅོམ་པ་ཐོབ་སྟེ་རྫུ་འཕྲུལ་ཅན་གྱི་མཆོག་ཏུ་ལུང་སྟོན་པར་གྱུར་ཅིག་ཅེས་སྨོན་ལམ་བཏབ་པའི་མཐུའོ། །གནས་བརྟན་ཆེན་པོ་འདི་གཉིས་ནི་སྟོན་པའི་བསྟན་པ་ལ་བྱ་བ་རྒྱ་ཆེར་མཛད་པ་མཚུངས་ཟླ་མེད་པ་ཞིག་སྟེ། གནས་བརྟན་འདི་གཉིས་སྟོན་པའི་བཀའ་དྲིན་གསབ་པའི་ཕྱིར་དུ་དུས་དུས་སུ་དམྱལ་བའི་གནས་སུ་ཕྱིན་ནས་ཚ་དམྱལ་བ་རྣམས་བསིལ་བར་བྱེད་པ་དང་། གྲང་དམྱལ་བ་རྣམས་དྲོ་བར་བྱས་ཏེ་སྡུག་བསྔལ་གྱིས་ཉམ་ཐག་པ་རྣམས་དབུགས་ཕྱུང་ནས། སྤྲུལ་པ་སྣ་ཚོགས་ཀྱིས་དད་ཅིང་འདུན་པར་བྱ་བ་དང་། ཆོས་བསྟན་ནས་(༣༠ན)འགྲོ་བ་བགྲང་བ་ལས་འདས་པ་ངན་སོང་ནས་བཏོན་ཏེ་མཐོ་རིས་ལ་འགོད་པར་མཛད། སྐབས་ལ་ལར་ཡི་དྭགས་རྣམས

ལ་དེ་ལྟར་མཛད། སྐབས་ལ་ལར་ལྷའི་གནས་རྣམས་སུ་བྱོན་ནས་ལྷ་རྣམས་འདོད་ཡོན་གྱིས་གཡེངས་ནས་བག་མེད་པར་གནས་པ་དེ་དག་ལ་མི་རྟག་པ་དང་། སྡུག་བསྔལ་བ་དང་། བདག་མེད་པའི་ཆོས་བསྟན་ཏེ་འདུལ་བར་མཛད། མི་རྣམས་ཀྱི་གནས་སུའང་གང་ན་སེམས་ཅན་གདུལ་དཀའ་བ། མ་རུངས་པ་དེ་དང་དེ་དག་ལ་ལྷག་པར་ཐུགས་བརྩེ་བས་ཐབས་མཁས་ཀྱི་སྤྲུལ་པ་སྣ་ཚོགས་པས་འདུལ་བར་མཛད་ཅིང་། ལྷས་བྱིན་གྱིས་འཁོར་ལོའི་དབྱེན་བྱས་པའི་ཚེ་ཡང་གནས་བརྟན་ཆེན་པོ་འདི་གཉིས་ཀྱིས་འཁོར་ལོའི་དབྱེན་བཟླུམས་པར་མཛད་པ་དང་། སྟོན་པ་འཁོར་དགྲ་བཅོམ་པ་མང་པོ་དང་བཅས་སུམ་ཅུ་རྩ་གསུམ་དུ་དབྱར་གནས་མཛད་པའི་ཚེ་མོའུ་འགལ་གྱི་བུ་ཆེན་པོ་འཛམ་བུའི་གླིང་དུ་བཞུགས་ནས་སྟོན་པའི་འཁོར་རྣམ་བཞི་སྐྱོང་བར་མཛད་པ་དང་། དབྱར་ཟླ་བ་གསུམ་སོང་ནས་མོའུ་འགལ་གྱི་བུ་ཆེན་པོ་སུམ་ཅུ་རྩ་གསུམ་དུ་བྱོན་ནས་སྟོན་པ་ལ་གསོལ་བ་བཏབ་སྟེ་འཛམ་བུའི་གླིང་དུ་སྤྱན་དྲངས་པ་སོགས་འཛམ་བུ་གླིང་གི་གདུལ་བྱ་རྣམས་ལ་བཀའ་དྲིན་བླ་ལྷག་ཏུ་ཆེ་བར་མཛད་དོ། །འཕགས་པ་ཤཱ་རིའི་བུས་ནི་སྟོན་པས་ཤེར་ཕྱིན་གྱི་མདོ་སྡེ་རིན་པོ་ཆེ་གསུང་བའི་ཚེ་དཀའ་བའི་གནས་ཐམས་ཅད་ལ་དྲི་བ་མཛད་ཅིང་། ཤེར་ཕྱིན་གྱི་མདོ་སྡེའི་དོན་བརྗོད་བྱ་དངོས་པོ་བརྒྱད་དོན་བདུན་ཅུའི་དང་པོ་སེམས་བསྐྱེད་ནས་བཟུང་མཐར་(༣༠བ)འཕྲིན་ལས་ཀྱི་བར་ཐམས་ཅད་ལ་སོ་སོའི་ངོ་བོ་གང་ཡིན་པ་དང་། ལམ་དེ་དང་དེ་རྒྱུད་ལ་སྐྱེ་བའི་འགལ་རྐྱེན་གང་ཡིན་པ་དང་། མཐུན་རྐྱེན་གང་དང་གང་བསྟེན་དགོས་པ་དང་། དང་པོ་གང་ལ་བསླབ་དགོས་པ་དེ་ནས་བཟུང་སྟེ་མཐར་གྱིས་བསླབ་པར་བྱ་བ་དང་། རིམ་གྱིས་བསྒོམས་པ་ལས་འབྲས་བུ་གང་དང་གང་འགྲུབ་པ་རྣམས་ཆེས་ཞིབ་པ་གནས་བརྟན་འདི་དང་། འཕགས་མཆོག་རབ་འབྱོར་གཉིས་ཀྱིས་སྟོན་པ་ལ་ཞུས་ཏེ་གཏན་ལ་ཕབ་པ་དང་། གཞན་ཡང་བྱང་ཆུབ་སེམས་པའི་སྡེ་སྣོད་ལས་ཇི་ལྟར་གསུངས་པའི་བྱང་སེམས་ཀྱི་བསླབ་བྱ་སོགས་

ཐེག་པ་གསུམ་གའི་ལམ་གྱི་གནད་ཐམས་ཅད་གནས་བརྟན་ཆེན་པོ་འདིས་སྟོན་པ་ལ་ཞུས་ཏེ་གཏན་ལ་འབེབས་པར་མཛད་པས་ན་བསྟན་པ་འདི་ལ་བཀའ་དྲིན་ཟླ་མེད་དུ་ཆེ་བར་མཛད་དོ། །

གནས་བརྟན་ཆེན་པོ་ཤཱ་རིའི་བུ་ཤེས་རབ་ཅན་གྱི་མཆོག་ཏུ་བསྔགས་པ་ནི། མདོ་ལས། དེ་བཞིན་གཤེགས་པ་མ་གཏོགས་པར། །འཇིག་རྟེན་ཀུན་གྱི་ཤེས་རབ་གང་། །ཤཱ་རིའི་བུ་ཡི་ཤེས་རབ་ཀྱི། །བཅུ་དྲུག་ཆར་ཡང་མི་ཆོག་གོ །གལ་ཏེ་ལྷར་བཅས་འཇིག་རྟེན་འདི། །ཤཱ་རིའི་བུ་དང་མཉམ་གྱུར་པས། །དེ་བཞིན་གཤེགས་པའི་ཡེ་ཤེས་ཀྱི། །བཅུ་དྲུག་ཆར་ཡང་མི་ཆོག་གོ །ཞེས་གསུངས་པ་ལྟར་རོ། །མོའུ་འགལ་གྱི་བུ་ཆེན་པོ་རྫུ་འཕྲུལ་ཅན་གྱི་མཆོག་ཏུ་བསྔགས་པ་ནི། མོའུ་འགལ་གྱི་བུས་བཅོམ་ལྡན་འདས་ལ་བསྟོད་པ་སུམ་ཅུ་རྩ་གསུམ་པའི་ལེའུ་ཞེས་བྱ་བའི་མདོ་ལས། བཅོམ་ལྡན་བདག་ནི་རྣམ་པར་རྒྱལ་བྱེད་ནང་ན་མཆིས། །ལྷ་ཡི་བུ་(༣༧ན)མོ་རྣམས་ལ་ཆོས་ནི་སྟོན་པ་ན། །བདག་གིས་ལྷ་ཡི་མིག་གིས་འཛམ་བུའི་གླིང་དུ་བལྟས། །གྲོང་ཁྱེར་དང་ནི་ཚོང་དུས་བརྒྱ་ཕྲག་བརྟག་པར་བགྱིས། །བརྟགས་པའི་ཚེ་ན་བདག་གིས་དེར་ནི་རྒྱལ་བ་མཐོང་། །རྒྱལ་པོའི་ཁབ་ན་མཐུ་ཆེན་གཟུགས་ཅན་སྙིང་པོའི་ཁང་། །གྲོང་བརྡལ་མི་དང་འཁོར་གྱི་མདུན་གྱིས་བལྟས་པ་ནི། །ཉན་ཐོས་རྣམས་དང་ཐབས་ཅིག་ཏུ་ནི་བཞོས་ཀྱང་གསོལ། །གཡོན་ཕྱོགས་ན་ནི་བདག་གི་ཁ་དོག་འདྲ་བ་ཡི། །མོའུ་འགལ་གྱི་བུ་མཆིས་པ་ཡང་བདག་གིས་མཐོང་། །གཡས་ཕྱོགས་ན་ནི་ཤཱ་རིའི་བུ་མཆིས་གཞན་དག་ཀྱང་། །རྒྱལ་བ་ཡི་ནི་ཉན་ཐོས་ཐམས་ཅད་འཁོད་པ་མཐོང་། །ལྷུན་པོ་ཡི་ནི་སྟེང་ན་རྒྱལ་བ་གཤེགས་སྐམ་བགྱིད། །བདག་གིས་བརྟགས་ན་ལྷུན་པོའི་ཟོམ་ན་བཞུགས་པ་མཐོང་། །བདག་ཉིད་ཀྱང་ནི་རྒྱལ་པོའི་ཁབ་ན་མཆིས་པ་དང་། །ལྷུན་མོའི་རྩེ་མོ་དེ་ཉིད་ན་ཡང་མཆིས་པ་མཐོང་། །གྲོང་ཁྱེར་མཉན་ཡོད་ན་ཡང་འཇིག་རྟེན་མགོན་པོ་ནི། །སྲོག་ཆགས་བྱེ་བ་མང་པོ་དག་ལ་ཆོས་སྟོན་མཐོང་། །

དེ་དག་ན་ཡང་བདག་དང་ཤཱ་རིའི་བུ་དང་ནི། །ཉན་ཐོས་གཞན་རྣམས་གང་ལགས་དེ་དག་མཐོང་བར་གྱུར། །ཤཱཀྱ་དག་གི་ནང་དུ་བསོད་སྙོམས་གཤེགས་པ་མཐོང་། །ཡངས་པ་ནས་ནི་སླར་གཤེགས་པ་ཡང་མཐོང་བར་གྱུར། །ཝཱ་ར་ཎཱ་སིར་ཡང་ནི་དེ་བཞིན་མཐོང་བར་གྱུར། །ཐམས་ཅད་དུ་ནི་བདག་ཉིད་ཀྱི་ནི་ལུས་ཀྱང་མཐོང་། །བྱང་གི་སྒྲ་མི་སྙན་གྱི་གླིང་ན་དེ་བཞིན་དུ། །ཚོགས་དང་ལྡན་ཅིག་བསོད་སྙོམས་དག་ལ་རྒྱུ་བ་མཐོང་། །མ་དྲོས་མཚོ་ཡི་ནང་དག་ན་ཡང་ཉན་ཐོས་བཅས། །བསོད་སྙོམས་ཞལ་ཟས་གསོལ་བ་བདག་གིས་(༡༧བ)མཐོང་བར་གྱུར། །དེ་བཞིན་ནུབ་ཀྱི་བ་ལང་སྤྱོད་ཀྱི་གླིང་དག་ན། །སེམས་ཅན་བྱེ་བ་ཁྲག་ཁྲིག་མང་པོའི་དོན་མཛད་མཐོང་། །ཐམས་ཅད་དུ་ཡང་མོའུ་འགལ་བུ་ཡང་རྫུ་འཕྲུལ་གྱི། །སྟོབས་ཀྱིས་འགྲོ་བ་རྣམས་ནི་འདུལ་བར་བགྱིད་པ་མཐོང་། །དེ་བཞིན་དུ་ཡང་ཤར་གྱི་ལུས་འཕགས་གླིང་དག་ན། །མི་རྣམས་ལ་ནི་ཆོས་རྣམས་སྣ་ཚོགས་སྟོན་པ་མཐོང་། །དེ་ན་ཡང་ནི་བདག་དང་ཤཱ་རིའི་བུ་དག་དང་། །གཞན་ཡང་ཉན་ཐོས་གང་ལགས་དེ་དག་བདག་གིས་མཐོང་། །དེ་བཞིན་ས་བླ་ས་ཡི་ལྷ་ཡི་གནས་རྣམས་དང་། །བར་སྣང་དག་ན་ཆོས་ནི་སྟོན་ཅིང་བཞུགས་པ་མཐོང་། །ཆོས་ཀྱི་མངའ་བདག་དམ་པ་ཁྱོད་ནི་འཇིག་རྟེན་སྐྱོང་། །བཞི་པོ་དག་ལ་ཆོས་ནི་སྟོན་ཅིང་བཞུགས་པ་མཐོང་། །དེ་ནས་ཤཱཀྱ་སེང་གེ་དགའ་ལྡན་དག་ཏུ་མཐོང་། །རབ་འཕྲུལ་དགའ་དང་གཞན་འཕྲུལ་དབང་བྱེད་དག་ན་ཡང་། །མགོན་པོ་ཉན་ཐོས་རྣམས་དང་བཅས་པ་བདག་གིས་མཐོང་། །ཚངས་པའི་འཇིག་རྟེན་དག་ན་ཚངས་པ་བྱེ་བ་ལ། །ཆོས་རྣམས་སྟོན་ཅིང་བཞུགས་པ་བདག་གིས་མཐོང་བར་གྱུར། །ཐམས་ཅད་དུ་ཡང་བདག་གི་ལུས་དང་དེ་བཞིན་དུ། །གཞན་ཡང་རྒྱལ་བའི་ཉན་ཐོས་རྣམས་ནི་བདག་གིས་མཐོང་། །གཙུག་ལག་ཁང་དང་འཆག་ས་ཤིང་གི་གནས་རྣམས་དང་། །ཕུབ་རྣམས་གང་ན་སྟོན་ཆད་སངས་རྒྱས་བཞུགས་བཞུགས་པ། །ཐམས་ཅད་དུ་ཡང་ཤཱཀྱ་སེང་གེ་ཅི་འདྲ་བ། །དེ་འདྲའི་ཆོས་ཀྱི་རྒྱལ་པོ་

བདག་གིས་མཐོང་བར་གྱུར། །དཔའ་བོ་ཁྱོད་ཀྱི་ཆོས་ཉིད་འདི་ནི་བདག་གིས་སུ། །མཐོང་ནས་བདག་ནི་ངོ་མཚར་རྨད་དུ་འཛིན་པར་གྱུར། །སངས་རྒྱས་འོད་མཛད་དེ་དག་རྣམས་ཀྱི་རྫུ་འཕྲུལ་མཆོག །འདི་འདྲ་དེ་དག་ངོ་མཚར་རབ་ཏུ་ཆེ་བ་ལགས། །ཞེས་དང་། ཡབ་སྲས་མཇལ་བའི་མདོ་(༢༢ན)ལས། རྒྱ་མཚོ་དཔག་ཚད་བརྒྱ་སྟོང་ཆུས་གང་བ། །ཁྲུ་ཏས་བཏུང་དུ་ཙང་བར་ཁད་ཆད་པ། །པདྨའི་ལོ་མས་ཁེབས་ལ་མི་ཞིག་གིས། །ཀླུང་གི་ཤུགས་ལས་དྲག་པའི་ཤིང་ རྟ་དྲངས། །མཚོ་ནང་དེ་ནས་སྤྲུལ་གྱིས་སྐད་ཅིག་རེར། །ཤིང་རྟ་དེ་ལ་ལན་བརྒྱ་བསྐོར་བར་གྱུར། །དེ་ཡིས་ལན་ཅིག་བསྐོར་བའི་སྐད་ཅིག་ལ། །ཀུན་དགའ་བོས་ནི་ཆོས་རྣམ་བཅུ་སྟོན་ཅིང་། །དོན་ཡང་གོ་བྱེད་དེ་ཡི་ཚིག་གཅིག་ལ། །རང་རྒྱལ་རྣམས་ཀྱིས་དམ་ཆོས་གྲངས་མེད་སྟོན། །རང་རྒྱལ་ཚིག་གཅིག་སྨྲ་བའི་སྐད་ཅིག་ལ། །བྱང་ཆུབ་སེམས་དཔས་གྲངས་མེད་ཆོས་སྟོན་ཅིང་། །དོན་ཡང་གོ་བྱེད་དེ་ཡི་ཚིག་གཅིག་ལ། །མོའུ་འགལ་གྱིས་བརྒྱད་ཁྲིའི་ཞིང་ཁམས་འདད་འ། །དེ་ལྟའི་འགྲོས་ཀྱིས་ཕྱོགས་བཅུར་ངལ་མི་བསོ། །ཞེས་དང་། གསང་བ་བསམ་གྱིས་མི་ཁྱབ་པའི་མདོ་ལས། མོའུ་འགལ་གྱིས་འོད་ཟེར་རྒྱལ་མཚན་གྱིས། །ཞིང་དུ་ཕྱིན་ནས་རིན་ཆེན་གླིང་དེ་ནི། །སྐྱིལ་ཀྲུང་གཅིག་གིས་བཀང་སྟེ་སྐྱིལ་ཀྲུང་ལས། །སུ་ཏིག་རྒྱན་ཕྲེང་བྱེ་བ་ཁྲག་ཁྲིག་འཕྲོང་། །རྒྱན་ཕྲེང་དེ་ལས་འོད་ཟེར་བརྒྱ་སྟོང་བཀྱེ། །འོད་ཟེར་དེ་དག་རེ་རེའི་རྩེ་མོ་ལ། །པདྨོའི་གདན་བཞུགས་སངས་རྒྱས་རེ་རེ་བཀོད། །ཀུན་ཀྱང་ཤཱཀྱའི་རྒྱལ་པོའི་བསྔགས་པ་བརྗོད། །འདི་དག་ཇི་བཞིན་གླིང་བཞི་སྟོང་གསུམ་པར། །སྐྱིལ་ཀྲུང་གཅིག་གིས་ཁྱབ་པར་བགྱི་ཞེས་ཞུས། །དེ་ལྟར་ཉན་ཐོས་རྫུ་འཕྲུལ་ཆེན་པོ་དེས། །རྒྱ་མཚོ་བཞི་ཡང་ལག་པའི་མཐིལ་དུ་འཛོག །སྟོང་གསུམ་ཡུངས་འབྲུ་བཞིན་དུ་སྒྲ་བརྒྱོག་བྱེད། །ལག་པ་གཡས་ཀྱིས་རི་རབ་གླངས་བྱས་ཏེ། །སྟེང་དུ་ཚངས་པའི་གནས་སུ་འཕེན་པར་ནུས། །(༢༢བ)དེ་ཡི་རྫུ་འཕྲུལ་མཐོན་ཤེས་དཔག་ཏུ་མེད། །སེམས་ཅན་རྣམས་ཀྱི་སྐྱེ་བརྒྱུད་འབུམ་ཕྲག་

ཀྱང་། །མཉམ་བཞག་གཅིག་གིས་ཤེས་ཤིང་སྟོང་གསུམ་གྱི། །སྐར་མའི་གྲངས་ཀྱང་མཉམ་བཞག་གཅིག་གིས་འདྲེན། །རྣམ་ཐར་བརྒྱད་ཀྱི་དབང་ལ་གནས་པ་ཡི། །ཉན་ཐོས་གཅིག་ཏུ་གྱུར་ནས་མང་པོར་འགྱུར། །མཁའ་ལ་བསམ་གཏན་འཆའ་ཞིང་འབར་བར་བྱེད། །སྨད་ན་མེ་འབར་སྟོད་ན་ཆུ་ཡི་རྒྱུན། །སྟོད་ན་མེ་འབར་སྨད་ན་ཆུ་ཡི་རྒྱུན། །འགྲོ་དང་འགྲེང་དང་ཉལ་དང་འདུག་པ་དང་། །ལུས་འཕྲུལ་སྐད་ཅིག་གཅིག་ལ་བསམ་མི་ཁྱབ། །ཅེས་སོགས་རྒྱ་ཆེར་བསྔགས་པ་ལྟར་དང་། མོའུ་འགལ་གྱི་བུ་ཆེན་པོ་སུམ་ཅུ་རྩ་གསུམ་དུ་ཕྱིན་པའི་ཚེ་ལྷའི་དབང་པོ་བརྒྱ་བྱིན་གྱི་ཁང་བཟང་རྣམ་པར་རྒྱལ་བྱེད་ཞབས་གཡས་པའི་མཐེ་བོས་བསྒུལ་བར་མཛད་པ་དང་། གཞན་ཡང་རྫུ་འཕྲུལ་གྱི་བཀོད་པ་བསམ་གྱིས་མི་ཁྱབ་པ་བསྟན་པས་རྫུ་འཕྲུལ་ཅན་གྱི་མཆོག་ཏུ་བསྔགས་པ་ནི་འདུལ་བ་ལུང་དང་། མདོ་སྡེ་གཞན་མང་པོ་ལས་ཀྱང་རྒྱ་ཆེར་འབྱུང་བ་ལྟར་རོ། །གནས་བརྟན་ཆེན་པོ་འདི་གཉིས་ནི་ཞིང་འདིར་སྟོན་པའི་བསྟན་པ་སྤེལ་བའི་སླད་དུ་བསམ་བཞིན་དུ་ཕྱིན་ནས་ཉན་ཐོས་ཀྱི་ཚུལ་བཟུང་བ་ཡིན་གྱི། ངེས་པ་དོན་དུ་ནི་བསྐལ་པ་བརྗོད་དུ་མེད་པའི་ཡང་བརྗོད་དུ་མེད་པའི་སྔོན་རོལ་ནས་ཐུགས་བསྐྱེད་ཅིང་། སྟོན་པ་ཐུབ་པའི་དབང་པོས་སྔོན་ཡུན་རིང་པོ་ནས་རྗེས་སུ་བཟུང་སྟེ། སངས་རྒྱས་བྱེ་བ་ཁྲག་ཁྲིག་བརྒྱ་སྟོང་མང་པོའི་སྤྱན་སྔར་སྟོན་པ་ཐུབ་པའི་དབང་པོ་དང་ལྷན་ཅིག་ཏུ་བྱང་ཆུབ་སེམས་དཔའི་སྤྱོད་པ་སྤྱད་ཅིང་སྨོན་ལམ་སྟབས་གཅིག་ཏུ་མཛད་པ་ཡིན་ཏེ། སྙིང་རྗེ་པདྨ་དཀར་པོའི་མདོར་ཐུབ་པའི་དབང་པོ་སྔོན་བྲམ་(༣༣ན)ཟེ་རྒྱ་མཚོའི་རྡུལ་དུ་འཁྲུངས་པའི་ཚེ་དེ་བཞིན་གཤེགས་པ་རིན་ཆེན་སྙིང་པོའི་སྤྱན་སྔར་མི་མཇེད་ཞིང་འདིའི་འགྲོ་བ་སྙིགས་མར་ལུས་པ་རྣམས་རྗེས་སུ་གཟུང་བའི་ཕྱིར་དུ་སྨོན་ལམ་ཆེན་པོ་ལྔ་བརྒྱ་མཛད་པ་ན། གནས་བརྟན་ཆེན་པོ་འདི་གཉིས་བརྒྱ་བྱིན་མུ་ཁྱུད་ཅན་ཞེས་བྱ་བ་དང་། བརྒྱ་བྱིན་ཕ་རོལ་སེམས་ཤེས་བྱ་བར་གྱུར་པ་དེ་གཉིས་ཀྱིས་སེམས་དཔའ་ཆེན་པོ་བྲམ་ཟེ་རྒྱ་མཚོའི་རྡུལ་ལ་

གྲུས་པ་ཆེན་པོས་བདག་ཉིད་ཆེན་པོ་ཁྱེད་ཀྱིས་མི་མཇེད་ཞིང་གི་སྙིགས་མའི་འགྲོ་བ་ཉམ་ཐག་དེ་རྣམས་ཀྱི་དོན་དུ་ཐུགས་བསྐྱེད་ཅིང་སྨོན་ལམ་ཆེན་པོ་ལྔ་བརྒྱ་མཛད་པ་དེ་ལྟར་སེམས་དཔའ་ཆེན་པོ་ཁྱོད་ནམ་ཞིག་ཞིང་དེར་བྱོན་ནས་སྟོན་པ་ཤཱཀྱ་ཐུབ་པ་ཞེས་བྱ་བར་གྱུར་པ་དེའི་ཚེ་བདག་ཅག་གཉིས་ཀྱང་ཁྱོད་ཀྱི་འཁོར་གྱི་དང་པོར་འདུས་ནས་བདག་ཅག་གཉིས་ཤེས་རབ་ཅན་གྱི་མཆོག་དང་། རྫུ་འཕྲུལ་ཅན་གྱི་མཆོག་ཏུ་གྱུར་ཅིག་ཅེས་སྨོན་ལམ་བཏབ་པར་གསུངས་པ་དང་། གཞན་ཡང་སྟོན་པའི་སྔོན་གྱི་འབྱུངས་རབས་མང་པོར་བདག་ཉིད་ཆེན་པོ་འདི་གཉིས་རེས་འགའ་ཕུ་ནུ། རེས་འགའ་གྲོགས། རེས་འགའ་འཁོར་གྱི་ཚུལ་དུ་སྐབས་ཅིག་ཏུ་བྱོན་ཏེ་རྒྱལ་སྲས་ཀྱི་སྤྱོད་པ་ལ་ཇི་ལྟར་བསླབས་པའི་ཚུལ་མཐའ་ཡས་པ་ཡོད་ཀྱང་ཐམས་ཅད་བྲི་བར་མ་ནུས་སོ། །གནས་བརྟན་ཆེན་པོ་འདི་གཉིས་རྒྱལ་སྲས་ཀྱི་སྤྱོད་པ་རྒྱ་མཚོ་ལྟ་བུ་ལ་བསླབས་ཏེ་མངོན་པར་རྫོགས་པར་འཚང་རྒྱ་བར་ལུང་བསྟན་པའི་ཚུལ་ཡང་ཡོད་དེ། ཤཱ་རིའི་བུ་མངོན་པར་རྫོགས་པར་འཚང་རྒྱ་བར་ལུང་བསྟན་པའི་ཚུལ་ནི། དམ་པའི་ཆོས་པདྨ་དཀར་པོའི་མདོ་ལས། བཅོམ་ལྡན་འདས་(༣༣བ)ཀྱིས་ཚེ་དང་ལྡན་པ་ཤཱ་རིའི་བུ་ལ་འདི་སྐད་ཅེས་བཀའ་སྩལ་ཏོ། །ཤཱ་རིའི་བུ། ལྷ་དང་བཅས་པའི་འཇིག་རྟེན་འདི་དག་གི་མདུན་དང་། བདུད་དུ་བཅས། ཚངས་པར་བཅས། དགེ་སྦྱོང་དང་བྲམ་ཟེར་བཅས་པའི་སྐྱེ་དགུའི་མདུན་དུ། ཁྱོད་མོས་པར་བྱའོ། ཁྱོད་ཀྱིས་ཡོང་དུ་ཆུད་པར་བྱའོ། །ཤཱ་རིའི་བུ། ངས་ཁྱོད་སངས་རྒྱས་བྱེ་བ་ཁྲག་ཁྲིག་བརྒྱ་སྟོང་ཕྲག་ཉི་ཤུའི་དྲུང་དུ་བླ་ན་མེད་པ་ཡང་དག་པར་རྫོགས་པའི་བྱང་ཆུབ་ཏུ་ཡོངས་སུ་སྨིན་པར་བྱས་ཏེ། ཤཱ་རིའི་བུ། ཁྱོད་ཡུན་རིང་པོ་ནས་ངའི་རྗེས་སུ་སློབ་པར་གྱུར་པ་ཡིན་ཏེ། ཤཱ་རིའི་བུ། ཁྱོད་བྱང་ཆུབ་སེམས་དཔའི་མན་ངག་དང་། བྱང་ཆུབ་སེམས་དཔའི་གསང་ཆེན་གྱིས་ངའི་གསུང་རབ་འདི་ལ་སྐྱེས་པར་གྱུར་ཏོ། །ཤཱ་རིའི་བུ། འདི་ལྟར་ཁྱོད་བྱང་ཆུབ་སེམས་དཔའི་བྱིན་གྱིས་བརླབས་ཀྱིས་སྔོན་གྱི་སྤྱོད་པ་དང་སྨོན་

ལམ་དང་། བྱང་ཆུབ་སེམས་དཔའི་མན་ངག་དང་། བྱང་ཆུབ་སེམས་དཔའི་གསང་ཆེན་མི་དྲན་ནས། བདག་མྱ་ངན་ལས་འདས་སོ་སྙམ་དུ་སེམས་ཏེ། ཤཱ་རིའི་བུ། ངས་ཁྱོད་སྔོན་གྱི་སྤྱོད་པ་དང་། སྨོན་ལམ་དང་། ཡེ་ཤེས་ཁོང་དུ་ཆུད་པར་དྲན་པར་བྱ་བར་འདོད་དེ་དམ་པའི་ཆོས་པདྨ་དཀར་པོའི་ཆོས་ཀྱི་རྣམ་གྲངས་མདོ་སྡེ་ཤིན་ཏུ་རྒྱས་པ་ཆེན་པོ། བྱང་ཆུབ་སེམས་དཔའ་རྣམས་ལ་གདམས་པ་སངས་རྒྱས་ཐམས་ཅད་ཀྱིས་ཡོངས་སུ་བཟུང་བ་འདི་ཉན་ཐོས་རྣམས་ལ་ཡང་དག་པར་བསྟན་ཏོ། །ཤཱ་རིའི་བུ། ཁྱོད་འདི་ལྟར་མ་འོངས་པའི་དུས་ན་བསྐལ་པ་དཔག་ཡས་བསམ་གྱིས་མི་ཁྱབ་པ་དཔག་ཏུ་མེད་པར་དེ་བཞིན་གཤེགས་པ་བྱེ་བ་ཁྲག་ཁྲིག་བརྒྱ་སྟོང་མང་པོའི་དམ་པའི་ཆོས་བཟུང་ཞིང་། མཆོད་པ་རྣམ་པ་སྣ་ཚོགས་བྱས་ཏེ། བྱང་ཆུབ་སེམས་དཔའི་སྤྱོད་པ་འདི་དག་ཡོངས་སུ་རྫོགས་(༢༤ན)པར་བྱས་ནས། དེ་བཞིན་གཤེགས་པ་དགྲ་བཅོམ་པ་ཡང་དག་པར་རྫོགས་པའི་སངས་རྒྱས་རིག་པ་དང་ཞབས་སུ་ལྡན་པ། བདེ་བར་གཤེགས་པ། འཇིག་རྟེན་མཁྱེན་པ། སྐྱེས་བུ་འདུལ་བའི་ཁ་ལོ་བསྒྱུར་བ་བླ་ན་མེད་པ། ལྷ་དང་མི་རྣམས་ཀྱི་སྟོན་པ། སངས་རྒྱས་བཅོམ་ལྡན་འདས་པདྨའི་འོད་ཅེས་བྱ་བར་འཇིག་རྟེན་དུ་འབྱུང་བར་འགྱུར་རོ། །ཤཱ་རིའི་བུ། དེའི་ཚེ་ན་བཅོམ་ལྡན་འདས་དེ་བཞིན་གཤེགས་པ་པདྨའི་འོད་དེའི་སངས་རྒྱས་ཀྱི་ཞིང་རྡུལ་མེད་པ་ཞེས་བྱ་བ་འབྱུང་བར་འགྱུར་ཏེ། མཉམ་པ། ཉམས་དགའ་བ། བཟང་བ། སྡུག་པ། ཡོངས་སུ་དག་པ། འབྱོར་པ། རྒྱས་པ། བདེ་བ། ལོ་ལེགས་པ། ལྷ་དང་མི་མང་པོས་རབ་ཏུ་གང་བ། གཞི་བཻ་ཌཱུརྱ་ལ་གསེར་གྱི་སྐུད་པ་མིག་མང་རིས་སུ་བྲིས་པ། མིག་མང་དེ་ཀུན་ཏུ་རིན་པོ་ཆེའི་ཤིང་སྐྱེས་ཏེ། རྟག་པར་རྒྱུན་དུ་རིན་པོ་ཆེ་སྣ་བདུན་གྱི་མེ་ཏོག་དང་། འབྲས་བུ་དང་ལྡན་པར་འགྱུར་རོ། །ཤཱ་རིའི་བུ། དེ་བཞིན་གཤེགས་པ་དགྲ་བཅོམ་པ་ཡང་དག་པར་རྫོགས་པའི་སངས་རྒྱས་པདྨའི་འོད་དེ་ཐེག་པ་གསུམ་ལས་བརྩམས་ནས་ཆོས་སྟོན་ཏོ། །གཞན་ཡང་ཤཱ་རིའི་བུ། དེ་བཞིན་

གཉིགས་པ་དེ་བསྐལ་པའི་སྙིགས་མ་ལ་མི་འབྱུང་མོད་ཀྱི། འོན་ཀྱང་སྔོན་གྱི་སྨོན་ལམ་གྱི་དབང་གིས་ཆོས་སྟོན་པར་འགྱུར་རོ། །ཞེས་ལུང་བསྟན་ཏོ། །གནས་བརྟན་བླ་རིའི་བུ་མངོན་པར་རྫོགས་པར་སངས་རྒྱས་པའི་སངས་རྒྱས་དེའི་ཞིང་གི་བཀོད་པ་དང་། སྐུ་ཚེའི་ཚད་དང་། དམ་པའི་ཆོས་ཇི་ལྟར་གནས་པ་སོགས་ཞིབ་པར་གསུངས་ཏེ་འདིར་ཡི་གེ་མང་དུ་དོགས་པས་ཐམས་ཅད་མ་བྲིས་སོ། །

གནས་བརྟན་ཆེན་པོ་མོའུ་འགལ་གྱི་བུ་མ་འོངས་པ་ན་མངོན་པར་རྫོགས་པར་འཚང་རྒྱ(༣༥བ)བའི་ཚུལ་ཡང་དམ་ཆོས་པད་དཀར་ལས་གསུངས་ཏེ། མདོ་དེ་ཉིད་ལས། བཅོམ་ལྡན་འདས་ཀྱིས་ཐམས་ཅད་དང་ལྡན་པའི་དགེ་སློང་གི་དགེ་འདུན་ལ་བཀའ་སྩལ་པ། དགེ་སློང་དག་ཁྱེད་མོས་པར་བྱོས། །ཁྱེད་ཀྱིས་ཁོང་དུ་ཆུད་པར་བྱོས། །ངའི་ཉན་ཐོས་གནས་བརྟན་མོའུ་འགལ་གྱི་བུ་ཆེན་པོ་འདིས་སངས་རྒྱས་ཉི་ཁྲི་བརྒྱད་སྟོང་མཉེས་པར་བྱེད་པར་འགྱུར་ཏེ། སངས་རྒྱས་བཅོམ་ལྡན་འདས་དེ་དག་ལ་རྣམ་པ་མང་པོས་བཀུར་སྟི་བྱེད། བཙུན་པར་བྱེད། རི་མོར་བྱེད། མཆོད་པར་བྱེད། རྗེད་པར་བྱེད། གསོལ་བར་བྱེད་པར་འགྱུར་རོ། །སངས་རྒྱས་བཅོམ་ལྡན་འདས་དེ་དག་ཡོངས་སུ་མྱ་ངན་ལས་འདས་ནས་ཀྱང་རིན་པོ་ཆེ་སྣ་བདུན་འདི་ལྟ་སྟེ། གསེར་དང་། དངུལ་དང་། བཻ་ཌཱུརྻ་དང་། ཤེལ་དང་། མུ་ཏིག་དམར་པོ་དང་། རྡོའི་སྙིང་པོ་དང་། ཕྲུག་གི་མཆོད་རྟེན་འཕང་དུ་དཔག་ཚད་སྟོང་། ཁོ་ར་ཁོར་ཡུག་ཏུ་དཔག་ཚད་ལྔ་བརྒྱ་པ་དག་བྱེད་པར་འགྱུར་ཏེ། མཆོད་རྟེན་དེ་དག་ལ་མེ་ཏོག་དང་། བདུག་པ་དང་། སྤོས་དང་། ཕྲེང་བ་དང་། བྱུག་པ་དང་། ཕྱེ་མ་དང་། གོས་དང་། གདུགས་དང་། རྒྱལ་མཚན་དང་། ལྷའི་བ་དན་དང་། རྣམ་པར་རྒྱལ་བའི་བ་དན་དག་གིས་མཆོད་པ་བྱེད་པར་འགྱུར་རོ། །དེའི་ཕ་རོལ་གྱི་ཡང་ཆེས་ཕ་རོལ་ཏུ་ཡང་སངས་རྒྱས་བྱེ་བ་ཁྲག་ཁྲིག་བརྒྱ་སྟོང་ཕྲག་ཉི་ཤུ་རྣམས་ལ་དེ་བཞིན་དུ་འདི་ལྟར་བཀུར་སྟི་བྱེད། བཙུན་པར་བྱེད། རི་མོར་བྱེད། མཆོད་པར་བྱེད། རྗེད་པར་

བྱེད། གསོལ་བར་བྱེད་པར་འགྱུར་རོ། །དེའི་འོག་ཏུ་ལུས་ཐ་མ་ལ་དེ་བཞིན་གཤེགས་པ་དགྲ་བཅོམ་པ་ཡང་དག་པར་རྫོགས་པའི་སངས་རྒྱས་རིག་པ་དང་ཞབས་(༣༥ན)སུ་ལྡན་པ། བདེ་བར་གཤེགས་པ། འཇིག་རྟེན་མཁྱེན་པ། སྐྱེས་བུ་འདུལ་བའི་ཁ་ལོ་བསྒྱུར་བ་བླ་ན་མེད་པ། ལྷ་དང་མི་རྣམས་ཀྱི་སྟོན་པ། སངས་རྒྱས་བཅོམ་ལྡན་འདས་ཏ་མ་ལའི་ཡོ་མ་དང་ཙན་དན་གྱི་དྲི་ཞེས་བྱ་བར་འཇིག་རྟེན་དུ་འབྱུང་སྟེ། དེའི་སངས་རྒྱས་ཀྱི་ཞིང་ནི་མངོན་པར་དགའ་བ་ཞེས་བྱ་བར་འགྱུར་རོ། །བསྐལ་པ་དེ་ནི་དགའ་བས་གང་བ་ཞེས་བྱ་བར་འགྱུར་རོ། །དེའི་སངས་རྒྱས་ཀྱི་ཞིང་དེ་ཡོངས་སུ་དག་སྟེ། མཉམ་པ། ཉམས་དགའ་བ། མཛེས་པ། བལྟ་ན་སྡུག་པ། ཤེལ་གྱི་གཞི་ལ་རིན་པོ་ཆེའི་ཤིང་ལྗོན་པས་རྣམ་པར་སྤྲས་པ། མེ་ཏོག་སིལ་མས་གཏོར་བ། ལྷ་དང་མི་མང་པོས་རབ་ཏུ་གང་བ་སྟེ། འདི་ལྟར་ཉན་ཐོས་དང་བྱང་ཆུབ་སེམས་དཔའི་དྲང་སྲོང་བརྒྱ་སྟོང་གནས་པར་འགྱུར་རོ། །དེའི་ཚེའི་ཚད་ནི་བར་གྱི་བསྐལ་པ་ཉི་ཤུ་རྩ་བཞིར་འགྱུར་རོ། །དེའི་དམ་པའི་ཆོས་ནི་བར་གྱི་བསྐལ་པ་བཞི་བཅུར་གནས་པར་འགྱུར་ཏོ། །དམ་པའི་ཆོས་ཀྱི་གཟུགས་བརྙན་ཡང་བར་གྱི་བསྐལ་པ་བཞི་བཅུར་གནས་པར་འགྱུར་རོ། །ཞེས་ལུང་བསྟན་པ་ལྟར་རོ། །དེ་ལྟར་གནས་བརྟན་ཆེན་པོ་ཤཱ་རིའི་བུ་དང་མོའུ་འགལ་གྱི་བུ་འདི་གཉིས་ཀྱིས་སྟོན་པའི་བསྟན་པ་ལ་བྱ་བ་རྒྱ་ཆེར་མཛད་ནས་མཐར་མྱ་ངན་ལས་འདའ་བའི་མཛད་པ་སྟོན་པའི་ཚེ་གདུལ་བྱ་གང་དང་གང་ན་ཡོད་པ་དེར་བྱོན་ནས་སེམས་ཅན་གྱི་དོན་མཛད་པ་ལས། དམྱལ་བར་རྒྱུ་ཞིང་བྱོན་པ་ན་མནར་མེད་དུ་སོང་བ་དང་ཤཱ་རིའི་བུས་མོའུ་འགལ་གྱི་བུ་ལ་སྨྲས་པ། དམྱལ་བའི་སེམས་ཅན་རྣམས་ངལ་བསོས་པར་གྱིས་ཤིག །དེས་ནམ་མཁའ་ལ་འཕགས་ནས་ཆར་ཤིང་རྟའི་(༣༥བ)སྲོག་ཤིང་ཙམ་གྱི་རྒྱུན་ཕབ་པས་ཆུ་དེ་མནར་མེད་ཀྱི་མེ་ལྕེའི་འོད་ཀྱིས་བར་དུ་བསྐམས་པར་གྱུར་ཏོ། །ཤཱ་རིའི་བུས་སྨྲས་པ། མོའུ་འགལ་གྱི་བུ། བཞེས་ཤིག་བདག་གིས་ངལ་བསོས་པར་བགྱིའོ། །དེ་ལྟར་མཛོད་ཅིག

ཅེས་བསྟོད་པ་དང་། དེས་ཀྱང་དེ་འཛིན་མོས་པ་ཅན་ཞེས་བྱ་བ་ལ་སློམས་པར་ཞུགས་ནས་མཐར་མེད་བསིལ་བར་བྱས་ཏེ། མཐར་མེད་ཀྱི་སྡུག་བསྔལ་རྒྱུན་བཅད་དོ། །དེ་གཉིས་ཀྱིས་རྫོགས་བྱེད་ཆོས་ལོག་པ་བསྟན་པས་ལུས་ཆེན་པོར་གྱུར་ཅིང་དེའི་ལྟེ་ལའང་གཤོལ་ལྷ་བརྒྱུས་རྫོད་པ་མཐོང་བ་དང་། རྫོགས་བྱེད་ན་རེ། ཁྱོད་འཛམ་བུའི་གླིང་དུ་གཤེགས་ན་ཚངས་པ་མཚུངས་པར་སྤྱོད་པ་རྣམས་ལ། བདག་གི་མཆིད་ནས། ངས་ཆོས་ལོག་པར་བསྟན་པས་སྐྱེ་བོ་མང་པོ་བསླུས་པ་དེས་ལྟེ་ལ་གཤོལ་ལྷ་བརྒྱུས་རྫོད་ཅིང་། ཁྱོད་ཀྱིས་ངའི་མཆོད་རྟེན་ལ་མཆོད་པ་བྱས་པ་ལྟར་ང་ལ་སྡུག་བསྔལ་ཆེས་མི་བཟད་པར་འགྱུར་གྱིས། ཕྱིན་ཆད་མཆོད་པ་མ་བྱེད་ཅིག །ཅེས་གསུངས་ཤིག །དེ་གཉིས་ཀྱིས་ཅང་མི་སྨྲ་བས་ཁས་བླངས་ནས་རྒྱལ་པོའི་ཁབ་ཏུ་ཕྱིན་པ་དང་། ཀུན་ཏུ་རྒྱུ་དབྱུག་ཐོགས་སྤྱི་ལུད་ཅན་དག་གིས་མཐོང་ནས། ཁ་ཅིག་ན་རེ། དགེ་སྦྱོང་འདི་དག་ལ་བརྡེག་གོ། ཁ་ཅིག་ན་རེ། དེ་བཞིན་ཁོ་ནར་བརྡེགས་ན་མ་ལེགས་ཏེ་སྐྱན་ཀ་བཙལ་ནས་བརྡེག་གོ །དེ་བཞིན་དུ་བྱའོ། །ཞེས་དམ་བཅས་པ་ན་ཤྭ་རིའི་བུ་སྔར་བྱུང་བ་ལ་ཀུན་ཏུ་རྒྱུ་དག་གིས་དྲིས་པ། ཀུན་ཏུ་འཚོ་བ་ལ་དགེ་སྦྱོང་ཡོད་དམ། དེས་སྨྲས་པ། ཀུན་ཏུ་འཚོ་ལ་དགེ་སྦྱོང་མེད། །ཤཱཀྱ་རྣམས་ཀྱི་ནང་ན་ཡོད། །དགྲ་བཅོམ་དག་ལ་ཆགས་ལྡན་མེད། །བུས་པ་སོ་སོའི་སྐྱེ་(༣༧ན)བོ་འང་མེད། །དེ་དག་གིས་དེའི་དོན་ཁོང་དུ་མ་ཆུད་དེ། འདིས་བདག་ཅག་གི་བསྟོགས་པ་སྨྲས་སོ་སྙམ་ནས་བཏང་ངོ་། །མོའུ་འགལ་གྱི་བུ་ལ་དྲིས་པས། དེས་སྨྲས་པ། ཁྱོད་ལ་དགེ་སྦྱོང་ག་ལ་ཡོད། སྟོན་པས་ཀྱང་ཆོས་འདི་ལ་དགེ་སྦྱོང་བཞི་ཡོད་ཀྱི། ཕྱི་རོལ་པ་ལ་དགེ་སྦྱོང་དང་བྲམ་ཟེ་མེད་དོ། །ཞེས་གསུངས་སོ། །གཞན་ཡང་ཁྱེད་ཀྱི་སྟོན་པ་མཐར་མེད་དུ་སྐྱེས་ཏེ་ལན་བསྐྱུར་བ་འདིའོ་ཞེས་རྫོགས་བྱེད་ཀྱིས་ཇི་ལྟར་སྨྲས་པ་རྣམས་བརྗོད་པས། དེ་དག་ཇམས་ནས་སྨྲས་པ། མགོ་རེག་ངན་པ་བདག་ཅག་ལ་ཁ་ཟེར་བར་མ་ཟད། བདག་ཅག་གི་སྟོན་པ་ལའང་མི་སྙན་པ་ཟེར་བས་ཇི་ལྟར་

ཀྱི། ཁ་ཅིག་ན་རེ། འདི་ལ་བསླུབ་ཏུ་ཅི་ཡོད། འདི་ཏེ་པོར་གཏལ་མོད་ཟེར་ནས། དེའི་ཡན་ལག་དང་ཉིང་ལག་འདམ་བུ་བཞིན་བཅོམ་སྟེ་སོང་ངོ་། །ཤྭ་རིའི་བུས་མོའུ་འགལ་གྱི་བུ་ཅིས་ཐོགས་སྐམ་སྟེ་ཕྱིར་བལྟས་པས་དེ་ལྟར་གྱུར་པ་མཐོང་ནས་སྨྲས་པ། ཅི་ཉེས། ལས་སུ་ཟད་མོད། གཞན་ཅི་ཡིན། ཁྱོད་སྟོན་པས་རྫུ་འཕྲུལ་ཅན་གྱི་མཆོག་ཏུ་བསྟན་ན་དེ་ཇི་ལྟར་གྱུར། ལས་ཀྱིས་ནོན་པས་རྫུ་བའང་མ་དྲན་ན། རྫུ་འཕྲུལ་ལྟ་ཅི་སྨོས་ཞེས་སྨྲས་སོ། །དེ་ནས་ཤྭ་རིའི་བུས་དེ་བྱིས་པ་ཆུང་དུ་བཞིན་དུ་བླ་གོས་ཀྱི་ནང་དུ་བཅུག་ནས་གཙུག་ལག་ཁང་དུ་ཁྱེར་བ་དང་། དགེ་སློང་རྣམས་ཀྱིས་མཐོང་ནས་དངངས་ཏེ། འདི་ཅི་ཞིག་ཅེས་འདྲི་བ་ན། ཤྭ་རིའི་བུས། འདི་ལྟར་རོ་ཞེས་ཇི་ལྟར་བྱུང་ཚུལ་བརྗོད་པ་ན་དགེ་སློང་རྣམས་ཀྱིས་འདི་སྟོན་པས་རྫུ་འཕྲུལ་ཅན་གྱི་མཆོག་ཏུ་བསྟན་པ་མ་ཡིན་ནམ། ཞེས་དྲིས་པ་ན། ཤྭ་རིའི་བུས་སྨྲས་(༣༨བ)པ། ལས་ཀྱི་མཐུ་ལ་ལྟོས། བརྒྱ་བྱིན་གྱི་ཁང་བཟང་རྣམ་པར་རྒྱལ་བྱེད་རྐང་པ་གཡས་པའི་མཐེ་བོས་བསྐྱོད་ཏེ་སྟོན་པས་རྫུ་འཕྲུལ་ཅན་གྱི་མཆོག་ཏུ་བསྟན་པ་དེ་ལས་ཀྱིས་ནོན་ནས་རྫུ་བའང་མི་དྲན་ན། རྫུ་འཕྲུལ་ལྟ་ཅི་སྨོས། དེ་ནས་དགེ་སློང་རྣམས་མི་དགའ་ཞིང་སྐྱོ་ནས་ཡིད་ལ་བྱེད་པ་སྐྱིད་པར་ཞུགས་སོ། །རྒྱལ་པོའི་ཁབ་ཀྱི་གྲོང་ཁྱེར་ཀུན་ཏུའང་གྲགས་ནས་མ་སྐྱེས་དགྲས་ཐོས་ཏེ་ཁྲོས་ནས། ཀུན་ཏུ་རྒྱུ་དབྱུག་ཐོགས་ཀྱི་ཕྱུད་ཅན་རྣམས་ཚོལ་ཅིག་ཅེས་སྨྲས་པས་འཁོར་དང་བཅས་པ་རྣམས་མིག་མཆི་མས་གང་ནས་མོའུ་འགལ་གྱི་བུ་ཅན་སོང་ཏེ། འདི་ཅི་ཞིག་ཅེས་དྲིས་པ་ན། མོའུ་འགལ་གྱི་བུས། རྒྱལ་པོ་ཆེན་པོ། ལས་སུ་ཟད་མོད། ཅེས་སྨྲས་སོ། །དེ་ནས་རྒྱལ་པོས་གོས་ཀྱི་མཐའ་མས་མཆི་མ་ཕྱིས་ཏེ་སྨན་པ་བཀུག་ནས། མོའུ་འགལ་གྱི་བུ་ཆེན་པོ་ཞག་བདུན་ནས་གསོས་པར་མ་བྱས་ན་ཁྱོད་ཀྱི་དབང་ཐང་བཅད་དོ། །ཞེས་བསྒོ་སྟེ་སྨན་པོ་དག་ལ་གཏད་ནས་སོང་ངོ་། །ཀུན་ཏུ་རྒྱུ་དབྱུག་ཐོགས་རྣམས་ཀྱང་བྲོས་སོ། །སྨན་པ་རྣམས་ཀྱིས་གྲོས་བྱས་ནས་འཕགས་པ་ལ་གསོལ་བ་བཏབ་པས་ཁྱེད་

དེང་ལ་མ་སྐྱེས་དགྲ་ལ་ཞག་བདུན་ན་རྒྱལ་པོའི་ཁབ་ཏུ་བསོད་སྙོམས་ལ་འཇུག་གོ་གྱིས་ཤིག །དེ་དག་རབ་ཏུ་དགའ་ནས་རྒྱལ་པོ་ལ་སྨྲས་པས་དེ་དགའ་ནས། དེ་ལྟ་ན་ལེགས་སོ་ཞག་བདུན་ལོན་པ་ན་མོའུ་འགལ་གྱི་བུ་རང་གི་རྫུ་འཕྲུལ་གྱིས་ནད་དེ་མེད་པར་བྱས་ཏེ་བསོད་སྙོམས་ལ་ཞུགས་སོ། །ཤཱ་རིའི་བུས། མོའུ་འགལ་གྱི་བུ་རབ་ཏུ་ན་ན། ཅིའི་ཕྱིར་བདག་ཉིད་བསོད་སྙོམས་ལ་འཇུག་བསམས་པ་ན། མྱ་ངན་ལས་འདའ་འདོད་པར་མཐོང་སྟེ། (༣༧ན)མཛའ་བའི་བག་ཆགས་ཀྱིས་བསྐོས་པས། བདག་སྔར་མྱ་ངན་ལས་འདའོ་སྙམ་དུ་དགོངས་ཤིང་དུས་དེའི་ཚེ་བཅོམ་ལྡན་འདས་ཀྱང་མྱ་ངན་ལས་འདའ་བའི་ཚུལ་སྟོན་པར་བཞེད་ནས། དེ་ལྟར་དུ་བཀའ་སྩལ་པ་ན་ཤཱ་རིའི་བུ་དང་ཀུན་དགའ་བོ་གཉིས་ཀྱིས་གཙོ་བྱས་དགེ་སློང་ཐམས་ཅད་མྱ་ངན་གྱིས་གདུངས་ཏེ་བཅོམ་ལྡན་འདས་ཀྱིས་སྤྱན་སྔར་ལྷགས་སོ། །དེ་ལ་བཅོམ་ལྡན་འདས་ཀྱིས་འཕགས་པ་ཤཱ་རིའི་བུ་དང་འཕགས་པ་ཀུན་དགའ་བོ་གཉིས་ཀྱིས་གཙོས་སྤྱན་སྔར་ལྷགས་པའི་དགེ་སློང་རྣམས་ལ་བཀའ་སྩལ་པ། རྟག་ཅེས་བྱ་བ་སུ་ཞིག་ཡོད། ཐམས་ཅད་ལ་རྟག་པ་མེད་དེ་ངས་ཁྱེད་རྣམས་ཀྱི་ཕྱིར་བྱ་བ་ཀུན་མཛད་ཅིང་། བསྟན་པ་ཡང་བསྟན་ཟིན་པས་ཁྱེད་རྣམས་མྱ་ངན་མ་བྱེད་པར་བརྩོན་འགྲུས་རྩོམས་ལ་ནན་ཏན་གྱིས་ཤིག །ཅེས་བཀའ་སྩལ་པ་ན་འཕགས་པ་ཤཱ་རིའི་བུས། བཅོམ་ལྡན་འདས་ལ་འདི་སྐད་ཅེས་གསོལ་ཏོ། །དེ་བཞིན་གཤེགས་པ་མྱ་ངན་ལས་འདའ་བ་ཏ་ཙང་ཡང་མྱུར་ཆེས་སོ། །ལྷ་དང་བཅས་པའི་འཇིག་རྟེན་ཐམས་ཅད་མདོངས་ཤིང་མགོན་མེད་པར་གྱུར་ཏོ་ཞེས་སྨྲས་ཏེ་བཅོམ་ལྡན་འདས་ལ་འདི་སྐད་ཅེས་གསོལ་ཏོ། །བདག་ནི་བཅོམ་ལྡན་འདས་མྱ་ངན་ལས་འདའ་བ་མཐོང་བར་མི་བཟོད་དོ། །ཅི་ནས་ཀྱང་བདག་སྔར་མྱ་ངན་ལས་འདའོ་ཞེས་ལན་གསུམ་གྱི་བར་དུ་གསོལ་ཏོ། །བཅོམ་ལྡན་འདས་ཀྱིས་བཀའ་སྩལ་པ། ད་ཁྱོད་དེའི་དུས་ལ་བབ་པར་ཤེས་ན་འཕགས་པ་ཐམས་ཅད་ནི་ཞི་བས་མྱ་ངན་ལས་འདའོ་ཞེས་བཀའ་སྩལ་ཏོ། །ཤཱ་རིའི་

བུས་ཀྱང་བཅོམ་ལྡན་འདས་ལས་གནང་བའི་ལུང་(༣༧བ)ཐོབ་ནས། གོས་ཚགས་བཅོས་ནས་ཕུས་མོས་བཅོམ་ལྡན་འདས་ལ་ལན་བརྒྱ་ཙམ་བསྐོར་ཏེ་ཚིགས་སུ་བཅད་པ་རྣམ་པ་མང་པོས་བསྟོད་ནས། སངས་རྒྱས་ཀྱི་ཞབས་དང་ཕྱག་ནས་བཟུང་སྟེ་ལན་གསུམ་གྱི་བར་དུ་སྤྱི་བོ་ས་ལ་གཏུགས་ནས་ཐལ་མོ་སྦྱར་ཏེ་འདི་སྐད་དུ། བདག་གིས་ནང་གི་ཐ་མར་ཡང་བཅོམ་ལྡན་འདས་མཐོང་ངོ་ཞེས་སྨྲས་ནས། བསྐྱི་སྐྱང་དང་བཅས་ནས་ཕྱི་ཕྱག་འཚལ་ཏེ་ཉེ་གནས་དགེ་ཚུལ་ཀུན་ཏེ་དང་བཅས་རྒྱལ་པོའི་ཁབ་ཀྱི་གྲོང་ན་ལ་ད་ཞེས་བྱ་བ་སྔོན་གྱི་འབྲུངས་ཡུལ་གང་ན་བ་དེར་ཕྱིན་ནོ། །དེར་ཕྱིན་ནས་དགེ་ཚུལ་ཀུན་ཏེ་ལ་བསྒོ་བ། ཁྱོད་སོང་ལ་གྲོང་ཁྱེར་དང་། གྲོང་རྡལ་དང་། རྒྱལ་པོའི་ཕོ་བྲང་དང་། བློན་པོའི་གནས་དང་། ཡོན་བདག་བཤེས་པའི་གནས་ཀུན་ཏུ་སོང་ལ། དེ་དག་ལ་ད་ཕྱི་ཕྱག་འཚལ་ལོ་ཞེས་བསྒོ་ཞིག །དེ་ནས་དགེ་ཚུལ་ཀུན་ཏེ་སློབ་དཔོན་གྱིས་བསྒོ་བ་བཞིན་དུ་ཀུན་ཏུ་སོང་ནས་འདི་སྐད་དུ། བདག་གི་མཁན་པོ་ཤཱ་རིའི་བུ་འདིར་གཤེགས་ཏེ་མྱ་ངན་ལས་འདའ་བར་གཤེགས་ཀྱིས་ཁྱེད་མཐོང་བར་འདོད་ན་ཀུན་ཤོག་ཅིག་ཅེས་བསྒོའོ། །དེའི་ཚེ་ན་རྒྱལ་པོ་མ་སྐྱེས་དགྲ་དང་། ཁྱིམ་བདག་རིགས་ཆེ་ཞིང་མཐོ་བ་དང་། ཡོན་བདག་གི་རིགས་རྣམས་དགེ་ཚུལ་གྱིས་བསྒོ་བ་ཐོས་ནས་ཐམས་ཅད་མི་དགའ་ཞིང་མྱ་ངན་གྱིས་གདུངས་པར་གྱུར་ཏེ་ཐམས་ཅད་ཚིག་མཐུན་པར་འདི་སྐད་ཅེས་སྨྲས་སོ། །བཙུན་པ་ཤཱ་རིའི་བུ་ཆོས་ཀྱི་གཙོ་བོ་ཆེན་པོ་འགྲོ་བ་མང་པོའི་བཤེས་གཉེན་དུ་གྱུར་པ་དེ་མྱ་ངན་ལས་འདའ་བ་ནི་ཧ་ཅང་ཡང་སྔ་ཆེས་སོ་ཞེས་སྨྲས་ནས། དེ་དག་མྱུར་བར་ཤཱ་རིའི་བུ་གང་ན་བར་ལྷགས་ཏེ་ཕྱག་བྱས་(༣༨ན)ནས་འདི་སྐད་ཅེས་སྨྲས་སོ། །བཙུན་པ། སྐུ་ཚེ་ཡོངས་སུ་བཏང་སྟེ་མྱ་ངན་ལས་འདའོ་ཞེས་གསུང་བ་ནི་བདག་ཅག་ལ་སོགས་པ་འགྲོ་བ་མང་པོ་ནི་མགོན་དང་དཔུང་གཉེན་མེད་པར་འགྱུར་རོ། །དེ་ནས་ཤཱ་རིའི་བུས་འཁོར་མང་པོ་ལ་སྨྲས་པ། ཐམས་ཅད་མི་རྟག་པ་སྟེ། སྐྱེ་བ་ཡང་མཐར་འཆི་ལ། འདུ་བ་

ཡང་མཐར་འབྲལ་ལོ། །ཁམས་གསུམ་ནི་སྡུག་བསྔལ་དང་བཅས་པས་ན་གང་ཞིག་བདེ་བར་འགྱུར། ཁྱེད་ནི་སྔོན་གྱི་དགེ་བའི་རྩ་བ་ལས་སངས་རྒྱས་འཇིག་རྟེན་དུ་གཤེགས་པ་དང་ཡང་ཕྲད་མོད་ཀྱི། མདོ་སྡེ་དང་ཆོས་ཐོས་པ་ཡང་ཤིན་ཏུ་དཀའ་མི་ལུས་ཐོབ་པ་ཡང་ཤིན་ཏུ་དཀའ་བ་ཡིན་གྱི། བསོད་ནམས་ཀྱི་ཚོགས་སུ་འགྱུར་ཞིང་འཁོར་བ་ལས་གྲོལ་བའི་ལས་ལ་བརྩོན་པར་གྱིས་ཤིག །ཅེས་ཐབས་མཁས་པ་རྣམ་པ་སྣ་ཚོགས་ཀྱིས་འཁོར་མང་པོ་ལ་ཇི་ལྟར་ནད་པ་ལ་སྨན་གཏོང་བ་བཞིན་དུ་རྒྱ་ཆེར་བསྟན་ཏེ། འཁོར་མང་པོས་ཆོས་བསྟན་པ་ཐོས་ནས། ཁ་ཅིག་ནི་འབྲས་བུ་དང་པོ་ནས་འབྲས་བུ་གསུམ་པའི་བར་དུ་ཐོབ་པར་གྱུར། ཁ་ཅིག་ནི་རབ་ཏུ་བྱུང་ནས་དགྲ་བཅོམ་པར་གྱུར། ཁ་ཅིག་ནི་རང་སངས་རྒྱས་སུ་གྲུབ་པར་ཡིད་དམ་བཅས་ཏེ་ཆོས་བསྟན་པ་ཐོས་ནས་ཕྱག་འཚལ་ཏེ་སོ་སོར་དོང་ངོ་། །དེ་ནས་ཤྲཱ་རིའི་བུ་དེའི་ནུབ་མོ་ནམ་གྱི་ཆ་སྨད་ལ་ལུས་དང་སེམས་དྲང་པོར་བཞག་སྟེ་སེམས་རྩེ་གཅིག་ཏུ་བསམ་གཏན་དང་པོ་ལ་ཞུགས་སོ། །བསམ་གཏན་དང་པོ་ལས་བྱུང་ནས། བསམ་གཏན་གཉིས་པ་ལ་ཞུགས། བསམ་གཏན་གཉིས་པ་ལས་བྱུང་ནས། བསམ་གཏན་གསུམ་པ་ལ་ཞུགས། བསམ་གཏན་གསུམ་པ་ལས་བྱུང་ནས། བསམ་གཏན་བཞི་པ་ལ་ཞུགས། བསམ་གཏན་བཞི་པ་ལས་བྱུང་(༩༨བ)ནས། ནམ་མཁའ་མཐའ་ཡས་སྐྱེ་མཆེད་ཀྱི་ཏིང་ངེ་འཛིན་ལ་ཞུགས། ནམ་མཁའ་མཐའ་ཡས་སྐྱེ་མཆེད་ཀྱི་ཏིང་ངེ་འཛིན་ལས་བྱུང་ནས། རྣམ་ཤེས་མཐའ་ཡས་སྐྱེ་མཆེད་ཀྱི་ཏིང་ངེ་འཛིན་ལ་ཞུགས། རྣམ་ཤེས་མཐའ་ཡས་སྐྱེ་མཆེད་ཀྱི་ཏིང་ངེ་འཛིན་ལས་བྱུང་ནས། ཅུང་ཟད་མེད་པའི་སྐྱེ་མཆེད་ཀྱི་ཏིང་ངེ་འཛིན་ལ་ཞུགས། ཅུང་ཟད་མེད་པའི་སྐྱེ་མཆེད་ཀྱི་ཏིང་ངེ་འཛིན་ལས་བྱུང་ནས། འདུ་ཤེས་མེད་འདུ་ཤེས་མེད་མིན་སྐྱེ་མཆེད་ཀྱི་ཏིང་ངེ་འཛིན་ལ་ཞུགས། འདུ་ཤེས་མེད་འདུ་ཤེས་མེད་མིན་གྱི་སྐྱེ་མཆེད་ཀྱི་ཏིང་ངེ་འཛིན་ལས་བྱུང་ནས། འགོག་པའི་ཏིང་ངེ་འཛིན་ལ་ཞུགས། འགོག་པའི་ཏིང་ངེ་འཛིན་ལས

བྱུང་ནས། དགྲ་བཅོམ་པ་བརྒྱད་ཁྲི་དང་ལྷན་ཅིག་མྱ་ངན་ལས་འདས་སོ། །འཕགས་པ་མོའུ་འགལ་གྱི་བུ་ཆེན་པོའང་གྲོང་ཞིང་ཐགས་ཅན་དུ་ཕྱིན་ནས་དེའི་ཕྱི་དྲོ་དགྲ་བཅོམ་པ་བདུན་ཁྲི་བདུན་སྟོང་དང་ལྷན་ཅིག་མྱ་ངན་ལས་འདས་སོ། །དེའི་ཚེ་ན་བརྒྱ་བྱིན་ལྷའི་དབང་པོས་ཤཱ་རིའི་བུ་མྱ་ངན་ལས་འདའ་བར་ཤེས་ནས། ལྷའི་འཁོར་བརྒྱ་སྟོང་མང་པོ་དང་བཅས་སོ་སོ་ནས་མེ་ཏོག་དང་སྤོས་ལ་སོགས་པ་མཆོད་པའི་ཡོ་བྱད་ཐོགས་ཏེ་ཕྱོགས་དེར་ལྷགས་ནས་སྟེང་གི་ནམ་མཁའ་ལ་བར་མཚམས་མེད་པར་འཁོད་དེ་མཆི་མ་ཆར་བཞིན་དུ་བླགས་ནས། མེ་ཏོག་གིས་ཕུས་མོ་ནུབ་ཙམ་དུ་གཏོར་རོ། །འདི་སྐད་དུ་བཙུན་པ་ཤཱ་རིའི་བུའི་ཤེས་རབ་ནི་ཟབ་ཁྱད་རྒྱ་མཚོ་ཙམ་སྟེ། ཇི་ལྟར་རིག་པའི་བློ་དང་ལྡན། གསུང་གི་སྤོབས་པ་ནི་ཆུ་མིག་དང་འདྲ་སྟེ། ཚུལ་ཁྲིམས་དང་། ཏིང་ངེ་འཛིན་དང་། ཤེས་རབ་དུ་ལྡན་པ། ཆོས་ཀྱི་གཙོ་བོ་ཆེན་པོ་དེ་བཞིན་གཤེགས་པའི་རྗེས་སུ་ཆོས་ཀྱི་འཁོར་ལོ་རྒྱས་པར་བསྐོར་བ་དེ་མྱ་ངན་ལས་འདའ་བ་ནི་ཧ་ཅང་ཡང་སྔ་ཆེས་(༣༥་ན)སོ། །ཞེས་ཤཱ་རིའི་བུའི་ཡོན་ཏན་ལ་བསྔགས་པ་དང་། དེ་མྱ་ངན་ལས་འདས་པས་ཡིད་གདུངས་ཏེ་སྨྲེ་སྔགས་མང་དུ་འདོན་ཞིང་མཆོད་པ་རྒྱ་ཆེར་བྱས་སོ། །གྲོང་ཁྱེར་དེའི་ནང་དང་ཕྱི་རོལ་ན་འདུག་པའི་མི་ཐམས་ཅད་ཀྱིས་ཤཱ་རིའི་བུ་མྱ་ངན་ལས་འདས་སོ་ཞེས་ཐོས་ནས་ཐམས་ཅད་ཀྱིས་མར་དང་། འབྲུ་མར་དྲི་བསུང་ཅན་དང་། སྤོས་དང་། མེ་ཏོག་དང་། མཆོད་པའི་ཡོ་བྱད་ཐོགས་ཏེ་ཐམས་ཅད་ལྷགས་ནས་ལུས་ཀྱིས་མི་བཟོད་པར་མྱ་ངན་གྱིས་གདུངས་ཏེ་སོ་སོ་ནས་ཐོགས་པའི་ཡོ་བྱད་ཀྱིས་མཆོད་པ་བྱས་སོ། །དེ་ནས་བརྒྱ་བྱིན་ལྷའི་དབང་པོས་བི་ཤྭ་ཀརྨ་ལ་བསྒོ་བ། ཁྱོད་ཀྱིས་རིན་པོ་ཆེ་མང་པོས་བརྒྱན་པའི་ཤིང་ཏ་སྒྲོར་ཅིག །ཤཱ་རིའི་བུའི་ཕུར་བཞག་པར་བྱའོ། །ཞེས་བསྒོའོ། །དེ་ནས་ལྷ་དང་། ཀླུ་དང་། གནོད་སྦྱིན་དང་། རྒྱལ་པོ་དང་། བློན་པོ་དང་། ཡུལ་གྱི་མི་ཐམས་ཅད་ཀྱིས་ཚེ་ངེས་བཏབ་སྟེ་གང་ན་ཐང་བདེ་བར་བསྐྱལ་ལོ། །བརྒྱ་བྱིན་ལྷའི་དབང་པོས་གནོད་སྦྱིན་རྣམས་

ལ་ཁྱོད་ཀྱིས་རྒྱ་མཚོའི་ངོགས་ནས་སྐྱང་མགོའི་ཅན་དན་ཡོངས་ཤིག་ཅེས་བསྒོ་ནས། གནོད་སྦྱིན་རྣམས་ཀྱིས་རྒྱ་མཚོའི་ངོགས་ནས་ཙན་དན་བླངས་ཏེ་ཕྱུངས་ནས། དེའི་སྟེང་དུ་ཕུར་བཞག་སྟེ་མར་དང་འབྲུ་མར་གྱིས་གཏོར་ནས་མེ་བཏང་ངོ་། །འཁོར་དེ་དག་ཀུན་གྱིས་ཕྱག་འཚལ་ཏེ་ཕྱིར་དོང་ངོ་། །མེ་ཤི་བའི་འོག་ཏུ་དགེ་ཚུལ་ཀུན་ཏེས་སློབ་དཔོན་གྱི་རིང་བསྲེལ་དང་། ལྷུང་བཟེད་དང་། ཆོས་གོས་གསུམ་ཐོགས་ཏེ་སངས་རྒྱས་གང་ན་བར་སོང་ནས་ཞབས་ལ་མགོ་བོས་ཕྱག་འཚལ་ཏེ་ཕྱུས་མོའི་ལྷ་ང་ས་ལ་བཙུགས་ནས། བདག་གི་སློབ་དཔོན་ནི་མྱ་ངན་ལས་འདས་ཏེ། དེའི་རིང་བསྲེལ་དང་། ཆོས་གོས་དང་། ལྷུང་བཟེད་ནི་(༢༥བ)འདི་ལགས་སོ་ཞེས་གསོལ་ཏོ། །དེའི་ཚེ་ན་ཀུན་དགའ་བོས་དགེ་ཚུལ་གྱིས་སྨྲས་པ་ཐོས་ནས་མྱ་ངན་གྱིས་ཤིན་ཏུ་ཡིད་གདུངས་ཏེ། བཅོམ་ལྡན་འདས་ལ་འདི་སྐད་ཅེས་གསོལ་ཏོ། །ཤཱ་རིའི་བུ་ཚོགས་ཀྱི་གཙོ་བོ་ཆེན་པོ་དེ་མྱ་ངན་ལས་འདས་པས་བདག་ནི་ལུས་གདུངས་ཕྱོགས་བསྣད། ཆོས་ཤེས་པ་རྣམས་ཀྱང་བརྗེད་དོ། །ཞེས་ཞུས་པ་ན་བཅོམ་ལྡན་འདས་ཀྱིས་བཀའ་སྩལ་པ། ཅི་ཤཱ་རིའི་བུས་ཚུལ་ཁྲིམས་ལ་སོགས་པའི་ཕུང་པོ་ལྔ་དང་བྱང་ཕྱོགས་སོ་བདུན་ཁྱེར་ཏེ་འདས་སམ། ཀུན་དགའ་བོས་གསོལ་པ། མ་ལགས་ཏེ། ཤཱ་རིའི་བུ་ཚུལ་ཁྲིམས་དང་ལྡན་པ། ཤེས་རབ་རྣོ་བ། འཁོར་བཞི་ལ་ཆོས་སྟོན་པ་ལ་དུབ་པ་མ་མཆིས་པ་སྟེ། དེའི་ཆོས་ཀྱི་ཡོངས་སྤྱོད་དྲན་ནས་བདག་མྱ་ངན་དང་སྨྲེ་སྔགས་འདོན་ནོ། །ཁྱོད་མྱ་ངན་མ་བྱེད། གང་སྐྱེས་པ་ལ་མི་འཇིག་པ་ག་ལ་ཡོད། ངས་སྔ་ནས་ཁྱོད་ལ་འདོད་པ་དང་ཡིད་དུ་འོང་བ་ཐམས་ཅད་འགྱེས་པ་དང་འབྲལ་བར་མ་བསྟན་ཏམ། དེ་བས་ན་བདག་ཉིད་གླིང་དང་སྐྱབས་དང་། ཆོས་གླིང་དང་སྐྱབས་སུ་གྱིས་ཤིག །ཅེས་བཀའ་སྩལ་ཏོ། །དེ་ནས་སྟོན་པ་མཉན་ཡོད་དུ་བྱོན་པ་དང་མགོན་མེད་ཟས་སྦྱིན་གྱིས་ཀུན་དགའ་བོ་ལ། ཤཱ་རིའི་བུ་ནི་བདག་གི་ཡུན་རིང་པོ་ནས་ཕྱག་པ་བླ་མར་བགྱི་བ་ལགས་ན། དེ་མྱ་ངན་ལས་འདས་པའི་རིང་བསྲེལ་ཁྱོད་ཀྱི་ཕྱག་ན་

མངའ་བ་དེ་བདག་ལ་སྟོབ་དང་མཆོད་པ་བགྱིའོ། །ཞེས་ཞུས་པ་ན། ཀུན་དགའ་བོས་སྨྲས་པ། དེ་ནི་ངའི་ཡང་སྡུག་པ་དང་བླ་མར་བྱ་བ་ཡིན་པས་ང་ཡང་མཆོད་པ་བྱེད་དོ། །ཞེས་སྨྲས་སོ། །དེ་ནས་ཁྱིམ་བདག་གིས་སྟོན་པ་ལ་ཞུས་པས། སྟོན་པས་ཀུན་དགའ་བོ་ལ་བཀའ་སྩལ་པ། ཤཱ་རིའི་བུའི་རིང་བསྲེལ་ཁྱིམ་བདག་ལ་བྱིན་ཅིག །ཁྱིམ་བདག་རྣམས་(༦༠ན)ནི་དོན་འདིས་དད་པ་ཅན་ཡིན་ནོ། །ཀུན་དགའ་བོ། འདི་ཙམ་གྱིས་ཁྱོད་ཀྱིས་ངའི་བསྟན་པ་ལ་བྱ་བ་བྱས་པའམ་ལན་ལོན་པ་མིན་གྱི། ཁྱོད་ཀྱིས་རབ་ཏུ་བྱུང་བ་དང་། བསྙེན་པར་རྫོགས་པ་དང་། གནས་སྦྱིན་པ་དང་། དགེ་ཚུལ་འཛོག་པ་དང་། ཁ་ཏོན་སློབས་ཤིག་འདི་ཙམ་གྱིས་ངའི་བསྟན་པ་ལ་ཕན་བཏགས་པ་དང་། ལན་ལོན་པར་འགྱུར་རོ་ཞེས་བཀའ་སྩལ་ཏོ། །དེ་ནས་ཀུན་དགའ་བོས་སྟོན་པའི་བཀའ་བཞིན་རིང་བསྲེལ་རྣམས་ཁྱིམ་བདག་ལ་བྱིན་ནོ། །དེ་ནས་ཁྱིམ་བདག་མགོན་མེད་ཟས་སྦྱིན་གྱིས་རིང་བསྲེལ་རྣམས་ཁྱེར་ནས་ཁྱིམ་གྱི་ནང་དུ་མཐོན་པོ་ཞིག་ཏུ་བཞག་ནས་མར་མེ་ལ་སོགས་པས་མཆོད་པ་བྱེད་དོ། །དེ་རྒྱལ་པོ་དང་བཙུན་མོ་ཁྱེང་ལྷན་མ་སོགས་ཀྱིས་ཀྱང་ཐོས་ནས་དེ་དག་ཀྱང་དེར་སོང་སྟེ་མཆོད་པ་བྱེད་དོ། །ཁྱིམ་བདག་མགོན་མེད་ཟས་སྦྱིན་གྱིས་ཤཱ་རིའི་བུའི་སྐུ་གདུང་རིང་བསྲེལ་གྱི་མཆོད་རྟེན་ཆེན་པོ་ཞིག་བྱས་སོ། །མཆོད་རྟེན་ལ་བདག་ཉིད་ཀྱིས་མཆོད་པ་རྒྱ་ཆེན་པོ་འབུལ་ཞིང་། དད་པ་ཅན་གྱི་སྐྱེ་བོ་མང་པོའང་མཆོད་པ་བྱེད་དུ་བཅུག །ཤཱ་རིའི་བུའི་མཆོད་རྟེན་གྱི་དུས་སྟོན་ཡང་བྱས་སོ། །དེ་བཞིན་དུ་འཕགས་པ་མོའུ་འགལ་གྱི་བུའི་སྐུ་གདུང་གི་མཆོད་རྟེན་ལའང་དད་པ་ཅན་རྣམས་ཀྱིས་མཆོད་པ་རྒྱ་ཆེར་བྱས་སོ། །གནས་བརྟན་ཆེན་པོ་མོའུ་འགལ་གྱི་བུ་མུ་སྟེགས་ཀུན་ཏུ་རྒྱུ་དག་གིས་གནོད་པའི་རྐྱེན་གྱིས་མྱ་ངན་ལས་འདའ་བའི་མཛད་པ་བསྟན་པ་དང་། འཕགས་པ་ཤཱ་རིའི་བུའང་མོ་འགལ་གྱི་བུ་ཆེན་པོ་མྱ་ངན་ལས་འདའ་བ་བལྟ་བར་མ་བཟོད་པ་དང་། གཙོ་བོར་སྟོན་པ་ཐུབ་པའི་དབང་པོ་མྱུར་དུ་མྱ་ངན་

ལས་འདའ་བའི་ཚུལ་(༦༠བ)སྟོན་པ་མཁྱེན་ནས། དེ་བལྟ་བར་མི་བཟོད་དོ་ཞེས་མྱ་ངན་ལས་འདའ་བའི་ཚུལ་བསྟན་པ་འདི་དག་ཀྱང་གདུལ་བྱའི་དོན་ཤ་སྟག་སྟེ་འདི་ལྟར་གདུལ་བྱ་རྟག་འཛིན་ཅན་རྣམས་ལ་འདུས་བྱས་ཐམས་ཅད་མི་རྟག་གོ་ཞེས་སྟོན་པ་དང་། དགེ་བའི་བཤེས་གཉེན་དང་མཇལ་བ་དཀོན་ནོ་ཞེས་སྟོན་པ་དང་། དམ་པའི་ཆོས་རྙེད་པར་དཀའོ་ཞེས་འདོམས་པ་དང་། ལས་ཀྱི་རྣམ་པར་སྨིན་པ་ནམ་ཡང་ཆུད་མི་ཟའོ་ཞེས་འདོམས་པ་དང་། ཆོས་བཞིན་སྤྱོད་པའི་གྲོགས་བཟང་པོ་དག་ལ་ཡིད་གཙུགས་པར་བྱ་དགོས་སོ་ཞེས་འདོམས་པ་དང་། རང་ལ་ལམ་སྟོན་པའི་དགེ་བའི་བཤེས་གཉེན་དག་ལ་གུས་པ་ བླ་ལྷག་ཏུ་བྱ་དགོས་སོ་ཞེས་འདོམས་པ་སོགས་དགོས་པ་མང་པོ་ཞིག་ཉེ་བར་གཟིགས་ནས་མྱ་ངན་ལས་འདའ་བའི་མཛད་པ་བསྟན་ཏེ། མཛད་པ་འདིས་ཀྱང་གདུལ་བྱ་བགྲང་བ་ལས་འདས་པ་ཞིག་ལ་དགེ་བའི་རྩ་བ་བསྐྱེད་དོ། །

གཉིས་པ། སྟོན་པ་མྱ་ངན་ལས་འདས་པའི་ཚུལ་བསྟན་པའི་རྗེས་སུ་གནས་བརྟན་ཆེན་པོ་བཅུ་དྲུག་གིས་བསྟན་པ་འཛིན་ཅིང་སྤེལ་བར་ལུང་བསྟན་ཚུལ།

ག༡ སྟོན་པས་གནས་བརྟན་ཆེན་པོ་བཅུ་དྲུག་པོ་འདི་དག་ཇི་སྲིད་རྒྱལ་བསྟན་ནམ་གནས་བར་དུ་མྱ་ངན་ལས་མི་འདའ་བར་བཞུགས་ནས་བསྟན་པ་འཛིན་ཅིང་སྤེལ་བར་ལུང་བསྟན་ཚུལ།

གཉིས་པ་སྟོན་པ་མྱ་ངན་ལས་འདས་པའི་ཚུལ་བསྟན་པའི་རྗེས་སུ་གནས་བརྟན་ཆེན་པོ་བཅུ་དྲུག་གིས་བསྟན་པ་འཛིན་ཅིང་སྤེལ་བར་ལུང་བསྟན་པའི་ཚུལ་ལ་གསུམ། སྟོན་པས་གནས་བརྟན་ཆེན་པོ་བཅུ་དྲུག་པོ་འདི་དག་ཇི་སྲིད་རྒྱལ་བསྟན་ནམ་གནས་བར་དུ་མྱ་ངན་ལས་མི་འདའ་བར་བཞུགས་ནས་བསྟན་པ་འཛིན་ཅིང་

སྤེལ་བར་ལུང་བསྟན་ཚུལ། གནས་བརྟན་བཅུ་དྲུག་པོ་འདི་དག་རྒྱ་ནག་ཏུ་ཕྱིན་ནས་
བསྟན་པ་རྒྱ་ཆེར་སྤེལ་བར་མཛད་ཚུལ། བོད་དུ་ཕྱིན་ནས་བསྟན་པ་རྒྱ་ཆེར་སྤེལ་
བར་མཛད་ཚུལ་ལོ། །དང་པོ་ནི། བྱམས་པ་ལུང་བསྟན་པའི་མདོ་ལས་གནས་བརྟན་
ཆེན་པོ་བཅུ་དྲུག་གི་རྟོགས་པ་བརྗོད་པ་གསུངས་ཤིང་། མདོ་དེ་(༧༡ན)ལས་ཇི་ལྟར་
གསུངས་ཚུལ་རྣམས་ནི་འོག་ཏུ་གནས་བརྟན་སོ་སོའི་རྟོགས་པ་བརྗོད་པའི་སྐབས་
སུ་འཆད་དོ། །འཕགས་པ་དགའ་བའི་བཤེས་གཉེན་གྱི་རྟོགས་བརྗོད་ལས་འབྱུང་བ་
ནི་འདི་ལྟར། བཅོམ་ལྡན་འདས་མྱ་ངན་ལས་འདས་ནས་ལོ་བརྒྱད་བརྒྱ་ལོན་པར་
གྱུར་པ་ན། དེའི་ཚེ་དེའི་དུས་ན། ཡུལ་ཤི་བི་ག་ཞེས་བྱ་བ་ན་གྲོང་ཁྱེར་བྱིན་གྱིས་
བརླབས་པ་ཞེས་བྱ་བ་ཡོད་དེ། དེ་ན་རྒྱལ་པོ་རིགས་པའི་སྡེ་ཞེས་བྱ་བ་གནས་
སོ། །དེའི་ཚེ་རྒྱལ་པོ་རིགས་པའི་སྡེའི་ཡུལ་ན། དགེ་སློང་དགའ་བའི་བཤེས་གཉེན་
ཞེས་བྱ་བ་རྣམ་པར་ཐར་པ་བརྒྱད་ལ་གནས་པ། བསམ་གཏན་བཞི་ལ་དབང་ཐོབ་
པ། མངོན་པར་ཤེས་པ་དྲུག་དང་ལྡན་པ། རྫུ་འཕྲུལ་ཆེ་བ། མཐུ་ཆེ་བ། དཔག་ཚད་
བརྒྱ་སྟོང་ཕྲག་དུ་མ་ན་གནས་པའི་སེམས་ཅན་རྣམས་ལས་གྲོག་མོ་དང་ཀུ་ཏ་ཡི་
ཡང་སེམས་ཀྱི་སྤྱོད་པ་ཤེས་པ་ཞིག་གནས་ཏེ། དེ་ཡོངས་སུ་མྱ་ངན་ལས་འདའ་བའི་
དུས་ཀྱི་ཚེ། དགེ་སློང་གི་དགེ་འདུན་འདུས་པ་རྣམས་ཀྱིས་འདི་སྐད་དུ། ཁྱོད་ལྟ་བུ་
མྱ་ངན་ལས་འདའ་ན་སངས་རྒྱས་ཀྱི་བསྟན་པ་ནུབ་པར་མི་འགྱུར་རམ་ཞེས་སྨྲས་པ་
དང་། དེས་དེ་དག་རྣམས་ལ་སྨྲས་པ། ནུབ་པར་མི་འགྱུར་ཏེ། བཅོམ་ལྡན་འདས་
ཀྱིས་གནས་བརྟན་བཅུ་དྲུག་གིས་བསྟན་པ་འཛིན་པར་ལུང་བསྟན་ནས་བསྟན་པ་
ཡུན་རིང་གནས་པར་བཤད་དོ། །འདི་ལྟར་ཡང་དགེ་སློང་རྣམས་ཐེ་ཚོམ་སྐྱེས་ནས་
དྲིས་པ། གནས་བརྟན། ཡུན་ཇི་སྲིད་གཅིག་གི་བར་དུ་བཅོམ་ལྡན་འདས་ཤཱཀྱ་ཐུབ་
པའི་དམ་པའི་ཆོས་གནས་པར་འགྱུར། དེས་(༧༡བ)སྨྲས་པ། བཞིན་བཟང་དག །དོགས་
པ་མེད་ཀྱི་མྱ་ངན་དང་སྨྲེ་སྔགས་མ་འདོན་ཅིག །དེ་ཅིའི་ཕྱིར་ཞེ་ན། བཅོམ་ལྡན་

འདས་ཡོངས་སུ་མྱ་ངན་ལས་འདའ་བའི་དུས་ཀྱི་ཚེ། གནས་བརྟན་ཆེན་པོ་བཅུ་དྲུག་གི་ལག་ཏུ་དམ་པའི་ཆོས་གཏད་པར་གྱུར་ཏེ། སྦྱིན་བདག་དང་སྦྱིན་པ་པོའི་སྦྱིན་པ་ཡོངས་སུ་དག་པར་བྱ་བའི་ཕྱིར་རོ། །དེ་སྐད་ཅེས་སྨྲས་པ་དང་། གནས་བརྟན་དགའ་བའི་བཤེས་གཉེན་ལ། དགེ་སློང་དེ་དག་གིས་འདི་སྐད་ཅེས་སྨྲས་སོ། །གནས་བརྟན། བདག་ཅག་གིས་གནས་བརྟན་དེ་དག་གི་མཚན་ཡང་མི་འཚལ་ལོ། །གནས་བརྟན་གྱིས་སྨྲས་པ། ཚེ་དང་ལྡན་པ་དག །གནས་བརྟན་དང་པོའི་མཚན་ནི་བ་ར་དྭ་ཛ་བསོད་སྙོམས་ལེན་ཞེས་བྱའོ། །གནས་བརྟན་གཉིས་པའི་མཚན་ནི་གསེར་བེའུ་ཞེས་བྱའོ། །གནས་བརྟན་གསུམ་པའི་མཚན་ནི་བ་ར་དྭ་ཛ་ཞེས་བྱའོ། །གནས་བརྟན་བཞི་པའི་མཚན་ནི་མི་ཕྱེད་པ་ཞེས་བྱའོ། །གནས་བརྟན་ལྔ་པའི་མཚན་ནི་ཤིང་ཤུན་ཅན་ཞེས་བྱའོ། །གནས་བརྟན་དྲུག་པའི་མཚན་ནི་བཟང་པོ་ཞེས་བྱའོ། །གནས་བརྟན་བདུན་པའི་མཚན་ནི་ནག་པོ་ཞེས་བྱའོ། །གནས་བརྟན་བརྒྱད་པའི་མཚན་ནི་བད་སའི་བུ་ཞེས་བྱའོ། །གནས་བརྟན་དགུ་པའི་མཚན་ནི་བ་ལང་སྐྱོང་ཅེས་བྱའོ། །གནས་བརྟན་བཅུ་པའི་མཚན་ནི་ལམ་པ་ཞེས་བྱའོ། །གནས་བརྟན་བཅུ་གཅིག་པའི་མཚན་ནི་སྒྲ་གཅན་འཛིན་ཅེས་བྱའོ། །གནས་བརྟན་བཅུ་གཉིས་པའི་མཚན་ནི་ཀླུའི་སྡེ་ཞེས་བྱའོ། །གནས་བརྟན་བཅུ་གསུམ་པའི་མཚན་ནི་ཟུར་གྱིས་ཤེས་ཞེས་བྱའོ། །གནས་བརྟན་བཅུ་བཞི་པའི་མཚན་ནི་ནགས་ན་(༧༢ན)གནས་ཞེས་བྱའོ། །གནས་བརྟན་བཅོ་ལྔ་པའི་མཚན་ནི་མ་ཕམ་པ་ཞེས་བྱའོ། །གནས་བརྟན་བཅུ་དྲུག་པའི་མཚན་ནི་གཙུག་གི་ལམ་པ་ཞེས་བྱའོ། །གནས་བརྟན་དེ་དག་ནི་རིག་པ་གསུམ་དང་ལྡན་པ། སྡེ་སྣོད་གསུམ་པ་ཁམས་གསུམ་པའི་འདོད་ཆགས་དང་བྲལ་བ། རྫུ་འཕྲུལ་གྱི་སྟོབས་ཀྱིས་ཚེ་བྱིན་གྱིས་བརླབས་ཏེ་བསྲིངས་ནས་བཅོམ་ལྡན་འདས་ཀྱི་བཀས་གནས་པ་ཡིན་ནོ། །སྦྱིན་པ་པོ་དང་། སྦྱིན་བདག་རྣམས་ཀྱི་སྦྱིན་པ་ཡོངས་སུ་དག་པར་བྱེད་དོ། །དེ་སྐད་ཅེས་སྨྲས་པ་དང་། དགེ་སློང་རྣམས་ཀྱིས་གནས་བརྟན་དགའ་བའི་བཤེས་

གཉེན་ལ་འདི་སྐད་ཅེས་སྨྲས་སོ། །གནས་བརྟན། བདག་ཅག་གིས་གནས་བརྟན་དེ་
དག་གང་ན་བཞུགས་པ་མི་འཚལ་ལོ། །གནས་བརྟན་གྱིས་སྨྲས་པ། ཚེ་དང་ལྡན་པ་
དག །གནས་བརྟན་དང་པོ་བ་ར་དྭ་ཛ་བསོད་སྙོམས་ལེན་ཞེས་བྱ་བ་ནི། འཁོར་
དགྲ་བཅོམ་པ་སྟོང་དང་ལྡན་ཅིག་བ་ལང་སྤྱོད་ཀྱི་གླིང་ན་གནས་སོ། །གནས་བརྟན་
གསེར་བེའུ་ཞེས་བྱ་བ་ནི་འཁོར་དགྲ་བཅོམ་པ་ལྔ་སྟོང་དང་ལྡན་ཅིག་བྱང་ཕྱོགས་ཀྱི་
ཁ་ཆེའི་ཡུལ་ན་གནས་སོ། །གནས་བརྟན་བ་ར་དྭ་ཛ་ཞེས་བྱ་བ་ནི། འཁོར་དགྲ་
བཅོམ་པ་དྲུག་སྟོང་དང་ལྡན་ཅིག་ཤར་གྱི་ལུས་འཕགས་ཀྱི་གླིང་ན་གནས་སོ། །གནས་
བརྟན་མི་ཕྱེད་པ་ཞེས་བྱ་བ་ནི། འཁོར་དགྲ་བཅོམ་པ་བདུན་སྟོང་དང་ལྡན་ཅིག་
འཛམ་བུའི་གླིང་ན་གནས་སོ། །གནས་བརྟན་ཤིང་ཤུན་ཅན་ཞེས་བྱ་བ་ནི། འཁོར་
དགྲ་བཅོམ་པ་དྲུག་སྟོང་དང་ལྡན་ཅིག་བྱང་(༤༢བ)གི་སྒྲ་མི་སྙན་གྱི་གླིང་ན་གནས་
སོ། །གནས་བརྟན་བཟང་པོ་ཞེས་བྱ་བ་ནི། འཁོར་དགྲ་བཅོམ་པ་དགུ་སྟོང་དང་ལྡན་
ཅིག་ཟངས་གླིང་ན་གནས་སོ། །གནས་བརྟན་ནག་པོ་ཞེས་བྱ་བ་ནི། འཁོར་དགྲ་
བཅོམ་པ་སྟོང་དང་ལྡན་ཅིག་སེང་ག་ལའི་གླིང་ན་གནས་སོ། །གནས་བརྟན་བད་
སའི་བུ་ཞེས་བྱ་བ་ནི། འཁོར་དགྲ་བཅོམ་པ་ཁྲི་ཆིག་སྟོང་དང་ལྡན་ཅིག་སེང་ག་ལའི་
གླིང་ན་གནས་སོ། །གནས་བརྟན་བ་ལང་སྐྱོང་ཞེས་བྱ་བ་ནི། འཁོར་དགྲ་བཅོམ་པ་
བརྒྱད་སྟོང་དང་ལྡན་ཅིག་རི་བོ་སྤོས་ཀྱི་ངད་ལྡན་ན་གནས་སོ། །གནས་བརྟན་ལམ་
པ་ཞེས་བྱ་བ་ནི། འཁོར་དགྲ་བཅོམ་པ་སྟོང་ཕྲག་བཅུ་གསུམ་དང་ལྡན་ཅིག་ལྷ་རྣམས་
ཀྱི་གནས་སུམ་ཅུ་རྩ་གསུམ་ན་གནས་སོ། །གནས་བརྟན་སྒྲ་གཅན་འཛིན་ཅེས་བྱ་བ་
ནི། འཁོར་དགྲ་བཅོམ་པ་སྟོང་དང་ལྡན་ཅིག་པྲི་ཡང་གུའི་གླིང་ན་གནས་སོ། །གནས་
བརྟན་ཀླུའི་སྡེ་ཞེས་བྱ་བ་ནི། འཁོར་དགྲ་བཅོམ་པ་སྟོང་ཕྲག་བཅུ་གཉིས་དང་ལྡན་
ཅིག་རི་བོ་སྐྱ་བོ་ན་གནས་སོ། །གནས་བརྟན་ཟུར་གྱིས་ཤེས་ཞེས་བྱ་བ་ནི། འཁོར་
དགྲ་བཅོམ་པ་སྟོང་ཕྲག་བཅུ་གསུམ་དང་ལྡན་ཅིག་རི་བོ་ངོས་ཡངས་ན་གནས་

སོ། །གནས་བརྟན་ནགས་ན་གནས་ཞེས་བྱ་བ་ནི། འཁོར་དགྲ་བཅོམ་པ་སྟོང་ཕྲག་བཅུ་བཞི་དང་ལྷན་ཅིག་ལུས་འཕགས་ཀྱི་རི་ལ་གནས་སོ། །གནས་བརྟན་མ་ཕམ་པ་ཞེས་བྱ་བ་ནི། འཁོར་དགྲ་བཅོམ་པ་སྟོང་ཕྲག་བཅོ་ལྔ་དང་ལྷན་ཅིག་རྒྱལ་པོའི་ཁབ་བྱ་རྐོད་ཕུང་པོའི་རི་ལ་གནས་སོ། །གནས་བརྟན་གཙུག་གི་ལམ་པ་ཞེས་བྱ་(༦༣ན)བ་ནི། འཁོར་དགྲ་བཅོམ་པ་སྟོང་ཕྲག་བཅུ་དྲུག་དང་ལྷན་ཅིག་རི་བོ་གཉའ་ཤིང་འཛིན་ན་གནས་སོ། །གནས་བརྟན་དེ་དག་གིས་མི་ཤེས་པའམ། མ་མཐོང་བའམ། མ་ཐོས་པའམ། མངོན་སུམ་དུ་མ་བྱས་པ་ཅུང་ཟད་ཀྱང་མེད་དོ། །དགེ་འདུན་གྱི་བཞེས་པའམ། སྦྱིན་བདག་པའམ། བཅོ་ལྔ་སྟོན་ནམ། གཙུག་ལག་ཁང་དབུལ་བའམ། གཉེའི་རབ་གནས་སམ། དགེ་འདུན་གྱི་བྱ་བ་ཐམས་ཅད་ལ་གང་ཡང་ཅུང་ཟད་མི་ཤེས་པ་མེད་དེ། དེ་དག་ཏུ་གནས་བརྟན་བཅུ་དྲུག་པོ་འདི་དག་འཁོར་དུ་མ་དང་བཅས་པ། ཆ་ལུགས་གཞན་དང་གཞན་གྱིས་དེ་དང་དེར་འབྱོན་ཞིང་གནས་ཏེ། དེ་ལྟར་སྦྱིན་པ་ཡོངས་སུ་དག་པར་བྱེད་དོ། །མ་འོངས་པ་ན་མཚོན་གྱི་བསྐལ་པ་བྱུང་བ་འདས་ནས་མི་རྣམས་དགེ་བ་བཅུ་དང་ལྡན་པས་ཚེ་སྣར་འཕེལ་ཏེ། ལོ་བརྒྱ་ཐུབ་པ་ན་སྟོན་པའི་ཉན་ཐོས་དེ་དག་ཡང་ཕྱིར་ལ་འཛམ་བུའི་གླིང་དུ་བྱོན་ནས་དམ་པའི་ཆོས་ཡང་དག་པར་སྟོན་པར་བྱེད་ཅིང་རབ་ཏུ་འབྱིན་པར་བྱེད་དེ། ཇི་སྲིད་སྐྱེ་དགུ་རྣམས་ཀྱི་ཚེ་ལོ་དྲུག་བརྒྱ་པར་གྱུར་པ་དེ་སྲིད་དུ་བཅོམ་ལྡན་འདས་ཤཱཀྱ་ཐུབ་པའི་བསྟན་པ་དམ་པའི་ཆོས་གནས་པར་འགྱུར་ཏེ། མི་རྣམས་ཀྱི་ཚེ་ལོ་བདུན་བརྒྱ་པར་གྱུར་པ་ན། གནས་བརྟན་ཆེན་པོ་དེ་དག་གིས་གང་སའི་སྙིང་འདི་ན་བཅོམ་ལྡན་འདས་ཤཱཀྱ་ཐུབ་པའི་བསྟན་པའི་ཚོགས་ཇི་སྙེད་པ་དེ་དག་གཅིག་ཏུ་བསྡུས་ནས་རིན་པོ་ཆེ་སྣ་བདུན་གྱི་མཆོད་རྟེན་གཅིག་བྱས་ཏེ། ཀུན་ནས་བསྐོར་ནས་སྐྱིལ་མོ་ཀྲུང་བཅས་ཏེ་འདུག་ནས། འདི་(༦༣བ)སྐད་ཅེས། བཅོམ་ལྡན་འདས་དེ་བཞིན་གཤེགས་པ་དགྲ་བཅོམ་པ་ཡང་དག་པར་རྫོགས་པའི་སངས་རྒྱས་ཤཱཀྱ་ཐུབ་པ་དེ་ལ

འདུད་པས་ཕྱག་འཚལ་ལོ། །ཞེས་བརྗོད་དེ་ཕྱག་བྱས་ནས་ཕུང་པོ་ལྷག་མ་མེད་པའི་མྱ་ངན་ལས་འདའ་བའི་དབྱིངས་སུ་ཡོངས་སུ་མྱ་ངན་ལས་འདའ་བར་འགྱུར་རོ། །རིན་ཆེན་སྣ་བདུན་གྱི་མཆོད་རྟེན་དེ་ཡང་ནུབ་ནས་འོག་གི་གསེར་གྱི་ས་གཞི་གང་ཡིན་པ་དེ་ལ་གནས་སོ། །དེ་ནས་བཅོམ་ལྡན་འདས་ཤཱཀྱ་ཐུབ་པའི་བསྟན་པ་དམ་པའི་ཆོས་ནུབ་པར་འགྱུར་རོ། །དེ་ནས་དེའི་རྗེས་ལ་རང་སངས་རྒྱས་བྱེ་བ་ཕྲག་བདུན་འཇིག་རྟེན་དུ་འབྱུང་ངོ་། །དེ་ནས་མི་རྣམས་ཀྱི་ཚེ་ལོ་བརྒྱད་ཁྲི་པར་གྱུར་པ་ན། དེ་བཞིན་གཤེགས་པ་དགྲ་བཅོམ་པ་ཡང་དག་པར་རྫོགས་པའི་སངས་རྒྱས་བྱམས་པ་ཞེས་བྱ་བ་འཇིག་རྟེན་དུ་འབྱུང་ངོ་། །ཞེས་འབྱུང་བ་ལྟར་རོ། །གནས་བརྟན་སྤྱན་དྲང་བ་ཞེས་བྱ་བ་ཨཱ་ཙཪྻ་ཛཱི་ན་མི་ཏྲ་དང་། བནྡེ་ཡེ་ཤེས་སྡེས་བསྒྱུར་བ་ལས་ཀྱང་སངས་རྒྱས་དང་དགེ་འདུན་གྱི་ཡོན་ཏན་རྒྱ་ཆེན་པོ་ཡང་དག་པར་བརྗོད་ནས། གདུལ་བྱ་རྣམས་ཚོགས་གསོག་པའི་ཕྱིར་མཆོད་པའི་ཞིང་དུ་གནས་བརྟན་ཆེན་པོ་བཅུ་དྲུག་སྤྱན་དྲང་བའི་ཚུལ་གསུངས་པ་ནི། དེ་ལ་ཐོག་མར་བཅོམ་ལྡན་འདས་ཤཱཀྱ་ཐུབ་པ་ཡོངས་སུ་མྱ་ངན་ལས་མ་འདས་པའི་ཚེ། གང་དག་ཡེ་ཤེས་ཀྱི་མེས་ཉོན་མོངས་པའི་ཤིང་ཐམས་ཅད་མ་ལུས་པར་བསྲེགས་པ། གཏོང་བའི་ངང་ཚུལ་ཅན་གྱིས་སྦྱིན་པའི་ས་བོན་འཕེལ་བའི་རྒྱུར་གྱུར་པ། ཕྲ་བ་གཟིགས་(༨༨ན)པ་མཁས་པ། དེ་ཁོ་ན་ལ་བསྒོམ་པ་འདི་ལྟ་སྟེ། གནས་བརྟན་བ་ར་དྷྭ་ཛ་བསོད་སྙོམས་ལེན་དང་། འཕགས་པ་སྒྲ་གཅན་འཛིན་དང་། སྦྱིན་བྱེད་དང་། ལམ་བསྟན་དང་། སྐྱེད་བྱེད་དང་། གསེར་བེའུ་དང་། རྟོགས་བྱེད་དང་། རྡོ་རྗེ་ཅན་གྱི་བུ་དང་། འཕགས་པ་སྲུང་བའི་ཀླུ་དང་། ཀླུ་སྡེ་ལ་སོགས་པ་སློབ་མ། བསྟན་པ་གནས་པར་བྱ་བའི་ཕྱིར་གནོད་པར་གྱུར་ཀྱང་ལུས་ཀྱི་ཁུར་ཁྱེར་བ་རྣམས་དང་། གཞན་ཡང་སུམ་ཅུ་རྩ་གསུམ་ན་བཞུགས་པ་དང་། རིའི་རྒྱལ་པོ་ལྷུན་པོའི་ངོས་ལ་བཞུགས་པ་དང་། གསེར་གྱི་རི་ལ་བཞུགས་པ་དང་། རོལ་མཚོའི་གནས་ན་བཞུགས་པ་དང་། གངས་

རི་ཆེན་པོ་ཏི་སེ་ལ་བཞུགས་པ་དང་། གླིང་བཞི་དང་། གླིང་ཕྲན་བརྒྱད་ཀྱི་གནས་དེ་དང་དེ་དག་ན་བཞུགས་པ་རྣམས་དང་། འཛམ་བུའི་གླིང་འདིའི་ཡུལ་ཆེན་པོ་བྲུ་ཤ་དང་། ཁ་ཆེ་དང་། རྒྱ་ཡུལ་དང་། ཀོའུ་ཤམྦྷི་དང་། སེར་སྐྱ་དང་། བཙོམ་བརླག་དང་། ཙམ་པ་དང་། ལི་ཁ་ར་ཤིང་འཕེལ་དང་། ཀོ་ས་ལ་དང་། ཀ་ལིངྒ་དང་། ཡ་མུ་ནའི་གླིང་དང་། སིངྒ་ལའི་གླིང་ལ་སོགས་པ་ཡུལ་དེ་དང་དེ་དག་ན་ཆ་བྱད་སྣ་ཚོགས་པ་དང་། སྐད་སྣ་ཚོགས་པ་དང་། རིགས་དང་རུས་སྣ་ཚོགས་པའི་ཚུལ་གྱིས་བཞུགས་པ། འགྲོ་བའི་དོན་ལ་བརྩོན་པ། བསྟན་པ་འཛིན་པ། ཡེ་ཤེས་ཐོགས་པ་མེད་པར་མངའ་བ་དེ་དག་སྐྱེ་བོ་རྣམས་ལ་ཕན་པའི་ཕྱིར་འདིར་སྤྱན་འདྲེན་ནོ། །ཞེས་སོགས་གནས་བརྟན་དེ་དང་དེའི་ཡོན་ཏན་དང་། གནས་བརྟན་ཆེན་པོ་དེ་དག་གི་ཡོན་ཏན་སྙན་ངག་གི་ཚིག་རྒྱན་མང་པོས་བརྒྱན་ཏེ་སྤྱན་འདྲེན་པའི་ཚུལ་རྒྱས་པར་(༥༥བ)འབྱུང་བ་ལྟར་རོ། །ལི་ཡུལ་ལུང་བསྟན་པའི་མདོ་ལས་ཀྱང་། གནས་བརྟན་ཆེན་པོ་བཅུ་དྲུག་གིས་མ་འོངས་པའི་སེམས་ཅན་རྣམས་ཀྱི་དོན་རྒྱ་ཆེན་པོ་མཛད་པར་ལུང་བསྟན་ཏེ། མདོ་དེ་ཉིད་ལས། རྒྱལ་པོ་བི་ཛ་ཡ་སམྦྷ་བ་ཞེས་བྱ་བས་སྟོན་པ་ཐུབ་པའི་དབང་པོ་དང་གནས་བརྟན་ཆེན་པོ་བཅུ་དྲུག་ལ་གསོལ་བ་བཏབ་སྟེ་སྤྱན་དྲང་བའི་ཕྱིར་གཎྜི་བརྡུངས་པས་ཐུབ་པའི་དབང་པོ་གནས་བརྟན་བཅུ་དྲུག་དང་བཅས་པ་རྒྱལ་པོ་དེའི་ཡུལ་ཛ་རལ་མ་ཞེས་བྱ་བར་བྱོན་པ་ལ། རྒྱལ་པོས་ཐུབ་དབང་གནས་བརྟན་བཅུ་དྲུག་དང་བཅས་པ་ལ་མཆོད་པ་ཚད་མེད་པ་ཕུལ་ཞིང་། མཆོད་པའི་སྣོད་རྣམས་རིན་པོ་ཆེ་སྣ་ཚོགས་ལས་བགྱིས་པའི་ནང་དུ་མཆོད་པའི་དངོས་པོ་ཚད་མེད་པ་ཐུབ་དབང་དང་གནས་བརྟན་བཅུ་དྲུག་སོ་སོར་ཕུལ་བ་དང་། གནས་བརྟན་བཅུ་དྲུག་པོས་དེ་དག་བཞེས་ཏེ་ཛར་མའི་གཙུག་ལག་ཁང་གི་ནང་དུ་གཏེར་དུ་སྦས་ཏེ། མ་འོངས་སྙིགས་མའི་དུས་སུ་དགེ་འདུན་རྣམས་ཡོན་བདག་མེད་པར་འཚོ་བས་ཕོངས་པའི་དུས་འབྱུང་བས། དེའི་དུས་སུ་རིན་པོ་ཆེའི་སྣོད་དང་

བཟོས་བཟང་པོ་འདི་རྣམས་ས་འོག་ནས་བྱུང་སྟེ། དགེ་འདུན་རྣམས་འཚོ་བས་མི་ཕོངས་པར་འགྱུར་རོ། །ཞེས་ལུང་བསྟན་ཏོ། །

ཀ༢ གནས་བརྟན་བཅུ་དྲུག་པོ་འདི་དག་རྒྱ་ནག་ཏུ་བྱོན་ནས་བསྟན་པ་རྒྱ་ཆེར་སྤེལ་བར་མཛད་ཚུལ།

གཉིས་པ་གནས་བརྟན་བཅུ་དྲུག་པོ་འདི་རྒྱ་ནག་ཏུ་བྱོན་ནས་བསྟན་པ་རྒྱ་ཆེར་སྤེལ་བར་མཛད་ཚུལ་ནི། རྗེ་བཙུན་འཇམ་པའི་དབྱངས་ཀྱི་སྤྲུལ་པའི་ཞིང་ཁམས་ཡོད་པའི་གནས་མ་ཧཱ་ཙཱི་ནའི་ཡུལ་དུ། སྟོན་ཅིའུ་ཞེས་པས་རྒྱལ་སྲིད་འཛིན་པའི་སྐབས་སུ། ལྷོ་ནུབ་མཚམས་ནས་ནམ་མཁར་འོད་ཀྱི་ཕུང་པོ་ཆེན་པོ་ཞིག་བྱུང་བ། རྒྱལ་པོས་ལྟས་མཁན་རྣམས་ལ་དྲིས་པར། (༥༥ན)ཕྱོགས་དེར་སྐྱེས་བུ་དམ་པ་ཞིག་འཁྲུངས་པའི་ལྟས་ཡིན་ཞིང་ད་ནས་ལོ་སྟོང་ཙམ་ན་དེའི་ལུགས་འདིར་རྒྱས་པར་འགྱུར་ཞེས་ལུང་བསྟན། ཕྱིས་སུ་ཧན་མིང་ཏྲི་རྒྱལ་པོའི་རིང་ལ། སྐབས་ཤིག་རྒྱལ་པོའི་རྨི་ལམ་དུ་སྐྱེས་བུ་གསེར་གྱི་ཁ་དོག་ཅན་འདོམ་གསུམ་ལྷག་པའི་ཉི་མའི་འོད་ཟེར་འཕྲོ་བ་ཞིག་ནམ་མཁའ་ནས་ཕོ་བྲང་གི་ཡང་ཐོག་ཏུ་ཕེབས་པ་ཞིག་རྨིས་པ། ཕྱི་ཉིན་ཅི་ཡིན་སླམ་དུ་བློན་པོ་རྣམས་ལ་དྲིས་ཤིང་ཡིག་རྙིང་བརླགས་པས་སྔར་གྱི་ལུང་བསྟན་དེ་རྙེད་ནས་ངོ་མཚར་ཞིང་། མི་རིང་བར་རྒྱ་གར་ནས་དུས་ལ་བབ་པར་ཤེས་ནས་དགྲ་བཅོམ་པ་གཅིག་དང་། པཎྜི་ཏ་གཅིག་སྟེ་གཉིས་ཀྱིས་སྐུ་དང་ཐུགས་ཀྱི་རྟེན་འགའ་ཞིག་དང་། གསུང་རབ་མང་པོ་སྤྱན་དྲངས་ནས་རྒྱ་ནག་ཏུ་ཕེབས་རྫུ་འཕྲུལ་མང་དུ་བསྟན། གཞུག་མར་གནས་པའི་བོན་པོ་རྣམས་ཚར་བཅད་པས་མཆོག་དམན་མཐའ་དག་མོས་པར་གྱུར། དེ་ནས་བརྒྱམས་ཏེ་རིམ་གྱིས་པཎ་གྲུབ་མང་དུ་བྱོན་ནས་རྒྱལ་བའི་བཀའ་དང་བསྟན་བཅོས་རྣམས་བསྒྱུར་ཅིང་གཏན་ལ་ཕབ། བཤད་སྒྲུབ་ཀྱི་སྡེ་མང་དུ་བཙུགས་ཏེ་བསྟན་པ་རིན་པོ་ཆེ་དར་རྒྱས་སུ་གྱུར་པ་ད་ལྟའི་བར་

ཏུ་གནས་སོ། །དེ་ནས་དུས་རེ་ཞིག་གི་ཚེ། རྒྱ་ནག་ཏུ་ཐང་ཧྲུའི་ཧྲུང་གི་རྒྱལ་པོའི་བློན་པོ་རྣམས་ཀྱིས། ཁྱེད་ཆོས་ཀྱི་རྒྱལ་པོ་ཡིན་ན། གནས་བརྟན་ཆེན་པོ་བཅུ་དྲུག་བསྟན་པ་སྐྱོང་བའི་འཕྲིན་ལས་མཛད་པར་གྲགས་པས། དེ་དག་འདིར་སྤྱན་དྲངས་ཏེ་དབྱར་གནས་པར་གསོལ་བ་ཐོབ་ཅེས་ཞུས་པས་ཐང་ཧྲུང་གི་རྒྱལ་པོས་(༥༥བ)གནས་བརྟན་རྣམས་སྤྱན་འདྲེན་པའི་ཕོ་ཉ་མངགས་ཏེ་གནས་བརྟན་སོ་སོའི་གནས་ནས་སྤྱན་དྲང་བའི་འཕྲིན་ཡིག་སྦྲིངས་པའི་ཡི་གེ་འདི་ལྟར་ཕུལ་ཏེ། མ་ག་དྷའི་ཡུལ་དུ་ཐུབ་པ་སངས་རྒྱས་ཀྱི་དགེ་འདུན་བཙུན་པ་གནས་བརྟན་ཆེན་པོ་རྣམས་དགོངས་སུ་གསོལ། བདག་གི་དད་པ་དང་། དང་བ་དང་། འདུན་པ་ལས་བྱུང་བའི་ཚིག་གསལ་བར་བྱེད་པའི་ངག །ཞལ་དང་། ནོར་བུ་དང་། ཁ་བའི་ཕུང་པོ་དང་། ཟླ་བའི་ཟེར་དང་། པདྨའི་རྩ་བ་ལྟར་དྲི་མ་མེད་པར་བརྗོད་པ། རླུང་གི་སྟོབས་ཀྱིས་ཤིང་གི་ལྕུག་ཕྲན་ལྟར་བསྐྱོད་པ་ལ། སྨིག་རྒྱུ་དང་། རྨི་ལམ་དང་། གློག་དང་། སྦྲུལ་གྱི་ལྟེ་དང་། རྒྱ་མཚོ་བསྐྱོད་པའི་རླབས་ལྟར་གཡོ་བའི་ཡིད། སྐད་ཅིག་རེ་རེ་ཡང་མི་སྡོད་པར་འཕྲོ་བ། རྩེ་གཅིག་པའི་ཏིང་ངེ་འཛིན་གྱི་སྟོབས་ཀྱིས་ཡིད་རླུང་ལྟར་རྒྱུ་བ་ནང་དུ་དགག་ཏུ་གསོལ། ༈ ལྷ་ཡི་བུ་མོ་ཡིད་ཞུམ་ཤུགས་འཆང་སྐད་ཅིག་ཟེམ་ཟེར་བྱེད་པའི་མིག །རིང་ཞིང་གཟི་ལྡན་བཀྲ་ལ་འོད་འཆེར་མིག་ཆགས་ལྟ་བ་གཡོ་བ་ཡིས། །གང་གི་ཐུགས་ནི་གཡོ་བ་རྒྱུན་གཅོད་རྒྱུ་ལས་འཕྲུགས་པར་མ་གྱུར་པ། །བདུད་རྣམས་འཛོམས་མཁས་གཅིག་པུ་ཐམས་ཅད་མཁྱེན་པ་དེ་ལ་ཕྱག་འཚལ་ལོ། །ཡོན་ཏན་ནོར་བུ་བཀྲ་བའི་འོད་དང་ཉི་ཟླའི་ཟེར་གྱིས་མི་སེལ་ཞིང་། །མ་རིག་མུན་སྟུག་སྡུག་བསྔལ་འཁྱིལ་བ་སེལ་བྱེད་འོད་ཚོགས་ཀུན་འཕྲོ་བ། །མཐའ་བྲལ་མཐའ་ཡས་དཔག་པར་དཀའ་བ་དགེ་ལེགས་ཀུན་གྱི་སྟོན་འགྲོ་ཅན། །དམ་ཆོས་འོད་ཟེར་སྣ་ཚོགས་གསལ་བའི་གཟུགས་ཀྱིས་རྨད་བྱུང་ངོ་མཚར་མཐོང་འཚལ་ལོ། །སྐྱོབ་པའི་གསུང་གིས་(༥༦ན)ལེགས་བལྟམས་བདེ་བའི་བསམ་གཏན་ལ་ནི་སེམས་ཆགས་

པ། །གུས་པས་ཙུང་ཟད་བྱིན་ཡང་མཐའ་མས་ཡོན་ཏན་མང་པོ་ཐོས་པར་བྱེད། །ཡེ་ཤེས་སྣང་བས་མུན་པ་ཟད་བྱེད་དགེ་འདུན་བླ་མ་དེ་ལ་ནི། །དང་པོར་དགེ་ལེགས་རྒྱས་པའི་ར་བར་བསོད་ནམས་ཡོངས་འདུ་བསྐྱེད་པར་དད། །འདོམ་གང་ཁོར་ཡུག་འཁོར་བའི་འོད་མདངའ་རྒྱ་བརྟེན་གསལ་བའི་དཀྱིལ་འཁོར་ལ། །རང་གི་འོད་ཟེར་ཕྱོགས་མཐར་འཕྲོ་བ་རྣམས་ཀྱིས་འཛིག་རྟེན་ཀུན་འགེངས་ཤིང་། །ལྷ་དབང་བརྒྱ་བྱིན་ཅོད་པན་གྱིས་བཏུད་ཚངས་པས་ཕྱག་བྱས་གང་ཡིན་པ། །དེ་ཡང་བྱིན་ནས་དགའ་བྱས་སེམས་ཀྱི་དད་པ་ཆེན་པོའི་འབྲས་བུ་ཡིན། །གང་ཡང་འོད་ཟེར་རྣམས་ཀྱིས་མཁའ་ལ་སྐར་མའི་ཚོགས་དག་ཟིལ་མནན་ཅིང་། །ཀུ་མུ་ཏ་ཡི་ཚིང་བུ་རྣམས་སུ་དཔལ་ནི་རབ་ཏུ་རྒྱས་བྱས་ནས། །དཀར་པོ་རྫོགས་པ་བདུད་རྩིའི་དཔལ་ལྡན་མཚན་མོ་ཤིན་ཏུ་རབ་མཛེས་པ། །དེ་ཡང་ངེས་པར་རོ་བྲོ་མང་པོ་བྱིན་པ་ཉིད་ཀྱི་འབྲས་བུ་ཡིན། །བྱ་ལམ་ཡངས་པར་རྟ་ལྗང་གིས་འདྲེན་རླུང་གིས་འཁོར་ལོས་བསྐྱོད་བྱེད་ལ། །རྟ་ཡི་རྐང་ལག་རྣམས་ཀྱིས་དགུ་ཚོགས་ཆུ་བོའི་རླབས་ནི་རྒྱལ་བར་བྱེད། །མུན་པ་བསལ་ནས་ཉི་མས་སྐར་མ་ཟིལ་མནན་ལྷམ་མེར་འདུག་པ་གང་། །དེ་རྒྱུ་ཡིད་ཀྱི་ཏིང་འཛིན་གྱིས་བསྐྱེད་སྦྱིན་པའི་འབྲས་བུར་ཐུབ་པས་གསུངས། །རྒྱལ་མཚན་རྩེར་བཏགས་རིན་ཆེན་འོད་ཀྱི་སྣང་བས་ནམ་མཁའ་དམར་སྒྱུར་ཅིང་། །རྟ་སྐྱིག་དོར་བས་མཁའ་ལ་སྤྲིན་གྱི་འཕྲེང་བ་དག་ཀྱང་དྲལ་བྱེད་ལ། །རྔ་ཡབ་དཀར་པོས་གཡབས་ཤིང་འཁོར་ལོས་བསྒྱུར་བར་འགྲོ་བ་གང་ཡིན་པ། །འདོད་པའི་འབྲས་བུ་དེ་ཡང་སྦྱིན་པས་བསྒྲུབས་ཞེས་ཐུབ་པས་བཀའ་སྩལ་ཏོ། །(༤༨བ)གསེར་སྡོང་བཟང་པོར་ལེགས་བླུགས་རིན་ཆེན་ནལ་གྱི་ཆུ་བོ་ལྟར་དམར་རྒྱུན་ཆང་ནི། །སྲུར་ལེན་སྦྱིན་པའི་དྲི་ཞིམ་མངར་ཞིང་སྣུམ་པའི་རོར་ལྡན་དང་ཞིང་ལྷེམ། །འདྲེན་པའི་འཇུམ་ལྡན་ཟུར་མིག་གཡོ་བ་ཞུན་མར་ཤར་བ་འཐུངས་པ་ཡིས། །མཆོག་ཏུ་དགའ་བསྐྱེད་དེ་ཡི་རྒྱུ་ཡང་སྦྱིན་པ་ཡིན་ཞེས་བློ་གྲོས་དག་པས་གསུངས། ། ༈ དེ་ལྟར་ལགས་པས་བདེ་

བར་གཤེགས་པའི་གསུང་རབ་མཐའ་དག་ཐུགས་སུ་ཆུད་པ། སེམས་དྲི་མ་མེད་པར་དྭངས་ཤིང་ཚུལ་ཁྲིམས་འདྲེན་མ་མ་ཡིན་པ། དགེ་བ་ལ་མཐའ་གཅིག་ཏུ་རྟོགས་པའི་ཟླ་བ་ཤར་བའི་སྟོབས་ཀྱིས་ཏིང་ངེ་འཛིན་གྱི་མཚོ་མཐིང་རྣམ་པར་གཡོ་བའི་རྙོག་པ་དང་བྲལ་བ་དག་ལ། མཐའ་གཉིས་སྤངས་པ་དང་སྐྱོན་མེད་པའི་གཟུགས་མང་པོ་གསལ་བར་མཐོང་བ། འཕགས་ལམ་ཡན་ལག་བརྒྱད་ཀྱི་རི་བོས་ཕྱོགས་བརྟེན་པ། འབྲས་བུའི་བྱེ་བྲག་ཐོབ་པ། བདེན་པ་དང་། ཡང་དག་པའི་སྦྱོང་བ་དང་། རྫུ་འཕྲུལ་གྱི་རྐང་པའི་ཤིང་ལྗོན་པས་མཛེས་པར་བྱས་པ། དྲན་པ་ཉེ་བར་བཞག་པའི་ཆུ་བསིལ་པོ་དང་ལྡན་པ། མངོན་པར་ཤེས་པ་ལྔ་དྲི་མ་མེད་པའི་པདྨ་རྒྱས་པས་མཛེས་པར་བྱས་པ། མདོར་ན་སྦྱངས་པའི་ཡོན་ཏན་གོམས་པ། དག་པའི་ སྨུ་ཏིག་ཉ་ཕྱིས་ཀྱི་ཁོག་ལུས་དང་ལྡན་པ། མངོན་པར་རྟོགས་པའི་ཆོས་ཉིད་གཏིང་མི་དཔོགས་ཤིང་ཟབ་པ། རྒྱུན་མི་འཆད་པར་འཆད་པ་དང་། ཀློག་པ་དང་། ཁ་ཏོན་བྱེད་པའི་སྒྲ་ཆེར་འབྱུང་བ། འཕགས་པ་དགེ་སློང་གི་དགེ་འདུན་གྱི་རྒྱ་མཚོ་ཆེན་པོ་ལ་བདག་གསོལ་བ་ནི། སྲིད་པའི་རྒྱ་མཚོར་འགྲོ་བ་གཅིག་ནས་གཅིག་ཏུ་ཟོ་ཆུན་ཁྲུད་མོ་བཞིན་དུ་འཁོར་ནས་བརྣག་དཀའ་བའི་སྡུག་བསྔལ་མང་པོ་(༢༧ན)སྐྱོང་ཞིང་། ལས་ཀྱི་སྲིན་པོ་མ་རུངས་པ་རྣམས་ཤིན་ཏུ་བསྒྲིམས་ཏེ་འདུག་པ་རྣམས་ལ་སྐྲག་པ་བཞིན་དུ་བདག་གི་སེམས་ནི་སྐད་ཅིག་ཀྱང་མི་སྡོད་པར་འགྲོ་བས་དུབ་པ་བདག་ལ། བསོད་ནམས་ཀྱི་སྐྱེགས་བུ། ཐམས་ཅད་མཁྱེན་པའི་རྐང་འཐུང་གི་གྲིབ་བསིལ་ཡེ་ཤེས་ཀྱི་ཛྷི་ངད་བཟང་པོ་ལྡང་བ་དག་འཚལ་ཏེ། དེ་དག་གི་དོན་དུ་འཕགས་པ་གནས་བརྟན་ཆེན་པོ་དགྲ་བཅོམ་པ་རྣམས་ཐང་ཞེས་བྱ་བའི་ག་བོར་འཕྱོན་པར་ཅི་གནང་། འཕགས་པ་གནས་བརྟན་ཆེན་པོ་རྣམས་ནི་བདག་གི་ཡོན་གནས་སུ་དད་དེ། དེ་ཡང་ཆོས་ཐམས་ཅད་ཐུགས་སུ་ཆུད་པས་རྣམ་པར་སངས་རྒྱས་པའི་སངས་རྒྱས་ཉི་མའི་འོད་ཟེར་གྱིས་གསལ་བར་རེག་པས་ཤེས་རབ་ཀྱི་པདྨ་རྒྱས་པ། པདྨའི་

འབྱུང་གནས་རྣམས་ལ་སྣང་མཛད་ཀྱི་འོད་ཀྱི་ཕྲེང་བ་བྱེ་བྲག་མེད་པར་ཁྱབ་པའི་ཉིད་དེ་འཛིན་གྱིས་ཁྱབ་པར་གང་བ། གཙུག་ཏོར་གྱི་ནང་ནས་ཀུན་ཏུ་འབྱུང་བའི་འོད་ཀྱི་དཀྱིལ་འཁོར་གྱིས་དུས་མཐའི་དཀྱིལ་འཁོར་གྱི་གནས་མ་ལུས་པ་བཀྲ་བར་བྱས་ཤིང་། གནོད་སྦྱིན་གྱི་བདག་པོའི་གཙུག་ཏོར་གྱི་ནོར་བུ་ཆེན་པོས་ཞབས་ཀྱི་སེན་མོ་ལ་འདྲིས་པར་བྱས་ནས་ཆོས་སྟོན་པ། ཞི་བར་གཤེགས་པའི་ལམ་དུ་འདྲེན་པ། འཇིག་རྟེན་འདྲེན་པ། མཉེས་གཤེན་པ། གཉེན་གཅིག་པུ་དག་ནི། མེ་མར་གྱི་ཕྲེང་བ་མཚར་དུ་བཀོད་པའི་འོད་ཀྱིས་གསེར་གྱི་མཆོད་སྡོང་དཀྲིགས་པ་ལྟར་གསལ་བ་ནི། བདག་གི་སེམས་ཤེལ་གྱི་རང་བཞིན་ལ་ངོ་མཚར་བར་ཤར་བ་དེ་ལྟར། རིན་པོ་ཆེའི་ཕོ་བྲང་ཟད་མི་ཤེས་པའི་གཏེར་དང་ལྡན་པའི་གནས་སུ་རྣམ་(༨༧བ)པར་བརྒྱན་པའི་ཁྲི་རྣམས་ལ་འཁོད་པར་འཚལ་ཏེ། དེ་ཡང་། ཉི་མའི་དཀྱིལ་འཁོར་འོག་ཏུ་བསྒྲོད་པའི་འོད་ཀྱིས་འོག་བསྒྲིབས་ཀྱང་། །རིན་ཆེན་འོད་གསལ་ལྷ་དབང་ཅོད་པན་འཕྲོ་བས་མངོན་པར་གསལ། །མཚོ་ལས་ལྡངས་པའི་སྤྲིན་གཞོན་བན་བུན་འགྲོ་འོང་འཇའ་འོད་ཀྱིས། །རྣམ་པར་བཀྲ་བ་དཀྲིས་པའི་སྣང་གཡོགས་མདངས་གསལ་ཅོད་པན་མཛེས། །དཔག་བསམ་ལྗོན་པའི་ཡལ་འདབ་བསིལ་བ་དྲི་ཞིམ་ཉམས་དགའ་བར། །གསེར་གྱི་རྫེ་ལེབ་སྟེང་དུ་ལྷ་མོ་གར་བྱེད་གླུ་ལེན་ཅིང་། །གདུ་བུ་སིལ་སིལ་ཡི་ཞང་གླིང་བུ་སྒྲོགས་པའི་སྒྲ་དག་ལ། །གླང་ཆེན་ཡིད་ཆགས་རྣ་ཕབ་ཟིམ་ཟིར་ཡུར་བ་གནས་པ་ན། །ཆང་འཕྱུར་ལྗོན་པའི་དཔལ་ལས་ནོར་བུ་ལྷུང་བ་གང་ཡིན་པ། །ཕྱུག་སོར་གྱིས་བླངས་ཕོངས་པ་རྣམས་ལ་ཕན་དགོངས་འོད་ཟེར་གྱི། །ཕྲེང་བ་གསལ་པོར་འཛིན་པར་དགྱེས་པ་དེ་དག་སྦྱིན་བདག་ལ། །བསོད་ནམས་ས་བོན་བསྐྱེད་སླད་སེམས་ཅན་དོན་དུ་གཟིགས་སུ་གསོལ། །དུང་དཀྲུགས་དཀྲིགས་པ་ཤེལ་དུམ་འདྲིས་པའི་ཕུང་པོ་ལྟ་བུ་ཡི། །ཀཻ་ལ་ཤ་མཐོ་མགུལ་དུ་སྤྲིན་འཁྲིགས་ཤང་ཤོང་ཁྲད་ཁྲད་སྣང་། །ཨན་རྙིལ་དུ་མ་བཅག་འཕྲོ་འདྲ་བའི་བྱ་སྐྱིབས་ཡངས་པ་ན། །གཅན་

གཟན་དབང་པོ་རལ་པ་འཁྱིལ་པས་སྟོད་བཀབ་དགའ་བར་ཉལ། །མདུན་དུ་མཚོ་འཁྱིལ་ནམ་མཁའ་སར་བབས་བཞིན་དུ་སྔོ་བའི་འགྲམ། །མན་དྷ་ར་བ་སྨིན་པ་རྒྱས་པས་མཐའ་འཁོར་བྱུང་བས་འཛིབ། །ཁྲུང་ཁྲུང་ངང་པ་སྙན་སྒྲོགས་རྨ་བྱ་དགའ་བས་གར་བསྒྱུར་ཞིང་། །སྤང་ཆེན་ངོགས་འཇུག་རྩ་བ་སྤུབ་ནས་བྱུང་བའི་དར་དིར་ཉན། །ལྷ་མིན་གྱིས་བདུད་མིའམ་ཅི་མོས་(༥༨ན)མཆོད་ལ་སེང་གེ་རྩེ། །ནེའུ་གསིང་རི་ལྗོན་སལ་སུམ་མཚོ་འགྲམ་དགྱེས་པ་དེ་དག་དགོངས། །གཞན་ཡང་རིའི་དབང་པོ་ཆུ་འཛིན་འཁྲིགས་པའི་ཁྲོད་ནས་ཐོན་པ། འབྲུག་ཆུ་ལ་འཇུག་ཅིང་རི་ལོགས་ཁྱབ་པར་སྔོ་མེར་གྱིས་བབས་པ་ནི། ཟེ་བ་དང་སྤུ་དག་གཡོ་བས་ཟེ་བུན་བུན་མིག་ཐྲིད་པར་བྱེད་པ་རྒྱ་མཚོ་ལ་ཆུ་བོ་བཞིན་དུ་འདུག་ལ། སྐར་ཡོག་ནས་ལུས་ཆུང་དུར་བསྒྱུར་ཏེ་མཚོ་ལས་ལྡངས་པ་བཞིན་དུ་འོངས་ནས། ཉི་མའི་དཀྱིལ་འཁོར་གྱི་སྙིང་པོ་ལྟར་སྔོ་ཞིང་འབར་བའི་ནོར་བུ་ལ་རྩེ་བཞིན་པ། ཀུ་ཤ་བཅིངས་པའི་ཁྲིའི་འོག་ཏུ་ཉལ་ཞིང་། བར་བར་གྱི་དྲ་མིག་ནས་སྟོད་ཙུང་ཟད་ཐོན་པར་བྱས་ནས་ཤིན་ཏུ་དགའ་བའི་ཡིད་ཀྱིས་མཆོད་པ། སྤྲིན་གྱི་ལྷས་སྤྲིན་གཞོན་ནུ་དཀར་སེར་དུ་བྱས་པའི་འོད་ཀྱི་ཕུང་པོས་རྒྱབ་བརྟེན་པ་གུར་གུམ་གྱི་རྫ་འཛམ་པོ་ལས་བྱུང་བའི་མེ་ཏོག་འབར་བ་དག་ལ་བྱུང་བ་དག་འཛིབ་ཅིང་། ཉམས་བག་དང་ལྡན་པར། ཅིང་ཅིང་ཟེ་རི་རི་ཅིང་ཞེས་སྙན་པར་སྒྲོག་པ། ཡིད་བསམ་གཏན་ལ་གཞོལ་བར་བྱེད་པའི་གནས་དག་ན་སེམས་ཅན་གྱི་དོན་མཛད་ཅིང་དགྱེས་པར་བཞུགས་པ་དག་དང་། གཞན་ཡང་འབར་བྱེད་ཆེན་པོའི་འོད་དམར་བ་དག་གིས་ཡོངས་སུ་ཁྱབ་པར་འགྱུར་ཞིང་འཕྲོ་ལ། འབར་བའི་ཉམས་དང་ལྡན་ཏེ། ཅག་ཆིལ་ཅག་ཆིལ་ཞེས་སྒྲོག་པའི་རླབས་ཀྱི་རིམ་པ་ལས་བྱུང་བ། ལྦུ་བ་འཁྲིགས་པ་ལ་རྟ་གདོང་གི་འོད་ཕོག་པ་དག་ནོར་བུ་པདྨ་རཱ་གར་འཁྲུལ་བ་བསྐྱེད་པ་བཀྲག་གིས་ཏ་ཏུང་གི་མདོག་ལྟར་དམར་བའི་རྒྱ་མཚོ་འཚལ་ཏེ། དེ་ལས་ཚུར་བསྒྲོད་པ་ན་ཀྱེད་མ་ཁའི་འོད་དམར་སེར་དུ་

གྱུར་པ་(༤༨བ)ཕོག་པའི་མདོག་གསེར་གྱི་མདོག་ལྟར་ལྷམ་མེ་ལྷང་ངེར་ཅེར་ཅེར་པོར་འདུག་པ། མེ་ལྕེ་གསེར་གྱི་མྱུ་གུ་ན་བ་དག་ཚར་དུ་དངར་བ་འབར་བ་ལྟ་བུའམ། མེ་མར་གྱི་ཕྲེང་བ་དཀྲིགས་པའི་རྩེ་ལྟར་མདངས་པ། སིལ་སིལ་སྒྲོག་ཅིང་གཡོ་ལ་ལྡེམ་བའི་ཕྲེང་བ་ལ་རིང་པོར་སོང་བའི་མེའི་འོད་ཀྱིས་རེག་པས་ སྲུར་ལེན་གྱི་ཕྲེང་བ་སིལ་མར་དཀྲིགས་པ་འདྲ་ཞིང་། སངས་རྒྱས་ཀྱི་དགེ་འདུན་འཚོགས་པ་ལ་འགྲན་པར་རྫོགས་པ་ནི་གསེར་དུ་སྣང་བའི་རྒྱ་མཚོ་སྟེ། དེ་ལས་ཚུར་བསྒྲོད་པ་ན་མེ་རིའི་འོད་ལས་རིང་དུ་བྱུས་པ་འབར་བྱེད་ཀྱི་གཟུགས་མི་གསལ་བའི་འོད་ཀྱིས་དངུལ་ཆུ་ལྟར་དཀར་ལ་འཚེར་བའམ་ཉི་མའི་དཀྱིལ་འཁོར་གྱི་སྙིང་པོ་ལྟར་གྱུར་པའི་ཆུ་གཡོ་བ་མེད་པ་ནི་ལྷུ་བ་དག་མེད་དེ། སུམ་ཅུ་རྩ་གསུམ་པ་རྣམས་ཀྱི་གཟུགས་པྲ་ཕབ་པའི་མེ་ལོང་ལ་ཤར་བ་བཞིན་དུ་ཡོད་པ་དེ་ནི་དངུལ་དུ་སྣང་བའི་རྒྱ་མཚོ་སྟེ། དེ་ལས་ཚུར་བསྒྲོད་པ་ན་མེ་རིའི་འོད་ལས་རིང་དུ་བྱུས་པས་ཨིནྡྲ་ནཱིལ་གྱི་མདོག་ལྟར་སྔོ་སྐྱར་གྱུར་པ་ནི་ཟབ་པས་སྨུམ་པ་དང་ལྡན་པ། དེ་ལས་ཚུར་བསྒྲོད་པ་ན་བཻ་ཌཱུརྱ་ལྟར་སྔོ་ཞིང་དྭངས་ལ། ཉི་མ་དང་། ཟླ་བ་དང་། དགུ་ཚིགས་དང་། རྒྱུ་སྐར་གྱི་ཚོགས་རྣམས་གསལ་ལ་རང་བཞིན་མེད་པར་འདུག་པ། ནམ་མཁའ་གཉིས་པ་ལྟར་སྔོ་ཞིང་ཆོས་རྣམས་གཟུགས་བརྙན་ཙམ་སྟེ། རྣམ་པར་རྟོག་པའི་རྟེན་འབྲེལ་གྱི་མཚོ་ལ་མཚོན་བྱེད་དུ་སྐྱོབ་པ་དག་གི་མཐུས་བསྒྲུབས་པ་ལྟ་བུ་ཡོད། དེ་ལས་ཀྱང་ཚུར་བསྒྲོད་པ་ན་པྲི་ཡང་ཀུའི་ཚལ། མེ་ཏོག་གི་མགོ་ལྷོགས་དང་། སྙེ་མ་རྣམས་བསེར་བུས་བསྐྱོད་པས་གཡུར་ཟ་ཞིང་ལྡེམ་པའི་དྲི་བསུང་གིས་ཡིད་གསལ་(༤༩ན)བར་བྱེད་ལ། ཀླུའི་རྒྱལ་པོའི་གདེངས་ཀས་བསིལ་གྲིབ་བྱེད་ཅིང་། ལྗོ་འཕྲེ་རྣམས་བསྒྲིགས་པའི་གཙུག་གི་ནོར་བུའི་འོད་ཀྱིས་ཞབས་ཀྱི་པདྨ་གསལ་བར་བཀྲ་ལ། མེ་ཏོག་སིལ་མས་མདངས་པར་གཏོར་བས་ཕྱོགས་ཀུན་ཁྱབ་པར་མཛེས་ཤིང་། དགེ་འདུན་གྱི་ཆོས་གོས་ངུར་སྨྲིག་གི་མདོག་གི་འོད་ཀྱིས་རྒྱ་མཚོ་ལ་ཐུན་མཚམས་ཀྱི་དམར་བ་ལྟ་བུར

ཤར་བ་དེ་དག་ཏུ་བཞུགས་པ་རྣམས་དང་། ཙན་དན་དང་། ཨ་ག་རུ་དང་། ན་གི་དང་། ལི་ཤི་དང་། ཛཱ་ཏི་ལ་སོགས་པ་ཤིང་གི་ཚལ་མེ་ཏོག་གི་ཡོལ་བུ་བྱས་ཤིང་། མངར་བ་དང་སྐྱུར་བ་དང་བསྐ་བ་འདྲེ་བའི་རོ་བཅུད་མཆོག་དང་ལྡན་པ། བིམ་པ་ལྟར་དམར་བ་དང་། ཛི་གོ་བ་དང་། ཛབ་ཧྲི་ཀ་ལ་སོགས་པའི་འབྲས་བུ་བཟང་པོ་རྣམས་ཀྱིས་བརྗིད་པའི་ཀང་འཕྲུང་གི་ཡལ་ག་ལ་ནེ་ཙོ་རྩེ་ཞིང་སྙན་པར་སྨྲ་བ་དག་འདབ་མ་དང་འདྲེས་པར་གནས་པ། སྲུ་དང་སྲེའུ་རྩེ་ཞིང་གར་བྱེད་ཅིང་བག་དང་ལྡན་པ། གཅིག་ཏུ་མཁྲེགས་པའི་རྡོ་ལས་སྐྱེས་པའི་བྱུ་རུའི་སྡོང་པོ་ཟེང་སེ་འདུག་པའི་ཁྲོད་དུ་ལྷུམ་བུ་གསར་པ་དག་ཟ་ཞིང་འཕོད་པའི་ཅང་ཤེས་པའི་བ་འོད་འབར་བ་ཁྲོ་དང་བཅས་ཏེ་བེའུ་བསྐྱུན་པ། ལ་ལར་སྨྱང་ཆེན་འགྲོ་བའི་ལམ་གྱི་བྱུ་རུའི་སྡོང་པོ་རྣམས་སྣས་བསྐྱིལ་ཏེ་ཆལ་ཆོལ་དུ་འདུག་པ། ཉི་མའི་འོད་ཟེར་གྱིས་དྲངས་པའི་དབང་གིས་མཚོ་དང་ལྡན་པའི་བྲག་ཕུག་དག་ན། མུ་ཏིག་གིས་གང་བའི་ཉ་ཕྱིས་ཁ་བྱེ་བ་རྣམས་བླངས་ནས་ཁ་རུ་ཐོགས་ཏེ་འོངས་པས་མཆིང་བུ་ལྟར་གནག་པའི་རི་མོ་གྲིས་པའི་སྣ་ལ་ཕབ་སྟེ་འབུལ་བར་བྱེད་ལ། (༤༠བ)ཨ་ག་རུའི་སྡོང་པོའི་བསིལ་གྲིབ་ལ་བསྙེགས་ཏེ་བཞུགས་པར་དགྲེས་པ་དེ་དག་དང་ནུབ་བ་ལང་སྤྱོད་དང་། བྱང་སྒྲ་མི་སྙན་དང་། ཤར་ལུས་འཕགས་པོ་དང་། ཁོད་སྙོམ་པའི་ས་གཞི་ལ་སྤུམ་ཞིང་དྲང་ལ་ལོ་འདབ་ཆགས་པའི་ལྗོན་པ་དང་། མཚོ་ཕྲན་དང་། མཚེའུ་ཆལ་ཆིལ་དུ་ཡོད་པ། ཀུ་ཤ་དང་། པྲི་ཡང་ཀུ་དང་། གུར་ཀུམ་ལ་སོགས་པའི་ནེའུ་གསིང་གི་སྟེང་དུ་ཞབས་རྗེན་མར་རྒྱུ་ལ། གསེར་གྱི་བྱེ་མ་བཀྲ་བཀྲི་ཀྱུ་ཀྱུར་འདུག་པ། མཚོ་ལས་མཆིས་པའི་ནོར་བུ་འཛིན་པ་ཉི་མ་དང་མཚོའི་འོད་ཀྱིས་འབར་བར་བྱས་པའི་རླངས་པ་འཕྲོ་བ་ལ་སློག་རྒྱུ་འདྲེས་པ་ནི་རིང་པོ་ནས་ལྷའི་འགྲོ་བ་ཅི་རིགས་པར་མངོན་པ་རྣམས་སུ། གླིང་དེ་དང་དེ་དག་གི་སེམས་ཅན་གྱི་དོན་དུ་བཞུགས་པ་གང་དག་དང་། གཞན་ཡང་དེ་ཁོ་ན་ཉིད་གོམས་པར་བརྟན་པ། བག་ལ་ཉལ་གྱི་རབ་རིབ་སེལ་བའི་

ཡེ་ཤེས་དང་ལྡན་པ། འབྱུང་བ་ལྔའི་རྒྱུ་བ་མ་འཁྲུགས་པའི་འཇའ་ཚོན་ལ་རྗེས་སུ་ལྡན་པར་མཁས་པ། མ་རིག་པའི་ལིང་ཏོག་བསལ་བ། དཔའ་བར་འགྲོ་བའི་ཏིང་ངེ་འཛིན་གྱི་མཐུ་ཐོབ་པ། སྒྱུ་མ་ལྟ་བུའི་ཏིང་ངེ་འཛིན་ལ་སྦྱངས་པས། གླིང་གཞི་དང་། མདོ་དང་། འདུལ་བ་དང་། ཆོས་མངོན་པ་དང་། སྐྱེས་རབས་དང་། ཚིགས་སུ་བཅད་པ་དང་། རྟོགས་པ་བརྗོད་པ་དང་། དེ་ལྟ་བུ་བྱུང་བ་དང་། གཏན་ལ་དབབ་པའི་ཆོས་ལ་མཁས་པ། དགེ་སྡིག་གི་དབྱེ་བ་འབྱེད་པ་ལ་བརྩོན་པ། རྒྱལ་པོའི་བྱ་བ་ལ་ཆིངས་སྟོན་པར་ནུས་པ། མཆོད་གནས་ཀྱི་གསེར་ལྟ་བུའི་རྒྱུར་གསུང་རབ་སྒྲོན་མར་གྱུར་པ་རྣམས་ནམ་མཁའ་ལ་ཆོས་གོས་ཀྱིས་གཡོག་པ་(༥༠ན)མཛད་དེ་བསྐྱོད་པའི་རླུང་གིས་སྤྲིན་བྲལ་བར་བྱེད་པ་རྣམས་དང་། ཏིང་ངེ་འཛིན་གྱི་སྟོབས་ཀྱིས་སྐྱིལ་མོ་ཀྲུང་གིས་བར་སྣང་ལ་འགྲོན་པ་རྣམས་དང་། གློག་གི་འོད་ལྟར་འཁྱུགས་པ་རྣམས་དང་། རྒྱ་མཚོ་ལས་གྱེན་དུ་བྱེའུ་ཟླུལ་དུ་འཕུར་ཀྱང་ཆོས་གོས་ལ་ཆུ་མི་གོས་པར་འགྲོན་པ་རྣམས་དང་། རིའི་རྒྱལ་པོ་རི་རབ་ལ་ཐོགས་པ་མེད་པར་ཐལ་བྱུང་དུ་འགྲོན་པ་རྣམས་དང་། གནོད་སྦྱིན་གྱི་སྡེ་དཔོན་རྣམས་དང་སྲིན་པོ་དང་ཀླུ་ལ་སོགས་པ་རྣམས་ཀྱིས་ཆོས་གོས་ཀྱི་གྲྭ་བཞི་ནས་བཏེག་སྟེ། གཟི་བརྗིད་ཀྱིས་ཉི་མ་སྟོང་མཐོང་བར་བྱེད་པ་དེ་དག །སྟོན་སངས་རྒྱས་ཀྱི་ཡོན་བདག་མ་སྐྱེས་དགྲ་དང་གཏུམ་པོ་རབ་སྣང་ལ་སོགས་པ་བསྟན་པ་ལ་དབང་བའི་སྦྱིན་པ་ལས་བྱུང་བའི་ལེགས་པར་སྤྱད་པའི་རྗེས་སུ་སློབ་པ། ཐང་གི་རིགས་མོས་པ་ཕྱིར་མི་གཞོལ་བའི་སྐད་དུ། ངོ་མོད་ཀྱི་མཚན་མོ་ཟད་པར་མཛད་ལ། གདུགས་ཀྱི་དང་པོ་ལ་ཅི་བདེ་བར་འདིར་འཁོད་པར་མཛོད་ཅིག །དེའི་དོན་དུ་ཧྭ་ཤང་མངགས་པ་ཡིན། ཞེས་སྤྲིན་འདྲེན་བཏང་ངོ་། །དེ་ལྟར་རྒྱལ་པོས་གསོལ་བ་བཏབ་ནས་སྤྲིན་དྲངས་པས། མཆུ་སྟོད་ཀྱི་ཟླ་བའི་ཚེས་བཅུ་གསུམ་གྱི་དུས་སུ་རྒྱ་བན་སླུག་ཆས་ཅན་དུ་བྱོན་ནས་དབྱར་གནས་མཛད། རྒྱལ་པོས་ཁང་པ་བཅུ་དྲུག་བརྩིགས་ནས་བཞུགས་པའི་

དུས་སུ། རྒྱལ་པོ་འཁོར་དང་བཅས་པ་དང་། ཡུལ་དེའི་སྐྱེ་བོ་ཐམས་ཅད་ཀྱིས་དར་དང་གོས་ཆེན་ལ་སོགས་པའི་ན་བཟའ་མང་པོ་ཕུལ་བ་རྣམས་ལྷབ་ལྷུབ་ཏུ་གསོལ་བས་དགྲ་བཅོམ་པ་ཡོངས་སྐུའི་ཆ་བྱད་ལྟ་བུར་གྱུར། གནས་བརྟན་རྣམས་དབྱར་དེར་བཞུགས་རིང་སྡེ་སྣོད་གསུམ་གྱི་ཆོས་མང་དུ་(༥༠བ)གསུངས་ཤིང་། ལྷག་པར་གནས་བརྟན་ལུང་བསྟན་པའི་མདོ་སྡེ་གསུངས་པས། ཐེག་པ་ཆེན་པོའི་ཆོས་ཤིན་ཏུ་དར་བར་གྱུར་ཏོ། །དེའི་དུས་སུ་གནས་བརྟན་རྣམས་ཉིན་རེ་བཞིན་ཧ་ལ་ཤན་གྱི་རི་ལ་བྱོན། དགེ་བསྙེན་ཧྭ་ཤང་ཧ་ལ་ཕྱག་བདར་ལ་སོགས་པ་མཛད་པའི་དུས་ན་སྲོག་ཆགས་གདུག་པ་ཅན་མ་ཧུངས་པས་འཆི་བ་ན། བུས་མོ་གཡས་ལས་སྟག་སྤྲུལ་ནས་དེ་རྣམས་དེད་ཅིང་གནས་བརྟན་འཁོར་དང་བཅས་པ་ལ་སྲོག་ཆགས་གདུག་པ་ཅན་གྱི་འཆི་བ་སྲུང་བར་བྱེད། ཉིན་རེ་བཞིན་སངས་རྒྱས་སྣང་བ་མཐའ་ཡས་ཀྱིན་གསེབ་ནས་མདུན་གྱི་ནམ་མཁའ་ལ་སྤྲུན་དྲངས་ཤིང་བཞུགས་པ་ཡིན་པར་གསུངས་ཏེ། དོན་དུ་ན་དགེ་བསྙེན་ཧྭ་ཤང་ཧ་ལ་འདི་འཕགས་པ་སྤྱན་རས་གཟིགས་ཀྱི་སྤྲུལ་པ་ཡིན་པས། སངས་རྒྱས་སྣང་བ་མཐའ་ཡས་ཀྱི་སྐུའི་སྣང་བ་དུས་ནམ་ཡང་མི་འབྲལ་བར་བཞུགས་པའོ། །དགག་དབྱེ་ཐོན་ནས་ཀྱང་རྒྱལ་པོས་བཞུགས་པར་ཞུས་པས་མ་གནང་། རྒྱལ་པོའི་ཞལ་ནས་ང་ཆོས་རྒྱལ་ཡིན་པས་གནས་བརྟན་བཅུ་དྲུག་སྤྱན་དྲངས་ནས་དབྱར་བཞུགས་པ་ཡིན། ཁྱེད་རྣམས་ཆོས་སྐྱོང་བའི་བློན་པོ་ཡིན་ན་སྟོན་བཞུགས་པར་གསོལ་བ་ཐོབ་གསུངས་པས། བློན་པོ་རྣམས་ཀྱིས་དེ་ལྟར་གསོལ་བ་བཏབ་པས། གནས་བརྟན་རྣམས་ཀྱིས་ངེད་ཅག་གླིང་གཞན་དུ་སེམས་ཅན་གྱི་དོན་བྱེད་དུ་འགྲོ་དགོས་པས་བསྟད་པའི་སྐབས་མེད་ཀྱི་སྐུ་འབག་རེ་བཞེངས་ཤིག་དང་། དེས་སེམས་ཅན་གྱི་དོན་དུ་འགྱུར་གྱི་གསུངས། དེར་རྒྱལ་པོས་ཁང་པ་རེར་སྐུ་འབག་རེ་བཞེངས་ནས་མཆོད་གནས་སུ་བཞུགས། དེ་ནས་ལོ་ལྔ་ལོན་(༥༧ན)པ་ན་སངས་རྒྱས་དགུང་ལོ་བཅུ་གཉིས་པའི་ཚད་དུ་བཞེངས་པའི་སྐུ་དེ་ཡང་

ཕྱིན། མངའ་ཐང་ཆེས་ཆེར་འཕེལ་ཏེ། རྒྱ་ནག་པོ་མངའ་ཐང་དང་ལོངས་སྤྱོད་ཆེ་བ་ཡང་གནས་བརྟན་ཆེན་པོ་འདི་རྣམས་ཀྱིས་ཞབས་ཀྱིས་བཅགས་ཤིང་བཞུགས་པའི་བྱིན་རླབས་ཡིན་པར་གྲགས་ཤིང་། གོང་མའི་རྒྱལ་ཁབ་ཆེན་པོ་ད་ལྟའི་བར་དུ་མངའ་ཐང་མཐོ་ཞིང་ལོངས་སྤྱོད་རྒྱས་པ་དང་སངས་རྒྱས་ཀྱི་བསྟན་པ་ཆེས་ཆེར་འཕེལ་ཞིང་རྒྱས་པ་འདི་གནས་བརྟན་ཆེན་པོ་བཅུ་དྲུག་པོ་འདིའི་བྱིན་རླབས་ཀྱི་མཐུ་ཡིན་པར་སྔོན་གྱི་དམ་པ་གོང་མ་རྣམས་མཐུན་པར་གསུང་ངོ་། །

ཀ༣ བོད་དུ་བྱོན་ནས་བསྟན་པ་རྒྱ་ཆེར་སྤེལ་བར་མཛད་ཚུལ།

གསུམ་པ་བོད་དུ་བྱོན་ནས་བསྟན་པ་རྒྱ་ཆེར་སྤེལ་བར་མཛད་ཚུལ་ནི། སྤྱིར་ན་འཛམ་བུའི་གླིང་དུ་སངས་རྒྱས་ཀྱི་བསྟན་པ་གང་དང་གང་དུ་དར་བ་དེ་དང་དེར་གནས་བརྟན་ཆེན་པོ་འདི་དག་བྱོན་ནས་དགེ་འདུན་གྱི་སྡེ་འཕེལ་བར་མཛད་པ་དང་། འདུལ་ཁྲིམས་རྣམ་པར་དག་པར་མཛད་པ་དང་། ཚུལ་ཁྲིམས་རྣམ་པར་དག་པ་གཞིར་བཟུང་ནས་ཐེག་པ་གསུམ་གྱི་ལུང་རྟོགས་ཀྱི་ཡོན་ཏན་ཐམས་ཅད་ཆེས་ཆེར་འཕེལ་བར་མཛད་པ་ཡིན་ལ། ལྷག་པར་བོད་ཁ་བ་ཅན་འདི་སྔོན་སྟོན་པ་ཐུགས་རྗེ་ཅན་ཤཱཀྱའི་རྒྱལ་པོས་དངོས་སུ་འདུལ་བར་མ་ནུས་པར་འཕགས་པ་སྤྱན་རས་གཟིགས་ཀྱི་གདུལ་ཞིང་དུ་བྱིན་གྱིས་བརླབས། སྤྱིར་འཛམ་གླིང་ཡོངས་ཀྱི་ཆུ་འགོ། ཁྱད་པར་བོད་ཁ་བ་ཅན་གྱི་ཡུལ་གྱི་ཆུ་ཀླུང་ཐམས་ཅད་ཀྱི་འགོ་གངས་རི་ཆེན་པོ་ཏི་སེ་དང་། མ་དྲོས་པའི་མཚོ་ཆེན་པོ་དང་། སྤོས་ངད་ལྡང་གི་རི་རྣམས་ལ་ཐུབ་པ་ཆེན་པོ་འཁོར་དགྲ་བཅོམ་པ་ལྔ་བརྒྱའི་ཚོགས་དང་ལྷན་ཅིག་ཏུ་བྱོན་ནས་བྱང་ཕྱོགས་ཀྱི་རྒྱུད་འདིར་སངས་རྒྱས(༥༧བ)ཀྱི་བསྟན་པ་མྱུར་དུ་དར་བར་འགྱུར་བར་བྱིན་གྱིས་བརླབས། སྟོན་པ་ནི་པ་ལའི་ཡུལ་དུ་བྱོན་པའི་ཚེ་ཡང་རང་བྱུང་གི་མཆོད་རྟེན་དུ་གྲགས་པ་མཆོད་རྟེན་གོ་མ་ས་ལ་གནྡྷའི་བྱང་རི་འབིགས་བྱེད་རི་བོའི་རྩེ་མོར་

ཞལ་བྱང་ཕྱོགས་ཁ་བ་ཅན་ལ་གཟིགས་ཏེ་སླང་ཏུ་ལུང་བསྟན་གསུང་བའི་ཚེ་བྱང་ཕྱོགས་བོད་ཡུལ་དུ་སངས་རྒྱས་ཀྱི་བསྟན་པ་རྒྱ་ཆེར་དར་བར་ལུང་བསྟན། རྒྱལ་བ་མྱ་ངན་ལས་འདའ་ཚུལ་སྟོན་པའི་ཚེ་ཡང་དབུ་བྱང་ཕྱོགས་སུ་བསྟན་ཏེ་བྱང་ཕྱོགས་ཁ་བ་ཅན་གྱི་ལྗོངས་འདིར་སངས་རྒྱས་ཀྱི་བསྟན་པ་ཆེས་ཆེར་དར་བའི་རྟེན་འབྲེལ་བསྒྲིག་པར་མཛད་དོ། །ཤེར་ཕྱིན་གྱི་མདོ་སྡེ་རིན་པོ་ཆེ་གསུང་བའི་ཚེ་ཡང་རྒྱལ་བའི་བསྟན་པ་བྱང་ནས་བྱང་དུ་དར་བར་ལུང་བསྟན་ཅིང་། ཤེར་ཕྱིན་གྱི་མདོ་སྡེ་རིན་པོ་ཆེ་འཛིན་པའི་དགེ་སློང་བྱང་ཆུབ་སེམས་དཔའ་སྙིང་རྗེ་ཆེན་པོ་དང་ལྡན་པ་བརྒྱ་ཕྲག་མང་པོ་སྟོང་ཕྲག་མང་པོ་འབྱུང་བར་ལུང་བསྟན། བྱང་ཕྱོགས་སུ་རྒྱལ་བའི་བསྟན་པ་དར་བ་དེ་ཡང་བྱང་ནས་བྱང་དུ་དར་བར་ལུང་བསྟན་ཏེ། རྒྱལ་བ་དུས་གསུམ་གསལ་བར་གཟིགས་པ་མཁྱེན་པ་བསྒྲིབས་པ་མེད་པ་བཀའ་མི་འགྱུར་བས་ཇི་ལྟར་ཞལ་གྱིས་བཞེས་པ་དེ་ལྟར། གངས་རིའི་མགོན་པོ་འཕགས་མཆོག་སྤྱན་རས་གཟིགས་མི་རྗེའི་རྣམ་པར་ཕྱོན་པ་ཆོས་ཀྱི་རྒྱལ་པོ་སྲོང་བཙན་སྒམ་པོ་ནས་བཟུང་ཐུགས་རྗེ་ཆེན་པོའི་སྤྲུལ་པ་སྣ་ཚོགས་པས་གངས་རིའི་ཁྲོད་འདིར་སངས་རྒྱས་ཀྱི་བསྟན་པ་རིམ་གྱིས་དར་བར་མཛད། ཆོས་རྒྱལ་ཁྲི་སྲོང་ལྡེ་བཙན་གྱི་སྐུ་རིང་ལ་མཁན་ཆེན་པོ་ཧྭ་ཤང་སྤྱན་དྲངས་ནས་གནས་བརྟན་ཆེན་པོ་སྦྲ་གཅན་འཛིན་ནས་བརྒྱུད་པའི་(༥༢ན)མཁན་བརྒྱུད་དར་བར་བྱས་ཏེ་གཞི་ཐམས་ཅད་ཡོད་པར་སྨྲ་བའི་ལུགས་ཀྱི་འདུལ་ཁྲིམས་ཆེས་ཆེར་སྤེལ་བར་མཛད། དེ་ནས་ཇོ་བོ་རྗེ་དཔལ་ལྡན་ཨ་ཏི་ཤ་བོད་དུ་ཕེབས་དུས། ཇོ་བོའི་འཁོར་པཎྜི་ཏ་ཞིག་གིས་གནས་བརྟན་བཅུ་དྲུག་གི་མཆོད་པའི་ཆོ་ག་དང་། རྗེས་སུ་གནང་བའི་བྱིན་རླབས་ཀྱི་རྒྱུན་སྤེལ་ཏེ་དར་བར་མཛད། ཇོ་བོ་ཆེན་པོས་ཀྱང་གནས་བརྟན་ཆེན་པོ་འདི་དག་དང་རྗེ་བཙུན་མ་སྒྲོལ་མ་ལ་གསོལ་བ་རྩེ་གཅིག་ཏུ་བཏབ་སྟེ་སངས་རྒྱས་ཀྱི་བསྟན་པ་ལ་བྱ་བ་རྒྱ་ཆེར་མཛད། གནས་བརྟན་ཆེན་པོ་འདི་དག་གི་བྲིས་སྐུ་རྒྱ་གར་ལུགས་བཞིན་ཚོས་གོས་

རྣམ་གསུམ་བཞེས་པ་ཤ་སྟག་དར་བར་མཛད་དེ་སྔོན་དུས་བཀའ་གདམས་གོང་མའི་སྐབས་བྲིས་སྐུ་དེ་བཞིན་དར་བར་བྱུང་བ་ལ་ད་ལྟར་ཡང་དེའི་རྒྱུན་གྱི་བྲིས་སྐུ་ཁ་ཡར་སྣང་ངོ་། །རྒྱ་ནག་ཏུ་བྱོན་པའི་གནས་བརྟན་རྣམས་ཀྱི་སྐུའི་སྣང་བརྙན་བོད་དུ་བྱོན་ཚུལ་ནི་ཀླུ་མེས་འབྲོམ་ཆུང་བས་རྒྱ་ནག་ཏུ་ཕྱིན་ཏེ་བཞུགས་ཁང་གི་སྐུ་ལ་དཔེ་བླངས་ནས་སངས་རྒྱས་ཤཱཀྱ་ཐུབ་པ་དང་། གནས་བརྟན་བཅུ་དྲུག་དང་། དྷརྨ་ཏ་ལ་དང་བཅོ་བརྒྱད་ཐང་ག་རེ་རེ་སྐུ་རེ་བྲིས་ནས་སྤྱན་དྲངས་པ་ཡིན་ལ། ལྷ་བཟོ་བས་ཀྱང་ཉིན་རེ་ལ་རེ་རེ་ཚར་ཞེས་འབྱུང་ངོ་། །དེ་ལྟ་བུའི་བྲིས་སྐུ་བྱིན་རླབས་ཅན་དེ་ཡེར་པར་བཞུགས། དགེ་བའི་བཤེས་གཉེན་སེ་སྤྱིལ་བུ་བས་དེ་ལ་མ་ཕྱི་བྱས་ནས་ཐུབ་དབང་གནས་བརྟན་བཅུ་དྲུག་དང་བཅས་པའི་སྐུ་གསར་དུ་བཞེངས། དེ་ནས་རིམ་གྱིས་འཕེལ་ཏེ་ཁ་བ་ཅན་(༥༢༢)གྱི་ལྗོངས་ཐམས་ཅད་དུ་བྲིས་འབུར་གྱི་སྐུ་ཤིན་ཏུ་དར་བར་གྱུར་ཏོ། །དགེ་བཤེས་སེ་སྤྱིལ་བུ་བའི་ཞལ་ནས་གནས་བརྟན་འདི་རྣམས་བྱིན་རླབས་ཤིན་ཏུ་ཆེ་བར་འདུག །ང་ཡང་འདི་རྣམས་བཞིན་དུ་མགོ་སེ་ཡེ་རེ་བའི་བར་དུ་ཐུབ་པར་འདུག་གསུང་སྔོན་དུས་སྣར་ཐང་དུའང་གནས་བརྟན་ཆེན་པོ་འདི་དག་དངོས་སུ་བྱོན་ནས་བྱིན་གྱིས་བརླབས་པའི་ལོ་རྒྱུས་སྣང་ཞིང་། ཇོ་བོ་རྗེ་བོད་དུ་འབྱོན་དུས་སྣར་ཐང་གི་ཐད་དུ་ཕེབས་པ་ན་ས་འདིར་གནས་བརྟན་གྱི་སྤྲུལ་པ་འབྱུང་ཞེས་ལུང་བསྟན། ཇི་ལྟར་ལུང་བསྟན་པ་ལྟར་གནས་བརྟན་ཆེན་པོ་འདི་དག་གི་བྱིན་རླབས་ཀྱིས་སྣར་ཐང་དུ་ཐོག་མར་དགེ་སློང་བཞི་སྡེ་ཚགས་པ་ནས་ཇེ་འཕེལ་ཇེ་འཕེལ་དུ་སོང་སྟེ། སྔོན་དུས་དགེ་འདུན་སུམ་སྟོང་ལྷག་ཙམ་འདུས་ཞེས་གྲག་གོ། །བོད་འདིར་གནས་བརྟན་གྱི་སྤྲུལ་པ་མང་དུ་བྱོན་པའི་ལོ་རྒྱུས་སྣང་སྟེ། དགེ་བའི་བཤེས་གཉེན་པོ་ཏོ་བ་ཆེན་པོ་ཡང་གནས་བརྟན་ཆེན་པོ་ཡན་ལག་འབྱུང་གི་སྤྲུལ་པ་ཡིན་པར་གྲགས་པ་སོགས་སྔོན་གྱི་དམ་པ་རྣམས་ཀྱི་རྣམ་ཐར་ལས་གནས་བརྟན་གྱི་སྤྲུལ་པ་བྱོན་ཚུལ་མང་དུ་འབྱུང་བ་ལྟར་རོ། །

གསུམ་པ། གནས་བརྟན་བཅུ་དྲུག་པོ་སོ་སོའི་རྟོགས་བརྗོད་རྒྱས་པར་བཤད་པ།

ཀ༡ གནས་བརྟན་ཆེན་པོ་འདི་དག་ཡུལ་གང་དང་གང་དུ་འཁྲུངས་པ་སོགས་སོ་སོའི་རྣམ་ཐར་རྒྱས་པར་བཤད་པ།

གསུམ་པ་གནས་བརྟན་བཅུ་དྲུག་པོ་སོ་སོའི་རྟོགས་བརྗོད་རྒྱས་པར་བཤད་པ་ལ་གསུམ། གནས་བརྟན་ཆེན་པོ་འདི་དག་ཡུལ་གང་དང་གང་དུ་འཁྲུངས་པ་སོགས་སོ་སོའི་རྣམ་ཐར་རྒྱས་པར་བཤད་པ། སོ་སོའི་ཕྱག་མཚན་གྱི་དགོས་པ་བྱེ་བྲག་ཏུ་བཤད་པ། གནས་གང་དང་གང་དུ་བཞུགས་པའི་ཚུལ་བཤད་པའོ། །

དང་པོ་ནི། གནས་བརྟན་བཅུ་དྲུག་པོ་འདི་དག་ངེས་པའི་དོན་དུ་ནི། སངས་རྒྱས་སྤྲུལ་པ་དགྲ་བཅོམ་(པཧན)འཕགས་པའི་ཚོགས། །འགྲོ་བའི་དོན་དུ་བསྟན་པ་སྐྱོང་མཛད་པ། །དཀོན་མཆོག་གསུམ་དངོས་གནས་བརྟན་བཅུ་དྲུག་གིས། །བསྟན་པ་ཡུན་རིང་གནས་པར་བྱིན་གྱིས་རློབས། །ཞེས་སྤྱངས་རྟོགས་མཐར་ཕྱིན་པའི་སངས་རྒྱས་སུ་གསུངས་པ་ལྟར་གནས་བརྟན་བཅུ་དྲུག་པོ་ཐམས་ཅད་སྤྱངས་རྟོགས་མཐར་ཕྱིན་ཏེ་སྟོབས་བཅུ་དང་། མི་འཇིགས་པ་བཞི་དང་། སངས་རྒྱས་ཀྱི་ཆོས་མ་འདྲེས་པ་བཅོ་བརྒྱད་དང་། རྣམ་པ་ཐམས་ཅད་མཁྱེན་པའི་ཡེ་ཤེས་མངའ་བ་ཞིག་ཡིན་པས་ཡོན་ཏན་ཆེ་ཆུང་མེད་ཅིང་། རྟོགས་པ་མཐོ་དམའ་མེད་པར་བསམ་གྱིས་མི་ཁྱབ་པའི་རྣམ་པར་ཐར་པ་དང་ལྡན་པ་ཞིག་ཡིན་ལ། ཐུན་མོང་བ་ལྟར་ན་འང་འདི་དག་ཐམས་ཅད་དགྲ་བཅོམ་པ། ཟག་པ་ཟད་པ། བྱ་བ་བྱས་པ། ཁུར་བོར་བ། ནམ་མཁའ་དང་ལག་མཐིལ་དུ་མཉམ་པ་དང་། གསེར་དང་བོང་བ་མཉམ་པའི་ཐུགས་མངའ་བ། རྣམ་ཐར་བརྒྱད་ལ་དབང་འབྱོར་བ་ཞིག་ཡིན་པས་བདག་ཉིད་ཆེན་པོ་འདི་དག་ལ་མཐོ་དམའ་གང་ཡང་མེད་དོ། །དེས་ན་མཚོན་ཅིང་གསོལ་བ་གདབ་པའི་ཚེ་གོ་རིམ་ཇི་ལྟར་བྱས་ཀྱང་འགལ་བ་མེད་མོད། བགྲེས་གཞོན་གྱི་གོ་རིམ་བྱས

ན་ཐམས་ཅད་ཀྱི་ནང་ནས་གནས་བརྟན་བ་ཀུ་ལ་བགྲེས་ཏེ། འདི་ནི་སྟོན་པ་འཇིག་རྟེན་འདིར་བྱོན་པའི་ཚེ་ལོ་མང་དུ་ལོན་པ་ཡིན་པར་གསུངས་ཏེ། དེའི་ཚུལ་ནི་འོག་ཏུ་འདིའི་རྣམ་ཐར་གྱི་སྐབས་སུ་འཆད་དོ། །རིགས་ཀྱི་དབང་དུ་བྱས་ན་གནས་བརྟན་སྒྲ་གཅན་འཛིན་རིགས་མཐོ་བ་ཡིན་ཏེ། གནས་བརྟན་སྒྲ་གཅན་འཛིན་འདི་ནི་རྒྱལ་པོ་མང་པོས་བཀུར་བའི་(༥༣བ)གདུང་རྒྱུད་དྲི་མ་མེད་པ་ཡིན་པ་ནི་འདིའི་རྣམ་ཐར་གྱི་སྐབས་སུ་འཆད་དོ། །དོན་དེའི་ཕྱིར་སྔོན་གྱི་དམ་པ་འགའ་ཞིག་གིས་གནས་བརྟན་བཅུ་དྲུག་གི་རྟོགས་པ་བརྗོད་པའི་ཚེ། གནས་བརྟན་སྒྲ་གཅན་འཛིན་ནས་འགོ་བཙམས་ཏེ་བརྗོད་པར་མཛད་སྣང་ངོ་། །དེ་ལྟར་གོ་རིམ་གང་བྱས་ཀྱང་ཁྱད་མེད་མོད་ཀྱང་། དེང་སང་དབུས་གཙང་གི་གྲྭ་ས་ཆེན་པོ་ཕལ་ཆེར་དུ་འཕགས་པ་ཡན་ལག་འབྱུང་ནས་འགོ་བཙམས་ཏེ་གནས་བརྟན་ཕྱག་མཆོད་མཛད་རྒྱུན་དར་བ་ལྟར་གོ་རིམ་འདི་ལྟར་དུ་སོ་སོའི་རྣམ་ཐར་བརྗོད་ན་བློ་ལ་འཆར་བདེ་ཆེད་འདིར་དེ་བཞིན་དུ་བརྗོད་པར་བྱའོ། །

ཁ༧ གནས་བརྟན་ཆེན་པོ་ཡན་ལག་འབྱུང་གི་རྟོགས་པ་བརྗོད་པ།

དེ་ལ། དང་པོ་གནས་བརྟན་ཆེན་པོ་ཡན་ལག་འབྱུང་གི་རྟོགས་པ་བརྗོད་པ་ནི། གནས་བརྟན་ཆེན་པོ་འདི་གང་དུ་འཁྲུངས་པའི་ཡུལ་ནི་འདུལ་བ་མེ་ཏོག་ཕྲེང་རྒྱུད་ལས། མཉན་ཡོད་གནས་བཅས་ཙམ་པ་ཀ །ཝཱ་ར་ཎ་སི་ཡངས་པ་ཅན། །རྒྱལ་པོའི་ཁབ་ནི་དྲུག་པ་སྟེ། །འདི་དག་གྲོང་ཁྱེར་ཆེན་པོར་གྲགས། །ཞེས་གསུངས་པ་ལྟར་རྒྱ་གར་གྱི་ཡུལ་དབུས་ན་གྲོང་ཁྱེར་ཆེན་པོ་དྲུག་ཡོད་པའི་ནང་ནས་རྒྱལ་པོའི་ཁབ་སྟེ། རྒྱལ་པོའི་ཁབ་དེ་ན་ཁྱིམ་བདག་རབ་ཏུ་བཟང་པོ་ཞེས་བྱ་བ་ཕྱུག་ཅིང་ལོངས་སྤྱོད་ཆེ་བ། འབྱོར་བ་ཟད་མི་ཤེས་པ་རྣམ་ཐོས་ཀྱི་བུའི་ནོར་ལ་ནོར་གྱིས་འགྲན་པ་ཞིག་ཡོད་པ་དེ་དང་། དེའི་ཚུང་མ་བུད་མེད་བཟང་མོ་ཞིག་ཡོད་པ་དེ་གཉིས་ཀྱི་

སྲས་སུ་འཁྲུངས་ཏེ། ཇི་ལྟར་འཁྲུངས་པའི་ཚུལ་ནི། བདག་ཉིད་ཆེན་པོ་འདི་ཡུམ་གྱི་མངལ་དུ་ཞུགས་པ་ན་སྟོན་པ་ཐུབ་པའི་དབང་པོས་མཁྱེན་བཞིན་དུ་གྲོང་དེར་བསོད་སྙོམས་ལ་ཞུགས་པ་དང་། ཁྱིམ་བདག་རབ་ཏུ་བཟང་པོས་སྟོན་པ་ལ་མཆོད་ནས། བདག་གི་(༥༦ན)མཆིས་བྲང་ལ་སེམས་ཅན་ཞིག་ཞུགས་ན་ཁྱེའུ་དང་བུ་མོ་གང་བཙའ་ཞེས་ཞུས་པས། བུ་ཕོར་བཙའ་ཞིང་རིགས་གསལ་བར་བྱེད། ལྷ་དང་མིའི་དཔལ་ཉམས་སུ་མྱོང་སྟེ་ངའི་བསྟན་པ་ལ་རབ་ཏུ་བྱུང་ནས་དགྲ་བཅོམ་ཐོབ་པར་འགྱུར་རོ། །ཞེས་ལུང་བསྟན་ཏོ། །དེ་ནས་ཁྱིམ་བདག་རབ་ཏུ་བཟང་པོས་སྟོན་པ་འཁོར་དང་བཅས་པ་ལ་བཟའ་བ་དང་བཅའ་བ་བསོད་པས་ལྷུང་བཟེད་བཀང་སྟེ་ཕུལ་ལོ། །དེའི་ཉེ་འཁོགས་ན་གཅེར་བུ་པ་ཞིག་འདུག་པ་དེས་བསམས་པ། བདག་ལ་བསྙེན་པའི་ཁྱིམ་གཅིག་ཡོད་པ་དེ་དགེ་སློང་གཽ་ཏ་མས་ཁ་དྲངས་ཀྱིས། སོང་ལ་བལྟའོ་སྙམ་ནས་རབ་བཟང་གི་ཁྱིམ་དུ་སོང་ནས་དྲིས་པ།

དགེ་སློང་གཽ་ཏ་མ་འོངས་སམ། ཁྱིམ་བདག་གིས་སྨྲས་པ། ཅྱིན་ནོ། །གཅེར་བུ་པས་སྨྲས་པ། ཅི་ལུང་བསྟན། ཁྱིམ་བདག་གིས་འདི་ལྟར་ལུང་བསྟན་ཏོ། །ཞེས་སྟོན་པས་ཇི་ལྟར་བཀའ་སྩལ་པ་རྣམས་བརྗོད་དོ། །དེ་རྩིས་ལ་མཁས་པས་རྫོ་རྒྱུས་དཀར་པོ་བླངས་ནས་རྩིས་པས་ཐམས་ཅད་བདེན་པར་མཐོང་ནས། དེ་ཁོ་ན་བཞིན་དུ་སྨྲས་ན་ཆེས་དད་པར་འགྱུར་གྱི། ཅུང་ཟད་བསྡིགས་ལ། ཅུང་ཟད་སྨད་དོ་སྙམ་ནས་བཞིན་བསྒྱུར་བྱས། ཁྱིམ་བདག་གིས་བཞིན་བསྒྱུར་བ་ཅི་ཡིན་ཞེས་དྲིས་པ་ན། གཅེར་བུ་པ་དེས། ཅུང་ཟད་བདེན། ཅུང་ཟད་བརྫུན་ནོ། །བུ་ཕོར་བཙའ་བ་དང་། རིགས་གསལ་བར་བྱེད་པ་ནི་བདེན་ཏེ། གསལ་བ་ནི་མེའི་མིང་ཡིན་པས་བཙའ་མ་ཐག་ཏུ། ཁྱོད་ཀྱི་ཁྱིམ་མེས་འཚིག་གོ །ལྷ་དང་མིའི་དཔལ་མྱོང་བ་ནི་མི་བདེན་ཏེ། མིས་ལྷའི་དཔལ་མྱོང་བ་སུ་ཡོད། རབ་ཏུ་འབྱུང་བ་ནི་བདེན་ཏེ། (༥༦བ) དེ་བཟའ་རྒྱུ་མེད་ནས་རབ་ཏུ་འབྱུང་བར་འགྱུར་རོ། །དགྲ་བཅོམ་ཐོབ་པ་ནི་མི་བདེན

ཏེ་གོའུ་ཏ་མ་ལའང་དགྲ་བཅོམ་པ་མེད་ན་དེའི་ཉན་ཐོས་ལ་ལྷ་ཅི་སྨོས་ཞེས་སྨྲས་པ་ན། རབ་ཏུ་བཟང་པོ་མི་དགའ་ནས་གཅེར་བུ་པ་དེ་ལ། ད་ཇི་ལྟར་བསྒྲུབ་ཅེས་དྲིས་པ་ན། གཅེར་བུ་པ་དེས། བདག་བསླབ་པ་བླངས་པས་ཁྱོད་ཉིད་ཤེས་སོ་ཞེས་བརྗོད་པ་ན། ཁྱིམ་བདག་རབ་བཟང་གིས་ཚུང་མ་མངལ་དང་བཅས་པ་དོར་བར་བྱའོ་སྙམ་ནས་སྨན་མ་ཡིན་པ་བྱིན་པས། སྲིད་པ་ཐ་མ་ཡིན་པས་སྨན་དུ་གྱུར་ཏོ། །དགུ་མཉེས་པས་གཡས་དང་གཡོན་དུ་བྲོས་ཤིང་ཚུང་མས་ངུས་པས་ཁྱིམ་མཚེས་འོངས་ནས་ཅིའི་ཕྱིར་དུ་ངུ་བཙའོ་ཞེས་སྨྲས་པས་སོང་ངོ་། །དེས་དགོན་པར་ཁྲིད་ནས་ཤི་ཤིར་བརྒྱལ་ནས་སྦྲས་ཏེ་ཁྱིམ་དུ་ཁྱེར་ནས། ཕོ་བོའི་ཚུང་མ་ཤིའོ་ཞེས་ངུ་བཞིན་དུར་ཁྲོད་དུ་ཁྱེར་རོ། །གཅེར་བུ་པ་དགའ་སྟེ། གོའུ་ཏ་མས་ལུང་བསྟན་པ་དེ་ཤི་ནས་དུར་ཁྲོད་དུ་ཁྱེར་རོ། །ཤིང་རྩ་བ་མེད་པ་ལ་ཡན་ལག་ག་ལས་འབྱུང་། ཞེས་ཟེར་རོ། །སྐབས་འདི་ལྟ་བུ་ལ་སངས་རྒྱས་བཅོམ་ལྡན་འདས་རྣམས་ལ་མི་མཁྱེན་པའམ། མ་གཟིགས་པའམ། མི་རིག་པའམ། རྣམ་པར་མི་མཁྱེན་པ་ཅུང་ཟད་ཀྱང་མི་མངའ་སྟེ། སངས་རྒྱས་བཅོམ་ལྡན་འདས་ཐུགས་རྗེ་ཆེན་པོ་དང་ལྡན་པ། འཇིག་རྟེན་ལ་ཕན་པ་བཞུགས་པ། སྲུང་བ་གཅིག་པུ་པ། གཅིག་ཏུ་དཔའ་བ། ཟླ་མེད་པ། གཉིས་སུ་མི་གསུང་བ་ཞི་གནས་དང་ལྷག་མཐོང་གིས་གནས་པ། རིག་པ་གསུམ་གསལ་བ། བསླབ་པ་གསུམ་ལ་ལེགས་པར་བསླབས་པ། འདུལ་བའི་གཞི་གསུམ་ལ་མཁས་པ། ཆུ་བོ་བཞི་ལས་བརྒལ་བ། རྫུ་འཕྲུལ་གྱི་རྐང་པ་བཞིས་ཞབས་(༥༥ན)ཀྱི་མཐིལ་ལེགས་པར་གནས་པ། བསྡུ་བའི་དངོས་པོ་བཞི་ལ་ཡུན་རིང་པོ་ནས་གོམས་པར་མཛད་པ། བདེན་པ་བཞི་སྟོན་པ། མི་འཇིགས་པ་བཞིས་མི་བསྐྱེངས་པ། ཡན་ལག་ལྔ་རྣམ་པར་སྤངས་པ། འགྲོ་བ་ལྔ་ལས་ཡང་དག་པར་འདས་པ། ཕུང་པོ་ལྔ་བདག་མེད་པར་སྟོན་པ། ཡན་ལག་དྲུག་དང་ལྡན་པ། ཕ་རོལ་ཏུ་ཕྱིན་པ་དྲུག་ཡོངས་སུ་རྫོགས་པ། དབང་པོ་དྲུག་གི་སྒོ་བསྡམས་པ། ཡང་དག་པར་དགའ་བའི་ཆོས་དྲུག་ལ་གོམས

པ། བྱང་ཆུབ་ཀྱི་ཡན་ལག་བདུན་གྱི་མེ་ཏོག་གིས་ཕྱུག་པ། འཕགས་པའི་ནོར་བདུན་སྟོན་པ། འཇིག་རྟེན་གྱི་ཆོས་བརྒྱད་ཀྱིས་མ་གོས་པ། ལམ་ཡན་ལག་བརྒྱད་པ་སྟོན་པ། མཐར་གྱིས་གནས་པའི་སྙོམས་པར་འཇུག་པ་དགུ་ལ་མཁས་པ། ཀུན་ནས་མནར་སེམས་ཀྱི་དངོས་པོ་དགུ་ལ་མཁས་པ། སྟོབས་བཅུའི་སྟོབས་མངའ་བ། གྲགས་པས་ཕྱོགས་བཅུར་ཁྱབ་པ། སྟོང་ལ་དབང་བསྒྱུར་བ་ལས་ཁྱད་པར་དུ་འཕགས་པ་རྣམས་ནི་ཆོས་ཉིད་ཀྱིས་ཉིན་ལན་གསུམ་མཚན་ལན་གསུམ་དུ་སངས་རྒྱས་ཀྱི་སྤྱན་གྱིས་འཇིག་རྟེན་ལ་གཟིགས་ཤིང་། སུ་ནི་ཉམས། སུ་ནི་དར། སུ་ནི་ཉམ་ང་བར་གྱུར། སུ་ནི་སྐྱབས་སུ་ཆུད་པར་གྱུར། སུ་ནི་གནོད་པར་གྱུར། སུ་ནི་ཉམ་ང་བ་དང་སྐྱབས་ཆུང་བ་དང་གནོད་པར་གྱུར། སུ་ནི་ངན་སོང་ལ་གཞོལ། སུ་ནི་ངན་སོང་ལ་འབབ། སུ་ནི་ངན་སོང་ལ་བབ། གང་ནི་ངན་སོང་ལ་དྲངས་ནས་མཐོ་རིས་དང་ཐར་པ་དང་འབྲས་བུ་ལ་དགོད། གང་ཞིག་གི་དགེ་བའི་རྩ་བ་བསྐྱེད་པར་བྱ། གང་ཞིག་གིས་བསྐྱེད་པ་ནི་ཡོངས་སུ་སྨིན་པར་བྱ། གང་ཞིག་སྨིན་པ་ནི་གྲོལ་བར་བྱ་ཞེས་ཡེ་ཤེས་ཀྱི་གཟིགས་པ་འཇུག་གོ །(༥༥བ)དེའི་ཚེ་བཅོམ་ལྡན་འདས་ཀྱིས་འཛུམ་པ་མཛད་པས་འོད་ཟེར་བཀྲེ་སྣེ་ལས་གཉིས་མཛད་ནས་ཞལ་དུ་ནུབ་བོ། །དགེ་སློང་རྣམས་ཀྱིས་དེའི་རྒྱུ་ཞུས་པས་སྟོན་པ་དུར་ཁྲོད་དུ་གཤེགས་ཀྱིས་ཆོས་གོས་ལོངས་ཤིག་ཅེས་བཀའ་སྩལ་ནས། ལྷ་མི་བརྒྱ་སྟོང་དང་བཅས་ཏེ་བསིལ་བའི་ཚལ་དུ་གཤེགས་པ་དང་། ཁྲམ་ཟེའི་ཁྱིའུ་ཞིག་ན་རེ། གོའུ་ཏ་མས་འདི་ལྟར་ལུང་བསྟན་པ་རྫུན་དུ་མ་གྱུར་གྲང་། རྒྱལ་རིགས་ཀྱི་ཁྱིའུས། ཟླ་བ་སྐར་མའི་ཚོགས་བཅས་ས་ལ་ལྟུང་ཡང་སྲིད། །ས་འདི་རི་དང་ནགས་བཅས་མཁའ་ལ་འགྲོ་ཡང་སྲིད། །རྒྱ་མཚོ་ཆེན་པོའི་ཆུ་ནི་བསྐམས་པར་འགྱུར་སྲིད་ཀྱི། །དྲང་སྲོང་ཆེན་པོ་བརྫུན་གསུང་འགྱུར་བ་སྲིད་པ་མིན། །དེ་ལྟར་ན་དུར་ཁྲོད་དུ་ལྟར་འདོང་ངོ་། །དེ་གཉིས་ཕྱིན་པ་དང་། རྒྱལ་རིགས་ཀྱི་ཁྱིའུ་དེས་སྟོན་པ་མཐོང་ནས་དད་པའི་ཚིགས་སུ་བཅད་པ་སྨྲ་ཞིང་། རྒྱལ་པོ་

གཟུགས་ཅན་སྙིང་པོས་ཀྱང་དེ་ཐོས་ནས། སྟོན་པ་དོན་མེད་པར་དེར་མ་གཤེགས་ཀྱིས་ལྷར་འགྲོའི་སྙམ་ནས་འཁོར་དང་བཅས་པ་འོངས་སོ། །སྟོན་པ་གདན་ལ་བཞུགས་ནས་འཇུམ་པ་མཛད་པ་གཙེར་བུ་པས་མཐོང་ནས། ཁྱིམ་བདག་ལ། སྐལ་ཆད་དེ་མ་ཤིའོ། །ཇི་ལྟར་བྱ། ཁྱོད་ཉིད་ཤེས་སོ། །དེས་ཤིང་བཙེར་ནས་མེ་སྦར་ཏེ་བསྲེགས་པ་དང་། གཞན་ཐམས་ཅད་ཚིག་ནས་ལྟོའི་ཉེ་འཁོར་མ་ཚིག་གོ །དེ་ནས་ལྟོའི་ཉེ་འཁོར་དེ་བརྟོལ་བ་དང་། པདྨའི་སྙིང་པོ་ལས་གཞོན་ནུ་གཟུགས་བཟང་བ། བལྟ་ན་སྡུག་པ་ཞིག་བྱུང་ངོ་། །སྐྱེ་བོ་རྣམས་ངོ་མཚར་ཞིང་གཙེར་བུ་པའི་ང་རྒྱལ་ཉམས་སོ། །སྟོན་པས། ཁྱིམ་བདག །གཞོན་ནུ་ལོངས་ཤིག །ཅེས་བཀའ་སྩལ་པ་ན། ཁྱིམ་(༥༨ན)བདག་གིས་གཙེར་བུ་པ་ལ་བལྟས་པས། གཙེར་བུ་པ་དེས་ཁྱོད་ཚིག་པར་མི་འགྱུར་རམ་ཞེས་སྨྲས་པས་ཁྱིམ་བདག་གིས་མ་བླངས་སོ། །སྟོན་པས། འཚོ་བྱེད་ལ་གཞོན་ནུ་ལོངས་ཤིག་ཅེས་བཀའ་སྩལ་པ་ན། དེས་ཐེ་ཚོམ་མེད་པར་མེ་ནང་དུ་ཞུགས་ནས་བླངས་སོ། །སྟོན་པས། འཚོ་བྱེད་མེས་མ་གནོད་དམ། ཞེས་བཀའ་སྩལ་པ་ན། འཚོ་བྱེད་ཀྱིས་བདག་རྒྱལ་པོའི་ཕོ་བྲང་དུ་སྐྱེས་ཀྱང་། ཙན་དན་ས་མཆོག་ལྟར་བསིལ་བ་འདི་ལྟ་བུ་ སྔར་མ་མྱོང་ལགས་སོ་ཞེས་ཞུས་སོ། །དེ་ནས་སྟོན་པས་ཁྱིམ་བདག་རབ་བཟང་ལ། ཁྱིམ་བདག །གཞོན་ནུ་ལོངས་ཤིག་ཅེས་བཀའ་སྩལ་པ་ན་ཁྱིམ་བདག་གིས་གཙེར་བུ་པའི་གདོང་དུ་བལྟས་པས་གཙེར་བུ་པས་སྐལ་ཆད་འདི་མེས་མ་ཚིག་པས་ཁྱོད་ཀྱི་ཁྱིམ་ཚིག་ཅིང་ཁྱོད་ཀྱང་སྲོག་དང་འབྲལ་ལོ། །ཞེས་སྨྲས་པ་ན་ཁྱིམ་བདག་དེས་མ་བླངས་པ་དང་། སྟོན་པས་རྒྱལ་པོ་གཟུགས་ཅན་སྙིང་པོ་ལ། གཞོན་ནུ་ལོངས་ཤིག །ཅེས་བཀའ་སྩལ་པ་ན་རྒྱལ་པོ་གཟུགས་ཅན་སྙིང་པོས་གཞོན་ནུ་བླངས་ནས། མིང་ཅིར་གདགས་ཞེས་ཞུས་པ་ན་སྟོན་པས་མེ་སྐྱེས་སོ་ཞེས་བཀའ་སྩལ་ཏོ། །དེ་ནས་སྟོན་པས་སྐྱེ་བོའི་ཚོགས་ལ་ཆོས་བཤད་པས་ཕལ་ཆེར་གྱིས་འབྲས་བུ་བཞི་ལ་སོགས་པ་ཐོབ་བོ། །མེ་སྐྱེས་མ་མ་བརྒྱད་ལ་གཏད་ནས

བསྐྱེད་བསྐྱིངས་པ་དང་། དེའི་ཞང་པོ་ཡུལ་གཞན་དུ་སོང་བས། ལུང་བསྟན་པ་དང་མ་ཤི་བ་ཐོས་ནས་ཁྱིམ་མཚེས་ལ། ལུང་བསྟན་པ་བརྫུན་དུ་མ་སོང་ངམ་དྲིས་པས། ཇི་ལྟར་གྱུར་པ་བཤད་པ་དང་། (༥༨བ)དེས་ཁྱིམ་བདག་རབ་ཏུ་བཟང་པོ་ལ། ངའི་སྲིང་མོ་བསད་ཁྱོད་ཡང་སྡངས་འདུག་པས། ད་བླངས་ན་ལེགས། མི་ལེན་ན་གཉེན་དུ་མི་རྩི་བའི་དྲིལ་བསྒྲག །རྒྱལ་པོ་ལ་ཞུའོ་ཞེས་བརྗོད་པ་ན། དེ་སྒྲག་སྟེ་རྒྱལ་པོའི་གན་དུ་སོང་ནས། གཞོན་ནུ་བདག་ལ་ཞུའོ་བྱས་པ་ན་རྒྱལ་པོ་གཟུགས་ཅན་སྙིང་པོས་འདི་ང་ལ་སྟོན་པས་གཏད་པ་ཡིན་པས་སྟོན་པ་ལ་ཞུས་ཤིག །ཅེས་སྨྲས་པ་ན། ཁྱིམ་བདག་གིས་སྟོན་པ་ལ་གསོལ་བ་བཏབ་པས། སྟོན་པས་ཀུན་དགའ་བོ་བཏང་ནས་རྒྱལ་པོ་ལ་བསྒོས་པས། རྒྱལ་པོ་ན་རེ། འདི་ངས་བསྐྱེད་པ་ཡིན་པས་ཉིན་རེ་ལ་དུས་གསུམ་གསུམ་དུ་ང་བལྟ་བའི་ཕྱིར་འོང་ན་སྦྱིན་ནོ་ཞེས་སྨྲས་པ་ན། ཁྱིམ་བདག་གིས་དེ་ལྟར་འཚལ་ལོ། །ཞེས་ཁས་བླངས་པ་ན། རྒྱལ་པོས་གཞོན་ནུ་རྒྱན་ཐམས་ཅད་ཀྱིས་བརྒྱན་ཅིང་གླང་པོ་ཆེ་ལ་བསྐྱོན་ནས་བཏང་ངོ་། །འཇིག་རྟེན་ན་ཕ་མ་ཤི་བར་དུ་བུའི་མིང་མི་སྒྲོག་ལ། དེ་ནས་ནམ་ཞིག་ན་ཁྱིམ་བདག་རབ་བཟང་ཤི་ནས་མེ་སྐྱེས་ཁྱིམ་བདག་ཏུ་གྱུར་པ་ན། དཀོན་མཆོག་གསུམ་ལ་སྐྱབས་སུ་སོང་ཞིང་། མ་བསད་པའི་སར་གཙུག་ལག་ཁང་བརྩིགས་ཏེ་ཡོ་བྱད་ཕུན་སུམ་ཚོགས་པ་ཕུལ་བས་དཀའ་མཉེའི་ཚལ་ཅེས་གྲགས་སོ། །དེའི་ཚོ་ཤས་འཚོ་བ་ཡུལ་གཞན་དུ་སོང་བ་དག་གིས་དེ་ཐོས་ནས་ཙན་དན་ས་མཆོག་གི་ལྷུང་བཟེད་རིན་པོ་ཆེས་གང་བ་ཞིག་དེ་ལ་སྐྱེས་སུ་བསྐུར་རོ། །དེས་ཤིང་རིང་པོའི་རྩེ་མོ་ལ་བཏགས་ནས། འདི་སྐས་དང་ཡ་གད་དང་ལྕུགས་ཀྱུས་མི་བླང་གིས། དགེ་སྦྱོང་ངམ་བྲམ་ཟེ་རྫུ་འཕྲུལ་(༥༩ན)ཆེ་བ་ཞིག་གིས་ཅི་བདེར་ཁྱེར་ཅིག་ཅེས་དྲིལ་བསྒྲགས་པས། མུ་སྟེགས་ཀྱིས་མཐོང་ནས་ཁྱོད་དགེ་སྦྱོང་ལ་དད་པས་དེས་དེ་ལེན་ནོ་ཟེར་རོ། །ཇི་ཙམ་ན་དགེ་སློང་གནས་བརྟན་དག་རྒྱལ་པོའི་ཁབ་ཏུ་བསོད་སྙོམས་ལ་ཞུགས་པ་དེ་དག་གིས་དེ་མཐོང་ནས། དེ་དག

གིས་ཀྱང་ཁྱིམ་བདག་མེ་སྐྱེས་ལ་སྨྲས་པ། ཁྱིམ་བདག་འདི་ཅི་ཡིན། དེས་དེ་དག་ལ་དེ་ཁོ་ན་བཞིན་དུ་རྒྱས་པར་བཤད་པ་དང་། དེ་དག་གིས་སྨྲས་པ། སྔོན་པས་ཡོན་ཏན་བཅབ་སྙེ་སྤྲ་བར་བྱའོ། །ཞེས་གསུངས་པས་ལྷུང་བཟེད་ཙམ་གྱི་ཆེད་དུ་བདག་ཉིད་བསྟན་ནམ་ཞེས་ཟེར་རོ། །འོད་སྲུངས་སྐྱོབས་བཅུ་པས་མཐོང་ནས་དྲིས་པས་བཤད་པ་དང་། བདག་ཐོག་མ་མེད་པའི་དུས་ནས་བསགས་པའི་ཉོན་མོངས་པ་སྤངས་ཤིང་བོར་བ་དང་། མུ་སྟེགས་བྱེད་རྫུ་འཕྲུལ་སྒྲུབ་པར་ཆད་ཀྱིས་དེའི་ཡིད་མགུ་བར་བྱའོ་སྙམ་སྟེ་ལག་པ་སྒྲང་པོ་ཆེའི་སྣ་ལྟ་བུས་བླངས་ནས་ཁྱེར་སོང་ངོ་། །དགེ་སློང་དག་གིས། འདི་ག་ལས་རྙེད། འདི་ལས་སོ། །ལྷུང་བཟེད་ཙམ་གྱི་ཆེད་དུ་ཁྱིམ་པའི་མདུན་དུ་རྫུ་འཕྲུལ་བསྟན་དུ་རུང་ངམ། རུང་ཡང་བླ། མི་རུང་ཡང་བླ་སྟེ་བྱས་ཟིན་ཏོ་ཞེས་པའི་སྐབས་དེ་གསོལ་པས། ཁྱིམ་པའི་མདུན་དུ་རྫུ་འཕྲུལ་བསྟན་པར་མི་བྱའོ་ཞེས་བཅའ་བར་མཛད་དོ། །ཁྱིམ་བདག་མེ་སྐྱེས་ནི་བཅོམ་ལྡན་འདས་ལ་ཤིན་ཏུ་གུས་པས་སྟོན་པའི་འཁོར་རྣམ་བཞི་ཁོ་ན་ལ་མཆོད་པར་བྱེད་ཀྱི། ཕྱི་རོལ་མུ་སྟེགས་པ་དག་ལ་མིག་བལྟ་བར་ཡང་མི་བྱེད་ལ། རྒྱལ་པོའི་ཁབ་ན་ཁྱིམ་བདག་མེ་སྐྱེས་ཀྱི་གཉེན་དུ་གྱུར་པའི་བུད་མེད་ཞིག་གི་ཁྱོ་གཅེར་བུ་པའི་དགེ་བསྙེན (༥༧བ) དཔལ་སྦྱིད་ཅེས་པ་ཡོད་པ་དེ་ལ་ཁྱིམ་བདག་མེ་སྐྱེས་དད་པ་ཅན་དེས། དཔལ་སྦྱིད་འདི་དགེ་འདུན་ལ་ཡོན་དབུལ་དུ་གཞུག་གོ་སྙམ་ནས་མེ་སྐྱེས་ཀྱིས་དཔལ་སྦྱིད་ལ་སྨྲས་པ། དཔལ་སྦྱིད། དགེ་འདུན་ལ་མཆོད་པ་དང་ཡོན་ཕུལ་ཅིག་དང་བསོད་ནམས་སུ་འགྱུར་རོ་ཞེས་སྨྲས་སོ། །དཔལ་སྦྱིད་ཀྱིས་སྨྲས་པ། ངས་ཀྱང་དགེ་འདུན་ལ་མཆོད་ཅིང་ཡོན་དབུལ་བར་བྱ་ཡི། ཁྱོད་ཀྱིས་ཀྱང་གང་པོ་སོགས་ལ་བཞོས་གསོལ་ཅིག་ཅེས་སྨྲས་པ་ན། མེ་སྐྱེས་ཀྱིས་བསམས་པ། བདག་གིས་གཅེར་བུ་པ་རྣམས་ལ་ཟས་སྦྱིན་པར་ཁས་མ་བླངས་ན་དཔལ་སྦྱིད་ཀྱིས་དགེ་འདུན་ལ་མཆོད་པའི་བར་ཆད་དུ་འགྱུར་ན། གཅེར་བུ་པ་འདི་དག་སེམས་ཅན་ཡིན་པས་སེམས་ཅན་ཐམས་

ཅད་ལ་སྦྱིན་པ་ལ་ཉེས་པ་མེད་དོ་སྙམ་ནས་ཟས་སྦྱིན་པར་ཁས་བླངས་པས། དཔལ་སྦྱིད་ཀྱི་བསམ་པ་ལ། ངས་དང་པོར་སངས་རྒྱས་ལ་སོགས་པ་ལ་བཤོས་གསོལ་ན་མེ་སྐྱེས་ཀྱིས་ཕྱིས་ཟས་མི་སྦྱིན་གྱི། མེ་སྐྱེས་ཀྱིས་གང་པོ་སོགས་ལ་སྔར་བཤོས་གསོལ་ན་ངས་ཕྱིས་དགེ་འདུན་ལ་ཟས་སྦྱིན་ནོ་སྙམ་ནས་མེ་སྐྱེས་ལ་སྨྲས་པ། ཁྱོད་ཀྱིས་དང་པོར་གང་པོ་འཁོར་བཅས་ལ་ཟས་སྦྱིན་ཅིག །ངས་ཕྱིས་དགེ་སློང་གཽ་ཏ་མ་དགེ་འདུན་དང་བཅས་པ་ལ་ཟས་སྦྱིན་ནོ། །ཞེས་ཟེར་བ་ན་མེ་སྐྱེས་ཀྱིས་དེ་ལྟར་བྱེད་པར་ཁས་བླངས་ནས་གང་པོའི་གནས་སུ་སོང་སྟེ། ཁྱོད་སང་གཅེར་བུ་པ་མང་པོ་དང་ལྷན་ཅིག་བདག་གི་ཁྱིམ་དུ་བཤོས་གསོལ་གྱིས། ཁས་ལོངས་ཤིག །གང་པོས་བསམས་པ། འདི་ནི་གོར་མ་ཆག་པར་དགེ་སློར་གཽ་ཏ་མ་ལ་སྨུན་ནས་བདག་ལ་དད་དམ་སྙམ་སྟེ་ཁས་བླངས་སོ། །(༥༢ན)སང་མེ་སྐྱེས་ཀྱི་ཁང་པར་གང་པོ་འཁོར་བཅས་ཆས་པ་དང་། དཔལ་སྦྱིད་ཀྱིས་གང་པོ་ཅན་སོང་སྟེ་གང་པོ་ལ་སྨྲས་པ། དགེ་སློང་གཽ་ཏ་མ་ནི་ཁྱིམ་བདག་གི་ཁྱིམ་དུ་བཞུད་དེ། ནང་དུ་བཞུད་ཀར་སྒོའི་ཐེམ་པ་ལ་ཞབས་བཞག་ནས་འཛུམ་པ་མཛད་དེ། དེ་ནས་ཀུན་དགའ་བོས་འཛུམ་པ་མཛད་པའི་རྒྱུ་འདྲི། ཇི་ལྟར་དགོངས་པ་བཞིན་ལུང་བསྟན་པས་དེ་ལ་སྐྱེ་བོ་མང་པོ་དད་པར་འགྱུར་གྱི། ཁྱོད་ཀྱིས་ཀྱང་མེ་སྐྱེས་ཀྱི་ཁྱིམ་དུ་འགྲོ་བའི་ཚེ་དེ་ལྟར་བྱ་རིགས་སོ། །ཞེས་སྨྲས་པས། གཅེར་བུ་པ་གང་པོས་ཁས་བླངས་ཏེ་གང་པོ་གཅེར་བུ་པ་མང་པོས་བསྐོར་ནས་མེ་སྐྱེས་ཀྱི་ཁྱིམ་དུ་ཕྱིན་པ་དང་། དེའི་ཐེམ་པ་ལ་རྐང་པ་བཞག་སྟེ་ཏ་བགད་དུ་བགད་པ་དང་། གཅེར་བུ་པ་ཞིག་གིས་དེའི་རྒྱུ་དྲིས་པས། ཀྱི། ཆུ་བོ་དྲིགས་ཐལ་གྱི་འགྲམ་ན་སྤྲེའུ་ཕོ་ཞིག་གིས་སྤྲེའུ་མོ་ཞིག་མཐོང་ནས། དེ་ལ་རབ་ཏུ་ཆགས་ཏེ་སྤྲེའུ་མོ་དེ་ལ་བརྒྱལ་ལོ་སྙམ་ནས་བརྒྱུགས་པ་དང་། འདྲེད་དེ་ཤིང་རྩེ་ནས་བརྡེག་འཚོས་ནས་འདས་སོ། །དེ་ལ་ང་འདི་སྙམ་དུ། སེམས་ཅན་འདི་ནི་འདོད་པའི་རྒྱུས་སྡུག་བསྔལ་ཆེར་གྱུར་ཏོ་སྙམ་མོ། །དེ་སྐད་ཟེར་བ་མེ་སྐྱེས་ཀྱིས་ཐོས་ནས་བསམས་པ། གང་

པོ་ནི་ཁབ་ཚོང་བ་སླར་ཁབ་རྟུང་བའི་ཁྱིམ་དུ་ཁབ་ཚོང་བར་སེམས་པ་བཞིན་ཏེ། ཅི་ནས་འདི་ལ་བཀྲུལ་ག་ཞིག་བྱའོ་སྙམ་ནས། དེ་དག་རང་རང་གི་སྟན་ལ་བདེ་བར་འདུག་པ་དང་། གཅེར་བུ་པ་གཞན་རྣམས་ལ་བཟའ་བ་དང་བཅའ་བ་བསོད་པས་ཕོར་པ་བཀང་ནས་སྟེང་དུ་ཚོད་མ་བླུགས་ཏེ་བྱིན། གང་པོ་གཅིག་པུ་ལ་ཕོར་པའི་ཞབས་སུ་ཚོད་མ་བླུགས་ནས་སྟེང་དུ་འབྲས་ཆན་གྱིས་གཡོགས་ཏེ་བྱིན་ནོ། །གཅེར་བུ་པ་ཕལ་དག་ཟ་བཞིན་དུ་འདུག་པ་(༥༨བ)དང་། གང་པོས་བསམས་པ། བདག་སྟོན་པར་བསམས་ཏེ་དེས་ཚོད་མ་ཞིམ་པོ་དང་ཁ་ཟས་བཟང་པོ་སྦྱིན་པར་བསམས་སོ་སྙམ་ནས་མ་ཟོས་པར་བསྡད་ཀྱང་ཇི་ཙམ་ན་ཚོད་མ་བྲིམ་ཟིན་པ་དང་། གང་པོས་བསམས་པ་འདི་དག་བྲེལ་བས་བདག་ལ་ཚོད་མ་སྦྱིན་པ་བརྗེད་ཀྱིས། བདག་གིས་བསྐུལ་ལོ་སྙམ་ནས། ཁྱིམ་བདག་ཅེས་བོས་ནས། ང་ལ་ནི་འབྲས་ཆེན་འབའ་ཞིག་འོངས་ཀྱིས། ཚོད་མ་ནི་མེད་དོ། །མི་སྐྱེས་ཀྱིས་སླར་ཚིགས་བཅད་སྨྲས་པ། མི་མཐོང་བ་ནི་མཐོང་བར་བྱེད། །མཐོང་བར་བྱ་བ་མ་མཐོང་སྟེ། །དྲིགས་བྲལ་འགྲམ་གྱི་སྦྲིའུ་མཐོང་ལ། །ཕོར་བུའི་ནང་གི་ཚོད་མ་མིན། །ཞེས་བརྗོད་ནས་ཕོར་བུའི་ཞབས་ན་ཚོད་མ་འདུག་པ་བསྟན་ནས་དེ་ཁ་སྐྱེངས་པར་གྱུར་ཤིང་། གང་པོ་སྦྱིན་པའི་ཡོན་ཏན་བརྗོད་པའི་ཚེ་དེའི་མདུན་དུ་མ་འདུག་གོ །དེས་ཟས་ཟོས་ནས་སྦྱིན་པའི་ཡོན་ཏན་བསྔགས་པ། སྦྱིན་བདག་གིས་ནི་སྦྱིན་པའི་དུས། །དགེ་སྦྱོང་གཞན་ནི་བཟའ་བའི་དུས། །ལྷག་མ་གཞན་ལ་འོང་བའི་དུས། །བསོད་ནམས་མི་དགེ་ཡོད་མ་ཡིན། །དེ་སྐོ་བས་ཐོས་ནས་འདི་འདྲ་བའི་སྦྱིན་པའི་ཡོན་ཏན་ག་ལ་སྲིད། འདི་ལ་བཀྲུལ་ག་ཞིག་བྱའོ་སྙམ་ནས། དེས་འབྲས་ཁུ་བུམ་པ་གང་སྐོ་དྲུང་དུ་འཛོ། སྐོ་གཏན་གྱི་ཕྱེད་ཙམ་དྲངས་ཏེ་བཞག་པ་དང་། གཅེར་བུ་པ་དེ་ཕྱིར་བྱུང་བ་ན་འབྲས་ཁུ་ལ་འདྲེད་དེ་མགོ་སྐོ་གཏན་ལ་ཕོག་ནས་ཁྲག་བྱུང་ངོ་། །དེ་ནས་སྐོ་བས་མཐོང་སྟེ། སྐོ་གཏན་ཕྱུང་བའི་དུས་ལ་བབ། །འབྲས་ཁུ་འཕོ་བའི་དུས་ཡིན་པས། །མགོ་བོ་རྡུང་བའི་དུས

ཡིན་གྱི། །དགེ་དང་མི་དགེའི་དུས་མེད་དོ། །ཞེས་སྨྲས་པས། དེ་མགོ་ལས་(ཡ་ན)ཁྲག་ཟགས་བཞིན་དུ་ཁྱིམ་བདག་དཔལ་སྦྱིན་ཅན་སོང་སྟེ། མི་སྐྱེས་ཀྱི་འདི་འདྲ་བའི་གནོད་པ་བྱས་སོ། །དཔལ་སྦྱིན་གྱིས་སྨྲས་པ། ཁྱོད་གསོན་པོར་ཐར་གྱིས་སྡོད་ཅིག་དང་། ཅི་ནས་གཽ་ཏ་མ་ཉན་ཐོས་དང་བཅས་པ་གསད་དོ། །དཔལ་སྦྱིན་གྱིས་བསམས་པ། འདིའི་དགྲ་ལ་ལན་གླན་གྱིས་སྤྱན་འདྲེན་དུ་འགྲོའོ། །གལ་ཏེ་གཽ་ཏ་མ་ཐམས་ཅད་མཁྱེན་པ་ཡིན་ན་ནི་མགྲོན་དུ་བོས་ཀྱང་ཁས་མི་ལེན་ལ། དེ་སྟེ་ཐམས་ཅད་མཁྱེན་པ་མིན་ན་ཁས་ལེན་ནོ་སྙམ་ནས་སྟོན་པའི་དྲུང་དུ་སོང་སྟེ་ཞུས་པས་གནང་ངོ་། །དཔལ་སྦྱིན་གྱིས་བསམས་པ། འདི་ནི་ཐམས་ཅད་མཁྱེན་པ་མ་ཡིན་གྱི་དགྲའི་ལན་གླན་ནོ་སྙམ་ནས་ཁྱིམ་དུ་འོངས་ཏེ། དེའི་ཁྱིམ་གྱི་སྒོ་ཁར་དོང་ཆེན་པོ་བརྐོས་ཏེ་ནང་དུ་ཤིང་ཀ་དི་རའི་མེ་མདག་དུད་པས་བཀང་ནས་དེའི་སྟེང་དུ་རྩ་གཡོགས་ཏེ་སས་བཀབ་ནས་བཞག་གོ །དུག་ཇྙོན་པོ་དང་བཅས་པའི་བཟའ་བཏུང་སྦྱར་ཏེ་བཞག་གོ །དེ་ནས་མི་སྐྱེས་ཀྱི་སྲིང་མོས་དཔལ་སྦྱིན་ལ་སྨྲས་པ། ཇོ་བོ་ཅི་མཛད། དེ་ན་རེ། དགྲ་གསད་པར་བྱའོ། །དགྲ་སུ་མཆིས། དགེ་སློང་གཽ་ཏ་མའོ། །བཅོམ་ལྡན་འདས་དགྲ་ཡིན་ན། མཛའ་བོ་སུ་མཆིས། དཔལ་སྦྱིན་གྱིས་བསམས་པ། འདིའང་མི་སྐྱེས་ཀྱི་གཉེན་དུ་འོང་སྟེ། དགེ་སློང་གཽ་ཏ་མ་ལ་དད་པས་གསང་ཤོར་བར་འགྱུར་རོ་སྙམ་ནས་དེས་མོ་མཛོད་དུ་བཙུག་གོ །གང་པོ་ལ་སོགས་པའི་གཅེར་བུ་པ་ཐམས་ཅད་བོས་ནས། ངས་དགྲ་གསད་པ་ལྟར་ཤོག་ཅིག དེ་དག་དགའ་ནས་ཡང་ཐོག་ཏུ་འཕོད་དོ། །དཔལ་སྦྱིན་གྱིས་སྟན་བཏིང་ནས། སྟོན་པ་སྤྱན་དྲངས་པ་དང་། སྟོན་པས་ཀུན་དགའ་བོ་ལ་དགེ་སློང་རྣམས་ལ་དཔལ་སྦྱིན་གྱི་ཁྱིམ་དུ་དེ་བཞིན་གཤེགས་པ་མ་གཤེགས་བར་སྔར་དགེ་སློང་སུ་ཡང་མ་འདོང་ཞིག་ཅེས་བསྒོ་ཞིག །དེས་བསྒོ་ནས་སྟོན་པ་དགེ་འདུན་དང་བཅས་པ་དཔལ་སྦྱིན་གྱི་ཁྱིམ་དུ་གཤེགས་པ་དང་། འོད་མའི་ཚལ་ན་གནས་པའི་ལྷ་སྲིན་རྣམས་ཡིད་མ་དགའ་ནས་

མྱུར་དུ་རིངས་པར་སྟོན་པའི་དུང་(༧༩བ)དུ་སོང་སྟེ། དཔལ་སྦྱིན་གྱི་ཁྱིམ་དུ་མ་གཤེགས་ཤིག །ཅེས་གསོལ་བ་ན། སྟོན་པས་དེ་ན་གནོད་པ་ཅི་ཡོད། ཅེས་བཀའ་སྩལ་པ་ན། ལྷ་སྦྱིན་གྱིས་གསོལ་པ། བཅོམ་ལྡན་འདས་ལམ་མ་རུང་བར་བགྱི་བའི་སླད་དུ་བཤམས་སོ། །ཞེས་གསོལ་པ་ན། སྟོན་པས་བཀའ་སྩལ་པ། དེ་བཞིན་གཤེགས་པ་ནི་གནོད་པ་ཐམས་ཅད་དང་བྲལ་བས། དེས་ང་ལ་གནོད་པ་བྱར་ཅི་ཡོད། ཅེས་བཀའ་སྩལ་པ་ན། ལྷ་སྦྱིན་གྱིས་གསོལ་པ། དེས་བཅོམ་ལྡན་འདས་དགྲོངས་པའི་སླད་དུ་དོང་ཆེན་པོའི་ནང་དུ་སེང་ལྡེང་གི་མེ་མདག་གིས་བཀང་ངོ་། །ཞེས་གསོལ་པ་ན། སྟོན་པས་བཀའ་སྩལ་པ། དུག་གསུམ་གྱི་མེའང་ཡེ་ཤེས་ཀྱི་ཆུས་བཏབ་ན། མེ་ཐ་མལ་པ་དེས་ཅི་བྱར་ཡོད། ཅེས་བཀའ་སྩལ་པ་ན། ལྷ་སྦྱིན་གྱིས་གསོལ་པ། དེ་གཅིག་པུ་མ་ལགས་ཀྱིས། དུག་སྔོན་པོ་བཟའ་བཏུང་གི་ནང་དུ་སྦྱར་རོ། །ཞེས་གསོལ་པ་ན། སྟོན་པས་བཀའ་སྩལ་པ། གཉེན་པོ་ཡེ་ཤེས་ཀྱིས་དུག་གསུམ་ཡང་སྤངས་ན། དུག་ཐ་མལ་པ་དེས་ཅི་བྱར་ཡོད། དེ་ནས་ཕྱིན་པ་དང་། རྒྱལ་པོའི་ཁབ་ཀྱི་ལྷས་ཀྱང་དེ་བཞིན་དུ་གསོལ་ལོ། །དེ་ནས་ཕྱིན་པ་དང་། དཔལ་སྦྱིན་གྱི་ཁྱིམ་གྱི་ལྷས་ཀྱང་གསོལ་ཏེ། སྟོན་པས་དེ་ཐམས་ཅད་སྣར་བཀྱེའོ། །དཔལ་སྦྱིན་གྱི་ཆུང་མས་བསམས་པ། ད་ཙམ་སྟོན་པས་དོང་གི་སྟེང་དུ་ཞབས་བཞག་གོ །ད་ཙམ་ལྷུང་ངོ་། །ད་ཙམ་ཚིག་གོ་སྙམ་ནས་དུ་ཞིང་འདུག་གོ །དེ་ནས་སྟོན་པས་སེམས་ཅན་ཐམས་ཅད་ལ་ཕན་པའི་ཡིད་ཀྱིས་སྒོ་ཁར་ཕྱིན་ནས་མེའི་དོང་གི་སྟེང་དུ་ཞབས་བཞག་པ་དང་། དེ་ཐམས་ཅད་མཚོའུ་པདྨ་ཅན་དུ་གྱུར་ཏེ། ཨུཏྤལ་དང་པདྨ་དང་། ཀུ་མུད་དང་། པུཎྜ་རཱི་ཀ་དག་གིས་ཁེངས། ངང་པ་དང་ངུར་པ་ལ་སོགས་པའི་ཆུ་བྱ་རྣམས་ཀྱིས་བརྒྱན་ཅིང་སྐད་འབྱིན། ལྷ་རྣམས་ཀྱིས་ནམ་མཁའ་ལས་མེ་ཏོག་སྣ་ཚོགས་ཀྱི་ཆར་འབེབས་སོ། །དེ་ནས་སྟོན་པ་པདྨའི་སྙིང་པོའི་སྟེང་དུ་ཞབས་བཞག་ནས་དཔལ་སྦྱིན་གྱི་ཁྱིམ་དུ་(༨༠ན)ཕྱིན་པ་དང་། ཁྱིམ་བདག་དཔལ་སྦྱིན་ངོ་མཚར་ཆེ་བའི་མིག་གིས་བགྲད་

དེ་བལྟས་ནས། གང་པོ། བཅོམ་ལྡན་འདས་ཀྱི་རྫུ་འཕྲུལ་ལ་ལྟོས་ཤིག །གང་པོ་མི་དགའ་བས་བཞིན་བསྒྱུར་ནས། ཁྱིམ་བདག །དགེ་སྦྱོང་གཽ་ཏ་མའི་སྒྱུ་མ་ལ་དད་དམ། དཔལ་སྦྱིན་གྱིས་སྨྲས་པ། ཁྱོད་ཀྱང་ཐམས་ཅད་མཁྱེན་པ་ཡིན་ན་སྒྱུ་མ་དེ་ལྟ་བུ་བྱོས་ལ་སྟོན་ཅིག །གང་པོས་བསམས་པ། དགོས་པ་མ་གྲུབ་པས་འགྲོའོ་སྙམ་ནས། དེས་དེ་ལྟ་སྤྱོས་ཏེ་ཁང་སྟེང་ནས་བབ་སྟེ། སྐྱེངས་ནས་སྟོན་པ་ལ་མངོན་དུ་འབྱུང་བར་མ་ནུས་ཏེ། གདོང་པ་ལ་ལྷ་ཞིང་བྲོས་ཏེ་སོང་ངོ་། །

དཔལ་སྦྱིན་གྱིས་ཆུང་མ་ལ་ཚུར་ཤོག །སྟོན་པ་ལ་ཕྱག་འཚལ་ཅིག །དེ་ན་རེ། ཁྱོད་སྡིག་པའི་གྲོགས་པོས་བསླུས་ཏེ་སྟོན་པ་དཀྲོངས་ཟེར་ན་བདག་ལ་བགམ་དུ་ཅི་ཡོད། ཅེས་ཟེར་བ་ན། དཔལ་སྦྱིན་གྱིས། བཟང་མོ། ཁྱོད་ཟེར་བ་བདེན་ཏེ་བགམ་པ་མ་ཡིན་གྱིས། བཅོམ་ལྡན་འདས་དེ་དགྲོངས་པར་མ་ནུས་པས། ཁོ་བོ་མངོན་དུ་འབྱུང་མི་ནུས་ཀྱིས། ང་སྟོན་པ་མཇལ་འདོད་པས་ང་ཁྱོད་ཀྱིས་ཁྲིད་ཅིག །ཅེས་སྨྲས་པ་ན། ཆུང་མ་དེ་དགའ་སྟེ་དཔལ་སྦྱིན་ཁྲིད་ནས་སྟོན་པའི་དྲུང་དུ་སོང་སྟེ། འདི་མི་དགེ་བའི་གྲོགས་པོས་བསླུས་པས་མི་དགེ་བ་འདི་ལྟ་བུ་བགྱིས་ཀྱིས། ད་འགྱོད་ནས་གསོལ་བ་འདེབས་པ་ལགས་པས་བཟོད་པར་མཛོད་ཅིག །ཅེས་ཞུས་པ་ན། སྟོན་པས་ཕྱག་གླང་པོ་ཆེའི་སྣ་ལྟ་བུ་བརྐྱངས་ནས། ཁྱིམ་བདག་ལོངས་དང་། བཟོད་དོ། །དེ་བཞིན་གཤེགས་པ་ལ་ནི་མཛའ་བ་དང་དགྲ་བྱེ་བྲག་མེད་དེ། ཙན་དན་དང་སྐེ་ཙུར་མཚུངས་སོ། །དེ་ནས་དཔལ་སྦྱིན་རབ་ཏུ་དགའ་སྟེ། ཅུང་ཟད་བཞུགས་ཤིག །བདག་གིས་བཤོས་གདོང་སྦྱར་རོ། །ཞེས་ཞུས་པ་ན། སྟོན་པས་ཅིའི་ཕྱིར་ད་དུང་གདུགས་ཚོད་སྦྱར་མ་ཟིན་ནམ(༨༠བ)ཞེས་བཀའ་སྩལ་པ་ན། དཔལ་སྦྱིན་གྱིས་བདག་སྡིག་པའི་གྲོགས་པོས་བསླུས་པས་བཅོམ་ལྡན་འདས་ལ་གནོད་པའི་ཕྱིར་ཞུགས་སོ། །ཞེས་ཞུས་པ་ན། སྟོན་པས། དེ་བཞིན་གཤེགས་པ་གནོད་པ་ཐམས་ཅད་དང་བྲལ་ན་ཅིའི་ཕྱིར་ང་ལ་གནོད་ཅེས་བཀའ་སྩལ་པ་ན། དཔལ་སྦྱིན་གྱིས། བདག་

གིས་དུག་རྔོན་པོ་བཟའ་བཏུང་གི་ནང་དུ་སྦྱར་གྱིས། དེ་དག་འཕོ་ལ་གདོད་སྦྱར་རོ། །ཞེས་ཞུས་པ་ན། སྟོན་པས། ཁྱིམ་བདག །ངས་དུག་གསུམ་ཡང་སྤངས་ན། དུག་ངན་པ་དེས་ཅི་བྱར་ཡོད། །གང་སྦྱར་བ་དེ་ཁྱེར་ཤོག་ཅེས་བཀའ་སྩལ་ཏོ། །དེ་ནས་སྟོན་པས་གདན་བཏིངས་པ་ལ་བཞུགས་ཏེ། ཀུན་དགའ་བོ། དགེ་སློང་རྣམས་ལ་རྒན་རིམ་དུ་འཁོར་ཚོགས་ཞེས་སྐད་མ་ཕྱུང་གི་བར་དུ་སུའང་མ་ཟ་ཞིག །ཅེས་བསྒོ་ཞིག །དེ་ནས་དགེ་འདུན་བདེ་བར་འཁོད་དེ་ཁ་ཟས་བསྐེམས་པ་དང་། འཕྲུལ་དང་རྫུ་འཕྲུལ་གྱིས་དེའི་ཁྱིམ་དུ་འཁོར་ཚོགས་ཞེས་སྐད་ཕྱུང་བ་དང་། ཟས་ཐམས་ཅད་དུག་མེད་པར་གྱུར་ཏོ། །དཔལ་སྦྱིན་དོགས་བཞིན་དུ་ཁ་ཟས་འཁྲིམ་ཞིང་། རྒན་རིམ་ནས་གཞོན་ནུའི་བར་དུ་བྲིམས་ནས་འོངས་པ་དང་། བཅོམ་ལྡན་འདས་དུག་གསུམ་སྤངས་ཀྱི་ཉན་ཐོས་ཐམས་ཅད་ཀྱིས་མ་ཡིན་པས། ད་ཙམ་རྒན་རིམ་ནས་ཤིའོ་སྙམ་པ་དང་། གཅིག་ལའང་གནོད་པར་མ་གྱུར། ཐ་ན་དེའི་ལྷག་མ་ཟ་བ་ལའང་མ་གནོད་པ་མཐོང་ནས་རབ་ཏུ་དད་དོ། །བཤོས་གསོལ་ཟིན་པ་དང་ཆོས་བསྟན་པས་བདེན་པ་མཐོང་ནས། དེང་ཕན་ཆད་མུ་སྟེགས་ཅན་གཅེར་བུ་པ་རྣམས་ལ་སྒོ་བཅད། འཁོར་རྣམ་པ་བཞི་ལ་སྒོ་དབྱེའོ། །ཞེས་ཟེར་ཞིང་། དེ་(༦༧ན)ཕྱིན་ཆད་ཁྱིམ་བདག་དཔལ་སྦྱིན་འཁོར་དང་བཅས་པ་དཀོན་མཆོག་གསུམ་ལ་མཆོད་པ་ལྷུར་བྱེད་པར་གྱུར་ཏོ། །དེའི་ཚེ་མི་སྐྱེས་ཀྱིས་ལྷའི་དཔལ་ཉམས་སུ་མྱོང་ལ། རྒྱལ་པོའི་ཁབ་དང་ཙམ་པའི་བར་གྱི་ཤོ་གམ་གྱི་གནས་ཤིག་ན་ཤོ་གམ་པ་ཞིག་ཤི་བ་གནོད་སྦྱིན་དུ་སྐྱེས་ནས་ཤོ་གམ་པ་དེའི་བུའི་རྨི་ལམ་དུ་གནས་འདིར་གནོད་སྦྱིན་གྱི་གཟུགས་ཤིག་གྱིས་ལ་དེའི་སྐེར་དྲིལ་བུ་ཐོགས་ཤིག །སུ་ཤོ་གམ་མི་འཇལ་བར་འགྲོ་ན་དྲིལ་བུ་སྒྲ་འབྱིན་པར་བྱེད་དོ། །ཞེས་བསྟན་པ་བཞིན་བྱེད་དོ། །ཙམ་པ་ན་བྲམ་ཟེ་བཟའ་མི་གཉིས་ཀྱི་ཆུང་མས་རས་བལ་ཉོས་ནས་བཀལ་ཏེ་འཐག་ཏུ་བཅུག་ནས། འདི་ཚོང་དུས་སུ་ཁྱེར་ལ་གར་ཤ་པ་ན་སྟོང་སྟེར་ན་བྱིན། མ་ཡིན་ན། ཚོང་དུས་མ་ཡིན་ནོ་ཞེས་སྒྲོགས་

ཤིག །བྲམ་ཟེས་ཚོང་དུས་སུ་ཕྱིན་ནས་ཉོ་བ་མ་བྱུང་བ་དང་། ཚོང་དུས་མ་ཡིན་ནོ་ཞེས་བསྒྲགས་ནས་གདུགས་ཀྱི་ཡུ་བར་བཙུག་སྟེ་རྒྱལ་པོའི་ཁབ་ཏུ་ཕྱིན་པ་དང་། དྲིལ་བུ་སྒྲ་འབྱིན་པས་བཀུག་ནས་བཙལ་བས་འགའ་ཡང་མ་རྙེད་དོ། །ལན་གསུམ་དུ་བཙལ་ཡང་མ་རྙེད་ནས་ཤོ་གམ་པས་བྲམ་ཟེ་རས་འཚོང་བ་དེ་ལ་ཁྱོད་ལྷའི་བྱིན་རླབས་ཀྱིས་བསྟན་པ་ཡིན་གྱི། ཁྱོད་ལ་ནོར་ཞིག་ཡོད་པ་གོར་མ་ཆག་པས་ཤོ་གམ་མི་ལན་གྱིས་སྟོན་ཅིག །ཅེས་སྨྲས་པ་ན། བྲམ་ཟེ་དེས་གདུགས་ཀྱི་ཡུ་བའི་ནང་ནས་རས་ཕྱུང་སྟེ་བསྟན་པས་ལྷའི་བྱིན་རླབས་འདི་འདྲའོ་ཞེས་ཟེར་ནས་རས་ཡ་གཅིག་ལྷ་ལ་བསྟན་ཏོ། །བྲམ་ཟེས་སྨྲས་པ། མི་ལེན་ནོ་ཟེར་ནས་མི་འཕྲོག་གམ། ཤོ་གམ་པས་སྨྲས་པ་འཕྲོག་པ་མིན་གྱི་ལྷ་ལ་བསྟན་པར་ཟད་དེ་ཡོང་ལ་སོངས་ཤིག །ཅེས་སྨྲས་པ་ན། བྲམ་ཟེ་དེས་རས་བླངས་(༦༧བ)ནས་ཚོང་དུས་སུ་སོང་སྟེ་བསྟན་པས་ཉོ་བ་སུ་ཡང་མ་བྱུང་བས། ཚོང་དུས་མ་ཡིན་ནོ་ཞེས་བསྒྲགས་པ་དང་། མེ་སྐྱེས་ཀྱིས་དེ་ཐོས་ནས། བྲམ་ཟེ་དེ་ལ་ཁྱོད་ཅིའི་ཕྱིར་དེ་སྐད་ཟེར་ཞེས་དྲིས་པ་ན་བྲམ་ཟེ་དེས། འདིའི་ཕྱིར་རོ། །ཞེས་རྒྱུ་མཚན་ཞིབ་ཏུ་བརྗོད་པ་ན་མེ་སྐྱེས་ཀྱིས། བལྟ་ཡི་ཁྱེར་ཤོག་ཅེས་སྨྲས་པས་བྲམ་ཟེ་དེས་རས་དེ་གཉིས་བསྟན་པ་ན། མེ་སྐྱེས་ཀྱིས་བལྟས་ནས་མ་སྦྱད་པ་འདིས་ལྔ་བརྒྱ་རི། སྦྱད་པ་འདིས་ཉིས་བརྒྱ་ལྔ་བཅུ་རིའོ། །ཞེས་སྨྲས་པ་ན། བྲམ་ཟེ་དེས་རས་འདི་གཉིས་ལ་ཁྱད་མེད་དོ། །ཟེར་བ་ན་མེ་སྐྱེས་ཀྱིས་འདི་གཉིས་ཀྱི་ཁྱད་མངོན་སུམ་དུ་བསྟན་གྱི་ཟེར་ནས། མ་སྦྱད་པ་དེ་ནམ་མཁའ་ལ་བོར་བས་ལྡིང་། སྦྱད་པ་དེ་ནམ་མཁའ་ལ་བོར་བས་ལྷུང་། མ་སྦྱད་པ་ཚེར་མའི་སྟེང་དུ་བོར་བས་མ་ཐོགས། སྦྱད་པ་ཚེར་མའི་སྟེང་དུ་བོར་བས་ཐོགས་སོ། །དེ་མཐོང་ནས་བྲམ་ཟེ་དེས་ཁྱོད་མཐུ་ཆེ་བ་ཞིག་ཡིན་གྱིས་རིན་ཇི་ཙམ་བཞེད་པས་སྟོམས་ཤིག །ཅེས་ཟེར་བ་ལ་མེ་སྐྱེས་ཀྱིས་ཁྱོད་མགྲོན་པོ་ཡིན་པས་མཆོད་པའི་ཕྱིར་སྟོང་སྦྱིན་ནོ། །ཞེས་གར་ཤ་པ་ན་སྟོང་བྱིན་ནས་བྲམ་ཟེ་མགུ་བར་བྱས་སོ། །དེ་ནས་མེ་སྐྱེས་ཀྱིས་མ་སྦྱད་

པ་དེས་ཁྲུས་རས་བྱས། སྤྱོད་པ་དེ་ཁྱིའུ་ཞིག་ལ་བྱིན་ནོ། །དེས་ཁྲུས་རས་བསྐམས་པ་རླུང་གིས་ཁྱེར་ནས་རྒྱལ་པོ་གཟུགས་ཅན་སྙིང་པོའི་པང་དུ་ལྷུང་བ་དང་། འདི་ག་ལས་འོངས། བློན་པོ་ན་རེ། ང་ལས་ནུ་བཞིན་དུ་ན་བཟའི་ཆར་བབས་པས་རིན་པོ་ཆེའི་ཆར་ཡང་འབབ་བོ། རྒྱལ་པོས་མེ་སྐྱེས་ལ་ལྷ་མིའི་དཔལ་འབྱོར་བར་ལུང་བསྟན་གྱིས། དེ་བོས་ཤིག །བོས་ནས་བྱིན་པས་ཅུང་ཟད་བགད་ནས་རས་འདི་ནི་བདག་གི་ཁྲུས་རས་བསྐམས་པ་རླུང་གིས་ཁྱེར་བ་དེ་ལགས་སོ་ཞེས་ཞུས་པས། རྒྱལ་པོས་ཁྱེད་ཀྱིས་ཅི་ལྷ་(༨༢ན)མིའི་དཔལ་འབྱོར་ངམ། ཞེས་དྲིས་པ་ན། མེ་སྐྱེས་ཀྱིས་འབྱོར་ངོ་། །ཞེས་ཞུས་སོ། །རྒྱལ་པོས་མེ་སྐྱེས་ལ། ང་སྤྱན་མི་འདྲེན་ནམ་ཞེས་གསུངས་པ་ན། མེ་སྐྱེས་ཀྱིས་འདྲེན་ནོ། །ཞེས་ཞུས་ནས་རྒྱལ་པོ་ཁྱིམ་དུ་སྤྱན་དྲངས་པས་རྒྱལ་པོ་དེར་སོང་བ་དང་། བུད་མེད་ཀྱི་འཁོར་ཕྱི་པ་མཐོང་ནས་དབང་པོ་ཕྱིར་ལྡོག་པར་བྱེད་དོ། །དེ་ལ་མེ་སྐྱེས་ཀྱིས་རྒྱལ་པོ་ཅིའི་ཕྱིར་འདི་ལྟར་བགྱིད། ཅེས་ཞུས་པས་རྒྱལ་པོས་བུད་མེད་འདི་དག་ཁྱོད་ཀྱི་མནའ་མའོ། །དེའི་ཕྱིར་མིག་མི་ལྟ་བ་ཡིན་ནོ། །ཞེས་སྨྲས་པ་ན། མེ་སྐྱེས་ཀྱིས་མནའ་མ་མ་ལགས་ཏེ་ཕྱི་པའི་འཁོར་རོ། །ཞེས་སྨྲས་སོ། །དེ་ནས་ཡང་རྒྱལ་པོ་གཟུགས་ཅན་སྙིང་པོས་བུད་མེད་ཀྱི་འཁོར་བར་པ་མཐོང་ནས་དབང་པོ་ཕྱིར་ལྡོག་པར་བྱེད་དོ། །དེ་ལ་མེ་སྐྱེས་ཀྱིས་རྒྱལ་པོ་ལ་ཅིའི་ཕྱིར་འདི་ལྟར་བགྱིད་ཅེས་ཞུས་པས། རྒྱལ་པོས་བུད་མེད་འདི་དག་ཁྱོད་ཀྱི་མནའ་མའོ། །དེའི་ཕྱིར་མིག་མི་བལྟ་བ་ཡིན་ནོ། །ཞེས་སྨྲས་པ་ན། མེ་སྐྱེས་ཀྱིས་མནའ་མ་མ་ལགས་ཏེ་བུད་མེད་ཀྱི་འཁོར་བར་པ་ལགས་སོ་ཞེས་སྨྲས་སོ། །དེ་ནས་རྒྱལ་པོས་བར་སྒོ་ནས་རྫིང་ཆུས་གང་བ་ལ་ཉ་རྒྱུ་བ་ལྟ་བུའི་འཕྲུལ་འཁོར་མཐོང་ནས་ལྷམ་འབུད་པ་ན། མེ་སྐྱེས་ཀྱིས་རྒྱལ་པོ་ལ་ཅིའི་ཕྱིར་ལྷམ་འབུད་པར་མཛད་ཅེས་དྲིས་པ་ན་རྒྱལ་པོས་ཆུ་འབོག་པའོ། །ཞེས་ཟེར་བ་ན་མེ་སྐྱེས་ཀྱིས་ཆབ་མ་ལགས་ཏེ། རིན་པོ་ཆེའི་ས་གཞི་ཡིན་ལ། ཉ་ནི་འཕྲུལ་འཁོར་རོ། །ཞེས་ཞུས་ཀྱང་ཐུགས་མ་ཆེས་པ་ན། མེ་སྐྱེས་ཀྱིས་སོར་

གདུབ་བསྒྱུར་བས་ཀོ་ལ་ལ་ཟེར་ནས་སོང་བ་དང་ཡིད་ཆེས་ཏེ་སོང་ནས་རིན་པོ་ཆེའི་ཁྲི་ལ་བསྡད་པ་དང་། མནའ་མས་ཕྱག་འཚལ་བས་མཆི་མ་བྱུང་། (༧༢བ)དེ་ལ་རྒྱལ་པོས། ཅིའི་ཕྱིར་དུ། ཞེས་དྲིས་པ་ན། མེ་སྐྱེས་ཀྱིས་ང་བ་མིན་ཏེ་ཤིང་དུད་མནམ་པས་སོ། །ཞེས་སྨྲས་སོ། །དེར་རྒྱལ་པོ་གཟུགས་ཅན་སྙིང་པོ་ལྷ་མིའི་དཔལ་ལ་སྤྱོད་ཅིང་འདུག་པ་ན་རྒྱལ་པོའི་བྱ་བ་ཉམས་ནས་མ་སྐྱེས་དགྲས། ཡབ་རྒྱལ་པོ་ཚུར་སྤྱོན་ཞེས་སྤྲོན་དུ་བཏང་བ་ན་རྒྱལ་པོ་གཟུགས་ཅན་སྙིང་པོས་མ་སྐྱེས་དགྲ་ལ། ཁྱོད་ཀྱིས་ཞག་གཅིག་ཙམ་རྒྱལ་སྲིད་བྱེད་མི་ནུས་སམ་ཞེས་སྤྲིངས་པ་ན་མ་སྐྱེས་དགྲས། བདག་གིས་དགུང་བདུན་དུ་འཚལ་ལོ་ཞེས་ཞུས་སོ། །མེ་སྐྱེས་ན་རེ། དེ་ལེགས་ཏེ། མེ་ཏོག་ཁ་བྱེ་འཛུམ། ནོར་བུ་འོད་འབར་མི་འབར། བྱ་སྐད་འཁྱིན་མི་འཁྱིན་ལས་ཤེས་སོ། །མ་སྐྱེས་དགྲས་མེ་སྐྱེས་ཀྱི་ཁྱིམ་ནས་ནོར་བུ་ཞིག་བརྐུས་ནས་ཁྱིའུ་ཞིག་ལ་གཏད་པས། ནོར་བུ་དེ་རང་གནས་སུ་སོངས་ནས་མ་བྱུང་བ་ན་མ་སྐྱེས་དགྲས་ཁྱིའུ་དེ་བརྡེགས་པ་དང་། མེ་སྐྱེས་ཀྱིས་ཅི་ལ་བརྡེག །ཅེས་སྨྲས་པ་ན་མ་སྐྱེས་དགྲས། ང་རྐུན་མ་ཡིན་ན་ཁྱིའུ་འདི་དེ་བས་ཀྱང་རྐུན་ཆེན་ནོ། །ཞེས་སྨྲས་པ་ན་མེ་སྐྱེས་ཀྱིས་ཁྱིའུ་འདིས་རྐུས་པ་མ་ལགས་ཏེ་ནོར་བུ་དེ་རང་གནས་སུ་སོང་བ་ལགས། གཞོན་ནུ། ཅི་དགོས་པ་སྨོས་ཤིག །ཅེས་སྨྲས་པ་ན་མ་སྐྱེས་དགྲས་སྐྱེངས་ནས། ཕ་ཤི་བ་དང་དབང་ངོ་སྙམ་མོ། །མ་སྐྱེས་དགྲས་ཕ་སྲོག་དང་ཕྲལ། རང་རྒྱལ་པོར་སོང་བའི་ཚེ་ན། མེ་སྐྱེས། ཁྱོད་དང་ང་སྲུན་ཡིན་པས་ནོར་རྣམས་བགོའོ་ཞེས་ཟེར་བ་ན་མེ་སྐྱེས་སྐྲག་ནས། ནོར་རྣམས་ཁྱོད་མངའ་ན་བགོ་ཅི་འཚལ་དེར་གཤེགས་སུ་གསོལ་ཞེས་སྨྲས་པ་ན། མ་སྐྱེས་དགྲ་མགུ་ནས། ལེགས་ཟེར་ནས་བཟེས་པས་ལྷའི་ལོངས་སྤྱོད་དེ་མི་སྣང་བར་གྱུར་ནས་མེ་སྐྱེས་ཅན་(༧༣ན)དུ་སོང་། དེ་ལྟར་ལན་བདུན་དུ་གྱུར་པས་རྐུན་པོ་བཏང་ནས་འཇོགས་པ་དང་སྒྲ་བྱུང་ནས་མེ་སྐྱེས་ཀྱིས་འདུག་པར་གྱུར་ཅིག་སྙམ་དུ་བསམས་པས་དེ་ཉིད་ན་འཁོད་དོ། །མ་སྐྱེས་དགྲས། ཕོངས་ཤིག་

ཟེར་བས། འགྲོ་བར་གྱུར་ཅིག་སྙམ་དུ་བསམས་པས་སོང་ངོ་། །མི་སྐྱེས་ཀྱིས་བསམས་པ། མ་སྐྱེས་དགྲ་འདིས་རང་གི་ཕ་ཆོས་དང་ལྡན་པའི་རྒྱལ་པོའང་སྲོག་དང་བྲལ་བས་ན། བདག་ནི་གསོད་པར་འགྱུར་བ་གོར་མ་ཆག་གིས། བདག་ནི་བཅོམ་ལྡན་འདས་ཀྱིས་ངའི་བསྟན་པ་ལ་རབ་ཏུ་བྱུང་སྟེ་ཉོན་མོངས་པ་ཐམས་ཅད་སྤངས་པའི་དགྲ་བཅོམ་པ་ཉིད་མངོན་སུམ་དུ་བྱེད་པར་འགྱུར་རོ་ཞེས་ལུང་བསྟན་པ་ཡིན་པས་བཅོམ་ལྡན་འདས་ཀྱི་དྲུང་དུ་སོང་ལ་རབ་ཏུ་འབྱུང་ངོ་སྙམ་ནས་ལོངས་སྤྱོད་རྣམས་སྦྱིན་པར་བཏང་སྟེ། གང་ལ་འང་མ་ཆགས་པར་བཅོམ་ལྡན་འདས་ག་ལ་བ་དེར་སོང་སྟེ་ཕྱིན་ནས་བཅོམ་ལྡན་འདས་ཀྱི་ཞབས་གཉིས་ལ་མགོ་བོས་ཕྱག་འཚལ་ཏེ། མཐའ་གཅིག་ཏུ་འདུག་གོ། མཐའ་གཅིག་ཏུ་འདུག་ནས་ཁྱིམ་བདག་མི་སྐྱེས་ཀྱིས་བཅོམ་ལྡན་འདས་ལ་འདི་སྐད་ཅེས་གསོལ་ཏོ། །བཙུན་པ། བདག་ལེགས་པར་གསུངས་པའི་ཆོས་འདུལ་བ་ལ་རབ་ཏུ་འབྱུང་ཞིང་བསྙེན་པར་རྫོགས་པ་དགེ་སློང་གི་དངོས་པོ་ཐོབ་པ་དང་། བཅོམ་ལྡན་འདས་ཀྱི་སྤྱན་སྔར་བདག་ཚངས་པར་སྤྱད་པ་སྤྱོད་པར་འཚལ་ལོ། །དེ་ལ་བཅོམ་ལྡན་འདས་ཀྱིས་དགེ་སློང་ཚུར་ཤོག་ཚངས་པར་སྤྱད་པ་སྤྱོད་ཅིག་ཅེས་བཀའ་སྩལ་མ་ཐག་ཏུ་ནར་སྐྲ་བྲེ་ཞིང་སྣམ་སྦྱར་གྱོན་ནས། ལག་ཏུ་ལྷུང་བཟེད་དང་བྱ་མ་བུམ་དང་ལྡན་པ། སྐྲ་དང་ཁ་སྤུ་བྲེགས་ནས་ཞག་བདུན་ལོན་པ་ཙམ་དུ་གྱུར་ཅིང་། དགེ་སློང་བསྙེན་པར་རྫོགས་ནས་ལོ་བརྒྱ་(༨༣བ)ལོན་པའི་སྤྱོད་ལམ་ལྟ་བུར་གནས་པར་གྱུར་ཏོ། །དེ་བཞིན་གཤེགས་པས་ཚུར་ཤོག་བཀའ་སྩལ་པས། །སྐྲ་བྲེ་སྣམ་སྦྱར་གྱོན་པའི་ལུས་ལྡན་ཞིང་། །མོད་ལ་དབང་པོ་རབ་ཞིར་གནས་གྱུར་ཏེ། །སངས་རྒྱས་དགོངས་པས་ལུས་གཟུགས་བཀབ་པར་གྱུར། །བཅོམ་ལྡན་འདས་ཀྱིས་དེ་ལ་ལུང་ཕོག་ནས། དེས་རྩོལ་བ་དང་། འབད་པ་དང་། བསྒྲིམ་པ་བྱས་པས། འཁོར་བའི་འཁོར་ལོ་ཆ་ལྔ་པ། གཡོ་བ་དང་མི་གཡོ་བ་འདི་ཉིད་རིག་སྟེ། འདུ་བྱེད་ཀྱི་རྣམ་པ་ཐམས་ཅད་ཉམས་པ་དང་། ལྷུང་བ་དང་།

རྣམ་པར་འཕྲོར་བ་དང་། རྣམ་པར་འཛིག་པའི་ཆོས་ཉིད་ཀྱིས་བཅོམ་ནས་ཉོན་མོངས་པ་ཐམས་ཅད་སྤངས་པའི་དགྲ་བཅོམ་པ་ཉིད་མངོན་སུམ་དུ་བྱས་ཏེ། དགྲ་བཅོམ་པ་ཁམས་གསུམ་པའི་འདོད་ཆགས་དང་བྲལ་བ། བོང་བ་དང་གསེར་དུ་མཉམ་པ། ནམ་མཁའ་དང་ལག་མཐིལ་དུ་མཉམ་པའི་སེམས་དང་ལྡན་པ། སྟེའུ་དང་ཙན་དན་དུ་མཉམ་པ། རིག་པས་སྒོ་ངའི་སྦུབས་དྲལ་བར་གྱུར་ཅིང་། རིག་པ་དང་མངོན་པར་ཤེས་པ་དང་སོ་སོ་ཡང་དག་པར་རིག་པ་ཐོབ་པ། སྲིད་པ་འདོད་པའི་རྙེད་པ་དང་བཀུར་སྟི་ལ་རྒྱབ་ཀྱིས་ཕྱོགས་པ། དབང་པོ་དང་ཉེ་དབང་དང་བཅས་པའི་ལྷ་རྣམས་ཀྱིས་མཆོད་པར་བྱ་བ་དང་། རྗེད་པར་བྱ་བ་དང་། གུས་པར་སྨྲ་བར་བྱ་བར་གྱུར་ཏོ། །གནས་བརྟན་བདག་ཉིད་ཆེན་པོ་འདི་འཁྲུངས་པའི་ཚེ་མིའི་མངལ་སྐྱོ་མ་འཁྲིམས་པར་མིའི་ནང་དུ་མའི་ལྟོ་བའི་ཡན་ལག་ནས་བྱུང་བ་ཡིན་པས་ན་ཡན་ལག་འབྱུང་ཞེས་བརྗོད་པ་ཡིན་ལ། འདི་གཞོན་ནུའི་སྐབས་སུ་ཤིན་ཏུ་སྡུག་ཞིང་བློ་རྣོ་བར་ཡོད་པས་ན་ཟུར་གྱིས་ཤེས་སུ་ཡང་གྲགས་སོ། །གནས་བརྟན་ཆེན་པོ་འདི་མིའི་(༨༧ན)ནང་དུ་འཁྲུངས་པ་དང་། ཁྱིམ་དུ་བཞུགས་པའི་ཚེ་ལྷའི་དཔལ་འབྱོར་བྱུང་བ་དང་། མཐར་དགྲ་བཅོམ་པ་ཐོབ་པ་སོགས་ཀྱི་རྒྱུ་སྔོན་པ་ལ་ཞུས་པས། སྟོན་པ་ཐུབ་པའི་དབང་པོས་འདི་ལྟར་ལུང་བསྟན་ཏེ། སངས་རྒྱས་རྣམ་གཟིགས་འཇིག་རྟེན་དུ་བྱོན་པའི་ཚེ། ཕོ་བྲང་རྩ་ལག་ཅན་ན་རྒྱལ་པོ་མཉེན་ལྡན་ཞེས་བྱ་བ་རྒྱལ་སྲིད་བྱེད་དོ། །ཁྱིམ་བདག་ཉེས་མེད་ཅེས་བྱ་བས་སངས་རྒྱས་རྣམ་གཟིགས་ལ་ཟླ་བ་གསུམ་དུ་བསྙེན་བཀུར་བྱེད་པར་ཞུས་པས་གནང་ངོ་། །དེའི་རྗེས་སུ་རྒྱལ་པོ་མཉེན་ལྡན་གྱིས་སངས་རྒྱས་རྣམ་གཟིགས་ལ་ཟླ་བ་གསུམ་དུ་བསྙེན་བཀུར་བྱེད་པར་ཞུས་པས། སངས་རྒྱས་རྣམ་གཟིགས་ཀྱིས་ཉེས་མེད་ཀྱིས་སྤྱན་དྲངས་ཟིན་ཏོ། །ཞེས་བཀའ་སྩལ་པ་ན་རྒྱལ་པོ་མཉེན་ལྡན་གྱིས་བཅོམ་ལྡན་འདས་ཀྱིས་གནང་ན་ཉེས་མེད་འདྲང་བར་བགྱིའོ། །ཞེས་ཞུས་པས་སངས་རྒྱས་རྣམ་གཟིགས་ཀྱིས་དེ་

ལྟར་བྱའོ་ཞེས་ཞལ་གྱིས་བཞེས་པ་ན། རྒྱལ་པོས་ཉེས་མེད་པོས་ནས། ངས་དང་པོར་གསོལ་ནས། ཁྱོད་ཕྱིས་གསོལ་ན་གནོད་པ་མེད་དམ། ཞེས་དྲིས་པ་ན་ཁྱིམ་བདག་ཉེས་མེད་ཀྱིས། བདག་གིས་སྤྱན་དྲངས་ཟིན་པས་སྔོན་ལ་གསོལ་ལོ་ཞེས་བྱས་པས་རྒྱལ་པོས་འོ་ན་གང་བཟང་བས་སྔོན་ལ་གསོལ་ལོ། །ཞེས་སྨྲས་པ་ན། ཁྱིམ་བདག་ཉེས་མེད་ཀྱིས་དེ་ལྟར་བགྱིའོ། །ཞེས་སྨྲས་སོ། །དེ་ནས་སང་ཉེས་མེད་ཀྱིས་གདུགས་ཚོད་བསོད་པས་ཚིམ་པར་བྱས། དེའི་རྗེས་ལ་རྒྱལ་པོས་དྲངས་པས་མཉམ་པས་ཕམ་རྒྱལ་མེད་པས་རྒྱལ་པོ་ཡིད་ཁོང་དུ་ཆུད་པ་དང་། སློན་པོ་དག་གིས། ལྷ་ཅིའི་སླད་དུ་ཁྱོད་སེམས་ཁོང་དུ་(༨༢བ)ཆུད་ཅིང་བཞུགས་ཞེས་དྲིས་པ་ན། རྒྱལ་པོས་སྨྲས་པ། ང་རང་གི་ཡུལ་གྱི་གྲོང་མི་གང་ཡིན་པ་དེ་ཡང་གདུགས་ཚོད་ལྷག་པར་བཟང་པོས་ཕམ་པར་མ་ནུས་ན་ཅིའི་ཕྱིར་སེམས་ཁོང་དུ་མི་ཆུད། ཅེས་སྨྲས་པས། སློན་པོ་དེ་དག་གིས་སྨྲས་པ། ལྷ། ཤིང་འཚོང་པ་དགག་དང་། དེ་ལྟར་ན་ཁྱིམ་བདག་ཉེས་མེད་ལ་ཤིང་མི་འགྱོར་བས་ལྷ་ཉིད་ཀྱི་གདུགས་ཚོད་བཟང་པོ་གསོལ་ནུས་པར་འགྱུར་རོ། །ཞེས་སྨྲས་པ་ན། རྒྱལ་པོས་དེ་དག་གི་ངག་མཉན་ཏེ། ངའི་ཡུལ་དུ་སུས་ཀྱང་ཤིང་བཙོང་བར་མི་བྱའོ་ཞེས་ཤིང་འཚོང་བ་བཀག་གོ །བཀག་ནས་དེ་ལ་ཤིང་འཚོང་བ་མེད་པ་དང་། ཁྱིམ་བདག་ཉེས་མེད་ཀྱིས་སྤོས་ཀྱི་ཤིང་གིས་གདུགས་ཚོད་གཡོས། འབྲུ་མར་དྲི་ཞིམ་པོས་བརླན་པའི་ནས་ཀྱི་བག་ཚོས་བཙོས་པས་དྲི་ཞིམ་པོས་གྲོང་ཁྱེར་ཐམས་ཅད་ཁྱབ་པས། རྒྱལ་པོས་འདི་ལྟ་བུའི་དྲི་ཞིམ་པ་ཅི་ཡིན་ཞེས་དྲིས་པས། སློན་པོ་རྣམས་ཀྱིས་ཁྱིམ་བདག་ཉེས་མེད་ཀྱིས་སྤོས་དྲི་ཞིམ་པོའི་ཤིང་གིས་མེ་སྦར་ཏེ་དྲི་ཞིམ་པོའི་འབྲུ་མར་གྱི་བག་ཚོས་སྦྱར་བས་གྲོང་ཁྱེར་ཐམས་ཅད་དྲི་ཞིམ་པོས་ཁྱབ་པ་འདི་ལྟར་རོ། །ཞེས་ཞུས་པ་ན། རྒྱལ་པོས་ང་ཡང་དེ་བཞིན་བྱེད་དོ་ཞེས་གསུངས་པས། སློན་པོ་རྣམས་ཀྱིས། ལྷ། ཁྱིམ་བདག་ནི་བུ་མ་མཆིས་པས་ཤི་མ་ཐག་ནོར་ཁྱེད་མངའ་བར་འགྱུར་གྱི། ཤིང་འཚོང་བ་གནང་བར་མཛོད་ཅིག་ཅེས་ཞུས་

ནས་ཞིང་འཚོང་བ་གནང་བ་དང་། ཉེས་མེད་ཀྱིས་ཐོས་ནས། རྒྱལ་པོ་མ་དང་ལྷན་ཅིག་སྲེག་ཀྱང་ཚོག་པའི་ཞིང་ཡོད་དོ་ཞེས་བརྗོད་དོ། །རྒྱལ་པོ་ཡིད་ཁོང་དུ་ཆུད་པ་དང་། བློན་པོ་རྣམས་ཀྱིས་སྨྲས་པ། དེ་ལྟར་མ(༧༥ན)མཛད། ཉེས་མེད་ཀྱིས་བཤམས་པའི་མཆོད་པ་ཐམས་ཅད་ཟིལ་གྱིས་གནོན་ནུས་པ་ཞིག་བཤམ་མོ་ཞེས་སྨྲས་ནས་ལྷའི་གྲོང་ཁྱེར་དང་འདྲ་བའི་གཞལ་ཡས་ཁང་བཀོད་པ་བཤམས་ནས་སངས་རྒྱས་རྣམ་གཟིགས་སྤྱན་དྲངས་ཏེ། སངས་རྒྱས་རྣམ་གཟིགས་ཀྱི་དབུའི་སྟེང་དུ་གླང་པོ་ཆེའི་གཙོ་བོས་རྩིབས་བརྒྱ་དང་ལྡན་པའི་གདུགས་བཟུང་། དགེ་སློང་གཞན་གྱི་སྟེང་དུ་གླང་པོ་ཆེ་གཞན་གྱིས་གདུགས་བཟུང་། སངས་རྒྱས་རྣམ་གཟིགས་ཀྱི་སྤྱན་སྔར་བཙུན་མོ་དམ་པས་བསིལ་ཡབ་གཡོབ་དགེ་སློང་གཞན་ལ་བཙུན་མོ་གཞན་གྱིས་གཡོབ་ཏུ་བཅུག་གོ །དེ་ཉེས་མེད་ཀྱིས་རྟོག་ཙན་དང་རང་གིས་བརྟགས་པས་ཤེས་ནས། གཞན་ནུས་ཏེ། གླང་པོ་ཆེ་དང་བཙུན་མོ་མི་འཁྱེར་སྙམ་དུ་མྱ་ངན་བྱེད་པ་དང་། བརྒྱ་བྱིན་གྱིས་དེ་ཤེས་ནས་བསམས་པ། འཛིག་རྟེན་ན་མཆོད་གནས་གང་ཡིན་པ་དེ་དག་གི་ནང་ན་ནི་སངས་རྒྱས་རྣམ་པར་གཟིགས་པ་མཆོག་ཡིན་ལ། སྦྱིན་བདག་གང་ཡིན་པ་དེ་དག་གི་ནང་ན་ནི་ཁྱིམ་བདག་ཉེས་མེད་མཆོག་ཡིན་པས། དེའི་གྲོགས་བྱའོ་སྙམ་ནས་བདག་ཉིད་བྲམ་ཟེར་བསྒྱུར་ཏེ་ཁྱིམ་བདག་ཉེས་མེད་ཀྱི་ཁྱིམ་ག་ལ་བ་དེར་ཕྱིན་ནས། ཉེས་མེད་ལ་སྨྲས་པ། ཅིའི་ཕྱིར་མྱ་ངན་བྱེད། ཉེས་མེད་ཀྱིས་སྨྲས་པ། མྱ་ངན་སེལ་མི་ནུས་པས་མི་བརྗོད་དོ། །བརྒྱ་བྱིན་གྱིས་སྨྲས་པ། ཁྱོད་ཀྱི་མྱ་ངན་ཁོ་བོས་སེལ་ནུས་སོ། །ཞེས་སྨྲས་པ་ན། ཁྱིམ་བདག་ཉེས་མེད་ཀྱིས་སྨྲས་པ། ཁོ་བོས་སངས་རྒྱས་རྣམ་གཟིགས་འཁོར་དང་བཅས་པ་མཆོད་པར་འདོད་ན། སངས་རྒྱས་འཁོར་བཅས་ལ་བསིལ་ཡབ་གཡོབ་པའི་བཙུན་མོ་(༧༥བ)དང་། དབུའི་སྟེང་དུ་གདུགས་འཛིན་པའི་གླང་པོ་ཆེ་དག་མེད་ལ། རྒྱལ་པོ་མཉེན་ལྡན་ལ་ནི་དེ་དག་ཡོད་པས་ཁོ་བོ་ལ་སངས་རྒྱས་འཁོར་བཅས་མཆོད་པའི་དབང་

མ་བྱུང་བས་ཡིད་ཁོང་དུ་ཆུད་པ་ཡིན་ནོ་ཞེས་བརྗོད་པས་བརྒྱ་བྱིན་གྱིས་ལྷའི་བཟོ་བོ་ལས་ཐམས་ཅད་པ་ཁྱིམ་བདག་ཉེས་མེད་ཀྱི་གྲོགས་ལ་བཏང་ངོ་། །དེས་སྔར་བས་ཆེས་ཁྱད་པར་དུ་འཕགས་པའི་གྲོང་ཁྱེར་དང་ཞལ་ཟས་བཤམས། སངས་རྒྱས་རྣམ་གཟིགས་ཀྱི་དབུའི་སྟེང་དུ་གླང་པོ་ཆེ་ས་སྲུང་གིས་རྩིབས་བརྒྱ་དང་ལྡན་པའི་གདུགས་འཛིན་དུ་བཅུག །དགེ་སློང་གཞན་རྣམས་ལ་ལྷའི་གླང་པོ་ཆེ་གཞན་གྱིས་གདུགས་འཛིན་དུ་བཅུག །སྟོན་པའི་སྤྱན་སྔར་བརྒྱ་བྱིན་གྱི་བཙུན་མོ་བདེ་སོགས་མས་བསིལ་ཡབ་གཡོབ་གཞན་ལ་ལྷའི་བཙུན་མོ་གཞན་གྱིས་གཡོབ་ཏུ་བཅུག་གོ །རྒྱལ་པོས་བལྟ་རུ་བཏང་བ་ཐམས་ཅད་ཡ་མཚན་ནས་དེ་ཉིད་དུ་བསྡད་པ་དང་། རྒྱལ་པོ་ཉིད་སོང་སྟེ་སྒོར་བསྡད་པས། སངས་རྒྱས་རྣམ་གཟིགས་ཀྱིས་ཁྱིམ་བདག་ཉེས་མེད་ལ། ཁྱོད་ཀྱིས་རྒྱལ་པོ་བདེན་པ་མཐོང་བ་ལ་ཚིག་རྩུབ་སྨྲས་ཀྱིས། རྒྱལ་པོ་སྒོ་ན་འདུག་གིས་སོང་ལ་བཟོད་པར་གསོལ་ཅིག །ཅེས་བཀའ་སྩལ་པ་ན། དེས་སྒོར་སོང་སྟེ་རྒྱལ་པོ་ལ་བཟོད་པར་གསོལ་ནས། ལྷ། ནང་དུ་གཤེགས་ནས་ཉིད་ཀྱི་ཕྱག་ནས་བྲིམ་པར་མཛོད་ཅིག །ཅེས་ཞུས་པ་ན། རྒྱལ་པོ་མཉེན་ལྡན་ནང་དུ་སོང་ནས་བལྟས་པས། ལྷའི་འཁོར་པ་མཐོང་བས་ངོ་མཚར་ཏེ། ཁྱོད་གཅིག་པུས་གདུགས་ཚོད་གསོལ་བར་རིགས་ཀྱི། ཁོ་བོ་མ་ཡིན་ནོ་ཞེས་ཟེར་རོ། །ཉེས་མེད་ཀྱིས་སངས་རྒྱས་རྣམ་གཟིགས་ལ་ཕྱག་(༤༤ན)འཚལ་ནས། དགེ་བ་འདིས་བདག་ཕྱུག་ཅིང་ལོངས་སྤྱོད་ཆེ་བར་སྐྱེ་ཞིང་། ཆོས་ཚུལ་འདི་ལྟ་བུ་ཐོབ་ནས་འདི་ལྟ་བུའི་སྟོན་པ་མཉེས་པར་བྱེད་པར་གྱུར་ཅིག །ཅེས་སྨོན་ལམ་བཏབ་པས་ད་ལྟ་ཕྱུག་ཅིང་ལོངས་སྤྱོད་ཆེ་བ་དང་མཉེས་པར་བྱས་ནས་ཆོས་ཐོས་ཏེ་འབྲས་བུ་ཐོབ་པའི་བར་འདི་ལྟ་བུ་བྱུང་བ་ཡིན་ལ། རྒྱལ་པོ་ལ་ཚིག་རྩུབ་སྨྲས་པས་ཚེ་རབས་ལྔ་བརྒྱར་མ་དང་ལྷན་ཅིག་བསྲེགས་ཤིང་ད་ལྟའང་བསྲེགས་སོ། །ཞེས་འདུལ་བ་ལུང་ལས་གསུངས་ཤིང་། གནས་བརྟན་བདག་ཉིད་ཆེན་པོ་འདི་དགུང་ལོ་ཉི་ཤུ་རྩ་བདུན་པ་ལ་བཅོམ་ལྡན་འདས་དགུང་ལོ་རེ་དགུ་བཞེས་པའི་དུས་

ཀྱི་ཚུར་ཤོག་གིས་བསྙེན་པར་རྫོགས་ཏེ་དགྲ་བཅོམ་པ་ཐོབ་པ་ཡིན་པར་སྟོན་གྱི་རྟོགས་བརྗོད་འགའ་ཞིག་ལས་བཤད་དོ། །གནས་བརྟན་ཆེན་པོ་འདིས་མེའི་ནང་དུ་འབྲུངས་པའི་མཛད་པ་བསྟན་པ་སོགས་མཛད་པ་གང་མཛད་པ་འདི་དག་ཐམས་ཅད་གདུལ་བྱ་རྣམས་ལ་འདོམས་པའི་ཕྱིར་མཛད་པ་ཤ་སྟག་སྟེ། ཕྱི་རོལ་མུ་སྟེགས་པའི་བསྟན་པ་ནི་ཐར་འདོད་རྣམས་བསླུ་བར་བྱེད་པ་དང་། ཉོན་མོངས་པ་བརྟན་པར་བྱེད་པ་དང་། གདུལ་བྱ་བློ་གྲོས་ཅན་རྣམས་ཞེ་ཁྲེལ་བར་འགྱུར་བ་ཡིན་ལ། རྒྱལ་བའི་བསྟན་པ་ནི་ནམ་ཡང་བསླུ་བ་མེད་པ་དང་། ཐར་འདོད་རྣམས་ཀྱི་འདོད་པའི་དོན་འགྲུབ་པར་བྱེད་པ་དང་། བསྲེགས་བཅད་བརྡར་བའི་གསེར་བཞིན་དུ་ཇི་ཙམ་བརྟགས་ཀྱང་སྐྱོན་མེད་པ་དང་། མཁས་པ་རྣམས་དགའ་བ་སྐྱེད་པར་འགྱུར་བ་དང་། བསམས་ཤིང་བསམས་ཤིང་གུས་པ་སྐྱེ་བར་འགྱུར་བ་ཡིན་ནོ་ཞེས་འདོམས་པ་དང་། (༨༨བ)རང་གིས་ལས་བཟང་པོ་བསགས་ན་དེ་ནི་སུས་ཀྱང་དགྲོག་ཏུ་མེད་དོ་ཞེས་འདོམས་པ་དང་། སྟོན་པ་ཐུབ་པའི་དབང་པོ་དང་མཇལ་བ་ནི་དོན་ཤིན་ཏུ་ཆེའོ་ཞེས་འདོམས་པ་དང་། རང་ལ་བློ་གཏད་པའི་འཁོར་དང་གྲོགས་ལ་སོགས་པ་རྣམས་ཀྱང་རྒྱལ་བའི་བསྟན་པ་ལ་གཞུག་པར་བྱ་དགོས་སོ་ཞེས་འདོམས་པ་དང་། འཁོར་པ་ཅན་རྣམས་དཀོན་མཆོག་མཆོད་པ་ལ་བསྐུལ་དགོས་སོ་ཞེས་འདོམས་པ་སོགས་ཀྱི་ཕྱིར་དུ་མཛད་པ་དེ་ལྟར་བསྟན་ཏོ། །

།ཁ༢ གནས་བརྟན་ཆེན་པོ་མ་ཕམ་པའི་རྟོགས་པ་བརྗོད་པ།

གཉིས་པ་གནས་བརྟན་ཆེན་པོ་མ་ཕམ་པའི་རྟོགས་པ་བརྗོད་པ་ནི། གནས་བརྟན་ཆེན་པོ་འདི་གང་དུ་འབྲུངས་པའི་ཡུལ་ནི་མཉན་ཡོད་དེ། མཉན་ཡོད་ན་ཁྱིམ་བདག་ལེགས་པར་རབ་སད་ཅེས་བྱ་བ་ཕྱུག་ཅིང་ནོར་མང་བ་ཞིག་ཡོད་པ་དེས་རིགས་མཉམ་པ་ལས་ཆུང་མ་བླངས་ཏེ་ལྷན་ཅིག་གནས་པ་ལས། ནམ་ཞིག་ན་སེམས་

ཅན་སྲིད་པ་ཐ་མ་པ་ཞིག་དེའི་ཆུང་མའི་མངལ་དུ་ཞུགས་སོ། །དེ་ནས་ཟླ་བ་དགུའམ་བཅུ་ལ་བབ་པ་ན་ཁྱེའུ་གཟུགས་བཟང་བ་བལྟ་ན་སྡུག་པ་ཞིག་བཙས་ཏེ། ཁྱེའུ་དེ་བཙས་པ་དང་དུས་མཉམ་དུ་བསོད་ནམས་ཀྱི་མཐུས་གསེར་གྱི་སླང་པོ་ཆེ་རིན་པོ་ཆེའི་ཕུང་པོ་གཅིག་ཏུ་བསྡུས་པ་ལྟ་བུ་ཞིག་ཀྱང་སྐྱེས་སོ། །དེ་ནས་ཁྱེའུ་དེ་མཐུན་པའི་དངོས་པོ་དག་གིས་བསྐྱེད་བསྲིངས་ཏེ་རྫིང་གི་ནང་གི་པདྨ་བཞིན་དུ་ལུས་ཀྱི་སྟོབས་ཆེས་ཆེར་རྒྱས་ཏེ་བསྐྱེད་དྲག་པར་གྱུར་ཏོ། །དེའི་ཚེ་རྒྱལ་པོ་གསལ་རྒྱལ་གྱི་བཙུན་མོ་ལ་བུ་མོ་གཟུགས་བཟང་ཞིང་མཛེས་པ་ལུས་ལ་ཆོས་གོས་ཀྱི་དབྱིབས་ལྟ་བུའི་རྟགས་དང་ལྡན་པ་ཞིག་སྐྱེས་པས་དེའི་མིང་དུ་བུ་མོ་ཆོས་གོས་ཅན་ཞེས་ཀུན་ཏུ་(༤༧ན)གྲགས་སོ།

།ནམ་ཞིག་ན་ཁྱིམ་བདག་ལེགས་པར་རབ་སད་ཀྱི་བུ་དེ་དང་། རྒྱལ་པོ་གསལ་རྒྱལ་གྱི་བུ་མོ་ཆོས་གོས་ཅན་གཉིས་སྐྱིད་མོས་ཚལ་ཞིག་ཏུ་ལྷན་ཅིག་འདུས་སོ། །དེ་ནས་ཁྱིམ་བདག་ལེགས་པར་རབ་སད་ཀྱི་བུ་དེས་རང་གི་སླང་པོ་ཆེ་དེ་ལ་མཆེ་བ་ཟུང་བླངས་ནས་རྒྱལ་པོ་གསལ་རྒྱལ་ལ་ཕུལ་ལོ། །དེ་ཕུལ་བས་རྒྱལ་པོ་གསལ་རྒྱལ་སླང་པོ་རིན་པོ་ཆེའི་མཆེ་བ་འཇིག་རྟེན་ན་དཀོན་པ་ངོ་མཚར་ཆེ་བ་དེས་ལྷག་པར་དགའ་མགུ་ནས་བུ་དེ་ལ་ལྷག་པར་བྱམས་པར་བྱེད་དོ། །སླར་ཡང་ཁྱིམ་བདག་ལེགས་པར་རབ་སད་ཀྱི་བུས་རང་གི་སླང་པོ་ཆེ་ལ་མཆེ་བ་གསར་པ་སྐྱེས་པ་ཟུང་གཅིག་ཀྱང་བླངས་ནས་རྒྱལ་པོ་གསལ་རྒྱལ་ལ་ཕུལ་ལོ། །དེ་ཕུལ་བས་རྒྱལ་པོ་གསལ་རྒྱལ་ལྷག་པར་མགུ་ནས་བུ་དེ་ལ་འདི་སྐད་སྨྲས་ཏེ། ཁྱོད་ཅི་འདོད་པའི་མཆོག་སློངས་ཤིག་གང་འདོད་པ་དེ་ངས་སྦྱིན་ནོ། །ཞེས་སྨྲས་པ་ན་ཁྱིམ་བདག་ལེགས་པར་རབ་སད་ཀྱི་བུས་རྒྱལ་པོ་གསལ་རྒྱལ་ལ་བུ་མོ་ཆོས་གོས་ཅན་བདག་ལ་སྩོལ་ཅིག་ཅེས་ཞུས་པས་རྒྱལ་པོས་ཀྱང་བུ་མོ་དེ་དེ་ལ་བྱིན་ནོ། །དེ་ནས་དེ་གཉིས་ཁྱོ་ཤུག་ཏུ་འདུས་ཏེ་གནས་པ་ན་གསེར་གྱི་སླང་པོ་རིན་པོ་ཆེ་དེ་ལས་ཅི་འདོད་འབྱུང་བས་ལོངས་སྤྱོད་གང་གིས་ཀྱང་ཕོངས་པ་དང་གཞན་ལས་ཕམ་པ་མེད་པས་མ་ཕམ་

པར་གྲགས་སོ། །དེ་ནས་ནམ་ཞིག་ན་རྒྱལ་པོ་གསལ་རྒྱལ་གྱིས་ཁྱིམ་བདག་ལེགས་པར་རབ་སད་ཀྱི་བུ་མ་ཕམ་པ་དང་བུ་མོ་ཆོས་གོས་ཅན་གཉིས་ཀ་ཁྲིད་ནས་བཅོམ་ལྡན་འདས་ལ་ཕུལ་བས། བཅོམ་ལྡན་འདས་ཀྱིས་དགེ་སློང་ཚུར་ཤོག་ཚངས་པར་སྤྱོད་པ་སྤྱོད་ཅིག་(༨༧བ)ཅེས་བཀའ་སྩལ་མ་ཐག་པོ་ནར་སྐྲ་བྲི་ཞིང་རྣམ་སྨྱུར་གྱོན་ནས། ལག་ཏུ་ལྷུང་བཟེད་དང་བྱ་མ་བུམ་དང་ལྡན་པ། སྐྲ་དང་ཁ་སྤུ་བྲེགས་ནས་ཞག་བདུན་ལོན་པ་ཙམ་དུ་གྱུར་ཅིང་། དགེ་སློང་བསྙེན་པར་རྫོགས་ནས་ལོ་བརྒྱ་ལོན་པའི་སྤྱོད་ལམ་ལྟ་བུར་གནས་པར་གྱུར་ཏོ། །དེ་བཞིན་གཤེགས་པས་ཚུར་ཤོག་བཀའ་སྩལ་པས། །སྐྲ་བྲི་རྣམ་སྨྱུར་གྱོན་པའི་ལུས་ལྡན་ཞིང་། །མིད་ལ་དབང་པོ་རབ་ཞིར་གནས་གྱུར་ཏེ། །སངས་རྒྱས་དགོངས་པས་ལུས་གཟུགས་བཀབ་པར་གྱུར། །དེ་ལྟར་དེ་གཉིས་ཀ་ཚུར་ཤོག་གིས་བསྙེན་པར་རྫོགས་པར་མཛད་པས་གཉིས་ཀས་བདེན་པ་མཐོང་ཞིང་། ལྷག་པར་མ་ཕམ་པས་འཁོར་བའི་འཁོར་ལོ་འདི་ཉིད་གཡོ་ཞིང་མི་རྟག་པར་རིག་ནས། འདུ་བྱེད་ཀྱི་རྣམ་པ་ཐམས་ཅད་ཉམས་པ་དང་། ལྷུང་བ་དང་། རྣམ་པར་འཐོར་བ་དང་། རྣམ་པར་འཇིག་པའི་ཆོས་ཅན་ཡིན་པར་རིག་སྟེ། ཉོན་མོངས་པ་ཐམས་ཅད་སྤངས་ནས་དགྲ་བཅོམ་པ་ཉིད་མངོན་སུམ་དུ་བྱས་ཏེ་དགྲ་བཅོམ་པ་ཁམས་གསུམ་པའི་འདོད་ཆགས་དང་བྲལ་བར་གྱུར་ནས། གསེར་དང་བོང་བར་མཉམ་པ། ནམ་མཁའ་དང་ལག་མཐིལ་དུ་འདྲ་བའི་སེམས་དང་ལྡན་པ། ཙན་དན་སྤངས་པ་ལྟ་བུར་བསིལ་བར་གྱུར་པ། རིག་པས་སྒོ་ངའི་སྦུབས་བཅོམ་པ། རིག་པ་དང་མངོན་པར་ཤེས་པ་དང་སོ་སོ་ཡང་དག་པ་རིག་པ་ཐོབ་པ། སྲིད་པའི་རྙེད་པ་དང་ཆགས་པ་དང་བཀུར་སྟི་ལ་མི་ལྟ་བ་དང་། དབང་པོ་དང་ཉེ་དབང་དང་བཅས་པའི་ལྷ་རྣམས་ཀྱིས་མཆོད་ཅིང་། རྫེད་པ་དང་གུས་པར་སྨྲ་བའི་གནས་ཐོབ་པར་གྱུར་ཏོ། །དེའི་ཚེ་སྟོན་པས་(༨༨ན)ངའི་དགེ་སློང་མ་ཕམ་པ་འདི་ནི་བསོད་ནམས་ཆེ་བའི་མཆོག་ཡིན་ནོ་ཞེས་བསྔགས་སོ། །གནས་བརྟན་ཆེན་

པོ་མ་ཕམ་པ་འདིས་སྟོན་པའི་བཀའ་དྲིན་དྲན་པའི་སྒོ་ནས་སེམས་ཅན་གྱི་དོན་རྒྱ་ཆེན་པོ་མཛད་ཅིང་སྟོན་པའི་བཀའ་བཞིན་དུ་བསྒྲུབས་ཏེ་ཇི་སྲིད་སྐྱེ་དགུའི་ཚེ་ལོ་ཡར་འཕེལ་གྱི་བར་དུ་ཐུབ་པའི་བསྟན་པ་སྤེལ་བར་མཛད་པའི་ཚུལ་ལ་སོགས་པ་ནི་འོག་ཏུ་འཆད་དོ། །གནས་བརྟན་ཆེན་པོ་འདིས་མཛད་པ་འདི་ལྟར་མཛད་པ་འདི་དག་ཀྱང་གདུལ་བྱ་རྣམས་ལ་གདམས་ངག་འདོམས་པའི་ཕྱིར་མཛད་པ་ཤ་སྟག་སྟེ་བསོད་ནམས་བྱས་པའི་ལས་ཀྱི་འབྲས་བུ་ནི་སུས་ཀྱང་དགྲོག་མི་ནུས་པས་རང་ལ་ཕུན་སུམ་ཚོགས་པ་རྒྱ་ཆེན་པོ་འབྱུང་བར་འགྱུར་རོ། །ཞེས་འདོམས་པ་དང་། གྲོགས་བཟང་པོ་དང་འཕྲད་པ་ནི་དོན་ཆེའོ་ཞེས་འདོམས་པ་དང་། རྒྱལ་བའི་བསྟན་པ་དང་མཇལ་བ་ནི་བདེ་ལེགས་ཐམས་ཅད་ཀྱི་འབྱུང་གནས་ཡིན་པས་བློ་གྲོས་དང་ལྡན་པ་དག་གིས་ཁྱིམ་གྱི་འདུ་འཛི་ལ་མ་ཆགས་པར་རྒྱལ་བའི་བསྟན་པ་ལ་ངེས་པར་འཇུག་དགོས་སོ་ཞེས་འདོམས་པ་དང་། རྒྱལ་བའི་བསྟན་པ་ལ་ཞུགས་ནས་ཀྱང་རྒྱལ་བས་ཇི་ལྟར་གསུངས་པ་ལྟར་བསྒྲུབས་ཏེ་སྟོན་པ་མཉེས་པར་བྱ་དགོས་སོ་ཞེས་འདོམས་པ་དང་། དབེན་པའི་གནས་སུ་ནང་དུ་དྲན་པ་ཡང་དག་པར་བཞག་སྟེ་སེམས་རྩེ་གཅིག་ཏུ་གནས་པར་བྱ་བ་དང་། གང་དུའང་མི་གཡེང་བའི་སེམས་ཀྱིས་གནས་ལུགས་ལ་མཉམ་པར་བཞག་(༨༤བ)སྟེ་འབྲས་བུ་ཐོབ་པར་བྱ་དགོས་སོ་ཞེས་འདོམས་པ་སོགས་ཐ་ན་སྐུའི་རྣམ་འགྱུར་ཙམ་གྱིས་ཀྱང་གདུལ་བྱ་རྣམས་ལ་ཐབས་ཀྱིས་འདོམས་པར་མཛད་དོ། །

ཁ༣ གནས་བརྟན་ཆེན་པོ་ནགས་ན་གནས་ཀྱི་རྟོགས་པ་བརྗོད་པ།

གསུམ་པ་གནས་བརྟན་ཆེན་པོ་ནགས་ན་གནས་ཀྱི་རྟོགས་པ་བརྗོད་པ་ནི། གནས་བརྟན་ཆེན་པོ་འདི་གང་དུ་འཁྲུངས་པའི་ཡུལ་ནི་ཀོ་ས་ལ་སྟེ། ཡུལ་ཀོ་ས་ལར་བྲམ་ཟེ་བཟའ་མི་གཉིས་ཀྱི་སྲས་སུ་སྐུ་འཁྲུངས། རིམ་གྱིས་ལུས་ཀྱི་སྟོབས་

བསྐྱེད་ནས་བྲམ་ཟེའི་རིག་བྱེད་ཡན་ལག་དང་བཅས་པ་ལ་མཁས་པར་བྱས་སོ། །ནམ་ཞིག་ན་ཁྱིམ་གྱི་གནས་ནི་འཁོར་པ་ཆེ་ན་བསྲུང་བ་དང་། སྲིད་པ་དང་། སླར་ཡང་རྒྱས་པར་བྱ་བའི་ཕྱིར་ཁ་ན་མ་ཐོ་བའི་ལས་དུ་མ་ལ་འཇུག་དགོས་པ་དང་། རྒྱལ་པོ་དང་། དགྲ་དང་། ཆོམ་རྐུན་པ་དང་། སྒོ་སྐལ་ལ་སྤྱོད་པ་དག་གིས་མི་འདོད་བཞིན་དུ་ཁྲེར་བ་ལ་སོགས་པ་གནོད་པ་དུ་མ་འབྱུང་བ་དང་། རྒྱལ་པོའི་དཔྱ་ཁྲལ་གྱིས་མནར་བ་དང་། ཚོང་དང་སོ་ནམ་སོགས་བྱ་བ་ངན་པས་གཡེང་བ་དང་། ཁྱིམ་གྱི་དོན་དུ་ཕན་ཚུན་འཐབ་པ་དང་། གཤེ་བ་དང་། རྩོད་པ་དང་། གཡུལ་འགྱེད་པ་སོགས་ལས་ངན་པ་དུ་མ་ལ་འཇུག་དགོས་པ་དང་། འཕགས་པ་དགྱེས་པའི་ལམ་ལ་འཇུག་དཀའ་བ་སོགས་ཉེས་པ་དུ་མའི་གནས་སུ་གྱུར་པར་རིག་ནས་ཁྱིམ་ནས་ཐོན་ཏེ་མཉན་ཡོད་ཀྱི་ཤིང་ལོ་མ་བདུན་པའི་ནགས་ཁྲོད་དུ་དྲང་སྲོང་མང་པོ་གནས་པ་དག་གི་ཁྲོད་དུ་རབ་ཏུ་བྱུང་སྟེ་འཇིག་རྟེན་པའི་བསམ་གཏན་སྒོམ་པ་ལ་བརྩོན་པར་བྱས་པས་བསམ་གཏན་(༨༩ན)གྱི་དངོས་གཞི་ཐོབ་སྟེ་འདོད་པའི་འདོད་ཆགས་མངོན་གྱུར་པ་དང་བྲལ་ཏེ་གནས་སོ། །དེའི་ཚེ་སངས་རྒྱས་བཅོམ་ལྡན་འདས་བགྲོད་པ་གཅིག་པའི་ལམ་སྟོན་པ། རྣམ་གཉིས་ཀྱི་ཤེས་བྱ་དང་ཡེ་ཤེས་ལ་མངའ་བརྙེས་པ། མ་འདྲེས་པའི་དྲན་པ་ཉེ་བར་བཞག་པ་གསུམ་ལ་མཁས་པ། མི་འཇིགས་པ་བཞིས་མི་འཇིགས་པ། འགྲོ་བ་ལྔར་འགྲོ་བ་ལས་རྣམ་པར་གྲོལ་བ། སྐྱེ་མཆེད་དྲུག་ལ་མཁས་པ། བྱང་ཆུབ་ཀྱི་ཡན་ལག་བདུན་ལ་སྤྱོད་ཡུལ་བ། རྣམ་པར་ཐར་པ་བརྒྱད་ལ་བསམ་གཏན་པ། མཐར་གྱིས་གནས་པའི་སྙོམས་པར་འཇུག་པ་དགུ་ལ་སྙོམས་པར་འཇུག་པ། སྟོབས་བཅུའི་སྟོབས་དང་ལྡན་པ། ཡང་དག་པའི་སེང་གེའི་སྒྲ་ཆེན་པོ་སྒྲོགས་པ་རྣམས་ནི་ཆོས་ཉིད་ཀྱིས། ཉིན་དུས་གསུམ་མཚན་དུས་གསུམ་སྟེ། ཉིན་མཚན་དུས་དྲུག་ཏུ་སངས་རྒྱས་ཀྱི་སྤྱན་གྱིས་འཇིག་རྟེན་ལ་གཟིགས་ཏེ། སུ་ནི་རྒུད། སུ་ནི་དར། སུ་ནི་ཕོངས་ཤིང་འདུག །སུ་ནི་ཉམ་ང་བར་གྱུར། སུ་ནི་གནོད་པ་དང་

ལྡན། སུ་ནི་ཕོངས་པ་དང་ཉམ་ང་བ་དང་གནོད་པ་དང་ལྡན། སུ་ནི་ངན་སོང་དུ་གཞོལ། སུ་ནི་ངན་སོང་དུ་འབབ། སུ་ནི་ངན་སོང་དུ་བབ། སུ་ནི་ངན་སོང་ནས་ཕྱུང་སྟེ་མཐོ་རིས་དང་ཐར་པ་དང་འབྲས་བུ་ལ་བཞག་པར་བྱ། སུ་ནི་ཉེས་པར་སྤྱོད་པའི་འདམ་དུ་བྱིང་བ་ལས་ལག་ནས་དྲང་བར་བྱ། སུ་ནི་འཕགས་པའི་ནོར་བདུན་མེད་པ་ལས་འཕགས་པའི་ནོར་བདུན་གྱི་དབང་(༦༩བ)ཕྱུག་ལ་དབང་བྱེད་དུ་གཞུག་པར་བྱ། སུ་ནི་དགེ་བའི་རྩ་བ་རྣམས་མ་སྐྱེད་པ་ལས་བསྐྱེད་པར་བྱ། སུ་ནི་དགེ་བའི་རྩ་བ་རྣམས་བསྐྱེད་ཟིན་པ་ལས་ཡོངས་སུ་སྨིན་པར་བྱ། སུ་ནི་དགེ་བའི་རྩ་བ་རྣམས་ཡོངས་སུ་སྨིན་ཟིན་པ་ལས་ཡེ་ཤེས་ཀྱི་མཚོན་གྱིས་བརྟོལ་བར་བྱ། སུ་ལ་ནི་སངས་རྒྱས་བྱུང་བས་བརྒྱན་པའི་འཇིག་རྟེན་འབྲས་བུ་དང་བཅས་པར་བྱ་སྙམ་དུ་ཡེ་ཤེས་ཀྱི་གཟིགས་པ་འཇུག་གོ །རྒྱ་མཚོ་ཆུ་སྲིན་རྣམས་ཀྱི་གནས། །དུས་རླབས་ཡོལ་བར་འགྱུར་ཡང་སྲིད། །གདུལ་བར་བྱ་བའི་སྲས་རྣམས་ལ། །སངས་རྒྱས་དུས་ལས་ཡོལ་བ་མེད། །དེ་ནས་བཅོམ་ལྡན་འདས་ཀྱིས་དྲང་སྲོང་ནགས་ན་གནས་རྗེས་སུ་བཟུང་བའི་དུས་ལ་བབ་པར་དགོངས་ནས་མཉན་ཡོད་ཀྱི་ཤིང་ལོ་མ་བདུན་པའི་ནགས་ཁྲོད་དེར་བྱོན་ནོ། །དེའི་ཚེ་སྟོན་པ་དགུང་ལོ་ཞེ་དགུ་ལ་བབ་པའི་དུས་ཡིན་ཞེས་སྟོན་གྱི་རྟོགས་བརྗོད་འགའ་ཞིག་ལས་འབྱུང་ངོ་། །ཕྱོགས་དེར་སྟོན་པ་བྱོན་པ་དྲང་སྲོང་ནགས་ན་གནས་ཀྱིས་མཐོང་ནས་ཤིན་ཏུ་དད་དེ་བཅོམ་ལྡན་འདས་ལ་ཕྱག་འཚལ་ཏེ། སྐྱབས་སུ་གསོལ་བས། སྟོན་པས་ཀྱང་དགྱེས་བཞིན་དུ་དགེ་སློང་ཚུར་ཤོག་ཚངས་པར་སྤྱོད་པ་སྤྱོད་ཅིག་ཅེས་བཀའ་སྩལ་མ་ཐག་ཏུ་སྐྲ་བྲེ། །སྣམ་སྦྱར་གྱོན། ལག་ན་ལྷུང་བཟེད་དང་བྱ་མ་བུམ་ཐོགས་ཤིང་། སྐྲ་དང་ཁ་སྤུ་བྲེགས་ནས་ཞག་བདུན་ལོན་པ་ལྟ་བུ། བསྙེན་པར་རྫོགས་ནས་ལོ་བརྒྱ་ལོན་པའི་སྤྱོད་ལམ་དུ་གནས་པར་གྱུར་ཏོ། །དེ་བཞིན་གཤེགས་པས་ཚུར་ཤོག་བཀའ་སྩལ་པས། (༧༠ན)སྐྲ་བྲེ་སྣམ་སྦྱར་གྱོན་པའི་ལུས་ལྡན་ཞིང་། །མོད་ལ་དབང་པོ་རབ་ཞིར་གནས་གྱུར་ཏེ། །སངས་རྒྱས་

དགོངས་པས་ལུས་གཟུགས་བཀབ་པར་གྱུར། །དེ་ནས་སྟོན་པས་ཆོས་བསྟན་པས་སྡེ་སྣོད་གསུམ་གྱི་དོན་རྟོགས་ཤིང་། འབད་དེ་བསྒོམས་པས་འཁོར་བའི་འཁོར་ལོ་འདི་ཉིད་གཡོ་ཞིང་མི་བརྟན་པར་རིག་ནས། འདུ་བྱེད་ཀྱི་རྣམ་པ་ཐམས་ཅད་ཉམས་པ་དང་། ལྷུང་བ་དང་། རྣམ་པར་འཐོར་བ་དང་། རྣམ་པར་འཇིག་པའི་ཆོས་ཅན་ཡིན་པར་རྩད་ཆོད་དེ། ཉོན་མོངས་པ་ཐམས་ཅད་སྤངས་ནས། དགྲ་བཅོམ་པ་ཉིད་མངོན་སུམ་དུ་བྱས་ཏེ། དགྲ་བཅོམ་པ་ཁམས་གསུམ་པའི་འདོད་ཆགས་དང་བྲལ་བར་གྱུར་ནས། གསེར་དང་བོང་བ་མཉམ་པ་ནམ་མཁའ་དང་ལག་མཐིལ་དུ་འདྲ་བའི་སེམས་དང་ལྡན་པ། ཙན་དན་སྤངས་པ་ལྟ་བུར་བསིལ་བར་གྱུར་པ། རིག་པས་སྒོ་ངའི་སྦུབས་བཅོམ་པ། རིག་པ་དང་མངོན་པར་ཤེས་པ་དང་སོ་སོ་ཡང་དག་པར་རིག་པ་ཐོབ་པ། སྲིད་པའི་རྙེད་པ་དང་། ཆགས་པ་དང་བཀུར་སྟི་ལ་མི་ལྟ་བ། དབང་པོ་དང་ཉེ་དབང་དང་བཅས་པའི་ལྷ་རྣམས་ཀྱིས་མཆོད་ཅིང་། རྗེད་པ་དང་གུས་པར་སྨྲ་བའི་གནས་ཐོབ་པར་གྱུར་ཏོ། །དེའི་ཚེ་སྟོན་པས། ངའི་དགེ་སློང་དབེན་པར་གནས་པའི་མཆོག་ནི་ནགས་ན་གནས་འདི་ཡིན་ནོ་ཞེས་བསྔགས་སོ། །དེ་ལྟར་དྲང་སྲོང་ནགས་ན་གནས་ཀྱིས་ཡོན་ཏན་གྱི་ཁྱད་པར་ཆེན་པོ་འདི་ཐོབ་པ་ན་འཕགས་པ་སེང་ལྡེང་ནགས་ན་གནས་ཞེས་ཀུན་དུ་གྲགས་སོ། །དེ་ནས་འཕགས་པ་ནགས་ན་གནས་ཀྱིས་སྟོན་པའི་བཀའ་དྲིན་རྗེས་སུ་དྲན་པའི་(༧༠བ)སྒོ་ནས་སྟོན་པ་མཉེས་པར་བྱ་བའི་མཆོག་ནི་སེམས་ཅན་རྣམས་འཁོར་བ་ལས་སྒྲོལ་བར་བྱ་བ་འདི་ཡིན་ནོ་སྙམ་དུ་གདུལ་བྱ་གང་དང་གང་རྗེས་སུ་གཟུང་བར་འོས་པ་དེ་དང་དེ་རྗེས་སུ་བཟུང་སྟེ་ངན་སོང་གིས་འཇིགས་ནས་མཐོ་རིས་ལ་བཞག་པར་འོས་པ་རྣམས་མཐོ་རིས་ལ་འགོད། འཁོར་བས་འཇིགས་ནས་ཐར་པ་འདོད་པ་རྣམས་ཐར་པ་ཐོབ་པར་བྱེད་པའི་ཐབས་དམ་པ་བསླབ་པ་གསུམ་ལ་འགོད་པར་མཛད་པ་སོགས་རང་རང་གི་ཁམས་དང་མཐུན་པར་ཆོས་བསྟན་ཏེ་འདུལ་བར་མཛད་ཅིང་ལྷག་པར་འདྲི་

སྤྲིན་གདུག་པ་ཅན་རྣམས་སེམས་ཅན་རྣམས་ལ་གནོད་ཅིང་འཚེ་བར་བྱེད་པར་གཟིགས་ནས་དེ་དག་འདུལ་བ་ལ་བརྩོན་པར་མཛད་དོ། །གནས་བརྟན་ཆེན་པོ་འདིས་མཛད་པ་འདི་ལྟར་བསྟན་པ་འདི་དག་ཀྱང་སེམས་ཅན་གྱི་དོན་དུ་མཛད་པ་ཁོ་ན་སྟེ། བསྔགས་འོས་བསྔགས་བརྗོད་ལས། ཁྱོད་ཀྱི་ཆོས་ལ་མི་ཕྱོགས་པའི། །སྐྱེ་བོ་གཏི་མུག་གིས་ལྡོངས་པ། །སྲིད་རྩེའི་བར་དུ་སོང་ནས་ཀྱང་། །སྡུག་བསྔལ་ཡང་འབྱུང་སྲིད་པ་སྐྱབ། །ཁྱོད་ཀྱི་བསྟན་པའི་རྗེས་འགྲོ་བ། །བསམ་གཏན་དངོས་གཞི་མ་ཐོབ་ཀྱང་། །བདུད་ཀྱི་མིག་རས་བཙའ་བཞིན་དུ། །སྲིད་པ་དག་ན་བཟློག་པར་བགྱིད། །ཅེས་གསུངས་པ་ལྟར་རྒྱལ་བའི་བསྟན་པ་ལས་ཕྱི་རོལ་ཏུ་གྱུར་པ་རྣམས་ལ་ནི་ཇི་ཙམ་འབད་དེ་བསྒོམས་ཀྱང་གཟུགས་གཟུགས་མེད་ཀྱི་ཏིང་ངེ་འཛིན་ཙམ་ཐོབ་པ་སྲིད་ཀྱི་འཁོར་བ་ལས་ཐར་བའི་ཐབས་ནི་ཡོད་པ་མ་ཡིན་ནོ་ཞེས་འདོམས་པ་དང་། འཁོར་བ་ལས་ངེས་པར་ཐར་པར་འདོད་པ་རྣམས་ཀྱིས་ནི་སྟོན་པ་ཐུགས་རྗེ་ཅན་ཉིད་ལ་སྐྱབས་(༧༡ན)སུ་སོང་སྟེ་རྒྱལ་བའི་བསྟན་པ་ཁོ་ན་ལ་འཇུག་དགོས་སོ་ཞེས་འདོམས་པ་དང་། རྒྱལ་བ་དགྱེས་པར་འདོད་པ་རྣམས་ཀྱིས་ནི་རང་གི་རྒྱུད་དུལ་བར་བྱས་ནས་ཅི་ནུས་ཅི་འོས་ཀྱིས་གཞན་ལ་ཕན་པ་བྱ་དགོས་སོ་ཞེས་འདོམས་པ་དང་། རྩོད་དུས་སྙིགས་མའི་སྐབས་འདིར་ནག་ཕྱོགས་ཀྱི་འདྲེ་སྲིན་གདུག་པ་ཅན་འདི་རྣམས་རྒྱལ་བའི་བསྟན་པ་དང་སེམས་ཅན་གྱི་བདེ་སྐྱིད་འཇོམས་པར་བྱེད་པ་ལ་ཞུགས་པས། འདི་དག་འདུལ་བར་ནུས་ན་སེམས་ཅན་ཡོངས་ལ་ཕན་ཆེ་བས་སྙིང་རྗེ་དང་ནུས་པར་ལྡན་པ་རྣམས་ཀྱིས་ནི་འདི་དག་བསླབ་པའི་གཞི་ལྟ་ལ་བཀོད་དེ་གདུལ་བར་བྱ་དགོས་སོ་ཞེས་འདོམས་པ་དང་། རྒྱལ་བའི་བསྟན་པ་ལ་རབ་ཏུ་བྱུང་བ་རྣམས་ཀྱིས་གྲོང་གི་འདུ་འཛི་སྤངས་ཏེ་དབེན་པའི་ནགས་ཁྲོད་དུ་གནས་པར་བྱ་དགོས་སོ་ཞེས་འདོམས་པ་སོགས་ཀྱི་ཕྱིར་མཛད་པ་དེ་ལྟར་མཛད་དོ། །

ཁ༩ གནས་བརྟན་ཆེན་པོ་དུས་ལྡན་གྱི་རྟོགས་པ་བརྗོད་པ།

བཞི་པ་གནས་བརྟན་ཆེན་པོ་དུས་ལྡན་གྱི་རྟོགས་པ་བརྗོད་པ་ནི། གནས་བརྟན་ཆེན་པོ་འདི་གང་དུ་འབྱུངས་པའི་ཡུལ་ནི་རྒྱ་གར་གྱི་གྲོང་ཁྱེར་ཆེན་པོ་དྲུག་གི་ནང་ནས་མཉན་ཡོད་དོ། །གནས་བརྟན་ཆེན་པོ་འདི་མཉན་ཡོད་དུ་ཇི་ལྟར་འབྱུངས་པའི་ཚུལ་ནི། མཉན་ཡོད་ན་ཁྱིམ་བདག་ཕྱུག་ཅིང་ནོར་མང་བ་ལོངས་སྤྱོད་ཆེ་བ། ཡོངས་སུ་འཛིན་པ་ཡངས་ཤིང་རྒྱ་ཆེ་བ། རྣམ་ཐོས་ཀྱི་བུའི་ནོར་དང་ལྡན་པ། རྣམ་ཐོས་ཀྱི་བུའི་ནོར་ལ་ནོར་གྱིས་འགྲན་པ་ཞིག་གནས་པ་དེས། གཉེན་ཟླར་འོས་པ་ལས་ཆུང་མ་བླངས་ནས། དེ་དེ་དང་ལྷན་ཅིག་ཏུ་རྩེ་ཞིང་དགའ་ལ་དགའ་མགུར་སྤྱོད་ཀྱང་དེ་ལ་བུ་མེད་པས་བུ་འདོད་པའི་ཕྱིར་ལྷ་རྣམས་ལ་མཆོད་ཅིང་གསོལ་བ་འདེབས་ཏེ། ཤུ་ལང་དང་། ཆུ་ལྷ་དང་། ཀུ་བེ་ར་དང་། བརྒྱ་བྱིན(༧༡བ)དང་། ཚངས་པ་ལ་སོགས་པ་དང་། ཀུན་དགའ་ར་བའི་ལྷ་དང་། ནགས་ཚལ་གྱི་ལྷ་དང་། ལམ་གྱི་བཞི་མདོའི་ལྷ་དང་། སུམ་མདོའི་ལྷ་དང་། གཏོར་མ་ལེན་པའི་ལྷ་དང་། ལྷན་ཅིག་སྐྱེས་པའི་ལྷ་དང་། རྟག་ཏུ་ཕྱི་བཞིན་འབྲང་བའི་ལྷ་རྣམས་ལ་གསོལ་བ་འདེབས་ལ། འཇིག་རྟེན་ན་ལྷ་ལ་མཆོད་ཅིང་གསོལ་བ་བཏབ་པའི་རྒྱུས་བུ་དང་བུ་མོ་སྐྱེ་བར་འགྱུར་རོ་ཞེས་གྲགས་མོད་ཀྱི། དེ་ཡང་དེ་ལྟ་ནི་མ་ཡིན་ཏེ། གལ་ཏེ་ལྷ་ལ་མཆོད་ཅིང་གསོལ་བ་བཏབ་པའི་རྒྱུས་བུ་དང་བུ་མོ་སྐྱེ་བར་འགྱུར་དུ་ཟིན་ན། འཁོར་ལོས་སྒྱུར་བའི་རྒྱལ་པོ་བཞིན་དུ་རེ་རེ་ལ་ཡང་བུ་སྟོང་སྟོང་ཡོད་པར་འགྱུར་བའི་རིགས་ན། དེ་ནི་དེ་ལྟ་མ་ཡིན་ཏེ་གནས་གསུམ་ཚོགས་པ་ལས་བུ་དང་བུ་མོ་སྐྱེ་བར་འགྱུར་ཏེ། གསུམ་གང་ཞེ་ན། ཕ་མ་གཉིས་འདོད་ཆགས་ལངས་ཏེ་འཕྲད་པ་དང་། མ་དུས་ལ་བབ་ཅིང་ཟླ་མཚན་དང་ལྡན་པ་དང་། དྲི་ཟ་ཉེ་བར་འོངས་ཤིང་དྲི་ཟའི་སེམས་ཀྱང་རྗེས་སུ་ཆགས་པ་དང་ལྡན་པ་དང་ཁོང་ཁྲོ་བ་དང་ལྡན་པ་རྣམ་པ་གཉིས་ལས་གང་ཡང་

ཙུང་བ་སྐྱེས་པའོ། །དེ་ནས་ཁྱིམ་བདག་དེ་ཡང་ལྷ་རྣམས་ལ་མཆོད་ཅིང་གསོལ་བ་འདེབས་པ་ལྷུར་བྱེད་ལ། སེམས་ཅན་སྲིད་པ་ཐ་མ་པ། བཙལ་བར་བྱ་བ་ཉེད་པ། ཐར་པའི་སྐལ་བ་ཅན་དུ་གྱུར་པ། ཚོགས་བསགས་པ། མྱ་ངན་ལས་འདས་པ་ལ་ནང་དུ་བལྟས་པ། འཁོར་བ་ལས་ཕྱི་རོལ་ཏུ་བལྟས་པ། སྲིད་པར་འགྲོ་བའི་སྐྱེ་གནས་རྣམས་མི་འདོད་པ། ལུས་ཐ་མ་འཛིན་པ་ཞིག་ཀྱང་དེའི་ཆུང་མའི་མངལ་དུ་ཞུགས་སོ། །བུད་མེད་མཁས་པའི་རང་བཞིན་ཅན་ལ་ནི་ཐུན་མོང་མ་ཡིན་པའི་ཆོས་ལྔ་ཡོད་དེ། ལྔ་གང་ཞེ་ན་སྐྱེས་པ་(༧༢ན)ཆགས་པ་ཡང་ཤེས་ཤིང་ཆགས་པ་དང་བྲལ་བ་ཡང་ཤེས་པ་དང་། དུས་ཀྱང་ཤེས་ལ་ཟླ་མཚན་ཡང་ཤེས་པ་དང་། བུ་ཆགས་པ་ཤེས་པ་དང་། གང་ལས་ཆགས་པ་ཤེས་པ་དང་། ཁྱེའུར་འགྱུར་བ་ཡང་ཤེས་ལ་བུ་མོར་འགྱུར་བ་ཡང་ཤེས་ཏེ་གལ་ཏེ་ཁྱེའུ་ཡིན་ན་ནི་ལྟོ་གཡས་ཕྱོགས་སུ་བརྟེན་ཅིང་གནས་སོ། །གལ་ཏེ་བུ་མོ་ཡིན་ན་ནི་ལྟོ་གཡོན་ཕྱོགས་སུ་བརྟེན་ཅིང་གནས་སོ། །དེ་ནས་གང་གི་ཚེ་དེ་ལ་བུ་ཆགས་པར་གྱུར་པ་དེའི་ཚེ། དེ་དགའ་ཆེས་ནས་ཁྱིམ་ཐབ་ལ་སྨྲན་པ། ཇོ་བོ་བདག་ལ་སྲུས་ཆགས་ཏེ། བདག་གི་ཙུམ་གཡས་ཕྱོགས་སུ་བརྟེན་ཅིང་གནས་པ་ལས་ན་ཁྱེའུར་འགྱུར་བར་ངེས་ཀྱིས། དགྱེས་པ་བསྐྱེད་དུ་གསོལ་ཞེས་སྨྲས་པས། དེ་ཡང་དགའ་ཆེས་ནས་རོ་སྟོད་ནི་བཏེག་ལག་པ་གཡས་པ་ནི་བརྐྱང་ནས་བདག་གིས་ཡུན་རིང་པོ་ནས་སྨོན་སྨོན་པའི་བུའི་ངོ་མཐོང་བར་འོང་ངོ་། །བདག་གི་བུ་ཙུང་བར་གྱུར་ཅིག །མི་ཙུང་བར་མ་གྱུར་ཅིག །བདག་གི་བྱ་བ་དག་བྱེད་པར་ཤོག་ཅིག །གསོན་ན་གསོན་པའི་ལས་ཕྱིར་གསོ་བར་ཤོག་ཅིག །ནོར་སྐལ་ལ་སྤྱོད་པར་ཤོག་ཅིག །བདག་གི་རིགས་བརྒྱུད་ཡུན་རིང་དུ་གནས་པར་ཤོག་ཅིག །བདག་ཅག་འདས་ཏེ་ཤི་བའི་འོག་ཏུ་ཡང་བདག་ཅག་གི་ཕྱིར་མང་ཡང་ཙུང་ཉུང་ཡང་ཙུང་སྟེ། སྦྱིན་པ་དག་བྱིན་ལ་བསོད་ནམས་དག་བྱས་ནས། དེ་གཉིས་གང་དང་གང་དུ་སོང་བ་དེར་འདི་འགྲོ་བར་གྱུར་ཅིག །ཅེས་ཡོན་བསྔོ་བ་བྱེད་པར་

ཕྱུང་ཅིག །ཅེས་དགའ་བའི་ཚིག་བརྗོད་དོ། །དེས་བུ་ཆགས་པར་རིག་ནས་བུའི་རིམ་གྲོ་བྱ་བའི་ཕྱིར་ཁང་བཟང་གི་སྟེང་དུ་ཉམ་རངས་(༧༢བ)སུ་བཞག་སྟེ། གྲང་བའི་ཚེ་གྲང་བའི་ཡོ་བྱད་རྣམས་དང་། ཚ་བའི་ཚེ་ཚ་བའི་ཡོ་བྱད་རྣམས་དང་། སྨན་པས་བསྟན་པའི་ཟས་རྣམས་དང་། ཧ་ཅང་ཁ་བ་མ་ཡིན་པ་རྣམས་དང་། ཧ་ཅང་སྐྱུར་བ་མ་ཡིན་པ་རྣམས་དང་། ཧ་ཅང་ལན་ཚྭ་ཆེ་བ་མ་ཡིན་པ་རྣམས་དང་། ཧ་ཅང་མངར་བ་མ་ཡིན་པ་རྣམས་དང་། ཧ་ཅང་རོ་ཚ་བ་མ་ཡིན་པ་རྣམས་དང་། ཧ་ཅང་བསྐ་བ་མ་ཡིན་པ་རྣམས་ཏེ། ཁ་བ་དང་། སྐྱུར་བ་དང་། ལན་ཚྭ་དང་། མངར་བ་དང་། ཚ་བ་དང་། བསྐ་བ་མེད་པའི་ཟས་རྣམས་ཀྱིས་བསྟེན་ཅིང་། དོ་ཤལ་དང་། སེ་མོ་དོས་ལུས་རྣམ་པར་བརྒྱུབས་ཏེ་ལྷའི་བུ་མོ་དགའ་བའི་ཚལ་ན་རྣམ་པར་རྒྱུ་བ་བཞིན་དུ་ཁྲིའི་སྟེང་ནས་ཁྲིའི་སྟེང་དང་། ཁྲིའུའི་སྟེང་ནས་ཁྲིའུའི་སྟེང་དུ་རྒྱུ་ཞིང་འོག་གི་ས་གཞི་ལ་མི་འབབ་པ་དང་། དེས་ཡིད་དུ་མི་འོང་བའི་སྒྲ་སྐད་ཅི་ཡང་མི་ཐོས་པར་བྱས་སོ། །སངས་རྒྱས་བཅོམ་ལྡན་འདས་བགྲོད་པ་གཅིག་པུའི་ལམ་སྟོན་པ། རྣམ་པ་གཉིས་ཀྱི་ཤེས་བྱ་དང་ཡེ་ཤེས་ལ་མངའ་བརྙེས་པ། མ་འདྲེས་པའི་དྲན་པ་ཉེ་བར་བཞག་པ་གསུམ་ལ་མཁས་པ། མི་འཇིགས་པ་བཞིས་མི་འཇིགས་པ། འགྲོ་བ་ལྔར་འགྲོ་བ་རྣམས་ལས་གྲོལ་བ། སྐྱེ་མཆེད་དྲུག་ལ་མཁས་པ། བྱང་ཆུབ་ཀྱི་ཡན་ལག་བདུན་ལ་སྤྱོད་ཡུལ་བ། རྣམ་པར་ཐར་པ་བརྒྱད་ལ་བསམ་གཏན་པ། མཐར་གྱིས་གནས་པའི་སྙོམས་པར་འཇུག་པ་དགུ་ལ་སྙོམས་པར་འཇུག་པ། སྟོབས་བཅུའི་སྟོབས་དང་ལྡན་པ། ཡང་དག་པའི་སེང་གེའི་སྒྲ་ཆེན་པོ་སྒྲོགས་པ་རྣམས་ནི། ཆོས་ཉིད་ཀྱིས་ཉིན་དུས་གསུམ་མཚན་དུས་གསུམ་སྟེ། ཉིན་མཚན་དུས་དྲུག་ཏུ་(༧༣ན)སངས་རྒྱས་ཀྱི་སྤྱན་གྱིས་འཇིག་རྟེན་ལ་གཟིགས་ཏེ། སུ་ནི་རྒུད། སུ་ནི་དར། སུ་ནི་ཕོངས་ཤིང་འདུག །སུ་ནི་ཉམ་ང་བར་གྱུར། སུ་ནི་གནོད་པ་དང་ལྡན། སུ་ནི་ཕོངས་པ་དང་ཉམ་ང་བ་དང་གནོད་པ་དང་ལྡན། སུ་ནི་ངན་སོང་སུ་གཞོལ། སུ་ནི་ངན་

སོང་དུ་འབབ། སུ་ནི་ངན་སོང་དུ་བབ། སུ་ནི་ངན་སོང་ནས་བྱུང་སྟེ་མཐོ་རིས་དང་ཐར་པ་དང་འབྲས་བུ་ལ་བཞག་པར་བྱ། སུ་ནི་ཉེས་པར་སྤྱོད་པའི་འདམ་དུ་བྱིང་བ་གང་གི་ལག་ནས་དྲང་བར་བྱ། སུ་ནི་འཕགས་པའི་ནོར་བདུན་མེད་པ་ལས་འཕགས་པའི་ནོར་བདུན་གྱི་དབང་ཕྱུག་ལ་དབང་བྱེད་དུ་གཞུག་པར་བྱ། སུ་ནི་དགེ་བའི་རྩ་བ་རྣམས་མ་སྐྱེད་པ་ལས་བསྐྱེད་པར་བྱ། སུ་ནི་དགེ་བའི་རྩ་བ་རྣམས་བསྐྱེད་ཟིན་པ་ལས་ཡོངས་སུ་སྨིན་པར་བྱ། སུ་ནི་དགེ་བའི་རྩ་བ་ཡོངས་སུ་སྨིན་ཟིན་པ་ལས་ཡེ་ཤེས་ཀྱི་མཚོན་གྱིས་བརྗོལ་བར་བྱ། སུ་ནི་སངས་རྒྱས་བྱུང་བས་བརྒྱན་པའི་འཇིག་རྟེན་འབྲས་བུ་དང་བཅས་པར་བྱ་སྙམ་དུ་ཡེ་ཤེས་ཀྱི་གཟིགས་པ་འཇུག་གོ །རྒྱ་མཚོ་ཆུ་སྲིན་རྣམས་ཀྱི་གནས། །དུས་རླབས་ཡོལ་བར་འགྱུར་ཡང་སྲིད། །གདུལ་བར་བྱ་བའི་སྲས་རྣམས་ལ། །སངས་རྒྱས་དུས་ལས་ཡོལ་བ་མེད། །སངས་རྒྱས་བཅོམ་ལྡན་འདས་རྣམས་ཇི་ལྟར་ཉིན་དུས་གསུམ་མཚན་དུས་གསུམ་སྟེ། ཉིན་མཚན་དུས་དྲུག་ཏུ་སངས་རྒྱས་ཀྱི་སྤྱན་གྱིས་འཇིག་རྟེན་ལ་གཟིགས་པ་དེ་བཞིན་དུ། ཉན་ཐོས་ཆེན་པོ་རྣམས་ཀྱང་ཉིན་དུས་གསུམ་མཚན་དུས་གསུམ་སྟེ། ཉིན་མཚན་དུས་དྲུག་ཏུ་ཉན་ཐོས་ཀྱི་མིག་གིས་འཇིག་རྟེན་ལ་ལྟ་བར་བྱེད་དེ། ཚེ་དང་ལྡན་པ་མ་འགགས་པས་ཉན་ཐོས་ཀྱི་(༧༣བ)མིག་གིས་འཇིག་རྟེན་ལ་བལྟས་པ་ན། སྲིད་པ་ཐ་མ་པའི་སེམས་ཅན་ཞིག་ཁྱིམ་བདག་དེའི་ཆུང་མ་ཆེན་མོའི་ལྟོར་ཉིང་མཚམས་སྦྱར་བར་མཐོང་ངོ་། །མཐོང་ནས་ཀྱང་བསམས་པ། སེམས་ཅན་དེ་སུས་འདུལ་བར་འགྱུར། ཅི་སངས་རྒྱས་ཀྱིས་འདུལ་བར་འགྱུར་རམ། འོན་ཏེ་ཉན་ཐོས་ཀྱིས་འདུལ་བར་འགྱུར་ཞིག་གུ་སྙམ་པ་དང་། དེས་བདག་ཉིད་ཀྱིས་འདུལ་བར་འགྱུར་བར་མཐོང་ནས། ཟླ་མེད་པ་དང་གཡོག་མེད་པར་གཅིག་པུ་ཁྱིམ་བདག་དེའི་ཁྱིམ་དུ་སོང་བ་དང་། ཁྱིམ་བདག་དེས་ཚེ་དང་ལྡན་པ་མ་འགགས་པ་ཟླ་མེད་པ་དང་གཡོག་མེད་པར་གཅིག་པུ་འོང་བ་མཐོང་ངོ་། །མཐོང་ནས་ཀྱང་འཕགས་པ་ཁྱོད་ཟླ་མ་མཆིས་པ་དང་། ཞབས་འབྲིང་

མ་མཆིས་པར་གཅིག་བུར་གཤེགས་ན། འཕགས་པའི་ཞབས་འབྲིང་བགྱིད་པ་འགའ་ཡང་མ་མཆིས་སམ་ཞེས་དྲིས་སོ། །ཚེ་དང་ལྡན་པ་མ་འགགས་པས་སྨྲས་པ། ཁྱེད་ཅག་ལྔ་བུ་འབབ་ཞིག་ལས་ཉེད་པ་མ་གཏོགས་པར་བདག་ཅག་གིས་གུས་ནས་གཡོག་ག་ལས་ཉེད་དེ། ཁྱེད་ལས་ཉེད་པ་འབབ་ཞིག་བདག་ཅག་གི་གཡོག་བྱེད་པར་ཟད་དོ། །ཁྱིམ་བདག་གིས་སྨྲས་པ། འཕགས་པ་བདག་གི་མཆིས་བྲང་ལ་བུ་ཆགས་པ་མཆིས་ཀྱིས། དེ་ལས་གལ་ཏེ་ཁྱེའུ་ཞིག་བཙས་པར་གྱུར་ན། དེ་བདག་གིས་འཕགས་པའི་ཞབས་འབྲིང་དུ་འབུལ་ལོ། །ཚེ་དང་ལྡན་པ་མ་འགགས་པས་སྨྲས་པ། ཁྱོད་དགེ་བ་དག་ནི་དམ་བཅས་པ་ལ་བརྟན་པ་ཡིན་ནོ་ཞེས་དེ་སྐད་སྨྲས་ནས། ཚེ་དང་ལྡན་པ་མ་འགགས་པ་སོང་ངོ་། །

ཁྱིམ་བདག་དེའི་ཆུང་མ་ཡང་ཟླ་བ་དགུའམ་བཅུ་ལོན་པ་དང་། ཁྱེའུ་གཟུགས་བཟང་ཞིང་(༧༤ན)བལྟ་ན་སྡུག་པ་མཛེས་པ་ཞིག་བཙས་ཏེ། དེའི་ལུས་ཐམས་ཅད་ནས་སྣ་མའི་མེ་ཏོག་གི་དྲི་དད་ལྡང་སྟེ། དེས་ཁྱིམ་དེ་ཐམས་ཅད་སྣ་མའི་མེ་ཏོག་གི་དྲིས་འགེངས་པར་བྱེད་དོ། །ཁྱེའུ་དེ་མའི་མངལ་དུ་ཞུགས་པ་དང་། བཙས་པའི་ཚེ་ཡང་ཁྱིམ་དེ་ཀུན་ཏུ་སྣ་མའི་མེ་ཏོག་གི་ཆར་བབས་སོ། །དེ་ནས་དེའི་བཙས་སྟོན་རྒྱས་པར་བྱས་ནས། ཁྱེའུ་འདིའི་མིང་ཇི་སྐད་གདགས་ཞེས་མིང་འདོགས་པར་བྱེད་པ་ན། ཁྱེའུ་འདི་མའི་མངལ་དུ་ཞུགས་པ་དང་། བཙས་པའི་ཚེ་ཁྱིམ་དུ་སྣ་མའི་མེ་ཏོག་གི་ཆར་བབས་པས་ན། དེའི་ཕྱིར་ཁྱེའུ་འདིའི་མིང་སྣ་མའི་མེ་ཏོག་ཅེས་གདགས་སོ། །དེ་ནས་ཁྱེའུ་སྣ་མའི་མེ་ཏོག་འོ་མ་དང་། ཞོ་དང་། མར་དང་། ཞུན་མར་དང་། མར་གྱི་ཉིང་ཁུ་བསྐྱེད་བསྲིངས་ཏེ་མཚོའི་ནང་གི་པདྨ་བཞིན་དུ་སྐྱེ་དྲག་པར་གྱུར་ཏོ། །དེ་གང་གི་ཚེ་ཆེར་སྐྱེས་པ་དེའི་ཚེ། ཡི་གེ་དང་། ཡོང་རྩིས་དང་། ཤོད་དགོད་པ་དང་། ལག་རྩིས་དང་། དབྱུང་བ་དང་། སྦྲ་བ་དང་། དགྲམ་པ་དང་། གོས་བརྟག་པ་དང་། ནོར་བུ་བརྟག་པ་དང་། རིན་པོ་ཆེ་བརྟག་པ་དང་། སྤོས་བརྟག་པ་དང་།

སྨན་བརྟག་པ་དང་། གླང་པོ་ཆེ་བརྟག་པ་དང་། རྟ་བརྟག་པ་དང་། གོ་མཚོན་བརྟག་པ་བསླབས་ཏེ། ཡི་གེ་ལ་མཁས་པ་དང་། གློག་མཁས་པ་དང་། མཛངས་པ་དང་། བྱ་བ་ལ་གསལ་བ་དང་། ཡིད་གཞུངས་པ་དང་། བརྟག་པ་རྣམ་པ་བརྒྱད་ལ་བྱང་བར་གྱུར་ཏོ། །དེ་ནས་ཕྱི་ཞིག་ན་ཚེ་དང་ལྡན་པ་མ་འགགས་པས་ཁྱེའུ་དེ་རབ་ཏུ་དབྱུང་བའི་དུས་ལ་བབ་པར་མཐོང་ནས། ཁྱིམ་བདག་དེའི་ཁྱིམ་དུ་སོང་སྟེ། ཁྱིམ་བདག་ལ་སྨྲས་པ། ཁྱིམ་བདག་ཁྱེའུ་འདི་ནི་མ་བཅས་(༧༥བ)པའི་སྔ་རོལ་ནས་ཁྱོད་ཀྱིས་བདག་གི་གཡོག་ཏུ་བྱིན་ཏེ། ཕོང་དགེ་བ་རྣམས་ནི་དམ་བཅས་པ་ལ་བརྟན་པ་ཡིན་ནོ། །དེ་ཕོ་ན་ལྟར་དམ་བཅས་སམ། ཁྱིམ་བདག་གིས་སྨྲས་པ། འཕགས་པ་དེ་ཕོ་ན་ལྟར་དམ་བཅས་ལ། ཞེས་སྨྲས་ནས། ཁྱེའུ་དེ་ལག་པ་གཉིས་ཀྱིས་བཟུང་སྟེ། ཚེ་དང་ལྡན་པ་མ་འགགས་པ་ལ་ཕུལ་ནས་སྨྲས་པ། བྱུ། ཁྱོད་མ་བཅས་པའི་སྔ་རོལ་ནས་འཕགས་པ་མ་འགགས་པ་ལ་ངས་ཕུལ་གྱིས་སོང་ལ་འཕགས་པའི་ཞབས་འབྲིང་གྱིས་ཤིག །ཁྱེའུས་སྨྲས་པ། དེ་ནི་བདག་ལ་ཕན་བཏགས་པ་ལགས་སོ་ཞེས་བྱས་ནས། ཁྱེའུ་དེ་ཚེ་དང་ལྡན་པ་མ་འགགས་པའི་ཕྱི་བཞིན་ཆས་སོ། །ཚེ་དང་ལྡན་པ་མ་འགགས་པས་ཀྱང་ཁྱིམ་བདག་དེ་ཆོས་ཀྱི་གཏམ་གྱིས་ཡང་དག་པར་བསྟན། ཡང་དག་པར་གཟེངས་བསྟོད། ཡང་དག་པར་དགའ་བར་བྱས་ནས། སྟན་ལས་ལངས་ཏེ་སོང་ངོ་། །དེ་ནས་ཁྱེའུ་དེ་ཚེ་དང་ལྡན་པ་མ་འགགས་པས་གཙུག་ལག་ཁང་དུ་ཁྲིད་ནས་རབ་ཏུ་ཕྱུང་སྟེ། ཀུན་སྤྱོད་བསླབས་ཤིང་སྡེ་སྣོད་གསུམ་ཀློག་ཏུ་བཅུག །ཡོ་ཡོན་པ་ན་བསྙེན་པར་རྫོགས་པར་བྱས་ནས། དེ་ལ་ལུང་ཡང་ཕོག་གོ། །དེས་ཀྱང་བརྩོན་པ་དང་། བསྒྲུབ་པ་དང་། འབད་པས་ཉོན་མོངས་པ་ཐམས་ཅད་སྤངས་ནས། དགྲ་བཅོམ་པ་ཉིད་མངོན་སུམ་དུ་བྱས་ཏེ། དེ་དགྲ་བཅོམ་པ་ཁམས་གསུམ་པའི་འདོད་ཆགས་དང་བྲལ་བར་གྱུར་ནས། གསེར་དང་ཐོང་བར་མཉམ་པ། ནམ་མཁའ་དང་ལག་མཐིལ་དུ་འདྲ་བའི་སེམས་དང་ལྡན་པ། ཙན་དན་

སྤྲངས་པ་ལྷ་བུར་བསིལ་བར་གྱུར་པ། རིག་པས་སྔོ་ངའི་སྦུབས་བཅོམ་པ་རིག་པ་དང་མངོན་པར་ཤེས་པ་དང་སོ་སོ་ཡང་(༧༥ན)དག་པར་རིག་པ་ཐོབ་པ། སྲིད་པའི་རྙེད་པ་དང་ཆགས་པ་དང་བཀུར་སྟི་ལ་རྒྱབ་ཀྱིས་ཕྱོགས་པ། དབང་པོ་དང་ཉེ་དབང་དང་བཅས་པའི་ལྷ་རྣམས་ཀྱིས་མཆོད་ཅིང་རྗེད་པ་དང་གུས་པར་སྨྲ་བའི་གནས་སུ་གྱུར་ཏོ། །དེ་ཡང་རྫུ་འཕྲུལ་ཆེ་ཞིང་མཐུ་ཆེ་ལ་བསམ་གཏན་དང་། རྣམ་པར་ཐར་པ་དང་། ཏིང་ངེ་འཛིན་དང་། སྙོམས་པར་འཇུག་པའི་བར་དུ་ཐོབ་པ་ཡིན་ནོ། །དེ་སྙོམས་པར་འཇུག་པ་དང་ལྡང་བ་ལ་མྱུར་ཏེ། ཁབ་ལན་རེ་འཇོགས་པའི་ཡུན་ཙམ་ལ་ཏིང་ངེ་འཛིན་གཞན་དང་གཞན་དག་ལ་སྙོམས་པར་འཇུག་ཅིང་ལྡང་ངོ་། དེ་ནས་ཕྱི་ཞིག་ན་ཚེ་དང་ལྡན་པ་སྐྱ་མའི་མེ་ཏོག་གིས་བསམས་པ། བཅོམ་ལྡན་འདས་ཀྱིས་བདག་གི་སྡུག་བསྔལ་དང་། ཡིད་མི་བདེ་བ་རྣམ་པ་དུ་མ་ཞི་བསལ། བདེ་བ་དང་ཡིད་བདེ་བར་རྣམ་པ་དུ་མ་ཞི་བསྐྱབས། སྡིག་པ་མི་དགེ་བའི་ཆོས་རྣམ་པ་དུ་མ་ཞི་བསལ། དགེ་བའི་ཆོས་རྣམ་པ་དུ་མ་ཞི་བསྐྱབས་ན། བདག་གིས་བཅོམ་ལྡན་འདས་ཀྱི་བཀའ་དྲིན་ཇི་ལྟར་བསབ་པར་བྱ་སྙམ་མོ། །དེ་ནས་དེས་བསམས་པ། སངས་རྒྱས་རྣམས་འཇིག་རྟེན་དུ་འབྱུང་བ་གང་ཡང་རུང་བ་དེ་དག་ཐམས་ཅད་ནི་སེམས་ཅན་ལ་ཕན་པའི་ཕྱིར་འབྱུང་བར་ཟད་ཀྱིས། མ་ལ་བདག་གིས་ཀྱང་སེམས་ཅན་ལ་ཕན་པར་བྱའོ་སྙམ་མོ། །དེ་ནས་དེས་བདག་གིས་འདུལ་བར་འགྱུར་བ་འགའ་ལྟ་ཡོད་དམ་སྙམ་དུ་བསམས་པ་དང་། དེས་ཐོག་མ་ཁོ་ནར་ཕ་མ་གཉིས་མཐོང་ངོ་། །མཐོང་ནས་ཀྱང་དེས་བསམས་པ། ཐབས་ཅི་ཞིག་གིས་དེ་གཉིས་(༧༥བ)འདུལ་བར་འགྱུར་སྙམ་པ་དང་། དེས་རྫུ་འཕྲུལ་གྱིས་འདུལ་བར་རིག་ནས། རྒྱལ་བུ་རྒྱལ་བྱེད་ཀྱི་ཚལ་ནས་མི་སྣང་བར་གྱུར་ཏོ། །རང་གི་ཁྱིམ་དུ་ཕ་མ་གཉིས་ཀྱི་མདུན་ལོགས་ནས་ས་བརྟོལ་ཏེ་བྱུང་ནས་སྟེང་གི་ནམ་མཁའ་ལ་འདུག་སྟེ། འབར་བ་དང་། ལམ་མེར་འདུག་པ་དང་། ཆར་འབེབས་པ་དང་། གློག་འགྱུ་བའི་ཚོ་འཕྲུལ་རྣམས་བསྟན

ནས། བབས་ཏེ་སྟན་བཤམས་པ་ལ་འདུག་གོ། དེ་འདུག་ནས་ཕ་མ་གཉིས་ལ་དེ་དང་མཐུན་པའི་ཆོས་བསྟན་ཏེ། དེ་ནས་ཁྱིམ་བདག་དེ་འཁོར་དང་བཅས་པས་སྟན་དེ་ཉིད་ལ་འཁོད་བཞིན་དུ། འཇིག་ཚོགས་ལ་ལྟ་བའི་རིའི་རྩེ་མོ་མཐོན་པོ་ཉི་ཤུ་ཡེ་ཤེས་ཀྱི་རྡོ་རྗེས་བཅོམ་སྟེ། རྒྱུན་དུ་ཞུགས་པའི་འབྲས་བུ་མངོན་སུམ་དུ་བྱས། སྐྱབས་སུ་འགྲོ་བ་དང་། བསླབ་པའི་གཞི་རྣམས་ལ་གནས་པར་བྱས་ཏེ། བདེན་པ་མཐོང་ནས་སྦྱིན་པ་དག་སྦྱིན་ཞིང་བསོད་ནམས་དག་བྱེད་པར་གྱུར་ཏོ། །གནས་བརྟན་འདིས་སྟོན་པའི་བཀའ་དྲིན་བསབ་པ་དང་ཕྱི་རབས་ཀྱི་གདུལ་བྱ་རྣམས་ལ་བསླབ་པའི་ཕྱིར་སྦྱངས་པའི་ཡོན་ཏན་བཅུ་གཉིས་ཀྱི་ནང་ནས་ཆོས་གོས་གསུམ་པ་དང་། བསོད་སྙོམས་པ་དང་། གནས་མལ་དུར་ཁྲོད་དུ་གནས་པ་རྣམས་དང་དུ་བླངས་ཏེ། དུར་ཁྲོད་དུ་བོར་བའི་རྫའི་ལྷུང་བཟེད་འཆང་ཞིང་རོ་རས་བགྲུས་ཏེ་ཁ་བསྒྱུར་བའི་ཆོས་གོས་གྱོན། དུར་ཁྲོད་དུ་བོར་བའི་ཟས་ཀྱིས་བསོད་སྙོམས་བྱེད་ཅིང་བཞུགས་པ་ན་དགེ་སློང་དུར་ཁྲོད་པ་ནག་པོ་ཆེན་པོ་ཞེས་མཚན་དུ་གྲགས་པ་བྱུང་། ནག་པོའི་སྐད་དོད་ཀཱ་ལ་ཞེས་པ་དུས་ལའང་(༧༨ན)འཇུག་པས་དུས་ལྡན་དུ་བསྒྱུར་ཏེ། གནས་བརྟན་འདིའི་མཚན་ལ་དུས་ལྡན་ཞེས་བརྗོད་པར་སྔོན་གྱི་མཁས་པ་མང་པོས་བཤད་དོ། །གནས་བརྟན་ཆེན་པོ་འདི་ཐོག་མར་འཁྲུངས་པའི་ཚེ་སྔ་མའི་མེ་ཏོག་གི་ཆར་བབས་པ་སོགས་ངོ་མཚར་བའི་ལྟས་དང་བཅས་འཁྲུངས་པ་དང་། འཁྲུངས་ནས་ཀྱང་ཁྱིམ་གྱི་འཁོར་བ་རྒྱ་ཆེན་པོ་དོར་ཏེ་རྒྱལ་བའི་བསྟན་པ་ལ་རབ་ཏུ་བྱུང་བ་དང་། རབ་ཏུ་བྱུང་ནས་ཀྱང་རིང་པོར་མ་ཐོགས་པར་དགྲ་བཅོམ་པའི་གོ་འཕང་ཐོབ་པ་དང་། དགྲ་བཅོམ་ཐོབ་ནས་སེམས་ཅན་མང་པོའི་དོན་མཛད་པ་དང་། ཕྱི་རབས་ཀྱི་སྐྱེ་བོ་རྣམས་ལ་སྣང་བར་བྱ་བའི་ཕྱིར་སྦྱངས་པའི་ཡོན་ཏན་ལ་གནས་པར་མཛད་པ་སོགས་ངོ་མཚར་རྨད་དུ་བྱུང་བའི་ཡོན་ཏན་འདི་དག་མཐོང་བ་ན་དགེ་སློང་རྣམས་འདི་ལྟ་བུའི་ཡོན་ཏན་འདི་དག་རྒྱུ་ཅི་ཞིག་ལས་བྱུང་སྙམ་དུ་ཐེ་ཚོམ་སྐྱེས་ནས་

བཅོམ་ལྡན་འདས་ལ་ཞུས་པ། བཙུན་པ་བཅོམ་ལྡན་འདས། སྣ་མའི་མེ་ཏོག་གིས་ལས་ཅི་བགྱིས་ན། ལས་དེའི་རྣམ་པར་སྨིན་པས་ཕྱུག་ཅིང་ནོར་མང་ལ་ལོངས་སྤྱོད་ཆེ་བའི་རིགས་སུ་སྐྱེས་ཏེ་གཟུགས་བཟང་ཞིང་བལྟ་ན་སྡུག་ལ་མཛེས་པར་གྱུར་ལ། བཙས་མ་ཐག་ཏུ་ཡང་ལུས་ཐམས་ཅད་ནས་སྣ་མའི་མེ་ཏོག་གི་དྲི་ལྡང་ཞིང་། མཛལ་དུ་ཞུགས་པ་དང་བཙས་པའི་ཚེ་ཡང་ཁྱིམ་དུ་སྣ་མའི་མེ་ཏོག་གི་ཆར་བབས་ལ། འདིས་བཅོམ་ལྡན་འདས་ཀྱང་མཉེས་པར་བགྱིས་ཏེ་མི་མཉེས་པར་མ་བགྱིས་ནས་བཅོམ་ལྡན་འདས་ཀྱི་བསྟན་པ་ལ་རབ་ཏུ་བྱུང་སྟེ། ཉོན་མོངས་པ་ཐམས་ཅད་སྤངས་ནས་དགྲ་(༧༨བ)བཅོམ་པ་ཉིད་མངོན་སུམ་དུ་བགྱིས་པ་ལགས། ཕ་མ་གཉིས་ཀྱིས་ཀྱང་ལས་ཅི་ཞིག་བགྱིས་ན། དེ་པོ་ན་ལ་བརྟེན་ནས་བཅོམ་ལྡན་འདས་མཉེས་པར་བགྱིས་ཏེ་མི་མཉེས་པར་མ་བགྱིས་ལགས། བཅོམ་ལྡན་འདས་ཀྱིས་བཀའ་སྩལ་པ། སྨོན་ལམ་གྱི་དབང་ལས་གྱུར་ཏོ། །ཞེས་བཀའ་སྩལ་པ་ན། དགེ་སློང་རྣམས་ཀྱིས་གསོལ་བ། བཙུན་པ་བཅོམ་ལྡན་འདས་འདིས་གང་དུ་སྨོན་ལམ་བཏབ་ལགས། ཞེས་གསོལ་བ་ན། བཅོམ་ལྡན་འདས་ཀྱིས་བཀའ་སྩལ་པ། དགེ་སློང་དག་སྔོན་བྱུང་བ་འདས་པའི་དུས་ན། བསྐལ་པ་བཟང་པོ་འདི་ཉིད་ལ་སྐྱེ་དགུའི་ཚེ་ལོ་ཉི་ཁྲི་ཐུབ་པ་ན། ཡང་དག་པར་རྫོགས་པའི་སངས་རྒྱས་རིག་པ་དང་ཞབས་སུ་ལྡན་པ། བདེ་བར་གཤེགས་པ། འཇིག་རྟེན་མཁྱེན་པ། སྐྱེས་བུ་འདུལ་བའི་ཁ་ལོ་བསྒྱུར་བ་བླ་ན་མེད་པ། ལྷ་དང་མི་རྣམས་ཀྱི་སྟོན་པ། སངས་རྒྱས་བཅོམ་ལྡན་འདས་འོད་སྲུངས་ཞེས་བྱ་བ་འཇིག་རྟེན་དུ་བྱུང་སྟེ། དེའི་ཚེ་ཝཱ་ར་ཎ་སི་ན་ཁྱིམ་བདག་ཕྱུག་ཅིང་ནོར་མང་ལ་ལོངས་སྤྱོད་ཆེ་བ་ཡོངས་སུ་འཛིན་པ་ཡངས་ཤིང་རྒྱ་ཆེ་བ། རྣམ་ཐོས་ཀྱི་བུའི་ནོར་དང་ལྡན་པ། རྣམ་ཐོས་ཀྱི་བུའི་ནོར་ལ་ནོར་གྱིས་འགྲན་པ་ཞིག་གནས་པ་དེས། གཉེན་ཟླར་འོས་པ་ལས་ཆུང་མ་བླངས་ནས། དེ་དེ་དང་ལྷན་ཅིག་ཏུ་རྩེ་ཞིང་དགའ་མགུར་སྤྱོད་པ་ལས། ཕྱི་ཞིག་ན་དེའི་ཆུང་མ་ལ་བུ་ཆགས་ནས། དེ་ཟླ་བ་དགུ་

འམ་བཅུ་ལོན་པ་དང་། ཁྲིའུ་གཟུགས་བཟང་ཞིང་བལྟ་ན་སྡུག་ལ་མཛེས་པ་ཞིག་བཙས་སོ། །དེ་ནས་དེ་ཆེར་སྐྱེས་པ་དང་། དེས་ཡང་དག་པར་རྫོགས་པའི་སངས་རྒྱས་འོད་སྲུངས་ཀྱི་བསྟན་པ་ལ་དད་པ་སྐྱེད་ནས། དེས་ཕ་མ་ལ་གསོལ་ཏེ་རབ་ཏུ་བྱུང་ངོ་། །རབ་ཏུ་བྱུང་ནས་སྡེ་སྣོད་གསུམ་བསླབས་ཏེ། རིག་པ་དང་གྲོལ་བའི་སྤོབས་པ་དང་(༧༧ན)ལྡན་པའི་ཆོས་སྨྲ་བར་གྱུར་ནས། དེས་ཕ་མ་གཉིས་དད་པ་ཕུན་སུམ་ཚོགས་པ་ལ་བཀོད་དེ། སྐྱབས་སུ་འགྲོ་བ་དང་། བསླབ་པའི་གཞི་རྣམས་ལ་གནས་པར་བྱས་སོ། །སྦྱིན་པ་དང་སྦྱིན་པའི་བསོ་བཤའ་ལ་བཙུད་དོ། །ཕྱི་ཞིག་ན་དེས་བསམས་པ། བདག་གིས་ཐོས་པའི་སྒོ་ནས་བྱ་བ་གང་ཡིན་པ་དེ་ནི་བདག་གིས་བྱས་ཟིན་གྱིས། མ་ལ་ད་ནི་བདག་གིས་དགེ་འདུན་གྱི་ཞལ་ཏ་བྱའོ་སྙམ་དུ་བསམས་ནས། ཕ་མ་གཉིས་དང་། བྲམ་ཟེ་དང་། ཁྱིམ་བདག་དང་དད་པ་ཅན་གཞན་དག་ལ་བསྐུལ་ཏེ། དགེ་འདུན་ལ་འབྲས་ཆེན་དང་། ཐུག་པ་དང་། སྐྱོ་མ་དང་། གོས་དང་། ཟས་དང་། མལ་ཆ་དང་། སྟན་དང་། ནད་གསོས་དང་། སྨན་ཟོང་རྣམས་ཕུལ་ལོ། །ཁབ་ཀྱང་ཕུལ་ལོ། །དེ་བཞིན་དུ་དབུ་སྐྲ་དང་སེན་མོའི་མཆོད་རྟེན་རྣམས་ལ་ཕྱོགས་ཀྱི་ཕྱུག་པ་དང་། མར་མེའི་ཕྲེང་བ་དང་། སྣ་མའི་མེ་ཏོག་གི་ཕྲེང་བ་དང་། གདུགས་ཀྱང་ཕུལ། སྣ་མའི་མེ་ཏོག་སིལ་མས་ཀྱང་གཏོར་ནས་སྨོན་ལམ་བཏབ་པ། ཀྱེ་མ་དགེ་བའི་རྩ་བ་འདིས་བདག་གང་དང་གང་དུ་སྐྱེས་པ་དེ་དང་དེར་ཕྱུག་ཅིང་ནོར་མང་ལ་ལོངས་སྤྱོད་ཆེ་བའི་རིགས་སུ་སྐྱེ་བར་ཤོག་ཅིག །གཟུགས་བཟང་ཞིང་བལྟ་ན་སྡུག་ལ་མཛེས་པར་ཤོག་ཅིག །བདག་གི་ལུས་ཐམས་ཅད་ལས་ཀྱང་སྣ་མའི་མེ་ཏོག་གི་དྲི་ངད་ལྡང་བར་ཤོག་ཅིག །མངལ་དུ་ཞུགས་པ་དང་། བཙས་པའི་ཚེ་ཡང་བདག་གི་ཁྱིམ་དུ་སྣ་མའི་མེ་ཏོག་གི་ཆར་འབབ་པར་ཤོག་ཅིག །ཡང་དག་པ་རྫོགས་པའི་སངས་རྒྱས་འོད་སྲུངས་ཀྱིས་བྲམ་ཟེའི་ཁྱེའུ་བླ་མ་ལུང་བསྟན་པ་གང་ཡིན་པའི་སངས་རྒྱས་བཅོམ་ལྡན་འདས་དེ་བདག་གིས་མཉེས་(༧༧བ)པར་བྱེད་པར་

གྱུར་ཅིག །མི་མཉེས་པར་བྱེད་པར་མ་གྱུར་ཅིག །དེའི་བསྟན་པ་ལ་རབ་ཏུ་བྱུང་ནས་ཉོན་མོངས་པ་ཐམས་ཅད་སྤངས་ཏེ་དགྲ་བཅོམ་པ་ཉིད་མངོན་སུམ་དུ་བྱེད་པར་གྱུར་ཅིག །ཤེས་རབ་ཀྱང་རྣོ་བར་གྱུར་ཅིག །བསམ་གཏན་དང་། རྣམ་པར་ཐར་པ་དང་། ཏིང་ངེ་འཛིན་དང་། སྙོམས་པར་འཇུག་པ་རྣམས་ཀྱང་ཐོབ་སྟེ། སྙོམས་པར་འཇུག་པ་དང་ལྡང་བ་ལ་མྱུར་བར་གྱུར་ཅིག །ཁབ་ལན་རེ་འཇུགས་པའི་ཡུན་ཙམ་ལ་ཡང་ཏིང་ངེ་འཛིན་གཞན་དང་གཞན་དག་ལ་སྙོམས་པར་འཇུག་ཅིང་ལྡང་བར་གྱུར་ཅིག་ཅེས་སྨོན་ལམ་བཏབ་བོ། །དེ་ནས་ཕ་མ་གཉིས་ཀྱིས་དེ་མཐོང་ནས་དྲིས་པ། བུ། ཁྱོད་ཀྱིས་སྨོན་ལམ་ཅི་ཞིག་བཏབ། དེས་དེ་གཉིས་ལ་བདག་གིས་སྨོན་ལམ་འདི་ལྟར་བཏབ་བོ་ཞེས་ཐམས་ཅད་བཤད་དོ། །ཕ་མ་གཉིས་ཀྱིས་སྨྲས་པ། དེའི་ཚེ་ཁྱོད་བདག་ཅག་གཉིས་ཀྱི་བུར་གྱུར་ཅིག །བདག་ཅག་གཉིས་ཀྱང་ཁྱོད་ཀྱི་ཕ་མར་གྱུར་ཅིག །ཁྱོད་པོ་ན་ལ་བརྟེན་ཏེ་བདག་ཅག་གཉིས་ཀྱིས་སངས་རྒྱས་བཅོམ་ལྡན་འདས་དེ་མཉེས་པར་བྱེད་པར་གྱུར་ཅིག །མི་མཉེས་པར་བྱེད་པར་མ་གྱུར་ཅིག །ཅེས་སྨོན་ལམ་བཏབ་བོ། །དགེ་སློང་དག །ཇི་སྙམ་དུ་སེམས། དེའི་ཚེ་དགེ་སློང་དུ་གྱུར་པ་གང་ཡིན་པ་དེ་ནི་སྣ་མའི་མེ་ཏོག་འདི་ཉིད་ཡིན་ཏེ། དེས་དེར་ཡང་དག་པར་རྫོགས་པའི་སངས་རྒྱས་འོད་སྲུངས་ཀྱི་བསྟན་པ་ལ་རབ་ཏུ་བྱུང་ནས་ཚོས་བཞིན་དུ་ཞལ་ཏ་བྱས་ཏེ། སངས་རྒྱས་དང་། ཆོས་དང་། དགེ་འདུན་ལ་བཀུར་སྟི་བྱས་ནས་སྨོན་ལམ་བཏབ་པའི་ལས་དེའི་རྣམ་པར་སྨིན་པས་གང་དང་གང་དུ་སྐྱེས་པ་དེ་དང་དེར་ཕྱུག་ཅིང་ནོར་མང་ལ་ལོངས་སྤྱོད་ཆེ་བའི་རིགས་སུ་སྐྱེས་ཏེ་གཟུགས་བཟང་ཞིང་བལྟ་ན་སྡུག་ལ་མཛེས་པར་གྱུར་ལ། བཙས་མ་ཐག་ཏུ་ཡང་དེའི་(༧༨ན)ལུས་ཐམས་ཅད་ནས་སྣ་མའི་མེ་ཏོག་དྲི་ངད་ལྡང་བར་གྱུར་པ་དང་། མངལ་དུ་ཞུགས་པ་དང་བཙས་པའི་ཚེ་ཡང་དེའི་ཁྱིམ་དུ་སྣ་མའི་མེ་ཏོག་གི་ཆར་བབས་ཏེ། དགེ་སློང་དག །ང་ཡང་དག་པར་རྫོགས་པའི་སངས་རྒྱས་འོད་སྲུངས་དང་ཤིན་ཏུ་མཉམ་པ

དང་། ཤུགས་མཉམ་པ་དང་། མཛད་པ་མཉམ་པ་དང་། ཐབས་མཉམ་པ་མཉེས་པར་གྱུར་ནས། འདིས་ང་མཉེས་པར་བྱས་ཏེ་མི་མཉེས་པར་མ་བྱས་ལ། ང་ཉིད་ཀྱི་བསྟན་པ་ལ་རབ་ཏུ་བྱུང་ནས་ཉོན་མོངས་པ་ཐམས་ཅད་སྤངས་ཏེ་དགྲ་བཅོམ་པ་ཉིད་མངོན་སུམ་དུ་བྱས་ལ་ཤེས་རབ་རྣོ་བར་གྱུར་ཏོ། །བསམ་གཏན་དང་། རྣམ་པར་ཐར་པ་དང་ཏིང་ངེ་འཛིན་དང་། སྙོམས་པར་འཇུག་པ་རྣམས་ཐོབ་ནས། སྙོམས་པར་འཇུག་པ་དང་ལྡང་བ་ལ་མྱུར་བར་གྱུར་ཏེ། ཁབ་ལན་རེ་འཇུག་པའི་ཡུན་ཙམ་ལ་ཡང་ཏིང་ངེ་འཛིན་གཞན་དང་གཞན་དག་ལ་སྙོམས་པར་འཇུག་ཅིང་ལྡང་བར་བྱེད་དོ། །དེའི་ཚེ་ཕ་མར་གྱུར་པ་དེ་གཉིས་ནི་ཕ་མ་འདི་གཉིས་ཡིན་ཏེ། དེ་གཉིས་ཀྱིས་དེར་སྨོན་ལམ་བཏབ་སྟེ་ཁྱོད་བོ་ན་ལ་བརྟེན་ནས་བདག་ཅག་གཉིས་ཀྱིས་ཤཱཀྱའི་རྒྱལ་པོ་མཉེས་པར་བྱེད་པར་གྱུར་ཅིག །མི་མཉེས་པར་བྱེད་པར་མ་གྱུར་ཅིག་ཅེས་བྱས་པས། ད་ལྟར་འདི་བོ་ན་ལ་བརྟེན་ཏེ་འདི་གཉིས་ཀྱིས་ང་མཉེས་པར་བྱས་ཏེ་མི་མཉེས་པར་མ་བྱས་སོ། །ཞེས་གསུངས་སོ། །གནས་བརྟན་ཆེན་པོ་འདིས་མཛད་པ་ཇི་ལྟར་བསྟན་པ་འདི་དག་ཀུང་གདུལ་བྱ་རྣམས་ཀྱི་དོན་དུ་མཛད་པ་ཤ་སྟག་སྟེ། རྒྱུ་མ་ཚང་བ་མེད་པ་ལས་འབྲས་བུ་འབྱུང་བ་ཆོས་ཉིད་ཡིན་པས་དཀོན་མཆོག་གསུམ་ལ་མཆོད་པ་སོགས་བསོད་ནམས་ཀྱི་ལས་མཐའ་(༧༨བ)དག་ལ་འབད་དགོས་སོ་ཞེས་འདོམས་པ་དང་། ལམ་ཡང་དག་པར་སྟོན་པའི་དགེ་བའི་བཤེས་གཉེན་དང་མཇལ་བ་ནི་འདི་ལྟར་དོན་ཆེའོ་ཞེས་འདོམས་པ་དང་། དགེ་བའི་བཤེས་གཉེན་གྱིས་རྗེས་སུ་བཟུང་བའི་ཚེ་རང་ཉམས་སུ་མི་བཏང་བར་དགེ་བའི་བཤེས་གཉེན་གྱི་བཀའ་བཞིན་དུ་སྒྲུབ་དགོས་སོ་ཞེས་པ་དང་། སྟོན་པ་ཐུགས་རྗེ་ཅན་གྱི་རྗེས་སུ་སློབ་པ་རྣམས་ཀྱིས་རང་གི་རྒྱུད་སྨིན་ཅིང་གྲོལ་ནས་གདུལ་བྱ་གཞན་དག་རྒྱལ་བའི་བསྟན་པ་ལ་གཟུད་པ་སོགས་གདུལ་བྱའི་དོན་ཅི་ནུས་སུ་བྱ་དགོས་སོ་ཞེས་འདོམས་པ་དང་། སྟོན་པའི་བཀའ་བཞིན་དུ་བསྒྲུབས་ན་རང་ཉིད་སྐྱེ་བོ་ཀུན་གྱི་མཆོད་འོས་སུ་འགྱུར་

ར་ཞེས་འདོམས་ཕྱིར་སྟར་བཤད་པའི་མཛད་པ་དེ་དག་བསྟན་ཏོ། །

ཁ༥ གནས་བརྟན་ཆེན་པོ་རྡོ་རྗེ་མོའི་བུའི་རྟོགས་པ་བརྗོད་པ།

ལྔ་པ་གནས་བརྟན་ཆེན་པོ་རྡོ་རྗེ་མོའི་བུའི་རྟོགས་པ་བརྗོད་པ་ནི། གནས་བརྟན་ཆེན་པོ་རྡོ་རྗེ་མོའི་བུ་གང་དུ་འཁྲུངས་པའི་ཡུལ་ནི་ཀཽ་ཤམྦྷི་ཞེས་ཀྱང་བྱ། ཡུལ་ས་ར་བ་ཞེས་ཀྱང་བྱ་བ་སྟེ་ཡུལ་དེར་ཡབ་རྒྱལ་པོ་ཤར་པ་དང་། ཡུམ་རྡོ་རྗེ་མོ་གཉིས་ཀྱི་སྲས་སུ་འཁྲུངས་ཏེ། ཇི་ལྟར་འཁྲུངས་ཚུལ་ནི། དེ་ཡང་འཕགས་པ་ཀཱ་ཏྱཱ་ཡ་ནའི་བུས་རྒྱལ་པོ་གཏུམ་པོ་རབ་སྣང་འཁོར་བཅས་བསྟན་པ་ལ་དད་པར་བྱས་ནས་རྒྱལ་པོ་ཤར་པའི་ཡུལ་དུ་ཕྱིན་ཏེ་རྒྱལ་པོ་ཤར་པ་འཁོར་བཅས་ཀྱང་དད་པར་བྱས་པའི་ཚེ་བདག་ཉིད་ཆེན་པོ་འདི་ཡུམ་གྱི་མངལ་དུ་ཞུགས་སོ། །བདག་ཉིད་ཆེན་པོ་འདི་མངལ་དུ་ཞུགས་ནས་ཟླ་བ་དགུའམ་བཅུ་ལོན་པ་དང་ཁྱེའུ་གཟུགས་བཟང་ཞིང་བལྟ་ན་སྡུག་ལ་མཛེས་པ་ཞིག་བཙས་ཏེ། དེའི་བཙས་སྟོན་རྒྱས་པར་བྱས་ནས་མིང་ས་ར་ཙ་ཞེས་བྱ་བར་བཏགས་སོ། །དེ་ནས་ཁྱེའུ་ས་ར་ཙ་འོ་མ་དང་། ཞོ་དང་། མར་དང་། ཞུན་མར་དང་། (༧༠ན)མར་གྱི་ཉིང་ཁུས་བསྐྱེད་བསྲིངས་ཏེ། མཚོའི་ནང་གི་པདྨ་བཞིན་དུ་བསྐྱེད་དྲག་པར་གྱུར་ཏོ། །དེ་ནས་དེ་ཆེར་སྐྱེས་པ་ན། དེ་ཡི་གེ་སློབ་ཏུ་བཅུག་སྟེ། རྒྱལ་རིགས་སྤྱི་བོ་ནས་དབང་བསྐུར་བའི་རྒྱལ་པོ་རྣམས་ཀྱི་བཟོའི་གནས་དང་། ལས་ཀྱི་གནས་ཐ་དད་པ་འདི་ལྟ་སྟེ། གླང་པོ་ཆེ་ཞོན་པ་དང་། རྟ་ཞོན་པ་དང་། མཚོན་ཆ་བཅང་བ་དང་། འཕོང་དང་། མདུན་དུ་བརྒྱུར་བ་དང་། ཕྱིར་བརྒྱུར་བ་དང་། གཡུལ་ལས་ཐར་བར་བྱ་བ་དང་། ལྕགས་ཀྱུས་བཟུང་བ་དང་། ཞགས་པས་བཟུང་བ་དང་། མདའ་བོ་ཆེ་འཕང་བ་དང་། རྡོ་རྗེ་རྩེ་གཅིག་པ་གདབ་པ་དང་། མཚོན་རྩེ་གཅིག་པ་གདབ་པ་དང་། འཁོར་ལོ་འཕང་བ་དང་། གཙོད་པ་དང་། བཤིག་པ་དང་། ལག་པས་བཟུང་བ་དང་། རྐང་པའི་སྟངས་དང་། མགོ་

བསྐྱབ་པ་དང་། རྒྱང་མར་འཕང་བ་དང་། སྟྲ་གྲག་པར་འཕངས་པ་དང་། གདོན་མི་ཟ་བར་ཕོག་པར་བྱ་བ་དང་། ཚབས་ཆེར་བཏང་བ་རྣམས་ཀྱང་བསླབས་ཏེ་གནས་ལྔ་ལ་བྱང་བར་གྱུར་ཏོ། །དེ་ནས་ཕྱི་ཞིག་ན་གཞོན་ནུ་ས་ར་ཏ་འཕགས་པ་ཀཱ་ཏྱ་ཡ་ནའི་བུ་ལ་བརྟེན་ནས་བཅོམ་ལྡན་འདས་ཀྱི་བསྟན་པ་ལ་དད་པ་ཉེད་དེ། སྐྱབས་སུ་འགྲོ་བ་དང་། བསླབ་པའི་གཞི་རྣམས་བླངས་སོ། །དེ་ནས་དེས་བལྟས་པ་ན། ཕ་ཆོས་དང་ཆོས་མ་ཡིན་པས་རྒྱལ་སྲིད་བྱེད་པ་མཐོང་ངོ་། །དེ་ནས་དེས་བསམས་པ། ཡབ་ནོངས་པའི་འོག་ཏུ་ནི་བདག་རྒྱལ་སར་འཇུག་པར་འོང་སྟེ། བདག་ལ་རྒྱལ་སྲིད་མི་དགོས་ཀྱིས། བཅོམ་ལྡན་འདས་ཀྱི་བསྟན་པ་ལ་རབ་ཏུ་བྱུང་ལ། ཚུ་བོ་རྣམས་ལས་བརྒལ་བར་བྱ་བ་དང་། སྡོར་བ་རྣམས་ལས་འདའ་བར་བྱ་བའི་ཕྱིར་བརྩོན་པ་དང་། བསྒྲུབ་པ་དང་། འབད་པར་བྱའོ་(༧༡བ)སྙམ་ནས། ཡབ་ཡུམ་ལ་བདག་རབ་ཏུ་འབྱུང་ངོ་ཞེས་གསོལ་བ་བཏབ་སྟེ། འཕགས་པ་ཀཱ་ཏྱ་ཡ་ནའི་བུའི་ཐད་དུ་རབ་ཏུ་བྱུང་སྟེ་ཀུན་སྤྱོད་རྣམས་བསླབས་ཤིང་སྡེ་སྣོད་གསུམ་ཀློག་ཏུ་བཅུག །ཡོ་ཡོན་པ་ན་བསྙེན་པར་རྫོགས་སོ། །དེ་ནས་འཕགས་པ་ཀཱ་ཏྱ་ཡ་ནའི་བུས་བསམས་པ། འདི་ཉེ་དུ་དང་བསྡེ་བསླད་བྱས་ན་མི་ལེགས་པས་ཡུལ་འདི་ནས་བཀར་དགོས་སྙམ་ནས་དེ་ཁྲིད་དེ་ཡུལ་གྱེན་དུ་རྒྱལ་དུ་སོང་ནས་དེ་ན་འཁོད་དོ། །དེ་ནས་ཕྱི་ཞིག་ན། ཚེ་དང་ལྡན་པ་ས་ར་ཏ་སྟ་དྲོ་ཆོས་གོས་དང་ཤམ་ཐབས་གྱོན་ཏེ། ལྷུང་བཟེད་ཐོགས་ནས་གྲོང་ཁྲེར་གྱེན་དུ་རྒྱལ་དུ་བསོད་སྙོམས་ལ་སོང་ངོ་། །དེ་སྤྱོད་ཡུལ་གྱི་རྒྱུས་མི་ཤེས་ལ། ལམ་པོ་ཆེ་དང་སྲང་གི་རྒྱུས་ལ་མི་མཁས་པ་ཞིག་སྟེ། དེ་མཐར་གྱི་བསོད་སྙོམས་རྒྱུ་ཞིང་སོང་སོང་བ་ལས་རྒྱལ་པོ་གཏུམ་པོ་རབ་སྣང་གི་ཕོ་བྲང་གི་ཆབ་སྒོར་ཕྱིན་ནས། ཆབ་སྒོ་བ་རྣམས་མེད་པའི་སྐབས་སུ་དེ་རྒྱལ་པོའི་ཕོ་བྲང་གི་ནང་དུ་སོང་བ་ན། དེ་རྒྱལ་པོའི་བཙུན་མོ་རྣམས་ཀྱིས་མཐོང་ནས། དེ་གཟུགས་བཟང་ཞིང་བལྟ་ན་སྡུག་ལ་མཛེས་ཏེ་ལུས་ཀྱི་ཤ་རྒྱས་པར་འདུག་པ་དེ་མཐོང་མ་ཐག་ཏུ་དེ་དག་དེ་

ལ་ཤིན་ཏུ་དགའ་བར་གྱུར་ཏེ། དེ་དག་གིས་བསམས་པ། དགེ་སློང་འདི་འདི་ལྟར་གཟུགས་མཛེས་ཤིང་ན་སོ་གཞོན་ལ་ཚངས་པར་སྤྱོད་པ་ལ་ཡང་གནས་པ་ནི་ངོ་མཚར་རོ་སྙམ་མོ། །དེ་ནས་བཙུན་མོ་དེ་དག་དགའ་བར་གྱུར་པས། དེའི་སྟན་བཤམས་ཏེ་འདུག་ཏུ་བཅུག་ནས། བཟའ་བ་དང་བཅའ་བ་གཙང་མ་བཟང་པོ་མང་པོས་ཚིམ་པར་བྱས་ནས་ཚེ་དང་ལྡན་པ་ས་ར་ཌ་བསྐོར་ཏེ། ཆོས་མཉན་པའི་ཕྱིར་གུང་ལ་(༢༠ན)བཞག་པ། དེ་ནས་ཚེ་དང་ལྡན་པ་ས་ར་ཌ་བཙུན་མོའི་འཁོར་གྱི་ནང་དེ་ན་འདུག་པའི་སྐབས་སུ། རྒྱལ་པོ་གཏུམ་པོ་རབ་སྣང་བཙུན་མོའི་འཁོར་དུ་འོངས་སོ། །བཙུན་མོ་རྣམས་ཀྱིས་ལུགས་ནི། གང་གི་ཚེ་རྒྱལ་པོ་བཙུན་མོའི་འཁོར་དུ་འོང་བ་དེའི་ཚེ་ལངས་ཏེ་བསུར་འགྲོ་བ་ཡིན་ན། དེ་རྣམས་ཆོས་ཉན་པ་ལ་འདུན་ཆེས་ནས་ལྡང་བ་དང་བསུ་བ་ཡང་མ་བྱས་སོ། །དེ་ནས་རྒྱལ་པོ་གཏུམ་པོ་རབ་སྣང་གིས་བསམས་པ། མ་ལ་བདག་བཙུན་མོ་རྣམས་ཀྱིས་མི་བསུ་བ་འདི་ཅི་ལས་གྱུར་སྙམ་ནས་རྒྱལ་པོ་དེ་འཁྲུགས་ཏེ། དེ་ཁྲོས་བཞིན་དུ་བཙུན་མོའི་འཁོར་དུ་སོང་ངོ་། །དེ་དེར་སོང་སྟེ་བལྟས་པ་ན། ཚེ་དང་ལྡན་པ་ས་ར་ཌ་བཙུན་མོ་རྣམས་ཀྱིས་བསྐོར་བ་མཐོང་ནས་རྒྱལ་པོ་དེ་ལྷག་པར་ཡང་ཁྲོ་བའི་ཀུན་ཏུ་བཀྲིས་པ་སྐྱེས་ཏེ། དེ་ཁྲོས་ནས་བསམས་པ། དགེ་སློང་གིས་ངའི་ཆུང་མ་མཐོང་གིས་མེད་དོ་སྙམ་མོ། །དེ་ནས་དེས་བསམས་པ། རེ་ཞིག་འདི་འདོད་ཆགས་དང་བྲལ་བ་ཡིན་ནམ། འོན་ཏེ་འདོད་ཆགས་དང་མ་བྲལ་བ་ཡིན་བརྟག་པར་བྱའོ་སྙམ་སྟེ། ཚེ་དང་ལྡན་པ་ས་ར་ཌ་ལ་སྨྲས་པ། ཅི་ཁྱོད་དགྲ་བཅོམ་པ་ཡིན་ནམ། དེས་སྨྲས་པ། རྒྱལ་པོ་ཆེན་པོ། མ་ཡིན་ནོ། །རྒྱལ་པོས་སྨྲས་པ། ཅི་ཁྱོད་ཕྱིར་མི་འོང་བ་དང་། ལན་ཅིག་ཕྱིར་འོང་བ་དང་། རྒྱུན་དུ་ཞུགས་པ་ཐོབ་པ་ཡིན་ནམ། འདུ་ཤེས་མེད་འདུ་ཤེས་མེད་མིན་སྐྱེ་མཆེད་དང་། ཅི་ཡང་མེད་པའི་སྐྱེ་མཆེད་དང་། རྣམ་ཤེས་མཐའ་ཡས་སྐྱེ་མཆེད་དང་། ནམ་མཁའ་མཐའ་ཡས་སྐྱེ་མཆེད་ཐོབ་པ་ཡིན་ནམ། བསམ་གཏན་བཞི་པ་དང་། གསུམ་པ་དང་།

གཉིས་པ་དང་། བསམ་གཏན་དང་པོ་ཐོབ་པ་ཡིན་ནམ། དེས་(༢༠བ)སྨྲས་པ། རྒྱལ་པོ་ཆེན་པོ། མ་ཡིན་ནོ། །དེ་ནས་རྒྱལ་པོས་བསམ་པ། དགེ་སློང་འདི་འདོད་ཆགས་དང་བྲལ་བ་མ་ཡིན་ལ། འདི་མཁན་པོ་དང་སློབ་དཔོན་གྱིས་མ་བསླབས་ཀྱིས། ངས་འདི་བསླབ་པར་བྱའོ་སྙམ་ནས་ཞབས་འབྲིང་བ་རྣམས་པོས་ཏེ། དེ་ལྟག་གིས་ཞེན་པར་བཞུས་ཏེ་བཏང་ངོ་། །དེ་ནས་དེ་ལྟག་གིས་བཞུས་པས་ལྷགས་པ་རལ་ནས་ཁྲིས་ཏེ་བསམས་པ། བདག་མ་ཉེས་པར་དུས་ངན་པའི་རྒྱལ་པོ་གཏུམ་པོ་འདིས་བཙབས་ཀྱིས། བདག་ཕའི་ཡུལ་དུ་སོང་ལ། ཕའི་ཡུལ་དུ་འདུག་སྟེ། དཔུང་གི་ཚོགས་ཡན་ལག་བཞི་པོ་བསྐོན་ཏེ་སོང་ལ་དུས་ངན་པའི་རྒྱལ་པོ་འདི་ཡུལ་བཏོན་ཏེ་བཏང་ངོ་སྙམ་མོ། །དེ་ནས་དེ་འཕགས་པ་ཀཱ་ཏྱ་ཡ་ནའི་བུ་ག་ལ་བ་དེར་ཕྱིན་ནས། འཕགས་པ་ཀཱ་ཏྱ་ཡ་ནའི་བུའི་ཞབས་པ་ལ་ཕྱག་འཚལ་ཏེ། སྨྲས་པ། མཁན་པོ། བདག་ཉེས་པ་མེད་པར་དུས་ངན་པའི་རྒྱལ་པོ་གཏུམ་པོ་དེས་བཙབས་པས་ན། བདག་ཕའི་ཡུལ་དུ་མཆིས་ཏེ། དེར་མི་ཆས་ནས་དཔུང་གི་ཚོགས་ཡན་ལག་བཞི་པོ་བསྐོན་ཏེ་མཆིས་ལ། དུས་ངན་པའི་རྒྱལ་པོ་གཏུམ་པོ་དེ་ཡུལ་བཏོན་ཏེ་བཏང་གིས་བསླབ་པའི་གཞི་རྣམས་བཞེས་སུ་གསོལ། གནས་བརྟན་གྱིས་སྨྲས་པ། བུ། ཁྲོ་བའི་དབང་དུ་མ་འགྲོ་ཞིག །བཅོམ་ལྡན་འདས་ཀྱིས་རབ་ཏུ་བྱུང་བ་ནི་འཇིག་རྟེན་གྱི་ཆོས་བརྒྱད་དེ། རྙེད་པ་དང་། མ་རྙེད་པ་དང་། གྲགས་པ་དང་། གྲགས་པ་མ་ཡིན་པ་དང་། བསྟོད་པ་དང་། སྨད་པ་དང་། བདེ་བ་དང་། སྡུག་བསྔལ་ཐམས་ཅད་བཟོད་པར་བྱའོ་ཞེས་མ་གསུངས་སམ་ཞེས་བྱས་ཏེ། གནས་བརྟན་དེས་དེ་ལ་ལན་དུ་མ་བཀག་ཀྱང་དགག་མ་ནུས་ནས། (༧༠ན)འཕགས་པ་ཀཱ་ཏྱ་ཡ་ནའི་བུས་དེ་ལ་སྨྲས་པ། བུ། དེ་ལྟར་ཁྱོད་འགྲོ་འདོད་ན། ད་ལྟར་ནི་ནམ་སྲོས་སུ་ཉེ་སྟེ། ལམ་ན་སེང་གེ་དང་། སྟག་དང་། གཟིག་དང་། དྲེད་མོ་རྣམས་ཀྱི་འཇིགས་པ་ཡོད་ཀྱིས། ད་ནུབ་ཀྱི་ཚེ་ལ་འདིར་འདུག་ལ། ནངས་པར་སོངས་ཤིག་ཅེས་བྱས་སོ། །དེ་ནས་དེས་སྨྲས་པ། མཁན་པོ། ཇི་

སྐད་བཀའ་སྩལ་པ་བཞིན་འཚལ་ལོ་ཞེས་བྱས་ནས་དེ་གནས་བརྟན་དེ་དང་གནས་ཁང་གཅིག་ཏུ་ཉལ་བ་ན་འཕགས་པ་ཀཱ་ཏྱཱ་ཡ་ནའི་བུས། དེ་བཟློག་པའི་ཕྱིར་དེ་བྱིན་གྱིས་བརླབས་ཏེ། ཅི་ནས་དེ་ཉལ་བའི་རྨི་ལམ་དུ་དེས་བསླབ་པ་ཕུལ་ཏེ། ཕའི་ཡུལ་དུ་སོང་ནས་ཕས་དེ་རྒྱལ་སྲིད་ལ་དབང་བྱེད་དུ་བཅུག་སྟེ། དཔུང་གི་ཚོགས་ཡན་ལག་བཞི་བྱིན་ནས་འདི་སྐད་ཅེས་བསྒོ་སྟེ། ཁྱོད་ཀྱིས་ཐོག་མ་ཁོ་ནར་ལས་སུ་བྱ་བ་ནི་དགྲ་ཚར་བཅད་པར་གྱིས་ཤིག་ཅེས་བྱས་ནས། དེ་ཐོས་མ་ཐག་ཏུ་དེས་དཔུང་གི་ཚོགས་ཡན་ལག་བཞི་གོ་བསྐོན་ནས། རྒྱལ་པོ་གཏུམ་པོ་རབ་སྣང་གི་ཡུལ་དུ་དམག་དྲངས་པ་ལས། རྒྱལ་པོ་གཏུམ་པོ་རབ་སྣང་གིས་དེ་གཡུལ་དུ་ཕམ་པར་བྱས་ཏེ། ཐུབ་པར་གྱུར་ནས་རྒྱབ་ཀྱིས་ཕྱོགས་པར་བྱས་ཏེ། གསོན་པོར་བཟུང་ནས་གསོད་དུ་བཏང་སྟེ། དེ་གཤེད་མའི་མི་རྣམས་ཀྱིས་ཁྲིད་དེ་གསད་པའི་ཕྱིར་དུ་ཉེ་བ་དང་། དེས་བལྟས་ན་འཕགས་པ་ཀཱ་ཏྱཱ་ཡ་ནའི་བུ་གྲོང་ཁྱེར་གྱེན་དུ་རྒྱལ་ན་བསོད་སྙོམས་བྱེད་ཅིང་འདུག་པ་མཐོང་ནས། དེས་ཀུས་བཏབ་སྟེ་མཁན་པོ་བདག་གི་སྐྱབས་མཛད་དུ་གསོལ། བདག་ལ་དགའ་བ་མཛད་པ་དང་། སྲོག་ཕངས་པ་སྦྱིན་པར་མཛད་དུ་གསོལ་ཞེས་(༤༧བ)ཟེར་ཞིང་འདུག་པ་རྨི་ལམ་དུ་མཐོང་བར་བྱིན་གྱིས་བརླབས་སོ། །དེ་ནས་དེས་སྐྲག་ནས་སད་ཀྱང་། རྨི་ལམ་ལ་ཡང་དག་པ་ཙམ་དུ་འཛིན་ཅིང་དེ་བཞིན་དུ་རྗོལ་ནས། འཕགས་པ་ཀཱ་ཏྱཱ་ཡ་ནའི་བུས་དེ་ལ་སྨྲས་པ། བུ། ཁྱོད་ཀྱིས་རྨི་ལམ་མཐོང་བར་ཟད་ཀྱིས་མ་འཇིགས་ཤིག །དེ་ནས་དེ་མཐོང་མ་ཐག་ཏུ་ས་ར་ཎ་དགའ་བར་གྱུར་ནས། སེམས་པ་ལ་ཞུགས་ཏེ། ས་ར་ཎ་ཞེས་བྱ་བ་དེ་ནི་ང་ཉིད་ཡིན་ཞིང་འདུག་ལ་བདག་གིས་ནི་སེམས་ཅན་གཅིག་ལ་ཡང་འཚེ་བ་མ་བྱས་ན། ད་བདག་ཁྲོ་བའི་དབང་དུ་སོང་སྟེ། དོན་དུ་གཉེར་བ་འདི་ལྟ་བུ་བདག་གིས་བཏང་ངོ་སྙམ་མོ། །དེ་ནས་གནས་བརྟན་ཀཱ་ཏྱཱ་ཡ་ནས་ཚེ་དང་ལྡན་པ་ས་ར་ཎའི་ཡིད་སྨྲོ་བར་རིག་ནས། དེ་དང་མཐུན་པའི་ཆོས་བསྟན་པས། ས་ར་ཎས་སྟོན་དེ་ཉིད་ལ་འདུག་བཞིན་

དུ་འཁོར་བའི་འཁོར་ལོ་ཆ་ལྔ་པ། གཡོ་བ་དང་མི་གཡོ་བ་འདི་ཉིད་རིག་སྟེ་འདུ་བྱེད་ཀྱི་རྣམ་པ་ཐམས་ཅད་ཉམས་པ་དང་། ལྷུང་བ་དང་། རྣམ་པར་འཕོར་བ་དང་། རྣམ་པར་འཇིག་པའི་ཆོས་ཉིད་ཀྱིས་བཅོམ་ནས། ཉོན་མོངས་པ་ཐམས་ཅད་སྤངས་ནས་དགྲ་བཅོམ་པ་ཉིད་མངོན་སུམ་དུ་བྱས་ཏེ། དགྲ་བཅོམ་པ་ཁམས་གསུམ་པའི་འདོད་ཆགས་དང་བྲལ་བ། གོང་བ་དང་གསེར་དུ་མཉམ་པ། ནམ་མཁའ་དང་ལག་མཐིལ་དུ་སེམས་མཉམ་པ། སྟེའུ་དང་ཙན་དན་དུ་མཉམ་པ། རིག་པས་སྒོ་ངའི་སྦུབས་དྲལ་བར་གྱུར་ཅིང་། རིག་པ་དང་མངོན་པར་ཤེས་པ་དང་སོ་སོ་ཡང་དག་པར་རིག་པ་ཐོབ་པ། སྲིད་པ་དང་འདོད་པའི་རྙེད་པ་དང་བཀུར་སྟི་ལ་རྒྱབ་ཀྱིས་ཕྱོགས་པ། དབང་པོ་དང་ཉེ་དབང་དང་བཅས་པའི་ལྷ་རྣམས་ཀྱིས་མཆོད་པར་བྱ་བ་དང་། རྗེད་པར་(༡༢༨)བྱ་བ་དང་། གུས་པར་སྨྲ་བར་བྱ་བར་གྱུར་ཏོ། །གནས་བརྟན་འདིའི་མཚན་ལ་ས་ར་ཊ་ཞེས་ཀྱང་བྱ། སྐྱབས་འོས་ཞེས་ཀྱང་བྱ་སྟེ། རྡོ་རྗེ་མོའི་བུ་ཞེས་བརྗོད་པ་ནི། ཤཱ་རིའི་བུ་དང་། མོའུ་འགལ་གྱི་བུ་ཞེས་བརྗོད་པ་ལྟར། ཡུམ་རྡོ་རྗེ་མོའི་སྲས་ཡིན་པས་ན་དེ་ལྟར་དུ་བརྗོད་དོ། །དགའ་བའི་བཤེས་གཉེན་གྱི་རྟོགས་བརྗོད་དུ། བད་སའི་བུ་ཞེས་ཀྱང་འབྱུང་སྟེ། དེ་ནི་རྒྱལ་པོའི་ཡུལ་ལས་མཚན་བཏགས་པའོ། །དེ་ཡང་བད་ས་ཞེས་པ་དེའི་ཐད་ཀྱི་ཡུལ་སྡེའི་མིང་དང་། ཀཽ་ཤམྦི་ཞེས་པ་གྲོང་ཁྱེར་གྱི་མིང་ཡིན་ཞེས་འབྱུང་ངོ་། །གནས་བརྟན་ཆེན་པོ་འདིས་མཛད་པ་ཇི་ལྟར་མཛད་པ་དེ་དག་ཀྱང་གདུལ་བྱ་རྣམས་ལ་གདམས་ངག་འདོམས་པའི་ཕྱིར་མཛད་པ་ཤ་སྟག་སྟེ། འདི་ལྟར་རང་གིས་ལས་བཟང་ངན་གང་བསགས་པ་ཐམས་ཅད་རང་ཁོ་ནས་སྨྱོང་བར་འགྱུར་གྱི། གཞན་ལ་བགོ་བཤའ་བྱར་མེད་ཅིང་གཞན་གྱིས་དབྲོག་ཏུ་ཡང་མེད་དོ། །ཞེས་འདོམས་པ་དང་། གྲོགས་བཟང་པོ་དང་འཕྲད་པ་ནི་དོན་ཆེན་པོ་དང་ལྡན་ནོ་ཞེས་འདོམས་པ་དང་། རྒྱལ་བའི་བསྟན་པ་ལ་ཞུགས་ནས་རབ་ཏུ་བྱུང་བ་རྣམས་ཀྱིས་ནི་རང་ཡུལ་ཉེ་དུ་དང་བཅས་པ་ལས

རྒྱང་བསྲིངས་ཏེ་འདྲུ་འཛོམ་དབེན་པའི་གནས་སུ་གནས་དགོས་སོ་ཞེས་འདོམས་པ་དང་། བཤེས་གཉེན་དམ་པ་ཚུལ་བཞིན་བསྟེན་ན་ཉེ་བར་འཚེ་བ་ཐམས་ཅད་ལས་སྐྱོབ་ཅིང་། ཕན་བདེ་བླ་ན་མེད་པ་ལ་ངེས་པར་སྦྱོར་རོ་ཞེས་འདོམས་པ་དང་། རྒྱལ་པོའི་ཕོ་བྲང་དུ་འགྲོ་བ་དང་། ཁྲིམས་གྲོགས་མེད་པར་བུད་མེད་དང་ལྷན་ཅིག་གནས་པ་ནི་ཕུང་ཀྲོལ་ཆེན་པོ་ཡིན་ནོ་ཞེས་འདོམས་པ་དང་། གནོད་པ་བྱུང་བ་ལ་བཟོད་པ་མ་བསྒོམས་(༤༢བ)པར་ཕ་རོལ་དང་འཐབ་པར་བྱེད་པ་ནི་རང་གཞན་གཉིས་ཀ་ཕུང་བར་བྱེད་པ་ཡིན་པས་རྐྱེན་ངན་པ་ཅི་བྱུང་ཡང་བཟོད་པ་བསྒོམས་ཏེ་གཤེ་ཡང་སླར་མི་གཤེ་བ་སོགས་དགེ་སྦྱོང་གི་ཆོས་བཞི་ལ་གནས་པར་བྱས་ན་རང་གཞན་ཐམས་ཅད་ཕན་བདེ་ལ་སྦྱོར་རོ་ཞེས་འདོམས་པ་སོགས་མཛད་པ་ཐམས་ཅད་ཕྱི་མའི་སྐྱེ་བོ་རྣམས་ལ་སྣང་བར་བྱ་བ་དང་། གླིང་གཞི་དང་བྱུང་བ་སྟོན་པ་སོགས་བསྟན་པ་རྒྱས་པར་བྱ་བའི་ཕྱིར་མཛད་པ་ཤ་སྟག་གོ། །

ཁ༨ གནས་བརྟན་ཆེན་པོ་བཟང་པོའི་རྟོགས་པ་བརྗོད་པ།

དྲུག་པ་གནས་བརྟན་ཆེན་པོ་བཟང་པོའི་རྟོགས་པ་བརྗོད་པ་ནི། གནས་བརྟན་ཆེན་པོ་འདི་གང་དུ་འཁྲུངས་པའི་ཡུལ་ནི། སེར་སྐྱའི་གྲོང་ཁྱེར་ཆེན་པོ་སྟེ། སེར་སྐྱའི་གྲོང་ཁྱེར་ཆེན་པོ་དེ་ནི། རྒྱལ་པོ་ཟས་གཙང་གི་ཁ་ལོ་པ་རབ་བཟང་ཞེས་བྱ་བ་ཡོད་པ་དེ་དང་། དེ་ལ་ཆུང་མ་བུད་མེད་བཟང་མོ་ཞིག་ཡོད་པ་དེ་གཉིས་ལ་འབྱོར་པ་ཆེན་པོ་ཡོད་ཀྱང་། བུ་དང་བུ་མོ་གང་ཡང་མེད་པས་ཚངས་པ་དང་། བརྒྱ་བྱིན་དང་། འཇིག་རྟེན་སྐྱོང་བ་བཞི་ལ་སོགས་པར་བུ་སློང་བའི་ཕྱིར་མཆོད་པ་རྒྱ་ཆེན་པོ་བྱས་ཀྱང་དེ་དག་གིས་བུ་སྟེར་བར་མ་ནུས་སོ། །དེ་ནས་དུས་རེ་ཤིག་ན་ཡབ་རྒྱལ་པོ་ཟས་གཙང་དང་། ཡུམ་སྒྱུ་མ་ལྷ་མཛེས་གཉིས་ཀྱི་སྲས་སུ་བྱང་ཆུབ་སེམས་དཔའ་སྐུ་བལྟམས་པ་དེའི་ཚེ། མཚན་མཁན་རྣམས་ཀྱིས་ལུང་བསྟན་པ། གལ་ཏེ་ཁྱིམ་ན་

གནས་ན་ནི་འཁོར་ལོས་བསྒྱུར་བའི་རྒྱལ་པོར་འགྱུར་རོ། །གལ་ཏེ་སྐྲ་དང་ཁ་སྤུ་བྲེགས་ཏེ་ཆོས་གོས་ཆོན་ཅན་བགོས་ནས། ཡང་དག་པར་དད་པ་པོ་ནས་ཁྱིམ་ནས་ཁྱིམ་མེད་པར་རབ་ཏུ་བྱུང་ན་ནི། འཇིག་རྟེན་དུ་དེ་བཞིན་གཤེགས་(༤༣ན)པ་དགྲ་བཅོམ་པ་ཡང་དག་པར་རྫོགས་པའི་སངས་རྒྱས་གྲགས་པ་དང་ལྡན་པར་འགྱུར་རོ་ཞེས་ལུང་བསྟན་པ་ན། ཚིག་དེ་ཁ་ལོ་པ་རབ་བཟང་གིས་ཐོས་ནས། ཐོས་མ་ཐག་ཏུ་དེ་སྡུག་བསྔལ་ཆེན་པོ་སྐྱེས་ཏེ། གལ་ཏེ་བདག་ལ་བུ་ཞིག་ཡོད་ན་ནི། དེ་གཞོན་ནུ་འདིའི་ཁ་ལོ་པར་འགྱུར་ཏེ། དེ་ལྟར་ན་ཁ་ལོ་པ་རབས་ཆད་པར་མི་འགྱུར་ཞིག་གུ་སྙམ་དུ་བསམས་ནས། ལྷག་པར་ཡང་ལྷ་སོ་སོར་གསོལ་བ་འདེབས་པ་ལ་ཞུགས་སོ། །དེའི་ཚེ་སེར་སྐྱའི་གནས་སུ་བྱང་ཆུབ་སེམས་དཔའ་གཞོན་ནུ་དོན་ཐམས་ཅད་གྲུབ་པ་བྱོན་ཏེ། དེས་གཞོན་ནུ་རོལ་རྩེད་སོགས་མཛད་ནས་ནམ་ཞིག་ན་བྱང་ཆུབ་སེམས་དཔས་རྒན་པོ་དང་། ནད་པ་དང་། ཤི་བ་མཐོང་ནས། ཁྱིམ་ནས་ཁྱིམ་མེད་པར་རབ་ཏུ་བྱུང་སྟེ་ནི་རཉྫ་ནར་ལོ་དྲུག་གི་བར་དུ་དཀའ་བ་སྤྱད་ནས་དཀའ་སྤྱད་ལས་བཞེངས་ཏེ་ཞིང་པའི་བུ་མོ་དགའ་མོ་དང་། དགའ་སྐྱོབས་མ་ལས་འོ་མ་ལན་བཅུ་དྲུག་ཏུ་ཉིང་ཁུར་བྱས་པའི་འོ་ཐུག་སྦྲང་རྩི་ཅན་བཞེས་སོ། །དེ་ནས་རྩྭ་འཚོང་བཀྲ་ཤིས་ལྡན་ལས་རྩྭ་བཞེས་སོ། །དེ་ནས་ཀླུའི་རྒྱལ་པོ་ནག་པོས་མངོན་པར་བསྟོད་ཅིང་བྱང་ཆུབ་ཀྱི་སྙིང་པོར་གཤེགས་ཏེ། ཉིད་ཀྱིས་རྩྭ་རྣམས་མ་འཁྲུགས་པར་བཏིང་ནས་སྐྱིལ་མོ་ཀྲུང་བཅས་ཏེ་བཞུགས་ནས། ནམ་བླ་ན་མེད་པའི་ཡེ་ཤེས་མ་ཐོབ་ཀྱི་བར་དུ་སྐྱིལ་མོ་ཀྲུང་མི་བཤིག་གོ་ཞེས་ཐུགས་དམ་བརྟན་པོར་བཅས་སོ། །དེ་ནས་བྱང་ཆུབ་སེམས་དཔས་བདུད་ཀྱི་འཁོར་འབྱུང་པོ་བྱེ་བ་ཕྲག་སུམ་ཅུ་རྩ་དྲུག་བཅོམ་ནས་བླ་ན་མེད་པ་ཡང་དག་པར་(༤༣བ)རྫོགས་པའི་ཡེ་ཤེས་བརྙེས་སོ། །དེ་ནས་ཚངས་པས་བསྐུལ་ནས་ཝཱ་ར་ཎཱ་སིར་ལན་གསུམ་དུ་བཟླས་ཏེ་རྣམ་པ་བཅུ་གཉིས་སུ་ཆོས་ཀྱི་འཁོར་ལོ་ཆོས་བཞིན་དུ་བསྐོར་ཏེ་ལྔ་སྡེ་རྣམས་རབ་ཏུ་བྱུང་ངོ་། །དེ་ནས་ཉེ་བའི་

ལྟ་སྟེ་རྣམས་དང་། བཟང་སྟེའི་ཕ་ཚན་དྲུག་ཅུ་དང་། གྲོང་གི་བྱིས་པ་གཙོ་བོའི་ལྔ་བཅུ་དང་། དགའ་མོ་དང་། དགའ་སྟོབས་སྤུན་གཉིས་བདེན་པ་ལ་བཀོད་ནས། ལྟེང་རྒྱས་འོད་སྲུངས་དང་། ཆུ་ཀླུང་འོད་སྲུངས་སྤུན་གཉིས་རབ་ཏུ་བྱུང་སྟེ། ག་ཡར་གཤེགས་ནས་ཚེ་འཕྲུལ་རྣམ་པ་གསུམ་གྱིས་བཏུལ་ཏེ། སྨིག་མའི་ནགས་ཁྲོད་དུ་གཤེགས་ནས་རྒྱལ་པོ་གཟུགས་ཅན་སྙིང་པོ་ལྷ་བརྒྱད་ཁྲི་དང་། ཡུལ་མ་ག་དྷའི་བྲམ་ཟེ་དང་། ཁྱིམ་བདག་སྟོང་ཕྲག་དུ་མ་དང་ལྷན་ཅིག་ཏུ་བདེན་པ་ལ་བཀོད་དོ། །དེ་ནས་རྒྱལ་པོའི་ཁབ་ཏུ་གཤེགས་ཏེ་འོད་མའི་ཚལ་བཞེས་ནས། ཤཱ་རིའི་བུ་དང་། མོའུ་འགལ་གྱི་བུ་གཉིས་ཚུར་ཤོག་གིས་བསྙེན་པར་རྫོགས་ཤིང་མཆོག་ཟུང་དུ་ལུང་བསྟན་ནས་མཉན་དུ་ཡོད་པར་གཤེགས་ནས། རྒྱལ་པོ་གསལ་རྒྱལ་གཞོན་ནུ་ལྷ་བུའི་མདོ་སྟེས་བཏུལ་ཏེ། རྒྱལ་བུ་རྒྱལ་བྱེད་ཀྱི་ཚལ་བཞེས་ནས་སེར་སྐྱའི་གནས་སུ་གཤེགས་ཏེ་ཡབ་སྲས་མཇལ་ནས། སེར་སྐྱའི་གནས་སུ་རྗེན་བཅས་གདུལ་བར་བྱ་བ་རྣམས་ཀྱི་དོན་མཛད་ཅིང་བཞུགས་སོ། །དེ་ནས་ཁ་ཡོ་པ་རབ་བཟང་གི་སེམས་སྐྱེས་པ། བདག་ནི་ད་ལྟ་བུ་མེད་དེ་བདག་ཤི་སྟེ་དུས་ལས་འདས་ན་ནི། ཅི་བདོག་པ་ཐམས་ཅད་རྒྱལ་པོ་དབང་བྱེད་པར་འགྱུར་གྱིས། མ་ལ་བདག་གིས་ནོར་རྣམས་འཇིག་རྟེན་ཕ་རོལ་གྱི་དོན་དུ་བཏང་བར་བྱའོ་སྙམ་ནས་དེའི་ཕྱི་ཉིན་སངས་རྒྱས་ལ་སོགས་པ་དགེ་སློང་(༤༥ན)གི་དགེ་འདུན་བཤོས་ལ་སྤྱན་དྲངས་ཏེ། རང་གི་ལག་ནས་བཟའ་བ་དང་བཅའ་བ་གཙང་མ་བཟང་པོ་མང་པོས་ཚིམ་པར་བྱས་ཏེ་ཅི་བཞེད་པ་བསྟབས་ནས། ཕྱག་བཅབ་པར་རིག་ནས། སྟན་ཆེས་དམའ་བ་ཞིག་བླངས་ཏེ། ཆོས་མཉན་པའི་ཕྱིར་སྤྱན་སྔར་འདུག་གོ། དེ་ནས་བཅོམ་ལྡན་འདས་ཀྱིས་དེ་ལ་ཆོས་ཀྱི་གཏམ་གྱིས་ཡང་དག་པར་བསྟན། ཡང་དག་པར་འཛིན་དུ་བཅུག །ཡང་དག་པར་གཟེངས་བསྟོད། ཡང་དག་པར་དགའ་བར་མཛད་དེ། ཆོས་ཀྱི་གཏམ་རྣམ་གྲངས་དུ་མས་ཡང་དག་པར་བསྟན། ཡང་དག་པར་འཛིན་དུ་བཅུག །ཡང་དག་པར་

གཟིངས་བསྐྱོད། ཡང་དག་པར་དགའ་བར་མཛད་ནས་ཅང་མི་གསུང་བར་བཞུགས་སོ། །དེ་ནས་ཁ་ལོ་པ་རབ་བཟང་གིས། བཅོམ་ལྡན་འདས་ཀྱི་གཏམ་གྱི་མཇུག་ཛོགས་པར་རིག་ནས། བཅོམ་ལྡན་འདས་ལ་འདི་སྐད་ཅེས་གསོལ་ཏོ། །བཙུན་པ་བཅོམ་ལྡན་འདས་ནི་བདག་གི་ཡུན་རིང་པོའི་སྟོན་པ་ལགས་ཏེ། ཀྱེ་མ་བདག་ལ་བུ་ཞིག་སྐྱེས་ན་ནི། ཇི་ལྟར་བདག་རྒྱལ་པོ་ཟས་གཙང་གི་ཁ་ལོ་པ་བྱེད་པ་དེ་བཞིན་དུ་དེ་ཡང་གཞོན་ནུའི་ཁ་ལོ་པར་འགྱུར་བ་ཞིག་ན། དེ་ནི་བཅོམ་ལྡན་འདས་རབ་ཏུ་བྱུང་སྟེ། དེ་ལྟར་གྱུར་གྱིས་ཀྱང་གལ་ཏེ་ད་དུང་ཡང་བདག་ལ་བུ་ཞིག་བྱུང་ན་ནི་བཅོམ་ལྡན་འདས་ཀྱི་ཞབས་འབྲིང་དུ་དབུལ་བར་འཚལ་ལོ། །དེ་ནས་བཅོམ་ལྡན་འདས་ཀྱིས་མ་འོངས་པའི་དོན་གཟིགས་ནས་བཀའ་སྩལ་པ། ཁྱོད་དགེ་བ་རྣམས་ནི་དམ་བཅས་པ་ལ་བརྟེན་པ་ཡིན་ནོ། །ཞེས་གསུངས་ནས། དེའི་ཁྱིམ་ནས་བཅོམ་ལྡན་འདས་སྐར་གཤེགས་སོ། །དེ་ནས་ཕྱི་ཞིག་ན་ཁ་ལོ་པ་རབ་བཟང་གི་ཆུང་མ་ལ་བུ་ཆགས་ནས། དེ་ཟླ་བ་དགུའམ། ཅི་བཅུ་ལོན་པ་དང་བུ་བཙས་ཏེ། ཁྱེའུ་གཟུགས་བཟང་ཞིང་བལྟ་ན་སྡུག་ལ་མཛེས་པ་ཞིག(༨༨བ)བཙས་ནས། དེས་བཙས་སྟོན་རྒྱས་པར་བྱས་ཏེ། ཁྱེའུ་འདིའི་མིང་ཇི་སྐད་གདགས་ཞེས་མིང་འདོགས་པར་བྱེད་དེ་ཁྱེའུ་འདི་རབ་བཟང་གི་བུ་ཡིན་པས་ན། ཁྱེའུ་འདིའི་མིང་བཟང་པོ་ཞེས་གདགས་སོ་ཞེས་ཟེར་རོ། །དེ་ནས་ཁྱེའུ་བཟང་པོ། འོ་མ་དང་། ཞོ་དང་མར་དང་། ཞུན་མར་དང་། མར་གྱི་ཉིང་ཁུ་རྣམས་ཀྱིས་བསྐྱེད་བསྐྱངས་ནས། མཚོའི་ནང་གི་པདྨ་བཞིན་དུ་སྐྱེ་དྲག་པར་གྱུར་ཏོ། །དེ་གང་གི་ཚེ་ཆེར་སྐྱེས་པ་དེའི་ཚེ། ཡི་གེ་དང་། ཡོང་རྩིས་དང་། ཤོད་དགོད་པ་དང་། ལག་རྩིས་དང་། དབྱུང་བ་དང་། སྦྱ་བ་དང་། དགྲམ་པ་དང་། གོས་བརྟག་པ་དང་། ནོར་བུ་བརྟག་པ་དང་། རིན་པོ་ཆེ་བརྟག་པ་དང་། སྤོས་བརྟག་པ་དང་། སྨན་བརྟག་པ་དང་། གླང་པོ་ཆེ་བརྟག་པ་དང་། རྟ་བརྟག་པ་དང་། གོ་མཚོན་བརྟག་པ་རྣམས་བསླབས་ཏེ། ཡི་གེ་ལ་མཁས་པ་དང་། གློག་མཁས་པ་དང་།

མཛངས་པ་དང་། བྱ་བ་ལ་མཁས་པ་དང་། ཡིད་གཞུངས་པ་དང་། བརྟག་པ་རྣམ་པ་བརྒྱད་ལ་བྱང་བར་གྱུར་ཏོ། །དེ་ནས་ཕྱི་ཞིག་ན། བཅོམ་ལྡན་འདས་ཀྱིས་ཁྱིའུ་དེ་རབ་ཏུ་དབྱུང་བའི་དུས་ལ་བབ་པར་གཟིགས་ནས། ཁ་ལོ་པ་རབ་བཟང་ལ་བཀའ་སྩལ་པ། རབ་བཟང་ཁྱིའུ་འདི་ནི་མ་བཙས་པའི་སྔ་རོལ་ནས་ཁྱོད་ཀྱིས་ང་ལ་ཕུལ་ཏེ་ཁོང་དགེ་བ་རྣམས་ནི་དམ་བཅས་པ་ལ་བརྟན་པ་ཡིན་ན། དེ་ཁོ་ན་ལྟར་དམ་མ་བཅས་སམ། རབ་བཟང་གིས་གསོལ་པ། བཅོམ་ལྡན་འདས་དེ་ཁོ་ན་ལྟར་དམ་བཅས་པ་ལགས་སོ། །ཞེས་གསོལ་ནས། རབ་བཟང་གིས་ཁྱིའུ་དེ་ལག་པ་གཉིས་ཀྱིས་བཟུང་སྟེ། བཅོམ་ལྡན་འདས་ལ་ཕུལ་ནས་བཟང་པོ་ལ་སྨྲས་པ། བུ། ཁྱོད་མ་བཙས་པའི་སྔ་རོལ་ནས་ངས་བཅོམ་ལྡན་འདས་ལ་ཕུལ་(༥༥ན)ཀྱིས་སོང་ལ། བཅོམ་ལྡན་འདས་ཀྱི་ཞབས་འབྲིང་གྱིས་ཤིག །ཁྱིའུས་སྨྲས་པ། དེ་ནི་བདག་ལ་ཕན་གདགས་པ་ལགས་སོ། །ཞེས་སྨྲས་ནས། ཁྱིའུ་དེ་བཅོམ་ལྡན་འདས་ཀྱི་ཕྱི་བཞིན་སོང་ངོ་། །དེ་ནས་བཅོམ་ལྡན་འདས་ཀྱིས་ཁ་ལོ་པ་རབ་བཟང་ལ་ཆོས་ཀྱི་གཏམ་གྱིས་ཡང་དག་པར་བསྟན། ཡང་དག་པར་འཛིན་དུ་བཅུག །ཡང་དག་པར་གཟེངས་བསྟོད། ཡང་དག་པར་དགའ་བར་མཛད་ནས་བཅོམ་ལྡན་འདས་ཀྱིས་ཁྱིའུ་དེ་ཁྲིད་དེ་གཙུག་ལག་ཁང་དུ་གཤེགས་སོ། །དེ་དེར་ཁྲིད་ནས་རབ་ཏུ་བྱུང་སྟེ་ཀུན་སྤྱོད་རྣམས་བསླབས། སྡེ་སྣོད་གསུམ་ཀློག་ཏུ་བཅུག །ལོ་ལོན་པ་ན་བསྙེན་པར་རྫོགས་པར་མཛད་ནས་དེ་ལ་ལུང་ཕོག་གོ །དེས་ཀྱང་བརྩོན་པ་དང་། བསྒྲུབ་པ་དང་། འབད་པས་ཉོན་མོངས་པ་ཐམས་ཅད་སྤངས་ནས། དགྲ་བཅོམ་པ་ཉིད་མངོན་སུམ་དུ་བྱས་ཏེ། དགྲ་བཅོམ་པ་ཁམས་གསུམ་པའི་འདོད་ཆགས་དང་བྲལ་བ། གསེར་དང་བོང་བར་མཉམ་པ་ནམ་མཁའ་དང་ལག་མཐིལ་དུ་འདྲ་བའི་སེམས་དང་ལྡན་པ། ཙན་དན་སྤངས་པ་ལྟ་བུར་བསིལ་བར་གྱུར་པ། རིག་པས་སྒོ་ངའི་སྦུབས་བཅོམ་པ། རིག་པ་དང་མངོན་པར་ཤེས་པ་དང་སོ་སོ་ཡང་དག་པར་རིག་པ་ཐོབ་པ། སྲིད་པའི་རྙེད་པ་དང་ཆགས་

པ་དང་བཀུར་སྟི་ལ་མི་ལྟ་བ་དང་། དབང་པོ་དང་ཉེ་དབང་དང་བཅས་པའི་ལྷ་རྣམས་ཀྱིས་མཆོད་ཅིང་རྗེད་པ་དང་། གུས་པར་སྨྲ་བའི་གནས་སུ་གྱུར་ཏོ། །དེ་ནས་དེས་བསམས་པ། བཅོམ་ལྡན་འདས་ནི་བདག་གི་སྡུག་བསྔལ་དང་ཡིད་མི་བདེ་བ་མང་པོ་སེལ་བར་མཛད་པ་དང་། བདེ་བ་དང་ཡིད་བདེ་བ་རྣམ་པ་དུ་མ་སྐྱུབ་པར་མཛད་པ(༤༥བ)དང་། སྡིག་པ་མི་དགེ་བའི་ཆོས་རྣམ་པ་དུ་མ་སེལ་བར་མཛད་པ་དང་། དགེ་བའི་ཆོས་རྣམ་པ་དུ་མ་སྐྱུབ་པར་མཛད་པ་ཡིན་ན། བདག་གིས་བཅོམ་ལྡན་འདས་ཀྱི་བཀའ་དྲིན་ཇི་ལྟར་བསབ་པར་བྱ་སྙམ་སྟེ་དེས་བསམས་པ། སངས་རྒྱས་རྣམས་འཇིག་རྟེན་དུ་འབྱུང་བ་གང་ཡང་རུང་བ་དེ་དག་ཐམས་ཅད་ནི་སེམས་ཅན་ལ་ཕན་པའི་ཕྱིར་འབྱུང་བར་ཟད་ཀྱིས། མ་ལ་བདག་གིས་ཀྱང་སེམས་ཅན་གྱི་དོན་བྱའོ་སྙམ་སྟེ། བདག་གིས་འདུལ་བར་འགྱུར་བ་ལྟ་ཅི་ཡོད་ཅེས་བསམས་ཏེ། དེས་བལྟས་ན་ཐོག་མ་ཁོ་ནར་ཕ་མ་གཉིས་འདུལ་བར་འགྱུར་བར་རིག་ནས། དེས་གཙུག་ལག་ཁང་ནས་མི་སྣང་བར་གྱུར་ཏེ། བདག་གི་ཁྱིམ་དུ་ཕ་མ་གཉིས་ཀྱི་མདུན་ནས་ས་བརྗོལ་ཏེ་བྱུང་ནས། དེ་དང་པའི་རྒྱལ་པོ་འདབ་མ་བརྒྱད་བ་ལྟར་སྟེང་གི་ནམ་མཁའ་ལ་འཕགས་ནས། ཕ་མ་གཉིས་ཀྱི་མདུན་དུ་འབར་བ་དང་། ལམ་མེར་འདུག་པ་དང་། ཆར་འབབ་པ་དང་། གློག་འགྱུ་བའི་ཆོ་འཕྲུལ་རྣམས་བསྟན་ནས། ས་ལ་བབས་ཏེ། ཕ་མ་གཉིས་ཀྱི་བསམ་པ་དང་། བག་ལ་ཉལ་དང་། ཁམས་དང་། ཤེས་པ་དང་། རང་བཞིན་རྟོགས་ནས་དེ་དང་མཐུན་པའི་ཆོས་བསྟན་ཏེ་དེ་ཐོས་ནས་ཕ་མ་གཉིས་སྟན་དེ་ཁོ་ན་ལ་འདུག་བཞིན་དུ་འཇིག་ཚོགས་ལ་ལྟ་བའི་རིའི་རྩེ་མོ་ཉི་ཤུ་ཡེ་ཤེས་རྡོ་རྗེས་བཅོམ་ནས་རྒྱུན་དུ་ཞུགས་པའི་འབྲས་བུ་མངོན་སུམ་དུ་བྱས་ཏེ། དེ་གཉིས་བདེན་པ་མཐོང་ནས་སྨྲས་པ། བུ། བདག་ཅག་གཉིས་ཀྱང་ཁྱིམ་ན་གནས་པ་བཏང་ལ་ཁྱོད་རབ་ཏུ་བྱུང་བའི་རྗེས་སུ་རབ་ཏུ་འབྱུང་བར་བྱའོ། །གནས་བརྟན་བཟང་པོས་སྨྲས་པ། ཁྱེད་གཉིས(༤༦ན)ཇི་ལྟར་དགའ་བ་བཞིན་དུ་མཛོད་ཅིག་ཅེས

བྱས་ནས། གནས་བརྟན་བཟང་པོ་དེ་གཉིས་ཀྱི་ཁྱིམ་ནས་ཕྱིར་སོང་ངོ་། །དེ་ནས་དེའི་ཕ་མ་གཉིས་ཀྱིས་ཁྱིམ་གྱི་འཁོར་བཏང་སྟེ། སྦྱིན་པ་དག་སྦྱིན་ཞིང་བསོད་ནམས་དག་བྱས་ཏེ། བཅོམ་ལྡན་འདས་ཀྱི་བསྟན་པ་ལ་རབ་ཏུ་བྱུང་ནས། བསྙེན་པ་དང་། བསྒྲུབ་པ་དང་། འབད་པས། ཉོན་མོངས་པ་ཐམས་ཅད་སྤངས་ནས་དགྲ་བཅོམ་པ་ཉིད་མངོན་སུམ་དུ་བྱས་སོ། །དེ་ནས་གནས་བརྟན་བཟང་པོས་སྔོན་པའི་བཀའ་དྲིན་དྲན་པའི་སྒོ་ནས་འགྲོ་བ་བགྲང་བ་ལས་འདས་པ་ཞིག་སྨིན་ཅིང་གྲོལ་བར་བྱས་སོ། །དེ་ལྟར་གནས་བརྟན་བཟང་པོས་རང་ཉིད་ཀྱིས་དགྲ་བཅོམ་པའི་གོ་འཕང་མངོན་དུ་བྱས་ནས་ཕ་མ་ལ་སོགས་པའི་སྐྱེ་བོ་བགྲང་བ་ལས་འདས་པའི་དོན་བྱས་པ་ན་དགེ་སློང་རྣམས་ངོ་མཚར་རྨད་དུ་གྱུར་ཏེ། བཅོམ་ལྡན་འདས་ལ་ཞུས་པ། བཙུན་པ། གནས་བརྟན་བཟང་པོ་འདིས་ལས་ཅི་ཞིག་བགྱིས་ནས། ལས་དེའི་རྣམ་པར་སྨིན་པས་ཕྱུག་ཅིང་ནོར་མང་ལ་ལོངས་སྤྱོད་ཆེ་བའི་རིགས་སུ་སྐྱེས་ཏེ་གཟུགས་བཟང་ཞིང་བལྟ་ན་སྡུག་ལ་མཛེས་པར་གྱུར་ནས། བཅོམ་ལྡན་འདས་ཀྱང་མཉེས་པར་བགྱིས་ཏེ། མི་མཉེས་པར་མ་བགྱིས། བཅོམ་ལྡན་འདས་ཀྱི་བསྟན་པ་ལ་རབ་ཏུ་བྱུང་ནས་ཉོན་མོངས་པ་ཐམས་ཅད་སྤངས་ཏེ་དགྲ་བཅོམ་པ་ཉིད་མངོན་སུམ་དུ་བགྱིས་ལགས། འདིའི་ཕ་མ་གཉིས་ཀྱིས་ཀྱང་ལས་ཅི་བགྱིས་ནས། ལས་དེའི་རྣམ་པར་སྨིན་པས་འདི་ཁོ་ན་ལ་བརྟེན་ནས་བཅོམ་ལྡན་འདས་མཉེས་པར་བགྱིས་ཏེ། མི་མཉེས་པར་མ་བགྱིས། བཅོམ་ལྡན་འདས་ཀྱི་བསྟན་པ་ལ་རབ་ཏུ་བྱུང་ནས་ཉོན་(༤༨བ)མོངས་པ་ཐམས་ཅད་སྤངས་ཏེ་དགྲ་བཅོམ་པ་ཉིད་མངོན་སུམ་དུ་བགྱིས་ལགས། ཞེས་གསོལ་པ་ན། བཅོམ་ལྡན་འདས་ཀྱིས་བཀའ་སྩལ་པ། སྨོན་ལམ་གྱི་དབང་ལས་གྱུར་ཏོ། །དགེ་སློང་རྣམས་ཀྱིས་གསོལ་བ། བཙུན་པ། འདི་རྣམས་ཀྱིས་སྨོན་ལམ་གང་དུ་བཏབ་ལགས། བཅོམ་ལྡན་འདས་ཀྱིས་བཀའ་སྩལ་པ། དགེ་སློང་དག་སྔོན་བྱུང་བ་འདས་པའི་དུས་ན། བསྐལ་པ་བཟང་པོ་འདི་ཉིད་ལ། སྐྱེ་དགུའི་

ཚེ་ལོ་བཞི་ཁྲི་ཐུབ་པ་ན། ཡང་དག་པར་རྫོགས་པའི་སངས་རྒྱས་རིག་པ་དང་ཞབས་སུ་ལྡན་པ། བདེ་བར་གཤེགས་པ། འཇིག་རྟེན་མཁྱེན་པ། སྐྱེས་བུ་འདུལ་བའི་ཁ་ལོ་བསྒྱུར་བ་བླ་ན་མེད་པ། ལྷ་དང་མི་རྣམས་ཀྱི་སྟོན་པ། སངས་རྒྱས་བཅོམ་ལྡན་འདས་འཁོར་བ་འཇིག་ཅེས་བྱ་བ་འཇིག་རྟེན་དུ་བྱུང་སྟེ། དེ་གང་གི་ཚེ་སངས་རྒྱས་ཀྱི་འཕྲིན་ལས་ཐམས་ཅད་མཛད་ནས། ཤིང་ཟད་པའི་མེ་བཞིན་དུ་ཕུང་པོ་ལྷག་མ་མེད་པའི་མྱ་ངན་ལས་འདས་པའི་དབྱིངས་སུ་ཡོངས་སུ་མྱ་ངན་ལས་འདས་སོ། །དེ་ནས་རྒྱལ་པོ་མཛེས་པ་ཞེས་བྱ་བས་བཅོམ་ལྡན་འདས་དེའི་སྐུ་གདུང་ལ་མཆོད་པ་བྱས་ནས། རིན་པོ་ཆེ་སྣ་བཞི་ལས་བྱས་པའི་མཆོད་རྟེན་ཁོ་ར་ཁོར་ཡུག་ཏུ་དཔག་ཚད་གཅིག་ཡོད་པ། འཕང་དུ་རྒྱང་གྲགས་གཅིག་ཡོད་པ་ཞིག་བརྩིག་པར་བརྩམས་ཏེ། དེས་དེར་བློན་པོ་མ་དད་པ་ཞིག་ལག་དཔོན་དུ་བསྐོས་ནས་བློན་པོ་དེས་བུ་ལ་སྨྲས་པ། བུ། ངས་ནི་རྒྱལ་པོའི་བཀའ་བསྒྲུབ་པ་དང་རྒྱལ་པོའི་བྱ་བ་མང་པོ་དག་བྱ་དགོས་ཏེ། ངས་གཉིས་ཀ་ལག་གིས་མི་ཁྱབ་པའི་སྟེང་དུ་འདི་འབའ་ཞིག་ལ་འཆེལ་ན་བདག་གིས་རྒྱལ་པོའི་ཕོ་བྲང་དུ་བྱ་བ་རྣམས་ཤོར་(༢༧ན)བར་འགྱུར་གྱིས། ཁྱོད་ཀྱིས་འདིར་མཆོད་རྟེན་གྱི་ལག་གི་ཞལ་ཏ་གྱིས་ཤིག་དང་། ངས་རྒྱལ་པོའི་ཞབས་འབྲིང་བྱའོ། །ཁྱེའུས་སྨྲས་པ། ཡབ་ཇི་ལྟར་དགྱེས་པ་དེ་བཞིན་དུ་བགྱིའོ། །ཞེས་བྱས་ནས། དེ་དེ་ན་མཆོད་རྟེན་གྱི་ལག་གི་བླ་ཞལ་ཏ་བྱེད་ཅིང་འདུག་སྟེ། དེ་དེར་ལས་བྱེད་པ་ལ་ཞུགས་སོ། །དེ་དེ་ན་ལས་བྱེད་པ་ན། སངས་རྒྱས་འཁོར་བ་འཇིག་གི་བསྟན་པ་ལ་དད་པ་རྙེད་ནས། སྐྱབས་སུ་འགྲོ་བ་དང་། བསླབ་པའི་གཞི་རྣམས་བླངས་སོ། །དེས་དེར་ཕ་མ་གཉིས་ཀྱང་དད་པ་ཕུན་སུམ་ཚོགས་པ་ལ་བཀོད་སྐྱབས་སུ་འགྲོ་བ་དང་། བསླབ་པའི་གཞི་རྣམས་ལ་ཡང་བཀོད་དོ། །དེར་གང་གི་ཚེ་རྒྱལ་པོ་མཛེས་པས་མཆོད་རྟེན་དེ་རྣམ་པ་ཐམས་ཅད་དུ་ཟིན་པར་བྱས་ནས། མཆོད་པ་ཆེན་པོ་བྱས་ཏེ། མཆོད་རྟེན་གྱི་དུས་སྟོན་བྱེད་པ་དེའི་ཚེ། བློན་པོ་དེ་བཟའ་མི་གཉིས་

དང་། བློན་པོའི་བུ་དེས། མཆོད་རྟེན་དེ་རྣམ་པ་ཐམས་ཅད་དུ་ཡོངས་སུ་རྫོགས་པ་མཐོང་ནས་མཆོག་ཏུ་དགའ་བར་གྱུར་ཏོ། །མཆོག་ཏུ་དགའ་བར་གྱུར་ནས་དེ་དག་གིས་མཆོད་རྟེན་དེ་ལ་བཀུར་སྟི་ཆེན་པོ་བྱས་ཏེ། བློན་པོའི་བུ་དེས་མཆོད་རྟེན་དེ་ལ་ཕྱག་འཚལ་ནས་སྨོན་ལམ་བཏབ་པ། ཀྱེ་མ་དགེ་བའི་རྩ་བ་འདིས། བདག་གང་དང་གང་དུ་སྐྱེས་པ་དེ་དང་དེར། ཕྱུག་ཅིང་ནོར་མང་ལ་ལོངས་སྤྱོད་ཆེ་བའི་རིགས་སུ་སྐྱེ་བར་ཤོག་ཅིག །གཟུགས་བཟང་ཞིང་བལྟ་ན་སྡུག་ལ་མཛེས་པར་གྱུར་ཅིག །སྟོན་པ་འདི་འདྲ་བ་མཉེས་པར་བྱེད་པར་གྱུར་ཅིག །མི་མཉེས་པར་བྱེད་པར་མ་གྱུར་ཅིག །རྒྱལ་བ་དེ་ཡི་ནའི་བསྟན་པ་ལ་རབ་ཏུ་བྱུང་ནས་ཉོན་མོངས་པ་ཐམས་ཅད་སྤངས་ཏེ་དགྲ་བཅོམ་པ་ཉིད་མངོན་སུམ་དུ་བྱེད་པར་ཤོག (༢༧བ)ཅིག་ཅེས་བྱས་སོ། །དེ་ནས་ཕ་མ་གཉིས་ཀྱིས་དེ་མཐོང་ནས། བུ། ཁྱོད་ཀྱིས་སྨོན་ལམ་ཇི་སྐད་བཏབ་ཅེས་དྲིས་པ་དང་། དེས་དེ་གཉིས་ལ་ཐམས་ཅད་རྒྱས་པར་བཤད་པས་དེ་ཐོས་མ་ཐག་ཏུ་དེ་གཉིས་ཀྱིས་ཀྱང་སྨོན་ལམ་བཏབ་སྟེ། ཀྱེ་མ་དགེ་བའི་རྩ་བ་འདིས། བདག་ཅག་གཉིས་ཀྱང་གང་དང་གང་དུ་སྐྱེས་པ་དེ་དང་དེར་ཕྱུག་ཅིང་ནོར་མང་ལ་ལོངས་སྤྱོད་ཆེ་བའི་རིགས་སུ་སྐྱེ་བར་ཤོག་ཅིག །འདི་ཉིད་བདག་ཅག་གི་བུར་གྱུར་ནས་འདི་ཡོ་ན་ལ་བརྟེན་ཏེ་བདག་ཅག་གཉིས་ཀྱིས་སྟོན་པ་འདི་འདྲ་བ་མཉེས་པར་བྱེད་པར་གྱུར་ཅིག །མི་མཉེས་པར་བྱེད་པར་མ་གྱུར་ཅིག །སྟོན་པ་དེ་ཡོ་ནའི་བསྟན་པ་ལ་རབ་ཏུ་བྱུང་ནས། ཉོན་མོངས་པ་ཐམས་ཅད་སྤངས་པའི་དགྲ་བཅོམ་པ་ཉིད་མངོན་སུམ་དུ་བྱེད་པར་ཤོག་ཅིག་ཅེས་བྱས་སོ། །དགེ་སློང་དག །ཇི་སྙམ་དུ་སེམས། དེའི་ཚེ་བློན་པོའི་བུར་གྱུར་པ་གང་ཡིན་པ་དེ་ནི་བཟང་པོ་འདི་ཡིན་ནོ། །དེའི་ཚེ་ཕ་མར་གྱུར་པ་གང་ཡིན་པ་དེ་གཉིས་ནི་ཕ་མ་འདི་གཉིས་ཡིན་ནོ། །དེས་མཆོད་རྟེན་དེ་ལ་བཀུར་སྟི་བྱས་ནས་སྨོན་ལམ་བཏབ་པའི་ལས་དེའི་རྣམ་པར་སྨིན་པས་ནི། གང་དང་གང་དུ་སྐྱེས་པ་དེ་དང་དེར་ཕྱུག་ཅིང་ནོར་མང་ལ་ལོངས་སྤྱོད་ཆེ་བའི་

རིགས་སུ་སྐྱེས་ཏེ། དགེ་སློང་དག་ང་ཡང་དག་པར་རྫོགས་པའི་སངས་རྒྱས་འཁོར་བ་འཇིག་དང་ཤིན་ཏུ་མཉམ་པ་དང་། ཤུགས་མཉམ་པ་དང་། མཛད་པ་མཉམ་པ་དང་། ཐབས་མཉམ་པ་བརྙེས་པར་གྱུར་ནས། འདིས་ང་མཉེས་པར་བྱས་ཏེ་མི་མཉེས་པར་མ་བྱས་ལ། ང་ཉིད་ཀྱི་བསྟན་པ་ལ་རབ་ཏུ་བྱུང་ནས་ཉོན་མོངས་པ་ཐམས་ཅད་སྤངས་ཏེ་དགྲ་བཅོམ་པ་ཉིད་མངོན་སུམ་དུ་བྱས་སོ། །དེར་ཕ་མ་གཉིས་ཀྱིས་མཆོད་རྟེན་དེ་ལ་བཀུར་སྟི་བྱས། སྨོན་(༢༢ན)ལམ་བཏབ་པའི་ལས་དེའི་རྣམ་པར་སྨིན་པས་ནི་གང་དང་གང་དུ་སྐྱེས་པ་དེ་དང་དེར། ཕྱུག་ཅིང་ནོར་མང་ལ་ལོངས་སྤྱོད་ཆེ་བའི་རིགས་སུ་སྐྱེས། བུ་འདི་ཁོ་ན་ལ་བརྟེན་ཏེ། འདི་གཉིས་ཀྱིས་ང་མཉེས་པར་བྱས་ཏེ་མི་མཉེས་པར་མ་བྱས་ལ། ང་ཉིད་ཀྱི་བསྟན་པ་ལ་རབ་ཏུ་བྱུང་ནས་ཉོན་མོངས་པ་ཐམས་ཅད་སྤངས་ཏེ་དགྲ་བཅོམ་པ་ཉིད་མངོན་སུམ་དུ་བྱས་སོ། །གཞན་ཡང་། ཡང་དག་པར་རྫོགས་པའི་སངས་རྒྱས་འོད་སྲུངས་ཀྱི་བསྟན་པ་ལ་ཡང་འདི་གསུམ་ཅར་རབ་ཏུ་བྱུང་སྟེ། དེར་འདི་རྣམས་ཀྱིས་ཚེ་གཅིག་ཏུ་ཚངས་པར་སྤྱོད་པ་སྤྱད་ནས་དབང་པོ་ཡོངས་སུ་སྨིན་པར་བྱས་ཏེ། དེས་ན་ད་ལྟར་རྣམ་པར་གྲོལ་བར་གྱུར་ཏོ། །ཞེས་ལུང་བསྟན་ཏོ། །གནས་བརྟན་ཆེན་པོ་འདིས་མཛད་པ་འདི་ལྟར་མཛད་པ་འདི་དག་ཀྱང་གདུལ་བྱ་རྣམས་ལ་འདོམས་པའི་ཕྱིར་མཛད་པ་ཤ་སྟག་སྟེ། ཁྱིམ་དུ་གནས་པ་ནི་བཙོན་རར་གནས་པ་དང་འདྲ་ཞིང་། ཁྱིམ་གྱི་འཁོར་བ་ནི་དུག་སྦྲུལ་ནག་པོའི་གདེངས་ཀའི་གྲིབ་བསིལ་དང་འདྲ་བས་ཁྱིམ་གྱི་འཁོར་པ་ལ་མ་ཆགས་པར་རྒྱལ་བའི་བསྟན་པ་ལ་རབ་ཏུ་འབྱུང་དགོས་སོ་ཞེས་འདོམས་པ་དང་། རབ་ཏུ་བྱུང་ནས་ཀྱང་སྡེ་སྣོད་གསུམ་གྱི་ལུང་བཟླག་པ་དང་། སྡེ་སྣོད་གསུམ་གྱི་བརྗོད་བྱའི་དོན་བསླབ་པ་གསུམ་རང་གི་རྒྱུད་ལ་བསྐྱེད་པ་དང་། ཚུལ་བཞིན་ཡིད་ལ་བྱས་ཏེ་རྣམ་པར་གྲོལ་བའི་འབྲས་བུ་ཐོབ་པར་བྱ་དགོས་སོ་ཞེས་འདོམས་པ་དང་། རང་གི་རྒྱུད་གྲོལ་བ་ན་སྔར་དྲིན་གྱིས་བསྐྱངས་པའི་ཕ་མ་ལ་

སོགས་པའི་འགྲོ་བ་རྣམས་སྲིད་པའི་བཙོན་ར་ནས་བཏོན་ཏེ་ཐར་པའི་ཁང་བཟང་དུ་འཁྲིད་དགོས་སོ་ཞེས་འདོམས་པ་དང་། སྟོན་པ་ཤཱཀྱའི་རྒྱལ་པོའི་བསྟན་པ་དང་མཇལ་ན་འདི་ལྟར་(༨༨བ)རང་དང་གཞན་གྱི་དོན་ཐམས་ཅད་འགྲུབ་པར་འགྱུར་རོ་ཞེས་འདོམས་པའི་ཕྱིར་མཛད་པ་འདི་ལྟར་མཛད་དོ། །

ཁ༧ བདུན་པ་གནས་བརྟན་ཆེན་པོ་གསེར་བེའུའི་རྟོགས་པ་བརྗོད་པ།

བདུན་པ་གནས་བརྟན་ཆེན་པོ་གསེར་བེའུའི་རྟོགས་པ་བརྗོད་པ་ནི། གནས་བརྟན་ཆེན་པོ་འདི་གང་དུ་འཁྲུངས་པའི་ཡུལ་ནི། མ་ག་དྷ་སྟེ། དེར་ཁྱིམ་བདག་འབྱོར་བ་ཅན་ཞིག་གི་སྲས་སུ་འཁྲུངས་ཏེ། དེ་ཡང་གཟུགས་བཟང་བ། བལྟ་ན་སྡུག་པ། མཚན་དང་ལྡན་པ་ཞིག་བྱུང་སྟེ། ཁྱེའུ་དེ་ཐོག་མ་བཙས་པ་ན། བང་མཛོད་ཀྱི་ནང་ནས་གསེར་གྱི་སྣང་པོའི་ཕྲུག་གུ་ཞིག་རང་བྱུང་དུ་བྱུང་ངོ་། །

ཁྱེའུའི་ཕ་མ་གཉིས་ཀྱིས་དེ་ལྟ་བུ་བྱུང་བ་མཐོང་ནས་རབ་ཏུ་དགའ་སྟེ་མཚན་མཁན་ལ་བསྟན་པས། མཚན་མཁན་གྱིས་ཀྱང་ཁྱེའུ་འདི་བསོད་ནམས་ཀྱི་མཚན་དང་ལྡན་པར་རྟོགས་ཏེ། ཁྱེའུ་འདི་ཐོག་མ་བཙས་པ་ན་ངོ་མཚར་ཆེ་བའི་ལྟས་ཅི་བྱུང་ཞེས་དྲིས་སོ། །ཁྱེའུའི་ཕ་མས་སྨྲས་པ། ཁྱེའུ་འདི་བཙས་པ་ན་མཛོད་ཀྱི་ནང་ནས་གསེར་གྱི་སྣང་པོ་ཆེའི་ཕྲུ་གུ་ཞིག་རང་བྱུང་དུ་བྱུང་ངོ་། །ཞེས་སྨྲས་པ་དང་། ཁྱེའུའི་མིང་ཡང་སྣང་པོ་སྐྱོང་ཞེས་བཏགས་སོ། །ཁྱེའུ་དེ་ཇི་ཙམ་དུ་ཆེར་སྐྱེས་པ་བཞིན་གསེར་གྱི་སྣང་པོ་ཆེའི་ཕྲུ་གུ་ཡང་སྐྱེས་ཏེ། ཁྱེའུ་འགྲོ་ན་སྣང་པོ་ཆེའི་ཕྲུ་གུ་ཡང་འགྲོ་སྟེ་རྟག་ཏུ་འགྲོགས་སོ། །སྣང་པོ་ཆེའི་ཕྲུ་གུའི་གཅིན་རྟུག་ཀྱང་གསེར་དུ་འགྱུར་ངོ་། །སྣང་པོ་སྐྱོང་ཆེར་སྐྱེས་ནས་ཁྱིམ་བདག་གི་བུ་ལྔ་བརྒྱ་ཙམ་དང་རྟག་ཏུ་ལྷན་ཅིག་རྩེ་སྟེ་གཅིག་ལ་གཅིག་ཡིད་གཙུགས་པས། ཕྱི་ཞིག་ན་བྱིས་པ་དེ་དག་སོ་སོ་ནས་རང་རང་གི་ཁྱིམ་ན་ངོ་མཚར་ཆེ་བ་ཅི་ཡོད་པའི་གཏམ་བྱས་པ་དང་། དེ་ལ་ཁ་ཅིག་ནི་

ངའི་ཁྱིམ་ན་ཁྲི་སྟན་དང་ཉལ་བའི་མལ་ཆ་ལ་སོགས་པ་ཐམས་ཅད་རིན་པོ་ཆེ་སྣ་(༥༨ན)བདུན་ལས་གྲུབ་སོ་ཞེས་ཟེར་རོ། །ཁ་ཅིག་ནི་ངའི་ཁྱིམ་དང་སྐྱེད་མོས་ཚལ་ལ་སོགས་པ་ཐམས་ཅད་ཀྱང་རིན་པོ་ཆེ་ལས་གྲུབ་ཞེས་ཟེར་རོ། །ཁ་ཅིག་ནི་ངའི་བང་མཛོད་རྟག་ཏུ་རིན་པོ་ཆེ་དམ་པས་ཡོངས་སུ་གང་ངོ་ཞེས་ཟེར་ཏེ། ཀུན་གྱིས་སོ་སོ་ནས་ཡ་མཚན་ཅི་ཡོད་པ་རྣམ་པ་སྣ་ཚོགས་ཀུན་སྨྲས་པ་དང་། སྣང་པོ་སྐྱོང་གིས་ཀྱང་བདག་ཐོག་མ་བཙས་པ་ན་གསེར་གྱི་སྣང་པོ་ཆེའི་ཕྲུ་གུ་ཞིག་ཀྱང་རང་བྱུང་སྟེ། ཁོ་བོ་ཇི་ཙམ་སྐྱེས་པ་བཞིན་དུ་སྣང་པོ་ཆེའི་ཕྲུ་གུ་ཡང་དེ་བཞིན་དུ་སྐྱེས་ཏེ་ཁོ་བོས་བསམས་པ་བཞིན་དུ་འགྲོ་ལ། སྣང་པོ་ཆེ་དེ་ལ་ཞོན་ནས་ལྟད་མོ་ལྟ་བ་ལ་སོགས་པ་གང་ཡང་ཡིད་བཞིན་དུ་མགྱོགས་པར་འགྲོ་སྟེ། གཅིན་རྟུག་ཀྱང་གསེར་དུ་འབྱུང་ངོ་། །ཞེས་སྨྲས་པ་དང་། དེའི་ཚེ་རྒྱལ་བུ་མ་སྐྱེས་དགྲ་ཡང་དེ་ན་འདུག་སྟེ། སྣང་པོ་སྐྱོང་གིས་སྨྲས་པ་ཐོས་ནས། འདི་སྐམ་དུ་བདག་ནམ་རྒྱལ་པོར་གྱུར་པ་ན་དབྲོག་གོ་སྙམ་དུ་བསམས་ཏེ། ཕྱིས་རྒྱལ་པོར་གྱུར་ནས་སྣང་པོ་སྐྱོང་བཀུག་སྟེ་ཁྱོད་ཀྱི་སྣང་པོ་ཆེ་འོན་ཅིག་ཅེས་བསྒོའོ། །དེ་ནས་སྣང་པོ་སྐྱོང་གི་ཕ་མས་བུ་ལ་འདི་སྐད་ཅེས་སྨྲས་སོ། །མ་སྐྱེས་དགྲ་ལྟ་བུ་ཁྲི་ཞིང་གདུམ་ལ་འདོད་ཞེན་ཆེ་བ་མེད་དེ། བདག་གི་ཕ་ཡང་བསད་ན་གཞན་ལྟ་ཅི་སྨོས་ཏེ། ད་ཁྱོད་ཀྱི་སྣང་པོ་ཆེ་འཕྲོག་པར་གྱུར་གྱིས་སྣང་པོ་ཆེ་སྦྱིན་དགོས་སོ། །བུས་སྨྲས་པ། བདག་གི་སྣང་པོ་ཆེ་འདི་ནི་སུས་ཀྱང་དབྲོག་མི་ནུས་སོ། །ཞེས་སྨྲས་ནས། ཕ་སྤད་གཉིས་སྣང་པོ་ཆེ་ལ་ཞོན་ཏེ་རྒྱལ་པོའི་ཕོ་བྲང་གི་སྒོར་འོངས་པ་དང་། སྒོ་སྲུང་བ་དག་གིས་རྒྱལ་པོ་ལ་གསོལ་ཏོ། །རྒྱལ་པོས་ཀྱང་སྣང་པོ་སྐྱོང་ཕ་སྤད་གཉིས་སྣང་པོ་ཆེ་ལས་མ་བབས་པར་ནང་དུ་ཤོག་(༥༨བ)ཅིག་ཅེས་བསྒོ་བ་དང་། སྣང་པོ་སྐྱོང་ཕ་སྤད་གཉིས་སྣང་པོ་ཆེ་ལ་ཞོན་ཏེ་ཕོ་བྲང་གི་ནང་དུ་འོངས་ནས་གདོང་བབས་སོ། །དེ་ནས་རྒྱལ་པོ་ལ་ཕྱག་བྱས་ཏེ་བདེ་བར་གྱུར་ཅིག་ཅེས་སྨྲས་པ་དང་། རྒྱལ་པོ་རབ་ཏུ་དགའ་ནས་སྟན་བཏིང་བ་ལ

འདུག་ཏུ་བཅུག་སྟེ་བཟའ་བ་དང་བཏུང་བ་སྦྱིན་ནོ། །དེ་ནས་སྤྲང་པོ་སྐྱེང་ཕ་སྤད་གཉིས་ཀྱིས་ཕྱིར་འགྲོའོ་ཞེས་བྱས་པ་དང་། སྤྲང་པོ་སྐྱེང་ལ་གསེར་གྱི་སྤྲང་པོ་ཞོག་ལ་ཁྱེད་ཅག་ཕྱིར་དེངས་ཤིག་ཅེས་བསྒོའོ། །དེ་ནས་སྤྲང་པོ་སྐྱེང་ཡང་རྒྱལ་པོའི་བཀའ་བཞིན་དུ་སྤྲང་པོ་ཆེ་ཕྱིར་བཞག་ནས། ཕ་སྤད་གཉིས་རྐང་པས་སོང་སྟེ་སྒོར་ཕྱིན་པ་ཙམ་ན། རིང་པོར་མ་ལོན་པར་སྤྲང་པོ་ཆེ་དེ་ཡང་དེ་ཉིད་དུ་སའི་ནང་དུ་ནུབ་ནས་སྒོའི་ཕྱི་རོལ་ཏུ་སྤྲང་པོ་སྐྱེང་གི་མདུན་དུ་བྱུང་ངོ་། །སྤྲང་པོ་སྐྱེང་ཕ་སྤད་གཉིས་དེ་ལ་ཕྱིར་ཞོན་ཏེ་ཁྱིམ་དུ་སོང་ནས་དེ་འདི་སྙམ་དུ་བསམས་སོ། །རྒྱལ་པོ་ཡང་ཆོས་བཞིན་བྱེད་པ་མ་ཡིན་ཏེ་མ་ཉེས་པ་དག་ཀྱང་ཁྲིམས་ལ་སྦྱོར་བས། བདག་ཀྱང་མ་སྟེས་ན་སྤྲང་པོ་ཆེ་འདིའི་ཕྱིར་སྲོག་ལ་དམའ་བར་འོང་གིས། ད་ལྟ་བཅོམ་ལྡན་འདས་འཇིག་རྟེན་ན་འགྲོ་བ་མང་པོ་ལ་བདེ་བའི་དོན་མཛད་པ་དེའི་དྲུང་དུ་སོང་ལ། ཁྱིམ་ནས་བྱུང་ཞིང་ཚངས་པར་སྤྱོད་པ་ལ་དགའ་བར་བྱའོ་སྙམ་དུ་བསམས་ནས། ཕ་མ་ལ་བདག་རབ་ཏུ་འབྱུང་བར་གསོལ་པ་དང་། ཕ་མས་ཀྱང་རབ་ཏུ་འབྱུང་བར་གནང་ནས་ཕྱི་ཕྱག་འཚལ་ཏེ་གསེར་གྱི་སྤྲང་པོ་ལ་ཞོན་ནས་རྒྱལ་བུ་རྒྱལ་བྱེད་ཀྱི་ཚལ་གང་ན་བར་སོང་ངོ་། །བཅོམ་ལྡན་འདས་ཀྱི་སྤྱན་སྔར་ཕྱིན་པ་དང་། ཞབས་ལ་མགོ་བོས་ཕྱག་འཚལ་ནས་ཇི་ལྟར་གྱུར་པ་རྒྱས་པར་གསོལ་ནས། བཅོམ་(༡༠ན)ལྡན་འདས་ཀྱིས་དགེ་སློང་ཚུར་ཤོག་ཚངས་པར་སྤྱད་པ་སྤྱོད་ཅིག་ཅེས་བཀའ་སྩལ་མ་ཐག་ཏུ་ནར་སྐྲ་བྲེ་ཞིང་སྣམ་སྦྱར་གྱོན། ལག་ཏུ་ལྷུང་བཟེད་དང་བྱ་མ་བུམ་དང་ལྡན་པ། སྐྲ་དང་ཁ་སྤུ་བྲེགས་ནས་ཞག་བདུན་ལོན་པ་ཙམ་དུ་གྱུར་ཅིང་། དགེ་སློང་བསྙེན་པར་རྫོགས་ནས་ལོ་བརྒྱ་ལོན་པའི་སྤྱོད་ལམ་ལྟ་བུར་གནས་པར་གྱུར་ཏོ། །དེ་བཞིན་གཤེགས་པས་ཚུར་ཤོག་བཀའ་སྩལ་པས། །སྐྲ་བྲེ་སྣམ་སྦྱར་གྱོན་པའི་ལུས་ལྡན་ཞིང་། །སོད་ལ་དབང་པོ་རབ་ཞིར་གནས་གྱུར་ཏེ། །སངས་རྒྱས་དགོངས་པས་ལུས་གཟུགས་བཀབ་པར་གྱུར། །དེ་ལྟར་ཚུར་ཤོག་གིས་བསྙེན་པར་རྫོགས་པར་མཛད་

པས་བདེན་པ་མཐོང་ཞིང་། འཁོར་བའི་འཁོར་ལོ་འདི་ཉིད་གཡོ་ཞིང་མི་རྟག་པར་རིག་ནས། འདུ་བྱེད་ཀྱི་རྣམ་པ་ཐམས་ཅད་ཉམས་པ་དང་། ལྟུང་བ་དང་། རྣམ་པར་འཐོར་བ་དང་། རྣམ་པར་འཇིག་པའི་ཆོས་ཅན་ཡིན་པར་རིག་སྟེ། ཉོན་མོངས་པ་ཐམས་ཅད་སྤངས་ནས། དགྲ་བཅོམ་པ་ཉིད་མངོན་སུམ་དུ་བྱས་ཏེ། དགྲ་བཅོམ་པ་ཁམས་གསུམ་པའི་འདོད་ཆགས་དང་བྲལ་བར་གྱུར་ནས། གསེར་དང་བོང་བར་མཉམ་པ། ནམ་མཁའ་དང་ལག་མཐིལ་དུ་འདྲ་བའི་སེམས་དང་ལྡན་པ། ཙནྡན་སྤྱངས་པ་ལྟ་བུར་བསིལ་བར་གྱུར་པ། རིག་པས་སྒོ་ངའི་སྦུབས་བཅོམ་པ། རིག་པ་དང་མངོན་པར་ཤེས་པ་དང་སོ་སོ་ཡང་དག་པར་རིག་པ་ཐོབ་པ། སྲིད་པའི་རྙེད་པ་དང་ཆགས་པ་དང་བཀུར་སྟི་ལ་མི་ལྟ་བ་དང་། དབང་པོ་དང་ཉེ་དབང་དང་བཅས་པའི་ལྷ་རྣམས་ཀྱིས་མཆོད་ཅིང་། རྗེད་པ་དང་གུས་པར་སྨྲ་བའི་གནས་ཐོབ (༢༠བ)པར་གྱུར་ཏོ། །དགེ་སློང་གླང་པོ་སྐྱོང་དགེ་སློང་གྲོགས་གཞན་དང་ལྷན་ཅིག་གང་ན་འདུག་ཀྱང་ཅུང་སྟེ་གསེར་གྱི་གླང་པོ་ཆེ་རྟག་ཏུ་བྱུང་ན་འདུག་གོ །དེའི་ཚེ་ན་མཉན་དུ་ཡོད་པ་ན་འཁོད་པའི་མི་རྣམས་ཀྱིས་གསེར་གྱི་གླང་པོ་ཆེ་བལྟ་བའི་ཕྱིར་མི་ཐམས་ཅད་དེར་འདུ་བར་གྱུར་ནས། རྣལ་འབྱོར་སྤྱོད་པ་ལ་འདུ་འཛི་མང་བར་གྱུར་ཏེ། དགེ་སློང་དག་གིས་བཅོམ་ལྡན་འདས་ལ་གསོལ་པས། བཅོམ་ལྡན་འདས་ཀྱིས་དེའི་ཕྱིར་དགེ་སློང་གླང་པོ་སྐྱོང་ལ་འདི་སྐད་ཅེས་བཀའ་སྩལ་ཏོ། །ཁྱོད་ཀྱི་གླང་པོ་ཆེ་ལ་བལྟ་བ་མང་པོ་འདུ་བས་མི་དབེན་པར་གྱུར་གྱིས་མྱུར་དུ་སྤོངས་ཤིག་ཅེས་བཀའ་སྩལ་པ་དང་། གླང་པོ་སྐྱོང་གིས་གསོལ་པ། བདག་གིས་ཀྱང་ཐོག་མ་ནས་སྤང་བར་བསམ་ན་འགྲོར་མ་བཏུབ་བོ། །བཅོམ་ལྡན་འདས་ཀྱིས་བཀའ་སྩལ་པ། ཁྱོད་གླང་པོ་ཆེ་ལ་ལན་གསུམ་དུ་འདི་སྐད་ཅེས་སྨྲོས་ཤིག །ང་ནི་སྐྱེ་བའི་ཕྱོགས་ཟད་དེ་ད་ཕྱིན་ཆད་མི་དགོས་སོ་ཞེས་བསྒོ་ཞིག་དང་མེད་པར་འགྱུར་རོ། །གླང་པོ་སྐྱོང་གིས་ཀྱང་བཅོམ་ལྡན་འདས་ཀྱིས་བཀའ་སྩལ་པ་བཞིན་དུ་གླང་པོ་ཆེ་ལ་ད་ནི་

མི་དགོས་སོ་ཞེས་ལན་གསུམ་གྱི་བར་དུ་སྨྲས་པས་གསེར་གྱི་སྣྲང་པོ་ཆེ་ཡང་སའི་ནང་དུ་ནུབ་བོ། །དེ་ལ་དགེ་སློང་རྣམས་ངོ་མཚར་དུ་གྱུར་ནས་བཅོམ་ལྡན་འདས་ལ་འདི་སྐད་ཅེས་གསོལ་ཏོ། །དགེ་སློང་སྣྲང་པོ་སྐྱོང་འདིས་སྔོན་བསོད་ནམས་ཅི་ཞིག་བགྱིས། བསོད་ནམས་ཀྱི་ཞིང་ཇི་ལྟ་བུ་ལ་དགེ་བའི་རྩ་བ་ཅི་ལྟ་བུ་ཞིག་བསྐྱེད་ན། འདི་ལྟ་བུའི་འབྲས་བུའི་རྣམ་པར་སྨིན་པར་གྱུར། བཅོམ་ལྡན་འདས་ཀྱིས་ཀུན་(༨༧ན)དགའ་བོ་དང་དགེ་སློང་རྣམས་ལ་འདི་སྐད་ཅེས་བཀའ་སྩལ་ཏོ། །སོ་སོའི་སྐྱེ་བོ་གང་ཡང་རུང་བས་དཀོན་མཆོག་གསུམ་གྱི་བསོད་ནམས་ཀྱི་ཞིང་ལ་དགེ་བའི་ས་བོན་ཙུང་ཟད་ཅིག་བཏབ་ན་འབྲས་བུ་ཚད་མེད་པ་ཐོབ་པར་འགྱུར་རོ། །སྔོན་འདས་པའི་དུས་ན་སངས་རྒྱས་འོད་སྲུངས་འཇིག་རྟེན་དུ་གཤེགས་པའི་ཚེ། མིའི་ཚེ་ལོ་སྟོང་ཕྲག་ཉི་ཤུའི་བར་དུ་གནས་སོ། །སངས་རྒྱས་དེ་སེམས་ཅན་གྱི་དོན་བྱས་ནས་མྱ་ངན་ལས་འདས་པའི་འོག་ཏུ་རིང་བསྲེལ་ལ་མཆོད་རྟེན་མང་དུ་བྱས་སོ། །དེའི་ཚེ་མཆོད་རྟེན་གཅིག་ཅིག་གི་ནང་ན་བྱང་ཆུབ་སེམས་དཔའ་ཐོག་མ་དགའ་ལྡན་གྱི་གནས་ནས་བབས་ཏེ། ཡུམ་གྱི་ལྷུམས་སུ་གཤེགས་པའི་ཚེ་ཞྭིབས་པ། སྣྲང་པོ་ཆེ་དེའི་མཆོད་རྟེན་ཞིག་ཀྱང་ཡོད་དོ། །དེའི་ཚེ་ན་སྣྲང་པོ་ཆེའི་གཟུགས་ཙུང་ཟད་ཅིག་ཞིག་ནས་དེ་ལ་མི་ཞིག་ཕྱུག་འཚལ་དུ་འོངས་ཏེ་སྣྲང་པོ་ཆེའི་གཟུགས་ཙུང་ཟད་ཅིག་ཞིག་པ་དེ་མཐོང་ནས་འདི་སྙམ་དུ་བསམས་སོ། །འདི་ནི་བྱང་ཆུབ་སེམས་དཔས་ཞྭིབས་པའི་ཐེག་པ་ཡིན་ཏེ། འདི་ལྟར་ཞིག་པར་གྱུར་གྱིས་བདག་གིས་སླར་གསོའོ་སྙམ་དུ་བསམས་ནས་འཇིམ་པ་ཞིག་སྦྱར་ཏེ་བསྐུས་པའི་སྟེང་དུ་ལྷོང་རོས་ཀྱིས་བསྐུས་ནས་འདི་སྐད་ཅེས་སྨོན་ལམ་བཏབ་པ། བདག་མ་འོངས་པའི་དུས་སུ་རྟག་ཏུ་ཆེ་རིགས་བཙུན་ཞིང་ལོངས་སྤྱོད་ཟད་མི་ཤེས་པ་དང་ལྡན་པར་ཤོག་ཅིག་ཅེས་སྨོན་ལམ་བཏབ་བོ། །མི་དེ་ཚེ་འཕོས་ནས་མཐོ་རིས་ཀྱི་ལྷར་སྐྱེས། ལྷ་ལས་ཆོའི་དུས་བྱས་ནས་མིའི་འཇིག་རྟེན་དུ་སྐྱེས་ཏེ། རྟག་ཏུ་ཆེ་(༨༧བ)རིགས་བཙུན་པ་དང་

ཡོངས་སྤྱོད་ཆེན་པོ་དང་ལྡན་ཞིང་བྱད་གཟུགས་བཟང་སྟེ་གསེར་གྱི་སྣང་པོ་ཆེས་རྟག་ཏུ་བསྲུང་བར་གྱུར་ཏོ། །བཅོམ་ལྡན་འདས་ཀྱིས་ཀུན་དགའ་བོ་ལ་བཀའ་སྩལ་པ། དེའི་ཚེ་དེའི་དུས་ན་སྣང་པོ་ཆེ་གསོས་པའི་མི་དེ་ནི་དགེ་སློང་སྣང་པོ་སྐྱོང་ཡིན་ཏེ། དེའི་ཚེ་ན་སྣང་པོ་ཆེ་གསོས་པས་དེ་ཚུན་ཆད་ལྷ་དང་མིའི་ནང་ན་ཡོངས་སྤྱོད་ཆེན་པོ་དང་ལྡན་པར་གྱུར་ཏོ། །དཀོན་མཆོག་གསུམ་ལ་གུས་ཤིང་བསྟི་སྟང་བྱས་པས་ད་ལྟ་ང་དང་ཕྲད་དེ་བསྟན་པ་ལ་རབ་ཏུ་བྱུང་ནས་སེམས་ཀྱི་དྲི་མ་ཀུན་ཟད་དེ་དགྲ་བཅོམ་པར་གྱུར་ཏོ། །གནས་བརྟན་བདག་ཉིད་ཆེན་པོ་འདིས་ནི་སྤངས་རྟོགས་མཐར་ཕྱིན་པ་བརྙེས་ཟིན་ཀྱང་གདུལ་བྱའི་དོན་དུ་ཉན་ཐོས་ཀྱིས་ཚུལ་བཟུང་སྟེ་གདུལ་བྱ་རྣམས་འདུལ་བའི་ཕྱིར་འདི་ལྟ་བུའི་མཛད་པ་བསྟན་པ་ཡིན་ཏེ། ཞིང་དམ་པ་ལ་བསོད་ནམས་ཆུང་ངུ་ཞིག་བསྐྱེད་ཀྱང་འབྲས་བུ་ཆེན་པོ་ཚད་མེད་པ་འདི་ལྟར་འབྱུང་ངོ་ཞེས་འདོམས་པ་དང་། འཁོར་བའི་ཕུན་ཚོགས་ཐམས་ཅད་ཀྱི་མཐའ་རྒྱུད་པས་བརྟུ་བས་ཡོངས་སྤྱོད་གང་ལའང་མ་ཆགས་པར་བྱ་དགོས་སོ་ཞེས་འདོམས་པ་དང་། དཀོན་མཆོག་གསུམ་ལ་སྙིང་ནས་སྐྱབས་སུ་སོང་ན་ནམ་ཡང་མི་བསླུ་བས་མཐར་འཁོར་བའི་འཇིགས་པ་ཐམས་ཅད་ལས་ངེས་པར་ཐར་བར་འགྱུར་རོ་ཞེས་འདོམས་པ་དང་། སྟོན་པ་ཐུགས་རྗེ་ཅན་ཤཱཀྱའི་རྒྱལ་པོའི་བསྟན་པ་ལ་རབ་ཏུ་བྱུང་ནས་འདུལ་བའི་བསླབ་བྱ་ལ་གནས་པར་བྱས་ན་འཁོར་བ་ལས་མྱུར་དུ་ཐར་བར་འགྱུར་རོ་ཞེས་འདོམས་པ་སོགས་ཀྱི་ཕྱིར་དུ་སྔར་བཤད་པའི་མཛད་པ་དེ་ལྟར་དུ་བསྟན་པ་ཡིན་ནོ། །

ཁ༽ གནས་བརྟན་ཆེན་པོ་བྷ་ར་དྭ་ཛ་གསེར་ཅན་གྱི་རྟོགས་པ་བརྗོད་པ།

བརྒྱད་པ་གནས་(༡༢ན)བརྟན་ཆེན་པོ་བྷ་ར་དྭ་ཛ་གསེར་ཅན་གྱི་རྟོགས་པ་བརྗོད་པ་ནི། གནས་བརྟན་ཆེན་པོ་འདི་གང་དུ་འཁྲུངས་པའི་ཡུལ་ནི་མཉན་ཡོད་དོ། །དེ་

ཡང་མཉན་ཡོད་ན་ཁྱིམ་བདག་ཕྱུག་ཅིང་ནོར་མང་ལ་ལོངས་སྤྱོད་ཆེ་བ། ཡོངས་སུ་འཛིན་པ་ཡངས་ཤིང་རྒྱ་ཆེ་བ། རྣམ་ཐོས་ཀྱི་བུའི་ནོར་དང་ལྡན་པ། རྣམ་ཐོས་ཀྱི་བུའི་ནོར་ལ་ནོར་གྱིས་འགྲན་པ་ཞིག་གནས་པ་དེ་ལ་བུ་ཡང་མེད། བུ་མོ་ཡང་མེད་པས་ལག་པ་ལ་ཨོཾ་ཚུགས་བཅས་ཏེ། བདག་གི་ཁྱིམ་ནོར་དུ་མ་དང་ལྡན་དུ་ཟིན་ཀྱང་། བདག་ལ་བུ་ཡང་མེད་བུ་མོ་ཡང་མེད་པས། བདག་འདས་པའི་འོག་ཏུ་ནི་བུ་མེད་པའི་ཕྱིར་ཅི་བདོག་པ་ཐམས་ཅད་རྒྱལ་པོ་དབང་བར་འགྱུར་རོ། །སྙམ་ནས་སེམས་ཁོང་དུ་ཆུད་ཅིང་འདུག་གོ །དེ་ནས་དགེ་སློང་དང་། བྲམ་ཟེ་དང་། ལྟས་མཁན་དང་། མཛའ་བོ་དང་། གཉེན་དང་། ཟ་ལག་གཞན་དག་གིས་ལྷ་ལ་གསོལ་བ་ཐོབ་ཅིག་ཅེས་དེ་ལ་བསྒོའོ། །འཇིག་རྟེན་ན་ལྷ་ལ་མཆོད་ཅིང་གསོལ་བ་བཏབ་པའི་རྒྱུས་བུ་དང་བུ་མོ་སྐྱེ་བར་འགྱུར་རོ། །ཞེས་བྱ་བའི་གཏམ་དེ་ཡོད་མོད་ཀྱི། དེ་ཡང་དེ་ལྟ་ནི་མ་ཡིན་ཏེ། གལ་ཏེ་ལྷ་ལ་གསོལ་བ་བཏབ་པའི་རྒྱུས་བུ་དང་བུ་མོ་སྐྱེ་བར་འགྱུར་དུ་ཟིན་ན་ནི། འཁོར་ལོས་བསྒྱུར་བའི་རྒྱལ་པོ་བཞིན་དུ་རེ་རེ་ལ་ཡང་བུ་སྟོང་སྟོང་ཡོད་པར་འགྱུར་བའི་རིགས་སོ། །དེ་ནི་གནས་གསུམ་ཚོགས་པ་ལས་བུ་དང་བུ་མོ་སྐྱེ་བར་འགྱུར་ཏེ། གསུམ་གང་ཞེ་ན། ཕ་མ་གཉིས་འདོད་ཆགས་ལངས་ཏེ་འཕྲད་པ་དང་། མ་དུས་ལ་བབ་ཅིང་ཟླ་མཚན་དང་ལྡན་པ་དང་། དྲི་ཟ་འོངས་པ་སྐྱེ་གནས་འདི་གསུམ་ཚོགས་པ་ལས་བུ་དང་བུ་མོ་སྐྱེ་བར་འགྱུར་(༡༢བ)བའི་རིགས་སོ། །དེ་ཡང་ལྷ་རྣམས་ལ་གསོལ་བ་འདེབས་པ་ལྷུར་བྱེད་ཅིང་འདུག་ལ་སེམས་ཅན་ཞིག་ཀྱང་སེམས་ཅན་གྱི་རིགས་གཞན་ནས་ཤི་འཕོས་ནས་དེའི་ཆུང་མའི་མངལ་དུ་ཞུགས་སོ། །བུད་མེད་མཁས་པའི་རང་བཞིན་ཅན་ལ་ནི་ཐུན་མོང་མ་ཡིན་པའི་ཆོས་ལྔ་ཡོད་དེ། ལྔ་གང་ཞེ་ན། སྐྱེས་པ་ཆགས་པ་ཡང་ཤེས་ལ་མ་ཆགས་པ་ཡང་ཤེས་པ་དང་། དུས་ཀྱང་ཤེས་ལ་ཟླ་མཚན་ཡང་ཤེས་པ་དང་། བུ་ཆགས་པ་ཤེས་པ་དང་། གང་ལས་བུ་ཆགས་པ་ཤེས་པ་དང་། ཁྱེའུ་ཡང་ཤེས་ལ་བུ་མོ་ཡང་ཤེས་ཏེ་གལ་ཏེ་ཁྱེའུ་ཡིན་

ན་ནི་ལྷོ་གཡས་ཕྱོགས་སུ་བརྟེན་ཅིང་གནས་སོ། །གལ་ཏེ་བུ་མོ་ཡིན་ན་ནི་ལྷོ་གཡོན་ཕྱོགས་སུ་བརྟེན་ཅིང་གནས་སོ། །དེ་ནས་དེ་དགའ་ཆེས་ནས་ཁྱིམ་ཐབ་ལ་སྨྲན་པ་ཇོ་བོ་བདག་ལ་སྲུས་ཆགས་ཏེ་བདག་གི་ཏུམ་གཡས་ཕྱོགས་ན་བརྟེན་ཅིང་གནས་པ་ལས་ན་ཁྱེའུ་འགྱུར་བར་ངེས་ཀྱིས་དགྱེས་པ་སྐྱེད་དུ་གསོལ་ཞེས་བྱས་སོ། །དེ་ཡང་དགའ་ཆེས་ཏེ་རོ་སྟོད་ནི་བཏེག་ལག་པ་གཡས་པ་ནི་བརྐྱང་ནས། བདག་གིས་ཡུན་རིང་པོ་ནས་སྨོན་སྨོན་པའི་བུའི་ངོ་མཐོང་བར་འོང་ངོ་། །བདག་གི་བུ་ཏུང་བར་ཤོག་ཅིག །མི་ཏུང་བར་མ་གྱུར་ཅིག །བདག་གི་བྱ་བ་བྱེད་པར་ཤོག་ཅིག་གསོས་པའི་ལན་ཕྱིར་གསོ་བར་ཤོག་ཅིག་ནོར་ལ་ལོངས་སྤྱོད་པར་ཤོག་ཅིག །བདག་གི་རིགས་བརྒྱུད་རིང་དུ་གནས་པར་ཤོག་ཅིག །བདག་ཅག་འདས་ཏེ་ཤི་བའི་འོག་ཏུ་ཡང་བདག་ཅག་གི་ཕྱིར་མང་ཡང་ཏུང་ཉུང་ཡང་ཏུང་སྟེ། སྦྱིན་པ་དག་སྦྱིན་ལ་བསོད་ནམས་བྱས་ནས་དེ་གཉིས་གང་དང་གང་དུ་སྐྱེས་ཤིང་འགྲོ་བ་དེར་འདི་སོངས་ཤིག་ཅེས་ཡོན་བསྔོ་བར་ཤོག་ཅིག་ཅེས་(༡༣ན)དགའ་བའི་ཚིག་བརྗོད་དོ། །དེ་ནས་དེས་ཆུང་མ་ལ་བུ་ཆགས་པར་རིག་ནས་བུའི་རིམ་གྲོ་བྱ་བའི་ཕྱིར་ཁང་བཟང་གི་སྟེང་དུ་ཉམས་རངས་སུ་བཞག་སྟེ་གྲང་བའི་ཚེ་གྲང་བའི་ཡོ་བྱད་རྣམས་དང་། ཚ་བའི་ཚེ་ཚ་བའི་ཡོ་བྱད་རྣམས་དང་། སྨན་པས་བསྟན་པའི་ཟས་རྣམས་དང་། ཧ་ཅང་ཁ་བ་མ་ཡིན་པ་རྣམས་དང་། ཧ་ཅང་སྐྱུར་བ་མ་ཡིན་པ་རྣམས་དང་། ཧ་ཅང་ལན་ཚྭ་ཆེ་བ་མ་ཡིན་པ་རྣམས་དང་། ཧ་ཅང་མངར་བ་མ་ཡིན་པ་རྣམས་དང་། ཧ་ཅང་རོ་ཚ་བ་མ་ཡིན་པ་རྣམས་དང་། ཧ་ཅང་བསྐ་བ་མ་ཡིན་པ་རྣམས་ཏེ། ཁ་བ་དང་། སྐྱུར་བ་དང་། ལན་ཚྭ་དང་། མངར་བ་དང་། ཚ་བ་དང་། བསྐ་བ་མེད་པའི་ཟས་རྣམས་ལ་བརྟེན་ཅིང་དོ་ཤལ་དང་སེ་མོ་དོས་ལུས་རྣམ་པར་བསླུབས་ཏེ་ལྷའི་བུ་མོ་དགའ་བའི་ཚལ་ན་རྣམ་པར་རྒྱུ་བ་བཞིན་དུ་ཁྲིའི་སྟེང་ནས་ཁྲིའི་སྟེང་དང་། ཁྲིའུའི་སྟེང་ནས་ཁྲིའུའི་སྟེང་དུ་རྒྱུ་ཞིང་འོག་གི་ས་གཞི་ལ་མི་འབབ་པ་དང་། དེས་ཡིད་དུ་མི་འོང་བའི་སྒྲ་

སྐད་ཅི་ཡང་མི་ཐོས་པར་བྱས་སོ། །དེ་ནས་ཟླ་བ་དགུའམ་བཅུ་ལོན་པ་དང་ཁྱེའུ་གཟུགས་བཟང་ཞིང་བལྟ་ན་སྡུག་ལ་མཛེས་པ་ཡན་ལག་དང་ཉིང་ལག་ཐམས་ཅད་དང་ལྡན་པ་ཞིག་བཙས་ནས། དེའི་ལག་པ་གཉིས་ལ་ལས་ཀྱི་རྣམ་པར་སྨིན་པ་ལས་བྱུང་བའི་གསེར་གྱི་དོང་ཙེ་མཚན་མས་བཏབ་པ་གཉིས་བྱུང་སྟེ། གང་གི་ཚེ་དེ་ཕྱུང་བ་དེའི་ཚེ་ཡང་གཞན་འབྱུང་བར་འགྱུར་རོ། །དེ་ནས་དེ་བཙས་པའི་བཙས་སྟོན་བྱས་ནས་ཁྱེའུ་འདིའི་མིང་ཇི་སྐད་གདགས་ཞེས་མིང་འདོགས་པར་བྱེད་དེ། ཉེ་དུ་རྣམས་ན་རེ་འདི་བཙས་མ་ཐག་ཏུ་ལག་པ་གཉིས་ལ་ལས་ཀྱི་རྣམ་པར་སྨིན་པ་ལས་བྱུང་བའི་གསེར་(༡༣བ)གྱི་དོང་ཙེ་གཉིས་བྱུང་བས་ན་དེའི་ཕྱིར་ན་ཁྱེའུ་འདིའི་མིང་ལག་ན་གསེར་ཐོགས་ཞེས་གདགས་སོ་ཞེས་ཟེར་རོ། །དེ་ནས་ཁྱེའུ་ལག་ན་གསེར་ཐོགས་པང་ན་འཚོ་བའི་མ་མ་གཉིས་དང་། ནུ་མ་སྣུན་པའི་མ་མ་གཉིས་དང་། དྲི་མ་འཕྱི་བའི་མ་མ་གཉིས་དང་། རྩེ་བའི་མ་མ་གཉིས་ཏེ། མ་མ་བརྒྱད་ལ་གཏད་ནས། དེ་མ་མ་བརྒྱད་ཀྱིས་འོ་མ་དང་། ཞོ་དང་། མར་དང་། ཞུན་མར་དང་། མར་གྱི་ཉིང་ཁུ་དང་། གཞན་ཡང་ཡོ་བྱད་ཀྱི་ཁྱད་པར་བཟང་པོ་ཅོག་གིས་བསྐྱེད་བསྲིངས་ཏེ། མཚོའི་ནང་གི་པདྨ་བཞིན་དུ་སྐྱེ་དྲག་པར་གྱུར་ཏོ། །དེ་ཡང་དད་པ་དང་ལྡན་ལ། དགེ་ཞིང་བསམ་པ་བཟང་བ། བདག་དང་གཞན་ལ་ཕན་པར་ཞུགས་པ། སྙིང་རྗེ་ཅན་ཞིག་སྟེ། གང་གི་ཚེ་སྲང་དུ་འགྲོ་བ་དེའི་ཚེ་དགེ་སློང་དང་། བྲམ་ཟེ་དང་། བཀྲེན་པ་དང་། སྡུག་ཅིང་ཕོངས་པ་རྣམས་མཐོང་ན་ལག་པ་གཉིས་བརྐྱང་ནས། དེ་ལ་གསེར་དངུལ་གྱི་དོང་ཙེ་མཚན་མས་བཏབ་པའི་ཕུང་པོ་དེ་དག་ལ་ཇི་ཙམ་དགོས་པ་འབྱུང་བར་འགྱུར་རོ། །དེ་ནས་དེའི་གྲགས་པས་མཉན་དུ་ཡོད་པ་ཐམས་ཅད་ཁྱབ་པར་གྱུར་ཏོ། །དེ་ནས་ཕྱིས་རེ་ཤིག་ན་ཁྱེའུ་ལག་ན་གསེར་ཐོགས་རྒྱལ་བུ་རྒྱལ་བྱེད་ཀྱི་ཚལ་དུ་སོང་བ་དང་། དེས་སངས་རྒྱས་བཅོམ་ལྡན་འདས་སྐྱེས་བུ་ཆེན་པོའི་མཚན་སུམ་ཅུ་རྩ་གཉིས་ཀྱིས་ལེགས་པར་བརྒྱན་པ། དཔེ་བྱད་བཟང་པོ་བརྒྱད་

ཅུས་མཛེས་པར་བྱས་པ། འོད་འདོམ་གང་གིས་བརྒྱན་པ་ཉི་མ་སྟོང་བས་ལྷག་པའི་འོད་མངའ་བ། རིན་པོ་ཆེའི་རི་བོ་འགྲོ་བ་ལྟ་བུ་ཀུན་ནས་བཟང་བ་མཐོང་ནས། མཐོང་མ་ཐག་ཏུ་སངས་རྒྱས་བཅོམ་ལྡན་འདས་ལ་སེམས་དགའ་བ་སྐྱེས་སོ། །དགའ་བ་སྐྱེས་ནས་(༡༤ན)བཅོམ་ལྡན་འདས་ཀྱི་ཞབས་ལ་ཕྱག་འཚལ་ཏེ། ཆོས་མཉན་པའི་ཕྱིར་བཅོམ་ལྡན་འདས་ཀྱི་སྤྱན་སྔར་འདུག་གོ །དེ་ནས་བཅོམ་ལྡན་འདས་ཀྱིས་དེ་ལ་ཆོས་བསྟན་པ་ན་དད་པ་ལྷག་པར་སྐྱེས་ནས་དེས་ཚེ་དང་ལྡན་པ་ཀུན་དགའ་བོ་ལ་སྨྲས་པ། སློབ་དཔོན། བདག་ནི་བཅོམ་ལྡན་འདས་ཉན་ཐོས་ཀྱི་དགེ་འདུན་དང་བཅས་པ་ལ་བཟོས་གསོལ་བར་འཚལ་ལོ། །གནས་བརྟན་ཀུན་དགའ་བོས་སྨྲས་པ། བྱ། གར་ཤ་པ་ན་དགོས་སོ། །དེ་ནས་ཁྱིའུ་ལག་ན་གསེར་ཐོགས་སངས་རྒྱས་ལ་སོགས་པ་དགེ་སློང་གི་དགེ་འདུན་གྱི་སྤྱན་སྔར་འགྲེངས་ཏེ་ལག་པ་གཉིས་བརྐྱང་ནས་གསེར་དངུལ་གྱི་ཕུང་པོ་ཆེན་པོ་སྤུངས་སོ། །དེ་ནས་དགེ་འདུན་གྱི་གནས་བརྟན་དང་། དགེ་སློང་གཞན་དག་དང་། གནས་བརྟན་ཀུན་དགའ་བོས་དེ་མཐོང་ནས་མཆོག་ཏུ་ཡ་མཚན་དུ་གྱུར་ཏོ། །དེ་ནས་ཁྱིའུ་ལག་ན་གསེར་ཐོགས་ཀྱིས་སངས་རྒྱས་ལ་སོགས་པ་དགེ་སློང་གི་དགེ་འདུན་ལ་བཟོས་གསོལ་ནས་ཆོས་མཉན་པའི་ཕྱིར་བཅོམ་ལྡན་འདས་ཀྱི་སྤྱན་སྔར་འདུག་གོ །དེ་ནས་བཅོམ་ལྡན་འདས་ཀྱིས་དེའི་བསམ་པ་དང་། བག་ལ་ཉལ་དང་། ཁམས་དང་། རང་བཞིན་ཐུགས་སུ་ཆུད་ནས། འཕགས་པའི་བདེན་པ་བཞི་རྟོགས་པར་འགྱུར་བ་དེ་ལྟ་བུའི་ཆོས་བསྟན་པས། དེ་ཐོས་ནས་ཁྱིའུ་ལག་ན་གསེར་ཐོགས་ཀྱིས་འཇིག་ཚོགས་ལ་ལྟ་བའི་རིའི་རྩེ་མོ་མཐོན་པོ་ཉི་ཤུ་ཡི་ཤེས་ཀྱི་རྡོ་རྗེས་བཅོམ་ནས་རྒྱུན་དུ་ཞུགས་པའི་འབྲས་བུ་མངོན་སུམ་དུ་བྱས་ཏེ། བདེན་པ་མཐོང་ནས་དེས་ཉེ་དུ་རྣམས་ལ་ལོངས་སྤྱོད་ཀྱི་བགོ་བཤའ་བྱས། དགེ་སྦྱོང་དང་བྲམ་ཟེ་དང་། (༡༤བ)བགྲེན་པ་དང་། སྡུག་ཅིང་ཕོངས་པ་རྣམས་ཚིམས་པར་བྱས་ནས་ཕ་མ་ལ་གསོལ་ཏེ། བཅོམ་ལྡན་འདས་ཀྱི་བསྟན་པ་ལ་རབ་ཏུ

བྱུང་ནས། ངེས་བརྗོད་པ་དང་། བསྒྲུབ་པ་དང་། འབད་པས་ཐོལ་མིག་ལྟ་པའི་འཁོར་བའི་འཁོར་ལོ་འདི་ཉིད་གཡོ་ཞིང་མི་བརྟན་པར་རིག་ནས། འདུ་བྱེད་ཀྱི་རྣམ་པ་ཐམས་ཅད་ཉམས་པ་དང་། ལྷུང་བ་དང་། རྣམ་པར་འཐོར་བ་དང་། རྣམ་པར་འཇིག་པའི་ཆོས་ཅན་ཡིན་པར་རྩད་ཆོད་དེ་ཉོན་མོངས་པ་ཐམས་ཅད་སྤངས་ནས། དགྲ་བཅོམ་པ་ཉིད་མངོན་སུམ་དུ་བྱས་ཏེ། དགྲ་བཅོམ་པ་ཁམས་གསུམ་པའི་འདོད་ཆགས་དང་བྲལ་བར་གྱུར་ནས། གསེར་དང་བོང་བར་མཉམ་པ། ནམ་མཁའ་དང་ལག་མཐིལ་དུ་འདྲ་བའི་སེམས་དང་ལྡན་པ། ཙན་དན་སྤངས་པ་ལྟ་བུར་བསིལ་བར་གྱུར་པ། རིག་པས་སྒོ་ངའི་སྦུབས་བཅོམ་པ། རིག་པ་དང་མངོན་པར་ཤེས་པ་དང་སོ་སོ་ཡང་དག་པར་རིག་པ་ཐོབ་པ། སྲིད་པའི་རྙེད་པ་དང་ཆགས་པ་དང་བཀུར་སྟི་ལ་མི་ལྟ་བ། དབང་པོ་དང་ཉེ་དབང་དང་བཅས་པའི་ལྷ་རྣམས་ཀྱིས་མཆོད་ཅིང་རྗེད་པ་དང་གུས་པར་སྨྲ་བའི་གནས་སུ་གྱུར་ཏོ། །གནས་བརྟན་ཆེན་པོ་འདི་འབྱུངས་པའི་ཚེ་ལག་པ་གཉིས་ན་གསེར་གྱི་དོང་ཙེ་རེ་ཐོགས་བཞིན་དུ་འབྱུངས་པ་དང་། དེ་ནས་ལག་པ་གཉིས་ནས་གསེར་གྱི་དོང་ཙེ་ཇི་ཙམ་བླངས་ཀྱང་ཟད་པ་མེད་པར་ཕྱུང་བ་དང་། མཐར་ལོངས་སྤྱོད་ཐམས་ཅད་སྤངས་ཏེ་རབ་ཏུ་བྱུང་ནས་དགྲ་(༥༥ན)བཅོམ་པའི་གོ་འཕང་ཐོབ་པ་སོགས་ཡོན་ཏན་ཚད་མེད་པ་དང་ལྡན་པ་འདི་ལྟར་འབྱུང་བའི་རྒྱུ་གང་ལགས་ཞེས་དགེ་སློང་རྣམས་ཀྱིས་བཅོམ་ལྡན་འདས་ལ་ཞུས་པ་ན། བཅོམ་ལྡན་འདས་ཀྱིས་བཀའ་སྩལ་པ། དགེ་སློང་དག་ལག་ན་གསེར་ཐོགས་ཉིད་ཀྱིས་སྔོན་ཚེ་རབས་གཞན་དག་ཏུ་ཚོགས་རྙེད་ཅིང་རྐྱེན་གྲུབ་པ་དང་ལྡན་ཏེ། དབའ་རྒྱལ་བཞིན་དུ་འབྱུང་ལ། གདོན་མི་ཟ་བར་འོང་བའི་ལས་དེ་དག་བྱས་ཤིང་བསགས་པ་རྣམས་ནི། ཕྱི་རོལ་གྱི་སའི་ཁམས་ལ་རྣམ་པར་སྨིན་པར་མི་འགྱུར། ཆུའི་ཁམས་དང་། མེའི་ཁམས་དང་། རླུང་གི་ཁམས་ལ་རྣམ་པར་སྨིན་པར་མི་འགྱུར་ཏེ། དགེ་སློང་དག་ལས་དགེ་བ་དང་། མི་དགེ་བ་བྱས་ཤིང་བསགས་པ་

རྣམས་ནི། ཟིན་པའི་ཕུང་པོ་དང་། ཁམས་དང་། སྐྱེ་མཆེད་རྣམས་འབའ་ཞིག་ལ་རྣམ་པར་སྨིན་པར་འགྱུར་རོ། །ལུས་ཅན་དག་གི་ལས་རྣམས་ནི། །བསྐལ་པ་བརྒྱར་ཡང་ཆུད་མི་ཟ། །ཚོགས་ཤིང་དུས་ལ་བབ་པ་ན། །འབྲས་བུ་ཉིད་དུ་སྨིན་པར་འགྱུར། །དགེ་སློང་དག་སྔོན་བྱུང་བ་འདས་པའི་དུས་ན། བསྐལ་པ་བཟང་པོ་འདི་ཉིད་ལ་སྐྱེ་དགུའི་ཚེ་ལོ་ཉི་ཁྲི་ཐུབ་པ་ན་དེ་བཞིན་གཤེགས་པ་དགྲ་བཅོམ་པ་ཡང་དག་པར་རྫོགས་པའི་སངས་རྒྱས་རིག་པ་དང་ཞབས་སུ་ལྡན་པ། བདེ་བར་གཤེགས་པ། འཇིག་རྟེན་མཁྱེན་པ། སྐྱེས་བུ་འདུལ་བའི་ཁ་ལོ་བསྒྱུར་བ་བླ་ན་མེད་པ། ལྷ་དང་མི་རྣམས་ཀྱི་སྟོན་པ་སངས་རྒྱས་བཅོམ་ལྡན་འདས་འོད་སྲུངས་ཞེས་བྱ་བ་འཇིག་རྟེན་(༥༥བ)དུ་བྱོན་ཏེ། དེ་གྲོང་ཁྱེར་ཝཱ་ར་ཎ་སི་ན་དྲང་སྲོང་སྨྲ་བ་རི་དྭགས་ཀྱི་ནགས་ན་བརྟེན་ཅིང་བཞུགས་སོ། །དེ་ནས་ཡང་དག་པར་རྫོགས་པའི་སངས་རྒྱས་འོད་སྲུངས་སངས་རྒྱས་ཀྱི་འཕྲིན་ལས་ཐམས་ཅད་མཛད་ནས། ཤིང་ཟད་པའི་མེ་བཞིན་དུ་ཕུང་པོ་ལྷག་མ་མེད་པའི་མྱ་ངན་ལས་འདས་པའི་དབྱིངས་སུ་ཡོངས་སུ་མྱ་ངན་ལས་འདས་ནས། རྒྱལ་པོ་ཀྲི་ཀྲིས་དེའི་སྐུ་གདུང་ལ་སྐུ་གདུང་གི་མཆོད་པ་བྱས་ཏེ། རིན་པོ་ཆེ་སྣ་བཞི་ལས་བྱས་པའི་མཆོད་རྟེན་ཁོ་ར་ཁོར་ཡུག་ཏུ་དཔག་ཚད་གཅིག་ཡོད་ལ། འཕང་དུ་རྒྱང་གྲགས་གཅིག་ཡོད་པ་ཞིག་བརྩིགས་ཏེ། མཆོད་རྟེན་དེའི་དུས་སྟོན་བྱེད་པ་ན། ཀླན་པོ་ཞིག་གིས་གསེར་གྱི་དོང་ཙེ་གཉིས་མཆོད་རྟེན་དེའི་སྲོག་ཤིང་ལ་བཏགས་སོ། །དེ་ནས་ཞབས་ལ་ཕྱག་འཚལ་ཏེ། སྨོན་ལམ་བཏབ་པ། བདག་གང་དང་གང་དུ་སྐྱེས་པ་དེ་དང་དེར་ལག་པ་ལ་གསེར་ཡོད་པ་ཁོ་ནར་གྱུར་ཅིག་ཅེས་བྱས་སོ། །དགེ་སློང་དག་ཇི་སྙམ་དུ་སེམས། དེའི་ཚེ་དེའི་དུས་ན། ཀླན་པོར་གྱུར་པ་དེ་ནི་ལག་ན་གསེར་ཐོག་འདི་ཡིན་ཏེ། དེས་མཆོད་རྟེན་ལ་གསེར་གྱི་དོང་ཙེ་གཉིས་བཏགས་པ་དེ་ན་འདི་ལྷ་བུའི་ཁྱད་པར་ཅན་དུ་གྱུར་ཏོ། །སྨོན་ལམ་བཏབ་པ་དེས་ནི་དེ་ལྟར་དགྲ་བཅོམ་པ་ཉིད་མངོན་སུམ་དུ་བྱས་སོ། །དགེ་སློང་དག

དེ་ལྟར་ན་ལས་གཅིག་ཏུ་ངེས་པར་གནག་པ་རྣམས་ནི་རྣམ་པར་སྨིན་པ་ཡང་གཅིག་ཏུ་ངེས་པར་གནག་པར་འགྱུར་རོ། །ལས་གཅིག་ཏུ་ངེས་པར་དཀར་བ་རྣམས་ནི་རྣམ་པར་སྨིན་པ་ཡང་གཅིག་ཏུ་ངེས་པར་དཀར་བར་(༡༧ན)འགྱུར་རོ། །ལས་འདྲེས་མ་རྣམས་ནི་རྣམ་པར་སྨིན་པ་ཡང་འདྲེས་མར་འགྱུར་རོ། །དགེ་སློང་དག་དེ་བས་ན་ལས་གཅིག་ཏུ་ངེས་པར་གནག་པ་རྣམས་དང་། ལས་འདྲེས་མ་རྣམས་སྤངས་ལ། ལས་གཅིག་ཏུ་ངེས་པར་དཀར་བ་རྣམས་འབའ་ཞིག་ལ་སྤྱད་པར་བྱ་སྟེ། དགེ་སློང་དག་ཁྱེད་ཀྱིས་དེ་ལྟར་བསླབ་པར་བྱའོ། །ཞེས་གསུངས་སོ། །གནས་བརྟན་ཆེན་པོ་འདིས་མཛད་པ་འདི་ལྟར་བསྟན་པ་འདི་དག་ཀྱང་གདུལ་བྱའི་དོན་དུ་མཛད་པ་སྟེ། གདུལ་བྱ་རྣམས་ལ་ལས་དཀར་ནག་གི་འབྲས་བུ་ནི་ནམ་ཡང་བསླུ་བ་མེད་དོ་ཞེས་འདོམས་པ་དང་། འཁོར་བའི་ཕུན་ཚོགས་ཐམས་ཅད་རང་རང་གི་དགེ་བའི་ལས་བསགས་པ་ལས་འབྱུང་གི་རང་རང་གིས་ལས་མ་བསགས་པར་སུས་ཀྱང་སྦྱིན་དུ་མེད་དོ་ཞེས་འདོམས་པ་དང་། དགེ་སེམས་ཕྲ་མོ་ཞིག་སྐྱེས་པ་ཡན་ཆད་སངས་རྒྱས་ཀྱི་མཐུ་བོ་ན་ལས་འབྱུང་ངོ་ཞེས་འདོམས་པ་དང་། སྟོན་པ་ཐུགས་རྗེ་ཅན་ཤཱཀྱའི་རྒྱལ་པོའི་བསྟན་པ་ལ་རབ་ཏུ་བྱུང་ནས་བསླབ་པ་གསུམ་ལ་ཚུལ་བཞིན་དུ་བསླབས་ན་ཡོན་ཏན་གྱི་ཕུང་པོ་ཆེན་པོ་འདི་ལྟ་བུ་འཐོབ་བོ་ཞེས་འདོམས་པའི་ཕྱིར་མཛད་པ་འདི་དག་སྟོན་པར་མཛད་དོ། །

ཁ༩ གནས་བརྟན་ཆེན་པོ་བ་ཀུ་ལའི་རྟོགས་པ་བརྗོད་པ།

དགུ་པ་གནས་བརྟན་ཆེན་པོ་བ་ཀུ་ལའི་རྟོགས་པ་བརྗོད་པ་ནི། གནས་བརྟན་ཆེན་པོ་འདི་གང་དུ་འཁྲུངས་པའི་ཡུལ་ནི་མཉན་ཡོད་དེ། དེ་ཡང་བདག་ཉིད་ཆེན་པོ་འདི་གྲོང་ཁྱེར་ཆེན་པོ་མཉན་ཡོད་དུ་བྲམ་ཟེའི་རིགས་སུ་སྐུ་འཁྲུངས། མཚན་གེལ་པོར་བཏགས་ཆེར་སྐྱེས་པ་ན་ཁྱིམ་གྱི་གནས་སྡུག་བསྔལ་གྱི་རང་བཞིན་ཅན་དུ་

གཟིགས་ནས། རང་གི་ཁྱིམ་དང་འཁོར་པ་གང་ལའང་མ་ཆགས་པར་ཡུལ་སློ་མ་(༡༨བ)ཙན་དུ་བྱོན་ནོ། །དེའི་ཚེ་སངས་རྒྱས་འཇིག་རྟེན་དུ་མ་བྱོན་པས་གཏུན་རི་ཞེས་བྱ་བའི་ནགས་ཁྲོད་ཞིག་ན་དྲང་སྲོང་མང་པོ་གནས་པ་དེ་དག་གི་ཁྲོད་དུ་རབ་ཏུ་བྱུང་སྟེ་ཟས་སུ་རྩ་བ་དང་ལོ་མ་དང་ཤིང་ཐོག་བཟའ་ཞིང་། ཁོས་ཤིང་ཤུན་གྱོན་ནས་དཀའ་ཐུབ་ལ་གནས་ཏེ་བསམ་གཏན་སྒོམ་པར་བྱས་པས་དྲང་སྲོང་ཤིང་ཤུན་ཅན་ནམ་བ་ཀུ་ལ་ཞེས་གྲགས་སོ། །འདི་ནི་སྟོན་པ་ལས་དགུང་ལོ་བདུན་ཅུས་བགྲེས་ཤིང་ནམ་ཞིག་སྟོན་པ་འཇིག་རྟེན་འདིར་བྱོན་ནས་ཐོག་མར་ལྔ་སྡེ་རྗེས་སུ་བཟུང་བ་དེ་ནས་བཟུང་ཡུལ་སྣ་ཚོགས་སུ་གཤེགས་ཤིང་ཆོས་ཀྱི་འཁོར་ལོ་བསྐོར་བར་མཛད་པ་ལས། ནམ་ཞིག་ན་སྟོན་པ་བཅོམ་ལྡན་འདས་དུལ་བ་ཞི་བ་འཁོར་ཞི་བ། དགྲ་བཅོམ་པ་ལྔ་བརྒྱ་དང་ཐབས་ཅིག་ཏུ་ཡུལ་སློ་མ་ཙན་དུ་གཤེགས་སོ། །དེའི་ཚེ་རྒྱལ་བུ་རྒྱལ་བྱེད་ཀྱི་ཚལ་ན་གནས་པའི་ལྷ་དེས་བ་ཀུ་ལའི་ཡལ་ག་ཞིག་བླངས་ཏེ། བཅོམ་ལྡན་འདས་ལ་གྲིབ་མ་བྱེད་ཅིང་རྗེས་བཞིན་རྗེས་བཞིན་དུ་སོང་བ་དང་། བཅོམ་ལྡན་འདས་ཀྱིས་དེའི་བསམ་པ་དང་། བག་ལ་ཉལ་བ་དང་། ཁམས་དང་། རང་བཞིན་མཁྱེན་ནས་དེ་དང་མཐུན་པའི་འཕགས་པའི་བདེན་པ་བཞི་རྟོགས་པར་འགྱུར་བའི་ཆོས་བཤད་པ་མཛད། དེ་ཐོས་ནས་ལྷ་དེས་འཇིག་ཚོགས་ལ་ལྟ་བའི་རིའི་རྩེ་མོ་ཉི་ཤུ་མཐོ་བ་ཡེ་ཤེས་ཀྱི་རྡོ་རྗེས་བཅོམ་ནས། རྒྱུན་དུ་ཞུགས་པའི་འབྲས་བུ་མངོན་སུམ་དུ་བྱས་པར་གྱུར་ཏོ། །ཇི་ཙམ་ན་ཕྱོགས་གཞན་ཞིག་ན། ཡུགས་ས་མོ་ལྔ་བརྒྱ་ཙམ་གནས་པ་དེ་དག་གིས། སངས་རྒྱས་བཅོམ་ལྡན་འདས་སྐུ་སྐྱེས་བུ་ཆེན་(༡༩ན)པོའི་མཚན་སུམ་ཅུ་རྩ་གཉིས་ཀྱིས་ཀུན་ནས་བརྒྱན་པ། དཔེ་བྱད་བཟང་པོ་བརྒྱད་ཅུས་མཛེས་པར་བྱས་པ། འོད་འདོམ་གང་གིས་བརྒྱན་པ། ཉི་མ་སྟོང་བས་ལྷག་པའི་འོད་མངའ་བ། རིན་པོ་ཆེའི་རི་བོ་འགྲོ་བ་ལྟ་བུར་ཀུན་ནས་བཟང་བ་མཐོང་ངོ་། །མཐོང་མ་ཐག་ཏུ་ཡང་དེ་རྣམས་བཅོམ་ལྡན་འདས་ལ་སེམས་དང་བ་ཆེན་པོ་སྐྱེས་སོ། །འདི་

ནི་ཆོས་ཉིད་ཡིན་ཏེ། ཇི་ལྟར་དགེ་བའི་རྩ་བ་བསགས་པའི་རྒྱུ་ཅན་གྱི་སེམས་ཅན་གྱིས་དང་པོར་སངས་རྒྱས་མཐོང་བ་ན་དགའ་བ་སྐྱེ་བ་ལྟ་བུ་ནི། ལོ་བཅུ་གཉིས་སུ་ཞི་གནས་ཀྱི་སེམས་གོམས་པར་བྱས་པ་དང་། བུ་མེད་པས་བུ་རྙེད་པ་དང་། དབུལ་པོས་གཏེར་མཐོང་བ་དང་། རྒྱལ་སྲིད་ལ་མངོན་པར་དགའ་བས་རྒྱལ་སྲིད་ཀྱི་དབང་ཕྱུག་ཐོབ་པ་ནི། དེ་ལྟར་ཉམས་དགའ་བ་སྐྱེ་བ་མ་ཡིན་ནོ། །དེ་ནས་བཅོམ་ལྡན་འདས་ཀྱིས་དེ་རྣམས་གདུལ་བའི་དུས་ལ་བབ་པར་གཟིགས་ནས། དགེ་སློང་གི་དགེ་འདུན་གྱི་གུང་ལ་གདན་བཤམས་པ་ཉིད་ལ་བཞུགས་སོ། །ཡུགས་ས་མོ་དེ་རྣམས་ཀྱིས་ཀྱང་བཅོམ་ལྡན་འདས་ཀྱི་ཞབས་གཉིས་ལ་མགོ་བོས་ཕྱག་བྱས་ཏེ། ཕྱོགས་གཅིག་ཏུ་འདུག་གོ །དེ་ནས་བཅོམ་ལྡན་འདས་ཀྱིས་དེ་རྣམས་ཀྱི་བསམ་པ་དང་། བག་ལ་ཉལ་དང་། ཁམས་དང་རང་བཞིན་མཁྱེན་ནས་བདེན་པ་བཞིའི་ཆོས་རྒྱ་ཆེར་སྟོན་པར་མཛད་དོ། །འཁོར་དེ་རྣམས་ཀྱིས་ཀྱང་ཆོས་དེ་ཐོས་ནས་ཆོས་ལ་ཆོས་ཀྱི་མིག་རྡུལ་མེད་ཅིང་དྲི་མ་དང་བྲལ་བ་རྣམ་པར་དག་པ་ཐོབ་སྟེ། འཇིག་ཚོགས་ལ་ལྟ་བའི་རིའི་རྩེ་མོ་མཐོན་པོ་ཉི་ཤུ་ཡེ་ཤེས་ཀྱི་རྡོ་རྗེས་བཅོམ་ནས་རྒྱུན་དུ་ཞུགས་པའི་འབྲས་བུ་མངོན་སུམ་དུ་(༡༧བ)བྱས་སོ། །དེ་རྣམས་ཀྱིས་བདེན་པ་མཐོང་ནས་ལན་གསུམ་དུ་ཆེད་དུ་བརྗོད་པས་ཆེད་དུ་བརྗོད་པ། བཙུན་པ། བདག་ཅག་ལ་འདི་ལྟ་བུ་ནི་མས་མ་བགྱིས། ཕས་མ་ལགས། རྒྱལ་པོས་མ་ལགས། ལྷས་མ་ལགས། སྡུག་པས་མ་ལགས། རང་གི་སྐྱེ་བོ་དང་གཉེན་གྱི་ཚོགས་ཀྱིས་མ་ལགས། སྔོན་གྱི་འདས་པས་མ་ལགས། དགེ་སྦྱོང་དང་བྲམ་ཟེས་མ་ལགས་པ་དག །བཅོམ་ལྡན་འདས་ཀྱིས་བདག་ཅག་ལ་མཛད་དེ། ཁྲག་དང་མཆི་མའི་རྒྱ་མཚོ་ནི་བསྐམས། རུས་པའི་རི་བོ་ལས་ནི་བསྒྲལ། ངན་སོང་གི་སྒོ་ནི་བཀག །མཐོ་རིས་དང་ཐར་པའི་སྒོ་ནི་ཕྱེ་ནས་བདག་ཅག་ལྷ་དང་མི་རྣམས་སུ་ནི་བཀོད་དེ། བཙུན་པ་བདག་ཅག་འཕགས་སོ། །མངོན་པར་འཕགས་སོ། །བདག་ཅག་བཅོམ་ལྡན་འདས་དང་། ཆོས་དང་དགེ་སློང་གི་དགེ་

འདུན་ལ་སྐྱབས་སུ་མཆི་ལགས་ཀྱིས་བདག་ཅག་དགེ་བསྙེན་དུ་གཟུང་དུ་གསོལ། ཞེས་བསླབ་པའི་གཞི་བླངས་སོ། །དེ་ནས་དེ་དག་སྟན་ལས་ལངས་ཏེ། བཅོམ་ལྡན་འདས་གང་ན་བ་དེ་ལོགས་སུ་ཐལ་མོ་སྦྱར་བ་བཏུད་ནས། བཅོམ་ལྡན་འདས་ལ་འདི་སྐད་ཅེས་གསོལ་ཏོ། །ཀྱེ་མ་བཅོམ་ལྡན་འདས་བདག་ཅག་ལ་ཕྱག་བྱ་བའི་ཡུལ་དབུ་སྐྲའམ། སེན་མོ་ཅུང་ཟད་ཅིག་སྩོལ་ཅིག་དང་། དེ་ལ་བདག་ཅག་བགྱི་བ་དག་བགྱིའོ། །དེ་ནས་བཅོམ་ལྡན་འདས་ཀྱིས་རྫུ་འཕྲུལ་གྱིས་དབུ་སྐྲ་དང་སེན་མོ་བྲེགས་ཏེ་བྱིན་ནོ། །དེ་དག་གིས་བཅོམ་ལྡན་འདས་ཀྱི་དབུ་སྐྲ་དང་སེན་མོའི་མཆོད་རྟེན་ཞིག་བརྩིགས་སོ། །དེ་ནས་རྒྱལ་བུ་རྒྱལ་བྱེད་ཀྱི་ཚལ་ན་གནས་པའི་ལྷ་གང་ཡིན་པ་དེས་མཆོད་རྟེན་དེའི་འཁོར་(༨༨ན)སར་བ་ཀུ་ལའི་ཡལ་ག་དེ་བསྐྱོད་དེ། བཅོམ་ལྡན་འདས་ལ་གསོལ་པ། བཅོམ་ལྡན་འདས་བདག་ནི་མཆོད་རྟེན་འདི་ལ་བགྱི་བ་བགྱིད་ཅིང་མཆིས་སོ་ཞེས་དེ་དེ་ཉིད་ན་གནས་སོ། །དེ་ལ་ཁ་ཅིག་གིས་ནི་ཡུགས་ས་མོའི་མཆོད་རྟེན་ནོ་ཞེས་བྱ་བར་བརྗོད། ཁ་ཅིག་གིས་ནི་བ་ཀུ་ལའི་འཁོར་ས་ཞེས་བྱ་བར་བརྗོད་དོ། །མཆོད་རྟེན་དེ་ལ་དགེ་སློང་རྣམས་ཕྱག་བྱེད་དོ། །གནས་དེ་ནས་བཅོམ་ལྡན་འདས་གཤེགས་པ་དང་། ཇི་ཙམ་ན་བསྟི་གནས་གཞན་ན་དྲང་སྲོང་ལྔ་བརྒྱ་གནས་ཏེ། དེ་དག་གི་བསྟི་གནས་དེ་མེ་ཏོག་དང་། འབྲས་བུ་དང་། ཆུ་ཕུན་སུམ་ཚོགས་པས། དེ་དག་དེས་རྒྱགས་ནས་ཅི་ཡང་མི་སེམས་སོ། །དེ་ནས་བཅོམ་ལྡན་འདས་ཀྱིས་དེ་རྣམས་གདུལ་བའི་དུས་ལ་བབ་པར་གཟིགས་ནས། བསྟི་གནས་དེར་གཤེགས་ཏེ་གནས་དེར་ཕྱིན་པ་ན། རྫུ་འཕྲུལ་གྱིས་བསྟི་གནས་དེའི་མེ་ཏོག་དང་འབྲས་བུ་ནི་ལྷགས། ཆུ་ནི་བསྐམས། ནེའུ་གསིང་རྣམས་ནི་རློགས། འདུག་གནས་དག་ནི་བརྙིབ་བོ། །དེ་ནས་དྲང་སྲོང་དེ་དག་ལག་པ་འགྲམ་པར་གཏད་ནས་སེམས་ཁོང་དུ་ཆུད་ཅིང་འདུག་གོ །དེ་ནས་བཅོམ་ལྡན་འདས་ཀྱིས་བཀའ་སྩལ་པ། ཅིའི་ཕྱིར་སེམས་ཁོང་དུ་ཆུད་ཅིང་འདུག །དེ་རྣམས་ཀྱིས་གསོལ་བ། བཅོམ་ལྡན་འདས་

བསོད་ནམས་ཀྱི་ཞིང་ཟུང་གཉིས་གཙོ་བོ་ཁྱོད་འདིར་གཤེགས་ན། བདག་ཅག་ནི་གནས་སྐབས་འདི་འདྲ་བར་གྱུར་ཏོ། །བཅོམ་ལྡན་འདས་ཀྱིས་བཀའ་སྩལ་པ། དྲང་སྲོང་དག་བསྡི་གནས་མེ་ཏོག་དང་། འབྲས་བུ་དང་། ཆུ་ཕུན་སུམ་ཚོགས་པ་ཅི་སྙེ་མ་ཞུང་། ཇི་སྲོན་གྱི་ཇི་ལྟ་བ་དེ་བཞིན་དུ་བྱའམ། ཞེས་བཀའ་སྩལ་པ་ན། དྲང་སྲོང་དེ་དག་གིས་བཅོམ་(༡༨བ)ལྡན་འདས་མཛད་དུ་གསོལ། ཞེས་ཞུས་པ་ན། དེ་ནས་བཅོམ་ལྡན་འདས་ཀྱིས་རྫུ་འཕྲུལ་བརྟུལ་བ་དང་། སྔོན་གྱི་ཇི་ལྟ་བ་བཞིན་དུ་གྱུར་ཏོ། །དེ་ནས་དེ་དག་མཆོག་ཏུ་ཡ་མཚན་དུ་གྱུར་ནས། བཅོམ་ལྡན་འདས་ལ་སེམས་མངོན་པར་དད་པ་སྐྱེས་སོ། །དེ་ནས་བཅོམ་ལྡན་འདས་ཀྱིས་དྲང་སྲོང་ལྔ་བརྒྱ་པོ་དེ་དག་གི་བསམ་པ་དང་། བག་ལ་ཉལ་དང་། ཁམས་དང་རང་བཞིན་མཁྱེན་ནས། དེ་དང་མཐུན་པའི་ཆོས་བཤད་པ་མཛད་དོ། །དེ་ཐོས་ནས་དེ་དག་གིས་ཕྱིར་མི་འོང་བའི་འབྲས་བུ་མངོན་སུམ་དུ་བྱས་ཏེ། རྫུ་འཕྲུལ་མངོན་པར་བསྒྲུབས་ནས་བཅོམ་ལྡན་འདས་གང་ན་བ་དེ་ལོགས་སུ་ཐལ་མོ་སྦྱར་བ་བཏུད་དེ་བཅོམ་ལྡན་འདས་ལ་འདི་སྐད་ཅེས་གསོལ་ཏོ། །བཙུན་པ། བདག་ཅག་ལེགས་པར་གསུངས་པའི་ཆོས་འདུལ་བ་ལ་རབ་ཏུ་འབྱུང་བ་དང་བསྙེན་པར་རྫོགས་པ་དགེ་སློང་གི་དངོས་པོ་འཐོབ་པ་ལྟ་ན། བཅོམ་ལྡན་འདས་ཀྱི་སྤྱན་སྔར་བདག་ཅག་ཚངས་པར་སྤྱོད་པ་སྤྱད་པར་བགྱིའོ། །དེ་ནས་བཅོམ་ལྡན་འདས་ཀྱིས་དེ་དག་ལ་དགེ་སློང་ཚུར་ཤོག །ཚངས་པར་སྤྱད་པ་སྤྱོད་ཅིག་ཅེས་བཀའ་སྩལ་པའི་མོད་ལ་སྐྲ་དང་ཁ་སྤུ་བྲི་བ་དང་། སྣམ་སྦྱར་གྱོན་པར་གྱུར་ཏེ་ལག་ན་ལྷུང་བཟེད་དང་བྱ་མ་བུམ་ཐོགས་པ་དང་། སྐྲ་དང་ཁ་སྤུ་བྲེགས་ནས་ཞག་བདུན་ལོན་པ་ཙམ་དང་། དགེ་སློང་བསྙེན་པར་རྫོགས་ནས་ལོ་བརྒྱ་ལོན་པའི་སྤྱོད་ལམ་ལྟ་བུར་གནས་པར་གྱུར་ཏོ། །དེ་བཞིན་གཤེགས་པས་ཚུར་ཤོག་བཀའ་སྩལ་པས། །སྐྲ་བྲི་སྣམ་སྦྱར་གྱོན་པའི་ལུས་ལྡན་ཞིང་།། མོད་ལ་དབང་པོ་རབ་ཞིར་གནས་གྱུར་ཏེ། །སངས་རྒྱས་དགོངས་པས་ལུས་གཟུགས་

བཀབ་པར་གྱུར་ཏ། །(༡༡ན)དེ་དག་གིས་འབད་པ་དང་། རྩོལ་བར་བརྩོན་འགྲུས་བརྩམས་པས་འཁོར་བའི་འཁོར་ལོ་ཆ་ལྔ་པ་གཡོ་བ་དང་། མི་གཡོ་བ་འདི་ཉིད་རིག་སྟེ། འདུ་བྱེད་ཀྱི་རྣམ་པ་ཐམས་ཅད་ཉམས་པ་དང་། ལྟུང་བ་དང་། རྣམ་པར་འཐོར་པ་དང་། རྣམ་པར་འཛིག་པའི་ཆོས་ཅན་ཡིན་པར་རྟད་ཆོད་དེ། ཉོན་མོངས་པ་ཐམས་ཅད་སྤངས་ནས། དགྲ་བཅོམ་པ་ཉིད་མངོན་སུམ་དུ་བྱས་ཏེ། དགྲ་བཅོམ་པ་ཁམས་གསུམ་པའི་འདོད་ཆགས་དང་བྲལ་བར་གྱུར་ནས་གསེར་དང་བོང་བར་མཉམ་པ། ནམ་མཁའ་དང་ལག་མཐིལ་དུ་འདྲ་བའི་སེམས་དང་ལྡན་པ། ཙན་དན་སྤངས་པ་ལྟ་བུར་བསིལ་བར་གྱུར་པ། རིག་པས་སྒོ་ངའི་སྦུབས་བཅོམ་པ། རིག་པ་དང་མངོན་པར་ཤེས་པ་དང་སོ་སོ་ཡང་དག་པར་རིག་པ་ཐོབ་པ། སྲིད་པའི་རྙེད་པ་དང་ཆགས་པ་དང་བཀུར་སྟི་ལ་མི་ལྟ་བ། དབང་པོ་དང་ཉེ་དབང་དང་བཅས་པའི་ལྷ་རྣམས་ཀྱིས་མཆོད་ཅིང་། ཆེད་པ་དང་གུས་པར་སྨྲ་བའི་གནས་ཐོབ་པར་གྱུར་ཏོ། །དེ་དག་ལ་འདོམས་པར་བྱེད་པའི་དྲང་སྲོང་གང་ཡིན་པ་དེས་གསོལ་པ། བཅོམ་ལྡན་འདས་བདག་གི་ཆ་བྱད་འདིས་སྐྱེ་བོའི་ཚོགས་ཆེན་པོ་བསྡུས་པ་དེ་དག་ཇི་དད་པ་སྐྱེས་པར་བགྱིས་ལ་སླད་ཀྱིས་རབ་ཏུ་དབྱུང་བར་བགྱིའོ། །ཞེས་གསོལ་ཏོ། །དེ་ནས་བཅོམ་ལྡན་འདས་དྲང་སྲོང་ལྔ་བརྒྱ་དང་། སྔོན་གྱི་དགེ་སློང་རྣམས་ཀྱིས་ཟླ་བ་ཁམས་པ་ལྟ་བུར་བསྐོར་ནས་དེ་ཉིད་ནས་རྫུ་འཕྲུལ་གྱིས་སྟེང་གི་ནམ་མཁའ་ལ་གཤེགས་ཏེ་རིམ་གྱིས་དྲང་སྲོང་བ་ཀུ་ལའི་གནས་གཙུག་རིར་ཕེབས་པ་ན་བ་ཀུ་ལས་བཅོམ་ལྡན་འདས་སྐྱེས་བུ་ཆེན་པོའི་མཚན་སུམ་ཅུ་རྩ་གཉིས་ཀྱིས་ཀུན(༡༡བ)ནས་བརྒྱན་པ། དཔེ་བྱད་བཟང་པོ་བརྒྱད་ཅུས་མཛེས་པར་བྱས་པ། འོད་འདོམ་གང་གིས་བརྒྱན་པ། ཉི་མ་སྟོང་བས་ལྷག་པའི་འོད་མངའ་བ། རིན་པོ་ཆེའི་རི་བོ་འགྲོ་བ་ལྟ་བུར་ཀུན་ནས་མཛེས་པ་རྒྱང་རིང་པོ་ནས་མཐོང་ངོ་། །མཐོང་མ་ཐག་ཏུ་དེ་བཅོམ་ལྡན་འདས་ལ་སེམས་མངོན་པར་དད་པར་གྱུར་ཏེ། དེ་དད་པ་སྐྱེས་ནས

བསམས་པ། མ་ལ་བདག་རི་ལས་བབས་ཏེ་བཅོམ་ལྡན་འདས་བལྟ་ཞིང་འགྲོ་བར་བྱས་ན་ནི་བཅོམ་ལྡན་འདས་གདུལ་བ་ལ་གཟིགས་པས་འདས་པར་འགྱུར་གྱིས། མ་ལ་བདག་ཉིད་མཆོང་བར་བྱའོ་སྙམ་ནས། དེ་རི་ལས་བདག་ཉིད་མཆོངས་པ་དང་། སངས་རྒྱས་བཅོམ་ལྡན་འདས་རྣམས་ནི་བསླེལ་བ་མི་མངའ་བའི་ཆོས་ཅན་ཡིན་པས། བཅོམ་ལྡན་འདས་ཀྱི་རྫུ་འཕྲུལ་གྱིས་བླངས་སོ། །དེ་ནས་བཅོམ་ལྡན་འདས་ཀྱིས་དེའི་བསམ་པ་དང་། བག་ལ་ཉལ་བ་དང་། ཁམས་དང་རང་བཞིན་མཁྱེན་ནས་དེ་དང་མཐུན་པའི་ཆོས་བཤད་པ་མཛད་དེ། དེ་ཐོས་ནས་ཤིང་གོས་ཅན་གྱིས་ཕྱིར་མི་འོང་བའི་འབྲས་བུ་མངོན་སུམ་དུ་བྱས་ཏེ། རྫུ་འཕྲུལ་མངོན་པར་བསྒྲུབས་ནས། བཅོམ་ལྡན་འདས་ལ་འདི་སྐད་ཅེས་གསོལ་ཏོ། །བཙུན་པ། བདག་ལེགས་པར་གསུངས་པའི་ཆོས་འདུལ་བ་ལ་རབ་ཏུ་འབྱུང་བ་དང་། བསྙེན་པར་རྫོགས་པ་དགེ་སློང་གི་དངོས་པོ་འཐོབ་པ་ལྟ་ན། བཅོམ་ལྡན་འདས་ཀྱི་སྤྱན་སྔར་བདག་ཚངས་པར་སྤྱོད་པ་སྤྱད་པར་བགྱིའོ། །དེ་ནས་བཅོམ་ལྡན་འདས་ཀྱིས་དེ་ལ་དགེ་སློང་ཚུར་ཤོག་ཚངས་པར་སྤྱད་པ་སྤྱོད་ཅིག །ཅེས་བཀའ་སྩལ་པས། སྐྲ་དང་ཁ་སྤུ་བྲེགས་ནས་ཞག་བདུན་ལོན་པ་ཙམ་དང་། ལག་ན་ལྷུང་བཟེད་དང་བྱ་མ་བུམ་ཐོགས་(༧༠༠ན)པ་དང་། དགེ་སློང་བསྙེན་པར་རྫོགས་ནས་ལོ་བརྒྱ་ལོན་པའི་སྤྱོད་ལམ་ལྟ་བུར་གྱུར་ཏོ། །དེ་བཞིན་གཤེགས་པས་ཚུར་ཤོག་བཀའ་སྩལ་པས། །སྐྲ་བྲི་རྣམ་སྦྱར་གྱོན་པའི་ལུས་ལྡན་ཞིང་། །མོད་ལ་དབང་པོ་རབ་ཞིར་གནས་གྱུར་ཏེ། །སངས་རྒྱས་དགོངས་པས་ལུས་གཟུགས་བཀབ་པར་གྱུར། །ཅེས་ཆེད་དུ་བརྗོད་པ་ཆེད་དུ་བརྗོད་དོ། །དེས་སྡེ་སྣོད་གསུམ་ལ་སྦྱངས་ཤིང་ལམ་བསྒོམས་པས། ཉོན་མོངས་པ་ཐམས་ཅད་སྤངས་ནས། དགྲ་བཅོམ་པ་ཉིད་མངོན་སུམ་དུ་བྱས་ཏེ། དགྲ་བཅོམ་པ་ཁམས་གསུམ་པའི་འདོད་ཆགས་དང་བྲལ་བར་གྱུར་ནས། གསེར་དང་བོང་བར་མཉམ་པ། ནམ་མཁའ་དང་ལག་མཐིལ་དུ་འདྲ་བའི་སེམས་དང་ལྡན་པ། ཙན་དན་སྤངས་པ་ལྟ་བུར་བསིལ་

བར་གྱུར་པ། རིག་པས་སྒོ་ངའི་སྦུབས་བཅོམ་པ། རིག་པ་དང་མངོན་པར་ཤེས་པ་དང་སོ་སོ་ཡང་དག་པར་རིག་པ་ཐོབ་པ། སྲིད་པའི་རྙེད་པ་དང་ཆགས་པ་དང་བཀུར་སྟི་ལ་མི་ལྟ་བ། དབང་པོ་དང་ཉེ་དབང་དང་བཅས་པའི་ལྷ་རྣམས་ཀྱིས་མཆོད་ཅིང་། རྗེད་པ་དང་གུས་པར་སྨྲ་བའི་གནས་སུ་གྱུར་ཏོ། །སྟོན་པས་ཀྱང་ངའི་ཉན་ཐོས་དགེ་སློང་ཤིང་གོས་ཅན་འདི་ནི་དད་པས་རྣམ་པར་གྲོལ་བ་རྣམས་ཀྱི་མཆོག་ཡིན་ནོ་ཞེས་བསྔགས་སོ། །གནས་བརྟན་ཆེན་པོ་འདི་ནི་སྔོན་བསོད་ནམས་རླབས་ཆེན་པོ་བསགས་པའི་མཐུས་སྐུ་ལ་བསྙུན་གང་ཡང་མེད་པ་ཞིག་གོ །གནས་བརྟན་ཆེན་པོ་འདིས་རང་གི་སྔོན་གྱི་སྐྱེས་རབས་དྲན་ནས་ལུང་སྟོན་པར་མཛད་པ་ནི་འདུལ་བ་ལུང་ལས། རྒྱལ་པོའི་ཕོ་བྲང་ཤེས་ལྡན་དུ། །བདག་སྔོན་སྤོས་འཚོང་གྱུར་པ་ལ། །རྣམ་པར་(༧༠༠བ)གཟིགས་ཀྱི་གསུང་རབ་ཀྱི། །དགེ་སློང་དགེ་འདུན་སྤྱན་དྲངས་ནས། །ཁྱེད་ཅག་ཇི་སྙེད་བཞེད་པ་ཡི། །སྙུན་སྨན་བདག་གིས་དབུལ་བགྱིས་ཏེ། །ཤུན་པ་རྩ་བ་འབྲས་བུའི་སྨན། །དགེ་འདུན་བདག་གིས་ཚིམ་པར་བགྱིས། །དགེ་འདུན་དབྱར་ནི་སྤྱན་དྲངས་ནས། །བདག་ལ་དགེ་སློང་གཅིག་ཅིག་གིས། །ཨ་རུ་ར་གཅིག་མ་གཏོགས་པར། །དེ་ནས་འགའ་ཡང་སློང་བ་མེད། །བསྐལ་པ་དགུ་བཅུ་རྩ་གཅིག་ཏུ། །བདག་ནི་ལོག་པར་ལྟུང་མ་གྱུར། །སྨན་སྦྱིན་པ་ཡི་རྣམ་སྨིན་ནི། །མཐུ་ཆེན་འདི་ལ་བལྟ་བར་གྱིས། །དགེ་བ་ཆུང་ངུ་བྱས་པས་ནི། །བདེ་བ་མང་པོ་ཉམས་སུ་མྱོང་། །ཨ་རུ་ར་ནི་གཅིག་བྱིན་པས། །ཡུན་རིང་མཐོ་རིས་རྣམས་སུ་དགའ། །དེ་ནས་ལས་ཀྱི་ལྷག་མས་ནི། །བདག་གི་མི་ཡི་སྲིད་ཐོབ་ནས། །ཡུལ་འཁོར་བསོད་སྙོམས་ལེན་པ་དག །སློབ་པ་ན་ཡང་མ་མྱོང་ངོ་། །ཟུབ་གསུམ་པོ་ནས་རིག་པ་ནི། །གསུམ་པོ་བདག་གིས་མངོན་སུམ་བྱས། །ངན་དོན་གྱིས་ནི་འཚོ་བྱས་ཤིང་། །ཕྱུག་དར་ཁྲིད་ཀྱི་ཆོས་གོས་འཆང་། །ཁྱིམ་པའམ་རབ་ཏུ་བྱུང་བ་དང་། །བདག་ནི་འདྲེས་པར་མི་གནས་ཏེ། །བདག་གི་ཚེ་ནི་ལོ་བརྒྱ་དང་། །དྲུག་ཅུ་ལྷག་ཅིག་ལོན་ན་

ཡང་། །དེ་ཙམ་བར་དུའང་བདག་གིས་ནི། །ན་བར་མཛོད་པར་མི་དྲན་ཏེ། །བཙུན་པ་བདག་གིས་དགེ་བ་ནི། །ཆུང་ངུ་བགྱིས་པ་འདི་དྲན་ཏེ། །དེ་ཡི་འབྲས་བུ་ཡིད་འོང་འདོད། །བདེ་བ་བྱུང་བ་ཉམས་སུ་མྱོང་། །དེ་ལྟར་གནས་བརྟན་བ་ཀུ་ལས། །དགེ་སློང་དགེ་འདུན་མདུན་འདུག་ནས། །མ་དྲོས་པ་ཡི་མཚོ་ཆེན་དུ། །རང་གི་ལས་ནི་ལུང་བསྟན་ཏོ། །ཞེས་གསུངས་པ་ལྟར་རོ། །གནས་བརྟན་ཆེན་པོ་འདིས་མཛད་པ་འདི་ལྟར་མཛད་པ་འདི་དག་ཀུང་། གདུལ་བྱ་(༧༠༧ན)རྣམས་ལ་ཐབས་ཀྱིས་འདོམས་པའི་ཕྱིར་མཛད་པ་ཤ་སྟག་སྟེ། ཁྱིམ་ན་གནས་པ་ནི། ཉོན་མོངས་པའི་འཆིང་བ་དམ་པོས་བཅིངས་པ། སྡུག་བསྔལ་མང་པོའི་མདའི་འབེན་དུ་གྱུར་པ། སླར་ཡང་འཁོར་བར་སྐྱེ་བའི་རྒྱུ་གསོག་པའི་གནས་སུ་གྱུར་པ་ཡིན་པས་བློ་གྲོས་དང་ལྡན་པ་རྣམས་ཀྱིས་ཁྱིམ་ནས་ཁྱིམ་མེད་པར་རབ་ཏུ་འབྱུང་བར་བྱ་དགོས་སོ་ཞེས་འདོམས་པ་དང་། ཕྱི་རོལ་མུ་སྟེགས་པའི་བསྟན་པ་ནི་ཐར་འདོད་རྣམས་སླུ་བར་བྱེད་པ་དང་། སླར་ཡང་འཁོར་བའི་འཆིང་བ་སྲ་བར་བྱེད་པ་ཡིན་གྱི། རྒྱལ་བའི་བསྟན་པ་འབའ་ཞིག་ཐར་འདོད་རྣམས་ཀྱི་འཇུག་ངོགས་ཡིན་ནོ་ཞེས་འདོམས་པ་དང་། འཁོར་བའི་གནས་ཀྱི་བདེ་སྡུག་ཐམས་ཅད་རང་རང་གིས་ལས་གང་བསགས་པ་ལས་འབྱུང་གི །རྒྱུ་མེད་དུ་འབྲས་བུ་འབྱུང་བ་མི་སྲིད་དོ་ཞེས་བདེ་ལེགས་ཐམས་ཅད་ཀྱི་རྩ་བ་ལས་འབྲས་ལ་ཡིད་ཆེས་ཀྱི་དད་པ་བརྟན་པོ་སྐྱེད་དགོས་སོ་ཞེས་འདོམས་པ་དང་། སྲོག་འཚོ་བའི་འཚོ་བ་ནི་དབེན་པའི་གནས་གང་དུ་བསྡད་ཀྱང་རྙེད་སླ་བས་ཐར་འདོད་རྣམས་ཀྱིས་ཁྱིམ་གྱི་འདུ་འཛི་ལ་མ་ཆགས་པར་དབེན་པའི་ནགས་ཁྲོད་དུ་གནས་ནས་སྒྲུབ་པ་སྙིང་པོར་བྱ་དགོས་སོ་ཞེས་འདོམས་པ་སོགས་དགོས་པ་མང་པོའི་ཕྱིར་མཛད་པ་དེ་ལྟར་མཛད་དོ། །

ཁ༧༠ གནས་བརྟན་ཆེན་པོ་སྒྲ་གཅན་འཛིན་གྱི་རྟོགས་པ་བརྗོད་པ།

བཅུ་པ་གནས་བརྟན་ཆེན་པོ་སྒྲ་གཅན་འཛིན་གྱི་རྟོགས་པ་བརྗོད་པ་ནི། གནས་བརྟན་ཆེན་པོ་འདི་གང་དུ་འབྲུངས་པའི་ཡུལ་ནི། སེར་སྐྱའི་གནས་ཏེ། དེ་ཡང་བྱང་ཆུབ་སེམས་དཔའ་དགའ་ལྡན་དུ་ལྷའི་བུ་དམ་པ་ཏོག་དཀར་པོར་སྐྱེ་བ་བཞེས་ནས་རྗེ་(༧༠༧བ)བཙུན་མ་ཕམ་པ་སོགས་བྱང་ཆུབ་སེམས་དཔའ་བགྲང་བ་ལས་འདས་པ་ལ་ཐེག་པ་ཆེན་པོའི་ཆོས་སྟོན་ཅིང་བཞུགས་པ་ལས་ཕྱོགས་བཅུའི་ཞིང་རབ་འབྱམས་ན་བཞུགས་པའི་སངས་རྒྱས་དང་། བྱང་ཆུབ་སེམས་དཔའ་ཐམས་ཅད་ཀྱིས་སྐྱེ་བ་གཅིག་ཐོགས་ཀྱི་བྱང་ཆུབ་སེམས་དཔའ་ལྷའི་བུ་དམ་པ་ཏོག་དཀར་པོ་ལ། སྔོན་དེ་བཞིན་གཤེགས་པ་རིན་ཆེན་སྙིང་པོའི་སྤྱན་སྔར་མི་མཇེད་འཇིག་རྟེན་གྱི་ཁམས་འདིའི་རྩོད་ལྡན་ཚེ་ལོ་བརྒྱ་པའི་གདུལ་བྱ། བསྐལ་པ་བཟང་པོ་འདི་ལ་འབྱོན་པའི་སངས་རྒྱས་གཞན་ཐམས་ཅད་ཀྱིས་ཡལ་བར་བོར་བ་སྙིགས་མ་ལྔའི་རྒྱུད་པས་མནར་བ་མགོན་དང་སྐྱབས་མེད་པར་ལུས་པ་དེ་དག་བདག་གིས་གདུལ་བར་བྱའོ། །དེའི་ཕྱིར་སྙིགས་མ་ལྔ་བདོ་བ་རྩོད་ལྡན་ཚེ་ལོ་བརྒྱ་པའི་དུས་ལ་བབ་པ་ན་བདག་ཞིང་དེར་མངོན་པར་རྫོགས་པར་འཚང་རྒྱ་བར་བྱའོ། །སངས་རྒྱས་ནས་སྙིགས་མ་ལྔའི་སེམས་ཅན་མ་རུངས་པ་དམུ་རྒོད་པ་གདུལ་དཀའ་བ་དེ་དག་ཐམས་ཅད་བདག་གིས་ཆོས་བསྟན་ཏེ་གདུལ་བར་བྱའོ། །ཞེས་ཐུགས་སྐྱེད་པ་དགོངས་པར་མཛོད་ཅིག །ང་ནི་འཛམ་བུའི་གླིང་དུ་འབྱོན་པའི་དུས་ལ་བབ་བོ་ཞེས་ཡང་དང་ཡང་དུ་བསྐུལ་ཞིང་ཕྱོགས་བཅུའི་རྒྱལ་བ་རྣམས་ཀྱི་མཐུས་དགའ་ལྡན་གྱི་ཞིང་དེའི་དཔག་བསམ་གྱི་ཤིང་རྣམས་རླུང་གིས་བསྐྱོད་པའི་སྒྲ་ལས་ཀྱང་དེ་ལྟར་དུ་བསྐུལ་བ་ན་དུས་ལ་བབ་པར་གཟིགས་ནས་རང་གི་ཅོད་པན་རྗེ་བཙུན་མ་ཕམ་པའི་དབུ་ལ་བསྐོན་ཏེ་ལྷ་རྣམས་ལ་ཆོས་སྟོན་ཅིག་ཅེས་རྒྱལ་ཚབ་ཏུ་དབང་བསྐུར། གཟིགས་པ་ལྔ་ལ་

གཟིགས་ནས་སེར་སྐྱའི་གནས་སུ། ཡབ་རྒྱལ་པོ་ཟས་གཙང་མ་དང་ཡུམ་སྒྱུ་འཕྲུལ་མ་(༧༠༢ན)གཉིས་ཀྱི་སྲས་སུ་འཁྲུངས། དགུང་ལོ་ཉི་ཤུ་རྩ་དགུའི་བར་དུ་ཁབ་ཏུ་བཞུགས་ཏེ་གཞོན་ནུ་རོལ་རྩེད་ལ་སོགས་པ་ཐབས་མཁས་ཀྱི་སྤྱོད་པས་སེམས་ཅན་བགྲང་བ་ལས་འདས་པ་ཞིག་སྨིན་པར་མཛད། དགུང་ལོ་ཉི་ཤུ་རྩ་དགུ་ལ་བབ་པ་ན། ཡང་ཕྱོགས་བཅུའི་རྒྱལ་བ་རྣམས་ཀྱིས་མྱུར་དུ་འཚང་རྒྱ་བ་དང་། སངས་རྒྱས་ནས་ཆོས་ཀྱི་འཁོར་ལོ་བསྐོར་དགོས་པར་ཡང་དང་ཡང་དུ་བསྐུལ་ཞིང་ཕྱོགས་བཅུའི་རྒྱལ་བ་རྣམས་ཀྱི་མཐུ་དང་། བྱང་ཆུབ་སེམས་དཔའ་རང་ཉིད་ཀྱི་སྔོན་གྱི་སྨོན་ལམ་གྱི་མཐུས་བཙུན་མོ་རྣམས་ཀྱི་གླུ་དབྱངས་དང་། སིལ་སྙན་གྱི་སྒྲ་ལས་ཀྱང་ཁྱིམ་ནས་ཁྱིམ་མེད་པར་རབ་ཏུ་བྱུང་སྟེ་མྱུར་དུ་འཚང་རྒྱ་བ་དང་སངས་རྒྱས་ནས་འགྲོ་བ་ཡོང་བ་མགོན་མེད་མྱ་ངམ་དུ་འཁྱམས་པ་འདི་དག་ལ་ཐར་པའི་ལམ་སྟོན་པ་དང་། ཆོས་ཀྱི་སྒྲོན་མེ་སྦར་བ་དང་། བདུད་རྩིའི་སྒོ་དབྱེ་བ་དང་། ཆོས་ཀྱི་ཆར་དབབ་དགོས་སོ་ཞེས་ཡང་དང་ཡང་དུ་བསྐུལ་བ་དང་། ཀ་བ་དང་། ན་བ་དང་། ཤི་བ་གཟིགས་པས་ཐུགས་སྐྱོ་ཞིང་། དགེ་སློང་གཟིགས་པས་སྤྲོ་བ་སྐྱེས་ཏེ་ངེས་པར་ཁྱིམ་ནས་ཁྱིམ་མེད་པར་རབ་ཏུ་བྱུང་ནས་མྱུར་དུ་འཚང་རྒྱ་བར་བྱའོ་སྙམ་དུ་དགོངས་ནས་ཀུན་འཛིན་ཅེས་པ་ས་ཕོ་བྱི་བའི་ལོ་ས་ག་ཟླ་བའི་ཚེས་བདུན་གྱི་མཚན་མོའི་ཐུན་དང་པོ་ལ་ཕྱི་རོལ་མུ་སྟེགས་པ་རྣམས་དང་སྐྱེ་བོ་དམངས་རྣམས་ཀྱིས་གཞོན་ནུ་དོན་གྲུབ་བཙུན་མོ་དྲུག་ཁྲིས་བསྐོར་ཡང་སྲས་མ་བྱུང་བས་སྐྱེས་པ་མིན་ནོ་ཞེས་སྐུར་པ་བྱེད་པ་བཟློག་པར་བྱ་བ་དང་། གཙོ་ཆེར་གནས་བརྟན་ཆེན་པོ་སྒྲ་གཅན་འཛིན་བསྟན་པའི་གསལ་བྱེད་དུ་འབྱོན་པ་འདི་འབྱུང་བར་བྱ་(༧༠༢བ)བའི་ཕྱིར། བཙུན་མོ་དམ་པ་གྲགས་འཛིན་མ་ལ་སྲས་བསྐྱུན་པའི་ཚོ་ག་མཛད། དེའི་ཚེ་སྒྲ་གཅན་འཛིན་ལྷའི་ཡུལ་ན་བཞུགས་པ་དེ་ཚེ་འཕོས་ཏེ་བཙུན་མོ་གྲགས་འཛིན་མའི་མངལ་དུ་ཞུགས་སོ། །ཆོས་བརྒྱད་ཀྱི་ཕོ་རིངས་ཁང་བཟང་གི་སྟེང་དུ་བྱོན་ནས་ཕྱོགས་བཅུའི་སངས་

རྒྱས་ཐམས་ཅད་ལ་ཕྱག་མཛད་དེ་རྒྱལ་པོ་ཆེན་པོ་བཞི་ལ་སོགས་པ་དཀར་ཕྱོགས་ཀྱི་ལྷ་བགྲང་བ་ལས་འདས་པས་མཆོད་པ་བྱེད་བཞིན་དུ་རྒྱལ་པོའི་ཁབ་ནས་རབ་ཏུ་བྱུང་སྟེ་ཉིད་ཀྱི་དབུ་སྐྲ་ཉིད་ཀྱིས་བཅད། ན་བཟའ་ངུར་སྨྲིག་གསོལ་ནས་ནེ་རཉྫ་ནའི་ཆུ་འགྲམ་དུ་ལོ་དྲུག་ཏུ་དཀའ་བ་སྤྱད། དཀའ་སྤྱད་ལས་བཞེངས་ནས་སྐུ་ལུས་ཀྱི་སྟོབས་བསྐྱེད་དེ་བྱང་ཆུབ་ཀྱི་ཤིང་དྲུང་དུ་ཕྱིན་ནས་དགུང་ལོ་སོ་ལྔ་ལ་བབ་པ་རྒྱལ་བ་ཞེས་པ་ཤིང་ཕོ་རྟའི་ལོ་ས་ག་ཟླ་བའི་ཚེས་བཅོ་ལྔའི་ཐོ་རངས་མངོན་པར་རྫོགས་པར་སངས་རྒྱས་ཏེ། ཐུབ་པའི་དབང་པོ་ལོ་དྲུག་དཀའ་བ་སྤྱོད་པའི་རིང་ལ་སྐྲ་གཅན་འཛིན་ཡང་གྲགས་འཛིན་མའི་མངལ་ཉིད་དུ་གནས་ཏེ་བྱང་ཆུབ་སེམས་དཔའ་དོན་ཐམས་ཅད་གྲུབ་པས་བཙུན་མོ་དྲུག་ཁྲི་སོགས་འཁོར་ཡོས་བསྐོར་བའི་དཔལ་ཐམས་ཅད་མཆིལ་མའི་ཐལ་བ་བཞིན་དོར་ཏེ་རབ་ཏུ་བྱུང་བ་ཐོས་མ་ཐག །བཙུན་མོ་གྲགས་འཛིན་མ་མྱ་ངན་གྱིས་ནོན་ཏེ་མེ་ནང་དུ་མཆོངས་ཀྱང་མངལ་ན་བཞུགས་པའི་སྲས་ཀྱིས་རིག་སྔགས་ཀྱི་རྒྱལ་མོ་སོ་སོར་འབྲང་མའི་གཟུངས་ཡིད་ཀྱིས་བཟླས་པས་ཆུའི་ནང་དུ་ཕྱིན་པ་ལྟར་མེས་མ་ཚུགས། དེ་བཞིན་དུ་གྲགས་འཛིན་མས་རང་ཉིད་འཆི་བའི་སྦྱོར་བ་ཅི་བྱས་ཀྱང་མངལ་ན་བཞུགས་པའི་སྲས་ཀྱི་མཐུས་གནོད་པ་མེད་པར་(༧༠༣ན)བདེ་བར་གནས། ལོ་དྲུག་གི་རིང་ལ་གྲགས་འཛིན་མས་མྱ་ངན་གྱི་ཤུགས་ཀྱིས་དཀའ་ཐུབ་ཕོ་ནར་གནས་ཀྱང་མངལ་ན་བཞུགས་པའི་སྲས་ལ་གནོད་པ་མེད་པར་མངལ་གྱི་ནང་ཉིད་དུ་གནས། ནམ་ཞིག་ན་ཐུབ་པ་དཀའ་ཐུབ་ལས་བཞེངས་ཏེ་སྐུ་ལུས་ཀྱི་སྟོབས་སྐྱེད་པ་ཐོས་པ་ན་གྲགས་འཛིན་མས་ཀྱང་ལུས་སྟོབས་བསྐྱེད་དེ་ཅི་བདེར་དབུགས་འབྱིན་པ་དང་། ཅི་བདེར་དབུགས་རྔུབ་པ་དང་། འབྲས་ཆན་སོགས་བཟའ་བ་བཟང་པོ་མང་པོ་བཟའ་ཞིང་ཆུ་འཛམ་པས་ལུས་བཀྲུས་ཏེ་མར་དང་ཏིལ་མར་སྨན་སྣ་ཚོགས་དང་སྦྱར་བ་དྲི་ཞིམ་པོས་ལུས་བྱུགས་ཏེ་སྟོབས་རྒྱས་པར་བྱས་པས་མངལ་ན་གནས་པའི་སྲས་དེ་ཆེས་ཆེར་རྒྱས་

པར་གྱུར། ཐུབ་པའི་དབང་པོ་རྡོ་རྗེ་གདན་དུ་མངོན་པར་རྫོགས་པར་སངས་རྒྱས་པ་དང་དུས་མཉམ་དུ་བཙུན་མོ་གྲགས་འཛིན་མ་ལ་སྲས་བཙས་ཏེ་དེའི་དུས་སུ་ཟླ་བ་འཛིན་པས་ཟླ་གཅན་གྱིས་ཟིན་པས་སྲས་ཀྱི་མཚན་ཡང་སྒྲ་གཅན་འཛིན་བཟང་པོར་བཏགས་སོ། །དེའི་ཚེ་ཤཱཀྱ་རྣམས་ཀྱིས་གཞོན་ནུ་དོན་གྲུབ་ཁབ་ནས་བྱོན་ཏེ་ལོ་དྲུག་སོང་བས་སྲས་འདི་ནི་བྱང་ཆུབ་སེམས་དཔའ་དེའི་སྲས་མིན་ནོ། །སྐྱེས་པ་གཞན་ཞིག་དང་འགྲོགས་པ་ལས་བྱུང་ངོ་ཞེས་སྐུར་པ་བཏབ་པ་ན། བཙུན་མོ་གྲགས་འཛིན་མས། སྲས་འདི་ནི་བྱང་ཆུབ་སེམས་དཔའ་གཞོན་ནུ་དོན་ཐམས་ཅད་གྲུབ་པའི་སྲས་ཡིན་གྱི་གཞན་གྱི་ནི་མིན་ནོ། །འདི་ངེས་པར་སྐྱེ་བོ་ཀུན་གྱི་ཡིད་ཆེས་པར་བྱ་བའི་ཕྱིར་བདེན་པ་གསོལ་ལོ་ཞེས་བརྗོད་ནས་བྱང་ཆུབ་སེམས་དཔའ་གཞོན་ནུ་རོལ་རྩེད་མཛད་པའི་སྐབས་པང་ཚད་དུ་བཞེས་པའི་རྡོ་བ་ཆེན་པོ་ཞིག་ཡོད་པ་དེ་ལ་གཞོན་ནུ་སྒྲ་གཅན་འཛིན་ཞོན་ནས་རོལ་པའི་རྫིང་གི་(༧༠༣བ)ནང་དུ་ཕངས་ནས་བདེན་པ་འདི་ལྟར་བརྗོད་དོ། །གལ་ཏེ་བདག་གི་བུ་འདི་བྱང་ཆུབ་སེམས་དཔའ་ལས་སྐྱེས་པ་ཡིན་ན་བུ་འདི་རྡོ་བ་དང་བཅས་པ་ཆུ་ལ་མི་བྱིང་བར་འཕྱོ་བར་གྱུར་ཅིག །དེ་ལྟར་མིན་པར་འདི་སྐྱེས་པ་གཞན་གྱི་བུ་ཡིན་ན་འདི་ཆུའི་གཏིང་དུ་ནུབ་ཅིག་ཅེས་བདེན་པ་བརྗོད་པ་ན། གཞོན་ནུ་སྒྲ་གཅན་འཛིན་རྡོ་བ་ཆེན་པོ་དེ་དང་བཅས་པ་ཆུ་ལ་མ་ནུབ་པར་ཆུ་ལ་འཕྱོ་བཞིན་དུ་ཆུའི་ཕ་རོལ་ཏུ་སོང་ངོ་། །ཡང་བཙུན་མོ་གྲགས་འཛིན་མས་བདེན་པ་བརྗོད་པ། བུ་འདི་བྱང་ཆུབ་སེམས་དཔའ་ལས་ངེས་པར་སྐྱེས་པ་ཡིན་ན་ཆུའི་ཕ་རོལ་ནས་ཚུར་རོལ་དུ་འོང་བར་གྱུར་ཅིག །ཅེས་བརྗོད་པ་ན། སྒྲ་གཅན་འཛིན་རྡོ་བ་དང་བཅས་པ། ཆུའི་ཕ་རོལ་ནས་ཚུར་འོངས་ཏེ་ཡུམ་གྲགས་འཛིན་མ་གང་ན་བཞུགས་པའི་སར་སླེབ་བོ། །དེ་ནས་སྐྱེ་བོ་ཐམས་ཅད་ཡིད་ཆེས་ཤིང་ངོ་མཚར་དུ་གྱུར་ཏོ། །དེ་ནས་གྲགས་འཛིན་མས་སྨྲས་པ། ཤེས་ལྡན་དག་འདི་ལྟར་བུ་འདི་བྱང་ཆུབ་སེམས་དཔའ་ལས་ངེས་པར་སྐྱེས་པ་ཡིན་ཞིང་ཁོ་མོའང་སྐྱེས་

པ་གཞན་དང་མ་འགྲོགས་པའི་གཙང་མར་ཡིད་ཆེས་པར་བྱའོ། །ཞེས་བརྗོད། དེ་ནས་སྒྲ་གཅན་འཛིན་འཁྲུངས་ནས་ལོ་དྲུག་སོང་བ་ན་ཐུབ་པའི་དབང་པོ་སེར་སྐྱར་བྱོན་ནས་ཡབ་སྲས་མཇལ་བ་བྱུང་སྟེ། དེ་ཡང་ཐུབ་པའི་དབང་པོ་ལོ་དྲུག་གི་རིང་ལ་དཀའ་བ་སྤྱོད་པ་དེ་ལས་བཞེངས་ཏེ་མ་ག་དྷ་རྡོ་རྗེའི་གདན་དུ་མངོན་པར་རྫོགས་པར་སངས་རྒྱས་ནས་བདུན་ཕྲག་བདུན་སོང་བ་ན་ཆུ་སྟོད་ཟླ་བའི་ཚེས་བཞི་ལ་ཝཱ་ར་ཎ་སིར་ཆོས་འཁོར་དང་པོ་བསྐོར། དེ་ནས་ལྷ་མི་བགྲང་བ་ལས་འདས་པའི་དོན་མཛད་ཅིང་ཆོས་འཁོར་རྒྱ་ཆེར་བསྐོར་བ་ན་ཀོ་ས་ལའི་རྒྱལ་པོ་གསལ་རྒྱལ་གྱིས་རྒྱལ་པོ་ཟས་གཙང་མ་ལ་འཕྲིན་ཡིག་བསྐུར་བ། ལྷ།(༧༠༨ན)དགེས་པ་བསྐྱེད་ཅིག་ཁྱོད་ཀྱི་སྲས་ཀྱིས་བདུད་སྡེ་ཐོབ་ནས་འགྲོ་བ་ལྷ་དང་བཅས་པ་བདུད་སྡེས་ཆོམ་པར་བྱེད་དོ། །ཞེས་སྤྲིངས་པ་ན་རྒྱལ་པོ་ཟས་གཙང་གིས་དེ་ཐོས་ནས་ཐུབ་པའི་དབང་པོ་ལ་སེར་སྐྱའི་གནས་སུ་འབྱོན་དགོས་པར་ཡང་དང་ཡང་དུ་གསོལ་བ་བཏབ་པ་ན་ཕོ་ཉ་གང་དང་གང་བཏང་བ་དེ་དང་དེ་ཐམས་ཅད་སྟོན་པའི་སྤྱན་སྔར་གནས་ཏེ་ལེགས་པར་གསུངས་པའི་ཆོས་འདུལ་བ་ལ་རབ་ཏུ་བྱུང་བར་གྱུར་ནས་སུ་ཡང་ཕྱིར་མ་འོངས་པ་ན་རྒྱལ་པོ་ཟས་གཙང་ལག་པ་འཁྲམ་པ་ལ་གཏད་ནས་ཕོ་ཉ་གང་དང་གང་བཏང་བ་དེ་དང་དེ་དག་དེ་ཉིད་དུ་ལེགས་པར་གསུངས་པའི་ཆོས་འདུལ་བ་ཉིད་ལ་རབ་ཏུ་བྱུང་ངོ་སྙམ་ནས་སེམས་ཁོང་དུ་ཆུད་ཅིང་འདུག་པ་འཆར་ཀས་མཐོང་ནས་སྨྲས་པ། ལྷ། ཅིའི་སླད་དུ་ཁྱོད་ཕྱག་ལ་ཞལ་གཏད་ནས་ཐུགས་མི་དགྱེས་ཤིང་བཞུགས། དེས་སྨྲས་པ། འཆར་ཀ །གང་གི་ཚེ་གཞོན་ནུ་དོན་ཐམས་ཅད་གྲུབ་པ་དཀའ་བ་སྤྱོད་པ་དེའི་ཚེ། ཁོ་བོས་འཕྲིན་ཡིག་སྐྱེལ་བའི་མི་བཏང་བ་ལས་དེ་དག་ཁོ་བོའི་གན་དུ་འོངས་ནས། གཞོན་ནུ་དོན་ཐམས་ཅད་གྲུབ་པ་བཞུགས་པ་འདི་དང་འདིར་བཞུགས་སོ་ཞེས་སྨྲའོ། །ད་ནི་ཁོ་བོས་འཕྲིན་ཡིག་སྐྱེལ་བའི་མི་བཏང་ན་འགའ་ཡང་འཕྲིན་ཁྱེར་ཏེ་ཚུར་མི་འོང་ན་ཇི་ལྟར་སེམས་ཁོང་དུ་ཆུད་པར་མི་འགྱུར། འཆར་

ཀས་སྨྲས་པ། ལྷ། བདག་མཆི་སྟེ་བཀའ་བཞིན་འཚོལ་ནས་སླར་མཆིའོ། །རྒྱལ་པོ་ཟས་གཙང་གིས་སྨྲས་པ། འཆར་ཀ །གང་དང་གང་སོང་བ་དང་དེས་སྟོན་པ་ཕུན་སུམ་ཚོགས་པ་མཐོང་ནས། དེ་ཉིད་དུ་འདུག་པས་ཁྱོད་ཀྱང་སོང་ན་(༧༠༤བ)དེ་ཉིད་དུ་འདུག་པར་འགྱུར་བའི་གནས་གང་ཡིན་པ་དེ་ཡོད་དོ། །འཆར་ཀས་སྨྲས་པ། ལྷ། སླར་མཆི་ལགས་སོ། །དེ་ནས་རྒྱལ་པོ་ཟས་གཙང་རང་ཉིད་ཀྱིས་འཕྲིན་ཡིག་བྲིས་པ། གང་ཚེ་ཐོག་མ་བལྟམས་པ་ན། །ཉིད་དོན་བསྒྲུབས་ནས་གཉེན་རྣམས་ནི། །ཤིན་ཏུ་ཆེ་ཐང་ཕན་གདགས་ཞེས། ཁྱོད་ཀྱིས་དམ་བཅའ་མཛད་ནས་ནི། ཁྱོད་ཀྱིས་ཞི་གནས་དེ་རྙེད་ན། །བདག་དང་གཉེན་གྱི་ཚོགས་རྣམས་ལ། །ཐུགས་བརྩེས་རྗེས་སུ་གཟུང་མཛད་དེ། །གཤེགས་པར་དགོངས་པ་མཛད་དུ་གསོལ། །ཞེས་སྤྲིངས་པའི་ཡི་གེ་འཆར་ཀས་ཁྱེར་ནས་ཆས་ཏེ་རིམ་གྱིས་མཉན་ཡོད་དུ་ཕྱིན་པ་དང་། ལམ་གྱིས་དུབ་པ་ངལ་བསོས་ནས། བཅོམ་ལྡན་འདས་གང་ན་བ་དེར་སོང་སྟེ་ཕྱིན་ནས། བཅོམ་ལྡན་འདས། རྒྱལ་པོ་ཟས་གཙང་གིས་གསོལ་བའི་ཡི་གེ་འདི་ལགས་སོ་ཞེས་བཅོམ་ལྡན་འདས་ལ་ཡི་གེ་ཕུལ་བ་དང་། བཅོམ་ལྡན་འདས་ཉིད་ཀྱིས་བཞེས་ནས་བཀླགས་སོ། །བཀླགས་ནས་ཡི་གེ་མཐའ་གཅིག་ཏུ་བཞག་པ་དང་། འཆར་ཀས་གསོལ་པ། བཅོམ་ལྡན་འདས་ཅི་ལགས། སེར་སྐྱའི་གཞིར་མི་བཞུད་དམ། བཅོམ་ལྡན་འདས་ཀྱིས་བཀའ་སྩལ་པ། འཆར་ཀ །འོང་ངོ་ཞེས་འབྱོན་པར་ཞལ་གྱིས་བཞེས་པ་ན། འཆར་ཀ་སྔོན་གྱི་གཙུགས་པ་དེ་ཉིད་ཀྱིས་གསོལ་བ། སྟོན་པ་མི་གཤེགས་ན་བདག་གི་མཐུས་བཀྲིའོ། །སྟོན་པས། གང་ལ་འཁྲིད་བྱེད་སྲིད་པ་ཡི། །དྲྭ་བཀྲམ་གང་ལ་ཡོད་མིན་པ། །སྤྱོད་ཡས་གཞི་མེད་སངས་རྒྱས་དེ། །གང་གི་གཞིར་ནི་འཁྲིད་པར་བྱེད། །ཅེས་སོགས་གསུངས་སོ། །འཆར་ཀས། བདག་ཟས་གཙང་ལ་བརྗོད་དུ་མཆིའོ། །རྒྱལ་བའི་ཕོ་ཉ་(༧༠༥ན)ནི་དེ་ལྟ་བུ་མ་ཡིན་ནོ། །འོ་ན་ཇི་ལྟ་བུ་ལགས། རབ་ཏུ་བྱུང་བ་ཡིན་ནོ། །བདག་གིས་ཟས་གཙང་ལ་སླར་མཆི་བར་ཁས་བླངས་སོ། །རབ་

ཏུ་བྱུང་སྟེ་སོངས་ཤིག །སྟོན་པས་སྟོན་ཡབ་ཡུམ་མཁན་སློབ་ཀྱི་ཚིག་མ་བཅག་པས་འཆར་ཀ་སྟོན་པའི་བཀས་ཤཱ་རིའི་བུ་ལས་རབ་ཏུ་བྱུང་། བསྙེན་པར་རྫོགས་ནས་བཅོམ་ལྡན་འདས་ལ་འདི་སྐད་ཅེས་གསོལ་ཏོ། །བཅོམ་ལྡན་འདས་སེར་སྐྱའི་གཞིར་མཆི་ལགས་སོ། །བཅོམ་ལྡན་འདས་ཀྱིས་བཀའ་སྩལ་པ། འཆར་ཀ །ཁྱོད་སོངས་ལ་ཁྱོད་མོད་ཁོ་ནར་རྒྱལ་པོའི་ཁབ་ཏུ་མ་འཇུག་པར་སྒོ་ན་སྡོད་ལ་ཤཱཀྱའི་དགེ་སློང་འོངས་སོ་ཞེས་བརྗོད་པར་བྱའོ། །གལ་ཏེ་ནང་དུ་སྤྱོན་ཅིག་ཅེས་ཟེར་ན་འཇུག་པར་བྱའོ། །ཞུགས་ནས་གལ་ཏེ་ཤཱཀྱའི་དགེ་སློང་གཞན་ཡང་ཡོད་དམ་ཞེས་ཟེར་ན། ཡོད་དོ་ཞེས་བརྗོད་པར་བྱའོ། །གལ་ཏེ་གཞོན་ནུ་དོན་ཐམས་ཅད་གྲུབ་པ་ཡང་འདི་འདྲ་ཞིང་ཆ་བྱད་འདི་འདྲའམ་ཞེས་འདྲི་ན། འདི་འདྲ་ཞིང་ཆ་བྱད་འདི་འདྲའོ་ཞེས་བརྗོད་པར་བྱའོ། །ཁྱོད་ཀྱིས་རྒྱལ་པོའི་ཁབ་ཏུ་ཡང་གནས་པར་མི་བྱའོ། །གལ་ཏེ་གཞོན་ནུ་དོན་ཐམས་ཅད་གྲུབ་པ་ཡང་རྒྱལ་པོའི་ཁབ་ཏུ་གནས་པར་མི་བྱེད་དམ་ཞེས་ཟེར་ན་མི་བཞུགས་སོ་ཞེས་བརྗོད་པར་བྱའོ། །གལ་ཏེ་གང་དུ་གནས་པར་བྱེད་ཅེས་འདྲི་ན་དགོན་པའམ་གཙུག་ལག་ཁང་དུའོ་ཞེས་བརྗོད་པར་བྱའོ། །གལ་ཏེ་གཙུག་ལག་ཁང་ཅི་འདྲ་ཞེས་འདྲི་ན། རྒྱལ་བུ་རྒྱལ་བྱེད་ཀྱི་ཚལ་གྱི་རྣམ་པ་བྲིས་ཏེ་བསྟན་པར་བྱའོ། །གལ་ཏེ་གཞོན་ནུ་དོན་ཐམས་ཅད་གྲུབ་པ་འཁོར་ནམ་ཞེས་འདྲི་ན། འཁོར་ནོ་ཞེས་བརྗོད་པར་བྱའོ། ཇི་སྲིད་ཅིག་ན་འཁོར་ཞེས་འདྲི་ན་ཞག་བདུན(༧༠༥བ)ལོན་ནའོ་ཞེས་བརྗོད་པར་བྱའོ། །ཞེས་བཀའ་སྩལ་ནས་བཅོམ་ལྡན་འདས་ཀྱིས་ཚེ་དང་ལྡན་པ་འཆར་ཀ་དེ་ཇི་ལྟར་སྐད་ཅིག་དེ་ཉིད་ལ་གྲོང་ཁྱེར་སེར་སྐྱའི་གཞིར་སོན་པ་དེ་ལྟར་བྱིན་གྱིས་བརླབས་པ་དང་། ཚེ་དང་ལྡན་པ་འཆར་ཀ་བཅོམ་ལྡན་འདས་ལ་དད་པ་མི་ཟད་པ་སྐྱེས་པ་དེ་རྒྱལ་པོའི་ཁབ་ཀྱི་སྒོར་བསྡད་ནས་སྨྲས་པ། ཤེས་ལྡན་དག་རྒྱལ་པོ་ལ་ཤཱཀྱའི་དགེ་སློང་མཆིས་སོ་ཞེས་གསོལ་ཅིག །དེ་རྣམས་ཀྱིས་སྨྲས་པ། ཅི་ཤཱཀྱའི་དགེ་སློང་གཞན་དག་ཀྱང་ཡོད་དམ། ཤེས་ལྡན་དག་ཡོད་དོ། །དེ་

རྣམས་ཀྱིས་རྒྱལ་པོ་ལ་སྨྲས་པ། ཤཱཀྱའི་དགེ་སློང་མཆིས་སོ། །རྒྱལ་པོས་སྨྲས་པ། ནང་དུ་ཐོངས་ཤིག །དེ་ནང་དུ་ཞུགས་པ་རྒྱལ་པོ་ཟས་གཙང་གིས་མཐོང་ནས་སྨྲས་པ། འཆར་ཀ །རབ་ཏུ་བྱུང་ངམ། དེས་སྨྲས་པ། ལྷ། རབ་ཏུ་བྱུང་ངོ་། །ཁྱོད་སྨྲར་འོང་ངོ་ཞེས་སྨྲ་བ་མ་ཡིན་ནམ། འདི་ཅི་ཡིན། འཆར་ཀས་སྨྲས་པ། ལྷ། བཅོམ་ལྡན་འདས་ཀྱིས་སངས་རྒྱས་ཀྱི་ཕོ་ཉ་ནི་འདི་ལྟ་བུ་མ་ཡིན་ནོ་ཁྱོད་རབ་ཏུ་བྱུང་ཞིག་ཅེས་བཀའ་སྩལ་ནས། ལེགས་པར་གསུངས་པའི་ཆོས་འདུལ་བ་ལ་རབ་ཏུ་བྱུང་མོད་ཀྱི། བདག་རང་གི་དད་པས་ཀྱང་རབ་ཏུ་བྱུང་ངོ་། །དེ་ནས་རྒྱལ་པོ་ཟས་གཙང་མས་འཆར་ཀ་ལ་གཞོན་ནུ་དོན་ཐམས་ཅད་གྲུབ་པ་འབྱོན་ནམ། འཆར་ཀས་སྨྲས་པ་འབྱོན་ནོ། །དུས་ཇི་སྲིད་ཅིག་ན། དགུང་བདུན་ལོན་ནའོ། །རྒྱལ་པོ་ཟས་གཙང་གིས་བློན་པོ་རྣམས་ལ་བསྒོ་བ། ཤེས་ལྡན་དག་གཞོན་ནུ་དོན་ཐམས་ཅད་གྲུབ་པ་འབྱོན་པར་འགྱུར་གྱིས། རྒྱལ་པོའི་ཁབ་དང་ཕོ་བྲང་བྱི་དོར་གྱིས་ཤིག །འཆར་ཀས་སྨྲས་པ། (༧༠༤ན) ལྷ། བཅོམ་ལྡན་འདས་ནི་ཕོ་བྲང་དུ་བཞུགས་པར་མི་མཛད་དོ། །རྒྱལ་པོས་སྨྲས་པ། གང་དུ་བཞུགས། འཆར་ཀས་སྨྲས་པ། དགོན་པའམ། གཙུག་ལག་ཁང་དུའོ། །རྒྱལ་པོ་ཟས་གཙང་གིས་སྨྲས་པ། འཆར་ཀ་གཙུག་ལག་ཁང་ཅི་འདྲ་བ་ཡིན། ཚེ་དང་ལྡན་པ་འཆར་ཀས་རྒྱལ་བུ་རྒྱལ་བྱེད་ཀྱི་ཚལ་གྱི་རྣམ་པ་རི་མོར་བྲིས་ཏེ་བསྟན་ཏོ། །དེ་ནས་རྒྱལ་པོས་བློན་པོ་རྣམས་ལ་སྨྲས་པ། ཤེས་ལྡན་དག་ཉ་གྲོ་དྷའི་ཀུན་དགའ་ར་བར་རྒྱལ་བུ་རྒྱལ་བྱེད་ཀྱི་ཚལ་གྱི་རྣམ་པ་གཙུག་ལག་ཁང་ཆེན་པོ་བཅུ་དྲུག་དང་། ཁང་ཁྲན་དྲུག་ཅུ་བརྩིག་ཏུ་ཆུག་ཅིག ལྷ། བཀའ་བཞིན་འཚལ་ཞེས་བློན་པོ་རྣམས་ཀྱིས་རྒྱལ་པོ་ཟས་གཙང་ལ་མཉན་ནས་ཉ་གྲོ་དྷའི་ཀུན་དགའ་ར་བར་རྒྱལ་བུ་རྒྱལ་བྱེད་ཀྱི་ཚལ་གྱི་རྣམ་པ་གཙུག་ལག་ཁང་ཆེན་པོ་བཅུ་དྲུག་དང་། ཁང་ཁྲན་དྲུག་ཅུ་བརྩིག་ཏུ་བཅུག་གོ །དེ་ནས་བཅོམ་ལྡན་འདས་དུལ་བ་འཁོར་དུལ་བ། ཞི་བ་འཁོར་ཞི་བ། གྲོལ་བ་འཁོར་གྲོལ་བ། དབུགས་ཕྱིན་པ་འཁོར་དབུགས་ཕྱིན་

པ། རྣམ་པར་དུལ་བ་འཁོར་རྣམ་པར་དུལ་བ། དགྲ་བཅོམ་པ་འཁོར་དགྲ་བཅོམ་པ། འདོད་ཆགས་དང་བྲལ་བ་འཁོར་འདོད་ཆགས་དང་བྲལ་བ། མཛེས་པ་འཁོར་མཛེས་པ། བརྒྱ་བྱིན་སུམ་ཅུ་རྩ་གསུམ་གྱི་ལྷའི་ཚོགས་ཀྱིས་བསྐོར་བ་ལྟ་བུ། སྐུ་སྐྱེས་བུ་ཆེན་པོའི་མཚན་སུམ་ཅུ་རྩ་གཉིས་ཀྱི་ཀུན་ནས་བརྒྱན་པ། དཔེ་བྱད་བཟང་པོ་བརྒྱད་ཅུས་སྤྲས་པ། འོད་འདོམ་གང་གིས་བརྒྱན་པའི་སྐུ། ཉི་མའི་འོད་ཟེར་སྟོང་བས་ལྷག་པའི་འོད་ཅན། རིན་པོ་(༧༠༨བ)ཆེའི་རི་བོ་འགྲོ་བ་ལྟར་ཀུན་ནས་མཛེས་པ། སྟོབས་བཅུ་དང་། མི་འཇིགས་པ་བཞི་དང་། མ་འདྲེས་པའི་དྲན་པ་ཉེ་བར་བཞག་པ་གསུམ་དང་། ཐུགས་རྗེ་ཆེན་པོ་དང་ལྡན་པ། དགེ་སློང་གི་དགེ་འདུན་ཆེན་པོ་དང་ཐབས་ཅིག་ཏུ་རྒྱལ་བུ་རྒྱལ་བྱེད་ཀྱི་ཚལ་ནས་རིམ་གྱིས་བྱོན་ནོ། །དེའི་ཚེ་ཐུབ་པའི་དབང་པོ་འཁོར་དང་བཅས་པ་སེར་སྐྱར་བྱོན་པའི་ཚེ་ཐུབ་པའི་དབང་པོ་ལྷ་བགྲང་བ་ལས་འདས་པས་མཆོད་བཞིན་དུ་ནམ་མཁའ་ལ་གཤེགས་ཏེ་རྫུ་འཕྲུལ་གྱི་བཀོད་པ་བསམ་གྱིས་མི་ཁྱབ་པས་ལྷ་མི་ཐམས་ཅད་ཚིམ་པར་མཛད་ནས་སེར་སྐྱའི་ཉྱ་གྲོ་དྷའི་ཀུན་དགའ་ར་བར་བྱོན་ཏེ་ཆོས་བསྟན་པས་ཟས་དཀར་ལ་སོགས་པ་ཤཱཀྱ་བདུན་ཁྲི་བདུན་སྟོང་བདེན་པ་མཐོང་བ་ལ་བཀོད། ཚངས་པས་བསྐོར་བའི་སྐྱིད་མོས་ཚལ་དུ་ཆོས་བསྟན་པས་བྲེ་བོ་ཟས་ལ་སོགས་པ་ཤཱཀྱ་དྲུག་ཁྲི་དྲུག་སྟོང་བདེན་པ་མཐོང་བ་ལ་བཀོད། རོ་ཧི་ཏ་ཀའི་སྐྱིད་མོས་ཚལ་དུ་ཆོས་བསྟན་པས་བདུད་རྩི་ཟས་ལ་སོགས་པ་ཤཱཀྱ་བདུན་ཁྲི་ལྔ་སྟོང་བདེན་པ་མཐོང་བ་ལ་བཀོད། དེ་དག་ཏུ་བདེན་པ་མ་མཐོང་བའི་འཁོར་ལྷག་མ་རྣམས་ཀྱང་ཐེག་པ་གསུམ་གྱི་བྱང་ཆུབ་ཏུ་སེམས་བསྐྱེད་པ་དང་དད་པའི་ས་ལ་ངེས་པར་བཀོད་དོ། །དེའི་ཚེ་རྒྱལ་པོ་ཟས་གཙང་མ་རེས་འགའ་ནི་བདག་གི་བུ་འདི་ལྟ་བུ་ནི་གང་ནའང་མེད་དོ་སྙམ་དུ་དགའ་ཆེས་ནས་བདེན་པ་མ་མཐོང་། རེས་འགའ་ནི་ཞུམ་པས་བདེན་པ་མ་མཐོང་བ་ན་བཅོམ་ལྡན་འདས་ཀྱིས་མོའུ་འགལ་གྱི་བུ་ལ་ཟས་གཙང་ལ་སེམས་ཤིག་ཅེས་བཀའ་

སྐུལ་པ་ན། (༧༠༧ན)མོའུ་འགལ་གྱི་བུ་ཆེན་པོས་རྫུ་འཕྲུལ་རྣམ་པར་འཕྲུལ་བ་དཔག་
ཏུ་མེད་པ་བསྟན་པ་ན་རྒྱལ་པོ་ཟས་གཙང་འདི་སྙམ་དུ་སེམས་ཏེ། བདག་གི་བུ་
འབའ་ཞིག་འདི་ལྟར་རྫུ་འཕྲུལ་ཆེ་ཞིང་མཐུ་ཆེ་བར་མ་ཟད་དེ། འདི་ལྟར་རྫུ་འཕྲུལ་
ཆེ་ཞིང་མཐུ་ཆེ་བའི་རབ་ཏུ་བྱུང་བ་གཞན་ཡང་ཡོད་དོ་སྙམ་ནས་དེ་ཤིན་ཏུ་དགའ་
བ་གང་ཡིན་པ་དེ་དང་བྲལ་བར་གྱུར་ཏོ། །དེ་ནས་རྒྱལ་པོ་ཟས་གཙང་ལ་དགོངས་
ནས་བཅོམ་ལྡན་འདས་ཀྱིས་འཇིག་རྟེན་པའི་ཐུགས་བསྐྱེད་པ་མཛད་དེ། ཀྱེ་མ་བརྒྱ་
བྱིན་དང་། ཚངས་པ་ལ་སོགས་པ་ལྷ་རྣམས་འོངས་ན། ལྷའི་འཁོར་དག་པ་ལ་ཆོས་
བཤད་དོ་སྙམ་པ་དང་། ཆོས་ཉིད་ཀྱིས་གང་གི་ཚེ། སངས་རྒྱས་བཅོམ་ལྡན་འདས་
རྣམས་ཀྱིས་འཇིག་རྟེན་པའི་ཐུགས་བསྐྱེད་པ་མཛད་པ་དེའི་ཚེ། སྲོག་ཆགས་གྲོག་
སྦུར་རྣམས་ཀྱི་སེམས་ཀྱིས་ཀྱང་བཅོམ་ལྡན་འདས་ཀྱི་དགོངས་པ་ཤེས་པར་འགྱུར་
ན། བརྒྱ་བྱིན་དང་། ཚངས་པ་ལ་སོགས་པ་ལྷ་རྣམས་ཀྱིས་ལྟ་སྨོས་ཀྱང་ཅི་
དགོས། གང་གི་ཚེ་འཇིག་རྟེན་ལས་འདས་པའི་ཐུགས་བསྐྱེད་པ་དེའི་ཚེ་ཉན་ཐོས་
ཆེན་པོ་རྣམས་ཀྱིས་ཀྱང་བཅོམ་ལྡན་འདས་ཀྱི་དགོངས་པ་མི་ཤེས་ན། བརྒྱ་བྱིན་དང་
ཚངས་པ་ལ་སོགས་པ་ལྷ་རྣམས་ཀྱིས་ལྟ་ཅི་སྨོས། ཉན་རང་དགྲ་བཅོམ་བདག་ཉིད་
ཆེན་པོ་རྣམས་དང་ལྷ་རྣམས་ཀྱིས་ཀྱང་རྒྱལ་བའི་དགོངས་པ་མི་ཤེས་ན་སྲོག་ཆགས་
གྲོག་སྦུར་རྣམས་ཀྱིས་ལྟ་ག་ལ་ཤེས། དེ་ནས་ལྷ་རྣམས་ཀྱི་དབང་པོ་བརྒྱ་བྱིན་འདི་
སྙམ་དུ་སེམས་ཏེ། བཅོམ་ལྡན་འདས་ཅིའི་ཕྱིར་འཇིག་རྟེན་པའི་ཐུགས་བསྐྱེད་པར་
མཛད་སྙམ་པ་ལས། དེ་(༧༠༧བ)འདི་སྙམ་དུ་སེམས་ཏེ། ལྷའི་འཁོར་དག་པ་རྣམས་ལ་
ཆོས་འཆད་པར་བཞེད་དོ་སྙམ་ནས། དེ་ནས་ལྷའི་བུ་བཟོ་ཐམས་ཅད་པ་ལ་བསྒོ་
བ། བཟོ་ཐམས་ཅད་པ། བཅོམ་ལྡན་འདས་ལྷའི་འཁོར་དག་པ་ལ་ཆོས་འཆད་པར་
བཞེད་ཀྱིས། ཤུ་ཤྲོ་ཥའི་ཀུན་དགའ་ར་བར་རིན་པོ་ཆེ་སྣ་བཞིའི་ཁང་པ་བརྩེགས་པ་
གདན་སྣ་ཚོགས་བཤམས་པ་ཞིག་སྤྲུལ་ཅིག་ཅེས་སྨྲས་པས། ལྷའི་བུ་བཟོ་ཐམས་ཅད་

པས། ལྷ་རྣམས་ཀྱི་དབང་པོ་བརྒྱ་བྱིན་ལས་མཉན་ཏེ། ཧུ་སྒྲོ་རྫའི་ཀུན་དགའ་ར་བར་རིན་པོ་ཆེ་སྣ་བཞིའི་ཁང་པ་བརྩེགས་པ་གདན་སྣ་ཚོགས་བཤམས་པ་ཞིག་སྤྲུལ་ཏོ། །དེ་ལ་རྒྱལ་པོ་ཆེན་པོ་བཞི་སྒོ་བཞི་ན་འཁོད་པ་ནི་ཡུལ་འཁོར་སྲུང་དང་། འཕགས་སྐྱེས་པོ་དང་། མིག་མི་བཟང་དང་། ལུས་ངན་པོ་བཞིའོ། །ཤར་སྒོ་ན་ནི་ཡུལ་འཁོར་སྲུང་དཔུང་རྒྱན་དང་། རྣ་ཆ་གདུབ་ཀོར་དང་། ཐྲེང་བ་དང་། རྒྱན་སྣ་ཚོགས་ཀྱིས་བརྒྱན་པའོ། །ལྷོ་ཕྱོགས་ན་ནི་འཕགས་སྐྱེས་པོ་ལྷའི་རྒྱན་ཐམས་ཅད་ཀྱིས་བརྒྱན་པའོ། །ནུབ་ཕྱོགས་ན་ནི་མིག་མི་བཟང་རིན་པོ་ཆེ་སྣ་ཚོགས་ཀྱིས་བརྒྱན་པའོ། །བྱང་ཕྱོགས་ན་ནི་ལུས་ངན་པོ་རྒྱན་ཐམས་ཅད་ཀྱིས་བརྒྱན་པའོ། །དེ་ནས་ལྷ་རྣམས་ཀྱི་དབང་པོ་བརྒྱ་བྱིན་གྱིས་ཧུ་སྒྲོ་རྫའི་ཀུན་དགའ་ར་བ་ཆེ་ཐང་དུ་བརྒྱན་དུ་བཅུག་སྟེ། བཅོམ་ལྡན་འདས་གང་ན་བ་དེར་སོང་སྟེ་ཕྱིན་ནས། བཅོམ་ལྡན་འདས་ལ་དོན་དེ་རྒྱས་པར་གསོལ་ཏོ། །དེ་ནས་བཅོམ་ལྡན་འདས་བརྒྱ་བྱིན་དང་ཚངས་པ་ལ་སོགས་པ་ལྷ་བརྒྱ་སྟོང་ཕྲག་དུ་མས་ཡོངས་སུ་བསྐོར་ནས་ཁང་པ་བརྩེགས་པར་ཞུགས་ཏེ། ལྷའི་འཁོར་ཕལ་པོ་ཆེའི་གུང་ལ་རིན་པོ་ཆེ་སྣ་ཚོགས་ཀྱིས་བརྒྱན་པའི་(༧༠༤ན)སེང་གེའི་ཁྲི་ལ་བཞུགས་སོ། །དེ་ནས་ཚེ་དང་ལྡན་པ་མོའུ་འགལ་གྱི་བུ་ཆེན་པོས། རྒྱལ་པོ་ཟས་གཙང་ཁྲིད་དེ་བཅོམ་ལྡན་འདས་གང་ན་བ་དེར་སོང་སྟེ་ཕྱིན་ནས། ཚེ་དང་ལྡན་པ་མོའུ་འགལ་གྱི་བུ་ཆེན་པོ་ནང་དུ་ཞུགས་པ་དང་། རྒྱལ་པོ་ཟས་གཙང་ལ་རྒྱལ་པོ་ཆེན་པོ་ཡུལ་འཁོར་སྲུང་གིས་རྒྱལ་པོ་ཆེན་པོ་ནང་དུ་མ་འགྲོ་བར་སྡོད་ཅིག་ཅེས་བཟློག་གོ །རྒྱལ་པོ་ཟས་གཙང་གིས་སྨྲས་པ། ཅིའི་ཕྱིར་འཇུག་ཏུ་མི་རུང་ཞེས་དྲིས་པ་ན། ཡུལ་འཁོར་སྲུང་གིས། བཅོམ་ལྡན་འདས་ལྷའི་འཁོར་དག་པ་ལ་ཆོས་འཆད་དེ། དེར་མིར་གྱུར་པ་འཇུག་ཏུ་མི་དབང་ངོ་། །ཞེས་ཟེར་བ་ན། རྒྱལ་པོ་ཟས་གཙང་གིས་སྨྲས་པ། བཞིན་བཟང་ཁྱོད་སུ་ཞིག །རྒྱལ་པོ་ཆེན་པོ་བདག་ནི་ཡུལ་འཁོར་སྲུང་ངོ་། །ཞེས་སྨྲས་སོ། །དེ་ནས་རྒྱལ་པོ་ཟས་གཙང་ལྷོ་སྒོར་སོང་བ་

དང་། རྒྱལ་པོ་ཆེན་པོ་འཕགས་སྐྱེས་པོས་མཐོང་ནས་སྨྲས་པ། རྒྱལ་པོ་ཆེན་པོ་ནང་དུ་མ་འཇུག་པར་སྡོད་ཅིག །རྒྱལ་པོ་ཟས་གཙང་གིས་སྨྲས་པ། བཞིན་བཟང་ཁྱོད་སུ་ཞིག །འཕགས་སྐྱེས་པོས་སྨྲས་པ། རྒྱལ་པོ་ཆེན་པོ་བདག་ནི་འཕགས་སྐྱེས་པོའོ། །ཟས་གཙང་གིས་སྨྲས་པ། ཅིའི་ཕྱིར་ནང་དུ་འཇུག་ཏུ་མི་ཉུང་ངོ་ཞེས་དྲིས་པ་ན། འཕགས་སྐྱེས་པོས་སྨྲས་པ། བཅོམ་ལྡན་འདས་ལྷའི་འཁོར་དག་པ་ལ་ཆོས་འཆད་དེ། དེར་མིར་གྱུར་པ་འཇུག་ཏུ་མི་དབང་ངོ་། །ཞེས་སྨྲས་སོ། །དེ་ནས་རྒྱལ་པོ་ཟས་གཙང་ནུབ་སྒོར་སོང་བ་དང་། རྒྱལ་པོ་ཆེན་པོ་མིག་མི་བཟང་གིས་མཐོང་ནས་སྨྲས་པ། རྒྱལ་པོ་(༧༠་ན)ཆེན་པོ་ནང་དུ་མ་འཇུག་པར་སྡོད་ཅིག །རྒྱལ་པོ་ཟས་གཙང་གིས་སྨྲས་པ། བཞིན་བཟང་ཁྱོད་སུ་ཡིན། མིག་མི་བཟང་གིས་སྨྲས་པ། རྒྱལ་པོ་ཆེན་པོ་བདག་ནི་མིག་མི་བཟང་ངོ་། །རྒྱལ་པོ་ཟས་གཙང་གིས་སྨྲས་པ། ཅིའི་ཕྱིར་ནང་དུ་འཇུག་ཏུ་མི་ཉུང་ཞེས་དྲིས་པ་ན། མིག་མི་བཟང་གིས་སྨྲས་པ། བཅོམ་ལྡན་འདས་ལྷའི་འཁོར་དག་པ་ལ་ཆོས་འཆད་དེ། དེར་མིར་གྱུར་པ་འཇུག་ཏུ་མི་དབང་ངོ་ཞེས་སྨྲས་སོ། །དེ་ནས་རྒྱལ་པོ་ཟས་གཙང་གིས་བྱང་སྒོར་སོང་བ་དང་། རྒྱལ་པོ་ཆེན་པོ་རྣམ་ཐོས་ཀྱི་བུས་སྨྲས་པ། རྒྱལ་པོ་ཆེན་པོ་ནང་དུ་མ་འཇུག་པར་སྡོད་ཅིག །རྒྱལ་པོ་ཟས་གཙང་གིས་སྨྲས་པ། བཞིན་བཟང་ཁྱོད་སུ་ཞིག །རྣམ་ཐོས་ཀྱི་བུས་སྨྲས་པ། རྒྱལ་པོ་ཆེན་པོ་བདག་ནི་རྣམ་ཐོས་ཀྱི་བུའོ། །ཟས་གཙང་གིས་སྨྲས་པ། ཅིའི་ཕྱིར་ནང་དུ་འཇུག་ཏུ་མི་ཉུང་ཞེས་དྲིས་པ་ན། རྣམ་ཐོས་ཀྱི་བུས་སྨྲས་པ། བཅོམ་ལྡན་འདས་ལྷའི་འཁོར་དག་པ་ལ་ཆོས་འཆད་དེ། དེར་མིར་གྱུར་པ་འཇུག་ཏུ་མི་དབང་ངོ་ཞེས་སྨྲས་སོ། །དེ་ནས་རྒྱལ་པོ་ཟས་གཙང་ཀྱི་མའོ། །བཅོམ་ལྡན་འདས་ལྷའི་འཁོར་དག་པ་ལ་ཆོས་འཆད་པ་དེ་བདག་གིས་ལྟའོ་སྙམ་པའི་འདོད་པ་སྐྱེས་སོ། །དེ་ནས་རྒྱལ་པོ་ཟས་གཙང་གི་ཞུམ་པའི་སེམས་གང་ཡིན་པ་དེ་བྲལ་བར་གྱུར་ཏོ། །བཅོམ་ལྡན་འདས་ཀྱིས་དགོངས་པ། རྒྱལ་པོ་ཟས་གཙང་གིས་གལ་ཏེ་ང་མ་མཐོང་ན་ཁྲག་དྲོན་མོ་སྐྱུགས་

ནས་འཆི་བར་འགྱུར་བའི་གནས་སྐབས་གང་ཡིན་པ་དེ་ཡོད་ཀྱིས། དེ་ལ་ཐབས་ཤེས་བཤམ་པར་བྱའོ་སྙམ་དུ་དགོངས་ནས། བཅོམ་ལྡན་འདས་ཀྱིས་(༡༠(ན)རིན་པོ་ཆེ་སྣ་བཞིའི་ཁང་པ་བརྩིགས་པ་གང་ཡིན་པ་དེ་ཤེལ་ལས་བྱས་པར་སྤྲུལ་པ་དང་། དེ་ནས་རྒྱལ་པོ་ཟས་གཙང་གིས་སངས་རྒྱས་ཀྱི་སྐུ་སྒྲིབ་པ་མེད་པར་མཐོང་ངོ་། །མཐོང་ནས་ཀྱང་དགའ་བ་དང་མགུ་བ་སྐྱེས་ནས། བཅོམ་ལྡན་འདས་ཀྱི་ཞབས་གཉིས་ལ་མགོ་བོས་ཕྱག་བྱས་ཏེ། ཕྱོགས་གཅིག་ཏུ་འདུག་གོ །དེ་ནས་བཅོམ་ལྡན་འདས་ཀྱིས་རྒྱལ་པོ་ཟས་གཙང་གི་བསམ་པ་དང་། བག་ལ་ཉལ་དང་། ཁམས་དང་། རང་བཞིན་མཁྱེན་ནས། འཕགས་པའི་བདེན་པ་བཞི་པོ་རྟོགས་པར་འགྱུར་བ་དེ་ལྟ་བུའི་ཆོས་བཤད་པ་མཛད་དེ། དེ་ཐོས་པས་རྒྱལ་པོ་ཟས་གཙང་གིས་འཇིག་ཚོགས་ལ་ལྟ་བའི་རིའི་རྩེ་མོ་ཉི་ཤུ་མཐོ་བ་ཡེ་ཤེས་ཀྱི་རྡོ་རྗེས་བཅོམ་ནས། རྒྱུན་དུ་ཞུགས་པའི་འབྲས་བུ་མངོན་སུམ་དུ་བྱས་ཏེ། དེས་བདེན་པ་མཐོང་ནས་ལན་གསུམ་དུ་ཆེད་དུ་བརྗོད་པ་ཆེད་དུ་བརྗོད་པ། བཙུན་པ། བདག་ལ་ཕས་མ་བགྱིས། མས་མ་ལགས། རྒྱལ་པོས་མ་ལགས། ལྷ་རྣམས་ཀྱིས་མ་ལགས། སྔོན་གྱི་འདས་པ་རྣམས་ཀྱིས་མ་ལགས། དགེ་སློང་དང་བྲམ་ཟེ་རྣམས་ཀྱིས་མ་ལགས། སྡུག་པ་དང་རང་གི་སྐྱེ་བོ་དང་གཉེན་གྱི་ཚོགས་ཀྱིས་མ་ལགས་པ་གང་ལགས་པ་དེ་ནི། བཅོམ་ལྡན་འདས་ཀྱིས་བདག་ལ་མཛད་དེ། ཁྲག་དང་མཆིལ་མའི་རྒྱ་མཚོ་ནི་བསྐམས། རུས་པའི་རི་བོ་ལས་ནི་བརྒལ། ངན་སོང་གི་སྒོ་རྣམས་ནི་བསྙུམ། མཐོ་རིས་དང་ཐར་པའི་སྒོ་རྣམས་ནི་ཕྱེ། ལྷ་རྣམས་ཀྱི་ནང་དུ་ནི་བཞག་གོ །ཞེས་སོགས་ཆེད་དུ་བརྗོད་པ་ཆེད་དུ་བརྗོད་ནས་བཅོམ་ལྡན་འདས་འཁོར་དང་བཅས་པ་ལ་མཆོད་པ་བླ་ན་(༡༠(བ)མེད་པས་མཆོད་དོ། །དེ་ནས་བཅོམ་ལྡན་འདས་ཉིན་གཅིག་རྒྱལ་པོའི་ཕོ་བྲང་དུ་སྤྱན་དྲངས། ཉིན་གཅིག་བཙུན་མོའི་འཁོར་དུ་སྤྱན་དྲངས་པ་ན་གྲགས་འཛིན་མས་སྐྱེས་པ་དབང་དུ་བྱ་བའི་ལ་དུ་ཞིག་སྦྱར་ནས། སྒྲ་གཅན་འཛིན་ལ་བསྐུར་ཏེ་འདི་བུ་ཁྱོད་

ཀྱི་ཡབ་གང་ཡིན་པ་དེ་ལ་ཕུལ་ཅིག་ཅེས་སྨྲས་ཏེ་བཏང་བ་ན་སངས་རྒྱས་བཅོམ་ལྡན་འདས་རྣམས་ནི་དེ་ལྟ་བུ་མི་མཁྱེན་པ་དང་། མི་གཟིགས་པ་དང་། ཐུགས་སུ་མི་ཆུད་པ་དང་། རྣམ་པར་མི་རིག་པ་ཅི་ཡང་མི་མངའ་བས། བཅོམ་ལྡན་འདས་ཀྱིས་དགོངས་པ། གྲགས་འཛིན་མ་ལ་མི་སྐྱན་པ་གྲགས་ཀྱིས་དེ་སྲུང་བར་བྱའོ་སྙམ་ནས། བཅོམ་ལྡན་འདས་ཀྱིས་སངས་རྒྱས་ལྷ་བརྒྱ་སྤྲུལ་པ་དང་། སྒྲ་གཅན་འཛིན་གྱིས་སངས་རྒྱས་ཐམས་ཅད་ལ་བརྟགས་ནས། བཅོམ་ལྡན་འདས་རྒན་པའི་གུང་ལ་བཞུགས་པ་ལ་ཕུལ་ལོ། །བཅོམ་ལྡན་འདས་ཀྱིས་བཞེས་ནས་སླར་ཡང་དེ་ལ་བྱིན་ཏེ། སྒྲ་གཅན་འཛིན་གྱིས་ཟློས་སོ། །བཅོམ་ལྡན་འདས་ཀྱིས་ཡོན་བསྔོ་བར་མཛད་ནས་གཤེགས་པ་དང་། བཅོམ་ལྡན་འདས་ཀྱི་རྗེས་བཞིན་གཞོན་ནུ་སྒྲ་གཅན་འཛིན་བཟང་པོ་འཕྲང་ནས་སླར་བཟློག་ཀྱང་དུས་ཏེ་སླར་ལྡོག་ཏུ་མ་བཏུབ་བོ། །བཅོམ་ལྡན་འདས་ཀྱིས་དགོངས་པ། སེམས་ཅན་འདི་ནི་སྲིད་པ་ཐ་མ་པ་ཡིན་པས། འདིས་ཁྱིམ་གྱི་གནས་པའི་གནས་མི་ཕོད་དོ་སྙམ་མོ། །སྒྲ་གཅན་འཛིན་གྱིས་བཅོམ་ལྡན་འདས་ཀྱི་ཞལ་འཚོས་པ་དང་། རྒྱལ་པོ་ཟས་གཙང་བཙུན་མོའི་བུད་མེད་དང་ཤཱཀྱ་རྣམས་དང་བཅས་པ་ངོ་མཚར་སྐྱེས་ནས། གྲགས་འཛིན་མ་ལ་ལྷག་པར་དགའ་བར་གྱུར་ཏོ། །དེ་ནས་གྲགས་འཛིན་མའི་མི་སྐྱན་པ་ཐམས་ཅད་ཀྱི་ཐམས་ཅད་དུ་མེད་པར་གྱུར་ཏོ། །(༡༡༠ན)བཅོམ་ལྡན་འདས་ཀྱིས་གཞོན་ནུ་སྒྲ་གཅན་འཛིན་བཟང་པོ་རབ་ཏུ་དབྱུང་བར་བརྩམས་པ་རྒྱལ་པོ་ཟས་གཙང་གིས་ཐོས་ནས་དེ་བཅོམ་ལྡན་འདས་ཀྱི་དྲུང་དུ་སོང་སྟེ་ཕྱིན་ནས། བཅོམ་ལྡན་འདས་ལ་འདི་སྐད་ཅེས་གསོལ་ཏོ། །བཅོམ་ལྡན་འདས་གལ་ཏེ་གཞོན་ནུ་སྒྲ་གཅན་འཛིན་བཟང་པོ་རབ་ཏུ་འབྱིན་པར་མཛད་པར་ངེས་པར་ལྟ་ན། དེང་གི་གདུགས་གཅིག་ལ་མཆིས་སུ་གསོལ་ཅིག་དང་། འདི་ལ་དེའི་བར་དུ་བདག་གིས་མཆོད་པ་བགྱིའོ། །རྒྱལ་པོ་ཟས་གཙང་གིས། སྒྲ་གཅན་འཛིན་གྱི་དུས་སྟོན་ཆེན་པོ་བྱས་སོ། །དེ་ནས་བཅོམ་ལྡན་འདས་ཀྱིས་

ཚེ་དང་ལྡན་པ་ཤཱ་རིའི་བུ་ལ་བཀའ་སྩལ་པ། ཤཱ་རིའི་བུ་གཞོན་ནུ་སྒྲ་གཅན་འཛིན་རབ་ཏུ་ཕྱུང་ཞིག །བཙུན་པ་བཀའ་བཞིན་འཚལ་ཞེས་ཚེ་དང་ལྡན་པ་ཤཱ་རིའི་བུས་བཅོམ་ལྡན་འདས་ལས་མཉན་ནས། གཞོན་ནུ་སྒྲ་གཅན་འཛིན་བཟང་པོ་རབ་ཏུ་ཕྱུང་ངོ་། །དེ་ནས་གྲགས་འཛིན་མས་བསམས་པ། གལ་ཏེ་སྒྲ་གཅན་འཛིན་གྱི་ཡབ་ཕོ་བྲང་དུ་གཤེགས་པ་དང་། ཇི་ལྟར་ཡང་སླར་གཤེགས་པར་མི་འགྱུར་བ་དེ་ལྟ་བུར་སྤྱད་པར་བྱའོ་སྙམ་ནས་དེ་ནས་བདག་ཉིད་དང་། ས་འཚོ་མ་དང་། རི་དྭགས་སྐྱེས་ལ་སོགས་པ་བུད་མེད་དྲུག་ཁྲི་རྒྱན་སྣ་ཚོགས་ཀྱིས་བརྒྱན་ཅིང་། ཤིན་ཏུ་དྲི་ཞིམ་པོའི་མེ་ཏོག་གི་ཕྲེང་བ་དང་། བདུག་པས་བསྒོས་པའི་གོས་རྣམས་ཀྱིས་བརླུབས་སོ། །དེ་ནས་བཅོམ་ལྡན་འདས་ཀྱིས་སྤྱི་དྲོ་ན་བཟའ་ཤམ་ཐབས་མནབས། ལྷུང་བཟེད་དང་། ཆོས་གོས་བསྣམས་ཏེ། དགེ་སློང་གི་ཚོགས་ཀྱིས་ཡོངས་སུ་བསྐོར་ཅིང་། དགེ་སློང་གི་དགེ་འདུན་གྱིས་མདུན་དུ་བདར་ཏེ། འདུལ་བའི་སྐྱེ་བོ་ལ་(༡༡༠བ)གཟིགས་ནས་ཕོ་བྲང་གི་ནང་དུ་ཞུགས་སོ། །དེ་ནས་གྲགས་འཛིན་མ་དང་། རི་དྭགས་སྐྱེས་དང་ས་འཚོ་མ་ལ་སོགས་ཏེ། བུད་མེད་དྲུག་ཁྲི་གཟུགས་དང་། ལང་ཚོ་དང་། དྲེགས་པའི་རྒྱགས་པས་ཟིན་ཅིང་ཡིད་ལ་གཅགས་པས་གཡེན་སྤྱོ་ཞིང་བསྐྱོད་པ་ན་གསེར་གྱི་འོག་པག་ལྷོད་པས་བཅིངས་པ་མང་པོ་འཁྲོལ་ཞིང་སྒྲ་འབྱིན་ལ། འཛུམ་པའི་སྒྲ་དབྱངས་སྙན་པ་དང་། མིག་དང་སྨིན་མ་བསྐྱོད་ཅིང་ནུ་མ་དང་། ཡན་ལག་རྣམས་གསལ་བར་སྟོན་པ་དང་། བུད་མེད་ཀྱི་ཚུལ་གྱི་སྣེག་ཆོས་རྣམས་སྟོན་ཏོ། །དེ་ནས་བཅོམ་ལྡན་འདས་ཀྱིས་འདི་སྙམ་དུ་དགོངས་ཏེ། གལ་ཏེ་གདུགས་ཚོད་གསོལ་ན། གདུལ་བའི་སྐྱེ་བོའི་དུས་ལས་ཀྱང་འདས་པར་འགྱུར་ལ། བུད་མེད་འདི་རྣམས་ཀྱང་འདོད་ཆགས་ཀྱིས་གདུངས་པས་བདེན་པའི་སྣོད་དུ་མི་འགྱུར་གྱིས་འདི་ལྟར་སོ་སོའི་སྐྱེ་བོ་ནི་རྫུ་འཕྲུལ་ལ་མྱུར་དུ་སེམས་གཏོད་པ་ཡིན་པས། མ་ལ་ངས་ཕོ་བྲང་དུ་རྫུ་འཕྲུལ་གྱི་ཆོ་འཕྲུལ་བསྟན་པས་དད་པར་བྱའོ་སྙམ་དུ་དགོངས་ཏེ། ཤར་ཕྱོགས་

ཀྱི་སྙིང་གི་བར་སྣང་ལ་མངོན་པར་འཕགས་ནས། སྤྱོད་ལམ་རྣམ་པ་བཞི་མཛད་དོ། །འདི་ལྟ་སྟེ། འཆག་པ་དང་། བཞེངས་པ་དང་། བཞུགས་པ་དང་། མནལ་བར་མཛད་དོ། །མེའི་ཁམས་ལ་ཡང་སྙོམས་པར་འཇུག་པ་མཛད་དེ། མེའི་ཁམས་ལ་སྙོམས་པར་ཞུགས་པ་ན། སངས་རྒྱས་བཅོམ་ལྡན་འདས་ཀྱི་སྐུ་ལས་འོད་ཟེར་རྣམ་པ་སྣ་ཚོགས་དག་འབྱིན་པར་མཛད་དེ། འདི་ལྟ་སྟེ། སྔོན་པོ་དང་། སེར་པོ་དང་། དམར་པོ་དང་། དཀར་པོ་དང་། ལིབ་ཐན་དང་། ཤེལ་གྱི་ཁ་དོག་དག་གོ །གཞན་ཡང་ཆོ་འཕྲུལ་ཡ་མ་ཟུང་དུ་(༡༡༡ན)སྟོན་པར་མཛད་དེ། སྐུའི་སྨད་ནས་མེ་འབར་བར་མཛད་ལ། སྐུའི་སྟོད་ནས་ཆུ་གྲང་མོའི་རྒྱུན་འབབས་པར་མཛད་དོ། །སྐུའི་སྟོད་ནས་མེ་འབར་བར་མཛད་ལ། སྐུའི་སྨད་ནས་ཆུ་གྲང་མོའི་རྒྱུན་འབེབས་པར་མཛད་དོ། །ཤར་ཕྱོགས་ལ་ཇི་ལྟ་བ་བཞིན་དུ་ལྷོ་དང་ནུབ་དང་བྱང་ཕྱོགས་སུ་ཡང་དེ་བཞིན་ནོ། །ཕྱོགས་བཞིར་རྫུ་འཕྲུལ་གྱི་ཆོ་འཕྲུལ་རྣམ་པ་བཞི་བསྟན་ནས། རྫུ་འཕྲུལ་གྱི་ཆོ་འཕྲུལ་མངོན་པར་འདུ་མཛད་པ་སླར་བསྡུས་ཏེ། དགེ་སློང་གི་དགེ་འདུན་གྱི་གུང་ལ་གདན་བཤམས་པ་ཉིད་ལ་བཞུགས་སོ། །དེ་ནས་བུད་མེད་དེ་རྣམས་ཀྱིས་བཅོམ་ལྡན་འདས་ཀྱི་རྫུ་འཕྲུལ་གྱི་ཆོ་འཕྲུལ་དག་མཐོང་ནས་དད་པར་གྱུར་ཏེ། ཤིང་རྩ་བ་ནས་བཅད་པ་བཞིན་དུ་བཅོམ་ལྡན་འདས་ཀྱི་ཞབས་ལ་གཏུགས་ཏེ། ཆོས་མཉན་པའི་ཕྱིར་སྤྱན་སྔ་ན་འཁོད་དོ། །དེ་ནས་བཅོམ་ལྡན་འདས་ཀྱིས་དེ་རྣམས་ཀྱི་བསམ་པ་དང་། བག་ལ་ཉལ་དང་། ཁམས་དང་རང་བཞིན་མཁྱེན་ནས། གང་ཐོས་པས་འཕགས་པའི་བདེན་པ་བཞི་སོ་སོར་ཡང་དག་པར་ཁོང་དུ་ཆུད་པར་འགྱུར་བ་དེ་ལྟ་བུའི་ཆོས་བཤད་པ་མཛད་དེ། ས་འཚོ་མ་དང་རི་དྭགས་སྐྱེས་ལ་སོགས་པ་བུད་མེད་དྲུག་ཁྲིས་རྒྱུན་དུ་ཞུགས་པའི་འབྲས་བུ་མངོན་སུམ་དུ་བྱས་སོ། །གྲགས་འཛིན་མ་ནི་ལྷག་པར་འདོད་ཆགས་ཀྱི་ཟིལ་གྱིས་ནོན་པས་བདེན་པ་མཐོང་བར་མ་གྱུར་པས། དེ་འདི་སྙམ་དུ་སེམས་ཏེ། མ་ལ་བདག་གིས་བཅོམ་ལྡན་འདས་རོའི་སྲེད་པས་

དབང་དུ་བྱའོ་སྙམ་དུ་བསམས་ནས། རང་ཉིད་ཀྱིས་བཅོམ་ལྡན་འདས་ཀྱི་ཆེད་དུ་བཟའ་བ་དང་བཏུང་བ་དག་གཡོས་ནས་བདག་རང་གི་ལག་ནས་བཅོམ་(༡༡༡བ)ལྡན་འདས་ལ་དབུལ་བར་བྱའོ་ཞེས་དགེ་སློང་རྣམས་ཀྱིས་ཐོས་ནས། བཅོམ་ལྡན་འདས་ལ་གསོལ་པ། བཙུན་པ། བཅོམ་ལྡན་འདས་ལ་གྲགས་འཛིན་མ་ནི་རང་གི་ལག་ནས་བཀྲིས་པའི་རོའི་སྲེད་པས་དབང་དུ་བགྱི་བར་འཚལ་ལགས་སོ། །བཅོམ་ལྡན་འདས་ཀྱིས་བཀའ་སྩལ་པ། དགེ་སློང་དག་ང་སྔོན་འདོད་ཆགས་དང་བཅས། ཞེ་སྡང་དང་བཅས། གཏི་མུག་དང་བཅས་པས་རོ་སོ་སོར་ཉམས་སུ་མྱོང་ཞིང་རོ་སོ་སོར་ཆགས་པ་ཉམས་སུ་མྱོང་བ་ལས་ད་ལྟར་ང་འདོད་ཆགས་དང་བྲལ། ཞེ་སྡང་དང་བྲལ། གཏི་མུག་དང་བྲལ་ཏེ། རོ་སོ་སོར་ཉམས་སུ་མྱོང་ཡང་། རོ་ལ་སོ་སོར་ཆགས་པར་འགྱུར་བའི་ཉམས་སུ་མྱོང་བ་མེད་ན། ད་ང་ལ་གྲགས་འཛིན་མས་རོའི་སྲེད་པས་ཇི་ལྟར་དབང་དུ་བྱ་ཞེས་གསུངས། གང་གི་ཚེ་བཅོམ་ལྡན་འདས་ཕོ་བྲང་དུ་གདུགས་ཚོད་གསོལ་ནས། ཕྱི་རོལ་ཏུ་བྱུང་བ་དེའི་ཚེ་གྲགས་འཛིན་མ་ཁྱིམ་ཐབ་ཀྱི་བྱམས་པ་དང་བྲལ་ལོ་སྙམ་སྟེ་རེ་ཐག་ཆད་ནས་ཁང་ཐོག་ཏུ་འཛེགས་ཏེ་བདག་ཉིད་མཆོངས་སོ། །སངས་རྒྱས་བཅོམ་ལྡན་འདས་རྣམས་ནི་བསླེལ་བ་མི་མངའ་བའི་ཆོས་ཅན་ཡིན་པས། བཅོམ་ལྡན་འདས་ཀྱིས་རྫུ་འཕྲུལ་གྱིས་དེ་བླངས་སོ། །བཅོམ་ལྡན་འདས་ཀྱིས་དགོངས་པ། ད་ནི་གྲགས་འཛིན་མ་གདུལ་བའི་དུས་ལ་བབ་ཀྱིས། མ་ལ་འདི་ངས་འཁོར་བའི་འཁྲིག་དགོན་པ་ནས་བསྒྲལ་བར་བྱའོ་སྙམ་དུ་དགོངས་ནས། དེ་ལ་གང་ཐོས་པས་འཕགས་པའི་བདེན་པ་བཞི་ཡང་དག་པར་ཁོང་དུ་ཆུད་པར་འགྱུར་བ་དེ་ལྟ་བུའི་ཆོས་བཤད་པ་མཛད་དེ། གྲགས་འཛིན་མས་འཇིག་ཚོགས་ལ་ལྟ་བའི་རིའི་རྩེ་མོ་ཉི་ཤུ་མཐོ་བ་(༡༡༢ན)ཡེ་ཤེས་ཀྱི་རྡོ་རྗེས་བཅོམ་ནས་རྒྱུན་དུ་ཞུགས་པའི་འབྲས་བུ་མངོན་སུམ་དུ་བྱས་ཏེ། དེ་དད་པ་ཡང་དག་པ་ཐོབ་ནས་ཁྱིམ་ནས་ཁྱིམ་མེད་པར་རབ་ཏུ་བྱུང་ནས་ཇི་ཙམ་ན་དགྲ་བཅོམ་པ་གྱུར་པ་དང་། དེ་རང་གི་རིགས་རྒྱུད་

དང་མཐུན་པར་བྱ་བ་དང་། འཕགས་པའི་ལམ་ཐོབ་པས་དགེ་སློང་མ་རྣམས་ཀྱི་ནང་དུ་དོགས་པ་བྱུང་བ་རྣམས་ལ་ཤིན་ཏུ་འཇོམ་པ་དང་ལྡན་ནོ། །དེ་ནས་བཅོམ་ལྡན་འདས་ཀྱིས་དགེ་སློང་རྣམས་ལ་བཀའ་སྩལ་པ། དགེ་སློང་དག་ངའི་ཉན་ཐོས་ཀྱི་དགེ་སློང་མ་རྣམས་ལས་འཇོམ་པ་དང་ལྡན་པའི་མཆོག་ནི་འདི་ལྟ་སྟེ་སྒྲ་གཅན་འཛིན་གྱི་མ་གྲགས་འཛིན་མ་འདི་ཡིན་ནོ་ཞེས་བསྔགས་སོ། །དགེ་སློང་རྣམས་ཀྱིས་བཅོམ་ལྡན་འདས་ལ་སྒྲ་གཅན་འཛིན་གྲགས་འཛིན་མའི་མངལ་དུ་ལོ་དྲུག་གནས་པའི་རྒྱུ་གང་ལགས་ཞེས་ཞུས་པ་ན། བཅོམ་ལྡན་འདས་ཀྱིས་བཀའ་སྩལ་པ། སྒྲ་གཅན་འཛིན་གྲགས་འཛིན་མའི་མངལ་དུ་ལོ་དྲུག་གནས་པ་ནི། སྔོན་ཤི་བིའི་རྒྱལ་པོར་གྱུར་པ་ན་དྲང་སྲོང་ཞིག་ཉིན་དྲུག་བཙོན་དུ་བཟུང་བའི་ལས་ཀྱི་ལྷག་མས་དེ་ལྟར་གནས་པ་ཡིན་ནོ། །ཞེས་གསུངས་སོ། །དེ་ནས་སྟོན་པ་སེར་སྐྱ་ནས་བྱོན་པའི་ཚེ་སྒྲ་གཅན་འཛིན་ཡང་སྟོན་པའི་ཕྱི་བཞིན་དུ་བྱོན་ཏེ་ལོ་མ་ལོན་གྱི་བར་དུ་དགེ་ཚུལ་མཛད། ལོ་གྲངས་ལོན་པ་ན་ཤཱ་རིའི་བུས་མཁན་པོ་མཛད་དེ་བསྙེན་པར་རྫོགས་ནས་ཀློག་པ་ཐོས་བསམ་དང་། སྦྱོང་བ་བསམ་གཏན་ལ་བརྩོན་པར་མཛད་པས་སྡེ་སྣོད་གསུམ་ཐུགས་སུ་ཆུད་ཅིང་སྲིད་པའི་འཁོར་ལོ་ཆ་ལྔ་པ་གཡོ་བར་(༡༡༢བ)རིག་ནས་དགྲ་བཅོམ་པའི་གོ་འཕང་མངོན་སུམ་དུ་བྱས་ཏེ། དགྲ་བཅོམ་པ་ཁམས་གསུམ་པའི་འདོད་ཆགས་དང་བྲལ་བར་གྱུར་ནས། གསེར་དང་བོང་བ་མཉམ་པ། ནམ་མཁའ་དང་ལག་མཐིལ་དུ་འདྲ་བའི་སེམས་དང་ལྡན་པ། ཙན་དན་སྤངས་པ་ལྟ་བུར་བསིལ་བར་གྱུར་པ། རིག་པས་སྒོ་ངའི་སྦུབས་བཅོམ་པ། རིག་པ་དང་མངོན་པར་ཤེས་པ་དང་སོ་སོ་ཡང་དག་པར་རིག་པ་ཐོབ་པ། སྲིད་པའི་རྙེད་པ་དང་ཆགས་པ་དང་བཀུར་སྟི་ལ་མི་ལྟ་བ་དང་། དབང་པོ་དང་ཉེ་དབང་དང་བཅས་པའི་ལྷ་རྣམས་ཀྱིས་མཆོད་ཅིང་རྗེད་པ་དང་། གུས་པར་སྨྲ་བའི་གནས་སུ་གྱུར་ཏེ། བསླབ་པ་ལ་གུས་པའི་མཆོག་ཏུ་བསྔགས་སོ། །གནས་བརྟན་སྒྲ་གཅན་འཛིན་འདིས་རང་དང་གཞན་གྱི་སྐྱེས་རབས་

སོགས་དུས་གསུམ་མཁྱེན་པས་རང་གི་སྐྱེས་རབས་སྔ་མའི་ལས་ཀྱི་རྒྱུ་བ་ལུང་སྟོན་
པར་མཛད་པ་ནི། འདུལ་བ་ལུང་ལས། དགེ་སློང་གནས་བརྟན་རྣམས་ཀྱིས་ཚེ་དང་
ལྡན་པ་སྒྲ་གཅན་འཛིན་གྱིས་རང་གིས་ལས་ཀྱི་རྒྱུ་བ་ལུང་སྟོན་ཅིག་ཅེས་བསྐུལ་བ་
ན། གནས་བརྟན་འདིས་རང་གི་ལས་ཀྱི་རྒྱུ་བ་འདི་ལྟར་ལུང་བསྟན་ཏེ། བདག་སྔོན་
ལུས་འཕགས་མི་ཐེ་ལིའི། །བདག་པོ་རྒྱལ་པོར་གྱུར་པ་ན། །དགོས་པ་ཞིག་གི་ཕྱིར་
འདུག་ནས། །སྐྱེ་བོ་རྗེས་སུ་བསྟན་པ་ན། །དེ་ནས་དྲང་སྲོང་དཀའ་ཐུབ་ཆེ། །གཟི་
བརྗིད་མཆོག་འཇིགས་འོངས་གྱུར་ཏེ། །དེ་ནས་ཉེ་བར་འོངས་ནས་ཀྱང་། །བདག་
ལ་འདི་སྐད་ཅེས་སྨྲས་སོ། །ས་བདག་བདག་ནི་རྐུན་མ་སྟེ། །བདག་གིས་མ་བྱིན་ཆབ་
འཚལ་གྱིས། །རྐུན་པོའི་ཆད་པ་ཇི་ལྟ་བར། །ཁྱོད་ཀྱིས་དེ་བཞིན་བཅད་དུ་
གསོལ། །དྲང་སྲོང་ཆོས(༡༡༣ན)ཀྱི་ཡོན་ཏན་དགའ། །དེ་ལ་བདག་གིས་དེར་སྨྲས་
པ། །ཁྱོད་ལ་ཆུ་ནི་གནང་བར་བྱས། །ཁྱོད་ནི་སོང་ལ་ཅི་བདེར་སྤྱོད། །རྒྱལ་པོ་བདག་
གི་འཁོད་པ་ནི། །དེ་ལྟས་བསལ་བའི་རྗེ་མི་ཐོག །བདག་ལ་ཆད་པས་བཅད་མཛོད་
དང་། །འཁོད་པ་དག་དང་འབྲལ་བར་འགྱུར། །བདག་གིས་དེ་ནི་སྐྱིད་མོས་
ཚལ། །གཞིར་ནི་ཞག་དྲུག་སྤྱང་བ་བྱས། །དེ་ནི་ཞག་དྲུག་ལོན་ནས་ཕྱིར། །རང་གི་
བསྡི་གནས་གནས་སུ་སོང་། །ཞེ་སྡང་མེད་པའི་སེམས་ཀྱིས་ནི། །སྡིག་པ་བདག་གིས་
བྱས་པས་ཀྱང་། །རབ་ཏུ་ཚ་དང་ཐིག་ནག་ཏུ། །ལོ་ནི་དྲུག་ཅུ་རྣམས་སུ་བཙོས། །དེ་
ནས་ལས་ཀྱི་ལྷག་མས་ནི། །བདག་གི་ལུས་ནི་ཐ་མ་ལ། །མ་ཡི་མངལ་དུ་ལོ་དྲུག་
ནི། །ཚང་བར་ཡང་ནི་འདུག་པར་གྱུར། །བདག་ནི་ཞེ་སྡང་མེད་བཞིན་དུ། །ལུས་
དང་ངག་གི་ལས་བྱས་པས། །ལས་རྣམས་ཆུད་མི་ཟ་བས་ན། །དེ་ཡི་འབྲས་བུ་ཉམས་
སུ་མྱོང་། །དེ་ལྟར་གནས་བརྟན་སྒྲ་གཅན་འཛིན། །དགེ་སློང་དགེ་འདུན་མདུན་
འདུག་ནས། །མ་དྲོས་པ་ཡི་མཚོ་ཆེན་དུ། །རང་གི་ལས་ནི་ལུང་བསྟན་ཏོ། །ཞེས་
གསུངས་པ་ལྟར་རོ། །གནས་བརྟན་ཆེན་པོ་འདིས་སྟོན་པ་ཐུབ་པའི་དབང་པོ་དགུང་

ལོ་དྲུག་ཅུར་ཕེབས་པའི་ཚེ་ལོ་གསུམ་སྟོན་པའི་རིམ་གྲོ་མཛད་ཅིང་། དེ་ནས་སྟོན་པས་འཕགས་པ་ཀུན་དགའ་བོ་དགུང་ལོ་ཉི་ཤུ་རྩ་དྲུག་པ་དེ་རིམ་གྲོ་བར་བསྐོས་པར་འདུལ་བ་ལུང་ལས་གསུངས། གནས་བརྟན་ཆེན་པོ་འདིས་སྟོན་པའི་བཀའ་དྲིན་དྲན་པའི་སྒོ་ནས་ལྷ་མི་བགྲང་བ་ལས་འདས་པའི་དོན་མཛད་ཅིང་སྟོན་པའི་འཁོར་དུ་བཞུགས་པ་ལས། སྟོན་པ་དགུང་ལོ་བརྒྱད་ཅུར་ཕེབས་ནས་ཞིང་འདིའི་དངོས་ཀྱི་གདུལ་བྱ་རྣམས་རྫོགས་ཏེ་མྱ་ངན་ལས་(༡༡༣བ)འདའ་བར་དགོངས་པ་ན། གནས་བརྟན་སྒྲ་གཅན་འཛིན་འདི་སྙམ་དུ་བཅོམ་ལྡན་འདས་ཡོངས་སུ་མྱ་ངན་ལས་འདའ་བ་ལ་བདག་མངོན་སུམ་དུ་ལྟ་བར་མི་སྤྲོའོ། །བཅོམ་ལྡན་འདས་ཡོངས་སུ་མྱ་ངན་ལས་འདའ་བ་མངོན་སུམ་དུ་མཐོང་ན་བདག་རེངས་པ་དང་། མགུ་བ་དང་། ཡིད་བདེ་བ་དང་། དགའ་བ་ག་ལ་ཡོད་ཀྱིས། བདག་ངེས་པར་འདི་ནས་བྱང་ཤར་གྱི་ཕྱོགས་སུ་འཇིག་རྟེན་གྱི་ཁམས་བཅུ་འདས་པ་ན། འཇིག་རྟེན་གྱི་ཁམས་འོད་ཟེར་ཅན་ཞེས་བྱ་བ་ན། བཅོམ་ལྡན་འདས་དེ་བཞིན་གཤེགས་པ་དགྲ་བཅོམ་པ་ཡང་དག་པར་རྫོགས་པའི་སངས་རྒྱས་བསླེན་པར་དགའ་བ་ཞེས་བྱ་བ་འཚོ་ཞིང་གཞེས་པས་དེའི་དྲུང་དུ་འགྲོའོ་སྙམ་དུ་སེམས་སོ། །དེ་ནས་སྒྲ་གཅན་འཛིན་ཀུ་ཤའི་གྲོང་ཁྱེར་གྲུད་རྣམས་ཉེ་བར་གནས་པ་ཤིང་སྣ་ལའི་ཚལ་ནས་མི་སྣང་བར་གྱུར་ཏེ། དེ་བཞིན་གཤེགས་པ་བསླེན་པར་དགའ་བའི་ཞབས་དྲུང་དུ་ཕྱིན་ནས་ཞབས་ལ་མགོ་བོས་ཕྱག་འཚལ་ཏེ་ཕྱོགས་གཅིག་ཏུ་འཁོད་དོ། །ཕྱོགས་གཅིག་ཏུ་འདུག་ནས་སྡུག་བསྔལ་ཞིང་ཡིད་མི་བདེ་བར་གནས་པ་ན། དེ་བཞིན་གཤེགས་པ་དགྲ་བཅོམ་པ་ཡང་དག་པར་རྫོགས་པའི་སངས་རྒྱས་བསླེན་པར་དགའ་བས་འདི་སྐད་ཅེས་བཀའ་སྩལ་ཏོ། །སྒྲ་གཅན་འཛིན་ཁྱོད་མྱ་ངན་མ་བྱེད་སྨྲེ་སྔགས་མ་འདོན་ཅིག །དེ་ཅིའི་ཕྱིར་ཞེ་ན། སྒྲ་གཅན་འཛིན་སྡུག་པ་དང་ཡིད་དུ་འོང་བ་ཐམས་ཅད་དང་ཐ་དད་དུ་འགྱུར་ཞིང་འགྲེས་པ་དང་འབྱེ་བ་དང་འབྲལ་བར་འགྱུར་རོ། །སྒྲ་གཅན་

འཛིན་སངས་རྒྱས་བཅོམ་ལྡན་འདས་རྣམས་སངས་རྒྱས་ཀྱི་མཛད་པ་མཛད་ནས་ཡོངས་སུ་མྱ་ངན་ལས་འདའ་བ་འདི་ནི་ཆོས་ཉིད་ཡིན་ནོ། །སྒྲ་གཅན་འཛིན་བཅོམ་ལྡན་འདས་ཤཱཀྱ་(༧༧༤ན)ཐུབ་པ་དེ་བཞིན་གཤེགས་པ་དགྲ་བཅོམ་པ་ཡང་དག་པར་རྫོགས་པའི་སངས་རྒྱས་ཀྱང་རྣམས་ཉེ་བར་གནས་པའི་ཤིང་སཱ་ལའི་ཚལ་ན་ཤིང་སཱ་ལ་ཟུང་གི་བར་དུ་སེངྒེ་ལྟར་གློ་གཡས་པས་མནལ་ཏེ་དོ་མོད་ཀྱི་ཐུན་ཐ་མ་ལ་ཕུང་པོའི་ལྷག་མ་མེད་པའི་མྱ་ངན་ལས་འདས་པའི་དབྱིངས་སུ་མྱ་ངན་ལས་འདའ་བར་འགྱུར་གྱིས། སྒྲ་གཅན་འཛིན། ཁྱོད་དེར་སོང་སྟེ་ངེས་པར་དེར་འདུག་དགོས་ཀྱིས། སྒྲ་གཅན་འཛིན། ཁྱོད་སོངས་ཤིག །བཅོམ་ལྡན་འདས་ཡོངས་སུ་མྱ་ངན་ལས་འདས་པའི་འོག་ཏུ་འཁྱོད་པར་གྱུར་ཏ་རེ། དེ་སྐད་ཅེས་བཀའ་སྩལ་པ་དང་། དེ་བཞིན་གཤེགས་པ་དགྲ་བཅོམ་པ་ཡང་དག་པར་རྫོགས་པའི་སངས་རྒྱས་བསྙེན་པར་དཀའ་བ་ལ་སྒྲ་གཅན་འཛིན་གྱིས་འདི་སྐད་ཅེས་གསོལ་ཏོ། །བཅོམ་ལྡན་འདས། དེ་བཞིན་གཤེགས་པ་དགྲ་བཅོམ་པ་ཡང་དག་པར་རྫོགས་པའི་སངས་རྒྱས་ཤཱཀྱའི་རྒྱལ་པོ་དེ་དོ་མོད་ཀྱི་ཐུན་ཐ་མ་ལ་ཡོངས་སུ་མྱ་ངན་ལས་འདའོ་ཞེས་བགྱི་བའི་སྒྲ་ཙམ་ཡང་བདག་ཐོས་པར་མི་བཟོད་ན། བཅོམ་ལྡན་འདས་དེ་ཡོངས་སུ་མྱ་ངན་ལས་འདའ་བ་བདག་གིས་མངོན་སུམ་དུ་བལྟ་བ་ལྟ་སྨོས་ཀྱང་ཅི་འཚལ། བཅོམ་ལྡན་འདས། དེ་བས་ན་བདག་དེར་མཆི་བར་མི་སྤྲོའོ། །ཞེས་ཞུས་ནས་སངས་རྒྱས་ཀྱི་ཞིང་དེ་ནས་མི་སྣང་བར་གྱུར་ཏེ། སྟེང་གི་ཕྱོགས་ཀྱི་འཇིག་རྟེན་གྱི་ཁམས་བཅུ་འདས་པ་ན་བཅོམ་ལྡན་འདས་དེ་བཞིན་གཤེགས་པ་དགྲ་བཅོམ་པ་ཡང་དག་པར་རྫོགས་པའི་སངས་རྒྱས་དེད་དཔོན་ཞེས་བྱ་བ་བཞུགས་པ་དེའི་དྲུང་དུ་སོང་སྟེ་ཕྱིན་ནས་དེ་བཞིན་གཤེགས་པ་དེད་དཔོན་གྱི་ཞབས་ལ་ཕྱག་འཚལ་ནས་གདོང་མཆི་མས་བརྔངས་བཞིན་(༧༧༤བ)དུ། སྨྲེ་སྔགས་འདོན་ཞིང་ཕྱོགས་གཅིག་ཏུ་འདུག་པ་དང་། སྒྲ་གཅན་འཛིན་ལ། བཅོམ་ལྡན་འདས་དེ་བཞིན་གཤེགས་པ་དགྲ་བཅོམ་པ་ཡང་དག་པར་

རྫོགས་པའི་སངས་རྒྱས་དེད་དཔོན་གྱིས་འདི་སྐད་ཅེས་བཀའ་སྩལ་ཏོ། །སྒྲ་གཅན་འཛིན་ཁྱོད། མི་དགར་མ་བྱེད། མྱ་ངན་མ་བྱེད། སྨྲེ་སྔགས་མ་འདོན་ཅིག །སྒྲ་གཅན་འཛིན་སྐྱེ་བའི་ཆོས་ཅན་མི་སྐྱེ་བ་དང་། རྒ་བའི་ཆོས་ཅན་མི་རྒ་བ་དང་། ན་བའི་ཆོས་ཅན་མི་ན་བ་དང་། འཆི་བའི་ཆོས་ཅན་མི་འཆི་བ་དང་། ཟད་པའི་ཆོས་ཅན་མི་ཟད་པར་འགྱུར་བ་དེ་ལྟ་བུ་ག་ལ་ཡོད། སྒྲ་གཅན་འཛིན། དེ་ལྟ་བུའི་གནས་མེད་དོ། །སྒྲ་གཅན་འཛིན། སྔོན་བྱོན་པའི་སངས་རྒྱས་དང་ཉན་རང་ཐམས་ཅད་ཀུང་ཡོངས་སུ་མྱ་ངན་ལས་འདས་སོ། །མ་འོངས་པའི་སངས་རྒྱས་དང་ཉན་རང་ཐམས་ཅད་ཀུང་ཡོངས་སུ་མྱ་ངན་ལས་འདའ་བར་འགྱུར་རོ། །གང་དག་ད་ལྟར་བཞུགས་པའི་དེ་བཞིན་གཤེགས་པ་དང་ཉན་ཐོས་དང་རང་སངས་རྒྱས་ཐམས་ཅད་ཀུང་ཡོངས་སུ་མྱ་ངན་ལས་འདའ་འོ། །སྒྲ་གཅན་འཛིན་སངས་རྒྱས་བཅོམ་ལྡན་འདས་རྣམས་ལ་ཤིན་ཏུ་རྣམ་པར་ཞི་བ་མ་གཏོགས་པར་ཆོས་ཉིད་གཞན་མེད་གནས་མེད་དོ། །སྒྲ་གཅན་འཛིན། གང་དག་ཡོངས་སུ་མྱ་ངན་ལས་འདས་པ་དེ་དག་ནི་བདེ་བ་ཡིན་གྱིས། ཁྱོད་ཀུང་ཡོངས་སུ་མྱ་ངན་ལས་འདའ་བར་གྱིས་ཤིག །བཅོམ་ལྡན་འདས་དེ་བཞིན་གཤེགས་པ་ཤཱཀྱ་ཐུབ་པ་དེ་ཡང་ཡོངས་སུ་མྱ་ངན་ལས་འདའ་བར་འགྱུར་ཏེ། གང་ན་སྐྱེ་བ་མེད། རྒ་བ་མེད། ན་བ་མེད། འཆི་བ་མེད། མཛའ་བ་དང་བྲལ་བ་མེད། མི་མཛའ་དང་ཕྲད་པ་མེད། སྡུག་བསྔལ་བ་དང་། ཡིད་མི་བདེ་བ་(༡༡༥ན)མེད་པ་དེར་ཁྱོད་གཉིས་ཀ་འདོང་བར་གྱུར་གྱིས། སྒྲ་གཅན་འཛིན། ཁྱོད་མི་དགའ་བར་མ་བྱེད། མྱ་ངན་མ་བྱེད། སྨྲེ་སྔགས་མ་འདོན་ཅིག །སྒྲ་གཅན་འཛིན་ཆོས་ཉིད་རྗེས་སུ་དྲན་པར་གྱིས་ཤིག་འཕགས་པའི་ཆོས་འདུལ་བ་འདི་ལ་ནི་འདུ་བྱེད་ཐམས་ཅད་རྣམ་པར་ཞི་བས་ཕྱིས་གོང་དུ་བྱ་བ་ཅི་ཡང་མེད་དེ། སྒྲ་གཅན་འཛིན། སྟོན་པའི་ཉན་ཐོས་བཅོམ་ལྡན་འདས་ཀྱི་སྲས་ཀྱིས་གང་བྱ་བ་དེ་ཁྱོད་ཀྱིས་བྱས་ཟིན་ཏོ། །སྒྲ་གཅན་འཛིན། སྟོན་པ་བཅོམ་ལྡན་འདས་ཀྱིས་ཀུང་ཉན་ཐོས་རྣམས་ཀྱི་བྱ་

བ་གང་ཡིན་པ་དེ་མཛད་ཟིན་ཏེ། ད་གོང་དུ་མཛད་པ་མེད་ཀྱིས། སྒྲ་གཅན་འཛིན། ཁྱོད་ད་མྱ་ངན་མ་བྱེད། མི་དགར་མ་བྱེད། སྐྲི་ཐུགས་མ་འདོན་པར་སྒྲ་གཅན་འཛིན་ཁྱོད་བཅོམ་ལྡན་འདས་ཤཱཀྱ་ཐུབ་པ་ཤཱཀྱའི་རྒྱལ་པོ་ཆེན་པོ་དེ་ལ་ཐ་མར་བལྟ་བ་དང་ཕྱག་བྱ་བ་དང་བསྙེན་བཀུར་བྱ་བའི་ཕྱིར་སོང་ཞིག །ཕྱིས་འགྱོད་པར་གྱུར་ཏ་རེ། སྒྲ་གཅན་འཛིན། དེ་བཞིན་གཤེགས་པ་ཤཱཀྱ་ཐུབ་པ་དེ་དེ་ལྟར་གྱུད་རྣམས་ཉེ་བར་གནས་པ་ཞིང་སཱ་ལའི་ཚལ་ན་སེངྒ་ལྟར་གློ་གཡས་པས་མནལ་བ་མཛད་དེ་ཁྱོད་ཀྱང་གཟིགས་པར་བཞེད་ཀྱིས། སྒྲ་གཅན་འཛིན། ཁྱོད་ངེས་པར་དེ་ན་འདུག་དགོས་སོ། །དེ་སྐད་ཅེས་བཀའ་སྩལ་པ་དང་། བཅོམ་ལྡན་འདས་དེ་བཞིན་གཤེགས་པ་དེད་དཔོན་ལ་སྒྲ་གཅན་འཛིན་གྱིས་འདི་སྐད་ཅེས་གསོལ་ཏོ། །གང་བཅོམ་ལྡན་འདས་དེ་བཞིན་གཤེགས་པ་དགྲ་བཅོམ་པ་ཡང་དག་པར་རྫོགས་པའི་སངས་རྒྱས་ཤཱཀྱའི་རྒྱལ་པོ་དེ་ཡོངས་སུ་མྱ་ངན་ལས་འདའོ་ཞེས་བགྱི་བའི་སྒྲ་ཙམ་ཡང་བདག་ཐོས་པར་མི་སྤྲོ་ན། བཅོམ་(༡༡༥བ)ལྡན་འདས་དེ་ཡོངས་སུ་མྱ་ངན་ལས་འདའ་བ་བདག་གིས་མངོན་སུམ་དུ་བལྟ་བ་ལྟ་སྨོས་ཀྱང་ཅི་འཚལ། བཅོམ་ལྡན་འདས། གང་བཅོམ་ལྡན་འདས་ཤཱཀྱ་ཐུབ་པ་ཤཱཀྱའི་རྒྱལ་པོ་དེ་ཡོངས་སུ་མྱ་ངན་ལས་འདའོ། །ཞེས་བགྱི་བའི་སྒྲ་དེ་ལྟ་བུ་དེ་ཐོས་པས་བདག་ལུས་ཞིག་ཅིང་སྙིང་སྟོར་བར་གྱུར་ཏོ། །བཅོམ་ལྡན་འདས་འཇིག་རྟེན་ཐམས་ཅད་ལ་ཕན་པར་བཞེད་པ། འཇིག་རྟེན་ཐམས་ཅད་ལ་ཐུགས་བརྩེ་བ། འཇིག་རྟེན་ཐམས་ཅད་ཀྱི་སྒྲོན་མ། འཇིག་རྟེན་ཐམས་ཅད་དང་མི་མཚུངས་པ། འཇིག་རྟེན་ཐམས་ཅད་ཀྱི་འོད་མཛད་པ། འཇིག་རྟེན་ཐམས་ཅད་ཀྱི་མིག །ཤེས་རབ་ཀྱི་སྒྲོན་མ་ཆེན་པོས་སྣང་བར་མཛད་པ། དེ་ལྟ་བུ་དང་བདག་སང་ནངས་པར་འབྲལ་ཞིང་འབྱེ་བ་དང་མི་འགྲོགས་པར་གྱུར་པ་ཇི་ལྟར་བགྱི། དེ་སྐད་ཅེས་གསོལ་པ་དང་། བཅོམ་ལྡན་འདས་དེ་བཞིན་གཤེགས་པ་དེད་དཔོན་གྱིས་སྒྲ་གཅན་འཛིན་ལ་འདི་སྐད་ཅེས་བཀའ་སྩལ་ཏོ། །སྒྲ་གཅན་འཛིན་

ཁྱོད་སློ་སྤོགས་མ་འདོན། བཅོམ་ལྡན་འདས་དེས་འདུ་བྱེད་ཐམས་ཅད་མི་རྟག་པ། འདུ་བྱས་ཐམས་ཅད་སྡུག་བསྔལ་བ། ཆོས་ཐམས་ཅད་བདག་མེད་པ། མྱ་ངན་ལས་འདས་པ་ཞི་བའོ་ཞེས་ཐོག་མ་ཉིད་དུ་ཆོས་མ་བསྟན་ཏམ། སྒྲ་གཅན་འཛིན། བཅོམ་ལྡན་འདས་དེས། འདུ་བྱས་ཐམས་ཅད་མི་རྟག་སྟེ། སྐྱེ་ཞིང་འཇིག་པའི་ཆོས་ཅན་ཡིན། །སྐྱེས་ནས་འགག་པར་འགྱུར་བ་སྟེ། །དེ་དག་རྣམ་པར་ཞི་བ་བདེ། །ཞེས་བྱ་བ་དེ་སྐད་ཀྱང་མ་གསུངས་སམ། ཞེས་བཀའ་སྩལ་པ་ན། སྒྲ་གཅན་འཛིན་དེ་བཞིན་གཤེགས་པ་དགྲ་བཅོམ་པ་ཡང་དག་པར་རྫོགས་པའི་སངས་རྒྱས་ཡབ་ཤཱཀྱ་ཐུབ་པ་དེ་རྗེས་སུ་དྲན་ནས་(༡༡༨ན)ཆོས་ཀྱི་ཤུགས་ཀྱིས་མཆི་མ་བྱུང་བར་གྱུར་ཏོ། །བདག་སང་ནངས་པར་བཅོམ་ལྡན་འདས་དགེ་སློང་གི་དགེ་འདུན་གྱིས་མདུན་དུ་བདར་ཅིང་ཆོས་སྟོན་པ་མི་མཐོང་ངོ་། །རིའི་རྒྱལ་པོ་རི་རབ་རྒྱ་མཚོའི་ནང་ནས་མངོན་པར་བྱུང་ཞིང་ལྷག་གེར་སྣང་བ་ལྟ་བུ། ཟླ་བ་ཉ་བ་སྐར་མས་ཡོངས་སུ་བསྐོར་བ་ལྟར་མཚན་བརྒྱས་བརྒྱན་པ། ཉི་མ་འོད་སྟོང་དང་ལྡན་པ་ནམ་མཁའ་ལ་ཐལ་ལེར་སྣང་བ་ལྟ་བུ། རྒྱ་མཚོ་ལྟར་གཏིང་ཟབ་ཅིང་ཚད་མེད་ལ་རིན་པོ་ཆེ་དུ་མའི་ཚོགས་ཡོད་པ། འཁོར་ལོས་བསྒྱུར་བའི་རྒྱལ་པོ་ལྟར་འཁོར་དུ་མས་ཡོངས་སུ་བསྐོར་བ། གངས་རིའི་རྒྱལ་པོ་ལྟར་དབང་པོ་དང་སྟོབས་དང་བྱང་ཆུབ་ཀྱི་ཡན་ལག་གི་མེ་ཏོག་ཀུན་ཏུ་རྒྱས་པ། རི་བོར་ཡུག་ཆེན་པོ་ལྟར་ཕས་ཀྱི་རྒོལ་བ་ཐམས་ཅད་ཀྱིས་རབ་ཏུ་མི་གཡོ་བ། པདྨ་ལྟར་མཚོའི་ནང་ན་འདུག་ཀྱང་འཇིག་རྟེན་གྱི་ཆོས་ཐམས་ཅད་ཀྱིས་མ་གོས་པ། ཚངས་པའི་འཁོར་གྱི་ནང་ན་ཚངས་པ་ལྟ་བུ། ཉེ་དབང་རྣམས་ཀྱི་དབུས་ན་བརྒྱ་བྱིན་མིག་སྟོང་དང་ལྡན་པ་ལྟར་སེང་གེའི་གདན་ལ་བཞུགས་པ། སེངྒེ་ལྟར་འཇིགས་ཤིང་སྐྲག་པ་མེད་པ་སེངྒེའི་སྒྲ་ཡང་དག་པར་སྒྲོགས་པ་ཕྱིན་ཆད་བདག་གིས་མི་མཐོང་ངོ་ཞེས་ངུ་ཞིང་སེམས་ཁོང་དུ་ཆུད་དེ་ཅང་མི་སྨྲ་བར་འདུག་གོ །དེ་ནས་དེ་བཞིན་གཤེགས་པ་དེད་དཔོན་གྱིས་སྒྲ་གཅན་འཛིན་ལ་འདི་

སྐད་ཅེས་བཀའ་སྩལ་ཏོ། །སྒྲ་གཅན་འཛིན། ཁྱེད་བཅོམ་ལྡན་འདས་དེའི་དྲུང་དུ་སོངས་ཤིག །བཅོམ་ལྡན་འདས་དེ་ཁྱོད་གཟིགས་པར་བཞེད་ཀྱིས། སྒྲ་གཅན་འཛིན། ཁྱོད་ངའི་ངག་མ་གཏོག་པར་སོངས་ཤིག །བཅོམ་ལྡན་འདས་དེའི་སྐུ་འོ་(༡༡༨བ)བཀྱལ་བར་མ་བྱེད། སྒྲ་གཅན་འཛིན། ཁྱོད་ངེས་པར་དེ་ན་འདུག་དགོས་སོ། །དེ་ཅིའི་ཕྱིར་ཞེ་ན། སྒྲ་གཅན་འཛིན། སངས་རྒྱས་བཅོམ་ལྡན་འདས་རྣམས་ཆོས་ཉིད་ཀྱིས་དེ་བཞིན་གཤེགས་པ་དེ་བྱམས་པས་ཁྱབ་པར་མཛད་པ་དང་། གང་དགོངས་པར་མཛད་པ་དང་། གང་ཞིག་བཞེད་ན་དེ་དག་ངེས་པར་ཡོངས་སུ་མྱ་ངན་ལས་མི་འདའ་སྟེ། དེའི་ཚེ་དེ་དག་ངེས་པར་བཞུགས་པར་འགྱུར་རོ། །སྒྲ་གཅན་འཛིན། དེ་བཞིན་གཤེགས་པ་དེ་ཁྱོད་གཟིགས་པར་བཞེད་ཀྱིས་སོང་ལ་ཁྱོད་ངེས་པར་དེ་ན་གནས་པར་གྱིས་ཤིག །ཅེས་བཀའ་སྩལ་པ་ན། སྒྲ་གཅན་འཛིན་གྱིས་བཅོམ་ལྡན་འདས་དེ་བཞིན་གཤེགས་པ་དེད་དཔོན་གྱི་ཞབས་ལ་མགོ་བོས་ཕྱག་འཚལ་ནས། འདི་ལྟ་སྟེ། དཔེར་ན། སྐྱེས་བུ་སྟོབས་དང་ལྡན་པའི་ལག་པ་སྐུམ་པ་ལས་བརྐྱང་པའམ། བརྐྱངས་པ་ལས་བསྐུམ་པ་བཞིན་དུ། བཅོམ་ལྡན་འདས་དེ་བཞིན་གཤེགས་པ་དགྲ་བཅོམ་པ་ཡང་དག་པར་རྫོགས་པའི་སངས་རྒྱས་དེད་དཔོན་གྱི་སངས་རྒྱས་ཀྱི་ཞིང་ནས་མི་སྣང་བར་གྱུར་ཏེ། ཀུ་ཤའི་གྲོང་ཁྱེར་གྱད་རྣམས་ཉེ་བར་གནས་པའི་ཤིང་སཱ་ལའི་ཚལ་ཤིང་སཱ་ལ་ཟུང་གི་སར་བཅོམ་ལྡན་འདས་གང་ན་བ་དེར་སོང་ནས་ཕྱིན་པ་དང་། བཅོམ་ལྡན་འདས་ཀྱི་ཞབས་ལ་མགོ་བོས་ཕྱག་འཚལ་ནས་ལན་གསུམ་བསྐོར་བ་བྱས་ཏེ་ངུ་ཞིང་སྨྲེ་སྔགས་འདོན། མཆི་མ་འཁྲིན་བཞིན་དུ་ཐལ་མོ་སྦྱར་ཏེ་ཕྱོགས་གཅིག་ཏུ་འདུག་གོ །དེ་ནས་བཅོམ་ལྡན་འདས་ཀྱིས་སྒྲ་གཅན་འཛིན་ལ་འདི་སྐད་ཅེས་བཀའ་སྩལ་ཏོ། །སྒྲ་གཅན་འཛིན། ཚུར་ཤོག །སྒྲ་གཅན་འཛིན། ཁྱོད་མི་དགར་མ་བྱེད་མ་ངུ་སྨྲེ་སྔགས་མ་འདོན་ཡིད་མ་ཆད་ཅིག །སྒྲ་གཅན་འཛིན། ཁྱོད་(༡༡༩ན)ཀྱིས་ང་ལ་ཕའི་བྱ་བ་བྱས། ངས་ཀྱང་བུ་ཁྱོད་ལ་བུའི་བྱ་

བ་བྱས་སོ། །སྒྲ་གཅན་འཛིན། དེ་ལྟར་ངས་ཕའི་བྱ་བ་བྱས། ཁྱོད་ཀྱིས་ཀྱང་བུའི་བྱ་བ་བྱས་ཏེ། བདག་ཅག་གཉིས་ཀས་ཀྱང་བྱ་བ་བྱས་ཤིང་བྱེད་པ་བྱས་ཟིན་གྱིས་སྒྲ་གཅན་འཛིན། ཁྱོད་མྱ་ངན་མ་བྱེད། སྐྱོ་སྔགས་མ་འདོན་ཡིད་མ་ཆད་ཅིག །སྒྲ་གཅན་འཛིན། བདག་ཅག་གཉིས་སེམས་ཅན་ཐམས་ཅད་འཇིགས་པ་མེད་པར་བྱ་བའི་ཕྱིར་ཞུགས་པ་དང་། འཁོན་མེད་པ་དང་འགྲན་ཟླ་མེད་པ་དང་རྣམ་པར་ཐོ་འཚམ་པ་མེད་པ་དང་རྣམ་པར་འཚེ་བ་མེད་པར་ཞུགས་པ་ལ་ལྟོས། ང་ཡང་ད་ནི་ཡོངས་སུ་མྱ་ངན་ལས་འདའ་བར་བྱ་བའི་ཕྱིར་གནས་ཏེ་ཕྱིན་ཆད་སུའི་ཕར་ཡང་མི་འགྱུར་རོ། །སྒྲ་གཅན་འཛིན། ཁྱོད་ཀྱང་ཡོངས་སུ་མྱ་ངན་ལས་འདས་ན་ཕྱིན་ཆད་སུའི་བུར་ཡང་མི་འགྱུར་རོ། །སྒྲ་གཅན་འཛིན། བདག་ཅག་གཉིས་སེམས་ཅན་ཐམས་ཅད་ལ་རྣམ་པར་འཚེ་བ་མེད་པ་དང་མི་མཐུན་པ་མེད་པར་གནས་པ་ལ་ལྟོས། དེ་ནས་སྒྲ་གཅན་འཛིན་གྱིས་བཅོམ་ལྡན་འདས་ལ་འདི་སྐད་ཅེས་གསོལ་ཏོ། །བཅོམ་ལྡན་འདས་ཡོངས་སུ་མྱ་ངན་ལས་མི་འདར་གསོལ། བདེ་བར་གཤེགས་པ་ཡོངས་སུ་མྱ་ངན་ལས་མི་འདར་གསོལ། བཅོམ་ལྡན་འདས་སྐྱེ་བོ་མང་པོ་ལ་སྨན་པ་དང་། བདེ་བ་དང་། འཇིག་རྟེན་ལ་ཐུགས་བརྩེ་བ་དང་། ལྷ་དང་མི་རྣམས་ཀྱི་དོན་དང་། ཕན་པ་དང་བདེ་བའི་སླད་དུ་བསྐལ་པར་བཞུགས་སུ་གསོལ། དེ་སྐད་ཅེས་གསོལ་བ་དང་། བཅོམ་ལྡན་འདས་ཀྱིས་སྒྲ་གཅན་འཛིན་ལ་འདི་སྐད་ཅེས་བཀའ་སྩལ་ཏོ། །སྒྲ་གཅན་འཛིན། དེ་བཞིན་གཤེགས་པ་ནི་ཚུལ་ཁྲིམས་ཀྱི་ཕུང་(༡༡༧བ)པོ་བསྡུམས་ཏེ་ཡོངས་སུ་མྱ་ངན་ལས་མི་འདའ། ཏིང་ངེ་འཛིན་གྱི་ཕུང་པོ་མ་ཡིན། ཤེས་རབ་ཀྱི་ཕུང་པོ་མ་ཡིན། རྣམ་པར་གྲོལ་བའི་ཡེ་ཤེས་མཐོང་བའི་ཕུང་པོ་བསྡུམས་ཏེ་ཡོངས་སུ་མྱ་ངན་ལས་མི་འདའ། སྒྲ་གཅན་འཛིན། ཁྱོད་མི་དགར་མ་བྱེད་ཅིག །སྐྱོ་སྔགས་མ་འདོན། ཡིད་ཆད་པ་མ་སྐྱེད་ཅིག །སྒྲ་གཅན་འཛིན་འདུ་བྱེད་ཐམས་ཅད་ནི་མི་རྟག་པ། མི་བརྟན་པ། དབུགས་འབྱིན་པ་མེད་པ། ཐེར་ཟུག་མ་ཡིན་པ། ཟད་ཅིང་འགྱུར་

བའི་ཆོས་ཅན་ཡིན་ཏེ། སྒྲ་གཅན་འཛིན། དེ་བས་ན་འདུ་བྱེད་ཐམས་ཅད་ལ་ཡིད་འབྱུང་བར་བྱ་བའི་རིགས། མ་ཆགས་པར་བྱ་བའི་རིགས། རྣམ་པར་གྲོལ་བར་བྱ་བའི་རིགས་ཏེ། སྒྲ་གཅན་འཛིན། འདི་ནི་ཁྱོད་ལ་རྗེས་སུ་བསྟན་པའོ། །ཞེས་གསུངས་ཤིང་། སྒྲ་གཅན་འཛིན་སོགས་གནས་བརྟན་བཅུ་དྲུག་ལ། ཁྱེད་རྣམས་མྱ་ངན་ལས་མི་འདའ་བར་ངའི་བསྟན་པ་སྐྱོངས་ཤིག །སྦྱིན་པ་དག་པར་གྱིས་ཤིག །ཅེས་བཀའ་སྩལ། གནས་བརྟན་ཆེན་པོ་དེ་རྣམས་ཀྱིས་ཀྱང་ཁས་བླངས་སོ། །ཀུན་དགའ་བོ་སྟོན་པའི་སྐུམ་ཡོགས་སུ་སྒྲི་ སྤྱགས་འདོན་བཞིན་དུ་འདུག །སྒྲ་གཅན་འཛིན་ཡང་སྤྱུག་བསྔལ་གྱིས་གདུངས་ཆེ་བ་དང་། དེ་གཉིས་ལ་ཐུགས་བརྩེ་བས། མ་འགགས་པ་དང་། བྱམས་མའི་བུ་གང་པོ་དང་། རབ་འབྱོར། དོན་ཡོད་རྒྱལ་པོ། སྐྱུལ་བྱེད། ངག་དབང་། གསུས་པོ་ཆེ། ཀཱ་ཏྱའི་བུ། བ་ལང་བདག །དགའ་བྱེད། གྲོ་བཞིན་སྐྱེས་གཙུང་དགའ་བོ་ལ་སོགས་པ་དགེ་སློང་འབུམ་ལ་བཀའ་སྩལ་པ། ཁྱེད་རྣམས་ཀྱི་ལག་པ་གཡས་པ་ངའི་ཕྱག་ཏུ་ཕུལ་ཅིག །དེ་རྣམས་ཀྱི་ལག་པ་གཡས་པ་སྟོན་པའི་ཕྱག(༧༧༨ན)ཏུ་ཕུལ་བ་དང་། བཅོམ་ལྡན་འདས་ཀྱི་ཕྱག་གཡོན་པས་ནི་དགེ་སློང་འབུམ་གྱི་ལག་པ་ནས་བཟུང་། གཡས་པས་ནི་ཀུན་དགའ་བོ་དང་སྒྲ་གཅན་འཛིན་བཟུང་སྟེ། དགེ་སློང་དག །གནས་བརྟན་རྣམས་ལ་ཀུན་དགའ་བོ་དང་། སྒྲ་གཅན་འཛིན་བཟང་པོ་འདི་གཉིས་བཅོལ་ཞིང་གཏད་དོ། །ཞེས་གཏད་པ་ལས། ང་རོའི་སྒྲ་སྙིང་རྗེ་ཞིང་འཇིགས་པ་དག་ཕྱུང་བས་ཞིང་ཐམས་ཅད་དུ་གྲག་ཅིང་། སྒྲ་གཅན་འཛིན་གྱིས་མྱ་ངན་བྱས་པ་དེ་མཐོང་བས་དགེ་སློང་ལྔ་བརྒྱ་ནི་ཚེའི་འདུ་བྱེད་བཏང་སྟེ་མྱ་ངན་ལས་འདས་སོ། །སྐད་ཅིག་དེ་ལ་སངས་རྒྱས་ལྔ་བརྒྱས་རང་གི་ཞིང་ན་བཞུགས་བཞིན་དུ། ཕྱག་གཡས་པ་རྣམས་བཅོམ་ལྡན་འདས་ལ་བཏུད་དོ། །བཅོམ་ལྡན་འདས་ཀྱིས་ཀྱང་ཀུན་དགའ་བོ་དང་། སྒྲ་གཅན་འཛིན་དང་། གནས་བརྟན་རྣམས་ཀྱི་ལག་པ་ནས་བཟུང་སྟེ། སངས་རྒྱས་དེ་དག་གི་ཕྱག་ཏུ་ཕུལ་ནས་གསུངས་པ། སྒྲ་གཅན་

འཛིན་ནི་ང་ཡི་བྲུ། །ཀུན་དགའ་བོ་ནི་གོ་རེ་ལོང་། །འདི་གཉིས་དྲང་སྲོང་ཆེ་རྣམས་ལ། །མངོན་སུམ་དུ་ནི་ཡོངས་སུ་གཏད། །སངས་རྒྱས་དེ་དག་རྣམས་ཀྱིས་ཀྱང་། །ཁྱོད་ཀྱིས་སེམས་ཅན་དོན་རྣམས་མཛད། །སེམས་ཅན་རྣམས་ཀྱི་ཟུག་རྔུ་ཕྱུང་། །ཞེས་གསུངས་པ་དང་། དེ་གཉིས་ཀྱིས་ཕྱུས་མོ་བཙུགས་ཏེ་གསོལ་པ། སངས་རྒྱས་རྣམས་ཀྱི་གཟི་བརྗིད་ཀྱིས། །བཅོམ་ལྡན་བཞུགས་པར་གསོལ་བ་འདེབས། །ཞེས་སླེ་ཏོགས་བཏོན་པ་དང་། སངས་རྒྱས་དེ་རྣམས་ཀྱིས་དེ་གཉིས་ལ། འདུས་བྱས་ཀྱི་རང་བཞིན་དེ་ཡིན་པས་སླེ་ཏོགས་མ་འདོན་ཞིག །ཁྱེད་གཉིས་ངེད་ཀྱི་ཞིང་དུ་འདོང་བར་འདོད་ན་ཕྱག་བརྒྱངས་ཏེ་འོད་ཀྱིས་(༡༡༤བ)སྣང་བར་བྱ་ཡིས་ཤོག་ཅིག །འདི་ན་འདུག་ནའང་ངེད་ཅག་གིས་ཞལ་བསྟན་ནས་ཆོས་གསུང་བར་བྱེད་པས་མྱ་ངན་མ་བྱེད་ཅིག །ཅེས་གསུངས་སོ། །གནས་བརྟན་ཆེན་པོ་འདིས་མཛད་པ་ཇི་ལྟར་བསྟན་པ་དེ་དག་ཀྱང་གདུལ་བྱ་རྣམས་ལ་འདོམས་པའི་ཕྱིར་མཛད་པ་ཤ་སྟག་སྟེ། ལས་འབྲས་ནམ་ཡང་བསླུ་བ་མེད་པས་རང་གིས་ལས་གང་བསགས་པ་དེའི་རྣམ་སྨིན་རང་ཁོ་ནས་སྨྱོང་དགོས་སོ་ཞེས་འདོམས་པ་དང་། སངས་རྒྱས་འཇིག་རྟེན་དུ་འབྱུང་བ་ཤིན་ཏུ་དཀོན་ནོ་ཞེས་འདོམས་པ་དང་། རྣམ་སྨིན་གྱི་ཡོན་ཏན་བརྒྱད་དང་ལྡན་པའི་རྟེན་བཟང་པོ་ཐོབ་པ་ནི་དོན་ཆེའོ་ཞེས་འདོམས་པ་དང་། དེ་བཞིན་གཤེགས་པ་དང་མཇལ་བ་ནི་ཡིད་བཞིན་གྱི་ནོར་བུ་ལྟར་གང་བསམས་པ་ཐམས་ཅད་འགྲུབ་པར་འགྱུར་རོ་ཞེས་འདོམས་པ་དང་། རྒྱལ་སྲིད་ནི་བཙོན་ར་དང་འདྲ་བས་རྒྱལ་པོའི་དཔལ་ལ་མ་ཆགས་པར་རྒྱལ་བའི་བསྟན་པ་ལ་རབ་ཏུ་བྱུང་སྟེ་འབྲས་བུ་ཐོབ་པར་བྱ་དགོས་སོ་ཞེས་འདོམས་པ་སོགས་ཀྱི་ཕྱིར་མཛད་པ་དེ་ལྟར་བསྟན་ཏོ། །དེ་དག་ཀྱང་ཐུན་མོང་བའི་མཛད་ཚུལ་དང་བསྟུན་པ་ཡིན་གྱི། ཐེག་པ་ཆེན་པོའི་མདོ་ལས་ནི། གནས་བརྟན་འདི་མངོན་པར་རྫོགས་པར་འཚང་རྒྱ་བར་ལུང་བསྟན་ཏེ། དམ་པའི་ཆོས་པདྨ་དཀར་པོའི་མདོ་ལས། དེ་ནས་བཅོམ་ལྡན་འདས་ཀྱིས་ཚེ་དང་ལྡན་པ་སྒྲ་གཅན་

འཛིན་ལ་བཀའ་སྩལ་པ། སྒྲ་གཅན་འཛིན། ཁྱོད་མ་འོངས་པའི་དུས་ན་དེ་བཞིན་གཤེགས་པ་དགྲ་བཅོམ་པ་ཡང་དག་པར་རྫོགས་པའི་སངས་རྒྱས་འཇིག་རྟེན་གྱི་ཁམས་བཅུའི་རྡུལ་ཕྲ་རབ་ཀྱི་རྡུལ་སྙེད་ལ་བསྙེ་སྣང་བྱས། བཙུན་པར་བྱས། རི་མོར་བྱས། མཆོད་པར་བྱས་ནས། (༡༡(ན)དེ་བཞིན་གཤེགས་པ་དགྲ་བཅོམ་པ་ཡང་དག་པར་རྫོགས་པའི་སངས་རྒྱས་རིག་པ་དང་ཞབས་སུ་ལྡན་པ། བདེ་བར་གཤེགས་པ། འཇིག་རྟེན་མཁྱེན་པ། སྐྱེས་བུ་འདུལ་བའི་ཁ་ལོ་བསྒྱུར་བ་བླ་ན་མེད་པ། ལྷ་དང་མི་རྣམས་ཀྱི་སྟོན་པ། སངས་རྒྱས་བཅོམ་ལྡན་འདས་རིན་པོ་ཆེ་སྣ་བདུན་གྱི་པདྨ་ལ་གོམ་པས་འགྲོ་བ་ཞེས་བྱ་བར་འགྱུར་རོ། །གོ་འཕང་དེར་མ་སོན་གྱི་བར་དུ་ཡང་རྟག་ཏུ་སངས་རྒྱས་བཅོམ་ལྡན་འདས་དེ་དག་གི་སྲས་ཐུ་བོར་འགྱུར་ཏེ། འདི་ལྟ་སྟེ་དཔེར་ན། ད་ལྟ་ངའི་བཞིན་ནོ། །སྒྲ་གཅན་འཛིན། བཅོམ་ལྡན་འདས་དེ་བཞིན་གཤེགས་པ་དགྲ་བཅོམ་པ་ཡང་དག་པར་རྫོགས་པའི་སངས་རྒྱས་རིན་པོ་ཆེ་སྣ་བདུན་གྱི་པདྨ་ལ་གོམ་པས་འགྲོ་བ་དེའི་ཚེའི་ཚད་ཀྱང་འདི་ལྟ་བུར་འགྱུར། ཡོན་ཏན་རྣམ་པ་མང་པོ་ཐམས་ཅད་ཕུན་སུམ་ཚོགས་པ་ཡང་འདི་ལྟ་བུར་འགྱུར་ཏེ། ཇི་ལྟར་བཅོམ་ལྡན་འདས་དེ་བཞིན་གཤེགས་པ་དགྲ་བཅོམ་པ་ཡང་དག་པར་རྫོགས་པའི་སངས་རྒྱས་རྒྱ་མཚོ་མཆོག་འཆང་བློ་རྣམ་པར་རོལ་པའི་མངོན་པར་ཤེས་པའི་ཡོན་ཏན་རྣམ་པ་ཐམས་ཅད་དང་ལྡན་པའི་སངས་རྒྱས་ཀྱི་ཞིང་གི་ཡོན་ཏན་བཀོད་པ་བཞིན་དུ་འགྱུར་རོ། །སྒྲ་གཅན་འཛིན། དེ་བཞིན་གཤེགས་པ་དགྲ་བཅོམ་པ་ཡང་དག་པར་རྫོགས་པའི་སངས་རྒྱས་རྒྱ་མཚོ་མཆོག་འཆང་བློ་རྣམ་པར་རོལ་པའི་མངོན་པར་ཤེས་པ་དེའི་སྲས་ཐུ་བོར་ཡང་ཁྱོད་ཉིད་གྱུར་ཏེ། དེའི་འོག་ཏུ་བླ་ན་མེད་པ་ཡང་དག་པར་རྫོགས་པའི་བྱང་ཆུབ་མངོན་པར་རྫོགས་པར་འཚང་རྒྱ་བར་འགྱུར་རོ། །དེ་ནས་བཅོམ་ལྡན་(༡༡(བ)འདས་ཀྱིས་དེའི་ཚེ་ཚིགས་སུ་བཅད་པ་འདི་དག་བཀའ་སྩལ་ཏོ། །སྒྲ་གཅན་འཛིན་ནི་ང་ཡི་བུ་ཐུ་བོ། །གཞོན་ནུར་གྱུར་པའི་ཚེ་ན་སྙིང་གི་བུ། །བྱང་

ཆུབ་ཐོབ་ཀྱང་ང་ཡི་བུ་ཡིན་ཏེ། །དྲང་སྲོང་ཆེན་པོ་ཆོས་ཀྱི་བགོ་སྐལ་འཛིན། །མ་འོངས་དུས་ན་སངས་རྒྱས་བྱེ་མང་པོ། །དེ་དག་ཚད་མེད་པ་ནི་མཐོང་བར་འགྱུར། །བྱང་ཆུབ་ཡོངས་སུ་བཙལ་བར་བྱ་བའི་ཕྱིར། །རྒྱལ་བ་དེ་དག་ཀུན་གྱི་སྲས་སུ་འགྱུར། །སྒྲ་གཅན་འཛིན་གྱི་སྤྱོད་འདི་མི་ཤེས་ཏེ། །འདི་ཡི་སྨོན་ལམ་དག་ནི་ངས་ཤེས་སོ། །བདག་ནི་དེ་བཞིན་གཤེགས་ཀྱི་སྲས་པོ་ཞེས། །འཇིག་རྟེན་གཉེན་ལ་ཡང་དག་སྒྲོམས་པར་བྱེད། །སྒྲ་གཅན་འཛིན་པ་ང་ཡི་བུ་འདི་ཡི། །ཡོན་ཏན་བྱེ་བ་ཁྲག་ཁྲིག་དཔག་ཏུ་མེད། །དེ་ལ་ནམ་ཡང་ཚད་གཟུང་ཡོང་མེད་དེ། །དེ་ལྟར་འདི་ནི་བྱང་ཆུབ་དོན་དུ་གནས། །ཞེས་གསུངས་སོ། །གསང་བ་ཐུན་མོང་མ་ཡིན་པ་ལྟར་ན་གནས་བརྟན་བདག་ཉིད་ཆེན་པོ་འདི་ནི་རྡོ་རྗེ་སེམས་དཔའ་མིའི་གཟུགས་སུ་སྤྲུལ་པ་ཞིག་ཡིན་ཏེ། ཐུན་མོང་མ་ཡིན་པའི་གསང་བ་ཞེས་བྱ་བའི་རྒྱུད་ལས། འཇམ་དཔལ་ནི་རྒྱལ་པོ་ཆེན་པོ་ཟས་གཙང་མར་གྱུར་ཏོ། །འཇིག་རྟེན་དབང་ཕྱུག་ནི་ལྷ་མོ་སྒྱུ་འཕྲུལ་དུ་གྱུར་ཏོ། །དཔལ་ལྷ་མོ་ནི་གྲགས་འཛིན་ནོ། །རྡོ་རྗེ་སེམས་དཔའ་ནི་སྒྲ་གཅན་འཛིན་ནོ། །སྒྲིབ་པ་ཐམས་ཅད་རྣམ་པར་སེལ་བ་ནི་ཤཱ་རིའི་བུའོ། །ཀུན་ཏུ་བཟང་པོ་ནི་གནས་བརྟན་ཀུན་དགའ་བོར་གྱུར་ཏོ། །ཞེས་གསུངས་པ་ལྟར་རོ། །

༡༧༧ གནས་བརྟན་ཆེན་པོ་ལམ་ཕྲན་བསྟན་གྱི་རྟོགས་པ་བརྗོད་པ།

བཅུ་གཅིག་པ་གནས་བརྟན་ཆེན་པོ་ལམ་ཕྲན་བསྟན་གྱི་རྟོགས་པ་བརྗོད་པ་ནི། གནས་བརྟན་ཆེན་པོ་འདི་གང་དུ་འཁྲུངས་པའི་ཡུལ་ནི་མཉན་ཡོད་དོ། །དེ་ཡང་མཉན་ཡོད་ན་བྲམ་ཟེ་བཟའ་མི་གཉིས(༧༢༠ན)ལ་བུ་བྱུང་ངོ་ཅོག་ཤི་བ་ལས། ཕྱིས་ཆུང་མ་ལ་བུ་ཞིག་བཙས་པ་ན། བཙས་མ་ཐག་རྒན་མོ་ཞིག་གིས་ཚེ་རིང་དུ་གནས་པའི་ཐབས་བསླབས་པ་ལྟར་བུ་ཆུང་ངུ་དེ་ལམ་ཆེན་པོར་ཁྱེར་ནས་སྟོན་པ་ཐུགས་རྗེ་ཅན་འཁོར་བཅས་ལ་ཕྱག་འཚལ་བས་གསོན་པ་ཞིག་བྱུང་བ་དེ་ལ་ལམ་ཆེན་པ

ཞེས་མིང་བཏགས། ཡང་ཆུང་མ་ལ་མངལ་ཞིག་ཆགས་པ་བཙའ་བའི་ཚེ་ན་བུད་མེད་རྒན་མོ་ཞིག་གིས་བུ་འདི་བཙས་མ་ཐག་ལམ་ཆེན་པོར་ཁྱེར་ལ་སྟོན་པ་དང་དགེ་སློང་རྣམས་ལ་ཕྱག་འཚལ་ན་གསོས་སོ་ཞེས་ཟེར་བ་དང་། བུ་མོ་ཞིག་ལ་བུ་ཆུང་ངུ་དེ་ཁ་ཞུན་མར་གྱིས་བཀང་ནས་བསྐུར་ཏེ། ཁྱེའུ་འདི་སྐྱེ་བོ་མང་པོ་རྒྱུ་བའི་ལམ་ཆེན་པོར་ཁྱེར་ལ་དགེ་སློང་རྣམས་ལ་ཕྱག་འཚལ་ཅིག་བྱས་པས་བུ་མོ་དེ་ལེ་ལོ་ཅན་ཞིག་ཡིན་པས་ལམ་ཆེན་པོར་ཁྱེར་མ་ནུས་པར། དེ་ལམ་ཕྲན་ཞིག་ཏུ་ཁྱེར་ཏེ་ལམ་དེ་ནས་རྒྱུ་བའི་དགེ་སློང་དང་བྲམ་ཟེ་རྣམས་ལ་ཕྱག་འཚལ་ལོ། །ཞེས་བྱས་པས་དགེ་སློང་དང་བྲམ་ཟེ་རྣམས་ཀྱིས། ཡུན་རིང་དུ་འཚོ་བར་གྱུར་ཅིག །ཚེ་རིང་དུ་སྐྱོང་བར་གྱུར་ཅིག །ཕ་མ་གཉིས་ཀྱི་ཡིད་ལ་བསམས་པ་རྫོགས་པར་གྱུར་ཅིག །ཅེས་བྱས་པས་ཁྱེའུ་དེ་མ་ཤི་བར་གསོན་ནས་ནང་དུ་སླེབས་པ་ན་ཕ་མ་གཉིས་ཀྱིས་ཁྱེའུ་དེ་ལ་མིང་ལམ་ཕྲན་པ་ཞེས་བཏགས་སོ། །དེ་ནས་ཁྱེའུ་དེ་ཕ་མ་གཉིས་ཀྱིས་གསོས་ཤིང་འོ་མ་དང་ཞུན་མར་ལ་སོགས་པ་མཐུན་པའི་དངོས་པོ་དག་གིས་བསྐྱེད་བསྲིངས་ནས་ཆེན་པོ་གྱུར་པ་ན་ཡི་གེ་བསླབས་པས། སིད་བརྗོད་ན་ཧྲ་མ་བརྗེད། ཧྲ་མ་བརྗོད་ན་སིད་བརྗེད་པས་སློབ་དཔོན་དེས་བྲམ་ཟེ་ལ་སྨྲས་པ། ཁོ་བོ་བྲམ་ཟེའི་ཁྱེའུ་མང་པོ་ཀློག་ཏུ་(༧༢༠བ)གཞུག་དགོས་པས་ལམ་ཕྲན་པ་ལ་ཀློག་མི་ནུས་སོ། །ཞེས་སྨྲས་པ་ན། བྲམ་ཟེས་བསམས་པ་བྲམ་ཟེ་ཐམས་ཅད་ཡིག་འབྲུ་ལ་མཁས་པ་མ་ཡིན་ཏེ། འདི་རིག་བྱེད་ཀྱི་བྲམ་ཟེར་འགྱུར་རོ་སྙམ་ནས། རིག་བྱེད་ཀློག་མཁན་ལ་གཏད་དེ། རིག་བྱེད་ཀློག་པའི་སློབ་དཔོན་དེས། ཨོཾ་བྷུར་བྷུ་ཝ། ཞེས་རིག་བྱེད་ཀྱི་ཕྱོགས་ཀློག་ཏུ་བཅུག་པ་ན། ཨོཾ་བཟུང་བས་བྷུ་བརྗེད། བྷུ་བཟུང་བས་ཨོཾ་བརྗེད་པས་ཀློག་མཁན་གྱིས་བྲམ་ཟེ་ལ་སྨྲས་པ། ཁོ་བོ་བྲམ་ཟེའི་ཁྱེའུ་མང་པོ་ཀློག་ཏུ་གཞུག་དགོས་པས་ལམ་ཕྲན་པ་ལ་ཀློག་མི་ནུས་སོ། །ཞེས་ཟེར་བ་ན། ཕ་དེས་བསམས་པ། རིག་བྱེད་མི་ཤེས་ཀྱང་བྲམ་ཟེར་འགྱུར་རོ་སྙམ་མོ། །དེ་ལྟར་ལམ་ཕྲན་པ་དེ་བུལ་བ་མཆོག་

ཏུ་བྲུལ་བ། ཆུང་བ་མཆོག་ཏུ་ཆུང་བ་ཡིན་པས་ལམ་ཆུང་པ་ཞེས་བྱ་བར་གྱུར་ཏོ། །ལམ་ཆུང་པ་དེ་ཕ་མགྲོན་ལ་གང་འགྲོ་སར་འཁྲིད་དོ། །ཁྲམ་ཟེ་དེ་འཆི་ཁར་ལམ་ཆེན་པོ་ལ། ཁོ་བོ་འདས་ནས་ཁྱོད་མྱ་ངན་བྱ་མི་དགོས་ཀྱི། ལམ་ཆུང་པ་ལ་མགོ་བ་སྐྱོབས་ཤིག་ཟེར་ནས་ཤིའོ། །དེ་ནས་ནམ་ཞིག་ན་ཕུ་བོ་ལམ་ཆེན་པ་རབ་ཏུ་བྱུང་བས། ལམ་ཆུང་པའི་ལོངས་སྤྱོད་བསྲུབས་ནས་ཚོགས་ཆེན་པོས་འཚོའོ། །ལམ་ཆེན་ལ། བདག་གིས་ཐོབ་པར་བྱ་བ་ཐོབ་ཀྱིས་མཉན་ཡོད་དུ་སོང་ལ་སྟོན་པ་ལ་བསྙེན་བཀུར་བྱའོ་སྙམ་ནས་འཁོར་ལྔ་བརྒྱ་དང་བཅས་པ་སོང་བ་ན་སྐྱེ་བོའི་ཚོགས་རྣམས་ཀྱང་སོང་། འདི་དག་འགྲོ་ན་ངའང་ཅིའི་ཕྱིར་མི་འགྲོ་སྙམ་ནས་ལམ་ཆུང་པའང་སོང་བ་དང་། ལམ་ཆེན་པས་མཐོང་ནས། ལམ་པ། འཚོའམ། འཚོའོ། །ཇི་ལྟར་འཚོ། ཚོགས་ཆེན་པོས་སོ། །(༡༢༡ན)རབ་ཏུ་མི་འབྱུང་ངམ། བདག་མཆོག་ཏུ་བྲུལ་བ་ལགས་ན། སྟོན་པའི་བསྟན་པ་ལ་རབ་ཏུ་འབྱུང་བར་འགྱུར་རམ། ཞེས་སྨྲས་པ་ན། ལམ་ཆེན་པས། དེ་ལ་དགེ་བའི་རྩ་བ་ཙུང་ཟད་ཡོད་དམ་བལྟས་ན་ཡོད་པར་མཐོང་། སུ་ལ་རག་ལས་བལྟས་ན་བདག་ལ་རག་ལས་པར་མཐོང་ནས། ལམ་པ། ཐུབ་པའི་བསྟན་པ་ལ་རིགས་དང་རུས་དང་ཐོས་པ་གཙེས་པ་མིན་གྱི་སྒྲུབ་པ་གཙེས་པ་ཡིན་པས་འདོད་ན་རབ་ཏུ་བྱུང་ཞིག །ཅེས་སྨྲས་པ་ན་ལམ་ཆུང་པས། འཕགས་པ། རབ་ཏུ་འབྱུང་ངོ་། །ཞེས་བརྗོད་པ་ན་གནས་བརྟན་ལམ་ཆེན་པས་ལམ་ཆུང་པ་རབ་ཏུ་ཕྱུང་། བཅས་པ་བསླབས་ནས་ལོ་ལོན་པ་ན་བསྙེན་པར་རྫོགས་ནས། ལུས་ངག་ཡིད་ཀྱིས་སྡིག་པ་མི་བྱ་ཞིང་། །འཇིག་རྟེན་ཀུན་ལ་ཡོངས་འཛིན་འདོད་བྲལ་བ། །དྲན་དང་ལྡན་ཞིང་ཤེས་བཞིན་ཅན་གྱིས་ནི། །གནོད་ལྡན་སྡུག་བསྔལ་གང་ཡིན་བསྟེན་མི་བྱ། །ཞེས་པ་འདི་ཟླ་བ་གསུམ་དུ་མ་ལོབས་པར། བ་ལང་རྫི་དང་ཕྱུགས་རྫིས་ཐོས་ནས་ལོབས་པ་དང་། དེ་དག་གི་གན་དུ་སོང་ནས་དེ་དག་གིས་ཀྱང་བསྟན་ཏོ། །དགེ་སློང་རྣམས་དབྱར་གནས་ཐོན་ནས་ཁ་ཏོན་དང་དྲི་བ་དོན་དུ་གཉེར་བར་བྱེད་

དོ། །དེའི་ཚེ་ལམ་ཆེན་པའི་སློབ་མ་བྲུལ་བ་རྣམས་དྲུག་སྡེ་ལ་བརྟེན་པ་ན་ཉེ་དགས་ལམ་ཆུང་པ་ལ། མཁན་པོ་ལ་ཁ་ཏོན་ཞུས་ཤིག །ལམ་ཆུང་པ་སོང་ནས། མཁན་པོ་བདག་ལ་ཁ་ཏོན་སྩོལ་ཅིག །ལམ་ཆེན་པས་བསམས་པ། འདི་རང་གི་བློས་གསོལ་ལམ་གཞན་གྱིས་བཏང་སྙམ་པ་ན་གཞན་གྱིས་བཏང་བར་ཤེས། སྨད་པས་འདུལ་ལམ་བསྟོད་པས་འདུལ་ན་སྨད་པས་(༡༢༡བ)འདུལ་བར་ཤེས་ནས་རྒྱལ་བྱེད་ཚལ་གྱི་ཕྱི་རོལ་ཏུ་བསྐྲད་དེ་ཁྱོད་མཆོག་ཏུ་བྲུལ་བ་ཡིན་ན་རབ་ཏུ་བྱུང་སྟེ་ཅི་བྱ། འདི་ན་འདུག་ཅིག་ཅེས་རྒྱལ་བྱེད་ཚལ་གྱི་ཕྱི་རོལ་ཏུ་བཞག་གོ །ལམ་ཆུང་པས་བསམ་པ། དེ་ནི་བདག་དགེ་སྦྱོང་ཡང་མ་ཡིན། །ཁྲམ་ཟེའང་མ་ཡིན་ནོ་སྙམ་ནས་ངུས་པ་དང་། དེ་ནས་སྟོན་པ་ཐུགས་རྗེ་ཆེན་པོས་བསྐུལ་ཏེ་དེར་བྱོན་ནས། ལམ་པ། ཁྱོད་ཅིའི་ཕྱིར་རྒྱལ་བྱེད་ཚལ་གྱི་ཕྱི་རོལ་ཏུ་ངུ། ཞེས་བཀའ་སྩལ་པ་ན། ལམ་ཆུང་པས་གསོལ་བ། བདག་མཁན་པོས་རྒྱ་ཆེར་སྨད་དོ། །ཞེས་ཞུས་པ་ན་སྟོན་པས། བྱིས་པས་བསྟོད་པ་གང་ཡིན་དང་། །མཁས་པས་སྨོད་པ་གང་ཡིན་པ། །འདིར་ནི་མཁས་སྨོད་མཆོག་ཡིན་གྱི། །བྱིས་པས་བསྟོད་པ་མ་ཡིན་ནོ། །བུ། ཁྱོད་ཀྱི་མཁན་པོས་ནི་བསྐལ་པ་གྲངས་མེད་གསུམ་དུ་དཀའ་བ་དུ་མས་ཕར་ཕྱིན་དྲུག་རྫོགས་ཏེ་གསུང་རབ་འདི་བསྒྲུབས་པ་མ་ཡིན་གྱི། ངས་ནི་དེ་ལྟར་ཡིན་ན། ཁྱོད་དེ་བཞིན་གཤེགས་པ་ལས་ཕྱིག་ནུས་སམ། བདག་མཆོག་ཏུ་བྲུལ་བ་ལགས་སོ། །ཞེས་ཞུས་པ་ན། སྟོན་པས་གསུངས་པ། གང་གིས་བྱིས་པ་བྱིས་ཉིད་རིག །དེ་ལ་དེས་ན་དེ་མཁས་ཡིན། །བྱིས་པ་མཁས་པར་རློམ་བྱེད་པ། །དེ་འདིར་ཤིན་ཏུ་བྱིས་པ་ཡིན། །སྟོན་པས་ཚོས་རེ་རེ་ནས་ཕྱིག་ཏུ་འཇུག་པ་ནི་གནས་མ་ཡིན་པས། ཀུན་དགའ་བོ། ཁྱོད་ཀྱིས་ལམ་པ་ཕྱིག་ཏུ་ཆུག་ཅིག །དེས་བཅུག་པས་མ་ནུས་ནས། བཙུན་པ། བདག་གིས་སྟོན་པ་ལ་བསྙེན་བཀུར་བ་དང་། ཐོས་པ་གཟུང་བ་དང་། ཚིགས་ཀྱང་ཕྱིག་ཏུ་འཇུག་པ་དང་། ཁྲིམ་པ་རྣམས་ལ་ཚོས་བསྟན་པར་བགྱི་འཚལ་པས་ལམ་པ་ཕྱིག་ཏུ་(༡༢༢ན)འཇུག་པའི་རྗེ་མི་ཐོག་

གོ། །སྟོན་པས་དེ་ལ་ཧྲུལ་སྤྱང་ངོ་། །དྲི་མ་སྤྱང་ངོ་། །ཞེས་བྱ་བའི་ཚིག་གཉིས་སྩལ་
བས་མ་ཟིན་ནས། འདིའི་ལས་སྦྱང་བར་བྱའོ་སྙམ་དུ་དགོངས་ཏེ། དགེ་འདུན་གྱི་
མཆིལ་ལྷམ་དབྱི་བར་ནུས་སམ། ཇོ་ཐོག་གོ །སོང་ལ་དགེ་སློང་རྣམས་ཀྱི་མཆིལ་ལྷམ་
དང་། ལྷམ་སྒྲོ་གུ་ཅན་ཡང་ཕྱིས་ཤིག །དེས་ཕྱི་བར་བརྩམས་པ་དང་། དགེ་སློང་
རྣམས་ཀྱིས་དེ་ལ་མི་སྟེར་ནས། འདིའི་ལས་སྦྱང་བའི་ཕྱིར་དུ་འཕྱིར་ཆུག་ཅིག །ཚིག་
གཉིས་ཀྱི་ཁ་ཏོན་ཡང་སློབས་ཤིག །ཅེས་བཀའ་སྩལ་པ་ལྟར་དགེ་སློང་རྣམས་ཀྱིས་
ཀྱང་བསླབས་པས། དེས་ཁ་ཏོན་གཉིས་པོ་ཐོབ་སོ། །དེ་ནས་ལམ་ཆུང་པས་སྟོན་
པའི་བཀའ་བཞིན་དུ་ཧྲུལ་སྤྱང་ངོ་། །དྲི་མ་སྤྱང་ངོ་ཞེས་ཁ་ཏོན་དུ་བྱེད་བཞིན་དུ་
དགེ་སློང་རྣམས་ཀྱི་མཆིལ་ལྷམ་དབྱི་བ་དང་གཙུག་ལག་ཁང་གི་ཕྱག་བདར་ལ་
འབད་པ་ན་སྟོན་པས་དེའི་ལས་སྒྲིབ་སྦྱང་བའི་ཕྱིར་དུ་གཙུག་ལག་ཁང་གི་ཕྱག་དར་
མི་ཟད་པར་བྱིན་གྱིས་བརླབས་པས་ལམ་ཆུང་པས་སྟོན་པའི་བཀའ་བཞིན་དུ་དད་
གུས་ཆེན་པོས་ཕྱག་བདར་ལ་འབད་པས་ལས་སྒྲིབ་དག་པ་ན། ལམ་པས་བསམས་
པ། སྟོན་པས། ཧྲུལ་སྤྱང་ངོ་། །དྲི་མ་སྤྱང་ངོ་ཞེས་པ་འདི། ནང་གི་ཧྲུལ་ལ་དགོངས་
སམ་ཕྱིའི་ཧྲུལ་ལ་དགོངས་སྙམ་དུ་བསམས་པ་ན། སྔོན་མ་ཐོས་པའི་ཚིགས་བཅད་
གསུམ་པོ་འདི་བློ་ལ་སྣང་སྟེ། ཧྲུལ་འདིར་འདོད་ཆགས་དེ་ནི་ས་ཧྲུལ་མིན། །ཧྲུལ་
ནི་འདོད་ཆགས་མིང་སྟེ་ཧྲུལ་གྱི་མིན། །མཁས་པ་དག་གིས་ཧྲུལ་དེ་རྣམ་སྤངས་
པ། །དེ་དག་བདེ་གཤེགས་བསྟན་ལ་བག་ཡོད་འགྱུར། །ཧྲུལ་འདིར་ཞེ་སྡང་དེ་ནི་
ས་ཧྲུལ་མིན། །ཧྲུལ་ནི་ཞེ་སྡང་མིང་(༧༢༢བ)སྟེ་ཧྲུལ་གྱི་མིན། །མཁས་པ་དག་གིས་ཧྲུལ་
དེ་རྣམ་སྤངས་པ། །དེ་དག་བདེ་གཤེགས་བསྟན་ལ་བག་ཡོད་འགྱུར། །ཧྲུལ་འདིར་
གཏི་མུག་དེ་ནི་ས་ཧྲུལ་མིན། །ཧྲུལ་ནི་གཏི་མུག་མིང་སྟེ་ཧྲུལ་གྱི་མིན། །མཁས་པ་
དག་གིས་ཧྲུལ་དེ་རྣམ་སྤངས་པ། །དེ་དག་བདེ་གཤེགས་བསྟན་ལ་བག་ཡོད་
འགྱུར། །ཞེས་པའི་ཚིགས་བཅད་གསུམ་བློ་ལ་ཕྱལ་གྱིས་ཤར་ཞིང་དེའི་དོན་ལ་

བསམས་པས་འཁོར་བའི་རྩ་བ་ཉོན་མོངས་དུག་གསུམ་དང་། དེའི་ནང་ནས་ཀྱང་བདག་འཛིན་གཏི་མུག་འཁོར་བའི་རྩ་བར་ངེས་ཤིང་། དེ་ཉིད་ཕྱིན་ཅི་ལོག་གི་བློ་ཡིན་པར་ངོ་འཕྲོད་དེ་བདེན་པ་བཞིའི་གནས་ཚུལ་ལ་ངེས་པ་རྙེད་ནས་བདེན་པ་མཐོང་ཞིང་ཆོས་ཉིད་ཡང་དག་པའི་དོན་དེ་ལ་འབད་པ་དང་། རྩོལ་བས་བརྩོན་འགྲུས་བརྩམས་པས་འཁོར་བའི་འཁོར་ལོ་ཆ་ལྔ་པ་གཡོ་བ་དང་། མི་གཡོ་བ་འདི་ཉིད་རིག་སྟེ། འདུ་བྱེད་ཀྱི་རྣམ་པ་ཐམས་ཅད་ཉམས་པ་དང་། ལྡང་བ་དང་། རྣམ་པར་འཐོར་བ་དང་། རྣམ་པར་འཇིག་པའི་ཆོས་ཅན་ཡིན་པར་རྟད་ཆོད་དེ། ཉོན་མོངས་པ་ཐམས་ཅད་སྤངས་ནས། དགྲ་བཅོམ་པ་ཉིད་མངོན་སུམ་དུ་བྱས་ཏེ། ཁམས་གསུམ་པའི་འདོད་ཆགས་དང་བྲལ་བར་གྱུར་ནས། གསེར་དང་བོང་བར་མཉམ་པ། ནམ་མཁའ་དང་ལག་མཐིལ་དུ་འདྲ་བའི་སེམས་དང་ལྡན་པ། ཙན་དན་སྤངས་པ་ལྟ་བུར་བསིལ་བར་གྱུར་པ། རིག་པས་སྒོ་ངའི་སྦུབས་བཅོམ་པ། རིག་པ་དང་མངོན་པར་ཤེས་པ་དང་སོ་སོ་ཡང་དག་པར་རིག་པ་ཐོབ་པ། སྲིད་པའི་རྙེད་པ་དང་ཆགས་པ་དང་བཀུར་སྟི་ལ་མི་ལྟ་བ། དབང་པོ་དང་ཉེ་དབང་དང་བཅས་པའི་ལྷ་རྣམས་ཀྱིས་མཆོད་ཅིང་། རྗེད་པ་དང་གུས་པར་(༡༢༣ན)སྨྲ་བའི་གནས་ཐོབ་པར་གྱུར་ཏོ། །དེ་ནས་ལམ་པ་སྐྱིལ་ཀྱང་གིས་འདུག་པ་ལམ་ཆེན་པས་མཐོང་ནས། དགྲ་བཅོམ་པ་ཉི་མ་བསམས་པར། ཤེས་པ་དང་མཐོང་བ་མི་འཇུག་པས། ལག་པ་གཉིས་ཀྱིས་ལམ་པ་བཟུང་ནས། རེ་ཤིག་ཁ་ཏོན་གྱིས་དང་། དེའི་འོག་ཏུ་བསམ་གཏན་པར་འགྱུར་རོ། །ཞེས་བརྗོད་པ་ན། ལམ་པས་གླང་པོ་ཆེའི་སྣ་འདྲ་བའི་ལག་པ་བརྐྱངས་པ་དང་། ལམ་ཆེན་པས་རྒྱབ་ཏུ་བལྟས་པས་མཐོང་སྟེ། ཁྱོད་ཀྱིས་ཡོན་ཏན་གྱི་ཚོགས་དེ་ལྟ་བུ་ཐོབ་བམ། ཞེས་དྲིས་པ་ན། ལམ་ཆུང་པས་ཐོབ་བོ། །ཞེས་སྨྲས་སོ། །དེའི་ཚེ་ཕྱོགས་ཐམས་ཅད་དུ་ལམ་ཆུང་བ་རབ་ཏུ་བྱུང་ངོ་ཞེས་གྲགས་པ་དང་། འཚོ་བྱེད་ཀྱིས། སྟོན་པ་རྒྱལ་པོའི་ཁབ་ཏུ་བྱོན་ན་ལམ་པ་མ་གཏོགས་པ་གདུགས་ཚོད་ལ་སྤྱན་

དྲང་ངོ་སྙམ་མོ། །མུ་སྟེགས་ཅན་རྣམས་གཏོའུ་ཏ་མའི་ཆོས་ཟབ་ཅིང་རྟོགས་དཀའ་ཟེར་ན། ལམ་ཆུང་པའང་རབ་ཏུ་བྱུང་ན་ཇི་ལྟར་ཟབ་ཅེས་སྨོད་པར་བྱེད་དོ། །སྟོན་པས། ཉན་ཐོས་ཆེན་པོ་རི་རབ་དང་འདྲ་བ་ལ་སྐྱེ་བོ་ཕལ་པོ་ཆེའི་ཚོགས་སྨྲའི། འདིའི་ཡོན་ཏན་བསྒྲག་གོ་སྙམ་དུ་དགོངས་ནས། ཀུན་དགའ་བོ། །སོང་ལ་ལམ་པ་ལ་དགེ་སློང་མ་རྣམས་ལ་ཆོས་སྟོན་ཅིག་ཅེས་བསྒོ་ཞིག །དེས་བསྒོ་བ་དང་། གནས་བརྟན་དག་བཞག་ནས་བདག་ལ་བསྒོ་བ་ནི་བདག་གི་ཡོན་ཏན་བསྒྲག་པར་བཞེད་དོ་སྙམ་སྟེ། བཀའ་བཞིན་འཚལ་ལོ། །ཞེས་ཞུས་སོ། །དེ་ནས་དགེ་སློང་མ་གསོ་སྦྱོང་འབུལ་བ་གཉིས་རྒྱལ་བྱེད་ཚལ་དུ་འོངས་ནས། བདག་ཅག་གི་སྟོན་པ་སུ་བསྐོས། ལམ་པའོ། །ལམ་ཆེན་པ་ཡིན་ནམ། མིན་གྱི་ལམ་པའོ། །དེ་གཉིས་ཀྱིས་སྨྲས་(༧༢༣བ)པ། ཇི་ལྟར་བུད་མེད་ཀྱི་ཡུལ་ལ་བརྙས་པ་ལ་ལྟོས། དེས་ཟླ་བ་གསུམ་དུ་ཚིགས་བཅད་གཅིག་ཀྱང་མ་ལོབས་ལ། དགེ་སློང་མ་རྣམས་ནི་སྡེ་སྣོད་གཉིས་པ་དང་། གསུམ་པ་དང་། ཆོས་སྒྲོག་པ་རིག་པ་དང་གྲོལ་བའི་སྤོབས་པ་ཅན་ཡིན་ན། དེས་དགེ་སློང་མ་ལ་ཇི་ལྟར་སྟོན། ཇི་ལྟར་བྱེད་བལྟ་ཡི་འདོང་ངོ་ཟེར་ནས། ལམ་པའི་གན་དུ་སོང་སྟེ་ཕྱག་འཚལ་ནས། བཙུན་པ་ལམ་པ་དགོངས་སུ་གསོལ། རྒྱལ་པོའི་ཀུན་དགའ་ར་བའི་དགེ་སློང་མའི་དགེ་འདུན་མཐུན་པ་རྒྱལ་བྱེད་ཚལ་གྱི་དགེ་སློང་གི་དགེ་འདུན་མཐུན་པའི་ཞབས་ལ་ཕྱག་འཚལ་ལོ། །གནོད་པ་ཉུང་ངམ། ཉམ་ང་ཆུང་ངམ། སྐྱིད་པ་ཡང་ངམ། འཚོའམ། སྟོབས་དང་ལྡན་ནམ། བདེའམ། ཁ་ན་མ་ཐོ་བ་མ་མཆིས་སམ། བདེ་བ་ལ་རེག་པར་གནས་སམ་ཞེས་སྙུན་གསོལ་ལོ། །ཟླ་བ་ཕྱེད་ཕྱེད་ཅིང་གདམས་ངག་དང་། རྗེས་སུ་བསྟན་པ་གསོལ་ལོ། །འདུན་པ་དང་གསོ་སྦྱོང་བགྱི་བར་གསོལ་བ་འདེབས་སོ། །གསོལ་བའང་མཁྱེན་པར་གསོལ་ལོ། །ཞེས་བརྗོད་པ་ན། ལམ་ཆུང་པས་ཐབས་ཡིན་ནོ། །ཞེས་བརྗོད་པ་ན་དེ་གཉིས་ཀྱིས་སྨྲས་པ། ཐབས་ཡིན་ནོ། །ཞེས་བྱ་བ་ཙམ་ཡང་ཤེས་པ་ལྟ་ཞེས་དེ་གཉིས་དབྱར་ཁང་དུ་ཞུགས་པ་

དང་། དགེ་སློང་མ་རྣམས་ཀྱིས་མཐོང་ནས། སྟོན་པ་སུ་འཕྱོན་ལམ་པའོ། །ལམ་ཆེན་པའམ། མིན་ཏེ་ལམ་ཆུང་པའོ། །ཕུ་ནུ་མོ་དག་བུད་མེད་ཀྱི་ཡུལ་ལ་བརྟེན་པ་ལ་ལྟོས། སྟོན་པས་ཐིལ་གྱིས་མནན་པ་ལྟར་ཡ་མཚན་ཅན་དགུ་བཅུ་རྩ་དྲུག་གིས་ཀྱང་བུད་མེད་ཀྱི་ཡུལ་ཐིལ་གྱིས་མ་མནན་ཏེ། བཅུ་གཉིས་སྟེ་ན་རེ། བདག་ཅག་གིས་ཅི་ནས་ཀྱང་ཕྱིན་ཆད་ཐོས་པ་ཉུང་དུ(༧༢༨ན)སྲུའང་དགེ་སློང་མ་ལ་སྟོན་པར་མི་འགྱུར་བ་དེ་ལྟ་བུ་བྲན་མོའི་བུ་དེ་མི་དགའ་བར་བྱའོ་ཞེས། དྲུག་གིས་ནི་ཡལ་ག་ཁྲུ་བཅུ་གཉིས་པ་ལས་སེང་གེའི་ཁྲི་ཤོམས་ཤིག །དྲུག་གིས་མཉན་ཡོད་དུ་ཞུགས་ལ་ལམ་པོ་ཆེ་དང་། སྲང་དང་། བཞི་མདོ་དང་། སུམ་མདོ་དག་ཏུ་སྐྱེ་བོ་ཕལ་པོ་ཆེ་ལ། སང་བདག་ཅག་ལ་ཉན་ཐོས་ཆེན་པོ་ཞིག་ཆོས་སྟོན་པར་འགྱུར་གྱིས། ཁྱེད་ཅག་ལས་དེར་བདེན་པ་མ་མཐོང་བ་དེས་ཡུན་རིང་པོར་འཁོར་བར་འཁྱམས་དགོས་སོ། །ཞེས་སྒྲོགས་ཤིག་ཟེར་ནས་དེ་ལྟར་བྱས་པས་སྒྲོག་ཆགས་འབུམ་ཕྲག་ཏུ་མ་དག་ཁ་ཅིག་ནི་ལྟད་མོ། ཁ་ཅིག་ནི་དགེ་བའི་རྩ་བས་བསྐུལ་ནས་དེར་འདུས་སོ། །དེ་ནས་སང་ལམ་པས་བསོད་སྙོམས་བྱས་ནང་དུ་ཡང་དག་འཇོག་ལས་ལངས་ནས་ཕྱི་བཞིན་འབྲང་བའི་དགེ་སློང་ཞིག་དང་ལྷན་ཅིག་དབྱར་ཁང་དུ་སོང་ངོ་། །དེ་སྐྱེ་བོ་ཕལ་པོ་ཆེས་མཐོང་ནས། དགེ་སློང་མའི་སྟོན་པ་སྤྱ་མཁའ་ཕྱི་མ་གང་ཡིན་ཞེས་འདྲི་བ་ན། དགེ་སློང་གི་རྒྱུས་ཡོད་པ་འགའ་ཞིག་གིས་ཅི་ཕྱི་བཞིན་འབྲང་བའི་དགེ་སློང་དགེ་སློང་མ་ལ་སྟོན་ནོ་ཞེས་ཐོས་སམ། སྤྱ་མ་ཡིན་ནོ། །འདིས་ཟླ་བ་གསུམ་དུ་ཚིགས་བཅད་གཅིག་ཀྱང་མ་ལོབས་ན་དགེ་སློང་མ་ལ་ཇི་ལྟར་སྟོན། དགེ་སྦྱོང་མ་སྒྲི་བྱི་མོ་འདི་དག་གིས་བདག་ཅག་ཁྲིད་ཀྱིས་ཚུར་ཤོག་འདོང་ངོ་ཟེར་བ་ན་འགའ་ཞིག་གིས་བལྟ་ཡི་རེ་ཤིག་སྡོད་ཅིག །ཅེས་སྨྲས་ནས་བསྡད་དེ་བལྟའོ། །དེ་ནས་ལམ་པ་འཁོར་དེའི་ནང་དུ་སོང་བ་དང་ཁྲི་དེ་མཐོང་ནས། ཅི་དད་པས་སམ། མཐོ་འཚམས་པས་ཡིན་བལྟས་པ་ན་མཐོ་འཚམ་པར་ཤེས་ནས་གླང་པོ་ཆེའི་སྣ་ལྟ་བུའི་ལག་པ་བརྐྱང་

སྟེ། ཁྲི་མནན་ནས་ལ་ལས་མཐོང་ལ་ལས་མ་མཐོང་བར་ཁྲི་ལ་འདུག་གོ །དེ་ནས་(༧༢༤བ)ཏིང་ངེ་འཛིན་ལ་མཉམ་པར་བཞག་སྟེ། ཕྱོགས་བཞིའི་ནམ་མཁའ་ལ་འཕགས་ནས་སྤྱོད་ལམ་བཞི་བྱེད་པ་དང་། མེའི་ཁམས་ལ་སྙོམས་པར་ཞུགས་པ་དང་། འོད་ཟེར་འགྱེད་པ་དང་། སྟོད་ནས་མེ་འབར། སྨད་ནས་ཆུ་འབྱུང་བ་ལ་སོགས་པའི་རྫུ་འཕྲུལ་སྣ་ཚོགས་བསྟན་ཏེ། དེ་བསྡུས་ནས་ཁྲི་ལ་འདུག་སྟེ། སྲིང་མོ་དག །ཁོ་བོས་ཟླ་བ་གསུམ་དུ་ཚིགས་བཅད་གཅིག་བཟུང་བ་དེ་ཉིད། ཉིན་མཚན་བདུན་གྱི་བར་དུ་ཚིག་གཞན་དང་ཡི་གེ་གཞན་གྱིས་འབྱེད་པར་སྤྲོའོ། །ལུས་ཞེས་པ་ལུས་ཀྱི་ཉེས་སྤྱོད་གསུམ་དང་། ངག་ཅེས་པ་ངག་གི་ཉེས་སྤྱོད་བཞི་དང་། ཡིད་ཅེས་པ་ཡིད་ཀྱི་ཉེས་སྤྱོད་གསུམ་མི་བྱ་བ་སྟེ། སྡིག་པ་མི་བྱ་སྟེ་ཞེས་པས་སྡིག་པ་ཐམས་ཅད་མི་བྱ་བར་བསྟན་ཏོ། །འཇིག་རྟེན་དག་ན་ཞེས་པས་ཉེར་ལེན་གྱི་ཕུང་པོ་ལྔ་ཡོངས་འཛིན་ཞེས་པས་འདོད་ཆགས་དང་ཞེ་སྡང་དང་གཏི་མུག་གི་ཡོངས་འཛིན་གསུམ་བསྟན་ཅེས་ཚིགས་བཅད་ཕྱེད་ཀྱི་དོན་ཙམ་ཡང་མ་ཕྱེ་བ་ཙམ་གྱིས་སྡིག་ཆགས་ཁྲི་ཉིས་སྟོང་གིས་བདེན་པ་མཐོང་ནས་འབྲས་བུ་བཞི་མངོན་དུ་བྱས། སོ་སོའི་བྱང་ཆུབ་ཏུ་སེམས་བསྐྱེད་དོ། །དེ་ནས་ལམ་པས་འོངས་པ་དང་། དགེ་སློང་དག་རྒྱལ་བྱེད་ཚལ་གྱི་སྒོ་ཁང་ན་འཆག་པ་དག་གི་མཐོང་ནས། ལམ་པས་དེང་སྐྱེ་བོ་ཕལ་པོ་ཆེ་མ་དད་པར་བྱས་གོར་མ་ཆག་ན། མངོན་སུམ་དུ་མི་དགའ་བ་བརྗོད་པ་ནི་སྡུག་བསྔལ་བ་ཡིན་པས་ཕྱི་བཞིན་འབྲང་བའི་དགེ་སློང་ལ་དྲིའོ་ཞེས། དེ་ལ་དྲིས་པ། ལམ་པས་སྐྱེ་བོ་ཇི་སྙེད་མ་དད་པར་བྱས། དེ་སྐད་པ། སུས་མ་དད་པར་བྱས། སྟོན་པས་ཝཱ་ར་ཎ་སིར་ཆོས་ཀྱི་འཁོར་ལོ་བསྐོར་ཅེས་ཐོས་པ་དེ་ལམ་པས་དེང་བསྐོར་རོ། །ཇི་ལྟར་བསྐོར། ཚིགས་བཅད་ཕྱེད་ཀྱི་དོན་ཙམ་ཡང་མ་ཕྱེ་བ་ཙམ་གྱི་སྡིག་ཆགས་ཁྲི་ཉིས་སྟོང་གིས་བདེན་པ་མཐོང་(༧༢༥ན)ནས་འབྲས་བུ་བཞི་སྔོན་དུ་བྱས། སོ་སོའི་བྱང་ཆུབ་ཏུ་སེམས་བསྐྱེད་ནས་དཀོན་མཆོག་གསུམ་ལ་དད་པར་བྱས་སོ། །དེ་ནས་སྟོན་

པས། ལམ་པ་འདི་ངའི་ཉན་ཐོས་སེམས་བསྐྱུར་བ་ལ་མཁས་པ་རྣམས་ཀྱི་མཆོག་
ཡིན་ནོ་ཞེས་ལུང་བསྟན་ཏོ། །དེ་ལྟར་གནས་བརྟན་ལམ་ཕྲན་པ་ཞེས་ཀྱང་བྱ། ལམ་
ཆུང་པ་ཞེས་ཀྱང་བྱ། གཙུག་གི་ལམ་པ་ཞེས་ཀྱང་བྱ། ལམ་ཕྲན་བསྟན་ཞེས་བྱ་བ་
འདིས་མཛད་པ་འདི་ལྟར་བསྟན་པ་འདི་ནི་གདུལ་བྱ་རྣམས་ལ་ཐབས་མཁས་ཀྱི་
མན་ངག་རྒྱ་ཆེན་པོ་འདོམས་པའི་ཕྱིར་མཛད་པ་ཡིན་ཏེ། གནས་བརྟན་འདིའི་སྔོན་
གྱི་བྱུང་བ་རྣམས་ཤེས་ན་བློ་གྲོས་ཅན་རྣམས་ལ་ལས་འབྲས་ལ་ངེས་པ་བསྐྱེད་པ་
དང་། སྟོན་པའི་བསྟན་པ་ལ་ཡིད་ཆེས་སྐྱེད་པ་དང་། ལམ་སྒོམ་པ་ལ་སྤྲོ་བ་འཕེལ་
བར་འགྱུར་བ་སོགས་དགོས་པ་མང་བས་འདུལ་བ་ལུང་ལས། ཇི་ལྟར་གསུངས་པ་
ཅུང་ཟད་བརྗོད་ན། དགེ་སློང་རྣམས་ཀྱིས་བཅོམ་ལྡན་འདས་ལ་གསོལ་པ། དགེ་
སློང་མ་བཅུ་གཉིས་ སྔེས་ལམ་པ་ལ་གནོད་པ་བྱའོ་སྙམ་པ་ལས་ཕན་པ་ཉིད་བགྱིས་
པ་ལ་གཟིགས། སྟོན་པས་བཀའ་སྩལ་པ། ད་ལྟར་དུ་མ་ཟད་སྔོན་ཡང་གནོད་པ་
བྱའོ་སྙམ་པ་ལས་ཕན་པ་བྱས་པ་ཉོན་ཅིག །སྔོན་རི་བྲག་ཤིག་ན་བྲམ་ཟེ་ཞིག་གིས་
ཆུང་མ་བླངས་ནས་དགའ་མགུར་སྤྱོད་པས་བུ་བཅུ་གཉིས་བྱུང་སྟེ། དེ་དག་ཁྱིམ་
འབུབས་སུ་བཅུག་གོ །རི་ཤིག་ན་དེའི་ཆུང་མ་ཤི། བྲམ་ཟེ་དེ་ཡང་རྒས་ནས་མྱ་ངན་
གྱིས་མིག་ལོང་ངོ་། །དེའི་མནའ་མ་བཅུ་གཉིས་འདི་ཁྱིམ་ཐབ་ཕྱི་རོལ་ཏུ་སོང་བའི་
ཚེ་སྐྱེས་པ་གཞན་དང་འགྲོགས་པས། དེ་སྨྲ་ལ་མཁས་པས་སྐྱེས་པ་གཞན་གྱི་སྨྲ་ཐོས་
ནས་མནའ་མ་(༧༢༥བ)རྣམས་བསྡིགས་པ་དང་། དེ་དག་གིས་དེ་ལ་འབྲས་ཆན་རྩུབ་
པོ་དང་། རྩབ་བསྐོལ་བ་བྱིན་ནོ། །དེས་བུ་རྣམས་ལ་སྨྲས་པ། འདི་དག་གིས་ཕོ་བོ་
ལ་འབྲས་ཆན་རྩུབ་པོ་དང་རྩབ་བསྐོལ་བ་བྱིན་ནོ། །དེ་དག་གིས་ཆུང་མ་ལ། ཅིའི་
ཕྱིར་དེ་ལྟར་བྱས། དེ་དག་ན་རེ། ཡབ་ཀྱི་བསོད་ནམས་ཟད་པས་སྣོད་དུ་འབྲས་
འཐུག་པོ་ཆེ་སྐྱལ་ན་འབྲས་ཆེན་རྩུབ་པོ་དང་། ཞོ་སྐྱུལ་ན་རྩབ་བསྐོལ་བར་འགྱུར་
རོ། །ཅིའི་ཕྱིར་དེ་ལྟར་འགྱུར། ཐུགས་མི་ཆེས་ན་མངོན་སུམ་དུ་བགྱིའོ། །དེ་དག་གིས་

ཛ་མཁན་ལ་ཛེའུ་ཁ་གཅིག་ལ་ནང་གཉིས་ཡོད་པ་ནུས་སམ་ནུས་སོ་ཞེས་ཛེའུ་ཁ་གཅིག་ལ་ནང་གཉིས་ཡོད་པ་བྱས་ནས། དེ་དག་གིས་ཛེའུའི་ནང་གཅིག་ཏུ་འབྲས་རྩུབ་པོ་བླུགས། ནང་གཅིག་ཏུ་འབྲས་འཐུག་པོ་ཆེ་བླུགས། ཛེའུ་ཅིག་ཤོས་ཀྱི་ནང་གཅིག་ཏུ་ཞོ་བླུགས། ནང་གཅིག་ཏུ་ཙབ་མོ་བླུགས་ཏེ། གཡོས་བྱས་ནས་ཁྱིམ་ཐབ་ལ་སྨྲས་པ། ཛེའི་སྲས། དང་པོར་ཡབ་ལ་གསོལ་ལམ། ཁྱེད་ཅག་གསོལ། ཡབ་ལ་གསོལ་ཅིག །འབྲས་ཆན་རྩུབ་པ་དང་ཙབ་གྲོས་པོ་ལ་བྱིན། འབྲས་འཐུག་པོ་ཆེའི་ཆན་དང་ཞོ་ཁྱིམ་ཐབ་ལ་བྱིན་ནོ། །བུ་རྣམས་ཀྱིས་སྨྲས་པ། ཡབ་ཀྱི་བསོད་ནམས་ཟད་དེ། མངོན་སུམ་དུ་ཛེའུ་གཅིག་གི་ནང་དུ་བཙོས་པ་ལ། ཡབ་ཀྱི་ཞལ་དུ་འབྲས་ཆེན་རྩུབ་པོ་དང་ཙབ། བདག་ཅག་རྣམས་ཀྱི་ཁར་འབྲས་འཐུག་པོ་ཆེའི་ཆན་དང་ཞོ་མཆིས་པས་བུད་མེད་ཀྱིས་མ་ནོངས་སོ། །ཞེས་སྨྲས་པ་ན། ཕ་རྒད་པོ་དེས་བསམས་པ། ཁོ་བོས་ལག་པས་བཙལ་བ་བརྒྱ་དག་གིས་ལོངས་སྤྱོད་བསྒྲུབས་ན། ཅིའི་ཕྱིར་བསོད་ནམས་ཟད་སྙམ་ནས། དེ་དག་གིས་མ་ཚོར་བར་ལྐོག་ཏུ་ཚོང་མང་དུ་སོང་སྟེ་ལག་ནོམས་བྱས་པས་ཛེའུ་ཁ་གཅིག་ལ་ནང་གཉིས་(༧༢༨ན)ཡོད་པ་དག་རྙེད་ནས་དེ་དག་སྦས་ཏེ། བུ་རྣམས་འོངས་པ་ན། བུ་དག་ཁོ་བོའི་བསོད་ནམས་ཟད་པ་ལ་ལྟོས། ཞེས་ཛེའུ་དེ་དག་བསྟན་ནས། བུ་རྣམས་གཞན་གྱི་ཁྱིམ་དག་ན། །ཛེའུ་གཅིག་ལ་ཁ་གཅིག་ཡོད། །བདག་ཅག་སྐལ་བ་མེད་རྣམས་ཀྱི། །ཛེའུ་ནང་གཉིས་ལའང་ཁ་གཅིག་ཡོད། །ཅེས་སྨྲས་པ་ན་བུ་དེ་དག་གིས་ཆུང་མ་དེ་དག་ཤིན་ཏུ་བརྡེགས་པ་དང་། དེ་ནས་ཆུང་མ་རྣམས་ཀྱིས་འདི་བསད་དོ་སྙམ་ནས། སྤྲུལ་ཁས་བསྒྲིགས་པ་ཞིག་འོངས་པ་ལ། སྤྲུལ་ཡོད་དམ། ཤིའམ་གསོན་པ། ཤི་བའོ། དེས་བསམ་པ། འདི་དག་ལ་སྤྲུལ་ཤི་བས་ཅི་བྱ། བྲམ་ཟེ་འདི་གསོད་འདོད་དོ་སྙམ་ནས། སྤྲུལ་ཁྲོས་པའི་དུག་ནི་མགོ་བོ་དང་མཇུག་མ་གཉིས་སུ་འཕོ་བས། དེས་སྤྲུལ་ནག་པོ་ཁྲོས་པར་བྱས་ཏེ་མགོ་མཇུག་བཅད་ནས་ཚེད་པའི་ཆ་དེ་དག་ལ་བྱིན་ནོ། །དེ་དག་གིས་ཡབ་པོ་

ཤའི་ཁུ་ཤ་གསོལ་ལམ། དེས་བསམས་པ་འདི་དག་གིས་བདག་ལ་ཅིའི་ཕྱིར་ཕོ་ཤའི་ཁུ་བ་ལྟུད། དུག་ཅིག་ཅིན་ནས་གསོད་འདོད་དོ་སྙམ་ནས་བསམས་པ། ཤི་ཡང་བླ་ཡི་བཏུང་ངོ་སྙམ་ནས་འཐུངས་པ་དང་། དེའི་རླངས་པས་ལིང་ཐོག་བྱིད་ནས་མིག་གིས་མཐོང་ངོ་། །བསྟོན་དུ་གཞུག་པའི་ཐབས་བྱའོ་སྙམ་ནས་ས་ལ་འགྲེལ་ཏེ་ཕོ་བོ་ཤི་ལ་ཐུག་གོ་བྱས་པས། དེ་དག་གིས་མྱུར་དུ་ཤི་ན་སྙམ་ནས། ཡབ། ཡང་གསོལ་དང་གསོས་པར་འགྱུར་རོ། །དེས་ཡང་འཐུངས་པ་དང་། དེའི་རླངས་པས་ལིང་ཐོག་བྱིད་དེ། སྔ་ཕོ་བཞིན་དུ་གསལ་བར་མཐོང་ནས་ཅང་མི་སྨྲའོ། །མནའ་མ་རྣམས་ཀྱིས་སྔར་བཞིན་བག་མེད་པ་བྱས་པ་དང་། དེས་དབྱུག་པ་ཐོགས་ཏེ། ཕོ་བོས་མི་མཐོང་སྙམ་(༧༢༨བ)མམ། སྔར་བཞིན་གསལ་བར་མཐོང་གིས་ཕྱིན་ཆད་བག་ཡོད་པར་སྤྱོད་ཅིག་ཅེས་སྨྲས་སོ། །དེའི་དུས་ཀྱི་ཁྲམ་ཟེ་ནི་ལམ་པ། མནའ་མ་བཅུ་གཉིས་ནི་བཅུ་གཉིས་སྡེའོ། །དེའི་ཚེ་ཡང་གནོད་པ་བྱའོ་སྙམ་པ་ལས་ཕན་པ་བྱས་སོ། །ཞེས་བཀའ་སྩལ་ཏོ། །གནས་བརྟན་འདི་སྟོན་པས་ཕྱུག་བདར་གྱི་གདམས་ངག་ལ་བརྟེན་ནས་དགྲ་བཅོམ་པའི་གོ་འཕང་ལ་འགོད་པར་མཛད་པའི་ཚུལ་དེ་ལ། སྟོན་པའི་འཁོར་དུ་བྱོན་པའི་དགེ་སློང་རྣམས་ཀྱིས་འདི་ལྟར་ལམ་ཕྲན་བསྟན་འདི་གདམས་ངག་ཆུང་དུས་གྲོལ་བའི་རྒྱུ་གང་ལགས་ཞེས་ཞུས་པ་ན། སྟོན་པས་འདི་ལྟར་གསུངས་ཏེ། ལམ་ཕྲན་བསྟན་འདི་ད་ལྟར་གདམས་ངག་ཆུང་དུས་གྲོལ་བར་བྱས་པར་མ་ཟད། སྔོན་རི་བྲག་ཤིག་ན་ཁྱིམ་བདག་གཅིག་ལ་བུ་བྱུང་ནས། ཆུང་མ་ལ། བཟང་མོ། བདག་ཅག་ལ་བུ་ལོན་འཁྲོག་པ་བྱུང་གིས་ཕོ་བོ་ཟོང་ཐོགས་ཏེ་རྒྱ་མཚོར་འཇུག་གོ །ཞེས་སྨྲས་པ་ན། ཆུང་མ་དེས་དེ་བཞིན་དུ་མཛོད་ཅིག་ཅེས་སྨྲས་སོ། །དེ་ནས་དེས་བསམས་པ། ཆུང་མ་འདི་ལ་ཀར་ཤ་པ་ན་མང་པོ་གཏད་ན་སྐྱེས་པ་གཞན་དང་འགྱུར་བ་བསྟེན་པར་འགྱུར་རོ་སྙམ་ནས་ཀར་ཤ་པ་ན་ཙུང་ཟད་ཅིག་བྱིན། དེའི་ཆུང་མའི་གྲོགས་ཚོང་དཔོན་ཞིག་ལ་ཀར་ཤ་པ་ན་མང་པོ་གཏམས་ནས། ཕོ་བོའི་ཆུང་མ་ཟས་

གོས་ཉམས་ན་བྱིན་ཅིག་ཟེར་ནས་རྒྱ་མཚོར་ཞུགས་པ་དང་ཤིའོ། །བུ་དེ་ཆུང་མས་ཉེ་དུ་དང་ལག་མཐུས་བསྐྱེད་ནས་ཆེར་སྐྱེས་པ་དང་། མ། བདག་གི་ཕའི་ལས་གང་ཡིན། དེས་བཤད་ན་རྒྱ་མཚོར་སོང་དོགས་ནས་འདི་ཉིད་ན་ཚོང་བྱེད་པའོ། །གར་ཤ་པ་ན་བྱིན་ཅིག་བདག་གིས་ཀྱང་ཚོང་བྱའོ། །ཁྱོད་ཀྱང་ཉེ་དུ་དང་ལག་མཐུས་བསྐྱེད་ཀྱིས། (༡༢༧ན)ཁོ་མོ་ལ་གར་ཤ་པ་ན་ག་ན་ཡོད། ཚོང་དཔོན་འདི་ཁྱོད་ཀྱི་ཕའི་ཆུང་འགྲོགས་ཡིན་གྱི་འདི་ལས་པ་ན་ལོང་ལ་ལས་གྱིས་ཤིག །དེ་ཚོང་དཔོན་གྱི་གན་དུ་སོང་བ་དང་། ཚོང་དཔོན་དེ་ཡང་མི་ཞིག་གི་ལན་གསུམ་དུ་ཚོང་ལ་དོར་བྱས་པས་དེ་ལ་ནན་ཏུར་བྱེད་ཅིང་འདུག་པ་ན། དེའི་ཁྱིམ་ནས་བུ་མོ་མདག་གཞུག་མས་ཕྱུག་དར་གྱི་སྟེང་དུ་བྱི་བའི་རོ་ཞིག་བཞག་སྟེ། དོར་བར་བཙམས་པ་དང་། ཚོང་དཔོན་གྱིས་མི་དེ་ལ་སྨྲས་པ། གང་ནུས་པ་ཡིན་ན་བྱི་རོ་འདིས་ཀྱང་བདག་ཉིད་འཛིན་པར་ནུས་སོ། །ཞེས་སྨྲས་པ་ན། ཁྱེའུ་དེས་དེ་ཐོས་ནས། འདི་བདག་ཉིད་ཆེན་པོ་ཡིན་པས་བྱུང་རྒྱལ་དུ་མི་སླའོ་སྙམ་སྟེ་བྱི་རོ་ཁྱེར་ནས་ཚོང་དུས་སུ་སོང་ངོ་། །ཚོང་ཁང་དེ་ན་བྱི་ལ་ཞིག་བཏགས་འདུག་པ་ལ་བྱི་རོ་དེ་བསྟན་པས། དེས་མཚོང་བར་བཙམས་པ་དང་། ཚོང་པ་དེ་ན་རེ། བྱི་བའི་རོ་དེ་བྱི་ལ་འདི་ལ་བྱིན་ཅིག །རིན་དགོས་སོ། །དེས་དེ་ལ་སྲན་མ་དག་གིས་སྐྱིམ་པ་བཀང་ནས་བྱིན་ནོ། །བདག་གིས་འདི་འཚོས་ན་གཞི་འཆད་པར་འགྱུར་སྙམ་སྟེ། སྲན་མ་བརྔོས་ནས། ཆུ་གྲང་མོས་རིལ་བ་བཀང་སྟེ་ཤིང་ཐུན་ངལ་བསོ་བའི་ཕྱོགས་སུ་བསྡད་པ་དང་། ཤིང་ཐུན་དག་ལྷགས་པ་ལ་ཤིང་ཁུར་ཞོག་ལ་ཡུད་ཙམ་ཞིག་ངལ་གསོ་ཞིག །དེ་དག་གིས་ཤིང་ཁུར་བཞག་པ་དང་། དེས་དེ་དག་ལ་སྲན་མ་ཉུང་ཟད་རེ་བྱིན་ནས་ཆུ་གྲང་མོའང་འཐུང་དུ་བཅུག་གོ །ཤིང་ཐུན་རྣམས་ཀྱིས་སྨྲས་པ། ཁྱོད་གར་འགྲོ། ཤིང་འཐུ་རུ་འགྲོའོ། །ཁོ་བོ་ཅག་སྔར་དོང་ནའང་དུ་འཕོར་བ་ཡིན། ཁྱོད་སོང་ན་ནམ་འཕོར་བར་འགྱུར་ཞེས་དེ་དག་གིས་དེ་ལ་ཤིང་རེ་རེ་བྱིན་ནོ། །ཤིང་རེ་(༢༧བ)རེ་པོ་དེས་དེའི་ཤིང་ཁུར་ལོངས་

ནས་བཙོངས་ཏེ་སྨན་མ་ཉོས་ནས་བཟོས་ཏེ་ཆུ་གྲང་མོས་བུམ་པ་བཀང་ནས་ཡང་ཕྱོགས་དེར་བསྟད་པ་དང་། ཤིང་ཐུན་པ་ལྷགས་པ་ལ་སྨན་མ་དང་ཆུ་བྱིན་པས། ཤིང་ཐུན་པ་རྣམས་ན་རེ། ཁྱོད་སྨན་མ་དང་ཆུ་ཐོགས་ལ་འདིར་སྡོད་ཅིག །ཁོ་བོ་ཅག་གིས་གོང་ཤིང་ཁྱེར་ཏེ་འོང་ངོ་། །དེས་ཉེ་མ་རེ་རེ་བཞིན་དེ་བཞིན་དུ་བྱས་ནས་ཁྱེད་ཅག་ཤིང་ཁུར་ཆོང་དུས་སུ་མ་ཁྱེར་བར་ཁོ་བོའི་ཁྱིམ་དུ་ཞོག་ཅིག །རིན་བསྡོམས་ཏེ་སྦྱིན་ནོ། །དེ་དག་གིས་ཤིང་ཁུར་དེའི་ཁྱིམ་དུ་བཞག་གོ། དུས་གཅིག་ན་ཉེ་མ་བདུན་དུ་ཡུལ་དན་བྱུང་སྟེ། དེས་ཤིང་བཙོངས་པས་ཁེ་སྤོགས་མང་པོ་གྲུབ་བོ། །དེས་བསམས་པ། ཤིང་འཚོང་བ་ནི་ཐ་ཆད་ཡིན་ཏེ། ཅན་དན་གྱིས་འཚོ་ནའང་ཤིང་གིས་འཚོ་བར་ཟད་པས་བཟའ་བཅའ་བཙོང་ངོ་སྙམ་ནས་བཙོངས་པས་ཁེ་སྤོགས་མང་པོ་གྲུབ་བོ། །དེ་བཞིན་དུ་སྤོས་དང་། དབྱིག་བཙོངས་པས་དབྱིག་བཙོང་བ་ཐམས་ཅད་ཟིལ་གྱིས་མནན་པས། མིང་བྱི་དབྱིག་པ་ཞེས་བྱ་བར་གྱུར་ཏོ། །དེའི་ཚེ་དབྱིག་འཚོང་བ་དག་ན་རེ། མི་སྣང་པོ་ཆེའི་གཉའ་བར་ཞོན་ནས་རྟའི་རྒྱབ་ཏུ་ཞོན། དེ་ནས་རྐང་གིས་འགྲོ་བ་བཞིན་དུ་བྱི་དབྱིག་པ་འདི་ཡང་ཕ་མེས་རྒྱ་མཚོར་གྲུ་བོ་ཆེ་སྤྱོད་པ་ལས། ད་ལྟ་དབྱིག་འཚོང་ངོ་ཞེས་ཟེར་བ་བྱི་དབྱིག་པས་ཐོས་ནས་མ་ལ་དྲིས་པས་འདིས་འགའ་ཞིག་ལས་ཐོས་ཀྱིས་བདག་གིས་རྫུན་སྨྲ་བ་ཚུལ་མིན་ནོ་སྙམ་ནས། བདེན་ནོ། །བདག་ཀུང་རྒྱ་མཚོ་ཆེན་པོར་འཇུག་གོ །བུ། འདི་ཉིད་དུ་འདུག་ཅིག་ཡང་ཡང་ཞུས་པས་གནང་བ་དང་། བྱི་དབྱིག་པས་ཚོང་པའི་ཚོགས་ལ་ཁྱེད་ཅག་ཤ་གམ་དང་། ལ་གཅན་དང་། (༧༢༨ན)གྲུ་བཙས་མེད་པར་རྒྱ་མཚོར་འཇུག་པར་སྒྲོ་བ་དེས་རྒྱ་མཚོར་འཇུག་པའི་ཟོང་སྣ་གོན་གྱིས་ཤིག །ཅེས་དྲིལ་བསྒྲགས་སོ། །དེ་ནས་ཚོང་པ་ལྔ་བརྒྱས་སྣ་གོན་བྱས་ནས་དགེ་མཚན་དང་བཀྲ་ཤིས་དང་དགེ་བར་འགྱུར་བ་བྱས་ཏེ། ཁལ་པ་མང་པོ་ལ་ཁལ་བཀལ་ནས་རྒྱ་མཚོར་འཕགས་སོ། །དེ་ལ་མི་ལྔ་ཡོད་དེ། བཟའ་བཏུང་སྦྱོར་བ་སྟུད་པར་བྱེད་པ་དང་། རྗོད་པ་ཞི་བར་བྱེད་

པ་ཚར་གཅོད་པ་དང་། གྲུ་འཆོས་པ་བྱི་དོར་བ་དང་། རླུང་གཡོར་ཐོགས་པ་དང་།
རྒྱ་སྐར་ལ་ལྟ་བ་སྟེ་ལྔའོ། །མཐར་གྱི་རྒྱ་མཚོའི་འགྲམ་དུ་ཕྱིན་པ་དང་། ཚོང་པ་དེ་
དག་གིས་རྒྱ་མཚོ་ཆེན་པོ་མཐོང་ནས་སྐྲག་སྟེ་གྲུ་བོ་ཆེར་འཇུག་མི་སྤྲོ་ནས། དེད་
དཔོན་གྱིས་རླུང་གཡོར་ཐོགས་པ་ལ་རྒྱ་མཚོའི་བརྟགས་པ་ཇི་ལྟ་བ་བཞིན་དུ་སྨྲོགས་
ཤིག་ཅེས་སྨྲས་པ་ན། རླུང་གཡོར་ཐོགས་པ་དེས། འཛམ་བུ་གླིང་པའི་ཚོང་པ་ཤེས་
ལྡན་དག་ཉོན་ཅིག །རྒྱ་མཚོ་ཆེན་པོ་འདི་ན་ནོར་བུ་དང་། བཻ་ཌཱུརྻ་དང་། མན་ཤེལ་
དང་། བྱུ་རུ་དང་། དངུལ་དང་། ས་ལེ་སྦྲམ་དང་། རྡོའི་སྙིང་པོ་དང་། སྤུག་དང་།
ཨུ་ཧྲིག་དམར་པོ་དང་། གཡས་སུ་འཁྱིལ་བ་དག་ཡོད་ཀྱིས་སུ་ཕ་མ་ལ་སོགས་པ་
ལེགས་པར་བདེ་བས་ཚེམ་པར་བྱ་བ་དང་། དགེ་སྦྱོང་དང་བྲམ་ཟེ་ལ་ཡོན་འབུལ་
བར་འདོད་པ་དེས་རྒྱ་མཚོ་ཆེན་པོར་ཞུགས་ཤིག །འཇིག་རྟེན་ན་འབྱོར་པ་འདོད་
པ་མང་བས་ཕལ་ཆེར་ཞུགས་ནས་གྲུས་མི་བཟོད་པར་གྱུར་པ་དང་། དེད་དཔོན་
གྱིས་རླུང་གཡོར་ཐོགས་པ་ལ་རྒྱ་མཚོའི་བརྟགས་པ་མ་ཡིན་པ་བརྗོད་ཅིག །ཅེས་
སྨྲས་པ་ན། དེས། ཀྱཻ་ཤེས་ལྡན་དག་ཉོན་ཅིག །རྒྱ་མཚོ་ཆེན་པོ་ན་ཉ་ཆེན་དང་།
ཉ་ཆེན་མིད་དང་། ཉ་ཆེན་མིད་མིད་དང་། (༧༢༨བ)ཆུ་རླབས་དང་། ཐ་གློང་དང་།
ཆུ་སྲིན་ཀུ་བྷི་ར་དང་། ཆུ་སྲིན་བྱིས་པ་གསོད་དང་། ཆུའི་རིལ་ཐུག་པ་དང་། རླུང་
ནག་པོ་དང་། ཆོམ་རྐུན་པ་ནོར་འཕྲོག་པ་དག་གིས་ཁྱེད་ཅག་སྲོག་དང་འབྲལ་བར་
འགྱུར་གྱི། བདག་དང་། ཕ་མ་དང་། གཉེན་འདོད་པ་དེ་མ་འཇུག་ཅིག །ཅེས་
བསྒྲགས་པ་ན། འཇིག་རྟེན་ན་སྤར་མ་མང་བས་ཕལ་ཆེར་ཕྱིར་བྱུང་བ་དང་། དེ་
ནས་གྲུས་བཟོད་ནས། ཉེག་ཐག་དཀྲོལ་ཏེ་གྲུ་བོ་ཆེ་རླུང་གཡོར་ཆེན་པོ་ཐོགས་པས་
ལེགས་པར་བཟུང་བ། རླུང་གིས་སྟོབས་ཀྱིས་བསྐྱོད་པ་སྤྲིན་ཆེན་པོ་བཞིན་དུ་སོང་
སྟེ། རྗེས་སུ་མཐུན་པའི་རླུང་གིས་ཕྱུལ་ནས་རིན་པོ་ཆེའི་གླིང་དུ་ཕྱིན་པ་དང་། རླུང་
གཡོར་ཆེན་པོ་ཐོགས་པས། ཤེས་ལྡན་དག་ཉོན་ཅིག །འདི་ན་ནོར་བུ་མཆིང་བུ་རིན་

པོ་ཆེ་འདྲ་བ་དག་ཡོད་པས། བརྟགས་ཤིང་བརྟགས་ཤིང་ཕྱིས་འགྱོད་པར་མི་འགྱུར་བར་རིན་པོ་ཆེ་ལོང་ཞིག །འདི་ན་སྲིན་མོ་ཁྲུང་ཁྲུང་གཞོན་ནུ་མ་ཞེས་བྱ་བ་ཡོད་པ་དེས་སྐྱེས་པ་རྣམས་མ་རུང་བར་བྱེད་པས་བསླེན་པར་མི་བྱའོ། །སྐྱོས་པར་འགྱུར་བའི་འབྲས་བུ་དག་ཡོད་པས། དེ་ཟོས་ན་ཞག་བདུན་སྐྱོས་པར་འགྱུར་བས་མི་བཟའོ། །འདིར་ཞག་བདུན་ལས་འདས་པར་འཕོར་ན་མི་མ་ཡིན་གྱིས་མི་བཟོད་པས་གྲུ་བོ་ཆེ་རླུང་གིས་འཁྱེར་བས་དེ་ལ་མ་ཐུག་པར་བྱའོ། །ཚོང་པ་རྣམས་ཀྱིས་བག་ཡོད་པས་རིན་པོ་ཆེ་ལེགས་པར་བརྟགས་ཤིང་གྲུ་བོ་ཆེ་བཀང་ནས། མཐུན་པའི་རླུང་གི་བདས་ཏེ་འཛམ་བུ་གླིང་དུ་ཕྱིན་ཏོ། །དེ་ལྟར་ལན་བདུན་གྲུབ་ནས་འབྱོར་པ་རྒྱ་ཆེན་པོ་དང་ལྡན་པར་གྱུར་པ་ན། མས། ཁྱིམ་ཐབ་ཅིག །ཅེས་སྨྲས་པ་ན་ཚོང་དཔོན་བྱི་དབྱིག་པས་བུ་(༧༢༩ན)ཡོན་བཅལ་ནས་དབུབ་བོ། །ཞེས་བརྗོད་པ་ན། མས། ཕ་དང་མེས་པོ་ནས་བུ་ཡོན་མེད་ན་བུ་ཡོན་གང་ནས་བྱུང་། མ། ཁོ་བོ་ཉིད་ཤེས་སོ་ཞེས་རིན་པོ་ཆེ་སྣ་བཞི་ལས་བྱས་པའི་བྱི་བ་བཞི་བྱེད་དུ་བཅུག །སྲོག་མ་གསེར་གྱིས་བཀང་སྟེ་བྱི་བ་བཞི་པོ་ཕྱོགས་བཞིར་བཞག་ནས་ཚོང་དཔོན་གན་དུ་སོང་བ་དང་། དེ་བྱི་དབྱིག་པའི་བསྟུགས་པ་བརྗོད་ཅིང་འདུག་སྟེ། དེས་རྫ་དང་བོང་བ་ལ་སོགས་པ་བླངས་པ་ཐམས་ཅད་གསེར་དུ་འགྱུར་ཏེ། བསོད་ནམས་དང་དབང་ཆེ་བར་གྲགས་པ་ལ་ལྟོས་ཟེར་རོ། །དེ་སྔོ་ན་འདུག་པ་སྔོ་བས་བརྗོད་པ་དང་། ནང་དུ་ཐོང་ཞིག །དེས་ནང་དུ་ཞུགས་ནས། ཚོང་དཔོན་འདི་ནི་གཞི་ལགས། འདི་ནི་ཁེ་ཕྱོགས་ལགས་ཀྱིས་བཞེས་ཤིག །ངས་ཅི་ཡང་བྱིན་པ་མི་དྲན་ནོ། །དེས་དྲན་པར་བྱས་པ་དང་། ཁྱོད་སུའི་བུ་ཡིན། ཆེ་གེ་མོའི་བུའོ། །འོ་ན་དེ་ངའི་ཚུང་གྲོགས་ཡིན་པས། དེས་ང་ལ་པ་ན་བཙོལ་བ་ཡོད་ཀྱི་ཟེར་ནས། གསེར་གྱི་རིལ་བ་ཆུས་བཀང་བའི་མཆོད་ཡོན་གྱིས་བསུ་སྟེ། དེ་ལ་བུ་མོ་རྒྱན་གྱིས་བརྒྱན་པ་ཆུང་མར་བྱིན་ནོ། །དེའི་དུས་ཀྱི་ཚོང་དཔོན་ནི་ངའོ། །བྱི་དབྱིག་པ་ནི་ལམ་པ་ཡིན་ཏེ། དེའི་ཚེ་གདམས་ངག

ཅུང་ཞིག་གིས་དབང་ཕྱུག་གི་བདག་པོར་བཞག་ལ། ད་ལྟ་གདམས་ངག་ཅུང་ཟད་ཕྱིན་པས་མྱུར་འདས་ལ་བཞག་གོ །ཡང་དགེ་སློང་རྣམས་ཀྱིས་སྟོན་པ་ལ་ཞུས་པ། ལམ་ཕྲན་བསྟན་འདི་ཐོག་མར་དབང་པོ་ཤིན་ཏུ་བུལ་བ་འདི་ལྟར་འབྱུང་བའི་རྒྱུ་གང་ལགས། ཞེས་ཞུས་པས། བཅོམ་ལྡན་འདས་ཀྱིས་བཀའ་སྩལ་པ། འདི་འོད་(༧༢༩བ)སྲུངས་ཀྱི་བསྟན་པ་ལ་དགེ་སློང་སྡེ་སྣོད་གསུམ་པར་གྱུར་ཏེ། ཆོས་ཀྱི་སེར་སྣས་ཆོས་ཚིག་གཅིག་ཙམ་ཡང་མ་བསྟན་ཏོ། །ཡང་རི་བྲག་ཤིག་ན་ཕག་ཚོང་ཞིག་འདུག་སྟེ། ཆུ་ཀླུང་གི་ཕར་ཚུར་དུ་དུས་སྟོན་བྱུང་སྟེ་ཕག་ཚོང་དེས་བསམས་པ། ཕག་དག་བསད་ན་ཤ་དེ་སྙེད་ཙ་མི་མི་འོང་གིས་གསོན་པོར་ཁྱེར་ནས་འཕྲལ་ལ་བསད་ཅིང་བཙོང་ངོ་སྙམ་སྟེ། ཕག་མང་པོ་སྤྲེལ་ནས་གྲུར་བཙུད་པ་དང་། དེ་དག་གིས་བསྐྱོད་པས་གྲུ་ཛིབ་ནས་ཕག་ཚོང་བ་ཡང་ཆུས་ཁྱེར་བ་ན། དེའི་ཕར་འགྲམ་ན་རང་རྒྱལ་ལྔ་བརྒྱ་ཙམ་འཁོད་པའི་གཅིག་གིས་དེ་དྲངས་ཏེ་བྱེ་མ་བརྫལ་བའི་སྟེང་དུ་ཁ་བུག་ཏུ་བཞག་པས་བསོས་ཏེ་དྲན་པ་རྙེད་ནས་ལངས་པ་དང་མིའི་རྐང་རྗེས་མཐོང་ནས་དེའི་རྗེས་སུ་སོང་བ་དང་། རང་སངས་རྒྱས་ལྔ་བརྒྱ་མཐོང་ནས་དེ་དག་ལ་ལོ་མ་དང་འབྲས་བུ་དང་སོ་ཤིང་གིས་བསྙེན་བཀུར་བས་དེ་དག་གིས་ལྟུང་བཟེད་ཀྱི་ལྷག་མ་བྱིན་ནོ། །རང་སངས་རྒྱས་དེ་དག་སྐྱིལ་ཀྲུང་བཅས་ཏེ་བསམ་གཏན་བྱེད་པ་ན་དེ་ཡང་མཐའ་གཅིག་ཏུ་འདུག་ནས་སྐྱིལ་ཀྲུང་བཅས་ཏེ་བསམ་གཏན་བྱས་པས་འདུ་ཤེས་མེད་པའི་སྙོམས་འཇུག་བསྐྱེད་ནས་འདུ་ཤེས་མེད་པའི་ལྷར་སྐྱེས་སོ། །ཆོས་ཀྱི་སེར་སྣ་དང་། ཕག་བསད་པ་དང་། འདུ་ཤེས་མེད་པའི་ལྷ་ནས་སྐྱེས་པས་བུལ་བ་ཡིན་ནོ། །དེ་བས་ན་གདམས་ངག་མེད་པ་ལ་ཉེས་དམིགས་འདི་དང་གཞན་དག་ཀྱང་ཡོད་པས་གདམས་ངག་མེད་པར་བསྒོམ་པར་མི་བྱའོ། །ཞེས་བཀའ་སྩལ་ཏོ། །སྟོན་པ་མཉན་ཡོད་ནས་རྒྱལ་པོའི་ཁབ་ཏུ་གཤེགས་པ་འཚོ་བྱེད་ཀྱིས་ཐོས་ནས་སྟོན་པའི་སྤྱན་སྔར་སོང་སྟེ་སང་བདག་གི་སྟུམ་པར་བསོད་སྙོམས་(༧༣༠ན)གསོལ་བར་

ཅི་གནང་། སྟོན་པ་ནི་བསླེན་པར་དཀའ་བ་དང་བཟོད་པར་དཀའ་བ་ཡིན་པས་མ་ནུས་པར་ཀུན་དགའ་བོ་ལ་ལམ་པ་མ་གཏོགས་སོ་ཞེས་ཞུས་སོ། །ཀུན་དགའ་བོས་ཀྱང་ལམ་པ་ལ་དེ་ལྟར་གོ་བར་བྱས་སོ། །སང་སྤྱན་དྲངས་ནས་གདན་ལ་བཞུགས་པ་ན་བཅོམ་ལྡན་འདས་ཀྱིས་ཀུན་དགའ་བོ་ལམ་པའི་ཕྲུག་རིས་ཞོག་ཅིག་ཅེས་བཀའ་སྩལ། དེ་ནས་འཚོ་བྱེད་གསེར་གྱི་རིལ་པ་ཐོགས་ཏེ་ཆན་པའི་མཐར་འདུག་པ་དང་། སྟོན་པས་ཆབ་མ་བཞེས་སོ། །འཚོ་བྱེད་ཀྱིས་བཅོམ་ལྡན་འདས་ཅིའི་སླད་དུ་ཆབ་མི་བཞེས་ཞེས་ཞུས་པ་ན་བཅོམ་ལྡན་འདས་ཀྱིས་དགེ་འདུན་མ་ཚོགས་སོ། །སྨྲ། ལམ་པའོ། དེ་བདག་གི་གཡར་མ་དྲངས་སོ། །ཁྱོད་ཀྱིས་སངས་རྒྱས་ལ་སོགས་པ་དགེ་སློང་གི་དགེ་འདུན་སྤྱན་མ་དྲངས་སམ། སྤྱན་དྲངས་ལགས་སོ། །ཅི་ལམ་པ་དགེ་འདུན་ལས་ཕྱི་རོལ་ཏུ་གྱུར་པ་ཡིན་ནམ། མ་ལགས་སོ། །སོང་ལ་ཐོས་ཤིག །ཐོས་ལ་གུས་པར་མི་བྱའོ་སྙམ་ནས་འཐོད་དུ་བཏང་བས། མངགས་པས། ལམ་པ། ཞེས་ཐོས་པ་དང་སྟོང་ཉིས་བརྒྱ་ལྔ་བཅུ་སྤྲུལ་ནས་ཐམས་ཅད་ཀྱིས། ཨང་ཞེས་ལན་བཏབ་བོ། །མི་དེ་འོངས་ཏེ་འཚོ་བྱེད་ལ་སྨྲས་པ། བདག་གིས་ཕྱིན་ནས། ལམ་པ་ཞེས་ཐོས་པ་ན་འོད་མའི་ཚལ་ན་སྟར་དགེ་སློང་གང་ཞིག་འཁོད་པ་བཞིན་དུ་དགེ་སློང་དག་གིས་གང་ཞིང་འཁོད་ནས། ཨང་ཞེས་ཟེར་ན་གང་འབོད། འཚོ་བྱེད་ཀྱིས་སྟོན་པ་ལ་གསོལ་པ་དང་། སོང་ལ། ལམ་པ་ཡང་དག་པ་གང་ཡིན་པ་དེ་ཉོག་གྱིས་ཤིག །དེ་སོང་ནས་ལམ་པ་ཡང་དག་པ་དེ་གཤེགས་སུ་གསོལ། ཞེས་བརྗོད་པ་ན། ལམ་པས་རྫུ་འཕྲུལ་བསྡུས་(༧༣༠བ)ནས་སོང་སྟེ་རང་གི་ཕྲུག་རིས་སུ་འདུག་གོ །འཚོ་བྱེད་ཀྱིས་སངས་རྒྱས་ལ་སོགས་པ་དགེ་སློང་གི་དགེ་འདུན་ལ་ཟས་བྲིམས་ནས། ལམ་པ་ལ་མ་གུས་པར་བྲིམས་སོ། །སྟོན་པས། ཉན་ཐོས་ཆེན་པོ་རི་རབ་དང་འདྲ་བ་ལ་བརྙས་ཀྱིས་འདིའི་ཡོན་ཏན་སྐྲག་གོ་སྙམ་ནས། ཀུན་དགའ་བོ་ལྷུང་བཟེད་ལེན་པ་ལ་མ་བྱིན་ནོ། །སྟོན་པའི་ལྷུང་བཟེད་མ་བླངས་པར་གནས་བརྟན་དག་གི་ལྷུང་བཟེད་མི་

ཞེན་པས། ལམ་པས་རང་གི་ཡོན་ཏན་བསྒྲག་བཞེད་པར་ཤེས་ནས། སྟོན་ཕྱིད་ལས་འཕགས་ཏེ་ལག་པ་སྣང་པོ་ཆེའི་སྣ་ལྕ་བུ་བརྐྱང་ནས་སྟོན་པའི་ལྷུང་བཟེད་བླངས་པ་དང་འཚོ་བྱེད་ཀྱིས་མཐོང་སྟེ། རྫུ་འཕྲུལ་སྟོན་པ་འདི་སུ་ཡིན་སྙམ་ནས་ལྷུང་བཟེད་ཀྱི་རྗེས་བཞིན་སོང་བ་དང་ལམ་པ་ཡིན་པར་མཐོང་སྟེ། དེ་བརྒྱལ་ནས་ས་ལ་འགྱེལ་བ་དང་། ཆུས་བཏབ་པས། དྲན་པ་སོས་ནས་ལམ་པའི་རྐང་པ་གཉིས་ལ་གཏུགས་ཏེ་བཟོད་པར་གསོལ་ལོ། །ལམ་པས། འཚོ་བྱེད། བཟོད་དོ། །དགེ་སློང་རྣམས་ཀྱིས་ཞུས་པ། འཚོ་བྱེད་ཀྱིས་ལམ་པའི་ཡོན་ཏན་མ་ཤེས་ཀྱི་བར་དུ་མ་གུས་ལ། ཤེས་ནས་རྐང་པ་གཉིས་ལ་གཏུགས་ཏེ་བཟོད་པ་གསོལ་བ་ལ་གཟིགས། བཅོམ་ལྡན་འདས་ཀྱིས་བཀའ་སྩལ་པ། དེ་ལྟར་དུ་མ་ཟད་དོ། །སྔོན་བྱུང་ལམ་ནས་དེད་དཔོན་ཞིག་གིས་རྟ་ལྔ་བརྒྱ་བདས་ནས་ཡུལ་དབུས་སུ་ཕྱིན་ཏོ། །དེའི་རྒོད་མའི་མངལ་དུ་རྟ་ཅང་ཤེས་ཤིག་ཞུགས་པ་ཕྱིན་ཚད་རྟ་དེ་དག་སྐད་མི་འབྱིན་པས་དེད་དཔོན་གྱི་བསམ་པ་ལ། རྟ་རྣམས་ལ་ནད་འགའ་ཞིག་བྱུང་ངམ་ཅི་ཡིན་སྙམ་མོ། །དེ་ནས་རྒོད་མ་དེ་ལ་རྟེའུ་ཕོ་ཞིག་བྱུང་ནས་རྟ་དེ་དག་སྣ་སྒྲ་མི་འབྱིན་པས། དེད་དཔོན་གྱིས། རྟེའུ་སྐལ་ཆད་འདི་བྱུང་བས་ཉེས་ཏེ་རྟ་ལ་ནད་བྱུང་(༧༣༧ན)ངོ་སྙམ་ནས་རྒོད་མ་དེ་རྟག་ཏུ་ཞོན་ཞིང་། རྩྭ་དང་ཆག་ཀྱང་མི་སྦྱིན་ནོ། །དེ་རིམ་གྱིས་མཆོད་གྱུར་ཅེས་བྱ་བའི་གནས་སུ་ཕྱིན་པ་དང་དབྱར་ལ་བབ་ནས། ད་སོང་ན་རྟའི་རྨིག་པ་འདྲུལ་བས་དབྱར་འདི་ཉིད་དུ་འདུག་གོ་སྙམ་སྟེ་དེ་ཉིད་དུ་འདུག་གོ །དེ་ན་གནས་པའི་བཟོ་བོ་དག་གིས་དེ་ལ་རང་རང་གིས་བཟོས་བསྙེན་བཀུར་བྱས་སོ། །དེ་འགྲོ་བའི་ཚེ་བཟོ་བོ་དག་ལ་བགོ་བཤའ་བྱས་སོ། །རྫ་མཁན་ཞིག་ཀྱང་དེའི་གན་དུ་སོང་བ་དང་། དེད་དཔོན་དེས་མཐོང་ནས། ཁྱོད་ཏ་ཅང་འཕྲིས་པས་ངའི་པ་ན་ཐམས་ཅད་བྱིན་ཟིན་ཏོ། །རྟེའུ་དེ་ལ་བཀྲ་མི་ཤེས་པའི་བློ་བསྐྱེད་པས། རྟེའུ་འདི་འདོད་ན་ཁྱེར་ཅིག །མ་ནོངས་ཏེ་འདིས་རྫ་མ་གཅིག་གོ །རྟེའུ་དེས་རྫ་མཁན་གྱི་རྐང་པ་གཉིས་ལ་བལྡགས་པ་དང་།

ཧེའུ་དེ་ལ་ཆགས་ནས་རང་གི་ཁྱིམ་ལ་ཁྲིད་དོ། །ཆུང་མས་སྨྲས་པ། ཇོའི་སྲས་ཁྱོད་ཀྱིས་དེ་ལས་ཅུང་ཟད་ཐོབ་བམ། ཧེའུ་འདི་ཐོབ་བོ། །འདིས་ཇ་མ་གཅིག་གོ་བྱས་པས། ཧེའུ་དེས་དེའི་རྐང་པ་གཉིས་ལ་བལྡགས་པ་དང་། དེ་ཡང་ཆགས་སོ། །ཧེའུ་དེ་ཇ་སོ་བཏང་བ་དང་མ་བཏང་བ་དག་གི་ནང་དུ་འགྲོ་བ་ན་འགའ་ཡང་མི་གཅོག་པ་དང་། ཇ་མཁན་གྱིས་ཆུང་མ་ལ་སྨྲས་པ། ཧེའུ་བཟང་པོ་ཞིག་སྐྱེ་ཤེས་བཞིན་དུ་འགྲོའོ། །ཇ་མཁན་དེས་ཡོན་དུ་སོང་བ་དང་ཧེའུ་དེ་ཡང་ཕྱི་བཞིན་འབྲངས་ཏེ་འོང་ངོ་། །དེས། སས་སྦྲོ་བ་བཀང་བ་དང་། ཧེའུ་དེས་རྒྱབ་བཟེད་ནས་བཀལ་ཏེ་འོངས་པ་དང་། དེས་ཆུང་མ་ལ་སྨྲས་པ། ཧེའུ་འདི་བཟང་པོ་ཞིག་སྐྱེ། ཁོ་བོས་ཕྱིན་ཆད་འཁུར་དགོས་པར་མི་འགྱུར་རོ། །ཁོ་བོས་ས་དག་བཀལ་ནས་བཏང་བར་བྱ་ཡི་ཁྱོད་ཀྱིས་འདིར་ཐོབ་ཅིག་ཟེར་ནས་ཕུབ་མ་དང་སྲན་ཕུབ་བྱིན་ནོ། །དེའི་ཚེ་ཝ་ར་ཎ་སི་ན་(༧༣༧བ)རྒྱལ་པོ་ཚངས་བྱིན་ཞེས་བྱ་བ་རྒྱལ་སྲིད་བྱེད་པ་ན་དེའི་རྟ་ཅང་ཤེས་ཤི་ནས་ཉེ་འོག་གི་རྒྱལ་པོ་རྣམས་ཀྱིས་ཐོས་པ་དང་། རྒྱལ་པོ་ཚངས་བྱིན་ལ་ཡང་ན་རྒྱུ་དཔྱ་བཙོལ། ཡང་ན་ཕྱི་རོལ་ཏུ་མ་འབྱུང་ཞིག །དེ་ལྟར་མི་བྱེད་ན་གཉའ་བ་ནས་བཏགས་ཏེ་བཀྲིའོ་ཞེས་སྤྲིངས་པས། རྒྱལ་པོ་ཚངས་བྱིན་དཔྱ་འཇལ་བར་ཡང་མི་བྱེད། ཕྱི་རོལ་ཏུ་ཡང་མི་འགྲོའོ། །དེད་དཔོན་དེའང་ཝ་ར་ཎ་སིར་ཕྱིན་པ་རྒྱལ་པོས་ཐོས་ནས་བློན་པོ་རྣམས་ལ་སྨྲས་པ། རྟ་ཅང་ཤེས་ཚོལ་ཅིག །དེད་དཔོན་གྱི་གན་དུ་སོང་ནས་རྟ་དེ་དག་མཐོང་བ་ན། གཅིག་ལ་གཅིག་སྨྲས་པ། རྟ་འདི་དག་ཅང་ཤེས་ཀྱིས་བཏུལ་བ་ཤ་སྟག་ཡིན་ན། འདི་ན་རྟ་ཅང་ཤེས་ནི་མི་སྣང་ངོ་། དེ་དག་གིས་རྐོད་མ་དེ་མཐོང་ནས། རྐོད་མ་འདི་ལས་རྟ་ཅང་ཤེས་བྱུང་ན་དེ་མི་སྣང་ངོ་། །དེད་དཔོན་ལ། ཁྱོད་ཀྱིས་རྟ་འགའ་ཞིག་བཙོངས་པའམ་གཞན་ལ་བྱིན་པ་ཡོད་དམ། མ་བཙོངས་སོད། མཆོད་པར་གྱི་གནས་སུ་ཧེའུ་ཞིག་བཀྲ་མི་ཤེས་སོ་སྙམ་ནས་ཇ་མཁན་ཞིག་ལ་བྱིན་ནོ། །དེ་དག་གིས་གཅིག་ལ་གཅིག་སྨྲས་པ། དེད་དཔོན་འདི་ནི་གླུན་པོ་ཞིག་

སྐྱེ། སྙིང་པོ་བོར་ནས་སྙིགས་མ་དག་དེད་དེ་འདིར་འོངས་སོ། །དེ་དག་གིས་རྒྱལ་པོ་ལ་ཞུས་ཏེ་མཆོད་ཀྱུར་དུ་ཕྱིན་ནས་ཛ་མཁན་ལ། ཁྱོད་ལ་རྗེའུ་འདྲིས་ཅི་བྱ། ཁོ་བོ་ས་འགེལ་ལོ། །ཁོ་བོ་ཅག་གིས་བོང་བུ་སྒྲིན་གྱིས། ཁོ་བོ་ཅག་ལ་འདི་བྱིན་ཅིག །ཁོ་བོ་ལ་འདི་ཉིད་མཁོའོ། །སྣང་བཞི་དང་ལྡན་པའི་ཤིང་རྟ་བྱིན་ནོ། །འདི་ཉིད་མཁོའོ། །དེ་དག་གིས་སྨྲས་པ། གྲོས་གྱིས་ཤིག །བདག་ཅག་སང་འོང་ངོ་ཟེར་ནས་སོང་ངོ་། །འཇིག་རྟེན་ཆགས་ནས་རིང་པོ་མ་ལོན་པའི་ཚེ་དུད་འགྲོས་ཀྱང་སྨྲ་ཤེས་པས། (༧༣༢ན)རྗེའུ་དེས་ཛ་མཁན་ལ་སྨྲས་པ། དེ་དག་ཅི་འདོད། ཁྱོད་འདོད་དོ། །ཅིའི་ཕྱིར་མི་སྦྱིན། ཁྱོད་ཀྱི་སྙིང་ལམ་ན་ཁོ་བོ་ཛེ་སྲིད་འཚོའི་བར་དུ་ཁྱོད་ཀྱི་ཁལ་བྱེད་ཅིང་ཕུབ་མ་དང་སྲན་ཕུབ་ཟ་སླམ་མམ། ཁོ་བོས་རྒྱལ་པོ་རྒྱལ་རིགས་སྤྱི་བོར་དབང་བསྐུར་བ་བཀུར་ཞིང་། གསེར་གྱི་སྣོད་ནས་བཟའ་བཅའ་ཟེལ་མངར་གྱིས་གཙིན་པ་དག་བཟའ་བར་བྱ་དགོས་སོ། །དེ་དག །རྗེའུ་ཟེར་ན་དེ་དག་ལ། རྟ་ཅང་ཤེས་ཞེས་བརྗོད་པ་ངོ་ཚའམ་ཞེས་བརྗོད་ཅིག །རིན་གྱི་ཕྱིར་བྱིན་ཅིག་ཟེར་ན། ཡང་ན་གསེར་འབུམ་བྱིན་ཅིག །ཡང་ན་འདིའི་བརླ་གཡས་པས་གསེར་ཛེ་ཙམ་འདྲེན་ནུས་པ་བྱིན་ཅིག་ཅེས་བརྗོད་ཅིག །ནངས་པར་སློན་པོ་བྱུང་བ་ལ་དེ་ལྟར་བྱས་པས། དེ་དག་གིས་བསམས་པ། གླེན་པ་འདྲིས་འདི་རྟ་ཅང་ཤེས་ཡིན་མིན་ཅི་ཤེས། རྟ་འདི་ཉིད་ཀྱིས་སྨྲས་སོ་སླམ་ནས། རྟ་ཅང་ཤེས་སམ་རྗེའུ་ཡིན་ཡང་རུང་གི་རིན་ཅི་ཕྱིར་བྱིན་ཅིག་ཅེས་ཟེར་བ་ན། ཛ་མཁན་གྱིས་སྨྲས་པ། ཡང་ན་གསེར་འབུམ་བྱིན་ཅིག །ཡང་ན་འདིའི་བརླ་གཡས་པས་ཛེ་ཙམ་འདྲེན་ནུས་པའི་གསེར་བྱིན་ཅིག །གསེར་འབུམ་བྱིན་ནས་རྟ་དེ་ཁྲིད་དེ་རྟ་བྲེས་ཀྱི་དང་པོར་བཏགས་ནས་རྩྭ་དང་ཆག་བྱིན་པ་དང་མི་ཟའོ། །རྒྱལ་པོས་སྨྲས་པ། འདི་མི་ནའམ། ན་བ་མ་ལགས་ཏེ་འདི་ཉིད་ལ་དྲིའོ་ཞེས་འདུལ་སྐྱོང་བས་སྨྲས་པ། མགྱོགས་འགྲོ་གང་ཚེ་རན་ཆས་ཆུ་མེད་པའི། །ཛ་མཁན་བྲིས་ན་མགོ་བསྐམས་རུས་པགས་ཙམ། །རང་སོས་བཏུབ་པའི་རྩྭ་དག་ཟ་བ་

སེམས། །དེ་ཚེ་མང་པོས་ཁྱོད་ལ་(༧༣༢བ)བསམས་མ་གྱུར། །འདི་ན་མགྱོགས་པ་སྟོང་གི་ཐོག་འདྲེན་ཅིང་། །རྒྱལ་པོས་ཆིབས་རན་མཆོག་དག་ཉེར་བསྟབས་པ། །ཅི་ཕྱིར་མི་ཟ་དྲིས་པ་བདག་ལ་སྨྲོས། །རྟས་སྨྲས་པ། འདིར་ཁྱོད་ཁོ་བོའི་ཡོན་ཏན་དེ་ཉིད་ཤེས། །ཁོ་བོ་ཇི་བཞིན་ཁྱོད་ཀྱིས་མ་རིག་མིན། །མཁས་པས་བརྟས་ན་ས་སྟེང་མི་རྒྱུ་ཞིང་། །ཁོ་བོ་འདིར་ནི་མྱུར་དུ་ཤི་ཡང་སླ། །སྐྱེ་བོ་ངན་པས་ཡུན་རིང་བརྟས་གྱུར་ཀྱང་། །གལ་ཏེ་ཡོན་ཏན་ཁྱོད་ལྡན་དེ་བརྟས་མིན། །སྐྱེ་བོ་མཛངས་པས་སྐད་ཅིག་བརྟས་གྱུར་ན། །ཞི་བ་གལ་ཏེ་ཡོན་ཏན་དེ་བརྟས་ཡིན། །ཞེས་སྨྲས་པ། འདུལ་སྐྱོང་བས་རྒྱལ་པོ་ལ་སྨྲས་པ། །འདི་སྤྲོ་འཚལ་བ་མ་ལགས་ཀྱི། རིམ་པ་མ་བགྱིས་པས་ཟན་དང་ཆས་མི་ཟའོ། །རིམ་པ་ཇི་ལྟར་བགྱི། དཔག་ཚད་ཕྱེད་དང་གསུམ་ཙུན་ཆད་མཛེས་པར་བགྱི། བཙུན་མོ་དམ་པས་གསེར་གྱི་སྣོད་ནས་ཟིལ་མངར་གྱི་གཙིན་པའི་བཟའ་ཆས་ཀྱིས་བསྟབས་པར་བགྱི། བློན་པོ་དམ་པས་གསེར་གྱི་སྣོད་དུ་རྟག་པ་པོར་བར་བགྱིའོ། །རྒྱལ་པོས་སྨྲས་པ། ཅི་འདི་རྒྱལ་པོ་ཡིན་ནམ། དུས་ཐམས་ཅད་དུ་བགྱི་མི་འཚལ་ཏེ། དགུང་བདུན་གྱི་བར་དུའོ། །དེ་ནས་བཀའ་ཉན་པར་འགྱུར་རོ། །འདས་པ་གང་ལེགས་པ་ད་མི་བགྱིད་ཀྱང་ལྟག་མ་དེ་མཛད་དུ་གསོལ། །དེ་ནས་རྒྱལ་པོས་ཟངས་མའི་སླིགས་བུས་དཀྲི་བ་མན་ཆད་བྱས། རྒྱལ་པོ་སྐྱིད་མོས་ཚལ་དུ་འགྲོ་བ་ལ་ཙང་ཤེས་ཕུལ་བས་དེས་རྒྱབ་སྐད་ནས་རྒྱལ་པོ་ན་རེ། འདི་ནའམ། མིན་ཏེ་རྒྱལ་པོ་ཆིབས་དཀའ་སླམ་པའོ། །རྒྱལ་པོས་ཞོན་ཏེ་སོང་བ་དང་ཆུ་བྱུང་ནས་དེ་ལ་མི་འགྲོ་བ་དང་། འདི་མི་འཇིགས་སམ། མིན་ཏེ། ཆབ་ཀྱིས་(༧༣༣ན)རྒྱལ་པོ་གཤེར་ན་མི་ཙུང་སླམ་པའོ། །དེའི་ཕྱ་མ་གསེར་གྱི་སྦུབས་སུ་བཅུག་པ་དང་ཆུ་ལ་བརྒལ་ཏོ། །སྐྱིད་མོས་ཚལ་དུ་ཕྱིན་པ་དང་ཉི་འོག་གི་རྒྱལ་པོས་ཐོས་ནས་གྲོང་ཁྱེར་གྱི་སྒོ་དག་བཟུང་ངོ་། །དེ་ཐོས་ནས་ཙང་ཤེས་ལ་ཞོན་པ་དང་། ཝཱར་ཎ་སི་དང་སྐྱིད་མོས་ཚལ་གྱི་བར་ན་རྫིང་བུ་ཚངས་ལྡན་ཞེས་བྱ་བ་ཨུཏྤལ་དང་ཀུ་མུ་དས་གང་བ་ཞིག་གིས་ཆོད་ནས་

ཙང་ཤེས་ཀྱིས་བསམས་པ། རྒྱལ་པོ་གནོད་པ་དང་ཉམ་ང་བར་གྱུར་ན་མི་རུང་ངོ་སྙམ་ནས། པདྨའི་འདབ་མ་དག་གི་སྟེང་དུ་རྐང་པ་བཞག་ཏེ་སྐེའུ་ཚུང་ནས་ལྷ་ར་ཧྲ་སེར་ཞུགས་སོ། །རྒྱལ་པོ་དགའ་ནས། འདི་ལ་ཅི་སྦྱིན་རྒྱལ་སྲིད་ཀྱི་ཕྱེད་སྦྱིན་ནོ། །འདི་དུད་འགྲོ་ཡིན་པས་རྒྱལ་སྲིད་ཀྱིས་ཅི་བྱ་སྙམ། འདི་ལ་བརྟེན་ནས་ཞག་བདུན་དུ་སྦྱིན་པ་དག་སྦྱིན། བསོད་ནམས་དག་བྱ་ཞིང་། དུས་མ་ཡིན་པའི་ཀུ་མུ་དའི་དུས་སྟོན་བྱའོ་ཞེས་བྱས་པས། དེད་དཔོན་དེས་མི་ལ་དྲིས་པ། ཅིའི་ཕྱིར་དུས་མིན་པར་ཀུ་མུ་དའི་དུས་སྟོན་བྱུང་། རྒྱལ་པོས་མཆོད་གྱུར་གྱི་གནས་ནས་རྫ་མཁན་ཞིག་ལས་གསེར་འབུམ་གྱིས་རྟ་ཙང་ཤེས་ཉོས་པ་དེས་རྒྱལ་པོའི་སྲོག་བཏོན་པས་དེ་ལ་བརྟེན་ནས་བྱས་སོ། །དེད་དཔོན་གྱི་བསམ་པ་ལ་རྟེའུ་དེ་རྟ་ཙང་ཤེས་སུ་གྱུར་པ་ཡིན་ནམ་བལྟའོ་སྙམ་ནས་སོང་བ་དང་། ཙང་ཤེས་ཀྱིས་སྨྲས་པ། ཀྭ་ཡི་ནང་རྗེ། ཁྱེད་ཀྱི་རྟ་ལྔ་བརྒྱས་ཅི་ཐོབ། གསེར་འབུམ་སོ། །ཕོ་བོ་གཅིག་པུས་ཀྱང་རྫ་མཁན་དེ་ལ་གསེར་འབུམ་ཐོབ་ནོ། །དེ་བརྒྱལ་ནས་ས་ལ་འགྱེལ་བ་དང་། ཚུས་བཏབ་པས་སོས་ནས་རྟ་ཙང་(༡༣༣བ)ཤེས་ཀྱི་རྐང་པ་གཉིས་ལ་གཏུགས་ཏེ་བཟོད་པ་གསོལ་ཏོ། །དེའི་དུས་ཀྱི་དེད་དཔོན་ནི་འཆོ་བྱེད་དོ། །རྟ་ཙང་ཤེས་ནི་ལམ་པའོ། །དགེ་སློང་རྣམས་ཀྱིས་ཞུས་པ། ལམ་པས་ལས་ཅི་བགྱིས་པས་སྟོན་པས་སེམས་བསྐྱུར་བ་ལ་མཁས་པའི་མཆོག་ཏུ་ལུང་བསྟན། སྨོན་ལམ་གྱི་དབང་གིས་ཏེ། འདི་སངས་རྒྱས་འོད་སྲུངས་ཀྱི་བསྟན་པ་ལ་རབ་ཏུ་བྱུང་བ་ན། འདིའི་མཁན་པོ་དེ་སེམས་བསྐྱུར་བ་ལ་མཁས་པའི་མཆོག་ཏུ་ལུང་བསྟན་ཏོ། །འདིས་ཚེ་ཇི་སྲིད་བར་ཚངས་པར་སྤྱད་ཀྱང་ཡོན་ཏན་གྱི་ཚོགས་མ་ཐོབ་པར། འཆི་བའི་ཚེ། བདག་གིས་ཚེ་ཇི་སྲིད་བར་ཚངས་པར་སྤྱད་པའི་དགེ་བ་འདིས་སངས་རྒྱས་ཤཱཀྱ་ཐུབ་པའི་བསྟན་པ་ལ་རབ་ཏུ་བྱུང་ནས་ཉོན་མོངས་པ་ཐམས་ཅད་སྤངས་ཏེ་དགྲ་བཅོམ་པ་ཐོབ་ཅིང་། སེམས་བསྐྱུར་བ་ལ་མཁས་པའི་མཆོག་ཏུ་ལུང་སྟོན་པར་གྱུར་ཅིག །ཅེས་སྨོན་ལམ་བཏབ་པས་སོ། །ཞེས་འབྱུང་བ་

ལྟར་ཏེ། གནས་བརྟན་ཆེན་པོ་འདི་ནི་གདུལ་བྱའི་སེམས་བསྒྱུར་བ་ལ་ཤིན་ཏུ་མཁས་པའི་མཆོག་ཏུ་གྱུར་པ་སྟེ། ལས་ཀྱི་སྒྲིབ་པས་གསུང་རབ་ཀྱི་ཚིག་འཛིན་མི་ནུས་པ་དང་། དོན་མི་གོ་བ་རྣམས་ཀྱིས་གནས་བརྟན་ཆེན་པོ་འདི་ལ་གསོལ་བ་བཏབ་ན་གསུང་རབ་ཀྱི་ཚིག་དོན་འཛིན་པའི་དྲན་པ་དང་ཆོས་རབ་ཏུ་རྣམ་འབྱེད་ཀྱི་ཤེས་རབ་རྒྱ་ཆེན་པོ་མྱུར་དུ་ཐོབ་པར་འགྱུར་ཏེ་ཕན་ཡོན་གྱི་ཚུལ་ཞིབ་པར་ནི་འོག་ཏུ་འཆད་དོ། །གནས་བརྟན་ཆེན་པོ་འདིས་མཛད་པ་གང་དང་གང་མཛད་(༧༣༨ན)པ་འདི་དག་ཀྱང་གདུལ་བྱ་རྣམས་ལ་གདམས་ངག་འདོམས་པའི་ཕྱིར་མཛད་པ་ཤ་སྟག་སྟེ། འདི་ལྟར་ལས་འབྲས་ནམ་ཡང་བསླུ་བ་མེད་པས་རང་གིས་གང་བསགས་པའི་ལས་ཀྱི་འབྲས་བུ་རང་ཕོ་ནས་སྨྱོང་དགོས་སོ་ཞེས་འདོམས་པ་དང་། སྡིག་ལྟུང་སྟོབས་བཞིས་སྦྱངས་པ་དང་། དགེ་རྩ་ཁོང་ཁྲོས་བཅོམ་པ་སོགས་རྐྱེན་གྱིས་བཅོམ་ན་མ་གཏོགས་རང་གིས་གང་བསགས་པའི་ལས་རྣམས་གཞན་ལ་བསྒྱུར་དུ་མེད་ཅིང་། བསྐལ་པ་བརྒྱ་བ་ལས་འདས་པ་སོང་ཡང་རྐྱེན་དང་ཕྲད་པའི་ཚེ་འབྲས་བུ་ངེས་པར་འབྱིན་ནོ་ཞེས་འདོམས་པ་དང་། ཡོན་ཏན་ཐམས་ཅད་དགེ་བའི་བཤེས་གཉེན་ཕོ་ནའི་མཐུ་ལ་བལྟོས་སོ་ཞེས་འདོམས་པ་དང་། དགེ་བའི་བཤེས་གཉེན་ལ་མ་བརྟེན་པར་གཞན་གྱི་ལད་མོས་བསམ་གཏན་སྒོམ་པའང་སྐྱོན་ཆེའོ་ཞེས་འདོམས་པ་དང་། བཤེས་གཉེན་དམ་པ་ཚུལ་བཞིན་དུ་བསྟེན་ན་ཇི་འདྲ་བའི་སྡིག་པ་ཅན་ཞིག་ཡིན་ཡང་ཉེས་སྐྱོན་ལས་མྱུར་དུ་ཐར་པར་འགྱུར་རོ་ཞེས་འདོམས་པ་དང་། བཤེས་གཉེན་དམ་པ་ཚུལ་བཞིན་དུ་བསྟེན་ཏེ་བཀའ་བཞིན་དུ་བསྒྲུབས་ན་ཇི་འདྲ་བའི་དབང་པོ་རྟུལ་པོ་ཞིག་ཡིན་ཡང་མྱུར་དུ་ཤེས་བྱའི་གནས་ལ་བློ་གྲོས་ཆེས་ཆེར་རྒྱས་པར་འགྱུར་རོ་ཞེས་འདོམས་(༧༣༨བ)པ་དང་། ལམ་གོང་མའི་རྟོགས་པ་སྐྱེ་བ་ཚོགས་གསོག་སྒྲིབ་སྦྱོང་ལ་ངེས་པར་བལྟོས་སོ་ཞེས་འདོམས་པ་དང་། རྒྱལ་བའི་བཀའ་ལ་ཡིད་ཆེས་ཀྱི་དད་པ་བརྟན་པོས་བསག་སྦྱང་ལ་འབད་ན་ནི་ཕྱུག་བདར་ལ་

འབད་པ་ཙམ་གྱིས་ཀུང་མྱུར་དུ་རྒྱུད་གྲོལ་ནས་ལམ་གོང་མའི་རྟོགས་པ་སྐྱེ་བ་འདི་ལྟ་བུ་འབྱུང་ངོ་ཞེས་འདོམས་པ་དང་། འཕགས་ལམ་ཐོབ་པ་ལ་སོ་སོར་རྟོག་པའི་ཤེས་རབ་ཆེས་ཆེར་རྒྱས་པ་ཞིག་དགོས་སོ་ཞེས་འདོམས་པ་དང་། ཁས་བླངས་པའི་ཚུལ་ཁྲིམས་དག་པ་གཞིར་བཟུང་ནས་རྒྱལ་བའི་བཀའ་བཞིན་དུ་ཚོགས་གསོག་སྒྲིབ་སྦྱོང་ལ་ཆེག་བསྒྲིལ་དུ་འབད་ན་ཡོན་ཏན་ཐམས་ཅད་འབད་མེད་དུ་སྐྱེ་ཞིང་རྐྱེན་ངན་ཐམས་ཅད་ཀུང་གྲོགས་སུ་འཆར་རོ། །ཞེས་འདོམས་པ་སོགས་གདུལ་བྱ་རྣམས་ལ་ཐབས་ཀྱིས་འདོམས་པའི་ཕྱིར་ཐོག་མར་དབང་པོ་ཤིན་ཏུ་རྟུལ་བའི་ཚུལ་དང་། དེ་ནས་སྟོན་པའི་བཀའ་བཞིན་གཙུག་ལག་ཁང་གི་ཕྱུག་བདར་ལ་འབད་པས་རྒྱུད་གྲོལ་བའི་ཚུལ་ལ་སོགས་པ་མཛད་པ་དེ་དང་དེ་དག་མཛད་དོ། །བདག་ཉིད་ཆེན་པོ་འདིའི་རྣམ་ཐར་འདི་དག་ལ་ལེགས་པར་དཔྱོད་ཤེས་ན་བྱང་ཆུབ་ལམ་གྱི་རིམ་པའི་སྟོན་འགྲོ་དངོས་གཞིའི་གོ་རིམ་སོགས་ཀྱི་གནད་ལ་ངེས་པ་ཐུལ་ཕྱིན་སྐྱེར་རོ། །

ཁ༡༢ གནས་བརྟན་ཆེན་པོ་ཧྭ་ར་ཧྭ་ཛ་བསོད་སྙོམས་ལེན་གྱི་རྟོགས་པ་བརྗོད་པ།

བཅུ་གཉིས་པ་གནས་བརྟན་ཆེན་པོ་ཧྭ་ར་ཧྭ་ཛ་བསོད་སྙོམས་ལེན་གྱི་རྟོགས་པ་བརྗོད་པ་ནི། གནས་བརྟན་ཆེན་པོ་འདི་གང་དུ་འཁྲུངས་པའི་ཡུལ་ནི་རྒྱལ་པོའི་ཁབ་སྟེ། དེ་ཡང་རྒྱལ་པོའི་ཁབ་ན་རྒྱལ་པོའི་མདུན་ན་འདོན་ཚོད་པན་མེད་པའི་རྒྱལ་སྲིད་སྐྱོང་བ་རྗེའུའི་རིགས་སུ་གཏོགས་པ་བྲམ་ཟེ་ཆེན་པོ་ཞིག་གི་སྲས་སུ་སྐུ་འཁྲུངས་ཏེ་ནམ་ཞིག་ན་སྟོན་པ་ཐུབ་པའི་དབང་པོ་དང་མཇལ་བ་ན་(༡༣༥ན)སྟོན་པའི་ཞབས་གཉིས་ལ་ཕྱག་འཚལ་ནས། བཙུན་པ། བདག་ལེགས་པར་གསུངས་པའི་ཆོས་འདུལ་བ་ལ་རབ་ཏུ་བྱུང་བ་དང་། བསྙེན་པར་རྫོགས་པ་དགེ་སློང་གི་དངོས་པོར་གནང་ན། བཅོམ་ལྡན་འདས་ཀྱི་སྤྱན་སྔར་ཚངས་པར་སྤྱོད་པ་སྤྱད་པར་བགྱིའོ། །ཞེས་གསོལ་པ་ན། བཅོམ་ལྡན་འདས་ཀྱིས་དེ་ལ། དགེ་སློང་ཚུར་ཤོག །ཚངས་

པར་སྤྱོད་ཅིག་ཅེས་བཀའ་སྩལ་པས། སྐྲ་དང་ཁ་སྤུ་བྲེགས་ནས་ཞག་བདུན་ལོན་པ་ཙམ་དང་། ལག་ན་ལྷུང་བཟེད་དང་བྱ་མ་བུམ་ཐོགས་པ། དགེ་སློང་བསྙེན་པར་རྫོགས་ནས་ལོ་བརྒྱ་ལོན་པའི་སྤྱོད་ལམ་ལྟ་བུར་གྱུར་ཏོ། །དེ་བཞིན་གཤེགས་པས་ཚུར་ཤོག་བཀའ་སྩལ་པས། །སྐྲ་ཡི་སྣམ་སྦྱར་གྱོན་པའི་ལུས་ལྡན་ཞིང་། །མོད་ལ་དབང་པོ་རབ་ཞིར་གནས་གྱུར་ཏེ། །སངས་རྒྱས་དགོངས་པས་ལུས་གཟུགས་བཀབ་པར་གྱུར། །ཅེས་ཆེད་དུ་བརྗོད་པ་ཆེད་དུ་བརྗོད་དོ། །དེས་འབད་པ་དང་། རྩོལ་བར་བརྩོན་འགྲུས་བརྩམས་པས་འཁོར་བའི་འཁོར་ལོ་ཆ་ལྔ་པ་གཡོ་བ་དང་མི་གཡོ་བ་འདི་ཉིད་རིག་སྟེ། འདུ་བྱེད་ཀྱི་རྣམ་པ་ཐམས་ཅད་ཉམས་པ་དང་། ལྷུང་བ་དང་། རྣམ་པར་འཐོར་བ་དང་། རྣམ་པར་འཇིག་པའི་ཆོས་ཅན་ཡིན་པར་རྩད་ཆོད་དེ་ཉོན་མོངས་པ་ཐམས་ཅད་སྤངས་ནས། དགྲ་བཅོམ་པ་ཉིད་མངོན་སུམ་དུ་བྱས་ཏེ། ཁམས་གསུམ་པའི་འདོད་ཆགས་དང་བྲལ་བར་གྱུར་ནས། གསེར་དང་བོང་བར་མཉམ་པ། ནམ་མཁའ་དང་ལག་མཐིལ་དུ་འདྲ་བའི་སེམས་དང་ལྡན་པ། ཙན་དན་སྤངས་པ་ལྟ་བུར་བསིལ་བར་གྱུར་པ། རིག་པས་སྒོ་ངའི་སྦུབས་བཅོམ་པ། (༧༣༥བ) རིག་པ་དང་མངོན་པར་ཤེས་པ་དང་སོ་སོ་ཡང་དག་པར་རིག་པ་ཐོབ་པ། སྲིད་པའི་སྙེད་པ་དང་ཆགས་པ་དང་བཀུར་སྟི་ལ་མི་ལྟ་བ། དབང་པོ་དང་ཉེ་དབང་དང་བཅས་པའི་ལྷ་རྣམས་ཀྱིས་མཆོད་ཅིང་། རྗེད་པ་དང་གུས་པར་སྨྲ་བའི་གནས་ཐོབ་པར་གྱུར་ཏེ། གནས་བརྟན་ཆེན་པོ་འདིས་ཡོན་ཏན་ཁྱད་པར་དུ་འཕགས་པ་འདི་ལྟ་བུ་ཐོབ་པ་ན་སྟོན་པ་ཐུབ་པའི་དབང་པོས་གནས་བརྟན་འདི་སེང་གེའི་སྒྲ་སྒྲོགས་པའི་མཆོག་ཏུ་ལུང་བསྟན་ཏོ། །དེ་ནས་གནས་བརྟན་བྷ་ར་དྭ་ཛས་སྟོན་པའི་བསྟན་པ་ལ་བྱ་བ་མཛད་བཞེད་དེ་སྦྱངས་པའི་ཡོན་ཏན་བཅུ་གཉིས་ཀྱི་ནང་ནས་བསོད་སྙོམས་པ་མཛད་དེ་ཉིན་རེ་བཞིན་ལྷུང་བཟེད་ལག་ཏུ་ཐོགས་ནས་བསོད་སྙོམས་འབའ་ཞིག་མཛད་པས་བྷ་ར་དྭ་ཛ་བསོད་སྙོམས་ལེན་དུ་གྲགས་སོ། །དེ་ནས་གནས་

བརྟན་ཆེན་པོ་དེས་བསམས་པ། བཅོམ་ལྡན་འདས་ཀྱིས་བདག་གི་སྡུག་བསྔལ་དང་ཡིད་མི་བདེ་བ་རྣམ་པ་དུ་མ་ནི་བསལ། བདེ་བ་དང་ཡིད་བདེ་བ་རྣམ་པ་དུ་མ་ནི་བསྐྱེད། སྡིག་པ་མི་དགེ་བའི་ཆོས་རྣམ་པ་དུ་མ་ནི་བསལ། དགེ་བའི་ཆོས་རྣམ་པ་དུ་མ་ནི་བསྐྱེད་ན། བདག་གིས་བཅོམ་ལྡན་འདས་ཀྱི་བཀའ་དྲིན་ཇི་ལྟར་བསབ་པར་བྱ་སྙམ་མོ། །དེ་ནས་དེས་བསམས་པ། སངས་རྒྱས་འཇིག་རྟེན་དུ་འབྱུང་བ་གང་ཡང་རུང་བ་དེ་དག་ཐམས་ཅད་ནི། སེམས་ཅན་ལ་ཕན་པའི་ཕྱིར་འབྱུང་བར་ཟད་ཀྱི། མ་ལ། བདག་གིས་ཀྱང་སེམས་ཅན་ལ་ཕན་པ་བྱ་བ་གོར་མ་ཆག་གོ་སྙམ་ནས་དེས་བསམས་པ། བདག་གིས་གདུལ་བར་བྱ་བ་འགའ་ལྟ་ཡོད་སྙམ་པ་དང་། དེས་ཡུལ་ཀོཾ་ཤམ་བི་ན་གནས་པའི་སྐྱེ་བོ་ཕལ་ཆེར་(༧༣༨ན)བདག་གིས་འདུལ་བར་འགྱུར་བར་མཐོང་ནས། ཇི་སྲིད་དགའ་བའི་བར་དུ་རྒྱལ་པོའི་ཁབ་ཏུ་གནས་ནས། དེས་ཤམ་ཐབས་དང་ཆོས་གོས་བགོས་ཏེ་ལྷུང་བཟེད་ཐོགས་ནས། ཡུལ་ཀོཾ་ཤམ་བི་ག་ལ་བ་དེར་རྒྱུ་ཞིང་སོང་སྟེ། དེ་མཐར་གྱིས་རྒྱུ་ཞིང་སོང་བ་ལས། ཡུལ་ཀོཾ་ཤམ་བིར་ཕྱིན་ནས། ཀོཾ་ཤམ་བི་ན་ཁྱིམ་བདག་གདངས་ལས་རིག་གི་ཀུན་དགའ་ར་བར་གནས་སོ། །གནས་བརྟན་དེ་བསོད་ནམས་ཆེན་པོ་དང་ལྡན་པ་དང་། མདུན་ན་འདོན་གྱི་བུ་ལས་རབ་ཏུ་འབྱུང་བ་ཡིན་ནོ་ཞེས་གྲགས་སོ། །དེ་ནས་ཀོཾ་ཤམ་བི་ན་གནས་པའི་སྐྱེ་བོ་མང་པོས་འཕགས་པ་པཎ་ཊོ་ལ་བྷ་ར་དྷྭ་ཛ་ལྟོངས་རྒྱུ་ཞིང་ཡུལ་ཀོཾ་ཤམ་བིར་འོངས་ཏེ། ཀོཾ་ཤམ་བི་ན་ཁྱིམ་བདག་གདངས་ལས་རིག་གི་ཀུན་དགའ་ར་བ་ན་འདུག་གོ་ཞེས་ཐོས་སོ། །ཐོས་ནས་ཀྱང་ཚོགས་ནས་ཚོགས་དང་། སྡེ་ཚན་ནས་སྡེ་ཚན་དུ་འདུས་ཤིང་ཚོགས་ཏེ། ཀོཾ་ཤམ་བི་ནས་བྱུང་ནས་གནས་བརྟན་པཎ་ཊོ་ལ་བྷ་ར་དྷྭ་ཛ་ག་ལ་བ་དེར་སོང་སྟེ་ལྷགས་ནས་གནས་བརྟན་པཎ་ཊོ་ལ་བྷ་ར་དྷྭ་ཛའི་རྐང་པ་ལ་ཕྱག་འཚལ་ཏེ་ཆོས་མཉན་པའི་ཕྱིར་མདུན་དུ་འཁོད་དོ། །དེ་ནས་གནས་བརྟན་པཎ་ཊོ་ལ་བྷ་ར་དྷྭ་ཛས་དེ་དག་གི་བསམ་པ་དང་། བག་ལ་ཉལ་དང་། ཁམས་དང་

རང་བཞིན་རྟོགས་ནས། དེ་དང་མཐུན་པའི་ཆོས་བསྟན་པས་ཀཽ་ཤམ་བི་ན་གནས་པའི་སྐྱེ་བོའི་ཚོགས་འདུས་པ་རྣམས་ཀྱིས་སྟན་དེ་ཉིད་ལ་འཁོད་བཞིན་དུ་ཁ་ཅིག་གིས་ནི་དྲོ་བར་གྱུར་པ་ཐོབ་བོ། །ཁ་ཅིག་གིས་ནི་རྩེ་མོ་དང་། ཁ་ཅིག་གིས་ནི་བདེན་པ་དང་མཐུན་པའི་བཟོད་པ་དང་། ཁ་ཅིག་གིས་ནི་འཇིག་རྟེན་གྱི་ཆོས་ཀྱི་མཆོག་དང་། ཁ་ཅིག་གིས་ནི་མཐོང་བའི་སློམས་པར་(༡༣༨བ)འཇུག་པ་ཐོབ་བོ། །ཁ་ཅིག་གིས་ནི་རྒྱུན་དུ་ཞུགས་པའི་འབྲས་བུ་མངོན་སུམ་དུ་བྱས་སོ། །ཁ་ཅིག་གིས་ནི་ལན་ཅིག་ཕྱིར་འོང་བའི་འབྲས་བུ་མངོན་སུམ་དུ་བྱས་སོ། །ཁ་ཅིག་གིས་ནི་ཕྱིར་མི་འོང་བའི་འབྲས་བུ་མངོན་སུམ་དུ་བྱས་སོ། །ཁ་ཅིག་གིས་ནི་རབ་ཏུ་བྱུང་ནས་དགྲ་བཅོམ་པ་ཉིད་མངོན་སུམ་དུ་བྱས་སོ། །ཁ་ཅིག་གིས་ནི་འཁོར་ལོས་བསྒྱུར་བའི་རྒྱལ་པོར་འགྱུར་བའི་ས་བོན་བསྐྱེད་དོ། །ཁ་ཅིག་གིས་ནི་སྟོབས་ཀྱི་འཁོར་ལོས་བསྒྱུར་བ་དང་། ཁ་ཅིག་གིས་ནི་བརྒྱ་བྱིན་དུ་འགྱུར་བ་དང་། ཁ་ཅིག་གིས་ནི་ཚངས་པར་འགྱུར་བ་དང་། ཁ་ཅིག་གིས་ནི་ཉན་ཐོས་ཀྱི་བྱང་ཆུབ་དང་། ཁ་ཅིག་གིས་ནི་རང་སངས་རྒྱས་ཀྱི་བྱང་ཆུབ་དང་། ཁ་ཅིག་གིས་ནི་བླ་ན་མེད་པ་ཡང་དག་པར་རྫོགས་པའི་བྱང་ཆུབ་ཀྱི་ས་བོན་བསྐྱེད་དོ། །འཁོར་དེ་དག་གི་ནང་ནས་ཕལ་ཆེར་ནི་སངས་རྒྱས་ལ་གཞོལ། ཆོས་ལ་འབབ། དགེ་འདུན་ལ་བབ་པར་བྱས་ཏེ་བཀོད་དོ། །དེ་དག་གིས་བདེན་པ་མཐོང་ནས་སྟན་ལས་ལངས་ཏེ། བླ་གོས་ཕྲག་པ་གཅིག་ཏུ་གཟར་ནས། གནས་བརྟན་པིཎྜོ་ལ་བྷ་ར་དྭ་ཛ་ག་ལ་བ་དེར་ལོགས་སུ་ཐལ་མོ་སྦྱར་བ་བཏུད་དེ། གནས་བརྟན་པིཎྜོ་ལ་བྷ་ར་དྭ་ཛ་ལ་འདི་སྐད་ཅེས་སྨྲས་སོ། །འཕགས་པ་ལ་བརྟེན་ཏེ་བདག་ཅག་སེམས་ཅན་དམྱལ་བ་དང་། དུད་འགྲོ་དང་ཡི་དྭགས་རྣམས་ལས་བཏོན་ནས་ལྷ་དང་མི་རྣམས་ཀྱི་ནང་དུ་གོམ་པ་འདོར་དུ་བཅུག་སྟེ། ཁྲག་དང་མཆི་མའི་རྒྱ་མཚོ་ནི་བསྐམས། རུས་པའི་རི་བོ་ལས་ནི་བརྒལ། ཐོག་མ་མེད་པ་ནས་གོམས་པའི་ཉོན་མོངས་པ་དག་ནི་བོར་ཏེ་བསལ་ཏོ། འཕགས་(༡༣༩ན)པ། བདག་ཅག་ཇི་སྲིད་འཚོའི་

བར་དུ་བདག་ཅག་ལས་ཞལ་ཟས་དང་། ན་བཟའ་དང་། གཟིམས་ཆ་དང་། གདན་དང་། སྨན་གྱི་གསོས་སྨན་དང་། སྨན་ཟོང་རྣམས་བཞེས་པར་ཅི་གནང་ཞེས་བྱས་སོ། །གནས་བརྟན་པིཎྜོ་ལ་བྷཱ་ར་དྭཱ་ཛས་སྨྲས་པ། གྲོགས་པོ་དག །གཞན་དག་ལ་ཕན་གདགས་དགོས་ཀྱིས་ཐོངས་ཤིག །ཅེས་སྨྲས་ནས་ཁས་མ་བླངས་སོ། དེ་ནས་ཀཽ་ཤམ་བི་ན་གནས་པའི་སྐྱེ་བོའི་ཚོགས་རྣམས་གནས་བརྟན་པིཎྜོ་ལ་བྷཱ་ར་དྭཱ་ཛས་སྨྲས་པ་ལ་མངོན་པར་བསྟོད་དེ་རྗེས་སུ་ཡི་རང་ནས། གནས་བརྟན་པིཎྜོ་ལ་བྷཱ་ར་དྭཱ་ཛའི་རྐང་པ་ལ་མགོ་བོས་ཕྱག་འཚལ་ཏེ་དོང་ངོ་། །དེ་ནས་བདེན་པ་མཐོང་བ་དེ་དག་དུས་དུས་སུ་གནས་བརྟན་པིཎྜོ་ལ་བྷཱ་ར་དྭཱ་ཛའི་ཐད་དུ་འདོང་ཞིང་ཆོས་ཉན་ཏོ། །དེ་ནས་ཕྱི་ཞིག་ན་ཀཽ་ཤམ་བི་ན་གནས་པའི་ཚོགས་ནས་ཚོགས་དང་། སྡེ་ཚན་ནས་སྡེ་ཚན་དུ་འདུས་པའི་སྐྱེ་བོའི་ཚོགས་རྣམས་འདུས་ཤིང་ཚོགས་ཏེ་འདོར་བར་བྱེད་ལ། བད་སའི་རྒྱལ་པོ་འཆར་ཀ་ཡང་དཔུང་གི་ཚོགས་ཡན་ལག་བཞི་པ་གོ་བསྐོན་ནས་རི་དྭགས་གཤོར་དུ་དོང་བ་དང་། བད་སའི་རྒྱལ་པོ་འཆར་ཀས་ཀཽ་ཤམ་བི་ན་གནས་པའི་སྐྱེ་བོའི་ཚོགས་རྣམས་ཁྱིམ་བདག་གདངས་ལས་རིག་གི་ཀུན་དགའ་ར་བར་འདོང་བར་མཐོང་ངོ་། །མཐོང་ནས་ཀུང་བློན་པོ་རྣམས་ལ་དྲིས་པ། ཡུལ་མི་འདི་དག་གར་འདོང་། བློན་པོ་རྣམས་ཀྱིས་གསོལ་པ། ལྷ། མདུན་ན་འདོན་གྱི་བུ་པིཎྜོ་ལ་བྷཱ་ར་དྭཱ་ཛ་ཞེས་བགྱི་བ་ཞིག་མཆིས་པ་དེས་ཁྱིམ་དང་ཅོད་པན་མ་མཆིས་པའི་རྒྱལ་སྲིད་པོར་ནས། རབ་ཏུ་བྱུང་སྟེ་དེ་ལྗོངས་རྒྱུ་ཞིང་མཆིས་པ་ལས། ཀཽ་ཤམ་བིར་མཆིས་ནས་ཀཽ་ཤམ་བི་ན་ཁྱིམ་བདག་(༧༣༧བ)གདངས་ལས་རིག་གི་ཀུན་དགའ་ར་བ་ན་གནས་ཏེ། འདི་དག་ནི་དེ་ལ་བལྟ་བའི་སླད་དུ་མཆི་བ་ལགས་སོ། །དེ་ནས་དེ་ཐོས་མ་ཐག་ཏུ་རྒྱལ་པོས་སྨྲས་པ། དེ་ནི་ངའི་ཡང་ཡུན་རིང་པོ་ནས་སྙིང་དུ་སྡུག་པ་དང་། ཡིད་དུ་འོང་བ་དང་། མཁན་པོ་དང་དྲན་པར་བྱ་བ་ཡིན་གྱིས། ང་ཡང་དེ་ལ་བལྟ་བ་དང་། བསྙེན་བཀུར་བྱ་བའི་ཕྱིར་འགྲོའོ་ཞེས་བྱས་ནས། ཁྱིམ་བདག་

གདངས་ལས་རིག་གི་ཀུན་དགའ་ར་བ་ག་ལ་བ་དེར་སོང་བ་དང་། གནས་བརྟན་དེས་རྒྱལ་པོ་བསུ་ཡང་མ་བསུས། ལངས་ཀྱང་མ་ལངས་སོ། །དེ་མཐོང་མ་ཐག་ཏུ་རྒྱལ་པོ་ཁྲོ་བས་ཀུན་ནས་དཀྲིས་པ་ཆེན་པོས་ནོན་ཏོ། །ཁྲོས་ནས་གནས་བརྟན་ལ་བསྙེན་བཀུར་བྱས་ཏེ་སོང་ངོ་། །དེ་ནས་དེས་བློན་པོ་རྣམས་ལ་སྨྲས་པ། ཁྱེད་ཀྱིས་ངའི་ཡུལ་ན་འདུག་པའི་མདུན་ན་འདོན་གྱི་བུ་རབ་ཏུ་བྱུང་བ་པིཎྜོ་ལ་བྷཱ་ར་དྭཱ་ཛ་འདི་ལ་ལྟོས་དང་། ཁོས་ང་མཐོང་ན་ང་བསུ་ཡང་མ་བསུས། ལངས་ཀྱང་མ་ལངས་སོ་ཞེས་བྱས་སོ། །དེ་ནས་བློན་པོ་སྡང་བ་རྣམས་ཀྱིས་སྨྲས་པ། ལྷ། འདི་ལྟར་མཐོང་བཞིན་དུ་མ་བསུ་བ་དང་མ་ལངས་པ་འདི་ནི། དེས་འཚམ་པར་བགྱི་བ་མ་ལགས་སོ་ཞེས་བྱས་ནས་དེ་དག་གིས་རྒྱལ་པོ་ལྷག་པར་སྙིང་ན་བར་བྱས་ཏེ། གཞི་དེས་རྒྱལ་པོ་དེ་ལྷག་པར་ཡང་མི་དགའ་བར་གྱུར་ནས། དེ་ཁྲོས་ཏེ་དཔུང་གི་ཚོགས་དེ་དག་དང་རི་དྭགས་གཡོར་དུ་སོང་ནས། ཕྱིར་ལོག་སྟེ། གཙུག་ལག་ཁང་དེ་ཉིད་ཀྱི་འདབ་ཏུ་སོང་ནས། བསམས་པ། ང་དགེ་སློང་དེ་ལ་བལྟ་བའི་ཕྱིར་ཡང་སོང་ལ། གལ་ཏེ་དེས་ང་མཐོང་ནས་བསུ་ཡང་མི་བསུ། ལྡང་ཡང་མི་ལྡང་བར་གྱུར་ན་ནི་དེའི་མགོ་བཅད་དེ་ངོར་ངོར་སྐམ་དུ་བསམས་ནས། དེ་ཁྲིམ་བདག་གདངས (༧༣༨ན) ལས་རིག་གི་ཀུན་དགའ་ར་བར་ཡང་སོང་ངོ་། །དེ་ནས་གནས་བརྟན་པིཎྜོ་ལ་བྷཱ་ར་དྭཱ་ཛས། བད་སའི་རྒྱལ་པོ་འཆར་ཀ་བདག་ལ་བལྟ་བའི་ཕྱིར་ཡང་འོངས་སོ། །ཞེས་ཐོས་སོ། །དེ་ནས་ཐོས་མ་ཐག་ཏུ་རྒྱལ་པོ་དེ་ཅིའི་ཕྱིར། ཡང་བདག་ལ་བལྟར་འོངས་སྐམ་དུ་བསམས་པ་དང་། དེས་གལ་ཏེ་དགེ་སློང་འདི་བདག་ལ་བསུ་བར་ཡང་མི་བྱེད། ལྡང་བར་ཡང་མི་བྱེད་པར་གྱུར་ན་འདིའི་མགོ་དྲུངས་ནས་བཅད་དེ་ས་ལ་ངོར་ངོར་སྐམ་དུ་སྡང་བའི་སེམས་ཀྱིས་འོངས་པར་དེས་མཐོང་སྟེ། དེས་རྒྱལ་པོ་དེའི་བསམ་པ་སེམས་ཀྱིས་ཤེས་ནས་ཏིང་ངེ་འཛིན་ལས་ལངས་ཏེ་གོམ་པ་དྲུག་བོར་ནས་བསུ་བ་དང་། བསུ་བ་དེའི་མོད་ལ་རྒྱལ་པོ་དེའི་ལུས་ལས་འོད་བྱུང་བ་དེ་མེད་པར་

གྱུར་ཏེ་ས་ཡང་གས་སོ། །དེ་ནས་དེ་མཐོང་མ་ཐག་ཏུ་རྒྱལ་པོ་དེ་སྐྲག་ནས། དགེ་སློང་འདི་ནི་རྫུ་འཕྲུལ་ཆེ་བ་དང་། མཐུ་ཆེ་བ་ཞིག་སྟེ། བདག་འདི་ལ་སྡང་བའི་སེམས་ཀྱིས་སོང་བ་ལས། འདིའི་མཐུས་བདག་གི་འོད་མེད་པར་གྱུར་ལ། ས་ཡང་གས་པར་གྱུར་ཏོ་སྙམ་དུ་རིག་ནས། གནས་བརྟན་པིཎྜོ་ལ་བྷ་ར་དྭ་ཛ་ག་ལ་བ་དེར་སོང་སྟེ། རྐང་པ་ལ་ཕྱག་འཚལ་ནས་སྨྲས་པ། འཕགས་པ། བདག་གྱིས་པ། རྨོངས་པ། མི་གསལ་བ། མི་མཁས་པའི་ཉེས་པ་བཟོད་པར་གསོལ། གནས་བརྟན་གྱིས་སྨྲས་པ། རྒྱལ་པོ་ཆེན་པོ་ངས་ནི་བཟོད་མོད་ཀྱི། རང་གི་སེམས་ལ་བཟོད་པ་གསོལ་ཅིག་ཅེས་བྱས་སོ། །རྒྱལ་པོས་སྨྲས་པ། བཙུན་པ་བདག་རྒྱལ་སྲིད་ལས་ཉམས་པའམ། སྲོག་གི་བར་ཆད་དུ་མི་འགྱུར་ལགས་གྲང་། གནས་(༡༣༨བ)བརྟན་གྱིས་སྨྲས་པ། རྒྱལ་པོ་ཆེན་པོ་མ་སྐྲག་ཅིག་མ་སྐྲག་ཅིག །ཁྱོད་རྒྱལ་སྲིད་ལས་ཀྱང་ཉམས་པར་མི་འགྱུར་ལ། སྲོག་གི་བར་ཆད་དུ་ཡང་མི་འགྱུར་རོ། །རྒྱལ་པོ་ཆེན་པོ་དེ་ལྟ་མོད་ཀྱི། བདག་གིས་ཁྱོད་ལ་གོམ་པ་དྲུག་བསྒུ་བ་དེས་ན་ཁྱོད་ཟླ་བ་དྲུག་གི་བར་རྒྱལ་སྲིད་གཏོང་བར་འགྱུར་ཏེ། ཟླ་བ་དྲུག་ལོན་ནས་ཕྱིར་ཡང་རྒྱལ་སྲིད་ཐོབ་པར་འགྱུར་རོ། །རྒྱལ་པོ་ཆེན་པོ་གཞན་ཡང་བདག་ལ་སེམས་དགའ་བར་གྱིས་ཤིག་དང་། སེམས་དགའ་བར་བྱས་མ་ཐག་དེས་ན་ཁྱོད་སའི་འོག་ཏུ་ནུབ་པར་མི་འགྱུར་ལ། ཁྱོད་ཀྱི་འོད་ཀྱི་དཀྱིལ་འཁོར་ཡང་སླར་འབྱུང་བར་འགྱུར་རོ། །དེ་ནས་དེ་ཐོས་མ་ཐག་ཏུ་རྒྱལ་པོས་གནས་བརྟན་ལ་སེམས་དགའ་བ་བསྐྱེད་དེ། སེམས་དགའ་བ་བསྐྱེད་པའི་མོད་ལ་དེའི་འོད་ཀྱི་དཀྱིལ་འཁོར་ཡང་སླར་བྱུང་ལ། ས་གས་པ་ཡང་སླར་འཁྱོར་བར་གྱུར་ཏོ། །

དེ་ནས་རྒྱལ་པོ་དེ་གནས་བརྟན་ལ་ལྷག་པར་ཡང་དགའ་བར་གྱུར་ཏོ། །དགའ་བར་གྱུར་ནས་གནས་བརྟན་གྱི་རྐང་པ་ལ་མགོ་བོས་ཕྱག་འཚལ་ཏེ། གནས་བརྟན་གྱི་ཐད་ནས་སོང་ངོ་། །དེ་ནས་ཕྱི་ཞིག་ན་བད་སའི་རྒྱལ་པོ་འཆར་ཀས་ཡང་དཔུང་

གི་ཚོགས་ཡན་ལག་བཞི་པ་གོ་བསྐོན་ཏེ་རི་དྭགས་གཞོར་དུ་སོང་བ་དང་། དེ་རི་དྭགས་ཀྱིས་མིག་གཡེངས་ཏེ་སོང་ནས། དཔུང་གི་ཚོགས་ཀྱང་ཡོགས་ཤིག་ཏུ་སོང་། རྒྱལ་པོ་ཡང་ཡོགས་ཤིག་ཏུ་སོང་སྟེ། དཔུང་གི་ཚོགས་དང་བྲལ་ནས་འཁྲོག་འཚོལ་ཏེ་བ་ལང་གི་ལྐས་ཤིག་ཏུ་སོང་ནས། དེ་དེར་སུས་ཀྱང་ངོ་མ་ཤེས་ལ། དེས་ཀྱང་སུ་ཡང་ངོ་མ་ཤེས་ཏེ། དེ་སྒྱུས་ནས་ཟླ་བ་དྲུག་གི་བར་དུ་བ་ལང་གི་ལྐས་དེ་ཉིད་ན་འདུག་གོ །དེ་ནས་དེ་བུ་དང་བློན་པོ་དང་ཞབས་འབྲིང་འཁོར་རྣམས་(༧༣༨ན)ཀྱིས་ཀྱང་བཙལ་བ་ལས་མ་རྙེད་ནས་སླར་རྒྱལ་པོའི་ཕོ་བྲང་འཁོར་དུ་དོང་སྟེ། བདག་ཅག་གིས་མ་རྙེད་ན་ཇི་ལྟར་བྱ། གར་སོང་ཞིག་གུ་སྙམ་ནས་ཁ་རོག་སྟེ་འཁོད་དོ། །དེ་ནས་ཟླ་བ་དྲུག་ལོན་པ་དང་། རྒྱལ་པོ་དེ་གཞན་གྱིས་མཐོང་ནས་ངོ་ཤེས་ཏེ། ལྷ། ཁྱོད་ག་ལས་གཤེགས་ཏེ་འདིར་བྱོན་ཞེས་དྲིས་སོ། །རྒྱལ་པོ་དེ་ཡང་སེམས་དྲན་ནས་དེས་བ་ལང་རྫི་དེ་ལ་ཇི་ལྟར་གྱུར་པ་ཐམས་ཅད་བཤད་དོ། །བ་ལང་རྫིས་སྨྲས་པ། ལྷ། ཐུགས་རྗེན་ལ་སྐྲོ་བ་ཆེན་པོ་བསྐྱེད་དུ་གསོལ་དང་། བདག་གིས་ཁྱོད་ཉིད་ཕོ་བྲང་དུ་བསྐྱལ་ལོ་ཞེས་སྨྲས་ནས། བ་ལང་རྫི་དེས་རྒྱལ་པོ་དེ་ཁྲིད་དེ་གཀྵ་ཤམ་བི་ཡོགས་སུ་ཆས་སོ། །བློན་པོ་རིག་པའི་མུན་འཛིན་གྱི་བུ་ཞེས་བྱ་བས་ཀྱང་ཟླ་བ་དྲུག་ལོན་པ་དང་། ཡིད་ལ་དྲན་ཏེ་རྒྱལ་པོ་དེ་གར་གཤེགས་ཞིག་གུ །བདག་ཅག་གིས་བཙལ་དགོས་སོ། །གལ་ཏེ་བདག་གིས་གསོན་པར་རྙེད་ན་ནི་དེ་ཉིད་རྒྱལ་པོ་མཛད་པར་ཟད་དོ། །དེ་མ་ཡིན་ཏེ་ཤི་ངས་པར་གྱུར་ན་ནི། སྲས་རྒྱལ་སྲིད་ཀྱི་དབང་ཕྱུག་ལ་དབང་བྱེད་དུ་གཞུག་གོ་སྙམ་དུ་བསམས་ནས། དཔུང་གི་ཚོགས་ཡན་ལག་བཞི་གོ་བསྐོན་ཏེ། གྲོང་དང་གྲོང་རྡལ་དང་། གྲོང་ཁྱེར་དང་། ཡུལ་འཁོར་དང་། རྒྱལ་པོའི་ཕོ་བྲང་དག་ཏུ་ཚོལ་དུ་དོང་བ་ལས། བློན་པོ་རིག་པའི་མུན་འཛིན་གྱི་བུས། བད་སའི་རྒྱལ་པོ་འཆར་ཀ་ཐག་རིང་པོ་ནས་འོང་བ་མཐོང་ངོ་། །མཐོང་ནས་ཀྱང་དགའ་ཆེས་ཏེ་བད་སའི་རྒྱལ་པོ་འཆར་ཀ་ག་ལ་བ་དེར་སོང་ནས། སྨྲན་གསོལ་ཏེ། ལྷ། གང་

དུ་གཤེགས་ཞེས་དྲིས་སོ། །དེ་ནས་བད་སའི་རྒྱལ་པོ་འཆར་ཀས་ཇི་ལྟར་གྱུར་པ་རྒྱས་པར་བསྙད་དོ། །བློན་པོ་རིག་པའི་མུན་འཛིན་གྱིས་(༡༧༩བ)བྱུས་སྨྲས་པ། ལྷ། འདི་ནི་འཕགས་པ་ཡིཙ་ཊོ་ལ་ཧྲ་ར་ཛྙ་ཛས་ཇི་སྐད་དུ་ལུང་བསྟན་པ་ཐམས་ཅད་དེ་བོ་ན་བཞིན་དུ་གྱུར་པ་ལགས་སོ། །དེ་ནས་དེ་ཐོས་མ་ཐག་ཏུ་རྒྱལ་པོ་དེ་གནས་བརྟན་ལ་ཤིན་ཏུ་དགའ་བར་གྱུར་ནས་དེས་བསམས་པ། རེ་ཤིག་བདག་གྲོང་ཁྱེར་དུ་འགྲོ་བ་བཏང་ལ། འཕགས་པ་ཡིཙ་ཊོ་ལ་ཧྲ་ར་ཛྙ་ཛ་དེ་ཉིད་ལ་བསྙེན་བཀུར་བྱའོ། །སྙམ་དུ་བསམས་ནས། ཀཱ་ཤམྦིར་མ་སོང་བར། ཁྱིམ་བདག་གདངས་ལས་རིག་གི་ཀུན་དགའ་ར་བ་དེར་སོང་སྟེ། དེ་ཇི་སྲིད་དུ་བཞོན་པས་འགྲོ་བར་བྱ་བའི་ས་དེ་སྲིད་དུ་བཞོན་པས་སོང་ནས། བཞོན་པ་ལས་བབས་ཏེ་རྐང་པས་ཀུན་དགའ་ར་བར་སོང་ནས། གནས་བརྟན་ཡིཙ་ཊོ་ལ་ཧྲ་ར་ཛྙ་ཛ་ག་ལ་བ་དེར་སོང་སྟེ་ཕྱིན་ནས། གནས་བརྟན་ཡིཙ་ཊོ་ལ་ཧྲ་ར་ཛྙ་ཛའི་རྐང་པ་ལ་ཕྱག་འཚལ་ཏེ། ཆོས་མཉན་པའི་ཕྱིར་མདུན་དུ་འདུག་གོ །གནས་བརྟན་གྱིས་ཀྱང་དེ་ལ་དེ་དང་མཐུན་པའི་ཆོས་བསྟན་ཏེ། དེ་ནས་བད་སའི་རྒྱལ་པོ་འཆར་ཀས་གནས་བརྟན་ཡིཙ་ཊོ་ལ་ཧྲ་ར་ཛྙ་ཛའི་གཏམ་གྱི་མཇུག་རྫོགས་པར་རིག་ནས། སྟན་ལས་ལངས་ཏེ། བླ་གོས་ཕྲག་པ་གཅིག་ཏུ་གཟར་ནས། གནས་བརྟན་ཡིཙ་ཊོ་ལ་ཧྲ་ར་ཛྙ་ཛ་ག་ལ་བ་དེ་ལོགས་སུ་ཐལ་མོ་སྦྱར་བ་བཏུད་དེ་སྨྲས་པ། འཕགས་པ་དགེ་སློང་གི་དགེ་འདུན་དང་བཅས་པ་དགུང་བདུན་གྱི་བར་དུ་བདག་གི་དེར་བཞེས་གསོལ་བར་ཅི་གནང་ཞེས་བྱས་སོ། །དེ་ནས་གནས་བརྟན་ཡིཙ་ཊོ་ལ་ཧྲ་ར་ཛྙ་ཛ་བད་སའི་རྒྱལ་པོ་འཆར་ཀ་ལ་ཅང་མི་སྨྲ་བར་གནང་ངོ་། །དེ་ནས་བད་སའི་རྒྱལ་པོ་འཆར་ཀས་གནས་བརྟན་ཡིཙ་ཊོ་ལ་ཧྲ་ར་ཛྙ་ཛས་ཅང་མི་སྨྲ་བས་གནང་བར་རིག་ནས། སྟན་ལས་ལངས་ཏེ་རྐང་པ་ལ་ཕྱག་འཚལ་ནས། གནས་བརྟན་ཡིཙ་ཊོ་ལ་ཧྲ་ར་ཛྙ་ཛའི་(༡༨༠ན)ཐད་ནས་སོང་ངོ་། །དེ་ནས་དེས་ཞག་བདུན་གྱི་བར་དུ། གནས་བརྟན་ཡིཙ་ཊོ་ལ་ཧྲ་ར་ཛྙ་ཛ་འཁོར་དང་བཅས་པ་

བཟའ་བ་དང་བཅའ་བ་གཙང་མ་བཟང་པོ་མང་པོས་ཚིམ་པར་བྱས་ནས། ཐ་མའི་ཉིན་པར་རེ་རེ་ལ་ཡང་རས་ཟུང་རེ་ཕུལ་ཏེ། ཆོས་མཉན་པའི་ཕྱིར་མདུན་དུ་འདུག་གོ །གནས་བརྟན་པིཎ་ཌོ་ལ་ཀྵ་ར་དྷྭ་ཛས་ཀྱང་དེ་དང་མཐུན་པའི་ཆོས་ཀྱི་གཏམ་གྱིས་ཡང་དག་པར་བསྟན། ཡང་དག་པར་འཛིན་དུ་བཅུག །ཡང་དག་པར་གཟེངས་བསྟོད། ཡང་དག་པར་དགའ་བར་བྱས་སོ། །ཆོས་ཀྱི་གཏམ་རྣམ་གྲངས་དུ་མས་ཡང་དག་པར་བསྟན། ཡང་དག་པར་འཛིན་དུ་བཅུག །ཡང་དག་པར་གཟེངས་བསྟོད། ཡང་དག་པར་དགའ་བར་བྱས་ནས། སྟན་ལས་ལངས་ཏེ་སོང་ངོ་། །དེ་ནས་ཕྱི་ཞིག་ན་བཅོམ་ལྡན་འདས་རྒྱལ་པོའི་ཁབ་ཏུ་ཇི་སྲིད་དགྱེས་པའི་བར་དུ་བཞུགས་ནས་ཆོས་གོས་གསོལ་ཏེ། ལྷུང་བཟེད་བསྣམས་ནས། དགེ་སློང་གི་ཚོགས་ཀྱི་ཞབས་འབྲིང་བྱས་ཏེ། དགེ་སློང་གི་དགེ་འདུན་གྱིས་མདུན་དུ་བདར་ནས་ཀཽ་ཤམ་བི་ག་ལ་བ་དེར་རྒྱུ་ཞིང་གཤེགས་པ་ལས། མཐར་གྱི་ཀཽ་ཤམ་བིར་ཕྱིན་ཏེ། ཀཽ་ཤམ་བི་ན་ཁྲིམ་བདག་གདངས་ལས་རིག་གི་ཀུན་དགའ་ར་བ་ན་བཞུགས་སོ། །དེ་ནས་བད་སའི་རྒྱལ་པོ་འཆར་ཀས་བཅོམ་ལྡན་འདས་ལྗོངས་རྒྱུ་ཞིང་གཤེགས་ཏེ། ཀཽ་ཤམ་བིར་ཕྱིན་ནས། ཀཽ་ཤམ་བི་ན་ཁྲིམ་བདག་གདངས་ལས་རིག་གི་ཀུན་དགའ་ར་བ་ན་བཞུགས་སོ་ཞེས་ཐོས་སོ། །ཐོས་ནས་ཀྱང་བཅོམ་ལྡན་འདས་ག་ལ་བ་དེར་སོང་སྟེ་ཕྱིན་ནས། བཅོམ་ལྡན་འདས་ཀྱི་ཞབས་ལ་མགོ་བོས་ཕྱག་འཚལ་ཏེ། ཕྱོགས་གཅིག་ཏུ་འདུག་གོ །ཕྱོགས་གཅིག་ཏུ་འདུག་པ་ན་བཅོམ་ལྡན་(༧༤༠བ)འདས་ཀྱིས་བད་སའི་རྒྱལ་པོ་འཆར་ཀ་ཆོས་ཀྱི་གཏམ་གྱིས་ཡང་དག་པར་བསྟན། ཡང་དག་པར་འཛིན་དུ་བཅུག །ཡང་དག་པར་གཟེངས་བསྟོད། ཡང་དག་པར་དགའ་བར་མཛད་དོ། །ཆོས་ཀྱི་གཏམ་རྣམ་གྲངས་དུ་མས་ཡང་དག་པར་བསྟན། ཡང་དག་པར་འཛིན་དུ་བཅུག །ཡང་དག་པར་གཟེངས་བསྟོད། ཡང་དག་པར་དགའ་བར་མཛད་ནས་ཅང་མི་གསུང་བར་བཞུགས་སོ། །དེ་ནས་བད་སའི་རྒྱལ་པོ་འཆར་ཀས། བཅོམ་ལྡན་འདས་

ཀྱི་གཏམ་གྱི་མཇུག་ཟློགས་པར་རིག་ནས། སྨན་ལས་ལངས་ཏེ་བླ་གོས་ཕྲག་པ་གཅིག་ཏུ་གཟར་ནས། བཅོམ་ལྡན་འདས་ག་ལ་བ་དེ་ཡོགས་སུ་ཐལ་མོ་སྦྱར་བ་བཏུད་དེ། བཅོམ་ལྡན་འདས་ལ་འདི་སྐད་ཅེས་གསོལ་ཏོ། །བཅོམ་ལྡན་འདས་དགེ་སློང་གི་དགེ་འདུན་དང་བཅས་པར་དགུན་ཟླ་གསུམ་གྱི་བར་དུ་བདག་ལས་ན་བཟའ་དང་། ཞལ་ཟས་དང་། གཟིམས་ཆ་དང་། གདན་དང་། སྙུན་གསོས་དང་། སྨན་ཟོང་རྣམས་བཞེས་པར་ཅི་གནང་ཞེས་གསོལ་ཏོ། །དེ་ནས་བཅོམ་ལྡན་འདས་ཀྱིས་བད་སའི་རྒྱལ་པོ་འཆར་ཀ་ལ་ཅང་མི་གསུང་བས་གནང་ངོ་། །དེ་ནས་བད་སའི་རྒྱལ་པོ་འཆར་ཀས། བཅོམ་ལྡན་འདས་ཀྱིས་ཅང་མི་གསུང་བས་གནང་བར་རིག་ནས། ཁྱིམ་བདག་གདངས་ལས་རིག་གི་ཀུན་དགའ་ར་བར་ཡོ་བྱད་ཐམས་ཅད་སྦྱར་ནས། སངས་རྒྱས་ལ་སོགས་པ་དགེ་སློང་གི་དགེ་འདུན་ལ་ཟླ་བ་གསུམ་གྱི་བར་དུ་ཡོ་བྱད་ཐམས་ཅད་ཀྱིས་བསྙེན་བཀུར་བྱས་ནས། ཐ་མའི་ཉིན་པར་བཅོམ་ལྡན་འདས་ལ་ན་བཟའ་འབུམ་རི་བ་ཕུལ་ལོ། །དགེ་སློང་གཞན་དག་ལ་ཡང་རེ་རེ་ལ་རས་ཟུང་རེ་ཕུལ་ནས་སོང་ངོ་། །དེ་ཡང་དུས་དུས་སུ་བཅོམ་ལྡན་འདས་ཀྱི་ཐད་དུ་སོང་ནས་ཆོས་ཉན་པར་བྱེད་དོ། །བཅོམ་ལྡན་འདས་ལ་ཆོས་མཉན་ནས་ལྷག་པར་ཡང་གནས་བརྟན་པིཎ(༡༥༡ན)ཌོ་ལ་བྷ་ར་དྷྭ་ཛ་འབབ་ཞིག་གི་ཐད་དུ་བསྙེན་བཀུར་བྱ་བའི་ཕྱིར་འགྲོ་བར་བྱེད་དོ། །དེ་ནས་དགེ་སློང་རྣམས་ཀྱིས་དེ་མཐོང་ནས། དེ་དག་ཐེ་ཚོམ་སྐྱེས་ཏེ། བཅོམ་ལྡན་འདས་ལ་འདི་སྐད་ཅེས་གསོལ་ཏོ། །བཙུན་པ། བད་སའི་རྒྱལ་པོ་འཆར་ཀས་རབ་ཏུ་སྤང་བའི་སེམས་ཀྱིས་གནས་བརྟན་པིཎ་ཌོ་ལ་བྷ་ར་དྷྭ་ཛའི་ཐད་དུ་མཆིས་ནས། གཞི་དེས་ན་དེའི་འོད་མ་མཆིས་པར་གྱུར་ཏེ། དོག་ས་ལའང་དེའུ་ནུབ་པ་ལས། གང་གི་ཚེ་དེས་སླར་སེམས་དགའ་བ་བསྐྱེད་པ་དེའི་ཚེ་འོད་དེ་ཡང་སླར་བྱུང་བར་གྱུར་ལ། དོག་ས་གས་པ་ཡང་སླར་འབྱོར་པར་གྱུར་པ་ལ་གཟིགས། བཅོམ་ལྡན་འདས་ཀྱིས་བཀའ་སྩལ་པ། དགེ་སློང་དག་དེ་ཉི་ད་ལྟར་འབབ་

ཞིག་མ་ཡིན་ཏེ། འདི་ལྟར་འདས་པའི་དུས་ན་ཡང་གྲོང་ཁྱེར་འབྲས་འཕེལ་ཞེས་བྱ་བ་ན་རྒྱལ་པོ་ལྷུན་པོ་ཞེས་བྱ་བ་རྒྱལ་པོ་བྱེད་དོ། །དེའི་རིང་ལ་འཁོར་པ་དང་། རྒྱས་པ་དང་། བདེ་བ་དང་། ལོ་ལེགས་པ་དང་། སྐྱེ་བོ་དང་མི་མང་པོས་གང་བ་དང་། རྫོད་པ་དང་འཐབ་པ་ཞི་བ་དང་། འཁྲུགས་པ་དང་། ནང་འཁྲུགས་པ་དང་། ཆོམ་རྐུན་དང་། མུ་གེ་དང་། ནད་རྣམས་མེད་པ་དང་། འབྲས་སཱ་ལུ་དང་། བུ་རམ་ཤིང་དང་། བ་ལང་དང་། མ་ཧེ་དང་ལྡན་པར་འདུག་སྟེ་བུ་གཅིག་པ་སྡུག་པ་ལ་བྱ་བ་བཞིན་དུ་རྒྱལ་སྲིད་བྱེད་དོ། །དེ་ནས་རྒྱལ་པོ་དེའི་མདུན་ན་འདོན་དེས་ཐབ་ཟླར་བབ་པ་ལས་ཆུང་མ་བླངས་ནས་དེ་དེ་དང་ལྷན་ཅིག་ཏུ་རྩེ་ཞིང་དགའ་ལ་དགའ་མགུར་སྤྱོད་པ་ལས། ཕྱིས་རེ་ཤིག་ན་དེའི་ཆུང་མ་ལ་བུ་ཆགས་ནས། དེ་ཟླ་བ་དགུའམ་བཅུ་ལོན་པ་དང་ཁྱེའུ་གཟུགས་བཟང་ཞིང་བལྟ་ན་སྡུག་ལ་མཛེས་པ་ཞིག་བཙས་ནས། དེའི་བཙས་སྟོན་རྒྱས་པར་བྱས་ནས་རིགས་དང་མཐུན་པར་(༡༩༡བ)མིང་བཏགས་ཏེ། འོ་མ་དང་། ཞོ་དང་། མར་དང་། ཞུན་མར་དང་། མར་གྱི་ཉིང་ཁུས་བསྐྱེད་བསྲིང་སྟེ། དེ་གང་གི་ཚེ་ཆེར་སྐྱེས་པ་དེའི་ཚེ་ཡི་གེ་དང་། བྲམ་ཟེའི་སྤྱོད་ལམ་དང་། སྤྱོད་པ་དང་། ཨོཾ་ཞེས་བྱ་བ་དང་། ཛྙོ་ཞེས་བྱ་བ་དང་། གཙང་སྦྲ་དང་། ཚོ་ག་དང་། ཐལ་བ་བླང་བ་དང་། རིལ་བ་ཐོགས་པ་དང་། ངེས་བརྗོད་ཀྱི་རིག་བྱེད་དང་། མཆོད་སྦྱིན་གྱི་རིག་བྱེད་དང་། སྙན་ཚིག་གི་རིག་བྱེད་དང་། སྲིད་སྲུང་གི་རིག་བྱེད་དང་། མཆོད་སྦྱིན་བྱ་བ་དང་། མཆོད་སྦྱིན་བྱེད་དུ་གཞུག་པ་དང་། སྦྱིན་པ་དང་། བླང་བ་དང་། ཁ་ཏོན་བྱ་བ་དང་། ཁ་ཏོན་སློབ་ཏུ་གཞུག་པའི་ཐབས་བསླབས་ནས། ལས་རྣམ་པ་དྲུག་ལ་མཁས་པའི་བྲམ་ཟེར་གྱུར་ཏེ་དེ་མཐར་གྱིས་རིག་པའི་གནས་བཅོ་བརྒྱད་ལ་བྱང་བར་གྱུར་ཏོ། །ཕྱི་ཞིག་ན་དེས་བདག་གི་ཕ་ཆོས་དང་ཆོས་མ་ཡིན་པས་རྒྱལ་སྲིད་འཛིན་པ་མཐོང་ངོ་། །མཐོང་ནས་ཀྱང་དེས་བསམས་པ། ཕ་ཤི་བའི་འོག་ཏུ་བདག་གིས་ཚོད་པན་མེད་པའི་རྒྱལ་སྲིད་འཛིན་པར་འགྱུར་

གྱིས་བདག་གིས་ཁྱིམ་ན་གནས་པ་བཏང་ལ་ནགས་འདབ་ཏུ་གནས་བཅའ་བར་བྱའོ་སྙམ་དུ་བསམས་ནས། ཕ་མ་ལ་གསོལ་ཏེ་ནགས་འདབ་ཏུ་གནས་བཅས་སོ། །དེ་དེར་སོང་ནས་བསམ་གཏན་བཞི་དང་མངོན་པར་ཤེས་པ་ལྔ་བསྐྱེད་དོ། །དེ་ནས་ཕྱི་ཞིག་ན་དེས་རྒྱལ་པོའི་ཕོ་བྲང་འབྲས་འཕེལ་དུ་ཕྱིན་པ་ན། དེའི་ཕས་བུ་དེའི་ཕྱིར་བདག་གི་སྐྱིད་མོས་ཚལ་དུ་ཡལ་ག་དང་ལོ་མའི་སྤྱིལ་པོ་ཕུབ་ནས། ཡོ་བྱད་ཐམས་ཅད་ཀྱིས་བསྙེན་བཀུར་བྱེད་དེ། དེ་ལ་དུས་དུས་སུ་སྐྱེ་བོ་ཕལ་པོ་ཆེ་དོང་ཞིང་ཆོས་ཉན་པར་བྱེད་དོ། །དེ་ནས་ཕྱི་ཞིག་ན་རྒྱལ་པོ་ལྷུན་པོ་དཔུང་གི་ཚོགས་ཡན་ལག་བཞི་གོ་བསྐོན་ནས(༧༤༢ན)རི་དྭགས་གཤོར་དུ་སོང་བ་དང་། རྒྱལ་པོས་སྐྱེ་བོ་ཕལ་པོ་ཆེ་མདུན་ན་འདོན་གྱི་སྐྱིད་མོས་ཚལ་དུ་དོང་བ་མཐོང་ངོ་། །མཐོང་ནས་ཀྱང་སྐྱེ་བོའི་ཚོགས་འདི་དག་གར་འདོང་ཞེས་དྲིས་སོ། །བློན་པོ་རྣམས་ཀྱིས་གསོལ་པ། ལྷ། མདུན་ན་འདོན་གྱི་བུ་དེ་རབ་ཏུ་བྱུང་སྟེ། དེ་ནི་རྫུ་འཕྲུལ་ཆེ་ཞིང་མཐུ་ཆེ་བར་ཡང་གྱུར་ཏེ། འདི་དག་ནི་དེ་ལ་བལྟ་བའི་སླད་དུ་མཆི་བ་ལགས་སོ། །དེ་ནས་རྒྱལ་པོས་བསམས་པ། དེ་ནི་ངའི་ཡང་སྙིང་དུ་སྡུག་པ་དང་། ཡིད་དུ་འོང་བ་དང་། མཁན་པོ་དང་། དྲན་པར་བྱ་བ་ཡིན་གྱིས། ང་ཡང་དེ་བལྟ་བའི་ཕྱིར་འགྲོའོ་སྙམ་དུ་བསམས་ནས། རྒྱལ་པོ་དེ་དྲང་སྲོང་ག་ལ་བ་དེར་སོང་བ་དང་དྲང་སྲོང་དེས་མཐོང་ནས་བསུ་ཡང་མ་བསུས་ལངས་ཀྱང་མ་ལངས་སོ། །དེ་ནས་དེ་མཐོང་མ་ཐག་ཏུ་རྒྱལ་པོ་དེ་ཁྲོ་བ་ཆེན་པོས་ནོན་ནས། འདི་ངའི་ཡུལ་ན་འདུག་པའི་མདུན་ན་འདོན་གྱི་བུ་ཡིན་ལ། ང་འོངས་ན་བསུ་ཡང་མ་བསུས། ལངས་ཀྱང་མ་ལངས་ཀྱིས་འདི་ཡི་མགོ་བཅད་དེ་དོར་རོ་སྙམ་དུ་བསམས་པ་དང་། རྒྱལ་པོ་དེའི་ལུས་ལས་འོད་འབྱུང་བ་དེ་དེས་ངན་སེམས་བསྐྱེད་མ་ཐག་ཏུ་འོད་མེད་པར་གྱུར་ཏོ། །ས་ཡང་གས་ཏེ་དེར་ནུབ་ཏུ་བྱེད་པ་དང་། དེ་མཐོང་མ་ཐག་ཏུ་རྒྱལ་པོ་དེ་འཇིགས་པ་ཆེན་པོ་སྐྱེས་ཏེ། དྲང་སྲོང་དེ་ལ་འདི་ནི་རྫུ་འཕྲུལ་ཆེ་ཞིང་མཐུ་ཆེ་བ་ཞིག་ཡིན་ནོ་སྙམ་ནས་དགའ་

བ་ཆེན་པོ་སྐྱེས་སོ། །དེ་ནས་དེས་དེའི་རྐང་པ་ལ་ཕྱག་འཚལ་ནས་བཟོད་པ་གསོལ་ཏོ། །དེ་ནས་དྲང་སྲོང་གིས་སྨྲས་པ། རྒྱལ་པོ་ཆེན་པོ་ངས་ནི་བཟོད་མོད་ཀྱི། འོན་ཀྱང་རང་གི་སེམས་ལ་བཟོད་པ་གསོལ་ཅིག་ཅེས་བྱས་སོ། །དེ་ནས་(༡༥༢བ)རྒྱལ་པོ་སྐྲག་ནས་དྲང་སྲོང་དེ་ལ་སྨྲས་པ། དྲང་སྲོང་། བདག་རྒྱལ་སྲིད་ལས་ཉམས་པའམ་སྲོག་གི་བར་ཆད་དུ་མི་འགྱུར་ལགས་གྲང་། དྲང་སྲོང་གིས་སྨྲས་པ། རྒྱལ་པོ་ཆེན་པོ་མ་སྐྲག་ཅིག །ཁྱོད་རྒྱལ་སྲིད་ལས་ཉམས་པར་མི་འགྱུར་ལ། སྲོག་གི་བར་ཆད་དུ་ཡང་མི་འགྱུར་རོ། །དེ་ལྟ་མོད་ཀྱི་ཁྱོད་ཀྱིས་བདག་ལ་སེམས་སྡང་བར་བྱས་པ་དེས་ན། ཁྱོད་ཀྱི་འོད་དེ་མེད་པར་གྱུར་ལ་ས་ཡང་གས་པར་གྱུར་ཏོ། །རྒྱལ་པོ་ཆེན་པོ་ཁྱོད་ཀྱིས་སླར་བདག་ལ་དགའ་བའི་སེམས་བསྐྱེད་ན་ནི་ཁྱོད་ཀྱི་འོད་དེ་སླར་སྔ་མོ་བཞིན་འབྱུང་བར་འགྱུར་རོ། །དེ་ནས་དེ་ཐོས་མ་ཐག་ཏུ་རྒྱལ་པོ་དེས་དྲང་སྲོང་དེ་ལ་སེམས་དགའ་བ་བསྐྱེད་པས་དེའི་འོད་དེ་སྔ་མོ་བཞིན་བྱུང་བར་གྱུར་ལ། ས་ཡང་སླར་འབྱོར་པར་གྱུར་ཏོ། །དགེ་སློང་ཇི་སྙམ་དུ་སེམས། དེའི་ཚེ་དྲང་སྲོང་དུ་གྱུར་པ་གང་ཡིན་པ་དེ་ནི་པིཎ་ཌོ་ལ་བྷ་ར་དྷྭ་ཛ་འདི་ཉིད་ཡིན་ནོ། །རྒྱལ་པོ་ལྷུན་པོར་གྱུར་པ་དེ་ནི་བདེ་སའི་རྒྱལ་པོ་འཆར་ཀ་འདི་ཉིད་ཡིན་ཏེ། དེའི་ཚེ་ཡང་འདིས་དེ་ལ་སེམས་སྡང་བར་བྱས་པས། དེའི་འོད་ཀྱི་དཀྱིལ་འཁོར་མེད་པར་གྱུར་ལ། ས་ཡང་གས་པར་གྱུར་ཏོ། །ད་ལྟར་ཡང་འདིས་དེ་ལ་སེམས་སྡང་བར་བྱས་པས། དེའི་འོད་ཀྱང་མེད་པར་གྱུར་ལ་ས་ཡང་གས་སོ། །གང་གི་ཚེ་འདིས་དེ་ལ་སེམས་དགའ་བ་བསྐྱེད་པ་དེའི་ཚེ་ན་འདིའི་འོད་ཀྱི་དཀྱིལ་འཁོར་ཡང་བྱུང་བར་གྱུར་ལ། ས་གས་པ་ཡང་འབྱོར་པར་གྱུར་ཏོ་ཞེས་བཀའ་སྩལ་ཏོ། །གནས་བརྟན་ཆེན་པོ་འདིས་མཛད་པ་འདི་ལྟར་བསྟན་པ་འདི་དག་ཀྱང་གདུལ་བྱ་རྣམས་ལ་འདོམས་པའི་ཕྱིར་མཛད་པ་ཤ་སྟག་སྟེ། འཁོར་བའི་གནས་དང་ཕུན་ཚོགས་གང་ལའང་སྙིང་པོ་མེད་པས་རིགས་དང་རུས་ཀྱིས་ཁེངས་པར་མི་བྱ་ཞིང་སྲིད་པའི་འབྱོར་པ་ལ་ཡིད་(༡༥༣ན)ཆགས་

པར་མི་བྱ་བར་འཁོར་བའི་ཕུན་ཚོགས་གང་ལའང་མ་ཆགས་པར་རང་ཡུལ་ཉེ་དུ་དང་བཅས་པ་བློས་དོར་ཏེ་རྒྱལ་བའི་བསྟན་པ་ལ་རབ་ཏུ་འབྱུང་བར་བྱ་དགོས་སོ་ཞེས་འདོམས་པ་དང་། རབ་ཏུ་བྱུང་ནས་ཀྱང་བག་མེད་པ་དང་། ལེ་ལོའི་དབང་དུ་མི་གཏང་བར་གློག་པ་ཐོས་བསམ་དང་། སྒོང་བ་བསམ་གཏན་གྱི་རིམ་པ་རྣམས་ལ་གུས་པར་སྦྱོར་བ་དང་རྟག་ཏུ་སྦྱོར་བའི་བརྩོན་འགྲུས་གཉིས་ཀྱིས་འབད་དེ་འབྲས་བུ་ཐོབ་པར་བྱ་དགོས་སོ་ཞེས་འདོམས་པ་དང་། ཁྱིམ་པ་དང་བསྲེ་བསླད་ཏ་ཙང་ཆེ་བ་དང་། ཁྱིམ་གཅིག་ལས་རྟག་ཏུ་ཟན་བཟའ་བ་དང་། ཉེ་དུའི་སྙེད་བཀུར་ལ་དགའ་བ་ནི་དུག་སྦྲུལ་ནག་པོའི་གདེངས་ཀའི་གྲིབ་བསིལ་ལྟར་མཚོག་ཆུང་ལ་ཉེས་དམིགས་ཆེ་བར་བསམས་ནས་སྤྱིར་སྤྲུངས་པའི་ཡོན་ཏན་བཅུ་གཉིས་ལ་གནས་པ་དང་། ལྷག་པར་ཆགས་མེད་བསོད་སྙོམས་པ་བྱ་དགོས་སོ་ཞེས་འདོམས་པ་དང་། སྟོན་པའི་བཀའ་དྲིན་དྲན་པའི་བསྔོ་ནས་ནུས་པ་དང་བསྟུན་ནས་བསྟན་པ་སྤེལ་བར་བྱ་དགོས་སོ་ཞེས་འདོམས་པ་སོགས་དགོས་པ་མང་པོ་ཞིག་གཟིགས་ནས་མཛད་པ་འདི་ལྟར་མཛད་དོ། །

ཁ༡༣ གནས་བརྟན་ཆེན་པོ་ལམ་བསྟན་གྱི་རྟོགས་པ་བརྗོད་པ།

བཅུ་གསུམ་པ་གནས་བརྟན་ཆེན་པོ་ལམ་བསྟན་གྱི་རྟོགས་པ་བརྗོད་པ་ནི། གནས་བརྟན་ཆེན་པོ་འདི་གང་དུ་འཁྲུངས་པའི་ཡུལ་ནི་མཉན་ཡོད་དོ། །དེ་ཡང་མཉན་ཡོད་ན་བྲམ་ཟེ་ཁྱོ་ཤུག་གཉིས་ལ་བུ་བྱུང་ངོ་ཅོག་ཤི་བ་ལས་ནམ་ཞིག་བྲམ་ཟེ་དེའི་ཆུང་མ་ལ་སེམས་ཅན་ཞིག་མངལ་དུ་ཞུགས་པ་ན་བྲམ་ཟེ་དེས་བསམས་པ། ཡང་བུ་འདི་བཙས་ཀྱང་འཆི་བར་འགྱུར་རོ་སྙམ་དུ་ལག་པ་འགྲམ་པ་ལ་གཏད་དེ་སེམས་ཁོང་དུ་ཆུད་ཅིང་འདུག་པ་དང་། བུད་མེད་(༡༤༣བ)རྒན་མོ་ཞིག་གིས་བྲམ་ཟེ་དེ་མཐོང་ནས་ཁྱོད་ཅིའི་ཕྱིར་འདི་ལྟར་མྱ་ངན་བྱེད་ཅིང་འདུག་ཅེས་དྲིས་པ་ན། བྲམ་

ཟེ་དེས་སྨྲས་པ། ཆུང་མ་ལ་བུ་སྐྱེས་སོ་ཅོག་ཤི་བས། ད་ཡང་མངལ་དུ་སེམས་ཅན་ཞིག་ཆགས་ཡོད་པ་འདི་སྐྱེས་ནས་འཆི་བར་འགྱུར་རོ་སྙམ་དུ་ཡིད་མི་དགའ་བར་གནས་སོ་བྱས་པས། བུད་མེད་རྒན་མོ་དེས་སྨྲས་པ། ཁྱོད་འདི་ལྟར་མྱ་ངན་མ་བྱེད་པར་ཆུང་མ་ནམ་བཙའ་བའི་ཚེ་ན་ཁོ་མོ་སྦྲོན་ཅིག་བུ་མི་འཆི་བའི་ཐབས་བྱའོ་ཞེས་སྨྲས་པ་དང་། བྲམ་ཟེ་དེས་ཆུང་མ་ལས་བུ་བཙས་མ་ཐག་ཏུ་རྒན་མོ་དེ་སྦྲན་པ་དང་། རྒན་མོ་དེས་ཁྱེའུ་ཆུང་ངུ་དེ་ཁྲུས་བྱས། རས་དཀར་པོས་དཀྲིས། དེའི་ཁ་ཞུན་མར་གྱིས་བཀང་སྟེ་བུ་མོ་ཞིག་གི་ལག་ཏུ་བྱིན་ནས། ཁྱེའུ་འདི་ལམ་པོ་ཆེའི་བཞི་མདོར་བཟུང་ལ། དགེ་སློང་དང་བྲམ་ཟེ་བྱུང་བ་ལ། ཁྱེའུ་འདི་འཕགས་པའི་ཞབས་ལ་ཕྱག་འཚལ་ལོ་གྱིས་ཤིག །ཉི་མ་ནུབ་པ་ན་གསོན་ན་ཁྱེར་ཤོག །ཤི་ན་དོར་ཅིག་ཅེས་སྨྲས་ནས་བཏང་བ་ན། བུ་མོ་དེ་སྲིན་པ་ཡིན་པས་ལམ་པོ་ཆེའི་བཞི་མདོར་སོང་ནས། དེ་སྐད་བྱས་པ་དང་། དེ་མཐོང་བའི་དགེ་སློང་དང་བྲམ་ཟེ་ཐམས་ཅད་ཀྱིས་ཁྱེའུ་འདི་ཡུན་རིང་དུ་འཚོ་བར་གྱུར་ཅིག །ཚེ་རིང་དུ་སྐྱོང་བར་གྱུར་ཅིག །ཕ་མ་གཉིས་ཀྱི་ཡིད་ལ་བསམས་པ་རྫོགས་པར་གྱུར་ཅིག །ཅེས་སྨྲས་སོ། །བུ་མོ་དེས་ཁྱེའུ་དེ་རྒྱལ་བྱེད་ཚལ་གྱི་ལམ་ཁར་ཁྱེར་བ་ན་སྟོན་པ་ཐུབ་པའི་དབང་པོ་ཡང་ཕྱོགས་དེར་བྱོན་ནས་ཁྱེའུ་དེ་གཟིགས་པ་ན་བུ་མོ་དེས་ཁྱེའུ་འདི་སྟོན་པའི་ཞབས་ལ་ཕྱག་འཚལ་ལོ་ཞེས་བྱས་པས། སྟོན་པ་(༧༤༤ན)ཐུབ་པའི་དབང་པོས་ཁྱེའུ་འདི་ཡུན་རིང་དུ་འཚོ་བར་གྱུར་ཅིག །ཚེ་རིང་དུ་སྐྱོང་བར་གྱུར་ཅིག །ཕ་མ་གཉིས་ཀྱི་ཡིད་ལ་བསམས་པ་རྫོགས་པར་གྱུར་ཅིག །ཅེས་གསུངས་ནས་བྱིན་གྱིས་བརླབས་པས་ཁྱེའུ་དེ་མ་ཤི་བར་ཚེ་གནས་པར་གྱུར་ཏོ། །དེ་ནས་བུ་མོ་དེས་ཉི་མ་ནུབ་པ་དང་ཁྱེའུ་དེ་གསོན་པར་མཐོང་ནས་བྲམ་ཟེའི་ཁྱིམ་དུ་ཁྱེར་འོངས་པ་དང་། ཕ་མ་གཉིས་དགའ་ནས་ཁྱེའུ་འདི་ལམ་པོ་ཆེར་བཟུང་བས་མ་ཤི་བར་གནས་པ་ཡིན་པས་ལམ་ཆེན་པ་ཞེས་མིང་བཏགས་སོ། །དེ་ནས་ཁྱེའུ་ལམ་ཆེན་པ་འོ་མ་དང་མར་ལ་སོགས་པས་བསྐྱེད་བསྲིངས་

ཏེ་ཆེན་པོར་གྱུར་པ་ན་བྲམ་ཟེའི་རིག་བྱེད་ཡན་ལག་དང་བཅས་པ་ལ་བསླབས་པས་མཁས་པའི་གྲགས་པ་ཆེས་ཆེར་རྒྱས་ཏེ་རིག་བྱེད་སློབ་པ་མང་དུ་འདུས་ནས་བྲམ་ཟེའི་ཁྱེའུ་ལྔ་བརྒྱ་ཙམ་ལ་གསང་ཚིག་སློབ་པར་བྱེད་དོ། །དེ་ནས་ནམ་ཞིག་ན་ལམ་ཆེན་པོ་མཉན་ཡོད་དང་རྒྱལ་བྱེད་ཚལ་གྱི་བར་ན་ཤིང་ལྗོན་པ་ཞིག་གི་དྲུང་ན་བྲམ་ཟེའི་ཁྱེའུ་ལྔ་བརྒྱ་ཙམ་ལ་གསང་ཚིག་ཀློག་གོ །ཤྲཱ་རིའི་བུ་དང་མོའུ་འགལ་གྱི་བུ་གཉིས་ཀྱིས་གདུལ་བྱའི་བྱ་བ་བྱས་ཏེ་ཀོ་ས་ལར་ལྗོངས་བརྒྱུས་ནས་མཉན་ཡོད་དུ་ཕྱིན་པ་ན་སྐྱེ་བོ་ཕལ་པོ་ཆེ་དེ་གཉིས་ལྟར་སོང་བ་ལམ་ཆེན་པས་མཐོང་ནས་དེ་དག་ལ་གར་འདོང་ཞེས་དྲིས་པ་ན་དེ་དག་གིས་མཆོག་ཟུང་གཅིག་ལྟར་འདོང་ངོ་ཞེས་ཟེར་བ་ན་ལམ་ཆེན་པས། དེ་གཉིས་རིགས་མཆོག་སྤངས་ནས་དགེ་སྦྱོང་གོའུ་ཏ་མ་ལས་རབ་ཏུ་བྱུང་བ་ཡིན་པས་དེ་གཉིས་མཐོང་བས་ཅི་བྱ་ཞེས་སྨྲས་པ་ན། བྲམ་ཟེའི་ཁྱེའུ་དད་པ་ཅན་ཞིག་ན་རེ། དེ་སྐད་(༧༨༨བ)མ་གསུང་ཞིག་དེ་གཉིས་ནི་བདག་ཉིད་ཆེན་པོ་ལགས་པས་དེ་གཉིས་ལ་ཆོས་གསན་ན་མཁན་པོའང་དད་པར་འགྱུར་རོ་ཞེས་ཟེར་བ་ན། ལམ་ཆེན་པས་བསམས་པ། བརྟག་པར་བྱ་སྙེ། བྲམ་ཟེའི་ཁྱེའུ་དག་མི་ཀློག་པའི་ཚེ་བདག་ཀྱང་འགྲོའོ་སྙམ་ནས་བྲམ་ཟེའི་ཁྱེའུ་རྣམས་ཡམ་ཤིང་འཐུར་སོང་བ་ན་དེ་སོང་བ་དང་། དགེ་སློང་ཞིག་རྒྱལ་བྱེད་ཚལ་གྱི་སྒོ་ན་ཤིང་ལྗོན་པའི་དྲུང་ན་འཆག་པ་མཐོང་ནས་དེ་ལ་ཀྱེ་དགེ་སློང་། སངས་རྒྱས་ཀྱི་བཀའ་ཙུང་ཞིག་སྨྲོས་ཤིག །དེས་དེ་ལ་དགེ་མི་དགེའི་ལས་ལམ་རྒྱ་ཆེར་བསྟན་ཏོ། །བྲམ་ཟེས་སྨྲས་པ། ཁོ་བོའང་བྱ་བ་ཉམས་ལ་ཁྱོད་ཀྱང་དགེ་བའི་ཕྱོགས་ཉམས་ན་མ་ལེགས་ཀྱིས་ཁོ་བོ་འགྲོའི་ཕྱིས་ཀྱང་འོང་ངོ་། །ཡང་ཕྱིས་བྲམ་ཟེའི་ཁྱེའུ་རྣམས་མ་ཀློག་པ་ན་ཕྱིན་པས་སྔར་གྱི་དགེ་སློང་དང་ཕྲད་ནས་དེས་རྟེན་འབྲེལ་ལུགས་འབྱུང་ལུགས་ལྡོག་གི་ཆོས་བཤད་པས་དད་ནས། བདག་རབ་ཏུ་འབྱུང་སྙེ། བདག་གྲགས་པ་ཅན་ཡིན་པས་འདིར་རབ་ཏུ་མི་འབྱུང་གིས་ལྗོངས་སུ་བཞུད་དོ། །དེས་ལྗོངས་སུ་ཁྲིད་དེ་རབ་ཏུ་བྱུང་བསྙེན་

པར་རྫོགས་ནས་དགེ་སློང་གིས་ལས་ནི་གཉིས་ཏེ། བསམ་གཏན་དང་། གློག་པ་ཡིན་ན་ཁྱོད་གང་འདོད། གཉིས་ཀའང་བགྱི་སྟེ། གདུགས་ལ་ནི་ཀླག །དགུང་ལ་ནི་བསམ་གཏན་བྱའོ། །དེས་ཉིན་མོ་ཀླག་པ་དང་ཁ་ཏོན་བྱས་པས་སྡེ་སྣོད་གསུམ་པ་ཆོས་སྒྲོག་པ་རིག་པ་དང་གྲོལ་བའི་སྤོབས་པ་ཅན་དུ་གྱུར། མཚན་མོ་བསམ་གཏན་བྱས་པས་འཁོར་བའི་འཁོར་ལོ་ཆ་ལྔ་པ་གཡོ་བ་དང་། མི་གཡོ་བ་འདི་ཉིད་རིག་སྟེ། འདུ་བྱེད་ཀྱི་རྣམ་པ་ཐམས་ཅད་ཉམས་པ་དང་། ལྷུང་བ་དང་། རྣམ་པར་འཐོར་བ་དང་། རྣམ་པར་འཛིག་པའི་ཆོས་(༧༥༥ན)ཅན་ཡིན་པར་རྟུད་ཚོད་དེ་ཉོན་མོངས་པ་ཐམས་ཅད་སྤངས་ནས། དགྲ་བཅོམ་པ་ཉིད་མངོན་སུམ་དུ་བྱས་ཏེ། དགྲ་བཅོམ་པ་ཁམས་གསུམ་པའི་འདོད་ཆགས་དང་བྲལ་བར་གྱུར་ནས། གསེར་དང་བོང་བར་མཉམ་པ། ནམ་མཁའ་དང་ལག་མཐིལ་དུ་འདྲ་བའི་སེམས་དང་ལྡན་པ། ཙན་དན་སྤངས་པ་ལྟ་བུར་བསིལ་བར་གྱུར་པ། རིག་པས་སྒོ་ངའི་སྦུབས་བཅོམ་པ། རིག་པ་དང་མངོན་པར་ཤེས་པ་དང་སོ་སོ་ཡང་དག་པར་རིག་པ་ཐོབ་པ། སྲིད་པའི་རྙེད་པ་དང་ཆགས་པ་དང་བཀུར་སྟི་ལ་མི་ལྟ་བ། དབང་པོ་དང་ཉེ་དབང་དང་བཅས་པའི་ལྷ་རྣམས་ཀྱིས་མཆོད་ཅིང་། རྗེད་པ་དང་གུས་པར་སྨྲ་བའི་གནས་ཐོབ་པར་གྱུར་ཏོ། །དེ་ནས་གནས་བརྟན་ལམ་ཆེན་པས་བསམས་པ། བདག་གིས་སྤང་བར་བྱ་བ་ཐམས་ཅད་ནི་སྤངས། ཐོབ་པར་བྱ་བ་ཐར་པའི་གོ་འཕང་ནི་ཐོབ་ཀྱི། ད་མཉན་ཡོད་དུ་སོང་ལ་ཆོས་ཀྱི་རྗེ་སྟོན་པ་ཐུབ་པའི་དབང་པོ་ལ་བསྙེན་བཀུར་བྱའོ་སྙམ་ནས་འཁོར་ལྔ་བརྒྱ་དང་བཅས་པ་མཉན་ཡོད་དུ་ཕྱིན་ནས། སྟོན་པ་ལ་བསྙེན་བཀུར་བ་དང་སྟོན་པའི་བཀའ་དྲིན་དྲན་པའི་སྒོ་ནས་གདུལ་བྱ་མཐའ་ཡས་པའི་དོན་མཛད་དོ། །གནས་བརྟན་ཆེན་པོ་འདིས་མཛད་པ་འདི་ལྟར་བསྟན་པ་འདི་དག་ཀྱང་གདུལ་བྱ་རྣམས་ལ་འདོམས་པའི་ཕྱིར་མཛད་པ་ཤ་སྟག་སྟེ། སྟོན་པ་ཐུགས་རྗེ་ཅན་དང་། དེས་བསྟན་པའི་ཆོས་དང་། ཆོས་དེ་ཚུལ་བཞིན་དུ་སྒྲུབ་པའི་འཕགས་པའི་དགེ་

འདུན་རྣམས་ལ་ཕྱག་འཚལ་ཏེ་སྐྱབས་སུ་སོང་ན་དུས་མ་ཡིན་པའི་འཆི་བ་སོགས་ཉེ་བར་འཚེ་བ་ཐམས་ཅད་ལས་ཐར་བར་འགྱུར་རོ་ཞེས་འདོམས་པ་དང་། རིག་གནས་རྣམས་ལ་(༧༨༥བ)མཁས་པར་བྱས་ན་སྙན་པའི་གྲགས་པ་ཐོབ་པར་འགྱུར་རོ་ཞེས་འདོམས་པ་དང་། རིགས་དང་རུས་ཀྱིས་ང་རྒྱལ་མི་བྱ་བར་རྒྱལ་བའི་བསྟན་པ་ལ་ཞུགས་ནས་བསླབ་པ་གསུམ་ལ་ཚུལ་བཞིན་བསླབས་ན་གནས་སྐབས་དང་མཐར་ཐུག་གི་ཡོན་ཏན་ཐམས་ཅད་ངེས་པར་འཐོབ་པར་འགྱུར་རོ་ཞེས་འདོམས་པའི་ཕྱིར་མཛད་པ་འདི་ལྟར་བསྟན་ཏོ། །

ཁ༧༩ གནས་བརྟན་ཆེན་པོ་ཀླུའི་སྡེའི་རྟོགས་པ་བརྗོད་པ།

བཅུ་བཞི་པ་གནས་བརྟན་ཆེན་པོ་ཀླུའི་སྡེའི་རྟོགས་པ་བརྗོད་པ་ནི། གནས་བརྟན་ཆེན་པོ་འདི་གང་དུ་འཁྲུངས་པའི་ཡུལ་ནི། བྱང་ཕྱོགས་སྲིག་མའི་གྲོང་ཁྱེར་ཞེས་བྱ་བ་སྟེ། ཡུལ་དེར་རྒྱལ་པོའི་རིགས་སུ་སྐུ་འཁྲུངས། མཐུན་པའི་དངོས་པོ་དག་གིས་བསྐྱེད་བསྲིངས་ནས་ཆེན་པོར་གྱུར་པ་ན་ཡུལ་དེའི་རྒྱལ་སྲིད་ལ་དབང་བསྒྱུར་ཏེ་རྒྱལ་སྲིད་ཀྱི་ཕྱིར་དུ་གཡུལ་འགྱེད་པ་དང་འབངས་རྣམས་ལ་དཔྱ་ཁྲལ་བསྡུ་བ་དང་། ཆད་པས་གཅོད་པ་དང་། ཉེས་པ་ཅན་རྣམས་བཙོན་རར་འཇུག་པ་དང་། འཆིང་བ་དང་། བརྡེག་པ་དང་། གསོད་པ་སོགས་ཉེས་པ་དུ་མ་ལ་འཇུག་དགོས་པར་མཐོང་ནས་རྒྱལ་སྲིད་མཆིལ་མའི་ཐལ་བ་བཞིན་དུ་སྤངས་ནས་སྟོན་པའི་སྤྱན་སྔར་སོང་སྟེ། རྒྱལ་སྲིད་ཀྱི་ཆེད་དུ་སྡིག་པ་བྱས་པ་ཐམས་ཅད་བཤགས་ནས་སྟོན་པའི་སྤྱན་སྔར་རབ་ཏུ་འབྱུང་བར་ཞུས་པས་སྟོན་པས་ཀྱང་དགྱེས་བཞིན་དུ་གནང་སྟེ་རབ་ཏུ་འབྱུང་ཞིང་བསྙེན་པར་རྫོགས་སོ། །དེ་དུས་བཅོམ་ལྡན་འདས་དགུང་ལོ་ལྔ་བཅུ་ང་ལྔ་བཞེས་པའི་དུས་ཡིན་ཞེས་རྟོགས་བརྗོད་འགའ་ཞིག་ལས་བཤད་དོ། །དེ་ནས་ཀླུའི་སྡེས་སྡེ་སྣོད་གསུམ་ལ་སྦྱངས་ཤིང་ལམ་བསྒོམས་པས་འཁོར་བའི་

འཁོར་ལོ་འདི་ཉིད་གཡོ་ཞིང་མི་བརྟན་པར་རིག་ནས། འདུ་བྱེད་ཀྱི་རྣམ་པ་ཐམས་ཅད་ཉམས་(༧༢༨ན)པ་དང་། ལྷུང་བ་དང་། རྣམ་པར་འཐོར་བ་དང་། རྣམ་པར་འཇིག་པའི་ཆོས་ཅན་ཡིན་པར་རྟོགས་ནས། སེམས་ཅན་ཐམས་ཅད་ཀྱི་དོན་དུ། ཉོན་མོངས་པ་ཐམས་ཅད་སྤངས་ནས། དགྲ་བཅོམ་པ་ཉིད་མངོན་སུམ་དུ་བྱས་ཏེ། དགྲ་བཅོམ་པ་ཁམས་གསུམ་པའི་འདོད་ཆགས་དང་བྲལ་བར་གྱུར་ནས་གསེར་དང་བོང་བར་མཉམ་པ་དང་། ནམ་མཁའ་དང་ལག་མཐིལ་དུ་འདྲ་བའི་སེམས་དང་ལྡན་པ། ཙན་དན་སྤངས་པ་ལྟ་བུར་བསིལ་བར་གྱུར་པ། རིག་པས་སྒོ་ངའི་སྦུབས་བཅོམ་པ། རིག་པ་དང་མངོན་པར་ཤེས་པ་དང་སོ་སོ་ཡང་དག་པར་རིག་པ་ཐོབ་པ། སྲིད་པའི་རྙེད་པ་དང་ཆགས་པ་དང་བཀུར་སྟི་ལ་མི་ལྟ་བ། དབང་པོ་དང་ཉེ་དབང་དང་བཅས་པའི་ལྷ་རྣམས་ཀྱིས་མཆོད་ཅིང་། རྗེད་པ་དང་གུས་པར་སྨྲ་བའི་གནས་ཐོབ་པར་གྱུར་ཏོ། །སྟོན་པས་ཀུང་ངའི་དགེ་སློང་འཁོར་བ་ལ་མ་ཆགས་པའི་མཆོག་ནི་ཀླུའི་སྡེ་འདི་ཡིན་ནོ་ཞེས་བསྔགས་སོ། །གནས་བརྟན་འདིའི་མཚན་ལ་ཀླུའི་ཕྱག་རྒྱ་ཞེས་ཀྱང་འབྱུང་ངོ་། །དེ་ནས་གནས་བརྟན་ཀླུའི་སྡེས་སྟོན་པའི་བཀའ་དྲིན་དྲན་པའི་སྒོ་ནས་སྟོན་པ་མཆོད་པའི་མཆོག་ནི་སེམས་ཅན་རྣམས་ལ་ཆོས་བསྟན་ཏེ་འདུལ་བར་བྱེད་པ་འདི་ཡིན་ནོ་སྙམ་དུ་དགོངས་ཏེ། རྒྱལ་ཆེན་བཞིའི་ལྷ་གནས་སུ་བྱོན་ཏེ། རྒྱལ་ཆེན་བཞིའི་གནས་ཀྱི་ལྷ་མང་པོ་ཞིག་དཀོན་མཆོག་གསུམ་ལ་སྐྱབས་སུ་འགྲོ་བ་དང་བསླབ་པའི་གཞི་ལྔ་ལ་བཀོད་དེ་སེམས་ཅན་གྱི་དོན་རྒྱ་ཆེན་པོ་བྱས་སོ། །གང་དང་གང་དུ་བྱོན་པ་དེ་དང་དེར་ཕྱག་ན་བསྣམས་པའི་འཁར་གསིལ་བསྟན་ཏེ་དེ་མཐོང་བ་ཙམ་གྱིས་སེམས་ཅན་མང་(༧༢༨བ)པོ་སྨིན་གྲོལ་ལ་འགོད་པར་མཛད་དོ། །གནས་བརྟན་ཆེན་པོ་འདིས་མཛད་པ་འདི་ལྟར་མཛད་པ་འདི་དག་ཀྱང་སེམས་ཅན་གྱི་དོན་དུ་མཛད་པ་ཁོ་ན་སྟེ། སྤྱིར་འཁོར་བའི་གནས་ན་ཡིད་བརྟན་གང་ཡང་མེད་པ་དང་། འཁོར་བའི་ཕུན་ཚོགས་ཐམས་ཅད་མཐོག་ཆུང་ལ་ཉེན་ཆེ་བ་དུག་སྦྲུལ་ནག་པོའི་གྲིབ་བསིལ་དང་

འདྲའོ་ཞེས་འདོམས་པ་དང་། ལྷག་པར་རྒྱལ་སྲིད་ཀྱི་དཔལ་ནི་རལ་གྲི་རྣོན་པོའི་སོ་ལ་ཆགས་པའི་སྦྲང་རྩི་དང་འདྲ་བར་ཕུགས་ངེས་པར་ཕུང་བར་བྱེད་པ་པོ་ནའོ་ཞེས་འདོམས་པ་དང་། རྒྱལ་སྲིད་ནི་སྲོག་གཅོད་པ་སོགས་སྡིག་པ་ཐམས་ཅད་ཀྱི་འབྱུང་གནས་སོ་ཞེས་འདོམས་པ་དང་། རྒྱལ་སྲིད་ནི་དགྲ་ཐམས་ཅད་ཀྱིས་བསྐོར་ཏེ་གནས་པའོ་ཞེས་འདོམས་པ་དང་། རྒྱལ་སྲིད་ཀྱི་དཔལ་ལས་ལྡང་བཟེད་ཐོགས་ཏེ་བསོད་སྙོམས་སྤྱོད་པ་མཆོག་གོ་ཞེས་འདོམས་པ་དང་། སྡིག་པ་ཆེན་པོ་ཅི་བྱས་ཀྱང་དཀོན་མཆོག་གསུམ་ལ་སྐྱབས་སུ་སོང་སྟེ་སྙིང་ཐག་པ་ནས་བཤགས་ན་མི་འདག་པ་གང་ཡང་མེད་དོ་ཞེས་འདོམས་པ་སོགས་ཀྱི་ཕྱིར་མཛད་པ་འདི་ལྟར་མཛད་དོ། །

ཁ༧༥ གནས་བརྟན་ཆེན་པོ་སྲིད་བྱེད་ཀྱི་རྟོགས་པ་བརྗོད་པ།

བཅོ་ལྔ་པ་གནས་བརྟན་ཆེན་པོ་སྲིད་བྱེད་ཀྱི་རྟོགས་པ་བརྗོད་པ་ནི་གནས་བརྟན་ཆེན་པོ་འདི་གང་དུ་འཁྲུངས་པའི་ཡུལ་ནི། ཡུལ་སྐྱོ་མ་ཅན་ཏེ། ཡུལ་སྐྱོ་མ་ཅན་ཞེས་བྱ་བ་ན་ཁྱིམ་བདག་ཕྱུག་ཅིང་ནོར་མང་ལ་ལོངས་སྤྱོད་ཆེ་བ། ཡོངས་སུ་འཛིན་པ་ཡངས་ཤིང་རྒྱ་ཆེ་བ། རྣམ་ཐོས་ཀྱི་བུའི་ནོར་ལ་ནོར་གྱིས་འགྲན་པ་ཞིག་ཡོད་པ་དེས་རིགས་མཉམ་པ་ལས་ཆུང་མ་བླངས་ནས། དེ་དེ་དང་ལྷན་ཅིག་ཏུ་རྩེ་ཞིང་དགའ་ལ་དགའ་མགུར་(༧༢༧ན)སྤྱོད་དོ། །དེ་རྩེ་ཞིང་དགའ་ལ་དགའ་མགུར་སྤྱོད་པ་ལས་ཆུང་མ་ལ་བུ་ཆགས་ནས། དེ་ཟླ་བ་དགུའམ་བཅུ་ལོན་པ་ན། ཁྱེའུ་ཞིག་བཙས་ནས་བཙས་མ་ཐག་ཏུ་དེའི་ལུས་ཐམས་ཅད་ཕོལ་མིག་གིས་ཞུ་ལུམ་དུ་ཁྱབ་པར་འདུག་སྟེ། གང་གི་ཚེ་ཕོལ་མིག་དེ་དག་རྫོལ་བའི་ཚེ་ཤ་རྣག་བུ་ཕྱིལ་པོར་གྱུར་ཏེ། དེའི་ལུས་ལས་རྣག་ཁྲག་འཛག་ཅིང་དྲི་ཤིན་ཏུ་མནམ་པ་འབྱུང་ངོ་། །དེ་ནས་དེའི་ཕས་དབང་ཕྱུག་གི་སྟོབས་ཀྱི་ཤུགས་ཀྱིས་ནོར་དང་ སྔགས་དང་སྨན་དང་གཡོག་དང་ལྡན་པར་བདག་ཉིད་ཀྱིས་གསོས་ན་འོན་ཀྱང་ལས་ཀྱི་སྟོབས་ཀྱིས་ཤུགས་ཐོབ་

པ་ན་ནད་དེ་ཞི་བར་མ་གྱུར་ཏེ། ལུས་ཐམས་ཅད་དེ་ལྟ་བུར་གྱུར་ནས་ངོ་ཚ་སྟེ་གོས་ཀྱིས་སྐྱིད་པར་བྱེད་པས་ན། དེའི་མིང་སྐྱིད་པ་ཞེས་བཏགས་སོ། །དེ་ནས་རེ་ཤིག་ན་ཁྱེའུ་སྐྱིད་པ་ཆེར་སྐྱེས་ནས་དེའི་གྲོགས་པོ་ན་ཟླ་རྣམས་མཉན་དུ་ཡོད་པའི་གྲོང་ཁྱེར་དུ་དོང་དོང་བ་དེ་དག་གིས་དེའི་ཕ་ལ་སྨྲས་པ། ཡབ། གལ་ཏེ་འདི་མཉན་དུ་ཡོད་པར་ཁྲིད་ན་ནི་དེ་ན་སྨན་པ་དང་སྨན་ལ་སོགས་པ་མཆིས་ཏེ་མོད་པས་ནད་དེ་ལས་གསོ་ནུས་སོ་ཞེས་བྱས་སོ། །དེ་ནས་དེའི་ཕས་ཆོག་དེ་མཉན་ནས་རིན་པོ་ཆེ་མང་པོ་དང་གཡོག་རྣམས་བྱིན་ཏེ། མཉན་དུ་ཡོད་པར་བཏང་ནས་དེ་མཐར་གྱི་གྲོགས་པོ་ན་ཟླ་རྣམས་དང་ལྷན་ཅིག་ཏུ་མཉན་དུ་ཡོད་པར་ཕྱིན་ན། དེ་ན་སྨན་པ་དང་། ནོར་དང་། སྨན་དང་། གཡོག་ཀྱང་མང་དུ་ཡོད་མོད་ཀྱི་དེའི་ལས་ལས་སྐྱེས་པའི་ནད་དེ་གསོ་མ་ནུས་སོ། །དེ་ནས་ཕྱིས་རེ་ཤིག་ན་དེ་རྒྱལ་བུ་རྒྱལ་བྱེད་ཀྱི་ཚལ་དུ་སོང་ནས། དེས་སངས་རྒྱས་བཅོམ་ལྡན་འདས་སྐྱ་སྐྱེས་བུ་ཆེན་པོའི་མཚན་སུམ་ཅུ་རྩ་(༡༦༧བ)གཉིས་ཀྱིས་ལེགས་པར་བརྒྱན་པ། དཔེ་བྱད་བཟང་པོ་བརྒྱད་ཅུས་མཛེས་པར་བྱས་པ། འོད་འདོམ་གང་གིས་བརྒྱན་པ། ཉི་མ་སྟོང་བས་ལྷག་པའི་འོད་མངའ་བ། རིན་པོ་ཆེའི་རི་བོ་འགྲོ་བ་ལྟ་བུ་ཀུན་ནས་བཟང་བ་མཐོང་ནས། མཐོང་མ་ཐག་ཏུ་དེ་བཅོམ་ལྡན་འདས་ལ་སེམས་དགའ་བར་གྱུར་ཏེ། དེ་དགའ་བ་སྐྱེས་ནས། བཅོམ་ལྡན་འདས་ཀྱི་ཞབས་ལ་ཕྱག་འཚལ་ཏེ། ཆོས་མཉན་པའི་ཕྱིར་བཅོམ་ལྡན་འདས་ཀྱི་སྤྱན་སྔར་འདུག་གོ །དེ་ནས་བཅོམ་ལྡན་འདས་ཀྱིས་དེའི་བསམ་པ་དང་། བག་ལ་ཉལ་བ་དང་། ཁམས་དང་། རང་བཞིན་ཐུགས་སུ་ཆུད་ནས། འཕགས་པའི་བདེན་པ་བཞི་རྟོགས་པར་འགྱུར་བ་དེ་ལྟ་བུའི་ཆོས་བསྟན་ཏེ། དེས་ཐོས་ནས་ཉེ་བར་ལེན་པའི་ཕུང་པོ་ལྔ་ནད་དང་། ཕོལ་མིག་དང་། ཟུག་རྔུ་དང་། སྡིག་པ་དང་། མི་རྟག་པ་དང་། སྡུག་བསྔལ་བར་རྟོགས་ཏེ་འདུ་བྱེད་ཐམས་ཅད་ནི་མི་རྟག་པར་རིག་ནས། བཅོམ་ལྡན་འདས་ཀྱི་བསྟན་པ་ལ་རབ་ཏུ་བྱུང་སྟེ་ཀུན་སྤྱོད་རྣམས་བསླབས་

ཤིང་ཀློག་པ་དང་སྤྱོད་བ་ལ་བརྩོན་པར་བྱས། ལོ་གྲངས་ལོན་པ་ན་བསླེན་པར་རྫོགས་ནས། དེས་བརྩོན་པ་དང་། བསྒྲུབ་པ་དང་། འབད་པས་ཕོལ་མིག་ལྔ་པའི་འཁོར་བའི་འཁོར་ལོ་འདི་ཉིད་གཡོ་ཞིང་མི་བརྟན་པར་རིག་ནས། འདུ་བྱེད་ཀྱི་རྣམ་པ་ཐམས་ཅད་ཉམས་པ་དང་། ལྟུང་བ་དང་། རྣམ་པར་འཇོར་བ་དང་། རྣམ་པར་འཇིག་པའི་ཆོས་ཅན་ཡིན་པར་རྟད་ཆོད་དེ། ཉོན་མོངས་པ་ཐམས་ཅད་སྤངས་ནས་དགྲ་བཅོམ་པ་ཉིད་མངོན་སུམ་དུ་བྱས་ཏེ། །དགྲ་བཅོམ་པ་ཁམས་གསུམ་པའི་འདོད་ཆགས་དང་བྲལ་བར་གྱུར་ནས། གསེར་དང་བོང་(༧༥ན)བར་མཉམ་པ། ནམ་མཁའ་དང་ལག་མཐིལ་དུ་འདྲ་བའི་སེམས་དང་ལྡན་པ། ཙན་དན་སྤངས་པ་ལྟ་བུར་བསིལ་བར་གྱུར་པ། རིག་པས་སྒོ་ངའི་སྦུབས་བཅོམ་པ། རིག་པ་དང་མངོན་པར་ཤེས་པ་དང་སོ་སོ་ཡང་དག་པར་རིག་པ་ཐོབ་པ། སྲིད་པའི་སྙེད་པ་དང་ཆགས་པ་དང་བཀུར་སྟི་ལ་མི་ལྟ་བ། དབང་པོ་དང་ཉེ་དབང་དང་བཅས་པའི་ལྷ་རྣམས་ཀྱིས་མཆོད་ཅིང་། རྗེད་པ་དང་གུས་པར་སྨྲ་བའི་གནས་སུ་གྱུར་ཏོ། །དེའི་གྲོགས་པོ་ན་ཟླ་དེ་དག་ཀུང་སྐྱོ་བར་གྱུར་པ་དེ་ཉིད་ཀྱིས་རབ་ཏུ་བྱུང་ནས། དེ་དག་གནས་བརྟན་སྲིད་པ་ག་ལ་བ་དེར་སོང་སྟེ་ཕྱིན་ནས། གནས་བརྟན་སྲིད་པ་ལ་འདི་སྐད་ཅེས་སྨྲས་སོ། །གནས་བརྟན་སྲིད་པ་འཇིག་རྟེན་ན་འཇིག་པའི་ཆོས་ཅན་ནི་གང་ཡིན། འཇིག་རྟེན་ན་འཇིག་པའི་ཆོས་ཅན་མ་ཡིན་པ་ནི་གང་ཡིན་ཞེས་དྲིས་པ་ན་གནས་བརྟན་སྲིད་པས། ཚེ་དང་ལྡན་པ་དག །གཟུགས་ནི་འཇིག་པའི་ཆོས་ཅན་ཡིན་ནོ། །དེ་འགགས་པའི་མྱ་ངན་ལས་འདས་པ་ནི་འཇིག་པའི་ཆོས་ཅན་མ་ཡིན་པའོ། །ཚེ་དང་ལྡན་པ་དག །ཚོར་བ་དང་། འདུ་ཤེས་དང་། འདུ་བྱེད་རྣམས་དང་། རྣམ་པར་ཤེས་པ་ནི་འཇིག་པའི་ཆོས་ཅན་ཡིན་ནོ། །དེ་འགགས་པའི་མྱ་ངན་ལས་འདས་པ་ནི་འཇིག་པའི་ཆོས་ཅན་མ་ཡིན་ནོ། །ཚེ་དང་ལྡན་པ་དག་ཇི་སྙམ་དུ་སེམས། གཟུགས་རྟག་པ་ཡིན་ནམ་འོན་ཏེ་མི་རྟག་པ་ཡིན། ཞེས་སྨྲས་པ་ན། གྲོགས་པོ་ན་ཟླ་དེ་དག

གིས། གནས་བརྟན་སྲིད་པ། དེ་ནི་མི་རྟག་པ་ཡིན་ནོ་ཞེས་སྨྲས། གནས་བརྟན་སྲིད་པས་སྨྲས་པ། ཚེ་དང་(༧༨ཁ)ལྡན་པ་དག །མི་རྟག་པ་གང་ཡིན་པ་དེ་སྡུག་བསྔལ་བ་ཡིན་ནམ་འོན་ཏེ་སྡུག་བསྔལ་བ་མ་ཡིན། གྲོགས་པོ་དེ་དག་གིས་སྨྲས་པ། གནས་བརྟན་སྲིད་པ། དེ་ནི་སྡུག་བསྔལ་བ་ཡིན་ནོ། །གནས་བརྟན་སྲིད་པས་སྨྲས་པ། ཚེ་དང་ལྡན་པ་དག །ཅི་མི་རྟག་པ་དང་། སྡུག་བསྔལ་བ་དང་། རྣམ་པར་འགྱུར་བའི་ཆོས་ཅན་གང་ཡིན་པ་དེ་ལ་ཐོས་པ་དང་ལྡན་པའི་འཕགས་པ་ཉན་ཐོས་འདི་སྙམ་དུ་འདི་ནི་བདག་གིའོ། །འདི་ནི་བདག་གི་བདག་ཡིན་ནོ་སྙམ་དུ་བདག་ཏུ་འཛིན་པར་འགྱུར་རམ། གྲོགས་པོ་དེ་དག་གིས་སྨྲས་པ། གནས་བརྟན་སྲིད་པ། དེ་ནི་མ་ཡིན་ནོ། །གནས་བརྟན་སྲིད་པས་སྨྲས་པ། ཚེ་དང་ལྡན་པ་དག །ཇི་སྙམ་དུ་སེམས། ཚོར་བ་དང་། འདུ་ཤེས་དང་། འདུ་བྱེད་རྣམས་དང་། རྣམ་པར་ཤེས་པ་རྟག་པ་ཡིན་ནམ། ཚེ་དང་ལྡན་པ་དག་འོན་ཏེ་མི་རྟག་པ་ཡིན། གྲོགས་པོ་དེ་དག་གིས་སྨྲས་པ། གནས་བརྟན་སྲིད་པ། དེ་ནི་མི་རྟག་པ་ཡིན་ནོ། །གནས་བརྟན་སྲིད་པས་སྨྲས་པ། ཚེ་དང་ལྡན་པ་དག །མི་རྟག་པ་གང་ཡིན་པ་དེ་ནི་སྡུག་བསྔལ་བ་ཡིན་ནམ། འོན་ཏེ་སྡུག་བསྔལ་བ་མ་ཡིན། གྲོགས་པོ་དེ་དག་གིས་སྨྲས་པ། གནས་བརྟན་སྲིད་པ། དེ་ནི་སྡུག་བསྔལ་བ་ཡིན་ནོ། །གནས་བརྟན་སྲིད་པས་སྨྲས་པ། ཚེ་དང་ལྡན་པ་དག །ཅི་མི་རྟག་པ་དང་། སྡུག་བསྔལ་བ་དང་། རྣམ་པར་འགྱུར་བའི་ཆོས་ཅན་གང་ཡིན་པ་དེ་ལ་ཐོས་པ་དང་ལྡན་པའི་འཕགས་པའི་ཉན་ཐོས་འདི་སྙམ་དུ་འདི་ནི་བདག་གིའོ། །འདི་ནི་བདག་གི་བདག་ཡིན་ནོ་སྙམ་དུ་བདག་ཏུ་འཛིན་པར་འགྱུར་རམ། གྲོགས་པོ་དེ་དག་གིས་སྨྲས་པ། གནས་བརྟན་སྲིད་པ། དེ་ནི་མ་ཡིན་ནོ། གནས་བརྟན་སྲིད་པས་སྨྲས་པ། ཚེ་(༧༩ཀ)དང་ལྡན་པ་དག །དེ་བས་ན་གཟུགས་ཅི་ཡང་རུང་བ་འདས་པ་དང་། མ་འོངས་པ་དང་ད་ལྟར་བྱུང་བའམ། ཕྱི་རོལ་ལམ། ནང་ངམ། རགས་པའམ། ཆ་ཕྲ་བའམ། ངན་པའམ། བཟང་པོའམ། ཐག་

རིང་བའམ། ཉེ་བ་ཡང་རུང་སྟེ། དེ་དག་ཐམས་ཅད་ལ་འདི་ནི་བདག་གི་མ་ཡིན་ནོ། །འདི་ནི་བདག་མ་ཡིན་នོ། །འདི་ནི་བདག་གི་བདག་མ་ཡིན་ནོ་སྙམ་དུ་དེ་ལྟར་ཡང་དག་པ་ཇི་ལྟ་བ་བཞིན་དུ་ཡང་དག་པའི་ཤེས་རབ་ཀྱིས་བལྟ་བར་བྱའོ། །ཚོར་བ་དང་། འདུ་ཤེས་དང་། འདུ་བྱེད་རྣམས་ཅི་ཡང་རུང་བ་དང་། རྣམ་པར་ཤེས་པ་ཅི་ཡང་རུང་བ་འདས་པ་དང་། མ་འོངས་པ་དང་། ད་ལྟར་བྱུང་བ་དང་། ནང་ངམ་ཕྱི་རོལ་ལམ། རགས་པའམ། ཕ་མྲ་བའམ། ངན་པའམ། བཟང་པོའམ། ཐག་རིང་བའམ། ཉེ་བ་ཡང་རུང་སྟེ། དེ་དག་ཐམས་ཅད་ལ་འདི་ནི་བདག་གི་མ་ཡིན་ནོ། །འདི་ནི་བདག་མ་ཡིན་ནོ། །འདི་ནི་བདག་གི་བདག་མ་ཡིན་ནོ་སྙམ་དུ་དེ་ལྟར་ཡང་དག་པ་ཇི་ལྟ་བ་བཞིན་དུ་ཡང་དག་པའི་ཤེས་རབ་ཀྱིས་བལྟ་བར་བྱའོ། །ཚེ་དང་ལྡན་པ་དག་དེ་ལྟར་བལྟ་བའི་ཐོས་པ་དང་ལྡན་པའི་ཉན་ཐོས་ནི་གཟུགས་ལས་ཀྱང་སྐྱོ་བར་འགྱུར་རོ། །ཚོར་བ་དང་། འདུ་ཤེས་དང་། འདུ་བྱེད་རྣམས་དང་། རྣམ་པར་ཤེས་པ་ལས་ཀྱང་སྐྱོ་བར་འགྱུར་ཏེ། སྐྱོ་ན་འདོད་ཆགས་དང་བྲལ་བར་འགྱུར་རོ། །འདོད་ཆགས་དང་བྲལ་ན་རྣམ་པར་གྲོལ་བར་འགྱུར་རོ། །རྣམ་པར་གྲོལ་བ་ན་བདག་གི་སྐྱེ་བ་ཟད་དོ། །ཚངས་པར་སྤྱོད་པ་སྤྱད་ཟིན་ཏོ། །བྱ་བ་བྱས་ཟིན་ཏོ། །སྲིད་པ་འདི་ལས་གཞན་མི་ཤེས་སོ་སྙམ་དུ་རྣམ་པར་གྲོལ་བའི་ཡེ་ཤེས་མཐོང་བ་ཐོབ་ནར་འགྱུར་རོ། །ཞེས་ཆོས་རྒྱ་ཆེར་བསྟན་ཏོ། །ཆོས་ཀྱི་རྣམ་གྲངས་འདི་བཤད་པ་ན། གྲོགས་པོ་ན་ལྔ་དེ་རྣམས་ཆོས་(༡༥༡་བ)རྣམས་ལ་ཆོས་ཀྱི་མིག་རྡུལ་མེད་ཅིང་དྲི་མ་དང་བྲལ་བ་རྣམ་པར་དག་པ་ཐོབ་པར་གྱུར་ཏོ། །དེ་ནས་བཅོམ་ལྡན་འདས་ལ་དགེ་སློང་རྣམས་ཀྱིས་གསོལ་བ། བཙུན་པ། སྔོན་པས་ལས་གང་དག་བགྱིས་ནས། དེས་དེའི་ལུས་འདི་ལྟ་བུར་མི་སྡུག་ཅིང་ནད་མང་ལ་དྲི་ང་བར་གྱུར་ལགས། ལས་གང་དག་བགྱིས་ན། དེ་བློ་རྗེ་ཞིང་གསལ་བར་གྱུར་ཏེ། རབ་ཏུ་བྱུང་ནས་དགྲ་བཅོམ་པ་ཉིད་མངོན་སུམ་དུ་བགྱིས་ལགས། བཅོམ་ལྡན་འདས་ཀྱིས་བཀའ་སྩལ་པ། དགེ་སློང་དག་སྔོན་པ་ཉིད་

ཀྱིས་སྟོན་ཚེ་རབས་གཞན་དག་ཏུ་གདོན་མི་ཟ་བར་མྱོང་བར་ངེས་པའི་ལས་དེ་དག་བྱས་ཤིང་བསགས་པས་ན། སྡིད་པ་ཉིད་ཀྱིས་ལས་བྱས་ཤིང་བསགས་པ་དེ་དག་གཞན་སུ་ཞིག་གིས་ཉམས་སུ་མྱོང་བར་འགྱུར། དགེ་སློང་དག་ལས་བྱས་ཤིང་བསགས་པ་རྣམས་ནི་ཕྱི་རོལ་གྱི་སའི་ཁམས་ལ་རྣམ་པར་སྨིན་པར་མི་འགྱུར། ཆུའི་ཁམས་དང་། མེའི་ཁམས་དང་། རླུང་གི་ཁམས་ལ་རྣམ་པར་སྨིན་པར་མི་འགྱུར་ཏེ། ལས་དགེ་བ་དང་མི་དགེ་བ་བྱས་ཤིང་བསགས་པ་རྣམས་ནི་ཟིན་པའི་ཕུང་པོ་དང་། ཁམས་དང་། སྐྱེ་མཆེད་རྣམས་འབའ་ཞིག་ལ་རྣམ་པར་སྨིན་པར་འགྱུར་རོ། །ལུས་ཅན་དག་གི་ལས་རྣམས་ནི། །བསྐལ་པ་བརྒྱར་ཡང་ཆུད་མི་ཟ། །ཚོགས་ཤིང་དུས་ལ་བབ་པ་ན། །འབྲས་བུ་ཉིད་དུ་སྨིན་པར་འགྱུར། །དགེ་སློང་དག་སྔོན་བྱུང་བ་འདས་པའི་དུས་ན་གྲོང་ཁྱེར་ལྷ་ར་ཀྲ་སི་ན་ཚོང་དཔོན་ཞིག་ཚོང་དཔོན་གཞན་ཞིག་དང་མི་མཛའ་ནས་དེས་རྒྱལ་པོ་ལ་ནོར་མང་པོ་ཕུལ་ཏེ་གསོལ་བ་བཏབ་པ། ལྷ། ཚོང་དཔོན་འདིས་ནོངས་པ་བགྱིས་ཀྱིས་འདི་ཆད་པས་བཅད་ཅིང་ཚར་གཅད་པར་གསོལ་ཞེས་བྱས་སོ། །(750ན)དེ་ནས་རྒྱལ་པོས་གནང་སྟེ། དེ་ཉིད་ཆད་པས་གཙོད་དུ་བཙུགས་སོ །དེ་ནས་དེས་བདག་གི་ཁྱིམ་དུ་བཀུག་ནས་ལྕག་གིས་བཞུས་སོ། །དེ་ནས་ལུས་ལས་ཁྲག་བྱུང་བ་ལ་དུག་དྲག་པོའི་ཕྱེ་མ་མང་པོ་བཏབ་སྟེ། དེས་དེའི་ལུས་དེ་ཤ་རྣག་བུ་བཞིན་དུ་ཕྱི་ལ་བོར་འདུག་པར་གྱུར་ཏོ། །དེ་ནས་ཚོང་དཔོན་དེའི་གྲོགས་པོ་རྣམས་ཀྱིས་དེས་ཇི་ལྟར་བྱས་པ་ཐོས་ནས་དེ་དག་བསྡོངས་ཏེ་ཡོ་བྱད་ཀྱི་ཁྱད་པར་དག་གིས་ནད་དེ་ལས་གསོས་པར་བྱས་སོ། །དེ་ནས་སྐྱོ་བར་གྱུར་པ་དེ་ཁྱིམ་ནས་བྱུང་སྟེ། རབ་ཏུ་བྱུང་ནས་དེས་སློབ་དཔོན་མེད་པར་བྱང་ཆུབ་ཀྱི་ཕྱོགས་དང་མཐུན་པའི་ཆོས་སུམ་ཅུ་རྩ་བདུན་བསྒོམས་ཏེ་རང་སངས་རྒྱས་ཀྱི་བྱང་ཆུབ་མངོན་སུམ་དུ་བྱས་སོ། །དེ་ནས་སངས་རྒྱས་དེས་བསམས་པ། ཚོང་དཔོན་དེས་ནི་བདག་ལ་བརྙེན་ནས་བསོད་ནམས་མ་ཡིན་པ་ཆེན་པོ་བསྐྱེད་ཀྱིས་མེད་ན། མ་ལ་བདག

དེའི་ཐད་དུ་སོང་ལ་སྐྱོ་བ་བསྐྱེད་པར་བྱ་བ་གོར་མ་ཆག་སྙམ་མོ། །རང་སངས་རྒྱས་དེས་ཚོང་དཔོན་དེའི་ཐད་དུ་སོང་ནས་སྟེང་གི་ནམ་མཁའ་ལ་མངོན་པར་འཕགས་ཏེ་ཆོ་འཕྲུལ་རྣམ་པ་སྣ་ཚོགས་བསྟན་ཏོ། །སོ་སོའི་སྐྱེ་བོ་རྣམས་ནི་རྫུ་འཕྲུལ་གྱིས་མྱུར་དུ་དད་པར་བྱེད་པས་དེ་སྡོང་པོ་རྩ་བ་ནས་བཅད་པ་བཞིན་དུ་རྐང་པ་ལ་ཕྱག་འཚལ་ནས་ཐལ་མོ་སྦྱར་ཏེ་གསོལ་བ་བཏབ་པ། ཡོན་གནས་ཆེན་པོ་མར་གཤེགས་ཁྱོད་ལ་བདག་གིས་ནོངས་པ་བགྱིས་ཀྱིས་དེ་ཡང་ཁྱོད་ཉིད་ལས་བརྟེན་ཏེ་བྱུང་བར་བགྱིའོ་ཞེས་བྱས་ཏེ། དེ་རང་སངས་རྒྱས་དེ་ལ་བཟོད་པར་གསོལ་ནས། བཤོས་གསོལ་ཏེ་ན་བཟའ་ཕུལ་ནས་སྨོན་ལམ་བཏབ་པ། བདག་ཁྲིམས་(༧༥༠བ)ཏེ་ཁྱོད་ལ་ནོངས་པ་བགྱིས་པ་དེའི་ལས་ཀྱི་རྣམ་པར་སྨིན་པ་བདག་གིས་མྱོང་བར་མ་གྱུར་ཅིག །བདག་གིས་བཀུར་སྟི་བགྱིས་པ་འདིས་ནི་ཡོན་ཏན་འདི་ལྟ་བུ་དག་བདག་གིས་ཐོབ་པར་གྱུར་ཅིག །འདི་བས་ཀྱང་ཆེས་ཁྱད་པར་དུ་འཕགས་པའི་སྟོན་པ་མཉེས་པར་བྱེད་པར་གྱུར་ཅིག །མི་མཉེས་པར་བྱེད་པར་མ་གྱུར་ཅིག །ཅེས་བྱས་སོ། །བཅོམ་ལྡན་འདས་ཀྱིས་བཀའ་སྩལ་པ། དགེ་སློང་དག་ཇི་སྙམ་དུ་སེམས། དེའི་ཚེ་དེའི་དུས་ན་ཚོང་དཔོན་དུ་གྱུར་པ་གང་ཡིན་པ་དེ་ནི་སྲིད་པ་འདི་ཡིན་ཏེ། ལས་དེའི་མཐུས་ཚེ་རབས་ལྔ་བརྒྱའི་བར་དུ་ལྷག་འོག་ཏུ་ཤིའོ། །རྒྱུ་དེ་ཁོ་ནས་ད་ལྟར་ཡང་ལུས་འདི་འདྲ་བ་ཐོབ་པར་གྱུར་ཏོ། །གཞན་ཡང་བཅོམ་ལྡན་འདས་འོད་སྲུངས་ཀྱི་རིང་ལ་གྲོགས་པོ་ན་ཟླ་རྣམས་དང་ལྷན་ཅིག་ཏུ་རབ་ཏུ་བྱུང་སྟེ། དེས་དེ་དག་གིས་ཚངས་པར་སྤྱོད་པའི་གནས་བསྲུངས་པ་དེས་ད་ལྟར་དགྲ་བཅོམ་པ་ཉིད་མངོན་སུམ་དུ་བྱས་སོ། །དགེ་སློང་དག་དེ་ལྟར་ན་ལས་གཅིག་ཏུ་ངེས་པར་གནག་པ་རྣམས་ནི། རྣམ་པར་སྨིན་པ་ཡང་གཅིག་ཏུ་ངེས་པར་གནག་པར་འགྱུར་རོ། །ལས་གཅིག་ཏུ་ངེས་པར་དཀར་བ་རྣམས་ནི་རྣམ་པར་སྨིན་པ་ཡང་གཅིག་ཏུ་དཀར་བར་འགྱུར་རོ། །ལས་འདྲེས་མ་རྣམས་ནི་རྣམ་པར་སྨིན་པ་ཡང་འདྲེས་མར་འགྱུར་རོ། །དགེ་སློང་དག་དེ་བས་ན་

ལས་གཅིག་ཏུ་ངེས་པར་གནག་པ་རྣམས་དང་། ལས་འདྲེས་མ་རྣམས་སྤངས་ལ། ལས་གཅིག་ཏུ་ངེས་པར་དཀར་བ་རྣམས་འབའ་ཞིག་སྤྱད་པར་བྱ་སྟེ། དགེ་སློང་དག་ཁྱེད་ཀྱིས་དེ་ལྟར་བསླབ་པར་བྱའོ། །ཞེས་བཀའ་སྩལ་ཏོ། གནས་བརྟན་(༧༥༧ན)འདིས་འདི་ལྟ་བུའི་མཛད་པ་བསྟན་པ་འདི་ཡང་གདུལ་བྱ་རྣམས་ལ་འདོམས་པའི་ཕྱིར་མཛད་པ་སྟེ། ལས་དཀར་ནག་གི་འབྲས་བུ་ནི་འདི་ལྟར་ནམ་ཡང་མི་བསླུའོ་ཞེས་ལས་འབྲས་ལ་ཡིད་ཆེས་ཀྱི་དད་པ་བསྐྱེད་པ་དང་། སངས་རྒྱས་བཅོམ་ལྡན་འདས་ཀྱི་བསྟན་པ་དང་མཇལ་བ་ནི་འདི་ལྟར་དོན་ཆེའོ་ཞེས་རྒྱལ་བའི་བསྟན་པ་ལ་གུས་པ་བསྐྱེད་པར་བྱ་བ་དང་། སངས་རྒྱས་རྣམས་ལ་མཆོད་ཅིང་གསོལ་བ་བཏབ་ན་མཐར་ངེས་པར་འཁོར་བ་ལས་ཐར་བར་འགྱུར་རོ་ཞེས་སྟོན་པ་སངས་རྒྱས་ལ་གུས་པ་བླ་ལྷག་ཏུ་བསྐྱེད་པར་བྱ་བ་སོགས་དགོས་པ་མང་པོ་ཞིག་གཟིགས་ནས་འདི་ལྟ་བུའི་མཛད་པ་བསྟན་ཏོ། །ཁྱུག་ལོ་ཙྪ་བ་སོགས་འགའ་ཞིག་གིས་གནས་བརྟན་འདི་ཉེ་བའི་ལྔ་སྡེའི་ནང་གི་བ་ལང་བདག་ཡིན་པར་བཤད་དེ། དེ་ནི་གོ་བ་ཏ་ཞེས་པའི་སྒྲ་ལས་བ་ལང་བདག་ཏུ་བསྒྱུར་ཏེ། དེ་ཡང་སྟོན་པ་མངོན་པར་རྫོགས་པར་སངས་རྒྱས་ནས་ཡུལ་ཝཱ་ར་ཎ་སེར་ཕྱིན་ཏེ་ལྔ་སྡེ་ལ་ཆོས་འཁོར་བསྐོར་བའི་ཚེ་ཡུལ་དེ་ན་ཁྱིམ་བདག་རིགས་ཀྱི་གཙོ་བོ་ཞེས་པ་ཞིག་ཡོད་པ་དེ་ལ་བུ་ལྔ་སྟེ། གྲགས་པ་དང་། གང་པོ་དང་། དྲི་མེད་དང་། བ་ལང་བདག་དང་། ལག་བཟང་སྟེ། ལྔ་ཡོད་པ་བུ་ལྔ་པོ་དེ་སྟོན་པ་ལ་དད་ནས་རབ་ཏུ་བྱུང་སྟེ། ལྷན་ཅིག་གནས་པ་དེ་ལ་ཉེ་བའི་ལྔ་སྡེར་གྲགས། གྲགས་པ་ལ་སོགས་པ་ལྔ་པོ་དེས་དགྲ་བཅོམ་པ་ཐོབ་ཅིང་ལྔ་པོ་དེའི་ནང་ཚན་བ་ལང་བདག་ནི་གནས་བརྟན་འདི་ཡིན་ཞེས་བཤད་དོ། །དགའ་བའི་བཤེས་གཉེན་གྱི་རྟོགས་བརྗོད་དུ་བ་སྤང་སྐྱོང་ཞེས་འབྱུང་། ཁ་ཆེ་པཎ་ཆེན་ཤཱཀྱ་ཤྲཱི་རིས་གནས་བརྟན་འདིའི་(༧༥༧བ)མཚན་ལ་སྦྱིན་བྱེད་ཅེས་འབྱུང་སྟེ། དེང་སང་གནས་བརྟན་གསོལ་འདེབས་ཡོངས་སུ་གྲགས་པར་གནས་བརྟན་སྦྱིན་བྱེད་ཅེས་བརྗོད་པ་

ལྟར་རྟོགས་བརྗོད་བརྒྱ་པའི་སྟོམ་ཚིག་བཅུ་པའི་ནང་ཚན་དྲུག་པར་ཡུལ་སློ་མ་ཅན་དུ་འབྲུངས་པའི་གནས་བརྟན་སྦྱིད་པ་ཞེས་འབྱུང་བ་ལྟར་སྟོན་གྱི་མཁས་པ་འགའ་ཞིག་གིས་རྟོགས་བརྗོད་བརྒྱ་པ་ནས་འབྱུང་བ་ལྟར་གནས་བརྟན་འདིའི་རྟོགས་བརྗོད་བྱས་སྣང་བས་འདིར་དེ་དང་མཐུན་པར་བཀོད་དོ། །

ཁ༧༨ གནས་བརྟན་ཆེན་པོ་མི་ཕྱེད་པའི་རྟོགས་པ་བརྗོད་པ།

བཅུ་དྲུག་པ་གནས་བརྟན་ཆེན་པོ་མི་ཕྱེད་པའི་རྟོགས་པ་བརྗོད་པ་ནི། གནས་བརྟན་ཆེན་པོ་འདི་གང་དུ་འབྲུངས་པའི་ཡུལ་ནི་རྒྱལ་པོའི་ཁབ་སྟེ། རྒྱལ་པོའི་ཁབ་ན་བྲམ་ཟེ་པི་ལིང་ད་སྦྱུང་དབང་ཞེས་བྱ་བ་བད་སའི་རིགས་སུ་གྱུར་པ་འབྱོར་པ་ཆེ་ཞིང་། གཡོག་འཁོར་རྒྱ་ཆེན་པོ་དང་ལྡན་པ་སྐྱེ་བོ་ཀུན་གྱིས་གོང་དུ་བཀུར་བའི་གནས་སུ་གྱུར་པ་ཞིག་ཡོད་པ་དེ་རིགས་མཉམ་པ་ལས་ཆུང་མ་བླངས་ཏེ་གནས་པ་ན་ནམ་ཞིག་ན་ཆུང་མ་དེ་ལ་སྲིད་པ་ཐ་མའི་སེམས་ཅན་ཞིག་མངལ་དུ་ཞུགས་ཏེ་ཟླ་བ་དགུའམ་བཅུ་ལ་བབ་པ་ན་ཁྱེའུ་གཟུགས་བཟང་བ། བལྟ་ན་སྡུག་པ། འཇིག་རྟེན་ཀུན་གྱི་མིག་གི་བདུད་རྩི་ལྟ་བུ་ཞིག་བཙས་ཏེ། དེ་བཙས་པ་ན་དཀོན་མཆོག་མཆོད་པ་དང་། དབུལ་ཕོངས་རྣམས་སྦྱིན་པས་ཚིམ་པར་བྱ་བ་དང་། ཉེ་དུ་དང་གཡོག་འཁོར་རྣམས་བཅས་སྟོན་རྒྱ་ཆེན་པོས་ཚིམ་པར་བྱས་ཏེ། མིང་འདོགས་པ་ན་མི་ཕྱེད་པ་ཞེས་བཏགས་ཤིང་། སྐྱེ་བོ་ཕལ་མོ་ཆེས་པི་ལིང་དའི་བུ་ཞེས་ཕ་ལས་དྲས་པའི་མཚན་ནས་འབོད་དོ། །དེ་ནས་ཁྱེའུ་སྲིད་པ་ཐ་མ་པ་དེ་རང་བཞིན་གྱིས་བག་མེད་པའི་གནས་(༧༥༢ན)མཐའ་དག་ལས་ལོག །སེམས་ཅན་ལ་སྙིང་རྗེ་ཆེ་བ་དང་། སྒོ་གསུམ་ཞི་ཞིང་དུལ་བ་སོགས་རང་བཞིན་གྱིས་དགེ་བའི་ལམ་ལ་གནས་ཤིང་། རིག་བྱེད་ཡན་ལག་དང་བཅས་པ་ལ་མཁས་པར་གྱུར་ཏོ། །བདག་ཉིད་ཆེན་པོ་དེ་ནམ་ཞིག་ན་སྟོན་པ་བཅོམ་ལྡན་འདས་དང་མཇལ་ཏེ་མངོན་པར་དད་ནས། བཙུན་

པ། བདག་ལེགས་པར་གསུངས་པའི་ཆོས་འདུལ་བ་ལ་རབ་ཏུ་འབྱུང་བ་དང་བསྙེན་པར་རྫོགས་པ་དགེ་སློང་གི་དངོས་པོ་འཐོབ་ན། བདག་བཅོམ་ལྡན་འདས་ཀྱི་སྤྱན་སྔར་ཚངས་པར་སྤྱོད་པ་སྤྱོད་པར་འཚལ་ལོ། །བཅོམ་ལྡན་འདས་ཀྱིས་དེ་ལ་དགེ་སློང་ཚུར་ཤོག་ཚངས་པར་སྤྱོད་པ་སྤྱོད་ཅིག་ཅེས། བཀའ་སྩལ་མ་ཐག་ཏུ་སྐྲ་བྱི་སྣམ་སྦྱར་གྱོན། ལག་ན་ལྷུང་བཟེད་དང་བྱ་མ་བུམ་ཐོགས་ཤིང་། སྐྲ་དང་ཁ་སྤུ་བྲེགས་ནས་ཞག་བདུན་ལོན་པ་ལྟ་བུ། བསྙེན་པར་རྫོགས་ནས་ལོ་བརྒྱ་ལོན་པའི་སྤྱོད་ལམ་ལྟ་བུར་གནས་པར་གྱུར་ཏོ། །དེ་བཞིན་གཤེགས་པས་ཚུར་ཤོག་བཀའ་སྩལ་པས། །སྐྲ་བྱི་སྣམ་སྦྱར་བགོས་པའི་ལུས་ལྡན་ཞིང་། །སྨོད་ལ་དབང་པོ་རབ་ཞིར་གནས་གྱུར་ཏེ། །སངས་རྒྱས་དགོངས་པས་ལུས་གཟུགས་བཀབ་པར་གྱུར། །དེ་ནས་པི་ལིང་དའི་བུས་སྟོན་པའི་སྤྱན་སྔར་ཚངས་པར་སྤྱོད་པ་སྤྱོད་ཅིང་། སྡེ་སྣོད་གསུམ་ཀློག་པ་དང་། སྤོང་བ་བསམ་གཏན་ལ་བརྩོན་པར་མཛད་པས་སྲིད་པའི་འཁོར་ལོ་འདི་ཉིད་གཡོ་ཞིང་མི་བརྟན་པར་རིག་ནས། འདུ་བྱེད་ཀྱི་རྣམ་པ་ཐམས་ཅད་ཉམས་པ་དང་། ལྷུང་བ་དང་། རྣམ་པར་འཐོར་བ་དང་། རྣམ་པར་འཇིག་པའི་ཆོས་ཅན་ཡིན་པར་རྟད་ཆོད་དེ། ཉོན་མོངས་པ་ཐམས་ཅད་སྤངས་ནས་དགྲ་(༧༥༢བ)བཅོམ་པ་ཉིད་མངོན་སུམ་དུ་བྱས་ཏེ། དགྲ་བཅོམ་པ་ཁམས་གསུམ་པའི་འདོད་ཆགས་དང་བྲལ་བར་གྱུར་ནས། གསེར་དང་བོང་བར་མཉམ་པ། ནམ་མཁའ་དང་ལག་མཐིལ་དུ་འདྲ་བའི་སེམས་དང་ལྡན་པ། ཙན་དན་སྤངས་པ་ལྟ་བུར་བསིལ་བར་གྱུར་པ། རིག་པས་སྒོ་ངའི་སྦུབས་བཅོམ་པ། རིག་པ་དང་མངོན་པར་ཤེས་པ་དང་སོ་སོ་ཡང་དག་པར་རིག་པ་ཐོབ་པ། སྲིད་པའི་རྙེད་པ་དང་ཆགས་པ་དང་བཀུར་སྟི་ལ་མི་ལྟ་བ། དབང་པོ་དང་ཉེ་དབང་བཅས་པའི་ལྷ་རྣམས་ཀྱིས་མཆོད་ཅིང་རྗེད་པ་དང་གུས་པར་སྨྲ་བའི་གནས་སུ་གྱུར་ཏོ། །དེ་ནས་གནས་བརྟན་པི་ལིང་དའི་བུའམ་མི་ཕྱེད་པ་རང་བཞིན་གྱིས་སེམས་ཅན་ལ་སྙིང་རྗེ་ཤིན་ཏུ་ཆེ་ཞིང་སྟོན་པའི་བཀའ་དྲིན་དྲན་པའི་སྒོ་

ནས་སེམས་ཅན་རྣམས་ལ་ཆོས་སྟོན་པ་དང་རྫུ་འཕྲུལ་གྱིས་གདུལ་བར་བྱ་བའི་སེམས་ཅན་རྣམས་རྫུ་འཕྲུལ་གྱིས་འདུལ་བར་མཛད་པ་སོགས་སེམས་ཅན་གྱི་དོན་ལ་གཡེལ་བ་མེད་པར་བཞུགས་པས་སྟོན་པས་ཀྱང་ངའི་ཉན་ཐོས་པི་ལིང་དའི་བུ་འདི་ནི་སྙིང་རྗེ་ལ་གནས་པའི་མཆོག་ཡིན་ནོ་ཞེས་བསྔགས་སོ། །དེའི་ཚེ་ན་གནས་བརྟན་པི་ལིང་དའི་བུའི་ཚ་བོ་དག་ཕྱི་རོལ་པའི་བསྟན་བཅོས་དག་ཀློག་གོ །གནས་བརྟན་པི་ལིང་དའི་བུས་ཚ་བོ་དག་ཕྱི་རོལ་པའི་བསྟན་བཅོས་དག་ཀློག་པ་མཐོང་ངོ་། །མཐོང་ནས་ཀྱང་མག་པ་ལ་འདི་སྐད་ཅེས་སྨྲས་སོ། །ཚ་བོ་ཁྱེའུ་དག་ཅི་ཀློག །མག་པས་སྨྲས་པ། འཕགས་པ། སྨད་རོལ་གྱི་བསྟན་བཅོས་དག་གོ །གནས་བརྟན་པི་ལིང་དའི་བུས་སྨྲས་པ། ཕྱི་རོལ་པའི་བསྟན་བཅོས་དག་ནི་ལུགས་(༧༥༤ན)ཀྱི་སེའུ་དང་འདྲ་སྟེ་རྟོགས་པར་དཀའ་ཞིང་རྟོགས་ན་ཡང་དེ་དག་གིས་ངེས་པ་ལ་འཇུག་པར་ཡང་མི་འགྱུར། ཐག་པ་ཐད་པར་ཡང་མི་འགྱུར་རོ། །སངས་རྒྱས་ཀྱི་བཀའ་ནི་ཐོག་མ་དང་བར་དང་ཐ་མར་དགེ་བ། མངོན་པར་ཤེས་པ་དང་། རྫོགས་པར་བྱང་ཆུབ་པ་དང་། མྱ་ངན་ལས་འདའ་བར་འགྱུར་བ་ཡིན་ན། ཅིའི་ཕྱིར་དེ་མི་ཀློག །མག་པས་སྨྲས་པ། འཕགས་པ་སུས་དེ་ཀློག་ཏུ་སྟོལ། གནས་བརྟན་པི་ལིང་དའི་བུས་སྨྲས་པ། ཁོ་བོས་ཀློག་ཏུ་གཞུག་གོ །མག་པས་སྨྲས་པ། འཕགས་པ་མ་ནོངས་ཀྱིས་ཀློག་ཏུ་སྟོལ་ཅིག །མག་པ་དེས་ཁྱེའུ་དེ་དག་ལ་སྨྲས་པ། ཁྱེའུ་དག་འཕགས་པའི་དྲུང་དུ་འོང་མའི་ཚལ་དུ་དེང་ལ་སངས་རྒྱས་ཀྱི་བཀའ་ལྷོགས་ཤིག །ཁྱེའུ་དེ་དག་ཉི་མ་རེ་རེ་བཞིན་རྒྱུན་གྱིས་བསླུབས་ཏེ་ཁྱེའུ་མངག་གཞུག་པ་དག་གིས་ཡོངས་སུ་བསྐོར་ནས། འོང་མའི་ཚལ་དུ་དོང་སྟེ་གནས་བརྟན་པི་ལིང་དའི་བུ་ལས་སངས་རྒྱས་ཀྱི་བཀའ་བསླབ་པར་བརྩམས་སོ། །རྒྱལ་པོའི་ཁབ་ན་སྟོན་ཟླ་ཐ་ཆུང་གི་གཡོན་ཅན་ཞེས་བྱ་བ་ཆོམ་རྐུན་པ་དག་གི་ཀུན་ཏུ་སྤྱོད་པ་ནི་དེ་དག་དགག་དབྱེ་བྱས་མ་ཐག་ཏུ་ཤེས་ལྡན་དག་བདག་ཅག་གིས་ལས་ཅི་ཞིག་བྱས་ན། ངེས་བཙལ་མི་དགོས་པ་ལོ་སྐོར་དུ་ལོངས་

སྤྱོད་ཅིང་བདེ་བར་འཁོད་པར་འགྱུར་ཞེས་ཕན་ཚུན་གྲོས་བྱེད་དོ། །དེ་དག་ལ་འཕགས་པ་པི་ལིང་དའི་བུའི་ཚ་བོ་དག་ཉེ་མ་རེ་རེ་བཞིན་རྒྱུན་ཐམས་ཅད་ཀྱིས་བསླུབས་ཏེ་ཁྱིའུ་མངག་གཞུག་པ་དག་གིས་བསྐོར་ནས། འོད་མའི་ཚལ་དུ་འདོང་ཞིང་འཕགས་པ་པི་ལིང་དའི་བུ་ལས་སངས་རྒྱས་ཀྱི་བཀའ་ཀློག(༧༥༣བ)པར་བྱེད་ཀྱིས་ལམ་གྱི་བར་དུ་བཤད་དེ། དེ་དག་བཟུང་ནས་འཕགས་པ་པི་ལིང་དའི་བུས་ནི་ཁྱིའུ་དག་ཁྱིམ་ན་འཁོད་དོ་སྙམ་དུ་ཤེས་ལ། བྲམ་ཟེས་ཀྱང་འཕགས་པ་པི་ལིང་དའི་བུའི་དྲུང་ན་འཁོད་དོ་སྙམ་དུ་ཤེས་པས་གལ་ཏེ་ཁྱིའུ་དག་དགྲོག་པར་ནུས་ན་ནི་བདག་ཅག་གི་འཚོ་བའི་བར་གྱི་འཚོ་བ་ཡོད་ལ་ཅི་སྟེ་མ་ནུས་ན་ནི་རྒྱུན་དགྲོག་པར་བྱ་སྟེ་དེས་ཀྱང་བདག་ཅག་བཅལ་མི་དགོས་པར་ལོ་སྐོར་དུ་ལོངས་སྤྱོད་ཅིང་བདེ་བར་འཁོད་པར་འགྱུར་རོ་སྙམ་པའི་བློ་སྐྱེས་སོ། །དེ་དག་བརྫ་བྱས་ཏེ་ལམ་གྱི་བར་དུ་དོང་ནས་འཁོད་པ་དང་། ཁྱིའུ་དག་ཀྱང་རྒྱུན་ཐམས་ཅད་ཀྱིས་བསླུབས་ཏེ་འོངས་ནས། ཆོམ་རྐུན་པ་དེ་དག་གིས་ཁྱིའུ་དེ་དག་གྲུར་བཙུག་སྟེ་ཁྱེར་རོ། །ཁྱིའུ་དེ་དག་གི་ཕྱི་བཞིན་ཁྱིའུ་མངག་གཞུག་པ་དག་འདོང་པ་དེ་དག་གིས་ཁྱིའུ་དེ་དག་ཆོམ་རྐུན་པ་དག་གིས་བརྐུས་པ་མཐོང་ནས། དེ་དག་གིས་གནས་བརྟན་པི་ལིང་དའི་བུའི་མག་པའི་དྲུང་དུ་བརྒྱུགས་ཏེ་སྨྲས་པ། ཇོ་བོ་ཁྱོད་ཀྱི་སྲས་བུ་དག་སྟོན་ཟླ་ཐ་ཆུང་གི་གཡོན་ཅན་དག་གིས་བརྐུས་ཀྱིས་ཐབས་དགོངས་ཤིག །བྲམ་ཟེ་ཡང་བརྒྱུགས་ཏེ་མ་ག་ དྷར་བྱུང་བའི་རྒྱལ་པོ་བཟོ་སྦྱངས་གཟུགས་ཅན་སྙིང་པོའི་གན་དུ་སོང་ནས་སྨྲས་པ། ལྷ་བདག་གི་བུ་དག་སྟོན་ཟླ་ཐ་ཆུང་གི་གཡོན་ཅན་དག་གིས་ཕྲོགས་ཀྱིས་བུའི་སློང་མོ་སྩལ་དུ་གསོལ། རྒྱལ་པོ་གཟུགས་ཅན་སྙིང་པོས་རྒྱལ་པོ་གཞོན་ནུ་མ་སྐྱེས་དགྲ་ལ་བསྒོ་བ་ཁྱོད་སོངས་ལ་བྲམ་ཟེའི་བུ་རྣམས་དང་ཆོམ་རྐུན་པ་དག་མྱུར་དུ་ཁུག་ཅིག །མ་སྐྱེས་དགྲ་ཡུན་རིང་པོ་ནས་བྲམ་ཟེ་དང་ནད་དང་བཅས་པར་གྱུར་པས། དེའི་མོད་ལ་མ་སོང་ངོ་། །དེ་ན་ལྷ་གང་དག་གནས་བརྟན་པི་ལིང་དའི(༧༥༤ན)

བུ་ལ་མངོན་པར་དད་པ་དེ་དག་གིས་གནས་བརྟན་པི་ལིང་དའི་བུ་ལ་འདི་སྐད་
ཅེས་སྨྲས་སོ། །འཕགས་པ་མཁྱེན་པར་མཛོད་ཅིག་ཁྱོད་ཀྱི་ཚ་བོ་དག་སྟོན་ཟླ་ཐ་ཆུང་
གི་གཡོན་ཅན་དག་གིས་ཕྲོགས་ཀྱི་བཟློན་པར་མཛད་དུ་གསོལ། གནས་བརྟན་པི་
ལིང་དའི་བུས་གལ་ཏེ་ཁྱེའུ་དག་ལ་མ་བསམ་ན་རེ་ཤིག་ཁྱེའུ་དག་ཕ་མ་དང་བྲལ་
བ་ལས་བྱུང་བའི་སྡུག་བསྔལ་ཉམས་སུ་མྱོང་བར་འགྱུར་ཞིང་། ཕ་མ་དག་ཀྱང་བུ་
དང་བྲལ་བ་ལས་བྱུང་བའི་སྡུག་བསྔལ་ཉམས་སུ་མྱོང་བར་འགྱུར་ལ། མ་དད་པ་
དག་གིས་ཀྱང་སླུགས་རྙེད་པར་འགྱུར་ཞིང་། དད་པ་རྣམས་ཀྱང་འདི་ལྟར་དོང་ངོ་
ཅིག་སྟོན་ཟླ་ཐ་ཆུང་གི་གཡོན་ཅན་དག་གིས་འཕྲོག་པར་བྱེད་ན། ཕྱིན་ཆད་སུ་ཞིག་
འོད་མའི་ཚལ་དུ་འགྲོ་བར་འགྱུར་ཞེས་གཞན་དུ་གྱུར་པ་ཉིད་དུ་འགྱུར་གྱིས་བདག་
གིས་རྫུ་འཕྲུལ་རྣམ་པར་བསྟན་པར་བྱའོ་སྙམ་དུ་བསམས་ཤིང་རིག་ནས་གནས་
བརྟན་པི་ལིང་དའི་བུས་རྫུ་འཕྲུལ་གྱིས་སོང་སྟེ། གྲུའི་དྲུང་དུ་འདུག་པ་དང་། གྲུ་དེ་
མི་འགུལ་བར་འདུག་གོ །ཚོམ་རྐུན་པ་དག་གིས་ཅི་ཕྱིར་གྲུ་འདི་མི་འགུལ་བར་འདུག
སྙམ་དུ་བསམས་པ་དང་། གནས་བརྟན་པི་ལིང་དའི་བུ་གྲུ་དང་ཉེ་བ་ན་འདུག་པ
མཐོང་ངོ་། །མཐོང་ནས་ཀྱང་གནས་བརྟན་པི་ལིང་དའི་བུ་ལ་འདི་སྐད་ཅེས་སྨྲས་
སོ། །འཕགས་པ་ཅིའི་སླད་དུ་མཐོ་འཚམ་པར་མཛད། གནས་བརྟན་པི་ལིང་དའི་
བུས་སྨྲས་པ། ཀྭ་བའི་ཆོས་ཅན་དག །ཁོ་བོ་འབའ་ཞིག་མཐོ་འཚམ་པར་བྱེད་དམ་
གལ་ཏེ་ཁོ་བོས་ཡོན་ཏན་གྱི་ཚོགས་འདི་ལྟ་བུ་རྟོགས་པར་མ་གྱུར་དུ་ཟིན་ན། དེང་
ཁྱེད་ཀྱིས་ཁོ་བོའི་ཚ་བོ་དག་བརྐུས་པར་མི་འགྱུར་རམ། ཚོམ་རྐུན་(༧༥༨བ)པ་དེ་དག་
གིས་སྨྲས་པ། འཕགས་པ་གཏང་དུ་གསོལ། ཞེས་གསོལ་བ་བཏབ་པ་ན། གནས་
བརྟན་པི་ལིང་དའི་བུས་དེངས་ཤིག་ཅེས་གསུངས་ནས་གནས་བརྟན་པི་ལིང་དའི་
བུས་རྫུ་འཕྲུལ་མངོན་པར་འདུ་བྱ་བ་དེ་ཕྱིར་བཏུལ་ནས། ཁྱེའུ་དེ་དག་ལ་འདི་སྐད་
ཅེས་སྨྲས་སོ། །ཁྱེའུ་དག་དེ་རིང་ཁྱེད་ཅག་གི་ཕ་མ་དག་ཡིད་མི་བདེ་བར་འཁོད་

ཀྱིས་དེང་ལ་སང་ལྟོགས་ཤིག །ཁྱིའུ་དེ་དག་ཁྱིམ་དུ་འཕགས་པ་དང་། གཞོན་ནུ་མ་སྐྱེས་དགྲ་ཡང་དཔུང་གི་ཚོགས་ཡན་ལག་བཞི་པ་སྣང་པོ་ཆེ་པའི་ཚོགས་དང་། རྟ་པའི་ཚོགས་དང་། ཤིང་རྟ་པའི་ཚོགས་དང་། དཔུང་བུ་ཆུང་གི་ཚོགས་ཀོ་བསྐོན་ཏེ། རྒྱལ་པོའི་ཁབ་ནས་བྱུང་ངོ་། །མ་སྐྱེས་དགྲས་ཁྱིའུ་དེ་དག་མཐོང་ནས་སྨྲས་པ། ཁྱིའུ་དག་ཁྱེད་ཅག་གར་དོང་། དེ་དག་གིས་སྨྲས་པ། འོད་མའི་ཚལ་དུ་འདོང་བ་ན་བདག་ཅག་སྔོན་ཟླ་ཐ་ཆུང་གི་གཡོན་ཅན་དག་གིས་བརྒྱུས་སོ། །འོ་ན་ཁྱེད་ཅག་སུས་ཐར་པར་བྱས། འཕགས་པ་པི་ལིང་དའི་བུས་སོ། །མ་སྐྱེས་དགྲ་ཡིད་དགའ་ཞིང་ཡིད་དགའ་ནས་བདག་ཅག་གི་ཡུལ་ན་འཕགས་པ་དེ་ལྟར་རྫུ་འཕྲུལ་ཆེ་བ་དེ་ལྟར་མཐུ་ཆེ་བ། ཚེ་འདིའི་དོན་དང་ཚེ་ཕྱི་མའི་དོན་དང་། ཚེ་འདི་དང་ཕྱི་མའི་དོན་ལ་སྐྱབས་མཛད་པ་བཞུགས་པ་ནི་བདག་ཅག་གིས་རྙེད་པ་ལེགས་པར་རྙེད་དོ་ཞེས་ཆེད་དུ་བརྗོད་པར་བྱེད་དོ། །དེའི་ཚེ་བཅོམ་ལྡན་འདས་ཀྱིས་གནས་བརྟན་པི་ལིང་དའི་བུ་ལ་བཀའ་སྩལ་པ་པི་ལིང་དའི་བུ། ཁྱོད་ཀྱིས་བསམ་པ་ཇི་ལྟ་བུས་རྫུ་འཕྲུལ་རྣམ་པར་བསྟན། བཙུན་པ། བདག་འདི་སྙམ་བགྱིས་ཏེ། གལ་ཏེ་ཁྱིའུ་དག་ལ་མ་བསམས་ན། རེ་ཤིག་ཁྱིའུ་དག་ཕ་མ་དང་བྲལ་(༧༥༥ན)བ་ལས་བྱུང་བའི་སྡུག་བསྔལ་ཉམས་སུ་མྱོང་བར་འགྱུར་ཞིང་། ཕ་མ་དག་ཀྱང་བུ་དང་བྲལ་བའི་སྡུག་བསྔལ་ཉམས་སུ་མྱོང་བར་འགྱུར་ལ། མ་དད་པ་དག་གིས་ཀྱང་སྣགས་རྙེད་པར་འགྱུར་ཞིང་། དད་པ་རྣམས་ཀྱང་འདི་ལྟར་དོང་ངོ་ཅོག་སྔོན་ཟླ་ཐ་ཆུང་གི་གཡོན་ཅན་དག་གིས་འཕྲོག་པར་བྱེད་ན། ཕྱིན་ཆད་སུ་ཞིག་འོད་མའི་ཚལ་དུ་འགྲོ་བར་འགྱུར་ཞེས་གཞན་དུ་གྱུར་པ་ཉིད་དུ་འགྱུར་གྱིས། བདག་གིས་རྫུ་འཕྲུལ་རྣམ་པར་བསྟན་པར་བགྱིའོ་སྙམ་དུ་བསམས་སོ། །བཅོམ་ལྡན་འདས་ཀྱིས་བཀའ་སྩལ་པ། དགེ་སློང་དག་པི་ལིང་དའི་བུས་བསམ་པ་དེ་ལྟ་བུས་རྫུ་འཕྲུལ་རྣམ་པར་བསྟན་པ་ལ་ལྟུང་བ་མེད་དོ། །ཞེས་གསུངས། དེ་ནས་ནམ་ཞིག་ན་རྒྱལ་པོ་གཟུགས་ཅན་སྙིང་པོའི་ཀུན་དུ་སྤྱོད་པ་ནི་ཉེ་

མ་རེ་རེ་བཞིན་བཅོམ་ལྡན་འདས་དང་། དགེ་སློང་གནས་བརྟན་རྣམས་ཀྱི་ཞབས་ལ་ཕྱག་འཚལ་དུ་འགྲོའོ། །ཇི་ཙམ་ན་དུས་གཞན་ཞིག་ན་རྒྱལ་པོ་གཟུགས་ཅན་སྙིང་པོ་བཅོམ་ལྡན་འདས་ཀྱི་ཞབས་ལ་ཕྱག་འཚལ་ཏེ། ཆོས་མཉན་པའི་ཕྱིར་བཅོམ་ལྡན་འདས་ཀྱི་སྤྱན་སྔར་འདུག་གོ །དེའི་ཚེ་བཅོམ་ལྡན་འདས་ཀྱིས་རྒྱལ་པོ་གཟུགས་ཅན་སྙིང་པོ་མཐའ་གཅིག་ཏུ་འདུག་པ་ལ་ཆོས་དང་ལྡན་པའི་གཏམ་གྱིས་ཡང་དག་པར་སྟོན་པར་མཛད། ཡང་དག་པར་འཛིན་དུ་འཇུག་པར་མཛད། ཡང་དག་པར་གཟེངས་བསྟོད་པར་མཛད། ཡང་དག་པར་རབ་ཏུ་དགའ་བར་མཛད་དེ། རྣམ་གྲངས་དུ་མར་ཆོས་དང་ལྡན་པའི་གཏམ་གྱིས་ཡང་དག་པར་བསྟན། ཡང་དག་པར་འཛིན་དུ་བཅུག །ཡང་དག་པར་གཟེངས་བསྟོད། ཡང་དག་པར་(༧༥༥བ)རབ་ཏུ་དགའ་བར་མཛད་ནས་ཅང་མི་གསུང་ངོ་། །དེ་ནས་རྒྱལ་པོ་གཟུགས་ཅན་སྙིང་པོ་བཅོམ་ལྡན་འདས་ཀྱི་ཞབས་ལ་ཕྱག་འཚལ་ནས། སྟན་ལས་ལངས་ཏེ་སོང་ནས། གནས་བརྟན་པི་ལིང་དའི་བུའི་གཙུག་ལག་ཁང་ག་ལ་བ་དེར་སོང་ངོ་། །དེའི་ཚེ་ན་གནས་བརྟན་པི་ལིང་དའི་བུ་གཙུག་ལག་ཁང་དེ་རལ་བ་དང་གྲུམ་པ་རང་ཉིད་ཀྱིས་འཚོས་པར་བྱེད་དོ། །གནས་བརྟན་པི་ལིང་དའི་བུས་རྒྱལ་པོ་གཟུགས་ཅན་སྙིང་པོ་ཐག་རིང་པོ་ཁོ་ན་ནས་མཐོང་ངོ་། །མཐོང་ནས་ཀྱང་ལག་པ་དང་རྐང་པ་བཀྲུས་ཏེ་སྟན་བཤམས་པ་ཉིད་ལ་འདུག་གོ །དེ་ནས་རྒྱལ་པོ་གཟུགས་ཅན་སྙིང་པོས་གནས་བརྟན་པི་ལིང་དའི་བུའི་རྐང་པ་གཉིས་ལ་མགོ་བོས་ཕྱག་འཚལ་ཏེ། མཐའ་གཅིག་ཏུ་འདུག་གོ །མཐའ་གཅིག་ཏུ་འདུག་ནས་རྒྱལ་པོ་གཟུགས་ཅན་སྙིང་པོས་གནས་བརྟན་པི་ལིང་དའི་བུ་ལ་འདི་སྐད་ཅེས་སྨྲས་སོ། །འཕགས་པ། ཅི་ལགས། རང་ཉིད་ཀྱིས་རལ་བ་དང་གྲུམ་པ་འཚོས་པར་མཛད་དམ། རྒྱལ་པོ་ཆེན་པོ། རབ་ཏུ་བྱུང་བ་ནི་རང་ཉིད་ཀྱིས་བྱེད་པ་ཡིན་ཏེ། བདག་ཅག་ནི་རབ་ཏུ་བྱུང་བ་ཡིན་པས་གཞན་སུ་ཞིག་གིས་བྱེད་པར་འགྱུར། འཕགས་པ། གལ་ཏེ་དེ་ལྟ་ན་བདག་གིས་འཕགས་པ་ལ་

ཞབས་འབྲིང་པ་དབུལ་ལོ། །རྒྱལ་པོ་ཆེན་པོ། ཨ་རོག་ཁྱི། དེ་བཞིན་ལན་བཞིའི་བར་དུ་སྨྲས་ནས་ལན་ལྔ་པ་ལ་ཡང་དེ་ཁོ་ན་སྐད་དུ། བདག་གིས་འཕགས་པ་ལ་ཞབས་འབྲིང་བ་དབུལ་ལོ་ཞེས་ཟེར་བ་དང་། གནས་བརྟན་པི་ལིང་དའི་བུའི་ལྷན་ཅིག་གནས་པ་བདེན་པ་དང་མཐུན་པ་དང་ངོ་ཚོག་ཡོད་པར་སྨྲ་བ་ཞིག་གིས་སྨྲས་པ། རྒྱལ་པོ་(༧༥༨ན)ཆེན་པོ། གང་ཚུན་ཆད་ནས། རྒྱལ་པོ་ཆེན་པོས་མཁན་པོས་མཁན་པོ་ལ་ཞབས་འབྲིང་པ་དག་གིས་བསྐྱབས་པ་ནས། མཁན་པོས་གལ་ཏེ་གཙུག་ལག་ཁང་འདི་ཡལ་བར་བོར་དུ་ལགས་ན་ད་ཙམ་ངོས་རྗེབ་པར་ཡང་གྱུར་ཏོ། །རྒྱལ་པོས་སྨྲས་པ། འཕགས་པ། ཅི་ལགས། བདག་གིས་ཡང་དང་ཡང་དུ་ཁས་བླངས་སམ། རྒྱལ་པོ་ཆེན་པོ་ལན་ཅིག་ཏུ་མ་བས་ཀྱི་འདི་ལྟར་འདི་ནི་ལན་ལྔ་པ་ལགས་སོ། །རྒྱལ་པོ་དེ་བརྗེད་ངེས་པས་རྒྱལ་པོ་དེའི་ཀུན་ཏུ་སྤྱོད་པ་ནི་གང་ཡང་རུང་བ་ལ་ཙུང་ཟད་ཁས་བླངས་པ་ཅི་ཡང་རུང་སྟེ། དེ་ཐམས་ཅད་ཕྱི་ན་འདུག་པའི་མིས་ཡི་གེར་འབྲི་བར་བྱེད་པས་རྒྱལ་པོ་དེས་མི་དེ་ལ་སྨྲས་པ། ཀྭའི་ནང་རྗེ། ཕོ་བོས་ཡང་དང་ཡང་དུ་ཁས་བླངས་པ་བདེན་ནམ། ལྷ། མད་དེ་འདི་ནི་ལན་ལྔ་པ་ལགས་སོ། །དེ་ལྟ་ན་ཕོ་བོ་ཆད་པའི་ལས་ལ་ཐུག་གིས། ཕོ་བོས་འཕགས་པ་ལ་ཞབས་འབྲིང་པ་ལྔ་བརྒྱ་དབུལ་ལོ། །དེས་སློན་པོ་རྣམས་ལ་བསྒོ་བ། འཕགས་པ་ལ་ཞབས་འབྲིང་པ་ལྔ་བརྒྱ་ཕུལ་ཅིག །གནས་བརྟན་པི་ལིང་དའི་བུས་སྨྲས་པ། རྒྱལ་པོ་ཆེན་པོ། ཕོ་བོ་རང་གི་གཡོག་ཉིད་སྤངས་ཏེ། རབ་ཏུ་བྱུང་བ་ལ་གཡོག་དག་གིས་ཅི་བྱ། འཕགས་པ་དགེ་འདུན་གྱི་དོན་དུ་བཞེས་ཤིག །རྒྱལ་པོ་ཆེན་པོ། གལ་ཏེ་དེ་ལྟ་ན་བཅོམ་ལྡན་འདས་ལ་ཞུའོ། །འཕགས་པ་དེ་ལེགས་ཀྱི་ཞུས་ཤིག །སྐབས་དེ་གནས་བརྟན་པི་ལིང་དའི་བུས་བཅོམ་ལྡན་འདས་ལ་རྒྱས་པར་གསོལ་བ་དང་། བཅོམ་ལྡན་འདས་ཀྱིས་བཀའ་སྩལ་པ། དགེ་འདུན་གྱི་དོན་དུ་གཡོག་དག་བླང་བར་བྱའོ། །གནས་བརྟན་པི་ལིང་དའི་(༧༥༨བ)བུས་གཡོག་དེ་དག་བླངས་པ་དང་། གཡོག་དེ་དག་ཡང་དང་ཡང་དུ་

རྒྱལ་པོའི་ཕོ་བྲང་དུ་ལས་བྱེད་དུ་བཅུག་ནས། དེ་དག་གིས་གནས་བརྟན་པི་ལིང་དའི་བུ་ལ་འདི་སྐད་ཅེས་སྨྲས་སོ། །འཕགས་པ། བདག་ཅག་འཕགས་པ་དག་གི་ཞབས་འབྲིང་པར་ཕུལ་བ་ནི་བདག་ཅག་སློ་བ་དགའ་ན་ཅིའི་སླད་དུ་བདག་ཅག་ཡང་དང་ཡང་དུ་རྒྱལ་པོའི་ཕོ་བྲང་དུ་སུག་ལས་བགྱིད། བཞིན་བཟང་དག་འབྲུག་ལོང་མ་བྱེད་ཅིག་དང་། ཁོ་བོས་རྒྱལ་པོ་ལ་གསོལ་བར་བྱའོ། །ཇི་ཙམ་དུས་གཞན་ཞིག་ན། རྒྱལ་པོ་གཟུགས་ཅན་སྙིང་པོ་ཡང་གནས་བརྟན་པི་ལིང་དའི་བུའི་དྲུང་དུ་འོངས་ཏེ། རྐང་པ་ལ་ཕྱག་འཚལ་ནས། གནས་བརྟན་པི་ལིང་དའི་བུའི་མདུན་དུ་འདུག་པ་དང་། གནས་བརྟན་པི་ལིང་དའི་བུས་སྨྲས་པ། རྒྱལ་པོ་ཆེན་པོ། ཁྱོད་དགེ་འདུན་གྱི་དོན་དུ་གཡོག་ཕུལ་པས་འགྱོད་པར་མ་གྱུར་ཏམ། འཕགས་པ། བདག་ལ་འགྱོད་པ་འགའ་ཡང་མ་མཆིས་སོ། །འོ་ན་ཅིའི་ཕྱིར་གཡོག་དེ་དག་ཡང་རྒྱལ་པོའི་ཕོ་བྲང་དུ་ལས་བྱེད་དུ་བཅུག །རྒྱལ་པོས་སྟན་དེ་ཉིད་ལ་འདུག་བཞིན་དུ་བློན་པོ་རྣམས་ལ་བསྒོ་བ། ཤིས་ལྡན་དག་འཕགས་པ་རྣམས་ཀྱི་ཞབས་འབྲིང་བ་དག་ཕྱིན་ཆད་རྒྱལ་པོའི་ཕོ་བྲང་དུ་ལས་བྱེད་དུ་མ་གཞུག་ཅིག །བློན་པོ་རྣམས་ཀྱིས་གང་ཡང་རུང་བ་དག་ལ་རྒྱལ་པོའི་ཕོ་བྲང་དུ་ལས་གྱིས་ཤིག་ཅེས་བསྒོ་བ་ན། དེ་དག་ནི། བདག་ཅག་འཕགས་པ་དག་གི་ཡིན་ནོ་ཞེས་ཟེར་ནས། བློན་པོ་རྣམས་ཀྱིས་རྒྱལ་པོ་ལ་སྨྲས་པ། ལྷ་གང་ལ་ཡང་མཆེད་སྐུལ་བར་རྗེ་མ་ཐོག་སྟེ། གང་ཡང་རུང་བ་དག་ལ་རྒྱལ་པོའི་ཕོ་བྲང་དུ་སུག་ལས་གྱིས་ཤིག་ཅེས་བགྱིས་ན། དེ་དག་བདག་ཅག་འཕགས་པ་རྣམས་ཀྱི་ལགས་སོ(༧༥༧ན)ཞེས་མཆིའོ། །རྒྱལ་པོས་སྨྲས་པ། སོང་ལ་ཐམས་ཅད་ལས་བྱེད་དུ་ཆུག་ཅིག །དེ་དག་ཐམས་ཅད་ཀྱང་རྒྱལ་པོའི་ཕོ་བྲང་དུ་ལས་བྱེད་དུ་བཅུག་ནས། དེ་དག་གིས་ཡང་གནས་བརྟན་པི་ལིང་དའི་བུ་ལ་སྨྲས་པ། འཕགས་པ་བདག་ཅག་ཀྱང་དེ་ཁོ་ན་བཞིན་དུ་རྒྱལ་པོའི་ཕོ་བྲང་དུ་སུག་ལས་བགྱིད་དུ་སྐུལ་ན་འཕགས་པས་མ་གསོལ་ཏམ། བཞིན་བཟང་དག་གསོལ་ཏེ། ཡང་གསོལ་བར་

བྱའོ། །གནས་བརྟན་པི་ལིང་དའི་བུས། རྒྱལ་པོ་གཟུགས་ཅན་སྙིང་པོ་ཡང་དེ་ཁོ་ན་བཞིན་འོངས་པ་ལ་སྨྲས་པ། རྒྱལ་པོ་ཆེན་པོ་ཅི་ལགས་ཁྱོད་ཡང་འཁྱོད་པ་སྐྱེས་པར་གྱུར་ཏམ། འཕགས་པ། ཅི་ནོངས། གཡོག་དག་ཀྱང་དེ་ཁོ་ན་བཞིན་དུ་ལས་བྱེད་བཙུག་གོ །འཕགས་པ་གང་ལ་ཡང་མཆིད་སྨྲུལ་བར་ཛ་མ་ཐོག་སྟེ། གང་ཡང་རུང་བ་ལ་མཆིད་སྨྲུལ་བ་ན། དེ་དག་བདག་ཅག་འཕགས་པ་དག་གི་ལགས་སོ་ཞེས་མཆིའོ། །ཨེ་མ་འཕགས་པ་དག་གི་ལྷ་འབངས་ཀྱི་སྟུམ་པ་ལོགས་ཤིག་ཏུ་བཅིག་ཏུ་སྨྲུལ་ན་འདི་དག་ནི་རྒྱལ་པོའིའོ། །འདི་དག་ནི་འཕགས་པ་དག་གིའོ། །ཞེས་འཚལ་པར་འགྱུར་རོ། །གནས་བརྟན་པི་ལིང་དའི་བུས་སྨྲས་པ། བཅོམ་ལྡན་འདས་ལ་ཞུའོ། །དེ་ནས་གནས་བརྟན་པི་ལིང་དའི་བུས་དོན་དེ་བཅོམ་ལྡན་འདས་ལ་རྒྱས་པར་གསོལ་པ་དང་། བཅོམ་ལྡན་འདས་ཀྱིས་བཀའ་སྩལ་པ། དེ་ལྟ་བས་ན་ལྷ་འབངས་ཀྱི་སྟུམ་པ་བཅིག་ཏུ་འཇུད་པར་རྗེས་སུ་གནང་ངོ་། །དགེ་སློང་དག་གི་གནས་གང་དུ་ལྷ་འབངས་ཀྱི་སྟུམ་པ་བཅིག་ཏུ་འཇུག་པ་མི་ཤེས་ནས། བཅོམ་ལྡན་འདས་ལ་ཇི་ལྟར་བགྱི་ཞུས་པས། བཅོམ་ལྡན་(༧༥༧བ)འདས་ཀྱིས་བཀའ་སྩལ་པ། རྒྱལ་པོའི་ཕོ་བྲང་གི་ཕྱི་རོལ་དང་། འོད་མའི་ཚལ་གྱི་ཕྱི་རོལ་གྱི་བར་གང་དུ་སྐད་ཀྱིས་ཐོས་པ་ཐོས་ནས། དགེ་འདུན་གྱི་དོན་སྒྲུབ་པར་འགྱུར་བ་དེར་ལྷ་འབངས་ཀྱི་སྟུམ་པ་བཅིག་ཏུ་བཞུག་གོ །དགེ་སློང་རྣམས་ཀྱིས་ཞང་བློན་དག་ལ་བསྒོ་བ་བཅོམ་ལྡན་འདས་ཀྱིས་ཕྱོགས་འདིར་ལྷ་འབངས་ཀྱི་སྟུམ་པ་བཅིག་ཏུ་ཆུག་ཅིག་ཅེས་བཀའ་སྩལ་གྱིས། དེ་ཁྱེད་ཅག་གིས་ཤེས་པར་གྱིས་ཤིག །ཞང་བློན་དག་གིས་རྒྱལ་པོའི་ཁབ་ཏུ་དྲིལ་གྱི་སྒྲ་སྒྲོག་ཏུ་བཙུག་སྟེ། གང་དག་འཕགས་པ་རྣམས་ཀྱི་ཞབས་འབྲིང་པ་ཡིན་པ་དེ་དག་རྒྱལ་པོའི་ཁབ་ཀྱི་ཕྱི་རོལ་དང་། འོད་མའི་ཚལ་གྱི་ཕྱི་རོལ་གྱི་བར་དུ་འདུག་པར་ཆས་ཀྱིས་དེངས་ལ་དེར་སྟུམ་པ་བཅིགས་ཤིག་ཅེས་བསྒོ་ནས། དེ་དག་དེར་དོང་སྟེ་སྟུམ་པ་བཅིགས་སོ་ལྷ་འབངས་ཀྱི་སྟུམ་པ་བཅིགས་ནས། དེ་དག་གཙུག

ལག་ཁང་དུ་དོང་སྟེ་ལས་བྱེད་ཅིང་། དགེ་སློང་རྣམས་ཀྱིས་དེ་དག་ལ་ལས་འདི་ནི་རུང་བ་ཡིན་གྱིས་ཁྱེད་ཀྱིས་བྱོས། །འདི་ནི་རུང་བ་མ་ཡིན་གྱིས་ཁྱེད་ཀྱིས་མི་བྱའོ་ཞེས་ལས་བསྟན་ནས་དེ་དག་ལས་རུང་བ་བྱེད་པས། ལྷ་འབབས་ལྷ་འབབས་ཞེས་བྱ་བའི་མིང་དུ་གྱུར་ཏོ། །དགེ་འདུན་གྱི་ཀུན་དགའ་ར་བ་སྐྱོང་བར་བྱེད་པས། རྩེ་ཀོད་རྩེ་ཀོད་ཅེས་བྱ་བའི་མིང་དུ་གྱུར་ཏོ། །དེ་དག་ཐམས་ཅད་གཙུག་ལག་ཁང་དུ་འཇུག་པས་ཀླག་ཅོར་གྱི་སྒྲས་དགེ་སློང་དག་གི་སེམས་རྩེ་གཅིག་པ་ཉིད་མི་འགྲུབ་ནས། བཅོམ་ལྡན་འདས་ཀྱིས་བཀའ་སྩལ་པ། ཇི་སྲིད་དག་གིས་ལས་འགྲུབ་པ་དེ་སྲིད་འཇུག་པར་བྱའི་ཐམས་ཅད་མི་བྱའོ། །དགེ་སློང་དག་གིས་དེ་དག་ཐམས་ཅད་ལ་ཟས་དང་གོས་སྦྱིན་པར་བྱེད་ནས། བཅོམ་ལྡན་འདས་ཀྱིས་བཀའ་སྩལ་པ། གང་དག་ལས་བྱེད་པ་དེ་དག་ལ་ཟས་དང་གོས་སྦྱིན་(༧༥༤ན)པར་བྱ་ཡི། ཐམས་ཅད་ལ་མི་བྱའོ། །དགེ་སློང་རྣམས་ཀྱིས་དེ་དག་ན་བ་ཡལ་བར་བོར་ནས། བཅོམ་ལྡན་འདས་ཀྱིས་བཀའ་སྩལ་པ། གང་དག་ན་བ་དེ་དག་ལ་ཟས་དང་གོས་སྦྱིན་པར་བྱ་ཞིང་བསྙེན་བཀུར་ཡང་བྱའོ། །ཇི་ཙམ་དུས་གཞན་ཞིག་ན། ཉེ་དགའ་དགེ་བསྐོས་བྱེད་པས་དེས་ལྷ་འབབས་དེ་དག་ལ་སྨྲས་པ། བཞིན་བཟང་དག་ཁོ་བོའི་དགེ་བསྐོས་བྱེད་ཀྱིས་ཁྱེད་ཅག་ནངས་པར་སྔར་ཤོག་ཅིག །རྒྱལ་པོའི་ཁབ་ན་སྟོན་ཟླ་ཐ་ཆུང་གི་གཡོན་ཅན་ཞེས་བྱ་བ་ཆོམ་རྐུན་པ་དག་གི་ཀུན་ཏུ་སྤྱོད་པ་ནི་དེ་དག་དགག་དབྱེ་བྱས་མ་ཐག་ཏུ་ཤེས་ལྡན་དག་བདག་ཅག་གིས་ལས་ཅི་ཞིག་བྱས་ན་དེས་བཙལ་མི་དགོས་པར་ལོ་སྐོར་དུ་ལོངས་སྤྱོད་ཅིང་བདེ་བར་གནས་པར་འགྱུར་ཞེས་ཕན་ཚུན་གྲོས་བྱེད་དོ། །དེ་ན་དགེ་སློང་གི་རྒྱུས་ཤེས་པ་གཅིག་འདུག་པ་དེས་སྨྲས་པ། ཤེས་ལྡན་དག་འཕགས་པ་དག་གི་གཡོག་གང་དག་གྲོང་ཁྱེར་གྱི་ཕྱི་རོལ་ན་འཁོད་པ་དེ་དག་གཞོམ་པ་བྱའོ། །གཞན་དག་གིས་སྨྲས་པ། རེ་ཤིག་དེ་དག་གི་ཇོ་བོ་གང་དག་ཡིན་པ་དེ་དག་ཀྱང་སྔོ་འཕར་བརྒྱ་སྲིད་འདའ་བར་བྱས་ཀྱང་ལྟོ་ཁོངས་པ་འགྲུབ་

པར་དཀའ་བས་དེ་དག་ལ་ཅུང་ཟད་ཀྱང་མེད་ན་དེ་དག་གི་གཡོག་དེ་དག་ལ་ལྟོ་སྐོམ་ཀྱང་ཅི་དགོས། དགེ་སློང་གི་རྒྱུས་ཤེས་པ་དེས་སྨྲས་པ། ཤེས་ལྡན་དག་ཁྱེད་མི་ཤེས་ཏེ། དེ་དག་ནི་ཟན་གཞན་ལས་ཟ་ཞིང་རང་གི་ལས་རྗེས་སུ་བསྒྲུབ་པ་དེ་ལྟར་ལེན་ཏེ། ཐབས་དུ་མ་དག་གིས་ནོར་སྒྲུབ་པར་བྱེད་པས་དེ་དག་ལ་གང་ཡོད་པ་དེ་ནི་གྲོང་ཁྱེར་འདི་ན་ཡང་མེད་ཀྱིས་གཞོམ་པར་བྱའོ། །དེ་དག་གིས་བརྡ་བྱས་ཏེ་དོང་ནས་དེ་དག་གཞོམ་པར་བརྩམས་སོ། །དེ་ནས་ལྷ་(༧༥༢བ)གང་དག་གནས་བརྟན་པི་ལིང་དའི་བུ་ལ་མངོན་པར་དད་པ་དེ་དག་གིས་གནས་བརྟན་པི་ལིང་དའི་བུ་ལ་འདི་སྐད་ཅེས་སྨྲས་སོ། །འཕགས་པ། མཁྱེན་པར་མཛོད་ཅིག །ཁྱེད་ཀྱི་ཞབས་འབྲིང་པ་དག་སྟོན་ཟླ་ཐ་ཆུང་གི་གཡོན་ཅན་དག་གིས་འཇོམས་པར་འགྱུར་གྱིས། བཙོན་པར་མཛད་དུ་གསོལ། གནས་བརྟན་པི་ལིང་དའི་བུས་གལ་ཏེ་གཡོག་དག་ལ་མ་བསམས་ན་གཡོག་དག་ཀྱང་རེ་ཤིག་ནོར་དང་བྲལ་བ་ལས་བྱུང་བའི་སྡུག་བསྔལ་ཉམས་སུ་མྱོང་བར་འགྱུར་ལ། མ་དད་པ་རྣམས་ཀྱིས་ཀྱང་སླགས་ཉེད་པ་འགྱུར་ཞིང་། དད་པ་རྣམས་ཀྱང་འདི་ལྟར་སྦྱིན་པར་བྱ་བའི་ཆོས་བྱིན་པ་དག་ཡོངས་སུ་སྐྱོང་བར་མི་བྱེད་ན། ཕྱིན་ཆད་སུ་ཞིག་ཤཱཀྱའི་སྲས་ཀྱི་དགེ་སློང་རྣམས་ལ་སྦྱིན་པ་བྱ་བར་སེམས་ཞེས་གཞན་དུ་གྱུར་པ་ཉིད་དུ་འགྱུར་གྱིས་རྫུ་འཕྲུལ་རྣམ་པར་བསྟན་པར་བྱའོ་སྙམ་དུ་བསམས་ཤིང་རིག་ནས། ཚེ་དང་ལྡན་པ་པི་ལིང་དའི་བུས། ལྷ་འབངས་ཀྱི་སྡུམ་པ་དེ་ལྕགས་ཀྱི་ར་བས་བསྐོར་ཏོ། །ཆོམ་རྐུན་པ་དག་གིས་རྐུན་ཟས་ཐོགས་ཏེ་འཕགས་པ་དང་། ལྕགས་ཀྱི་ར་བ་མཐོང་ནས་དེ་དག་གིས་ཕན་ཚུན་ཀུན་ཏུ་འགྲོ་བར་བརྩམས་ན་ལམ་མ་རྙེད་དོ། །དེ་དག་གིས་རྐུན་ཟས་བོར་ཏེ་འཕགས་པ་དང་། ལྕགས་ཀྱི་ར་བ་དེ་ཡང་མི་སྣང་བར་གྱུར་ཏོ། །དེ་དག་གིས་ཡང་རྐུན་ཟས་བླངས་པ་དང་། ལྕགས་ཀྱི་ར་བ་དེ་ཡང་ཕྱིར་བྱུང་སྟེ་ལན་བདུན་གྱི་བར་དུ་དེ་ལྟར་གྱུར་པ་དང་། དེ་དག་གིས་སྨྲས་པ། ཤེས་ལྡན་དག་འཕགས་པ་རྫུ་འཕྲུལ་ཆེ་བ་འགའ་

ཞིག་གིས་འདི་དག་ལ་དགོངས་པ་འདྲ་ཡིས་རྐུན་རྫས་བོར་ལ་འབྲོས་པར་བྱའོ། །དེ་དག་གིས་རྐུན་རྫས་ཕྱོགས་གཅིག་ཏུ་བོར་ཏེ་བྲོས་སོ། །ལྷ་འབབས་དེ་དག་སད་པ་དང་། (༧༥༩ན)ཤེས་ལྡན་དག་བདག་ཅག་བཙོམ་མོ་བདག་ཅག་བཙོམ་མོ་ཞེས་ཀུ་ཅོ་འདོན་ཞིང་དེ་དག་ནོར་དང་བྲལ་བ་ལས་བྱུང་བའི་ཡིད་མི་བདེ་བ་དང་ལྡན་ཞིང་ཐམས་ཅད་འདུས་ནས། ལྷ་འབབས་ཀྱི་སྟེམ་པ་ཀུན་ཏུ་བྱུང་བར་བརྩམས་པ་དང་། ཕྱོགས་གཅིག་ན་རྫས་ཐམས་ཅད་སྤུངས་ཏེ་བཞག་པ་མཐོང་ངོ་། །དེ་ནས་དགའ་བ་དང་ཡིད་བདེ་བ་སྐྱེས་ཏེ། རང་རང་གི་རྫས་ངོ་བླངས་ནས། ཁྱིམ་ཁྱིམ་དུ་དོང་ངོ་། །དེ་དག་གིས་སོ་སོའི་ཁྱིམ་སྲུང་བ་བཞག་སྟེ། གཉིད་ལོག་པ་ན་ལྷ་དེས་དེ་དག་གིས་རྨི་ལམ་དུ་སྟོན་པ། ཤེས་ལྡན་དག་ཁྱེད་ཅག་སྟོན་ཟླ་ཐ་ཆུང་གི་གཡོན་ཅན་དག་གི་མ་བཙོམ་པ་འདི་ཐམས་ཅད་ནི་འཕགས་པ་པི་ལིང་དའི་བུའི་མཐུ་ཡིན་ནོ། །དེ་ནས་མཚན་མོ་འདས་ནས་ནམ་ལངས་པ་དང་། ཐམས་ཅད་འདུས་ཏེ་སྨྲས་པ། ཤེས་ལྡན་དག་ལྷས་རྨི་ལམ་དུ་ཁྱེད་ཅག་སྟོན་ཟླ་ཐ་ཆུང་གི་གཡོན་ཅན་དག་གིས་མ་བཙོམ་པ་འདི་དག་ཐམས་ཅད་ནི་འཕགས་པ་པི་ལིང་དའི་བུའི་མཐུ་ཡིན་ནོ་ཞེས་བསྟན་ཏེ། དེ་ནི་དེ་ལོ་ན་བཞིན་ཡིན་གྱི་གཞན་དུ་ན་འཕགས་པ་པི་ལིང་དའི་བུ་མ་གཏོགས་པ་གཞན་སུ་ཞིག་བདག་ཅག་ལ་སྙིང་རྗེ་བར་འགྱུར། དེའི་ཚེ་དེ་དག་ཕྱི་དོར་བྱས་ལ་ཕྱིས་གཙུག་ལག་ཁང་དུ་འདོང་ཞེས་དེ་དག་ཁྲུས་བྱས་ཤིང་གོས་དཀར་པོ་དང་དྲི་དང་ཕྲེང་བ་བཀྲུས་བརྒྱན་ཏེ། ཕྱི་དོར་བྱས་ཏེ་གཙུག་ལག་ཁང་དུ་དོང་ངོ་། །ཉེ་དགའ་ཡང་ནངས་པར་སྔར་ལངས་ནས་ལྷེ་མིག་དང་ལྷེ་མིག་ཕྱུག་པོ་ཐོགས་ནས། གཙུག་ལག་ཁང་གི་སྒོ་ཕྱེ་སྟེ་མར་མེའི་ཀོང་བུ་བསལ་ནས། གཙུག་ལག་ཁང་དུ་ཆག་ཆག་དང་ཕྱུག་པ་བྱས་ཏེ། གནས་མལ་བཤམས་ནས་(༧༥༩བ)མཆོད་རྟེན་གྱི་འཁོར་སར་བདུག་སྤོས་ཕྲིམས་ནས། ཁང་སྟེང་དུ་འཛེགས་ཏེ་གཎྜི་བརྡུང་ཞིང་ཕྱོགས་བཞིར་རྣམ་པར་བལྟའོ། །དེས་དེ་དག་གོས་དཀར་པོ་དང་དྲི་དང་ཕྲེང་བ་བཀྲུས་

བརྒྱན་པ་མཐོང་ནས། དེས་འདི་དག་ནོར་ཅན་དག་གམ་ཚོང་དཔོན་དག་གམ་དེད་དཔོན་གཙུག་ལག་ཁང་བལྟར་འོང་བ་སུ་ཞིག་སྙམ་དུ་སེམས་སོ། །གང་གི་ཚེ་དེ་དག་མཆོད་རྟེན་གྱི་འཁོར་སར་ཞུགས་པ་དེའི་ཚེ། དེས་དེ་དག་ངོ་ཤེས་ནས་ཉེ་དགས་གཤེ་ཞིང་སྨྲས་པ། ངས་ཁྱེད་ཅག་ལ་སང་ནང་པར་སྟོར་ཤོག་ཅིག་ཅེས་མ་བསྒོའམ། ཁྱེད་གར་དོང་། དེ་དག་གིས་སྨྲས་པ། འཕགས་པ་གལ་ཏེ་བདག་ཅག་ལ་འཕགས་པ་པི་ལིང་དའི་བུས་མ་དགོངས་སུ་ལགས་ན། བདག་ཅག་དེང་ཕོ་ནར་སྟོན་ཟླ་ཐ་ཆུང་གི་གཡོན་ཅན་དག་གིས་ཚུལ་མ་ལགས་པས་སྡུག་བསྔལ་བསྒྲུབས་པར་འགྱུར་རོ། །ཞེས་སྨྲས་ཤིང་། དེའི་ཚེ་གྲོང་ཁྱེར་དྲུག་པོ་ཐམས་ཅད་དུ་པི་ལིང་དའི་བུ་ནི་རྫུ་འཕྲུལ་གྱི་མཐུ་ཤིན་ཏུ་ཆེའོ་ཞེས་སྙན་པར་གྲགས་སོ། །གནས་བརྟན་ཆེན་པོ་འདིས་མཛད་པ་ཇི་ལྟར་བསྟན་པ་དེ་དག་ཀྱང་གདུལ་བྱ་རྣམས་འདུལ་བའི་དོན་དུ་མཛད་པ་ཤ་སྟག་སྟེ་སྟོན་པའི་བསྟན་པ་ནི་རིགས་དང་རུས་མི་གཙོ་ཆོས་གཙོ་བོར་གྱུར་པ་ཡིན་པས་རིགས་མཐོན་པོར་སྐྱེས་པས་ཁེངས་པར་མི་བྱ་བར་དགེ་སློང་གནས་བརྟན་རྣམས་དང་ལྟ་བ་མཐུན་པ། སྤྱོད་པ་མཐུན་པ། རྒན་པ་ལ་གུས་པར་བྱས་ཏེ། སངས་རྒྱས་བཅོམ་ལྡན་འདས་ཀྱིས་ཇི་ལྟར་བཅས་པའི་བསླབ་པ་དང་། སྡེ་སྣོད་གསུམ་འཛིན་པ་ལ་གཅེས་སྤྲས་སུ་བྱ་དགོས་སོ་ཞེས་འདོམས་པ་དང་། རྒྱལ་བའི་བསྟན་པ་ནི་སྙིང་རྗེས་རབ་ཏུ་ཕྱེ་བ་ཡིན་པས་གཞན་ལ་གནོད་པའི་གཞི (༧༤༠ན) དང་བཅས་པ་ལས་བཟློག་པ་དང་། སེམས་ཅན་རྣམས་ལ་སྙིང་རྗེ་ཆེན་པོ་བསྐྱེད་ནས་ཅི་ནུས་ཅི་འོས་སུ་ཕན་པ་སྒྲུབ་དགོས་སོ་ཞེས་འདོམས་པ་དང་། ལྷག་པར་དུ་ཡང་སེམས་ཅན་མགོན་མེད་པ། སྐྱབས་མེད་པ། དཔུང་གཉེན་མེད་པ། དགྲ་དང་ཆོམ་རྐུན་གྱིས་གཙེས་པ། གནོད་པ་དང་སྡུག་བསྔལ་དུ་མས་མནར་བ་རྣམས་ལ་སྙིང་རྗེས་བལྟས་ཏེ་ནུས་པ་ཅི་ཡོད་ཀྱིས་གནོད་པ་དང་སྡུག་བསྔལ་དེ་དང་དེ་དག་ལས་ཐར་བར་བྱ་བ་ལ་འབད་དགོས་སོ་ཞེས་འདོམས་པ་སོགས་དགོས་པ་མང་པོའི་

ཕྱིར་མཛད་པ་དེ་ལྟར་བསྟན་ཏོ། །བདག་ཉིད་ཆེན་པོ་འདིས་སེམས་ཅན་གྱི་དོན་རྒྱ་ཆེན་པོ་མཛད་ཚུལ་ནི་འོག་ཏུ་འཆད་དོ། །

ཁ༡༧ འཕགས་པའི་གནས་བརྟན་བཅུ་དྲུག་གི་ཞབས་འབྲིང་པ་ཆེན་པོ་འཕགས་པ་ཧྭ་ཤང་ལའི་རྟོགས་པ་བརྗོད་པ།

འཕགས་པའི་གནས་བརྟན་བཅུ་དྲུག་གི་ཞབས་འབྲིང་པ་ཆེན་པོ་འཕགས་པ་ཧྭ་ཤང་ལའི་རྟོགས་པ་བརྗོད་པ་ནི་དགེ་བསྙེན་ཧྭ་ཤང་ལ་ཞེས་པ་དགེ་བསྙེན་ཆོས་འཕེལ་ཞེས་པ་སྟེ། འཕགས་པ་དགེ་བསྙེན་ཧྭ་ཤང་ལ་ནི་འཕགས་པ་སྤྱན་རས་གཟིགས་ཀྱི་སྤྲུལ་པ་ཡིན་པར་གསུངས་ཤིང་འཕགས་པ། སྤྱན་རས་གཟིགས་ནི་སྤྲུལ་པའི་བཀོད་པ་བསམ་གྱིས་མི་ཁྱབ་པ་ཞིག་སྟེ། དུས་གསུམ་བདེ་བར་གཤེགས་པ་ཆོས་ཀྱི་སྐུ། །འགྲོ་དྲུག་སེམས་ཅན་རྣམས་ལ་སྤྱན་རས་གཟིགས། །ནམ་མཁའ་ལྟ་བུར་ཁྱབ་པའི་བཅུ་གཅིག་ཞལ། །གཟི་བརྗིད་འོད་དཔག་མེད་ལ་ཕྱག་འཚལ་ལོ། །ཞེས་གསུངས་པ་ལྟར་འདས་མ་འོངས་ད་ལྟར་དུས་གསུམ་དུ་ཕྱོགས་བཅུའི་ཞིང་རབ་འབྱམས་མུ་མེད་པར་མཛད་པ་བཅུ་གཉིས་ཀྱི་སྒོ་ནས་མཆོག་གི་སྤྲུལ་སྐུའི་མཛད་པ་(༡༨༠བ)བགྲང་ཡས་ཅིག་ཅར་དུ་སྟོན་པ་དང་། འགྲོ་བ་རིགས་དྲུག་པོ་ཐམས་ཅད་ལ་རང་རང་གི་ཁམས་དང་། བསམ་པ་དང་། དབང་པོ་དང་། བག་ལ་ཉལ་དང་འཚམ་པར་སྤྲུལ་པ་བསྟན་ཏེ་དེ་དང་དེའི་དོན་མཛད་པ་དང་། སྐུ་གཅིག་གིས་ནམ་མཁའི་ཁམས་ཁྱབ་པར་སྟོན་པ་དང་། བ་སྤུའི་ཁུང་བུ་རེར་ཡང་སངས་རྒྱས་ཀྱི་ཞིང་གྲངས་མེད་པ་སྟོན་པ་དང་། བ་སྤུའི་སྒོ་རེ་རེར་བཞུགས་པའི་སངས་རྒྱས་ཀྱི་ཞིང་ཁམས་དེ་དང་དེ་ན་བཞུགས་པའི་སངས་རྒྱས་དེ་དང་དེའི་ཐུགས་ཀར་ཡང་སངས་རྒྱས་ཀྱི་ཞིང་སྔ་མ་བཞིན་དུ་སྟོན་པ་དང་། ཞིང་དེའི་སངས་རྒྱས་དེ་དང་དེའི་ཐུགས་ཀར་ཡང་སྔ་མ་བཞིན་དུ་སྟོན་པ་སོགས་གསང་བ་བསམ་གྱིས་མི་ཁྱབ་པའི་ཚུལ་ནི

བཀའ་གདམས་ཐིག་ལེ་བཅུ་དྲུག་གི་སྒྲུབ་དཀྱིལ་དུ་གསལ་བ་ལྟར་རོ། །ལྷག་པར་ཞིང་འདིར་སྟོན་པ་ཐུབ་པའི་དབང་པོའི་འཁོར་དུ་རྗེ་བཙུན་སྤྱན་རས་གཟིགས་ཀྱིས་སྐུའི་རྣམ་པ་སྣ་ཚོགས་སུ་བསྟན་ཏེ་སྟོན་པའི་ཞབས་འབྲིང་མཛད་པ་དང་། སྟོན་པའི་འཁོར་དགྲ་བཅོམ་པ་ཐམས་ཅད་ལ་རང་རང་གི་ཐུགས་བཞེད་དང་མཐུན་པའི་གྲོགས་མཛད་པ་དང་། ལྷག་པར་འཕགས་པའི་གནས་བརྟན་བཅུ་དྲུག་གི་ཞབས་འབྲིང་དུ་དགེ་བསྙེན་གྱི་རྣམ་པར་བྱོན་ཏེ། ཕྱིན་ལེན་སྟོབས་པ་སོགས་བསྙེན་བཀུར་མཛད་ཅིང་། རྫུ་འཕྲུལ་གྱི་བཀོད་པ་བསམ་གྱིས་མི་ཁྱབ་པས་གནས་བརྟན་ཆེན་པོ་འདི་དག་ལ་ན་བཟའ་དང་སྨན་གྱི་གསོས་སྨན་དང་ཞལ་ཟས་སོགས་གང་དང་གང་དགོས་པ་ཐམས་ཅད་སྐད་ཅིག་རེ་རེར་བསྒྱུབས་ནས་(༡༦༡ན)དབུལ་བར་མཛད་པ་དང་། ཕྱི་མའི་སྐྱེ་བོ་རྣམས་ལ་འདོམས་ཕྱིར་རང་ཉིད་ཀྱང་ཐེག་པ་ཆེན་པོའི་ལམ་ལ་སྦྱོང་བའི་ཚུལ་བསྟན་ཏེ། སངས་རྒྱས་སྣང་བ་མཐའ་ཡས་ནམ་ཡང་འབྲལ་མེད་ཡོངས་འཛིན་དུ་བསྟེན་ཏེ་རྒྱུན་དུ་ཆོས་གསན་པར་མཛད་དོ། །གླེགས་བམ་བསྡམས་པ་ནི་རྒྱལ་བའི་བཀའ་སྡེ་སྣོད་གསུམ་པོ་གནས་བརྟན་རྣམས་ཀྱིས་བཟུང་ནས་ཇི་སྲིད་སྐྱེ་རྒུའི་ཚེ་ལོ་ཡར་འཕེལ་དུ་གྱུར་ཏེ་བྱམས་མགོན་གྱི་སྤྲུལ་པ་མ་བྱོན་གྱི་བར་དུ་གནས་བརྟན་བཅུ་དྲུག་གིས་ཐུབ་པའི་བསྟན་པ་མི་ནུབ་པར་འཛིན་པས་ན། ཞབས་འབྲིང་པ་ཆེན་པོ་འཕགས་པ་དགེ་བསྙེན་དྷརྨ་ཏ་འདིས་ཀྱང་རྒྱུན་དུ་སྡེ་སྣོད་གསུམ་གྱི་གླེགས་བམ་འཁུར་བའི་ཚུལ་མཛད་དོ། །དགེ་བསྙེན་ཆེན་པོ་འདིའི་བྲིས་སྐུ་བྱེད་པའི་ཚེ་ཕྱུས་མོ་གཡས་པའི་འགྲམ་དུ་སྟག་འབྲི་བ་ནི་གནས་བརྟན་ཆེན་པོ་འདི་དག་རྒྱ་ནག་ཏུ་ཕེབས་པའི་ཚེ་ལམ་གྱི་འཇིགས་པ་སེལ་བ་དང་། རྒྱ་ནག་ཏུ་བཞུགས་པའི་སྐབས་གནས་བརྟན་རྣམས་དབྱར་གནས་ཀྱི་དུས་ཏ་ལ་ཤན་གྱི་རི་ལ་འབྱོན་དུས་རི་དེ་ལ་སྲོག་ཆགས་གདུག་པ་ཅན་མང་པོ་གནས་པས་གཅན་གཟན་གདུག་པ་ཅན་རྣམས་ཀྱི་འཚེ་བ་བསྲུང་ཕྱིར་དགེ་བསྙེན་དྷརྨ་ཏའི་ཞབས

 བྱུས་གཡས་ནས་སྐུག་སྤྲུལ་པར་གསུངས་སོ། །དགེ་བསྙེན་ཆེན་པོ་འདི་ནི་སྙིང་རྗེ་པད་དཀར་ལས་ལུང་བསྟན་ཏེ། སྙིང་རྗེ་པད་མ་དཀར་པོའི་མདོ་ལས། དེའི་ཚེ་ཡང་རྒྱལ་པོའི་ཕོ་བྲང་རྒྱས་ལྡན་དེ་ན་དགེ་བསྙེན་ཆོས་འཕེལ་ཞེས་བྱ་བ་རྫུ་འཕྲུལ་ཆེ་བ། མཐུ་ཆེ་བ། དབང་ཆེ་བར་(༧༨༧བ)གྲགས་པ། གསལ་བ། དྲུལ་བ། འཇིགས་པ་མེད་པ། མང་དུ་ཐོས་པ་ངེས་པར་བྱེད་པ་ལ་མཁས་པ་ཞིག་འབྱུང་སྟེ། དེ་བྲམ་ཟེ་དང་ཁྱིམ་བདག་དེ་རྣམས་དགའ་བར་བྱ་བའི་ཕྱིར་རྫུ་འཕྲུལ་གྱིས་ནམ་མཁའ་ལ་མངོན་པར་འཕགས་ནས། བྲམ་ཟེ་དང་ཁྱིམ་བདག་རྣམས་ལ་ཡང་དག་པར་སྟོན། ཡང་དག་པར་འཛིན་དུ་འཇུག །ཡང་དག་པར་གཟེངས་བསྟོད། ཡང་དག་པར་རབ་ཏུ་དགའ་བར་བྱེད་ཅིང་། ཚིག་འདི་སྐད་ཀྱང་སྨྲས་པར་གྱུར་ཏེ། བྲམ་ཟེ་དང་ཁྱིམ་བདག་རྣམས་མ་འཇིགས་ཤིག །དོགས་པ་མ་སྐྱེད་ཅིག །ཐེ་ཚོམ་མ་སྐྱེད་ཅིག །ཡིད་གཉིས་མ་ཟ་ཞིག །བཅོམ་ལྡན་འདས་ཤཱཀྱ་ཐུབ་པ་དེའི་དམ་པའི་ཆོས་ད་དུང་གནས་ཤིང་མ་ནུབ་ཀྱིས་ཁྱེད་མ་ཐོབ་པ་ཐོབ་པར་བྱ་བ་དང་། མ་རྟོགས་པ་རྟོགས་པར་བྱ་བ་དང་། མངོན་སུམ་དུ་མ་བྱས་པ་མངོན་སུམ་དུ་བྱ་བའི་སྦྱོར་བ་གྱིས་ཤིག །རྩོལ་བ་གྱིས་ཤིག །འབད་པ་གྱིས་ཤིག །ད་དུང་འཕགས་པའི་ཆོས་ཐོབ་པར་བྱ་སླའོ། །ཞེས་སྟོན་པར་འགྱུར་རོ། །དེ་ནས་བྲམ་ཟེ་དང་ཁྱིམ་བདག་དེ་རྣམས་ཚིམ་ཞིང་མགུ་སྟེ། ཡི་རངས་ཤིང་རབ་ཏུ་དགའ་ལ་དགའ་བ་དང་ཡིད་བདེ་བ་སྐྱེས་ནས། སྦྱིན་པ་དག་སྦྱིན། བསོད་ནམས་དག་བྱེད་ཅིང་ངའི་རིང་བསྲེལ་ལ་རིམ་གྲོར་བྱ་བ་ནས། རྗེད་པ་དང་མངོན་པར་མཆོད་པར་བྱ་བའི་ཕྱིར་སྒྲོ་བ་སྐྱེ་བར་འགྱུར་ཞིང་ཐོས་པ་དང་ཚུལ་ཁྲིམས་དང་སྤྱོད་པ་ལ་ཡང་བརྩོན་པར་འགྱུར་རོ། །དེ་ལྟར་ཁྱིམ་བདག་ཆོས་འཕེལ་གྱིས། བྲམ་ཟེ་དང་ཁྱིམ་བདག་རྣམས་དགའ་བར་བྱས་པས་ཕལ་ཆེར་མཐོ་རིས་དང་ཐར་པར་འགྲོ་བར་འགྱུར་རོ། །ཀུན་དགའ་(༧༨༨ན)བོ་ཁྱིམ་བདག་ཆོས་འཕེལ་དེ་ཡང་ངའི་བསྟན་པ་འདི་རྒྱ་ཆེར་བྱེད་པར་འགྱུར་རོ། །ཀུན་

དགའ་བོ་དེ་ལྟར་ང་འདས་ནས་ངའི་བསྟན་པ་འདི་ལ་སེམས་དང་ཞིང་མངོན་པར་དགའ་བ། སྟོན་གྱི་རྒྱལ་བ་ལ་ལྷག་པར་བྱ་བ་བྱས་པ། དགེ་བའི་རྩ་བ་བསྐྱེད་པ། ལྷག་པའི་བསམ་པ་ཕུན་སུམ་ཚོགས་པ། སངས་རྒྱས་མང་པོ་ལ་བསྙེན་བཀུར་བྱས་པའི་ཁྱིམ་བདག་ཀྱང་མང་དུ་འབྱུང་བར་འགྱུར་རོ། །དེ་དག་ཀྱང་ངའི་ལུས་དང་ཉན་ཐོས་རྣམས་ལ་རིམ་གྲོར་བྱ་བ་དང་། བླ་མར་བྱ་བ་དང་། བསྟི་སྟང་དུ་བྱ་བ་དང་། མཆོད་པར་བྱ་བ་དང་། རྗེད་པར་བྱ་བ་དང་། མངོན་པར་མཆོད་པར་བྱ་བའི་ཕྱིར་སྦྱོ་བར་འགྱུར་ཏེ། ཀུན་དགའ་བོ་དེ་དག་ཀྱང་ངའི་བསྟན་པ་འདི་རྒྱས་པར་བྱེད་ཅིང་ལྷ་དང་མི་རྣམས་ཀྱིས་མནོས་པར་བྱེད་པར་འགྱུར་རོ། །ཞེས་གསལ་བར་ལུང་བསྟན་ཏོ། །སྔོན་དུས་ཇོ་བོ་རྗེ་དཔལ་ལྡན་ཨ་ཏི་ཤ་བོད་དུ་བྱོན་སྐབས་འབྲོམ་རྒྱལ་བའི་འབྱུང་གནས་ཀྱིས་ཇོ་བོ་རྗེ་ལ་བྱིན་ལེན་སྟོབས་པ་དང་། ན་བཟའ་དབུལ་བ་དང་། ཆོས་སྟོན་གསོལ་བ་དང་། ཐུན་ཚོད་དུ་རྒྱ་ཇའི་བཏུང་བ་གསོལ་བ་སོགས་ཀྱི་བསྙེན་བཀུར་གང་དང་གང་དགོས་པ་ཐམས་ཅད་མཛད་དེ་མཉེས་པ་གསུམ་གྱིས་མཉེས་པར་མཛད་ནས་ཟབ་རེ་བཞིན་སྡེ་སྣོད་གསུམ་དང་རྒྱུད་སྡེ་བཞིས་བསྡུས་པའི་ཆོས་ཐམས་ཅད་སྐྱེས་བུ་གསུམ་གྱི་ལམ་གྱི་རིམ་པར་བསྡུས་ནས་གསན་པས་བསྟན་པ་ཡོངས་རྫོགས་ཀྱི་བདག་པོར་གྱུར་ཏེ། བཀའ་གདམས་བསྟན་པའི་མེས་པོ་རྒྱལ་བ་འབྲོམ་ཞེས་སྙན་པའི་གྲགས་པས་ས་གསུམ་ན་ཁྱབ་པ་དེ་བྱུང་ཞིང་། ཇོ་བོ་རྗེ་བོད་དུ་བཞུགས་དུས་(༧༨༢བ)འཕགས་པའི་གནས་བརྟན་བཅུ་དྲུག་ཀྱང་དངོས་སུ་བྱོན་ནས་འབྲོམ་རིན་པོ་ཆེས་མཆོད་པ་དང་བསྙེན་བཀུར་མཛད་པའང་བྱུང་ཞིང་། དགེ་བསྙེན་ཆེན་པོ་འདིས་ཇོ་བོ་རྗེ་ལ་མཆོད་པ་འདི་ལྟར་བྱེད་པ་འདི་ཡང་སྔར་གྱི་སྙིང་རྗེ་པད་དཀར་གྱི་མདོ་དེས་ལུང་བསྟན་པར་བླ་མ་གོང་མ་རྣམས་བཞེད་དོ། །ཇོ་བོ་དགའ་ལྡན་དུ་ཐེབས་པའི་རྗེས་སུ་བཀའ་གདམས་སྐུ་མཆེད་གསུམ་དབུ་ཙ་བྱང་ཕྱོགས་སུ་སྒྲུབ་པ་ལ་རྩེ་གཅིག་ཏུ་གཞོལ་བའི་ཚེ། དུས་དུས་སུ་སྐུ་མཆེད་གསུམ་ཞལ་

འཛོམ་པ་ན་དགེ་བསྙེན་ཆེན་པོ་ཁམ་པ་ལྕུང་པ་ཞེས་བྱ་བ་བྱོན་ནས་གནས་བརྟན་རྣམས་ཞལ་འཛོམས་པའི་དུས་སུ་ཕྱིན་ལེན་སྟོབས་པ་པོ་ཞིག་དགོས་པ་ཡོང་ཟེར་ནས་སྤྲུལ་པའི་ཕྱིའུ་གཞོན་ནུ་བྱ་བ་ཐམས་ཅད་སྐད་ཅིག་རེ་རེར་ཚར་ནས་འོང་བའི་ངོ་མཚར་ཅན་ཞིག་བྱུང་ཞིང་དེ་ཡང་འཕགས་པ་སྤྱན་རས་གཟིགས་ཀྱི་སྤྲུལ་པ་ཡིན་པར་གསུངས་པ་དང་། གཞན་ཡང་གངས་རིའི་མགོན་པོ་སྤྱན་རས་གཟིགས་འདིས་གངས་རིའི་ཁྲོད་འདིར་རྒྱལ་བསྟན་སྤེལ་ཕྱིར། རིས་འགག་རྒྱལ་པོ། རིས་འགག་བློན་པོ། རིས་འགག་ཁྱིམ་བདག །རིས་འགག་པཎྜི་ཏའི་ཚུལ་བཟུང་སྟེ་སྤྲུལ་པའི་བཀོད་པ་སྣ་ཚོགས་པས་གནས་བརྟན་ཆེན་པོ་བཅུ་དྲུག་མཆོད་པ་དང་། གནས་བརྟན་རྣམས་ཀྱི་བཞུགས་གནས་གཙུག་ལག་ཁང་རྒྱས་པར་བྱ་བ་དང་། ཐ་ན་ན་བཟའ་དུར་ཁྲིག་གི་ཚལ་བུ་ཙམ་ལའང་གུས་པར་མཛད་དེ། རྒྱལ་བའི་བསྟན་པ་ཆེས་ཆེར་སྤེལ་བའི་རྣམ་པར་ཐར་པ་བསམ་གྱིས་མི་ཁྱབ་བརྗོད་ཀྱིས་མི་ལང་བ་ཡོད་དོ། །

ཁ༧༨ ཐུབ་དབང་གནས་བརྟན་བཅུ་དྲུག་དང་བཅས་པའི་བཀའ་སྡོད་རྒྱལ་པོ་ཆེན་པོ་བཞིའི་རྟོགས་པ་བརྗོད་པ།

ཐུབ་དབང་གནས་བརྟན་བཅུ་དྲུག་དང་བཅས་པའི་བཀའ་སྡོད་རྒྱལ་པོ་ཆེན་པོ་བཞིའི་རྟོགས་པ་བརྗོད་པ་ནི། ཐུབ་དབང་གནས་བརྟན་བཅུ་དྲུག་དང་བཅས་(༡༧༤ན)པའི་བཀའ་སྡོད་རྒྱལ་ཆེན་བཞི་པོ་འདི་ནི་སྔོན་ཡུན་རིང་པོ་ཞིག་ནས་བྱང་ཆུབ་མཆོག་ཏུ་ཐུགས་བསྐྱེད་ནས་རྒྱལ་སྲས་ཀྱི་སྤྱོད་པ་རྒྱ་མཚོ་ལ་བསླབས་ཤིང་བསྐལ་པ་བཟང་པོ་འདི་ལ་བྱོན་པའི་རྒྱལ་བ་རྣམས་ལ་བསྙེན་བཀུར་ཏེ་བསྟན་པ་བསྲུང་ཞིང་སྐྱོང་བར་བྱེད་པ་དང་། ལྷག་པར་སྟོན་པ་ཐུབ་པའི་དབང་པོའི་བསྟན་པ་བསྲུང་ཞིང་སྐྱོང་བའི་ཕྱིར་འཛམ་བུ་གླིང་སྐྱོང་བའི་ཚུལ་བཟུང་སྟེ་རི་རབ་ལྷུན་པོའི་ཕྱོགས་བཞི་ན་གནས་ཏེ། དེ་ཡང་རི་རབ་ལྷུན་པོ་ཤར་དཔུལ། ལྷོ་བཻ་ཌཱུརྱ། ནུབ་པདྨ་

ནྟ་ག །བྱང་གསེར་ལས་གྲུབ་པ། འཕང་དུ་དཔག་ཚད་བརྒྱད་ཁྲི་ཡོད་པ། ཆུ་མཚམས་ཡན་ཆད་ལ་ཕྱོགས་རེ་རེར་བང་རིམ་བཞི་བཞི་ཡོད་པ་དེའི་མཐའ་ལ་གསེར་གྱི་རི་བདུན་དང་རོལ་པའི་མཚོ་བདུན་གྱིས་སྐྱིལ་མར་བསྐོར་བ། བང་རིམ་རྣམས་ལ་རྒྱལ་ཆེན་བཞིའི་རིས་ཀྱི་ལྷ་རྣམས་གནས་པ། གསེར་རི་དང་པོ་གཉའ་ཤིང་འཛིན་གྱི་ཤར་ན་རྒྱལ་པོ་ཆེན་པོ་ཡུལ་འཁོར་སྲུང་གི་བཞུགས་གནས་ཡུལ་འཁོར་སྲུང་ཞེས་བྱ་བ་ངོས་རེ་ལ་དཔག་ཚད་ཉིས་བརྒྱ་ལྔ་བཅུ། མཐའ་སྐོར་དུ་དཔག་ཚད་སྟོང་ཡོད་པའི་ཕོ་བྲང་ཆེན་པོ་དེ་ན་རྒྱལ་པོ་ཆེན་པོ་ཡུལ་འཁོར་སྲུང་བཞུགས། རི་རབ་ལྷུན་པོའི་ལྷོ་ཕྱོགས་ཀྱི་གསེར་རི་དང་པོ་གཉའ་ཤིང་འཛིན་ལ་རྒྱལ་པོ་ཆེན་པོ་འཕགས་སྐྱེས་པོའི་བཞུགས་གནས་འཕགས་སྐྱེས་པོ་ཞེས་བྱ་བ་ངོས་རེ་ལ་དཔག་ཚད་ཉིས་བརྒྱ་ལྔ་བཅུ། མཐའ་སྐོར་དུ་དཔག་ཚད་སྟོང་ཡོད་པའི་ཕོ་བྲང་དེ་ན་རྒྱལ་པོ་ཆེན་པོ་འཕགས་སྐྱེས་པོ་བཞུགས། རི་རབ་ལྷུན་པོའི་ནུབ་ཕྱོགས་ཀྱི་གསེར་རི་དང་པོ་གཉའ་ཤིང་འཛིན་ལ་རྒྱལ་པོ་ཆེན་པོ་སྤྱན་མི་བཟང་གི་བཞུགས་གནས་སྣ་ཚོགས་གཟུགས་ཞེས་བྱ་བ་(༧༨༣བ)ངོས་རེ་ལ་དཔག་ཚད་ཉིས་བརྒྱ་ལྔ་བཅུ། མཐའ་སྐོར་དུ་དཔག་ཚད་སྟོང་ཡོད་པའི་ཕོ་བྲང་ཆེན་པོ་དེ་ན་རྒྱལ་པོ་ཆེན་པོ་སྤྱན་མི་བཟང་བཞུགས། རི་རབ་ལྷུན་པོའི་བྱང་ཕྱོགས་ཀྱི་གསེར་རི་དང་པོ་གཉའ་ཤིང་འཛིན་ལ་རྒྱལ་པོ་ཆེན་པོ་རྣམ་ཐོས་སྲས་ཀྱི་བཞུགས་གནས་ཕོ་བྲང་ལྕང་ལོ་ཅན་ཞེས་བྱ་བ་ཡོད་དོ། །ཕོ་བྲང་དེའི་ངོས་རེ་ལ་དཔག་ཚད་ཉིས་བརྒྱ་ལྔ་བཅུ་རེ། མཐའ་སྐོར་དུ་དཔག་ཚད་སྟོང་ཡོད་པ་དེ་ན་རྒྱལ་པོ་ཆེན་པོ་རྣམ་ཐོས་སྲས་བཞུགས། འདི་དག་ནི་འཇིག་རྟེན་གདགས་པ་དང་། ས་སྡེ་ལས་བཤད་པ་ལྟར་བཀོད་པ་ཡིན་གྱི། ཡང་མདོ་དང་བསྟན་བཅོས་འགའ་ཞིག་ལས་རི་རབ་ཀྱི་བང་རིམ་བཞི་པའི་བང་རིམ་སྟེང་མ་ལ་རྒྱལ་ཆེན་བཞིའི་བཞུགས་གནས་ཡོད་པར་བཤད་པའང་ཡོད་དོ། །ཇི་ལྟར་ཡང་རྒྱལ་པོ་ཆེན་པོ་འདི་དག་རི་རབ་ཀྱི་ཕྱོགས་བཞི་ན་བཞུགས་ཚུལ་སྔར་ལྟར་ཡིན་ཞིང་། གསེར་རི་དང་པོ་

གཉའ་ཤིང་འཛིན་དང་། རི་རབ་ལྷུན་པོའི་བང་རིམ་བཞིའི་སྟེང་མ་ཐད་དྲང་དུ་ཡོད་དེ། རི་རབ་ཀྱི་བང་རིམ་བཞི་པའི་ཐད་ནས་ཉི་ཟླ་འཆར་ཞིང་། གཉའ་ཤིང་འཛིན་གྱི་རྩེ་ནས་འཆར་བར་ཡང་གསུངས་པས། གཉའ་ཤིང་འཛིན་རིའི་རྩེ་མོ་བང་རིམ་བཞིའི་སྟེང་མ་དང་ཐད་དྲང་དུ་ཡོད་པར་གྲུབ་ཅིང་མཛོད་འགྲེལ་ལས་ཀྱང་དེ་ལྟར་བཤད་དོ། །གསང་བ་བསམ་གྱིས་མི་ཁྱབ་པའི་མདོ་སོགས་ལས་ནི་རི་རབ་ལྷུན་པོའི་བྱང་ཕྱོགས་ན་ལྕང་ལོ་ཅན་ཞེས་བྱ་བ་གསང་སྔགས་དང་རིག་སྔགས་ཐམས་ཅད་ཀྱི་བདག་པོ་དཔལ་ཕྱག་ན་རྡོ་རྗེའི་བཞུགས་གནས་ཡོད་པར་བཤད་དེ། དེ་ཡང་སྟེང་ན་གསང་བའི་བདག་པོའི་ཕོ་བྲང་དང་། འོག་ན་རྒྱལ་པོ་ཆེན་པོ་རྣམ་ཐོས་སྲས་ཀྱི་ཕོ་(༧༨༩ན)བྲང་ཡོད་པར་བཤད་ཅིང་རྒྱལ་པོ་ཆེན་པོ་རྣམ་ཐོས་སྲས་ནི་དཔལ་ཕྱག་ན་རྡོ་རྗེའི་བཀའ་སྡོད་དུ་བཤད་དོ། །རྒྱལ་པོ་ཆེན་པོ་རྣམ་ཐོས་སྲས་ཀྱི་ཕོ་བྲང་ནི་རིན་པོ་ཆེའི་གཞལ་ཡས་ཁང་གྲུ་བཞི་སྒོ་བཞི་རྟ་བབས་བཞི་དང་བཅས་པ། འཁོར་ས་རིམ་པ་གསུམ་དང་ལྡན་པའི་དབུས་ན་ཁང་བུ་བརྩེགས་པ་དགུ་ཡོད་པའི་དབུས་མའི་ཕོ་བྲང་སུམ་བརྩེགས་སུ་གནས་པའི་རྩེ་མོར་ནོར་བུ་རིན་པོ་ཆེའི་ཏོག་གིས་སྤྲས་པ། ལོགས་རྣམས་སུ་དྲྭ་བ་དང་དྲྭ་ཕྱེད་པ་འཕྱང་ཞིང་མདའ་ཡབ་དང་པུ་ཤུ་དང་ལྡན་པ། ཤར་ཤེལ། ལྷོ་བཻ་ཌཱུ་ཪྱ། ནུབ་པདྨ་རཱ་ག །བྱང་གསེར་ལས་གྲུབ་པའི་ཀ་བ་ཉིས་སྟོང་ལྔ་བརྒྱས་ཕྱོགས་རེ་ནས་བརྒྱན་པ། གཏེར་གྱི་ཁང་པ་བཅོ་ལྔ་དག་གིས་སྤྲས་པ། དེའི་ཕྱི་རོལ་གྱི་ཕྱོགས་མཚམས་བརྒྱད་དུ། བུམ་པ་བཟང་པོ་བརྒྱད། དཔག་བསམ་གྱི་ཤིང་བརྒྱད། རིན་པོ་ཆེའི་ལྗོན་ཤིང་བརྒྱད། རྫིང་བུ་བཟང་པོ། རིན་པོ་ཆེའི་ལྗོན་ཤིང་མེ་ཏོག་དང་ལྡན་པ་བརྒྱད། འདོད་འཇོའི་བ་བརྒྱད་རྣམས་སྤྱིལ་མར་གནས་པའི་ཕྱི་རོལ་ནས་རིན་པོ་ཆེའི་ར་བ་གྲུ་བཞི་པས་བསྐོར་བ་ཡོད་པར་བཤད་དོ། །རྒྱལ་ཆེན་བཞི་པོ་འདིའི་སྐུ་ལུས་ཀྱི་ཚད་ནི་རྒྱང་གྲགས་གཅིག་གི་བཞི་ཆ་ཡོད་པ་བཤད་པས་སྐུ་ལུས་ཤིན་ཏུ་ཆེ་བ་རི་ལྟ་བུ་ཡོད་དོ། །རྒྱལ་པོ་ཆེན་པོ་བཞི་པོ་འདི་

ནི་རྒྱལ་བའི་བསྟན་པ་ལ་ལྷག་པར་གུས་ཤིང་གཅེས་སྤྲས་སུ་བྱེད་པས་ཟླ་བ་རེ་རེ་བཞིན་ཚེས་བརྒྱད་དང་། བཅུ་བཞི་དང་། བཅོ་ལྔ་རྣམས་ལ་གླིང་བཞི་པའི་འཇིག་རྟེན་འདི་ཐམས་ཅད་སྐྱུལ་ཞིང་། ལྷག་པར་འཛམ་བུའི་གླིང་གི་ཁོ་ར་ཁོར་ཡུག་སྐྱུལ་ནས་འཛམ་བུའི་གླིང་དུ་བཅོམ་ལྡན་འདས་(༧༨༢བ)ཤཱཀྱ་ཐུབ་པའི་བསྟན་པ་གནས་མི་གནས་རྟོག་ཅིང་གང་ན་སངས་རྒྱས་ཀྱི་བསྟན་པ་གནས་པ་དེར་དགེ་འདུན་གྱི་སྡེ་རྣམས་ཚོས་སྤྱོད་འཕེལ་མི་འཕེལ་དང་འདུལ་ཁྲིམས་རྣམ་པར་དག་མ་དག་དང་། གནས་བརྟན་འདུལ་བ་འཛིན་པ་ཇི་ལྟར་བཞུགས་རྟོག་པར་བྱེད་དོ། །དེ་ལྟར་བརྟགས་ནས་དགེ་འདུན་གྱི་སྡེ་རྣམས་འདུལ་ཁྲིམས་གཙང་ཞིང་རྒྱལ་བའི་བཀའ་དྲི་མ་མེད་པ་སྡེ་སྣོད་གསུམ་བསླག་པ་དང་། དེའི་དོན་བསླབ་པ་གསུམ་ཉམས་སུ་ལེན་པར་བྱེད་པ་དང་། བསྟན་པའི་ནང་མཛོད་འདུལ་བ་འཛིན་པའི་གནས་བརྟན་བཞུགས་པར་མཐོང་བ་ན་དགའ་ཞིང་མགུ་ནས་དེ་དག་ལ་སྲུང་བ་དང་། སྲ་བ་དང་། ལུས་ལ་མདངས་སྐྱེད་པར་བྱེད་པ་དང་མཆོད་ཅིང་ཕྱག་འཚལ་ནས་སྟེང་དུ་སུམ་ཅུ་རྩ་གསུམ་པར་སོང་སྟེ་ལྷའི་དབང་པོ་བརྒྱ་བྱིན་ལ་ལྷའི་དབང་པོ་གསན་དུ་གསོལ། ད་དུང་འཛམ་བུའི་གླིང་ན་སངས་རྒྱས་ཀྱི་བསྟན་པ་གནས་སོ། །སྡེ་སྣོད་གསུམ་གྱི་ཚོས་སྒྲ་སྒྲོག་གོ །བསླབ་པ་གསུམ་ཚུལ་བཞིན་དུ་ཉམས་སུ་ལེན་པའི་དགེ་འདུན་གྱི་སྡེ་འདི་སྙེད་མཆིས་སོ། །གནས་བརྟན་འདུལ་བ་འཛིན་པ་མཚན་འདི་ཞེས་བྱ་བས་སངས་རྒྱས་ཀྱིས་བསྟན་པ་བཟུང་ཞིང་སྤེལ་ལོ། །ཞེས་ཞུའོ། །དེ་ནས་ལྷའི་དབང་པོ་བརྒྱ་བྱིན་དགའ་མགུ་ཡི་རངས་ཏེ་སུམ་ཅུ་རྩ་གསུམ་པའི་ལྷ་རྣམས་ལ་དེ་ལྟར་སྒྲོག་ཅིང་། སྟེང་དུ་འཐབ་བྲལ་བའི་ལྷ་རྣམས་ལའང་དེ་ལྟར་དུ་སྒྲོག་པར་བྱེད་དོ། །འཐབ་བྲལ་བའི་ལྷ་རྣམས་ཀྱིས་དགའ་ལྡན་པ་རྣམས་ལ་དེ་ལྟར་སྒྲོག་པ་ནས་རིམ་གྱིས་འོག་མིན་གྱི་བར་དུ་དེ་ལྟར་སྒྲོག་པར་བྱེད་དོ། །དེ་ལྟར་རྒྱལ་ཆེན་བཞི་པོ་འདི་ནི་སྟོན་པ་ཐུབ་(༧༨༣ན)པའི་དབང་པོ་ལ་ཤིན་ཏུ་གུས་པས་དུས་རྟག་ཏུ་མཆོད་

པར་བྱེད་པ་སྟེ། ཐོག་མར་སྟོན་པ་ལྷུམས་ན་བཞུགས་པའི་ཚེ་ཡང་ནུབ་རེ་བཞིན་འོངས་ནས་གཡས་ཕྱོགས་སུ་བསྐོར་བ་ལན་མང་དུ་བྱས། ཕྱག་མང་དུ་འཚལ་ཞིང་མཆོད་པ་ཕུལ་ནས་ཡུམ་སྒྱུ་འཕྲུལ་མ་གང་ན་བཞུགས་པའི་གནས་ཁོ་ར་ཁོར་ཡུག་ཐམས་ཅད་བསྲུང་བ་ལ་རྟག་ཏུ་བརྩོན་པར་བྱས་སོ། །

དེ་ནས་གཞོན་ནུ་དོན་ཐམས་ཅད་གྲུབ་པ་ཁབ་ན་བཞུགས་པའི་སྐབས་སུའང་ཡང་དང་ཡང་དུ་ཕྱག་འཚལ་ཞིང་མཆོད་པར་བྱེད། རབ་ཏུ་བྱུང་བའི་ཚེ་ཡང་རྒྱལ་པོ་ཆེན་པོ་བཞི་པོ་འདིས་གཞོན་ནུའི་ཆིབས་པ་བསྟུགས་ལྡན་ནམ་མཁའ་ལ་བཏེག་སྟེ་ཁྲིད་ཅིང་མཆོད་པར་བྱས། མངོན་པར་རྫོགས་པར་སངས་རྒྱས་མ་ཐག་ཏུ་རྒྱལ་ཆེན་བཞི་པོ་འདིས་རྫོའི་ལྷུང་བཟེད་བདུད་རྩིས་བཀང་བ་རེ་རེ་ཁྱེར་ཏེ་དེ་བཞིན་གཤེགས་པ་ལ་ཕུལ་བ་ན་དེ་བཞིན་གཤེགས་པས་ཀྱང་དེ་བཞི་ལས་གཅིག་བླངས་གཞན་མ་བླངས་ན་གང་ལས་མ་བླངས་པ་དེ་དག་མི་དགའ་བར་འགྱུར་རོ་སྙམ་དུ་དགོངས་ནས་བཞི་ཀ་བཞེས་ཏེ་བཞི་པོ་ལྷུང་བཟེད་གཅིག་ཏུ་བྱིན་གྱིས་བརླབས་ཏེ་ཕྱག་གིས་བཞེས་ནས་བསོད་སྙོམས་ལ་འབྱོན་པར་མཛད་པ་སོགས་དུས་རྟག་ཏུ་རྒྱལ་ཆེན་བཞི་པོ་འདིས་སྟོན་པ་འཁོར་དང་བཅས་པ་ལ་མཆོད་ཅིང་བསྙེན་བཀུར་བའི་ཚུལ་འདུལ་བ་ལུང་དང་མདོ་སྡེ་དག་ལས་རྒྱ་ཆེར་འབྱུང་ངོ་། །ལྷག་པར་ཐེང་བུ་དལ་གྱིས་འབབ་ཀྱི་འགྲམ་ན་དྲང་སྲོང་ཀ་ནའི་བུ་ཞེས་བྱ་བ་དང་། དྲང་སྲོང་རི་བོ་ཞེས་བྱ་བ་འཁོར་ལྔ་བརྒྱ་རེ་དང་ལྡན་པ། མངོན་པར་ཤེས་པ་ལྔ་ཐོབ་པ་སྔར་རྒྱལ་(༧༦༥བ)བའི་བསྟན་པ་ལ་མ་ཞུགས་པ་ཆོས་འདི་ལས་ཕྱི་རོལ་ཏུ་གྱུར་པ་དག་གནས་ཏེ། དེ་དག་འདུལ་བའི་དུས་ལ་བབ་པ་ན་སངས་རྒྱས་བཅོམ་ལྡན་འདས་བགྲོད་པ་གཅིག་པུའི་ལམ་སྟོན་པ། རྣམ་གཉིས་ཀྱི་ཤེས་བྱ་དང་ཡེ་ཤེས་ལ་མངའ་བརྙེས་པ། མ་འདྲེས་པའི་དྲན་པ་ཉེ་བར་བཞག་པ་གསུམ་ལ་མཁས་པ། མི་འཇིགས་པ་བཞིས་བསྙེངས་པ་མི་མངའ་བ། འགྲོ་བ་ལྔར་འགྲོ་བ་ལས་རྣམ་པར་གྲོལ་བ། སྐྱེ་མཆེད་

དྲུག་ལ་མཁས་པ། བྱང་ཆུབ་ཀྱི་ཡན་ལག་བདུན་ལ་སྤྱོད་ཡུལ་བ། རྣམ་པར་ཐར་པ་བརྒྱད་ལ་བསམ་གཏན་པ། མཐར་གྱི་གནས་པའི་སྙོམས་པར་འཇུག་པ་དགུ་ལ་སྙོམས་པར་འཇུག་པ། སྟོབས་བཅུའི་སྟོབས་དང་ལྡན་པ། ཡང་དག་པའི་སེང་གེའི་སྒྲ་ཆེན་པོ་སྒྲོག་པ་རྣམས་ནི་ཆོས་ཉིད་ཀྱིས། ཉིན་དུས་གསུམ་མཚན་དུས་གསུམ་སྟེ། ཉིན་མཚན་དུས་དྲུག་ཏུ་སངས་རྒྱས་ཀྱི་སྤྱན་གྱིས་འཇིག་རྟེན་ལ་གཟིགས་ཏེ། སུ་ནི་རྒུད། སུ་ནི་དར། སུ་ནི་ཕོངས་ཤིང་འདུག །སུ་ནི་ཉམ་ང་བར་གྱུར། སུ་ནི་གནོད་པ་དང་ལྡན། སུ་ནི་ཕོངས་པ་དང་ཉམ་ང་བ་དང་། གནོད་པ་དང་ལྡན། སུ་ནི་ངན་སོང་དུ་གཞོལ། སུ་ནི་ངན་སོང་དུ་བབ། སུ་ནི་ངན་སོང་ནས་ཕྱུང་སྟེ་མཐོ་རིས་དང་ཐར་པ་དང་འབྲས་བུ་ལ་བཞག་པར་བྱ། སུ་ནི་ཉེས་པར་སྤྱོད་པའི་འདམ་དུ་བྱིང་བ་ལས་ལག་ནས་དྲང་བར་བྱ། སུ་ནི་འཕགས་པའི་ནོར་བདུན་མེད་པ་ལས་འཕགས་པའི་ནོར་བདུན་གྱི་དབང་ཕྱུག་ལ་དབང་བྱེད་དུ་གཞུག་པར་བྱ། སུ་ནི་དགེ་བའི་རྩ་བ་རྣམས་མ་སྐྱེད་པ་ལས་བསྐྱེད་པར་བྱ། སུ་ནི་དགེ་བའི་རྩ་བ་རྣམས་བསྐྱེད་ཟིན་པ་ལས་ཡོངས་སུ་སྨིན་པར་བྱ། སུ་ནི་དགེ་བའི་རྩ་བ་རྣམས་ཡོངས་(༧༨༨ན)སུ་སྨིན་ཟིན་པ་ལས་ཡེ་ཤེས་ཀྱི་མཚོན་གྱིས་བརྩོལ་བར་བྱ། སུ་ལ་ནི་སངས་རྒྱས་བྱུང་བས་བརྒྱན་པའི་འཇིག་རྟེན་འབྲས་བུ་དང་བཅས་པར་བྱ་སྙམ་དུ་ཡེ་ཤེས་ཀྱིས་གཟིགས་པ་ན་དྲང་སྲོང་དེ་དག་གདུལ་བའི་དུས་ལ་བབ་པར་དགོངས་ནས་རྫིང་བུ་དལ་གྱིས་འབབ་ཀྱི་འགྲམ་དུ་གཤེགས་སོ། །སྟོན་པ་འཁོར་དང་བཅས་པ་དེར་ཕྱིན་པ་ན་བཅོམ་ལྡན་འདས་ཀྱིས་དགོངས་པ། ངས་རྒྱལ་པོ་ཆེན་པོ་བཞི་ལ་གང་དུ་ཆོས་བཤད་ན། དེར་དྲང་སྲོང་ཀེཨུ་ནེ་ཡ་དང་། རི་བོ་ཡང་ཞར་ལ་བདག་གིས་ཐུལ་བར་འགྱུར་ཞིག་གུ །མ་ལ་བདག་གིས་མཚོ་དལ་གྱིས་འབབ་ཀྱི་འགྲམ་དུ་རྒྱལ་པོ་ཆེན་པོ་བཞི་ལ་ཆོས་བཤད་ན་དེར་དྲང་སྲོང་ཀེ་ནེ་ཡའི་བུ་དང་། རི་བོ་ཡང་ཚོགས་ཆུང་དུས་ཞར་ལ་བདག་གིས་ཐུལ་བར་འགྱུར་རོ་སྙམ་དུ་དགོངས་ནས། བཅོམ་ལྡན་འདས་

ཀྱིས་འཇིག་རྟེན་པའི་ཐུགས་བསྐྱེད་དེ། ཀྱེ་མ། རྒྱལ་པོ་ཆེན་པོ་བཞིས་བདག་གི་སེམས་ཤེས་ཏེ། བཅོམ་ལྡན་འདས་ནི་བདག་ཅག་ལ་མཚོ་དལ་གྱིས་འབབ་ཀྱི་འགྲམ་དུ་ཆོས་བཤད་པར་བཞེད་དོ་སྙམ་དུ་རྟོགས་ན་ལེགས་སོ་སྙམ་དུ་དགོངས་སོ། །དེ་ནས་རྒྱལ་པོ་ཆེན་པོ་བཞིས་བཅོམ་ལྡན་འདས་ཀྱི་དགོངས་པ་ཡིད་དུ་ཆུད་ནས་གཡོག་རྣམས་བཏང་སྟེ་ཁྲིད་རྣམས་མཚོ་དལ་གྱིས་འབབ་ཀྱི་འགྲམ་དུ་སོང་ལ་དེ་བཞིན་གཤེགས་པ་བཞུགས་པའི་གནས་སེང་གེའི་ཁྲི་དང་འཁོར་གྱི་སྟན་དག་ཤོམས་ཤིག །ས་གཞི་ཡང་མེ་ཏོག་སྣ་ཚོགས་ཀྱིས་གཏོར་ཅིག །སྤོས་ཆུའི་ཆག་ཆག་ཀྱང་ཐོབ་ཅིག །དྲང་སྲོང་ཀེ་ནི་ཡའི་བུ་དང་། རི་བོ་ལ་ཡང་མིའམ། མི་མ་ཡིན་པའམ། སྲིན་པོ་ལ་ལ་དག་གནོད་པར་བྱེད་ན་མི་རུང་གིས་བསྲུང་བར་(༧༨༨བ)གྱིས་ཤིག་ཅེས་བསྒོའོ། །ལྷག་པར་རྒྱལ་པོ་ཆེན་པོ་རྣམ་ཐོས་ཀྱི་བུས་གནོད་སྦྱིན་གྱི་སྡེ་དཔོན་ཆེན་པོ་ལྷུས་རྩེན་ལ་བསྒོ་བ། ཟིང་བུ་དལ་གྱིས་འབབ་ཏུ་སྟོན་པ་ཐུབ་པའི་དབང་པོའི་གདན་སེང་གེའི་ཁྲི་དང་། འཁོར་གནས་བརྟན་རྣམས་ཀྱི་གདན་དང་། མཆོད་པའི་ཡོ་བྱད་ལེགས་པར་ཤོམས་ལ་ལྷ་དང་ཀླུ་ལ་སོགས་པའི་འཁོར་འདུས་པ་ཆེན་པོ་འདུས་པ་ན་གནོད་སྦྱིན་རྣམས་ཀྱིས་སྲུའི་ཡང་མདངས་མི་འཕྲོག་པར་བྱ་བ་དང་། ལྷག་པར་དྲང་སྲོང་ཀེཙུ་ནི་ཡའི་བུའི་བསྲུང་མ་ཞིག་ཀྱང་སྐོས་ཤིག་ཅེས་བསྒོའོ། །དེ་ནས་གནོད་སྦྱིན་གྱི་སྡེ་དཔོན་ཆེན་པོ་ལྷུས་རྩེན་ལ་སོགས་པ་རྒྱལ་ཆེན་བཞིའི་གཡོག་རྣམས་ཀྱིས་བཀའ་བཞིན་འཚལ་ཞེས་བྱས་ཏེ། མཚོ་དལ་གྱིས་འབབ་ཀྱི་འགྲམ་དུ་སོང་ནས། གདན་དག་ཀྱང་བཤམས། ས་གཞི་ཡང་མེ་ཏོག་སྣ་ཚོགས་ཀྱིས་གཏོར་ཏེ། སྤོས་ཆུས་ཆག་ཆག་བཏབ་བོ། །དེ་ནས་དྲང་སྲོང་ཀེཙུ་ནི་ཡའི་བུས་རྒྱལ་པོ་ཆེན་པོ་བཞིའི་གཡོག་རྣམས་ཀྱིས་མཚོ་དལ་གྱིས་འབབ་ཀྱི་འགྲམ་དུ་གདན་དག་བཤམས་ནས། ས་གཞི་ཡང་མེ་ཏོག་སྣ་ཚོགས་ཀྱིས་གཏོར་ཏེ། སྤོས་ཆུས་ཆག་ཆག་བཏབ་པ་མཐོང་ངོ་། །མཐོང་ནས་ཀྱང་དྲང་སྲོང་ཀེཙུ་ནི་ཡའི་བུས་ཁྱོད་ཅི་ཤོམ་ཞིང་འདུག་ཅེས་དྲིས་སོ། །དེ་

དག་གིས་སྨྲས་པ། རྒྱལ་པོ་ཆེན་པོ་བཞི་ལ་བཅོམ་ལྡན་འདས་ཆོས་སྟོན་པར་བཞེད་དེ་དེའི་ཕྱིར་གདན་ཐོམ་མོ། །དྲང་སྲོང་ཀཽ་ཎེ་ཡའི་བུས་སྨྲས་པ། ཅི་ཏེ་ངས་དེ་དག་ལ་ཆོས་བཤད་དམ། རྒྱལ་པོ་ཆེན་པོ་བཞིའི་གཡོག་རྣམས་ཀྱིས་སྨྲས་པ། དགེ་སློང་ཀོཽ་ཎ་མ་དེ་དག་ལ་ཆོས་སྟོན་པར་མཛད་ཀྱིས་ཁྱོད་མ་ཡིན་ནོ། །དེས་སྨྲས་པ། (༧༨༧ན)འོ་ན་ཁྱེད་ངའི་ཕྱི་བཞིན་དུ་ཅིའི་ཕྱིར་འབྲང་། དེ་དག་གིས་སྨྲས་པ། དེ་དག་གི་ཕྱི་བཞིན་དུ་གཡོག་འཁོར་མང་པོ་འོང་བར་འགྱུར་ཏེ། དེ་དག་གིས་ཁྱོད་ལ་གནོད་པ་བྱེད་དུ་དོགས་པའི་ཕྱིར་བདག་ཅག་ཁྱོད་ལ་སྲུང་བར་བྱེད་དོ། །དྲང་སྲོང་ཀཽ་ཎེ་ཡའི་བུས་སྨྲས་པ། ཅི་ཁྱོད་ང་འབའ་ཞིག་ལ་སྲུང་བར་བྱེད་དམ། འོན་ཏེ་དགེ་སློང་ཀོཽ་ཎ་མ་ཡང་སྲུང་བར་བྱེད། རྒྱལ་པོ་ཆེན་པོ་བཞིའི་གཡོག་རྣམས་ཀྱིས་སྨྲས་པ། བདག་ཅག་ནི་ཀོཽ་ཎ་མ་ལ་སྲུང་བར་མི་བྱེད་དེ། དེ་ཉིད་ལྷ་དང་བཅས་པའི་འཇིག་རྟེན་ལ་བསྲུང་བར་མཛད་དོ། །དེ་ནས་ཀཽ་ཎེ་ཡའི་བུས་བསམས་པ། འདི་ལྟར་ལྷ་རྣམས་ཀྱང་དེ་ལ་མཆོད་པའི་ལས་བྱ་བ་ལ་བརྩོན་པར་བྱ་བ་ལས་ན། དགེ་སློང་ཀོཽ་ཎ་མ་ནི་རྫུ་འཕྲུལ་ཆེ་ཞིང་མཐུ་ཆེ་བ་ཞིག་གོ་སྙམ་མོ། །དེ་ནས་བཅོམ་ལྡན་འདས་ཨ་དུ་མ་ནས་མི་སྣང་བར་གྱུར་ཏེ། མཚོ་དལ་གྱིས་འབབ་ཀྱི་འགྲམ་དུ་གཤེགས་ནས་གདན་བཤམས་པ་ལ་བཞུགས་སོ། །དེ་ནས་རྒྱལ་པོ་ཆེན་པོ་ཡུལ་འཁོར་སྲུང་དྲི་ཟ་སྟོང་ཕྲག་དུ་མས་གཡོག་བྱས་པ་ལྷའི་མེ་ཏོག་ཨུཏྤལ་དང་། པདྨ་དང་། ཀུ་མུ་ད་དང་། པདྨ་དཀར་པོ་རྣམས་ཀྱིས་ཐུ་བ་བཀང་ནས། བཅོམ་ལྡན་འདས་ག་ལ་བ་དེར་སོང་སྟེ་ཕྱིན་ནས་བཅོམ་ལྡན་འདས་ཀྱི་ཞབས་ལ་མགོ་བོས་ཕྱག་འཚལ་ཏེ། བཅོམ་ལྡན་འདས་ལ་ལྷའི་མེ་ཏོག་ཨུཏྤལ་དང་། པདྨ་དང་། ཀུ་མུ་ད་དང་། པདྨ་དཀར་པོ་རྣམས་ཀྱིས་གཏོར་ནས་ཤར་ཕྱོགས་ཡོགས་སུ་བརྟེན་ཏེ་བཅོམ་ལྡན་འདས་ལ་མདུན་གྱིས་ཕྱོགས་ཤིང་ནུབ་ཕྱོགས་སུ་ཁ་བལྟས་ཏེ་འདུག་གོ །དེ་ནས་རྒྱལ་(༧༨༧བ)པོ་ཆེན་པོ་འཕགས་སྐྱེས་པོ་གྲུལ་བུམ་སྟོང་ཕྲག་དུ་མས་གཡོག་བྱས་པ

རིན་པོ་ཆེས་ཐུ་བ་བཀང་ནས། བཅོམ་ལྡན་འདས་ག་ལ་བ་དེར་སོང་སྟེ་ཕྱིན་ནས་བཅོམ་ལྡན་འདས་ལ་རིན་པོ་ཆེས་གཏོར་ཏེ་བཅོམ་ལྡན་འདས་ཀྱི་ཞབས་ལ་མགོ་བོས་ཕྱག་འཚལ་ནས་ལྷོ་ཕྱོགས་ཡོགས་སུ་བརྟེན་ཏེ་བཅོམ་ལྡན་འདས་ལ་མདུན་གྱིས་ཕྱོགས་ཤིང་བྱང་ཕྱོགས་སུ་ཁ་བལྟས་ཏེ་འདུག་གོ །དེ་ནས་རྒྱལ་པོ་ཆེན་པོ་མིག་མི་བཟང་ཀླུ་སྟོང་ཕྲག་དུ་མས་གཡོག་བྱས་པ་མུ་ཏིག་གིས་ཐུ་བ་བཀང་ནས། བཅོམ་ལྡན་འདས་ག་ལ་བ་དེར་སོང་སྟེ་ཕྱིན་ནས་བཅོམ་ལྡན་འདས་ལ་མུ་ཏིག་གིས་གཏོར་ཏེ་བཅོམ་ལྡན་འདས་ཀྱི་ཞབས་ལ་མགོ་བོས་ཕྱག་འཚལ་ནས་ནུབ་ཕྱོགས་སུ་བརྟེན་ཏེ་བཅོམ་ལྡན་འདས་ལ་མདུན་གྱིས་ཕྱོགས་ཤིང་ཤར་ཕྱོགས་སུ་ཁ་བལྟས་ཏེ་འདུག་གོ །དེ་ནས་རྒྱལ་པོ་ཆེན་པོ་རྣམ་ཐོས་ཀྱི་བུ་གནོད་སྦྱིན་སྟོང་ཕྲག་དུ་མས་གཡོག་བྱས་པ་གསེར་དངུལ་གྱིས་ཐུ་བ་བཀང་ནས། བཅོམ་ལྡན་འདས་ག་ལ་བ་དེར་སོང་སྟེ་ཕྱིན་ནས་བཅོམ་ལྡན་འདས་ལ་གསེར་དངུལ་གྱིས་གཏོར་ཏེ་བཅོམ་ལྡན་འདས་ཀྱི་ཞབས་ལ་མགོ་བོས་ཕྱག་འཚལ་ནས་བྱང་ཕྱོགས་ཡོགས་སུ་བརྟེན་ཏེ་བཅོམ་ལྡན་འདས་ལ་མདུན་གྱིས་ཕྱོགས་ཤིང་ལྷོ་ཕྱོགས་སུ་ཁ་བལྟས་ཏེ་འདུག་གོ །དེ་དག་གི་ནང་ནས་གཉིས་ནི་ཡུལ་མཐའ་འཁོབ་པ་ཡིན་ལ། གཉིས་ནི་ཡུལ་དབུས་པ་ཡིན་ནོ། །དེ་ནས་བཅོམ་ལྡན་འདས་ཀྱིས་དགོངས་པ། གལ་ཏེ་བདག་གིས་ཡུལ་དབུས་ཀྱི་སྐད་ཀྱིས་ཆོས་བཤད་ན་ནི་གཉིས་ཀྱིས་ནི་བརྡ་ཕྲད་ལ་གཉིས་ཀྱིས་ནི་བརྡ་ཕྲད་པར་མི་འགྱུར། དེ་སྟེ་ཡུལ་མཐའ་འཁོབ་(༧༨༢ན)ཀྱི་སྐད་ཀྱིས་ཆོས་བཤད་ན་ཡང་གཉིས་ཀྱིས་ནི་བརྡ་ཕྲད་ལ་གཉིས་ཀྱིས་ནི་བརྡ་ཕྲད་པར་མི་འགྱུར་གྱིས་མ་ལ་བདག་གིས་འདི་དག་ལ་སོ་སོར་ཆོས་བཤད་པར་བྱའོ་སྙམ་དུ་དགོངས་ནས་དེར་བཅོམ་ལྡན་འདས་ཀྱིས་རྒྱལ་པོ་ཆེན་པོ་ཡུལ་འཁོར་སྲུང་ལ་བཀའ་སྩལ་པ། རྒྱལ་པོ་ཆེན་པོ་འདི་ལྟར་ལུས་དང་བྲལ་བ་དང༌། ཚོར་བ་བསིལ་བར་གྱུར་པ་དང༌། འདུ་ཤེས་འགགས་པ་དང༌། འདུ་བྱེད་པ་ཉེ་བར་ཞི་བ་དང༌། རྣམ་པར་ཤེས་པ་ནུབ་པར་གྱུར་

པ་འདི་ཉིད་སྡུག་བསྔལ་གྱི་མཐར་ཐུག་པ་ཡིན་ནོ། །ཆོས་ཀྱི་རྣམ་གྲངས་འདི་བཤད་པ་ན་རྒྱལ་པོ་ཆེན་པོ་ཡུལ་འཁོར་སྐྱོང་དང་། དེ་དང་སྐལ་བ་མཉམ་པའི་ལྷ་སྟོང་ཕྲག་དུ་མ་ཆོས་ཀྱི་མིག་རྡུལ་མེད་ཅིང་དྲི་མ་དང་བྲལ་བ་སྐྱེས་སོ། །དེ་ནས་དེར་བཅོམ་ལྡན་འདས་ཀྱིས་རྒྱལ་པོ་ཆེན་པོ་འཕགས་སྐྱེས་པོ་ལ་བཀའ་སྩལ་པ། རྒྱལ་པོ་ཆེན་པོ་འདི་ལ་ཁྱོད་ཀྱིས་མཐོང་བ་ལ་ནི་མཐོང་བ་ཙམ་གྱི་བློ་དང་ལྡན་པར་གྱིས་ཤིག །ཐོས་པ་ལ་ནི་ཐོས་པ་ཙམ་གྱི་བློ་དང་ལྡན་པར་གྱིས་ཤིག །བྱེ་བྲག་ཕྱེད་པ་ལ་ནི་བྱེ་བྲག་ཕྱེད་པ་ཙམ་གྱི་བློ་དང་ལྡན་པར་གྱིས་ཤིག །རྣམ་པར་ཤེས་པ་ལ་ནི་རྣམ་པར་ཤེས་པ་ཙམ་གྱི་བློ་དང་ལྡན་པར་གྱིས་ཤིག་དང་འདི་ཉིད་སྡུག་བསྔལ་གྱི་མཐར་ཐུག་པ་ཡིན་ནོ། །ཆོས་ཀྱི་རྣམ་གྲངས་འདི་བཤད་པ་ན་རྒྱལ་པོ་ཆེན་པོ་འཕགས་སྐྱེས་པོ་དང་། དེ་དང་སྐལ་བ་མཉམ་པའི་ལྷ་སྟོང་ཕྲག་དུ་མ་ཆོས་རྣམས་ལ་ཆོས་ཀྱི་མིག་རྡུལ་མེད་ཅིང་དྲི་མ་དང་བྲལ་བ་སྐྱེས་སོ། །དེ་ནས་དེར་བཅོམ་ལྡན་འདས་ཀྱིས་རྒྱལ་པོ་ཆེན་པོ་མིག་མི་བཟང་ལ་(༧༨༢བ)བཀའ་སྩལ་པ། ཨེ་ནེ་མེ་ནེ། དབ་ཕུ། ད་དབ་ཕུ། ཞེས་བྱ་བ་འདི་ཉིད་སྡུག་བསྔལ་གྱི་མཐར་ཐུག་པ་ཡིན་ནོ། །ཆོས་ཀྱི་རྣམ་གྲངས་འདི་བཤད་པ་ན། རྒྱལ་པོ་ཆེན་པོ་མིག་མི་བཟང་དང་། དེ་དང་སྐལ་བ་མཉམ་པའི་ལྷ་སྟོང་ཕྲག་དུ་མ་ཆོས་རྣམས་ལ་ཆོས་ཀྱི་མིག་རྡུལ་མེད་ཅིང་དྲི་མ་དང་བྲལ་བ་སྐྱེས་སོ། །དེ་ནས་བཅོམ་ལྡན་འདས་ཀྱིས་རྒྱལ་པོ་ཆེན་པོ་རྣམ་ཐོས་ཀྱི་བུ་ལ་བཀའ་སྩལ་པ། སྣཱ་ཤྣཱ་ཏུ་ཤྣཱ་པང་ཤྣཱ་མ་སནྟད་ཏྲ་བི་ཏི་ཞེས་བྱ་བ་འདི་ཉིད་སྡུག་བསྔལ་གྱི་མཐར་ཐུག་པ་ཡིན་ནོ། །ཆོས་ཀྱི་རྣམ་གྲངས་འདི་བཤད་པ་ན། རྒྱལ་པོ་ཆེན་པོ་རྣམ་ཐོས་ཀྱི་བུ་དང་། དེ་དང་སྐལ་བ་མཉམ་པའི་ལྷ་སྟོང་ཕྲག་དུ་མ་ཆོས་རྣམས་ལ་ཆོས་ཀྱི་མིག་རྡུལ་མེད་ཅིང་དྲི་མ་དང་བྲལ་བ་སྐྱེས་སོ། །དེ་ནས་རྒྱལ་པོ་ཆེན་པོ་བཞིས་ཆོས་མཐོང་། ཆོས་རྙེད་ཆོས་རྟོགས། ཆོས་ཀྱི་གཏིང་སླེབས། སོམ་ཉི་ལས་བརྒལ་ཐེ་ཚོམ་ལས་བརྒལ་ཏེ། གཞན་གྱི་དྲིང་མི་འཇོག་ཅིང་གཞན་གྱིས་བཀྲི་བ་མེད་ལ་སྟོན་པས

བསྟན་པའི་ཆོས་རྣམས་ལ་མི་འཇིགས་པ་ཐོབ་ནས། སྟན་ལས་ལངས་ཏེ་བླ་གོས་ཕྲག་པ་གཅིག་ཏུ་གཟར་ནས། བཅོམ་ལྡན་འདས་ག་ལ་བ་དེར་ལོགས་སུ་ཐལ་མོ་སྦྱར་ནས་བཅོམ་ལྡན་འདས་ལ་འདི་སྐད་ཅེས་གསོལ་ཏོ། །བཙུན་པ་བདག་ཅག་ནི་ཞུགས་པ་ལགས་སོ། །ཞུགས་པ་ལགས་སོ། །སངས་རྒྱས་དང་། ཆོས་དང་། དགེ་འདུན་ལ་སྐྱབས་སུ་མཆིའོ། །སྐྱབས་སུ་མཆི་བ་དང་། བསླབ་པའི་གཞི་བཟུང་བར་འཚལ་ལོ། །དེ་ནས་བཅོམ་ལྡན་འདས་ཀྱིས་དེ་དག་ལ་གྲོགས་པོ་དག་ཁྱེད་ཟེར་བ་ནི་ལེགས་པ་ཡིན་ནོ་ཞེས་བཀའ་སྩལ་ཏོ། །དེ་ནས་རྒྱལ་པོ་ཆེན་(༧༨(ན))པོ་བཞིས་བཅོམ་ལྡན་འདས་ཀྱིས་གསུངས་པ་ལ་མངོན་པར་བསྟོད་ཅིང་རྗེས་སུ་ཡི་རང་ནས། བཅོམ་ལྡན་འདས་ཀྱི་ཞབས་ལ་མགོ་བོས་ཕྱག་འཚལ་ཏེ། བཅོམ་ལྡན་འདས་ཀྱི་ཐད་ནས་དོང་ངོ་། །དེ་རྣམས་དོང་བའི་འོག་ཏུ་དགེ་སློང་དག་གིས་སངས་རྒྱས་བཅོམ་ལྡན་འདས་ལ་ཞུས་པ། བཙུན་པ་རྒྱལ་པོ་ཆེན་པོ་བཞིས་ལས་ཅི་བགྱིས་ན་ལས་དེའི་རྣམ་པར་སྨིན་པས་གཙོ་བོར་སྨོས་པར་གྱུར་ལ་གཉིས་ནི་ཡུལ་དབུས་པར་གྱུར། གཉིས་ནི་ཡུལ་མཐའ་འཁོབ་པར་གྱུར་ཏེ། འདི་རྣམས་ཀྱིས་བཅོམ་ལྡན་འདས་ཀྱང་མཉེས་པར་བགྱིས་ཏེ་མི་མཉེས་པར་མ་བགྱིས་ལགས། བཅོམ་ལྡན་འདས་ཀྱིས་བཀའ་སྩལ་པ། དགེ་སློང་དག་སྔོན་བྱུང་བ་འདས་པའི་དུས་ན། བསྐལ་པ་བཟང་པོ་འདི་ཉིད་ལ་ཡང་དག་པར་རྫོགས་པའི་སངས་རྒྱས་རིག་པ་དང་ཞབས་སུ་ལྡན་པ། བདེ་བར་གཤེགས་པ། འཇིག་རྟེན་མཁྱེན་པ། སྐྱེས་བུ་འདུལ་བའི་ཁ་ལོ་བསྒྱུར་བ་བླ་ན་མེད་པ། ལྷ་དང་མི་རྣམས་ཀྱི་སྟོན་པ། སངས་རྒྱས་བཅོམ་ལྡན་འདས་འོད་སྲུངས་ཞེས་བྱ་བ་འཇིག་རྟེན་དུ་བྱུང་སྟེ། དེའི་ཚེ་རི་རབ་ཀྱི་བང་རིམ་ལ་ཀླུའི་རྒྱལ་པོ་དབུགས་དང་དབུགས་ཆེན་ཞེས་བྱ་བ་གཉིས་ཀྱང་གནས་ལ། བྱའི་རྒྱལ་པོ་ནམ་མཁའ་ལྡིང་སྒྲ་སྙན་དང་། སྒྲ་ཆུང་ཞེས་བྱ་བ་གཉིས་ཀྱང་དེ་ན་གནས་པ་ལས། ཀླུ་དེ་གཉིས་ནམ་མཁའ་ལྡིང་དེ་གཉིས་ཀྱིས་འཇིགས་ནས། ཐུར་དུ་གསེར་གྱི་ས་གཞིའི་སྟེང་དུ་དོང་

སྡེ་གནས་སོ། །དེ་ནས་ཕྱི་ཞིག་ན་ཀླུའི་རྒྱལ་པོ་དགའ་བོ་དང་ཉེར་དགའ་བོ་ཆེན་ཉིས། ཡང་དག་པར་རྫོགས་པའི་སངས་(༧༨༩ཁ)རྒྱས་འོད་སྲུངས་ཀྱི་བསྟན་པ་ལ་དགའ་བར་གྱུར་ཏེ། དེ་གཉིས་ཀྱིས་སྐྱབས་སུ་འགྲོ་བ་དང་། བསླབ་པའི་གཞི་རྣམས་བླངས་སོ། །དེར་གང་གི་ཚེ་དེ་གཉིས་སྐྱབས་སུ་འགྲོ་བ་དང་བསླབ་པའི་གཞི་རྣམས་བླངས་པ་དེའི་ཚེ། ཀླུའི་རྒྱལ་པོ་དེ་གཉིས་ལ་ནམ་མཁའ་ལྡིང་གིས་མི་ཚུགས་པར་གྱུར་ནས། དེ་གཉིས་རྒྱ་མཚོ་ཆེན་པོའི་ནང་ནས་བྱུང་སྟེ་བག་ཡངས་སུ་འཕོད་དོ། །དེ་ནས་ནམ་མཁའ་ལྡིང་སྒྲ་སྙན་དང་སྒྲ་ཆུང་གཉིས་ཀྱིས། ཀླུའི་རྒྱལ་པོ་དེ་གཉིས་རྒྱ་མཚོ་ཆེན་པོའི་ནང་དུ་བག་ཡངས་སུ་འཕོད་པ་མཐོང་ངོ་། །མཐོང་ནས་ཀྱང་བརྟུན་ཏེ་ཤུགས་ཀྱིས་བརྩུས་པ་ལས་དེ་གཉིས་ལ་གནོད་པ་བྱེད་མ་ནུས་ཏེ། རི་རབ་ལ་བབ་པ་བཞིན་དུ་རྒྱུགས་ནས། དེ་གཉིས་ཀྱིས་དེ་གཉིས་ལ་དྲིས་པ། སྔོན་ཁྱེད་གཉིས་ངེད་གཉིས་ཀྱིས་འཇིགས་ནས། ཕྱར་དུ་གསེར་གྱི་ས་གཞི་ལ་སོང་སྟེ་གནས་ན། ད་ཅིའི་ཕྱིར་ཁྱེད་གཉིས་བག་ཡངས་སུ་འཕོད་ལ། ངེད་གཉིས་ཀྱིས་ཁྱེད་གཉིས་ལ་གནོད་པ་བྱེད་ཀྱང་མི་ནུས་པར་གྱུར། ཀླུ་གཉིས་ཀྱིས་སྨྲས་པ། ཡང་དག་པར་རྫོགས་པའི་སངས་རྒྱས་འོད་སྲུངས་ལས་བདག་ཅག་གཉིས་ཀྱིས་སྐྱབས་སུ་འགྲོ་བ་དང་བསླབ་པའི་གཞི་རྣམས་བླངས་པས་ན། དེའི་ཕྱིར་དུ་བདག་ཅག་གཉིས་ལ་ཁྱེད་གཉིས་ཀྱིས་མི་ཚུགས་པར་གྱུར་ཏོ། །ནམ་མཁའ་ལྡིང་གཉིས་ཀྱིས་སྨྲས་པ། སངས་རྒྱས་ཞེས་བྱ་བ་དེ་སུ་ཞིག །དེ་ནས་ཀླུ་གཉིས་ཀྱིས་དེ་གཉིས་ལ་སངས་རྒྱས་ཀྱི་བསྔགས་པ་རྒྱས་པར་བཤད་དོ། །དེ་ནས་དེ་ཐོས་མ་ཐག་ཏུ་དེ་གཉིས་ཀྱང་ཡང་དག་པར་རྫོགས་པའི་སངས་རྒྱས་འོད་སྲུངས་ལ་ཤས་ཆེར་དགའ་བ་སྐྱེས་སོ། །དགའ་བ་སྐྱེས་ནས་དེ་གཉིས་ཀྱང་ཡང་(༧༩༠ན)དག་པ་རྫོགས་པའི་སངས་རྒྱས་འོད་སྲུངས་ཀྱི་ཐད་དུ་སོང་སྟེ་སྐྱབས་སུ་འགྲོ་བ་དང་བསླབ་པའི་གཞི་རྣམས་བླངས་ནས། དེ་རྣམས་མཐུན་པར་གྱུར་ཏེ། ལྷན་ཅིག་འགྲོགས་ཤིང་འཕོད་ནས། དེ་རྣམས་ཀྱིས་ཚེ་གཅིག་ཏུ་སྐྱབས་སུ་འགྲོ་

བ་དང་བསླབ་པའི་གཞི་རྣམས་བསྲུངས་ཏེ་འཆི་ཁར་སྨོན་ལམ་བཏབ་པ། འདི་ལྟར། བདག་ཅག་གིས་ཡང་དག་པར་རྫོགས་པའི་སངས་རྒྱས་འོད་སྲུངས་ཀྱི་བསྟན་པ་ལ་ཚེ་གཅིག་ཏུ་སྐྱབས་སུ་འགྲོ་བ་དང་བསླབ་པའི་གཞི་རྣམས་བསྲུངས་པའི་དགེ་བའི་རྩ་བ་འདིས་ནི། བདག་ཅག་གང་དང་གང་དུ་སྐྱེས་པ་དེ་དང་དེར་གཙོ་བོར་སྨོས་པར་གྱུར་ཅིག །ཡང་དག་པར་རྫོགས་པའི་སངས་རྒྱས་འོད་སྲུངས་ཀྱིས་བྲམ་ཟེའི་ཁྱེའུ་བླ་མ་ལུང་བསྟན་པ་གང་ཡིན་པའི་སངས་རྒྱས་བཅོམ་ལྡན་འདས་དེ་བདག་ཅག་གིས་མཉེས་པར་བྱེད་པར་གྱུར་ཅིག མི་མཉེས་པར་བྱེད་པར་མ་གྱུར་ཅིག་ཅེས་བྱས་སོ། །དགེ་སློང་དག་ཇི་སྙམ་དུ་སེམས། དེའི་ཚེ་ཀླུའི་རྒྱལ་པོ་དབྱུགས་དང་དབྱུགས་ཆེན་ཞེས་བྱ་བར་གྱུར་པ་གང་ཡིན་པ་དེ་གཉིས་ནི་རྒྱལ་པོ་ཆེན་པོ་ཡུལ་འཁོར་སྲུང་དང་འཕགས་སྐྱེས་པོ་ཡུལ་དབུས་པར་གྱུར་པ་འདི་གཉིས་པོ་ན་ཡིན་ནོ། །དེའི་ཚེ་ནམ་མཁའ་ལྡིང་གི་རྒྱལ་པོ་སྦྲ་སྣན་དང་སྦྲ་ཆུང་ཞེས་བྱ་བར་གྱུར་པ་གང་ཡིན་པ་དེ་གཉིས་ནི་རྒྱལ་པོ་མིག་མི་བཟང་དང་། རྣམ་ཐོས་ཀྱི་བུ་ཞེས་བྱ་བ་ཡུལ་མཐའ་འཁོབ་པར་གྱུར་པ་འདི་གཉིས་པོ་ན་ཡིན་ནོ། །དེ་རྣམས་ཀྱིས་དེར་ཚེ་གཅིག་ཏུ་སྐྱབས་སུ་འགྲོ་བ་དང་བསླབ་པའི་གཞི་རྣམས་བསྲུངས་ནས་འཆི་ཁར་སྨོན་ལམ་བཏབ་སྟེ། ཀྱེ་མ་དགེ་བའི་རྩ་བ་འདིས་བདག་ཅག་གང་དང་(༡༧༠བ)གང་དུ་སྐྱེས་པ་དེ་དང་དེར་གཙོ་བོར་སྨོས་པར་གྱུར་ཅིག །ཡང་དག་པར་རྫོགས་པའི་སངས་རྒྱས་འོད་སྲུངས་ཀྱིས་བྲམ་ཟེའི་ཁྱེའུ་བླ་མ་ལུང་བསྟན་པ་གང་ཡིན་པའི་སངས་རྒྱས་བཅོམ་ལྡན་འདས་དེ་བདག་ཅག་གིས་མཉེས་པར་བྱེད་པར་གྱུར་ཅིག །མི་མཉེས་པར་བྱེད་པར་མ་གྱུར་ཅིག་ཅེས་བྱས་པའི་ལས་དེའི་རྣམ་པར་སྨིན་པས་ད་ལྟ་རྒྱལ་ཆེན་བཞིའི་རིས་ཀྱི་ལྷ་རྣམས་ཀྱི་ནང་ན་གཙོ་བོར་སྨོས་པར་གྱུར་ཏེ། དགེ་སློང་དག་ང་ཡང་དག་པར་རྫོགས་པའི་སངས་རྒྱས་འོད་སྲུངས་དང་ཞིན་ཏུ་མཉམ་པ་དང་། ཤུགས་མཉམ་པ་དང་། མཛད་པ་མཉམ་པ་དང་། ཐབས་མཉམ་པ་བརྙེས་པར་གྱུར་

ནས། འདི་རྣམས་ཀྱིས་ང་མཉེས་པར་བྱས་ཏེ། མི་མཉེས་པར་མ་བྱས་སོ། །དེར་གང་
གི་ཚེ་བཅོམ་ལྡན་འདས་ཀྱིས་རྒྱལ་ཆེན་བཞི་ལ་ཆོས་བསྟན་ཏེ། དེ་དག་གི་ལས་ཀྱི་
རྣམ་པ་ཡང་ལུང་བསྟན་པ་དེའི་ཚེ། དྲང་སྲོང་གེའུ་ནེ་ཡའི་བུ་ཡང་ཐག་མི་རིང་བ་
ཞིག་ན་འདུག་སྟེ། དེས་ཀྱང་ཐམས་ཅད་ཐོས་ཏེ། ཐོས་མ་ཐག་ཏུ་དེ་བཅོམ་ལྡན་
འདས་ལ་དགའ་བར་གྱུར་ནས། དེ་བཅོམ་ལྡན་འདས་ག་ལ་བ་དེར་སོང་སྟེ་ཕྱིན་
ནས། བཅོམ་ལྡན་འདས་ཀྱི་ཞབས་ལ་མགོ་བོས་ཕྱག་འཚལ་ཏེ། ཆོས་མཉན་པའི་
ཕྱིར་ཕྱོགས་གཅིག་ཏུ་འཁོད་དོ། །དེ་ནས་བཅོམ་ལྡན་འདས་ཀྱིས་དེའི་བསམ་པ་དང་། བག་
ལ་ཉལ་དང་། ཁམས་དང་། ཤེས་པ་དང་། རང་བཞིན་ཐུགས་སུ་ཆུད་ནས་དེ་དང་
མཐུན་པའི་ཆོས་བསྟན་ཏོ། །དེ་ནས་དྲང་སྲོང་གེའུ་ནེ་ཡའི་བུས་བདེན་པ་མངོན་
པར་རྟོགས་པའི་མོད་ལ་ཕྱིར་མི་འོང་བའི་འབྲས་བུ་མངོན་སུམ་དུ་བྱས་སོ། །དེ་ནས་
དྲང་སྲོང་གེའུ་ནེ་ཡའི་བུས་དྲང་སྲོང་རི་བོ་འཁོར་དང་བཅས་པ་ཡང་བསྐུལ་ནས་
བཅོམ་(༡༧༡ན)ལྡན་འདས་ལ་མཆོད་པ་བྱེད་དུ་གཞུག་གོ །དྲང་སྲོང་རི་བོ་འཁོར་དང་
བཅས་པ་བཅོམ་ལྡན་འདས་ལ་མཆོད་པ་ན། བཅོམ་ལྡན་འདས་ཀྱིས་ཆོས་བསྟན་
པས་བདེན་པ་མཐོང་། ཚུར་ཤོག་གིས་བསྙེན་རྫོགས་མཛད་དེ་ཆོས་བསྟན་པས་དྲང་
སྲོང་རི་བོས་དགྲ་བཅོམ་ཐོབ་བོ། །དེ་ནས་དྲང་སྲོང་གེའུ་ནེ་ཡའི་བུ་ཡང་ཚུར་ཤོག་
གིས་བསྙེན་པར་རྫོགས་ཏེ་དགྲ་བཅོམ་པ་ཐོབ་པར་གྱུར་ཏོ། །དེ་ནས་སོ་སོའི་འཁོར་
ལྔ་བརྒྱ་རེ་ཡོད་པ་དེ་དག་ཀྱང་སངས་རྒྱས་ཀྱི་བསྟན་པ་ལ་བཙུད་དེ་རིམ་གྱིས་བདེན་
པ་མཐོང་ཞིང་ཐར་པའི་འབྲས་བུ་ཐོབ་པར་གྱུར་ཏོ། །དེ་ལྟར་རྒྱལ་ཆེན་བཞི་པོ་འདིས་
རྒྱུན་ཞུགས་ཐོབ་པར་ལུང་བསྟན་པ་ནི་ཐུན་མོང་བའི་གདུལ་བྱའི་དབང་དུ་མཛད་
པ་ཡིན་གྱི་ཐུན་མོང་མིན་པ་གསང་བ་བླ་ན་མེད་པ་ལྟར་ན་སྔོན་ཡུན་རིང་པོ་ནས་
ཐུགས་བསྐྱེད་དེ་ལམ་ལ་བསླབས་པས་ཕྱིར་མི་ལྡོག་པའི་ས་ལ་གནས་ཏེ་རྒྱལ་པོ་ཆེན་
པོ་རྣམ་ཐོས་སྲས་ས་བརྒྱད་པ་བར་བཤད་པ་ཡོད་དོ། །དེ་ཡང་རྒྱལ་པོ་ཆེན་པོ་འདིའི་

སྔོན་གྱི་བྱུང་བ་ཅུང་ཟད་བརྗོད་ན་སྔོན་དྲང་སྲོང་གང་པོ་ཞེས་བྱ་བ། དཀའ་ཐུབ་སྤྱོད་པ་ཞིག་ལ་སྲས་མང་དུ་ཐོས་པའི་ཡོན་ཏན་དང་ལྡན་པ། རྣམ་མང་ཐོས་ཞེས་གྲགས་པ་ཞིག་ཡོད་པ་དེས། རེ་ཞིག་གནོད་སྦྱིན་མ་མཛེས་མ་ཞིག་དང་ལྷན་ཅིག་གནས་པ་ལས། སྲས་བཻ་ཤྲ་མ་ཎ་འཁྲུངས་ཏེ། རྣམ་ཐོས་སྲས་སུ་གྲགས། རྣམ་ཐོས་སྲས་ལྕང་ལོ་ཅན་གྱི་ཕོ་བྲང་དུ་གནོད་སྦྱིན་རྣམས་ཀྱི་རྒྱལ་པོར་བཀུར། གསང་བའི་བདག་པོ་ཕྱག་ན་རྡོ་རྗེའི་བཀའ་སྡོད་མཛད་ཅིང་། སངས་རྒྱས་ཀྱི་བསྟན་པ་བསྲུང་བ་ལ་སྐད་ཅིག་ཀྱང་མི་གཡེལ་བར་བཞུགས་པ་ལས་ནམ་ཞིག་ན་ལྷ་མ་ཡིན་སྲ (༡༧༡བ) གཅན་དཔུང་དང་བཅས་པ་ས་འོག་ནས་ཐོན་ཏེ་ལྷ་རྣམས་ལ་གཡུལ་བཤམས་ཏེ་རྒོལ་བ་ན་རྒྱལ་པོ་ཆེན་པོ་རྣམ་ཐོས་སྲས་འདིས་སྐུ་ཤིན་ཏུ་ཆེ་བ་གསེར་གྱི་ཡ་ལད་གྱོན་པ་གཟི་བརྗིད་ཅན་རི་རབ་ཀྱི་བང་རིམ་ལ་སྟེགས་བཅས་ཏེ་བཞུགས་པར་བསྟན་པས། ལྷ་མ་ཡིན་རྣམས་ཀྱིས་གཟི་བརྗིད་མ་བཟོད་པར་ལོག་ཅིང་། ལྷ་རྣམས་ངལ་བསོས་པར་གྱུར་ཏེ་བསྟོད་ཅིང་བསྔགས་པས་ངལ་བསོས་པོར་གྲགས་སོ། །ཡང་ནམ་ཞིག་ན་ལྷ་མ་ཡིན་གྱི་དབང་པོ་མགུལ་ཕྲེང་དཔུང་དང་བཅས་པ་ས་འོག་ནས་ཐོན་ཏེ་ལྷ་རྣམས་ལ་རྒོལ་བའི་ཚེ་རྒྱལ་པོ་ཆེན་པོ་རྣམ་ཐོས་སྲས་འདིས་སྐུ་ཤིན་ཏུ་ཆེ་བ་གསེར་གྱི་ཡ་ལད་གྱོན་པ་སེང་གེ་ཁྲི་ཞིང་འཛིགས་པ་ལ་ཞོན་པ་ཞིག་ཏུ་སྤྲུལ་ཏེ་ལྷའི་གནས་བསྲུངས་པས་གནས་བསྲུང་པོར་གྲགས་སོ། །ཡང་ནམ་ཞིག་ན་ལྷ་མ་ཡིན་གྱི་དབང་པོ་རབ་རྒོད་དཔུང་དང་བཅས་པ་ས་འོག་ནས་ཐོན་ཏེ་ལྷ་རྣམས་ལ་རྒོལ་བའི་ཚེ་རྒྱལ་པོ་ཆེན་པོ་རྣམ་ཐོས་སྲས་འདིས་ལྷ་མ་ཡིན་གྱི་དམག་དཔུང་དེའི་གདོང་དུ་དྲག་སྤྲུལ་ཆེན་པོ་ནམ་མཁའ་དང་ཁ་དོག་འདྲེས་པ། མཐོང་བའི་དྲག་ཅན་འཇིགས་སུ་རུང་བ་གཅིག་སྤྲུལ་པས་ལྷ་མ་ཡིན་རྣམས་སྐྲོས་ཤིང་བརྒྱལ་ཏེ་ལུས་ངན་འདི་འདྲ་བས་བདག་ཅག་རྣམས་ཕམ་པར་བྱས་སོ། །ཞེས་བརྗོད་པས་ལུས་ངན་པོར་གྲགས་སོ། །ཐེག་པ་ཆེན་པོའི་མདོ་ལས། རྣམ་སྲས་འདི་བདེན་པའི་ཟླ་བ་ཞེས་བྱ་བར་གྱུར་

པའི་ཚེ་སངས་རྒྱས་དཔག་མེད་སྐྱབ་ལ་རིན་པོ་ཆེ་སྣ་བདུན་ལས་བྱས་པའི་གདུགས་ཕུལ་ནས་དམ་པའི་ཆོས་རྣམས་བཟུང་ཞིང་གཞན་ལའང་བསྟན་པར་བགྱིའོ། །བདག་ཀྱང་མྱུར་དུ་དེ་བཞིན་གཤེགས་པ་(༡༧༢ན)ཁྱེད་ལྟ་བུར་གྱུར་ཅིག །ཅེས་སྨོན་ལམ་བཏབ་བོ། །ཞེས་གསུངས་སོ། །རྒྱལ་པོ་ཆེན་པོ་རྣམ་ཐོས་སྲས་འདི་ཕྱིར་མི་ལྡོག་པའི་ས་ལ་གནས་ཏེ་ངེས་པར་འཚང་རྒྱ་བར་ལུང་བསྟན་པ་ནི། བཅོམ་ལྡན་འདས་ཀྱིས་ཁྱོད་འདི་ནས་ཤི་འཕོས་ནས་དགའ་ལྡན་དུ་སྐྱེ་ཞིང་། རིམ་གྱིས་བྱམས་པ་ལ་སོགས་པའི་བསྐལ་བཟང་གི་སངས་རྒྱས་རྣམས་མཉེས་པར་བྱས་ཏེ། བསྐལ་པ་བྲེ་བ་དྲུག་ཅུ་འདས་པའི་འོག་ཏུ། སངས་རྒྱས་ཀྱི་ཞིང་ལེགས་པར་བརྒྱན་པ་ཞེས་བྱ་བར་དེ་བཞིན་གཤེགས་པ་རིན་པོ་ཆེའི་གདུགས་ཞེས་བྱ་བར་འགྱུར་ཞིང་། སྐུ་ཚེ་བསྐལ་པ་གཅིག་དང་། བསྟན་པ་རྒྱལ་བ་དེ་མྱ་ངན་ལས་འདས་ནས་ཀྱང་བསྐལ་པ་ཕྱེད་གནས་སོ། །ཞེས་གསུངས་སོ། །གཞན་ཡང་ཐེག་པ་ཆེ་ཆུང་གི་མདོ་སྡེ་དུ་མར་ཆོས་སྐྱོང་བའི་སྲུང་མར་བསྔགས་ཤིང་། འཇམ་དཔལ་རྩ་རྒྱུད་ལ་སོགས་པ་རྒྱུད་སྡེ་དུ་མར་རྡོ་རྗེ་འཆང་ཆེན་པོས་དཀྱིལ་འཁོར་དུ་དབང་བསྐུར་ཞིང་རྒྱལ་བའི་བསྟན་པ་སྐྱོང་བའི་སྲུང་མར་ཡང་དང་ཡང་དུ་བཀའ་བསྒོས་དམ་ལ་བཞག །རྣམ་ཐོས་སྲས་ཀྱིས་ཀྱང་དེ་བཞིན་དུ་དམ་བཅས་པ་ཡིན་ནོ། །མགོན་པོ་སྟོན་བྱུང་གི་རྒྱུད་ལས། བྱང་ཆུབ་སེམས་དཔའ་སེམས་དཔའ་ཆེན་པོ་རིན་ཆེན་མང་ཞེས་བྱ་བས་སྙིགས་མའི་སེམས་ཅན་དབུལ་ཕོངས་ཅན་རྣམས་ཀྱི་དོན་དུ་ནོར་བདག་ཆེན་པོ་རྣམ་ཐོས་སྲས་སུ་སྤྲུལ་ནས་སེམས་ཅན་གྱི་དོན་མཛད་པར་གསུངས་པས་སྟོན་གྱི་དམ་པ་མང་པོས་ས་བརྒྱད་པ་ལ་གནས་ཞེས་བསྟོད་པ་མཛད་དོ། །རྒྱལ་པོ་ཆེན་པོ་རྣམ་ཐོས་སྲས་འདིས་ནི་སྟོན་རྒྱལ་བ་རང་ཉིད་བཞུགས་པའི་དུས་སུ་སྟོན་པ་འཁོར་བཅས་ཐམས་ཅད་རྣམ་(༡༧༢བ)པ་ཀུན་ཏུ་མཆོད་ཅིང་བསྙེན་བཀུར་བར་མ་ཟད། རྒྱལ་བ་མྱ་ངན་ལས་འདས་ནས་ཀྱང་བསྟན་པའི་གཏད་རབས་བདུན་དང་སྟོན་པའི་བསྟན་འཛིན་ཆེན་པོ་གནས་

བརྟན་བཅུ་དྲུག་དང་། རྒྱལ་བས་ལུང་བསྟན་པའི་བསྟན་པའི་གསལ་བྱེད་ཆེན་པོ་རྒྱན་དྲུག་མཆོག་གཉིས་སོགས་འཕགས་ཡུལ་གྱི་བསྟན་འཛིན་ཆེན་པོ་ཐམས་ཅད་དང་། ཁ་བ་ཅན་གྱི་ལྗོངས་འདིར་ཡང་སྔོན་དུས་ཆོས་རྒྱལ་ཡབ་སྲས་རྣམས་ཀྱིས་རྒྱལ་བའི་བསྟན་པ་གསར་དུ་འཛུགས་པ་དང་། དཔལ་ཨ་ཏི་ཤ་དང་ཆོས་ཀྱི་རྒྱལ་པོ་ཙོང་ཁ་པ་ཆེན་པོ་ལ་སོགས་པ་སྔོན་བྱོན་པའི་དམ་པ་རྣམས་ཀྱིས་རྒྱལ་བའི་བསྟན་པ་སྤེལ་བ་ལ་རྒྱལ་པོ་ཆེན་པོ་རྣམ་ཐོས་སྲས་འདིས་འཕྲིན་ལས་ཀྱི་གྲོགས་མཛད་པའི་ལོ་རྒྱུས་མང་དུ་མཆིས་སོ། །རྒྱལ་ཆེན་བཞི་པོ་འདི་དག་ནི་སྔོན་པའི་བཀའ་སྡོད་ཡིན་པས་སྟོན་པའི་བསྟན་པ་ལ་ཞུགས་ནས་བསླབ་ཁྲིམས་ཚུལ་བཞིན་དུ་བསྲུང་བ་རྣམས་ལ་ནི་མ་བསྐུལ་ཡང་རྟག་ཏུ་གྲོགས་མཛད་དེ་གོང་དུ་བརྗོད་པ་ལྟར་རང་གིས་འདུལ་ཁྲིམས་ཚུལ་བཞིན་དུ་བསྲུངས་ན་རྒྱལ་པོ་བཞི་པོ་འདི་དག་གིས་དུས་རྟག་ཏུ་བསྲུང་བ་དང་། བསྐྱབ་པ་དང་། སྲ་བ་ངེས་པར་བྱེད་ཅིང་། ཚུལ་ཁྲིམས་རྣམ་པར་དག་པ་གཞིར་བཟུང་ནས་བྱང་ཆུབ་ལམ་གྱི་རིམ་པའི་ཉམས་ལེན་ཚུལ་བཞིན་དུ་བྱེད་པ་རྣམས་ལ་ནི་གསང་བའི་བདག་པོ་ཕྱག་ན་རྡོ་རྗེ་དང་རྒྱལ་པོ་ཆེན་པོ་རྣམ་ཐོས་སྲས་གཉིས་ཀྱིས་གནོད་སྦྱིན་ལག་ན་རྡོ་རྗེ་ཐོགས་པ་མང་པོ་བསྲུང་མར་བསྐོས་ཏེ་དགེ་སློང་རྣལ་འབྱོར་སྤྱོད་པ་དེ་འགྲོའམ། འདུག་གམ། ཉལ་ཡང་རུང་སྟེ་གནོད་སྦྱིན་ལག་ན་རྡོ་རྗེ་ཐོགས་པ་བརྒྱ་ཕྲག་མང་པོ་(༡༧༣ན)དགེ་སློང་རྣལ་འབྱོར་སྤྱོད་པ་བྱང་ཆུབ་ཀྱི་སེམས་སྦྱོང་བ་དེའི་ཕྱི་བཞིན་དུ་འབྲངས་ཏེ་རྟག་ཏུ་བསྲུང་བ་དང་། བསྐྱབ་པ་དང་། སྲ་བར་བྱེད་པར་མདོ་ལས་གསུངས་ལ། ཆོས་ཚུལ་བཞིན་དུ་བྱེད་པ་དག་གིས་བསྐུལ་ན་ནི། རྒྱལ་པོ་ཆེན་པོ་བཞི་འཁོར་དང་བཅས་པས་སྐད་ཅིག་ཀྱང་མི་གཡེལ་བར་གང་དང་གང་དགོས་པ་དེ་དང་དེ་སྒྲུབ་པར་བྱེད་དོ། །ལྷག་པར་རྒྱལ་པོ་ཆེན་པོ་རྣམ་ཐོས་སྲས་འཁོར་དང་བཅས་པ་ནི་ཚུལ་ཁྲིམས་རྣམ་པར་དག་པ་རྣམས་ལ་ལུས་དང་གྲིབ་མ་བཞིན་དུ་འགྲོགས་ཏེ་རྟག་ཏུ་གནོད་པ་མཐའ་དག་ལས་

སྐྱོབ་ཅིང་ཕན་པ་མཐའ་དག་ལ་སྦྱོར་བར་བྱེད་ལ། སྔོན་པའི་འཕོར་རྣམ་བཞི་ཚུལ་ཁྲིམས་ཚུལ་བཞིན་དུ་བསྲུང་བ་ཞིག་གིས་འདི་དག་གི་མིང་ནས་ཐོས་ན་ནི་དེ་མ་ཐག་འོངས་ནས་གང་དང་གང་དགོས་པའི་དོན་དེ་དང་དེ་སྒྲུབ་པར་བྱེད་པ་ནི་མཚོད་སྦྱིན་མའི་རྣམ་ཐར་ལས་འབྱུང་བ་ལྟར་རོ། །དེའི་བྱུང་བ་ནི་འདུལ་བ་ལུང་ལས་རྒྱལ་པོ་གསལ་རྒྱལ་ལ་རི་བྲག་པ་ཞིག་གིས་གནོད་པ་ཆེན་པོ་བྱས་པ་ན། རྒྱལ་པོ་གསལ་རྒྱལ་གྱིས་རལ་གྲི་མཐུ་ཅན་པ་རྣམས་དམག་ཏུ་བཏང་བས་རི་བྲག་པ་ཞིག་ཡོག་ནས་དེར་དམག་བཏང་བ་རྣམས་བཅོམ་སྟེ། བློན་པོས་རྒྱལ་པོ་ལ་སྨྲས་པ། རི་བྲག་པའི་དཔུང་སྐྱེས་ཤིང་ལྷའི་དཔུང་ཉམས་པས་ལྷ་ཉིད་དེར་མ་གཤེགས་ན་སྒྲུབ་དཀའ་བར་འགྱུར་རོ། །རྒྱལ་པོས་དྲིལ་བསྒྲགས་ཏེ། ངའི་ཡུལ་ན་མཚོན་ཆས་འཚོ་བ་ཐམས་ཅད་འགྲོ་བར་བྱའོ། །ཞེས་རྒྱལ་པོ་དཔུང་ཚོགས་བཞི་དང་བཅས་པ་ཆས་སོ། །རལ་གྲི་མཐུ་ཅན་གྱི་ཁྲིམ་ནི་མདུན་དུ་འགྲོ་ལ། (༡༧༣བ)རྒྱལ་རིགས་བཟང་པོ་པའི་ཁྲིམ་ནི་ཕྱི་ནས་འོང་བ་ཡིན་པས། རྒྱལ་པོས་མདུན་དུ་འགྲོ་བ་རྣམས་ཚོ་ཞིང་གླང་པོ་ཆེ་དང་རྟ་རྣམས་ཀྱང་ཤ་ཁྲག་རྒྱས་པར་མཐོང་ངོ་། །ཕྱི་ནས་འོང་བ་རྣམས་རྫུད་པར་མཐོང་ནས་བློན་པོ་རྣམས་ལ་དྲིས་པ། འདི་དག་ལ་དབང་ཐང་མཉམ་པར་མ་བྱིན་ནམ། བྱིན་ནོ། །དེ་དག་ཐོས་ནས། ཁྱེད་ཅག་ལ་དབང་ཐང་མཉམ་པར་མ་བྱིན་ནམ། ལྷ་མཉམ་པར་སྩལ་ལོ། །འོ་ན་རལ་གྲི་མཐུ་ཅན་གྱི་ཁྲིམ་འདི་འཕྱོར་པ་དང་། རྒྱལ་རིགས་བཟང་པོ་པའི་ཁྲིམ་ཁྱེད་རྒུད་པ་ཅི་ཡིན། ལྷ་བདག་ཅག་ཀྱང་གཞུ་རྒྱུད་མེད་པ་དང་། མདའ་མདེའུ་མེད་པ་དང་། ཤིང་གི་རལ་གྲི་ཐོགས་ཤིང་། མཚོན་ཆ་བཙོངས་ནས་ཟོས་ན་འཕྱོར་པར་འགྱུར་རོ། །གཞན་ཡང་འདི་དག་གི་རྟ་དང་གླང་པོ་ཆེ་མ་སྐྱུད་ལ། བདག་ཅག་གི་རྟ་དང་གླང་པོ་ཆེ་སྐྱུད་པས་སོ། །རྒྱལ་པོས་དེ་དག་ལ། ཁྱེད་དེ་ལྟར་གྱུར་པ་བདེན་ནམ། མད་དོ། །ཅི་ཁྱེད་ཅག་ང་དེར་ཁྲིད་ནས་རི་བྲག་པས་གསད་པར་འདོད་དམ། དེ་དག་གིས་སྨྲས་པ། ཅི་མཚོན་ཆས་གཡུལ་སྤྱོད་

དམ། མིས་གཡུལ་སྤྲོད། རྒྱལ་པོ་ཁྲོས་ནས་མཚོན་ཆས་གཡུལ་མ་སྤྲོད་ན་ཁྱེད་ཅག་ཉིད་སོང་ལ་རི་བྲག་པ་དེ་ཕོབ་ཅིག་ཅེས་སྨྲས་ནས་རྒྱལ་པོ་དེ་ནས་ཕྱིར་ལོག་གོ །དེ་དག་གིས་མཆོད་སྦྱིན་གྱི་གན་དུ་སོང་ནས། འཕགས་མ། བདག་ཅག་རྒྱལ་པོས་དམག་ལ་བསྐོས་ན་ཇི་ལྟར་བགྱི། མཆོད་སྦྱིན་གྱིས་སྨྲས་པ། ཁྱེད་རྣམས་སོང་ཞིག །ཉེས་དམིགས་མི་འབྱུང་གི་གང་དུ་བྲང་འདེབས་པ་དེར་རྒྱུད་ཆགས་གསུམ་པ་ཐོན་ཅིག །རི་བྲག་པ་བསྐོར་བའི་ཉི་མ་དེ་ལ་མཚན་ཐོག་ཐག་ཆོས་ཤོད། ཚངས་(༡༧༨ན) པ་དང་། བརྒྱ་བྱིན་དང་། འཇིག་རྟེན་སྐྱོང་བ་བཞི་དང་། གནོད་སྦྱིན་གྱི་སྡེ་དཔོན་ཆེན་པོ་ཉི་ཤུ་རྩ་བརྒྱད་དང་། གནོད་སྦྱིན་གྱི་སྡེ་དཔོན་ཆེན་པོ་ལྷས་རྩེན་དང་། ཀླུ་དགའ་བོ་དང་། ཉེ་དགའི་མིང་སྨོས་ལ་ཡོན་བཤད་པ་གྱིས་ཤིག །དེ་དག་གིས་དེ་བཞིན་དུ་བྱས་པ་དང་། རྒྱལ་པོ་ཆེན་པོ་རྣམ་ཐོས་ཀྱི་བུས་ཡོན་བཤད་པ་དེ་ཐོས་ནས། སུ་ཡིན་བསམས་པ་དང་། ཆོས་ཀྱི་སྲུན་དག་གནས་མ་ཡིན་པར་བསྐོས་པ་མཐོང་ནས་ལྷས་རྩེན་ལ་སྨྲས་པ། ངའི་ཆོས་ཀྱི་སྲུན་འདི་དག་གནས་མ་ཡིན་པར་བསྐོས་ཀྱིས་སོང་ལ་རི་བྲག་པ་དེ་ཕོབ་ལ་འདི་དག་ལ་བྱིན་ནས་སེམས་ཅན་ལ་ཡང་མི་གནོད་པར་གྱིས་ཤིག །དེས་དེ་ལ་མཉན་ནས། རིའི་རྩེ་མོ་ལྟ་བུའི་སྣང་པོ་ཆེ་དང་། ཛ་མོ་ལྟ་བུའི་རྟ་དང་། གཞལ་མེད་ཁང་བུ་ལྟ་བུའི་ཤིང་རྟ་དང་། གནོད་སྦྱིན་ལྟ་བུའི་མིར་སྤྲུལ་པས་རི་བྲག་པས་མཐོང་ནས་སྐྲག་སྟེ་རལ་གྲི་མགུལ་དུ་བཏགས་ནས་བྱུང་བ་དང་དཔྱ་དང་བཅས་པ་བདས་ཏེ་རྒྱལ་པོ་ལ་ཕུལ་བས་དགའ་ནས། ཁྱེད་ཅག་ཉིད་ཁྱེར་ཅིག །དེ་དག་གིས་མཆོད་སྦྱིན་མ་ལ་ཕུལ་བ་དང་། དེས་སྨྲས་པ། ལྷ་རྣམས་ཀྱི་ནང་ནའང་ལྷ་དབུལ་པོ་ཡོད་ཀྱིས། དཀོན་མཆོག་གསུམ་ལ་མཆོད་པ་གྱིས་ཤིག །ངས་ཁྱེད་ཅག་གི་ཡུན་རིང་པོའི་དོན་དུ་འགྱུར་རོ། །དེ་དག་གིས་སངས་རྒྱས་དགེ་འདུན་དང་བཅས་པ་ཟླ་བ་གསུམ་དུ་སྤྱན་དྲངས་ནས་སྔ་དྲོ་མཆོད་པ་བྱེད། ཕྱི་དྲོ་ཆོས་ཉན་ནོ། །དུས་གཞན་ཞིག་ན་རི་བྲག་པ་གཞན་ཞིག་ལོག་ནས་དམག་བྱུང་

བས་རྒྱལ་པོས་རྒྱལ་རིགས་བཟང་པོ་པའི་ཁྲིམ་ལ། ཁྱེད་ཀྱིས་རི་བྲག་པ་དེ་ཕོབ་ཅིག །ཀྱེ། བདག་ཅག་རྒྱུད་ལ་རལ་གྱི་མཐུ་ཅན་པ་འཇོར་ལགས་ན། དེ་དག་(༧༢༨བ)ལ་བཀའ་སྩོལ་ཅིག །བདག་ཅག་རིས་གཞན་ལ་མཆིའོ། །རྒྱལ་པོས་རལ་གྱི་མཐུ་ཅན་པ་ལ་བསྒོ་བས། བདག་ཅག་གི་རིས་འཕོར་རོ། །སོང་ཞིག་རིས་གཞན་ལ་མི་གཏང་ངོ་། །དེ་དག་གིས་བསམས་པ། སྔར་ནི་ལྷུས་རྩེན་གྱི་མཐུས་རི་བྲག་པ་ཕབ་ཀྱི། ད་དེ་ཉིད་དུ་འཆི་དགོས་པས་འཕགས་པ་དག་བླ་བ་གསུམ་དུ་ཡོ་བྱད་ཐམས་ཅད་ཀྱིས་སྤྱན་དྲངས་པ་རྣམས་ལ་ཆོས་གོས་དག་ཕུལ་ཏེ་འགྲོའོ་སྙམ་ནས་ཆོས་གོས་ཐོགས་ཏེ་དགེ་སློང་རྣམས་ལ་སྨྲས་པ། བདག་ཅག་རྒྱལ་པོས་དམག་ལ་བཏང་སྟེ། དེ་ཉིད་དུ་འགུམ་པའི་གནས་ཀྱང་ཡོད་པས་ཆོས་གོས་འདི་དག་བཞེས་སུ་གསོལ། སྟོན་པས་དབྱར་གྱི་ནང་དུ་ཆོས་གོས་བགོ་བ་བཀག་པས་མི་ལེན་ནོ། །བཞེས་ཏེ་ཞོག་ལ་དགག་དབྱེ་མཛད་ནས་བགོས་ཤིག་ཅེས་དེ་དག་གི་གནས་ཁང་དུ་བཅུག་སྟེ་སོང་ངོ་། །དེ་དག་སོང་བ་ཁྱིམ་བདག་མགོན་མེད་ཟས་སྦྱིན་གྱིས་མཐོང་ནས། གར་འགྲོ། དམག་ལའོ། །རིས་མ་འཕོར་རམ། འཕོར་རོ། །འོ་ན་ཅིའི་ཕྱིར་འགྲོ། ལྷའི་ཞལ་ནས། སོང་ཞིག །རིས་གཞན་ལ་མི་གཏོང་ངོ་ཟེར་རོ། །ཁོ་བོས་ཞུ་ཡིས་ཡུད་ཙམ་ཞིག་སྡོད་ཅིག །དེས་རྒྱལ་པོའི་གན་དུ་སོང་ནས་རལ་གྱི་མཐུ་ཅན་གྱི་ཁྲིམ་གང་དུ་གཏང་། རི་བྲག་པ་འབེབ་ཏུའོ། །གཞུ་རྒྱུད་མེད་པ་དང་། མདའ་མདེའུ་མེད་པ་དང་། ཤིང་གི་རལ་གྲི་ཐོགས་པས་རི་བྲག་པ་མི་ཕེབས་པ་མི་མཁྱེན་ནམ། དེ་དག་ནི་སངས་རྒྱས་ཀྱི་སྲས་ཤ་སྟག་ཡིན་པས་སྲོག་ཆགས་གྲོག་སྦུར་ཡང་དགུམ་པའི་ཇོ་མི་ཐོག་གོ །དེའི་ཚེའང་ལྷུས་རྩེན་གྱི་མཐུས་རི་བྲག་པ་ཕབ་པོ། །དེ་དག་དེར་བཏང་ན་ཉེས་དམིགས་འབྱུང་ཞིང་། ལྷ་ལའང་མ་ལེགས་པར་འགྱུར་རོ། །དེ་དག་སངས་རྒྱས་ཀྱི་སྲས་ཡིན་ནམ། ཀྱེ། དེ་ལགས་ཏེ། འཕགས་མ་མཆོད་སྦྱིན་(༧༢༩ན)མ་ལ་བརྟེན་ནས་རྒྱུན་ཞུགས་ཐོབ་པོ། །འོ་ན་དེང་ཕྱིན་ཆད་དེ་དག་ལ་མི་བསྒོ་བར་འཕགས་སྐྱེས་པོ་ལ་བསྒོ་བར་

བྱའོ། །ཞེས་འབྱུང་བ་ལྟར་རོ། །དེ་ལྟར་རྒྱལ་པོ་ཆེན་པོ་བཞི་པོ་འདི་དག་ནི་མདོ་སྡེ་དང་རྒྱུད་སྡེའི་ཕྱོགས་ཐམས་ཅད་ནས་སངས་རྒྱས་ཀྱི་བསྟན་པ་ཚུལ་བཞིན་དུ་བསྲུང་བའི་བཀའ་སྡོད་དུ་བསྐོས་ཤིང་། སྟོན་པ་ཐུབ་པའི་དབང་པོའི་རྗེས་སུ་རབ་ཏུ་བྱུང་སྟེ་ཚུལ་ཁྲིམས་རྣམ་པར་དག་པ་བསྲུང་བ་རྣམས་ལ་ནི་རྒྱལ་པོ་ཆེན་པོ་བཞི་པོ་འདི་དག་གིས་དུས་རྟག་ཏུ་བསྲུང་བ་དང་། སྐྱོབ་པ་དང་། སྲ་བར་བྱེད་པས་ན་སྟོན་པ་ཐུགས་རྗེ་ཅན་ཉིད་ལ་སྙིང་ནས་སྐྱབས་སུ་བཟུང་སྟེ་བཀའ་བཞིན་བསྒྲུབས་ན་ནི་མི་མ་ཡིན་མཐུ་ཅན་གཞན་ལ་རེ་མི་དགོས་པར་དཔལ་ཕྱུག་ན་ཇོ་རྗེ་འཁོར་དང་བཅས་པ་དང་། འཇིག་རྟེན་སྐྱོང་བ་རྒྱལ་པོ་ཆེན་པོ་བཞི་འཁོར་དང་བཅས་པས་བསྐུལ་བ་དང་མཆོད་པ་ལ་མི་བལྟོས་པར་མ་བུ་གཅིག་པ་ལ་བརྩེ་བ་ལྟར་ནམ་ཡང་འབྲལ་བ་མེད་པར་དུས་རྟག་ཏུ་བྱ་ར་བྱས་ཏེ་བསྲུང་ཞིང་སྐྱོང་བར་བྱེད་དོ། །

ཀ༢ སོ་སོའི་ཐུག་མཚན་གྱི་དགོས་པ་བྱེ་བྲག་ཏུ་བཤད་པ།

གཉིས་པ་སོ་སོའི་ཕྱག་མཚན་གྱི་དགོས་པ་བྱེ་བྲག་ཏུ་བཤད་པ་ནི། དེ་ལ་དང་པོར་ཚོགས་ཞིང་གི་གཙོ་བོ་སྟོན་པ་ཐུབ་པའི་དབང་པོ་ནི་སྐུ་མཚན་བཟང་པོ་སུམ་ཅུ་རྩ་གཉིས་དང་དཔེ་བྱད་བརྒྱད་ཅུས་སྤྲས་ཤིང་། གསེར་གྱི་མཆོད་སྡོང་ཆེན་པོ་ལ་ཉི་མ་བྱེ་བའི་འོད་ཀྱིས་འཕྲུད་པ་ལྟ་བུ། སྐུ་ལས་སྐྱེས་པའི་འོད་ཀྱིས་འཇིག་རྟེན་གྱི་ཁམས་ཐམས་ཅད་འགེངས་པར་བྱེད་པ། སྐུ་བལྟ་བས་ཆོག་མི་ཤེས་པ། གདུལ་བྱ་གང་གིས་སྐུའི་རྣམ་པ་ཡིད་ལ་དྲན་ན་འཇིགས་པ་དང་སྡུག་བསྔལ་མཐའ་དག་ཞི་བར་མཛད་པ། (༧༤༥བ)ནམ་ཡང་འགག་པ་མེད་པའི་གསུང་ཡན་ལག་དྲུག་ཅུའི་དབྱངས་དང་ལྡན་པ། མདུན་ན་གནས་པ་ལ་ཧ་ཅང་ཆེ་བར་མི་སྣང་། རྒྱང་རིང་པོ་ན་གནས་པ་ལ་ཆུང་བར་མི་སྣང་། འགྲོ་བ་ཐམས་ཅད་ལ་རང་རང་གི་སྐད་དུ་གོ་བར་གསུང་ངོ་། །མཁའ་ཁྱབ་ཀྱི་སེམས་ཅན་ཐམས་ཅད་ཀྱིས་རང་རང་གི་བློ་ལ་ཐེ་

ཆོས་གང་དང་གང་ཡོད་པ་དེ་དང་དེ་དག་ཇི་ལྟ་བུ་ལགས་ཞེས་དུས་གཅིག་ཏུ་ཞུ་བ་ཞུས་ཀྱང་གསུང་དབྱངས་གཅིག་གིས་སོ་སོའི་ཐེ་ཚོམ་ཐམས་ཅད་དུས་གཅིག་ཏུ་གཅོད་པར་མཛད་ནུས་པ། ཆོས་སྟོན་པའི་གསུང་ཚངས་དབྱངས་དེ་གདུལ་བྱ་སུས་ཐོས་ཀྱང་རྣར་སྙན་ཞིང་ཐོས་པ་ཙམ་གྱིས་ཡིད་ཀྱི་གདུང་བ་ཞི་བར་མཛད་པ། དོན་ཡིད་ལ་བསམས་ན་རང་རང་གི་ཁམས་དང་འཚམས་པའི་གོ་བ་སྐྱེ་བ། ཚུལ་བཞིན་ཡིད་ལ་བྱས་ན་སྲིད་པའི་འཆིང་བ་ལས་གྲོལ་བར་ནུས་པ། ཐུགས་སྙིང་རྗེ་ཆེན་པོའི་གཞན་དབང་དུ་གྱུར་ཏེ་མཁའ་ཁྱབ་ཀྱི་སེམས་ཅན་ཐམས་ཅད་ལ་མ་བུ་གཅིག་པ་ལ་བལྟ་བ་ལྟར་རྟག་ཏུ་བརྩེ་བས་གཟིགས་ཏེ་གང་དང་གང་གིས་ཕན་པར་འགྱུར་བ་དེ་དང་དེ་སྐྱབ་པ་ལ་སྐད་ཅིག་ཀྱང་གཡེལ་བ་མེད་ཅིང་དུས་ལས་ཡོལ་བ་མེད་པ། སྐུའི་རྣམ་པ་གང་དང་གང་དུ་བསྟན་པ་དེ་དང་དེས་ཀྱང་འགྲོ་བ་ཐམས་ཅད་ལ་ཕན་པ་བླ་ན་མེད་པ་མཛད་དེ། ཐུབ་པའི་དབང་པོའི་སྐུའི་རྣམ་པ་ལ་བཞེངས་ཏེ་ཕྱག་གཡོན་པས་ཆོས་གོས་ཀྱི་གྲྭ་བཟུང་། ཕྱག་གཡས་པས་མཆོག་སྦྱིན་གྱི་ཕྱག་རྒྱ་མཛད་དེ་གདུལ་བྱ་བླ་ན་མེད་པ་ཡང་དག་པར་རྫོགས་པའི་བྱང་ཆུབ་ཏུ་ལུང་སྟོན་པར་མཛད་པ་དང་(༡༧༨ན)སྐབས་ལ་ལར་ཕྱག་གཡས་སྐྱབས་སྦྱིན་གྱི་ཕྱག་རྒྱ་མཛད་དེ། གདུལ་བྱ་འཁོར་བ་དང་ངན་སོང་གི་སྡུག་བསྔལ་ལས་སྐྱོབ་པ་དང་། ནད་དང་གདོན་ལ་སོགས་པའི་ཉེར་འཚེ་མཐའ་དག་ལས་སྐྱོབ་པར་མཛད་པ་དང་། ཐུབ་པ་དམ་ཚིག་གསུམ་བཀོད་པའི་རྒྱུད་ལས་གསུངས་པ་ལྟར་ཕྱག་གཉིས་ཐུགས་ཀར་ཆོས་འཁོར་གྱི་ཕྱག་རྒྱ་མཛད་པ་སོགས་སྐུའི་རྣམ་པ་དང་བཞུགས་སྟངས་དང་། ཕྱག་སྟབས་རྣམ་པ་སྣ་ཚོགས་ཤིག་ཡོད་པ་ལས་འདིར་ནི། མཚུངས་མེད་བལྟ་བས་མི་ངོམས་ཤིང་། །གསེར་གྱི་མདོག་ཅན་མཛེས་པའི་སྐུ། །ཞལ་གཅིག་ཕྱག་གཉིས་སྐྱིལ་ཀྲུང་བཞུགས། །ས་གནོན་མཉམ་གཞག་མཛད་ཕྱག་འཚལ། །ཞེས་བསྟགས་པ་ལྟར། ཕྱག་གཡས་ས་གནོན་དང་། གཡོན་མཉམ་གཞག་མཛད་དེ། ཕྱག་གཡས་ས་

གནོན་མཛད་པ་ནི་ཐུབ་པའི་དབང་པོས་བདུད་འདུལ་བར་མཛད་པའི་ཕྱག་རྒྱ་སྟེ། ཐུབ་པའི་དབང་པོ་བྱང་ཆུབ་ཀྱི་ཤིང་དྲུང་དུ་མཉམ་གཞག་ལ་བཞུགས་པ་དེའི་ཚེ་གཞན་འཕྲུལ་དབང་བྱེད་ཀྱི་བདག་པོ་བདུད་ཀྱིས་མ་བཟོད་ནས་བདུད་ཀྱི་ཕྱོགས་སུ་གྱུར་པ་བྱེ་བ་ཕྲག་དྲུང་ཕྱུར་གྱི་དམག་བསྐུལ་ཏེ་ཐུབ་པའི་དབང་པོའི་དྲུང་དུ་ལྷགས་ནས་མཚོན་ཆ་སྣ་ཚོགས་ཀྱི་ཆར་ཕབ་ཀྱང་ཐུབ་པའི་སྐུ་དང་ཉེ་བར་སླེབས་པའི་ཚེ། མཚོན་ཆ་ཐམས་ཅད་མེ་ཏོག་གི་ཆར་དུ་གྱུར། བདུད་ཀྱི་ན་ཆུང་རྣམས་ཀྱིས་ཆགས་པའི་བློ་བྲིད་ཀྱིས་བསླུས་པ་ན་ཐུགས་སྐད་ཅིག་ཀྱང་འགྱུར་བ་མེད་པར་གནས་ཤིང་། བདུད་ཀྱི་ན་ཆུང་མཛེས་མ་ཐམས་ཅད་སྐད་ཅིག་དེ་ལ་རྒས་ཤིང་འཁོག་པ་མི་སྡུག་པ་འཛིགས་སུ་རུང་བ་རོ་ལངས་ལྟ་བུར་གྱུར་ཏོ། །དེ་ནས་(༧༧༨བ)བདུད་སྡིག་ཏོ་ཅན་འཁོར་དང་བཅས་པས་བསྙོན་བཙུགས་ཏེ་བརྩད་པར་བྱས་པ་ན། སྟོན་པ་ཐུབ་པའི་དབང་པོས་ཁྲོ་བ་དང་འཁྲུག་པ་གང་ཡང་མེད་པར་མཁའ་ཁྱབ་ཀྱི་སེམས་ཅན་ཐམས་ཅད་ལ་ཐུགས་སྙོམས་པར་བྱམས་པས་ཁྱབ་པར་མཛད་ཅིང་། བདུད་སྡིག་ཏོ་ཅན་ལ་ལྷག་པར་ཐུགས་བརྩེ་བར་མཛད་དེ་སྡིག་ཅན་ཁྱོད་ནི་སྟོན་མཆོད་སྦྱིན་བརྒྱ་བྱས་པས་འདོད་ལྷའི་གནས་སུ་སྐྱེས་པ་ཡིན་གྱི། ངས་ནི་བསྐལ་པ་གྲངས་མེད་གསུམ་དུ་ཚོགས་བསགས་ཤིང་གཏན་པ་མེད་པའི་མཆོད་སྦྱིན་གྲངས་མེད་པ་བྱས་པ་ཡིན་པས་ང་མངོན་པར་རྫོགས་པར་འཚང་རྒྱ་བ་ལ་ཁྱོད་ཀྱིས་གནོད་པ་བྱ་མི་ནུས་སོ་ཞེས་གསུངས་པ་ན། བདུད་སྡིག་ཅན་གྱིས་ངས་མཆོད་སྦྱིན་བརྒྱ་བྱས་པ་དེ་ལ་དཔང་པོ་ཁྱོད་ཉིད་ཡོད་ཀྱིས། ཁྱོད་ཀྱིས་གྲངས་མེད་གསུམ་དུ་ཚོགས་བསགས་པ་དང་གཏན་པ་མེད་པའི་མཆོད་སྦྱིན་གྲངས་མེད་བྱས་པ་དེ་མི་བདེན་ཏེ། དེ་ལ་དཔང་པོ་སུ་ཡང་མེད་དོ། །ཞེས་བརྗོད་པ་ན། སྟོན་པ་ཐུབ་པའི་དབང་པོས་བསོད་ནམས་བརྒྱ་ཕྲག་དུ་མ་ལས་གྲུབ་པ་བཀྲ་ཤིས་པའི་རི་མོ་མང་པོས་མཚན་པ། གང་གི་མགོ་ལ་རེག་ན་རེག་མ་ཐག་ཏུ་ལས་དང་ཉོན་མོངས་པ་ཐམས་ཅད་རྣམ་པར་

བྱང་ཞིང་ཉེས་སྐྱོན་ཐམས་ཅད་ལས་གྲོལ་བ་དང་ཕན་པ་དང་བདེ་བ་བླ་ན་མེད་པའི་དཔལ་ལ་འགོད་པར་མཛད་པའི་ཕྱག་གིས་དབུའི་གཙུག་ནས་ཞབས་མཐིལ་བར་གྱི་སྐུ་ལུས་ཀྱི་ཆ་ཐམས་ཅད་ལ་བྱུགས་ནས་ཕྱིག་ཅན་ས་འདི་ངའི་དབང་པོ་ཡིན་ནོ་གསུངས་ནས། ཕྱག་གཡས་པ་ས་ལ་རེག་པ་དང་མཉམ་དུ་སྟོང་གསུམ་གྱི་སྟོང་ཆེན་པོའི་འཇིག་རྟེན་གྱི་ཁམས་འདི་རབ་ཏུ(༡༧༧ན)གཡོས་ཤིང་འདར་ཏེ་ཟངས་ཆེན་པོ་ལ་དབྱུག་པས་བསྣུན་པ་ལྟར་ནམ་མཁའི་ཁྱོན་ཀུན་འགེངས་པ་ལྟ་བུའི་སྒྲ་ཆེན་པོ་གྲག་ཅིང་། སྐད་ཅིག་དེ་ལ་སའི་ལྷ་མོ་འཁོར་བྱེ་བ་ཕྲག་འབུམ་དང་བཅས་པ་ས་འོག་ནས་ཐོན་ཏེ་ལག་པ་གཡས་པ་བཏེག་ནས། སྐྱེས་བུ་དམ་པ་དེ་དེ་བཞིན་ནོ། །འགྲོ་བ་ལྷ་དང་བཅས་པ་ཐམས་ཅད་ལ་དབང་པོར་གྱུར་པ་ཁྱོད་ཉིད་ཡིན་ན་ཁྱོད་ལ་དབང་པོ་ག་ལ་དགོས། འོན་ཀྱང་ཁྱོད་ཀྱིས་སེམས་ཅན་གྱི་དོན་དུ་མཆོད་སྦྱིན་གྲངས་མེད་པ་ས་འདིའི་སྟེང་དུ་མཛད་པ་ལ་ཕོ་མོ་ཅག་དཔང་པོ་ཡིན་ནོ་ཞེས་བརྗོད་པ་ན་བདུད་སྡིག་ཏོ་ཅན་འཁོར་བྱེ་བ་ཕྲག་དུང་ཕྱུར་དང་བཅས་པ་ཐལ་བ་འཇམ་པོ་རླུང་གིས་གཏོར་བ་བཞིན་དུ་སྐད་ཅིག་དེ་ཉིད་ལ་འཐོར་ཏེ་ཉམ་ང་བ་ཆེན་པོ་ཐོབ་ནས་རྣམ་པ་ཀུན་ཏུ་ཕམ་པར་གྱུར་པ་དེ་ལྟར་ཐུབ་པས་བདུད་འདུལ་བར་མཛད་པ་ཡིན་ནོ། །དེ་ལྟར་ཡང་རྒྱ་ཆེར་རོལ་པའི་མདོ་ལས། སེན་མོ་ཟངས་མདོག་རབ་མཛེས་རྩིབས་སྟོང་འཁོར་ལོ་ཅན། །འཛམ་བུའི་གསེར་འབར་འདྲ་བ་བསོད་ནམས་བརྒྱས་བསྐྱེད་པས། །ཚུལ་དུ་ཤེས་པར་མགོ་ནས་རྐང་པའི་བར་དུ་བྱུགས། །མཁའ་ལས་གློག་འདྲ་བར་ནི་ལག་པ་བརྐྱང་བྱས་ནས། །ཚིག་ཏུ་སྨྲས་པ་ས་འདི་ང་ཡི་དཔང་ཡིན་ཏེ། །ངས་ནི་སྔོན་ཆད་མཆོད་སྦྱིན་ཁྲག་ཁྲིག་སྟོ་ཚོགས་བྱས། །སློང་ལ་མི་སྦྱིན་སླམ་སྟེ་དོན་མེད་གཞན་མ་སྦྱིན། །ཆུ་དང་མེ་དང་རླུང་ནི་ང་ཡི་དཔང་ཡིན་ཏེ། །ཚངས་པ་སྐྱེ་དགུའི་བདག་དང་སྐར་བཅས་ཉི་ཟླ་དང་། །གང་དག་ཕྱོགས་བཅུ་དག་ན་བཞུགས་པའི་སངས་རྒྱས་དང་། །བདག་ཁྲིམས་བརྟུལ་

ཞུགས་(༡༧༧བ)བྱང་ཆུབ་ཡན་ལག་འཕགས་པ་དཔང་། །སྦྱིན་དང་ཚུལ་ཁྲིམས་དེ་བཞིན་བཟོད་པ་ང་ཡི་དཔང་། །བརྩོན་འགྲུས་དེ་བཞིན་བསམ་གཏན་དེ་ལྟར་ཤེས་རབ་དང་། །ཚད་མེད་བཞི་དང་དེ་བཞིན་མངོན་ཤེས་ང་ཡི་དཔང་། །རིམ་གྱིས་བྱང་ཆུབ་སྤྱོད་པ་ཐམས་ཅད་ང་ཡི་དཔང་། །ཕྱོགས་བཅུའི་འཇིག་རྟེན་སེམས་ཅན་མཐའ་དག་ཇི་སྙེད་པ། །དེ་དག་རྣམས་ཀྱིས་བསོད་ནམས་ཚུལ་ཁྲིམས་ཡེ་ཤེས་དང་། །གཏན་པ་མེད་པའི་མཆོད་སྦྱིན་བྱས་པ་བསྡོམས་ཀྱང་ནི། །དེ་དག་ང་ཡི་བ་སྤུའི་བརྒྱ་ཡི་ཆར་མི་ཕོད། །དེ་ཡི་ཚུལ་དུ་ཤེས་པར་ལག་པ་ས་ལ་བརྡབས། །འཕར་བའི་སྟོད་ལྟར་ས་འདི་སྒྲ་ཡང་བྱུང་བར་གྱུར། །བདུད་ཀྱི་སྒྲ་ཐོས་ནས་ནི་ས་ལ་འགྱེལ་གྱུར་ཏེ། །ནག་པོའི་རྩ་ལག་རྐྱབ་ཅིག་ཟུངས་ཤིག་སྒྲ་ཡང་ཐོས། །ལུས་ལ་རྔུལ་བྱུང་གཟི་བརྗིད་ཉམས་ཤིང་བཞིན་མདོག་འགྱུར། །རྒ་བས་བཅོམ་པར་བདུད་དེ་ཉིད་ཀྱིས་མཐོང་བར་འགྱུར། །བྲང་རྡུང་ཚེ་ངེས་འདོན་ཅིང་འཇིགས་གཉེན་མགོན་ཡང་མེད། །བདུད་ཀྱི་ཡིད་འཁྲུལ་གྱུར་ཅིང་སེམས་ནི་སྨྱོས་པར་གྱུར། །སྣང་པོ་རྟ་དང་བཞོན་པ་ཤིང་རྟ་ས་ལ་ལྷུང་། །སྲིན་པོ་གྲུལ་བུམ་དག་དང་ཤ་ཟ་དངངས་ཤིང་རྒྱུག །མགོ་རྨོངས་ལམ་མི་རྙེད་ཅིང་གནས་མེད་སྐྱབས་ཀྱང་མེད། །རླུང་བཏབ་ནགས་མེས་བྱས་ལྟར་བལྟས་ནས་སོང་བར་གྱུར། །ཕ་མ་བུ་དང་སྲིང་མོ་དེ་བཞིན་ཕུ་ནུ་དག །གང་ན་མཐོང་ཞིང་གང་དུ་དོང་ཞེས་འདྲི་བར་བྱེད། །དེ་ཡི་རྐྱེན་གྱིས་དེ་དག་ཕན་ཚུན་འཐབ་ཅིང་རྩོད། །བདག་ནི་སྡུག་བསྔལ་གྱུར་ཏེ་འཚོ་བའི་སྐབས་ཀྱང་མེད། །བདུད་དཔུང་རྒྱ་ཆེ་མང་བ་མི་(༡༧༨ན)འཁྲུགས་སྙེད་པོ་དེ། །ཐམས་ཅད་རྣམ་པར་འཕོར་ཞིང་ཐ་དགུར་གྱེས་གྱུར་ཏེ། །ཞག་བདུན་འདས་ཀྱི་བར་དུ་ཕན་ཚུན་ཕྲད་མ་གྱུར། །མཐོང་ནས་སྨྲས་པ་གལ་ཏེ་གསོན་ན་དགའ་ཞེས་འཇོར། །ཤིང་གི་ལྷ་མོས་དེ་ཚེ་དེ་ལ་སྙིང་རྗེ་བྱས། །ཆུ་ཡི་བུམ་པ་ཐོགས་ཏེ་ནག་པོའི་རྩ་ལག་གཏོར། །མྱུར་དུ་ལོངས་ལ་ཕྱི་བཞོལ་མ་བྱེད་སྐྱིན་དུ་སོང་། །བླ་མའི་ཚིག་མ་མཉན་པས་དེ་ལྟར་གྱུར་པ་ཡིན། །བདུད་

ཀྱིས་སྨྲས་པ། བདག་གི་བུ་ཡི་སྐན་ཆོག་ཕན་པ་མ་མཉན་ཏེ། །སེམས་ཅན་ཤིན་ཏུ་དག་ལ་ཉེས་པ་བྱས་པས་ན། །སྡུག་བསྔལ་འཇིགས་ཕོངས་མྱ་ངན་བརླག་དང་བརྙེས་པ་དང་། །ཅིར་མི་རུང་བའི་སྨྲ་དང་དམག་ཉིད་བདག་གིས་ཐོབ། །ལྷ་མོས་སྨྲས་པ། མི་མཁས་གང་ཞིག་ཉེས་པ་མེད་ལ་ཉེས་བྱེད་པ། །དེ་ནི་ཉེས་དང་སྡུག་བསྔལ་བ་དང་ཕོངས་པ་དང་། །ཅིར་མི་རུང་ཞེས་བྱ་བའི་སྨྲ་དང་དམན་ཉིད་དང་། །བསད་དང་བཅིང་དང་ཉེས་པ་དུ་མ་རྙེད་པར་འགྱུར། །ལྷ་དང་ལྷ་མིན་མཁའ་ལྡིང་མི་ཅི་སྲིན་པོའི་དབང་། །ཚངས་པ་བརྒྱ་བྱིན་གཞན་འཕྲུལ་འོག་མིན་བཅས་པ་དག །འདི་ལྟར་ཁྱོད་ཀྱིས་འདི་འདྲའི་བདུད་ཀྱི་དཔུང་བཅོམ་པས། །འཇིག་རྟེན་དཔའ་བོ་རྒྱལ་ཞེས་དེ་ཡིས་རྒྱལ་བ་བརྗོད། །རྒྱན་ཕྲེང་ཆུན་པོ་ཟླ་བ་གདུགས་དང་རྒྱལ་མཚན་བ་དན་འབུལ། །མེ་ཏོག་ཨ་ག་རུ་དང་རྒྱ་སྤོས་ཙན་དན་ཕྱེ་ཆར་འབེབས། །སིལ་སྙན་དག་ཀྱང་རབ་ཏུ་དཀྲོལ་བར་བྱེད་ཅིང་ཚིག་རྗོད་པ། །དཔའ་བོ་དགྲ་ཚོགས་རྒྱལ་རྣམས་ཁྱོད་ལ་དགའ་བ་མཛད་པར་གྱུར། །བསྟན་མཆོག་འདིར་ནི་བྱམས་པས་གཡོན་ཅན་བདུད་ཀྱི་ཕྱོགས། །རྒྱ་ཆེན་ཕམ་མཛད་དཔའ(༧༩༨བ)བོ་དོ་མེད་བྱང་ཆུབ་བརྙེས། །ཞེས་གསུངས་པ་ལྟར་རོ། །དེ་ལྟར་ཐུབ་པའི་དབང་པོའི་ཕྱག་གཡས་ས་གནོན་མཛད་པ་དེ་མཐོང་བ་ཙམ་གྱིས་བདུད་ཀྱི་བར་གཅོད་ལས་བཟློག་པར་འགྱུར་ཞིང་། སྔར་བཤད་པ་ལྟར་གྱི་དོན་དེ་དག་ཡིད་ལ་བསམས་ནས་ཐུབ་པའི་སྐུའི་རྣམ་པ་དེ་བསྒོམས་ན་ནི་འཇིག་རྟེན་གྱི་གདོན་མ་རུངས་པ་དག་གིས་ཇི་ཙམ་སྣྲགས་བལྟས་ཀྱང་དེ་ལ་སྣྲགས་ལྟ་མི་ནུས་ཤིང་། སྔོན་གྱི་ལས་ངན་པའི་མཐུ་དག་ཀྱང་སྐུའི་རྣམ་པ་དེ་ཡིད་ལ་བསྒོམས་པས་ཞི་བར་གྱུར་ཏེ། བདུད་བཞིའི་གཡུལ་ལས་ངེས་པར་རྒྱལ་བར་འགྱུར་རོ། །རྗེ་བདག་ཉིད་ཆེན་པོས་དགའ་ལྡན་ཕྱོགས་ཐམས་ཅད་ལས་རྣམ་པར་རྒྱལ་བའི་གླིང་བཏབ་ནས་འགྲོ་བའི་དོན་རྒྱ་ཆེན་པོ་མཛད་པ་ན་བདུད་རིགས་ཀྱི་འབྱུང་པོ་དག་གིས་མ་བཟོད་ནས་བར་དུ་གཅོད་པའི་སྦྱོར་བ་སྣ་

ཚོགས་བརྩམས་པའི་ཚེ་རྗེ་བདག་ཉིད་ཆེན་པོས་བྱང་ཆུབ་ཀྱི་སེམས་སྒོམ་ཞིང་བཞུགས་པ་ན་སྟོན་པ་བླ་ན་མེད་པ་ཐུབ་པའི་དབང་པོ་ཕྱག་གཡས་ས་གནོན་བདུད་འདུལ་གྱི་ཕྱག་རྒྱ་མཛད་པ་སྐུ་བལྟ་བས་ཆོག་མི་ཤེས་པ་ཞིག་མངོན་སུམ་དུ་གཟིགས་པས་ནག་པོའི་ཕྱོགས་ཀྱི་འབྱུང་པོ་དེ་དག་ཐམས་ཅད་དམག་ཕམ་མོ་ཞེས་སྐད་ངན་བཏོན་ཏེ་ཐལ་བ་རླུང་གིས་གཏོར་བ་བཞིན་དུ་སྐད་ཅིག་ལ་འཐོར་ཏེ་བར་གཅོད་ཀྱི་མཚན་མ་ཐམས་ཅད་ཞི་བར་འགྱུར་བ་ལྟ་བུའོ། །དེས་ན་རྒྱལ་བའི་བསྟན་པ་ལ་རབ་ཏུ་བྱུང་བ་རྣམས་ཀྱིས་ནི་རྐྱེན་ཅི་བྱུང་ཡང་བློ་སྣ་མང་པོ་མི་བྱ་བར་སྟོན་པ་ཐུགས་རྗེ་ཅན་གྱི་སྐུའི་རྣམ་པ་ཡིད་ལ་བསམས་ཏེ་གསོལ་བ་འདེབས་པ་ཉིད་མཆོག་ཏུ་བསྔགས་ཏེ། འདུལ་བ་ལུང་ལས། སྟོན་པས་དགེ་སློང་(༡༧༨(ན)དག །ཁྱེད་ཅག་དགོན་པའམ་ནགས་ཀྱི་ཁྲོད་སོགས་སུ་གནས་པའི་ཚེ། འཇིགས་པ་དང་སྤུ་ཟིངས་ཞེས་བྱེད་པ་བྱུང་ན། གཞན་མ་སེམས་པར་ང་ཉིད་ཡིད་ལ་གྱིས་ཤིག །དེ་ལྟར་ན་འཇིགས་པ་དེ་མེད་པར་འགྱུར་རོ། །ཞེས་བཀའ་སྩལ་ཏོ། །ཐུབ་པའི་དབང་པོའི་ཕྱག་གཡོན་མཉམ་གཞག་གི་སྟེང་ན་བདུད་རྩིས་གང་བའི་ལྷུང་བཟེད་བསྣམས་པ་བསྒོམ་པར་བྱའོ། །ཕྱག་གཡོན་མཉམ་གཞག་མཛད་པ་ན་གདུལ་བྱ་རྣམས་ལ་ཐབས་ཀྱིས་འདོམས་པ་སྟེ། ཁམས་གསུམ་གྱི་འཁོར་བའི་བཙོན་ར་ནས་ཐར་བར་འདོད་པ་དང་། སྐྱོན་ཀུན་ཟད་ཡོན་ཏན་ཀུན་ལྡན་རྫོགས་པའི་སངས་རྒྱས་ཀྱི་གོ་འཕང་ཐོབ་པར་འདོད་པ་རྣམས་ཀྱིས་དང་པོར་ལུས་གནད་ལེགས་པར་བཅས་ཏེ་དྲན་པ་ནང་དུ་བཞག་ནས་རང་གི་རྒྱུད་ལ་བརྟགས་ཏེ་ཀུན་སློང་དག་པར་བྱས་ནས་དེ་བཞིན་གཤེགས་པའི་སྐུ་སྒོམ་པ་སོགས་བསམ་གཏན་སྒོམ་པ་ལ་འཇུག་པར་བྱ་བ་ཡིན་པས། རྐང་པ་རྡོ་རྗེ་སྐྱིལ་ཀྲུང་དང་ལག་པ་མཉམ་གཞག་གི་ཕྱག་རྒྱ་དང་། ལུས་དྲང་པོར་བསྲང་ཞིང་མིག་སྣ་རྩེར་ཕབ་ནས་གང་བསྒོམ་པར་བྱ་བའི་དོན་རྣམས་བླ་མའི་མན་ངག་ལས་འབྱུང་བ་བཞིན་སྒོམ་དགོས་སོ་ཞེས་འདོམས་ཕྱིར་ཞབས་རྡོ་རྗེ་སྐྱིལ་

ཀྱང་དང་། ཕྱག་གཡོན་མཉམ་གཞག་གི་ཕྱག་རྒྱ་མཛད་པ་ཡིན་ཞིང་། འདི་ལྟ་བུའི་སྐུའི་རྣམ་པ་མཐོང་བ་ཙམ་གྱིས་གདོན་གྱིས་གཡེང་བ་སོགས་སེམས་གཡེང་བའི་བར་ཆད་ཐམས་ཅད་ཞི་ཞིང་ཚུལ་བཞིན་ཡིད་ལ་བྱས་ན་མྱུར་དུ་འབྲས་བུ་ཐོབ་པར་འགྱུར་བ་ནི། རྒྱལ་པོ་གཟུགས་ཅན་སྙིང་པོས་མཐའ་འཁོབ་ཀྱི་རྒྱལ་པོ་ཨུ་ཏྲ་ཡ་ན་ལ་རས་བཟང་པོ་ལ་དེ་བཞིན་གཤེགས་པའི་སྐུ་བརྙན་(༡༧༩བ)བྲིས་པའི་མཐའ་སྐོར་དུ་རྟེན་འབྲེལ་ལུགས་འབྱུང་ལུགས་ལྡོག་གི་ཚུལ་བྲིས་པ་བསྐུར་བས་རྒྱལ་པོ་ཨུ་ཏྲ་ཡ་ནས་དེ་བཞིན་གཤེགས་པའི་སྐུའི་རྣམ་པ་དེ་ལ་བལྟས་ནས་ལུས་དྲང་པོར་བསྲངས་ཀྱང་པ་རྡོ་རྗེ་སྐྱིལ་ཀྲུང་དང་ལག་པ་མཉམ་གཞག་གི་ཕྱག་རྒྱ་བྱས་ཏེ་དྲན་པ་ནང་དུ་བཞག་ནས་རྟེན་འབྲེལ་ལུགས་འབྱུང་ལུགས་ལྡོག་གི་ཚུལ་བསམས་པས་དེ་མ་ཐག་བདེན་པ་མཐོང་བ་ལྟ་བུའོ། །ཕྱག་ན་ལྷུང་བཟེད་བདུད་རྩིས་གང་བ་བསྣམས་པ་ནི་སྟོན་པའི་རྗེས་སུ་རབ་ཏུ་བྱུང་སྟེ་ལམ་ལ་ཚུལ་བཞིན་དུ་སློབ་པ་རྣམས་ནམ་ཡང་འཚོ་བས་མི་ཕོངས་པར་བྱ་བའི་ཕྱིར་ཡིན་ནོ། །སྟོན་པའི་རྗེས་སུ་རབ་ཏུ་བྱུང་བ་རྣམས་ནམ་ཡང་འཚོ་བས་མི་ཕོངས་པར་རྒྱལ་བ་ཉིད་ཀྱིས་ཞལ་གྱིས་བཞེས་ཏེ། མདོ་ལས། ཁྱིམ་པའི་སྐྱེ་བོ་ཐམས་ཅད་ནི། །སེན་མོའི་སྟེང་དུ་ཞིང་རྩོད་ཀྱང་། །ང་ཡི་རབ་ཏུ་བྱུང་བ་རྣམས། །འཚོ་བས་ཕོངས་པར་མི་འགྱུར་རོ། །ཞེས་གསུངས་པ་ལྟར་རོ། །སྟོན་པ་ཐུབ་པའི་དབང་པོའི་གཡས་གཡོན་དུ་འཕགས་པ་ཤཱ་རིའི་བུ་དང་། འཕགས་པ་མོའུ་འགལ་གྱི་བུ་གཉིས་ཕྱག་གཡས་ན་འཁར་གསིལ་དང་། གཡོན་ན་བདུད་རྩིས་གང་བའི་ལྷུང་བཟེད་བསྣམས་པ་བཞེངས་ཏེ་བཞུགས་པ་ཡི་བ་དང་སྒོམ་པ་ནི་དགོས་པ་ཁྱད་པར་ཅན་དང་ལྡན་ཏེ། གནས་བརྟན་ཆེན་པོ་འདི་གཉིས་བཞེངས་ཏེ་བཞུགས་པ་ནི་གནས་བརྟན་ཆེན་པོ་འདི་གཉིས་སྙིང་རྗེ་ཤིན་ཏུ་ཆེ་བ་དང་། སྟོན་པའི་བཀའ་བཞིན་སྒྲུབ་པ་ལ་ནམ་ཡང་གཡེལ་བ་མེད་པ་ཡིན་པས་སྟོན་པའི་བཀའ་བཞིན་དུ་འཁོར་རྣམ་པ་བཞི་(༡༨༠ན)ལ་གདམས་ངག་འདོམས་པ་དང་།

དུས་དུས་སུ་དམྱལ་བར་བྱོན་ནས་དམྱལ་བ་པ་རྣམས་ལ་རྫུ་འཕྲུལ་གྱི་མཐུས་ཆར་སྤྲིན་ལས་བསིལ་བའི་ཆར་ཕབ་སྟེ་ཚ་དམྱལ་བ་རྣམས་ཀྱི་ཚ་བའི་སྡུག་བསྔལ་ཞི་བར་བྱ་བ་དང་། གྲང་དམྱལ་བ་རྣམས་ལ་འོད་ཟེར་མེའི་རེག་བྱ་ཅན་སྤྲོས་ཏེ་གྲང་བའི་སྡུག་བསྔལ་ཞི་བར་བྱས། ཆོས་བསྟན་ཏེ་དམྱལ་བའི་གནས་ནས་འདྲེན་པར་མཛད་པ་དང་། དེ་བཞིན་དུ་དུས་དུས་སུ་ཡི་དྭགས་ཀྱི་གནས་དང་། དུས་དུས་སུ་དུད་འགྲོའི་གནས་དང་དུས་དུས་སུ་མིའི་གནས་གླིང་བཞི་སོ་སོར་བྱོན་ནས་དེ་དང་དེ་ན་ཡོད་པའི་སེམས་ཅན་རྣམས་འདུལ་བར་མཛད་པ་དང་། དུས་དུས་སུ་ལྷའི་གནས་རྣམས་སུ་བྱོན་ནས་ལྷ་རྣམས་ལ་ཆོས་བསྟན་ཏེ་འདུལ་བར་མཛད་པ་སོགས། རིགས་དྲུག་གི་སེམས་ཅན་རྣམས་ལ་ཐུགས་བརྩེ་བས་སོ་སོའི་གནས་སུ་བྱོན་ནས་སེམས་ཅན་གྱི་དོན་མཛད་པ་ལ་ནམ་ཡང་སྐྱོ་བ་དང་ངལ་བ་མེད་དོ་ཞེས་མཚོན་པའི་ཕྱིར་དུ་བཞེངས་ཏེ་བཞུགས་པ་དང་། སྟོན་པ་ཐུགས་རྗེ་ཅན་གྱི་བཀའ་དྲིན་དྲན་ཏེ་ཅི་ནུས་ཅི་འོས་སུ་བསྙེན་བཀུར་བྱ་བའི་ཕྱིར་ཡང་བཞེངས་ཏེ་བཞུགས་པ་ཡིན་ནོ། །ཕྱག་ན་འཁར་གསིལ་བསྣམས་པ་ནི་གདུལ་བྱ་རྣམས་ལ་རྒྱལ་བའི་བསྟན་པ་ནི་འདི་ལྟར་རོ་ཞེས་བརྡ་མཚོན་པའི་ཕྱིར་ཡིན་ཏེ། འཁར་གསིལ་གྱིས་རྒྱལ་བའི་བསྟན་པའི་སྙིང་པོ་ལམ་འབྲས་བུ་དང་བཅས་པ་མཚོན་པའི་ཕྱིར་རོ། །དེ་ཇི་ལྟར་མཚོན་ཚུལ་ནི་འཁར་གསིལ་དུམ་བུ་གསུམ་དུ་ཡོད་པ་ནི་ལྷག་པ་ཚུལ་ཁྲིམས་ཀྱི་བསླབ་པ་དང་། ལྷག་པ་སེམས་ཀྱི་བསླབ་པ་དང་། (༧༨༠བ)ལྷག་པ་ཤེས་རབ་ཀྱི་བསླབ་པ་གསུམ་མཚོན་པའི་བརྡ་ཡིན་ནོ། །བར་ཤིང་གསོམ་ལས་བྱས་པ་ནི་རྒྱལ་བའི་བསྟན་པ་འདི་ལ་རབ་ཏུ་བྱུང་བའི་དགེ་སློང་རྣམས་གཤེ་ཡང་སླར་མི་གཤེ། བརྡེགས་ཀྱང་སླར་མི་བརྡེག །ཁྲོས་ཀྱང་སླར་མི་ཁྲོ། མཚང་བྲུས་ཀྱང་སླར་མཚང་མི་འབྲུ་བ་སྟེ། དགེ་སློང་གི་ཆོས་བཞི་ལ་གནས་པར་བྱ་དགོས་པས་སེམས་ཡང་ཞིང་འཇམ་པ་དང་གཡོ་སྒྱུའི་ཡ་ཡོ་མེད་པ་ཞིག་དགོས་སོ་ཞེས་མཚོན་པའི་བརྡ་ཡིན་ནོ། །འཁར་གསིལ་གྱི་མ་རྩེར་

རྒྱ་མདུད་ཡོད་པ་ནི་བསྟན་པ་འདི་ལ་རབ་ཏུ་བྱུང་བའི་དགེ་སློང་རྣམས་ཀྱིས་ཐོག་མར་དལ་འབྱོར་རྙེད་དཀའ། ནམ་འཆི་ཆ་མེད། ལས་འབྲས་བསླུ་མེད་བསམས་ནས་ཡིད་ཆེས་ཀྱི་དད་པ་བརྟན་པོས་སྡིག་སྤོང་དགེ་སྒྲུབ་ལ་འབད་དེ་ངན་སོང་གི་སྒོ་ཁེགས་པ་ཞིག་དགོས་སོ་ཞེས་ངན་སོང་གི་སྒོ་གཅོད་པ་མཚོན་པའི་བརྡ་ཡིན་ནོ། །འཁར་གསིལ་གྱི་སྨད་ལ་བདུན་གཞོགས་ཡོད་པ་ནི། སྲིད་པ་མཐའ་དག་ལ་ཞེན་པ་ལོག་པའི་ངེས་འབྱུང་གིས་རྒྱུད་བསྐུལ་ནས་ལམ་བསླབ་པ་གསུམ་ཚུལ་བཞིན་ཉམས་སུ་བླངས་པ་ལས། དྲན་པ་ཡང་དག་བྱང་ཆུབ་ཀྱི་ཡན་ལག །ཆོས་རབ་ཏུ་རྣམ་འབྱེད་ཡང་དག་བྱང་ཆུབ་ཀྱི་ཡན་ལག །བརྩོན་འགྲུས་ཡང་དག་བྱང་ཆུབ་ཀྱི་ཡན་ལག །དགའ་བ་ཡང་དག་བྱང་ཆུབ་ཀྱི་ཡན་ལག །ཤིན་ཏུ་སྦྱངས་པ་ཡང་དག་བྱང་ཆུབ་ཀྱི་ཡན་ལག །ཏིང་ངེ་འཛིན་ཡང་དག་བྱང་ཆུབ་ཀྱི་ཡན་ལག །བཏང་སྙོམས་ཡང་དག་བྱང་ཆུབ་ཀྱི་ཡན་ལག་སྟེ་བྱང་ཆུབ་ཀྱི་ཡན་ལག་བདུན་པོ་དེ་ཐོབ་པར་འགྱུར་རོ། །ཞེས་མཚོན་པའི་བརྡའོ། །འཁར་གསིལ་(༡༧ན)གྱི་སྟོད་ལ་བརྒྱད་གཞོགས་ཡོད་པ་ནི། ཡང་དག་པའི་ལྟ་བ། ཡང་དག་པའི་རྟོག་པ། ཡང་དག་པའི་ངག །ཡང་དག་པའི་ལས་ཀྱི་མཐའ། ཡང་དག་པའི་འཚོ་བ། ཡང་དག་པའི་རྩོལ་བ། ཡང་དག་པའི་དྲན་པ། ཡང་དག་པའི་ཏིང་ངེ་འཛིན་ཏེ་འཕགས་ལམ་ཡན་ལག་བརྒྱད་པོ་དེ་མཚོན་པའི་བརྡ་ཡིན་ནོ། །རྩེ་མོར་རྣ་ཆེན་བཞི་ཡོད་པ་ནི་རྒྱལ་བའི་བསྟན་པ་ལ་རབ་ཏུ་བྱུང་བ་རྣམས་ཀྱིས་གང་བསམ་པར་བྱ་བ་ནི་ཀུན་ནས་ཉོན་མོངས་ཕྱོགས་ཀྱི་ཆོས་རྣམས་སྡུག་བསྔལ་བདེན་པ་དང་ཀུན་འབྱུང་བདེན་པ་གཉིས་སུ་བསྡུས། རྣམ་བྱང་ཕྱོགས་ཀྱི་ཆོས་ཐམས་ཅད་འགོག་བདེན་དང་ལམ་བདེན་གཉིས་སུ་བསྡུས་ཏེ། ཚོགས་ལམ་ནས་བཟུང་རྡོ་རྗེ་ལྟ་བུའི་ཏིང་ངེ་འཛིན་གྱི་བར་གྱི་ལམ་ཐམས་ཅད་དམིགས་ཡུལ་བདེན་པ་བཞི་ལ་དམིགས་ནས་བསྒྲིད་དགོས་སོ་ཞེས་དམིགས་ཡུལ་བདེན་པ་བཞི་མཚོན་པའི་བརྡ་ཡིན་ནོ། །རྣ་རེ་རེར་ཨ་ལུང་གསུམ་

གསུམ་སྟེ་ཨ་ལུང་བཅུ་གཉིས་ཡོད་པ་ནི། མ་རིག་པ། འདུ་བྱེད། རྣམ་པར་ཤེས་པ། མིང་དང་གཟུགས། སྐྱེ་མཆེད་དྲུག །རེག་པ། ཚོར་བ། སྲེད་པ། ལེན་པ། སྲིད་པ། སྐྱེ་བ། རྒ་ཤི་སྟེ་རྟེན་འབྲེལ་ཡན་ལག་བཅུ་གཉིས་མཚོན་པའི་བརྡ་ཡིན་ནོ། །འདི་ལ་གང་བཟློག་པས་རྒ་ཤི་ལྡོག་པ་ནས་གང་བཟློག་པས་མ་རིག་པ་ལྡོག་པའི་བར་རྟེན་འབྲེལ་ལུགས་ལྡོག་གི་ཚུལ་བཅུ་གཉིས་ཀྱང་ཡོད་དོ། །འཁར་གསིལ་གྱི་སྟོད་སྨད་གཉིས་ལ་བར་ཤིང་འཇུག་པའི་སྲུབས་སྟོང་གཉིས་ཡོད་པ་ནི་གང་ལ་དམིགས་ནས་སྒྲིབ་པ་དག་པར་འགྱུར་བའི་དམིགས་པ་མཐར་ཐུག་ཆོས་ཀྱི་བདག་མེད་དང་གང་ཟག་གི་བདག་མེད་གཉིས་མཚོན་པའི་བརྡ་ཡིན་ནོ། །སྟོད་སྨད་ཀྱི་(༡༧༡བ)སྲུབས་སྟོང་གཉིས་ལ་བར་ཤིང་བཅུག་སྟེ་ཟུང་དུ་འབྲེལ་བ་ནི་རྒྱལ་བའི་བསྟན་པ་ལ་རབ་ཏུ་བྱུང་བ་རྣམས་ཀྱིས་ཐབས་དང་ཤེས་རབ་ཟུང་དུ་འབྲེལ་བ་ལ་བསླབ་དགོས་སོ་ཞེས་ཐབས་ཤེས་ཟུང་འབྲེལ་མཚོན་པའི་བརྡ་ཡིན་ནོ། །བར་ཤིང་གི་སྟེང་ནས་འབྲེང་པས་དཀྲི་བ་ནི་གང་ཉམས་སུ་བླང་བར་བྱ་བ་བསླབ་པ་གསུམ་གྱིས་བསྡུས་པའི་ལམ་དེ་དག་ཐམས་ཅད་ཀྱང་ཕྱོགས་རེ་དང་ཡ་བྲལ་དུ་མ་སོང་བར་ཟུང་འབྲེལ་དུ་བྱ་བ་ཞིག་དགོས་སོ་ཞེས་མཚོན་པའི་བརྡ་ཡིན་ནོ། །སྟེང་དུ་མཆོད་རྟེན་གཉིས་ཡོད་པ་ནི་ཐབས་ཤེས་ཟུང་འབྲེལ་གྱི་ལམ་ སྔར་བཤད་པ་དེ་ལྟར་ཉམས་སུ་བླངས་པ་ལས་འབྲས་བུ་གཟུགས་སྐུ་དང་ཆོས་སྐུ་གཉིས་ཐོབ་བོ་ཞེས་སྐུ་གཉིས་མཚོན་པའི་བརྡ་ཡིན་ནོ། །མཆོད་རྟེན་ནི་རྒྱལ་བའི་ཐུགས་ཀྱི་རྟེན་དུ་བཤད་པས་མཚོན་དོན་ཁྱད་པར་ཅན་ཡོད་དེ་ཐོག་མར་དགེ་བ་བཅུ་ལ་གནས་ཏེ་ཐར་པ་ཆ་མཐུན་གྱི་དགེ་རྩ་བསྐྱེད་དགོས་པ་རྨང་དགེ་ས་འཛིན་གྱིས་མཚོན་ཞིང་། དེའི་སྟེང་དུ་དྲན་པ་ཉེར་གཞག་ནས་བཟུང་འཕགས་ལམ་བརྒྱད་ཀྱི་བར་བྱང་ཕྱོགས་སོ་བདུན་དང་། ལམ་ལྔ་ས་བཅུ་རྣམས་རྡེ་མཐོ་རྡེ་མཐོར་བགྲོད་དགོས་པ་དང་། ས་བཅུ་མཐར་ཕྱིན་ནས་རྣམ་པ་ཐམས་ཅད་མཁྱེན་པའི་ཡེ་ཤེས་དང་དེའི་རྟེན་གཟུགས་ཀྱི་སྐུ་གཉིས་ཐོབ་

ནས་གདུལ་བྱ་ལ་ཆོས་འཁོར་བསྐོར་བ་དང་། འཕྲིན་ལས་ཉི་ཟླའི་འོད་ཀྱིས་གདུལ་བྱའི་བློ་མུན་སེལ་བ་དང་། ཐུགས་རྗེའི་གདུགས་ཀྱིས་འགྲོ་ཀུན་སྡུག་བསྔལ་ལས་སྐྱོབ་པའི་བར་ས་ལམ་འབྲས་བུ་འཕྲིན་ལས་དང་བཅས་པ་མཚོན་པ་ཡིན་ནོ། །འཁོར་ལོ་གསུམ་ནི་འབྲས་བུ་བྱང་ཆུབ་ཐོབ་ནས་ཆོས་འཁོར་རིམ་པ་གསུམ་བསྐོར་བའི་བརྡ་ཡིན་ནོ། །ལྕགས་ཀྱུ་ནི་དང་པོར་ལམ་(༡༨༢ན)ལ་འཇུག་པའང་སྙིང་རྗེས་བསྐུལ་ནས་འཇུག་ཅིང་ཉམས་ལེན་དེས་བཟུང་ནས་བྱེད། མཐར་བྱང་ཆུབ་ཐོབ་ནས་འགྲོ་བའི་དོན་མཛད་པ་ཐམས་ཅད་སྙིང་རྗེ་ཆེན་པོའི་མཐུས་མཛད་པ་ཡིན་པས་ཐུགས་རྗེས་འགྲོ་བ་འདྲེན་པ་མཚོན་པའི་བརྡ་ཡིན་ནོ། །ཡང་ཨ་ལུང་བཅུ་གཉིས་འབྲས་བུ་ལ་སྦྱར་ན་བྱང་ཆུབ་ཐོབ་ནས་ཆོས་འཁོར་བསྐོར་བའི་ཚེ་གང་བསྟན་པར་བྱ་བའི་ཆོས་དེ་ལ་གསུང་རབ་ཡན་ལག་བཅུ་གཉིས་ཡོད་དོ་ཞེས་མཚོན་པའི་བརྡ་ཡིན་ནོ། །དེ་ལྟར་འཁར་གསིལ་གྱིས་རྒྱལ་བའི་བསྟན་པ་ལ་ཞུགས་པ་རྣམས་ཀྱིས་ཉམས་སུ་བླང་བྱའི་ལམ་དང་། ཉམས་སུ་བླངས་པའི་འབྲས་བུ་བྱང་ཆུབ་འཕྲིན་ལས་དང་བཅས་པ་མཚོན་པ་ཡིན་པས་གདུལ་བྱ་རྣམས་ལ་རྒྱལ་བའི་བསྟན་པ་ལ་ཞུགས་པ་རྣམས་ཀྱིས་བདུད་དང་སྡིག་གྲོགས་ཀྱི་དབང་དུ་མ་སོང་བར་རྒྱལ་བ་དགྱེས་པའི་ལམ་ཚང་ལ་མ་ནོར་བ་ལ་སློབ་ཚུལ་འདི་ལྟར་བྱ་དགོས་སོ་ཞེས་འདོམས་པའི་ཕྱིར་གནས་བརྟན་ཆེན་པོ་འདི་གཉིས་ཀྱིས་འཁར་གསིལ་ཕྱག་ཏུ་བསྣམས་ནས་གདུལ་བྱ་རྣམས་ལ་སྟོན་པར་བྱེད་པ་ཡིན་ནོ། །ལྷུང་བཟེད་བདུད་རྩིས་གང་བ་ཕྱག་ཏུ་བསྣམས་པ་ནི་རྒྱལ་བའི་བསྟན་པ་འདི་ལ་རབ་ཏུ་བྱུང་བ་རྣམས་ཀྱིས་ཟས་ཁམ་གཅིག་རྙེད་པ་ཡན་ཆད་བདེ་ལེགས་ཐམས་ཅད་སྟོན་པའི་བཀའ་དྲིན་ལས་བྱུང་བ་ཡིན་པས་སྟོན་པའི་བཀའ་དྲིན་རྗེས་སུ་དྲན་པའི་སྒོ་ནས་ཅི་འབྱོར་པའི་ཕུད་ཀྱིས་སྟོན་པ་ལ་མཆོད་པར་བྱ་དགོས་སོ་ཞེས་འདོམས་པ་དང་། སྟོན་པའི་རྗེས་འཇུག་རྣམས་འཚོ་བས་མི་ཕོངས་པའི་ཕྱིར་ཡང་མཛད་པ་ཡིན་ནོ། །

དེ་ནས་གནས་བརྟན་བཅུ་དྲུག་སོ་(༧༤༢བ)སོའི་ཕྱག་མཚན་གྱི་བྱུང་བ་དང་དགོས་དོན་བཤད་པ་ལ། གནས་བརྟན་ཆེན་པོ་ཡན་ལག་འབྱུང་ནི། གངས་རི་ཆེན་པོ་ཏི་སེ་ལ། །འཕགས་པ་གནས་བརྟན་ཡན་ལག་འབྱུང་། །དགྲ་བཅོམ་སྟོང་དང་སུམ་བརྒྱས་བསྐོར། །སྤོས་ཕོར་རྔ་ཡབ་འཛིན་ཕྱག་འཚལ། །ཞེས་བསྟགས་པ་གནས་བརྟན་ཆེན་པོ་འདིའི་བཞུགས་གནས་ཀྱི་བྱུང་བ་ནི་འོག་ཏུ་འཆད་ཅིང་། ཕྱག་མཚན་ནི་ཕྱག་གཉིས་ཐལ་མོ་སྦྱར་བའི་བར་ན་སྤོས་ཕོར་བསྣམས་ཤིང་། མཆན་ཁུང་གཡོན་ན་རྔ་ཡབ་དཀར་པོ་བསྣམས་ཏེ། གནས་བརྟན་ཆེན་པོ་འདི་སྤོས་ངད་ལྡང་བའི་རི་ལ་བསམ་གཏན་ལ་མཉམ་པར་འཇོག་ཏུ་བྱོན་པའི་ཚེ་འཛམ་བུ་གླིང་གི་གནས་ཁྱད་པར་ཅན་གངས་རི་ཆེན་པོ་ཏི་སེ་དང་སྤོས་ངད་ལྡང་རི་དང་མ་དྲོས་པའི་མཚོ་ཆེན་པོ་རྣམས་ལ་གནས་པའི་ལྷ་དང་ཀླུ་དང་གནོད་སྦྱིན་ཆེན་པོ་དཔག་ཏུ་མེད་པ་ལ་ཆོས་བཤད་ནས་འགའ་ཞིག་ནི་བླ་ན་མེད་པ་ཡང་དག་པར་རྫོགས་པའི་བྱང་ཆུབ་ཏུ་སེམས་བསྐྱེད་པ་ལ་བཀོད། འགའ་ཞིག་ནི་རང་རྒྱལ་གྱི་ལམ་ལ་བཀོད། འགའ་ཞིག་ནི་ཉན་ཐོས་ཀྱི་ལམ་ལ་བཀོད། སེམས་ཅན་བགྲང་བ་ལས་འདས་པ་ཞིག་ཐར་པ་ཆ་མཐུན་གྱི་དགེ་རྩ་ལ་བཀོད། ཐ་ན་ཞལ་མཐོང་བ་དང་གསུང་ཐོས་པ་ཐམས་ཅད་མཐོ་རིས་སུ་ངེས་པའི་དགེ་བའི་རྩ་བ་ལ་བཀོད་པ་ན་ལྷ་དང་ཀླུ་ལ་སོགས་པ་དཀར་ཕྱོགས་སྐྱོང་བ་དེ་རྣམས་ཀྱིས་མཆོད་པའི་དངོས་པོ་མཐའ་ཡས་པས་མཆོད་ཅིང་། ལྷག་པར་བསིལ་ཡབ་ཏུ་རྔ་ཡབ་མང་པོ་ཕུལ་ཞིང་། ལྷ་མ་ཡིན་དང་། གནོད་སྦྱིན་དད་པ་ཅན་རྣམས་ཀྱིས་སྤོས་དྲི་ཞིམ་པ་སྣོད་དང་བཅས་པ་མང་དུ་ཕུལ་བ་ན་གནས་བརྟན་(༧༤༣ན)ཆེན་པོ་ཡན་ལག་འབྱུང་གིས་རྔ་ཡབ་རྣམས་རྔ་ཡབ་གཅིག་ཏུ་བྱིན་གྱིས་བརླབས། སྤོས་ཕོར་རྣམས་ཀྱང་སྤོས་ཕོར་གཅིག་ཏུ་བྱིན་གྱིས་བརླབས་ཏེ་ཕྱག་མཚན་དུ་བཞེས་ནས། ཕྱག་ན་བསྣམས་པའི་སྤོས་ཕོར་དེ་གང་གིས་མཐོང་བ་དང་། དེ་ལ་རེག་པ་དང་། དེའི་སྤོས་ཀྱི་དྲི་ཚོར་བ་རྣམས་ལ་ཚུལ་ཁྲིམས་རྣམ་པར་

དག་པ་འདི་ཕྱོགས་བཅུར་འཕྲོ་བ་འབྱུང་བ་དང་། སུས་མཐོང་ཡང་ཡིད་དུ་འོང་བ་དང་། ནད་དང་སྡུག་བསྔལ་མི་འབྱུང་བ་དང་། ནད་དང་སྡུག་བསྔལ་སྔར་ཡོད་རྣམས་ཀྱང་སྨོས་ཅི་དེའི་སྨོས་ཀྱིས་དྲི་ཚོར་བ་ཙམ་གྱིས་ཞི་བར་འགྱུར་བ་སོགས་སྨོས་ཕོར་དེ་མཐོང་ཐོས་དྲན་རེག་ཐམས་ཅད་ཕན་བདེ་ལ་འགོད་ནུས་པར་བྱིན་གྱིས་བརླབས། ཕྱག་ན་བསྣམས་པའི་ཛ་ཡབ་དཀར་པོ་དེ་ལས་མཆོད་པའི་སྤྲིན་གྱི་ཚོགས་སྤྲོས་ཏེ་ཕྱོགས་བཅུའི་སངས་རྒྱས་དང་བྱང་ཆུབ་སེམས་དཔའ་ཐམས་ཅད་མཆོད་པའི་སྤྲིན་ཆེན་པོས་མཉེས་པར་བྱ་བ་དང་། ཕྱག་གི་ཛ་ཡབ་དེ་མཐོང་བ་དང་དེ་ལ་རེག་པ་ཐམས་ཅད་རྩ་ཉོན་དྲུག་དང་ཉེ་ཉོན་ཉི་ཤུ་ས་བོན་དང་བཅས་པ་ཞི་ནས་ཐར་པའི་ལམ་དུ་ངེས་པར་མཛད་པ་དང་། ལུས་དང་སེམས་ཀྱི་ནད་དང་སྡུག་བསྔལ་ཐམས་ཅད་ལས་མྱུར་དུ་ཐར་བར་འགྱུར་བར་བྱིན་གྱིས་བརླབས་པས་ན་གནས་བརྟན་ཆེན་པོ་འདིའི་སྐུའི་རྣམ་པ་ཡིད་ལ་དྲན་པ་དང་ཕྱག་མཚན་འདི་གཉིས་མཐོང་བ་དང་། ཡིད་ལ་དྲན་ཏེ་གསོལ་བ་འདེབས་པ་ནི་ཕན་ཡོན་ཤིན་ཏུ་ཆེའོ། །གནས་བརྟན་ཆེན་པོ་འདིའི་ཕྱག་མཚན་གྱི་བྱུང་བ་དང་ཕན་ཡོན་དེ་ལྟར་ཡོད་པ་ནི། བྱམས་པ་ལུང་བསྟན་པའི་མདོ་ལས་གསུངས་ཏེ། མདོ་དེ་ཉིད་ལས་(༧༤༣བ) གནས་བརྟན་ཆེན་པོ་ཡན་ལག་འབྱུང་གིས་གདུལ་བྱའི་དབང་གིས་སྨོས་ངད་ལྡང་ལ་བསམ་གཏན་ལ་མཉམ་པར་འཇོག་ཏུ་བྱོན་པའི་ཚེ། དེའི་ལྷ་དང་ལྷ་མ་ཡིན་དང་གནོད་སྦྱིན་ཆེན་པོ་དཔག་ཏུ་མེད་པ་ཐར་པ་ལ་བཀོད་པས། ལྷ་རྣམས་ཀྱིས་བསིལ་ཡབ་ཀྱི་ཛ་ཡབ་ཕུལ། ལྷ་མ་ཡིན་དང་གནོད་སྦྱིན་གྱིས་སྨོས་དྲི་ཞིམ་པོ་སྣོད་དང་བཅས་པ་ཕུལ་ཏེ། འཕགས་པའི་སྨོས་ཕོར་དེ་གང་གིས་མཐོང་རེག་དྲི་ཚོར་བ་ཐམས་ཅད་ཚུལ་ཁྲིམས་ཀྱི་དྲིས་ཕྱོགས་བཅུར་ཁྱབ་པ་འབྱུང་བ་དང་། ལྷ་མི་ཐམས་ཅད་ཀྱི་ཡིད་དུ་འོང་བ་དང་། ཡིད་འཕྲོག་པ་དང་། ནད་དང་སྡུག་བསྔལ་ཞི་བ་ལ་སོགས་པའི་ཡོན་ཏན་དུ་མ་དང་ལྡན་པ་དང་། ཛ་ཡབ་ལས་ཕྱོགས་བཅུའི་སངས་རྒྱས་དང་

བྱང་ཆུབ་སེམས་དཔའ་ཐམས་ཅད་ལ་མཆོད་པ་སྣ་ཚོགས་དཔག་ཏུ་མེད་པ་འབྱུང་བ་དང་། ཐ་ཡབ་དེ་སེམས་ཅན་གང་ལ་རེག་པ་དང་། དེ་གང་གིས་མཐོང་བ་ཐམས་ཅད་ཀྱི་རྩ་བའི་ཉོན་མོངས་པ་དྲུག་དང་། ཉེ་བའི་ཉོན་མོངས་པ་ཉི་ཤུ་སོན་དང་བཅས་པ་ཞི་བ་དང་། ལུས་སེམས་ཀྱི་ནད་དང་སྡུག་བསྔལ་ཐམས་ཅད་ལས་ཐར་བ་ལ་སོགས་པའི་ཡོན་ཏན་དུ་མ་དང་ལྡན་པར་འགྱུར་རོ། །ཞེས་གསུངས་སོ། །བྱམས་པ་ལུང་བསྟན་པའི་མདོ་ཞེས་བྱ་བ་འདི་ནི་སྔོན་དུས་རྒྱ་ནག་ཏུ་གནས་བརྟན་བཅུ་དྲུག་རྒྱལ་པོས་སྤྱན་དྲངས་པའི་ཚེ་གནས་བརྟན་རྣམས་ཀྱིས་དབྱར་གནས་ཀྱི་སྐབས་རྒྱལ་པོ་འཁོར་བཅས་ལ་བྱམས་པ་ལུང་བསྟན་པའི་མདོ་གསུང་ཞེས་འབྱུང་ཞིང་། ཀླུ་མེས་ཀྱིས་རྒྱ་ནག་ཏུ་ཕེབས་ནས་གནས་བརྟན་རྣམས་ཀྱི་སྐུ་འབག་དང་། བྱམས་པ་ལུང་བསྟན་པའི་མདོ། གནས་བརྟན་སྤྱན(༧༨༩ན)དྲང་བའི་ཡི་གེ་བཅས་བསྣམས་ནས་བོད་དུ་ཕེབས་ཤིང་། སྔོན་དུས་ཡི་གེ་དར་བར་ཡོད་ཚུལ་སྣང་ཡང་དེང་སང་འདིའི་དཔེ་མ་རྙེད་ཅིང་སྔོན་གྱི་མཁས་པ་མང་པོས་གནས་བརྟན་ཕྱག་མཆོད་ཀྱི་ཡི་གེར་ལུང་དྲངས་པ་རྣམས་འདིར་བཀོད་པ་ཡིན་ལ། ཆོས་རྗེ་བུ་སྟོན་རིན་པོ་ཆེས་བཀའ་འགྱུར་གྱི་དཀར་ཆག་ཆེན་མོར། བྱམས་པ་ལུང་བསྟན་པ་དཔལ་བརྩེགས་ཀྱི་འགྱུར་ལ་ཤློ་ཀ་བརྒྱ། སྔར་འགྱུར་རིས་པ་དེ་ལྷ་མ་རྙེད་གསུངས་ཏེ། བྱམས་པ་ལུང་བསྟན་པ་ཞེས་བྱ་བ་རྒྱ་གར་གྱི་མཁན་པོ་ཛི་ན་མི་ཏྲ་དང་། ལོ་ཙཱ་བ་བན་དེ་དཔལ་བརྩེགས་ཀྱིས་བསྒྱུར་བ་ཚིགས་བཅད་མ་ཤློ་ཀ་བརྒྱ་དང་བརྒྱད་ཚིག་རྐང་གཉིས་ཡོད་པ་ཞིག་བཀའ་འགྱུར་ཁྲིམས་མ་རྙིང་པ་འགའ་ཞིག་ཏུ་འབྱུང་ཞིང་། མཆིམས་ནམ་མཁའ་གྲགས་ཀྱིས་མཛད་པའི་གནས་བརྟན་ཕྱག་མཆོད་དང་། འགྲོ་མགོན་ཆོས་རྒྱལ་འཕགས་པས་མཛད་པའི་གནས་བརྟན་ཕྱག་མཆོད། ཐམས་ཅད་མཁྱེན་པ་ལྔ་པ་ཆེན་པོས་མཛད་པའི་ཕྱག་མཆོད་རྒྱལ་བསྟན་འཛད་མེད་སོགས་སུ་གནས་བརྟན་རྣམས་ཀྱི་ཕྱག་མཚན་གྱི་བྱུང་བ་དང་། ཕན་ཡོན་སྟོན་པ་བྱམས་པ་ལུང་

བསྟན་པའི་མདོ་ཞེས་འབྱུང་བ་འདི་ནི་སྔ་མ་དེ་དང་མི་གཅིག་ཅིང་། བདག་གིས་མ་མཐོང་བས་རྒྱ་ཆེན་མང་དུ་ཐོས་པའི་མཁས་པ་རྣམས་ཀྱིས་བརྟག་དཔྱད་པར་བྱའོ། །གཞན་ཡང་ཕྱོགས་བཅུའི་སངས་རྒྱས་དང་བྱང་ཆུབ་སེམས་དཔའ་ཐམས་ཅད་ལ་མཆོད་པའི་སྤྲིན་རྒྱ་མཚོ་སྣ་ཚོགས་(༧༤༤བ)ཀྱིས་ཡུན་རིང་ལ་རྒྱ་ཆེ་བར་མཆོད་པར་འདོད་པ་དང་། ལྷག་པ་ཚུལ་ཁྲིམས་ཀྱི་བསླབ་པ་འཕེལ་བར་འདོད་པ་དང་། ལྷག་པ་སེམས་ཀྱི་བསླབ་པ་བརྟན་པར་བྱ་བ་དང་། ལྷག་པ་ཤེས་རབ་ཀྱི་བསླབ་པ་རྫོགས་པར་འགྱུར་བ་དང་། དེ་བཞིན་གཤེགས་པ་རྣམས་ཀྱིས་རྗེས་ལམ་དུ་ལུང་བསྟན་པ་ཐོབ་པར་འདོད་པས་གནས་བརྟན་ཆེན་པོ་ཡན་ལག་འབྱུང་ཕྱག་གཉིས་སྤྱིས་ཕོར་དང་ཇ་ཡབ་འཛིན་པ་བསྒོམས་ཏེ་ཕྱག་འཚལ་ཞིང་མཆོད་ནས་གསོལ་བ་བཏབ་ན་དོན་དེ་དག་འགྲུབ་པར་གསུངས་སོ། །

དྲང་སྲོང་རི་ཡི་ངོས་ཤེལ་ན། །འཕགས་པ་གནས་བརྟན་མ་ཕམ་པ། །དགྲ་བཅོམ་བརྒྱ་ཕྲག་གཅིག་གིས་བསྐོར། །ཕྱག་གཉིས་མཉམ་གཞག་མཛད་ཕྱག་འཚལ། །ཞེས་བསྟགས་པ། འཕགས་པའི་གནས་བརྟན་ཆེན་པོ་མ་ཕམ་པ་ཕྱག་གཉིས་མཉམ་གཞག་གི་ཕྱག་རྒྱ་མཛད་པ་ནི། སྔོན་ལམ་གྱི་མཐུས་ཕྱག་རྒྱ་དེ་མཐོང་བའི་སེམས་ཅན་རྣམས་ལ་གནས་སྐབས་དང་མཐར་ཐུག་གི་ཕན་བདེ་བླ་ན་མེད་པ་སྟེར་བར་བྱ་བའི་ཕྱིར་མཛད་པ་ཡིན་ཏེ། གནས་བརྟན་ཆེན་པོ་མ་ཕམ་པའི་ཕྱག་གཉིས་མཉམ་གཞག་གི་ཕྱག་རྒྱ་མཛད་པ་དེ་གང་གིས་མཐོང་བ་དང་། དེ་ལ་རེག་པ་དང་། ཕྱག་རྒྱ་དེ་ཡིད་ལ་བྱས་པ་ཐམས་ཅད་ཀྱི་ཚུལ་ཁྲིམས་རྣམ་པར་དག་པར་འགྱུར་བ་དང་། ཏིང་ངེ་འཛིན་དཔག་ཏུ་མེད་པ་ཐོབ་པར་འགྱུར་བ་དང་། ཤེས་རབ་བླ་ན་མེད་པ་ཐོབ་པར་འགྱུར་བ་དང་། གནས་སྐབས་སུ་སྙན་པའི་གྲགས་པ་རྒྱས་པར་འགྱུར་བ་ལ་སོགས་པ་ཕན་ཡོན་དཔག་ཏུ་མེད་པ་འབྱུང་བར་བྱམས་པ་ལུང་བསྟན་པའི་མདོ་ལས་གསུངས་ཏེ། མདོ་དེ་ཉིད་ལས་གནས་བརྟན་(༧༤༥ན)

ཆེན་པོ་མ་ཕམ་པའི་ཕྱག་མཉམ་པར་བཞག་པའི་ཡོན་ཏན་ནི། གདུལ་བྱ་གང་གིས་མཐོང་བ་དང་རེག་པ་དང་ཡིད་ལ་བྱས་པ་དེའི་ཚུལ་ཁྲིམས་ཀྱི་ཕུང་པོ་རྣམ་པར་དག་པ་དང་འཕེལ་བ་དང་དཔལ་ཆེན་པོ་དཔག་ཏུ་མེད་པ་ཐོབ་པ་དང་གྲགས་པ་སྙན་པར་ཕྱོགས་བཅུར་གྲགས་པ་དང་ཏིང་ངེ་འཛིན་བརྒྱ་སྟོང་གྲངས་མེད་པ་དང་ལྡན་པར་འགྱུར་བ་ལ་སོགས་པའི་ཡོན་ཏན་དུ་མ་དང་ལྡན་པར་འགྱུར་རོ། །ཞེས་གསུངས། གཞན་ཡང་སེམས་ཅན་ཐམས་ཅད་ཐེག་པ་ཆེན་པོའི་གང་ཟག་དང་། ཆོས་ཐམས་ཅད་ལ་མི་ཕྱེད་པའི་དད་པ་དང་། ཕྱིར་མི་ལྡོག་པའི་བརྩོན་འགྲུས་དང་། མ་ཞུམ་པའི་སྙིང་སྟོབས་དང་། རྗེས་སུ་འཇུག་པའི་བསྒྲུབ་པ་དང་ལྡན་པར་འདོད་པ་དང་། ཡུལ་ཕྱོགས་གང་དུ་བདག་ཉིད་འདུག་པ་དེར་རིའི་ལྷ་དང་སའི་ལྷ་དང་ཆུའི་ལྷ་དང་མེའི་ལྷ་དང་རླུང་གི་ལྷ་དང་ཤིང་གི་ལྷ་དང་ནགས་ཀྱི་ལྷ་དང་ཚལ་གྱི་ལྷ་དང་ཀླུ་དང་གནོད་སྦྱིན་དང་འབྱུང་པོ་དང་ཡི་དྭགས་ལ་སོགས་པ་ནག་པོ་གདུག་པའི་བསམ་པ་ཅན་ཐམས་ཅད་རང་བཞིན་གྱིས་དུལ་བ་དང་ཞི་བར་འདོད་པ་དང་། རྨི་ལམ་ངན་པ་དང་མཚན་མ་ངན་པ་དང་ལྟས་ངན་པ་དང་ལྟེ་འབབ་པ་དང་བྱུར་དང་ཕྲ་ངན་པ་དང་ཁྲམ་ཟེའི་དམོད་པ་དང་མངོན་སྤྱོད་ཀྱི་ལས་བཟློག་པར་འདོད་པ་དང་། གཟའ་དང་སྐར་མ་ངན་པ་དང་གེག་དང་མ་མོའི་བྱད་དང་གཤིན་རྗེའི་འཁྲུལ་འཁོར་དང་ལྷ་མ་སྲིན་སྡེ་བརྒྱད་ཀྱི་གདུག་རྩུབ་དང་གདོན་བཅོ་བརྒྱད་ལ་སོགས་པ་ནག་པོའི་ཕྱོགས་ཐམས་ཅད་རང་བཞིན་གྱིས་ཞི་སྟེ་ཡུལ་ཕྱོགས་སུ་བཀྲ་ཤིས་དང་གཟི་བརྗིད་ཆགས་པ་དང་ལོ་(༡༥༥བ)ཏོག་རྒྱས་པ་དང་གཏམ་སྙན་པ་ཐོས་པར་འདོད་པས་གནས་བརྟན་ཆེན་པོ་མ་ཕམ་པ་ཕྱག་གཉིས་མཉམ་གཞག་གི་ཕྱག་རྒྱ་མཛད་པ་བསྒོམས་ཏེ་ཕྱག་འཚལ་ཞིང་མཆོད་ནས་གསོལ་བ་བཏབ་ན་སྔར་སྨོས་པའི་དོན་དེ་དག་འགྲུབ་པར་གསུངས་སོ། །

ལོ་མ་བདུན་པའི་རི་ཕུག་ན། །འཕགས་པ་གནས་བརྟན་ནགས་ན་གནས། །དགྲ་

བཅོམ་སྟོང་དང་བཞི་བརྒྱུས་བསྐོར། །ཕྱོགས་མཚུབ་ཛ་ཡབ་འཛིན་ཕྱག་འཚལ། །ཞེས་བསྟགས་པ་འཕགས་པའི་གནས་བརྟན་ཆེན་པོ་ནགས་ན་གནས་ཕྱག་གཡས་ཞི་བའི་ཕྱོགས་མཚུབ་མཛད་ཅིང་། གཡོན་ཛ་ཡབ་བསྣམས་པ་ནི་སྨོན་ལམ་གྱི་མཐུས་ཕྱག་མཚན་དེ་གཉིས་མཐོང་བའི་སེམས་ཅན་རྣམས་ལ་གནས་སྐབས་དང་མཐར་ཐུག་གི་ཕན་བདེ་དཔག་ཏུ་མེད་པ་སྟེར་བའི་ཕྱིར་སྙིང་རྗེའི་དབང་གིས་ཕྱག་རྒྱ་དང་ཕྱག་མཚན་དེ་ལྟར་འཛིན་པར་མཛད་པ་ཡིན་ཏེ། གནས་བརྟན་ཆེན་པོ་ནགས་ན་གནས་ཀྱི་ཕྱག་གཡས་པས་ཞི་བའི་ཕྱོགས་མཚུབ་མཛད་པ་དེ་གདུལ་བྱ་རང་རང་ལ་གདོན་གྱི་གནོད་པ་དང་ཀླུའི་གནོད་པ་ལ་སོགས་པ་གནོད་བྱེད་མི་མ་ཡིན་གང་ཡོད་པ་དེ་ལ་ཕྱོགས་མཚུབ་དེ་གཏད་པར་བསྒོམས་ན། དེ་མ་ཐག་གདོན་གྱི་གནོད་པ་ལ་སོགས་པ་གནོད་པ་དེ་དག་ཞི་བར་འགྱུར་བ་དང་། ཕྱག་རྒྱ་དེ་ཡིད་ལ་བསམས་པས་རང་གི་ལས་ངན་སྡིག་སྒྲིབ་རྣམས་དག་པར་འགྱུར་བ་དང་། ཕྱག་གཡོན་གྱི་ཛ་ཡབ་དེས་གང་ལ་གཡབ་པའི་གདུལ་བྱ་དེ་དང་དེ་ལ་ལས་དང་ཉོན་མོངས་པའི་ཚ་གདུང་ཞི་བར་འགྱུར་བ་དང་། བདག་མེད་པའི་གནས་ལུགས་མྱུར་དུ་རྟོགས་པར་འགྱུར་བར་བྱམས་པ་ལུང་བསྟན་པའི་མདོ་ལས་གསུངས་(༧༢༨ན)ཏེ། མདོ་དེ་ཉིད་ལས་གནས་བརྟན་ཆེན་པོ་ནགས་ན་གནས་ཀྱི་ཕྱག་གཡས་ཞི་བའི་ཕྱོགས་མཚུབ་དེ་གང་ལ་གཏད་པ་དེའི་འབྱུང་བ་ཆེན་པོ་བཞིའི་གནོད་པ་ཞི་བ་དང་། འདྲེ་དང་སྲིན་པོ་མ་རུངས་པ་དང་། ཀླུ་གདུག་པ་ཅན་དང་། གནོད་སྦྱིན་གཏུམ་པོ་དང་། གཞན་ཡང་ལྷ་མ་སྲིན་གཏུམ་པོ་ཐམས་ཅད་ཀྱི་གདུག་པ་ཞི་བ་དང་། དུལ་བ་དང་། བཀའ་བཞིན་ཉན་པ་ལ་སོགས་པའི་ཡོན་ཏན་དུ་མ་དང་ལྡན་པ་དང་། ཛ་ཡབ་ཀྱིས་གདུལ་བྱ་གང་ལ་གཡབས་པའི་བསིལ་བ་ཐོག་པ་ལ་སོགས་པས་སྒོ་གསུམ་གྱི་སྡིག་པ་དག་པར་འགྱུར་བ་དང་། ཉོན་མོངས་ཐམས་ཅད་དང་གང་ཟག་གི་བདག་ཏུ་འཛིན་པའི་ལོག་པར་རྟོག་པ་དང་། ཆོས་ཀྱི་བདག་ཏུ་འཛིན་པའི་ལོག་པར་རྟོག་པ་

ཞི་བར་འགྱུར་བ་དང་། ཀུན་རྫོབ་ཀྱི་བདེན་པ་དང་དོན་དམ་པའི་བདེན་པ་རྟོགས་པ་ལ་སོགས་པའི་ཡོན་ཏན་དུ་མ་དང་ལྡན་པར་འགྱུར་རོ། །ཞེས་གསུངས། གཞན་ཡང་ཡུལ་ཁྱད་པར་ཅན་ལ་སྡིག་པ་བསགས་པ་དང་། ཉོན་མོངས་པའི་ཀུན་སློང་དྲག་པོས་སྡིག་པ་བསགས་པ་དང་། དུས་བསྐལ་པ་མང་པོར་སྡིག་པ་བསགས་པ་དང་། དངོས་པོ་ལྕི་བ་དཀོན་མཆོག་གསུམ་དང་དགེ་འདུན་གྱི་དཀོར་ལ་འབགས་པ་དང་། སོ་སོར་ཐར་པའི་སྡོམ་པ་དང་བྱང་ཆུབ་སེམས་དཔའི་སྡོམ་པ་དང་རིག་པ་འཛིན་པའི་སྡོམ་པ་གསུམ་ཉམས་པ་རྣམས་གསོ་བར་འདོད་པས་གནས་བརྟན་ཆེན་པོ་ནགས་ན་གནས་ཕྱག་གཡས་ཞི་བའི་ཕྱོགས་མཛུབ་མཛད་ཅིང་། ཕྱག་གཡོན་ཛ་ཡབ་གཡོབ་པ་ཡིད་ལ་བསྒོམས་ཏེ་ཕྱག་འཚལ་ཞིང་མཆོད་ནས་གསོལ་བ་བཏབ་ན་སྔར་སྨོས་པའི་དོན་དེ་དག་འགྲུབ་(༡༤༨ཁ)པར་གསུངས་སོ། །

འཛམ་བུ་གླིང་གི་ཟངས་གླིང་ན། །འཕགས་པ་གནས་བརྟན་དུས་ལྡན་ནི། །དགྲ་བཅོམ་སྟོང་དང་ཆིག་བརྒྱས་བསྐོར། །གསེར་གྱི་རྣ་གོར་འཛིན་ཕྱག་འཚལ། །ཞེས་བསྟགས་པ་གནས་བརྟན་ཆེན་པོ་དུས་ལྡན་ཕྱག་གཉིས་གསེར་གྱི་རྣ་གོར་འཛིན་པ་ནི་སྙིང་རྗེ་དང་སྨོན་ལམ་གྱི་དབང་གིས་ཕྱག་མཚན་དེ་མཐོང་བའི་སེམས་ཅན་རྣམས་ལ་གནས་སྐབས་དང་མཐར་ཐུག་ཏུ་ཕན་བདེ་བླ་ན་མེད་པ་སྟེར་བར་བྱ་བའི་ཕྱིར་ཕྱག་མཚན་དེ་ལྟར་འཛིན་པར་མཛད་པ་ཡིན་ཏེ། གནས་བརྟན་ཆེན་པོ་དུས་ལྡན་རྒྱལ་ཆེན་རིས་བཞིའི་ལྷ་གནས་སོགས་སུ་བསོད་སྙོམས་ལ་བྱོན་པའི་ཚེ་ལྷའི་བུ་དང་བུ་མོ་དད་པ་ཅན་མང་པོས་རང་རང་གི་ལུས་ཀྱི་རྒྱན་ཕུད་དེ་གནས་བརྟན་ཆེན་པོ་ལ་ཕུལ་བ་རྣམས་གདུལ་བྱ་དེ་དག་གི་ཚོགས་རྫོགས་པར་བྱ་བའི་ཕྱིར་དང་། ཕྱི་མའི་སྐྱེ་བོ་རྣམས་ལ་ཕན་གདགས་པར་བྱ་བའི་ཕྱིར་གསེར་གྱི་རྣ་གོར་དུ་བྱིན་གྱིས་བརླབ་ཏེ་ཕྱག་ཏུ་བསྣམས་ནས་ཕྱག་ཏུ་བཟུང་བའི་རྣ་རྒྱན་དེ་སེམས་ཅན་གང་དང་གང་གིས་མཐོང་བ་དེ་དང་དེ་ལ་སངས་རྒྱས་དང་བྱང་ཆུབ་སེམས་དཔའ

ཐམས་ཅད་ཀྱིས་བྱིན་གྱིས་རློབ་པར་འགྱུར་བ་དང་། སྤངས་རྟོགས་ཀྱི་ཡོན་ཏན་ཁྱད་པར་ཅན་མྱུར་དུ་རྒྱུད་ལ་སྐྱེ་བར་འགྱུར་བ་དང་། ཕྱིར་མི་ལྡོག་པའི་ས་ལ་གནས་པར་འགྱུར་བ་དང་། ཆོས་རབ་ཏུ་རྣམ་འབྱེད་ཀྱི་ཤེས་རབ་རྒྱས་པར་འགྱུར་བ་སོགས་ཕན་ཡོན་མཐའ་ཡས་པ་འབྱུང་བར་བྱམས་པ་ལུང་བསྟན་པའི་མདོ་ལས་གསུངས་ཏེ། མདོ་དེ་ཉིད་ལས་གནས་བརྟན་ཆེན་པོ་དུས་ལྡན་གྱིས་འདོད་ཁམས་ལྷའི་ཡུལ་དུ་ཕྱིན་པའི་ཚེ་ལྷའི་བུ་དང་བུ་མོ་ལ་སོགས་པ་ཐམས་ཅད་ཐར་པ་ལ་བཀོད་(༡༨༧ན)པས་རིན་པོ་ཆེའི་རྣ་རྒྱན་ལ་སོགས་པའི་རྒྱན་མང་པོ་ཕུལ་བ་དེ་དག་རྣ་ཀོར་དུ་བྱིན་གྱིས་བརླབས། དེས་བྱིན་གྱིས་བརླབས་པའི་རྣ་ཀོར་དེ་གང་ལ་རེག་པ་དང་མཐོང་བའི་གང་ཟག་དེ་ལ་སངས་རྒྱས་དང་བྱང་ཆུབ་སེམས་དཔའ་ཐམས་ཅད་ཀྱི་བྱིན་རླབས་སྤངས་པ་དང་རྟོགས་པའི་ཡོན་ཏན་ཐམས་ཅད་འབྱུང་བར་འགྱུར་བ་དང་། བྱང་ཆུབ་སེམས་དཔའ་ས་ལ་གནས་པ་དང་ཕྱིར་མི་ལྡོག་པ་ཐམས་ཅད་འདུ་བར་འགྱུར་བ་དང་། གཞན་ཡང་ཞི་གནས་དང་ལྷག་མཐོང་དང་བློ་གྲོས་དང་དད་པ་དང་ཤེས་རབ་དང་ལྡན་པའི་འཁོར་མང་པོ་འདུ་བར་འགྱུར་བ་ལ་སོགས་པའི་ཡོན་ཏན་དུ་མ་དང་ལྡན་པར་འགྱུར་རོ། །ཞེས་གསུངས། གཞན་ཡང་སེམས་ཅན་ལ་བརྩེ་བ་ཆེན་པོ་དང་བྱམས་པ་ཆེན་པོ་དང་སྙིང་རྗེ་ཆེན་པོ་དང་ཕྱོགས་བཅུའི་སངས་རྒྱས་ཐམས་ཅད་ཀྱི་ཞིང་སྦྱོང་བར་འདོད་པ་དང་། ཕྱོགས་བཅུའི་སངས་རྒྱས་ཐམས་ཅད་ཀྱིས་གསུངས་པའི་དམ་ཆོས་ཐམས་ཅད་གཟུང་བར་འདོད་པ་དང་། སེམས་ཅན་མཐའ་ཡས་པ་ཐམས་ཅད་ཐེག་པ་གསུམ་ལ་འགོད་པར་འདོད་པ་དང་། བདག་ལ་སངས་རྒྱས་ཐམས་ཅད་ཀྱིས་དགོངས་པར་འདོད་པ་དང་། རྟག་ཏུ་མཁན་པོ་དང་སློབ་དཔོན་དང་དགེ་འདུན་རྣམས་ཀྱིས་ཡིད་དུ་འོང་བས་ཐུགས་རྗེས་འཛིན་པར་འདོད་པ་དང་། བྱང་ཆུབ་སེམས་དཔའ་དང་ལྷན་ཅིག་འགྲོགས་པར་འདོད་པས་གནས་བརྟན་ཆེན་པོ་དུས་ལྡན་ཕྱུག་གཉིས་གསེར་གྱི་རྣ་ཀོར་འཛིན་པ་ཡིད་

ལ་བསྒོམས་ཏེ་ཕྱག་འཚལ་ཞིང་མཆོད་དེ་གསོལ་བ་བཏབ་ན་སྔར་སྨོས་པའི་དོན་དེ་དག་འགྲུབ་པར་གསུངས་སོ། །

སིདྡྷ་ལ་ཡི་གླིང་(༧༨༧བ)ན་ནི། །གནས་བརྟན་རྡོ་རྗེ་མོ་ཡི་བུ། །དགྲ་བཅོམ་སྟོང་ཕྲག་གཅིག་གིས་བསྐོར། །ཕྱོགས་མཛུབ་ཛ་ཡབ་འཛིན་ཕྱག་འཚལ། །ཞེས་བསྟུགས་པ་གནས་བརྟན་ཆེན་པོ་རྡོ་རྗེ་མོའི་བུ་ཕྱག་གཡས་ཞི་བའི་ཕྱོགས་མཛུབ་དང་། གཡོན་ཛ་ཡབ་བསྣམས་པ་ནི་གནས་བརྟན་ཆེན་པོ་དེས་སྨོན་ལམ་གྱི་མཐུས་ཕྱག་གཡས་ཀྱི་ཕྱག་རྒྱ་དེ་དང་། གཡོན་གྱི་ཕྱག་མཚན་དེ་གཉིས་སེམས་ཅན་གང་དང་གང་གིས་མཐོང་བ་དེ་དང་དེ་ལ་མཐོ་རིས་དང་ཐར་པའི་དགེ་རྩ་བླ་ན་མེད་པ་བསྐྱེད་པའི་ཕྱིར་ཕྱག་རྒྱ་དང་ཕྱག་མཚན་དེ་ལྟར་འཛིན་པར་མཛད་པ་ཡིན་ཏེ། གནས་བརྟན་ཆེན་པོ་འདིས་དྲི་ཟའི་ཡུལ་དུ་བྱོན་ནས་དྲི་ཟ་མཐའ་ཡས་པ་ལ་ཆོས་བཤད་པས་དྲི་ཟ་རྣམས་དད་ནས་མཆོད་པ་སྣ་ཚོགས་པས་མཆོད་ཅིང་ཁྱད་པར་སྤོས་དྲི་ཞིམ་པོ་མང་པོས་བསྒོས་པའི་ཛ་ཡབ་ཕུལ་བ་རྣམས་ཛ་ཡབ་གཅིག་ཏུ་བྱིན་གྱིས་བརླབས་ཏེ་ཕྱག་མཚན་དུ་བཞེས་པར་མཛད་དེ་ཕྱག་གཡས་ཞི་བའི་ཕྱོགས་མཛུབ་མཛད་པ་དེ་གང་གིས་མཐོང་བ་དང་། དེ་ཡིད་ལ་བྱས་པ་རྣམས་བླ་ན་མེད་པ་ཡང་དག་པར་རྫོགས་པའི་བྱང་ཆུབ་ཏུ་རིགས་ངེས་པར་མཛད་པ་དང་། ཕྱག་གཡོན་ན་བཟུང་བའི་ཛ་ཡབ་དེ་གང་གིས་མཐོང་བ་དང་། དེ་ལ་རེག་པ་དང་། དེའི་དྲི་ཚོར་བ་དང་། དེ་ཡིད་ལ་བྱེད་པ་རྣམས་བླ་ན་མེད་པའི་བྱང་ཆུབ་ཏུ་རིགས་ངེས་པར་མཛད་པ་དང་། གནས་སྐབས་སུ་ནོར་དང་ལོངས་སྤྱོད་ཕུན་སུམ་ཚོགས་པ་དང་ལྡན་པར་འགྱུར་བ་ལ་སོགས་པའི་ཕན་ཡོན་དཔག་ཏུ་མེད་པ་འབྱུང་བར་བྱམས་པ་ལུང་བསྟན་པའི་མདོ་ལས་གསུངས་ཏེ། མདོ་དེ་ཉིད་ལས་གནས་བརྟན་ཆེན་པོ་རྡོ་རྗེ་མོའི་བུ་དྲི་ཟའི་ཡུལ་དུ་(༧༨༨ན)བསོད་སྙོམས་ལ་བྱོན་པའི་ཚེ། དྲི་ཟ་ཕོ་མོ་བུ་དང་བུ་མོ་ལ་སོགས་པ་དུ་མ་ཐར་པ་ལ་བཀོད་པས། སྨན་དྲི་ཞིམ་པོ་དུ་མས་བསྒོས་པའི་ཛ་ཡབ་མང་པོས་མཆོད་

ཅིང་ཕུལ་བ་དེ་འཕགས་པས་བྱིན་གྱིས་བརླབས་ཏེ། གདུལ་བྱ་གང་གིས་མཐོང་བ་དང་རེག་པ་དང་དྲི་ཚོར་བས་ཡེ་ཤེས་ཐམས་ཅད་དང་ལྡན་པ་དང་། དབང་ཕྱུག་ཐམས་ཅད་ཀྱིས་ཕྱུག་པ་དང་། ལུས་མཚན་བཟང་པོ་དང་དཔེ་བྱད་ཕུན་སུམ་ཚོགས་པས་བརྒྱན་པ་འཐོབ་པ་དང་། ལུས་ལ་འོད་དང་འོད་ཟེར་མཐའ་ཡས་པ་དཔག་ཏུ་མེད་པ་ཐམས་ཅད་ཀྱིས་བརྒྱན་པའི་འོད་ཀྱིས་གང་ལ་རེག་པ་ཐམས་ཅད་བླ་ན་མེད་པའི་བྱང་ཆུབ་ཏུ་ངེས་པ་འཐོབ་པ་ལ་སོགས་པའི་ཡོན་ཏན་དུ་མ་དང་ལྡན་པར་འགྱུར་རོ། །ཞེས་གསུངས། གཞན་ཡང་སེམས་ཅན་ཐམས་ཅད་ཀྱི་རྟེན་དང་དཔུང་གཉེན་དང་སྐྱབས་བྱ་བར་འདོད་པ་དང་། སེམས་ཅན་ཐམས་ཅད་རྟག་ཏུ་སངས་རྒྱས་དང་འགྲོགས་པ་འཐོབ་པར་འདོད་པ་དང་། སེམས་ཅན་ཐམས་ཅད་ཀྱིས་རྟག་ཏུ་སྡིག་པ་སྤོང་བ་དང་། ཆོས་དགེ་བ་བཅུ་སྤྱོད་པ་དང་ལྷ་དང་མི་ལ་སོགས་པ་སེམས་ཅན་ཐམས་ཅད་ཀྱི་དགེ་བའི་བསམ་པ་དང་སྨོན་པ་འཕེལ་བར་འདོད་པ་དང་། དགྲ་དང་ཕས་ཀྱི་རྒོལ་བ་ཐམས་ཅད་ཞི་བར་འདོད་པས་གནས་བརྟན་ཆེན་པོ་ཛོ་ཛེ་མོའི་བུ་ཕྱག་གཡས་པ་ཞི་བའི་ཕྱོགས་མཛུབ་མཛད་ཅིང་། ཕྱག་གཡོན་ཛ་ཡབ་གཡོབ་པ་བསྒོམས་ཏེ་ཕྱག་འཚལ་ཞིང་མཆོད་ནས་གསོལ་བ་བཏབ་ན་སྔར་སྨོས་པའི་དོན་དེ་རྣམས་འགྲུབ་པར་གསུངས་སོ། །

ཚུ་བོ་ཡ་མུ་ནའི་གླིང་ན། །འཕགས་པ་གནས་བརྟན་བཟང་པོ་ནི། །(༧༤༤བ) དགྲ་བཅོམ་སྟོང་དང་ཉིས་བརྒྱས་བསྐོར། །ཆོས་འཆད་མཉམ་གཞག་མཛད་ཕྱག་འཚལ། །ཞེས་བསྟགས་པ་གནས་བརྟན་ཆེན་པོ་བཟང་པོ་ཕྱག་གཡས་ཆོས་འཆད་དང་གཡོན་མཉམ་གཞག་མཛད་པ་ནི་སྟོན་པ་ཐུབ་པའི་དབང་པོའི་བཀའ་བཞིན་དུ་རྒྱལ་བའི་བསྟན་པ་མི་ནུབ་པར་ཆེས་ཆེར་སྤེལ་བར་བྱ་བའི་ཕྱིར་སྡེ་སྣོད་གསུམ་གྱི་ཆོས་བསྟན་ནས་གདུལ་བྱ་རྣམས་སྨིན་གྲོལ་གྱི་ལམ་ལ་འགོད་པར་མཛད་དོ། །ཞེས་མཚོན་པའི་ཕྱིར་དུ་ཕྱག་རྒྱ་དེ་ལྟར་མཛད་པ་ཡིན་ནོ། །ཕྱག་རྒྱ་དེ་གཉིས་ཀྱི་ཡོན་ཏན་

ནི་ཕྱག་གཡས་ཆོས་འཆད་ཀྱི་ཕྱག་རྒྱ་མཛད་པ་དེ་གང་གིས་མཐོང་བ་དང་། ཕྱག་རྒྱ་དེ་ཡིད་ལ་བྱེད་པའི་གདུལ་བྱ་རྣམས་ཀྱི་ཆོས་སྤྱོང་གི་ལས་ཀྱི་སྒྲིབ་པ་ཐམས་ཅད་བྱང་བར་འགྱུར་བ་དང་། དགེ་བའི་བཤེས་གཉེན་གྱིས་ཆོས་གང་བསྟན་པ་ཐམས་ཅད་ཆུད་མི་ཟ་བར་འགྱུར་བ་དང་། གསུང་རབ་ཀྱི་ཚིག་དོན་མཐའ་དག་ལ་གདུགས་པ་མེད་པའི་ཤེས་རབ་ཐོབ་པར་འགྱུར་བ་དང་། ཅི་བསམས་པ་ཐམས་ཅད་འགྲུབ་པར་འགྱུར་བ་དང་། ཕྱག་གཡོན་མཉམ་གཞག་གི་སྟེང་ན་སྤེ་སྟོད་གསུམ་གྱི་གླེགས་བམ་བསྣམས་པ་དེ་མཐོང་བ་དང་ཡིད་ལ་བྱེད་པ་ཐམས་ཅད་སེམས་གཡེང་བ་མེད་པར་ཏིང་ངེ་འཛིན་ལ་གནས་པར་འགྱུར་བ་དང་། ཐོས་བསམ་སྒོམ་གསུམ་གྱི་ཤེས་རབ་རྒྱས་པར་འགྱུར་བ་དང་། མ་རྟོགས་པ་དང་། ལོག་པར་རྟོགས་པ་དང་། ཐེ་ཚོམ་གྱི་དྲི་མ་ཐམས་ཅད་མྱུར་དུ་ཞི་བར་འགྱུར་བ་དང་། སངས་རྒྱས་ཀྱི་ཞིང་མཐའ་ཡས་པར་བགྲོད་ནུས་པར་འགྱུར་བ་དང་། ཕྱོགས་བཅུའི་རྒྱལ་བ་རྣམས་ལ་ཆོས་ཉན་པ་ཐོབ་པར་འགྱུར་བ་སོགས་ཀྱི་(༧༥༨ན)ཕན་ཡོན་དཔག་ཏུ་མེད་པ་འབྱུང་བར་བྱམས་པ་ལུང་བསྟན་པའི་མདོ་ལས་གསུངས་ཏེ། མདོ་དེ་ཉིད་ལས་གནས་བརྟན་ཆེན་པོ་བཟང་པོའི་ཕྱག་གཡས་ཆོས་འཆད་ཀྱི་ཕྱག་རྒྱའི་ཡོན་ཏན་ནི། དེ་གདུལ་བྱ་གང་གིས་མཐོང་བ་དང་། དེ་ལ་རེག་པ་དེས་ཐེག་པ་ཆེ་ཆུང་ཐམས་ཅད་ཀྱི་ཚིག་དང་དོན་མ་ལུས་པ་རྟོགས་པའི་ཤེས་རབ་རྒྱུད་ལ་སྐྱེ་བ་དང་། ཅི་བསམས་པའི་དོན་ཐམས་ཅད་འགྲུབ་པར་འགྱུར་བ་དང་། ཐབས་སྙིང་རྗེ་ཆེན་པོ་དང་ཤེས་རབ་སྟོང་པ་ཉིད་ཟབ་མོའི་དོན་ཁོང་དུ་ཆུད་པར་འགྱུར་བ་དང་། གཡོན་མཉམ་གཞག་གི་ཕྱག་རྒྱ་མཛད་པའི་ཡོན་ཏན་ནི། ཏིང་ངེ་འཛིན་དུ་མ་ལ་གདུལ་བྱ་མང་པོ་འགོད་ཅིང་མངོན་ཤེས་དང་རྫུ་འཕྲུལ་དུ་མ་དང་ལྡན་པར་འགྱུར་བ་དང་། ཐམས་ཅད་མཁྱེན་པའི་ཡེ་ཤེས་ཀྱིས་ལམ་ལོག་པ་ཐམས་ཅད་ལས་བཟློག་པར་འགྱུར་བ་དང་། སངས་རྒྱས་ཀྱི་ཞིང་མཐའ་ཡས་པར་འགྲོ་བར་འགྱུར་བ་དང་། ཉོན་མོངས་པའི་དགྲ་ཚོམས་པ་དང་། ཕ་

རོལ་གྱི་རྐྱོལ་བ་ཐམས་ཅད་ཆོས་དང་མཐུན་པར་ཚར་གཅོད་ཅིང་གདུལ་བྱར་འགྱུར་བ་ལ་སོགས་པའི་ཡོན་ཏན་དུ་མ་དང་ལྡན་པར་འགྱུར་བར་གསུངས་སོ། །གཞན་ཡང་འདོད་པ་ཆུང་བ་དང་ཆོག་ཤེས་པ་དང་ངང་ཚུལ་བཟང་ཞིང་མཉེན་པའི་འཁོར་ཐོབ་པར་འདོད་པ་དང་། ལྷ་དང་བཅས་པའི་མཆོད་པའི་གནས་སུ་འགྱུར་བར་འདོད་པས། གནས་བརྟན་ཆེན་པོ་བཟང་པོ་ཕྱག་གཡས་ཐུགས་ཀར་ཆོས་འཆད་མཛད་ཅིང་། ཕྱག་གཡོན་མཉམ་གཞག་སྟེང་ན་སྡེ་སྣོད་གསུམ་གྱི་གླེགས་བམ་བསྣམས་པ་དེ་ཡིད་(༧༥༥བ)ཡུལ་དུ་གསལ་བཏབ་སྟེ་ཕྱག་འཚལ་ཞིང་མཆོད་ནས་གསོལ་བ་བཏབ་ན་སྔར་སྨོས་པའི་དོན་དེ་དག་འགྲུབ་པར་གསུངས་སོ། །

གནས་མཆོག་དམ་པ་ཁ་ཆེ་ན། །འཕགས་པ་གནས་བརྟན་གསེར་བེའུ། །དགྲ་བཅོམ་ཆེན་པོ་ལྔ་བརྒྱས་བསྐོར། །རིན་ཆེན་ཞགས་པ་འཛིན་ཕྱག་འཚལ། །ཞེས་བསྟགས་པ། གནས་བརྟན་ཆེན་པོ་གསེར་བེའུ་ཕྱག་གཉིས་ཀྱིས་རིན་པོ་ཆེའི་ཞགས་པ་འཛིན་པ་ནི། སྙིང་རྗེའི་དབང་གིས་གདུལ་བྱ་རྣམས་ལ་ལོངས་སྤྱོད་ཀྱིས་མི་ཕོངས་པ་སོགས་ཕན་བདེ་སླ་ན་མེད་པ་སྟེར་བའི་ཕྱིར་དུ་མཛད་པ་ཡིན་ཏེ། གནས་བརྟན་ཆེན་པོ་འདིས་སྟོན་པའི་བཀའ་དྲིན་བསམ་པ་དང་། སེམས་ཅན་རྣམས་ལ་སྙིང་བརྩེ་བའི་དབང་གིས་གླུའི་ཡུལ་དུ་ཕྱིན་ནས་གླུ་རྣམས་ལ་སྡེ་སྣོད་གསུམ་གྱི་ཆོས་བསྟན་ཏེ་རང་རང་གི་དབང་པོ་དང་འཚམ་པར་དགེ་བའི་རྩ་བ་བསྐྱེད་ཅིང་གླུ་བློ་གྲོས་དང་ལྡན་པ་མང་པོ་ཞིག་བྱང་ཆུབ་མཆོག་ཏུ་སེམས་བསྐྱེད་དུ་བཅུག་པས་གླུ་རྣམས་དང་དེ་མཆོད་པའི་དངོས་པོ་ཚད་མེད་པས་མཆོད་ཅིང་། ལྷག་པར་གླུའི་ནོར་གྱི་གཙོ་བོ་ནོར་བུ་མང་དུ་ཕུལ་བ་རྣམས་རིན་པོ་ཆེའི་ཞགས་པ་དགོས་འདོད་ཀུན་འབྱུང་བ་གཅིག་ཏུ་བྱིན་གྱིས་བརླབས་ནས་རིན་པོ་ཆེའི་ཞགས་པ་དེ་གང་གིས་མཐོང་བ་དང་། དེ་ལ་རེག་པ་དང་། དེ་ཡིད་ལ་བྱེད་པ་ཐམས་ཅད་གནས་སྐབས་སུ་ཅི་འདོད་པའི་ཡོ་བྱད་ཐམས་ཅད་འབྱུང་བར་འགྱུར་བ་དང་། གསུང་རབ་ཀྱི་ཚིག

དོན་ལ་མི་བརྗེད་པའི་གཟུངས་ཐོབ་པར་འགྱུར་བ་དང་། སངས་རྒྱས་དང་བྱང་ཆུབ་སེམས་དཔའ་རྣམས་ལས་ཆོས་ཐོས་པར་འགྱུར་བ་དང་། ཆོས་རབ་ཏུ་རྣམ་(༧༨༠ན)འབྱེད་ཀྱི་ཤེས་རབ་རྒྱ་ཆེན་པོ་ཐོབ་པར་འགྱུར་བ་ལ་སོགས་པ་ཕན་ཡོན་དཔག་ཏུ་མེད་པ་འབྱུང་བར་བྱམས་པ་ལུང་བསྟན་པའི་མདོ་ལས་གསུངས་ཏེ། མདོ་དེ་ཉིད་ལས་གནས་བརྟན་ཆེན་པོ་གསེར་བེའུས་གླུའི་ཡུལ་དུ་བསོད་སྙོམས་ལ་བྱོན་ཏེ། གླུ་དཔག་ཏུ་མེད་པ་བྱང་ཆུབ་མཆོག་ཏུ་སེམས་བསྐྱེད་དུ་བཅུག་པས། གླུ་རྣམས་ཀྱིས་རིན་པོ་ཆེའི་ཞགས་པ་ཅི་དགོས་པ་འབྱུང་བ་ཕུལ། དེ་ལ་འཕགས་པས་བྱིན་གྱིས་བརླབས་པས། གདུལ་བྱ་གང་ལ་རེག་པ་དང་མཐོང་བ་ཐམས་ཅད་ཀྱིས་དྲན་པ་མི་བརྗེད་པ་འཐོབ་པ་དང་། སངས་རྒྱས་དང་བྱང་ཆུབ་སེམས་དཔའ་ཐམས་ཅད་ཀྱིས་གསུངས་པའི་ཆོས་ཐམས་ཅད་ཐོས་པ་དང་། གཟུངས་ཀྱི་སྒོ་མང་པོ་འཐོབ་པ་དང་། སྤོབས་པ་རྒྱ་ཆེན་པོ་འཐོབ་པ་དང་། ཤེས་རབ་རྒྱ་ཆེན་པོ་འཐོབ་པ་ལ་སོགས་པའི་ཡོན་ཏན་དུ་མ་དང་ལྡན་པར་འགྱུར་རོ། །ཞེས་གསུངས། གཞན་ཡང་བདག་ཉིད་དགེ་བའི་བཤེས་གཉེན་དམ་པ་རྣམས་དང་མི་འབྲལ་བ་དང་། འཁོར་རྣམ་པ་བཞི་བདག་ལ་གུས་པས་ཉན་པ་དང་། ལྷ་དང་གླུ་དང་གནོད་སྦྱིན་དང་འབྱུང་པོ་དང་ས་བླའི་གནོད་སྦྱིན་ལ་སོགས་པ་ཐམས་ཅད་བདག་ལ་གུས་པས་བཀའ་བཞིན་བསྒྲུབ་པར་འདོད་པ་དང་། རྒྱལ་པོ་དང་བློན་པོ་དང་སྲས་དང་བཙུན་མོ་དང་འབངས་དང་ཁྱིའུ་དང་བུ་མོ་དང་སྐྱེས་པ་དང་བུད་མེད་དང་། བྲམ་ཟེ་རིགས་ཕྱུགས་འཆང་བ་དང་དྲང་སྲོང་སྒོམ་ལམ་གྲུབ་པ་ལ་སོགས་པ་ཐམས་ཅད་བདག་ལ་གུས་པས་འཁྲོགས་པ་དང་གཏམ་བྱ་བ་དང་། བཀའ་བཞིན་བསྒྲུབ་པར་འདོད་པ་དང་ཚེ་རིང་བ་དང་ནད་མེད་པ་དང་། ལྷ་དང་གླུ་དང་གནོད་སྦྱིན་(༧༨༠བ)དང་འབྱུང་པོ་དཀར་ཕྱོགས་ལ་དགའ་བ་གཟི་བརྗིད་ཆེ་བ་རྣམས་ཀྱིས་བདག་གི་ལུས་ཀྱི་གཟི་བརྗིད་བསྐྱེད་པ་དང་སེམས་ཀྱི་མཐུ་བསྐྱེད་པར་འདོད་པ་དང་། གང་ཟག

ཐམས་ཅད་ཀྱི་རྒྱུད་འཛམ་པ་དང་ཞི་བ་དང་དུལ་བ་དང་དད་པ་དང་བརྩོན་འགྲུས་དང་ཤེས་རབ་རྒྱས་པར་འདོད་པས་གནས་བརྟན་ཆེན་པོ་གསེར་བེའུ་རིན་པོ་ཆེའི་ཞགས་པ་བསྣམས་པ་ཡིད་ལ་བསམས་ཏེ་ཕྱག་འཚལ་ཞིང་མཆོད་ནས་གསོལ་བ་བཏབ་ན་སྔར་སྨོས་པའི་དོན་དེ་རྣམས་འགྲུབ་པར་གསུངས་སོ། །

ནུབ་ཀྱི་བ་ལང་སྤྱོད་གླིང་ན། །བྷ་ར་དྭ་ཛ་གསེར་ཅན་ནི། །དགྲ་བཅོམ་ཆེན་པོ་བདུན་བརྒྱས་བསྐོར། །ཕྱག་གཉིས་མཉམ་གཞག་མཛད་ཕྱག་འཚལ། །ཞེས་བསྟགས་པ་གནས་བརྟན་ཆེན་པོ་བྷ་ར་དྭ་ཛ་གསེར་ཅན་ཕྱག་གཉིས་མཉམ་གཞག་གི་ཕྱག་རྒྱ་མཛད་པ་ནི་གདུལ་བྱ་རྣམས་ལ་ཁམས་གསུམ་གྱི་འཁོར་བ་ལས་གྲོལ་བར་འདོད་པ་རྣམས་ཀྱིས་རྒྱལ་བས་བསྟན་པའི་ལམ་བསྒོམས་ནས་གྲོལ་བར་བྱེད་དགོས་ཀྱིས་མ་བསྒོམས་པར་གྲོལ་བའི་ཐབས་མེད་དོ་ཞེས་འདོམས་པ་དང་། མཉམ་གཞག་མཛད་པའི་སྐུའི་རྣམ་པ་དེས་གདུལ་བྱ་རྣམས་ལ་ཕན་བདེ་བླ་ན་མེད་པ་སྟེར་བར་བྱ་བའི་ཕྱིར་དུ་མཛད་པ་ཡིན་ཏེ། གནས་བརྟན་ཆེན་པོ་བྷ་ར་དྭ་ཛ་སྐུ་དྲང་པོར་བསྲུངས། ཕྱག་གཉིས་མཉམ་གཞག་གི་ཕྱག་རྒྱ་མཛད་པ་དེ་གང་གིས་མཐོང་བ་དང་། དེ་ལ་རེག་པ་དང་། དེ་ཡིད་ལ་བྱེད་པ་ཐམས་ཅད་ངན་སོང་ངན་འགྲོ་ལོག་པར་ལྟུང་བའི་གནས་ཐམས་ཅད་ལས་ཐར་བར་འགྱུར་བ་དང་། ལུས་དང་སེམས་ལ་བདེ་བ་རྒྱས་པར་འགྱུར་བ་དང་། ནང་དུ་རྟོགས་པ་ཁྱད་པར་ཅན་མྱུར་དུ་ཐོབ་(༡༡༡ན)པར་འགྱུར་བ་དང་། སེམས་རྩེ་གཅིག་པའི་ཏིང་ངེ་འཛིན་ལ་བརྟེན་ནས་ཡོན་ཏན་ཐམས་ཅད་རྒྱས་པར་འགྱུར་བ་ལ་སོགས་པ་ཕན་ཡོན་དཔག་ཏུ་མེད་པ་འབྱུང་བར་བྱམས་པ་ལུང་བསྟན་པའི་མདོ་ལས་གསུངས་ཏེ། མདོ་དེ་ཉིད་ལས། གནས་བརྟན་ཆེན་པོ་བྷ་ར་དྭ་ཛ་གསེར་ཅན་གྱི་ཕྱག་གཉིས་མཉམ་པར་བཞག་པའི་ཡོན་ཏན་ནི། གདུལ་བྱ་གང་གི་མདུན་དུ་ཕྱག་རྒྱ་དེ་བཅས་པའི་གདུལ་བྱ་དེ་ངན་འགྲོ་ལས་ཐར་ཏེ་རབ་ཏུ་དགའ་བ་དང་། བདེ་བ་རྒྱས་པར་འགྱུར་བ་དང་། རིག་པའི་

ཡེ་ཤེས་རྒྱས་པར་འགྱུར་བ་དང་། ནམ་མཁའ་རྣམ་པར་དག་པ་ལྟར་དཀར་པོའི་ཡོན་ཏན་ཐམས་ཅད་རྒྱུད་ལ་རྒྱས་པར་འགྱུར་བ་ལ་སོགས་པའི་ཡོན་ཏན་དུ་མ་དང་ལྡན་པར་འགྱུར་བར་གསུངས་སོ། །གཞན་ཡང་གྲགས་པ་དང་སྙན་པ་ཐོབ་པ་དང་། བུད་མེད་སྐྱེ་བ་ཕྱི་མ་ལ་སྐྱེས་པའི་ལུས་འཐོབ་པར་འདོད་པ་དང་། ཁྱིའུ་དང་བུ་མོ་ཡིད་དུ་འོང་བ་འཐོབ་པར་འདོད་པ་དང་། གྲོགས་དང་མཛའ་བཤེས་ལ་སོགས་པ་ཡིད་དུ་འོང་བ་འཐོབ་པར་འདོད་པ་དང་། རྒྱལ་པོ་དང་བློན་པོ་དང་རྒྱལ་པོའི་བུ་དང་བཙུན་མོ་ལ་སོགས་པ་དང་དགའ་བས་འགྲོགས་པ་དང་། སངས་རྒྱས་ཀྱི་ཞལ་མཐོང་བར་འདོད་པ་དང་། བྱང་ཆུབ་སེམས་དཔའ་ཆེན་པོ་རྣམས་ཐེག་པ་ཆེན་པོའི་ཆོས་ཀྱི་བགྲོ་བ་མཛད་པ་ལྟ་བར་འདོད་པ་དང་། བྱང་ཆུབ་སེམས་དཔའ་ཆེན་པོ་རྣམས་ཕ་རོལ་ཏུ་ཕྱིན་པ་དྲུག་གི་སྤྱོད་པ་རླབས་པོ་ཆེ་ལ་ཇི་ལྟར་སློབ་པར་མཛད་པ་ལྟ་བར་འདོད་པ་དང་། སངས་རྒྱས་བཅོམ་ལྡན་འདས་ཀྱི་སྲས་ཀྱི་ཐུ་བོར་བདག་སྐྱེ་བར་འདོད་པ་དང་། (༡༡༡བ)སྒྱུ་མ་ལྟ་བུའི་ཏིང་ངེ་འཛིན་གྱི་ཕན་ཡོན་འཐོབ་པར་འདོད་པ་དང་། གྲོགས་དམ་པ་བྱང་ཆུབ་སེམས་དཔའ་རྣམས་དང་འགྲོགས་ཤིང་མི་འབྲལ་བར་འདོད་པས་གནས་བརྟན་ཆེན་པོ་ཛྷ་ར་ཎྜ་ཛ་གསེར་ཅན་ཕྱག་གཉིས་མཉམ་གཞག་མཛད་པ་ཡིད་ལ་བསམས་ཏེ་ཕྱག་འཚལ་ཞིང་མཆོད་ནས་གསོལ་བ་བཏབ་ན་སྔར་སྨོས་པའི་དོན་དེ་རྣམས་འགྲུབ་པར་གསུངས་སོ། །

བྱང་གི་སྒྲ་མི་སྙན་ན་ནི། །འཕགས་པ་གནས་བརྟན་བ་ཀུ་ལ། །དགྲ་བཅོམ་ཆེན་པོ་དགུ་བརྒྱས་བསྐོར། །ཕྱག་གཉིས་ནེའུ་ལེ་འཛིན་ཕྱག་འཚལ། །ཞེས་བསྟགས་པ་གནས་བརྟན་ཆེན་པོ་བ་ཀུ་ལ་ཕྱག་གཉིས་ཀྱིས་ནེའུ་ལེ་བསྣམས་པ་ནི། རྒྱལ་བའི་བསྟན་པ་འདི་ལ་རབ་ཏུ་བྱུང་བའི་གདུལ་བྱ་རྣམས་སྒྲུབ་པ་སྙིང་པོར་བྱེད་པ་ལ་འཚོ་བས་ཕོངས་པའི་གེགས་མི་འབྱུང་བར་གང་བསམས་པའི་དོན་ཐམས་ཅད་འགྲུབ་པར་བདེན་པའི་མཐུས་བྱིན་གྱིས་བརླབས་ཏེ་སེམས་ཅན་རྣམས་ལ་ཕན་བདེ་བླ་

མེད་སྟེར་བའི་ཕྱིར་དུ་ཡིན་ཏེ། གནས་བརྟན་ཆེན་པོ་བ་ཀུ་ལས་ཕྱག་གཉིས་ཀྱིས་ནེའུ་ལེ་ཁ་ནས་རིན་པོ་ཆེ་སྐྱུག་པ་བཟུང་བ་དེ་གང་གིས་མཐོང་བ་དང་དེ་ལ་རེག་པ་དང་སྐུའི་རྣམ་པ་དེ་ལྟ་བུ་ཡིད་ལ་བྱེད་པ་ཐམས་ཅད་ཀྱི་བཀྲེས་པ་དང་སྐོམ་པ་དང་དབུལ་ཞིང་ཕོངས་པ་ཐམས་ཅད་མྱུར་དུ་ཞི་ནས་ཇི་ལྟར་སྨོན་པ་ཐམས་ཅད་ཡིད་བཞིན་དུ་འགྲུབ་པ་དང་། དམ་པའི་ཆོས་སྒྲུབ་པའི་ཕྱིར་དང་ནང་གི་མཐུན་པའི་རྐྱེན་ཐམས་ཅད་ཚང་བར་འགྱུར་བ་དང་། སྲིད་པའི་ཕུན་ཚོགས་ལ་ཞེན་པ་ལོག་པའི་ངེས་འབྱུང་དང་། བྱམས་པ་དང་། སྙིང་རྗེ་དང་། བྱང་ཆུབ་ཀྱི་སེམས་(༧༡༢ན)སོགས་ཡོན་ཏན་རྣམས་འཕེལ་ཞིང་རྒྱས་པར་འགྱུར་བར་བྱམས་པ་ལུང་བསྟན་པའི་མདོ་ལས་གསུངས་ཏེ། མདོ་དེ་ཉིད་ལས། གནས་བརྟན་ཆེན་པོ་བ་ཀུ་ལའི་ཕྱག་ན་བསྣམས་པའི་ནེའུ་ལེ་གདུལ་བྱ་གང་གིས་རེག་པ་དང་མཐོང་བས་འདོད་པའི་ཡོན་ཏན་ལྔ་ཕུན་སུམ་ཚོགས་པ་འབྱུང་བར་འགྱུར་བ་དང་། ཕ་རོལ་དུ་ཕྱིན་པ་དྲུག་མྱུར་དུ་རྫོགས་པར་འགྱུར་བ་དང་། ཆོས་ཐམས་ཅད་ཀྱི་དེ་ཁོ་ན་ཉིད་རྟོགས་པར་འགྱུར་བ་དང་། བྱམས་པ་དང་སྙིང་རྗེ་ཆེན་པོ་རྒྱས་པར་འགྱུར་བ་ལ་སོགས་པའི་ཡོན་ཏན་དུ་མ་དང་ལྡན་པར་འགྱུར་བར་གསུངས་སོ། །གཞན་ཡང་ངན་སོང་གསུམ་དང་མི་ཁོམ་པ་བརྒྱད་ལས་ཐར་བར་འདོད་པ་དང་། སེམས་ཅན་བཀྲེས་པ་དང་སྐོམ་པ་དང་གཅེར་བུ་དང་འོན་པ་དང་ལོང་བ་དང་དབང་ཆུང་བ་དང་ལྐུགས་པ་དང་དིག་པ་དང་རྨོངས་པ་དང་གླེན་པ་ལ་སོགས་པ་ལས་ཐར་བར་འདོད་པ་དང་། ལྷ་དང་མི་དབུལ་པོ་ལ་སོགས་པ་ལས་ཐར་པར་འདོད་པས་གནས་བརྟན་ཆེན་པོ་བ་ཀུ་ལ་ཕྱག་གཉིས་ཀྱིས་དགོས་འདོད་འབྱུང་བའི་ནོར་བུ་སྐྱུག་པའི་ནེའུ་ལེ་བསྣམས་པ་ཡིད་ལ་བསྒོམས་ཏེ། ཕྱག་འཚལ་ཞིང་མཆོད་དེ་གསོལ་བ་བཏབ་ན་ཇི་ལྟར་སྨོན་པའི་དོན་དེ་དག་ཐམས་ཅད་འགྲུབ་པར་གསུངས་སོ། །

ཕྱི་ཡང་ཀུ་ཡི་གླིང་ན་ནི། །འཕགས་པ་གནས་བརྟན་སྒྲ་གཅན་འཛིན། །དགྲ་

བཅོམ་སྟོང་དང་ཆིག་བརྒྱུས་བསྐོར། །རིན་ཆེན་ཕྲོག་ཞུ་འཛིན་ཕྱག་འཚལ། །ཞེས་བསྟགས་པ་གནས་བརྟན་ཆེན་པོ་སྒྲ་གཅན་འཛིན་ཕྱག་གཉིས་ཀྱིས་རིན་པོ་ཆེའི་ཕྲོག་ཞུ་(༡༨༢བ)བསྣམས་པ་ནི་སྙིང་རྗེ་དང་སྨོན་ལམ་གྱི་དབང་གིས་སེམས་ཅན་ཐམས་ཅད་ལ་ཕན་བདེ་བླ་ན་མེད་པ་སྟེར་བའི་ཕྱིར་དུ་བསྣམས་པ་ཡིན་ཏེ། གནས་བརྟན་ཆེན་པོ་སྒྲ་གཅན་འཛིན་གྱིས་སྟོན་པའི་བཀའ་བཞིན་དུ་སྒྲུབ་པ་དང་། སྤྱིར་སེམས་ཅན་ཐམས་ཅད་དང་ལྷག་པར་རྩོད་དུས་སྙིགས་མའི་འགྲོ་བ་སངས་རྒྱས་ཐམས་ཅད་ཀྱིས་ཡལ་བར་བོར་བ་མགོན་སྐྱབས་མེད་པ་སྙིགས་མར་ལུས་པ་རྣམས་ཐུགས་རྗེས་མ་བཟོད་ནས་སྟོན་པའི་བཀའ་བཞིན་དུ་རྒྱལ་བའི་མྱ་ངན་ལས་འདས་ནས་ཀྱང་མྱ་ངན་ལས་མི་འདའ་བར་བཞུགས་ཏེ་གླིང་བཞི་དང་གླིང་ཕྲན་བརྒྱད་འདོད་ལྷ་རིགས་དྲུག་སོགས་སུ་ཕྱིན་ནས་དེ་དང་དེ་ན་གནས་པའི་སེམས་ཅན་རྣམས་ལ་གང་ལ་གང་འཚམས་ཀྱི་ཆོས་བསྟན་ནས་ཐེག་པ་གསུམ་གྱི་ལམ་ལ་འཁྲིད་པར་མཛད་ཅིང་། ལྷག་པར་སུམ་ཅུ་རྩ་གསུམ་དུ་ཕྱིན་ནས་ལྷ་རྣམས་ལ་སྡེ་སྣོད་གསུམ་གྱི་ཆོས་རྒྱ་ཆེར་བསྟན་པས་སུམ་ཅུ་རྩ་གསུམ་པའི་ལྷ་རྣམས་ཤིན་ཏུ་དད་དེ་ལྷའི་བུ་དང་བུ་མོ་མང་པོས་རང་རང་གི་ལུས་ཀྱི་རྒྱན་རྣམས་ཕུད་དེ་གནས་བརྟན་ཆེན་པོ་སྒྲ་གཅན་འཛིན་ལ་ཕུལ་བས་གནས་བརྟན་ཆེན་པོས་སུམ་ཅུ་རྩ་གསུམ་པའི་ལྷ་རྣམས་ཀྱི་ཚོགས་རྫོགས་པར་བྱ་བའི་ཕྱིར་དང་ཕྱི་མའི་སྐྱེ་བོ་རྣམས་ལ་ཕན་གདགས་པར་བྱ་བའི་ཕྱིར་རྒྱན་ཐམས་ཅད་རིན་པོ་ཆེའི་ཕྲོག་ཞུ་གཅིག་ཏུ་བྱིན་གྱིས་བརླབས་ཏེ་ཕྱག་ཏུ་བསྣམས་པ་དེ་གང་གིས་མཐོང་བ་དང་། དེ་ལ་རེག་པ་དང་དེ་ཡིད་ལ་བྱེད་པ་ཐམས་ཅད་ཕྱི་ནང་གི་བར་གཅོད་གང་གིས་ཀྱང་མི་ཚུགས་ཤིང་སངས་རྒྱས་ཀྱིས་གསུངས་པའི་ཆོས་ཐམས་ཅད་ཀྱི་ཚིག་དོན་རྟོགས་པར་(༡༨༣ན)འགྱུར་བ་དང་། སངས་རྒྱས་དང་བྱང་ཆུབ་སེམས་དཔའ་ཐམས་ཅད་ཀྱིས་མྱུར་དུ་རྒྱུད་བྱིན་གྱིས་རློབ་པར་འགྱུར་བ་དང་། གནས་གང་དུ་འདུག་ཀྱང་ཆོས་སྒྲུབ་པའི་མཐུན་པའི་རྐྱེན་ཐམས་ཅད་ཡིད་བཞིན་

ཏུ་འགྲུབ་པ་ལ་སོགས་པའི་ཕན་ཡོན་དཔག་ཏུ་མེད་པ་འབྱུང་བར་བྱམས་པ་ལུང་བསྟན་པའི་མདོ་ལས་གསུངས་ཏེ། མདོ་དེ་ཉིད་ལས་གནས་བརྟན་ཆེན་པོ་སྒྲ་གཅན་འཛིན་གྱིས་གདུལ་བྱའི་དབང་གིས་སུམ་ཅུ་རྩ་གསུམ་པའི་ལྷའི་གནས་སུ་བསོད་སྙོམས་ལ་བྱོན་པའི་ཚེ། ལྷའི་བུ་དང་བུ་མོ་མང་པོ་ཐར་ལམ་ལ་བཀོད་པས་ལྷའི་བུ་དང་བུ་མོ་དག་གིས་རང་རང་གི་དབུ་རྒྱན་དང་ཟེ་ཕྲོག་ཕུད་དེ་ཕུལ་བས། འཕགས་པས་དེ་དག་ཕྲོག་ཞུ་གཅིག་ཏུ་བྱིན་གྱིས་བརླབས་ནས། ཕྲོག་ཞུ་གདུལ་བྱ་གང་གི་མགོ་ལ་བཞག་པ་དང་གང་གིས་མཐོང་བ་དེའི་དགྲ་ཆོམས་པ་དང་། སངས་རྒྱས་ཀྱིས་གསུངས་པའི་ཆོས་ཐམས་ཅད་ཀྱི་ཚིག་དོན་རྟོགས་པ་དང་། སངས་རྒྱས་དང་བྱང་ཆུབ་སེམས་དཔའ་ཐམས་ཅད་ཀྱིས་བྱིན་གྱིས་རློབ་པ་ལ་སོགས་པའི་ཡོན་ཏན་དུ་མ་དང་ལྡན་པར་འགྱུར་རོ། །ཞེས་གསུངས་སོ། །གཞན་ཡང་སངས་རྒྱས་ཐམས་ཅད་བསྐལ་པ་བསམ་གྱིས་མི་ཁྱབ་པར་འཛིག་རྟེན་འདིར་བཞུགས་ཏེ་ཆོས་སྟོན་པར་འདོད་པ་དང་། སེམས་ཅན་ཐམས་ཅད་ཀྱི་ཉོན་མོངས་པ་དུག་གསུམ་ལ་སོགས་པ་ཐམས་ཅད་ཞི་བར་འདོད་པ་དང་། མི་ཁོམ་པའི་གནས་ལ་སོགས་པ་ཐམས་ཅད་དུ་དཀོན་མཆོག་གསུམ་གྱི་སྒྲ་བསྒྲགས་པས་དེ་དག་གི་སྡུག་བསྔལ་ཞི་བར་འདོད་པ་དང་། བྱང་ཆུབ་སེམས་དཔའི་དགེ་འདུན་གྱི་འཁོར་(༡༤༣བ)འདུ་བར་འདོད་པ་དང་། ཐེག་ཆེན་གྱི་ཆོས་ལ་ཐེ་ཚོམ་དང་སོམ་ཉི་དང་ཡིད་གཉིས་མེད་པར་རྩེ་གཅིག་ཏུ་མོས་ཤིང་སྤྱོད་པར་འདོད་པས་གནས་བརྟན་ཆེན་པོ་སྒྲ་གཅན་འཛིན་སྐུ་བལྟ་བས་ཆོག་མི་ཤེས་པ་དབུའི་གཙུག་ཏོར་ཅུང་ཟད་འཕགས་པ་ཕྱག་གཉིས་ཀྱིས་རིན་པོ་ཆེའི་ཕྲོག་ཞུ་བསྣམས་པ་ཡིད་ལ་བསྒོམས་ཏེ་ཕྱག་འཚལ་ཞིང་མཆོད་ནས་གསོལ་བ་བཏབ་ན་ སྔར་སྨོས་པའི་དོན་དེ་རྣམས་འགྲུབ་པར་གསུངས་སོ། །

བྱ་རྐོད་ཕུང་པོའི་རི་བོ་ལ། །འཕགས་པ་གནས་བརྟན་ལམ་ཕྲན་བསྟན། །དགྲ་བཅོམ་སྟོང་དང་དྲུག་བརྒྱས་བསྐོར། །ཕྱག་གཉིས་མཉམ་གཞག་མཛད་ཕྱག་

འཚལ། །ཞེས་བསྟགས་པ་གནས་བརྟན་ཆེན་པོ་ལམ་ཕྲན་བསྟན་ཕྱུག་གཉིས་མཉམ་གཞག་མཛད་པ་ནི། སྟོན་པའི་བཀའ་དྲིན་བསབ་པ་དང་། སེམས་ཅན་རྣམས་ལ་སྙིང་བརྩེ་བས་ཕྱི་རབས་ཀྱི་གདུལ་བྱ་རྣམས་ལ་འདི་ལྟར་བྱ་དགོས་སོ་ཞེས་འདོམས་པ་སྟེ། རྒྱལ་བའི་བསྟན་པ་ལ་ཞུགས་པ་རྣམས་ཀྱིས་ནི། སྲིད་འཁོར་བའི་ཕུན་ཚོགས་གང་ལའང་མ་ཆགས་པ་དང་། ལྷག་པར་ཚེ་འདིའི་བྱ་བ་ལ་མ་ཆགས་པར་སྲིད་པ་མཐའ་དག་ལ་ཞེན་པ་ལོག་པའི་ངེས་འབྱུང་གིས་རྒྱུད་བསྐུལ་ནས་དབེན་པའི་གནས་སུ་ལུས་གནད་དང་ལྡན་པ་འདི་ལྟ་བུ་བྱས་ནས་ནང་དུ་ཡང་དག་པའི་དོན་ལ་འཛལ་བ་དང་རྟོག་པ་དང་། ཡང་དང་ཡང་དུ་ངེས་པར་སེམས་པ་དང་། བསྒོམས་པས་རྒྱུད་གྲོལ་བར་བྱ་དགོས་སོ་ཞེས་འདོམས་པ་དང་། བདེན་པའི་མཐུས་བྱིན་གྱིས་བརླབས་ཏེ་མཉམ་གཞག་གི་ཕྱག་རྒྱ་མཛད་པ་དེ་གང་གིས་མཐོང་བ་དང་། དེ་ལ་རིག་པ་(༡༨༤ན)དང་། དེ་ཡིད་ལ་བྱེད་པ་ཐམས་ཅད་ཕྱི་ནང་གི་བར་གཅོད་ཉེར་འཚེ་ཐམས་ཅད་ལས་ཐར་བ་དང་། སེམས་ཞི་ཞིང་དུལ་བར་འགྱུར་བ་དང་། སྐུའི་རྣམ་པ་འདི་གང་དུ་གནས་པའི་ས་ཕྱོགས་སུ་མེའི་གནོད་པ་མི་འབྱུང་བ་སོགས་ཕན་ཡོན་དཔག་ཏུ་མེད་པ་འབྱུང་བར་བྱམས་པ་ལུང་བསྟན་པའི་མདོ་ལས་གསུངས་ཏེ། མདོ་དེ་ཉིད་ལས་གནས་བརྟན་ཆེན་པོ་ལམ་ཕྲན་བསྟན་གྱི་ཕྱག་གཉིས་མཉམ་གཞག་མཛད་པ་ཡོན་ཏན་དུ་མ་དང་ལྡན་ཏེ། གང་དུ་འཕགས་པ་ལམ་ཕྲན་བསྟན་མཉམ་པར་བཞག་པའི་ས་ཕྱོགས་དེར་སེམས་ཅན་ཐམས་ཅད་ཀྱི་འདོད་ཆགས་ཀྱི་མེ་དང་། ཞེ་སྡང་གི་མེ་དང་། གཏི་མུག་གི་མེ་དང་། ཀུན་ནས་མནར་སེམས་པའི་མེ་དང་། མི་ཤེས་པའི་མེ་དང་། སྡུག་བསྔལ་གྱིས་གདུངས་པའི་མེ་དང་། སེམས་འཁྲུགས་པའི་མེ་དང་། ལོག་པར་ལྟ་བའི་མེ་དང་། ལོག་པར་སེམས་པ་ལ་སོགས་པའི་མེ་ཞི་བ་དང་། དབང་པོ་དུལ་བ་དང་། རྐྱེན་ངན་པའི་གནོད་ཉེ་བར་ཞི་བ་ལ་སོགས་པའི་ཡོན་ཏན་དུ་མ་དང་ལྡན་པར་འགྱུར་བར་གསུངས་སོ། །གཞན་ཡང་དཔའ་བར་འགྲོ་

བའི་ཏིང་ངེ་འཛིན་ལ་སོགས་པ་ཏིང་ངེ་འཛིན་བརྒྱ་སྟོང་ཕྲག་དུ་མ་ལ་མཉམ་པར་འཇོག་པར་འདོད་པ་དང་། དེ་བཞིན་གཤེགས་པའི་སྟོབས་བཅུ་ཐོབ་པར་འདོད་པ་དང་། སྐྱེ་བའི་སྡུག་བསྔལ་གྱིས་ཉམ་ང་བ་དང་། སྲིད་པའི་སྡུག་བསྔལ་བརྒྱད་ཀྱིས་ཉམ་ང་བ་དང་། སྣོ་གསུམ་གྱི་སྡིག་པ་སྤྱད་པས་ཉམ་ང་བ་དང་། རྩ་བའི་ཉོན་མོངས་པ་དྲུག་དང་ཉེ་བའི་ཉོན་མོངས་པ་ཉི་ཤུས་ཉམ་ང་བ་དང་། བྱིས་པ་བླུན་པོ་སྤྱོད་པ་མི་ཤེས་པས་(ཁ་ཚབ)ཉམ་ང་བ་དང་། སྡིག་པའི་གྲོགས་པོའི་དབང་དུ་སོང་བས་ཉམ་ང་བ་དང་། དལ་བ་དོན་མེད་པའི་སྤྱོད་པས་དུས་འདའ་བས་ཉམ་ང་བ་དང་། དུས་ངན་པས་འཇིགས་ཤིང་བསོད་ནམས་ལོག་པར་བསྔོས་པས་ཉམ་ང་བ་བརྒྱད་དང་བྲལ་བར་འདོད་པས་གནས་བརྟན་ཆེན་པོ་ལམ་ཕྲན་བསྟན་ཕྱག་གཉིས་མཉམ་གཞག་མཛད་པ་ཡིད་ལ་བསྒོམས་ཏེ་ཕྱག་འཚལ་ཞིང་མཆོད་ནས་གསོལ་བ་བཏབ་ན། སྔར་སྨོས་པའི་གེགས་དེ་རྣམས་ཞི་བ་དང་འདོད་པའི་དོན་དེ་རྣམས་འགྲུབ་པར་གསུངས་སོ། །

ཤར་གྱི་ལུས་འཕགས་གླིང་ན་ནི། །ཧྭ་ར་ཧྭ་ཛ་བསོད་སྙོམས་ལེན། །དགྲ་བཅོམ་སྟོང་ཕྲག་གཅིག་གིས་བསྐོར། །གླེགས་བམ་ལྷུང་བཟེད་འཛིན་ཕྱག་འཚལ། །ཞེས་བསྟགས་པ་གནས་བརྟན་ཆེན་པོ་ཧྭ་ར་ཧྭ་ཛ་བསོད་སྙོམས་ལེན་ཕྱག་གཡས་གླེགས་བམ་བསྣམས་ཤིང་། ཕྱག་གཡོན་མཉམ་གཞག་གི་སྟེང་ན་བདུད་རྩིས་གང་བའི་ལྷུང་བཟེད་བསྣམས་པ་ནི། ཐུགས་སྙིང་རྗེ་ཆེན་པོའི་གཞན་དབང་དུ་གྱུར་པས་སེམས་ཅན་རྣམས་ལ་ཕན་བདེ་བླ་ན་མེད་པ་སྟེར་བའི་ཕྱིར་དུ་བསྣམས་པ་ཡིན་ཏེ། ཕྱག་གཡས་ཀྱིས་གླེགས་བམ་བསྣམས་པ་ནི་གླེགས་བམ་དེ་གང་གིས་མཐོང་བ་དང་། དེ་ཡིད་ལ་དྲན་པ་ཐམས་ཅད་ཀྱི་སྡུག་བསྔལ་ཐམས་ཅད་ཞི་བར་བྱེད་ཅིང་འདོད་དོན་རྣམས་འགྲུབ་པར་བྱེད་དེ། འོན་པ་རྣམས་ཀྱིས་སྒྲ་ཐོས་པར་འགྱུར་བ་དང་། ལོང་བ་རྣམས་ཀྱིས་མཐོང་བར་འགྱུར་བ་དང་། ལྐུགས་པ་རྣམས་ཀྱིས་སྒྲ

ཤེས་པར་འགྱུར་བ་དང་། དྲན་པ་ཉམས་པ་དང་སེམས་གཡེངས་པ་རྣམས་ཀྱི་སེམས་རྣལ་དུ་གནས་པར་འགྱུར་བ་དང་། མི་ཁོམ་པར་སྐྱེས་པ་རྣམས་ཀྱིས་ཕྱུག་གི་གླིགས་བམ་དེ་(༧༥ན)མཐོང་ན་མཐོང་མ་ཐག་ཏུ་དད་པ་སྐྱེད་པར་འགྱུར་བ་དང་། ཕྱུག་གཡོན་ན་བསྣམས་པའི་ལྷུང་བཟེད་བདུད་རྩིས་གང་བ་དེ་མཐོང་བ་དང་། ཐོས་པ་དང་། ཡིད་ལ་དྲན་པ་ཐམས་ཅད་འཚོ་བས་ཕོངས་པར་མི་འགྱུར་བར་ཅི་བསམས་པ་ཐམས་ཅད་འགྲུབ་པར་འགྱུར་བ་དང་། ལོངས་སྤྱོད་གང་བྱུང་བ་དེ་དག་ཀྱང་ཆོས་ཀྱི་གེགས་སུ་མི་འགྱུར་བར་ངོ་ཚ་དང་ཁྲེལ་ཡོད་སྐྱེ་བ་དང་། ནང་དུ་སེམས་མཉམ་པར་འཇོག་པའི་རྒྱུར་འགྱུར་བ་སོགས་ཕན་ཡོན་དཔག་ཏུ་མེད་པ་འབྱུང་བར་བྱམས་པ་ལུང་བསྟན་པའི་མདོ་ལས་གསུངས་ཏེ། མདོ་དེ་ཉིད་ལས་གནས་བརྟན་ཆེན་པོ་བྷ་ར་དྭ་ཛ་བསོད་སྙོམས་ལེན་གླིགས་བམ་དང་ལྷུང་བཟེད་བསྣམས་པ་ནི། སྔོན་ལམ་གྱི་དབང་གིས་སེམས་ཅན་མི་ཁོམ་པའི་གནས་དང་། ངན་འགྲོ་ལོག་པར་ལྟུང་བའི་གང་ཟག་ཐམས་ཅད་ལ་སྡེ་སྣོད་ཀྱི་གླིགས་བམ་བསྟན་ཏེ་དེ་ལ་རེག་པ་དང་མཐོང་བ་དེ་དག་གི་སྡུག་བསྔལ་ཞི་སྟེ། འོན་པ་དང་ལོང་བ་དང་ལྐུགས་པ་དང་དྲན་པ་ཉམས་པ་དང་འཁྲུལ་པའི་སྡུག་བསྔལ་ཐམས་ཅད་ཞི་ཞིང་རང་རང་གི་འདོད་པའི་དོན་དབང་པོ་ཚང་བ་དང་ཤེས་རབ་དང་ངོ་ཚ་དང་ཁྲེལ་ཡོད་དང་ལྡན་པར་བྱེད་པ་ལ་སོགས་པའི་ཡོན་ཏན་དང་ལྡན་པ་དང་། མཉམ་གཞག་མཛད་པ་ནི། དེ་གང་གིས་མཐོང་བའི་སེམས་ཅན་རྣམས་ལ་ཤེས་རབ་མྱུར་བ་དང་། ཤེས་རབ་ཡངས་པ་དང་། ཤེས་རབ་ཟབ་པ་དང་། ཤེས་རབ་ཕྲ་བ་དང་། ཤེས་རབ་གསལ་བ་ལ་སོགས་པའི་ཡོན་ཏན་དང་ལྡན་པ་དང་། ལྷུང་བཟེད་བསྣམས་པ་ནི། དེ་གང་གིས་མཐོང་བའི་སེམས་ཅན་རྣམས་ལ་ནོར་བུ་རིན་པོ་ཆེ་དང་། (༧༥བ)བུམ་པ་བཟང་པོ་ལྟར་ཡིད་ལ་ཅི་འདོད་འབྱུང་བ་དང་། འཕགས་པའི་ནོར་བདུན་གྱི་འབྱུང་གནས་དང་། འདོད་ཡོན་ལྷ་མིའི་བདེ་བ་ཐམས་ཅད་ཀྱི་འབྱུང་གནས་སུ་འགྱུར་བ་ལ་སོགས་པའི་

ཡོན་ཏན་དུ་མ་དང་ལྡན་པར་འགྱུར་རོ། །ཞེས་གསུངས་སོ། །གཞན་ཡང་སེམས་ཅན་ནད་ཀྱིས་ཉེན་པ་དང་། སྡུག་བསྔལ་གྱིས་ཉེན་པ་དང་། རྒྱལ་པོའི་ཆད་པས་ཉེན་པ་དང་། ཆོམ་རྐུན་གྱིས་ཉེན་པ་དང་། སྡིགས་པ་དང་གསོད་པས་ཉེན་པ་དང་། ལུས་སེམས་སྟོབས་དང་ཉམ་ཆུང་བས་ཉེན་པ་དང་། འཚོ་བ་དང་གནས་མེད་པས་ཉེན་པ་དང་། ལྟེ་འབབ་པའི་འཇིགས་པས་ཉེན་པ་དང་། ལྷའི་གདོན་ལ་སོགས་པ་གདོན་དྲག་པོས་མནར་ཏེ་ཉེན་པ་དང་། ཕོངས་པ་སྣ་ཚོགས་ཀྱིས་ཉེན་པ་སྟེ་ཉེན་པ་བཅུ་ལས་ཐར་བར་འདོད་པས་གནས་བརྟན་ཆེན་པོ་ཧྭ་ཤང་ཧྭ་ཛ་བསོད་སྙོམས་ལེན་ཕྱག་གཡས་ན་སྟེ་སྣོད་ཀྱི་གླེགས་བམ་བསྣམས་ཤིང་། གཡོན་མཉམ་གཞག་གི་སྟེང་ན་བདུད་རྩིས་གང་བའི་ལྷུང་བཟེད་བསྣམས་པ་ཡིད་ལ་བསམས་ཏེ་ཕྱག་འཚལ་ཞིང་མཆོད་ནས་གསོལ་བ་བཏབ་ན་སྔར་སྨོས་པའི་དོན་དེ་རྣམས་འགྲུབ་པར་གསུངས་སོ། །

ལྷ་གནས་སུམ་ཅུ་རྩ་གསུམ་ན། །འཕགས་པ་གནས་བརྟན་ལམ་བསྟན་ནི། །དགྲ་བཅོམ་ཆེན་པོ་དགུ་བརྒྱས་བསྐོར། །གླེགས་བམ་ཆོས་འཆད་མཛད་ཕྱག་འཚལ། །ཞེས་བསྟགས་པ། གནས་བརྟན་ཆེན་པོ་ལམ་བསྟན། ཕྱག་གཡས་ཆོས་འཆད་དང་། གཡོན་སྡེ་སྣོད་གསུམ་གྱི་གླེགས་བམ་བསྣམས་པ་ནི་སྟོན་པ་ཐུབ་པའི་དབང་པོའི་བཀའ་བཞིན་དུ་སྒྲུབ་པ་དང་། སེམས་ཅན་རྣམས་ལ་སྙིང་བརྩེ་བས་ཆོས་སྟོན(༧༡༨ན)པ་ལ་ནམ་ཡང་ངལ་བ་མེད་པ་མཚོན་པའི་ཕྱིར་དུ་དེ་ལྟར་མཛད་པ་ཡིན་ཏེ། གནས་བརྟན་ཆེན་པོ་འདི་ལ་སྟོན་པ་ཐུབ་པའི་དབང་པོས་ལྷ་རྣམས་ཆོས་ཀྱིས་འདུལ་བར་བསྔགས་པ་ལྟར་སུམ་ཅུ་རྩ་གསུམ་པའི་གནས་ཀྱི་ལྷ་ལ་སོགས་པ་འདོད་ལྷ་བག་མེད་པས་གཡེངས་པ་རྣམས་ལ། མ་རིག་པ་དང་། སྡུག་བསྔལ་བ་དང་། བདག་མེད་པ་དང་། སྟོང་པའི་ཆོས་བསྟན་ནས་ཐར་པའི་ལམ་ལ་བསྐུལ་ཞིང་ཡང་དག་པའི་སྤྱོད་བ་བཞི་དང་རྫུ་འཕྲུལ་གྱི་རྐང་པ་བཞི་ལ་སོགས་པ་བྱང་ཆུབ་ཀྱི་ཕྱོགས་ཀྱི་ཆོས་

རྣམས་བསྟན་ནས་འདུལ་བར་མཛད་ཅིང་། སེམས་ཅན་ཐམས་ཅད་ལ་ཕན་པའི་ལམ་ལ་བསྐུལ་ཕྱིར་ཁོ་བོས་ཆོས་སྟོན་ནོ་ཞེས་མཚོན་པ་དང་། སེམས་ཅན་ཐམས་ཅད་ལ་འཁོར་བ་ལ་མ་ཆགས་པར་རྒྱལ་བའི་བསྟན་པ་ལ་ཞུགས་ནས་ཆོས་མཉན་ཏེ་གྲོལ་བར་བྱ་དགོས་སོ་ཞེས་འདོམས་པ་སོགས་དགོས་པ་ཁྱད་པར་ཅན་མང་པོ་ལ་དགོངས་ནས་ཕྱག་སྟབས་དེ་ལྟར་མཛད་པ་ཡིན་ནོ། །གནས་བརྟན་ཆེན་པོ་འདིའི་ཕྱག་གཡས་ཆོས་སྟོན་པའི་ཕྱག་རྒྱ་མཛད་པ་དང་། གཡོན་སྡེ་སྣོད་ཀྱི་གླེགས་བམ་བསྣམས་པ་གང་གིས་མཐོང་བ་དང་། ཡིད་ལ་བྱེད་པ་ཐམས་ཅད་གཟུངས་དང་། སྤོབས་པ་དང་། ཏིང་ངེ་འཛིན་རྒྱ་ཆེན་པོ་ཐོབ་པ་དང་། ཤེས་རབ་རྒྱ་ཆེན་པོ་ཐོབ་པ་དང་། མི་ཤེས་པའི་མུན་པ་འཇོམས་པ་དང་། ལས་ཀྱི་སྒྲིབ་པ་ཐམས་ཅད་དག་པར་འགྱུར་བ་དང་། རྟག་ཏུ་དལ་བ་ཐོབ་པར་འགྱུར་བ་དང་། སངས་རྒྱས་དང་བྱང་ཆུབ་སེམས་དཔའ་རྣམས་ལས་ཐེག་པ་ཆེན་པོའི་ཆོས་ཐོས་པར་འགྱུར་བ་ལ་སོགས་པའི་ཕན་ཡོན་དཔག་མེད་འབྱུང་བར་(༡༩༤བ)བྱམས་པ་ལུང་བསྟན་པའི་མདོ་ལས་གསུངས་ཏེ། མདོ་དེ་ཉིད་ལས་གནས་བརྟན་ཆེན་པོ་ལམ་བསྟན་གྱི་གླེགས་བམ་དེ་སུས་མཐོང་བ་དང་རེག་པ་དང་འཆང་བའི་གང་ཟག་དེ་སྤོབས་པ་རྒྱ་ཆེན་པོ་ཐོབ་པ་དང་། ཤེས་རབ་རྒྱ་ཆེན་པོ་ཐོབ་པ་དང་། མ་རིག་པའི་མུན་པ་འཇོམས་པ་དང་། ཆོས་ལ་བརྟེན་པའི་ལས་ཀྱི་སྒྲིབ་པ་མ་ལུས་པར་དག་པ་དང་། ཁོམ་པ་དང་དལ་བ་ཐོབ་པ་དང་། ཐེག་པ་ཆེན་པོའི་ཆོས་དང་མཇལ་བ་ལ་སོགས་པའི་ཡོན་ཏན་དུ་མ་དང་ལྡན་པ་དང་། ཆོས་འཆད་ཀྱི་ཕྱག་རྒྱ་དེ་སུས་མཐོང་བ་དང་རེག་པ་དང་ཡིད་ལ་བྱེད་པ་དེ་དག་བློ་གྲོས་ཀྱི་སྣང་བ་ཆེན་པོ་ཐོབ་པ་དང་། དཀོན་མཆོག་གསུམ་གྱི་སྒྲ་ཐོས་པ་དང་། ཡང་དག་པའི་ལྟ་བ་དང་ལྡན་པ་དང་ལོག་པའི་ལྟ་བ་ཐམས་ཅད་ཟིལ་གྱིས་གནོན་པ་དང་། སངས་རྒྱས་མཐོང་བ་དང་མི་འབྲལ་བ་ལ་སོགས་པའི་ཡོན་ཏན་དུ་མ་དང་ལྡན་པར་འགྱུར་རོ། །ཞེས་གསུངས། གཞན་ཡང་དེ་བཞིན་གཤེགས་

པ་ཐམས་ཅད་ཀྱི་དྲུང་དུ་གཞོན་ནུ་ནས་རབ་ཏུ་འབྱུང་བར་འདོད་པ་དང་། རབ་ཏུ་འབྱུང་བའི་བར་ཆད་ཐམས་ཅད་དང་བྲལ་བར་འདོད་པ་དང་། ལྷ་དང་མི་ཐམས་ཅད་ཀྱིས་རབ་ཏུ་འབྱུང་བའི་གྲོགས་བྱེད་པར་འདོད་པ་དང་། ངེས་པར་འབྱུང་བའི་སེམས་རྟག་ཏུ་ཐོབ་པ་དང་། རབ་ཏུ་འབྱུང་བ་ལ་བརྩོན་པ་དང་གུས་པར་འདོད་པ་དང་། རྟག་ཏུ་ཚངས་པར་སྤྱོད་པས་སྡེ་སྣོད་གཟུང་བར་འདོད་པ་དང་། རྟག་ཏུ་ཚངས་པར་སྤྱོད་པ་ལྷུར་ལེན་པའི་གཙང་མའི་འཁོར་འཐོབ་པར་འདོད་པ་དང་། སངས་རྒྱས་ཀྱིས་གསུངས་པའི་མདོ་སྡེ་བཅུ་གཉིས་འཆད་པ་དང་ཉན་པ་དང་ཐོས་པ་དང་འདྲི་བ་དང་འཆང་བ་དང་ཀུན་ཆུབ་པར་བྱ་བར་འདོད་པ་(༡༦༧ན)དང་། མ་འདྲེས་པ་དང་མ་ཉམས་པ་དང་མ་སྦྲགས་པ་དང་སྐྱོན་མེད་པ་དང་མ་རལ་བ་དང་མཁས་པས་བསྔགས་པའི་ཚུལ་ཁྲིམས་ལ་གནས་པར་འདོད་པས་གནས་བརྟན་ཆེན་པོ་ལམ་བསྟན་ཕྱག་གཡས་ཆོས་འཆད་ཀྱི་ཕྱག་རྒྱ་མཛད་ཅིང་། གཡོན་གླེགས་བམ་བསྣམས་པ་ཡིད་ལ་བསྒོམས་ཏེ་ཕྱག་འཚལ་ཞིང་མཆོད་ནས་གསོལ་བ་བཏབ་ན་སྔར་སྨོས་པའི་དོན་དེ་རྣམས་འགྲུབ་པར་གསུངས་སོ། །

རི་ཡི་རྒྱལ་པོ་ངོས་ཡངས་ལ། །འཕགས་པ་གནས་བརྟན་སླུ་ཡི་སྡེ། །དགྲ་བཅོམ་སྟོང་དང་ཉིས་བརྒྱས་བསྐོར། །བུམ་པ་འཁར་གསིལ་འཛིན་ཕྱག་འཚལ། །ཞེས་བསྔགས་པ། གནས་བརྟན་ཆེན་པོ་སླུའི་སྡེ་ཕྱག་གཡས་བུམ་པ་དང་། གཡོན་འཁར་གསིལ་བསྣམས་པ་ནི། ཐུགས་བརྩེ་བ་ཆེན་པོའི་དབང་གིས་སེམས་ཅན་རྣམས་ལ་ཕན་བདེ་བླ་ན་མེད་པ་སྟེར་བའི་ཕྱིར་དུ་བསྣམས་པ་ཡིན་ཏེ། གནས་བརྟན་ཆེན་པོ་སླུའི་སྡེས་རི་རབ་ཀྱི་བང་རིམ་བཞི་དང་གསེར་གྱི་རི་བདུན་དང་རོལ་པའི་མཚོ་བདུན་རྣམས་ལ་གནས་པའི་དཀར་ཕྱོགས་སྐྱོང་བའི་ལྷ་དང་ཀླུ་མང་པོ་ལ་ཆོས་བསྟན་ཏེ་སྐྱབས་འགྲོ་དང་བསླབ་པའི་གཞི་ལ་བཀོད་པས་རྒྱལ་ཆེན་བཞིའི་རིས་ཀྱི་ལྷ་དང་ཀླུ་རྣམས་དད་ནས་མཆོད་པའི་དངོས་པོ་ཚད་མེད་པས་མཆོད་ཅིང་། ལྷག་

པར་རིན་པོ་ཆེའི་གཏེར་གྱི་བུམ་པ་ཕུལ་བས་གནས་བརྟན་ཆེན་པོ་ཟླུའི་སྡེས་སེམས་ཅན་ཐམས་ཅད་ཀྱི་དོན་དུ་བཞེས་ནས་ཕྱག་གཡས་སུ་བསྣམས་པས་བུམ་པ་དེ་གང་གིས་མཐོང་བ་དང་ཐོས་པ་དང་ཡིད་ལ་དྲན་པ་ཐམས་ཅད་ལས་ཀྱི་སྒྲིབ་པ་རྣམས་དག་པར་འགྱུར་བ་དང་། ཅི་བསམས་པའི་དོན་ཐམས་(༡༩༧བ)ཅད་འགྲུབ་པ་དང་། ཕྱག་གཡོན་ན་བསྣམས་པའི་འཁར་གསིལ་དེ་མཐོང་བ་དང་། དེ་ཡིད་ལ་དྲན་པ་དང་། འཁར་གསིལ་གྱི་མཚན་དོན་རྣམས་ཡིད་ལ་བྱས་ན་སྡུག་བསྔལ་མ་ལུས་པ་ཞི་བ་དང་། སྡུག་བསྔལ་གྱི་རྒྱུ་ཐམས་ཅད་ལས་མྱུར་དུ་གྲོལ་བར་འགྱུར་བ་དང་། དཀོན་མཆོག་གསུམ་ལ་ཕྱིར་མི་ལྡོག་པའི་དད་པ་རྙེད་ནས་ལམ་གོང་ནས་གོང་དུ་བགྲོད་པར་འགྱུར་བ་ལ་སོགས་པ་ཕན་ཡོན་དཔག་ཏུ་མེད་པ་འབྱུང་བར་བྱམས་པ་ལུང་བསྟན་པའི་མདོ་ལས་གསུངས་ཏེ། མདོ་དེ་ཉིད་ལས་གནས་བརྟན་ཆེན་པོ་ཟླུའི་སྡེའི་བུམ་པ་དེ་རྒྱལ་པོ་ཆེན་པོ་བཞིའི་སྲས་རྣམས་ཀྱིས་དཀོན་མཆོག་གསུམ་ལ་སྐྱབས་སུ་འགྲོ་བའི་བསླབ་པ་ཞུས་ཏེ། རིན་པོ་ཆེའི་གཏེར་བུམ་མང་པོ་ཕུལ་བས་དེས་སེམས་ཅན་ཐམས་ཅད་ཀྱི་དོན་དུ་བྱིན་གྱིས་བརླབས་པས་བུམ་པ་བཟང་པོ་དེ་མཐོང་བས་ཅི་འདོད་འགྲུབ་པ་དང་། ལྷའི་བདུད་རྩིའི་ཆུས་ལས་ཀྱི་སྒྲིབ་པ་ཐམས་ཅད་འབྲུ་བ་ལ་སོགས་པའི་ཡོན་ཏན་དུ་མ་དང་ལྡན་པ་དང་། འཁར་གསིལ་གྱི་སྒྲ་གྲགས་པ་གང་གིས་ཐོས་པས་ནད་ཀྱི་རིགས་སུ་གཏོགས་པ་མ་ལུས་པ་ཞི་བ་དང་། སྡུག་བསྔལ་གྱི་རིགས་ཐམས་ཅད་ལས་གྲོལ་བ་དང་། ཉོན་མོངས་པའི་ཟུག་རྔུ་ཐམས་ཅད་ཞི་བ་དང་། དཀོན་མཆོག་གསུམ་ལ་དད་པ་འཐོབ་པར་འགྱུར་བ་ལ་སོགས་པའི་ཡོན་ཏན་དུ་མ་དང་ལྡན་པར་འགྱུར་རོ། །ཞེས་གསུངས། གཞན་ཡང་སྡོམ་པ་གསུམ་ཡོངས་སུ་དག་པར་འདོད་པ་དང་། ཐེག་པ་ཆེན་པོའི་སེམས་ཡོངས་སུ་སྦྱོང་བར་འདོད་པ་དང་། བྱང་ཆུབ་སེམས་དཔའི་སྤྱོད་པ་རྒྱ་ཆེན་པོའི་རོལ་པས་ངོམས་པ་མེད་པ་དང་། ཕ་རོལ་ཏུ་ཕྱིན་(༡༩༨ན)པ་དྲུག་མྱུར་དུ་རྫོགས་པར་འདོད་པ་དང་།

སེམས་ཅན་ཐམས་ཅད་ཐེག་པ་ཆེན་པོའི་ཆོས་ཀྱི་སྣོད་དུ་འགྱུར་བར་འདོད་པ་དང་། ཐོས་པའི་དོན་ལ་སེམས་པའི་བློ་ལས་སུ་རུང་བར་འདོད་པ་དང་། བྱང་ཆུབ་སེམས་དཔའ་འམ་རབ་ཏུ་བྱུང་བའི་དགེ་སློང་འབའ་ཞིག་དང་འགྲོགས་པར་འདོད་པ་དང་། སྐྱེ་བ་ཐམས་ཅད་དུ་མངལ་གྱི་དྲི་མས་མ་གོས་པར་མེ་ཏོག་པདྨ་ལ་རྫུས་ཏེ་སྐྱེ་བར་འདོད་པ་དང་། སངས་རྒྱས་ཀྱི་ཞིང་དག་པར་སྐྱེ་བར་འདོད་པས་གནས་བརྟན་ཆེན་པོ་ཀླུའི་སྡེ་ཕྱག་གཡས་གཏེར་གྱི་བུམ་པ་བསྣམས་ཤིང་། ཕྱག་གཡོན་ན་འཁར་གསིལ་བསྣམས་པ་ཡིད་ལ་བསྒོམས་ཏེ་ཕྱག་འཚལ་ཞིང་མཆོད་ནས་གསོལ་བ་བཏབ་ན་ཕྱར་སྨོས་པའི་དོན་དེ་རྣམས་འགྲུབ་པར་གསུངས་སོ། །

རི་ཡི་རྒྱལ་པོ་བི་ཧུ་ལར། །འཕགས་པ་གནས་བརྟན་སྦྱིན་བྱེད་ནི། །དགྲ་བཅོམ་སྟོང་དང་བཞི་བརྒྱས་བསྐོར། །ཕྱག་གཉིས་གླེགས་བམ་འཛིན་ཕྱག་འཚལ། །ཞེས་བསྟྲགས་པ། གནས་བརྟན་ཆེན་པོ་སྦྱིན་བྱེད་ཕྱག་གཉིས་ཀྱིས་སྡེ་སྣོད་ཀྱི་གླེགས་བམ་བསྣམས་པ་ནི་སྙིང་རྗེའི་དབང་གིས་སེམས་ཅན་གྱི་དོན་མཛད་པ་ལ་སྐྱོ་ངལ་མེད་པ་དང་། སྡེ་སྣོད་གསུམ་གྱི་ཆོས་སྟོན་པ་ལ་ཐོགས་པ་མེད་པ་དང་། སྟོན་པའི་བཀའ་བཞིན་དུ་རྒྱལ་བའི་བསྟན་པ་འཛིན་ནོ་ཞེས་མཚོན་པ་སོགས་དགོས་པ་ཁྱད་པར་ཅན་མང་པོ་ཞིག་གཟིགས་ནས་སྡེ་སྣོད་ཀྱི་གླེགས་བམ་ཕྱག་ཏུ་བསྣམས་ཏེ། ཕྱག་གི་གླེགས་བམ་དེ་གང་གིས་མཐོང་བ་དང་། གང་གིས་རེག་པ་དང་། གང་གིས་འཆང་བ་དང་། གང་གིས་ཡིད་ལ་བྱེད་པའི་གདུལ་བྱ་རྣམས་རིག་པའི་གནས་ལྔ་ལ་མཁས་པར་འགྱུར་(༧༡༤བ)བ་དང་། ཉོན་མོངས་པ་རྣམས་ཞི་བར་འགྱུར་བ་དང་། རྒྱལ་བའི་བསྟན་པ་འཛིན་ནུས་པར་འགྱུར་བ་དང་། སངས་རྒྱས་ཀྱི་སྲས་ཀྱི་ཐུ་བོར་འགྱུར་བ་ལ་སོགས་པའི་ཕན་ཡོན་དཔག་ཏུ་མེད་པ་འབྱུང་བར་བྱམས་པ་ལུང་བསྟན་པའི་མདོ་ལས་གསུངས་ཏེ། མདོ་དེ་ཉིད་ལས། གནས་བརྟན་ཆེན་པོ་སྦྱིན་བྱེད་ཀྱི་གླེགས་བམ་དེ་སུས་མཐོང་བ་དང་རེག་པ་དང་འཆང་བ་དེ་རིག་པའི་

གནས་ལྷ་ལ་མཁས་པར་འགྱུར་བ་དང་། ཁྱད་པར་དུ་རང་རྒྱུད་ཀྱི་ཉོན་མོངས་ཐམས་ཅད་ཞི་བར་འགྱུར་བ་དང་། ཆོས་ཀྱི་རྒྱལ་པོ་ཐོབ་པར་འགྱུར་བ་དང་། ཡང་དག་པའི་ཤེས་རབ་རྒྱས་པར་འགྱུར་བ་དང་། སངས་རྒྱས་ཀྱི་སྲས་ཀྱི་ཐུ་བོར་འགྱུར་བ་ལ་སོགས་པའི་ཡོན་ཏན་དུ་མ་དང་ལྡན་པར་འགྱུར་རོ། །ཞེས་གསུངས། གཞན་ཡང་སངས་རྒྱས་དང་མྱུར་དུ་མཇལ་བར་འདོད་པ་དང་། སངས་རྒྱས་ཐམས་ཅད་མཆོད་པས་མཉེས་པར་འདོད་པ་དང་། ཆོས་ཐམས་ཅད་ཀྱི་རྟེན་འབྲེལ་གྱི་མཚན་ཉིད་རྟོགས་པར་འདོད་པ་དང་། ཆོས་ཐམས་ཅད་དངོས་པོ་མེད་པའི་ངོ་བོ་ཉིད་དང་སྐྱེ་བ་མེད་པ་དང་འགག་པ་མེད་པ་ཉིད་དུ་རྟོགས་པར་འདོད་པ་དང་། སེམས་ཅན་ཐམས་ཅད་མྱ་ངན་དང་མཚོན་དང་ནད་དང་མུ་གེའི་བསྐལ་པ་དང་། གཅན་གཟན་གདུམ་པོ་དང་ཕ་རོལ་གྱི་དམག་ཚོགས་དང་སྦྲུལ་དང་མེ་དང་ཆུ་དང་རིམས་དང་། བཙན་དང་ཀླུ་དང་གནོད་སྦྱིན་གདུག་པ་ཅན་ལ་སོགས་པའི་འཇིགས་པ་ཐམས་ཅད་ལས་ཐར་བར་འདོད་པས་གནས་བརྟན་ཆེན་པོ་སྤྱིད་བྱེད་ཕྱག་གཉིས་ཀྱིས་སྡེ་སྣོད་ཀྱི་གླེགས་བམ་བསྣམས་པ་ཡིད་ལ་བསྒོམས་ཏེ་ཕྱག་འཚལ་ཞིང་མཆོད་ནས་གསོལ་བ་བཏབ་ན་གོང་དུ་སྨོས་པའི་དོན་(༡༩༩ན)རྣམས་འགྲུབ་པར་གསུངས་སོ། །

གངས་ཅན་རི་ཡི་རྒྱལ་པོ་ལ། །འཕགས་པ་གནས་བརྟན་མི་ཕྱེད་པ། །དགྲ་བཅོམ་སྟོང་ཕྲག་གཅིག་གིས་བསྐོར། །བྱང་ཆུབ་མཆོད་རྟེན་འཛིན་ཕྱག་འཚལ། །ཞེས་བསྟགས་པ། གནས་བརྟན་ཆེན་པོ་མི་ཕྱེད་པ་ཕྱག་གཉིས་ཐལ་མོ་སྦྱར་བའི་བར་དུ་བྱང་ཆུབ་ཆེན་པོའི་མཆོད་རྟེན་བསྣམས་པ་ནི་སེམས་ཅན་ཐམས་ཅད་ལ་ཕན་བདེ་བླ་ན་མེད་པ་སྟེར་བའི་ཕྱིར་དུ་སྟོན་པའི་བཀའ་བཞིན་དུ་བསྣམས་པ་སྟེ། གནས་བརྟན་ཆེན་པོ་མི་ཕྱེད་པ་ནི་སྟོན་པའི་བཀའ་ལ་ལྷག་པར་དུ་བྱེད་པ་ཡིན་པས་སྟོན་པའི་བཀའ་སྒྲུབ་པ་དང་། སེམས་ཅན་རྣམས་ལ་ཐུགས་བརྩེ་བས་སྐྱེར་རིགས་དྲུག་གི་སེམས་ཅན་ཐམས་ཅད་ལ་གང་ལ་གང་འཚམས་ཀྱི་ཆོས་སྟོན་པར་མཛད་པ་དང་།

ལྷག་པར་རི་རབ་ཀྱི་བྱང་ཕྱོགས་ན་གནས་པའི་གནོད་སྦྱིན་རྣམས་ལ་ཆོས་སྟོན་པར་མཛད་པ་ན་སྟོན་པ་ཐུབ་པའི་དབང་པོས་གནོད་སྦྱིན་གདུག་པ་ཅན་རྣམས་ཀྱི་གདུག་རྩུབ་ཞི་བར་བྱ་བའི་ཕྱིར་བྱང་ཆུབ་ཆེན་པོའི་མཆོད་རྟེན་ཞིག་གནང་བ་དེ་ཕྱག་གཉིས་ཐལ་མོ་སྦྱར་བའི་བར་དུ་བསྣམས་ནས་གནོད་སྦྱིན་གདུག་པ་ཅན་རྣམས་ཀྱིས་གཙོས་སེམས་ཅན་ཉོན་མོངས་ཅན་རྣམས་ལ་བསྟན་ཏེ། དེ་གང་གིས་མཐོང་བ་ཐམས་ཅད་ཀྱི་ཉོན་མོངས་པ་དང་། གདུག་རྩུབ་ཐམས་ཅད་ཞི་བར་འགྱུར་བ་དང་། བསླབ་པ་གསུམ་ལ་སོགས་པའི་ཡོན་ཏན་ཐམས་ཅད་འཕེལ་བར་འགྱུར་བ་དང་། མཆོད་རྟེན་དེའི་འོད་ཀྱིས་རེག་པའི་ཕྱོགས་ཐམས་ཅད་དུ་བཀྲ་ཤིས་དང་བདེ་ལེགས་ཆེན་པོས་ཁྱབ་པར་འགྱུར་བ་སོགས་(༧༨༨བ)ཕན་ཡོན་དཔག་ཏུ་མེད་པ་འབྱུང་བར་བྱམས་པ་ལུང་བསྟན་པའི་མདོ་ལས་གསུངས་ཏེ། མདོ་དེ་ཉིད་ལས་གནས་བརྟན་ཆེན་པོ་མི་ཕྱེད་པ་རི་རབ་ཀྱི་བྱང་ཕྱོགས་སུ་གནོད་སྦྱིན་གྱི་གནས་སུ་བྱོན་ཏེ། གནོད་སྦྱིན་ཕོ་དང་མོ་དང་བུ་དང་བུ་མོ་མང་པོ་ཐམས་ཅད་ཐར་པ་ལ་བཀོད་དེ། དེ་དག་གི་གནོད་པ་དང་གདུག་རྩུབ་ཞི་བར་བྱེད་པ་ལ་བཅོམ་ལྡན་འདས་ཀྱིས་བྱང་ཆུབ་ཆེན་པོའི་མཆོད་རྟེན་ཞིག་གནང་བ་དེ་སུས་མཐོང་བ་དང་རེག་པ་དང་ཡིད་ལ་བྱེད་པ་དེའི་དོན་ཐམས་ཅད་འགྲུབ་པ་དང་། བསླབ་པ་གསུམ་གྱིས་མཛེས་པར་འགྱུར་བ་དང་། བཀྲ་ཤིས་པ་དང་། དགེ་བ་དང་། ལེགས་པ་ཐམས་ཅད་འབྱུང་བ་དང་། མི་དགེ་བ་བཅུ་སྤྱད་པའི་སྡིག་པའི་ལས་ཐམས་ཅད་དག་པར་འགྱུར་བ་ལ་སོགས་པའི་ཡོན་ཏན་དུ་མ་དང་ལྡན་པར་འགྱུར་རོ། །ཞེས་གསུངས། གཞན་ཡང་མཉམ་པར་བཞག་པའི་ཞི་གནས་དང་ལྷག་མཐོང་འཕེལ་བར་འདོད་པ་དང་། དྲན་པ་ཉེ་བར་བཞག་པ་ལ་སོགས་པ་བྱང་ཆུབ་ཀྱི་ཕྱོགས་ཀྱི་ཆོས་ཐམས་ཅད་རང་གི་རྒྱུད་ལ་སྐྱེ་བ་དང་། བསྟན་པ་འཕེལ་བར་འདོད་པ་དང་། དཀོན་མཆོག་གསུམ་དང་ནམ་ཡང་མི་འབྲལ་བར་འདོད་པ་དང་། རང་གི་འཁོར་དུ་ཆོས་ཉན་པ་དང་འཆད་པ་

དང་དགེ་སློང་གི་དགེ་འདུན་ཆོས་བྱེད་པ་འཕེལ་བར་འདོད་པ་དང་། སེམས་ཅན་ཐམས་ཅད་བལྟ་ན་སྡུག་པ་དང་གཟུགས་བཟང་བ་དང་གཅིག་ལ་གཅིག་ཡིད་དུ་འོང་བ་དང་བདེ་བ་དང་འཁོར་པ་འཕེལ་བར་འདོད་པ་དང་། ཡུལ་ཕྱོགས་ཀྱི་ལྷ་འདྲི་གདུག་པ་ཅན་ཞི་བར་འདོད་པས་གནས་བརྟན་ཆེན་པོ་མི་ཕྱེད་པ་ཕྱག་གཉིས་ཐལ་མོ་སྦྱར་བའི་བར(༢༠༠༩)ན་བྱང་ཆུབ་ཆེན་པོའི་མཆོད་རྟེན་བསྣམས་པ་ཡིད་ལ་བསྒོམས་ཏེ་ཕྱག་འཚལ་ཞིང་མཆོད་ནས་གསོལ་བ་བཏབ་ན་སྔར་སྨོས་པའི་དོན་དེ་རྣམས་འགྲུབ་པར་གསུངས་སོ། །

དེ་ལྟར་སྟོན་པ་ཐུབ་པའི་དབང་པོ་དང་མཆོག་ཟུང་དང་གནས་བརྟན་ཆེན་པོ་བཅུ་དྲུག་སོ་སོའི་ཕྱག་རྒྱ་དང་། ཕྱག་མཚན་དུ་གང་བཞེས་པ་ཡོངས་སུ་གྲགས་པ་ལྟར་གྱི་དགོས་དོན་དང་སྐུའི་རྣམ་པ་དང་ཕྱག་མཚན་དེ་དག་ཡིད་ལ་བྱས་པས་གནས་སྐབས་དང་མཐར་ཐུག་གི་ཕན་ཡོན་ཇི་ལྟར་འབྱུང་བ་གནས་བརྟན་ལུང་བསྟན་པའི་མདོ་ལས་འབྱུང་བ་གནས་བརྟན་གྱི་སྤྲུལ་པ་མཆིམས་ནམ་མཁའ་གྲགས་ཀྱིས་མདོ་དང་བླ་མ་གོང་མའི་མན་ངག་ལས་ཇི་ལྟར་འབྱུང་བ་རྣམས་ཀུང་བསྒྲིགས་ཏེ་ཕྱི་མའི་སྐྱེ་བོ་རྣམས་ཀྱི་དོན་དུ་ཡི་གེར་བཀོད་པར་མཛད་པ་དེ་ལྟར་དུ་འདིར་ཡང་བཀོད་པ་ཡིན་པས་ཡིད་ཆེས་ཀྱི་དད་པ་བརྟན་པོ་བསྐྱེད་པར་བྱ་ཞིང་། གཞན་ཡང་རང་གཞན་གྱི་སྡིག་སྒྲིབ་སྦྱོང་བ་གཙོ་བོར་བྱས་ཏེ་དེའི་ཕྱིར་དུ་ཐུབ་པའི་དབང་པོ་དང་གནས་བརྟན་ཆེན་པོ་རྣམས་ལ་གསོལ་བ་གདབ་པར་འདོད་ན་སྟོན་པ་ཐུབ་པའི་དབང་པོ་དང་གནས་བརྟན་ཆེན་པོ་བཅུ་དྲུག་མདུན་གྱི་ནམ་མཁར་གདན་ཁྲི་ཕུན་སུམ་ཚོགས་པ་ལ་སྤྱན་དྲངས་ནས་བཞུགས་པ་ཐམས་ཅད་སྐུ་ལ་ཆོས་གོས་གསུམ་གསོལ་ཞིང་ཕྱག་ན་རིན་པོ་ཆེའི་བུམ་པ་ཡེ་ཤེས་ཀྱི་བདུད་རྩིས་གང་བ་བསྣམས་པ་བསྒོམས་ཏེ། ཕྱག་འཚལ་ཞིང་མཆོད་དེ་རང་དང་སེམས་ཅན་ཐམས་ཅད་ཀྱི་སྡིག་སྒྲིབ་བག་ཆགས་དང་བཅས་པ་མྱུར་དུ་བྱང་ཞིང་དག་པར་མཛད་དུ་གསོལ་སྙམ་

དུ་གསོལ་(༢༠༠བ)བ་ཤུགས་དྲག་ཏུ་འདེབས་ཤིང་རྒྱལ་བ་གང་དག་ཡོན་ཏན་གྱི་རླུང་དཔག་ཏུ་མེད་པར་གྱུར་པ། ཉོན་མོངས་པའི་ཆུ་བོའི་འདམ་རྫབ་ལས་ཡང་དག་པར་བརྒལ་བ། གཏོང་བ་དང་ལྡན་ཞིང་ཚུལ་ཁྲིམས་རྣམ་པར་དག་པ། བཟོད་པ་ཆེན་པོའི་ཚོ་ག་དང་ལྡན་པ། བརྩོན་འགྲུས་སྦྱངས་ཤིང་སྙིང་པོ་གཡོ་བ་མི་མངའ་བའི་བསམ་གཏན་ཆེན་པོ་དང་ལྡན་པ། མཁྱེན་རབ་རྙོ་བ་ཐོགས་པ་མེད་པ་དང་ལྡན་པ། འཇིག་རྟེན་ཐམས་ཅད་ལ་ཐུགས་བརྩེ་བ། དོན་ལ་མངོན་པར་བརྩོན་པ། བྱམས་པའི་ཐུགས་ཀྱི་བདག་ཉིད་ཅན་དེ་རྣམས་ལ། བདག་གི་ལུས་དང་ངག་དང་ཡིད་གསུམ་པས་ཕྱག་འཚལ་ལོ། །རྒྱལ་བ་དེ་དག་གིས་བདག་སྡིག་པ་ཐམས་ཅད་ལས་རྣམ་པ་ཐམས་ཅད་དུ་བསྐྱབ་ཏུ་གསོལ། སྡུག་བསྔལ་དུ་མས་གདུངས་པའི་སེམས་ཅན་ཐམས་ཅད་ཀྱང་རབ་ཏུ་བརྩོན་པས་དྲང་དུ་གསོལ། ཐུགས་རྗེ་ཆེན་པོ་དང་ལྡན་པས་བདག་ངན་འགྲོ་ལས་དྲངས་ཏེ་བྱང་ཆུབ་ཆེན་པོ་ལ་མྱུར་དུ་བཞག་ཏུ་གསོལ། བདག་སྲུས་གཅིག་པུ་དང་འདྲ་བར་ཐུགས་བརྩེ་བར་དགོངས་སུ་གསོལ། བདག་སློབ་མ་སྡུག་པ་དང་འདྲ་བར་བྱིན་གྱིས་བརླབ་ཏུ་གསོལ། ཐུགས་རྗེ་ཆེན་པོའི་ཆབ་ཀྱིས་བདག་བཀྲུ་བར་གསོལ། ངོ་ཚ་མཁྱེན་པའི་ན་བཟའ་བདག་ལ་དགབ་ཏུ་གསོལ། བྱང་ཆུབ་ཡན་ལག་གི་མེ་ཏོག་རྣམས་ཀྱིས་བདག་ལ་གཏོར་དུ་གསོལ། རྒྱལ་བ་ཐམས་ཅད་ཀྱིས་བདག་ལ་དབང་བསྐུར་དུ་གསོལ། སེང་གེའི་སྒྲ་ཆེན་པོས་བདག་ལ་ལུང་བསྟན་དུ་གསོལ། བདག་རྒྱལ་བ་སྲས་དང་བཅས་པའི་དྲུང་དུ་གཞོན་ནུ་ནས་རབ་ཏུ་བྱུང་བ་(༢༠༧ན)དང་། ཕྲོག་མ་ཡིན་པའི་རབ་ཏུ་བྱུང་བ་དང་། ཡང་དག་པའི་རབ་ཏུ་བྱུང་བ་དང་། དེ་བཞིན་གཤེགས་པའི་རབ་ཏུ་བྱུང་བས་རབ་ཏུ་བྱུང་བར་གྱུར་ཅིག །དེ་ཡང་འཇིག་རྟེན་ལས་ཁྱད་པར་དུ་འཕགས་པ་སྐྱོན་མ་འདྲེས་པ། རྙོག་པ་མེད་པ། ལྷ་དང་མི་མངོན་པར་དགའ་བ། སངས་རྒྱས་དང་བྱང་ཆུབ་སེམས་དཔའ་ཐམས་ཅད་ཀྱིས་བསྔགས་པ། སེམས་ཅན་ལ་སྨན་པའི་སྐད་

ཏུ་བདག་རབ་ཏུ་འབྱུང་བར་གྱུར་ཅིག །བདག་གི་ཉོན་མོངས་ལས་རྣམས་ཀྱི། །དྲི་མ་དེ་བཞིན་གཤེགས་པས་སོལ། །སངས་རྒྱས་རྣམས་ཀྱིས་བདག་ལ་ནི། །སྙིང་རྗེའི་ཆུ་ཡིས་བཀྲུ་བར་གསོལ། །ཞེས་གསོལ་བ་ཤུགས་དྲག་ཏུ་གདབ་སྟེ་གསོལ་འདེབས་ཀྱི་ཚིག་འདི་དག་ཀྱང་མདོ་ལས་བཏུས་པར་གསུངས་སོ། །དེ་ལྟར་གསོལ་བ་ཤུགས་དྲག་ཏུ་བཏབ་པས་ཚོགས་ཞིང་རྣམས་ཀྱིས་རང་རང་སེམས་ཅན་ཐམས་ཅད་ཀྱི་སྤྱི་བོ་ནས་ཁྲུས་མཛད་པས་ཚེ་རབས་ཐོག་མེད་ནས་བསགས་པའི་ལས་ངན་སྡིག་སྒྲིབ་བག་ཆགས་དང་བཅས་པ་ཐམས་ཅད་བྱང་ཞིང་དག་ནས་ལུས་དྭངས་གསལ་འོད་ཀྱི་རང་བཞིན་ཅན་དུ་གྱུར་པར་བསམ་མོ། །

ཡང་སངས་རྒྱས་ཀྱི་བསྟན་པ་དར་ཞིང་རྒྱས་པ་དང་། རང་གི་ལུང་རྟོགས་ཀྱི་ཡོན་ཏན་རྣམས་འཕེལ་ཞིང་རྒྱས་པར་འདོད་ནས་དེའི་ཕྱིར་དུ་གསོལ་བ་འདེབས་པར་འདོད་ན། སྟོན་པ་ཐུབ་པའི་དབང་པོ་དང་གནས་བརྟན་ཆེན་པོ་རྣམས་ཕྱག་གཡས་ཆོས་སྟོན་པའི་ཕྱག་རྒྱ་མཛད་ཅིང་། ཕྱག་གཡོན་སྲེ་སྣོད་གསུམ་གྱི་གླེགས་བམ་བསྣམས་པ་བསྒོམས་ཏེ་ཕྱག་འཚལ་ཞིང་མཆོད་ནས་གསོལ་འདེབས་(༢༠༧བ) འདོན། ལྟག་པར། འགྲོ་བའི་མུན་སེལ་བསྟན་པའི་སྒྲོན་མེ་འཛིན། །ཁྱོད་ཀྱིས་བདུད་རྩིའི་གྲོང་ཁྱེར་སྒོ་དབྱེར་གསོལ། །ཆོས་ཀྱི་ཛ་ཆེན་དམ་པ་རྡུང་དུ་གསོལ། །ཆོས་ཀྱི་དུང་གི་མཆོག་ཀྱང་འབུད་དུ་གསོལ། །ཆོས་ཀྱི་སྒྲོན་མེ་མཆོག་ཀྱང་སྦར་དུ་གསོལ། །ཆོས་ཀྱི་ཆར་པ་དམ་པ་དབབ་ཏུ་གསོལ། །ཆོས་ཀྱི་རྒྱལ་མཚན་དམ་པ་བསྒྲེང་དུ་གསོལ། །ཆོས་ཀྱི་འཁོར་ལོ་དམ་པ་བསྐོར་དུ་གསོལ། །ཉོན་མོངས་དགྲ་ཚོགས་རྣམས་ལས་རྒྱལ་བར་མཛོད། །སྲིད་པའི་མཚོ་ལས་སེམས་ཅན་བསྒྲལ་དུ་གསོལ། །ངན་སོང་གསུམ་གྱི་ལམ་རྣམས་དགག་ཏུ་གསོལ། །སྒྲིབ་ཆགས་ཉོན་མོངས་མེས་གདུངས་ཞི་མཛད་པ། །ཡེ་ཤེས་རལ་གྲིས་ཉོན་མོངས་རྒྱ་དྲལ་གསོལ། །ཆོས་ཀྱི་བདུད་རྩིས་སེམས་ཅན་ཚིམ་མཛད་གསོལ། །བྱང་ཆུབ་ཡོན་ཏན་རྒྱ་མཚོས་ངོམས་མཛད་གསོལ། །སེམས་ཅན་སྡུག་

བསྐལ་ཆེ་ལས་ཐར་མཛད་གསོལ། །བདེ་བ་ཀུན་གྱི་རྒྱ་མཚོ་ཐོབ་མཛད་གསོལ། །སྟོན་ཆད་སུས་ཀྱང་མ་བསྐོར་བའི། །ཆོས་ཀྱི་འཁོར་ལོ་བསྐོར་དུ་གསོལ། །ཞེས་གསོལ་བ་ཤུགས་དྲག་ཏུ་གདབ་བོ། །དེ་ལྟར་གསོལ་བ་བཏབ་པས་ཚོགས་ཞིང་རྣམས་ཀྱི་སྐུའི་ཆ་ཐམས་ཅད་དང་ཁྱད་པར་ཕྱག་ན་བསྣམས་པའི་སྡེ་སྣོད་གསུམ་གྱི་གླེགས་བམ་ལས་བདུད་རྩིའི་རྒྱུན་དཔག་ཏུ་མེད་པ་བྱུང་། རང་དང་སེམས་ཅན་ཐམས་ཅད་ཀྱི་ལུས་སེམས་ལ་ཐིམ་པས་ཚེ་རབས་ཐོག་མ་མེད་པ་ནས་བསགས་པའི་ལས་ངན་སྡིག་སྒྲིབ་ཐམས་ཅད་དང་། ཁྱད་པར་ཆོས་སྤོང་གི་ལས་བསགས་པ་སོགས་ཆོས་ལ་བརྟེན་ནས་བྱུང་བའི་སྡིག་སྒྲིབ་ཐམས་ཅད་བྱང་ཞིང་དག །ལུང་རྟོགས་ཀྱི་ཡོན་ཏན་ཐམས་ཅད་(༢༠༢ན)ཆེས་ཆེར་འཕེལ་ཞིང་རྒྱས་པར་བསམ་མོ། །ཡང་བསླབ་པ་གསུམ་གྱིས་བསྡུས་པའི་སྐྱབས་པའི་ཡོན་ཏན་མྱུར་དུ་འཕེལ་བར་འདོད་ནས་དེའི་ཕྱིར་དུ་གསོལ་བ་འདེབས་པར་འདོད་ན། སྟོན་པ་ཐུབ་པའི་དབང་པོ་དང་གནས་བརྟན་ཆེན་པོ་རྣམས་ཞབས་རྡོ་རྗེའི་སྐྱིལ་ཀྲུང་གིས་བཞུགས་ཤིང་ཕྱག་གཉིས་མཉམ་གཞག་གི་ཕྱག་རྒྱ་མཛད་པ་བསྒོམས་ཏེ་ཕྱག་འཚལ་ཞིང་མཆོད་ནས་གསོལ་འདེབས་འདོན། ཁྱད་པར། སངས་རྒྱས་སྤྲུལ་པ་དགྲ་བཅོམ་པ། །འཕགས་པ་གནས་བརྟན་དགེ་སློང་ཆེ། །དཀོན་མཆོག་རིན་ཆེན་གསུམ་གྱི་དངོས། །ཉན་ཐོས་ཆེན་པོ་སྤྲུལ་པའི་སྐུ། །ཐུགས་རྗེའི་བདག་ཉིད་ཅན་རྣམས་དང་། །འཕགས་པ་དགེ་སློང་དགྲ་བཅོམ་པ། །ཁྲི་དང་དྲུག་སྟོང་བཞི་བརྒྱ་རྣམས། །དགྲ་བཅོམ་ཟག་ཟད་ཉོན་མོངས་མེད། །བྱ་བ་བྱས་ཤིང་བྱེད་པ་བྱས། །སེམས་ཤེས་ཤེས་རབ་རྣམ་པར་གྲོལ། །ཅང་ཤེས་རྟ་དང་གླང་ཆེན་བཞིན། །ཁུར་བོར་རང་དོན་རབ་ཏུ་ཐོབ། །སྲིད་པར་ཀུན་སྦྱོར་ཡོངས་ཟད་པས། །སེམས་ཀྱི་དབང་རྣམས་མཆོག་ཐོབ་པ། །མངོན་ཤེས་རྫུ་འཕྲུལ་ཡོན་ཏན་དང་། །ཡོན་ཏན་རྒྱ་མཚོའི་ཕ་རོལ་ཕྱིན། །འཕགས་པ་གནས་བརྟན་ཁྱེད་རྣམས་ནི། །སེམས་ཅན་རྣམས་ལ་ཐུགས་བརྩེ་བས། །མ་དུལ་བ་ནི་དུལ་བར་མཛད། །མ་

དག་དག་པར་མཛད་པ་པོ། །མགོན་སྐྱབས་མེད་ལ་མགོན་སྐྱབས་མཛད། །མ་གྲོལ་གྲོལ་བར་མཛད་པ་པོ། །མ་ཞི་བ་རྣམས་ཞི་བར་མཛོད། །སྨན་ཆེན་སྨན་པའི་རྒྱལ་པོ་ལྟར། །སེམས་ཅན་རྣམས་ཀྱི་གསོས་གྱུར་པ། །རིག་དང་ཞབས་སུ་ལྡན་པ་ཡི། །སྦྱིན་གནས་དུལ་ཞིང་དགེ་འདུན་ཆེ། །ཞུགས་པ་རྣམ་པ་བཞི་དང་ནི། །འབྲས་ལ་གནས་པ་བཞི་རྣམས་ལ། །(༧༠༢བ)བདག་ཅག་གུས་པས་ཕྱག་འཚལ་ལོ། །བྱིན་རླབས་ཆེན་པོ་མཛད་དུ་གསོལ། །དད་ལྡན་བསོད་ནམས་གང་འདོད་པ། །རྫས་ལས་བྱུང་བའི་བསོད་ནམས་ནི། །རྟག་ཏུ་བྱེད་པ་རྣམས་ཀྱི་ཞིང་། །གང་ལ་ཕུལ་ན་འབྲས་ཆེ་བ། །དེ་ལ་གུས་པས་ཕྱག་འཚལ་ལོ། །བདག་རྒྱུད་ཞི་དང་དུལ་བ་ཡི། །ཐུགས་རྗེ་ཐུགས་བརྩེར་མཛད་པར་གསོལ། །ཞེས་གསོལ་བ་ཤུགས་དྲག་ཏུ་གདབ་བོ། །དེ་ལྟར་གསོལ་བ་བཏབ་པས་ཚོགས་ཞིང་ཐམས་ཅད་ཀྱི་སྐུའི་ཆ་ལས་བདུད་རྩིའི་རྒྱུན་དཔག་ཏུ་མེད་པ་བྱུང་། རང་དང་སེམས་ཅན་ཐམས་ཅད་ལ་ཐིམ་པས་ཐོག་མེད་ནས་བསགས་པའི་སྡིག་སྒྲིབ་ཐམས་ཅད་དང་། ཁྱད་པར་ས་ལམ་གྱི་རིམ་པ་རྣམས་རྒྱུད་ལ་སྐྱེ་བ་ལ་གེགས་བྱེད་ཀྱི་སྡིག་སྒྲིབ་ཐམས་ཅད་སྦྱངས་ལམ་བསླབ་པ་རིན་པོ་ཆེ་གསུམ་ལ་སོགས་པའི་རྟོགས་པ་ཁྱད་པར་ཅན་རྒྱུད་ལ་སྐྱེས་པར་བསམ་མོ། །ཡང་དགེ་འདུན་གྱི་སྡེ་རྣམས་དར་ཞིང་རྒྱས་པ་དང་། ཆོས་སྒྲུབ་པའི་མཐུན་རྐྱེན་ཐམས་ཅད་ཚང་བ་དང་། འཇིག་རྟེན་གྱི་ཁམས་སུ་བདེ་སྐྱིད་དཔལ་འབྱོར་ལེགས་ཚོགས་རྣམས་རྒྱས་པར་འདོད་ནས་དེའི་ཕྱིར་དུ་གསོལ་བ་འདེབས་པར་འདོད་ན། སྟོན་པ་ཐུབ་པའི་དབང་པོ་དང་། གནས་བརྟན་ཆེན་པོ་རྣམས་བདུད་རྩིས་གང་བའི་ལྷུང་བཟེད་ཕྱག་ན་བསྣམས་པ་བསྒོམས་ཏེ་ཕྱག་འཚལ་ཞིང་མཆོད་ནས་ཇི་ལྟར་འདོད་པའི་དོན་དེ་དག་མྱུར་དུ་འགྲུབ་པར་གསོལ་བ་ཤུགས་དྲག་ཏུ་གདབ་པར་བྱའོ། །འདི་དག་གི་ཚེ་ཕྱོགས་བཅུའི་ཞིང་རབ་འབྱམས་ན་བཞུགས་པའི་རྒྱལ་བ་སྲས་བཅས་ཐམས་ཅད་ཀུན་ཐུབ་པའི་དབང་པོ་གནས་བརྟན་ཆེན་པོ་རྣམས་དང་བཅས་པའི་རྣམ་པར་སྤྲུན་

དྲངས་ཏེ་ཚོགས་ཞིང་གཅིག་ཏུ་མོས་ནས་བྱེད་པའམ། ནམ་མཁའི་དབྱིངས་ཐམས་ཅད་(༢༠༣ན)སྤྲུལ་སྐུའི་རྣམ་པ་ཅན་གྱི་རྒྱལ་བ་སྲས་དང་བཅས་པས་ཡོངས་སུ་གང་བར་བསྒོམས་ནས་ཕྱག་འཚལ་ཞིང་མཆོད་དེ་གསོལ་བ་འདེབས་པའང་དམིགས་པ་རྒྱ་ཆེ་བ་ལྟར་བསོད་ནམས་ཀྱང་ཆེས་ཆེར་འཕེལ་བ་དང་། དེ་ལྟར་དུ་བྱིན་རླབས་ཀྱང་རྒྱ་ཆེན་པོ་མྱུར་དུ་འཇུག་པར་འགྱུར་རོ་ཞེས་དམ་པ་གོང་མའི་ངག་ལས་འབྱུང་ངོ་། །

ཀ༣ གནས་གང་དང་གང་དུ་བཞུགས་པའི་ཚུལ་བཤད་པ།

གསུམ་པ་གནས་གང་དང་གང་དུ་བཞུགས་པའི་ཚུལ་བཤད་པ་ནི། སྟོན་པ་ཐུབ་པའི་དབང་པོ་ཞིང་འདིར་བྱོན་ནས་དགུང་ལོ་བརྒྱད་ཅུའི་བར་དུ་སེམས་ཅན་གྱི་དོན་མཛད་ནས་དགུང་ལོ་བརྒྱད་ཅུ་ལ་བབ་པ་ན་གནས་བརྟན་ཆེན་པོ་འོད་སྲུངས་དང་། འཕགས་པ་ཀུན་དགའ་བོ་དང་། འཕགས་པ་ཉེ་བར་འཁོར་གསུམ་ལ་བཀའ་བསྩུས་ནས་བསྟན་པ་འཛིན་པར་བཀའ་བསྒོས་ཤིང་། གནས་བརྟན་ཆེན་པོ་བཅུ་དྲུག་ལ་བསྟན་པ་ནམ་གནས་བར་དུ་མྱ་ངན་ལས་མི་འདའ་བར་བསྟན་པ་འཛིན་ཅིང་སྐྱེལ་བར་བཀའ་བསྒོས། རྣམ་ཐོས་སྲས་ལ་སོགས་པ་བཀའ་སྡོད་སྲུང་མ་རྣམས་ལ་བསྟན་པ་ཚུལ་བཞིན་འཛིན་པ་རྣམས་བསྲུང་ཞིང་སྐྱོང་བར་བཀའ་བསྒོས་ཏེ་གདུལ་བྱ་རྟག་འཛིན་ཅན་རྣམས་འདུལ་བའི་ཕྱིར་ཐུན་མོང་པའི་གདུལ་བྱ་རྣམས་ཀྱི་སྣང་ངོར་མྱ་ངན་ལས་འདའ་བའི་ཚུལ་བསྟན་ཀྱང་ངེས་པ་དོན་དུ་མྱ་ངན་ལས་འདའ་བ་མེད་པར་འཁོར་བ་ཇི་སྲིད་མ་སྟོངས་ཀྱི་བར་དུ་སེམས་ཅན་གྱི་དོན་མཛད་ཅིང་བཞུགས་པ་ནི། གསེར་འོད་དམ་པ་ལས། སངས་རྒྱས་མྱ་ངན་ཡོངས་མི་འདའ། །ཆོས་ཀྱང་ནུབ་པར་མི་འགྱུར་ཏེ། །སེམས་ཅན་ཡོངས་སུ་སྨིན་བྱའི་ཕྱིར། །ཡོངས་སུ་མྱ་ངན་འདའ་བ་སྟོན། །ཞེས་གསུངས་པ་ལྟར་རོ། །འོ་ན་སྟོན་པ་ཐུགས་རྗེ་ཅན་ཤཱཀྱའི་རྒྱལ་པོ་དེ་ཉིད་ད་ལྟ་གང་ན་བཞུགས་སྙམ་ན། སྟོན་པ་ཐུགས་རྗེ་ཅན་དེ་ཉིད་སྔོན་སློབ་

པ་ལམ་གྱི་གནས་སྐབས་སུ་གྲངས་མེད་གསུམ་དུ་ཚོགས་བསགས་ཤིང་རྫོགས་སྨིན་སྦྱངས་གསུམ་གྱི་སྤྱོད་པ་མཐར་ཕྱིན་པར་མཛད་ནས་(༢༠༣བ)གཞི་དང་སྙིང་པོ་མེ་ཏོག་གིས་བརྒྱན་པ་ཞེས་བྱ་བའི་འོག་མིན་གྱི་ཞིང་ཁྱད་པར་ཅན་དེར་ཐུབ་པ་ཆེན་པོ་རྣམ་པར་སྣང་མཛད་གངས་ཆེན་མཚོ་ཞེས་བྱ་བར་མངོན་པར་རྫོགས་པར་སངས་རྒྱས་ཐུབ་པ་ཆེན་པོ་གངས་ཆེན་མཚོ་དེ་ནི་ནམ་མཁའ་མ་ཟད་ཀྱི་བར་དུ་སྐུའི་བཀོད་པ་དེ་ལས་མི་གཡོ་བར་ངེས་པ་ལྷུ་ལྷུན་དུ་བཞུགས་ནས་མཁའ་ཁྱབ་ཀྱི་སེམས་ཅན་རྣམས་ལ་རང་རང་གི་ཁམས་དང་། བསམ་པ་དང་། བག་ལ་ཉལ་དང་། དབང་པོའི་རིམ་པ་དང་འཚམས་པར་སྤྲུལ་པ་བགྱི་ནས་སེམས་ཅན་གྱི་དོན་མཛད་བཞིན་པར་བཞུགས། སྤྲུལ་སྐུའི་མཛད་པ་བསྟན་པ་རྣམས་ནི་དགོས་པ་གང་དང་གང་གི་དོན་དུ་སྤྲུལ་པ་བསྟན་པ་དེ་དང་དེའི་དོན་དེ་མཛད་ཅིང་བཞུགས་པ་ལས། མི་མཇེད་འཇིག་རྟེན་གྱི་ཞིང་འདིར་བསྐལ་བཟང་རྣམ་འདྲེན་བཞི་པ་སྟོན་པ་མཉམ་མེད་ཤཱཀྱ་ཐུབ་པ་བྱོན་པ་དེ་ནི་སྔོན་བྲམ་ཟེ་རྒྱ་མཚོའི་རྡུལ་གྱིས་དེ་བཞིན་གཤེགས་པ་རིན་ཆེན་སྙིང་པོའི་སྤྱན་སྔར་ཐུགས་བསྐྱེད་དང་སྨོན་ལམ་ཇི་ལྟར་མཛད་པ་ལྟར་རྣམ་འདྲེན་གཞན་གྱིས་ཡལ་བར་བོར་བ་སྙིགས་མ་ལྔ་བདོའི་འགྲོ་བ་རྣམས་ཀྱི་དོན་དུ་ཞིང་འདིར་བྱོན་ནས་སྐུ་ཚེ་ཧ་ཅང་རིང་བ་དང་ཧ་ཅང་ཐུང་བ་མིན་པར་དགུང་ལོ་བརྒྱད་ཅུའི་བར་དུ་འགྲོ་བའི་དོན་མཛད་ནས་གདུལ་བྱ་དམན་པ་རྣམས་ཀྱི་སྣང་ངོར་སྐུའི་སྣང་བ་བསྡུ་བའི་ཚུལ་མཛད་ཀྱང་། ཞིང་གཞན་དང་གཞན་དུ་མཆོག་གི་སྤྲུལ་སྐུའི་མཛད་པ་སྟོན་ཏེ། ཇི་ལྟར་ནམ་མཁའི་ཟླ་བ་གཅིག་ཉིད་སའི་སྟེང་གི་ཆུ་སྣོད་ཐམས་ཅད་ཀྱི་ནང་དུ་ཅིག་ཅར་གཟུགས་བརྙན་སྟོན་པ་ཇི་ལྟ་བ་དེ་བཞིན་དུ་ལྟར་གདུལ་བྱ་གང་དང་གང་ན་ཡོད་པ་དེ་དང་དེར་སྐུའི་སྣང་བ་སྟོན་པ་ནི། རྗེ་བཙུན་བྱམས་པ་མགོན་པོས། རྒྱུ་ནི་ཡོངས་སུ་སྨིན་གྱུར་ནས། །གང་དང་གང་ལ་གང་དང་ནི། །གང་ཚེ་བྱ་བ་ཕན་གྱུར་པ། །དེ་དང་དེ་ལ་དེ་སྣང་ངོ་། །ཞེས་དང་། གང་གིས་

སྲིད་པ་ཇི་སྲིད་བར། །འགྲོ་ལ་ཕན་པ་སྣ་ཚོགས་དག །མཉམ་དུ་མཛད་པའི་སྐུ་དེ་ནི། །ཐུབ་པའི་སྤྲུལ་(༢༠༨ན)སྐུ་རྒྱུན་མི་འཆད། །ཅེས་གསུངས་པ་ལྟར་རོ། །སངས་རྒྱས་ཀྱི་མཛད་པ་ནི་བསམ་གྱིས་མི་ཁྱབ་པ་ཡིན་པས་ཞིང་གཅིག་ཏུ་མྱ་ངན་ལས་འདའ་བའི་ཚུལ་སྟོན་པ་དང་མཉམ་དུ་ཞིང་ཁམས་རབ་འབྱམས་དཔག་ཏུ་མེད་པར་འཚང་རྒྱ་བའི་ཚུལ་སྟོན་པ་དང་། ཞིང་གཅིག་ཏུའང་གདུལ་བྱ་སོ་སོའི་སྣང་བ་དང་མཐུན་པར་མཛད་པ་བཅུ་གཉིས་ཀྱི་ཚུལ་མཐའ་ཡས་པ་ཅིག་ཅར་དུ་སྟོན་པར་མཛད་པ་ནི། དབུ་མ་ལ་འཇུག་པ་ལས། སླར་ཡང་མི་གཡོའི་སྐུ་མངའ་ཁྱོད་ཀྱིས་སྲིད་གསུམ་ཁྱོན་ནས་སྤྲུལ་རྣམས་ཀྱིས། །གཤེགས་པ་དང་ནི་བལྟམ་དང་བྱང་ཆུབ་ཞི་བའི་འཁོར་ལོའང་སྟོན་པར་མཛད། །ཅེས་དང་། བདེ་བར་གཤེགས་པ་མ་ལུས་ཕྱོགས་ཞིང་སངས་རྒྱས་ཡུལ་དག་ན། །ཁྲ་རབ་རྡུལ་གྱི་རྡུལ་རྣམས་བདོག་པར་གྱུར་པ་ཇི་སྙེད་པ། །བྱང་ཆུབ་མཆོག་རབ་དམ་པར་གཤེགས་པའི་བསྐལ་པ་དེ་སྙེད་དེ། །འོན་ཀྱང་ཁྱོད་ཀྱི་གསང་བ་འདི་ནི་བསྙད་བགྱི་མ་ལགས་སོ། །ཞེས་དང་། བསྟོད་སྤྲིན་རྒྱ་མཚོ་ལས། ལ་ལར་བལྟམ་ཞིང་ཞིང་གཞན་དུ་ཡང་བྱང་ཆུབ་ཚུལ་སྟོན་སྟོན་པ་ཁྱོད་ཀྱི་སྐུ་ཡི་ནི། །བཀོད་པ་མཆོག་འདི་འདི་དང་གཞན་དུ་མ་ལུས་འགྲོ་ཀུན་ཀུན་མཁྱེན་གྱུར་ཀྱང་བརྗོད་མི་ནུས། །ཞེས་གསུངས་པ་ལྟར་རོ། །

གནས་བརྟན་བཅུ་དྲུག་སོ་སོའི་བཞུགས་གནས་ནི། འཕགས་པ་དགའ་བའི་བཤེས་གཉེན་གྱི་རྟོགས་བརྗོད་ལས་འབྱུང་བ་ནི་སྔར་དྲངས་ཟིན་ཅིང་། ཁ་ཆེ་པཎ་ཆེན་ཤཱཀྱ་ཤྲཱིའི་གསུང་ལས་འབྱུང་བ་ནི་གནས་བརྟན་གྱི་སྤྲུལ་པ་མཆིམས་ནམ་མཁའ་གྲགས་ཀྱིས་མཛད་པའི་གནས་བརྟན་མཆོད་པའི་ཆོ་ག་ལས། ཁ་ཆེ་པཎ་ཆེན་ལ་བླ་མ་ཁྲོ་ཕུ་བས་ཞུས་པས། ཐུབ་པས་བཀའ་བསྒོས་བསྟན་པའི་རྒྱལ་མཚན་འཛིན། །མྱ་ངན་མི་འདའ་མངོན་སུམ་ཡུལ་ཀུན་ཏུ། །ལྷ་མིའི་བསོད་ནམས་དཔལ་ཞིང་འཚོ་གཞེས་པ། །རྒྱལ་ཚབ་དགྲ་བཅོམ་བཅུ་དྲུག་ཞབས་ལ་འདུད། །(༢༠༨བ)ཏི་སེའི་གངས་ལ་དགྲ་

བཅོམ་ཡན་ལག་འབྱུང་། །དྲང་སྲོང་རི་དྭགས་ཞལ་ན་མ་ཕམ་པ། །ཡོ་མ་བདུད་རིར་བཙུན་པ་ནགས་ན་གནས། །ཟངས་གླིང་དབུས་ན་རྒྱལ་སྲས་དུས་ལྡན་བཞུགས། །སེང་ག་ལ་ན་རྡོ་རྗེ་མོ་ཡི་བུ། །ཆུ་བོ་ཡ་མུ་ན་གླིང་བཟང་པོ་བཞུགས། །ཁ་ཆེའི་ཡུལ་ན་ཐུབ་པ་གསེར་བེའུ། །ནུབ་གླིང་བ་ར་ཧྭ་ཛ་གསེར་ཅན་བཞུགས། །སྒྲ་མི་སྙན་ན་དཔལ་ཆེན་བ་ཀུ་ལ། །བྲི་ཡང་ཀུ་ན་གནས་བརྟན་སྒྲ་གཅན་འཛིན། །བྱེ་རྒོད་ཕྱུངས་པར་དགྲ་བཅོམ་ལམ་ཕྲན་བསྟན། །ཤར་གླིང་བ་ར་ཧྭ་ཛ་བསོད་སྙོམས་ལེན། །སུམ་ཅུ་གསུམ་ན་འཕགས་པ་ལམ་བསྟན་བཞུགས། །ངོས་ཡངས་རི་ལ་སྲོམ་བརྗོད་ཀླུ་ཡི་སྡེ། །རི་རྒྱལ་བི་ཧུ་ལ་ན་སྤྲིད་བྱེད་བཞུགས། །གངས་རིའི་རྒྱལ་པོར་མི་ཕྱེད་པ་བཞུགས་ཏེ། །འཕགས་ཆེན་གནས་བརྟན་རྒྱལ་པོ་བཅུ་དྲུག་པོ། །རེ་རེ་བཞིན་ཡང་དགྲ་བཅོམ་དུ་མས་བསྐོར། །ཉན་ཐོས་ཚུལ་འཛིན་རྒྱལ་སྲས་འཕྲིན་ལས་སྐྱོང་། །ཆོས་སྲུང་འགྲོ་དོན་མཛད་པས་ལེགས་སྐྱབས་མཛད། །ཅེས་གསུངས་པ་ལྟར་ཏེ། དེ་ཡང་གནས་བརྟན་ཆེན་པོ་ཡན་ལག་འབྱུང་ནི་གངས་རི་ཆེན་པོ་ཏེ་སེ་ལ་འཁོར་དགྲ་བཅོམ་པ་སྟོང་དང་སུམ་བརྒྱས་བསྐོར་ནས་བཞུགས་པར་གསུངས་ཏེ། གངས་རི་ཆེན་པོ་ཏེ་སེ་ཞེས་བྱ་བ་འདི་ནི་འཛམ་བུའི་གླིང་གི་ཆུ་ཀླུང་ཐམས་ཅད་གང་ནས་འབབ་པའི་ཆུ་འགོ་ཡིན་ཞིང་། ལྷག་པར་གནས་དེ་ནས་ཆུ་ཀླུང་ཆེན་པོ་གངྒཱ། སིནྡྷུ། སི་ཏ། པཀྵུ་སྟེ་ཆུ་བོ་ཆེན་པོ་བཞི་འབབ་པར་གསུངས། གངས་རི་ཆེན་པོ་དེའི་མདུན་ན་མ་དྲོས་པའི་མཚོ་ཆེན་པོ་ཡོད་པར་སྟོན་པ་བཅོམ་ལྡན་འདས་འཁོར་དགྲ་བཅོམ་པ་ལྔ་བརྒྱ་དང་ལྷན་ཅིག་ཏུ་ཕྱོགས་དེར་བྱོན་ནས་ལས་ཀྱི་རྒྱུ་བ་ལུང་སྟོན་པའི་མདོ་གསུངས་པ་སོགས་ལྷ་མི་བགྲང་བ་ལས་འདས་པའི་དོན་མཛད་ཅིང་། མ་འོངས་པའི་གདུལ་བྱ་རྣམས་ལ་ཕྱོགས་དེར་སྟོན་པ་འཁོར་བཅས་བྱོན་ནས་(༢༠༥ན)ཆོས་བསྟན་ཅིང་བྱིན་གྱིས་བརླབས་སོ་ཞེས་གོ་བའི་ཕྱིར་དུ་སྟོན་པ་ཐུབ་པའི་དབང་པོས་རྗེ་ལེབ་ཆེན་པོ་ཞིག་ལ་ཞབས་ཀྱི་རྗེས་འཛོག་པར་མཛད་པ་དང་། གངས་རི་ཆེན་པོའི་ཉེ་ལོགས་ཀྱི་

རི་སྤོས་ངད་ལྡང་ལ་སྟོན་པ་འཁོར་བཅས་བྱོན་ནས་ཆོས་མང་དུ་གསུངས་པ་དང་། སྨན་པའི་རྒྱལ་པོ་འཚོ་བྱེད་གཞོན་ནུས་གསོས་ལ་སྨན་གྱི་ཁྱད་པར་མང་པོ་ལུང་སྟོན་པར་མཛད་པ་སོགས་རྒྱལ་བས་བྱིན་གྱིས་བརླབས་པའི་གནས་ཁྱད་པར་ཅན་ཡིན་ཞིང་། གནས་དེ་ན་སྤྲུལ་པའི་ཕོ་བྲང་མང་དུ་ཡོད་པར་གསུངས་ཏེ། སྔོན་རྗེ་བཙུན་མི་ལས་གངས་རི་ཆེན་པོར་འཁོར་ལོ་སྡོམ་པའི་ཕོ་བྲང་གཟིགས་པ་དང་། རྗེ་བཙུན་བློ་བཟང་ཆོས་ཀྱི་རྒྱལ་མཚན་གྱིས་ཀྱང་གངས་རི་ཆེན་པོ་འཁོར་ལོ་སྡོམ་པའི་ཕོ་བྲང་དུ་གཟིགས་པ་སོགས་སྔོན་གྱི་དམ་པ་རྣམས་ཀྱི་རྣམ་ཐར་ལས་བྱིན་རླབས་ཤིན་ཏུ་ཆེ་བའི་ལོ་རྒྱུས་མང་དུ་འབྱུང་བ་ལྟར་རོ། །གནས་བརྟན་ཆེན་པོ་འདི་ལ་མཚན་གྱི་རྣམ་གྲངས་ཟུར་གྱིས་ཤེས་ཞེས་ཀྱང་བྱ། མི་སྐྱེས་ཞེས་ཀྱང་བྱ། ཡན་ལག་སྐྱེས་ཞེས་ཀྱང་བྱ། ཡོངས་སུ་གྲགས་པར་ཡན་ལག་འབྱུང་ཞེས་གྲགས་ཏེ། གནས་བརྟན་ཆེན་པོ་འདི་ནི་སྤྱིར་འཛམ་བུ་གླིང་གི་ཆུ་འགོ །ལྷག་པར་བྱང་ཕྱོགས་ཁ་བ་ཅན་པ་རྣམས་ཀྱི་སའི་ཆ་སངས་རྒྱས་དང་བྱང་ཆུབ་སེམས་དཔའ་བགྲང་བ་ལས་འདས་པས་བྱིན་གྱིས་བརླབས་པའི་གནས་ཁྱད་པར་ཅན་འདིར་བཞུགས་ནས་སེམས་ཅན་གྱི་དོན་དཔག་ཏུ་མེད་པ་མཛད་དེ། སྔོན་ཇོ་བོ་རྗེ་དཔལ་ལྡན་ཨ་ཏི་ཤ་རྒྱ་གར་ནས་བོད་དུ་ཕེབས་དུས་གངས་རི་ཆེན་པོ་ཏེ་སེར་བྱོན་པ་ན་གངས་རི་ཆེན་པོ་ལ་བསྐོར་བ་མཛད་ཚེ་ཏེ་སེའི་ནུབ་ཕྱོགས་སྟོན་པ་ཐུབ་པའི་དབང་པོ་དང་དགྲ་བཅོམ་ལྔ་བརྒྱའི་ཞབས་རྗེས་ཡོད་པའི་ཐད་དུ་བྱོན་པའི་ཚེ་གཉེའི་སྒྲ་ཞིག་གསན་པ་ན། ཇོ་བོའི་ཞལ་ནས་འཕགས་པ་ཡན་ལག་འབྱུང་འཁོར་བཅས་གདུགས་ཚོད་ལ་བབ་པའི་གཉེ་ཧུང་བ་ཡིན་པས(༢༠༥བ)ངེད་རང་རྣམས་ཀྱང་གྲོ་བྱ་ཞེས་གསུངས། དོན་དུ་ན་ཇོ་བོ་རྗེས་ཏེ་སེར་གནས་བརྟན་ཆེན་པོ་ཡན་ལག་འབྱུང་འཁོར་བཅས་བཞུགས་པ་གཟིགས་པའོ། །ཡང་ཇོ་བོ་རྗེ་ཡེར་པར་བཞུགས་དུས་འབྲོམ་རིན་པོ་ཆེའི་སྐྱེས་རབས་ཟབ་མོ་ཞིག་གསུང་བ་ན་གནས་བརྟན་བགྲེས་པོ་ཞིག་བྱོན་ནས་རྒྱལ་བའི་འབྱུང་གནས་ལ་ཕྱག་གསུམ་

བཅལ་ཏེ། ང་རྗེ་བོ་ཆེན་པོའི་བཀས་ལེགས་པར་བསྐོས་པའི་དགེ་སློང་ཡིན་ན། ད་ཡུན་མི་རིང་བར་བྲག་རྒྱབ་ཏུ་བཙུན་ཆུང་ཞིག་འོང་གིས། ཡོ་རེ་རེ་གཉིས་གཉིས་དགེ་འདུན་གྱི་གཉེར་འདྲ་བར་བྱེད་འཚལ། རྒྱལ་བ་ཁྱོད་ཀྱིས་སྐྱོང་བ་ཞུ། རེ་ཞིག་ང་ཡང་གངས་རི་ཆེན་པོ་ཏེ་སེ་ལ་འགྲོ་གསུང་ནས་མི་སྣང་བར་གྱུར། དེར་དགེ་བཤེས་པོ་ཏོ་བས་དེ་སུ་ཡིན་ཞུས་པས། བཤེས་གཉེན་པའི་ཞལ་ནས། དེ་ངས་བཤད་པས་ཆོག །གནས་བརྟན་ཆེན་པོ་ཡན་ལག་འབྱུང་ཞེས་བྱ་བ་ལྷ་མི་ཐམས་ཅད་ཀྱི་བསོད་ནམས་ཀྱི་དཔལ་ལས་འཁྲུངས་པ་ཅིག་ཡིན་ཏེ། དགེ་བསྙེན་རྒན་པོ་རི་བོར་འདྲ་བ་ཞིག་ལ་ཁོང་གངས་ཀྱི་སེང྄་འདྲ་བ་ཞིག་འདུད་དུ་འོང་སྐད་དེ་དགོད་རེ་བྲོ། ཞེས་གསུངས་པ་དང་། ཡང་རྗེ་བོ་སྙེ་ཐང་ན་བཞུགས་དུས། ལན་ཅིག་འཁྲོམ་རིན་པོ་ཆེར་ཡུག་ཅིག་མ་སྣང་བས་འཁྲོམ་སྟོན་པས་གར་བཞུད་ཞུས་པས། འཕགས་པའི་གནས་བརྟན་རྣམས་སྤྱན་འདྲེན་དུ་སོང་བ་ཡིན་གསུང་བའི་མོད་ལ། གནས་བརྟན་བགྲེས་པོ་གཅིག་བྱུང་བ་ལ་རྗེ་བོ་རྗེས་ལྷུང་བ་དང་། ལེགས་སྦྱར་གྱི་གསུང་ལན་མཛད་པ་ལ། གནས་བརྟན་དེ་སུ་ལགས་ཞུས་པས། འཕགས་པའི་གནས་བརྟན་ཡན་ལག་འབྱུང་ཡིན་གསུང་། ལྷག་པར་གནས་བརྟན་ཆེན་པོ་འདིས་དགེ་བའི་བཤེས་གཉེན་པོ་ཏོ་བ་ཆེན་པོར་སྐུའི་བཀོད་པ་བསྟན་ནས་རྒྱལ་བའི་བཀའ་དང་དགོངས་འགྲེལ་གྱི་བསྟན་བཅོས་ཐམས་ཅད་གང་ཟག་གཅིག་གི་ཉམས་ལེན་གྱི་རིམ་པར་བསྡུས་ནས་གདན་ལ་འབེབ་པ་བཀའ་གདམས་ལྷ་ཆོས་བདུན་ལྡན་གྱི་རྣམ་ཐར་གཙང་མས་བྱང་ཕྱོགས་ཀྱི་སའི་ཆ་ཐམས་ཅད་ཁྱབ་(༢༠༧ན)པར་མཛད་པས་ན་ཁ་བ་ཅན་པ་རྣམས་ལ་བཀའ་དྲིན་ བླ་མེད་དུ་མཛད་དོ། །

གནས་བརྟན་ཆེན་པོ་མ་ཕམ་པ་ནི་དྲང་སྲོང་རི་ཡི་ངོགས་ནགས་ན་འཁོར་དགྲ་བཅོམ་པ་བརྒྱ་ཕྲག་གཅིག་གིས་བསྐོར་ནས་བཞུགས་པར་གསུངས་ཏེ། གནས་བརྟན་ཆེན་པོ་འདིའི་བཞུགས་གནས་འདི་ལ་མིང་གི་རྣམ་གྲངས་མང་དུ་འབྱུང་སྟེ། དྲང་

སྒྲོང་རི་ཡི་ངོས་ཤེལ་ཞེས་ཀྱང་འབྱུང་། བྲང་སྒྲོང་ཨུ་ཤེ་རའི་ཕུག་ཅེས་ཀྱང་འབྱུང་། བྲང་སྒྲོང་ཨུ་ཤེ་རའི་ངོགས་ཞེས་ཀྱང་འབྱུང་། འགའ་ཞིག་ནི་བྲང་སྒྲོང་རི་ཞེས་ཟེར་རོ། །དེ་ཡང་། སྔོན་བྲང་སྒྲོང་ཨ་ཤེར་ཞེས་པ་སྨོན་ལམ་གྱི་མཐུ་གྲུབ་པའི་སེམས་དཔའ་ཆེན་པོ་ཞིག་འཁོར་ལྔ་བརྒྱ་དང་བཅས་པ་ཕྱོགས་དེར་བསམ་གཏན་མཛད་ཅིང་བཞུགས་པ་ན། འཁོར་དེ་དག་སྔོད་གནས་ཀྱིས་ཕོངས་པར་གྱུར་པ་བྲང་སྒྲོང་བདག་ཉིད་ཆེན་པོ་དེས་མཁྱེན་ནས་བདེན་ཚིག་བརྗོད་དེ་རང་གི་ལུས་རི་ཆེན་པོ་ཞིག་ཏུ་བྱིན་གྱིས་བརླབས་པས་རི་ཆེན་པོ་སྔོད་གནས་ཕུན་སུམ་ཚོགས་པ་ཅིག་ཏུ་གྱུར་ནས། རང་གི་འཁོར་ལྔ་བརྒྱ་པོ་དེ་དག་ལ་བྱིན་པས་བྲང་སྒྲོང་ལྔ་བརྒྱ་པོ་དེ་དག་གིས་རི་ཆེན་པོ་དེའི་ངོས་ལ་སོ་སོས་བསམ་གཏན་གྱི་ཁང་བུ་ཕུག་སྐྱེ་གནས་ནས་བསམ་གཏན་བསྒོམས་པས་བྲང་སྒྲོང་དེ་དག་ཐམས་ཅད་ཀྱིས་མངོན་པར་ཤེས་པ་ལྔ་ཐོབ་སྐྱེ་རི་དེ་ལ་བྲང་སྒྲོང་རི་ཞེས་ཡོངས་སུ་གྲགས་པ་ཞིག་བྱུང་ཞེས་སྔོན་གྱི་ལོ་རྒྱུས་ཡིག་རྙིང་འགའ་ཞིག་ལས་འབྱུང་ངོ། །

གནས་བརྟན་ཆེན་པོ་ནགས་ན་གནས་ནི། ལོ་མ་བདུན་པའི་རི་ཕུག་ན་འཁོར་དགྲ་བཅོམ་པ་སྟོང་དང་བཞི་བརྒྱས་བསྐོར་ནས་བཞུགས་པར་གསུངས། གནས་བརྟན་འདིའི་བཞུགས་གནས་ལོ་མ་བདུན་པའི་རི་ཕུག་ཅེས་པ་ནི་སྔོན་སྟོན་པ་འཇིག་རྟེན་འདིར་མ་བྱོན་གོང་དུ་བྲང་སྒྲོང་ལོ་མ་བདུན་པ་ཞེས་པ་བདེན་ཚིག་གི་མཐུ་གྲུབ་པ་ལོ་འབུམ་(༢༠༨བ)ཕྲག་མང་པོར་གནས་པ་ཞིག་ཡོད་པ་དེ་མཉན་ཡོད་ཀྱི་རི་ཞིག་ལ་གནས་འདོད་ནས་བདེན་ཚིག་བརྗོད་པས་མཉན་ཡོད་ཀྱི་ཤར་བསྟན་གྱི་རི་ཞེས་བྱ་བ་ལ་བྲག་ཕུག་ཡིད་དུ་འོང་བ་ཕུན་སུམ་ཚོགས་པ་ཞིག་བྱུང་སྐྱེ་ཕུག་དེར་བྲང་སྒྲོང་ལོ་མ་བདུན་པ་གནས་པས་ལོ་མ་བདུན་པའི་རི་ཕུག་ཅེས་ཡོངས་སུ་གྲགས། སྟོན་པ་ཐུབ་པའི་དབང་པོ་ཞིང་འདིར་བྱོན་ནས་བྲང་སྒྲོང་སེང་ལྡེང་ནགས་པའམ་ནགས་ན་གནས་སྟོན་པ་ལ་སྐྱབས་སུ་སོང་ནས་ཚུར་ཤོག་གིས་བསྙེན་རྫོགས་མཛད་ནས་དགྲ

བཅོམ་པར་གྱུར་པ་གནས་བརྟན་ཆེན་པོ་ནགས་ན་གནས་ལ་དྲང་སྲོང་ལོ་མ་བདུན་པ་དང་ནས་ཕྱུག་དེ་གནས་བརྟན་ཆེན་པོ་ནགས་ན་གནས་ལ་ཕུལ། གནས་བརྟན་ཆེན་པོས་ཀྱང་བཞེས་ཏེ་དེར་འཁོར་དགྲ་བཅོམ་པ་སྟོང་དང་བཞི་བརྒྱ་གནས་ཤིང་གཞན་ཡང་འཁོར་བགྲང་བ་ལས་འདས་པ་ལ་ཆོས་སྟོན་པར་མཛད་ཅིང་། དྲང་སྲོང་ལོ་མ་བདུན་པ་ཡང་གནས་བརྟན་ཆེན་པོ་ནགས་ན་གནས་ལས་ཆོས་ཐོས་པས་དགྲ་བཅོམ་པའི་གོ་འཕང་ཐོབ་པར་གྱུར་ཏོ། །

གནས་བརྟན་ཆེན་པོ་དུས་ལྡན་ནི་འཛམ་བུ་གླིང་གི་ཟངས་གླིང་ན་འཁོར་དགྲ་བཅོམ་པ་སྟོང་དང་ཆིག་བརྒྱུས་བསྐོར་ཏེ་བཞུགས་པར་གསུངས། གནས་བརྟན་ཆེན་པོ་འདིའི་བཞུགས་གནས་ཟངས་གླིང་ཞེས་པ་ནི་སྔོན་མི་དབུལ་པོ་ཞིག་གིས་རང་ལ་ནོར་གང་ཡོད་དྲང་སྲོང་ཞིག་ལ་མཆོད་པར་ཕུལ་བས་དྲང་སྲོང་དགའ་སྟེ། ཁྱོད་ཅི་འདོད་ཅེས་བརྗོད་པས་མི་དབུལ་པོ་དེས་དྲང་སྲོང་ཆེན་པོ། བདག་ཡུལ་ཁམས་ཆེན་པོ་ཞིག་གི་རྒྱལ་པོ་འདོད་དོ། །ཞེས་ཞུས་པས། དྲང་སྲོང་གིས་ས་སྟོང་ཆེན་པོ་ཞིག་ཏུ་བདེན་ཚིག་བརྗོད་པས་སྐད་ཅིག་ཉིད་ལ་ས་སྟོང་དེ་གྲོང་ཁྱེར་ཆེན་པོ་ཞིག་ཏུ་གྱུར། མི་གྲོང་འབུམ་གྱི་བདག་ཉིད་ལོངས་སྤྱོད་དཔག་ཏུ་མེད་པ་དང་ལྡན་པ་མིང་ཟངས་གླིང་ཞེས་འབོད་པ་ཞིག་བྱུང་སྟེ། ཡུལ་དེ་འཛམ་(༢༠༧ན)བུ་གླིང་གི་ཆར་གཏོགས་ཡིན་ཞིང་འཛམ་བུ་གླིང་དང་ཟངས་གླིང་གཉིས་ཀྱི་བར་དུ་མཚོས་ཀྱང་མ་བཅད། རྒྱ་གར་གྱི་གྲོང་ཁྱེར་ཆེན་པོ་དྲུག་དང་ཤཱཀྱ་ལའི་ཁོངས་སུ་ཡང་མི་འདུ་ཞིང་། རྒྱ་གར་ནུབ་ཕྱོགས་དང་ཉེ་བས་རྒྱ་གར་ནུབ་ཕྱོགས་འཛམ་བུ་གླིང་གི་ཟངས་གླིང་ཞེས་བརྗོད་དོ། །དེ་ནས་དབུལ་པོ་དེ་ཡུལ་ཁམས་དེའི་རྒྱལ་པོར་གྱུར་ཅིང་ལོངས་སྤྱོད་ཕུན་སུམ་ཚོགས་པ་དང་ལྡན་པར་གྱུར་ཏོ། །དེ་ནས་བདེན་ཚིག་གི་དབང་གིས་ཡུལ་དེའི་ཕུ་ཙུ་སྟག་དང་རི་དྭགས་བག་ཕབ་པ་མང་པོ་གནས་པའི་རི་ཞིག་ཡོད་པ་དེའི་དབུས་ན་རིན་པོ་ཆེ་མང་པོ་འབྱུང་བའི་ཕུག་རིན་པོ་ཆེ་སྣ་ལྔ་ལས་གྲུབ་པ་ཞིག་ཡོད་

པ་དེ་ཡུལ་ཁམས་དེའི་མི་ཐམས་ཅད་འཕགས་པའི་གནས་བརྟན་ཆེན་པོ་དུས་ལྡན་ལ་དད་ནས་བྲག་ཕུག་དེ་རིན་པོ་ཆེ་མང་པོས་བཀང་སྟེ་ཕུལ་བས་གནས་བརྟན་ཆེན་པོས་ཀྱང་གདུལ་བྱའི་དོན་དུ་རིན་པོ་ཆེ་ལས་གྲུབ་པའི་ཕུག་ཁྱད་པར་ཅན་དེ་བཞེས་ནས་འཁོར་དགྲ་བཅོམ་པ་རྣམས་དང་གཞན་ཡང་ཕྱོགས་དེའི་གདུལ་བྱ་བགྲང་བ་ལས་འདས་པ་ལ་སྡེ་སྣོད་གསུམ་གྱི་ཆོས་སྟོན་པར་མཛད་ཅིང་བཞུགས་སོ། །

གནས་བརྟན་ཆེན་པོ་རྡོ་རྗེ་མོའི་བུ་ནི་སིང་ག་ལའི་གླིང་ན་འཁོར་དགྲ་བཅོམ་པ་སྟོང་ཕྲག་གཅིག་གིས་བསྐོར་ཏེ་བཞུགས་པར་གསུངས། གནས་བརྟན་ཆེན་པོ་རྡོ་རྗེ་མོའི་བུའི་བཞུགས་གནས་སིངྒ་ལའི་གླིང་ཞེས་བྱ་བ་ནི་སྔོན་ཕོ་བྲང་སེང་གེ་ལྷ་བུ་ན་རྒྱལ་པོ་སེང་གེ་རལ་པ་ཅན་རྒྱལ་སྲིད་བྱེད་པ་ན་དེད་དཔོན་སེང་གེ་ཞེས་བྱ་བ་རྣམ་ཐོས་ཀྱི་བུའི་ནོར་ལ་ནོར་གྱིས་འགྲན་པ་ཞིག་འདུག་པ་དེའི་ཆུང་མ་ལ་ཁྱིའུ་གཟུགས་བཟང་བ་ཞིག་བཙས་ནས་དེའི་མིང་ལ་སེང་ག་ལ་ཞེས་བཏགས་སོ། །དེ་ཆེན་པོར་གྱུར་པ་ན་ཕ་ལ་བདག་རྒྱ་མཚོར་འཇུག་པར་ཅི་གནང་ཞེས་བརྗོད་པས། དེད་དཔོན་སེང་གེས་བུ། ཁོ་བོ་ལ་ནོར་གྱི་རྣམ་པ་དུ་(༢༠༧བ)མ་ཡོད་དེ། ཏིལ་དང་འབྲས་དང་སྲན་མ་ལ་སོགས་པ་ལ་སྤྱོད་པ་བཞིན་དུ་རིན་པོ་ཆེ་ལ་སྤྱད་ཀྱང་ཁོ་བོའི་ལོངས་སྤྱོད་བསྲུབ་པར་མི་འགྱུར་གྱིས་ཁོ་བོ་གསོན་གྱི་བར་དུ་སྡོ་བར་གྱིས་ལ། ཁོ་བོ་འདས་པ་ན་ནོར་སྒྲུབས་ཤིག །དེས་ཡང་ཡང་ཞུས་པས། དེད་དཔོན་སེང་གེས་འོ་ན་དེ་ལྟར་གྱིས་ཤིག །ཁྱོད་ཀྱིས་འཇིགས་སུ་རུང་བ་དག་བཟློད་པར་བྱ་དགོས་སོ་ཞེས་འགྲོ་བར་གནང་ངོ་། །དེ་ནས་དེད་དཔོན་སེང་ག་ལས་འཁོར་ལྔ་བརྒྱ་དང་ལྷན་ཅིག་རིམ་གྱིས་རྒྱ་མཚོའི་འགྲམ་དུ་ཕྱིན་ནས་ལན་གསུམ་གྱི་བར་དུ་དྲིལ་བསྒྲགས་ཏེ་རྒྱ་མཚོ་ཆེན་པོར་ཞུགས་པ་ན་ཆུ་སྲིན་ཉའི་རིགས་ཅན་གྱིས་གྲུ་བཅག་ནས་ཁ་ཅིག་གིས་ཤལ་མ་ལིའི་སྡོང་ལེབ་ལ་ཞོན། ཁ་ཅིག་གིས་རྡུལ་ཤིང་བལ་ཅན་ལ་ཞོན། ཁ་ཅིག་གིས་ཀུ་བའི་གཟེངས་ལ་ཞོན། ཁ་ཅིག་གིས་ར་རྒྱལ་ལ་ཞོན་པ་དང་ལས་དབང་

གིས་བྱང་ཕྱོགས་ནས་རླུང་ལངས་ཏེ་ལྷོ་ཕྱོགས་ཀྱི་འགྲམ་དུ་བདས་པ་དང་། ཟངས་གླིང་ན་སྲིན་མོ་ཁྲུང་ཁྲུང་གཞོན་ནུ་མ་ཞེས་བྱ་བ་དག་འཕོད་ནས་ཚོང་པ་གྲུ་ཆག་པ་དག་སླུ་བར་བྱེད་དོ། །དེ་དག་ལ་རྒྱལ་མཚན་གཉིས་ཡོད་དེ། དེའི་ཚེ་དགའ་བའི་གནས་དང་མཐུན་པའི་རྒྱལ་མཚན་གཡོས་པས་དེ་དག་རྒྱ་མཚོའི་འགྲམ་དུ་ཕྱིན་པ་དང་། སྐྱེ་བོའི་ཚོགས་རྒྱལ་བ་སྟ་ཚོགས་ཀྱིས་རྒྱལ་ཞིང་འོང་བ་མཐོང་ནས་གཟུགས་བཟང་མོར་སྤྲུལ། རྒྱན་གྱིས་བརྒྱན་ཏེ། ཇོ་བོ་དག །ཚུར་སྤྱོན། བདག་ཅག་རྣམས་ཀྱི་ཁྱིམ་ཐབ་མཛོད་ཅིག །འདི་དག་ཁྱེད་ཀྱི་ཟས་གོས་དང་གནས་མལ་གྱི་གནས་དང་ནོར་བུ་དང་མུ་ཏིག་ལ་སོགས་པ་ལགས་ཀྱིས་ཚུར་སྤྱོན་བདག་ཅག་དང་ལྷན་ཅིག་དགའ་མགུར་སྤྱོད་ཅིག །ཁྱེད་ཅག་ལས་འགའ་ཡང་ལྷོ་ལམ་དུ་མ་འགྲོ་ཞིག་ཟེར་རོ། །དེ་དག་སྲིན་མོ་དག་གིས་ཁྲིད་ནས་དེ་དག་དང་ལྷན་ཅིག་དགའ་མགུར་སྤྱད་པས་བུ་དང་བུ་མོ་དག་ཀྱང་བྱུང་ངོ་། །དེད་དཔོན་སེང་ག་ལ་འདི་སྙམ་དུ། བུད་མེད་འདི་དག་ཅིའི་ཕྱིར་ལྷོ་ལམ་སྲུང་སྙམ་ནས་དེ་དང་ལྷན་ཅིག་ཉལ་(༢༠༨ན)བའི་བུད་མེད་དེ་གཉིད་ལོག་པ་ན་དལ་བུས་མལ་ནས་བབས་ཏེ། རལ་གྲི་རྣོན་པོ་མཚན་དུ་བཅུག་ནས་ལྷོ་ལམ་དུ་སོང་བ་དང་སྐྱེ་བོ་ཕལ་པོ་ཆེ་སྨྲེ་སྔགས་འདོན་པ་ཐོས་ནས་ སྲུ་ཟིང་བྱེད་དེ་ཡུད་ཙམ་ཞིག་འདུག་ནས་ལྷོ་ལམ་དེ་ཉིད་དུ་སོང་བ་དང་དེ་ན་ལྕགས་ཀྱི་གྲོང་ཁྱེར་ཆེན་པོ་ཞིག་མཐོང་ནས་དེའི་ཁོ་ར་ཁོར་ཡུག་ཏུ་སྐྱོལ་བས་དེ་ལ་བྱི་ལ་འཛུལ་བ་ཙམ་གྱི་སྐྱོའང་མ་རྙེད་དོ། །དེའི་བྱང་ངོས་ན་ཤིང་རི་ཤི་ཤ་འཕང་མཐོ་བ་དག་ཡོད་དེ། དེ་ལ་འཛེགས་ནས་སྐྱེ་བོའི་ཚོགས་ལ། ཁྱེད་ཅིའི་ཕྱིར་སྨྲེ་སྔགས་འདོན་དེ་དག་ན་རེ། བདག་ཅག་ནི་གྲུ་ཆག་པའི་ཚོང་པ་སྟེ། སྲིན་མོ་དག་གིས་ཁྲིད་ནས་དེ་དག་དང་དགའ་མགུར་སྤྱད་པས་བུ་དང་བུ་མོའང་བྱུང་ངོ་། །དེ་དག་གིས་ཚོང་པ་རབ་ཏུ་མང་པོ་གཞན་དག་ཆུ་སྲིན་ཉའི་རིགས་ཀྱིས་གྲུ་བཅག་ནས་འོང་བར་ཐོས་པའི་ཚེ་བདག་ཅག་ལས་གཞན་དག་ཟོས་པའི་ལྷག་མ་ནི་ཁོ་བོ་ཅག་ཡིན་པ་

ལྕགས་ཀྱི་མཁར་འདིར་བཙུག་གོ །བུད་མེད་དེ་དག་སྲིན་མོ་ཡིན་པས་ཁྱོད་ཀྱང་བདག་ཉིད་སྲུངས་ཤིག །སེང་ག་ལས་སྨྲས་པ། ཁྱོད་དང་པོ་པོ་ཅག་བདེ་བར་འཛམ་བུ་གླིང་དུ་ཕྱིན་པར་འགྱུར་བའི་ཐབས་ཡོད་དམ་དེ་དག་ན་རེ། པོ་པོ་ཅག་ལ་ནི་ཐབས་མེད་དེ། བདག་ཅག་གིས་ལྕགས་ཀྱི་གྲོང་ཁྱེར་འདིའི་འོག་རྩོལ་ནས་འབྲོས་སོ་སྙམ་ན་འོག་ཉིས་འགྱུར་གསུམ་འགྱུར་དུ་སྐྱེ། སྟེང་ནས་འབྲོས་སོ་སྙམ་ན་དེ་ཡང་ཉིས་འགྱུར་གསུམ་འགྱུར་དུ་སྐྱེ་བའི་ཕྱིར་རོ། །ཁྱེད་ཅག་འཛམ་བུ་གླིང་དུ་བདེ་བར་ཕྱིན་པར་འགྱུར་བའི་ཐབས་ཡོད་དེ། འདི་ན་བདག་ཅག་གིས་སྟེང་ན་ལྷ་དག་རྒྱུ་བའི་སྒྲ་ཐོས་པ། ཀྱེ་འཛམ་བུ་གླིང་པའི་ཚོང་པ་དག་འདི་ཉིད་ཀྱི་ཆོས་བཅོ་ལྔ་ལ་བྱང་ལམ་དུ་དེངས་དང་། དེ་ན་རྟའི་རྒྱལ་པོ་སྤྲིན་གྱི་ཤུགས་ཅན་མ་རྨོས་མ་བཏབ་པའི་འབྲས་སཱ་ལུ་ཟོས་ནས་རོ་སྟོད་བསྒྲངས་ཏེ། ཕ་རོལ་ཏུ་སུ་འགྲོ། སུ་བཀུར། སུ་ཞིག་བདེ་བར་འཛམ་བུའི་གླིང་དུ་ཕྱིན་པར་བྱ་ཞེས་ལན་གསུམ་བརྗོད་པར་བྱེད་ཀྱིས་ཁྱེད་ཅག་དེའི་གན་དུ་སོང་ལ། བདག་ཅག་ཕ་རོལ་ཏུ་འགྲོའོ། །བདག་ཅག་ཕ་རོལ་ཏུ་ཁྱེར་ཅིག །བདག་ཅག་བདེ་བར་འཛམ་བུ་གླིང་དུ་ཕྱིན་པར་གྱིས་ཤིག་ཅེས་བརྗོད་ཅིག་ཟེར་བ་ཐོས་ཀྱིས་ཁྱེད་ཅག་(༢༠༨བ)འཛམ་བུའི་གླིང་དུ་བདེ་བར་འགྲོ་བའི་ཐབས་ནི་དེ་ཡིན་ནོ། །དེ་ནས་དེད་དཔོན་གྱིས་ཚིག་དེ་དག་ལེགས་པར་བཟུང་སྟེ་དལ་བུས་བབས་ནས་མལ་དེ་ཉིད་དུ་སོང་སྟེ་ཉལ་ལོ། །དེས་ནངས་པར་སྔར་ལངས་ནས་ཚོང་པ་དེ་དག་གི་གན་དུ་སོང་སྟེ། སྐྱིད་མོས་ཚལ་དབེན་པ་ཞིག་ཡོད་པ་དེར་པོ་པོ་ཅག་ཕག་ཏུ་གསང་སྟེ་སྨྲ་བ་ཙུང་ཟད་ཡོད་ཀྱི། ཁྱེའུ་དང་བུ་མོ་ཁྲིད་དེ་མ་འོང་ཞིག །དེ་དག་ནང་པར་སྔར་ལངས་ནས་སྐྱིད་མོས་ཚལ་དབེན་པ་དེར་སོང་སྟེ། སེང་ག་ལས་ཚོང་པ་དེ་དག་ལ་སྐྱེ་བོའི་ཚོགས་ཀྱིས་གཏམ་ཅི་བྱས་པ་དེ་དག་རྒྱས་པར་བརྗོད་ནས། བུད་མེད་དེ་དག་སྲིན་མོ་ཡིན་གྱིས་བདག་ཉིད་སྲུངས་ཤིག །དེ་ནས་དེ་དག་གིས་དེ་ཉིད་ཀྱི་ཆོས་བཅོ་ལྔ་ལ་བྱང་ལམ་དུ་སོང་བ་ན་རྟའི་རྒྱལ་པོ་སྤྲིན་གྱི་

ཤུགས་ཅན་མ་རྫོགས་མ་བཏབ་པའི་འབྲས་སྣ་ལུ་ཟ་བ་མཐོང་ངོ་། །དེས་འབྲས་སྣ་ལུ་ཟོས་ནས་རོ་སྟོད་བསྒྲངས་ཏེ། ཕ་རོལ་ཏུ་སུ་འགྲོ། སུ་བཀུར། སུ་ཞིག་བདེ་བར་འཛམ་བུའི་གླིང་དུ་ཕྱིན་པར་བྱ་ཞེས་ལན་གསུམ་བརྗོད་པ་ན། ཚོང་པ་དེ་དག་གིས་དེའི་གན་དུ་སོང་ནས། བདག་ཅག་ཕ་རོལ་ཏུ་འགྲོའོ། །བདག་ཅག་ཕ་རོལ་ཏུ་ཁྱེར་ཅིག །བདག་ཅག་བདེ་བར་འཛམ་བུའི་གླིང་དུ་ཕྱིན་པར་གྱིས་ཤིག །ཅེས་བརྗོད་པ་ན། རྟའི་རྒྱལ་པོ་སྤྲིན་གྱི་ཤུགས་ཅན་དེས་ཚོང་པ་དེ་དག་ལ་སྨྲས་པ། བུད་མེད་དེ་དག་ཆེས་གཟུགས་བཟང་བར་སྤྲུལ་ནས་ཁྱེའུ་དང་བུ་མོ་དག་ཐོགས་ཏེ། ཇོ་བོ་དག །ཚུར་སྤྱོན་བདག་ཅག་གི་ཁྱིམ་ཐབ་མཛོད་ཅིག །བདག་ཅག་དོན་དུ་མི་གཉེར་ན་རང་རང་གི་བུ་དང་བུ་མོ་སྐྱོམས་ཤིག་ཅེས་ཟེར་བར་འགྱུར་གྱིས་དེ་ལ་ཁྱེད་ཅག་ལས། བདག་གི་ཆུང་མའམ་བུའམ་བུ་མོ་ལ་སོགས་པའོ་སྙམ་དུ་སེམས་པ་དེ་དག་གིས་ངའི་བཤུལ་ལམ་རྒྱབ་ཏུ་ཞོན་ཀྱང་ཤིང་ཐོག་སྨིན་པ་བྲུལ་བ་བཞིན་དུ་ལྷུང་ནས་བུད་མེད་དེ་དག་གིས་ཟ་བར་འགྱུར་རོ། །དེ་ལ་ཁྱེད་ཅག་ལས། ཆུང་མ་ལ་སོགས་པར་མི་སེམས་པ་དེ་དག་ནི་ངའི་སྤུ་ལ་འཇུས་ཀྱང་བདེ་བར་འཛམ་བུའི་གླིང་དུ་ཕྱིན་པར་འགྱུར་རོ་ཞེས་ལེགས་པར་བསྒོ་ནས་ཚོང་པ་དེ་དག་ཁ་ཅིག་རྟ་དེའི་རྒྱབ་ཏུ་(༢༠༡ན)ཞོན། ཁ་ཅིག་བཤུལ་དུ་ཞོན། ཁ་ཅིག་སྤུ་དག་ལ་འཇུས་སོ། །དེས་ལུས་ཀྱི་མཐུ་སྟོབས་བསྐྱེད་ནས་སྟེང་གི་ནམ་མཁའ་ལས་སོང་ངོ་། །སྲིན་མོ་དེ་དག་གི་ཕོངས་པའི་གནས་དང་མཐུན་པའི་རྒྱལ་མཚན་གཡོས་པས། ཚོང་པ་དེ་དག་བྲོས་པ་གོར་མ་ཆག་སྙམ་ནས་དེ་དག་ཆེས་གཟུགས་བཟང་བར་སྤྲུལ་ཏེ་སྔར་བཞིན་ཟེར་བ་ལ་བདག་གི་ཆུང་མ་ལ་སོགས་པར་སེམས་པ་དེ་དག་ནི་ལྷུང་ནས་བུད་མེད་དེ་དག་གིས་ཟོས་སོ། །བདག་གི་ཆུང་མ་ལ་སོགས་པར་མི་སེམས་པ་དེ་དག་ནི་བདེ་བར་འཛམ་བུའི་གླིང་དུ་ཕྱིན་ཏོ། །ཚོང་པ་གཞན་ཐམས་ཅད་སྲིན་མོས་ཟོས་ནས་སེང་ག་འབའ་ཞིག་བདེ་བར་ཕྱིན་ཏོ། །སེང་ག་ལའི་ཆུང་མ་སྲིན་མོ་དེ་ལ་སྲིན་མོ་གཞན་

དག་གིས། ཕོ་མོ་ཅག་གིས་རང་རང་གི་ཁྱིམ་ཐབ་ཟློས་ན། ཁྱོད་ཀྱིས་བཏང་བས་ཁྲིད་འོངས་ན་ལེགས། མི་འོང་ན་ཁྱོད་ཉིད་བཟའ་འོ། །དེ་སྐྲག་ནས། མ་རིངས་པར་སྡོད་ཅིག་ཁྲིད་འོང་ངོ་། །དེ་ལྟར་གྱིས་ཤིག །དེས་འཇིགས་སུ་རུང་བའི་གཟུགས་སུ་སྤྲུལ་ནས་མྱུར་བར་སོང་སྟེ་སེང་ག་ལའི་མདུན་དུ་འདུག་པ་དང་སེང་ག་ལས་རལ་གྲི་ཤུབས་ནས་ཕྱུང་སྟེ་བསྡིགས་པ་དང་དེ་སྐྲག་ནས་བྲོས་སོ། །སེང་ག་ལ་མཐར་གྱིས་རང་གི་ཁྱིམ་དུ་ཕྱིན་པ་དང་སྲིན་མོ་དེའང་བུ་ཐོགས་ཏེ་སེང་ག་ལའི་སྒོ་དྲུང་ན་སྡོད་དོ། །སྐྱེ་བོའི་ཚོགས་ཀྱིས་ཁྱིའུ་དེ་བྱད་གཟུགས་ལས་ངོ་ཤེས་ནས། འདི་ནི་སེང་ག་ལའི་བུ་ཡིན་ནོ། །སྲིན་མོ་ན་རེ། ཁྱེད་ཀྱིས་ཤེས་ཏེ་དེའི་བུ་ཡིན་ནོ། །དེ་དག་གིས། ཁྱོད་གང་ནས་འོངས་སུ་ཡིན། བདག་ཟངས་གླིང་གི་རྒྱལ་པོའི་བུ་མོ་སེང་ག་ལའི་ཆུང་མར་བྱིན་པ་ཡིན་ན། རྒྱ་མཚོར་གྲུ་ཆག་ནས་དེས་བདག་བཀྲ་མི་ཤིས་སོ་ཞེས་བོར་བས་བུ་དང་བདག་ལ་བཟོད་པར་བྱེད་ཏུ་འཇུག་རིགས་སོ། །དེ་དག་གིས་དེའི་ཕ་མ་ལ་སྙན་པས། བུ། དེ་མ་འདོར་བར་བཟོད་པར་གྱིས་ཤིག །ཡབ་ཡུམ་(༢༠༨བ)དེ་ནི་སྲིན་མོ་ལགས་སོ། །དེ་གཉིས་ན་རེ། བུད་མེད་ཐམས་ཅད་སྲིན་མོ་ཡིན་གྱིས་བཟོད་པར་གྱིས་ཤིག །ཡབ་ཡུམ་གཉིས། ཁྱེད་འདི་ལ་དགྱེས་ན་འདི་ཁྱིམ་དུ་བསྲེལ་ཅིག །བདག་གཞན་དུ་འགྲོའོ། །དེ་གཉིས་ཀྱིས། ཁྱོད་མི་འདོད་ན་ཅིའི་ཕྱིར་མི་བསྐྲད་ཅེས་བསྐྲད་དོ། །དེ་ནས་སྲིན་མོ་དེས་རྒྱལ་པོ་སེང་གེ་རལ་པ་ཅན་གྱི་གན་དུ་སོང་བ་དང་བློན་པོ་རྣམས་ཀྱིས་རྒྱལ་པོ་ལ་བུད་མེད་གཟུགས་བཟང་མོ་ཞིག་སྒོ་ན་གདའོ། བལྟ་ཡི་འཇུག་ཏུ་ཆུག་ཅིག །རྒྱལ་པོས་དེ་མཐོང་ནས་འདོད་ཆགས་ཀྱིས་གཟིར་བས། འོངས་པ་ལེགས་སོ། །ཁྱོད་གང་ནས་འོངས་སུ་ཡིན། དེས་སྔར་བཞིན་སྨྲས་པ་དང་། རྒྱལ་པོས་སེང་ག་ལ་བོས་ནས། འདི་ལ་བཟོད་པར་གྱིས་ཤིག །ལྷ། འདི་ནི་སྲིན་མོ་ལགས་སོ། །དེད་དཔོན། བུད་མེད་ཐམས་ཅད་སྲིན་མོ་ཡིན་གྱིས་བཟོད་པར་གྱིས་ཤིག །འོན་ཏེ་ཁྱེད་མི་འདོད་ན་ང་ལ་བྱིན་ཅིག །འདི་ནི་སྲིན་མོ་ལགས་

པས་བདག་མི་དགུལ། མི་ལྡོག་གོ །དེས་དེ་བཙུན་མོའི་ནང་དུ་བཅུག་ནས་དེས་རྒྱལ་པོ་དབང་དུ་བྱས་སོ། །དུས་གཅིག་ན་དེས་རྒྱལ་པོ་བཙུན་མོ་དང་བཅས་པ་གཉིད་ལོག་པར་བྱས་ནས་སྲིན་མོ་དེ་དག་གི་ནང་དུ་སོང་སྟེ། ཁྱེད་ལ་སེང་ག་ལས་ཅི་བྱ། ཁོ་མོས་རྒྱལ་པོ་བཙུན་མོ་དང་བཅས་པ་གཉིད་ལོག་པར་བྱས་ཀྱིས་ཚུར་ཤོག་དེ་རྣམས་བཟའ་བར་བྱའོ། །དེ་དག་འཛིགས་སུ་ཟུང་བ་ཆེན་མོར་སྤྲུལ་ནས་མཚན་མོ་རྒྱལ་པོ་འཁོར་བཅས་ཟོས་སོ། །ནམ་ལངས་པ་ན་རྒྱལ་པོའི་ཕོ་བྲང་གི་སྒོ་མ་ཕྱེད་ཅིང་། བྱ་མི་རོ་ཟ་བ་མང་པོ་རྒྱུ་བ་དང་། བློན་པོ་དང་ཁྲིམ་གྱི་ཊུ་སྣ་ལ་སོགས་པ་ཕོ་བྲང་གི་སྒོ་ན་སྡོད་དོ། །སེང་ག་ལས་དེ་ཐོས་ནས་མྱུར་བར་རལ་གྲི་ཐོགས་ཏེ་སོང་ནས། སྲིན་མོ་དེས་རྒྱལ་པོ་ཟོས་ཀྱིས་ཡ་གད་འོན་ཅིག །འཛོགས་ཏེ་བལྟའོ། སེང་ག་ལ་རལ་གྲི་ཐོགས་ཏེ། འཇོགས་ནས་དེ་དག་བསྡིགས་པ་དང་སྲིན་མོ་དེ་དག་གིས་མིའི་རྐང་ལག་དང་མགོ་(༢༧༠ན)དག་ཁྱེར་ཏེ་བྲོས་སོ། །དེ་ནས་སེང་ག་ལས་ཕོ་བྲང་སྒོ་ཕྱེ་ནས་མི་རྣམས་བསྡུས་ཏེ། རྒྱལ་པོ་བཙུན་མོ་དང་བཅས་པ་སྲིན་མོས་ཟོས་ཏེ་གཞོན་ནུ་འང་མེད་ན་སུ་རྒྱལ་པོར་བསྐུར། ཁ་ཅིག་ན་རེ། སྙིང་སྟོབས་ཅན་ཤེས་རབ་དང་ལྡན་པའོ། འོ་ན་སེང་ག་ལ་རྒྱལ་པོར་བསྐུར་བར་བྱའོ། །དེ་དག་གི་སེང་ག་ལ་རྒྱལ་སྲིད་ལོང་ཞིག །དེས་སྨྲས་པ། ཁོ་བོ་ཚོང་པ་ཡིན་པས་རྒྱལ་སྲིད་ཀྱིས་ཅི་བྱ། དེ་དག་ན་རེ། གཞན་གྱིས་རྒྱལ་སྲིད་མི་ནུས་ཀྱིས་ལོང་ཞིག །དེས། ཁྱེད་ཅག་ཁོ་བོའི་ཚིག་བཞིན་བྱེད་ན་བླང་ངོ་། །བྱེད་ཀྱིས་ལོང་ཞིག །དེ་དག་གིས་གྲོང་ཁྱེར་མཛེས་པར་བྱས་ནས་སེང་ག་ལ་རྒྱལ་སྲིད་ལ་དབང་བསྐུར་ཏོ། །སེང་ག་ལས་རིག་སྔགས་སྨྲ་བ་རྣམས་བོས་ཏེ་རིག་སྔགས་ཀྱི་ཆེར་སློབ་ཏུ་བཅུག་ཅིང་། འཕོང་གི་སློབ་དཔོན་དག་ཀྱང་བོས་ནས་འཕོང་རྒྱ་ཆེར་སློབ་ཏུ་བཅུག་སྟེ་བློན་པོ་རྣམས་ལ། དཔུང་ཚོགས་ཡན་ལག་བཞི་པོ་བསྐོན་ཅིག །སྲིན་མོ་དེ་དག་ཟངས་གླིང་ནས་སྐྲོད་དུ་འདོང་ངོ་ཞེས་དཔུང་ཚོགས་གྲུར་བཅུག་སྟེ་ཟངས་གླིང་དུ་འཕགས་པ་དང་སྲིན་མོ་དེ་དག་གི་ཕོངས་པའི་

གནས་དང་མཐུན་པའི་རྒྱལ་མཚན་གཡོས་པས་དེ་དག་གིས་ གྲོས་བྱས་ཏེ། འཛམ་བུའི་གླིང་པའི་མི་གཡུལ་འགྱེད་པར་འདོད་པ་དག་གི་ལྟས་སུ་གོར་མ་ཆག་གིས་བལྟའོ་ཞེས་རྒྱ་མཚོའི་འགྲམ་དུ་ཕྱིན་པ་དང་གྲུ་བོ་ཆེ་དུ་མ་རྒྱ་མཚོའི་འགྲམ་དུ་ཕྱིན་པ་མཐོང་ནས་སྲིན་མོ་དག་གིས་ཀྱང་གཡུལ་བཤམས་པ་ན་རིག་སྔགས་སྨྲ་བ་དག་གིས་རིག་སྔགས་ཀྱིས་ཕབ་ནས་འཕོང་གི་སློབ་དཔོན་དག་གིས་ཕལ་ཆེར་བསད་དོ། །ལྷག་མ་རྣམས་ཀྱིས་སེང་ག་ལའི་རྐང་པ་ལ་གཏུགས་ཏེ། ལྷ་བཟོད་པར་གསོལ། (༢༧༠བ)དེས། ཁྱེད་གཞན་དུ་འདོང་ཞིང་ངའི་ཡུལ་དུ་གནོད་པ་མི་བྱེད་ན་བཟོད་དོ། །དེ་ལྟར་བགྱིའོ། །དེ་དག་གཞན་དུ་སོང་སྟེ་འཁོད་དོ། སེང་ག་ལས་དེར་གྲོང་ཁྱེར་བརྩིགས་པས་སེང་ག་ལའི་གླིང་ཞེས་གྲགས་སོ། །དེ་ལྟ་བུའི་གླིང་དེའི་དབུས་ན་རི་ཆེན་པོ་ཕུན་སུམ་ཚོགས་པ་ཞིག་ལ་གནས་བརྟན་ཆེན་པོ་རྗེ་རྗེ་མོའི་བུ་ཞེས་ཀྱང་བྱ། བད་སའི་བུ་ཞེས་ཀྱང་བྱ། ས་ར་ན་ཞེས་ཀྱང་བྱ། ཤ་ར་ཊ་ཞེས་ཀྱང་བྱ། སྐྱབས་འོས་ཞེས་ཀྱང་བྱ་བ་མཚན་གྱི་རྣམ་གྲངས་མང་དུ་ཡོད་པ་གནས་བརྟན་ཆེན་པོ་རྗེ་རྗེ་མོའི་བུ་འཁོར་དང་བཅས་པ་བཞུགས་ནས་སེམས་ཅན་གྱི་དོན་མཛད་དོ། །

གནས་བརྟན་ཆེན་པོ་བཟང་པོ་ནི་ཆུ་བོ་ཡ་མུ་ནའི་གླིང་ན་འཁོར་དགྲ་བཅོམ་པ་སྟོང་དང་ཉིས་བརྒྱས་བསྐོར་ནས་བཞུགས་པར་གསུངས། གནས་བརྟན་ཆེན་པོ་བཟང་པོའི་བཞུགས་གནས་ཆུ་བོ་ཡ་མུ་ནའི་གླིང་ཞེས་བྱ་བ་ནི་སྔོན་ཆུ་བོ་ཡ་མུ་ན་ལ་གནས་པའི་ཀླུ་རྣམས་ཀྱིས་གྲོས་མཐུན་པར་དབྱར་དུས་སུ་འདུ་ཞིང་རྩེ་བའི་གནས་རིན་པོ་ཆེ་སྣ་ཚོགས་ལས་གྲུབ་པའི་གཞལ་ཡས་ཁང་ཞིག་ཆུ་བོ་ཆེན་པོ་དེའི་དབུས་སུ་ཐང་གཤོངས་ལ་བཅོས་ནས་དབྱར་དུས་སུ་ཀླུ་རྣམས་གཞལ་ཡས་ཁང་དེར་འདུ་བ་ཞིག་ཡོད་པ་ལ་ནམ་ཞིག་ན་གནས་བརྟན་ཆེན་པོ་བཟང་པོ་ཕྱོགས་དེར་ཕེབས་པ་ན་ཀླུ་དེ་རྣམས་གནས་བརྟན་ཆེན་པོ་ལ་དད་ནས་རིན་པོ་ཆེའི་གཞལ་ཡས་ཁང་དེ་གནས་བརྟན་ཆེན་པོ་བཟང་པོ་ལ་ཕུལ། གནས་བརྟན་ཆེན་པོས་ཀྱང་སེམས་ཅན་

གྱི་དོན་དུ་བཞེས་ཏེ་གཞལ་ཡས་ཁང་དེར་བཞུགས་ཏེ་ཕྱོགས་དེར་གནས་པའི་ལྷ་རྣམས་ལ་ཆོས་བསྟན་ནས་སྨིན་གྲོལ་ལ་འགོད་པར་མཛད་དོ། །སྔོན་གྱི་ཡིག་རྙིང་འགའ་ཞིག་ལས་གནས་བརྟན་(༢༧༡ན)ཆེན་པོ་བཟང་པོ་བཞུགས་པའི་གནས་དེ་ཆུ་བོ་ཡ་མུ་ན་དང་གངྒཱ་གཉིས་ཀྱི་བར་ན་ཡོད་ཅེས་ཀྱང་འབྱུང་ངོ་། །

གནས་བརྟན་ཆེན་པོ་གསེར་བེའུ་ནི་ཁ་ཆེའི་ཡུལ་གུར་གུམ་ཅན་གྱི་གནས་ན་འཁོར་དགྲ་བཅོམ་པ་ལྔ་བརྒྱས་བསྐོར་ཏེ་བཞུགས་པར་གསུངས། གནས་བརྟན་འདིའི་མཚན་ལ་གླང་པོ་སྐྱོང་ཞེས་ཀྱང་འདུལ་བ་ལུང་དང་མཛངས་བླུན་ལས་འབྱུང་ངོ་། །གནས་བརྟན་ཆེན་པོ་གསེར་བེའུའི་བཞུགས་གནས་ཁ་ཆེའི་ཡུལ་གུར་གུམ་ཅན་གྱི་གནས་ན་ཞེས་བྱ་བ་དེ་ནི་རྒྱ་གར་ནུབ་ཕྱོགས་ན་ཁ་ཆེའི་ཡུལ་མི་ཁྱིམ་འབུམ་ཕྲག་སུམ་ཅུ་སོ་དྲུག་ཡོད་པའི་གྲོང་ཁྱེར་ཆེན་པོ་ཞིག་གི་ཡུལ་གྱི་དབུས་ན་གུར་གུམ་ཅན་གྱི་རི་ཞེས་པ་ཐ་གྲུ་ཡངས་ཤིང་རྒྱ་ཆེ་བ་དཔག་ཚད་གསུམ་ཙམ་ཡོད་པ། དེར་སྔོན་སྟོན་པ་ཐུབ་པའི་དབང་པོ་འཁོར་དགྲ་བཅོམ་པ་མང་པོ་དང་བཅས་ནམ་མཁའ་ལ་འཕུར་ནས་བྱོན་པའི་ཚེ་སྐུ་གཟུགས་ཀྱི་གྲིབ་མ་རི་དེ་ལ་བབས་པས་གུར་གུམ་བཟང་པོ་གུར་ཀུམ་གཞན་ལས་ཁྱད་པར་དུ་འཕགས་པ་དྲི་བཟང་ཕྱོགས་ཀུན་ཏུ་ལྡང་བ་བསམ་གྱིས་མི་ཁྱབ་པ་སྐྱེས་པ་ཞིག་བྱུང་བ་དེ་ལྟ་བུའི་གུར་གུམ་བཟང་པོས་ཕྱོགས་ཀུན་ཏུ་ཁྱབ་པའི་རིའི་ངོས་ཀྱི་ཕུག་ན་གནས་བརྟན་ཆེན་པོ་འདི་འཁོར་དང་བཅས་པ་བཞུགས་ནས་སེམས་ཅན་གྱི་དོན་མཛད་དོ། །

གནས་བརྟན་ཆེན་པོ་བྷ་ར་དྭ་ཛ་གསེར་ཅན་ནི་ནུབ་བ་ལང་སྤྱོད་ཀྱི་འོད་ཟེར་འབྱུང་བའི་གནས་ན་འཁོར་དགྲ་བཅོམ་པ་བདུན་བརྒྱས་བསྐོར་ནས་བཞུགས་པར་གསུངས། གནས་བརྟན་ཆེན་པོ་འདིའི་མཚན་ལ་གསེར་དབྱིག་ཅེས་ཀྱང་འབྱུང་ངོ་། །གནས་བརྟན་ཆེན་པོ་བྷ་ར་དྭ་ཛ་གསེར་ཅན་གྱི་བཞུགས་གནས་འོད་ཟེར་འབྱུང་བའི་གནས་ཞེས་བྱ་བ་དེ་ནི་ནུབ་བ་ལང་སྤྱོད་ཀྱི་ཡུལ་གྲུ་ཆེན་པོ་ཏ་ར་ཏ་ཞེས་

བྱ་བའི་དབུས་ན་རི་བོ་རྟུལ་ཅན་(༢༧༡བ)ཞེས་བྱ་བ་ཐ་གྲུ་ཡངས་ཤིང་འཕང་ཤིན་ཏུ་མཐོ་བ་དཔག་ཚད་ལྔ་བརྒྱ་ཡོད་པ་ཞིག་ཡོད་པ་དེའི་དབུས་ན་རིན་པོ་ཆེ་སྣ་ཚོགས་ལས་གྲུབ་པའི་ཕུག་པ་འོད་ཟེར་ཕྱོགས་ཀུན་ཏུ་འཕྲོ་བ་ཞིག་ཡོད་པ་དེར་སྟོན་དྲང་སྲོང་ལྔ་བརྒྱ་ཙམ་གནས་པ་དྲང་སྲོང་དེ་དག་གིས་བདེན་ཚིག་བརྗོད་པས་ཕུག་པ་དེ་ལྟའི་དབང་པོ་བརྒྱ་བྱིན་གྱི་ཁང་བཟང་ལས་ཀྱང་ཁྱད་པར་དུ་འཕགས་པ་ཞིག་ཏུ་གྱུར་ཏེ་ཕུག་དེའི་མིང་ལ་འོད་ཟེར་ཅན་གྱི་གནས་ཞེས་ཀྱང་གྲགས། བགྲ་བའི་ཕུག་ཅེས་ཀྱང་གྲགས་ཏེ། དེ་འདྲ་བའི་གནས་ཁྱད་པར་ཅན་དེ་ན་གནས་བརྟན་ཆེན་པོ་ཧྲ་ར་ཧྲ་ཛ་གསེར་ཅན་འཁོར་དང་བཅས་པ་འགྲོ་བའི་དོན་མཛད་ཅིང་བཞུགས་སོ། །

གནས་བརྟན་ཆེན་པོ་བ་ཀུ་ལ་ནི་བྱང་སྒྲ་མི་སྙན་གྱི་སྤོས་བརྩེགས་ཀྱི་ཕུག་ན་འཁོར་དགྲ་བཅོམ་པ་དགུ་བརྒྱུས་བསྐོར་ནས་བཞུགས་པར་གསུངས། གནས་བརྟན་འདིའི་མཚན་ལ་ཤིང་ཤུན་ཅན་ཞེས་ཀྱང་འབྱུང་ངོ་། གནས་བརྟན་ཆེན་པོ་བ་ཀུ་ལའི་བཞུགས་གནས་སྤོས་བརྩེགས་ཀྱི་ཕུག་ཅེས་པ་ནི་བྱང་སྒྲ་མི་སྙན་ན་ཡོད་དེ། སྒྲ་མི་སྙན་གྱི་གླིང་དེ་ན་མི་ཐམས་ཅད་ལྷ་དང་ཁྱད་པར་མེད་པ་གཟུགས་བཟང་ཞིང་བལྟ་ན་སྡུག་པ་ཚེ་རིང་བ། ཐམས་ཅད་ལོ་སྟོང་སྟོང་དུ་གནས་པ། མ་རྨོས་པའི་ལོ་ཏོག་ཁོ་ན་ལ་ལོངས་སྤྱོད། གང་འདོད་པའི་དངོས་པོ་རྣམས་དཔག་བསམ་གྱི་ཤིང་ལས་འབྱུང་བས་ནོར་བདག་ཏུ་བཟུང་བ་མེད་ཅིང་ཕན་ཚུན་གཅིག་ལ་གཅིག་སྐྱོན་བརྗོད་པ་དང་འཚེ་བ་དང་གནོད་པ་བྱེད་པ་གང་ཡང་མེད་ལ། ཕན་ཚུན་དགའ་བའི་བསམ་པ་དང་བྱམས་པའི་སེམས་སུ་གནས་པ་ལས་བརྣབ་སེམས་དང་གནོད་སེམས་དང་ལོག་པར་ལྟ་བ་ཡིད་ལ་མི་རྒྱུ་བ་ཤ་སྟག་ཡིན་ཞིང་། ཤི་ནས་(༢༧༢ན)ཀྱང་ངན་སོང་དུ་མི་ལྟུང་བར་ཀྱེན་དུ་ལྷའི་གནས་སུ་འགྲོ་བ་ཤ་སྟག་སྟེ། དེ་འདྲ་བའི་གླིང་ཆེན་པོ་དེ་ན་རྒྱལ་དགའ་ཞེས་བྱ་བའི་རི་ཆེན་པོ་ཞིག་ཡོད་པ་དེའི་ངོས་ལ་ཕུག་པ་བཟང་པོ་སྤོས་བརྩེགས་ཀྱི་ཕུག་ཏུ་གྲགས་པ། དྲི་བཟང་པོའི་ངད་ཕྱོགས་ཀུན་ཏུ་ལྡང་

བ་ཞིག་ཡོད་པ་དེ་ན་གནས་བརྟན་ཆེན་པོ་བ་ཀུ་ལ་འཁོར་དང་བཅས་པ་ཐུབ་པའི་བསྟན་པ་མི་ནུབ་པར་འཛིན་ཅིང་སྐྱོང་བཞིན་དུ་བཞུགས་སོ། །

གནས་བརྟན་ཆེན་པོ་སྦྲ་གཅན་འཛིན་ནི་ཕྲི་ཡང་ཀུའི་གླིང་ན་འཁོར་དགྲ་བཅོམ་པ་སྟོང་དང་ཆིག་བརྒྱས་བསྐོར་ཏེ་བཞུགས་པར་གསུངས། གནས་བརྟན་ཆེན་པོ་སྦྲ་གཅན་འཛིན་གྱི་བཞུགས་གནས་ཕྲི་ཡང་ཀུའི་གླིང་ཞེས་བྱ་བ་ནི་འཛམ་བུ་གླིང་གི་བྱང་ན་ཡོད་པར་བཤད་དེ། སྔོན་རྒྱལ་བ་འོད་སྲུངས་འཇིག་རྟེན་འདིར་བྱོན་པའི་དུས་ན་མི་ཁྱིམ་འབུམ་ཕྲག་མང་པོ་ཡོད་པའི་གྲོང་ཁྱེར་ཆེན་པོ་ཞིག་ཡོད་པ་དུས་ཀྱི་དབང་གིས་སྟོངས་ཏེ་གྲོང་ཁྱེར་དེའི་དབུས་ན་རྒྱལ་པོའི་ཕོ་བྲང་རིན་པོ་ཆེ་སྣ་ལྔ་ལས་གྲུབ་པ་བལྟ་བས་ཆོག་མི་ཤེས་པ་ཞིག་ཡོད་པ་དེ་ཡང་ས་འོག་ཏུ་ནུབ་པར་གྱུར། སྟོན་པ་ཐུབ་པའི་དབང་པོ་ཞིང་འདིར་བྱོན་པའི་ཚེ་གནས་དེར་གྲོང་ཁྱེར་ཆགས། རིན་པོ་ཆེ་སྣ་ལྔ་ལས་གྲུབ་པའི་ཕོ་བྲང་དེ་ཡང་སའི་སྟེང་དུ་ཐོན་ནས་རྒྱལ་པོ་འཁོར་མང་པོ་དང་བཅས་པ་གདུག་པ་ཅན་ཞིག་བྱུང་བ་ན་གནས་བརྟན་ཆེན་པོ་སྦྲ་གཅན་འཛིན་ཕྱོགས་དེར་བྱོན་ནས་སྐྱེ་བོ་གདུག་པ་ཅན་དེ་དག་བཏུལ་ཏེ་བདེན་པ་ལ་བཀོད་པ་ན་ཕྱོགས་དེའི་སྐྱེ་བོ་ཐམས་ཅད་གནས་བརྟན་ཆེན་པོ་ལ་རྩེ་གཅིག་ཏུ་དད་པར་གྱུར་ནས་རིན་པོ་ཆེ་སྣ་ཚོགས་ལས་གྲུབ་པའི་གཞལ་ཡས་ཁང་དེ་གནས་བརྟན་ཆེན་པོ་ལ་ཕུལ་བ་ན་གནས་བརྟན་ཆེན་པོ་སྦྲ་གཅན་འཛིན་འཁོར་དང་བཅས་པ་གནས་(༢༧༢བ) དེར་སེམས་ཅན་གྱི་དོན་དཔག་ཏུ་མེད་པ་མཛད་ཅིང་བཞུགས་སོ། །

གནས་བརྟན་ཆེན་པོ་ལམ་ཕྲན་བསྟན་ནི་རྒྱ་གར་དབུས་ཀྱི་གྲོང་ཁྱེར་ཆེན་པོ་དྲུག་གི་ནང་ནས་རྒྱལ་པོའི་ཁབ་ཀྱི་གནས་བྱ་རྒོད་ཕུང་པོའི་རི་ལ་འཁོར་དགྲ་བཅོམ་པ་སྟོང་དང་དྲུག་བརྒྱས་བསྐོར་ནས་བཞུགས་པར་གསུངས། གནས་བརྟན་འདིའི་མཚན་ལ་གཙུག་གི་ལམ་པ་ཞེས་ཀྱང་བྱ། ལམ་ཕྲན་པ་ཞེས་ཀྱང་འགྱུར་རོ། །གནས་བརྟན་ཆེན་པོ་གཙུག་གི་ལམ་པའམ་ལམ་ཕྲན་བསྟན་གྱི་བཞུགས་གནས་བྱ་རྒོད་ཕུང

པོའི་རི་ན་རིན་པོ་ཆེ་སྣ་ཚོགས་ཀྱི་ཕུང་པོར་གྱུར་པ། རྒྱལ་བས་ཤེར་ཕྱིན་གསུངས་པའི་གནས། ཚངས་པ་དང་དབང་པོ་དང་འཇིག་རྟེན་སྐྱོང་བ་བཞི་ལ་སོགས་པ་དཀར་ཕྱོགས་ཀྱི་ལྷ་རྣམས་ཟླ་བ་རེ་རེ་བཞིན་ཆོས་བརྒྱད་ལ་སོགས་པ་དུས་ཚོགས་བཟང་པོ་རྣམས་ལ་གནས་དེར་འོངས་ནས་མཆོད་པ་བྱེད་པ་རྡོ་རྗེ་གདན་དང་དབྱེར་མེད་པའི་གནས་ཁྱད་པར་ཅན་དུ་བསྟགས་ཏེ་བརྒྱད་སྟོང་འགྲེལ་ཆེན་ལས། དོན་དང་ལྡན་པའི་མིང་ཅན་རབ་ཏུ་གྲགས་པའི་གནས་ཀྱི་ཁྱད་པར་རྒྱལ་པོའི་ཁབ་ན་དེ་བཞིན་གཤེགས་པ་རྣམས་ཀྱིས་རྒྱལ་བའི་ཡུམ་སྟོན་པ་ལ། བྱང་ཆུབ་སེམས་དཔའ་ལ་སོགས་པའི་ཚོགས་ཆེན་པོའི་ཁུར་ཡུལ་གཞན་གྱིས་འདེགས་པར་མི་ནུས་པ་ཉིད་ཀྱིས་མངོན་པར་བྱང་ཆུབ་པའི་གནས་དང་འདྲ་བར་འདོད་པར་བྱ་བ་རིན་པོ་ཆེ་སྣ་ཚོགས་ཀྱི་ཕུང་པོར་གྱུར་པ་ཡོད་པ་གང་ཡིན་པ་དེ་ནི་བྱ་རྒོད་ཀྱི་ཕུང་པོའོ། །ལྷ་ལ་སོགས་པ་བསོད་ནམས་འདོད་པ་རྣམས་ཆོས་བརྒྱད་ལ་སོགས་པའི་དུས་ཚོགས་རྣམས་སུ་འདུ་བ་རྒྱ་ཆེར་བྱེད་པ་ཞེས་བྱ་བའི་ངེས་པའི་ཚིག་གི་ཚུལ་གྱིས་ན་རི་འོ་ཞེས་གསུངས་པ་ལྟར་རོ། །དེ་ལྟ་བུའི་གནས་ཁྱད་པར་ཅན་དེ་ན་གནས་བརྟན་ཆེན་པོ་ལམ་ཕྲན་བསྟན་འཁོར་དང་བཅས་པ་སེམས་ཅན་གྱི་(༢༧༣ན)དོན་དཔག་མེད་མཛད་ཅིང་བཞུགས་སོ། །

གནས་བརྟན་ཆེན་པོ་བྷ་ར་དྷྭ་ཛ་བསོད་སྙོམས་ལེན་ནི་ཤར་གྱི་ལུས་འཕགས་གླིང་གི་ལག་ཉའི་རི་དྲང་སྲོང་འབྱུང་བའི་གནས་ཀྱི་དབུས་བདེ་བ་འབྱུང་བའི་ཕུག་ན་འཁོར་དགྲ་བཅོམ་པ་སྟོང་ཕྲག་གཅིག་གིས་བསྐོར་ནས་བཞུགས་པར་གསུངས། གནས་བརྟན་ཆེན་པོ་བྷ་ར་དྷྭ་ཛ་བསོད་སྙོམས་ལེན་གྱི་བཞུགས་གནས་ཤར་གྱི་ལུས་འཕགས་གླིང་གི་ལག་ཉའི་རི་དྲང་སྲོང་འབྱུང་བའི་གནས་ཀྱི་དབུས་བདེ་བ་འབྱུང་བའི་ཕུག་ཅེས་བྱ་བ་འདི་ནི། སྔོན་གླིང་དེའི་རྒྱལ་པོ་བསོད་ནམས་ཀྱི་སྟོབས་ཅན་ཞིག་བྱུང་བ་དེའི་ལག་ཉའི་ཏུས་པ་ལས་གྲུབ་པའི་རི་ཆེན་པོ་ཞིག་ཡོད་

པ་དེ་ལ་དྲང་སྲོང་མང་པོ་གནས་བཅས་ཏེ་བཞུགས་པས་ལག་ཉའི་རི་དྲང་སྲོང་འབྱུང་བའི་གནས་ཞེས་གྲགས། གནས་དེ་ན་བྱང་ཆུབ་སེམས་དཔའི་སྨོན་ལམ་གྱི་མཐུ་ལས་གྲུབ་པའི་ཕུག་པ་ཆེན་པོ་དེར་སུས་བསམ་གཏན་བསྒོམས་ཀྱང་མྱུར་དུ་བསམ་གཏན་ཐོབ་པར་འགྱུར་བ་བདེ་བ་འབྱུང་བའི་ཕུག་ཅེས་གྲགས་པ་ཞིག་ཡོད་པ་དེ་ན་གནས་བརྟན་ཆེན་པོ་ཝ་ར་ཎ་ཛ་བསོད་སྙོམས་ལེན་འཁོར་དང་བཅས་པ་འགྲོ་བའི་དོན་དཔག་ཏུ་མེད་པ་མཛད་ཅིང་བཞུགས་སོ། །

གནས་བརྟན་ཆེན་པོ་ལམ་བསྟན་ནི་སུམ་ཙུ་རྩ་གསུམ་གྱི་གནས་མེ་ཏོག་གི་སྙིང་པོ་ན་འཁོར་དགྲ་བཅོམ་པ་དགུ་བརྒྱས་བསྐོར་ཏེ་བཞུགས་པར་གསུངས། གནས་བརྟན་ཆེན་པོ་འདིའི་བཞུགས་གནས་སུམ་ཙུ་རྩ་གསུམ་ནི་རི་རབ་ལྷུན་པོའི་སྟེང་ན་ཡོད་ཅིང་། སུམ་ཙུ་རྩ་གསུམ་ཞེས་པ་ནི་ལྷའི་དབང་པོ་བརྒྱ་བྱིན་ཉེ་དབང་སོ་གཉིས་དང་བཅས་པའི་གནས་ཡིན་པས་ན་སུམ་ཙུ་རྩ་གསུམ་ཞེས་བརྗོད་པ་དང་། ཡང་ཆོས་བཟང་ལ་སོགས་པའི་གནས་ཁྱད་(༢༧༣བ)པར་ཅན་སུམ་ཙུ་རྩ་གསུམ་ཡོད་པས་ན་སུམ་ཙུ་རྩ་གསུམ་ཞེས་བརྗོད་དེ། བསྟན་རིམ་ཆེན་མོ་ལས། ཆོས་བཟང་དང་། མཐོ་བ་དང་། རི་རྩེ་དང་། ལེགས་མཐོང་དང་། ཕྲུགས་གཅིག་དང་། ཤིང་གསེབ་དང་། ཤིང་རྟ་སྣ་ཚོགས་དང་། དགའ་བྱེད་དང་། ཡོངས་འདུ་དང་། འདྲེས་པའི་འཁྲམ་དང་། ཚང་ཚིང་གི་འཁྲམ་དང་། ནོར་བུ་སྙིང་པོ་གནས་པ་རྣམས་དང་ཀུན་ཏུ་གསལ་སྤྱོད་དང་། གསེར་ཕུག་ཁང་དང་། ཕྲེང་བའི་གྲིམ་མ་དང་། མཐོ་དམན་ན་རྒྱུ་བ་དང་། བཀྲ་བ་སྣ་ཚོགས་ཀྱིས་ཕྱེ་བ་དང་། སྤྱོར་བ་ལ་འཇུག་པ་དང་། ཞིབ་ཏུ་དཔྱད་པ་དང་། སྒྲ་སྒྲ་ལ་ཆགས་དགའ་བ་དང་། གཟི་བརྗིད་འབར་བ་དང་། ཟླ་བའི་གནས་ལྟར་རྒྱུ་བ་དང་། ཤིང་སྣ་ལ་ཟུང་དང་། མིག་ཕྱི་ནས་འགྲོ་བ་དང་། བརྩམ་ནས་འགྲོ་བ་དང་། ལུས་མདོག་ཆེ་བཟང་དང་། ནོར་བུ་འཆང་དང་། རིས་མཐུན་དང་། འཁོར་ན་གནས་དང་། མཐོ་བར་སྤྱོད་དང་། གཟི་བརྗིད་མཆོག་དང་། གཟི་ཕྲེང་

དང་། མ་འདྲེས་པ་ཞེས་བྱ་བ་སྟེ་སོ་གསུམ་མོ། །ཞེས་འབྱུང་། གནས་བརྟན་འདིའི་མཚན་ལ་ལམ་ཆེན་པ་ཞེས་ཀྱང་འབྱུང་ངོ་། །གནས་བརྟན་ཆེན་པོ་ལམ་བསྟན་གྱི་བཞུགས་གནས་སུམ་ཙུ་རྩ་གསུམ་གྱི་གནས་མེ་ཏོག་གི་སྙིང་པོ་ཞེས་བྱ་བ་འདི་ནི་སྔོན་ལྷ་དང་ལྷ་མ་ཡིན་གཉིས་ཡུན་རིང་དུ་འཐབ་པ་ལས་ལྷ་རྣམས་རྒྱལ་བར་གྱུར་ནས། ལྷ་མ་ཡིན་རྣམས་བྲོས་ཏེ་ཨ་སུ་རིའི་ཕུག་ཏུ་ཞུགས་ནས་གནས་པ་ཞིག་བྱུང་ངོ་། །དེའི་ཚེ་ལྷ་རྣམས་ཀྱིས་གྲོས་བྱས་ཏེ། བདག་ཅག་རྣམས་ལྷ་མ་ཡིན་ལས་རྒྱལ་བར་གྱུར་པ་ནི་ལྷའི་དྲང་སྲོང་རྣམས་ཀྱི་བཀའ་དྲིན་ཡིན་པས་དྲང་སྲོང་རྣམས་ལ་བཞུགས་གནས་ལེགས་པ་ཞིག་བཟོས་ལ་དབུལ་བར་བྱའོ། །ཞེས་སྨྲས་ནས། བལྟ་ན་སྡུག་གི་བྱང་ཕྱོགས་སུ་མེ་ཏོག་གི་སྙིང་པོ་ཞེས་བྱ་བའི་དབེན་གནས་(༢༧༨ན)རྣམ་པར་རྒྱལ་བའི་ཁང་བཟང་དང་མཉམ་པ་དཔག་ཏུ་མེད་པའི་རྒྱན་གྱིས་བརྒྱན་པའི་བྲག་ཕུག་ཕུན་སུམ་ཚོགས་པ་བཙོས་ཏེ་དྲང་སྲོང་རྣམས་ལ་ཕུལ་བས་དྲང་སྲོང་རྣམས་དགའ་སྟེ་བདེན་ཚིག་བརྗོད་པས། རྣམ་པར་རྒྱལ་བའི་ཁང་བཟང་ལས་ཀྱང་ལྷག་པར་གྱུར་ཏོ། །དེ་ལྟ་བུའི་གནས་དེ་ན་གནས་བརྟན་ཆེན་པོ་ལམ་བསྟན་འཁོར་དང་བཅས་པ་སེམས་ཅན་གྱི་དོན་དཔག་མེད་མཛད་ཅིང་བཞུགས་སོ། །

གནས་བརྟན་ཆེན་པོ་ཀླུའི་སྡེ་ནི་རྒྱལ་པོའི་ཁབ་ཀྱི་རིའི་རྒྱལ་པོ་ངོས་ཡངས་ལ་འཁོར་དགྲ་བཅོམ་པ་སྟོང་དང་ཉིས་བརྒྱས་བསྐོར་ཏེ་བཞུགས་པར་གསུངས། གནས་བརྟན་འདིའི་མཚན་ལ་ཀླུའི་ཕྱག་རྒྱ་ཞེས་ཀྱང་འབྱུང་ངོ་། །གནས་བརྟན་ཆེན་པོ་ཀླུའི་སྡེའི་བཞུགས་གནས་རིའི་རྒྱལ་པོ་ངོས་ཡངས་ཞེས་བྱ་བ་འདི་ནི་སྔོན་དྲང་སྲོང་རྣམས་ཀྱིས་ཚངས་པ་གྲོགས་སུ་སྤྱན་ཏེ་བསམ་གཏན་བསྒོམ་པའི་གནས་ཁྱད་པར་ཅན་ཞིག་བསྐྲུབས་པས་རི་མཐོ་ཞིང་ངོས་ཡངས་པ། རི་དེའི་ངོས་ལ་དཔག་ཚད་མང་པོ་ཡོད་པ་ཞིག་བྱུང་བས་དེ་ལ་རིའི་རྒྱལ་པོ་ངོས་ཡངས་ཞེས་གྲགས། དེ་ལྟ་བུའི་དྲང་སྲོང་གི་གནས་ཁྱད་པར་ཅན་དེ་ན་གནས་བརྟན་ཆེན་པོ་ཀླུའི་སྡེ་འཁོར་དང་བཅས་པ་ཐུབ་

པའི་བསྟན་པ་མི་ནུབ་པར་འཛིན་ཅིང་བཞུགས་སོ། །

གནས་བརྟན་ཆེན་པོ་སྦེད་བྱེད་ནི་རིའི་རྒྱལ་པོ་བི་ཏུ་ལར་འཁོར་དགྲ་བཅོམ་པ་སྟོང་དང་བཞི་བརྒྱས་བསྐོར་ཏེ་བཞུགས་པར་གསུངས། གནས་བརྟན་ཆེན་པོ་སྦེད་བྱེད་ཀྱི་བཞུགས་གནས་རིའི་རྒྱལ་པོ་བི་ཏུ་ལ་ཞེས་བྱ་བ་ནི་སྔོན་ལྷ་རྣམས་ཀྱིས་ཆེད་དུ་བཅོས་པ་དེའི་མིང་ལ་ཧྲི་ཏུ་ལ་ཞེས་གྲགས་པ་རི་ཆེན་པོ་དེའི་དབུས་ན་སེང་གེ་འབྱུང་བའི་ཕུག་ཅེས་བྱ་བ་གནས་ཁྱད་པར་ཅན་ཞིག་ཡོད་པ་དེ་ན་གནས་བརྟན་(༢༧༨བ)ཆེན་པོ་སྦེད་བྱེད་འཁོར་དང་བཅས་པ་འགྲོ་བའི་དོན་མཛད་ཅིང་བཞུགས་སོ། །

གནས་བརྟན་ཆེན་པོ་མི་ཕྱེད་པ་ནི་རི་བོ་གངས་ཅན་ན་འཁོར་དགྲ་བཅོམ་པ་སྟོང་ཕྲག་གཅིག་གིས་བསྐོར་ཏེ་བཞུགས་པར་གསུངས། གནས་བརྟན་ཆེན་པོ་མི་ཕྱེད་པའི་བཞུགས་གནས་རི་བོ་གངས་ཅན་ནི་འཛམ་བུ་གླིང་གི་བྱང་ཕྱོགས་ཆོས་རྒྱལ་རིགས་ལྡན་རྣམས་ཀྱི་ཕོ་བྲང་ཤམྦྷ་ལ་དང་ཉེ་བར་ཡོད་པར་གསུངས་ཤིང་ཡུལ་ཉེར་བཞིའི་ཡ་གྱལ་དུ་ཡང་གསུངས་པས། དེ་ལྟ་བུའི་གནས་ཁྱད་ཅན་རིའི་རྒྱལ་པོ་གངས་ཅན་ཞེས་གྲགས་པ་དེའི་ངོས་ལ་རིན་པོ་ཆེ་འབྱུང་བའི་ཕུག་ཅེས་བྱ་བ་སྤྲུལ་པའི་གནས་ཤིག་ཡོད་པ་དེ་ན་གནས་བརྟན་ཆེན་པོ་པི་ལིང་ཏའི་བུ་ཞེས་ཀྱང་བྱ། པི་ལིང་ཏ་སྲུང་དབང་གི་བུ་ཞེས་ཀྱང་བྱ་བ་གནས་བརྟན་ཆེན་པོ་མི་ཕྱེད་པ་འཁོར་དང་བཅས་པ་ཐུབ་པའི་བསྟན་པ་ཉམས་པ་མེད་པར་བཟུང་སྟེ་སེམས་ཅན་གྱི་དོན་དཔག་མེད་མཛད་ཅིང་བཞུགས་སོ། །

དེ་ལྟར་གནས་བརྟན་བཅུ་དྲུག་སོ་སོའི་བཞུགས་གནས་སྐོར་བཤད་པ་དེ་དག་ནི་དེང་སང་གནས་བརྟན་གསོལ་འདེབས་འདོན་རྒྱུན་ཡོངས་གྲགས་ལ་གང་ཡོད་པ་དང་མཐུན་པར་བཀོད་པ་ཡིན་གྱི་དཀའ་བའི་བཤེས་གཉེན་གྱི་རྟོགས་བརྗོད་དང་སྔོན་གྱི་དམ་པ་མང་པོས་གནས་བརྟན་བཅུ་དྲུག་གི་རྟོགས་བརྗོད་མཛད་པ་དག་ལས་བཞུགས་གནས་དང་འཁོར་གྱི་གྲངས་ལ་མི་འདྲ་བ་མང་དུ་འབྱུང་ཡང་དེ་

དག་ལ་སྔོ་མི་བདེ་བ་བྱ་མི་དགོས་ཏེ། གནས་བརྟན་བདག་ཉིད་ཆེན་པོ་འདི་དག་ནི་ཡང་དག་པར་རྫོགས་པའི་སངས་རྒྱས་གདུལ་བྱའི་དོན་དུ་ཉན་ཐོས་ཀྱི་ཚུལ་བཟུང་སྟེ་གནས་པ་ཐུབ་པས་བསྟན་པ་སྐྱོང་བར་བཀའ་བསྒོས་པ་ལྟར། བསྟན་པ་བཟུང་ཕྱིར་གདུལ་བྱའི་དོན་དུ་འཛམ་བུ་གླིང་དང་། ཤར་ལུས་འཕགས་པོ་དང་། ནུབ་བ་ལང་སྤྱོད་དང་། བྱང་སྒྲ་མི་སྙན་དང་། གླིང་ཕྲན་བརྒྱད་དང་འདོད་ལྷ་རིགས་དྲུག་སོགས་(༢༧༥ན)གནས་རྣམ་པ་སྣ་ཚོགས་སུ་སེམས་ཅན་གྱི་དོན་མཛད་ཅིང་བཞུགས་པའི་ཚུལ་སྟོན་པ་དང་། ལྷག་པར་འཛམ་བུའི་གླིང་འདིར་ཡང་དགེ་འདུན་གྱི་སྡེ་རྣམ་པར་དག་པ་གང་དང་གང་དུ་འཕེལ་བ་དེ་དང་དེར་ཕྱིན་ནས་དགེ་འདུན་གྱི་སྡེ་འཕེལ་བ་དང་། སྡེ་སྣོད་གསུམ་གྱི་ཉན་བཤད་རྒྱས་པར་མཛད་དེ། སྔོན་སྣར་ཐང་དུ་གྲལ་གྱི་གུང་ལ་གནས་བརྟན་བགྲེས་པོ་བཅུ་དྲུག་བྱུང་བ་ཆོས་ཁྲིམས་པས་བསྒྲད་པ་དང་། ཐམས་ཅད་ནམ་མཁར་འཕུར་བ་ན་གནས་བརྟན་བཅུ་དྲུག་ཡིན་པར་ངོ་ཤེས་ནས་འབྱོན་པར་གསོལ་བ་བཏབ་པས། ངེད་རྣམས་ཀྱི་སྤྲུལ་པ་རེ་རྒྱུན་དུ་འབྱོན་ནོ་གསུངས། ཀུན་མཁྱེན་ཤེས་རབ་འོད་ཀྱིས་ཞུག་ནས་ཤངས་མདོར་དགོན་པ་འཚོལ་དུ་ཕྱིན་པས་མི་དཀར་ཧ་དཀར་ཞིག་གིས་ཁྱེད་གར་འབྱོན་ཟེར་བ་ལ། དགོན་པ་འཚོལ་དུ་འགྲོ་གསུངས་པས། འོ་ན་ཤངས་ཀྱི་རི་ངོས་ཡ་གིར་བཞུད་དང་། འཕགས་པའི་གནས་བརྟན་བཅུ་དྲུག་གིས་གསོ་སྦྱོང་མཛད་ཀྱིན་འདུག་ཟེར་བ་མྱུར་དུ་ཕྱིན་པས་འཕགས་པའི་གནས་བརྟན་རྣམས་ཞལ་མཇལ་ས་དེར་དགོན་པ་བཏབ་པས་ཤངས་མདོ་རི་བོ་དགེ་འཕེལ་ཆགས་པར་གསུངས། ཡང་ཇོ་བོ་ཡབ་སྲས་ཡེར་པ་ན་བཞུགས་དུས་ལན་ཅིག་ཨ་མེས་ཀྱི་ཞལ་ནས་ལན་ཅིག་ཡབ་སྲས་གཉིས་ལ་ཚ་བ་གཅིག་འདྲེན་པ་ལ་ཕ་རིན་པོ་ཆེ་ཡུད་ཅིག་མ་བྱུང་། དེ་ནས་ཇོ་བོས་ཕུད་མཆོད་མཛད་ཟིན་ཙམ་ན་ཁོང་གིས་ཀྱང་སླེབ་བྱུང་། ཇོ་བོའི་ཞལ་ནས། སླེལ་པོ་ཚ་བ་གསོལ་ཅིག་གསུང་། ཁོ་བོའི་ཡིད་ལ་ཞལ་ཀྱལ་ཡིན་སྙམ་ཙ་ན། ཧཱུཾ་ག་ལ་

པ་རྣམས་བདེ་འམ་གསུང་། ཕོ་བོ་ལ་ཐེ་ཚོམ་སྐྱེས་གསུང་། ལན་ཅིག་ཇོ་བོའི་ཞལ་ནས། བཤོས་མང་དུ་མཛོད་ཅིག་གསུང་། དུ་འཚལ་ཞུས་པས། བཅུ་དྲུག་ཙམ་གྱིས་གསུང་། འོ་ན་ངའི་བཤོས་ཟླ་རོགས་ལ་དགེ་བསྙེན་ཆེན་པོ་ཐོང་ཞུས་པས། དགེ་བསྙེན་གནས་བརྟན་ཆེན་པོ་རྣམས་སྤྱན་འདྲེན་དུ་སོང་གསུང་། ཕོ་བོ་ཐེ་ཚོམ(༢༧༥བ) དུ་གྱུར་ཙ་ན། འཁོར་སྤྱོས་ཤིག་དང་ཛ་ཡབ་ཅིག་ཁྱེར་ནས་བྱུང་སྟེ། རྒྱལ་བ། ཉན་ཐོས་ཆེན་པོ་རྣམས་འབྱོན་ཞིང་ཡོད་གསུང་། ཇོ་བོའི་ཞལ་ནས། རྒྱལ་བའི་འབྱུང་གནས། ཧྭ་ཤང་ཡེ་ཤེས་ཏ་ལ་ལའི་གཟུངས་དེ་ཁྱེར་ལ་ཤོག་གསུང་། ཇོ་བོ་བཞེངས་ནས་ཏ་ལ་ལའི་གཟུངས་འདོན་ཞིང་གདའ། དེ་ནས་དགེ་སློང་བགྲེས་པོ་བཅུ་དྲུག་བྱོན་ནས་ཇོ་བོ་ལ་ཕྱག་བཙལ་ནས་གྲལ་ལ་འཁོད། ཇོ་བོའི་ཞལ་ནས། ཆོས་ཀྱིས་དགེ་འདུན་སྤྱན་དྲངས། དགེ་འདུན་གྱིས་བསྟན་པའི་བྱ་བ་མཛད། ཕོ་བོ་ཡང་དེ་ལ་དགའ་གསུང་། ཇོ་བོའི་ཞལ་ནས། ཆོས། ཆོས་ཀྱི་སྟོན་མོ་ཁྱི་ཅིག་གསུང་། འཁོར་གྱིས་གུས་པར་ཐམས་ཅད་ལ་ཕྱིན་ལེན་མཛད་ཅིང་བསྙེན་བཀུར་བ་གསོལ་བའི་རྗེས་ལ། ཇོ་བོའི་ཞལ་ནས། བསྟན་པ་ལ་བྱ་བ་མཛོད་གསུངས་ནས། ཉའི་ཉིན་མོ་ཡིན་པས་གསོ་སྦྱོང་མཛད་དེ་ལེགས་སོ་ལེགས་སོ། །ཧྭ་ཤང་ལ་གནས་བརྟན་རྣམས་སྤྱན་དྲོངས་ཤིག་གསུང་ནས། དགེ་བསྙེན་ཆེན་པོས་གནས་བརྟན་རྣམས་སྤྱན་དྲངས་ནས་གཤེགས། ཨ་མེས་ཀྱང་དགེ་བསྙེན་ཆེན་པོ་བསུ་རུ་ཕྱིན་ཙ་ན་འབྱོན་པའི་དུས་མ་བྱུང་། ནང་དུ་ལོག་ནས་འོངས་ཙ་ན། ཕོང་གིས་སླེབ་འདུག་དགེ་བསྙེན་ཆེན་པོས་གར་བྱོན་ཞུས་པ། དེ་ནང་གི་དེ་པ་སྐྱེལ་དུ་ཕྱིན་མོད་མ་འདྲི་དང་གསུང་། ཡང་ལན་ཅིག་བཤོས་གཉིས་ཀྱིས་གསུང་། ལགས་ཞེས་བཤོས་གཉིས་དང་རྒྱ་རི་གཉིས་བྱས་ཡོད་ཙ་ན། དགེ་བསྙེན་ཆེན་པོས་དགེ་སློང་གཉིས་ཁྲིད་ནས་བྱུང་། ཕོ་བོའི་བསམ་པ་ལ་འདི་དག་བོད་ཀྱི་བཙུན་པ་མ་ཡིན་པར་འདུག་སྙམ་དུ་ཐེ་ཚོམ་ཟ་ཞིང་ཡོད་ཙ་ན། ཇོ་བོའི་ཞལ་ནས་ཁ་ཆེ་ན་ད་ལྷ་པཎྜི་ཏ་དུ་འདུག་གསུང་། དགེ་སློང་དེ་པ་ན་

རེ། ད་ལྟ་ལྷ་བཅུ་ཙམ་འདུག་རེས་འགའ་མང་པོ་འོང་བ་འདུག །དེ་ན་ཙུན་ཏ་བྱ་བ་ཅིག་ཡོད་(༢༧༨ན)པ་དེ་འདུག་གམ། དགེ་སློང་དེ་པ་ན་རེ། པོང་ལུས་འཕགས་གླིང་དུ་སོང་ནས་མེད། ཛོ་བོས། ཧྲཀྵ། བསྙེན་བཀུར་ཕུན་སུམ་ཚོགས་པར་མཛོད། དེ་ནས་དགེ་བསྙེན་ཆེན་པོས་བསྙེན་བཀུར་ཕུན་སུམ་ཚོགས་པ་མཛད་ནས། ཡང་སྤྱན་དྲངས་ནས་སོང་། ཞེས་གསུངས། གཞན་ཡང་བོད་ཡུལ་དུ་སྔོན་བྱོན་པའི་དམ་པ་དུ་མའི་རྣམ་ཐར་ལས། གནས་བརྟན་བཅུ་དྲུག་དངོས་སུ་བྱོན་པ་དང་། སྤྲུལ་པ་བྱོན་ནས་བྱིན་གྱིས་བརླབས་པ་སོགས་ལོ་རྒྱུས་མང་དུ་སྣང་ངོ་། །གཞན་ཡང་སངས་རྒྱས་ཀྱི་མཛད་པ་ལ་མཐའ་གཅིག་ཏུ་འཁོར་གྱི་གྲངས་དང་གནས་ཀྱི་ངེས་པ་མི་བྱ་སྟེ། སྟོན་སྟོན་པ་ཐུབ་པའི་དབང་པོ་ཞིང་འདིར་བཞུགས་དུས་ཆོས་བསྡུགས་ཀྱི་མདོར་འདི་སྐད་བདག་གིས་ཐོས་པ་དུས་གཅིག་ན། བཅོམ་ལྡན་འདས་མཉན་ཡོད་ན་རྒྱལ་བུ་རྒྱལ་བྱེད་ཀྱི་ཚལ་མགོན་མེད་ཟས་སྦྱིན་གྱི་ཀུན་དགའ་ར་བ་ན། དགེ་སློང་བརྒྱ་ཕྲག་ཕྱེད་དང་བཅུ་གསུམ་གྱི་དགེ་སློང་གི་དགེ་འདུན་ཆེན་པོ་དང་ཐབས་ཅིག་ཏུ་བཞུགས་སོ། །ཞེས་འབྱུང་བ་དང་། སྟོན་ཤེར་ཕྱིན་གསུངས་པའི་ཚེ་བཅོམ་ལྡན་འདས་རྒྱལ་པོའི་ཁབ་བྱ་རྒོད་ཕུང་པོའི་རི་ལ་དགེ་སློང་དགྲ་བཅོམ་པ་བགྲང་བ་ལས་འདས་པ་དང་བྱང་ཆུབ་སེམས་དཔའ་སེམས་དཔའ་ཆེན་པོ་བགྲང་བ་ལས་འདས་པས་བསྐོར་ཏེ་བཞུགས་པར་གསུངས་པ་ལྟ་བུ་འཁོར་གྱི་གྲངས་དང་གནས་ལ་ངེས་པ་མེད་པར་གདུལ་བྱའི་དོན་དུ་གནས་སྣ་ཚོགས་དང་འཁོར་གྲངས་མང་ཉུང་སྣ་ཚོགས་པ་མདོ་སྡེ་དག་ལས་རྒྱ་ཆེར་འབྱུང་བ་ལྟར་རོ།། །།

བཞི་པ། ཐུབ་པའི་དབང་པོ་འཕགས་པ་གནས་བརྟན་བཅུ་དྲུག་དང་བཅས་པ་ལ་མཆོད་ཅིང་གསོལ་བ་གདབ་པའི་ཚུལ་བཤད་པ།

བཞི་པ་ཐུབ་པའི་དབང་པོ་འཕགས་པ་གནས་བརྟན་བཅུ་དྲུག་དང་བཅས་པ་ལ་མཆོད་ཅིང་གསོལ་བ་གདབ་པའི་ཚུལ་བཤད་པ་ལ་གསུམ། ཐུབ་དབང་གནས་བརྟན་བཅུ་དྲུག་འཁོར་དང་བཅས་པ་ལ་མཆོད་ཅིང་གསོལ་བ་གདབ་པའི་ཚུལ་རྒྱས་པར་བཤད་པ། བློ་དམན་རྣམས་ལ་ཕན་གདགས་པའི་ཕྱིར་ཕྱག་མཆོད་གསོལ་འདེབས་མདོར་བསྡུས་སྙིང་པོར་དྲིལ་བ་བྱ་ཚུལ། ཐུབ་དབང་གནས་བརྟན་བཅུ་དྲུག་འཁོར་དང་བཅས་པ་ལ་མཆོད་ཅིང་གསོལ་བ་བཏབ་པའི་ཕན་ཡོན་(༢༧༤ན)བཤད་པའོ། །

ཀ༽ ཐུབ་དབང་གནས་བརྟན་བཅུ་དྲུག་འཁོར་དང་བཅས་པ་ལ་མཆོད་ཅིང་གསོལ་བ་གདབ་པའི་ཚུལ་རྒྱས་པར་བཤད་པ།

དང་པོ་ལ་དགུ། གནས་བརྒྱན་ཅིང་རྟེན་དགྲམ་པ། མཆོད་རྫས་བཤམ་པ། ལྟུང་བ་བཤགས་བསྟམ་བྱས་ཏེ་རྒྱུད་དག་པར་བྱ་བ། སྐྱབས་འགྲོ་སེམས་བསྐྱེད་རྒྱུད་དང་འདྲེས་ངེས་སུ་བྱ་བ། ས་གཞི་པོ་བྲང་གདན་མཆོད་པ་རྣམས་བྱིན་གྱིས་བརླབ་པ། ཚོགས་ཞིང་སྤྱན་དྲང་བ། ཚོགས་ཞིང་གསལ་བཏབ་སྟེ་སྐུ་ཁྲུས་གསོལ་བ་སོགས་བྱ་བ། མཆོད་ཅིང་གསོལ་བ་གདབ་པ་མཇུག་ཏུ་གཏང་རག་གི་མཆོད་པ་སོགས་བྱ་བའོ། །

ཁ༽ གནས་བརྒྱན་ཅིང་རྟེན་དགྲམ་པ།

དང་པོ་ནི། གཙང་ཞིང་ཡིད་དུ་འོང་བའི་གནས་སུ། ཆག་ཆག་དང་ཕྱག་བདར་ལེགས་པར་བྱས། བ་བྱུང་ལྔའི་སྦྱང་ཐུལ་དང༌། དྲི་བཟང་གི་ཆུས་ཆག་ཆག་གདབ། མེ་ཏོག་གཙལ་དུ་བཀྲམ། གདུགས་དང་བླ་བྲེ་དང་བ་དན་དང་རྒྱལ་མཚན་ལ་(༢༧༤བ)

སོགས་པས་གནས་ཁང་བརྒྱན་ཏེ་འཕགས་པའི་ཚོགས་རྣམས་སྤྱན་དུ་དྲང་བའི་བཀོད་པ་ཕུན་སུམ་ཚོགས་པར་བྱ། དེ་ནས་ཐུབ་པ་ཆེན་པོ་འཕགས་པ་གནས་བརྟན་བཅུ་དྲུག་འཁོར་དང་བཅས་པའི་བཞུགས་གནས་གཞལ་ཡས་ཁང་བཤམ་སྟེ། དེ་ཡང་སྟེགས་བུ་བཟང་པོ་ལ་བ་བྱུང་དང་དྲི་བཟང་གི་ལྡེ་གུས་བྱུགས་པའི་ཁར་དཀྱིལ་འཁོར་གྲུ་བཞི་སྒོ་བཞི་རྩིག་པ་ཕ་གུ་དྲ་བ་དྲ་ཕྱེད་མདའ་ཡབ་སུ་ཤུ་དང་བཅས་པའི་དབུས་སུ་པད་མ་འདབ་མ་བཅུ་དྲུག་དང་བཅས་པ་རྣམས་ལེགས་པར་བྲིས་ལ་དབུས་དང་། པད་འདབ་བཅུ་དྲུག་དང་། ཤར་སྒོའི་ནང་ཚམ་དང་། སྒོ་བཞི་རྣམས་སུ་མེ་ཏོག་གི་ཚོམ་བུ་རེ་སྟེ། མེ་ཏོག་གི་ཚོམ་བུ་ཉི་ཤུ་རྩ་གཉིས་དགོད་གཞན་ཡང་མཆོག་གསུམ་གྱི་རྟེན་རྣམས་བཀོད་པ་མཛེས་པར་དགྲམ་མོ། །

ཁ༢ མཆོད་རྫས་བཤམ་པ།

གཉིས་པ་མཆོད་རྫས་བཤམ་པ་ནི། རྟེན་དེ་དག་གི་མདུན་དུ་ཆུ་གཉིས་ཉེར་སྤྱོད་དང་བཅས་པ་ཉེར་གཉིས་སོགས་ཅི་འབྱོར་དང་རོལ་མོའི་བྱེ་བྲག་སྣ་ཚོགས་དང་། སྐུ་ཁྲུས་གསོལ་བའི་ཡོ་བྱད་རྣམས་དང་། འབྱོར་ན་ཆོས་གོས་གསུམ་དང་། གསིལ་བྱེད་དང་། ལྷུང་བཟེད་བཅུད་བཟང་པོས་བཀང་བ་བཅུ་བདུན་ནམ་མ་ཐ་གཅིག་ལ་སོགས་པ་ཅི་འབྱོར་པའི་མཆོད་རྫས་ལེགས་པར་བཤམ་མོ། །

ཁ༣ ལྟུང་བ་བཤགས་བསྡམ་བྱས་ཏེ་རྒྱུད་དག་པར་བྱ་བ།

གསུམ་པ་ལྟུང་བ་བཤགས་བསྡམ་བྱས་ཏེ་རྒྱུད་དག་པར་བྱ་བ་ནི། ཁྲུས་བྱས་ཤིང་གཙང་སྦྲ་དང་ལྡན་པས་དགེ་སློང་ཡིན་ན་ཆོས་གོས་གསུམ་ལེགས་པར་བགོས་ལ། སྔར་བྱས་ཀྱི་ཉེས་(༢༧(ན)ལྟུང་རྣམས་ལ་དུག་ཁོང་དུ་སོང་བ་ལྟར་ཉེས་པའི་རྣམ་སྨིན་ལ་འཇིགས་ཤིང་སྐྲག་པས་འགྱོད་སེམས་དྲག་པོ་དང་། ཕྱིན་ཆད་སྡོམ་པ་ལ་བབ་

ཀྱང་མི་བྱ་བའི་སྡོམ་སེམས་བརྟན་པོས། ཕྱོགས་བཅུའི་བླ་མ་རྒྱལ་བ་སྲས་དང་བཅས་པ་དཔང་པོར་གསོལ་ཏེ་ཕྱག་འཚལ་བཞིན་དུ་ཉེས་ལྟུང་བཅབས་པ་རྣམས་ཕྱིར་བཅོས་པ་ལན་གསུམ་དང་། ལྟུང་བ་དངོས་གཞི་ཕྱིར་བཅོས་ལན་གསུམ་དང་། ཡུལ་དུས་ཀྱི་སྟོབས་ཀྱིས་འཕྲལ་དུ་བཤགས་པར་མི་ནུས་པའི་ལྟུང་བ་རྣམས་བྱིན་གྱིས་བརླབས་ལ། ལྟུང་བ་བཤགས་པར་འོས་པ་རྣམས་བཤགས། བསྡམ་པར་འོས་པ་རྣམས་བསྡམས། བྱིན་གྱིས་བརླབ་པར་འོས་པ་རྣམས་བྱིན་གྱིས་བརླབས་ཏེ་རྒྱུད་སྡིག་ལྟུང་གིས་མ་སྦགས་པའི་གཙང་གསིང་ངེ་བ་ཞིག་བྱའོ། །

ཁ༤ སྐྱབས་འགྲོ་སེམས་བསྐྱེད་རྒྱུད་དང་འདྲེས་ངེས་སུ་བྱ་བ།

བཞི་པ་སྐྱབས་འགྲོ་སེམས་བསྐྱེད་རྒྱུད་དང་འདྲེས་ངེས་སུ་བྱ་བ་ནི། སྟོན་ལ་འཁོད་དེ་སྐྱབས་འགྲོའི་ཕྱི་ནང་གི་རྒྱུ་ཚོགས་རྣམས་བྱང་ཆུབ་ལམ་གྱི་རིམ་པའི་མན་ངག་ལས་འབྱུང་བ་ལྟར་ཚང་བར་བྱས་ལ་སྐྱབས་ཡུལ་གསལ་གདབ་སྟེ། ཕྱོགས་བཅུ་དུས་གསུམ་གྱི་དེ་བཞིན་གཤེགས་པ་ཐམས་ཅད་ཀྱི་སྐུ་གསུང་ཐུགས་ཡོན་ཏན་འཕྲིན་ལས་ཐམས་ཅད་ཀྱི་ངོ་བོར་གྱུར་པ། ཆོས་ཀྱི་ཕུང་པོ་སྟོང་ཕྲག་བརྒྱད་ཅུ་རྩ་བཞིའི་འབྱུང་གནས། འཕགས་པའི་དགེ་འདུན་ཐམས་ཅད་ཀྱི་མངའ་བདག །དྲིན་ཅན་རྩ་བ་དང་བརྒྱུད་པར་བཅས་པའི་དཔལ་ལྡན་བླ་མ་དམ་པ་རྣམས་ལ་སྐྱབས་སུ་མཆིའོ། །རྫོགས་པའི་སངས་རྒྱས་བཅོམ་ལྡན་འདས་རྣམས་ལ་སྐྱབས་(༢༧(བ))སུ་མཆིའོ། །དམ་པའི་ཆོས་རྣམས་ལ་སྐྱབས་སུ་མཆིའོ། །འཕགས་པའི་དགེ་འདུན་རྣམས་ལ་སྐྱབས་སུ་མཆིའོ། །ཐུབ་པ་ཆེན་པོ་འཕགས་པ་གནས་བརྟན་བཅུ་དྲུག་གི་ལྷ་ཚོགས་འཁོར་དང་བཅས་པ་རྣམས་ལ་སྐྱབས་སུ་མཆིའོ། །དཔལ་མགོན་དམ་པའི་ཆོས་སྐྱོང་བའི་སྲུང་མ་ཡེ་ཤེས་ཀྱི་སྤྱན་དང་ལྡན་པ་རྣམས་ལ་སྐྱབས་སུ་མཆིའོ། །ཞེས་ལན་གང་མང་བརྗོད་ཅིང་སྐྱབས་འགྲོ་རྒྱུད་འཕྲུལ་ངེས་སུ་བྱ། སངས་རྒྱས་ཆོས་དང་

ཚོགས་ཀྱི་མཆོག་རྣམས་ལ། བྱང་ཆུབ་བར་དུ་བདག་ནི་སྐྱབས་སུ་མཆི། །བདག་གིས་སྦྱིན་སོགས་བགྱིས་པ་འདི་དག་གིས། །འགྲོ་ལ་ཕན་ཕྱིར་སངས་རྒྱས་འགྲུབ་པར་ཤོག །ལན་གསུམ། བདག་དང་སྣང་བ་ཐམས་ཅད་ཆོས་ཀྱི་དབྱིངས་ཀྱི་རང་བཞིན་ཡིན་པ་ལ། དེ་ལྟར་མ་རྟོགས་པའི་སེམས་ཅན་ཐམས་ཅད་བདེ་བ་དང་བདེ་བའི་རྒྱུ་དང་ལྡན་པར་གྱུར། སྡུག་བསྔལ་དང་སྡུག་བསྔལ་གྱི་རྒྱུ་དང་བྲལ་བར་གྱུར། སྡུག་བསྔལ་མེད་པའི་བདེ་བ་དང་མི་འབྲལ་བར་གྱུར། བདེ་སྡུག་གི་རྒྱུ་ཆགས་སྡང་ཉེ་རིང་གཉིས་དང་བྲལ་བའི་བཏང་སྙོམས་ལ་གནས་པར་གྱུར་ཅིག །མ་སེམས་ཅན་ཐམས་ཅད་ཀྱི་དོན་དུ་རྫོགས་པའི་སངས་རྒྱས་ཀྱི་གོ་འཕང་ཐོབ་པར་བྱ། དེའི་ཕྱིར་དུ་ཐུབ་པ་ཆེན་པོ་འཕགས་པ་གནས་བརྟན་བཅུ་དྲུག་གི་ལྷ་ཚོགས་འཁོར་དང་བཅས་པ་རྣམས་ལ་ཕྱག་མཆོད་ཐུགས་དམ་བསྐུལ་བའི་རིམ་པ་ལ་འཇུག་པར་བགྱིའོ། །ཞེས་པ་ལན་གསུམ་གྱིས་སེམས་བསྐྱེད་རྒྱུད་དང་འདྲེས་ངེས་སུ་བྱའོ། །

ཁ༥ ས་གཞི་ཕོ་བྲང་གདན་མཆོད་པ་རྣམས་བྱིན་གྱིས་བརླབ་པ།

ག༡ ས་གཞི་བྱིན་གྱིས་བརླབ་པ།

ལྔ་པ་ས་གཞི་ཕོ་བྲང་གདན་མཆོད་པ་རྣམས་བྱིན་གྱིས་བརླབ་པ་ལ་བཞི། ས་གཞི་བྱིན་གྱིས་བརླབ་པ། ཕོ་བྲང་བྱིན་གྱིས་བརླབ་པ། གདན་ཁྲི་(༢༢༠ན)བྱིན་གྱིས་བརླབ་པ། མཆོད་པ་བྱིན་གྱིས་བརླབ་པའོ། །དང་པོ་ནི། དཀོན་མཆོག་གསུམ་གྱི་བདེན་པ་དང་། སངས་རྒྱས་དང་བྱང་ཆུབ་སེམས་དཔའ་ཐམས་ཅད་ཀྱི་བྱིན་གྱིས་བརླབས་དང་། ཚོགས་གཉིས་ཡོངས་སུ་རྫོགས་པའི་མངའ་ཐང་ཆེན་པོ་དང་། ཆོས་ཀྱི་དབྱིངས་རྣམ་པར་དག་ཅིང་བསམ་གྱིས་མི་ཁྱབ་པའི་སྟོབས་ཀྱིས་དེང་འདིར་སྟོན་པ་ཐུབ་པའི་དབང་པོ་འཕགས་པ་གནས་བརྟན་བཅུ་དྲུག་འཁོར་དང་བཅས་པ་སོགས་རྒྱལ་བ་སྲས་དང་བཅས་པ་དང་འཕགས་པ་ཚོས་སྐྱོང་བ་ཐམས་ཅད་གདན་

འཇོམ་པའི་ཕོ་བྲང་གི་དཀྱིལ་འཁོར་དང་མཆོད་པའི་ཚོགས་སྤྱར་བ་འདི་རྣམས་ཇི་ལྟར་སངས་རྒྱས་དང་བྱང་ཆུབ་སེམས་དཔའ་དེ་དག་གི་སྔོན་གྱི་སྨོན་ལམ་ཁྱད་པར་ཅན་གྱིས་བསྒྲུབས་པའི་སངས་རྒྱས་ཀྱི་ཞིང་ཡོངས་སུ་དག་པ་དང་། བཅོམ་ལྡན་འདས་འོད་དཔག་མེད་ཀྱི་ཞིང་གི་བཀོད་པའི་ཡོན་ཏན་ལྟ་བུ་དང་ལྡན་པར་གྱུར་ཏེ། ས་གཞི་རིན་པོ་ཆེ་སྣ་ཚོགས་ཀྱི་རང་བཞིན་ལག་མཐིལ་ལྟར་མཉམ་པ། ཐ་གྲུ་ཆེ་བ། ཡངས་པ། རེག་ན་འཇམ་ཞིང་བདེ་བ། དྲི་མ་མེད་ཅིང་འོད་གསལ་ལ། ཙན་དན་སྦྲུལ་གྱི་སྙིང་པོའི་དྲི་བསུང་དང་ལྡན་པའི་ལྷའི་མེ་ཏོག་སྣ་ཚོགས་ཀྱིས་གཅལ་དུ་བཀྲམ་པ། མཐའ་རིན་པོ་ཆེའི་ཕ་གུས་བརྩིགས་པ། གསེར་དང་། དངུལ་དང་། མུ་ཏིག་གི་ཕྱེ་མ་ཁྲམ་བུར་བཀལ་བ། ཨུཏྤལ་དང་། ཀུ་མུ་ད་དང་། པད་མ་འཁྲིང་ཞིང་ལྡེམ་པས་ཁེབས་པར་གྱུར་ཅིང་། ཆུ་བྱ་སྣ་ཚོགས་སྐད་སྙན་པར་སྒྲོགས་པ། དགའ་ཞིང་འཕྱོ་ལ་ལྡིང་བས་བརྒྱན་པའི་ཡན་ལག་བརྒྱད་དང་ལྡན་པའི་(༢༢༠བ)མཚོ་དང་རྫིང་དང་ལྟེང་ཀ་དག་གིས་མཛེས་པར་བྱས་པ། རིན་པོ་ཆེའི་དཔག་བསམ་གྱི་ཤིང་ལྗོན་པ་ལྷའི་ནོར་བུ་དང་། མུ་ཏིག་གི་རྒྱན་འཕྲེང་དང་རིན་པོ་ཆེ་དཔྱངས་པ། མེ་ཏོག་གི་མགོ་ལྗོགས་དང་འབྲས་བུ་མཛེས་པར་ཆགས་པས་གཡུར་ཟ་ཞིང་ལྡེམ་པ། གསེར་གྱི་དྲིལ་བུ་གཡེར་ཁ་འཁྲོལ་བ་ལས་དམ་པའི་ཆོས་ཀྱི་སྒྲ་འབྱུང་བ་དང་ལྡན་པ་ཚར་དུ་སྤྲེངས་པས་ལེགས་པར་བརྒྱན་པའི་ས་གཞི་ཕུན་སུམ་ཚོགས་པ་འབྱུང་བར་གྱུར་ཅིག །ཅེས་བརྗོད་ལ་གནས་ཁང་དེ་ཉིད་ཐ་མལ་པའི་རྣམ་པ་ཅན་མིན་པར་ཐུབ་པ་ཆེན་པོ་འཕགས་པ་གནས་བརྟན་བཅུ་དྲུག་འཁོར་དང་བཅས་པ་བཞུགས་སུ་རུང་བའི་ཞིང་ཁམས་ཁྱད་པར་ཅན་ཞིག་ཏུ་གྱུར་པར་བསམ་མོ། །

ག༢ ཕོ་བྲང་བྱིན་གྱིས་བརླབ་པ།

གཉིས་པ་ཕོ་བྲང་བྱིན་གྱིས་བརླབ་པ་ནི། དཀོན་མཆོག་གསུམ་གྱི་བདེན་པ་དང་། སངས་རྒྱས་དང་བྱང་ཆུབ་སེམས་དཔའ་ཐམས་ཅད་ཀྱི་བྱིན་གྱིས་བརླབས་དང་། ཚོགས་གཉིས་ཡོངས་སུ་རྫོགས་པའི་མངའ་ཐང་ཆེན་པོ་དང་། ཆོས་ཀྱི་དབྱིངས་རྣམ་པར་དག་ཅིང་བསམ་གྱིས་མི་ཁྱབ་པའི་སྟོབས་ཀྱིས་ཞིང་ཁམས་དེའི་དབུས་སུ་གཞལ་མེད་ཁང་རིན་པོ་ཆེ་སྣ་བདུན་མཆོག་ཏུ་འབར་བ་བཀོད་པ། འཇིག་རྟེན་གྱི་ཁམས་དཔག་ཏུ་མེད་པ་རྒྱས་པར་འགེངས་པའི་འོད་ཟེར་ཆེན་པོ་རབ་ཏུ་འབྱུང་བ། གནས་ཐ་དད་པ་ཤིན་ཏུ་རྣམ་པར་ཕྱེ་བ་མཐའ་ཡས་པ་རྣམ་པར་གནས་པ་རྒྱ་ཡོངས་སུ་མ་ཆད་པ། ཁམས་གསུམ་ལས་ཡང་དག་པར་འདས་པའི་སྤྱོད་ཡུལ་འཇིག་རྟེན་ལས་ཡང་དག་པར་འདས་པ་དེའི་བླ་མའི་དགེ་བའི་རྩ་བ་ལས་བྱུང་བ། ཤིན་ཏུ་རྣམ་པར་དག་ཅིང་དབང་སྒྱུར་བའི་རྣམ་(༢༢༧ན)པར་རིག་པའི་མཚན་ཉིད། དེ་བཞིན་གཤེགས་པའི་གནས། བྱང་ཆུབ་སེམས་དཔའི་དགེ་འདུན་དང་ལྡན་པ། ལྷ་དང་། ཀླུ་དང་། གནོད་སྦྱིན་དང་། དྲི་ཟ་དང་། ལྷ་མ་ཡིན་དང་། ནམ་མཁའ་ལྡིང་དང་། མིའམ་ཅི་དང་། ལྟོ་འཕྱེ་ཆེན་པོ་དང་། མི་དང་མི་མ་ཡིན་པ་མཐའ་ཡས་པ་རྣམ་པར་རྒྱུ་བ། ཆོས་ཀྱི་རོའི་དགའ་བ་དང་བདེ་བ་ཆེན་པོས་བརྟན་པ། སེམས་ཅན་ཐམས་ཅད་ཀྱི་དོན་ཐམས་ཅད་ཡང་དག་པར་ཐོབ་པར་བྱེད་པས་ཉེ་བར་གནས་པ། ཉོན་མོངས་པའི་གནོད་པའི་དྲི་མ་ཐམས་ཅད་དང་བྲལ་བ། བདུད་ཐམས་ཅད་ཡོངས་སུ་སྤངས་པ་ཐམས་ཅད་ཀྱི་བཀོད་པ་ལས་ལྷག་པའི་དེ་བཞིན་གཤེགས་པའི་བཀོད་པའི་གནས་དྲན་པ་དང་བློ་གྲོས་དང་རྟོགས་པ་ཆེན་པོས་ངེས་པར་འབྱུང་བ། ཞི་གནས་དང་ལྷག་མཐོང་གི་བཞོན་པས་འགྲོ་བ། རྣམ་པར་ཐར་པའི་སྒོ་སྟོང་པ་ཉིད་དང་། མཚན་མ་མེད་པ་དང་། སྨོན་པ་མེད་པ་ནས་འཇུག་པ་རིན་པོ་ཆེ་

པད་མའི་རྒྱལ་པོ་ཡོན་ཏན་མཐའ་ཡས་པས་བརྒྱན་པའི་བཀོད་པ་ལ་བརྟེན་པའི་གཞལ་མེད་ཁང་ཆེན་པོ་འབྱུང་བར་གྱུར་ཅིག །ཅེས་བརྗོད་ལ། དེ་ལྟ་བུའི་གཞལ་ཡས་ཁང་དངོས་སུ་གྲུབ་པའི་མོས་པ་བྱའོ། །

ག༣ གདན་ཁྲི་བྱིན་གྱིས་བརླབ་པ།

གསུམ་པ་གདན་ཁྲི་བྱིན་གྱིས་བརླབ་པ་ནི། དཀོན་མཆོག་གསུམ་གྱི་བདེན་པ་དང་། སངས་རྒྱས་དང་བྱང་ཆུབ་སེམས་དཔའ་ཐམས་ཅད་ཀྱི་བྱིན་གྱིས་བརླབས་དང་། ཚོགས་གཉིས་ཡོངས་སུ་རྫོགས་པའི་མངའ་ཐང་ཆེན་པོ་དང་། ཆོས་ཀྱི་དབྱིངས་རྣམ་པར་དག་ཅིང་བསམ་(༢༢༧བ)གྱིས་མི་ཁྱབ་པའི་སྟོབས་ཀྱིས་གཞལ་ཡས་ཁང་གི་དབུས་སུ་པདྨའི་གདན་ལ་རིན་པོ་ཆེ་སྣ་ཚོགས་ལས་གྲུབ་པའི་ཁྲི་སེང་གེ་ཆེན་པོ་བརྒྱད་ཀྱིས་བཏེག་པའི་སྟེང་དུ་པདྨ་དང་ཟླ་བའི་གདན། པདྨའི་འདབ་མ་བཅུ་དྲུག་ལ་རིན་པོ་ཆེའི་ཁྲིའི་སྟེང་དུ་པདྨ་དང་ཟླ་བའི་གདན། ཤར་དང་སྒོ་བཞིར་པདྨ་དང་ཟླ་བའི་གདན་རྣམས་བཅོམ་ལྡན་འདས་དེ་བཞིན་གཤེགས་པ་དགྲ་བཅོམ་པ་ཡང་དག་པར་རྫོགས་པའི་སངས་རྒྱས་ཤཱཀྱ་ཐུབ་པ་དང་། གནས་བརྟན་ཆེན་པོ་བཅུ་དྲུག་འཁོར་དགྲ་བཅོམ་པའི་ཚོགས་དང་བཅས་པ་དང་། འཕགས་པ་དགེ་བསྙེན་དྷརྨ་ཏ་དང་རྒྱལ་པོ་ཆེན་པོ་བཞི་འཁོར་དང་བཅས་པ་གདན་འཛོམ་པའི་བཞུགས་གནས་འཕགས་པ་སོ་སོའི་སྨོན་ལམ་ཁྱད་པར་ཅན་དང་། མངའ་ཐང་དང་འཚམ་པར་གྲུབ་པ་མཛེས་པ་ཤ་སྟག་འབྱུང་བར་གྱུར་ཅིག །ཅེས་བརྗོད་ལ་ཐུབ་པ་ཆེན་པོ་འཕགས་པ་གནས་བརྟན་བཅུ་དྲུག་འཁོར་དང་བཅས་པ་བཞུགས་སུ་རུང་བའི་གདན་ཁྲི་ཕུན་སུམ་ཚོགས་པ་དེ་ལྟ་བུ་དངོས་སུ་གྲུབ་པའི་མོས་པ་བྱའོ། །

ག༩ མཆོད་པ་བྱིན་གྱིས་བརླབ་པ།

བཞི་པ་མཆོད་པ་བྱིན་གྱིས་བརླབ་པ་ནི། དཀོན་མཆོག་གསུམ་གྱི་བདེན་པ་དང་། སངས་རྒྱས་དང་བྱང་ཆུབ་སེམས་དཔའ་ཐམས་ཅད་ཀྱི་བྱིན་གྱིས་བརླབ་དང་། ཚོགས་གཉིས་ཡོངས་སུ་རྫོགས་པའི་མངའ་ཐང་ཆེན་པོ་དང་། ཆོས་ཀྱི་དབྱིངས་རྣམ་པར་དག་ཅིང་བསམ་གྱིས་མི་ཁྱབ་པའི་སྟོབས་ཀྱིས་ཕྱི་ནང་ཀུན་ཏུ་ཡང་ཚེ་རིགས་དང་འཚམ་པར་ལྷ་དང་མིའི་ཡོ་བྱད་དམ་པ་ཞལ་ཟས་དང་ན་བཟའ་དང་རྒྱན་དང་རོལ་མོ་ལ་སོགས་པ་ཕུལ་དུ་ཕྱིན་པ་སྣ་ཚོགས་པ་ཕུང་པོ་གསུམ་པའི་མདོ་དང་བཟང་པོ་སྤྱོད་པའི་སྨོན་ལམ་ལས་བྱུང་བའི་མཆོད་པའི་སྤྲིན་རྒྱ་མཚོ་ཐམས་ཅད་ཀྱིས་རྒྱས་པར་གང་ཞིང་རྒྱན་སྤྲུབས་པ་དང་ལྡན་པར་གྱུར་ཅིག །འཕགས་པ་(༢༢༢ན)ཐམས་ཅད་ཀྱང་གདན་འཛོམ་ནས་དེ་བཞིན་དུ་བྱིན་གྱིས་བརླབས་ཤིང་བཞེས་ཏེ་ལོངས་སྤྱོད་པར་གྱུར་ཅིག །ཅེས་བརྗོད། དེ་ནས། ཨོཾ་ན་མོ་བྷ་ག་ཝ་ཏེ། བཛྲ་ས་ར་པྲ་མརྡ་ནི། ཏ་ཐཱ་ག་ཏཱ་ཡ། ཨརྷ་ཏེ། སམྱཀྶཾ་བུདྡྷཱ་ཡ། ཏདྱ་ཐཱ། ཨོཾ་བཛྲེ་བཛྲེ། མཧཱ་བཛྲེ། མཧཱ་ཏེ་ཛ་བཛྲེ། མ་ཧཱ་བིདྱཱ་བཛྲེ། མཧཱ་བོ་དྷི་ཙིཏྟ་བཛྲེ། མཧཱ་བོ་དྷི་མཎྜོ་པ་སཾ་ཀྲ་མ་ཎ་བཛྲེ་སརྦ་ཀརྨ་ཨཱ་ཝ་ར་ཎ་བི་ཤོ་དྷ་ན་བཛྲེ་སྭཱཧཱ། ཞེས་མཆོད་པའི་སྤྲིན་གྱི་གཟུངས་ཚར་གསུམ་བརྗོད་ལ། དཀོན་མཆོག་གསུམ་གྱི་བདེན་པ་དང་། སངས་རྒྱས་དང་བྱང་ཆུབ་སེམས་དཔའ་ཐམས་ཅད་ཀྱི་བྱིན་གྱིས་བརླབས་དང་། ཚོགས་གཉིས་ཡོངས་སུ་རྫོགས་པའི་མངའ་ཐང་ཆེན་པོ་དང་། ཆོས་ཀྱི་དབྱིངས་རྣམ་པར་དག་ཅིང་བསམ་གྱིས་མི་ཁྱབ་པའི་སྟོབས་ཀྱིས་དེ་བཞིན་དུ་གྱུར་ཅིག །ཅེས་བདེན་སྟོབས་བརྗོད་དོ། །

ཁ༨ ཚོགས་ཞིང་སྤྱན་དྲང་བ།

དྲུག་པ་ཚོགས་ཞིང་སྤྱན་དྲང་བ་ནི། ལག་མཐིལ་ལྟར་མཉམ་རིན་ཆེན་རྒྱན་གྱིས་སྤྲས། །ལྗོན་ཤིང་ཆུ་མཚོས་བརྒྱན་པའི་ས་གཞིའི་དབུས། །རིན་ཆེན་ལས་གྲུབ་གྲུ་བཞི་སྒོ་བཞི་པ། །པད་མ་ཉི་ཟླས་བརྒྱན་པའི་གདན་སྟེང་དུ། །ཐུགས་རྗེས་རྩོད་པའི་དུས་ཀྱི་གདུལ་བྱ་རྣམས། །རྣམ་གྲོལ་ལམ་ལ་འགོད་མཛད་འགྲོ་བའི་མགོན། །ཐུབ་པ་མཆོག་དང་གནས་བརྟན་ཆེན་པོ་རྣམས། །འཁོར་དང་བཅས་པ་གནས་འདིར་གཤེགས་སུ་གསོལ། །ཕྱོགས་བཅུའི་རྒྱལ་བ་སྲས་བཅས་ཐམས་ཅད་དང་། །ཤེས་རབ་མེ་འབར་ཉོན་མོངས་མཚོ་སྐེམ་ཞིང་། །རྣམ་གྲོལ་བསོད་ནམས་ཞིང་དུ་བཀས་བསྐོད་པའི། །ཕྱོགས་བཅུའི་ཉན་(༢༢༢བ)ཐོས་དགེ་འདུན་བཞུགས་སོ་འཚལ། །ཡོན་སྦྱོར་མཆོད་པའི་གནས་སུ་སྤྱན་འདྲེན་ན། །འགྲོ་བའི་དོན་ཕྱིར་མཆོད་ཀྱིས་གཤེགས་སུ་གསོལ། །འགྲོ་བའི་མགོན་པོ་ཤཱཀྱ་སེང་གེ་ཡིས། །སངས་རྒྱས་བསྟན་པ་གང་གི་ཕྱག་ཏུ་བཞག །གསུང་རབ་རིན་ཆེན་སྒྲོམ་གྱི་ཁ་འབྱེད་པ། །ཆོས་སྐྱོང་དགྲ་བཅོམ་ཆེན་པོ་བཞུགས་སོ་འཚལ། །དམ་ཆོས་སྤེལ་བའི་སླད་དུ་སྤྱན་འདྲེན་ན། །འགྲོ་བའི་དོན་ཕྱིར་མཆོད་ཀྱིས་གཤེགས་སུ་གསོལ། །ཐུབ་པས་བཀའ་བསྒོས་བསྟན་པའི་རྒྱལ་མཚན་འཛིན། །ཡན་ལག་འབྱུང་དང་མ་ཕམ་ནགས་ན་གནས། །དུས་ལྡན་རྡོ་རྗེ་མོའི་བུ་བཟང་པོ་དང་། །གསེར་བེའུ་ཛ་ར་ཧྲི་ཛ་གསེར་ཅན་མཆོག །འཕགས་པ་བ་ཀུ་ལ་དང་སྒྲ་གཅན་འཛིན། །ལམ་ཕྲན་ཛ་ར་ཧྲི་ཛ་བསོད་སྙོམས་ལེན། །ལམ་བསྟན་གླུའི་སྡེ་སྡེད་བྱེད་མི་ཕྱེད་པ། །འཁོར་དང་བཅས་པ་གནས་འདིར་གཤེགས་སུ་གསོལ། །སྤངས་དང་ཡེ་ཤེས་ལྡན་ཚོགས་སངས་རྒྱས་ཀྱང་། །གདུལ་བྱའི་དབང་གིས་ཉན་ཐོས་ཚུལ་འཛིན་པ། །ཁྱད་པར་ཅན་གྱི་འཕྲིན་ལས་ཆོས་སྐྱོང་བའི། །གནས་བརྟན་བཅུ་དྲུག་འདིར་བྱོན་གདན་ལ་བཞུགས། །བདེ་གཤེགས་བཀའ་ལུང་གཙོར་མཛད་བསྟན་པ་

བསྲུང་། །རང་དོན་དོར་ནས་འཁོར་བའི་ནགས་ཚལ་དུ། །གཞན་དོན་ལྷུར་མཛད་གནས་བརྟན་བཅུ་དྲུག་པོ། །དམ་བཅས་ཐུགས་རྗེའི་དབང་གིས་གནས་འདིར་གཤེགས། །དགེ་བསྙེན་སྐྱབས་གསོལ་བདེན་པའི་ཚིག་བརྟན་པ། །དཀོན་མཆོག་གསུམ་གྱི་ཞབས་འབྲིང་མཆིས་སོ་འཚལ། །བསོད་ནམས་རིན་ཆེན་གླིང་དུ་སྤྱན་འདྲེན་ན། །འགྲོ་བའི་དོན་ཕྱིར་མཆོད་ཀྱིས་གཤེགས་སུ་གསོལ། །དུས་ལས་མི་འདའ་ཐུགས་རྗེའི་དབང་(༢༢༣ན)གིས་ནི། །སེམས་ཅན་དོན་ལ་དགོངས་པའི་དཀོན་མཆོག་གསུམ། །ཡིད་ཀྱིས་སྤྲུལ་ཞིང་བཤམས་པའི་གནས་འདི་རུ། །སྤྱན་འདྲེན་འཁོར་དང་བཅས་པ་གནས་འདིར་གཤེགས། །ཆོས་ཀྱི་སྐུ་ལ་འགྱུར་བ་མི་མངའ་ཡང་། །ཆོས་དབྱིངས་རྣམ་པར་དག་པའི་ཕོ་བྲང་ནས། །ཆོས་ཀྱི་རྒྱལ་པོའི་བསྟན་པ་སྐྱོང་མཛད་པའི། །ཆོས་སྐྱོང་འཁོར་བཅས་གནས་འདིར་གཤེགས་སུ་གསོལ། །ཞེས་བརྗོད་ལ་གུས་པ་ཆེན་པོས་མེ་ཏོག་གཏོར་ཞིང་བདུག་སྤོས་ཐོགས། རོལ་མོའི་སྒྲ་དང་བཅས་སྤྱན་དྲངས་པས། སྟོན་ཐུབ་པ་ཆེན་པོ་འཁོར་དགྲ་བཅོམ་པའི་ཚོགས་དང་བཅས་པ་མ་ག་དྷ་བཟང་མོས་རྒྱང་རིང་པོ་ནས་སྤྱན་དྲངས་པའི་ཚེ་རྫུ་འཕྲུལ་གྱི་བཀོད་པ་སྣ་ཚོགས་པ་དང་བཅས་སྐད་ཅིག་དེ་ཉིད་ལ་གང་དུ་སྤྱན་དྲངས་པའི་གནས་དེར་ཕྱིན་པ་ཇི་ལྟ་བར་ཐུགས་བསྐྱེལ་བ་མི་མངའ་བས་འདུལ་བའི་དུས་ལས་སྐད་ཅིག་ཀྱང་མི་འདའ་བར་ཕྱིན་པར་བསམ་མོ། །

༡༧ ཚོགས་ཞིང་གསལ་བཏབ་སྟེ་སྐུ་ཁྲུས་གསོལ་བ་སོགས་བྱ་བ།

བདུན་པ་ཚོགས་ཞིང་གསལ་བཏབ་སྟེ་སྐུ་ཁྲུས་གསོལ་བ་སོགས་བྱ་བ་ནི་གཞལ་ཡས་ཁང་གི་དབུས་ཀྱི་པདྨའི་ལྟེ་བ་ལ་སེང་གེ་ཆེན་པོ་བརྒྱད་ཀྱིས་བཏེག་པའི་རིན་པོ་ཆེའི་ཁྲིའི་སྟེང་དུ་པདྨ་དང་ཟླ་བའི་གདན་ལ་བདག་ཅག་གི་སྟོན་པ་བཅོམ་ལྡན་འདས་དཔལ་རྒྱལ་བ་ཤཱཀྱ་ཐུབ་པ་སྐུ་མདོག་གསེར་བཙོ་མ་ལྟ་བུ་ཕྱག་གཡས་ས་

གནོན་དང་། གཡོན་མཉམ་གཞག་གི་སྟེང་ན་བདུད་རྩིས་གང་བའི་ལྷུང་བཟེད་བསྣམས་པ། ཞབས་རྡོ་རྗེ་སྐྱིལ་ཀྲུང་གིས་བཞུགས་པ། ན་བཟའ་ཆོས་གོས་ངུར་སྨྲིག་གི་མདོག་ཅན་གསུམ་མཛེས་པར་གསོལ་བ། ཞལ་འཛུམ་དགྱེས་པའི་ཉམས་དང་(༢༢༣བ)ལྡན་པ་མཚན་བཟང་པོ་སུམ་ཅུ་རྩ་གཉིས་དང་དཔེ་བྱད་བརྒྱད་ཅུས་སྤྲས་པ། སྐུ་ལྟ་བས་ཆོག་མི་ཤེས་པ། དབུའི་གཙུག་ཏོར་ལྟར་མི་མངོན་པ། སྐུའི་ཆ་ཐམས་ཅད་ལས་འོད་ཟེར་དཔག་ཏུ་མེད་པ་འཕྲོས་པས་ནམ་མཁའི་མཐས་ཀླས་པའི་འཇིག་རྟེན་ཐམས་ཅད་འོད་ཀྱིས་འགེངས་པར་བྱེད་པ། འོད་ཟེར་དེ་དག་སེམས་ཅན་གང་དང་གང་ལ་རེག་པ་དེ་དང་དེ་དག་ཐམས་ཅད་བྱང་ཆུབ་གསུམ་ལ་འགོད་པར་མཛད་པ། གསེར་གྱི་མཆོད་སྡོང་ཆེན་པོ་ཉི་མ་འབུམ་གྱི་འོད་ཟེར་ཅིག་ཅར་དུ་འཕྲོ་བ་ལྟ་བུའི་སྐུ་དེ་གང་གིས་མཐོང་བ་དང་དེ་ལ་རེག་པ་དང་དེ་ཡིད་ལ་བྱེད་པ་ཐམས་ཅད་བླ་ན་མེད་པ་ཡང་དག་པར་རྫོགས་པའི་བྱང་ཆུབ་ཏུ་རིགས་ངེས་པར་མཛད་པ། མདོར་ན་སྐྱོན་ཐམས་ཅད་དང་བྲལ་ཞིང་ཡོན་ཏན་ཐམས་ཅད་ཡོངས་སུ་རྫོགས་པ། མི་མཇེད་ཞིང་འདིའི་སྟོད་དུས་སྙིགས་མའི་འགྲོ་བ་རྣམས་ལ་ཕྱོགས་བཅུའི་རྒྱལ་བ་ཐམས་ཅད་ལས་ཐུགས་རྗེ་ཆེ་བ་དེ་བཞུགས་པར་གསལ་གདབ་དེའི་མཐའ་སྐོར་གྱི་པད་འདབ་བཅུ་དྲུག་པོ་སོ་སོར་རིན་པོ་ཆེའི་ཁྲི་རེ་དང་ཁྲི་དེ་དག་གི་སྟེང་དུ་པདྨ་དང་ཟླ་བའི་གདན་རེ་རེ། གདན་དེ་དག་གི་སྟེང་དུ་འཕགས་པ་གནས་བརྟན་ཆེན་པོ་ཡན་ལག་འབྱུང་ནས་གནས་བརྟན་ཆེན་པོ་མི་ཕྱེད་པའི་བར་འཁོར་དང་བཅས་པ་བཞུགས་པར་གསལ་གདབ་སྟེ། དེ་ཡང་གནས་བརྟན་ཆེན་པོ་ཡན་ལག་འབྱུང་ཕྱག་གཉིས་ཐལ་མོ་སྦྱར་བའི་བར་ན་སྤོས་ཕོར་དང་མཆན་ཁུང་གཡོན་ན་ཇ་ཡབ་བསྣམས་པ། མ་ཕམ་པ་ཕྱག་གཉིས་མཉམ་པར་བཞག་པ། ནགས་ན་གནས་ཕྱག་གཡས་ཞི་བའི་སྡིགས་(༢༢༤ན)མཛུབ་མཛད་པ། གཡོན་ཇ་ཡབ་བསྣམས་པ། དུས་ལྡན་ཕྱག་གཉིས་གསེར་གྱི་རྣ་གོར་བསྣམས་པ། རྡོ་རྗེ་མོའི་བུ་ཕྱག་གཡས་ཞི་བའི་

སྲིགས་མཛུབ་གཡོན་ཛ་ཡབ་བསྣམས་པ། བཟང་པོ་ཕྱག་གཡས་ཆོས་འཆད། གཡོན་མཉམ་གཞག་མཛད་པ། གསེར་བེའུ་ཕྱག་གཉིས་རིན་པོ་ཆེའི་ཞགས་པ་བསྣམས་པ། བྷ་ར་དྭ་ཛ་གསེར་ཅན་ཕྱག་གཉིས་མཉམ་པར་བཞག་པ། བ་ཀུ་ལ་ཕྱག་ན་ནེའུ་ལེ་བསྣམས་པ། སྒྲ་གཅན་འཛིན་ཕྱག་ན་རིན་པོ་ཆེའི་པྲོག་ཞུ་བསྣམས་པ། ལམ་ཕྲན་བསྟན་ཕྱག་གཉིས་མཉམ་པར་བཞག་པ། བྷ་ར་དྭ་ཛ་བསོད་སྙོམས་ལེན་ཕྱག་གཡས་གླེགས་བམ། གཡོན་མཉམ་གཞག་གི་སྟེང་ན་ལྷུང་བཟེད་བསྣམས་པ། ལམ་བསྟན་ཕྱག་གཡས་གླེགས་བམ། གཡོན་ཆོས་འཆད་ཀྱི་ཕྱག་རྒྱ་མཛད་པ། ཀླུའི་སྡེ་ཕྱག་གཡས་བུམ་པ་གཡོན་འཁར་གསིལ་བསྣམས་པ། སྦེད་བྱེད་ཕྱག་ན་གླེགས་བམ་བསྣམས་པ། མི་ཕྱེད་པ་ཕྱག་གཉིས་ཐལ་མོ་སྦྱར་བའི་བར་དུ་བྱང་ཆུབ་ཆེན་པོའི་མཆོད་རྟེན་བསྣམས་པ་རྣམས་བཞུགས་པར་གསལ་བཏབ། དེ་དག་གི་མཐའ་སྐོར་དུ་གནས་བརྟན་ཆེན་པོ་རྣམས་ཀྱི་རྒྱུན་གྱི་འཁོར་དགྲ་བཅོམ་པ་ཁྲི་ཁྲག་གཅིག་དང་དྲུག་སྟོང་བཞི་བརྒྱ་གཞན་ཡང་དགྲ་བཅོམ་པའི་ཚོགས་བགྲང་བ་ལས་འདས་པས་བསྐོར་ནས་བཞུགས་པ། ཤར་སྒོའི་ནང་ཙམ་དུ་པད་ཟླའི་གདན་ལ་མགོན་པོ་སྤྱན་རས་གཟིགས་ཀྱི་སྤྲུལ་པ་འཕགས་པ་དགེ་བསྙེན་ཆེན་པོ་དྷརྨ་ཏ་ལ། ཕྱག་ན་ཛ་ཡབ་དང་བུམ་པ་བསྣམས་པ། རལ་པའི་ཐོར་ཅོག་བཅིངས་ཤིང་སྡེ་སྣོད་གསུམ་གྱི་གླེགས་བམ་མང་པོ་ཁུར་བ། མདུན་གྱི་ནམ་མཁའ་ལ་སངས་རྒྱས་སྣང་བ་མཐའ་ཡས་བཞུགས་པ། (༢༢༣བ)ཕྱུས་མོ་གཡས་པ་ལས་སྤྲུལ་པའི་སྟག་གི་ཚོགས་སྤྲོས་ཏེ་ཉེར་འཚེ་ཐམས་ཅད་སྲུང་བར་མཛད་པ། འཕགས་པ་དགེ་བསྙེན་གྱི་ཚོགས་དཔག་ཏུ་མེད་པས་བསྐོར་ནས་བཞུགས་པ། ཤར་སྒོར་རྒྱལ་པོ་ཆེན་པོ་ཡུལ་འཁོར་སྲུང་། ལྷོ་སྒོར་རྒྱལ་པོ་ཆེན་པོ་འཕགས་སྐྱེས་པོ། ནུབ་སྒོར་རྒྱལ་པོ་ཆེན་པོ་མིག་མི་བཟང་། བྱང་སྒོར་རྒྱལ་པོ་ཆེན་པོ་རྣམ་ཐོས་སྲས་རྣམས་འཁོར་དཔག་ཏུ་མེད་པས་བསྐོར་ནས་བཞུགས་པ། གཞལ་ཡས་ཁང་དེའི་ནང་གི་སྟེང་ངོས་སུ་ཉམས་ལེན་བྱིན་རླབས་རྒྱུད་ཀྱི་བླ་

མ་རྣམས་དང་། གཡས་ཕྱོགས་སུ་རྒྱ་ཆེན་སྤྱོད་རྒྱུད་ཀྱི་བླ་མ་རྣམས་དང་། གཡོན་ཕྱོགས་སུ་ཟབ་མོ་ལྟ་རྒྱུད་ཀྱི་བླ་མ་རྣམས་བཞུགས་པ་དང་། དེ་དག་གི་མཐའ་སྐོར་དུ་ཡི་དམ་སངས་རྒྱས་བྱང་སེམས་ཉན་རང་དཔའ་བོ་དཔའ་མོ་ཆོས་སྐྱོང་སྲུང་མའི་ཚོགས་དང་བཅས་པས་བསྐོར་ནས་བཞུགས་པ། ཚོགས་ཞིང་དེ་དག་རང་རང་གི་མདུན་ན་གདན་ཁྲི་ཕུན་སུམ་ཚོགས་པ་ལ་རང་རང་གིས་གསུངས་པའི་ལུང་གི་ཆོས་རྣམས་འོད་ཀྱི་རང་བཞིན་ཅན་གྱི་པོ་ཏིའི་རྣམ་པར་ཡོད་པ། ཚོགས་ཞིང་དེ་དག་ཐམས་ཅད་མ་བུ་གཅིག་པ་ལ་བརྩེ་བ་ལྟར་རང་ལ་དགྱེས་པའི་སྤྱན་གྱིས་གཟིགས་བཞིན་དུ་བཞུགས་པར་བསམས་ལ། ཚོགས་ཞིང་དེ་དག་གི་ཡོན་ཏན་དང་ཐུགས་རྗེ་དྲན་པའི་དད་གུས་ཆེན་པོ་དང་ལྡན་པས་རྩེ་གཅིག་ཏུ་གསོལ་བ་གདབ་བོ། །དེ་ནས་སྐུ་ཁྲུས་གསོལ་བ་ནི། བཅོམ་ལྡན་འདས་དེ་བཞིན་གཤེགས་པ་དགྲ་བཅོམ་པ་ཡང་དག་པར་རྫོགས་པའི་སངས་རྒྱས་རིག་པ་དང་ཞབས་སུ་ལྡན་པ། བདེ་བར་གཤེགས་པ། འཇིག་རྟེན་མཁྱེན་པ། སྐྱེས་བུ་འདུལ་བའི་ཁ་ལོ་བསྒྱུར་བ། (༢༢༥ན)བླ་ན་མེད་པ། ལྷ་དང་མི་རྣམས་ཀྱི་སྟོན་པ་སངས་རྒྱས་བཅོམ་ལྡན་འདས་དཔལ་རྒྱལ་བ་ཤཱཀྱ་ཐུབ་པ་གནས་བརྟན་ཆེན་པོ་བཅུ་དྲུག་གི་ལྷ་ཚོགས་འཁོར་དང་བཅས་པ་ལ་ཡོ་བྱད་ཐམས་ཅད་དང་ལྡན་པའི་ཁྲུས་འདི་གསོལ་བར་བགྱིའོ། །ཞེས་སྙན་གསན་ཕབ་ལ། ཁྲུས་ཀྱི་ཁང་པ་ཤིན་ཏུ་དྲི་ཞིམ་པ། །ཤེལ་གྱི་ས་གཞི་གསལ་ཞིང་འཚེར་བ་བསྟར། །རིན་ཆེན་འབར་བའི་ཀ་བ་ཡིད་འོང་ལྡན། །མུ་ཏིག་འོད་ཆགས་བླ་རེ་བྲེས་པ་དེར། །ཇི་ལྟར་བལྟམས་པ་ཙམ་གྱིས་ནི། །ལྷ་རྣམས་ཀྱིས་ནི་ཁྲུས་གསོལ་ལྟར། །ལྷ་ཡི་ཆུ་ནི་དག་པ་ཡིས། །དེ་བཞིན་བདག་གིས་སྐུ་ཁྲུས་གསོལ། །ཨོཾ་སརྦ་ཏ་ཐཱ་ག་ཏ་ཨ་བྷི་ཥེ་ཀ་ཏ་ས་མ་ཡ་ཤྲཱི་ཡེ་ཨཱཿཧཱུཾ། རྒྱལ་བའི་སྐུ་ལ་ཉོན་མོངས་མི་མངའ་ཡང་། །སེམས་ཅན་ལུས་ཀྱི་སྒྲིབ་པ་སྦྱང་སླད་དུ། །རྒྱལ་བའི་སྐུ་ལ་ཁྲུས་ཆབ་འདི་གསོལ་བས། །སེམས་ཅན་ལུས་ཀྱི་སྒྲིབ་པ་དག་གྱུར་ཅིག །ཨོཾ་སརྦ་ཏ་ཐཱ་ག་ཏ་ཀཱ་ཡ་ཨ་

ཧྲཱི་×ཨཱཿཧཱུྃ། རྒྱལ་བའི་གསུང་ལ་འགག་པ་མི་མངའ་ཡང་། །སེམས་ཅན་དག་གི་སྒྲིབ་པ་སྦྱོང་སླད་དུ། །རྒྱལ་བའི་གསུང་ལ་ཁྲུས་ཆབ་འདི་གསོལ་བས། །སེམས་ཅན་དག་གི་སྒྲིབ་པ་དག་གྱུར་ཅིག །ཨོཾ་སརྦ་ཏ་ཐཱ་ག་ཏ་ཝཱ་ཀ་ཨ་ཧྲཱི་×ཨཱཿཧཱུྃ། རྒྱལ་བའི་ཐུགས་ལ་འཁྲུལ་པ་མི་མངའ་ཡང་། །སེམས་ཅན་ཡིད་ཀྱི་སྒྲིབ་པ་སྦྱོང་སླད་དུ། །རྒྱལ་བའི་ཐུགས་ལ་ཁྲུས་ཆབ་འདི་གསོལ་བས། །སེམས་ཅན་ཡིད་ཀྱི་སྒྲིབ་པ་དག་གྱུར་ཅིག །ཨོཾ་སརྦ་ཏ་ཐཱ་ག་ཏ་ཙིཏྟ་ཨ་ཧྲཱི་× ཨཱཿཧཱུྃ། དེ་བཞིན་གཤེགས་དང་དེ་ཡི་སྲས་རྣམས་ལ། །རིན་ཆེན་བུམ་པ་མང་པོ་སྤོས་ཀྱི་ཆུ། །ཡིད་འོང་ལེགས་པར་བཀང་(༢༢༥བ)བ་གླུ་དང་ནི། །རོལ་མོར་བཅས་པ་དུ་མས་སྐུ་ཁྲུས་གསོལ། །ཨོཾ་སརྦ་ཏ་ཐཱ་×ཨཱཿཧཱུྃ། ཁྱེད་སྐུ་རང་བཞིན་ཡོངས་དག་པས། །སྒྲིབ་སོགས་འཆིང་བ་མི་མངའ་ཡང་། །བདག་ཅག་སྒྲིབ་པ་སྦྱོང་སླད་དུ། །གཙང་མ་ཆབ་ཀྱིས་སྐུ་ཁྲུས་གསོལ། །ཨོཾ་སརྦ་ཏ་ཐཱ་×ཨཱཿཧཱུྃ། ཐུབ་མཆོག་གནས་བརྟན་འཁོར་དང་བཅས་རྣམས་ལ། །དྲི་ཞིམ་བདུད་རྩིའི་ཁྲུས་ཆབ་འདི་གསོལ་བས། །འགྲོ་བའི་སྒྲིབ་གཉིས་དྲི་མ་ཀུན་བྱང་ནས། །དྲི་བྲལ་སྐུ་གསུམ་ཐོབ་པར་བྱིན་གྱིས་རློབས། །ཨོཾ་སརྦ་ཏ་ཐཱ་× ཨཱཿཧཱུྃ། དེ་དག་སྐུ་ལ་མཚུངས་པ་མེད་པའི་གོས། །གཙང་ལ་དྲི་རབ་བསྒོས་པས་སྐུ་ཕྱིའོ། །ཨོཾ་ཧཱུྃ་ཏྲཱཾ་ཧྲཱིཿཨཱཿ ཀཱ་ཡ་བི་ཤོ་དྷ་ན་ཡེ་སྭཱཧཱ། དྲི་མེད་མཚན་ལ་སྒྲིབ་གསལ་མི་མངའ་ཡང་། །དད་པས་ངུར་སྨྲིག་རྒྱལ་མཚན་ཕུལ་བ་ཡིས། །ནམ་མཁའི་མཐའ་དང་མཉམ་པའི་འགྲོ་བ་རྣམས། །སངས་རྒྱས་བརྟུལ་ཞུགས་མཆོག་ལ་སྤྱོད་པར་ཤོག །ཨོཾ་བཛྲ་ཝསྟྲ་ཡེ་ཨཱཿཧཱུྃ་སྭཱཧཱ། སྐུ་མཆོག་རྣམ་དག་བལྟ་བས་མི་ངོམས་ལ། །ངོ་མཚར་སྐྱོན་བྲལ་མཁའ་དཀྱིལ་ཉི་གསལ་འདྲ། །ཆོས་ཀྱི་སྐུ་ལ་དྲི་མ་མི་མངའ་ཡང་། །སྲི་ཞུ་བཀུར་སྟི་རིམ་གྲོའི་ཚུལ་ཙམ་དུ། །ཆུ་གཙང་སྨན་སྤོས་འོ་མ་འདག་ཆལ་ཆུས། །འགྲོ་བའི་ལུས་སེམས་སྡུག་བསྔལ་ནད་བསལ་ཏེ། །ཉེས་པའི་སྐྱོན་བྲལ་འགྲོ་བའི་ཡིད་འོང་བའི་། །དམ་པའི་སྐུ་མཆོག་བདག་གིས་ཐོབ་པར་ཤོག །ཐུབ་དབང་གནས་བརྟན་འཁོར་དང་བཅས་

རྣམས་ལ། །ན་བཟའ་ཆོས་གོས་རྣམ་པ་གསུམ་པོ་འདི། །ཕུལ་བས་བདག་དང་འགྲོ་བ་མ་ལུས་པ། །ཚུལ་ཁྲིམས་རྣམ་དག་མཚན་དཔེ་ཐོབ་གྱུར་ཅིག །ཐུབ་དབང་གནས་བརྟན་བཅུ་དྲུག་འཁོར་བཅས་ལ། །བྱང་(༢༢༨ན)ཕྱོགས་སོ་བདུན་མཚོན་པའི་གསིལ་བྱེད་འདི། །ཕུལ་བས་བདག་དང་འགྲོ་བ་མ་ལུས་པ། །རྒྱལ་བ་དགྱེས་པའི་ལམ་ལ་འཇུག་གྱུར་ཅིག །ཐུབ་དབང་གནས་བརྟན་བཅུ་དྲུག་འཁོར་བཅས་ལ། །བཟའ་བཅའ་བསོད་པས་བཀང་བའི་ལྷུང་བཟེད་འདི། །ཕུལ་བས་བདག་དང་འགྲོ་བ་མ་ལུས་པ། །དམ་ཆོས་བདུད་རྩིའི་རོ་ཡིས་འཚོ་བར་ཤོག །ཐུབ་དབང་གནས་བརྟན་བཅུ་དྲུག་འཁོར་བཅས་ལ། །ཆོས་གོས་གསུམ་དང་ལྷུང་བཟེད་གསིལ་བྱེད་སོགས། །དགེ་སློང་རྣམས་ལ་ཐུབ་པས་བསྔགས་པ་ཡི། །རུང་མཐུན་མཆོད་རྫས་འདི་དག་ཕུལ་བ་ཡིས། །བསྟན་པ་རིན་ཆེན་ཕྱོགས་བཅུར་རྒྱས་པ་དང་། །འཇིག་རྟེན་བདེ་ལེགས་ཆེན་པོས་ཁྱབ་པ་དང་། །ལྷར་བཅས་འགྲོ་བའི་གཙུག་གི་རྒྱན་གྱུར་པའི་། །སྐྱོབས་བཅུ་མངའ་བའི་གོ་འཕང་ཐོབ་པར་ཤོག །བཅོམ་ལྡན་འདིར་ནི་བྱོན་པ་ལེགས། །བདག་ཅག་བསོད་ནམས་སྐལ་བར་ལྡན། །ཇི་སྲིད་མཆོད་པ་བདག་འབུལ་ན། །དེ་སྲིད་བཅོམ་ལྡན་བཞུགས་སུ་གསོལ། །ཞེས་བསོད་ནམས་ཀྱི་ཞིང་དུ་བཞུགས་པར་གསོལ་བ་གདབ་བོ། །

ཁ༨ མཆོད་ཅིང་གསོལ་བ་གདབ་པ།

ག༡ ཕྱིར་མཆོད་ཅིང་གསོལ་བ་བཏབ་སྟེ་ཐུགས་དམ་བསྐུལ་བ།

བརྒྱད་པ་མཆོད་ཅིང་གསོལ་བ་གདབ་པ་ལ་གཉིས། ཕྱིར་མཆོད་ཅིང་གསོལ་བ་བཏབ་སྟེ་ཐུགས་དམ་བསྐུལ་བ་དང་། སོ་སོར་མཆོད་ཅིང་གསོལ་བ་བཏབ་སྟེ་ཐུགས་དམ་བསྐུལ་བའོ། །དང་པོ་ནི། སྟོན་པ་བཅོམ་ལྡན་འདས་དེ་བཞིན་གཤེགས་པ་དགྲ་བཅོམ་པ་ཡང་དག་པ་རྫོགས་པའི་སངས་རྒྱས་རིག་པ་དང་ཞབས་སུ་ལྡན་

པ། བདེ་བར་གཤེགས་པ། འཇིག་རྟེན་མཁྱེན་པ། སྐྱེས་བུ་འདུལ་བའི་ཁ་ལོ་བསྒྱུར་བ་བླ་ན་མེད་པ། ལྷ་དང་མི་རྣམས་ཀྱི་སྟོན་པ་སངས་རྒྱས་བཅོམ་ལྡན་འདས་དཔལ་རྒྱལ་བ་ཤཱཀྱ་ཐུབ་པ་ལ་ཕྱག་འཚལ་ལོ། །མཆོད་དོ་སྐྱབས་སུ་མཆིའོ། །གང་ཚེ་རྐང་གཉིས་གཙོ་བོ་ཁྱོད་བལྟམས་ཚེ། །ས་ཆེན་འདི་ལ་གོམ་པ་བདུན་བོར་ནས། །ང་ནི་འཇིག་རྟེན་(༢༢༨བ)འདི་ན་མཆོག་ཅེས་གསུངས། །དེ་ཚེ་མཁས་པ་ཁྱོད་ལ་ཕྱག་འཚལ་ལོ། །རྣམ་དག་སྐུ་མངའ་མཆོག་ཏུ་གཟུགས་བཟང་བ། །ཡེ་ཤེས་རྒྱ་མཚོ་གསེར་གྱི་ལྷུན་པོ་འདྲ། །གྲགས་པ་འཇིག་རྟེན་གསུམ་ན་ལྷང་ངེ་བ། །མགོན་པོ་མཆོག་བརྙེས་ཁྱོད་ལ་ཕྱག་འཚལ་ལོ། །ཐུབ་པས་བཀའ་བསྡུས་བསྟན་པའི་རྒྱལ་མཚན་འཛིན། །ཡན་ལག་འབྱུང་དང་མ་ཕམ་ནགས་ན་གནས། །དུས་ལྡན་རྡོ་རྗེ་མོའི་བུ་བཟང་པོ་དང་། །གསེར་བེའུ་བྷ་ར་དྭ་ཛ་གསེར་ཅན་མཆོག །འཕགས་པ་བ་ཀུ་ལ་དང་སྒྲ་གཅན་འཛིན། །ལམ་ཕྲན་བྷ་ར་དྭ་ཛ་བསོད་སྙོམས་ལེན། །ལམ་བསྟན་ཀླུའི་སྡེ་སྦེད་བྱེད་མི་ཕྱེད་པ། །འཁོར་དང་བཅས་ལ་གུས་པས་ཕྱག་འཚལ་ལོ། །བྱམས་པ་ཐོགས་མེད་དབྱིག་གཉེན་རྣམ་གྲོལ་སྡེ། །མཆོག་སྡེ་དུལ་བའི་སྡེ་དང་གྲགས་པའི་དཔལ། །སེང་བཟང་ཀུ་ས་ལི་གཉིས་གསེར་གླིང་པ། །རྒྱ་ཆེན་སྤྱོད་པའི་བརྒྱུད་ལ་ཕྱག་འཚལ་ལོ། །འཇམ་དབྱངས་ཡོད་མེད་ཕྱོགས་འཇིག་ཀླུ་སྒྲུབ་དང་། །ཟླ་བ་གྲགས་པ་རིགས་པའི་ཁུ་བྱུག་ཆེ། །སངས་རྒྱས་དགོངས་སྐྱོང་འཕགས་པ་ཡབ་སྲས་སོགས། །ཟབ་མོ་ལྟ་བའི་བརྒྱུད་ལ་ཕྱག་འཚལ་ལོ། །ཐུགས་རྗེ་ཆེན་པོ་བདེ་གཤེགས་རྡོ་རྗེ་འཆང་། །མཆོག་གཟིགས་ཏེ་ལོ་པ་དང་ནཱ་རོ་པ། །དཔལ་མཆོག་ཌོམ་བི་པ་དང་ཨ་ཏི་ཤ །ཉམས་ལེན་བྱིན་རླབས་བརྒྱུད་ལ་ཕྱག་འཚལ་ལོ། །ཐུབ་པའི་དབང་པོ་ཤེས་རབ་ཅན་གྱི་མཆོག །སྒྲ་གཅན་འཛིན་དང་བྲམ་ཟེ་སྒྲ་གཅན་འཛིན། །ཀླུ་སྒྲུབ་སྙིང་པོ་ཡོན་ཏན་བློ་གྲོས་དང་། །རིན་ཆེན་བཤེས་གཉེན་ཆོས་སྐྱོང་ཡོན་ཏན་བདག །ཆོས་ཕྲེང་ཞི་བའི་འབྱུང་གནས་སྲས་པ་དང་། །ཁ་ཆེ་པཎ་ཆེན་བྱང་ཆུབ་དཔལ་བཟང་

པོ། །བདེ་བ་དཔལ་དང་མཁའ་ཆེན་གྲགས་པའི་ཞབས། །རྣམ་དག་དགྲ་བཅོམ་བུ་སྟོན་ཡབ་སྲས་དང་། །གྲགས་པ་རྒྱལ་མཚན་ཤེར་འབྱུང་ཡེ་ཤེས་གྲགས། །(༢༢༧ན)པཎ་ཆེན་དམ་ཆོས་ཡར་འཕེལ་ཞལ་སྔ་ནས། །རྒྱལ་བ་གཉིས་པ་བློ་བཟང་ཆོས་ཀྱི་རྒྱལ། །དེ་སྲས་ཐུ་བོ་དཀོན་མཆོག་རྒྱལ་མཚན་ཞབས། །རྗེ་བཙུན་བློ་བཟང་ཡེ་ཤེས་དཔལ་བཟང་པོ། །དྲིན་ཅན་བླ་མ་བློ་བཟང་རྣམ་རྒྱལ་ཏེ། །བསྙེན་རྫོགས་སྡོམ་པའི་མཁན་བརྒྱུད་མུ་ཏིག་ཕྲེང་། །ཐུབ་དབང་གདུང་འཚོབ་རིམ་པར་བྱོན་རྣམས་ལ། །རྩེ་གཅིག་མོས་པའི་ཡིད་ཀྱིས་ཕྱག་འཚལ་ལོ། །ཐུགས་རྗེ་ཆེན་པོས་བསྟན་པ་སྐྱོང་བའི་ཕྱིར། །གནས་བརྟན་རྣམས་ཀྱི་ཞབས་འབྲིང་ཚུལ་འཛིན་པ། །འཕགས་པ་དགེ་བསྙེན་ཆེན་པོ་དྷརྨ་ཏ། །འཁོར་དང་བཅས་ལ་གུས་པས་ཕྱག་འཚལ་ལོ། །རྒྱལ་བའི་བསྟན་དང་བསྟན་འཛིན་བསྲུང་བའི་ཕྱིར། །སྣ་ཚོགས་སྤྲུལ་པའི་གར་གྱིས་རྣམ་རོལ་པ། །རྣམ་ཐོས་སྲས་སོགས་འཇིག་རྟེན་སྐྱོང་བ་བཞི། །འཁོར་དང་བཅས་ལ་གུས་པས་ཕྱག་འཚལ་ལོ། །ཕྱག་བྱར་འོས་པ་ཐམས་ཅད་ལ། །ཞིང་རྡུལ་ཀུན་གྱི་གྲངས་སྙེད་ཀྱི། །ལུས་བཏུད་པ་ཡིས་རྣམ་ཀུན་ཏུ། །མཆོག་ཏུ་དད་པས་ཕྱག་འཚལ་ལོ། །ཇི་སྙེད་སུ་དག་ཕྱོགས་བཅུའི་འཇིག་རྟེན་ན། །དུས་གསུམ་གཤེགས་པ་མི་ཡི་སེང་གེ་ཀུན། །བདག་གིས་མ་ལུས་དེ་དག་ཐམས་ཅད་ལ། །ལུས་དང་ངག་ཡིད་དང་བས་ཕྱག་བགྱིའོ། །བཟང་པོ་སྤྱོད་པའི་སྨོན་ལམ་སྟོབས་དག་གིས། །རྒྱལ་བ་ཐམས་ཅད་ཡིད་ཀྱི་མངོན་སུམ་དུ། །ཞིང་གི་རྡུལ་སྙེད་ལུས་རབ་བཏུད་པ་ཡིས། །རྒྱལ་བ་ཀུན་ལ་རབ་ཏུ་ཕྱག་འཚལ་ལོ། །རྡུལ་གཅིག་སྟེང་ན་རྡུལ་སྙེད་སངས་རྒྱས་རྣམས། །སངས་རྒྱས་སྲས་ཀྱི་དབུས་ན་བཞུགས་པ་དང་། །དེ་ལྟར་ཆོས་ཀྱི་དབྱིངས་རྣམས་མ་ལུས་པ། །ཐམས་ཅད་རྒྱལ་བ་དག་གིས་གང་བར་མོས། །དེ་དག་(༢༢༧བ)བསྔགས་པ་མི་ཟད་རྒྱ་མཚོ་རྣམས། །དབྱངས་ཀྱི་ཡན་ལག་རྒྱ་མཚོའི་སྒྲ་ཀུན་གྱིས། །རྒྱལ་བ་ཀུན་གྱི་ཡོན་ཏན་རབ་བརྗོད་ཅིང་། །བདེ་བར་གཤེགས་པ་ཐམས་ཅད་བདག་གིས་

བསྟོད། །མེ་ཏོག་དམ་པ་ཕྲེང་བ་དམ་པ་དང་། །སིལ་སྙན་རྣམས་དང་བྱུག་པ་གདུགས་མཆོག་དང་། །མར་མེ་མཆོག་དང་བདུག་སྤོས་དམ་པ་ཡིས། །རྒྱལ་བ་དེ་དག་ལ་ནི་མཆོད་པར་བགྱི། །ན་བཟའ་དམ་པ་རྣམས་དང་དྲི་མཆོག་དང་། །ཕྱེ་མ་ཕུར་མ་རི་རབ་མཉམ་པ་དང་། །བཀོད་པ་ཁྱད་པར་འཕགས་པའི་མཆོག་ཀུན་གྱིས། །རྒྱལ་བ་དེ་དག་ལ་ནི་མཆོད་པར་བགྱི། །མཆོད་པ་གང་དག་བླ་མེད་རྒྱ་ཆེ་བ། །དེ་དག་རྒྱལ་བ་ཐམས་ཅད་ལ་ཡང་མོས། །བཟང་པོ་སྤྱོད་ལ་དད་པའི་སྟོབས་དག་གིས། །རྒྱལ་བ་ཀུན་ལ་ཕྱག་འཚལ་མཆོད་པར་བགྱི། །རབ་འབྱམས་རྒྱ་མཚོ་དཔག་མེད་ན། །མཆོད་ཡོན་ཇི་སྙེད་ཡོད་པ་དང་། །བདག་གིས་གུས་པས་བཤམས་པ་འདི། །ཐུབ་དབང་གནས་བརྟན་བཅུ་དྲུག་པོ། །འཁོར་དང་བཅས་ལ་ཞིགས་འབུལ་ན། །ཐུགས་རྗེ་མངའ་བ་ཁྱེད་རྣམས་ཀྱིས། །ཅི་བདེ་བར་ནི་བཞེས་ནས་ཀྱང་། །སེམས་ཅན་དོན་ཀུན་མཛད་དུ་གསོལ། །རབ་འབྱམས་རྒྱ་མཚོ་དཔག་མེད་ན། །མེ་ཏོག་ཇི་སྙེད་ཡོད་པ་དང་། །བདག་གིས་གུས་པས་བཤམས་པ་འདི། །ཐུབ་དབང་གནས་བརྟན་བཅུ་དྲུག་པོ། །འཁོར་དང་བཅས་ལ་ཞིགས་འབུལ་ན། །ཐུགས་རྗེ་མངའ་བ་ཁྱེད་རྣམས་ཀྱིས། །ཅི་བདེ་བར་ནི་བཞེས་ནས་ཀྱང་། །སེམས་ཅན་དོན་ཀུན་མཛད་དུ་གསོལ། །རབ་འབྱམས་རྒྱ་མཚོ་དཔག་མེད་ན། །བདུག་སྤོས་ཇི་སྙེད་ཡོད་པ་དང་། །བདག་གིས་གུས་པ་བཤམས་པ་འདི། །ཐུབ་དབང་གནས་བརྟན་བཅུ་དྲུག་པོ། །འཁོར་(༢༢༤ན)དང་བཅས་ལ་ཞིགས་འབུལ་ན། །ཐུགས་རྗེ་མངའ་བ་ཁྱེད་རྣམས་ཀྱིས། །ཅི་བདེ་བར་ནི་བཞེས་ནས་ཀྱང་། །སེམས་ཅན་དོན་ཀུན་མཛད་དུ་གསོལ། །རབ་འབྱམས་རྒྱ་མཚོ་དཔག་མེད་ན། །སྣང་གསལ་ཇི་སྙེད་ཡོད་པ་དང་། །བདག་གིས་གུས་པས་བཤམས་པ་འདི། །ཐུབ་དབང་གནས་བརྟན་བཅུ་དྲུག་པོ། །འཁོར་དང་བཅས་ལ་ཞིགས་འབུལ་ན། །ཐུགས་རྗེ་མངའ་བ་ཁྱེད་རྣམས་ཀྱིས། །ཅི་བདེ་བར་ནི་བཞེས་ནས་ཀྱང་། །སེམས་ཅན་དོན་ཀུན་མཛད་དུ་

གསོལ། །རབ་འབྱམས་རྒྱ་མཚོ་དཔག་མེད་ན། །དྲི་ཆབ་ཇི་སྙེད་ཡོད་པ་དང་། །བདག་གིས་གུས་པས་བཤམས་པ་འདི། །ཐུབ་དབང་གནས་བརྟན་བཅུ་དྲུག་པོ། །འཁོར་དང་བཅས་ལ་ལེགས་འབུལ་ན། །ཐུགས་རྗེ་མངའ་བ་ཁྱེད་རྣམས་ཀྱིས། །ཅི་བདེ་བར་ནི་བཞེས་ནས་ཀྱང་། །སེམས་ཅན་དོན་ཀུན་མཛད་དུ་གསོལ། །རབ་འབྱམས་རྒྱ་མཚོ་དཔག་མེད་ན། །ཞལ་ཟས་ཇི་སྙེད་ཡོད་པ་དང་། །བདག་གིས་གུས་པས་བཤམས་པ་འདི། །ཐུབ་དབང་གནས་བརྟན་བཅུ་དྲུག་པོ། །འཁོར་དང་བཅས་ལ་ལེགས་འབུལ་ན། །ཐུགས་རྗེ་མངའ་བ་ཁྱེད་རྣམས་ཀྱིས། །ཅི་བདེ་བར་ནི་བཞེས་ནས་ཀྱང་། །སེམས་ཅན་དོན་ཀུན་མཛད་དུ་གསོལ། །རབ་འབྱམས་རྒྱ་མཚོ་དཔག་མེད་ན། །སིལ་སྙན་ཇི་སྙེད་ཡོད་པ་དང་། །བདག་གིས་གུས་པས་བཤམས་པ་འདི། །ཐུབ་དབང་གནས་བརྟན་བཅུ་དྲུག་པོ། །འཁོར་དང་བཅས་ལ་ལེགས་འབུལ་ན། །ཐུགས་རྗེ་མངའ་བ་ཁྱེད་རྣམས་ཀྱིས། །ཅི་བདེ་བར་ནི་བཞེས་ནས་ཀྱང་། །སེམས་ཅན་དོན་ཀུན་མཛད་དུ་གསོལ། །རབ་འབྱམས་རྒྱ་མཚོ་དཔག་མེད་ན། །གཟུགས་མཆོག་ཇི་སྙེད་ཡོད་པ་དང་། བདག་གིས་གུས་པས་བཤམས་པ་འདི། །ཐུབ་དབང་གནས་བརྟན་བཅུ་དྲུག་པོ། །(༢༢༨བ)འཁོར་དང་བཅས་ལ་ལེགས་འབུལ་ན། །ཐུགས་རྗེ་མངའ་བ་ཁྱེད་རྣམས་ཀྱིས། །ཅི་བདེ་བར་ནི་བཞེས་ནས་ཀྱང་། །སེམས་ཅན་དོན་ཀུན་མཛད་དུ་གསོལ། །རབ་འབྱམས་རྒྱ་མཚོ་དཔག་མེད་ན། །སྒྲ་སྙན་ཇི་སྙེད་ཡོད་པ་དང་། །བདག་གིས་གུས་པས་བཤམས་པ་འདི། །ཐུབ་དབང་གནས་བརྟན་བཅུ་དྲུག་པོ། །འཁོར་དང་བཅས་ལ་ལེགས་འབུལ་ན། །ཐུགས་རྗེ་མངའ་བ་ཁྱེད་རྣམས་ཀྱིས། །ཅི་བདེ་བར་ནི་བཞེས་ནས་ཀྱང་། །སེམས་ཅན་དོན་ཀུན་མཛད་དུ་གསོལ། །རབ་འབྱམས་རྒྱ་མཚོ་དཔག་མེད་ན། །དྲི་མཆོག་ཇི་སྙེད་ཡོད་པ་དང་། །བདག་གིས་གུས་པས་བཤམས་པ་འདི། ། ཐུབ་དབང་གནས་བརྟན་བཅུ་དྲུག་

པོ། །འཁོར་དང་བཅས་ལ་ཞིགས་འབུལ་ན། །ཐུགས་རྗེ་མངའ་བ་ཁྱེད་རྣམས་ཀྱིས། །ཅི་བདེ་བར་ནི་བཞེས་ནས་ཀྱང་། །སེམས་ཅན་དོན་ཀུན་མཛད་དུ་གསོལ། །རབ་འབྱམས་རྒྱ་མཚོ་དཔག་མེད་ན། །རོ་མཆོག་ཇི་སྙེད་ཡོད་པ་དང་། །བདག་གིས་གུས་པས་བཤམས་པ་འདི། །ཐུབ་དབང་གནས་བརྟན་བཅུ་དྲུག་པོ། །འཁོར་དང་བཅས་ལ་ཞིགས་འབུལ་ན། །ཐུགས་རྗེ་མངའ་བ་ཁྱེད་རྣམས་ཀྱིས། །ཅི་བདེ་བར་ནི་བཞེས་ནས་ཀྱང་། །སེམས་ཅན་དོན་ཀུན་མཛད་དུ་གསོལ། །རབ་འབྱམས་རྒྱ་མཚོ་དཔག་མེད་ན། །རིག་མཆོག་ཇི་སྙེད་ཡོད་པ་དང་། །བདག་གིས་གུས་པས་བཤམས་པ་འདི། །ཐུབ་དབང་གནས་བརྟན་བཅུ་དྲུག་པོ། །འཁོར་དང་བཅས་ལ་ཞིགས་འབུལ་ན། །ཐུགས་རྗེ་མངའ་བ་ཁྱེད་རྣམས་ཀྱིས། །ཅི་བདེ་བར་ནི་བཞེས་ནས་ཀྱང་། །སེམས་ཅན་དོན་ཀུན་མཛད་དུ་གསོལ། །འཛིག་རྟེན་འདི་ཡི་ཕུན་སུམ་ཚོགས་པའི་མཆོག །རིན་ཆེན་བདུན་གྱིས་ལྷ་ཡི་ལམ་བཀང་སྟེ། །ཐུབ་དབང་གནས་བརྟན་འཁོར་དང་བཅས་ལ་འབུལ། །བཞེས་ནས་བདག་ལ་དངོས་གྲུབ་སྩལ་དུ་གསོལ། །མཆོད་ཕྲེང་རྒྱས་པར་བྱ་བར་(༢༢༥་ན)འདོད་ན་སྤྱོད་འཇུག་མཆོད་ལེ་འདོན་ཞིང་། དེ་ལྟར་མི་སྤྲོ་ན། དེ་ལས་གཞན་ཡང་མཆོད་པའི་ཚོགས། །རོལ་མོ་དབྱངས་སྙན་ཡིད་འོང་ལྡན། །སེམས་ཅན་སྡུག་བསྔལ་སེལ་བྱེད་པའི། །སྤྲིན་རྣམས་སོ་སོར་གནས་གྱུར་ཅིག །དམ་ཆོས་དཀོན་མཆོག་ཐམས་ཅད་དང་། །མཆོད་རྟེན་རྣམས་དང་སྐུ་གཟུགས་ལ། །རིན་ཆེན་མེ་ཏོག་ལ་སོགས་ཆར། །རྒྱུན་མི་འཆད་པར་འབབ་པར་ཤོག །ཇི་ལྟར་འཇམ་དབྱངས་ལ་སོགས་པས། །རྒྱལ་བ་རྣམས་ལ་མཆོད་མཛད་པ། །དེ་བཞིན་བདག་གིས་དེ་བཞིན་གཤེགས། །མགོན་པོ་སྲས་དང་བཅས་རྣམས་མཆོད། །ཡོན་ཏན་རྒྱ་མཚོ་རྣམས་ལ་བདག །བསྟོད་དབྱངས་ཡན་ལག་རྒྱ་མཚོས་བསྟོད། །བསྟོད་དབྱངས་སྙན་སྤྲིན་དེ་དག་ལ། །ངེས་པར་ཀུན་ཏུ་འབྱུང་འགྱུར་ཅིག །ཅེས་མཆོད་པ་སོ་སོའི་དམིགས་པ་

གསལ་བར་བྱས་ལ་གུས་པ་ཆེན་པོས་དབུལ། དེ་ནས་ལྟུང་བཤགས་ཅི་འགྲུབ་འདོན། དེ་ནས། འདོད་ཆགས་ཞེ་སྡང་གཏི་མུག་དབང་གིས་ནི། །ལུས་དང་ངག་དང་དེ་བཞིན་ཡིད་ཀྱིས་ཀྱང་། །སྡིག་པ་བདག་གིས་བགྱིས་པ་ཅི་མཆིས་པ། །དེ་དག་ཐམས་ཅད་བདག་གིས་སོ་སོར་བཤགས། །ཕྱོགས་བཅུའི་རྒྱལ་བ་ཀུན་དང་སངས་རྒྱས་སྲས། །རང་རྒྱལ་རྣམས་དང་སློབ་དང་མི་སློབ་དང་། །འགྲོ་བ་ཀུན་གྱི་བསོད་ནམས་གང་ལ་ཡང་། །དེ་དག་ཀུན་གྱི་རྗེས་སུ་བདག་ཡི་རང་། །གང་རྣམས་ཕྱོགས་བཅུའི་འཇིག་རྟེན་སྒྲོན་མ་རྣམས། །བྱང་ཆུབ་རིམ་པར་སངས་རྒྱས་མ་ཆགས་བརྙེས། །མགོན་པོ་དེ་དག་བདག་གིས་ཐམས་ཅད་ལ། །ཆོས་(༢༢༥་བ)འཁོར་བླ་ན་མེད་པ་བསྐོར་བར་བསྐུལ། །མྱ་ངན་འདའ་སྟོན་གང་བཞེད་དེ་དག་ལ། །འགྲོ་བ་ཀུན་ལ་ཕན་ཞིང་བདེ་བའི་ཕྱིར། །བསྐལ་པ་ཞིང་གི་རྡུལ་སྙེད་བཞུགས་པར་ཡང་། །བདག་གིས་ཐལ་མོ་རབ་སྦྱར་གསོལ་བར་བགྱི། །ཕྱག་འཚལ་བ་དང་མཆོད་ཅིང་བཤགས་པ་དང་། །རྗེས་སུ་ཡི་རང་བསྐུལ་ཞིང་གསོལ་བ་ཡི། །དགེ་བ་ཅུང་ཟད་བདག་གིས་ཅི་བསགས་པ། །ཐམས་ཅད་རྫོགས་པའི་བྱང་ཆུབ་ཕྱིར་བསྔོའོ། །དེ་ནས་མཎྜལ་རྒྱས་པ་ཕུལ་ལ། དམིགས་པ་གསལ་བར་བྱས་ནས་གསོལ་བ་གདབ་པ་ནི། སྟོན་པ་ཐུབ་པའི་དབང་པོའི་ཡོན་ཏན་དང་ཐུགས་རྗེ་དྲན་པའི་སྒོ་ནས་རྒྱས་པར་ན་སྐབས་གསུམ་པ་གདོན་ཞིང་། བསྡུ་ན། ཕུན་ཚོགས་དགེ་ལེགས་བྱེ་བས་བསྒྲུབ་པའི་སྐུ། །མཐའ་ཡས་འགྲོ་བའི་རེ་བ་སྐོང་བའི་གསུང་། །མ་ལུས་ཤེས་བྱ་ཇི་བཞིན་གཟིགས་པའི་ཐུགས། །ཤཱཀྱའི་གཙོ་བོ་དེ་ལ་མགོས་ཕྱག་འཚལ། །སྟོབས་བཅུའི་ཏིང་འཛིན་ཡེ་ཤེས་མཆེ་བ་ཅན། །གང་ཞིག་སྐྱེ་བའི་རང་བཞིན་གཟིབ་དྲལ་ནས། །མྱ་ངན་འདས་ཞིའི་འབྲོག་དགོན་ཞུགས་གྱུར་པ། །སྟོན་པ་གླང་པོ་དེ་ལ་ཕྱག་འཚལ་ལོ། །གང་གིས་ཐུགས་བརྩེས་ཉེར་བཟུང་ནས། །ལྟ་བ་ཐམས་ཅད་སྤང་བའི་ཕྱིར། །དམ་པའི་ཆོས་ནི་སྟོན་མཛད་པ། །གཽ་ཏམ་དེ་ལ་ཕྱག་འཚལ་ལོ། །གང་གིས་འཆིང་རྣམས་ཡང་དག་རབ་

བཅད་ཅིང་། །སྨུ་སྟེགས་ཚོགས་རྣམས་ཐམས་ཅད་རབ་བཅོམ་སྟེ། །སྡེ་དང་བཅས་པའི་བདུད་ནི་རབ་བཏུལ་ནས། །བྱང་ཆུབ་མཆོག་བརྙེས་དེ་ལ་ཕྱག་འཚལ་ལོ། །ཉི་མའི་འོད་ཟེར་དག་གིས་པདྨོ་ཁ་འབྱེད་ལྟར། །གསུང་གི་འོད་ཟེར་དག་གིས་འཇིག་རྟེན་སད་པར་མཛད། །སྟོན་པ་ཤཱཀྱ་ཐུབ་པ་སྒྲོན་མེ་ཐུགས་རྗེ་ཅན། །སྨྱུ་ངན་འདས་སྟོན་གང་ཡིན་དེ་ལ་ཕྱག་འཚལ་ལོ། །(༢༣༠ན)མི་མཆོག་འདུལ་བ་ཁ་ལོ་སྒྱུར་མཛད་པ། །ཀུན་སྦྱོར་འཆིང་བ་གཅོད་མཛད་དེ་བཞིན་གཤེགས། །དབང་པོ་ཞི་ཞིང་ཉེར་ཞི་ཞི་ལ་མཁས། །མཉན་ཡོད་བཞུགས་པ་དེ་ལ་ཕྱག་འཚལ་ལོ། །ཡོན་ཏན་རིན་ཆེན་མང་པོའི་ཚོགས་མངའ་ཞིང་། །མཚན་རབ་ཡེ་ཤེས་ཡོངས་སུ་དག་པའི་སྐུ། །གསེར་གྱི་མདོག་ཅན་ལྷ་དང་མིས་མཆོད་པ། །བཅོམ་ལྡན་ལྷ་ཡི་ལྷ་ལ་ཕྱག་འཚལ་ལོ། །སྟོན་པ་བླ་མེད་སངས་རྒྱས་རིན་པོ་ཆེ། །སྐྱོབ་པ་བླ་མེད་དམ་ཆོས་རིན་པོ་ཆེ། །འདྲེན་པ་བླ་མེད་དགེ་འདུན་རིན་པོ་ཆེ། །བླ་མེད་དཀོན་མཆོག་གསུམ་ལ་ཕྱག་འཚལ་ལོ། །ཡན་ལག་འབྱུང་དང་མ་ཕམ་ནགས་ན་གནས། །དུས་ལྡན་རྡོ་རྗེ་མོའི་བུ་བཟང་པོ་དང་། །གསེར་བེའུ་ཤྲཱ་ར་དྭ་ཛ་གསེར་ཅན་ཏེ། །འཕགས་པ་གནས་བརྟན་རྣམས་ལ་ཕྱག་འཚལ་ལོ། །འཕགས་པ་བ་ཀུ་ལ་དང་སྒྲ་གཅན་འཛིན། །ལམ་ཕྲན་ཤྲཱ་ར་དྭ་ཛ་བསོད་སྙོམས་ལེན། །ལམ་བསྟན་ཀླུའི་སྡེ་སྲིད་བྱེད་མི་ཕྱེད་པ། །དགྲ་བཅོམ་གནས་བརྟན་རྣམས་ལ་ཕྱག་འཚལ་ལོ། །འཕགས་པའི་དགེ་སློང་དགྲ་བཅོམ་ཡོན་ཏན་ཕྱུག །འཁྲུལ་པ་མེད་པའི་བློ་གྲོས་རྒྱ་མཚོ་འདྲ། །ཤེས་རབ་ཆེན་པོའི་འོད་ནི་ཟླ་ཟེར་འཁྱོ། །དགྲ་བཅོམ་གནས་བརྟན་རྣམས་ལ་ཕྱག་འཚལ་ལོ། །དག་ཅིང་དགེ་བའི་སེམས་ནི་གསེར་དང་འདྲ། །ཡོན་ཏན་མཆོག་གི་འོད་ཟེར་ཉི་ཟླ་མཚུངས། །སེམས་ཅན་ཀུན་གྱི་གཉེན་བཟོད་ས་དང་མཚུངས། །དགྲ་བཅོམ་གནས་བརྟན་རྣམས་ལ་ཕྱག་འཚལ་ལོ། །ཉོན་མོངས་དྲི་མ་འཁྲུ་བ་འབབ་ཆུ་འདྲ། །རྣམ་སེམས་ཉོན་མོངས་མེད་པས་མེ་དཔུང་འདྲ། །འཇིག་རྟེན་ཆོས་ལ་མ་ཆགས་རླུང་དང་འདྲ། །དགྲ་བཅོམ་

གནས་བརྟན་རྣམས་ལ་ཕྱག་འཚལ་ལོ། །ཐམས་ཅད་གོ་འབྱེད་(༢༣༠བ)གསལ་བས་ནམ་མཁའ་འདྲ། །འཇིག་རྟེན་ཆོས་ཀྱིས་མ་གོས་པདྨ་འདྲ། །འགྲོ་བའི་རེ་སྐོང་ཡིད་བཞིན་ནོར་བུ་འདྲ། །དགྲ་བཅོམ་གནས་བརྟན་རྣམས་ལ་ཕྱག་འཚལ་ལོ། །ཆོས་སྒྲ་མངོན་པར་སྒྲོག་པས་འབྲུག་སྒྲ་མཚུངས། །ཚོགས་ཆེན་ཟིལ་གྱིས་གནོན་པས་ཁྱུ་མཆོག་མཚུངས། །སེམས་མཆོག་ཤིན་ཏུ་དུལ་བས་གླང་པོ་ཆེ། །དགྲ་བཅོམ་གནས་བརྟན་རྣམས་ལ་ཕྱག་འཚལ་ལོ། །ཤིན་ཏུ་དུལ་ལ་ཞི་བས་ཅང་ཤེས་རྟ། །རྩལ་ལྡན་མི་འཇིགས་སྐྲག་མེད་སེང་གེ་འདྲ། །སེམས་ཅན་ཐམས་ཅད་སྐྱོབ་པས་ཉུ་གྲོ་དྷ། །དགྲ་བཅོམ་གནས་བརྟན་རྣམས་ལ་ཕྱག་འཚལ་ལོ། །ཡས་ཀྱི་རྔོལ་བས་མི་གཡོ་རི་རྒྱལ་ཆེ། །ཁྱམས་པ་ཚད་མེད་ནམ་མཁའི་དབྱིངས་དང་མཚུངས། །དགེ་བའི་ཆོས་ལ་དབང་བསྒྱུར་ཚངས་པའི་མཆོག །དགྲ་བཅོམ་གནས་བརྟན་རྣམས་ལ་ཕྱག་འཚལ་ལོ། །མི་གནས་མྱ་ངན་འདས་པ་བྱ་དང་མཚུངས། །ཡས་ཀྱི་རྔོལ་བའི་དུག་འཇོམས་བྱ་རྒྱལ་ཁྱུང་། །ཤིན་ཏུ་དཀོན་པས་ཨུ་དུམ་ཝ་རར་མཚུངས། །དགྲ་བཅོམ་གནས་བརྟན་རྣམས་ལ་ཕྱག་འཚལ་ལོ། །ཤིན་ཏུ་མཉམ་གཞག་གླང་ཆེན་བཞིན་དུ་བརྟན། །བཟོད་དང་ངེས་པས་ཕ་རོལ་ཕྲག་དོག་མེད། །གཡེང་མེད་མ་རྨོངས་གཏན་ལ་འབེབས་ལ་མཁས། །དགྲ་བཅོམ་གནས་བརྟན་རྣམས་ལ་ཕྱག་འཚལ་ལོ། །ཆོས་ཀྱི་གཏམ་རྣམས་ཕ་རོལ་གྱིས་མི་འཇིགས། །ཆོས་ཡོངས་འཚོལ་ངེས་ངོམས་པ་ནམ་ཡང་མེད། །ཚུལ་ཁྲིམས་ཀྱིས་མཛེས་བཻ་ཌཱུ་དང་མཚུངས། །དགྲ་བཅོམ་གནས་བརྟན་རྣམས་ལ་ཕྱག་འཚལ་ལོ། །ཐོས་པས་ཕྱུག་པས་རིན་ཆེན་འབྱུང་གནས་མཚུངས། །ཆོས་ཀྱི་ཟ་སྒྲ་ཆེན་པོས་སྒྲ་སྙན་སྒྲོགས། །ཆོས་(༢༣༡ན)ཀྱི་ཟ་ཆེན་བརྡུངས་པས་ལོག་རྟོག་སེལ། །དགྲ་བཅོམ་གནས་བརྟན་རྣམས་ལ་ཕྱག་འཚལ་ལོ། །ཆོས་ཀྱི་དུང་ཆེན་འབུད་པས་བསྟན་པ་སྤེལ། །ཆོས་ཀྱི་རྒྱལ་མཚན་སྒྲེང་བས་ལྷ་མི་སྒྲོལ། །ཆོས་ཀྱི་བ་དན་འཛིན་པས་མ་རིག་སེལ། །དགྲ་བཅོམ་གནས་བརྟན་རྣམས་ལ་ཕྱག

འཚལ་ལོ། །ཆོས་ཀྱི་སྒྲོན་མེ་སྤར་བས་ཉོན་མོངས་སྐམ། །ཤེས་རབ་བླ་མེད་སྤྱན་གྱིས་རྣམ་པར་གཟིགས། །ཚོངས་མེད་སྤང་མེད་ཐ་བ་རབ་ཏུ་བཏུལ། །དགྲ་བཅོམ་གནས་བརྟན་རྣམས་ལ་ཕྱག་འཚལ་ལོ། །དག་པ་དྲི་མ་མེད་ཅིང་བརྙམ་པ་མེད། །ཡང་དག་དམ་ཆོས་འཕྲེད་ལ་དགེས་པར་མཛད། །སློང་ལ་གཏོང་བ་སྦྱིན་ལ་ཕྱག་བརྒྱང་པ། །དགྲ་བཅོམ་གནས་བརྟན་རྣམས་ལ་ཕྱག་འཚལ་ལོ། །ཆོས་དང་ཟང་ཟིང་འགྲོ་བ་ཚིམ་པར་མཛད། །སྦྱིན་པ་སེར་སྣ་མེད་ཅིང་འདྲེས་པ་མེད། །འཇིགས་མེད་ཐོགས་པ་མེད་པའི་ཡིད་དང་ལྡན། །དགྲ་བཅོམ་གནས་བརྟན་རྣམས་ལ་ཕྱག་འཚལ་ལོ། །བརྟན་ལ་དཔའ་བ་མཛེས་པའི་སྤྱོད་པར་ལྡན། །ཡང་དག་མོས་ལྡན་ངོ་ཚ་ཤེས་དང་ལྡན། །དངོས་འཛིན་ཟུག་རྔུ་ཕྱུང་ཞིང་མངོན་ཤེས་ལྡན། །དགྲ་བཅོམ་གནས་བརྟན་རྣམས་ལ་ཕྱག་འཚལ་ལོ། །དེས་པ་འགྲོགས་ན་བདེ་བས་དོན་བྱེད་པ། །འཇིག་རྟེན་སེལ་བར་བྱེད་པས་འགྲོ་བ་འདྲེན། །དགའ་བའི་འདོད་ཆགས་རྗེས་སུ་ཆགས་པ་སྤངས། །དགྲ་བཅོམ་གནས་བརྟན་རྣམས་ལ་ཕྱག་འཚལ་ལོ། །སོང་ཁྲོ་སྤངས་པ་དག་པས་མྱ་ངན་བྲལ། །དྲི་མེད་དྲི་མ་གསུམ་སྤངས་མངོན་ཤེས་ཐོབ། །རྒྱུ་ཡི་སྟོབས་ཅན་སྨོན་ལམ་སྟོབས་དང་ལྡན། །དགྲ་བཅོམ་(༢༣༡བ)གནས་བརྟན་རྣམས་ལ་ཕྱག་འཚལ་ལོ། །མི་དམན་གྱ་གྱུ་མེད་པས་བརྟན་པ་པོ། །རྒྱལ་བ་བྱེ་བ་མང་ལ་དགེ་བ་བསྙེན། །ང་རྒྱལ་ཟུག་རྔུ་ཕྱུང་བས་རྣམ་པར་དུལ། །སྤྲུལ་སྐུ་གནས་བརྟན་རྣམས་ལ་ཕྱག་འཚལ་ལོ། །འདོད་ཆགས་ཞེ་སྡང་གཏི་མུག་དང་བྲལ་བ། །དག་པ་དགེ་ལ་མོས་པ་རྒྱལ་བས་བསྔགས། །འཇིག་རྟེན་མཁས་པ་སྦྱངས་པའི་ཡེ་ཤེས་བསྒྲུབས། །དགྲ་བཅོམ་གནས་བརྟན་རྣམས་ལ་ཕྱག་འཚལ་ལོ། །རྒྱལ་བས་བསྟོད་ཅིང་སེམས་ཅན་དགའ་བར་མཛད། །རྟུལ་ཕོད་བསྲུན་ཐུབ་མཉམ་པ་མེད་པ་ནི། །ཐ་བ་མེད་ཅིང་ཡོན་ཏན་གཞལ་དུ་མེད། །དགྲ་བཅོམ་གནས་བརྟན་རྣམས་ལ་ཕྱག་འཚལ་ལོ། །རྫུལ་མེད་འདུས་པ་རྒྱ་ཆེན་མངོན་དུ་གྱུར། །ཁྱུ་མཆོག་བདེན་པར་སྨྲ་བ་བློ་དང

ལྡན། །དྲན་དང་བློ་གྲོས་རྟོགས་པ་དང་ལྡན་པ། །དགྲ་བཅོམ་གནས་བརྟན་རྣམས་ལ་ཕྱག་འཚལ་ལོ། །ཤེས་རབ་མཚོན་ཆའི་ལག་ཆ་སྣ་ཚོགས་འཛིན། །བསོད་ནམས་དང་ལྡན་འོད་དང་ལྡན་པ་པོ། །ཐ་བ་དྲི་མ་ཁོང་ཁྲོ་དང་བྲལ་བ། །དགྲ་བཅོམ་གནས་བརྟན་རྣམས་ལ་ཕྱག་འཚལ་ལོ། །འཕགས་པའི་གནས་བརྟན་ཆོས་ཀྱི་མཛོད་འཛིན་པ། །འདི་དག་ཆགས་མེད་མཆོག་ཏུ་དགེ་ཤེས་པ། །སྐྱེ་བོ་མང་པོའི་སྡིག་པ་འཇིག་བྱེད་པ། །དགྲ་བཅོམ་གནས་བརྟན་རྣམས་ལ་ཕྱག་འཚལ་ལོ། །འདི་དག་རྣམ་པར་དག་ཅིང་བདེན་བཞི་མཐོང་། །དུལ་ལ་གྲོལ་བར་གྱུར་ཅིང་མཉམ་པར་བཞག །ཁང་གཉིས་དམ་པ་བསོད་ནམས་ཞིང་དུ་གྱུར། །དགྲ་བཅོམ་གནས་བརྟན་རྣམས་ལ་ཕྱག་འཚལ་ལོ། །འདི་ལ་ཡོན་ཕུལ་མཐོ་རིས་འགྲོ་བར་འགྱུར། །འདི་ལ་ཡོན་ཕུལ་འབྲས་བུ་འཆི་མེད་འཐོབ། །ཚུལ་ཁྲིམས་དང་ནི་དུལ་བར་ལྡན་པ་(༢༣༢ན)ཡི། །དགྲ་བཅོམ་གནས་བརྟན་རྣམས་ལ་ཕྱག་འཚལ་ལོ། །འདི་དག་སྨན་པ་མཆོག་སྟེ་འཇིག་རྟེན་རྒྱུ། །སྡུག་བསྔལ་གཟིར་བའི་སྲོག་ཆགས་ཐར་བར་བྱེད། །རྒྱལ་སྲས་འདི་དག་རྟུལ་མེད་ཉོན་མོངས་མེད། །དགྲ་བཅོམ་གནས་བརྟན་རྣམས་ལ་ཕྱག་འཚལ་ལོ། །འདི་དག་བརྟུལ་ཞུགས་སྤྱོད་ཅིང་འདོད་ཆགས་ཞི། །བཀྲ་ཤིས་གྱུར་ཅིང་མཁའ་ལ་སྤྱིན་ཆར་ཕབ། །འདི་དག་ཞིང་མཆོག་རྣམ་དག་སེམས་དང་ལྡན། །དགྲ་བཅོམ་གནས་བརྟན་རྣམས་ལ་ཕྱག་འཚལ་ལོ། །འདི་དག་རྣམས་ལ་བཀུར་སྟི་ཆུང་བྱས་ཀྱང་། །མི་རྣམས་ཆོས་དང་དེ་བཞིན་ནོར་ཡང་འགྲུབ། །འདི་དག་མཚན་རྣམས་རྫོགས་ཤིང་དགེ་ཤིས་ལྡན། །དགྲ་བཅོམ་གནས་བརྟན་རྣམས་ལ་ཕྱག་འཚལ་ལོ། །འདི་དག་རྣམས་ལ་སུ་ཞིག་དད་བྱེད་པ། །དེས་ནི་བསོད་ནམས་མང་པོ་སྐྱེད་པར་འགྱུར། །ངུར་སྨྲིག་གོས་འཆང་རྒྱལ་བའི་སྲས་ཀྱི་གཙོ། །དགྲ་བཅོམ་གནས་བརྟན་རྣམས་ལ་ཕྱག་འཚལ་ལོ། །ཡོན་ཏན་ལྡན་པ་འདི་དག་མ་གཏོགས་པ། །ཕ་དང་མ་ཡང་བདག་གི་སྐྱབས་མ་ཡིན། །གཉེན་གྱི་ཚོགས་དང་ནོར་དང་ལང་ཚོ་མིན། །སྐྱབས་མཆོག་གནས་

བརྟན་རྣམས་ལ་ཕྱག་འཚལ་ལོ། །རྒྱ་ཆེན་སྤྱོད་དང་ཟབ་མོ་ལྟ་བ་དང་། །ཉམས་ལེན་སྙན་བརྒྱུད་གདམས་པ་སྤེལ་མཛད་པ། །དངོས་དང་བརྒྱུད་པའི་བླ་མ་ཐམས་ཅད་ལ། །སྙིང་གི་ཁོང་ནས་གུས་པས་ཕྱག་འཚལ་ལོ། །རབ་འབྱམས་ཞིང་བཞུགས་རྒྱལ་བ་སྲས་བཅས་དང་། །སློབ་དང་མི་སློབ་འཕགས་པའི་ཚོགས་རྣམས་དང་། །དམ་ཅན་བཀའ་སྡོད་སྲུང་མའི་ཚོགས་རྣམས་ལ། །སྒོ་གསུམ་གུས་པ་ཆེན་པོས་ཕྱག་འཚལ་ལོ། །མཁྱེན་བརྩེ་ནུས་མཐུ་ཐོགས་པ་མི་མངའ་ཞིང་། །འགྲོ་བའི་དོན་ལ་ནམ་ཡང་(༢༩༢བ)མི་གཡེལ་བ། །བཅོམ་ལྡན་མཉམ་མེད་ཤཱཀྱའི་རྒྱལ་པོ་དང་། །གནས་བརྟན་འཁོར་བཅས་བདག་ལ་དགོངས་སུ་གསོལ། །སྟོན་པ་ཐུབ་པའི་དབང་པོས་སྟོན་གྱི་ཚེ། །བདེ་གཤེགས་རིན་ཆེན་སྙིང་པོའི་སྤྱན་སྔ་རུ། །བདེན་ཚིག་སྨོན་ལམ་ལྷ་བརྒྱ་མཛད་པ་ཡི། །བདེན་པའི་མཐུ་དེ་མངོན་སུམ་བསྟན་དུ་གསོལ། །ཐུབ་པའི་དབང་པོས་གནས་བརྟན་བཅུ་དྲུག་ལ། །ཇི་སྲིད་བྱམས་མགོན་ཞིང་འདིར་མ་བྱོན་བར། །མྱ་ངན་མི་འདའ་ཞིང་འདིར་རྟག་བཞུགས་ནས། །རྒྱལ་བའི་བསྟན་དང་བསྟན་འཛིན་སྐྱོངས་ཤིག་ཅེས། །བཀའ་ལུང་བདེན་པའི་ཚིག་གིས་ཞལ་བཞེས་པ། །སངས་རྒྱས་སྤྲུལ་པ་གནས་བརྟན་བཅུ་དྲུག་པོས། །ཐུབ་པའི་སྤྱན་སྔར་ཇི་ལྟར་ཞལ་བཞེས་པའི། །བདེན་པའི་མཐུ་དེ་བདག་ལ་བསྟན་དུ་གསོལ། །ཞེས་གསོལ་བ་གདབ་བོ། །

ག༢ སོ་སོར་མཆོད་ཅིང་གསོལ་བ་བཏབ་སྟེ་ཐུགས་དམ་བསྐུལ་བ།

གཉིས་པ་སོ་སོར་མཆོད་ཅིང་གསོལ་བ་བཏབ་སྟེ་ཐུགས་དམ་བསྐུལ་བ་ནི། སྟོན་པ་བཅོམ་ལྡན་འདས་དེ་བཞིན་གཤེགས་པ་དགྲ་བཅོམ་པ་ཡང་དག་པར་རྫོགས་པའི་སངས་རྒྱས་དཔལ་རྒྱལ་བ་ཤཱཀྱ་ཐུབ་པ་ལ་ཕྱག་འཚལ་ལོ། །མཆོད་དོ། །སྐྱབས་སུ་མཆིའོ། །བྱིན་གྱིས་བརླབ་ཏུ་གསོལ། ཞེས་ལན་བདུན་བརྗོད་ཅིང་གྲུབ་ན་ཕྱག་འཚལ་བཞིན་དུ་བྱའོ། །གསེར་གྱི་མདོག་ཅན་ས་གནོན་ཕྱག་རྒྱ་ཅན། །ཆད་བྱུང་

ཐུགས་རྗེ་བརྩོན་འགྲུས་ཆེན་པོའི་མཐུས། །མི་མཇེད་འཇིག་རྟེན་ཁམས་ཀྱི་དཔལ་གྱུར་པའི། །འདྲེན་མཆོག་ཤཱཀྱའི་ཏོག་ལ་ཕྱག་འཚལ་ལོ། །ཐབས་མཁས་ཐུགས་རྗེས་ཤཱཀྱའི་རིགས་འཁྲུངས་ཤིང་། །གཞན་གྱིས་མི་ཐུབ་བདུད་ཀྱི་དཔུང་འཇོམས་པ། །གསེར་གྱི་ལྷུན་པོ་ལྟ་བུར་བརྗིད་པའི་སྐུ། །ཤཱཀྱའི་རྒྱལ་པོ་དེ་ལ་ཕྱག་འཚལ་ལོ། །དངོས་བཤམས་གཟུངས་རིག་མོས་སྟོབས་(༢༣༣ན)ཀྱིས་སྤྲུལ་པའི། །མཆོད་ཚོགས་ཀུན་འབུལ་སྡིག་ལྟུང་ཐམས་ཅད་བཤགས། །དགེ་ལ་ཡི་རང་བསྐུལ་ཞིང་གསོལ་བ་འདེབས། །འདིས་མཚོན་དགེ་བ་བྱང་ཆུབ་ཆེན་པོར་བསྔོ། །ས་གཞི་སྤོས་ཀྱིས་བྱུགས་ཤིང་མེ་ཏོག་བཀྲམ། །རི་རབ་གླིང་བཞི་ཉི་ཟླས་བརྒྱན་པ་འདི། །སངས་རྒྱས་ཞིང་དུ་དམིགས་ཏེ་ཕུལ་བ་ཡིས། །འགྲོ་ཀུན་རྣམ་དག་ཞིང་ལ་སྤྱོད་པར་ཤོག །ཅེས་བརྗོད་ཅིང་མཎྜལ་ཕུལ། ཐལ་མོ་སྦྱར་ནས་ཐུགས་དམ་བསྐུལ་བའི་གསོལ་འདེབས་འདི་ལྟར་བྱ་སྟེ། བདག་ཅག་གི་སྟོན་པ་ཐུགས་རྗེ་ཅན་ཤཱཀྱའི་རྒྱལ་པོའི་སྐུ་ཡིད་ལ་དྲན་ཞིང་མཚན་ནས་སྨོས་ཏེ་ཕྱག་འཚལ་བ་དང་མཆོད་པ་ལ་སོགས་པའི་དགེ་བའི་རྩ་བ་འདིའི་མཐུས་བདག་ཅག་སྙིགས་མའི་དུས་ཀྱི་འགྲོ་བ་ལམ་ངན་པར་འཁྱམས་པ་མགོན་དང་སྐྱབས་གཞན་མེད་པ་རྣམས་ལ་ཐུགས་བརྩེ་བས་དགོངས་ནས་ཐུབ་པ་ཆེན་པོ་ཉིད་སྟོན་པྲམ་ཟེ་རྒྱ་མཚོའི་རྫུལ་དུ་འཁྲུངས་པའི་ཚེ་དེ་བཞིན་གཤེགས་པ་རིན་ཆེན་སྙིང་པོའི་སྤྱན་སྔར་འདི་སྐད་གསོལ་ཏེ་བཙུན་པ་བཅོམ་ལྡན་འདས་རྩོད་པའི་དུས་ཀྱི་མུན་པར་འཕངས་ཤིང་བྱང་ཆུབ་སེམས་དཔའ་རྣམས་ཀྱིས་ཡོངས་སུ་སྤངས་པའི་སེམས་ཅན་རྣམས་བདག་གི་སྙིང་རྗེའི་གནས་སུ་འགྱུར་བ་ལྟ་ན། ལས་ཀྱི་སྒྲིབ་པ་སྣ་ཚོགས་ཀྱིས་བསྒྲིབས་པ། ནད་སྣ་ཚོགས་ཀྱིས་གཟིར་བ། མྱ་ངན་དང་སྡུག་བསྔལ་སྣ་ཚོགས་ཀྱིས་གཙེས་པ། བརྟུལ་ཞུགས་ངན་པ་སྣ་ཚོགས་ལ་བརྩོན་པར་འགྱུར་བ་དེའི་ཚེ་ན། བདག་སེམས་ཅན་རྣམས་ཀྱི་དགེ་བའི་རྩ་བ་ཡོངས་སུ་སྨིན་པར་བགྱིད་པའི་སླད་དུ།(༢༣༣བ)དགའ་ལྡན་གྱི་གནས་ནས་བབས་ཏེ། འཁོར་ལོས་

བསྒྲུར་བའི་རྒྱལ་པོའི་རིགས་སུ་བཙུན་མོ་དམ་པའི་མངལ་ན་གནས་པ་ཉེ་བར་འཛིན་པར་གྱུར་ཅིག །དེའི་ཚེ་སངས་རྒྱས་ཀྱི་ཞིང་མི་མཛེད་དུ་སེམས་ཅན་གང་དག་སྐྱེས་པ་དེ་དག་ཀྱང་རབ་ཏུ་སད་པར་བགྱིད་པར་གྱུར་ཅིག །དགེ་བའི་རྩ་བ་མ་བསྐུན་པའི་སེམས་ཅན་རྣམས་ཀྱི་རྒྱུད་ལ་མྱ་ངན་ལས་འདས་པའི་ས་བོན་འདེབས་པར་གྱུར་ཅིག །བདག་ཀྱང་ཕ་རོལ་ཏུ་ཕྱིན་པ་དྲུག་ལ་སྤྱོད་ཅིང་གཞན་ཡང་ཕ་རོལ་ཏུ་ཕྱིན་པ་དྲུག་ལ་འགོད་པར་གྱུར་ཅིག །འགྲོ་བ་རྣམས་ལ་གང་ལ་གང་འདུལ་གྱི་གཟུགས་ཀྱིས་ཆོས་སྟོན་པར་གྱུར་ཅིག །སེམས་ཅན་གང་དག་བདག་མྱ་ངན་ལས་འདས་པའི་སྐུ་གདུང་རྣམས་ལ་རིན་པོ་ཆེ་རྣམས་དང་རོལ་མོ་སྣ་ཚོགས་ཀྱིས་མཆོད་པ་བགྱིད་པར་སྤྲོ་བ་དང་། ཐ་ན་སངས་རྒྱས་ཀྱི་མཚན་ལན་ཅིག་ཙམ་དང་། ཕྱག་དང་སྐོར་བ་དང་ཐལ་མོ་སྦྱོར་བ་ལན་ཅིག་ཙམ་དང་། མེ་ཏོག་གཅིག་ཙམ་གྱི་རྒྱུས་མཆོད་པ་བགྱིད་པར་འགྱུར་བ་དེ་དག་ཀྱང་བསམ་པ་ཇི་ལྟ་བ་བཞིན་དུ་ཐེག་པ་གསུམ་པོ་དག་ལས་སླར་མི་ལྡོག་པར་གྱུར་ཅིག །ཅེས་གསུངས་པ་སོགས་སྨོན་ལམ་ལྔ་བརྒྱ་བཏབ་ཅིང་། བཙུན་པ་བཅོམ་ལྡན་འདས་དེ་ལྟར་བདག་གིས་མ་འོངས་པའི་དུས་སྙིགས་མ་ལྔ་བདོ་ཞིང་རྩོད་པའི་དུས་ལ་བབ་པ་ན། འཇིག་རྟེན་སྟོངས་ཤིང་འདྲེན་པ་མ་མཆིས་པ། སྡུག་བསྔལ་གྱི་མུན་པར་ཆུད་པའི་སེམས་ཅན་རྣམས་ལ་སྣང་སྨོས་པའི་བདག་གི་རེ་བ་འདི་ལྟ་བུ་ཡོངས་སུ་རྫོགས་པར་འགྱུར་ཞིང་། འདི་ལྟར་སྨོན་ལམ་བཏབ་པ་དེ་ལྟ་བུའི་སངས་རྒྱས་ཀྱི་མཛད་པ་ཐམས་ཅད་སྒྲུབ་པའི་རྗེ་ཐོག་པ་ལྟ་ན། བྱང་ཆུབ་ཀྱི་སླད་དུ་སྨོན་པ་སྤོང་བར་མི་བགྱི་(༢༢༨ན)ཞིང་། དགེ་བའི་རྩ་བའང་གཞན་དུ་བསྔོ་བར་མི་བགྱིད་དེ། བཙུན་པ་བཅོམ་ལྡན་འདས་དེ་ནི་བདག་གི་ངེས་པ་ལགས་སོ། །ཞེས་སོགས་སྨོན་ལམ་ཆེན་པོ་ལྔ་བརྒྱ་བཏབ་པ་དེ་དག་དང་། གཞན་ཡང་སྔོན་སློབ་པ་ལམ་གྱི་གནས་སྐབས་སུ་བྱང་ཆུབ་སེམས་དཔའི་སྤྱོད་པ་སྤྱོད་པ་ན་སྨོན་ལམ་ཆེན་པོ་འབུམ་ཕྲག་གསུམ་ལ་སོགས་པ་སྨོན་ལམ་གྲངས་མེད་

བཏབ་པ་དེ་དག་ཐམས་ཅད་དང་། ཐུབ་པ་ཆེན་པོའི་མཚན་ལན་ཅིག་བརྗོད་པས་
ཀྱང་བསྐལ་པ་མང་པོར་བསགས་པའི་སྡིག་པ་འདག་པ་དང་། ཕན་ཡོན་དཔག་ཏུ་
མེད་པ་ཐོབ་པ་ལ་སོགས་པ་བདེན་པའི་མཐུ་དཔག་ཏུ་མེད་པ་གསུངས་པ་དེ་དག་
བདག་ཅག་ལ་སོགས་པའི་སེམས་ཅན་ཐམས་ཅད་ཀྱིས་མངོན་སུམ་དུ་མཐོང་སྟེ་མྱུར་
དུ་འགྲུབ་པར་མཛད་དུ་གསོལ། བཅོམ་ལྡན་མཉམ་མེད་ཤཱཀྱ་ཐུབ་པ་ཡིས། །མགོན་
མེད་ལྔ་བརྒྱ་ཐ་མའི་འགྲོ་རྣམས་ལ། །བརྩེ་བས་དགོངས་ནས་སྨོན་ལམ་གང་མཛད་
པ། །དེ་དག་བདག་སོགས་འགྲོ་བས་ལོངས་སྤྱོད་ཤོག །ལྷར་བཅས་འགྲོ་བའི་ཕན་
བདེ་ཀུན་གྱི་གཞི། །ཐུབ་པའི་བསྟན་པ་འཕེལ་ཞིང་རྒྱས་པ་དང་། །བསྟན་འཛིན་
སྐྱེས་བུ་ཐམས་ཅད་ཞབས་བརྟན་ཅིང་། །འཇིག་རྟེན་བདེ་ལེགས་ཆེན་པོས་ཁྱབ་གྱུར་
ཅིག །སྟོན་པ་ཐུབ་པའི་དབང་པོས་བཀའ་བསྒོས་ཏེ་མྱ་ངན་ལས་མི་འདའ་བར་འགྲོ་
བ་ཀུན་གྱི་བསོད་ནམས་ཀྱི་ཞིང་དུ་བཞུགས་ནས་རྒྱལ་བའི་བསྟན་པ་འཛིན་ཅིང་
སྲེལ་བར་མཛད་པ་གནས་བརྟན་ཆེན་པོ་ཡན་ལག་འབྱུང་འཁོར་དགྲ་བཅོམ་པ་
སྟོང་དང་སུམ་བརྒྱས་བསྐོར་བ་ལ་ཕྱག་འཚལ་ལོ། །མཆོད་དོ། །སྐྱབས་སུ་
མཆིའོ། །བྱིན་གྱིས་བརླབ་ཏུ་གསོལ། ཞེས་ལན་བདུན་བརྗོད། སླིགས་དུས་ཉམ་ཐག་
འགྲོ་ལ་ཐུགས་བརྩེ་བས། །ཐུབ་པའི་བཀའ་(༢༣༨བ)བཞིན་མྱ་ངན་མི་འདའ་བར། །ཏི་
སེའི་གངས་ལ་བཞུགས་ནས་འགྲོ་དོན་མཛད། །གནས་བརྟན་ཡན་ལག་འབྱུང་ལ་
ཕྱག་འཚལ་ལོ། །གང་སྐུ་མཐོང་ཐོས་དྲན་རེག་ཐམས་ཅད་ལ། །ཉོན་མོངས་མི་ཡི་
གདུང་བ་ཞི་མཛད་ཅིང་། །བསྐལ་གསུམ་ཡན་ལག་ཉམས་མེད་འབྱུང་མཛད་
པ། །འཕགས་པ་ཡན་ལག་འབྱུང་ལ་ཕྱག་འཚལ་ལོ། །དངོས་བཤམས་གཟུངས་རིག་
མོས་སྟོབས་ཀྱིས་སྤྲུལ་པའི། །མཆོད་ཚོགས་ཀུན་འབུལ་སྡིག་ལྟུང་ཐམས་ཅད་
བཤགས། །དགེ་ལ་ཡི་རང་བསྐུལ་ཞིང་གསོལ་བ་འདེབས། །འདིས་མཚོན་དགེ་བ་
བྱང་ཆུབ་ཆེན་པོར་བསྔོ། །ས་གཞི་སྤོས་ཀྱིས་བྱུགས་ཤིང་མེ་ཏོག་བཀྲམ། །རི་རབ་

གླིང་བཞི་ཉི་ཟླས་བརྒྱན་པ་འདི། །སངས་རྒྱས་ཞིང་དུ་དམིགས་ཏེ་ཕུལ་བ་ཡིས། །འགྲོ་
ཀུན་རྣམ་དག་ཞིང་ལ་སྤྱོད་པར་ཤོག །ཐུབ་པ་ཆེན་པོ་འཕགས་པ་གནས་བརྟན་
བཅུ་དྲུག་འཁོར་དང་བཅས་པ་བདག་ལ་དགོངས་སུ་གསོལ། དེང་རྒྱལ་བ་སྲས་
བཅས་གདན་འདྲེན་པའི་སྤྱན་སྔར་གནས་བརྟན་ཆེན་པོ་ཡན་ལག་འབྱུང་གི་མཚན་
ནས་སྨོས་ཏེ་ཕྱག་འཚལ་ཞིང་མཆོད་དེ་གསོལ་བ་བཏབ་པའི་མཐུས་བདག་ཅག་དུས་
ངན་པའི་སེམས་ཅན་ལས་ཀྱི་སྒྲིབ་པ་སྣ་ཚོགས་ཀྱིས་བསྒྲིབས་པ། ནད་སྣ་ཚོགས་ཀྱིས་
གཟིར་བ། མུ་ངན་དང་སྡུག་བསྔལ་སྣ་ཚོགས་ཀྱིས་གཙེས་པ་ངན་སོང་ནས་ངན་
འགྲོར་འོག་ནས་འོག་ཏུ་ལྟུང་བར་འགྱུར་བའི་སེམས་ཅན་རྣམས་ལ་ཐུགས་བརྩེ་བས་
དགོངས་ཏེ་སྟོན་དེ་བཞིན་གཤེགས་པ་ཤཱཀྱ་ཐུབ་པའི་སྤྱན་སྔར་མུ་ངན་ལས་མི་འདའ་
(༢༣༥ན)བར་འཇིག་རྟེན་དུ་མངོན་སུམ་དུ་བཞུགས་ཤིང་བཀའ་ལུང་གི་རྗེས་སུ་བསྲུབ་
པར་འཕགས་པའི་ཚིག་བདེན་པས་ངེས་པར་ཞལ་གྱིས་བཞེས་པ་དམ་པའི་ཆོས་སྐྱོང་
ཞིང་འགྲོ་བ་ཀུན་གྱི་བསོད་ནམས་ཀྱི་ཞིང་དུ་གྱུར་པ་འཕགས་པ་གནས་བརྟན་ཆེན་
པོ་བཅུ་དྲུག་འཁོར་དང་བཅས་པའི་བྱིན་རླབས་ཀྱི་མཐུ་དང་། ལྷག་པར་གནས་
བརྟན་ཆེན་པོ་ཡན་ལག་འབྱུང་གི་ཐུགས་བསྐྱེད་དང་སྨོན་ལམ་དང་། བྱིན་རླབས་
ཀྱི་མཐུས་བདག་ཅག་ལ་སོགས་པའི་སེམས་ཅན་གང་དག་ནད་དང་སྡུག་བསྔལ་སྣ་
ཚོགས་ཀྱིས་གཙེས་པ་ཐམས་ཅད་ལུས་ཀྱི་ནད་དང་སྡུག་བསྔལ་ཐམས་ཅད་ལས་
ཐར་བར་གྱུར་ཅིག །རྩ་བའི་ཉོན་མོངས་པ་དྲུག་དང་། ཉེ་བའི་ཉོན་མོངས་པ་ཉི་ཤུ་
ས་བོན་དང་བཅས་པ་ཞི་བར་གྱུར་ཅིག །ལྷ་མི་ཐམས་ཅད་ཀྱི་ཡིད་དུ་འོང་བ་དང་།
ཚུལ་ཁྲིམས་ཀྱི་དྲི་བསུང་གིས་ཕྱོགས་བཅུར་ཁྱབ་པར་གྱུར་ཅིག །དེ་བཞིན་གཤེགས་
པ་ཐམས་ཅད་ཀྱིས་ལུང་བསྟན་པ་ཐོབ་པར་གྱུར་ཅིག །ཕྱོགས་བཅུའི་སངས་རྒྱས་
དང་བྱང་ཆུབ་སེམས་དཔའ་ཐམས་ཅད་ལ་མཆོད་པ་སྣ་ཚོགས་དཔག་ཏུ་མེད་པས་
རྒྱ་ཆེར་ཡུན་རིང་དུ་མཆོད་པར་གྱུར་ཅིག །ལྷག་པ་ཚུལ་ཁྲིམས་ཀྱི་བསླབ་པ་འཕེལ་

བ་དང་། ལྷག་པ་སེམས་ཀྱི་བསླབ་པ་བརྟན་པར་བྱ་བ་དང་། ལྷག་པ་ཤེས་རབ་ཀྱི་བསླབ་པ་རྫོགས་པར་གྱུར་ཅིག །འཕགས་པའི་མཚན་ཐོས་དྲན་བརྗོད་ཕྱག་མཆོད་མཐུས། །བདག་ཅག་ལ་སོགས་སེམས་ཅན་གང་དང་གང་། །ལས་དང་ཉོན་མོངས་འཆིང་བས་བཅིངས་པ་རྣམས། །བསླབ་(༢༣༥བ)གསུམ་སྟོབས་ཀྱིས་མྱུར་དུ་གྲོལ་གྱུར་ཅིག །ལྷར་བཅས་འགྲོ་བའི་ཕན་བདེ་ཀུན་གྱི་གཞི། །ཐུབ་པའི་བསྟན་པ་འཕེལ་ཞིང་རྒྱས་པ་དང་། །བསྟན་འཛིན་སྐྱེས་བུ་ཐམས་ཅད་ཞབས་བརྟན་ཅིང་། །འཇིག་རྟེན་བདེ་ལེགས་ཆེན་པོས་ཁྱབ་གྱུར་ཅིག །སྟོན་པ་ཐུབ་པའི་དབང་པོས་བཀའ་བསྒོས་ཏེ་མྱ་ངན་ལས་མི་འདའ་བར་འགྲོ་བ་ཀུན་གྱི་བསོད་ནམས་ཀྱི་ཞིང་དུ་བཞུགས་ནས་རྒྱལ་བའི་བསྟན་པ་འཛིན་ཅིང་སྤེལ་བར་མཛད་པ་གནས་བརྟན་ཆེན་པོ་མ་ཕམ་པ་འཁོར་དགྲ་བཅོམ་པ་བརྒྱ་ཕྲག་གཅིག་གིས་བསྐོར་བ་ལ་ཕྱག་འཚལ་ལོ། །མཆོད་དོ། །སྐྱབས་སུ་མཆིའོ། །བྱིན་གྱིས་བརླབ་ཏུ་གསོལ། ཞེས་ཡན་བདུན་བརྗོད། སྐབས་དུས་ཉམ་ཐག་འགྲོ་ལ་ཐུགས་བརྩེ་བས། །ཐུབ་པའི་བཀའ་བཞིན་མྱ་ངན་མི་འདའ་བར། །དྲང་སྲོང་རི་ངོས་བཞུགས་ནས་འགྲོ་དོན་མཛད། །གནས་བརྟན་མ་ཕམ་པ་ལ་ཕྱག་འཚལ་ལོ། །གང་སྐུ་མཐོང་ཐོས་དྲན་རེག་ཐམས་ཅད་ལ། །བྱིང་རྒོད་རྣམ་རྟོག་གཡེང་བ་ཞི་མཛད་ཅིང་། །ཞི་གནས་ལྷག་མཐོང་རྟོགས་པ་རྒྱས་མཛད་པ། །འཕགས་པ་མ་ཕམ་པ་ལ་ཕྱག་འཚལ་ལོ། །དངོས་བཤམས་གཟུངས་རིག་×། །བྱང་ཆུབ་ཆེན་པོར་བསྔོ། །ས་གཞི་སྤོས་ཀྱིས་×། །སྤྱོད་པར་ཤོག །ཐུབ་པ་ཆེན་པོ་འཕགས་པ་གནས་བརྟན་བཅུ་དྲུག་འཁོར་དང་བཅས་པ་བདག་ལ་དགོངས་སུ་གསོལ། དེང་རྒྱལ་བ་སྲས་བཅས་གདན་འཛོམ་པའི་སྤྱན་སྔར་གནས་བརྟན་ཆེན་པོ་མ་ཕམ་པའི་མཚན་ནས་སྨོས་ཏེ་ཕྱག་འཚལ་ཞིང་མཆོད་དེ་གསོལ་བ་བཏབ་པའི་མཐུས་བདག་ཅག་དུས་ངན་པའི་སེམས་ཅན་ལས་ཀྱི་སྒྲིབ་པ་སྣ་ཚོགས་ཀྱིས་བསྒྲིབས་པ། ནད་སྣ་(༢༣༦ན)ཚོགས་ཀྱིས་གཟིར་བ། མྱ་ངན་དང་སྡུག་བསྔལ་སྣ་ཚོགས་ཀྱིས་

གཙོས་པ། ངན་སོང་ནས་ངན་འགྲོར་འོག་ནས་འོག་ཏུ་ལྟུང་བར་འགྱུར་བའི་སེམས་ཅན་རྣམས་ལ་ཐུགས་བརྩེ་བས་དགོངས་ཏེ། སྔོན་དེ་བཞིན་གཤེགས་པ་ཤཱཀྱ་ཐུབ་པའི་སྤྱན་སྔར་སྨྲ་ངན་ལས་མི་འདའ་བར་འཇིག་རྟེན་དུ་མངོན་སུམ་དུ་བཞུགས་ཤིང་བཀའ་ལུང་གི་རྗེས་སུ་བསྒྲུབ་པར་འཕགས་པའི་ཚིག་བདེན་པས་ངེས་པར་ཞལ་གྱིས་བཞེས་པ་དམ་པའི་ཆོས་སྐྱོང་ཞིང་འགྲོ་བ་ཀུན་གྱི་བསོད་ནམས་ཀྱི་ཞིང་དུ་གྱུར་པ་འཕགས་པ་གནས་བརྟན་ཆེན་པོ་བཅུ་དྲུག་འཁོར་དང་བཅས་པའི་བྱིན་རླབས་ཀྱི་མཐུ་དང་། ལྷག་པར་གནས་བརྟན་ཆེན་པོ་མ་ཕམ་པའི་ཐུགས་བསྐྱེད་དང་སྨོན་ལམ་དང་བྱིན་རླབས་ཀྱི་མཐུས་བདག་ཅག་ལ་སོགས་པའི་སེམས་ཅན་གང་དག་གདོན་དང་ལྟས་ངན་པ་སྣ་ཚོགས་ཀྱིས་གཟིར་བ་དེ་དག་ཡུལ་ཕྱོགས་གང་དུ་བདག་ཉིད་འདུག་ཀྱང་ཡུལ་ཕྱོགས་དེའི་རིའི་ལྷ་དང་། སའི་ལྷ་དང་། ཆུའི་ལྷ་དང་། མེའི་ལྷ་དང་། རླུང་གི་ལྷ་དང་། ཤིང་གི་ལྷ་དང་། ནགས་ཀྱི་ལྷ་དང་། ཚལ་གྱི་ལྷ་དང་། ཀླུ་དང་། གནོད་སྦྱིན་གདུག་པ་དང་། འབྱུང་པོ་གདུག་པ་དང་། ཡི་དྭགས་ལ་སོགས་པ་ནག་པོ་གདུག་པ་ཅན་ཐམས་ཅད་ཀྱང་རང་བཞིན་གྱིས་དུལ་བ་དང་ཞི་བར་གྱུར་ཅིག །རྨི་ལམ་ངན་པ་དང་། ལྟས་ངན་པ་དང་། མཚན་མ་ངན་པ་དང་། ལྟེ་འབབ་པ་དང་། ཐུར་འབབ་པ་དང་། ཕྲ་ངན་པ་དང་། ཁྲམ་ཟེའི་དམོད་པ་དང་། སྟགས་ཀྱི་མངོན་སྤྱོད་དང་། གཟའ་དང་སྐར་མ་ངན་པ་དང་། གེག་དང་། (༢༣༨བ)མ་མོའི་བྱད་དང་། གཤིན་རྗེའི་འཁྲུལ་འཁོར་དང་། ལྷ་མ་སྲིན་སྡེ་བརྒྱད་ཀྱི་གདུག་རྩུབ་དང་། གདོན་ཆེན་པོ་བཅོ་བརྒྱད་ལ་སོགས་པ་རང་བཞིན་གྱིས་ཞི་བར་གྱུར་ཅིག །ཡུལ་ཕྱོགས་བཀྲ་ཤིས་པ་དང་། བྱིན་ཆགས་པ་དང་ལོ་ཏོག་རྒྱས་པར་གྱུར་ཅིག །གཞན་ཡང་ཐེག་པ་ཆེན་པོའི་གང་ཟག་དང་། ཆོས་ལ་མི་བྱེད་པའི་དད་པ་དང་། ཕྱིར་མི་ལྡོག་པའི་བརྩོན་འགྲུས་དང་། མི་ཞུམ་པའི་སྟོབས་དང་། རྗེས་སུ་འཇུག་པའི་སྒྲུབ་པ་དང་ལྡན་པར་གྱུར་ཅིག །འཕགས་པའི་མཚན་ཐོས་དྲན་བརྗོད་

ཕྱག་མཆོད་མཐུས། །བདག་ཅག་ལ་སོགས་སེམས་ཅན་གང་དང་གང་། །ཉོན་མོངས་ནམ་རྟོག་གདོན་གྱིས་དཀྲུགས་པ་རྣམས། །མཉམ་གཞག་སྟོབས་ཀྱིས་མྱུར་དུ་ཞི་གྱུར་ཅིག །ལྷར་བཅས་འགྲོ་བའི་×། །ཁྱབ་གྱུར་ཅིག །སྟོན་པ་ཐུབ་པའི་དབང་པོས་བཀའ་བསྐོས་ཏེ་མྱ་ངན་ལས་མི་འདའ་བར་འགྲོ་བ་ཀུན་གྱི་བསོད་ནམས་ཀྱི་ཞིང་དུ་བཞུགས་ནས་རྒྱལ་བའི་བསྟན་པ་འཛིན་ཅིང་སྐྱོང་བར་མཛད་པ་གནས་བརྟན་ཆེན་པོ་ནགས་ན་གནས་འཁོར་དགྲ་བཅོམ་པ་སྟོང་དང་བཞི་བརྒྱས་བསྐོར་བ་ལ་ཕྱག་འཚལ་ལོ། །མཆོད་དོ། །སྐྱབས་སུ་མཆིའོ། །བྱིན་གྱིས་བརླབ་ཏུ་གསོལ། ཞེས་ལན་བདུན་བརྗོད། སྙིགས་དུས་ཉམ་ཐག་འགྲོ་ལ་ཐུགས་བརྩེ་བས། །ཐུབ་པའི་བཀའ་བཞིན་མྱ་ངན་མི་འདའ་བར། །ལོ་མ་བདུན་པའི་རིར་བཞུགས་འགྲོ་དོན་མཛད། །གནས་བརྟན་ནགས་ན་གནས་ལ་ཕྱག་འཚལ་ལོ། །འཕགས་ནོར་ལོ་མ་བདུན་ལྡན་ནགས་ན་གནས། །ཕྱིགས་མཛུབ་ཐ་ཡབ་ཕྱག་མཚན་མཐོང་ཙམ་གྱིས། །ཕྱི་ནང་ཉེར་འཚེ་ཀུན་ལས་སྐྱོབ་མཛད་པ། །འཕགས་པ་ནགས་ན་གནས་ལ་ཕྱག་འཚལ་ལོ། །དངོས་བཤམས་གཟུངས་རིག་×། །བྱང་ཆུབ་ཆེན་པོར་བསྔོ། །ས་གཞི་སྤོས་ཀྱིས་×། །(༢༣༧ན) སྤྱོད་པར་ཤོག །ཐུབ་པ་ཆེན་པོ་འཕགས་པ་གནས་བརྟན་བཅུ་དྲུག་འཁོར་དང་བཅས་པ་བདག་ལ་དགོངས་སུ་གསོལ། དེང་རྒྱལ་བ་སྲས་བཅས་གདན་འཛོམ་པའི་སྤྱན་སྔར་གནས་བརྟན་ཆེན་པོ་ནགས་ན་གནས་ཀྱི་མཚན་ནས་སྨོས་ཏེ་ཕྱག་འཚལ་ཞིང་མཆོད་དེ་གསོལ་བ་བཏབ་པའི་མཐུས་བདག་ཅག་དུས་ངན་པའི་སེམས་ཅན་ལས་ཀྱི་སྒྲིབ་པ་སྣ་ཚོགས་ཀྱིས་བསྒྲིབས་པ། ནད་སྣ་ཚོགས་ཀྱིས་གཟིར་བ། མྱ་ངན་དང་སྡུག་བསྔལ་སྣ་ཚོགས་ཀྱིས་གཙེས་པ། ངན་སོང་ནས་ངན་འགྲོར་འོག་ནས་འོག་ཏུ་ལྟུང་བར་འགྱུར་བའི་སེམས་ཅན་རྣམས་ལ་ཐུགས་བརྩེ་བར་དགོངས་ཏེ། སྟོན་དེ་བཞིན་གཤེགས་པ་ཤཱཀྱ་ཐུབ་པའི་སྤྱན་སྔར་མྱ་ངན་ལས་མི་འདའ་བར་འཇིག་རྟེན་དུ་མངོན་སུམ་དུ་བཞུགས་ཤིང་བཀའ་ལུང་གི་རྗེས་སུ་བསྒྲུབ་པ་འཕགས་པའི་ཚོག

བདེན་པས་ངེས་པར་ཞལ་གྱིས་བཞེས་པ་དམ་པའི་ཆོས་སྐྱོང་ཞིང་འགྲོ་བ་ཀུན་གྱི་བསོད་ནམས་ཀྱི་ཞིང་དུ་གྱུར་པ་འཕགས་པ་གནས་བརྟན་ཆེན་པོ་བཅུ་དྲུག་འཁོར་དང་བཅས་པའི་བྱིན་རླབས་ཀྱི་མཐུ་དང་། ལྷག་པར་གནས་བརྟན་ཆེན་པོ་ནགས་ན་གནས་ཀྱི་ཐུགས་བསྐྱེད་དང་སྨོན་ལམ་དང་བྱིན་རླབས་ཀྱི་མཐུས་བདག་ཅག་ལ་སོགས་པའི་སེམས་ཅན་གང་དག་ཡུལ་ཁྱད་པར་ཅན་ལ་སྡིག་པ་བསགས་པ་དང་། ཉོན་མོངས་པའི་ཀུན་སློང་དྲག་པོས་སྡིག་པ་བསགས་པ་དང་། དཀོན་མཆོག་གསུམ་དང་དགེ་འདུན་གྱི་དཀོར་ལ་འབགས་པ་དང་། སོ་སོར་ཐར་པའི་སྡོམ་པ་སོགས་སྡོམ་པ་གསུམ་ཉམས་པ་དག་བཤགས་(༢༣༧བ)ཏེ་སྡོམ་པར་གྱུར་ཅིག །སྒོ་གསུམ་གྱི་སྡིག་པ་དག་པར་གྱུར་ཅིག །ཉོན་མོངས་པ་ཐམས་ཅད་དང་། གང་ཟག་གི་བདག་ཏུ་འཛིན་པའི་ལོག་པར་རྟོག་པ་དང་། ཆོས་ཀྱི་བདག་ཏུ་འཛིན་པའི་ལོག་པར་རྟོག་པ་དག་ཞི་བར་གྱུར་ཅིག །འཕགས་པའི་མཚན་ཐོས་དྲན་བརྗོད་ཕྱག་མཆོད་མཐུས། །བདག་དང་མཁའ་མཉམ་འགྲོ་བ་མ་ལུས་པ། །ཕྱི་ནང་བར་གཅོད་གནོད་པས་མི་བཟི་ཞིང་། །བདེན་གཉིས་རྟོགས་ནས་མྱུར་དུ་གྲོལ་གྱུར་ཅིག །ལྷར་བཅས་འགྲོ་བའི་×། །ཁྱབ་གྱུར་ཅིག །སྟོན་པ་ཐུབ་པའི་དབང་པོས་བཀའ་བསྒོས་ཏེ་མྱ་ངན་ལས་མི་འདའ་བར་འགྲོ་བ་ཀུན་གྱི་བསོད་ནམས་ཀྱི་ཞིང་དུ་བཞུགས་ནས་རྒྱལ་བའི་བསྟན་པ་འཛིན་ཅིང་སྤེལ་བར་མཛད་པ་གནས་བརྟན་ཆེན་པོ་དུས་ལྡན་འཁོར་དགྲ་བཅོམ་པ་སྟོང་དང་ཆིག་བརྒྱས་བསྐོར་བ་ལ་ཕྱག་འཚལ་ལོ། །མཆོད་དོ། །སྐྱབས་སུ་མཆིའོ། །བྱིན་གྱིས་བརླབ་ཏུ་གསོལ། ཞེས་ལན་བདུན་བརྗོད། སྙིགས་དུས་ཉམ་ཐག་འགྲོ་ལ་ཐུགས་བརྩེ་བས། །ཐུབ་པའི་བཀའ་བཞིན་མྱ་ངན་མི་འདའ་བར། །ཟངས་གླིང་གནས་སུ་བཞུགས་ནས་འགྲོ་དོན་མཛད། །གནས་བརྟན་དུས་ལྡན་ཞབས་ལ་ཕྱག་འཚལ་ལོ། །གང་གི་སྐུ་མཐོང་གསུང་དབྱངས་ཐོས་ཙམ་གྱིས། །བྱམས་དང་སྙིང་རྗེ་བྱང་ཆུབ་སེམས་སྐྱེ་ཞིང་། རླབས་ཆེན་རྒྱལ་སྲས་སྤྱོད་ལ་སྦྱོར་མཛད་

པ། །འཕགས་པ་དུས་ལྡན་ཞབས་ལ་ཕྱག་འཚལ་ལོ། །དངོས་བཤམས་གཟུངས་རིག་×། །བྱང་ཆུབ་ཆེན་པོར་བསྔོ། །ས་གཞི་སྤོས་ཀྱིས་×། །སྤྱོད་པར་ཤོག །ཐུབ་པ་ཆེན་པོ་འཕགས་པ་གནས་བརྟན་བཅུ་དྲུག་འཁོར་(༢༣༨ན)དང་བཅས་པ་བདག་ལ་དགོངས་སུ་གསོལ། དེང་རྒྱལ་བ་སྲས་བཅས་གདན་འཛོམ་པའི་སྤྱན་སྔར་གནས་བརྟན་ཆེན་པོ་དུས་ལྡན་གྱི་མཚན་ནས་སྨོས་ཏེ་ཕྱག་འཚལ་ཞིང་མཆོད་དེ་གསོལ་བ་བཏབ་པའི་མཐུས་བདག་ཅག་དུས་ངན་པའི་སེམས་ཅན་ལས་ཀྱི་སྒྲིབ་པ་སྣ་ཚོགས་ཀྱིས་སྒྲིབས་པ། ནད་སྣ་ཚོགས་ཀྱིས་གཟིར་བ། མུ་ངན་དང་སྡུག་བསྔལ་སྣ་ཚོགས་ཀྱིས་གཙེས་པ། ངན་སོང་ནས་ངན་འགྲོར་འོག་ནས་འོག་ཏུ་ལྟུང་བར་འགྱུར་བའི་སེམས་ཅན་རྣམས་ལ་ཐུགས་བརྩེ་བས་དགོངས་ཏེ། སྟོན་དེ་བཞིན་གཤེགས་པ་ཤཱཀྱ་ཐུབ་པའི་སྤྱན་སྔར་མྱ་ངན་ལས་མི་འདའ་བར་འཛིག་རྟེན་དུ་མངོན་སུམ་དུ་བཞུགས་ཤིང་བཀའ་ལུང་གི་རྗེས་སུ་བསྒྲུབ་པར་འཕགས་པའི་ཚིག་བདེན་པས་ངེས་པར་ཞལ་གྱིས་བཞེས་པ་དམ་པའི་ཆོས་སྐྱོང་ཞིང་འགྲོ་བ་ཀུན་གྱི་བསོད་ནམས་ཀྱི་ཞིང་དུ་གྱུར་པ་འཕགས་པ་གནས་བརྟན་ཆེན་པོ་བཅུ་དྲུག་འཁོར་དང་བཅས་པའི་བྱིན་རླབས་ཀྱི་མཐུ་དང་། ལྷག་པར་གནས་བརྟན་ཆེན་པོ་དུས་ལྡན་གྱི་ཐུགས་བསྐྱེད་དང་སྨོན་ལམ་དང་བྱིན་རླབས་ཀྱི་མཐུས་བདག་ཅག་ལ་སོགས་པའི་སེམས་ཅན་ཐམས་ཅད་ངན་སོང་དུ་ནམ་ཡང་མི་སྐྱེ་ཞིང་རྟག་ཏུ་བདེ་འགྲོ་མཐོ་རིས་སུ་སྐྱེས་ནས། བྱམས་པ་ཆེན་པོ་དང་། སྙིང་རྗེ་ཆེན་པོ་དང་ལྡན་པར་གྱུར་ཅིག །ཕྱོགས་བཅུའི་སངས་རྒྱས་ཐམས་ཅད་ཀྱིས་བྱིན་གྱིས་རླབ་པ་དང་། ཕྱོགས་བཅུའི་སངས་རྒྱས་ཐམས་ཅད་ཀྱིས་གསུངས་པའི་ཆོས་ཐམས་ཅད་འཛིན་པ་དང་། སེམས་ཅན་ཐམས་ཅད་རང་རང་གི་མོས་པ་(༢༣༨བ)ལྟར་བྱང་ཆུབ་སེམས་པའི་ཐེག་པ་དང་རང་སངས་རྒྱས་ཀྱི་ཐེག་པ་དང་ཉན་ཐོས་ཀྱི་ཐེག་པ་ལ་འགོད་པར་གྱུར་ཅིག །བདག་ལ་སངས་རྒྱས་ཐམས་ཅད་ཀྱི་ཐུགས་ཀྱིས་དགོངས་པ་དང་། རྟག་ཏུ་མཁན་པོ་དང་སློབ་དཔོན་དང་དགེ་འདུན་

ཐམས་ཅད་ཀྱི་ཡིད་དུ་འོང་བས་ཐུགས་ཀྱིས་འཛིན་པར་གྱུར་ཅིག །བྱང་ཆུབ་སེམས་དཔའ་ཐམས་ཅད་དང་ལྷན་ཅིག་ཏུ་འགྲོགས་པར་གྱུར་ཅིག །སངས་རྒྱས་དང་བྱང་ཆུབ་སེམས་དཔའ་ཐམས་ཅད་ཀྱི་སྤྱོབས་པ་དང་རྟོགས་པའི་ཡོན་ཏན་ཐམས་ཅད་འབྱུང་བར་གྱུར་ཅིག །བྱང་ཆུབ་སེམས་དཔའ་ས་ལ་གནས་པ་དང་ཕྱིར་མི་ལྡོག་པ་ཐམས་ཅད་དང་སྤྱོད་པ་མཚུངས་པར་གྱུར་ཅིག །གཞན་ཡང་བསོད་ནམས་ཆེན་པོ་དང་ལྡན་པ་དང་ཞི་གནས་དང་ལྷག་མཐོང་དང་ལྡན་པ་དག་དང་འགྲོགས་པར་གྱུར་ཅིག །དད་པ་དང་ཤེས་རབ་དང་ལྡན་པའི་འཁོར་དཔག་ཏུ་མེད་པ་འདུ་བར་གྱུར་ཅིག །འཕགས་པའི་མཚན་ཐོས་དྲན་བརྗོད་ཕྱག་མཆོད་མཐུས། །བདག་དང་མཁའ་མཉམ་འགྲོ་བ་མ་ལུས་པ། །རྒྱལ་སྲས་སྤྱོད་པ་རྒྱ་མཚོར་ལེགས་བསླབས་ནས། །འགྲོ་ཀུན་དོན་དུ་ཀུན་མཁྱེན་མྱུར་ཐོབ་ཤོག །ལྷར་བཅས་×། །ཁྱབ་གྱུར་ཅིག །སྟོན་པ་ཐུབ་པའི་དབང་པོས་བཀའ་བསྒོས་ཏེ་མྱ་ངན་ལས་མི་འདའ་བར་འགྲོ་བ་ཀུན་གྱི་བསོད་ནམས་ཀྱི་ཞིང་དུ་བཞུགས་ནས་རྒྱལ་བའི་བསྟན་པ་འཛིན་ཅིང་སྤེལ་བར་མཛད་པ་གནས་བརྟན་ཆེན་པོ་རྡོ་རྗེ་མོའི་བུ་འཁོར་དགྲ་བཅོམ་པ་སྟོང་ཕྲག་གཅིག་གིས་བསྐོར་བ་ལ་ཕྱག་འཚལ་ལོ། །མཆོད་དོ། །སྐྱབས་སུ་མཆིའོ། །བྱིན་གྱིས་བརླབ་ཏུ་གསོལ། །ཞེས་ལན་བདུན་བརྗོད། སྐྱིགས་དུས་ཉམ་ཐག་(༢༩༨་ན)འགྲོ་ལ་ཐུགས་བརྩེ་བས། །ཐུབ་པའི་བཀའ་བཞིན་མྱ་ངན་མི་འདའ་བར། །སིདྷ་ལ་ཡི་གླིང་བཞུགས་འགྲོ་དོན་མཛད། །གནས་བརྟན་རྡོ་རྗེ་མོའི་བུ་ལ་ཕྱག་འཚལ། །གང་སྐུ་མཐོང་ཐོས་དྲན་དང་རེག་པས་ཀྱང་། །མི་མཐུན་གནོད་པ་ཀུན་ལས་ཐར་མཛད་ཅིང་། །ཐེག་པ་མཆོག་ལ་ངེས་པར་སྦྱོར་མཛད་པ། །འཕགས་པ་རྡོ་རྗེ་མོའི་བུ་ལ་ཕྱག་འཚལ། །དངོས་བཤམས་གཟུངས་རིག་×། །བྱང་ཆུབ་ཆེན་པོར་བསྔོ། །ས་གཞི་སྤོས་ཀྱིས་×། །སྤྱོད་པར་ཤོག །ཐུབ་པ་ཆེན་པོ་འཕགས་པ་གནས་བརྟན་བཅུ་དྲུག་འཁོར་དང་བཅས་པ་བདག་ལ་དགོངས་སུ་གསོལ། དེང་རྒྱལ་བ་སྲས་བཅས་གདན་

འཛོམ་པའི་སྤྱན་སྔར་གནས་བརྟན་ཆེན་པོ་རྡོ་རྗེ་མོའི་བུའི་མཚན་ནས་སྨོས་ཏེ་ཕྱག་འཚལ་ཞིང་མཆོད་དེ་གསོལ་བ་བཏབ་པའི་མཐུས་བདག་ཅག་དུས་ངན་པའི་སེམས་ཅན་ལས་ཀྱི་སྒྲིབ་པ་སྣ་ཚོགས་ཀྱིས་བསྒྲིབས་པ། ནད་སྣ་ཚོགས་ཀྱིས་གཟིར་བ། མུ་ངན་དང་སྡུག་བསྔལ་སྣ་ཚོགས་ཀྱིས་གཙེས་པ། ངན་སོང་ནས་ངན་འགྲོར་འོག་ནས་འོག་ཏུ་ལྟུང་བར་འགྱུར་བའི་སེམས་ཅན་རྣམས་ལ་ཐུགས་བརྩེ་བས་དགོངས་ཏེ་སྟོན་དེ་བཞིན་གཤེགས་པ་ཤཱཀྱ་ཐུབ་པའི་སྤྱན་སྔར་མུ་ངན་ལས་མི་འདའ་བར་འཇིག་རྟེན་དུ་མངོན་སུམ་དུ་བཞུགས་ཤིང་བཀའ་ལུང་གི་རྗེས་སུ་བསྒྲུབ་པ་འཕགས་པའི་ཚོག་བདེན་པས་ངེས་པར་ཞལ་གྱིས་བཞེས་པ་དམ་པའི་ཆོས་སྐྱོང་ཞིང་འགྲོ་བ་ཀུན་གྱི་བསོད་ནམས་ཀྱི་ཞིང་དུ་གྱུར་པ་འཕགས་པ་གནས་བརྟན་ཆེན་པོ་བཅུ(༢༥་བ)དྲུག་འཁོར་དང་བཅས་པའི་བྱིན་རླབས་ཀྱི་མཐུ་དང་། ལྷག་པར་གནས་བརྟན་ཆེན་པོ་རྡོ་རྗེ་མོའི་བུའི་ཐུགས་བསྐྱེད་དང་སྨོན་ལམ་དང་བྱིན་རླབས་ཀྱི་མཐུས་བདག་ཅག་ལ་སོགས་པའི་སེམས་ཅན་གང་དག་དགྲ་དང་ཕས་ཀྱི་རྒོལ་བས་གཙེས་པ་དེ་དག་གི་དགྲ་ཐམས་ཅད་ཞི་བར་གྱུར་ཅིག །ཕས་ཀྱི་རྒོལ་བ་ཐམས་ཅད་ཆོས་དང་མཐུན་པས་ཚར་གཅོད་པར་གྱུར་ཅིག བླ་ན་མེད་པའི་བྱང་ཆུབ་ལ་འགོད་པར་གྱུར་ཅིག །ཆོས་སྤྱོད་བཅུ་དང་། ལྷ་དང་མི་ལ་སོགས་པ་ཐམས་ཅད་ཀྱི་དགེ་བ་དང་སྨོན་པ་འཕེལ་བར་གྱུར་ཅིག །སེམས་ཅན་ཐམས་ཅད་ཀྱི་སྐྱབས་དང་དཔུང་གཉེན་དུ་གྱུར་ཅིག །རྟག་ཏུ་སངས་རྒྱས་དང་འགྲོགས་པ་དང་། ལུས་མཚན་བཟང་པོ་དང་དཔེ་བྱད་བཟང་པོ་ཕུན་སུམ་ཚོགས་པས་བརྒྱན་པར་གྱུར་ཅིག །ལུས་ལ་འོད་ཟེར་དཔག་ཏུ་མེད་པ་མཐའ་ཡས་པ་ཐམས་ཅད་ཀྱིས་བརྒྱན་པའི་འོད་ཀྱིས་གང་ལ་རེག་པ་ཐམས་ཅད་བླ་ན་མེད་པའི་བྱང་ཆུབ་ཐོབ་པར་གྱུར་ཅིག །འཕགས་པའི་མཚན་ཐོས་དྲན་བརྗོད་ཕྱག་མཆོད་མཐུས། །བདག་ཅག་ལ་སོགས་སེམས་ཅན་གང་དང་གང་། །དགྲ་དང་གདོན་སོགས་གནོད་པས་གཙེས་པ་རྣམས། །མྱུར་དུ་ཞི་ནས་ཕན

ཚུན་བྱམས་ལྡན་ཤོག །ལྷར་བཅས་×། །ཁྱབ་གྱུར་ཅིག །སྟོན་པ་ཐུབ་པའི་དབང་པོས་བཀའ་བསྐོས་ཏེ་མྱ་ངན་ལས་མི་འདའ་བར་འགྲོ་བ་ཀུན་གྱི་བསོད་ནམས་ཀྱི་ཞིང་དུ་བཞུགས་ནས་རྒྱལ་བའི་བསྟན་པ་འཛིན་ཅིང་སྤེལ་བར་མཛད་པ་གནས་བརྟན་ཆེན་པོ་བཟང་པོ་འཁོར་དགྲ་བཅོམ་པ་སྟོང་དང་ཉིས་བརྒྱས་བསྐོར་བ་ལ་ཕྱག་འཚལ་(༢༩༠ན)ལོ། །མཆོད་དོ། །སྐྱབས་སུ་མཆིའོ། །བྱིན་གྱིས་བརླབ་ཏུ་གསོལ། ཞེས་ལན་བདུན་བརྗོད། སྙིགས་དུས་ཉམ་ཐག་འགྲོ་ལ་ཐུགས་བརྩེ་བས། །ཐུབ་པའི་བཀའ་བཞིན་མྱ་ངན་མི་འདའ་བར། །ཡ་མུ་ན་ཡི་གླིང་བཞུགས་འགྲོ་དོན་མཛད། །གནས་བརྟན་བཟང་པོའི་ཞབས་ལ་ཕྱག་འཚལ་ལོ། །རྣམ་སྣང་ཆོས་བདུན་ལྡན་པ་གང་གི་སྐུ། །མཐོང་བའི་མོད་ལ་སྲིད་ལ་ཞེན་ལོག་སྐྱེ། །ཡང་དག་ལམ་ལ་ངེས་པར་སྦྱོར་མཛད་པ། །འཕགས་པ་བཟང་པོའི་ཞབས་ལ་ཕྱག་འཚལ་ལོ། །དངོས་བཤམས་གཟུངས་རིག་×། །བྱང་ཆུབ་ཆེན་པོར་བསྔོ། །ས་གཞི་སྤོས་ཀྱིས་×། །སྤྱོད་པར་ཤོག །ཐུབ་པ་ཆེན་པོ་འཕགས་པ་གནས་བརྟན་བཅུ་དྲུག་འཁོར་དང་བཅས་པ་བདག་ལ་དགོངས་སུ་གསོལ། དེང་རྒྱལ་བ་སྲས་བཅས་གདན་འཛོམ་པའི་སྤྱན་སྔར་གནས་བརྟན་ཆེན་པོ་བཟང་པོའི་མཚན་ནས་སྨོས་ཏེ་ཕྱག་འཚལ་ཞིང་མཆོད་དེ་གསོལ་བ་བཏབ་པའི་མཐུས་བདག་ཅག་དུས་ངན་པའི་སེམས་ཅན་ལས་ཀྱི་སྒྲིབ་པ་སྣ་ཚོགས་ཀྱིས་བསྒྲིབས་པ། ནད་སྣ་ཚོགས་ཀྱིས་གཟིར་བ། མྱ་ངན་དང་སྡུག་བསྔལ་སྣ་ཚོགས་ཀྱིས་གཙེས་པ། ངན་སོང་ནས་ངན་འགྲོར་འོག་ནས་འོག་ཏུ་ལྟུང་བར་འགྱུར་བའི་སེམས་ཅན་རྣམས་ལ་ཐུགས་བརྩེ་བས་དགོངས་ཏེ། སྟོན་དེ་བཞིན་གཤེགས་པ་ཤཱཀྱ་ཐུབ་པའི་སྤྱན་སྔར་མྱ་ངན་ལས་མི་འདའ་བར་འཇིག་རྟེན་དུ་མངོན་སུམ་དུ་བཞུགས་ཤིང་བཀའ་ལུང་གི་རྗེས་སུ་བསྒྲུབ་པར་འཕགས་པའི་ཚིག་བདེན་པས་ངེས་པར་ཞལ་གྱིས་བཞེས་པ་དམ་(༢༩༠བ)པའི་ཆོས་སྐྱོང་ཞིང་འགྲོ་བ་ཀུན་གྱི་བསོད་ནམས་ཀྱི་ཞིང་དུ་གྱུར་པ་འཕགས་པ་གནས་བརྟན་ཆེན་པོ་བཅུ་དྲུག་འཁོར་དང་བཅས་པའི་བྱིན་

ནྡབས་ཀྱི་མཐུ་དང་། ལྷག་པར་གནས་བརྟན་ཆེན་པོ་བཟང་པོའི་ཐུགས་བསྐྱེད་དང་སྨོན་ལམ་དང་བྱིན་རླབས་ཀྱི་མཐུས་བདག་ཅག་ལ་སོགས་པའི་སེམས་ཅན་གང་དག་ལོངས་སྤྱོད་ཀྱིས་ཕོངས་པ་རྣམས་ལོངས་སྤྱོད་ཕུན་སུམ་ཚོགས་པ་ཐོབ་པར་གྱུར་ཅིག །གང་དག་ལོངས་སྤྱོད་ཀྱིས་ངོམས་པ་མེད་པ་དེ་དག་འདོད་པ་ཆུང་བ་དང་ཆོག་ཤེས་པར་གྱུར་ཅིག །མཁན་པོ་དང་། སློབ་དཔོན་དང་། རྒྱུན་དུ་ཞུགས་པ་དང་། ལན་ཅིག་ཕྱིར་འོང་བ་དང་། ཕྱིར་མི་འོང་བ་དང་། དགྲ་བཅོམ་པ་དང་། སློབ་པ་དང་། མི་སློབ་པ་དང་། སོ་སོ་སྐྱེ་བོའི་དགེ་འདུན་ཐམས་ཅད་ལ་གུས་པ་ཐོབ་པར་གྱུར་ཅིག །ཐེག་པ་ཆེ་ཆུང་ཐམས་ཅད་ཀྱི་ཚིག་དོན་མ་ལུས་པ་རྟོགས་པར་གྱུར་ཅིག །ཐབས་སྙིང་རྗེ་ཆེན་པོ་དང་། ཤེས་རབ་སྟོང་པ་ཉིད་དང་། ཟབ་མོའི་དོན་ཁོང་དུ་ཆུད་པར་གྱུར་ཅིག །མངོན་ཤེས་དང་རྫུ་འཕྲུལ་དུ་མ་དང་ལྡན་པར་གྱུར་ཅིག །སངས་རྒྱས་ཀྱི་ཞིང་མཐའ་ཡས་པར་འགྲོ་བར་གྱུར་ཅིག །འཕགས་པའི་མཚན་ཐོས་དྲན་བརྗོད་ཕྱག་མཆོད་མཐུས། །བདག་ཅག་ལ་སོགས་འགྲོ་བ་མ་ལུས་པ། །འདོད་ཆུང་ཆོག་ཤེས་དཀོན་མཆོག་གསུམ་ལ་གུས། །གསུང་རབ་དོན་རྟོགས་མྱུར་དུ་གྲོལ་གྱུར་ཅིག །ལྷར་བཅས་×། །ཁྱབ་གྱུར་ཅིག །སྟོན་པ་ཐུབ་པའི་དབང་པོས་བཀའ་བསྩོས་(༢༦༧ན)ཏེ་མྱ་ངན་ལས་མི་འདའ་བར་འགྲོ་བ་ཀུན་གྱི་བསོད་ནམས་ཀྱི་ཞིང་དུ་བཞུགས་ནས་རྒྱལ་བའི་བསྟན་པ་འཛིན་ཅིང་སྤེལ་བར་མཛད་པ་གནས་བརྟན་ཆེན་པོ་གསེར་བེའུ་འཁོར་དགྲ་བཅོམ་པ་ལྔ་བརྒྱས་བསྐོར་བ་ལ་ཕྱག་འཚལ་ལོ། །མཆོད་དོ། །སྐྱབས་སུ་མཆིའོ། །བྱིན་གྱིས་བརླབ་ཏུ་གསོལ། ཞེས་ལན་བདུན་བརྗོད། སྙིགས་དུས་ཉམ་ཐག་འགྲོ་ལ་ཐུགས་བརྩེ་བས། །ཐུབ་པའི་བཀའ་བཞིན་མྱ་ངན་མི་འདའ་བར། །ཁ་ཆེའི་ཡུལ་དུ་བཞུགས་ནས་འགྲོ་དོན་མཛད། །གནས་བརྟན་གསེར་གྱི་བེའུ་ལ་ཕྱག་འཚལ། །མཆོག་དང་ཐུན་མོང་དངོས་གྲུབ་མ་ལུས་པ། །ཅི་དང་ཅི་འདོད་ང་ཡིས་སྦྱིན་ནོ་ཞེས། །རིན་ཆེན་དོན་ཡོད་ཞགས་པ་ཕྱག་ན་བསྣམས། །

འཕགས་པ་གསེར་གྱི་བེའུ་ལ་ཕྱག་འཚལ། །དངོས་བཤམས་གཟུངས་རིག་×། །བྱང་ཆུབ་ཆེན་པོར་བསྔོ། །ས་གཞི་སྤོས་ཀྱིས་×། །སྤྱོད་པར་ཤོག །ཐུབ་པ་ཆེན་པོ་འཕགས་པ་གནས་བརྟན་བཅུ་དྲུག་འཁོར་དང་བཅས་པ་བདག་ལ་དགོངས་སུ་གསོལ། དེང་རྒྱལ་བ་སྲས་བཅས་གདན་འཛོམ་པའི་སྤྱན་སྔར་གནས་བརྟན་ཆེན་པོ་གསེར་གྱི་བེའུའི་མཚན་ནས་སྨོས་ཏེ་ཕྱག་འཚལ་ཞིང་མཆོད་དེ་གསོལ་བ་བཏབ་པའི་མཐུས་བདག་ཅག་དུས་ངན་པའི་སེམས་ཅན་ལས་ཀྱི་སྒྲིབ་པ་སྣ་ཚོགས་ཀྱིས་བསྒྲིབས་པ། ནད་སྣ་ཚོགས་ཀྱིས་གཟིར་བ། མུ་ངན་དང་སྡུག་བསྔལ་སྣ་ཚོགས་ཀྱིས་གཙེས་པ། ངན་སོང་ནས་ངན་འགྲོར་འོག་ནས་འོག་ཏུ་ལྟུང་(༢༦༧བ)བར་འགྱུར་བའི་སེམས་ཅན་རྣམས་ལ་ཐུགས་བརྩེ་བས་དགོངས་ཏེ། སྟོན་དེ་བཞིན་གཤེགས་པ་ཤཱཀྱ་ཐུབ་པའི་སྤྱན་སྔར་མུ་ངན་ལས་མི་འདའ་བར་འཇིག་རྟེན་དུ་མངོན་སུམ་དུ་བཞུགས་ཤིང་བཀའ་ལུང་གི་རྗེས་སུ་བསྒྲུབ་པར་འཕགས་པའི་ཚིག་བདེན་པས་ངེས་པར་ཞལ་གྱིས་བཞེས་པ་དམ་པའི་ཆོས་སྐྱོང་ཞིང་འགྲོ་བ་ཀུན་གྱི་བསོད་ནམས་ཀྱི་ཞིང་དུ་གྱུར་པ་འཕགས་པ་གནས་བརྟན་ཆེན་པོ་བཅུ་དྲུག་འཁོར་དང་བཅས་པའི་བྱིན་རླབས་ཀྱི་མཐུ་དང་། ལྷག་པར་གནས་བརྟན་ཆེན་པོ་གསེར་གྱི་བེའུའི་ཐུགས་བསྐྱེད་དང་སྨོན་ལམ་དང་བྱིན་རླབས་ཀྱི་མཐུས་བདག་ཅག་ལ་སོགས་པའི་སེམས་ཅན་གང་དག་ལུས་སེམས་སྟོབས་ཆུང་བས་ཉེན་པ་དེ་དག་ལུས་དང་སེམས་ཀྱི་སྟོབས་ཕུན་སུམ་ཚོགས་པ་ཐོབ་པར་གྱུར་ཅིག །ལྷ་དང་ཀླུ་དང་གནོད་སྦྱིན་དང་འབྱུང་པོ་དང་ས་བླའི་གནོད་སྦྱིན་ཐམས་ཅད་གུས་པའི་བཀའ་བཞིན་དུ་བསྒྲུབ་པར་གྱུར་ཅིག །རྒྱལ་པོ་དང་། བློན་པོ་དང་། རྒྱལ་པོའི་སྲས་དང་། བཙུན་མོ་དང་། འབངས་དང་། ཁྱིའུ་དང་། སྐྱེས་པ་དང་། བུད་མེད་དང་། བྲམ་ཟེའི་རིག་སྔགས་འཆང་བ་དང་། དྲང་སྲོང་བདེན་པའི་ཚིག་གི་སྨོན་ལམ་གྲུབ་པ་ཐམས་ཅད་བདག་གི་བཀའ་བཞིན་དུ་བསྒྲུབ་པར་གྱུར་ཅིག །ལྷ་དང་ཀླུ་དང་གནོད་སྦྱིན་དང་འབྱུང་པོ་དཀར་ཕྱོགས་ལ་

དགའ་བ་རྣམས་ཀྱིས་བདག་གི་ལུས་ཀྱི་གཟི་བརྗིད་དང་སེམས་ཀྱི་མཐུ་བསྐྱེད་པར་
གྱུར་ཅིག །གང་ཟག(༢༤༢ན)ཐམས་ཅད་ཀྱི་རྒྱུད་འཇམ་པ་དང་། སངས་རྒྱས་དང་
བྱང་ཆུབ་སེམས་དཔའ་ཐམས་ཅད་ཀྱིས་གསུངས་པའི་ཆོས་ཐམས་ཅད་ཐོས་པ་དང་།
གཟུངས་ཀྱི་སྒོ་མང་པོ་དང་། སྤོབས་པ་རྒྱ་ཆེན་པོ་དང་། ཤེས་རབ་རྒྱ་ཆེན་པོ་ཐོབ་
པར་གྱུར་ཅིག །འཕགས་པའི་མཚན་ཐོས་དྲན་བརྗོད་ཕྱག་མཆོད་མཐུས། །བདག་
དང་མཁའ་མཉམ་འགྲོ་བ་མ་ལུས་པ། །གཟུངས་སྤོབས་མངོན་ཤེས་དྲན་པའི་མཐུ་
ཐོབ་ནས། །འགྲོ་བའི་དེད་དཔོན་མཆོག་ཏུ་འགྱུར་བར་ཤོག །ལྷར་བཅས་×། །ཁྱབ་
གྱུར་ཅིག །སྟོན་པ་ཐུབ་པའི་དབང་པོས་བཀའ་བསྒོས་ཏེ་མྱ་ངན་ལས་མི་འདའ་བར་
འགྲོ་བ་ཀུན་གྱི་བསོད་ནམས་ཀྱི་ཞིང་དུ་བཞུགས་ནས་རྒྱལ་བའི་བསྟན་པ་འཛིན་
ཅིང་སྤེལ་བར་མཛད་པ་གནས་བརྟན་ཆེན་པོ་རྡ་ར་དྷྭ་ཛ་གསེར་ཅན་འཁོར་དགྲ་
བཅོམ་པ་བདུན་བརྒྱས་བསྐོར་བ་ལ་ཕྱག་འཚལ་ལོ། །མཆོད་དོ། །སྐྱབས་སུ་
མཆིའོ། །བྱིན་གྱིས་བརླབ་ཏུ་གསོལ། ཞེས་ལན་བདུན་བརྗོད། སྙིགས་དུས་ཉམ་ཐག་
འགྲོ་ལ་ཐུགས་བརྩེ་བས། །ཐུབ་པའི་བཀའ་བཞིན་མྱ་ངན་མི་འདའ་བར། །བ་ལང་
སྤྱོད་གླིང་ན་བཞུགས་འགྲོ་དོན་མཛད། །རྡ་ར་དྷྭ་ཛ་གསེར་ཅན་ལ་ཕྱག་འཚལ། །གང་
སྐུ་མཉམ་གཞག་མཛད་པའི་ཕྱག་རྒྱ་དེ། །མཐོང་བས་ལུས་སེམས་གདུང་བ་ཀུན་ཞི་
ནས། །རྒྱལ་བའི་སྲས་ཀྱི་ས་ལ་འགོད་མཛད་པ། །འཕགས་པ་རྡ་ར་དྷྭ་ཛ་ལ་ཕྱག་
འཚལ། །དངོས་བཤམས་གཟུངས་རིག་×། །བྱང་ཆུབ་ཆེན་པོར་བསྔོ། །ས་གཞི་སྤོས་
ཀྱིས་×། །སྤྱོད་པར་ཤོག །(༢༤༢བ)ཐུབ་པ་ཆེན་པོ་འཕགས་པ་གནས་བརྟན་བཅུ་དྲུག་
འཁོར་དང་བཅས་པ་བདག་ལ་དགོངས་སུ་གསོལ། དེང་རྒྱལ་བ་སྲས་བཅས་གདན་
འཛོམ་པའི་སྤྱན་སྔར་གནས་བརྟན་ཆེན་པོ་རྡ་ར་དྷྭ་ཛའི་མཚན་ནས་སྨོས་ཏེ་ཕྱག་
འཚལ་ཞིང་མཆོད་དེ་གསོལ་བ་བཏབ་པའི་མཐུས་བདག་ཅག་དུས་ངན་པའི་སེམས་
ཅན་ལས་ཀྱི་སྒྲིབ་པ་སྣ་ཚོགས་ཀྱིས་བསྒྲིབས་པ། ནད་སྣ་ཚོགས་ཀྱིས་གཟིར་བ། མྱ་

ངན་དང་སྡུག་བསྔལ་སྣ་ཚོགས་ཀྱིས་གཅེས་པ། ངན་སོང་ནས་ངན་འགྲོར་འོག་ནས་འོག་ཏུ་ལྟུང་བར་འགྱུར་བའི་སེམས་ཅན་རྣམས་ལ་ཐུགས་བརྩེ་བས་དགོངས་ཏེ། སྟོན་དེ་བཞིན་གཤེགས་པ་ཤཱཀྱ་ཐུབ་པའི་སྤྱན་སྔར་མྱ་ངན་ལས་མི་འདའ་བར་འཇིག་རྟེན་དུ་མངོན་སུམ་དུ་བཞུགས་ཤིང་བཀའ་ལུང་གི་རྗེས་སུ་བསྒྲུབ་པ་འཕགས་པའི་ཚིག་བདེན་པས་ངེས་པར་ཞལ་གྱིས་བཞེས་པ་དམ་པའི་ཆོས་སྐྱོང་ཞིང་འགྲོ་བ་ཀུན་གྱི་བསོད་ནམས་ཀྱི་ཞིང་དུ་གྱུར་པ་འཕགས་པ་གནས་བརྟན་ཆེན་པོ་བཅུ་དྲུག་འཁོར་དང་བཅས་པའི་བྱིན་རླབས་ཀྱི་མཐུ་དང་། ལྷག་པར་གནས་བརྟན་ཆེན་པོ་ཧྲ་ར་ཧྭ་ཛའི་ཐུགས་བསྐྱེད་དང་སྨོན་ལམ་དང་བྱིན་རླབས་ཀྱི་མཐུས་བདག་ཅག་ལ་སོགས་པའི་སེམས་ཅན་གང་དག་བུད་མེད་ཀྱི་ལུས་ཀྱིས་ཡོངས་སུ་སྐྱོ་བ་དེ་དག་རྟག་ཏུ་དཔལ་འཁོར་གྱི་ཆོས་བཅོ་བརྒྱད་དང་ལྡན་པའི་སྐྱེས་པའི་ལུས་ཐོབ་པར་གྱུར་ཅིག །རྟེན་དེ་ཡང་གྲོགས་པོ་དམ་པ་བྱང་ཆུབ་སེམས་དཔའ་རྣམས་དང་མི་འབྲལ་ཞིང་འགྲོགས་(༢༩༣ན)པར་གྱུར་ཅིག །སངས་རྒྱས་ཀྱི་ཞལ་མཐོང་བར་གྱུར་ཅིག །བྱང་ཆུབ་སེམས་དཔའ་རྣམས་དང་ཆོས་ཀྱི་བགྲོ་བ་བྱེད་པར་གྱུར་ཅིག །བྱང་ཆུབ་སེམས་དཔའ་རྣམས་དང་ཕ་རོལ་ཏུ་ཕྱིན་པའི་སྤྱོད་པ་རླབས་པོ་ཆེ་ལ་སློབ་པ་མཚུངས་པར་གྱུར་ཅིག །སངས་རྒྱས་ཀྱི་སྲས་ཀྱི་ཐུ་བོར་འགྱུར་བ་དང་། རིག་པའི་ཡེ་ཤེས་རྒྱས་པར་གྱུར་ཅིག །འཕགས་པའི་མཚན་ཐོས་དྲན་བརྗོད་ཕྱག་མཆོད་མཐུས། །བདག་དང་མཁའ་མཉམ་འགྲོ་བ་མ་ལུས་པ། །དལ་འབྱོར་རྟེན་ཐོབ་རྒྱལ་བའི་བསྟན་པ་ལ། །ཞུགས་ནས་ཐེག་མཆོག་ཆོས་ལ་སྤྱོད་པར་ཤོག །ལྷར་བཅས་×། །ཁྲབ་གྱུར་ཅིག །སྟོན་པ་ཐུབ་པའི་དབང་པོས་བཀའ་བསྒོས་ཏེ་མྱ་ངན་ལས་མི་འདའ་བར་འགྲོ་བ་ཀུན་གྱི་བསོད་ནམས་ཀྱི་ཞིང་དུ་བཞུགས་ནས་རྒྱལ་བའི་བསྟན་པ་འཛིན་ཅིང་སྤེལ་བར་མཛད་པ་གནས་བརྟན་ཆེན་པོ་བ་ཀུ་ལ་འཁོར་དགྲ་བཅོམ་པ་དགུ་བརྒྱས་བསྐོར་བ་ལ་ཕྱག་འཚལ་ལོ། །མཆོད་དོ། །སྐྱབས་སུ་མཆིའོ། །བྱིན་གྱིས་བརླབ་ཏུ་གསོལ། ཞེས་

ལན་བདུན་བརྗོད། སྙིགས་དུས་ཉམ་ཐག་འགྲོ་ལ་ཐུགས་བརྩེ་བས། །ཐུབ་པའི་བཀའ་བཞིན་མྱ་ངན་མི་འདའ་བར། །སྒྲ་མི་སྙན་ན་བཞུགས་ནས་འགྲོ་དོན་མཛད། །གནས་བརྟན་བ་ཀུ་ལ་ལ་ཕྱག་འཚལ་ལོ། །གང་སྐུ་ཡིད་ལ་བསྒོམས་ཏེ་གསོལ་བཏབ་ན། །དུས་མིན་འཆི་དང་བཀྲེས་སྐོམ་དབུལ་ཕོངས་སོགས། །ཕྱི་ནང་ཉེར་འཚེ་ཐམས་ཅད་ཞི་མཛད་པ། །འཕགས་པ་བ་ཀུ་ལ་ལ་ཕྱག་འཚལ་(༢༤༣བ)ལོ། །དངོས་བཤམས་གཟུངས་རིག་×། །བྱང་ཆུབ་ཆེན་པོར་བསྔོ། །ས་གཞི་སྤོས་ཀྱིས་×། །སྤྱོད་པར་ཤོག །ཐུབ་པ་ཆེན་པོ་འཕགས་པ་གནས་བརྟན་བཅུ་དྲུག་འཁོར་དང་བཅས་པ་བདག་ལ་དགོངས་སུ་གསོལ། དེང་རྒྱལ་བ་སྲས་བཅས་གདན་འཛོམ་པའི་སྤྱན་སྔར་གནས་བརྟན་ཆེན་པོ་བ་ཀུ་ལའི་མཚན་ནས་སྨོས་ཏེ་ཕྱག་འཚལ་ཞིང་མཆོད་དེ་གསོལ་བ་བཏབ་པའི་མཐུས་བདག་ཅག་དུས་ངན་པའི་སེམས་ཅན་ལས་ཀྱི་སྒྲིབ་པ་སྣ་ཚོགས་ཀྱིས་བསྒྲིབས་པ་ནད་སྣ་ཚོགས་ཀྱིས་གཟིར་བ། མྱ་ངན་དང་སྡུག་བསྔལ་སྣ་ཚོགས་ཀྱིས་གཙེས་པ། ངན་སོང་ནས་ངན་འགྲོར་འོག་ནས་འོག་ཏུ་ལྟུང་བར་འགྱུར་བའི་སེམས་ཅན་རྣམས་ལ་ཐུགས་བརྩེ་བས་དགོངས་ཏེ། སྟོན་དེ་བཞིན་གཤེགས་པ་ཤཱཀྱ་ཐུབ་པའི་སྤྱན་སྔར་མྱ་ངན་ལས་མི་འདའ་བར་འཇིག་རྟེན་དུ་མངོན་སུམ་དུ་བཞུགས་ཤིང་བཀའ་ལུང་གི་རྗེས་སུ་བསྒྲུབ་པར་འཕགས་པའི་ཚིག་བདེན་པས་ངེས་པར་ཞལ་གྱིས་བཞེས་པ་དམ་པའི་ཆོས་སྐྱོང་ཞིང་འགྲོ་བ་ཀུན་གྱི་བསོད་ནམས་ཀྱི་ཞིང་དུ་གྱུར་པ་འཕགས་པ་གནས་བརྟན་ཆེན་པོ་བཅུ་དྲུག་འཁོར་དང་བཅས་པའི་བྱིན་རླབས་ཀྱི་མཐུ་དང་། ལྷག་པར་གནས་བརྟན་ཆེན་པོ་བ་ཀུ་ལའི་ཐུགས་བསྐྱེད་དང་སྨོན་ལམ་དང་བྱིན་རླབས་ཀྱི་མཐུས་བདག་ཅག་ལ་སོགས་པའི་སེམས་ཅན་གང་དག་བཟའ་བ་དང་བགོ་བ་ལ་སོགས་པ་ཆོས་སྒྲུབ་པའི་མཐུན་རྐྱེན་ཡོ་བྱད་ཀྱིས་ཕོངས་པ་དག་ཆོས་སྒྲུབ་པའི་མཐུན་པའི་རྐྱེན་གང་དང་གང་དགོས་པའི་ཡོ་བྱད་དེ་དང་དེ་དག་(༢༤༤ན)ཐམས་ཅད་འབད་རྩོལ་མི་དགོས་པར་ལྷུན་གྱིས་གྲུབ་པར་གྱུར་ཅིག

སེམས་ཅན་ཐམས་ཅད་ངན་སོང་གསུམ་དང་མི་ཁོམ་པའི་གནས་ལས་ཐར་བར་གྱུར་ཅིག །བཀྲེས་པ་དང་། སྐོམ་པ་དང་། གཅེར་བུ་དང་། འོན་པ་དང་། ལོང་བ་དང་། དབང་ཆུང་བ་དང་། ལྐུགས་པ་དང་། དིག་པ་དང་། སྨྱོངས་པ་དང་། གླེན་པ་ལས་ཐར་བར་གྱུར་ཅིག །འདོད་པའི་ཡོན་ཏན་ལྔ་ལ་ཕུན་སུམ་ཚོགས་པར་ལོངས་སྤྱོད་པར་གྱུར་ཅིག །ཕ་རོལ་ཏུ་ཕྱིན་པ་དྲུག་ཡོངས་སུ་རྫོགས་པར་གྱུར་ཅིག །ཆོས་ཐམས་ཅད་ཀྱི་དེ་ཁོ་ན་ཉིད་མྱུར་དུ་རྟོགས་པར་གྱུར་ཅིག །བྱམས་པ་དང་སྙིང་རྗེ་ཆེན་པོ་རྒྱས་པར་གྱུར་ཅིག །འཕགས་པའི་མཚན་ཐོས་དྲན་བརྗོད་ཕྱག་མཆོད་མཐུས། །བདག་དང་མཁའ་མཉམ་འགྲོ་བ་མ་ལུས་པ། །དམ་ཆོས་སྒྲུབ་པའི་མཐུན་རྐྱེན་ཀུན་ཚང་ཞིང་། །ལུང་རྟོགས་ཡོན་ཏན་ཐམས་ཅད་རྒྱས་གྱུར་ཅིག །ལྷར་བཅས་×། །ཁྱབ་གྱུར་ཅིག །སྟོན་པ་ཐུབ་པའི་དབང་པོས་བཀའ་བསྒོས་ཏེ་མྱ་ངན་ལས་མི་འདའ་བར་འགྲོ་བ་ཀུན་གྱི་བསོད་ནམས་ཀྱི་ཞིང་དུ་བཞུགས་ནས་རྒྱལ་བའི་བསྟན་པ་འཛིན་ཅིང་སྤེལ་བར་མཛད་པ་གནས་བརྟན་ཆེན་པོ་སྦྲ་གཅན་འཛིན་འཁོར་དགྲ་བཅོམ་པ་སྟོང་དང་ཆིག་བརྒྱུས་བསྐོར་བ་ལ་ཕྱག་འཚལ་ལོ། །མཆོད་དོ། །སྐྱབས་སུ་མཆིའོ། །བྱིན་གྱིས་བརླབ་ཏུ་གསོལ། ཞེས་ལན་བདུན་བརྗོད། སླིགས་དུས་ཉམ་ཐག་འགྲོ་ལ་ཐུགས་བརྩེ་བས། །ཐུབ་པའི་བཀའ་བཞིན་མྱ་ངན་མི་འདའ་བར། །ཁྲི་ཡང་ཀུ་ཡི་གླིང་བཞུགས་འགྲོ་དོན་(༢༨༨བ)མཛད། །གནས་བརྟན་སྦྲ་གཅན་འཛིན་ལ་ཕྱག་འཚལ་ལོ། །དཔག་མེད་བསྐལ་པའི་སྔོན་ནས་སངས་རྒྱས་ཀྱང་། །འགྲོ་ལ་བརྩེ་བས་རྒྱལ་སྲས་ཚུལ་བཟུང་སྟེ། །དྲན་པས་སྲིད་ཞིའི་འཇིགས་ལས་སྐྱོབ་མཛད་པ། །འཕགས་པ་སྦྲ་གཅན་འཛིན་ལ་ཕྱག་འཚལ་ལོ། །དངོས་བཤམས་གཟུངས་རིག་×། །བྱང་ཆུབ་ཆེན་པོར་བསྔོ། །ས་གཞི་སྤོས་ཀྱིས་×། །སྤྱོད་པར་ཤོག །ཐུབ་པ་ཆེན་པོ་འཕགས་པ་གནས་བརྟན་བཅུ་དྲུག་འཁོར་དང་བཅས་པ་བདག་ལ་དགོངས་སུ་གསོལ། དེང་རྒྱལ་བ་སྲས་བཅས་གདན་འཛོམ་པའི་སྤྱན་སྔར་གནས་བརྟན་ཆེན་པོ་སྦྲ་གཅན་

འཛིན་གྱི་མཚན་ནས་སྨོས་ཏེ་ཕྱག་འཚལ་ཞིང་མཆོད་དེ་གསོལ་བ་བཏབ་པའི་མཐུས་བདག་ཅག་དུས་ངན་པའི་སེམས་ཅན་ལས་ཀྱི་སྒྲིབ་པ་སྣ་ཚོགས་ཀྱིས་བསྒྲིབས་པ། ནད་སྣ་ཚོགས་ཀྱིས་གཟིར་བ། མྱ་ངན་དང་སྡུག་བསྔལ་སྣ་ཚོགས་ཀྱིས་གཙེས་པ། ངན་སོང་ནས་ངན་འགྲོར་འོག་ནས་འོག་ཏུ་ལྟུང་བར་འགྱུར་བའི་སེམས་ཅན་རྣམས་ལ་ཐུགས་བརྩེ་བས་དགོངས་ཏེ། སྔོན་དེ་བཞིན་གཤེགས་པ་ཤཱཀྱ་ཐུབ་པའི་སྤྱན་སྔར་མྱ་ངན་ལས་མི་འདའ་བར་འཇིག་རྟེན་དུ་མངོན་སུམ་དུ་བཞུགས་ཤིང་བཀའ་ལུང་གི་རྗེས་སུ་བསྒྲུབ་པར་འཕགས་པའི་ཚིག་བདེན་པས་ངེས་པར་ཞལ་གྱིས་བཞེས་པ་དམ་པའི་ཆོས་སྐྱོང་ཞིང་འགྲོ་བ་ཀུན་གྱི་བསོད་ནམས་ཀྱི་ཞིང་དུ་གྱུར་པ་འཕགས་པ་གནས་བརྟན་ཆེན་པོ་བཅུ་དྲུག་འཁོར་དང་བཅས་པའི་བྱིན་རླབས་ཀྱི་མཐུ་དང་། ལྷག་པར་གནས་བརྟན་ཆེན་པོ་(༢༥༥ན)སྦྲ་གཅན་འཛིན་གྱི་ཐུགས་བསྐྱེད་དང་སྨོན་ལམ་དང་བྱིན་རླབས་ཀྱི་མཐུས་བདག་ཅག་ལ་སོགས་པའི་སེམས་ཅན་གང་དག་སངས་རྒྱས་དང་བྱང་ཆུབ་སེམས་དཔའ་རྣམས་ཀྱི་ཞལ་མཐོང་ཞིང་གསུང་ཐོས་པར་འདོད་པ་དག་གནས་བརྟན་ཆེན་པོ་སྒྲ་གཅན་འཛིན་གྱི་མཚན་བརྗོད་པ་ཙམ་གྱིས་སངས་རྒྱས་དང་བྱང་ཆུབ་སེམས་དཔའ་མཐའ་ཡས་པའི་ཞལ་མཐོང་ཞིང་གསུང་ཐོས་པར་གྱུར་ཅིག །འཛམ་བུ་གླིང་འདིས་མཚོན་འཇིག་རྟེན་གྱི་ཁམས་ཐམས་ཅད་དུ་སངས་རྒྱས་ཀྱི་གསུངས་པའི་དམ་པའི་ཆོས་མཐའ་དག་རྒྱས་པར་གྱུར་ཅིག །གླེགས་བམ་བྲིས་ཏེ་འཆང་བ་དང་། མཆོད་པ་དང་། བཀུར་སྟི་བགྱིད་པ་དང་། འཛིན་པ་དང་། ཀློག་པ་དང་། ཁ་ཏོན་བགྱིད་པ་དང་། གཞན་དག་ལའང་རྒྱ་ཆེར་སྟོན་པར་གྱུར་ཅིག །ཉན་ཐོས་དང་ཐེག་པ་ཆེན་པོའི་གང་ཟག་ཐམས་ཅད་ཀྱི་རང་རང་གི་མཛད་པའི་འཕྲིན་ལས་རྒྱས་པར་གྱུར་ཅིག །རྟག་ཏུ་སྡེ་སྣོད་དུ་མ་ཉན་པ་དང་། འཆད་པ་དང་། སེམས་རྩེ་གཅིག་ཏུ་བསམས་པ་དང་། འཇིག་རྟེན་གྱི་ཁམས་ཐམས་ཅད་དུ་བཀྲ་ཤིས་པ་དང་། བྱིན་ཆགས་པ་དང་། བདེ་སྐྱིད་ཐམས་ཅད་འབྱུང་བ་

དང་། ཅི་བསམ་པའི་དོན་ཐམས་ཅད་འགྲུབ་པར་གྱུར་ཅིག །ངན་སོང་དང་ངན་འགྲོ་ལས་གྲོལ་ཏེ་རབ་ཏུ་དགའ་བ་རྒྱས་པར་འགྱུར་བ་དང་། རིག་པའི་ཡེ་ཤེས་རྒྱས་པར་གྱུར་ཅིག །དབྱར་གྱི་མཚོ་དང་ཡར་ངོའི་ཟླ་བ་ལྟར་དཀར་པོའི་ཡོན་ཏན་ཐམས་ཅད་འཕེལ་ཞིང་(༢༩༥བ)རྒྱས་པར་གྱུར་ཅིག །སེམས་ཅན་ཐམས་ཅད་རིག་པའི་གནས་ལྔ་ལ་མཁས་པར་གྱུར་ཅིག །བདག་དང་སེམས་ཅན་ཐམས་ཅད་བསླབ་པ་གསུམ་གྱིས་མཛེས་པར་གྱུར་ཅིག །ཁྱད་པར་དུ་རང་རྒྱུད་ཀྱི་ཉོན་མོངས་པ་ཐམས་ཅད་ཞི་བར་གྱུར་ཅིག །ཕྱོགས་བཅུའི་སངས་རྒྱས་དང་བྱང་ཆུབ་སེམས་དཔའ་ཐམས་ཅད་ལ་མཆོད་པ་སྣ་ཚོགས་དཔག་ཏུ་མེད་པས་མཆོད་པར་གྱུར་ཅིག །ལྷག་པར་ཡང་གནས་བརྟན་ཆེན་པོ་སྒྲ་གཅན་འཛིན་གྱི་བྱིན་རླབས་ཀྱིས་བདག་ཅག་ལ་སོགས་པའི་སེམས་ཅན་ཐམས་ཅད་ཀྱི་དུག་གསུམ་ལ་སོགས་པའི་ཉོན་མོངས་པ་ཐམས་ཅད་ཞི་བར་གྱུར་ཅིག །མི་ཁོམ་པའི་གནས་ལ་སོགས་པ་ཐམས་ཅད་དུ་དཀོན་མཆོག་གསུམ་གྱི་སྒྲ་བསྒྲགས་པས་དེ་དག་གི་སྡུག་བསྔལ་ཞི་བར་གྱུར་ཅིག །སངས་རྒྱས་ཐམས་ཅད་བསྐལ་པ་བསམ་གྱིས་མི་ཁྱབ་པར་འཇིག་རྟེན་དུ་བཞུགས་ཏེ་ཆོས་སྟོན་པར་གྱུར་ཅིག །བྱང་ཆུབ་སེམས་དཔའི་དགེ་སློང་གི་དགེ་འདུན་གྱི་འཁོར་དཔག་ཏུ་མེད་པ་འདུ་བར་གྱུར་ཅིག །ཐེག་པ་ཆེན་པོའི་ཆོས་ལ་ཐེ་ཚོམ་དང་སོམ་ཉི་མེད་པར་སེམས་རྩེ་གཅིག་ཏུ་མོས་ཤིང་སྤྱོད་པར་གྱུར་ཅིག །སངས་རྒྱས་ཀྱིས་གསུངས་པའི་ཆོས་ཐམས་ཅད་ཀྱི་ཚིག་དོན་རྟོགས་པར་གྱུར་ཅིག །སངས་རྒྱས་དང་བྱང་ཆུབ་སེམས་དཔའ་ཐམས་ཅད་ཀྱིས་བྱིན་གྱིས་རློབ་པར་གྱུར་ཅིག །འཕགས་པའི་མཚན་ཐོས་དྲན་བརྗོད་ཕྱག་མཆོད་མཐུས། །བདག་དང་མཁའ་མཉམ་འགྲོ་བ་མ་ལུས་(༢༩༦ན)པ། །རྒྱལ་དང་རྒྱལ་བའི་སྲས་ཀྱི་ཞལ་མཐོང་ནས། །གསུང་གི་བདུད་རྩིས་སྨིན་ཅིང་གྲོལ་གྱུར་ཅིག །ལྷར་བཅས་×། །ཁྱབ་གྱུར་ཅིག །སྟོན་པ་ཐུབ་པའི་དབང་པོས་བཀའ་བསྒོས་ཏེ་མྱ་ངན་ལས་མི་འདའ་བར་འགྲོ་བ་ཀུན་གྱི་བསོད་ནམས་ཀྱི་ཞིང་དུ་བཞུགས་ནས་

རྒྱལ་བའི་བསྟན་པ་འཛིན་ཅིང་སྤེལ་བར་མཛད་པ་གནས་བརྟན་ཆེན་པོ་ལམ་ཕྲན་བསྟན་འཁོར་དགྲ་བཅོམ་པ་སྟོང་དང་དྲུག་བརྒྱས་བསྐོར་བ་ལ་ཕྱག་འཚལ་ལོ། །མཆོད་དོ། །སྐྱབས་སུ་མཆིའོ། །བྱིན་གྱིས་བརླབ་ཏུ་གསོལ། ཞེས་ལན་བདུན་བརྗོད། སྙིགས་དུས་ཉམ་ཐག་འགྲོ་ལ་ཐུགས་བརྩེ་བས། །ཐུབ་པའི་བཀའ་བཞིན་མྱ་ངན་མི་འདའ་བར། །བྱ་རྐོད་ཕུང་པོའི་རིར་བཞུགས་འགྲོ་དོན་མཛད། །གནས་བརྟན་ལམ་ཕྲན་བསྟན་ལ་ཕྱག་འཚལ་ལོ། །མཐའ་ཡས་འགྲོ་ལ་ལམ་བཟང་འདོམས་པ་ལ། །གནས་བརྟན་ཀུན་གྱི་ནང་ནས་ཕུལ་བྱུང་བས། །ཆོས་སྨྲ་རྣམས་ཀྱི་མཆོག་ཏུ་རབ་བསྔགས་པ། །འཕགས་པ་ལམ་ཕྲན་བསྟན་ལ་ཕྱག་འཚལ་ལོ། །དངོས་བཤམས་གཟུངས་རིག་×། །བྱང་ཆུབ་ཆེན་པོར་བསྔོ། །ས་གཞི་སྤོས་ཀྱིས་×། །སྤྱོད་པར་ཤོག །ཐུབ་པ་ཆེན་པོ་འཕགས་པ་གནས་བརྟན་བཅུ་དྲུག་འཁོར་དང་བཅས་པ་བདག་ལ་དགོངས་སུ་གསོལ། དེང་རྒྱལ་བ་སྲས་བཅས་གདན་འཛོམ་པའི་སྤྱན་སྔར་གནས་བརྟན་ཆེན་པོ་ལམ་ཕྲན་བསྟན་གྱི་མཚན་ནས་སྨོས་ཏེ་ཕྱག་འཚལ་ཞིང་མཆོད་དེ་གསོལ་བ་བཏབ་པའི་མཐུས་(༢༩༨བ)བདག་ཅག་དུས་ངན་པའི་སེམས་ཅན་ལས་ཀྱི་སྒྲིབ་པ་སྣ་ཚོགས་ཀྱིས་བསྒྲིབས་པ། ནད་སྣ་ཚོགས་ཀྱིས་གཟིར་བ། མྱ་ངན་དང་སྡུག་བསྔལ་སྣ་ཚོགས་ཀྱིས་གཙེས་པ། ངན་སོང་ནས་ངན་འགྲོར་འོག་ནས་འོག་ཏུ་ལྟུང་བར་འགྱུར་བའི་སེམས་ཅན་རྣམས་ལ་ཐུགས་བརྩེ་བས་དགོངས་ཏེ། སྔོན་དེ་བཞིན་གཤེགས་པ་ཤཱཀྱ་ཐུབ་པའི་སྤྱན་སྔར་མྱ་ངན་ལས་མི་འདའ་བར་འཇིག་རྟེན་དུ་མངོན་སུམ་དུ་བཞུགས་ཤིང་བཀའ་ལུང་གི་རྗེས་སུ་བསྒྲུབ་པར་འཕགས་པའི་ཚིག་བདེན་པས་ངེས་པར་ཞལ་གྱིས་བཞེས་པ། དམ་པའི་ཆོས་སྐྱོང་ཞིང་འགྲོ་བ་ཀུན་གྱི་བསོད་ནམས་ཀྱི་ཞིང་དུ་གྱུར་པ་འཕགས་པ་གནས་བརྟན་ཆེན་པོ་བཅུ་དྲུག་འཁོར་དང་བཅས་པའི་བྱིན་རླབས་ཀྱི་མཐུ་དང་། ལྷག་པར་གནས་བརྟན་ཆེན་པོ་ལམ་ཕྲན་བསྟན་གྱི་ཐུགས་བསྐྱེད་དང་སྨོན་ལམ་དང་བྱིན་རླབས་ཀྱི་མཐུས་བདག་ཅག་ལ་

སོགས་པའི་སེམས་ཅན་གང་དག་ལས་དང་ཉོན་མོངས་པའི་འཆིང་བ་དམ་པོས་བཅིངས་ནས་སྲིད་པའི་རྒྱ་མཚོར་བྱིང་ཞིང་སྡུག་བསྔལ་ཉམ་ང་བ་མང་པོས་གཙེས་པ་དག་གནས་བརྟན་ཆེན་པོ་ལམ་ཕྲན་བསྟན་གྱི་མཚན་བརྗོད་པ་ཙམ་གྱིས་སྲིད་པའི་སྡུག་བསྔལ་གྱིས་ཉམ་ང་བ་དང་། སྐྱེ་བའི་སྡུག་བསྔལ་གྱིས་ཉམ་ང་བ་དང་། སྒོ་གསུམ་སྡིག་པ་སྤྱོད་པས་ཉམ་ང་བ་དང་། རྩ་བའི་ཉོན་མོངས་པ་དྲུག་དང་ཉེ་བའི་ཉོན་མོངས་པ་ཉི་ཤུས་ཉམ་ང་བ་དང་། བྱིས་པ་བླུན་པོའི་སྤྱོད་པས་ཉམ་ང་བ་དང་། སྡིག་པའི་གྲོགས་པོའི་དབང་དུ་སོང་བས་ཉམ་ང་བ་དང་། དལ་བ་(༢༤༧ན)དོན་མེད་པའི་སྤྱོད་པས་དུས་འདའ་བས་ཉམ་ང་བ་དང་། དུས་ངན་པས་འཇིགས་ཤིང་བསོད་ནམས་ལོག་པར་བསྔོས་པས་ཉམ་ང་བ་སྟེ་ཉམ་ང་བ་བརྒྱད་དང་བྲལ་བར་གྱུར་ཅིག །གཞན་ཡང་འདོད་ཆགས་ཀྱི་མེ་དང་། ཞེ་སྡང་གི་མེ་དང་། གཏི་མུག་གི་མེ་དང་། ཀུན་ནས་མནར་སེམས་པའི་མེ་དང་། མི་ཤེས་པའི་མེ་དང་། སྡུག་བསྔལ་གྱིས་གདུངས་པའི་མེ་དང་། སེམས་འཁྲུགས་པའི་མེ་དང་། ལོག་པར་ལྟ་བའི་མེ་དང་། ངན་པར་སེམས་པའི་མེ་རྣམས་ཞི་བ་དང་། རྐྱེན་ངན་པའི་གདོན་ཐམས་ཅད་ཞི་བར་གྱུར་ཅིག །གཞན་ཡང་དཔའ་བར་འགྲོ་བའི་ཏིང་ངེ་འཛིན་ལ་སོགས་པ་ཏིང་ངེ་འཛིན་བརྒྱ་ཕྲག་དུ་མ་ལ་མཉམ་པར་འཇོག་པར་གྱུར་ཅིག །དེ་བཞིན་གཤེགས་པའི་སྟོབས་བཅུ་དང་། མངོན་པར་ཤེས་པ་ལྔ་དང་། སྤྱན་ལྔ་དང་། སོ་སོ་ཡང་དག་པར་རིག་པ་བཞི་དང་། མི་འཇིགས་པ་བཞི་ཐོབ་པར་གྱུར་ཅིག །འཕགས་པའི་མཚན་ཐོས་དྲན་བརྗོད་ཕྱག་མཆོད་མཐུས། །བདག་དང་མཁའ་མཉམ་འགྲོ་བ་མ་ལུས་པ། སྲིད་ཞིའི་རྒུད་པ་ཀུན་ལས་ཐར་གྱུར་ཏེ། སྟོབས་བཅུ་མངའ་བའི་གོ་འཕང་ཐོབ་གྱུར་ཅིག །ལྷར་བཅས་×། །ཁྱབ་གྱུར་ཅིག །སྟོན་པ་ཐུབ་པའི་དབང་པོས་བཀའ་བསྒོས་ཏེ་མྱ་ངན་ལས་མི་འདའ་བར་འགྲོ་བ་ཀུན་གྱི་བསོད་ནམས་ཀྱི་ཞིང་དུ་བཞུགས་ནས་རྒྱལ་བའི་བསྟན་པ་འཛིན་ཅིང་སྤེལ་བར་མཛད་པ་གནས་བརྟན་ཆེན་

པོ་བྷ་ར་དྭ་ཛ་བསོད་སྙོམས་ལེན་འཁོར་དགྲ་བཅོམ་པ་(༢༨༧བ)སྟོང་ཕྲག་གཅིག་གིས་བསྐོར་བ་ལ་ཕྱག་འཚལ་ལོ། །མཆོད་དོ། །སྐྱབས་སུ་མཆིའོ། །བྱིན་གྱིས་བརླབ་ཏུ་གསོལ། ཞེས་ལན་བདུན་བརྗོད། སྙིགས་དུས་ཉམ་ཐག་འགྲོ་ལ་ཐུགས་བརྩེ་བས། །ཐུབ་པའི་བཀའ་བཞིན་མྱ་ངན་མི་འདའ་བར། །ལུས་འཕགས་གླིང་དུ་བཞུགས་ནས་འགྲོ་དོན་མཛད། །གནས་བརྟན་བསོད་སྙོམས་ལེན་ལ་ཕྱག་འཚལ་ལོ། །ཕྱག་མཚན་གླེགས་བམ་མཐོང་དང་རེག་པས་ཀྱང་། །མི་ཤེས་རྨོངས་པའི་མུན་པ་རབ་བསལ་ནས། །བསླབ་གསུམ་རྟོགས་པ་རྒྱུད་ལ་བསྐྱེད་མཛད་པ། །འཕགས་པ་བསོད་སྙོམས་ལེན་ལ་ཕྱག་འཚལ་ལོ། །དངོས་བཤམས་གཟུངས་རིག་×། །བྱང་ཆུབ་ཆེན་པོར་བསྔོ། །ས་གཞི་སྤོས་ཀྱིས་×། །སྤྱོད་པར་ཤོག །ཐུབ་པ་ཆེན་པོ་འཕགས་པ་གནས་བརྟན་བཅུ་དྲུག་འཁོར་དང་བཅས་པ་བདག་ལ་དགོངས་སུ་གསོལ། །དེང་རྒྱལ་བ་སྲས་བཅས་གདན་འཛོམ་པའི་སྤྱན་སྔར་འཕགས་པ་གནས་བརྟན་ཆེན་པོ་བྷ་ར་དྭ་ཛ་བསོད་སྙོམས་ལེན་གྱི་མཚན་ནས་སྨོས་ཏེ་ཕྱག་འཚལ་ཞིང་མཆོད་དེ་གསོལ་བ་བཏབ་པའི་མཐུས་བདག་ཅག་དུས་ངན་པའི་སེམས་ཅན་ལས་ཀྱི་སྒྲིབ་པ་སྣ་ཚོགས་ཀྱིས་བསྒྲིབས་པ། ནད་སྣ་ཚོགས་ཀྱིས་གཟིར་བ། མྱ་ངན་དང་སྡུག་བསྔལ་སྣ་ཚོགས་ཀྱིས་གཙེས་པ། ངན་སོང་ནས་ངན་འགྲོར་འོག་ནས་འོག་ཏུ་ལྟུང་བར་འགྱུར་བའི་སེམས་ཅན་རྣམས་ལ་ཐུགས་བརྩེ་བས་དགོངས་ཏེ། སྟོན་དེ་བཞིན་གཤེགས་པ་ཤཱཀྱ་ཐུབ་པའི་སྤྱན་སྔར་མྱ་ངན་ལས་མི་འདའ་བར་འཇིག་རྟེན་དུ་མངོན་སུམ་དུ་བཞུགས་ཤིང་བཀའ་ལུང་གི་རྗེས་སུ་བསྒྲུབ་པར་(༢༨༨ན)འཕགས་པའི་ཚིག་བདེན་པས་ངེས་པར་ཞལ་གྱི་བཞེས་པ་དམ་པའི་ཆོས་སྐྱོང་ཞིང་འགྲོ་བ་ཀུན་གྱི་བསོད་ནམས་ཀྱི་ཞིང་དུ་གྱུར་པ་འཕགས་པ་གནས་བརྟན་ཆེན་པོ་བཅུ་དྲུག་འཁོར་དང་བཅས་པའི་བྱིན་རླབས་ཀྱི་མཐུ་དང་། ལྷག་པར་གནས་བརྟན་ཆེན་པོ་བྷ་ར་དྭ་ཛ་བསོད་སྙོམས་ལེན་གྱི་ཐུགས་བསྐྱེད་དང་སྨོན་ལམ་དང་བྱིན་རླབས་ཀྱི་མཐུས་བདག་ཅག་ལ་སོགས་པའི་

སེམས་ཅན་གང་དག་དམ་པའི་ཆོས་ལ་བློ་མི་གསལ་བ་དེ་དག་གནས་བརྟན་ཆེན་པོ་ཛྙ་ར་ཏྣ་ཛ་བསོད་སྙོམས་ལེན་གྱི་ཕྱག་ན་བསྣམས་པའི་སྣེ་སྣོད་གསུམ་གྱི་གླེགས་བམ་དེ་ཡིད་ལ་བྱས་པ་ཙམ་གྱིས་གསུང་རབ་ཀྱི་ཚིག་དོན་མཐའ་དག་ལ་བློ་གྲོས་ཀྱི་སྣང་བ་རྒྱས་པར་གྱུར་ཅིག །སེམས་ཅན་འཚོ་བས་ཕོངས་པ་དག་གིས་གནས་བརྟན་ཆེན་པོའི་ཕྱག་ན་བསྣམས་པའི་ལྷུང་བཟེད་བདུད་རྩིས་གང་བ་དེ་ཡིད་ལ་བྱས་པ་ཙམ་གྱིས་ཅི་འདོད་པའི་འཚོ་བ་བདེ་བླག་ཏུ་རྙེད་པར་གྱུར་ཅིག །སེམས་ཅན་ནད་ཀྱིས་ཉེན་པ་དང་། སྡུག་བསྔལ་གྱིས་ཉེན་པ་དང་། རྒྱལ་པོའི་ཆད་པས་ཉེན་པ་དང་། ཆོམ་རྐུན་གྱིས་ཉེན་པ་དང་། བསྡིགས་པ་དང་གསོད་པས་ཉེན་པ་དང་། ལུས་སེམས་སྟོབས་ཆུང་བས་ཉེན་པ་དང་། འཚོ་བ་དང་གནས་མེད་པས་ཉེན་པ་དང་། ཐོ་འབབ་པའི་འཇིགས་པས་ཉེན་པ་དང་། ལྷའི་གདོན་ལ་སོགས་པའི་གདོན་དྲག་པོས་མནར་བས་ཉེན་པ་དང་། ཕོངས་པ་སྣ་ཚོགས་(༢༥༨བ)ཀྱིས་ཉེན་པ་སྟེ། ཉེན་པ་བཅུ་ལས་ཐར་བར་གྱུར་ཅིག །མི་ཁོམ་པའི་གནས་དང་། ངན་འགྲོ་ལོག་པར་ལྟུང་བའི་སྡུག་བསྔལ་ཞི་བར་གྱུར་ཅིག །འོན་པ་དང་། ལོང་བ་དང་། ལྐུགས་པ་དང་། དྲན་པ་ཉམས་པ་དང་། འཁྲུལ་པའི་སྡུག་བསྔལ་ཞི་བར་གྱུར་ཅིག །དབང་པོ་ཚང་བ་དང་། དད་པ་དང་། ཤེས་རབ་དང་། ངོ་ཚ་ཤེས་པ་དང་། ཁྲེལ་ཡོད་པ་དང་ལྡན་པར་གྱུར་ཅིག །འཕགས་པའི་མཚན་ཐོས་དྲན་བརྗོད་ཕྱག་མཆོད་མཐུས། །བདག་དང་མཁའ་མཉམ་འགྲོ་བ་མ་ལུས་པ། །ཟབ་དང་རྒྱ་ཆེའི་གསུང་རབ་ཚོགས་རྣམས་ལ། །གཏུགས་པ་མེད་པའི་བློ་གྲོས་རྒྱས་གྱུར་ཅིག །ལྷར་བཅས་×། །ཁྱབ་གྱུར་ཅིག །སྟོན་པ་ཐུབ་པའི་དབང་པོས་བཀའ་བསྒོས་ཏེ་མྱ་ངན་ལས་མི་འདའ་བར་འགྲོ་བ་ཀུན་གྱི་བསོད་ནམས་ཀྱི་ཞིང་དུ་བཞུགས་ནས་རྒྱལ་བའི་བསྟན་པ་འཛིན་ཅིང་སྤེལ་བར་མཛད་པ་གནས་བརྟན་ཆེན་པོ་ལམ་བསྟན་འཁོར་དགྲ་བཅོམ་པ་དགུ་བརྒྱས་བསྐོར་བ་ལ་ཕྱག་འཚལ་ལོ། །མཆོད་དོ། །སྐྱབས་སུ་མཆིའོ། །བྱིན་གྱིས་བརླབ་ཏུ་གསོལ། ཞེས་ལན་

བདུན་བརྗོད། སྙིགས་དུས་ཉམ་ཐག་འགྲོ་ལ་ཐུགས་བརྩེ་བས། །ཐུབ་པའི་བཀའ་བཞིན་མྱ་ངན་མི་འདའ་བར། །ལྷ་ཡི་གནས་ན་བཞུགས་ནས་འགྲོ་དོན་མཛད། །གནས་བརྟན་ལམ་ཆེན་པ་ལ་ཕྱག་འཚལ་ལོ། །གླེགས་བམ་ཆོས་འཆད་ཕྱག་རྒྱ་དྲན་ཙམ་གྱིས། །སྡེ་སྣོད་གསུམ་གྱི་ཚིག་དོན་མཐའ་དག་ལ། །བློ་གྲོས་སྤོབས་པའི་སྣང་བ་སྩོལ་མཛད་པ། །འཕགས་པ་ལམ་ཆེན་པ་ལ་ཕྱག་འཚལ་ལོ། །(༢༥༩ན)དངོས་བཤམས་གཟུངས་རིག་×། །བྱང་ཆུབ་ཆེན་པོར་བསྔོ། །ས་གཞི་སྤོས་ཀྱིས་×། །སྤྱོད་པར་ཤོག །ཐུབ་པ་ཆེན་པོ་འཕགས་པ་གནས་བརྟན་བཅུ་དྲུག་འཁོར་དང་བཅས་པ་བདག་ལ་དགོངས་སུ་གསོལ། དེང་རྒྱལ་བ་སྲས་བཅས་གདན་འཛོམ་པའི་སྤྱན་སྔར་གནས་བརྟན་ཆེན་པོ་ལམ་བསྟན་གྱི་མཚན་ནས་སྨོས་ཏེ་ཕྱག་འཚལ་ཞིང་མཆོད་དེ་གསོལ་བ་བཏབ་པའི་མཐུས་བདག་ཅག་དུས་ངན་པའི་སེམས་ཅན་ལས་ཀྱི་སྒྲིབ་པ་སྣ་ཚོགས་ཀྱིས་བསྒྲིབས་པ། ནད་སྣ་ཚོགས་ཀྱིས་གཟིར་བ། མྱ་ངན་དང་སྡུག་བསྔལ་སྣ་ཚོགས་ཀྱིས་གཙེས་པ། ངན་སོང་ནས་ངན་འགྲོར་འོག་ནས་འོག་ཏུ་ལྟུང་བར་འགྱུར་བའི་སེམས་ཅན་རྣམས་ལ་ཐུགས་བརྩེ་བས་དགོངས་ཏེ། སྔོན་དེ་བཞིན་གཤེགས་པ་ཤཱཀྱ་ཐུབ་པའི་སྤྱན་སྔར་མྱ་ངན་ལས་མི་འདའ་བར་འཇིག་རྟེན་དུ་མངོན་སུམ་དུ་བཞུགས་ཤིང་བཀའ་ལུང་གི་རྗེས་སུ་བསྒྲུབ་པར་འཕགས་པའི་ཚིག་བདེན་པས་ངེས་པར་ཞལ་གྱིས་བཞེས་པ་དམ་པའི་ཆོས་སྐྱོང་ཞིང་འགྲོ་བ་ཀུན་གྱི་བསོད་ནམས་ཀྱི་ཞིང་དུ་གྱུར་པ་འཕགས་པ་གནས་བརྟན་ཆེན་པོ་བཅུ་དྲུག་འཁོར་དང་བཅས་པའི་བྱིན་རླབས་ཀྱི་མཐུ་དང་། ལྷག་པར་གནས་བརྟན་ཆེན་པོ་ལམ་བསྟན་གྱི་ཐུགས་བསྐྱེད་དང་། སྨོན་ལམ་དང་། བྱིན་རླབས་ཀྱི་མཐུས་བདག་ཅག་ལ་སོགས་པའི་སེམས་ཅན་གང་དག་མི་ཁོམ་པའི་གནས་ལ་ཡིད་སྐྱོ་ནས་རབ་ཏུ་བྱུང་སྟེ་ཚུལ་ཁྲིམས་མཐར་ཕྱིན་པར་འདོད་པ(༢༥༩བ)དག་བཅས་པ་དང་རང་བཞིན་གྱི་ཁ་ན་མ་ཐོ་བའི་ཉེས་པ་ཕྲ་མོས་ཀྱང་མ་གོས་པའི་ཚུལ་ཁྲིམས་ཀྱི་ཕུང་པོ་ཡོངས་སུ་རྫོགས་པ་

མཐར་ཕྱིན་པར་གྱུར་ཅིག །སེམས་ཅན་མི་ཁོམ་པའི་གནས་སུ་ལྷུང་བ་དེ་དག་ཐམས་ཅད་མི་ཁོམ་པའི་གནས་དེ་དང་དེ་ལས་མྱུར་དུ་ཐར་ཏེ་དལ་འབྱོར་གྱི་རྟེན་ཁྱད་པར་ཅན་ཐོབ་པར་གྱུར་ཅིག །དེ་བཞིན་གཤེགས་པ་ཐམས་ཅད་ཀྱི་དྲུང་དུ་གཞོན་ནུ་ལ་རབ་ཏུ་འབྱུང་བར་འགྱུར་བ་དང་རབ་ཏུ་འབྱུང་བའི་བར་ཆད་ཐམས་ཅད་ཞི་བར་གྱུར་ཅིག །ལྷ་དང་མི་རྣམས་ཀྱིས་རབ་ཏུ་འབྱུང་བའི་གྲོགས་བྱེད་པར་གྱུར་ཅིག །ངེས་པར་འབྱུང་བའི་སེམས་རྟག་ཏུ་ཐོབ་པར་གྱུར་ཅིག །རབ་ཏུ་འབྱུང་བ་ལ་བརྩོན་པ་དང་གུས་པ་ལྷུར་བྱེད་པར་གྱུར་ཅིག །དཀོན་མཆོག་གསུམ་གྱི་སྒྲ་ཐོས་པ་དང་སངས་རྒྱས་མཐོང་བ་དང་མི་འབྲལ་བ་ཡང་དག་པའི་ལྟ་བ་དང་ལྡན་པར་གྱུར་ཅིག །རྟག་ཏུ་ཚངས་པར་སྤྱོད་པ་ལ་གནས་པར་གྱུར་ཅིག །སྡེ་སྣོད་གསུམ་འཛིན་ནུས་པར་གྱུར་ཅིག །རྟག་ཏུ་ཚངས་པར་སྤྱོད་པ་ལྷུར་ལེན་པའི་འཁོར་དང་ལྡན་པར་གྱུར་ཅིག །མ་རིག་པའི་མུན་པ་སྟུག་པོ་དང་ཆོས་ལ་བརྟེན་པའི་སྒྲིབ་པ་མ་ལུས་པ་དག་པར་གྱུར་ཅིག །ཐེག་པ་ཆེན་པོའི་ཆོས་དང་མཇལ་བ་དང་། སངས་རྒྱས་ཀྱིས་གསུངས་པའི་མདོ་སྡེ་བཅུ་གཉིས་འཆད་པ་དང་། ཉན་པ་དང་། འདྲི་བ་དང་། འཆང་བ་དང་། ཀུན་ཆུབ་པར་བྱ་བ་དང་། འདོད་པ་དང་མ་འབྲེལ་པ་དང་། མ་གོས་པ་དང་། མ་སྦགས་པ་དང་། སྐྱོན་མེད་པ་དང་། མ་རལ་བ་དང་། མཁས་པས་བསྔགས་པའི་ཚུལ་ཁྲིམས་(༢༥༠ན)ལ་གནས་པར་གྱུར་ཅིག །སྦྱིན་པ་རྒྱ་ཆེན་པོ་དང་། ཤེས་རབ་རྒྱ་ཆེན་པོ་ཐོབ་པར་གྱུར་ཅིག །འཕགས་པའི་མཚན་ཐོས་དྲན་བརྗོད་ཕྱག་མཆོད་མཐུས། །བདག་དང་མཁའ་མཉམ་འགྲོ་བ་མ་ལུས་པ། །ལམ་སྟོན་བཤེས་གཉེན་དམ་པས་རྗེས་བཟུང་ནས། །ཐོས་བསམ་སྒོམ་པའི་བྱ་བ་མཐར་ཕྱིན་ཤོག །ལྷར་བཅས་×། །ཁྱབ་གྱུར་ཅིག །སྟོན་པ་ཐུབ་པའི་དབང་པོས་བཀའ་བསྒོས་ཏེ་མྱ་ངན་ལས་མི་འདའ་བར་འགྲོ་བ་ཀུན་གྱི་བསོད་ནམས་ཀྱི་ཞིང་དུ་བཞུགས་ནས་རྒྱལ་བའི་བསྟན་པ་འཛིན་ཅིང་སྤེལ་བར་མཛད་པ་གནས་བརྟན་ཆེན་པོ་ཀླུའི་སྡེ་འཁོར་དགྲ་བཅོམ་

པ་སྟོང་དང་ཉིས་བརྒྱས་བསྐོར་བ་ལ་ཕྱག་འཚལ་ལོ། །མཆོད་དོ། །སྐྱབས་སུ་མཆིའོ། །བྱིན་གྱིས་བརླབ་ཏུ་གསོལ། ཞེས་ལན་བདུན་བརྗོད། སྙིགས་དུས་ཉམ་ཐག་འགྲོ་ལ་ཐུགས་བརྩེ་བས། །ཐུབ་པའི་བཀའ་བཞིན་མྱ་ངན་མི་འདའ་བར། །རི་རྒྱལ་ངོས་ཡངས་ལ་བཞུགས་འགྲོ་དོན་མཛད། །གནས་བརྟན་ཀླུ་ཡི་སྡེ་ལ་ཕྱག་འཚལ་ལོ། །བྱང་ཕྱོགས་སོ་བདུན་མཆོན་པའི་གསིལ་བྱེད་སྒྲས། །འགྲོ་ཀུན་མ་རིག་གཉིད་ལས་སློང་མཛད་ཅིང་། །བུམ་པ་བཟང་པོས་ཅི་འདོད་སྩོལ་མཛད་པ། །འཕགས་པ་ཀླུ་ཡི་སྡེ་ལ་ཕྱག་འཚལ་ལོ། །དངོས་བཤམས་གཟུངས་རིག་×། །བྱང་ཆུབ་ཆེན་པོར་བསྔོ། །ས་གཞི་སྤོས་ཀྱིས་×། །སྤྱོད་པར་ཤོག །ཐུབ་པ་ཆེན་པོ་འཕགས་པ་གནས་བརྟན་བཅུ་དྲུག་འཁོར་དང་བཅས་པ་བདག་ལ་དགོངས་སུ་གསོལ། །དེང་རྒྱལ་བ་སྲས་བཅས་གདན་(༢༥༠བ)འཛོམ་པའི་སྤྱན་སྔར་གནས་བརྟན་ཆེན་པོ་ཀླུའི་སྡེའི་མཚན་ནས་སྨོས་ཏེ་ཕྱག་འཚལ་ཞིང་མཆོད་དེ་གསོལ་བ་བཏབ་པའི་མཐུས་བདག་ཅག་དུས་ངན་པའི་སེམས་ཅན་ལས་ཀྱི་སྒྲིབ་པ་སྣ་ཚོགས་ཀྱིས་བསྒྲིབས་པ། ནད་སྣ་ཚོགས་ཀྱིས་གཟིར་བ། མྱ་ངན་དང་སྡུག་བསྔལ་སྣ་ཚོགས་ཀྱིས་གཙེས་པ། ངན་སོང་ནས་ངན་འགྲོར་འོག་ནས་འོག་ཏུ་ལྟུང་བར་འགྱུར་བའི་སེམས་ཅན་རྣམས་ལ་ཐུགས་བརྩེ་བས་དགོངས་ཏེ། སྔོན་དེ་བཞིན་གཤེགས་པ་ཤཱཀྱ་ཐུབ་པའི་སྤྱན་སྔར་མྱ་ངན་ལས་མི་འདའ་བར་འཛིག་རྟེན་དུ་མངོན་སུམ་དུ་བཞུགས་ཤིང་བཀའ་ལུང་གི་རྗེས་སུ་བསྲུབ་པར་འཕགས་པའི་ཚིག་བདེན་པས་ངེས་པར་ཞལ་གྱིས་བཞེས་པ་དམ་པའི་ཆོས་སྐྱོང་ཞིང་འགྲོ་བ་ཀུན་གྱི་བསོད་ནམས་ཀྱི་ཞིང་དུ་གྱུར་པ་འཕགས་པ་གནས་བརྟན་ཆེན་པོ་བཅུ་དྲུག་འཁོར་དང་བཅས་པའི་བྱིན་རླབས་ཀྱི་མཐུ་དང་། ལྷག་པར་གནས་བརྟན་ཆེན་པོ་ཀླུའི་སྡེའི་ཐུགས་བསྐྱེད་དང་སྨོན་ལམ་དང་། བྱིན་རླབས་ཀྱི་མཐུས་བདག་ཅག་ལ་སོགས་པའི་སེམས་ཅན་གང་དག་ཆོས་སྒྲུབ་པའི་མཐུན་རྐྱེན་གྱིས་ཕོངས་པ་དག་གནས་བརྟན་ཆེན་པོ་ཀླུའི་སྡེའི་ཕྱག་གི་བུམ་པ་དེ་ཡིད་ལ་བྱས་པ་

ཅམ་གྱིས་ཆོས་བསྒྲུབ་པའི་མཐུན་རྐྱེན་མཐའ་དག་ཡིད་བཞིན་དུ་འབྱོར་པར་གྱུར་ཅིག །ས་ལམ་འབྲས་བུ་དང་བཅས་པའི་གནད་མཐའ་དག་རྟོགས་པར་འདོད་པ་དག་གནས་བརྟན་ཆེན་པོའི་ཕྱག་གི་འཁར་གསིལ་དེ་ཡིད་ལ་བྱས་པ་ཙམ་གྱིས་བསོད་ནམས་ཚ་མཐུན་དང་། ཐར་པ་ཚ་མཐུན་(༢༥༧ན)དང་། ངེས་འབྱེད་ཚ་མཐུན་དང་། མཐོང་བའི་ལམ་དང་། སྒོམ་པའི་ལམ་དང་། འབྲས་བུ་སྐུ་གཉིས་ཕྲིན་ལས་དང་བཅས་པ་ལ་འཁྲུལ་པ་མེད་པའི་ངེས་པ་བརྟན་པོ་རྙེད་པར་གྱུར་ཅིག །སེམས་ཅན་གང་དག་མངལ་དུ་སྐྱེ་བ་ལེན་པ་ལ་མི་དགའ་བ་དེ་དག་སྐྱེ་བ་ཐམས་ཅད་དུ་མངལ་གྱི་དྲི་མས་མ་གོས་པར་མེ་ཏོག་པདྨ་ལ་བརྫུས་ཏེ་སྐྱེ་བ་དང་སངས་རྒྱས་ཀྱི་ཞིང་དག་པར་སྐྱེ་བར་གྱུར་ཅིག །དཀོན་མཆོག་གསུམ་ལ་དད་པ་ཐོབ་པར་གྱུར་ཅིག །ནད་ཀྱི་རིགས་སུ་གྱུར་པ་མ་ལུས་དང་སྡུག་བསྔལ་གྱི་རིགས་ཐམས་ཅད་དང་ཉོན་མོངས་པའི་ཟུག་རྔུ་ཐམས་ཅད་ཞི་བར་གྱུར་ཅིག །རྟག་ཏུ་བྱང་ཆུབ་སེམས་དཔའ་རབ་ཏུ་བྱུང་བའི་དགེ་སློང་འབའ་ཞིག་དང་འགྲོགས་པར་གྱུར་ཅིག །སྡོམ་པ་གསུམ་ཡོངས་སུ་དག་པ་དང་བྱང་ཆུབ་ཀྱི་སེམས་ཡོངས་སུ་འབྱོངས་པར་གྱུར་ཅིག །ཐེག་པ་ཆེན་པོའི་སྣོད་དུ་འགྱུར་བ་དང་ཐོས་པའི་དོན་ལ་སེམས་ལས་སུ་རུང་བར་གྱུར་ཅིག །བྱང་ཆུབ་སེམས་དཔའི་སྤྱོད་པ་རྒྱ་ཆེན་པོའི་རོལ་པས་ངོམས་པ་མེད་པ་དང་། ཕ་རོལ་ཏུ་ཕྱིན་པ་དྲུག་མྱུར་དུ་རྫོགས་པར་གྱུར་ཅིག །འཕགས་པའི་མཚན་ཐོས་དྲན་བརྗོད་ཕྱག་མཆོད་མཐུས། །བདག་དང་མཁའ་མཉམ་འགྲོ་བ་མ་ལུས་པ། །དམ་ཆོས་སྒྲུབ་ལ་བར་གཅོད་མེད་པ་དང་། །ཚུལ་བཞིན་སྒྲུབ་པས་རྒྱལ་རྣམས་མཉེས་བྱེད་ཤོག །ལྷར་བཅས་×། །ཁྱབ་གྱུར་ཅིག །སྟོན་པ་ཐུབ་པའི་དབང་པོས་བཀའ་བསྒོས་ཏེ་མྱ་ངན་ལས་མི་འདའ་བར་འགྲོ་བ་ཀུན་གྱི་བསོད་ནམས་ཀྱི་ཞིང་དུ་བཞུགས་ནས་རྒྱལ་བའི་བསྟན་པ་འཛིན་ཅིང་སྤེལ་བར་མཛད་པ་གནས་བརྟན་ཆེན་པོ་སྤྱིད་བྱེད་འཁོར་དགྲ་(༢༥༧བ)བཅོམ་པ་སྟོང་དང་བཞི་བརྒྱས་བསྐོར་བ་ལ་ཕྱག་འཚལ་ལོ། །མཆོད་

དོ། །སྐྱབས་སུ་མཆིའོ། །བྱིན་གྱིས་བརླབ་ཏུ་གསོལ། ཞེས་ལན་བདུན་བརྗོད། སྐབས་དུས་ཉམ་ཐག་འགྲོ་ལ་ཐུགས་བརྩེ་བས། །ཐུབ་པའི་བཀའ་བཞིན་མྱ་ངན་མི་འདའ་བར། །རི་རྒྱལ་བི་དུ་ལར་བཞུགས་འགྲོ་དོན་མཛད། །གནས་བརྟན་ཆེན་པོ་སྦྱིན་བྱེད་ལ་ཕྱག་འཚལ། །སྡེ་སྣོད་གསུམ་གྱི་གླེགས་བམ་ཞལ་ཕྱེ་སྟེ། །འགྲོ་ལ་ཐེག་པ་གསུམ་གྱི་ལམ་བསྟན་ནས། །རྒྱལ་བའི་བསྟན་པ་ཕྱོགས་བཅུར་རྒྱས་མཛད་པ། །འཕགས་པ་སྦྱིན་བྱེད་ཞབས་ལ་ཕྱག་འཚལ་ལོ། །དངོས་བཤམས་གཟུངས་རིག་×། །བྱང་ཆུབ་ཆེན་པོར་བསྔོ། །ས་གཞི་སྤོས་ཀྱིས་×། །སྤྱོད་པར་ཤོག །ཐུབ་པ་ཆེན་པོ་འཕགས་པ་གནས་བརྟན་བཅུ་དྲུག་འཁོར་དང་བཅས་པ་བདག་ལ་དགོངས་སུ་གསོལ། །དེང་རྒྱལ་བ་སྲས་བཅས་གདན་འཛོམ་པའི་སྤྱན་སྔར་གནས་བརྟན་ཆེན་པོ་སྦྱིན་བྱེད་ཀྱི་མཚན་ནས་སྨོས་ཏེ་ཕྱག་འཚལ་ཞིང་མཆོད་དེ་གསོལ་བ་བཏབ་པའི་མཐུས་བདག་ཅག་དུས་ངན་པའི་སེམས་ཅན་ལས་ཀྱི་སྒྲིབ་པ་སྣ་ཚོགས་ཀྱིས་བསྒྲིབས་པ། ནད་སྣ་ཚོགས་ཀྱིས་གཟིར་བ། མྱ་ངན་དང་སྡུག་བསྔལ་སྣ་ཚོགས་ཀྱིས་གཙེས་པ། ངན་སོང་ནས་ངན་འགྲོར་འོག་ནས་འོག་ཏུ་ལྷུང་བར་འགྱུར་བའི་སེམས་ཅན་རྣམས་ལ་ཐུགས་བརྩེ་བས་དགོངས་ཏེ། སྟོན་དེ་བཞིན་གཤེགས་པ་ཤཱཀྱ་ཐུབ་པའི་སྤྱན་སྔར་མྱ་ངན་ལས་མི་འདའ་བར་འཇིག་རྟེན་དུ་མངོན་སུམ་དུ་བཞུགས་ཤིང་བཀའ་ལུང་གི་རྗེས་སུ་བསྒྲུབ་པར་འཕགས་པའི་ཚིག་བདེན་པས་ངེས་པར་ཞལ་གྱིས་བཞེས་པ་དམ་པའི་ཆོས་སྐྱོང་ཞིང་འགྲོ་བ་ཀུན་གྱི་བསོད་ནམས་ཀྱི་ཞིང་དུ་གྱུར་པ་འཕགས་པ་གནས་བརྟན་(༢༥༢ན)ཆེན་པོ་བཅུ་དྲུག་འཁོར་དང་བཅས་པའི་བྱིན་རླབས་ཀྱི་མཐུ་དང་། ལྷག་པར་གནས་བརྟན་ཆེན་པོ་སྦྱིན་བྱེད་ཀྱི་ཐུགས་བསྐྱེད་དང་སྨོན་ལམ་དང་བྱིན་རླབས་ཀྱི་མཐུས་བདག་ཅག་ལ་སོགས་པའི་སེམས་ཅན་གང་དག་སྡེ་སྣོད་གསུམ་གྱི་ཚིག་དོན་རྟོགས་པར་འདོད་པ་དག་གནས་བརྟན་ཆེན་པོ་སྦྱིན་བྱེད་ཀྱི་ཕྱག་ན་བརྣམས་པའི་སྡེ་སྣོད་གསུམ་གྱི་གླེགས་བམ་དེ་ཡིད་ལ་བྱས་པ་ཙམ་གྱིས་སྡེ་སྣོད་

གསུམ་གྱི་ཚིག་དོན་མཐའ་དག་ལ་གཏུགས་པ་མེད་པའི་ཤེས་རབ་ཐོབ་ནས་ལམ་བསླབ་པ་རིན་པོ་ཆེ་གསུམ་གྱི་གནད་མཐའ་དག་ལ་ངེས་པ་བརྟན་པོ་སྐྱེད་པར་གྱུར་ཅིག །སེམས་ཅན་གང་དག་འཇིགས་པ་སྣ་ཚོགས་ཀྱིས་གཙེས་ཤིང་ཉམ་ཐག་པར་གྱུར་པ་དེ་དག་འཇིགས་པ་དེ་དང་དེ་དག་ལས་མྱུར་དུ་ཐར་བར་གྱུར་ཅིག །སེམས་ཅན་མཐའ་དག་མུ་གེའི་བསྐལ་པ་དང་། མཚོན་གྱི་བསྐལ་པ་དང་། ནད་ཀྱི་བསྐལ་པ་དང་། གཅན་གཟན་གདུག་པ་དང་། ཕ་རོལ་གྱི་དམག་ཚོགས་དང་། སྦྲུལ་དང་། མེ་དང་། ཆུ་དང་། རིམས་དང་། བཙན་དང་། ཀླུ་གདུག་པ་ཅན་དང་། གནོད་སྦྱིན་གདུག་པ་ཅན་ལ་སོགས་པའི་འཇིགས་པ་ཐམས་ཅད་ལས་ཐར་བར་གྱུར་ཅིག །སངས་རྒྱས་དང་མྱུར་དུ་མཇལ་བ་དང་མཆོད་པས་མཉེས་པར་བྱེད་པར་གྱུར་ཅིག །ཁྱད་པར་དུ་རང་རྒྱུད་ཀྱི་ཉོན་མོངས་པ་ཐམས་ཅད་ཞི་བ་དང་། རིག་པའི་གནས་ལྔ་ལ་མཁས་པར་གྱུར་ཅིག །ཆོས་ཀྱི་རྒྱལ་པོར་དབང་ཐོབ་པར་འགྱུར་བ་དང་། ཡང་དག་པའི་ཤེས་རབ་རྒྱས་པར་འགྱུར་བ་དང་། སངས་རྒྱས་ཀྱི་སྲས་ཀྱི་ཐུ་བོར་འགྱུར་བར་གྱུར་ཅིག །ཆོས་ཐམས་ཅད་རྟེན་ཅིང་(༢༥༢བ)འབྲེལ་བར་འབྱུང་བའི་མཚན་ཉིད་དང་། དངོས་པོ་མེད་པའི་ངོ་བོ་ཉིད་དང་། རང་བཞིན་མེད་པ་ཉིད་དང་། མཚན་ཉིད་མེད་པ་ཉིད་དང་། སྐྱེ་བ་མེད་པ་ཉིད་དང་། འགག་པ་མེད་པ་ཉིད་དུ་རྟོགས་པར་གྱུར་ཅིག །འཕགས་པའི་མཚན་ཐོས་དྲན་བརྗོད་ཕྱག་མཆོད་མཐུས། །བདག་དང་མཁའ་མཉམ་འགྲོ་བ་མ་ལུས་པ། །ཡོག་པའི་ལམ་དུ་ནམ་ཡང་མི་ལྟུང་བར། །བསླབ་པ་གསུམ་གྱི་ཉམས་ལེན་མཐར་ཕྱིན་ཤོག །ལྷར་བཅས་×། །ཁྱབ་གྱུར་ཅིག་×། །སྟོན་པ་ཐུབ་པའི་དབང་པོས་བཀའ་བསྐོས་ཏེ་མྱ་ངན་ལས་མི་འདའ་བར་འགྲོ་བ་ཀུན་གྱི་བསོད་ནམས་ཀྱི་ཞིང་དུ་བཞུགས་ནས་རྒྱལ་བའི་བསྟན་པ་འཛིན་ཅིང་སྤེལ་བར་མཛད་པ་གནས་བརྟན་ཆེན་པོ་མི་ཕྱེད་པ་འཁོར་དགྲ་བཅོམ་པ་སྟོང་ཕྲག་གཅིག་གིས་བསྐོར་བ་ལ་ཕྱག་འཚལ་ལོ། །མཆོད་དོ། །སྐྱབས་སུ་མཆིའོ། །བྱིན་གྱིས་བརླབ་

ཏུ་གསོལ། ཞེས་ལན་བདུན་བརྗོད། སྐྱིགས་དུས་ཉམ་ཐག་འགྲོ་ལ་ཐུགས་བརྩེ་བས། །ཐུབ་པའི་བཀའ་བཞིན་མྱ་ངན་མི་འདའ་བར། །གངས་ཅན་རི་ལ་བཞུགས་ནས་འགྲོ་དོན་མཛད། །གནས་བརྟན་མི་ཕྱེད་པ་ལ་ཕྱག་འཚལ་ལོ། །སྟོན་པ་ཐུབ་པའི་དབང་པོས་བྱིན་བརླབས་པའི། །བྱང་ཆུབ་མཆོད་རྟེན་ཕྱག་གཉིས་ཀྱིས་བཟུང་སྟེ། །འགྲོ་ཀུན་སྨིན་གྲོལ་ལམ་ལ་འགོད་མཛད་པ། །འཕགས་པ་མི་ཕྱེད་པ་ལ་ཕྱག་འཚལ་ལོ། །དངོས་བཤམས་གཟུངས་རིག་×། །བྱང་ཆུབ་ཆེན་པོར་བསྔོ། །ས་གཞི་སྤོས་ཀྱིས་×། །སྤྱོད་པར་ཤོག །ཐུབ་པ་ཆེན་པོ་འཕགས་པ་གནས་བརྟན་བཅུ་དྲུག་འཁོར་དང་བཅས་པ་བདག་ལ་དགོངས་སུ་གསོལ། དེང་རྒྱལ་བ་སྲས་བཅས་གདན་འཛོམ་པའི་སྤྱན་སྔར་གནས་བརྟན་ཆེན་པོ་མི་ཕྱེད་པའི་མཚན་ནས་སྨོས(༢༥༣ན)ཏེ་ཕྱག་འཚལ་ཞིང་མཆོད་དེ་གསོལ་བ་བཏབ་པའི་མཐུས་བདག་ཅག་དུས་ངན་པའི་སེམས་ཅན་ལས་ཀྱི་སྒྲིབ་པ་སྣ་ཚོགས་ཀྱིས་བསྒྲིབས་པ། ནད་སྣ་ཚོགས་ཀྱིས་གཟིར་བ། མྱ་ངན་དང་སྡུག་བསྔལ་སྣ་ཚོགས་ཀྱིས་གཙེས་པ། ངན་སོང་ནས་ངན་འགྲོར་འོག་ནས་འོག་ཏུ་ལྟུང་བར་འགྱུར་བའི་སེམས་ཅན་རྣམས་ལ་ཐུགས་བརྩེ་བས་དགོངས་ཏེ། སྟོན་དེ་བཞིན་གཤེགས་པ་ཤཱཀྱ་ཐུབ་པའི་སྤྱན་སྔར་མྱ་ངན་ལས་མི་འདའ་བར་འཇིག་རྟེན་དུ་མངོན་སུམ་དུ་བཞུགས་ཤིང་བཀའ་ལུང་གི་རྗེས་སུ་བསྒྲུབ་པར་འཕགས་པའི་ཚིག་བདེན་པས་ངེས་པར་ཞལ་གྱིས་བཞེས་པ་དམ་པའི་ཆོས་སྐྱོང་ཞིང་འགྲོ་བ་ཀུན་གྱི་བསོད་ནམས་ཀྱི་ཞིང་དུ་གྱུར་པ་འཕགས་པ་གནས་བརྟན་ཆེན་པོ་བཅུ་དྲུག་འཁོར་དང་བཅས་པའི་བྱིན་རླབས་ཀྱི་མཐུ་དང་། ལྷག་པར་གནས་བརྟན་ཆེན་པོ་མི་ཕྱེད་པའི་ཐུགས་བསྐྱེད་དང་སྨོན་ལམ་དང་བྱིན་རླབས་ཀྱི་མཐུས་བདག་ཅག་ལ་སོགས་པའི་སེམས་ཅན་གང་དག་བླ་ན་མེད་པའི་བྱང་ཆུབ་རྟོགས་པར་འདོད་པ་དག་གནས་བརྟན་ཆེན་པོ་མི་ཕྱེད་པའི་ཕྱག་གཉིས་ཀྱིས་བཟུང་བའི་མཆོད་རྟེན་དེ་མཐོང་བ་ཙམ་གྱིས་མཐར་ཐུག་གི་འབྲས་བུ་བླ་ན་མེད་པའི་བྱང་ཆུབ་

ལ་ནམ་ཡང་འགྱུར་བ་མེད་པའི་ངེས་པ་བརྟན་པོ་རྙེད་པར་གྱུར་ཅིག །བྱང་ཆུབ་
ཆེན་པོའི་མཆོད་རྟེན་དེའི་མཚོན་དོན་ཡིད་ལ་བྱས་པས་བྱང་ཆུབ་ཏུ་བགྲོད་པའི་
ལམ་ཚང་ལ་མ་ནོར་བ་ལ་ངེས་པ་བརྟན་པོ་རྙེད་པར་གྱུར་ཅིག །སེམས་ཅན་གང་
དག་འདྲི་སྲིན་གདུག་པ་ཅན་གྱིས་གཙེས་ནས་ཉམ་ཐག་པ་དེ་དག་གནོད་པ་དེ་དང་
དེ་ལས་མྱུར་དུ་ཐར་བར་གྱུར་ཅིག །སེམས་ཅན་ཐམས་ཅད་ལ་བཀྲ་ཤིས་པ་དང་
བདེ་བ་དང་ལེགས་པ་(༢༥༣བ)ཐམས་ཅད་འབྱུང་བར་གྱུར་ཅིག །བལྟ་ན་སྡུག་པ་དང་།
གཟུགས་བཟང་བ་དང་། ཡིད་དུ་འོང་བ་དང་། བདེ་བ་དང་། འབྱོར་པ་འཕེལ་བ་
དང་། དོན་ཐམས་ཅད་འགྲུབ་པར་གྱུར་ཅིག །མི་དགེ་བ་བཅུ་སྤྱོད་པའི་སྡིག་པ་
ཐམས་ཅད་དག་པ་དང་། བསླབ་པ་གསུམ་གྱིས་མཛེས་པར་གྱུར་ཅིག །མཉམ་གཞག་
གི་ཞི་གནས་འཕེལ་བ་དང་། དྲན་པ་ཉེ་བར་བཞག་པ་ལ་སོགས་པ་བྱང་ཆུབ་ཀྱི་
ཕྱོགས་ཀྱི་ཆོས་ཐམས་ཅད་རྒྱུད་ལ་སྐྱེ་བ་དང་། གནས་པ་དང་། བརྟན་པ་དང་།
འཕེལ་བར་གྱུར་ཅིག །རྟག་ཏུ་དཀོན་མཆོག་གསུམ་དང་མི་འབྲལ་བ་དང་། རང་
གི་འཁོར་དུ་ཆོས་འཆད་པ་དང་ཉན་པ་ཚུལ་བཞིན་དུ་ནུས་པ་མང་དུ་འཕེལ་བར་
གྱུར་ཅིག །དགེ་སློང་གི་དགེ་འདུན་ཆོས་ཚུལ་བཞིན་དུ་མཛད་པ་མང་དུ་འཕེལ་
བར་གྱུར་ཅིག །འཕགས་པའི་མཚན་ཐོས་དྲན་བརྗོད་ཕྱག་མཆོད་མཐུས། །བདག་
ཅག་ལ་སོགས་སེམས་ཅན་གང་དང་གང་། །འདྲེ་སྲིན་གདུག་པས་གཙེས་པ་དེ་དག་
རྣམས། །མྱུར་དུ་ཉེར་འཚེ་ཀུན་ལས་ཐར་གྱུར་ཅིག །ལྷར་བཅས་×། །ཁྱབ་གྱུར་
ཅིག །མགོན་པོ་སྤྱན་རས་གཟིགས་ཀྱི་སྤྲུལ་པ་འཕགས་པ་དགེ་བསྙེན་དྷརྨ་ཏ་ལ་
འཁོར་དང་བཅས་པ་ལ་ཕྱག་འཚལ་ལོ། །མཆོད་དོ། །སྐྱབས་སུ་མཆིའོ། །བྱིན་གྱིས་
བརླབ་ཏུ་གསོལ། །ཞེས་ལན་བདུན་བརྗོད། སྤྱན་རས་གཟིགས་དབང་འགྲོ་ལ་ཐུགས་
བརྩེ་བས། །རྒྱལ་བའི་བསྟན་པ་ཕྱོགས་བཅུར་སྤེལ་བའི་ཕྱིར། །གནས་བརྟན་རྣམས་
ཀྱི་ཞབས་འབྲིང་ཚུལ་མཛད་པ། །དགེ་བསྙེན་དྷརྨ་ཏ་ལར་ཕྱག་འཚལ་ལོ། །ཉམ་

ཐག་འགྲོ་རྣམས་འཇིགས་པ་བརྒྱད་ལ་སོགས། །ཕྱི་ནང་ཉེར་འཚེ་ཀུན་ལས་སྐྱོབ་པའི་ཕྱིར། །ཛ་ཡབ་(༢༥༨ན)བྲུམ་པ་བཟུང་ནས་སྤྲུལ་པ་འགྱེད། །འཕགས་པ་ཧྭ་ཤང་ཧ་ལར་ཕྱག་འཚལ་ལོ། །དངོས་བཤམས་གཟུངས་རིག་×། །བྱང་ཆུབ་ཆེན་པོར་བསྔོ། །ས་གཞི་སྤོས་ཀྱིས་×། །སྤྱོད་པར་ཤོག །ཐུབ་པ་ཆེན་པོ་འཕགས་པ་གནས་བརྟན་བཅུ་དྲུག་འཁོར་དང་བཅས་པ་བདག་ལ་དགོངས་སུ་གསོལ། དེང་རྒྱལ་བ་སྲས་བཅས་གདན་འཛོམ་པའི་སྤྱན་སྔར་འཕགས་པ་དགེ་བསྙེན་ཧྭ་ཤང་ཧ་ལའི་མཚན་ནས་སྨོས་ཏེ་ཕྱག་འཚལ་ཞིང་མཆོད་དེ་གསོལ་བ་བཏབ་པའི་མཐུས་བདག་ཅག་དུས་ངན་པའི་སེམས་ཅན་ལས་ཀྱི་སྒྲིབ་པ་སྣ་ཚོགས་ཀྱིས་བསྒྲིབས་པ། ནད་སྣ་ཚོགས་ཀྱིས་གཟིར་བ། མུ་ངན་དང་སྡུག་བསྔལ་སྣ་ཚོགས་ཀྱིས་གཙེས་པ། ངན་སོང་ནས་ངན་འགྲོར་འོག་ནས་འོག་ཏུ་ལྟུང་བར་འགྱུར་བའི་སེམས་ཅན་རྣམས་ལ་ཐུགས་བརྩེ་བས་དགོངས་ཏེ། སྟོན་དེ་བཞིན་གཤེགས་པ་ཤཱཀྱ་ཐུབ་པའི་སྤྱན་སྔར་མྱ་ངན་ལས་མི་འདའ་བར་འཇིག་རྟེན་དུ་མངོན་སུམ་དུ་བཞུགས་ཤིང་བཀའ་ལུང་གི་རྗེས་སུ་བསྒྲུབ་པར་འཕགས་པའི་ཚིག་བདེན་པས་ངེས་པར་ཞལ་གྱིས་བཞེས་པ་དམ་པའི་ཆོས་སྐྱོང་ཞིང་འགྲོ་བ་ཀུན་གྱི་བསོད་ནམས་ཀྱི་ཞིང་དུ་གྱུར་པ་འཕགས་པ་གནས་བརྟན་ཆེན་པོ་བཅུ་དྲུག་འཁོར་དང་བཅས་པའི་བྱིན་རླབས་ཀྱི་མཐུ་དང་། ལྷག་པར་འཕགས་པ་དགེ་བསྙེན་ཧྭ་ཤང་ཧ་ལའི་ཐུགས་བསྐྱེད་དང་སྨོན་ལམ་དང་བྱིན་རླབས་ཀྱི་མཐུས་བདག་ཅག་ལ་སོགས་པའི་སེམས་ཅན་གང་དག་ཕོངས་པ་དང་། ཕོམ་དང་། སྤྲུལ་ལ་སོགས་པའི་སྲོག་ཆགས་གདུག་པ་ཅན་གྱིས་གཙེས་པ་དང་། སྟག་དང་གཟིག་དང་དོམ་དང་དྲེད་ལ་(༢༥༨བ)སོགས་པའི་གཅན་གཟན་མ་རུངས་པས་གཙེས་པ་དེ་དག་འཕགས་པ་དགེ་བསྙེན་ཧྭ་ཤང་ཧ་ལའི་མཚན་བརྗོད་པ་ཙམ་གྱིས་འཇིགས་པ་དེ་དག་དང་འཇིགས་པ་ཆེན་པོ་བརྒྱད་ལས་ཐར་བར་གྱུར་ཅིག །སེམས་ཅན་གང་དག་དཀོན་མཆོག་གསུམ་ལ་དད་པ་མེད་པས་བཀུར་སྟི་མི་བགྱིད་པ་དེ་དག་ཐམས་ཅད་

དཀོན་མཆོག་གསུམ་ལ་མངོན་པར་དད་པར་གྱུར་ཅིག །མངོན་པར་དད་ནས་ཀྱང་མེ་ཏོག་དང་སྤོས་དང་འཕྲེང་བ་དང་བྱུག་པ་དང་ཕྱེ་མ་དང་ན་བཟའ་དང་གདུགས་དང་རྒྱལ་མཚན་དང་བ་དན་དཔག་ཏུ་མ་མཆིས་པ་དག་གིས་མཆོད་པར་གྱུར་ཅིག །རིམ་གྲོ་བྱ་བ་སྣ་ཚོགས་ལ་མངོན་པར་བརྩོན་པར་གྱུར་ཅིག །གཞན་ཡང་སེམས་ཅན་ཐམས་ཅད་དུག་ལྔ་དང་། བདུད་བཞི་དང་། སྒྲིབ་པ་གཉིས་ལས་མྱུར་དུ་རྒྱལ་བར་གྱུར་ཅིག །ཚེ་དང་བསོད་ནམས་དང་དཔལ་འབྱོར་ལེགས་ཚོགས་ཐམས་ཅད་རྒྱས་པར་གྱུར་ཅིག །འདི་ནས་ཤི་འཕོས་མ་ཐག་ཏུ་དེ་བཞིན་གཤེགས་པ་འོད་དཔག་མེད་ཀྱི་ཞིང་དུ་སྐྱེ་བར་གྱུར་ཅིག །སྐྱེས་མ་ཐག་ཏུ་ས་དང་ལམ་ཐམས་ཅད་བདེ་བླག་ཏུ་བསྒྲུབས་ཏེ་ཕྱོགས་བཅུར་སྤྲུལ་པ་དུ་མ་འགྱེད་པར་གྱུར་ཅིག །སེམས་ཅན་དཔག་ཏུ་མ་མཆིས་པ་ཐེག་པ་ཆེན་པོའི་ལམ་ལ་འགོད་པར་གྱུར་ཅིག །འཕགས་པའི་མཚན་ཐོས་དྲན་བརྗོད་ཕྱག་མཆོད་མཐུས། །བདག་ཅག་ལ་སོགས་སེམས་ཅན་གང་དང་གང་། འཇིགས་ཆེན་བརྒྱད་དང་གདོན་གྱིས་གཙེས་པ་རྣམས། །མྱུར་དུ་འཇིགས་པ་ཀུན་ལས་ཐར་གྱུར་ཅིག །ལྷར་བཅས་×། །ཁྱབ་གྱུར་ཅིག །སྟོན་པ་བཅོམ་ལྡན་འདས་ཀྱི་སྤྱན་སྔར་རྒྱལ་བའི་བསྟན་པ་བསྲུང་བར་ཞལ་གྱིས་བཞེས་ཏེ་འཇིག་རྟེན་སྐྱོང་བའི་(༢༥༥ན)ཚུལ་བཟུང་བ་རྒྱལ་པོ་ཆེན་པོ་ཡུལ་འཁོར་སྲུང་དང་། འཕགས་སྐྱེས་པོ་དང་། སྤྱན་མི་བཟང་དང་། རྣམ་ཐོས་སྲས་ལ་སོགས་པ་ཆོས་སྲུང་ཡེ་ཤེས་ཀྱི་སྤྱན་ལྡན་རྣམས་ལ་ཕྱག་འཚལ་ལོ། །མཆོད་དོ། །སྐྱབས་སུ་མཆིའོ། །བྱིན་གྱིས་བརླབ་ཏུ་གསོལ། ཞེས་ལན་བདུན་བརྗོད། བགྲང་ཡས་བསྐལ་པའི་སྔོན་ནས་ཐུགས་བསྐྱེད་དེ། །རྒྱལ་སྲས་སྤྱོད་པ་རྒྱ་མཚོར་ལེགས་བསླབས་ཤིང་། །དུས་འདིར་ཐུབ་བསྟན་བསྲུང་བར་ཞལ་བཞེས་པ། །ཆོས་སྐྱོང་རྒྱལ་ཆེན་བཞི་ལ་ཕྱག་འཚལ་ལོ། །ཐུབ་དབང་གནས་བརྟན་བཅུ་དྲུག་འཁོར་བཅས་རྣམས། །གང་དུ་འགྲོ་དོན་མཛད་དེར་རྗེས་འབྲང་ནས། །བསྟན་པ་བསྲུང་ལ་ནམ་ཡང་མི་གཡེལ་བ། །འཇིག་རྟེན་སྐྱོང་བ་

བཞི་ལ་ཕྱག་འཚལ་ལོ། །དངོས་བཤམས་གཟུངས་རིག་×། །བྱང་ཆུབ་ཆེན་པོར་བསྔོ། །ས་གཞི་སྤོས་ཀྱིས་×། །སྤྱོད་པར་ཤོག །ཐུབ་པ་ཆེན་པོ་འཕགས་པ་གནས་བརྟན་བཅུ་དྲུག་འཁོར་དང་བཅས་པ་བདག་ལ་དགོངས་སུ་གསོལ། དེང་རྒྱལ་བ་སྲས་བཅས་གདན་འཛོམ་པའི་སྤྱན་སྔར་ཐུབ་པས་བཀའ་བསྐོས་པའི་ཆོས་སྲུང་ཆེན་པོ་སྣ་སྐྱོང་བཞིའི་མཚན་ནས་སྨོས་ཏེ་ཕྱག་འཚལ་ཞིང་མཆོད་དེ་གསོལ་བ་བཏབ་པའི་མཐུས་བདག་ཅག་དུས་ངན་པའི་སེམས་ཅན་ལས་ཀྱི་སྒྲིབ་པ་སྣ་ཚོགས་ཀྱིས་བསྒྲིབས་པ། ནད་སྣ་ཚོགས་ཀྱིས་གཟིར་བ། མྱ་ངན་དང་སྡུག་བསྔལ་སྣ་ཚོགས་ཀྱིས་གཙེས་པ། ངན་སོང་ནས་ངན་འགྲོར་འོག་ནས་འོག་ཏུ་ལྟུང་བར་འགྱུར་བའི་སེམས་ཅན་རྣམས་ལ་ཐུགས་བརྩེ་བས་དགོངས་ཏེ། སྟོན་དེ་བཞིན་གཤེགས་(༢༥༥བ)པ་ཤཱཀྱ་ཐུབ་པའི་སྤྱན་སྔར་མྱ་ངན་ལས་མི་འདའ་བར་འཇིག་རྟེན་དུ་མངོན་སུམ་དུ་བཞུགས་ཤིང་བཀའ་ལུང་གི་རྗེས་སུ་བསྒྲུབ་པར་འཕགས་པའི་ཚིག་བདེན་པས་ངེས་པར་ཞལ་གྱིས་བཞེས་པ་དམ་པའི་ཆོས་སྐྱོང་ཞིང་འགྲོ་བ་ཀུན་གྱི་བསོད་ནམས་ཀྱི་ཞིང་དུ་གྱུར་པ་འཕགས་པ་གནས་བརྟན་ཆེན་པོ་བཅུ་དྲུག་འཁོར་དང་བཅས་པའི་བྱིན་རླབས་ཀྱི་མཐུ་དང་། ལྷག་པར་རྒྱལ་པོ་ཆེན་པོ་བཞིས་སྟོན་སྟོན་པའི་སྤྱན་སྔར་བསྟན་པ་བསྲུང་བར་ཞལ་གྱིས་བཞེས་པའི་མཐུ་དང་བྱིན་རླབས་ཀྱིས་བདག་ཅག་ལ་སོགས་པའི་སེམས་ཅན་གང་དག་ཆོས་ཚུལ་བཞིན་སྒྲུབ་པ་ལ་ཕྱི་དང་ནང་གི་བར་ཆད་ཀྱིས་གཙེས་པ་དེ་དག་རྒྱལ་ཆེན་བཞིའི་མཚན་བརྗོད་པ་ཙམ་གྱིས་ཉེ་བར་འཚེ་བ་ཐམས་ཅད་ལས་ཐར་བར་གྱུར་ཅིག །འཇིག་རྟེན་གྱི་ཁམས་ཐམས་ཅད་དུ་ནད་དང་གདོན་དང་མུ་གེ་དང་དམག་འཁྲུག་ལ་སོགས་པ་ཉེ་བར་འཚེ་བ་ཐམས་ཅད་ཞི་བར་གྱུར་ཅིག །སེམས་ཅན་ཐམས་ཅད་རྟག་ཏུ་བདེ་ཞིང་ཚུལ་ཁྲིམས་རྣམ་པར་དག་པ་སོགས་དཀར་པོའི་ཡོན་ཏན་ཐམས་ཅད་འཕེལ་ཞིང་རྒྱས་པར་གྱུར་ཅིག །ཐུབ་པའི་བསྟན་པ་རིན་པོ་ཆེ་ཕྱོགས་ཀུན་ཏུ་འཕེལ་ཞིང་རྒྱས་པར་གྱུར་ཅིག །རྒྱལ་ཆེན་བཞི་ཡི་མཚན་

བརྗོད་ཕྱག་མཆོད་མཐུས། །བདག་དང་མཁའ་མཉམ་འགྲོ་བ་མ་ལུས་པ། །རྒྱལ་བའི་བསྟན་ལ་ཚུལ་བཞིན་སློབ་པ་ལ། །བར་དུ་གཅོད་པའི་མིང་ཡང་མེད་པར་ཤོག །ལྷར་བཅས་×། །ཁྱབ་གྱུར་ཅིག །ཅེས་བརྗོད། དེ་ནས་དཀོན་མཆོག་གསུམ་གྱི་བདེན་པ་དང་སངས་རྒྱས་དང་བྱང་ཆུབ་སེམས་དཔའ་ཐམས་ཅད་ཀྱི་མཐུ་དང་བྱིན་གྱིས་བརླབས་དང་ཆོས་ཀྱི་དབྱིངས་རྣམ་པར་དག་ཅིང་བསམ་གྱིས་མི་ཁྱབ་པའི་སྟོབས་དང་ལྷག་(༢༥༨ན)པར་ཐུབ་དབང་གནས་བརྟན་བཅུ་དྲུག་འཁོར་དང་བཅས་པའི་ཐུགས་བསྐྱེད་དང་སྨོན་ལམ་དང་བྱིན་རླབས་ཀྱི་མཐུས་ཐུགས་དམ་བསྐུལ་བ་དེ་དག་ཐམས་ཅད་དེང་འདིར་ངེས་པར་འགྲུབ་པར་གྱུར་ཅིག །ཅེས་ལན་གསུམ་བརྗོད་དོ། །དེ་ནས། ཨོཾ་ན་མོ་བྷ་ག་ཝ་ཏེ་ཤཱཀྱ་མུ་ནེ་ཡེ། ཏ་ཐཱ་ག་ཏཱ་ཡ། ཨརྷ་ཏེ་སམྱཀྶཾ་བུདྡྷཱ་ཡ། ཏདྱ་ཐཱ། ཨོཾ་མུ་ནེ་མུ་ནེ་མ་ཧཱ་མུ་ནེ་ཡེ་སྭཱ་ཧཱ། ཞེས་པའི་སྔགས་ཅི་འགྲུབ་བཟླ་ཞིང་དེའི་ཚེ་ཐུབ་པ་ཆེན་པོ་འཕགས་པ་གནས་བརྟན་བཅུ་དྲུག་འཁོར་དང་བཅས་པའི་སྐུ་ལས་བདུད་རྩིའི་རྒྱུན་དཔག་ཏུ་མེད་པ་བྱུང་། རང་དང་སེམས་ཅན་ཐམས་ཅད་ལ་བབས་པས་ཚེ་རབས་ཐོག་མ་མེད་པ་ནས་བསགས་པའི་ལས་ངན་སྡིག་སྒྲིབ་བག་ཆགས་དང་བཅས་པ་ཐམས་ཅད་བྱང་ཞིང་དག །རང་གི་ལུས་དྭངས་གསལ་འོད་ཀྱི་རང་བཞིན་ཅན་དུ་གྱུར། ཚེ་དང་བསོད་ནམས་ལུང་རྟོགས་ཀྱི་ཡོན་ཏན་ཐམས་ཅད་འཕེལ་ཞིང་རྒྱས། ཁྱད་པར་ཐུབ་པ་ཆེན་པོ་འཕགས་པ་གནས་བརྟན་བཅུ་དྲུག་འཁོར་དང་བཅས་པས་དགྱེས་བཞིན་རྗེས་སུ་བཟུང་སྟེ་རྒྱལ་བའི་བསྟན་པ་ཡོངས་སུ་རྫོགས་པ་ལ་སློབ་ནུས་པའི་སྙིང་སྟོབས་ཆེན་པོ་སྐྱེས་པར་བསམ་མོ། །གཟུངས་བུམ་སྒྲུབ་པར་འདོད་ན་སྨན་སྣའི་མདོ་ཆོག་ལས་འབྱུང་བ་ལྟར་བུམ་པ་མཚན་ཉིད་དང་ལྡན་པ་ནང་རྫས་ཚང་བ་དང་བཅས་པ་བཤམས་ནས། སྔགས་བཟླ་བའི་ཚེ་ཐུབ་པ་ཆེན་པོ་འཕགས་པ་གནས་བརྟན་བཅུ་དྲུག་དང་བཅས་པའི་སྐུ་ལས་བདུད་རྩི་བབས་ནས་བུམ་པ་གང་བར་བསམ་མོ། །

ཁ༩ མཇུག་ཏུ་གཏང་རག་གི་མཆོད་པ་སོགས་བྱ་བ།

ག༡ མཆོད་གཏོར་དབུལ་བ།

དགུ་པ་མཇུག་ཏུ་གཏང་རག་གི་མཆོད་(༢༥༨བ)པ་སོགས་བྱ་བ་ལ་ལྔ། མཆོད་གཏོར་དབུལ་བ། གཏང་རག་གི་མཆོད་པ་བྱ་བ། དགེ་བ་རྗོགས་བྱང་དུ་བསྔོ་བ། ནོངས་པ་བཟོད་པར་གསོལ་ནས་གཤེགས་སུ་གསོལ་བ། ཤིས་པ་བརྗོད་པའོ། །དང་པོ་ནི། མཆོད་གཏོར་རྣམས་བདེན་སྟོབས་ཀྱིས་བྱིན་གྱིས་བརླབ་པའམ། བྱ་རྒྱུད་ལྟར་བྱིན་གྱིས་བརླབ་པ་གང་རུང་བྱའོ། །དེ་ལྟར་བྱིན་གྱིས་བརླབས་ནས་རྩ་བརྒྱུད་ཀྱི་བླ་མ་རྒྱལ་བ་སྲས་བཅས་ཐམས་ཅད་དང་ཁྱད་པར་སྟོན་པ་ཐུབ་པའི་དབང་པོ་འཕགས་པ་གནས་བརྟན་བཅུ་དྲུག་འཁོར་དང་བཅས་པའི་ལྷགས་འོད་ཟེར་གྱི་ སྒྲུ་གུས་བདུད་རྩི་དེ་གསོལ་བས་ཐུགས་རྒྱུད་ལ་ཟག་མེད་ཀྱི་བདེ་བ་ཁྱད་པར་ཅན་སྐྱེས་པར་བསམས་ལ། ན་མཿསརྦ་ཏ་ཐཱ་ག་ཏ་ཨ་ཝ་ལོ་ཀི་ཏེ་ཨོཾ་སཾ་བྷ་ར་སཾ་བྷ་ར་ཧཱུཾ། ཞེས་རྒྱ་ཆེན་ཤུགས་ལྡན་གྱི་སྔགས་ལན་བདུན་ལ་སོགས་པས་མཆོད་གཏོར་དབུལ། ཚུ་གཉིས་ཉེར་སྤྱོད་རོལ་མོ་དང་བཅས་པས་མཆོད་ལ། འདོད་ཡོན་ལྔ་ལྡན་བདུད་རྩིའི་ཞལ་ཟས་འདི། །བླ་མ་ཡི་དམ་རྒྱལ་བ་སྲས་བཅས་དང་། །ཐུབ་དབང་གནས་བརྟན་འཁོར་དང་བཅས་ལ་འབུལ། །བཞེས་ནས་བདག་དང་མཁའ་མཉམ་འགྲོ་ཀུན་ལ། །མཆོག་དང་ཐུན་མོང་དངོས་གྲུབ་སྩལ་དུ་གསོལ། །ཞེས་གསོལ་བ་གདབ། གཏོར་མ་གཉིས་པ་རྒྱལ་པོ་ཆེན་པོ་བཞི་སོགས་ཆོས་སྐྱོང་ཡེ་ཤེས་ཀྱི་སྤྱན་ལྡན་རྣམས་ལ་སཾ་བྷ་ར་བདུན་གྱིས་ཕུལ་བས་ཐུགས་ཟག་མེད་ཀྱི་བདེ་བས་ཚིམ་པར་བསམས་ལ། ཚུ་གཉིས་ཉེར་སྤྱོད་རོལ་མོ་དང་བཅས་པས་མཆོད་ལ། འདོད་ཡོན་ལྔ་ལྡན་བདུད་རྩིའི་ཞལ་ཟས་འདི། །ཐུབ་པའི་བཀའ་སྡོད་རྒྱལ་ཆེན་(༢༥༩ན)བཞི་ལ་སོགས། །དམ་ཅན་ཆོས་སྐྱོང་སྲུང་མའི་ཚོགས་ལ་འབུལ། །བཞེས་ནས་བདག་དང་

མཁའ་མཉམ་འགྲོ་ཀུན་ལ། །དམ་ཆོས་སྐྱབ་པའི་འཕྲིན་ལས་སྐྱབ་པར་མཛོད། །ཅེས་འཕྲིན་ལས་བཅོལ། གཏོར་མ་གསུམ་པ་རིགས་དྲུག་སེམས་ཅན་ཐམས་ཅད་ལ་སཾ་ཧྲ་ར་བདུན་གྱིས་བསྔོས་པས་ཐམས་ཅད་ཚིམ་པར་བསམས་ལ་དེ་བཞིན་གཤེགས་པ་བཞིའི་མཚན་བརྗོད། འདོད་ཡོན་ལྔ་ལྡན་བདུད་རྩིའི་གཏོར་མ་འདི། །ཕ་མ་རིགས་དྲུག་སེམས་ཅན་ཡོངས་ལ་བསྔོ། །རང་རང་ཇི་ལྟར་འདོད་པས་ཚིམ་གྱུར་ནས། །རིགས་དྲུག་སོ་སོའི་སྡུག་བསྔལ་ལས་གྲོལ་ཏེ། །མྱུར་དུ་སངས་རྒྱས་གོ་འཕང་ཐོབ་གྱུར་ཅིག །ཅེས་སྨོན་ལམ་གདབ། གཏོར་མ་བཞི་པ་གཞི་བདག་རྣམས་ལ། སཾ་ཧྲ་ར་བདུན་གྱིས་བསྔོས་པས་ཚིམ་པར་བསམས་ལ། དེ་བཞིན་གཤེགས་པ་བཞིའི་མཚན་བརྗོད། འདོད་ཡོན་ལྔ་ལྡན་བདུད་རྩིའི་གཏོར་མ་འདི། །ས་ཡི་ལྷ་མོ་བསྟན་མས་གཙོ་བྱས་པའི། །ཡུལ་ལྷ་གཞི་བདག་འཁོར་དང་བཅས་ལ་འབུལ། །བཞེས་ནས་རྒྱལ་བའི་བསྟན་ལ་ཞུགས་རྣམས་ལ། །མཐུན་རྐྱེན་སྐྱོང་གྲོགས་ཡིད་བཞིན་སྒྲུབ་པར་མཛོད། །བདག་གི་བསམ་པའི་སྟོབས་དང་ནི། །དེ་བཞིན་གཤེགས་པའི་བྱིན་སྟོབས་དང་། །ཆོས་ཀྱི་དབྱིངས་ཀྱི་སྟོབས་རྣམས་ཀྱིས། །འཕགས་པ་རྣམས་ལ་མཆོད་པ་དང་། །སེམས་ཅན་རྣམས་ལ་ཕན་གདགས་ཕྱིར། །དོན་རྣམས་གང་དག་བསམས་པ་ཀུན། །དེ་དག་ཐམས་ཅད་ཅི་རིགས་པར། །ཐོགས་པ་མེད་པར་འགྲུབ་གྱུར་ཅིག །ཅེས་བདེན་སྟོབས་བརྗོད་དོ། །

ག༢ གཏང་རག་གི་མཆོད་པ་བྱ་བ།

གཉིས་པ་གཏང་རག་གི་མཆོད་པ་བྱ་བ་ནི། མཆོད་པ་གསར་དུ་བཤམ་པའམ་(༢༥༧བ)མ་ཐ་མཆོད་ཁ་གསོས་ཏེ། བདེན་སྟོབས་ཀྱིས་བྱིན་གྱིས་བརླབས་ལ། མཁའ་མཉམ་འགྲོ་ལ་མཁྱེན་བརྩེས་རབ་དགོངས་ནས། །གྲངས་མེད་གསུམ་དུ་ཚོགས་གཉིས་རབ་རྫོགས་ཤིང་། །སྟོང་གསུམ་མི་མཇེད་ཞིང་གི་དཔལ་གྱུར་པ། །འདྲེན་

མཆོག་ཤཱཀྱའི་ཏོག་ལ་ཕྱག་འཚལ་ལོ། །ཐུབ་པས་བཀའ་བསྒོས་བསྟན་པའི་རྒྱལ་མཚན་འཛིན། །ཡན་ལག་འབྱུང་དང་མ་ཕམ་ནགས་ན་གནས། །དུས་ལྡན་རྡོ་རྗེ་མོའི་བུ་བཟང་པོ་དང་། །གསེར་བེའུ་བྷ་ར་དྭ་ཛ་གསེར་ཅན་མཆོག །འཕགས་པ་བ་ཀུ་ལ་དང་སྒྲ་གཅན་འཛིན། །ལམ་ཕྲན་བྷ་ར་དྭ་ཛ་བསོད་སྙོམས་ལེན། །ལམ་བསྟན་ཀླུའི་སྡེ་སྦེད་བྱེད་མི་ཕྱེད་པ། །གནས་བརྟན་འཁོར་དང་བཅས་ལ་ཕྱག་འཚལ་ལོ། །དུས་གསུམ་ཕྱོགས་བཅུར་བཞུགས་པའི་བླ་མ་དང་། །རིན་ཆེན་མཆོག་གསུམ་ཕྱག་འོས་ཐམས་ཅད་ལ། །དད་ཅིང་མོས་པས་བསྟོད་དབྱངས་རྒྱ་མཚོར་བཅས། །ཞིང་རྡུལ་མཉམ་པའི་ལུས་སྤྲུལ་ཕྱག་འཚལ་ལོ། །ཇི་སྙེད་སུ་དག་ཅེས་པ་ནས་ཕྱག་འཚལ་མཆོད་པར་བགྱི་ཞེས་པའི་བར་བརྗོད་ནས། ཡན་ལག་བརྒྱད་ལྡན་ལྷ་ཡི་གཙྭ་སོགས། །ཕྱོགས་དུས་ཀུན་ན་མཆོད་ཡོན་ཅི་མཆིས་པ། །ཐུབ་དབང་གནས་བརྟན་འཁོར་བཅས་མཉེས་ཕྱིར་འབུལ། །བཞེས་ནས་བདག་ལ་དངོས་གྲུབ་སྩོལ་དུ་གསོལ། །ཤིན་ཏུ་རྣམ་དག་དྲི་མེད་ཡིད་འོང་བའི། །ཕྱོགས་དུས་ཀུན་ན་ཞབས་བསིལ་ཅི་མཆིས་པ། །ཐུབ་དབང་×། །བཞེས་ནས་×། །འདབ་སྟོང་རབ་རྒྱས་པདྨ་དཀར་པོ་སོགས། །ཕྱོགས་དུས་ཀུན་ན་མེ་ཏོག་×། །ཐུབ་དབང་×། །བཞེས་ནས་×། །མ་ལ་ཡ་ཡི་ཙན་དན་དྲི་ལ་སོགས། ཕྱོགས་དུས་ཀུན་ན་(༢༥༨ན)བདུག་སྤོས་×། །ཐུབ་དབང་×། །བཞེས་ནས་×། །མུན་པ་ཀུན་སེལ་རྫི་བཅུད་སྒྲོན་མེ་སོགས། །ཕྱོགས་དུས་ཀུན་ན་སྣང་གསལ་×། །ཐུབ་དབང་×། །བཞེས་ནས་×། །ཙན་དན་གུར་གུམ་དྲིས་བསྒོས་སྤོས་ཆུ་སོགས། །ཕྱོགས་དུས་ཀུན་ན་དྲི་ཆབ་×། །ཐུབ་དབང་×། །བཞེས་ནས་×། །དཀར་གསུམ་མངར་གསུམ་བདུད་རྩིའི་ཟས་ལ་སོགས། །ཕྱོགས་དུས་ཀུན་ན་ཞལ་ཟས་×། །ཐུབ་དབང་×། །བཞེས་ནས་×། །ཡན་ལག་དྲུག་ལྡན་ལྷ་ཡི་སིལ་སྙན་སོགས། །ཕྱོགས་དུས་ཀུན་ན་རོལ་མོ་×། །ཐུབ་དབང་×། །བཞེས་ནས་×། །གཟུགས་བརྙན་ཀུན་གསལ་རིན་ཆེན་བཻ་ཌཱུར་སོགས། །ཕྱོགས་དུས་ཀུན་ན་གཟུགས་མཆོག་×། །

ཐུབ་དབང་×། །བཞེངས་ནས་×། །དཔག་བསམ་ལས་བྱུང་བརྗོད་བྲལ་དབྱངས་ལ་སོགས། །ཕྱོགས་དུས་ཀུན་ན་སྒྲ་སྙན་×། །ཐུབ་དབང་×། །བཞེངས་ནས་×། །ཡིད་འོང་ཅན་དན་དཀར་པོའི་དྲི་ལ་སོགས། །ཕྱོགས་དུས་ཀུན་ན་དྲི་མཆོག་×། །ཐུབ་དབང་×། །བཞེངས་ནས་×། །སྟོང་གསུམ་སྙིང་པོ་ཚངས་གནས་བདུད་རྩི་སོགས། །ཕྱོགས་དུས་ཀུན་ན་དྲི་མཆོག་×། །ཐུབ་དབང་×། །བཞེངས་ནས་×། །སྲབ་འཇམ་པཉྩ་ལི་ཀའི་གོས་ལ་སོགས། །ཕྱོགས་དུས་ཀུན་ན་རེག་མཆོག་×། །ཐུབ་དབང་×། །བཞེངས་ནས་×། །འཇིག་རྟེན་འདི་ཡི་ཕུན་སུམ་ཚོགས་པའི་མཆོག །རིན་ཆེན་བདུན་གྱིས་ལྷ་ཡི་ལམ་བཀང་སྟེ། །ཐུབ་དབང་གནས་བརྟན་འཁོར་བཅས་མཉེས་ཕྱིར་འབུལ། །བཞེངས་ནས་བདག་ལ་དངོས་གྲུབ་སྩལ་དུ་གསོལ། །འདོད་ཆགས་ཞེ་སྡང་ཞེས་པ་(༢༥༨བ)ནས་ཕྱིར་བསྟོའི་བར་བརྗོད། ས་གཞི་སྤོས་ཀྱིས་བྱུགས་ཤིང་མེ་ཏོག་བཀྲམ། །རི་རབ་གླིང་བཞི་ཉི་ཟླས་བརྒྱན་པ་འདི། །སངས་རྒྱས་ཞིང་དུ་དམིགས་ཏེ་ཕུལ་བ་ཡིས། །འགྲོ་ཀུན་རྣམ་དག་ཞིང་ལ་སྤྱོད་པར་ཤོག །སངས་རྒྱས་སྤྲུལ་པ་ཉན་ཐོས་ཚུལ། །འཕགས་པ་གནས་བརྟན་དགེ་སློང་ཆེ། །དཀོན་མཆོག་རིན་ཆེན་གསུམ་གྱི་དངོས། །ཉན་ཐོས་ཆེན་པོ་སྤྲུལ་པའི་སྐུ། །ཐུགས་རྗེའི་བདག་ཉིད་ཅན་རྣམས་དང་། །འཕགས་པའི་དགེ་སློང་དགྲ་བཅོམ་པ། །ཁྲི་དང་དྲུག་སྟོང་བཞི་བརྒྱ་རྣམས། །དགྲ་བཅོམ་ཟག་ཟད་ཉོན་མོངས་མེད། །བྱ་བ་བྱས་ཤིང་བྱེད་པ་བྱས། །སེམས་དང་ཤེས་རབ་རྣམ་པར་གྲོལ། །ཅང་ཤེས་རྟ་དང་གླང་ཆེན་བཞིན། །ཁུར་བོར་རང་དོན་རབ་ཏུ་ཐོབ། །སྲིད་པར་ཀུན་སྦྱོར་ཡོངས་ཟད་པ། །སེམས་ཀྱི་དབང་རྣམས་མཆོག་ཐོབ་པ། །མངོན་ཤེས་རྫུ་འཕྲུལ་ཡོན་ཏན་ལྡན། །ཡོན་ཏན་རྒྱ་མཚོའི་ཕ་རོལ་ཕྱིན། །འཕགས་པ་གནས་བརྟན་ཁྱེད་རྣམས་ནི། །སེམས་ཅན་རྣམས་ལ་ཐུགས་བརྩེ་བས། །མ་དུལ་བ་ནི་དུལ་བར་མཛད། །མ་དག་དག་པར་མཛད་པ་པོ། །མགོན་སྐྱབས་མེད་ལ་མགོན་སྐྱབས་མཛད། །མ་གྲོལ་གྲོལ་བར་མཛད་པ་པོ། །མ་ཞི་བ་རྣམས་ཞི་བར་མཛད། །འཚོ་མཛད་སྨན་པའི་

རྒྱལ་པོ་ལྟར། །སེམས་ཅན་རྣམས་ཀྱི་གསོས་གྱུར་པ། །རིག་དང་ཞབས་སུ་ལྡན་པ་ཡི། །སྤྲིན་གནས་དུལ་ཞིང་དགེ་འདུན་ཆེ། །ཞུགས་པ་རྣམ་པ་བཞི་དང་ནི། །འབྲས་ལ་གནས་པ་བཞི་རྣམས་ལ། །བདག་ཅག་གུས་པས་ཕྱག་འཚལ་ལོ། །བྱིན་རླབས་ཆེན་པོ་མཛད་དུ་གསོལ། །དད་ལྡན་(༢༥༦་ན)བསོད་ནམས་གང་འདོད་པ། །རྫས་ལས་བྱུང་བའི་བསོད་ནམས་ནི། །རྟག་ཏུ་བྱེད་པ་རྣམས་ཀྱི་ཞིང་། །གང་ལ་ཕུལ་ན་འབྲས་ཆེ་བ། །དེ་ལ་གུས་པས་ཕྱག་འཚལ་ལོ། །བདག་རྒྱུད་ཞི་དང་དུལ་བ་ཡི། །ཐུགས་རྗེས་ཐུགས་བརྩེ་མཛད་པར་གསོལ། །ཞེས་བསྟོད་ཅིང་གསོལ་བ་གདབ་བོ། །

ག༣ དགེ་བ་རྫོགས་བྱང་དུ་བསྔོ་བ།

གསུམ་པ་དགེ་བ་རྫོགས་བྱང་དུ་བསྔོ་བ་ནི། བཟང་པོ་སྤྱོད་པ་དང་། སྨོན་ལམ་བདུན་ཅུ་པ་དང་། བསྟན་འབར་མ་ལ་སོགས་པའི་སྒོ་ནས་རང་གཞན་གྱི་དགེ་བ་རྣམས་རྫོགས་བྱང་དུ་བསྔོ་བ་དང་། རྒྱལ་བའི་བསྟན་པ་ཕྱོགས་ཀུན་ཏུ་འཕེལ་ཞིང་རྒྱས་པ་དང་ཡུན་རིང་དུ་གནས་པའི་སྨོན་ལམ་ཤུགས་དྲག་ཏུ་གདབ་ཅིང་། ཁྱད་པར། སངས་རྒྱས་སྤྲུལ་པ་དགྲ་བཅོམ་འཕགས་པའི་ཚོགས། །འགྲོ་བའི་དོན་དུ་བསྟན་པ་སྐྱོང་མཛད་པ། །དཀོན་མཆོག་གསུམ་དངོས་གནས་བརྟན་བཅུ་དྲུག་གིས། །བསྟན་པ་ཡུན་རིང་གནས་པར་བྱིན་གྱིས་རློབས། །ཐུགས་རྗེའི་བདག་ཉིད་གནས་བརྟན་བཅུ་དྲུག་གི། །འཁོར་ཚོགས་སྲིད་མཚོ་ལས་བརྒྱལ་ཉོན་མོངས་མེད། །ཁྲི་དང་དྲུག་སྟོང་བཞི་བརྒྱའི་ཚོགས་རྣམས་ཀྱིས། །བསྟན་པ་ཡུན་རིང་གནས་པར་བྱིན་གྱིས་རློབས། །སེམས་ཅན་ཀུན་གྱི་གསོས་གྱུར་དགྲ་བཅོམ་པ། །རིག་དང་ཞབས་ལྡན་སྐྱེ་རྒུའི་སྤྲིན་གནས་ཆེ། །འཕགས་པའི་གང་ཟག་ཆེན་པོ་ཁྱེད་རྣམས་ཀྱིས། །བསྟན་པ་ཡུན་རིང་གནས་པར་བྱིན་གྱིས་རློབས། །བདག་གཞན་དགེ་བའི་རྩ་བ་འདི་ཡིས་མཐུས། །ཕན་བདེའི་འབྱུང་གནས་བསྟན་པ་འཕེལ་གྱུར་ཅིག །སྡུག་

(༢༧༩་བ)བསྐལ་ཀུན་འབྱུང་མ་ལུས་རབ་སྤངས་ནས། །སྲིད་པའི་རྒྱ་མཚོ་མྱུར་དུ་སྐེམ་པར་ཤོག །བསོད་ནམས་རྒྱ་མཚོ་ཡོངས་སུ་རྫོགས་གྱུར་ཅིག །ཡེ་ཤེས་རྒྱ་མཚོ་རྣམ་པར་དག་གྱུར་ཏེ། །ཡོན་ཏན་རྒྱ་མཚོ་མ་ལུས་ཀུན་རྫོགས་ནས། །འཇིག་རྟེན་ཀུན་ལས་ཁྱད་པར་འཕགས་པར་ཤོག །ཚོགས་གཉིས་མཐར་ཕྱིན་དུས་གསུམ་རྒྱལ་བ་ཡི། །འཕྲིན་ལས་སྐྱབ་ཅིང་ཡོན་ཏན་རྣམ་དབྱེར་མེད། །སྐལ་བ་མཉམ་པའི་གདུལ་བྱ་སྨིན་མཛད་པའི། །མཉམ་མེད་བླ་མ་མཆོག་གི་བཀྲ་ཤིས་ཤོག །དུས་གསུམ་རྒྱལ་བ་རྒྱལ་སྲས་ཐུགས་རྗེ་ནི། །ཉན་ཐོས་ཚུལ་དུ་སྲིད་པ་ཇི་སྲིད་བར། །བསྟན་པ་སྐྱོང་ཞིང་འགྲོ་བའི་དོན་མཛད་པའི། །གནས་བརྟན་ཆེན་པོ་རྣམས་ཀྱི་བཀྲ་ཤིས་ཤོག །ཐུབ་དབང་གནས་བརྟན་བཅུ་དྲུག་འཁོར་བཅས་ལ། །གསོལ་བ་བཏབ་པས་ཕན་བདེ་ཀུན་གྱི་གཞི། །རྒྱལ་བའི་བསྟན་པ་ཡུན་རིང་གནས་པ་དང་། །ཕྱོགས་དུས་ཀུན་ཏུ་དར་ཞིང་རྒྱས་གྱུར་ཅིག །ཅེས་བརྗོད་ཅིང་གནས་བརྟན་ཆེན་པོ་བཅུ་དྲུག་གིས་སྔོན་སྟོན་པའི་སྤྱན་སྔར་ཇི་སྲིད་བྱམས་མགོན་འཇིག་རྟེན་འདིར་མ་བྱོན་གྱི་བར་དུ་མྱ་ངན་ལས་མི་འདའ་བར་འཇིག་རྟེན་འདིར་བཞུགས་ནས་རྒྱལ་བའི་བསྟན་པ་འཛིན་ཅིང་སྤེལ་བར་ཞལ་གྱིས་བཞེས་པ་ལྟར་གནས་བརྟན་ཆེན་པོ་རྣམས་ཀྱི་མཐུས་རྒྱལ་བའི་བསྟན་པ་དྲི་མ་མེད་པ་འདི་ཉིད་ལས་ཆ་གཅིག་ཙམ་ཡང་མི་ནུབ་པར་བསྟན་པ་ཡོངས་སུ་རྫོགས་པ་མཐའ་དག་སྒོ་ཐམས་ཅད་ནས་ཕྱོགས་ཐམས་ཅད་དུ་དར་ཞིང་རྒྱས་ལ་ཡུན་རིང་དུ་གནས་པར་གྱུར་ཅིག་ཅེས་སྨོན་ལམ་ཤུགས་དྲག་ཏུ་གདབ་བོ། །(༢༨༠་ན)

ག༤ རྟོངས་པ་བཟོད་པར་གསོལ་ནས་གཤེགས་སུ་གསོལ་བ།

བཞི་པ་རྟོངས་པ་བཟོད་པར་གསོལ་ནས་གཤེགས་སུ་གསོལ་བ་ནི། མེ་ཏོག་དང་བཅས་ཐལ་མོ་སྦྱར་ནས། སྟོན་པ་བཅོམ་ལྡན་འདས་དེ་བཞིན་གཤེགས་པ་དགྲ་བཅོམ་པ་ཡང་དག་པར་རྫོགས་པའི་སངས་རྒྱས་ཤཱཀྱ་ཐུབ་པ་དང་གནས་བརྟན་ཆེན་པོ་བཅུ

དྲུག་འཁོར་དང་བཅས་པ་སོགས་རྒྱལ་བ་སྲས་བཅས་ཐམས་ཅད་གདན་འཛོམ་པའི་སྤྱན་སྔར་བདག་ཅག་སངས་རྒྱས་དངོས་སུ་མཐོང་བའི་སྐལ་བ་མེད་པའི་གདུལ་བྱ་ཉམ་ཐག་རྣམས་ཀྱི་དོན་དུ་སྔོན་གྱི་ཐུགས་དམ་བསྐུལ་ཕྱིར་ཕྱག་འཚལ་ཞིང་མཆོད་ནས་གསོལ་བ་འདེབས་པའི་སྐབས་འདིར་བདག་ཅག་དུས་ངན་པའི་སེམས་ཅན་སྤྱོད་པ་དམན་ཞིང་མ་དག་པས། མ་འཚལ་བ་དང་བག་མ་མཆིས་པའི་དབང་གིས་ལུས་ངག་ཡིད་གསུམ་གྱི་སྤྱོད་པ་ཉོན་མོངས་པ་དང་འདྲེས་པ་དང་། མཆོད་པའི་དངོས་པོ་ཆུང་ཞིང་ངན་པ་དང་། གཙང་སྦྲ་མ་བྱེད་པ་དང་། མདོ་སྡེ་ལས་བྱུང་བའི་ཆོ་ག་བཞིན་དུ་མ་ལྟོགས་པ་ལ་སོགས་པ་འཁྲུལ་ཞིང་ནོངས་པའི་ཚོགས་ཅི་མཆིས་པ་ཐམས་ཅད་འཕགས་པ་ཐུགས་རྗེ་ཆེན་པོ་དང་ལྡན་པ་རྣམས་ལ་བཟོད་པར་གསོལ་ཞིང་མཆིས་ན་ཐུགས་བརྩེ་བར་དགོངས་ཏེ་བཟོད་པར་བཞེས་ཤིང་འཕྲལ་དང་ཡུན་དུ་བདག་ཅག་རྣམས་ལ་སྒྲིབ་པར་མི་འགྱུར་བར་མཛད་དུ་གསོལ། མ་འབྱོར་པ་དང་ཉམས་པ་དང་། །གང་ཡང་བདག་རྨོངས་བློ་ཡིས་ནི། །བགྱིས་པ་དང་ནི་བགྱིད་སྒྱུལ་གང་། །དེ་ཡང་བཟོད་པར་མཛད་དུ་གསོལ། །ཞེས་ནོངས་པ་བཟོད་པར་གསོལ་ནས། རྟེན་ཡོད་(༢༨༠བ)ན་བརྟན་བཞུགས་བྱ་སྟེ། འདི་ལྟར། ཐུབ་པ་ཆེན་པོ་འཕགས་པ་གནས་བརྟན་བཅུ་དྲུག་གི་ལྷ་ཚོགས་འཁོར་དང་བཅས་པ་བདག་ལ་དགོངས་སུ་གསོལ། ཇི་སྲིད་ནམ་མཁའི་མཐའ་དང་མཉམ་པའི་སེམས་ཅན་གྱི་ཁམས་རྣམས་མི་གནས་པའི་མྱ་ངན་ལས་འདས་པའི་ས་ལ་མ་བཞག་གི་བར་དུ་མྱ་ངན་ལས་མི་འདའ་བར་བརྟན་པར་བཞུགས་སུ་གསོལ། བྱེ་བྲག་ཏུ་ཡང་སྐུ་གསུང་ཐུགས་ཀྱི་རྟེན་འདི་ལ་ས་དང་ཆུ་དང་མེ་དང་རླུང་གི་གནོད་པས་མ་ཞིག་གི་བར་དེ་སྲིད་དུ་སེམས་ཅན་གྱི་དོན་དཔག་ཏུ་མེད་པ་མཛད་ཅིང་བརྟན་པར་བཞུགས་སུ་གསོལ། འདིར་ནི་གཟུགས་དང་ལྷན་ཅིག་ཏུ། །འགྲོ་བའི་དོན་དུ་བཞུགས་ནས་ཀྱང་། །ནད་མེད་ཚེ་དང་དབང་ཕྱུག་དང་། །མཆོག་རྣམས་ལེགས་པར་སྩལ་དུ་གསོལ། །ཨོཾ་

སུ་པྲ་ཏིཥྛ་བཛྲ་ཡེ་སྭཱཧཱ། ཞེས་བརྗོད་ཅིང་མེ་ཏོག་འཐོར། རྟེན་མེད་ན། ཁྱེད་ཀྱིས་སེམས་ཅན་དོན་ཀུན་མཛད། །རྗེས་སུ་མཐུན་པའི་དངོས་གྲུབ་སྩོལ། །སངས་རྒྱས་ཡུལ་དུ་གཤེགས་ནས་ཀྱང་། །སླར་ཡང་ཐུགས་རྗེས་འབྱོན་པར་མཛོད། །ཅེས་གསོལ་བ་གདབ་ཅིང་མེ་ཏོག་གཏོར་རོ། །

ག༥ ཤིས་པ་བརྗོད་པ།

ལྔ་པ་ཤིས་པ་བརྗོད་པ་ནི། མི་མཇེད་ཞིང་གི་མགོན་པོ་བཅོམ་ལྡན་འདས། །ཤེས་རབ་ཅན་གྱི་མཆོག་གྱུར་ཤཱ་རིའི་བུ། །རྒྱལ་སྲས་སྤྲུལ་པའི་གར་མཛད་སྒྲ་གཅན་འཛིན། །རྒྱལ་བ་གཉིས་པ་འཕགས་པ་ཀླུ་སྒྲུབ་སོགས། །དངོས་དང་བརྒྱུད་པའི་བླ་མ་ཐམས་ཅད་ལ། །ལེགས་ཚོགས་ཇི་སྙེད་མཆིས་པའི་བཀྲ་ཤིས་དེས། །ཁྱེད་ཀྱི་མི་མཐུན་རྐྱེན་ཀུན་ཟད་ཅིང་། །བདེ་ལེགས་ཡར་ངོའི་ཟླ་ལྟར་འཕེལ་གྱུར་(༢༨༧ན)ནས། །ཕུན་ཚོགས་དཔལ་ལ་རོལ་པའི་བཀྲ་ཤིས་ཤོག །རྒྱལ་བའི་ཉི་མ་གཞན་གྱིས་མ་ཐུལ་བ། །མགོན་མེད་རྩོད་པའི་དུས་ཀྱི་འགྲོ་རྣམས་ལ། །ལྷག་པར་བརྩེ་བའི་སྟོན་པ་བཅོམ་ལྡན་འདས། །འདྲེན་པ་མཉམ་མེད་ཤཱཀྱའི་རྒྱལ་པོ་དང་། །ཐུབ་པས་བཀའ་བསྔོས་བསྟན་པའི་རྒྱལ་མཚན་འཛིན། །སྤྲུལ་པའི་གནས་བརྟན་ཆེན་པོ་བཅུ་དྲུག་སོགས། །རྒྱལ་དང་རྒྱལ་སྲས་འཕགས་པའི་ཚོགས་རྣམས་ལ། །ལེགས་ཚོགས་ཇི་སྙེད་མཆིས་པས་བཀྲ་ཤིས་དེས། །ཁྱེད་ཀྱི་མི་མཐུན་རྐྱེན་ཀུན་ཟད་ཅིང་། །བདེ་ལེགས་ཡར་ངོའི་ཟླ་ལྟར་འཕེལ་གྱུར་ཅིག །ཕུན་ཚོགས་དཔལ་ལ་རོལ་པའི་བཀྲ་ཤིས་ཤོག །ཆེ་བའི་ཆེ་མཆོག་སྟོན་པ་བླ་ན་མེད། །ཆོས་རྗེ་ཉི་མ་རྒྱལ་བའི་བྱིན་རླབས་ཀྱིས། །བདུད་དང་བགེགས་རིགས་གནོད་པའི་དགྲ་ཞི་ནས། །རྟག་ཏུ་དཔལ་གནས་ཉིན་མཚན་བཀྲ་ཤིས་ཤོག །ཆོས་ཉིད་བདེན་པའི་ཆོས་མཆོག་བླ་ན་མེད། །དམ་ཆོས་བདུད་རྩི་བདེན་པའི་བྱིན་རླབས་ཀྱིས། །ཉོན་མོངས་སྡུག་བསྔལ་གདུང་བའི་དགྲ

ཞི་ནས། །རྟག་ཏུ་དཔལ་གནས་ཉིན་མཚན་བཀྲ་ཤིས་ཤོག །དགེ་འདུན་ཡོན་ཏན་རིན་ཆེན་དཔལ་འབར་བ། །རྒྱལ་སྲས་ཕན་མཛད་བདེན་པའི་བྱིན་རླབས་ཀྱིས། །ཉེས་པའི་སྐྱོན་བྲལ་དགེ་ཚོགས་རྣམ་པར་འཕེལ། །རྟག་ཏུ་དཔལ་གནས་ཉིན་མཚན་བཀྲ་ཤིས་ཤོག །ཚངས་དང་ལྷ་དབང་སྲུང་མའི་བྱིན་རླབས་དང་། །ཕན་མཛད་ལྷ་ཡི་བཀྲ་ཤིས་གནས་གྱུར་ཏེ། །དགེ་ལེགས་བསམས་པ་ཡིད་བཞིན་འགྲུབ་པ་དང་། །ཚེ་རིང་ནད་མེད་(༢༨༧ཁ)བདེ་སྐྱིད་ལྡན་པར་ཤོག །ཅེས་ཤིས་པ་བརྗོད་ཅིང་མེ་ཏོག་འཐོར་རོ། །དགོས་པ་གང་དག་གང་གི་ཕྱིར་དུ་ཐུབ་དབང་གནས་བརྟན་འཁོར་དང་བཅས་པ་རྣམས་ལ་ཕྱག་མཆོད་གསོལ་འདེབས་བྱ་ཚུལ་ཕལ་ཆེར་སྔར་རྟོགས་བརྗོད་བཤད་པའི་སྐབས་བྲིས་ཟིན་ཅིང་དགེ་འདུན་གྱི་སྡེ་གསར་དུ་འཛུགས་པའམ། འགྲོ་བ་ཅན་རྣམས་ཀྱིས་ཕྱོགས་བཞིའི་དགེ་འདུན་སྤྱན་དྲངས་ཏེ་དགེ་འདུན་གྱི་འདུ་བ་རྒྱ་ཆེན་པོ་ལ་རང་གཞན་གྱི་སྡིག་སྒྲིབ་སྦྱོང་བའམ། ཚོགས་རླབས་ཆེན་རྫོགས་པར་བྱ་བའམ། རྒྱལ་བའི་བསྟན་པ་བསྟན་འཛིན་དང་བཅས་པ་ལ་བར་ཆད་ཞི་བར་བྱ་བའམ། རྒྱལ་བའི་བསྟན་པ་ཉམས་པ་རྣམས་གསོ་བར་བྱ་བའི་ཕྱིར་ཆོས་འཁོར་རྒྱ་ཆེན་པོ་འཛུགས་པ་སོགས་ཀྱི་ཕྱིར་མཆོད་ཅིང་བསྙེན་བཀུར་བ་འདོད་ན་སང་ལྟ་བུ་དགེ་འདུན་རྣམས་འདུ་བར་འགྱུར་བའི་དེ་རིང་གི་དུས་སུ་དགེ་འདུན་གྱི་གནས་མལ་དང་། མཆོད་པ་རྒྱ་ཆེན་པོ་ལེགས་པར་བཤམས། ཐུབ་དབང་གནས་བརྟན་བཅུ་དྲུག་དང་བཅས་པའི་སྐུ་རྟེན་ལེགས་པར་དགྲམ་ལ། དགེ་སློང་བཞི་སོགས་ཀྱིས་ཆོས་གོས་རྣམ་གསུམ་ལེགས་པར་བགོས། མེ་ཏོག་འཐོར་ཤིང་བདུག་སྤོས་ལག་ཏུ་ཐོགས་ཏེ་ཐུབ་དབང་གནས་བརྟན་བཅུ་དྲུག་དང་བཅས་པ་སང་ཉིན་འབྱོན་པར་བསྐུལ་བའི་ཕྱིར་སྙན་གསན་འདི་ལྟར་བརྗོད་དེ། སྟོན་ཆེ་བཅོམ་ལྡན་ཤཱཀྱ་ཐུབ། །ཤཱཀྱ་སེང་གེ་རྒྱལ་པོའི་སྲས། །འཇིག་རྟེན་འདི་ན་ཡོངས་བཞུགས་ཤིང་། །མྱ་ངན་འདའ་ཚུལ་མ་བསྟན་ཏོ། །བདེ་གཤེགས་ཆོས་ཀྱི་རྒྱལ་པོའི་སྲས། །འཕགས་པ་ཡང་དག་

ཤེས་རབ་ཀྱིས། །ཉོན་མོངས་བུད་ཤིང་བསྲེག་པར་མཛད། །ཁམས་(༢༨༢ན)གསུམ་འཁོར་བའི་དགྲ་བཅོམ་ནས། །བྱ་བ་བྱས་ཤིང་བྱེད་པ་བྱས། །ཁུར་བོར་བདག་དོན་རྗེས་སུ་བརྙེས། །སྲིད་པའི་སྦྱོར་བ་ཡོངས་སུ་ཟད། །ཡང་དག་ཤེས་རབ་རྣམ་པར་གྲོལ། །ཉོན་མོངས་བག་ཆགས་རྣམ་པར་འཛོམས། །ཟབ་མོའི་དོན་ལ་མཁས་པ་པོ། །དམིགས་མེད་ཆོས་ཀྱིས་ངེས་པར་འབྱུང་། །སྤྱོད་ལམ་མཛེས་པས་རྣམ་པར་རྒྱན། །བདེ་གཤེགས་བཀའ་ལ་རབ་གནས་པའི། །དགྲ་བཅོམ་བཅུ་དྲུག་བཞུགས་པ་ནི། །ཀོའུ་དི་ཏྲ་ཤྭ་རིའི་བུ། །མོའུ་འགལ་བུ་དང་འོད་སྲུངས་དང་། །ཀུན་དགའ་བོ་དང་སྒྲ་གཅན་འཛིན། །ཉེ་བར་འཁོར་དང་མ་འགགས་དང་། རབ་འབྱོར་དང་ནི་ཏ་ཐུལ་དང་། །ཧྭ་ར་ཧྭ་ཛ་བསོད་སྙོམས་ལེན། །གྲུད་བུ་ནོར་དང་ལེགས་འོངས་དང་། །ནག་པོ་དང་ནི་འཆར་ཀ་དང་། །གང་པོ་དང་ནི་ཀ་ཏྱའི་བུ། །དགྲ་བཅོམ་བྱེ་བ་མང་པོ་དག །སང་གི་དུས་འདིར་གཤེགས་སུ་གསོལ། །བཅོམ་ལྡན་མྱུ་ངན་འདས་སྣད་ན། །དམ་པའི་ཆོས་ཀྱི་གཉེར་གཏད་པ། །འཇིག་རྟེན་ཁམས་འདི་བསྲུང་མཛད་ཅིང་། །འཁོར་བཞི་ཡོངས་སུ་སྐྱོང་མཛད་པའི། །སེམས་ཅན་དོན་ལ་ཕན་བརྩོན་པ། །གནས་བརྟན་ཆེན་པོ་བཅུ་དྲུག་རྣམས། །སང་གི་དུས་འདིར་གཤེགས་སུ་གསོལ། །དགྲ་བཅོམ་བརྒྱ་སྟོང་འཁོར་རྣམས་དང་། །འཛམ་བུའི་གླིང་དང་གླིང་གཞན་དང་། །ཡུལ་རྣམས་སོ་སོར་བཞུགས་པ་རྣམས། །སང་གི་དུས་འདིར་གཤེགས་སུ་གསོལ། །ཤར་གྱི་ལུས་འཕགས་གླིང་ཆེན་ནས། །གནས་བརྟན་ཆེན་པོར་མཚན་གྲགས་པ། །ཧྭ་ར་ཧྭ་ཛ་བསོད་སྙོམས་ལེན། །དགྲ་བཅོམ་སྟོང་གི་འཁོར་དང་བཅས། །སང་གི་དུས་འདིར་(༢༨༢བ)གཤེགས་སུ་གསོལ། །སུམ་ཅུ་རྩ་གསུམ་ལྷ་གནས་ནས། །ཉན་ཐོས་ཆེན་པོ་ལམ་བསྟན་ཡང་། །དགྲ་བཅོམ་དགུ་བརྒྱའི་འཁོར་དང་བཅས། །སང་གི་དུས་འདིར་གཤེགས་སུ་གསོལ། །རི་ཡི་རྒྱལ་པོ་ངོས་ཡངས་ནས། །ཉན་ཐོས་ཆེན་པོ་ཀླུའི་སྡེ་ཡང་། །དགྲ་བཅོམ་སྟོང་དང་ཉིས་བརྒྱ་ཡི། །འཁོར་

དང་བཅས་ཏེ་གཤེགས་སུ་གསོལ། །རི་ཡི་རྒྱལ་པོ་བི་ཏུ་ནས། །ཉན་ཐོས་ཆེན་པོ་སྦྱིན་བྱེད་ཀྱང་། །དགྲ་བཅོམ་སྟོང་དང་བཞི་བརྒྱ་ཡི། །འཁོར་དང་བཅས་ཏེ་གཤེགས་སུ་གསོལ། །གངས་ཀྱི་རི་བོ་ཆེན་པོ་ནས། །ཉན་ཐོས་ཆེན་པོ་མི་ཕྱེད་པ། །དགྲ་བཅོམ་སྟོང་གི་འཁོར་དང་བཅས། །སང་གི་དུས་འདིར་གཤེགས་སུ་གསོལ། །གངས་རི་ཆེན་པོ་ཏེ་སེ་ནས། །ཉན་ཐོས་ཆེན་པོ་ཡན་ལག་འབྱུང་། །དགྲ་བཅོམ་སྟོང་དང་སུམ་བརྒྱ་ཡི། །འཁོར་དང་བཅས་ཏེ་གཤེགས་སུ་གསོལ། །དྲང་སྲོང་རི་ཡི་ངོས་ཤེལ་ནས། །ཉན་ཐོས་ཆེན་པོ་མ་ཕམ་པ། །དགྲ་བཅོམ་བརྒྱ་ཡི་འཁོར་དང་བཅས། །སང་གི་དུས་འདིར་གཤེགས་སུ་གསོལ། །ལོ་མ་བདུན་པའི་རི་ཕུག་ནས། །ཉན་ཐོས་ཆེན་པོ་ནགས་ན་གནས། །དགྲ་བཅོམ་སྟོང་དང་བཞི་བརྒྱ་ཡི། །འཁོར་དང་བཅས་ཏེ་གཤེགས་སུ་གསོལ། །ཟངས་ཀྱི་གླིང་ཞེས་བྱ་བ་ནས། །ཉན་ཐོས་ཆེན་པོ་དུས་ལྡན་ཡང་། །དགྲ་བཅོམ་སྟོང་དང་ཆིག་བརྒྱ་ཡི། །འཁོར་དང་བཅས་ཏེ་གཤེགས་སུ་གསོལ། །སིང་ག་ལ་ཡི་གླིང་ཕྲན་ནས། །དགྲ་བཅོམ་རྡོ་རྗེ་མོ་ཡི་བུ། །ཉན་ཐོས་སྟོང་གི་འཁོར་དང་བཅས། །སང་གི་དུས་འདིར་གཤེགས་སུ་གསོལ། །ཆུ་བོ་ཡ་མུ་ནའི་གླིང་ནས། །ཉན་ཐོས་ཆེན་པོ་བཟང་པོ་ཡང་། །དགྲ་བཅོམ་སྟོང་དང་ཉིས་བརྒྱ་ཡི། །འཁོར་དང་བཅས་ཏེ་གཤེགས་སུ་གསོལ། །ཁ་ཆེའི་ཡུལ་གྱི་ས་མཚམས་ནས། །ཉན་ཐོས་ཆེན་པོ་གསེར་བེའུ། །དགྲ་བཅོམ་ལྔ་བརྒྱའི་འཁོར་དང་བཅས། །སང་གི་(༢༨༣ན)དུས་འདིར་གཤེགས་སུ་གསོལ། །ནུབ་ཕྱོགས་བ་ལང་སྤྱོད་གླིང་ནས། །བྷ་ར་དྭ་ཛ་གསེར་ཅན་ཡང་། །དགྲ་བཅོམ་བདུན་བརྒྱའི་འཁོར་དང་བཅས། །སང་གི་དུས་འདིར་གཤེགས་སུ་གསོལ། །སྒྲ་མི་སྙན་གྱི་གླིང་ནས་ཀྱང་། །གནས་བརྟན་ཆེན་པོ་བ་ཀུ་ལ། །དགྲ་བཅོམ་དགུ་བརྒྱའི་འཁོར་དང་བཅས། །སང་གི་དུས་འདིར་གཤེགས་སུ་གསོལ། །ཕྲི་ཡང་ཀུ་ཡི་གླིང་ཕྲན་ནས། །ཉན་ཐོས་ཆེན་པོ་སྒྲ་གཅན་འཛིན། །དགྲ་བཅོམ་སྟོང་དང་ཆིག་བརྒྱ་ཡི། །འཁོར་དང་བཅས་ཏེ་གཤེགས་སུ་གསོལ། །བྱ་རྒོད་ཕུང་པོའི་རི་ནས་ཀྱང་། །ཉན་

ཐོས་ཆེན་པོ་ལམ་ཕྲན་བསྟན། །དགྲ་བཅོམ་སྟོང་དང་དྲུག་བརྒྱ་ཡི། །འཁོར་དང་
བཅས་ཏེ་གཤེགས་སུ་གསོལ། །དེ་དག་ལ་སོགས་གཞན་དག་ཀྱང་། །ཤིང་ཆེན་ས་
ལའི་དྲུང་དག་དང་། །ལྷུ་མའི་གནས་དང་རྒྱལ་པོའི་ཁབ། །ནཻ་རཉྫ་ར་བདུད་འདུལ་
ས། །ཝཱ་ར་ཎ་སི་ཡངས་པ་ཅན། །མཉན་ཡོད་ལྷ་ཡི་གྲོང་ཁྱེར་དང་། །མཆོད་རྟེན་
བརྒྱད་ཀྱི་གནས་རྣམས་དང་། །སུམ་ཅུ་རྩ་གསུམ་གནས་རྣམས་ན། །བཞུགས་པར་
གྲགས་པ་ཐམས་ཅད་དང་། །གཞན་ཡང་འཛམ་གླིང་ལྷོ་ཕྱོགས་ཀྱི། །མཚོ་ཡི་འགྲམ་
དང་མ་ལ་ཡའི། །ནགས་དང་རི་ཁྲོད་ས་རྣམས་དང་། །ཆུ་བོ་ན་ར་མ་ཏིའི་འགྲམ། །རི་
བོ་བིན་དུ་ཡོངས་འདུའི་ས། །གཞན་ཡང་མེ་ཏོག་འབྲས་ལྡན་པའི། །ཤིང་དང་སྤང་
བུ་ནེ་གསིང་དང་། །ཁྲུ་དང་རི་དྭགས་གནས་པ་དང་། ཉམས་དགའ་བ་ཡི་སར་
བཞུགས་དང་། །རྒྱ་མཚོ་ཆེན་པོའི་འགྲམ་སོགས་ན། །ཀླུ་ཆེན་ལུས་ལ་འཁྲིལ་མཛད་
ཅིང་། །ཡང་དག་དོན་ལ་ཏིང་འཛིན་གནས། །སྦྲུལ་མགོ་གདེངས་ཀས་གདུགས་ལྟར་
བཀབ། །དོན་རྣམས་(༢༨༣བ)མཛད་ཅིང་བཞུགས་པ་དང་། །གཞན་ཡང་རྒྱལ་བས་
ཞབས་བཅགས་སར། །བཞུགས་པར་གྱུར་པའི་དགྲ་བཅོམ་རྣམས། །ཏིང་འཛིན་རྫུ་
འཕྲུལ་ཕང་པར་ལྡན། །སྐུ་ཚེ་རིང་པོར་བཞུགས་མཛད་ཅིང་། །གནས་བརྟན་ཆེན་
པོར་མཚན་གྲགས་པ། །ཉན་ཐོས་ཆེན་པོ་སྦྱིན་བྱེད་དང་། །སྐྱེས་པ་དང་ནི་རྟོགས་
བྱེད་དང་། །ཀླུ་བསྲུང་བུ་དང་གྲགས་ལྡན་རྣམས། །དགྲ་བཅོམ་བྱེ་བ་མང་པོ་
ཡི། །འཁོར་དང་བཅས་ཏེ་གཤེགས་སུ་གསོལ། །སྟོང་ཆེན་ཁམས་དང་གླིང་ཕྲན་
གཞན་རྣམས་དང་། །འཛམ་བུའི་རི་ཁྲོད་ནགས་ཚལ་ཆུ་བོའི་རྒྱུན། །ལྗོང་ཀ་དྲི་ཞིམ་
ངད་པ་དང་ལྡན་པ། །དེ་དག་རྣམས་ན་འཕགས་པའི་ཚོགས་བཞུགས་པ། །གནས་
བརྟན་ཆེན་པོ་དགྲ་བཅོམ་ཡོན་ཏན་ལྡན། །ཚེ་ཡི་འདུ་བྱེད་ལྷག་མའི་སྐུ་ལ་
གནས། །སེམས་ཅན་དོན་ཕྱིར་བརྩེ་བས་དེར་དགོངས་ཏེ། །བསོད་ནམས་དམན་
པས་མཆོད་པ་གང་བཤམས་པ། །བརྩེ་ཕྱིར་བྱམས་ལྡན་ཐུགས་རྗེས་གཤེགས་སུ་

གསོལ། །ཞེས་ལན་གསུམ་བརྗོད་ཅིང་རོལ་མོ་དཀྲོལ་ཏེ་གསོལ་བ་བཏབ་གནས་བརྟན་ཆེན་པོ་རྣམས་གངས་རི་ཆེན་པོ་ཏེ་སེ་སོགས་གནས་གང་དང་གང་དུ་བཞུགས་པ་དེ་དང་དེར་སྒྲིབ་པ་མེད་པའི་སྤྱན་གྱིས་ངེས་པར་གསན་ནས་ཐུགས་བརྩེ་བ་ཆེན་པོས་འབྱོན་པར་ངེས་ཏེ་དགེ་འདུན་གྱི་སྡེ་གང་དང་གང་དུ་གསར་དུ་ཚུགས་པ་དང་། སྡེ་སྣོད་གསུམ་གྱི་ཆོས་སྒྲ་སྒྲོག་པའི་དགེ་འདུན་གྱི་སྡེ་གང་དང་གང་ན་ཡོད་པ་དང་། བསྟན་པའི་རྩ་བ་གཞི་གསུམ་གྱི་ཕྲུག་ལེན་མ་ཉམས་ཤིང་ལམ་བསླབ་པ་གསུམ་གྱི་ཉམས་ལེན་ལ་རྩེ་གཅིག་ཏུ་གཞོལ་བའི་དགེ་སློང་སྤོང་བ་བསམ་གཏན་པའི་སྡེ་གང་དང་གང་ན་ཡོད་པ་དེ་དང་དེར་གནས་བརྟན་ཆེན་པོ་དེ་དག་གི་སྤྲུལ་པ་(༢༨༩ན) ངེས་པར་འོང་གསུང་ཞིང་སྔོན་ཇི་ལྟར་བྱུང་བའི་ལོ་རྒྱུས་སྔར་རྟོགས་བརྗོད་ཀྱི་སྐབས་སུ་བརྗོད་ཟིན་པ་ལྟར་རོ། །དེ་ལྟར་སྙན་གསན་ཕབ་ནས་སང་ཉིན་དགེ་འདུན་ཐམས་ཅད་འདུས་པའི་ཚེ་གནས་བརྟན་གྱི་སྤྲུལ་པ་ངེས་པར་འབྱོན་ཞིང་། གྲལ་མཐོ་དམའ་དང་ཆོས་གོས་བཟང་ངན་ངེས་པ་མེད་པར་དགེ་འདུན་ཁྱིངས་དང་སྐལ་བ་མཉམ་པའི་ཚུལ་གྱིས་གནས་གང་དུ་བཞུགས་ཀྱང་སོ་སོས་རང་རང་དང་འདྲ་བའི་ཐ་མལ་པ་རེའི་རྣམ་པར་འབྱོན་པར་གསུངས་པས་དགེ་འདུན་ཐམས་ཅད་ལ་ཉེ་རིང་མི་བྱ་བར་བསྙེན་བཀུར་མཉམ་ཞིང་ཤིན་ཏུ་གུས་པར་བྱ་དགོས་གསུང་ངོ་། །ཐུབ་དབང་གནས་བརྟན་བཅུ་དྲུག་འཁོར་བཅས་སྤྱན་དྲངས་པའི་ཚེ་མ་ག་དྷ་བཟང་མོའི་རྟོགས་བརྗོད་ལས་འབྱུང་བ་ལྟར་རྫུ་འཕྲུལ་གྱི་བཀོད་པ་སྣ་ཚོགས་པས་འབྱོན་པར་བསམ་ཞེས་སྔར་སྤྱན་འདྲེན་གྱི་སྐབས་སུ་བརྗོད་པ་དེ་ལ་དེའི་འབྱོན་ཚུལ་དེ་ཇི་ལྟ་བུ་ཞིག་ཡིན་སྙམ་ན། དེ་ནི་འདི་ལྟར། སྔོན་སྟོན་པ་ཞལ་བཞུགས་དུས་ཁྱིམ་བདག་མགོན་མེད་ཟས་སྦྱིན་ལ་བུ་མོ་བཟང་མོ་ཞེས་པ་སྤྱོད་ཚུལ་ཕུན་སུམ་ཚོགས་པ་ཞིག་ཡོད་པ་དེ་མཐའ་འཁོབ་ཀྱི་ཡུལ་བུ་རམ་ཤིང་འཕེལ་ཞེས་བྱ་བའི་གྲོང་ཁྱེར་ན་ཚོང་དཔོན་ཆེན་པོ་ཞིག་གི་བུ་ཁྲུ་མཆོག་བྱིན་ཞེས་བྱ་བ་ཞིག་ཡོད་པ་དེའི་བག་མར་བཏང་ནས

མ་ག་དྷ་བཟང་མོ་བུ་རམ་ཤིང་འཕེལ་དུ་སླེབས་པ་ན་ཡུལ་དེ་ན་སྔར་སངས་རྒྱས་ཀྱི་བསྟན་པ་མ་དར་བར་མུ་སྟེགས་གཅེར་བུ་པ་རྣམས་མཆོད་གནས་སུ་བྱེད་པས་ནམ་ཞིག་ན་ཁྱིམ་དེར་ཁྱུ་མཆོག་བྱིན་གྱིས་མུ་སྟེགས་གཅེར་བུ་བ་རྣམས་བོས་ནས་ཟན་བཟའ་བ་ན་མ་ག་(༢༧༨བ)དྷ་བཟང་མོ་ལ་ཁྱུ་མཆོག་བྱིན་གྱི་མས་སྨྲས་པ་དེ་རིང་བདག་ཅག་གི་ཁྱིམ་ན་མཆོད་གནས་རྣམས་བཞོལ་གསོལ་གྱིས་ཚུར་ཤོག་མཆོད་གནས་རྣམས་ལ་ལྟོས་ཤིག །མ་ག་དྷ་བཟང་མོས་དེ་ཐོས་པ་དང་། དགའ་བ་དང་། མགུ་བ་དང་། རངས་པ་དང་། ཡིད་བདེ་བ་སྐྱེས་ཏེ་བསམས་པ། ངེས་པར་བཙུན་པ་ཤཱ་རིའི་བུའམ། མོའུ་འགལ་གྱི་བུ་ཆེན་པོ་ལ་སོགས་པ་ཉན་ཐོས་ཆེན་པོ་རྣམས་བྱོན་པར་གྱུར་ཏོ་སྙམ་ནས། དེ་ཡིད་རབ་ཏུ་དགའ་བ་དང་། འཇིགས་པ་མེད་པར་སོང་བ་དང་། གཅེར་བུ་ནགས་ཀྱི་མ་ཧེ་འདྲ་བ། སྐྲ་རྣམས་བཏོགས་པ་ཕུག་རོན་གྱི་ཕྲུག་གུ་འདྲ་བའི་གཅེར་བུ་པ་རྣམས་མཐོང་ངོ་། །མཐོང་བ་དང་དེའི་མོད་ལ་མ་ག་དྷ་བཟང་མོ་ངོ་ཚ་སྟེ། དེ་གདོང་གཞན་དུ་བལྟས་པ་དང་། དེ་ལ་སྒྱུག་མོ་དེས་སྨྲས་པ། བུ་མོ། ཁྱོད་ཅིའི་ཕྱིར་ཡི་མུག་པར་གྱུར། དེས་སྨྲས་པ། གང་འདི་ལྟ་བུ་མཆོད་གནས་ཡིན་ན། མཆོད་གནས་མ་ཡིན་པ་ཀོ་ཇི་ལྟ་བུ་ཞིག་ཡོད་པར་འགྱུར། དེ་ལ་དེས་སྨྲས་པ། བུ་མོ། ཁྱོད་ལ་འདི་བས་ཆེས་ཁྱད་པར་དུ་འཕགས་པའི་སྟོན་པ་འགའ་ཞིག་ཡོད་དམ། བུ་མོས་སྨྲས་པ། བདག་གི་ཕའི་གཙུག་ལག་ཁང་རྒྱལ་བྱེད་ཀྱི་ཚལ་ན་སངས་རྒྱས་ཞེས་བྱ་བའི་སྟོན་པ་བཞུགས་ཏེ། དེ་ནི་རྒྱུ་བ་དང་མི་རྒྱུ་བའི་འཇིག་རྟེན་གྱི་མཆོད་གནས་ཡིན་ནོ། །ཞེས་སྨྲས་པ་ན། སྒྱུག་མོ་དེས་སྨྲས་པ། ཁྱོད་ཀྱི་སྟོན་པ་དེ་ཅི་འདྲ་བ་ཞིག །མ་ག་དྷ་བཟང་མོས་སྨྲས་པ། བདག་གི་སྟོན་པ་བཙོ་མའི་གསེར་ལྟར་སེར། །བཙོ་མའི་གསེར་ལྟར་ཤིན་ཏུ་དྲི་མ་མེད། །ཚུལ་ཁྲིམས་རྣམ་དག་ཤེས་རབ་ཤིན་ཏུ་དག །འཇིག་རྟེན་གསུམ་ན་མཉམ་མེད་འགྲོ་ལས་འཕགས། །ཞེས་སྨྲས་པ། དེ་ཐོས་མ་(༢༧༩ན)ཐག་ཏུ་སེམས་རབ་ཏུ་དགའ་བར་གྱུར་ནས་སྒྱུག་མོ་དེས་

སྨྲས་པ། བུ་མོ། ངེད་ཅག་རྣམས་ལ་བཅོམ་ལྡན་འདས་དེ་སང་བསྟན་པར་ནུས་སམ། མ་ག་དྷ་བཟང་མོས་སྨྲས་པ། བཤོས་གཙང་རྣམས་སྦྱོར་ཅིག་དང་། སང་བཅོམ་ལྡན་འདས་སྤྱན་དྲང་བར་བྱའོ། །ཅི་ཙམ་ན་དེ་རྣམས་ཀྱིས་སྨྲས་པ། བཤོས་གཙང་རྣམས་སྦྱར་གྱིས་ཁྱོད་ཀྱིས་བཅོམ་ལྡན་འདས་སང་སྤྱན་དྲོངས་ཤིག །དེ་ནས་མ་ག་དྷ་བཟང་མོས་ཁང་པའི་ཡང་ཐོག་གི་སྟེང་དུ་མངོན་པར་འཛེགས་ནས། ཕྱོགས་གང་ན་བཅོམ་ལྡན་འདས་བཞུགས་པའི་ཕྱོགས་དེར་ཐལ་མོ་སྦྱར་ཏེ་ཕྱག་བྱས་ནས། བཅོམ་ལྡན་འདས་ཀྱི་ཡོན་ཏན་རྗེས་སུ་དྲན་ཏེ་མེ་ཏོག་རྣམས་འཐོར་ཞིང་སྤོས་ཀྱང་གདུལ་ནས། བཅོམ་ལྡན་འདས་སྤྱན་འདྲོངས་པའི་ཕྱིར་གསེར་གྱི་བུམ་པའི་ཆུ་ཡང་སྦྲེངས་སོ། །སྙིང་རྗེ་པའི་ཚིག་འདི་སྐད་ཅེས་སྨྲས་ཏེ། བཅོམ་ལྡན་འདས་ཐུགས་རྗེ་ཆེན་པོ་དང་ལྡན་པ། བདག་ནི་རི་དྭགས་དང་འདྲ་བར་གྱུར་ཅིང་མཐའ་འཁོབ་ན་མཆིས་ཏེ། དཀོན་མཆོག་གསུམ་དང་བྲལ་བར་གྱུར་པ་ལ་རྗེས་སུ་གཟུང་བར་མཛད་ཅིང་། དགེ་སློང་གི་དགེ་འདུན་དང་བཅས་པར་འདིར་གཤེགས་པར་མཛད་དུ་གསོལ། ཡང་འདི་སྐད་ཅེས་ཀྱང་སྨྲས་ཏེ། ཚུལ་ཁྲིམས་རྣམ་དག་ཤེས་རབ་ཤིན་ཏུ་དག །དད་ལྡན་སྙིང་པོ་ཉན་ཐོས་ཆེ་རྣམས་ཀྱིས། །མགོན་མེད་གྱུར་པ་བདག་ལ་རྗེས་བཟུང་བའི། །དོན་མཛད་ཐུགས་རྗེས་གཤེགས་པར་མཛད་དུ་གསོལ། །ཞེས་བརྗོད་ཅིང་གུས་པ་ཆེན་པོས་གསོལ་བ་བཏབ་པ་ན། མེ་ཏོག་དང་། སྤོས་དང་། གསེར་གྱི་བུམ་པའི་ཆུའང་ནམ་མཁའ་ལ་འཕགས་པར་(༢༧༥བ)གྱུར་ཏོ། །བཅོམ་ལྡན་འདས་ཀྱང་དེའི་ཚེ་ནང་དུ་ཡང་དག་འཇོག་ལས་བཞེངས་ནས། འཁོར་རྣམ་པ་བཞི་ལ་ཆོས་སྟོན་ཏོ། །གསེར་གྱི་བུམ་པའི་ཆུ་དེ་ཡང་བཅོམ་ལྡན་འདས་ཀྱི་སྤྱན་སྔར་བཻ་ཌཱུརྻའི་སྤོང་བུ་བཞིན་དུ་རྣམ་པར་གནས་སོ། །མེ་ཏོག་དེ་དག་བཅོམ་ལྡན་འདས་ཀྱི་སྟེང་གི་ནམ་མཁའ་ལ་ཁང་པ་བརྩེགས་པ་བཞིན་དུ་གནས་སོ། །དྲི་དང་སྤོས་ཀྱང་སྤྲིན་བརྩེགས་པ་བཞིན་དུ་གནས་པར་གྱུར་ཏོ། །དེ་ནས་དེ་མཐོང་བ་དང་། ཚེ་དང་ལྡན་

པ་ཀུན་དགའ་བོས། བཅོམ་ལྡན་འདས་ལ་གསོལ་པ། བཅོམ་ལྡན་འདས་སྤྱན་འདྲེན་པ་འདི་ག་ལས་མཆིས། བཅོམ་ལྡན་འདས་ཀྱིས་བཀའ་སྩལ་པ། ཀུན་དགའ་བོ། དཔག་ཚད་བརྒྱ་དྲུག་ཅུ་རྩ་གསུམ་ན་བུ་རམ་ཤིང་འཕེལ་གྱི་གྲོང་ཁྱེར་ཡོད་པ་ནས་འོངས་སོ། །ཀུན་དགའ་བོ། གྲོང་ཁྱེར་དེ་ནི་མུ་སྟེགས་པ་རྣམས་ཀྱིས་བཟུང་བ་ཡིན་པས། རྫུ་འཕྲུལ་གྱི་རྣམ་པར་འཕྲུལ་པས་འགྲོ་བར་བྱའོ། །ཞེས་དགེ་སློང་རྣམས་ལ་ཚུལ་ཤིང་ཁྲིམས་ཤིག །ཇི་ཙམ་ན་ཚེ་དང་ལྡན་པ་ཀུན་དགའ་བོས་རྒྱན་པའི་མཐའ་ནས་བཟུང་ནས་ཚུལ་ཤིང་ཁྲིམས་ཏེ་འདི་སྐད་ཅེས་སྨྲས་ཏེ། སངས་བུ་རམ་ཤིང་འཕེལ་གྱི་གྲོང་ཁྱེར་དུ་འགྲོ་བར་བྱ་སྟེ། གྲོང་ཁྱེར་དེ་ནི་མུ་སྟེགས་པ་རྣམས་ཀྱིས་ཡོངས་སུ་བཟུང་བས་ཁྱེད་ཅག་རྣམས་ལས་གང་རྫུ་འཕྲུལ་ཐོབ་པ་དེས་ཚུལ་ཤིང་ལོང་ཞིག །ཇི་སྲིད་ཅིག་ན་རྒྱན་པའི་མཐའ་ནས་ཚུལ་ཤིང་ལེན་པར་རྩོམ་མོ། །ཡང་དེ་ན་ཕྱུར་ན་ཀུན་ད་ཨུ་པ་ད་ན་ཞེས་བྱ་བའི་གནས་བརྟན་ཡོད་དེ། དེས་ཀྱང་རྫུ་འཕྲུལ་མ་ཐོབ་པར་ལག་པ་བརྐྱང་སྟེ་(༢༨༨ན)ཚུལ་ཤིང་ལེན་པར་བརྩམས་པ་དང་། དེ་ལ་ཚེ་དང་ལྡན་པ་ཀུན་དགའ་བོས་སྨྲས་པ། གནས་བརྟན། མགོན་མེད་ཟས་སྦྱིན་གྱི་ཁྱིམ་དུ་འཇུག་པ་མ་ཡིན་གྱི། གཞན་དུ་ན་དཔག་ཚད་བརྒྱ་དྲུག་ཅུ་རྩ་གསུམ་ན་བུ་རམ་ཤིང་འཕེལ་ཞེས་བྱ་བའི་གནས་ཡོད་དེ་དེར་འགྲོ་དགོས་སོ། །དེ་འདི་སྙམ་དུ་སེམས་ཏེ། ངས་ནི་ཐོག་མ་མེད་པའི་དུས་ནས་གོམས་པའི་ཉོན་མོངས་ནི་སྤངས་ན་མུ་སྟེགས་པ་རྣམས་དང་ཐུན་མོང་དུ་གྱུར་པའི་རྫུ་འཕྲུལ་ལྟ་དགའ་བ་ཅི་ཞིག་ཡོད་ནས་བསྐྱེད་པར་མི་བྱ་སྙམ་ནས། དེས་ཀྱང་དུས་དེ་ཉིད་དུ་རྫུ་འཕྲུལ་བསྐྱེད་པ་དང་། ཇི་སྲིད་དུ་ཚུལ་ཤིང་གཉིས་པ་མ་ཁྲིམས་པ་དེ་སྲིད་དུ་དེས་གླང་པོ་ཆེའི་སྣ་འདྲ་བའི་ལག་པ་བརྐྱང་སྟེ་ཚུལ་ཤིང་བླངས་སོ། །ཅི་ཙམ་ན་ཚེ་དང་ལྡན་པ་ཀུན་དགའ་བོས་རྒྱན་པའི་མཐའ་ཡོགས་སུ་འདུག་སྟེ་སྨྲས་པ། གང་གིས་རྫུ་འཕྲུལ་གང་ཐོབ་པ་དེས་བུ་རམ་ཤིང་འཕེལ་ཞེས་བྱ་བའི་གྲོང་ཁྱེར་དུ་འགྲོ་བར་བྱའོ། །དེ་ནས་ཉི་མ་གཉིས་པ་ལ་ནམ་ལངས་

ཏེ། དགེ་སློང་རྣམས་རྫུ་འཕྲུལ་གྱི་རྣམ་པར་འཕྲུལ་པས་ཡང་དག་པར་ཆས་སོ། །དེ་ནས་རྒྱལ་པོ་ཆེན་པོ་བཞི་ཡང་མཉན་ཡོད་གང་ན་བ་དེར་མངོན་པར་ལྷུ་བར་སེམས་སོ། །དེ་ནས་ཀུན་ཤེས་ཀོའུ་དི་ནྱ་ཞེས་བྱ་བ་རྟའི་ཤིང་རྟ་ལ་ཞོན་ཏེ། གློག་འགྱུ་བའི་སྣང་བ་སྟོན་ཅིང་དཔལ་བུས་ཆར་རབ་ཏུ་འབེབས་ཏེ། དེ་ལྟ་བུའི་རང་གི་རྫུ་འཕྲུལ་རྣམ་པར་སྟོན་ཅིང་འོང་ངོ་། །དེ་ནས་མ་ག་དྷ་བཟང་མོའི་བདག་པོས་དེ་མཐོང་བ་དང་། དྲིས་པ། མ་ག་དྷ་བཟང་མོ། འདི་ཁྱོད་ཀྱི་སྟོན་(༢༨༨བ)པ་དེ་ཡིན་ནམ། མ་ག་དྷ་བཟང་མོས་སྨྲས་པ། འདི་ནི་ཀུན་ཤེས་ཀོའུ་དི་ནྱ་ཞེས་བྱ་བ་ཡིན་ཏེ། འདི་ནི་བཅོམ་ལྡན་འདས་ཀྱིས་ཆོས་ཀྱི་འཁོར་ལོ་དང་པོ་བསྐོར་བ་ན་འདིས་ཐོག་མར་བདག་མེད་པ་མངོན་སུམ་དུ་བྱས་པ་དེ་ཐོག་མར་འོངས་པ་འདི་ཡིན་ནོ། །དེ་ནས་གནས་བརྟན་འོད་སྲུངས་ཆེན་པོས་བྲག་གི་རི་ཆེན་པོ་ཤིང་སྣ་ཚོགས་པ་རྣམ་པ་བརྒྱས་ཁྱབ་པ། བྱ་རྣམ་པ་སྣ་ཚོགས་ཀྱིས་ཁྱབ་པ། མེ་ཏོག་སྣ་ཚོགས་ཡང་དག་པར་ཁེབས་པ། གཡའ་ཚུ་སྣ་ཚོགས་ཀྱིས་ཉེ་བར་མཛེས་པར་བྱས་པ་མངོན་པར་སྤྲུལ་ཏེ། སྟེང་གི་ནམ་མཁའ་ལས་འོང་ངོ་། །དེ་ནས་ཁྱིམ་བདག་དེས་དེ་མཐོང་ནས་སྨྲས་པ། མ་ག་དྷ་བཟང་མོ། འདི་ཁྱོད་ཀྱི་སྟོན་པ་དེ་ཡིན་ནམ། མ་ག་དྷ་བཟང་མོས་དེ་ལ་སྨྲས་པ། འདི་ནི་འོད་སྲུངས་ཆེན་པོ་ཞེས་བྱ་བ་ཡིན་ཏེ། བཅོམ་ལྡན་འདས་ཀྱིས་སྦྱངས་པའི་ཡོན་ཏན་ལ་གནས་པ་རྣམས་ཀྱི་མཆོག་ཏུ་ལུང་བསྟན་པ་ཡིན་ཏེ། འདིས་ཅིག་གིས་མ་ཚང་བའི་རྫས་དོར་སྟོང་གི་ས་བོར་ཞིང་། སེར་སྐྱ་བཟང་མོ་སྐྱེ་བོ་དགེ་བ་རྣམས་དང་མཚུངས་པ་དང་དབྱིག་དང་གསེར་མང་པོ་མཆིལ་མའི་ཐལ་བ་བཞིན་སྤངས་ནས། མངོན་པར་བྱུང་སྟེ་རབ་ཏུ་བྱུང་བ་དེ་ནི་འོངས་པ་འདི་ཡིན་ནོ། །དེ་ནས་ཚེ་དང་ལྡན་པ་ཤཱ་རིའི་བུ་སེང་གེའི་ཤིང་རྟ་མངོན་པར་སྤྲུལ་ཏེ། སྟེང་གི་ནམ་མཁའ་ལ་མངོན་པར་རྫུ་འཕྲུལ་གྱིས་འོང་ངོ་། །དེ་ནས་ཁྱིམ་བདག་དེས་དེ་མཐོང་བ་དང་དྲིས་པ། མ་ག་དྷ་བཟང་མོ། གང་སེང་གེའི་ཤིང་རྟས་འོང་བ་འདི་ཁྱོད་ཀྱི་

སྟོན་པ་དེ་ཡིན་ནམ། མ་ག་དྷ་བཟང་མོས་དེ་ལ་སྨྲས་པ། (༢༨༧ན)འདི་ནི་དགེ་སློང་ཤཱ་རིའི་བུ་ཞེས་བྱ་བ་ཡིན་ཏེ། བཅོམ་ལྡན་འདས་ཀྱིས་ཤེས་རབ་དང་ལྡན་པ་རྣམས་ཀྱི་མཆོག་ཏུ་ལུང་བསྟན་པ་དེ་ཡིན་ཏེ། འདི་མའི་མངལ་དུ་ཞུགས་ཙམ་གྱིས་འཛམ་བུའི་གླིང་ཐམས་ཅད་ཀྱི་རྩོད་པར་སྨྲ་བ་རྣམས་ལས་རྒྱལ་བར་གྱུར་ཏོ། །འདི་ནི་སྟོན་པ་གཉིས་པ། མཆོག་གཉིས་པ། ཆོས་ཀྱི་དེད་དཔོན་ཆོས་ཀྱི་འཁོར་ལོ་རྗེས་སུ་སྐོར་བ་དེ་ནི་སེང་གེའི་ཤིང་རྟས་འོངས་པ་འདི་ཡིན་ནོ། །དེའི་རྗེས་ཐོགས་ཉིད་ལ་ཚེ་དང་ལྡན་པ་མོའུ་འགལ་གྱི་བུ་ཆེན་པོས། གླང་པོ་ཆེ་ས་སྲུང་འདྲ་བའི་གླང་པོ་ཆེའི་རྒྱལ་པོར་མངོན་པར་སྤྲུལ་ཏེ། སྟེང་གི་ནམ་མཁའ་ལ་རྫུ་འཕྲུལ་གྱིས་འོང་ངོ་། །དེ་ནས་ཁྱིམ་བདག་དེས་དེ་མཐོང་ནས་མ་ག་དྷ་བཟང་མོ་ལ་དྲིས་པ། མ་ག་དྷ་བཟང་མོ། གང་གླང་པོ་ཆེ་ས་སྲུང་འདྲ་བའི་གླང་པོས་འོང་བ་འདི་ཁྱོད་ཀྱི་སྟོན་པ་དེ་ཡིན་ནམ། མ་ག་དྷ་བཟང་མོས་དེ་ལ་སྨྲས་པ། འདི་ནི་དགེ་སློང་མོའུ་འགལ་གྱི་བུ་ཞེས་པ་ཡིན་ཏེ། བཅོམ་ལྡན་འདས་ཀྱིས་རྫུ་འཕྲུལ་ཅན་རྣམས་ཀྱི་མཆོག་ཏུ་ལུང་བསྟན་པ་དེ་ཡིན་ཏེ་འདིའི་རྫུ་འཕྲུལ་གྱིས་ལྷའི་དབང་པོ་བརྒྱ་བྱིན་གྱི་རྣམ་པར་རྒྱལ་བའི་ཁང་བཟང་ཀ་ང་པའི་མཐེ་བོས་ཀུན་ཏུ་བསྐྱོད་བ་དང་། འདིས་ཀླུའི་རྒྱལ་པོ་དགའ་བོ་དང་། ཉེ་དགའ་བོ་གཉིས་བཏུལ་བ་དེ། གླང་པོའི་ཤིང་རྟས་འོང་བ་འདི་ཡིན་ནོ། །དེ་ནས་ཚེ་དང་ལྡན་པ་མ་འགགས་པས་ཤིང་རྟའི་འཕང་ལོ་ཙམ་གྱི་པདྨ་ཐམས་ཅད་གསེར་ལས་བྱས་པ། བཻ་ཌཱུཪྻའི་སྡོང་བུ་ཅན། དངུལ་གྱི་གེ་སར་དང་ལྡན་པར་མངོན་པར་སྤྲུལ་ཏེ། རྫུ་འཕྲུལ་གྱིས་ནམ་མཁའ་ལས་འོང་ངོ་། །དེ་(༢༨༧བ)ནས་ཁྱིམ་བདག་དེས་དེ་མཐོང་བ་དང་། དྲིས་པ། མ་ག་དྷ་བཟང་མོ། འདི་ཁྱོད་ཀྱི་སྟོན་པ་དེ་ཡིན་ནམ། མ་ག་དྷ་བཟང་མོས་དེ་ལ་སྨྲས་པ། འདི་ནི་དགེ་སློང་མ་འགགས་པ་ཞེས་བྱ་བ། བཅོམ་ལྡན་འདས་ཀྱིས་ལྷའི་མིག་དང་ལྡན་པ་རྣམས་ཀྱི་མཆོག་ཏུ་ལུང་བསྟན་པ་སྟེ། འདི་ནི་བསོད་ནམས་ཀྱི་སྟོབས་ཀྱིས་ཡོངས་སུ་བཟུང་བས་སྟོད་ཆོལ་བས་

གང་བ་ལྔ་བརྒྱ་སྔོ་ན་གནས་པ་དང་། ཙུང་ཟད་བསམས་པ་ཙམ་གྱིས་ཆོས་གོས་དང་། བསོད་སྙོམས་དང་། མལ་སྟན་དང་། ནད་ཀྱི་རྐྱེན་སྨན་དང་། ཡོ་བྱད་རྣམས་འབྱུང་བ་ལ་སྤྱོད་པ་དེ་པདྨའི་ཤིང་རྟས་འོངས་པ་འདི་ཡིན་ནོ། །དེ་ནས་ཚེ་དང་ལྡན་པ་གང་པོས་ནམ་མཁའ་ལྡིང་གི་ཤིང་རྟ་མངོན་པར་སྤྲུལ་ཏེ། རྫུ་འཕྲུལ་གྱིས་སྟེང་གི་ནམ་མཁའ་ལས་འོང་ངོ་། །དེ་ནས་ཁྱིམ་བདག་དེས་དྲིས་པ། མ་ག་དྷ་བཟང་མོ། ནམ་མཁའ་ལྡིང་གི་ཤིང་རྟས་འོང་བ་འདི་ཁྱོད་ཀྱི་སྟོན་པ་ཡིན་ནམ། མ་ག་དྷ་བཟང་མོས་དེ་ལ་སྨྲས་པ། འདི་ནི་དགེ་སློང་གང་པོ་ཞེས་བྱ་བ་བཅོམ་ལྡན་འདས་ཀྱི་ཆོས་སྟོན་པ་རྣམས་ཀྱི་མཆོག་ཏུ་ལུང་བསྟན་པ་དེ་ནམ་མཁའ་ལྡིང་གི་ཤིང་རྟས་འོང་བ་འདི་ཡིན་ནོ། །དེ་ནས་ཚེ་དང་ལྡན་པ་རྟ་ཐུལ་སྤྱོད་ལམ་རབ་ཏུ་ཞི་བས་འོང་ངོ་། །དེ་ནས་ཁྱིམ་བདག་དེས་དེ་ལ་དྲིས་པ། མ་ག་དྷ་བཟང་མོ། གང་ལྷུང་བཟེད་ལག་ན་ཐོགས་ཏེ་སྤྱོད་ལམ་རབ་ཏུ་ཞི་བས་འོང་བ་འདི་ཁྱོད་ཀྱི་སྟོན་པ་དེ་ཡིན་ནམ། མ་ག་དྷ་བཟང་མོས་དེ་ལ་སྨྲས་པ། འདི་ནི་དགེ་སློང་རྟ་ཐུལ་ཞེས་བྱ་བ་ཡིན་ཏེ། འདིའི་སྤྱོད་ལམ་རབ་ཏུ་ཞི་བས་སྐྱང་པོ་ཆེ་སྨྱོན་པ་བཏུལ་བ་དང་། འདིའི་སྤྱོད་ལམ་རབ་ཏུ་ཞི་བ་མཐོང་བས། འཕགས་པ་ཤཱ་རིའི་བུས་བདེན་པ་མཐོང་བར་གྱུར་ཏེ། དེ་མངོན་པར་བྱུང་ནས་བཅོམ་ལྡན་འདས་ཀྱི་(༢༧༥ན)བསྟན་པ་ལ་རབ་ཏུ་བྱུང་ངོ་། །རབ་ཏུ་བྱུང་ནས་ཀྱང་དགྲ་བཅོམ་པ་ཉིད་ཐོབ་སྟེ་སྤྱོད་ལམ་རབ་ཏུ་ཞི་བས་འོང་བ་འདི་ཡིན་ནོ། །དེ་ནས་ཚེ་དང་ལྡན་པ་ཉེ་བར་འཁོར་གྱིས་གསེར་གྱི་ཏ་ལའི་ནགས་མངོན་པར་སྤྲུལ་ཏེ། རྫུ་འཕྲུལ་གྱིས་སྟེང་གི་ནམ་མཁའ་ལ་འོང་ངོ་། །དེ་ནས་ཁྱིམ་བདག་དེས་དེ་ལ་དྲིས་པ། མ་ག་དྷ་བཟང་མོ། གང་གསེར་གྱི་ཏ་ལའི་ནགས་ལ་བརྟེན་ཅིང་འོང་བ་འདི་ཁྱེད་ཀྱི་སྟོན་པ་དེ་ཡིན་ནམ། མ་ག་དྷ་བཟང་མོས་དེ་ལ་སྨྲས་པ། འདི་ནི་དགེ་སློང་ཉེ་བར་འཁོར་ཞེས་བྱ་བ། བཅོམ་ལྡན་འདས་ཀྱིས་འདུལ་བ་འཛིན་པ་རྣམས་ཀྱི་མཆོག་ཏུ་ལུང་བསྟན་པ་ཡིན་ཏེ། ཤཱཀྱ་ལྔ་བརྒྱ་ཙམ་རབ་ཏུ

བྱུང་བ་རྣམས་ཀྱིས་དོ་ཤལ་དང་། གདུ་བུ་དང་། དཔུང་རྒྱན་དང་། གསེར་གྱི་གདུགས་ལ་སོགས་པའི་རྒྱན་རྣམས་དང་། གོས་རྣམས་ཀྱི་ཕུང་པོ་ཆེན་པོ་མདུན་དུ་བཞག་པ་འདིས་དེ་མཐོང་བ་དང་། སྐྱོ་བ་ཆེན་པོ་སྐྱེས་ཏེ། དེ་དག་ཐམས་ཅད་མི་རྟག་པར་ཤེས་ནས་བཅོམ་ལྡན་འདས་ཀྱི་བསྟན་པ་ལ་རབ་ཏུ་བྱུང་ངོ་། །རབ་ཏུ་བྱུང་ནས་ཀྱང་དགྲ་བཅོམ་པ་ཉིད་མངོན་སུམ་དུ་བྱས་པ་དེ་གསེར་གྱི་ཤིང་ཏ་ལའི་ནགས་ལ་བརྟེན་ནས་འོང་བ་འདི་ཡིན་ནོ། །དེ་ནས་ཚེ་དང་ལྡན་པ་ཀ་ཏ་ཡ་ནའི་བུ་ཆེན་པོས་བཻ་ཌཱུརྻའི་ཁང་པ་བརྩེགས་པ་མངོན་པར་སྤྲུལ་ཏེ། རྫུ་འཕྲུལ་གྱིས་ནམ་མཁའ་ལས་འོང་ངོ་། །དེ་ནས་ཁྱིམ་བདག་གིས་དྲིས་པ། མ་ག་དྷ་བཟང་མོ། བཻ་ཌཱུརྻའི་ཁང་པ་བརྩེགས་པ་ན་འདུག་སྟེ་འོང་བ་འདི་ཁྱོད་ཀྱི་སྟོན་པ་དེ་ཡིན་ནམ། མ་ག་དྷ་བཟང་མོས་དེ་ལ་སྨྲས་པ། འདི་ནི་དགེ་སློང་ཀ་ཏ་ཡ་ནའི་བུ་ཆེན་པོ་ཞེས་བྱ་བ་བཅོམ་ལྡན་འདས་ཀྱིས་མདོ་སྡེ་པ་དང་བྱེ་བྲག་ཏུ་སྨྲ་བ་རྣམས་ཀྱི་མཆོག་ཏུ་ལུང་བསྟན་པ་བཻ་ཌཱུརྻའི་ཁང་པ་བརྩེགས་པའི་ནང་(༢༧༨བ)དུ་འདུག་ནས་འོང་བ་འདི་ཡིན་ནོ། །དེ་ནས་ཚེ་དང་ལྡན་པ་བསུས་པོ་ཆེ་ཁྲུ་མཆོག་གི་ཤིང་རྟའི་མངོན་པར་སྤྲུལ་ནས། རྫུ་འཕྲུལ་གྱིས་སྟེང་གི་ནམ་མཁའ་ལས་འོང་ངོ་། །དེ་ནས་ཁྱིམ་བདག་དེས་དེ་ལ་དྲིས་པ། མ་ག་དྷ་བཟང་མོ། ཁྲུ་མཆོག་གི་ཤིང་རྟ་ལ་ཞོན་ཏེ་འོང་བ་འདི་ཁྱོད་ཀྱི་སྟོན་པ་ཡིན་ནམ། མ་ག་དྷ་བཟང་མོས་དེ་ལ་སྨྲས་པ། འདི་ནི་དགེ་སློང་བསུས་པོ་ཆེ་ཞེས་བྱ་བ་བཅོམ་ལྡན་འདས་ཀྱིས་རིག་པ་ཐོབ་པ་རྣམས་ཀྱི་མཆོག་ཏུ་ལུང་བསྟན་པ་ཡིན་ཏེ། ཁྲུ་མཆོག་གི་ཤིང་རྟས་འོང་བ་འདི་ཡིན་ནོ། །དེ་ནས་ཚེ་དང་ལྡན་པ་སྲུང་དབང་གི་བུ་ངང་པའི་ཤིང་རྟས་སྟེང་གི་ནམ་མཁའ་ལས་རྫུ་འཕྲུལ་གྱིས་འོང་ངོ་། །དེ་ནས་ཁྱིམ་བདག་དེས་དྲིས་པ། མ་ག་དྷ་བཟང་མོ། གང་ངང་པའི་ཤིང་རྟས་འོང་བ་འདི་ཁྱོད་ཀྱི་སྟོན་པ་ཡིན་ནམ། མ་ག་དྷ་བཟང་མོས་དེ་ལ་སྨྲས་པ། འདི་ནི་དགེ་སློང་སྲུང་དབང་གི་བུ་ཞེས་བྱ་བ། བཅོམ་ལྡན་འདས་ཀྱིས་སྙིང་རྗེ་ལ་གནས་པ་རྣམས་ཀྱི་མཆོག

ཏུ་ལུང་བསྟན་པ་དེ་འདི་ཡིན་ཏེ། འདི་ནི་ཆུ་བོ་གཉྫ་བརྒྱལ་བར་འདོད་པ་ན་བཟང་མོ་འདུག་ཅིག་ཅེས་སྨྲས་པ་དང་། ཚིག་དེའི་རྗེས་ཐོགས་ཉིད་ལ་གང་གཱ་མི་རྒྱུ་བར་རི་བོ་བརྩིགས་པ་བཞིན་དུ་གནས་ཏེ་རྣམ་པ་ཐམས་ཅད་དུ་མི་འབབ་པར་བྱེད་པ་དེ་ངང་པའི་ཤིང་རྟས་འོང་བ་འདི་ཡིན་ནོ། །དེ་ནས་ཚེ་དང་ལྡན་པ་རྣ་བ་བྱེ་བ་ཉི་ཤུའི་ནགས་ཀྱི་ཚོགས་ལ་འཆག་ཅིང་འདུག་པ་དེ་འཆག་བཞིན་དུ་འོང་ངོ་། །དེ་ནས་ཁྱིམ་བདག་དེས་དྲིས་པ། མ་གཱ་དྷ་བཟང་མོ། གང་ནགས་ཤིང་བརྒྱ་དག་གིས་ཁྱབ་པའི་ནགས་འདི་ལ་འཆག་ཅིང་འོང་བ་འདི་ཁྱོད་ཀྱི་སྟོན་པ་དེ་ཡིན་ནམ། མ་གཱ་དྷ་བཟང་མོས་དེ་ལ་སྨྲས་པ། འདི་ནི་དགེ་སློང་རྣ་བ་ཅན་ཞེས་བྱ་བ། བཅོམ་ལྡན་འདས་ཀྱིས་བརྩོན་འགྲུས་རྩོམ་པ་རྣམས་ཀྱི་མཆོག་ཏུ་ལུང་བསྟན་པ་དེ་འདི་ཡིན་ཏེ། (༢༨༡ན) སྐྱེས་པ་ཙམ་གྱིས་རྣ་བ་བྱེ་བ་ཉི་ཤུ་རི་བ་དང་བཅས་པར་སྐྱེས་པ་དང་། གང་གི་རྐང་མཐིལ་གྱི་འོག་ནས་སོར་བཞི་ཙམ་གྱི་སྤུ་ཡང་དག་པར་སྐྱེས་པ་དང་། གང་འདི་དང་པོའི་ཟན་ལ་གཱར་ཤ་པ་ན་ལྔ་བརྒྱ་ཟད་པར་བྱས་པ་དང་། གང་བཅོམ་ལྡན་འདས་སྣང་བ་དང་། མོའུ་འགལ་གྱི་བུ་ཆེན་པོས་བཤོས་གཙང་ཉེ་བར་སྦྱངས་པ་དང་། གང་གི་དྲིས་འོད་མའི་ཚལ་ཐམས་ཅད་དྲིས་ཀུན་ཏུ་གང་བ་དང་། རྒྱལ་པོ་གཟུགས་ཅན་སྙིང་པོས་བསྔམས་ནས་མཆོག་ཏུ་ངོ་མཚར་སྐྱེས་པ་དང་། གང་གི་རྐང་པ་གཉིས་བཞག་པ་ཙམ་གྱིས་ས་འདི་རབ་ཏུ་གཡོས་པ་དང་། གང་ཞིག་རབ་ཏུ་བྱུང་ནས་འཆག་སར་འཆག་པ་ན། དེའི་རྐང་པ་གཉིས་ལས་ཁྲག་བྱུང་བ་ཟགས་པ་ཁྭ་རྣམས་འཐུང་བ་དེ་འཆག་ཅིང་འོང་བ་འདི་ཡིན་ནོ། །དེ་ནས་ཚེ་དང་ལྡན་པ་སྒྲ་གཅན་འཛིན་འཁོར་ཡོས་བསྐྱུར་བའི་ཆ་ལུགས་མངོན་པར་སྤྲུལ་ཏེ་འོང་བ་དང་། དེ་ནས་ཁྱིམ་བདག་དེས་དྲིས་པ། མ་གཱ་དྷ་བཟང་མོ། གང་འདི་འཁོར་ཡོས་བསྐྱུར་བའི་ཆ་བྱད་ཀྱིས་འོང་བ་འདི་ཁྱོད་ཀྱི་སྟོན་པ་དེ་ཡིན་ནམ། མ་གཱ་དྷ་བཟང་མོས་དེ་ལ་སྨྲས་པ། འདི་ནི་བཅོམ་ལྡན་འདས་ཀྱི་སྲས། བཅོམ་ལྡན་འདས་ཀྱིས་བསླབ་པ

འཛིན་པ་རྣམས་ཀྱི་མཆོག་ཏུ་ལུང་བསྟན་པ་དེ་འདི་ཡིན་ཏེ། འདིས་ཡབ་ཀྱི་སྤྱངས་པའི་དཔལ་སྟོན་པར་བྱེད་ཅིང་། འཁོར་ལོས་བསྒྱུར་བའི་ཆ་ལུགས་ཀྱིས་རིན་པོ་ཆེ་སྣ་བདུན་དང་ལྡན་པ། བུ་སྟོང་གིས་ཡོངས་སུ་བསྐོར་ཏེ། གཟའ་དང་། རྒྱུ་སྐར་དང་། སྐར་མའི་ཚོགས་ཀྱིས་བསྐོར་བའི་ཟླ་བ་ལྟ་བུ་དང་། རྒྱལ་པོའི་ལམ་བཟུང་ནས་འགྲོ་བའི་མིའི་བདག་པོ་ལྟ་བུ་དང་། ཆུ་བོ་སྟོང་ཕྲག་གི་ཆུ་འབབ་པས་ཀུན་ཏུ་འགེངས་པས་རྒྱ་མཚོ་ལྟ་བུ་དང་། འཛིགས་པ་དང་། ནད་དང་། མུ་ངན་སེལ་བས་སྐྱེ་དགུ་སྐྱོང་(༢༧༤བ)བ་ཆེན་པོ་ལྟ་བུ་དང་། རི་དྭགས་ཀྱི་ནང་ནས་སེང་གེ་ལྟ་བུ་དང་། བྱ་རྣམས་ཀྱི་ནང་ན་ནམ་མཁའ་ལྡིང་ལྟ་བུ་དང་། ཐམས་ཅད་གསལ་བས་ཉི་མ་ལྟ་བུ་དང་། གླིང་བཞི་ལ་དབང་བས་འཁོར་ལོས་བསྒྱུར་བ་ལྟ་བུ་དང་། ཆོས་བཟང་ན་མིག་སྟོང་དང་ལྡན་པ་ཆོས་སྐྱོང་བ་ལྟ་བུར་འོང་བ་འདི་ཡིན་ནོ། །དེ་བཞིན་དུ་ལ་ལ་ནི་འབར་བར་བྱེད་པ་དང་། ལ་ལ་ནི་ཆར་འབབས་པ་དང་། དེ་བཞིན་དུ་ཚོ་འཕྲུལ་སྣ་ཚོགས་པ་སྟོན་ཅིང་འོང་བ་ཡིན་ནོ། །ལ་ལ་ས་ལས་འཕགས་པ་དང་། །ལ་ལ་ནམ་མཁའི་གཞི་ལ་གནས། །ལ་ལ་རྟེན་ནི་སྤྲུལ་བྱེད་དེ། །རྫུ་འཕྲུལ་ལྡན་པའི་མཐུ་ལ་ལྟོས། །དེ་ལྟར་བཅོམ་ལྡན་འདས་ཀྱི་སློབ་མ་རྣམས་ཡང་དག་པར་སོང་བ་དང་། དེ་ནས་བཅོམ་ལྡན་འདས་ཀྱིས་འོད་གང་གིས་འཛམ་བུ་གླིང་ཐམས་ཅད་གསེར་གཙོ་མའི་མདོག་འདྲ་བའི་འོད་ཀྱིས་གང་བ་དེ་ལྟ་བུའི་འོད་བཀྱེ་ཞིང་། མཉན་ཡོད་ནས་བརྩམས་ཏེ། བུ་རམ་ཤིང་འཕེལ་གྱི་བར་འདིར་འོད་ཀྱི་དཀྱིལ་འཁོར་ཆེན་པོ་བཀྱེ་བས། གང་དུ་ཡང་མིག་གིས་མི་མཐོང་བ་མེད་པས་ཐམས་ཅད་ཀྱིས་མཐོང་བར་གྱུར་ཏོ། །བཅོམ་ལྡན་འདས་ཀྱང་ནམ་མཁའ་ལ་གཤེགས་པ་དང་། ལག་ན་རྡོ་རྗེ་ནི་སྣམ་ལོགས་ནས་འགྲེང་ངོ་། །གནས་གཙང་མ་པ་རྣམས་ནི་སྟེང་ནས་སོ། །འདོད་པ་ན་སྤྱོད་པའི་ལྷ་རྣམས་ནི་འོག་ནས་སོ། །གཡོན་ལོགས་ནས་བརྒྱ་བྱིན་ནོ། །གཡས་ནས་ནི་ཚངས་པའོ། །དེ་བཞིན་དུ་གཙུག་ཕུད་ལྔ་པ་དང་། ཤིན་ཏུ་དགའ་བ་དང་།

མིག་སྨྲིན་ལ་སོགས་པའི་དྲི་ཟ་རྣམས་པི་ཝང་དང་། གླིང་བུ་དང་། རྔ་དང་། རྫ་རྔ་ལ་སོགས་པ་རོལ་མོའི་བྱེ་བྲག་སྣ་ཚོགས་པ་རྣམས་རྟུང་ཞིང་མེ་ཏོག་དང་། བདུག་པ་དང་། དྲི་དང་། འཕྲེང་བ་རྣམས་ཀྱང་འཐོར་ཞིང་འཁོར་པ་ཆེན་པོས་གཤེགས་སོ། །དེ་ནས་བཅོམ་ལྡན་འདས་ཀྱིས་སྲོག་ཆགས་སྟོང་ཕྲག་བདུན་ཙུ་ཙ་བདུན་བདེན་པ་ལ་ཐོག་མར་རབ་ཏུ(༢༧༠ན)བཀོད་པར་མཛད་ནས། དེའི་འོག་ཏུ་བུ་རམ་ཤིང་འཕེལ་གྱི་གྲོང་ཁྱེར་དུ་གཤེགས་ཏེ། གྲོང་ཁྱེར་དེ་ན་ཡང་སྐྱོ་བཅོ་བརྒྱད་ཡོད་པ་དང་། དེར་བཅོམ་ལྡན་འདས་ཀྱིས་སངས་རྒྱས་བཅོ་བརྒྱད་སྤྲུལ་པར་མཛད་ནས། སྐྱོ་རེ་རེ་ཞིང་སྣང་བར་གྱུར་པ་ནས། བཅོམ་ལྡན་འདས་མ་ག་དྷ་བཟང་མོའི་ཁྱིམ་དུ་གཤེགས་སོ། །དེ་ནས་སྐྱེ་བོའི་ཚོགས་ཆེན་པོ་དེ་རྣམས་ཀྱིས་སངས་རྒྱས་བཅོམ་ལྡན་འདས་མ་མཐོང་སྟེ། དེ་ནས་ཁྲོས་ནས་དེའི་ཁྱིམ་བཤིག་པར་བརྩམས་སོ། །དེ་ནས་བཅོམ་ལྡན་འདས་ཀྱིས་གྲོང་ཁྱེར་དེ་ཐམས་ཅད་ཤེལ་གྱི་རང་བཞིན་དུ་བྱིན་གྱིས་བརླབས་ཏེ། གང་ཁྱིམ་ཐམས་ཅད་དུ་ཡང་སངས་རྒྱས་ཀྱི་སྐུ་བཞུགས་པར་མཐོང་བར་མཛད་དོ། །ཇི་སྲིད་བུ་རམ་ཤིང་འཕེལ་དུ་མ་ག་དྷ་བཟང་མོ་ལ་སོགས་པའི་སྲོག་ཆགས་བརྒྱ་སྟོང་དུ་མ་རྣམས་ཀྱིས་བཅོམ་ལྡན་འདས་ལ་མེ་ཏོག་དང་། དྲི་དང་། ཕྲེང་བ་དང་། སྤོས་རྣམས་ཀྱིས་མཆོད་པར་བྱས་སོ། །བཅོམ་ལྡན་འདས་ཀྱིས་ཀྱང་མ་ག་དྷ་བཟང་མོ་ལ་སོགས་པའི་སྐྱེ་བོའི་ཚོགས་ཆེན་པོ་དེ་རྣམས་ལ་གང་ཞིག་ཐོས་ནས་མ་ག་དྷ་བཟང་མོ་ལ་སོགས་པའི་སྲོག་ཆགས་བརྒྱ་སྟོང་དུ་མ་རྣམས་ཀྱིས་བདེན་པ་མངོན་དུ་མཐོང་བ་ཐོབ་པར་འགྱུར་བ་དེ་ལྟ་བུའི་ཆོས་བསྟན་པར་མཛད་ཅིང་། འཁོར་དེ་ཐམས་ཅད་ཀྱང་སངས་རྒྱས་ལ་གཞོལ་བ་དང་། ཆོས་ལ་བབ་པ་དང་། དགེ་འདུན་ལ་བབ་པར་གྱུར་ཏོ། །ཞེས་གསུངས་པ་ལྟར་རོ། །མ་ག་དྷ་བཟང་མོའི་སྔོན་གྱི་བྱུང་བ་སོགས་རྒྱས་པར་ཤེས་པར་འདོད་ན་མདོ་སྡེ་ཉིད་ལ་བལྟ་བར་བྱའོ། །འདི་ལྟར་སང་དགེ་འདུན་ལ་བསྙེན་བཀུར་བྱེད་རྒྱུའི་དེ་རིང་ནས་གནས

བརྟན་ཆེན་པོ་བཅུ་དྲུག་ལ་སྔོན་གསན་པབ་ནས་སྤྱན་འདྲེན་པ། སྔོན་རྒྱ་གར་འཕགས་པའི་ཡུལ་དུ་འང་བྱུང་སྟེ་སྔོན་འཕགས་ཡུལ་དུ་གནས་བརྟན་ཆེན་པོ་རྣམས་སྤྱན་དྲང་བའི་ཚུལ་སྔོན་ངག་གི་ཚིག་རྒྱན་མང་པོ་དང་བཅས་བཅད་ལྷུག་སྤེལ་བས་སྤྱན་དྲངས་པའི་ཚུལ་སྣང་བ་ནི་ཨཱ་ཙཱརྻ་ཛཱེ་ན་མི་ཏྲ་དང་བཀྲེ་ཡེ་ཤེས་སྡེས་བསྒྱུར་བ་ལོགས་སུ་གསལ་བ་ལྟར་རོ།། །།

ཀ༢ ཐུབ་དབང་གནས་བརྟན་བཅུ་དྲུག་འཁོར་དང་བཅས་པ་ལ་ཕྱག་མཆོད་གསོལ་འདེབས་མདོར་བསྡུས་སྙིང་པོར་དྲིལ་བ་བྱ་ཚུལ།

གཉིས་(༢༧༡བ)པ་སློབ་དམན་རྣམས་ལ་ཕན་གདགས་པའི་ཕྱིར་ཕྱག་མཆོད་གསོལ་འདེབས་མདོར་བསྡུས་སྙིང་པོར་དྲིལ་བ་བྱ་ཚུལ་ནི། ན་མོ་གུ་རུ་མུ་ནི་ཨིནྡྲ་ཡ། བཅོམ་ལྡན་འདས་དེ་བཞིན་གཤེགས་པ་དགྲ་བཅོམ་པ་ཡང་དག་པར་རྫོགས་པའི་སངས་རྒྱས་རིག་པ་དང་ཞབས་སུ་ལྡན་པ། བདེ་བར་གཤེགས་པ། འཇིག་རྟེན་མཁྱེན་པ། སྐྱེས་བུ་འདུལ་བའི་ཁ་ལོ་བསྒྱུར་བ་བླ་ན་མེད་པ། ལྷ་དང་མི་རྣམས་ཀྱི་སྟོན་པ། སངས་རྒྱས་བཅོམ་ལྡན་འདས་དཔལ་རྒྱལ་བ་ཤཱཀྱ་ཐུབ་པ་ལ་ཕྱག་འཚལ་ལོ། །མཆོད་དོ་སྐྱབས་སུ་མཆིའོ། །(༢༧༢ན)བརྩེ་བ་ཆེན་པོས་དུས་དང་གནས་སྐབས་ཐམས་ཅད་དུ་རྗེས་སུ་གཟུང་དུ་གསོལ། །

དེ་ལ་འདིར་ཐུབ་པའི་དབང་པོ་འཕགས་པ་གནས་བརྟན་བཅུ་དྲུག་དང་བཅས་པ་ལ་མཆོད་དེ་ཐུགས་དམ་བསྐུལ་བའི་ཚུལ་སྙིང་པོར་དྲིལ་ཏེ་བརྗོད་པ་ནི། རྟེན་དགྲམ་པ་དང་མཆོད་གཏོར་བཤམས་པ་སོགས་སྦྱོར་བའི་ཚོ་ག་རྣམས་མཆོད་པའི་ཚོ་ག་རྒྱས་པར་བཤད་པ་ལྟར་བྱས་ལ། སྔོན་བདེ་བ་ལ་འཁོད་དེ་དགེ་སེམས་ཁྱད་པར་ཅན་གྱི་ངང་ནས་ཐོག་མར་སྐྱབས་འགྲོ་སེམས་བསྐྱེད་བྱ་བ་ནི། བདག་དང་འགྲོ་བ་ནམ་མཁའ་དང་མཉམ་པའི་སེམས་ཅན་ཐམས་ཅད་བླ་མ་ལ་སྐྱབས་སུ་མཆིའོ། །

སངས་རྒྱས་ལ་སྐྱབས་སུ་མཆིའོ། །ཆོས་ལ་སྐྱབས་སུ་མཆིའོ། །དགེ་འདུན་ལ་སྐྱབས་སུ་མཆིའོ། །ཐུབ་པ་ཆེན་པོ་འཕགས་པ་གནས་བརྟན་བཅུ་དྲུག་གི་ལྷ་ཚོགས་(༢༧༢བ)འཁོར་དང་བཅས་པ་རྣམས་ལ་སྐྱབས་སུ་མཆིའོ། །དཔལ་མགོན་དམ་པ་ཆོས་སྐྱོང་བའི་སྲུང་མ་ཡེ་ཤེས་ཀྱི་སྤྱན་དང་ལྡན་པ་རྣམས་ལ་སྐྱབས་སུ་མཆིའོ། །ལན་གསུམ། སངས་རྒྱས་ཆོས་དང་ཚོགས་ཀྱི་མཆོག་རྣམས་ལ། །བྱང་ཆུབ་བར་དུ་བདག་ནི་སྐྱབས་སུ་མཆི། །བདག་གིས་སྦྱིན་སོགས་བགྱིས་པ་འདི་དག་གིས། །འགྲོ་ལ་ཕན་ཕྱིར་སངས་རྒྱས་འགྲུབ་པར་ཤོག །ལན་གསུམ། བདག་དང་སྣང་བ་ཐམས་ཅད་ཆོས་ཀྱི་དབྱིངས་ཀྱི་རང་བཞིན་ཡིན་པ་ལ། དེ་ལྟར་མ་རྟོགས་པའི་སེམས་ཅན་ཐམས་ཅད་བདེ་བ་དང་བདེ་བའི་རྒྱུ་དང་ལྡན་པར་གྱུར། སྡུག་བསྔལ་དང་སྡུག་བསྔལ་གྱི་རྒྱུ་དང་བྲལ་བར་གྱུར། སྡུག་བསྔལ་མེད་པའི་བདེ་བ་དང་མི་འབྲལ་བར་གྱུར། བདེ་སྡུག་གི་རྒྱུ་ཆགས་སྡང་ཉེ་རིང་གཉིས་དང་བྲལ་བའི་བཏང་སྙོམས་ལ་གནས་པར་གྱུར། །མ་སེམས་ཅན་ཐམས་ཅད་ཀྱི་དོན་དུ་རྫོགས་པའི་སངས་རྒྱས་ཀྱི་གོ་འཕང་ཐོབ་པར་བྱ། དེའི་ཕྱིར་དུ་ཐུབ་པ་ཆེན་པོ་འཕགས་པ་གནས་བརྟན་བཅུ་དྲུག་གི་ལྷ་ཚོགས་འཁོར་དང་བཅས་པ་རྣམས་ལ་ཕྱག་མཆོད་ཐུགས་དམ་བསྐུལ་བའི་རིམ་པ་ལ་འཇུག་པར་བགྱིའོ། །ལན་གསུམ། དེ་ནས་གནས་བྱིན་རླབས། ཁང་བཟང་བྱིན་རླབས། གདན་ཁྲི་བྱིན་རླབས། མཆོད་པ་བྱིན་རླབས་རྣམས་བྱ་ཚུལ་ནི། བསླུ་མེད་དཀོན་མཆོག་གསུམ་གྱི་བདེན་པ་དང་། །རྒྱལ་བ་སྲས་བཅས་རྣམས་ཀྱི་བྱིན་རླབས་དང་། །ཚོགས་གཉིས་ཡོངས་སུ་རྫོགས་པའི་མངའ་ཐང་དང་། །ཆོས་དབྱིངས་རྣམ་པར་དག་པའི་བདེན་པའི་མཐུས། །གནས་འདིའི་ཉེས་སྐྱོན་ཐམས་ཅད་ཡོངས་དག་སྟེ། །(༢༧༣ན)བདེ་བ་ཅན་གྱི་ཞིང་གི་བཀོད་པ་ལྟར། །གནས་དང་ཁང་བཟང་གདན་ཁྲི་མཆོད་རྫས་རྣམས། །སྲིད་ཞིའི་ཕུན་ཚོགས་འདོད་དགུས་འབྱོར་གྱུར་ཅིག །ལག་མཐིལ་ལྟར་མཉམ་རིན་ཆེན་རྒྱན་གྱིས་སྤྲས། །ལྗོན་ཤིང་ཆུ་མཚོས་བརྒྱན་པའི་ས་

གཞིའི་དབུས། །རིན་ཆེན་ལས་གྲུབ་གྲུ་བཞི་སྒོ་བཞི་པ། །པདྨ་ཉི་ཟླས་བརྒྱན་པའི་གདན་སྟེང་དུ། །ཐུབ་དབང་གནས་བརྟན་བཅུ་དྲུག་འཁོར་བཅས་རྣམས། །བཞུགས་ནས་གཟུངས་རིག་མོས་སྟོབས་ཀྱིས་བསྐུན་པའི། །མཆོད་སྤྲིན་རྒྱ་མཚོས་གང་ཞིང་སྤྱོད་གྱུར་ཅིག །ཨོཾ་ན་མོ་བྷ་ག་ཝ་ཏེ། བཛྲ་སཱ་ར་པྲ་མརྡ་ནེ། ཏ་ཐཱ་ག་ཏཱ་ཡ། ཨརྷ་ཏེ། སམྱཀྶཾ་བུདྡྷ་ཡ། ཏདྱ་ཐཱ། ཨོཾ་བཛྲེ་བཛྲེ། མཧཱ་བཛྲེ། མཧཱ་ཏེ་ཛ་བཛྲེ། མཧཱ་བིདྱཱ་བཛྲེ། མ་ཧཱ་བོ་དྷི་ཙིཏྟ་བཛྲེ། མ་ཧཱ་བོདྷི་མཎྜོ་པ་སཾ་ཀྲ་མ་ཎ་བཛྲེ་སརྦ་ཀརྨ་ཨཱ་ཝ་ར་ཎ་བི་ཤོ་དྷ་ན་བཛྲེ་སྭཱཧཱ། ཞེས་མཆོད་པའི་སྤྲིན་གྱི་གཟུངས་ལན་གསུམ་བརྗོད། དཀོན་མཆོག་གསུམ་གྱི་བདེན་པ་དང་། སངས་རྒྱས་དང་བྱང་ཆུབ་སེམས་དཔའ་ཐམས་ཅད་ཀྱི་བྱིན་གྱིས་བརླབས་དང་། ཚོགས་གཉིས་ཡོངས་སུ་རྫོགས་པའི་མངའ་ཐང་ཆེན་པོ་དང་། ཆོས་ཀྱི་དབྱིངས་རྣམ་པར་དག་ཅིང་བསམ་གྱིས་མི་ཁྱབ་པའི་སྟོབས་ཀྱིས་དེ་བཞིན་དུ་གྱུར་ཅིག །ཅེས་བདེན་སྟོབས་ལན་གསུམ་བརྗོད། དེ་ནས་ཕྱུས་མོ་བཙུགས་སྤོས་དང་མེ་ཏོག་ཐོགས་ཏེ་གུས་པ་ཆེན་པོས་སྤྱན་དྲང་བ་ནི། ཐུགས་རྗེས་རྗོད་པའི་དུས་ཀྱི་གདུལ་བྱ་རྣམས། །རྣམ་གྲོལ་ལམ་ལ་འགོད་མཛད་འགྲོ་བའི་མགོན། །ཐུབ་པ་མཆོག་དང་གནས་བརྟན་ཆེན་པོ་རྣམས། །འཁོར་དང་བཅས་པ་གནས་འདིར་གཤེགས་(༢༧༣བ)སུ་གསོལ། །ཕྱོགས་བཅུའི་རྒྱལ་བ་སྲས་བཅས་ཐམས་ཅད་དང་། །ཤེས་རབ་མི་འབར་ཉོན་མོངས་མཚོ་སྐེམ་ཞིང་། །རྣམ་གྲོལ་བསོད་ནམས་ཞིང་དུ་བཀས་བསྐོད་པའི། །ཕྱོགས་བཅུའི་ཉན་ཐོས་དགེ་འདུན་བཞུགས་སོ་འཚལ། །ཡོན་སྦྱོར་མཆོད་པའི་གནས་སུ་སྤྱན་འདྲེན་ན། །འགྲོ་བའི་དོན་ཕྱིར་མཆོད་ཀྱིས་གཤེགས་སུ་གསོལ། །འགྲོ་བའི་མགོན་པོ་ཤཱཀྱ་སེང་གེ་ཡིས། །སངས་རྒྱས་བསྟན་པ་གང་གི་ཕྱག་ཏུ་བཞག །གསུང་རབ་རིན་ཆེན་སྒྲོམ་གྱི་ཁ་འབྱེད་པ། ཆོས་སྐྱོང་དགྲ་བཅོམ་ཆེན་པོ་བཞུགས་སོ་འཚལ། །དམ་ཆོས་སྤེལ་བའི་སླད་དུ་སྤྱན་འདྲེན་ན། །འགྲོ་བའི་དོན་ཕྱིར་མཆོད་ཀྱིས་གཤེགས་སུ་གསོལ། །ཐུབ་པས་བཀའ་བསྒོས་བསྟན་པའི་

རྒྱལ་མཚན་འཛིན། །ཡན་ལག་འབྱུང་དང་མ་ཕམ་ནགས་ན་གནས། །དུས་ལྡན་རྡོ་རྗེ་མོའི་བུ་བཟང་པོ་དང་། །གསེར་བེའུ་བྷ་ར་དྷྭ་ཛ་གསེར་ཅན་མཆོག །འཕགས་པ་བ་ཀུ་ལ་དང་སྒྲ་གཅན་འཛིན། །ལམ་ཕྲན་བྷ་ར་དྷྭ་ཛ་བསོད་སྙོམས་ལེན། །ལམ་བསྟན་ཀླུའི་སྡེ་སྲིད་བྱེད་མི་ཕྱེད་པ། །འཁོར་དང་བཅས་པ་གནས་འདིར་གཤེགས་སུ་གསོལ། །སྤྱངས་དང་ཡེ་ཤེས་ཕུན་ཚོགས་སངས་རྒྱས་ཀྱང་། །གདུལ་བྱའི་དབང་གིས་ཉན་ཐོས་ཚུལ་འཛིན་པ། །ཁྱད་པར་ཅན་གྱི་འཕྲིན་ལས་ཆོས་སྐྱོང་བའི། །གནས་བརྟན་བཅུ་དྲུག་འདིར་སྤྱན་གདན་ལ་བཞུགས། །བདེ་གཤེགས་བཀའ་ལུང་གཙོར་མཛད་བསྟན་པ་བསྲུང་། །རང་དོན་དོར་ནས་འཁོར་བའི་ནགས་ཚལ་དུ། །གཞན་དོན་ལྷུར་མཛད་གནས་བརྟན་བཅུ་དྲུག་པོ། །དམ་བཅས་ཐུགས་རྗེའི་དབང་གིས་གནས་འདིར་(༢༧༨ན)གཤེགས། །དགེ་བསྙེན་སྐྱབས་གསོལ་བདེན་པའི་ཚིག་བརྟན་པ། །དཀོན་མཆོག་གསུམ་གྱི་ཞབས་འབྲིང་མཆིས་སོ་འཚལ། །བསོད་ནམས་རིན་ཆེན་གླིང་དུ་སྤྱན་འདྲེན་ན། །འགྲོ་བའི་དོན་ཕྱིར་མཆོད་ཀྱིས་གཤེགས་སུ་གསོལ། །ཞེས་སྤྱན་དྲངས་པས་རྫུ་འཕྲུལ་གྱིས་ཐོགས་པ་མེད་པར་བྱོན་ཏེ་བྱིན་གྱིས་བརླབས་པའི་པོ་བྲང་གི་ནང་དུ་དགྱེས་བཞིན་དུ་བཞུགས་པར་བསམ། དེ་ནས་སྐུ་ཁྲུས་གསོལ་བ་ནི། བཅོམ་ལྡན་འདས་དེ་བཞིན་གཤེགས་པ་དགྲ་བཅོམ་པ་ཡང་དག་པར་རྫོགས་པའི་སངས་རྒྱས་རིག་པ་དང་ཞབས་སུ་ལྡན་པ། བདེ་བར་གཤེགས་པ། འཇིག་རྟེན་མཁྱེན་པ། སྐྱེས་བུ་འདུལ་བའི་ཁ་ལོ་བསྒྱུར་བ་བླ་ན་མེད་པ། ལྷ་དང་མི་རྣམས་ཀྱི་སྟོན་པ་སངས་རྒྱས་བཅོམ་ལྡན་འདས་དཔལ་རྒྱལ་བ་ཤཱཀྱ་ཐུབ་པ་གནས་བརྟན་ཆེན་པོ་བཅུ་དྲུག་གི་ལྷ་ཚོགས་འཁོར་དང་བཅས་པ་ལ་ཡོ་བྱད་ཐམས་ཅད་དང་ལྡན་པའི་ཁྲུས་འདི་གསོལ་བར་བགྱིའོ། །ཁྲུས་ཀྱི་ཁང་པ་ཤིན་ཏུ་དྲི་ཞིམ་པ། །ཤེལ་གྱི་ས་གཞི་གསལ་ཞིང་འཚེར་བ་བསྟར། །རིན་ཆེན་འབར་བའི་ཀ་བ་ཡིད་འོང་ལྡན། །མུ་ཏིག་འོད་ཆགས་བླ་རེ་བྲེས་པ་དེར། །ཇི་ལྟར་བལྟམས་པ་ཙམ་གྱིས་ནི། །ལྷ་རྣམས་ཀྱིས་

ནི་ཁྲུས་གསོལ་ལྟར། །ལྷ་ཡི་ཆུ་ནི་དག་པ་ཡིས། །དེ་བཞིན་བདག་གིས་སྐུ་ཁྲུས་གསོལ། །ཨོཾ་སརྦ་ཏ་ཐཱ་ག་ཏ་ཨ་བྷི་ཥེ་ཀ་ཏ་ས་མ་ཡ་ཤྲཱི་ཡ་ཨཱཿཧཱུཾ། མཁའ་མཉམ་འགྲོ་ལ་མཁྱེན་བརྩེས་རབ་དགོངས་ནས། །ཞེས་སོགས། དུས་གསུམ་རྒྱལ་བ་རྒྱལ་སྲས་ཐུགས་རྗེ་ཡིས། །ཞེས་སོགས། རྒྱལ་བའི་སྐུ་ལ་ཉོན་མོངས་མི་མངའ་ཡང་། །ཞེས་(༢༧༨བ)སོགས། རྒྱལ་བའི་གསུང་ལ། ཞེས་སོགས། རྒྱལ་བའི་ཐུགས་ལ། ཞེས་སོགས། དེ་བཞིན་གཤེགས་དང་དེ་ཡི་སྲས་རྣམས་ལ། །ཞེས་སོགས། ཁྱེད་སྐུ་རང་བཞིན་ཡོངས་དག་པས། །ཞེས་སོགས། ཐུབ་དབང་གནས་བརྟན་འཁོར་དང་བཅས་རྣམས་ལ། །དྲི་ཞིམ་བདུད་རྩིའི་ཁྲུས་ཆབ་འདི་གསོལ་བས། །འགྲོ་བའི་སྒྲིབ་གཉིས་དྲི་མ་ཀུན་བྱང་ནས། །དྲི་བྲལ་སྐུ་གསུམ་ཐོབ་པར་བྱིན་གྱིས་རློབས། །ཨོཾ་སརྦ་ཏ་ཐཱ་ག་ཏ། ཞེས་སོགས། དེ་དག་སྐུ་ལ་མཚུངས་པ་མེད་པའི་གོས། །གཙང་ལ་དྲི་རབ་བསྒོས་པས་སྐུ་ཕྱིའོ། །ཨོཾ་ཧཱུཾ་ཏྲཱཾ་ཧྲཱིཿཨཱཿཀ་ཡ་བི་ཤོ་དྷ་ན་ཡེ་སྭཱཧཱ། སྐུ་མཆོག་རྣམ་དག་བལྟ་བས་མི་ངོམས་ལ། །ངོ་མཚར་སྐྱོན་བྲལ་མཁའ་དཀྱིལ་ཉི་གསལ་འདྲ། །ཆོས་ཀྱི་སྐུ་ལ་དྲི་མ་མི་མངའ་ཡང་། །སྲི་ཞུ་བཀུར་སྟི་རིམ་གྲོའི་ཚུལ་ཙམ་དུ། །ཆུ་གཙང་སྨན་སྤོས་འོ་མ་འདག་ཆལ་ཆུས། །འགྲོ་བའི་ལུས་སེམས་སྡུག་བསྔལ་ནད་བསལ་ཏེ། །ཉེས་པའི་སྐྱོན་བྲལ་འགྲོ་བའི་ཡིད་འོང་བའི། །དམ་པའི་སྐུ་མཆོག་བདག་གིས་ཐོབ་པར་ཤོག །ཐུབ་དབང་གནས་བརྟན་འཁོར་དང་བཅས་རྣམས་ལ། །ན་བཟའ་ཆོས་གོས་སྣམ་སྦྱར་དྲི་མེད་འདི། །ཕུལ་བས་བདག་དང་འགྲོ་བ་མ་ལུས་པ། །ཚུལ་ཁྲིམས་རྣམ་དག་མཚན་དཔེ་ཐོབ་གྱུར་ཅིག །དེ་བཞིན་དུ་ཆོས་གོས་སྣམ་སྦྱར་ཞེས་པའི་ཚབ་ཏུ། ཆོས་གོས་བླ་གོས་ཞེས་དང་། ཆོས་གོས་མཐང་གོས་ཞེས་འདོན་པ་སྤོས་ནས་སྔར་ལྟར་དཔུལ། དྲི་མེད་མཚན་ལ་སྒྲིབ་བསལ་མི་མངའ་ཡང་། །དད་པས་དུར་སྨིག་རྒྱལ་མཚན་ཕུལ་བ་ཡིས། །ནམ་མཁའི་མཐའ་དང་མཉམ་པའི་འགྲོ་བ་རྣམས། །སངས་རྒྱས་བརྟུལ་ཞུགས་མཆོག་ལ་སྤྱོད་པར་ཤོག །ཨོཾ་བཛྲ་ཙཱིཝྲ་ཡེ་ཨཱཿཧཱུཾ་སྭཱཧཱ། རིན་ཆེན་

མཛེས་པའི་བཀྲ་ཤིས་(༢༧༥ན)ཐུབ་པ་འདི། །སྟ་ཚོགས་བཅུད་ཀྱིས་བཀང་སྟེ་ཕུལ་བ་ཡིས། །ལས་དང་ཉོན་མོངས་དྲི་མ་ཀུན་བྱང་ནས། །བྱང་ཆུབ་སེམས་ཀྱི་རྣན་གྱིས་བརླན་པར་ཤོག །ཐུབ་དབང་གནས་བརྟན་བཅུ་དྲུག་འཁོར་བཅས་ལ། །བྱང་ཕྱོགས་སོ་བདུན་མཚོན་པའི་གསིལ་བྱེད་འདི། །ཕུལ་བས་བདག་དང་འགྲོ་བ་མ་ལུས་པ། །རྒྱལ་བ་དགྱེས་པའི་ལམ་ལ་འཇུག་གྱུར་ཅིག །ཐུབ་དབང་གནས་བརྟན་བཅུ་དྲུག་འཁོར་བཅས་ལ། །བཟའ་བཅའ་བསོད་པས་བཀང་བའི་ལྷུང་བཟེད་འདི། །ཕུལ་བས་བདག་དང་འགྲོ་བ་མ་ལུས་པ། །དམ་ཆོས་བདུད་རྩིའི་རོ་ཡིས་འཚོ་བར་ཤོག །ཐུབ་དབང་གནས་བརྟན་བཅུ་དྲུག་འཁོར་བཅས་ལ། །ཆོས་གོས་གསུམ་དང་ལྷུང་བཟེད་གསིལ་བྱེད་སོགས། །དགེ་སློང་རྣམས་ལ་ཐུབ་པས་བསྔགས་པ་ཡི། །ཕྲང་མཐུན་མཆོད་རྫས་འདི་དག་ཕུལ་བ་ཡིས། །བསྟན་པ་རིན་ཆེན་ཕྱོགས་བཅུར་རྒྱས་པ་དང་། །འཇིག་རྟེན་བདེ་ལེགས་ཆེན་པོས་ཁྱབ་པ་དང་། །ལྷར་བཅས་འགྲོ་བའི་གཙུག་གི་རྒྱན་གྱུར་པའི། །སྐྱོབས་བཅུ་མངའ་བའི་གོ་འཕང་ཐོབ་པར་ཤོག །བཅོམ་ལྡན་འདིར་ནི་བྱོན་པ་ལེགས། །བདག་ཅག་བསོད་ནམས་སྐལ་བར་ལྡན། །ཇི་སྲིད་མཆོད་པ་བདག་འབུལ་ན། །དེ་སྲིད་བཅོམ་ལྡན་བཞུགས་སུ་གསོལ། །ཡང་དེ་ཙམ་གྱི་རྒྱས་པར་བྱ་བའི་ལོང་སྐབས་མེད་ཚེ་ཁྲུས་ཁང་བསྐྱིད་ནས། ཇི་ལྟར་བལྟམས་པ་ཞེས་སོགས། ཐུབ་དབང་གནས་བརྟན་འཁོར་དང་བཅས་རྣམས་ལ། །ཞེས་སོགས་དང་། ཁྱེད་སྐུ་རང་བཞིན་ཡོངས་དག་པས། །ཞེས་སོགས་དང་། དེ་བཞིན་གཤེགས་དང་དེ་ཡི་སྲས་རྣམས་ལ། །ཞེས་སོགས་དང་། དེ་དག་སྐུ་ལ། ཞེས་སོགས། དྲི་མེད་མཚན་ལ། ཞེས་སོགས། རིན་ཆེན་མཛེས་པའི་བཀྲ་ཤིས་ཐུམ་པ་འདི། །ཞེས་སོགས། (༢༧༥བ)བཅོམ་ལྡན་འདིར་ནི་བྱོན་པ་ལེགས། །ཞེས་སོགས། རྒྱས་བསྡུས་སྐབས་དང་སྦྱར་ནས་བྱའོ། །དེ་ནས་གཙོ་འཁོར་ཐམས་ཅད་ལ་ཐུན་མོང་དུ་ཕྱག་དང་མཆོད་པ་བྱས་ཏེ་ཐུགས་དམ་བསྐུལ་བ་ནི། བཀའ་དྲིན་མཉམ་མེད་རྩ་བའི་བླ་མ་དང་། །

ཤཱཀྱའི་རྒྱལ་པོ་འཕགས་མཆོག་ཤཱ་རིའི་བུ། །སྒྲ་གཅན་འཛིན་དང་འཕགས་པ་ཀླུ་སྒྲུབ་སོགས། །དངོས་བརྒྱུད་བླ་མ་རྣམས་ལ་ཕྱག་འཚལ་ལོ། །མཁའ་མཉམ་འགྲོ་ལ་མཁྱེན་བརྩེས་རབ་དགོངས་ནས། །གྲངས་མེད་གསུམ་དུ་ཚོགས་གཉིས་རབ་རྫོགས་ཏེ། །སྟོང་གསུམ་མི་མཛེད་ཞིང་གི་དཔལ་གྱུར་པ། །འདྲེན་མཆོག་ཤཱཀྱའི་ཏོག་ལ་ཕྱག་འཚལ་ལོ། །ཐུབ་པས་བཀའ་བསྩོས་བསྟན་པའི་རྒྱལ་མཚན་འཛིན། །ཡན་ལག་འབྱུང་དང་མ་ཕམ་ནགས་ན་གནས། །དུས་ལྡན་རྡོ་རྗེ་མོའི་བུ་བཟང་པོ་དང་། །གསེར་བེའུ་བྷ་ར་དྭ་ཛ་གསེར་ཅན་མཆོག །འཕགས་པ་བ་ཀུ་ལ་དང་སྒྲ་གཅན་འཛིན། །ལམ་ཕྲན་བྷ་ར་དྭ་ཛ་བསོད་སྙོམས་ལེན། །ལམ་བསྟན་ཀླུའི་སྡེ་སྡེད་བྱེད་མི་ཕྱེད་པ། །གནས་བརྟན་འཁོར་དང་བཅས་ལ་ཕྱག་འཚལ་ལོ། །ཕྱག་བྱར་འོས་པ་ཐམས་ཅད་ལ། །ཞིང་རྡུལ་ཀུན་གྱི་གྲངས་སྙེད་ཀྱི། །ལུས་བཏུད་པ་ཡིས་རྣམ་ཀུན་ཏུ། །མཆོག་ཏུ་དད་པས་ཕྱག་འཚལ་ལོ། །ཇི་སྙེད་སུ་དག་ཅེས་པ་ནས། རྒྱལ་བ་ཀུན་ལ་ཕྱག་འཚལ་མཆོད་པར་བགྱི། །ཡན་ལག་བརྒྱད་ལྡན་ལྷ་ཡི་གཏྣ་སོགས། །ཕྱོགས་དུས་ཀུན་ན་མཆོད་ཡོན་ཅི་མཆིས་པ། །ཐུབ་དབང་གནས་བརྟན་འཁོར་བཅས་མཉེས་ཕྱིར་འབུལ། །བཞེས་ནས་བདག་ལ་དངོས་གྲུབ་སྩལ་དུ་གསོལ། །ཤིན་ཏུ་རྣམ་དག་དྲི་མེད་ཡིད་འོང་བའི། །ཕྱོགས་དུས་ཀུན་ན་ཞབས་བསིལ་×། །ཐུབ་དབང་×། །བཞེས་ནས་×། །(༢༧༨ན)འདབ་སྟོང་རབ་རྒྱས་པདྨ་དཀར་པོ་སོགས། །ཕྱོགས་དུས་ཀུན་ན་མེ་ཏོག་×། །ཐུབ་དབང་×། །བཞེས་ནས་×། །མ་ལ་ཡ་ཡི་ཙན་དན་དྲི་ལ་སོགས། །ཕྱོགས་དུས་ཀུན་ན་བདུག་སྤོས་×། །ཐུབ་དབང་×། །བཞེས་ནས་×། །མུན་པ་ཀུན་སེལ་རྩེ་བཙུད་སྒྲོན་མེ་སོགས། །ཕྱོགས་དུས་ཀུན་ན་སྣང་གསལ་×། །ཐུབ་དབང་×། །བཞེས་ནས་×། །ཙན་དན་གུར་གུམ་དྲིས་བསྒོས་སྤོས་ཆུ་སོགས། །ཕྱོགས་དུས་ཀུན་ན་དྲི་ཆབ་×། །ཐུབ་དབང་×། །བཞེས་ནས་×། །དཀར་གསུམ་མངར་གསུམ་བདུད་རྩིའི་ཟས་ལ་སོགས། །ཕྱོགས་དུས་ཀུན་ན་ཞལ་ཟས་×། །ཐུབ་

དབང་×། །བཞེས་ནས་×། །ཡན་ལག་དྲུག་ལྡན་ལྷ་ཡི་སིལ་སྙན་སོགས། །ཕྱོགས་དུས་ཀུན་ན་རོལ་མོ་×། །ཐུབ་དབང་×། །བཞེས་ནས་×། །གཟུགས་བརྙན་ཀུན་གསལ་རིན་ཆེན་བཻ་ཌཱུར་སོགས། །ཕྱོགས་དུས་ཀུན་ན་གཟུགས་མཆོག་×། །ཐུབ་དབང་×། །བཞེས་ནས་×། །དཔག་བསམ་ལས་བྱུང་བཟེད་བྲལ་དབྱངས་ལ་སོགས། །ཕྱོགས་དུས་ཀུན་ན་སྒྲ་སྙན་×། །ཐུབ་དབང་×། །བཞེས་ནས་×། །ཡིད་འོང་ཙན་དན་དཀར་པོའི་དྲི་ལ་སོགས། །ཕྱོགས་དུས་ཀུན་ན་དྲི་མཆོག་×། །ཐུབ་དབང་×། །བཞེས་ནས×། །འཛིག་རྟེན་འདི་ཡི་ཕུན་སུམ་ཚོགས་པའི་མཆོག །རིན་ཆེན་བདུན་གྱིས་ལྷ་ཡི་ལམ་བཀང་སྟེ། །ཐུབ་དབང་×། །བཞེས་ནས་×། །འདོད་ཆགས་(༢༧༨བ)ཞེ་སྡང་ཞེས་པ་ནས་ཕྱིར་བསྡོའི་བར་བརྗོད། ས་གཞི་སྤོས་ཀྱིས་བྱུགས་ཤིང་མེ་ཏོག་བཀྲམ། །རི་རབ་གླིང་བཞི་ཉི་ཟླས་བརྒྱན་པ་འདི། །སངས་རྒྱས་ཞིང་དུ་དམིགས་ཏེ་ཕུལ་བ་ཡིས། །འགྲོ་ཀུན་རྣམ་དག་ཞིང་ལ་སྤྱོད་པར་ཤོག །ཐུབ་དབང་གནས་བརྟན་བཅུ་དྲུག་འཁོར་བཅས་རྣམས། །བརྩེ་བ་ཆེན་པོས་བདག་ལ་དགོངས་སུ་གསོལ། །སྔོན་ཚེ་བདེན་ཚིག་སྨོན་ལམ་མཛད་པ་རྣམས། །དེང་འདིར་བདག་ལ་མངོན་སུམ་བསྟན་དུ་གསོལ། །ཞེས་ལན་གསུམ་བརྗོད་དོ། །དེ་ནས། མཚུངས་མེད་བལྟ་བས་མི་ངོམས་ཤིང་། །གསེར་གྱི་མདོག་ཅན་མཛེས་པའི་སྐུ། །ཞལ་གཅིག་ཕྱག་གཉིས་སྐྱིལ་ཀྲུང་བཞུགས། །ས་གནོན་མཉམ་གཞག་མཛད་ཕྱག་འཚལ། །བསྟན་པ་རྒྱས་པར་བྱིན་གྱིས་རློབས། །གངས་རི་ཆེན་པོ་ཏི་སེ་ལ། །འཕགས་པ་གནས་བརྟན་ཡན་ལག་འབྱུང་། །དགྲ་བཅོམ་སྟོང་དང་སུམ་བརྒྱས་བསྐོར། །སྤོས་ཕོར་རྔ་ཡབ་འཛིན་ཕྱག་འཚལ། །བསྟན་པ་རྒྱས་པར་བྱིན་གྱིས་རློབས། །དྲང་སྲོང་རི་ཡི་ངོས་ཤེལ་ན། །འཕགས་པ་གནས་བརྟན་མ་ཕམ་པ། །དགྲ་བཅོམ་བརྒྱ་ཕྲག་གཅིག་གིས་བསྐོར། །ཕྱག་གཉིས་མཉམ་གཞག་མཛད་ཕྱག་འཚལ། །བསྟན་པ་རྒྱས་པར་བྱིན་གྱིས་རློབས། །ཡོ་མ་བདུན་པའི་རི་ཕུག་ན། །འཕགས་པ་གནས་བརྟན་ནགས་ན་

གནས། །དགྲ་བཅོམ་སྟོང་དང་བཞི་བརྒྱས་བསྐོར། །ཕྱིགས་མཛུབ་ཛ་ཡབ་འཛིན་ཕྱག་འཚལ། །བསྟན་པ་རྒྱས་པར་བྱིན་གྱིས་རློབས། །འཛམ་བུ་གླིང་གི་ཟངས་གླིང་ན། །འཕགས་པ་གནས་བརྟན་དུས་ལྡན་ནི། །དགྲ་བཅོམ་སྟོང་དང་ཆིག་བརྒྱས་བསྐོར། །གསེར་གྱི་རྣ་ཀོར་འཛིན་ཕྱག་འཚལ། །བསྟན་པ་རྒྱས་པར་བྱིན་གྱིས་རློབས། །སིངྒ་ལ་ཡི་(༢༧༧ན)གླིང་ན་ནི། །གནས་བརྟན་རྡོ་རྗེ་མོ་ཡི་བུ། །དགྲ་བཅོམ་སྟོང་ཕྲག་གཅིག་གིས་བསྐོར། །ཕྱིགས་མཛུབ་ཛ་ཡབ་འཛིན་ཕྱག་འཚལ། །བསྟན་པ་རྒྱས་པར་བྱིན་གྱིས་རློབས། །ཚུ་བོ་ཡ་མུ་ནའི་གླིང་ན། །འཕགས་པ་གནས་བརྟན་བཟང་པོ་ནི། །དགྲ་བཅོམ་སྟོང་དང་ཉིས་བརྒྱས་བསྐོར། །ཆོས་འཆད་མཉམ་གཞག་མཛད་ཕྱག་འཚལ། །བསྟན་པ་རྒྱས་པར་བྱིན་གྱིས་རློབས། །གནས་མཆོག་དམ་པ་ཁ་ཆེ་ན། །འཕགས་པ་གནས་བརྟན་གསེར་བེའུ། །དགྲ་བཅོམ་ཆེན་པོ་ལྔ་བརྒྱས་བསྐོར། །རིན་ཆེན་ཞགས་པ་འཛིན་ཕྱག་འཚལ། །བསྟན་པ་རྒྱས་པར་བྱིན་གྱིས་རློབས། །ནུབ་ཀྱི་བ་ལང་སྤྱོད་གླིང་ན། །བྷ་ར་དྭ་ཛ་གསེར་ཅན་ནི། །དགྲ་བཅོམ་ཆེན་པོ་བདུན་བརྒྱས་བསྐོར། །ཕྱག་གཉིས་མཉམ་གཞག་མཛད་ཕྱག་འཚལ། །བསྟན་པ་རྒྱས་པར་བྱིན་གྱིས་རློབས། །བྱང་གི་སྒྲ་མི་སྙན་ན་ནི། །འཕགས་པ་གནས་བརྟན་བ་ཀུ་ལ། །དགྲ་བཅོམ་ཆེན་པོ་དགུ་བརྒྱས་བསྐོར། །ཕྱག་གཉིས་ནེའུ་ལེ་འཛིན་ཕྱག་འཚལ། །བསྟན་པ་རྒྱས་པར་བྱིན་གྱིས་རློབས། །པྲི་ཡང་ཀུ་ཡི་གླིང་ན་ནི། །འཕགས་པ་གནས་བརྟན་སྒྲ་གཅན་འཛིན། །དགྲ་བཅོམ་སྟོང་དང་ཆིག་བརྒྱས་བསྐོར། །རིན་ཆེན་ཕྲོག་ཞུ་འཛིན་ཕྱག་འཚལ། །བསྟན་པ་རྒྱས་པར་བྱིན་གྱིས་རློབས། །བྱ་རྒོད་ཕུང་པོའི་རི་བོ་ལ། །འཕགས་པ་གནས་བརྟན་ལམ་ཕྲན་བསྟན། །དགྲ་བཅོམ་སྟོང་དང་དྲུག་བརྒྱས་བསྐོར། །ཕྱག་གཉིས་མཉམ་གཞག་མཛད་ཕྱག་འཚལ། །བསྟན་པ་རྒྱས་པར་བྱིན་གྱིས་རློབས། །ཤར་གྱི་ལུས་འཕགས་གླིང་ན་ནི། །བྷ་ར་དྭ་ཛ་བསོད་སྙོམས་ལེན། །དགྲ་བཅོམ་སྟོང་ཕྲག་གཅིག་གིས་བསྐོར། །(༢༧༧བ)གླིགས་བམ་ལྷུང་བཟེད་

འཛིན་ཕྱག་འཚལ། །བསྟན་པ་རྒྱས་པར་བྱིན་གྱིས་རློབས། །ལྷ་གནས་སུམ་ཅུ་རྩ་གསུམ་ན། །འཕགས་པ་གནས་བརྟན་ལམ་བསྟན་ནི། །དགྲ་བཅོམ་ཆེན་པོ་དགུ་བརྒྱས་བསྐོར། །གླེགས་བམ་ཆོས་འཆད་མཛད་ཕྱག་འཚལ། །བསྟན་པ་རྒྱས་པར་བྱིན་གྱིས་རློབས། །རི་ཡི་རྒྱལ་པོ་ངོས་ཡངས་ལ། །འཕགས་པ་གནས་བརྟན་ཀླུ་ཡི་སྡེ། །དགྲ་བཅོམ་སྟོང་དང་ཉིས་བརྒྱས་བསྐོར། །བུམ་པ་འཁར་གསིལ་འཛིན་ཕྱག་འཚལ། །བསྟན་པ་རྒྱས་པར་བྱིན་གྱིས་རློབས། །རི་ཡི་རྒྱལ་པོ་བི་ཧུ་ལར། །འཕགས་པ་གནས་བརྟན་སྦེད་བྱེད་ནི། །དགྲ་བཅོམ་སྟོང་དང་བཞི་བརྒྱས་བསྐོར། །ཕྱག་གཉིས་གླེགས་བམ་འཛིན་ཕྱག་འཚལ། །བསྟན་པ་རྒྱས་པར་བྱིན་གྱིས་རློབས། །གངས་ཅན་རི་ཡི་རྒྱལ་པོ་ལ། །འཕགས་པ་གནས་བརྟན་མི་ཕྱེད་པ། །དགྲ་བཅོམ་སྟོང་ཕྲག་གཅིག་གིས་བསྐོར། །བྱང་ཆུབ་མཆོད་རྟེན་འཛིན་ཕྱག་འཚལ། །བསྟན་པ་རྒྱས་པར་བྱིན་གྱིས་རློབས། །དགེ་བསྙེན་དྷརྨ་ཏ་ལ་ནི། །རལ་པའི་ཐོད་བཅིངས་གླེགས་བམ་འཁུར། །སྣང་བ་མཐའ་ཡས་མདུན་གནས་ཤིང་། །རྔ་ཡབ་བུམ་པ་འཛིན་ཕྱག་འཚལ། །བསྟན་པ་རྒྱས་པར་བྱིན་གྱིས་རློབས། །ཡུལ་འཁོར་སྲུང་དང་འཕགས་སྐྱེས་པོ། །སྤྱན་མི་བཟང་དང་རྣམ་ཐོས་སྲས། །རང་རང་འཁོར་འདུལ་སྒོ་བཞི་བསྲུང་། །རྒྱལ་ཆེན་བཞི་ལ་ཕྱག་འཚལ་ལོ། །བསྟན་པ་རྒྱས་པར་བྱིན་གྱིས་རློབས། །ཞེས་བརྗོད་ཅིང་གཙོ་འཁོར་ཐམས་ཅད་ལ་གསོལ་བ་ཤུགས་དྲག་ཏུ་གདབ་བོ། །དེ་ནས་སོ་སོར་ཕྱག་མཆོད་ཐུགས་དམ་བསྐུལ་བ་ནི། སྟོན་པ་བཅོམ་ལྡན་འདས་(༢༧༨ན)དེ་བཞིན་གཤེགས་པ་དགྲ་བཅོམ་པ་ཡང་དག་པར་རྫོགས་པའི་སངས་རྒྱས་དཔལ་རྒྱལ་བ་ཤཱཀྱ་ཐུབ་པ་ཕྱག་འཚལ་ལོ། །མཆོད་དོ། །སྐྱབས་སུ་མཆིའོ། །བྱིན་གྱིས་བརླབ་ཏུ་གསོལ། ཞེས་ལན་བདུན་བརྗོད། གསེར་གྱི་མདོག་ཅན་ས་གནོན་ཕྱག་རྒྱ་ཅན། །རྨད་བྱུང་ཐུགས་རྗེ་བརྩོན་འགྲུས་ཆེན་པོའི་མཐུས། །མི་མཇེད་འཇིག་རྟེན་ཁམས་ཀྱི་དཔལ་གྱུར་པའི། །འདྲེན་མཆོག་ཤཱཀྱའི་ཏོག་ལ་ཕྱག་འཚལ་ལོ། །ཐབས་

མཁས་ཐུགས་རྗེས་ཤཱཀྱའི་རིགས་འཁྲུངས་ཤིང་། །གཞན་གྱིས་མི་ཐུབ་བདུད་ཀྱི་དཔུང་འཇོམས་པ། གསེར་གྱི་ལྷུན་པོ་ལྟ་བུར་བརྗིད་པའི་སྐུ། །ཤཱཀྱའི་རྒྱལ་པོ་དེ་ལ་ཕྱག་འཚལ་ལོ། །དངོས་བཤམས་གཟུངས་རིག་མོས་སྟོབས་ཀྱིས་སྤྲུལ་པའི། །མཆོད་ཚོགས་ཀུན་འབུལ་སྡིག་ལྟུང་ཐམས་ཅད་བཤགས། །དགེ་ལ་ཡི་རང་བསྐུལ་ཞིང་གསོལ་བ་འདེབས། །འདིས་མཚོན་དགེ་བ་བྱང་ཆུབ་ཆེན་པོར་བསྔོ། །ས་གཞི་སྤོས་ཀྱིས་བྱུགས་ཤིང་མེ་ཏོག་བཀྲམ། །རི་རབ་གླིང་བཞི་ཉི་ཟླས་བརྒྱན་པ་འདི། །སངས་རྒྱས་ཞིང་དུ་དམིགས་ཏེ་ཕུལ་བ་ཡིས། །འགྲོ་ཀུན་རྣམ་དག་ཞིང་ལ་སྤྱོད་པར་ཤོག །རྒྱལ་བའི་མཚན་ཐོས་དྲན་བརྗོད་ཕྱག་མཆོད་མཐུས། །བདག་དང་མཁའ་མཉམ་འགྲོ་བ་མ་ལུས་པ། །སྟོན་པ་ཐུབ་པའི་དབང་པོའི་ཞལ་མཐོང་སྟེ། །གསུང་གི་བདུད་རྩི་ངོམས་མེད་འཐུང་བར་ཤོག །བཅོམ་ལྡན་མཉམ་མེད་ཤཱཀྱ་ཐུབ་པ་ཡིས། །མགོན་མེད་ལྔ་བརྒྱ་ཐ་མའི་འགྲོ་རྣམས་ལ། །བརྩེ་བས་དགོངས་ནས་སྨོན་ལམ་གང་མཛད་པ། །དེ་དག་བདག་སོགས་འགྲོ་བས་ཡོངས་སྤྱོད་ཤོག །ལྷར་བཅས་(༢༧༨བ)འགྲོ་བའི་ཕན་བདེ་ཀུན་གྱི་གཞི། །ཐུབ་པའི་བསྟན་པ་འཕེལ་ཞིང་རྒྱས་པ་དང་། །བསྟན་འཛིན་སྐྱེས་བུ་ཐམས་ཅད་ཞབས་བརྟན་ཅིང་། །འཛིག་རྟེན་བདེ་ལེགས་ཆེན་པོས་ཁྱབ་གྱུར་ཅིག །སྟོན་པ་ཐུབ་པའི་དབང་པོས་བཀའ་བསྒོས་ཏེ་མྱ་ངན་ལས་མི་འདའ་བར་འགྲོ་བ་ཀུན་གྱི་བསོད་ནམས་ཀྱི་ཞིང་དུ་བཞུགས་ནས་རྒྱལ་བའི་བསྟན་པ་འཛིན་ཅིང་སྤེལ་བར་མཛད་པ་གནས་བརྟན་ཆེན་པོ་ཡན་ལག་འབྱུང་འཁོར་དགྲ་བཅོམ་པ་སྟོང་དང་སུམ་བརྒྱས་བསྐོར་བ་ལ་ཕྱག་འཚལ་ལོ། །མཆོད་དོ། །སྐྱབས་སུ་མཆིའོ། །བྱིན་གྱིས་བརླབ་ཏུ་གསོལ། ཞེས་ལན་བདུན་བརྗོད། སྙིགས་དུས་ཉམ་ཐག་འགྲོ་ལ་ཐུགས་བརྩེ་བས། །ཐུབ་པའི་བཀའ་བཞིན་མྱ་ངན་མི་འདའ་བར། །ཏི་སེའི་གངས་ལ་བཞུགས་ནས་འགྲོ་དོན་མཛད། །གནས་བརྟན་ཡན་ལག་འབྱུང་ལ་ཕྱག་འཚལ་ལོ། །གང་སྐུ་མཐོང་ཐོས་དྲན་རེག་ཐམས་ཅད་ལ། །ཉོན་མོངས་མེ་ཡི་གདུང་

བ་ཞི་མཛད་ཅིང་། །བསླབ་གསུམ་ཡན་ལག་ཉམས་མེད་འབྱུང་མཛད་པ། །འཕགས་པ་ཡན་ལག་འབྱུང་ལ་ཕྱག་འཚལ་ལོ། །དངོས་བཤམས་གཟུངས་རིག་×། །ཆེན་པོར་བསྔོ། །ས་གཞི་སྤོས་ཀྱིས་×། །སྦྱོད་པར་ཤོག །འཕགས་པའི་མཚན་ཐོས་དྲན་བརྗོད་ཕྱག་མཆོད་མཐུས། །བདག་ཅག་ལ་སོགས་སེམས་ཅན་གང་དང་གང་། །ལས་དང་ཉོན་མོངས་འཆིང་བས་བཅིངས་པ་རྣམས། །བསླབ་གསུམ་སྟོབས་ཀྱིས་མྱུར་དུ་གྲོལ་གྱུར་ཅིག །འཕགས་པ་ཡན་ལག་འབྱུང་གི་ཐུགས་བསྐྱེད་མཐུས། །ཡུལ་ཕྱོགས་འདིས་མཚོན་འཇིག་རྟེན་ཐམས་ཅད་དུ། །ཕན་ཚུན་ཡིད་འོང་བྱམས་པའི་སེམས་ལྡན་(༢༧ན) ཞིང་། །ཚུལ་ཁྲིམས་རྣམ་པར་དག་པས་ཁྱབ་གྱུར་ཅིག །ལྷར་བཅས་འགྲོ་བའི་ཕན་བདེ་ཀུན་གྱི་གཞི། །ཐུབ་པའི་བསྟན་པ་འཕེལ་ཞིང་རྒྱས་པ་དང་། །བསྟན་འཛིན་སྐྱེས་བུ་ཐམས་ཅད་ཞབས་བརྟན་ཅིང་། །འཇིག་རྟེན་བདེ་ལེགས་ཆེན་པོས་ཁྱབ་གྱུར་ཅིག །སྟོན་པ་ཐུབ་པའི་དབང་པོས་བཀའ་བསྒོས་ཏེ་མྱ་ངན་ལས་མི་འདའ་བར་འགྲོ་བ་ཀུན་གྱི་བསོད་ནམས་ཀྱི་ཞིང་དུ་བཞུགས་ནས་རྒྱལ་བའི་བསྟན་པ་འཛིན་ཅིང་སྐྱེལ་བར་མཛད་པ་གནས་བརྟན་ཆེན་པོ་མ་ཕམ་པ་འཁོར་དགྲ་བཅོམ་པ་བརྒྱ་ཕྲག་གཅིག་གིས་བསྐོར་བ་ལ་ཕྱག་འཚལ་ལོ། །མཆོད་དོ། །སྐྱབས་སུ་མཆིའོ། །བྱིན་གྱིས་བརླབ་ཏུ་གསོལ། ཞེས་ལན་བདུན་བརྗོད། སྙིགས་དུས་ཉམ་ཐག་འགྲོ་ལ་ཐུགས་བརྩེ་བས། །ཐུབ་པའི་བཀའ་བཞིན་མྱ་ངན་མི་འདའ་བར། །དྲང་སྲོང་རི་དོས་བཞུགས་ནས་འགྲོ་དོན་མཛད། །གནས་བརྟན་མ་ཕམ་པ་ལ་ཕྱག་འཚལ་ལོ། །གང་སྐུ་མཐོང་ཐོས་དྲན་རེག་ཐམས་ཅད་ལ། །བྱིང་རྒོད་རྣམ་རྟོག་གཡེང་བ་ཞི་མཛད་ཅིང་། །ཞི་གནས་ལྷག་མཐོང་རྟོགས་པ་རྒྱས་མཛད་པ། །འཕགས་པ་མ་ཕམ་པ་ལ་ཕྱག་འཚལ་ལོ། །དངོས་བཤམས་གཟུངས་རིག་×། །ཆེན་པོར་བསྔོ། །ས་གཞི་སྤོས་ཀྱིས་×། །སྦྱོད་པར་ཤོག །འཕགས་པའི་མཚན་ཐོས་དྲན་བརྗོད་ཕྱག་མཆོད་མཐུས། །བདག་ཅག་ལ་སོགས་སེམས་ཅན་གང་དང་གང་། །ཉོན་མོངས་རྣམ་རྟོག་གདོན་གྱིས་དཀྲུགས་

པ་རྣམས། །མཉམ་གཞག་སྟོབས་ཀྱིས་མྱུར་དུ་ཞི་གྱུར་ཅིག །འཕགས་པ་མ་ཕམ་པ་ཡི་ཐུགས་བསྐྱེད་མཐུས། །བདག་དང་མཁའ་མཉམ་འགྲོ་བ་མ་ལུས་པ། །ཚུལ་ཁྲིམས་རྣམ་དག་ཐེག་མཆོག་ལམ་(༢༧༩བ)ཞུགས་ཏེ། །རྒྱལ་སྲས་སྤྱོད་པ་རྒྱ་མཚོར་སློབ་པར་ཤོག །ལྷར་བཅས་འགྲོ་བའི་×། །ཁྱབ་གྱུར་ཅིག །སྟོན་པ་ཐུབ་པའི་དབང་པོས་བཀའ་བསྐོས་ཏེ་མྱ་ངན་ལས་མི་འདའ་བར་འགྲོ་བ་ཀུན་གྱི་བསོད་ནམས་ཀྱི་ཞིང་དུ་བཞུགས་ནས་རྒྱལ་བའི་བསྟན་པ་འཛིན་ཅིང་སྤེལ་བར་མཛད་པ་གནས་བརྟན་ཆེན་པོ་ནགས་ན་གནས་འཁོར་དགྲ་བཅོམ་པ་སྟོང་དང་བཞི་བརྒྱས་བསྐོར་བ་ལ་ཕྱག་འཚལ་ལོ། །མཆོད་དོ། །སྐྱབས་སུ་མཆིའོ། །བྱིན་གྱིས་བརླབ་ཏུ་གསོལ། ཞེས་ལན་བདུན་བརྗོད། སྙིགས་དུས་ཉམ་ཐག་འགྲོ་ལ་ཐུགས་བརྩེ་བས། །ཐུབ་པའི་བཀའ་བཞིན་མྱ་ངན་མི་འདའ་བར། །ལོ་མ་བདུན་པའི་རིར་བཞུགས་འགྲོ་དོན་མཛད། །གནས་བརྟན་ནགས་ན་གནས་ལ་ཕྱག་འཚལ་ལོ། །འཕགས་ནོར་ལོ་མ་བདུན་ལྡན་ནགས་ན་གནས། །ཕྱིགས་མཛུབ་རྫ་ཡབ་ཕྱག་མཚན་མཐོང་ཙམ་གྱིས། །ཕྱི་ནང་ཉེར་འཚེ་ཀུན་ལས་སྐྱོབ་མཛད་པ། །འཕགས་པ་ནགས་ན་གནས་ལ་ཕྱག་འཚལ་ལོ། །དངོས་བཤམས་གཟུངས་རིག་×། །ཆེན་པོར་བསྒོ། །ས་གཞི་སྤོས་ཀྱིས་×། །སྤྱོད་པར་ཤོག །འཕགས་པའི་མཚན་ཐོས་དྲན་བརྗོད་ཕྱག་མཆོད་མཐུས། །བདག་དང་མཁའ་མཉམ་འགྲོ་བ་མ་ལུས་པ། །ཕྱི་ནང་བར་གཅོད་གནོད་པས་མི་བརྫི་ཞིང་། །བདེན་གཉིས་རྟོགས་ནས་མྱུར་དུ་གྲོལ་གྱུར་ཅིག །འཕགས་པ་ནགས་ན་གནས་ཀྱི་ཐུགས་བསྐྱེད་མཐུས། །ལས་དང་ཉོན་མོངས་གནོད་པས་མི་བརྫི་བར། །སྡེ་སྣོད་གསུམ་གྱི་བརྗོད་བྱའི་དོན་རྟོགས་ནས། །ལམ་བཟང་སྒྲུབ་ལ་བརྩོན་པ་ལྷུར་བྱེད་ཤོག །ལྷར་བཅས་×། །ཁྱབ་གྱུར་ཅིག །སྟོན་པ་ཐུབ་པའི་དབང་པོས་བཀའ་བསྐོས་ཏེ་མྱ་ངན་ལས་མི་འདའ་བར་འགྲོ་བ་ཀུན་གྱི་བསོད་ནམས་ཀྱི་ཞིང་དུ་(༢༨༠ན)བཞུགས་ནས་རྒྱལ་བའི་བསྟན་པ་འཛིན་ཅིང་སྤེལ་བར་མཛད་པ་གནས་བརྟན་ཆེན་པོ་དུས་ལྡན་འཁོར་

དགྲ་བཅོམ་པ་སྟོང་དང་ཆིག་བརྒྱས་བསྐོར་བ་ལ་ཕྱག་འཚལ་ལོ། །མཆོད་དོ། །སྐྱབས་སུ་མཆིའོ། །བྱིན་གྱིས་བརླབ་ཏུ་གསོལ། ཞེས་ལན་བདུན་བརྗོད། སྙིགས་དུས་ཉམ་ཐག་འགྲོ་ལ་ཐུགས་བརྩེ་བས། །ཐུབ་པའི་བཀའ་བཞིན་མྱ་ངན་མི་འདའ་བར། །ཟངས་གླིང་གནས་སུ་བཞུགས་ནས་འགྲོ་དོན་མཛད། །གནས་བརྟན་དུས་ལྡན་ཞབས་ལ་ཕྱག་འཚལ་ལོ། །གང་གི་སྐུ་མཐོང་གསུང་དབྱངས་ཐོས་ཙམ་གྱིས། །བྱམས་དང་སྙིང་རྗེ་བྱང་ཆུབ་སེམས་སྐྱེ་ཞིང་། །རླབས་ཆེན་རྒྱལ་སྲས་སྤྱོད་ལ་སྦྱོར་མཛད་པ། །འཕགས་པ་དུས་ལྡན་ཞབས་ལ་ཕྱག་འཚལ་ལོ། །དངོས་བཤམས་གཟུངས་རིག་×། །ཆེན་པོར་བསྔོ། །ས་གཞི་སྤོས་ཀྱིས་×། །སྤྱོད་པར་ཤོག །འཕགས་པའི་མཚན་ཐོས་དྲན་བརྗོད་ཕྱག་མཆོད་མཐུས། །བདག་དང་མཁའ་མཉམ་འགྲོ་བ་མ་ལུས་པ། །རྒྱལ་བ་སྲས་བཅས་རྣམས་ལ་གུས་པ་ཡིས། །ཐེག་མཆོག་ཆོས་ལ་རྟག་ཏུ་སྤྱོད་པར་ཤོག །འཕགས་པ་དུས་ལྡན་ཞབས་ཀྱི་ཐུགས་བསྐྱེད་མཐུས། །ཐེག་མཆོག་ལམ་བཟང་སྒྲུབ་པའི་རྐྱེན་ཚང་ཞིང་། །རྒྱལ་སྲས་སྤྱོད་པ་རྒྱ་མཚོར་ལེགས་བསླབས་ནས། །འགྲོ་ཀུན་དོན་དུ་ཀུན་མཁྱེན་མྱུར་ཐོབ་ཤོག །ལྷར་བཅས་×། །ཁྱབ་བསྒྱུར་ཅིག །སྟོན་པ་ཐུབ་པའི་དབང་པོས་བཀའ་བསྒོས་ཏེ་མྱ་ངན་ལས་མི་འདའ་བར་འགྲོ་བ་ཀུན་གྱི་བསོད་ནམས་ཀྱི་ཞིང་དུ་བཞུགས་ནས་རྒྱལ་བའི་བསྟན་པ་འཛིན་ཅིང་སྤེལ་བར་མཛད་པ་གནས་བརྟན་ཆེན་པོ་རྡོ་རྗེ་མོའི་བུ་འཁོར་དགྲ་བཅོམ་པ་སྟོང་ཕྲག་གཅིག་གིས་བསྐོར་བ་ལ་ཕྱག་འཚལ་ལོ། །མཆོད་དོ། །སྐྱབས་སུ་མཆིའོ། །བྱིན་གྱིས་(༤༥༠བ)བརླབ་ཏུ་གསོལ། ཞེས་ལན་བདུན་བརྗོད། སྙིགས་དུས་ཉམ་ཐག་འགྲོ་ལ་ཐུགས་བརྩེ་བས། །ཐུབ་པའི་བཀའ་བཞིན་མྱ་ངན་མི་འདའ་བར། །སིངྒ་ལ་ཡི་གླིང་བཞུགས་འགྲོ་དོན་མཛད། །གནས་བརྟན་རྡོ་རྗེ་མོའི་བུ་ལ་ཕྱག་འཚལ། །གང་སྐུ་མཐོང་ཐོས་དྲན་དང་རེག་པས་ཀྱང་། །མི་མཐུན་གནོད་པ་ཀུན་ལས་ཐར་མཛད་ཅིང་། །ཐེག་པ་མཆོག་ལ་ངེས་པར་སྦྱོར་མཛད་པ། །འཕགས་པ་རྡོ་རྗེ་མོའི་བུ་ལ་ཕྱག་འཚལ། །དངོས་

བཤམས་གཟུངས་རིག་×། །ཆེན་པོར་བསྔོ། །ས་གཞི་སྤོས་ཀྱིས་×། །སྦྱོད་པར་ཤོག །འཕགས་པའི་མཚན་ཐོས་དྲན་བརྗོད་ཕྱག་མཆོད་མཐུས། །བདག་ཅག་ལ་སོགས་སེམས་ཅན་གང་དང་གང་། །དགྲ་དང་གདོན་སོགས་གནོད་པས་གཙེས་པ་རྣམས། །མྱུར་དུ་ཞི་ནས་ཕན་ཚུན་བྱམས་ལྡན་ཤོག །འཕགས་པ་རྫོ་རྗེ་མོའི་བུའི་ཐུགས་བསྐྱེད་མཐུས། །སེམས་ཅན་ཐམས་ཅད་ཐེག་མཆོག་རིགས་ངེས་ཏེ། །རྒྱལ་བའི་བཀའ་བཞིན་སྒྲུབ་པར་བྱེད་པ་ལ། །མཐུན་པའི་རྐྱེན་རྣམས་ཡིད་བཞིན་འགྲུབ་པར་ཤོག །ལྷར་བཅས་×། །བྲབ་གྱུར་ཅིག །སྟོན་པ་ཐུབ་པའི་དབང་པོས་བཀའ་བསྒོས་ཏེ་མྱ་ངན་ལས་མི་འདའ་བར་འགྲོ་བ་ཀུན་གྱི་བསོད་ནམས་ཀྱི་ཞིང་དུ་བཞུགས་ནས་རྒྱལ་བའི་བསྟན་པ་འཛིན་ཅིང་སྤེལ་བར་མཛད་པ་གནས་བརྟན་ཆེན་པོ་བཟང་པོ་འཁོར་དགྲ་བཅོམ་པ་སྟོང་དང་ཉིས་བརྒྱས་བསྐོར་བ་ལ་ཕྱག་འཚལ་ལོ། །མཆོད་དོ། སྐྱབས་སུ་མཆིའོ། །བྱིན་གྱིས་བརླབ་ཏུ་གསོལ། ཞེས་ལན་བདུན་བརྗོད། སྙིགས་དུས་ཉམ་ཐག་འགྲོ་ལ་ཐུགས་བརྩེ་བས། །ཐུབ་པའི་བཀའ་བཞིན་མྱ་ངན་མི་འདའ་བར། །ཡ་མུ་ན་ཡི་གླིང་བཞུགས་འགྲོ་དོན་མཛད། །གནས་བརྟན་བཟང་པོའི་ཞབས་(༢༤༧ན)ལ་ཕྱག་འཚལ་ལོ། །རྣམ་སྣང་ཆོས་བདུན་ལྡན་པ་གང་གི་སྐུ། །མཐོང་བའི་མོད་ལ་སྲིད་ལ་ཞེན་ལོག་སྟེ། །ཡང་དག་ལམ་ལ་ངེས་པར་སྦྱོར་མཛད་པ། །འཕགས་པ་བཟང་པོའི་ཞབས་ལ་ཕྱག་འཚལ་ལོ། །དངོས་བཤམས་གཟུངས་རིག་×། །ཆེན་པོར་བསྔོ། །ས་གཞི་སྤོས་ཀྱིས་×། །སྦྱོད་པར་ཤོག །འཕགས་པའི་མཚན་ཐོས་དྲན་བརྗོད་ཕྱག་མཆོད་མཐུས། །བདག་ཅག་ལ་སོགས་འགྲོ་བ་མ་ལུས་པ། །འདོད་ཆུང་ཆོག་ཤེས་དཀོན་མཆོག་གསུམ་ལ་གུས། །གསུང་རབ་དོན་རྟོགས་མྱུར་དུ་གྲོལ་གྱུར་ཅིག །འཕགས་པ་གནས་བརྟན་བཟང་པོའི་ཐུགས་བསྐྱེད་མཐུས། །རྒྱལ་བསྟན་འཕེལ་བའི་འགལ་རྐྱེན་ཀུན་ཞི་ཞིང་། །མཐུན་རྐྱེན་གང་བསམས་ཡིད་བཞིན་འགྲུབ་པ་དང་། །སྤོང་བ་བསམ་གཏན་ཕྱོགས་བཅུར་རྒྱས་གྱུར་ཅིག །ལྷར་བཅས་×། །བྲབ་

གྱུར་ཅིག །སྟོན་པ་ཐུབ་པའི་དབང་པོས་བཀའ་བསྒོས་ཏེ་མྱ་ངན་ལས་མི་འདའ་བར་འགྲོ་བ་ཀུན་གྱི་བསོད་ནམས་ཀྱི་ཞིང་དུ་བཞུགས་ནས་རྒྱལ་བའི་བསྟན་པ་འཛིན་ཅིང་སྤེལ་བར་མཛད་པ་གནས་བརྟན་ཆེན་པོ་གསེར་བེའུ་འཁོར་དགྲ་བཅོམ་པ་ལྔ་བརྒྱས་བསྐོར་བ་ལ་ཕྱག་འཚལ་ལོ། །མཆོད་དོ། །སྐྱབས་སུ་མཆིའོ། །བྱིན་གྱིས་བརླབ་ཏུ་གསོལ། ཞེས་ལན་བདུན་བརྗོད། སྙིགས་དུས་ཉམ་ཐག་འགྲོ་ལ་ཐུགས་བརྩེ་བས། །ཐུབ་པའི་བཀའ་བཞིན་མྱ་ངན་མི་འདའ་བར། །ཁ་ཆེའི་ཡུལ་དུ་བཞུགས་ནས་འགྲོ་དོན་མཛད། །གནས་བརྟན་གསེར་གྱི་བེའུ་ལ་ཕྱག་འཚལ། །མཆོག་དང་ཐུན་མོང་དངོས་གྲུབ་མ་ལུས་པ། །ཅི་དང་ཅི་འདོད་ང་ཡིས་སྦྱིན་ནོ་ཞེས། །རིན་ཆེན་དོན་ཡོད་ཞགས་པ་ཕྱག་ན་བསྣམས། །འཕགས་(༢༢༧བ)པ་གསེར་གྱི་བེའུ་ལ་ཕྱག་འཚལ། །དངོས་བཤམས་གཟུངས་རིག་×། །ཆེན་པོར་བསྒོ། །ས་གཞི་སྤོས་ཀྱིས་×། །སྤྱོད་པར་ཤོག །འཕགས་པའི་མཚན་ཐོས་དྲན་བརྗོད་ཕྱག་མཆོད་མཐུས། །བདག་དང་མཁའ་མཉམ་འགྲོ་བ་མ་ལུས་པ། །གཟུངས་སྤོབས་མངོན་ཤེས་དྲན་པའི་མཐུ་ཐོབ་ནས། །འགྲོ་བའི་དེད་དཔོན་མཆོག་ཏུ་འགྱུར་བར་ཤོག །འཕགས་པ་གསེར་གྱི་བེའུའི་ཐུགས་བསྐྱེད་མཐུས། །ཡུལ་ཕྱོགས་འདིར་གནས་དགེ་འདུན་བཙུན་པ་རྣམས། །དམ་ཆོས་སྒྲུབ་པའི་མཐུན་རྐྱེན་ཀུན་ཚང་ཞིང་། །ཐེག་མཆོག་ཆོས་ལ་རྟག་ཏུ་སྤྱོད་པར་ཤོག །ལྷར་བཅས་×། །གྲུབ་གྱུར་ཅིག །སྟོན་པ་ཐུབ་པའི་དབང་པོས་བཀའ་བསྒོས་ཏེ་མྱ་ངན་ལས་མི་འདའ་བར་འགྲོ་བ་ཀུན་གྱི་བསོད་ནམས་ཀྱི་ཞིང་དུ་བཞུགས་ནས་རྒྱལ་བའི་བསྟན་པ་འཛིན་ཅིང་སྤེལ་བར་མཛད་པ་གནས་བརྟན་ཆེན་པོ་ཀྣ་ར་དྭ་ཛ་གསེར་ཅན་འཁོར་དགྲ་བཅོམ་པ་བདུན་བརྒྱས་བསྐོར་བ་ལ་ཕྱག་འཚལ་ལོ། །མཆོད་དོ། །སྐྱབས་སུ་མཆིའོ། །བྱིན་གྱིས་བརླབ་ཏུ་གསོལ། ཞེས་ལན་བདུན་བརྗོད། སྙིགས་དུས་ཉམ་ཐག་འགྲོ་ལ་ཐུགས་བརྩེ་བས། །ཐུབ་པའི་བཀའ་བཞིན་མྱ་ངན་མི་འདའ་བར། །བ་ལང་སྤྱོད་གླིང་ན་བཞུགས་འགྲོ་དོན་མཛད། །ཀྣ་

ར་ཏྣ་ཛ་གསེར་ཅན་ལ་ཕྱག་འཚལ། །གང་སྐུ་མཉམ་གཞག་མཛད་པའི་ཕྱག་རྒྱ་དེ། །མཐོང་བས་ལུས་སེམས་གདུང་བ་ཀུན་ཞི་ནས། །རྒྱལ་བའི་སྲས་ཀྱི་ས་ལ་འགོད་མཛད་པ། །འཕགས་པ་པདྨ་ར་ཏྣ་ཛ་ལ་ཕྱག་འཚལ། །དངོས་བཤམས་གཟུངས་རིག་×། །ཆེན་པོར་བསྔོ། །ས་གཞི་སྤོས་ཀྱིས་×། །སྤྱོད་པར་ཤོག །འཕགས་པའི་མཚན་ཐོས་དྲན་བརྗོད་ཕྱག་མཆོད་མཐུས། །(༢༤༢ན)བདག་དང་མཁའ་མཉམ་འགྲོ་བ་མ་ལུས་པ། །དལ་འབྱོར་རྟེན་ཐོབ་རྒྱལ་བའི་བསྟན་པ་ལ། །ཞུགས་ནས་ཐེག་མཆོག་ཆོས་ལ་སྤྱོད་པར་ཤོག །འཕགས་པ་པདྨ་ར་ཏྣ་ཛའི་ཐུགས་བསྐྱེད་མཐུས། །རྣམ་དག་ཁྲིམས་ལྡན་དགེ་འདུན་ཚོགས་རྣམས་ལ། །རྒྱལ་བློན་རྣམས་ཀྱིས་གུས་པས་མཆོད་པ་དང་།། འཁོར་ལོ་གསུམ་གྱི་བྱ་བ་རྒྱས་གྱུར་ཅིག །ལྷར་བཅས་×། །ཁྲབ་གྱུར་ཅིག །སྟོན་པ་ཐུབ་པའི་དབང་པོས་བཀའ་བསྒོས་ཏེ་མྱ་ངན་ལས་མི་འདའ་བར་འགྲོ་བ་ཀུན་གྱི་བསོད་ནམས་ཀྱི་ཞིང་དུ་བཞུགས་ནས་རྒྱལ་བའི་བསྟན་པ་འཛིན་ཅིང་སྤེལ་བར་མཛད་པ་གནས་བརྟན་ཆེན་པོ་བ་ཀུ་ལ་འཁོར་དགྲ་བཅོམ་པ་དགུ་བརྒྱས་བསྐོར་བ་ལ་ཕྱག་འཚལ་ལོ། །མཆོད་དོ། །སྐྱབས་སུ་མཆིའོ། །བྱིན་གྱིས་བརླབ་ཏུ་གསོལ། ཞེས་ལན་བདུན་བརྗོད། སྐྱིགས་དུས་ཉམ་ཐག་འགྲོ་ལ་ཐུགས་བརྩེ་བས། །ཐུབ་པའི་བཀའ་བཞིན་མྱ་ངན་མི་འདའ་བར། །ཀླུ་མི་སྣན་ན་བཞུགས་ནས་འགྲོ་དོན་མཛད། །གནས་བརྟན་བ་ཀུ་ལ་ལ་ཕྱག་འཚལ་ལོ། །གང་སྐུ་ཡིད་ལ་དྲན་ཏེ་གསོལ་བཏབ་ན། །དུས་མིན་འཆི་དང་བཀྲེས་སྐོམ་དབུལ་ཕོངས་སོགས། །ཕྱི་ནང་ཉེར་འཚེ་ཐམས་ཅད་ཞི་མཛད་པ། །འཕགས་པ་བ་ཀུ་ལ་ལ་ཕྱག་འཚལ་ལོ། །དངོས་བཤམས་གཟུངས་རིག་×། །ཆེན་པོར་བསྔོ། །ས་གཞི་སྤོས་ཀྱིས་×། །སྤྱོད་པར་ཤོག །འཕགས་པའི་མཚན་ཐོས་དྲན་བརྗོད་ཕྱག་མཆོད་མཐུས། །བདག་དང་མཁའ་མཉམ་འགྲོ་བ་མ་ལུས་པ། །དམ་ཆོས་སྒྲུབ་པའི་མཐུན་རྐྱེན་ཀུན་ཚང་ཞིང་། །ལུང་རྟོགས་ཡོན་ཏན་ཐམས་ཅད་རྒྱས་གྱུར་ཅིག །(༢༤༢བ)འཕགས་པ་བ་ཀུ་ལ་ཡི་ཐུགས་བསྐྱེད་མཐུས། །ཕྱོགས་

བཅུར་བཞུགས་པའི་དགེ་འདུན་བཙུན་པ་རྣམས། །མཐུན་རྐྱེན་འབྱོར་བས་ནམ་ཡང་
མི་ཕོངས་ཤིང་། །ཐོས་བསམ་སྒོམ་པ་ཐམས་ཅད་འཕེལ་གྱུར་ཅིག །ལྷར་བཅས་×། །
ཁྱབ་གྱུར་ཅིག །སྟོན་པ་ཐུབ་པའི་དབང་པོས་བཀའ་བསྒོས་ཏེ་མྱ་ངན་ལས་མི་འདའ་
བར་འགྲོ་བ་ཀུན་གྱི་བསོད་ནམས་ཀྱི་ཞིང་དུ་བཞུགས་ནས་རྒྱལ་བའི་བསྟན་པ་འཛིན་
ཅིང་སྤེལ་བར་མཛད་པ་གནས་བརྟན་ཆེན་པོ་སྒྲ་གཅན་འཛིན་འཁོར་དགྲ་བཅོམ་
པ་སྟོང་དང་ཆིག་བརྒྱས་བསྐོར་བ་ལ་ཕྱག་འཚལ་ལོ། །མཆོད་དོ། །སྐྱབས་སུ་
མཆིའོ། །བྱིན་གྱིས་བརླབ་ཏུ་གསོལ། ཞེས་ལན་བདུན་བརྗོད། སྙིགས་དུས་ཉམ་ཐག་
འགྲོ་ལ་ཐུགས་བརྩེ་བས། །ཐུབ་པའི་བཀའ་བཞིན་མྱ་ངན་མི་འདའ་བར། །ཕྱི་ཡང་
ཀུ་ཡི་གླིང་བཞུགས་འགྲོ་དོན་མཛད། །གནས་བརྟན་སྒྲ་གཅན་འཛིན་ལ་ཕྱག་འཚལ་
ལོ། །དཔག་མེད་བསྐལ་པའི་སྔོན་ནས་སངས་རྒྱས་ཀྱང་། །འགྲོ་ལ་བརྩེ་བས་རྒྱལ་
སྲས་ཚུལ་བཟུང་སྟེ། །དྲན་པས་སྲིད་ཞིའི་འཇིགས་ལས་སྐྱོབ་མཛད་པ། །འཕགས་
པ་སྒྲ་གཅན་འཛིན་ལ་ཕྱག་འཚལ་ལོ། །དངོས་བཤམས་གཟུངས་རིག་×། །ཆེན་པོར་
བསྔོ། །ས་གཞི་སྤོས་ཀྱིས་×། །སྤྱོད་པར་ཤོག །འཕགས་པའི་མཚན་ཐོས་དྲན་བརྗོད་
ཕྱག་མཆོད་མཐུས། །བདག་དང་མཁའ་མཉམ་འགྲོ་བ་མ་ལུས་པ། །རྒྱལ་དང་རྒྱལ་
བའི་སྲས་ཀྱི་ཞལ་མཐོང་ནས། །གསུང་གི་བདུད་རྩིས་སྨིན་ཅིང་གྲོལ་གྱུར་
ཅིག །འཕགས་པ་སྒྲ་གཅན་འཛིན་གྱི་ཐུགས་བསྐྱེད་མཐུས། །ཆོས་བཞིན་སྒྲུབ་པའི་
གང་ཟག་ཐམས་ཅད་ལ། །ཚངས་དབང་སྲུང་མས་གཡེལ་མེད་གྲོགས་བྱེད་ཅིང་། །
རྒྱལ་བ་རྣམས་ཀྱིས་བྱིན་(༢༤༣ན)གྱིས་རློབས་གྱུར་ཅིག །ལྷར་བཅས་×། །ཁྱབ་གྱུར་
ཅིག །སྟོན་པ་ཐུབ་པའི་དབང་པོས་བཀའ་བསྒོས་ཏེ་མྱ་ངན་ལས་མི་འདའ་བར་འགྲོ་
བ་ཀུན་གྱི་བསོད་ནམས་ཀྱི་ཞིང་དུ་བཞུགས་ནས་རྒྱལ་བའི་བསྟན་པ་འཛིན་ཅིང་
སྤེལ་བར་མཛད་པ་གནས་བརྟན་ཆེན་པོ་ལམ་ཕྲན་བསྟན་འཁོར་དགྲ་བཅོམ་པ་
སྟོང་དང་དྲུག་བརྒྱས་བསྐོར་བ་ལ་ཕྱག་འཚལ་ལོ། །མཆོད་དོ། །སྐྱབས་སུ་

མཆིའོ། །བྱིན་གྱིས་བརླབ་ཏུ་གསོལ། ཞེས་ལན་བདུན་བརྗོད། སླིགས་དུས་ཉམ་ཐག་འགྲོ་ལ་ཐུགས་བརྩེ་བས། །ཐུབ་པའི་བཀའ་བཞིན་མྱ་ངན་མི་འདའ་བར། །བྱ་རྐོད་ཕུང་པོའི་རིར་བཞུགས་འགྲོ་དོན་མཛད། །གནས་བརྟན་ལམ་ཕྲན་བསྟན་ལ་ཕྱག་འཚལ་ལོ། །མཐའ་ཡས་འགྲོ་ལ་ལམ་བཟང་འདོམས་པ་ལ། །གནས་བརྟན་རྣམས་ཀྱི་ནང་ནས་ཕུལ་བྱུང་བས། །ཆོས་སྐྲ་རྣམས་ཀྱི་མཆོག་ཏུ་རབ་བསྔགས་པ། །འཕགས་པ་ལམ་ཕྲན་བསྟན་ལ་ཕྱག་འཚལ་ལོ། །དངོས་བཤམས་གཟུངས་རིག་×། །ཆེན་པོར་བསྟོ། །ས་གཞི་སྤོས་ཀྱིས་×། །སྤྱོད་པར་ཤོག །འཕགས་པའི་མཚན་ཐོས་དྲན་བརྗོད་ཕྱག་མཆོད་མཐུས། །བདག་དང་མཁའ་མཉམ་འགྲོ་བ་མ་ལུས་པ། །སྲིད་ཞིའི་རྒུད་པ་ཀུན་ལས་ཐར་གྱུར་ཏེ། །སྟོབས་བཅུ་མངའ་བའི་གོ་འཕང་ཐོབ་གྱུར་ཅིག །འཕགས་པ་ལམ་ཕྲན་བསྟན་གྱི་ཐུགས་བསྐྱེད་མཐུས། །དམ་ཆོས་ཚུལ་བཞིན་སྒྲུབ་པར་བྱེད་རྣམས་ལ། །ཕྱི་ནང་ཉེར་འཚེ་གང་ཡང་མི་འབྱུང་ཞིང་། །ལུང་རྟོགས་ཡོན་ཏན་ཐམས་ཅད་འཕེལ་གྱུར་ཅིག །ལྷར་བཅས་×། །ཁྱབ་གྱུར་ཅིག །སྟོན་པ་ཐུབ་པའི་དབང་པོས་བཀའ་བསྒོས་ཏེ་མྱ་ངན་ལས་མི་འདའ་བར་འགྲོ་བ་ཀུན་གྱི་བསོད་ནམས་ཀྱི་ཞིང་དུ་བཞུགས་ནས་རྒྱལ་བའི་(༢༤༣བ)བསྟན་པ་འཛིན་ཅིང་སྤེལ་བར་མཛད་པ་གནས་བརྟན་ཆེན་པོ་བྷ་ར་དྭ་ཛ་བསོད་སྙོམས་ལེན་འཁོར་དགྲ་བཅོམ་པ་སྟོང་ཕྲག་གཅིག་གིས་བསྐོར་བ་ལ་ཕྱག་འཚལ་ལོ། །མཆོད་དོ། །སྐྱབས་སུ་མཆིའོ། །བྱིན་གྱིས་བརླབ་ཏུ་གསོལ། ཞེས་ལན་བདུན་བརྗོད། སླིགས་དུས་ཉམ་ཐག་འགྲོ་ལ་ཐུགས་བརྩེ་བས། །ཐུབ་པའི་བཀའ་བཞིན་མྱ་ངན་མི་འདའ་བར། །ལུས་འཕགས་གླིང་དུ་བཞུགས་ནས་འགྲོ་དོན་མཛད། །གནས་བརྟན་བསོད་སྙོམས་ལེན་ལ་ཕྱག་འཚལ་ལོ། །ཕྱག་མཚན་གླེགས་བམ་མཐོང་དང་རེག་པས་ཀྱང་། །མི་ཤེས་རྨོངས་པའི་མུན་པ་རབ་བསལ་ནས། །བསླབ་གསུམ་རྟོགས་པ་རྒྱུད་ལ་བསྐྱེད་མཛད་པ། །འཕགས་པ་བསོད་སྙོམས་ལེན་ལ་ཕྱག་འཚལ་ལོ། །དངོས་བཤམས་གཟུངས་རིག་×། །ཆེན་པོར་བསྟོ། །ས་

གཞི་སྲོས་ཀྱིས་×། །སྐྱོད་པར་ཤོག །འཕགས་པའི་མཚན་ཐོས་དྲན་བརྗོད་ཕྱག་མཆོད་མཐུས། །བདག་དང་མཁའ་མཉམ་འགྲོ་བ་མ་ལུས་པ། །ཟབ་དང་རྒྱ་ཆེའི་གསུང་རབ་ཚོགས་རྣམས་ལ། །གདུགས་པ་མེད་པའི་བློ་གྲོས་རྒྱས་གྱུར་ཅིག །འཕགས་པ་ནྲ་ར་ཛྷ་ཛའི་ཐུགས་བསྐྱེད་མཐུས། །རྒྱལ་བའི་བསྟན་ལ་སློབ་པར་བྱེད་རྣམས་ལ། །ཕྱི་དང་ནང་གི་མཐུན་རྐྱེན་ཀུན་ཚང་ཞིང་། །ཐོས་བསམ་སྒོམ་པའི་ཤེས་རབ་རྒྱས་གྱུར་ཅིག །ལྷར་བཅས་×། །ཁྱབ་གྱུར་ཅིག །སྟོན་པ་ཐུབ་པའི་དབང་པོས་བཀའ་བསྒོས་ཏེ་མྱ་ངན་ལས་མི་འདའ་བར་འགྲོ་བ་ཀུན་གྱི་བསོད་ནམས་ཀྱི་ཞིང་དུ་བཞུགས་ནས་རྒྱལ་བའི་བསྟན་པ་འཛིན་ཅིང་སྤེལ་བར་མཛད་པ་གནས་བརྟན་ཆེན་པོ་ལམ་བསྟན་འཁོར་དགྲ་བཅོམ་པ་དགུ་བརྒྱས་བསྐོར་བ་ལ་ཕྱག་འཚལ་ལོ། །མཆོད་དོ། །སྐྱབས་སུ་མཆིའོ། །བྱིན་གྱིས་བརླབ་ཏུ་གསོལ། ཞེས་ལན་(༢༨༩ན)བདུན་བརྗོད། སྐབས་དུས་ཉམ་ཐག་འགྲོ་ལ་ཐུགས་བརྩེ་བས། །ཐུབ་པའི་བཀའ་བཞིན་མྱ་ངན་མི་འདའ་བར། །ལྷ་ཡི་གནས་ན་བཞུགས་ནས་འགྲོ་དོན་མཛད། །གནས་བརྟན་ལམ་ཆེན་པ་ལ་ཕྱག་འཚལ་ལོ། །གླིགས་བམ་ཆོས་འཆད་ཕྱག་རྒྱ་དྲན་ཙམ་གྱིས། །སྡེ་སྣོད་གསུམ་གྱི་ཚིག་དོན་མཐའ་དག་ལ། །བློ་གྲོས་སྤོབས་པའི་སྣང་བ་སྩོལ་མཛད་པ། །འཕགས་པ་ལམ་ཆེན་པ་ལ་ཕྱག་འཚལ་ལོ། །དངོས་བཤམས་གཟུངས་རིག་×། །ཆེན་པོར་བསྒོ། །ས་གཞི་སྲོས་ཀྱིས་×། །སྐྱོད་པར་ཤོག །འཕགས་པའི་མཚན་ཐོས་དྲན་བརྗོད་ཕྱག་མཆོད་མཐུས། །བདག་དང་མཁའ་མཉམ་འགྲོ་བ་མ་ལུས་པ། །ལམ་སྟོན་བཤེས་གཉེན་དམ་པས་རྗེས་བཟུང་ནས། །ཐོས་བསམ་སྒོམ་པའི་བྱ་བ་མཐར་ཕྱིན་ཤོག །འཕགས་པ་ལམ་ཆེན་པ་ཡི་ཐུགས་བསྐྱེད་མཐུས། །འགྲོ་རྣམས་ངེས་འབྱུང་བསམ་པས་རྒྱུད་བསྒྲུལ་ནས། །ཞུགས་ལ་ཡོངས་རྫོགས་སྡོམ་པའི་དཔལ་ཐོབ་སྟེ། །ཚུལ་ཁྲིམས་ཕུང་པོ་ཡོངས་སུ་རྫོགས་གྱུར་ཅིག །ལྷར་བཅས་×། །ཁྱབ་གྱུར་ཅིག །སྟོན་པ་ཐུབ་པའི་དབང་པོས་བཀའ་བསྒོས་ཏེ་མྱ་ངན་ལས་མི་འདའ་བར་འགྲོ

བ་ཀུན་གྱི་བསོད་ནམས་ཀྱི་ཞིང་དུ་བཞུགས་ནས་རྒྱལ་བའི་བསྟན་པ་འཛིན་ཅིང་སྤེལ་བར་མཛད་པ་གནས་བརྟན་ཆེན་པོ་ཀླུའི་སྡེ་འཁོར་དགྲ་བཅོམ་པ་སྟོང་དང་ཉིས་བརྒྱས་བསྐོར་བ་ལ་ཕྱག་འཚལ་ལོ། །མཆོད་དོ། །སྐྱབས་སུ་མཆིའོ། །བྱིན་གྱིས་བརླབ་ཏུ་གསོལ། ཞེས་ལན་བདུན་བརྗོད། སྙིགས་དུས་ཉམ་ཐག་འགྲོ་ལ་ཐུགས་བརྩེ་བས། །ཐུབ་པའི་བཀའ་བཞིན་མྱ་ངན་མི་འདའ་བར། །རི་རྒྱལ་ངོས་ཡངས་ལ་བཞུགས་འགྲོ་དོན་མཛད། །(༢༤༨བ)གནས་བརྟན་ཀླུ་ཡི་སྡེ་ལ་ཕྱག་འཚལ་ལོ། །བྱང་ཕྱོགས་སོ་བདུན་མཆོན་པའི་གསེལ་བྱེད་སྒྲས། །འགྲོ་ཀུན་མ་རིག་གཉིད་ལས་སློང་མཛད་ཅིང་། །བུམ་པ་བཟང་པོས་ཅི་འདོད་སྟོལ་མཛད་པ། །འཕགས་པ་ཀླུ་ཡི་སྡེ་ལ་ཕྱག་འཚལ་ལོ། །དངོས་བཤམས་གཟུངས་རིག་×། །ཆེན་པོར་བསྔོ། །ས་གཞི་སྤོས་ཀྱིས་×། །སྤྱོད་པར་ཤོག །འཕགས་པའི་མཚན་ཐོས་དྲན་བརྗོད་ཕྱག་མཆོད་མཐུས། །བདག་དང་མཁའ་མཉམ་འགྲོ་བ་མ་ལུས་པ། །དམ་ཆོས་སྒྲུབ་ལ་བར་གཅོད་མེད་པ་དང་། །ཚུལ་བཞིན་བསྒྲུབས་པས་རྒྱལ་རྣམས་མཉེས་བྱེད་ཤོག །འཕགས་པ་ཀླུ་ཡི་སྡེ་ཡི་ཐུགས་བསྐྱེད་མཐུས། །སྡེ་སྣོད་གསུམ་དང་རྒྱུད་སྡེ་བཞི་ཡི་དོན། །སྡོམ་གསུམ་བཅས་མཚམས་དག་པར་སྲུང་བྱེད་པའི། །དམ་པའི་ཚོགས་ཀྱིས་གནས་འདི་གང་གྱུར་ཅིག །ལྷར་བཅས་×། །ཁྱབ་གྱུར་ཅིག །སྟོན་པ་ཐུབ་པའི་དབང་པོས་བཀའ་བསྔོས་ཏེ་མྱ་ངན་ལས་མི་འདའ་བར་འགྲོ་བ་ཀུན་གྱི་བསོད་ནམས་ཀྱི་ཞིང་དུ་བཞུགས་ནས་རྒྱལ་བའི་བསྟན་པ་འཛིན་ཅིང་སྤེལ་བར་མཛད་པ་གནས་བརྟན་ཆེན་པོ་སྦེད་བྱེད་འཁོར་དགྲ་བཅོམ་པ་སྟོང་དང་བཞི་བརྒྱས་བསྐོར་བ་ལ་ཕྱག་འཚལ་ལོ། །མཆོད་དོ། །སྐྱབས་སུ་མཆིའོ། །བྱིན་གྱིས་བརླབ་ཏུ་གསོལ། ཞེས་ལན་བདུན་བརྗོད། སྙིགས་དུས་ཉམ་ཐག་འགྲོ་ལ་ཐུགས་བརྩེ་བས། །ཐུབ་པའི་བཀའ་བཞིན་མྱ་ངན་མི་འདའ་བར། །རི་རྒྱལ་བི་ཧུ་ལར་བཞུགས་འགྲོ་དོན་མཛད། །གནས་བརྟན་ཆེན་པོ་སྦེད་བྱེད་ལ་ཕྱག་འཚལ། །སྡེ་སྣོད་གསུམ་གྱི་སྒྲིགས་བམ་ཞལ་ཕྱེ་སྟེ། །འགྲོ་ལ་ཐེག་པ་གསུམ་

གྱི་ལམ་བསྟན་ནས། །རྒྱལ་བའི་བསྟན་པ་ཕྱོགས་བཅུར་རྒྱས་མཛད་(༢༥༥ན)པ། །འཕགས་པ་སྦྱིན་བྱེད་ཞབས་ལ་ཕྱག་འཚལ་ལོ། །དངོས་བཤམས་གཟུངས་རིག་×། །ཆེན་པོར་བསྔོ། །ས་གཞི་སྤོས་ཀྱིས་×། །སྤྱོད་པར་ཤོག །འཕགས་པའི་མཚན་ཐོས་དྲན་བརྗོད་ཕྱག་མཆོད་མཐུས། །བདག་དང་མཁའ་མཉམ་འགྲོ་བ་མ་ལུས་པ། །ལོག་པའི་ལམ་དུ་ནམ་ཡང་མི་ལྟུང་བར། །བསླབ་པ་གསུམ་གྱི་ཉམས་ལེན་མཐར་ཕྱིན་ཤོག །འཕགས་པ་སྦྱིན་བྱེད་ཞབས་ཀྱི་ཐུགས་བསྐྱེད་མཐུས། །དབེན་པའི་གནས་སུ་སྒྲུབ་པ་བྱེད་པ་ལ། །མི་དང་མི་མིན་ཉེར་འཚེ་མི་འབྱུང་ཞིང་། །སྡེ་སྣོད་གསུམ་གྱི་བཤད་སྒྲུབ་འཕེལ་གྱུར་ཅིག །ལྷར་བཅས་×། །ཁྱབ་གྱུར་ཅིག །སྟོན་པ་ཐུབ་པའི་དབང་པོས་བཀའ་བསྒོས་ཏེ་མྱ་ངན་ལས་མི་འདའ་བར་འགྲོ་བ་ཀུན་གྱི་བསོད་ནམས་ཀྱི་ཞིང་དུ་བཞུགས་ནས་རྒྱལ་བའི་བསྟན་པ་འཛིན་ཅིང་སྤེལ་བར་མཛད་པ་གནས་བརྟན་ཆེན་པོ་མི་ཕྱེད་པ་འཁོར་དགྲ་བཅོམ་པ་སྟོང་ཕྲག་གཅིག་གིས་བསྐོར་བ་ལ་ཕྱག་འཚལ་ལོ། །མཆོད་དོ། །སྐྱབས་སུ་མཆིའོ། །བྱིན་གྱིས་བརླབ་ཏུ་གསོལ། ཞེས་ལན་བདུན་བརྗོད། སྙིགས་དུས་ཉམ་ཐག་འགྲོ་ལ་ཐུགས་བརྩེ་བས། །ཐུབ་པའི་བཀའ་བཞིན་མྱ་ངན་མི་འདའ་བར། །གངས་ཅན་རི་ལ་བཞུགས་ནས་འགྲོ་དོན་མཛད། །གནས་བརྟན་མི་ཕྱེད་པ་ལ་ཕྱག་འཚལ་ལོ། །སྟོན་པ་ཐུབ་པའི་དབང་པོས་བྱིན་བརླབས་པའི། །བྱང་ཆུབ་མཆོད་རྟེན་ཕྱག་གཉིས་ཀྱིས་བཟུང་སྟེ། །འགྲོ་ཀུན་སྨིན་གྲོལ་ལམ་ལ་འགོད་མཛད་པ། །འཕགས་པ་མི་ཕྱེད་པ་ལ་ཕྱག་འཚལ་ལོ། །དངོས་བཤམས་(༢༥༥བ)གཟུངས་རིག་×། །ཆེན་པོར་བསྔོ། །ས་གཞི་སྤོས་ཀྱིས་×། །སྤྱོད་པར་ཤོག །འཕགས་པའི་མཚན་ཐོས་དྲན་བརྗོད་ཕྱག་མཆོད་མཐུས། །བདག་ཅག་ལ་སོགས་སེམས་ཅན་གང་དང་གང་། །མ་རུངས་འདྲེ་སྲིན་གདུག་པས་གཙེས་པ་རྣམས། །མྱུར་དུ་ཉེར་འཚེ་ཀུན་ལས་ཐར་གྱུར་ཅིག །འཕགས་པ་མི་ཕྱེད་པ་ཡི་ཐུགས་བསྐྱེད་མཐུས། །སྡེ་སྣོད་གསུམ་གྱི་དོན་ལ་ངེས་རྙེད་ནས། །ཐེག་པ་གསུམ་གྱི་

ལམ་བཟང་ཡོངས་རྫོགས་ལ། །སྒྲུབ་པ་བྱེད་པས་གནས་འདི་གང་གྱུར་ཅིག །ལྷར་བཅས་×། །ཁྱབ་གྱུར་ཅིག །མགོན་པོ་སྤྱན་རས་གཟིགས་ཀྱི་སྤྲུལ་པ་འཕགས་པ་དགེ་བཤེན་རྒྱལ་བ་ཏ་ལ་འཁོར་དང་བཅས་པ་ལ་ཕྱག་འཚལ་ལོ། །མཆོད་དོ། །སྐྱབས་སུ་མཆིའོ། །བྱིན་གྱིས་བརླབ་ཏུ་གསོལ། ཞེས་ལན་བདུན་བརྗོད། སྤྱན་རས་གཟིགས་དབང་འགྲོ་ལ་ཐུགས་བརྩེ་བས། །རྒྱལ་བའི་བསྟན་པ་ཕྱོགས་བཅུར་སྤེལ་བའི་ཕྱིར། །གནས་བརྟན་རྣམས་ཀྱི་ཞབས་འབྲིང་ཚུལ་འཛིན་པ། །དགེ་བཤེན་རྒྱལ་བ་ཏ་ལ་ཕྱག་འཚལ་ལོ། །ཉམ་ཐག་འགྲོ་རྣམས་འཇིགས་པ་བརྒྱད་ལ་སོགས། །ཕྱི་ནང་ཉེར་འཚེ་ཀུན་ལས་སྐྱོབ་པའི་ཕྱིར། །ཛ་ཡབ་བུམ་པ་བཟུང་ནས་སྤྲུལ་པ་འགྱེད། །འཕགས་པ་རྒྱལ་བ་ཏ་ལ་ཕྱག་འཚལ་ལོ། །དངོས་བཤམས་གཟུངས་རིག་×། །ཆེན་པོར་བསྔོ། །ས་གཞི་སྤོས་ཀྱིས་×། །སྤྱོད་པར་ཤོག །འཕགས་པའི་མཚན་ཐོས་དྲན་བརྗོད་ཕྱག་མཆོད་མཐུས། །བདག་ཅག་ལ་སོགས་སེམས་ཅན་གང་དང་གང་། །འཇིགས་ཆེན་བརྒྱད་དང་གདོན་གྱིས་གཙེས་པ་རྣམས། །(༢༢༨ན)མྱུར་དུ་འཇིགས་པ་ཀུན་ལས་ཐར་གྱུར་ཅིག །མགོན་པོ་སྤྱན་རས་གཟིགས་ཀྱི་ཐུགས་བསྐྱེད་མཐུས། །གངས་རིའི་ར་བས་བསྐོར་བའི་ཞིང་ཁམས་འདིར། །ཚང་ལ་མ་ནོར་འཛམ་མགོན་ལུགས་བཟང་འདི། །དབྱར་གྱི་མཚོ་ཆེན་ལྟར་དུ་འཕེལ་གྱུར་ཅིག །ལྷར་བཅས་×། །ཁྱབ་གྱུར་ཅིག །སྟོན་པ་བཅོམ་ལྡན་འདས་ཀྱི་སྤྱན་སྔར་རྒྱལ་བའི་བསྟན་པ་བསྲུང་བར་ཞལ་གྱིས་བཞེས་ཏེ་འཇིག་རྟེན་སྐྱོང་བའི་ཚུལ་བཟུང་བ་རྒྱལ་པོ་ཆེན་པོ་ཡུལ་འཁོར་སྲུང་དང་། འཕགས་སྐྱེས་པོ་དང་། སྤྱན་མི་བཟང་དང་། རྣམ་ཐོས་སྲས་ལ་སོགས་པ་ཆོས་སྲུང་ཡེ་ཤེས་ཀྱི་སྤྱན་ལྡན་རྣམས་ལ་ཕྱག་འཚལ་ལོ། །མཆོད་དོ། །སྐྱབས་སུ་མཆིའོ། །བྱིན་གྱིས་བརླབ་ཏུ་གསོལ། ཞེས་ལན་བདུན་བརྗོད། བགྲང་ཡས་བསྐལ་པའི་སྔོན་ནས་ཐུགས་བསྐྱེད་དེ། །རྒྱལ་སྲས་སྤྱོད་པ་རྒྱ་མཚོར་ལེགས་བསླབས་ཤིང་། །དུས་འདིར་ཐུབ་བསྟན་བསྲུང་བར་ཞལ་བཞེས་པ། །ཆོས་སྐྱོང་རྒྱལ་ཆེན་བཞི

ལ་ཕྱག་འཚལ་ལོ། །ཐུབ་དབང་གནས་བརྟན་བཅུ་དྲུག་འཁོར་བཅས་རྣམས། །གང་དུ་འགྲོ་དོན་མཛད་དེར་རྗེས་འབྲངས་ནས། །བསྟན་པ་བསྲུང་ལ་ནམ་ཡང་མི་གཡེལ་བ། །འཇིག་རྟེན་སྐྱོང་བ་བཞི་ལ་ཕྱག་འཚལ་ལོ། །དངོས་བཤམས་གཟུངས་རིག་×། །ཆེན་པོར་བསྔོ། །ས་གཞི་སྤོས་ཀྱིས་×། །སྤྱོད་པར་ཤོག །རྒྱལ་ཆེན་བཞི་ཡི་མཚན་བརྗོད་ཕྱག་མཆོད་མཐུས། །བདག་དང་མཁའ་མཉམ་འགྲོ་བ་མ་ལུས་པ། །རྒྱལ་བའི་བསྟན་ལ་ཚུལ་བཞིན་སློབ་པ་(༢༢༨བ)ལ། །བར་དུ་གཅོད་པའི་མིང་ཡང་མེད་པར་ཤོག །སྔོན་ཆེ་སྟོན་པའི་སྤྱན་སྔར་རྒྱལ་ཆེན་བཞིས། །བསྟན་དང་བསྟན་འཛིན་གཡེལ་མེད་སྐྱོང་ངོ་ཞེས། །ཇི་ལྟར་ཞལ་བཞེས་མཛད་པ་དེ་བཞིན་དུ། །ཆོས་བྱེད་རྣམས་ལ་གཡེལ་མེད་གྲོགས་བྱེད་ཤོག །ལྷར་བཅས་×། །ཁྱབ་སྒྱུར་ཅིག །དེ་ནས། ཨོཾ་ན་མོ་བྷ་ག་ཝ་ཏེ། ཤཱཀྱ་མུ་ནེ་ཡེ། ཏ་ཐཱ་ག་ཏཱ་ཡ། །ཨརྷ་ཏེ་སམྱཀྶཾ་བུདྡྷཱ་ཡ། ཏདྱ་ཐཱ། ཨོཾ་མུ་ནེ་མུ་ནེ་མཧཱ་མུ་ནེ་ཡེ་སྭཱཧཱ། ཞེས་ཐུབ་པའི་གཟུངས་ཅི་མང་བཟླའོ། །དེ་ནས་གཏོར་མ་འབུལ་བ་ནི། དཀོན་མཆོག་གསུམ་གྱི་བདེན་པ་དང་། སངས་རྒྱས་དང་བྱང་ཆུབ་སེམས་དཔའ་ཐམས་ཅད་ཀྱི་བྱིན་གྱིས་བརླབས་དང་ཚོགས་གཉིས་ཡོངས་སུ་རྫོགས་པའི་མངའ་ཐང་ཆེན་པོ་དང་། ཆོས་ཀྱི་དབྱིངས་རྣམ་པར་དག་ཅིང་བསམ་གྱིས་མི་ཁྱབ་པའི་སྟོབས་ཀྱིས་མཆོད་སྦྱིན་གྱི་གཏོར་མ་འདོད་པའི་ཡོན་ཏན་ལྔ་དང་ལྡན་པའི་ཞལ་ཟས་དམ་པ་དྭངས་ཤིང་ཐོགས་པ་མེད་པ་ནམ་མཁའ་དང་མཉམ་པ་མགྲོན་ཐམས་ཅད་ལ་ཟག་པ་མེད་པའི་བདེ་བ་ཁྱད་པར་ཅན་བསྐྱེད་པར་གྱུར་ཅིག །ཅེས་བདེན་སྟོབས་ཀྱིས་བྱིན་གྱིས་བརླབས་ལ། ན་མཿསརྦ་ཏ་ཐཱ་ག་ཏ་ཨ་ཝ་ལོ་ཀི་ཏེ་ཨོཾ་སཾ་བྷ་ར་སཾ་བྷ་ར་ཧཱུྃ། ཞེས་པ་བདུན་གྱིས་བསྔོ་ཞིང་། མཆོད་ཡོན་ཞབས་བསིལ་མེ་ཏོག་བདུག་སྤོས་དང་། །སྣང་གསལ་དྲི་ཆབ་ཞལ་ཟས་རོལ་མོ་སོགས། །དངོས་བཤམས་ཡིད་སྤྲུལ་མཆོད་སྦྱིན་རྒྱ་མཚོ་འདི། །བླ་མ་དཀོན་མཆོག་གསུམ་ལ་མཆོད་པར་འབུལ། །འདོད་ཡོན་ལྔ་ལྡན་བདུད་རྩིའི་ཞལ་ཟས་འདི། །བླ་མ་ཡི་དམ་རྒྱལ་བ་

སྲས་བཅས་དང་། །ཐུབ་དབང་གནས་བརྟན་འཁོར་དང་བཅས་ལ་(༢༨༧ན) འབུལ། །བཞེས་ནས་བདག་དང་མཁའ་མཉམ་འགྲོ་ཀུན་ལ། །མཆོག་དང་ཐུན་མོང་དངོས་གྲུབ་སྩལ་དུ་གསོལ། །གཏོར་མ་གཉིས་པ་སཾ་ཧཱ་ར་བདུན་གྱིས་བསྔོ་ཞིང་། མཆོད་ཡོན་ཞབས་བསིལ་×། །མཆོད་སྤྲིན་རྒྱ་མཚོ་འདི། །ཆོས་སྐྱོང་སྲུང་མའི་ཚོགས་རྣམས་མཉེས་ཕྱིར་འབུལ། །འདོད་ཡོན་ལྔ་ལྡན་བདུད་རྩིའི་ཞལ་ཟས་འདི། །ཐུབ་པའི་བཀའ་སྡོད་རྒྱལ་ཆེན་བཞི་ལ་སོགས། །དམ་ཅན་ཆོས་སྐྱོང་སྲུང་མའི་ཚོགས་ལ་འབུལ། །བཞེས་ནས་རྒྱལ་བའི་བསྟན་དང་བསྟན་འཛིན་ལ། །འགལ་རྐྱེན་སེལ་ཞིང་མཐུན་རྐྱེན་སྒྲུབ་པར་མཛོད། །གཏོར་མ་གསུམ་པ་སཾ་ཧཱ་ར་བདུན་གྱིས་བསྔོ་ཞིང་། དེ་བཞིན་གཤེགས་པ་བཞིའི་མཚན་བརྗོད། འདོད་ཡོན་ལྔ་ལྡན་བདུད་རྩིའི་གཏོར་མ་འདི། །ཕ་མ་རིགས་དྲུག་སེམས་ཅན་ཡོངས་ལ་བསྔོ། །རང་རང་ཇི་ལྟར་འདོད་པས་ཚིམ་གྱུར་ནས། །རིགས་དྲུག་སོ་སོའི་སྡུག་བསྔལ་ལས་གྲོལ་ཏེ། །མྱུར་དུ་སངས་རྒྱས་གོ་འཕང་ཐོབ་གྱུར་ཅིག །གཏོར་མ་བཞི་པ་སཾ་ཧཱ་ར་བདུན་གྱིས་བསྔོ་ཞིང་། དེ་བཞིན་གཤེགས་པ་བཞིའི་མཚན་བརྗོད། འདོད་ཡོན་ལྔ་ལྡན་བདུད་རྩིའི་གཏོར་མ་འདི། །ས་ཡི་ལྷ་མོ་བསྟན་མས་གཙོ་བྱས་པའི། །ཡུལ་ལྷ་གཞི་བདག་འཁོར་དང་བཅས་ལ་འབུལ། །བཞེས་ནས་རྒྱལ་བའི་བསྟན་ལ་ཞུགས་རྣམས་ལ། །མཐུན་རྐྱེན་སྟོང་གྲོགས་ཡིད་བཞིན་སྒྲུབ་པར་མཛོད། །བདག་གི་བསམ་པའི་སྟོབས་དང་ནི། །དེ་བཞིན་གཤེགས་པའི་བྱིན་སྟོབས་དང་། །ཆོས་ཀྱི་དབྱིངས་ཀྱི་སྟོབས་(༢༨༧བ)རྣམས་ཀྱིས། །དོན་རྣམས་གང་དག་བསམས་པ་ཀུན། །དེ་དག་ཐམས་ཅད་ཅི་རིགས་པར། །ཐོགས་པ་མེད་པར་འབྱུང་གྱུར་ཅིག །ཅེས་བདེན་སྟོབས་བརྗོད། དེ་ནས་གཏང་རག་གི་མཆོད་པ་བྱ་བ་ནི། མཁའ་མཉམ་འགྲོ་ལ་མཁྱེན་བརྩེས་རབ་དགོངས་ནས། །གྲངས་མེད་གསུམ་དུ་ཚོགས་གཉིས་རབ་རྫོགས་ཏེ། །སྟོང་གསུམ་མི་མཇེད་ཞིང་གི་དཔལ་གྱུར་པ། །འདྲེན་མཆོག་ཤཱཀྱའི་ཏོག་ལ་ཕྱག་འཚལ་ལོ། །ཐུབ་པས་

བཀའ་བསྒོས་བསྟན་པའི་རྒྱལ་མཚན་འཛིན། །ཡན་ལག་འབྱུང་དང་མ་ཕམ་ནགས་
ན་གནས། །དུས་ལྡན་རྡོ་རྗེ་མོའི་བུ་བཟང་པོ་དང་། །གསེར་བེའུ་བྷ་ར་དྭ་ཛ་གསེར་
ཅན་མཆོག །འཕགས་པ་བ་ཀུ་ལ་དང་སྒྲ་གཅན་འཛིན། །ལམ་ཕྲན་བྷ་ར་དྭ་ཛ་བསོད་
སྙོམས་ལེན། །ལམ་བསྟན་ཀླུའི་སྡེ་སྲིད་བྱེད་མི་ཕྱེད་པ། །གནས་བརྟན་འཁོར་དང་
བཅས་ལ་ཕྱག་འཚལ་ལོ། །ཕྱག་བྱར་འོས་པ་ཐམས་ཅད་ལ། །ཞིང་རྡུལ་ཀུན་གྱི་གྲངས་
སྙེད་ཀྱི། །ལུས་བཏུད་པ་ཡིས་རྣམ་ཀུན་ཏུ། །མཆོག་ཏུ་དད་པས་ཕྱག་འཚལ་
ལོ། །དངོས་བཤམས་གཟུངས་རིག་×། །བྱང་ཆུབ་ཆེན་པོར་བསྔོ། །ས་གཞི་སྤོས་
ཀྱིས་×། །སྤྱོད་པར་ཤོག །སངས་རྒྱས་སྤྲུལ་པ་དགྲ་བཅོམ་འཕགས་པའི་ཚོགས། །འགྲོ་
བའི་དོན་དུ་བསྟན་པ་སྐྱོང་མཛད་པ། །དཀོན་མཆོག་གསུམ་དངོས་གནས་བརྟན་
བཅུ་དྲུག་གིས། །བསྟན་པ་ཡུན་རིང་གནས་པར་བྱིན་གྱིས་རློབས། །ཐུགས་རྗེའི་བདག་
ཉིད་གནས་བརྟན་བཅུ་དྲུག་གིས། །འཁོར་ཚོགས་སྲིད་མཚོ་ལས་བརྒལ་(༢༨༨ན)ཉོན་
མོངས་མེད། །ཁྲི་དང་དྲུག་སྟོང་བཞི་བརྒྱའི་ཚོགས་རྣམས་ཀྱིས། །བསྟན་པ་ཡུན་རིང་
གནས་པར་བྱིན་གྱིས་རློབས། །སེམས་ཅན་ཀུན་གྱི་གསོས་གྱུར་དགྲ་བཅོམ་པ། །རིག་
དང་ཞབས་ལྡན་སྐྱེ་རྒུའི་སྦྱིན་གནས་ཆེ། །འཕགས་པའི་གང་ཟག་ཆེན་པོ་ཁྱེད་རྣམས་
ཀྱིས། །བསྟན་པ་ཡུན་རིང་གནས་པར་བྱིན་གྱིས་རློབས། །བདག་གཞན་དགེ་བའི་
རྩ་བ་འདི་ཡི་མཐུས། །ཕན་བདེའི་འབྱུང་གནས་བསྟན་པ་འཕེལ་གྱུར་ཅིག །སྡུག་
བསྔལ་ཀུན་འབྱུང་མ་ལུས་རབ་སྤངས་ནས། །སྲིད་པའི་རྒྱ་མཚོ་མྱུར་དུ་སྐེམ་པར་
ཤོག །བསོད་ནམས་རྒྱ་མཚོ་ཡོངས་སུ་རྫོགས་གྱུར་ཅིང་། །ཡེ་ཤེས་རྒྱ་མཚོ་རྣམ་པར་
དག་གྱུར་ཏེ། །ཡོན་ཏན་རྒྱ་མཚོ་མ་ལུས་ཀུན་རྫོགས་ནས། །འཇིག་རྟེན་ཀུན་ལས་
ཁྱད་པར་འཕགས་པར་ཤོག །ཚོགས་གཉིས་མཐར་ཕྱིན་དུས་གསུམ་རྒྱལ་བ་
ཡི། །འཕྲིན་ལས་སྒྲུབ་ཅིང་ཡོན་ཏན་རྣམ་དབྱེར་མེད། །སྐལ་བ་མཉམ་པའི་གདུལ་
བྱ་སྨིན་མཛད་པའི། །མཉམ་མེད་བླ་མ་མཆོག་གི་བཀྲ་ཤིས་ཤོག །དུས་གསུམ་རྒྱལ་

བ་རྒྱལ་སྲས་ཐུགས་རྗེ་ནི། །ཉན་ཐོས་ཚུལ་དུ་སྲིད་པ་ཇི་སྲིད་བར། །བསྟན་པ་སྐྱོང་ཞིང་འགྲོ་བའི་དོན་མཛད་པའི། །གནས་བརྟན་ཆེན་པོ་རྣམས་ཀྱི་བཀྲ་ཤིས་ཤོག །ཐུབ་དབང་གནས་བརྟན་བཅུ་དྲུག་འཁོར་བཅས་ལ། །གསོལ་བ་བཏབ་པས་ཕན་བདེ་ཀུན་གྱི་གཞི། །རྒྱལ་བའི་བསྟན་པ་ཡུན་རིང་གནས་པ་དང་། །ཕྱོགས་དུས་ཀུན་ཏུ་དར་ཞིང་རྒྱས་གྱུར་ཅིག །དེ་ནས་ཉོངས་པ་བཟོད་པར་(༢༨༨བ)གསོལ་བ་ནི། སྟོན་པ་ཐུབ་པའི་དབང་པོ་དང་། གནས་བརྟན་ཆེན་པོ་བཅུ་དྲུག་འཁོར་དང་བཅས་པ་བདག་ལ་དགོངས་སུ་གསོལ། བདག་ཅག་དུས་ངན་པའི་སེམས་ཅན་སྤྱོད་པ་དམན་ཞིང་མ་དག་པས། མ་འཚལ་བ་དང་བག་མ་མཆིས་པའི་དབང་གིས་ལུས་ངག་ཡིད་གསུམ་གྱི་སྤྱོད་པ་ཉོན་མོངས་པ་དང་འདྲེས་པ་དང་། མཆོད་པའི་དངོས་པོ་ཆུང་ཞིང་ངན་པ་དང་། གཙང་སྦྲ་མ་ཕྱིད་པ་དང་། མདོ་སྡེ་ལས་བྱུང་བའི་ཚོ་ག་བཞིན་དུ་མ་ཚུགས་པ་ལ་སོགས་པ་འཁྲུལ་ཞིང་ཉོངས་པའི་ཚོགས་ཅི་མཆིས་པ་ཐམས་ཅད་འཕགས་པ་ཐུགས་རྗེ་ཆེན་པོ་དང་ལྡན་པ་རྣམས་ལ་བཟོད་པར་གསོལ་ཞིང་མཆིས་ན་ཐུགས་བརྩེ་བར་དགོངས་ཏེ་བཟོད་པར་བཞེས་ཤིང་འཕྲལ་དང་ཡུན་དུ་བདག་ཅག་རྣམས་ལ་སྒྲིབ་པར་མི་འགྱུར་བར་མཛད་དུ་གསོལ། མ་འབྱོར་པ་དང་ཉམས་པ་དང་། །གང་ཡང་བདག་རྨོངས་བློ་ཡིས་ནི། །བགྱིས་པ་དང་ནི་བགྱིད་སྒྱལ་གང་། །དེ་ཡང་བཟོད་པར་མཛད་དུ་གསོལ། །དེ་ནས་རྟེན་ཡོད་ན་བརྟན་བཞུགས་དང་། མེད་ན་གཤེགས་གསོལ་བྱའོ། །དེ་ནས་ཤིས་པ་བརྗོད་པ་ནི། མི་མཇེད་ཞིང་གི་མགོན་པོ་བཅོམ་ལྡན་འདས། །ཤེས་རབ་ཅན་གྱི་མཆོག་གྱུར་ཤཱ་རིའི་བུ། །རྒྱལ་སྲས་སྤྲུལ་པའི་གར་མཛད་སྒྲ་གཅན་འཛིན། །རྒྱལ་བ་གཉིས་པ་འཕགས་པ་ཀླུ་སྒྲུབ་སོགས། །དངོས་དང་བརྒྱུད་པའི་བླ་མ་ཐམས་ཅད་ལ། །ལེགས་ཚོགས་ཇི་སྙེད་མཆིས་པའི་བཀྲ་ཤིས་དེས། །ཁྱེད་ཀྱི་མི་མཐུན་རྐྱེན་ཀུན་ཟད་ཅིང་། །བདེ་ལེགས་ཡར་ངོའི་ཟླ་ལྟར་འཕེལ་གྱུར་(༢༥༨ན)ནས། །ཕུན་ཚོགས་དཔལ་ལ་རོལ་བའི་བཀྲ་ཤིས་

ཤོག །རྒྱལ་བའི་ཉི་མ་གཞན་གྱིས་མ་ཐུལ་བ། །མགོན་མེད་སྙོད་པའི་དུས་ཀྱི་འགྲོ་རྣམས་ལ། །ལྷག་པར་བརྩེ་བའི་སྟོན་པ་བཅོམ་ལྡན་འདས། །འདྲེན་པ་མཉམ་མེད་ཤཱཀྱའི་རྒྱལ་པོ་དང་། །ཐུབ་པས་བཀའ་བསྒོས་བསྟན་པའི་རྒྱལ་མཚན་འཛིན། །སྤྲུལ་པའི་གནས་བརྟན་ཆེན་པོ་བཅུ་དྲུག་སོགས། །རྒྱལ་དང་རྒྱལ་སྲས་འཕགས་པའི་ཚོགས་རྣམས་ལ། །ལེགས་ཚོགས་ཇི་སྙེད་མཆིས་པའི་བཀྲ་ཤིས་དེས། །ཁྱེད་ཀྱི་མི་མཐུན་རྐུད་པ་ཀུན་ཟད་ཅིང་། །བདེ་ལེགས་ཡར་ངོའི་ཟླ་ལྟར་འཕེལ་གྱུར་ནས། །ཕུན་ཚོགས་དཔལ་ལ་རོལ་བའི་བཀྲ་ཤིས་ཤོག །ཆེ་བའི་ཆེ་མཆོག་སྟོན་པ་བླ་ན་མེད། །ཆོས་རྗེ་ཉི་མ་རྒྱལ་བའི་བྱིན་རླབས་ཀྱིས། །བདུད་དང་བགེགས་རིགས་གནོད་པའི་དགྲ་ཞི་ནས། །རྟག་ཏུ་དཔལ་གནས་ཉིན་མཚན་བཀྲ་ཤིས་ཤོག །ཆོས་ཉིད་བདེན་པའི་ཆོས་མཆོག་བླ་ན་མེད། །དམ་ཆོས་བདུད་རྩི་བདེན་པའི་བྱིན་རླབས་ཀྱིས། །ཉོན་མོངས་སྡུག་བསྔལ་གདུང་བའི་དགྲ་ཞི་ནས། །རྟག་ཏུ་དཔལ་གནས་ཉིན་མཚན་བཀྲ་ཤིས་ཤོག །དགེ་འདུན་ཡོན་ཏན་རིན་ཆེན་དཔལ་འབར་བ། །རྒྱལ་སྲས་ཕན་མཛད་བདེན་པའི་བྱིན་རླབས་ཀྱིས། །ཉེས་པའི་སྐྱོན་བྲལ་དགེ་ཚོགས་རྣམ་པར་འཕེལ། །རྟག་ཏུ་དཔལ་གནས་ཉིན་མཚན་བཀྲ་ཤིས་ཤོག །ཚངས་དང་ལྷ་དབང་སྲུང་མའི་བྱིན་རླབས་དང་། །ཕན་མཛད་ལྷ་ཡི་བཀྲ་ཤིས་གནས་གྱུར་ཏེ། །དགེ་ལེགས་བསམས་(༢༥༨བ)པ་ཡིད་བཞིན་འགྲུབ་པ་དང་། །ཚེ་རིང་ནད་མེད་བདེ་སྐྱིད་ལྡན་པར་ཤོག །ཅེས་ཤིས་པ་བརྗོད་ཅིང་མེ་ཏོག་གི་ཆར་དབབ་བོ། །ཐུབ་དབང་གནས་བརྟན་བཅུ་དྲུག་དང་བཅས་པ་ལ་མཆོད་ཅིང་གསོལ་བ་འདེབས་པ་ནི་སྙིགས་མའི་དུས་སུ་བྱིན་རླབས་ཀྱི་མཐུ་ཤིན་ཏུ་ཆེ་བར་གསུངས་པས། སྤྱིར་ཚོགས་གསོག་སྒྲིབ་སྦྱོང་དང་། རྒྱལ་བའི་བསྟན་པ་རིན་པོ་ཆེ་འཕེལ་ཞིང་རྒྱས་པའི་ཆེད་དུ་བྱེད་ཚུལ་ནི་སྔར་ལྟར་ཡིན་ལ། ཁྱད་པར་བླ་མའི་ཞབས་བརྟན་དུ་ཆེད་དམིགས་ཀྱིས་བྱེད་ན་སྤྱིའི་ཕྱག་མཆོད་ཀྱི་སྐབས་ཐུབ་དབང་གི་ཕྱག་འཚལ་ལྟ་བུ་ལ་མཚོན་ན། ས་གནོན་མཉམ་

གཞག་མཛད་ཕྱག་འཚལ། །ཞེས་པའི་མཇུག་ཏུ། བླ་མའི་སྐུ་ཚེ་བརྟན་པ་དང་། །
བསྟན་པ་རྒྱས་པར་བྱིན་གྱིས་རློབས། །ཞེས་བརྗོད་ཅིང་། དེས་གཞན་རྣམས་ལའང་
རིགས་འགྲེ། སོ་སོའི་ཕྱག་མཆོད་ཀྱི་སྐབས། ཐུབ་དབང་གི་ཕྱག་མཆོད་ལ་མཆོན་
ན། འཇིག་རྟེན་བདེ་ལེགས་ཆེན་པོས་ཁྱབ་གྱུར་ཅིག །ཅེས་པའི་མཇུག་ཏུ། རྒྱལ་
དབང་ཐམས་ཅད་མཁྱེན་པའི་ཞབས་བརྟན་དུ་བྱེད་ན། བསིལ་ལྡན་ལྗོངས་འདིའི་
ཕན་བདེ་མ་ལུས་པ། །གང་ལས་འབྱུང་བ་བསམ་འཕེལ་ཡིད་བཞིན་ནོར། །རྗེ་བཙུན་
བློ་བཟང་འཇམ་དཔལ་རྒྱ་མཚོ་ཡི། །སྐུ་ཚེ་བརྟན་ཅིང་འཕྲིན་ལས་རྒྱས་གྱུར་
ཅིག །ཅེས་བརྗོད། དེས་གཞན་རྣམས་ལའང་རིགས་འགྲེ། ཡང་བླ་མ་གཞན་གྱི་ཞབས་
བརྟན་དུ་བྱེད་ན། རྗེ་བཙུན་བླ་མ་སྐུ་ཚེ་རབ་བརྟན་ཅིང་། །རྣམ་དཀར་འཕྲིན་ལས་
ཕྱོགས་བཅུར་རྒྱས་པ་དང་། །བློ་བཟང་བསྟན་པའི་(༧༠ན)སྒྲོན་མེ་ས་གསུམ་གྱི། །འགྲོ་
བའི་མུན་སེལ་རྟག་ཏུ་གནས་གྱུར་ཅིག །ཅེས་བརྗོད། ཡང་སྦྱིན་བདག་གཞན་གྱི་
དོན་དུ་བྱེད་ན། བདག་ཅག་དཔོན་སློབ་ཡོན་མཆོད་འཁོར་བཅས་ཀྱི། །ཚེ་དང་
བསོད་ནམས་དཔལ་འབྱོར་སྙན་གྲགས་དང་། །འཁོར་དང་བཤད་སྒྲུབ་བསྟན་པའི་
བྱ་བ་རྣམས། །ཡར་ངོའི་ཟླ་བ་བཞིན་དུ་འཕེལ་གྱུར་ཅིག །ཅེས་བརྗོད། གཞན་ཡང་
ནད་ཞི་བ་དང་། གདོན་ཞི་བ་དང་། ཕ་རོལ་གྱི་གནོད་པ་ཞི་བའི་ཆེད་དུ་བྱེད་པ་
དང་། ཚེ་འཕེལ་བ་དང་། བསོད་ནམས་རྒྱས་པ་དང་། ལུང་རྟོགས་ཀྱི་ཡོན་ཏན་
རྒྱས་པ་སོགས་ཀྱི་ཆེད་དུ་བྱེད་ན་ཐུབ་དབང་གནས་བརྟན་བཅུ་དྲུག་དང་བཅས་
པའི་སྐུའི་རྣམ་པ་ཇི་ལྟར་བསྒོམ་ཚུལ་དང་། བདུད་རྩི་འབེབས་སྦྱང་ཇི་ལྟར་བྱ་བའི་
དམིགས་པ་སོགས་ཚིག་བསྒྲིགས་རྒྱས་པར་བཤད་ཟིན་པ་དེ་ལས་ཤེས་པར་བྱ་ཞིང་
འདོད་དོན་སོ་སོའི་སྨོན་ཚིག་ཀྱང་སྐབས་སུ་གང་བབ་བྱའོ།། །།

ཀ༣ ཐུབ་དབང་གནས་བརྟན་བཅུ་དྲུག་འཁོར་དང་བཅས་པ་ལ་མཆོད་ཅིང་གསོལ་བ་བཏབ་པའི་ཕན་ཡོན་བཤད་པ།

གསུམ་པ། ཐུབ་དབང་གནས་བརྟན་བཅུ་དྲུག་འཁོར་དང་བཅས་པ་ལ་མཆོད་ཅིང་གསོལ་བ་བཏབ་པའི་ཕན་ཡོན་བཤད་པ་ནི། ཕྱོགས་བཅུའི་ཞིང་ན་བཞུགས་པའི་རྒྱལ་བ་སྲས་བཅས་ཐམས་ཅད་ལས་སྙིང་ལྷན་སྙིགས་མའི་འགྲོ་བ་རྣམས་ལ་སྟོན་པ་ཤཱཀྱའི་རྒྱལ་པོ་འདི་ཉིད་ཐུགས་རྗེ་ཆེ་བ་ཡིན་པས་གཞན་གང་ལ་གསོལ་བ་བཏབ་པ་ལས་ཀྱང་སྟོན་པ་ཐུགས་རྗེ་ཅན་ཉིད་ལ་གསོལ་བ་བཏབ་པ་བྱིན་རླབས་ཆེ་ཞིང་། ལྔ་བརྒྱ་ཐ་མའི་འགྲོ་བ་རྣམས་ལ་ཐུགས་བརྩེ་བས་དགོངས་ཏེ་སྟོན་པ་ཐུགས་རྗེ་ཅན་གྱིས་འཕགས་པ་(༥༠༢ན)གནས་བརྟན་བཅུ་དྲུག་འགྲོ་བའི་མགོན་དུ་མྱ་ངན་ལས་མི་འདའ་བར་རྒྱལ་ཚབ་ཏུ་འཇོག་པར་མཛད་པ་ཡིན་པས་གནས་བརྟན་ཆེན་པོ་འདི་དག་ལ་གསོལ་བ་བཏབ་ན་རྒྱལ་བ་དགྱེས་པར་འགྱུར་ཞིང་། ཆོས་ཚུལ་བཞིན་དུ་སྒྲུབ་པ་ལ་བར་ཆད་མི་འབྱུང་བ་དང་། ཚུལ་ཁྲིམས་རྣམ་པར་དག་པར་འགྱུར་བ་དང་། ལུང་རྟོགས་ཀྱི་ཡོན་ཏན་འཕེལ་བར་འགྱུར་བ་དང་། ཆོས་སྒྲུབ་པའི་ཕྱི་ནང་གི་རྐྱེན་ཐམས་ཅད་ཚང་བར་འགྱུར་བ་དང་། དུས་མ་ཡིན་པའི་འཆི་རྐྱེན་གྱིས་མི་བཟློ་བར་ཚེ་རིང་བར་འགྱུར་བ་དང་། དགེ་འདུན་གྱི་སྡེ་འཕེལ་བར་འགྱུར་བ་དང་། སྡེ་སྣོད་གསུམ་གྱི་བཤད་སྒྲུབ་འཕེལ་བར་འགྱུར་བ་སོགས་ཕན་ཡོན་མཐའ་ཡས་པ་འབྱུང་སྟེ། སྔོན་རྒྱ་ནག་གི་རྒྱལ་པོ་ཆེན་པོ་ཞིག་སྔོན་གྱིས་ཐེབས་པ་ཐབས་གཞན་གང་གིས་ཀྱང་མ་ཕན་པ་ལ་གནས་བརྟན་(༥༠༢བ)ཆེན་པོ་འདི་དག་ལ་གསོལ་བ་བཏབ་པས། གནས་བརྟན་ཆེན་པོ་བཅུ་དྲུག་ནམ་མཁའ་ལས་ཕོ་བྲང་དུ་དངོས་སུ་བྱོན་ནས་རྒྱལ་པོ་ལ་བྱིན་གྱིས་བརླབས་པས་རྒྱལ་པོ་དེ་མ་ཐག་སྙུན་ལས་གྲོལ་ཏེ་བདེ་བར་གྱུར་པ་དང་། སྔར་བཤད་པ་ལྟར་རྒྱ་ནག་རྒྱལ་པོ་ཐང་ཐའི་ཙུང་གི་རྒྱལ་

པོའི་རིང་ལ་གནས་བརྟན་བཅུ་དྲུག་ལ་ཡོན་ཏན་བརྗོད་པ་སྔོན་དུ་བཏང་སྟེ་བསྟན་པ་སྤེལ་བའི་སླད་དུ་ཐུགས་རྗེའི་དབང་གིས་འབྱོན་པར་བསྐུལ་བའི་འཕྲིན་ཡིག་དང་བཅས་ཏ་ཤང་སླིང་སྟོབས་ཅན་ཞིག་སྤྱན་འདྲེན་དུ་བཏང་སྟེ་གནས་བརྟན་རྣམས་གུས་པ་ཆེན་པོས་སྤྱན་དྲངས་པས་གནས་བརྟན་རྣམས་ཆུ་དཀྱིལ་ལ་རྫུས་སྤྲུལ་དང་སྤྲུལ་པ་དང་། ཆུ་སྤྲིན་དང་ཆུ་གཟེག་སོགས་ལ་ཆིབས་ནས་བྱོན་ཏེ་རྒྱ་ནག་ཕོ་བྲང་དུ་ཕེབས་རྒྱལ་པོ་འཁོར་བཅས་ལ་ཆོས་གསུངས། དེ་དུས་གནས་བརྟན་རྣམས་རྒྱ་ནག་ཕོ་བྲང་དུ་ཕེབས་པའི་བཀོད་པ་རི་མོར་བྲིས་པ་ལ་གནས་བཅུ་ཆུ་འཛམ་ཞེས་གྲགས། གནས་བརྟན་ཆེན་པོ་འདི་རྣམས་ཕེབས་པའི་བྱིན་རླབས་ཀྱིས་དུས་དེ་ནས་བཟུང་སྟེ་རྒྱ་ནག་ཏུ་སངས་རྒྱས་ཀྱི་བསྟན་པ་རིམ་གྱིས་ཆེས་ཆེར་དར། རྒྱ་ནག་ཡོངས་སྐྱོད་དང་མངའ་ཐང་ཆེ་བ་ཡང་གནས་བརྟན་ཆེན་པོ་འདི་རྣམས་ཀྱི་བྱིན་རླབས་ཀྱི་མཐུ་ཡིན་པར་གྲགས་སོ། །ཡང་སྔོན་མི་ཉག་གའི་རྒྱལ་པོ་ཞིག་སྟོན་པའི་ཚེ་ཐབས་གཞན་གྱིས་མ་ཕན་པ་ན་རྒྱལ་པོའི་གོ་ཤིར་དཔེ་འདུལ་བ་འཛིན་པས་གནས་བརྟན་གྱི་ཚོ་ག་མཛད་པས་རྒྱལ་པོ་སྟོན་ལས་གྲོལ། ཡང་ཧོར་དམག་གིས་མི་ཉག་གའི་མཁར་(༢༥༣ན)ཞག་བདུན་དུ་བསྐོར་ཏེ་སྨར་ཆུ་སྐྱིལ་ནས་ཆུ་བཀག་པའི་ཚེ་ བླ་མཆོད་གཉིས་ཀྱིས་གནས་བརྟན་ལ་གསོལ་བ་བཏབ་པས་བཙུན་པ་སྐྱ་རྟལ་ལེ་བ་ཞིག་གིས་ཆུ་འདི་ན་ཡོད་ཟེར་བ་ལྟར་ས་བྲུས་པས་ཁྲོན་པ་ཐོན་ནས་མཁར་མ་ཤོར་བ་ཞིག་བྱུང་། སྔོན་མདོ་སྨད་དུ་ཆོས་འདི་དར་བས་ཕན་ཡོན་ཆེན་པོ་བྱུང་བས་གནས་གཞི་ཀུན་ཏུ་གནས་བཅུའི་གན་རྫོ་ལ་མ་བརྟེགས་པ་མེད། སླད་དར་གྱིས་བསྟན་པ་བསྐྱབས་རྗེས་དབུས་གཙང་གི་མཁས་པ་མི་དྲུག་གིས་མདོ་སྨད་དུ་བྱོན་དུས་གནས་བརྟན་གྱི་ཆེ་བ་གསན་པས་གནས་གཞི་ཀུན་ཏུ་གནས་བརྟན་གྱི་སྐུ་བཞེངས་སྐད་དགེ་བའི་བཤེས་གཉེན་པོ་ཏོ་བ་ཆེན་པོ་འཕྲིན་ལས་ཀྱི་ཁྱབ་གདལ་ཆེ་བ་ཡང་གནས་བརྟན་ཆེན་པོ་འདི་དག་གི་མཐུ་ཡིན་པར་གསུངས་ཤིང་། དགེ་བཤེས་པོ་ཏོ་བས་

འཁོར་རྣམས་ལ་གནས་བཅུའི་སྐུ་རྒྱུ་བཟང་ངན་ལ་མ་བལྟོས་པས་རེ་རེ་ཞོངས། གནས་བཅུའི་སྐུ་རྟེན་མ་བཞུགས་ན་ལྷ་ཁང་གི་གོ་ཡང་ཨེན་མི་ཚོད། བོད་ཀུན་གནས་བརྟན་ཆེན་པོ་འདི་དག་ལ་གསོལ་བ་གདབ་ཏུ་ཡོད་པ་བསོད་ནམས་ཆེ་ཞེས་གསུང་ཞིང་། པོ་ཏོ་བ་རང་ཡང་གནས་བརྟན་ཡན་ལག་འབྱུང་གི་སྲོལ་པར་དོན་གྱི་ཞལ་གྱིས་བཞེས། གནས་བརྟན་ལ་གསོལ་བ་བཏབ་པའི་མཐུས་གྲྭ་པ་རྣམ་གྲོལ་སྒྲུབ་པར་ངེས་པ་ཉིས་སྟོང་ལ་ཉེ་བ་འདུས། ཤ་ར་བ་ཡོན་ཏན་གྲགས་ཀྱིས་ཀྱང་གནས་བརྟན་ལ་ཕྱག་མཆོད་གཙོ་བོར་མཛད་པས་ཐར་པ་དོན་གཉེར་གྱི་གྲྭ་པ་སུམ་སྟོང་ཙམ་འདུས། ལན་ཅིག་སྟོན་པའི་ཚེ་(༡༠༣༨)མཆེད་ཀ་བས་གནས་བརྟན་ལ་གསོལ་བ་བཏབ་པས་མྱུར་དུ་དྭངས། དགེ་བཤེས་མཆེད་ཀ་བའི་ཞལ་ནས་གནས་བརྟན་འདི་དག་ལ་གསོལ་བ་བཏབ་ན་ཆོས་དང་ཆོས་བྱེད་འཕེལ་བ་འདུག་སྟེ་འདི་ཁོ་ན་ངོ་མཚར་ཆེ། དེ་འཕེལ་བས་བདེ་སྐྱིད་གཞན་ཐམས་ཅད་ཤུགས་ལས་འབྱུང་གསུངས། གནས་བརྟན་འདི་དག་མཆོད་པས་ཆོས་དང་ཆོས་བྱེད་འཕེལ་བར་འགྱུར་ཞེས་བླ་མ་རྣམས་གསུང་བའི་སྒྲན་པ་ཐོས་པས་ཐུགས་ཡིད་ཆེས་ནས་དགེ་བཤེས་སེ་སྤྱིལ་བུ་བས་ཡེར་པ་ནས་མ་དཔེ་བླངས་ཏེ་བཞེངས། འདི་བྱིན་རླབས་ཤིན་ཏུ་ཆེ་ཁོ་བོའང་མགོ་སེ་ཧྲིལ་ལེ་སྡོད་པ་འདུག་གསུངས་པ་ལྟར་དགུང་ལོ་གོ་གཉིས་བཞུགས། དགེ་བཤེས་དེའི་ཞལ་ནས་ད་ལྟ་འོ་སྐོལ་ལ་ཐང་སྐུའི་རྣམ་པར་སྣང་། ཚོགས་ལམ་ཆེན་པོའི་དུས་སུ་སྤྲུལ་སྐུར་འཆར། དྲོད་ཀྱི་ཡེ་ཤེས་ཐོབ་ནས་ཆོས་གསུང་། ས་དང་པོ་ཐོབ་ནས་ལོངས་སྤྱོད་རྫོགས་པའི་སྐུར་འཆར། དེ་ནས་བཟུང་སྟེ་སངས་རྒྱས་ཀྱི་སྐུའི་སྣང་བ་དང་མི་འབྲལ་ཞིང་གནས་བརྟན་ཆེན་པོ་འདི་དག་གིས་གྲོགས་མཛད་ནས་ས་བཅུ་མཐར་ཕྱིན་ཏེ་སངས་རྒྱས་ཀྱི་གོ་འཕང་མྱུར་དུ་ཐོབ་པར་བྱེད་གསུངས། ལྷ་སྤྱིལ་བུ་བས་སེ་སྤྱིལ་བུ་བས་བཞེངས་པའི་རྟེན་རྣམས་ལ་གསོལ་བ་བཏབ་པས་ཕན་ཡུལ་རྨའི་གྲོག་པོ་བྱ་བའི་གནས་ཚུང་ཞིག་ན་རྒྱ་ནག་ནས་བྱོན་པའི་

གནས་བཅུ་ལུང་བསྟན་གྱི་མདོ་དང་གདམས་པ་རྣམས་སྔོན་གྱི་གེ་ཚང་ན་བཞུགས་
པ་གསན་ནས་འབུལ་བ་བསྒྱུར་བས། ཁོང་གི་ཐུགས་ལ་བཏགས་ཉམས་ལེན་མཛད་
(༤༥༨ན)པས་ཡོན་ཏན་མང་དུ་འཕྲུངས་སྟེ་སྟོད་ཤེས་པའི་མཁས་བཙུན་ལྔ་བརྒྱ་
འདུས། རྒན་མོ་ལྷས་པ་ཆེན་པོའི་ཞལ་ནས་གནས་བརྟན་ཆེན་པོ་རྣམས་ལ་གསོལ་
བ་བཏབ་པས་བློ་ཆོས་ལ་བཀོལ་དུ་བཏུབ་པ་དང་། དད་པ་ཆེར་འགྲོ་བ་དང་། དགེ་
སྦྱོར་ལ་བརྩོན་འགྲུས་ཆེར་འགྲོ་བ་འཕྲལ་དུ་ངེས་ཤེས་ཐོན་པ་བྱུང་གསུངས། གནས་
བརྟན་ཆེན་པོ་འདི་རྣམས་ཐུབ་པའི་བཀའ་བཞིན་དུ་རྒྱལ་བའི་བསྟན་པ་མ་དར་
བའི་ས་རྣམས་སུ་སྤྲུལ་པ་སྣ་ཚོགས་ཀྱིས་བསྟན་པ་དར་བར་མཛད་པ་དང་། གང་
དུ་བསྟན་པ་དར་བའི་གནས་རྣམས་སུ་སྐུའི་རྣམ་པ་སྣ་ཚོགས་ཀྱིས་ཕྱིན་ནས་བསྟན་
པ་འཕེལ་བར་མཛད་པ་དང་། ལྷག་པར་རྒྱལ་བས་ལུང་བསྟན་པའི་བྱང་ཕྱོགས་ཁ་
བ་ཅན་གྱི་ལྗོངས་འདིར་གང་དང་གང་ན་དགེ་འདུན་གྱི་སྡེ་ཚུགས་པ་དེ་དང་དེར་
ཕྱིན་ནས་བསྟན་པ་སྤེལ་བར་མཛད་དེ། སྔོན་ཇོ་བོ་རྗེས་བོད་དུ་རྒྱལ་བའི་བསྟན་པ་
ལ་བྱ་བ་རྒྱ་ཆེར་མཛད་པའི་ཚེ་གནས་བརྟན་ཆེན་པོ་འདི་རྣམས་ཇོ་བོ་ཡབ་སྲས་
གང་དང་གང་ན་བཞུགས་པའི་ས་དེ་དང་དེར་དངོས་སུ་ཕྱིན་ནས་ཆོས་ཀྱི་བགྲོ་བ་
མཛད་པ་དང་། ཆོས་སྟོན་བཞེས་པ་དང་གནས་བྱིན་གྱིས་རློབས་པ་སོགས་མཛད་
དེ། བཀའ་གདམས་གླེགས་བམ་ལས་གསུངས་ཚུལ་སྔར་བརྗོད་ཟིན་པ་ལྟར་རོ། །རྣལ་
འབྱོར་པ་ཤེས་རབ་རྒྱལ་མཚན་དང་། དགེ་བའི་བཤེས་གཉེན་ཕུ་ཆུང་བ་ཆེན་པོ་
གཉིས་བྱང་གི་དབེན་པའི་གནས་ཤིག་ཏུ་ཐེག་ལེའི་ཚོ་ག་མཛད་པའི་ཚེ་སྒྲུབ་གྲོགས་
གཞན་མ་རྙེད་པ་ན་གནས་བརྟན་ཆེན་པོ་བཅུ་དྲུག་(༤༥༨བ)ལ་སྒྲུབ་གྲོགས་བཅོལ་ཏེ་
ཐེག་ལེའི་སྒྲུབ་པ་མཛད་ཅིང་རྒྱལ་པོ་ཆེན་པོ་རྣམ་ཐོས་སྲས་ཀྱིས་མཆོད་པའི་ཡོ་བྱད་
རྣམས་བསྒྲིག་པར་མཛད་པ་སོགས་བཀའ་གདམས་གོང་མ་རྣམས་ལ་གནས་བརྟན་
ཆེན་པོ་འདི་རྣམས་ཀྱིས་ཞལ་གཟིགས་པ་དང་བྱིན་གྱིས་བརླབས་པའི་རྣམ་ཐར་ངོ་

མཚར་བ་མང་དུ་འབྱུང་ཞིང་། རྗེ་བདག་ཉིད་ཆེན་པོས་གངས་རིའི་ཁྲོད་འདིར་རྒྱལ་བའི་བསྟན་པ་ཆེས་ཆེར་སྤེལ་བར་མཛད་ཕྱིར་ཐུགས་སྲས་རྣམས་ལ་བཀའ་བསྒོས་ཏེ་ཕྱོགས་ཕྱོགས་སུ་དགེ་འདུན་གྱི་སྡེ་རྒྱ་ཆེར་སྤེལ་བར་མཛད་པའི་ཚེ་གནས་བརྟན་ཆེན་པོ་འདི་དག་འགའ་ཞིག་ཏུ་དངོས་སུ་བྱོན། འགའ་ཞིག་ཏུ་སྤྲུལ་པ་སྣ་ཚོགས་ཀྱིས་བྱིན་གྱིས་བརླབས་ཏེ། དགེ་འདུན་གྱི་སྡེ་རྒྱ་ཆེ་བ་སྤེལ་བའི་ལོ་རྒྱུས་མང་དུ་སྣང་སྟེ་མཐའ་དག་བྲི་མ་ནུས་སོ། །གནས་བརྟན་ཆེན་པོ་འདི་དག་གིས་ཐུབ་པའི་བསྟན་པ་དུས་ཇི་ཙམ་གྱི་བར་དུ་སྐྱོང་སྙམ་ན། འདི་ལ་མདོ་དང་བསྟན་བཅོས་རྣམས་ལས་བསྟན་པའི་གནས་ཚད་བཤད་པའི་ཚུལ་སྣ་ཚོགས་སྣང་ཡང་འཕགས་པ་ཤྲཱ་རིའི་བུས་བཅོམ་ལྡན་འདས་ལ་བསྟན་པ་ཇི་ཙམ་གནས་དང་། རྗེ་བཙུན་བྱམས་པ་མགོན་པོ་དུས་ཇི་ཙམ་ལ་འབྱོན་དང་། བྱམས་མགོན་ཞིང་འདིར་བྱོན་པའི་ཚེ་སྣོད་བཅུད་ཀྱི་ཁྱད་པར་ཇི་ལྟར་འབྱུང་དང་། བྱམས་མགོན་གང་དུ་འབྱོན་པའི་གནས་དང་ཡབ་ཡུམ་གྱི་མཚན་དང་། བྱམས་མགོན་གྱི་སྐུའི་ཚད་དང་། སྐུའི་ཚེའི་ཚད་དང་། འཁོར་འདུས་པའི་ཚད་སོགས་ཇི་ལྟར་འབྱུང་ཞེས་ཞུས་ནས་སྟོན་པས་དེ་དག་རྒྱས་པར་གསུངས་པ་བྱམས་པའི་མདོ་ཞེས་བྱ་(༤༥༨)བ་ལས། བསྟན་པ་ལོ་ལྔ་སྟོང་དུ་གནས་པར་གསུངས་ཤིང་། ཡུམ་གསུམ་གནོད་འཇོམས་ལས་ཀྱང་བསྟན་པ་ལོ་ལྔ་སྟོང་གནས་པར་བཤད། སློབ་དཔོན་འཇམ་དཔལ་གྲགས་པས་ཀྱང་བསྟན་པ་ལོ་ལྔ་སྟོང་གནས་པར་བཤད་དོ། །ལྔ་སྟོང་པོ་དེ་ཉིད་ལྔ་བརྒྱ་པ་ཕྲག་བཅུར་བཅད་པའི་ལྔ་བརྒྱ་པ་དང་པོ་དང་། གཉིས་པ་དང་། གསུམ་པ་རྣམས་ལ་རིམ་པ་བཞིན། དགྲ་བཅོམ་པ་གང་། ཕྱིར་མི་འོང་བ་དང་། རྒྱུན་ཞུགས་ཐོབ་པ་མང་དུ་འབྱུང་བས། དགྲ་བཅོམ་པའི་ལེའུ་དང་། ཕྱིར་མི་འོང་བའི་ལེའུ་དང་། རྒྱུན་དུ་ཞུགས་པའི་ལེའུ་ཞེས་བྱ་སྟེ། ཡོང་དུ་ཆུད་པའི་ལེའུ་གསུམ་དང་། དེ་ནས་ལྔ་བརྒྱ་པ་ཕྲག་གསུམ་ལ་རིམ་པ་བཞིན། ལྷག་མཐོང་དང་། ཏིང་ངེ་འཛིན་དང་། ཚུལ་ཁྲིམས་དང་ལྡན་པ་མང་དུ

འབྱུང་བས། ལྷག་མཐོང་གི་ལེའུ་ལ་སོགས་པ་སྒྲུབ་པའི་ལེའུ་གསུམ་དང་། དེ་ནས་ལྔ་བརྒྱ་པ་ཕྲག་གསུམ་ལ་རིམ་པ་བཞིན། མངོན་པ་མདོ་སྡེ་འདུལ་བ་སྟོན་པ་མང་དུ་འབྱུང་བས། མངོན་པའི་ལེའུ་ལ་སོགས་པ་ལུང་གི་ལེའུ་གསུམ་དང་ལྔ་བརྒྱ་པ་ཐ་མ་ལ་ནི་རབ་ཏུ་བྱུང་བའི་རྟགས་ཙམ་ལས་ལྟ་སྤྱོད་རྣལ་མ་མི་ལྡན་པས་རྟགས་ཙམ་འཛིན་པའི་ལེའུ་ཞེས་བཤད་ལ། སློབ་དཔོན་འཇམ་དཔལ་གྲགས་པས་ལྔ་བརྒྱ་ཕྲག་བཅུ་པོ་ལ་རིམ་པ་བཞིན་མངོན་པར་རྫོགས་པའི་དུས་གསུམ། སྒྲུབ་པའི་དུས་གསུམ། ལུང་གི་དུས་གསུམ། རྟགས་ཙམ་འཛིན་པའི་དུས་ཞེས་བཤད་དོ། །དེ་ལྟར་ལྔ་བརྒྱ་པ་ཕྲག་བཅུར་བསྟན་པ་གནས་ཤིང་། དེ་ནས་བསྟན་པ་ནུབ་པའི་སྔ་ལྟས་སུ་རྒྱལ་བློན་(༢༥༥བ)ཡུལ་འཁོར་འབངས་དང་བཅས་པ་ཆོས་མ་ཡིན་པའི་སྤྱོད་པ་ལ་དགའ་ཞིང་ཆོས་བཞིན་སྤྱོད་པ་རྣམས་ལ་སྡང་བར་གྱུར་ནས་རྒྱལ་བའི་བསྟན་པ་ཕལ་ཆེར་འགྲིབ་པ་ན་ལྷ་རྣམས་ཀྱིས་ཆར་མ་ཕབ་པས་ལོ་ཏོག་ལེགས་པར་མི་སྨིན་དེ་མ་སྨིན་པས་མུ་གེ་ཆེན་པོ་འབྱུང་ཞིང་། དེ་ནས་སེམས་ཅན་རྣམས་རིམ་གྱིས་ཚེ་ཐུང་དུར་གྱུར་ཏེ་ཚེ་ལོ་བཅུ་པའི་དུས་འབྱུང་བར་འགྱུར། དེ་ནས་མུ་གེའི་བསྐལ་པ་དང་། ནད་ཀྱི་བསྐལ་པ་དང་། མཚོན་གྱི་བསྐལ་པ་བར་མ་རྣམས་རིམ་གྱིས་འབྱུང་སྟེ། མུ་གེའི་བསྐལ་པ་བར་མ་ལ་སེམས་ཅན་མུ་གེས་ཤི་བ་ཕལ་ཆེར་ཡི་དྭགས་སུ་སྐྱེ། ནད་ཀྱི་བསྐལ་པ་ལ་ནད་སྣ་ཚོགས་ཀྱིས་གདུངས་ནས་ཤི་བ་ཕལ་ཆེར་དུད་འགྲོར་སྐྱེ། མཚོན་གྱི་བསྐལ་པ་ལ་ཕན་ཚུན་ཞེ་སྡང་གིས་འཐབ་སྟེ་ཤི་བ་ཕལ་ཆེར་དམྱལ་བར་སྐྱེ་བར་འགྱུར། དེ་ནས་འཛམ་བུའི་གླིང་དུ་ཕན་ཚུན་གཅིག་གིས་གཅིག་བསད་དེ་ཤི་བ་རྣམས་ཕལ་ཆེར་ངན་སོང་དུ་སྐྱེ་ཞིང་། མི་ཤིན་ཏུ་ཉུང་བར་གྱུར་པ་ན། བྱམས་མགོན་གྱི་སྤྲུལ་པ་ལུས་མཚན་དཔེས་བརྒྱན་པ་བལྟ་བས་ཆོག་མི་ཤེས་པ་དེའི་དུས་ཀྱི་མི་དང་བོང་ཚོད་མཉམ་པ་ཞིག་བྱོན་ཏེ། དེས་མི་དེ་རྣམས་ལ་རིམ་གྱིས་གདམས་ཏེ་བཟོད་པ་བསྒོམ་དུ་བཅུག་པས་མི་དེ་རྣམས་ཕན་ཚུན་བྱམས་སེམས་

དང་ལྡན་པར་གྱུར་པ་ན་རིམ་གྱིས་ཚེ་འཕེལ་ཞིང་དཀར་ཕྱོགས་ཀྱི་ལྷ་རྣམས་ཀྱིས་ཆར་ཕབ་པས་ས་ལ་ལོ་ཏོག་སྐྱེས་ཏེ་ལོངས་སྤྱོད་དང་ལྡན་ཞིང་ཚེ་དང་ལོངས་སྤྱོད་གཉིས་ཀ་ཆེས་ཆེར་འཕེལ། གནས་བརྟན་ཆེན་པོ་བཅུ་དྲུག་གིས་ཀྱང་ཐབས་མཁས་ཀྱི་སྤྲུལ་པ་སྣ་ཚོགས་(༢༡༨ན)པས་འཛམ་བུའི་གླིང་གི་མི་རྣམས་དགེ་བ་བཅུའི་ཁྲིམས་ལ་འགོད་པ་དང་རྒྱལ་བའི་བཀའ་ཀློག་པ་སོགས་དམ་པའི་ཆོས་འཕེལ་བར་མཛད་པས་ཚེ་ལོ་ཉི་ཤུ་དང་སུམ་ཅུ་དང་ལྔ་བཅུ་དང་ཚེ་ལོ་བརྒྱ་དང་རིམ་གྱིས་བདུན་བརྒྱའི་བར་དུ་འཕེལ་ཏེ་མིའི་ཚེ་ལོ་བདུན་བརྒྱར་གནས་པ་ན་གནས་བརྟན་ཆེན་པོ་བཅུ་དྲུག་གིས་གང་སའི་སྟེང་འདི་ན་བཅོམ་ལྡན་འདས་ཤཱཀྱ་ཐུབ་པའི་བསྟན་པའི་ཚོགས་རྫི་སྙེད་ཡོད་པ་དེ་དག་གཅིག་ཏུ་བསྡུས་ནས་རིན་པོ་ཆེ་སྣ་བདུན་གྱི་མཆོད་རྟེན་ཞིག་བྱས་ཏེ་དེའི་ནང་དུ་བཞུགས། དེ་ལ་ཕྱག་འཚལ་ཏེ་བསྐོར་བ་མང་དུ་བྱས་ནས་སྐྱིལ་ཀྲུང་གིས་འདུག་སྟེ་བཅོམ་ལྡན་འདས་དེ་བཞིན་གཤེགས་པ་དགྲ་བཅོམ་པ་ཡང་དག་པར་རྫོགས་པའི་སངས་རྒྱས་ཤཱཀྱ་ཐུབ་པ་ལ་གུས་པས་ཕྱག་འཚལ་ལོ་ཞེས་གསུངས་ནས། ཕུང་པོ་ལྷག་མེད་དུ་མྱ་ངན་ལས་འདའ་བར་བྱམས་པ་ལུང་བསྟན་པའི་མདོ་ལས་གསུངས། དེ་ནས་སྐྱེ་དགུའི་ཚེ་ལོ་བརྒྱད་ཁྲི་བར་སླེབས་པ་ན་བྱམས་མགོན་ཞིང་འདིར་འབྱོན་པར་གསུངས་ཏེ། ཇི་ལྟར་འབྱོན་ཚུལ་ནི་སྐྱེ་དགུའི་ཚེ་ལོ་བརྒྱད་ཁྲི་ལ་བབ་པའི་དུས་དེར་རྗེ་བཙུན་བྱམས་པ་མགོན་པོ་དགའ་ལྡན་ནས་འཛམ་བུའི་གླིང་དུ་གཟིགས་པ་ལྷ་ལ་གཟིགས་ནས་ཡུལ་ཀླུ་ར་ཏྣ་སེར་རྟོགས་ལྡན་ཞེས་བྱ་བའི་རྒྱལ་པོའི་ཕོ་བྲང་དུ་འཁོར་ལོས་བསྒྱུར་བའི་རྒྱལ་པོ་དུང་ཞེས་བྱ་བ་དེའི་མདུན་ན་འདོན་ཆེན་པོ་ཡབ་བྲམ་ཟེ་ཚངས་བཟང་ཞེས་བྱ་བ་དང་། ཡུམ་བྲམ་ཟེ་ཚངས་ལྡན་མ་ཞེས་བྱ་བ་གཉིས་ཀྱི་སྲས་སུ་སྐུ་བལྟམས་ཏེ་ལོ་སྟོང་ཕྲག་གཅིག་ཏུ་གཞོན་(༢༡༨བ)ནུ་རོལ་རྩེད་ལ་སོགས་པ་ཐབས་ཀྱི་སྤྱོད་པས་སེམས་ཅན་གྲངས་མེད་པ་ཞིག་སྨིན་གྲོལ་ལ་བཀོད། དེ་ནས་ཁྱིམ་ནས་ཁྱིམ་མེད་པར་རབ་ཏུ་བྱུང་སྟེ་ཀླུ་ཤིང་

ཞེས་བྱ་བའི་བྱང་ཆུབ་ཀྱི་ཤིང་དྲུང་དུ་ཕེབས་ནས་མངོན་པར་རྫོགས་པར་འཚང་རྒྱ་བའི་ཚུལ་བསྟན་ཏེ་ལྷ་དང་བཅས་པའི་འགྲོ་བ་ཐམས་ཅད་ལ་ཆོས་ཀྱི་འཁོར་ལོ་བསྐོར་བར་འགྱུར་རོ། །དེའི་དུས་སུ་རྗེ་བཙུན་བྱམས་པ་མགོན་པོ་སྐུའི་ཚད་ཇི་ཙམ་དུ་འགྱུར་པ་ནི། བྱམས་པའི་མདོ་ལས། བཅོམ་ལྡན་འདས་དེའི་སྐུ་ལུས་ནི་མཐོ་ཚད་དུ་ཁྲུ་བརྒྱད་ཅུ་རྩ་བརྒྱད་པར་འགྱུར་རོ། །ཞབས་ཀྱི་འོག་ནས་པུས་མོའི་བར་དུ་ཁྲུ་ཉི་ཤུ་རྩ་གཉིས་སོ། །པུས་མོ་ནས་ལྟེ་བའི་བར་དུ་ཁྲུ་ཉི་ཤུ་རྩ་གཉིས་སོ། །ལྟེ་བ་ནས་སྒྲོག་ཏུས་ཀྱི་བར་དུ་ཁྲུ་ཉི་ཤུ་རྩ་གཉིས་སོ། །སྒྲོག་ཏུས་ནས་སྤྱི་གཙུག་གི་བར་དུ་ཁྲུ་ཉི་ཤུ་རྩ་གཉིས་སོ། །དཔུང་པ་གཉིས་ཀྱི་བར་དུ་ཁྲུ་ཉི་ཤུ་རྩ་ལྔའི་ཚད་དོ། །སྒྲོག་ཏུས་རེ་རེའི་དཀྱུས་ནི་ཁྲུ་ལྔ་ལྔའོ། །སྙན་གཉིས་ཀྱི་རྩེ་མོ་ནས་རྩ་བའི་བར་ལ་ཁྲུ་བདུན་བདུན་ནོ། །སྤྱན་རེ་རེའི་མཚུར་ཁྲུ་ལྔ་ལྔའོ། །སྨིན་མ་གཉིས་ཀྱི་དཀྱུས་སུ་ཁྲུ་ལྔ་ལྔའོ། །སྨིན་མ་གཉིས་ཀྱི་དབུས་ཀྱི་བར་ཞིང་ལ་ཁྲུ་ལྔའོ། །ཤངས་ལ་ཁྲུ་བདུན་ནོ། །ཡ་མཆུ་མ་མཆུ་གཉིས་ཀྱི་མཆུ་ཉ་ཁྲུ་བཅུ་བཅུའོ། །ལྗགས་ཀྱི་བརླམས་སུ་ཁྲུ་ལྔའོ། །གཙུག་ཏོར་ལ་ཁྲུ་ལྔའོ། །གསེར་གྱི་མེ་ལོང་དང་འདྲ་བའི་ཞལ་གྱི་དཀྱིལ་འཁོར་ལ་ཁྲུ་ཉི་ཤུ་རྩ་ལྔའོ། །མགུལ་པ་ལ་ཁྲུ་ལྔའོ། །ཕྱག་གཉིས་ཀྱི་རིང་དུ་ཁྲུ་བཞི་བཅུ་རྩ་བཞི་པ་ཡིན་ནོ། །དེ་ནི་འདི་བཞིན་དུ་དཔེ་མེད་པའི་སངས་རྒྱས་ཀྱི་དཔལ་མཐའ་ཡས་(༢༥༧ན)པའི་སངས་རྒྱས་ཀྱི་རོལ་པའོ། །སྟོང་ཕྲག་བཅུའི་འཇིག་རྟེན་གྱི་འཁོར་ཡུག་ཐམས་ཅད་ཀྱི་ལྷ་རྣམས་དང་། དེའི་རྗེས་སུ་མི་རྣམས་ཀྱི་ནང་དུ་གནས་ནས་ཆོས་ཀྱི་འཁོར་ལོ་བསྐོར་རོ། །ཞེས་གསུངས་པ་ལྟར་རོ། །བསྐལ་བཟང་རྣམ་འདྲེན་ལྔ་པ་བྱམས་མགོན་ཞིང་འདིར་བྱོན་པའི་ཚེ་འཁོར་གྱི་ཐོག་མར་སྐྱེས་ནས་གསུང་གི་བདུད་རྩི་ཐོང་བའི་རྒྱུ་ནི་སྟོན་པ་ཐུགས་རྗེ་ཅན་ཤཱཀྱ་ཐུབ་པའི་བསྟན་པ་ལ་ཞུགས་ནས་རྒྱལ་བའི་བཀའ་བཞིན་དུ་སྒྲུབ་པ་ཉིད་རྒྱུའི་གཙོ་བོ་ཡིན་ཏེ་སྟོན་པ་ཐུབ་པའི་དབང་པོའི་བསྟན་པ་ལ་ཞུགས་ནས་དགེ་བསྙེན་གྱི་སྡོམ་པ་དང་། དགེ་ཚུལ་གྱི་སྡོམ་པ་དང་།

དགེ་སློང་གི་སྡོམ་པ་བླངས་ནས་བསླབ་ཁྲིམས་ཚུལ་བཞིན་དུ་བསྲུངས་ན་ཚེ་འདིར་འབྲས་བུ་མ་ཐོབ་ཀྱང་རྗེ་བཙུན་བྱམས་པ་མགོན་པོ་ཞིང་འདིར་བྱོན་པའི་ཚེ་འཁོར་དུ་སྐྱེས་ནས་བྱམས་པ་མགོན་པོས་ལུང་བསྟན་པ་ཐོབ་པར་འགྱུར་ཏེ། བྱམས་པ་ལུང་བསྟན་པའི་མདོ་ལས། སྟོན་པ་བྱམས་པ་རྐང་གཉིས་མཆོག །འཁོར་ལ་རྣམ་པར་གཟིགས་ནས་ནི། །ཤཱཀྱ་སེང་གེ་ཐུབ་པ་སྟེ། །གཙོ་བོ་སྐྱོབ་པར་མཛད་པ་པོ། །དམ་པའི་ཆོས་དབྱིངས་གཟིགས་གྱུར་པ། །འཇིག་རྟེན་མགོན་པོས་འདི་དག་ཀུན། །ཐར་པའི་ལམ་ནི་བསྐྱེད་ནས་ཀྱང་། །དོན་གྱིས་ང་ཡི་བསྟན་ལ་བཏང་། །གདུགས་དང་རྒྱལ་མཚན་བ་དན་དང་། །དྲི་དང་ཕྲེང་བ་བྱུག་པ་ཡིས། །ཤཱཀྱ་ཐུབ་ལ་མཆོད་ན་ནི། །ང་ཡི་བསྟན་ལ་ལྷགས་པ་ཡིན། །གུར་ཀུམ་ཆུ་ཡིས་གདབ་པ་དང་། །ཙན་དན་གྱི་ནི་བྱུག་པ་ཡིས། །ཤཱཀྱ་(༢༡༧བ)ཐུབ་པའི་མཆོད་རྟེན་ལ། །མཆོད་ན་ང་ཡི་བསྟན་ལ་ལྷགས། །དེ་ཚེ་སངས་རྒྱས་ཆོས་དང་ནི། །དགེ་འདུན་ལ་ཡང་སྐྱབས་སོང་ཞིང་། །དགེ་བའི་ལས་ཀྱང་བྱས་ན་ནི། །ང་ཡི་བསྟན་ལ་ལྷགས་པ་ཡིན། །ཤཱཀྱ་སེང་གེའི་བསྟན་པ་ལ། །བསླབ་གཞི་ཡང་དག་བླངས་ནས་སུ། །ཇི་ལྟར་གསུངས་བཞིན་བསྲུབས་ན་ནི། །ང་ཡི་བསྟན་ལ་ལྷགས་པ་ཡིན། །དགེ་འདུན་ལ་ཡང་ཆོས་གོས་དང་། །ཞལ་ཟས་དང་ནི་བཏུང་བ་དང་། །སྨན་གསོས་སྣ་ཚོགས་སྦྱིན་པ་རྣམས། །ཕུལ་ན་ང་ཡི་བསྟན་ལ་ལྷགས། །བཅུ་བཞི་དང་ནི་བཅོ་ལྔ་དང་། །དེ་བཞིན་ཟླ་གཅིག་ཆོས་བརྒྱད་དང་། །ཆོ་འཕྲུལ་གྱི་ནི་ཟླ་བ་ལ། །ཡན་ལག་བརྒྱད་ལེགས་མཉམ་གཞག་ཅིང་། །བསྙེན་གནས་གསོ་སྦྱོང་བྱས་ན་ནི། །ང་ཡི་བསྟན་ལ་ལྷགས་སོ་ཞེས། །དོན་འདི་རབ་ཏུ་གསུང་བར་འགྱུར། །ཞེས་རྒྱལ་བ་ཤཱཀྱ་ཐུབ་པའི་བསྟན་པ་ལ་སོ་ཐར་རིགས་བརྒྱད་ཀྱི་སྡོམ་པ་གང་རུང་བླངས་ནས་བསླབ་ཁྲིམས་ཚུལ་བཞིན་དུ་བསྲུང་བ་རྣམས་བྱམས་པ་མགོན་པོའི་འཁོར་དུ་འདུས་ནས་ངེས་པར་ལུང་སྟོན་པར་གསུངས་པ་ལྟར་རོ། །དེ་བས་ན་བདག་ལེགས་སུ་འདོད་པ་དག་གིས་རྒྱལ་བས་

ཇི་ལྟར་གསུངས་པའི་བསླབ་ཁྲིམས་བསྲུང་བ་ལས་ལྷག་པའི་ཆོས་བྱ་རྒྱུ་མེད་པར་ངེས་ཤེས་རྙེད་པར་བྱས་ལ་རང་རང་གིས་ཇི་ལྟར་ཁས་བླངས་པའི་བསླབ་ཁྲིམས་དག་པར་བྱེད་པ་ཉིད་དགེ་སྦྱོར་གྱི་གཙོ་བོར་བྱ་དགོས་ཏེ། རྗེ་བདག་ཉིད་ཆེན་པོས། གཞན་ལ་བརྩེ་བ་ཆེན་པོ་ཡོད་ན་ནི་དེའི་སྡུག་བསྔལ་བསལ་དགོས་ལ་དེ་སེལ་བ་ལ་སྡུག་བསྔལ་དང་བྲལ་ན་སྙམ་པའི་སེམས་བཟང་བས་མི་ཆོག་གི་དེའི་ཐབས་ལ་(༢༧༨ན)འཇུག་དགོས་སོ། །དེ་ཡང་སྔོན་དུ་རང་ཉིད་ཐབས་དེ་ལ་མ་ཞུགས་པར་ནི་གཞན་སྒྲོལ་བར་མི་ནུས་པས་གཞན་གྱི་དོན་སྒྲུབ་པར་འདོད་པས་སྔོན་དུ་རང་ཉིད་གདུལ་བར་བྱའོ། །དེ་ལ་ནི་སྒྲུབ་པ་སྙིང་པོར་བྱ་དགོས་པར་གསུངས་ཤིང་སྒྲུབ་པའང་སྡོམ་པ་བཟུང་ནས་དེའི་བསླབ་བྱ་ལ་སློབ་པར་གསུངས་པས་སྒྲུབ་པ་སྙིང་པོར་བྱེད་པའི་བྱེད་ས་མ་འཁྲུགས་པ་གལ་ཆེའོ། །ཞེས་གསུངས་པ་ལྟར་རོ། །ལྷག་པར་མ་འོངས་པ་ན་རྗེ་བཙུན་བྱམས་པ་ཞིང་འདིར་བྱོན་པའི་ཚེ་འཁོར་གྱི་ཐོག་མར་སྐྱེས་ནས། གསུང་གི་བདུད་རྩི་མྱངས་ཏེ་བླ་ན་མེད་པར་ཡང་དག་པར་རྫོགས་པའི་བྱང་ཆུབ་ཏུ་ལུང་བསྟན་པ་ཐོབ་པར་འདོད་པ་རྣམས་ཀྱིས་སྔོན་པ་ཐུབ་པའི་དབང་པོ་གནས་བརྟན་ཆེན་པོ་བཅུ་དྲུག་དང་བཅས་པ་ལ་གསོལ་བ་ཤུགས་དྲག་ལ་རྒྱུན་རིང་བ་བཏབ་སྟེ་སྡོམ་པ་གསུམ་གྱི་བཅས་མཚམས་ཕྲ་ཞིང་ཕྲ་བ་མཐའ་དག་མ་ཉམས་པར་བསྲུང་བ་དགེ་སྦྱོར་གྱི་མཐིལ་དུ་བྱས་ནས། དཔལ་ཨ་ཏི་ཤ་དང་རྗེ་བདག་ཉིད་ཆེན་པོ་གཉིས་ཀྱི་ཐུགས་ཀྱི་བཅུད་ཕྱུང་བའི་མན་ངག་བྱང་ཆུབ་ལམ་གྱི་རིམ་པ་ལ་ཉིན་རེ་བཞིན་དུ་ཐུན་བཞི་འམ་མ་ཐ་ཐུན་གཅིག་ཏུའང་བྱས་ཏེ་ཡིད་འགྱུར་གྱི་ཉྫོང་བ་ཅི་ཐོན་བྱེད་པ་ནི་རང་གི་དལ་བའི་རྟེན་ལ་སྙིང་པོ་ལེན་པའི་ཐབས་མཆོག་ཏུ་གྱུར་པ་ཡིན་ཞིང་། དེ་ལྟར་བྱས་ན་རྒྱལ་བའི་བསྟན་པ་ལ་བྱ་བ་བྱས་པར་ཡང་འགྱུར་རོ། །དང་པོར་ཐུགས་བསྐྱེད་མཛད་ཚེ་འགྲོ་བ་མ་ལུས་འཁོར་བའི་མཚོ་ལས་བདག་ཉིད་གཅིག་པུས་སྒྲོལ་ཞེས་དམ་བཅའི་སྒྲ་དབྱངས་ཞིང་ཀུན་འགེངས་པར་བསྒྲགས་ཏེ་རྒྱལ་སྲས་

ཀུན་གྱི་སྙིང་སྟོབས་ཟིལ་གྱིས་མནན་པས་(༢༩༨བ)རབ་འབྱམས་ཞིང་བཞུགས་རྒྱལ་དང་རྒྱལ་སྲས་ཀུན་གྱིས་ཟླ་མེད་པད་དཀར་ལྟ་བུར་བསྔགས། །བར་དུ་རྒྱལ་སྲས་སྤྱོད་ལ་སློབ་ཚེ་གྲངས་མེད་བསྐལ་པའང་སྐད་ཅིག་ལྟ་བུར་དགོངས་ཤིང་སྙིང་སྟོབས་ཆེན་པོས་རྒྱལ་སྲས་སྤྱོད་པ་མ་ལུས་ཁུར་དུ་བཞེས་ནས་མྱུར་བ་མྱུར་བར་ས་ལམ་བགྲོད་ལ་རྒྱལ་སྲས་གཉིས་སྐྱེས་ཀུན་གྱི་ནང་ན་ཟླ་མེད་མཁའ་ལྡིང་དབང་པོ་ལྟ་བུར་བསྔགས། །བྱང་ཆུབ་བརྙེས་ནས་རྒྱལ་བའི་མཛད་པ་སྟོན་ཚེ་སྙིགས་དུས་ཉམ་ཐག་འགྲོ་ལ་ལྷག་པར་བརྩེ་བས་རྩོད་དུས་འགྲོ་བའི་མགོན་དུ་བྱོན་ཏེ་བསྐལ་བཟང་འདྲེན་པ་རྒྱ་སྐར་སྟོང་གི་དབུས་ན་སྙིང་སྟོབས་ཆ་ཤས་ཡོངས་རྫོགས་ཟླ་མེད་ཐུབ་དབང་སྨྲ་བའི་ཟླ་བ་མཆོག་ཅེས་རབ་ཏུ་བསྔགས། །ཉམ་ཐག་རྣམས་ལ་ལྷག་པར་བརྩེ་བས་སྐུ་གདུང་རིང་བསྲེལ་གྱིས་ཀྱང་འགྲོ་བ་སྐྱོབ་སོགས་མཛད་པ་འཕྲིན་ལས་གང་དང་གང་ལ་བསམས་ཀྱང་མཚུངས་མེད་ཟླ་བྲལ་བདག་གི་སྟོན་པ་ཐུགས་རྗེའི་གཏེར་ཆེན་ཤཱཀྱའི་རྒྱལ་པོར་སྙིང་ནས་འདུད་དོ་ད་དུང་བྱང་ཆུབ་བར་དུ་བདག་སྐྱོངས་ཤིག །ཟློས་བྲལ་ངང་དུ་བཞུགས་ཀྱང་འགྲོ་བློའི་ཁམས་དང་འཚམས་པར་སྣ་ཚོགས་སྤྲུལ་པ་དུ་མ་སྟོ། །འཁོར་བའི་འཆིང་བ་བཅད་ཀྱང་འགྲོ་ལ་བརྩེ་བས་རབ་བཅིང་རྒྱལ་བསྟན་སྤེལ་བའི་ཁུར་ཆེན་བསྣམས། །སྤངས་རྟོགས་མཐར་སོན་རྫོགས་སངས་རྒྱས་ཀྱང་ཉན་ཐོས་ཚུལ་བཟུང་དགེ་འདུན་སྡེ་རྣམས་སྤེལ་མཛད་པ། །གང་ནས་བསམས་ཀྱང་བསམ་གྱིས་མི་ཁྱབ་སངས་རྒྱས་སྤྲུལ་པ་གནས་བརྟན་རྣམས་ཀྱིས་བདག་སྐྱོངས་ཤིག །རྒྱལ་དང་རྒྱལ་སྲས་གཞན་གྱིས་ཡལ་བོར་ཏེ། །སྙིགས་མར་ལུས་(༢༩༩ན)པའི་ཉམ་ཐག་བདག་ཅག་ལ། །ལྷག་པར་བརྩེ་བའི་སྟོན་པ་ཐུགས་རྗེ་ཅན། །ཁྱོད་ལས་ལྷག་པའི་མགོན་དང་སྐྱབས་གཞན་ཅི། །བཟོད་དཀའི་སྡུག་བསྔལ་བརྒྱས་གང་སྲིད་པ་འདིར། །ལས་དང་ཉོན་མོངས་འཆིང་བས་བཅིངས་གྱུར་པ། །ཉམ་ཆུང་བདག་གི་སྙིང་སྡུག་ལེགས་ཉེས་ཀུན། །ཟླ་མེད་སྟོན་པ་ཐུགས་རྗེ་ཅན་ཁྱོད་

མཁྱེན། །སྟོན་པ་མཆོག་དེའི་བསྟན་དང་མཇལ་གྱུར་ཀྱང་། །བཅོ་བས་བཅས་པའི་བསླབ་ཁྲིམས་ཡལ་བོར་ནས། །བག་མེད་སྤྱོད་པས་ཉེན་མཚན་འདད་བྱེད་པ། །ཀྱེ་མ་བདག་གི་སྙིང་ལ་ཅི་ཞིག་ཞུགས། །དལ་བརྒྱད་འབྱོར་བཅུའི་རྟེན་བཟང་ཐོབ་ལགས་ཀྱང་། །ཉོན་མོངས་དུག་གསུམ་གདོན་གྱིས་གཡེངས་གཡེངས་ནས། །དམ་པའི་ཆོས་ལ་སེམས་པའི་གོ་སྐབས་བྲལ། །བདག་སྙིང་རྡུལ་ལམ་རྗེ་བར་གྱུར་ཏམ་ཅི། །ལས་ངན་དབང་གིས་སྙིགས་མའི་དུས་འདིར་སྐྱེས། །ཉོན་མོངས་ཚོགས་ནི་དགྲར་དུས་ཤིང་ལྟར་དར། །བསྒྲུབ་པའི་བྱ་བ་དགུན་གྱི་ལོ་ཏོག་ལྟར། །རྣམ་མང་འགལ་བའི་རྐྱེན་གྱིས་ཉམས་པར་བྱེད། །ཆོས་མཐུན་གྲོགས་ནི་ཉིན་མོའི་སྐར་མ་འདྲ། །མི་དགེའི་བཤེས་དང་སྡིག་པའི་གྲོགས་པོ་ཡིས། །རྒྱ་མཚོའི་གོས་ཅན་ཐ་གྲུ་མ་ལུས་ཁྱབ། །ཚུལ་འདི་བསམས་བཞིན་བདག་ཡིད་རབ་ཏུ་འཁྱོ། །སྟོན་པ་མཆོག་དེའི་ལེགས་བཤད་འོད་སྣང་ལས། །ལྷུན་པོའི་ཐོག་ཆེས་མེ་ཁྱེར་མདོན་རྣོམས་མཐོ། །བླ་མེད་སྟོན་པ་ཐུགས་རྗེ་ཅན་དེ་ལས། །ཡི་དྭགས་འགའ་ཞིག་མཐུ་སྟོབས་ཆེ་སྙམ་བྱེད། །ཀྱེ་མ་བསྟན་པ་ཉམས་པའི་དུས་མཐའ་འདིར། །རྒྱལ་བའི་དགོངས་པ་ཤིང་རྟ་ཆེ་རྣམས་(༢༥༡བ)ཀྱིས། །བཀྲལ་བའི་དྲི་མེད་རིགས་པའི་ལམ་སྲོལ་མཆོག །ཆོས་ལྟར་བཅོས་པའི་རྫུལ་གྱིས་ནུབ་པར་བྱས། །འདི་ལྟའི་ཉམ་ཐག་གྱུར་པ་བདག་ཅག་ལ། །སྐྱོན་བྲལ་ཡོན་ཏན་ཀུན་གྱི་གཏེར་གྱུར་པ། །བླ་མེད་སྟོན་པ་ཐུགས་རྗེ་ཅན་ཁྱོད་ཀྱིས། །ཐུགས་རྗེས་གཟིགས་ལ་མྱུར་དུ་བསྐྱབ་ཏུ་གསོལ། །མ་ནི་བུ་གཅིག་པ་ལ་བརྩེ་བ་ལྟར། །ཉམ་ཐག་རྣམས་ལ་ལྷག་པར་ཐུགས་བརྩེ་བ། །སྟོན་པ་མཉམ་མེད་ཤཱཀྱའི་རྒྱལ་པོ་ཡིས། །སྙིགས་མའི་རྒྱུད་པ་འདི་དག་བསལ་དུ་གསོལ། །རྒྱལ་བས་གང་ལ་ཆོས་ཀྱི་སྲིད་གཏད་པ། །སངས་རྒྱས་སྲུལ་པ་གནས་བརྟན་བཅུ་དྲུག་གིས། །སྟོན་གྱི་ཞལ་བཞེས་དམ་བཅའ་དགོངས་མཛད་ལ། །ཐུབ་པའི་བསྟན་པ་འཕེལ་ཞིང་རྒྱས་པར་མཛོད། །བསྐལ་བཟང་རྣམ་འདྲེན་ཀུན་གྱི་བསྟན་པའི་ཁུར། །གང་ལ་གཏད

པ་གསང་བའི་བདག་པོ་དང་། །བཀའ་སྡོད་ཆོས་སྐྱོང་རྒྱལ་ཆེན་བཞི་པོ་ཡིས། །གཡེལ་བ་མེད་པར་རྟག་ཏུ་གྲོགས་མཛོད་ཅིག །འགྲོ་ལ་ཕན་བདེ་འབྱུང་བའི་སྒོ་གཅིག་པུ། །བསྟན་གསུམ་ལུང་རྟོགས་རྒྱལ་བའི་དམ་ཆོས་ཀུན། །ཕྱོགས་རྣམས་ཀུན་ཏུ་དར་ཞིང་རྒྱས་གྱུར་ཏེ། །འཇིག་རྟེན་བདེ་ལེགས་ཆེན་པོས་ཁྱབ་གྱུར་ཅིག །ཅེས་ཐུབ་པའི་དབང་པོ་འཕགས་པ་གནས་བརྟན་བཅུ་དྲུག་འཁོར་དང་བཅས་པའི་རྟོགས་པ་བརྗོད་པ་རྒྱལ་བསྟན་རིན་པོ་ཆེའི་མཛེས་རྒྱན་ཕུལ་བྱུང་གསེར་གྱི་ཕྲེང་བ་ཞེས་བྱ་བ་འདི་ནི། འཇིག་རྟེན་གྱི་ཁམས་འདིར་ཐུབ་པའི་བསྟན་པ་རིན་པོ་ཆེ་གནས་པ་དང་། འཕེལ་ཞིང་རྒྱས་པ་ཐམས་ཅད་སྟོན་པ་ཐུགས་རྗེ་ཅན་དེ་ཉིད་ཀྱི་ཐུགས་རྗེ་དང་སྨོན་ལམ་གྱི་མཐུ་(༣༠༠ན)དང་། སྟོན་པ་ཐུབ་པའི་དབང་པོས་བསྟན་པ་མི་ནུབ་པར་འཛིན་ཅིང་སྐྱོང་བར་བཀའ་བསྒོས་ཤིང་བྱིན་གྱིས་བརླབས་པ་གནས་བརྟན་ཆེན་པོ་བཅུ་དྲུག་པོ་འདི་དག་གི་བྱིན་རླབས་ཀྱི་མཐུ་ལ་བལྟོས་པར་གསུངས་པས་ན། རྒྱལ་བའི་བསྟན་པ་འཕེལ་ཞིང་རྒྱས་པ་ལ་ཐུབ་དབང་གནས་བརྟན་བཅུ་དྲུག་དང་བཅས་པའི་ཐུགས་རྗེ་བསྐུལ་ཏེ་གསོལ་བ་གདབ་པ་ཉིད་གལ་ཆེ་བར་མཐོང་ནས། ཕན་བདེ་མ་ལུས་པའི་འབྱུང་གནས་རྒྱལ་བའི་བསྟན་པ་རིན་པོ་ཆེ་འདི་ཉིད་དར་ཞིང་རྒྱས་ལ་ཡུན་རིང་དུ་གནས་ན་ཅི་མ་རུང་སྙམ་དུ་སྨོན་པས་དམ་པའི་ཆོས་པདྨ་དཀར་པོ་དང་། སྙིང་རྗེ་པདྨ་དཀར་པོ་དང་། གསང་བ་བསམ་གྱིས་མི་ཁྱབ་པའི་མདོ་སོགས་ཐུབ་པས་སྟོན་བདག་ཅག་སྙིགས་མའི་འགྲོ་བ་རྣམས་ཀྱི་དོན་དུ་ཐུགས་བསྐྱེད་དང་བསྟན་པ་ཡུན་རིང་དུ་གནས་པར་འགྱུར་བའི་བདེན་ཚིག་གི་སྨོན་ལམ་ཇི་ལྟར་མཛད་པའི་ཚུལ་གསུངས་པའི་མདོ་སྡེ་རྣམས་དང་། གནས་བརྟན་ཆེན་པོ་བཅུ་དྲུག་པོ་འདི་དག་ཡུལ་གང་དང་གང་དུ་འཁྲུངས་པ་དང་། རྒྱལ་བའི་བསྟན་པ་ལ་ཞུགས་ནས་འབྲས་བུ་བརྙེས་ཚུལ་ཇི་ལྟར་བསྟན་པ་དང་། ཐུབ་པས་ཇི་ལྟར་ལུང་བསྟན་པའི་ཚུལ་ལ་སོགས་པ་གནས་བརྟན་སོ་སོའི་རྟོགས་བརྗོད་ཞིབ་པར་འདུལ་བ་ལུང་

སྐྱེ་བཞི། མདོ་སྡེ་ལས་བརྒྱ་པ། རྟོགས་བརྗོད་བརྒྱ་པ། དྲན་པ་ཉེར་གཞག །མཛངས་བླུན་སོགས་མདོ་སྡེ་གང་དང་གང་ལས་འབྱུང་བ་དེ་རྣམས་ལ་ཞིབ་ཏུ་བརྟགས་ནས་བཀོད་ཅིང་། གནས་བརྟན་བཅུ་དྲུག་སོ་སོའི་ཕྱག་མཚན་གྱི་(༣༠༠བ)བྱུང་བ་དང་། གནས་བརྟན་སོ་སོའི་བཞུགས་གནས་དང་། གཅུག་མར་གནས་པའི་འཁོར་གྱི་གྲངས་དང་། སོ་སོའི་སྨོན་ལམ་གྱི་ཁྱད་པར་དང་། གནས་བརྟན་བཅུ་དྲུག་པོ་འདི་རྣམས་ལ་ཐུགས་རྗེ་དང་ཐུགས་དམ་བསྐུལ་ཕྱིར་མཆོད་ཅིང་གསོལ་བ་གདབ་པའི་ཚུལ་རྣམས་ནི་འཕགས་པ་དགའ་བའི་བཤེས་གཉེན་གྱི་རྟོགས་པ་བརྗོད་པ་དང་། གནས་བརྟན་ལུང་བསྟན་པའི་མདོ་དང་། ཁ་ཆེ་པཎ་ཆེན་གྱིས་ཁྲོ་ཕུ་ལོ་ཙཱ་བར་གནས་བརྟན་གྱི་རྟོགས་པ་བརྗོད་པ་བཤད་པ་དང་། གནས་བརྟན་བཅུ་དྲུག་གིས་དངོས་སུ་བྱིན་གྱིས་བརླབས་པའི་བདག་ཉིད་ཆེན་པོ་མཆིམས་ནམ་མཁའ་གྲགས་ཀྱིས་མཛད་པའི་གནས་བརྟན་མཆོད་པའི་ཆོ་ག་ལ་སོགས་པ་རྣམས་ལ་ཞིབ་ཏུ་བརྟགས་ནས་བཀོད་པ་ཡིན་ལ། ཐུབ་པའི་བསྟན་པ་སྟོན་ཆད་ཇི་ཙམ་འདས་པའི་ཚུལ་ལ་འདས་ལོ་མང་ཉུང་གཉིས་ལས་རྒྱ་བོད་ཀྱི་ཆོས་རྒྱལ་རིམ་བྱོན་གྱི་རྩིས་དང་བསྟུན་ནས་འདས་ལོ་རིང་བའི་ཕྱོགས་ལྟར་ན་ལོ་སུམ་སྟོང་དགུ་བརྒྱ་བདུན་ཅུ་དོན་བཞི་སོང་། འདས་ལོ་ཉུང་བའི་ཕྱོགས་རྒྱལ་བས་དཔལ་ལྡན་འབྲས་སྤུངས་ཀྱི་མཆོད་རྟེན་ཆེན་པོར་རྒྱལ་པོ་ཟླ་བ་བཟང་པོ་སོགས་ལ་དཔལ་དུས་ཀྱི་འཁོར་ལོའི་རྒྱུད་གསུངས་ཤིང་། དེ་ནས་ཤམྦྷ་ལར་ཆོས་རྒྱལ་རིགས་ལྡན་རྣམས་ཇི་ལྟར་བྱོན་པ་རྒྱུད་ལས་གསུངས་པའི་ལོ་གྲངས་དང་བསྟུན་ན་རྒྱལ་བས་དཔལ་ལྡན་འབྲས་སྤུངས་ཀྱི་མཆོད་རྟེན་ཆེན་པོར་དུས་ཀྱི་འཁོར་ལོའི་རྒྱུད་གསུངས་པ་ནས་ལོ་ཉིས་སྟོང་བདུན་བརྒྱ་བཅུ་བཞི་སོང་བ་རབ་བྱུང་བཅུ་གསུམ་པའི་མཛེས་བྱེད་ཅེས་པ་ཆུ་མོ་ཡོས་ལོའི་འབྲས་ལྡན་ཟླ་བའི་ཡར་ཚེས་དགེ་བར་ཤཱཀྱའི་དགེ་སློང་ཡེ་ཤེས་རྒྱལ་མཚན་གྱིས་ཕོ་བྲང་ཆེན་པོ་པོ་ཏ་ལའི་གཟིམ་ཚུང་བདེ་བ་ཅན་དུ་སྦྱར་བའོ། །འདིས་ཀྱང་རྒྱལ་བའི་

བསྟན་པ་རིན་པོ་ཆེ་སྔོ་ཐམས་ཅད་ནས་ཕྱོགས་ཐམས་ཅད་དུ་དར་ཞིང་རྒྱས་ལ་ཡུན་རིང་དུ་གནས་པར་གྱུར་ཅིག །

ཨོཾ་སྭསྟི། ཐུབ་དབང་གནས་བརྟན་འཁོར་བཅས་རྟོགས་བརྗོད་འདི། །(༣༠༧ན) འཇམ་མགོན་བསྟན་ལ་མི་ཕྱེད་དད་པ་ཅན། །པད་ཚལ་མདའ་དཔོན་ཕུན་ཚོགས་རྣམ་རྒྱལ་གྱིས། །ཆོས་སྦྱིན་རྒྱ་ཆེར་སྤེལ་ཕྱིར་པར་དུ་བསྒྲུབས། །ཚུལ་འདིར་འབད་ལ་དུང་དང་ཀུན་ད་ལྟར། །རབ་དཀར་དགེ་བ་གང་ཞིག་ཐོབ་པ་དེས། །ལྷར་བཅས་འགྲོ་ལ་ཕན་བདེ་འབྱུང་བའི་གཞི། །ཐུབ་པའི་བསྟན་པ་འཕེལ་ཞིང་རྒྱས་གྱུར་ཅིག །བསྟན་དང་བསྟན་འཛིན་ཡོན་མཆོད་ཐམས་ཅད་ལ། །ཕྱི་ནང་འགལ་རྐྱེན་ཐམས་ཅད་ཞི་བ་དང་། །མཐུན་རྐྱེན་ལེགས་ཚོགས་ལྷུན་གྱིས་གྲུབ་གྱུར་ཏེ། །འཇིག་རྟེན་བདེ་ལེགས་ཆེན་པོས་ཁྱབ་གྱུར་ཅིག །སརྦ་མངྒ་ལཾ།། །།

༄༅། །རྒྱལ་བའི་བསྟན་པའི་ནང་མཛོད་དམ་པའི་ཆོས་འདུལ་བའི་བྱུང་ཚུལ་བརྗོད་པ་རྒྱལ་བསྟན་རིན་པོ་ཆེའི་གསལ་བྱེད་ཉིན་མོར་བྱེད་པའི་སྣང་བ་ཞེས་བྱ་བ་བཞུགས་སོ། །

མཆོད་བརྗོད་དང་རྩོམ་པར་དམ་བཅའ་བ།

༄༅། །ན་མཿསརྦ་ཛྙཱ་ན་མུ་ནི་ཨིནྡྲ་ཡ། སྙིང་སྟོབས་མགྱོགས་འགྲོས་རབ་བསྐུལ་ལྷག་བསམ་འཛིན་མར་རིན་ཆེན་བྱང་ཆུབ་སེམས་ཀྱི་རྩ་བ་རབ་ཏུ་བརྟན། །བགྲང་ཡས་བསྐལ་པར་རབ་བསགས་རླབས་ཆེན་སྤྱོད་པའི་ཡལ་འདབ་ཀུན་གསལ་ཁྱོན་ཡངས་ཕྱོགས་ཀྱི་མཐའ་གྲུ་འཛལ། །སྤངས་རྟོགས་ཡོན་ཏན་རབ་རྫོགས་དོན་གཉིས་འབྲས་བུས་མ་ལུས་འགྲོ་བའི་རེ་བ་མཐའ་དག་སྐོང་མཛད་པ། །ཐམས་ཅད་མཁྱེན་ཅེས་རབ་གྲགས་འགྲོ་བའི་བླ་མ་ཐུབ་དབང་མཉམ་མེད་དཔག་བསམ་ལྗོན་པས་རྟག་ཏུ་སྐྱོངས། །འཇིགས་རུང་སྲིད་པའི་མཚོ་ལས་སྒྲོལ་བའི་གྲུ། །ཐེག་གསུམ་ཡོན་ཏན་ཀུན་གྱི་གཞི་དང་རྟེན། །བསྟན་པ་རིན་ཆེན་མཆོག་གི་ནང་གི་མཛོད། །དམ་ཆོས་འདུལ་བའི་བྱུང་ཚུལ་བརྗོད་པར་བྱ། །

ཀ༡ སྐབས་དང་པོ་རྒྱལ་བས་དམ་པའི་ཆོས་འདུལ་བ་ཇི་ལྟར་གསུངས་ཚུལ།

ཁ༡ ཐོག་མར་ཇི་ལྟར་ཐུགས་བསྐྱེད་པའི་ཚུལ།

དེ་ལ་འདིར་ལྷ་དང་བཅས་པའི་འགྲོ་བ་ཐམས་ཅད་ལ་(༢༨)གནས་སྐབས་དང་མཐར་ཐུག་གི་ཕན་བདེ་མ་ལུས་འབྱུང་བའི་སྒོ་གཅིག་པུ་རྒྱལ་བའི་བསྟན་པའི་ནང་མཛོད་དམ་པའི་ཆོས་འདུལ་བའི་བྱུང་ཚུལ་བརྗོད་པ་ལ་བཞི། རྒྱལ་བས་དམ་པའི་ཆོས་འདུལ་བ་ཇི་ལྟར་གསུངས་ཚུལ། རྒྱལ་བའི་བསྟན་པ་འཛིན་ཅིང་སྤེལ་བའི་འདུལ་

འཛིན་དམ་པ་རྣམས་ཇི་ལྟར་བྱོན་ཚུལ། འདུལ་བ་ལུང་སྡེ་བཞིའི་གནད་ཀུན་བསྡུས་པ་འདུལ་བའི་མདོའི་བསྡུས་དོན་བསྟན་པ། འདུལ་བ་ལུང་ལས་གསུངས་པའི་བསླབ་ཁྲིམས་མཐའ་དག་ཇི་ལྟར་བསྲུང་ཚུལ་གྱི་མན་ངག་བསྟན་པའོ། །

དང་པོ་ནི། བདག་ཅག་གི་སྟོན་པ་ཤཱཀྱའི་རྒྱལ་པོ་ཐུགས་རྗེ་ཅན་དེ་ཉིད་ཀྱིས་ཐོག་མར་ཇི་ལྟར་ཐུགས་བསྐྱེད་པའི་ཚུལ་ནི། མདོ་སྡེ་བསྐལ་བཟང་ལས། ང་ནི་སྔོན་ཚེ་དམན་པར་གྱུར་པའི་ཚེ། །དེ་བཞིན་གཤེགས་པ་ཤཱཀྱ་ཐུབ་ཆེན་ལ། །(༢བ) འཇམ་གང་ཞིག་ནི་དབུལ་བ་ཕྱུས་ནས་ཀྱང་། །དང་པོར་བྱང་ཆུབ་ཏུ་ནི་སེམས་བསྐྱེད་དོ། །ཞེས་གསུངས་པ་ལྟར། སྟོན་པ་ཐུགས་རྗེ་ཅན་འདི་སྔོན་རྫ་མཁན་གྱི་བུ་ཁྱེའུ་སྣང་བྱེད་དུ་སྐུ་འཁྲུངས་པའི་ཚེ་དེ་བཞིན་གཤེགས་པ་ཤཱཀྱ་ཐུབ་ཆེན་ཞེས་བྱ་བ་འཇིག་རྟེན་དུ་བྱོན་པ་དང་མཇལ་ཏེ་རྫའི་བུམ་པ་འཇམ་གྱིས་བཀང་བ་མེ་ལོང་གིས་ཁ་བརྒྱན་པ་སོགས་མཆོད་པའི་ཡོ་བྱད་ཅི་ཡོད་ཕུལ་ཏེ། དེ་བཞིན་གཤེགས་པ་ཁྱེད་སྐུ་ཅི་འདྲ་དང་། །འཁོར་དང་སྐུ་ཚེའི་ཚད་དང་ཞིང་ཁམས་དང་། །ཁྱེད་ཀྱི་མཚན་མཆོག་བཟང་པོ་ཅི་འདྲ་བ། །དེ་འདྲ་ཁོ་ནར་བདག་ཀྱང་འགྱུར་བར་ཤོག །ཅེས་བརྗོད་ནས་བྱང་ཆུབ་མཆོག་ཏུ་ཐུགས་བསྐྱེད། གཞན་ཡང་སྟོན་པ་ཐུགས་རྗེ་ཅན་འདི་ཉིད་ཀྱིས་རང་ཅག་ཁམས་གསུམ་གྱི་འགྲོ་བ་འཁོར་བའི་གནས་ན་ལས་དང་ཉོན་མོངས་པས་བཅིངས་ཤིང་སྡུག་བསྔལ་བརྒྱ་ཕྲག་དུ་མས་མནར་བ་རྣམས་ཐུགས་ཀྱིས་མ་བཟོད་ནས་དེ་བཞིན་གཤེགས་པ་བགྲང་བ་ལས་འདས་པ་དག་གི་སྤྱན་སྔར་ཐུགས་བསྐྱེད་ཅིང་སྨོན་ལམ་འདེབས་པར་མཛད། ལྷག་པར་བདག་ཅག་སྙིགས་མའི་འགྲོ་བ་སངས་རྒྱས་དང་བྱང་ཆུབ་སེམས་དཔའ་གཞན་ཐམས་(༣ན)ཅད་ཀྱིས་འདུལ་བར་མ་ནུས་པར་ཡལ་བར་བོར་ཞིང་། བསྐལ་པ་འདི་ལ་འབྱོན་པའི་སངས་རྒྱས་འཁོར་བ་འཇིག་ནས་མོས་པ་སྣང་མཛད་ཀྱི་བར་ཐམས་ཅད་ཀྱིས་ཀྱང་ཇི་ལྟར་མེའི་ཕུང་པོའི་ནང་དུ་སུ་ཡང་འཇུག་པར་མི་སྤྲོ་བ་བཞིན་དུ་རྩོད་ལྡན་ཚེ་ལོ་བརྒྱ་པའི་དུས་

འདི་ཡལ་བར་བོར་བ་ན་སྟོན་པ་ཐུགས་རྗེ་ཅན་འདིས་ཐུགས་རྗེས་མ་བཟོད་པར་བདག་ཅག་རྩོད་ལྡན་སྙིགས་མའི་འགྲོ་བ་རྣམས་ཀྱི་མགོན་དང་སྐྱབས་དང་དཔུང་གཉེན་དུ་འབྱོན་པར་ཐུགས་བསྐྱེད་དང་དམ་བཅའ་རྒྱ་ཆེར་མཛད།

ཁ༢ བར་དུ་གྲངས་མེད་གསུམ་གྱི་ཚོགས་བསགས་ཚུལ།

དེ་ལྟར་སྟོན་པ་ཐུགས་རྗེ་ཅན་འདི་ཉིད་ཀྱིས་རང་ཅག་སྙིགས་མའི་འགྲོ་བ་རྣམས་ཀྱི་དོན་དུ་ཐུགས་བསྐྱེད་ནས། ཇི་ལྟར་སྨོན་ལམ་བཏབ་པ་དེ་ལྟར་ངེས་པར་འགྲུབ་པའི་ཕྱིར་ཚོགས་བསགས་ཚུལ་ནི། མཛོད་ལས། རྣམ་གཟིགས་མར་མེ་རིན་ཆེན་གཙུག །གྲངས་མེད་གསུམ་གྱི་ཐ་མར་བྱུང་། །དང་པོ་ཤཱཀྱ་ཐུབ་པ་ཡིན། །ཞེས་གསུངས་པ་ལྟར། དེ་བཞིན་གཤེགས་པ་ཤཱཀྱ་ཐུབ་ཆེན་ནས་བཟུང་དེ་བཞིན་གཤེགས་པ་གཙུག་ཏོར་ཅན་འཇིག་རྟེན་དུ་བྱོན་པའི་བར་ལ་གྲངས་མེད་དང་པོ་དང་། དེ་ནས་དེ་བཞིན་གཤེགས་པ་མར་མེ་མཛད་འཇིག་རྟེན་(༣བ)དུ་བྱོན་པའི་བར་ལ་གྲངས་མེད་གཉིས་པ་དང་། དེ་ནས་དེ་བཞིན་གཤེགས་པ་རྣམ་གཟིགས་འཇིག་རྟེན་དུ་བྱོན་པའི་བར་ལ་གྲངས་མེད་གསུམ་པ་སྟེ་བསྐལ་ཆེན་གྲངས་མེད་གསུམ་དུ་ཚོགས་བསགས། དེ་ཡང་འདུལ་བ་ལུང་ལས། སངས་རྒྱས་ཤཱཀྱ་ཐུབ་པ་ནས། །འདྲེན་པ་ཡུལ་འཁོར་སྐྱོང་གི་བར། །བདུན་ཁྲི་ལྔ་སྟོང་ཚང་བ་ཡི། །སངས་རྒྱས་རྣམས་ནི་ངས་མཆོད་དོ། །སངས་རྒྱས་ཞིགས་མཛད་ནས་བཟུང་སྟེ། །དབང་པོའི་རྒྱལ་མཚན་ཐུབ་པའི་བར། །བདུན་ཁྲི་དྲུག་སྟོང་ཚང་བ་ཡི། །སངས་རྒྱས་རྣམས་ནི་ངས་མཆོད་དོ། །སངས་རྒྱས་མར་མེ་མཛད་ནས་ནི། །སངས་རྒྱས་འོད་སྲུངས་བར་དག་ཏུ། །བདུན་ཁྲི་བདུན་སྟོང་ཚང་བ་ཡི། །སངས་རྒྱས་རྣམས་ནི་ངས་མཆོད་དོ། །ཞེས་གསུངས་པ་ལྟར། གྲངས་མེད་དང་པོ་ལ་དེ་བཞིན་གཤེགས་པ་ཤཱཀྱ་ཐུབ་ཆེན་ནས་བཟུང་དེ་བཞིན་གཤེགས་པ་ཡུལ་འཁོར་སྐྱོང་གི་བར་སངས་རྒྱས་བདུན་

ཁྲི་ལྔ་སྟོང་དང་། གྲངས་མེད་གཉིས་པ་ལ་དེ་བཞིན་གཤེགས་པ་ལེགས་མཛད་ནས་བཟུང་དེ་བཞིན་གཤེགས་པ་དབང་པོའི་རྒྱལ་མཚན་གྱི་བར་སངས་རྒྱས་བདུན་ཁྲི་དྲུག་སྟོང་དང་། གྲངས་མེད་གསུམ་པ་ལ་དེ་བཞིན་གཤེགས་པ་མར་མེ་མཛད་ནས་བཟུང་དེ་བཞིན་གཤེགས་པ་འོད་སྲུངས་ཀྱི་བར་སངས་རྒྱས་བདུན་ཁྲི་བདུན་སྟོང་ལ་བསྙེན་བཀུར་ཞིང་མཆོད་པས་མཉེས་པར་མཛད་དེ་ཚོགས་གཉིས་བར་མ་ཆད་དུ་བསགས་སོ། །

ཁ༣ མཐར་མངོན་པར་རྫོགས་པར་སངས་རྒྱས་ཚུལ།

དེ་ལྟར་ཚོགས་གཉིས་ཡོངས་སུ་རྫོགས། རྫོགས་སྨིན་(༤ན)སྦྱང་གསུམ་གྱི་སྤྱོད་པ་མཐའ་དག་མཐར་ཕྱིན་ཏེ་སྟོབས་བཅུ་མངའ་བའི་གོ་འཕང་བརྙེས་ནས་སྟོན་གྱི་ཐུགས་བསྐྱེད་དང་སྨོན་ལམ་དུས་སུ་སྨིན་ཏེ་མི་མཇེད་འཇིག་རྟེན་གྱི་ཞིང་འདིར་མཆོག་གི་སྤྲུལ་སྐུའི་མཛད་པ་སྟོན་པའི་དུས་ལ་བབ་པ་ན་དགའ་ལྡན་གྱི་གཞལ་མེད་ཁང་ཆེན་པོར་ལྷ་རྣམས་ལ་ཆོས་སྟོན་ཅིང་བཞུགས་པའི་ཚེ་སིལ་སྙན་དང་གླུ་དབྱངས་ཀྱི་སྒྲ་དག་ལས། བསོད་ནམས་རྒྱ་ཆེན་ཚོགས་མངའ་དྲན་རྟོགས་དང་། །བློ་གྲོས་མཐའ་ཡས་ཤེས་རབ་འོད་མཛད་པ། །མཚུངས་མེད་སྟོབས་མངའ་སྒྱུ་རྩལ་རྒྱ་ཆེ་བ། །མར་མེ་མཛད་ཀྱི་ལུང་བསྟན་དགོངས་པར་མཛོད། །རྒྱ་ཆེན་དྲི་མ་མེད་པའི་ཐུགས་མངའ་བ། །དྲི་མ་གསུམ་སྤངས་རྒྱགས་དང་སྐྱོན་ཞི་བ། །དགེ་བ་དྲི་མེད་རྣམ་པར་དག་པའི་ཐུགས། །སྟོན་ཚེ་ཇི་ལྟར་སྦྱིན་སྤྱད་དགོངས་པར་མཛོད། །ཞི་གནས་ཚུལ་ཁྲིམས་བརྟུལ་ཞུགས་བཟོད་པ་དང་། །དུལ་དང་བརྩོན་འགྲུས་བསམ་གཏན་ཤེས་རབ་སྟོབས། །བསྐལ་པ་བྱེ་བ་ཁྲག་ཁྲིག་རྣམ་སྤྱད་པ། །སྤྱོད་རིགས་ཆེར་བྱུང་དགོངས་མཛོད་དགོངས་པར་མཛོད། །སེམས་ཅན་རྣམས་ལ་ཐུགས་བརྩེ་མཛད་གྱུར་ཅིང་། །སངས་རྒྱས་བྱེ་བ་ཁྲག་ཁྲིག་ཁྱོད་ཀྱིས་མཆོད། །དགོངས་མཛོད་དགོངས་

པར་མཛོད་ཅིག་གྲགས་མཐའ་ཡས། །དེའི་དུས་ལགས་ཀྱིས་བཏང་སློམས་མ་མཛད་ཅིག །ཅེས་སོགས་འཛམ་བུའི་གླིང་དུ་མྱུར་དུ་འབྱོན་པར་བསྐུལ་བའི་དབྱངས་ཀྱི་ཆེར་བསྒྲགས་པ་ན། ཆོས་ཀྱིས་མཐོ་བ་ཞེས་བྱ་བའི་ཁང་བཟང་ཆེན་པོར་སེང་གེའི་ཁྲིའི་(༤བ)སྟེང་དུ་བཞུགས་ནས་དགའ་ལྡན་གྱི་ལྷ་རྣམས་ལ་ཕོ་བོ་འཛམ་བུའི་གླིང་དུ་འགྲོ་བས་རིགས་དང་དུས་དང་ཡུམ་ཇི་ལྟ་བུ་ཞིག་ལ་བལྟ་བར་བྱ་ཞེས་དྲི་བ་མཛད།

༢༩ དགའ་ལྡན་གྱི་གནས་ནས་འཕོ་བའི་མཛད་པ།

དེ་ནས་དགའ་ལྡན་གྱི་གཞལ་མེད་ཁང་ཆེན་པོ་རྒྱལ་མཚན་མཐོན་པོ་ཞེས་བྱ་བ་དེར་བཞུགས་ནས། དགའ་ལྡན་གྱི་ལྷ་རྣམས་ལ་བོས་ནས་ཕོ་བོ་འཛམ་བུའི་གླིང་དུ་མངོན་པར་རྫོགས་པར་འཚང་རྒྱ་བའི་ཕྱིར་འགྲོ་བས་ཆོས་སྣང་བའི་སྒོ་འདི་དག་ཉོན་ཅིག་ཅེས་བསྐུལ་ནས། ཆོས་སྣང་བའི་སྒོ་བརྒྱ་རྩ་བརྒྱད་བསྟན་ཏེ། བརྒྱ་རྩ་བརྒྱད་ནི་འདི་ལྟར། དད་པ་ནི་ཆོས་སྣང་བའི་སྒོ་སྟེ། བསམ་པ་མི་ཕྱེད་པར་འགྱུར་རོ། །དང་བ་ནི་ཆོས་སྣང་བའི་སྒོ་སྟེ། སེམས་རྙོག་པ་ཅན་དང་བར་འགྱུར་རོ། །མཆོག་ཏུ་དགའ་བ་ནི་ཆོས་སྣང་བའི་སྒོ་སྟེ། ལུས་ཤིན་ཏུ་སྦྱང་བར་འགྱུར་རོ། །དགའ་བ་ནི་ཆོས་སྣང་བའི་སྒོ་སྟེ། སེམས་རྣམ་པར་དག་པར་འགྱུར་རོ། །ལུས་ཀྱི་སྡོམ་པ་ནི་ཆོས་སྣང་བའི་སྒོ་སྟེ། ལུས་ཀྱི་ཉེས་པ་རྣམ་པ་གསུམ་ཡོངས་སུ་དག་པར་འགྱུར་རོ། །ངག་གི་སྡོམ་པ་ནི་ཆོས་སྣང་བའི་སྒོ་སྟེ། ངག་གི་ཉེས་པ་བཞི་ཡོངས་སུ་སྤོང་བར་འགྱུར་རོ། །ཡིད་ཀྱི་སྡོམ་པ་ནི་ཆོས་སྣང་བའི་སྒོ་སྟེ། བརྣབ་སེམས་དང་། གནོད་སེམས་དང་། ལོག་པར་ལྟ་བ་སྤོང་བར་འགྱུར་རོ། །སངས་རྒྱས་རྗེས་སུ་དྲན་པ་ནི་ཆོས་སྣང་བའི་སྒོ་སྟེ། སངས་རྒྱས་མཐོང་བ་རྣམ་པར་དག་པར་འགྱུར་རོ། །ཆོས་རྗེས་སུ་དྲན་པ་ནི་ཆོས་སྣང་བའི་སྒོ་སྟེ། ཆོས་བསྟན་པ་རྣམ་པར་དག་པར་འགྱུར་རོ། །དགེ་འདུན་རྗེས་སུ་དྲན་པ་ནི་ཆོས་སྣང་བའི་སྒོ་སྟེ། (༥ན)སྐྱོན་མེད་པར་འཇུག་པར་འགྱུར་

རོ། །གཏོང་བ་རྗེས་སུ་དྲན་པ་ནི་ཆོས་སྣང་བའི་སྒོ་སྟེ། རྫས་ཐམས་ཅད་རབ་ཏུ་སྤོང་བར་འགྱུར་རོ། །ཚུལ་ཁྲིམས་རྗེས་སུ་དྲན་པ་ནི་ཆོས་སྣང་བའི་སྒོ་སྟེ། སྨོན་ལམ་ཡོངས་སུ་རྫོགས་པར་འགྱུར་རོ། །ལྷ་རྗེས་སུ་དྲན་པ་ནི་ཆོས་སྣང་བའི་སྒོ་སྟེ། སེམས་རྒྱ་ཆེན་པོར་འགྱུར་རོ། །ཞེས་པ་ནས། ཕྱིར་མི་ལྡོག་པའི་ས་ནི་ཆོས་སྣང་བའི་སྒོ་སྟེ། སངས་རྒྱས་ཀྱི་ཆོས་ཐམས་ཅད་ཡོངས་སུ་རྫོགས་པར་འགྱུར་རོ། །ས་ནས་སར་འཕར་བའི་ཡེ་ཤེས་ནི་ཆོས་སྣང་བའི་སྒོ་སྟེ། ཐམས་ཅད་མཁྱེན་པའི་ཡེ་ཤེས་ཀྱི་དབང་བསྐུར་བར་འགྱུར་རོ། །དབང་བསྐུར་བའི་ས་ནི་ཆོས་སྣང་བའི་སྒོ་སྟེ། མངལ་དུ་འཇུག་པ་དང་། བཙས་པ་དང་། མངོན་པར་འབྱུང་བ་དང་། དཀའ་བ་སྤྱད་པ་དང་། བྱང་ཆུབ་ཀྱི་སྙིང་པོར་འགྲོ་བ་དང་། བདུད་འདུལ་བ་དང་། བྱང་ཆུབ་མངོན་པར་འཚང་རྒྱ་བ་དང་། ཆོས་ཀྱི་འཁོར་ལོ་བསྐོར་བ་དང་། ཡོངས་སུ་མྱ་ངན་ལས་འདས་པ་ཆེན་པོ་སྟོན་པར་འགྱུར་རོ། །ཞེས་པའི་བར་བརྒྱ་རྩ་བརྒྱད་བསྟན་ཅིང་། དོན་རྒྱ་ཆེན་པོ་དེ་དག་བསྡུས་ནས་ཚིགས་སུ་བཅད་པའི་སྒོ་ནས་ཀྱང་སྟོན་པར་མཛད་དེ། ཚིགས་སུ་བཅད་པའི་སྒོ་ནས་ཇི་ལྟར་བསྟན་པ་ནི། བག་མེད་མཐའ་དག་རྣམ་པར་སྤོངས་ཞེས་སྨྲ། །ལྷ་ཡི་དགའ་བ་རྣམ་མང་ཇི་སྙེད་པ། །ཡིད་ཀྱིས་བསམས་པས་འབྱུང་བ་དཔལ་ལྡན་པ། །ཐམས་ཅད་ལས་དགེའི་རྒྱུ་ལས་བྱུང་བ་སྟེ། །དེ་ནི་དགེ་བའི་ལས་ཀྱི་འབྲས་(༥བ)བུ་ཡིན། །དེ་ལྟ་བས་ན་བྱས་པ་གཟོ་བར་གྱིས། །སྔོན་གྱི་དགེ་བསགས་འདི་ནི་ཟད་འགྱུར་ཏེ། །གང་དུ་མི་བདེ་སྡུག་བསྔལ་མྱོང་འགྱུར་བ། །ངན་སོང་དག་ཏུ་སོང་བར་གྱུར་ཏ་རེ། །ང་ལ་གུས་པར་བྱ་བ་བསྐྱེད་ནས་ནི། །ཆོས་གང་ཐོས་པར་གྱུར་པ་དེ་དག་ལ། །ནན་ཏན་གྱིས་ནི་རབ་ཏུ་སྒྲུབས་ཤིག་དང་། །བདེ་བ་མཐའ་ཡས་ངེས་པར་ཐོབ་པར་འགྱུར། །འདོད་པ་ཐམས་ཅད་མི་རྟག་བརྟན་པ་མིན། །ཐེར་ཟུག་མ་ཡིན་རྨི་ལམ་འདྲ་བ་སྟེ། །སྨིག་རྒྱུ་དང་ནི་སྒྱུ་མ་རྣམས་དང་འདྲ། །གློག་དང་དབུ་བ་འདྲ་ཞིང་འགྱུར་བ་ཡིན། །འདོད་པའི་ཡོན་ཏན་དག་གི་དགའ་བས་ནི། །ལན་

རྫའི་རྩ་འཕྱངས་བཞིན་དུ་ངོམས་མི་འགྱུར། །གང་དག་རྟུལ་མེད་འཇིག་རྟེན་འདས་པ་ཡི། །ཤེས་རབ་ལྡན་པ་དེ་དག་ངོམས་པར་འགྱུར། །ཞེས་སོགས་གསུངས་སོ། །

དོན་འདི་དག་ལ་ལེགས་པར་དཔྱོད་ཤེས་ན་བྱང་ཆུབ་ལམ་གྱི་རིམ་པའི་གནད་ལ་ངེས་པ་ཆེན་པོ་སྐྱེ་སྟེ། དེ་ཡང་ལེགས་ཚོགས་ཐམས་ཅད་ཀྱི་རྩ་བ་ཡོན་ཏན་ཐམས་ཅད་ཀྱི་གཞི་རྟེན་ནི་ལམ་མ་ནོར་བར་སྟོན་པའི་བཤེས་གཉེན་དམ་པ་ཚུལ་བཞིན་དུ་བསྟེན་པ་ཉིད་ཡིན་པས་བཤེས་གཉེན་ལ་དད་པ་ཆོས་ཐམས་ཅད་ཀྱི་འགོར་གསུངས། དད་པ་དེ་ལ་ཡང་དང་བའི་དད་པ་དང་། ཡིད་ཆེས་ཀྱི་དད་པ་དང་། མངོན་འདོད་ཀྱི་དད་པ་གསུམ་ཡོད་ཅིང་། དེ་ལ་ཐོག་མར་བཤེས་གཉེན་ལ་དང་བའི་དད་པ་བསྐྱེད། དེ་ནས་དེས་བསྟན་པའི་ལམ་གྱི་གནད་ལ་ཡིད་ཆེས་ཀྱི་དད་པ་བསྐྱེད། དེ་ནས་ཇི་ལྟར་བསྟན་པ་ལྟར་ལམ་ཚུལ་བཞིན་དུ་བསྒྲུབ་པར་འདོད་(༨ན)པའི་མངོན་འདོད་ཀྱི་དད་པ་བསྐྱེད་ཚུལ་དང་། ཐོག་མར་ཚེ་འདི་ལས་བློ་ལོག་སྟེ་ཕྱི་མའི་དོན་དུ་སྐྱབས་འགྲོ་དང་ལས་འབྲས་ཀྱི་སྤང་བླང་ལ་འབད་པ་ནས་ས་ལམ་རིམ་གྱིས་བགྲོད་དེ་མཐར་རྡོ་རྗེ་ལྟ་བུའི་ཏིང་ངེ་འཛིན་གྱིས་གཉིས་སྣང་འཁྲུལ་པ་བཅོམ་ནས་སྐྱོན་ཀུན་ཟད་ཡོན་ཏན་ཀུན་རྫོགས་སངས་རྒྱས་ཀྱི་གོ་འཕང་ཐོབ་པའི་བར་ཚང་བར་གསུངས་ཏེ་ཚུལ་དེ་དག་ལ་ངེས་པ་ལེགས་པར་རྙེད་ན་དཔལ་ཨ་ཏི་ཤ་དང་ཆོས་ཀྱི་རྒྱལ་པོ་ཙོང་ཁ་པ་ཆེན་པོ་གཉིས་ཀྱིས་རྒྱལ་བའི་གསུང་རབ་དགོངས་འགྲེལ་དང་བཅས་པ་གང་ཟག་གཅིག་གི་ཉམས་ལེན་གྱི་རིམ་པར་དྲིལ་ཏེ་གསུངས་པའི་ཆོས་བྱང་ཆུབ་ལམ་གྱི་རིམ་པ་ལ་ངེས་པ་བརྟན་པོ་སྐྱེ་ཞིང་དགའ་ལྡན་ལ་སོགས་པའི་སངས་རྒྱས་ཀྱི་ཞིང་གང་དུ་ཕྱིན་ཀྱང་བྱང་ཆུབ་ལམ་གྱི་རིམ་པ་ལས་ལྷག་པའི་ཆོས་གཞན་མེད་པར་ངེས་པ་རྙེད་པར་འགྱུར་རོ། །

དེ་ནས་དགའ་ལྡན་གྱི་ལྷ་རྣམས་ཀྱིས་ཐལ་མོ་སྦྱར་ཏེ་མགྲིན་གཅིག་ཏུ་སྨྲས་བུ་དམ་པ་ཁྱོད་མ་བཞུགས་ན་དགའ་ལྡན་གྱི་ལྷ་རྣམས་མགོན་མེད་པར་འགྱུར་རོ། །ཞེས་

སོགས་སྨྲི་ཐུགས་ཀྱི་སྔོ་ནས་གསོལ་བ་བཏབ་པ་ན། རང་གི་ཅོད་པན་རྫེ་བཙུན་བྱམས་པ་མགོན་པོའི་དབུ་ལ་བསྐོན་ཏེ། དགའ་ལྡན་གྱི་ལྷ་རྣམས་ལ་ཁྱེད་ཅག་མྱ་ངན་མ་བྱེད་ཅིག །བྱང་ཆུབ་སེམས་དཔའ་སེམས་དཔའ་ཆེན་པོ་བྱམས་པ་འདིས་ཁྱེད་ཅག་ལ་ཆོས་སྟོན་པར་འགྱུར་རོ། །སྐྱེས་བུ་དམ་པ་བྱམས་པ་ཁྱོད་ངའི་འོག་ཏུ་བླ་ན་མེད་པ་ཡང་དག་པར་རྫོགས་པའི་བྱང་ཆུབ་(༨བ)ཏུ་མངོན་པར་རྫོགས་པར་འཚང་རྒྱ་བར་འགྱུར་རོ། །ཞེས་ལུང་བསྟན།

ཁ༥ ཡུམ་གྱི་ལྷུམས་སུ་བཞུགས་པའི་མཛད་པ།

དེ་ནས་འཛམ་བུའི་གླིང་དུ་འཕྲོན་པའི་དུས་ལ་བབ་པ་ན། སྐྱེ་བ་སྤྲུལ་སྐུ་ལྷའི་བུ་དམ་པ་ཏོག་དཀར་པོར་བསྟན་པ་དེའི་སྐུའི་བཀོད་པ་བསྡུས་ཏེ་གཟིགས་པ་ལྔ་ལ་གཟིགས་ནས་གླང་ཆེན་ཐལ་ཀར་མཆེ་བ་དྲུག་དང་ལྡན་པ། འཇིག་རྟེན་ཐམས་ཅད་འོད་ཀྱིས་འགེངས་པར་བྱེད་པ་ཞིག་གི་རྣམ་པར་དགའ་ལྡན་ནས་བབས་ཏེ། ལེགས་སྦྱར་གྱི་སྐད་དུ། ཨཱཪྻ་སིདྡྷི། བོད་ཀྱི་སྐད་དུ་དོན་གྲུབ་ཅེས་པ་ས་མོ་ལུག་གི་ལོ་དཔྱིད་ཟླ་ཐ་ཆུང་ས་ག་ཟླ་བའི་ཚེས་བཅོ་ལྔའི་ཉིན་ཡུམ་སྒྱུ་འཕྲུལ་མ་སྐྱིད་མོས་ཚལ་གྱི་གཞལ་མེད་ཁང་ཆེན་པོར་གསོ་སྦྱོང་མཛད་པའི་ལྷུམས་སུ་ཞུགས་སོ། །དེ་ཡང་སེམས་ཅན་ཐ་མལ་པ་མངལ་དུ་གནས་པ་ལྟར་ཡུམ་གྱི་མངལ་མི་གཙང་བའི་ཁྲོད་དུ་བཞུགས་པ་མིན་གྱི། སྐུའི་སྟོད་ཀྱི་ཆ་གཡས་ཕྱོགས་སུ་བརྟེན་ཅིང་། བྱང་ཆུབ་སེམས་དཔའི་ཡོངས་སུ་སྤྱོད་པར་བྱ་བ་རིན་པོ་ཆེ་བཀོད་པ་ཞེས་བྱ་བའི་གཞལ་མེད་ཁང་གི་ནང་དུ་མི་གཙང་བའི་དྲི་ཙམ་ཡང་མེད་པར་མཆོད་པའི་ཚོགས་ཚད་མེད་པ་དང་བཅས་རིན་པོ་ཆེའི་སྙིང་པོ་ཅན་གྱི་ཁྲིའི་སྟེང་དུ་ཞབས་སྐྱིལ་ཀྲུང་བཅས་ཤིང་ཕྱག་གཡས་པས་གནོན་མཛད་དེ། སྐུ་ལས་སྐྱེས་པའི་འོད་ཀྱིས་འཇིག་རྟེན་མཐའ་དག་དགེངས་བཞིན་དུ་བཞུགས་སོ། །

དེ་ལྟར་ཡུམ་གྱི་ལྷུམས་སུ་བཞུགས་པའི་གཞལ་མེད་ཁང་དེ་ཇི་ལྟར་ཡོད་པ་ནི། རྒྱ་ཆེར་རོལ་པའི་མདོ་ལས། བྱང་ཆུབ་སེམས་དཔའི་ཡོངས་སུ་སྤྱོད་པ་རིན་པོ་ཆེ་བཀོད་པ་དེ་ནི། གཟུགས་(༧ན)བཟང་བ། མཛེས་པ། ལྟ་ན་སྡུག་པ། གྲུ་བཞི་ལྗམ་པ། ཀ་བ་བཞི་ཟུག་པ། སྟེང་ཁང་པ་བརྩེགས་པས་ལེགས་པར་བརྒྱན་པ་སྟེ། དེའི་ཚད་ནི་འཕང་དུ་འདི་ལྟ་སྟེ། དཔེར་ན། ཟླ་བ་དྲུག་ལོན་པ་ཙམ་མོ། །ཁང་པ་བརྩེགས་པ་དེའི་ནང་དུ་ཁྲི་བཤམས་པ་ནི། འདི་ལྟ་སྟེ་དཔེར་ན། ཟླ་བ་དྲུག་ལོན་པ་འདུག་པའི་སྟེགས་བུ་ཙམ་མོ། །བྱང་ཆུབ་སེམས་དཔའི་ཡོངས་སུ་སྤྱོད་པར་བྱ་བ་རིན་པོ་ཆེ་བཀོད་པ་དེའི་ཁ་དོག་དང་དབྱིབས་ནི་འདི་ལྟ་བུ་སྟེ། ལྷ་དང་བཅས་པའི་འཇིགས་རྟེན་ན་དེའི་དབྱིབས་དང་ཁ་དོག་འདྲ་བ་གང་ཡང་མེད་དོ། །ལྷ་རྣམས་ཀྱིས་དེ་མཐོང་ན་ཡང་མིག་ཁྲུག་ཅིང་ངོ་མཚར་དུ་འགྱུར་བ་ཞིག་སྟེ། དེ་དེ་བཞིན་གཤེགས་པའི་སྤྱན་སྔར་བཞག་ན་ལྷམ་མེ་ལྷན་ནེ། ལྷང་ངེ་སྟེ། དཔེར་ན་མགར་བ་མཁས་པས་ཤིན་ཏུ་བཞུ་སྟེ་ལེགས་པར་སྦྱངས་ནས་དྲི་མའི་སྐྱོན་མེད་པར་བྱས་པའི་གསེར་བཞིན་དུ་ཁང་པ་བརྩེགས་པ་དེ་རྣམ་པར་མཛེས་སོ། །བྱང་ཆུབ་སེམས་དཔའི་ཡོངས་སུ་སྤྱོད་པ་དེའི་ནང་དུ་ཁྲི་བཤམས་པ་ནི་བྱང་ཆུབ་སེམས་དཔའི་དུང་མགྲིན་མ་གཏོགས་པར་ལྷ་དང་བཅས་པའི་འཇིག་རྟེན་ན་དེའི་དབྱིབས་དང་ཁ་དོག་འདྲ་བ་གང་ཡང་མེད་དོ། །ཚངས་པ་ཆེན་པོས་གོས་བགོས་པ་དེ་ཡང་བྱང་ཆུབ་སེམས་དཔའི་ཁྲི་དེའི་དྲུང་ན་མཛེས་པར་མི་སྣང་བ། འདི་ལྟ་སྟེ་དཔེར་ན། རླུང་དང་ཆར་གྱིས་བཏབ་པའི་ལྤ་བ་ནག་པོ་བཞིན་ནོ། །ཁང་པ་བརྩེགས་པ་དེ་ནི་ཙན་དན་སྦྲུལ་གྱི་སྙིང་པོ་ལས་བྱས་པ་སྟེ། དེའི་(༧བ)ཁྱི་མ་ཞོ་གཅིག་ལའང་སྟོང་གི་འཇིག་རྟེན་གྱི་ཁམས་ཀྱིས་རིན་དུ་མི་ཆོག་གོ །ཁང་པ་བརྩེགས་པ་དེ་ནི་ཙན་དན་སྦྲུལ་གྱི་སྙིང་པོ་དེ་ལྟ་བུས་ཀུན་ནས་བསྐོར་བ་སྟེ། ཁང་པ་བརྩེགས་པ་དེ་དང་འདྲ་བ་གཉིས་པ་ཞིག་ཀྱང་ཁང་པ་བརྩེགས་པ་དང་པོ་དེའི་ནང་ན་མ་ཆགས་མ་

རིག་པར་འདུག་གོ །ཁང་པ་བརྩེགས་པ་དེ་ཁོ་ན་དང་འདྲ་བ་གསུམ་པ་ཞིག་ཀྱང་ཁང་པ་བརྩེགས་པ་གཉིས་པ་དེའི་ནང་ན་མ་རིག་མ་ཆགས་པར་འདུག་གོ །སྤྱོས་ཀྱི་ཁང་པ་བརྩེགས་པ་གསུམ་པ་དེའི་ནང་དུ་ཁྲི་དེ་བཞག་སྟེ་གདན་བཏིང་ངོ་། །ཙན་དན་སྤྲུལ་གྱི་སྙིང་པོ་དེའི་ཁ་དོག་ནི་རྣམ་པ་འདི་ལྟ་བུ་སྟེ་དཔེར་ན། བཻ་ཌཱུརྱ་སྔོན་པོ་རིགས་དམ་པ་དང་ལྡན་པ་བཞིན་ནོ། །སྤྱོས་ཀྱི་ཁང་པ་བརྩེགས་པ་དེའི་འཁོར་ན་ལྷའི་མེ་ཏོག་ལས་འདས་པ་གང་ཇི་སྙེད་ཅིག་ཡོད་པ་དེ་དག་ཐམས་ཅད་ཀྱང་མ་བསྐྱེད་པར་བྱང་ཆུབ་སེམས་དཔའི་སྔོན་གྱི་དགེ་བའི་རྩ་བའི་རྣམ་པར་སྨིན་པས་ཁང་པ་བརྩེགས་པ་དེར་སྐྱེའོ། །བྱང་ཆུབ་སེམས་དཔའི་ཡོངས་སུ་སྤྱོད་པ་རིན་པོ་ཆེ་བཀོད་པ་དེ་ནི་རྡོ་རྗེའི་རང་བཞིན་ཏེ། སྲ་ཞིང་བརྟན་ལ་མ་ཤིགས་པ་སྟེ། ཀ་ཙ་ལིན་དའི་གོས་ལྟར་རེག་ན་བདེ་བའོ། །འདོད་པ་ན་སྤྱོད་པའི་ལྷ་རྣམས་ཀྱི་གནས་བཀོད་པ་གང་ཇི་སྙེད་པ་དེ་དག་ཐམས་ཅད་ཀྱང་། བྱང་ཆུབ་སེམས་དཔའི་ཡོངས་སུ་སྤྱོད་པ་རིན་པོ་ཆེ་བཀོད་པ་དེར་ཀུན་ཏུ་སྣང་ངོ་། །ཞེས་གང་གསུངས་པ་ལྟར་རོ། །ཡུམ་གྱི་ལྷུམས་སུ་བཞུགས་པའི་ཚེ་ཐ་མལ་པ་རྣམས་མའི་ལུས་ཟུངས་ཀྱིས་གསོ་བ་ལྟར་ཡུམ་གྱི་སྐུ་ལུས་ཀྱི་བཅུད་ཀྱིས་གསོ་བ་མིན་གྱི། (ན)བྱང་ཆུབ་སེམས་དཔའ་ཡུམ་གྱི་ལྷུམས་སུ་ཞུགས་པ་དང་དུས་མཉམ་དུ་འཇིག་རྟེན་འདིའི་འོག་གཞི་ཆུའི་དཀྱིལ་འཁོར་ཆེན་པོ་ནས་པདྨའི་སྡོང་པོ་ཆེན་པོ་ཐོན་ཏེ་ཚེ་མོ་ཚངས་པའི་འཇིག་རྟེན་དུ་སླེབ་པ། མེ་ཏོག་ཁ་བྱེ་བའི་ཟེའུ་འབྲུ་ལ་བདུད་རྩིའི་སྙིང་པོ་ཆགས་པ་དེ་སྟོང་གསུམ་མི་མཇེད་ཀྱི་བདག་པོ་ཚངས་པ་ཆེན་པོས་བྱང་ཆུབ་སེམས་དཔའ་ཡུམ་གྱི་ལྷུམས་སུ་བཞུགས་པ་ལ་ཕུལ་ཏེ་བྱང་ཆུབ་སེམས་དཔས་དེ་བཞེས་ནས་སྐུ་ལུས་ཀྱི་སྟོབས་བསྐྱེད་པར་གསུངས་ཏེ། རྒྱ་ཆེར་རོལ་པ་ལས། གང་གི་ནུབ་མོ་བྱང་ཆུབ་སེམས་དཔའ་མའི་རུམ་དུ་འཇུག་པ་དེའི་ནུབ་མོ་འོག་གི་ཆུའི་ཕུང་པོ་བརྒྱུད་སྟེ། ས་ཆེན་པོའི་ཛམས་དཔག་ཚད་འབུམ་ཕྲག་དྲུག་ཅུ་རྩ་བརྒྱད་བཏོལ་ཏེ། པདྨ་བྱུང་བས་ཚངས་པའི་འཇིག་རྟེན་

གྱི་བར་དུ་མངོན་པར་འཕགས་སོ། །པདྨ་དེ་ནི་ཁ་ལོ་སྒྱུར་བ་སྐྱེས་བུ་དམ་པ་དང་། ཚངས་པ་ཆེན་པོ་བརྒྱ་ཕྲག་བཅུའི་སྟོབས་ལ་དབང་བས་མཐོང་དུ་ཟད་ཀྱི། གཞན་སུས་ཀྱང་མཐོང་བ་མེད་དོ། །སྟོང་གསུམ་གྱི་སྟོང་ཆེན་པོའི་འཇིག་རྟེན་གྱི་ཁམས་འདི་ན་ཉིང་ཁུ་དང་། སྙིང་པོ་དང་། བཅུད་ཇི་སྙེད་ཡོད་པ་དེ་དག་ཐམས་ཅད་པདྨ་ཆེན་པོ་དེ་ལ་ཟིལ་མངར་གྱི་ཐིགས་པར་ཆགས་ཏེ་འདུག་ནས། དེ་ཚངས་པ་ཆེན་པོས་བཻ་ཌཱུརྻའི་སྣོད་བཟང་པོས་བླངས་ཤིང་། བྱང་ཆུབ་སེམས་དཔའ་ལ་ཕུལ་ནས། བྱང་ཆུབ་སེམས་དཔས་ཀྱང་དེ་བླངས་ཏེ་ཚངས་པ་ཆེན་པོ་ལ་སྙིང་བརྩེ་བའི་ཕྱིར་འཐུངས་པར་གྱུར་ཏོ། །ཉིང་ཁུའི་ཐིགས་པ་དེ་འཐུངས་ན་(༤བ)བྱང་ཆུབ་སེམས་དཔའ་སྲིད་པ་ཐ་མ་པ་བྱང་ཆུབ་སེམས་དཔའི་ས་ཐམས་ཅད་ཡོངས་སུ་རྫོགས་པ་མ་གཏོགས་པར་དེ་ཡང་དག་པར་བདེ་བར་ཞུ་བར་ནུས་པ་སེམས་ཅན་གྱི་ཁམས་ན་སེམས་ཅན་དེ་ལྟ་བུ་དེ་གང་ཡང་མེད་དོ། །ཞེས་གསུངས་པ་ལྟར་རོ། །ལྷུམས་སུ་བཞུགས་པའི་ཚེ་ནུབ་རེ་བཞིན་ཚངས་པ་དང་། བརྒྱ་བྱིན་དང་། རྒྱལ་པོ་ཆེན་པོ་བཞི་དང་། གནོད་སྦྱིན་གྱི་སྡེ་དཔོན་ཆེན་པོ་རྣམས་ལ་སོགས་པ་ལྷ་དང་ཀླུ་དང་གནོད་སྦྱིན་ལ་སོགས་པ་གྲངས་མེད་པ་ཞིག་གིས་མཆོད་ཅིང་། དེ་དག་ལ་ཆོས་བསྟན་ཏེ་སྨིན་གྲོལ་ལ་འགོད་པར་མཛད་དོ། །

ཁ༤ སྐུ་བལྟམས་པའི་མཛད་པ།

དེ་ལྟར་ཟླ་བ་བཅུའི་རིང་ལ་ལྷ་ལ་སོགས་པ་སེམས་ཅན་མང་པོའི་དོན་མཛད་ཅིང་། ཟླ་བ་བཅུ་སོང་བ་ན་དྲག་པོ་ཞེས་པ་ལྕགས་ཕོ་སྤྲེའུའི་ལོ་སྤྱིར་བཏང་དུ་དཔོ་ཟླ་བའི་ཚེས་བཅོ་ལྔ་ལ་བབ་ཀྱང་། བསྟན་རྩིས་འགའ་ཞིག་ལས་ཤོལ་གྱི་དབང་གིས་མཆུ་ཟླ་བའི་ཚེས་བཅོ་ལྔ་ལ་བལྟམས་ཞེས་འབྱུང་། ཇི་ལྟར་ཡང་ཟླ་བ་བཅུ་སོང་བའི་ཚེས་བཅོ་ལྔའི་ཉིན་ཡུམ་སྒྱུ་འཕྲུལ་མ་གསོ་སྦྱོང་མཛད་ཅིང་ལུམ་བི་ཞེས་བྱ་

བའི་སྙིང་མོས་ཚལ་ཆེན་པོར་འཕོར་ཁྲི་ཕྲག་མང་པོ་དང་། ལྷ་དང་མིའི་མཆོད་པའི་རྫས་བསམ་གྱིས་མི་ཁྱབ་པ་དང་བཅས་སྐུ་འཆག་ཅིང་བཞུགས་པ་ན་ཏྲག་ཤ་ཞེས་བྱ་བའི་རིན་པོ་ཆེའི་ཤིང་གི་ཡལ་ག་ལ་ཕྱག་གཡས་འཇུས་ཏེ་བྱ་རྒྱང་བྱེད་ཅིང་གནམ་དུ་གཟིགས་པ་ན། རྡིབས་ལོགས་གཡས་ནས་གསེར་གྱི་མཆོད་སྡོང་ཉི་མ་བྱེ་བའི་མདངས་དང་ལྡན་པ་སྒོ་བུར་དུ་ཐོན་པ་ལྟར་དུ་སྐུ་བལྟམས། དེའི་ཚེ་ནམ་མཁའ་ཐམས་ཅད་(༩ན)ལྷའི་མཆོད་རྫས་ཀྱིས་གང་ཞིང་། ཚངས་པ་དང་བརྒྱ་བྱིན་གཉིས་ཀྱིས་ལྷའི་གོས་ཀཱ་ཤི་ཀས་ཕྱིབས་ཏེ་བྱང་ཆུབ་སེམས་དཔའི་སྐུ་ལུས་ནམ་མཁའ་ལ་བླངས་པ་ན། ང་ཐོངས་གསུངས་ཏེ་ས་ལ་ཞབས་བཞག་ནས་ཕྱོགས་བཞིར་གོམ་པ་བདུན་བདུན་བོར་ཏེ། འཇིག་རྟེན་འདི་ན་ང་ཉིད་མཆོག་གོ །ཞེས་སོགས་སེང་གེའི་སྒྲ་དབྱངས་ཆེན་པོ་བསྒྲགས།

ཁ༧ གཞོན་ནུ་རོལ་རྩེད་དང་བཙུན་མོའི་འཁོར་གྱིས་རོལ་བའི་མཛད་པ།

དེ་ལྟར་སྐུ་བལྟམས་ནས་དགུང་ལོ་ཉི་ཤུ་རྩ་དགུའི་བར་ཤཱཀྱའི་ཕོ་བྲང་ཆེན་པོར་བཞུགས་ནས་གཞོན་ནུ་རོལ་རྩེད་ལ་སོགས་པ་ཐབས་མཁས་ཀྱི་སྤྱོད་པའི་སྒོ་ནས་ལྷ་མི་བགྲང་བ་ལས་འདས་པ་ཐེག་པ་གསུམ་གྱི་ལམ་ལ་བཀོད་ཅིང་སྨིན་པར་མཛད།

ཁ༨ ན་ན་འཆི་བའི་རྐྱེན་གཟིགས་ཏེ་རབ་ཏུ་བྱུང་བའི་མཛད་པ།

དེ་ནས་དགུང་ལོ་ཉི་ཤུ་རྩ་དགུ་ལ་བབ་པ་ན་ཕྱོགས་བཅུའི་སངས་རྒྱས་ཐམས་ཅད་ཀྱིས་སིལ་སྙན་དང་གླུ་དབྱངས་རྣམས་ཀྱི་སྒྲ་ལས། ཆོས་ཀྱི་མཚན་ཉིད་འདི་འདྲ་འདི་དག་ནི། །མར་མེ་མཛད་པ་མཐོང་ནས་ཁྱོད་ཀྱིས་རྟོགས། །ཇི་ལྟར་ཉིད་ཀྱིས་རྗེས་སུ་རྟོགས་པ་ལྟར། །དེ་བཞིན་ལྷ་མིར་བཅས་པས་རྟོགས་པར་གྱིས། །གནོད་པ་ཡང་དག་མ་ཡིན་བརྟགས་པ་ཡི། །འདོད་ཆགས་ཞེ་སྡང་དག་གིས་འགྲོ་བ་གདུངས། །སྙིང་

རྗེའི་ཕྲིན་ལས་ཞི་བ་བསིལ་བའི་ཆུ། །འདྲེན་པ་བདུད་རྩིའི་རྒྱུན་ནི་རབ་ཏུ་ཕོབ། །ཅེས་སོགས་དང་། སྐྱོན་བརྒྱ་མང་པོ་འདི་འདྲ་འདི་དག་ལས། །འགྲོ་བ་སྒྲོལ་ཞེས་ཁྱོད་ཀྱིས་སྨོན་ལམ་བཏབ། །ཇོན་གྱི་སྨོན་ལམ་སྤྱོད་པ་དེ་དྲན་ཅིས། །ཁྱོད་ནི་མངོན་པར་འབྱུང་བའི་དུས་ལ་བབ། །ཅེས་སོགས་ཀྱིས་མྱུར་དུ་འཚང་རྒྱ་ཕྱིར་ཁབ་ནས་(༩བ)འབྱུང་དགོས་པར་ཡང་དང་ཡང་དུ་བསྐུལ་ཞིང་བྱང་ཆུབ་སེམས་དཔའ་དོན་ཐམས་ཅད་གྲུབ་པས་ཀྱང་ཁབ་ནས་འབྱུང་བ་ལ་རིངས་པར་ཆས་པའི་ཚུལ་མཛད་པ་ན། རྒྱལ་པོ་ཟས་གཙང་མ་དང་ཤཱཀྱའི་འབངས་ཐམས་ཅད་ཀྱིས་བྱང་ཆུབ་སེམས་དཔའ་ཁྱིམ་དུ་བཞུགས་ནས་གླིང་བཞི་ལ་དབང་བའི་འཁོར་ལོས་བསྒྱུར་བ་མཛད་ན་ཅི་མ་རུང་སྙམ་དུ་དོན་དེ་བསྒྲུབ་པ་ལ་གཞོལ་ཞིང་། བཙུན་མོའི་འཁོར་རྣམས་ཀྱིས་སིལ་སྙན་དང་གླུ་དབྱངས་སོགས་འདོད་པའི་ཡོན་ཏན་སྣ་ཚོགས་སྟོན་པས་བྲིད་པ་དང་སྐྱིད་མོས་ཚལ་རྣམས་འདོད་པའི་ཡོན་ཏན་བསམ་གྱིས་མི་ཁྱབ་པས་བརྒྱན་ཏེ་ཆགས་པའི་ཐབས་འབའ་ཞིག་བྱས་པ་ན། བྱང་ཆུབ་སེམས་དཔས་བཀོད་པའི་ཡ་ལངས་ཆེན་པོས་གྲོང་ཁྱེར་གྱི་ཤར་སྒོ་ནས་བྱོན་ཏེ་སྐྱིད་མོས་ཚལ་གཟིགས་པར་ཆས་པ་ན། བྱང་ཆུབ་སེམས་དཔའ་ཉིད་ཀྱི་མཐུས་གནས་གཙང་མའི་རིས་ཀྱི་ལྷའི་བུ་རྣམས་ཀྱིས། མི་རྒན་པོ་གདུགས་པ། འཁོགས་པ། ལུས་ལ་རྩ་རྒྱུས་ཐོན་པ། སོ་བཀལ་བ། ལུས་ལ་གཉེར་མས་གང་བ། སྐྲ་དཀྱི་བ། སྒུར་བ། གདུང་རྗེན་ལྟར་དགུ་བ། ཞོམ་པ་འཁར་བ་ལ་བརྟེན་པ། མཐུ་ཟད་པ། དར་ཡོལ་བ། མིད་པ་ནས་སྒྲ་ངར་ངར་པོ་འབྱུང་བ། ལུས་དགུ་བས་འཁར་བ་ལ་བརྟེན་ནས་ཡན་ལག་དང་ཉིང་ལག་ཐམས་ཅད་འདར་བ་ཞིག་ལམ་ཁར་བསྟན་པར་གྱུར་ཏོ། །དེ་ནས་བྱང་ཆུབ་སེམས་དཔས་ཤེས་བཞིན་དུ་ཁ་ལོ་སྒྱུར་བ་ལ་འདི་སྐད་ཅེས་སྨྲས་སོ། །ཁ་ལོ་བསྒྱུར་བ་མི་རིད་ཉམ་ཆུང་ཞིང་། །ཤ་ཁྲག་བསྐམས་(༧༠ན)ལ་རྒྱུས་པ་ཉེ་ཙེས་དཀྲིས། །མགོ་དཀར་སོ་བཀལ་ལུས་ནི་རབ་སྐེམ་ལ། །འཁར་བར་བརྟེན་ཅིང་མི་བདེར་འཁྱོར་འགྲོ་སུ། །ཁ་

ལོ་བསྒྱུར་བས་སྨྲས་པ། ལྷ་ཅིག་མི་འདི་རྣ་བས་ཟིལ་གྱིས་ནོན། །དབང་པོ་ཉམས་ཞིང་སྡུག་བསྔལ་བརྩོན་སྟོབས་ཉམས། །གཉེན་གྱི་སྐྱེ་བོས་བཏུས་ཞིང་མགོན་མེད་གྱུར། །དོན་བསྐྱེད་མི་ནུས་ནགས་ཁྲོད་ཞིང་ལྷར་བོར། །བྱང་ཆུབ་སེམས་དཔས་སྨྲས་པ། འདི་ཡི་ཆོས་འདི་རིགས་ཀྱི་ཡིན་ནམ་འོན་ཏམ་ནི། །འགྲོ་བ་འདི་ཀུན་ལ་ཡང་འདི་སྲིད་དེ་སྨྲོས་ཤིག །ཚིག་འདི་ཡང་དག་ཇི་བཞིན་མྱུར་དུ་སྨྲོས་ཤིག་དང་། །ཐོས་ནས་དེ་བཞིན་དོན་ལ་འདིར་ནི་ཚུལ་བཞིན་བསམ། །ཁ་ལོ་བསྒྱུར་བས་སྨྲས་པ། ལྷ་འདི་རིགས་ཆོས་མ་ལགས་ཡུལ་འཁོར་ཆོས་མ་ལགས། །སྐྱེ་བོ་ཀུན་གྱི་དར་ལ་བབ་པ་རྣ་བས་འཇོམས། །ཁྱོད་ཀྱི་ཡབ་དང་ཡུམ་དང་ཉེ་དུ་གཉེན་ཚོགས་ཀྱང་། །རྣ་ལས་མཐར་འགྲོ་བ་ཡི་ཐབས་ནི་གཞན་མ་མཆིས། །བྱང་ཆུབ་སེམས་དཔས་སྨྲས་པ། ཁ་ལོ་བསྒྱུར་བ་བྱིས་པའི་སྐྱེ་བོ་མི་མཁས་པའི། །བློ་ངན་གཞོན་པས་རྒྱགས་ཞིང་སྨྱོས་པས་རྣ་མ་མཐོང་། །ད་ནི་སླར་འགྲོ་ང་ཡི་ཤིང་རྟ་མྱུར་དུ་སྒྱུར། །ད་ཡང་རྣ་ལ་གནས་པས་རྩེ་དགས་ཅི་ཞིག་བྱ། །དེ་ནས་བྱང་ཆུབ་སེམས་དཔས་ཤིང་རྟའི་མཆོག་དེ་སླར་བསྒྱུར་ཏེ་ཕྱིར་གྲོང་ཁྱེར་དུ་ཞུགས་སོ། །ཡང་གྲོང་ཁྱེར་གྱི་ལྷོ་སྒོ་ནས་སྐྱིད་མོས་ཚལ་གཟིགས་པར་ཆས་པ་ན། གནས་གཙང་མའི་ལྷ་རྣམས་ཀྱིས་ལམ་ཁ་ན་མི་ནད་ཀྱིས་ཉེན་པ། དམུ་ཇིང་ཅན་ལུས་ཉམ་ཆུང་བ་རང་གི་གཅིན་སྐྱུག(༧༠བ)ཏུ་བྱིང་བ། མགོན་མེད་པ། སྐྱབས་མེད་པ་ཤིན་ཏུ་ཤ་ཐང་བར་དབུགས་དབྱུང་ཞིང་བརྟབ་དགོས་པ་ཞིག་མཐོང་ངོ་། །མཐོང་ནས་ཀྱང་བྱང་ཆུབ་སེམས་དཔས་ཤེས་བཞིན་དུ་ཁ་ལོ་བསྒྱུར་བ་ལ་འདི་སྐད་ཅེས་སྨྲས་སོ། །ཁ་ལོ་བསྒྱུར་བ་མི་རྒྱུབ་ལུས་ཀྱི་མདོག་ངན་ལ། །དབང་པོ་ཐམས་ཅད་ཉམས་ཤིང་དབུགས་དབྱུང་རབ་ཏུ་དཀའ། །ཡན་ལག་ལུས་བསྐམས་ལྟོ་བས་དཀྲུགས་ཤིང་ཉམ་ཐག་གྱུར། །རང་གི་གཅིན་ཧུག་སྣང་པའི་གནས་ན་འདུག་འདིས་སུ། །ཁ་ལོ་བསྒྱུར་བས་སྨྲས་པ། ལྷ་ཅིག་མི་འདི་ཤིན་ཏུ་ནད་ཀྱིས་བཏབ་པ་སྟེ། །ནད་ཀྱི་འཇིགས་པ་ཉེ་བར་མཆིས་པས་འགུམ་ལ་ཐུག །ནད་

མེད་གཟི་བརྗིད་མ་མཆིས་སྐྱོབས་ཀྱང་རྣམ་པར་ཉམས། །མགོན་དང་སྐྱབས་དང་གླིང་དང་དཔུང་གཉེན་མ་མཆིས་ལགས། །བྱང་ཆུབ་སེམས་དཔས་སྨྲས་པ། ནད་མེད་པ་ཡང་ཐྱི་ལམ་ན་ནི་རྩེད་དང་མཚུངས། །ནད་ཀྱི་འཇིགས་པ་འདི་ལྟར་ཤིན་ཏུ་མི་བཟད་པ། །སྐྱེས་བུ་མཁས་པས་གནས་འདི་མཐོང་ནས་ཇི་ལྟ་བུར། །རྩེད་ལ་དགའ་དང་སྡུག་པའི་འདུ་ཤེས་བསྐྱེད་པར་འགྱུར། །ཞེས་གསུངས་ནས་ཤིང་རྟ་སླར་བསྒྱུར་ཏེ་ནང་དུ་ཞུགས་སོ། །

ཡང་གྲོང་ཁྱེར་གྱི་ནུབ་ཕྱོགས་ཀྱི་སྒོ་ནས་སྐྱེད་མོས་ཚལ་གྱི་སར་གཤེགས་པ་ན། གནས་གཙང་མའི་ལྷ་རྣམས་ཀྱིས་ལམ་ཁ་ན་མི་ཤི་བར་གྱུར་པ། ཕྱོགས་ལ་བཞག་པ་རས་ཀྱི་བླ་རེ་ཕུབ་པ། །ཉེ་དུའི་ཚོགས་ཀྱིས་བསྐོར་ཏེ། ཀུན་ཀྱང་ངུ་ཞིང་སྐད་ཕྱུང་སྟེ་དུ་ལ་སྐྲ་ཐོགས་འདོན་ཅིང་། སྐྲ་བཤིག་པ་མགོ་ལ་ས་འཐོར་ཞིང་བྲང་(༧༧ན)བརྡུང་ལ་ཚོ་ངེ་འདོན་ཅིང་ཕྱི་བཞིན་འབྲང་བར་གྱུར་པ་མཐོང་ངོ་། །མཐོང་ནས་ཀྱང་ཡང་བྱང་ཆུབ་སེམས་དཔས་ཤེས་བཞིན་དུ་ཁ་ལོ་བསྒྱུར་བ་ལ་འདི་སྐད་ཅེས་སྨྲས་སོ། །ཁ་ལོ་བསྒྱུར་བ་མི་འདི་ཕྱོགས་ལ་བཞག་ནས་ནི། །མི་དག་སྐྲ་བཤིག་མགོ་ལ་ས་ནི་འཐོར་བྱེད་ཅིང་། །སྣ་ཚོགས་དག་གི་ཚིག་ནི་བརྗོད་ལ་བྲང་བརྡུང་བས། །ཀུན་ནས་བསྐོར་བ་བྱས་ཏེ་ཁྱེར་བ་སུ་ཞིག་ཡིན། །ཁ་ལོ་བསྒྱུར་བས་སྨྲས་པ། ལྷ་ཅིག་མི་འདི་འཛམ་བུ་གླིང་དུ་གུམ་པ་སྟེ། །སླན་ཆད་ཕ་མ་མཆིས་བྲང་བུ་རྣམས་མཐོང་མི་འགྱུར། །ཡོངས་སྤྱོད་ཁྱིམ་དང་མཛའ་བཤེས་གཉེན་ཚོགས་བྲལ་ནས་ནི། །འཇིག་རྟེན་ཕ་རོལ་མཆིས་ཏེ་སླན་ཆད་གཉེན་མི་མཐོང་། །བྱང་ཆུབ་སེམས་དཔས་སྨྲས་པ། རྒ་བས་གནོད་པར་འགྱུར་བས་གཞོན་པ་ཅིར་མི་རུང་། །སྣ་ཚོགས་ནད་ཀྱིས་གནོད་འགྱུར་ནད་མེད་ཅིར་མི་རུང་། །རིང་དུ་མི་གནས་གསོན་པ་མཁས་ལ་ཅིར་མི་རུང་། །རྒ་ལ་ཆགས་པ་སྐྱེས་བུ་མཁས་ལ་ཅིར་མི་རུང་། །གལ་ཏེ་རྒ་མེད་ནད་མེད་འཆི་བ་མེད་གྱུར་ཀྱང་། །འོན་ཀྱང་ཕུང་པོ་ལྷ་འཛིན་སྡུག་བསྔལ་ཆེ་ཡིན་ན། །རྒ་ན་འཆི

བ་རྟག་ཏུ་འཕྲང་བ་སྨོས་ཅི་དགོས། །ལེགས་པར་སླར་ལྡོག་རབ་ཏུ་ཐར་བར་བྱ་བ་བསམ། །ཞེས་གསུངས་ནས་ཤིང་རྟ་སླར་བསྒྱུར་ཏེ་ནང་དུ་ཞུགས་སོ། །ཡང་གྲོང་ཁྱེར་གྱི་བྱང་ཕྱོགས་ཀྱི་སྒོ་ནས་སྐྱེད་མོས་ཚལ་གྱི་སར་གཤེགས་པ་ན། གནས་གཙང་མའི་ལྷ་རྣམས་ཀྱིས་ལམ་ཁ་དེར་དགེ་སློང་ཞིག་མངོན་པར་སྤྲུལ་པ་དང་། བྱང་ཆུབ་(༧༧ཁ)སེམས་དཔས་དགེ་སློང་ཞི་བ་དུལ་བ་ཡང་དག་པར་བསྡམས་པ། ཚངས་པར་སྤྱོད་པ། མིག་ཕབ་པ། གཉའ་ཤིང་གང་ཙམ་དུ་ལྟ་བ། སྤྱོད་ལམ་མཛེས་པ་ཕུན་སུམ་ཚོགས་པ། འགྲོ་བ་དང་ལྡོག་པ་མཛེས་པ་ཕུན་སུམ་ཚོགས་པ། མདུན་དུ་ལྟ་བ་དང་། གཡས་གཡོན་དུ་ལྟ་བ་མཛེས་པ། བསྐུམ་པ་དང་བརྐྱང་བ་མཛེས་པ། ཆོས་གོས་སྣམ་སྦྱར་དང་། ལྷུང་བཟེད་དང་། ཆོས་གོས་ཐོགས་པ་མཛེས་པ་ཞིག་ལམ་ཁ་ན་འདུག་པ་དེ་མཐོང་ངོ་། །མཐོང་ནས་ཀྱང་བྱང་ཆུབ་སེམས་དཔས་ཤེས་བཞིན་དུ་ཁ་ལོ་བསྒྱུར་བ་ལ་འདི་སྐད་ཅེས་སྨྲས་སོ། །ཁ་ལོ་བསྒྱུར་བ་སྐྱེས་བུ་སེམས་ཞི་རབ་ཞི་ཞིང་། །མིག་ཕབ་འགྲོ་ལ་གཉའ་ཤིང་གང་ཙམ་ལྟ་བྱེད་ཅིང་། །ངུར་སྨྲིག་གོས་གྱོན་ཤིན་ཏུ་རབ་ཏུ་ཞི་བར་སྤྱོད། །ལྷུང་བཟེད་ཐོགས་ནས་མི་རྒོད་མ་ཁེངས་སུ་ཞིག་ཡིན། །ཁ་ལོ་བསྒྱུར་བས་སྨྲས་པ། ལྷ་ཅིག་མི་འདི་དགེ་སློང་ཞེས་ནི་བགྱི་བ་ལགས། །འདོད་པའི་དགའ་བ་སྤངས་ཤིང་ཤིན་ཏུ་དུལ་བར་སྤྱོད། །བདག་ཉིད་ཞི་བ་ཚོལ་ཞིང་རབ་ཏུ་བྱུང་བར་གྱུར། །འདོད་ཆགས་ཞེ་སྡང་བྲལ་བ་བསོད་སྙོམས་སྤྱོད་ཅིང་རྒྱུ། །བྱང་ཆུབ་སེམས་དཔས་སྨྲས་པ། འདི་ནི་དགེ་བར་ལེགས་སྨྲ་ང་ཡང་འདོད་པ་སྟེ། །རབ་ཏུ་བྱུང་བ་མཁས་པ་རྣམས་ཀྱིས་རྟག་ཏུ་བསྔགས། །དེ་ནི་བདག་ལ་ཕན་ཞིང་སེམས་ཅན་གཞན་ལའང་ཕན། །འཚོ་བ་བདེ་ཞིང་ཉམས་མཐུན་འཆི་མེད་འབྲས་བུར་འགྱུར། །ཞེས་གསུངས་ནས་ཤིང་རྟ་སླར་བསྒྱུར་ཏེ་ཕོ་བྲང་དུ་ཞུགས་སོ། །

ཡང་དེའི་ཚེ་བཙུན་མོ་རྣམས་ཀྱིས་སྒྲ་(༧༨ཀ)དབྱངས་དང་སིལ་སྙན་སྣ་ཚོགས་པའི་སྒྲ་དབྱངས་ཀྱིས་མཆོད་པ་ན། བྱང་ཆུབ་སེམས་དཔའ་ཉིད་ཀྱི་སྔོན་གྱི་སྨོན་ལམ་

དང་ཐུགས་བསྐྱེད་ཀྱི་མཐུས་སྒྲུ་དབྱངས་དང་སིལ་སྙན་དེ་དག་ལས་རབ་ཏུ་འབྱུང་
བར་བསྐུལ་བའི་ཆོས་ཀྱི་སྒྲ་དབྱངས་འདི་ལྟར་བྱུང་སྟེ། སྲིད་གསུམ་ཀ་དང་ནད་ཀྱི་
སྡུག་བསྔལ་འབར། །འཆི་མེད་རབ་འབར་འདི་ནི་མགོན་མེད་པ། །སྲིད་ལས་འབྱུང་
ལ་འགྲོ་བ་རྟག་ཏུ་སྐྱོངས། །བུམ་པར་ཆུད་པའི་བུང་བ་འཁོར་བ་བཞིན། །སྲིད་གསུམ་
མི་རྟག་སྟོན་ཀའི་སྤྲིན་དང་འདྲ། །འགྲོ་བའི་སྐྱེ་འཆི་གར་ལ་ལྟ་དང་མཚུངས། །འགྲོ་
བའི་ཚེ་འགྲོ་ནམ་མཁའི་གློག་འདྲ་སྟེ། །རི་གཟར་འབབ་ཆུ་ལྟ་བུར་མྱུར་མགྱོགས་
འགྲོ། །སྲིད་སྲིད་མ་རིག་དབང་གིས་སྐྱེ་བོ་རྣམས། །མི་དང་ལྷ་གནས་ངན་སོང་ལམ་
གསུམ་པོ། །འགྲོ་བ་ལྫི་པོ་དག་ཏུ་མི་མཁས་འཁོར། །དཔེར་ན་རྫ་མཁན་པང་ལོ་
བསྐོར་བ་བཞིན། །རྟག་ཏུ་གཟུགས་སྡུག་མཆོག་དང་སྒྲ་སྙན་དང་། །དྲི་ཞིམ་རོ་མཆོག་
རེག་པ་བདེ་བྱེད་པ། །དུས་ངན་ཉེ་ལ་འགྲོ་བ་འདི་དག་ཐོགས། །དཔེར་ན་ཇོན་པའི་
ཉེ་ལ་སྤྲེའུ་ཐོགས་བཞིན། །འདོད་པའི་ཡོན་ཏན་མྱུ་ངན་གནོད་པ་མང་། །འཇིགས་
བཅས་རྟག་ཏུ་དགྲ་བྱེད་ཉོན་མོངས་བཅས། །རལ་གྲིའི་སོ་འདྲ་དུག་སྡོང་ལོ་མ་
མཚུངས། །ངན་སྐྱུགས་སྣོད་ལྟར་འཕགས་པའི་སྐྱེ་བོས་སྤངས། །འདོད་པའི་ཡོན་ཏན་
འཇིགས་བཅས་ཉོན་མོངས་བཅས། །རྟག་ཏུ་ཟིང་པར་བྱེད་པ་མུན་པ་འདྲ། །རྟག་ཏུ་
འཇིགས་པའི་རྒྱུ་བྱེད་སྡུག་བསྔལ་རྩ། །སྲིད་པའི་སྲིད་པའི་འཁྲི(༧༢བ)ཤིང་འཕེལ་བར་
བྱེད། །ཇི་ལྟར་མེ་འབར་འོབས་ནི་འཇིགས་བཅས་པ། །དེ་ལྟར་འདོད་འདི་འཕགས་
པའི་སྐྱེ་བོས་རིག །འདམ་རྫབ་ཆེ་འདྲ་རལ་གྲི་གཤག་གནས་འདྲ། །རལ་གྲིའི་སོ་
ལ་སྦྲང་རྩི་བསྐུས་དང་མཚུངས། །ཇི་ལྟར་སྦྲུལ་གྱི་མགོ་དང་ངན་སྐྱུགས་སྣོད། །དེ་
ལྟར་འདོད་འདི་མཁས་པ་རྣམས་ཀྱིས་རིག །བྱི་ཤ་ཁམ་བུ་འདྲ་ཞིང་གསལ་ཤིང་
འདྲ། །རོ་ལ་ཁྱི་ལྟར་སྒྲ་དང་བཅས་པ་ཡིན། །འདོད་པའི་ཡོན་ཏན་འདི་དག་ཆུ་ཟླ་
འདྲ། །གཟུགས་བརྙན་མཚུངས་ཤིང་བྲག་ཅ་འདྲ་བ་དང་། །མིག་ཡོར་འདྲ་ཞིང་གར་
ལ་ལྟ་འདྲ་དང་། །རྨི་ལམ་མཉམ་པར་འཕགས་པའི་སྐྱེ་བོས་རིག །འདོད་པའི་ཡོན་

ཏན་སྐད་ཅིག་ཡ་མ་བརླ། །སྒྱུ་མ་སྨིག་རྒྱུ་འདྲ་ཞིང་བརྫུན་པ་ཅན། །ཆུ་བུར་དབུ་བ་ལྟ་བུར་ཡང་དག་མིན། །ཡོངས་སུ་བརྟགས་ལས་བྱུང་བར་མཁས་པས་རྟོགས། །ན་ཚོད་ཐོག་མར་གཟུགས་མཆོག་འཛིན་པའི་ཚེ། །ཕངས་ཤིང་སྡུག་འདོད་འདི་ནི་བྱིས་པའི་སྤྱོད། །རྒ་ན་སྡུག་བསྔལ་གཟི་བརྗིད་ལུས་བཅོམ་ནས། །རྣམ་པར་སྤོང་སྙི་རི་དྭགས་གླུང་སྐམ་བཞིན། །ནོར་འབྲུ་དམ་པའི་རྫས་མང་སྟོབས་ལྡན་ཚེ། །ཕངས་ཤིང་སྡུག་འདོད་འདི་ནི་བྱིས་པའི་སྤྱོད། །ནོར་ཉམས་སྡུག་བསྔལ་བར་ནི་གྱུར་པའི་ཚེ། །རྣམ་པར་སྤོང་སྙི་མི་ཡིས་འཁྲོག་སྟོང་བཞིན། །ཇི་ལྟར་མེ་ཏོག་ཤིང་དང་འབྲས་བཅས་ཤིང་། །དེ་ལྟར་སྦྱིན་འདོད་མི་ལ་དགའ་བར་བྱེད། །ནོར་ཉམས་རྒ་བས་ཉེན་ཅིང་སྤོང་བ་ན། །དེ་ཚེ་དགའ་བར་མི་འགྱུར་བྱ་རྒོད་བཞིན། །རྫས་ལྡན་(༧༣ན)གཟུགས་མཆོག་ལྡན་ཚེ་དཔོན་པོ་བཞིན། །ཕྲད་ན་སྡུག་ཅིང་དབང་པོ་དགའ་བར་བྱེད། །རྒ་ན་སྡུག་བསྔལ་ཉེན་ཅིང་ནོར་ཟད་ན། །དེ་ཚེ་འདོད་པར་མི་འགྱུར་འཆི་བདག་བཞིན། །རྒ་བས་རྒ་བྱས་ན་ཚོད་ཡོལ་གྱུར་ན། །སྟོང་པོ་གནམ་ལྕགས་ཀྱིས་ནི་བཅོམ་པ་བཞིན། །རྒ་བས་འཕོགས་ན་འཇིགས་བཅས་ཁང་རུལ་འདྲ། །རྒ་ལས་འབྱུང་བ་ཐབ་པ་མྱུར་དུ་སྨྲོས། །བུད་མེད་སྐྱེས་པའི་ཚོགས་རྣམས་རྒ་བས་སྐེམས། །ས་ལའི་འཁྲི་ཤིང་སྣ་ལའི་ནགས་སྡུག་བཞིན། །རྒ་བས་བརྩོན་འགྲུས་རྩལ་དང་ཤུགས་ཕྲོགས་ཏེ། །དཔེར་ན་སྐྱེས་བུ་འདམ་དུ་བྱིང་བ་བཞིན། །རྒ་བས་གཟུགས་སྡུག་གཟུགས་ནི་མི་སྡུག་བྱེད། །རྒ་བས་གཟི་བརྗིད་འཕྲོག་ཅིང་མཐུ་སྟོབས་འཕྲོག །རྒ་བས་བདེ་བ་འཕྲོག་ཅིང་བརྙས་པར་བྱེད། །རྒ་བས་འཆི་བྱེད་རྒ་བས་མདངས་ཀྱང་འཕྲོག །ནད་བརྒྱ་མང་དང་ནད་འཕིབས་སྡུག་བསྔལ་གྱིས། །འགྲོ་བ་གཙེས་ཏེ་མི་ཡིས་རི་དྭགས་བཞིན། །རྒ་དང་ན་བས་བཅོམ་པའི་འགྲོ་ལྟོས་ལ། །སྡུག་བསྔལ་ལས་ནི་འབྱུང་བ་མྱུར་ཤོད་ཅིག །དཔེར་ན་དགུན་སྐད་རླུང་དང་ཁ་བ་ཆེ། །རྩྭ་ཤིང་གལ་བ་ནགས་སྨན་མདངས་ཀྱང་འཕྲོག །དེ་ལྟར་ནད་འདི་འགྲོ་བའི་མདངས་འཕྲོག་ཅིང་། །དབང་

པོ་གཟུགས་དང་སྟོབས་ནི་ཉམས་པར་བྱེད། །ནོར་འབྲུ་ནོར་ཆེན་ཐ་མར་ཟད་པར་བྱེད། །ནད་ནི་རྟག་ཏུ་འགྲོ་ལ་བརྟས་པར་བྱེད། །གནོད་པ་བྱེད་ཅིང་སྡུག་ལ་སྡང་བར་བྱེད། །ཡོངས་སུ་གདུང་བྱེད་མཁའ་ལས་ཉི་མ་བཞིན། །འཆི་དང་འཕོ་དང་འཆི་འཕོ་དུས་བྱེད་(༧༣བ)པ། །ཕངས་ཤིང་སྡུག་པའི་སྐྱེ་བོ་རྟག་ཏུ་འབྲལ། །ཕྱིར་མི་འོང་ཞིང་འཕྲད་པར་འགྱུར་མ་ཡིན། །ཤིང་ལས་ལོ་འབྲུལ་འདྲ་ཞིང་ཀླུང་རྒྱུན་མཚུངས། །འཆི་བ་དབང་ཡོད་པ་དག་དབང་མེད་བྱེད། །འཆི་བ་འཕྲོག་བྱེད་ཆུ་བོས་ཤིང་དེད་བཞིན། །མི་ནི་གཉིས་མིན་གྲོགས་མེད་གཅིག་པུ་འགྲོ། །རང་ལས་འབྲས་བུ་ལྡན་པའི་དབང་ཡང་མེད། །འཆི་བས་སྲོག་ཆགས་བརྒྱ་ཕྲག་མང་འཛིན་ཏེ། །འབྱུང་པོའི་ཚོགས་ལ་རྒྱ་མཚོའི་ཆུ་སྲིན་བཞིན། །ཀླུ་ལ་མཁའ་ལྡིང་སྟག་ཆེན་སེང་གེ་འདྲ། །རྩྭ་ཤིང་འབྱུང་པོའི་ཚོགས་ལ་མེ་དང་མཚུངས། །སྐྱོན་བརྒྱ་མང་པོ་འདི་འདྲ་འདི་དག་ལས། །འགྲོ་བ་སྒྲོལ་ཞེས་ཁྱེད་ཀྱིས་སྨོན་ལམ་བཏབ། །སྔོན་གྱི་སྨོན་ལམ་སྤྱོད་པ་དེ་དྲན་ཕྱོས། །ཁྱོད་ནི་མངོན་པར་འབྱུང་བའི་དུས་ལ་བབ། །ཅེས་སོགས་རབ་ཏུ་བྱུང་ནས་མྱུར་དུ་འཚང་རྒྱ་བའི་མཛད་པ་སྟོན་དགོས་པར་རྒྱ་ཆེར་བསྐུལ་བ་ན་དེ་བཞིན་དུ་མཛད་པར་དགོངས་ཤིང་། འདོད་པའི་ཡོན་ཏན་ཐམས་ཅད་མི་རྟག་པ་མི་བརྟན་པ་བསླུ་བའི་ཆོས་ཅན་ཤ་སྟག་དང་། ལྷག་པར་བཙུན་མོའི་ཚོགས་ནི་མི་གཙང་བའི་བུམ་པ་རྒྱན་གྱིས་བརྒྱན་པ་ལྟར་མི་སྡུག་པའི་རང་བཞིན་ཤ་སྟག་ཏུ་གཟིགས་ཏེ་ཡིད་འབྱུང་བའི་གསུང་འདི་ལྟར་ཕྱོན་ཏེ། འདི་ན་བྱིས་པ་དེ་དག་ནི་གསོད་པ་སྟེ། བསད་པའི་གནས་སུ་བསད་པར་བྱ་བ་གསོད་པ་དང་མཚུངས་སོ། །འདི་ན་བྱིས་པ་དེ་དག་ནི་ཆགས་པ་སྟེ། ངན་སྐྱུགས་ཀྱིས་གང་བའི་སྣོད་རི་མོ་ཅན་རྣམས་ལ་མི་མཁས་པ་ཆགས་པ་དང་མཚུངས་སོ། །འདི་ན་བྱིས་པ་དེ་(༧༤ན)དག་ནི་འབྱིང་བ་སྟེ། གླང་པོ་ཆེ་ཆུར་བྱིང་བ་དང་མཚུངས་སོ། །འདི་ན་བྱིས་པ་དེ་དག་ནི་བཙས་པ་སྟེ། བཙོན་རའི་ནང་གི་བཙོན་པ་བཙས་པ་དང་མཚུངས་སོ། །འདི་ན་བྱིས་པ་དེ་དག་ནི་མངོན་

པར་དགའ་བ་སྟེ། །ཕག་མི་གཙང་བ་ལ་དགའ་བ་དང་མཚུངས་སོ། །འདི་ན་བྱིས་པ་དེ་དག་ནི་ཆགས་པ་སྟེ། ཁྱི་ཀེང་རུས་ལ་ཆགས་པ་དང་མཚུངས་སོ། །འདི་ན་བྱིས་པ་དེ་དག་ནི་རབ་ཏུ་ལྷུང་བ་སྟེ། ཕྱི་མ་ཞེབ་མར་མེའི་མེ་ལྕེར་ལྷུང་བ་དང་མཚུངས་སོ། །འདི་ན་བྱིས་པ་དེ་དག་ནི་ཐོགས་པ་སྟེ། སྤྲེའུ་རྙི་ལ་ཐོགས་པ་དང་མཚུངས་སོ། །འདི་ན་བྱིས་པ་དེ་དག་ནི་ཡོངས་སུ་བཟུང་བ་སྟེ། ཉ་རྒྱས་ཟིན་པ་དང་མཚུངས་སོ། །འདི་ན་བྱིས་པ་དེ་དག་ནི་ཡོངས་སུ་གཏུགས་པ་སྟེ། ཤ་འཚོང་གི་གནས་ཀྱི་ལུག་དང་མཚུངས་སོ། །འདི་ན་བྱིས་པ་དེ་དག་ནི་བཙུགས་པ་སྟེ། སྡིག་པ་བྱེད་པ་གསལ་ཤིང་གི་རྩེ་མོ་ལ་བཙུགས་པ་དང་མཚུངས་སོ། །འདི་ན་བྱིས་པ་དེ་དག་ནི་འཁྱིང་ཞིང་ཐོགས་པ་སྟེ། གླང་པོ་ཆེ་རྒན་པོ་འདམ་དུ་སོང་བ་དང་མཚུངས་སོ། །འདི་ན་བྱིས་པ་དེ་དག་ནི་ཕོངས་པ་སྟེ། རྒྱ་མཚོ་ཆེན་པོར་གྲུའི་སྣམ་བུ་ཞིག་པ་དང་མཚུངས་སོ། །འདི་ན་བྱིས་པ་དེ་དག་ནི་རབ་ཏུ་ལྷུང་བ་སྟེ། དམུས་ལོང་གཡང་ས་ཆེན་པོར་ལྷུང་བ་དང་མཚུངས་སོ། །འདི་ན་བྱིས་པ་དེ་དག་ནི་ཡོངས་སུ་ཟད་པར་འགྱུར་བ་སྟེ། སའི་གཏིང་གི་མཚམས་སུ་སོང་བའི་ཆུ་དང་མཚུངས་སོ། །འདི་ན་བྱིས་པ་དེ་དག་ནི་དུ་བ་འཐུལ་བ་སྟེ། བསྐལ་པ་ཟད་པའི་ས་ཆེན་པོ་དང་མཚུངས་སོ། །འདི་ན་བྱིས་པ་དེ་དག་ནི་(༧༨བ)འཁོར་བ་སྟེ། རྫ་མཁན་གྱི་འཁོར་ལོའི་ཤུགས་དང་མཚུངས་སོ། །འདི་ན་བྱིས་པ་དེ་དག་ནི་འཁྱམ་འཚོལ་བ་སྟེ། དམུས་ལོང་རི་ལ་ཕྱིན་པ་དང་མཚུངས་སོ། །འདི་ན་བྱིས་པ་དེ་དག་ནི་བཏགས་ཤིང་འཁོར་བ་སྟེ། ཁྱི་ལྟོང་གིས་བཏགས་པ་དང་མཚུངས་སོ། །འདི་ན་བྱིས་པ་དེ་དག་ནི་བརྙིས་པ་སྟེ། དཔྱིད་ཀྱི་རྩྭ་དང་ནགས་ཚལ་དང་མཚུངས་སོ། །འདི་ན་བྱིས་པ་དེ་དག་ནི་ཡོངས་སུ་ཉམས་པ་སྟེ། ཟླ་བ་མར་གྱི་ངོའི་ཟླ་བ་དང་མཚུངས་སོ། །འདི་དག་ནི་བྱིས་པ་རྣམས་ལ་ཟ་བ་སྟེ། ཀླུ་ལ་ནམ་མཁའ་ལྡིང་དང་མཚུངས་སོ། །འདི་དག་ནི་བྱིས་པ་རྣམས་ལ་འཆའ་བ་སྟེ། གྲུ་བོ་ཆེ་ལ་ཆུ་སྲིན་ཆེན་པོ་དང་མཚུངས་སོ། །འདི་དག་ནི་བྱིས་པ་རྣམས་ལ་

འཇོམས་པ་སྟེ། འགྲོན་པོ་ལ་ཆོམ་པོ་མང་པོ་དང་མཚུངས་སོ། །འདི་དག་ནི་བྱིས་པ་རྣམས་ལ་འཇིགས་པ་སྟེ། ཤིང་སྣ་ལ་ལ་རླུང་དམར་ཆེན་པོ་དང་མཚུངས་སོ། །འདི་དག་ནི་བྱིས་པ་རྣམས་ལ་གནོད་པ་སྟེ། སྐྱེ་བ་པོ་ལ་སྦྲུལ་མི་གདུག་པ་དང་མཚུངས་སོ། །བྱིས་པ་རྣམས་ནི་རོ་མྱུང་བའི་འདུ་ཤེས་ཀྱིས་ཆོད་པ་སྟེ། རལ་གྲིའི་སོར་སྦྲང་རྩི་བསྐུས་པས་ཆོད་པ་བཞིན་ནོ། །འདི་དག་ནི་བྱིས་པ་རྣམས་འཕྱིར་བ་སྟེ། ཤིང་གི་ཕུང་པོ་ཆུ་བོའི་ཆུས་འཕྱིར་བ་དང་མཚུངས་སོ། །འདི་དག་ནི་བྱིས་པ་རྣམས་ལ་རྩེ་བ་སྟེ། བྱིས་པ་ཆུང་ངུ་རང་གི་གཅིན་རྫབ་ལ་རྩེ་བ་དང་མཚུངས་སོ། །འདི་དག་ནི་བྱིས་པ་རྣམས་ཀུན་ཏུ་སྦྱུར་བ་སྟེ། གླང་པོ་ཆེ་ལ་ལྕུགས་ཀྱུ་དང་མཚུངས་སོ། །འདི་དག་ནི་བྱིས་པ་རྣམས་ལ་བསླུ་བ་སྟེ། གཡོན་ཅན་གྱིས་བྱིས་(༧༥ན)པའི་རང་བཞིན་ཅན་དག་བྲིད་པ་བཞིན་ནོ། །འདི་དག་ནི་བྱིས་པ་དེ་དག་གི་དགེ་བའི་རྩ་བ་ཟད་པར་བྱེད་པ་སྟེ། རྒྱན་པོ་ལ་དགའ་བའི་ནོར་དང་མཚུངས་སོ། །འདི་དག་ནི་བྱིས་པ་རྣམས་ལ་འཚོས་པ་སྟེ། སྲིན་མོ་རྣམས་ཀྱིས་ཚོང་པ་འཚོས་པ་དང་མཚུངས་སོ། །བྱང་ཆུབ་སེམས་དཔས་རྣམ་པ་སུམ་ཅུ་རྩ་གཉིས་པོ་དེ་དག་གིས་བཙུན་མོའི་འཁོར་ལ་ཡོངས་སུ་བརྟག་པ་བྱས་ནས། ལུས་ལ་མི་གཙང་བའི་འདུ་ཤེས་རྣམ་པར་སྒོམ། མི་མཐུན་པའི་འདུ་ཤེས་ཉེ་བར་སྒྲུབ། སྨད་པའི་འདུ་ཤེས་སྐྱེད། རང་གི་ལུས་ལ་ཡང་དེ་དང་འདྲ་བར་རྣམ་པར་སྒོམ། ལུས་ཀྱི་ཉེས་དམིགས་ཡང་དག་པར་མཐོང་། ལུས་ལ་ལུས་སུ་མངོན་པར་ཞེན་པ་ལས་བསྐྱེད། སྡུག་པའི་འདུ་ཤེས་རྣམ་པར་འཇིག །མི་སྡུག་པའི་འདུ་ཤེས་འཇུག་པར་བྱེད། འོག་གི་རྐང་པའི་མཐིལ་ནས། སྟེང་གི་ཀླད་པ་མན་ཆད་མི་གཙང་བ་ལས་བྱུང་བ་དང་། མི་གཙང་བ་ལས་གྱུར་པ་དང་། རྟག་ཏུ་མི་གཙང་བ་ཟག་པར་མཐོང་ངོ་། །ཞེས་སོགས་ཡིད་འབྱུང་བའི་གསུང་རྒྱ་ཆེར་བྱོན་ཞིང་མྱུར་དུ་ཁྱིམ་ནས་ཁྱིམ་མེད་པར་རབ་ཏུ་འབྱུང་བར་དགོངས་སོ། །

སྟོན་བྱུང་སྟོན་པའི་རྣམ་ཐར་རྗེས་འཇུག་གདུལ་བྱའི་ཉམས་ལེན་དུ་ཁྱེར་བར་

བྱ་བ་ཡིན་པས། སྟོན་པ་ཐུགས་རྗེ་ཅན་དེ་ཉིད་རྒྱལ་པོའི་ཕོ་བྲང་དུ་བཞུགས་ནས་གཞོན་ནུ་རོལ་རྩེད་ཀྱི་མཛད་པ་སྟོན་པའི་ཚེ་ཕྱོགས་བཅུའི་སངས་རྒྱས་རྣམས་ཀྱིས་ཇི་ལྟར་བསྐུལ་བ་དང་། ལྷ་རྣམས་ཀྱིས་བསྐུལ་ནས་རྒ་བ་དང་ན་བ་དང་འཆི་བའི་དང་ཚུལ་ཇི་ལྟར་(༧༥བ)གཟིགས་པ་དང་། བཙུན་མོ་རྣམས་ཀྱིས་སིལ་སྙན་དང་གླུའི་དབྱངས་བསྒྲགས་པ་ལས་ལྷོར་བའི་ཉེས་དམིགས་རྒྱ་ཆེར་བསྟན་པ་དང་། འདོད་པའི་ཡོན་ཏན་རྣམས་ལ་སྨད་པའི་གསུང་ཇི་ལྟར་བྱོན་པ་ལྟར། རྒྱལ་བའི་བསྟན་པ་ལ་རབ་ཏུ་འབྱུང་བར་འདོད་པ་རྣམས་ཀྱིས་ལྷོར་བའི་ཉེས་དམིགས་སྒོ་དུ་མ་ནས་བསམས་ཏེ་ངེས་འབྱུང་ཤུགས་དྲག་ཏུ་བསྐྱེད་པ་དང་། ལྷག་པར་ཚེ་འདིའི་ཕུན་ཚོགས་དང་འདོད་པའི་ཉེས་དམིགས་རིག་ནས་ཁྱིམ་གྱི་འདོད་ཡོན་ལ་མ་ཆགས་པར་ངེས་འབྱུང་གི་བསམ་པ་ཤུགས་དྲག་པོས་རབ་ཏུ་འབྱུང་བར་བྱེད་དགོས་པར་བསྟན་པ་ཡིན་ནོ། །

དེ་ནས་བྱང་ཆུབ་སེམས་དཔའ་ངེས་པར་རབ་ཏུ་འབྱུང་བའི་དུས་ལ་བབ་པ་ན་ཕྱི་རབས་ཀྱི་གདུལ་བྱ་རྣམས་ལ་རབ་ཏུ་འབྱུང་བར་བྱེད་པ་ལ་ཕ་མས་མ་གནང་བ་དང་ཡུལ་དེའི་རྒྱལ་པོས་མ་གནང་ན་རབ་ཏུ་འབྱུང་བ་མཐར་ཕྱིན་པ་ལ་གེགས་སུ་འགྱུར་བ་སོགས་དགག་བྱ་ཆེ་བས་ཕ་མས་གནང་ཞིང་ཡུལ་དེའི་རྒྱལ་པོས་ཀྱང་མ་བཀག་པར་གནང་བ་ཞིག་དགོས་ཞེས་འདོམས་ཕྱིར་ཡབ་རྒྱལ་པོ་ཟས་གཙང་མ་ལ་རབ་ཏུ་འབྱུང་བར་གསོལ་བར་བཞེད་ནས། རྒྱལ་པོ་ཟས་གཙང་གི་ཁང་བཟང་དུ་བྱོན་ཏེ། ལྷ་ཅིག་བདག་ནི་མངོན་པར་འབྱུང་བའི་དུས་བབ་རིགས། །གེགས་ཀྱང་མ་མཛད་མི་དགྱེས་པ་ཡང་མ་མཛད་ཅིག །རྒྱལ་པོ་གཉེན་བཅས་ཡུལ་ལྷོར་བཅས་ཏེ་བཟོད་པར་གསོལ། །རྒྱལ་པོ་དེ་ནི་མཆི་མས་མིག་གང་འདི་སྐད་སྨྲས། །ཁྱོད་ནི་ཕྱིར་ལྡོག་པ་ཡི་དགོས་པ་ཅི་ཞིག་ཡོད། །བདག་ལ་དམ་པ་ཅི་སློང་སློས་(༧༨ན)ཤིག་ཐམས་ཅད་སྦྱིན། །བདག་དང་ཕོ་བྲང་ལྷོར་དང་ཡུལ་ལྷོར་འདི་ཕན་ཐོག །དེའི་ཚེ་བྱང་

ཆུབ་སེམས་དཔས་སྨན་པའི་ཚིག་སྨྲས་པ། །ལྷ་ཅིག་དམ་པ་བཞི་འཚལ་དེ་ནི་བདག་ལ་སྟོལ། །གལ་ཏེ་སྩོལ་བར་སྤྱོད་ན་མངའ་ནི་ཁྱོད་ལ་མཆིས། །འོན་ཀྱང་རྟག་ཏུ་ཁྱིམ་ན་གཟིགས་ཤིང་འབྱུང་མི་འགྱུར། །ལྷ་ཅིག་བདག་ནི་རྒ་བས་ཚུགས་པར་མི་འགྱུར་ཞིང་། །རྟག་ཏུ་མདོག་བཟང་དར་ལ་བབ་པས་གནས་པ་དང་། །ནད་མ་མཆིས་པར་ཐོབ་ཅིང་ནད་ཀྱིས་མི་བཏབ་དང་། །ཚེ་དཔག་མ་མཆིས་པ་དང་རྒྱུད་པར་མི་འགྱུར་འཚལ། །རྒྱལ་པོས་ཚིག་ཐོས་ཤིན་ཏུ་སྡུག་བསྔལ་ཉམ་ཐག་སྟེ། །གཞོན་ནུ་གནས་མིན་སློང་བས་བདག་ལ་མཐུ་མེད་དོ། །བསྐལ་པར་གནས་པའི་དྲང་སྲོང་རྣམས་ཀྱང་ནམ་དུ་ཡང་། །རྒ་ན་འཆི་བའི་འཇིགས་དང་རྒུད་ལས་མ་ཐར་ཏོ། །ཞེས་རྒ་བ་དང་། ན་བ་དང་། འཆི་བ་དང་། རྒུད་པ་ལས་ཐར་བའི་ཐབས་བདག་ལ་མ་མཆིས་སོ་ཞེས་ཞུས་པ་ན། བྱང་ཆུབ་སེམས་དཔའ་གཞོན་ནུ་དོན་ཐམས་ཅད་གྲུབ་པས་ཡབ་ལ་ཡང་གསོལ་བ། རྒ་ན་འཆི་བའི་འཇིགས་དང་རྒུད་པར་མི་འགྱུར་བ། །ལྷ་ཅིག་གལ་ཏེ་མཆོག་བཞིའི་འདི་དག་མི་སྩོལ་ན། །གཞན་ཡང་མཆོག་གཅིག་གསོལ་གྱི་རྒྱལ་པོ་གསན་དུ་གསོལ། །འདི་ནས་ཤི་འཕོས་ཉིང་མཚམས་སྦྱོར་བར་མི་འགྱུར་མཛོད། །ཅེས་གསུངས་པ་ན་ཡབ་རྒྱལ་པོ་ཟས་གཙང་མས་འགྲོ་བ་མཐའ་དག་ལ་ཕན་པར་བཞེད་པ་རྗེས་སུ་ཡི་རང་ངོ་། །ཁྱོད་ཀྱི་བསམ་པ་རྣམས་ཡོངས་སུ་རྫོགས་(༧༨བ)པར་གྱུར་ཅིག །ཅེས་གནང་ངོ་། །

དེ་ནས་སྟོན་གྱི་ཐུགས་བསྐྱེད་དང་སྨོན་ལམ་སྨིན་པའི་དུས་སུ་བབ་པས་གྲགས་འཛིན་མ་དང་ས་འཚོ་མ་ལ་སོགས་པའི་བཙུན་མོ་དྲུག་ཁྲི་དང་། འཁོར་ཡོས་སྐྱུར་བའི་རྒྱལ་པོའི་དཔལ་ཐམས་ཅད་མཆིལ་མའི་ཐལ་བ་བཞིན་དུ་དོར་ནས་ཁང་བཟང་ཆེན་པོའི་སྟེང་དུ་ཕེབས་ནས་ཤར་ཕྱོགས་སུ་གཟིགས་ཏེ། ཕྱོགས་བཅུའི་སངས་རྒྱས་ཐམས་ཅད་ལ་ཕྱག་བཙལ་ཏེ་ཐུགས་སྨོན་མཛད་པ་ན། ནམ་མཁའི་ཁམས་ཐམས་ཅད་ལྷའི་མཆོད་རྫས་ཀྱིས་གང་། ཤར་ཕྱོགས་ནས་སྐར་མ་རྒྱལ་ཡང་ཤར། དེ་ནས་

ཀུན་འཛིན་ཅེས་པ་ས་ཕོ་བྱི་བ་ལོའི་ས་ག་ཟླ་བའི་ཚེས་བརྒྱད་ཀྱི་ཐོ་རངས་ཀྱི་ཆ་ལ་རྟ་སྡུགས་ལྡན་ལ་ཆིབས་ནས་འདུན་པས་སྣ་འཁྲིད་དེ། སེར་སྐྱའི་གྲོང་ཁྱེར་ཆེན་པོ་ནས་ཤར་ཕྱོགས་སུ་རྒྱལ་པོ་ཆེན་པོ་བཞི་ལ་སོགས་པའི་ལྷ་བྱེ་བ་ཕྲག་མང་པོའི་མཆོད་རྫས་དང་བཅས་དཔག་ཚད་བཅུ་གཉིས་འདས་པ་ཡུལ་སྲོང་བྱེད་ཀྱི་ས་ཆུ་ཀླུང་ཡིད་འོང་ལྡན་གྱི་འགྲམ་དུ་ཕེབས་པ་ན་ནམ་ལངས་ཤིང་། ཆིབས་པ་ལས་བབས་ཏེ་རིན་པོ་ཆེ་རིན་ཐང་མེད་པའི་རྒྱན་རྣམས་འདུན་པ་ལ་བསྐུར་ཏེ་ཕྱིར་སློག །ཉིད་ཀྱི་དབུ་སྐྲ་ཉིད་ཀྱིས་གསིལ་ཞིང་བརྒྱ་བྱིན་གྱིས་གོས་ངུར་སྨྲིག་ཕུལ། ཀ་ཤི་ཀའི་གོས་ཀྱི་ན་བཟའ་རིན་ཐང་མེད་པ་རྣམས་བརྒྱ་བྱིན་ལ་གནང་བས་བརྒྱ་བྱིན་གྱིས་སྤྱི་བོའི་གཙུག་ཏུ་ཁྱེར་ཏེ་སུམ་ཅུ་རྩ་གསུམ་ན་མཆོད་པའི་གནས་སུ་བཞུགས། དེ་ལྟར་རབ་ཏུ་བྱུང་བའི་གནས་དེར་འདུན་པས་མཆོད་རྟེན་བརྩིགས་པ་ལ་མཆོད་རྟེན་རྣམ་དག་ཅེས་ཀྱང་བྱ། རབ་(༡༧ན)ཏུ་བྱུང་བའི་མཆོད་རྟེན་ཞེས་ཀྱང་གྲགས་སོ། །ཚུལ་འདི་དག་ཀྱང་ཕྱི་རབས་ཀྱི་གདུལ་བྱ་རྣམས་ལ་འདོམས་པའི་ཕྱིར་མཛད་པ་སྟེ། རབ་བྱུང་རྣམ་པར་དག་པ་བྱེད་པ་ལ་བརྗེ་བ་རྣམ་པ་གསུམ་བྱེད་དགོས་པར་གསུངས་ཏེ། བརྗེ་བ་གསུམ་ནི། རྟགས་ཆ་ལུགས་བརྗེ་བ། བསམ་པ་བརྗེ་བ། མིང་བརྗེ་བ་གསུམ་མོ། །

སྟོན་པས་སྟོན་འཁོར་ལོས་བསྒྱུར་བའི་དཔལ་ཐམས་ཅད་མཆིལ་མའི་ཐལ་བ་ལྟར་དོར་ཏེ་ཐ་ན་སྐུ་ལ་བཞེས་པའི་ན་བཟའ་ཀ་ཤིའི་རས་དང་རྒྱན་ཐམས་ཅད་དོར་ཏེ་ངུར་སྨྲིག་བཞེས་ཤིང་དབུ་སྐྲ་ལྷུང་ལོའང་གཅོད་པར་མཛད་པ་བཞིན་དུ་བྱ་དགོས་པ་དང་། བསམ་པ་སྔར་བཤད་པ་དེ་ལྟར་དུ་བྱ་དགོས་པ་དང་། ཕ་མས་བཏགས་པའི་མིང་ཡང་དོར་དགོས་པ་ནི་སྟོན་པ་མངོན་པར་རྫོགས་པར་སངས་རྒྱས་ནས་ཡྣ་ར་ཏྣ་སེར་གཤེགས་པའི་ཚེ་ཀུན་ཏུ་རྒྱུ་ཉེར་འགྲོས་དགེ་སྦྱོང་གང་ནས་ཡིན་ཇི་ལྟར་ཡིན་ཞེས་དྲིས་པའི་ཚེ། ཉེར་འགྲོ་ང་ནི་རྒྱལ་བ་སྟེ། ཞེས་སྔར་ཕོ་བྲང་དུ་བཞུགས་པའི་དུས་ཀྱི་མཚན་བསྒྱུར་ཏེ་རྒྱལ་བ་ཞེས་གསུངས་པ་དང་། ཡྣ་ར་ཏྣ་

སེར་ཕེབས་པའི་ཚེ་ལྷ་སྟེས་སྟར་ཕོ་བྲང་དུ་བཞུགས་པའི་སྐབས་ལྟར་ཚེ་དང་ལྡན་པ་གོཽ་ཏ་མ་ཞེས་པ་དང་། དོན་ཐམས་ཅད་གྲུབ་པ་ཞེས་སོགས་གདུང་དང་མཚན་ནས་བརྗོད་པ་ན། སྟོན་པས་ལྷ་སྟེ་ལ། དེ་བཞིན་གཤེགས་པ་ལ་གདུང་དང་མཚན་ནས་མ་བརྗོད་ཅིག །ཅེས་སྟར་ཁབ་ཏུ་བཞུགས་པའི་སྐབས་ཀྱི་མཚན་དོར་ཏེ་དེ་བཞིན་གཤེགས་པ་ཞེས་བརྗོད་དགོས་པར་གསུངས་པ་ལྟ་བུའོ། །འདི་དག་ལ་ལེགས་པར་དཔྱོད་ཤེས་ན་དམ་པའི་ཆོས་འདུལ་བ་ལ་རབ་ཏུ་བྱུང་(༧༦བ)བ་རྣམ་པར་དག་པ་ཞིག་བྱེད་པ་ལ་ཚེ་འདིའི་གཉེན་ཉེ་དུ་ནོར་ལོངས་སྤྱོད་གང་ལའང་མ་ཆགས་པ་ཞིག་དང་ཐ་ན་མིང་དང་རུས་ཚུན་ཆད་ཀྱང་སྤོས་ཏེ་གང་ལའང་མ་ཆགས་པ་ཞིག་དགོས་པར་གོ་ནུས་སོ། །དེ་ནས་བྱང་ཆུབ་སེམས་དཔས་རབ་ཏུ་བྱུང་བའི་ཆ་ལུགས་ཀྱིས་ལྷུངས་རྫུ་ཞིང་གཅིག་པུར་བྱོན་ཏེ་རྒྱལ་པོ་གཟུགས་ཅན་སྙིང་པོའི་ཡུལ་དུ་བསོད་སྙོམས་ལ་ཕེབས་པ་ན་ཡུལ་དེའི་མི་ཐམས་ཅད་ཀྱིས་སྐུ་མཐོང་བ་ཙམ་གྱིས་ངོ་མཚར་ཏེ་འགའ་ཞིག་གིས་ཚངས་པ་ཆེན་པོ་འདིར་གཤེགས་སོ་ཞེས་ཟེར། འགའ་ཞིག་གིས་བརྒྱ་བྱིན་འདིར་གཤེགས་སོ་ཞེས་ཟེར་བ་སོགས་ཀུན་ངོ་མཚར་བའི་ཅ་ཅོ་བསྒྲགས་པ་ན་རྒྱལ་པོ་གཟུགས་ཅན་སྙིང་པོས་བྱང་ཆུབ་སེམས་དཔའི་དྲུང་དུ་ཕྱིན་ཏེ་ཞབས་གཉིས་ལ་མགོ་བོས་ཕྱག་བྱས་ཏེ་འདི་ལྟ་བུའི་བསོད་ནམས་ཀྱི་དཔལ་ཆེན་པོ་དང་ལྡན་པ་སློང་མོས་འཚོ་བ་མི་རིགས་ཀྱིས། བདག་གི་ཕོ་བྲང་དུ་བཞུགས་ཏེ་རྒྱལ་སྲིད་མཛོད་ཅིག་ཅེས་ཞུས་པ་ན་བྱང་ཆུབ་སེམས་དཔས་རྒྱལ་པོ་གཟུགས་ཅན་སྙིང་པོ་ལ་འདི་སྐད་ཅེས་གསུངས་ཏེ། ཁོ་བོ་འདོད་པའི་ཡོན་ཏན་མི་འདོད་དོ། །འདོད་པ་དུག་འདྲ་ཉེས་པ་མཐའ་ཡས་ལྡན། །སེམས་ཅན་དམྱལ་དང་ཡི་དྭགས་དུད་འགྲོར་ལྟུང་། །མཁས་པས་སྨད་ཅིང་འདོད་པ་འཕགས་མ་ཡིན། །བོ་བོས་དར་སྣབས་ཐུལ་པ་བཞིན་དུ་དོར། །འདོད་པ་ཤིང་གི་འབྲས་བུ་བཞིན་དུ་ལྟུང་། །ཇི་ལྟར་སྤྲིན་དང་ཆར་སྤྲིན་བཞིན་དུ་འགྲོ། །མི་བརྟན་འགྱུར་ལས་ཇི་ལྟར་རླུང་བཞིན་འགྲོ། །དགེ་

བ་ཐམས་ཅད་རྣམ་པར་འཐོར་ཞིང་སྐྱོ། །དེ་བཞིན་འདོད་པ་མི་རྟེད་ཕྱིར་ཡང་གདུངས། །རྙེད་དུ་ཟིན་ཀྱང་ཚོག་པར་འཛིན་མི་འགྱུར། །གང་ཆེ་དབང་(༧༨ན)པོ་མ་ཏུངས་རབ་གྱུར་པ། །དེ་ཆེ་འདོད་པ་སྡུག་བསྔལ་དྲག་ཆེན་སྐྱེད། །རྒྱལ་བ་ལྷ་ཡི་འདོད་པ་གང་ཡིན་དང་། །མི་ཡི་འདོད་པ་བཟང་པོ་གང་ཡིན་པའི། །འདོད་པ་ཐམས་ཅད་མི་གཅིག་གིས་ཐོབ་ཀྱང་། །དེ་ལ་ཆོག་པ་མེད་དེ་ཡང་ཚོལ་ལོ། །རྒྱལ་པོ་གང་དག་ཞི་ཞིང་དུལ་གྱུར་པ། །འཕགས་པ་ཟག་མེད་ཆོས་ཀྱི་འདུ་ཤེས་ཀྱང་། །ཤེས་རབ་མཁས་པས་ཚོག་པ་དེ་ལེགས་མཆོག །འདོད་པའི་ཡོན་ཏན་ཚོག་པ་ཅུང་ཟད་མེད། །རྒྱལ་པོའི་འདོད་པ་དག་ལ་བརྟེན་བྱས་ཤིང་། །སྟོན་ཆད་འདུས་བྱས་པ་ཡི་མཐའ་མ་མེད། །ཇི་ལྟར་མི་དག་ལན་ཚྭའི་ཆུ་འཐུངས་བཞིན། །འདོད་པ་བསྟེན་ན་ཕྱིར་ཞིང་སྲིད་པ་འཕེལ། །རྒྱལ་པོའི་ལུས་ལ་ཡང་ལྟོས་དེ་མི་བརྟན། །སྙིང་པོ་མེད་དེ་སྡུག་བསྔལ་འཁྲུལ་འཁོར་བཞིན། །བུ་ག་དགུ་ཡི་སྒོ་ནས་རྟག་ཏུ་འཛག །རྒྱལ་པོ་ང་བོ་འདོད་པའི་འདོད་ཆགས་མེད། །ང་བོས་འདོད་པ་མང་དང་དེ་བཞིན་དུ། །ལྷ་ན་སྡུག་པའི་བུད་མེད་སྟོང་ཕོར་ཏེ། །མཆོག་ཞི་བྱང་ཆུབ་དམ་པ་ཐོབ་འདོད་ནས། །ང་བོ་སྲིད་ལ་མི་དགའ་ངེས་པར་འབྱུང་། །ཞེས་གསུངས་པ་ན་རྒྱལ་པོ་གཟུགས་ཅན་སྙིང་པོ་འཁོར་དང་བཅས་པས་མཆི་མ་ཕྱུང་སྟེ་ཕྱག་འཚལ་ནས་མངོན་པར་རྫོགས་པར་སངས་རྒྱས་པ་ན་བདག་ཅག་རྗེས་སུ་གཟུང་དུ་གསོལ་ཞེས་གསོལ་བ་བཏབ་བོ། །

ཁ༩ ལོ་དྲུག་དཀའ་བ་སྤྱད་དེ་མངོན་པར་རྫོགས་པར་སངས་རྒྱས་པའི་མཛད་པ།

དེ་ནས་བྱང་ཆུབ་སེམས་དཔས་དཀའ་ཐུབ་ཀྱིས་གྲོལ་བར་འདོད་པའི་མུ་སྟེགས་རྣམས་ཀྱི་ང་རྒྱལ་བཅག་པ་དང་། རྗེས་འཇུག་རྣམས་ལའང་དམ་པའི་ཆོས་འདུལ་བ་འདི་ལ་རབ་ཏུ་བྱུང་བ་རྣམས་ཀྱིས་ཁྱིམ་གྱི་འདོད་ཡོན་སྤངས་ཏེ་འཚོ་བ་དཀའ་(༧༨བ)ཐུབ་ལ་གནས་ནས་དབེན་པའི་གནས་སུ་བསྒྲུབ་པ་བྱ་དགོས་སོ་ཞེས་བསྒྲུལ་བ་

སོགས་དགོས་པ་ཁྱད་པར་ཅན་མང་དུ་གཟིགས་ནས་ནཻ་རཉྫ་ནའི་ཆུ་ཀླུང་གི་འགྲམ་དུ་ལོ་དྲུག་ཏུ་དཀའ་བ་སྤྱད་དེ་བསམ་གཏན་ལ་རྩེ་གཅིག་ཏུ་བཞུགས་སོ། །དེ་ནས་འཚང་རྒྱ་བའི་དུས་ལ་བབ་པ་ན་བསམ་གཏན་དེ་ལས་བཞེངས་ཏེ། བསྐལ་པ་མང་པོ་ནས་སྨོན་ལམ་བཏབ་པའི་མཐུ་ཅན་ཞིང་པའི་བུ་མོ་ལེགས་སྐྱེས་མས་བ་མཆོག་སྟོང་གི་འོ་མ་ཉིང་ཁུར་བྱས་པའི་ཞོ་ཐུལ་བ་གསོལ་ཏེ། མ་ག་དྷ་རྡོ་རྗེའི་གདན་དུ་ཕེབས་ནས་ལྷའི་དབང་པོ་བརྒྱ་བྱིན་རྩྭ་འཚོང་གི་ཁྱེའུའི་གཟུགས་སུ་སྤྲུལ་པ་བཀྲ་ཤིས་ཞེས་བྱ་བ་ལས་རྩྭ་དུར་བ་བཞེས་ཏེ། ཨ་ཤྭད་ཐ་ཞེས་བྱ་བའི་བྱང་ཆུབ་ཀྱི་ཤིང་དྲུང་དུ་གདུལ་བྱ་ཐུན་མོང་བ་རྣམས་ཀྱི་སྣང་ངོར་རྩྭ་དུར་བའི་སྟན་དང་། ཐུན་མོང་མིན་པར་སེང་གེའི་ཁྲི་ཆེན་པོའི་སྟེང་དུ་བཞུགས་ནས་སྲོད་ལ་བདུད་བྱེ་བ་ཕྲག་དུང་ཕྱུར་བྱམས་པའི་ཏིང་ངེ་འཛིན་གྱིས་བཏུལ་ནས་དགུང་ལོ་སོ་ལྔ་ལ་བབ་པ་རྒྱལ་བ་ཞེས་པ་ཤིང་ཕོ་རྟའི་ལོ་ས་ག་ཟླ་བའི་ཚེས་བཅོ་ལྔའི་ཐོ་རངས་རྒྱལ་ཇ་བརྡུང་བའི་ཚོད་ཙམ་ན་ཕྱོགས་བཅུའི་ཞིང་ནས་ལྷགས་པའི་བྱང་ཆུབ་སེམས་དཔའ་རྣམས་དང་། ཚངས་པ་དང་། བརྒྱ་བྱིན་ལ་སོགས་པའི་ལྷ་དང་། ཀླུ་དང་། གནོད་སྦྱིན་ལ་སོགས་པ་དབང་ཆེ་བར་གྲགས་པའི་མཐུ་བོ་ཆེ་ནམ་མཁའི་དབྱིངས་ཐམས་ཅད་ཡོངས་སུ་གང་བ་རྣམས་ཀྱི་མཆོད་པའི་ཚོགས་ཚད་མེད་པ་དང་བཅས་མངོན་པར་རྫོགས་པར་སངས་རྒྱས་པའི་ཚུལ་བསྟན་ཏོ། །

ཁ༧༠ ཆོས་ཀྱི་འཁོར་ལོ་བསྐོར་བའི་མཛད་པ།

དེ་ནས་དེ་བཞིན་གཤེགས་པ་སེང་གེའི་ཁྲིའི་སྟེང་ནས་ཤིང་ཏ་ལ་བདུན་(༧༩ན) ཙམ་གྱི་ཚད་དུ་ནམ་མཁར་འཕགས་ནས་བཞུགས་ཤིང་། བྱང་ཆུབ་སེམས་དཔའ་རྣམས་དང་། ལྷ་རྣམས་ཀྱིས་མེ་ཏོག་གི་ཆར་ཕབ་པས་ས་གཞི་ཐམས་ཅད་ཡོངས་སུ་ཁྱབ་བོ། །དེ་ནས་དེ་བཞིན་གཤེགས་པའི་སྐུ་ལས་འོད་ཟེར་འཕྲོས་པས་འཇིག་

རྟེན་ཐམས་ཅད་འོད་ཀྱིས་ཁྱབ་ཅིང་། ས་འོག་དང་གླིང་བར་གྱི་མུན་པ་རྣམས་ཀྱང་སྣང་བ་ཆེན་པོས་ཁྱབ། སྐད་ཅིག་དེ་ལ་ངན་སོང་ཐམས་ཅད་རྒྱུན་བཅད་དེ་སེམས་ཅན་ཐམས་ཅད་བདེ་བ་ལ་འགོད་པར་མཛད་དོ། །དེ་ལྟར་མངོན་པར་རྫོགས་པར་སངས་རྒྱས་ནས་ཞག་བདུན་ཕྲག་བདུན་གྱི་རིང་ལ་བྱང་ཆུབ་ཀྱི་ཤིང་ལ་གཟིགས་པ་དང་། སྟོང་གསུམ་གྱི་སྟོང་ཆེན་པོའི་འཇིག་རྟེན་གྱི་ཁམས་ལ་རྒྱང་རིང་དུ་འཆགས་པ་སོགས་མཛད་ཅིང་། ཟབ་ཞི་སྤྲོས་བྲལ་འོད་གསལ་འདུས་མ་བྱས། །བདུད་རྩི་ལྟ་བུའི་ཆོས་ཤིག་ཁོ་བོས་རྙེད། །སུ་ལ་བསྟན་ཀྱང་གོ་བར་མི་ནུས་པས། །མི་སྨྲ་ནགས་ཀྱི་ཚལ་དུ་གནས་པར་བྱ། །ཞེས་གདུལ་བྱ་ཐུན་མོང་བའི་སྣང་ངོར་ཆོས་མི་གསུང་བའི་ཚུལ་མཛད་པ་ན། ལྷ་ཚངས་པ་དང་བརྒྱ་བྱིན་གཉིས་ལྷའི་འཁོར་གྲངས་མེད་པ་དང་བཅས་ཏེ་ལྷགས་ནས་ཆོས་ཀྱི་འཁོར་ལོ་བསྐོར་བར་གསོལ་བ་ལན་མང་དུ་བཏབ། ལྷག་པར་སྟོང་གསུམ་མི་མཇེད་ཀྱི་བདག་པོ་ཚངས་པ་ཆེན་པོ་གཙུག་ཕུད་ཅན་ཚངས་པའི་འཁོར་འབུམ་ཕྲག་དྲུག་ཅུ་རྩ་བརྒྱད་ཀྱིས་བསྐོར་ཏེ། དེ་བཞིན་གཤེགས་པའི་ཞབས་ལ་མགོ་(༡༩བ)བོས་ཕྱག་འཚལ་ཏེ་ཐལ་མོ་སྦྱར་ནས། དེ་བཞིན་གཤེགས་པ་ལ་འདི་སྐད་ཅེས་གསོལ་ཏོ། །འདི་ལྟར་དེ་བཞིན་གཤེགས་པས་བླ་ན་མེད་པ་ཡང་དག་པར་རྫོགས་པའི་བྱང་ཆུབ་མངོན་པར་སངས་རྒྱས་ནས་ཀྱང་ཆོས་མི་སྟོན་པར་ཐུགས་ལས་ཆུང་ངུ་ལ་ཐུགས་བཏུད་པས། ཀྱེ་མའོ་བཅོམ་ལྡན་འདས་འཇིག་རྟེན་འདི་ནི་མ་རུང་ངོ་། །ཀྱེ་མའོ་བཅོམ་ལྡན་འདས་འཇིག་རྟེན་འདི་ནི་རབ་ཏུ་མ་རུང་ངོ་། །སེམས་ཅན་རྣམ་པ་བཟང་པོ་གོ་སླ་བ། བཅོམ་ལྡན་འདས་ཀྱིས་གསུངས་པའི་དོན་འཚལ་བར་རྗེ་ཐོག་པ། སྐལ་བ་དང་ལྡན་པ། ནུས་པ་དང་ལྡན་པ་དག་མཆིས་ཏེ། དེ་ལྟ་ལགས་པས་བཅོམ་ལྡན་འདས་ཆོས་ལེགས་པར་བསྟན་དུ་གསོལ། བདེ་བར་གཤེགས་པ་ཆོས་བསྟན་དུ་གསོལ། ཞེས་གསོལ་བ་བཏབ་ཅིང་། སླར་ཡང་ཚིགས་སུ་བཅད་དེ་གསོལ་བ་བཏབ་པ། ཡེ་ཤེས་ཆེན་པོ་མཆོག་གི་དཀྱིལ་

འཁོར་བསྐུལ་བས་ནས་ནི། །ཕྱོགས་བཅུ་དག་ཏུ་འོད་ཟེར་རྣམ་པར་འཕྲོ་མཛད་དེ། །ཡེ་ཤེས་ཟེར་གྱིས་མི་ཡི་པདྨ་ཁ་འབྱེད་པ། །སྨྲ་བའི་ཉི་མ་དེ་རིང་ཅི་སླད་བཏང་སྙོམས་བཞུགས། །འཕགས་པའི་ནོར་ལ་སེམས་ཅན་དག་ནི་མགྲོན་གཉེར་ཏེ། །སྲོག་ཆགས་བྱེ་བ་མང་པོ་དབུགས་ཕྱུང་མཛད་ནས་ནི། །གང་སླད་མི་གསུང་འགྲོ་ལ་བཏང་སྙོམས་མཛད་པ་འདི། །འཇིག་རྟེན་རྩ་ལག་ཁྱོད་ལ་རིགས་པ་མ་ལགས་སོ། །དམ་པའི་ཆོས་ཀྱི་ཟ་བོ་ཆེ་ནི་བརྡུང་དུ་གསོལ། །དམ་པའི་ཆོས་ཀྱི་དུང་ནི་མྱུར་དུ་འབུད་དུ་གསོལ། །(༢༠ན)ཆོས་ཀྱི་མཆོད་སྡོང་ཆེན་པོ་བསྒྲེང་བར་མཛད་དུ་གསོལ། །ཆོས་ཀྱི་མར་མེ་ཆེན་པོ་འབར་བར་མཛད་དུ་གསོལ། །ཆོས་ཆུ་མཆོག་གི་ཆར་པ་རབ་ཏུ་དབབ་ཏུ་གསོལ། །སྲིད་པའི་རྒྱ་མཚོར་གནས་པ་འདི་དག་བསྒྲལ་དུ་གསོལ། །ནད་ཆེན་ཉོན་མོངས་འདི་ལས་ཐར་བར་མཛད་དུ་གསོལ། །ཞེས་གསོལ་བ་བཏབ། དེ་བཞིན་དུ་ཕྱོགས་བཅུ་ནས་ལྷགས་པའི་བྱང་ཆུབ་སེམས་དཔའ་རྣམས་དང་། བརྒྱ་བྱིན་ལ་སོགས་པའི་འདོད་པའི་ལྷ་གྲངས་མེད་པ་རྣམས་ཀྱིས་ཀྱང་གསོལ་བ་བཏབ་པ་ན་ཝཱ་ར་ཎཱ་སི་དྲང་སྲོང་ལྷུང་བ་རི་དྭགས་ཀྱི་ནགས་སུ་བྱོན་ནས་འདི་སྙམ་དུ་དགོངས་ཏེ། སྔོན་གྱི་ཡང་དག་པར་རྫོགས་པའི་སངས་རྒྱས་རྣམས་གང་དུ་བཞུགས་ནས་ཆོས་ཀྱི་འཁོར་ལོ་བསྐོར་སྙམ་པ་དང་། ས་ཕྱོགས་གང་དུ་སྔོན་གྱི་དེ་བཞིན་གཤེགས་པ་རྣམས་ཀྱིས་ཆོས་ཀྱི་འཁོར་ལོ་བསྐོར་བའི་ས་ཕྱོགས་དེར་རིན་པོ་ཆེ་སྣ་བདུན་གྱི་ཁྲི་སྟོང་བྱུང་བར་གྱུར་ཏོ། །

དེ་ནས་སྟོན་པ་བཅོམ་ལྡན་འདས་དེ་བཞིན་གཤེགས་པ་ཤཱཀྱ་ཐུབ་པས་སྔོན་གྱི་དེ་བཞིན་གཤེགས་པ་རྣམས་ལ་གུས་པར་མཛད་པའི་ཕྱིར་ཁྲི་གསུམ་ལ་སྐོར་བ་མཛད་ནས། སེང་གེ་ལྟར་བག་ཚ་བ་མི་མངའ་བར་ཁྲི་བཞི་པ་ལ་སྐྱིལ་མོ་ཀྲུང་བཅས་ཏེ་བཞུགས་སོ། །དེ་ནས་སྐུ་ལས་འོད་ཟེར་འཕྲོས་པས་འཇིག་རྟེན་གྱི་ཁམས་ཐམས་ཅད་སྣང་བར་བྱས་ཤིང་། ཕྱོགས་བཅུའི་ཞིང་ནས་བྱང་ཆུབ་སེམས་དཔའ་གྲངས་

མེད་མུ་མེད་པ་དག་ཀྱང་ཆོས་ཉན་པའི་ཕྱིར་ཞིང་འདིར་ལྷགས། ཚངས་པ་དང་བརྒྱ་བྱིན་ལ་སོགས་པ་ཞིང་འདི་ཉིད་ཀྱི་མཐུ་བོ་ཆེ་རྫུ་འཕྲུལ་ཅན་དབང་ཆེ་བར་གྲགས་པ་ཐམས་ཅད་ཀྱང་འདུས་ཏེ་དེ་བཞིན་གཤེགས་པའི་ཞབས་ལ་མགོ་བོས་ཕྱག་འཚལ་ནས་(༢༠བ)དེ་བཞིན་གཤེགས་པ་ལ་སྐྱེ་བོ་མང་པོ་ལ་སྨན་པ་དང་། སྐྱེ་བོ་མང་པོ་ལ་བདེ་བ་དང་། འཇིག་རྟེན་ལ་ཐུགས་བརྩེ་བ་དང་། སྐྱེ་བོ་ཕལ་པོ་ཆེ་དང་། ལྷ་དང་མི་རྣམས་ཀྱི་དོན་དང་། སྨན་པ་དང་། བདེ་བའི་སླད་དུ། བཅོམ་ལྡན་འདས་ཆོས་ཀྱི་འཁོར་ལོ་བསྐོར་དུ་གསོལ། བདེ་བར་གཤེགས་པ་ཆོས་ཀྱི་འཁོར་ལོ་བསྐོར་དུ་གསོལ། བཅོམ་ལྡན་འདས་ཆོས་ཀྱི་མཆོད་སྦྱིན་མཛད་དུ་གསོལ། ཆོས་ཀྱི་ཆར་ཆེན་པོ་དབབ་ཏུ་གསོལ། ཆོས་ཀྱི་རྒྱལ་མཚན་ཆེན་པོ་བསྒྲེང་དུ་གསོལ། ཆོས་ཀྱི་དུང་ཆེན་པོ་འབུད་དུ་གསོལ། ཆོས་ཀྱི་རྔ་ཆེན་པོ་བརྡུང་དུ་གསོལ། ཞེས་ཆོས་ཀྱི་འཁོར་ལོ་བསྐོར་བར་བསྐུལ་ཏོ། །དེ་ནས་ཅང་མི་གསུང་བས་ཆོས་སྟོན་པར་ཞལ་གྱིས་བཞེས་པ་ན་ཚངས་པ་ཆེན་པོ་གཙུག་ཕུད་ཅན་གྱིས་འཛམ་བུ་ཆུ་བོའི་གསེར་ལས་བྱས་པའི་ཆོས་ཀྱི་འཁོར་ལོ་རྩིབས་སྟོང་པ་རིན་པོ་ཆེ་ཐམས་ཅད་ཀྱིས་སྤྲས་པ། ལྷའི་མེ་ཏོག་དང་ན་བཟའ་ལ་སོགས་པ་མཆོད་པའི་ཚོགས་དཔག་ཏུ་མེད་པ་དང་བཅས་པ་ཕུལ་ཏེ། ཆོས་ཀྱི་འཁོར་ལོ་མྱུར་དུ་བསྐོར་བར་གསོལ་བ་བཏབ་པ་ན། ཤིང་རྟ་ཟླ་བ་དྲུག་པའི་ཚེས་བཞིའི་ཐོ་རངས་ཀྱི་དུས་སུ་ཀོའུ་ཌི་ནྱ་ལ་སོགས་པའི་ལྔ་སྡེ་རྣམས་དང་། ཕྱོགས་བཅུ་ནས་ལྷགས་པའི་བྱང་ཆུབ་སེམས་དཔའ་རྣམས་དང་། ཚངས་པ་དང་། བརྒྱ་བྱིན་དང་། ལྷའི་སྲས་པོ་བརྒྱད་ཁྲིས་གཙོ་བྱས་པའི་ལྷའི་འཁོར་གྲངས་མེད་པ་དང་། གཞན་ཡང་གནོད་སྦྱིན་དང་ཀླུ་ལ་སོགས་པ་ས་དང་ནམ་མཁའི་དབྱིངས་ཐམས་ཅད་ཡོངས་སུ་གང་བའི་འཁོར་གྱི་དཀྱིལ་འཁོར་ཆེན་པོ་ལ་ཆོས་ཀྱི་འཁོར་ལོ་བསྐོར་ཏེ། དེ་ཡང་ལྔ་སྡེ་གདུལ་བྱའི་གཙོ་བོར་བྱས་ནས། དགེ་སློང་དག་འདི་ནི་སྡུག་བསྔལ་འཕགས་(༢༡ན)པའི་བདེན་པ་སྟེ་ཤེས་པར་བྱའོ། །འདི་ནི་ཀུན་འབྱུང་

འཕགས་པའི་བདེན་པ་སྡུག་བསྔལ་ཀུན་འབྱུང་དེ་སྤང་བར་བྱའོ། །འདི་ནི་འགོག་པ་འཕགས་པའི་བདེན་པ་སྟེ་མངོན་དུ་བྱའོ། །འདི་ནི་ལམ་འཕགས་པའི་བདེན་པ་སྟེ་བསྒོམ་པར་བྱའོ། །ཞེས་སོགས་གསུངས་པས། ཀུན་ཤེས་ཀོཎྜི་ནྱའི་རྒྱུད་ལ་མཐོང་ལམ་སྐྱེས་ཏེ། ལྷ་རྣམས་ཀྱིས་ཆེད་དུ་བརྗོད་ནས་མི་རྟོག་གི་ཆར་ཕུལ་མོ་ནུབ་ཙམ་ཕབ་སྟེ། ས་རྣམ་པ་དྲུག་ཏུ་གཡོས་སོ། །དེ་ནས་སླར་ཡང་བདེན་པ་བཞི་ལན་གཉིས་སུ་བཟླས་ཏེ་གསུངས་པས་ལྔ་སྡེ་ལྷག་མ་རྣམས་ཀྱི་རྒྱུད་ལ་མཐོང་ལམ་སྐྱེས་ཤིང་ཀོཎྜི་ནྱས་དགྲ་བཅོམ་ཐོབ་སྟེ་སྔམ་སྔར་གྱི་རྒྱལ་མཚན་འཛིན་པའི་མཆོག་ཏུ་ལུང་བསྟན་ཏོ། །དེ་ནས་སླར་ཡང་བདེན་པ་བཞི་ལན་གསུམ་དུ་བཟླས་ཏེ་རྒྱ་ཆེར་གསུངས་པས་ལྔ་སྡེ་ལྷག་མ་རྣམས་ཀྱིས་ཀྱང་དགྲ་བཅོམ་ཐོབ་སྟེ། སྟོན་པ་ཡང་དག་པར་རྫོགས་པའི་སངས་རྒྱས། དེས་བསྟན་པའི་ལུང་གི་ཆོས། ཆོས་འདིའི་དོན་ཉམས་སུ་བླངས་པས་འབྲས་བུ་མངོན་དུ་གྱུར་པ་འཕགས་པ་དགྲ་བཅོམ་པའི་ཚོགས་ཏེ། དཀོན་མཆོག་གསུམ་མངོན་དུ་གྱུར་ནས་འཇིག་རྟེན་འདིར་རྒྱལ་བའི་བསྟན་པ་ཐོག་མར་བྱོན་པ་ཡིན་ཞིང་། དུས་དེ་ལ་ཆོས་འཁོར་བསྐོར་བའི་དུས་ཞེས་ཡོངས་སུ་གྲགས་སོ། །

ཁ༧༧ དམ་པའི་ཆོས་འདུལ་བ་ཐོག་མར་ཇི་ལྟར་གསུངས་ཚུལ།

དེ་ནས་དམ་པའི་ཆོས་འདུལ་བ་ཐོག་མར་ཇི་ལྟར་གསུངས་ཚུལ་ནི། སྟོན་པ་མངོན་པར་རྫོགས་པར་སངས་རྒྱས་ནས་ཝཱ་ར་ཎ་སིར་ཐོག་མར་ཆོས་འཁོར་བསྐོར་བའི་ཚེ་ལྔ་སྡེ་གདུལ་བྱའི་གཙོ་བོར་མཛད་དེ། ལྔ་སྡེ་ནི་གཞོན་ནུ་དོན་ཐམས་ཅད་གྲུབ་པ་ཁབ་(༢༧བ)ནས་བྱུང་སྟེ་གཅིག་པུར་གཤེགས་པ་ན། རྒྱལ་པོ་ཟས་གཙང་གིས་གཞོན་ནུ་རིམ་གྲོ་བ་མེད་པར་འགྱུམས་པ་ཐོས་ནས་རིམ་གྲོ་བྱེད་པ་གསུམ་བཀྱེ་བཏང་། ཤཱཀྱ་ལེགས་པར་རབ་སད་ཀྱིས་ཀྱང་དེ་བཞིན་དུ་ཐོས་ནས་རིམ་གྲོ་བྱེད་པ་གཉིས་བཀྱེ་བཏང་ངོ་། །དེ་ནས་བྱང་ཆུབ་སེམས་དཔས་དཀའ་ཐུབ་ཀྱི་ནགས་གང་བར་སྤྱོད་པས

བདུད་རྩི་ཐོབ་མི་ནུས་པར་དགོངས་ནས་ཡུམ་གྱི་ཕྱོགས་ནས་གཉིས། ཡབ་ཀྱི་ཕྱོགས་ནས་གསུམ་ཁྲིད་དེ། ཀོཎྜི་ནྱ་ལ། རྟ་ཐུལ། བརླང་པ། མིང་ཆེན། བཟང་ལྡན་ཏེ་རིམ་གྲོ་བ་དེ་ལྔས་བསྐོར་ནས། ཆུ་བོ་ནཻ་རཉྫ་ནའི་དྲུང་དུ་ལོ་དྲུག་དཀའ་བ་སྤྱད་ཀྱང་དེ་ཙམ་གྱིས་བྱང་ཆུབ་མ་ཐོབ་པས། ལུས་ཉམ་ཆུང་བས་བྱང་ཆུབ་བསྒྲུབ་སླ་བ་མིན་པར་དགོངས་ནས། ཞལ་ཟས་རགས་པ་གསོལ་ཞིང་སྐུ་ལ་ཏིལ་མར་དང་མར་གསར་གྱིས་བྱུགས་ནས་ཆུ་འཇམ་པོས་ཁྲུས་མཛད་དོ། །དེ་ནས་རིམ་གྲོ་བ་ལྔ་པོ་འདི་སྙམ་དུ། དགེ་སྦྱོང་གོཨུ་ཏ་མ་ནི་སྡོམ་པ་ཞིག་པ། བཟླ་བ་མང་བ། མང་པོས་འཚོ་བ། སྤོང་བ་ཉམས་པ་ཡིན་པས་འདིས་ཙུང་ཟད་ཀྱང་བདུད་རྩི་ཐོབ་པར་མི་ནུས་སོ་སྙམ་ནས་བྱང་ཆུབ་སེམས་དཔའ་བོར་ཏེ། ཝཱ་ར་ཎ་སིར་ཕྱིན་ནས་ལྔ་པོ་དེ་བློ་མཐུན་པར་དྲང་སྲོང་སྨྲ་བ་རི་དྭགས་ཀྱི་ནགས་ན་གནས་པས་ལྔ་སྡེ་ཞེས་གྲགས་སོ། །

ཁ༧༢ ལྔ་སྡེས་བདེན་པ་མཐོང་ཚུལ།

ལྔ་པོ་དེས་བདེན་པ་མཐོང་ཚུལ་ནི། སྟོན་པས་བདེན་བཞིའི་ཆོས་འཁོར་ཐོག་མར་བསྐོར་བའི་ཚེ་ཐོག་མར་ཀོཎྜི་ནྱ་ཡས་བདེན་པ་མཐོང་། དེ་ནས་གཞན་བཞི་པོས་ཀྱང་བདེན་པ་མཐོང་སྟེ་ལྔ་པོ་དེས་མཐོང་ལམ་ཐོབ་མ་ཐག་ཏུ་སྐྲ་དང་ཁ་སྤུ་རང་བྱིར་ཞུར་ནས་གོས་དཀར་པོ་རྣམས་ཀྱང་ངུར་སྨྲིག་གི་མདོག་ཅན་གྱི་ཆོས་གོས་(༢༢ན)རྣམ་གསུམ་དུ་སོང་སྟེ་དགེ་སློང་དུ་གྱུར་ཏོ། །དེ་ལ་ནི་ལྔ་སྡེ་བཟང་པོ་ངེས་པ་ལ་འཇུག་པས་བསྙེན་པར་རྫོགས་པ་ཞེས་གསུངས་སོ། །དེ་ཡང་སྤྱིར་བསྙེན་པར་རྫོགས་པ་རྣམ་པ་བཅུ་གསུངས་ཏེ། ལུང་མ་མོ་ལས། བསྙེན་པར་རྫོགས་པར་འོས་པ་རྣམ་པ་བཅུའོ། །དེ་བཞིན་གཤེགས་པ་རང་བྱུང་དང་། རང་སངས་རྒྱས་སློབ་དཔོན་མེད་པར་བསྙེན་པར་རྫོགས་པ་དང་། ལྔ་པ་རྣམས་ཡེ་ཤེས་ཁོང་དུ་ཆུད་པས་དང་། ཚེ་དང་ལྡན་པ་འོད་སྲུངས་ཆེན་པོ་སྟོན་པར་ཁས་བླངས་པས་དང་། ཚེ་དང་ལྡན་པ

འཆར་ལྡན་དྲིས་ནས་ལུང་བསྟན་པས་དང་། དགེ་སློང་། ཚུར་ཤོག་ཅེས་གསུངས་པས་དང་། སྐྱབས་སུ་འགྲོ་བའི་ཚིག་གསུམ་གྱིས་དང་། ཡུལ་མཐའ་འཁོབ་ཏུ་འདུལ་བ་འཛིན་པ་དང་ལྔའི་དགེ་འདུན་ལས་དང་། ཡུལ་དབུས་སུ་བཅུ་འདུས་པའམ་དེ་བས་ལྷག་པ་ལས་དང་། བླ་མའི་ཆོས་ཁས་བླངས་པས་དང་། ཕོ་ཉས་དང་། དགེ་འདུན་སྡེ་གཉིས་ལས་བསྙེན་པར་རྫོགས་པའོ་ཞེས་དང་། མཛོད་འགྲེལ་ལས། རྣམ་པ་བཅུས་བསྙེན་པར་རྫོགས་སོ་ཞེས་ཟེར་བ་བསྡུ་བའི་ཕྱིར་སོགས་པའི་སྒྲ་སྨོས་ཏེ། རང་བྱུང་གིས་ནི་སངས་རྒྱས་དང་རང་སངས་རྒྱས་རྣམས་སོ། །ངེས་པ་ལ་འཇུག་པས་ནི་རྗེའུ་ལྔ་པོ་རྣམས་སོ། །དགེ་སློང་། ཚུར་ཤོག་ཅེས་གསུངས་པས་ནི་གྲགས་པ་ལ་སོགས་པ་རྣམས་སོ། །སྟོན་པར་ཁས་བླངས་པས་ནི་འོད་སྲུངས་ཆེན་པོའོ། །དྲི་བས་མཉེས་པས་ནི་ལེགས་སྦྱིན་ནོ། །བླ་མའི་ཆོས་ཁས་བླངས་པས་ནི་སྐྱེ་དགུའི་བདག་མོ་ཆེན་མོའོ། །ཕོ་ཉས་ནི་ཆོས་(༢༢བ)སྦྱིན་ནོ། །འདུལ་བ་འཛིན་པ་རྣམས་པ་ལྔས་ནི་མཐའ་འཁོབ་ཀྱི་མི་རྣམས་སོ། །བཅུའི་ཚོགས་ཀྱིས་ནི་དབུས་ཀྱི་མི་རྣམས་སོ། །སྐྱབས་སུ་འགྲོ་བ་ལན་གསུམ་བཟླས་པས་ནི་སྡེ་བཟང་དྲུག་ཅུའི་ཚོགས་ཀྱིས་བསྙེན་པར་རྫོགས་པར་བྱས་པ་རྣམས་ཏེ། དེ་དག་གི་སོ་སོར་ཐར་པའི་སྡོམ་པ་ནི་གདོན་མི་ཟ་བར་རྣམ་པར་རིག་བྱེད་ལ་རག་ལུས་པ་མ་ཡིན་នོ། །ཞེས་བསྙེན་པར་རྫོགས་པ་བཅུ་གསུངས་སོ། །ཞེས་གསུངས་པ་ལྟར་རོ། །དེ་ནས་སྟོན་པས་ལྔ་སྡེ་བཟང་པོ་ལ་སྟོད་གཡོགས་དང་སྨད་གཡོགས་ཟླུམ་པོར་བགོ་བ་དང་། ཕྱི་རྡོའི་ཁ་ཟས་སྤྱོང་བ་དང་། དོན་ཉུང་བ་དང་བྱ་བ་ཉུང་བར་གནས་པ་སོགས་འདུལ་བའི་བསླབ་བྱ་རྣམས་རིམ་གྱིས་སློབ་པར་མཛད་དོ། །

ལྔ་སྡེས་འདུལ་བའི་བསླབ་ཁྲིམས་རྣམ་པར་དག་པར་བསྲུང་ཞིང་ལམ་བསླབ་པ་གསུམ་བསྒོམས་པས་དགྲ་བཅོམ་པ་ཐོབ་པ་ན་འཛམ་བུའི་གླིང་འདིར་དཀོན་མཆོག་གསུམ་མངོན་དུ་གྱུར་པ་ཞེས་བརྗོད་དེ་སྟོན་པ་སངས་རྒྱས་དང་། དེས་བསྟན་པའི་

ཆོས་དང་། དགེ་འདུན་དགྲ་བཅོམ་པ་ལྔ་བརྒྱ་པའོ། །དེ་ནས་རིགས་ཀྱི་གཙོ་བོའི་བུ་གྲགས་པ་ལ་སོགས་པ་ཉེ་བའི་ལྔ་སྡེ་བྱུང་སྟེ། ཉེ་བའི་ལྔ་སྡེ་ནི་གྲགས་པ་དང་། གང་པོ་དང་། དྲི་མེད་དང་། བ་ལང་བདག་དང་། ལག་བཟང་ལྔའོ། །ལྔ་པོ་དེས་དགྲ་བཅོམ་པ་ཐོབ་པ་ན་ཉེ་བའི་ལྔ་སྡེ་ཞེས་ཡོངས་སུ་གྲགས་སོ། །དེ་ཡང་ཀོའུ་དི་ནྱ་ལ་སོགས་པ་ལྔ་ནི་གླ་མཐུན་པར་གནས་པའི་ལྔ་སྡེ་དང་། གྲགས་པ་ལ་སོགས་པ་ལྔ་ནི་སྤུན་ཡིན་པས་ཉེ་བའི་ལྔ་སྡེ་ཞེས་གྲགས་སོ། །དེ་ནས་སྟོན་པས་གྲོང་གི་ཁྱིའུ་གཙོ་བོ་ལྔ་བཅུ་བཏུལ་ཏེ་(༢༣ན)དགྲ་བཅོམ་ལ་བཀོད། ཤིང་བལ་ཅན་གྱི་ནགས་ཁྲོད་དུ་གཤེགས་ནས་སྡེ་བཟང་དྲུག་ཅུའི་ཚོགས་བཏུལ། དམག་ལྡན་གྱི་གྲོང་དུ་གཤེགས་ནས་དགའ་མོ་དང་དགའ་སྟོབ་མ་གཉིས་བདེན་པ་མཐོང་བ་ལ་བཀོད། ལྟེང་རྒྱས་སུ་གཤེགས་ནས་ལྟེང་རྒྱས་འོད་སྲུངས་བཏུལ། ཡུལ་ག་ཡར་གཤེགས་ནས་ཆུ་ཀླུང་འོད་སྲུངས་དང་ག་ཡ་འོད་སྲུངས་བཏུལ། རལ་པ་ཅན་སྟོང་ཕྲག་རྣམས་ལ་ཆོ་འཕྲུལ་གསུམ་གྱིས་གདམས་པ་མཛད། འོད་མའི་ལྟང་བྲང་ཅན་དུ་གཤེགས་ཏེ་རྒྱལ་པོ་གཟུགས་ཅན་སྙིང་པོ་འཁོར་བཅས་དང་། མ་ག་དྷའི་བྲམ་ཟེ་དང་། ཁྱིམ་བདག་སྟོང་ཕྲག་དུ་མ་བཏུལ་ཏེ་འོད་མའི་ཚལ་བཞེས་ནས། བཅོམ་ལྡན་འདས་རྒྱལ་པོའི་ཁབ་བུ་མང་གི་མཆོད་རྟེན་ན་བཞུགས་སོ། །དེ་འོད་སྲུངས་ཀྱིས་མཐོང་སྟེ་སྟོན་པའོ་སྙམ་ནས་དྲུང་དུ་སོང་ནས་ཕྱག་བཙལ་ཏེ། བཅོམ་ལྡན་འདས་ནི་བདག་གི་སྟོན་པ་ལགས་སོ། །བདག་ནི་བཅོམ་ལྡན་འདས་ཀྱི་ཉན་ཐོས་ལགས་སོ། །སྟོན་པས་ཀྱང་དེ་དེ་བཞིན་ཏེ། དེ་དེ་བཞིན་ནོ། །ང་ནི་ཁྱོད་ཀྱི་སྟོན་པའོ། །ཁྱོད་ནི་ངའི་ཉན་ཐོས་སོ། །ཞེས་སོགས་གསུངས་ནས་སྟོན་པ་གཤེགས་པ་དང་། འོད་སྲུངས་བཅོམ་ལྡན་འདས་ཀྱི་ཞབས་འབྲིང་དུ་འབྲང་ཞིང་སྟོན་པ་བཞུགས་པ་དེར་སྣམ་སྦྱར་གདིང་ངོ་སྙམ་སྟེ། རས་ཡུག་ཆེན་གྱི་སྣམ་སྦྱར་སྟོང་ཕྲག་བརྒྱ་རི་བ་བཏིང་བ་ལ་སྟོན་པ་བཞུགས་ནས། འོད་སྲུངས། ཁྱོད་ཀྱི་སྣམ་སྦྱར་ཡང་ངོ་། །འཇམ་མོ། །གསོལ་བ། ཐུགས་བརྩེ་བའི་སླད་དུ་བདག་གི་

རྣམ་སྨྲར་བཞེངས་སུ་གསོལ། སྟོན་པས་ཀྱང་བཞེངས་ནས་ཕྱག་དར་ཁྲོད་ཀྱི་(༢༣བ)རྣམ་སྣང་དེ་ལ་གནང་ངོ་། །འོད་སྲུངས་ལ་གདམས་ངག་གདམས་པས། ཉི་མ་བརྒྱད་ཀྱི་བར་དུ་སློབ་པ་ལ་གནས་ནས། གུས་པ་ལ་དགྲ་བཅོམ་པ། ཁམས་གསུམ་གྱི་འདོད་ཆགས་དང་བྲལ་བ། གསེར་དང་བོང་བར་མཉམ་པ། ནམ་མཁའ་དང་ལག་མཐིལ་དུ་མཚུངས་པའི་སེམས་དང་ལྡན་པ། ཙན་དན་སྤངས་པ་ལྟ་བུར་བསིལ་བ། མ་རིག་པའི་སྒོ་ང་འི་སྦུབས་བྲལ་བ། རིག་པ་དང་། མངོན་པར་ཤེས་པ་དང་། སོ་སོ་ཡང་དག་པར་རིག་པ་ཐོབ་པ། སྲིད་པ་དང་། འདོད་པའི་རྙེད་པ་ལ་ཆགས་པ་དང་བཀུར་སྟི་ལས་ཕྱིར་ཕྱོགས་པ། དབང་པོ་དང་། ཉེ་དབང་དང་བཅས་པའི་ལྷ་རྣམས་ཀྱིས་མཆོད་པ་དང་། ཕྱག་བྱ་བར་གྱུར་ཏོ། །དེའི་ཚེ་འོད་སྲུངས་ཀྱིས་ཁྱད་པར་ཆེན་པོ་འདི་རྟོགས་པས་འོད་སྲུངས་ཆེན་པོ་ཞེས་གྲགས་སོ། །

དེ་ནས་སྟོན་པ་རྒྱལ་པོའི་ཁབ་འོད་མའི་ཚལ་དུ་གཤེགས་ནས་རྒྱལ་པོ་གཟུགས་ཅན་སྙིང་པོ་ལ་སོགས་པ་གདུལ་བྱ་བགྲང་བ་ལས་འདས་པ་བདེན་པ་མཐོང་བ་ལ་བཀོད་ཅིང་མཆོག་ཟུང་གཉིས་འཁྲོན་དུ་ཉེ་བ་ན་བཅོམ་ལྡན་འདས་ལ་མི་མཁྱེན་པ་དང་མི་གཟིགས་པ་མི་མངའ་བས། སངས་རྒྱས་བཅོམ་ལྡན་འདས་ཐུགས་རྗེ་ཆེན་པོ་དང་ལྡན་པ། འཇིག་རྟེན་ལ་ཕན་པར་ཞུགས་པ། བསྲུང་བ་གཅིག་པུ་པ། ཉག་གཅིག་དཔའ་བ། གཉིས་པ་མེད་པ། གཉིས་སུ་མི་གསུང་བ། ཞི་གནས་དང་ལྷག་མཐོང་གིས་བཞུགས་པ། རིག་པ་གསུམ་གསལ་བ། བསླབ་པ་གསུམ་ལ་ལེགས་པར་བསླབས་པ། དུལ་བའི་གནས་གསུམ་གྱི་གཞི་ལ་མཁས་པ། ཆུ་བོ་བཞི་ལས་བརྒལ་བ། རྫུ་འཕྲུལ་(༢༤ན)གྱི་རྐང་པ་བཞིས་སྤྱོད་པའི་གཞི་ལ་གནས་པ། བསྡུ་བའི་དངོས་པོ་བཞི་ལ་ཡུན་རིང་པོ་ནས་སྦྱང་བ་མཛད་པ་བདེན་པ་བཞི་སྟོན་པ། མི་འཇིགས་པ་བཞིས་བསྙེངས་པ་མི་མངའ་བ། ཡན་ལག་ལྔ་སྤངས་པ། འགྲོ་བ་ལྔ་ལས་འདས་པ། ཕུང་པོ་ལྔ་བདག་མེད་པར་སྟོན་པ། ཡན་ལག་དྲུག་དང་ལྡན་པ། ཕར་ཕྱིན་དྲུག

རྫོགས་པ། དབང་པོ་དྲུག་གི་སྒོ་བསྡམས་པ། ཡང་དག་པར་དགའ་བའི་ཆོས་དྲུག་ལ་གོམས་པ། བྱང་ཆུབ་ཀྱི་ཡན་ལག་བདུན་གྱི་མེ་ཏོག་གིས་ཕྱུག་པ། །འཕགས་པའི་ནོར་བདུན་སྟོན་པ། འཇིག་རྟེན་གྱི་ཆོས་བརྒྱད་ཀྱིས་མ་གོས་པ། ལམ་གྱི་ཡན་ལག་བརྒྱད་སྟོན་པ། སྙོམས་འཇུག་དགུ་ལ་མཁས་པ། ཀུན་ནས་མནར་སེམས་ཀྱི་དངོས་པོ་དགུ་ལ་མཁས་པ། སྟོབས་བཅུ་དང་ལྡན་པ། ཕྱོགས་བཅུར་སྙན་པ་ཡང་དག་པར་རྒྱས་པ། བརྒྱ་ཕྲག་བཅུར་དབང་སྒྱུར་བ་ལས་ཁྱད་པར་དུ་འཕགས་པ་རྣམས་ཀྱི་ཆོས་ཉིད་ནི་དུས་དྲུག་ཏུ་སངས་རྒྱས་ཀྱི་སྤྱན་གྱིས་འཇིག་རྟེན་ལ་གཟིགས་ནས། སུ་གདུལ་བའི་དུས་ལ་བབ་སྙམ་དུ་གཟིགས་ཏེ། ཆུ་སྲིན་གནས་ཀྱི་དུག་ཅན་པ། །དུས་ལས་འདའ་བར་འགྱུར་སྲིད་ཀྱི། །སངས་རྒྱས་གདུལ་ལ་བྱམས་པ་ནི། །དུས་ལས་འདའ་བར་མི་འགྱུར་རོ། །ཇི་ལྟར་མ་ནི་བུ་སྡུག་གཅིག་པུ་ལ། །རྟག་ཅིང་དེ་སྲོག་སྲུང་བར་བྱེད་པ་ལྟར། །དེ་བཞིན་གཤེགས་པའང་གདུལ་བའི་སྐྱེ་བོ་ལ། །རྟག་པར་མཛད་ཅིང་དེ་སྲོག་སྲུང་བར་མཛད། །དེའི་ཚེ་ཉེ་རྒྱལ་དང་པང་ནས་སྐྱེས་གཉིས་གདུལ་བའི་དུས་ལ་བབ་ཅིང་། སྟོན་པས་གདུལ་ལམ་ཉན་ཐོས་ཀྱིས(༢༨བ)འདུལ་ན། ཉན་ཐོས་ཀྱིས་འདུལ། རྫུ་འཕྲུལ་གྱིས་འདུལ་ལམ་སྤྱོད་ལམ་གྱིས་འདུལ་དགོངས་པ་ན། སྤྱོད་ལམ་གྱིས་འདུལ་བར་དགོངས། སྤྱོད་ལམ་གྱིས་འདུལ་བ་དེ་ལ་ཚེ་དང་ལྡན་པ་ཧ་ཐུལ་གཏོང་བར་མཛད་དེ། དེའི་སྤྱོད་ལམ་གྱིས་ལྷ་དང་མིའི་ཡིད་སྡུད་པར་བྱེད་པའི་ཕྱིར་རོ། །དེ་ནས་བཅོམ་ལྡན་འདས་ཀྱིས་བཀའ་སྩལ་པ། ཧ་ཐུལ་ཁྱོད་ཀྱིས་ཉེ་རྒྱལ་དང་པང་ནས་སྐྱེས་ལ་སོམས་ཤིག །ཧ་ཐུལ་ནི་བཅོམ་ལྡན་འདས་ཀྱི་བཀའ་ལ་ལྷག་པར་བྱ་བ་བྱེད་པ་ཡིན་པས་ཞབས་གཉིས་ལ་ཕྱག་བཙལ་ནས་སོང་ངོ་། །དེ་ནས་ཧ་ཐུལ་གྱིས། སྔ་དྲོ་ཤམ་ཐབས་བགོས། སྣམ་སྦྱར་དང་། ཆོས་གོས་དང་། ལྷུང་བཟེད་ཐོགས་པ་མཛེས་པས་རྒྱལ་པོའི་ཁབ་ཏུ་བསོད་སྙོམས་ལ་ཞུགས་སོ། །དེའི་ཚེ་ཉེ་རྒྱལ་གྱིས་ཧ་ཐུལ་ཐག་རིང་པོ་ནས་མཐོང་སྟེ། རབ་ཏུ་བྱུང་བ་འདིའི་སྤྱོད་ལམ་ལྟ་བུ་ནི་

བདག་གིས་སྔོན་ཆད་མ་མཐོང་བས། དེའི་གན་དུ་སོང་ནས། ཁྱོད་ཀྱི་སྟོན་པ་གང་། གང་གི་ཕྱིར་རབ་ཏུ་བྱུང་། སུའི་ཆོས་ལ་དགའ་ཞེས་འདྲིའོ་སྐམ་སྐེ་དེ་ལྟར་དྲིས་པ་དང་། ཤཱཀྱའི་རིགས་ལས་རབ་ཏུ་བྱུང་ནས་སངས་རྒྱས་པ་དེ་བདག་གི་སྟོན་པ། དེའི་ཕྱིར་རབ་ཏུ་བྱུང་། དེའི་ཆོས་ལ་དགའ་འོ། །དགེ་སློང་། ཆོས་དེ་སྟོན་ཅིག །ཁོ་བོ་ན་གཞོན་ཞིང་རབ་ཏུ་བྱུང་བ་གསར་པས། དེས་བསྟན་པ་རྒྱ་ཆེར་བསྟན་མི་ནུས་ཀྱིས། དོན་བསྟན་པར་བྱའོ། །དགེ་སློང་ཁོ་བོ་ལ་ནི་དོན་དགོས་ཀྱིས། དོན་མང་ཡང་ཉུང་། ཉུང་ཡང་ཉུང་སྟོན་ཅིག །ཧ་ཐུལ་གྱིས་སྨྲས་པ། ཆོས་རྣམས་གང་དག་རྒྱུ་ལས་བྱུང་བ་དང་། དེ་ཡི་རྒྱུ་དང་དེ་འགོག་གང་ཡིན་པའང་། དེ་བཞིན་(༢༥ན)གཤེགས་པ་ཉིད་ཀྱིས་བཀའ་སྩལ་ཏེ། དེ་སྐད་གསུང་བའི་ཚུལ་ཅན་དགེ་སྦྱོང་ཆེ། ཆོས་ཀྱི་རྣམ་གྲངས་འདི་བཤད་པ་ན་ཉེ་རྒྱལ་ཆོས་རྣམས་ལ་ཆོས་ཀྱི་མིག་རྡུལ་མེད་ཅིང་དྲི་མ་དང་བྲལ་བ་སྐྱེས་སོ། །དེ་ནས་ཉེ་རྒྱལ་ཆོས་མཐོང་བ་དང་། ཆོས་ཐོས་པ་དང་། ཆོས་རིག་པ་དང་། ཆོས་ཀྱི་གཏིང་སློབ་པ་དང་། སོམ་ཉི་དང་ཐེ་ཚོམ་ལས་བརྒལ་བ་དང་། གཞན་གྱི་དྲིང་མི་འཇོག་པ་དང་། གཞན་གྱིས་མི་དགྲི་བ་དང་། སྟོན་པའི་བསྟན་པའི་ཆོས་རྣམས་ལ་མི་འཇིགས་པ་ཐོབ་ནས་སྨྲས་པ། སྐྱབ་པ་རྣམས་ཀྱི་ཆོས་འདི་ཡིན། །བསྐལ་མང་བྱེ་བ་ཁྲག་ཁྲིག་ཏུ། །སྔོན་ཆད་མ་མཐོང་མ་ཐོས་པ། །འཆི་མེད་མྱ་ངན་མེད་པ་ཡི། །གོ་འཕང་འདི་ལ་རྗེས་སུ་རྟོགས། །བཅོམ་ལྡན་འདས་དེ་ད་ལྟ་གང་ན་བཞུགས། །རྒྱལ་པོའི་ཁབ་འོད་མའི་ཚལ་ན་འོ། །དེ་ཡི་རང་སྐྱེ། ཧ་ཐུལ་ལ་ཕྱག་བཙལ། སྐོར་བ་བྱས་ནས། པང་ནས་སྐྱེས་ཅན་སོང་བ་དང་། དེས་ཐག་རིང་པོ་ནས་འོང་བ་མཐོང་སྟེ། ཁྱོད་ཀྱི་དབང་པོ་རྣམས་དྭངས། བཞིན་གྱི་མདོག་ཡོངས་སུ་དག །པགས་པའི་མདོག་ཤིན་ཏུ་དཀར་ན། ཁྱོད་ཀྱིས་བདུད་རྩི་རྙེད་དམ། རྙེད་དོ། །ཆོས་དེ་སྟོན་ཅིག །སྔར་གྱི་ཚིགས་བཅད་བརྗོད་པས། ད་དུང་ལན་ཅིག་བརྗོད་ཅིག །ཡང་ལན་ཅིག་བརྗོད་པས། དེས་ཀྱང་བདེན་པ་མཐོང་ནས། སྔར་བཞིན་

ཆེད་དུ་བརྗོད་དེ། བཅོམ་ལྡན་འདས་དེ་ད་ལྟ་གང་ན་བཞུགས། འོད་མའི་ཚལ་ན་འོ། །ཚུར་ཤོག །དེའི་སྤྱན་སྔར་ཚངས་པར་སྤྱོད་པར་བྱའོ། །ཚེ་དང་ལྡན་པ། ཇི་འཁོར་ལ་བལྟ་བར་བྱ་སྟེ། བདག་ཅག་ལྟ་བུ་(༢༧བ)གྲགས་པ་དང་ལྡན་པས་འཁོར་ལ་ལྟ་བ་ནི་ལེགས་པ་ཡིན་ནོ། །དེ་ནས་དེ་གཉིས་ཀྱིས་བྲམ་ཟེའི་ཁྱེའུ་རྣམས་ལ་སྨྲས་པ། ཁོ་བོ་ཅག་གཉིས་ནི་བཅོམ་ལྡན་འདས་ཀྱི་སྤྱན་སྔར་ཚངས་པར་སྤྱོད་ན། ཁྱེད་རྣམས་ཅི་བྱེད། མཁན་པོ་གཉིས། བདག་ཅག་ཅི་འཚལ་བ་ཐམས་ཅད་ཁྱེད་གཉིས་ལ་བརྟེན་པ་ལགས་པས། བདག་ཅག་ཀྱང་ཁྱེད་གཉིས་ཀྱི་རྗེས་སུ་རབ་ཏུ་འབྱུང་བར་བགྱིའོ། །ཁྱེའུ་དག །ད་དེའི་དུས་ལ་བབ་པར་ཤེས་པར་གྱིས་ཤིག །དེ་ནས་དེ་གཉིས་འཁོར་ལྔ་བརྒྱ་དང་བཅས་ནས་འོད་མའི་ཚལ་དུ་སོང་བ་དང་། ཀ་ཐུལ་ཤིང་དྲུང་ཞིག་ན་འདུག་པ་མཐོང་ནས། ཉེ་རྒྱལ་གྱིས་པང་ནས་སྐྱེས་ལ་སྨྲས་པ། དང་པོར་བཅོམ་ལྡན་འདས་ལ་ཕྱག་བྱའམ་གང་ལས་ཆོས་ཐོས་པ་དེ་ལ་ཕྱག་བྱ། དང་པོར་ཆོས་ཐོས་པ་དེ་ལ་ཕྱག་བྱའོ། །དེ་གཉིས་ཀ་ཐུལ་ཅན་སོང་སྟེ་ཕྱག་བཙལ་བ་དང་། བྲམ་ཟེ་བླ་མ་ལ་དགའ་བ་ཞིག་ཀྱང་བླ་མ་ལ་ཕྱག་བྱས་སོ། །བཅོམ་ལྡན་འདས་ཀྱིས། ཀུན་པ་དང་ནི་གཞོན་པའང་རུང་། །གང་ལས་ཆོས་ནི་རྣམ་ཤེས་པ། །དེ་ལ་གུས་པར་ཕྱག་བྱ་སྟེ། །བླ་མ་ཆོས་ལ་ཇི་བཞིན་ནོ། །དེ་ནས་དེ་གཉིས་བཅོམ་ལྡན་འདས་ཀྱི་དྲུང་དུ་སོང་བ་དང་། བཅོམ་ལྡན་འདས་ཀྱིས་རྒྱང་རིང་པོ་ནས་དེ་གཉིས་གཟིགས་ཏེ་བཀའ་སྩལ་པ། དགེ་སློང་དག །ཁྱེད་ཀྱིས་འདི་གཉིས་མཐོང་ངམ། བཙུན་པ། མཐོང་ངོ་། །འདི་གཉིས་ནི་ངའི་ཉན་ཐོས་ཤེས་རབ་ཅན་དང་རྫུ་འཕྲུལ་ཅན་གྱི་མཆོག་ཏུ་འགྱུར་རོ། །དེ་ནས་དེ་གཉིས་བཅོམ་ལྡན་འདས་ཀྱི་དྲུང་དུ་སོང་སྟེ་ཞབས་གཉིས་ལ་ཕྱག་བཙལ་ནས། བཙུན་པ། བདག་ཅག་ལེགས་པར་གསུངས་པའི་ཆོས་(༢༨ན)འདུལ་བ་ལ་རབ་ཏུ་བྱུང་བ་དང་། བསྙེན་པར་རྫོགས་པ་དགེ་སློང་གི་དངོས་པོར་གནང་ན། བཅོམ་ལྡན་འདས་ཀྱི་སྤྱན་སྔར་ཚངས་པར་སྤྱོད་པ་སྤྱད་པར་བགྱིའོ། །བཅོམ་

ལྡན་འདས་ཀྱིས་དེ་གཉིས་ལ། དགེ་སློང་། ཚུར་ཤོག་ཚངས་པར་སྤྱོད་པ་སྤྱོད་ཅིག་ཅེས་བཀའ་སྩལ་པས། སྐྲ་དང་ཁ་སྤུ་དྲིག་ནས་ཞག་བདུན་ལོན་པ་ཙམ་དང་། ལག་ན་ལྷུང་བཟེད་དང་བྱ་མ་བུམ་ཐོགས་པ་དང་། དགེ་སློང་བསྙེན་པར་རྫོགས་ནས་ལོ་བརྒྱ་ལོན་པའི་སྤྱོད་ལམ་ལྟ་བུར་གྱུར་ཏོ། །དེ་བཞིན་གཤེགས་པས་ཚུར་ཤོག་བཀའ་སྩལ་པས། སྐྲ་ཅི་སྣམ་སྦྱར་གྱོན་པའི་ལུས་ལྡན་ཞིང་། །མོད་ལ་དབང་པོ་རབ་ཞི་གནས་གྱུར་ཏེ། །སངས་རྒྱས་དགོངས་པས་ལུས་གཟུགས་བཀབ་པར་གྱུར། །ཅེས་ལྷ་རྣམས་ཀྱིས་ཆེད་དུ་བརྗོད་པ་བྱས་སོ། །དེ་ནས་སྟོན་པ་ཐུབ་པའི་དབང་པོས་ཡུལ་སྣ་ཚོགས་སུ་གཤེགས་ནས་སྲིད་པ་ཐ་མ་པའི་གདུལ་བྱ་བསྒྲང་བ་ལས་འདས་པའི་དོན་མཛད་ཅིང་ཕལ་ཆེར་ཚུར་ཤོག་གིས་བསྙེན་རྫོགས་མཛད་དོ། །

ཁ༧༣ སྟོན་གྱི་ཚོ་ག་བྱུང་ཚུལ།

དེ་ནས་སྟོན་གྱི་ཚོ་ག་བྱུང་ཚུལ་ནི། བཅོམ་ལྡན་འདས་མངོན་པར་རྫོགས་པར་སངས་རྒྱས་ནས་རིང་པོ་མ་ལོན་པ་ན་ཕལ་ཆེར། དགེ་སློང་། ཚུར་ཤོག་ཚངས་པར་སྤྱོད་པ་སྤྱོད་ཅིག་ཅེས་གསུངས་པ་ཙམ་གྱིས་བསྙེན་རྫོགས་མཛད་པས་གཞན་དག་གི་གན་དུ་རབ་ཏུ་འབྱུང་བར་འདོད་ནས་འོངས་པ་རྣམས་ཀྱང་སྟོན་པའི་དྲུང་དུ་ཁྲིད་ནས། ཚུར་ཤོག་གིས་བསྙེན་པར་རྫོགས་པ་མཛད་དོ། །དགེ་སློང་ཞིག་གི་གན་དུ་རབ་ཏུ་འབྱུང་བར་འདོད་པ་འོངས་པ་ན། དེས་དེ་ཁྲིད་ནས་སྟོན་པའི་སྤྱན་སྔར་སོང་བ་དང་། (༢༨བ)ལམ་དུ་ཤི་ནས་རབ་ཏུ་འབྱུང་བ་དང་བསྙེན་པར་རྫོགས་པའི་བར་ཆད་དུ་གྱུར་པའི་སྐབས་དེ་སྟོན་པ་ལ་གསོལ་བ་དང་། སྟོན་པས། ཀྱེ་མ་ངའི་ཉན་ཐོས་ཐག་རིང་པོ་ནས་འོང་བ་རྣམས་ངལ་བར་འགྱུར་སྙམ་དུ་དགོངས་ཏེ། དེང་ནས་དགེ་འདུན་གྱིས་རབ་ཏུ་དབྱུང་བ་དང་བསྙེན་པར་རྫོགས་པར་བྱ་བར་གནང་ངོ་ཞེས་བཀའ་སྩལ་ཏོ། །ཇི་ལྟར་བྱ་བ་མ་ཤེས་པར་ཞུས་པས། རབ་ཏུ་

འབྱུང་བར་འདོད་པ་འོངས་ན་དགེ་འདུན་ཐམས་ཅད་འདུས་པ་ན་ཞེས་སོགས་ཆོ་ག་དང་བཅས་པ་གསུངས་སོ། །

༡༧༨ ད་ལྟར་གྱི་ཆོ་ག་བྱུང་ཚུལ།

དེ་ནས་ད་ལྟར་གྱི་ཆོ་ག་བྱུང་ཚུལ་ནི། སྔར་བཤད་པ་དེ་ལྟར་སྟོན་ཆོག་གིས་བསྙེན་པར་རྫོགས་པ་དག །མཁན་སློབ་མེད་པས་ལེགས་པར་མ་སྦྱངས་པ་དང་། ལེགས་པར་མ་བསྒོས་པ་དང་། སྨྲ་མཐོན་པོ་དང་། སྨྲ་ཆེན་པོ་དང་། རྒོད་བག་གི་སྤྱོད་ལམ་གྱིས་བྲམ་ཟེ་དང་ཁྱིམ་བདག་གི་ཁྱིམ་དུ་ཟས་དང་སྐྱན་ཚོད་སློང་བ་དང་སློང་དུ་འཇུག་ཅིང་། བསྟན་པ་དང་འགལ་བར་བྱེད་པས་མུ་སྟེགས་ཅན་རྣམས་སྨོད་པ་དང་། ཕྱར་ཁ་གཏོང་བ་དང་། ཁ་ཟེར་བར་བྱེད་དོ། །ནད་པ་དག་ཀྱང་ནད་གཡོག་མེད་པས་ཤི་བའི་སྐབས་དེ་སྟོན་པ་ལ་ཞུས་པས། སྟོན་པས་ངའི་ཉན་ཐོས་རྣམས་གཅིག་གིས་གཅིག་བསྲུ་བའི་ཕྱིར་དང་། ནད་པ་རྣམས་ལ་རིམ་གྲོ་བྱ་བའི་ཕྱིར་མཁན་པོ་དང་སློབ་དཔོན་དག་གིས་རབ་ཏུ་དབྱུང་བ་དང་བསྙེན་པར་རྫོགས་པར་གནང་ངོ་ཞེས་བཀའ་སྩལ་ཏེ། དེ་དག་གིས་མཁན་སློབ་མ་ཤེས་ནས་ཞུས་པས། མཁན་པོ་གཉིས། སློབ་དཔོན་ལྔ་མཚན་ཉིད་དང་བཅས་པ་གསུངས། ཇི་ལྟར་རབ་ཏུ་དབྱུང་བ་དང་(༢༧ན)བསྙེན་པར་རྫོགས་པར་བྱ་བ་མ་ཤེས་ནས་ཞུས་པས། དང་པོར་བར་ཆད་དྲིས་ནས་སྐྱབས་སུ་འགྲོ་བ་དང་། དགེ་བསྙེན་གྱི་སྡོམ་པ་སྦྱིན་པ་དང་། དེའི་འོག་ཏུ་སྐྱབས་འགྲོ་དང་དགེ་བསྙེན་གྱི་བསླབ་བྱ་བརྗོད་ནས་རབ་བྱུང་ཞུ་བའི་དགེ་སློང་ལ་གཏད་དེ། དེས་དགེ་འདུན་ལ་ཞུས་དགེ་འདུན་གྱིས་གནང་ནས་བསྒྲུབ་བྱ་དེས་མཁན་པོར་འོས་པ་དེ་ལ་ཕྱག་བཙལ་ཏེ། རབ་ཏུ་འབྱུང་བའི་མཁན་པོར་གསོལ་ནས་སྐྲ་དང་ཁ་སྤུ་བྲེགས། ཁྲུས་བྱས་ཏེ་མཁན་པོས་ཆོས་གོས་དང་ལྷུང་བཟེད་སྦྱིན་ཞིང་དེས་ཀྱང་རྐང་པ་གཉིས་ལ་གཏུགས་ནས་བླང་བར་བྱ། དེའི་འོག

ཏུ་མཁན་པོས་བསྐོན་ཞིང་མཚན་བཏག་པར་བྱ། དེའི་འོག་ཏུ་སྐྱབས་འགྲོ་རྫོམ་པས་
རབ་ཏུ་བྱུང་བ་ཉེ་བར་བསྒྲུབས་ནས་དགེ་ཚུལ་ཉིད་དུ་ཉེ་བར་སྒྲུབ་པའི་དགེ་སློང་
ལ་གཏད་དེ། དེས་དགེ་ཚུལ་གྱི་སྡོམ་པ་སྦྱིན་པར་བྱ། དེ་ནས་དགེ་སློང་གཞན་ཞིག་
གིས་གྲིབ་ཚོད་གཞལ་ཏེ་སྡོམ་པ་ཐོབ་དུས་བརྗོད། དེའི་འོག་ཏུ་བསླབ་པ་བརྗོད་པ་
རྣམས་གསུངས། དེའི་འོག་ཏུ་བསྒྲུབ་བྱ་དེས་ལོ་ཉི་ཤུ་ལོན་ན་མཁན་པོས་བསྒྲུབ་བྱ་དེ་
ལ་བསྙེན་པར་རྫོགས་པའི་ཡོ་བྱད་རྣམས་སྦྱལ་ནས། མཁན་པོས་བསྒྲུབ་བྱ་དེའི་དོན་
དུ་སློབ་དཔོན་གཉིས་དད་པའི་དགེ་འདུན་དང་བཅས་པ་ལ་གསོལ་བ་གདབ། དེ་
དག་གིས་ཀྱང་ལྷུང་བ་བཤགས་པ་དང་སྡོམ་པ་དང་བྱིན་གྱིས་བརླབས་པས་ཕྱིར་
བཅོས་ཏེ་འདུག །དེའི་འོག་ཏུ་ཡུལ་དབུས་དང་མཐའ་འཁོབ་ཀྱི་བྱེ་བྲག་གིས་དགེ་
སློང་བཅུའམ་ལྔ་ལ་སོགས་པ་འདུས་པ་ན། དང་པོར་སྟོན་པ་དང་། དེ་ནས་དགེ་
སློང་(༢༧བ)རེ་རེ་ལ་ཕྱག་གསུམ་འཚལ་དུ་བཅུག །དེ་ནས་མཁན་པོར་གསོལ་བའི་
འོག་ཏུ་ཆོས་གོས་གསུམ་དངོས་སམ་རྒྱུའི་བྱིན་རླབས་བྱས་ནས་དགེ་འདུན་ལ་ལྷུང་
བཟེད་བསྟན་ཏེ་བྱིན་གྱིས་བརླབ་བོ། །དེ་ནས་བསྒྲུབ་བྱ་དེ་ཐོས་པའི་ཉེ་འཁོར་ལས་
བཀར་ཏེ། གསང་སྟེ་སྟོན་པ་བསྐོས་ནས་དེས་བསྒྲུབ་བྱ་དེ་རང་ལ་ཕྱག་འཚལ་དུ་
བཅུག་སྟེ་བར་ཆད་དྲིས་ནས་ནང་དུ་འོང་བ་ཞུ། དེ་ནས་བསྒྲུབ་བྱ་དེ་བཀུག །ཉན་
པའི་མཐའ་ཡོགས་སུ་འདུག་ཏུ་བཅུག་སྟེ། ལས་བྱེད་པས་བསྙེན་པར་རྫོགས་པར་
གསོལ་དུ་གཞུག །དེའི་འོག་ཏུ་བར་ཆད་དྲི་བའི་ཕྱིར་གསོལ་བ་འབའ་ཞིག་གི་ལས་
བྱས་ནས་བར་ཆད་དྲི་བར་བྱ། །དེའི་འོག་ཏུ་གསོལ་བཞི་ལས་ཀྱིས་བསྙེན་པར་རྫོགས་
པ་བསྒྲུབ་པར་བྱ། དེའི་འོག་ཏུ་གྲིབ་ཚོད་གཞལ་ཏེ་ཉིན་མཚན་གྱི་ཆ་སྔ་དྲོ་དང་། གུང་
དང་། ཕྱི་དྲོ་དང་། མཚན་མོའི་ཐུན་དང་པོ་དང་། ཐུན་དང་པོའི་ཕྱེད་དང་། གུང་
ཐུན་དང་། གུང་ཐུན་གྱི་ཕྱེད་དང་། ཐུན་ཐ་མ་དང་། ཐུན་ཐ་མའི་ཕྱེད་དང་། སྐྱ་
རེངས་མ་ཤར་བ་དང་། སྐྱ་རེངས་ཤར་བ་དང་། ཉི་མ་མ་ཤར་བ་དང་། ཉི་མ་ཤར་

བ་དང་། ཉི་མ་བརྒྱད་ཆ་ཤར་བ་དང་། ཉི་མ་བཞི་ཆ་ཤར་བ་དང་། གུང་ཚིགས་མ་ཡོལ་བ་དང་། ཉི་མ་བཞི་ཆ་ལུས་པ་དང་། ཉི་མ་བརྒྱད་ཆ་ལུས་པ་དང་། ཉི་མ་མ་ནུབ་པ་དང་། ཉི་མ་ནུབ་པ་དང་། རྒྱུ་སྐར་རྣམས་མ་ཤར་བ་དང་། རྒྱུ་སྐར་རྣམས་ཤར་བ་སྟེ་ཉིན་མཚན་གྱི་ཆ་འདིའི་དུས་སུ་ཞེས་དུས་ཚིགས་བརྗོད་པར་བྱ། དེ་ནས་གདམས་ངག་བཅུ་གཅིག་བརྗོད་པ་རྣམས་གསུངས་སོ། །ད་ལྟར་གྱི་ཚེ་ག་འདི་དུས་ནམ་གྱི་ཚེ་བྱུང་བ(༢༨ན)ནི་སྟོན་པ་མངོན་པར་རྫོགས་པར་སངས་རྒྱས་ནས་ལོ་དྲུག་ནས་བྱུང་བར་གསུངས་ཏེ། དེ་ཡང་སྟོན་པ་སངས་རྒྱས་ནས་ལོ་དྲུག་སོང་བ་ན་ཡབ་སྲས་མཇལ་བ་བྱུང་ཞིང་། ཡབ་སྲས་མཇལ་བའི་ཚེ་འཆར་ཀས་འཕྲིན་པ་བྱས་ནས་མཇལ་བ་ཡིན་ཏེ། རྒྱལ་པོ་ཟས་གཙང་གིས་འཆར་ཀ་འཕྲིན་པར་བཏང་སྟེ་སྟོན་པ་ལ་སེར་སྐྱའི་གནས་སུ་འབྱོན་དགོས་པར་གསོལ་བ་བཏབ་པའི་ཚེ་སྟོན་པས་འཆར་ཀ་ལ་སངས་རྒྱས་ཀྱི་ཕོ་ཉ་རབ་ཏུ་བྱུང་བ་ཡིན་པས་ཁྱོད་རབ་ཏུ་བྱུང་ཞིག་ཅེས་བཀའ་སྩལ་ནས་ཤཱ་རིའི་བུས་མཁན་པོ་བྱས་ཏེ་འཆར་ཀ་ད་ལྟར་གྱི་ཚེ་གའི་སྒོ་ནས་རབ་ཏུ་བྱུང་ཞིང་བསྙེན་པར་རྫོགས་པར་ལུང་ལས་གསུངས། སྟོན་པ་སེར་སྐྱར་ཕྱིན་ནས་ཡབ་སྲས་མཇལ་བའི་སྐབས་སྲས་སྒྲ་གཅན་འཛིན་ཤཱ་རིའི་བུས་མཁན་པོ་བྱས་ནས་རབ་ཏུ་བྱུང་བར་གསུངས་པས་ད་ལྟར་གྱི་ཚེ་ག་སྟོན་པ་སངས་རྒྱས་ཏེ་ལོ་དྲུག་ནས་བྱུང་བར་ཤིན་ཏུ་གསལ་ལོ། །

ཁ༧༥ ཁྲིམས་ཉིས་བརྒྱ་ལྔ་བཅུ་རྩ་གསུམ་ཇི་ལྟར་གསུངས་ཚུལ།

དེ་ནས་སྟོན་པས་ཁྲིམས་ཉིས་བརྒྱ་ལྔ་བཅུ་རྩ་གསུམ་ཇི་ལྟར་གསུངས་ཚུལ་ནི། བཅོམ་ལྡན་འདས་ཀྱི་ཉན་ཐོས་ཀྱི་དགེ་འདུན་ལ་ལོ་བཅུ་གཉིས་སུ་སྐྱོན་མེད་ཅིང་། ཆུ་བུར་མེད་ལ། བཅོམ་ལྡན་འདས་ཀྱི་ཉན་ཐོས་རྣམས་ཀྱིས་སོ་སོར་ཐར་པའི་མདོ་འདོན་པ་ཡང་མདོར་བསྡུས་ཏེ། སྡིག་པ་ཐམས་ཅད་མི་བྱ་སྟེ། །དགེ་བ་ཕུན་སུམ་

ཚོགས་པར་བྱ། །རང་གི་སེམས་ནི་ཡོངས་སུ་འདུལ། །འདི་ནི་སངས་རྒྱས་བསྟན་པ་ཡིན། །ལུས་ཀྱི་སྡོམ་པ་ལེགས་པ་སྟེ། །ངག་གི་སྡོམ་པའང་ལེགས་པ་ཡིན། །(༢༨བ)ཡིད་ཀྱི་སྡོམ་པའང་ལེགས་པ་སྟེ། །ཐམས་ཅད་དུ་ནི་སྡོམ་པ་ལེགས། །ཀུན་ཏུ་བསྡམས་པའི་དགེ་སློང་ནི། །སྡུག་བསྔལ་ཀུན་ལས་རབ་ཏུ་གྲོལ། །ངག་རྣམས་བསྲུང་ཞིང་ཡིད་ཀྱིས་རབ་བསྡམས་ཏེ། །ལུས་ཀྱིས་མི་དགེ་བ་དག་མི་བྱེད་ཅིང་། །ལས་ལམ་གསུམ་པོ་འདི་དག་རབ་སྦྱངས་ན། །དྲང་སྲོང་གསུངས་པའི་ལམ་ནི་ཐོབ་པར་འགྱུར། །ཞེས་བརྗོད་པར་གྱུར་ཏོ། །ལོ་བཅུ་གསུམ་པ་ལ་བབ་པ་ན། སངས་རྒྱས་བཅོམ་ལྡན་འདས་ཡུལ་སྲོང་བྱེད་ན་ཀ་ལན་ད་ཀའི་གྲོང་ཁྱེར་དུ་བཞུགས་པའི་ཚེ། །དགེ་སློང་བཟང་སྦྱིན་པ་མས་བསླུས་ཏེ་དགེ་སློང་བཟང་སྦྱིན་རང་གི་ཁྱིམ་དུ་བསོད་སྙོམས་ལ་ཕྱིན་པ་ན། དེའི་མ་དེ་འདི་སྐམ་དུ། ཀྱེ་མ་བཟང་སྦྱིན་འདོད་པའམ། མངོན་པར་མི་དགའ་བའམ། རྣམ་པར་འཁྲུག་འདོད་ཅིང་། དགེ་སྦྱོང་གི་ཚུལ་དོན་དུ་མི་གཉེར་བའམ། དགེ་སྦྱོང་གི་ཚུལ་གྱིས་སྐྱིད་ལུག་པའམ། རྒྱུས་བྱུང་བའམ། ཐེ་ཚོམ་ཟ་བའམ། སྨོད་པའམ། དགེ་སྦྱོང་གི་ཚུལ་གཏོང་འདོད་པར་མ་གྱུར་གྲང་སྙམ་ནས། བཟང་སྦྱིན་ཅན་སོང་སྟེ་སྨྲས་པ། བུ། ཁྱོད་འདོད་པ་ནས། དགེ་སྦྱོང་གི་ཚུལ་གཏོང་འདོད་པ་ལྟ་ན། ཁྱོད་ཀྱི་ཕའི་དབྱིག་དང་། གསེར་གྱི་ཕུང་པོ་གང་ལ་མཐའ་གཅིག་ན་འགྲེང་བའི་མིས་མཐའ་གཅིག་ན་འདུག་པའི་མི་མི་མཐོང་ལ། མཐའ་གཅིག་ན་འདུག་པའི་མིས་མཐའ་གཅིག་ན་འགྲེང་བའི་མི་མི་མཐོང་བ་དང་། ཕའི་དབྱིག་དང་། གསེར་མཚན་མ་བཏབ་པའང་བརྒྱ་སྟོང་དུ་མ་ཡོད་ན། གཞན་(༢༩ན)དཔལ་ལ་ལྟ་ཅི་སྨོས། བུ། ཚུར་ཤོག་འདོད་པ་ལ་ལོངས་སྤྱོད། སྦྱིན་པ་དག་ཀྱང་བྱིན། བསོད་ནམས་དག་ཀྱང་གྱིས་ཤིག །བཟང་སྦྱིན་གྱིས་སྨྲས་པ། མ། བདག་དེ་ལྟ་མ་ལགས་སོ། །མས་བསམས་པ། བདག་གིས་དེ་ལྟར་བྱས་ཀྱང་། བཟང་སྦྱིན་ཕྱིར་བཟློག་མ་ནུས་ཀྱིས་འདིའི་བག་སར་རྙད་པར་བྱའོ་སྙམ་ནས། ཁྱིམ་དུ་སོང་སྟེ་

མནའ་མ་ལ་སྨྲས་པ། སྲུ། ཁྱོད་དུས་ལ་བབ་ཅིང་ཟླ་མཚན་དང་ལྡན་པའི་ཚེ་ཕོ་མོ་ལ་སྲོན་ཅིག ཡུམ། བཀའ་བཞིན་འཚལ། དེ་རེ་ཞིག་ན་དུས་ལ་བབ་ཅིང་ཟླ་མཚན་དང་ལྡན་པར་གྱུར་ནས། བཟང་སྦྱིན་གྱི་མ་ལ་སྨྲས་པ། ངན་བུ་དུས་ལ་བབ་ཅིང་ཟླ་མཚན་དང་ལྡན་ན། བདག་གིས་ཅི་བགྱི། སྲུ། བཟང་སྦྱིན་སྔོན་ཁྱིམ་པ་ཉིད་མ་དགའ་བའི་ཁྲུས་དང་སྐུ་མཉེ་གྱིས། རྒྱན་ཐོགས་ལ་ཤོག་ཅེས་བསྒོའོ། །དེས་ཀྱང་མཉན་ནས། ཡུམ། ངན་བུ་འདི་འདྲ་ན་བདག་གིས་ཅི་བགྱི། དེ་ནས་དེ་གཉིས་ཤིང་རྟ་གཅིག་ཏུ་ཞུགས་ནས་བཟང་སྦྱིན་གྱི་གནས་སུ་བཞོན་པའི་ས་ཇི་སྲིད་པ་དེ་སྲིད་དུ་བཞོན་པས་སོང་སྟེ། བཞོན་པ་ལས་བབས་ནས་རྐང་པས་བཟང་སྦྱིན་གྱི་དྲུང་དུ་སོང་སྟེ། དེའི་ཚེ་བཟང་སྦྱིན་གནས་ཀྱི་ཕྱི་རོལ་བླ་གབ་མེད་པའི་འཆག་ས་ན་འཆག་པ། མས་ཐག་རིང་པོ་ནས་མཐོང་ནས། དེའི་དྲུང་དུ་སོང་སྟེ་སྨྲས་པ། བུ། བག་སར་འདི་ལ་ས་བོན་གྱི་ཆོས་ཙུང་ཞིག་བྱིན་ཅིག །ཁྱོད་ལ་བུ་མེད་པས་ཛས་ཐམས་ཅད་རྒྱལ་པོས་དབང་དུ་(༢༩་བ)བྱས་ན་མི་རུང་ངོ་། །དེ་ནས་བཟང་སྦྱིན་གྱིས། སྔར་བསླབ་པའི་གཞི་མ་བཅས་ཤིང་ཉེས་པ་མ་མཐོང་ལ། བུད་མེད་གཞོན་ནུ་ཁ་དོག་བཟང་བ་ཆགས་པར་འགྱུར་བ་མཐོང་ནས་འདོད་ཆགས་ཀྱིས་སེམས་ཟིལ་གྱིས་ནོན་པས། ཡུམ། བདག་གིས་དེ་ལྟར་བགྱིད་རུང་ངམ། །བུ། ས་བོན་གྱི་ཆོས་ལ་བརྟེན་ནས་ཤིན་ཏུ་རུང་ངོ་། །དེ་ནས་དེས་མ་ལ་ཉན་ཏེ་སྔོན་གྱི་ཆུང་མའི་ལག་པ་གཉིས་ནས་བཟུང་སྟེ་ཕྱོགས་ཤིག་ཏུ་སོང་ནས་ཆོས་གོས་བཞག་སྟེ། དེ་དང་ལྷན་ཅིག་ཏུ་ལན་གཉིས་ལན་གསུམ་དུ་མི་ཚངས་པར་སྤྱད་དོ། །དེ་ནས་བྱུང་བ་འདི་དང་། གླེང་གཞི་འདི་དང་། སྐབས་འདི་ལ་དགེ་སློང་གི་དགེ་འདུན་བསྡུ་བ་མཛད་དོ། །དེ་བཞིན་གཤེགས་པ་ནི་དོན་གྱི་དབང་གཉིས་གཟིགས་པ་ན་དགེ་སློང་གི་དགེ་འདུན་སྡུད་པར་མཛད་དེ། ངའི་ཉན་ཐོས་རྣམས་ཀྱིས་ཀུན་ཤེས་པ་ཉིད་དུ་བྱ་བའི་ཕྱིར་དང་། འདུལ་བ་ལ་བསླབ་པའི་གཞི་ལེགས་པར་བཅས་པར་འགྱུར་བའོ། །སངས་

ཀྱིས་བཅོམ་ལྡན་འདས་རྣམས་ནི་མཁྱེན་བཞིན་དུ་སླིད་པར་མཛད་པ་སྟེ། མཁྱེན་
བཞིན་དུ་སླིད་པ། མཁྱེན་ཀྱང་མི་སླིད་པ། དུས་སུ་སླིད་པ། དུས་ལས་ཡོལ་བར་མི་
སླིད་པ། དོན་དང་ལྡན་པ་སླིད་པ། དོན་དང་མི་ལྡན་པ་མི་སླིད་པས་དོན་དང་མི་
ལྡན་པ་ལ་ཆུ་ལོན་གྱིས་ཟློག་པར་མཛད་པ་ཡིན་ནོ། །སངས་རྒྱས་བཅོམ་ལྡན་འདས་
རྣམས་ནི་དོན་དང་ལྡན་པ་སླིད་པ་ལ་དུས་མཁྱེན་པ་ཡིན་པས། སངས་རྒྱས་བཅོམ་
ལྡན་འདས་ཀྱིས་བཟང་སྦྱིན་ལ། བཟང་སྦྱིན་(༣༠ན)ཁྱོད་ཀྱིས་མི་མཛེས་པ་དེ་ལྟ་བུ་བྱས་
པ་བདེན་ནམ། བཙུན་པ། མད་དོ། །སྟོན་པས་དགེ་སློང་གི་ཚུལ་མ་ཡིན་པ། རྗེས་སུ་
མཐུན་པ་མ་ཡིན་པ། རུང་བ་མ་ཡིན་པ། ཚུལ་དང་མཐུན་པ་མ་ཡིན་པ་དེ་ནི་རབ་
ཏུ་བྱུང་བས་བྱ་བ་མ་ཡིན་ནོ། །བཟང་སྦྱིན། ངས་འདོད་ཆགས་འདོད་ཆགས་དང་
བྲལ་བ་དང་། ཞེ་སྡང་འདོད་ཆགས་དང་བྲལ་བ་དང་། གཏི་མུག་འདོད་ཆགས་དང་
བྲལ་བར་བྱ་བའི་ཕྱིར་སེམས་རྣམ་པར་གྲོལ་བ་དང་། ཤེས་རབ་རྣམ་པར་གྲོལ་བའི་
ཆོས་བསྟན་པ་ལ་ཁྱོད་ཀྱིས་ཅིའི་ཕྱིར་མི་མཛེས་པ་དེ་ལྟ་བུ་བྱས། མི་གཏི་མུག་ཅན་
ཁྱོད་ཀྱིས་སྦྲུལ་ནག་པོ་དུག་མྱུར་དུ་ཁྲབ་པ། དུག་དྲག་པ། དུག་རྗོ་བའི་ཁར་རང་
གི་ཡན་ལག་གི་རྣམ་པ་བཙུག་པར་གྱུར་པ་ནི་སླ་ཡི། དེ་ལྟར་གྱུར་པས་བུད་མེད་
ཀྱི་ཡུལ་ལ་ནི་མ་ཡིན་ནོ་ཞེས་སྨད་ནས། དགེ་སློང་དག །དེ་ལྟ་བས་ཕན་ཡོན་བཅུ་
ཡང་དག་པར་གཟིགས་པས་འདུལ་བ་ལ་ཉན་ཐོས་རྣམས་ཀྱི་བསླབ་པའི་གཞི་བཅའ་
བར་བྱ་སྟེ། དགེ་འདུན་བསྡུ་བའི་ཕྱིར་དང་། དགེ་འདུན་ལེགས་པར་བྱ་བའི་ཕྱིར་
དང་། དགེ་འདུན་བདེ་བར་གནས་པར་བྱ་བའི་ཕྱིར་དང་། གནོད་མི་བཀུར་བའི་
གང་ཟག་རྣམས་ཚར་བཅད་པའི་ཕྱིར་དང་། ངོ་ཚ་ཤེས་པ་རྣམས་བདེ་བར་གནས་
པར་བྱ་བའི་ཕྱིར་དང་། མངོན་པར་མ་དད་པ་རྣམས་མངོན་པར་དད་པར་བྱ་བའི་
ཕྱིར་དང་། མངོན་པར་དད་པ་རྣམས་ཕྱིར་ཞིང་འཕྲུང་བར་བྱ་བའི་ཕྱིར་དང་། ཚེ་
(༣༠བ)འདིའི་ཟག་པ་རྣམས་བསྡམ་པར་བྱ་བའི་ཕྱིར་དང་། ཚེ་རབས་ཕྱི་མའི་ཟག་

པ་རྣམས་བཟློག་པར་བྱ་བའི་ཕྱིར་དང་། ངའི་ཚངས་པར་སྤྱོད་པ་སྐྱེ་བོ་ལ་ཕན་པ་ཡངས་པར་གྱུར་པ་ལྷ་དང་མིའི་བར་ལ་ཡང་དག་པར་རབ་ཏུ་བསྟན་པ་ཡུན་རིང་དུ་གནས་པར་འགྱུར་བའི་ཕྱིར་ངའི་ཉན་ཐོས་རྣམས་ཀྱིས་འདུལ་བ་ལ་བསླབ་པའི་གཞི་འདི་ལྟར་གདོན་པར་བྱ་སྟེ། ཡང་དགེ་སློང་གང་དགེ་སློང་རྣམས་དང་ལྷན་ཅིག་བསླབ་པ་མཚུངས་པར་གྱུར་པས། བསླབ་པ་མ་ཕུལ། བསླབ་པ་ཉམས་པར་མ་བྱས་པར། མི་ཚངས་པར་སྤྱོད་པ་འཁྲིག་པའི་ཆོས་བསྟེན་ན། དགེ་སློང་དེ་ཕམ་པར་གྱུར་པ་ཡིན་གྱིས་གནས་པར་མི་བྱའོ་ཞེས་བཅའ་བ་མཛད་དོ། །

ཁ༧༨ རྗེས་བཅས་མཛད་ཚུལ།

དེ་ནས་རྗེས་བཅས་མཛད་ཚུལ་ནི། དགོན་པའི་ནགས་ཁྲོད་དུ་གནས་པའི་དགེ་སློང་ཞིག་གིས་ནགས་ན་གནས་པའི་སྤྲ་མོ་ཞིག་ལ་མི་ཚངས་པར་སྤྱད་པ་ན་བྱུང་བ་འདི་དང་། གླེང་གཞི་འདི་དང་། སྐབས་འདི་ལ་དགེ་འདུན་བསྡུ་བ་མཛད་ནས། དགེ་སློང་། ཁྱོད་ཀྱིས་མི་མཛེས་པ་དེ་ལྟ་བུ་བྱས་པ་བདེན་ནམ། བཙུན་པ། མད་དོ། །མི་གཏི་མུག་ཅན་ཁྱོད་ཀྱིས་སྤྲུལ་ནག་པོ་དུག་མྱུར་དུ་ཁྱབ་པ། དུག་དྲག་པ། དུག་རྣོ་བའི་ཁར་རང་གི་ཡན་ལག་གི་རྣམ་པ་བཙུག་པ་སླ་ཡི། དུད་འགྲོའི་སྐྱེ་གནས་སུ་སྐྱེས་པ་ལ་ནི་མ་ཡིན་ནོ་ཞེས་རྣམ་གྲངས་དུ་མས་སྨད་ནས། སྔ་མ་ནི་བཅས་པ་ཡིན་ལ། འདི་ནི་རྗེས་སུ་བཅས་པ་སྟེ། ངའི་ཉན་ཐོས་རྣམས་ཀྱིས་འདུལ་བ་ལ་བསླབ་པའི་(༣༧ན)གཞི་འདི་ལྟར་གདོན་པར་བྱ་སྟེ། ཡང་དགེ་སློང་གང་དགེ་སློང་རྣམས་དང་ལྷན་ཅིག་བསླབ་པ་མཚུངས་པར་གྱུར་པས། བསླབ་པ་མ་ཕུལ། བསླབ་པ་ཉམས་པར་མ་བྱས་པར་མི་ཚངས་པར་སྤྱོད་པ་འཁྲིག་པའི་ཆོས་བསྟེན་ན། དུད་འགྲོའི་སྐྱེ་གནས་སུ་སྐྱེས་པ་དང་ལྷན་ཅིག་ཀྱང་རུང་སྟེ། དགེ་སློང་དེ་ཕམ་པར་གྱུར་པ་ཡིན་གྱིས་གནས་པར་མི་བྱའོ་ཞེས་རྗེས་བཅས་མཛད་དོ། །འདི་ལྟར་བཅའ་བ་མཛད་པའི་ཚེ་དགེ་སློང་ཞེས་

གསུངས་པ་འདིའི་དོན་ལ་སྤྱིར་དགེ་སློང་གི་མིང་ཆགས་པ་བཞི་གསུངས་ཏེ། ལུང་ལས། ཡང་དགེ་སློང་གང་ཞེས་བྱ་བ་ནི། དགེ་སློང་བཞི་པོ་མིང་གི་དགེ་སློང་དང་། ཁས་འཆེ་བའི་དགེ་སློང་དང་། སློང་བའི་དགེ་སློང་དང་། ཉོན་མོངས་པ་བཅོམ་པའི་དགེ་སློང་བཞི་ལས། མིང་གི་དགེ་སློང་ནི་གང་གི་མིང་དང་། མིང་དུ་བརྗོད་པ་དང་། ཚིག་གཉིས་པ་དང་། ཚིག་བླ་དྭགས་དང་། འདུ་ཤེས་དང་། ཐོད་པ་དང་། གདགས་པ་དང་། ཐ་སྙད་དགེ་སློང་ཞེའམ། དགེ་སློང་གི་རིགས་ཞེའམ། དགེ་སློང་དང་འདྲ་བར་གྱུར་པའོ། །ཁས་འཆེ་བའི་དགེ་སློང་ནི་དགེ་སློང་མ་ཡིན་བཞིན་དུ་བདག་ཉིད་དགེ་སློང་དུ་ཁས་འཆེ་བར་བྱེད་པའོ། །སློང་བའི་དགེ་སློང་ནི་སློང་མོ་སྤྱོད་པས་འཚོ་བའོ། །ཉོན་མོངས་པ་བཅོམ་པའི་དགེ་སློང་ནི་དགྲ་བཅོམ་པའོ། །དོན་འདིར་ནི་གསོལ་བ་དང་བཞིའི་ལས་མི་གཡོ་བ་བཞག་པར་མི་འོས་པས་བསྙེན་པར་རྫོགས་པ་དེ་དགེ་སློང་དུ་དགོངས(༢༧བ)སོ། །ཞེས་གསུངས་པ་ལྟར་རོ། །

ཁ༡༧ མ་བྱིན་ལེན་གྱི་ཕམ་པའི་བཅའ་བ་མཛད་ཚུལ།

མ་བྱིན་ལེན་གྱི་ཕམ་པའི་བཅའ་བ་མཛད་ཚུལ་ནི། སྟོན་པ་རྒྱལ་པོའི་ཁབ་ཀྱི་འོད་མའི་ཚལ་ཀ་ལན་ད་ཀའི་གནས་ན་བཞུགས་པའི་ཚེ། །རྫ་མཁན་གྱི་རིགས་ལས་རབ་ཏུ་བྱུང་བའི་དགེ་སློང་ནོར་ཅན་ཞེས་པ་ཞིག་གིས་དགོན་པར་སྤྱིལ་བུ་བཟོ་བའི་ཕྱིར་རྒྱལ་པོ་མ་སྐྱེས་དགྲའི་སྐྱིད་ཚལ་ནས་ཤིང་བཅད་དེ་དྲངས་ནས་དགོན་པར་སྤྱིལ་བུ་བཟོས་པ་ན་རྒྱལ་པོ་མ་སྐྱེས་དགྲས་ རྐུན་མའོ་ཞེས་བཟུང་བ་ཞིག་བྱུང་བ་ན། སྟོན་པས་བྱུང་བ་འདི་དང་། གླིང་གཞི་འདི་དང་། སྐབས་འདི་ལ་དགེ་སློང་གི་དགེ་འདུན་བསྡུ་བར་མཛད་དོ། །དེ་བཞིན་གཤེགས་པ་ནི་དོན་གྱི་དབང་གཉིས་གཟིགས་པ་ན་དགེ་སློང་གི་དགེ་འདུན་སྡུད་པར་མཛད་དེ། ཉན་ཐོས་རྣམས་ཀྱིས་ཀུན་ཤེས་པར་བྱ་བ་དང་། འདུལ་བ་ལ་བསླབ་པའི་གཞི་བཅའ་བར་འགྱུར་བའོ། །དེ་ལ་སྟོན་པ

ཞི་དོན་དང་ལྡན་པ་སྨྲད་པ་ལ་དུས་མཁྱེན་པ་ཡིན་པས་ནོར་ཅན་ལ། ཁྱོད་ཀྱིས་མི་མཛེས་པ་དེ་ལྟ་བུ་བྱས་པ་བདེན་ནམ། བཙུན་པ། མད་དོ། །སྟོན་པས། དགེ་སྦྱོང་གི་ཚུལ་མ་ཡིན་པ། རྗེས་སུ་མཐུན་པ་མ་ཡིན་པ། རུང་བ་མ་ཡིན་པ། ཚུལ་དང་མཐུན་པ་མ་ཡིན་པ་དེ་ནི་རབ་ཏུ་བྱུང་བས་བྱ་བ་མ་ཡིན་ནོ། །ངས་དུག་གསུམ་འདོད་ཆགས་དང་བྲལ་བར་བྱ་བའི་ཕྱིར་སེམས་རྣམ་པར་གྲོལ་བ་དང་། ཤེས་རབ་རྣམ་པར་གྲོལ་བའི་ཆོས་བསྟན་པ་ལ་ཅིའི་ཕྱིར་མི་མཛེས་པ་དེ་ལྟ་བུ་བྱས་ཞེས་རྣམ་གྲངས་(༣༢ན)དུ་མས་སྨད་ནས། དགེ་སློང་དག །དེ་བས་ན་ཕན་ཡོན་བཅུ་ཡང་དག་པར་གཟིགས་པས་འདུལ་བ་ལ་ཉན་ཐོས་རྣམས་ཀྱི་བསླབ་པའི་གཞི་བཅའ་བར་བྱ་སྟེ། དགེ་འདུན་བསྡུ་བ་ནས། ལྷ་དང་མིའི་བར་དག་ལ་ཡང་དག་པར་རབ་ཏུ་བསྟན་པ་ཡུན་རིང་དུ་གནས་པར་འགྱུར་བའོ། །ངའི་ཉན་ཐོས་རྣམས་ཀྱིས་འདུལ་བ་ལ་བསླབ་པའི་གཞི་འདི་ལྟར་གདོན་པར་བྱ་སྟེ། ཡང་དགེ་སློང་གང་གཞན་དག་གི་གྲོང་ན་འདུག་པའམ། དགོན་པ་ན་འདུག་པ་མ་བྱིན་པར་བརྐུ་བའི་གྲངས་སུ་གཏོགས་པ་བླང་ན་ཇི་ཙམ་མ་བྱིན་པར་བླངས་པས་དེ་རྒྱལ་པོའམ། བློན་པོ་ཆེན་པོས་བཟུང་ནས་དེ་ལ་འདི་སྐད་ཅེས། ཀྱེ་མི་ཁྱོད་ནི་རྐུན་མའོ། །བྱིས་པའོ། །གླུན་པོའོ། །བརྐུ་བའོ་ཞེས་ཟེར་ཞིང་གསོད་དམ། འཆིང་ངམ། སྤྱུག་ཀྱང་རུང་སྟེ། དགེ་སློང་དེ་ལྟར་མ་བྱིན་པར་ལེན་ན། དགེ་སློང་དེ་ཡང་ཕམ་པར་གྱུར་པ་ཡིན་གྱིས་གནས་པར་མི་བྱའོ་ཞེས་བཅའ་བ་མཛད་དོ། །

ཁ༧༨ སྲོག་གཅོད་ཀྱི་ཕམ་པའི་བཅའ་བ་མཛད་ཚུལ།

སྲོག་གཅོད་ཀྱི་ཕམ་པའི་བཅའ་བ་མཛད་ཚུལ་ནི། ཉེ་སྡེ་ཞེས་བྱ་བའི་དགེ་སློང་ཞིག་གིས་སྨན་པ་དང་གྲོས་བྱས་ཏེ་སྨན་པས་སྨན་བྱིན་ནས་བུད་མེད་ཀྱི་མངལ་བརླུག་པར་བྱས་པ་ཞིག་བྱུང་བ་དང་། རི་དྭགས་མདོག་དགེ་སྦྱོང་སྤྲིད་ཅེས་བྱ་བ་

ཞིག་བདུད་རིས་ཀྱི་ལྷ་ཞིག་གིས་བསླུས་ནས་མི་བསད་པ་ཞིག་བྱུང་བ་ན། སྟོན་པས་དགེ་སྦྱོང་གི་ཚུལ་མ་ཡིན་པ། རྗེས་སུ་མཐུན་པ་མ་ཡིན་པ། རུང་བ་མ་ཡིན་པ། ཚུལ་(༣༢བ)དང་མཐུན་པ་མ་ཡིན་པ་དེ་ནི་རབ་ཏུ་བྱུང་བས་བྱ་བ་མ་ཡིན་ནོ་ཞེས་རྣམ་གྲངས་དུ་མས་སྨད་ནས། དེ་ལྟ་བས་ན་ཕན་ཡོན་བཅུ་ཡང་དག་པར་གཟིགས་པས་འདུལ་བ་ལ་ཉན་ཐོས་རྣམས་ཀྱི་བསླབ་པའི་གཞི་བཅའ་བར་བྱ་སྟེ། འདི་ལྟ་སྟེ་དགེ་འདུན་བསྡུ་བའི་ཕྱིར་དང་ཞེས་པ་ནས། བསྟན་པ་ཡུན་རིང་དུ་གནས་པར་འགྱུར་བའོ། །ངའི་ཉན་ཐོས་རྣམས་ཀྱིས་འདུལ་བ་ལ་བསླབ་པའི་གཞི་འདི་ལྟར་གདོན་པར་བྱ་སྟེ། ཡང་དགེ་སློང་གང་མིའམ་མིར་ཆགས་པ་ལ་རང་གིས་ལག་བདར་ཏེ་སྲོག་བཅད་དམ་ཞེས་སོགས་དང་། གཞི་དེ་ལས་གསོད་པ་ལ་འཇུག་པ་དང་དུ་ལེན་ནའོ། །ཞེས་སོགས་སྔར་ལྟར་མིའམ་མིར་ཆགས་པ་རང་གིས་བསད་པའམ་གཞན་གསོད་དུ་བཅུག་པ་གང་བྱས་ཀྱང་ཕམ་པར་འགྱུར་བའི་བཅའ་བ་མཛད་དོ། །

ཁ༧༩ མི་ཆོས་བླ་མའི་རྫུན་སྨྲ་བའི་ཕམ་པའི་བཅའ་བ་མཛད་ཚུལ།

མི་ཆོས་བླ་མའི་རྫུན་སྨྲ་བའི་ཕམ་པའི་བཅའ་བ་མཛད་ཚུལ་ནི། སྟོན་པ་ཡངས་པ་ཅན་ན་སྤྲེའུ་རྫིང་གི་འགྲམ་ན་ཁང་པ་བརྩེགས་པའི་ཁང་བཟང་ན་བཞུགས་པའི་ཚེ། ཉ་པའི་རིགས་ལས་རབ་ཏུ་བྱུང་བའི་དགེ་སློང་ལྔ་བརྒྱས་ཁྱིམ་པ་དག་ལ་གཅིག་གིས་གཅིག་གི་ཡོན་ཏན་བསྔགས་ཏེ་མི་ཆོས་བླ་མའི་ཡོན་ཏན་ཐོབ་པར་གོ་བར་བྱས་ནས་རྙེད་པ་མང་དུ་གྲུབ་པ་ཞིག་བྱུང་བ་ན་བྱུང་བ་འདི་དང་། གླེང་གཞི་འདི་དང་སྐབས་འདི་ལ་དགེ་འདུན་བསྡུ་བ་མཛད་དེ། ལྔ་བརྒྱ་པོ་རྣམས་ལ་བཀའ་སྩལ་པ། ཁྱེད་ཀྱིས་ཟས་ཙུང་(༣༣ན)ཟད་ཙམ་གྱི་ཕྱིར་དུ་མི་ཆོས་བླ་མ་མེད་བཞིན་དུ་སྨྲས་པ་བདེན་ནམ། བཙུན་པ། མད་དོ། །དགེ་སྦྱོང་གི་ཚུལ་མ་ཡིན་པ། རྗེས་སུ་མཐུན་པ་མ་ཡིན་པ། རུང་བ་མ་ཡིན་པ། ཚུལ་དང་མཐུན་པ་མ་ཡིན་པ་དེ་ནི་རབ་ཏུ་བྱུང་བས་བྱ་

བ་མ་ཡིན་ནོ། །དགེ་སློང་དག །གསུམ་པོ་འདི་དག་ནི་འཇིག་རྟེན་ན་ཡོད་ཅིང་སྲིད་པའི་ཀུན་པོ་ཆེན་པོ་ཡིན་ཏེ། ཀུན་པོ་འཁོར་བརྒྱའམ་སྟོང་དང་ལྡན་པ་དེ་བརྒྱའམ་སྟོང་གི་མདུན་དུ་སོང་སྟེ། ཁྲིམ་འབུགས། མདུད་པ་འགྲོལ། རིལ་གྱིས་འཕྲོག །ལམ་བསྒུག །མི་གཏོང་། ལམ་པ་འཇོམས། རྒྱལ་པོའི་མཛོད་བཀྲུ། གྲོང་དང་གྲོང་ཁྱེར་དང་ཡུལ་འཇོམས་པ་དེ་ནི་ཀུན་པོ་ཆེན་པོ་དང་པོ་ཡིན་ནོ། །ཀུན་པོ་བརྒྱ་སྟོང་དང་ལྡན་པའང་མ་ཡིན་ལ། བརྒྱའམ་སྟོང་གི་མདུན་དུ་སོང་སྟེ་ཁྲིམ་འབུགས་པ་སོགས་མི་བྱེད་ཀྱང་། དགེ་འདུན་གྱི་རྫའམ། ཤིང་ངམ། མེ་ཏོག་གམ། འབྲས་བུའམ། འོད་མའམ། གཞལ་བ་གང་ཡང་རུང་བ་དེ་བཙབས་ཤིང་འཚོ་བ་དང་། དེས་ཁྲིམ་མི་གསོ་བ་དེ་ནི་ཀུན་པོ་ཆེན་པོ་གཉིས་པ་ཡིན་ནོ། །དེ་དག་མི་བྱེད་ཀྱང་། མི་ཆོས་བླ་མ་མེད་བཞིན་དུ་སྨྲ་བ་འདི་ནི་ཀུན་པོ་ཆེན་པོ་གསུམ་པ་ཡིན་ནོ། །དང་པོ་གཉིས་པ་དེ་ཙུང་ཟད་ཙམ་ཡིན་གྱི། མི་ཆོས་བླ་མ་མེད་བཞིན་དུ་སྨྲ་བ་དེ་ནི་འཇིག་རྟེན་ན་ལྷ་དང་བཅས། བདུད་དང་། ཚངས་པ་དང་། དགེ་སྦྱོང་དང་། བྲམ་ཟེར་བཅས་པའི་སྐྱེ་དགུའི་ནང་ན་ཆོམ་ཀུན་ཆེན་པོ་ཡིན་ནོ་ཞེས་རྣམ་གྲངས་དུ་མས་སྨད་ནས། དེ་ལྟ་བས་ན་ཕན་ཡོན་བཅུ་ཡང་དག་པར་གཟིགས་པས་ཞེས་བྱ་བ་ནས་བསྟན་(༣༣བ)པ་ཡུན་རིང་དུ་གནས་པར་བྱ་བའི་བར་སྔར་བཞིན། ངའི་ཉན་ཐོས་རྣམས་ཀྱིས་འདུལ་བ་ལ་བསླབ་པའི་གཞི་འདི་ལྟར་གདོན་པར་བྱ་སྟེ། ཡང་དགེ་སློང་གང་མངོན་པར་མི་ཤེས་ཤིང་ཡོངས་སུ་མི་ཤེས་ལ། མིའི་ཆོས་བླ་མ་མཐའ་དང་། འཕགས་པ་དང་། ཁྱེ་བྲག་ཐོབ་པ་དང་། ཤེས་པ་དང་། མཐོང་བ་དང་། རེག་པར་སྤྱོད་པ་མེད་ལ། མེད་བཞིན་དུ་འདི་ཤེས་སོ། །འདི་མཐོང་ངོ་ཞེས་ཁས་འཆེས་པ་ལས་དེ་ལྟུང་བ་བྱུང་བ་རྣམ་པར་དག་པར་འདོད་ནས། དུས་གཞན་ཞིག་ན་དྲིས་ཀྱང་རུང་། མ་དྲིས་ཀྱང་རུང་། འདི་སྐད་ཅེས། ཚེ་དང་ལྡན་པ་དག །བདག་གིས་ནི་མི་ཤེས་པར་ཤེས་སོ་ཞེས་སྨྲས། མ་མཐོང་བར་མཐོང་ངོ་ཞེས་སྨྲས་ཏེ། གསོབ་གསོག་བརྫུན་དུ་སྨྲས་

སོ་ཞེས་ཟེར་ན། དགེ་སློང་དེ་ཡང་ཕམ་པར་གྱུར་པ་ཡིན་གྱིས་གནས་པར་མི་བྱའོ་ཞེས་བསླབ་པའི་གཞི་བཅས་སོ། །དེ་ནས་རིམ་གྱིས་ཁྲུ་བ་འབྱིན་པའི་ལྷག་མ་སོགས་ལྷག་མ་བཅུ་གསུམ་དང་། མ་ངེས་པ་གཉིས་དང་། སྤང་ལྟུང་སུམ་ཅུ་དང་། འབའ་ཞིག་པ་དགུ་བཅུ་དང་། སོར་བཤགས་བཞི་དང་། བསླབ་བྱའི་ཉེས་བྱས་བརྒྱ་དང་བཅུ་གཉིས་རྣམས་རིམ་གྱིས་བྱུང་བ་དང་། གླེང་གཞི་རེ་དང་བསྟུན་ནས་བྱ་བ་འདི་དང་འདི་བྱས་ན་ཉེས་པ་འདི་དང་འདི་འབྱུང་བས་མི་བྱའོ་ཞེས་བཅའ་བ་མཛད་དེ། དེ་ཡང་ཕམ་པ་བཞི་དང་རང་བཞིན་གྱི་ཁ་ན་མ་ཐོ་བ་རྣམས་ལ་ནི་གནང་བའི་གོ་སྐབས་མེད་ཅིང་། ཆང་མ་གཏོགས་པའི་བཅས་རྐྱང་རྣམས་ལ་གནང་བའི་སྐབས་ཡོད་ལ། ཆང་ནི་སྲོག་གི་ཕྱིར་ཡང་མ་གནང་ངོ་། །བཅས་(༣༤ན)པ་དང་རྗེས་བཅས་གནང་བ་དང་། བཀག་པ་དང་། སྒྲུབ་པར་གདམས་པ་དང་། གནང་བའི་རྗེས་སུ་སླར་ཡང་གནང་བ་དང་། གནང་བའི་རྗེས་སུ་བཀག་པ་དང་། སྒྲུབ་པར་གདམས་པ་དང་། དེ་བཞིན་དུ་བཀག་པ་ལ་ཡང་མུ་གསུམ། སྒྲུབ་པ་ལ་ཡང་མུ་གསུམ་སྟེ་དགག་སྒྲུབ་གནང་གསུམ་གྱི་བཅས་པ་རྣམས་ཆེས་ཞིབ་པར་མཛད་ཅིང་། ཁྲིམས་ཉིས་བརྒྱ་ལྔ་བཅུ་རྩ་གསུམ་བསྡོ་བགྲང་བྱ་བའི་ཕྱིར་སོ་སོར་ཐར་པའི་མདོ་མཛད་དོ། །སོ་ཐར་གྱི་མདོ་ལ། དགེ་སློང་ཕའི་སོ་ཐར་དང་། དགེ་སློང་མའི་སོ་ཐར་གཉིས་སུ་ཡོད་དོ། །དེ་ལྟར་སོ་སོར་ཐར་པའི་མདོ་མཛད་ནས་དགེ་སློང་རྣམས་ལ་ཟླ་བ་ཕྱེད་ཕྱེད་དུ་ཐམས་ཅད་ཚོགས་ནས་སོ་སོར་ཐར་པའི་མདོ་བཏོན་ཏེ་གསོ་སྦྱོང་བྱ་བའི་བཅའ་བ་མཛད་དོ། །

ཁ༢༠ གསོ་སྦྱོང་གི་བཅའ་བ་ཇི་ལྟར་མཛད་པ།

གསོ་སྦྱོང་གི་བཅའ་བ་ཇི་ལྟར་མཛད་པ་ནི། སྟོན་པ་འོད་མའི་ཚལ་ན་བཞུགས་པའི་ཚེ། དགེ་བསྙེན་མང་པོ་ནངས་རེ་བཞིན་ཕྱག་འཚལ་དུ་འགྲོ་བ་ན། ད་ལྟར་

སྟོན་པ་དང་དགེ་སློང་རྣམས་ནང་དུ་ཡང་དག་འཇོག་མཛད་པས་སྐབས་ཀྱི། མུ་སྟེགས་ཅན་གྱི་ཀུན་དགའ་ར་བ་ལྟར་འདོང་ངོ་ཞེས་སོང་བ་དང་། མུ་སྟེགས་ཅན་ཞིག་གིས། བདག་ཅག་འབའ་ཞིག་ལ་འདུག་པ་དང་། བྱ་བ་དང་། གསོ་སྦྱོང་ཡོད་དམ། དགེ་སློང་རྣམས་ལའང་ཡོད། གཞན་ཞིག་ན་རེ། བདག་ཅག་ལ་ཡོད་ཀྱི། དགེ་སློང་ལ་མེད་དོ་ཟེར་བ་དེ་ཐོས་ནས་དགེ་བསྙེན་དེ་དག་གིས་སྟོན་པ་ལ་ཕྱག་བྱས་ཏེ། མུ་སྟེགས་ཅན་རྣམས་འདི་ལྟར་འཕྱར་ཁ་བྱེད་དོ་ཞེས་གསོལ་ཏེ། (༣༨བ)དགེ་སློང་ལའང་འདུག་པ་དང་། བྱ་བ་དང་། གསོ་སྦྱོང་བཅའ་བར་གསོལ། ཅང་མི་གསུང་བས་གནང་ངོ་། །དགེ་སློང་རྣམས་ལ། དེང་ཕྱིན་ཆད་འདུག་པ་དང་། བྱ་བ་དང་། གསོ་སྦྱོང་བྱ་བར་གནང་ངོ་། །ཞེས་གསོ་སྦྱོང་བྱ་དགོས་པའི་བཅའ་བ་མཛད་དོ། །གསོ་སྦྱོང་ལ་མཐུན་པའི་གསོ་སྦྱོང་དང་། ཞི་གནས་ཀྱི་གསོ་སྦྱོང་གཉིས་ཡོད་ལ། མཐུན་པའི་གསོ་སྦྱོང་ནི། དགེ་སློང་རྣམས་ཀྱིས་ཟླ་བ་ཕྱེད་ཕྱེད་དུ་གསོ་སྦྱོང་བྱ་བའི་ཉིན་རང་རང་གི་རྒྱུད་ལ་བརྟགས་ཏེ་ལྟུང་བ་བཤགས་པར་འོས་པ་རྣམས་བཤགས། བསྡམ་པར་འོས་པ་རྣམས་བསྡམ། བྱིན་གྱིས་བརླབ་པར་འོས་པ་རྣམས་བྱིན་གྱིས་བརླབས་ཏེ་རྒྱུད་དག་པར་བྱས་ནས་ལས་ལ་འདུས་ཏེ་རྒྱུད་ཚགས་གསུམ་པ་སྔོན་དུ་བཏང་ནས་སོ་ཐར་གྱི་མདོ་བཏོན་ཏེ་ཁྲིམས་ཉིས་བརྒྱ་ལྔ་བཅུ་རྩ་གསུམ་ལ་བཟློ་བགྲང་བྱས་ཏེ་ཚུལ་ཁྲིམས་ཀྱི་བསླབ་པ་གསོ་ཞིང་སྦྱོང་བར་བྱེད་པ་ཡིན་ནོ། །ཞི་གནས་ཀྱི་གསོ་སྦྱོང་ནི། བསམ་གཏན་གྱི་ཁང་བུར་གཅིག་པུར་འདུག་སྟེ་ལུས་དྲན་པ་ཉེ་བར་བཞག་པ་དང་། ཚོར་བ་དྲན་པ་ཉེ་བར་བཞག་པ་དང་། སེམས་དྲན་པ་ཉེ་བར་བཞག་པ་དང་། ཆོས་དྲན་པ་ཉེ་བར་བཞག་པ་རྣམས་བསྒོམས་ནས་སེམས་ཀྱི་སྒྲིབ་པ་སྦྱོང་བར་བྱེད་པ་ཡིན་ནོ། །

ཁ༢༡ དབྱར་གནས་པའི་བཅའ་བ་མཛད་ཚུལ།

དབྱར་གནས་པའི་བཅའ་བ་མཛད་ཚུལ་ནི། སྟོན་པ་མཉན་ཡོད་ན་བཞུགས་པའི་ཚེ། དགེ་སློང་དག །དབྱར་གྱི་ནང་དུ་ལྗོངས་རྒྱུ་ཞིང་འདོད་པ། མི་སྲིད་ཅིང་མི་སྲུང་ལ། མ་སྲུས་པ་དག་ལ་མུ་སྟེགས་ཅན་རྣམས་ན་རེ། ཤཱཀྱའི་བུའི་དགེ་སྦྱོང་འདི་དག་ནི་སྲོག་གཅོད་པ་ལས་མ་ལོག་སྟེ། དབྱར་གྱི་ནང་དུ་ལྗོངས་(༣༥ན)རྒྱུ་བ་ན་སྲོག་ཆགས་ཕྲ་མོ་མང་པོ་བརྫིས་ནས་སྲོག་དང་བྲལ་བར་བྱེད་དོ། །བྱིའུ་ཁུག་རྟའང་དབྱར་ཟླ་བ་བཞི་རང་གི་ཚང་ན་ཞུམ་ཞུམ་པོར་བྱས་ཏེ་བསྐུམས་ནས་འདུག་ན། མགོ་རེག་འདི་དག་ཁས་ལེན་པ་ཙམ་ཡང་མི་ཤེས་ན་སུ་ཞིག་འདི་དག་ལ་བསོད་སྙོམས་སྦྱིན་པར་བྱེད་ཅེས་འཕྱ་བ་དེ་གསོལ་བས། དེ་ལྟ་བས་ན་རྗེས་སུ་གནང་སྟེ། དགེ་སློང་དག་གིས་དབྱར་གནས་པར་ཁས་བླང་བར་བྱའོ། །ཞེས་དབྱར་ཟླ་བ་གསུམ་གནས་པར་བྱ་དགོས་པའི་བཅའ་བ་མཛད་དོ། །

ཁ༢༢ དགག་དབྱེའི་སྔོ་ནས་བསླབ་པ་ཡོངས་སུ་སྦྱོང་བའི་བཅའ་བ་མཛད་པ།

དགག་དབྱེའི་སྔོ་ནས་བསླབ་པ་ཡོངས་སུ་སྦྱོང་བའི་བཅའ་བ་མཛད་པ་ནི། སྟོན་པ་མཉན་ཡོད་ན་བཞུགས་པའི་ཚེ། དགེ་སློང་མང་པོས་ལྗོངས་ཤིག་ཏུ་ཁྲིམས་བཅས་ཏེ། བདག་ཅག་གིས་དབྱར་གྱི་ནང་དུ་དགེ་སློང་ལ་སུས་ཀྱང་ཉམས་པ་བཞིས་གླེང་བར་མི་བྱ། ཆུ་རའི་བུམ་པའམ། ཁྲུས་བུམ་སྐམ་པོ་མཐོང་ན་གཅིག་པུས་ནུས་ན་དེས་བཀང་ལ་གནས་གཞན་དུ་གཞག །མི་ནུས་ན་བརྡ་བྱས་ནས་ལག་རྟུབ་ཀྱིས་བཀང་ལ། གནས་གཞན་དུ་བཞག་ནས་གཅིག་ལ་གཅིག་མི་སྨྲ་བར་ཁ་རོག་ཏུ་འགྲོ་བར་བྱའོ་ཞེས་དབྱར་གནས་སོ། །དབྱར་གནས་ཐོན་ནས་ཆོས་གོས་ཐོགས་ཏེ་ཕན་ཚུན་མི་སྨྲ་བར་མཉན་ཡོད་དུ་སོང་ངོ་། །སྟོན་པ་ལ་ཕྱག་འཚལ་ཏེ་འཁོད་པ་དང་། སྟོན་པ་ནི་

ཆོས་ཉིད་ཀྱིས། གང་ནས་འོངས། དབྱར་གང་དུ་གནས། བསོད་སྙོམས་ཀྱིས་མ་ཐེབ་ལམ་ཞེས་འདྲི་བས། དེ་རྣམས་ལ་དྲིས་པ་དང་། མད་དེ། བདག་ཅག་འདི་ལྟ་བུའི་དམ་བཅས་གནས་སོ། །སྐྱེས་བུ་གཏི་མུག་ཅན་(༣༥བ)ཁྱེད། གནས་མལ་ན་དགྲ་དང་ལྷན་ཅིག་གནས་པས་བདེ་བ་ལ་རེག་སྙམ་མམ། མི་སྨྲ་བ་ནི་མུ་སྟེགས་ཅན་གྱི་རྒྱལ་མཚན་ཡིན་ནོ། །དེ་བས་ན་མི་སྨྲ་བའི་ཡི་དམ་བཅའ་བར་མི་བྱའོ། །ཞེས་གསུངས་ཤིང་བྱུང་བ་འདི་དང་། གླེང་གཞི་འདི་ལ་བརྟེན་ནས་དབྱར་ཟླ་བ་གསུམ་གནས་ནས། ཟླ་བ་གསུམ་སོང་བ་ན་དགེ་སློང་ཐམས་ཅད་ཚོགས་ཏེ་ཕན་ཚུན་གཅིག་ལ་གཅིག་ཕྱག་བྱས་ཏེ་དབྱར་གྱི་ནང་དུ་ཐུགས་དང་འགལ་བ་ཅི་བྱུང་བ་བཟོད་པར་མཛད་དུ་གསོལ་ཞེས་ཕན་ཚུན་བཟོད་གསོལ་བྱས་ཏེ་སེམས་མཐུན་པར་མཐོང་ཐོས་དོགས་གསུམ་གྱི་དགག་དབྱེ་བྱ་དགོས་པའི་བཅའ་བ་མཛད་དོ། །དེ་ལྟར་སྟོན་པ་ཐུགས་རྗེ་ཅན་དེ་ཉིད་ཀྱིས་བསྟན་པའི་རྩ་བ་སོ་སོར་ཐར་པའི་མདོ་མཛད་ལ། སོ་སོར་ཐར་པའི་མདོ་འདི་ནི་འདུལ་བའི་སྡེ་སྣོད་ཐམས་ཅད་ཀྱི་རྩ་བ་ཡིན་ཞིང་སོ་ཐར་གྱི་མདོའི་དོན་འགྲེལ་པའི་ཕྱིར་རྒྱལ་བ་རང་ཉིད་ཀྱིས་མཛད་པའི་འདུལ་བའི་སྡེ་སྣོད་ལ་གཙོ་བོར་ལུང་སྡེ་བཞི་དང་། དེ་དག་གི་ཡན་ལག་གམ་ཕྱོགས་མཐུན་གྱི་མདོ་མང་དུ་ཡོད་དོ། །ལུང་སྡེ་བཞི་ནི། ལུང་གཞི་དང་། ལུང་རྣམ་འབྱེད་དང་། ལུང་ཕྲན་ཚེགས་དང་། གཞུང་དམ་པ་རྣམས་སོ། །ལུང་གཞི་ལ། རབ་བྱུང་གསོ་སྦྱོང་གཞི་དང་ནི། །དགག་དབྱེ་དབྱར་དང་ཀོ་ལྤགས་དང་། །སྨན་དང་གོས་དང་སྲ་བརྐྱངས་དང་། །ཀོའུ་ཤམ་བི་དང་ལས་ཀྱི་གཞི། །དམར་སེར་ཅན་དང་གང་ཟག་དང་། །སྤོ་དང་གསོ་སྦྱོང་བཞག་པ་དང་། །གནས་མལ་དང་ནི་རྩོད་པ་དང་། །དགེ་འདུན་དབྱེན་རྣམས་བསྡུས་པ་(༣༦ན)ཡིན། །ཞེས་གསུངས་པ་ལྟར། རབ་བྱུང་གི་གཞི་ལ་སོགས་པ་གཞི་བཅུ་བདུན་ཡོད་ལ། དེ་དག་ལ་གཞི་ཞེས་བརྗོད་པའི་རྒྱུ་མཚན་ནི། གཞི་བཅུ་བདུན་པོའི་བརྗོད་བྱ་ནི་ཚུལ་ཁྲིམས་ཀྱི་བསླབ་པ་ཡིན་ལ། བརྗོད་བྱ

ཚུལ་ཁྲིམས་ཀྱི་བསླབ་པ་དེ་ནི། ཐེག་པ་གསུམ་གྱི་ཡོན་ཏན་ཐམས་ཅད་ཀྱི་གཞི་ཡིན་པས་བརྗོད་བྱ་དོན་གྱི་འདུལ་བའི་ཆེ་བ་བརྗོད་པའི་ཕྱིར་དུ་དེ་སྟོན་པའི་འདུལ་བ་ལེ་ཚན་བཅུ་བདུན་པོ་དེ་ལ་ཡང་གཞི་ཞེས་ཐ་སྙད་མཛད་དོ། །ཡང་ནས་གང་དུ་བཞག་པའི་ཁང་པ་ལ་ནས་ཁང་དང་། གསེར་གང་དུ་བཞག་པའི་ཁང་པ་ལ་གསེར་གྱི་མཛོད་ཅེས་བརྗོད་པ་ལྟར། འདུལ་བའི་བསླབ་བྱ་ལ་དོན་ཚན་མང་དུ་ཡོད་པ་ལས། སྡོམ་པ་མ་ཐོབ་པ་ཐོབ་པར་བྱེད་པའི་ཐབས་གང་དུ་སྟོན་པའི་མདོ་དེ་ལ་རབ་ཏུ་བྱུང་བའི་གཞི་ཞེས་པ་དང་། གསོ་སྦྱོང་བྱ་ཚུལ་སྟོན་པའི་མདོ་དེ་ལ་གསོ་སྦྱོང་གི་གཞི་ཞེས་པ་ལྟ་བུ་འདུལ་བའི་བསླབ་བྱ་རྣམས་གང་དང་གང་ནས་རྙེད་པ་ངོ་འཕྲོད་པའི་ཕྱིར་དུ་མདོ་དེ་དག་ལ་གཞི་ཞེས་བརྗོད་པའང་ཡིན་པས་ཚུལ་དེ་གཉིས་ཀ་ལ་ངེས་པ་རྙེད་ན་དོན་ཤིན་ཏུ་ཆེའོ། །

ཁ༢༣ གཞི་བཅུ་བདུན་པོ་ངེས་ཇི་ལྟར་བསྟན་ཚུལ།

གཞི་བཅུ་བདུན་པོ་དེས་ནི་སྡོམ་པ་མ་ཐོབ་པ་ཐོབ་པར་བྱེད་པའི་ཐབས། ཐོབ་པ་མི་ཉམས་པར་བསྲུང་བའི་ཐབས། ཉམས་ན་ཕྱིར་བཅོས་པའི་ཐབས་གསུམ་སྟོན་ཏེ། སྡོམ་པ་མ་ཐོབ་པ་ཐོབ་པར་བྱེད་པའི་ཐབས་ནི། རབ་བྱུང་གི་གཞིས་སྟོན་ལ། གསོ་སྦྱོང་གི་གཞི་དང་། དབྱར་གནས་ཀྱི་གཞི་དང་། དགག་དབྱེའི་གཞི་གསུམ་གྱིས་བསླབ་པ་ཡོངས་སྦྱོང་གི་སྒོ་(༣༨བ)ནས་སྡོམ་པ་བསྲུང་བའི་ཐབས་འཆད་ཅིང་། ཀོ་ལྤགས་ཀྱི་གཞི་དང་། སྨན་གྱི་གཞི་དང་། གོས་ཀྱི་གཞི་དང་། གནས་མལ་གྱི་གཞི་ལ་སོགས་པ་གཞི་ལྷག་མ་ཕལ་ཆེ་བས་བདེ་བར་གནས་པའི་རྐྱེན་བསྟེན་པའི་སྒོ་ནས་སྡོམ་པ་མི་ཉམས་པར་བསྲུང་བའི་ཐབས་སྟོན་ལ། ཕྱིར་བཅོས་ཀྱི་གཞིས་ནི་ཉམས་ན་ཕྱིར་བཅོས་པའི་ཐབས་སྟོན་པར་མཛད་དེ། ཕྱིར་བཅོས་ལ་ལྟུང་བ་ཕྱིར་བཅོས་དང་། རྩོད་པ་ཕྱིར་བཅོས་གཉིས་ཡོད་དོ། །ལུང་རྣམ་འབྱེད་ཀྱིས་ནི་སྡོམ་པའི་ངོ་

པོ་སྦྱོང་བདུན་འཁོར་བཅས་ཀྱི་ཚུལ་ཁྲིམས་གཙོ་བོར་སྟོན་ལ། རྣམ་འབྱེད་ལ་ཕའི་རྣམ་འབྱེད་དང་། མའི་རྣམ་འབྱེད་གཉིས་ཡོད་དེ། ཕའི་རྣམ་འབྱེད་ཀྱིས་དགེ་སློང་གི་ཁྲིམས་ཉིས་བརྒྱ་ལྔ་བཅུ་རྩ་གསུམ་དང་། མའི་རྣམ་འབྱེད་ཀྱིས་དགེ་སློང་མའི་ཁྲིམས་སུམ་བརྒྱ་དང་དྲུག་ཅུ་རྩ་བཞི་རྣམས་སྟོན་ལ། གཞན་ཡང་རྣམ་འབྱེད་གཉིས་པོས་ལྟུང་བ་དེ་དང་དེ་དག་གང་ཟག་གང་དང་གང་ལ་བརྟེན་ནས་བཅས་པའི་གླེང་གཞི་དང་། སྐྱེས་བུ་དམ་པ་མང་པོའི་རྟོགས་བརྗོད་དང་། སྔོན་གྱི་བྱུང་བ་དང་། དེ་བཞིན་གཤེགས་པའི་སྔོན་གྱི་འཁྲུངས་རབས་མང་པོ་དང་། བསླབ་པ་བསྲུངས་པའི་ཕན་ཡོན་དང་། མ་བསྲུངས་པའི་ཉེས་དམིགས་རྣམས་རྒྱ་ཆེར་སྟོན་ནོ། །ལུང་ཕྲན་ཚེགས་ཀྱིས་ནི་གཞི་དང་རྣམ་འབྱེད་གཉིས་སུ་མི་གསལ་བའི་དཀའ་གནས་མང་པོ་གསལ་བར་བྱེད་པ་དང་། མ་ཚང་བ་ཁ་སྐོང་བར་བྱེད་ལ། ཕྲན་ཚེགས་ལ་ཕྲན་ཚེགས་སྐོ་བརྒྱད་ཡོད་པར་གྲག་གོ །གཞུང་དམ་པས་ནི་གཞི་དང་རྣམ་འབྱེད་གཉིས་ཀྱི་དཀའ་གནས་རྣམས་ལ་(༣༧ན)དོགས་པ་གཅོད་པར་བྱེད་དོ། །དེས་ན་གཞི་དང་རྣམ་འབྱེད་གཉིས་རྩ་བ་ལྟ་བུ་དང་། ཕྲན་ཚེགས་དང་གཞུང་དམ་པ་གཉིས་འགྲེལ་པ་དང་འགྲེལ་བཤད་ལྟ་བུར་ཡོད་དོ། །གཞུང་དམ་པ་ལ་ནི་མཚན་གྱི་རྣམ་གྲངས་གཞུང་བླ་མ་ཞེས་ཀྱང་བཤད་ལ། གཞུང་དམ་པའི་ཡན་ལག་ཏུ་འདུལ་བྱེད་ལ་སོགས་པ་ཡན་ལག་བཅུ་ཡོད་པར་བཤད་ཅིང་། ལུང་བར་མ་དང་། ལུང་རིང་པོ་དང་། ཡང་དག་པར་ལྡན་པའི་ལུང་དང་། གཅིག་ལས་འཕྲོས་པའི་ལུང་རྣམས་ཀྱང་ལུང་སྡེ་བཞི་པོ་འདི་དག་གི་ཡན་ལག་ཏུ་བཤད་དོ། །

ཁ༢༩ ལུང་སྡེ་བཞི་དང་མཐུན་པའི་མདོ།

འདུལ་བ་ལུང་སྡེ་བཞི་དང་མཐུན་པའི་མདོ་ནི། དགེ་སློང་ལ་རབ་ཏུ་གཅེས་པའི་མདོ། ཚུལ་ཁྲིམས་ཡང་དག་པར་ལྡན་པའི་མདོ། ལྟུང་བ་སྡེ་ལྔའི་ལྡི་ཡང་

སྟོན་པའི་མདོ། ཚུལ་ཁྲིམས་ཉམས་པའི་རྣམ་སྨིན་ལྟོ་ཡང་སྟོན་པའི་མདོ། སྦྱངས་པའི་ཡོན་ཏན་སྟོན་པའི་མདོ། གཉྟིའི་མདོ། འཕར་གསིལ་གྱི་མདོ། འཕར་གསིལ་འཆང་བའི་སྤྱོད་ལམ་སྟོན་པའི་མདོ་ལ་སོགས་པ་འདུལ་བའི་མདོ་མཐའ་ཡས་པ་གསུངས་ཏེ། གཞན་ཡང་བཀའ་དང་པོའི་སྡེར་གཏོགས་པ་ལ་རྒྱ་ཆེར་རོལ་པའི་མདོ། མདོ་སྡེ་ལས་བརྒྱ་པ། རྟོགས་བརྗོད་བརྒྱ་པ་སོགས་མཐའ་ཡས་པ་གསུངས་ཤིང༌། དང་པོར་ལྷ་སྡེ་ལ་ཤམ་ཐབས་ཟླུམ་པོར་བགོ་བའི་བསླབ་བྱ་སྟོན་པར་མཛད་པ་ནས་མཐར་གྲོང་ཁྱེར་རྩ་ཅན་དུ་མྱ་ངན་ལས་འདའ་བའི་ཚུལ་སྟོན་པ་ལ་ཉེ་བའི་ཚེ་ཀུན་ཏུ་རྒྱུ་རབ་བཟང་ལ་གདམས་པའི་བར་འདུལ་བའི་ཆོས་མཐའ་ཡས་པ་གསུངས་པ་དེ་(༣༧བ)ཐམས་ཅད་ཀྱི་གནད་བསྡུས་ནས་འདུལ་བ་བསྡུས་པ་གསུངས་ཚུལ་ནི། བཅོམ་ལྡན་འདས་ཡོངས་སུ་མྱ་ངན་ལས་འདའ་བའི་ཚེ་དགེ་སློང་རྣམས་ལ་བཀའ་སྩལ་པ། ངས་འདུལ་བ་རྒྱས་པར་བསྟན་ལ། མདོར་བསྡུས་ཏེ་མ་བསྟན་པས་ལེགས་པར་རབ་ཏུ་ཉོན་ལ་ཡིད་ལ་ཟུངས་ཤིག་བཤད་དོ། །དགེ་སློང་དག །ཁྱེད་ཀྱིས། ངས་སྔོན་གནང་བའང་མེད། བཀག་པའང་མེད་པ་གང་ཡིན་པ་དེ་གལ་ཏེ་མི་རུང་བ་བསྟེན་ཅིང་རུང་བ་དང་མི་མཐུན་ན་རུང་བ་མ་ཡིན་པའི་ཕྱིར་སྤྱད་པར་མི་བྱའོ། །གལ་ཏེ་རུང་བ་བསྟེན་ཅིང་མི་རུང་བ་དང་མི་མཐུན་ན་རུང་བ་ཡིན་པའི་ཕྱིར་སྤྱད་པར་བྱ་སྟེ་འདི་ལ་འགྱོད་པར་མི་བྱའོ། །ཞེས་འདུལ་བ་བསྡུས་པ་གསུངས་སོ། །

ཁ༢༥ གནས་གང་དང་གང་དུ་བཞུགས་ནས་ཆོས་གསུངས་ཚུལ།

སྟོན་པས་གནས་གང་དང་གང་དུ་བཞུགས་ནས་ཆོས་གསུངས་ཚུལ་ནི། ཝཱ་ར་ཎཱ་སིར་བཀའ་དང་པོའི་ཆོས་འཁོར་བསྐོར་བ་ནས། མཐར་གྲོང་ཁྱེར་རྩ་ཅན་དུ་ཀུན་ཏུ་རྒྱུ་རབ་བཟང་བཏུལ་ཞིང་དགེ་སློང་ཐམས་ཅད་ལ་ཞལ་གདམས་མཛད་པའི་བར་ཐེག་པ་གསུམ་གྱི་ཆོས་མཐའ་ཡས་མུ་མེད་པ་ལྷ་དང༌། མི་དང་ལྷ་མ་ཡིན་དང་

ཏྲི་ཟ་དང་གྲུལ་བུམ་དང་མིའམ་ཅི་དང་ལྟོ་འཕྱེ་ཆེན་པོ་དང་ཀླུ་ལ་སོགས་པ་འགྲོ་བ་མཐའ་ཡས་པ་ལ་གསུངས་པ་དང་། གནས་ཀྱང་ལྷའི་གནས་དང་། ཀླུའི་གནས་དང་། མིའམ་ཅིའི་གནས་ལ་སོགས་པ་གནས་མཐའ་ཡས་པར་གསུངས་ཤིང་། ཆོས་ཀྱི་འཁོར་ལོ་མཐའ་ཡས་པ་དེ་དག་བསྡོམས་སུ་བསྡུས་པ་ལ་ཆོས་ཀྱི་ཕུང་པོ་བརྒྱད་ཁྲི་བཞི་སྟོང་གསུངས་ཞེས་བརྗོད་ཅིང་། དེ་ཐམས་ཅད་བསྡུ་ན་སྡེ་སྣོད་གསུམ་དུ་འདུ། སྡེ་སྣོད་གསུམ་གྱི་བརྗོད་བྱ་(༣༥ན)བསླབ་པ་གསུམ་དུ་འདུ་བས། སྟོན་པས་ཆོས་ཇི་སྙེད་ཅིག་གསུངས་པ་ཐམས་ཅད་གདུལ་བྱ་འཁོར་བ་དང་ངན་སོང་ལས་བསྒྲལ་ཏེ་མཐོ་རིས་དང་ཐར་པ་དང་ཐམས་ཅད་མཁྱེན་པའི་གོ་འཕང་ལ་འགོད་པའི་ཐབས་ཤ་སྟག་ཏུ་གསུངས་སོ། །

ཁ༢༨ སྟོན་པས་གནས་གང་དང་གང་དུ་བཞུགས་པའི་གནས་གཙོ་ཆེ་བ་རྣམས་སྨོས་པ།

སྟོན་པས་གནས་གང་དང་གང་དུ་བཞུགས་པའི་གནས་གཙོ་ཆེ་བ་རྣམས་སྨོས་པ་ནི། བྱེ་བྲག་བཤད་མཛོད་ཆེན་མོ་ལས། ཆོས་བསྐོར་གནས་དང་ཡངས་པ་ཅན། །ས་དཀར་ཅན་དང་ལྷ་ཡི་གནས། །ཁྱིམ་པ་གསོད་དང་གཱ་ཤྃ་བཱི། །འཛྲོག་དང་མཆོད་རྟེན་རི་དང་ནི། །འོད་མའི་གྲོང་དང་སྒྲར་བཅས་དང་། །སེར་སྐྱའི་གནས་ཀྱི་གྲོང་ཁྱེར་དུ། །འདི་རྣམས་སུ་ནི་ཐུབ་པ་ཡི། །སྐྱེས་མཆོག་ལོ་རེ་ལོ་རེ་བཞུགས། །ཉི་ཤུ་རྩ་གསུམ་མཉན་ཡོད་དུ། །སྨན་གྱི་ནགས་སུ་ལོ་བཞི་སྟེ། །འབར་བའི་ཕུག་གི་གནས་སུ་གཉིས། །རྒྱལ་པོའི་ཁབ་ཀྱི་གྲོང་དུ་ལྔ། །དགའ་བ་སྐྱོད་པ་ལོ་དྲུག་སྟེ། །ཉི་ཤུ་རྩ་དགུ་ཁབ་གནས་སུ། །རྒྱལ་བ་དེ་ལྟར་བརྒྱད་ཅུ་ལ། །ཐུབ་མཆོག་དམ་པ་མྱ་ངན་འདས། །ཞེས་གསུངས་པ་ལྟར་རོ། །དེས་ན་བདག་ལེགས་སུ་འདོད་པ་དག་གིས་སྟོན་པ་ཐུགས་རྗེ་ཅན་ཞིང་འདིར་བྱོན་ནས་དམ་པའི་ཆོས་འདུལ་བ་ཇི་ལྟར་

གསུངས་པའི་ཚུལ་དེ་དག་ལ་ངེས་པ་རྙེད་པར་བྱས་ལ་རྒྱལ་བ་དགྱེས་པའི་ལམ་ལ་སློབ་པར་འདོད་པས་འདུལ་བ་ནས་བཤད་པའི་བསླབ་ཁྲིམས་བསྲུང་བ་ཉམས་ལེན་གྱི་མཐིལ་དུ་བྱའོ། །རྒྱལ་བའི་བསྟན་པའི་ནང་མཛོད་དམ་པའི་ཆོས་འདུལ་(༣༨བ)བའི་བྱུང་ཚུལ་བརྗོད་པ་རྒྱལ་བསྟན་རིན་པོ་ཆེའི་གསལ་བྱེད་ཉིན་མོར་བྱེད་པའི་སྣང་བ་ཞེས་བྱ་བ་ལས། སྟོན་པ་ཐུབ་པའི་དབང་པོས་དམ་པའི་ཆོས་འདུལ་བ་ཇི་ལྟར་གསུངས་ཚུལ་བསྟན་པའི་སྐབས་ཏེ་དང་པོའོ།། །།

ཀ༢ སྐབས་གཉིས་པ་རྒྱལ་བའི་བསྟན་པ་འཛིན་ཅིང་སྤེལ་བའི་འདུལ་འཛིན་དམ་པ་རྣམས་ཇི་ལྟར་བྱོན་ཚུལ།

ཁ༡ འཕགས་ཡུལ་དུ་འདུལ་བའི་བསྟན་པ་འཛིན་པའི་དམ་པ་ཇི་ལྟར་བྱོན་ཚུལ།

གཉིས་པ་རྒྱལ་བའི་བསྟན་པ་འཛིན་ཅིང་སྤེལ་བའི་འདུལ་འཛིན་དམ་པ་རྣམས་ཇི་ལྟར་བྱོན་ཚུལ་ལ་གཉིས། འཕགས་ཡུལ་དུ་འདུལ་བའི་བསྟན་པ་འཛིན་པའི་དམ་པ་ཇི་ལྟར་བྱོན་ཚུལ་དང་། བོད་ཡུལ་དུ་འདུལ་བའི་བསྟན་པ་འཛིན་པའི་དམ་པ་ཇི་ལྟར་བྱོན་ཚུལ་ལོ། །དང་པོ་ལ་གཉིས། རྒྱལ་བ་མྱ་ངན་ལས་འདས་པའི་རྗེས་སུ་བཀའ་བསྡུ་རིམ་པ་གསུམ་བྱུང་ཚུལ་དང་། རྒྱལ་བས་ལུང་བསྟན་པའི་དམ་པ་རྣམས་ཀྱིས་རྒྱལ་བའི་བསྟན་པ་ཇི་ལྟར་བཟུང་ཚུལ་ལོ། །

ག༡ རྒྱལ་བ་མྱ་ངན་ལས་འདས་པའི་རྗེས་སུ་བཀའ་བསྡུ་རིམ་པ་གསུམ་བྱུང་ཚུལ།

ང༡ རྒྱལ་བ་མྱ་ངན་ལས་འདས་པའི་མཛད་པ།

དང་པོ་ནི། སྔར་བཤད་པ་དེ་ལྟར་སྟོན་པ་ཐུགས་རྗེ་ཅན་དེ་ཉིད་ཀྱིས་ཐེག་པ་ཆེ་ཆུང་གི་ཆོས་ཀྱི་འཁོར་ལོ་མཐའ་ཡས་པ་ཞིག་བསྐོར་ཏེ་ལྷ་མི་བགྲང་བ་ལས་འདས་པ་སྨིན་ཅིང་གྲོལ་བར་མཛད་ནས། སྐུ་དངོས་ཀྱི་གདུལ་བྱ་ཀུན་ཏུ་རྒྱུ་རབ་

བཟང་དང་། ཏྲི་ཟའི་རྒྱལ་པོ་རབ་དགའ་གཉིས་འདུལ་བའི་དུས་ལ་བབ་པ་ན་གྲོང་ཁྱེར་རྩ་ཅན་དུ་ཕེབས་ནས། ཏྲི་ཟའི་རྒྱལ་པོ་རབ་དགའ་བཏུལ་ཏེ་བདེན་པ་མཐོང་བ་ལ་བཀོད། ཀུན་དུ་རྒྱུ་རབ་བཟང་ཆོས་བསྟན་ནས་དགྲ་བཅོམ་པའི་གོ་འཕང་ལ་བཀོད། གནས་བརྟན་སྒྲ་གཅན་འཛིན་སོགས་གནས་བརྟན་ཆེན་པོ་བཅུ་དྲུག་ལ་ཇི་སྲིད་བྱམས་མགོན་ཞིང་འདིར་འབྱོན་པར་ཉེ་བའི་མཚན་མ་མ་ཤར་གྱི་བར་དུ་ཁྱེད་ཅག་མྱ་ངན་ལས་མ་འདའ་བར་བསྟན་པ་བཟུངས་ཤིག་ཅེས་(༥་ན)བཀའ་བསྒོས། གནས་བརྟན་ཆེན་པོ་བཅུ་དྲུག་གིས་ཀྱང་ཇི་སྲིད་ཐུབ་པའི་བསྟན་པ་གནམ་གནས་ཀྱི་བར་དུ་མྱ་ངན་ལས་མི་འདའ་བར་ཞིང་འདིར་བཞུགས་ནས་སྟོན་པའི་བཀའ་བཞིན་དུ་བསྟན་པ་འཛིན་ཅིང་སྤེལ་བར་ཞལ་གྱིས་བཞེས། ཐུབ་པའི་དབང་པོས་རྣམ་ཐོས་སྲས་ལ་སོགས་པའི་འཇིག་རྟེན་སྐྱོང་བ་བཞི་ལ་ཇི་སྲིད་བསྟན་པ་གནམ་གནས་ཀྱི་བར་དུ་བསྟན་པ་སྲུང་ཞིང་སྐྱོང་བར་བཀའ་བསྒོས། གནས་བརྟེན་ཆེན་པོ་འོད་སྲུངས་ལ་ཁྱོད་ཀྱིས་བསྟན་པ་ཟུངས་ཤིག་ཅེས་བསྟན་པ་གཏད་དོ། །དེ་ནས་སྟོན་པས་འཁོར་རྣམས་ལ་བཀའ་སྩལ་པ། འཁོར་རྣམ་བཞི་ཕན་བདེར་འགྱུར་བའི་གསུང་རབ་ཡན་ལག་བཅུ་གཉིས་བསླུག །སྟོན་པ་སོ་ཐར་ལ་གྱིས། ཐན་པས་གཞོན་པ་རྣམས་ཡོ་བྱད་ཀྱིས་བསྡུ། གཞོན་པས་རྒན་པའི་མིང་འབོད་མི་བྱ། དད་པ་ཅན་ལ་སྟོན་པ་འཁྲུངས་པ། སངས་རྒྱས་པ། ཆོས་གསུངས་པ། མྱ་ངན་ལས་འདས་པའི་ཕྱོགས་བཞི་བསྟན་པར་བྱའོ། །དགེ་སློང་དག །དཀོན་མཆོག་གསུམ་དང་། བདེན་པ་བཞི་ལ་ཐེ་ཚོམ་ཡོད་ན་ཞུས་ཤིག །ཅེས་གསུངས་ནས་སྐུའི་སྟོད་གཡོགས་བསལ་ཏེ། དགེ་སློང་དག །དེ་བཞིན་གཤེགས་པ་ལ་བལྟ་བ་ནི་རྙེད་པར་དཀའ་ཡི། དེ་བཞིན་གཤེགས་པའི་སྐུ་ལ་ལྟོས་ཤིག དགེ་སློང་དག །རེ་ཅང་མ་སྨྲ་ཞིག་དང་། འདི་ལྟར་འདུས་བྱས་ཐམས་ཅད་ནི་འཇིག་པའི་ཆོས་ཅན་ཡིན་ཏེ། དེ་ལ་འདི་ནི་དེ་བཞིན་གཤེགས་པའི་གསུང་གི་ཐ་མ་ཡིན་ནོ་ཞེས་གསུངས་ནས། ཤིང་སཱ་ལ་ཟུང་གི་འགྲམ་དུ་མ་

འོངས་པ་ན་བྱང་ཕྱོགས་གངས་(༧༥་བ)རིའི་ལྗོངས་འདིར་རྒྱལ་བ་རང་ཉིད་ཀྱི་བསྟན་པ་ཡོངས་སུ་རྫོགས་པ་རྒྱ་ཆེར་དར་བར་འགྱུར་རོ་ཞེས་སྟོན་ཕྱིར་དབུ་བྱང་ཕྱོགས་སུ་བསྟན་ནས། དགུང་ལོ་བརྒྱད་ཅུ་སོང་ནས་གྲུ་གཅིག་གི་ཐོག་ཏུ་ཕེབས་པ་རྣམ་གནོན་ཞེས་པ་ལྕགས་ཕོ་འབྲུག་གི་ལོ་ས་ག་ཟླ་བའི་ཚེས་བཅོ་ལྔའི་ཉིན། དོན་དམ་པར་ན་ནམ་མཁའ་མ་ཟད་ཀྱི་བར་དུ་གཟུགས་སྐུའི་བཀོད་པ་དང་འཕྲིན་ལས་ལ་རྒྱུན་ཆད་པ་མེད་ཀྱང་། གདུལ་བྱ་རྟག་འཛིན་ཅན་རྣམས་ཆོས་ལ་བསྐུལ་བ་དང་། དེ་བཞིན་གཤེགས་པ་འཇིག་རྟེན་དུ་འབྱུང་བ་ཤིན་ཏུ་དཀོན་ཞིང་རྙེད་པར་དཀའོ་ཞེས་འདོམས་པ་དང་། སྟོན་གྱི་ཐུགས་བསྐྱེད་དང་སྨོན་ལམ་གྱི་དབང་སོགས་ཀྱིས་མྱ་ངན་ལས་འདའ་བའི་ཚུལ་བསྟན་ཏོ། །

༦༢ བཀའ་བསྡུ་རིམ་པ་དང་པོ་མཛད་པ།

དེ་ནས་རྒྱལ་བ་རང་ཉིད་མྱ་ངན་ལས་འདའ་བའི་ཚུལ་བསྟན་ཀྱང་སྟོན་གྱི་ཐུགས་བསྐྱེད་དང་སྨོན་ལམ་གྱི་དབང་གིས་བསྟན་པ་ལོ་ལྔ་སྟོང་དུ་གནས་པར་བྱིན་གྱིས་བརླབས་ཤིང་། སྐུ་གདུང་དང་རིང་བསྲེལ་མང་དུ་འཕེལ་ཏེ་འཛམ་བུའི་གླིང་ཐམས་ཅད་མཆོད་རྟེན་གྱིས་ཁྱབ་པར་བྱིན་གྱིས་བརླབས་སོ། །སྟོན་པ་མྱ་ངན་ལས་འདའ་བའི་ཚུལ་སྟོན་པ་ལ་ཉེ་བའི་ཚེ་ཤཱ་རིའི་བུ་དང་མོའུ་འགལ་གྱི་བུ་གཉིས་ཀྱིས། སྟོན་པ་མྱ་ངན་ལས་འདའ་བ་མཐོང་བར་མི་བཟོད་དོ་ཞེས་ཤཱ་རིའི་བུ་འཁོར་དགྲ་བཅོམ་པ་བརྒྱད་ཁྲི་དང་བཅས་པ་དང་། མོའུ་འགལ་གྱི་བུ་འཁོར་དགྲ་བཅོམ་པ་བདུན་ཁྲི་དང་བཅས་པ་མྱ་ངན་ལས་འདས། སྟོན་པ་མྱ་ངན་ལས་འདའ་བའི་ཚུལ་སྟོན་པ་དང་ལྷན་ཅིག་ཏུ་དགྲ་བཅོམ་པ་ཁྲི་ཕྲག་བརྒྱ་སྟོང་མང་པོ་མྱ་ངན་ལས་འདས་པ་ན། གནས་(༦༠ན)གཙང་མའི་ལྷ་རྣམས་ཀྱིས་ཐུབ་པའི་བསྟན་པ་ཉམས་པར་འགྱུར་བ་མ་བཟོད་ནས་འདི་ལྟར། ཐུབ་པའི་ཉན་ཐོས་དགྲ་བཅོམ་བདག་ཉིད་ཆེན་

པོ་འདི་དག་ཐུབ་པའི་བསྟན་པ་གནས་པའི་ཐབས་མི་བསམ་པར་མྱ་ངན་ལས་འདས་སོ་ཞེས་འཕྲུ་བར་བྱས་པ་ན། འོད་སྲུངས་ཆེན་པོས་དགེ་སློང་བསྡུ་བའི་ཕྱིར། གང་པོ་ལ་དགེ་སློང་རྫུས་ཤིག །ཅེས་བརྗོད་དོ། །གང་པོས་རབ་མཐའི་བསམ་གཏན་ལ་ཞུགས་ཏེ་བལྟས་ནས་གཉི་བརྟངས་པས། བ་ལང་བདག་མ་གཏོགས་པ་འདུས་སོ། །གང་པོ་ལ་བ་ལང་བདག་འབོད་པར་བསྐོས་པས། རྫུ་འཕྲུལ་གྱིས་ཤི་རི་ཤ་ཀའི་གཞལ་མེད་ཁང་ན་བ་ལང་བདག་གནས་སར་སོང་ནས་ཕྱག་བྱས་ཏེ། འདི་སྐད་ཅེས། འོད་སྲུངས་ལ་སོགས་པའི་དགེ་སློང་གི་དགེ་འདུན་རྣམས། ཚེ་དང་ལྡན་པ་བ་ལང་བདག་ནད་མེད་པར་གྱུར་ཅིག །དགེ་འདུན་གྱི་བྱ་བ་ཅུང་ཟད་ཡོད་ཀྱིས་མྱུར་དུ་བོས་ཤིག་ཟེར་རོ། །ཞེས་སྨྲས་པ་དང་། དེ་འདོད་ཆགས་དང་བྲལ་བ་ཡིན་ཡང་བྱམས་པའི་བག་ཆགས་ཀྱིས་བསྐོས་པས་བསྐྱེད་དེ་སྨྲས་པ། ཚེ་དང་ལྡན་པ་གང་པོ། བཅོམ་ལྡན་འདས་གདུལ་བྱའི་དོན་དུ་འཇིག་རྟེན་གཞན་དུ་མ་གཤེགས་སམ། དགེ་འདུན་འཐབ་པ་དང་རྩོད་པ་དང་འཁྲུག་པ་དང་། མཚང་མི་འབྲུའམ། དེ་བཞིན་གཤེགས་པས་ཆོས་ཀྱི་འཁོར་ལོ་བསྐོར་བ་མྱ་ངེགས་ཀྱིས་མ་བཟློག་གམ། དེ་དག་འདུས་ནས་ཉན་ཐོས་ཀྱི་དགེ་འདུན་ལ་གནོད་པ་མ་བྱས་སམ། དེ་བཞིན་གཤེགས་པ་ཉི་མ་དང་འདྲ་བ་ལ། ཉོན་མོངས(༥༠བ)པས་དཀྲིས་པའི་དབང་དུ་གྱུར་པའི་དགེ་སྦྱོང་དང་། བྲམ་ཟེ་དང་། སྤྱོད་པ་པ་དང་། ཀུན་ཏུ་རྒྱུ་དག་གིས་བཀྲས་པར་མ་གྱུར་ཏམ། མ་རིག་པའི་མུན་པས་གཡོགས་པའི་བློ་གྲོས་ཅན་དག་གིས་དགེ་འདུན་འདུས་པའི་དབྱེན་མ་བྱས་སམ། དེ་བཞིན་གཤེགས་པའི་ཆོས་དང་འདུལ་བ་ལ། ཆོས་དང་འདྲ་བའི་ཚིག་དང་། ཡི་གེ་དང་། ལྷ་བའི་དྲི་མ་མ་བྱུང་ངམ། ཚངས་པ་མཚུངས་པར་སྤྱོད་པ་དག་ཀློག་པ་དང་། འདོན་པ་དང་། ཡིད་ལ་བྱེད་པ་དག་ལས་བློ་བསྒྱུར་ཞིང་འདུས་ནས་བྲེ་མོའི་གཏམ་བྱེད་པར་མ་གྱུར་ཏམ། ཐེ་ཚོམ་དང་ཡིད་གཉིས་ལ་ཞུགས་པའི་སེམས་ཀྱིས་ཆོས་མ་ཡིན་པ་ལ་ཆོས་སུ་མ་བཤད་དམ། ཆོས་

ལ་ཆོས་མ་ཡིན་པར་མ་བཤད་དམ། འདུལ་བ་མ་ཡིན་པ་ལ་འདུལ་བར་མ་བཤད་དམ། འདུལ་བ་ལ་ནི་འདུལ་བ་མ་ཡིན་པར་མ་བཤད་དམ། དགེ་སློང་དག་སེར་སྣའི་དྲི་མས་གཡོགས་པས། ཚངས་པ་མཚུངས་པར་སྤྱོད་པ་གློ་བུར་དུ་འོངས་པ་རྣམས་ལ་ཀུན་དུ་དགའ་བར་བྱ་བའི་ཆོས་དྲུག་ལ་སོགས་པ་མི་བྱེད་ཅིང་། ཁྱད་དུ་གསོད་པར་མི་བྱེད་དམ། རབ་ཏུ་བྱུང་བ་ངན་པ་དག་གིས་བྲམ་ཟེ་དང་ཁྱིམ་བདག་དད་པ་ཅན་དག་བསྟན་པ་ལ་མ་དད་པར་བྱས་ནས། མུ་སྟེགས་ལ་བསྟེན་པར་མ་གྱུར་ཏམ། ལོག་པར་འཚོ་བ་ཀུན་ཏུ་སྤྱོད་ཅིང་ཞིང་རྗོ་བ་དང་། ཉོ་ཚོང་བྱེད་པ་དང་། རྒྱལ་པོ་ལ་བསྟེན་ཅིང་འཚོ་བ་ལྟོས་པར་མ་གྱུར་ཏམ། སྦྱངས་པའི་ཡོན་ཏན་བླངས་ནས་བས་མཐའ་གནས་མལ་བསྟེན་པ་ལས། (༤༧ན)སྦྱངས་པའི་ཡོན་ཏན་བོར་བར་མ་གྱུར་ཏམ། དགེ་སྦྱོང་མ་ཡིན་པ་དགེ་སྦྱོང་དུ་ཁས་འཆེས་ནས་ཚངས་པ་མཚུངས་པར་སྤྱོད་པ་འཁྲུག་པར་མི་བྱེད་དམ། དེ་ལྟ་མོད་ཀྱི་ཇོ་བོ་གང་པོ། སངས་རྒྱས་ལ་སོགས་པའི་དགེ་སློང་གི་དགེ་འདུན་ཞེས་སྨྲ་བར་རིགས་ན། འོད་སྲུངས་ལ་སོགས་པ་ཞེས་སྨྲ་འམ། ཐུགས་རྗེ་ཆེན་པོ་ལ་གོམས་པར་གནས་པ་ཀུན་ཏུ་སྤྱོད་པ་ལ་ཞུགས་པའི་སྟོན་པ་ཕུང་པོ་ལྷག་མ་མེད་པའི་མྱ་ངན་ལས་འདས་པའི་དབྱིངས་སུ་ཡོངས་སུ་མྱ་ངན་ལས་འདས་པ་ལ་མ་ཞུགས་སམ། འགྲོ་བའི་གྲུ་སྐྱ་འཛིན་པ་མེད་ནས་འཇིག་རྟེན་འཁྲུགས་པར་མ་གྱུར་ཏམ། སྟོབས་བཅུ་ལྡན་པ་མི་རྟག་པའི་སྟོབས་ཀྱིས་མ་ནོན་ནམ། སེམས་ཅན་གྱི་སྟོན་པ་བདག་ཅག་སད་པར་བྱེད་པའི་མགོན་པོ་མ་གཟིགས་སམ། སངས་རྒྱས་ཉིན་བྱེད་མ་ནུབ་བམ། ཐུབ་པའི་དབང་པོའི་ཟླ་བ་སྒྲ་གཅན་གྱིས་བཅོམ་ནས་སྣང་བ་མེད་པར་མ་གྱུར་ཏམ། སུམ་ཅུ་རྩ་གསུམ་ན་དབང་ཕྱུག་དཔག་བསམ་གྱི་ཤིང་དྲི་ཞིམ་པ་བྱང་ཆུབ་ཀྱི་ཡན་ལག་གི་མེ་ཏོག་གིས་མཛེས་པར་བྱས་པ་དགེ་སྦྱོང་གི་འབྲས་བུ་བཟང་པོ་བཞི་དང་ལྡན་པ། མི་རྟག་པའི་གླང་པོ་ཆེ་སྨྱོན་པས་མ་བཅོམ་མམ། ཡེ་ཤེས་ཀྱི་སྒྲོན་མེ་མི་རྟག་པའི་རླུང་གིས་བདས་ནས

ཡོངས་སུ་མྱ་ངན་ལས་མ་འདས་སམ་ཞེས་དྲིས་པ་དང་། གང་པོས། བློ་ལྡན་བསྟན་པ་གནས་བྱའི་ཕྱིར། །ཉན་ཐོས་(༨༧བ)དགེ་འདུན་ཚོགས་ནས་ནི། །དེ་དག་དེར་ནི་འདུས་གྱུར་ཏེ། །ཁྱོད་ལ་སྟོད་ཅིང་དེ་བསྟོན་བྱེད། །ཀླུ་ཆེན་རྒྱལ་བ་དེ་ཞིག་སྟེ། །ཡེ་ཤེས་རི་ཡང་རྣམ་པར་ཉེལ། །བསྟན་པ་རབ་མཆོག་ལྡན་པ་ཡི། །དགེ་སློང་མང་པོ་རྣམ་པར་ཞི། །ཁྱི་ན་མ་ལགས་ལེགས་པར་ནི། །བདག་ནི་ཕོ་ཉར་འདིར་འོངས་ན། །བསྟན་པ་གནས་པར་བྱ་བའི་ཕྱིར། །དེ་བས་ཁྱོད་ནི་ངེས་པར་བཞུད། །ངེས་སྨྲས་པ། གང་པོ། ཆོག་གི་འགྲོ་བའི་དུས་མིན་ནོ། །འགྲོ་བའི་སྔོན་མི་མགོན་པོ་བཞུགས་ན་དེར། །བདག་ནི་འགྲོ་བར་བྱ་བའི་བློ་ཡོད་ཀྱང་། །དེ་ན་ཕ་རོལ་རབ་ཞིར་གཤེགས་གྱུར་ན། །བློ་ལྡན་གང་ཞིག་འཇིག་རྟེན་དེ་དག་འགྲོ། །ལྟུང་བཟེད་ཆོས་གོས་རྣམ་གསུམ་མཆོག་འདི་དག །ཁྱོད་ཀྱིས་དགེ་འདུན་དག་ལ་དབུལ་བར་གྱིས། །བདག་ནི་ཞི་བ་ཡང་སྲིད་མེད་པར་འགྲོ། །བདག་གི་བསམ་པ་འཕགས་ལ་བཟོད་པར་གསོལ། །ཞེས་སྨྲས་ནས། རྫུ་འཕྲུལ་བསྟན་ཏེ་འདས་སོ། །དེའི་ལུས་ལ་རང་བྱུང་གི་མེས་ཆོག་ཅིང་། དེ་ལས་ཆུ་རྒྱུན་བཞི་བབས་པ་ལ། ཚོགས་སུ་བཅད་པ་བཞི་བྱུང་སྟེ། ད་ལྟ་དུས་རྣམས་ངན་གྱུར་ཏེ། །སེམས་ཅན་རང་གི་ལས་ལ་བརྟེན། །འགྲོ་བའི་སྒྲོན་མ་དེ་འདས་པས། །ཐམས་ཅད་འགྲོ་བར་འཇུག་པར་རྟོགས། །འདུས་བྱས་བསགས་པ་སྐད་ཅིག་འཇིག་འགྱུར་ཏེ། །སྐྱེ་ལ་སོགས་པ་སྡུག་བསྔལ་ཉོན་མོངས་ལྡན། །སོ་སོ་སྐྱེ་བོ་བདག་ཏུ་ང་རྒྱལ་ཏེ། །(༨༨ན)དེ་དག་བྱེད་པ་མེད་པར་རིག་པར་བྱ། །མཁས་པས་རྟག་ཏུ་དགོངས་པས་བག་ཡོད་ཅིང་། །བསོད་ནམས་ཡིད་ལ་བྱ་བ་དེ་བསྟོན་བྱ། །འབྱུང་པོའི་ཚོགས་ཀུན་སོང་ཞིང་འཇིག་གྱུར་ཏེ། །སྲོག་དང་བཅས་པའི་དཔལ་ནི་གཡོ་བར་གྱུར། །ཐུབ་པ་མཆོག་དེ་བློ་མཆོག་ཡང་དག་བཏུད། །རང་གི་དགོངས་པ་མ་ལུས་ཐམས་ཅད་བྱས། །གུས་ཤིང་རབ་ཏུ་དད་པས་བླ་མ་དེའི། །ཕྱི་བཞིན་བ་ལང་བདག་ཀྱང་དེ་ལྟར་སོང་། །དེ་ནས་གང་པོས་རྫུ་འཕྲུལ་གྱིས་དགེ་

འདུན་འདུས་པའི་ནང་དུ་ཕྱག་ཕྱས་ཏེ། །ལྷུང་བཟེད་ལ་སོགས་པ་ཕུལ་ནས། མགོན་པོའི་སྐུ་ནི་མེད་པར་དེས་ཐོས་ནས། །བསོད་ནམས་ལས་ཀྱིས་རབ་ཏུ་ཞི་བར་སོང་། །དེ་ཡི་ལྷུང་བཟེད་ཆོས་གོས་འདི་ཡིན་ཏེ། །དེ་བསམས་དགེ་འདུན་དག་ལ་བཟོད་པར་གསོལ། །དེ་ནས་འོད་སྲུངས་ཆེན་པོས། དགེ་སློང་དག་ཉོན་ཅིག །ཇི་ལྟར་དེ་ནི་འཕགས་པའི་ཚུལ་གྱིས་འདས། །གཞན་གྱིས་དེ་བཞིན་རབ་ཞིར་འགྲོ་མི་བྱ། །དེ་བས་ཇི་སྲིད་དགོས་པའི་དོན་བྱ་ཞིང་། །དབང་ཅན་ཚོགས་ནས་དེ་སྲིད་འདའ་བར་བྱ། །ཇི་ལྟར་བསོད་ནམས་ལས་ཀྱི་གཞིར་གྱུར་པ། །ཤིར་ཤ་ཀ་ཡི་སེམས་མཆོག་བ་ལང་བདག །དེ་ལྟར་ཁྱེད་ཀྱིས་དེ་བཞིན་མི་བསམ་སྟེ། །འགྲོ་དོན་དགོངས་ཕྱིར་ཚོགས་ནས་བློ་གྲོས་བྱ། །ཞེས་བཀའ་བསྡུ་མ་བྱས་པར་མྱ་ངན་ལས་མི་འདའ་བའི་ཁྲིམས་སུ་བཅས། (༤༢བ)དེ་ནས་འོད་སྲུངས་ཆེན་པོས་རྒྱལ་བའི་བསྟན་པ་འཛིག་རྟེན་འདིར་གནས་པར་བྱ་བའི་ཕྱིར་སྡེ་སྣོད་གསུམ་གྱི་བཀའ་བསྡུ་བར་འདོད་ཅིང་། གྲོང་ཁྱེར་རྩྭ་ཅན་དུ་ལྔ་མི་བརྒྱ་སྟོང་དུ་མ་ཐུབ་པའི་སྐུ་གདུང་གི་མཆོད་རྟེན་ལ་ཕྱག་བྱ་བའི་ཕྱིར་འདུས་པས་གཡེངས་ཤིང་། སོ་སོ་སྐྱེ་བོ་རྣམས་དང་ལྷན་ཅིག་བཀའ་བསྡུ་བར་མི་རུང་བར་མཐོང་ནས་རྒྱལ་པོ་མ་སྐྱེས་དགྲ་ལ་སྦྱིན་བདག་བཅོལ་ཏེ་རྒྱལ་པོའི་ཁབ་ཀྱི་གནས་དབེན་པ་ཞིག་ཏུ་བཀའ་བསྡུ་བར་བཞེད་ནས། རྒྱལ་པོའི་ཁབ་ཏུ་སོང་བ་དང་། མ་སྐྱེས་དགྲས་མཐོང་ནས་སྟོན་པ་དྲན་ཏེ་སྙང་པོ་ཆེ་ལས་ལྷུང་བ། འོད་སྲུངས་ཀྱི་མཐུས་བཟུང་ནས་ཕྱིས་དེ་ལྟར་མི་བྱེད་པར་བཅས་ཏེ། ལྷའི་གནས་འདིར་ཆོས་ཀྱི་ཚུལ་འགྲོ་བར་འཚལ་ལོ། །དེས་སྨྲས་པ། ལེགས་ཀྱིས་བདག་གིས་ཡོ་བྱད་ཐམས་ཅད་སྒྲུར་རོ་ཞེས་བཀའ་བསྡུ་དང་པོའི་སྦྱིན་བདག་བྱེད་པར་ཁས་བླངས་སོ། །དེ་ནས་འོད་སྲུངས་ཆེན་པོ་སོགས་དགྲ་བཅོམ་པ་རྣམས་གནས་དེར་འདུས་ཏེ་ཤིང་ནྱ་གྲོ་དྷའི་ཕུག་ཏུ་རྒྱལ་པོས་མལ་སྟན་དང་ཡོ་བྱད་སྒྲུར་ནས་དབྱར་གནས་པར་ཁས་བླངས་ཏེ་དགྲ་བཅོམ་པ་ལྔ་བརྒྱ་འདུས་ནས་བཀའ་བསྡུ་བར་བརྩམས་པ་

ན། ཐོག་མར་མདོ་སྡེ་བསྡུ་བར་བགྲོས་ནས་འཕགས་པ་འོད་སྲུངས་ཆེན་པོས་ཀུན་དགའ་བོ་ལ་སྒྲོ་བ་དྲིས། གསོལ་གཉིས་ཀྱི་ལས་ཀྱིས་མདོ་སྡེ་བསྡུ་བར་བསྔོས་ནས། སེང་གེའི་ཁྲི་ལ་དགྲ་བཅོམ་པ་ལྔ་བརྒྱས་སྣམ་སྦྱར་བཏིང་བ་དེ་ལ་ཀུན་དགའ་བོ་(༥༣ན)འདུག་སྟེ། མདོ་སྡེ་བཟུང་བ་ཐམས་ཅད་བཤད་པར་བྱའོ་སྙམ་པ་དང་། ལྷ་རྣམས་ཀྱིས་ཤེས་ནས་གུས་པར་ཉན་ནོ། །དེ་ནས་འོད་སྲུངས་ཀྱིས། སྟོན་པ་འཇིག་རྟེན་ཕན་བཞེད་པ། །རྒྱལ་བས་གསུངས་པའི་ཆོས་རྣམས་ཀྱི། །རྣམ་པ་མཆོག་ནི་གང་བཤད་པ། །ཚེ་དང་ལྡན་པས་མདོ་སྡེ་གསུངས། །ཞེས་གསོལ་བ་བཏབ་བོ། །དེ་ནས་ཀུན་དགའ་བོས། སྟོན་པའི་ཡོན་ཏན་དྲན་པས་ཞལ་མཉན་ཡོད་དུ་ཕྱོགས། ཕྱག་ཐལ་མོ་སྦྱར། གདོང་མཆི་མ་དང་བཅས་བཞིན་དུ། འདི་སྐད་བདག་གིས་ཐོས་པ་དུས་གཅིག་ན། བཅོམ་ལྡན་འདས་ཡུལ་ཝཱ་ར་ཎ་སི་དྲང་སྲོང་སྨྲ་བ་རི་དྭགས་ཀྱི་ཚལ་ན་བཞུགས་སོ། །ཞེས་བརྗོད་མ་ཐག་ལྷ་མི་རྣམས་མྱ་ངན་སྐྱེས་ཏེ། ཀྱི་མ་འཇིག་རྟེན་འདི་དག་ཏུ། །མི་རྟག་པར་ནི་ཁྱད་པར་མེད། །གང་གི་རིན་ཆེན་གཏེར་དེ་ཡི། །ཡོན་ཏན་རྒྱ་མཚོ་དག་ཀྱང་བསྐམས། །གང་ལས་བདག་གིས་སྟོན་ཐོས་པ། །ཆོས་ནི་ཐར་པའི་དབྱེ་བ་བྱེད། །འདི་སྐད་ཐོས་ཞེས་རབ་སྦྱར་ཏེ། །དེ་ཡང་དེ་རིང་བསྒྲགས་པ་ཡིན། །ཞེས་ཚེ་དེ་ཆེན་པོ་བསྒྲགས་སོ། །དེ་ནས་འོད་སྲུངས་ཆེན་པོས་འཕགས་པ་ཀུན་དགའ་བོ་ལ། ཐུབ་པས་ཝཱ་ར་ཎ་སིར་ཆོས་འཁོར་ཇི་ལྟར་བསྐོར་བ་རྣམས་གསུངས་ཤིག་ཅེས་བསྐུལ་བ་ན། ཀུན་དགའ་བོས་འདི་སྐད་དུ། བཅོམ་ལྡན་འདས་ཀྱིས་དགེ་སློང་ལྔ་པོ་ལ་འདི་སྐད་ཅེས་བཀའ་སྩལ་ཏེ། (༥༣བ)དགེ་སློང་དག །གང་མ་ཐོས་པའི་ཆོས་འདི་ནི། སྡུག་བསྔལ་འཕགས་པའི་བདེན་པའོ་ཞེས་སོགས་མདོ་སྡེ་བཤད་དོ། །དེ་ནས་ཀུན་ཤེས་ཀོའི་དི་ཉྱས་བདག་གིས་ཆོས་ཀྱི་རྣམ་གྲངས་འདི་མངོན་སུམ་དུ་ཐོས་ཏེ། བདག་གིས་ཁྲག་དང་མཆིལ་མའི་རྒྱ་མཚོ་བསྐམས། རུས་པའི་རི་ལས་བརྒལ། ངན་སོང་གི་སྒོ་ནི་བཅད། མཐོ་རིས་དང་ཐར་པའི་སྒོ་ཕྱེ་སྟེ། འདི་

བཤད་པས་བདག་དང་ལྷ་བརྒྱད་ཁྲིམས་ཆོས་ཀྱི་མིག་ཐོབ་ན། དེ་རིང་འདིར་འདི་སྐད་ཐོས་ནས་བཤད་དེ། ཀྱེ་མ་ཐམས་ཅད་མི་རྟག་པར་ཁྱད་མེད་དོ། །ཞེས་སྨྲས་སོ། །དེ་ནས་འཕགས་པ་ཀུན་དགའ་བོས་ཐུབ་པས་ཝཱ་ར་ཎ་སིར་བདེན་པ་བཞི་ཇི་ལྟར་གསུངས་པ་ནས་ཐ་མར་ཀུན་ཏུ་རྒྱུ་རབ་བཟང་ལ་གདམས་ངག་བསྟན་པ་དང་། དགེ་སློང་ཐམས་ཅད་ལ་མི་རྟག་པ་གདམས་པའི་བར་མདོ་སྡེ་ཇི་སྙེད་ཅིག་གསུངས་པ་ཐམས་ཅད་ལྷག་ཆད་མེད་པར་བློ་ལས་བཏོན་ཏེ་མདོ་སྡེ་བསྡུས་སོ། །དེ་ནས་འོད་སྲུངས་ཆེན་པོ་ལ་སོགས་པའི་དགྲ་བཅོམ་པ་ཐམས་ཅད་ཀྱིས་འཕགས་པ་ཀུན་དགའ་བོ་ལ་ལེགས་སོ་བརྗོད་དོ། །དེ་ནས་འོད་སྲུངས་ཆེན་པོས་འཕགས་པ་ཉེ་བར་འཁོར་ལ་སྤྲོ་བ་བྱས་ཏེ། གསོལ་གཉིས་ཀྱི་ལས་ཀྱིས་འདུལ་བ་བསྡུ་བར་བསྐོས་ཏེ། ཉེ་བར་འཁོར་སེང་གེའི་ཁྲི་ལ་བཞག་ནས། བཅོམ་ལྡན་འདས་ཀྱིས་བསླབ་གཞི་དང་པོ་གང་དུ་བཅས། (༥༥ན)ཝཱ་ར་ཎ་སིར་རོ། །གང་གི་དོན་དུ་ན་ལྔ་སྡེའི་དོན་དུ་ཤམ་ཐབས་ཟླུམ་པོར་བགོ་བར་བྱའོ་ཞེས་བཅས་སོ། །དེ་ནས་དགྲ་བཅོམ་པ་རྣམས་ཀྱིས་མངོན་ཤེས་ཀྱིས་བལྟས་ཞེས་པ་ནས། ཆོས་སོ་སྐམ་སྟེ་བསླབ་གཞི་གཉིས་པ་གང་དུ་བཅས། ཝཱ་ར་ཎ་སིར་ལྔ་སྡེ་ལ་ཆོས་གོས་ཟླུམ་པོར་བགོ་བར་བྱའོ་ཞེས་སོགས་ནས་སྔར་བཞིན་ནོ། །བསླབ་གཞི་གསུམ་པ་གང་དུ་བཅས། ཀ་ལན་ད་ཀའི་གྲོང་དུ་བཟང་སྦྱིན་ལ་མི་ཚངས་སྤྱོད་ཕམ་པར་བཅས་པ་ནས། ཕམ་པ་དང་། ལྷག་མ་དང་། མ་ངེས་པ་དང་། སྤང་ལྟུང་དང་། ལྟུང་བྱེད་དང་། སོ་སོར་བཤགས་པ་དང་། བསླབ་པ་མང་པོ་དང་། རྩོད་པ་ཞི་བྱེད་དང་བཅས་པ་དང་། རྗེས་བཅས་དང་། སྤང་གནང་དང་། རབ་བྱུང་དང་། གསོ་སྦྱོང་དང་། དགག་དབྱེ་དང་། ཕྲ་མོ་དང་། གླེང་གཞི་དང་། མོས་པ་ནི་འདིའོ་ཞེས་འདུལ་བ་བསྡུས་ནས། ཉེ་བར་འཁོར་ཁྲི་ལས་བབས་སོ། །དེ་ནས་འོད་སྲུངས་ཀྱིས་མ་འོངས་པའི་གང་ཟག་གི་དོན་དུ་མ་མོ་བསྡུ་བའི་ཕྱིར་གསོལ་གཉིས་ཀྱི་ལས་བྱས་ཏེ། མ་མོ་ཞེས་བྱ་བ་ནི་བདག་པོ་ནས་སྨྲ་བར་བྱ་སྟེ། མ་

མོ་ལྷ་བུ་ནི་ཤེས་བྱའི་མཚན་ཉིད་རབ་ཏུ་གསལ་བར་བྱེད་པ་སྟེ། འདི་ལྟ་སྟེ། དྲན་པ་ཉེ་བར་བཞག་པ་བཞི་དང་། ཞེས་སོགས་སྔར་བཞིན་ནོ། །དེ་ནས་ལྷ་རྣམས་ཀྱིས་དགྲ་བཅོམ་པ་ལྔ་བརྒྱས་སྡེ་སྣོད་གསུམ་བསྡུས་པས། ལྷ་འཕེལ། ལྷ་མིན་འགྲིབས་སོ་ཞེས་བསྒྲགས་ཤིང་ལྔ་བརྒྱས་ཡང་དག་པར་བསྡུས་པ་ཞེས་པའི་མིང་དུ་གྱུར་(༤༤བ)ཏོ། །དེ་ནས་འོད་སྲུངས་ཆེན་པོས། ཀྱེ་མ་སྟོབས་བཅུ་མངའ་བའི་གསུང་ནི་ཚད་མེད་པ། །འགྲོ་ལ་ཕན་ཕྱིར་ཆོས་ཀྱི་བསྟན་བཅོས་འདི་བསྡུས་པས། །གང་ན་འཇིག་རྟེན་སྒྲོ་ངན་མུན་བྱེད་ཚུད་ཐོས་པ། །བློ་གྲོས་རབ་རིབ་བསལ་བས་སྒྲོན་མར་ཡང་དག་ལྡན། །ཞེས་སྡེ་སྣོད་གསུམ་གྱི་བཀའ་བསྡུ་གྲུབ་པས་ཐུབ་པའི་བསྟན་པ་མི་ནུབ་པར་གནས་པར་བྱས་སོ་ཞེས་སྨྲ་བའི་ཚིག་བརྗོད་དོ། །དེ་ནས་འོད་སྲུངས་ཆེན་པོས་འདི་སྐམ་དུ་བདག་གིས་བསྟན་པའི་བྱ་བ་བྱས་ཟིན་གྱིས། ད་ནི་མྱ་ངན་ལས་འདའ་འོ་སྙམ་དུ་དགོངས་ནས་འཕགས་པ་ཀུན་དགའ་བོ་ལ་བསྟན་པ་གཏད་དེ། ཁྱོད་ཀྱིས་ཀྱང་བསྟན་པ་ཤ་ནའི་གོས་ཅན་ལ་གཏོད་ཅིག་ཅེས་གསུངས་ནས་དེ་བཞིན་གཤེགས་པའི་མཆོད་རྟེན་རྣམས་ལ་ཕྱག་བཙལ་ཏེ། ལྕོ་ཕྱོགས་ཀྱི་རི་བྱ་རྐང་ཅན་ཞེས་བྱ་བ་རི་བོ་གསུམ་འདུས་ཀྱི་དབུས་སུ་ཕྱིན་ནས་རྩྭའི་གདན་ལ་སྐྱིལ་མོ་ཀྲུང་བཅས། བཅོམ་ལྡན་འདས་ཀྱིས་གནང་བའི་སྣམ་སྦྱར་གྱིས་སྐུ་ལུས་བཀབ་སྟེ། ཇི་སྲིད་བྱམས་མགོན་མ་བྱོན་གྱི་བར་དུ་སྲུར་མི་ཉམས་པར་བྱིན་གྱིས་བརླབས་ནས་མྱ་ངན་ལས་འདས་སོ། །

དེ་ནས་ལྷ་དང་གནོད་སྦྱིན་རྣམས་ཀྱིས་སྲུར་ལ་མཆོད་པ་སྣ་ཚོགས་ཀྱིས་མཆོད་ནས་རི་བོ་གསུམ་ཁ་སྦྱར་ཏེ་བཞག་གོ །དེའི་དགོས་པ་ནི་མ་འོངས་པ་ན་བྱམས་པ་མགོན་པོ་འཇིག་རྟེན་འདིར་བྱོན་ནས་ཆོས་ཀྱི་འཁོར་ལོ་བསྐོར་ཏེ་བསྟན་པ་རྒྱས་པར་གྱུར་པ་ན། བྱམས་མགོན་ཕྱོགས་དེར་བྱོན་ནས་རི་བོ་གསུམ་(༤༥ན)པོ་ཁ་བཤིག་སྟེ། འདི་ནི་བཅོམ་ལྡན་འདས་ཤཱཀྱ་ཐུབ་པའི་ཉན་ཐོས་སྦྱངས་པའི་ཡོན་ཏན་གྱི་

མཆོག་ཏུ་གྱུར་པ་དེའོ། །སྨྲ་སྒྲུར་འདི་ནི་བཅོམ་ལྡན་འདས་དེའི་སྨྲ་སྒྲུར་རོ་ཞེས་སྟོན་ཅིང་། དེ་བསྟན་པ་ན་འཁོར་རྣམས་སྐྱོ་བ་སྐྱེས་ནས་བརྩོན་འགྲུས་ཆེར་བྱས་ཏེ་འབྲས་བུ་ཐོབ་པ་གྲངས་མེད་པ་ཞིག་འབྱུང་ཞེས་གསུངས་སོ། །དེ་ནས་འཕགས་པ་ཀུན་དགའ་བོས་བསྟན་པའི་བྱ་བ་རྒྱ་ཆེར་བྱས་ཏེ། ནམ་ཞིག་ན་བསྟན་པ་ཤ་ནའི་གོས་ཅན་ལ་གཏད་དེ་ཁྱོད་ཀྱིས་བསྟན་པ་ཉེར་སྦས་ལ་གཏོད་ཅིག་ཅེས་ལུང་བསྟན་ནས་མྱ་ངན་ལས་འདས་སོ། །དེ་ནས་འཕགས་པ་ཤ་ནའི་གོས་ཅན་གྱིས་བསྟན་པའི་བྱ་བ་རྒྱ་ཆེར་མཛད་དེ་མཐར་བསྟན་པ་ཉེར་སྦས་ལ་གཏད་དོ། །དེ་ནས་འཕགས་པ་ཉེར་སྦས་ཀྱིས་སངས་རྒྱས་གཉིས་པ་བཞིན་དུ་བསྟན་པའི་བྱ་བ་བསམ་གྱིས་མི་ཁྱབ་པ་མཛད་དེ། སློབ་མ་དགྲ་བཅོམ་ཐོབ་པའང་གྲངས་མེད་པ་བྱུང་སྟེ། དགྲ་བཅོམ་རེ་རེ་བྱུང་བ་ན་སོ་ཤིང་སོར་ལྔ་པ་རེ་རེ་དོར་བས་བྲག་ཕུག་འདོམ་ལྔ་བཅུ་ཡོད་པ་ཞིག་སོ་ཤིང་གིས་ཡོངས་སུ་གང་བར་གྱུར་ཏོ། །འཕགས་པ་ཉེར་སྦས་ཀྱིས་བསྟན་པ་དྷཱི་དྷཱི་ཀ་ལ་གཏད། འཕགས་པ་དྷཱི་དྷཱི་ཀས་བསྟན་པ་འཕགས་པ་ནག་པོ་ལ་གཏད། དེས་ལེགས་མཐོང་ཆེན་པོ་ལ་བསྟན་པ་གཏད་དེ། དེ་དག་ལ་བསྟན་པའི་གཏད་རབས་བདུན་ཞེས་གྲགས་སོ། །

༥༣ བཀའ་བསྡུ་རིམ་པ་གཉིས་པ་མཛད་ཚུལ།

དེ་ནས་བཅོམ་ལྡན་འདས་མྱ་ངན་ལས་འདས་ནས་ལོ་བརྒྱ་དང་བཅུ་འདས་པ་ན་བསྡུ་བ་གཉིས་པ་ཞེས་བྱ་བ་བྱུང་སྟེ་(༥༥བ)དེ་ཡང་། ཡངས་པ་ཅན་དུ་དགེ་སློང་ལྷ་ཆེན་པོ་ཞེས་བྱ་བ་ལ་སོགས་པ་རྣམས་ཀྱིས་རུང་བ་མ་ཡིན་པའི་གཞི་བཅུ་སྤྱོད་པས་ཉེས་པ་ཆེན་པོ་དང་ལྡན་པར་གྱུར་པ་ན། དགྲ་བཅོམ་པ་གྲགས་པ་ཞེས་བྱ་བ་འཁོར་ལྔ་བརྒྱ་དང་བཅས་པ་ཕྱོགས་དེར་གཤེགས་པས་མཁྱེན་ནས། ཐུབ་པའི་བསྟན་པ་ཉམས་པ་ཐུགས་ཀྱིས་མ་བཟོད་ནས་རྫུ་འཕྲུལ་གྱིས་ཡུལ་སོ་སོར་བྱོན་ནས་དགྲ་

བཅོམ་པ་རྣམས་བསྡུས་པ་ན། འཕགས་པ་ཀུན་དགའ་བོས་མཁན་པོ་མཛད་པའི་དགེ་སློང་དགྲ་བཅོམ་པ་བདུན་བརྒྱ་ཡངས་པ་ཅན་གྱི་གཙུག་ལག་ཁང་དུ་འདུས་ནས་རུང་བ་མ་ཡིན་པའི་གཞི་བཅུ་སྤྱོད་པ་རྣམས་སུན་ཕྱུང་ཞིང་གནས་དབྱུང་བྱས་ནས་དགྲ་བཅོམ་པ་བདུན་བརྒྱ་པོས་བཀྲ་ཤིས་ཀྱི་གསོ་སྦྱོང་མཛད་དོ། །དེ་ལྟར་མཛད་པ་ན་དཀར་ཕྱོགས་སྐྱོང་བའི་ལྷ་རྣམས་ཀྱིས་ཆོས་མ་ཡིན་པའི་ཕྱོགས་ནི་ཕམ་མོ། །ཆོས་ཀྱི་ཕྱོགས་ནི་རྒྱལ་ལོ་ཞེས་ཆེད་དུ་བརྗོད་པ་ཆེད་དུ་བརྗོད་དོ། །དེ་ལྟར་དགྲ་བཅོམ་བདུན་བརྒྱས་འདུལ་བའི་བཅས་མཚམས་ལ་རང་བཟོའི་བསྲེ་བསླད་བྱེད་པ་རྣམས་སུན་ཕྱུང་ནས། རྒྱལ་བ་རང་ཉིད་ཀྱི་གསུང་ལྟར་དག་ཐེར་མཛད་པ་ལ་བཀའ་བསྡུ་གཉིས་པ་ཞེས་བྱའོ། །

རུང་བ་མ་ཡིན་པའི་གཞི་བཅུ་ཞེས་བྱ་བ་ནི། ཨ་ལ་ལའི་རུང་བ་ཞེས་བྱ་བ་དང་། རྗེས་སུ་ཡི་རང་གི་རུང་བ་ཞེས་བྱ་བ་དང་། ཀུན་སྤྱོད་ཀྱི་རུང་བ་ཞེས་བྱ་བ་དང་། བསྲེས་པའི་རུང་བ་ཞེས་བྱ་བ་དང་། བརྟགས་པའི་རུང་བ་ཞེས་བྱ་བ་དང་། ལན་ཚྭའི་རུང་བ་ཞེས་བྱ་བ་དང་། ལམ་གྱི་རུང་བ་ཞེས་བྱ་བ་དང་། སོར་མོའི་རུང་བ་ཞེས་བྱ་བ་དང་། གདིང་བའི་རུང་བ་ཞེས་བྱ་བ་དང་། གསེར་དངུལ་གྱི་རུང་བ་ཞེས་བྱ་བ་དང་བཅུའོ། །དེ་ཡང་། ཨ་ལ་(༥༨ན)ལའི་རུང་བ་ཞེས་བྱ་བ་ནི། ལྟ་སྤྱོད་མི་མཐུན་པས་ལས་བྱས་ནས་ཨ་ལ་ལ་ཞེས་བརྗོད་ནས་རུང་བར་བྱེད་པ་དང་། རྗེས་སུ་ཡི་རང་གི་རུང་བ་ཞེས་བྱ་བ་ནི། སྔར་གྱི་ལས་དེ་བཞིན་ལ་ཉེ་འཁོར་གྱི་དགེ་སློང་རྣམས་རྗེས་སུ་ཡི་རང་བྱེད་དུ་འཇུག་ཅིང་དེས་རུང་བར་བྱེད་པ་དང་། ཀུན་སྤྱོད་ཀྱི་རུང་བ་ཞེས་བྱ་བ་ནི། རང་གི་ལག་གིས་ས་བརྐོས་ནས་ཀུན་ཏུ་སྤྱོད་པས་རུང་བར་བྱེད་པ་དང་། བསྲེས་པའི་རུང་བ་ཞེས་བྱ་བ་ནི། ཞོ་དང་འོ་མ་བསྲེས་ནས་དུས་མིན་དུ་རུང་བར་བྱེད་པ་དང་། བརྟགས་པའི་རུང་བ་ཞེས་བྱ་བ་ནི། ནད་པས་ཆང་གཞིབས་ཏེ་འཐུང་ན་ཉེས་པ་མེད་པར་བྱེད་པ་དང་། ལན་ཚྭའི་རུང་བ་

ཞེས་བྱ་བ་ནི། རྩྭ་དང་དུས་ཅུང་གི་ཟས་བསྲེས་ནས་ཇི་སྲིད་འཚོའི་བར་དུ་ཅུང་བར་བྱེད་པ་དང་། ལམ་གྱི་ཅུང་བ་ཞེས་བྱ་བ་ནི། དཔག་ཚད་ཕྱེད་ལ་སོགས་པར་ཕྱིན་ནས་འདུས་ཟ་བྱས་ཀྱང་ཉེས་པ་མེད་པར་སྨྲ་བ་དང་། སོར་མོའི་ཅུང་བ་ཞེས་བྱ་བ་ནི། ལྷག་པོར་མ་བྱས་པའི་བཟའ་བཅའ་ལ་སོར་མོ་གཉིས་ཀྱིས་རེག་ནས་ཟ་ཅུང་བར་སྨྲ་བ་དང་། གདིང་བའི་ཅུང་བ་ཞེས་བྱ་བ་ནི། གདིང་བ་གསར་པ་བྱེད་ཚེ་རྙིང་པ་ནས་བདེ་གཤེགས་མཐོ་གང་གིས་མ་གླན་པར་ཡོངས་སྤྱོད་ཅུང་བར་སྨྲ་བ་དང་། གསེར་དངུལ་གྱི་ཅུང་བ་ཞེས་བྱ་བ་ནི། ལྷུང་བཟེད་དྲི་བཟང་གིས་བསྐུས་པ་དགེ་སྦྱོང་གི་མགོ་བོའི་སྟེང་དུ་བཞག་ནས། འདིར་ཕྱིན་ནམ་བླུག་ན་འབྲས་བུ་ཆེན་པོར་འགྱུར་རོ་ཞེས་བྱས་པས། གཞན་གྱིས་དེར་གསེར་དངུལ་བླུགས་པ་ཡོངས་སྤྱོད་(༥༨བ)ཀྱང་ཉེས་པ་མེད་པར་སྨྲའོ། །བཀའ་བསྡུ་གཉིས་པའི་གསལ་བྱ་འདི་དག་ལ་བློ་གྲོས་ཅན་རྣམས་ཀྱིས་ལེགས་པར་དཔྱོད་ཤེས་ན་འདུལ་བའི་བཅས་མཚམས་ཕྲ་ཞིང་ཕྲ་བ་ཉམས་པ་མེད་པར་བསྲུང་བ་དགེ་སྦྱོར་གྱི་མཐིལ་དུ་བྱེད་དགོས་པ་དང་། བཅས་པ་ཕྲ་མོ་རེ་ལའང་རང་བཟོས་ཅུང་དང་མི་ཅུང་གི་དབང་བྱ་ས་མེད་པ་དང་། འདུལ་བའི་བཅས་པ་ཕྲ་མོ་རྣམས་ཚུལ་བཞིན་དུ་བསྲུངས་ན་རྒྱལ་བ་སྲས་བཅས་མཉེས་པའི་མཆོད་པ་ཆེན་པོར་འགྱུར་བ་དང་། འདུལ་བའི་བཅས་པ་ཕྲ་མོ་རེ་ལའང་ཁྱད་གསོད་ཀྱིས་འདས་ན། ཐུབ་པའི་བསྟན་པ་ལ་གནོད་པ་ཆེན་པོ་བྱས་པར་འགྱུར་བ་དང་། བཅས་པ་ཚུལ་བཞིན་དུ་བསྲུངས་ན་ཐུབ་པའི་བསྟན་པ་མི་ཉམས་པར་བཟུང་བར་འགྱུར་བས་ལྷ་དང་བཅས་པའི་འགྲོ་བ་ཐམས་ཅད་ཀྱི་ཕན་བདེའི་རྩ་ལག་ཏུ་འགྱུར་བ་སོགས་འདུལ་བའི་བཅས་ཁྲིམས་བསྲུང་བ་ཉིད་ཡོན་ཏན་ཐམས་ཅད་ཀྱི་གཞི་རྟེན་དུ་གོ་བར་ནུས་སོ། །

༢༩ བཀའ་བསྡུ་རིམ་པ་གསུམ་པ་མཛད་ཚུལ།

དེ་ནས་དུས་རེ་ཞིག་ན་བདུད་སྡིག་ཧོ་ཅན་གྱིས་དགྲ་བཅོམ་པའི་ཆ་བྱད་དུ་སྤྲུལ་ནས་དགེ་འདུན་རྣམས་ལྟ་བ་ཐ་དད་དུ་ཕྱེ་བས་ལོ་མང་པོའི་བར་དུ་འཁྲུག་ལོང་དུ་གྱུར། དེ་ནས་དགེ་སློང་གནས་མའི་བུ་ཞེས་བྱ་བས་དགེ་འདུན་རྣམས་བསྡུས་ཏེ་རྩོད་པ་ཆོས་ཕྱོགས་སུ་ཞི་བར་བྱས། ཡང་གྲོང་ཁྱེར་མེ་ཏོག་གིས་བརྒྱན་པ་ཞེས་བྱ་བར་དགེ་འདུན་གྱི་གནས་བརྟན་བཞི་སྐད་མ་མཐུན་པར་གཅིག་གིས་སཾ་སྐྲི་ཏའི་སྐད་དུ་འདོན། གཅིག་གིས་ཟུར་ཆག་གི་སྐད་དུ་འདོན། གཅིག་གིས་ཐ་མལ་པའི་སྐད་དུ་འདོན། གཅིག་གིས་ཤ་ཟའི་སྐད་དུ་འདོན་པས་སློབ་མ་(༧༨)རྣམས་ཀྱང་མི་མཐུན་པར་གྱུར་ཏེ་རྩ་བའི་སྡེ་པ་བཞིར་གྱེས། བཞི་པོ་དེ་ལས་རིམ་གྱིས་གྱེས་པའི་སྡེ་པ་བཅོ་བརྒྱད་དུ་གྱེས་སོ། །དེ་དག་ནང་ཕན་ཚུན་མི་མཐུན་པར་འདི་ཁོ་ན་སངས་རྒྱས་ཀྱི་བསྟན་པ་ཡིན་གྱི་གཞན་བཅུ་བདུན་མིན་ནོ་ཞེས་སོ་སོ་ནས་རྩོད་པ་ལ། ནམ་ཞིག་ན་རྒྱལ་པོ་ཀྲི་ཀྲིའི་རྨི་ལྟས་ལུང་བསྟན་པའི་མདོ་ཉིད་ནས་བལྟས་པས། རྒྱལ་བ་འོད་སྲུངས་ཀྱིས་རྒྱལ་པོ་ཀྲི་ཀྲི་ལ་ཁྱོད་ཀྱི་རྨི་ལྟས་དེ་རྣམས་བཅོམ་ལྡན་འདས་ཤཱཀྱ་ཐུབ་པའི་བསྟན་པ་ལ་འདི་ལྟར་འབྱུང་བའི་སྔ་ལྟས་ཡིན། ཞེས་གསུངས་ཤིང་ཐུབ་པའི་བསྟན་པ་ལ་སྡེ་པ་བཅོ་བརྒྱད་དུ་གྱེས་ཚུལ་དང་། དེ་ཐམས་ཅད་ཀྱང་མཐར་རྣམ་པར་གྲོལ་བའི་འབྲས་བུ་ཐོབ་པ་ལ་མཚུངས་པར་གསུངས་པ་མཐོང་བ་ན་ཐམས་ཅད་ཀྱི་སེམས་ཞི་སྟེ། སྡེ་པ་བཅོ་བརྒྱད་པོ་ཐམས་ཅད་སངས་རྒྱས་ཀྱི་བསྟན་པར་མཐུན་པར་བསྡུས་པ་ལ་བསྡུ་བ་གསུམ་པ་ཞེས་བྱའོ། །

རྒྱལ་པོ་ཀྲི་ཀྲིའི་རྨི་ལྟས་ཇི་ལྟར་བྱུང་ཚུལ་ནི། མ་ག་དྷ་བཟང་མོའི་རྟོགས་པ་བརྗོད་པ་ལས། སངས་རྒྱས་འོད་སྲུངས་ཀྱི་དུས་སུ་དེའི་སྦྱིན་བདག་རྒྱལ་པོ་ཀྲི་ཀྲི་ཞེས་བྱ་བ་བྱུང་བ་དེའི་རྨི་ལམ་དུ། གླང་པོའི་རྒྱལ་པོ་སྐར་ཁུང་ནས་བྱུང་བ་ལ་དེའི་

མཇུག་མ་ཐོགས་པ་དང་། སྐོམ་པའི་ཕྱི་ནས་ཁྲིན་པ་བསླེགས་པ་དང་། ཕྱི་བྲེ་གང་དང་སྨུ་ཏིག་བྲེ་གང་འཚོང་བྱེད་པ་དང་། ཙན་དན་དང་ཤིང་ཕལ་པ་རིན་མཉམ་པར་བྱེད་པ་དང་། ཀུན་དགའ་ར་བའི་མེ་ཏོག་དང་འབྲས་བུ་ཕུན་སུམ་ཚོགས་པ་མ་བྱིན་པར་ལེན་པས་ཕྲོགས་པ་དང་། གླང་པོའི་(༨༧ཁ)ཕྲུག་གུས་སྤོས་ཀྱི་གླང་པོ་འཇིག་པར་བྱེད་པ་དང་། སྤྲེའུ་མི་གཙང་བས་གོས་པས་གཞན་ལ་སྐུད་པ་དང་། སྤྲེའུ་རྒྱལ་པོར་དབང་བསྐུར་བ་མཐོང་བ་དང་། རས་ཡུག་གཅིག་མི་བཅོ་བརྒྱད་ཀྱིས་བགོས་པ་ལས་རེ་རེའི་ལག་ཏུ་ཡང་རས་ཡུག་ཚང་མ་རེ་རེ་བྱུང་བ་དང་། སྐྱེ་བོའི་ཚོགས་ཆེན་པོ་འདུས་ནས་འཐབ་རྩོད་བྱེད་པ་མཐོང་བ་སྟེ་རྨི་ལམ་བཅུ་རྨིས་པས་བདག་ཉེས་སུ་དོགས་པས་འཇིགས་ཏེ། བཅོམ་ལྡན་འདས་འོད་སྲུངས་ལ་ཞུས་སོ། །བཅོམ་ལྡན་འདས་ཀྱིས་དེ་དག་རྒྱལ་པོ་ཁྱོད་ལ་ཉེས་དམིགས་སུ་འགྱུར་བ་མ་ཡིན་གྱི། མ་འོངས་པ་ན་ཚེ་ལོ་བརྒྱ་བའི་ཚེ་ཡང་དག་པར་རྫོགས་པའི་སངས་རྒྱས་ཤཱཀྱ་ཐུབ་པའི་བསྟན་པ་ལ་མ་སྲུངས་པའི་དགེ་སློང་རྣམས་ཁྱིམ་ནས་བྱུང་ཡང་གཙུག་ལག་ཁང་དང་རྙེད་པ་ལ་ཆགས་པ་འབྱུང་བས། གླང་པོ་ལུས་ཐོན་ནས་མཇུག་མ་ཐོགས་པ་དེ་ནི་དེའི་ལྟས་སོ། །སྐོམ་པའི་ཕྱི་ནས་ཁྲིན་པ་བསླེགས་པ་ནི། གཙུག་ལག་ཁང་ན་གནས་པ་ལ་གཞན་གྱིས་ཆོས་བཤད་པ་ན་ཉན་པར་མི་བྱེད་པའི་ལྟས་སོ། །ཕྱི་དང་སྨུ་ཏིག་བརྗེ་བ་ནི་དེའི་ཚེ་ཉན་ཐོས་རྣམས་བཟའ་བའི་ཆེད་དུ་ཆོས་སྟོན་པ་འབྱུང་བས་དེའི་ལྟས་སོ། །ཙན་དན་དང་ཤིང་གཞན་མཉམ་པར་མཐོང་བ་དེ་ནི། དེའི་ཚེ་ཉན་ཐོས་རྣམས་མུ་སྟེགས་ཀྱི་གཞུང་དང་། སངས་རྒྱས་ཀྱི་བཀའ་མཉམ་པར་འཛིན་པ་འབྱུང་བས་དེའི་ལྟས་སོ། །ཀུན་དགའ་ར་བའི་མེ་ཏོག་ལ་སོགས་པ་ཕུན་སུམ་ཚོགས་པ་ཆོམ་པོས་ཕྲོགས་པ་ནི། དེའི་ཚེ་ཉན་ཐོས་མ་བསྡམས་པ་རྣམས་དགེ་འདུན་གྱི་ལོངས་སྤྱོད་ཀྱིས་ཁྱིམ་(༨༤ན)པའི་ངོ་བསྲུང་བ་འབྱུང་བས་དེའི་ལྟས་སོ། །གླང་པོའི་ཕྲུག་གུས་སྤོས་ཀྱི་གླང་པོ་འཇིག་པར་བྱེད་པ་ནི། དགེ་སློང་སྡིག་ཅན་གྱིས་ཚུལ་ཁྲིམས་དང་ལྡན་

པའི་དགེ་སློང་ཟེལ་གྱིས་གནོན་པ་འབྱུང་བས་དེའི་ལྟས་སོ། །

མི་གཙང་བས་གོས་པའི་སྤྲེའུས་གཞན་ལ་སྐུད་པ་ནི། ཚུལ་ཁྲིམས་ཉམས་པས་ཚུལ་ཁྲིམས་དང་ལྡན་པ་ལ་སྐུར་བ་འདེབས་པར་འགྱུར་བས་དེའི་ལྟས་སོ། །སྤྲེའུ་རྒྱལ་པོར་དབང་བསྐུར་བ་ནི། དེའི་དུས་སུ་རྨོངས་པ་རྣམས་རྒྱལ་པོར་དབང་བསྐུར་བ་འབྱུང་བས་དེའི་ལྟས་སོ། །མི་བཅོ་བརྒྱད་ཀྱིས་རས་ཡུག་གཅིག་བགོས་པས་སོ་སོའི་ལག་ཏུ་མ་ཉམས་པར་བྱུང་བ་ནི། ཤཱཀྱ་ཐུབ་པའི་བསྟན་པ་ལ་སྡེ་པ་བཅོ་བརྒྱད་དུ་གྱེས་ཀྱང་ཐམས་ཅད་རྣམ་པར་གྲོལ་བའི་སྐལ་བ་ཅན་ཡིན་པས་དེའི་ལྟས་སོ། །སྐྱེ་བོའི་ཚོགས་འདུས་ནས་འཐབ་རྩོད་བྱེད་པ་དེ་ནི་ཤཱཀྱ་ཐུབ་པའི་བསྟན་པ་རྩོད་པའི་ཆོས་ཀྱིས་ནུབ་པར་འགྱུར་བས་དེའི་ལྟས་སོ་ཞེས་འབྱུང་བ་ལྟར་རོ། །དེས་ན་བདག་ཡིགས་སུ་འདོད་པ་དག་གིས་བསྡུ་བ་གསུམ་པའི་གསལ་བྱ་འདི་དག་ཤེས་པར་བྱས་ལ། ཕ་རོལ་གྱི་རྒྱུད་ཚོད་མི་ཤེས་པ་དང་། རྒྱལ་བའི་གསུང་རབ་ཀྱི་དོན་ལ་མི་འཇིགས་པའི་གདེང་མ་ཐོབ་པར་ཁོ་བོ་ཅག་གི་འདི་ཁོ་ན་བདེན་གྱི་གཞན་ནི་གཏི་མུག་གོ་ཞེས་ཆོས་བཞིན་སྤྱོད་པ་གཞན་ལ་སྐྱོན་བརྗོད་པ་དང་། གཞན་སེམས་མི་ཤེས་པར་གྲོགས་ཚངས་པ་མཚུངས་པར་སྤྱོད་པ་གཞན་ལ་སྐྱོན་བརྗོད་པ་ནི། ཐལ་བས་གཡོགས་པའི་མེ་དོང་བཞིན་དུ་ཤིན་ཏུ་ཉེན་ཆེ་བའི་གནས་ཡིན་པས་སྤྱིར་(༥༨བ) སེམས་ཅན་སུ་ལའང་ཁོང་ཁྲོ་བས་སྐྱོན་བརྗོད་མི་བྱ་བ་དང་། ལྷག་པར་རྒྱལ་བའི་བསྟན་པ་ལ་ཞུགས་པ་རྣམས་ལ་སྐྱོན་བརྗོད་མི་བྱ་བར་དག་སྣང་སྦྱོང་བ་གལ་ཆེ་ཞིང་། དགྲ་བཅོམ་བདག་ཉིད་ཆེན་པོ་རྣམས་འདུལ་བའི་བཅས་པ་ཕྲ་མོར་ཉམས་པའང་ཐུགས་ཀྱིས་མི་བཟོད་པར་ལུས་དང་སྲོག་ལའང་མི་ལྟ་བའི་སྙིང་སྟོབས་ཀྱིས་རྒྱལ་བའི་བསྟན་པ་གནས་པའི་ཐབས་ལ་རྣམ་པ་ཀུན་ཏུ་འབད་པར་མཛད་པ་དེ་དག་གི་རྣམ་ཐར་ལ་རྗེས་སུ་བསླབ་པར་བྱའོ། །རྒྱལ་བའི་བསྟན་པའི་ནང་མཛོད་དམ་པའི་ཆོས་འདུལ་བའི་བྱུང་ཚུལ་བརྗོད་པ་རྒྱལ་བསྟན་རིན་པོ་ཆེའི་གསལ་བྱེད་

ཉིན་མོར་བྱེད་པའི་སྣང་བ་ཞེས་བྱ་བ་ལས། རྒྱལ་བ་མྱ་ངན་ལས་འདས་པའི་རྗེས་སུ་བཀའ་བསྡུ་རིམ་པ་གསུམ་ཇི་ལྟར་བྱུང་ཚུལ་བསྟན་པའི་སྐབས་ཏེ་གཉིས་པའོ།། །།

ཀ༢ སྐབས་གསུམ་པ་རྒྱལ་བས་ལུང་བསྟན་པའི་དམ་པ་རྣམས་ཀྱིས་རྒྱལ་བའི་བསྟན་པ་ཇི་ལྟར་བཟུང་ཚུལ།

གཉིས་པ་རྒྱལ་བས་ལུང་བསྟན་པའི་དམ་པ་རྣམས་ཀྱིས་རྒྱལ་བའི་བསྟན་པ་ཇི་ལྟར་བཟུང་ཚུལ་ནི། རྒྱལ་བ་མྱ་ངན་ལས་འདས་པའི་ཚུལ་སྟོན་པ་ལ་ཉེ་བ་ན། གནས་བརྟན་ཆེན་པོ་བཅུ་དྲུག་ལ་བསྟན་པ་མ་ཉམས་པར་སྐྱོངས་ཤིག་ཅེས་བཀའ་བསྩལ། གནས་བརྟན་ཆེན་པོ་བཅུ་དྲུག་གིས་ཀྱང་། རྒྱལ་བའི་བཀའ་བཞིན་དུ་བསྒྲུབ་པར་ཞལ་གྱིས་བཞེས་ཏེ་བཀའ་བསྡུ་དང་པོ་གྲུབ་ནས་རང་རང་གི་གདུལ་བྱ་གང་དང་གང་ན་ཡོད་པ་དེ་དང་དེར་གཤེགས་ཏེ་ཐུབ་པའི་བསྟན་པ་མི་ཉམས་པར་བཟུང་ཞིང་སྐྱོང་བར་མཛད་དེ། གནས་བརྟན་ཆེན་པོ་ཡན་ལག་འབྱུང་གིས་འཁོར་དགྲ་བཅོམ་པ་ཆིག་སྟོང་སུམ་བརྒྱ་(༥(ན)དང་བཅས་གངས་རི་ཆེན་པོ་ཏེ་སེའི་གནས་སུ་བཞུགས་ནས་ཐུབ་པའི་བསྟན་པ་མི་ཉམས་པར་བཟུང་སྟེ་འགྲོ་བའི་དོན་མཛད། གནས་བརྟན་ཆེན་པོ་མ་ཕམ་པས་འཁོར་དགྲ་བཅོམ་པ་བརྒྱ་ཕྲག་གཅིག་དང་བཅས་དྲང་སྲོང་རི་ཡི་ངོས་ཤེལ་དུ་བཞུགས་ནས་ཐུབ་པའི་བསྟན་པ་མི་ཉམས་པར་བཟུང་སྟེ་འགྲོ་བའི་དོན་མཛད། གནས་བརྟན་ཆེན་པོ་ནགས་ན་གནས་ཀྱིས་འཁོར་དགྲ་བཅོམ་པ་ཆིག་སྟོང་དང་བཞི་བརྒྱར་བཅས་ལོ་མ་བདུན་པའི་རི་ཕུག་ཏུ་བཞུགས་ནས་ཐུབ་པའི་བསྟན་པ་མི་ཉམས་པར་བཟུང་སྟེ་འགྲོ་བའི་དོན་མཛད། གནས་བརྟན་ཆེན་པོ་དུས་ལྡན་གྱིས་འཁོར་དགྲ་བཅོམ་པ་ཆིག་སྟོང་ཆིག་བརྒྱར་བཅས་འཛམ་བུ་གླིང་གི་ཟངས་གླིང་ན་བཞུགས་ནས་ཐུབ་པའི་བསྟན་པ་མི་ཉམས་པར་བཟུང་སྟེ་འགྲོ་བའི་དོན་མཛད། གནས་བརྟན་ཆེན་པོ་རྡོ་རྗེ་མོའི་བུས་

འཁོར་དགྲ་བཅོམ་པ་སྟོང་ཕྲག་གཅིག་དང་བཅས་སེང་ག་ལ་ཡི་གླིང་ན་བཞུགས་ནས་ཐུབ་པའི་བསྟན་པ་མི་ཉམས་པར་བཟུང་སྟེ་འགྲོ་བའི་དོན་མཛད། གནས་བརྟན་ཆེན་པོ་བཟང་པོས་འཁོར་དགྲ་བཅོམ་པ་ཆིག་སྟོང་ཉིས་བརྒྱ་དང་བཅས་ཆུ་བོ་ཡ་མུ་ནའི་གླིང་ན་བཞུགས་ནས་ཐུབ་པའི་བསྟན་པ་མི་ཉམས་པར་བཟུང་སྟེ་འགྲོ་བའི་དོན་མཛད། གནས་བརྟན་ཆེན་པོ་གསེར་བེའུས་འཁོར་དགྲ་བཅོམ་པ་ལྔ་བརྒྱ་དང་བཅས་ཁ་ཆེའི་ཡུལ་དུ་བཞུགས་ནས་ཐུབ་པའི་བསྟན་པ་མི་ཉམས་པར་བཟུང་སྟེ་འགྲོ་བའི་དོན་མཛད། གནས་བརྟན་ཆེན་པོ་བྷ་ར་དྭ་ཛ་གསེར་ཅན་གྱིས་འཁོར་དགྲ་(༥༨བ)བཅོམ་པ་བདུན་བརྒྱ་དང་བཅས་བ་ལང་སྤྱོད་དུ་བཞུགས་ནས་ཐུབ་པའི་བསྟན་པ་མི་ཉམས་པར་བཟུང་སྟེ་འགྲོ་བའི་དོན་མཛད། གནས་བརྟན་ཆེན་པོ་བ་ཀུ་ལས་འཁོར་དགྲ་བཅོམ་པ་དགུ་བརྒྱ་དང་བཅས་སྒྲ་མི་སྙན་ན་བཞུགས་ནས་ཐུབ་པའི་བསྟན་པ་མི་ཉམས་པར་བཟུང་སྟེ་འགྲོ་བའི་དོན་མཛད། གནས་བརྟན་ཆེན་པོ་སྒྲ་གཅན་འཛིན་གྱིས་འཁོར་དགྲ་བཅོམ་པ་སྟོང་དང་ཆིག་བརྒྱར་བཅས་པྲི་ཡང་ཀུ་ཡི་གླིང་དུ་བཞུགས་ནས་ཐུབ་པའི་བསྟན་པ་མི་ཉམས་པར་བཟུང་ཞིང་འགྲོ་བའི་དོན་མཛད། གནས་བརྟན་ཆེན་པོ་ལམ་ཕྲན་བསྟན་གྱིས་འཁོར་དགྲ་བཅོམ་པ་ཆིག་སྟོང་དྲུག་བརྒྱ་དང་བཅས་བྱ་རྒོད་ཕུང་པོའི་རི་ལ་བཞུགས་ནས་ཐུབ་པའི་བསྟན་པ་མི་ཉམས་པར་བཟུང་སྟེ་འགྲོ་བའི་དོན་མཛད། གནས་བརྟན་ཆེན་པོ་བྷ་ར་དྭ་ཛ་བསོད་སྙོམས་ལེན་གྱིས་འཁོར་དགྲ་བཅོམ་པ་ཆིག་སྟོང་དང་བཅས་ལུས་འཕགས་གླིང་དུ་བཞུགས་ནས་ཐུབ་པའི་བསྟན་པ་མི་ཉམས་པར་བཟུང་སྟེ་འགྲོ་བའི་དོན་མཛད། གནས་བརྟན་ཆེན་པོ་ལམ་བསྟན་གྱིས་འཁོར་དགྲ་བཅོམ་པ་དགུ་བརྒྱ་དང་བཅས་སུམ་ཅུ་རྩ་གསུམ་དུ་བཞུགས་ནས་ཐུབ་པའི་བསྟན་པ་མི་ཉམས་པར་བཟུང་སྟེ་འགྲོ་བའི་དོན་མཛད། གནས་བརྟན་ཆེན་པོ་ གླུའི་སྡེས་འཁོར་དགྲ་བཅོམ་པ་ཆིག་སྟོང་ཉིས་བརྒྱ་དང་བཅས་རི་རྒྱལ་ངོས་ཡངས་ལ་བཞུགས་ནས་ཐུབ་པའི་བསྟན་པ་

མི་ཉམས་པར་བཟུང་སྟེ་འགྲོ་བའི་དོན་མཛད། གནས་བརྟན་ཆེན་པོ་སྦེད་བྱེད་ཀྱིས་འཁོར་དགྲ་བཅོམ་པ་ཆིག་སྟོང་བཞི་བརྒྱ་དང་བཅས་རི་(༥༠ན)རྒྱལ་བི་ཧུ་ལར་བཞུགས་ནས་ཐུབ་པའི་བསྟན་པ་མི་ཉམས་པར་བཟུང་སྟེ་འགྲོ་བའི་དོན་མཛད། གནས་བརྟན་ཆེན་པོ་མི་ཕྱེད་པས་འཁོར་དགྲ་བཅོམ་པ་སྟོང་ཕྲག་གཅིག་དང་བཅས་གངས་ཅན་རི་ཡི་རྒྱལ་པོར་བཞུགས་ནས་ཐུབ་པའི་བསྟན་པ་མི་ཉམས་པར་བཟུང་སྟེ་འགྲོ་བའི་དོན་མཛད་ཅིང་བཞུགས་སོ། །བཞུགས་གནས་དེ་དག་ཀྱང་གཙོ་བོ་སྨོས་པ་ཡིན་གྱི་ཕྱིར་ན་གདུལ་བྱའི་དོན་དུ་འཇིག་རྟེན་གྱི་ཁམས་བགྲང་བ་ལས་འདས་པར་འགྲོ་དོན་མཛད་ཅིང༌། ཞིང་འདིར་ཡང་གང་དང་གང་ན་གདུལ་བྱ་ཡོད་པ་དེ་དང་དེར་དངོས་སུ་བྱོན་པ་དང༌། སྤྲུལ་པ་སྣ་ཚོགས་པས་འགྲོ་དོན་མཛད་པ་དང༌། རྒྱལ་བའི་བསྟན་པ་གནས་པ་འདུལ་ཁྲིམས་ཚུལ་བཞིན་དུ་བསྲུང་བའི་དགེ་འདུན་གྱི་སྡེ་ལ་རག་ལས་པར་དགོངས་ནས་གང་དང་གང་ན་དགེ་འདུན་གྱི་སྡེ་ཉམས་པ་དེ་དང་དེ་གསོ་བ་དང༌། ཚུང་ཟད་གནས་པ་རྣམས་ཆེས་ཆེར་འཕེལ་བར་མཛད་པ་དང༌། སོ་སོའི་སྐལ་བ་དང་འཚམ་པར་སྤྲུལ་པས་དགེ་འདུན་གྱི་སྡེ་སྐྱོང་བར་མཛད་དེ། གནས་བརྟན་ཆེན་པོ་ཡན་ལག་འབྱུང་གིས་བྱང་ཕྱོགས་གངས་རིའི་ལྗོངས་འདིར་དགེ་འདུན་གྱི་སྡེ་ཆེས་ཆེར་འཕེལ་བར་བྱ་བའི་ཕྱིར་དགེ་བའི་བཤེས་གཉེན་པོ་ཧྭ་ཤང་ཆེན་པོའི་སྐུར་བསྟན་ནས་བཀའ་གདམས་ཀྱི་རྣམ་ཐར་གཙང་མས་གངས་རིའི་ལྗོངས་འདི་ཡོངས་སུ་ཁྱབ་པར་མཛད་པ་ལྟ་བུའོ། །

གཞན་ཡང་རྒྱལ་བ་ཉིད་ཀྱིས་ལུང་བསྟན་པའི་བསྟན་འཛིན་དམ་པ་ཇི་ལྟར་བྱོན་པ་ནི། ལུང་(༥༠བ)ཕྲན་ཚེགས་ལས། འོད་སྲུངས་ཀུན་དགའ་ཤ་ནའི་གོས་ཅན་དང༌། །ཉེར་སྦས་དྷི་དྷི་ཀ་དང་ནག་པོ་དང༌། །ལེགས་མཐོང་ཆེན་པོ་བསྟན་པའི་གཏད་རབས་བདུན། །ཞེས་གསུངས་པ་ལྟར། འཕགས་པ་འོད་སྲུངས་ཆེན་པོ་ནས་འཕགས་པ་ལེགས་མཐོང་ཆེན་པོའི་བར་བསྟན་པའི་གཏད་རབས་བདུན་དང༌།

ལངྐར་གཤེགས་པར། ལྷོ་ཕྱོགས་བེ་ཏའི་ཡུལ་དུ་ནི། །དགེ་སློང་དཔལ་ལྡན་ཆེར་གྲགས་པ། །དེ་མིང་ཀླུ་ཞེས་བོད་པ་སྟེ། །ཡོད་དང་མེད་པའི་ཕྱོགས་འཇིག་པ། །ང་ཡི་ཐེག་པ་འཇིག་རྟེན་དུ། །བླ་མེད་ཐེག་ཆེན་རབ་བཤད་ནས། །རབ་ཏུ་དགའ་བའི་ས་བསྒྲུབས་ཏེ། །བདེ་བ་ཅན་དུ་དེ་འགྲོའོ། །ཞེས་པ་དང་། འཇམ་དཔལ་རྩ་རྒྱུད་ལས། དེ་བཞིན་གཤེགས་པ་ང་འདས་ནས། །ལོ་ནི་བཞི་བརྒྱ་ལོན་པ་ན། །དགེ་སློང་ཀླུ་ཞེས་དེ་འབོད་འབྱུང་། །བསྟན་པ་ལ་ནི་དད་ཅིང་ཕན། །རབ་ཏུ་དགའ་བའི་ས་ཐོབ་པ། །ལོ་ནི་དྲུག་བརྒྱ་དག་ཏུ་འཚོ། །རིག་པ་རྨ་བྱ་ཆེན་མོ་ནི། །བདག་ཉིད་ཆེན་པོ་དེས་ཀྱང་འགྲུབ། །བསྟན་བཅོས་སྣ་ཚོགས་དོན་དང་ནི། །དངོས་པོ་མེད་པའི་དོན་དེ་རིག །གང་ཚེ་ལུས་དེ་བོར་བ་ན། །བདེ་བ་ཅན་དུ་སྐྱེ་བར་འགྱུར། །དེ་ནི་མཐར་གྱིས་སངས་རྒྱས་ཉིད། །ངེས་པ་ཁོ་ནར་ཡང་དག་ཐོབ། །ཅེས་རྒྱལ་བའི་བསྟན་པ་ལ་རྒྱལ་བ་རང་ཉིད་ལྟར་བསྟན་པ་ཡོངས་རྫོགས་འཛིན་པའི་དམ་པ་དཔལ་མགོན་འཕགས་པ་ཀླུ་སྒྲུབ་འབྱོན་པར་ལུང་བསྟན་ཏོ། །ཡང་དེ་ཉིད་ལས། ཐོགས་མེད་ཅེས་བྱའི་དགེ་སློང་ནི། །བསྟན་བཅོས་དེ་ནི་དོན་ལ་མཁས། །མདོ་སྡེ་ངེས་དོན་དྲང་(༥༧ན)བའི་དོན། །རྣམ་པ་མང་པོ་རབ་ཏུ་འབྱེད། །འཇིག་རྟེན་རིག་པ་སྟོན་བདག་ཉིད། །གཞུང་འབྱེད་ངང་ཚུལ་ཅན་དུ་འགྱུར། །དེ་ཡིས་རིག་པ་གྲུབ་པ་ནི། །སཱ་ལའི་ཕོ་ཉ་མོ་ཞེས་བརྗོད། །དེ་ཡི་སྔགས་ཀྱི་མཐུ་ཡིས་ནི། །བློ་ནི་བཟང་པོ་སྐྱེ་བར་འགྱུར། །བསྟན་པ་ཡུན་རིང་གནས་བྱའི་ཕྱིར། །མདོ་ཡི་དེ་ཉིད་དོན་སྡུད་བྱེད། །ལོ་ནི་བརྒྱ་དང་ལྔ་བཅུར་འཚོ། །དེ་ལུས་ཞིག་ནས་ལྷ་ཡུལ་འགྲོ། །འཁོར་བ་རྣམས་སུ་འཁོར་བ་ན། །ཡུན་རིང་བདེ་བ་རྗེས་སྤྱོད་ནས། །བདག་ཉིད་ཆེན་པོ་མཐར་གྱིས་དེ། །བྱང་ཆུབ་ཐོབ་པར་འགྱུར་བ་ཡིན། །ཞེས་འཕགས་པ་ཐོགས་མེད་འབྱོན་པར་ལུང་བསྟན་ཏོ། །གཞན་ཡང་མདོ་རྒྱུད་མང་པོར་རྒྱལ་བའི་བསྟན་པ་འཛིན་པའི་དམ་པ་མང་པོ་འབྱོན་པར་ལུང་བསྟན་ཅིང་། གཏད་རབས་བདུན་དང་ཤིང་རྟ་ཆེན་པོ

གཉིས་དང་སློབ་དཔོན་ཨཱརྻ་དེ་ཝ་དང་སློང་དཔོན་མ་ཏི་ཙིཏྲ་དང་མ་ཁོལ་ཞེས་བྱ་བ་དཔའ་བོ་སོགས་མཚན་གསལ་བར་ལུང་བསྟན་པ་ཆེས་མང་བ་དང་། མཚན་གྱི་ཟུར་ལུང་བསྟན་པ་ཡི་གེ་ཧྲ་ཞེས་སྨོམ་བརྗོད་མཆོག །ཅེས་དཔལ་ལྡན་ཆོས་ཀྱི་གྲགས་པ་ལུང་བསྟན་པ་ལྟ་བུ་ཆེས་མང་སྟེ། ཡི་གེའི་ཟུར་གྱིས་ལུང་བསྟན་ཚུལ་ནི་ཆོས་ཀྱི་གྲགས་པའི་སྐད་དོད་རྣམ་ཀཱིརྟི་ཞེས་པ་ཡིན་པས་དེའི་མིང་ཡིག་དང་པོ་ཧྲ་ཞེས་ལུང་བསྟན་པ་ལྟ་བུའོ། །དེས་མཚོན་ནས་རྒྱལ་བའི་བསྟན་པ་གང་དང་གང་དུ་དར་བར་འགྱུར་བའི་ཡུལ་ཕྱོགས་དང་། ཡུལ་དེར་བསྟན་པ་སྐྱོང་བའི་རྒྱལ་པོ་ཇི་ལྟ་བུ་འབྱུང་བ་དང་། (༥༧བ)བསྟན་པ་འཛིན་པའི་སྐྱེས་བུ་དམ་པ་ཇི་ལྟ་བུ་འབྱུང་བ་དང་། བསྟན་པ་ལ་གནོད་པ་བྱེད་པའི་སྡིག་ཅན་ཇི་ལྟ་བུ་འབྱུང་བ་དང་། བསྟན་འཛིན་དམ་པ་གང་དང་གང་གི་མཐུས་བསྟན་པ་ལ་གནོད་པ་བྱེད་པ་རྣམས་བསལ་ནས་བསྟན་པ་སྐྱོན་མེད་པར་སྐྱོང་བའི་ཚུལ་འདི་དང་འདི་ལྟ་བུར་འབྱུང་ངོ་ཞེས་གསེར་བརྟག་པའི་ཇོ་ཀ་ཞི་པ་ལྟར་ཆེས་གསལ་བར་འཇོག་པར་མཛད་དོ། །

རྒྱལ་བ་མྱ་ངན་ལས་འདས་པའི་རྗེས་སུ་འདུལ་འཛིན་དམ་པ་རྣམས་ཀྱིས་བསྟན་པ་གཅིག་ནས་གཅིག་ཏུ་བརྒྱུད་དེ་རིམ་གྱིས་སྤེལ་ཚུལ་ནི། ཐུབ་པའི་དབང་པོས་འཕགས་པ་འོད་སྲུངས་ལ་བསྟན་པ་གཏད། དེས་འཕགས་པ་ཀུན་དགའ་བོ་ལ། དེས་འཕགས་པ་ཤ་ནའི་གོས་ཅན་ལ། དེས་འཕགས་པ་ཉེར་སྦས་ལ། དེས་འཕགས་པ་དྷི་ཏི་ཀ་ལ། དེས་འཕགས་པ་ནག་པོ་ལ། དེས་འཕགས་པ་ལེགས་མཐོང་ཆེན་པོ་ལ་བསྟན་པ་གཏད་པ་ལུང་ལས་གསུངས་པ་ལྟར་དང་། དེ་ནས་བསྟན་པའི་གཏད་རབས་བྱུང་ཚུལ་ནི། ལྷན་རར་གཤེགས་པའི་འགྲེལ་པར། འཕགས་པ་དྷི་ཏི་ཀས་འཕགས་པ་བི་ཧྲ་ག་ལ་བསྟན་པ་གཏད། དེས་བཙུན་པ་བུད་ཧྲ་ནན་ཏི་ལ། དེས་བུདྡྷ་མི་ཏྲ་ལ། དེས་སློབ་མ་དགེ་སློང་སྟེབས་ལ། དེས་སྲུས་ན་ཤ་ཏ་ལ། དེས་ཧ་སྐད་ལ། དེས་མ་ཤི་བ་ལ། དེས་ཤྲུ་སྦྱུབ་ལ། དེས་ཨཱརྻ་དེ་ཝ་ལ། དེས་རཱ་ཧུ་ལ་ལ། དེས་

སཾ་ཀྵ་ནན་ཏི་ལ། དེས་དགེ་སློང་དགྲ་བཅོམ་པ་ལ། དེས་ཀྵ་ལ་ཤེ་ལ། དེས་ཀུ་མ་ར་ཏ་ལ། དེས་ཤ་ཡ་ཏ་ལ། དེས་བ་སུ་(༥༢༩ན)བན་དྷུ་ལ། དེས་མ་ནོ་ཏ་ལ། དེས་ཧ་ག་ལི་ག་ན་ཡ་ན་ཤ་ལ། དེས་དགེ་སློང་སེང་གེ་ལ་བསྟན་པ་གཏད་པར་བཤད་དོ། །

བསྟན་པའི་རྩ་བ་སོ་སོར་ཐར་པའི་སྡོམ་རྒྱུན་འདུལ་འཛིན་དམ་པ་གཅིག་ནས་གཅིག་ཏུ་བྱོན་ཚུལ་ནི། སྟོན་པ་ཡང་དག་པར་རྫོགས་པའི་སངས་རྒྱས། ཤཱ་རིའི་བུ། སྲས་སྒྲ་གཅན་འཛིན། བྲམ་ཟེ་སྒྲ་གཅན་འཛིན། མགོན་པོ་ཀླུ་སྒྲུབ། ཡོན་ཏན་བློ་གྲོས། རཏྣ་མི་ཏྲ། ཛྙཱ་པྲ་ལ། གུ་ཎ་མ་ཏི། ཆོས་ཀྱི་འཕྲེང་བ། ཞི་བའི་འབྱུང་གནས་སྲས་པ། ཁ་ཆེ་པཎ་ཆེན་ཤཱཀྱ་ཤྲཱིའི་བར་དུ་འདུལ་འཛིན་དམ་པ་གཅིག་ནས་གཅིག་ཏུ་རིམ་པར་བརྒྱུད་ཅིང་། ཁ་ཆེ་པཎ་ཆེན་ནས་བོད་ཡུལ་དུ་བསླེབ་རྫོགས་སྡོམ་རྒྱུན་རིམ་པར་བྱོན་ཏེ། བོད་དུ་ཇི་ལྟར་བྱོན་ཚུལ་ནི་འོག་ཏུ་འཆད་དོ། །ཡང་མཁན་ཆེན་ཞི་བ་འཚོའི་སྡོམ་རྒྱུན་ནི། སྟོན་པ་སངས་རྒྱས། ཤཱ་རིའི་བུ། སྲས་སྒྲ་གཅན་འཛིན། བྲམ་ཟེ་སྒྲ་གཅན་འཛིན། མགོན་པོ་ཀླུ་སྒྲུབ། ལེགས་ལྡན་འབྱེད། དཔལ་སྲས། ཡེ་ཤེས་སྙིང་པོ། མཁན་ཆེན་ཞི་བ་འཚོ། དེ་ནས་བོད་དུ་བྱོན་ཚུལ་འོག་ཏུ་བསྟན་ནོ། །

འདུལ་བ་ལུང་སྡེ་བཞིའི་བཤད་རྒྱུན་འདུལ་འཛིན་གཅིག་ནས་གཅིག་ཏུ་རིམ་པར་བྱོན་ཚུལ་ནི། ཡང་དག་པར་རྫོགས་པའི་སངས་རྒྱས། འོད་སྲུངས་ཆེན་པོ། ཀུན་དགའ་བོ། ཤ་ནའི་གོས་ཅན། ཉེར་སྦས། སྲིད་དགའ། ནག་པོ་པ། གང་པོ། སློབ་དཔོན་ཧ་དབྱངས། གཞོན་ནུ་རོལ་པ། བློ་གྲོས་དཔལ། སེང་གེ་བཟང་པོ། དཔའ་བོ། དབྱིག་གཉེན། དབྱིག་ལེན། ཁ་ཆེ་དགེ་(༥༢༩བ)འདུན་བཟང་པོ། དབང་ཕྱུག །ཕུང་པོ་ལེན། དགེ་འདུན་ནོར། གང་བའི་བཤེས་གཉེན། ཆོས་སྦྱིན། སངས་རྒྱས་ལྷ། འཛིན་སྦྱིན། བསོད་ནམས་སྡེ། དགེ་འདུན་སྡེ། བསོད་ནམས་དགའ་བ། ཡེ་ཤེས་ཟླ་བ། ཡང་ཡེ་ཤེས་ཟླ་བ། མྱ་ངན་མེད་འཚོ། ཐམས་ཅད་སྲུངས། ཆོས་ཀྱི་མཛོད། ཆོས་འཚོ། དགེ་བ་འཚོ། ཤེས་རབ་འཚོ། ལམ་ཉེ་བར་སྟོན་པའི་དཔལ། ཐར་པ་འཚོ། དགེ་ལེགས་

འཚོ། རྣམ་པར་རྒྱལ་བའི་འོད། འཆི་མེད་གོ་ཆ། འོད་ཀྱི་འབྱུང་གནས་སྡེ། ཉི་མའི་སྡེ། ལམ་ཉེ་བར་སྟོན་པ། དགེ་འདུན་སྡེ། ཚུལ་ཁྲིམས་འབངས། སྐལ་གྲགས་འབངས། སངས་རྒྱས་འབངས། བསླབ་པ་བཟང་པོ། ཡོན་ཏན་ཟླ་བ། སྨྲ་ངན་མེད་པའི་བཤེས་གཉེན། དགའ་བའི་བཤེས་གཉེན། ཤཱཀྱ་བཤེས་གཉེན། མཁན་པོ་ཤྲཱི་ལ་མི་ཏྲ་ཞེས་པ་ཚུལ་ཁྲིམས་བཤེས་གཉེན་གྱི་བར་རིམ་པར་བརྒྱུད་ཅིང་། དེ་ནས་བོད་ཡུལ་དུ་བྱོན་ཚུལ་ནི་འོག་ཏུ་སྟོན་ནོ། །

འདུལ་བ་མདོ་རྩ་བའི་བཤད་རྒྱུན་ཇི་ལྟར་བྱོན་ཚུལ་ནི། ཐུབ་པའི་དབང་པོ། ཉེ་བར་འཁོར། འོད་སྲུངས། ཀུན་དགའ་བོ། ཤ་ནའི་གོས་ཅན། ཉེར་སྦས། ཧྲི་ཧྲི་ཀ །ནག་པོ་པ། ལེགས་མཐོང་ཆེན་པོ། ཕྱིར་མི་འོང་། གློས་མི་འབབས། ཁ་ཆེ་འདུས་བཟང་། སློབ་དཔོན་དབྱིག་གཉེན། ཡོན་ཏན་འོད། ཆོས་ཀྱི་བཤེས་གཉེན། ཤཱཀྱ་འོད། སེང་གེའི་གདོང་ཅན། ཁ་ཆེའི་ཛཱི་ན་མི་ཏྲ། དྷ་ན་ཤཱི་ལའི་བར་དེ་ནས་བོད་ཡུལ་དུ་ཅོག་གྲུ་ཀླུའི་རྒྱལ་མཚན་སོགས་ལ་རིམ་པར་བྱོན་ཏེ་དེའི་ཚུལ་ནི་འོག་ཏུ(༥༣ན)སྟོན་ནོ། །

འཕགས་ཡུལ་དུ་སྔོན་བྱོན་པའི་འདུལ་འཛིན་དམ་པ་དེ་དག་གིས་བསྟན་པའི་བྱ་བ་ཇི་ལྟར་མཛད་ཚུལ་ནི། འོད་སྲུངས་ཆེན་པོ་ལ་སོགས་པའི་བསྟན་པའི་གཏད་རབས་བདུན་གྱིས་བསྟན་པ་ལ་བྱ་བ་ཇི་ལྟར་མཛད་པ་ནི་བཤད་ཟིན་ལ། གནས་བརྟན་ཆེན་པོ་བཅུ་དྲུག་གིས་བསྟན་པ་འཛིན་ཅིང་སྐྱོང་བ་བཤད་ཟིན་པ་ལྟར་དང་། བསྟན་པ་དུས་ཇི་ཙམ་གྱི་བར་དུ་སྐྱོང་བ་ནི། ཐུབ་པའི་བསྟན་པ་ཇི་སྲིད་གནས་པའི་བར་ཏེ། བསྟན་པའི་གནས་ཚད་ལ་རྒྱལ་བས་གདུལ་བྱའི་ཁམས་དང་བསམ་པའི་དབང་གིས་གནས་ཚད་རིང་ཐུང་མང་དུ་གསུངས་ཏེ། མདོ་སྡེ་བསྐལ་བཟང་གི་སྙིགས་བམ་ཕལ་ཆེ་བ་ནས་བསྟན་པ་ལོ་སྟོང་གནས་པར་བཤད། བློ་གྲོས་མི་ཟད་པའི་མདོ་འགྲེལ་དུའང་ལོ་སྟོང་གནས་པར་བཤད། སྙིང་རྗེ་པད་དཀར་དུ་ལོ་ཕྱེད་དང་ཉིས་སྟོང་དང་ཟླ་བའི་སྙིང་པོའི་མདོ་ལས་ལོ་ཉིས་སྟོང་གནས་པར་གསུང་། རྗེ་

རྗེ་གཙོད་པའི་འགྲེལ་པ་དང་ཐུབ་པ་དགོངས་རྒྱན་སོགས་སུ་བསྟན་པ་ལོ་ཕྱེད་དང་སུམ་སྟོང་དུ་གནས་པར་བཤད། མདོ་སྡེ་བསྐལ་བཟང་གི་གླེགས་བམ་འགའ་ཞིག་དང་ཡུམ་གསུམ་གནོད་འཇོམས་སུ་བསྟན་པ་ལོ་ལྔ་སྟོང་གནས་པར་བཤད། སློབ་དཔོན་འཇམ་དཔལ་གྲགས་པས་ཀྱང་ལོ་ལྔ་སྟོང་གནས་པར་བཤད་དེ། ལོ་གྲངས་ལ་མང་ཉུང་སྣ་ཚོགས་བྱུང་བ་ལ། བསྟན་པ་ལོ་སྟོང་ལ་སོགས་པ་གནས་པར་གསུངས་པ་ནི་གདུལ་བྱ་རྣམས་སྤྲོ་བ་བསྐྱེད་པར་བྱ་བ་དང་། དོན་དམ་པའི་ཆོས་མྱུར་འདས་མངོན་དུ་(༥༢༥བ)བྱེད་པ་བསྒྲུབ་པའི་བྱ་བ་ཅུང་ཟད་ཉམས་པ་སོགས་ལ་དགོངས་པའི་གདུལ་བྱའི་ཁམས་དང་བསམ་པ་ལ་བལྟོས་ཏེ་གསུངས་པའི་དྲང་དོན་དགོངས་པ་ཅན་ཡིན་པ་དང་། ལོ་ལྔ་སྟོང་དུ་གནས་པར་གསུངས་པ་ནི་རྒྱལ་བ་རང་ཉིད་ཀྱི་དགོངས་པ་ངེས་པའི་དོན་ཡིན་པར་མཁས་གྲུབ་དམ་པ་མང་པོས་གསུངས་སོ། །ལྔ་སྟོང་པོ་དེ་ཉིད་ལྔ་བརྒྱ་པ་ཕྲག་བཅུར་བཅད་པའི་ལྔ་བརྒྱ་པ་དང་པོ་དང་། གཉིས་པ་དང་། གསུམ་པ་རྣམས་ལ་རིམ་པ་བཞིན། དགྲ་བཅོམ་པ་དང་། ཕྱིར་མི་འོང་བ་དང་། རྒྱུན་ཞུགས་ཐོབ་པ་མང་དུ་འབྱུང་བས། དགྲ་བཅོམ་པའི་ལེའུ་དང་། ཕྱིར་མི་འོང་བའི་ལེའུ་དང་། རྒྱུན་ཏུ་ཞུགས་པའི་ལེའུ་ཞེས་བྱ་སྟེ། ཁོང་དུ་ཆུད་པའི་ལེའུ་གསུམ་དང་། དེ་ནས་ལྔ་བརྒྱ་པ་ཕྲག་གསུམ་ལ་རིམ་པ་བཞིན། ལྷག་མཐོང་དང་། ཏིང་ངེ་འཛིན་དང་། ཚུལ་ཁྲིམས་དང་ལྡན་པ་མང་དུ་འབྱུང་བས། ལྷག་མཐོང་གི་ལེའུ་ལ་སོགས་པ་སྒྲུབ་པའི་ལེའུ་གསུམ་དང་། དེ་ནས་ལྔ་བརྒྱ་བ་ཕྲག་གསུམ་ལ་རིམ་པ་བཞིན། མངོན་པ་མདོ་སྡེ་འདུལ་བ་སྟོན་པ་མང་དུ་འབྱུང་བས། མངོན་པའི་ལེའུ་ལ་སོགས་པ་ལུང་གི་ལེའུ་གསུམ་དང་། ལྔ་བརྒྱ་པ་ཐ་མ་ལ་ནི་རབ་ཏུ་བྱུང་བའི་རྟགས་ཙམ་ལས་ལྟ་སྤྱོད་རྣལ་མ་མི་ལྡན་པས་རྟགས་ཙམ་འཛིན་པའི་ལེའུ་ཞེས་ཟེར་ལ། སློབ་དཔོན་འཇམ་དཔལ་གྲགས་པས་ལྔ་བརྒྱ་པ་ཕྲག་བཅུ་པོ་ལ་རིམ་པ་བཞིན་མངོན་པར་རྟོགས་པའི་དུས་གསུམ། སྒྲུབ་པའི་དུས་གསུམ་ལུང་གི་དུས་གསུམ། རྟགས་

ཙམ་འཛིན་པའི་དུས་ཞེས་བཤད་དོ། །དེ་ལྟར་ཐུབ་པའི་བསྟན(༥༨ན)པ་ལོ་ལྔ་སྟོང་གི་བར་དུ་གནས་པར་གསུངས་པ་ལྟར་དང་། དེའི་བར་དུ་གནས་བརྟན་བཅུ་དྲུག་གིས་བསྟན་པ་སྐྱོང་ལ། དེ་ནས་ཀྱང་བྱམས་མགོན་འཇིག་རྟེན་འདིར་འབྱོན་པའི་སྔ་ལྟས་མ་ཤར་གྱི་བར་དུ་བསྟན་པ་སྐྱོང་ཞིང་། ནམ་ཞིག་འཛམ་དུ་གླིང་པའི་མི་རྣམས་ཀྱི་ཚེ་ལོ་བདུན་བཅུ་པར་གྱུར་པ་ན། གནས་བརྟན་ཆེན་པོ་བཅུ་དྲུག་གིས་སའི་སྟེང་ན་སངས་རྒྱས་ཤཱཀྱ་ཐུབ་པའི་བསྟན་པའི་ཆོས་ཀྱི་ཚོགས་ཇི་སྙེད་ཅིག་བཞུགས་པ་ཐམས་ཅད་གཅིག་ཏུ་བསྡུས་ནས་རིན་པོ་ཆེ་སྣ་བདུན་གྱི་མཆོད་རྟེན་བྱས་ཏེ་དེར་བཞུགས་པ་ལ་སྐོར་བ་ལན་མང་དུ་བྱས་ནས་སྐྱིལ་ཀྲུང་བཅས་ཏེ་འདུག་ནས། བཅོམ་ལྡན་འདས་དེ་བཞིན་གཤེགས་པ་དགྲ་བཅོམ་པ་ཡང་དག་པར་རྫོགས་པའི་སངས་རྒྱས་ཤཱཀྱ་ཐུབ་པ་ལ་ཕྱག་འཚལ་ལོ་ཞེས་བརྗོད་དེ། ཕྱག་བྱས་ནས་གནས་བརྟན་དེ་དག་ཀྱང་ལྷག་མེད་དུ་མྱ་ངན་ལས་འདའ་བར་གསུངས་སོ། །

འཕགས་ཡུལ་དུ་འདུལ་འཛིན་དམ་པ་རིམ་པར་བྱོན་པ་རྣམས་ཀྱིས་དམ་པའི་ཆོས་འདུལ་བ་ཇི་ལྟར་བཤད་ཚུལ་ནི། རྒྱལ་བ་མྱ་ངན་ལས་འདས་ནས་བསྟན་པའི་གཏད་རབས་བདུན་གྱི་སྐབས་སུ་འཕགས་པ་ཉེར་སྦས་ལ་སོགས་པ་དགྲ་བཅོམ་པ་མང་པོས་བཀའ་བསྒྲོ་བ་མཛད་ནས་སྡེ་སྣོད་གསུམ་གྱི་བརྗོད་བྱའི་དོན་གཏན་ལ་དབབ་པའི་ཕྱིར་བྱེ་བྲག་ཏུ་བཤད་པ་ཆེན་མོ་ཞེས་བྱ་བ་བམ་པོ་བརྒྱད་བརྒྱ་ཡོད་པ་ཅིག་མཛད། སློབ་དཔོན་དགེ་ལེགས་བཤེས་གཉེན་གྱིས་འདུལ་བ་ལུང་སྡེ་བཞིའི་དོན་རྒྱས་པར་སྟོན་པ་རྒྱ་ཆེར(༥༨བ)འགྲེལ་མཛད། སློབ་དཔོན་དུལ་བའི་ལྷས་ལུང་རྣམ་འབྱེད་ལ་འགྲེལ་པ་མཛད། འདུལ་བ་འཛིན་པ་དགེ་ལེགས་བཤེས་གཉེན་གྱིས་ལུང་ཞུ་བའི་འགྲེལ་པ་མཛད། སློབ་དཔོན་ཚུལ་ཁྲིམས་བསྐྱངས་ཀྱིས་ལུང་ཕྲན་ཚེགས་ཀྱི་འགྲེལ་པ་མཛད། སློབ་དཔོན་ཁྱད་པར་བཤེས་གཉེན་གྱིས་སོ་ཐར་གྱི་མདོའི་འགྲེལ་པ་འདུལ་བ་བསྡུས་པ་ཞེས་པ་མཛད། སློབ་དཔོན་དཔའ་བོས་སོ་སོར་ཐར་པའི་

མདོའི་གཞུང་འགྲེལ་བམ་པོ་ཉི་ཤུ་རྩ་བདུན་ཡོད་པ་ཞིག་མཛད། འདིའི་དཔའ་བོ་ཞེས་པ་སློབ་དཔོན་ཀླུ་སྒྲུབ་ཡབ་སྲས་ཀྱི་དངོས་སློབ་སློབ་དཔོན་དཔའ་བོ་མིན་གྱི་འདུལ་འཛིན་གཞན་ཞིག་གོ །སློབ་དཔོན་དྲི་མེད་བཤེས་གཉེན་གྱིས་སོ་ཐར་གྱི་མདོའི་རྒྱ་ཆེར་འགྲེལ་འདུལ་བ་ཀུན་ལས་བཏུས་པ་ཞེས་པ་མཛད། སློབ་དཔོན་དྷ་ན་ཤྲཱི་ལས་སོ་ཐར་གྱི་མདོ་ལ་འགྲེལ་པ་ཆེ་ཆུང་མང་དུ་མཛད། དགེ་སློང་མའི་སོ་ཐར་གྱི་མདོ་ལའང་འགྲེལ་པ་མཛད་པ་མང་དུ་བྱུང་ངོ་། །ཁྱད་པར་རྒྱལ་བའི་བསྟན་པ་ལ་རྒྱལ་བ་རང་ཉིད་སླར་བྱོན་པ་ལྟ་བུར་རྣམ་པ་ཀུན་ནས་འཕྲུལ་པ་དང་བྲལ་ཞིང་རྒྱ་བོད་ཀྱི་མཁས་གྲུབ་དམ་པ་ཀུན་གྱིས་རྒྱལ་བ་རང་ཉིད་དང་མཚུངས་པར་ཚད་མར་འཛིན་པ་ནི་དཔལ་མགོན་འཕགས་པ་ཀླུ་སྒྲུབ་སྟེ། དེ་ཡང་རྒྱལ་བ་མྱ་ངན་ལས་འདས་ནས་ལོ་བཞི་བརྒྱ་ཙམ་སོང་བ་ན་དཔལ་མགོན་འཕགས་པ་ཀླུ་སྒྲུབ་བྱོན་ཏེ། ན་ལེནྡྲའི་མཁན་པོ་སྒྲ་གཅན་འཛིན་བཟང་པོ་ལས་རབ་ཏུ་བྱུང་ཞིང་བསྙེན་པར་རྫོགས། འདུལ་བ་ལུང་སྡེ་བཞི་ཐུགས་སུ་ཆུད་པར་མཛད། བྱང་སེམས་བློ་གྲོས་རིན་ཆེན་(༥༥ན)ལས་སྡེ་སྣོད་གསུམ་དང་རྒྱུད་སྡེ་བཞིས་བསྡུས་པའི་མན་ངག་ཡོངས་སུ་རྫོགས་པ་གསན། མཁན་པོ་སྒྲ་གཅན་འཛིན་བཟང་པོའི་བཀའ་ལྟར་ན་ལེནྡྲའི་མཁན་པོ་མཛད་ནས་ལོ་བཅུ་གཉིས་ཀྱི་བར་དུ་མུ་གེ་ཆེན་པོ་ཞིག་བྱུང་ཡང་གླིང་བར་ནས་གསེར་འགྱུར་གྱི་རྩི་བཞེས་ཏེ་དགེ་འདུན་ཐམས་ཅད་འཚོ་བས་མི་ཕོངས་པར་མཛད་ཅིང་། རྒྱལ་བའི་བསྟན་པ་ལ་རྫ་འཕྱིན་པ་རབ་ཏུ་བྱུང་བའི་གཟུགས་བརྙན་དམ་པའི་ཆོས་འདུལ་བ་ལ་བག་མེད་པར་སྤྱོད་པ་མང་པོ་ཞིག་གནས་ནས་ཕྱུང་། ལས་རྒྱུ་འབྲས་ཀྱི་རྣམ་གཞག་སྟོན་པའི་ཆོས་མང་དུ་མཛད་ཅིང་། བསྟན་པའི་ནང་མཛོད་འདུལ་བ་གཞི་ནས་གསོ་བར་མཛད་དེ་བདག་ཉིད་ཆེན་པོ་འཕགས་པ་ཀླུ་སྒྲུབ་ཀྱིས་འཛམ་བུ་གླིང་འདིར་ཆོས་ཀྱི་སྒྲ་ཆེན་པོ་ལན་གསུམ་བསྒྲགས་ཞེས་འབྱུང་བ་ལས་ཆོས་ཀྱི་སྒྲ་བསྒྲགས་པ་དང་པོ་ནི་དམ་པའི་ཆོས་འདུལ་བ་གསལ་བར་མཛད་

པ་འདི་ཡིན་ནོ། །དེ་ནས་གདུལ་བྱའི་དོན་དུ་ཡུལ་སྣ་ཚོགས་སུ་བྱོན་ཞིང་། ལྷག་པར་ཀླུའི་ཡུལ་དུ་བྱོན་ནས་ཀླུ་རྣམས་ཆོས་ཀྱིས་ཚིམ་པར་མཛད་དེ་ཡུམ་རྒྱས་པ་ཀླུ་ཡུལ་ནས་སྤྱན་དྲངས། འཛམ་བུའི་གླིང་དུ་ཡུམ་གྱི་མདོའི་དོན་ཤེར་ཕྱིན་ཟབ་མོ་ཆེས་ཆེར་གསལ་བར་མཛད་དེ། དེ་ལ་ནི་ཆོས་ཀྱི་སྒྲ་བསྒྲགས་པ་གཉིས་པ་ཞེས་བརྗོད་དོ། །སྐུ་ཚེའི་མཇུག་ལ་ཆོས་དབྱིངས་བསྟོད་པ་སོགས་མཛད་ནས་ཆོས་ཀྱི་སྒྲ་གསུམ་པ་བསྒྲགས་སོ། །འཕགས་པ་ཀླུ་སྒྲུབ་ཀྱིས་ལོ་དྲུག་བརྒྱ་ཙམ་བཞུགས་ནས་རྒྱལ་བའི་བསྟན་པ་རྒྱ་(༥༥བ)ཆེར་སྤེལ་ཞིང་རང་ཉིད་ས་མཐོན་པོར་བྱོན་ཀྱང་དམ་པའི་ཆོས་འདུལ་བའི་རྟགས་ཆ་ལུགས་ནམ་ཡང་ཉམས་པ་མེད་པར་བཟུང་ཞིང་། འདུལ་བའི་བཅས་མཚམས་ཕྲ་མོ་རེའང་ནམ་ཡང་ཉམས་པ་མེད་པར་བསྲུངས། བསྟན་པའི་རྩ་བ་འདུལ་བ་ལ་གཙོ་བོ་ཆེར་མཛད་དེ། རིན་ཆེན་ཕྲེང་བ་ལས། དེ་ནས་རབ་ཏུ་བྱུང་བ་ཡིས། །དང་པོར་བསླབ་ལ་རབ་གུས་བྱ། །སོ་སོར་ཐར་པ་འདུལ་བཅས་དང་། །མང་ཐོས་དོན་ལྡན་དབབ་ལ་བསྒྲིམ། །ཞེས་གསུངས་པ་ལྟར། རྒྱལ་བས་ཇི་ལྟར་བཅས་པའི་འདུལ་བའི་བཅས་མཚམས་བསྲུང་བ་ཡོན་ཏན་ཀུན་གྱི་གཞི་རྟེན་དུ་གཟིགས་ནས། ཐེག་པ་གསུམ་གྱི་ལམ་གང་བསྒྲུབ་ཀྱང་རུང་། ཚུལ་ཁྲིམས་གཞི་རྟེན་དུ་བྱས་ནས་བསྒྲུབ་དགོས་ཞེས། ཁྲིམས་ནི་རྒྱུ་དང་མི་རྒྱུའི་ས་བཞིན་དུ། །ཡོན་ཏན་ཀུན་གྱི་གཞི་རྟེན་ལགས་པར་གསུངས། །ཞེས་འདོམས་པར་མཛད་དོ། །དཔལ་མགོན་འཕགས་པ་ཀླུ་སྒྲུབ་ལ་སློབ་མ་མཁས་གྲུབ་བགྲང་བ་ལས་འདས་པ་བྱོན་ཞིང་། གཙོ་བོ་ཡོངས་སུ་གྲགས་པ་ནི། སློབ་དཔོན་ཨཱརྱ་དེ་བ་དང་། སློབ་དཔོན་ཀླུའི་བྱང་ཆུབ་དང་། སློབ་དཔོན་སངས་རྒྱས་བསྐྱངས་དང་། སློབ་དཔོན་ཤཱཀྱ་བཤེས་གཉེན་དང་། སློབ་དཔོན་ལེགས་ལྡན་འབྱེད་དང་། སློབ་དཔོན་ཟླ་བ་གྲགས་པ་དང་། སློབ་དཔོན་དཔའ་བོ་རྣམས་ཏེ་ཐུགས་སྲས་བདག་ཉིད་ཆེན་པོ་དེ་དག་ཐམས་ཅད་ཀྱང་བསྟན་པའི་ནང་མཛོད་འདུལ་བ་འཛིན་པ་ཤ་སྟག་སྟེ་རེ་རེས་ཀྱང་བསྟན་པའི་བྱ་བ་བསམ་

གྱིས་མི་ཁྱབ་པ་མཛད་དེ་འཕགས་(༥༨ན)པ་ཀླུ་སྒྲུབ་ཡབ་སྲས་ཀྱི་རྣམ་ཐར་ཞིབ་པར་ནི་བྱང་ཆུབ་ལམ་གྱི་རིམ་པའི་བླ་མ་བརྒྱུད་པའི་རྣམ་ཐར་དུ་བྲིས་ཟིན་པས་བཟློས་བུར་མི་བྱ་བ་དང་ཡི་གེ་མང་བས་འཇིགས་ནས་འདིར་མ་སྤྲོས་སོ། །

རྒྱལ་བ་ཉིད་ཀྱིས་ལུང་བསྟན་པ་འཕགས་པ་ཐོགས་མེད་སྐུ་མཆེད་སོགས་ཀྱིས་བསྟན་པ་ལ་བྱ་བ་མཛད་ཚུལ་ནི། རྒྱལ་བ་མྱ་ངན་ལས་འདས་ནས་ལོ་དགུ་བརྒྱ་ཙམ་སོང་བ་ན་རྒྱལ་བའི་བསྟན་པ་ལ་མུ་སྟེགས་ཀྱི་གནོད་པ་ཆེན་པོས་བསྟན་པ་འཇིག་པ་ལ་ཉེ་བ་ལན་གསུམ་བྱུང་སྟེ། བསྟན་པ་ལ་གནོད་པ་དང་པོ་ཇི་ལྟར་བྱུང་བ་ནི། མུ་སྟེགས་ཀྱི་ཐན་མོ་ཞིག་ན་རེ། ནང་པའི་གཉྟེའི་སྒྲ་ལས་འགེམས་ཞེས་པ་ཞིག་སྣང་སྟེ། འོ་སྐོལ་ལ་གནོད་མི་གནོད་བརྟག་པར་རིགས་སོ་ཟེར་ནས། བརྟག་པས། ལྷ་དང་ཀླུ་དང་གནོད་སྦྱིན་གྱིས་མཆོད་པའི། །དཀོན་མཆོག་གསུམ་གྱི་ཏོག་སྟེ་འདི་བརྟུངས་པས། །མུ་སྟེགས་འཆལ་པའི་གླང་པ་རྣམ་པར་འགེམས། །ཞེས་པར་རིག་ནས་དམག་དྲངས་ཏེ་བསྡུབས་སོ། །དེ་ནས་ཅུང་ཟད་འཕེལ་ནས་ཡོད་པའི་ཚེ། དབུས་ཀྱི་རྒྱལ་པོས་སྟག་གཟིག་གི་རྒྱལ་པོ་ལ་རས་ཀྱི་ན་བཟའ་སྲུབས་མེད་པ་ཞིག་སྐྱེས་སུ་བསྐུར་ཏེ། དེའི་སྙིང་གར་རྐང་རྗེས་འདྲ་བ་ཞིག་ཡོད་པས་ངན་སྔགས་བྱས་སོ་ཟེར་ནས་དམག་དྲངས་ཏེ་བསྡུབས་སོ། །དེ་ནས་ཡང་ཅུང་ཟད་འཕེལ་ནས་ཡོད་པའི་ཚེ། ནང་པའི་གཙུག་ལག་ཁང་ཞིག་ཏུ་ཕྱི་པའི་སྤྲང་པོ་གཉིས་སློང་དུ་འོངས་པ་ལ། བཀྲུ་ཆུ་(༥༨བ)གཏོར་བས་ཁྲོས་ཏེ་ཉི་མ་བསྒྲུབས་ནས་ནང་པའི་གཙུག་ལག་ཁང་དང་གསུང་རབ་མང་པོ་བསྲེགས་ནས་བསྡུབས་སོ། །དེ་ལྟར་རྒྱལ་བའི་བསྟན་པ་ལ་མུ་སྟེགས་ཀྱི་གནོད་པ་ཆེན་པོ་བྱུང་ནས་བསྟན་པ་ཉམས་དམས་པ་ན། ཐུགས་བསྐྱེད་དང་སྨོན་ལམ་སྣབས་པོ་ཆེའི་མཐུ་གྲུབ་པ་བྲམ་ཟེ་མོ་གསལ་བའི་ཚུལ་ཁྲིམས་ཞེས་པའི་བསམ་པ་ལ། བསྟན་པའི་རྩ་བ་ཆོས་མངོན་པ་ལ་དགྲ་ལན་གསུམ་གྱིས་བསྡུབས་པས། འདི་དར་བར་བྱེད་ནུས་པ་གཞན་ཡང་མི་སྣང་། བདག་ཀྱང་བུད

མེད་དུ་སོང་བས་མི་ནུས་ཀྱི། ལུས་ལས་བུ་བསྐྱེད་ལ་དར་བར་བྱེད་དུ་གཞུག་གོ་སྙམ་སྟེ་རྒྱལ་རིགས་དང་འདུས་པས་ཐོགས་མེད་དང་། བྲམ་ཟེ་དང་འདུས་པས་དབྱིག་གཉེན་བྱུང་ནས་བཙས་པ་ན་ལྟེ་ལ་གི་ཏང་གིས་ཡི་གེ་ཨ་འབྲི་བ་ལ་སོགས་པ་བློ་རྣོ་བའི་ཚ་ག་ཡང་བྱས་ཏེ། ཆེར་སྐྱེས་པའི་ཚེ་ན་སྐུ་མཆེད་གཉིས་པོ་དེས་མ་ལ་བདག་ཅག་གི་ཕའི་ལས་གང་ཡིན་ཞུས་པས། མ་ན་རེ། ཁྱེད་དེའི་ཕྱིར་མ་སྐྱེས་ཀྱིས། བློ་སྦྱོང་གྱིས་ལ་བསྟན་པ་དར་བ་གྱིས་ཤིག་གསུངས་ནས། གཅུང་ཁ་ཆེར་སློབ་དཔོན་འདུས་བཟང་གི་དྲུང་དུ་ཕྱིན། གཅེན་གྱིས་བྱམས་པ་བསྒྲུབ་ལ་བསྟན་པ་དར་བར་བྱའོ་སྙམ་སྟེ། རི་བྱ་རྐང་གི་ཕུག་པར་བསྒྲུབ་ཏུ་ཕྱིན་ཏེ་ལོ་བཅུ་གཉིས་ཀྱི་བར་དུ་ལུས་དང་སྲོག་ལའང་མི་ལྟ་བའི་སྙིང་སྟོབས་ཀྱིས་རྗེ་བཙུན་བྱམས་པ་མགོན་པོ་བསྒྲུབས་པ་ན་ཞལ་གཟིགས་ཏེ་ཡུམ་གྱི་ཞལ་གདམས་ལྟར་རྒྱལ་བའི་བསྟན་པ་དར་བ་ཞིག་གི་གསོལ་བ་(༥༧ན)བཏབ་པ་ན་བྱམས་མགོན་གྱི་རྫུ་འཕྲུལ་གྱིས་དགའ་ལྡན་དུ་ཁྲིད། མི་ལོ་ལྔ་བཅུའི་རིང་དགའ་ལྡན་དུ་བཞུགས་ནས་བྱམས་མགོན་ལ་ཆོས་གསན་ཞིང་དོན་ཉམས་སུ་བཞེས་པས་ཚོགས་ལམ་དང་སྦྱོར་ལམ་མཐར་ཕྱིན་ཏེ་ས་དང་པོ་ཐོབ་སྟེ་གསུང་རབ་ཀྱི་དོན་ལ་ཕྱོགས་གཅིག་ཏུ་མ་གྱུར་པའི་སྤྱན་དང་ལྡན་པར་གྱུར་ནས་བྱམས་པའི་ཆོས་ལྔ་སྐྱེས་སུ་བསྣམས་ཏེ་འཛམ་བུའི་གླིང་དུ་རང་གི་རྫུ་འཕྲུལ་གྱི་སྟོབས་ཀྱིས་ཕེབས་ནས་རང་གི་གཅུང་དབྱིག་གཉེན་སོགས་གདུལ་བྱ་མཐའ་ཡས་པ་ལ་ཆོས་ཀྱི་འཁོར་ལོ་བསྐོར་ཏེ་རྒྱལ་བའི་བསྟན་པ་ཉིན་མོ་ལྟར་གསལ་བར་མཛད། སློབ་དཔོན་དབྱིག་གཉེན་གྱིས་ཀྱང་ཁ་ཆེར་སློབ་དཔོན་འདུས་བཟང་ལ་མངོན་པ་མཐར་ཕྱིན་པར་གསན་ཞིང་གནས་གཞན་དུའང་སྡེ་སྣོད་གསུམ་ལ་སྦྱངས་པ་མཐར་ཕྱིན་པར་མཛད། གཙོ་བོར་འཕགས་པ་ཐོགས་མེད་ལ་སྡེ་སྣོད་གསུམ་གྱི་མན་ངག་ཡོངས་སུ་རྫོགས་པ་གསན་ཏེ་འབུམ་སྡེ་དགུ་བཅུ་གོ་དགུ་ཞལ་ཏོན་དུ་མཛད་དེ། རྒྱལ་བའི་བསྟན་པ་ཡོངས་སུ་རྫོགས་པ་བཟུང་ནས་གདུལ་བྱ་མཐའ་ཡས་པ་ལ་འདོམས་པར་མཛད་ནས་རྒྱལ་

བའི་བསྟན་པ་སྤེལ་བ་ལ་རྒྱལ་བ་རང་ཉིད་ལྟར་གྱུར་ཏེ་ཀུན་མཁྱེན་གཉིས་པར་གྲགས་སོ། །འཕགས་པ་ཐོགས་མེད་སྐུ་མཆེད་གཉིས་ཀྱིས་བསྟན་པའི་བྱ་བ་རྒྱ་ཆེན་པོ་མཛད་དེ་རྒྱལ་བའི་བསྟན་པ་ཡུན་རིང་དུ་གནས་པར་བྱ་བའི་ཕྱིར་འཕགས་པ་ཐོགས་མེད་ཀྱིས་ས་སྡེ་ལྔ་དང་། སྡོམ་རྣམ་པ་གཉིས་ལ་སོགས་པ་གསུང་(༥༧བ)རབ་ཀྱི་དགོངས་འགྲེལ་མང་དུ་མཛད། སློབ་དཔོན་དབྱིག་གཉེན་གྱིས་མདོ་སྡེ་མང་པོ་ལ་འགྲེལ་པ་དང་། རབ་ཏུ་བྱེད་པ་སྡེ་བརྒྱད་ལ་སོགས་པ་གསུང་རབ་ཀྱི་དོན་འགྲེལ་པའི་བསྟན་བཅོས་མང་དུ་མཛད་ཅིང་སྐུ་མཆེད་གཉིས་ཀས་བསྟན་པའི་རྩ་བ་དམ་པའི་ཆོས་འདུལ་བ་ལ་གཙིས་སྲུས་སུ་མཛད་དེ་བསྟན་བཅོས་གང་དང་གང་མཛད་པ་ཐམས་ཅད་དུ་བསྟན་པའི་རྩ་བ་སོ་སོར་ཐར་པའི་བཅས་མཚམས་དག་པ་ཡོན་ཏན་ཐམས་ཅད་ཀྱི་གཞི་རྟེན་དུ་འབད་པས་སྒྲུབ་པར་མཛད་དེ། དཔེར་མཚོན་ན་འཕགས་པ་ཐོགས་མེད་ཀྱིས་བྱང་སའི་གཏན་ལ་དབབ་པ་བསྡུ་བར། ཚུལ་ཁྲིམས་རྣམ་པ་གསུམ་པོ་དེ་དག་ལས་འདི་ལྟ་སྟེ། སྡོམ་པའི་ཚུལ་ཁྲིམས་འདི་ནི་སྡུད་པར་བྱེད་པ་དང་འཛིན་པར་བྱེད་པ་ཡིན་ཏེ་དེ་བསྲམས་ཤིང་བསྲུངས་ན་དེ་ལས་གཞན་པ་དག་ཀྱང་བསྲམས་ཤིང་བསྲུངས་པར་འགྱུར་ལ། དེ་མ་བསྲམས་ཤིང་མ་བསྲུངས་ན་དེ་ལས་གཞན་པ་དག་ཀྱང་མ་བསྲམས་ཤིང་མ་བསྲུངས་པར་འགྱུར་བས་དེའི་ཕྱིར་བྱང་ཆུབ་སེམས་དཔའི་སྡོམ་པའི་ཚུལ་ཁྲིམས་ཉམས་ན་སྡོམ་པ་ཐམས་ཅད་ཉམས་པ་ཡིན་པར་བརྗོད་པར་བྱའོ། །ཞེས་གསུངས་པ་ལྟ་བུ་དང་། སློབ་དཔོན་དབྱིག་གཉེན་གྱིས་མངོན་པ་མཛོད་དུ། སྡེ་སྣོད་གསུམ་གྱི་བརྗོད་བྱ་མཐའ་དག་བསླབ་པ་གསུམ་དུ་བསྡུས། བསླབ་པ་གསུམ་གྱི་ནང་ནས་གཞི་དང་རྩ་བ་ལྟ་བུ་ཚུལ་ཁྲིམས་ཀྱི་བསླབ་པར་གསུངས་པ་ལྟ་བུའོ། །

འཕགས་པ་ཐོགས་མེད་ཀྱིས་ལོ་བརྒྱ་དང་ལྔ་བཅུའི་བར་བཞུགས་ནས་བསྟན་པའི་བྱ་(༥༨ན)བ་མཛད། སློབ་དཔོན་དབྱིག་གཉེན་ནི་རྗེ་བཙུན་རྣམ་རྒྱལ་མས་དངོས་

སུ་ཕྱིན་གྱིས་བནྡབས་ཏེ་ཚེའི་རིག་འཛིན་བརྙེས་པས་སྐུ་ཚེ་ཇི་ཙམ་བཞུགས་དབང་ཐོབ་པ་ཞིག་ཡིན་ཡང་། བལ་ཡུལ་དུ་རང་བྱུང་གི་མཆོད་རྟེན་གཟིགས་པར་ཕེབས་པའི་ཚེ་བལ་པོ་ཧང་དུ་ཞེས་པ་རབ་བྱུང་གི་ཆ་བྱད་ཅན་ཆང་གི་བུམ་པ་ལག་ཏུ་ཐོགས་པ་ཞིག་གཟིགས་པ་ན། ཀྱེ་མ་རྒྱལ་བའི་བསྟན་པ་འདི་ལྟར་ཉམས་དམས་སོ་ཞེས་ཐུགས་ཡིད་བྱུང་བར་གྱུར་ཏེ་རྣམ་རྒྱལ་མའི་གཟུངས་མགོ་མཇུག་ལྡོག་སྟེ་བཟླས་ཏེ་སྐུ་ཚེའི་འདུ་བྱེད་བཏང་ནས་ཞིང་གཤེགས་སོ་ཞེས་སྟོན་གྱི་ཆོས་འབྱུང་དག་ལས་མཐུན་པར་འབྱུང་ངོ་། །ཚུལ་འདི་ལ་བློ་གྲོས་དང་ལྡན་པ་རྣམས་ཀྱིས་ལེགས་པར་དཔྱད་ན་འདུལ་བའི་བཅས་མཚམས་ཚུལ་བཞིན་དུ་བསྲུང་བ་ཉིད་རྒྱལ་བ་སྲས་བཅས་མཉེས་པའི་མཆོད་པ་ཆེན་པོ་ཡིན་པ་དང་། རྒྱལ་བའི་བསྟན་པ་མི་ནུབ་པར་འཛིན་པའི་ཐབས་མཆོག་ཡིན་པར་གོ་ནུས་ཤིང་བསླབ་ཁྲིམས་མ་བསྲུངས་ན་རྒྱལ་བ་སྲས་བཅས་དགྱེས་པར་ཐབས་མེད་པ་དང་། བསྟན་པ་ནུབ་པའི་རྐྱེན་དུ་གོ་ནུས་པས་བདག་ལེགས་སུ་འདོད་པ་དག་གིས་འདུལ་བའི་བཅས་མཚམས་ཚུལ་བཞིན་དུ་བསྲུང་བ་ཉིད་དགེ་སྦྱོར་གྱི་མཐིལ་དུ་བྱའོ། །འཕགས་པ་ཐོགས་མེད་དང་སློབ་དཔོན་དབྱིག་གཉེན་ཇེས་འབྲང་དང་བཅས་པའི་རྣམ་ཐར་ཞིབ་པར་ནི་ལམ་རིམ་བླ་མ་བརྒྱུད་པའི་རྣམ་ཐར་དུ་བྲིས་ཟིན་ཏོ། །

སློབ་དཔོན་དབྱིག་གཉེན་ལ་སློབ་མ་མཁས་ཤིང(༥༢བ)གྲུབ་པ་བགྲང་བ་ལས་འདས་པ་བྱོན་ཡང་། གཙོ་བོ་ནི་རང་ལས་མཁས་པའི་སློབ་མ་བཞི་ཞེས་སྟོན་གྱི་མཁས་པ་རྣམས་ལ་གཏམ་དུ་གྲགས་ཏེ། རང་མཁས་ཀྱི་སློབ་མ་བཞི་ནི། ཕར་ཕྱིན་རང་ལས་མཁས་པ་འཕགས་པ་རྣམ་གྲོལ་སྡེ། ཚད་མ་རང་ལས་མཁས་པ་སློབ་དཔོན་ཕྱོགས་ཀྱི་གླང་པོ། མངོན་པ་རང་ལས་མཁས་པ་སློབ་དཔོན་བློ་གྲོས་བརྟན་པ། འདུལ་བ་རང་ལས་མཁས་པ་སློབ་དཔོན་ཡོན་ཏན་འོད་དེ་བཞིའོ། །བཞི་པོ་དེ་དག་རེ་རེས་ཀྱང་དམ་པའི་ཆོས་འདུལ་བ་བཟུང་བའི་སྒོ་ནས་བསྟན་པའི་བྱ་བ་

རྒྱ་ཆེན་པོ་མཛད་ཅིང་། ལྷག་པར་སློབ་དཔོན་ཡོན་ཏན་འོད་ནི་རང་དང་གཞན་གྱི་གྲུབ་པའི་མཐའ་རྒྱ་མཚོ་ལྟ་བུའི་ཕ་རོལ་ཏུ་ཕྱིན་ཞིང་། ལྷག་པར་འདུལ་བ་ལུང་སྡེ་བཞིའི་དོན་འགྲེལ་པ་ལ་མི་འཛིགས་པའི་སྤོབས་པ་ཐོབ་སྟེ། འདུལ་བ་ལུང་སྡེ་བཞིའི་གནད་ཀུན་བསྡུས་པ་འདུལ་བའི་མདོ་མཛད། འདུལ་བའི་ལག་ལེན་གྱི་ཆོ་ག་ཐམས་ཅད་མ་ཚང་བ་མེད་པར་གསལ་བར་སྟོན་པ་ཀརྨ་ཤ་ཏཾ་ཞེས་པ་ལས་བརྒྱ་རྩའི་ཆོ་ག་མཛད། གཞན་ཡང་བྱང་སའི་ཚུལ་ཁྲིམས་ལེའུའི་འགྲེལ་པ་སོགས་བསྟན་བཅོས་མང་དུ་མཛད། སློབ་དཔོན་འདི་ཕྱིན་ཕྱིན་གྱི་མཁས་པ་ཐམས་ཅད་དམ་པའི་ཆོས་འདུལ་བའི་དོན་འཚོལ་བ་ལ་སློབ་དཔོན་འདིའི་གཞུང་རྣམས་ཚད་མར་འཛིན་ནོ། །སྟོད་འདུལ་བ་དག་འཕགས་པ་ལེགས་མཐོང་གིས་འཕགས་པ་ཕྱིར་མི་འོང་ལ་བསྟན་པ་གཏད། དེས་འཕགས་པ་གློས་མི་འབེབས་ལ་བསྟན་པ་གཏད། དེས་སློབ་(༥༥༩)དཔོན་འདི་ལ་ཐུབ་པའི་བསྟན་པ་ཡོངས་རྫོགས་གཏད་པར་བཞེད་དོ། །སློབ་དཔོན་འདིའི་གཞུང་རྣམས་ཀྱི་དགོངས་པ་འགྲེལ་པ་ལ་སློབ་དཔོན་ཆོས་ཀྱི་བཤེས་གཉེན་གྱིས་འདུལ་བ་མདོའི་རྒྱ་ཆེར་འགྲེལ་མཛད་དེ། འདུལ་བའི་རྒྱ་ཆེར་འགྲེལ་འདི་ནི་ཆོས་ཀྱི་རྒྱལ་པོ་ཙོང་ཁ་པ་ཆེན་པོ་སོགས་འདུལ་འཛིན་དམ་པ་རྣམས་གཙེས་པོ་ཆེར་འཛིན་ནོ། །སློབ་དཔོན་ཤེས་རབ་བྱེད་ཅེས་པས་ཀྱང་མདོ་རྩའི་འགྲེལ་པ་མཛད། དགྲ་བཅོམ་པ་ས་ག་ལྷས་འདུལ་བའི་དོན་བསྡུས་པ་མེ་ཏོག་ཕྲེང་རྒྱུད་མཛད། སློབ་དཔོན་དགེ་ལེགས་བཤེས་གཉེན་གྱིས་འདུལ་བའི་ཚིག་ལེའུ་བྱས་པ་དང་། དེའི་འགྲེལ་པ་བམ་པོ་ལྔ་པ་མཛད། དགྲ་བཅོམ་པ་ཆོས་ཀྱི་མཆོང་དཔོན་གྱིས་འདུལ་བ་ལ་བསྟོད་པ་མཛད། སློབ་དཔོན་ཤཱཀྱ་འོད་ཀྱིས་དགེ་ཚུལ་གྱི་བསླབ་བྱ་སྟོན་པའི་འདུལ་བའི་བསྟན་བཅོས་སུམ་བརྒྱ་པ་དང་དེའི་རང་འགྲེལ་འོད་ལྡན་མཛད། སློབ་དཔོན་དུལ་བའི་ལྷས་དགེ་ཚུལ་གྱི་བསླབ་བྱ་ཀ་རི་ཀ་ལྔ་བཅུ་པར་གྲགས་པ་མཛད། སློབ་དཔོན་ཀླུ་མ་ལ་ཤྲཱི་ལས་ཀ་རི་ཀ་ལྔ་བཅུ་པའི་

རྣམ་བཤད་མཛད། སློབ་དཔོན་དུལ་བའི་ལྷས་སྡེ་པ་ཐ་དད་པར་བསྒྲུབ་པའི་འཁོར་ལོ་ཞེས་བྱ་བའི་འདུལ་བའི་བསྟན་བཅོས་མཛད། སློབ་དཔོན་དུལ་བའི་ལྷས་འདུལ་བ་ལ་བསྟོད་པའི་འགྲེལ་པ་མཛད། དེ་དག་ཀྱང་གཙོ་ཆེ་བ་འགའ་ཞིག་སྨོས་པ་ཡིན་གྱི་འདུལ་བའི་བསྟན་བཅོས་མཛད་པ་མཐའ་དག་འདིར་བགྲང་བར་མི་ནུས་སོ། །

དེ་ལྟར་རྒྱལ་བས་ལུང་བསྟན་པའི་ཤིང་རྟ་ཆེན་པོ་གཉིས་རྗེས་(༥༩བ)འབྲང་དང་བཅས་པས་རྒྱལ་བའི་བསྟན་པ་བཟུང་ཞིང་དཔལ་མགོན་འཕགས་པ་ཀླུ་སྒྲུབ་ཀྱིས་སྲས་ཀྱི་ཐུ་བོ་རྣམས་ལ་བསྟན་པ་གཏད། སྲས་ཀྱི་ཐུ་བོ་སྤྱི་དང་ཁྱད་པར་སློབ་དཔོན་ཟླ་བ་གྲགས་པས་རིགས་པའི་ཁུ་བྱུག་ཆེ་བ་ལ་བསྟན་པ་གཏད། དེས་རིགས་པའི་ཁུ་བྱུག་ཆུང་བ་ལ་བསྟན་པ་གཏད། དེས་ཇོ་བོ་རྗེ་ལ་བསྟན་པ་གཏད། ཡང་འཕགས་པ་ཀླུ་སྒྲུབ་ཡབ་སྲས་ཀྱིས་རྒྱལ་སྲས་ཞི་བ་ལྷ་ལ་བསྟན་པ་གཏད། དེ་ནས་རིམ་གྱིས་བརྒྱུད་དེ་བླ་མ་གསེར་གླིང་པ་ལ་ཐུབ་པའི་བསྟན་པ་གཏད། ཡང་འཕགས་པ་ཐོགས་མེད་ཀྱིས་སློབ་དཔོན་དབྱིག་གཉེན་ལ། དེས་འཕགས་པ་རྣམ་གྲོལ་སྡེ་ལ། དེས་བཙུན་པ་རྣམ་གྲོལ་སྡེ་ལ། དེས་མཆོག་སྡེ་ལ། དེས་དུལ་སྡེ་ལ། དེས་མཁན་པོ་རྣམ་སྣང་མཛད་ལ། དེས་སློབ་དཔོན་སེང་གེ་བཟང་པོ་ལ། དེས་ཀུ་ས་ལི་ཆེ་བ་ལ། དེས་ཀུ་ས་ལི་ཆུང་བ་ལ། དེས་བླ་མ་གསེར་གླིང་པ་ལ། དེས་ཇོ་བོ་རྗེ་དཔལ་ལྡན་ཨ་ཏི་ཤ་ལ་བསྟན་པ་གཏད་དེ། བསྟན་པ་སྟོད་དར་ལ་མཁན་ཆེན་པོ་ཞི་ས་ཏྭ་དང་། བསྟན་པ་ཕྱི་དར་ལ་ཇོ་བོ་རྗེ་དཔལ་ལྡན་ཨ་ཏི་ཤ་བོད་དུ་ཕྱིན་ནས་བསྟན་པ་དར་བར་མཛད་དེ། བདག་ཉིད་ཆེན་པོ་འདི་གཉིས་ཀྱིས་བསྟན་པ་ལ་བྱ་བ་ཇི་ལྟར་མཛད་ཚུལ་ནི་འོག་ཏུ་འཆད་དོ། །

དེ་ལྟར་རྒྱ་གར་འཕགས་པའི་ཡུལ་དུ་བསྟན་འཛིན་དམ་པ་རྣམས་ཀྱིས་རྒྱལ་བའི་བསྟན་པ་བཤད་སྒྲུབ་གཉིས་ཀྱི་སྒོ་ནས་བཟུང་སྟེ། དེང་སང་ཡང་ཆ་ཙམ་ཞིག་གནས་ཀྱི་ཡོངས་སུ་རྫོགས་པ་ནི་མི་གནས་(༦༠ན)ཏེ། རྣམ་བཤད་རིགས་པ་ལས། ཡང་དག་

བསྡུས་པའི་གཞི་ཉམས་ཕྱིར། །མཐའ་དག་མིན་པར་རྫོགས་པ་ཡིན། །ཞེས་གསུངས་ཤིང་། སྡུག་བསྔལ་གྱི་ཕུང་པོའི་མདོ་དང་། འཆར་བྱེད་ཀྱིས་ཞུས་པ་དང་། ཟླ་མའི་མདོ་དང་། ཀུན་དགའ་བོའི་མདོ་དང་། འོད་སྲུངས་ཀྱི་མདོ་ལ་སོགས་པ་མང་པོ་ཞིག་དཔྱིག་གཉེན་བཞུགས་དུས་ནས་ནུབ་སྐྱེ་མ་ཉེད་དོ། །དཀོན་མཆོག་བརྩེགས་པའི་མདོ་ལ་ལེའུ་འབུམ་ཡོད་པ་ལས་ཞེ་དགུ་དང་། འདུས་པ་ཆེན་པོའི་མདོ་ལ་ལེའུ་འབུམ་ཡོད་པ་ལས་རིན་པོ་ཆེ་ཏོག་གི་གཟུངས་ལ་སོགས་པ་བརྒྱད་དགུ་ཙམ་དང་། ཕལ་པོ་ཆེའི་མདོ་ལ་ལེའུ་འབུམ་ཡོད་པ་ལས་ལེའུ་བཞི་བཅུ་ལྷག་ཙམ་དང་། ལང྄་ཀར་གཤེགས་པ་ལ་སུམ་ཁྲི་དྲུག་སྟོང་ཡོད་པ་ལས་སུམ་སྟོང་དྲུག་བརྒྱ་ཙམ་དང་། རྒྱན་སྟུག་པོ་བཀོད་པ་སྟོང་ཕྲག་བཅུ་གཉིས་པ་ལས་སྟོང་དང་སུམ་བརྒྱ་ཙམ་དང་། སྤྲིན་ཆེན་པོ་ལ་ལེའུ་འབུམ་ཡོད་པ་ལས་ལེའུ་ཙུང་ཟད་དང་། ཏིང་ངེ་འཛིན་རྒྱལ་པོ་བམ་པོ་བཅོ་ལྔ་ཙམ་དང་། གཅིག་ལས་འཕྲོས་པ་ལ། གཅིག་ནས་བརྒྱའི་བར་དུ་འཕྲོས་པ་ཡོད་པ་ལས། གཅིག་ནས་བཅུའི་བར་ཙམ་དང་། མྱ་ངན་ལས་འདས་པ་དང་། དྲན་པ་ཉེར་གཞག་ལ་འགྱུར་མཇུག་མ་རྫོགས་ཤིང་། དཔའ་བར་འགྲོ་བའི་མདོ་སྟོང་ཕྲག་བཅུ་པ་ལས། ལེའུ་གཅིག་ཙམ་དང་། དེ་བཞིན་གཤེགས་པའི་གཙུག་ཏོར་ཆེན་པོ་དང་། རྫོགས་པ་ཆེན་པོ་དང་། ཟླ་བ་སྙིང་པོས་ཞུས་པ་(༨༠བ)རྣམས་ལ་ལེའུ་མང་དུ་ཡོད་པ་ལས་ལེའུ་རེ་རེ་ཙམ་ལས་མེད་ཅིང་མ་འགྱུར་ལ། སྔར་འགྱུར་བའང་ཅི་རིགས་པར་ནུབ་ཅིང་། གཞན་ཡང་རྒྱ་འགྲེལ་ཆེན་པོ་རྣམས་སུ་ལུང་དྲངས་པའི་མདོ་མང་པོ་མི་སྣང་ངོ་། །གཞན་མདོ་སྡེ་རྣམ་པར་སྦྱོང་པའི་ས་ཆེན་པོ་ལ་སོགས་པ་ལྷའི་ཡུལ་ན་བཞུགས། རྒྱལ་བའི་ཡུམ་རྒྱས་པ་བྱེ་བ་ཕྲག་བརྒྱ་པ་དྲི་ཟའི་རྒྱལ་པོ་རྣམ་པར་རྒྱལ་བའི་གནས་ན་ཡོད། འབྲིང་འབུམ་ཕྲག་བརྒྱ་པ་ལྷའི་དབང་པོའི་གནས་ན་ཡོད། བསྡུས་པ་འབུམ་ཀླུའི་ཡུལ་ན་ཚང་བར་བཞུགས། གཞན་ཡང་རྒྱལ་བའི་བཀའ་མང་པོ་ལྷའི་གནས་དང་། ཤམ་བྷ་ལ་དང་། ཨོ་རྒྱན་ལ་སོགས་པ་ན་བཞུགས་ཤིང་།

གཞན་ཡང་རྒྱ་གར་དང་། ཁ་ཆེ་དང་། བལ་ཡུལ་དང་། ལི་དང་། རྒྱ་ནག་དང་། རྒྱ་ནག་ཆེན་པོ་དང་། པར་སིག་དང་། ཙམ་པ་ཀ་དང་། སྲིའུ་དང་། གསེར་མིག་དང་། རྒྱུག་མ་དང་། རམ་མ་དང་། ཟངས་གླིང་དང་། སིང་ག་ལའི་གླིང་དང་། པྲི་ཡང་ཀུའི་གླིང་དང་། ཡ་མུ་ནའི་གླིང་དང་། གསེར་གླིང་དང་། ཟླ་བའི་གླིང་དང་། མ་ཁ་དང་། ཁ་ཤ་དང་། གྲི་ལྷང་དང་། ཞང་ཞུང་དང་། སྦུ་ཤ་དང་། འ་ཤ་དང་། སུམ་པ་དང་། ཟ་ཧོར་དང་། མི་ཉག་དང་། འཇང་ཡུལ་དང་། ཡོ་གུར་དང་། ཐོ་གར་དང་། ཨོ་རྒྱན་དང་། འགྲོ་ལྡིང་བའི་ཡུལ་དང་། ཡོང་བའི་ཡུལ་དང་། ཙོ་ལ་དང་། ཀ་ལིང་ཀ་ལ་སོགས་པའི་ཡུལ་ཆེན་པོ་རྣམས་དང་། བོད་ཡུལ་རྣམས་ན་བསྟན་པ་དར་(༥༧ན)བ་དང་ནུབ་པ་དང་འགོ་ཟུག་པའི་ཚུལ་གྱིས། ཐེག་པ་གསུམ་ཚང་བ་དང་མ་ཚང་བ་ཅི་རིགས་སུ་གནས་ཤིང་། རྒྱལ་བའི་བཀའ་མང་པོ་ཞིག་ནི་ཀླུའི་ཡུལ་ན་བཞུགས་པར་བཤད་དོ། །སློབ་སྦྱིན་ལས། བསྟན་པ་རིན་ཆེན་མཆོག་ལྟར་བཟང་ལ་འཕན་མེད་པ། །རྣམ་པར་དག་ཚུལ་གང་ཡིན་ཀླུ་མགོའི་གདེངས་ཀ་ཅན། །ཆེན་པོ་རྣམས་ཀྱིས་གཙུག་གི་རྒྱན་བཞིན་གུས་མནོས་ནས། །ས་ཡི་གཏིང་ན་གནས་པའི་རབ་རིབ་སེལ་བར་མཛད། །ཅེས་གསུངས་པ་ལྟར་སྔོན་གྱི་དམ་པ་རྣམས་མཐུན་པར་གསུང་ངོ་། །རྒྱལ་བའི་བསྟན་པའི་ནང་མཛོད་དམ་པའི་ཆོས་འདུལ་བའི་བྱུང་ཚུལ་བརྗོད་པ་རྒྱལ་བསྟན་རིན་པོ་ཆེའི་གསལ་བྱེད་ཉིན་མོར་བྱེད་པའི་སྣང་བ་ཞེས་བྱ་བ་ལས། འཕགས་ཡུལ་དུ་རྒྱལ་བས་ལུང་བསྟན་པའི་དམ་པ་རྣམས་ཀྱིས་རྒྱལ་བའི་བསྟན་པ་ཇི་ལྟར་བཟུང་ཚུལ་བཤད་པའི་སྐབས་ཏེ་གསུམ་པའོ།། །།

ཁ༢ སྐབས་བཞི་པ་བོད་ཡུལ་དུ་འདུལ་བའི་བསྟན་པ་འཛིན་པའི་དམ་པ་ཇི་ལྟར་བྱོན་ཚུལ།

ག༡ བསྟན་པ་སྔ་དར་ལ་དམ་པའི་ཆོས་འདུལ་བ་ཇི་ལྟར་དར་ཚུལ།

གཉིས་པ་བོད་ཡུལ་དུ་རྒྱལ་བའི་བསྟན་པ་འཛིན་པའི་དམ་པ་ཇི་ལྟར་བྱོན་ཚུལ་ལ་གཉིས། བསྟན་པ་སྔ་དར་ལ་དམ་པའི་ཆོས་འདུལ་བ་ཇི་ལྟར་དར་ཚུལ་དང་། བསྟན་པ་ཕྱི་དར་ལ་དམ་པའི་ཆོས་འདུལ་བ་ཇི་ལྟར་དར་ཚུལ་ལོ། །དང་པོ་ནི། སྙིགས་མའི་མགོན་པོ་སྟོན་པ་ཐུགས་རྗེ་ཅན་ཤཱཀྱའི་རྒྱལ་པོ་ཞིང་འདིར་བྱོན་ནས་ཆོས་འཁོར་རིམ་པ་གསུམ་དུ་བསྐོར་ཏེ་གདུལ་བྱ་བགྲང་བ་ལས་འདས་པ་སྨིན་ཅིང་གྲོལ་བར་མཛད་ཀྱང་བྱང་ཕྱོགས་ཁ་བ་ཅན་གྱི་ཡུལ་འདི་ནི་(༦༡བ)སྟོན་པ་ཐུགས་རྗེ་ཅན་དེའི་འདུལ་ཞིང་དུ་མ་གྱུར་ཅིང་ཆོས་འཁོར་བསྐོར་བའི་གནས་སུ་མ་གྱུར་པར་མཐའ་འཁོབ་མུན་གླིང་དུ་ལུས་པ་ན། སྟོན་པ་ཐུགས་རྗེ་ཅན་དེས་འཕགས་མཆོག་ཐུགས་རྗེ་ཆེན་པོ་སྤྱན་རས་གཟིགས་བྱང་ཕྱོགས་གངས་རིའི་ཁྲོད་ཀྱི་འགྲོ་བ་མགོན་མེད་པ་རྣམས་ཀྱི་མགོན་དང་སྐྱབས་དང་དཔུང་གཉེན་དུ་བསྔགས་ཤིང་ལུང་བསྟན་པ་དང་དབུགས་དབྱུང་བ་རྒྱ་ཆེར་མཛད། གངས་རིའི་ཁྲོད་འདིར་རྒྱལ་བའི་བསྟན་པ་མྱུར་དུ་དར་བར་འགྱུར་བའི་རྟེན་འབྲེལ་བསྒྲིག་ཕྱིར་སྟོན་པ་ཐུབ་པའི་དབང་པོ་འཁོར་དགྲ་བཅོམ་པ་ལྔ་བརྒྱ་དང་བཅས་པ་ཁ་བ་ཅན་གྱི་ཆུ་འགོ་གངས་རི་ཆེན་པོ་ཏེ་སེར་ཕེབས་ནས་བྱང་ཕྱོགས་སུ་དམ་པའི་ཆོས་འདུལ་བ་དར་བར་འགྱུར་བའི་རྟེན་འབྲེལ་བསྒྲིག་པར་མཛད་ཅིང་། མ་འོངས་པའི་གདུལ་བྱ་རྣམས་ལ་སྟོན་པས་འདི་ལྟར་མཛད་དོ་ཞེས་གོ་བའི་ཕྱིར་རྡོ་ལ་ཞབས་ཀྱི་རྗེས་འཇོག་པར་མཛད་པ་སོགས་བྱང་ཕྱོགས་འདི་བྱིན་གྱིས་རློབ་པར་མཛད། སྟོན་པ་ཐུགས་རྗེ་ཅན་དེ་ཉིད་བལ་ཡུལ་དུ་བྱོན་པའི་ཚེ་རང་བྱུང་གི་མཆོད་རྟེན་དུ་གྲགས་པ་གོ་མ་ས་ལ་གནྡྷའི་

བྱང་རི་འབིགས་བྱེད་ཆེན་པོའི་རྩེར་ཞལ་བྱང་ཕྱོགས་སུ་གཟིགས་ནས་སླང་ཊ་ལུང་བསྟན་གྱི་མདོ་གསུངས་ཏེ་བྱང་ཕྱོགས་ཁ་བ་ཅན་དུ་བསྟན་པ་མྱུར་དུ་དར་བའི་ལུང་བསྟན་མཛད། སྟོན་པ་མྱ་ངན་ལས་འདའ་བའི་ཚུལ་སྟོན་པའི་ཚེ་ནའང་དབུ་བྱང་ཕྱོགས་སུ་བསྟན་ཏེ་བྱང་ཕྱོགས་གངས་རིའི་ཁྲོད་འདིར་བསྟན་པ་དར་བའི་རྟེན་འབྲེལ་བསྒྲིག་པ་མཛད། བྱང་ཕྱོགས་གངས་རིའི་(༥༢ན)ཁྲོད་དུ་ཐུབ་བསྟན་དར་བའི་ཚེ་བསྟན་པ་སྐྱོང་བའི་ཆོས་ལྡན་གྱི་རྒྱལ་པོ་ཇི་ལྟ་བུ་འབྱུང་བ་དང་། བསྟན་པ་འཛིན་པའི་སྐྱེས་བུ་དམ་པ་ཇི་ལྟ་བུ་འབྱུང་བ་སོགས་ཆེས་གསལ་བར་ལུང་བསྟན་པ་ཡང་མཛད་དེ། འཇམ་དཔལ་རྩ་རྒྱུད་ལས། དེ་བཞིན་གཤེགས་པའི་བསྟན་འདི་ལ། །རྣམ་པ་སྣ་ཚོགས་བྱ་བ་བྱེད། །གང་གི་ཕྱོགས་ལ་བརྟེན་ནས་ནི། །དེ་ཡི་ཚེ་ན་འབྱུང་བར་འགྱུར། །ལྷ་ལྡན་ཡུལ་ཞེས་བྱ་བ་ཡི། །གངས་ཅན་རི་ཡི་ནང་གནས་པའི། །རྒྱལ་པོ་མི་ཡི་ལྷ་ཞེས་བྱ། །ལི་ཙ་བྱི་རྣམས་རིགས་སུ་བྱུང་། །དེ་ཡང་སྔགས་ཀྱི་དོན་གྲུབ་སྟེ། །ལོངས་སྤྱོད་ཆེ་དང་ལྡན་པར་འགྱུར། །རིག་པ་ལོངས་སྤྱོད་ལྡན་ཞེས་བྱ། །མི་ཡི་བདག་པོས་དེ་ཡང་གྲུབ། །ལོ་ནི་བརྒྱད་ཅུར་རྒྱལ་སྲིད་བྱས། །དེས་ནི་ཀུན་མ་རྣམ་པར་སྤངས། །རྒྱལ་པོ་དེས་ནི་སྲོག་གཅོད་སྤངས། །དེས་ནི་སྔགས་ཀྱང་མྱུར་གྲུབ་སྟེ། །ཞི་དང་རྒྱས་དང་གསལ་བྱེད་པའོ། །འཇིག་རྟེན་སྒྲོན་མ་ཞེས་གྲགས་དང་། །ལྷ་མོ་གོས་དཀར་མ་དང་ནི། །དཀར་མོ་ཆེན་མོ་གཞན་ཕན་བརྩོན། །རྟག་ཏུ་ཡིད་ནི་མི་སྐྱོ་བའོ། །དེ་ལ་སོགས་པ་གསུངས་པ་ཡི། །དེ་བཞིན་རྒྱལ་པོ་མང་པོ་ནི། །རྣམ་པ་དུ་མ་མང་པོ་དག །ཁ་དོག་སྣ་ཚོགས་སྣ་ཚོགས་གཟུགས། །ཁ་བ་ཅན་ནས་ཀླ་ཀློའི་རྒྱལ། །དེ་ཡང་སྟོན་པ་མཆོད་བྱེད་པའོ། །ཁྱུ་མཆོག་ཁྱུ་མཆོག་བཟང་པོ་དང་། །ས་འོག་དེ་བཞིན་ས་འོག་བཟང་། །དེ་བཞིན་ཕ་རོལ་གནོན་ཉིད་(༥༢བ)དང་། །རྐང་པའི་འགྲོས་ཞེས་བསྟན་པ་ཡིན། །ས་སྲུངས་དང་ནི་བེའུ་དང་། །འོད་ལྡན་ཉིད་ནི་ཕྱི་མ་ཡིན། །ཐ་མར་འཆར་རྒྱལ་དང་ཚུལ་ཏེ། །ཀླ་ཀློ་རྣམ་པ་སྣ་ཚོགས་

ཡིན། །དེ་འོག་ལུས་ནི་ནམ་ཞིག་ཅིང་། །ཕྱི་རོལ་སྐྱེ་དགུས་ཉེ་བར་སྤྱོད། །ཅེས་དང་།
བཀའ་གདམས་གླེགས་བམ་ལས། སྤྱིར་སེམས་ཅན་རྣམས་ཀྱི་མགོན་པོ་ཡིན། །སྒོས་
གངས་རིའི་ཁྲོད་དུ་རྒྱལ་སྲིད་སྐྱོང་། །ཞེས་དང་། བོད་ནི་རྒྱལ་པོ་དག་ལ་ཚད་མར་
འཛིན། །མི་དབང་མཛོད་ལ་བོད་ཁམས་བདེ་བར་སྐྱོངས། །ཞེས་སོགས་ཆེས་གསལ་
བར་ལུང་བསྟན་པ་ལྟར། སངས་རྒྱས་ཀྱི་མཐུ་དང་། འཕགས་མཆོག་ཐུགས་རྗེ་ཆེན་
པོའི་སྔོན་གྱི་ཐུགས་བསྐྱེད་སྨོན་ལམ་དང་། རྫུ་འཕྲུལ་གྱི་ནུས་པ་བསམ་གྱིས་མི་ཁྱབ་
པས། ཐོག་མར་བོད་སྤྱི་ལ་དབང་བའི་རྒྱལ་པོ་ཞིག་མེད་ན་བོད་རྣམས་ཆོས་ཀྱིས་
འདུལ་མི་នུས་པར་གཟིགས་ནས། བོད་ཁམས་སུ་སངས་རྒྱས་ཀྱི་བསྟན་པ་འཛུགས་
ཕྱིར་ཐོག་མར་རྒྱལ་སྲིད་ཇི་ལྟར་མཛད་པ་ནི། སྔོན་གྱི་ཡི་གེ་རྙིང་པ་དག་ལས་ཀོ་ས་
ལའི་རྒྱལ་པོ་གསལ་རྒྱལ་གྱི་རིགས་ཤིག་བོད་དུ་འཁྱར་བར་བཤད་པ་དང་། ཁ་ཅིག
གཟུགས་ཅན་སྙིང་པོའི་སྲས་སྟོབས་ཆུང་གི་སྲས་ཤིག་འཁྱར་ཞེས་ཟེར། ཁ་ཅིག་བད་
སའི་རྒྱལ་པོ་འཆར་བྱེད་ཀྱི་བུ་ཞིག་འཁྱར་ཞེས་ཟེར་ཞིང་། རྒྱལ་པོ་བཀའ་འབུམ་
སོགས་སུ་(༥༣ན)ཆོས་རྒྱལ་མྱ་ངན་མེད་ཀྱི་རིགས་ཡིན་པར་བཤད། འཇམ་དཔལ་
རྩ་རྒྱུད་ལས། ལི་ཙ་བྱི་རྣམས་རིགས་སུ་བྱུང་། །ཞེས་ཤཱཀྱའི་རིགས་ལ་ཤཱཀྱ་ཆེན་པོ་
དང་། ཤཱཀྱ་རི་བྲག་པ་དང་། ཤཱཀྱ་ལི་ཙ་བྱི་གསུམ་ལས་ལི་ཙ་བྱིའི་རིགས་སུ་ལུང་
བསྟན་ཅིང་། རྒྱལ་པོ་བཀའ་འབུམ་དུ་ཤཱཀྱ་རི་བྲག་པའི་རིགས་ཡིན་པར་བཤད་ལ་
ཇི་ལྟར་ཡང་ཤཱཀྱའི་རྒྱུད་དུ་གཏོགས་པའི་རྒྱལ་རིགས་ཤིག་རྒྱ་གར་ནས་རིམ་གྱིས་
བོད་ཡུལ་དུ་སླེབས་ཏེ། ཡར་ལུང་ལྷ་རིའི་རྩེར་སླེབ་པ་ན་བོད་ཀྱི་མི་རྣམས་ཀྱིས་གང་
ནས་འོངས། རིགས་གང་ཡིན་དྲིས་པས་སྐད་མ་ཤེས་པར་གནམ་ལ་མཛུབ་མོ་གེར་
ཏེ་དེ་ནས་འོངས་ཞེས་བརྡ་བྱས་པ་ན། གནམ་ནས་ཡོང་བའི་བཙན་པོ་ཞིག་འདུག
པས་རང་རེ་རྣམས་ཀྱི་རྗེ་བོ་ཞུ་ཟེར་ནས། མི་བཞིས་གཉའ་བར་བཏེག་ནས་རྒྱལ་
པོར་བཀུར་བས་རྒྱལ་པོ་གཉའ་ཁྲི་བཙན་པོ་ཞེས་གྲགས་ཏེ། བོད་ཀྱི་རྒྱལ་རབས་སྔ་

ཤོས་དེ་ཡིན་ནོ། །

དེའི་སྲས་དམུ་ཁྲི་བཙན་པོ། དེའི་སྲས་དིང་ཁྲི། དེའི་སྲས་སོ་ཁྲི། དེའི་སྲས་ཡི་ཁྲི། དེའི་སྲས་གདགས་ཁྲི། དེའི་སྲས་སྲི་ཁྲི་བཙན་པོ་དང་བདུན་ལ་གནམ་གྱི་ཁྲི་བདུན་ཟེར་ཞིང་། ཐ་མ་དེའི་རིང་ལ་གདོལ་བོན་དར་རོ། །དེའི་སྲས་གསུམ་གྱི་ཐུ་ཁྲི་ལ་སྤུ་ལྡེ་གུང་རྒྱལ་ཞེས་བཏགས། དེའི་སྲས་ཨ་ཤོ་ལེགས། དེའི་སྲས་ཨི་ཤོ་ལེགས་ཀྱིས་འཆིང་བར་སྟག་རྩེ་བརྩིགས་ཏེ། མཁར་སྔ་ཤོས་ཡིན་ནོ། །དེའི་སྲས་དེ་ཤོ་ལེགས། དེའི་སྲས་གུ་རུབ་ལེགས། དེའི་སྲས་འབྲོང་རྗེ་ལེགས། དེའི་སྲས་ཐི་ཤོ་ལེགས་ཏེ་དྲུག་ལ་སའི་ལེགས་དྲུག་ཟེར་རོ། །(༥༣བ)དེའི་སྲས་རྒྱལ་ཟ་ནམ་ཟིན་ལྡེ། དེའི་སྲས་ལྡེ་སྣོལ་གནམ་ནས་བཟུང་སྟེ། ཁྲི་ཐོག་རྗེ་ཐོག་བཙན་གྱི་བར་ཡན་ཆད་རྒྱལ་རབས་ཉི་ཤུ་རྩ་དྲུག་ན་ལྷ་ཐོ་ཐོ་རི་གཉན་བཙན་བྱོན་ནས་ཕོ་བྲང་ཡུམ་བུ་བླ་སྒང་གི་རྩེར་བཞུགས་པ་ན། ནམ་མཁའ་ནས་ཟ་མ་ཏོག་འོད་ཟེར་འཕྲོ་བ་ཞིག་བབས་པ་ཁ་ཕྱེ་ནས་བལྟས་པས། མདོ་སྡེ་ཟ་མ་ཏོག་བཀོད་པ་དང་། སྤང་སྐོང་ཕྱག་རྒྱ་པ་དང་། དགེ་བ་བཅུའི་མདོ་དང་རྟེན་འབྲེལ་བཅུ་གཉིས་ཀྱི་མདོ་དང་། གསེར་གྱི་མཆོད་རྟེན་གཅིག་རྣམས་བྱུང་བ། དེའི་ཚེ་བོད་ན་ཡི་གེ་འབྲི་ཀློག་མེད་པས་གང་ཡིན་ངོ་མ་འཕྲོད་ཀྱང་། རྒྱལ་པོའི་མནལ་ལམ་དུ་བྱིན་རླབས་ཤིན་ཏུ་ཆེ་བ་ཡིན་ཚུལ་དང་། མི་རབས་ལྔ་ནས་འདིའི་དོན་ཤེས་པར་འགྱུར་རོ་ཞེས་ལུང་བསྟན་བྱུང་ནས་རྒྱལ་པོ་ངོ་མཚར་ཏེ་རིན་པོ་ཆེའི་ཁྲི་ལ་བཞག་སྟེ། རྒྱལ་པོ་འཁོར་བཅས་ཀྱིས་ཕྱག་བཙལ། མཚན་མོ་མར་མེ་ཕུལ། ཉིན་རེ་བཞིན་མཆོད་པ་སྣ་ཚོགས་ཀྱིས་མཆོད། མིང་གཉན་པོ་གསང་བ་ཞེས་བཏགས། ཐུ་བ་ཐམས་ཅད་ལ་དེ་མཆོད་ནས་གསོལ་བ་འདེབས། དེའི་མཐུས་རྒྱལ་པོའི་བསམ་པ་ཐམས་ཅད་འགྲུབ་ཅིང་། དེ་དུས་རྒྱལ་པོས་ལོ་དྲུག་ཅུ་ལོན་པ་ལ་གཉན་པོ་གསང་བའི་བྱིན་རླབས་ཀྱིས་སླར་ཡང་གཞོན་ཤ་ཆགས། དགུང་ལོ་བརྒྱ་དང་ཉི་ཤུ་ཐུབ་ཅིང་བོད་ཁམས་ཐམས་ཅད་ཀྱིས་ཀྱང་གཉན་པོ་གསང་བ་ལ་གསོལ་

བ་བཏབ་བས་བདེ་སྐྱིད་ཆེས་ཆེར་འཕེལ་ལོ། །དེ་ལ་ནི་དམ་པའི་ཆོས་ཀྱི་དབུ་བརྙེས་པ་ཞེས་སྔོན་གྱི་མཁས་པ་རྣམས་ལ་གཏམ་དུ་གྲགས་སོ། །

རྒྱལ་པོ་དེ་གཤེགས་ཁར་ཞལ་(༨༤ན)ཆེམས་སུ། ཁ་བ་ཅན་གྱི་རྒྱལ་ཁམས་འདིར་ལུས་སེམས་ལ་བདེ་སྡུག་ཅི་བྱུང་ཡང་ངའི་གཉན་པོ་གསང་བ་འདི་ལ་མཆོད་པ་ཕུལ་ལ་གསོལ་བ་ཐོབ་ཅིག་འདོད་དོན་ཐམས་ཅད་འགྲུབ་པོ་གསུངས་ཏེ་གཤེགས། དེའི་སྲས་ཁྲི་གཉན་བཟུང་བཙན། དེའི་སྲས་འབྲོག་གཉན་ལྡེ་རུ། དེ་ལ་སྲས་དམུས་ལོང་ཞིག་འཁྲུངས་པ་རྒྱལ་སར་བཏོན་ཏེ། གཉན་པོ་གསང་བ་ལ་མཆོད་ཅིང་གསོལ་བ་བཏབ་པས་སྤྱན་བྱེ་སྟེ། རྒྱབ་རི་ལ་གཉན་འགྲོ་བ་གཟིགས་པས་སྟག་རི་གཉན་གཟིགས་ཞེས་མཚན་དུ་གྲགས། དེའི་སྲས་གནམ་རི་སྲོང་བཙན་དང་། བཙུན་མོ་ཚེ་སྤོང་བཟའ་འབྲི་ཟ་ཐོད་དཀར་ཞེས་བྱ་བ་རྒྱལ་པོ་ཡབ་ཡུམ་དེ་གཉིས་ལ་སྲས་མཚན་དང་ལྡན་པ་ཞིག་ངོ་མཚར་བའི་ལྟས་བསམ་གྱིས་མི་ཁྱབ་པ་དང་བཅས་མེ་མོ་གླང་གི་ལོར་སྐུ་བལྟམས། མཚན་ལ་ཁྲི་ལྡེ་སྲོང་བཙན་དུ་བཏགས། དབུའི་ཐོད་ན་འོད་དཔག་མེད་དངོས་སུ་བཞུགས་པ་དར་ལེ་བརྒྱན་གྱིས་དཀྲིས། རྒྱལ་བུ་དེ་ནར་སོན་ནས་དགུང་ལོ་བཅུ་གསུམ་ལ་བབས་པ་ན་ཡབ་ཡུམ་གཉིས་ལ་བོད་ཁམས་ཆོས་ཀྱིས་འདུལ་བའི་ཕྱིར་བདག་རྒྱལ་སྲིད་ལ་དབང་བསྐུར་དུ་གསོལ་ཞེས་གསུངས་པ་ན། ཡབ་ཡུམ་གཉིས་ཀྱིས་ཀྱང་དགྱེས་བཞིན་དུ་རྒྱལ་སྲིད་ལ་བཀོད། དེའི་ཚེ་སངས་རྒྱས་དང་བྱང་ཆུབ་སེམས་དཔའ་གྲངས་མེད་པ་མདུན་གྱི་ནམ་མཁར་བྱོན། ལྷ་རྣམས་ཀྱིས་རིན་པོ་ཆེའི་བུམ་པ་སྤྱོས་ཆུས་གང་བས་དབང་བསྐུར། བཀྲ་ཤིས་ཀྱི་ཤིས་པ་བརྗོད་ཅིང་མེ་ཏོག་གི་ཆར་ཕབ་བོ། །དེའི་གནས་ནི་རི་བོ་དགའ་ལྡན་གྱི་(༨༤བ)རི་འདི་ཡིན་པར་གསུང་། དེ་མ་ཐག་མཐའི་རྒྱལ་ཕྲན་ཐམས་ཅད་ཀྱང་དབང་དུ་འདུས། འཕྲིན་ཡིག་དང་སྐྱེས་འབུལ་བྱས། དེ་སྔོན་བོད་ལ་ཡི་གེ་མེད་པས་ཐོན་མི་སཾ་བྷོ་ཊ་འབོར་བཅུ་དྲུག་དང་བཅས་པ་ཡི་གེ་སློབ་ཏུ་བཏང་བས་པཎྜི་ཏ་ལྷ་རིག་པའི་སེང་གེ་ལ་

སྒྲ་བསླབས་ཏེ། བོད་ཀྱི་སྐད་དང་བསྟུན་ནས་གསལ་བྱེད་སུམ་ཅུ་དང་ཨ་ལི་བཞིར་བསྡུས་ཏེ་གཟུགས་ཁ་ཆེའི་ཡི་གེ་དང་བསྟུན་ནས་ལྷ་སའི་སྐུ་མཁར་མ་རུར་བཅོས་ནས་ཡི་གེ་དང་སྒྲའི་བསྟན་བཅོས་བརྒྱད་མཛད། ཆོས་ཀྱི་རྒྱལ་པོ་སྲོང་བཙན་སྒམ་པོ་ཉིད་སྔོན་ཡུན་རིང་པོ་ནས་སངས་རྒྱས་ཟིན་པས་ཤེས་བྱ་ཐམས་ཅད་ཐུགས་སུ་ཆུད་པ་ཉིད་ཡིན་ཡང་། ཕྱི་རབས་ཀྱི་གདུལ་བྱ་རྣམས་ལ་ཡོན་ཏན་ཐམས་ཅད་ཀྱི་གཞི་མ་ཡི་གེ་བསླབས་ནས་ཤེས་དགོས་སོ་ཞེས་འདོམས་པ་དང་། ཡོན་ཏན་ཐམས་ཅད་དགེ་བའི་བཤེས་གཉེན་ལས་བསླབས་ནས་ཤེས་དགོས་སོ་ཞེས་འདོམས་པའི་ཕྱིར་ཆོས་ཀྱི་རྒྱལ་པོ་སྲོང་བཙན་སྒམ་པོས་ལོ་བཞིར་མཚམས་བཅད་དེ་ཡི་གེ་སློབ་པར་མཛད། མདོ་ཟ་མ་ཏོག་བཀོད་པ་དང་། སྤང་སྐོང་དང་། མདོ་སྡེ་དཀོན་མཆོག་སྤྲིན་ལ་སོགས་པ་བསྒྱུར་རོ། །དེ་ནས་བོད་ཁམས་ཆོས་ལ་འཇུད་ཕྱིར་དགེ་བ་བཅུའི་མདོ་ལ་བརྟེན་ནས་ཁྲིམས་བཅས་ཏེ། ང་ནི་ཆོས་སྐྱོང་བའི་རྒྱལ་པོ་ཡིན་པས་བོད་ཁམས་ཐམས་ཅད་དགེ་བ་ལ་འགོད་པར་བྱའོ། །ཆོས་ཁྲིམས་མེད་ན་མི་དགེ་བའི་དབང་དུ་གྱུར་ནས་སྡུག་བསྔལ་གྱི་རྒྱ་འབའ་ཞིག་ལ་སྤྱོད་པས་འབྲས་བུ་ངན་སོང་གསུམ་དུ་སྐྱེ་བར་འགྱུར་རོ། །མི་དགེ་བ་བཅུ་སྤོངས་ཤིག །གལ་(༧༥ན)ཏེ་མི་དགེ་བཅུ་སྤྱད་ན་ཆད་པས་གཅོད་དོ། །བསད་ན་ནི་སྟོང་བདའོ། །བརྐུས་ན་ནི་བརྒྱད་འཇལ་ངོས་དགུ་འདེད་དོ་ཞེས་སོགས་བཀའ་ཁྲིམས་དམ་དུ་བཅས་པ་ན་མཚན་སྲོང་བཙན་སྒམ་པོར་གྲགས་སོ། །དེ་ནས་རྒྱལ་པོའི་ཐུགས་ལ་བོད་རྣམས་ཆོས་ལ་འཇུད་པ་ལ་ཡི་དམ་གྱི་ལྷ་ཞིག་བཞེངས་དགོས་པར་དགོངས་ནས་ཐུགས་བསམ་མཛད་པ་ན། ནམ་མཁའ་ནས་ལྷ་རྣམས་ཀྱིས་རྒྱལ་པོ་ཁྱོད་ཀྱི་ཡི་དམ་གྱི་ལྷ་རྒྱ་གར་སེང་ག་ལའི་གླིང་གི་བྱེ་མའི་གསེབ་ན་ཡོད་དོ་ཞེས་ལུང་བསྟན་ཏོ། །དེ་ལེན་པ་ལ་སྤྲུལ་པ་ཞིག་དགོས་པར་དགོངས་ནས། དགེ་སློང་མ་ཏི་ཤཱི་ལ་ཞེས་བྱ་བར་སྤྲུལ་ཏེ་བཏང་ངོ་། །སྤྲུལ་པའི་དགེ་སློང་དེས་གྲོང་ཁྱེར་ཤིང་ཐགས་ཅན་དུ་ཕྱིན་ནས། གྲོང་

ཁྱེར་དེའི་རྒྱལ་པོ་འཁོར་དང་བཅས་པ་ཡང་རྫུ་འཕྲུལ་གྱི་སྒོ་ནས་དད་པར་བྱས། ཡུལ་དེར་སངས་རྒྱས་ཀྱི་བསྟན་པ་རྒྱ་ཆེར་སྤེལ། དེ་ནས་སྤྲུལ་པའི་དགེ་སློང་འཁོར་མང་པོ་དང་བཅས་ལྷོ་ཕྱོགས་སིང་ག་ལའི་གླིང་དུ་ཕྱིན་པ་དང་། སིང་ག་ལའི་བྱེ་མའི་ཐང་ལ་སྤང་པོ་ཆེ་ཉལ་བའི་འོག་ནས་བརྐོས་པས་ཙན་དན་སྦྲུལ་གྱི་སྙིང་པོའི་སྡོང་པོ་བྱུང་ངོ་། །དེ་གཤགས་པའི་ནང་ནས་ཐུགས་རྗེ་ཆེན་པོའི་སྐུ་ཁྲུ་གང་པ་ཞལ་བཅུ་གཅིག་ཕྱག་བཅུ་ཡོད་པ། བན་ཧྰུ་ཛེ་ཀའི་མདོག་ལྟར་ཤིན་ཏུ་དམར་བ་མཚན་དང་དཔེ་བྱད་དང་ལྡན་པ། དྲི་ཞིམ་པ། འོད་ཟེར་ཀུན་ནས་འཕྲོ་བ་ཞིག་བྱུང་བ་དེ་དགེ་སློང་གིས་ཕྱག་ཏུ་བསྣམས་ཏེ། ཤིང་རྣམས་རྒྱལ་པོ་ལ་གནང་ངོ་། །དེ་ནས་ལྷོ་ཕྱོགས་རི་བོ་པོ་ཏ་ལར་(༧༥བ)ཕྱིན་པ་དང་། དེ་ན་མཚན་མོ་ཟླ་བའི་འོད་ལ་མེ་ཏོག་འཆར་བའི་ཙན་དན་གྱི་སྡོང་པོ་ཞིག་ཡོད་པ་དེ་གཟིགས་ནས་འདི་ཙནྡན་གོར་ཤི་ཤའོ་གསུངས་ནས། དེ་བཅད་པའི་རྩ་བ་ལ་མཆོད་རྟེན་གཅིག་བསྲུབས་ཏེ། གཞན་རྣམས་རྒྱལ་པོ་ལ་གནང་ངོ་། །རྒྱ་མཚོའི་གླིང་གི་འཇག་མ་རེའི་རྩེ་ནའང་སྤྲུལ་པའི་སྐུ་མང་པོ་བཞུགས་པ་གཟིགས་ནས་འཇག་མ་ཕོན་གཅིག་ཀྱང་ཕྱག་ཏུ་བསྣམས་སོ། །མཆོད་རྟེན་པདྨའི་འཁོར་ལོ་ནས་སངས་རྒྱས་བཞིའི་རིང་བསྲེལ་སྤྱན་དྲངས། དེ་ནས་མ་ག་དྷར་ཕྱིན་པ་ན་ལྷ་རྣམས་ཀྱིས་བྱང་ཆུབ་ཀྱི་ཤིང་གི་ཡལ་ག་མང་དུ་ཕུལ་བ་རྣམས་ལ་མཆོད་རྟེན་བསྲུབས། གནས་ཆེན་བརྒྱད་ཀྱི་ས་དང་། ཆུ་ཀླུང་གངྒཱའི་བྱེ་མ་ལ་དེ་བཞིན་གཤེགས་པའི་སྐུ་མང་པོ་བཞུགས་པ་གཟིགས་པས་ས་དང་བྱེ་མ་མང་དུ་བསྣམས་ཏེ་རྫུ་འཕྲུལ་གྱིས་བོད་ཡུལ་དུ་ཕྱིན་ནས་སྲོང་བཙན་སྒམ་པོ་ལ་ཕུལ་བས་རབ་ཏུ་དགྱེས། དེ་ནས་ཆོས་རྒྱལ་སྲོང་བཙན་སྒམ་པོས་མཆོད་གནས་དེ་རྣམས་སྤྱན་དྲངས་ནས་ཕོ་བྲང་དམར་པོ་རིར་ཕྱིན་པ་ན། ཡར་འབྲང་གི་བྲག་བྱ་ཁྱུང་གི་གཤོག་པ་འདྲ་བའི་མདུན་དུ་སྐུ་ཁྲུས་མཛད་པ་དང་། ཆུ་ནང་དུ་འོད་ཟེར་སྣ་ལྔ་ཤར་བ་ན་འདི་ཅི་ལགས་ཞུས་པས། ཁོ་བོའི་སྐུ་བལྟམས་པ་དང་དུས་གཅིག་ཏུ་ཡར་འབྲང་གི་

བྲག་ལ་གསུང་གི་སྙིང་པོ་ཡི་གེ་དྲུག་པ་དང་། མར་འཕྲང་གི་བྲག་ལ་ཐུགས་ཀྱི་སྙིང་པོ་ཉེལ་གྱི་མཆོད་རྟེན་གཅིག་རང་བྱུང་དུ་བྱུང་སྟེ། འདི་གསུང་གི་སྙིང་པོ་ཡི་གེ་དྲུག་པའི་གཟུགས་བརྙན་གྱི་འོད་ཡིན་ནོ། །སྐུའི་ངོ་བོ་ནི་ང་ཉིད་ཡིན་ནོ་ཞེས་གསུངས། དེ་(༨༨ན)ནས་ཆོས་ཀྱི་རྒྱལ་པོ་སྲོང་བཙན་བསྒམ་པོས་གངས་རིའི་ཁྲོད་འདིར་རྒྱལ་བའི་བསྟན་པ་དར་བར་བྱ་བའི་ཕྱིར་རྒྱལ་བ་སྲས་བཅས་ཐམས་ཅད་ཀྱི་ཐུགས་རྗེ་བསྐུལ་བ་ཤུགས་དྲག་ཏུ་མཛད་ཅིང་། ལྷག་པར་ཙན་དན་སྦྲུལ་གྱི་སྙིང་པོའི་སྐུ་ལ་མཆོད་དེ་གསོལ་བ་བཏབ་པ་ན། ཙན་དན་གྱི་སྐུས་གསུང་བྱུང་སྟེ། རྒྱལ་པོ་ཆེན་པོ་དེ་ལྟར་ན་ཁྱོད་ཀྱིས་ངའི་སྐུ་གཅིག་བཞེངས་ཤིག་གསུངས་སོ། །རྒྱལ་པོའི་ཐུགས་ལ་ལྟེར་བཟོ་ལ་དགོས་པའི་རྫས་རྣམས་བསགས་ནས་སྤྲོག་ཤིང་ནི་བྱང་ཆུབ་ཀྱི་ཤིང་ལ་བྱ། ཙ་ཤིང་ནི་ཙན་དན་གོར་ཤི་ཤ་ལ་བྱ། རྩིབས་མ་ནི་རྒྱ་མཚོའི་འཛག་མ་ལ་བྱ། སྐུ་ཤ་ནི་གནས་ཆེན་བརྒྱད་ཀྱི་ས་དང་ཆུ་ཀླུང་ནཻ་རཉྫ་ནའི་བྱེ་མ་དང་། ཙན་དན་གཉིས་བརྡར་བའི་ཕྱེ་མ་རྣམས་བ་དཀར་མོའི་འོ་མས་སྦྲུས་པའི་འཇིམ་པ་ལ་བྱ། ནང་རྫོང་ནི་མཆོད་རྟེན་གསུམ་དང་། སངས་རྒྱས་བཞིའི་རིང་བསྲེལ་ལ་བྱ། ཙན་དན་སྦྲུལ་གྱི་སྙིང་པོའི་སྐུ་འདི་ཉིད་ཐུགས་ཀར་ཡེ་ཤེས་སེམས་དཔའི་ཚུལ་དུ་བཞུགས་པ་ཞིག་བྱའོ་སྙམ་དུ་ཐུགས་ལ་འཁྲུངས། དེའི་ནངས་པར་ཙན་དན་སྦྲུལ་གྱི་སྙིང་པོའི་སྤྱན་རས་གཟིགས་ཀྱི་སྐུ་ཅི་འདྲ་བ་དེ་འདྲ་བ་ཞིག་ཆ་རྐྱེན་དེ་དག་ལས་རང་འཁྲུངས་སུ་བྱུང་སྟེ་འདུག་པ་གཟིགས་སོ། །དེ་ཡང་སྐུ་མདོག་དཀར་པོ། ཞབས་མཉམ་པར་བཞེངས་པ། ཞལ་བཅུ་གཅིག་པ། རྩ་བའི་ཞལ་གསུམ་འཛུམ་པ་དང་ལྡན་པ། དེའི་སྟེང་མ་གསུམ་རབ་ཏུ་བཞད་པ། དེའི་སྟེང་མ་གཉིས་ཅུང་ཟད་ཁྲོས་པ། དེའི་སྟེང་མ་གཉིས་ཤིན་(༨༨བ)ཏུ་ཁྲོས་པ། སྟེང་མ་གཅིག་ཨ་མི་དེ་བའི་ཞལ་གཙུག་ཏོར་དང་བཅས་པའོ། །ཕྱག་དང་པོ་གཉིས་ཐུགས་ཀར་ཐལ་མོ་སྦྱར་བ། དེའི་འོག་མ་གཉིས་གཡས་ཤེལ་ཕྲེང་དང་གཡོན་པདྨ། དེའི་འོག་མ་གཉིས་གཡས་འཁོར་ལོ་དང་གཡོན་

རིལ་བ་སྤྱི་བླུགས། དེའི་འོག་མ་གཉིས་གཡས་མཆོག་སྦྱིན་དང་གཡོན་དཔག་བསམ་གྱི་ཤིང་། མཐའ་མ་གཉིས་གཡས་སྤྲུལ་པའི་སྐུ་ཤཱཀྱ་ཐུབ་པ་དང་གཡོན་མདའ་གཞུ་བསྣམས་པ། ཨ་མི་དེ་བ་མན་ཆད་རྒྱལ་པོ་ཉིད་ཀྱི་སྐུ་དང་ཆུ་ཞེང་གབ་པར་འདུག་པས་ངོ་མཚར་སྐྱེས། རྒྱལ་པོའི་ཐུགས་ལ་ཙན་དན་གྱི་སྐུ་ཡེ་ཤེས་སེམས་དཔའི་ཚུལ་དུ་བཞུགས་ན་ཅི་མ་རུང་སྙམ་མ་ཐག་ཏུ་སྐུ་དེས་དར་ཤམ་ཕྱུས་གོང་དུ་བརྫེས་ནས་ཞབས་གཡས་བསྐུམས་པ་ནས་འོད་བྱུང་བས། ཙན་དན་གྱི་སྐུ་དེ་ཞབས་གཡས་པའི་མཐིལ་ནས་ཡར་སྤྱན་དྲངས་ཏེ་ཐུགས་ཀར་ཐིམ་མོ། །

དེ་ནས་ཆོས་ཀྱི་རྒྱལ་པོ་སྲོང་བཙན་སྒམ་པོ་ཉིད་ཉོན་མོངས་བག་ཆགས་དང་བཅས་པ་རྩ་བ་ནས་སྤངས་པ་ཡིན་ཡང་རྒྱལ་བའི་མཛད་པ་ལྟར་འཇིག་རྟེན་མཐུན་འཇུག་གི་ཕྱིར་བཙུན་མོ་བཞེས་ཏེ་རིགས་རྒྱུད་སྤེལ་བའི་མཛད་པ་སྟོན་བཞེད་པ་དང་། གཙོ་བོར་རྒྱལ་བ་ཉིད་ཀྱིས་དངོས་སུ་རབ་གནས་མཛད་པའི་སངས་རྒྱས་ཀྱི་སྐུ་གཟུགས་རྣམ་གཉིས་སྤྱན་དྲང་བར་བཞེད་པ་དང་། སྔོན་ཐུགས་བསྐྱེད་པའི་ཚེ་ལྷ་མོ་སྒྲོལ་མ་དང་། ལྷ་མོ་ཁྲོ་གཉེར་ཅན་མ་གཉིས་ཀྱིས་ཐུགས་རྗེ་ཆེན་པོའི་འཕྲིན་ལས་ཀྱི་གྲོགས་མཛད་པར་ཐུགས་བསྐྱེད་པ་ལྟར། ལྷ་མོ་གཉིས་པོ་དེ་མི་མོའི་རྣམ་པར་བལ་ཡུལ་དང་(༤༧ན)རྒྱ་ནག་ན་བཞུགས་པ་གཉིས་སྤྱན་དྲང་བར་བཞེད་ནས་ཐུགས་རྗེ་ཆེན་པོ་རང་བྱུང་ལ་མཆོད་ཅིང་བསྟོད་དེ་གསོལ་བ་བཏབ་པས། ཐུགས་ཀ་ནས་འོད་ཟེར་གཉིས་སྤྲོས་ཏེ། གཅིག་བལ་ཡུལ་དང་གཅིག་རྒྱ་ནག་ཏུ་སོང་ངོ་། །

བལ་ཡུལ་དུ་སོང་བ་དེ་ལ་གཟིགས་པས་བལ་པོའི་རྒྱལ་པོ་འོད་ཟེར་གོ་ཆ་ཞེས་བྱ་བ་ལ་བུ་མོ་ལྷ་ཅིག་ཁྲི་བཙུན་ཞེས་བྱ་བ་ལོ་བཅུ་དྲུག་ལོན་པ་ན་ཚོད་དར་ལ་བབ་པ་མཚན་དང་དཔེ་བྱད་དུ་ལྡན་པ། དཀར་ལ་དམར་བའི་མདངས་ཆགས་པ། ལྷ་མོ་ཁྲོ་གཉེར་ཅན་གྱི་སྤྲུལ་པ་རིག་གནས་མཐའ་དག་དང་རིན་པོ་ཆེའི་བང་མཛོད་ལ་མངའ་བརྙེས་པ་ཞིག་འདུག་པར་གཟིགས་སོ། །རྒྱ་ནག་ཏུ་སོང་བ་དེ་ལ་གཟིགས

པས་རྒྱའི་རྒྱལ་པོ་ཐང་ཐེ་ཛུང་ཞེས་བྱ་བ་ལ་བུ་མོ་ལྷ་ཅིག་ཀོང་ཇོ་ཞེས་བྱ་བ་ལོ་བཅུ་དྲུག་ལོན་པ། ན་ཚོད་དར་ལ་བབས་པ། མཚན་དང་དཔེ་བྱད་དུ་ལྡན་པ་སྒྱུ་མདོག་སྔོ་བསངས་ལྷ་མོ་སྒྲོལ་མའི་སྤྲུལ་པ། ལུང་དང་རིགས་པའི་བསྟན་བཅོས་མཐའ་དག་ལ་མངའ་བརྙེས་ཤིང་། རིན་པོ་ཆེ་སྣ་ཚོགས་ཀྱི་བང་མཛོད་དང་ལྡན་པ་ཞིག་འདུག་པར་གཟིགས་སོ། །

དེ་ནས་རྒྱལ་པོས་བློན་པོ་རྣམས་ལ་བཙུན་མོ་དེ་གཉིས་གདན་འདྲེན་པར་བསྐུལ་བས། བློན་པོ་མགར་གྱིས་གཙོས་ཏ་པ་བརྒྱུས་རིན་པོ་ཆེའི་སྐྱེས་མང་པོ་དང་། རྒྱལ་པོའི་བཀའ་ཤོག་གི་སྐྱོམ་བུ་ཁྱེར་ནས་བལ་ཡུལ་དུ་ཕྱིན་ཏེ། ཆོས་ཀྱི་རྒྱལ་པོ་འོད་ཟེར་གོ་ཆ་ལ་རྒྱུ་མཚན་གསོལ་བས། རྒྱལ་པོ་འོད་(༥༧བ)ཟེར་གོ་ཆས་ཀྱང་དགྱེས་བཞིན་དུ་འབུལ་བར་ཁས་བླངས་ནས་ཁྲི་བཙུན་གྱིས་ལྷ་མི་བསྐྱོད་རྡོ་རྗེ་དང་། བྱམས་པ་ཆོས་འཁོར་མ། ཙན་དན་གྱི་སྒྲོལ་མ་གསུང་བྱོན་རྣམས་དང་། གཞན་ཡང་ནོར་སྐལ་མང་དུ་ཡབ་ལ་ཞུས་ནས་ཕེབས་ཀར་ཡབ་ཀྱིས། སྟོན་ཚད་བུ་མོས་ཕ་ཡུལ་བཟུང་བ་མེད། །དེ་ཕྱིར་བུ་མོ་བོད་ཡུལ་དབུས་སུ་སོང་། །སྤྲུལ་པའི་རྒྱལ་པོའི་ཐུགས་བཟུང་མཉེས་བྱས་ཏེ། །འཇིག་རྟེན་ཆོས་ལུགས་བཟང་པོ་དར་བར་གྱིས། །རྗེ་ཡི་ཕོ་བྲང་སྒྱུ་མཁར་བཙན་པོ་རྩིགས། །ལྷ་ཁང་སྐུ་གཟུགས་དམ་ཆོས་རྒྱ་ཆེར་བཞེངས། །སངས་རྒྱས་ཆོས་དང་འཕགས་པའི་དགེ་འདུན་མཆོད། །བཟང་པོ་རྣམས་ལ་རྗེ་བཞིན་བཀུར་བྱ་ཞིང་། །དམན་པ་རྣམས་ལ་མ་བཞིན་བརྩེ་བར་བྱ། །དགེ་བའི་ལས་ཀུན་དང་དུ་བླང་བྱ་ཞིང་། །སྡིག་པའི་ལས་ཀུན་རྒྱབ་ཏུ་འདོར་བར་བྱ། །མདོར་ན་བློ་ཕྱོགས་དམ་པའི་ཆོས་ལ་གཏོད། །འཕྲུལ་གྱི་ལྷ་སྤྱོད་འཇིག་རྟེན་ཚུལ་དང་བསྟུན། །བོད་ཀྱི་མི་རྣམས་སྤྲོ་བ་བསྐྱེད་པར་མཛོད། །ཅེས་སོགས་ཞལ་ཏ་མང་དུ་གནང་ནས་བོད་ཡུལ་ལ་ཕེབས། དེའི་ཚེ་བལ་ཡུལ་ནས་སྐྱིད་གྲོང་གི་བར་བཅའ་འཕྲང་རྣམས་ལ་ལྷ་དེ་དག་གིས་ཞབས་ཀྱིས་ཕེབས་པ་སོགས་རྫུ་འཕྲུལ་དཔག་མེད་བསྟན། དེ་ནས་རིམ་

གྱིས་ལྷ་སར་ཕེབས། ཡང་བློན་པོ་མགར་གྱིས་གཙོས་རྟ་པ་བརྒྱས་རིན་པོ་ཆེའི་སྐྱེས་དང་བཀའ་ཤོག་གི་སྒྲོམ་བུ་བཅས་ཁྱེར་ནས་རྒྱ་ནག་ཏུ་ཕྱིན་ཏེ། རྒྱ་ནག་རྒྱལ་པོར་ལྷ་ཅིག་ཀོང་ཇོ་གནང་དགོས་ཚུལ་ཞུས་པས། རྒྱལ་(༨༢ན)པོས་ཁྲིལ་རྩོད་བྱས་ཤིང་གཉེན་ཟླ་མིན་ཚུལ་དང་། རྒྱལ་པོ་མང་པོ་དང་རྩལ་ཁྱད་འགྲན་དགོས་ཚུལ་སོགས་བྱས་པ་ན། རྩལ་ཁྱད་མང་དུ་འགྲན་ཡང་མགར་རིག་པ་ཅན་ཐུབ་པ་སུ་ཡང་མ་བྱུང་ཞིང་། མཐར་ལྷ་ཅིག་ཀོང་ཇོ་མགར་གྱིས་ཐོབ་པ་ན། ལྷ་ཅིག་ཀོང་ཇོས་ཡབ་རྒྱལ་པོ་ལ་རྟེན་སྐལ་དུ་ཇོ་བོ་ཤཱཀྱ་མུ་ནེ་དགོས་ཚུལ་དང་། གཞན་ཡང་ནོར་སྐལ་མང་དུ་བསླངས་པ་ན། ཡབ་ཀྱིས་ཀྱང་གནང་ནས་བོད་དུ་འཁྱོན་ཁར། ཕ་ཡི་སྒྲོག་ལྟར་གཅེས་པའི་བུ་མོ་ཁྱོད། །ཁ་བ་ཅན་གྱི་ཡུལ་དུ་ཕྱིན་པ་ན། །ཕ་ཡི་གདམ་འདི་དྲན་པས་གུས་ཐོས་ལ། །ཁྱོད་ཀྱི་བསམ་སྤྱོད་ཚུལ་ནི་འདི་ལྟར་བྱ། །འཕྲལ་དུ་འཇིག་རྟེན་ཚུལ་དང་བསྟུན་པའི་ཕྱིར། །བློ་ཕོག་ཡངས་ཤིང་ཐེག་པ་ཆེ་བ་དང་། །ལུས་ཚགས་དམ་ཞིང་ལུས་སྒོ་ཐུབ་པ་དང་། །སྨྲ་བ་ཉུང་ཞིང་ངག་འཇམ་གསལ་བར་བྱ། །སྨྲ་བརྗོད་དག་ཅིང་གཙང་སྦྲ་ཆེ་བ་དང་། །གསོག་བསྲུང་མཁས་ཤིང་ཟས་ལ་ཡངས་པ་དང་། །ལག་འོལ་ཆེ་ཞིང་ལག་བྱད་བཟང་བ་དང་། །ཁ་ཟས་སྨན་དང་འདྲ་བར་ཚོར་རིག་སྤྱད། །ཁྱོ་ལ་གུས་ཤིང་བུ་ལ་བྱམས་པ་དང་། །མཐོ་ལ་བཀུར་སྟི་དམའ་ལ་བྱམས་པས་བསྐྱང་། །ཐད་ཀར་མཐུན་བྱ་མཉམ་ལ་འགྲན་སེམས་སྤོངས། །སྙིང་ལ་སྦྱིན་ཞིང་ངན་པའི་ཡ་མི་བྱ། །དཔའ་ལ་སྟག་རས་མཛངས་ལ་ཡིག་ཚང་བྱ། །ལེགས་ལ་བྱ་དགའ་ཉེས་ལ་(༨༢བ)ཆད་པ་བཅད། །གཉེན་ལ་བཤེས་གཤིན་གྲོགས་ལ་གཞུང་བཟང་བྱ། །ཡུན་དུ་ཕན་པའི་དམ་ཆོས་སྤྱད་པའི་ཕྱིར། །ཆོས་འཁོར་གསུང་རབ་སྐུ་གཟུགས་ལྷ་ཁང་བཞེངས། །དགེ་འདུན་བསྙེན་བཀུར་བྱ་ཞིང་ཚུལ་ཁྲིམས་སྲུངས། །བྱང་ཆུབ་སེམས་སྒོམས་དངོས་འཛིན་ལྟ་བ་སྤོངས། །དེ་ལྟར་བགྱིས་ན་འཇིག་རྟེན་ལུགས་དང་མཐུན། །ཆོས་དང་མི་འགལ་རང་གཞན་དོན་གཉིས་འགྲུབ། །ཚེ་འདིར་སྐྱེ་བོ་ཀུན་

གྱིས་བསྐྱོད་བཀུར་ཞིང་། །ཕྱི་མར་སངས་རྒྱས་སྲས་བཅས་མཉེས་པར་འགྱུར། །ཞེས་སོགས་ཞལ་ཏ་མང་དུ་གནང་ནས། ཇོ་བོ་ཤཱཀྱ་མུ་ནེ་ཤིང་རྟའི་སྟེང་དུ་བཞུགས་པ་གྱད་ཀྱིས་ཤིང་རྟ་དྲངས་ཏེ་བོད་ཡུལ་དུ་ཕེབས། དེའི་ཚེ་རྗེ་བཙུན་སྒྲོལ་མའི་རྣམ་སྤྲུལ་ལྷ་ཅིག་ཀོང་ཇོ་དང་། ཇོ་བོ་ཤཱཀྱ་མུ་ནེ་བཅས་བོད་ཡུལ་དུ་ཕེབས་པས་བོད་འབངས་རྣམས་ཀྱིས་དགའ་སྟོན་རྒྱ་ཆེར་བྱས། དེ་ནས་ཁྲི་བཙུན་དང་ཀོང་ཇོ་གཉིས་ཀྱིས་ལྷ་ཁང་བཙིག་པར་བཞེད་ནས། བལ་མོ་བཟའ་ཁྲི་བཙུན་གྱིས་འོ་ཐང་གི་མཚོ་བསུབས་ཏེ། དེའི་སྟེང་དུ་ལྷ་ཁང་བཙིག་པར་བརྩམས་པ་ན། ཁྲི་བཙུན་དང་ཀོང་ཇོ་གཉིས་ཀྱིས་ཆོས་རྒྱལ་སྲོང་བཙན་སྒམ་པོར་གསོལ་བ་བཏབ་ནས་ཁྱེད་རང་བོད་ཀྱི་མགོན་པོ་ཐུགས་རྗེ་ཅན་དངོས་ཡིན་པས་བོད་མུན་པའི་གླིང་འདིར་བསྟན་པའི་སྒྲོན་མེ་འཛུགས་པ་དང་། ཇོ་བོ་ཤཱཀྱ་མུ་ནེ་དང་། ཇོ་བོ་མི་བསྐྱོད་རྡོ་རྗེ་གཉིས་ཀྱི་བཞུགས་གནས་ལྷ་ཁང་བཞེང་པ་ལ་(༤༩ན)བོད་ཀྱི་འདྲེ་སྲིན་གདུག་པ་ཅན་རྣམས་ཁྲོས་ནས་བར་ཆད་བྱེད་པས། བར་ཆད་རྣམས་མྱུར་དུ་ཞི་བ་དང་། འདོད་པའི་དོན་འགྲུབ་པར་མཛད་དུ་གསོལ་ཞེས་གསོལ་བ་བཏབ་པ་ན། ཆོས་རྒྱལ་སྲོང་བཙན་སྒམ་པོའི་སྐུ་ལས་འོད་ཟེར་ཁ་བ་ཅན་ཁྱབ་པར་རབ་ཏུ་བཀྱེ་བས་གནམ་ནས་ཆར་བབས། ས་ལ་རྩི་ཐོག་སྨིན། མེ་ཏོག་སྣ་ཚོགས་ཁ་བྱེ། རྩི་ཤིང་ནགས་ཚལ་དུས་སུ་སྐྱེ། ན་དང་ཚུ་ཕྲན་རྒྱས་ནས་སེམས་ཅན་ཐམས་ཅད་ཀྱིས་བདེ་བ་རྙེད་དོ། །

དེ་ནས་རྒྱལ་པོའི་སྐུ་ལས་སྤྲུལ་པ་ཉིས་སྟོང་སྤྲུལ་ནས་སྤྲུལ་པ་སྟོང་གིས་ལྷ་ཁང་རྩིག་པར་མཛད། བོད་ཀྱི་ས་གཞི་སྲིན་མོ་གན་རྐྱལ་དུ་འགྱེལ་བ་འདྲ་བ་འདི་མནན་དགོས་པར་གཟིགས་ནས། དཔུང་པ་གཡས་ལ་ཀ་ཚལ། གཡོན་ལ་ཁྲག་འབྲུག །རྐང་པ་གཡས་ལ་གཙང་འགྲམ། གཡོན་ལ་གྲོམ་པ་རྒྱང་སྟེ། དུ་བཞིར་གཙུག་ལག་ཁང་བཞི། གྲུ་མོ་གཡས་ལ་ཀོང་པོ་བུ་ཆུ། གཡོན་ལ་ལྷོ་བྲག་ཁོམ་མཐིང་། པུས་མོ་གཡས་ལ་སྐ་བྲག །གཡོན་ལ་བྲ་དུམ་རྩེ་སྟེ་མཐའ་འདུལ་བཞི། ལག་མཐིལ་གཡས་ལ་བྱང་

ཚལ་གྱི་ཏྣུང་གཉེན། གཡོན་ལ་ཁམས་ཀྱི་འདན་སློང་ཐང་སྡོན་མ། རྐང་མཐིལ་གཡས་ལ་མང་ཡུལ་བྱམས་སྤྲིན། གཡོན་ལ་མོན་ཡུལ་བུམ་ཐང་སྤྲ་གྲོ་སྐྱེར་ཆུ་ལ་སོགས་པ་གཙུག་ལག་ཁང་མང་པོ་བཞེངས་ནས་གདོང་འོ་ཐང་མཚོ་ལ་རྗེ་མཁར་བརྩིགས། (༥༩བ)ཤིང་གིས་ཕུབ། ཀླུ་འདག་པས་ཞལ་ཞལ་བྱས་ཏེ། ར་ལ་ས་བཀལ་ནས་བདལ་ཏེ་ལྷ་སའི་གཙུག་ལག་ཁང་ར་ས་འཕྲུལ་སྣང་བཞེངས། དེའི་ཚེ་འདྲེ་སྲིན་གདུག་པ་ཅན་རྣམས་འདུལ་ཕྱིར་རང་བྱུང་གི་ལྷ་ཐུགས་རྗེ་ཆེན་པོ་ལ་གསོལ་བ་བཏབ་པས་ཁྲོ་ཞལ་ནས་འོད་ཟེར་འཕྲོས་པའི་སྣ་ལ་ཧ་མགྲིན་དང་། བདུད་རྩི་འཁྱིལ་པ་གཉིས་བྱུང་སྟེ། འདྲེའི་མུན་པ་བཤིག་ནས་དེ་རྣམས་ཐྲོས་སོ། །ཀླ་བའི་ཚལ་གྱི་བྲག་ལོགས་ལ་ཁ་སར་པ་ཎི་གཙོ་འཁོར་ལྔ་འོད་ཀྱི་རང་བཞིན་དུ་གཟིགས་པ་ལྟར་བྲག་ལ་བརྐོས་ཏེ། སྤྱན་རས་གཟིགས་དབང་འཇིག་རྟེན་མགོན། །ཐུབ་པའི་དབང་པོས་སྤྱི་གཙུག་བརྒྱན། །སྐུ་མདོག་དཀར་གསལ་གངས་རི་འདྲ། །ཉོན་མོངས་མ་གོས་པདྨ་བཞིན། །ཐུགས་རྗེ་ཆེ་ཞིང་མཐུ་ལྡན་པས། །སེམས་ཅན་ཉམ་ཐག་ཕོངས་པ་ཡིས། །དྲན་ན་སྡུག་བསྔལ་ཞི་མཛད་པ། །མགོན་དུ་གྱུར་ལ་ཕྱག་འཚལ་བསྟོད། །ཅེས་བསྟོད་པ་མཛད། དེ་ལྟར་བལ་མོ་བཟས་གཙོ་མཛད་སྤྲུལ་པ་མང་པོས་འཕྲུལ་སྣང་གི་གཙུག་ལག་ཁང་བཞེངས། ལྷ་ཅིག་ཀོང་ཇོས་གཙོ་མཛད་ནས་ར་མོ་ཆེའི་གཙུག་ལག་ཁང་བཞེངས། འཕྲུལ་སྣང་གི་གཙུག་ལག་ཁང་གི་རྟེན་གཙོར་ཇོ་བོ་མི་བསྐྱོད་རྡོ་རྗེ་བཞུགས། ར་མོ་ཆེར་ཇོ་བོ་ཤཱཀྱ་མུ་ནི་བཞུགས་སུ་གསོལ། སྐུ་གཟུགས་འདི་གཉིས་ནི་བསྟན་པ་འདི་ལ་གདུལ་བྱ་རྣམས་ཀྱི་བསོད་ནམས་ཀྱི་ཞིང་མཆོག་ཏུ་གྱུར་པ་(༦༠ན)རྒྱལ་བ་ཉིད་ཀྱིས་དངོས་སུ་བྱིན་གྱིས་བརླབས་པ་སྟེ་སྐུ་འདི་གཉིས་ཀྱི་བྱུང་ཚུལ་ནི། སངས་རྒྱས་ཀྱི་མཐུས་ལྷའི་དབང་པོ་བརྒྱ་བྱིན་གྱིས་ལྷ་དང་མིའི་རིན་པོ་ཆེ་དུ་མ་ཕུང་པོར་སྤུངས་པ་ལས་སྤྲུལ་སྐུའི་རྟེན་གསུམ་བཞེངས་པའི་ཆེ་བ་ཐུབ་དབང་དགུང་ལོ་ཉེར་ལྔ་པའི་སྐུ་ཚད་ལྟ་བས་ཆོག་མི་ཤེས་པ་རྒྱལ་བ་ཉིད་ཀྱིས་རབ་གནས་

མཛད་པ་ཞིག་སུམ་ཅུ་རྩ་གསུམ་དུ་ལྷ་རྣམས་ཀྱི་མཆོད་པའི་རྟེན་དུ་བཞུགས་པར་གྲགས། འབྲིང་པོ་ཐུབ་དབང་དགུང་ལོ་བཅུ་གཉིས་པའི་སྐུ་ཚད་ལྷའི་བཟོ་བོ་བི་ཤྭ་ཀརྨས་ལུགས་སུ་བླུགས་པ་སྐུ་ལྟ་བས་ཆོག་མི་ཤེས་པ་ཐུབ་པའི་དབང་པོའི་སྐུའི་དབྱིབས་ཇི་ལྟ་བ་བཞིན་པ་རྒྱལ་བ་རང་ཉིད་ཀྱིས་རབ་གནས་མཛད་པ་ཞིག་ཡོད་པ། རིམ་གྱིས་ལྷ་ཡུལ་དང་། ཨོ་ཊི་ཡ་ནའི་ཡུལ་དང་། ཡུལ་དབུས་མ་ག་དྷ་རྣམས་སུ་བྱོན། དེ་ནས་རིམ་གྱིས་རྒྱ་ནག་གི་ཡུལ་དུ་གྲུ་རྫིངས་ལ་སྤྱན་དྲངས་ནས། ཕྱོགས་དེའི་སྐྱེ་འགྲོ་རྣམས་ཀྱི་བསོད་ནམས་ཀྱི་ཞིང་དུ་བཞུགས་པ་ལ། འཕགས་པ་ཐུགས་རྗེ་ཆེན་པོ་མིའི་རྣམ་པར་བྱོན་པ་ཆོས་རྒྱལ་སྲོང་བཙན་སྒམ་པོའི་སྐུ་རིང་ལ་རྗེ་བཙུན་འཇམ་པའི་དབྱངས་ཀྱི་རྣམ་འཕྲུལ་རྒྱ་ནག་གོང་མ་ཆེན་པོ་ཐང་ཐའི་ཛུང་ལ་སྲས་མོ་རྗེ་བཙུན་སྒྲོལ་མའི་རྣམ་འཕྲུལ་ཨོན་ཤིང་ཀོང་ཇོ་བྱ་བ་ཡོད་པའི་བོད་ཡུལ་དུ་ཕེབས་པའི་ཚེ། སྐུ་བརྙན་དེ་ཉིད་རྟེན་སྐལ་དུ་སྤྱན་དྲངས་པ་དེང་སང་ཆོས་འཁོར་(༧༠བ)ལྷ་སའི་རྟེན་གྱི་གཙོ་བོར་བཞུགས་པ་ཇོ་བོ་ཤཱཀྱ་མུ་ནེར་གྲགས་པ་འདི་ཉིད་ཡིན་ཞིང་། ཡང་བརྒྱ་བྱིན་གྱིས་ལྷ་མིའི་རིན་པོ་ཆེ་དུ་མ་ཕུང་པོར་སྤུངས་པ་སྤྲུལ་པའི་བཟོ་བོ་བི་ཤྭ་ཀརྨས་ལུགས་སུ་བླུགས་པ་ཐུབ་དབང་དགུང་ལོ་བརྒྱད་པའི་སྐུ་ཚད་སངས་རྒྱས་ཉིད་ཀྱིས་རབ་གནས་མཛད་པ་སྐུ་ལྟ་བས་ཆོག་མི་ཤེས་པ་ཞིག་ཡོད་པ་རིམ་གྱིས་བལ་ཡུལ་དུ་ཕེབས། ཆོས་རྒྱལ་འོད་ཟེར་གོ་ཆའི་ཐུགས་དམ་གྱི་རྟེན་མཛད་ཅིང་ཕྱོགས་དེའི་སྐྱེ་འགྲོ་བགྲང་བ་ལས་འདས་པའི་བསོད་ནམས་ཀྱི་ཞིང་དུ་ཡོད་པ་ལས། ཆོས་རྒྱལ་འོད་ཟེར་གོ་ཆའི་སྲས་མོ་བལ་མོ་བཟའ་ཁྲི་བཙུན་བོད་དུ་བྱོན་སྐབས་རྟེན་སྐལ་དུ་སྤྱན་དྲངས་ནས། དེང་སང་ར་མོ་ཆེར་བཞུགས་པ་ཇོ་བོ་མི་བསྐྱོད་རྡོ་རྗེ་ཞེས་གྲགས་པ་འདི་ཡིན་ཞིང་། སྐུ་རྣམ་པ་གཉིས་པོ་འདི་ནི་རྒྱལ་བ་དངོས་དང་ཁྱད་པར་མེད་པ་མཐོང་ཐོས་དྲན་རེག་ཙམ་གྱིས་ཐར་པའི་ས་བོན་འཛོག་ནུས་པ། འགྲོ་བ་ལྷ་དང་བཅས་པ་ཐམས་ཅད་ཀྱི་མགོན་སྐྱབས་དང་དཔུང་

གཉེན་གཅིག་པུ་ཡིན་ལ། ལྷག་པར་ཁ་བ་ཅན་པ་རྣམས་ཀྱི་བདེ་སྐྱིད་ཐམས་ཅད་ནི་སྐུ་འདི་གཉིས་ཀྱི་བྱིན་རླབས་ཀྱི་མཐུ་ལས་འབྱུང་ཞིང་། རྒྱལ་བ་རང་ཉིད་ཀྱིས་ཀྱང་ལུང་བསྟན་ཏེ། འཇམ་དཔལ་རྩ་རྒྱུད་སོགས་མདོ་རྒྱུད་དུ་མར་སྐུ་འདི་གཉིས་ཀྱི་མཐུ་ལས་བྱང་ཕྱོགས་བོད་ཡུལ་དུ་རྒྱལ་བའི་བསྟན་པ་དར་ཞིང་བྱང་ཆུབ་སེམས་དཔའ་བགྲང་བ་ལས་འདས་པ་བྱོན་(༧༡ན)པ་དང་། དེའི་མཐུ་ལས་བདེ་སྐྱིད་རྣམས་འབྱུང་བ་དང་། སྐུ་གཟུགས་འདི་དག་ལ་བསྙེན་བཀུར་བྱེད་པའི་སྐྱེས་བུ་དམ་པ་ཇི་ལྟར་བྱུང་བའི་ཚུལ་ཡང་ཞིབ་ཏུ་ལུང་བསྟན་ཏོ། །

དེ་ནས་ཆོས་རྒྱལ་སྲོང་བཙན་སྒམ་པོས་ལྷ་ལྡན་སྤྲུལ་པའི་གཙུག་ལག་ཁང་འདི་རྡོ་རྗེ་གདན་དང་མཚུངས་པར་རྒྱལ་བསྟན་ཡོངས་སུ་རྫོགས་པའི་འབྱུང་ཁུངས་སུ་བྱིན་གྱིས་བརླབ་ཕྱིར་གཙུག་ལག་ཁང་གི་ཀྱང་ལོགས་ལ་ཐུགས་རྗེ་ཆེན་པོ་འཇིགས་པ་བརྒྱད་སྐྱོབ། ཁ་སར་པ་ཎི་ལྷ་ལྔ། དོན་ཡོད་ཞགས་པའི་ལྷ་ཚོགས། རྒྱ་ཆེར་རོལ་པ་ལས་ཇི་ལྟར་འབྱུང་བ་ལྟར་ཐུབ་པའི་མཛད་པ་བཅུ་གཉིས་ཀྱི་ཚུལ་རྣམས་བྲིས། རྒྱུད་རིས་ལ་ཚུལ་ཁྲིམས་ཀྱི་བསླབ་པ་གོ་བར་བྱ་བའི་ཆེད་དུ་འདུལ་བ་དང་། སེམས་ཀྱི་བསླབ་པ་གོ་བར་བྱ་བའི་ཆེད་དུ་མདོ་སྡེ་དང་། ཤེས་རབ་ཀྱི་བསླབ་པ་གོ་བར་བྱ་བའི་ཆེད་དུ་མངོན་པའི་རྒྱུད་རིས་རྣམས་བྲིས། སྒོ་འཁོར་བྱང་མའི་ནང་དུ་རང་བྱུང་ཐུགས་རྗེ་ཆེན་པོ་སྤྱན་དྲང་བར་དགོངས་པ་ན། དམར་པོ་རི་ནས་འཕྲུལ་སྣང་གི་བར་ཐུགས་རྗེ་ཆེན་པོ་ཉིད་ཀྱིས་ཞབས་ཐང་དུ་བྱོན་པས་ཀུན་ངོ་མཚར་དུ་གྱུར་ཅིང་སྒོ་འཁོར་བྱང་མར་ཕྱག་སྟོང་རྒྱབ་ཡོལ་གྱི་ཚུལ་དུ་བྱས་ཏེ་བཞུགས་སུ་གསོལ། དེའི་ཚེ་ཀླུ་དང་གནོད་སྦྱིན་ལ་སོགས་པ་དཀར་ཕྱོགས་སྐྱོང་བ་མང་པོས་གཙུག་ལག་ཁང་བསྲུང་བར་ཁས་བླངས། ཁྱད་པར་ཤར་ལྷོའི་ལྷོག་ནས་དཔལ་ལྷ་མོས་(༧༡བ)གཟུགས་དངོས་སུ་བསྟན་ཕྱག་བྱས་ནས་གཙུག་ལག་ཁང་གི་སྲུང་མར་ཁས་བླངས་པ་ན། གནས་དེར་དཔལ་ལྷའི་སྐུ་གཟུགས་ཀྱང་བཞེངས་སོ། །དེ་ནས་རྒྱལ་པོས་

བོད་རྣམས་ཆོས་ལ་འཇུད་ཕྱིར་སྤྲུལ་པ་སྣ་ཚོགས་སྤྲུལ་ནས་སྤྲུལ་པའི་མི་ལ་སྤྲུལ་པས་ཆད་པ་གཅོད་དེ་མགོ་བོ་འབྲེག་པ་དང་། མིག་འབྱིན་པ་དང་། པགས་པ་བཤུ་བ་ལ་སོགས་འཇིགས་ཤིང་སྐྲག་པར་མཛད་ནས་བོད་འབངས་ཐམས་ཅད་དགེ་བ་བཅུའི་ཁྲིམས་ལ་བཀོད། དེའི་ཚེ་ལི་ཡུལ་གྱི་དགེ་ཚུལ་གཉིས་རྗེ་བཙུན་འཇམ་དཔལ་གྱིས་བསྐུལ་ནས་བོད་དུ་རྒྱལ་པོ་མཇལ་དུ་འོངས་པའི་ཚེ་སྤྲུལ་པའི་མཛད་པ་དེ་དག་ལ་འཇིགས་ནས་དད་པར་མ་གྱུར་པ་ན། རྒྱལ་པོས་མཁྱེན་ནས་དབུའི་ཐོད་བཤིག་སྟེ་འོད་དཔག་མེད་ཀྱི་ཞལ་དངོས་སུ་བསྟན་ནས་ང་བོད་ཀྱི་ཐུགས་རྗེ་ཆེན་པོ་ཡིན་པས་ཁྱེད་རྣམས་འཇིགས་མི་དགོས་གསུངས་པ་སོགས་ལོ་རྒྱུས་ངོ་མཚར་ཅན་མང་དུ་སྣང་ངོ་། །

དེ་ནས་རྒྱལ་པོ་ཡབ་ཡུམ་གྱིས་སྦྱིན་བདག་མཛད་ནས་རྒྱ་བལ་གྱི་པཎྜི་ཏ་ཁ་ཤས་སྤྱན་དྲངས་ཏེ་མདོ་རྒྱུད་མང་དུ་བསྒྱུར། རྒྱལ་པོ་ཉིད་ཀྱིས་ཀྱང་ཐུགས་རྗེ་ཆེན་པོའི་ཆོས་སྐོར་མང་དུ་མཛད་ནས་སྐལ་བ་དང་ལྡན་པ་དག་ལ་གནང་སྟེ། སྒོམ་དུ་བཅུག་པས་གྲུབ་པ་ཐོབ་པ་ཡང་མང་དུ་བྱུང་སྣང་ངོ་། །དེ་ལྟར་ཆོས་རྒྱལ་སྲོང་བཙན་སྒམ་པོའི་སྐུ་རིང་ལ་ཇོ་བོ་ཤཱཀྱ་མུ་ནེ་དང་། ཇོ་བོ་མི་བསྐྱོད་རྡོ་རྗེ་སོགས་སྤྲུལ་པའི་སྐུ་མང་པོ་བོད་དུ་གདན་དྲངས་ཤིང་། ཐུགས་རྗེ་ཆེན་པོ་རང་(༧༢ན)བྱུང་ལྔ་ལྡན་སོགས་ཐུགས་རྗེ་ཆེན་པོའི་སྐུ་གསུང་ཐུགས་ཀྱི་རྟེན་མང་དུ་བཞེངས། མཐའ་འདུལ་ཡང་འདུལ་གྱི་གཙུག་ལག་ཁང་རྣམས་བཏབ། རྒྱལ་བའི་བཀའ་མང་དུ་བསྒྱུར། བོད་ཁམས་ཐམས་ཅད་དུ་དཀོན་མཆོག་གསུམ་གྱི་སྒྲ་གྲག་པར་མཛད་པས་བོད་དུ་སངས་རྒྱས་ཀྱི་བསྟན་པའི་སྲོལ་གཏོད་པ་ཡིན་ཞེས་སྔོན་གྱི་མཁས་པ་ཐམས་ཅད་མཐུན་པར་གཏམ་དུ་གླེང་ངོ་། །

དེ་ལྟར་ཆོས་རྒྱལ་སྲོང་བཙན་སྒམ་པོས་བོད་དུ་སངས་རྒྱས་ཀྱི་བསྟན་པའི་སྲོལ་གཏོད་ནས་མྱ་ངན་ལས་འདའ་བར་བཞེད་པ་ན། བོད་འབངས་སྤྱི་ལ་ཞལ་ཆེམས་

མང་དུ་གསུངས་པའི་མཐར་གཞན་ཡང་། ཁ་བ་ཅན་གྱི་རྒྱལ་ཁམས་འདིར། །ད་ནས་མི་རབས་ལྷ་ཉིད་ནས། །ཆོས་སྐྱོང་རྒྱལ་པོ་ཆེན་པོ་འབྱུང་། །དམ་ཆོས་མ་ལུས་རྒྱས་པར་བྱེད། །དེ་ནས་གདུང་རབས་གཅིག་ནས་ནི། །རྒྱལ་པོ་དུད་འགྲོའི་མིང་ཅན་འབྱུང་། །དམ་ཆོས་ཐམས་ཅད་ནུབ་པར་བྱེད། །ཐ་མར་དེ་ནི་དམྱལ་བར་འགྲོ། །ཁ་བ་ཅན་གྱི་རྒྱལ་ཁམས་སུ། །དམ་ཆོས་མེ་རོ་སླད་ནས་འབྱུང་། །ཁ་བ་ཅན་གྱི་རྒྱལ་ཁམས་ལ། །མར་མེ་འཆི་ཁར་གསལ་བ་བཞིན། །རྟགས་ཙམ་འཛིན་པའི་དུས་སུ་ནི། །བསྟན་པ་ཤིན་ཏུ་གསལ་བ་འབྱུང་། །ཁ་བ་ཅན་གྱི་རྒྱལ་ཁམས་སུ། །དད་ཅན་མང་དུ་འབྱུང་བར་འགྱུར། །སྟོན་པའི་རིང་བསྲེལ་མཆོད་པར་འགྱུར། །ཞེས་སོགས་ཞལ་ཆེམས་དང་མ་འོངས་ལུང་བསྟན་མང་དུ་མཛད་དོ། །དེ་ནས་ཆོས་རྒྱལ་སྲོང་བཙན་སྒམ་པོ་དགུང་ལོ་བརྒྱད་ཅུ་རྩ་བཞི་པ་ཤིང་ཕོ་སྟག(༧༢བ)གི་ལོ་ཧ་ཟླ་བའི་ཚེས་བཅུ་བཞི་ལ་ལྷ་ཅིག་ཀོང་ཇོ་དང་། བལ་མོ་ཁྲི་བཙུན་གཉིས་དང་བཅས་གསུམ་ཀ་ཡི་དམ་བཅུ་གཅིག་ཞལ་རང་བྱུང་གི་སྐུ་ལ་ཐིམ་པར་གྱུར་ཏོ། །དེ་ནས་རྒྱལ་བུ་བློན་འབངས་དང་བཅས་ཚེ་ངེ་འདེབས་ཤིང་སྨྲེ་སྔགས་མང་དུ་བཏོན་ནས་གསོལ་བ་བཏབ་པས། ཆོས་བཅོ་ལྔའི་ཉིན་ཐུགས་རྗེ་ཆེན་པོའི་ཐུགས་ཀ་ནས་རྒྱལ་པོ་ཡབ་ཡུམ་གསུམ་གྱིས་ཞལ་བསྟན་པ་ན། ཇོ་མོ་མོན་བཟའ་ཁྲི་དང་། བློན་པོ་སྟ་ཆེན་པོ་ལ་སོགས་པ་རྣམས་ཀྱིས་ཕྱག་བྱས་གསོལ་བ་བཏབ་ནས་རྗེ་ཉིད་མི་བཞུགས་ན། ཕྱིར་སངས་རྒྱས་ཀྱི་བསྟན་པ་ཇི་ཙམ་ཞིག་གནས། མཐར་ཇི་ཙམ་ནས་འཇིག །དེའི་སྔ་ལྟས་ཇི་ལྟ་བུ་འབྱུང་། སྒོས་སུ་བོད་ཡུལ་ཁ་བ་ཅན་འདིར་སངས་རྒྱས་ཀྱི་བསྟན་པ་དང་། དེ་འཛིན་པའི་བྱང་སེམས་དང་། རྒྱལ་པོ་ལ་སོགས་པ་ཇི་ལྟར་འོང་། དམ་ཆོས་ཇི་ཙམ་གནས་རྒྱལ་པོ་གང་གི་རིང་ལ་ཆོས་ལུགས་གང་དར། གང་ནུབ། དེའི་རྐྱེན་ཅིས་བྱེད། མི་རྣམས་དང་། ཆོས་སྤྱོད་པ་དང་ཉམས་ལེན་ཇི་ལྟ་བུ་མཆི། རབ་ཏུ་བྱུང་བ་དང་། སྔགས་པ་རྣམས་ཀྱི་དར་རྒུད་སྤྱོད་ལམ་ཇི་ལྟ་བུ་མཆི། བོད་ཡུལ་

ཏུ་གཙུག་ལག་ཁང་ཛཻ་ལྟ་བུ་འབྱུང་། ཕྱི་རབས་ཀྱི་རྒྱལ་བློན་བྱང་ཆུབ་སེམས་དཔའ་ཛཻ་ལྟ་བུས་བསྟན་པ་སྐྱོང་ཞེས་སོགས་མ་འོངས་ལུང་བསྟན་ཞུས་པ་ན། རྒྱལ་པོའི་ཞལ་ནས། ཨེ་མ་ཧོ་བོད་ཡུལ་ཁ་བ་ཅན་གྱི་རྒྱལ་ཁམས་འདི། །ཡང་དག་སངས་རྒྱས་རྣམས་ཀྱིས་རབ་ཏུ་བསྔགས། །ཁྱད་པར་ཅན་གྱི་གནས་སུ་བསྟན་པ་སྟེ། །བྱང་ཆུབ་སེམས་དཔའ་(༧༣ན)མང་པོ་འབྱུང་བར་འགྱུར། །ད་ནས་གདུང་རབས་བཞི་ནས་རྒྱལ་པོ་ནི། །སོ་སོ་སྐྱེ་བོ་བྱང་ཆུབ་སེམས་དཔའ་འབྱུང་། །དེ་ཡི་སྲས་པོ་བྱང་ཆུབ་སེམས་དཔའ་ནི། །འཕགས་པའི་རིགས་ཅན་གང་ཟག་རྒྱལ་པོ་འབྱུང་། །ཕྱོགས་བཞིར་གཙུག་ལག་ཁང་ནི་མང་དུ་བཙིག །མཐའ་འཁོབ་རྒྱལ་པོ་མང་པོ་དབང་དུ་སྡུད། །ཕྱོགས་བཞི་མཚམས་བཞི་དག་ནས་བཅའ་ཁྲལ་སྡུད། །རྒྱ་གར་གསང་མཛོད་དམ་ཆོས་མང་པོ་བསྒྱུར། །སྤྲུལ་པའི་རྒྱལ་པོ་བྱང་ཆུབ་སེམས་དཔའ་དེས། །ལོ་པཎ་སྤྱན་དྲངས་དམ་ཆོས་རྒྱས་པར་མཛད། །སྨྲེངས་པ་ཅན་གྱི་སྐྱེས་བུ་མང་དུ་འབྱོན། །རབ་ཏུ་བྱུང་བའི་སྡེ་པ་མང་དུ་འབྱུང་། །བསྒོམ་འགྲུབ་ཅན་གྱི་རྟོགས་པ་མང་དུ་འབྱུང་། །ཐུན་མོང་མཆོག་གི་དངོས་གྲུབ་ཐོབ་ནས་ནི། །ཡ་མཚན་རྫུ་འཕྲུལ་བཀོད་པ་མང་དུ་སྟོན། །དེ་ལྟར་ཆོས་སྐྱོང་རྒྱལ་པོ་ཆེན་པོ་དེ། །བོད་འབངས་བདེ་སྐྱིད་དགའ་བདེའི་དཔལ་ལ་སྤྱོད། །རྒྱལ་པོའི་མཛད་པ་ཕུན་སུམ་ཚོགས་པར་འགྱུར། །ཞེས་ཆོས་རྒྱལ་ཁྲི་སྲོང་ལྡེའུ་བཙན་གྱི་རིང་ལ་སངས་རྒྱས་ཀྱི་བསྟན་པ་རྒྱ་ཆེར་དར་བར་ལུང་བསྟན།

དེ་ནས་བར་སྐབས་སུ་ནག་ཕྱོགས་ཀྱི་འབྱུང་པོ་གདུག་པ་ཅན་རྣམས་ཀྱིས་ཡིད་བསྒྱུར་བའི་མི་སྡིག་ཅན་མང་པོས་རྒྱལ་བའི་བསྟན་པ་ལ་གནོད་པ་ཆེན་པོ་བྱེད་པ་དང་། ཉོན་མོངས་པའི་དབྱེན་སྦྱོར་པ་མང་པོས་ཆོས་ལྟར་བཅོས་པའི་བསྒྲེ་བསླད་ཀྱིས་བསྟན་པ་དྲི་མ་ཅན་དུ་བྱེད་པ་དང་། གདུལ་བྱ་རྣམས་བསླུས་ཏེ་ཕུང་བར་འགྱུར་བ་མང་པོ་ཞིག་འབྱུང་(༧༣བ)བར་ལུང་བསྟན། དེ་ནས་བསྟན་པ་གསོ་བར་བྱེད་པའི་སྐྱེས་བུ་དམ་པ་སྨོན་ལམ་ཆབས་པོ་ཆེའི་མཐུ་གྲུབ་པ་རིམ་གྱིས་འབྱུང་བར་

ལུང་བསྟན་པ་ནི། དེ་ནས་བྱང་སེམས་སྤྲུལ་པ་བྱུང་ནས་སུ། །ཆོས་ཀྱི་མེ་རོ་མདོ་ཁམས་སྨད་ནས་སློང་། །དགེ་འདུན་སྡེ་པ་མང་དུ་འཕེལ་བར་བྱེད། །དེ་ཡང་བྱང་ཆུབ་སེམས་དཔའ་མང་པོ་ཡིས། །ང་ཡི་རུ་སའི་སྐུ་གཟུགས་འདི་དག་ལ། །མཆོད་པ་ཞབས་ཏོག་མང་པོ་བྱེད་པར་འགྱུར། །ཕྱོགས་རྣམས་ཀུན་ཏུ་གཙུག་ལག་ཁང་སྐྲུན་ཞིང་། །དམ་པའི་སྤྱོད་པ་ཚུལ་བཞིན་བྱེད་པར་འགྱུར། །ཞེས་བླ་ཆེན་དགོངས་པ་རབ་གསལ་གྱིས་བསྟན་པའི་མེ་རོ་མདོ་ཁམས་སྨད་ནས་གསོས་ཏེ། རིམ་གྱིས་དབུས་གཙང་དུ་དགེ་འདུན་གྱི་སྡེ་འཕེལ་ནས་བསྟན་པ་ཕྱི་དར་འབྱུང་བར་ལུང་བསྟན། ཡང་བདུད་རིགས་ཀྱི་འབྱུང་པོ་འགའ་ཞིག་དང་སྨོན་ལམ་ལོག་པའི་མཐུ་ཅན་མང་པོས་བསྟན་པ་ལ་གནོད་པ་ཆེན་པོ་བྱས་པ་ན་བསྟན་པ་གསོ་བའི་སྐྱེས་བུ་དམ་པ་དང་ཆོས་རྒྱལ་སེམས་དཔའ་ཆེན་པོ་འབྱོན་པར་ལུང་བསྟན་ཏེ། དེ་ཚེ་ནུབ་ཕྱོགས་དག་ཏུ་སྐུ་འཁྲུངས་པའི། །དགེ་སློང་བྱ་ཡི་གདོང་པ་ཅན་ཞིག་འབྱུང་། །བྱང་ཆུབ་སེམས་དཔའ་བློ་གྲོས་སྐྱབ་པར་ལྡན། །རཏྣ་བྷ་དྲ་ཞེས་སུ་གྲགས་པ་ཡིས། །འདི་ལ་མཆོད་བསྟོད་བསྙེན་བཀུར་མང་དུ་འབྱུང་། །སྐོར་བ་ཕུ་དུད་རིམ་གྲོ་བྱེད་པར་འགྱུར། །དེ་ཚེ་རྒྱལ་པོ་འོད་ཀྱི་མིང་ཅན་ནི། །བྱང་ཆུབ་སེམས་དཔའ་བློ་གྲོས་ཅན་ཞིག་འབྱུང་། །དེ་ཡི་བྱང་ཆུབ་སེམས་དཔའ་པཎྜི་ཏ། །རྣམ་དག་ཚུལ་ཁྲིམས་གསུམ་དང་རབ(༧༥ན)ལྡན་ཞིང་། །མཁས་ཤིང་སྒྲུབ་ལ་མངོན་པར་བརྩོན་པ་ནི། །རིགས་གསུམ་ཡོན་ཏན་ལྡན་པ་སྤྱན་དྲངས་ནས། གཟུགས་སྐུ་འདི་ལ་བསྟོད་ཅིང་ཕྱག་ཀྱང་བྱེད། །བསྙེན་བཀུར་བསྔགས་པ་ཕུན་སུམ་ཚོགས་པ་བྱེད། །དེ་ཡིས་བསྟན་པ་ཤིན་ཏུ་རྒྱས་པར་མཛད། །དེ་ཡི་སློབ་མ་ཚུལ་བཞིན་རབ་ཞུགས་པ། །དགེ་སློང་དམ་པ་བསྟན་པའི་མངའ་བདག་ནི། །འདི་ལ་བཀུར་སྟི་ཕུ་དུད་བྱེད་པར་འགྱུར། །བསྟན་པའི་མངའ་བདག་དགེ་སློང་དམ་པ་ཞིག །བྱང་ཆུབ་སེམས་དཔའ་འཛམ་གླིང་མཚན་གྲགས་པ། །འཁོར་ནི་སྟོང་ཕྲག་ཕྱེད་དང་གསུམ་ལྡན་པ། །བྱོན་ནས་འདི་ལ་

བཀུར་སྟི་བྱེད་པར་འགྱུར། །བྱང་ཆུབ་སེམས་ལྡན་བསྟན་པ་མང་པོ་སྐྱོང་། །ཞེས་བསྟན་པའི་རྩ་བ་ཚངས་སྤྱོད་ལ་གནོད་པ་ཆེན་པོ་བྱུང་བ་དེའི་ཚེ་སྐྱེས་མཆོག་རིན་ཆེན་བཟང་པོས་བསྟན་པ་ལ་བྱ་བ་རྒྱ་ཆེར་མཛད་པ་དང་། མངའ་རིས་ཆོས་རྒྱལ་ཡེ་ཤེས་འོད་དང་། བྱང་ཆུབ་འོད་གཉིས་ཀྱིས་བཀའ་བ་བརྒྱ་ཕྲག་ཏུ་མའི་སྒོ་ནས་ཇོ་བོ་རྗེ་བོད་ཡུལ་དུ་གདན་དྲངས་ཏེ་བསྟན་པ་ལ་བྱ་བ་རྒྱ་ཆེར་མཛད་པ་དང་། འཕྲུལ་སྣང་གི་དཀར་ཆག་གཏེར་ནས་བཞེས་པ་སོགས་ཕུ་ཐུད་ཆེར་མཛད་པར་ལུང་བསྟན། དེ་ནས་ཡང་བསྟན་པ་ལ་རྨ་འབྱིན་པ་མང་པོ་ཞིག་གིས་རྒྱལ་བའི་བསྟན་པ་ཉམས་དམས་པར་བྱས་པ་ན། རྒྱལ་བའི་བསྟན་པ་གསོ་བ་ལ་རྒྱལ་བ་རང་ཉིད་སླར་བྱོན་པ་ལྟར་ཆོས་ཀྱི་རྒྱལ་པོ་ཙོང་ཁ་པ་ཆེན་པོ་ཞིང་འདིར་བྱོན་ནས་འཕྲུལ་སྣང་གི་གཙུག་ལག་ཁང་རྟེན་དང་བརྟེན་པར་བཅས་པ་(༧༨བ)ལ་མཆོད་ཚོགས་རྒྱ་ཆེན་པོ་ཀུན་ཏུ་བཟང་པོའི་མཆོད་པའི་སྤྲིན་དང་མཚུངས་པ་མཛད་དེ་རྒྱལ་བའི་བསྟན་པའི་ནང་མཛོད་འདུལ་བ་གཞི་ནས་གསོས་ཏེ་བསྟན་པ་ཡོངས་རྫོགས་ཆེས་ཆེར་དར་བར་མཛད་པ་ལུང་བསྟན་པ་ནི། ཨེ་མ་ཧོ། ང་ཡི་ལྷ་སའི་རྟེན་དང་བརྟེན་པ་ལ། །བྱང་ཆུབ་སེམས་ལྡན་སྐྱེས་བུ་དུ་མ་ཡིས། །ལོ་ནི་ཉིས་བརྒྱར་བསྟི་སྟང་བྱེད་པར་འགྱུར། །དེ་ནས་སངས་རྒྱས་བསྟན་པའི་སྤྲོན་མ་འདི། །སྟོན་པ་རྣམས་ཀྱིས་གསལ་བར་བྱེད་པར་འགྱུར། །དེ་ནས་བསྟན་པའི་སྙིང་པོ་སྒྲུབ་པ་པོ། །བྱང་ཆུབ་སེམས་དང་ལྡན་པའི་དགེ་སློང་ནི། །ཡོན་ཏན་དཔག་ཏུ་མེད་པའི་དམ་པ་འབྱུང་། །གསང་སྔགས་མངོན་པར་འགྲུབ་པའི་དགེ་སློང་ནོ། །དམ་པ་མང་པོས་བསྙེན་བཀུར་བྱེད་པར་འགྱུར། །དེ་ནས་ཁྱད་པར་བསྙེན་བཀུར་ཆེར་བྱེད་པའི། །བྱང་ཆུབ་སེམས་དཔའ་ཤར་ཕྱོགས་སྐྱུ་བལྟམས་པ། །གསང་སྔགས་འཛིན་པའི་རྣལ་འབྱོར་ཆེན་པོ་ནི། །སྙིང་པོའི་མཐའ་ཅན་སྐྱེས་བུ་དམ་པས་ནི། །ཞལ་ཡང་བསྐྱུར་ཞིང་བསྙེན་བཀུར་དམ་པ་མཛད། །དེ་ལ་བསྙེན་བཀུར་བྱས་པ་དེ་དག་ནི། །འཕགས་པའི་གང་ཟག་དམ་པ་ཤ

སྟག་གོ །དེ་ཕྱིར་དེ་དག་ཀུན་ལ་དད་པ་བསྐྱེད། །དེ་དག་ཅི་ཕྱིར་འཕགས་པ་ཡིན་ཞེ་ན། །སངས་རྒྱས་རྣམས་ལ་མཛད་པ་ཆེན་པོ་མཛད། །དེ་ཕྱིར་དེ་དག་འཕགས་པའི་གང་ཟག་གོ །དེ་ལྟར་འཕགས་པའི་གང་ཟག་རྣམས་འབྱུང་ཞིང་། །འཁོར་ནི་ལེགས་གནས་སྟོན་པའི་གསུང་རབ་དང་། །སྟོན་པའི་སྐུ་གཟུགས་དངོས་སུ་བཞུགས་པ་དང་། །རི་བོ་ཡོན་(༧༥ན)ཏན་ཅན་ཡང་དེ་ན་ཡོད། །མ་ཕམ་མཆོ་ལ་ཀླུ་རྒྱལ་བྱང་སེམས་གནས། །ཆུ་བོ་ཡོན་ཏན་ཅན་ཡང་དེ་ན་ཡོད། །ཁྲི་ཤོར་རྒྱ་མཚོའི་ཀླུ་སློན་བྱང་ཆུབ་སེམས། །ཆུ་བོ་ཆེན་པོ་ཀུན་ལ་ཕན་པར་མཛད། །གནམ་མཚོ་ཕྱུག་མོའི་ནང་ན་བྱང་ཆུབ་སེམས། །ཐང་ལྷའི་བྲག་ལ་དགྲ་བཅོམ་ལྔ་བརྒྱ་ཡོད། །སྲུབ་མཚོའི་གླིང་ན་ཀླུ་རྒྱལ་བྱང་ཆུབ་སེམས། །ཁའུའི་གངས་ལ་དགྲ་བཅོམ་ལྔ་བརྒྱ་ཡོད། །རི་མཐོ་ས་གཙང་གངས་རི་གཞན་གྱིས་བསྐོར། །སྔྲ་སྐད་སྣན་པ་སཾ་སྐྲི་ཏ་དང་མཚུངས། །མི་སྐད་ཆོས་ལ་བསྒྱུར་དུ་བཏུབ་པའི་སྒྲ། །ཡངས་ཤིང་མཐའ་ལེགས་ཡོན་ཏན་ཀུན་ལྡན་པ། །དེ་ལྟར་ཁ་བ་ཅན་གྱི་ཡུལ་དབུས་སུ། །སྐྱེས་པ་དལ་འབྱོར་མི་ལུས་ཐོབ་པ་ཀུན། །ཡོན་ཏན་སློབ་ལ་བརྩོན་པ་མ་ཞན་ཅིག །སྔོན་གྱི་སྨོན་ལམ་དག་པས་ཞིང་དེར་སྐྱེས། །དད་གུས་མོས་པ་ཡོད་པར་གྱུར་པ་ཡིས། །གཞན་བྱ་མི་དགོས་འདི་ལ་མོས་པས་ཆོག །ཕྱག་དང་མཆོད་པ་དག་ལ་འབད་པར་གྱིས། །མཆོད་ཅིང་གུས་པར་བྱེད་པ་ཐམས་ཅད་ནི། །ཕྱིར་མི་ལྡོག་པར་རྒྱལ་བས་ལུང་བསྟན་པས། །འདི་ལ་གུས་པར་མཇོད་ཅིག་བོད་འབངས་རྣམས། །བདག་ནི་ཁྱེད་ལ་དེ་དག་འདོམས་བྱེད་པ། །ཉེད་ཕྱིར་མ་ཡིན་གྲགས་པའི་ཕྱིར་མ་ཡིན། །སྙིང་རྗེས་ཀུན་ནས་བསླངས་པའི་ཚིག་ཡིན་པས། །གུས་པའི་ཡིད་ཀྱིས་སྙི་བོར་བླང་བར་མཛོད། །ཅེས་ཁམས་གསུམ་ཆོས་ཀྱི་རྒྱལ་པོ་རྗེ་བཙུན་ཙོང་ཁ་པ་ཆེན་པོ་ཤར་ཕྱོགས་མདོ་ཁམས་སྨད་དུ་སྐུ་བལྟམས། དབུས་གཙང་གི་ལྗོངས་འདིར་བྱོན་ནས་རྒྱལ་བའི་(༧༥བ)བསྟན་པ་རྒྱ་ཆེར་སྤེལ་བ་དང་། ལྷག་པར་ཇོ་བོ་རིན་པོ་ཆེ་ལ་རིན་པོ་ཆེའི་ཕྲག་ཞུ་ཕུལ་ནས་ཞལ་

ལོངས་སྐུ་ལྷ་བུར་བསྒྱུར་བ་སོགས་བསྙེན་བཀུར་རྒྱ་ཆེར་མཛད་པས་བོད་འབངས་ཀྱི་བདེ་སྐྱིད་འཕེལ་བར་མཛད་པ་དང་། རྗེ་བླ་མའི་བསྟན་པ་ལ་ཞུགས་པའི་སྐྱེས་བུ་དམ་པ་བགྲང་བ་ལས་འདས་པ་འབྱོན་ཞིང་བོད་འབངས་རྣམས་ཀྱིས་དེ་དག་ལ་གུས་པ་བསྐྱེད་དགོས་སོ་ཞེས་ལུང་བསྟན་དང་ཞལ་ཏ་མང་དུ་གནང་ནས་སླར་ཡང་ཐུགས་རྗེ་ཆེན་པོའི་ཐུགས་ཀར་ཐིམ་མོ། །

དེ་ནས་ཆོས་ཀྱི་རྒྱལ་པོ་སྲོང་བཙན་སྒམ་པོའི་སྲས་མང་སྲོང་མང་བཙན། དེའི་སྲས་གུང་སྲོང་གུང་བཙན། དེའི་སྲས་འདུས་སྲོང་མང་པོ་རྗེ་བློན་ནམ་འཕྲུལ་གྱི་རྒྱལ་པོ། དེའི་སྲས་ཁྲི་ལྡེ་གཙུག་བརྟན་ཏེ་རྒྱལ་པོ་དེའི་སྐུ་རིང་ལ་གཙུག་ལག་ཁང་མང་དུ་བཞེངས། མདོ་སྡེ་ལས་བརྒྱ་པ་དང་། གསེར་འོད་དམ་པ་སོགས་བསྒྱུར། དེའི་སྲས་འཇང་ཚ་ལྷ་དབོན་ལ་རྒྱའི་རྒྱལ་པོའི་སྲས་མོ་ཀྱིམ་ཤིང་ཨོང་ཇོ་བསྣངས་པས་བུ་ཤི་སྟེ་མེས་དང་འདུས་ནས་ལྷ་ཤཱཀྱ་མུ་ནེ་བཙལ་ཏེ་མཆོད་པ་བྱས་སོ། །དེ་ལ་སྲས་མཚན་ལྡན་ཞིག་ས་ཐོ་ཏ་ལ་འཁྲུངས་ཏེ། རྒྱལ་པོ་ལ་ཕང་ཐང་དུ་བསྟན་པར་ཆས་པ་ན། བུ་སྣ་ནམ་བཟས་ཕྲོགས་ཏེ་སྣ་ནམ་གྱི་བུར་བྱས་ནས་ལོ་གཅིག་སོན་པ་དང་ཞབས་བཙུགས་པའི་དགའ་སྟོན་བྱས། སྣ་ནམ་པ་ཀུན་གྱིས་སྲས་དགའ་བའི་རྒྱན་གོས་ལག་ཏུ་ཐོགས་ནས་ཞང་པོའི་པང་དུ་ཤོག་ཟེར་བ་ལ། རྒྱལ་བུའི་ཞལ་ནས། ཁྲི་སྲོང་ལྡེའུ་བཙན་རྒྱ་ཚ་ལགས། །སྣ་ནམ་ཞང་གིས་ཅི་བགྱིར་མཆིས། །ཞེས་གསུངས་ཏེ་རྒྱའི་ཚ་བོ་ཡིན་པར་ཞལ་གྱིས་བཞེས་ཤིང་མིང་ཡང་རང་གིས་(༧༨ན)བཏགས་པ་ཁྲི་སྲོང་ལྡེའུ་བཙན་ཞེས་གྲགས་སོ། །ཆོས་རྒྱལ་ཁྲི་སྲོང་ལྡེའུ་བཙན་ཆུང་དུའི་དུས་ནས་ཆོས་ལ་མཉེས་པས་རྒྱའི་ཡུལ་དུ་སང་ཤི་ལ་སོགས་མི་བཞི་ཆོས་འཚོལ་དུ་བཏང་ངོ་། །དེ་ནས་ཆོས་རྒྱལ་ཁྲི་སྲོང་ལྡེའུ་བཙན་དགུང་ལོ་བཅུ་གསུམ་ལ་བབ་པ་ན་རྒྱལ་སར་བཏོན། ཆོས་འཚོལ་བར་བཞེད་ནས་པཎྜི་ཏ་ཨ་ནནྡ་ལ་སོགས་པ་ཆོས་བསྒྱུར་དུ་བཅུག །སྦ་གསལ་སྣང་གིས་བལ་ཡུལ་དུ་ཕྱིན་པ་ན་མཁན་པོ་བོ་དྷི་ས་ཏྭ

དང་མཇལ། བོད་དུ་འབྱོན་པར་གསོལ་བ་བཏབ་པ་ན་ཞལ་གྱིས་བཞེས། རིམ་གྱིས་ལྷ་སར་ཕྱག་ཕེབས། དེ་ནས་བསམ་ཡས་སུ་སྤྱན་དྲངས། ཆོས་རྒྱལ་ཁྲི་སྲོང་ལྡེའུ་བཙན་གྱིས་ཕྱག་བཙལ་ཏེ། དགེ་བ་བཅུ་དང་། ཁམས་བཅོ་བརྒྱད་ལ་སོགས་པའི་ཆོས་གསན། དེའི་ཚེ་བོད་ཀྱི་ལྷ་སྲིན་གདུག་པ་ཅན་རྣམས་ཁྲོས་ཏེ་དམར་པོ་རི་ལ་ཐོག་ཕབ་པ་སོགས་གནོད་པ་སྣ་ཚོགས་བྱས་པ་ན། སྡིག་བློན་རྣམས་ཀྱིས་ཆོས་བྱས་པས་ལན་ཟེར་ནས་མཁན་ཆེན་རེ་ཞིག་བལ་ཡུལ་དུ་འབྱོན་དགོས་བྱུང་། དེའི་ཚེ་ཆོས་རྒྱལ་ཁྲི་སྲོང་ལྡེའུ་བཙན་གྱིས་མཁན་པོའི་སྤྱན་སྔར་གསེར་མང་དུ་ཕུལ། ཞབས་སྤྱི་བོར་བླངས། གདོང་མཆི་མ་དང་བཅས་སླ་མི་ཡོད་པ་ལྟ་བུར་གསོལ་བ་མང་དུ་བཏབ་ཅིང་སླར་འབྱོན་པར་ཞུས། མཁན་པོའི་ཞལ་ནས་ཁོ་བོ་རེ་ཞིག་བལ་པོར་འགྲོ། བོད་ཀྱི་མི་མ་ཡིན་རྣམས་འདུལ་བ་ལ་པདྨ་སཾ་བྷ་ཝ་གདན་དྲོངས་གསུངས་ནས་བལ་པོར་ཕེབས། སློབ་དཔོན་རིན་པོ་ཆེས་ཀྱང་མཁྱེན་བཞིན་དུ་བལ་པོར་ཕེབས། རྒྱལ་པོས་སྤྱན་དྲངས་ནས་(༧༤བ)བོད་ཀྱི་ལྷ་སྲིན་གདུག་པ་ཅན་ཐམས་ཅད་དམ་ལ་བཏགས། དེ་ནས་མཁན་ཆེན་ཡང་བལ་ཡུལ་ནས་སྤྱན་དྲངས། ཇོ་བོ་རིན་པོ་ཆེ་ཡང་མང་ཡུལ་ནས་སྤྱན་དྲངས་ཏེ། འཕྲུལ་སྣང་དུ་བཞུགས་སུ་གསོལ། དེ་ནས་ལོ་བཅོ་ལྔའི་རིང་ལ་བསམ་ཡས་ཀྱི་གཙུག་ལག་ཁང་ལྕགས་རི་དང་བཅས་པ་ལེགས་པར་གྲུབ་སྟེ། མཁན་པོ་བོ་དྷི་སཏྭ་དང་། སློབ་དཔོན་པདྨ་སཾ་བྷ་ཝ་གཉིས་ཀྱིས་རབ་གནས་རྒྱས་པར་མཛད། ཕྱུག་གི་ལོ་ལ་ཐམས་ཅད་ཡོད་པར་སྨྲ་བའི་སྡེ་པའི་དགེ་སློང་བཅུ་གཉིས་སྤྱན་དྲངས་ཏེ། བོད་ལ་བཙུན་པ་བཏུབ་མི་བཏུབ་སད་པའི་ཕྱིར་དུ། སད་མི་མི་བདུན་རབ་ཏུ་བྱུང་སྟེ་རབ་ཏུ་བྱུང་བའི་མཚན་ཡེ་ཤེས་དབང་པོ་ལ་སོགས་པར་བཏགས། རབ་ཏུ་བྱུང་མ་ཐག་མངོན་ཤེས་དང་རྫུ་འཕྲུལ་ལ་སོགས་པ་ཐོབ། འཕགས་པ་ཤཱ་རིའི་བུ་ནས་མཁན་ཆེན་ཞི་བ་འཚོའི་བར་གྱི་མཁན་བརྒྱུད་རྣམས་བསམ་ཡས་ཀྱི་གྱང་རིས་ལ་བྲིས་ཏེ་བོད་ཡུལ་གངས་ཅན་འདིར་རྒྱལ་

བའི་བསྟན་པའི་ནང་མཛོད་དམ་པའི་ཆོས་འདུལ་བ་ཆེས་ཆེར་དར་བར་འགྱུར་བ་དང་། དེ་ལའང་སྡེ་པ་ཐམས་ཅད་ཀྱི་གཙུག་གི་ནོར་བུ་ཐམས་ཅད་ཡོད་པར་སྨྲ་བའི་སྡེ་པའི་ལུགས་ཁོ་ན་གནས་པ་དང་། མཁན་ཆེན་པོ་རྗེ་ས་ཏྲ་ནས་བརྒྱུད་པའི་མཁན་བརྒྱུད་འདི་དར་ཞིང་རྒྱས་པར་འགྱུར་བ་དང་། བསྟན་པའི་རྩ་བ་སོ་སོར་ཐར་པ་ལ་བདུད་ཀྱི་བར་ཆད་མི་འབྱུང་བ་སོགས་ཀྱི་རྟེན་འབྲེལ་སྒྲིག་པར་མཛད། དེ་ནས་ཆོས་རྒྱལ་ཁྲི་སྲིད་ལྡེའུ་བཙན་གྱིས་འཕགས་ཡུལ་ནས་པཎྜི་ཏ་མཁས་པ་མང་པོ་སྤྱན་དྲངས། བོད་ཡུལ་གྱི་གདུལ་བྱ་བློ་གྲོས་ཅན་མང་པོ་ལ་ལོ་ཙྪ་(༧༧ན)བསླབ་ཏེ་ལོ་པཎ་གྱིས་བཀའ་དང་བསྟན་བཅོས་མང་དུ་བསྒྱུར་བའི་གྲྭ་བཙུགས་ཏེ་རྒྱལ་བའི་དམ་ཆོས་འཛིན་པའི་སྨོན་ལམ་རླབས་པོ་ཆེའི་མཐུ་གྲུབ་པ་ལོ་ཆེན་སེམས་དཔའ་ཆེན་པོ་ཀ་བ་དཔལ་བརྩེགས་ཀྱིས་འདུལ་བ་ལུང་སྡེ་བཞིའི་དང་པོ་ལུང་གཞི་བཅུ་བདུན་ཤློ་ཀ་སུམ་ཁྲི་ཉིས་སྟོང་བདུན་བརྒྱ་པ་དང་། དགེ་སློང་མའི་རྣམ་འབྱེད་བམ་པོ་ཉི་ཤུ་རྩ་བརྒྱད་པ་གཉིས་བསྒྱུར། ལོ་ཆེན་སེམས་དཔའ་ཆེན་པོ་ཅོག་གྲོ་ཀླུའི་རྒྱལ་མཚན་གྱིས་ལུང་རྣམ་འབྱེད་ཤློ་ཀ་ཉི་ཁྲི་བཞི་སྟོང་དགུ་བརྒྱ་པ་དང་། འདུལ་བའི་རྩ་བའི་ལུང་སོ་སོར་ཐར་བའི་མདོ་ཤློ་ཀ་བདུན་བརྒྱ་པ་དང་། དགེ་སློང་མའི་སོ་ཐར་ཤློ་ཀ་བརྒྱད་བརྒྱ་པ་རྣམས་བསྒྱུར། གཞན་ཡང་ལོ་ཆེན་སེམས་དཔའ་ཆེན་པོ་འདི་གཉིས་དང་། བཻ་རོ་ཙ་ན་སོགས་ལོ་ཙྪ་བ་མང་པོས་སྡེ་སྣོད་གསུམ་གྱི་གསུང་རབ་མཐའ་ཡས་པ་བསྒྱུར། རྒྱལ་བའི་བཀའི་དགོངས་པ་འགྲེལ་པའི་བསྟན་བཅོས་བསྒྱུར་བ་ལ་ལོ་ཙྪ་བ་ཀླུའི་རྒྱལ་མཚན་གྱིས་ལུང་གཞིའི་རྒྱ་ཆེར་འགྲེལ་དང་། ལུང་རྣམ་འབྱེད་ཀྱི་འགྲེལ་པ་སློབ་དཔོན་དུལ་བའི་ལྷས་མཛད་པ་དང་། སོ་སོར་ཐར་པའི་མདོ་འགྲེལ་འདུལ་འཛིན་དཔའ་བོ་ཞེས་པས་མཛད་པ་དང་། སོ་སོར་ཐར་པའི་རྒྱ་ཆེར་འགྲེལ་འདུལ་བ་ཀུན་ལས་བཏུས་པ་སློབ་དཔོན་དྲི་མེད་བཤེས་གཉེན་གྱིས་མཛད་པ་དང་། གཞན་ཡང་སོ་ཐར་གྱི་འགྲེལ་པ་ཆེ་ཆུང་མང་པོ་དང་། སློབ་དཔོན་ཡོན་ཏན་འོད་

ཀྱིས་མཛད་པའི་འདུལ་བ་མདོ་རྩ་བ་དང་། སློབ་དཔོན་དེས་མཛད་པའི་ལས་བརྒྱ་རྩ་གཅིག་པ་(༧༧བ)ཀརྨ་ཤ་ཏཾ་དུ་གྲགས་པ་ཤློ་ཀ་གསུམ་སྟོང་དྲུག་བརྒྱ་ཡོད་པ་དང་། མདོ་རྩའི་རྒྱ་ཆེར་འགྲེལ་བམ་པོ་བདུན་ཅུ་པ་དང་། འདུལ་བ་ལ་བསྟོད་པ་དགྲ་བཅོམ་པ་ཆོས་ཀྱི་ཚོང་དཔོན་གྱིས་མཛད་པ་འགྲེལ་པ་དང་བཅས་པ་རྣམས་བསྒྱུར། ལོ་ཆེན་ཀ་བ་དཔལ་བརྩེགས་ཀྱིས་འདུལ་བའི་དྲི་བའི་ཚིག་ལེའུར་བྱས་པ་ཤློ་ཀ་བརྒྱ་པ་དེའི་འགྲེལ་པ་དང་བཅས་པ་སོགས་མང་དུ་བསྒྱུར། གཞན་ཡང་ལོ་ཙྪ་བ་འདི་གཉིས་དང་བཻ་རོ་ཙ་ན་དང་སད་མི་མི་བདུན་སོགས་ལོ་ཙྪ་བ་མང་པོས་གསུང་རབ་ཀྱི་དགོངས་འགྲེལ་བསྟན་བཅོས་མཐའ་ཡས་པ་བསྒྱུར། དེའི་ཚེ་ཆོས་རྒྱལ་ཁྲི་སྲོང་ལྡེའུ་བཙན་དང་ལོ་པཎ་རྣམས་ཚོགས་ཏེ་བཀས་བཅད་མཛད་ནས་བོད་ཁམས་སུ་བཀའ་འགྱུར་རོ་ཅོག་གི་མཚན་བྱང་དང་། བམ་པོ་དང་། ཤློ་ཀའི་གྲངས་དང་བཅས་གཏན་ལ་ཕབ་ནས་དཀར་ཆག་ཏུ་བྲིས། རབ་ཏུ་བྱུང་བའི་སྡེ་མང་དུ་བཙུགས། རབ་ཏུ་བྱུང་བ་རྣམས་ལ་གུས་པ་བླ་ལྷག་ཏུ་མཛད་དེ་འཚོ་བ་བླ་ནས་སྦྱོར། ཞབས་སྐྱི་བོར་ལེན། བོད་འབངས་ཐམས་ཅད་དགེ་འདུན་གྱི་སྡེ་ལ་གུས་པར་བཀོད་དེ། བོད་ཁམས་སུ་སངས་རྒྱས་ཀྱི་བསྟན་པ་ཉི་མ་ཤར་བ་ལྟར་མཛད་དོ། །

དེ་ནས་མཁན་པོ་བོ་དྷི་སཏྭ་བོད་འབངས་ཀྱི་བསོད་ནམས་ཀྱིས་མ་ཐུབ་པར་རྟས་ཕྲ་རྒྱབ་པའི་རྐྱེན་གྱིས་ཞིང་གཤེགས་ཀར་ཞལ་ནས་བོད་དུ་མུ་སྟེགས་ནི་མི་འབྱུང་གི་སངས་རྒྱས་ཀྱི་བསྟན་པ་ཉིད་ཁ་གཉིས་སུ་གྱེས་ཏེ་རྩོད་པར་འགྱུར་བས། དེའི་ཚེ་ངའི་སློབ་མ་ཀ་མ་ལ་ཤཱི་ལ་སྤྱན་དྲངས་ལ་རྩོད་པ་བྱེད་དུ་ཆུག་ཅིག །བྱས་པས་རྩོད་པ་ཆོས་ཕྱོགས་སུ་ཞི་བར་འགྱུར་རོ་ཞེས་ལུང་(༧༨ན)བསྟན་ཏེ་གཤེགས་སོ། །དེ་ནས་ཇི་ལྟར་ལུང་བསྟན་པ་ལྟར། རྒྱ་ནག་ཧྭ་ཤང་སློབ་མར་བཅས་པ་དར་ཏེ། ལུས་ངག་གི་ཆོས་སྤྱོད་དགེ་བ་བྱས་པས་སངས་མི་རྒྱ། བྱར་མེད་ལ་གནས་ན་སངས་རྒྱ་ཟེར་ནས་ཆད་ལྟ་ལ་ཞེན་ནས་དགེ་སྦྱོར་མི་བྱེད། དམ་པའི་ཆོས་འདུལ་བ་ཁྲིད་དུ་

བཤད་དེ་བསྟན་པ་ཤིན་ཏུ་ཉམས་དམས་པར་འགྱུར་དུ་ཉེ་བ་ན་ཆོས་རྒྱལ་ཁྲི་སྲོང་ལྡེའུ་བཙན་རྒྱལ་བའི་བསྟན་པ་ཉམས་པ་ཐུགས་ཀྱིས་མ་བཟོད་ཅིང་སྙིགས་མའི་སེམས་ཅན་བསོད་ནམས་དམན་པ་རྣམས་ལ་སྙིང་རྗེ་ཆེར་སྐྱེས་ནས་ཐུགས་ངལ་ཆེར་མཛད་པ་ན། སྦ་ཡེ་ཤེས་དབང་པོས་ཆོས་རྒྱལ་དེ་ཙམ་གྱི་ཐུགས་མི་བདེ་བ་མཛད་མི་དགོས། མཁན་ཆེན་པོ་ཞི་སཏྭ་ཞིང་གཤེགས་ཁར་བསྟན་པ་ལ་བར་ཆད་འདི་ལྟ་བུ་ཞིག་འབྱུང་བས་དེའི་དུས་སུ་ངའི་སློབ་མ་ཀ་མ་ལ་ཤཱི་ལ་སྤྱན་དྲོངས་ཤིག་དེས་ཆོས་ལོག་རྣམས་ཞི་བར་འགྱུར་རོ་ཞེས་ཞལ་ཆེམས་གནང་བ་ཡོད་ཞུས་པས། ཆོས་རྒྱལ་ཁྲི་སྲོང་ལྡེའུ་བཙན་གྱིས་མཁན་པོ་བོ་ཞི་སཏྭའི་ཞལ་ཆེམས་དྲན་ནས་སློབ་དཔོན་ཀ་མ་ལ་ཤཱི་ལ་སྤྱན་དྲངས། དེ་ནས་མཁས་མཆོག་ཀ་མ་ལ་ཤཱི་ལ་བྱོན་པ་དང་། ཆོས་རྒྱལ་གུང་ལ་བཞུགས། ཧྭ་ཤང་འཁོར་བཅས་གཡས་གྲལ་དུ་བྱས། སློབ་དཔོན་ཀ་མ་ལ་ཤཱི་ལ་འཁོར་བཅས་གཡོན་གྲལ་དུ་བྱས། ཆོས་རྒྱལ་གྱིས་གཉིས་ཀའི་ལག་ཏུ་མེ་ཏོག་གི་ཕྲེང་བ་རེ་གཏད་དེ། ཁྱེད་གཉིས་རྩོད་པ་གྱིས་ལ་གང་རྒྱལ་བ་ལ་ཕམ་པས་མེ་ཏོག་གི་ཕྲེང་བ་(༧༨བ)ཕུལ་ཅིག །ཕམ་པ་དེ་འདིར་མ་སྡོད་ཅིག་ཅེས་བཀའ་སྩལ་པ་ན། ཧྭ་ཤང་གིས་རྟོག་པ་ཐམས་ཅད་འཁོར་བར་འཆིང་བྱེད་ཡིན་པས་བཟང་རྟོག་དང་ངན་རྟོག་གང་ཡིན་ཡང་སྤང་བྱ་ཁོ་ན་ཡིན། ཅི་ཡང་ཡིད་ལ་མི་བསམ། གང་ཡང་ཡིད་ལ་མི་བྱེད་པ་ཉིད་འཁོར་བ་ལས་གྲོལ་བའི་ཐབས་དམ་པ་ཅིག་ཅར་དུ་འཇུག་པའི་ཆོས་ས་བཅུ་པ་དང་འདྲ། སྦྱིན་པ་དང་ཚུལ་ཁྲིམས་སོགས་ལ་རིམ་གྱིས་སློབ་པ་ནི་ངེས་དོན་མ་གོ་བའི་སྐྱེ་བོ་བླུན་པོ་དག་ལ་དྲང་དོན་དུ་གསུངས་པའི་ཆོས་ཡིན་པས། གང་ཡང་ཡིད་ལ་མི་བྱེད་པའི་མན་ངག་ཡོད་ན་སྦྱིན་པ་དང་ཚུལ་ཁྲིམས་སོགས་སྤྱོད་ཕྱོགས་གང་ཡང་མི་དགོས་སོ་ཞེས་དམ་བཅས་པ་ན། མཁས་མཆོག་ཀ་མ་ལ་ཤཱི་ལས་སོ་སོར་རྟོག་པའི་ཤེས་རབ་ཉིད་ལམ་གྱི་རྩ་བ་དང་སྲོག་དམ་པ་ཡིན་པ་དང་། ཐབས་ཤེས་ཟུང་འབྲེལ་གྱིས་སངས་རྒྱས་ཀྱི་སར་འགྲོད་དགོས་ཀྱི། ཐབས་

ཤེས་ཡ་བྲལ་གྱིས་འཚང་རྒྱ་བ་མི་སྲིད་པ་དང་། སོ་སོར་རྟོག་པའི་ཤེས་རབ་དང་སྦྱོད་ཕྱོགས་རྣམས་སྤྱངས་ནས་འཚང་རྒྱ་བ་ལྟ་ཞོག་ཐར་པ་ཙམ་ཡང་ཐོབ་མི་སྲིད་པ་དང་། དེ་ཡང་ལྟ་ཞོག་གནས་སྐབས་ཀྱི་མངོན་མཐོ་ཙམ་ཡང་ཐོབ་མི་ནུས་པ་སོགས་ཧིང་ངེ་འཛིན་རྒྱལ་པོའི་མདོ་དང་དགོངས་པ་ངེས་འགྲེལ་གྱི་མདོ་ལ་སོགས་པ་རྒྱལ་བའི་བཀའ་དྲི་མ་མེད་པའི་ལུང་མང་པོ་དང་། རིགས་པ་དྲི་མ་མེད་པ་མཐའ་ཡས་པའི་སྒོ་ནས་ཅི་ཡང་ཡིད་ལ་མི་བྱེད་པའི་ལུགས་དེ་སུན་ཕྱུང་། དེའི་ཚེ་སྣ་ཡེ་ཤེས་དབང་པོས་ཀྱང་ཚད་མ་རྣམ་འགྲེལ་ནས་བཤད་པའི་དབང་པོའི་མངོན་སུམ་ལ་ཐུག་(༧༡ན)པའི་རིགས་པ་མང་པོས་ཧྭ་ཤང་སུན་ཕྱུང་བ་ན། རྒྱ་ནག་ཧྭ་ཤང་གིས་ལན་སྨྲ་བར་མ་ནུས་པར་མེ་ཏོག་གི་ཕྲེང་བ་སློབ་དཔོན་ལ་ཕུལ་ཏེ་ཕམ་བླངས་པ་ན། ཆོས་རྒྱལ་ཁྲི་སྲོང་ལྡེའུ་བཙན་གྱི་ཞལ་ནས། ད་ཕྱིན་ཆད་ལྟ་བ་ཀླུ་སྒྲུབ་ཀྱི་ལུགས་ཟུངས། སྤྱོད་པ་ཆོས་སྤྱོད་བཅུ་དང་ཕ་རོལ་ཏུ་ཕྱིན་པ་ལ་སློབས། ཧྭ་ཤང་གི་ལུགས་སུས་ཀྱང་མི་བྱའོ་ཞེས་བཀའ་སྩལ་ཏེ། ཧྭ་ཤང་འཁོར་བཅས་རྒྱ་ཡུལ་དུ་བཞུངས། ཧྭ་ཤང་གི་བརྩམས་ཆོས་ཐམས་ཅད་ས་འོག་ཏུ་སྦས་སོ། །

དེ་ནས་ཆོས་རྒྱལ་ཁྲི་སྲོང་ལྡེའུ་བཙན་དགུང་ལོ་དྲུག་ཅུ་རྩ་དགུ་ལ་སྐུ་གཤེགས། ཆོས་རྒྱལ་དེ་ནི་རྗེ་བཙུན་འཇམ་དབྱངས་ཀྱི་སྤྲུལ་པར་གྲགས་སོ། །དེ་ནས་ཆོས་རྒྱལ་ཁྲི་སྲོང་ལྡེའུ་བཙན་གྱི་སྲས་མུ་ནེ་བཙན་པོས་ཆབ་སྲིད་བཟུང་སྟེ་བསམ་ཡས་སུ་མཆོད་པ་རྒྱ་ཆེན་པོ་བཙུགས། བོད་འབངས་ཀྱི་སྙིད་སྡུག་ལན་གསུམ་སྙོམས། ཆབ་སྲིད་ཆོས་ཀྱིས་བསྐྱངས་ཀྱང་སྐུ་ཚེ་ཐུང་སྟེ་བཅུ་བདུན་པ་ལ་གཤེགས། དེ་ནས་གཅུང་ཁྲི་ལྡེའུ་བཙན་སད་ན་ལེགས་ཀྱིས་ཀྱང་རྒྱལ་སྲིད་ཆོས་བཞིན་དུ་བསྐྱངས། དེ་ནས་དེའི་སྲས་ཁྲི་ལྡེ་གཙུག་བརྟན་རལ་པ་ཅན་དགུང་ལོ་བཅོ་བརྒྱད་ལོན་པ་ན་རྒྱལ་སྲིད་བཟུང་སྟེ་བོད་འབངས་ཆོས་ཀྱིས་བསྐྱངས། འོད་ལྡང་རྫོང་ལྷ་ཁང་ལ་རྒྱ་ཕིབས་ཕུབ། ཆོས་རྒྱལ་ཁྲི་སྲོང་ལྡེའུ་བཙན་གྱི་མཛད་པ

བཟང་པོ་རྣམས་རྗེས་སུ་བསྐྱངས་ཏེ། བོད་ཁམས་སུ་ཆོས་ཀྱི་སྒྲོལ་ཆེར་སྤེལ་བར་བཞེད་པ་ན། ལོ་པཎ་སྣ་ཚོགས་པས་སྐད་དང་བརྡ་མི་འདྲ་བ་སྣ་ཚོགས་ཀྱིས་(༧༩བ) བོད་ཀྱི་སེམས་ཅན་རྣམས་ཀྱིས་ཆོས་བསླབ་དཀའ་བར་གཟིགས་ནས་པཎྜི་ཏ་ཛཱི་ན་མི་ཏྲ་ལ་སོགས་པའི་མཁས་པ་ཁུངས་ཐུབ་མང་པོ་དང་། ལོ་ཙྪ་བ་མཁས་པ་མང་པོ་བསགས་ནས་ཐེག་པ་ཆེ་ཆུང་གི་ཆོས་མང་དུ་བསྒྱུར་ཅིང་། ཆོས་རྣམས་ཀྱི་མིང་དཀར་ཆག་ཏུ་བྲིས་ནས། སྔན་ཆད་དེ་ཁོ་ན་ལ་ཐོས་བསམ་བྱ་དགོས་ཚུལ་དང་། སྡེ་པ་རྣམས་ཀྱི་ནང་ནས་ཐམས་ཅད་ཡོད་པར་སྨྲ་བའི་ལུགས་ལས་གཞན་དུ་བྱ་ས་མེད་པས་མཁན་པོ་བོ་དྷི་སཏྭའི་རྗེས་སུ་འབྲང་དགོས་ཚུལ་དང་། སྔགས་ལ་སྐད་བཏགས་པའི་རྩིང་སྤྱོད་རྣམས་དགག་ཕྱིར་གསང་སྔགས་ཀྱི་ཆོས་གང་བྱུང་དུ་བསྒྱུར་མི་ཆོག་པའི་བཀས་བཅད་མཛད། སྔར་བསྒྱུར་བའི་རྒྱལ་བའི་བཀའ་དྲི་མ་མེད་པ་རྣམས་སྐད་གསར་བཅད་ཀྱིས་གཏན་ལ་ཕབ་སྟེ། བོད་འབངས་ཐམས་ཅད་ཀྱིས་གོ་བདེ་བར་བཅོས། དགེ་འདུན་གྱི་སྡེ་ལ་ཕུ་དུད་གཙོ་བོར་མཛད་དེ། །རབ་ཏུ་བྱུང་བ་རེ་རེ་ལ་འབངས་མི་ཁྱིམ་བདུན་བདུན་ཕུལ། དབུ་ཐོད་གདན་དུ་བཏིང་། ཞབས་ཀྱི་བོར་ལེན་པ་སོགས་བསྟན་པའི་རྩ་བ་ཚངས་པར་སྤྱོད་པ་ལ་གུས་པ་བླ་ལྷག་ཏུ་མཛད་དོ། །དེ་ལྟར་ཆོས་རྒྱལ་ཁྲི་ལྡེ་གཙུག་བརྟན་རལ་པ་ཅན་ཕྱིན་པ་ཡན་ཆད་དེ་ལ་བསྟན་པ་སྔ་དར་ཞེས་གྲགས་སོ། །

དེས་ན་ཆོས་རྒྱལ་མེས་དཔོན་རྣམས་གསུམ་དང་ལོ་པཎ་སེམས་དཔའ་ཆེན་པོ་རྣམས་ཀྱིས་བོད་ཡུལ་གངས་ཅན་གྱི་ལྗོངས་འདིར་རྒྱལ་བའི་བསྟན་པའི་ནང་མཛོད་དམ་པའི་ཆོས་འདུལ་བ་གསར་དུ་འཛུགས་ཕྱིར་སྐུ་དང་སྲོག་ལའང་མ་གཟིགས་པར་དཀའ་བ་བརྒྱ་ཕྲག་དུ་མས་བསྟན་པའི་རྩ་བ་དམ་པའི་ཆོས་འདུལ་བ་དར་(༨༠ན)བར་མཛད་པའི་ཚུལ་དེ་དག་བསམས་ལ་ད་ལྟ་དམ་པའི་ཆོས་འདུལ་བ་ལ་ཅི་དགར་བསླབ་ཏུ་ཡོད་པ་འདིའི་སྐབས་སུ་དོན་མེད་པའི་བྱ་བ་དང་ཆོས་ལྟར་བཅོས

པའི་དབང་དུ་མི་གཏོང་བར་རྒྱལ་བ་དགྱེས་པའི་ཐབས་མཆོག་ཏུ་གྱུར་པ་རྒྱལ་བ་རང་ཉིད་ཀྱིས་ཇི་ལྟར་བཅས་པའི་འདུལ་བའི་བསླབ་བྱ་བསྲུང་བ་ལ་བརྩོན་པ་ལྟར་བྱའོ། །རྒྱལ་བའི་བསྟན་པའི་ནང་མཛོད་དམ་པའི་ཆོས་འདུལ་བའི་བྱུང་ཚུལ་བརྗོད་པ་རྒྱལ་བསྟན་རིན་པོ་ཆེའི་གསལ་བྱེད་ཉིན་མོར་བྱེད་པའི་སྣང་བ་ཞེས་བྱ་བ་ལས་བོད་ཡུལ་དུ་བསྟན་པ་སྔ་དར་ལ་དམ་པའི་ཆོས་འདུལ་བ་ཇི་ལྟར་དར་ཚུལ་བཤད་པའི་སྐབས་ཏེ་བཞི་པའོ།། །།

༢ སྐབས་ལྔ་པ་བསྟན་པ་ཕྱི་དར་ལ་དམ་པའི་ཆོས་འདུལ་བ་ཇི་ལྟར་དར་ཚུལ།

གཉིས་པ་བསྟན་པ་ཕྱི་དར་ལ་དམ་པའི་ཆོས་འདུལ་བ་ཇི་ལྟར་དར་ཚུལ་བཤད་པ་ནི། སྔར་བཤད་པ་དེ་ལྟར་ཆོས་རྒྱལ་ཁྲི་རལ་གྱིས་བོད་ཁམས་འདིར་རྒྱལ་བའི་བསྟན་པ་ཆེས་ཆེར་དར་བར་མཛད་ཅིང་། ལྷག་པར་བསྟན་པའི་རྩ་བ་དམ་པའི་ཆོས་འདུལ་བ་ལ་བཀུར་སྟི་དང་སྲི་ཞུ་བླ་ལྷག་ཏུ་མཛད་པ་ན་ནག་ཕྱོགས་ལ་དགའ་བའི་སྡིག་བློན་རྣམས་ཀྱིས་མ་བཟོད་ནས་ཆོས་རྒྱལ་བཀྲོངས། ལྷ་སྲས་གཙང་མ་སོགས་རབ་ཏུ་བྱུང་བ་རྣམས་ལ་གནོད་པ་ཆེར་བྱས། གླང་དར་མ་ལ་ཆབ་སྲིད་གཏད། ཆོས་བློན་རྣམས་སྤྱུགས། སྡིག་བློན་རྣམས་ནང་མར་བསྐོས་པ་ན། ཡོ་པཊ་རྣམས་ཀྱིས་ཆོས་ཀྱང་བསྒྱུར་འཕྲོ་ལུས། འོན་ལྡང་རྡོའི་ལྷ་ཁང་གི་རབ་གནས་ཀྱང་མ་གྲུབ་པར་ལུས་སོ། །དེ་ནས་གླང་དར་མ་ནར་སོན་པ་ན། བདུད་སྡིག(༥༠བ)ཏོ་ཅན་གྱི་མཐུ་དང་། གླང་དར་མའི་སྔོན་གྱི་སྨོན་ལམ་ལོག་པ་དུས་སུ་སྨིན་པ་དང་། སྐྱེ་འགྲོ་རྣམས་ཀྱི་བསོད་ནམས་དམན་པའི་མཐུས་གླང་དར་མས་རྒྱལ་སྲིད་བསྐྱངས་ནས་ལོ་ཇི་དྲུག་ལོན་པ་ན། བོད་ཀྱི་རབ་ཏུ་བྱུང་བ་ཀུན་ཕབ། བཙུན་པའི་རྟགས་བོར་དུ་མ་འདོད་པ་ཀུན་མདའ་གཞུ་ཐ་གཤང་བསྒྱུར་ནས་རྔོན་པ་ལ་བཏང་། མི་ཉན་པ་རྣམས་བསད་དོ། །ལྷ་ཤཱཀྱ་མུ་ནི་བསྒྲུལ་མ་ནུས་པར་བྱེ་ཐེམས་སུ་བཙུག་སྒོ་སྲས་སྒོ་

བརྩིགས་ཏེ་ཞལ་ཞལ་བྱས་བསྟན་པ་བསྒྲུབ་པའི་རྐྱེན་དུ་ཚང་འདི་ཉིད་ཆེ་བར་ཤེས་ནས། ཞལ་ཞལ་བྱས་པའི་ངོས་ལ་བཙུན་པ་ཚང་འཐུང་བའི་རི་མོ་བྲིས་ཏེ་བཞག་གོ །

དེ་ནས་ལྷ་ལུང་དཔལ་གྱི་རྡོ་རྗེས་བསྟན་པ་ནུབ་པ་ཐུགས་ཀྱིས་མ་བཟོད་ཅིང་། རྒྱལ་པོ་སྡིག་ཅན་ལ་སྙིང་རྗེ་ཆེར་བསྐྱེད་ནས་ཐུགས་ཀྱི་མདའ་གཞུ་ཁྱེར་ཏེ། རྒྱལ་པོ་གླང་དར་མ་ལྷ་སའི་རྡོ་རིང་གི་མདུན་ན་ཡོད་པའི་སྙིང་ལ་མདའ་བསྣུན་ཏེ་བསད་དོ། །དེ་ནས་ལྷ་ལུང་དཔལ་རྡོར་གྱིས་མཚོན་པ་ཀུན་བཏུས། འདུལ་བ་འོད་ལྡན། ཀརྨ་ཤ་ཏཾ་རྣམས་ཁྱེར་ཏེ་ཁམས་སུ་བྲོས་སོ། །དེའི་ཚེ་པཎྜི་ཏ་རྣམས་ཀྱང་སྡིག་བློན་རྣམས་ཀྱིས་སྐྲུགས། ལོ་ཙྪ་བ་ཕལ་ཆེར་བྲོས། །འགའ་ཞིག་སྡིག་བློན་རྣམས་ཀྱིས་ཟིན་ནས་བསད་དེ། བོད་ཁམས་སུ་རབ་ཏུ་བྱུང་བ་གཅིག་ཀྱང་མེད་པར་བསྟན་པ་བསྣུབས་ནས་ལོ་བདུན་ཅུའི་བར་བོད་མུན་གླིང་དུ་གྱུར་ཅེས་སྔོན་གྱི་ཆོས་འབྱུང་དག་ལས་འབྱུང་ངོ་། །དེ་ནས་ཡུམ་བརྟན་ལ་སོགས་པའི་རྒྱལ་རབས་ཁ་ཤས་བྱུང་ཡང་རིང་པོར་མ་ཐོགས་པར་བོད་ཀྱི་ཆབ་སྲིད་འཁྲུགས་ཏེ། ལུགས་རྣམ་པར་ཞིག་ཅིང་(༩༧ན) ཆོས་རྒྱལ་རྣམས་ནི་མངའ་རིས་སྟོད་དུ་ཆགས་སོ། །

བར་སྐབས་དེར་གླང་དར་གྱིས་བསྟན་པ་བསྣུབས་ནས་ལོ་བདུན་ཅུ་ཙམ་གྱི་རིང་ལ་རབ་ཏུ་བྱུང་བ་གཅིག་ཀྱང་མེད་པར་བོད་མུན་པའི་གླིང་དུ་གྱུར་པ་ན། སྟོན་པ་ཐུགས་རྗེ་ཅན་དེའི་ཐུགས་བསྐྱེད་དང་སྨོན་ལམ་གྱི་མཐུ་དང་སེམས་ཅན་སྤྱི་མཐུན་གྱི་བསོད་ནམས་ཀྱི་མཐུས་བྱང་ཕྱོགས་གངས་རིའི་ཁྲོད་འདིར་རྒྱལ་བའི་བསྟན་པ་ཕྱི་དར་བྱུང་ཚུལ་ནི། གླང་དར་གྱིས་བསྟན་པ་བསྣུབས་པའི་དུས་སུ་གཙང་རབ་གསལ་དང་། གཡོ་དགེ་འབྱུང་དང་། དམར་ཤཱཀྱ་མུ་ནི་གསུམ་དཔལ་ཆེན་ཆུ་བོ་རི་ན་སྒོམ་ཞིང་ཡོད་པ་ན། བཙུན་པ་ཁྱི་ར་བྱེད་པ་མཐོང་སྟེ་གཏམ་དྲིས་པས། རྒྱལ་པོས་བསྟན་པ་བསྣུབས་པར་ཤེས་ཏེ། འདུལ་བ་དྲེའུ་ཁལ་ཞིག་བཀལ་ཏེ་མངའ་རིས་སྟོད་དུ་བྲོས། གར་ལོག་ནས་ལམ་ཐོན་ནས་ཧོར་ཡུལ་དུ་ཕྱིན་ཏེ་སྐད་རིས་མི

གཅིག་པའི་སར་བསྟན་པ་དར་བར་བྱ་སྙམ་པ་ལ་དར་བར་མ་ནུས་ཏེ་མདོ་སྨད་ལྷ་ངོས་ཀྱི་བེ་རོ་ཚ་མཆོ་ན་ཚུར་བྱོན་ཏེ། རྨ་ལུང་རྡོ་རྗེ་བྲག་ར་ཨན་ཆུང་གནམ་རྫོང་དན་ཏིག་ཤེལ་གྱི་ཡང་དགོན་ན་སྒོམ་ཞིང་ཡོད་པ་ལས་རྨ་ཆུ་ཁའི་ཕྱུགས་རྫིས་མཐོང་སྟེ། དགོང་ཀ་མི་འདུས་པ་རྣམས་ལ་སྨྲས་པ། ལས་དང་སྐལ་བར་ལྡན་པ་མོས་པས་སྤྱོད་པའི་ས་པ་ཛ་མུ་གཟུ་གསལ་འབར་བྱ་བས་ལྷར་ཕྱིན་པས། དད་ནས་རབ་ཏུ་བྱུང་བར་ཞུས་པས་འདུལ་བའི་པོ་ཏི་གཏད་ནས་འདི་ལྟོས་དད་ན་རབ་ཏུ་བྱུང་གསུང་། མུ་གཟུ་གསལ་འབར་(༧༨བ)གྱིས་བལྟས་པས་དད་དེ་མཆི་མ་བྱུང་ཞིང་རབ་ཏུ་འབྱུང་བར་ཞུས། དེར་གཙང་གིས་མཁན་པོ་བྱས། གཡོས་སློབ་དཔོན་བྱས་ཏེ་དགེ་ཚུལ་དུ་བསྒྲུབས་སོ། །མཁན་སློབ་ལས་མིང་སྦྱར་ཏེ། དགེ་བ་རབ་གསལ་དུ་བཏགས། ཕྱིས་ཐུགས་རབ་ཆེ་བས་དགོངས་པ་རབ་གསལ་དུ་གྲགས། དེ་ནས་བསྙེན་རྫོགས་ཞུས་པས། དགེ་སློང་ལྔ་མ་ཚང་བས་མི་འོང་གསུངས་པ་དང་། སྟར་ལྷ་ལུང་དཔལ་གྱི་རྡོ་རྗེ་དགེ་སློང་གསུམ་དང་བཅས་གློང་ཐང་དུ་འདུག་པ་མཐོང་བས་བཙལ་ནས། དཔལ་གྱི་རྡོ་རྗེ་དང་མཇལ་ཏེ་ཞུས་པས། ངས་རྒྱལ་པོ་བསད་པས་ཁ་སྐོང་མི་འོང་གིས་ངས་བཙལ་གྱི་གསུངས་ཏེ་རྒྱའི་དགེ་སློང་གཉིས་བཙལ་ཏེ་བཏང་ངོ་། །དེ་ནས་སྟར་གྱི་མཁན་སློབ་ཀྱིས་མཁན་སློབ་བྱས། སྨར་གྱིས་གསང་སྟོན་བྱས། རྒྱའི་དགེ་སློང་གཉིས་ཀྱིས་ཁ་སྐོང་བྱས་ཏེ་ལྔའི་ཚོགས་ཀྱིས་བསྙེན་རྫོགས་བྱས་སོ། །དེ་ནས་བླ་ཆེན་དགོངས་པ་རབ་གསལ་གྱིས་འདུལ་བ་ལུང་སྡེ་བཞི་ཐུགས་སུ་ཆུད་པར་མཛད། དབུ་ཚད་དང་། བྱམས་ཆོས་རྣམས་ལ་མཁས་པར་སྦྱངས། དེ་ནས་ཡུལ་ལྗོངས་སྣ་ཚོགས་སུ་བྱོན་ཏེ། སངས་རྒྱས་ཀྱི་བསྟན་པ་འཛུགས་པར་བཞེད་པ་ན། དན་ཏིག་གི་ཡུལ་གྱི་མི་མ་ཡིན་ཆེན་པོ་རྣམས་དད་པ་སྐྱེས་ཏེ་དན་ཏིག་གི་ཡུལ་དུ་སྤྱན་དྲངས། དེ་ནས་གནས་དེར་དཀོན་མཆོག་ལ་མཆོད་པ་རྒྱ་ཆེན་པོ་དང་། ཆོས་སྐྱོང་ལ་གཏོར་མ་རྒྱ་ཆེན་པོ་སོགས་མང་དུ་མཛད་ནས། ཆོས་སྐྱོང་ལ་གསོལ་བ་

བཏབ་པ། བསྟན་པ་བསྲུང་བ་སྐྱོབ་པའི་སྤྱན་སྔ་རུ། །ཐུགས་དམ་བཞེས་པ་(༤༢ན)རྒྱལ་
སྲས་པ་རྣམས་དང་། །འཇིག་རྟེན་སྐྱོང་བ་རྫུ་འཕྲུལ་སྟོབས་ལྡན་པ། །སྐྱོབ་ལ་གུས་
རྣམས་བདག་ལ་སྟོངས་གྲོགས་མཛོད། །ཅེས་གསོལ་བ་བཏབ། ལྷ་ཁང་དང་མཆོད་
རྟེན་མང་དུ་བཞེངས། དགེ་འདུན་གྱི་སྡེ་མང་དུ་སྤེལ་ཞིང་བཞུགས་པའི་ཚེ། དབུས་
ནས་ཀླུ་མེས་ཚུལ་ཁྲིམས་ཤེས་རབ། འབྲིང་ཡེ་ཤེས་ཡོན་ཏན། རག་ཤི་ཚུལ་ཁྲིམས་
འབྱུང་གནས། ཟ་ཚུལ་ཁྲིམས་བློ་གྲོས། སུམ་པ་ཡེ་ཤེས་བློ་དང་ལྔ། གཙང་ནས་
འགུར་མོ་རབ་ཁ་བ་ལོ་སྟོན་རྡོ་རྗེ་དབང་ཕྱུག །ཤབ་སྒོ་ལྔའི་ཚོང་བཙུན་ཤེས་རབ་
སེང་གེ །མངའ་རིས་པ་འོད་བརྒྱད་སྤུན་གཉིས། བོ་དོང་པ་ཨུ་པ་དེ་དཀར་བ་དང་
ལྔ་སྟེ། མི་བཅུ་འོངས་ནས་བླ་ཆེན་ལ་བསྙེན་རྫོགས་ཀྱི་བཀའ་དྲིན་ཞུས་པ་ན། བླ་
ཆེན་པོས་མཁན་པོ་བྱས་གཙང་དང་གཡོས་ལས་སློབ་དང་གསང་སྟོན་བྱས། སྨར་
དང་རྨ་ཤང་གིས་ཁ་སྐོང་བྱས་ཏེ་ཐམས་ཅད་ཆིག་རྫོགས་བྱས་སོ། །དེ་ནས་མི་བཅུ་
པོ་དེས་བླ་ཆེན་གྱི་དྲུང་དུ་འདུལ་བ་མཁས་པར་བསླབས། དེ་ནས་དབུས་གཙང་གི་
མི་བཅུ་པོ་དེས་དབུས་གཙང་དུ་སངས་རྒྱས་ཀྱི་བསྟན་པ་སྤེལ་བར་བྱ་བའི་ཕྱིར་འོང་
བར་ཆས་པ་ན་བླ་ཆེན་གྱི་ཞལ་ནས། ལོ་སྟོན་མཐུ་ཆེ་བས་བསྟན་སྲུང་གྱིས། ཀླུ་མེས་
བཙུན་པས་མཁན་པོ་གྱིས། ཚོང་དགེ་བློ་རྣོ་བས་སྟོན་པ་གྱིས། འབྲིང་སྙིས་མཁས་
པས་གནས་གཞི་ཟུངས། ཐམས་ཅད་ཀྱིས་རྒྱལ་བའི་བསྟན་པའི་གཙོ་བོ་འདུལ་བ་
ཅི་ནུས་སུ་སྤེལ་ཞིག་(༤༢བ)ཅེས་ཞལ་གདམས་མཛད། དེ་ནས་མི་བཅུ་པོ་དེས་དབུས་
གཙང་དུ་འབྱོན་པར་ཆས་པ་ན་ལོ་སྟོན་རྡོ་རྗེ་དབང་ཕྱུག་གིས་གཞན་རྣམས་ལ་ཁྱེད་
རྣམས་རེ་ཤིག་འདིར་བཞུགས་ཤིག །ངས་ཚོང་པ་འདི་རྣམས་དང་འགྲོགས་ཏེ་དབུས་
གཙང་དུ་ཕྱིན་ལ། བསྟན་པ་དར་བར་ནུས་མི་ནུས་བལྟས་ལ། ནུས་ན་ང་སྔོད་ཀྱིས་
ཁྱེད་རྣམས་ཡར་བྱོན་མི་ནུས་ན་མར་ལོག་ལ་འོང་གི་གསུངས་ནས། འདན་མའི་ཚོང་
པ་དང་འགྲོགས་ཏེ་བྱོན་པས། ཚོང་པ་རྣམས་སུམ་འཕྲད་དུ་ཚོང་བྱ་སྙམ་ནས་ཕྱོག་

པར་འདུག་པ་ལ། ཁྱེད་རྣམས་འདིར་ཚོང་མ་བྱེད་པར་གཙང་དུ་སོང་ལ། འགུར་མོ་རབ་ཁ་བྱ་བ་ན་པོ་ནད་གཙུག་ན་བྱ་བ་ཡོད་པས། དེ་ལ་ཁྱོད་ཀྱི་བུ་རབ་ཏུ་བྱུང་ནས་དབུས་ན་ཡོད་ཀྱིས་ཤིག་བྱས་ཏེ་བཏང་བས། ཚོང་ལེགས་པོ་བྱུང་བས། འགུར་མོ་རབ་ཁར་ཚོང་དུས་ཆགས། དུས་དེ་ནས་བཟུང་སྟེ་དེང་སང་གི་བར་དུའང་ཡུལ་དེ་ལ་ཚོང་དུས་ཞེས་མིང་དུ་ཆགས་སོ། །དེ་ནས་ཀླུ་མེས་ལ་སོགས་པ་གཞན་དགུ་པོའང་ཡར་ཕྱིན་ཏེ་ཐམས་ཅད་དབུས་སུ་ཕྱིན་པ་དང་། སྟོན་མཁས་བརྩུན་རྣམས་ཀྱི་གདན་ས་ལྷ་ས་ཡིན་ཡང་། དེ་དུས་སྡིག་བློན་མང་པོས་ཆོས་བྱེད་རྣམས་ལ་ཆད་པས་གཅོད་པའི་ས་ཡིན་པས། འགྲོ་མ་ནུས་པར་བསམ་ཡས་སུ་ཕྱིན་ཏེ། ཀླུ་མེས་ཀྱིས་ཀ་ཆུ་བཟུང་། རྭ་མཆེད་ཀྱིས་དབུ་ཚལ་དང་དབུ་རྩེ་བཟུང་། རག་ཤི་མཆེད་ཀྱིས་དགེ་རྒྱས་བཟུང་། འབྲིང་གིས་ཟངས་ཁང་བཟུང་སྟེ་དགེ་འདུན་གྱི་སྡེ་བཙུགས། དེ་ནས་མཁས་པ་མི་བཅུ་པོ་དེས་གྲོས་བྱས་ཏེ་རང་ཅག་རྣམས་(༤༣ན)ཀྱིས་དབུས་གཙང་གི་ལྗོངས་འདིར་རྒྱལ་བའི་བསྟན་པ་སྤེལ་ཕྱིར་སོ་སོས་ཕྱོགས་ཕྱོགས་སུ་དགེ་འདུན་གྱི་སྡེ་བཙུགས་ཏེ་དམ་པའི་ཆོས་འདུལ་བ་དར་བར་བྱའོ། །ཞེས་བགྲོས་ནས་ཀླུ་མེས་ཀྱིས་ལ་མོ་ཕྱུག་དེའུ་བརྩིགས་ཏེ་དགེ་འདུན་གྱི་སྡེ་མང་དུ་སྤེལ། འབྲིང་ཡེ་ཤེས་ཡོན་ཏན་གྱིས་ངན་ལམ་གྱི་སྐྱི་མོ་བརྩིགས་ཏེ་དགེ་འདུན་གྱི་སྡེ་སྤེལ། རག་ཤི་ཚུལ་ཁྲིམས་འབྱུང་གནས་ཀྱིས་འཕྲེང་སོང་གི་ལྷ་ཁང་བརྩིགས་ཏེ་དགེ་འདུན་གྱི་སྡེ་སྤེལ། རྭ་ཚུལ་ཁྲིམས་བློ་གྲོས་ཀྱིས་ཡུངས་འགུར་བརྩིགས་ཏེ་དགེ་འདུན་གྱི་སྡེ་སྤེལ། སུམ་པ་ཡེ་ཤེས་བློ་གྲོས་ཀྱིས་འབྲོས་ཐང་དུ་མཆི་ཙ་བརྩིགས་ཏེ་དགེ་འདུན་གྱི་སྡེ་སྤེལ། དབུས་ཀྱི་མཁས་པ་མི་ལྔ་པོ་དེ་དག་ལས་སློབ་མ་མང་དུ་འཕེལ་ཏེ་ཕྱོགས་ཕྱོགས་སུ་དགེ་འདུན་གྱི་སྡེ་བཙུགས་ནས་འདུལ་བ་དར་བར་མཛད། ཁྱད་པར་ཀླུ་མེས་ཆེན་པོ་ལ་སློབ་མ་འདུལ་བ་རྒྱ་ཆེར་སྤེལ་ནུས་པ་གྲུ་མེར་ཚུལ་ཁྲིམས་འབྱུང་གནས། ཞང་སྣ་ནམ་རྡོ་རྗེ་དབང་ཕྱུག །རྔོག་བྱང་ཆུབ་འབྱུང་གནས། ཀླན་ཡེ་ཤེས་ཤེས་རབ། གཟུས་རྡོ་རྗེ་

རྒྱལ་མཚན་སོགས་མང་དུ་བྱུང་སྟེ། དེ་ལ་གྲུ་མེར་ཚུལ་ཁྲིམས་འབྱུང་གནས་ཀྱིས་སོལ་ནག་ཐང་པོ་ཆེ་བརྩིགས་ཏེ་དགེ་འདུན་གྱི་སྡེ་སྤེལ། ཞང་སྣ་ནམ་རྡོ་རྗེ་དབང་ཕྱུག་གིས་སྟོད་ལུང་ར་ཚག་དང་། འཕན་ཡུལ་དུ་རྒྱལ་ལྷ་ཁང་བརྩིགས་ཏེ་དགེ་འདུན་གྱི་སྡེ་སྤེལ། རྔོག་བྱང་ཆུབ་འབྱུང་གནས་ཀྱིས་ཡེར་པར་གཙུག་ལག་ཁང་བརྩིགས་ཏེ་དགེ་འདུན་(༤༣བ)གྱི་སྡེ་སྤེལ། གླན་ཡེ་ཤེས་ཤེས་རབ་ཀྱིས་རྒྱལ་གསང་སྐང་དང་། གླག་མདའ་ལྷ་ཁང་དང་། མཚལ་ཆུང་རྣམས་བཟུང་ནས་དགེ་འདུན་གྱི་སྡེ་སྤེལ། གཟུས་རྡོ་རྗེ་རྒྱལ་མཚན་གྱིས་གླུ་མེས་ཀྱི་གནས་གཞི་བསམ་ཡས་ཀ་ཆུ་དང་། ཡར་ཀླུང་བཙན་ཐང་དང་། རོལ་ཀམ་གསུམ་བཟུང་སྟེ་འདུལ་བའི་བཤད་པ་རྒྱ་ཆེར་མཛད་དེ་བསྟན་པ་སྤེལ། གཟུས་རྡོ་རྗེ་རྒྱལ་མཚན་འདི་ལ་སྨད་འདུལ་དང་། སྟོད་འདུལ་གཉིས་ཀའི་བཤད་རྒྱུན་མངའ་སྟེ།

སྨད་འདུལ་གྱི་འདུལ་བའི་བཤད་རྒྱུན་ནི། པཎྜི་ཏ་ཛི་ན་མི་ཏྲ། པོ་ཏྭ་བ་གླུའི་རྒྱལ་མཚན་དེས་གཡོ་སྨར་གཙང་གསུམ་ལ། དེས་བླ་ཆེན་པོ་ལ། དེས་གྲུམ་ཡེ་ཤེས་རྒྱལ་མཚན་ལ། དེས་གླུ་མེས་ཚུལ་ཁྲིམས་ཤེས་རབ་ལ། དེས་གཟུས་རྡོ་རྗེ་རྒྱལ་མཚན་ལ་གནང་། སྟོད་འདུལ་གྱི་བཤད་རྒྱུན་ནི། པཎྜི་ཏ་ཛི་ན་དང་དྷ་ན་གཉིས་ཀྱིས་ཤཱཀྱ་སེ་ན་ལ་གནང་། དེས་ཛྙཱ་པྲ་བ་ལ་གནང་། དེས་གྲུ་མེར་གྱི་མཁན་བུ་གྲྭ་ཕྱིའི་སླུབས་ཕོ་ཊྭ་དང་། སྐྱོགས་འདུལ་འཛིན་གཉིས་ལ་གནང་། འདུལ་འཛིན་དེ་གཉིས་ཀ་ལ་གཟུས་རྡོ་རྗེ་རྒྱལ་མཚན་གྱིས་གསན། གཟུས་རྡོ་རྗེ་རྒྱལ་མཚན་ལ་སྣེ་པོ་གྲགས་རྒྱལ་གྱིས་གསན། དེ་ལ་སོག་ཚུལ་ཁྲིམས་བླ་མས་གསན། དེ་ལ་རྒྱ་འདུལ་བ་འཛིན་པ་དབང་ཕྱུག་ཚུལ་ཁྲིམས་ཀྱིས་གསན། ཡང་གཟུས་རྡོ་རྗེ་རྒྱལ་མཚན་ལ་ཀ་ཆུ་བ་ཚུལ་ཁྲིམས་འབྱུང་གནས་ཀྱིས་གསན། དེ་ལ་མྱང་མཚམས་པ་རིན་ཆེན་བླ་མས་གསན། དེ་ལ་རྒྱ་འདུལ་གྱིས་གསན། ཡང་གཟུས་རྡོ་རྗེ་རྒྱལ་མཚན་ལ་འཛིམ་པ་ཤེས་རབ་འོད་ཀྱིས་གསན།(༤༤ན)དེ་ལ་གོ་ཁྲིམ་པ་ཡེ་ཤེས་བླ་མས་གསན། དེ་ལ་རྒྱ་འདུལ་གྱིས་གསན་

ཏེ། རྒྱ་འདུལ་ཆེན་པོ་འདིས་གཟུས་ཀྱི་སློབ་མ་མཁས་པ་གསུམ་ལ་གཏུགས་ཏེ་སྟོད་འདུལ་སྨད་འདུལ་གཉིས་ཀའི་བཤད་སྲོལ་ཡོངས་སུ་རྫོགས་པ་གསན་ནས་རྒྱ་ཆེར་སྤེལ་བར་མཛད་དེ། རྒྱ་འདུལ་བ་འཛིན་པ་ཆེན་པོ་འདིའི་རྣམ་ཐར་དང་། འདི་ནས་འདུལ་བའི་བཤད་རྒྱུན་ཇི་ལྟར་འཕེལ་བའི་ཚུལ་ནི་འོག་ཏུ་སྟོན་ནོ། །གཙང་གི་མཁས་པ་ལྔ་ལས། ལོ་སྟོན་རྡོ་རྗེ་དབང་ཕྱུག་གིས་ཚོང་དུས་ཞེས་གྲགས་པ་འགུར་མོ་རབ་ཁར་རྒྱན་གོང་གི་གཙུག་ལག་ཁང་བརྩིགས་ཏེ་དགེ་འདུན་གྱི་སྡེ་སྤེལ། ཚོང་བཙུན་ཤེས་རབ་སེང་གེས་བྱ་རྒྱུས་དང་། རྩིས་ཀྱི་ཡང་དབེན། རོང་དུར་སྒྲིག་སོགས་བཟུང་ཞིང་གཞན་ཡང་གནས་གཞི་མང་དུ་བཟུང་ནས་དམ་པའི་ཆོས་འདུལ་བ་རྒྱ་ཆེར་སྤེལ། བོ་དོང་བ་ཨུ་པ་དེ་དཀར་གྱིས་བོ་དོང་བཟུང་ནས་དགེ་འདུན་གྱི་སྡེ་སྤེལ། མངའ་རིས་པ་འོད་བརྒྱད་སྐྱ་མཆེད་གཉིས་ཀྱིས་དགེ་འདུན་གྱི་སྡེ་བཙུགས་པའི་ལོ་རྒྱུས་མི་སྣང་ཡང་དམ་པའི་ཆོས་འདུལ་བའི་བཅས་མཚམས་རྣམ་པར་དག་པ་སྐྱེ་བོ་ཀུན་གྱི་མིག་ལྟོས་སུ་ཆེ་བ་མཛད་ཅིང་། སྐལ་བ་དང་ལྡན་པ་གཞན་མང་པོའང་འདུལ་བའི་བཅས་ཁྲིམས་རྣམ་པར་དག་པ་ལ་འགོད་པར་མཛད་དོ། །

དེ་ལྟར་མཁས་པ་ལྔ་པོ་དེས་གཙང་དུ་དགེ་འདུན་གྱི་སྡེ་སྤེལ་ཞིང་དམ་པའི་ཆོས་འདུལ་བ་དར་བར་མཛད་ལ། ལྷག་པར་ལོ་སྟོན་རྡོ་རྗེ་དབང་ཕྱུག་དང་། ཚོང་བཙུན་ཤེས་རབ་སེང་གེ་གཉིས་འཕྲིན་ལས་ཤིན་ཏུ་ཆེ་བ་བྱུང་སྟེ། ལོ་སྟོན་ལ་(༢༩བ) དམ་པའི་ཆོས་འདུལ་བ་སྤེལ་ནུས་པའི་སློབ་མ་ཉི་ཤུ་རྩ་བཞི་བྱུང་སྟེ། རྒྱ་ཤཱཀྱ་གཞོན་ནུ། སྐྱོ་ཤེས་རབ་རྡོ་རྗེ། སེ་བཙུན་ཡེ་ཤེས་བརྩོན་འགྲུས། སྨག་ལོ་གཞོན་ནུ་བརྩོན་འགྲུས། ཤབ་བྱ་རུ་བ། ཨ་མེས་ཞུ་གཅིག་མ། མདར་ཤཱཀྱ་ཡོན་ཏན། ལི་བློ་གྲོས་གཞོན་ནུ། གླག་བྱང་ཆུབ་རྒྱལ་མཚན། འགའ་ཤེས་རབ་བླ་མ། རྔོག་ཤེས་རབ་འབྱུང་གནས། གླང་བཙུན་བྱམས་པ། མགོ་བ་ཡེ་ཤེས་གཡུང་དྲུང་། ལྡེ་བཙུན་ཤེས་རབ་འབྱུང་གནས། ཀྱི་ཡེ་ཤེས་དབང་པོ། ཀླུ་བཙུན་དཀར་པོ། གཡུང་སྟོན་འཛའ་དཀའ་

རི་པ། ཤབ་རྩེ་ཁྲི་སྟོན་བརྩོན་འགྲུས་འབར། སཐད་བཙུན་ཚུང་། རྒྱ་སྟོན་ཨཱནྡ་དེ་བ། མཁན་བུ་གཞོན་ནུ་ཤཱཀྱ། མཁན་བུ་གཞོན་ནུ་འབྱུང་གནས། ཀྱི་བཙུན་དཔལ་གྱི་ཡེ་ཤེས་རྣམས་སོ། །དེ་ལ་རྒྱ་སྟོན་ཤཱཀྱ་གཞོན་ནུས་ལ་སྟོད་མར་ལ་ཐང་བརྩིགས་ཏེ་དགེ་འདུན་གྱི་སྡེ་སྤྱིལ་ཞིང་འདུལ་བ་དར་བར་མཛད། སྐྱོ་ཤེས་རབ་རྡོ་རྗེས་དོན་མོ་རི་བརྩིགས་ཏེ་དགེ་འདུན་གྱི་སྡེ་སྤྱིལ་ཞིང་འདུལ་བ་དར་བར་མཛད། སེ་བཙུན་ཡེ་ཤེས་བརྩོན་འགྲུས་ཀྱིས་གྲོམ་པ་རྒྱང་དུ་ཆོས་འཁོར་བཙུགས་ནས་འདུལ་བ་དར་བར་མཛད། སྤག་ལོ་གཞོན་ནུ་བརྩོན་འགྲུས་ཀྱིས་སྤག་ལོ་ལྷ་ཁང་བརྩིགས་ཏེ་དགེ་འདུན་གྱི་སྡེ་སྤྱིལ་ཞིང་འདུལ་བ་དར་བར་མཛད། ཤབ་བྱེ་ཏུ་བས་གནས་གཞི་རྙིང་པ་བཟུང་ནས་དགེ་འདུན་གྱི་སྡེ་སྤྱིལ་ཞིང་འདུལ་བ་དར་བར་མཛད། ཨ་མེས་ཞུ་གཅིག་མས་འཕྲང་དང་བྲག་དམར་གྱི་གནས་གཞི་བཟུང་ནས་དགེ་འདུན་གྱི་སྡེ་སྤྱིལ་ཞིང་འདུལ་བ་དར་བར་མཛད། མདར་ཤཱཀྱ་(༥༥ན)ཡོན་ཏན་གྱིས་གཟུས་པོའི་གནས་གཞི་བཟུང་ནས་དགེ་འདུན་གྱི་སྡེ་སྤྱིལ་ཞིང་འདུལ་བ་དར་བར་མཛད། ལི་ཧློ་གྲོས་གཞོན་ནུས་རྗེ་མོ་བརྩིགས་ཏེ་དགེ་འདུན་གྱི་སྡེ་སྤྱིལ་ཞིང་འདུལ་བ་དར་བར་མཛད། སླག་བྱང་ཚུལ་རྒྱལ་མཚན་གྱིས་ཚུ་མིག་བརྩིགས་ཏེ་དགེ་འདུན་གྱི་སྡེ་སྤྱིལ་ཞིང་འདུལ་བ་དར་བར་མཛད། འགའ་ཤེས་རབ་བླ་མས་སྙེམས་བརྩིགས་ཏེ་དགེ་འདུན་གྱི་སྡེ་སྤྱིལ་ཞིང་འདུལ་བ་དར་བ་མཛད། རྔོག་ཤེས་རབ་འབྱུང་གནས་ཀྱིས་སྤང་དཀར་ལྷ་ལུང་བརྩིགས་ཏེ་དགེ་འདུན་གྱི་སྡེ་སྤྱིལ་ཞིང་འདུལ་བ་དར་བར་མཛད། སླང་བཙུན་བྱམས་པས་འུམ་ཕུག་བརྩིགས་ཏེ་དགེ་འདུན་གྱི་སྡེ་སྤྱིལ་ཞིང་འདུལ་བ་དར་བར་མཛད། མགོ་བ་ཡེ་ཤེས་གཡུང་དྲུང་གིས་སྤྲེ་ལྷ་ཁང་སོགས་བཟུང་སྟེ་དགེ་འདུན་གྱི་སྡེ་སྤྱིལ་ཞིང་འདུལ་བ་དར་བར་མཛད། ལྕེ་བཙུན་ཤེས་རབ་འབྱུང་གནས་ཀྱིས་ཞྭ་ལུའི་གཙུག་ལག་ཁང་བརྩིགས་ཏེ་དགེ་འདུན་གྱི་སྡེ་སྤྱིལ་ཞིང་འདུལ་བ་དར་བར་མཛད་ཅིང་དེ་ལས་ཕྱོགས་ཕྱོགས་སུ་དགེ་འདུན་གྱི་སྡེ་མང་དུ་འཕེལ་བས་

ཞ་ལུ་བརྒྱ་སྐོར་ཞེས་གྲགས་པ་བྱུང་ངོ་། །ཀྱི་ཡེ་ཤེས་དབང་པོས་ཤངས་ཀྱི་མཁར་ལུང་སོགས་བཙིགས་ཏེ་དགེ་འདུན་གྱི་སྡེ་སྤེལ་ཞིང་འདུལ་བ་དར་བར་མཛད། ལྕེ་བཙུན་དཀར་པོས་ཨང་ཡིག་བཟུང་ནས་དགེ་འདུན་གྱི་སྡེ་སྤེལ་ཞིང་འདུལ་བ་དར་བར་མཛད། གཡུང་སྟོན་འཛིའ་དཀའ་རི་པས་འོར་བཟུང་ནས་དགེ་འདུན་གྱི་སྡེ་སྤེལ་ཞིང་འདུལ་བ་དར་བར་མཛད། ཤབ་རྩེས་ཤབ་ཀྱི་ལྷ་ཁང་བཙིགས་ཏེ་དགེ་འདུན་གྱི་སྡེ་སྤེལ་ཞིང་འདུལ་བ་དར་བར་མཛད། (༥༥བ)ཁྲི་སྟོན་བརྩོན་འགྲུས་མཁར་གྱིས་གཞོང་སྣར་བཟུང་སྟེ་དགེ་འདུན་གྱི་སྡེ་སྤེལ་ཞིང་འདུལ་བ་དར་བར་མཛད། ས་ཐད་བཙུན་ཚུང་གིས་བྲང་ཚུང་བཟུང་སྟེ་དགེ་འདུན་གྱི་སྡེ་སྤེལ་ཞིང་འདུལ་བ་དར་བར་མཛད། རྒྱ་སྟོན་ཨཱརྻ་དེ་བས་གུ་རུ་དུ་སྣ་བཟུང་སྟེ་དགེ་འདུན་གྱི་སྡེ་སྤེལ་ཞིང་འདུལ་བ་དར་བར་མཛད། མཁན་བུ་གཞོན་ནུ་ཤཱཀྱ་ཡིས་ས་ཕུག་བཟུང་སྟེ་དགེ་འདུན་གྱི་སྡེ་སྤེལ་ཞིང་འདུལ་བ་དར་བར་མཛད། མཁན་བུ་གཞོན་ནུ་འབྱུང་གནས་ཀྱིས་རྒྱན་མཁར་ཐུར་ལྷ་བཟུང་སྟེ་དགེ་འདུན་གྱི་སྡེ་སྤེལ་ཞིང་འདུལ་བ་དར་བར་མཛད། ཀྱི་བཙུན་དཔལ་གྱི་ཡེ་ཤེས་ཀྱིས་འབྲས་སྤུངས་ཀུན་དགའ་ར་བ་བཟུང་སྟེ་དགེ་འདུན་གྱི་སྡེ་སྤེལ་ཞིང་འདུལ་བ་དར་བར་མཛད་དོ། །

གཙང་གི་མཁས་པ་ལྡེའི་ནང་ཚན་ཚོང་བཙུན་ཤེས་རབ་སེང་གེ་ལ་སློབ་མ་འདུལ་བའི་བསྟན་པ་རྒྱ་ཆེར་སྤེལ་ནུས་པ་མང་དུ་བྱུང་སྟེ། ཐ་བཙུན་བློ་གྲོས་ཡོན་ཏན། ར་བློ་གྲོས་བཟང་པོ། ཚུལ་ཁྲིམས་སེང་གེ །རྒྱ་རྒྱལ་གྲུ་སེང་གེ །མར་པ་རྡོ་རྗེ་ཡེ་ཤེས། ཞང་ཆེར་ཁྲིད་པ། ཐ་དགེ་མཐོང་སོགས་བྱུང་ངོ་། །དེ་ལ་ཐ་བཙུན་བློ་གྲོས་ཡོན་ཏན་གྱིས་ཚོང་བཙུན་ཤེས་རབ་སེང་གེའི་བཀའ་ལྟར་རྩིས་ཀྱི་ཡང་དབེན་བཟུང་ནས་དགེ་འདུན་གྱི་སྡེ་སྤེལ་ཞིང་འདུལ་བ་དར་བར་མཛད། ཐའི་མཁན་བུ་ཡོལ་ཆོས་དབང་གིས་གནས་སྙིང་བཟུང་། ཡོལ་ཐོག་འདིབས་ཀྱིས་མྱང་སྟོད་ལྕང་ར་བཟུང་དེ་དག་ལས་ཀྱང་ཕྱོགས་ཕྱོགས་སུ་དགེ་འདུན་གྱི་སྡེ་རྒྱ་ཆེར་འཕེལ་ཞིང་འདུལ

པ་དར་བར་གྱུར་ཏོ། །ར་སྒྲ་གྲོས་བཟང་པོས་ཚོང་བཙུན་གྱི་བཀའ་བཞིན་ཉན་ཚོ་སོགས་བཟུང་ནས་དགེ་འདུན་(༨༥ན)གྱི་སྡེ་སྤྱིལ་ཞིང་འདུལ་བ་དར་བར་མཛད། ཚུལ་ཁྲིམས་སེང་གེས་ཚོང་བཙུན་གྱི་བཀའ་བཞིན་ཏུར་སྒྲིག་བཟུང་ནས་དགེ་འདུན་གྱི་སྡེ་སྤྱིལ་ཞིང་འདུལ་བ་དར་བར་མཛད། ཚུལ་སེང་གི་སློབ་མ་བྲང་ཏི་དར་མ་སྙིང་པོས་ཀྱང་ཏུར་སྒྲིག་བཟུང་ནས་འདུལ་མདོན་གཉིས་ཀ་ལ་བཤད་པ་རྒྱ་ཆེར་མཛད་ནས་བསྟན་པ་རྒྱ་ཆེར་དར་བར་མཛད། རྒྱ་རྒྱལ་གུ་སེང་གེས་ཚོང་བཙུན་གྱི་བཀའ་བཞིན་སྟག་ཚལ་གྱི་བྲ་ཆོས་མཁར་པོ་ཆེ་བཟུང་། གྲྭ་ཐང་བཙིགས་ཏེ་དགེ་འདུན་གྱི་སྡེ་སྤྱིལ་ཞིང་འདུལ་བ་དར་བར་མཛད། མར་པ་རྡོ་རྗེ་ཡེ་ཤེས་ཀྱིས་ཚོང་བཙུན་གྱི་བཀའ་བཞིན་མར་ཤུལ་གྱི་སྨོན་འགྲོ་བཟུང་ནས་དགེ་འདུན་གྱི་སྡེ་སྤྱིལ་ཞིང་འདུལ་བ་དར་བར་མཛད། ཞང་ཚོར་ཁྲིད་པས་ཚོང་བཙུན་གྱི་བཀའ་བཞིན་གསེར་གྱི་སྒོང་ཕྲོག་བཟུང་། གནས་གཞི་གསར་དུ་གསེར་གྱི་བྲག་ཤོད་བཙིགས་ནས་དགེ་འདུན་གྱི་སྡེ་སྤྱིལ་ཞིང་འདུལ་བ་དར་བར་མཛད། ཛ་དགེ་མཐོང་གིས་ཚོང་བཙུན་གྱི་བཀའ་བཞིན་ར་སོག་ཚར་ལྷ་དང་། སྟག་ཚལ་མཁར་པོ་ཆེ་བཟུང་ནས་དགེ་འདུན་གྱི་སྡེ་སྤྱིལ་ཞིང་འདུལ་བ་དར་བར་མཛད་དོ། །

དེ་ལྟར་གཙང་གི་མཁས་པ་ལྔ་པོ་དེ་དག་སོ་སོའི་མཁན་བུ་རྣམས་དང་བཅས་པས་དགེ་འདུན་གྱི་སྡེ་མང་དུ་སྤྱིལ་ནས་དམ་པའི་ཆོས་འདུལ་བ་དར་བར་མཛད་ཅིང་། ཀླུ་མེས་ཆེན་པོ་ལ་སོགས་པ་དབུས་གཙང་གི་མཁས་པ་མི་བཅུ་སློབ་བརྒྱུད་དང་བཅས་པས་དབུས་གཙང་གི་སའི་ཆ་རྣམས་སུ་དགེ་འདུན་གྱི་སྡེ་མང་པོ་བཙུགས་ཏེ་དམ་པའི་ཆོས་འདུལ་བ་ཆེས་ཆེར་དར་བར་མཛད་དེ་མཁས་པ་མི་བཅུས་མདོ་(༨༥བ)ཁམས་སུ་ཕྱིན་ནས་བླ་ཆེན་ལ་བསྙེན་རྫོགས་ཀྱི་སྡོམ་པ་བཞེས་ཤིང་འདུལ་བ་ལུང་སྡེ་བཞི་ལ་མཁས་པར་སྦྱངས་ཏེ་དབུས་གཙང་དུ་ཕྱིན་ནས་དགེ་འདུན་གྱི་སྡེ་མང་དུ་བཙུགས་ནས་དམ་པའི་ཆོས་འདུལ་བ་དར་བར་མཛད་པ་དེ་ལ་སྨད་འདུལ་

བ་ཞེས་སྔོན་གྱི་མཁས་པ་རྣམས་ལ་གདམ་དུ་གྲགས་སོ། །དེ་ཡང་བསྟན་པ་ཕྱི་དར་ལ་གངས་རིའི་ལྗོངས་འདིར་དམ་པའི་ཆོས་འདུལ་བ་དར་ཚུལ་ལ་སྨད་འདུལ་བ་དང་སྟོད་འདུལ་བ་ཞེས་གཉིས་སུ་བྱུང་ཞིང་། བསྙེན་རྫོགས་སྡོམ་པའི་མཁན་བརྒྱུད་ལ་བླ་ཆེན་བརྒྱུད་པ་དང་། སྟོད་འདུལ་བའི་བརྒྱུད་པ་དང་། པཎ་ཆེན་བརྒྱུད་པ་གསུམ་བྱུང་ངོ་། །སྨད་འདུལ་བའི་བྱུང་བ་ནི་སྔར་བརྗོད་པ་ལྟར་ཡིན་ལ།

སྟོད་འདུལ་བའི་བྱུང་ཚུལ་ནི། བཙན་པོ་འཁོར་རེས་རྒྱལ་སྲིད་གཙུང་སྲོང་དེ་ལ་གཏད་ནས་རབ་ཏུ་བྱུང་སྟེ་མཚན་ཡེ་ཤེས་འོད་ཅེས་བཏགས། ཆོས་རྒྱལ་ཡེ་ཤེས་འོད་ཀྱིས་སྔོན་གྱི་ཆོས་རྒྱལ་མེས་དབོན་རྣམ་གསུམ་གྱི་མཛད་པ་བཟང་པོ་རྗེས་སུ་སྐྱོང་ཕྱིར་བོད་ཁམས་འདིར་རྒྱལ་བའི་བསྟན་པ་ཆེས་ཆེར་དར་བར་བཞེད་ནས་རིན་ཆེན་བཟང་པོ་ལ་སོགས་པ་ཁྱེའུ་ཉི་ཤུ་རྩ་གཅིག་བཙངས་ནས། རྒྱ་གར་དུ་ཆོས་སློབ་ཏུ་བཏང་བ་ལ། རིན་ཆེན་བཟང་པོ་དང་ལེགས་པའི་ཤེས་རབ་མ་གཏོགས་པ་གཞན་རྣམས་ཤི་ནས་ཆོས་མ་ཡོང་བས། རིན་ཆེན་བཟང་པོ་སྔགས་མཚན་ཉིད་ཐམས་ཅད་ལ་མཁས་པར་གྱུར་ཏེ། པཎྜི་ཏ་ཤྲདྡྷཱ་ཀ་ར་ཝ་རྨ་དང་། པདྨ་ཀ་ར་གུཔྟ་དང་། བུདྡྷ་ཤྲཱི་ཤཱནྟ་དང་། བུདྡྷ་པཱ་ལ་དང་། ཀ་མ་ལ་གུཔྟ་ལ་སོགས་སྤྱན་དྲངས་ཏེ། སྡེ་སྣོད་(༤༧ན) གསུམ་གྱི་བཀའ་དང་དགོངས་འགྲེལ་རྒྱ་ཆེར་བསྒྱུར། པཎྜི་ཏ་དྷརྨ་པཱ་ལ་དང་པྲཛྙཱ་པཱ་ལ་སྤྱན་དྲངས་ཏེ། ཞང་ཞུང་པ་རྒྱལ་བའི་ཤེས་རབ་ཀྱིས་སྡོམ་པ་བླངས་ཤིང་། བལ་པོར་ཕྱིན་ནས་འདུལ་འཛིན་པྲེ་ཏ་ཀ་ལ་འདུལ་བའི་ལག་ལེན་ཞུས། དེས་སློབ་མ་དཔལ་འབྱོར་དང་། ཞིང་མོ་ཆེ་པ་བྱང་ཆུབ་སེང་གེ་སོགས་ལ་བརྒྱུད་དེ་འདུལ་བ་སྟོད་ལུགས་ཀྱི་བཤད་པ་དར་བར་མཛད་དོ། །

སྟོད་འདུལ་བའི་མཁན་བརྒྱུད་ནི། ཡང་དག་པར་རྫོགས་པའི་སངས་རྒྱས་ནས་སྲས་སྒྲ་གཅན་འཛིན། དེ་ནས་རིམ་གྱིས་བརྒྱུད་དེ་པཎྜི་ཏ་དྷརྨ་པཱ་ལ། ཞང་ཞུང་པ་རྒྱལ་བའི་ཤེས་རབ། དཔལ་འབྱོར་ཤེས་རབ། ཞིང་མོ་ཆེ་བ་བྱང་ཆུབ་སེང་གེ་ནས་

རིམ་གྱིས་བརྒྱུད་དེ། རྗེ་བཙུན་རེད་མདའ་བ། རྒྱལ་ཚབ་དར་མ་རིན་ཆེན་ནས་བརྒྱུད་པ་ལ་སྟོད་འདུལ་ཞེས་གྲགས་སོ། །པཎ་ཆེན་བརྒྱུད་པ་ནི་འོག་ཏུ་འཆད་དོ། །དེ་ལྟར་ཆོས་རྒྱལ་ཡེ་ཤེས་འོད་ཀྱིས་མངའ་རིས་སྟོད་དུ་དགེ་འདུན་གྱི་སྡེ་མང་དུ་བཙུགས་ལོ་པཎ་མང་དུ་བསགས་ཏེ་སྡེ་སྣོད་གསུམ་གྱི་བཀའ་དང་དགོངས་འགྲེལ་མང་དུ་བསྒྱུར། མཐོ་ལྡིང་གསེར་གྱི་ལྷ་ཁང་བཞེངས། ཆོས་ལོག་རྣམས་སུན་ཕྱུང་། མདོ་སྔགས་ཀྱི་བཤད་པ་རྒྱ་ཆེར་གནང་ནས་སངས་རྒྱས་ཀྱི་བསྟན་པ་ཕྱོགས་ཐམས་ཅད་དུ་ཆེས་ཆེར་འཕེལ་བར་མཛད་དོ། །དེའི་ཚེ་བོད་དུ་དགེ་འདུན་གྱི་སྡེ་རྒྱ་ཆེར་འཕེལ་ཏེ། མཚན་ཉིད་ཀྱི་ཐེག་པ་ཤིན་ཏུ་དར་ཡང་། རྒྱལ་བའི་བཀའ་སྡེ་སྣོད་གསུམ་མན་ངག་ཏུ་གོ་ནས་སྟན་ཐོག་གཅིག་ཏུ་ཉམས་ལེན་དུ་ཁྱེར་ཤེས་པ་ཤིན་(༤༧བ)ཏུ་དཀོན་པར་གྱུར་ལ། ལྷག་པར་ཨཱ་ཙརྱ་ཤམ་ཐབས་སྔོན་པོ་ཅན་ཞེས་བྱ་བ་ལ་སོགས་པར་གསེར་འཚོལ་ཕྱིར་ཐྲོག་གིས་ཆོས་ལོག་བསྟན་ནས་བོད་རྣམས་བསླུ་བར་བྱེད་པ་མང་པོ་དང་། སྔགས་ལ་འཇུག་པ་ཡིན་ཟེར་ནས་རབ་ཏུ་བྱུང་བ་རྣམས་བསླབ་པ་འབེབས་པར་བྱེད་པ་སོགས་ཆོས་ལོག་མང་དུ་དར་བ་ན། མངའ་རིས་ཆོས་རྒྱལ་ཡེ་ཤེས་འོད་དང་། བྱང་ཆུབ་འོད་ཁུ་དབོན་རྣམས་ཐུགས་མ་བདེ་ནས་བོད་འབངས་ཀྱི་སེམས་ཅན་འདི་རྣམས་བསོད་ནམས་རེ་ཆུང་། སྔོན་གྱི་ཆོས་རྒྱལ་གོང་མ་དེ་རྣམས་ཀྱིས་དཀའ་བ་དུ་མས་སངས་རྒྱས་བསྟན་པའི་སྲོལ་བཙུགས་ཀྱང་གླང་དར་མས་བསྟན་པ་བསྣུབས། དེང་སང་སངས་རྒྱས་ཀྱི་བསྟན་པ་ཅུང་ཟད་འཕེལ་ཡང་རྩིང་སྤྱོད་ཅན་མང་པོས་བསྟན་པའི་རྩ་བ་ཚངས་པར་སྤྱོད་པ་ལ་གནོད་པ་ཆེན་པོ་བྱུས་པས་མདོ་སྔགས་གཉིས་ཚ་གྲང་ལྟར་སོང་ནས་འདུག་པས། མདོ་སྔགས་གཉིས་གཅིག་གྲོགས་སུ་གཅིག་འགྲོ་བ་བསྟན་པ་ཡོངས་སུ་རྫོགས་པ་བོད་ཁམས་འདིར་སྤེལ་ནུས་པ་ཞིག་བྱུང་ན་ཅི་མ་རུང་སྙམ་དུ་ཐུགས་ལ་བརྟགས་ནས། རྒྱ་བརྩོན་སེང་དང་། ནག་ཚོ་ཚུལ་ཁྲིམས་རྒྱལ་བ་གཉིས་རིམ་བཞིན་རྒྱ་གར་དུ་བརྫངས་ཏེ། རྒྱ་གར་འཕགས་པའི་ཡུལ་

གྱི་པཎྜི་ཏ་ཐམས་ཅད་ཀྱི་གཙུག་གི་ནོར་བུ་དཔལ་ལྷ་ཅིག་དི་པཾ་ཀ་ར་དགའ་བ་བརྒྱ་ཕྲག་དུ་མའི་སྒོ་ནས་བོད་ཡུལ་དུ་སྤྱན་འདྲེན་པར་མཛད་ཅིང་། བླ་མ་ནཱ་ཏུ་ལ་གུཧྱ་སོགས་རྒྱ་གར་གྲུབ་ཆེན་དུ་མས་ཀྱང་བོད་དུ་འབྱོན་དགོས་པར་བསྐུལ་ཞིང་། ལྷག་པར་གངས་རིའི་མགོན་པོ་རྗེ་བཙུན་སྤྱན་རས་གཟིགས་(༢༢ན)དང་རྗེ་བཙུན་སྒྲོལ་མ་གཉིས་ཀྱིས་ཡང་དང་ཡང་དུ་བོད་དུ་འབྱོན་པར་བསྐུལ་བ་ལ་བརྟེན་ནས། དཔལ་ལྷ་ཅིག་དི་པཾ་ཀ་ར་རྒྱ་གར་ནས་ཕྱུགས་བཏེག་སྟེ་བལ་ཡུལ་དུ་ཕེབས། དེར་ལོ་གཅིག་བཞུགས་ནས་ཐང་བི་ཏ་རའི་གཙུག་ལག་ཁང་བཞེངས་ནས་དེར་དགེ་འདུན་གྱི་སྡེ་བཙུགས། དེ་ནས་མངའ་རིས་སྟོད་དུ་ཕེབས་པ་ན་ལྷ་བླ་མ་བྱང་ཆུབ་འོད་ཀྱིས་སྔོན་གྱི་ཆོས་རྒྱལ་རྣམས་ཀྱིས་བོད་འདིར་སངས་རྒྱས་ཀྱི་བསྟན་པ་བཙུགས་ཚུལ་དང་། བར་སྐབས་སུ་ནུབ་ཚུལ། དེང་སང་ཙུང་ཟད་འཕེལ་ཡང་རྩིང་སྤྱོད་སྣ་ཚོགས་དར་ཚུལ་རྣམས་སྤྱན་ཆབ་དང་བཅས་ཤུགས་དྲག་པོས་ཞུས་ནས། ད་བོད་འདིར་སངས་རྒྱས་ཀྱི་བསྟན་པ་ཡོངས་རྫོགས་ཚུགས་པ་ཞིག་དགོས་ཚུལ་དང་། མདོ་སྔགས་གཉིས་གཅིག་གྲོགས་སུ་གཅིག་འགྲོ་བ་དང་། ཐབས་ཤེས་ཡ་བྲལ་དུ་མ་སོང་བར་ཟུང་དུ་འབྲེལ་བ་དང་། མདོར་ན་བོད་སྤྱི་ལ་ཕན་པའི་ཆོས་ཤིག་དགོས་ཞེས་གསོལ་བ་བཏབ་པ་ན། ཇོ་བོ་རྗེས་ཀྱང་གསུང་རབ་ཐམས་ཅད་གཅིག་ཏུ་བསྡུས་པའི་ཉིང་ཁུ་སྐྱེས་བུ་གསུམ་གྱིས་ཉམས་སུ་བླང་བའི་རིམ་པ་མ་ཚང་བ་མེད་པར་སྟོན་པ་བྱང་ཆུབ་ལམ་གྱི་སྒྲོན་མ་མཛད་ཅིང་། དེའི་མན་ངག་རྣམས་སྐལ་བ་དང་ལྡན་པ་དག་ལ་རྒྱ་ཆེར་སྩལ་ཏེ། བོད་ཁམས་སུ་སངས་རྒྱས་ཀྱི་བསྟན་པ་དར་བར་མཛད། དེའི་ནང་ནས་ཀྱང་བསྟན་པའི་རྩ་བ་སོ་སོར་ཐར་པ་ལ་གཅེས་སྤྲས་ཆེར་མཛད་པས་ཚུལ་ཁྲིམས་རྣམ་པར་དག་པའི་དྲི་བསུང་ཕྱོགས་བརྒྱར་འཕྲོ་བ་ཇོ་བོ་བཀའ་གདམས་པའི་རིང་ལུགས་དྲི་མ་མེད་པ་འཛིན་པས་(༢༢བ)བྱང་ཕྱོགས་ནོར་འཛིན་གྱི་ཁྱོན་འདི་ཡོངས་སུ་གང་བར་མཛད་དེ་བཀའ་གདམས་སྐུ་མཆེད་གསུམ། སྤྱང་རི་ཐང་པ། ཤ་ར་

བ། འཆད་ཁ་པ་སོགས་བཀའ་གདམས་ཀྱི་བསྟན་འཛིན་ཆེན་པོ་རྣམ་ཐར་གཙང་མ་ཚུལ་ཁྲིམས་ཀྱི་དྲི་བསུང་འཕྲོ་བ། སྡེ་སྣོད་གསུམ་གྱི་ཆོས་སྒྲ་སྒྲོག་པ། མདོ་སྔགས་ཀྱི་གསུང་རབ་མ་ལུས་པ་ལམ་གྱི་ལུས་གཅིག་ཏུ་དྲིལ་བ་བྱང་ཆུབ་ལམ་གྱི་རིམ་པའི་ཉམས་ལེན་ལ་གཞོལ་བས་བྱང་ཕྱོགས་ནོར་འཛིན་གྱི་ཁྱོན་འདི་ཁྱབ་པར་གྱུར་ཏོ། །

བཀའ་གདམས་གོང་མའི་སྐབས་དམ་པའི་ཆོས་འདུལ་བ་ཆེས་ཆེར་དར་ཏེ་འདུལ་ཁྲིམས་རྣམ་དག་བསྲུང་བའི་དགེ་འདུན་བགྲང་བ་ལས་འདས་པ་བྱོན་ཏེ་སྐུ་མཆེད་གསུམ་དང་། ཤ་ར་བ། འཆད་ཁ་བ་སོགས་བྱོན་པའི་དུས་འདུལ་ཁྲིམས་རྣམ་དག་བསྲུང་བའི་དགེ་འདུན་མཐའ་ཡས་པ་བྱོན་པ་སོ་སོའི་རྣམ་ཐར་དུ་གསལ་བ་ལྟར་དང་། རྗེ་བོའི་སློབ་མ་རྗོག་ལེགས་པའི་ཤེས་རབ་ཀྱིས་གསང་ཕུ་ནེའུ་ཐོག་བཏབ་སྟེ་དགེ་འདུན་གྱི་སྡེ་མང་དུ་སྤེལ། དེའི་དཔོན་པོ་རྔོག་བློ་ལྡན་ཤེས་རབ་ཀྱིས་རྒྱ་གར་དུ་བྱོན་ཏེ་ལོ་ཙཱ་མཁས་པར་བསླབས་ནས་བོད་དུ་རྒྱལ་བའི་བཀའ་དང་དགོངས་འགྲེལ་མཐའ་ཡས་པ་བསྒྱུར་ཏེ་གྲོ་ལུང་པ་ཆེན་པོས་རྔོག་ལོ་ཆེན་པོས་དམ་པའི་ཆོས་བསྒྱུར་བའི་གྲངས་བརྗོད་པ་ན། དམ་ཆོས་བསྒྱུར་ལ་མངའ་བརྙེས་པ། །རྒྱལ་ཡུམ་གཉིས་དང་བསྟན་བཅོས་གཞུང་། །འབུམ་ཕྲག་གཅིག་དང་ཁྲི་ཕྲག་གསུམ། །སྟོང་ཕྲག་བདུན་གྱི་ལྷག་བཅས་བསྒྱུར། །ཞེས་འབྱུང་སྟེ་བོད་ཡུལ་དུ་དམ་ཆོས་བསྒྱུར་བ་ལ་འདི་ཉིད་བཟང་(༥་ན)བར་བྱུང་བས་སྔོན་གྱི་མཁས་པ་རྣམས་ཀྱིས་བདག་ཉིད་ཆེན་པོ་འདི་ལ་ལོ་ཙཱ་བ་ཆེན་པོ་ཞེས་བསྟོད་པ་མཛད་དོ། །ལོ་ཆེན་འདི་ལ་སློབ་མ་འདུལ་ཁྲིམས་ཚུལ་བཞིན་དུ་བསྲུང་བ་ཁྲི་ཕྲག་མང་པོ་བྱུང་སྟེ་འདིའི་སློབ་མ་འདུལ་ཁྲིམས་བསྲུང་བ་ལྷ་སར་ཁྲི་དང་སུམ་སྟོང་བདུན་བརྒྱ། བསམ་ཡས་སུ་ཁྲི་དང་སུམ་སྟོང་། རྒྱང་མཁར་དུ་ཉི་ཁྲི། ངན་ལམ་དུ་ཁྲི་ཚོ་གཅིག་རྣམས་བྱུང་བ་རྣམ་ཐར་ལས་བཤད་དོ། །

ཁྱད་པར་དམ་པའི་ཆོས་འདུལ་བའི་བཤད་སྲོལ་བྱུང་ཚུལ་ནི། བཀའ་གདམས་

སྐུ་མཆེད་གསུམ་དང་དུས་མཚུངས་པར་རྒྱལ་བའི་བསྟན་པའི་ནང་མཛོད་འདུལ་བ་སྤེལ་བ་ལ་ཐུགས་བསྐྱེད་དང་སྨོན་ལམ་གྱི་མཐུ་གྲུབ་པ་རྒྱ་འདུལ་འཛིན་ཆེན་པོ་དབང་ཕྱུག་ཚུལ་ཁྲིམས་བྱོན་ཏེ། འདུལ་འཛིན་འདི་སྨད་སྟོད་རྒྱ་མ་རར་མི་མོ་ཕག་ལ་སྐུ་འཁྲུངས། ཆུང་དུ་ནས་ཡབ་ཡུམ་གཉིས་འདས་པས་ཆོས་བྱ་བར་དགོངས་ཏེ། གནས་གཞི་བྱ་རོག་ཚང་དུ་བྱོན་པས་བྱད་གཟུགས་ངན་པས་ངེད་ཀྱི་མི་འབྲུ་ལ་གནོད་ཟེར་ནས་འདུག་ཏུ་མ་བཅུག་པར་བསྐྲད། དེ་ནས་དགའ་བ་གདོང་དུ་བྱོན་ནས་ཚོགས་པ་ལ་བསྐྱུ་ཞིང་ན་བཟའ་མེད་པར་ས་དོང་བྲུས་པ་ཕུབ་མས་བཀངས་བའི་ནང་དུ་ཞུགས་ཏེ་མདོ་རྩའི་གཞུང་ལ་གློག་དར་བྱས་ཏེ་བསླབས་པས་གློག་ཡོབས་པ་དང་གཞུང་ཟིན་པ་མཉམ་དུ་བྱུང་། དེ་ནས་རྒྱལ་བའི་བསྟན་པ་ལ་རབ་ཏུ་འབྱུང་བར་བཞེད་དེ། འདུལ་འཛིན་ཆེན་པོ་གཟུས་རྡོ་རྗེ་རྒྱལ་མཚན་གྱི་བུ་ཆེན་བཞིའི་ཡ་གྱལ་ཀླུན་ཚུལ་ཁྲིམས་བྱང་ཆུབ་ཅེས་ཡོངས་སུ་གྲགས་པའི་འདུལ་འཛིན་ཆེན་(༥་བ)པོ་དེའི་ཞབས་དྲུང་དུ་དད་པས་ཁྱིམ་ནས་ཁྱིམ་མེད་པར་རབ་ཏུ་བྱུང་། མཚན་དབང་ཕྱུག་ཚུལ་ཁྲིམས་སུ་གསོལ། མཁན་པོ་དེ་ཉིད་དང་། སློབ་དཔོན་གྲགས་པ་རྒྱལ་མཚན། སྦྲ་ཚུལ་ཁྲིམས་འབྱུང་གནས་སོགས་གཟུས་ཀྱི་བུ་ཆེན་དག་དང་། གཙོ་བོར་སོག་ཚུལ་ཁྲིམས་བླ་མ། སྨྲང་མཚམས་པ་རིན་ཆེན་བླ་མ། ཀོ་ཁྲིམ་པ་ཡེ་ཤེས་བླ་མ་སྟེ་བླ་མ་གསུམ་དང་། གཞན་ཡང་དགུས་གཙང་གི་འདུལ་བ་མཁས་ཟེར་བ་ཀུན་ལ་གཏུགས་ནས་དགུང་ལོ་སོ་བཞིའི་བར་དུ་འདུལ་བ་ལ་སྦྱངས་པས་ལུང་སྡེ་བཞིའི་དགོངས་དོན་ཐམས་ཅད་ཐུགས་སུ་ཆུད། དགུང་ལོ་སོ་ལྔ་ནས་བསྟན་པ་ལ་བྱ་བ་མཛད་དེ། བརྒྱད་ཅུ་རྩ་ལྔའི་བར་ལ་བཞུགས་གནས་ཀྱི་མཐིལ་པ་རྣམ་དགའ་བ་གདོང་དུ་མཛད། སྨྲང་སྟོད་ཆུ་མིག་ལུང་གི་གནས་གཞི་བཟུང་ནས་ཆོས་གཞི་མང་དུ་བཙུགས། འདུལ་བའི་བཤད་པ་རྒྱ་ཆེར་མཛད་ཅིང་མདོ་རྩའི་ཊཱིཀྐ་ཡང་བརྩམས། ན་རིང་པ་སྐྱིད་སྟོན་ཆོས་གྲགས་ཀྱིས་གནས་འདིར་རྒྱ་འདུལ་གྱི་ཞབས་

ལ་གཏུགས། དེ་ནས་དགའ་གདོང་དུ་འདུལ་བ་ལ་འཆད་ཉན་གཙོ་བོར་མཛད་པས་དགེ་བཤེས་དོལ་པ་ཡ་གད་པ་ཆེན་པོས་ཀྱང་དགའ་གདོང་དུ་ཕེབས་ནས་རྒྱ་འདུལ་ཆེན་པོ་ལ་འདུལ་བ་གསན་ཞིང་འདུལ་བའི་ཕྱག་ལེན་རྣམས་ཀྱང་མཐིལ་ཕྱིན་པར་བསླབས། མདོ་རྩ་ཐུགས་ནས་བཏོན་ཏེ་ཟུར་འཆད་པ་ཡང་མཛད་དོ། །ཁྲ་འདུལ་བ་འཛིན་པ་བརྩོན་འགྲུས་འབར་གྱིས་ཀྱང་དགའ་གདོང་དུ་ཕེབས་ནས་རྒྱ་འདུལ་བསྟེན་ཏོ། །སྙིང་པ་ལོ་ཙྪ་བ་ཚུལ་ཁྲིམས་འབྱུང་གནས་ཀྱིས་དགུང་ལོ་བཅོ་ལྔ་ལ་(༨༠ན)པ་རྣམ་དགའ་གདོང་དུ་རྒྱ་འདུལ་འཛིན་ཆེན་པོ་ལས་རབ་ཏུ་བྱུང་། བཅུ་དགུ་པ་ལ་རྒྱས་མཁན་པོ་མཛད་ནས་མཁན་སློབ་གྲངས་ཚང་བའི་དབུས་སུ་བསྙེན་པར་རྫོགས། དགའ་གདོང་བྱམས་པས་སྙིང་པོ་ལ་ཁྱོད་རྒྱ་གར་ལ་སོངས་དང་བསྟན་པ་དང་འགྲོ་བ་ལ་ཕན་པ་ཆེན་པོ་འབྱུང་ངོ་ཞེས་གསུང་བྱོན་པ་ལྟར་དགའ་བ་བརྒྱ་ཕྲག་དུ་མ་དང་དུ་བླངས་ཏེ་རྒྱ་གར་ལ་ཕེབས། རྒྱ་གར་ཤར་ནུབ་གུང་གསུམ་ཚུ་ལྟར་མྱུལ་ནས་མདོ་སྔགས་ཀྱི་གདམས་པ་སྤྱི་དང་། ཁྱད་པར་རྒྱལ་བའི་བཀའ་འགྱུར་རོ་ཅོག་གི་ལུང་རྒྱུན་རྣམས་ལེན་པར་མཛད་ནས་བོད་དུ་སྤྱིལ། ད་ལྟ་བཀའ་འགྱུར་གྱི་ལུང་རྒྱུན་བཞུགས་པ་སྙིང་པོ་འདིའི་བཀའ་དྲིན་ཡིན་ནོ། །

ར་ལོས་ཀྱང་རྒྱ་འདུལ་འཛིན་ཆེན་པོ་འདི་ལ་འབུམ་གྱིས་སྣ་དྲངས་པའི་འདུལ་བ་དང་། རྒྱ་ཕོགས་ཀྱི་ཆོས་འཁོར་བཙུགས། དགུང་ལོ་བརྒྱད་ཅུ་ནས་སྐུ་བགྲེས་པས་སོ་སོར་ཐར་པའི་མདོའམ། རྒྱ་ཆེར་འགྲེལ་ལམ། ཀ་རི་ཀ་ཐུན་རེ་ཙམ་མ་གཏོགས་བཤད་པའི་ཆང་ཟུར་ཆོས་པ་རྣམས་ཀྱིས་བཟུང་བ་ལོ་ལྔ་ཙམ་མཛད། དགུང་ལོ་བརྒྱད་ཅུ་རྩ་ལྔ་པ་ལྟུགས་མོ་ཕག་གི་ལོ་ཤངས་ཕྱི་གླིང་དུ་བྱོན་ནས་ཞི་བའི་དབྱིངས་སུ་གཤེགས་སོ། །འདུལ་འཛིན་ཆེན་པོ་འདི་ནི་བདག་པས་གཞན་གཅེས་པའི་ཐུགས་བསྐྱེད་རྒྱ་ཆེན་པོ་མངའ་བའི་སྟོབས་ཀྱིས་མཁས་བཙུན་བཟང་གསུམ་གྱི་གྲགས་པས་ས་སྟེང་ཁྱབ་ཅིང་། བཤད་པ་ཡུན་རིང་བའི་སྐབས་ཀྱིས་སློབ་མ་ཡོན་ཏན་གྱིས་བརྒྱན་

པ་བསམ་གྱིས་མི་ཁྱབ་པ་བྱུང་སྟེ་སྔ་ཚར་གྱི་ཀ་བ་བཞི་དང་། གདུང་མ་བཅུར་(༩༠བ)གྲགས་པ་དང་། ངེས་པར་མདོ་རྩ་ལ་ཐུགས་བཤད་ཐུབ་པ་སྟོང་ལྷག་ཙམ་བྱུང་ཞེས་གྲགས། བར་ཚར་ལ་སྐྱི་བོ་ཚུལ་འཕགས། མྱང་འདུལ་འཛིན། ཕྱི་ཚར་ལ་བྲག་དམར་བ་རྗོ་རྗེ་ཕུར་བུ་སོགས་བྱོན། དེ་ལ་རྒྱ་འདུལ་འཛིན་གྱི་སློབ་མ་ཀ་བ་བཞི་ནི་གཙང་ནས་འདར་འདུལ་འཛིན་དང་། མཐའ་བཞི་འདུལ་འཛིན་གཉིས། དབུས་ནས་ཇོ་གདན་ནག་པོ་དར་ཚུལ་དང་། རྨ་ཚོ་བྱང་ཆུབ་རྡོ་རྗེ་གཉིས་ཏེ་བཞིའོ། །གདུང་མ་བཅུ་ནི་སྨར་རྒྱ་ཚུལ་ཡོན། སྨར་རྒྱ་རིན་ཚུལ། སྤྱི་ཐེར་པ་རིན་ཚུལ། ཁ་རུམས་སྟོན། འཛིན་པ་མེས་སྟོན། འཛིན་པ་གློག་སྐྱིང་། ལྗོག་པ་ཡེ་ཤེས་གྲགས། མངའ་རིས་པ་དཔལ་འབྱོར་ཤེས་རབ། གཉལ་པ་དར་མ་འོད་ཟེར། དྷགས་པོ་འདུལ་འཛིན་རྣམས་སོ། །ཀ་བ་བཞི་ལས་འདར་འདུལ་འཛིན་གྱིས་ཤབ། ལྟང་ར། ར་ས། པོ་དོང་སོགས་སུ་བཞུགས་ནས་འདུལ་བའི་བཤད་པ་མཛད། མཐའ་བཞིས་མྱང་རོ་ཁུམ་ཕུག་བཟུང་སྟེ་བཤད་པ་མཛད་པས་སློབ་མ་ཆེ་བ་གཙང་དུ་རིན་སྐྱབས་སོགས་བྱུང་།

ཇོ་གདན་ནག་པོ་དར་ཚུལ་ནི། དགུང་ལོ་དྲུག་ཅུ་པ་ལ་རབ་ཏུ་བྱུང་། གློག་ཡིག་བསླབས་ཏེ་སྦྱངས་པས་སྡེ་སྣོད་གསུམ་དང་། ཁྱད་པར་འདུལ་བ་ལ་མཁས་པར་གྱུར་ཏེ་ཡར་ཀླུང་ཚ་རོང་དང་སུ་གུ་དོར་བཤད་པ་མཛད་པས་ཚ་རོང་པར་གྲགས། སློབ་མ་མང་དུ་བྱུང་བའི་ཆེ་བ་ཤ་མི་སྨོན་ལམ་འོད་ཟེར་ནི་དང་པོར་རྒྱ་འདུལ་ལ་གཏུགས། ཕྱིས་ཇོ་གདན་ནག་པོ་རྩ་བའི་བླ་མར་བཟུང་ནས་འདུལ་བ་ལ་སྦྱངས་པས་མཁས་པར་གྱུར་ཏེ། ཡར་ཀླུང་དུ་བཤད་པ་མཛད་པས་བཤད་སྲོལ་ཟེར་(༩༡ན)པའི་སློབ་མ་མང་དུ་ཡོད་པའི་ནང་ནས་གྲགས་ཆེ་བ་ཀླུབས་དགར་ཚུལ་ཁྲིམས་གྲགས་དང་། ཐག་མ་པ་ཀ་བ་དར་སེང་གཉིས་བྱུང་ངོ་། །དང་པོ་ལ་སློབ་མ་སྟུབ་འདུལ་འཛིན་དང་། འདུལ་འཛིན་གྲྭ་མི་གཉིས་བྱུང་། སྟུབ་ཀྱིས་ཡར་སྟོད་དུ་གཡའ་བཟང་བཏབ་ནས་འདུལ་བའི་བཤད་པ་མཛད། འདུལ་འཛིན་གྲྭ་མི་ལ་

སློབ་མ་རྒྱ་དུར་དར་མ་ཡེ་ཤེས་བྱུང་། དེ་ལ་ཟངས་ཆེན་པ་དར་མ་བསོད་ནམས་ཀྱིས་གཏུགས་ཏེ་འདུལ་བ་ལ་སྦྱངས་ཤིང་ཟངས་མོ་ཆེར་འདུལ་བ་བཤད་པས་ཚུལ་ཁྲིམས་ཀྱི་དྲི་ཞིམ་པོས་ཟངས་མོ་ཆེའི་གླིང་ཁྱབ་པ་བྱུང་། དེ་ལ་དམ་པའི་ཆོས་འདུལ་བ་སྤེལ་བ་ལ་སྨོན་ལམ་རླབས་པོ་ཆེའི་མཐུ་གྲུབ་པ་མཁན་ཆེན་མཚོ་སྣ་བ་ཤེས་རབ་བཟང་པོས་འདུལ་བ་གསན། ཐུགས་ཉམས་སུ་བཞེས་ཤིང་སྐལ་བ་དང་ལྡན་པ་གཞན་ལའང་རྒྱ་ཆེར་སྤེལ། འདུལ་བ་མདོའི་འགྲེལ་པ་ཉི་མའི་འོད་ཟེར་ཞེས་བྱ་བ་ཆོས་སྐྱོང་མགོན་པོས་བསྐུལ་ནས་མཛད་ཅིང་། བསྟན་པ་འདི་ལ་འདུལ་བའི་བསྟན་བཅོས་བཟང་བར་གྲགས་པ་བྱུང་སྟེ། དོན་གྱི་དབང་འདི་གཟིགས་ནས་རྗེ་བཙུན་ཙོང་ཁ་པ་ཆེན་པོས་བདག་ཉིད་ཆེན་པོ་འདི་ལ་བསྟོད་པ་མཛད་པ་ན། འདུལ་བ་འབུམ་སྡེའི་མངའ་བདག་མཚོ་སྣ་པ། །ཞེས་བསྔགས་སོ། །དེའི་སློབ་མ་མོན་གྲྭ་པ་ཚུལ་ཁྲིམས་བཀྲ་ཤིས། དེའི་སློབ་མ་མཁན་ཆེན་ཆོས་སྐྱབས་བཟང་པོ་སྟེ་གྲྭ་སྐོར་དུ་འདུལ་བའི་བཤད་པ་རྒྱ་ཆེར་བྱུང་ངོ་། །ཤ་མིའི་སློབ་མ་ཀ་བ་དར་སེང་གིས་སྟོད་ལུང་ཐག་མ་བཏབ་སྟེ་འདུལ་བའི་བཤད་པ་རྒྱ་ཆེར་མཛད་པས་སློབ་མ་གཙོ་ཆེ་བ་(༩༧བ)དཔལ་ཆེན་རྡོར་གཞོན་དང་སངས་རྒྱས་དཔོན་སྟོན་གཉིས་བྱོན། དཔལ་ཆེན་གྱིས་ཐག་མ་ཉིད་དུ་འདུལ་བའི་བཤད་པ་ཡུན་རིང་མཛད་པས་སློབ་མ་གཙོ་ཆེ་བ་རྒྱལ་འཕྱོར་བྱང་སེང་དང་། སྲལ་ཏེ་བརྩོན་འགྲུས་དབང་ཕྱུག་གཉིས་བྱོན། རྒྱལ་འཕྱོར་བྱང་སེང་གིས་འཕན་ཡུལ་དུ་དཔེའི་གྲོ་ས་དགོན་པ་བཏབ་ནས་འདུལ་བའི་བཤད་པ་མཛད་པས་སློབ་མ་ཀ་བ་སྟོན་རྣམ་སོགས་འདུལ་འཛིན་མང་དུ་བྱོན། ཀ་བ་སྟོན་རྣམ་གྱིས་ཕྲུའི་ཕུར་བྲག་ཚབ་དགོན་པ་བཏབ། དགོན་མ་བུ་གཉིས་ཀར་འདུལ་བའི་བཤད་གྲྭ་ཡུན་རིང་བསྐྱངས་ཤིང་ཁྱད་པར་གྲོ་ས་དགོན་དུ་འདུལ་བ་རྒྱ་ཆེར་བཤད་པས་སློབ་མ་འདུལ་འཛིན་མང་དུ་བྱུང་བའི་ནང་ནས་མཁས་པའི་མཆོག་ཏུ་གྱུར་པ་དམར་སྟོན་དཔལ་ལྡན་རིན་ཆེན་དང་དམར་སྟོན་རྒྱ་མཚོ་རིན་ཆེན་གཉིས་བྱུང་

དམར་སྟོན་པ་ཁྲུ་དཔོན་འདི་གཉིས་ཀྱིས་འདུལ་བའི་བཤད་པ་རྒྱ་ཆེར་མཛད། དམར་སྟོན་པ་ཁྲུ་དཔོན་གཉིས་ལ་རྗེ་དགེ་འདུན་གྲུབ་ཀྱིས་གཏུགས་ནས་འདུལ་བ་ལ་མཁས་པར་སྦྱངས། དཔལ་ཆེན་ནོར་གཞོན་གྱི་སློབ་མ་སྤྲུལ་ཏི་ཆེན་པོ་བཙོན་འགྲུས་དབང་ཕྱུག་ནི་གཞུང་དུ་ས་མོ་བྱ་ལ་འཁྲུངས། དགེ་བའི་བཤེས་གཉེན་རྒྱ་ཉ་མོ་ཀུ་ཊ་བས་མཁན་པོ་དང་། སྨར་ལུང་སྒང་པས་ལས་སློབ། སྤྱངས་དགོངས་པས་གསང་སྟོན་མཛད་དེ། དགེ་འདུན་གྲངས་ཚང་བའི་དབུས་སུ་བསྙེན་པར་རྫོགས། དེ་ནས་འདུལ་འཛིན་ཆེན་པོ་ཤ་མི་ལ་གཏུགས། དེ་ནས་བྱ་འདུལ་གྱི་དྲུང་དུ་ཕྱིན་པ་ན། ཐག་མར་ཕྱིན་ན་ལེགས་པའི་ལུང་བསྟན་བྱུང་བ་བཞིན་དེ་ཉིད་དུ་ཕྱིན། དགེ་བའི་(༩༢ན)བཤེས་གཉེན་ཀ་བ་དར་སེང་དང་། དཔལ་ཆེན་ནོར་གཞོན་གཉིས་ལ་འདུལ་བ་གསན། དེའི་ནང་ནས་དཔལ་ཆེན་ནོར་གཞོན་ལ་གཙོ་བོར་གཏུགས་ཏེ་འདུལ་བ་མཐའ་དག་གསན། དགུང་ལོ་བཞི་བཅུ་པའི་དུས་སུ་སྐྱོར་མོ་ལུང་གི་ཆོས་སྡེ་བཏབ་ནས་འདུལ་བའི་བཤད་སྲོལ་ཡུན་རིང་དུ་བསྐྱངས་པ་ལས་སྟོད་སྨད་བར་གསུམ་གྱི་སློབ་མ་མང་དུ་ཕྱིན་པ་ནི། ངོར་རྗེ་སྟོན་པ། སངས་རྒྱས་སྒོམ་པ། སླང་ལུང་པ། གྲུ་སྲུ་སྟོན་བསོད། ཤུན་ཤུན་ཚོགས་རྣམ་རྒྱལ། གཞུང་པ་ཡེ་གྲགས། དྭགས་པ་བརྩོན་སེང་། མཁན་ཆེན་དཔོན། མངའ་རིས་དགྲ་བཅོམ། དྭགས་པོ་སྟོན་གཞོན། སྣར་ཆོས་ཡེས། ཞིག་པོ་ཤེས་རབ་སེང་གེ །གཉལ་པ་གཞོན་ཡེས། ཡོལ་པ་དར་མ་བརྩོན་འགྲུས་སོགས་མང་དུ་ཕྱིན། དགུང་ལོ་བདུན་ཅུ་རྩ་བརྒྱད་པ་ལ་སེམས་དཔའ་ཆེན་པོ་ལོ་རས་པ་བསྙེན་པར་རྫོགས་པའི་མཁན་པོ་མཛད། སོ་ཐར་གྱི་མདོ་དང་། མདོ་རྩ་བ། སུམ་བརྒྱ་པ་རྣམས་ལ་ཊཱིཀྐ་མཛད། དགུང་ལོ་བརྒྱད་ཅུ་རྩ་བདུན་པ་ཤིང་མོ་ཕག་ལ་ཞི་བར་གཤེགས། དེའི་རྗེས་སུ་མཁན་ཆེན་དཔོན་སྟོན་པ་ཤིང་ཕག་དེ་ལ་གདན་སར་ཕྱིན། ལོ་བཅོ་བརྒྱད་ཀྱི་རིང་འདུལ་བའི་བཤད་གྲྭ་བསྐྱངས་པས་སློབ་མ་ལྷ་རིན་ཆེན་རྒྱལ་པོ་སོགས་འདུལ་བ་འཛིན་པ་མང་དུ་ཕྱིན། དེའི་རྗེས་སུ

དཔོན་ཞིག་པོ་དགུང་ལོ་ལྔ་བཅུ་རྩ་གཉིས་པ་ལ་གདན་སར་ཕེབས། བདུན་ཅུ་རྩ་གསུམ་གྱི་བར་བཞུགས་ནས་འདུལ་བའི་བཤད་སྲོལ་རྒྱ་ཆེར་སྤེལ་བས་སློབ་མ་རྒྱ་འདུལ། གཙང་འདུལ། (༩༢བ)ཡར་འདུལ། སྐྱི་འདུལ་སོགས་མང་དུ་བྱོན། འགྲོ་མགོན་ཆོས་རྒྱལ་འཕགས་པས་ཀྱང་འདི་ལ་ཀ་རི་ཀ་སོགས་གསན་ནོ། །

དེ་ནས་དཔོན་གཞོན་ནུ་བརྩོན་འགྲུས་ནི་མཁན་ཆེན་ཞིག་པོས་མཁན་པོ་མཛད་ནས་རབ་བྱུང་བསྙེན་རྫོགས་རྣམས་རིམ་པར་བསྒྲུབས། མཁན་པོ་དཔོན་དང་ཞིག་པོ་གཉིས་ལ་འདུལ་བ་གསན། རང་ལོ་ཞེ་གཅིག་པ་ལ་གདན་སར་བྱོན། དགུང་ལོ་རེ་དགུའི་བར་གདན་ས་བསྐྱངས་ནས་འདུལ་བའི་བཤད་པ་མཛད་པས་དཔོན་བརྩོན་འགྲུས་འབྱུང་གནས་སོགས་བུ་སློབ་མང་དུ་བྱུང་། དེའི་རྗེས་སུ་དཔོན་བརྩོན་འགྲུས་འབྱུང་གནས་བྱོན་ཏེ་འདིས་མཁན་ཆེན་གཞོན་ནུ་བརྩོན་འགྲུས་ལས་རབ་བྱུང་བསྙེན་རྫོགས་རིམ་པར་བསྒྲུབས། རང་ལོ་སོ་བཞི་པར་གདན་སར་བྱོན། མདོ་རྩ་ལ་ཊཱི་ཀཱ་མཛད་ཅིང་ཚུ་མིག་ཆོས་འཁོར་དུ་བཤད་པ་མཛད་པས་མཁས་པའི་གྲགས་པ་ཐོབ་ཅིང་ཐམས་ཅད་མཁྱེན་པར་གྲགས། གདན་ས་ལོ་བཞི་བསྐྱངས་ནས་སོ་བདུན་ལ་གཤེགས། འཇམ་དབྱངས་ཤཱཀ་གཞོན་སོགས་སློབ་མ་མང་དུ་བྱུང་། དེའི་རྗེས་སུ་དཔོན་འབྱུང་གནས་རིན་ཆེན་ནི་མཁན་ཆེན་གཞོན་ནུ་བརྩོན་འགྲུས་ཀྱིས་མཁན་པོ་མཛད་ནས་རབ་བྱུང་བསྙེན་རྫོགས་བསྒྲུབས། མཁན་པོ་ལ་འདུལ་བ་གསན། རང་ལོ་ང་གཅིག་པ་ལ་གདན་སར་ཕེབས། དགེ་འདུན་གྱི་ཀུན་དགའ་ར་བ་བཅིག་པ་དང་། གཞིས་བྱེས་ཀྱི་དགེ་འདུན་རྣམས་ཆོས་དང་ཟང་ཟིང་གཉིས་ཀྱིས་བསྐྱངས། ང་བདུན་པ་ལ་ཞི་བར་གཤེགས། དེའི་རྗེས་སུ་དཔོན་བཟོད་པ་ནི་མཁན་ཆེན་འབྱུང་གནས་(༩༣ན)རིན་ཆེན་པས་མཁན་པོ་མཛད་དེ་རབ་བྱུང་བསྙེན་རྫོགས་རྣམས་རིམ་བཞིན་བསྒྲུབས། མཁན་པོ་ལས་འདུལ་བ་གསན། རང་ལོ་ཉེར་དགུ་པ་ལ་གདན་སར་བྱོན། འདུལ་བའི་བཤད་སྒྲ་རྒྱ་ཆེར་བསྐྱངས། ཞེ་དགུ་པ་ལ་

ཞི་བར་གཤེགས། དེའི་རྗེས་སུ་དཔོན་དབང་ཕྱུག་ཤེས་རབ་ནི་མཁན་ཆེན་བཙོན་འགྲུས་འབྱུང་གནས་ཀྱིས་མཁན་པོ་མཛད་ནས་བསྙེན་པར་རྫོགས། མཁན་ཆེན་དང་སློབ་དཔོན་སྟག་ལུང་པ་ལ་འདུལ་བ་གསན། དགུང་ལོ་ཉེ་ཤུ་ནས་ཞེ་གཉིས་ཀྱི་བར་ཟུར་ཆོས་པ་མཛད། ཞེ་གསུམ་ལ་གདན་སར་ཕྱོན། འདུལ་བའི་ཊཱིཀྐ་མཛད་པའི་སྙིང་ནས་བཤད་པ་རྒྱ་ཆེར་མཛད་པས་རྒྱ་མ་སྤྱན་སྔ་བཀྲ་ཤིས་རྒྱལ་བ། སློབ་དཔོན་དར་དབང་བ་ལ་སོགས་པའི་བུ་སློབ་མང་དུ་འདུས། ཆོས་ཟང་ཟིང་གཉིས་ཀའི་སྒོ་ནས་གདན་ས་དར་རྒྱས་འདིའི་དུས་ཁོ་ན་ཆེ་བ་བྱུང་ཞེས་གྲགས། དྲུག་ཅུ་རྩ་བརྒྱད་པ་ལ་དཔོན་ཤེས་རབ་རྡོ་རྗེ་ལ་གདན་ས་གཏད་དེ་ཀུན་སྤངས་མཛད། དོན་གཅིག་པ་ལ་ཞི་བར་གཤེགས། དེའི་རྗེས་སུ་དཔོན་ཤེས་རབ་རྡོ་རྗེ་ནི་མཁན་ཆེན་བཟོད་པ་ལས་རབ་ཏུ་བྱུང་། མཁན་ཆེན་དབང་ཕྱུག་ཤེས་རབ་ལས་བསྙེན་པར་རྫོགས། ཞེ་གཉིས་པ་ལ་གདན་སར་ཕྱོན། ཞེ་དགུ་པ་ལ་ཀུན་སྤངས་མཛད་དེ་སྐྱབ་པ་ལ་རྩེ་གཅིག་ཏུ་བཞུགས། དེའི་རྗེས་སུ་དཔོན་ཀུན་དགའ་འབྱུང་གནས་ནི་མཁན་ཆེན་དབང་ཕྱུག་ཤེས་རབ་ལས་རབ་བྱུང་བསྙེན་རྫོགས་རིམ་བཞིན་བསྒྲུབས། མཁན་པོ་ལས་འདུལ་བ་(༦༣བ)གསན། རང་ལོ་སོ་ལྔ་པ་ལ་གདན་སར་ཕྱོན། ཞེ་དྲུག་ལ་ཞི་བར་གཤེགས། དེའི་རྗེས་སུ་མཁན་ཆེན་ཤེས་རབ་རྡོ་རྗེས་སླར་ཡང་སྐྱར་ནས་གདན་ས་མཛད། འདི་དུས་འབྲི་གུང་པའི་དམག་འབྲུག་གིས་གདན་ས་བཙོམ་དུ་ཉེ་བ་ན་ཐུགས་དམ་གྱི་སྟོབས་ཀྱིས་དགྲ་ཕྱོགས་ཀྱིས་མ་ཚུགས་པར་གྲགས། དེ་ནས་དགའ་བཞི་པ་བློ་གསལ་ལ་གདན་ས་གཏད་དེ་ཆོས་སྟེང་དུ་བཞུགས། དགུང་ལོ་དོན་དགུ་པ་ལ་ཞི་བར་གཤེགས། མཁན་ཆེན་དགའ་བཞི་པ་བློ་གསལ་ནི་སྤྱལ་ཏི་བསོད་ནམས་རྒྱལ་པོའི་སྲས་སུ་མི་སྟག་ལ་འཁྲུངས། མཁན་ཆེན་ཤེས་རབ་རྡོ་རྗེ་ལས་རབ་བྱུང་བསྙེན་རྫོགས་རྣམས་རིམ་བཞིན་ཞུས། སློབ་དཔོན་བསོད་ནམས་ཚུལ་ཁྲིམས་ལ་འདུལ་བ་དང་མངོན་པ་སོགས་གསན། སོ་གཉིས་པ་ལ་གོང་མ་ཏཱའི་སི་ཏུས་བདག་རྐྱེན་མཛད་

ནས་གདན་སར་བསྐོས། འདུལ་མཛོད་བྱམས་ཆོས་རྣམས་ལ་བཤད་པ་མཛད། ཐུགས་སྲས་ཀྱི་གཙོ་བོ་རྗེ་རིན་པོ་ཆེ། འདུལ་འཛིན་གྲགས་པ་རྒྱལ་མཚན། རྒྱལ་ཚབ་རིན་པོ་ཆེ། བྱང་སེམས་རྣ་སྒྲེང་པ། མཁས་གྲུབ་ཆོས་རྗེ། མཁན་ཆེན་གཡག་པ། ཆོས་རྗེ་རོང་ཆེན་པ། དམར་སྟོན་དཔལ་ལྡན་རིན་ཆེན། དམར་སྟོན་རྒྱ་མཚོ་རིན་ཆེན། དྷགས་པོ་འོད་ཟེར་སེང་གེ །འཇམ་དབྱངས་ཆོས་རྗེ་བཀྲ་ཤིས་དཔལ་ལྡན། རྟོགས་ལྡན་ཡེ་ཤེས་རྒྱལ་མཚན། དཀའ་བཞི་པ་ནགས་རིན། དབོན་དགོངས་གསལ་བ། དབོན་ཆོས་སྐྱོང་བཟང་པོ། འཇམ་དཀར་བ་དཔལ་ལྡན་བཟང་པོ། འཐེལ་ཆུང་དཀའ་(༡༨ན) བཞི་པ་དོན་ཡོད་རྒྱལ་མཚན། སློབ་དཔོན་བརྩོན་འགྲུས་གྲགས། མཁས་པ་བསམ་གཏན་འཕེལ་བ་སོགས་བསྟན་པ་ཡོངས་རྫོགས་ལ་མཁས་པའི་བུ་སློབ་མཐའ་ཡས་པ་བྱོན། དགུང་ལོ་རེ་གཅིག་པ་ལ་དབོན་དགོངས་གསལ་ལ་གདན་ས་གཏད་དེ་ཟུར་བཞུགས་མཛད། གྱ་བཞི་པ་ས་མོ་གླང་གི་ལོར་སྐུ་གཤེགས་སོ། །དེ་ནས་རྗེ་ཐམས་ཅད་མཁྱེན་པས་སྤྲུལ་ཏེ་དགྲ་བཅོམ་པའི་འདུལ་བའི་བཤད་སྲོལ་རྣམས་སྐྱོར་མོ་ལུང་གི་མཁན་པོ་དཀའ་བཞི་པ་བློ་གསལ་ལ་གསན་ནས་རྒྱ་ཆེར་སྤེལ་བར་མཛད་དོ། །

བླ་ཆེན་རྒྱུད་ཀྱི་བསྙེན་རྫོགས་ཀྱི་སྡོམ་པ་གཅིག་ནས་གཅིག་ཏུ་བརྒྱུད་པའི་བརྒྱུད་རིམ་ནི་ཡང་དག་པར་རྫོགས་པའི་སངས་རྒྱས་ནས་མཁན་ཆེན་ཞི་བ་འཚོའི་བར་སྔར་བརྗོད་ཟིན་ལ། དེ་ནས་བོད་ཡུལ་དུ་ཇི་ལྟར་བརྒྱུད་པ་ནི། མཁན་ཆེན་ཞི་བ་འཚོ། སྦ་རཏྣ། དམར་ཤཱཀྱ་མུ་ནི། ནམ་མཁའ་མཛོད། གཡོ་དགེ་འབྱུང་། བླ་ཆེན་དགོངས་པ་རབ་གསལ། སུ་གོང་ཡེ་ཤེས་གཡུང་དྲུང་། གྲུམ་ཡེ་ཤེས་རྒྱལ་མཚན། ཀླུ་མེས་ཚུལ་ཁྲིམས་ཤེས་རབ། གཟུས་རྡོ་རྗེ་རྒྱལ་མཚན། སྣ་པོ་གྲགས་པ་རྒྱལ་མཚན། འབྲེ་ཤེས་རབ་འབར། རྡེས་པ་གཞོན་ནུ་སེང་གེ། གྲོ་སྟོན་བདུད་རྩི་གྲགས། མཆིམས་ནམ་མཁའ་གྲགས། ཟེའུ་གྲགས་པ་ཤེས་རབ། མཆིམས་བློ་བཟང་གྲགས། གྲོ་སྟོན་ཀུན་དགའ་རྒྱལ་མཚན། སྤང་སྟོན་གྲུབ་པ་ཤེས་རབ། ཐམས་ཅད་

མཁྱེན་པ་དགེ་འདུན་གྲུབ། འདུལ་འཛིན་(༨༥བ)བློ་གྲོས་སྟོབས་པ། པཎ་ཆེན་ཀུན་དགའ་བདེ་ལེགས། ཐམས་ཅད་མཁྱེན་པ་དགེ་འདུན་རྒྱ་མཚོ། ཞལ་སྔ་ནས་དགེ་ལེགས་དཔལ་བཟང་། ཐམས་ཅད་མཁྱེན་པ་བསོད་ནམས་རྒྱ་མཚོ། པཎ་ཆེན་དམ་ཆོས་ཡར་འཕེལ། ཐམས་ཅད་མཁྱེན་པ་བློ་བཟང་ཆོས་ཀྱི་རྒྱལ་མཚན། རྡོ་རྗེ་འཛིན་པ་དཀོན་མཆོག་རྒྱལ་མཚན། རྗེ་བཙུན་ཐམས་ཅད་མཁྱེན་པ་བློ་བཟང་ཡེ་ཤེས། དེའི་དྲུང་དུ་བདག་གིས་དགེ་ཚུལ་གྱི་སྡོམ་པ་ཞུས་ཤིང་། རྗེ་བཙུན་བློ་བཟང་ཡེ་ཤེས་ཀྱི་ཞབས་དྲུང་དུ་རྗེ་གྲུབ་པའི་དབང་ཕྱུག་བློ་བཟང་རྣམ་རྒྱལ་གྱིས་བསྙེན་རྫོགས་ཀྱི་སྡོམ་པ་བཞེས། དོན་གྱི་སྐད་དུ་མཚན་ནས་སྨོས་ཏེ་མཁན་པོ་རིན་པོ་ཆེ་རྗེ་བཙུན་བློ་བཟང་རྣམ་རྒྱལ་གྱི་ཞབས་དྲུང་དུ་བདག་གིས་བསྙེན་རྫོགས་ཀྱི་སྡོམ་པ་ཐོབ་བོ། །

པཎ་ཆེན་རྒྱུད་པ་ཇི་ལྟར་བྱུང་ཚུལ་ནི། སྟོན་པ་ཡང་དག་པར་རྫོགས་པའི་སངས་རྒྱས། ཤཱ་རིའི་བུ། སྒྲས་སྒྲ་གཅན་འཛིན། བྲམ་ཟེ་སྒྲ་གཅན་འཛིན། མགོན་པོ་ཀླུ་སྒྲུབ། ཡོན་ཏན་བློ་གྲོས། རཏྣ་མི་ཏྲ། དྷརྨ་པཱ་ལ། གུ་ན་མ་ཏི། ཆོས་ཀྱི་ཕྲེང་བ། ཞི་བའི་འབྱུང་གནས་སྟོབས་པ་ཁ་ཆེའི་པཎྜི་ཏ་ཆེན་པོ་ཤཱཀྱ་ཤྲཱིའི་བར་དུ་རིམ་པར་བརྒྱུད། པཎ་ཆེན་འདི་ནི་རྒྱལ་བའི་དམ་ཆོས་འཛིན་པའི་སྨོན་ལམ་རླབས་པོ་ཆེའི་མཐུ་གྲུབ་པ། བོད་ཡུལ་དུ་དམ་པའི་ཆོས་འདུལ་བ་སྤེལ་བ་ལ་བཀའ་དྲིན་བླ་ལྷག་ཏུ་ཆེ་བ་ཞིག་སྟེ། དེ་ཡང་པཎ་ཆེན་འདི་ནི་ནུབ་ཕྱོགས་ཁ་ཆེའི་ཡུལ་ཁྲི་བརྟན་གྱི་གྲོང་ཁྱེར་པྲ་ཤ་རར་ཡབ་རྒྱ་མཚོར་འགྲོ་བའི་དེད་དཔོན་སེ་ཡ་དང་ཡུམ་སུ་ཛྙ་ཀ་ཞེས་བྱ་བ་(༨༥ན)གཉིས་ཀྱི་སྲས་སུ་མེ་མོ་ལུག་གི་ལོར་ངོ་མཚར་བའི་བལྟས་དང་བཅས་སྐུ་འཁྲུངས། མཚན་ཛ་ཤྲཱི་ཛྙ་རར་བཏགས། གཞོན་ནུ་ཉིད་ནས་ཆོས་ཀྱི་བག་ཆགས་སད་པས་ཡོན་ཏན་འཚོལ་བས་ངོམས་མི་ཤེས་པ་སྒྲ་དང་སྙན་ངག་དང་བཟོ་དང་གསོ་བ་དང་གཏན་ཚིགས་རིག་པ་དང་ནང་རིག་པ་རྣམས་ལ་ལེགས་པར་བསླབས་པས་ཕུལ་ཏུ་ཕྱིན་པར་མཁྱེན་ཏེ། སྨྲ་བ་ངན་པ་མཐའ་དག་ཕམ་པར་མཛད་པས་མཁས་

པའི་གྲགས་པས་ས་སྟེང་ཁྱབ་ཅིང་ཡུལ་དེའི་རྒྱལ་པོས་ཀྱང་མཁས་པ་ཀུན་གྱི་གཙུག་རྒྱན་དུ་མངའ་གསོལ་ཞིང་ཅོད་པཎ་བཅིངས། དགུང་ལོ་བཅུ་ནས་ཚངས་སྤྱོད་དག་བསྙེན་མཛད། དགུང་ལོ་ཉེར་གསུམ་པ་ས་མོ་སྦྲུལ་གྱི་ལོར་ཁྲིམ་ནས་ཁྲིམ་མེད་པར་རྒྱལ་བའི་བསྟན་པ་ལ་རབ་ཏུ་བྱུང་། གཞི་ཐམས་ཅད་ཡོད་པར་སྨྲ་བའི་འདུལ་བ་ལ་སྦྱངས་ཏེ་དགེ་ཚུལ་གྱི་བཅས་མཚམས་མཐའ་དག་མིག་གི་འབྲས་བུ་ལྟར་བསྲུང་བར་མཛད་ཅིང་ངེས་འབྱུང་ཤུགས་དྲག་པོས་ཉིན་ཞག་རེའི་ནང་དུ་ཆོས་སྤྱོད་བཅུ་མ་ཆག་པར་མཛད་པ་དང་། ནོར་རྫས་ཅི་བྱུང་ཡང་བདག་ཏུ་མི་འཛིན་པ་དང་། གཉེད་ལན་དུ་ཕན་འདོགས་པ་དང་། རྐྱེན་ངན་ཅི་བྱུང་ཡང་ཐབས་གཞན་མི་འཚོལ་བར་བྱང་ཆུབ་ཀྱི་སེམས་དང་དབུ་མའི་ལྟ་བ་གཉིས་ཀྱིས་ལམ་དུ་འཁྱེར་བ་སྟེ་དམ་བཅའ་བཞི་མཛད་དོ། །དེ་ནས་སྒྲུབ་པ་རྩེ་གཅིག་ཏུ་མཛད་ཅིང་བཞུགས་པ་ན་རྗེ་བཙུན་བྱམས་པ་མགོན་པོས་ཞལ་བསྟན་ནས་རིགས་ཀྱི་བུ་ཁྱོད་ཤར་ཕྱོགས་སུ་སོང་ལ་གཞུང་ལུགས་མཐའ་(༥༥བ)དག་ལ་སྦྱོངས་ཤིག །བསྟན་པ་ལ་ཕན་ཆེ་བར་འགྱུར་རོ་ཞེས་ལུང་བསྟན་པ་ན་བྱམས་མགོན་གྱི་བཀའ་ལྟར་ཁ་ཆེའི་ཤར་ཕྱོགས་འཕགས་དབུས་སུ་ཕྱིན་ཏེ་པཎྜི་ཏ་ཆེན་པོ་ཞི་བ་འབྱུང་གནས་སྲས་པ་དང་། དབྱངས་སྙན་དང་། ཀློ་གྲོས་སྲས་པ་སོགས་མཁས་པའི་དབང་པོ་རྣམས་ཀྱི་ཞབས་ལ་གཏུགས་ཏེ་སྡེ་སྣོད་གསུམ་ལ་སྦྱངས་པ་མཐར་ཕྱིན་པར་མཛད། དེའི་ཚེ་སྟོན་མཁས་མཆོག་དབྱིག་གཉེན་གྱིས་ཇི་ལྟར་མཛད་པ་ལྟར་ཟངས་གཞོང་དུ་ཏིལ་མར་གྱིས་བཀངས་པའི་ནང་དུ་ཞུགས་ཏེ་རྒྱལ་བའི་བཀའ་འབུམ་སྡེ་ཞག་དུ་མའི་བར་དུ་ཞལ་ཏོན་དུ་མཛད། སྡེ་སྣོད་གསུམ་གྱི་བརྗོད་བྱའི་དོན་མཐའ་དག་བསྡུས་ཏེ་རྣམ་རྫོགས་སྦྱོར་བའི་སྐབས་ནས་འབྱུང་བ་ལྟར་ལམ་གྱི་ལུས་ཡོངས་སུ་རྫོགས་པའི་ཉམས་ལེན་ལ་བརྩོན་པར་མཛད་པས་རྟོགས་པ་མཆོག་བརྙེས་ཤིང་ལྷ་རྣམས་ཀྱིས་ཆོས་ཀྱི་སྒྲ་བསྒྲགས་པ་སོགས་ངོ་མཚར་བའི་ལྟས་མང་དུ་གཟིགས། དགུང་ལོ་སུམ་ཅུ་ལ་བབ་པ་མེ་ཕོ་བྱི་

བའི་ཡོར་གནས་བརྟན་འདུལ་བ་འཛིན་པ་ཆེན་པོ་ཤཱཀྱ་ཀཱ་ར་གུཔྟ་ཞེས་པ་ཞི་བ་འབྱུང་གནས་སྦས་པས་མཁན་པོ་དང་། སློབ་དཔོན་དྷ་ཤཱི་བ་ལ། གསང་སྟོན་དྷ་ན་ཀཱ་ར། ཁ་སྐོང་བའི་དགེ་འདུན་བཅུ་དྲུག་བཅས་དགེ་འདུན་བཅོ་བརྒྱད་ཀྱི་དབུས་སུ་བསླབ་གཞི་ཡོངས་སུ་རྫོགས་པ་དགེ་སློང་གི་སྡོམ་པ་བཞེས། མཁན་སློབ་དགེ་འདུན་དང་བཅས་པའི་སྤྱན་སྔར་ཇི་ལྟར་ཞལ་གྱིས་བཞེས་པ་ལྟར་ཁྲིམས་ཉིས་བརྒྱ་ལྔ་བཅུ་རྩ་གསུམ་མིག་གི་འབྲས་བུ་ལྟར་བསྲུང་ཞིང་རྒྱལ་བའི་བསྟན་པ་ལ་བྱ་བ་ལྷག་པར་(༡༨ན)མཛད་བཞིན་ནས་སྤྱངས་པའི་ཡོན་ཏན་བཅུ་གཉིས་ཀྱི་ནང་ནས་སྟན་གཅིག་པ་དང་བསོད་སྙོམས་པའི་བརྟུལ་ཞུགས་བཞེས་ཏེ་སྐུ་ཚེ་རིལ་པོ་བཅས་མཚམས་དེ་ལས་མི་འདའ་བར་མཛད་དོ། །

ཚུལ་འདི་ལ་སྔོན་གྱི་མཁས་པ་རྣམས་ཀྱིས་ཁ་ཆེའི་པཎ་ཆེན་བསོད་སྙོམས་པ་ཆེན་པོ་ཞེས་བསྔགས་སོ། །ཚུལ་ཁྲིམས་རྣམ་པར་དག་པ་ལ་རྒྱལ་བ་རྣམས་ཀྱིས་བྱིན་གྱིས་རློབ་པ་རྟེན་འབྲེལ་གྱི་ཆོས་ཉིད་ཡིན་པར་གསུངས་པ་ལྟར་པཎ་ཆེན་འདི་ཡང་ཚུལ་ཁྲིམས་རྣམ་པར་དག་པ་བསྲུང་བར་མཛད་པའི་མཐུས་སངས་རྒྱས་དང་བྱང་ཆུབ་སེམས་དཔའ་མང་པོའི་ཞལ་གཟིགས་ཤིང་དཀར་ཕྱོགས་ཀྱི་ལྷ་རྣམས་ཀྱིས་མཆོད་པ་སོགས་ངོ་མཚར་བའི་རྣམ་ཐར་བསམ་གྱིས་མི་ཁྱབ་པ་མངའ་འོ། །པཎ་ཆེན་འདི་ལ་སྦྱིར་དཀར་ཕྱོགས་ཀྱི་ལྷ་རྣམས་ཀྱིས་འདུད་ཅིང་། ལྷག་པར་ཁྲིམས་ལྡན་སྐྱོང་བའི་སྲུང་མ་རྒྱལ་པོ་ཆེན་པོ་རྣམ་ཐོས་སྲས་འཁོར་དང་བཅས་པས་ལུས་དང་གྲིབ་མ་བཞིན་འགྲོགས་ཏེ་བསྲུང་ཞིང་སྐྱོབ་པ་དང་མཆོད་པར་བྱེད་ལ། ལྷག་པར་རྣམ་ཐོས་སྲས་ཀྱི་འཁོར་གནོད་སྦྱིན་གྱི་སྡེ་དཔོན་ཆེན་པོ་ལྷུམ་རྩེན་ནི་འདུལ་ཁྲིམས་ཚུལ་བཞིན་དུ་བསྲུང་བ་རྣམས་ལ་བླ་ལྷག་ཏུ་དད་ཅིང་གུས་པར་བྱེད་པས་པཎ་ཆེན་བདག་ཉིད་ཆེན་པོ་འདི་ལའང་ལྷག་པར་མཆོད་པར་བྱེད་དོ། །ཁ་ཆེའི་ཡུལ་དུ་འབྱོར་ལྡན་དད་པ་ཅན་ཞིག་གིས་པཎ་ཆེན་འདི་ལ་རྒྱུན་དུ་བསོད་སྙོམས

མཛད་པ་འོ་བརྒྱལ་བས་ངས་གདན་དུ་བསྙེན་བཀུར་བྱའོ་ཞེས་ཞུས་པ་ན། རྗེ་བཙུན་མ་སྒྲོལ་མས་ཞལ་དངོས་སུ་བསྟན་ནས་རིགས་ཀྱི་བུ་ཁྱོད་སངས་(༤༨བ)རྒྱས་ཀྱི་བསྟན་པ་མི་འཛིན་ནམ་ཞེས་གསུངས་པས། པཎ་ཆེན་འདིས་རྗེ་བཙུན་སྒྲོལ་མའི་བཀའ་ལྟར་གདན་དུ་གཞན་གྱིས་འཚོ་བ་སྦྱོར་བ་དང་དུ་མ་བཞེས་པར་བསོད་སྙོམས་ཁོ་ན་མཛད་དོ། །པཎ་ཆེན་འདིས་ཐེག་པ་ཆེན་པོའི་ལམ་གྱི་ལུས་ཡོངས་སུ་རྫོགས་པ་ལ་སྒྲུབ་པ་སྙིང་པོར་མཛད་པའི་ཚེ་རྗེ་བཙུན་བྱམས་པ་མགོན་པོས་ཞལ་བསྟན་ནས་གདམས་པ་དང་རྗེས་སུ་བསྟན་པ་སྤྲུལ་ཞིང་དབུགས་དབྱུང་བར་མཛད། མ་ག་དྷར་བཞུགས་པའི་ཚེ་རྡོ་རྗེ་གདན་གྱི་བྱང་ཆུབ་ཆེན་པོས་སྤྲུལ་པ་སྣ་ཚོགས་བསྟན་ནས་བྱིན་གྱིས་རློབ་པར་མཛད། དེའི་ཚེ་མ་ག་དྷའི་རྒྱལ་པོས་སིངྒ་ལའི་གླིང་ན་དགྲ་བཅོམ་པ་ཞིག་བཞུགས་ཡོད་པ་དེ་ལ་སྤྱན་དུ་མཆོད་པ་བྱེད་པ་ལས། དེའི་ཚེ་དགྲ་བཅོམ་པ་དེས་རྒྱལ་པོའི་ཕོ་ཉ་པ་ལ་ཐག་རིང་པོ་འདིར་མཆོད་པ་སྐྱེལ་བ་བས་ཁྱེད་རང་གི་ཡུལ་ན་མ་བྱོན་པའི་སངས་རྒྱས་གསུམ་པ་དེ་བཞིན་གཤེགས་པ་རབ་གསལ་དུ་འགྱུར་བའི་སེམས་དཔའ་ཆེན་པོ་ཤཱཀྱ་ཤྲཱི་ཞེས་བྱ་བ་བཞུགས་པས་དེ་ལ་མཆོད་པ་བྱས་ན་བསོད་ནམས་ཆེ་ཞེས་གསུང་བ་དང་། ཡང་པཎ་ཆེན་ཤཱཀྱ་ཤྲཱིའི་གཙུང་པོ་ཞིག་གིས་སིངྒ་ལའི་གླིང་དུ་དགྲ་བཅོམ་པ་མཇལ་བར་ཕྱིན་པས་དགྲ་བཅོམ་པ་དེས་སྔར་རྒྱལ་པོ་ལ་ཇི་ལྟར་གསུངས་པའི་ལོ་རྒྱུས་ཀྱང་གནང་བས། པཎ་ཆེན་ཤཱཀྱ་ཤྲཱི་འདི་མ་འོངས་པ་ན་དེ་བཞིན་གཤེགས་པ་རབ་གསལ་རྒྱལ་པོར་འགྱུར་བར་ཡོངས་སུ་གྲགས། དོན་འདི་ལ་ཁྲོ་ཕུ་ལོ་ཙཱ་བ་བྱམས་པ་དཔལ་གྱིས་ཀྱང་། བྱ་རྒོད་ཕུང་པོའི་ཡོན་ཉིད་བསྒྲུབས་ཀྱིས། ...

ཨོ་རྒྱན་ཞིང་སྐྱོང་དང་། །སིངྒ་གླིང་ནས་དགྲ་བཅོམ་(༤༩ན)གྱིས་བསྟན་ལྟར། །མ་བྱོན་སངས་རྒྱས་གསུམ་པར་འཚང་རྒྱ་ཞིང་། །འདི་འོག་དགའ་ལྡན་གཤེགས་ལ་ཕྱག་འཚལ་ལོ། །ཞེས་བསྟོད་པས་སོ། །

དེ་ལྟར་ཡོན་ཏན་གྱི་གཏེར་ཆེན་པོ་མངའ་བའི་བདག་ཉིད་ཆེན་པོ་པཎ་ཆེན་

ཤཱཀྱ་ཤྲཱི་རྒྱ་གར་ཤར་ནུབ་ཁ་ཆེའི་ཡུལ་སོགས་ན་དགེ་འདུན་སྟོང་ཕྲག་མང་པོ་ལ་ཆོས་སྟོན་ཞིང་བསྟན་པའི་བདག་པོར་བཞུགས་པ་ན། བྱང་ཕྱོགས་སྐྱེ་འགྲོ་སྤྱི་མཐུན་གྱི་བསོད་ནམས་ཀྱི་མཐུས་རྒྱལ་པོ་ཆེན་པོ་རྣམ་ཐོས་སྲས་ལ་སོགས་པ་དཀར་ཕྱོགས་ཀྱི་སྲུང་མ་རྣམས་ཀྱིས་བོད་ཡུལ་དུ་བྱོན་ན་བསྟན་པ་ལ་ཕན་ཆེ་བས་འབྱོན་པར་བསྐུལ་ཞིང་། རྗེ་བཙུན་སྒྲོལ་མ་ལ་སོགས་པ་ལྷག་པའི་ལྷ་རྣམས་ཀྱིས་ཀྱང་བསྐུལ་བ་དང་། ལྷག་པར་དམ་ཆོས་འཛིན་པའི་སྨོན་ལམ་གྱི་མཐུ་གྲུབ་པ་ཁྲོ་ཕུ་ལོ་ཙཱ་བས་པཎ་ཆེན་ཤཱཀྱ་ཤྲཱི་ལ་བོད་དུ་འབྱོན་དགོས་ཞེས་ཞུ་ཡིག་ཕུལ་བ་ན། སངས་རྒྱས་དོན་ཡོད་གྲུབ་པ་ལ་ཕྱག་འཚལ་ལོ། །ཤཱཀྱའི་བསྟན་ལ་ཤཱཀྱའི་སྲས་བལྟམས་ཤཱཀྱའི་མཚན། །ལྷ་རིག་གཙུག་ནོར་དྲི་མེད་བརྟུལ་ཞུགས་བརྟན་པོ་འཛིན། །ཐུགས་རྗེའི་བདག་ཉིད་ངོ་མཚར་ཆོས་བཞིས་ཁྱད་འཕགས་གང་། །པཎ་ཆེན་དམ་པས་བདག་སོགས་རྗེས་འཛིན་སྐྱོང་གྱུར་ཅིག །རིང་ཞིག་དུས་ནས་ཁྱོད་ཀྱི་མཚན་ཙམ་ཐོས་པས་ཀྱང་། །རབ་དད་དགའ་སྐྱེས་སྤུ་ལྡང་མཆི་མ་འཁྲུག་འགྱུར་བ། །རིགས་ལྡན་བུ་ཞིག་གངས་ཅན་ཁྲིད་ནས་ཉིན་མཚན་དུ། །ཐལ་སྦྱར་སྤྱིས་འདུད་གདུང་བས་གསོལ་འདེབས་མཁྱེན་པར་མཛོད། །མ་ག་དྷ་(༦༧བ)སོགས་རིག་འབྱུང་གནས་ནི་སྡིག་ཏོ་ཡིན། །དམག་ཚོགས་ཀྱིས་བཅོམ་ཨོ་རྒྱན་ཁ་ཆེ་བལ་ཡུལ་ཡང་། །ཡོག་སྤྱོད་ཀྱིས་ཁེངས་དེང་སང་བསྟན་སྲོག་ལེགས་གནས་ནི། །བོད་ཡུལ་འདིར་ཟད་སྐྱེས་ཆེན་བྱང་ཕྱོགས་ཞབས་སྐྱོད་ཞུ། །སེམས་པ་གཞན་བཏང་ཁྱོད་ལ་ཡིད་བྱེད་གཅིག་པུ་ཡིས། །ཅིར་ཡང་མ་ཆགས་དགའ་བ་དུ་མ་ཁྱད་བསད་ཅིང་། །འདོད་པའི་ཡུལ་སྤངས་བཤུལ་རིང་བགྲོད་དཀའི་ལམ་ཞུགས་ཏེ། །ངལ་བརྒྱུས་མཆིས་སོ་རེ་བ་མ་ལུས་མཆིས་པར་མཛོད། །རྒྱལ་སྲས་ཁྱེད་ལ་དོན་འགྱུར་གདུལ་བྱ་རྗེས་འཛིན་ལས། །གཞན་ལྷ་ཅི་མཆིས་ནུས་ཡོད་བཞིན་ཡང་བྱམས་པའི་ཕས། །བསད་སར་བུ་ཁྲིད་ཅི་དགར་ཡལ་དོར་འདྲར་གྱུར་ན། །ཀྱེ་མ་ཁྱེད་ཐབས་ཐུགས་རྗེ་གང་ལགས་བདག་ལ་གསུངས། །ཞེས་པའི་ཞུ་ཡིག་སཾ་སྐྲྀ་ཏའི་སྐད་དུ་རྒྱའི་

ཡི་གེར་བྲིས། །གསེར་གྱི་ཤེར་སྙིང་བོད་ཡིག་མ་གཅིག །མི་ཉག་སྐྱའི་དར་ཆེན་གྱི་ན་བཟའ་ཟུང་། རྫ་ཟབ་ཀྱི་ཐླ་བྲི་བཟང་པོ་དང་བཅས་ཕུལ་བ་ཕྱག་ཏུ་འབྱོར་བ་ན་རྒྱལ་བའི་བསྟན་པ་གསོ་བར་བཞེད་པའི་སྙིང་སྟོབས་དང་། འགྲོ་ལ་བརྩེ་བའི་སྙིང་རྗེས་ཆེས་ཆེར་བསྐུལ་ནས་འབྱོན་པར་ཆས་པ་ན་དགེ་འདུན་སྟོང་ཕྲག་མང་པོས་འཕགས་ཡུལ་དུ་བཞུགས་དགོས་པར་གསོལ་བ་ནན་གྱིས་བཏབ་ཀྱང་བསྟན་པ་ལ་བྱ་བ་མཛད་བཞེད་པའི་ལྷག་བསམ་སྙིང་སྟོབས་ཀྱིས་བསྐུལ་ཏེ་ཁྲོ་ཕུ་ལོ་ཙཱ་བས་ཇི་ལྟར་གདན་དྲངས་པ་ལྟར་རྒྱ་གར་བའི་ཛྙཱ་ཏིའི་ཚོང་དུས་ནས་གྲོ་མོ་རྒྱུད་བོད་དུ་ཕེབས། (༨༥ན)གཙང་ཆུ་མིག་ཏུ་བསླེབས་པ་ན། ཁྲོ་ཕུ་ལོ་ཙཱ་བས་དགེ་འདུན་མང་པོ་མཆོད་པའི་བྱེ་བྲག་སྣ་ཚོགས་པ་ཐོགས་ཏེ་བསུ་བ་དང་བཅས་ཤིང་ཕོ་བྱི་བའི་ལོར་ཁྲོ་ཕུར་གདན་དྲངས་ཏེ་དགེ་འདུན་བརྒྱད་བརྒྱ་སྐོར་དང་ལྷན་ཅིག་དབྱར་གནས་མཛད། དབྱར་གནས་ཀྱི་སྐབས་པཎ་ཆེན་གྱིས་བརྒྱད་སྟོང་པ་དང་། སོ་ཐར་གྱི་མདོ་དང་། མདོ་སྡེ་རྒྱན་རྣམས་གསུངས་ཤིང་ཐམས་ཅད་འདུལ་བའི་བཅས་མཚམས་རྣམ་པར་དག་པ་ལ་སྦྱོར་བར་མཛད། དེའི་ཚེ་ལྗོ་ཕྲག་པ་བྱང་ཆུབ་དཔལ་སོགས་ལ་བསྙེན་རྫོགས་ཀྱི་སྡོམ་པ་གནང་། དེ་ནས་སྣར་གྱི་སྣུས་མོ་ཆེར་ཕེབས། གནས་དེར་གདུལ་བྱ་མང་པོ་ལ་ཤེར་ཕྱིན་དང་འདུལ་བ་མེ་ཏོག་ཕྲེང་རྒྱུད་སོགས་གསུངས། དེའི་ཚེ་པཎ་ཆེན་གྱི་འབྲལ་ཕྱང་བརྒྱད་སྟོང་པའི་གླེགས་བམ་རྗེ་བཙུན་སྒྲོལ་མས་བསྣམས་ནས་ཤར་ཕྱོགས་སུ་ཕེབས་པ་གཟིགས་པས་དབུས་སུ་འགྲོ་དགོས་པའི་རྟགས་སུ་འདུག་གསུངས། གནས་དེར་ཤིང་མོ་གླང་ལོའི་དབྱར་གནས་མཛད། དགག་དབྱེ་གྲུབ་ནས་མྱང་སྟོད་ཆུ་མིག་རིང་མོར་དགེ་འདུན་མང་པོས་སྤྱན་དྲངས་ཏེ་ཕེབས། གནས་དེར་དབུ་མ་རིན་ཆེན་ཕྲེང་བ་སོགས་ཆོས་མང་དུ་གསུངས། དེ་ནས་ཞ་ལུ་རྒྱན་གོང་དུ་ཕེབས། སྐྱེ་མོ་བ་རྗེ་རྗེ་དཔལ་བ་ལ་བསྙེན་རྫོགས་གནང་། དེ་ནས་དབུས་སུ་ཕེབས་ཏེ་ལྷ་སར་ཇོ་ཤཱཀ་རྣམ་གཉིས་ལ་མཆོད་པ་རྒྱ་ཆེན་པོ་མཛད། སྲིན་པོ་རིར་ཕེབས་ཏེ་མེ་ཕོ་སྟག་ལོའི་

དབྱར་གནས་མཛད། གདུལ་བྱ་མང་པོ་ལ་བྱམས་ཆོས་སྡེ་ལྔ། དབུ་མ་རིགས་(༥༨བ)ཚོགས་དྲུག་སོགས་ཆོས་མཐའ་ཡས་པ་གསུངས། མངོན་པ་ཀུན་ལས་བཏུས་ཀྱི་རྣམ་བཤད་སྦྱར་བར་མཛད། དགག་དབྱེ་གྲུབ་ནས་གཉལ་ཕྱོགས་སུ་ཕེབས་ནས་ཟངས་པོ་ཆེའི་དགེ་འདུན་རྣམས་ལ་ཐེག་པ་ཆེན་པོའི་ལམ་གྱི་རིམ་པའི་ཁྲིད་གནང་། དེ་ནས་བསམ་ཡས་སུ་ཕེབས་ཏེ་ཕོ་བྲང་ཞི་བ་འོད་ཀྱིས་སྦྱིན་བདག་མཛད་དེ་ཆོས་མང་དུ་གསུངས། དེར་རྒྱ་མ་དཔོན་སློབ་རིན་ཆེན་སྒང་པས་པཎ་ཆེན་མཇལ། དཔོན་སློབ་རིན་པོ་ཆེས་གདན་དྲངས་ནས་རྒྱ་མ་རིན་ཆེན་སྒང་དུ་ཕེབས། དཔོན་སློབ་རིན་པོ་ཆེ་འདི་ལ་སིཾ་ཧ་ལའི་གླིང་གི་དགྲ་བཅོམ་པས་མ་བྱོན་པའི་སངས་རྒྱས་སྐལ་ལྡན་ཤིང་རྟ་ཞེས་བྱ་བར་འགྱུར་བར་ལུང་བསྟན་ཅིང་། མེ་ཏོག་པདྨ་གཅིག་དེ་ལ་ཕུལ་ཞེས་བསྒྲགས་བའང་དེ་དུས་གནང་ཞིང་ཕན་ཚུན་དག་སྣང་ཤིན་ཏུ་ཆེ་བ་མཛད། དེ་ནས་སོལ་ནག་ཐང་པོ་ཆེར་ཕེབས། ཆོས་མང་དུ་གསུངས་ཤིང་སློབ་ཆད་རྒྱལ་བསྟན་ཇི་ཙམ་སོང་བའི་བསྟན་རྩིས་ཀྱང་མཛད། པཎ་ཆེན་འདིས་དབྱར་གནས་མ་ཆག་པར་མཛད་པས་མེ་མོ་ཡོས་ལོའི་དབྱར་གནས་དང་ས་ཕོ་འབྲུག་གི་དབྱར་གནས་གཉིས་སྔོན་གྱི་ཆོས་འབྱུང་དག་ལ་མི་འདྲ་བ་ཅི་རིགས་སྣང་ཡང་། ཡོས་ལོའི་དབྱར་གནས་ཐང་པོ་ཆེ་དང་། འབྲུག་ལོའི་དབྱར་གནས་གཉལ་གྱི་ཏེའུ་རར་མཛད་པ་འདྲ་ཞིང་། དེ་ནས་ར་སྒྲེང་དུ་བྱོན་ཏེ་བཀའ་གདམས་ཀྱི་གནས་རྣམས་ལ་མཆོད་འབུལ་དང་སྨོན་ལམ་མཛད། དེ་ནས་གཙང་ཕྱོགས་སུ་བྱོན་ཏེ་ཞ་ལུ་རྒྱན་གོང་དུ་རྗེ་བཙུན་ས་པཎ་ལ་བསྙེན་རྫོགས་གནང་(༥༩ན)ཞིང་ཆོས་མང་དུ་གསུངས། དེ་ནས་དབུས་ཕྱོགས་སུ་ཕེབས་ཏེ་རྒྱ་མ་རིན་ཆེན་སྒང་དུ་ཆོས་མང་དུ་གསུངས། ས་མོ་སྦྲུལ་ལོའི་དབྱར་གནས་ཀྱང་གནས་དེར་མཛད། དེ་ནས་གཙང་ཕྱོགས་སུ་ཕེབས་ཏེ་ཤངས་ལུ་གུ་གདོང་དུ་དོན་གཉེར་ཅན་མང་པོ་ལ་བསྙེན་རྫོགས་ཀྱི་སྡོམ་པ་གནང་ཞིང་གནས་དེར་ལྕགས་ཕོ་རྟ་ལོའི་དབྱར་གནས་མཛད། དགག་དབྱེ་ཐོན་ནས་གཙང་ཕྱོགས་ཀྱི་གནས་མང་པོར་

ཕེབས་ཤིང་སྐལ་བ་དང་ལྡན་པ་རྣམས་ལ་རང་རང་གི་བསམ་པ་དང་མཐུན་པའི་ཆོས་མང་དུ་གནང་ཞིང་གཙོ་ཆེར་འདུལ་བའི་བསླབ་ཁྲིམས་རྣམ་པར་དག་པ་ལ་འགོད་པར་མཛད། ལྟགས་མོ་ལུག་ལོའི་དབྱར་གནས་ཡིག་རྙིང་འགའ་ཞིག་ཏུ་ས་སྐྱར་མཛད་པར་བཤད་དེ། ཇི་ལྟར་ཡང་གཙང་ཕྱོགས་སུ་མཛད། དེ་ནས་ཁྲི་ཕུའི་བྱམས་ཆེན་མྱུར་དུ་འགྲུབ་ཕྱིར་ཕྱག་ཏུ་ཡོ་བྱད་ཅི་བྱུང་བྱམས་ཆེན་གྱི་སྐུ་བཞེང་བའི་ཆ་རྐྱེན་དུ་ཁྲི་ཕུ་ལོ་ཙྪ་བ་ལ་གནང་སྟེ་ཆུ་ཕོ་སྤྲེའུའི་ལོར་བྱམས་ཆེན་གྱི་སྐུ་ལེགས་པར་གྲུབ། ཟླ་བ་དྲུག་པའི་ཆོས་གསུམ་ནས་བཅུ་གསུམ་གྱི་བར་རབ་ཏུ་གནས་པའི་ཆོ་ག་རྒྱས་པར་མཛད། གནས་དེར་སྤྲེ་ལོའི་དབྱར་གནས་ཀྱང་མཛད། སྐལ་བ་དང་ལྡན་པ་དག་ལ་མདོ་སྔགས་ཀྱི་ཆོས་མཐའ་ཡས་པ་གསུངས། ཁ་ཆེར་འཕྱོན་པར་ཆས་པ་ན་དད་ལྡན་ཐམས་ཅད་ཀྱིས་བོད་དུ་བཞུགས་པར་གསོལ་བ་བཏབ་ཀྱང་དེའི་ཚེ་རྒྱ་གར་དུ་བསྟན་པ་ཉམས་ཚབས་ཆེ་བ་ཡོད་པ་གསོ་བར་བཞེད་པས་བོད་དུ་བཞུགས་པར་ཞལ་གྱིས་མ་བཞེས་པར་ཁ་ཆེར་ཕྱིན་པ་དོན་ཆེ་གསུངས་ནས་ཕེབས། དེའི་ཚེ་ཁ་(༡༨༨བ)ཆེ་པཎ་ཆེན་གྱི་ཐུགས་སྲས་དམ་པ་བྱང་ཆུབ་དཔལ་བ་དང་རྗོ་རྗེ་དཔལ་བ་གཉིས་ཀྱིས་པཎ་ཆེན་གྱི་ཞབས་འབྲིང་དུ་རྒྱ་གར་དུ་འགྲོ་བར་ཞུས་པས་པཎ་ཆེན་གྱི་ཞལ་ནས་ཁྱེད་གཉིས་རྒྱ་གར་དུ་འགྲོ་བ་ལས་བོད་དུ་སྡོད་པ་དོན་ཆེ་བས་འདུལ་བའི་བཅས་མཚམས་རྣམ་པར་དག་པ་སྲུངས། མ་ཐ་དགེ་སློང་བཞི་སྡེ་རེ་དང་མ་བྲལ་བར་གཞི་གསུམ་གྱི་ཕྱག་ལེན་མ་ཉམས་པ་དང་སྟན་གཅིག་གི་བརྟུལ་ཞུགས་མ་ཉམས་པར་གྱིས། འདུལ་བའི་བཅས་མཚམས་ཚུལ་བཞིན་དུ་བསྲུང་བའི་དགེ་འདུན་གྱི་སྡེ་གང་འཕེལ་གྱིས་ཞེས་ཞལ་ཏ་གནང་། གཉིས་པོས་ཀྱང་པཎ་ཆེན་གྱི་བཀའ་བཞིན་འདུལ་བའི་བཅས་མཚམས་བསྲུང་བ་དགེ་སྦྱོར་གྱི་མཐིལ་དུ་བྱས། དམ་པའི་ཆོས་འདུལ་བ་ལ་ཚུལ་བཞིན་དུ་སློབ་པའི་དགེ་འདུན་གྱི་སྡེ་གང་འཕེལ་བྱས་ཏེ་སྟན་གཅིག་གི་བརྟུལ་ཞུགས་འཛིན་པའི་དགེ་སློང་གི་སྡེ་མང་དུ་འཕེལ་ཏེ་རིམ་གྱིས

ཚོགས་སྡེ་བཞིར་གྲགས་པ་རྗེ་བོ་སྟན་གཅིག་པ་ཞེས་སྙན་པའི་གྲགས་པས་ཕྱོགས་ཀུན་ཏུ་ཁྱབ་པ་བྱུང་། །ཚོགས་སྡེ་བཞི་ནི། ཚོགས་དགེ་འདུན་སྒང་པ། ཚོགས་ཆེན་མོ་བ། ཚོགས་བྱེ་ཐྱིངས་པ། ཆོས་ལུང་ཚོགས་པ་སྡེ་བཞིའོ། །རྗེ་བཙུན་ཆོས་ཀྱི་རྒྱལ་པོ་ཙོང་ཁ་པ་ཆེན་པོས་ཀྱང་པཎ་ཆེན་ཤཱཀྱ་ཤྲཱི་ནས་བརྒྱུད་པའི་བསྙེན་རྫོགས་ཀྱི་སྡོམ་རྒྱུན་ཚོགས་ཆེན་མོའི་མཁན་པོ་ཚུལ་ཁྲིམས་རིན་ཆེན་ལས་བཞེས་སོ། །དེ་ལྟར་པཎ་ཆེན་ཤཱཀྱ་ཤྲཱིས་བོད་ཡུལ་དུ་རྒྱལ་བའི་བསྟན་པའི་ནང་མཛོད་དམ་པའི་ཆོས་འདུལ་བ་(༧༠༠ན)ཁ་བཤད་ཙམ་དུ་མ་ལུས་པར་ཕྱག་ལེན་ལ་བཏབ་པའི་སྲོལ་རྣམ་པར་དག་པ་བཙུགས་ཏེ་བསྟན་པའི་བྱ་བ་རྒྱ་ཆེན་པོ་མཛད་ནས་མངའ་རིས་པུ་རང་དུ་ཐེབས་ཏེ། པུ་རང་དུ་ཆུ་མོ་བྱ་ལོའི་དབྱར་གནས་མཛད་དོ། །དེ་ནས་ལ་དྭགས་བརྒྱུད་དེ་ཁ་ཆེར་ཐེབས་ནས་རབ་ཏུ་བྱུང་བ་མང་དུ་བསྒྲུབས་ཏེ་དམ་པའི་ཆོས་འདུལ་བ་ཆེས་ཆེར་སྤེལ་བར་མཛད། གཞན་ཡང་མདོ་སྔགས་ཀྱི་ཆོས་མང་དུ་གནང་སྟེ་བསྟན་པ་ལ་བྱ་བ་རྒྱ་ཆེན་པོ་མཛད་ནས་དགུང་ལོ་གོ་དགུ་པ་ཤིང་མོ་བྱའི་ལོར་ཅོ་མཚར་བའི་ལྟས་བསམ་གྱིས་མི་ཁྱབ་པ་དང་བཅས་ཞིང་གཤེགས་ཏེ་དགའ་ལྡན་དུ་ཐེབས་སོ། །

པཎ་ཆེན་དེ་ནས་བསྙེན་རྫོགས་ཀྱི་སྡོམ་པ་རིམ་པར་བརྒྱུད་པ་ནི། པཎ་ཆེན་ཤཱཀྱ་ཤྲཱི། བྱང་ཆུབ་དཔལ། བདེ་བ་དཔལ། མཁན་ཆེན་གྲགས་པ་གཞོན་ནུ། བུ་སྟོན་རིན་པོ་ཆེ། གྲགས་པ་རྒྱལ་མཚན། ཤེར་འབྱུང་བློ་གྲོས། ཡེ་ཤེས་གྲགས་པ། བློ་གྲོས་ལེགས་བཟང་། པཎ་ཆེན་དམ་ཆོས་ཡར་འཕེལ། ཐམས་ཅད་མཁྱེན་པ་བློ་བཟང་ཆོས་ཀྱི་རྒྱལ་མཚན། རྡོ་རྗེ་འཛིན་པ་དཀོན་མཆོག་རྒྱལ་མཚན། རྗེ་བཙུན་ཐམས་ཅད་མཁྱེན་པ་བློ་བཟང་ཡེ་ཤེས། དོན་གྱི་སྣང་དུ་མཚན་ནས་སྨོས་ཏེ་མཁན་པོ་རིན་པོ་ཆེ་གྲུབ་དབང་བློ་བཟང་རྣམ་རྒྱལ་དཔལ་བཟང་པོའི་ཞལ་སྔ་ནས། དེའི་ཞབས་དྲུང་དུ་བདག་གིས་བསྙེན་རྫོགས་ཀྱི་སྡོམ་པ་(༧༠༠བ)ཐོབ་བོ། །

ཁ་ཆེ་པཎ་ཆེན་ཤཱཀྱ་ཤྲཱི་ནས་འདུལ་བའི་བཤད་སྲོལ་ཇི་ལྟར་བྱུང་ཚུལ་ནི། ཁ་ཆེ་

པཎ་ཆེན་གྱི་ཐུགས་སྲས་དམ་པ་པོ་ཏླ་བ་བྱམས་པ་དཔལ་གྱིས་ཁྲི་ཕུར་དགེ་འདུན་གྱི་སྡེ་བཙུགས་ཏེ་འདུལ་བའི་བཤད་སྒྲོལ་དར་བར་མཛད། ཁྲི་ཕུ་པའི་གདན་རབས་རིམ་པར་བརྒྱུད་པ་རྣམས་ཀྱིས་འདུལ་བའི་བཤད་སྒྲོལ་སྤེལ། ཁྱད་པར་ཁྲི་ཕུའི་མཁས་པ་ཆེན་པོ་ཆོས་རྗེ་བུ་སྟོན་རིན་པོ་ཆེས་འདུལ་བ་ལུང་སྡེ་བཞི་དང་། ལུང་སྡེ་བཞིའི་བརྗོད་བྱ་ཕྱོགས་གཅིག་ཏུ་བསྡུས་པ་འདུལ་བ་མདོ་རྩ་བ་དང་། དེའི་རྒྱ་ཆེར་འགྲེལ་ལ་སྦྱངས་ཏེ་མི་འཛིགས་པའི་སྤོབས་པ་བརྙེས་ནས་འདུལ་བ་ལུང་སྡེ་བཞིའི་བརྗོད་བྱའི་དོན་ཕྱོགས་གཅིག་ཏུ་བསྡུས་པ་འདུལ་བ་སྤྱིའི་རྣམ་པར་བཞག་པ་འདུལ་བ་རིན་པོ་ཆེའི་མཛེས་རྒྱན། འདུལ་བའི་མདོའི་དོན་རྣམ་པར་འབྱེད་པ་འདུལ་བ་རྒྱ་མཚོའི་སྙིང་པོ་རབ་ཏུ་གསལ་བར་བྱེད་པ། ལས་བརྒྱ་རྩ་གཅིག་གི་རྣམ་པར་བཤད་པ་ཆོ་གའི་གསལ་བྱེད། འདུལ་བའི་ལག་ལེན་གྱི་ཆོ་ག་དྲི་མ་མེད་པའི་ཕྲེང་བ་ཞར་བྱུང་ཁྱིམ་པ་ལ་ཕན་གདགས་པའི་ཆོ་ག་དང་བཅས་པ། དུས་གོའི་ལྷན་ཐབས། དགེ་སློང་མའི་རྣམ་པར་འབྱེད་པའི་དོན་གསལ་བར་བྱེད་པ་སྙིང་པོ་གསལ་བ། འདུལ་བ་མདོའི་བཤད་ཐབས་ཀྱི་ཡན་ལག་གླེང་གཞི་དང་རྟོགས་བརྗོད་དང་དེ་ལྟ་བུ་བྱུང་བ་དང་སྐྱེས་པའི་རབས་རྣམས་ཅི་རིགས་པའི་སྙིང་པོ་བསྡུས་ཏེ་བསྟན(༧༠༧)པ་ཞེས་བྱ་བ་གླེང་འབུམ་ཆེན་མོར་གྲགས་པ། དགེ་སློང་མའི་རྣམ་འབྱེད་ནས་འབྱུང་བའི་གླེང་གཞི་མདོར་བསྡུས་སུ་བཀོད་པ། སྟོན་པ་བཅོམ་ལྡན་འདས་ཤཱཀྱ་ཐུབ་པའི་རྣམ་པར་ཐར་པ་འདུལ་བ་ལུང་ལས་འབྱུང་བ་བསྡུས་པ་དང་ཅིང་དགའ་བ་བསྐྱེད་བྱེད་ཅེས་བྱ་བ། རྒྱལ་བའི་བསྟན་པ་སྤྱིའི་བྱུང་ཚུལ་དང་ཁྱད་པར་རྒྱ་བོད་གཉིས་སུ་དམ་པའི་ཆོས་འདུལ་བ་ཇི་ལྟར་དར་ཚུལ་གྱི་ཆོས་འབྱུང་ཆེན་མོ་རྣམས་མཛད་དེ་གངས་ཅན་པ་རྣམས་ལ་བཀའ་དྲིན་མཚུངས་མེད་དུ་མཛད་དོ། །

ཡང་པཎ་ཆེན་ཤཱཀྱ་ཤྲཱིའི་འཕྲིན་ལས་ཀྱི་རྒྱུན་ལས་གངས་ཅན་དུ་དགེ་འདུན་གྱི་སྡེ་འཕེལ་ཚུལ་ནི། པཎ་ཆེན་དབུས་སུ་ཕེབས་དུས་ཆུ་ཤུལ་གྲོག་མ་དགོན་དུ་བསྒྲུབ་

བྱ་བཅུ་གཅིག་བསླེབ་པར་རྫོགས། གཞན་ཡང་དབུས་གཙང་གི་གནས་མང་པོར་ཁ་ཆེ་པཎ་ཆེན་གྱིས་སྐལ་བ་དང་ལྡན་པ་མང་པོ་ལ་བསླེབ་རྫོགས་གནང་ཞིང་། དེ་དག་སོ་སོ་ནས་བརྒྱུད་པའི་དགེ་འདུན་གྱི་སྡེ་མང་དུ་འཕེལ་བ་ལས་གཙོ་བོར་ཁ་ཆེ་པཎ་ཆེན་གྱི་རྣམ་ཐར་སྐྱོང་བའི་ཚོགས་སྡེ་བཞིར་གྲགས་པ་བྱུང་སྟེ། ཚོགས་སྡེ་བཞི་ནི། ཚོགས་ཆེན་པ། ཚོགས་བྱེ་ཐིངས་པ། ཚོགས་ཆོས་ལུང་པ། ཚོགས་དགེ་འདུན་སྒང་པ་བཞིའོ། །ཚོགས་ཆེན་པ་ལ་ཚོགས་ཚལ་མིག་པ་ཞེས་ཀྱང་གྲགས་སོ། །ཚོགས་སྡེ་བཞི་པོ་དེ་སོ་སོར་བྱུང་ཚུལ་ནི། ཁ་ཆེ་པཎ་ཆེན་(༧༠༧བ)གྱིས་ཚུ་ཤུལ་སྤྲུག་མ་དགོན་དུ་བསྒྲུབ་བྱ་བཅུ་གཅིག་ལ་བསླེབ་རྫོགས་གནང་བ་དེའི་ནང་ནས་གཙང་སོ་བ་ཚུལ་ཁྲིམས་མཛེས་ཀྱིས་པཎ་ཆེན་རྒྱ་གར་ལ་གཤེགས་རྗེང་ལོ་དགུའི་བར་ཁ་ཆེ་པཎ་ཆེན་གྱི་རྣམ་ཐར་བསྐྱངས་ཏེ། སྦྱངས་པའི་ཡོན་ཏན་ལྡན་གཅིག་གི་བརྟུལ་ཞུགས་འཛིན་པའི་དགེ་སློང་མང་དུ་ཚོགས་པའི་མཁན་པོ་མཛད་དེ་དགེ་འདུན་གྱི་སྡེ་བསྐྱངས། དེའི་རྗེས་སུ་སླེ་མོ་མཆོ་མཐའ་བ་མཁན་པོ་རྡོ་རྗེ་དཔལ་དང་། ལྷོ་བྲག་པ་བྱང་ཆུབ་དཔལ་གཉིས་ཀྱིས་ལྡན་གཅིག་གི་བརྟུལ་ཞུགས་འཛིན་པའི་དགེ་འདུན་གྱི་སྡེ་བསྐྱངས་ཏེ་ཁོང་གཉིས་ཀྱིས་པཎ་ཆེན་རྒྱ་གར་ལ་གཤེགས་པའི་ཕྱུགས་ཕྱིར་འགྲོ་བར་ཞུས་པས། ངེད་ཀྱི་ཟླ་བོར་རྒྱ་གར་དུ་འགྲོ་བ་ལས་བོད་དུ་བསྡད་ན་ཕན་ཆེ། ཟུལ་ཕུའི་ན་བཟའ་ཕྲེད་གསོལ་ལ་འདུལ་བ་ཉོན། གཙང་སོ་བའི་བླ་མཆོད་ཀྱིས་ལ་དགེ་སློང་བཞི་སྡེ་དང་མ་བྲལ་བར་གྱིས་གསུང་བ་བཞིན་མཛད། གཙང་སོ་བ་གཤེགས་ནས་མཁན་ཆེན་རྡོ་རྗེ་དཔལ་བས་ཚོགས་པའི་མཁན་པོ་དང་། བྱང་ཆུབ་དཔལ་བས་སློབ་དཔོན་བྱས་ནས། ལོ་ཉི་ཤུ་ཙ་གཉིས་ཀྱི་བར་དུ་དགེ་འདུན་གྱི་སྡེ་བསྐྱངས། དེ་དུས་ཇོ་ལྡན་ཚོགས་སྡེ་གཅིག་ཡིན་ཏེ་ཚོགས་ཚལ་མིག་པའམ་ཚོགས་ཆེན་མོར་གྲགས་པ་འདི་ཡིན་ནོ། །

དེ་ནས་ཚོགས་གཞན་གསུམ་རིམ་བཞིན་གྱིས་པའི་(༧༠༨ན)ཚུལ་ནི་མཁན་པོ་རྗེ་

རྗེ་དཔལ་བའི་དངོས་སློབ་སྐྱེ་མོ་བ་མཁན་པོ་སངས་རྒྱས་དཔལ་བས་ཚོགས་པའི་མཁན་པོ་མཛད་དེ་གདན་ས་ལོ་སུམ་ཅུ་རྩ་བདུན་མཛད་པའི་ལོ་བཞི་སོང་མཚམས་སུ་གཞུ་སྣྲ་པོ་པའི་མཁན་པོ་དཀོན་མཆོག་རྒྱལ་མཚན་ཚོགས་ཆེན་མོ་ལས་ཟུར་དུ་ཕྱེས་པ་ལ་ཚོགས་བྱེ་རྫིངས་པར་གྲགས། བྱེ་རྫིངས་པའི་ཐོག་མའི་མཁན་པོ་དཀོན་མཆོག་རྒྱལ་མཚན། འདིས་ཚོགས་པ་ལོ་བཅུ་བསྐྱངས། དེ་ནས་ཡར་ལུང་པ་མཁན་པོ་ཐུགས་རྗེ་དཔལ་བ། བཙན་ཐང་པ་མཁན་པོ་དར་མ་དཔལ་བཟང་སོགས་མཁན་རབས་རིམ་པར་བརྒྱུད་པ་རྣམས་སོ། །ཚོགས་པ་འདིའི་མཁན་ཐོག་བཅུ་གསུམ་པ་ཐོན་པ་མཁན་པོ་ཤེས་རབ་མགོན་པོ་ནི་རྗེ་ཐམས་ཅད་མཁྱེན་པའི་བསྙེན་རྫོགས་ཀྱི་ལས་སློབ། ཇོ་སྟན་ཤེས་རབ་མགོན་པོ་ཞེས་པ་དེ་ཡིན་ནོ། །ཚལ་མིག་པའམ་ད་ལྟ་ཚོགས་ཆེན་པར་གྲགས་པའི་ཐོག་མའི་མཁན་པོ་ནི། མཁན་ཆེན་རྡོ་རྗེ་དཔལ་བའི་དངོས་སློབ་མཁན་ཆེན་སངས་རྒྱས་དཔལ་བ། ཚལ་མིག་མཁན་པོ་འོད་ཟེར་དཔལ་བ། གཡག་སྡེ་ཕུ་པ་མཁན་པོ་སངས་རྒྱས་རིན་ཆེན་སོགས་ཚོགས་པའི་མཁན་རབས་རིམ་པར་བྱོན་པ་རྣམས་སོ། །ཚོགས་ཆོས་ལུང་པའི་མཁན་པོའི་ཐོག་མ་ལྷོ་བྲག་པ་བྱང་ཆུབ་དཔལ་བ། སྐྱེ་མོ་དམག་ལམ་པ་མཁན་ཆེན་བསོད་ནམས་(༧༠༢བ) སྐྱབས། གཡག་སྡེ་པ་མཁན་པོ་བདེ་བ་དཔལ་སོགས་མཁན་རབས་རིམ་པར་བྱོན་པ་རྣམས་སོ། །ཚོགས་དགེ་འདུན་སྒང་པའི་ཐོག་མའི་མཁན་པོ་སྣར་ཐང་པ་དབང་ཕྱུག་གྲགས་པ། དེའི་རྗེས་སུ་ཁོང་གི་དཔོན་པོ་ཆུ་སྒོ་བ་མཁན་པོ་གཞོན་ནུ་བྱང་ཆུབ། སྟག་བདེ་བ་འདུལ་ཚད་པ་མཁན་པོ་བྱང་ཆུབ་བཟང་པོ་སོགས་མཁན་རབས་རིམ་པར་བྱོན་པ་རྣམས་སོ། །རྗེ་བཙུན་ཆོས་ཀྱི་རྒྱལ་པོ་ཙོང་ཁ་པ་ཆེན་པོས་ཀྱང་ཚོགས་ཆེན་པོའི་མཁན་པོ་ཚུལ་ཁྲིམས་རིན་ཆེན་ལས་བསྙེན་རྫོགས་ཀྱི་སྡོམ་པ་བཞེས་ཏེ་དམ་པའི་ཆོས་འདུལ་བ་གསལ་བར་མཛད་པ་ལ་རྒྱལ་བ་རང་ཉིད་སླར་བྱོན་པ་ལྟ་བུར་གྱུར་ཏེ་རྗེ་རིན་པོ་ཆེའི་མཛད་པ་ནི་འོག་ཏུ་འཆད་དོ། །དེ་ལྟར་བཀའ་

གདམས་གོང་མའི་སྐབས་སུ་དམ་པའི་ཆོས་འདུལ་བ་ཆེས་ཆེར་དར་བ་བྱུང་ཡང་སྙིགས་མའི་ངང་ཚུལ་བདོ་བས་རིང་ཞིག་ལོན་པ་ན་བཀའ་གདམས་ཀྱི་ཀུན་སྤྱོད་གཙང་མ་འཛིན་པའི་བཤེས་གཉེན་ཆེན་པོ་ཕལ་ཆེར་འདས་ཤིང་། གངས་ཅན་གྱི་ལྗོངས་འདིར་བསྟན་པ་འགྲིབ་ཏུ་ཉེ་བ་ན། འཇམ་དཔལ་རྩ་རྒྱུད་ལས། བློ་ལྡན་དང་པོར་ཡི་གེ་བ། །དེ་བཞིན་སྡོམ་བརྩོན་དད་པ་འབྱུང་། །རྣམ་པ་དུ་མར་སྡོམ་བརྩོན་གསུངས། །དེ་ཚེ་མཐའ་ཡས་འབྱུང་བར་འགྱུར། །སྡོམ་བརྩོན་ཐམས་ཅད་བསྒྲགས་པ་ཡང་། །སྟོན་པའི་བསྟན་པ་གསལ་བར་(༧༠༣ན)བྱེད། །བསྟན་པ་དེ་ཚེ་ས་སྙིང་དུ། །རྣམ་པར་ཉམས་ཤིང་སྣང་མེད་ལ། །སྟོན་པའི་གཟུགས་བརྙན་ཡིད་དུ་འོང་། །བྱེད་པར་འགྱུར་བར་ཐེ་ཚོམ་མེད། །ཐམས་ཅད་བྱང་ཆུབ་ལུང་བསྟན་ཏེ། །ང་ཡི་བྱང་ཆུབ་མཆོག་ཐོབ་འགྱུར། །དེ་ནི་འཇིག་རྟེན་སྒྲོན་གནས་འགྱུར། །སྲིད་པ་གསུམ་གྱི་མཐར་ཡང་བྱེད་། །སྔགས་དང་རྒྱུད་ལ་མངོན་བརྩོན་པའི། །གྲགས་པ་འཛིན་པར་ཤེས་པར་བྱ། །ཞེས་དང་། མདོ་སྡེ་གདམས་ངག་འབོགས་པའི་རྒྱལ་པོའི་བསྟན་པ་དྭངས་སྙིགས་འབྱེད་པའི་ལེའུ་ལས། ཀུན་དགའ་བོ། ད་ལྟ་ང་ལ་ཤེལ་དཀར་གྱི། །ཕྲེང་བ་སྟེར་བའི་ཁྱེའུ་འདི། །ང་ཡི་བསྟན་པའི་གསོ་བྱེད་ལ། །མ་འོངས་སྙིགས་མའི་དུས་སུ་ནི། །འབྲི་དང་ལྡན་གྱི་ས་མཚམས་སུ། །དགེ་ཞེས་བྱ་བའི་དགོན་པ་འདེབས། །བློ་བཟང་ཞེས་བྱའི་མིང་ཅན་འབྱུང་། །འཁོར་ནི་རྣམ་མང་སྤུད་པར་བྱེད། །ཆོས་སྤྱོད་བཅུ་ཡི་རྒྱུན་འཛུགས་ཤིང་། །ལྷ་ཁང་ཀ་བ་ཤིང་ལོ་ཅན། །ང་ཡི་གཟུགས་སྐུ་རྣམ་གཉིས་ལ། །དབུ་རྒྱན་འབུལ་ཞིང་མཆོད་པ་བྱེད། །སྟོན་པའི་མདོ་བཞིན་གསུང་སྒྲོག་ཅིང་། །སྙན་པའི་དབྱངས་ཀྱིས་གསོལ་བ་འདེབས། །ང་ལ་གསོལ་བ་རབ་བཏབ་ནས། །བསྟན་པ་ལོ་སྟོང་བར་དུ་གནས། །དེ་ནས་འཕོས་(༧༠༣བ)ནས་ཤར་ཕྱོགས་ཀྱི། །རྨད་བྱུང་བཀོད་པའི་འཇིག་རྟེན་དུ། །སེང་གེའི་ང་རོ་ཞེས་བྱར་འགྱུར། །དེ་ལ་དད་བྱེད་ཞིང་དེར་སྐྱེ། །ཞིང་མཆོག་དེ་ནི་ཁྱད་པར་འཕགས། །ཞེས་དང་། ཡང་

ཀར་གཤེགས་པའི་མདོ་རྒྱ་ནག་འགྱུར་ལས། བཅོམ་ལྡན་འདས་ལ་ཀླུའི་རྒྱལ་པོ་མ་དྲོས་པས་དུང་དཀར་པོ་ཞིག་ཕུལ་བ། མཛོད་འགལ་གྱི་བུ་ལ་གནང་ནས་འདི་ཕྱོད་ཀྱིས་འགོག་པ་རི་ལ་སྦོས་ཤིག །མ་འོངས་པ་ན་དགེ་སློང་པདྨའི་ངང་ལྡན་འདིས་གཏེར་ནས་འདོན་པས་དེའི་ཚོགས་དུང་དུ་འགྱུར་རོ། །ཞེས་སོགས་རྒྱལ་བས་མདོ་རྒྱུད་དུ་མ་ནས་ལུང་བསྟན་པ་ལྟར། སྟོན་པ་མཉམ་མེད་ཤཱཀྱའི་རྒྱལ་པོ་སྐུ་བལྟམས་ནས་ལོ་ཉིས་སྟོང་ཉིས་བརྒྱ་བདུན་ཅུ་དོན་དགུ་སོང་ཞིང་། གངས་ཅན་གྱི་ལྗོངས་འདིར་བོད་ཀྱི་ལྷ་ཅིག་ཐུགས་རྗེ་ཆེན་པོ་མིའི་རྣམ་པར་བྱོན་པ་ཆོས་རྒྱལ་སྲོང་བཙན་སྒམ་པོ་འཁྲུངས་ནས་ལོ་བདུན་བརྒྱ་སོ་གཉིས། ཇོ་བོ་རྗེ་དཔལ་ལྡན་ཨ་ཏི་ཤ་བོད་དུ་ཕེབས་པ་ནས་ལོ་སུམ་བརྒྱ་བཅུ་དགུ། ཇོ་བོ་མྱ་ངན་ལས་འདས་པ་ནས་ལོ་སུམ་བརྒྱ་དང་གཉིས་སོང་བ་ན། བསྐལ་པ་དཔག་ཏུ་མེད་པའི་སྔ་རོལ་ནས་སྐྱིགས་མའི་དུས་སུ་འགྲོ་བ་མགོན་མེད་པ་རྣམས་ཀྱི་མགོན་སྐྱབས་མཛད་པ་དང་། ཐུབ་བསྟན་ཡོངས་རྫོགས་འཛིན་པའི་སྨོན་ལམ་ནུབས་པོ་ཆེའི་མཐུ་གྲུབ་པ་ཁམས་གསུམ་ཆོས་ཀྱི་རྒྱལ་པོ་ཙོང་ཁ་པ་ཆེན་པོ་གསེར་འཕྱང་(༧༠༨ན)ཞེས་པ་མེ་མོ་བྱའི་ལོར་མདོ་ཁམས་སྨད་དུ་སྐུ་འཁྲུངས་ནས་རིམ་གྱིས་དབུས་གཙང་གི་ལྗོངས་འདིར་བྱོན་ཏེ། རང་ཉིད་ཀོ་འཕང་མཐོན་པོར་གཤེགས་ཟིན་ཀྱང་། ཕྱི་རབས་ཀྱི་གདུལ་བྱ་རྣམས་ལ་བསླབ་པའི་ཕྱིར་རྒྱལ་བའི་བཀའ་དང་དེའི་དགོངས་འགྲེལ་ཚད་ལྡན་ཐམས་ཅད་ལ་ཉིད་ཀྱི་སྐུ་དང་སྲོག་ལའང་མི་ལྟ་བར་ཐོས་བསམ་སྒོམ་པའི་ཚུལ་གྱིས་ལེགས་པར་སྦྱངས། བོད་ཡུལ་འདིར་སྔོན་ཆད་རྒྱལ་བའི་བཀའ་དང་མི་མཐུན་ཡང་རང་རང་གི་ལུགས་རྣམ་པར་བཟུང་སྟེ། ཁོ་བོ་ཅག་གི་ལུགས་འདི་ཁོ་ན་བདེན་གྱི། གཞན་ནི་གཏི་མུག་གོ་ཞེས་སྨྲ་བ་མང་དུ་སྣང་བ་ལ། རྗེ་བླ་མ་འདིས་ནི་དེ་འདྲ་བའི་རྗེས་སུ་མ་ཞུགས་པར་གདུལ་བྱ་རྣམས་སངས་རྒྱས་ཀྱི་སར་འཁྲིད་པ་ལ་ནམ་ཡང་འཁྲུལ་པ་མེད་པ་ནི་རྒྱལ་བའི་བཀའ་ཉིད་ཡིན་པར་གཟིགས་ནས་བཀའི་དགོངས་པ་འཚོལ་

བ་ཁོ་ན་ལྟར་མཛད་དོ། །དེ་ཡང་ཤིང་རྟ་ཆེན་པོ་རྣམས་ཀྱི་དྲི་མ་མེད་པའི་རིགས་པའི་ལམ་སྲོལ་ལ་བརྟེན་ནས་མདོ་སྔགས་ཀྱི་ལམ་རྣམས་ལ་དཔྱད་པ་ཞིབ་ཏུ་མཛད་ཅིང་། མགོན་པོ་འཇམ་པའི་དབྱངས་ལ་མདོ་སྔགས་ཀྱི་ལམ་གྱི་གནད་ཡོངས་སུ་རྫོགས་པར་གསན་ནས་དཔྱད་པ་ཡོངས་སུ་རྫོགས་པ་ན། གངས་རིའི་ཁྲོད་འདིར་རྒྱལ་བའི་བསྟན་པའི་རྩ་བ་དམ་པའི་ཆོས་འདུལ་བ་རྒྱལ་བ(༧༠༨བ)རང་ཉིད་ཀྱི་དགོངས་པ་བཞིན་བཅས་མཚམས་ཕྲ་ཞིང་ཕྲ་བ་མཐའ་དག་ཕྱུག་ལེན་རྣམ་པར་དག་པ་ཞིག་འཛུགས་པར་བཞེད་ནས་གནམ་རྩེད་ལྡིང་དུ་རྗེ་བཙུན་རེད་མདའ་པ་དང་། རྗེ་སྐྱབས་མཆོག་དཔལ་བཟང་དང་། རྗེ་བདག་ཉིད་ཆེན་པོ་གསུམ་ཞལ་འཛོམ་སྟེ་འདུལ་བའི་བཅས་མཚམས་མཐའ་དག་ལ་དག་ཧྲིར་མཛད་དེ་རྒྱལ་བ་རང་ཉིད་སྔར་བྱོན་པ་ལྟར་འདུལ་ཁྲིམས་རྣམ་དག་བསྲུང་བའི་དགེ་སློང་རྣམ་པར་དག་པས་སའི་སྟེང་ཁྱབ་པར་མཛད། དེ་དུས་རྗེ་བདག་ཉིད་ཆེན་པོས་འདུལ་བ་ཇི་ལྟར་གསུངས་པ་རྣམས་བདག་ཉིད་ཆེན་པོ་དར་མ་རིན་ཆེན་གྱིས་ཟིན་བྲིས་སུ་བཏབ་སྟེ་དགེ་ཚུལ་གྱི་བསླབ་བྱ་གནམ་རྩེད་ལྡིང་མ་དང་། དགེ་སློང་གི་བསླབ་བྱ་གནམ་རྩེད་ལྡིང་མ་ཞེས་ཡོངས་སུ་གྲགས་པ་འདི་གཉིས་བྱུང་ངོ་། །ཡང་རྗེ་ཐམས་ཅད་མཁྱེན་པས་དགའ་ལྡན་རྣམ་པར་རྒྱལ་བའི་གླིང་འདེབས་པའི་ཚེ་སྲས་ཀྱི་ཐུ་བོ་གཉིས་ལ་བཀའ་བསྒོས་ནས་ས་གཞི་བརྟག་པ། ལག་གི་བླ་བསྒོ་བ། རྡོ་བརྟིག་པའི་མཐའ་ལས་བྱུང་བའི་རུང་ཁང་བྱིན་གྱིས་བརླབ་པ་སོགས་འདུལ་བ་ནས་བཤད་པའི་བཅས་པ་ཕྲ་ཞིང་ཕྲ་བ་མཐའ་དག་འཛུགས་པར་མཛད། དེ་དུས་རྗེ་དགེ་འདུན་གྲུབ་ལ་རྗེ་རང་ཉིད་ཀྱིས་གདམས་པ་རྣམས་གནང་བར་མ་ཟད་འདུལ་བ་རྒྱ་ཆེར་སྤེལ་བའི་རྟེན་འབྲེལ་ལ་དགོངས་མཐང་གོས་བཞེས་འཕྲོ(༧༠༩ན)ཞིག་གནང་སྟེ་འཕན་ཡུལ་གྲོ་སར་སྣར་སྟོན་པ་ལ་འདུལ་བ་སློབས་གསུངས་ནས་གཏོང་བར་མཛད་དེ། སྣར་སྟོན་པ་ཡབ་སྲས་ནི་དམ་པའི་ཆོས་འདུལ་བ་ལ་ཤིན་ཏུ་མཁས་ཤིང་ཕྱུག་ལེན་རྣམ་པར་

དག་པ་ཡོངས་སུ་གྲགས་པས་དེའི་རྒྱུ་མཚན་གྱིས་རྗེ་དགེ་འདུན་གྲུབ་དེར་བཏང་སྟེ་དོན་གྱིས་འདུལ་བའི་བསྟན་པ་སྤེལ་ཞིག་པར་བཀའ་བསྐོས་པ་ཡིན་ནོ། །རྗེ་དགེ་འདུན་གྲུབ་ཀྱིས་ཀྱང་རྗེ་བདག་ཉིད་ཆེན་པོའི་དགོངས་པ་བཞིན་དམ་པའི་ཆོས་འདུལ་བ་སྤེལ་བ་གཙོ་བོར་བཏོན་ཏེ་འདུལ་བ་མདོའི་རྣམ་བཤད་ཆེན་མོ་རིན་ཆེན་ཕྲེང་བ་དང་། འདུལ་བ་ལུང་སྡེ་བཞིའི་གནད་ཀུན་བསྡུས་ཏེ་གླེང་གཞི་དང་རྟོགས་པ་བརྗོད་པ་གཙོ་བོར་བཏོན་པའི་གླེང་འབུམ་དང་། འདུལ་བ་ལུང་སྡེ་བཞིའི་རྩ་བ་སོ་སོར་ཐར་པ་ལ་འགྲེལ་པ་རྣམས་མཛད། རྗེ་བདག་ཉིད་ཆེན་པོས་ཇི་ལྟར་ལུང་བསྟན་པ་ལྟར་ཆོས་གྲྭ་ཆེན་པོ་བཀྲ་ཤིས་ལྷུན་པོ་བཏབ་སྟེ་གཞི་གསུམ་གྱི་ཕྱག་ལེན་ཉམས་པ་མེད་ཅིང་ཐ་ན་ཙུང་ཆུ་འདེབས་པ་ཡན་ཆད་འདུལ་བའི་བཅས་མཚམས་ཕྲ་ཞིང་ཕྲ་བ་མཐའ་དག་ཕྱག་ལེན་ལ་འདེབས་པར་མཛད། རྗེ་རིན་པོ་ཆེས་གནང་བའི་མཐང་གོས་བྱིན་རླབས་ཅན་དེ་དང་དེ་བཞིན་གཤེགས་པའི་རིང་བསྲེལ་ནང་(༧༠༥བ)ཞུགས་སུ་བཞུགས་པའི་ཐུབ་པའི་དབང་པོའི་སྐུ་ལུགས་མ་ཆེ་ལེགས་བཞེངས་ཏེ་བཀྲ་ཤིས་ལྷུན་པོའི་རྟེན་གཙོར་བཞུགས་ནས་རྒྱལ་བའི་བསྟན་པ་ཆེས་ཆེར་འཕེལ་ཞིང་ནམ་ཡང་ཉམས་པ་མེད་པར་གནས་པའི་རྟེན་འབྲེལ་བསྒྲིགས། དེའི་མཐུས་དེང་སང་གི་བར་དུ་ཡང་དགེ་འདུན་གྱི་སྡེ་གོང་འཕེལ་དུ་གྱུར་ཏེ་དམ་པའི་ཆོས་འདུལ་བའི་བཤད་སྒྲོལ་དང་བསླབ་ཁྲིམས་ཚུལ་བཞིན་དུ་བསྲུང་བ་གོང་འཕེལ་དུ་གནས་པ་ཀུན་ལ་གསལ་བ་ལྟར་རོ། །ཡང་རྗེ་ཐམས་ཅད་མཁྱེན་པས་སྲས་ཀྱི་ཐུ་བོ་གྲགས་པ་རྒྱལ་མཚན་ལ་འདུལ་བ་སྤེལ་བར་བཀའ་བསྐོས་ཤིང་རྗེའི་དྲུང་དུ་ཕྱོགས་ཕྱོགས་ནས་རབ་བྱུང་བསྙེན་རྫོགས་དོན་དུ་གཉེར་བ་མཐས་ཡས་པ་བྱུང་བ་རྣམས་ཕལ་ཆེར་རྗེ་གྲགས་པ་རྒྱལ་མཚན་ལ་སྒྲུབ་ཏུ་འཇུག་པར་མཛད་ཅིང་། རྗེ་གྲགས་པ་རྒྱལ་མཚན་ལ་འདུལ་བ་པ་ཞེས་མཚན་འདོགས་པར་མཛད་པས། འདུལ་འཛིན་གྲགས་པ་རྒྱལ་མཚན་ཞེས་མཚན་སྙན་ས་སྟེང་ཀུན་ཏུ་གྲགས་ཤིང་། ཇི་ལྟར་གྲགས་

པ་ལྟར་འདུལ་འཛིན་གྲགས་པ་རྒྱལ་མཚན་གྱིས་རྗེ་རིན་པོ་ཆེའི་མན་ངག་དང་ཕྱག་བཞེས་རྣམས་ཡི་གེར་བཀོད་དེ་འདུལ་བའི་བསླབ་བྱ་ཆེན་མོ་དང་། གཞི་གསུམ་(༡༠༤ན)གྱི་ཆོ་ག་དང་། འདུལ་བའི་སྙིང་གཞི་དང་རྟོགས་པ་བརྗོད་པའི་སླྔིགས་བམ་དང་། དགེ་ཚུལ་གྱི་བསླབ་བྱའི་སྡོམ་ཚིག་གི་ཊཱི་ཀཱ་རྣམས་མཛད་དེ་རྗེ་རིན་པོ་ཆེའི་དགོངས་པ་ལྟར་དམ་པའི་ཆོས་འདུལ་བ་ཆེས་ཆེར་གསལ་བར་མཛད་དོ། །རྗེ་རིན་པོ་ཆེས་རྗེས་འཇུག་རྣམས་ལ་བསྟན་པའི་རྩ་བ། དམ་པའི་ཆོས་འདུལ་བ་ལ་གཙེས་སྤྲས་སུ་བྱེད་དགོས་ཤིང་། འདུལ་བའི་བསླབ་བྱ་བསྲུང་བ་ལ་ཤེས་དགོས། འདུལ་བའི་བསླབ་བྱ་ཕྲ་ཞིང་ཞིབ་པར་ཤེས་པ་ལ་འདུལ་བ་ལུང་སྡེ་བཞིའི་གནད་བསྡུས་པ་འདུལ་བའི་མདོ་ལ་མཁས་པ་བསྟེན་ནས་ཚུལ་བཞིན་དུ་བསླབ་དགོས་སོ་ཞེས་གོ་བའི་ཕྱིར་འདུལ་བ་མདོ་རྩ་བའི་དཀའ་གནས་ལ་ཟིན་བྲིས་ཀྱང་མཛད་དོ། །གཞན་ཡང་རྗེ་རིན་པོ་ཆེའི་ཐུགས་སྲས་འཇམ་དབྱངས་ཆོས་རྗེས་རྗེའི་དགོངས་པ་ལྟར་འབྲས་སྤུངས་སུ་དགེ་འདུན་གྱི་སྡེ་བཙུགས་ཏེ་འདུལ་བའི་བཤད་སྒྲོལ་ཆེས་དར་བར་མཛད་དོ། །དེ་ལྟར་ནུབ་ཛ་ལནྡྷ་ར་ནས་ཤར་ཕྱོགས་རྒྱ་མཚོའི་མཐའ་ལ་ཐུག་གི་བར་རྗེ་བླ་མའི་ལུགས་བཟང་དྲི་མ་མེད་པ་འཛིན་པའི་དགེ་བའི་བཤེས་གཉེན་དང་། དགེ་འདུན་གྱི་སྡེས་ཡོངས་སུ་ཁྱབ་པར་གྱུར་ཏེ་སྟོན་པ་འཁོར་བཅས་སླར་ཡང་བྱོན་པ་ལྟ་བུར་མཛད་པ་ན། རྗེ་བཙུན་བྱམས་པ་མགོན་པོས་རྗེ་བླ་མ་ལ་ཞལ་དངོས་སུ་བསྟན་ཏེ། རིགས་ཀྱི་བུ་ཁྱོད་ནི་རྒྱལ་བའི་བསྟན་པ་ལ་རྒྱལ་བ་རང་ཉིད་དང་མཚུངས་པར་ཤེས་པར་གྱིས་ཤིག །ཅེས་ལུང་བསྟན་དབུགས་དབྱུང་མཛད། །དོན་འདི་དག་ལས་ནི་སྔོན་དུས་གངས་རིའི་ཁྲོད་འདིར་རང་ཅག་ཁ་བ་(༡༠༤བ)ཅན་པ་རྣམས་ཀྱི་རྗེ་བོ་ཆོས་རྒྱལ་མེས་དབོན་རྣམས་དང་། མཁན་ཆེན་བོ་ཏྲི་སཏྭ་དཔོན་སློབ་རྣམ་གཉིས་ཀྱིས་དཀའ་བ་བརྒྱ་ཕྲག་དུ་མའི་སྒོ་ནས་བསྟན་པ་བཙུགས་པས་བཀའ་དྲིན་མཚུངས་པ་མེད་པ་བཞིན་དུ། བསྟན་པ་ཕྱི་དར་ལ་དཔལ་ལྷ་ཅིག་དྷཱི་པཾ་ཀ་ར་ཡབ་སྲས་དང་།

ཆོས་ཀྱི་རྒྱལ་པོ་ཙོང་ཁ་པ་ཆེན་པོ་ཡབ་སྲས་རྣམས་ཀྱིས་མདོ་སྔགས་ཡོངས་སུ་རྫོགས་པའི་བསྟན་པ་གཞི་ནས་བཙུགས་ཤིང་ཆེས་ཆེར་འཕེལ་བར་མཛད་པས། གངས་ཅན་པ་ཡོངས་ལ་བཀའ་དྲིན་གྱིས་ཁྱབ་པར་མཛད་ཅེས་གཟུ་བོར་གནས་ཤིང་རྣམ་དཔྱོད་ཀྱི་མིག་དང་ལྡན་པའི་མཁས་པ་ཐམས་ཅད་མཐུན་པར་གླེང་ངོ་། །

དེ་ལྟར་རྗེ་རིན་པོ་ཆེའི་ཐུགས་བསྐྱེད་དང་འཕྲིན་ལས་རྣམ་པར་དཀར་བས་སའི་སྟེང་ཐམས་ཅད་ཁྱབ་སྟེ་རྗེ་རིན་པོ་ཆེའི་ལུགས་འཛིན་དགེ་འདུན་གྱི་སྡེས་ཕྱོགས་ཀུན་ཏུ་གང་བ་ནི་མངོན་སུམ་དུ་གསལ་བ་ལྟར་ཡིན་ལ། གྭ་ས་ཆེན་པོ་བཞིས་གཙོས་རྗེའི་ལུགས་འཛིན་དགེ་འདུན་གྱི་སྡེ་གང་ན་ཡོད་པ་ཐམས་ཅད་ཀྱིས་འདུལ་བའི་བཅས་ཁྲིམས་དག་པ་གཙོ་བོར་མཛད་ཅིང་། རྗེ་རིན་པོ་ཆེའི་རྗེས་འཇུག་བསྟན་འཛིན་དམ་པ་ཐམས་ཅད་ཀྱིས་བསྟན་པའི་རྩ་བ་འདུལ་བ་སྤེལ་བ་གཙོ་བོར་མཛད་ལ། འདུལ་བའི་བསྟན་བཅོས་ཀྱང་རིམ་པར་མཛད་དེ། མཁས་གྲུབ་ཐམས་ཅད་མཁྱེན་པས་འདུལ་བའི་བཅས་མཚམས་ལ་དག་ཏེར་གྱི་བསྟན་བཅོས་ཐུབ་བསྟན་བྱི་དོར་ཞེས་བྱ་བ་མཛད། ཕྱི་རབས་ཀྱི་རྗེས་འཇུག་ཐམས་ཅད་ཀྱིས་རྗེ་ཡབ་སྲས་ཀྱིས་མཛད་པའི་འདུལ་བའི་ཡིག་ཆ་རྣམས་ལ་གཅེས་པོ་ཆེར་བཟུང་ནས་དེ་དག་(༧༠༧ན)གི་དགོངས་པ་འགྲེལ་པའི་བསྟན་བཅོས་ཀྱང་སྐབས་སུ་གང་བབ་མཛད་དེ་འདུལ་འཛིན་བློ་གྲོས་སྲས་པས་རྗེ་ཡབ་སྲས་ཀྱི་དགོངས་པ་ལྟར་དགེ་ཚུལ་གྱི་བསླབ་བྱ་ཞིབ་ཏུ་སྟོན་པའི་བསྟན་བཅོས་ཀཱ་རི་ཀ་ལྔ་བཅུ་པའི་རྣམ་བཤད་སོགས་མཛད། པཎ་ཆེན་ཤཱཀྱ་པས་འདུལ་ཊཱི་ཀ་རིན་ཆེན་ཕྲེང་བའི་དགོངས་པ་སྤྱི་དོན་དང་མཐའ་གཅོད་གཉིས་ཀྱི་སྒོ་ནས་གཏན་ལ་འབེབས་པ་འདུལ་གཞུང་ལྟ་བའི་སྒྲོན་མེ་ཞེས་བྱ་བ་མཛད། པཎ་ཆེན་བློ་གྲོས་ལེགས་བཟང་གིས་འདུལ་ཊཱི་ཀ་རིན་ཆེན་ཕྲེང་བའི་དགོངས་པ་གསལ་བར་སྟོན་པའི་བསྟན་བཅོས་རིན་ཆེན་ཕྲེང་བའི་དགོངས་རྒྱན་ཞེས་བྱ་བ་མཛད། པཎ་ཆེན་བདེ་ལེགས་ཉི་མས་འདུལ་ཊཱི་ཀ་རིན་ཆེན་ཕྲེང་བའི་དགོངས་པ་གསལ་བར་སྟོན་

པའི་བསྟན་བཅོས་དེང་སང་འདུལ་བ་བདེ་ལེགས་ཉེ་མར་གྲགས་པ་འདི་མཛད། རྗེ་བཙུན་བློ་བཟང་ཆོས་ཀྱི་རྒྱལ་མཚན་གྱིས་འདུལ་བ་ནས་བཤད་པའི་ཁྲིམས་ཉིས་བརྒྱ་ལྔ་བཅུ་རྩ་གསུམ་གྱི་ངོས་འཛིན་གསལ་བར་སྟོན་པའི་སྡོམ་ཚིག་དང་སྡོམ་གསུམ་ལྡན་པའི་དགེ་སློང་གིས་ཉིན་ཞག་ཕྱུགས་གཅིག་ལ་ཇི་ལྟར་བྱ་བའི་རིམ་པ་དང་། ཚུལ་ཁྲིམས་ཡང་དག་པར་བསྲུང་བའི་མན་ངག་སོགས་མཛད། རྒྱལ་དབང་ཐམས་ཅད་མཁྱེན་པ་ངག་དབང་བློ་བཟང་རྒྱ་མཚོས་འདུལ་བའི་ལས་ཆོག་རྣམ་རྒྱལ་གསེར་མདོག་ཅེས་བྱ་བ་དང་འདུལ་བའི་བསླབ་བྱ་གསལ་བར་སྟོན་པ་ཉུང་ངུ་རྣམ་གསལ་མཛད། གཞན་ཡང་གྲྭ་ས་ཆེན་པོ་བཞིའི་གདན་ཁྲིར་མངའ་གསོལ་བའི་འདུལ་(༡༠༧བ) འཛིན་དམ་པ་རིམ་པར་བྱོན་པ་མང་པོས་འདུལ་བའི་སྤྱི་དོན་དང་། མཐའ་གཅོད་དང་། བསླབ་བྱ་དང་། ཚ་གའི་ལག་ལེན་སོགས་མཛད་པ་མཐའ་ཡས་པ་བཞུགས་ཤིང་། ཕོ་བོས་ཀྱང་འདུལ་བ་ནས་བཤད་པའི་གཞི་གསུམ་གྱི་ལག་ལེན་གསལ་བར་སྟོན་པ་གཞི་གསུམ་གསལ་བྱེད་དང་། རྗེ་ཐམས་ཅད་མཁྱེན་པས་མཛད་པའི་འདུལ་བ་རྒྱ་མཚོའི་སྙིང་པོའི་རྣམ་བཤད་འདུལ་གཞུང་གསལ་བའི་སྒྲོན་མེ་ཞེས་བྱ་བ་དང་། དགེ་ཚུལ་གྱི་བསླབ་བྱའི་སྡོམ་ཚིག་དང་། དགེ་ཚུལ་གྱི་བསླབ་བྱ་རྒྱས་པར་བཤད་པ་འོད་ལྡན་སྙིང་པོ་ཞེས་བྱ་བ་དང་། དགེ་སློང་གི་བསླབ་བྱའི་སྡོམ་ཚིག་འདུལ་བའི་སྙིང་པོ་ཞེས་བྱ་བ་དང་། དགེ་བསྙེན་དགེ་ཚུལ་དགེ་སློང་རྣམས་ཀྱི་སྡོམ་པའི་འབོགས་ཆོག་ལུང་དང་ཀརྨ་ཤ་ཏཾ་ཇི་ལྟ་བ་བཞིན་དུ་བར་གྱི་མཚམས་སྦྱར་སོགས་དེང་སང་གི་གདུལ་བྱས་གོ་བདེ་བར་བཅོས་པ་འདུལ་བའི་ལས་ཀྱི་ཆོ་ག་དང་ཁྲིམ་པ་ལ་ཕན་གདགས་པ་བསྙེན་གནས་ཀྱི་སྡོམ་པའི་འབོགས་ཆོག་ལག་ལེན་གསལ་བར་བཀོད་པ་དང་། རྒྱལ་བས་གང་ལ་བསྟན་པ་གཏད་པའི་གནས་བརྟན་ཆེན་པོ་བཅུ་དྲུག་གི་རྟོགས་བརྗོད་དང་། འདུལ་བའི་བསྟན་པ་རྒྱས་ཕྱིར་གནས་བརྟན་མཆོད་པའི་ཆོ་ག་བཅས་བྲིས་པ་ཡོད་ལགས། ཡང་དག་པར་རྫོགས་པའི་སངས་

རྒྱས་ནས་བདག་གི་དྲིན་ཅན་རྩ་བའི་བླ་མ་རྣམས་ཀྱི་བར་རྒྱལ་བསྟན་ཡོངས་རྫོགས་འཛིན་པའི་བཤེས་གཉེན་དམ་པ་གཅིག་ནས་གཅིག་ཏུ་བརྒྱུད་པ་བར་མ་ཆད་པ་ལམ་རིམ་བླ་མ་བརྒྱུད་པའི་རྣམ་པར་ཐར་པ་ཚང་བར་བྲིས་པའང་(༧༠༨ན)ཡོད་དོ། །

དེས་ན་བསྟན་པ་ཕྱི་དར་ལ་ཐུགས་བསྐྱེད་དང་སྨོན་ལམ་རླབས་པོ་ཆེའི་མཐུ་གྲུབ་པ་བླ་ཆེན་དགོངས་པ་རབ་གསལ་གྱིས་མདོ་ཁམས་སྨད་ནས་བསྟན་པའི་མེ་རོ་གསོས། དམ་པའི་ཆོས་འཛིན་པའི་སྨོན་ལམ་གྱི་མཐུ་ཅན་གླུ་མེས་ལ་སོགས་པ་མཁས་པ་མི་བཅུས་མདོ་ཁམས་སྨད་ནས་དམ་པའི་ཆོས་འདུལ་བའི་བསྟན་པ་བླངས་ཏེ་དབུས་གཙང་གི་སའི་ཆ་རྣམས་སུ་རང་གི་ལུས་དང་སྲོག་ལའང་མི་ལྟ་བར་དཀའ་བ་བརྒྱ་ཕྲག་ཏུ་མའི་སྒོ་ནས་དམ་པའི་ཆོས་འདུལ་བ་དར་བར་མཛད། ཆོས་རྒྱལ་ཡེ་ཤེས་འོད་ཁུ་དཔོན་རྣམས་དང་། ལོ་ཆེན་རིན་ཆེན་བཟང་པོ་ཞང་ཞུང་པ་རྒྱལ་བའི་ཤེས་རབ་སོགས་ཀྱིས་མངའ་རིས་སྟོད་ནས་འདུལ་བ་སྤེལ་ཏེ་ཆེས་ཆེར་དར་བར་མཛད། དེ་ནས་བདག་ཉིད་ཆེན་པོ་རིམ་པར་བྱོན་པ་སྔར་བཤད་པ་དེ་དག་གིས་དཀའ་བ་དུ་མའི་སྒོ་ནས་དམ་པའི་ཆོས་འདུལ་བ་དར་བར་མཛད་པའི་ཚུལ་དེ་དག་བསམས་ལ་སྟོན་བྱོན་དམ་པ་དེ་དག་གི་བཀའ་དྲིན་དྲན་པར་བྱ་བ་དང་། ལྷ་དང་བཅས་པའི་འགྲོ་བའི་ཕན་བདེའི་རྩ་ལག་རྒྱལ་བའི་བསྟན་པ་འཕེལ་ཞིང་རྒྱས་པར་བྱ་བ་དང་། གཅིག་ཏུ་རང་གི་དལ་བ་ཐོབ་པ་དོན་དང་ལྡན་པར་བྱ་བའི་ཕྱིར་བསླབས་ན་འགྲུབ་པར་དཀའ་ཞིང་གྲུབ་ཀྱང་སྙིང་པོ་མེད་པ་ཚེ་འདིའི་ཕུན་ཚོགས་སྒྲུབ་པའི་བསམ་སྦྱོར་ངན་པ་དོར་ནས་བསྐལ་མང་སྟོང་དུ་མཚན་ཙམ་ཡང་ཐོས་པར་དཀའ་བ་རྒྱལ་བའི་བསྟན་པའི་ནང་མཐོང་དམ་པའི་ཆོས་འདུལ་བ་ལ་འདོད་དགུར་ལོངས་སྤྱོད་དུ་ཡོད་པའི་སྐབས་འདིར་སེམས་ཐམས་ཅད་ཀྱིས་བསམས་ཤིང་(༧༠༨བ)བློའི་སྟོབས་དང་ནུས་པ་ཅི་ཡོད་ཀྱིས་བསྒྲིམས་ཏེ་འདུལ་ཁྲིམས་བསྲུང་བ་ཉམས་ལེན་གྱི་མཐིལ་དུ་བྱས་ལ་སངས་རྒྱས་དངོས་སུ་བྱོན་ཡང་དེ་ཕན་ཆད་དུ་གསུང་དུ་

མེད་པ་བྱང་ཆུབ་ལམ་གྱི་རིམ་པའི་ཉམས་ལེན་ལ་བརྩོན་པ་ལྟར་བྱའོ། །རྒྱལ་བའི་བསྟན་པའི་ནང་མཛོད་དམ་པའི་ཆོས་འདུལ་བའི་བྱུང་ཚུལ་བརྗོད་པ་རྒྱལ་བསྟན་རིན་པོ་ཆེའི་གསལ་བྱེད་ཉིན་མོར་བྱེད་པའི་སྣང་བ་ཞེས་བྱ་བ་ལས། བསྟན་པ་ཕྱི་དར་ལ་དམ་པའི་ཆོས་འདུལ་བ་ཇི་ལྟར་དར་ཚུལ་བཤད་པའི་སྐབས་ཏེ་ལྔ་པའོ།། །།

ཀ༣ སྐབས་དྲུག་པ་འདུལ་བ་ལུང་སྡེ་བཞིའི་གནད་ཀུན་བསྡུས་པ་འདུལ་བའི་མདོའི་བསྡུས་དོན་བསྟན་པ།

ཁ༡ མཚན་གྱི་དོན།

རྩ་བའི་གསུམ་པ་འདུལ་བ་ལུང་སྡེ་བཞིའི་གནད་ཀུན་བསྡུས་པ་འདུལ་བའི་མདོའི་བསྡུས་དོན་བསྟན་པ་ལ་བཞི། མཚན་གྱི་དོན། འགྱུར་གྱི་ཕྱག །གཞུང་གི་དོན། མཇུག་གི་དོན་ནོ། །དང་པོ་ནི། རྒྱ་གར་སྐད་དུ། བི་ན་ཡ་སཱུ་ཏྲ། བོད་སྐད་དུ་འདུལ་བའི་མདོ། ཞེས་པ་སྟེ། གཞུང་འདི་ལ་འདུལ་བའི་མདོ་ཞེས་བརྗོད་པའི་རྒྱུ་མཚན་ནི། འདུལ་བ་ལ་བརྗོད་བྱ་དོན་གྱི་འདུལ་བ་དང་། རྗོད་བྱེད་ཚིག་གི་འདུལ་བ་གཉིས།

དང་པོ་ནི། སྤོང་བདུན་འཁོར་བཅས་ཀྱི་ཚུལ་ཁྲིམས་ཏེ། འདིས་ཉོན་མོངས་པ་འདུལ་ཞིང་དབང་པོ་དུལ་བར་བྱེད་པས་ན་འདུལ་བ་ཞེས་བརྗོད་དོ། །རྗོད་བྱེད་ཚིག་གི་འདུལ་བ་ནི། སྟོན་པས་གསུངས་པའི་འདུལ་ལུང་སྡེ་བཞི་སྟེ། འདུལ་བ་ལུང་སྡེ་བཞི་པོ་འདིས་གདུལ་བྱ་རྣམས་ཀྱི་སྒོ་གསུམ་གྱི་སྤྱོད་པ་གང་བྱ་བ་དང་བྱ་བ་མིན་པ་སྟོན་པས་སློབ་མ་རྣམས་འདུལ་བར་བྱེད་པས་འདུལ་བ་ཞེས་བྱའོ། །མདོའི་དོན་ནི་ལུང་སྡེ་བཞི་པོ་དེས་སོ་ཐར་གྱི་སྡོམ་པ་མ་ཐོབ་པ་ཐོབ་པར་བྱེད་པ་དང་། ཐོབ་པ་མི་ཉམས་པར་བསྲུང་བ་དང་། ཉམས་ན་ཕྱིར་བཅོས་(༡༠(ན)པའི་ཐབས་གསུམ་དུ་མདོར་བསྡུས་ནས་སྟོན་པས་ན་འདུལ་བའི་མདོ་ཞེས་བྱའོ། །

ཁ༢ འགྱུར་གྱི་ཕྱག །

གཉིས་པ་འགྱུར་གྱི་ཕྱག་ནི། ཐམས་ཅད་མཁྱེན་པ་ལ་ཕྱག་འཚལ་ལོ། །ཞེས་པ་སྟེ། ལོ་ཙྪ་བ་རྣམས་ཀྱིས་འདུལ་བའི་མདོ་དང་དེའི་དགོངས་འགྲེལ་རྣམས་བསྒྱུར་བའི་ཚེ་ཐམས་ཅད་མཁྱེན་པ་ལ་ཕྱག་འཚལ་ལོ་ཞེས་བརྗོད་པར་བཀས་བཅད་མཛད་པ་ཡིན་ནོ། །དེ་ལྟར་མཛད་པའི་རྒྱུ་མཚན་ཡང་འདུལ་བ་ནས་གསུངས་པའི་བཅས་མཚམས་རྣམས་ཚུལ་བཞིན་དུ་བསྲུངས་ན་མངོན་མཐོ་དང་ངེས་ལེགས་ཀྱི་རྒྱུར་འགྱུར་ལ། མ་བསྲུངས་ན་མངོན་མཐོ་དང་ངེས་ལེགས་ཀྱི་གེགས་སུ་འགྱུར་བའི་དགེ་སྡིག་གི་སྤང་བླང་ཕྲ་མོ་དེ་རྒྱལ་བ་ཉག་གཅིག་གིས་མཁྱེན་པ་ལས་གཞན་སུས་ཀྱང་ཚུལ་དེ་ལ་དབང་བྱར་མེད་པས་དེ་ལྟར་མཛད་པ་ཡིན་ནོ། །

ཁ༣ གཞུང་གི་དོན།

ག༡ བསྟན་བཅོས་ལ་འཇུག་པའི་ཡན་ལག་དགོས་འབྲེལ།

གསུམ་པ་གཞུང་གི་དོན་ལ་གཉིས། བསྟན་བཅོས་ལ་འཇུག་པའི་ཡན་ལག་དགོས་འབྲེལ་དང་། གཞུང་དོན་དངོས་སོ། །དང་པོ་ནི། ངེས་པར་འབྱུང་བའི་ཚུལ་ཁྲིམས་ཀྱི་དབང་དུ་བྱས་ཏེ། ཞེས་པ་སྟེ། འདུལ་བའི་མདོ་འདིའི་དོན་ཉམས་སུ་བླངས་པའི་དགོས་པའམ་འབྲས་བུ་ནི་ཐར་པ་མྱ་ངན་ལས་འདས་པའི་གོ་འཕང་ཡིན་ལ། དེ་ཐོབ་པར་བྱེད་པའི་ཐབས་ནི་ལམ་བསླབ་པ་གསུམ་ཡིན་ཞིང་། བསླབ་པ་གསུམ་པོ་དེའི་ནང་ནས་ཀྱང་གཞི་དང་རྩ་བ་ལྟ་བུ་ནི་མྱ་ངན་ལས་འདས་པའི་གོ་འཕང་ཐོབ་པར་བྱེད་པའི་ཐབས་མཆོག་ཚུལ་ཁྲིམས་ཡིན་པས་ན་ངེས་པར་འབྱུང་བའི་ཚུལ་ཁྲིམས་ཏེ་སྤོང་བདུན་འཁོར་(༡༠(བ)བཅས་སོ། །སྤོང་བ་བདུན་འཁོར་བཅས་ནི། མི་ཚངས་སྤྱོད་དང་། མ་བྱིན་ལེན་དང་། སྲོག་གཅོད་སྤོང་བ་སྟེ་ལུས་ཀྱི་གསུམ་དང་།

ཛྭན། ཕྲ་མ། ཚིག་རྩུབ། ངག་འཁྱལ་སྤོང་བ་སྟེ་ངག་གི་བཞི་དང་བདུན་ཡིན་ལ། ཆང་འཐུང་བ་སྤོང་བ་སོགས་འཁོར་ཡིན་ནོ། །དེས་ན་གཞུང་འདིས་རྒྱལ་བའི་བསྟན་པ་ལ་ཞུགས་པ་རྣམས་ཀྱིས་གང་ཉམས་སུ་བླང་བར་བྱ་བ་དང་། ཉམས་སུ་བླངས་པའི་འབྲས་བུ་དང་། འབྲས་བུ་དེ་ཐོབ་པ་ལ་ལམ་གང་ཉམས་སུ་བླང་བ་དང་། འདུལ་བའི་བཅས་མཚམས་མཐའ་དག་ཀུན་སློང་ཇི་ལྟ་བུས་བསྲུང་བའི་ཚུལ་རྣམས་སྟོན་ཏེ། དེའི་ཕྱིར་དམ་བཅའི་གཞུང་འདི་ལ་དགོས་འབྲེལ་གྱི་ངག་ཅེས་བརྗོད་ཅིང་། དེ་ལ་དགོས་སོགས་ཆོས་བཞི་ཚང་བར་དགོས་པར་ཤིང་རྟ་ཆེན་པོའི་གཞུང་རྣམས་ལས་མཐུན་པར་གསུངས་སོ། །དེས་འབྱུང་གི་བསམ་པས་ཀུན་ནས་བསླངས་པའི་སོ་ཐར་གྱི་སྡོམ་པ་དེ་ལ་དབྱེ་ན་དགེ་སློང་ཕ་མ་དགེ་སློབ་མ། དགེ་ཚུལ་ཕ་མ། དགེ་བསྙེན་ཕ་མ། བསྙེན་གནས་ཀྱི་སྡོམ་པ་སྟེ་བརྒྱད་ཡོད་དོ། །དེས་ན་གཞུང་འདིའི་དང་པོ་དགེ་འདུན་ཐམས་ཅད་འདུས་པ་ན་ཞེས་པ་ནས། ཕྱི་མ་དང་མཐུན་ལ་སྐྱ་མ་དང་འགལ་བ་ནི་ཉུང་བར་རོ། །ཞེས་སྟོན་པ་མྱ་ངན་ལས་འདའ་བར་གསུངས་པའི་འདུལ་བ་བསྡུས་པ་ཉུང་མཐུན་སྦྱོར་བ་གསུངས་པའི་བར་གྱི་མདོ་ཐམས་ཅད་ངེས་པར་འབྱུང་བའི་ཚུལ་ཁྲིམས་ཀྱི་དབང་དུ་བྱས་ཏེ་བཤད་པར་བྱའོ་ཞེས་དམ་བཅས་པའོ། །

ག༢ གཞུང་དོན་དངོས།

ང༡ སློབ་པ་པོ་རྗེན་གྱི་གང་ཟག །

ཅ༡ ལུང་གཞིའི་སྐབས་ནས་བྱུང་བ།

གཉིས་པ་གཞུང་དོན་དངོས་ལ་གཉིས། སློབ་པ་པོ་རྗེན་གྱི་(༡༡༠ན)གང་ཟག་དང་། དེས་བསླབ་པར་བྱ་བ་བསྟན་པའོ། །དང་པོ་ལ་གསུམ། ལུང་གཞི་དང་། ཕྲན་ཚེགས་དང་། ཞུ་བའི་སྐབས་ནས་བྱུང་བའོ། །དང་པོ་ལ་གཉིས། སྟོན་ཚིག་དང་། ད་ལྟར་གྱི་ཚེ་གའོ། །

ཆ༡ སྔོན་གྱི་ཆོ་ག །

དང་པོ་ནི། དགེ་འདུན་ཐམས་ཅད་འདུས་པ་ན་ཆ་ལུགས་འདི་བཞིན་བྱས་རྒན་རིམ་ལ་ཕྱག་འཚལ་ཏེ། ཐལ་མོ་སྦྱར་ཙོག་ཙོག་པུར་འདུག་ཅིང་གསོལ་བ་བཏབ་པར་གྱུར་པ་གསུམ་དང་། གསོལ་བ་དང་བཞིའི་ལས་ཀྱིས་ཅིག་ཅར་རབ་ཏུ་འབྱུང་བ་དང་། བསྙེན་པར་རྫོགས་པ་ཉེ་བར་བསྒྲུབས་པར་གྱུར་པ་ལྟ་བུ་ནི་སྔོན་གྱི་ཆོ་གའོ། །ཞེས་པའོ། །འདི་ལ་ཅིའི་ཕྱིར་སྔོན་གྱི་ཆོ་ག་ཞེས་བྱ་ཞེ་ན། ད་ལྟར་གྱི་ཆོ་ག་ལས་སྔར་བྱུང་བ་དང་། མཁན་སློབ་དང་བཅས་པའི་ཆོ་ག་ལས་སྔར་བྱུང་བའི་ཆོ་ག་ཡིན་པས་སྔོན་གྱི་ཆོ་ག་ཞེས་བྱའོ། །སྔོན་དུ་ཇི་ལྟར་བསྟན་ན། བདག་ཅག་གི་སྟོན་པ་སངས་རྒྱས་ནས་རིང་པོ་མ་ལོན་པ་ན་ཕལ་ཆེར་ཚུར་ཤོག་གིས་བསྙེན་རྫོགས་མཛད་ལ། དེའི་ཚེ་དགེ་སློང་ཞིག་གི་དྲུང་དུ་རབ་བྱུང་བསྙེན་རྫོགས་ལ་འོངས་པ་བཙོམ་ལྡན་འདས་ཀྱི་དྲུང་དུ་བཏང་བས་བར་སྐབས་སུ་སྲོག་གི་བར་ཆད་དུ་གྱུར་པ་ལ་བརྟེན་ནས། ངའི་ཉན་ཐོས་རྣམས་ཐག་རིང་པོ་ནས་འོང་བས་སྡུག་བསྔལ་བར་གྱུར་ཏོ་སྙམ་དུ་དགོངས་ནས། དེང་ཕྱིན་ཆད་དགེ་འདུན་འདུས་པས་རབ་བྱུང་བསྙེན་རྫོགས་བྱའོ་ཞེས་སྔོན་ཆོག་གསུངས་སོ། །

ཆ༢ ད་ལྟར་གྱི་ཆོ་ག །

ཇ༡ སྡོམ་པ་མ་ཐོབ་པ་ཐོབ་པར་བྱེད་པའི་ཐབས།

ཉ༡ ཚོགས་སྔ་མ་དགེ་ཚུལ་གྱི་སྡོམ་པ་ཐོབ་པར་བྱེད་པའི་ཐབས།

གཉིས་པ་ད་ལྟར་གྱི་ཆོ་ག་ལ་གསུམ། སྡོམ་པ་མ་ཐོབ་པ་ཐོབ་པར་བྱེད་པའི་ཐབས། ཐོབ་པ་མི་ཉམས་པར་བསྲུང་བའི་ཐབས། འགལ་རྐྱེན་བར་ཆད་ཀྱི་མཚན་ཉིད་དོ། །དང་(༡༡༠བ)པོ་ལ་གཉིས། ཚོགས་སྔ་མ་དགེ་ཚུལ་གྱི་སྡོམ་པ་ཐོབ་པར་བྱེད་

པའི་ཐབས་དང་། ཚོགས་ཕྱི་མ་བསྐྱེན་རྫོགས་ཀྱི་སྡོམ་པ་ཐོབ་པར་བྱེད་པའི་ཐབས་སོ། །དང་པོ་ནི། རབ་ཏུ་བྱུང་བ་དང་ཞེས་པ་ནས། དགེ་ཚུལ་ཉིད་དུ་ཉེ་བར་སྒྲུབ་པའི་ཚ་གའོ། །ཞེས་པའི་བར་གསུངས། ད་ལྟར་གྱི་ཆོ་ག་འདི་དུས་ཇི་ཙམ་ནས་བྱུང་སྙམ་ན། སྟོན་པ་མངོན་པར་རྫོགས་པར་སངས་རྒྱས་ནས་ལོ་དྲུག་ནས་བྱུང་སྟེ། སངས་རྒྱས་ནས་ལོ་དྲུག་སོང་བའི་ཚེ། ཡབ་སྲས་མཇལ་བའི་འཕྲིན་པ་འཆར་ཀས་བྱས། དེའི་ཚེ་སྒྲ་རིའི་བུས་འཆར་ཀ་ད་ལྟར་གྱི་ཆོ་གས་རབ་བྱུང་བསྙེན་རྫོགས་བྱས་པར་གསུངས་པའི་ཕྱིར་རོ། །དགེ་ཚུལ་གྱི་ཆོ་ག་གསུངས་པའི་མདོ་འདིའི་དོན་ལ་རྒྱལ་བའི་བསྟན་པ་འདི་ལ་རབ་ཏུ་འབྱུང་བར་བྱེད་པ་རྣམས་ཀྱིས་ཐོག་མར་ཁྱིམ་པའི་རྟགས་དང་ཆ་ལུགས་རྣམས་དོར་བར་བྱ་བ་དང་། ཚེ་འདིའི་བསམ་པ་དང་འཁོར་བའི་ཕུན་ཚོགས་ལ་རེ་བའི་བསམ་པ་དོར་ནས་ངེས་འབྱུང་གི་བསམ་པ་བསྐྱེད་པར་བྱ་བ་དང་། ཕ་མས་བཏགས་པའི་མིང་ཡང་དོར་བར་བྱ་བ་དང་། མཁན་པོ་དང་སློབ་དཔོན་ལ་གུས་པ་བླ་ལྷག་ཏུ་བྱ་བ་དང་། ཕྱིར་བླ་མ་དང་སློབ་མར་འགྱུར་བའི་ཚད་དང་། ཁྱད་པར་མཁན་པོ་དང་སློབ་དཔོན་དུ་འགྱུར་བའི་ཚད་དང་། མཁན་སློབ་ལ་གུས་པ་ཇི་ལྟར་བྱ་བ་དང་། མཁན་པོའི་མཚན་བརྗོད་པའི་ཚེ་དོན་གྱི་སྐད་དུ་མཚན་ནས་སྨོས་ཏེ་མཁན་པོ་རིན་པོ་ཆེ་འདི་ཞེས་བགྱི་བའི་ཞལ་སྔ་ནས་ཞེས་བརྗོད་དགོས་པ་སོགས་མཁན་སློབ་ཀྱི་མཚན་ནས་མཛོད་ཚུལ་དང་། ཡོན་ཏན་(༧༧༧ན)ཅན་གཞན་གྱི་མཚན་ནས་བརྗོད་ཚུལ་དང་། རང་ལས་གཞོན་པའི་མིང་ནས་བརྗོད་ཚུལ་སོགས་འདུལ་བའི་བསླབ་བྱ་གལ་ཆེ་བ་མང་དུ་ཡོད་དོ། །

༡༢ ཚོགས་ཕྱི་མ་བསྙེན་རྫོགས་ཀྱི་སྡོམ་པ་ཐོབ་པར་བྱེད་པའི་ཐབས།

ད༡ སྦྱོར་བའི་ཚིག །

གཉིས་པ་ཚོགས་ཕྱི་མ་བསྙེན་རྫོགས་ཀྱི་སྡོམ་པ་ཐོབ་པར་བྱེད་པའི་ཐབས་ལ་གསུམ། སྦྱོར་བའི་ཚིག །དངོས་གཞིའི་ཚིག །མཇུག་གི་ཚིག་གོ། །དང་པོ་ནི། དགེ་འདུན་ལས་བསྙེན་པར་རྫོགས་པར་བྱའོ། །ཞེས་པ་ནས། དགེ་འདུན་ལ་གསོལ་ནས་བར་ཆད་དྲི་བར་བྱའོ། །ཞེས་པའི་བར་ཏེ། འདིའི་དོན་ལ་བསྙེན་རྫོགས་ཀྱི་མཁན་པོ་བྱེད་པ་ལ་བསྙེན་པར་རྫོགས་ནས་ལོ་བཅུ་ལོན་པ་སོགས་མཚན་ཉིད་མང་དུ་ཚང་དགོས་པ་དང་། དགེ་འདུན་ཡང་ཡུལ་དབུས་སུ་མ་ཐ་བཅུ་དང་། མཐའ་འཁོབ་ཏུ་མ་ཐ་ལྔ་ཚང་དགོས་པ་དང་། བསྙེན་རྫོགས་ཀྱི་ལས་གྲལ་དུ་འདུ་བ་ལ་ཁ་སྐོང་གི་ཆོས་བཅུ་གསུམ་ཚང་དགོས་ཤིང་། ལས་ལ་འདུ་བའི་ཚེ་ལྷུང་བ་བཤགས་པར་འོས་པ་རྣམས་བཤགས། བསྡམ་པར་འོས་པ་རྣམས་བསྡམས། བྱིན་གྱིས་བརླབ་པར་འོས་པ་རྣམས་བྱིན་གྱིས་བརླབས་ཏེ་རྒྱུད་རྣམ་པར་དག་པ་ཞིག་དགོས་པ་དང་། འདུག་ལུགས་སྤྱོད་ལམ་མཐུན་པ་དང་། ལས་ཀྱི་ཚིག་ཤེས་ཤིང་བསྒྲུབ་བྱ་ལ་བརྩེ་བ་སོགས་བསམ་པ་རྣམ་དག་དགོས་པ་དང་། ལས་སློབ་དང་། དུས་བསྒོ་བ་དང་། གསང་སྟེ་སྟོན་པ་དང་། ལྕང་བཟེད་འབྲིམ་པ་པོ་རྣམས་ཀྱིས་ཇི་ལྟར་བྱ་བ་སོགས་བསྙེན་རྫོགས་ལ་དགོས་པའི་ལས་རྣམས་འདུལ་བ་ནས་བཤད་པའི་ཕྱག་ལེན་ཕྲ་མོའང་མ་འཕྱུགས་པ་དགོས་པ་སོགས་དོན་ཆེས་མང་དུ་ཡོད་དོ། །

ད༢ དངོས་གཞིའི་ཚིག །

གཉིས་(༡༡༡བ)པ་དངོས་གཞི་ནི། བསྙེན་པར་རྫོགས་པ་ཉེ་བར་བསྒྲུབ་པར་བྱའོ། །ཞེས་པ་སྟེ། ལས་བྱེད་པས་བར་ཆད་དྲིས་པའི་འོག་ཏུ་མངོན་དུ་གྱུར་པ་བཅུ

ཚང་བ་ལས་སྦོམ་པ་སྐྱེ་བ་སོགས་བརྗོད་ནས་གསོལ་བ་དང་བཞིའི་ལས་ཀྱིས་བསྙེན་པར་རྫོགས་པ་ཉེ་བར་བསྒྲུབ་པར་བྱའོ། །

༦༣ མཇུག་གི་ཆོ་ག །

༡ བསྙེན་བཀུར་གྱི་གནས་དང་གནས་མ་ཡིན་པ་ཤེས་པའི་ཕྱིར་དུ་རྫོགས་དུས་གོ་བར་བྱ་བ།

གསུམ་པ་མཇུག་གི་ཆོ་ག་ལ་གཉིས། བསྙེན་བཀུར་གྱི་གནས་དང་གནས་མ་ཡིན་པ་ཤེས་པའི་ཕྱིར་དུ་རྫོགས་དུས་གོ་བར་བྱ་བ་དང་། བསླབ་བྱ་ཤེས་ནས་བསྲུང་བའི་ཕྱིར་དུ་གདམས་ངག་བརྗོད་པའོ། །དང་པོ་ནི། དེ་མ་ཐག་ཏུ་གྲིབ་ཚོད་རིག་པར་བྱའོ། །དེ་ནི་ཐུར་མ་སོར་བཞི་བས་བཟུང་ངོ་། །

དེ་ནི་སྐྱེས་བུ་ཉིད་ཅེས་ཐ་སྙད་དུ་བྱའོ། །ཉིན་མཚན་གྱི་ཆ་ སྟ་དྲོ་ལ་སོགས་པ་དང་དུས་ཚོད་ཀྱང་ངོ་། །དེ་དག་ནི་ལྔའོ། །དགུན་གྱི་དུས་དང་། དཔྱིད་ཀྱི་དུས་དང་། དབྱར་གྱི་དུས་དང་། དབྱར་ཐུང་ངུའི་དུས་དང་། དབྱར་རིང་པོའི་དུས་སོ། །དང་པོ་གཉིས་ནི་ཟླ་བ་བཞི་བཞིའོ། །འོག་མ་ནི་ཟླ་བ་གཅིག་གོ །དེའི་འོག་མ་ནི་ཉིན་ཞག་གཅིག་གོ །ཐ་མ་ནི་དེས་ཟླ་བ་གསུམ་དུ་མ་ཚང་པའོ། །ཞེས་པ་སྟེ། འདུལ་བ་ནས་བཤད་པའི་དུས་ཚིགས་རྣམས་ཀྱི་ཐ་སྙད་དང་། སོ་སོའི་ངོས་འཛིན་དང་། བསྙེན་རྫོགས་ཀྱི་སྐབས་སུ་བརྗོད་ཚུལ་སོགས་ཚིག་གཅིག་ཀྱང་མ་འཕྱུགས་པར་བྱ་དགོས་སོ། །

༢ བསླབ་བྱ་ཤེས་ནས་བསྲུང་བའི་ཕྱིར་དུ་གདམས་ངག་བརྗོད་པ།

གཉིས་པ་བསླབ་བྱ་ཤེས་ནས་བསྲུང་བའི་ཕྱིར་གདམས་ངག་བརྗོད་པ་ནི། གནས་རྣམས་བརྗོད་པར་བྱའོ། །ལྟུང་བར་འགྱུར་བའི་ཆོས་རྣམས་དང་དགེ་

སྤྱོད་དུ་བྱེད་པའི་ཆོས་རྣམས་ཀྱང་ངོ་། །མཆོག་ཏུ་འདོད་པར་བྱ་བ་ཡང་དག་པ་ཉིད་ཀྱི་རྫོགས་པ་ཉིད་བརྗོད་ནས་ཚུལ་ཁྲིམས་ཀྱིས་(༧༧༢ན)མཉམ་པར་གྱུར་པ་ཉིད་བསྒྲུབ་པ་ལ་ངེས་པར་སྦྱར་བར་བྱའོ། །ཚུལ་དང་འབྲེལ་བའི་གཟུགས་བརྙན་དང་། དུལ་བར་གནས་པ་ཉིད་དང་དགོས་པར་རྗེས་སུ་བསྒྲུབ་པ་ལ་ཡང་ངོ་། །མ་བརྗོད་པ་ཡང་དག་པར་བླངས་པ་ཡོངས་སུ་ཤེས་པའི་བསྒྲུབ་པར་འགྱུར་བ་ཉིད་ཀྱང་བརྗོད་པར་བྱའོ། །གྲུས་པ་ལ་ཡང་ངེས་པར་སྦྱར་བར་བྱའོ། །བསྒྲུབ་པར་བྱ་བ་ཐབས་བརྗོད་པ་དང་བཅས་པ་ལ་ཡང་ངོ་། །བསྙེན་པར་རྫོགས་པའི་ཆོ་གའོ། །ཞེས་པ་སྟེ། གདམས་ངག་བཅུ་གཅིག་མ་ནོར་བར་བརྗོད་པ་སྟེ་གདམས་ངག་འདི་དག་ལ་གོ་བ་ལེགས་པར་ཆགས་ན་དགེ་སློང་རྣམས་ཀྱིས་འདུལ་བའི་བཅས་མཚམས་ཇི་ལྟར་བསྲུང་ཚུལ་གྱི་གནས་རྣམས་ཤེས་པར་འགྱུར་རོ། །དེས་ན་བསྙེན་རྫོགས་ཀྱི་སྡོམ་པ་བླང་བའི་ཚེ་ཟས་བསོད་སྙོམས་པ། གནས་མལ་ཤིང་དྲུང་པ། གོས་ཕྱག་དར་ཁྲོད་པ། སྨན་བཀུས་ཏེ་བོར་བ་བཞི་ལ་གནས་པ་དང་། གཤེ་ཡང་སླར་མི་གཤེ་བ་སོགས་དགེ་སྦྱོང་གི་ཆོས་བཞི་ལ་གནས་པ་དང་། འདུལ་བ་ནས་གསུངས་པའི་ལྟུང་བ་རྣམས་སྲོག་གི་ཕྱིར་ཡང་མི་བྱའོ་ཞེས་སྟོན་པ་དཔང་དུ་བཞག་སྟེ་མཁན་སློབ་དགེ་འདུན་དང་བཅས་པའི་སྤྱན་སྔར་ཁས་བླངས་པ་ཡིན་པས་བྱ་བ་གང་བྱེད་ཀྱང་རང་གིས་གང་ཁས་བླངས་པ་དེ་དང་མ་འགལ་བ་ཞིག་བྱའོ་སྙམ་དུ་དྲན་པ་བསྟེན་པ་ནི་སོ་ཐར་གྱི་ཚུལ་ཁྲིམས་བསྲུང་བའི་ཐབས་མེད་དུ་མི་རུང་བ་ཡིན་ནོ། །

༦༢ ཐོབ་པ་མི་ཉམས་པར་བསྲུང་བའི་ཐབས།

གཉིས་པ་སྡོམ་པ་ཐོབ་པ་མི་ཉམས་པར་བསྲུང་བའི་ཐབས་ལ་གཉིས། གནས་དང་གནས་པའི་ཚུལ་ཁྲིམས་དང་། གནས་དང་གནས་པའི་མཚན་ཉིད་དོ། །(༧༧༢བ)དང་པོ་ནི། གནས་པས་གནས་ལ་མ་ཞུས་པར་བྱ་བ་མི་བྱའོ། །ཞེས་པ་ནས། དེས་

ཀྱང་དེ་ལ་དེ་བྱ་སྟེ། ཞུ་བ་ནི་མ་གཏོགས་སོ། །ཞེས་པའི་བར་གསུངས། གཉིས་པ་གནས་དང་གནས་པའི་མཚན་ཉིད་ནི། བསྙེན་པར་རྫོགས་ནས་ལོ་བཅུ་མ་ལོན་པར་མཁན་པོ་ཉིད་དང་གནས་ཉིད་དང་མི་གནས་པར་འདུག་པར་མི་བྱའོ། །ཞེས་པ་ནས། གནས་ཀྱི་སྐབས་སོ། །ཞེས་པའི་བར་ཏེ་གཞུང་འདི་དག་གི་དོན་ལ་བསླབ་བྱའི་གནས་ཆེས་མང་སྟེ། རབ་བྱུང་བསྙེན་རྫོགས་ཀྱི་མཁན་པོ་བྱེད་པ་ལ་ལྷ་ཕྱུགས་ཉི་ཤུ་རྩ་གཅིག་ལས། དཀའ་སླ་ཅི་རིགས་པར་བསྡེབས་པའི་ལྔ་ཕྲུགས་གང་ཡང་རུང་བ་དང་ལྡན་པ་དགོས་པར་གསུངས་ཤིང་། ལྔ་ཕྲུགས་ཉི་ཤུ་རྩ་གཅིག་ནི། ལོ་བཅུ་ལོན་དང་འཛིན་དང་མཁས། །རིག་དང་གསལ་དང་འཛིན་འཇུག་དང་། །སློབ་དང་སློབ་འཇུག་རྣམ་པ་གཉིས། །ཕུན་སུམ་ཚོགས་གཉིས་རྣམ་པ་གསུམ། །སློབ་དང་མི་སློབ་བྱུང་ཤེས་དང་། །གནས་འཆའ་འཆར་འཇུག་ལྟུང་བ་ཤེས། །ལྔ་ཡི་རི་ལ་རྒྱ་བ་ཡི། །སྡེ་ཚན་ཡང་དག་བསྡུས་པ་ཡིན། །ཞེས་འདུལ་བ་ལུང་གི་བར་སྡོམ་ལས་གསུངས་པ་ལྟར་ལོ་བཅུ་ལོན་པའི་ལྔ་པ། སྡེ་སྣོད་གསུམ་འཛིན་པའི་ལྔ་པ། སྡེ་སྣོད་གསུམ་ལ་མཁས་པའི་ལྔ་པ། སྡེ་སྣོད་གསུམ་རིག་པའི་ལྔ་པ། སྡེ་སྣོད་གསུམ་གསལ་བའི་ལྔ་པ། སྡེ་སྣོད་གསུམ་འཛིན་དུ་འཇུག་ནུས་པའི་ལྔ་པ། ལྷག་པའི་བསླབ་པ་གསུམ་ལ་སློབ་པའི་ལྔ་པ། ལྷག་པའི་བསླབ་པ་གསུམ་ལ་སློབ་ཏུ་འཇུག་ནུས་པའི་ལྔ་པ། ལྷག་པའི་སྤྱོད་སོགས་གསུམ་ལ་སློབ་པའི་ལྔ་པ། ལྷག་(༧༧ན)པའི་སྤྱོད་སོགས་གསུམ་ལ་སློབ་ཏུ་འཇུག་ནུས་པའི་ལྔ་པ། ཕུན་ཚོགས་གོང་མའི་ལྔ་པ། ཕུན་ཚོགས་འོག་མའི་ལྔ་པ། དྲན་ལྡན་གྱི་ལྔ་པ། ནང་དུ་ཡང་དག་པར་བཞག་པའི་ལྔ་པ། མཉམ་པར་བཞག་པའི་ལྔ་པ། སློབ་པའི་ལྔ་པ། མི་སློབ་པའི་ལྔ་པ། བྱུང་ཤེས་ཀྱི་ལྔ་པ། གཏན་དུ་གནས་འཆར་འཇུག་གི་ལྔ་པ། རེ་ཤིག་གནས་འཆར་འཇུག་པའི་ལྔ་པ། ལྟུང་ཤེས་ཀྱི་ལྔ་པ་རྣམས་སོ། །དེ་ལ་ལོ་བཅུ་ལོན་པའི་ལྔ་པ་ནི། བསྙེན་པར་རྫོགས་ནས་བསྙེན་རྫོགས་རྣམ་དག་གི་སྡོམ་རྒྱུན་བར་མ་ཆད་དུ་ལོ་བཅུ་ལོན་པ། གཞན་གྱི་ནད་གཡོག་

རང་གིས་བྱེད་ནུས་ཤིང་གཞན་བྱེད་དུ་འཇུག་ནུས་པ། ལྟུང་བ་ཡོད་ལ་བྱེད་ཅིང་འགྱོད་པ་སེལ་བ་རང་གིས་བྱེད་ནུས་ཤིང་གཞན་བྱེད་དུ་འཇུག་ནུས་པ། སྡིག་པ་ཅན་གྱི་ལྟ་ངན་དྲུག་ཅུ་རྩ་བཞི་སྤོང་བར་རང་ཉིད་ཀྱིས་བྱེད་ནུས་ཤིང་གཞན་བྱེད་དུ་འཇུག་ནུས་པ། གནས་པ་སློབ་མ་གནས་བླ་མ་ལ་མི་དགའ་བ་འདོར་བ་རང་ཉིད་ཀྱིས་བྱེད་ནུས་ཤིང་གཞན་བྱེད་དུ་འཇུག་ནུས་པ་ལྔ་པོ་དེ་ཚོགས་པ་ལ་ལོ་བཅུ་ལོན་པའི་ལྔ་པ་ཞེས་བརྗོད་དོ། །

ལྔ་པ་གཉིས་པ་སྡེ་སྣོད་གསུམ་འཛིན་པའི་ལྔ་པ་ནི། འདུལ་བའི་སྡེ་སྣོད། མདོ་སྡེའི་སྡེ་སྣོད། མངོན་པའི་སྡེ་སྣོད་གསུམ་འཛིན་ཅིང་ཚུལ་ཁྲིམས་དང་ལྡན་པ་དང་། ཕས་རྒོལ་འཇོམས་ཕྱིར་རང་དང་གཞན་གྱི་གྲུབ་པའི་མཐའ་ལ་མཁས་པ་ལྔ་དང་ལྡན་པའོ། །ལྔ་སྡུགས་འདི་དག་འདུལ་བའི་བསྟན་པ་འཛིན་པ་རྣམས་ལ་ཤིན་ཏུ་གལ་ཆེ་བ་ཡོད་པས་བསྟན་པ་ལ་གཅེས་(༡༡༣བ)པར་འཛིན་པའི་དམ་པ་རྣམས་ཀྱིས་འདུལ་བ་ལུང་ལྟས་ནས་ལྔ་སྡུགས་གཞན་མ་རྣམས་ཀྱང་ཤེས་པར་བྱ་དགོས་སོ། །ལྔ་སྡུགས་དེ་དག་ལ་ཞིབ་ཏུ་དཔྱོད་ཤེས་ན་སྤྱིར་སྡེ་སྣོད་གསུམ་གྱི་བརྗོད་བྱའི་དོན་གྱི་གཙོ་བོ་གང་ཡིན་ཤེས་ཤིང་། ཁྱད་པར་དགག་སྒྲུབ་གནང་གསུམ་གྱི་བཅས་པའི་མཚམས་རྣམས་ཤེས་པར་འགྱུར་བས་རང་གི་དལ་བ་ཐོབ་པ་དོན་ལྡན་དུ་བྱ་བ་དང་། རྒྱལ་བའི་བསྟན་པ་ལ་གཅེས་པར་འཛིན་པ་རྣམས་ཀྱིས་འདུལ་བའི་བཅས་མཚམས་འདི་དག་ཤེས་པར་བྱ་ཞིང་ཤེས་ནས་ལག་ལེན་ལ་ཅི་ཐེབས་བྱའོ། །

ཇ༣ འགལ་རྐྱེན་བར་ཆད་ཀྱི་མཚན་ཉིད།

གསུམ་པ་འགལ་རྐྱེན་བར་ཆད་ཀྱི་མཚན་ཉིད་བསྟན་པ་ནི། རབ་ཏུ་འབྱུང་བའི་ཕྱིར་ཉེ་བར་འོངས་པ་ལ། མུ་སྟེགས་ཅན་མ་ཡིན་ནམ། ཞེས་འདྲི་བར་བྱ་ཞིང་ཞེས་པ་ནས། རབ་ཏུ་བྱུང་བའི་གཞི་རྫོགས་སོ། །ཞེས་པའི་བར་ཏེ། འགལ་རྐྱེན་བར་ཆད་

ལ་སྡོམ་པ་སྐྱེ་བའི་བར་ཆད་དང་། སྡོམ་པ་གནས་པའི་བར་ཆད་དང་། སྡོམ་པ་ཁྱད་པར་དུ་འགྲོ་བའི་བར་ཆད་དང་། རྒྱལ་བའི་བསྟན་པ་ལ་མི་མཛེས་པའི་སྐྱོན་དང་ལྡན་པའི་བར་ཆད་བཞི་ཡོད་ཅིང་། བཞི་པོ་དེ་རྣམས་ཀྱི་མཚན་ཉིད་དང་དགོས་པ་སོགས་ཞིབ་ཏུ་ཤེས་དགོས་སོ། །

༣༢ ཕྲན་ཚེགས་ཀྱི་སྐབས་ནས་བྱུང་བ།

གཉིས་པ་ལུང་ཕྲན་ཚེགས་ཀྱི་སྐབས་ནས་འབྱུང་བ་ལ་གཉིས། ཐུན་མོང་བའི་སྤྲོས་པ་དང་། བུད་མེད་ཀྱི་ཚོ་གའི་ཁྱད་པར་རོ། །དང་པོ་ལ་གཉིས། ཐོབ་པར་བྱེད་པའི་སྤྲོས་པ་དང་། ཐོབ་པ་མི་ཉམས་པར་བསྲུང་བའི་སྤྲོས་པའོ། །དང་པོ་ལ་གསུམ། འགལ་རྐྱེན་བར་ཆད་ཀྱི་སྤྲོས་པ། དངོས་གཞི་མཇུག་དང་(༡༡༨ན)བཅས་པའི་སྤྲོས་པ། སྦྱོར་བའི་ཚོ་གའི་སྤྲོས་པའོ། །དང་པོ་ལ་གཉིས་བར་ཆད་ཅན་དང་། དགག་པ་བྱུང་བ་འཁོར་དུ་མི་བཞག་པའོ། །དང་པོ་ལ་བཞི། ཕ་མས་མ་གནང་བས་མཚོན་པ། བུ་ལོན་ཅན་གྱིས་མཚོན་པ། བྲན་གྱིས་མཚོན་པ། ལག་རྡུམ་ལ་སོགས་པས་མཚོན་པའོ། །དང་པོ་ནི། བཀོལ་བ་རྒྱལ་པོས་བཀྲབས་པའོ། །རྒྱལ་པོས་མ་གནང་བ་ཡུལ་ཐག་མི་རིང་བའོ། །ཞེས་གསུངས། གཉིས་པ་བུ་ལོན་ཅན་གྱིས་མཚོན་པ་ནི། བཀོལ་བ་ཆོམ་རྐུན་པར་གྲགས་པའོ། །ཞེས་པའོ། །གསུམ་པ་བྲན་གྱིས་མཚོན་པ་ནི། ལྷམ་མཁན་དང་གདོལ་པ་དང་གཡུང་པོ་དང་དེ་ལྟ་བུ་རབ་ཏུ་བྱུང་བར་མི་བྱའོ། །ཞེས་པའོ། །བཞི་པ་ལག་རྡུམ་ལ་སོགས་པས་མཚོན་པ་ནི། ལག་རྡུམ་ལ་སོགས་པ་ནི་མཚོན་པ་ཡིན་ནོ། །ཞེས་པ་ནས། རྣམ་པ་དེ་ལྟ་བུ་དག་གི་དགག་པ་དེ་ཡང་རབ་ཏུ་བཟུང་བར་བྱའོ། །ཞེས་པའི་བར་རོ། །གཉིས་པ་དགག་པ་བྱུང་བ་འཁོར་དུ་མི་བཞག་པ་ནི། རིགས་དང་ལུས་ལ་སྐྱོན་ཆགས་པ་རབ་ཏུ་བྱུང་བ་ནི་ཉེ་བར་བཞག་པར་མི་བྱའོ། །ཞེས་པ་སྟེ། འདི་ནི་འཇིག་རྟེན་ན་རིགས་དམའ་བར་གྲགས་པ་རིགས་

བཟང་པོ་དག་དང་ལྷན་ཅིག་གནས་པར་མི་རུང་བར་བྱེད་པ་རྣམས་ཏེ་བསྟན་པ་མཛེས་པའི་བར་ཆད་ཅན་དགོས་པ་ཁྱད་པར་ཅན་བྱུང་ན་མ་གཏོགས་བར་ཆད་དུ་འགྱུར་བའོ། །གཉིས་པ་དངོས་གཞི་མཇུག་དང་བཅས་པའི་སྤྲོས་པ་ནི། དུ་མ་མཁན་པོ་གཅིག་པ་གསུམ་མན་ཆད་ཚོགས་གཅིག་གིས་བསྙེན་པར་རྫོགས་པར་བྱར་རུང་ངོ་། །ཞེས་པ་ནས། དང་པོ་ཡིན་ནོ། །ཞེས་པའི་བར་རོ། །གསུམ་པ་སྦྱོར་བའི་ཆོ་གའི་སྤྲོས་པ་ལ་གཉིས། རྟགས་ཡིན་མིན་བསྟན་པ་དངོས་དང་། ཞར་བྱུང་ངོ་། །དང་པོ་ལ་གཉིས། ལུས་ཀྱི་རྟགས་དང་། སྟོད་སྨྱུད་ཀྱི་རྟགས་སོ། །དང་པོ་ལ་(༧༧༨བ)གཉིས། སྐྲ་དང་སེན་མོ་བྲེག་པའི་ཆོ་ག་དང་། ལུས་གཙང་མས་གོས་བགོ་བའི་ཕྱིར་ཁྲུས་བྱ་བའོ། །དང་པོ་ནི། དགོན་པ་བས་སྐྲ་སོར་གཉིས་ལས་ལྷག་པར་མི་བཞག་གོ །ཞེས་པ་ནས། འབྲིག་མཁན་ལ་ནི་མ་དང་སྲིང་མོ་དང་བུ་མོའི་འདུ་ཤེས་ཉེ་བར་བཞག་ཅིག་ཅེས་སོ། །ཞེས་པའི་བར་རོ། །

གཉིས་པ་ལུས་གཙང་མས་གོས་བགོ་བའི་ཕྱིར་ཁྲུས་བྱ་བ་ནི། དེ་བྱས་ནས་ཁྲུས་བྱའོ། །ཞེས་པ་ནས། དཀོན་མཆོག་གི་དོན་ཉིད་དུ་བསྐུ་བ་ལ་ནི་ཉམ་པ་ངེས་པ་མེད་དོ། །ཞེས་པའི་བར་གསུངས། གཞུང་སྔ་ཕྱི་འདི་དག་གི་དོན་ལ་སྐྲ་གཞར་ཚུལ། ཁྲུས་བྱ་ཚུལ། སྤྱིར་གོས་བགོ་ཚུལ། ཁྱད་པར་གང་དུ་ཆོས་གོས་བགོ་བ་དང་མི་བགོ་བའི་ཚུལ། སྤྱོད་ལམ་ཀུན་ཏུ་དྲན་པ་བསྟེན་ཚུལ་སོགས་འདུལ་བའི་བསླབ་བྱ་གལ་ཆེ་བ་མང་དུ་ཡོད་དོ། །གཉིས་པ་སྟོད་སྨྱུད་ཀྱི་རྟགས་ནི། ལྟུང་བཟེད་མེད་པར་རབ་ཏུ་དབྱུང་བ་དང་བསྙེན་པར་རྫོགས་པར་མི་བྱའོ། །ཞེས་པ་ནས། སྤོག་ཆགས་རྣམས་ལ་སྙིང་བརྩེ་བས་ཉེན་ཀོར་ཕྲུག་དར་དང་ཆག་ཆག་བྱའོ། །ཞེས་པའི་བར་རོ། །གཞུང་འདིའི་དོན་ལ་ལྷུང་བཟེད་ཀྱི་ཚད་དང་། ལྷུང་བཟེད་བྱེ་དོར་བྱ་ཚུལ་དང་། ཇི་ལྟར་བཅང་ཚུལ་སོགས་དོན་གལ་ཆེ་བ་མང་དུ་ཡོད་དོ། །གཉིས་པ་ཞར་བྱུང་ནི། ལོ་ཚོགས་མི་ཤེས་ན་མཚན་གྱི་ཉེན་ཀོར་དུ་སྤུ་སྐྱེས་པ་བསྙེན་པར་རྫོགས་

པར་ཁས་བླང་བར་བྱའོ། །ཞེས་པ་ནས། བསླེན་པར་རྫོགས་མ་ཐག་པ་ལ་མི་བརྗོད་པར་མི་བྱའོ། །ཞེས་པའི་བར་གསུངས། གཉིས་པ་ཐོབ་པ་མི་ཉམས་པར་བསྲུང་བའི་སྡོམ་པ་ལ་བཞི། གནས་དང་གནས་པའི་ཚུལ་ཁྲིམས་ཀྱི་སྡོམ་པ། ཞར་ལ་ནད་པ་གསོ་བའི་ཚུལ་ཁྲིམས། གནས་བརྟན་དང་ཕྱི་བཞིན་འབྲང་བའི་ཚུལ་ཁྲིམས། དེ་ལས་གཞན་པའི་ཚུལ་ཁྲིམས་སོ། །དང་པོ་ལ་བཞི། གནས་དང་གནས་པའི་ཚུལ་ཁྲིམས་དངོས། ཐུན་མོང་དུ་ཇི་ལྟར་བྱ་བ། གནས་པས་ཇི་(༧༧༥ན)ལྟར་བྱ་བ། གནས་ཀྱིས་ཇི་ལྟར་བྱ་བའོ། །དང་པོ་ལ་གཉིས། གནས་པའི་ཚུལ་ཁྲིམས་དང་། གནས་ཀྱི་ཚུལ་ཁྲིམས་སོ། །དང་པོ་ནི། གང་ན་གནས་མེད་པ་དེར་གསོ་སྦྱོང་ལ་བསྡད་པ་དང་གནས་པར་ཁས་བླང་བར་མི་བྱའོ། །ཞེས་པ་ནས། དཔག་ཚད་ཕྱེད་དང་གསུམ་དག་ན་གསོ་སྦྱོང་གི་ཚེའོ། །ཞེས་པའི་བར་གསུངས། གཉིས་པ་གནས་ཀྱི་ཚུལ་ཁྲིམས་ནི། གནས་པ་ཆད་པས་བཅད་པར་འོས་པ་ཆད་པས་མི་གཅོད་པར་མི་བྱའོ། །ཞེས་པ་ནས། གནོད་པར་འགྱུར་བའི་ཁྲིམས་སུ་བྱ་བ་མི་བཅའོ། །ཞེས་པའི་བར་གསུངས། གཉིས་པ་ཐུན་མོང་དུ་ཇི་ལྟར་བྱ་བ་ནི། ཁའི་གནས་པ་ཉིད་ནི་མ་བཀུར་པ་ཉིད་ཡིན་ནོ། །ཞེས་པ་ནས། དེ་ལས་ཕྱི་དོར་འབྱུང་བ་བཞིན་དུ་འདག་རྫས་དང་ལྡི་བ་ལས་ཀྱང་ངོ་། །ཞེས་པའི་བར་གསུངས། གསུམ་པ་གནས་པས་ཇི་ལྟར་བྱ་བ་ནི། ལུས་ཀྱི་བྱ་བ་བསྒྲུབ་མ་ཐག་ཏུ་མཆོད་རྟེན་ལ་ཕྱག་བྱའོ། །ཞེས་པ་ནས། དགེ་བ་མི་འཕེལ་ན་དེ་བྱེད་པ་གཞན་ལ་གཏད་པར་གསོལ་བར་བྱའོ། །ཞེས་པའི་བར་གསུངས། བཞི་པ་གནས་ཀྱིས་ཇི་ལྟར་བྱ་བ་ནི། གནས་ཀྱི་འོས་ངེས་པར་ཤེས་པར་བྱས་ནས་གཏད་པར་བྱའོ། །ཞེས་པ་ནས། ལྟུང་བ་ལས་བསླང་བ་དང་རྗེས་སུ་མཐུན་པའི་འཚོ་བའི་ཡོ་བྱད་སྒྲུབ་པ་ལ་བརྩོན་པར་བྱའོ། །ཞེས་པའི་བར་གསུངས། གཉིས་པ་ཞར་ལ་ནད་པ་གསོ་བའི་ཚུལ་ཁྲིམས་ནི། ལྷན་གཅིག་གནས་པ་དང་ཉེ་གནས་དང་མཁན་པོ་དང་སློབ་དཔོན་དང་མཁན་པོ་གཅིག་པ་དང་སློབ་དཔོན་གཅིག་པ་དང་གཏམ་འདྲིས་པ་དང་ཕེབས་

པར་(༧༧༥བ)སྨྲ་བ་དང་སྨོན་འདྲེན་དང་འགྲོགས་བཤེས་ཀྱིས་ནད་གཡོག་བྱའོ། །ཞེས་པ་ནས། དེས་སྐྱེ་བར་བྱས་པ་ཤི་བའི་གོས་དེ་དག་བཀྲུ་བ་ནི་དེས་བྱ་བ་ཉིད་ཡིན་ནོ། །ཞེས་པའི་བར་གསུངས། གསུམ་པ་གནས་བརྟན་དང་ཕྱི་བཞིན་འབྲང་བའི་ཚུལ་ཁྲིམས་ནི། དགེ་འདུན་འདུས་པ་ན་དེའི་གནས་བརྟན་མདུན་དུ་འགྲོ་བར་བྱའོ། །ཞེས་པ་ནས། ཆོས་དང་ལྡན་པའི་ཆེད་པ་བྱུང་ན་བླང་བར་བྱའོ། །ཞེས་པའི་བར་གསུངས། བཞི་པ་དེ་ལས་གཞན་པའི་ཚུལ་ཁྲིམས་ལ་ལྔ། ཁྱིམ་དུ་འགྲོ་བའི་ཚུལ་ཁྲིམས། དྲན་པ་དང་ལུང་ལ་བརྟེན་པ། གཙུག་མར་གནས་པའི་ཚུལ་ཁྲིམས། གསར་བུའི་ཚུལ་ཁྲིམས། གཡོག་འཁོར་དང་གནས་བསྐྱང་བའོ། །དང་པོ་ནི། ཁྱིམ་དུ་མི་རྟོད་པ་དང་མ་ཁེངས་པ་དང་མི་གནས་པར་བྱའོ། །ཞེས་པ་ནས། བསླབ་པའི་གཞི་གཟུང་བ་དག་ལ་དེ་དག་ངེས་པར་སྨྲར་བར་བྱའོ། །ཞེས་པའི་བར་གསུངས། གཉིས་པ་དྲན་པ་དང་ལུང་ལ་བརྟེན་པ་ནི། ལྟུང་བའི་སྐོར་གྱུར་པའི་འཇུག་པ་ཐམས་ཅད་ལ་དྲན་པས་བསྒྲུབ་པར་བྱའོ། །རྗེས་སུ་འགྲོ་བ་བསླབས་པས་མི་བྱ་བར་མི་བྱའོ། །ཞེས་གསུངས། གསུམ་པ་གཙུག་མར་གནས་པའི་ཚུལ་ཁྲིམས་ནི། འོངས་པ་ལ་འོངས་པ་ལེགས་སོ་ཞེས་སྨྲར་སྨྲན་པ་བརྗོད་པར་བྱའོ། །ཞེས་པ་ནས། ཆུ་དང་སྨན་བསྟབས་པར་བྱའོ། །ཞེས་པའི་བར་གསུངས། བཞི་པ་གསར་བུའི་ཚུལ་ཁྲིམས་ནི། ཕྱུག་དར་དང་མལ་དང་། སྨན་བཤམ་པ་དང་། ཆུ་བཞག་པ་དང་། ཁྲིམ་པ་དང་། ཟན་དྲང་བ་ནི་གསར་བུས་བྱའོ། །ཞེས་གསུངས།

ལྔ་པ་གཡོག་འཁོར་དང་གནས་(༧༧༦ན)བསྐྱང་བ་ནི། གཡོག་འཁོར་གྱི་བྱ་བ་མི་མཐུན་པ་གལ་ཏེ་རང་དང་གཞན་ལ་གནོད་པར་མི་འགྱུར་བ་ནི་ཅི་བདེར་བཞག་གོ །ཞེས་པ་ནས། ཞབས་འབྲིང་གཙུག་མ་དག་ལ་སྐད་སྒྲུར་ཏེ་གྲ་དག་པར་ཐུལ་འོག་ཏུ་གཞུག་པར་བྱའོ། །ཞེས་པའི་བར་གསུངས། གཉིས་པ་བུད་མེད་རབ་ཏུ་བྱུང་བའི་ཚ་གའི་ཁྱད་པར་ནི། དགེ་སློང་གི་གནས་སུ་དགེ་སློང་མའོ། །ཞེས་པ་ནས། རབ་ཏུ

བྱུང་བའི་གཞི་ཕྲན་ཚེགས་ནས་གསུངས་པའི་སྐབས་སོ། །ཞེས་པའི་བར་གསུངས།

ཅ༣ ཞུ་བའི་སྐབས་ནས་བྱུང་བ།

གསུམ་པ་འདུལ་བ་ལ་སློབ་པའི་རྟེན་གྱི་གང་ཟག་རབ་ཏུ་བྱུང་བ་ཞུ་བ་ཕལ་ཆེ་བའི་སྐབས་ནི། མི་མ་ཡིན་པའི་འགྲོ་བ་པ་དང་བྱང་གི་སྒྲ་མི་སྙན་པ་གཉིས་ནི་སྡོམ་པའི་ཞིང་ཉིད་མ་ཡིན་ནོ། །ཞེས་པ་ནས་རབ་ཏུ་བྱུང་བའི་གཞི་ཞུ་བ་ཕལ་ཆེ་བའི་སྐབས་སོ། །ཞེས་པའི་བར་གསུངས། དེ་ལྟར་སྡོམ་པ་མ་ཐོབ་པ་ཐོབ་པར་བྱེད་པའི་ཐབས། རབ་ཏུ་བྱུང་ནས་ཚོགས་སྡུ་མ་དགེ་ཚུལ་དང་། ཚོགས་ཕྱི་མ་བསྙེན་པར་རྫོགས་པའི་ཆོ་ག་འདུལ་བ་ལུང་སྡེ་བཞི་ལས། དང་པོ་གཞི་བཅུ་བདུན་གྱི་དང་པོ་རབ་ཏུ་བྱུང་བའི་གཞི་ནས་ཇི་ལྟར་གསུངས་པ་ལ་མ་ཚང་བ་ཁ་སྐོང་བ་ཕྲན་ཚེགས་ཀྱི་སྐབས་དང་། དོགས་པ་ཡོང་ན་གནས་པ་མཐའ་གཅོད་པ་ཞུ་བའི་སྐབས་ནས་ཇི་ལྟར་གསུངས་པ་དེ་དག་མཐའ་ཆོད་པར་ཤེས་པར་བྱས་ལ་སོ་ཐར་གྱི་སྡོམ་པའི་འཐོབས་ཚོག་རྒྱལ་བས་གསུངས་པ་ཇི་ལྟ་བ་བཞིན་ཤེས་པར་བྱས་ལ་བསྟན་པའི་རྩ་བ་ཚུགས་པ་ཞིག་ལ་འབད་པར་བྱའོ། །

ང༢ ངེས་བསླབ་པར་བྱ་བ་བསྟན་པ།

ཅ༡ སྤྱང་བའི་བསླབ་བྱ།

ཆ༡ སྡེ་ལྔ་སོ་སོའི་མཚན་ཉིད།

རྩ་བའི་གཉིས་པ་བསྙེན་རྫོགས་ཀྱི་སྡོམ་པ་ཐོབ་པ་ངེས་བསླབ་(༡༡༨བ)པར་བྱ་བའི་མཚན་ཉིད་ལ་གཉིས། སྤང་བའི་བསླབ་བྱ་དང་། ཉམས་སུ་བླང་བའི་བསླབ་བྱའོ། །དང་པོ་ལ་གཉིས། སྡེ་ལྔ་སོ་སོའི་མཚན་ཉིད་དང་། ཞུ་བ་སྤྱིར་བསྟན་པའོ། །དང་པོ་ལ་གཉིས། དགེ་སློང་གི་སྡེ་ལྔ་སྤྱིར་བཤད་པ་དང་། དགེ་སློང་མའི་

སྡེ་ལྔ་བྱེ་བྲག་ཏུ་བཤད་པའོ། །

ཛ༡ དགེ་སློང་གི་སྡེ་ལྔ་སྤྱིར་བཤད་པ།

ཉ༡ ཐུན་མོང་བ་བསླབ་པ་འབུལ་བའི་ཚིག །

དང་པོ་ལ་གཉིས། ཐུན་མོང་བ་བསླབ་པ་འབུལ་བའི་ཚིག་དང་། སྡེ་ལྔ་བཤད་པ་དངོས་སོ། །དང་པོ་ནི། རང་བཞིན་ཉམས་པས་བྱས་པ་ཉིད་ནི་ཕུལ་བ་ཉིད་མ་ཡིན་ནོ། །ཞེས་པ་ནས། འབུལ་བའི་ཚིག་གོ། །ཞེས་པའི་བར་གསུངས།

ཉ༢ སྡེ་ལྔ་བཤད་པ་དངོས།

ཏ༡ གཅོད་པར་བྱེད་པ་ཕམ་པའི་སྡེ།

གཉིས་པ་སྡེ་ལྔ་བཤད་པ་དངོས་ལ་ལྔ། གཅོད་པར་བྱེད་པ་ཕམ་པའི་སྡེ། གསོ་བ་དགེ་འདུན་ལ་རག་ལས་པ་དགེ་འདུན་ལྷག་མའི་སྡེ། ལྟུང་བར་བྱེད་པ་ལྟུང་བྱེད་ཀྱི་སྡེ། སྤྲི་སྟུགས་འདོན་པའི་སྒོ་ནས་སོ་སོར་བཤགས་པའི་སྡེ། བསླབ་བྱ་ཉེས་བྱས་ཀྱི་སྡེའོ། །དང་པོ་ལ་བཞི། རང་གཞན་གཉིས་ཀའི་ཚངས་སྤྱོད་ལ་གནོད་པ་མི་ཚངས་པར་སྤྱོད་པའི་ཕམ་པ། གཞན་གྱི་ལོངས་སྤྱོད་ལ་གནོད་པ་མ་བྱིན་ལེན་གྱི་ཕམ་པ། གཞན་གྱི་སྲོག་ལ་གནོད་པ་སྲོག་གཅོད་པའི་ཕམ་པ། གཞན་གྱི་དོན་འགྲུབ་པ་ལ་གནོད་པ་རྫུན་དུ་སྨྲ་བའི་ཕམ་པའོ། །དང་པོ་ནི། བཙུག་རིག་ཉམས་སུ་མྱོང་བར་བྱས་ནའོ། །ཞེས་པ་ནས། མི་ཚངས་པར་སྤྱོད་པའི་ཕམ་པར་འགྱུར་བ་རྫོགས་སོ། །ཞེས་པའི་བར་རོ། །

གཉིས་པ་གཞན་གྱི་ལོངས་སྤྱོད་ལ་གནོད་པ་མ་བྱིན་ལེན་གྱི་ཕམ་པ་ནི། རྐུ་བའམ་རྐུར་བཅུག་པ་དག་གིས་སོ། །ཞེས་པ་ནས། མ་བྱིན་པར་ལེན་པའི་ཕམ་པར་འགྱུར་བ་རྫོགས་སོ། །ཞེས་པའི་བར་གསུངས། གསུམ་པ་(༡༡༧ན)གཞན་གྱི་སྲོག་ལ་

གནོད་པ་སྲོག་གཅོད་པའི་ཕམ་པ་ནི། ནད་པ་ལ་འཆི་བའི་སེམས་དང་རྗེས་སུ་མཐུན་པའི་ཉེ་བར་བསྒྲུབ་པ་ཉེ་བར་བསྒྲུབ་པར་མི་བྱའོ། །ཞེས་པ་ནས། གསོད་པའི་ཕམ་པར་འགྱུར་བ་རྫོགས་སོ། །ཞེས་པའི་བར་གསུངས།

བཞི་པ་གཞན་གྱི་དོན་འགྲུབ་པ་ལ་གནོད་པ་རྫུན་དུ་སྨྲ་བའི་ཕམ་པ་ནི། འདུ་ཤེས་བསྒྱུར་ཏེ་བདག་ཉིད་མིའི་ཆོས་བླ་མ་དང་ལྡན་པ་ཉིད་དུ་སྨྲས་ནའོ། །ཞེས་པ་ནས། སྨྲ་བའི་ཕམ་པར་འགྱུར་བ་རྫོགས་སོ། །ཞེས་པའི་བར་གསུངས།

དེ་ལ་མི་ཚངས་པར་སྤྱོད་པའི་ཕམ་པ་ནི། ཁ་དང་། བཤང་ལམ་དང་། མོ་མཚན་ཏེ་རྒྱའི་སྒོ་གསུམ་པོ་གང་རུང་དུ་ཟག་བཅས་བཅུག་ནས་རེག་པ་ཉམས་སུ་མྱོང་བའོ། །ཕམ་པ་འདི་ལ་བཅས་པ་དང་རྗེས་བཅས་གཉིས་ཡོད་ཅིང་། ཕམ་པ་འདི་བསྲུང་ཕྱིར་འདོད་ཆགས་ཀྱི་ཉེས་དམིགས་དྲན་ནས་བུད་མེད་ལ་ཆགས་སེམས་ཀྱིས་མིག་ལྟ་བ་ཙམ་ཡང་མི་བྱ་བ་དང་། དབེན་པ་སྐབས་ཡོད་དུ་ཁྲིམས་གྲོགས་མེད་པར་སེ་གོལ་གྱི་ཡུན་ཙམ་དུ་ཡང་བུད་མེད་དང་ལྷན་ཅིག་མི་འདུག་པ་སོགས་ལ་བསླབ་བོ། །

མ་བྱིན་པར་ལེན་པའི་ཕམ་པ་ནི། རིན་ཐང་ཚང་བའི་དངོས་པོ་རྐུ་བའོ། །ཕམ་པ་འདི་བསྲུང་ཕྱིར་གཞན་གྱི་རྫས་ཏིལ་གྱི་འབྲུ་ཙམ་ལའང་བརྐུ་སེམས་མི་བསྐྱེད་ཅིང་། ཟང་ཟིང་གི་ནོར་ལ་ཆགས་པའི་གཉེན་པོ་བསྟེན་པ་སོགས་ལ་བསླབ་བོ། །

སྲོག་གཅོད་པའི་ཕམ་པ་ནི་མི་གསོད་པ་སྟེ། རང་གི་བྱས་པའམ། གཞན་བྱེད་དུ་བཅུག་པ་སྟེ་མཚོན་བསྣུན་པའམ། དུག་བཏང་བའམ། སྨན་(༡༡༧བ)ལོག་པ་བྱིན་པའམ། ངན་སྔགས་བྱས་པའམ། འདྲེ་སོགས་ལ་གཏད་པའམ། འཆིར་འཇུག་པའི་ཐབས་བྱས་པ་སོགས་ཐབས་གང་ཡང་རུང་བས་མི་བསད་པའམ། མངལ་དུ་མིར་ཆགས་པ་བསད་ན་འང་ཕམ་པར་འགྱུར་རོ། །ཕམ་པ་འདི་བསྲུང་ཕྱིར་སེམས་ཅན་སུ་ལའང་གནོད་པའི་བསམ་པ་དང་སྦྱོར་བ་སྤོང་བ་ལ་འབད་དོ། །

མི་ཆོས་བླ་མའི་རྫུན་སྨྲ་བའི་ཕམ་པ་ནི། མི་རྟག་པའི་འདུ་ཤེས་སོགས་ཡོན་ཏན་གོང་མ་མ་ཐོབ་པར་ཐོབ་བོ་ཞེས་སྨྲས་པ་དང་། ལྷ་དང་ཀླུ་ལ་སོགས་པ་མ་མཐོང་བར་མཐོང་ཞེས་སྨྲས་པ་སོགས་སོ། །ཕམ་པ་འདི་བསྲུང་ཕྱིར་རྫུན་དང་ཚུལ་འཆོས་སྲོག་གི་ཕྱིར་ཡང་མི་བྱ་བ་ལ་བསླབ་བོ། །ཕམ་པ་བཞི་པོ་དེ་མཐའ་ཆོད་པར་ཤེས་པ་ལ་གླིང་གཞི་གང་ལ་བརྟེན་ནས་བཅའ་བ་མཛད་པ་དང་། སྦྱོར་བ་དང་། སྦྱོར་བའི་སྦྱོར་བ་དང་། སྐབས་དེར་གཏོགས་ཀྱི་བསླབ་བྱ་དང་འགལ་བའི་ཉེས་པ་སོགས་ཤེས་དགོས་སོ། །

༨༢ གསོ་བ་དགེ་འདུན་ལ་རག་ལས་པ་དགེ་འདུན་ལྷག་མའི་སྡེ།

གཉིས་པ་གསོ་བ་དགེ་འདུན་ལ་རག་ལས་པ་དགེ་འདུན་ལྷག་མའི་སྡེ་ལ་བཅུ་གསུམ་ཡོད་དེ། ཁུ་བ་འབྱིན་པའི་དགེ་འདུན་ལྷག་མ། རེག་པའི་དགེ་འདུན་ལྷག་མ། འཁྲིག་ཚིག་སྨྲ་བའི་དགེ་འདུན་ལྷག་མ། འཁྲིག་པའི་བསྙེན་བཀུར་བསྔགས་པའི་དགེ་འདུན་ལྷག་མ། སྨྱན་བྱེད་པའི་དགེ་འདུན་ལྷག་མ། ཁང་པའི་དགེ་འདུན་ལྷག་མ། ཁང་ཆེན་གྱི་དགེ་འདུན་ལྷག་མ། གཞི་མེད་ཀྱི་དགེ་འདུན་ལྷག་མ། བག་ཙམ་གྱི་དགེ་འདུན་ལྷག་མ། དགེ་འདུན་དབྱེན་གྱི་དགེ་འདུན་ལྷག་མ། དེའི་རྗེས་སུ་ཕྱོགས་པའི་དགེ་འདུན་ལྷག་མ། ཁྱིམ་སུན་འབྱིན་པའི་དགེ་འདུན་ལྷག་མ། (༧༧༨ན)བཀའ་བློ་མི་བདེ་བའི་དགེ་འདུན་ལྷག་མ་རྣམས་སོ། །

དང་པོ་ནི། རྨི་ལམ་ནི་མེད་པ་དང་འདྲའོ། །དེའི་འབྲས་བུ་ནི་མ་བྱས་པ་ཉིད་དོ། །ཕྲུང་ནའོ། །དེར་འདུན་པས་སོ། །རང་གི་ཁུ་བའོ། །ཞེས་པ་ནས། འབྱིན་པའི་དགེ་འདུན་ལྷག་མ་རྫོགས་སོ། །ཞེས་པའི་བར་གསུངས། འདིའི་དོན་ཁུ་བ་འབྱིན་པའི་དགེ་འདུན་ལྷག་མ་ནི་ཆགས་སེམས་ཀྱིས་ཀུན་ནས་བསླངས་ཏེ་རྨའི་སྒོ་གསུམ་ལས་གཞན་པའི་རང་གཞན་གྱི་སྦྱོར་བ་གང་ཡང་རུང་བས་རང་གི་ཁུ་བ་འབྱིན་པར་

བྱེད་པའོ། །

གཉིས་པ་རེག་པའི་དགེ་འདུན་ལྷག་མ་ནི། འདི་ལ་བྱེད་པ་པོ་ཉིད་ནི་བུད་མེད་དོ། །ཞེས་པ་ནས། ལུས་ཀྱིས་རེག་པའི་དགེ་འདུན་ལྷག་མའོ། །ཞེས་པའི་བར་གསུངས། འདིའི་དོན་རེག་པའི་དགེ་འདུན་ལྷག་མ་ནི། ཆགས་སེམས་ཀྱིས་ཀུན་ནས་བསླངས་ཏེ་བུད་མེད་ལ་རེག་པར་བྱེད་པའོ། །

གསུམ་པ་འཁྲིག་ཚིག་སྨྲ་བའི་དགེ་འདུན་ལྷག་མ་ནི། འཁྲིག་པ་སྨྲས་ནའོ། །རྒྱ་ལ་སོགས་པའི་དོན་གྱིས་སོ། །གང་ལ་གོ་བར་བྱ་བ་ཉིད་དེ་བརྡ་ཕྲད་པ་ན་མཐའོ། །ཞེས་པ་ནས། འཁྲིག་པ་དང་ལྡན་པ་སྨྲ་བའི་དགེ་འདུན་ལྷག་མའོ། །ཞེས་པའི་བར་གསུངས། འདིའི་དོན་འཁྲིག་ཚིག་སྨྲ་བའི་དགེ་འདུན་ལྷག་མ་ནི། ཆགས་སེམས་ཀྱིས་ཀུན་ནས་བསླངས་ཏེ་བུད་མེད་ལ་འཁྲིག་པ་དང་ལྡན་པའི་ཚིག་གང་ཡང་རུང་བ་སྨྲ་བའོ། །

བཞི་པ་འཁྲིག་པའི་བསྙེན་བཀུར་བསྔགས་པའི་དགེ་འདུན་ལྷག་མ་ནི། བདག་ཉིད་དང་འཁྲིག་པ་ཀུན་ཏུ་སྤྱོད་པ་བསྔགས་ནའོ། །ཞེས་པ་ནས། བསྙེན་བཀུར་བསྔགས་པའི་དགེ་འདུན་ལྷག་མའོ། །ཞེས་པའི་བར་གསུངས། འདིའི་(༧༧༨བ)དོན། འཁྲིག་པའི་བསྙེན་བཀུར་བསྔགས་པའི་དགེ་འདུན་ལྷག་མ་ནི། ཆགས་སེམས་ཀྱིས་ཀུན་ནས་བསླངས་ཏེ་བུད་མེད་ལ་ཁོ་བོ་ལ་འདི་དང་འདི་བྱས་ན་ལེགས་སོ་ཞེས་འཁྲིག་པ་སྤྱོད་པ་ལ་བསྔགས་པའི་ཚིག་སྨྲ་བའོ། །

ལྔ་པ་སྨྱན་བྱེད་པའི་དགེ་འདུན་ལྷག་མ་ནི། ཕྲད་ནའོ་གཞན་དང་ངོ་། །གཞན་དུའོ། །དེའི་དོན་དུ་མི་མཐུན་པ་མཐུན་པར་བསྒྲུབ་པའི་ཕྱིར་སྤྲོད་པར་བྱ་བ་ལས་སྤྲིང་བ་མཆོས་པས་གཞན་དེ་ལ་གོ་བར་བྱས་ཤིང་དེས་སྨྲས་པ་སྨྲ་མ་ལ་བརྗོད་ནའོ། །ཞེས་པ་ནས། སྨྱན་བྱེད་པའི་དགེ་འདུན་ལྷག་མའོ། །ཞེས་པའི་བར་གསུངས། འདིའི་དོན་སྨྱན་བྱེད་པའི་དགེ་འདུན་ལྷག་མ་ནི། ཁྱིམ་པ་ཕོ་མོ་མི་མཐུན་པ་འཕྲིན་ཡིག་

པན་ཚུན་དུ་སྐྱེལ་བ་སོགས་ཀྱིས་མཐུན་པར་བྱས་ཏེ་འདོད་པ་སྤྱོད་དུ་གཞུག་པའོ། །

དྲུག་པ་ཁང་པའི་དགེ་འདུན་ལྷག་མ་དང་། བདུན་པ་ཁང་ཆེན་གྱི་དགེ་འདུན་ལྷག་མ་ནི། སྤྱོད་ལམ་བཞིའི་སྟོད་མ་ཡིན་པ་ཉིད་ལ་ནི་ཉེས་པ་མེད་དོ། །ཞེས་པ་ནས། ཁང་པ་དང་གཙུག་ལག་ཁང་གི་དགེ་འདུན་ལྷག་མ་ཞུ་བའི་སྐབས་སོ། །ཁང་པ་དང་གཙུག་ལག་ཁང་གི་དགེ་འདུན་ལྷག་མ་གཉིས་སོ། །ཞེས་པའི་བར་གསུངས། དེ་ལ་ཁང་པའི་དགེ་འདུན་ལྷག་མ་ནི། གཞི་མ་དག་པར་རང་དོན་དུ་ཁང་པ་བརྩིགས་པའམ། རང་དོན་དུ་ཁང་པ་ཚད་ལས་འདས་པ་བརྩིག་པའོ། །ཁང་པའི་ཚད་ནི་སྲིད་དུ་ཁྲུ་བཅོ་བརྒྱད་དང་། ཞེང་དུ་ཁྲུ་ཕྱེད་དང་བཅུ་གཉིས་སོ། །ཁང་ཆེན་གྱི་དགེ་འདུན་ལྷག་མ་ནི། དགེ་འདུན་ལ་མ་གསོལ་བ་དང་གཞི་མ་དག་པར་ཁང་ཆེན་བརྩིག་པའོ། །

བརྒྱད་པ་གཞི་མེད་ཀྱི་དགེ་འདུན་ལྷག་མ་དང་། དགུ་པ་(༧༧ན)བག་ཙམ་གྱི་དགེ་འདུན་ལྷག་མ་ནི། ཕམ་པར་འགྱུར་བ་ལྷག་པར་སྤྱོད་པས་དགེ་སློང་ཉམས་པ་ལ་ཡང་ངོ་། །ཞེས་པ་ནས། གཞི་མེད་པ་དང་བག་ཙམ་གྱི་ཞུ་བའོ། །ཞེས་པའི་བར་གསུངས། དེ་ལ་གཞི་མེད་ཀྱི་དགེ་འདུན་ལྷག་མ་ནི། ཕྲག་དོག་གིས་ཀུན་ནས་བསླངས་ཏེ་དགེ་སློང་རྣམ་དག་ལ་ཕམ་པས་སྐུར་བ་འདེབས་པའོ། །

བག་ཙམ་གྱི་དགེ་འདུན་ལྷག་མ་ནི། དགེ་སློང་རྣམ་དག་ལ་འདིས་འདི་ལ་འདོད་པ་སྤྱད་དོ་ཞེས་བྱ་བྱེད་སྨྲར་བ་མ་བྱས་ཀྱང་། དགེ་སློང་འདི་དང་བུད་མེད་འདི་དང་འདོད་པ་སྤྱོད་པ་ཡང་མཐོང་ངོ་ཞེས་པ་ལྟ་བུ་བརྗོད་པའོ། །

བཅུ་པ་དགེ་འདུན་དབྱེན་གྱི་དགེ་འདུན་ལྷག་མ་དང་། བཅུ་གཅིག་པ་དེའི་རྗེས་སུ་ཕྱོགས་པའི་དགེ་འདུན་ལྷག་མ་ནི་གཞན་གྱི་འཁོར་ཁ་འདྲིན་ན་སྦོམ་པོའོ། །ཞེས་པ་ནས། རྗེས་སུ་ཕྱོགས་པའི་དགེ་འདུན་ལྷག་མའོ། །ཞེས་པའི་བར་གསུངས། དེ་ལ་དགེ་འདུན་དབྱེན་ལ། འཁོར་ལོའི་དབྱེན་དང་། ཕྱིར་དགེ་འདུན་གྱི་དབྱེན་ཙམ་གཉིས་ལས། འཁོར་ལོའི་དབྱེན་ནི་སྟོན་སྟོན་པ་ཞལ་བཞུགས་དུས་ལྷས་བྱིན་གྱིས

དགེ་སློང་སོ་སོ་སྐྱེ་བོ་མང་པོ་ཆོས་ལོག་པར་སྟོན་པ་དང་། ཟང་ཟིང་གི་ལོངས་སྤྱོད་ཀྱིས་ཁ་དྲངས་ཏེ་དགེ་འདུན་ཕྱེ་བའོ། །སྤྱིར་དགེ་འདུན་གྱི་དབྱེན་ནི། རང་ཕྱོགས་སུ་དགེ་འདུན་བཞིར་ལོངས་པ་དང་། ཕ་རོལ་ཏུ་བཞིར་ལོངས་པ་ཕན་ཚུན་མི་མཐུན་པར་བྱས་ཏེ་དབྱེ་བའོ། །

དེའི་རྗེས་སུ་ཕྱོགས་པའི་དགེ་འདུན་ལྷག་མ་ནི། དེ་འདྲ་བའི་དགེ་འདུན་གྱི་དབྱེན་བྱེད་པ་དེའི་རྗེས་སུ་འཇུག་པར་བྱེད་པའོ། །དགེ་འདུན་དབྱེན་ནི་བཙས་པའི་དབང་གིས་ལྷག(༧༧ཁ)མའི་ལྟུང་བར་བགྲངས་ཀྱང་། རྣམ་སྨིན་ནི་ཕམ་པ་བཞི་ཆར་ལས་ཀྱང་ཆེ་བར་གསུངས་པས་བདག་ཞིགས་སུ་འདོད་པ་དག་གིས་གནས་འདི་ལ་གཟབ་དགོས་པར་གསུངས་སོ། །

བཅུ་གཉིས་པ་ཁྱིམ་སུན་འབྱིན་པའི་དགེ་འདུན་ལྷག་མ་ནི། རང་སྐྱོད་པར་བྱེད་པའི་དགེ་འདུན་ལ་ལོག་པའི་བསམ་པས་དེ་དེ་ལ་དེ་ལྟར་ཞུགས་སོ་ཞེས་ཟུར་དུ་སྨྲ་བ་ཉིད་དོ། །ཁྱིམ་སུན་འབྱིན་པའི་དགེ་འདུན་ལྷག་མའོ་ཞེས་གསུངས། འདིའི་དོན་ནི། ཁྱིམ་པའི་གྲོང་དུ་ཆང་འཐུང་བ་དང་སྨྱུ་གར་བྱེད་པ་སོགས་ཁྱིམ་པ་རྣམས་རྒྱལ་བའི་བསྟན་པ་ལ་མ་དད་པར་འགྱུར་བའི་ལས་བྱས་པ་དང་། དེ་ལྟར་བྱས་པ་ལ་དགེ་འདུན་གྱིས་གནས་དབྱུང་བྱས་པ་ན་དགེ་འདུན་ལ་སྐུར་པ་བྱེད་པ་སོགས་སོ། །

བཅུ་གསུམ་པ་བཀའ་བློ་མི་བདེ་བའི་དགེ་འདུན་ལྷག་མ་ནི། དགེ་སློང་གིས་ལྷག་པའི་ཚུལ་ཁྲིམས་ཀྱིས་གླེངས་པ་ཉིད་ན་བདག་ཉིད་ཀྱིས་དེ་ལ་དགེ་སློང་དག་གིས་བརྗོད་པར་མི་བྱ་བ་ཉིད་དུ་བྱེད་པ་ལའོ། །བཀའ་བློ་མི་བདེ་བའི་དགེ་འདུན་ལྷག་མའོ། །དགེ་འདུན་ལྷག་མ་རྣམས་རྫོགས་སོ། །ཞེས་གསུངས། འདིའི་དོན་ནི། རང་ལ་དགེ་སློང་གཞན་གྱིས་འདུལ་བའི་བཅས་པ་ལས་བརྩམས་ཏེ་གླེངས་པ་ན་མི་འདོད་པའི་བསམ་པས་ཕར་རྐོལ་བར་བྱེད་པ་སོགས་སོ། །ལྷག་མ་བཅུ་གསུམ་པོ་འདི་ལ་དགེ་འདུན་ལྷག་མ་ཞེས་བརྗོད་པ་ནི་ལྷག་མའི་ལྟུང་བ་བྱུང་ན་དེ་བཤགས་

པ་དགེ་འདུན་ལ་རག་ལས་པས་ན་དེ་ལྟར་བརྗོད་དོ། །

ང༣ ལྟུང་བར་བྱེད་པ་ལྟུང་བྱེད་ཀྱི་སྡེ།

ཐ༡ ཞག་གི་ཚད་ལས་དང་འབྲེལ་བའི་སྤང་བའི་སྡེ།

གསུམ་པ་ལྟུང་བར་བྱེད་པ་ལྟུང་བྱེད་ཀྱི་སྡེ་ལ་གཉིས། ཞག་གི་ཚད་ལས་དང་འབྲེལ་བའི་སྤང་བའི་སྡེ་དང་། བཤགས་པ་ཙམ་དང་འབྲེལ་བའི་(༡༢༠ན)ལྟུང་བྱེད་འབའ་ཞིག་པའི་སྡེའོ། །དང་པོ་ལ་བཅུ་ཚན་གསུམ་ལས།

བཅུ་ཚན་དང་པོ་ལ། འཆང་བའི་སྤང་བ། འབྲལ་བའི་སྤང་བ། ཟླ་འཇོག་གི་སྤང་བ། ཁྲུར་འཇུག་གི་སྤང་བ། ལེན་པའི་སྤང་བ། སློང་བའི་སྤོང་བ། སློང་བར་རིགས་པའི་སྤང་བ། སྤགས་པ་སློང་བའི་སྤང་བ། སོ་སོ་ནས་སྤགས་པ་སློང་བའི་སྤང་བ། བསྐུར་བའི་སྤང་བའོ། །དང་པོ་ནི། ཉིན་མཚན་གྱི་དང་པོ་མ་ཡིན་པ་ལ་ཐ་མ་ཡིན་པ་མེད་པ་ཉིད་དོ། །ཞེས་པ་ནས། འཆང་བའི་སྤང་བའོ། །ཞེས་པའི་བར་གསུངས། འདིའི་དོན་འཆང་བའི་སྤང་བ་ནི། བྱིན་རླབས་མ་བྱས་པར་ཆོས་གོས་དང་ཧྲུལ་གཟན་སོགས་ཞག་བཅུ་ལས་འདས་པར་འཆང་བའོ། །བཅས་པ་འདི་མཛད་པའི་དགོས་པ་ནི། ཡོ་བྱད་མང་པོ་བཅངས་ན་གསོག་བསྲུང་གི་སྡུག་བསྔལ་འབྱུང་ཞིང་། རང་གི་སེམས་གཡེང་བར་བྱེད་པ་དང་། གྲོགས་གཞན་ཡང་གཡེང་བར་བྱེད་པ་དང་། གཙོ་བོར་འདོད་ཞེན་འཕེལ་བར་འགྱུར་བས་དེ་དག་དགག་པའི་ཕྱིར་དུ་བཅས་པ་འདི་མཛད་དོ། །གཉིས་པ་འབྲལ་བའི་སྤང་བ་ནི། གདིང་བ་དང་བྲལ་བ་ལ་ནི་ཉེས་པ་མེད་དོ། །གལ་ཏེ་དེང་ཉིད་ཕྱིར་ལྡོག་ཅིང་གནས་པར་བྱའོ་སྙམ་པ་མེད་ན་གདིང་བ་གཞག་སྟེ་འགྲོ་བར་མི་བྱའོ་ཞེས་པ་ནས་འབྲལ་བའི་སྤང་བའོ། །ཞེས་པའི་བར་གསུངས། འདིའི་དོན་འབྲལ་བའི་སྤང་བ་ནི། ཆོས་གོས་རྣམ་གསུམ་བྱིན་རླབས་ཅན་ཞག་ཏུ་འབྲལ་བར་བྱེད་པའོ། །འདི་ནི་རྒྱལ་བའི་བསྟན་པ་འདི་ལ་ཞུགས་ནས

དགེ་སློང་གི་སྡོམ་པ་ཐོབ་པ་རྣམས་ཀྱིས་རབ་ཏུ་བྱུང་(༧༢༠བ)བའི་རྟགས་ཆ་ལུགས་ནམ་ཡང་མ་ཉམས་པར་བྱེད་དགོས་པའོ། །གསུམ་པ་ཟླ་འཛོག་གི་ལྟུང་བ་ནི། ཁ་བསྐང་བ་ལ་རེ་བ་མེད་ན་ཆུང་བ་ཁྲུ་གང་ཡན་ཆད་ཀྱང་ཆོག་པ་དང་འདྲའོ། །ཞེས་པ་ནས། ཟླ་བས་ལྟུང་བའོ། །ཞེས་པའི་བར་གསུངས། །འདིའི་དོན་ནི་དངོས་ཟིན་ལྟར་གོ་སླའོ། །བཞི་པ་ཁྲུར་འཇུག་གི་ལྟུང་བ་ནི། སྨྲུམ་མ་དབེན་པར་བཞག་གོ །ཞེས་པ་ནས། ཁྲུར་འཇུག་པའི་ལྟུང་བའོ། །ཞེས་པའི་བར་གསུངས། འདིའི་དོན་ཁྲུར་འཇུག་པའི་ལྟུང་བ་ནི། རང་གི་གོས་རྙིང་པ་དགེ་སློང་མ་ཁྲུར་འཇུག་པའོ། །ལྔ་པ་ལེན་པའི་ལྟུང་བ་ནི། དགེ་སློང་མས་གོས་རིན་ཆེན་པོ་རྫེ་བའི་ཕྱིར་བླང་བར་བྱའོ། །ཞེས་པ་ནས། ལེན་པའི་ལྟུང་བའོ། །ཞེས་པའི་བར་གསུངས། འདིའི་དོན་ལེན་པའི་ལྟུང་བ་ནི། རང་ཉིད་གོས་ཀྱིས་ཕོངས་པ་མིན་པར་དགེ་སློང་མ་ལས་གོས་ལེན་པའོ། །དྲུག་པ་སློང་བའི་ལྟུང་བ་ནི། མིའི་འགྲོ་བར་གཏོགས་པ་ཁྱིམ་པར་གྱུར་པ་སྦྱོག་དང་ལྡན་པ་ཉེ་དུ་མ་ཡིན་པ་ནི་ལྟུང་བའི་བྱེད་པ་པོ་ཡིན་ནོ། །ཞེས་པ་ནས། སློང་བའི་ལྟུང་བའོ། །ཞེས་པའི་བར་གསུངས། འདིའི་དོན་སློང་བའི་ལྟུང་བ་ནི། རང་ཉིད་གོས་ཀྱིས་ཕོངས་པ་མིན་པར་ཉེ་དུ་མིན་པའི་ཁྱིམ་པ་ལས་གོས་སློང་བར་བྱེད་པའོ། །བདུན་པ་སློང་བར་རིགས་པའི་ལྟུང་བ་ནི། བྱིན་གྱིས་བརླབས་པར་བྱ་བ་ཐམས་ཅད་མེད་ན་སློང་བར་རིགས་པ་ཉིད་དོ། །ཞེས་པ་ནས། སློང་བར་རིགས་པའི་ལྟུང་བའོ། །ཞེས་པའི་བར་གསུངས། འདིའི་དོན་སློང་བར་རིགས་པའི་ལྟུང་བ་ནི། ཆོས་གོས་མེད་ཚེ་སློང་བར་རིགས་ཀྱང་འདོད་ཞེན་ཆེན་པོས་སྟོད་གཡོགས་སྨད་གཡོགས་ཟུང་ལས་ལྷག་སློང་བའོ། །བརྒྱད་པ་(༧༢༡ན)སྤྱགས་པ་སློང་བའི་ལྟུང་བ་ནི། སྤྱགས་པ་མ་ཕུལ་བར་ཤེས་པ་ནི་མ་སྤྱགས་པ་དང་འདྲའོ། །དེ་ཉིད་གཞན་ཡིན་ནོ། །སྤྱགས་པ་སློང་བའི་ལྟུང་བའོ། །ཞེས་གསུངས། འདིའི་དོན་སྤྱགས་པ་སློང་བའི་ལྟུང་བ་ནི། ཁྱིམ་པས་རང་ལ་གོས་སྦྱེར་བར་བསྔོས་པའི་ཚེ་འབུལ་ལོང་མེད་པར་ལེན་པའོ། །དགུ་པ་

སོ་སོ་ནས་སྤྱགས་པ་སྤོང་བའི་སྤྱང་བ་ནི། སྦྱིན་པར་བྱེད་པ་སྤྱངས་ཆེ་བ་ཡང་ངོ་། ། སྦྱོར་བ་གཅིག་པའི་ཕྱིར་ཐོབ་ན་གཅིག་ཉིད་དོ། །སོ་སོ་ནས་སྤྱགས་པ་སྤོང་བའི་སྤྱང་བའོ། །ཞེས་གསུངས། དོན་ནི་སྦྱིན་བདག་ཕོ་མོ་སོ་སོ་ནས་རང་ལ་གོས་སྟེར་བར་བསྔོས་པའི་ཚེ་འབུལ་ཡོང་མེད་པར་ལེན་པའོ། །བཅུ་པ་བསྐུར་བའི་སྤྱང་བ་ནི། བསྐུར་བ་ཐུང་བ་མ་ཡིན་པ། ཞེས་པ་ནས། བསྐུར་བའི་སྤྱང་བའོ། །ཞེས་པའི་བར་གསུངས། དོན་ནི་སྦྱིན་བདག་གིས་རང་ལ་ཆོས་གོས་ཀྱི་རིན་བྱིན་ཏེ་ཞལ་ཏ་བ་ལ་བསྐུར་བ་འདོད་ཞེན་ཆེན་པོས་ཡང་དང་ཡང་དུ་བསྐུལ་ཏེ་ཕ་རོལ་པོའི་སེམས་འཁྲུག་པར་བྱས་ཏེ་ལེན་པའོ། །

བཅུ་ཚན་གཉིས་པ་ལ། སྲིན་བལ་གྱི་སྤྱང་བ། བལ་ནག་འབའ་ཞིག་གི་སྤྱང་བ། ཆ་གཉིས་བསྲེས་པའི་སྤྱང་བ། ལོ་དྲུག་ཏུ་བཅངས་བའི་སྤྱང་བ། མཐིལ་གདིང་གི་སྤྱང་བ། བལ་ཐོགས་པའི་སྤྱང་བ། བལ་རྐྱལ་དུ་འཇུག་པའི་སྤྱང་བ། གསེར་དངུལ་ལ་རེག་པའི་སྤྱང་བ། མངོན་མཚན་ཅན་གྱི་སྤྱོད་པའི་སྤྱང་བ། ཉོ་ཚོང་བྱེད་པའི་སྤྱང་བའོ། །དང་པོ་ནི། སྟན་བཅང་བར་བྱའོ། །སྲིན་བལ་གྱི་བྱས་སམ་བྱེད་དུ་བཅུག་ནའོ། །ཞེས་པ་ནས། སྲིན་བལ་གྱི་སྤྱང་བའོ། །ཞེས་པའི་བར་གསུངས། འདིའི་དོན་སྲིན་བལ་གྱི་སྤྱང(༧༢༧བ)བ་ནི། འདོད་ཞེན་གྱིས་སྲིན་བལ་གྱི་སྟན་བྱེད་པའོ། །གཉིས་པ་བལ་ནག་འབའ་ཞིག་གི་སྤྱང་བ་ནི། ལུག་གི་བལ་ནག་པོ་འབའ་ཞིག་དག་གོ་རང་བཞིན་གྱིས་སོ། །སྔོན་པོ་དང་འདམ་ཁ་དང་ཁམ་པ་དག་ཀྱང་དེ་ཉིད་དོ། །བལ་ནག་པོ་འབའ་ཞིག་གི་སྤྱང་བའོ། །ཞེས་གསུངས། འདིའི་དོན་བལ་ནག་འབའ་ཞིག་གི་སྤྱང་བ་ནི། འདོད་ཞེན་གྱིས་བལ་ནག་པོ་འབའ་ཞིག་གི་སྟན་བྱེད་པའོ། །གསུམ་པ་ཆ་གཉིས་བསྲེས་པའི་སྤྱང་བ་ནི། དེ་དག་བྱེད་པས་ལྷག་པ་ཉིད་ནའོ། །ཞེས་པ་ནས། ཆ་གཉིས་བསྲེ་བའི་སྤྱང་བའོ། །ཞེས་པའི་བར་གསུངས། འདིའི་དོན་ཆ་གཉིས་བསྲེས་པའི་སྤྱང་བ་ནི། འདོད་ཞེན་གྱིས་བལ་ནག་པོ་ཆ་གཉིས་བསྲེས་པའི་སྟན་བྱེད་

པའོ། །བཞི་པ་ལོ་ཏོག་ཏུ་བཅང་བའི་སྲུང་བ་ནི། མཆུ་དང་ཞེང་གཉིས་ཀར་ལྷག་པ་ཡིན་ན་གཅད་པར་བྱའོ། །ཞེས་པ་ནས། ལོ་ཏོག་ཏུ་བཅང་བའི་སྲུང་བའོ། །ཞེས་པའི་བར་གསུངས། འདིའི་དོན་ལོ་ཏོག་ཏུ་བཅང་བའི་སྲུང་བ་ནི། སྣན་སྦྱུད་པར་བཟོད་པ་ཡོད་བཞིན་དུ་ཆོག་མི་ཤེས་པར་ལོ་ཏོག་གི་ནང་དུ་སྣན་གཉིས་པ་བྱེད་པའོ། །ལྔ་པ་མཐོ་གང་གི་སྲུང་བ་ནི། གདིང་བ་རྙིང་པ་ལས་བདེ་བར་གཤེགས་པའི་མཐོ་གང་གིས་མ་གླན་པའི་གདིང་བ་གསར་པ་སྤྱོད་ནའོ། །ཞེས་པ་ནས། མཐོ་གང་གི་སྲུང་བའོ། །ཞེས་པའི་བར་གསུངས། འདིའི་དོན་མཐོ་གང་གི་སྲུང་བ་ནི། གདིང་བ་གསར་པ་བྱེད་པའི་ཚེ་གདིང་བ་རྙིང་པ་ནས་བདེ་གཤེགས་མཐོ་གང་གིས་མ་གླན་པར་སྤྱོད་པའོ། །བདེ་གཤེགས་མཐོ་གང་གི་ཚད་ནི། མི་དཀྱུས་མའི་ཁྲུ་(༧༢༢ན)ཕྱེད་དོའོ། །དྲུག་པ་བལ་ཐོགས་པའི་སྲུང་བ་ནི། ཁྱེར་བ་མེད་ན་དཔག་ཚད་གསུམ་ལས་འདས་པར་ལུག་གི་བལ་ཁྱེར་ནའོ། །ཞེས་པ་ནས། བལ་ཐོགས་པའི་སྲུང་བའོ། །ཞེས་པའི་བར་གསུངས། འདིའི་དོན་བལ་ཐོགས་པའི་སྲུང་བ་ནི། འདོད་ཞེན་གྱིས་བལ་ཁུར་ཁྱིམ་པ་དང་མཉམ་པ་རྒྱང་གྲགས་ལྷག་ཙམ་ཁྱེར་བར་བྱེད་པའོ། །བདུན་པ་བལ་རྨེལ་དུ་འཇུག་པའི་སྲུང་བ་ནི། ཆོས་གོས་རྙིང་པའི་གནས་སུ་ལུག་གི་བལ་དག་གོ། འཆག་པར་རྨེལ་བའི་འོ། །བལ་རྨེལ་དུ་འཇུག་པའི་སྲུང་བའོ། །ཞེས་གསུངས། འདིའི་དོན་བལ་རྨེལ་དུ་འཇུག་པའི་སྲུང་བ་ནི། འདོད་ཞེན་གྱིས་དགེ་སློང་མ་བལ་རྨེལ་དུ་འཇུག་པའོ། །བརྒྱད་པ་གསེར་དངུལ་ལ་རེག་པའི་སྲུང་བ་ནི། རིན་པོ་ཆེ་བདག་གིར་བྱས་ནའོ། །ཞེས་པ་ནས། གསེར་དངུལ་ལ་རེག་པའི་སྲུང་བའོ། །ཞེས་པའི་བར་གསུངས། འདིའི་དོན་གསེར་དངུལ་ལ་རེག་པའི་སྲུང་བ་ནི། བྱིན་རླབས་མ་བྱས་པར་འདོད་ཞེན་གྱིས་གསེར་དང་དངུལ་སོགས་རིན་པོ་ཆེ་དང་དེར་སྣོམས་པ་ལ་རེག་གམ་རེག་ཏུ་འཇུག་པའོ། །དགུ་པ་མངོན་མཚན་ཅན་གྱི་སྤྱོད་པའི་སྲུང་བ་ནི། རྙེད་པ་འདོད་པ་ལ་ལྟུང་བ་འབྱུང་ངོ་། །ཞེས་པ་ནས། མངོན་མཚན་ཅན་གྱི་

སྤྱོད་པའི་ལྟུང་བའོ། །ཞེས་པའི་བར་གསུངས། འདིའི་དོན་མངོན་མཚན་ཅན་གྱི་སྤྱོད་པའི་ལྟུང་བ་ནི། སྐྱིད་ཁེ་འདོད་ནས་མངོན་མཚན་ཅན་གྱི་སྤྱོད་པ་བུ་ལོན་གཏོང་བར་བྱེད་པའོ། །བཅུ་པ་ཉོ་ཚོང་བྱེད་པའི་ལྟུང་བ་ནི། གཞན་གྱིས་སོ། །ཞེས་(༧༢༢བ)པ་ནས། ཉོ་ཚོང་བྱེད་པའི་ལྟུང་བའོ། །ཞེས་པའི་བར་གསུངས། འདིའི་དོན་ཉོ་ཚོང་བྱེད་པའི་ལྟུང་བ་ནི། སྐྱིད་ཁེ་འདོད་ནས་ཚོང་བྱེད་པའོ། །

བཅུ་ཚན་གསུམ་པ་ལ། ལྷུང་བཟེད་འཆང་བའི་ལྟུང་བ། ལྷུང་བཟེད་འཚོལ་བའི་ལྟུང་བ། འཐག་ཏུ་འཇུག་པའི་ལྟུང་བ་འཐག་པ་བསྐྱེད་པའི་ལྟུང་བ། འཕྲོག་པའི་ལྟུང་བ། ཞག་བདུན་འབྲལ་བའི་ལྟུང་བ། དབྱར་གྱི་རས་ཆེན་གྱི་ལྟུང་བ། བཏད་པ་ལས་བྱུང་བའི་ལྟུང་བ། བསྔོས་པ་ལས་གཞན་དུ་བསྒྱུར་བའི་ལྟུང་བ། གསོག་འཇོག་གི་ལྟུང་བའོ། །དང་པོ་ནི། ལྷུང་བཟེད་ཀྱིའོ། །ཞེས་པ་ནས། ལྷུང་བཟེད་འཆང་བའི་ལྟུང་བའོ། །ཞེས་པའི་བར་གསུངས། འདིའི་དོན་ལྷུང་བཟེད་འཆང་བའི་ལྟུང་བ་ནི། ལྷུང་བཟེད་བྱིན་གྱིས་མ་བརླབས་པར་ཞག་བཅུ་ལས་འདས་པའོ། །གཉིས་པ་ལྷུང་བཟེད་འཚོལ་བའི་ལྟུང་བ་ནི། ཏ་ཅང་ཆགས་པར་མི་བྱའོ། །ཞེས་པ་ནས། ལྷུང་བཟེད་འཚོལ་བའི་ལྟུང་བའོ། །ཞེས་པའི་བར་གསུངས། འདིའི་དོན་ལྷུང་བཟེད་འཚོལ་བའི་ལྟུང་བ་ནི། ལྷུང་བཟེད་སྤྱད་བཟོད་ཡོད་བཞིན་དུ་འདོད་ཞེན་གྱིས་ལྷུང་བཟེད་གཉིས་པ་བཙལ་བའོ། །གསུམ་པ་འཐག་ཏུ་འཇུག་པའི་ལྟུང་བ་ནི། རིན་མེད་པར་བསྒོ་བས་སམ། གཞན་གྱིས་ཀྱང་འཐག་ཏུ་བཅུག་ནའོ། །ཞེས་པ་ནས། འཐག་ཏུ་འཇུག་པའི་ལྟུང་བའོ། །ཞེས་པའི་བར་གསུངས། འདིའི་དོན་འཐག་ཏུ་འཇུག་པའི་ལྟུང་བ་ནི། བླ་ཐན་མི་སྟེར་བར་འཐག་ཏུ་འཇུག་པའོ། །བཞི་པ་འཐག་པ་བསྐྱེད་པའི་ལྟུང་བ་ནི། དེའི་ཕྱིར་བཏག་པར་བྱ་བ་བསམ་པ་ལས་བྱུང་བ་ཉིད་དོ། །ཞེས་པ་ནས། (༧༢༣ན)འཐག་པ་བསྐྱེད་པའི་ལྟུང་བའོ། །ཞེས་པའི་བར་གསུངས། འདིའི་དོན་འཐག་པ་བསྐྱེད་པའི་ལྟུང་བ་ནི། འདོད་པས་འཐག་པ་བསྐྱེད་པར་བྱེད་པའོ། །ལྔ་པ་

འཕྲོག་པའི་ལྟུང་བ་ནི། དབྲལ་བར་བྱ་བ་དགེ་སློང་ཉིད་དོ། །ཞེས་པ་ནས། འཕྲོག་པའི་ལྟུང་བའོ། །ཞེས་པའི་བར་གསུངས། འདིའི་དོན་འཕྲོག་པའི་ལྟུང་བ་ནི། རང་གིས་སྔར་དགེ་སློང་གཞན་ལ་གོས་སོགས་བྱིན་པ་འཕྲོག་པའོ། །དྲུག་པ་ཞག་བདུན་འབྲལ་བའི་ལྟུང་བ་ནི། དགོན་པ་པའི་ཆོས་གོས། ཞེས་པ་ནས། ཞག་བདུན་འབྲལ་བའི་ལྟུང་བའོ། །ཞེས་པའི་བར་གསུངས། འདིའི་དོན་ཞག་བདུན་འབྲལ་བའི་ལྟུང་བ་ནི། དགོན་པའི་གནས་འཇིགས་པ་ཆེ་བའི་སར་སྣམ་སྦྱར་ཞག་དྲུག་འབྲལ་བར་གནང་བ་ལ་སླད་ནས་ཞག་བདུན་འབྲལ་བར་བྱེད་པའོ། །བདུན་པ་དབྱར་གྱི་རས་ཆེན་གྱི་ལྟུང་བ་ནི། བདག་ཉིད་གནས་པར་ཞེས་པ་ནས། དབྱར་གྱི་རས་ཆེན་གྱི་ལྟུང་བའོ། །ཞེས་པའི་བར་གསུངས། འདིའི་དོན་དབྱར་གྱི་རས་ཆེན་གྱི་ལྟུང་བ་ནི། དབྱར་དུས་ཆར་ཁེབས་རས་ཆེན་འཆང་བར་གནང་བ་དེ་བཙལ་ཐུས་པ་དང་སྤྱོད་པ་ཕྱིས་པའོ། །བརྒྱད་པ་བཏང་པ་ལས་བྱུང་བའི་ལྟུང་བ་ནི། དབྱར་གྱི་རྙེད་པ་ནི་བྱེད་པ་པོ་ཉིད་དོ། །ཞེས་པ་ནས། བཏང་པ་ལས་བྱུང་བའི་ལྟུང་བའོ། །ཞེས་པའི་བར་གསུངས། འདིའི་དོན་བཏང་པ་ལས་བྱུང་བའི་ལྟུང་བ་ནི། དབྱར་གནས་ཀྱི་སྐབས་དགེ་འདུན་ལ་རྙེད་པ་བྱུང་བ་བདག་གིར་བྱེད་འདོད་ནས་བགོ་བ་ཐུས་པ་དང་སྤྱོད་པ་ཕྱིས་པའོ། །དགུ་པ་བསྔོས་པ་ལས་གཞན་དུ་བསྒྱུར་བའི་ལྟུང་བ་ནི། གཞན་གྱིས་གང་ཟག་གཞན་ནམ་དགེ་(༧༢༣བ)འདུན་ལ་བསྔོས་པའི་གོས་ཤེས་བཞིན་དུ་བདག་ཉིད་ལ་བསྒྱུར་ཏེ་ཐོབ་ནའོ། །ཞེས་པ་ནས། བསྔོས་པ་ལས་གཞན་དུ་བསྒྱུར་བའི་ལྟུང་བའོ། །ཞེས་པའི་བར་གསུངས། འདིའི་དོན་བསྔོས་པ་ལས་གཞན་དུ་བསྒྱུར་བའི་ལྟུང་བ་ནི། སྦྱིན་བདག་གིས་དགེ་སློང་གཞན་ནམ་དགེ་འདུན་ལ་བསྔོས་པའི་གོས་སོགས་བདག་ཉིད་ལ་བསྒྱུར་བའོ། །བཅུ་པ་གསོག་འཇོག་གི་ལྟུང་བ་ནི། ཞག་བདུན་པར་ཞེས་པ་ནས། ལྟུང་བ་རྣམས་རྫོགས་སོ། །ཞེས་པའི་བར་གསུངས། འདིའི་དོན་གསོག་འཇོག་གི་ལྟུང་བ་ནི། སྨན་བཞི་ལས་གང་ཡང་རུང་བ་བྱིན་ལེན་བྱས་ནས

བླངས་པ། བྱིན་ལེན་མ་བཤིག་པར་ཐུན་མཚམས་འདས་པའོ། །སྨན་བཞི་ནི། དུས་རུང་གི་སྨན། ཐུན་ཚོད་དུ་རུང་བའི་སྨན། ཞག་བདུན་པའི་སྨན། འཚོ་བཅང་གི་སྨན་བཞིའོ། །བཞི་པོ་དེ་ལ་བྱིན་ལེན་བྱེད་ལུགས། བྱེད་པའི་དུས། ཇི་ཙམ་གྱི་བར་དུ་བྱེད་པ། སོ་སོའི་དུས་ཚོད་ལས་འདས་པའི་ཚད་སོགས་ཞིབ་ཏུ་ཤེས་པར་བྱའོ། །

ཐ༢ བཤགས་པ་ཙམ་དང་འབྲེལ་བའི་ལྟུང་བྱེད་འབའ་ཞིག་པའི་སྡེ།

གཉིས་པ་བཤགས་པ་ཙམ་དང་འབྲེལ་བ་ལྟུང་བྱེད་འབའ་ཞིག་པའི་སྡེ་ལ་བཅུ་ཚན་དགུ་ལས། བཅུ་ཚན་དང་པོ་ནི། དགེ་འདུན་འདུས་པ་ལ་ཤེས་བཞིན་དུ་ཆོས་མ་ཡིན་པ་ཆོས་སུ་དང་ཆོས་ཆོས་མ་ཡིན་པར་སྟོན་པ་ཉིད་ནི་ཉེས་པ་སྦོམ་པོའོ། །ཞེས་པ་ནས། ཁྱད་དུ་གསོད་པའི་ལྟུང་བྱེད་དོ། །ཞེས་པའི་བར་གསུངས། དེ་ལ་རྫུན་དུ་སྨྲ་བའི་ལྟུང་བྱེད་དང་། སྐྱོན་ནས་བརྗོད་པའི་ལྟུང་བྱེད་དང་། ཕྲ་མ་བྱེད་པའི་ལྟུང་བྱེད་གསུམ་ནི། དངོས་ཟིན་ལྟར་གོ་སླ་ལ། སྐྱོ་སྒྲོགས་བྱེད་པའི་ལྟུང་བྱེད་ནི། དགེ་སློང་གཉིས་རྩོད་པ་བྱུང་བ་དགེ་འདུན་གྱིས་ཞི་བར་བྱས་པ་དཀྲུགས་ཏེ་རྩོད་པ་སློང་བར་བྱེད(༧༢༥ན)པའོ། །སྟོན་པའི་ལྟུང་བྱེད་ནི། ཉེ་དུ་མིན་པའི་བུད་མེད་ལ་ཁྲིམས་གྲོགས་མེད་པར་ཆོས་སྟོན་པའོ། །འདོན་པའི་ལྟུང་བྱེད་ནི། དུས་དྲན་མ་བྱས་པར་བསྙེན་པར་མ་རྫོགས་པ་དང་ལྷན་ཅིག་འདོན་པའོ། །གནས་ངན་ལེན་བརྗོད་པའི་ལྟུང་བྱེད་ནི། དགེ་སློང་གཞན་ལ་ཕམ་པ་དང་ལྷག་མའི་ལྟུང་བ་བྱུང་བ་བསྙེན་པར་མ་རྫོགས་པ་ལ་འདི་ལྟར་ཡོད་དོ་ཞེས་བརྗོད་པའོ། །མིའི་ཆོས་བླ་མ་བརྗོད་པའི་ལྟུང་བྱེད་ནི། མི་ཆོས་བླ་མ་ཐོབ་ཀྱང་དགོས་མེད་དུ་བསྙེན་པར་མ་རྫོགས་པའི་སོ་སྐྱེ་ལ་སྨྲ་བའོ། །སྐུར་བ་འདེབས་པའི་ལྟུང་བྱེད་ནི། ཞལ་ཏ་པ་ལ་དགེ་འདུན་གྱིས་རྙེད་པ་འོས་བབས་སུ་བྱིན་པ་ལ་ཕྲག་དོག་གིས་བཤེས་ངོར་བྱས་ཞེས་སྐུར་པ་འདེབས་པའོ། །ཁྱད་དུ་གསོད་པའི་ལྟུང་བྱེད་ནི། སོ་སོར་ཐར་པའི་བཅས་མཚམས་གང་ཡང་

ཅུང་བ་ལ་ཁྱད་གསོད་བྱེད་པའོ། །

བཅུ་ཚན་གཉིས་པ་ནི། ལག་གི་བླས་མཆོད་རྟེན་དང་དགེ་འདུན་གྱི་དོན་དུ་ཞིང་ལྷོན་པ་བཅད་པར་བྱའོ། །ཞེས་པ་ནས། གཙུག་ལག་ཁང་གི་ལྟུང་བྱེད་དོ། །ཞེས་པའི་བར་གསུངས། དེ་ལ་ས་བོན་དང་སྐྱེ་བ་འཇིག་པའི་ལྟུང་བྱེད་ནི། དགོས་པ་ཁྱད་པར་ཅན་མེད་པར་ས་བོན་བཅོམ་པ་དང་ཞིང་ལྷོན་པ་བཅད་པ་སོགས་སོ། །འཕྱ་བའི་ལྟུང་བྱེད་ནི། དགེ་འདུན་གྱི་ཞལ་ཏ་པས་བསམ་པ་དྲང་པོ་བྱེད་པ་ལ་ཉེ་རིང་བྱས་ཞེས་འཕྱ་བའོ། །བསྒོ་བ་ཟླ་ལ་གཟོན་པའི་ལྟུང་བྱེད་ནི། དགེ་སློང་གཞན་གྱིས་རང་ལ་བསླབ་པའི་གནས་ལས་བརྩམས་ཏེ་བསྒོ་བ་མི་ཉན་པར་བཟློག་པའོ། །གནས་མལ་གྱི་ལྟུང་བྱེད་ནི། ཆུད་འཛའ་བའི་གནས་སུ་གནས་མལ་བཤམས(༧༢༨བ)པའོ། །གདིང་བའི་ལྟུང་བྱེད་ནི། གཞན་གྱི་ནང་དུ་རྩྭ་དང་ལོ་མའི་སྟན་བཏིང་བ་མ་བསྡུས་ཞིང་མ་བཅོལ་བར་འགྲོ་བའོ། །སྐྲོད་པའི་ལྟུང་བྱེད་ནི། གནས་ཁང་དག་ན་དགེ་སློང་སྔར་གནས་པ་སྐྲོད་པའོ། །ཕྱིས་གནོན་གྱི་ལྟུང་བྱེད་ནི། དགེ་སློང་སྔར་གནས་པ་ལ་ཕྱིས་གནོན་ཏེ་མཐོ་འཚམ་པར་བྱེད་པའོ། །རྩ་བ་འབྱུང་བ་ལ་འདུག་པའི་ལྟུང་བྱེད་ནི། དགེ་སློང་འོག་ཁང་ན་གནས་པ་ལ་རང་སྟེང་ཁང་དུ་གནས་པས་ཁྲི་རྐང་གི་རྩ་བ་རྣོན་པོས་ཐོག་བརྟོལ་ཏེ་གནོད་པ་བྱེད་པའོ། །སྲོག་ཆགས་དང་བཅས་པ་ལ་སྤྱོད་པའི་ལྟུང་བྱེད་ནི། དངོས་ཟིན་ལྟར་གོ་སླའོ། །གཙུག་ལག་ཁང་གི་ལྟུང་བྱེད་ནི། གཙུག་ལག་ཁང་བརྩིག་པའི་ཚེ་ཉིན་གཅིག་ལ་རིམ་པ་གསུམ་ལས་ལྷག་པ་བརྩིག་པར་བྱེད་པའོ། །

བཅུ་ཚན་གསུམ་པ་ནི། ཕམ་པར་འགྱུར་བ་མ་བྱུང་བ་མདོ་སྡེ་དང་འདུལ་བ་དང་མ་མོ་འཛིན་པ་ལོ་ཉི་ཤུ་ལས་མི་ཉུང་བ་གྲོང་ཁྱེར་བའི་སྐད་སྨྲ་བ་དགེ་སློང་མ་ལ་ལུས་ཉེ་བར་གཞོལ་བ་ཉིད་ཕྱིར་བཅོས་བྱས་པ་དགེ་སློང་མའི་སྟོན་པར་བསྐོའོ། །ཞེས་པ་ནས། དགེ་སློང་མ་ལ་སྦྱོར་དུ་བཅུག་པའི་ལྟུང་བྱེད་དོ། །ཞེས་པའི་

བར་གསུངས། དེ་ལ་མ་བསྐོས་པར་སྟོན་པའི་ལྟུང་བྱེད་ནི། ཉེ་དུ་མིན་པའི་དགེ་སློང་མ་ལ་མ་བསྐོས་པར་ཆོས་སྟོན་པའོ། །ཉི་མ་ནུབ་ཀྱི་བར་དུ་སྟོན་པའི་ལྟུང་བྱེད་ནི། བསྐོས་ཀྱང་ཉི་མ་ནུབ་ཀྱི་བར་དུ་སྟོན་པའོ། །ཟས་ཙམ་ཟད་ཙམ་གྱི་ཕྱིར་སྟོན་པའི་ལྟུང་བྱེད་ནི། ཆོས་ཚུལ་བཞིན་དུ་སྟོན་པའི་དགེ་སློང་ལ་ཟས་གོས་ཀྱི་ཕྱིར་ཆོས་སྟོན་ཅེས་སྨྲར་བ་འདེབས་པའོ། །གོས་བྱེད་པའི་ལྟུང་བྱེད་ནི། དགེ་སློང་མའི་གོས་བཟོ་བའོ། །གོས་སྦྱིན་པའི་ལྟུང་བྱེད་ནི། དགེ་སློང་(༧༢༥ན)མ་ལ་གོས་སྟེར་བའོ། །དགེ་སློང་མ་དང་ལྷན་ཅིག་འགྲོ་ན་ལམ་དུ་འཇུག་པའི་ལྟུང་བྱེད་ནི། ཁྲིམས་གྲོགས་མེད་པར་དགེ་སློང་མ་དང་ལྷན་ཅིག་ལམ་དུ་འགྲོ་བའོ། །དགེ་སློང་མ་དང་ལྷན་ཅིག་གྲུ་ལ་འཇུག་པའི་ལྟུང་བྱེད་ནི། དངོས་ཟིན་ལྟར་གོ་སླའོ། །གཅིག་པུ་འདུག་པའི་ལྟུང་བྱེད་ནི། དབེན་པར་འདོམ་གང་གི་ནང་དུ་དགེ་སློང་མ་དང་ལྷན་ཅིག་འདུག་པའོ། །གཅིག་པུ་འགྲེང་བའི་ལྟུང་བྱེད་ནི། དབེན་པར་དགེ་སློང་མ་དང་ལྷན་ཅིག་འགྲེངས་ཏེ་གནས་པའོ། །དགེ་སློང་མས་སྦྱོར་དུ་བཅུག་པའི་ལྟུང་བྱེད་ནི། དགེ་སློང་མས་བསྔགས་པ་བརྗོད་ནས་སྦྱོར་དུ་བཅུག་པའི་ཟས་བཟའ་བའོ། །

བཅུ་ཚན་བཞི་པ་ནི། ཁྱིམ་གཞན་དུ་ཡང་ཟན་ལ་བོས་པ་དང་དུ་བླང་བར་བྱའོ། །ཞེས་པ་ནས། སོས་པ་སློང་བའི་ལྟུང་བྱེད་དོ། །ཞེས་པའི་བར་གསུངས། དེ་ལ་ཡང་ཡང་བཟའ་བའི་ལྟུང་བྱེད་ནི། དགོས་པ་ཁྱད་པར་ཅན་མེད་པར་སྔ་དྲོའི་དུས་ཡིན་ཡང་ཡང་ཡང་བཟའ་བའོ། །འདུག་གནས་སུ་བཟའ་བའི་ལྟུང་བྱེད་ནི། མུ་སྟེགས་ཀྱི་ཁྱིམ་དུ་ཞག་གཅིག་ཏུ་འདུག་སྟེ་ཟས་ལན་གཉིས་བཟའ་བའོ། །ལྷུང་བཟེད་དོ་གསུམ་ཙམ་ལས་ལྷག་པར་ལེན་པའི་ལྟུང་བྱེད་ནི། དངོས་ཟིན་ལྟར་གོ་སླའོ། །སྟན་གཅིག་པའི་ཟས་ཀྱི་ལྟུང་བྱེད་ནི། དུས་ཧ་ཅང་གི་ཟས་སྤང་སྟེ་ཡང་བཟའ་བའོ། །སྤངས་པ་ལ་སྟོབ་པའི་ལྟུང་བྱེད་ནི། ཟས་སྤངས་ཟིན་པའི་དགེ་སློང་ལ་བཟའ་བཅའ་སྟོབ་པའོ། །འདུས་ཤིང་བཟའ་བའི་ལྟུང་བྱེད་ནི། དགེ་འདུན་མང་པོ་ཚོགས་པའི་སར་

དགེ་སློང་བཞི་འདུས་ཏེ་བཟའ་བའོ། །དུས་མ་(༧༢༥བ)ཡིན་པར་བཟའ་བའི་ལྟུང་བྱེད་ནི། དངོས་ཟིན་ལྟར་གོ་སླའོ། །གསོག་འཇོག་གི་ལྟུང་བྱེད་ནི། བྱིན་ལེན་མ་བཤིག་པར་གསོག་འཇོག་བྱས་པ་བཟའ་བའོ། །བྱིན་ལེན་མ་བྱས་པར་བཟའ་བའི་ལྟུང་བྱེད་ནི། དངོས་ཟིན་ལྟར་གོ་སླའོ། །སོས་པ་སློང་བའི་ལྟུང་བྱེད་ནི། ཉེ་དུ་མིན་པ་དང་ཅི་བདེར་བཞེས་ཤིག་ཟེར་བ་མིན་པའི་ཁྱིམ་པ་ལ་ཁ་ཟས་བསོད་པ་སློང་བའོ། །

བཅུ་ཚན་ལྔ་པ་ནི། རང་སྤྱོད་པའི་དོན་ཉིད་ལ་འཛུག་པ་དང་། འཛུག་ཏུ་འཛུད་པ་དག་ལའོ། །ཞེས་པ་ནས། གནས་ངན་ལེན་འཆབ་པའི་ལྟུང་བྱེད་དོ། །ཞེས་པའི་བར་གསུངས། དེ་ལ་སྲོག་ཆགས་དང་བཅས་པའི་ཆུ་ལ་སྤྱོད་པའི་ལྟུང་བྱེད་དང་། ཉལ་པོ་བྱེད་པར་གཞོམ་པའི་ཁྱིམ་ན་འདུག་པའི་ལྟུང་བྱེད་དང་། ཉལ་པོ་བྱེད་པར་གཞོམ་པའི་ཁྱིམ་ན་འགྲེང་བའི་ལྟུང་བྱེད་རྣམས་ནི་དངོས་ཟིན་ལྟར་གོ་སླའོ། །གཅེར་བུ་ལ་སྦྱིན་པའི་ལྟུང་བྱེད་ནི། རྒྱལ་བའི་བསྟན་པ་ལ་མི་དད་པའི་མུ་སྟེགས་གཅེར་བུ་བ་ལ་ཟས་སྦྱིན་པའོ། །དམག་ལ་ལྟ་བའི་ལྟུང་བྱེད་དང་དམག་གི་ནང་དུ་གནས་པའི་ལྟུང་བྱེད་གཉིས་ནི་དངོས་ཟིན་ལྟར་རོ། །དཔུང་གི་ཡན་ལག་ཉམས་སུ་མྱོང་བའི་ལྟུང་བྱེད་ནི། དམག་གི་གཡུལ་བཤམས་པ་དཀྲུག་པར་བྱེད་པའོ། །བརྡེག་པའི་ལྟུང་བྱེད་ནི། ཁྲོ་བས་དགེ་སློང་གཞན་ལ་བརྡེག་པའོ། །གཟས་པའི་ལྟུང་བྱེད་ནི། ཁྲོས་ནས་དགེ་སློང་གཞན་ལ་བརྡེག་པར་གཟས་པའོ། །གནས་ངན་ལེན་འཆབ་པའི་ལྟུང་བྱེད་ནི། དགེ་སློང་གཞན་ལ་ཕམ་ལྷག་གི་གནས་ངན་ལེན་བྱུང་བ་ཤེས་བཞིན་དུ་དགོས་པ་མེད་པར་བཅས་(༧༢༨ན)པའོ། །

བཅུ་ཚན་དྲུག་པ་ནི། ནད་ཀྱི་གཉེན་པོའི་དོན་ཉིད་མ་གཏོགས་པར་ཆེད་དུ་བསམས་ཏེ་ཁྱིམ་པ་སྦྱིན་པ་པོ་ཟན་གཅོད་དུ་བཅུག་ནའོ། །ཞེས་པ་ནས། བྲུས་བྱེད་པའི་ལྟུང་བྱེད་དོ། །ཞེས་པའི་བར་གསུངས། དེ་ལ་ཟན་གཅོད་དུ་བཅུག་པའི་ལྟུང་བྱེད་ནི། བསམ་པ་ངན་པས་དགེ་སློང་གཞན་གྱི་ཟས་གཅོད་པའོ། །མེ་ལ་རེག་པའི་

ལྟུང་བྱེད་ནི་དངོས་ཟིན་ལྟར་རོ། །འདུན་པ་ཕྱིར་བསྒྱུར་བའི་ལྟུང་བྱེད་ནི། དགེ་འདུན་ལ་འདུན་པ་ཕུལ་བ་སླར་ལེན་པའོ། །བསྙེན་པར་མ་རྫོགས་པ་དང་ལྷན་ཅིག་ཉལ་བའི་ལྟུང་བྱེད་ནི། དངོས་ཟིན་ལྟར་གོ་སླའོ། །ལྟ་བའི་རྣམ་པ་མི་གཏོང་བའི་ལྟུང་བྱེད་ནི། སྡིག་ལྟ་བཟུང་སྟེ་གཏོང་བར་མི་བྱེད་པའོ། །སྨྱངས་པའི་རྗེས་སུ་ཕྱོགས་པའི་ལྟུང་བྱེད་ནི། སྡིག་ལྟ་བཟུང་སྟེ་མི་གཏོང་བར་བྱེད་པ་དེ་དགེ་འདུན་གྱིས་བསྐྲད་པ་ལ་གཏམ་སྨྲ་བ་དང་མཐུན་པར་བྱེད་པའོ། །བསྙིལ་བ་སྟུད་པའི་ལྟུང་བྱེད་ནི། དགེ་ཚུལ་ཆོས་དང་མི་མཐུན་པ་སྡིག་པའི་ལྟ་བ་ཅན་མཁན་སློབ་དང་དགེ་འདུན་གྱིས་བསྙིལ་བ་སྟུད་པར་བྱེད་པའོ། །ཁ་མ་བསྒྱུར་བའི་གོས་གྱོན་པའི་ལྟུང་བྱེད་ནི། རུང་བའི་ཚོན་གྱིས་ཁ་དོག་མ་བསྒྱུར་བའི་གོས་གྱོན་པའོ། །ཡོངས་པའི་གཞིར་གཏོགས་པའི་ལྟུང་བྱེད་ནི། གསེར་དངུལ་སོགས་རིན་པོ་ཆེའི་རིགས་དང་མཚོན་ཆ་སོགས་ལ་རེག་ཅིང་རེག་ཏུ་འཇུག་པའོ། །ཁྲུས་བྱེད་པའི་ལྟུང་བྱེད་ནི། །ཚ་བའི་དུས་མིན་པར་ཟླ་ཕྱེད་ནང་དུ་ཁྲུས་བྱེད་པའོ། །

བཅུ་ཚན་བདུན་པ་ནི། གསོད་པའི་སེམས་ཀྱིས་དུད་འགྲོ་ལ་བསྣུན་ནའོ། །ཞེས་པ་ནས། བུད་(༧༢༨བ)མེད་དང་ལྷན་ཅིག་འགྲོ་བའི་ལྟུང་བྱེད་དོ། །ཞེས་པའི་བར་གསུངས། དེ་ལ་དུད་འགྲོ་གསོད་པའི་ལྟུང་བྱེད་ནི་དངོས་ཟིན་ལྟར་གོ་སླའོ། །འགྱོད་པ་བསྐྱེད་པའི་ལྟུང་བྱེད་ནི། དགེ་སློང་གཞན་ལ་ཕྲག་དོག་གིས་དགེ་སློང་གི་སྡོམ་པ་མ་ཐོབ་ཅེས་པའམ། །སྡོམ་པ་ཉམས་སོ་ཞེས་འགྱོད་པ་བསྐྱེད་པའོ། །ག་ག་ཚིལ་བྱེད་པའི་ལྟུང་བྱེད་ནི། གཡའ་བར་འདོད་ནས་འཆན་ཁུང་སོགས་ལ་རེག་པར་བྱེད་པའོ། །ཆུ་ལ་རྩེ་བའི་ལྟུང་བྱེད་དང་། བུད་མེད་དང་ལྷན་ཅིག་ཉལ་བའི་ལྟུང་བྱེད་དང་། དགེ་སློང་དངངས་པར་བྱེད་པའི་ལྟུང་བྱེད་རྣམས་ནི་དངོས་ཟིན་ལྟར་རོ། །སྦེད་པའི་ལྟུང་བྱེད་ནི། དགེ་སློང་གཞན་གྱི་ཆོས་གོས་སོགས་ཡོ་བྱད་རྣམས་སྦེད་པའོ། །བྱིན་པས་ཉེ་བར་འཚོ་བའི་ལྟུང་བྱེད་ནི། དགེ་སློང་གཞན་ལ་བྱིན་པའི་

གོས་ཡིད་གཙུགས་སོགས་གདེང་མེད་པར་རང་གིས་ལོངས་སྤྱོད་པའོ། །སྐུར་པ་འདེབས་པའི་ལྟུང་བྱེད་ནི། ལོང་ཁྲོ་བས་དགེ་སློང་གཞན་ལ་ལྷག་མས་སྐུར་བ་འདེབས་པའོ། །བུད་མེད་དང་ལྷན་ཅིག་འགྲོ་བའི་ལྟུང་བྱེད་ནི་དངོས་ཟིན་ལྟར་རོ། །

བཅུ་ཚན་བརྒྱད་པ་ནི། གྲོང་འཇོམས་པར་བྱེད་པའི་ཆོམ་རྐུན་པ་དག་གམ་ཤོ་གམ་འབྲལ་བའི་ཚོང་པ་དག་དང་ལྷན་ཅིག་འགྲོ་བ་ལའོ། །ཞེས་པ་ནས། དུས་མ་ཡིན་པར་གྲོང་དུ་འགྲོ་བའི་ལྟུང་བྱེད་དོ། །ཞེས་པའི་བར་གསུངས། དེ་ལ་རྐུན་མ་དང་ལྷན་ཅིག་འགྲོ་བའི་ལྟུང་བྱེད་དང་། ལོ་གྲངས་ཉི་ཤུ་མ་ལོན་པར་བསྙེན་པར་རྫོགས་པར་བྱེད་པའི་ལྟུང་བྱེད་དང་། ས་བརྐོ་བའི་ལྟུང་བྱེད་རྣམས་ནི་དངོས་ཟིན་ལྟར་གོ་སླའོ། །མགྲོན་དུ་(༧༢༧ན)གཉེར་བ་ལས་རིང་དུ་འདུག་པའི་ལྟུང་བྱེད་ནི། གཞན་གྱིས་དུས་འདི་ཙམ་ཞེས་ཞག་གྲངས་ངེས་པར་བྱས་ཏེ་མགྲོན་དུ་བོས་པ་ལས་རིང་དུ་འདུག་པར་བྱེད་པའོ། །བསླབ་པ་ལ་ཉེ་བར་འཛོག་པ་སྤོང་བའི་ལྟུང་བྱེད་ནི། དགེ་སློང་གཞན་གྱིས་རང་ལ་འདི་དང་འདི་ལ་བསླབ་པར་བྱའོ་ཞེས་བརྗོད་པ་ན་མི་ཉན་པར་དེ་ལ་མི་སློབ་བོ་ཞེས་བརྗོད་པ་ལྟ་བུ་ཁྱད་གསོད་ཀྱི་ཚིག་བརྗོད་པའོ། །ཉན་རྣ་ལས་གྱུར་པའི་ལྟུང་བྱེད་ནི། རྩོད་པ་བྱ་འདོད་པའི་བསམ་པས་གཞན་ལ་ཕྲག་ཉན་བྱེད་པའོ། །མི་སྨྲ་བར་འགྲོ་བའི་ལྟུང་བྱེད་ནི། དགེ་འདུན་གྱི་ལས་ལ་འདུས་ནས་ལས་མ་རྫོགས་པར་འདུན་པ་མ་བརྗོད་པར་འགྲོ་བའོ། །མ་གུས་པའི་ཚུལ་གྱི་ལྟུང་བྱེད་ནི། དགེ་འདུན་དང་གནས་བརྟན་སོགས་ཀྱི་ཆོས་ལྡན་གྱི་བཀའ་ལ་མ་གུས་པའི་བསམ་པས་དེ་ལས་འགལ་བར་བྱེད་པའོ། །མྱོས་པར་འགྱུར་བ་འཐུང་བའི་ལྟུང་བྱེད་དང་། དུས་མ་ཡིན་པར་གྲོང་དུ་འགྲོ་བའི་ལྟུང་བྱེད་གཉིས་ནི་དངོས་ཟིན་ལྟར་གོ་སླའོ། །

བཅུ་ཚན་དགུ་པ་ནི། དུས་མ་ཡིན་པར་ཁྱིམ་བཞི་པ་ལ་སོགས་པར་འགྲོ་བ་ལའོ། །ཞེས་པ་ནས། ལྟུང་བྱེད་འབའ་ཞིག་ཏུ་གྱུར་པ་རྣམས་རྫོགས་སོ། །ཞེས་པའི་

བར་གསུངས། དེ་ལ་གྲོང་དུ་རྒྱུ་བའི་ལྟུང་བྱེད་ནི། རང་གིས་སྦྱིན་བདག་གི་ཁྱིམ་དུ་མངགས་བཞིན་དགེ་འདུན་སྤྱན་དྲངས་པ་སྦྱིན་བདག་ལ་བཟློས་དུས་ལས་མ་ཡོལ་བར་ཁྲིམས་ཤིག་ཅེས་མ་བརྗོད་པར་རང་གྲོང་གཞན་དུ་རྒྱུ་བའོ། །རྒྱལ་པོའི་ཕོ་བྲང་དུ་(༧༢༧ཁ)ནུབ་མོ་འགྲོ་བའི་ལྟུང་བྱེད་དང་། བསླབ་པའི་གཞིའི་དངོས་པོ་ལ་ཁྱད་དུ་གསོད་པའི་ལྟུང་བྱེད་དང་། བ་སོ་སོགས་ཀྱི་ཁབ་རལ་འཆོས་པའི་ལྟུང་བྱེད་རྣམས་ནི་དངོས་ཟིན་ལྟར་རོ། །ཁྲི་རྐང་འཆོས་པའི་ལྟུང་བྱེད་ནི། ཁྲུ་གང་གི་ཚད་ལས་ལྷག་པའི་ཁྲི་རྐང་རང་དོན་དུ་བྱེད་པའོ། །དགེ་འདུན་གྱི་སྟན་ལ་ཤིང་བལ་གྱིས་གོས་པར་བྱེད་པའི་ལྟུང་བྱེད་དང་། གདིང་བ་ཚད་ལས་ལྷག་པར་བྱེད་པའི་ལྟུང་བྱེད་དང་། གཡན་པ་འགབ་པ་ཚད་ལས་ལྷག་པར་བྱེད་པའི་ལྟུང་བྱེད་དང་། དབྱར་གྱི་རས་ཆེན་ཚད་ལས་ལྷག་པར་བྱེད་པའི་ལྟུང་བྱེད་རྣམས་ནི་དངོས་ཟིན་ལྟར་རོ། །དེ་ལ་གདིང་བའི་ཚད་ནི་སྲིད་དུ་ཁྲུ་གསུམ། ཞེང་དུ་ཁྲུ་དོ་དང་སོར་དྲུག་གོ །གཡན་པ་འགབ་པའི་ཚད་ནི་སྲིད་དུ་ཁྲུ་དྲུག་དང་། ཞེང་དུ་ཁྲུ་གསུམ་མོ། །དབྱར་གྱི་གོས་རས་ཆེན་གྱི་ཚད་ནི། སྲིད་དུ་ཁྲུ་དགུ་དང་ཞེང་དུ་ཁྲུ་གསུམ་དང་སོར་བཅོ་བརྒྱད་དོ། །བདེ་བར་གཤེགས་པའི་ཆོས་གོས་ཀྱི་ཚད་ལས་གྱུར་པའི་ལྟུང་བྱེད་ནི། བདེ་བར་གཤེགས་པའི་ཆོས་གོས་ཀྱི་ཚད་ཙམ་བཟོ་བར་བྱེད་པའོ། །བདེ་གཤེགས་ཆོས་གོས་ཀྱི་ཚད་ནི་སྲིད་དུ་མི་ཐལ་པའི་ཁྲུ་བཅོ་ལྔ་དང་ཞེང་དུ་ཁྲུ་དགུའོ། །འདིར་ལྟུང་བྱེད་འབའ་ཞིག་པ་དེ་དག་སོ་སོའི་ངོ་བོ་ཙམ་སྨོས་པ་ཡིན་གྱི་ཡན་ལག་ཚང་མ་ཚང་གི་ཁྱད་པར་སོགས་ཞིབ་པར་འདུལ་བ་ལུང་དང་འདུལ་ཊཱིཀ་ཆེན་མོ་དག་ལས་ཤེས་པར་བྱའོ། །

༨༩ སྐྲི་ཐུགས་འདོན་པའི་སྒྲོ་ནས་སོ་སོར་བཤགས་པའི་སྡེ།

བཞི་པ་སྐྲི་ཐུགས་འདོན་པའི་སྒྲོ་ནས་སོ་སོར་བཤགས་པའི་སྡེ་ནི། ཤེས་གཙོའོ། །དགེ་སློང་མ་ཉེ་དུ་མ་ཡིན་པ་ཉིད་ལའོ། །ཞེས་པ་ནས། སོ་(༧༢༨ན)སོར་

བཤགས་པར་བྱ་བ་རྣམས་རྫོགས་སོ། །ཞེས་པའི་བར་གསུངས། དེ་ལ་སོར་བཤགས་བཞི་ལས། དང་པོ་དགེ་སློང་མ་ལས་ཟས་ལེན་པའི་སོ་སོར་བཤགས་པར་བྱ་བ་ནི། སྐྱེ་བོ་མང་པོ་རྒྱུ་བའི་གྲོང་ལམ་དུ་དགེ་སློང་མ་ལས་ཟས་ལེན་པའོ། །སོར་བཤགས་གཉིས་པ་གྲལ་རིམ་དུ་མ་ཕེབས་པར་འཕྲིམ་དུ་འཇུག་པ་མ་བཟློག་པར་ཟ་བའི་སོ་སོར་བཤགས་པར་བྱ་བ་ནི། དགེ་འདུན་གྱི་དབུས་སུ་གྲལ་རིམ་དུ་མ་བྱས་པར་དགེ་སློང་མས་ཁྱིམ་པ་ལ་དགེ་སློང་འདི་ལ་བཤོས་བཟང་པོ་ཕུལ་ཞིག་ཅེས་བརྗོད་པ་མ་བཟློག་པར་དེ་བཞིན་དུ་སླངས་ཏེ་བཟའ་བའོ། །སོར་བཤགས་གསུམ་པ་བསླབ་པ་བྲལ་ཏེ་ཁྱིམ་དུ་འཇུག་པའི་སོ་སོར་བཤགས་པར་བྱ་བ་ནི། ཅི་ཡོད་འབུལ་བའི་ཁྱིམ་པ་དད་པ་ཅན་ཕོངས་པར་འགྱུར་དུ་ཉེ་བ་དགེ་འདུན་གྱིས་ཐུགས་བརྩེ་བས་དེ་ལས་མ་ལེན་ཞིག་ཅེས་བསྡམས་པའི་ཁྱིམ་དེ་ལས་ཟས་ལེན་པའོ། །སོར་བཤགས་བཞི་པ་ནགས་མ་བརྟགས་པ་ལས་བྱུང་པའི་སོ་སོར་བཤགས་པར་བྱ་བ་ནི། འཇིགས་པ་དང་བཅས་པའི་སར་ཁྱིམ་པ་ལས་ཟས་བསླངས་ཏེ་བཟའ་བའོ། །

༨༥ བསླབ་བྱ་ཉེས་བྱས་ཀྱི་སྡེ།

ལྔ་པ་བསླབ་བྱ་ཉེས་བྱས་ཀྱི་སྡེ་ནི། ཤམ་ཐབས་ཅི་ནས་ཀྱང་ཟླུམ་པོར་འདུག་པར་འགྱུར་བ་དེ་ལྟར་བགོ་བར་བྱའོ། །ཞེས་པ་ནས། བསླབ་པ་རྣམས་སོ། །དགེ་སློང་གི་རྣམ་པར་འབྱེད་པ་རྫོགས་སོ། །ཞེས་པའི་བར་གསུངས། དེ་ལ་བསླབ་བྱ་ཉེས་བྱས་ལ་སྡེ་ཚན་དགུ་སྟེ། གོས་བགོ་བའི་སྡེ་ཚན། སྤྱོད་ཡུལ་དུ་འགྲོ་བའི་སྡེ་ཚན། སྟན་ལ་འདུག་པའི་སྡེ་ཚན། ཟས་(༧༢༨བ)བླང་བའི་སྡེ་ཚན། ཟས་བཟའ་བའི་སྡེ་ཚན། ལྷུང་བཟེད་ལ་སྤྱད་པའི་སྡེ་ཚན། ཆོས་བསྟན་པའི་སྡེ་ཚན། བསྐྱུབ་པའི་ཚུལ་ལས་བྱུང་པའི་སྡེ་ཚན། རྒྱུ་བ་དགག་པའི་སྡེ་ཚན་ཏེ་དགུའོ། །

དེའི་དང་པོ་གོས་བགོ་བའི་སྡེ་ཚན་ལ་ཉེས་བྱས་བཅུ་སྟེ། མཐང་གོས་ཟླུམ་པོར་

མ་བགོས་པ་དང་། རྩེངས་པ་དང་། འཇོལ་བ་དང་། ནར་བ་དང་། ལྟེབས་པ་དང་། ཕུར་བ་དང་། འཕྱུང་བ་དང་། སྟོད་གཡོགས་ཟླུམ་པོར་མ་བགོས་པ་དང་། རྩེངས་པ་དང་། འཇོལ་བ་སྤེ་བཅུའོ། །

སྤྱོད་ཡུལ་དུ་འགྲོ་བའི་སྡེ་ཚན་ལ་ཉེས་བྱས་ཉི་ཤུ་སྟེ། ཁྱིམ་དུ་འགྲོ་བའི་ཚེ་ལུས་ངག་ལེགས་པར་མ་བསྡམས་པ་དང་། ཆོས་གོས་ཚུལ་བཞིན་དུ་མ་བགོས་པ་དང་། ཅ་ཅོ་བྱེད་པ་དང་། གཡེང་བར་ལྟ་བ་དང་། གཉའ་ཤིང་གང་ཙམ་དུའང་མི་ལྟ་བ་དང་། མགོ་གཡོགས་ཏེ་འགྲོ་བ་དང་། འདོམས་སྣང་བར་གོས་བརྫེས་ཏེ་འགྲོ་བ་དང་། ཕྲག་པ་གཉིས་ཀར་གོས་གཟར་ཏེ་འགྲོ་བ་དང་། ལག་པ་གཉིས་གཉའ་གོང་དུ་བསྣོལ་ཏེ་འགྲོ་བ་དང་། ལག་པ་གཉིས་ལྟག་པར་བསྣོལ་ཏེ་འགྲོ་བ་དང་། མཆོངས་ཏེ་འགྲོ་བ་དང་། བརྐྱང་བསྐུམ་དུ་འགྲོ་བ་དང་། ཙོག་པུས་འགྲོ་བ་དང་། བྲང་གིས་འགྲོ་བ་དང་། གྲུ་མོ་བརྐྱངས་ཏེ་འགྲོ་བ་དང་། ལུས་བཙུ་ཞིང་འགྲོ་བ་དང་། ལག་པ་དབྱུག་ཅིང་འགྲོ་བ་དང་། མགོ་བོ་བསྒྱུར་ཞིང་འགྲོ་བ་དང་། གཞན་དང་ཕྲག་པ་སྤྲད་དེ་འགྲོ་བ་དང་། གཞན་དང་ལག་པ་སྦྲེལ་ཏེ་འགྲོ་བ་སྟེ་ཉེས་བྱས་ཉི་ཤུའོ། །

གསུམ་པ་སྟན་ལ་འདུག་པའི་སྡེ་(༧༢༩ན)ཚན་ལ་ཉེས་བྱས་དགུ་སྟེ། ཁྱིམ་པས་འདིར་བཞུགས་ཤིག་ཅེས་མ་བརྗོད་པར་སྟན་ལ་འདུག་པ་དང་། མ་བརྟགས་པར་འདུག་པ་དང་། ལྗིད་ཕབ་སྟེ་འདུག་པ་དང་། རྐང་པ་བསྣོལ་ཏེ་འདུག་པ་དང་། བརླ་བསྣོལ་ཏེ་འདུག་པ་དང་། ལོང་བུའི་སྟེང་དུ་ལོང་བུ་བཞག་སྟེ་འདུག་པ་དང་། ཁྲིའི་འོག་ཏུ་རྐང་པ་དགུག་པ་དང་། རྐང་པ་སོ་སོར་བརྐྱངས་པ་དང་། འདོམས་སྣང་བར་འདུག་པ་སྟེ་ཉེས་བྱས་དགུའོ། །

བཞི་པ་ཟས་བླང་བའི་སྡེ་ཚན་ལ་ཉེས་བྱས་བརྒྱད་དེ། ཟས་ལེགས་པར་མ་བླངས་པ་དང་། ཁ་ད་ཆད་དུ་བླངས་པ་དང་། འབྲས་ཆན་དང་ཚོད་མ་མཉམ་པོར་བླངས་པ་དང་། མཐར་ཆགས་སུ་མ་བླངས་པ་དང་། ཡིད་མ་གཏད་པར་བླངས་པ་

དང་། བཟའ་བ་དང་བཅའ་བ་མ་འོངས་པར་ལྷུང་བཟེད་བཟེད་པ་དང་། འབྲས་ཆན་དང་ཚོད་མ་གང་རིགས་ལྷག་པོ་འདོད་ནས་ཕན་ཚུན་འགེབས་པ་དང་། ཟས་ཀྱི་སྟེང་དུ་ལྷུང་བཟེད་བཟེད་པ་སྟེ་ཉེས་བྱས་བརྒྱད་དོ། །

ལྔ་པ་ཟས་བཟའ་བའི་སྡེ་ཚན་ལ་ཉེས་བྱས་ནི་ཤུ་རྩ་ལྔ་སྟེ། ཁ་ཟས་ཚུལ་དང་མཐུན་པར་མ་ཟོས་པ་དང་། ཁམ་ཧ་ཅང་ཆུང་བ་དང་། ཁམ་ཤིན་ཏུ་ཆེ་བ་དང་། ཁམ་རན་པར་མ་ཟོས་པ་དང་། ཟས་མ་འོངས་པར་ཁ་གདངས་པ་དང་། ཁ་ཟས་ཀྱིས་བཀང་སྟེ་སྨྲ་བ་དང་། ཙུག་ཙུག་ཟེར་ཞིང་བཟའ་བ་དང་། ཅག་ཅག་ཟེར་ཞིང་བཟའ་བ་དང་། ཧུ་ཧུ་ཟེར་ཞིང་བཟའ་བ་དང་། ཕུ་ཕུ་ཟེར་ཞིང་བཟའ་བ་དང་། ལྕེ་ཕྱིར་ཕྱུང་སྟེ་བཟའ་བ་དང་། འབྲུ་རེ་རེ་ནས་བཟའ་བ་དང་། ཟས་ལ་འཕྱ་བ་དང་། མཁུར་བ་གཡས་(714བ)གཡོན་སྒྱོ་བ་དང་། ཀན་སྣ་ཧོག་པར་བྱེད་པ་དང་། ཁམ་འཕྲོ་བཅད་ནས་བཟའ་བ་དང་། ལག་པ་ལ་ཟས་གོས་པ་ལྡག་པར་བྱེད་པ་དང་། ལྷུང་བཟེད་སོར་མོས་འཕྱོག་པ་དང་། ལག་པ་ལ་ཟས་གོས་པ་སྤྲུག་པ་དང་། ལྷུང་བཟེད་ཀྱི་ནང་དུ་ཟས་བླུག་པ་སྐྱུམ་པར་བྱེད་པ་དང་། ཟས་ལ་མཆོད་རྟེན་གྱི་གཟུགས་བྱས་ཏེ་གཞོམ་པར་བྱེད་ཅིང་བཟའ་བ་དང་། གཞན་གྱི་ལྷུང་བཟེད་ལ་འཕྱ་བ་དང་། ལག་པ་ཟས་ཀྱིས་གོས་པས་ཆུ་སྣོད་ལ་རེག་པ་དང་། ཟས་དང་འབགས་པའི་ཆུས་དགེ་སློང་གཞན་ལ་འཐོར་བ་དང་། ཁྱིམ་བདག་ལ་མ་དྲིས་པར་འབགས་ཆུ་ཅི་བདེར་འདོར་བ་སྟེ་ཉེས་བྱས་ནི་ཤུ་རྩ་ལྔའོ། །

དྲུག་པ་ལྷུང་བཟེད་ལ་སྤྱོད་པའི་སྡེ་ཚན་ལ་ཉེས་བྱས་བཅུ་སྟེ། ཟས་ཀྱི་ལྷག་མ་ལྷུང་བཟེད་ཀྱི་ནང་དུ་ལྷུགས་པ་དང་། ལྷུང་བཟེད་གཞི་མེད་པར་ས་ལ་འཛོག་པ་དང་། ལྷུང་བཟེད་གད་ཁར་འཛོག་པ་དང་། ལྷུང་བཟེད་གཡང་སར་འཛོག་པ་དང་། ལྷུང་བཟེད་དཀན་གཟར་པོ་ལ་འཛོག་པ་དང་། འགྲེང་སྟེ་ལྷུང་བཟེད་བཀྲུ་བ་དང་། ལྷུང་བཟེད་གད་ཁར་བཀྲུ་བ་དང་། ལྷུང་བཟེད་གཡང་སར་བཀྲུ་བ་དང་།

ལྷུང་བཟེད་དཀན་གཟར་པོར་བཀུ་བ་དང་། ལྷུང་བཟེད་ཀྱིས་འབབ་ཆུའི་རྒྱུན་ལྡོག་སྟེ་ཚུ་གཙུ་བ་སྟེ་ཉེས་བྱས་བཙུའོ། །

བདུན་པ་ཆོས་བསྟན་པའི་སྡེ་ཚན་ལ་ཉེས་བྱས་ནི་ཤུ་རྩ་དྲུག་སྟེ། ཉན་པ་པོ་འདུག་པ་ལ་འགྲེང་སྟེ་ཆོས་འཆད་པ་དང་། ཉལ་བ་ལ་འདུག་སྟེ་ཆོས་འཆད་པ་དང་། སྟན་མཐོན་པོའམ་བཟང་པོ་ལ་འདུག་པ་ལ་སྟན་དམའ་བའམ་ངན་པ་ལ་འདུག་སྟེ་ཆོས་འཆད་པ་དང་། ཉན་པ་པོ་མདུན་ནས་འགྲོ་བ་ལ་ཕྱི་ནས་འགྲོ(༧༣༠ན)ཞིང་ཆོས་འཆད་པ་དང་། ཉན་པ་པོ་ལམ་ནས་འགྲོ་བ་ལ་ལམ་གྱི་འགྲམ་ནས་ཆོས་འཆད་པ་དང་། མགོ་གོས་ཀྱིས་གཡོགས་པ་ལ་ཆོས་འཆད་པ་དང་། གོས་བརྫེས་ཏེ་འདུག་པ་ལ་ཆོས་འཆད་པ་དང་། ཐྲག་པ་གཉིས་ཀར་གོས་གཟར་ཏེ་འདུག་པ་ལ་ཆོས་འཆད་པ་དང་། ལག་པ་གཉིས་གཉའ་བར་བསྣོལ་བ་ལ་ཆོས་འཆད་པ་དང་། ལག་པ་གཉིས་ལྟག་པར་བསྣོལ་བ་ལ་ཆོས་འཆད་པ་དང་། དོ་ཀེར་ཅན་ལ་ཆོས་འཆད་པ་དང་། ཞྭ་གྱོན་པ་ལ་ཆོས་འཆད་པ་དང་། ཅོད་པན་བཅིངས་པ་ལ་ཆོས་འཆད་པ་དང་། ཕྲེང་བ་བཅིངས་པ་ལ་ཆོས་འཆད་པ་དང་། ཐོད་དཀྲིས་པ་ལ་ཆོས་འཆད་པ་དང་། གླང་པོ་ཆེ་ལ་ཞོན་པ་ལ་ཆོས་འཆད་པ་དང་། རྟ་ལ་ཞོན་པ་ལ་ཆོས་འཆད་པ་དང་། འཕྱོགས་ཀྱི་ནང་ན་འདུག་པ་ལ་ཆོས་འཆད་པ་དང་། བཞོན་པའི་སྟེང་ན་འདུག་པ་ལ་ཆོས་འཆད་པ་དང་། མཆིལ་ལྷམ་གྱོན་ཏེ་འདུག་པ་ལ་ཆོས་འཆད་པ་དང་། ལག་ན་འཁར་བ་ཐོགས་པ་ལ་ཆོས་འཆད་པ་དང་། ལག་ན་གདུགས་ཐོགས་པ་ལ་ཆོས་འཆད་པ་དང་། ལག་ན་མཚོན་ཆ་ཐོགས་པ་ལ་ཆོས་འཆད་པ་དང་། ལག་ན་རལ་གྲི་ཐོགས་པ་ལ་ཆོས་འཆད་པ་དང་། ལག་ན་དགྲ་ཆ་ཐོགས་པ་ལ་ཆོས་འཆད་པ་དང་། གོ་ཆ་གྱོན་པ་ལ་ཆོས་འཆད་པ་སྟེ་ཉེས་བྱས་ནི་ཤུ་རྩ་དྲུག་གོ །

བརྒྱད་པ་བསླབ་པའི་ཚུལ་ལས་ཕྱུར་པའི་སྡེ་ཚན་ལ་ཉེས་བྱས་གསུམ་སྟེ། འགྲེང་སྟེ་བཤང་གཅི་བྱེད་པ་དང་། བཤང་གཅི་དང་མཆིལ་མ་དང་སྣབས་དང་སྐྱུགས་པ་

སོགས་(༡༣༠བ)མི་གཙང་བ་ཆུའི་ནང་དུ་འདོར་བ་དང་། རྩྭ་སྔོན་སྐྱེས་པའི་སར་བཤང་གཅི་སོགས་མི་གཙང་བ་འདོར་བ་སྟེ་ཉེས་བྱས་གསུམ་མོ། །

དགུ་པ་རྒྱུ་བ་དགག་པའི་སྡེ་ཚན་ལ་ཉེས་བྱས་གཅིག་སྟེ། དགོས་མེད་དུ་འདོམ་གང་ལས་མཐོ་བའི་ཤིང་ལ་འཛེགས་པར་བྱེད་པ་སྟེ། ཁྱོན་བསྡོམས་ཉེས་བྱས་བརྒྱ་དང་བཅུ་གཉིས་སོ། །

ཛ༢ དགེ་སློང་མའི་སྡེ་ལྔ་བྱེ་བྲག་ཏུ་བཤད་པ།

གཉིས་པ་དགེ་སློང་མའི་སྡེ་ལྔ་བྱེ་བྲག་ཏུ་བཤད་པ་ནི། ལྟུང་བ་ལ་སྦྱོར་བའི་ཚིག་ཡན་ཆད་དགེ་སློང་མ་རྣམས་ཀྱིའོ། །ཞེས་པ་ནས། དགེ་སློང་མའི་རྣམ་པར་འབྱེད་པ་རྫོགས་སོ་ཞེས་པའི་བར་གསུངས།

ཚ༢ ཞུ་བ་སྤྱིར་བསྟན་པ།

གཉིས་པ་ཞུ་བ་སྤྱིར་བསྟན་པ་ནི། ཉམས་པ་དང་མ་ཆགས་པ་གཉིས་ལྟུང་བ་ལ་སྦྱོར་ན་ཉེས་བྱས་སོ། །བསྙེན་པར་མ་རྫོགས་ཤིང་རབ་ཏུ་བྱུང་བས་བླངས་པ་ལས་འདས་པ་ལ་ཡང་ངོ་། །དེའི་ཕྱོགས་དང་མཐུན་པ་ལ་ནི་ཡིད་ཀྱིའོ། །ཞེས་པ་ནས། རྣམ་པར་འབྱེད་པར་རྟོགས་པ་ཕལ་ཆེ་བ་སྤྱིར་བསྟན་པ་རྣམས་རྫོགས་སོ། །ཞེས་པའི་བར་གསུངས། ཞུ་བ་སྤྱིར་བསྟན་གྱི་མདོ་འདི་ནི་དོན་ཤིན་ཏུ་རྒྱ་ཆེ་སྟེ། ལུང་ཞུ་བ་ནས་སོ་སོར་ཐར་པའི་སྡོམ་པའི་བསླབ་བྱ་ལ་མཐའ་གཅོད་མཛད་པ་རྣམས་སྟོན་པ་ཡིན་ཞིང་། དེ་ལ་མཐའ་གཅོད་ཤིན་ཏུ་མང་ཡང་། གཙོ་བོ་གལ་ཆེ་བ་ནི་དགེ་ཚུལ་གྱི་སྡོམ་པའི་བསླབ་བྱ་རྣམས་འདི་ནས་ཤེས་དགོས་ལ། དེ་ལ་དགེ་ཚུལ་གྱི་སྡོམ་པའི་བསླབ་བྱ་ལས་འདས་པའི་ཉེས་པ་ལ་ཕམ་འདྲ་དང་། བསྡོམས་ཀྱིས་བསྡུས་པའི་ཉེས་བྱས། ཕྱོགས་མཐུན་གྱི་ཉེས་བྱས། བསྡམ་བྱའི་ཉེས་བྱས་རྣམས་

ཞིབ་ཏུ་ཤེས་དགོས་ཤིང་། དགེ་སློང་གི་བསླབ་བྱ་ཁྲིམས་ཉིས་བརྒྱ་ལྔ་བཅུ་རྩ་གསུམ་(༡༣༡ན)ལས་དགེ་ཚུལ་ལ་ལྷུང་མེད་དུ་གསུངས་པ་རྣམས་ཀྱང་ཤེས་དགོས་པ་ཤིན་ཏུ་གལ་ཆེ་བ་ཡོད་ཀྱང་འདིར་མཐའ་དག་བྲིས་ན་ཡི་གེའི་ཁུར་ཏ་ཙང་ཆེས་པར་འགྱུར་བས་མ་སྤྲོས་ལ། རྗེ་ཐམས་ཅད་མཁྱེན་པས་གནམ་རྩེད་ལྡེང་དུ་དགེ་ཚུལ་གྱི་བསླབ་བྱ་ཞིབ་ཏུ་གསུངས་པའི་ཆོ་ཀྲུལ་ཚབ་དར་མ་རིན་ཆེན་གྱིས་ཟིན་བྲིས་སུ་མཛད་པ་དང་། འདུལ་འཛིན་གྲགས་པ་རྒྱལ་མཚན་གྱིས་རྗེའི་གསུང་ལྟར་བཀོད་པའི་དགེ་ཚུལ་གྱི་བསླབ་བྱ་དང་། འདུལ་འཛིན་བློ་གྲོས་སྤྲས་པས་མཛད་པའི་དགེ་ཚུལ་གྱི་བསླབ་བྱ་རྣམས་དང་། དགེ་ཚུལ་གྱི་བསླབ་བྱ་སྟོན་པའི་རྒྱ་གཞུང་སུམ་བརྒྱ་པ་རྩ་འགྲེལ་རྣམས་ལྟ་ཞིང་། པོ་བོས་ཀྱང་དགེ་ཚུལ་གྱི་བསླབ་བྱའི་སྡོམ་ཚིག་དང་། དགེ་ཚུལ་གྱི་བསླབ་བྱ་རྒྱས་པར་བཤད་པ་འོད་ལྡན་སྙིང་པོ་ཞེས་བྱ་བ་གཉིས་བྲིས་ནས་ཡོད་པས་དེ་དག་ལ་ལྟ་བར་བྱའོ། །

ཅ༢ ཉམས་སུ་བླང་བའི་བསླབ་བྱ།

ཆ༡ བསླབ་པ་ཡོངས་སུ་སྦྱོང་བའི་གཞི།

གཉིས་པ་ཉམས་སུ་བླང་བའི་བསླབ་བྱ་ལ་ལྔ། བསླབ་པ་ཡོངས་སུ་སྦྱོང་བའི་གཞི། བདེ་བར་གནས་པའི་རྐྱེན་བསྟེན་པའི་གཞི། བྱ་བའི་ཐབས་ལས་ཀྱི་གཞི། གསོ་བ་ཕྱིར་བཅོས་པའི་གཞི། དེ་ཐམས་ཅད་ཀྱི་རྟེན་གནས་མལ་གྱི་གཞིའོ། །དང་པོ་ལ་གསུམ། གསོ་སྦྱོང་གི་སྒོ་ནས་བསླབ་པ་ཡོངས་སུ་སྦྱོང་བ། དབྱར་གནས་ཀྱི་སྒོ་ནས་བསླབ་པ་ཡོངས་སུ་སྦྱོང་བ། དགག་དབྱེའི་སྒོ་ནས་བསླབ་པ་ཡོངས་སུ་སྦྱོང་བའོ། །

ཛ༧ གསོ་སྦྱོང་གི་སྒོ་ནས་བསླབ་པ་ཡོངས་སུ་སྦྱོང་བ།

དང་པོ་ལ་གཉིས། ཞི་གནས་ཀྱི་གསོ་སྦྱོང་དང་། མཐུན་པའི་གསོ་སྦྱོང་ངོ་། །

དང་པོ་ནི། སྤྱོད་ཡུལ་དུ་ཞུགས་པས་རྣལ་འབྱོར་བསྒོམ་པར་མི་བྱའོ། །ཞེས་པ་ནས། གསོ་སྦྱོང་གི་གཞི་ལས་ཞི་གནས་ཀྱི་(༧༣༧བ)གསོ་སྦྱོང་གི་སྐབས་སོ། །ཞེས་པའི་བར་གསུངས། ཞི་གནས་ཀྱི་གསོ་སྦྱོང་ཞེས་བྱ་བ་ནི། དམ་པའི་ཆོས་འདུལ་བ་ལ་རབ་ཏུ་བྱུང་བ་རྣམས་ཀྱིས་དབེན་པའི་གནས་སུ་ལམ་སྒོམ་པའི་ཚུལ་ཏེ། དེ་ལ་དབེན་པའི་གནས་ཇི་ལྟ་བུར་སྒོམ་པ་དང་། གོགས་ཇི་ལྟ་བུ་བསྟེན་པ་དང་། སྒོམ་པའི་ཚེ་སྤྱོད་ལམ་ཇི་ལྟར་བྱ་བ་དང་། གང་བསྒོམ་པར་བྱ་བ་དང་། བསྒོམས་པས་འབྲས་བུ་ཇི་ལྟར་འགྲུབ་པ་སོགས་ཐར་པར་བགྲོད་པའི་ལམ་གྱི་རིམ་པ་རྒྱས་པར་སྟོན་པའོ། །དེ་ལ་གང་བསྒོམ་པར་བྱ་བ་ནི། ལུས་དྲན་པ་ཉེ་བར་བཞག་པ་དང་། ཚོར་བ་དྲན་པ་ཉེ་བར་བཞག་པ་དང་། སེམས་དྲན་པ་ཉེ་བར་བཞག་པ་དང་། ཆོས་དྲན་པ་ཉེ་བར་བཞག་པ་བཞི་སྒོ་ཀུན་ནས་ཉོན་མོངས་ཕྱོགས་དང་རྣམ་བྱང་ཕྱོགས་ཐམས་ཅད་བདེན་པ་བཞིར་བསྡུས་ནས་བསྒོམ་པའི་ཚུལ་ཏེ་རྒྱས་པར་ལུང་ཉིད་ལས་ཤེས་པར་བྱའོ། །

གཉིས་པ་མཐུན་པའི་གསོ་སྦྱོང་ནི། གསོ་སྦྱོང་གི་གནས་ལ་བློ་མཐུན་པར་བྱའོ། །ཞེས་པ་ནས། གསོ་སྦྱོང་གི་གཞི་རྫོགས་སོ། །ཞེས་པའི་བར་གསུངས། མཐུན་པའི་གསོ་སྦྱོང་ནི་ཟླ་བ་ཕྱེད་ཕྱེད་ཅིང་དགེ་འདུན་ཚོགས་ནས་གསོ་སྦྱོང་བྱེད་པ་ཡོངས་གྲགས་ལྟར་ཏེ། འདི་ལ་གསོ་སྦྱོང་གི་སྔོན་འགྲོར་གསོ་སྦྱོང་བྱ་བ་ལ་ཉེ་བའི་ཚེ་རང་རང་གི་རྒྱུད་ལ་བརྟགས་ནས་ལྟུང་བ་བཤགས་པར་འོས་པ་རྣམས་བཤགས། བསྡམ་པར་འོས་པ་རྣམས་བསྡམས། བྱིན་གྱིས་བརླབ་པར་འོས་པ་རྣམས་བྱིན་གྱིས་བརླབས་ཏེ། རྒྱུད་དག་པར་བྱས་ནས་ལས་ལ་འདུས་ཏེ་རྒྱུད་ཚགས་གསུམ་པ་སྔོན་དུ་བཏང་

(༧༣༢ན)ནས་གསོ་སྦྱོང་དངོས་གཞི་ནི་སོ་སོར་ཐར་པའི་མདོ་འདོན་པ་སྟེ་ཁྲིམས་ཉིས་བརྒྱ་ལྔ་བཅུ་རྩ་གསུམ་ལ་བསྔོ་བསྒྲང་བྱས་ཏེ་སྡོམ་སེམས་བསྐྱེད་ཅིང་སྟོན་པ་ཐུགས་རྗེ་ཅན་གྱིས་ཇི་ལྟར་བཅས་པ་ལས་ནམ་ཡང་མི་འདའ་བའི་ཡི་དམ་བརྟན་པོ་བྱ་བའོ། །མཐུན་པའི་གསོ་སྦྱོང་ལ། གསོ་སྦྱོང་བཅུ་བཞི་པ་དང་བཅོ་ལྔ་པ་གཉིས་དང་། དགོས་པའི་དབང་གིས་དུས་ངེས་མེད་དུ་བྱས་ཆོག་པ་བཀྲ་ཤིས་ཀྱི་གསོ་སྦྱོང་དང་། གནོད་པ་བཟློག་པའི་གསོ་སྦྱོང་སོགས་ཡོད་ཅིང་། གསོ་སྦྱོང་ཇི་ལྟར་བྱ་བའི་ཚུལ་འདུལ་བ་ལུང་གི་དགོངས་པ་ཇི་ལྟ་བ་བཞིན་རྗེ་ཐམས་ཅད་མཁྱེན་པའི་ཕྱག་བཞེས་སུ་མཛད་པ་འདུལ་འཛིན་གྲགས་པ་རྒྱལ་མཚན་གྱིས་ཡི་གེར་བཀོད་པ་དང་། དེའི་ཡང་གསལ་བྱེད་དུ་ཁོ་བོས་ཡི་གེར་བཀོད་པའང་ཡོད་དོ། །གསོ་སྦྱོང་གི་མདོ་འདིའི་ནང་དུ་ལུང་གཞན་དང་གཞན་ནས་གསུངས་པ་ཞི་གནས་ཀྱི་གསོ་སྦྱོང་གི་སྦྱོར་བ་སོགས་ཀྱང་ཡོད་དེ་ཞིབ་པར་ཊཱི་ཀྐ་ཆེན་པོ་དག་ལས་ཤེས་པར་བྱའོ། །

༦༢ དབྱར་གནས་ཀྱི་སྒོ་ནས་བསླབ་པ་ཡོངས་སུ་སྦྱོང་བ།

གཉིས་པ་དབྱར་གནས་ཀྱི་སྒོ་ནས་བསླབ་པ་ཡོངས་སུ་སྦྱོང་བ་ནི། དབྱར་གནས་པར་ཁས་བླང་བར་བྱའོ། །ཟླ་བ་གསུམ་དུའོ། །ཆོས་བཅུ་དྲུག་ལའོ། །ཞེས་པ་ནས། གླིང་གཞི་ལ་སོགས་པར་གཏོགས་པའི་དབྱར་གྱི་གཞིའོ། །དབྱར་གྱི་གཞི་རྫོགས་སོ། །ཞེས་པའི་བར་གསུངས། དབྱར་གནས་ནི་དབྱར་ཟླ་བ་གསུམ་གྱི་རིང་གནས་ཁང་དུ་གནས་ནས་བསམ་གཏན་ལ་བརྩོན་པར་བྱེད་པ་སྟེ། དབྱར་གྱི་རིང་ཡུལ་གཞན་དང་གཞན་དུ་རྒྱུ་ཞིང་ཕྱིན་ན་རང་གི་ལུས་སྲོག་གི་བར་ཆད་དུ་འགྱུར་(༧༣༢བ)བ་དང་། སྲོག་ཆགས་གཞན་ལ་གནོད་པ་དང་། གནས་ཁང་ཆུད་འཛའ་བ་སོགས་ཀྱི་དགག་བྱ་ཡོད་པས་དབྱར་གནས་པའི་བཅའ་བ་མཛད་པ་ཡིན་ཞིང་། དབྱར་གནས་ཇི་ལྟར་བྱ་བའི་ཚུལ་དང་། དབྱར་ཁྲིམས་བསྲུང་ཚུལ་སོགས་ལུང་གི་

དགོངས་པ་བཞིན་རྗེ་ཐམས་ཅད་མཁྱེན་པས་ཕྱག་བཞེས་སུ་མཛད་པ་འདུལ་འཛིན་གྲགས་པ་རྒྱལ་མཚན་གྱིས་ཡི་གེར་བཀོད་པ་དང་། རྗེ་དགེ་འདུན་གྲུབ་ཀྱིས་འདུལ་ཊཱིཀ་ཏུ་བཀོད་པ་དང་། ཕོ་བོས་ཀྱང་ཡི་གེར་བཀོད་པ་ཡོད་ཅིང་། ཞིབ་པར་འདུལ་བ་ལུང་ལས་ཤེས་པར་བྱའོ། །

ཛ༣ དགག་དབྱེའི་སྒོ་ནས་བསླབ་པ་ཡོངས་སུ་སྦྱོང་བ།

གསུམ་པ་དགག་དབྱེའི་སྒོ་ནས་བསླབ་པ་ཡོངས་སུ་སྦྱོང་བ་ནི། མི་སྨྲ་བའི་ཡི་དམ་བཅའ་བར་མི་བྱའོ། །འདིས་དག་པ་དང་གྲོལ་བ་ཐོབ་པོ་སྙམ་ན་ཉེས་པ་སྦོམ་པོའོ། །དབྱར་གནས་པས་དགེ་འདུན་ལ་མཐོང་བ་དང་ཐོས་པ་དང་དོགས་པ་དག་གི་དགག་དབྱེ་བྱའོ། །ཞེས་པ་ནས། དགག་དབྱེའི་གཞི་རྫོགས་སོ། །ཞེས་པའི་བར་གསུངས། དགག་དབྱེ་ནི་དབྱར་གྱི་ནང་དུ་དགེ་འདུན་སྤྱིའི་རྗེས་བགོ་བ་དགག་པ་དང་། ལྟུང་བ་གླེང་དྲན་དགག་པ་དབྱར་གནས་གྲོལ་བའི་ཉེན་མཐོང་ཐོས་དོགས་གསུམ་གྱི་དགག་དབྱེ་བྱེད་པའོ། །དགག་དབྱེ་ཇི་ལྟར་བྱ་བའི་ཚུལ་རྗེ་ཐམས་ཅད་མཁྱེན་པའི་ཕྱག་བཞེས་འདུལ་འཛིན་གྲགས་པ་རྒྱལ་མཚན་གྱིས་ཡི་གེར་བཀོད་པ་དང་། རྗེ་དགེ་འདུན་གྲུབ་ཀྱིས་འདུལ་ཊཱིཀ་ཏུ་བཀོད་པ་དང་། ཕོ་བོས་ཀྱང་ཕྱག་ལེན་ཞིབ་པར་ཡི་གེར་བཀོད་ནས་ཡོད་ཅིང་། ཞིབ་པར་ལུང་ལས་ཤེས་པར་བྱའོ། །

ཚ༢ བདེ་བར་གནས་པའི་རྐྱེན་བསྟེན་པའི་གཞི།

གཉིས་པ་བདེ་བར་གནས་པའི་རྐྱེན་བསྟེན་པའི་གཞི་ལ་གཉིས། གོས་བསྟེན་པ་དང་།(༧༣༣ན)སྨན་བསྟེན་པའོ། །དང་པོ་ལ་གསུམ། བག་ཡངས་དང་འབྲེལ་བ་སྤྲ་བརྒྱུད་ཀྱི་གཞི། འཚོ་བའི་ཡོ་བྱད་དང་འབྲེལ་བ་གོས་ཀྱི་གཞི། དམིགས་བསལ་དང་འབྲེལ་བ་ཀོ་ལྤགས་ཀྱི་གཞིའོ། །དང་པོ་ནི། སྤྲ་བརྒྱུད་གདིང་བར་བྱའོ། །ཞེས་པ

ནས། སྤྲ་བཀྲུང་གི་གཞི་རྫོགས་སོ། །ཞེས་པའི་བར་གསུངས། སྤྲ་བཀྲུང་ནི་དགེ་སློང་སྒྲུབ་པ་རྩེ་གཅིག་ཏུ་མཛད་པ་རྣམས་དབྱར་གྱི་ནང་དུ་བག་ཁུམས་ནས་དྲུང་བར་གྱུར་ཆེ་བག་ཡངས་གནང་བའི་བཅས་པ་སྟེ། ཞིབ་པར་ལུང་ལས་ཤེས་པར་བྱའོ། །

གཉིས་པ་འཚོ་བའི་ཡོ་བྱད་དང་འབྲེལ་བ་གོས་ཀྱི་གཞི་ནི། མཆོན་གྱིས་མ་དྲས་པའི་གོས་སྤྱད་པར་མི་བྱའོ། །དྲས་ཤིང་དྲུབས་པ་ཆོས་གོས་ཉིད་དུ་བྱིན་གྱིས་བརླབ་པར་བྱའོ། །ཞེས་པ་ནས། གོས་ཀྱི་གཞི་ཕྲན་ཚེགས་ལ་སོགས་པ་ཞུ་བ་དང་བཅས་པའི་སྐབས་སོ། །གོས་ཀྱི་གཞི་རྫོགས་སོ། །ཞེས་པའི་བར་གསུངས། གོས་ཀྱི་གཞི་ནི་དགེ་སློང་རྣམས་ལ་སྟོན་པས་གནང་བའི་ཆོས་གོས་གསུམ་སོགས་འཚོ་བའི་ཡོ་བྱད་རྣམས་ཀྱི་ཚད་དང་འཆང་ཚུལ་སྟོན་པ་སྟེ། འཚོ་བའི་ཡོ་བྱད་ལ་བཅུ་གསུམ་སྟེ། སྣམ་སྦྱར། བླ་གོས། མཐའ་གོས། རྔུལ་གཟན། རྔུལ་གཟན་གྱི་གཟན། ཤམ་ཐབས། ཤམ་ཐབས་ཀྱི་གཟན། གདིང་བ། གཡན་པ་འགབ་པ། དབྱར་གྱི་གོས་རས་ཆེན། སྐྲ་བཟེད། གདོང་ཕྱིས། རྣག་གཟན་རྣམས་སོ། །གཞན་ཡང་ཡོ་བྱད་ལ་འཚོ་བའི་ཡོ་བྱད། མཁོ་བའི་ཡོ་བྱད། ལྷག་པོའི་ཡོ་བྱད། ཡོ་བྱད་ཕྲན་ཚེགས་སོགས་ཡོད་ཅིང་། འཚོ་བའི་ཡོ་བྱད་རྣམས་ཀྱི་རྒྱུ་དང་། དབྱིབས་དང་། ཁ་དོག་དང་། བྱིན་གྱིས་བརླབ་ཚུལ་(༧༣༣བ)དང་། ཇི་ལྟར་བཅང་ཚུལ་སོགས་ཞིབ་པར་ལུང་ལས་ཤེས་པར་བྱའོ། །

གསུམ་པ་དམིགས་བསལ་དང་འབྲེལ་བ་ཀོ་པགས་ཀྱི་གཞི་ནི། ཡུལ་དབུས་ཀྱི་མཚམས་སོ། །ཞེས་པ་ནས། ཀོ་པགས་ཀྱི་གཞི་རྫོགས་སོ། །ཞེས་པའི་བར་གསུངས། ཀོ་པགས་ཀྱི་གཞི་ནི་ཁ་བ་ཅན་སོགས་ཡུལ་གྲང་ངར་ཆེ་བ་དང་མཐའ་འཁོབ་དག་ཏུ་ཀོ་པགས་ལས་བྱས་པའི་མཆིལ་ལྷམ་གནང་བ་དང་། མིག་ལ་ཕན་པའི་ཕྱིར་དོམ་ལྤགས་བཅང་བར་གནས་པ་སོགས་དམིགས་བསལ་གྱི་བསླབ་བྱ་སྟོན་པ་སྟེ། འདི་ལ་མཆིལ་ལྷམ་གནང་ཡང་ཀོ་པགས་ཀྱི་ལྷམ་ཡུ་རིང་མ་གནང་བ་དང་། ཁྲ་བོ་དང་གསེར་དངུལ་གྱིས་སྤྲས་པ་བཀག་པ་སོགས་གནང་བཀག་གི་ཁྱད་པར་ཞིབ་ཏུ་ཤེས

དགོས་ཏེ་ལུང་ཉིད་ལས་ཤེས་པར་བྱའོ། །

ཙ་བའི་གཉིས་པ་སྨན་བསྟེན་པའི་གཞི་ནི། སྨན་བསྟེན་པར་བྱའོ། །དེ་ནི་རྣམ་པ་བཞིའོ། །དུས་སུ་རུང་བ་དང་ཐུན་ཚོད་དུ་རུང་བ་དང་ཞག་བདུན་པ་དང་འཚོ་བའི་བར་དུ་བཅང་བ་ཉིད་དོ། །ཞེས་པ་ནས། སྨན་གྱི་གཞི་ཕྲན་ཚེགས་ལ་སོགས་པའི་སྐབས་སོ། །སྨན་གྱི་གཞི་རྫོགས་སོ། །ཞེས་པའི་བར་གསུངས། བདེ་བར་གནས་པའི་རྐྱེན་སྨན་བསྟེན་པ་ལ་སྨན་རྣམ་པ་བཞི་གསུངས་ཏེ། དུས་རུང་གི་སྨན། ཐུན་ཚོད་དུ་རུང་བའི་སྨན། ཞག་བདུན་པའི་སྨན། འཚོ་བཅང་གི་སྨན་བཞིའོ། །སྨན་བཞི་པོ་དེ་དག་སོ་སོའི་ངོས་འཛིན་དང་བྱིན་ལེན་བྱ་ཚུལ་དང་། སོ་སོའི་དུས་ཚོད་དང་། སྨན་དེ་དག་བསྟེན་པའི་ཚེ་ཀུན་སློང་དང་འདུ་ཤེས་ཇི་ལྟར་བྱ་བ་སོགས་ཞིབ་པར་འདུལ་བ་ལུང་དང་རྗེ་ཡབ་སྲས་ཀྱི་གསུང་རབ་རྣམས་ལས་ཤེས་པར་བྱ་ཞིང་། པོ་ཏིས་ཀྱང་གཞི་གསུམ་གསལ་(༧༣༨ན)བྱེད་དང་། འོད་ལྡན་སྙིང་པོ་གཉིས་སུ་ཞིབ་ཏུ་བཀོད་པ་ཡོད་དོ། །

ཆ༣ བྱ་བའི་ཐབས་ལས་ཀྱི་གཞི།

ཙ་བའི་གསུམ་པ་བྱ་བའི་ཐབས་ལས་ཀྱི་གཞི་ནི། ཆོ་ག་ལས་འདས་ན་ལས་མི་ཆགས་སོ། །འདིར་ཆོ་ག་ནི་དགེ་འདུན་ཚང་བ་དང་ལས་བརྗོད་པ་དང་ལས་བྱེད་པ་ཉིད་དོ། །ཞེས་པ་ནས། ལས་ཀྱི་གཞི་ཞུ་བ་ལ་སོགས་པའི་སྐབས་སོ། །ལས་ཀྱི་གཞི་རྫོགས་སོ། །ཞེས་པའི་བར་གསུངས། ལས་ཀྱི་ཆོ་ག་ལ་གསོལ་བའི་ལས་དང་། གསོལ་གཉིས་ཀྱི་ལས་དང་། གསོལ་བཞིའི་ལས་གསུམ་ཡོད་ཅིང་། དེ་ལའང་ཚིགས་སྔ་ཕྱིའི་སྡོམ་པ་འབོག་ཆོག་གི་ཚེ་ལས་ཇི་ལྟར་བྱ་བ་དང་། གསོ་སྦྱོང་དབྱར་གནས་དགག་དབྱེ་རྣམས་ལ་ཇི་ལྟར་བྱ་བ་དང་། ཡོ་བྱད་བྱིན་གྱིས་བརླབ་པའི་ལས་ཇི་ལྟར་བྱ་བ་དང་། དགེ་འདུན་ལྷག་མ་བཤགས་པའི་ཚེ་ལས་ཇི་ལྟར་བྱ་བ་དང་། ལྟུང་བ

གཞན་རྣམས་བཤགས་པའི་ཆོ་ལས་ཇི་ལྟར་བྱ་བ་དང་། ཊུང་ཁང་བྱིན་གྱིས་བརླབ་པ་སོགས་ལ་ལས་ཇི་ལྟར་བྱ་བ་སོགས་ཀརྨ་ཤ་ཏཾ་དུ་ལས་བརྒྱ་རྩ་གཅིག་གསུངས་ཏེ་ཞིབ་པར་འདུལ་བ་ལུང་དང་ལུང་ལས་གསུངས་པའི་ལས་རྣམས་བསྡུས་པ་ཀརྨ་ཤ་ཏམ་བལྟས་ནས་ཤེས་པར་བྱའོ། །

ཆ༩ གསོ་བ་ཕྱིར་བཅོས་པའི་གཞི།

བཞི་པ་གསོ་བ་ཕྱིར་བཅོས་པའི་གཞི་ལ་གཉིས། ལྟུང་བ་ཕྱིར་བཅོས་པའི་ཚུལ་དང་། རྗོད་པ་ཕྱིར་བཅོས་པའི་ཚུལ་ལོ། །དང་པོ་ལ་གཉིས། རང་སྟོབས་ཀྱིས་ཕྱིར་བཅོས་པའི་ཚུལ་དང་། གཞན་སྟོབས་ཀྱིས་ཕྱིར་བཅོས་པའི་ཚུལ་ལོ། །དང་པོ་ལ་གསུམ། ཕྱིར་བཅོས་པའི་གཞི། དུས་དང་དུས་མ་ཡིན་པ་བསྡུས་པ་འབྱུང་བའི་གཞི། ས་གཞན་ན་གནས་པ་སྦྱོད་པའི་གཞིའོ། །དང་པོ་(༡༣༨བ)ནི། གཞི་མ་ཞི་བར་ཤེས་ནས་གླེང་བ་པོས་སོ་སོར་ཤེས་པར་བྱས་ཤིང་མངོན་སུམ་དུ་འཛོག་པ་ལ་ནན་ཏུར་གྱི་ལས་བྱའོ། །ཞེས་པ་ནས། ཕྱིར་བཅོས་པའི་གཞི་ཞུ་བ་ལ་སོགས་པའི་སྐབས་སོ། །ཕྱིར་བཅོས་པའི་གཞི་རྫོགས་སོ། །ཞེས་པའི་བར་གསུངས། ལྟུང་བ་ཕྱིར་བཅོས་པ་ལ། ལྷག་མ་ཕྱིར་བཅོས་ཚུལ། སྤང་ལྟུང་ཕྱིར་བཅོས་ཚུལ། ལྟུང་བྱེད་འབའ་ཞིག་པ་ཕྱིར་བཅོས་ཚུལ། སོར་བཤགས་ཕྱིར་བཅོས་ཚུལ། ཉེས་བྱས་ཕྱིར་བཅོས་ཚུལ་རྣམས་སུ་ཡོད་ཅིང་། དང་པོ་ལ། ལྷག་མ་དངོས་གཞི་ཕྱིར་བཅོས་ཚུལ་དང་། སྤོམ་པོ་ཕྱིར་བཅོས་ཚུལ་གཉིས། སྤོམ་པོ་ལ། ཕམ་པའི་སྐབས་ཀྱི་སྤོམ་པོ་དང་། ལྷག་མའི་སྐབས་ཀྱི་སྤོམ་པོ་གཉིས་ཡོད་ལ། ལྷག་མ་དངོས་གཞི་ཕྱིར་བཅོས་པ་ལ་གནས་དེ་ན་དགེ་སློང་དུ་ཡོད་ཚོགས་དགོས་ཤིང་། མ་ཐ་དགེ་སློང་ཉི་ཤུ་ཚང་དགོས་ལ། སྤོམ་པོ་བཤགས་པ་ལ་དགེ་སློང་ལྔ་ཚང་དགོས་པ་དང་། སྤང་ལྟུང་བཤགས་པ་ལ་སྤང་འཕྲལ་སྔོན་དུ་བཏང་དགོས་པ་དང་། སོར་བཤགས་བཤགས་པ་ལ་མཐོལ་བ་སྔོན་

དུ་བཏང་དགོས་པ་དང་། ཁབ་རལ་འཚོས་པའི་ལྟུང་བྱེད་བཤགས་པ་ལ་ཁབ་རལ་བཅག་དགོས་པ་དང་། ལྟུང་བ་བཤགས་པ་ཐམས་ཅད་ལ་བཤགས་ཡུལ་རབ་ལྟུང་བ་མེད་རིགས་མི་མཐུན་པ་དང་། མ་ཐ་གང་བཤགས་པར་བྱ་བའི་ལྟུང་བ་དེས་མ་གོས་པ་དགོས་པ་སོགས་ལྟུང་བ་ཕྱིར་བཅོས་པའི་ཚུལ་ཞིབ་པར་འདུལ་བ་ལུང་དང་རྗེ་ཡབ་སྲས་ཀྱི་གསུང་རབ་རྣམས་ལས་ཤེས་པར་བྱ་ཞིང་། སོ་ཐར་ཀུང་གཞི་གསུམ་གསལ་བྱེད་སོགས་སུ་བཤགས་པའི་ཆོ་ག་ཞིབ་ཏུ་བཀོད་པ་(༧༣༥ན)ཡོད་དོ། །

གཉིས་པ་དུས་དང་དུས་མ་ཡིན་པ་བསྟུས་པ་འབྱུང་བའི་གཞི་ནི། འདི་ལ་དགེ་འདུན་ལྷག་མ་མི་ཤེས་པ་ཉིད་དང་བཅབས་པའི་སེམས་ཉེ་བར་མ་བཞག་པས་བརྗེད་པ་དང་བྱས་སམ་མ་བྱས་ཅི་ཞིག་ཇི་ལྟ་བུ་ཞིག་ཅེས་དྲན་པར་མི་ནུས་པ་ཉིད་དང་། བསྙེན་པར་མ་རྫོགས་པ་ཉིད་དང་གནས་ནས་ཕྱུང་བ་ཉིད་ལ་འཆབ་པ་མི་འབྱུང་ངོ་། །ཞེས་པ་ནས། དུས་དང་དུས་མ་ཡིན་པ་བསྟུས་པ་འབྱུང་བའི་གཞི་རྫོགས་སོ། །ཞེས་པའི་བར་གསུངས། གཞི་འདི་ལས་འཆབ་པ་གང་ལ་འབྱུང་མི་འབྱུང་གི་ཁྱད་པར་དང་། ལྷག་མའི་ལྟུང་བ་ཕྱིར་བཅོས་པའི་ཚུལ་དོགས་དཔྱོད་དང་བཅས་པ་སྟོན་ཏེ་ཞིབ་པར་ལུང་ལས་ཤེས་པར་བྱའོ། །

གསུམ་པ་ས་གཞན་ན་གནས་པ་སྤྱོད་པའི་གཞི་ནི། སྤོ་བ་དང་མགུ་བར་བྱ་བ་སྤྱོད་པ་དག་གིས་དགེ་སློང་རང་བཞིན་དུ་གནས་པ་ལས་མངོན་པར་སླ་བ་དང་ཕྱག་དང་མངོན་དུ་ལྡང་བ་དང་ཐལ་མོ་སྦྱར་བ་དང་གུས་པའི་ལས་དག་བདག་གིར་མི་བྱའོ། །ཞེས་པ་ནས། ས་གཞན་ན་གནས་པ་སྤྱོད་པའི་གཞི་ཞུ་བའི་སྐབས་སོ། །ས་གཞན་ན་གནས་པ་སྤྱོད་པའི་གཞི་རྫོགས་སོ། །ཞེས་པའི་བར་གསུངས། གཞི་འདི་ལས་སྤོ་བ་དང་མགུ་བ་སྤྱོད་པ་སོགས་ས་གཞན་ན་གནས་པ་དག་གིས་དགེ་འདུན་གྱི་ནང་དུ་སྤྱོད་ལམ་ཇི་ལྟར་བྱ་བ་དང་། ས་རང་བཞིན་དུ་གནས་པ་དག་ལས་བསྙེན་བཀུར་བདག་གིར་མི་བྱ་བ་སོགས་ཀྱི་ཁྱད་པར་ཞིབ་པར་སྟོན་ཏེ་ཞིབ་པར་ལུང་ལས

ཤེས་པར་བྱའོ། །གཉིས་པ་གཞན་སྟོབས་ཀྱིས་ཕྱིར་བཅོས་པའི་ཚུལ་ནི། མ་གྲུགས་པ་ནི་གཞི་ཉིད་མ་ཡིན་ནོ། །(༧༣༥བ)དགག་དབྱེ་བཛྗོད་པ་རྫོགས་ན་དགག་དབྱེ་བཞག་པ་མི་འཆགས་སོ། །ཞེས་པ་ནས། ཡོངས་སུ་སྤྱང་བའི་གཞི་ཞུ་བའི་སྐབས་སོ། །ཡོངས་སུ་སྤྱར་བའི་གཞི་རྫོགས་སོ། །ཞེས་པའི་བར་གསུངས། ཡོངས་སྤྱང་གི་གཞི་འདི་ལས་གང་ཟག་གང་ལ་གཞི་གང་གིས་ལྟུང་བ་སློང་བ་རུང་མི་རུང་གི་ཁྱད་པར་སོགས་སྟོན་ཏེ། ཆོས་འདུལ་བ་འདི་ལ་གཞན་ལ་ལྟུང་བ་སློང་བའི་ཚེ་ཁྱོད་ལ་ལྟུང་བ་འདི་ལྟར་བྱུང་བ་ལྟས་གསུང་ངོ་ཞེའམ། རྨི་ལམ་དུ་སྣང་ངོ་ཟེར་བ་ལྟ་བུས་སློང་དུ་མི་རུང་བ་ལྟ་བུ་སྟེ་འདི་དག་གི་ཁྱད་པར་ཞིབ་པར་ལུང་ལས་ཤེས་པར་བྱའོ། །

གཉིས་པ་རྩོད་པ་ཕྱིར་བཅོས་པ་ལ་གསུམ། ལས་དང་འབྲེལ་བའི་རྩོད་པ་ཞི་བར་བྱ་བ། འཁོར་ལོའི་རྩོད་པ་ངོས་གཟུང་བ། དེ་ལས་གཞན་པའི་རྩོད་པ་ཞི་བར་བྱ་བའོ། །དང་པོ་ནི། དགེ་འདུན་ཐ་དད་པ་ཉིད་དུ་ནུས་པ་ལ་མི་འདོད་པར་སློང་བ་དང་སློང་བར་བྱེད་པ་ན་ལོག་པར་མི་བྱའོ། །ཞེས་པ་ནས། ལས་བྱེ་བའི་གཞི་ཞུ་བ་དང་བྲམ་ཟེའི་བུ་མོའི་སྐབས་རྫོགས་སོ། །ལས་བྱེ་བའི་གཞི་རྫོགས་སོ། །ཞེས་པའི་བར་གསུངས།

གཉིས་པ་འཁོར་ལོའི་རྩོད་པ་ངོས་གཟུང་བ་ནི། དགེ་འདུན་གྱི་དབྱེན་ནི་ཞེས་པ་ནས། འཁོར་ལོ་བྱ་བའི་གཞིའོ། །ཞེས་པའི་བར་གསུངས། ལས་བྱེ་བའི་གཞི་འདིས་སྤྱིར་དགེ་འདུན་གྱི་དབྱེན་དང་། ཁྱད་པར་འཁོར་ལོའི་དབྱེན་བསྟན་ལ། འཁོར་ལོའི་དབྱེན་ནི། སྟོན་པ་ཞལ་བཞུགས་དུས་ཁོ་ནར་འབྱུང་གི །དེའི་སྔོན་དང་སྟོན་པ་མྱ་ངན་ལས་འདས་རྗེས་མི་འབྱུང་ལ་སྤྱིར་དགེ་འདུན་གྱི་དབྱེན་ནི་སྟོན་པ་མྱ་ངན་ལས་འདས་པའི་རྗེས་སུའང་འབྱུང་(༧༣༦ན)ཞིང་། ལྷག་པར་དེང་སང་སྙིགས་མ་ལྔ་ལྷག་པར་བདོ་བའི་དུས་འདིར་ཆགས་སྡང་གིས་རིས་སུ་གཅོད་པ་ཤས་ཆེ་བས་དགེ་འདུན་དབྱེན་འབྱུང་ཉེ་ལ། དགེ་འདུན་གྱི་དབྱེན་ནི་ཕམ་པ་ལས་ཀྱང་སྡིག་ཆེ་བ་

བསྟན་པ་ཉམས་པའི་རྐྱེན་དུ་ཆེ་བ་ཡིན་པས་གནས་འདི་ལ་གཟབ་དགོས་སོ་ཞེས་བླ་མ་གོང་མ་རྣམས་གསུང་ངོ། །

གསུམ་པ་དེ་ལས་གཞན་པའི་རྟོད་པ་ཞི་བར་བྱ་བ་ནི། འཁྲུག་ལོང་གི་རྒྱུ་བཞིའོ། །དངོས་པོའི་དེ་བཞིན་ཉིད་ལ་ལོག་པར་བསྒྲུབ་པ་དང་སྤྱོང་བ་དང་ལྟུང་བ་དང་བཅས་པ་ཉིད་དང་ལས་ལ་མཐུན་པ་མི་སྦྱིན་པའོ། །ཞེས་པ་ནས། རྟོད་པའི་གཞི་རྫོགས་སོ། །ཞེས་པའི་བར་གསུངས། རྟོད་པའི་གཞི་འདིས་ཁོང་ཁྲོ་བས་འཁྲུག་ལོང་གི་རྟོད་པ་འབྱུང་ཚུལ་དང་། རྟོད་པའི་དབྱེ་བ་དང་། རྟོད་པ་ཞི་བའི་ཐབས་རྣམས་བསྟན་ཅིང་། ཁོང་ཁྲོས་རྒྱུད་འཁྲུགས་ཏེ་གཅིག་ལ་གཅིག་སྐྱོན་བརྗོད་པ་དང་། རྟོད་པ་བྱེད་པ་ནི་རང་གཞན་གཉིས་ཀའི་རྒྱུད་བཅོམ་སྟེ་དགེ་རྩ་སྲེག་པར་བྱེད་པའི་ལས་ངན་ཚབས་ཆེན་ཡིན་པས་སྤྱིར་སེམས་ཅན་ཐམས་ཅད་ལ་སྐྱོན་རྟོག་གི་བློ་སྤོང་བ་དང་། ཁྱད་པར་ཆོས་སྒོར་ཞུགས་པ་རྣམས་ལ་སྐྱོན་རྟོག་སྤངས་ཏེ་དག་སྣང་སྦྱོང་ཅི་ཐུབ་བྱ་སྟེ། ལུང་ལས། དགེ་སློང་དག །ངའམ་ང་འདྲ་བས་གང་ཟག་གི་ཚོད་གཟུང་གི །གང་ཟག་གིས་གང་ཟག་གི་ཚོད་མི་གཟུང་སྟེ། དེ་ལྟར་ན་ཉམས་པར་འགྱུར་རོ། །ཞེས་གསུངས་པ་དྲན་པར་བྱས་ལ་གཞན་ལ་སྐྱོན་རྟོག་གི་བློ་འགོག་པ་ཤིན་ཏུ་གནད་ཆེའོ། །

ཆ༥ དེ་ཐམས་ཅད་ཀྱི་རྟེན་གནས་མལ་གྱི་གཞི།

ཙ་བའི་ལྔ་པ་དེ་ཐམས་ཅད་ཀྱི་(༧༣༨བ)རྟེན་གནས་མལ་གྱི་གཞི་ནི། སོ་སོར་ཐར་པའི་སྡོམ་པས་མཆོག་ལ་རབ་ཏུ་བྱུང་བས་ཕྱག་བྱའོ། །མཉམ་ན་རྒན་པ་ལའོ། །མཚན་ཐ་མི་དད་པ་ལའོ། །ཞེས་པ་ནས། མི་རུང་བ་དང་མཐུན་ལ་རུང་བ་དང་འགལ་བ་ནི་རུང་བ་མ་ཡིན་པར་བསྟུའོ། །ཕྱི་མ་དང་མཐུན་ལ་སྔ་མ་དང་འགལ་བ་ནི་རུང་བར་རོ། །གནས་མལ་གྱི་གཞི་ཕྲན་ཚེགས་ལ་སོགས་པའི་སྐབས་སོ། །གནས་མལ་གྱི་གཞི་

རྫོགས་སོ། །འདུལ་བའི་མདོ་རྣམས་རྫོགས་སོ། །ཞེས་པའི་བར་གསུངས། གནས་མལ་གྱི་གཞི་འདིས་བསྟན་པ་འདི་ལ་རབ་ཏུ་བྱུང་བ་རྣམས་ཀྱིས་སྟོན་པ་ལ་གུས་པ་ཇི་ལྟར་བྱ་བ་དང་། དགེ་འདུན་ནང་ཕན་ཚུན་དུ་རང་རང་གི་མཁན་སློབ་ལ་ཕྱག་དང་གུས་པ་ཇི་ལྟར་བྱ་བ་དང་། མཁན་སློབ་ཀྱི་མཚན་ནས་བརྗོད་ཚུལ་དང་། བསླབ་པ་གཞོན་པས་བསླབ་པ་རྒན་པ་ལ་ཕྱག་དང་གུས་པ་ཇི་ལྟར་བྱ་ཚུལ་དང་། ཕྱག་འཚལ་རུང་བ་དང་མི་རུང་བའི་ཁྱད་པར་དང་། ཕྱག་འཚལ་ཡུལ་ཡིན་ཡང་བཤད་གཅི་བྱེད་པ་དང་། ཟས་བཟའ་བ་སོགས་འབགས་པ་ལ་ཕྱག་མི་བྱ་བ་དང་། ཕྱག་ཇི་ལྟར་འཚལ་ལུགས་དང་གཙུག་ལག་ཁང་ཇི་ལྟར་བྱ་བ་དང་། གཙུག་ལག་ཁང་དང་། དེའི་སྒོ་ཁང་དང་། མཛོད་དང་། གཙང་ཁང་དང་། ཆབ་ཁྲུངས་རྣམས་སུ་རི་མོ་གང་དང་གང་འབྲི་བ་དང་། མེ་ཁང་དང་ཆུའི་ཁང་པར་རི་མོ་གང་འབྲི་བ་དང་། གཙུག་ལག་ཁང་ལ་མཆོད་རྫས་ཇི་ལྟར་བཤམ་པ་དང་། དགེ་འདུན་སྤྱི་དང་སོ་སོར་སྟོན་པའི་སྐུ་འབྲལ་སྲིད་དུ་བྱ་དགོས་པས་དེ་ཇི་ལྟར་བཅང་ལུགས་དང་། མཆོད་པ་ཇི་ལྟར་བྱ་བའི་ཚུལ་ལ་(༧༣༧ན)སོགས་པ་བསླབ་པར་བྱ་བའི་གནས་གལ་ཆེ་བ་མང་དུ་བསྟན་ཏེ་ཞིབ་པར་ལུང་ཉིད་ལས་ཤེས་པར་བྱའོ། །མི་རུང་བ་དང་མཐུན་ལ་རུང་བ་དང་འགལ་བ་ནི་རུང་བ་མ་ཡིན་པར་བསྟུའོ། །ཕྱི་མ་དང་མཐུན་ལ་སྔ་མ་དང་འགལ་བ་ནི་རུང་བར་རོ། །ཞེས་པ་འདི་ནི་འདུལ་བ་ལུང་སྡེ་བཞི་པོ་ཐམས་ཅད་ཀྱི་གནད་བསྡུས་པ་སྟེ། འདི་ལ་འདུལ་བ་བསྡུས་པ་ཞེས་ཀྱང་བྱ། འདུལ་བ་རུང་མཐུན་སྒྲོར་བ་ཞེས་ཀྱང་བྱ་སྟེ། འདིས་དགག་སྒྲུབ་གནང་གསུམ་གྱི་བཅས་པའི་མཚམས་འཛིན་པར་བྱེད་ལ། འདི་ལ་དགག་པའི་རུང་མཐུན་སྒྲོར་ཚུལ། སྒྲུབ་པའི་རུང་མཐུན་སྒྲོར་ཚུལ། གནང་བའི་རུང་མཐུན་སྒྲོར་ཚུལ་གསུམ་ཡོད་ཅིང་། དེ་དག་གི་ཚུལ་ཙུང་ཟད་ཅིག་སྨར་བརྗོད་ཟིན་ལ་མཐའ་དག་པར་ནི་འདུལ་འཛིན་མཁས་པ་བསྟེན་ཏེ་ལུང་འགྲེལ་པ་དང་བཅས་པ་ལ་སྦྱངས་ནས་ཤེས་པར་བྱ་དགོས་སོ། །

ཁ༤ མཇུག་གི་དོན།

བཞི་པ་མཇུག་གི་དོན་ལ་གཉིས། མཛད་པ་པོ་གང་གིས་མཛད་པ་དང་། ལོ་པཎ་གང་གིས་བསྒྱུར་བའོ། །དང་པོ་ནི། འདུལ་བའི་མདོ་ཞེས་བྱ་བ་ངེས་པར་འབྱུང་བའི་ཚུལ་ཁྲིམས་ཀྱི་དབང་དུ་བྱས་པ། འདུལ་བ་རྒྱ་མཚོའི་སྙིང་པོ་མདོར་བསྡུས་པ། ལྷག་པའི་ཚུལ་ཁྲིམས་ཀྱི་བསླབ་པ་མཐའ་དག་གི་མཛོད་དུ་གྱུར་པ་འདུལ་བའི་སྡེ་སྣོད་ཐམས་ཅད་ཀྱི་མ་ལྟ་བུ་འདི་ནི་འཕགས་པ་གཞི་ཐམས་ཅད་ཡོད་པར་སྨྲ་བའི་འདུལ་བ་འཛིན་པ་ཆེན་པོ་བྲམ་ཟེའི་སློབ་དཔོན་བཙུན་པ་ཡོན་ཏན་འོད་བདག་དང་གཞན་གྱི་གྲུབ་པའི་མཐའ་རྒྱ་མཚོའི་ཕ་རོལ་ཏུ་སོན་པ། བདེ་བར་གཤེགས་པའི་ཆོས་འདུལ་བ་བདུད་(༧༣༧བ)རྩིའི་ཉིང་ཁུ་ཤེས་རབ་ཀྱི་དབང་པོ་རྒྱས་པ། དེ་བཞིན་གཤེགས་པའི་བཀའ་དམ་པ་ནན་ཏན་སྙིང་པོར་བསྒྲུབས་པས་སྡེ་པ་ཐམས་ཅད་ཀྱི་འདུལ་བའི་སྡེ་སྣོད་མཐའ་དག་གི་གཙོ་བོར་གྱུར་པ། འཕགས་པ་གཞི་ཐམས་ཅད་ཡོད་པར་སྨྲ་བའི་འདུལ་བ་ཀུན་ལས་བཏུས་པ་ཡིན་ནོ། །ཞེས་གསུངས། །གཉིས་པ་ལོ་པཎ་གང་གིས་བསྒྱུར་བ་ནི་དབང་ཕྱུག་དམ་པའི་མངའ་བདག་དཔལ་ལྷ་བཙན་པོའི་བཀའ་ལུང་གིས། འཕགས་པ་གཞི་ཐམས་ཅད་ཡོད་པར་སྨྲ་བའི་འདུལ་བ་འཛིན་པ། ཁ་ཆེ་བྱེ་བྲག་ཏུ་སྨྲ་བའི་སློབ་དཔོན་ཛི་ན་མི་ཏྲ་དང་། ཞུ་ཆེན་གྱི་ལོ་ཙྪ་བ་བནྡེ་ཀླུའི་རྒྱལ་མཚན་གྱིས་བསྒྱུར་ཅིང་ཞུས་ཏེ་གཏན་ལ་ཕབ་པའོ། །ཞེས་གསུངས་སོ། །

ག༤ འདུལ་བ་ལུང་ལས་གསུངས་པའི་བསླབ་ཁྲིམས་མཐའ་དག་ཇི་ལྟར་བསྲུང་ཚུལ་གྱི་མན་ངག་བསྟན་པ།

རྩ་བའི་བཞི་པ་འདུལ་བ་ལུང་ལས་གསུངས་པའི་བསླབ་ཁྲིམས་མཐའ་དག་ཇི་ལྟར་བསྲུང་ཚུལ་གྱི་མན་ངག་བསྟན་པ་ནི། རྒྱལ་བའི་དམ་ཆོས་མ་ལུས་འཛིན་པའི་

སློན་ལམ་ཀླབས་པོ་ཆེའི་མཐུ་གྲུབ་པས། རྒྱལ་བའི་བསྟན་པ་སྤེལ་བ་ལ་རྒྱལ་བ་རང་ཉིད་སྐར་ཕྱོན་པ་ལྟ་བུར་གྱུར་པ་ཆོས་ཀྱི་རྒྱལ་པོ་ཙོང་ཁ་པ་ཆེན་པོས་གངས་རིའི་ཁྲོད་འདིར་རྒྱལ་བའི་བསྟན་པའི་ནང་མཛོད་དམ་པའི་ཆོས་འདུལ་བ་གཞི་ནས་གསོ་བར་མཛད་དོ། །འདུལ་བ་ལུང་སྡེ་བཞིའི་དོན་མཐའ་དག་རྒྱལ་བའི་དགོངས་པ་ཇི་བཞིན་དུ་བསླབ་གཞི་ཡོངས་རྫོགས་ཐོབ་པའི་གང་ཟག་གཅིག་གི་ཉམས་ལེན་གྱི་རིམ་པར་དྲིལ་ནས་བསྙུང་ཐབས་ཡན་ལག་ལྔའི་སྒོ་ནས་འདོམས་པར་མཛད་དེ། དེ་ཡང་དལ་འབྱོར་རྙེད་དཀའ། འཆི་བ་མི་རྟག་པ། ལས་རྒྱུ་འབྲས། འཁོར་བའི་ཉེས་དམིགས་རྣམས་(༧༣༥ན)དྲག་ཏུ་བསམས་ནས་ངེས་འབྱུང་གི་བསམ་པས་ཀུན་ནས་བསླངས་ཏེ། གཞན་གྱི་ལད་མོ་དང་གཡམ་ལ་རྒྱུག་ཙམ་མ་ཡིན་པར་མཁན་སློབ་མཚན་ཉིད་དང་ལྡན་པ་བཙལ་ཏེ། ད་ལྟར་གྱི་ཆོ་ག་ཉེས་མེད་ཕུན་ཚོགས་ཀྱི་སྒོ་ནས་བསླབ་གཞི་ཡོངས་སུ་རྫོགས་པ་རྣམ་པར་དག་པ་ཞིག་ཐོབ་པར་བྱས་ལ་གང་ཐོབ་པའི་སྡོམ་པ་མི་ཉམས་པར་བསྲུང་བའི་ཐབས་ནི་བསྲུང་ཐབས་ཡན་ལག་ལྔར་བསྡུ་བར་མཛད་དེ། བསྲུང་ཐབས་ཡན་ལག་ལྔ་ནི། དགེ་བའི་བཤེས་གཉེན་ལ་བརྟེན་ནས་བསྲུང་བ། རང་གི་བསམ་པ་ཕུན་ཚོགས་ཀྱི་སྒོ་ནས་བསྲུང་བ། འགལ་རྐྱེན་མི་མཐུན་ཕྱོགས་ངོ་ཤེས་པའི་སྒོ་ནས་བསྲུང་བ། བསླབ་པ་ཡོངས་སུ་སྦྱོང་བའི་སྒོ་ནས་བསྲུང་བ། བདེ་བར་གནས་པའི་རྐྱེན་བསྟེན་པའི་སྒོ་ནས་བསྲུང་བ་རྣམས་སོ། །

དང་པོ་དགེ་བའི་བཤེས་གཉེན་ལ་བརྟེན་ནས་བསྲུང་ཚུལ་ནི། མཁན་པོ་བཞུགས་ན་མཁན་པོ་དང་། དེ་མེད་ན་གནས་ཀྱི་བླ་མ་མཚན་ཉིད་དང་ལྡན་པ་བཙལ་ཏེ་བྱ་བ་ཐམས་ཅད་རང་དབང་དུ་མི་བཏང་བར། ཐ་ན་ཚུལ་ཁྲིམས་འཆལ་བའི་མི་དང་གཏམ་འདྲེ་བ་ཙམ་ཆད་མ་ཞུས་པར་བྱ་མི་རུང་བས་བྱ་བ་ཐམས་ཅད་ཞུས་ཏེ་བྱ་དགོས་པ་དང་། དེ་ཡང་དུས་ཐུང་ངུ་རེས་མི་ཚོག་པར་རང་ཉིད་འདུལ་བའི་བཅས་མཚམས་ལ་ཤིན་ཏུ་མཁས་པར་མ་གྱུར་གྱི་བར་གནས་ཀྱི་བླ་མ་བསྟེན་

ནས་བཅས་མཚམས་རྣམས་ཤེས་པར་བྱ་དགོས་ཤིང་། བློ་གྲོས་དང་རྩོལ་བ་ཆེ་བ་རྣམས་ཀྱིས་ལོ་བཅུའི་རིང་ལ་འབད་ནས་བསླབས་ན་བཅས་མཚམས་རྣམས་ལ་མཁས་པར་(༧༣༨བ)འགྱུར་བས་དེ་ནས་གཞན་གྱི་མཁན་པོ་སོགས་བྱ་རུང་བར་གསུངས་སོ། །དེས་ན་སྡོམ་པ་བླངས་ནས་བསླབ་བྱ་རྣམས་ལ་དཔེ་ཀློག་ཙམ་རེ་ཡང་མ་བྱས་པར་འདུལ་བ་ཤེས་པར་རློམ་པ་ནི་མཁས་པ་རྣམས་ཐུགས་ཁྲེལ་བའི་གནས་ཡིན་པས་དགེ་བའི་བཤེས་གཉེན་མཁས་པ་ཡུན་རིང་དུ་བསྟེན་ནས་བསླབ་པའི་གནས་རྣམས་ཤེས་པར་བྱེད་པ་ནི་བསླབ་པ་བསྲུང་བའི་ཐབས་མཆོག་ཏུ་གྱུར་པའོ། །དེ་ལ་མཁན་པོ་བཞུགས་ན་བྱ་བ་ཐམས་ཅད་མཁན་པོ་ཉིད་ལ་ཞུས་ནས་བྱེད་ཅིང་། མཁན་པོ་མ་བཞུགས་ན་འདུལ་བའི་བཅས་མཚམས་མཐའ་དག་ལ་མཁས་ཤིང་གང་ཤེས་ལག་ལེན་དུ་བྱེད་པ་དང་། བསྙེན་པར་རྫོགས་ནས་སྡོམ་རྒྱུན་བར་མ་ཆད་དུ་ལོ་བཅུ་ལོན་པ་སོགས་གནས་ཀྱི་བླ་མར་འོས་པའི་མཚན་ཉིད་ཚང་བ་ཞིག་ལ་གནས་ཀྱི་བླ་མ་ཞུས་ནས་བྱ་བ་ཐམས་ཅད་རང་དབང་དུ་མི་བཏང་བར་གནས་ཀྱི་བླ་མ་ཉིད་ལ་ཞུས་ནས་བྱ་བ་ལོ་བཅུའི་བར་དུ་བྱ་དགོས་པར་གསུངས་ལ། གནས་ཀྱི་བླ་མ་དེ་ལ་ཐོག་མར་གནས་འཆའ་བའི་ཚུལ་ནི་རང་གིས་གནས་ཀྱི་བླ་མར་འོས་པའི་དགེ་སློང་དེ་ལ་ཕྱག་བཙལ། མདུན་དུ་ཙོག་ཙོག་པུར་འདུག་ནས་གནས་བཅའ་བའི་ཚིག་ལ་ཐུགས་གཏད་པར་ཞུ། ཞེས་བརྗོད་ཅིང་ཡུལ་དེས་ཀྱང་། ཆོས་བཞིན་འདུལ་བ་བཞིན་མཛད་པར་ཞུ་ཞེས་བརྗོད། དེ་ནས་ཆོས་འཁྲིལ་མེད་ན། བཙུན་པ་དགོངས་སུ་གསོལ། བདག་མིང་འདི་ཞེས་བགྱི་བས་བཙུན་པ་ལ་གནས་བླ་མར་གསོལ་ན་བཙུན་པས་བདག་གི་གནས་བླ་མ་མཛད་དུ་གསོལ། བདག་བཙུན་པ་ལ་གནས་ནས་མཆི་བར་བགྱིའོ། །ཞེས་(༧༣༩ན)ལན་གསུམ་བརྗོད་དེ། མཇུག་ཏུ་ཐབས་ལེགས་བྱའོ། །འདུལ་བ་འོད་ལྡན་ལས་ཀྱང་གནས་ཀྱི་བླ་མ་བཙལ་ནས་དེ་ལ་གནས་འཆའ་བའི་ཚིག་གསུངས་ཏེ། དེ་ཉིད་ལས། ཚིག་ཡང་མ་མོ་ལས། གནས་སུ་བཟུང་

བར་འདོད་པས་ཆོས་གོས་ཕྲག་པ་གཅིག་ཏུ་གཟར་ཏེ། ལག་པ་གཉིས་ཀྱིས་ཀྲང་པ་གཉིས་ལ་བཟུང་བཞིན་དུ་འདི་སྐད་ཅེས་བརྗོད་པར་བྱའོ། །བཙུན་པ། བདག་མིང་འདི་ཞེས་བགྱི་བའི་གནས་སུ་གསོལ་ན་བཙུན་པས་བདག་གི་གནས་མཛད་དུ་གསོལ། བདག་བཙུན་པ་ལ་གནས་ནས་མཆིས་པར་བགྱིའོ། །ཞེས་ལན་གསུམ་བརྗོད་པར་བྱའོ། །གནས་ཀྱིས་ཐབས་ཡིན་ནོ་ཞེས་དང་། དེས་ལེགས་སོ་ཞེས་བརྗོད་པར་བྱའོ། །ཞེས་བཤད་པའི་ཕྱིར་རོ། །བྱ་བ་སྒོ་བུར་བ་རྣམས་རང་མིང་ནས་སྨོས་ནས་ཞུ་ཚུལ་ནི། འདུལ་བ་ལུང་རྣམ་འབྱེད་ལས། སྨན་སྦྱར་འཚེམས་པར་ཞུ། ཉིན་མོ་སྤྱོད་པ་ལ་མཆི་བར་ཞུ། བསོད་སྙོམས་ལ་མཆི་བར་ཞུ། ཞེས་པ་དང་། ཀླུ་རི་ཀཱ་ལྔ་བཅུ་པ་ལས་ཀྱང་། འཚལ་མ་འཚལ་ཞེས་བླ་མ་ལ། །བརྟུལ་ཞུགས་ཅན་གྱིས་དེ་ལྟར་ཞུ། །ཞེས་གསུངས་པའི་ཕྱིར། དེ་ཡང་བསྒྲུབ་རུང་དང་བསྒྲུབ་དགོས་པར་ངེས་པའི་གཙོ་ཆེ་བའི་བྱ་བ་སྒོ་བུར་བ་རྣམས་ཞུ་སྟེ། ལོ་དྲི་བ་ལས། ཚག་ཚག་དང་། ཕྱག་དང་ཀློག་པ་དང་། ཁ་ཏོན་དང་། དགེ་བའི་ཕྱོགས་ཀྱི་ཀུན་ཏུ་སྤྱོད་པ་རྣམས་བགྱིད་ཅེས་རང་རང་གི་མིང་ནས་སྨོས་ཏེ་ཞུ་བར་གསུངས་པའི་ཕྱིར་དང་། དེའི་དོན་འཆད་པ་ན། ཊཱི་ཀ་ཆེན་རིན་ཆེན་འཕྲེང་བ་ལས། རང་(༧༣༥་བ)རང་གི་མིང་ནས་མ་སྨོས་ན་བྱ་བ་རུང་མི་རུང་ཐེ་ཚོམ་མི་ཆོད་པའི་ཕྱིར། དེས་ན་བྱ་བ་རང་རང་གི་མིང་ནས་སྨོས་ཏེ་ཞུ་དགོས་སོ། །ཞེས་གསུངས་པའི་ཕྱིར་རོ། །མཁན་པོའམ་གནས་ཀྱི་བླ་མ་ལ་བྱ་བ་ཞུ་བའི་ཚེ་སྤྱོད་ལམ་ཇི་ལྟར་བྱ་བ་དང་། ཞུ་ཚུལ་ཇི་ལྟར་བྱ་བ་ནི། མཁན་པོའམ་སློབ་དཔོན་དགོངས་སུ་གསོལ། བདག་མིང་འདི་ཞེས་བགྱི་བས། དུས་འདི་ནས་འདིའི་བར་དུ་ཆོས་ལྡན་གྱི་བྱ་བ་འདི་དང་འདི་བགྱིད་དུ་རུང་ལགས་སམ། ཞེས་བརྗོད། བླ་མས་མི་རུང་ན་བཀག་ཅིང་། རུང་ན་བག་ཡོད་པར་སྒྲུབས་ཤིག་ཅེས་བརྗོད་དེ། ཐབས་ལེགས་སོགས་བྱའོ། །སློབ་མ་དེས་ལངས་ནས་ཞུ་མི་རིགས་ཏེ། དེའི་ཞུ་བའི་སྟགས་ཚིག་དེ་རང་དོན་དུ་ཞུ་བའི་སྟགས་ཚིག་ཡིན་ལ། རང་དོན་དུ་ཞུ་བའི་

སྤྱགས་ཆིག་ལ་འདུག་ནས་གུས་པ་དང་བཅས་ཏེ་ཞུ་དགོས་པར་གསུངས་པའི་ཕྱིར་རོ། །དེ་ལྟར་བྱ་བ་ཞུས་པ་ལ་དགོས་པ་ཡོད་དེ། བྱ་བ་མ་ཞུས་པའི་ཉེས་པ་ཁེགས་པ་དང་། བྱ་བ་དེ་བསྒྲུབ་ཏུ་རུང་མི་རུང་ཤེས་པ་དང་། ངོ་ཚ་ཁྲེལ་ཡོད་ཀྱི་བསམ་པ་སྐྱེ་བ་དང་། སངས་རྒྱས་ཀྱི་བཅས་པ་དང་མཐུན་པ་དང་། ཞུས་ནས་བླ་མའི་བཀའ་བཞིན་བསྒྲུབས་པས་བླ་མ་ལ་གུས་པའི་ཕན་ཡོན་སོགས་འབྱུང་བའི་དགོས་པ་ཡོད་པའི་ཕྱིར་རོ། །མཁན་སློབ་སོགས་དགེ་བའི་བཤེས་གཉེན་ཇི་ལྟར་བསྟེན་པའི་ཚུལ་ཞིབ་པར་ནི་རབ་ཏུ་བྱུང་བའི་གཞི་ལས་ཤེས་པར་བྱའོ། །

བསྲུང་ཐབས་གཉིས་པ་རང་གི་བསམ་པ་ཕུན་ཚོགས་ཀྱི་སྒོ་ནས་བསྲུང་བ་ནི། དགེ་བའི་བཤེས་གཉེན་གྱིས་ཇི་ལྟར་བསྟན་པ་དང་། འདུལ་བ་ནས་ཇི་ལྟར་གསུངས་(༧༤༠ན)པ་ལྟར་བསླབ་བྱ་རྣམས་ཤེས་པར་བྱས་ཏེ་དྲན་ཤེས་ངོ་ཚ་ཁྲེལ་ཡོད་བག་དང་ལྡན་པའི་སྒོ་ནས་སྒོ་གསུམ་ལ་བྱ་ར་སྐད་ཅིག་ཀྱང་མ་ཡེངས་པར་བསྲུང་བའོ། །དེ་ཡང་འཕགས་པ་ཤཱ་རིའི་བུ་དང་མོའུ་འགལ་གྱི་བུ་གཉིས་རབ་ཏུ་མ་བྱུང་གོང་དུ་དུས་སྟོན་ཆེན་པོར་འདུལ་བའི་ཚེ་དབང་པོ་ཇི་ལྟར་བསྲུངས་པའི་ཚུལ་དང་། འོད་སྲུངས་ཆེན་པོས་སྟོན་ཁྱིམ་ན་གནས་སྐབས་འདོད་པའི་ཉེས་དམིགས་གཟིགས་ནས་དྲན་ཤེས་ཇི་ལྟར་བསྟེན་པའི་ཚུལ་དང་། འཕགས་པ་ཀ་ཏྱ་ནའི་བྱུང་བ་རྣམས་ལས་ཇི་ལྟར་འབྱུང་བ་ལྟར་སེམས་ཤིན་ཏུ་དྲན་ཤེས་བསྟེན་པའོ། །

དེ་ལ་འཕགས་པ་ཤཱ་རིའི་བུ་དང་མོའུ་འགལ་གྱི་བུ་གཉིས་རབ་ཏུ་མ་བྱུང་གོང་དུ་དུས་སྟོན་ཆེན་པོར་འདུས་པའི་ཚེ་དབང་པོ་ཇི་ལྟར་བསྲུངས་པའི་ཚུལ་ནི། འཕགས་པ་ཤཱ་རིའི་བུ་ལ་རབ་ཏུ་མ་བྱུང་གོང་དུ་ཕ་མས་བཏགས་པའི་མིང་ཉེ་རྒྱལ་ཞེས་བརྗོད་ལ། མོའུ་འགལ་གྱི་བུ་ཆེན་པོ་ལ་རབ་ཏུ་མ་བྱུང་གོང་དུ་ཕ་མས་བཏགས་པའི་མིང་པང་ནས་སྐྱེས་ཞེས་བརྗོད། ཉེ་རྒྱལ་དང་པང་ནས་སྐྱེས་གཉིས་ཆུང་དུ་ནས་རིག་བྱེད་ཡན་ལག་དང་བཅས་པ་ལ་མཁས་པའི་ཕུལ་དུ་ཕྱིན་ཏེ་སྟོན་

པའི་གྲགས་པས་སའི་སྟེང་ཁྱབ་ལ། སོ་སོར་སློབ་མའང་ལྔ་བརྒྱ་རེ་ཡོད་པ་ལས་དེ་གཉིས་ཕན་ཚུན་གཅིག་གིས་གཅིག་གི་སྙན་གྲགས་ཐོས་ནས་ཕྲད་འདོད་པར་ཡོད་པ་ལ་ནམ་ཞིག་ཡུལ་དེར་དུས་སྟོན་ཆེན་པོ་བྱུང་བ་ན། ཉེ་རྒྱལ་དང་པང་ནས་སྐྱེས་གཉིས་སྲིད་པ་ཐ་མ་པ་ཡིན་པས་འདུ་འཛི་དང་གཡེང་བ་ལ་མི་དགའ་ཡང་། ཕ་མ་(༧༥༠བ)གཉིས་སོ་སོ་ནས་ནན་གྱིས་བསྐུལ་བ་ལྟར་ཕ་མའི་ངོ་བསྲུངས་ཏེ་དུས་སྟོན་ཆེན་པོར་འདུས་ནས་ཕན་ཚུན་དུ་གྲལ་ལ་འཁོད། དེ་ནས་གར་མཁན་དག་གིས་ཧ་ཊ་ཀའི་རྒྱུད་དུ་གླུ་བླངས་པ་དང་། མི་དག་གིས་བྲོ་བརྡུང་བ་དང་གླུ་བླང་བར་བརྩམས་པ་དང་། ཁྱེའུ་དེ་གཉིས་དབང་པོ་དག་ཕྱིར་བསྡུས་ཏེ་འཁོད་པ་སྐྱེ་བོ་ཕལ་མོ་ཆེས་མཐོང་ནས་སྨྲས་པ། འདི་གཉིས་ཡང་ན་བླུན་པོ་གཉིས་ཤིག་གོ །ཡང་ན་ཤེས་པ་མི་འཁྲུག་པ་གཉིས་ཤིག་གོ །པང་ནས་སྐྱེས་ཀྱིས་ཉེ་རྒྱལ་ལ་སྨྲས་པ། བྲོ་རྡུང་བ་དང་། གླུ་དང་། རོལ་མོ་རྣམས་སྣང་ངམ། དེས་སྨྲས་པ། གང་གིས་མཐོང་བ་དང་ཐོས་པ་ལ་སྣང་ངོ་། །དབང་པོ་ནང་དུ་བསྡུས་པས་མ་མཐོང་བ་ནི་བདེན་ན། ཇི་ལྟར་མ་ཐོས། དེས་སྨྲས་པ། ཤི་ལྤགས་ཤི་བའི་རྒྱུས་པ་དང་། །འཆི་འགྱུར་བཞད་གད་འཛོ་སྐྱིག་གིས། །འཆི་བའི་སྐྱེ་བོ་འདུས་པ་ལ། །མཁས་པ་སུ་ཞིག་བག་མེད་བྱེད། །དེས་སྨྲས་པ། ཁྱོད་ཉེ་རྒྱལ་ཡིན་ནམ། སྐྱེ་བོ་དག་གིས་དེ་ལྟར་ཤེས་སོ། །ཉེ་རྒྱལ་གྱིས་པང་ནས་སྐྱེས་ལ་སྨྲས་པ་ཁྱོད་ལ་བྲོ་དང་། གླུ་དང་། རོལ་མོ་རྣམས་སྣང་ངམ། གང་གིས་མཐོང་བ་དང་ཐོས་པ་ལ་སྣང་ངོ་། །ཇི་ལྟར་མ་ཐོས། སྨྲས་པ། རྒྱན་རྣམས་ཐམས་ཅད་ཁུར་ཡིན་ཏེ། །གར་རྣམས་ཐམས་ཅད་མཐོ་འཚམ་པ། །གླུ་རྣམས་ཐམས་ཅད་བཀྱལ་བ་སྟེ། །གཟུགས་ཀུན་མི་རྟག་ཉིད་ཡིན་ནོ། །དེས་སྨྲས་པ། ཁྱོད་པང་ནས་སྐྱེས་ཡིན་ནམ། སྐྱེ་བོས་དེ་ལྟར་ཤེས་སོ། །ཞེས་འདུལ་བ་ལུང་ལས་འབྱུང་བ་ལྟར་རོ། །

འོད་སྲུངས་ཆེན་པོས་སྟོན་ཁྱིམ་ན་གནས་སྐབས་འདོད་པའི་(༧༥༡ན)ཉེས་དམིགས་གཟིགས་ནས་དྲན་ཤེས་ཇི་ལྟར་བསྟེན་པའི་ཚུལ་ནི། འོད་སྲུངས་ཆེན་པོ་ཁྱིམ་ན་

གནས་པའི་ཚེ་ཕ་མས་ཏྲ་གྲོ་ཛྙ་སྐྱེས་ཞེས་མིང་བཏགས་པ་ལྟར་བརྗོད་ལ། དེའི་ཁྱིམ་ན་གསེར་དང་དངུལ་ལ་སོགས་པའི་བང་མཛོད་ཟད་མི་ཤེས་པ་ཡོད་ཅིང་མངའ་འབངས་ཡང་སྟོང་དུ་ཉེ་བར་ཡོད་ཀྱང་། ཏྲ་གྲོ་ཛྙ་སྐྱེས་ནི་སྲིད་པ་ཐ་མ་པ་ཡིན་པས་ཁྱིམ་གྱི་འཁོར་བ་ལ་མི་དགའ་ཞིང་འདོད་པའི་ལོངས་སྤྱོད་དོན་དུ་མི་གཉེར་བར་ངེས་འབྱུང་ཆེ་བར་གནས་པ་ལ་ཕ་མ་གཉིས་ཀྱིས་རིགས་རྒྱུད་སྤེལ་ཕྱིར་སེར་སྐྱ་བཟང་མོ་ཞེས་བྱ་བའི་ཆུང་མ་འཛིག་རྟེན་ན་དཀོན་པ་ལྷའི་བུ་མོ་དང་མཚུངས་པ་ཞིག་ལེན་པར་ཆས་པ་ན། ཏྲ་གྲོ་ཛྙ་སྐྱེས་འདོད་པ་ལ་མི་དགའ་བས་ཕ་མ་གཉིས་ལ་ཞུས་ཏེ་སྟོན་ལ་ལྟར་འགྲོའོ་ཞེས་བྱས་ནས་སློང་མོ་བའི་ཆ་བྱད་བྱས་ཏེ་སེར་སྐྱ་བཟང་མོའི་སྒོ་དྲུང་དུ་ཕྱིན། དེ་ནས་བཟང་མོ་སློངས་མོ་ཐོགས་ནས་ཕྱིར་བྱུང་བ་དང་། བུ་མོ་ང་ནི་འདི་ཡིན་ནོ་སྙམ་ནས། ཁྱོད་སུའི་བུ་མོ་ཡིན། སེར་སྐྱའི་བུ་མོའོ། །ཁྱོད་གཞན་ལ་བྱིན་ནམ། ཏྲ་གྲོ་ཛྙ་སྐྱེས་ལ་བྱིན་པར་ཐོས་སོ། །འོ་ན་ཁྱོད་ལ་ཁྱིམ་ཐབ་མེད་པར་ཤེས་པར་གྱིས་ཤིག །དེ་ནི་འདོད་པ་དོན་དུ་གཉེར་བ་མ་ཡིན་ནོ། །དེས་སྨྲས་པ། རྗེའི་སྲས་ཁྱོད་ཀྱིས་བདག་དབུགས་ཕྱུང་ངོ་། །བདག་ཀྱང་འདོད་པ་དོན་དུ་གཉེར་བ་མ་ཡིན་ནོ། །ཕྱུག་པོ་དང་ནི་དབུལ་པོ་ལ། །འདྲ་བར་ཁྱོད་མཐོང་བདེ་བ་འདི། །སྙིང་དང་མཐུན་པའི་ཕྱུག་པོ་སྟེ། །ཅན་དན་སྤུ་ཤེལ་རྩེ་དག་མིན། །འོན་ཀྱང་བདག་ལ་དབང་མེད་དེ། །ཕ་མས་བྱིན་ན་ཇི་ལྟར་བྱ། །(༧༨༧བ)དེས་སྨྲས་པ། བརྟན་པ་དང་སྤུངས་ཆེར་གྱིས་ཤིག །ཏྲ་གྲོ་ཛྙ་སྐྱེས་ནི་ཁོ་བོ་ཡིན་ནོ། །དེས་སྨྲས་པ། བྲམ་ཟེའི་ཁྱེའུ། བཞུད་ལ་དམ་བཅའ་བརྟན་པར་གྱིས་ཤིག །ཅེས་དེ་གཉིས་གྲོས་བྱས་ནས་ཏྲ་གྲོ་ཛྙ་སྐྱེས་སླར་ལོག་སྟེ་གྲོང་ཁྱེར་ཏྲ་གྲོ་ཛྙ་ཅན་དུ་སོང་ངོ་། །དེའི་ཕས་ཁྱིམ་པའི་ཆོས་བཞིན་དུ་སེར་སྐྱ་བཟང་མོ་བག་མར་བླངས་སོ། །དེ་ནས་ཕ་མ་གཉིས་ཀྱིས་གནས་གཅིག་ཏུ་མལ་གཉིས་བཅས་ནས་བཞག་པ་དང་། དེ་གཉིས་གཅིག་གིས་གཅིག །དམ་བཅས་པ་དྲན་པར་གྱིས་ཤིག །ཅེས་བསྐུལ་ཏེ། མ་དང་བུ་ཇི་ལྟ་བ་བཞིན་འཁོད་དོ། །ཕ་མས་

དེ་གཉིས་ཀྱི་རིམ་གྲོ་མ་ལ་དྲིས་པ། དེ་གཉིས་ལྷན་ཅིག་ཏུ་ཇི་ལྟར་འདུག །མ་དང་བུ་ལྷན་ཅིག་པ་བཞིན་ནོ། །ཕ་མས། མལ་གཉིས་བཤམས་པས་ཉེས་སོ་སྙམ་ནས་མལ་དང་ཁྲིའུ་གཅིག་བཞག་གོ །དེ་ནས་ནམ་གྱི་ཆ་སྟོད་ལ་བཟང་མོ་མལ་དུ་ཉལ་ལོ། །ཞྭ་གྲོ་ཧྣ་སྐྱེས་ཁྲིའུ་ལ་འདུག་གོ །ནམ་གྱི་གུང་ཐུན་ལ་ཞྭ་གྲོ་ཧྣ་སྐྱེས་ཉལ། བཟང་མོ་ཁྲིའུ་ལ་གནས། ནམ་གྱི་ཆ་སྨད་ལ་བཟང་མོ་ཉལ། ཞྭ་གྲོ་ཧྣ་སྐྱེས་ཁྲིའུ་ལ་གནས་སོ། །དེ་ནས་ཁྲིའུ་ཡང་ཕྱུང་བ་དང་། དེ་གཉིས་མཐུན་རེས་ཀྱིས་གཅིག་ཉལ་བ་ན་གཅིག་འཆག་གོ། །དེའི་སྤྱོད་ལམ་གྱིས་ལོ་བཅུ་གཉིས་སུ་གནས་ཀྱང་འདོད་ཆགས་ཀྱི་སེམས་མ་སྐྱེས་སོ། །

དེ་ནས་བརྒྱ་བྱིན་འདི་སྙམ་དུ་འདོད་ཆགས་དང་མ་བྲལ་བཞིན་དུ་འདོད་ཆགས་དང་བྲལ་བའི་ཚུལ་ཉམས་སུ་སྟོང་བར་བྱེད་པ་ནི་ངོ་མཚར་ཏེ། བདག་གིས་བག་མ་བར་བྱའོ་སྙམ་ནས། རང་ཉིད་སྦྲུལ་གདུག་པ་ཞིག་ཏུ་སྤྲུལ་ཏེ་བཟང་མོའི་མལ་འོག་ཏུ་འདུག་པ་དང་། (༧༤༢ན)ཞྭ་གྲོཧྣ་སྐྱེས་ཀྱིས་མཐོང་སྟེ། བཟང་མོའི་ལག་པ་ཕྱི་རོལ་ཏུ་འཕྱང་བ་ལ་དུག་གིས་ཟིན་གྱི་དོགས་ནས་ཇ་ཡབ་ཀྱི་ནོར་བུའི་ཡུ་བས་བཏེག་སྟེ་བཞག་གོ །དེས་བཟང་མོ་སད་པ་དང་། ཡིད་མ་དགའ་ནས། རྗེའི་སྲས། རེག་པར་བྱེད་པ་འདི་ཅི་ལགས། འདོད་ཆགས་ཀྱི་སེམས་ཀྱིས་མ་རེག་གམ། བཟང་མོ། མ་ཡིན་ནོ། །འོན་ཀྱང་སྦྲུལ་གདུག་པ་འདིས་ཟིན་ན་མི་རུང་ངོ་སྙམ་ནས་ལག་པ་མ་རེག་སྟེ་བཞག་གོ །གང་གིས། ཇ་ཡབ་ཀྱི་ནོར་བུའི་ཡུ་བས་སོ། །རྗེའི་སྲས། སྦྲུལ་གདུག་པས་ཟིན་པ་བླ་ཡི། ཇ་ཡབ་ཀྱི་ནོར་བུའི་ཡུ་བས་རེག་ཏུ་མི་རུང་སྟེ། མ་ལུ་ཏ་ཡི་འཁྲི་ཤིང་འཁྲིས་པས་ལྗོན་ཤིང་བཟང་པོ་ཉམས། །བུད་མེད་དག་ལ་རེག་པའི་རྒྱུ་ཡིས་འཛིག་རྟེན་ཕུང་བར་གྱུར། །དེ་ཡི་སླད་དུ་མགྱོགས་པར་འཆི་བའི་སྦྲུལ་གྱི་ཟིན་བླ་ཡི། །སྐྱེས་པའི་ལག་པས་བུད་མེད་མཆོག་ལ་རེག་པ་མི་རུང་ངོ་། །གཞན་ཡང་། མི་དབང་བུ་མོའི་ལུས་ཀྱི་རེག་པ་ཡིས། །དཀའ་ཐུབ་ཆེན་པོ་རྣ་ཅན་དཀའ་ཐུབ་ཉམས། །ལྷག་སྤྱོད་

ཀླུང་གི་ལམ་ནས་མི་དབང་གི །ཁྱིམ་དུ་འོངས་ནས་ནགས་སུ་རྐང་པས་སོང་། །ཞེས་བརྗོད་ནས་དྲན་བསྐུལ་བྱས་པ་ལྟར་ཀྱ་གྲོ་ཛ་སྐྱེས་དང་བཟང་མོ་གཉིས་ཀ་སྡིད་པ་ཐམ་པ་ཡིན་པས་ཕན་ཚུན་ལག་རེག་པ་ཙམ་ཡང་མི་བྱ་བར་འདོད་པའི་ཉེས་དམིགས་སྒོམ་བཞིན་གནས། ཕ་མ་གཉིས་དུས་བྱས་པ་ན་ལོངས་སྤྱོད་ཐམས་ཅད་སྦྱིན་པར་བཏང་། རས་གོས་རེ་མ་གཏོགས་གཞན་གང་ཡང་མེད་པར་སྟོན་པའི་སྤྱན་སྔ་རུ་ཕྱིན་ནས་རབ་(७~७བ)ཏུ་བྱུང་སྟེ་དགྲ་བཅོམ་པ་ཐོབ། སྟོན་པས་ཀྱང་འོད་སྲུངས་ཆེན་པོ་ཞེས་རྒྱ་ཆེར་བསྔགས་ཤིང་འཚོ་བ་བསོད་སྙོམས་པ་སོགས་སྦྱངས་པའི་ཡོན་ཏན་ཅན་གྱི་མཆོག་ཏུ་ལུང་བསྟན་ཏོ། །

འོད་སྲུངས་ཆེན་པོ་དང་བཟང་མོ་གཉིས་ཁྱིམ་གྱི་འཁོར་པ་ལ་མི་དགའ་ཞིང་ངེས་འབྱུང་སྐྱེ་ཤས་ཆེ་བ་དེ་ལྟ་བུ་བྱུང་བ་ནི་སྔོན་གོམས་པའི་བག་ཆགས་དང་སྨོན་ལམ་གྱི་མཐུ་སྟེ། དེ་ཡང་སྔོན་གྲོང་ཁྱེར་ཆེན་པོའི་ཕྱི་རོལ་གྱི་གྲོང་ན་ཛ་མཁན་གྱི་དཔོན་སའི་ཁང་པ་ཞིག་ཡོད་པ་དེར་རང་སངས་རྒྱས་ཤིག་སོང་ནས་ཛ་མཁན་ལ། བཞིན་བཟང་ཁྱོད་ལ་མི་བདེ་བ་མེད་ན་དཔོན་སའི་ཁང་པའི་ཕྱོགས་ཤིག་ཏུ་གནས་བཅའ་འོ། །ཛ་མཁན་གྱིས་སྨྲས་པ། ཅི་བདེར་བཞུགས་ཤིག །དེ་ནས་རང་སངས་རྒྱས་དེ་དཔོན་སའི་ཁང་པའི་ཕྱོགས་ཤིག་ཏུ་རྩྭའི་གདིང་བ་བཤམས་པ་ལ་སྐྱིལ་ཀྲུང་བཅས་ནས་འདུག་གོ །དེ་བཞིན་དུ། དེ་ནས་རང་སངས་རྒྱས་གཉིས་པ་ཞིག་ཀྱང་འོངས་ནས་སྔར་བཞིན་དུ་སླད་དེ་དཔོན་སའི་ཁང་པ་དེའི་གྲྭ་གཉིས་པར་འདུག་གོ །གསུམ་པ་ཞིག་ཀྱང་འོངས་ནས་གྲྭ་གསུམ་པར་འདུག་གོ །བཞི་པ་ཞིག་ཀྱང་འོངས་ནས་གྲྭ་བཞི་པར་འདུག་གོ །དེ་ནས་མཚན་མོ་རང་སངས་རྒྱས་བཞི་པོ་དེ་དག་མེའི་ཁམས་ལ་སྙོམས་པར་ཞུགས་པ་དང་། ཛ་མཁན་གྱིས་སྒོ་གསེབ་ནས་དཔོན་སའི་ཁང་པ་ཐམས་ཅད་འབར། རབ་ཏུ་འབར། ཀུན་ཏུ་རབ་ཏུ་འབར་ཞིང་མེ་ལྕེ་གཅིག་ཏུ་གྱུར་པ་མཐོང་ནས་ཡོན་གནས་འདི་ལྟ་བུ་དག་བདག་གི་དཔོན་སའི

ཁང་པར་གནས་པ་ནི་བདག་དབང་ཐང་ཆེ་བ་དང་། ཕན་འདོགས་དང་ལྡན་པ་ཡིན་ནོ་སྙམ་སྟེ། ཀྱེ་མའོ་ཡོན་(༧༤༣ན)གནས་ཕྱིན་པ་དག །རིང་མོ་ཞིག་ནས་མཐོང་གྱུར་པས། །འཇིག་རྟེན་འདི་དང་ཕ་རོལ་ཏུ། །བདག་ནི་བདེ་བ་ཉིད་དུ་འགྱུར། །ཞེས་སྨྲས་སོ། །རང་རྒྱལ་དེ་དག་ཀུང་ཡོན་བདག་གི་དགེ་བའི་རྩ་བ་བསྐྱེད་པའི་ཕྱིར་བསམ་གཏན་དང་རྣམ་ཐར་དང་། ཏིང་ངེ་འཛིན་དང་། སྙོམས་འཇུག་གིས་མཚན་མོ་འདས་ནས་ཕན་ཚུན་ཀུན་དགའ་བར་འགྱུར་བ་རྩོམ་སྟེ། དེ་རྣམས་ཀྱིས་གཅིག་ལ་སྨྲས་པ། ཁྱོད་སུ་ཡིན། ཅིའི་ཕྱིར་རབ་ཏུ་བྱུང་། དེས་སྨྲས་པ། ཁྱེད་རྣམས་ཀྱིས་ཡུལ་ཀ་ལིང་ཀ་ན་རྒྱལ་པོ་ལག་རྣ་ཅན་ཞེས་བྱ་བ་བྱུང་བ་ཐོས་སམ། ཐོས་སོ། །བདག་དེ་ཡིན་ཏེ། རྒྱལ་སྲིད་ཀྱི་ཉེས་དམིགས་མཐོང་ནས་རབ་ཏུ་བྱུང་ངོ་། །དེ་རྣམས་ཀྱིས་སྨྲས་པ། ཉེས་དམིགས་ཅི་མཐོང་ནས་རབ་ཏུ་བྱུང་། །དེས་སྨྲས་པ། བདག་ཁང་བཟང་གི་ཐོག་ན་འདུག་པའི་ཚེ། །དེ་ན་བྱ་ཞིག་གིས་ཤའི་དུམ་བུ་ཞིག་ཁྱེར་ནས་འཕུར་བ་ན་ཤ་དེའི་ཕྱིར་དུ་བྱ་དེ་བྱ་གཞན་མང་པོས་གཅེས་སོ། །བྱ་དེས་ཤ་དེ་བོར་བ་དང་བྱ་གཞན་ཞིག་གིས་བླངས་པས་ཤ་བོར་བ་དེ་བཏང་ལ་ཤ་གང་གིས་བླངས་པ་དེ་ཀུན་ནས་བསྐོར་ཏེ་ཕན་ཚུན་དུ་འཐྲོག་པ་ན་བདག་ཚུལ་བཞིན་ཡིད་ལ་བྱེད་པ་སྐྱེས་ཏེ། ཤ་ལེན་པ་དེ་བཅིངས་ནས་འདོར་བ་དེ་གཏོང་བར་བྱེད་པས་ན། བདག་ཀྱང་རྒྱལ་སྲིད་ལ་བརྟེན་ནས་ཉེ་འོག་གི་རྒྱལ་པོ་དང་འཐབ་པ་དང་རྩོད་པར་གདོན་མི་ཟ་བས་བདག་རྒྱལ་སྲིད་ཀྱི་བདེ་བས་ཆོག་གོ་སྙམ་ནས་ངེས་པར་བྱུང་སྟེ། རང་རྒྱལ་གྱི་བྱང་ཆུབ་མངོན་དུ་བྱས་སོ། །ཡང་སྨྲས་པ། བྱ་ཡིས་ཤ་ཡི་དུམ་བུ་(༧༤༣བ)ཁྱེར་བ་ན། །བྱ་གཞན་ཀུན་ནས་བསྐོར་ཞིང་འཐྲང་བ་མཐོང་། །དེ་ལྟར་འདོད་པའི་ཡོན་ཏན་རིག་བྱས་ཏེ། །བསེ་རུ་ལྟ་བུར་གཅིག་པུར་སྤྱོད་པར་གྱུར། །ཡང་དེ་རྣམས་ཀྱིས་གཉིས་པ་ལ། ཁྱོད་སུ་ཡིན། ཇི་ལྟར་རབ་ཏུ་བྱུང་། དེས་སྨྲས་པ། ཁྱེད་རྣམས་ཀྱིས་ཡུལ་མི་ཐི་ལིའི་རྒྱལ་པོ་གདོང་མ་ལེགས་བྱ་བ་དེ་ཐོས་སམ། ཐོས་སོ། །དེ་བདག

ཡིན་ཏེ། རྒྱལ་སྲིད་ཀྱི་ཉེས་དམིགས་མཐོང་ནས་རབ་ཏུ་བྱུང་ངོ་། །ཉེས་དམིགས་ཅི་མཐོང་། དེས་སྨྲས་པ། བདག་ཁང་བཟང་གི་ཐོག་ན་འདུག་པའི་ཚེ། སྣང་གཉིས་འདོད་པའི་རྒྱུས་ཕན་ཚུན་བསྣད་ཅིང་རྨས་པ་མཐོང་ནས་བདག་ཚུལ་བཞིན་ཡིད་ལ་བྱེད་པ་སྐྱེས་ཏེ། དུད་འགྲོ་འདི་གཉིས་ཀྱང་འདོད་པའི་རྒྱུས་ཕན་ཚུན་བསྣད་པ་དང་རྨས་པར་གྱུར་ན། བདག་ཀྱང་འདོད་པའི་རྒྱུས་ཉེ་འོག་གི་རྒྱལ་པོ་དང་ལྷན་ཅིག་འཐབ་པ་དང་རྩོད་པར་འགྱུར་བར་གདོན་མི་ཟ་བས་བདག་རྒྱལ་སྲིད་ཀྱིས་ཆོག་གོ་སྙམ་ནས་ངེས་པར་བྱུང་སྟེ་རབ་ཏུ་བྱུང་ནས་རང་རྒྱལ་གྱི་བྱང་ཆུབ་མངོན་དུ་བྱས་སོ། །ཡང་སྨྲས་པ། འདོད་པའི་གཞི་དང་རྒྱུ་ཡིས་ནོག་གཡོ་ཞིང་། །བསྣད་དང་གཅིག་ཤོས་རྨས་པར་གྱུར་མཐོང་བ། །དེ་ལྟར་འདོད་པའི་ཡོན་ཏན་རིག་བྱས་ཏེ། །བསེ་རུ་ལྟ་བུར་གཅིག་པུར་སྤྱོད་པར་གྱུར། །ཡང་དེ་རྣམས་ཀྱིས་གསུམ་པ་ལ་སྨྲས་པ། ཁྱོད་སུ་ཡིན། ཇི་ལྟར་རབ་ཏུ་བྱུང་། དེས་སྨྲས་པ། བདག་ལྷ་ར་ཎ་སིའི་རྒྱལ་པོ་ཚངས་བྱིན་ཡིན་ཏེ། རྒྱལ་སྲིད་ཀྱི་ཉེས་དམིགས་མཐོང་ནས་རབ་ཏུ་བྱུང་ངོ་། །ཉེས་དམིགས་ཅི་མཐོང་། དེས་སྨྲས་པ། སོས་ཀའི་དུས་ཤིང་རྣམས་མེ་ཏོག་ལེགས་པར་རྒྱས། བྱང་(༧༥༥ན)བ་འཕུར་བའི་ལང་ལིང་གིས་མེ་ཏོག་གི་མགོ་ལྡོགས་སྦྲུ་གུ་རྣམས་ནི་ལྡེམ། ཅན་དན་བསྙེན་པ་དང་མཐུན་པའི་ནགས་ཚལ་གྱི་ནང་ན་དང་པ་ལ་སོགས་པ་སྐད་འབྱིན་པའི་ཚེ་བདག་བཙུན་མོ་དང་ལྷན་ཅིག་སྐྱིད་མོས་ཚལ་དུ་སོང་བ་དང་། ཨ་མྲའི་ཤིང་གི་མེ་ཏོག་ཤིན་ཏུ་སྤྲ་བ་ལ་བཙུན་མོ་རྣམས་ཆགས་པས། སྐད་ཅིག་གིས་ཡལ་ག་རྣམས་བཅག་ནས་བཞག་གོ །དེ་ལ་བདག་ཚུལ་བཞིན་ཡིད་ལ་བྱེད་པ་སྐྱེས་ཏེ། ཕྱི་རོལ་གྱི་དངོས་པོ་རྣམས་ཕུན་སུམ་ཚོགས་པ་ན་མཛེས་ལ་ཉམས་པ་ན་མི་མཛེས་པ་ཡིན་ན། རྒྱལ་སྲིད་ཀྱང་དེ་ལྟར་ཡིན་སྙམ་ནས་རབ་ཏུ་བྱུང་སྟེ། རང་རྒྱལ་གྱི་བྱང་ཆུབ་མངོན་དུ་བྱས་སོ། །ཡང་སྨྲས་པ། ཨ་མྲའི་ཤིང་སྟེ་མེ་ཏོག་ལེགས་རྒྱས་པ། །ཡིད་འོང་གཟུགས་ལྡན་ཆགས་པ་མཐོང་བ་ན། །དེ་ལྟར་འདོད་

པའི་ཡོན་ཏན་རིག་བྱས་ཏེ། །བསེ་རུ་ལྟ་བུར་གཅིག་པུར་སྤྱོད་པར་གྱུར། །བཞི་པ་དེ་ལའང་དྲིས་པ། ཁྱོད་སུ་ཡིན། ཇི་ལྟར་རབ་ཏུ་བྱུང་། དེས་སྨྲས་པ། བདག་ཡུལ་བྲང་གིས་ཉལ་ན་རྒྱལ་པོ་གཅེར་བུ་ཐུལ་ཞེས་བྱ་བ་དེ་ཡིན་ཏེ་རྒྱལ་སྲིད་ཀྱི་ཉེས་དམིགས་མཐོང་ནས་རབ་ཏུ་བྱུང་ངོ་། །ཉེས་དམིགས་ཅི་མཐོང་། དེས་སྨྲས་པ། བདག་ཁང་བཟང་གི་ཐོག་ན་འདུག་པའི་ཚེ་བཙུན་མོ་ཞིག་གསེར་གྱི་གདུ་བུས་བརྒྱན་ནས་ཚོན་རྩི་འཐག་པ་ན་སྒྲ་བྱུང་བས། བདག་འདི་སྙམ་དུ། ཕྱི་རོལ་གྱི་དངོས་པོ་འདི་སེམས་མེད་ཀྱང་བརྟུང་བ་ན་སྒྲ་འབྱུང་ན། བདག་གི་རྒྱལ་སྲིད་ལ་བརྟེན་ནས་ཚིག་ངན་སྣ་ཚོགས་འབྱུང་བ་ལྟ་ཅི་སྨོས། རྒྱལ་སྲིད་ཀྱིས་(༧༤༤བ)ཚིག་གི་སྐྱམ་ནས་རབ་ཏུ་བྱུང་སྟེ་རང་རྒྱལ་གྱི་བྱང་ཆུབ་མངོན་དུ་བྱས་སོ། །ཡང་སྨྲས་པ། གསེར་མགར་གྱིས་ནི་ལེགས་པར་བརྡུངས་པ་ཡི། །གསེར་གྱི་འོད་གསལ་ལག་པའི་མཁྲིག་མ་གཉིས། །རྡུང་བ་ཐོས་པ་དེ་ལྟར་བདག་དང་ནི། །གཞན་དག་ལྷན་ཅིག་གླེང་གཞི་འདི་ཡི་རྒྱུས། །ཚིག་ངན་སྣ་ཚོགས་འཐོན་ཅིང་སེམས་འཁྲུག་ལ། །དེ་ལྟར་འདོད་པའི་ཡོན་ཏན་རིག་བྱས་ཏེ། །བསེ་རུ་ལྟ་བུར་གཅིག་པུར་སྤྱོད་པར་གྱུར། །དེ་ལྟར་དེ་དག་ཕན་ཚུན་སྨྲས་ནས་འདུག་གོ །ཟླ་མཁན་དང་དེའི་ཆུང་མས་ཀྱང་དེ་ཐོས་ནས། བདག་ཉིད་ཆེན་པོ་འདི་དག་རྒྱལ་སྲིད་ཀྱང་སྤངས་ནས་རབ་ཏུ་བྱུང་ན། བདག་ཅག་ཅིའི་ཕྱིར་རབ་ཏུ་མི་འབྱུང་། དེ་ནས་ནམ་ལངས་པ་དང་ཟླ་མཁན་ཕྱོ་ཤུགས་ཀྱིས་རང་རྒྱལ་དེ་དག་སྤྱན་དྲངས། བསོད་སྙོམས་ཕུལ་ནས་སྨོན་ལམ་བཏབ་པ། དགེ་བའི་རྩ་བ་འདིས་ནམ་དུའང་དབུལ་བའི་ཁྱིམ་དུ་སྐྱེ་བར་མ་གྱུར་ཅིག །སྟོན་པ་ཁྱད་པར་དུ་འཕགས་པ་འདི་ལྟ་བུ་མཉེས་པར་བགྱིད་པར་གྱུར་ཅིག་ཅེས་བྱས་ནས། དེ་གཉིས་རབ་ཏུ་འབྱུང་བ་ལ་དགའ་བར་གྱུར་ཏོ། །

རེ་ཞིག་ན་ཟླ་མཁན་བུམ་པ་ཐོགས་ནས་ཆུ་ལེན་དུ་སོང་བ་ན་ཆུང་མ་རབ་ཏུ་བྱུང་བ་དང་། དེའི་རྗེས་ལ་ཟླ་མཁན་ཡང་རབ་ཏུ་བྱུང་ངོ་། །དེའི་དུས་ཀྱི་ཟླ་མཁན་

དེ་ནི་འོད་སྲུངས་ཆེན་པོ་ཡིན་ནོ། །དེའི་ཆུང་མ་དེ་ནི་བཟང་མོ་ཡིན་ཏེ། །དེའི་ཚེའང་ཡིད་བྱུང་བ་ཆུང་ངུས་རབ་ཏུ་བྱུང་། །ད་ལྟ་ཡང་ཆུང་ངུས་སོ། །དེ་བས་ན་ངེས་འབྱུང་གི་རྒྱུ་བསྐྱེན་པས་འདི་ལྟ་བུའི་ཡོན་ཏན་ཅན་དུ་འགྱུར་ཏེ། འོད་སྲུངས་དང་བཟང་མོ་བཞིན་དུ་འཁོར་རྣམས་ཀྱིས་བསླབ་པར་བྱའོ། །(༧༥༥ན)ཞེས་འདུལ་བ་ལུང་ལས་འབྱུང་བ་ལྟར་རོ། །ཕྱི་ནང་གི་རྐྱེན་ཐམས་ཅད་དགེ་སྦྱོར་གྱི་བསྐུལ་མར་གོ་བར་བྱས་ནས་ལམ་ལ་བརྩོན་འགྲུས་བརྩམས་དགོས་པ་ནི། གནས་བརྟན་ཀུན་ཤེས་ཀོཎྜ་དེ་ཉྀའི་བྱུང་བ་ལྟ་བུ་སྟེ། གནས་བརྟན་ཀུན་ཤེས་ཀོཎྜ་དེ་ཉྀ་འདི་སངས་རྒྱས་འོད་སྲུངས་ཀྱི་བསྟན་པའི་མཇུག་ལ་རབ་ཏུ་བྱུང་སྟེ་གྲོགས་བཅོ་ལྔ་དང་བཅས་དབེན་པའི་གནས་སུ་ལམ་སྒོམ་བཞིན་ཡོད་པ་ལ། སངས་རྒྱས་འོད་སྲུངས་མྱ་ངན་ལས་འདས་པ་ན། དེའི་ནུབ་མོ་བསྟན་པའང་ནུབ་པར་གྱུར་པ་ན། དེ་ཐོས་ནས་དགེ་སློང་ལྔ་ནི་དེ་མ་ཐག་ཏུ་རི་བོ་རིལ་བའི་དབྱིབས་ལས་བབས་ནས་ལྷ་ར་ཀླ་སིར་སོང་། །དྲུག་གིས་དེ་ཉིད་དུ་བརྩོན་འགྲུས་བརྩམས་ནས་ཀྱང་བྱང་ཆུབ་མངོན་དུ་བྱས། ཕྱི་ནས་ལྔའང་བབས་ནས་ལྷ་ར་ཀླ་སིར་ཆས་པ་ན། ཚོང་པ་དག་འགྲོ་བ་ལས་གཅིག་གིས་སྣང་ཉམ་ཆུང་བས་འགྲོ་མི་ནུས་བཞིན་དུ་ལྡུག་གིས་གཞུས་ནས་སྔོ་ལ་འགྲོ་བ་དང་། དེ་ལ་དགེ་སློང་དེ་རྣམས་ཀྱིས། ཁྱོད་ཀྱི་སྣང་ཉམ་ཆུང་བ་འདི་འགྲོ་མི་ནུས་ན། དལ་བུས་འཁོར་ཆུག་ལ་ཕྱི་ནས་སོང་ཞིག །དེས་སྨྲས་པ། དེ་ལྟར་བྱས་ན་ཚོང་པ་འདི་དག་གིས་བདག་བོར་ནས་འགྲོ་བར་འགྱུར་རོ། །དེ་རྣམས་མ་དགའ་ནས་གཅིག་ལ་གཅིག་སྨྲས་པ། སངས་རྒྱས་འོད་སྲུངས་མྱ་ངན་ལས་འདས་ནས་བདག་ཅག་ལུས་ན། འདིས་ཀྱང་བསྐུལ་མ་བཏབ་ཀྱིས་བདག་ཅག་གིས་བརྩོན་འགྲུས་བརྩམས་པར་བྱའོ་ཞེས་སྨྲས་ནས་ཚོགས་སུ་བཅད་པ། ཐུབ་པ་ཆེན་པོ་འོད་སྲུངས་ཀྱི། །གལ་ཏེ་ཆོས་ནི་ནུབ་གྱུར་ཀྱང་། །ཡང་དག་སངས་(༧༥༥བ)རྒྱས་ཀྱིས་བཤད་པའི། །བརྩོན་འགྲུས་དོར་བར་མི་བྱའོ། །བདག་ཅག་གིས་ནི་ཟག་པ་ཡང་། །གལ་ཏེ་ཟད་པར་མ

གྱུར་ན། །ཤཱཀྱ་སེང་གེ་སྐྱོབ་པ་ཡི། །ཉན་ཐོས་མཆོག་ཏུ་འགྱུར་བར་བྱ། །དེ་རྣམས་སྔར་ཡང་རི་བོ་རིལ་བའི་དབྱིབས་ལ་གནས་པ་ལས། བཞི་ཤི་ནས་གཅིག་ལུས་པ་དེ་མི་དགའ་ཞིང་ཡིད་བྱུང་བས་བརྗོད་པས། བདག་གིས་སངས་རྒྱས་འོད་སྲུངས་ལ་བསྙེན་བཀུར་ཞིང་དེའི་དགེ་སློང་ཉེ་ཁྲིའང་མཐོང་ན། ད་བདག་གཅིག་པུ་འཛམ་བུ་གླིང་ན་རྣམ་སྨྲར་གྱི་རྒྱལ་མཚན་འཛིན་པ་ལྔ་སླམ་ནས་སྨོན་ལམ་བཏབ་པ། བདག་གིས་སངས་རྒྱས་འོད་སྲུངས་ལས་ཇི་སྲིད་དུ་ཚངས་པར་སྤྱོད་པ་སྤྱད་ཀྱང་ཡོན་ཏན་གྱི་ཚོགས་ཅུང་ཟད་ཀྱང་མ་ཐོབ་ཀྱི། དགེ་བའི་རྩ་བ་འདིས་སངས་རྒྱས་ཤཱཀྱ་ཐུབ་པའི་བསྟན་པ་ལ་རབ་ཏུ་བྱུང་ནས་ཐོག་མར་དགྲ་བཅོམ་པ་མངོན་སུམ་དུ་བྱས་པ་ན་བཅོམ་ལྡན་འདས་ཤཱཀྱ་ཐུབ་པས་བདག་རྣམ་སྨྲར་གྱི་རྒྱལ་མཚན་འཛིན་པ་རྣམས་ཀྱི་མཆོག་ཏུ་ལུང་སྟོན་པར་གྱུར་ཅིག་ཅེས་སྨོན་ལམ་བཏབ་བོ། །ཞེས་འདུལ་བ་ལུང་ལས་འབྱུང་བ་ལྟར་རོ། །

འཕགས་པ་ཀ་ཏྱ་ཡ་ནའི་བྱུང་བ་ནི། རྒྱལ་པོ་གཏུམ་པོ་རབ་སྣང་གི་ཡུལ་འཕགས་རྒྱལ་དུ་ནད་ཡམས་བྱུང་ནས་རྒྱལ་པོ་གཏུམ་པོ་རབ་སྣང་འཁོར་དང་བཅས་པ་སེམས་ཁོང་དུ་ཆུད་ཅིང་འདུག་གོ །དེ་ནས་རྒྱལ་པོ་གཏུམ་པོ་རབ་སྣང་གིས་སྨོ་བ་ལ། དགེ་སྦྱོང་དག། བྲམ་ཟེ་ཡམས་ནད་ཞི་བར་བྱེད་པ་འོངས་ན་ང་ལ་སྤྲོན་ཅིག །སྐབས་འདི་ལྟ་བུ་ལ་སངས་རྒྱས་བཅོམ་ལྡན་འདས་ལ་མི་མཁྱེན་པ་མི་མངའ་བས། རྒྱལ་པོ་གཏུམ་པོ་རབ་སྣང་འཁོར་དང་བཅས་པ་ཀ་ཏྱའི་བུ་ཆེན་པོའི་གདུལ་(༧༥༨ན)བྱ་ཡིན་པར་གཟིགས་ནས། ཀ་ཏྱའི་བུ། རྒྱལ་པོ་གཏུམ་པོ་རབ་སྣང་འཁོར་དང་བཅས་པ་ལ་སོམས་ཤིག །དེ་ལྟར་འཚལ་ལོ་ཞེས་འཁོར་ལྔ་བརྒྱ་དང་བཅས་ཏེ་འཕགས་རྒྱལ་དུ་སོང་ངོ་། །དེ་ནས་འཕགས་པ་ཀ་ཏྱ་ཡ་ན་འཁོར་བཅས་རིམ་གྱིས་འཕགས་རྒྱལ་དུ་ཕྱིན་ཏེ་གྲོང་ཁྱེར་དུ་ཞུགས་པའི་མོད་ལ་ཡམས་ནད་ཕྱེད་ཞི་བ་དང་སྨྲོ་བས་རྒྱལ་པོ་ལ། སྔོན་མ་བྱུང་བའི་རྟགས་དང་ཆ་ལུགས་འཆང་བའི་དགེ་

སྦྱོང་ཞིག་གཡོག་ལྔ་བརྒྱ་དང་བཅས་པ་འོངས་པའི་མོད་ལ་ཡམས་ནད་ཕྱེད་ཞི་བར་གྱུར་ཏོ། །རྒྱལ་པོས་སྨྲས་པ། ལེགས་ཀྱིས་དེ་ལ་བཀུར་སྟི་གྱིས་ཤིག །བྲམ་ཟེ་རྣམས་ན་རེ། བདག་ཅག་གིས་ཉེན་མཚན་དུ་ཞི་བའི་ལས་ལ་བརྩོན་པར་བགྱིས་པས། ཡམས་ནད་ཕྱེད་ཞི་བར་གྱུར་ཏོ། །རིང་པོ་མི་ཐོགས་པར་ཐམས་ཅད་ཞི་བར་བགྱིའོ། །དགེ་སློང་དག་གིས་ནི་རྒྱལ་པོ་ལ་ནད་མེད་པར་གྱུར་ཅིག་ཅེས་སྨྲས་ནས་སོང་ངོ་། །རྒྱལ་པོས་བློན་པོ་རྣམས་ལ་སྨྲས་པ། སྐྱོ་བ་ན་རེ། །དགེ་སྦྱོང་འཁོར་དང་བཅས་པ་མཆིས་པའི་མོད་ལ་ཡམས་ནད་ཕྱེད་ཞིའོ་ཞེས་ཟེར། བྲམ་ཟེ་རྣམས་ནི། བདག་ཅག་གི་མཐུ་ཡིན་ཟེར་ཏེ། གང་གི་མཐུ་ཡིན་པ་མི་ཤེས་ཀྱིས། སོང་ལ་དགེ་སྦྱོང་དང་བྲམ་ཟེ་དག་སླང་པོ་ཆེའི་བྲེས་མི་གཙང་བའི་ཕྱོགས་སུ་འབྲས་ཆན་ངན་པ་དང་། ཟས་བས་ཕྱིན་ལ་ཟོས་ནས་ཕྱིར་བྱུང་བ་དང་། གཉིས་ཀ་ལ་ཟས་ནི་འདྲ་དྲིས་ཤིག །དེ་ལྟར་བྱས་ནས་ཕྱིར་བྱུང་བ་དང་། སྐྱོ་བས་བྲམ་ཟེ་རྣམས་ལ། ཁྱེད་ཅག་ལྟས་ཅི་འདྲའི་ཟས་ཀྱིས་ཚིམ་པར་བྱས། དེ་དག་བྲེས་ནས་སྨྲས་པ། བྱེད་(79-8བ)སྟངས་དང་། རྒྱལ་པོ་ཐ་ཆད་ཆོས་མིན་པ་ལ་གསོལ་བ་ཞིག་སྟེ། དེས་བྲམ་ཟེ་རྣམས་ལ་འབྲས་ཆན་མི་གཙང་བ་དང་། ཟས་བས་མོ་ཕྱིན་ནས་ཚིམ་པར་བྱས་མོད་ཟེར་རོ། །ཡང་དགེ་སློང་རྣམས་ལ། ཁྱེད་ལྟས་ཅི་འདྲའི་ཁ་ཟས་ཀྱིས་ཚིམ་པར་བྱས། བཞིན་བཟང་སྦྱིན་པ་པོས་ནི་ཕྱིན། ལེན་པ་པོ་རྣམས་ཀྱིས་ནི་ཟོས་ཏེ། འབྱུང་བ་ཆེན་པོ་རྣམས་ཚིམ་པར་བྱས་ཤིང་། ཉིན་ཞག་གི་རྒྱགས་བླངས་སོ། །སྐྱོ་བས་རྒྱལ་པོ་ལ་སྨྲས་པ། དེ་དག་འདི་སྐད་ཟེར་རོ། །ཡང་རྒྱལ་པོས་བློན་པོ་རྣམས་ལ། གཉིས་ཀ་ལ་གཙང་མའི་ཕྱོགས་སུ་ཁ་ཟས་བསོད་པ་ཕྱིན་ལ་དྲིས་ཤིག །དེ་ལྟར་བྱས་ནས་བྲམ་ཟེ་རྣམས་ལ་དྲིས་པས། རྒྱལ་པོ་རྒྱལ་རིགས་སྤྱི་བོ་ནས་དབང་བསྐུར་བ་ཞིག་སྟེ་ཟས་ཅི་འདོད་པ་ཕྱིན་ནས་ཚིམ་པར་བྱས་སོ། །དགེ་སློང་རྣམས་ལ་དྲིས་པས་སྔར་བཞིན་ཟེར་རོ། །སྐྱོ་བས་རྒྱལ་པོ་ལ་དེ་བཞིན་དུ་སྨྲས་སོ། །དེ་བཞིན་དུ་རྟའི་བྲེས་དང་། ཕྱུག་དར་ཁྲིད་

དང་། ས་ཕྱོགས་གཙང་མར་ངན་པ་དང་། བསོད་པ་སྦྱར་ཏེ་སྔར་ལྟར་དྲི་བ་བྱས་པས་སོ་སོ་ནས་སྔར་ལྟར་ཟེར་བ་སྨྲ་བས་རྒྱལ་པོ་ལ་ཞུས་པས། རྒྱལ་པོ་འདི་སྙམ་དུ་དགེ་སློང་དག་སྦྱིན་གནས་ཡིན་གྱི། ཁྲམ་ཟེ་དག་ནི་མ་ཡིན་ནོ་སྙམ་སྟེ། ཀ་ཏྱའི་བུ་ཆེན་པོའི་གན་དུ་སོང་ནས་ཕྱག་བཙལ་ཏེ། སང་བདག་གི་ཁྱིམ་པར་གདུགས་ཚོད་གསོལ་བར་ཅི་གནང་། གནང་ནས། སང་གདན་བཤམ་པ་ལ་འདུག་པ་དང་། རོལ་མོའི་སྒྲ་དང་། ཁྲོ་གར་མཁན་རྣམས་ཀྱིས་ཁྲོ་གར་དུ་མ་བྱས་པ་ན། ཀ་ཏྱའི་བུ་ཆེན་པོ་དང་དགེ་སློང་རྣམས་དབང་པོའི་སྒོ་བསྡམས་ཏེ་འཁོད་དོ། །གླུ་གར་དང་རོལ་མོའི་སྒྲ་ཞི་ནས། (༡༤༧ན)རྒྱལ་པོས། འཕགས་པ། གར་བཟང་ངམ། གླུ་སྙན་ནམ། རྒྱལ་པོ། གང་གིས་ཐོས་པ་དང་། མཐོང་བ་ལའོ། །འཕགས་པ་དབང་པོ་ནང་དུ་བསྡུས་པ་རྣམས་ཀྱིས་མ་གཟིགས་ན། ཇི་ལྟར་མི་གསན། ལྷ་ལ་མི་གསོད་ལ་ཐུག་པ་འགའ་ཡོད་དམ། མཆིས་སོ། །ལྷ། སྐྱེས་བུ་དེའི་ལག་ཏུ་སྣོད་ཏིལ་མར་གྱིས་ཁོང་སྟེ་བསྐུར་ལ་ཕྱི་བཞིན་གཤེད་མ་ཐོང་ལ། སྣོད་འབྲུ་མར་གྱིས་ཁ་ད་ཆད་དུ་གང་བ་འདི་ཁྱེར་ལ་ལྗོངས་ཐམས་ཅད་བསྐོར་ནས་འདིར་ཁྱེར་ཤོག་ཅིག །ཏིལ་མར་ཐིགས་པ་གཅིག་ས་ལ་བོ་ན། རལ་གྲི་གདེངས་པ་འདིས་མགོ་བྲུངས་ནས་བཅད་དེ་ས་ལ་འདོར་དུ་འཇུག་གོ་ཞེས་སྨོས་ལ། དེའི་མདུན་དུ་རོལ་མོ་དང་གར་སྣ་ཚོགས་བྱེད་དུ་ཆུག་ཅིག །དེས་ཁྱོད་ཡིད་ཆེས་པར་འགྱུར་རོ། །རྒྱལ་པོས་དེ་ལྟར་བྱས་ནས་མི་དེ་ལ། གར་བཟང་ངམ། གླུ་སྙན་ནམ། ལྷ། གང་གིས་མཐོང་ངམ། ཐོས་པ་དག་ལའོ། །དབང་པོ་ནང་དུ་བསྡུས་པས་མ་མཐོང་ནའང་ཇི་ལྟར་མ་ཐོས། དེ་ན་རེ། སྣོད་འདི་ལས་འབྲུ་མར་ཐིགས་པ་གཅིག་བོ་ནའང་གསོད་དུ་འོང་སྙམ་ནས་འཆི་བས་འཇིགས་ཤིང་འབྲུ་མར་གྱི་སྣོད་ལ་སེམས་རྩེ་གཅིག་ཏུ་གཏད་པས་ཇི་ལྟར་མཐོང་ངམ་ཐོས་ཞེས་སྨྲས་པ་དང་། རྒྱལ་པོ་ཅང་མི་སྨྲའོ། །ཀ་ཏྱའི་བུ་ཆེན་པོས་སྨྲས་པ། མི་འདི་ཚེ་གཅིག་གི་སྡུག་བསྔལ་གྱིས་ཕྱིར་མི་གཡེང་བ་དང་བག་ཡོད་པར་ཀུན་ཏུ་སྲུང་བར་བགྱིད་

ན། བདག་ཅག་བསླབ་པ་བཟུང་བ་དག་ཚེ་རབས་དུ་མའི་སྡུག་བསྔལ་གྱིས་གླུ་གར་དང་རོལ་མོའི་སྒྲ་ལ་ལྟ་བའམ་ཉན་པའི་གནས་མེད་དོ། །རྒྱལ་པོ་(༧༤༧བ)ཡིད་ཆེས་ཏེ་ལྷག་པར་དད་ནས། འཁོར་དང་བཅས་པས་ཀ་ཏྱའི་བུ་ལ་སོགས་པ་ལ་གཙང་ཞིང་བསོད་པའི་བསོད་སྙོམས་རང་གིས་ལག་བདར་ཏེ་ཚིམ་པར་བྱས་ནས་ཆོས་ཉན་ཞིང་འཕགས་པ་ཀ་ཏྱ་ཡ་ནའི་བཀའ་བཞིན་ཡུལ་དེར་རྒྱལ་བའི་བསྟན་པ་དར་བར་བྱས་སོ། །ཞེས་འདུལ་བ་ལུང་ལས་འབྱུང་བ་ལྟར་རོ། །

འཕགས་པ་ཀ་ཏྱ་ཡ་ནའི་བྱུང་བ་ལྟར་རྒྱལ་བའི་བསྟན་པ་ལ་རབ་ཏུ་བྱུང་བ་རྣམས་ཀྱིས་དྲན་ཤེས་བསྐྱེན་ཏེ་དབང་པོའི་སྒོ་བསྡམ་དགོས་པ་ནི། སྤྱོད་འཇུག་ལས། ཡུངས་མར་བཀང་བའི་སྣོད་བསྐུར་ལ། །རལ་གྲི་ཐོགས་པས་དྲུང་བསྡད་དེ། །བོ་ན་གསོད་བསྡིགས་འཇིགས་པ་ལྟར། །བརྟུལ་ཞུགས་ཅན་གྱིས་དེ་བཞིན་སྒྲིམས། །ཞེས་གསུངས་པ་ལྟར་རོ། །བསྲུང་ཐབས་གསུམ་པ་འགལ་རྐྱེན་མི་མཐུན་པའི་ཕྱོགས་ངོ་ཤེས་པའི་སྒོ་ནས་བསྲུང་བ་ནི། རྣམ་འབྱེད་ནས་འབྱུང་བ་ལྟར་ལྟུང་བ་སྡེ་ལྔ་སོ་སོའི་ངོ་བོ་དང་། དེར་གཏོགས་ཀྱི་ཉེས་བྱས་དང་། སྦྱོར་བའི་ཉེས་བྱས་དང་། སྐབས་དེ་དང་དེའི་བསླབ་བྱ་དང་འགལ་བའི་ཉེས་བྱས་རྣམས་ཞིབ་ཏུ་ཤེས་པར་བྱ་ཞིང་། གཞན་ཡང་གཞི་བཅུ་བདུན་དང་། ལུང་ཕྲན་ཚེགས་དང་། ཞུ་བ་དང་། གཞུང་དམ་པ་རྣམས་ནས་ཇི་ལྟར་འབྱུང་བའི་ཉེས་པ་རྣམས་ཀུང་ངོ་ཤེས་པར་བྱས་ནས་གཉེན་པོ་བསྟེན་ཅིང་། ལྷག་པར་ཡུལ་དུས་ཀྱི་དབང་གིས་འབྱུང་ཉེ་བ་རྣམས་ལ་དྲན་ཤེས་བསྟེན་པའོ། །

འདུལ་བ་ནས་གསུངས་པའི་ལྟུང་བ་ལ་སྡོམ་གྱིས་བསྡུས་པ་དགེ་ཚུལ་ལ་བླངས་འདས་སོ་དྲུག་དང་། བསླབ་གཞི་ཡོངས་རྫོགས་ཐོབ་པའི་དགེ་སློང་རྣམས་ལ་བཅས་འགལ་གྱི་ལྟུང་བ་(༧༤༨ན)སྡོམ་གྱིས་བསྡུས་པ་ལ་ཕམ་པ་བཞི། ལྷག་མ་བཅུ་གསུམ། སྤང་ལྟུང་སུམ་ཅུ། ལྟུང་བྱེད་འབའ་ཞིག་པ་དགུ་བཅུ། སོར་བཤགས་

བཞི། ཉེས་བྱས་བརྒྱ་དང་བཅུ་གཉིས་ཏེ་ཁྲིམས་ཉེས་བརྒྱ་ལྔ་བཅུ་རྩ་གསུམ་གསུངས་ལ། དེ་དག་ལ་ཡང་སོ་སོའི་སྡེར་གཏོགས་ཀྱི་ལྟུང་བ་དང་། བསླབ་བྱ་དང་འགལ་བའི་ལྟུང་བ་དང་། ཡན་ལག་མ་ཚང་བའི་ལྟུང་བ་སོགས་མཐའ་ཡས་པ་ཡོད་ཅིང་། དེ་དག་མཐའ་ཆོད་པར་ཤེས་པ་ལ་བློ་གྲོས་དང་རྩོལ་བ་ཆེ་བ་རྣམས་ཀྱིས་འདུལ་བ་ལུང་སྡེ་བཞི་དང་། དེ་དག་གི་དོན་རྣམས་ཕྱོགས་གཅིག་ཏུ་བསྡུས་པ་འདུལ་བའི་མདོ་དང་། མདོའི་དོན་ཞིབ་ཏུ་བཀྲལ་བ་རྒྱ་ཆེར་འགྲེལ་རྣམས་ལྟ་ཞིང་། དེ་ཙམ་གྱི་བློ་གྲོས་མེད་པ་རྣམས་ཀྱིས་རྗེ་ཐམས་ཅད་མཁྱེན་པས་གནམ་རྩེད་ལྡེང་དུ་འདུལ་བའི་བསླབ་བྱ་ཞིབ་ཏུ་གསུངས་ནས་སྲས་ཀྱི་ཐུ་བོ་རྣམས་ཀྱིས་ཉུང་ཚུ་འདེབས་པ་ཡན་ཆད་འདུལ་བའི་བསླབ་བྱ་མཐའ་དག་ཕྱུག་ལེན་ལ་བཏབ་པའི་ཚེ་མཁས་པའི་དབང་པོ་དར་མ་རིན་ཆེན་གྱིས་ཟིན་བྲིས་སུ་བཏབ་པ་འདུལ་བའི་བསླབ་བྱ་གནམ་རྩེད་ལྡེང་མར་གྲགས་པ་དང་། འདུལ་འཛིན་གྲགས་པ་རྒྱལ་མཚན་གྱིས་ཟིན་བྲིས་སུ་བཏབ་པ་འདུལ་བའི་བསླབ་བྱ་ཆེན་མོ་དང་། ཐམས་ཅད་མཁྱེན་པ་དགེ་འདུན་གྲུབ་པས་ལུང་སྡེ་བཞི་ནས་གསུངས་པའི་བསླབ་བྱ་ཕལ་མོ་ཆེ་གླེང་གཞི་དང་སྦྱར་བ་གླེང་འབུམ་ཆེན་མོ་རྣམས་ངེས་པར་ལྟ་ཞིང་། རྒྱུན་དུ་ཁྲིམས་ཉེས་བརྒྱ་ལྔ་བཅུ་རྩ་གསུམ་ལ་བསྒོ་བགྲང་བྱ་བའི་ཕྱིར་རྗེ་བཙུན་བློ་བཟང་ཆོས་ཀྱི་རྒྱལ་མཚན་གྱིས་མཛད་པའི་སྡོམ་ཚིག་དང་། ཕོ་བོས་ཀྱང་(༧༤༨བ)ཁྲིམས་ཉེས་བརྒྱ་ལྔ་བཅུ་རྩ་གསུམ་གྱི་སྡོམ་ཚིག་དེང་སང་གི་སྐྱེ་བོས་གོ་བདེ་བར་སྦྱར་བ་ཡོད་པས་དེ་དག་གང་མོས་ཤིག་བློ་ལ་བཟུང་ནས་ཉིན་རེ་བཞིན་ཁྲིམས་ཉེས་བརྒྱ་ལྔ་བཅུ་རྩ་གསུམ་ལ་ཐུན་དྲུག་ཏུ་བསྒོ་བགྲང་བྱས་ཏེ་སྡིག་ལྟུང་དང་ཞག་ཏུ་མི་འགྲོགས་པ་ཞིག་བྱེད་པ་ནི་རྒྱལ་བ་དགྱེས་པའི་ཉམས་ལེན་ཟད་དུ་བྱུང་བའོ། །

བསྲུང་ཐབས་བཞི་པ་བསླབ་པ་ཡོངས་སུ་སྦྱོང་བའི་སྒོ་ནས་བསྲུང་བ་ནི། གསོ་སྦྱོང་དང་། དབྱར་གནས་དང་། དགག་དབྱེ་གསུམ་གྱི་སྒོ་ནས་བསྲུང་བ་སྟེ། དེ་ཡང་

ལུང་གཞི་ལས། རབ་བྱུང་གསོ་སྦྱོང་གཞི་དང་ནི། །དགག་དབྱེ་དབྱར་དང་ཀོ་ལྤགས་དང་། །སྨན་དང་གོས་དང་སྲ་བརྐྱང་དང་། །ཀོ་ཤམ་བི་དང་ལས་ཀྱི་གཞི། །དམར་སེར་ཅན་དང་གང་ཟག་དང་། །སྤོ་དང་གསོ་སྦྱོང་བཞག་པ་དང་། །གནས་མལ་དང་ནི་རྩོད་པ་དང་། །དགེ་འདུན་དབྱེན་རྣམས་བསྡུས་པ་ཡིན། །ཞེས་གསུངས་པ་ལྟར། འདུལ་བའི་སྡེ་སྣོད་མཐའ་དག་གི་བརྗོད་བྱ་རྣམས་བསྡུ་ན་གཞི་བཅུ་བདུན་གྱི་ནང་དུ་འདུའོ། །འདི་དག་ལ་གཞི་ཞེས་བརྗོད་པའི་རྒྱུ་མཚན་ནི། འདི་དག་གི་བརྗོད་བྱ་ཚུལ་ཁྲིམས་ཀྱིས་བསླབ་པ་ནི་ཡོན་ཏན་ཐམས་ཅད་ཀྱི་གཞི་ཡིན་པས་ན་བསླབ་པ་དེ་བརྗོད་བྱར་སྟོན་པའི་འདུལ་བའི་ཚིག་འདི་དག་ལ་ཡང་གཞི་ཞེས་བཤད་དོ། །

གཞི་བཅུ་བདུན་གྱི་ནང་ནས་བསླབ་པ་ཡོངས་སུ་སྦྱོང་བའི་གཞི་གསུམ་ནི། གསོ་སྦྱོང་གི་གཞི། དབྱར་གནས་ཀྱི་གཞི། དགག་དབྱེའི་གཞི་རྣམས་སོ། །དེ་ལ་གསོ་སྦྱོང་ལ་ཞི་གནས་ཀྱི་གསོ་སྦྱོང་དང་། མཐུན་པའི་གསོ་སྦྱོང་གཉིས་གསུངས་ཤིང་། ཞི་གནས་ཀྱི་གསོ་སྦྱོང་ནི། (༧༥༩ན)ཆོས་འདུལ་བ་ལ་རབ་ཏུ་བྱུང་བ་རྣམས་ཀྱིས་དབེན་པའི་གནས་སུ་སྒྲུབ་པ་སྙིང་པོར་བྱེད་པའི་ཚུལ་ཏེ། དེ་ལ་བསམ་གཏན་དང་རྗེས་སུ་མཐུན་པའི་དབེན་པའི་གནས་ཇི་ལྟ་བུ་ཞིག་བསྟེན་པ་དང་། དེར་གནས་པའི་ཀུན་སྤྱོད་ཇི་ལྟར་བྱ་བ་དང་། དེར་བསླབ་པ་གསུམ་གྱི་ཉམས་ལེན་ཇི་ལྟར་བྱ་བའི་ཚུལ་རྣམས་ཤེས་དགོས་ཤིང་། དེ་ཡང་ཚུལ་ཁྲིམས་རྣམ་པར་དག་པ་ལ་གནས་ནས་དྲན་པ་ཉེར་གཞག་བཞི་སོགས་བྱང་ཕྱོགས་རྣམས་རྩེ་གཅིག་ཏུ་སྒོམ་པ་དང་། བློ་མཆོག་ཏུ་གྱུར་པ་ཐེག་པ་མཆོག་གི་རིགས་ཀྱི་ནུས་པ་སད་པ་རྣམས་ཀྱིས་དེའི་སྟེང་དུ་བྱང་ཆུབ་ཀྱི་སེམས་རིན་པོ་ཆེས་ཀུན་ནས་བསླངས་ཏེ་ཐེག་པ་ཆེན་པོའི་ལམ་གྱི་ལུས་ཡོངས་སུ་རྫོགས་པ་ལ་བསླབས་ཏེ་དལ་བ་དོན་ལྡན་དུ་བྱེད་པའོ། །མཐུན་པའི་གསོ་སྦྱོང་ནི་ཟླ་བ་ཕྱེད་ཕྱེད་ཅིང་རང་རྒྱུད་ལ་བརྟགས་ཏེ་གསོ་སྦྱོང་སྔ་མ་ནས་འདིའི་བར་ལ་ཉེས་ལྟུང་ཅི་བྱུང་ངོ་འཕྲོད་པར་བྱས་ལ་འགྱོད་སེམས་དྲག་པོས་ལྟུང་བ་བཤགས་པར་

འོས་པ་རྣམས་བཞག་ས། བསྡམ་པར་འོས་པར་རྣམས་བསྡམས། བྱིན་གྱིས་བརླབ་པར་འོས་པ་རྣམས་བྱིན་གྱིས་བརླབས་ཏེ་རྒྱུད་དག་པར་བྱས་ནས་དགེ་འདུན་དང་ལྷན་ཅིག་ཚོགས་ནས་སོ་ཐར་གྱི་མདོ་བཏོན་ཏེ་ཁྲིམས་ཉེས་བརྒྱ་ལྔ་བཅུ་རྩ་གསུམ་ལ་བསྒོ་བསྒྲག་བྱས་ལ། རྒྱལ་བས་ཇི་ལྟར་གསུངས་པ་ལྟར་སྒྲུབ་པའི་འདུན་པ་ཤུགས་དྲག་པོས་རྒྱུད་སྡིག་ལྟུང་དང་མ་འདྲེས་པའི་རྣམ་པར་དག་པ་ཞིག་བྱེད་པའོ། །གསོ་སྦྱོང་གི་སྒྲ་བཤད་ནི། བམ་ལྔ་ལས། གསོ་སྦྱོང་ཞེས་བྱ་བ་ནི་བསླབ་པ་གསུམ་གསོ (༧༥༩བ)ཞིང་སྦྱོང་བར་བྱེད་པའོ། །ཞེས་དང་། གཞི་འགྲེལ་ལས། དགེ་བ་མ་ལུས་པ་རྣམས་གསོ་ཞིང་། སྡིག་པ་མ་ལུས་པ་རྣམས་སྦྱོང་བ་སྟེ། དགེ་བ་གསོ་ཞིང་སྡིག་པ་སྦྱོང་བའི་ཕྱིར་བདེ་བར་གཤེགས་པས་གསོ་སྦྱོང་ཞེས་བཀའ་སྩལ་ཏོ། །ཞེས་གསུངས་པ་ལྟར། སྤྱིར་དགེ་བ་མཐའ་དག་གསོ་ཞིང་སྡིག་པ་མཐའ་དག་སྦྱོང་བ་དང་། ཁྱད་པར་བསླབ་པ་གསུམ་གསོ་ཞིང་དེའི་མི་མཐུན་པའི་ཕྱོགས་རྣམས་སྦྱོང་བས་ན་གསོ་སྦྱོང་ཞེས་བྱའོ། །དེ་ཡང་ཞི་གནས་ཀྱི་གསོ་སྦྱོང་གིས་ནི་སེམས་ཀྱི་བསླབ་པ་དང་ཤེས་རབ་ཀྱི་བསླབ་པ་གསོ་ཞིང་སྦྱོང་བ་དང་། མཐུན་པའི་གསོ་སྦྱོང་གིས་ནི་ཚུལ་ཁྲིམས་ཀྱི་བསླབ་པ་གསོ་ཞིང་སྦྱོང་བར་བྱེད་དོ། །

དབྱར་གནས་ཀྱི་སྒོ་ནས་བསླབ་པ་ཡོངས་སུ་སྦྱོང་བ་ནི། སྟོན་པས་ཇི་ལྟར་བཅས་པ་ལྟར་དབྱར་ཟླ་བ་གསུམ་གཞི་གཅིག་ཏུ་གནས་པར་ཚ་གའི་སྒོ་ནས་ཁས་བླངས་ཏེ་གཡེང་བ་མེད་པར་དགེ་སྦྱོར་ལ་བརྩོན་པར་བྱེད་པའོ། །དབྱར་གནས་པའི་དོན་ནི། །དབྱར་གྱི་དུས་སུ་འགྲོ་འདུག་མང་པོ་བྱེད་པ་སྤངས་ཏེ། གཞི་གཅིག་ཏུ་གནས་པར་ཚ་གའི་སྒོ་ནས་ཁས་བླངས་པར་བྱས་པ་ལ་དབྱར་གནས་ཞེས་བྱ། དབྱར་ཁས་བླངས་པ་ཞེས་ཀྱང་བྱའོ། །

དབྱར་གནས་བྱས་པའི་དགོས་པ་ནི། བཅོམ་ལྡན་འདས་ཀྱིས་དབྱར་ཟླ་བ་གསུམ་དུ་གནས་པར་བྱའོ། །ཞེས་བཅའ་བ་མཛད་པའི་བཅས་ཁྲིམས་དེ་བསྲུང་

ཞིང་། དབྱར་གནས་མ་བྱས་པའི་ཉེས་པ་ཁེགས་པ་དང་། དབྱར་ས་གཞི་ལ་སྲོག་ཆགས་ཕྲ་མོ་མང་དུ་རྒྱུ་བའི་དུས་སུ་འགྲོ་འདུག་མང་པོ་བྱས་ན་སྲོག་ཆགས་ལ་གནོད་པས། སྲོག་ཆགས་ལ་གནོད་པ་སྤོང་བ་(༧༥༠ན)དང་། སྔོང་གཞི་ལས་འབྱུང་བ་ལྟར་སྨྲ་སྐྱེགས་ཅན་སོགས་གཞན་མ་དད་པ་དག་གིས་འཕྱ་བ་སྤོང་བ་དང་། དབྱར་ཆར་ཆུ་རྒྱས་པའི་དུས་སུ་འགྲོ་འདུག་མང་ན་རང་གི་ལུས་སྲོག་ལ་གནོད་པ་འབྱུང་བའི་ཉེན་ཆེ་བས་རང་གི་ལུས་སྲོག་ལ་གནོད་པ་སྤོང་བ་དང་། དོན་དང་བྱ་བ་མང་པོ་སྤངས་ནས་དོན་ཉུང་ཞིང་བྱ་བ་ཉུང་དུས་གནས་པར་བྱ་བ་དང་། དེ་ལ་བརྟེན་ནས་བསམ་གཏན་དང་ཀློག་པ་འཕེལ་བར་བྱ་བ་དང་། དབྱར་གྱི་དུས་སུ་གནས་ཁང་དོར་ཏེ་ཐག་རིང་པོར་ཕྱིན་ན་གནས་ཁང་རལ་བ་དང་གྲུམ་པ་སོགས་ཀྱི་སྒོ་ནས་ཆུད་ཟོས་པར་འགྱུར་བས། གནས་རལ་བ་དང་གྲུམ་པ་བཅོས་པ་སོགས་ཀྱི་སྒོ་ནས་ཆུད་མི་འཛའ་བའི་ཆེད་དང་། དབྱར་གནས་ལ་བརྟེན་ནས་དགག་དབྱེ་དང་སྲ་བརྐྱང་འབྱུང་བ་སོགས་དགོས་པ་མང་དུ་ཡོད་དོ། །

དགག་དབྱེའི་སྒོ་ནས་བསླབ་པ་ཡོངས་སུ་སྦྱོང་བ་ནི། དབྱར་ཟླ་བ་གསུམ་དགེ་འདུན་དང་ལྷན་ཅིག་གནས་པའི་ཚེ་དགེ་འདུན་ཐུགས་མཐུན་པར་བྱ་བའི་ཕྱིར་ལྟུང་བ་གླེང་དྲན་དགག་པ་དང་། ཡོ་བྱད་བགོ་བ་དགག་པ་རྣམས་ཚོ་གའི་སྒོ་ནས་མཐོང་ཐོས་དོགས་གསུམ་གྱི་དགག་དབྱེ་བྱེད་པའོ། །དགག་དབྱེ་ཞེས་བྱ་བའི་དོན་ནི། དབྱར་གྱི་ནང་དུ་ལྟུང་བ་གླེང་དྲན་དང་། ནན་ཏུར་བྱེད་པ་དང་། དབྱར་གྱི་རྙེད་པ་བགོ་བ་དང་། མཚམས་ཀྱི་ཕྱི་རོལ་ཏུ་སྡོད་པ་རྣམས་དགག་པ་ལས། འདིར་དེ་དག་དབྱེ་བའམ་བྱ་རུང་བར་བྱེད་པས་ན་དགག་དབྱེ་ཞེས་བྱའོ། །དགག་དབྱེ་བྱས་པའི་དགོས་པ་ནི་ཞེ་སྡང་ལ་སོགས་པའི་ཉོན་མོངས་པ་མངོན་འགྱུར་བ་རྣམས་དགག་ཅིང་། དགེ་(༧༥༠བ)བའི་བསམ་པ་མངོན་གྱུར་ཤུགས་དྲག་བསྐྱེད་པ་དང་། ལྟུང་བ་སྔོ་ལྡོ་མཐའ་དག་ལ་ལེགས་པར་བརྟགས་ཏེ། བཤགས་པར་འོས་པ་རྣམས་བཤགས། བསྡམ་པར་

འོས་པ་རྣམས་བསྔམས། བྱིན་གྱིས་བརླབ་པར་འོས་པ་རྣམས་བྱིན་གྱིས་བརླབས་ཏེ་དགག་དབྱེའི་ཆོ་ག་བྱས་པ་ན། རང་གིས་མ་ཤེས་པའི་ལྟུང་བ་ཅི་བྱུང་བ་ཐམས་ཅད་དགེ་འདུན་རྣམས་ལ་གླེང་དྲན་བྱེད་པར་ཞུས་ཏེ། ལྟུང་བ་མཐོང་ཐོས་དོགས་གསུམ་ཅི་བྱུང་བ་ཐམས་ཅད་འཕྲལ་དུ་བཤགས་ཤིང་དག་པར་བྱས་པས་ན་ཚུལ་ཁྲིམས་རྣམ་པར་དག་པར་འགྱུར་བ་དང་། དགག་དབྱེ་བྱ་དགོས་པར་ཐུབ་པས་བཅས་པའི་བཅས་པ་དེ་བསྲུང་ཞིང་དེ་ལས་འདས་པའི་ཉེས་པ་མི་འབྱུང་བ་དང་། སྦྱིན་བདག་དད་པ་ཅན་གྱི་བསོད་ནམས་སྤེལ་བ་སོགས་དགོས་པ་ཁྱད་པར་ཅན་མང་དུ་ཡོད་དོ། །གསོ་སྦྱོང་དང་དབྱར་གནས་དང་དགག་དབྱེ་གསུམ་ཇི་ལྟར་བྱ་བའི་ཚུལ་ཆེས་ཞིབ་པ་གཞི་གསུམ་གསལ་བྱེད་དུ་བྲིས་ཟིན་ཏོ། །

བསྲུང་ཐབས་ལྡེ་པ་བདེ་བར་གནས་པའི་རྐྱེན་བསྟེན་པའི་སྒོ་ནས་བསྲུང་པ་ནི། གོས་དང་། སྨན་དང་། གནས་མལ་མཐའ་གཉིས་སུ་མ་ལྷུང་བར་སྟོན་པས་ཇི་ལྟར་གནང་བ་ལྟར་བསྟེན་ཅིང་དེ་ལས་འགལ་བར་མི་བྱེད་པའོ། །དེ་ལ་ཡང་འཚོ་བའི་ཡོ་བྱད་བཅུ་གསུམ་ཇི་ལྟར་འཆང་ལུགས། ལྷག་པོའི་ཡོ་བྱད་འཆང་དགོས་ཚེ་བྱིན་གྱིས་བརླབ་ཚུལ་དང་། དམིགས་རྣམ་ཇི་ལྟར་བྱ་ཚུལ། མགོ་བའི་ཡོ་བྱད་བྱིན་གྱིས་བརླབས་ཏེ་འཆང་ལུགས། ཡོ་བྱད་ཕྲན་ཚེགས་བྱིན་གྱིས་བརླབས་ཏེ་འཆང་ལུགས། མི་རུང་བའི་དངོས་པོ་ལ་བྱིན་(༧༥༧ན)བརླབ་བྱ་ཚུལ། དེ་དག་ལ་རྣམ་བརྟགས་ཀྱི་ཆོ་ག་བྱ་ཚུལ། འཚོ་བའི་ཡོ་བྱད་སོ་སོར་བྱིན་བརླབ་བྱ་ཚུལ་དང་དབྱུང་ཚུལ། འཕྲལ་སྤང་བསྲུང་ཚུལ། དུས་རུང་གི་སྨན་བསྟེན་ཚུལ། སྨན་ཕྱི་མ་གསུམ་བྱིན་གྱིས་བརླབ་ཚུལ། ཐུན་ཚོད་དུ་རུང་བའི་སྨན་བསྟེན་ཚུལ། ཞག་བདུན་པའི་སྨན་བསྟེན་ཚུལ། འཚོ་བཅང་གི་སྨན་བསྟེན་ཚུལ། དེ་དག་སོ་སོར་བྱིན་ལེན་ཇི་ལྟར་བྱ་ཚུལ། བྱིན་ལེན་འཛིག་ཚུལ། བྱིན་གྱིས་བརླབས་ནས་སོ་སོའི་རང་དུས་ལས་འདས་ན་གསོག་འཛོག་ཏུ་འགྱུར་མི་འགྱུར་གྱི་མཚམས་གཟུང་བ་དང་། གསོག་འཛོག་གི་

ཉེས་པ་བསྲུང་ཚུལ། སྨན་དེ་དག་སོ་སོར་བསམ་པ་ཇི་ལྟ་བུས་བསྟེན་ལུགས་སོགས་ཞིབ་ཏུ་ཤེས་པ་གལ་ཆེའོ། །

དེ་ལྟར་དང་པོར་དགེ་སློང་གི་སྡོམ་པ་རྣམ་པར་དག་པ་ཞིག་ཐོབ་པ་དང་། ཐོབ་པ་དེ་མི་ཉམས་པར་བྱ་བའི་ཕྱིར་སྲུང་ཐབས་ཡན་ལག་ལྔའི་སྒོ་ནས་བསྲུང་ལ། བརྒྱ་ལ་ཉོན་མོངས་མང་བ་སོགས་ཀྱིས་ཉམས་པ་རྣམས་ཕྱིར་བཅོས་པ་ཤིན་ཏུ་གལ་ཆེ་བས། ཉམས་ན་ཕྱིར་བཅོས་པའི་ཐབས་ནི། ཕམ་པ་འཆབ་བཅས་ཀྱིས་ཉམས་ན་ཤིང་ཏ་ལའི་མགོ་བཅད་པ་ལྟར་ཚེ་དེ་ལ་སླར་སྡོམ་པ་གསོ་བའི་སྐལ་བ་མེད་པས་རྩ་ལྟུང་བྱུང་བ་དང་ཕམ་པ་ཞེས་བྱ། འོན་ཀྱང་དེ་འདྲ་བ་དེས་ཀྱང་ངན་སོང་གི་སྡུག་བསྔལ་ལ་འཇིགས་ནས་གཉེན་པོ་སྟོབས་བཞི་ཚང་བའི་བཤགས་བསྡམ་ལ་འབད་དོ། །ལྷག་མའི་ལྟུང་བ་བྱུང་བ་ལ་འཆབ་བཅས་དང་འཆབ་མེད་གཉིས་ལས། ལྷག་མ་(757བ)ཞག་ཏུ་བཅབས་ན་ཞག་གྲངས་ཇི་སྙེད་ཀྱི་སྤོ་བ་སྤྱད་ནས་མགུ་བ་ཞག་དྲུག་བྱེད། དེ་ནས་དབྱུང་བ་ཞེས་བྱ་བ་དགེ་འདུན་གྱི་དབུས་སུ་བཤགས་པ་དངོས་གཞི་ཆོ་གའི་སྒོ་ནས་བྱ་བ་སྟེ། སྤོ་མགུ་དབྱུང་གསུམ་ཇི་ལྟར་བྱ་བའི་ཚུལ་དང་། སྤང་ལྟུང་རྣམས་ལ་ཞག་གི་ཆད་ལས་སྤོན་དུ་བཏང་ནས་བཤགས་པ་ཇི་ལྟར་བྱ་བའི་ཚུལ་དང་། བཤགས་པ་གྲུབ་འཕྲལ་ཡོ་བྱད་བྱིན་རླབས་ཇི་ལྟར་བྱ་བའི་ཚུལ་དང་། ལྟུང་བྱེད་འབའ་ཞིག་པ་རྣམས་ཇི་ལྟར་བཤགས་པའི་ཚུལ་དང་། སོར་བཤགས་བཞི་ཇི་ལྟར་བཤགས་པའི་ཚུལ་དང་། ཉེས་བྱས་རྣམས་ཇི་ལྟར་བཤགས་པའི་ཚུལ་དང་། བསོད་སྙོམས་སུ་རྒྱུ་བའི་ཚེ་ལུས་ཀྱི་སྤྱོད་ལམ་ཇི་ལྟར་བྱ་བ་དང་། དགོང་ཀ་སོགས་སུ་རྒྱུད་ཚགས་གསུམ་པ་ཇི་ལྟར་བྱ་བ་དང་། འཚོ་བའི་ཡོ་བྱད་བཅུ་གསུམ་འཆང་ལུགས་དང་། ངེས་པར་འབྲལ་མི་རུང་དུ་དགོས་པའི་འཚོ་བའི་ཡོ་བྱད་དྲུག་ཅེས་གྲགས་པ་ཆོས་གོས་གསུམ་དང་། ལྷུང་བཟེད་དང་། གདིང་བ་དང་། ཚ་ཚགས་ཏེ་དྲུག་པོ་དེ་ཇི་ལྟར་བཅང་བའི་ཚུལ་དང་། སྨན་རྣམ་པ་བཞི་ཇི་ལྟར་བཅང་བའི་ཚུལ་སོགས་འཕྲལ་དུ་ཉེ་བར་མཁོ་

བའི་བསླབ་བྱ་རགས་རིམ་ཞིབ་པར་གཞི་གསུམ་གསལ་བྱེད་དུ་བྲིས་ཟིན་ཏོ། །དེ་ལྟར་བསྙེན་པར་རྫོགས་པའི་སྡོམ་པ་བླངས་ནས་བསླབ་བྱའི་གནས་མཐའ་དག་ཤེས་པར་བྱས་ཏེ་དྲན་ཤེས་བག་ཡོད་བརྟན་པོས་ཚུལ་བཞིན་དུ་བསྲུང་བ་ནི་ཐུབ་པས་རྒྱ་ཆེར་བསྔགས་ཏེ། འདུལ་བ་ལུང་ལས། ངའི་འདུལ་བ་འཛིན་(༧༥༢ན)པའི་གང་ཟག་ལ་ཕན་ཡོན་ལྔ་ཡོད་དེ། འཁོར་བཞིས་མདུན་དུ་བདར་བ་ཡིན། གདམས་ངག་དང་རྗེས་སུ་བསྟན་པ་གཞན་ལ་རག་མ་ལུས་པ་ཡིན། འདས་པ་དང་། མ་འོངས་པ་དང་། ད་ལྟར་བྱུང་བའི་ཡང་དག་པར་རྫོགས་པའི་སངས་རྒྱས་རྣམས་ཀྱི་ནང་གི་མཛོད་བསྲུང་བ་ཡིན། དགེ་སྦྱོང་དང་བྲམ་ཟེ་རྣམས་ཀྱི་སྤྱི་བོ་ན་འདུག་པ་ཡིན། དམ་པའི་ཆོས་གནས་པའི་ཕྱིར་དང་བསླབ་པའི་ཆེད་ཀྱི་ཕྱིར་སྐྱེ་བོ་མང་པོ་ལ་ཕན་པ་དང་བདེ་བར་ཞུགས་པ་ཡིན་ནོ། །གཞན་ཡང་ཕན་ཡོན་ལྔ་ཡོད་དེ། རང་གི་ཚུལ་ཁྲིམས་ཀྱི་ཕུང་པོ་ལེགས་པར་བསྲུངས་ཤིང་སྦས་པ་ཡིན། འཁོར་བཞིས་མངོན་སུམ་དུ་བསྟུ་བ་ཡིན། གང་ཟག་འགྱོད་པ་སྐྱེས་པ་རྣམས་ཀྱི་སྐྱོན་པར་འགྱུར་བ་ཡིན། དགེ་འདུན་གྱི་ནང་ན་བག་ཚ་བ་མེད་པར་གནས་པ་ཡིན། ཆོས་དང་མཐུན་པས་ཕྱིར་རྒོལ་བ་ཚར་གཅོད་པ་ཡིན་ནོ། །ཡང་ལྔ་སྟེ། དོན་མ་འདྲེས་པར་སེལ་བ་ཡིན། དོན་རྣམ་པར་གཏན་ལ་དབབ་པར་བྱ་བ་ལ་ཤིན་ཏུ་ངེས་པ་ཡིན། དེའི་བསླབ་པའི་གཞི་རྣམས་ལེགས་པར་བཟུང་བ་ཡིན། སེམས་ཀྱི་སྣང་བ་སྐྱེས་པས་མང་དུ་གནས་པ་ཡིན། སྐྱེ་བོ་ཕྱི་མ་རྣམས་ཀྱི་སྣང་བ་བྱེད་པ་ཡིན་ནོ། །ཡང་ལྔ་སྟེ། འདུལ་བ་འཛིན་པ་གནས་པའི་ཕྱོགས་དེ་ངས་སྣང་བ་སྐྱེས་པ་དང་། གསལ་བ་སྐྱེས་པ་དང་། འོད་སྐྱེས་པར་མཐོང་། ཕྱོགས་དེར་ང་ཐུགས་ཁྲལ་ཆུང་ངུར་གནས། ཕྱོགས་དེ་ངས་སྟོང་པ་མ་ཡིན་པར་མཐོང་ངོ་། །ཞེས་སོགས་བསྔགས་པ་རྒྱ་ཆེར་མཛད་དོ། །(༧༥༢བ)

སྨྲས་པ། རྒྱལ་བའི་དགོངས་དོན་གཏིང་མཐའ་དཔག་པར་དཀའ། །དགག་སྒྲུབ་གནང་བའི་རྣབས་ཕྲེང་དྲག་ཏུ་གཡོ། །འདུལ་བ་ལུང་གི་ཆུ་གཏེར་ཆེན་པོ་ལ། །བློ་

ཚུང་བདག་འདྲས་བརྒྱལ་བར་ག་ལ་ནུས། །འོན་ཀྱང་བློ་བཟང་དེད་དཔོན་ཆེན་པོ་ཡི། །མན་ངག་ཐབས་མཁས་གྲུ་རྫིངས་ནང་དུ་ཞུགས། །ཡིད་ཆེས་ལུང་གི་རླུང་གཡོར་ཕྱོགས་བཞིར་བསྒྲིངས། །དྲི་མེད་རིགས་པའི་སྐྱ་བ་ལེགས་བཟུང་ནས། །ཐམས་ཅད་ཡོད་སྨྲའི་ཆུ་གཏེར་ཆེར་ཞུགས་ཏེ། །འདུལ་འཛིན་གྲང་འགྲོའི་དབང་པོ་མཆོག་རྣམས་ལས། །དོན་གཉིས་བསམ་འཕེལ་ནོར་བུ་ལེགས་བླངས་ཏེ། །གངས་ཅན་བློ་གསལ་སྐྱེ་བོ་ཡོངས་ལ་བྱིན། །རྒྱལ་བ་དགྱེས་པའི་ལམ་ལ་འཇུག་འདོད་རྣམས། །དགའ་དང་དད་དང་མོས་པའི་བསམ་པ་ཡིས། །རྣམ་དག་ཁྲིམས་ཀྱི་ནོར་བུ་འདི་ལོངས་ལ། །རང་གཞན་དོན་གཉིས་གྲུབ་པར་མཛོད་ཅིག་གྱུ། །ཐེག་གསུམ་ཡོན་ཏན་ཀུན་གྱི་གཞི་དང་རྟེན། །རྒྱས་པས་རྣམ་གྲངས་དུ་མར་རབ་བསྔགས་པ། །བསྟན་པའི་ནང་མཛོད་དམ་ཆོས་འདུལ་བ་ལ། །དད་ཅིང་མོས་པས་འཇུག་རྣམས་སྐལ་བ་བཟང་། །གསུང་རབ་མ་ལུས་སྡེ་སྣོད་གསུམ་དུ་འདུ། །སྡེ་སྣོད་གསུམ་གྱི་བརྗོད་བྱ་བསླབ་པ་གསུམ། །བསླབ་གསུམ་ནང་ནས་གཞི་དང་རྩ་བ་ནི། །སོ་ཐར་ཚུལ་ཁྲིམས་ཉིད་དུ་རྒྱལ་བས་གསུངས། །རྣམ་དག་ངེས་འབྱུང་སེམས་ཀྱི་སྐྱེད་ཚལ་དུ། །སྤོང་བདུན་ཚུལ་ཁྲིམས་སྡོང་པོ་རྒྱས་པ་ལ། །ཏིང་འཛིན་མེ་ཏོག་ཤེས་རབ་འབྲས་བུ་ཅན། །འདི་ནི་འདོད་(༧༥༣ན)དགུའི་དཔག་བསམ་ལྗོན་ཤིང་ངོ་། །དྲན་ཤེས་བག་ཡོད་ཅང་ཤེས་ཤུགས་ཀྱིས་དྲངས། །རྣམ་དག་ཁྲིམས་ཀྱི་དཀྱིལ་འཁོར་ཡངས་པ་ལ། །བསམ་གཏན་ཤེས་རབ་འོད་ཟེར་ཕྱོགས་བཅུར་འཕྲོས། །འདི་ནི་ཐུབ་བསྟན་པདྨའི་གཉེན་གཅིག་གོ །སྲིད་ལ་ཞེན་ལོག་ཆུ་གཏེར་ཆེ་ལས་ཐོན། །སྤོང་བདུན་འཁོར་བཅས་རི་དྭགས་མཚན་མས་མཛེས། །བསམ་གཏན་ཤེས་རབ་འོད་དཀར་འཕྲོ་བ་འདི། །འགྲོ་འདིའི་ཚ་གདུང་སེལ་བྱེད་བདུད་རྩིའོ། །མང་ཐོས་ཡིད་ཆེས་རབ་བརྟན་གསེར་གྱི་གཞིར། །འདུལ་ལུང་ཆུ་གཏེར་བཞི་ཡི་སྐྱ་རགས་ཅན། །བྱང་ཕྱོགས་ས་ལམ་བང་རིམ་རྫེ་མཐོར་བརྩེགས། །བསླབ་གསུམ་ལྷུན་པོ་ཐུབ་བསྟན་རྒྱན་གཅིག་གོ །བསྟན་

པའི་ནང་མཛོད་འདུལ་བ་རབ་བསྟགས་པའི། །དགེ་བ་འདི་ཡིས་མཁའ་མཉམ་འགྲོ་བ་ཀུན། །རྒྱལ་བ་དགྱེས་པའི་ལམ་ལ་རབ་ཞུགས་ནས། །བསླབ་གསུམ་ལམ་བཟང་བགྲོད་པ་མཐར་ཕྱིན་ཤོག །བདག་ཀྱང་དེང་ནས་ཚེ་རབས་ཐམས་ཅད་དུ། །རྒྱལ་བ་ཀུན་གྱི་ཐུགས་ཀྱི་གཅེས་པའི་མཛོད། །དམ་ཆོས་འདུལ་བ་འཛིན་ཅིང་སྤེལ་བ་ལ། །འཇམ་མགོན་བླ་མ་ཉིད་དང་མཚུངས་པར་ཤོག །ཇི་སྲིད་འཛིན་མ་གནས་པ་དེ་སྲིད་དུ། །ལེགས་བཤད་ཉིན་མོའི་སྣང་བ་འདི་ཡིས་ཀྱང་། །སྲིད་ལམ་འཁྲུམས་ཤིང་དུབ་པའི་འགྲོ་འདི་ལ། །ལམ་བཟང་བལྟ་བའི་སྣང་བ་སྟེར་གྱུར་ཅིག །

ཅེས་རྒྱལ་བའི་བསྟན་པའི་ནང་མཛོད་དམ་པའི་ཆོས་འདུལ་བའི་བྱུང་ཚུལ་བརྗོད་པ་རྒྱལ་བསྟན་རིན་པོ་ཆེའི་གསལ་བྱེད་ཉིན་མོར་བྱེད་པའི་སྣང་བ་ཞེས་བྱ་(༧༥༣བ)བ་འདི་ནི་ཆོས་གྲྭ་ཆེན་པོ་དཔལ་ལྡན་འབྲས་སྤུངས་སྒོ་མང་གྲྭ་ཚང་གི་གྲྭ་རིགས་ཏར་ཆེན་ཐུ་མེད་ཤོག་གཞུང་ལུགས་རབ་འབྱམས་སྨྲ་བ་ཡེ་ཤེས་དོན་གྲུབ་ཀྱིས་འཇམ་མགོན་བླ་མས་གངས་རིའི་ཁྲོད་འདིར་རྒྱལ་བ་རང་ཉིད་སླར་བྱོན་པ་ལྟར་དུ་རྒྱལ་བའི་བསྟན་པ་གཞི་ནས་གསོ་བར་མཛད་པ་འདི་ལ་མཆོག་དམན་བར་མའི་གདུལ་བྱ་ཐམས་ཅད་ཡིད་ཆེས་ཀྱི་དད་པ་བརྟན་པོ་བསྐྱེད་པའི་ཕྱིར་སྟོན་པ་ཐུབ་པའི་དབང་པོ་ནས་བཟུང་ད་ལྟའི་བར་དུ་འདུལ་བའི་བསྟན་པ་ཇི་ལྟར་བྱུང་ཚུལ་གྱི་ཆོས་འབྱུང་རྒྱས་པ་ཞིག་ཤིན་ཏུ་གལ་ཆེ་བར་འདུག་པས་དམ་པའི་ཆོས་འདུལ་བ་རྒྱལ་བས་ཇི་ལྟར་གསུངས་ཚུལ་དང་། སངས་རྒྱས་ནས་བཟུང་དམ་པ་བར་མ་ཆད་པ་འདུལ་འཛིན་གཅིག་ནས་གཅིག་ཏུ་ཇི་ལྟར་བརྒྱུད་ཚུལ་དང་། ༄འཇམ་མགོན་བླ་མས་འདུལ་བ་ཇི་ལྟར་གསལ་བར་མཛད་ཚུལ་དང་། འདུལ་བ་མདོའི་དགོངས་དོན་འདུལ་བའི་བཅས་མཚམས་ཇི་ལྟར་བསྲུང་བའི་མན་ངག་དང་བཅས་པ་ཞིབ་ཅིང་གསལ་བ་རྒྱ་ཧོར་བོད་གསུམ་གྱི་སའི་ཆ་ཐམས་ཅད་དུ་བསྟན་པ་རིན་པོ་ཆེའི་རྒྱུན་དུ་འགྱུར་བ་ཞིག་ཅི་ནས་ཀྱང་གསར་བྲིས་བགྱི་དགོས་སོ་ཞེས་ཡང་དང་ཡང་

དུ་ནན་ཆེན་པོས་བསྐུལ་བ་ལ་བརྟེན་ནས། གངས་རིའི་ཁྲོད་ཀྱི་འདུལ་འཛིན་ཐམས་ཅད་ཀྱི་གཙུག་གི་ནོར་བུ་དོན་གྱི་སླད་དུ་མཚན་ནས་སྨོས་ཏེ་མཁན་པོ་རིན་པོ་ཆེ་རྗེ་བཙུན་ཐམས་ཅད་མཁྱེན་པ་བློ་བཟང་ཡེ་ཤེས་དཔལ་བཟང་པོའི་བཀའ་དྲིན་ལས་རྒྱལ་བའི་བསྟན་པའི་སྒོར་རབ་ཏུ་བྱུང་ཞིང་ཚོགས་སྔ་མ་དགེ་ཚུལ་གྱི་སྡོམ་པ་ཐོབ། སྲིད་གསུམ་མེ་འབར་བའི་(༧༥༨ན)སྐྱབས་ལྟར་གཟིགས་པའི་ངེས་འབྱུང་གིས་དམ་པའི་ཆོས་འདུལ་བ་འཛིན་པ་ལ་གངས་རིའི་ཁྲོད་ན་འགྲན་པའི་ཟླ་དང་བྲལ་བ་དོན་གྱི་སླད་དུ་མཚན་ནས་སྨོས་ཏེ་རྗེ་གྲུབ་པའི་དབང་ཕྱུག་བློ་བཟང་རྣམ་རྒྱལ་དཔལ་བཟང་པོའི་བཀའ་དྲིན་ལས་བསླབ་གཞི་ཡོངས་སུ་རྫོགས་པ་དགེ་སློང་གི་སྡོམ་པ་ཐོབ་ཅིང་འདུལ་བ་མདོའི་བཤད་སྲོལ་དང་། ༧འཇམ་མགོན་སྨན་བརྒྱུད་ཀྱི་འདུལ་བའི་མན་ངག་ཡོངས་སུ་རྫོགས་པར་ཐོབ་པ་འདུལ་བ་འཛིན་པ་ཡེ་ཤེས་རྒྱལ་མཚན་གྱིས་རྒྱ་བལ་བོད་གསུམ་གྱི་རྒྱལ་རབས་དང་། སྔོན་བྱོན་པའི་དམ་པ་རྣམས་ཀྱིས་བསྟན་རྩིས་མཛད་པ་འདས་ལོ་མང་བའི་ཕྱོགས་དང་བསྟུན་ན་སྟོན་ཆད་ཐུབ་པའི་བསྟན་པ་ལོ་སུམ་སྟོང་དགུ་བརྒྱ་བརྒྱད་ཅུ་ཐམ་པ་སོང་བ་རབ་བྱུང་བཅུ་གསུམ་པའི་ཞི་བ་ཞེས་པ་རང་ལོ་བདུན་ཅུ་དོན་བདུན་པ་ས་མོ་བྱའི་ལོར་ཕོ་བྲང་ཆེན་པོ་པོ་ཏ་ལའི་གཟིམ་ཆུང་བདེ་བ་ཅན་དུ་སྦྱར་བའོ། །འདིས་ཀྱང་རྒྱལ་བའི་བསྟན་པ་རིན་པོ་ཆེ་མི་ནུབ་པའི་རྒྱལ་མཚན་དུ་གྱུར་ཅིག། །།

༄༅། །འདུལ་བའི་ལས་ཀྱི་ཆོ་ག་རིན་པོ་ཆེའི་ཕྲེང་བ་ ཞེས་བྱ་བ་བཞུགས་སོ། །

༄༅༅། །ན་མཿ སརྦ་ཛྙཱ་ན་མུ་ནི་ཨིནྡྲ་ཡ། མཁའ་མཉམ་འགྲོ་བ་བློ་ཡི་མིག་ལྡོངས་སྲིད་མཚོ་ཉམ་ངར་ལས་ཉོན་གྱིས་བཅིངས་སྡུག་བསྔལ་བརྒྱ་ཡིས་གཟིར་བ་རྣམས། །ཐུགས་རྗེས་མ་བཟོད་སྲིད་ལས་སྒྲོལ་ཕྱིར་སྙིང་སྟོབས་ཆེན་པོས་བགྲང་ཡས་བསྐལ་པར་རླབས་ཆེན་ཚོགས་གཉིས་རྫོགས་མཛད་དེ། །སྟོབས་བཅུ་བརྙེས་ནས་གང་འདུལ་སྤྲུལ་པས་འགྲོ་ལ་ཐར་པའི་ལམ་སྟོན་ཐམས་ཅད་མཁྱེན་ཅེས་སྙན་པར་རབ་གྲགས་པ། །བླ་མེད་སྟོན་པ་ཤཱཀྱའི་རྒྱལ་པོ་ཐུགས་རྗེ་ཅན་དེར་གུས་པས་འདུད་དོ་བདག་གི་རེ་བ་འབྲས་ལྡན་མཛོད། །འཛིགས་ཙང་སྲིད་པའི་རྒྱ་མཚོ་ལས་བརྒལ་ཏེ། །རྣམ་གྲོལ་གླིང་དུ་བགྲོད་པའི་ཐབས་མཆོག་ནི། །བསླབ་གསུམ་ཉིད་ཡིན་དེའི་ཡང་རྩ་བ་ནི། །སོ་ཐར་ཚུལ་ཁྲིམས་ཉིད་དུ་རྒྱལ་བས་བསྔགས། །ཕན་བདེ་མ་ལུས་འབྱུང་བའི་རྒྱུ་གཅིག་པུ། །བསྟན་པའི་ནང་མཛོད་(༢༩)འདུལ་ལུང་སྡེ་བཞི་ཡི། །བརྗོད་བྱ་སོ་ཐར་སྡོམ་པའི་ལས་ཆོག་ནི། །ལུང་དང་མཁས་པའི་གཞུང་བཞིན་རབ་གསལ་བྱ། །

དེ་ལ་འདིར་རྒྱལ་བའི་བསྟན་པའི་རྩ་བ་སོ་སོར་ཐར་པའི་སྡོམ་པའི་འབོགས་ཆོག་འདུལ་བ་ལུང་དང་། དེའི་དགོངས་པ་འགྲེལ་པ་ལ་ཚད་མར་གྱུར་པ་སློབ་དཔོན་ཡོན་ཏན་འོད་ཀྱི་གཞུང་ལས་ཇི་ལྟར་འབྱུང་བ་ལྟར་བརྗོད་པ་ལ་གཉིས། ཚིགས་སྡ་མ་དགེ་ཚུལ་དུ་སྒྲུབ་པའི་ཆོ་ག་བརྗོད་པ་དང་། བསྙེན་རྫོགས་སུ་སྒྲུབ་པའི་ཆོ་ག་བརྗོད་པའོ། །དང་པོ་ནི་གནས་ཁང་གྱི་དོར་བྱས་ལ་བསྟན་པའི་བདག་པོ་སྟོན་པ་ཐུབ་པའི་དབང་པོའི་སྐུ་བརྟན་དང་འདུལ་བའི་ལས་ཆོག་གི་གླེགས་བམ་གྱིས་གཙོས་

སྐུ་གསུང་ཐུགས་རྟེན་རྣམས་ལེགས་པར་བཞུགས་སུ་གསོལ། མཆོད་པ་གཙང་ཞིང་གྱི་ཉོམ་པ་བཤམས། འོག་ཏུ་རབ་ཏུ་འབྱུང་བ་དང་དགེ་ཚུལ་དུ་སྒྲུབ་པ་ལ་ངེས་པར་དགོས་པའི་ཡོ་བྱད་རྣམས་ཚགས་སུ་ཚུད་པར་བྱས་ལ་ཚོགས་སྟ་མ་དགེ་ཚུལ་དུ་སྒྲུབ་པའི་ཆོ་ག་ཇི་ལྟར་བྱ་བ་ལ་གསུམ། སྦྱོར་བ། དངོས་གཞི། མཇུག་ཏུ་ཇི་ལྟར་བྱ་བའོ། །དང་པོ་དགེ་ཚུལ་དུ་སྒྲུབ་པའི་སྦྱོར་བ་ལ་གསུམ། རབ་ཏུ་འབྱུང་བར་ཉུང་(༢བ)མི་ཉུང་བརྟག་པའི་ཕྱིར་བར་ཆད་དྲི་བ། བསྟན་པ་ལ་རིམ་གྱིས་སློབ་ཏུ་གཞུག་པའི་ཕྱིར་དགེ་བསྙེན་དུ་སྒྲུབ་པ། དགེ་ཚུལ་གྱི་བརྟུལ་ཞུགས་བླང་བའི་ཕྱིར་རབ་བྱུང་དུ་སྒྲུབ་པའི་ཚུལ་ལོ། །

དང་པོ་རབ་ཏུ་དབྱུང་བར་ཉུང་མི་ཉུང་བརྟག་པའི་ཕྱིར་བར་ཆད་དྲི་བའི་ཚུལ་ནི། མཁན་པོ་ཉིད་དུ་ཕྱོགས་པའི་དགེ་སློང་འགའ་ཞིག་གི་གན་དུ་རབ་ཏུ་འབྱུང་བར་འདོད་པ་འོངས་ན། མདུན་དུ་ཙོག་ཙོག་པུར་འདུག་ཏུ་བཅུག་ལ་འདི་སྐད་བརྗོད་པར་བྱ་སྟེ། ཁྱོད་རབ་ཏུ་འབྱུང་བར་བྱེད་པ་ལ་བར་ཆད་ཀྱི་ཆོས་དང་མི་ལྡན་པ་ཞིག་དགོས། བར་ཆད་ཅན་རབ་ཏུ་ཕྱུང་ན་རྒྱུད་དེ་ལ་སྡོམ་པ་མི་སྐྱེ་བའམ། སྐྱེས་ཀྱང་མི་གནས་པའམ། གནས་ཀྱང་གོང་འཕེལ་དུ་མི་འགྱུར་བ་དང་། བསྟན་པ་ལ་གནོད་པ་སོགས་ཀྱི་དགག་བྱ་ཆེན་པོ་ཡོད་པས་ཁྱོད་རང་ལ་ཕན་མི་ཐོགས་ཤིང་ངེད་ལའང་ཉེས་པ་འོང་བས་བར་ཆད་དྲི་དགོས་པ་ཡིན། དེས་ན་ངེད་ཀྱི་དྲི་བ་འདི་རྣམས་སེམས་མ་ཡེངས་པར་ཉོན་ལ་ལན་དྲང་པོར་ཐོབ་ཅིག །ཅེས་བརྡ་སྤྲད་ལ། འདི་ལྟར་དྲི་བར་བྱ་སྟེ། ཁྱོད་མུ་སྟེགས་ཅན་མ་ཡིན་ནམ། ལོ་བཅོ་ལྔ་མ་ལོན་པ་མ་ཡིན་ནམ། ལོ་བཅོ་ལྔ་ལོན་པ་བྱ་རོག་སྐྲོད་མི་ནུས་པ་མ་ཡིན་ནམ། བྱ་རོག་སྐྲོད་ནུས་པ་ལོ་བདུན་མ་ལོན་པ་མ་ཡིན་ནམ། བྲན་ལ་སོགས་པ་མ་ཡིན་ནམ། བུ་ལོན་ཆགས་པ་མ་ཡིན་ནམ། ཕ་མས་མ་གནང་བ་མ་ཡིན་ནམ། ཕ་མས་མ་གནང་བ་ཡུལ་ཐག་མི་རིང་བ་མ་ཡིན་ནམ། ནད་པ་མ་ཡིན་ནམ། དགེ་སློང་མ་སུན་ཕྱུང་

བ་མ་ཡིན་ནམ། རྐུ་ཐབས་སུ་གནས་པ་མ་ཡིན་ནམ། ཐ་དད་དུ་གནས་པ་མ་ཡིན་ནམ། གནས་པར་མི་བྱ་བ་མ་ཡིན་ནམ། ཟ་མ་(༣ན)མ་ཡིན་ནམ། མ་ནིང་མ་ཡིན་ནམ། སྤྲུལ་པ་མ་ཡིན་ནམ། དུད་འགྲོ་མ་ཡིན་ནམ། མུ་སྟེགས་ཅན་ཞུགས་པ་མ་ཡིན་ནམ། མ་བསད་པ་མ་ཡིན་ནམ། ཕ་བསད་པ་མ་ཡིན་ནམ། དགྲ་བཅོམ་པ་བསད་པ་མ་ཡིན་ནམ། དགེ་འདུན་གྱི་དབྱེན་བྱས་པ་མ་ཡིན་ནམ། དེ་བཞིན་གཤེགས་པ་ལ་ངན་སེམས་ཀྱི་ཁྲག་ཕྱུང་བ་མ་ཡིན་ནམ། ཕམ་པར་འགྱུར་བའི་ལྟུང་བ་བཞི་པོ་དག་ལས་ལྟུང་བ་གང་ཡང་རུང་བ་བྱུང་བ་མ་ཡིན་ནམ། རྒྱུ་ལས་བཟློག་པའི་ཚད་པ་ཁས་མི་ལེན་པ་གནས་ནས་ཕྱུང་བ་མ་ཡིན་ནམ། ལག་རྡུམ་ལ་སོགས་པ་མ་ཡིན་ནམ། སྐྲ་སེར་ལ་སོགས་པ་མ་ཡིན་ནམ། སེན་མོ་གཅིག་པ་ལ་སོགས་པ་མ་ཡིན་ནམ། རྒྱལ་པོས་བཀྲབས་པ་མ་ཡིན་ནམ། རྒྱལ་པོས་མ་གནང་བ་མ་ཡིན་ནམ། རྒྱལ་པོས་མ་གནང་བ་ཡུལ་ཐག་མི་རིང་བ་མ་ཡིན་ནམ། ཆོམ་རྐུན་པར་གྲགས་པ་མ་ཡིན་ནམ། ཕུང་ཁྲོལ་བ་མ་ཡིན་ནམ། ལྷམ་མཁན་མ་ཡིན་ནམ། གདོལ་པ་མ་ཡིན་ནམ། གཡུང་པོ་མ་ཡིན་ནམ། མི་མ་ཡིན་པའི་འགྲོ་བ་པ་མ་ཡིན་ནམ། བྱང་གི་སྒྲ་མི་སྙན་པ་མ་ཡིན་ནམ། མཚན་ལན་གསུམ་དུ་གྱུར་པ་མ་ཡིན་ནམ། སྐྱེས་པ་འདྲ་བའི་བུད་མེད་མ་ཡིན་ནམ། ཐིག་ཐིག་ལྟ་བུའི་མཚན་ཉིད་ཅན་མ་ཡིན་ནམ། གླིང་གཞན་ནས་སྐྱེས་པ་ཚུལ་བྱད་མི་འདྲ་བ་མ་ཡིན་ནམ། ཞེས་དྲི་བར་བྱའོ། །དེ་ལྟར་དྲིས་པ་ན་བར་ཆད་དེ་དག་དང་ལྡན་པ་ཡིན་ནོ་ཞེས་ཟེར་ན་རབ་བྱུང་བྱར་མི་རུང་བས་འོ་ན་སོང་ཤིག་ཅེས་བརྗོད་པར་བྱའོ། །(༣བ)བར་ཆད་དྲིས་པ་དེ་དག་ལ་རེ་རེ་ནས་མ་ཡིན་ནོ་ཞེས་ཟེར་ན། འོ་ན་ཁོ་བོས་ཁྱོད་རབ་ཏུ་དབྱུང་བར་བྱའོ་ཞེས་སྐབས་དབྱེའོ། །བསྒྲུབ་བྱ་གཅིག་ཡིན་ན་ཁྱོད་ཅེས་དང་། གཉིས་ལ་ཁྱེད་ཅག །གསུམ་ཡན་ཚད་ལ་ཁྱེད་རྣམས་ཞེས་སོགས་ཚིག་སྤྲད་བསྒྱུར་ལུགས་ཤེས་པར་བྱའོ། །

གཉིས་པ་བསྟན་པ་ལ་རིམ་གྱིས་སློབ་ཏུ་གཞུག་པའི་ཕྱིར་དགེ་བསྙེན་དུ་སྒྲུབ་

པའི་ཚུལ་ནི། བསྙུབ་བྱ་དེ་ཁྲུས་བྱས་ཤིང་གཙང་སྤྲ་དང་ལྡན་པས། མཆིལ་ལྷམ་ཕུད་ཕྲེང་བ་དང་མཚོན་ཆ་སོགས་ལུས་ལ་བཏགས་ཡོད་ན་ཕུད་དེ་བཞག་ལ། དང་པོར་སློབ་དཔོན་པ་ལ་ཕྱག་གསུམ་འཚལ་དུ་བཅུག །དེ་ནས་རང་ལ་ཕྱག་གསུམ་འཚལ་དུ་བཅུག་ནས། མདུན་དུ་ཙོག་ཙོག་པུར་འདུག་ཏུ་བཅུག་ཅིང་ཐལ་མོ་སྙིང་ཁར་སྦྱོར་དུ་བཅུག་ནས་འདི་ལྟར་བརྗོད་པར་བྱ་སྟེ། ཁྱོད་རབ་ཏུ་འབྱུང་བར་བྱེད་པ་ལ་བསྙེན་པ་ལ་རིམ་གྱིས་བསླབ་དགོས་པ་ཡིན་པས་ཐོག་མར་དགེ་བསྙེན་གྱི་སྡོམ་པ། དེ་ནས་དགེ་ཚུལ་གྱི་སྡོམ་པ། དེ་ནས་དགེ་སློང་གི་སྡོམ་པ་རྣམས་རིམ་གྱིས་ལེན་དགོས་པ་ཡིན་གྱི། སྡོམ་པ་སྔ་མ་སྔོན་དུ་མ་སོང་བར་ཕྱི་མ་ལེན་དུ་མི་རུང་བར་གསུངས་པས། ཐོག་མར་དགེ་བསྙེན་གྱི་སྡོམ་པ་ལེན་དགོས། དེ་ཡང་ངེས་འབྱུང་གི་བསམ་པ་རྣམ་པར་དག་པས་ཀུན་ནས་བསླངས་ཏེ་སྐྱབས་འགྲོ་སྔོམ་བྱེད་དུ་བྱས་ནས་དངོས་གཞི་ཁས་ལེན་ལན་གསུམ་བྱས་པ་ལས་སྐྱེ་བ་ཡིན་པས་བསམ་པ་འདི་བཞིན་དུ་གྱིས། སྔོན་འཁོར་བ་ཐོག་མ་མེད་པ་ནས་ད་ལྟའི་བར་དུ་ལས་དང་ཉོན་མོངས་པའི་དབང་གིས་རང་དབང་མེད་པར་བཅིངས་ནས་འཁོར་བར་སྡུག་བསྔལ་རྒྱུན་མི་ཆད་དུ་མྱོང་བཞིན་པ་ཡིན། དེ་ཡང་ངེས་འབྱུང་གི་བསམ་པ་རྣམ་པར་དག (༨ན) པས་ཀུན་ནས་བསླངས་ཏེ་ལམ་ལ་མ་བསླབས་ན་སྔར་ལྟར་འཁྱམས་ཏེ་སྡུག་བསྔལ་མྱོང་དགོས་པ་ཡིན། དེ་ཡང་སྲིད་རྩེ་ནས་མནར་མེད་ཀྱི་བར་ཁམས་གསུམ་འཁོར་བ་གང་དུ་སྐྱེས་ཀྱང་སྡུག་བསྔལ་གྱི་རང་བཞིན་ལས་མ་འདས་ཏེ། ཁམས་གསུམ་འཁོར་བ་འདི་གང་དུ་གནས་ཀྱང་སྡུག་བསྔལ་གྱི་གནས། སུ་དང་འགྲོགས་ཀྱང་སྡུག་བསྔལ་གྱི་གྲོགས། ཅི་ལ་ལོངས་སྤྱོད་ཀྱང་སྡུག་བསྔལ་གྱི་ལོངས་སྤྱོད་ལས་མ་འདས་པས། འཁོར་བའི་གནས་འདི་ལ་ཡིད་འབྱུང་སྐྱོ་ཤས་དྲག་པོ་བསྐྱེད་ནས་འཁོར་བའི་འཇིགས་པ་འདི་ལས་སྐྱོབ་པའི་སྐྱབས་ཞིག་འཚོལ་དགོས། འཁོར་བའི་གནས་འདི་ན་ནི་མཐོ་བ་ཚངས་པ་དང་བརྒྱ་བྱིན་སོགས་ལྷ་མཐུ་བོ་ཆེ་རྣམས་ཀྱང་ཁོང་རང་རྣམས་

འཁོར་བའི་འཇིགས་པ་ལས་མ་ཐར་བས་གཞན་སྐྱོབ་མི་ནུས། འཁོར་བ་ལས་ངེས་པར་སྐྱོབ་ནུས་པ་ལ་རང་ཉིད་འཁོར་བའི་འཇིགས་པ་ཐམས་ཅད་ལས་གྲོལ། གཞན་འཁོར་བའི་འཇིགས་པ་ལས་སྒྲོལ་བའི་ཐབས་ལ་མཁས། སེམས་ཅན་ཐམས་ཅད་ལ་ཐུགས་རྗེ་ཆེན་པོ་ཉེ་རིང་མེད་པར་འཇུག །ཕྱིར་ཕན་བཏགས་པ་ལ་མི་ལྟ་བར་ཐམས་ཅད་ཀྱི་སྐྱབས་མཛད་པ་ཞིག་དགོས་པ་ལ། དེ་ལྟ་བུའི་ཡོན་ཏན་ཐམས་ཅད་མངའ་བ་ནི་རྫོགས་པའི་སངས་རྒྱས་ཉིད་ཡིན་པས་སངས་རྒྱས་ལ་སྐྱབས་སྟོན་པ་པོ་དང་། དེས་བསྟན་པའི་ཆོས་ལ་སྐྱབས་དངོས་དང་། ཆོས་དེ་ཚུལ་བཞིན་དུ་སྒྲུབ་པའི་དགེ་འདུན་རྣམས་ལ་སྐྱབས་སྒྲུབ་པའི་ཟླ་གྲོགས་ཞུས་ནས་དཀོན་མཆོག་གསུམ་ལ་སྙིང་ཐག་པ་ནས་སྐྱབས་སུ་བཟུང་སྟེ་སེམས་ཅན་ཐམས་ཅད་ཀྱི་དོན་དུ་ཐར་པ་མི་གནས་པའི་མྱ་ངན་ལས་འདས་པའི་གོ་འཕང་ཐོབ་པར་(༤བ)བྱ་བའི་ཕྱིར་དུ་དུས་འདི་ནས་བཟུང་སྟེ་ཇི་སྲིད་འཚོའི་བར་དུ་ཡོངས་རྫོགས་དགེ་བསྙེན་གྱི་སྡོམ་པ་བླངས་ལ་ཚུལ་བཞིན་དུ་བསྲུང་། བདག་བསླབ་གཞི་ལྔ་འཛིན་པའི་དགེ་བསྙེན་དུ་གཟུང་དུ་གསོལ་སྙམ་པའི་བསམ་པ་བརྟན་པོའི་སྒོ་ནས་འདིའི་རྗེས་ཟློས་གྱིས། ཞེས་བརྗ་སྤྲད་ལ། ཕྱིར་ནས་ཆོས་འབྲེལ་ཡོད་ན་སློབ་དཔོན་ཞེས་བརྗོད་ཅིང་། མེད་ན་བཙུན་པ་དགོངས་སུ་གསོལ། བདག་མིང་འདི་ཞེས་བགྱི་བ་དུས་འདི་ནས་བཟུང་སྟེ་ཇི་སྲིད་འཚོའི་བར་དུ། རྐང་གཉིས་རྣམས་ཀྱི་མཆོག་སངས་རྒྱས་ལ་སྐྱབས་སུ་མཆིའོ། །འདོད་ཆགས་དང་བྲལ་བ་རྣམས་ཀྱི་མཆོག་ཆོས་ལ་སྐྱབས་སུ་མཆིའོ། །ཚོགས་རྣམས་ཀྱི་མཆོག་དགེ་འདུན་ལ་སྐྱབས་སུ་མཆིའོ། །བདག་ཇི་སྲིད་འཚོའི་བར་དུ་དགེ་བསྙེན་དུ་བཙུན་པས་གཟུང་དུ་གསོལ། འདི་ལན་གསུམ་བྱ། དགོས་པས་གཉིས་པའི་ཡང་རྗེས་ཟློས་གྱིས། ཞེས་བརྗོད་ནས་གཉིས་པ་བྱ། དེ་ནས། གསུམ་པ་འདི་ལ་ཚིག་གའི་དུམ་བུ་གསུམ་སྟེ། དགེ་འདུན་ལ་སྐྱབས་སུ་མཆིའོ། །ཞེས་པ་ཡན་ཆད་སྐྱབས་བརྗོད་པ། བདག་ཇི་སྲིད་འཚོའི་བར་དུ་དགེ་བསྙེན་དུ་ཞེས་པ་བདག་བརྗོད་པ། བཙུན་

པས་གཟུང་དུ་གསོལ། ཞེས་པ་གཞན་བརྗོད་པ་ཡིན་པས་སྐྱབས་བརྗོད་དང་། བདག་བརྗོད་རྫོགས་པ་དགེ་བསྙེན་དུ་ཞེས་པའི་ཚིག་རྫོགས་པ་དང་མཉམ་དུ་ཁྱོད་ཀྱི་རྒྱུད་ལ་དགེ་བསྙེན་གྱི་སྡོམ་པ་སྐྱེ། ངེད་སློབ་དཔོན་དུ་གྱུར་པ་ཡིན་པས། དེ་དུས་ངེད་ཀྱིས་སྐད་གཟེངས་མཐོ་བ་དང་། སེ་གོལ་གྱི་བརྡ་བྱེད་པས། དེའི་ཚེ་ད་དགེ་བསྙེན་གྱི་སྡོམ་པ་ཐོབ་བྱུང་སྙམ་པའི་ཐོབ་དུས་ཤེས་པ་གལ་ཆེ། དེ་ནས་ངེད་སློབ་དཔོན་དུ་གྱུར་པ་ཡིན་པས། སློབ་དཔོན་གྱིས་གཟུང་དུ་གསོལ་ཞེས་བརྗོད་དགོས་པས་དེ་རྣམས་ཡིད་ལ་ཞོག་ལ་གསུམ་པའི་རྗེས་ཟློས་འདི་བཞིན་དུ་གྱིས། བཙུན། (༥ན)པ་དགོངས་སུ་གསོལ། བདག་མིང་འདི་ཞེས་བགྱི་བ་དུས་འདི་ནས་བཟུང་སྟེ་ཇི་སྲིད་འཚོའི་བར་དུ། རྐང་གཉིས་རྣམས་ཀྱི་མཆོག་སངས་རྒྱས་ལ་སྐྱབས་སུ་མཆིའོ། །འདོད་ཆགས་དང་བྲལ་བ་རྣམས་ཀྱི་མཆོག་ཆོས་ལ་སྐྱབས་སུ་མཆིའོ། །ཚོགས་རྣམས་ཀྱི་མཆོག་དགེ་འདུན་ལ་སྐྱབས་སུ་མཆིའོ། །བདག་ཇི་སྲིད་འཚོའི་བར་དུ་དགེ་བསྙེན་དུ་སློབ་དཔོན་གྱིས་གཟུང་དུ་གསོལ། ཞེས་བརྗོད་དེ་ནས་སློབ་དཔོན་གྱིས། ཐབས་ཡིན་ནོ། །ཞེས་བརྗོད། དགེ་བསྙེན་གྱིས་ལེགས་སོ་ཞེས་བརྗོད། དེ་ནས་འདི་ལྟར་བརྗོད་དེ། དེས་ཁྱོད་ཀྱིས་དགེ་བསྙེན་གྱི་སྡོམ་པ་ཐོབ་པ་ཡིན། སྡོམ་པ་ཐོབ་ཀྱང་བསླབ་བྱ་རྣམས་མ་བསྲུང་ན་ཕན་ཡོན་མི་འབྱུང་བར་མ་ཟད་སྟོན་པ་དཔང་དུ་བཞག་སྟེ་བླ་མའི་སྤྱན་སྔར་ཁས་བླངས་པ་ལས་འདས་པའི་ཉེས་དམིགས་ཆེན་པོ་འབྱུང་བས་བསླབ་བྱ་རྣམས་སྲོག་དང་བསྡོས་ཏེ་བསྲུང་དགོས། བསྲུང་ལུགས་ནི་དགྲ་བཅོམ་པ་རྣམས་ཀྱིས་སྲོག་གཅོད་ལ་སོགས་པ་ལྔ་ཡིད་ཀྱིས་སྤངས་ཏེ་ལུས་ངག་གིས་སླར་ལོག་པ་དེ་བཞིན་དུ་བདག་གིས་ཀྱང་བསླབ་པར་བགྱིའོ་སྙམ་པ་གྱིས་ལ་འདིའི་རྗེས་ཟློས་གྱིས། སློབ་དཔོན་དགོངས་སུ་གསོལ། ཇི་ལྟར་འཕགས་པ་དགྲ་བཅོམ་པ་དེ་དག་གིས་ཇི་སྲིད་འཚོའི་བར་དུ་སྲོག་གཅོད་པ་སྤངས་ཏེ། སྲོག་གཅོད་པ་ལས་སླར་ལོག་པ་དེ་བཞིན་དུ། བདག་མིང་འདི་ཞེས་བགྱི་བས་ཀྱང་དུས་འདི་ནས་བཟུང་

སྟེ། ཇི་སྲིད་འཚོའི་བར་དུ་སྲོག་གཅོད་པ་སྤངས་ཏེ། སྲོག་གཅོད་པ་ལས་སླར་ལྡོག་པར་བགྱིའོ། །ཡན་ལག་དང་པོ་འདིས་བདག་འཕགས་པ་དགྲ་བཅོམ་པ་དེ་དག་གི་བསླབ་པ་ལ་རྗེས་སུ་སློབ་བོ། །རྗེས་སུ་བསླབ་བོ། །རྗེས་སུ་བགྱིད་དོ། །གཞན་ཡང་ཇི་ལྟར་འཕགས་པ་དགྲ་བཅོམ་པ་དེ་དག་གིས་ཇི་སྲིད་འཚོའི་བར་དུ། མ་བྱིན་པར་(༥བ)ལེན་པ་དང་། འདོད་པས་ལོག་པར་གཡེམ་པ་དང་། བརྫུན་དུ་སྨྲ་བ་དང་། འབྲུའི་ཆང་དང་། བཅོས་པའི་ཆང་མྱོས་པར་འགྱུར་བ་བག་མེད་པའི་གནས་སྤངས་ཏེ། འབྲུའི་ཆང་དང་། བཅོས་པའི་ཆང་མྱོས་པར་འགྱུར་བ་བག་མེད་པའི་གནས་ལས་སླར་ལོག་པ་དེ་བཞིན་དུ་བདག་མིང་འདི་ཞེས་བགྱི་བས་ཀྱང་དུས་འདི་ནས་བཟུང་སྟེ། ཇི་སྲིད་འཚོའི་བར་དུ། མ་བྱིན་པར་ལེན་པ་དང་། འདོད་པས་ལོག་པར་གཡེམ་པ་དང་། བརྫུན་དུ་སྨྲ་བ་དང་། འབྲུའི་ཆང་དང་། བཅོས་པའི་ཆང་མྱོས་པར་འགྱུར་བ་བག་མེད་པའི་གནས་ལས་སླར་ལྡོག་པར་བགྱིའོ། །ཡན་ལག་ལྔ་པ་འདིས་བདག་འཕགས་པ་དགྲ་བཅོམ་པ་དེ་དག་གི་བསླབ་པ་ལ་རྗེས་སུ་སློབ་བོ། །རྗེས་སུ་བསྒྲུབ་བོ། །རྗེས་སུ་བགྱིད་དོ། །ཞེས་རྗེས་ཟློས་ལན་ཅིག་བྱ། དེ་ནས་སློབ་དཔོན་གྱིས་ཐབས་ཡིན་ནོ། །ཞེས་བརྗོད། དགེ་བསྙེན་གྱིས་ལེགས་སོ། །ཞེས་བརྗོད་པར་བྱའོ། །དེ་ནས་འདི་ལྟར་བརྗོད་པར་བྱ་སྟེ། ཁྱོད་ཀྱིས་སྐྱབས་འགྲོ་རྗེས་བྱེད་དུ་བྱས་ནས་ཡོངས་རྫོགས་དགེ་བསྙེན་གྱི་སྡོམ་པ་ལེགས་པར་ཐོབ་པ་ཡིན་པས་དེའི་བསླབ་བྱ་རྣམས་ཤེས་པར་བྱས་ལ་ཚུལ་བཞིན་དུ་བསྲུང་དགོས། དེ་ལ་སྐྱབས་འགྲོའི་བསླབ་བྱ་ལ་སོ་སོའི་བསླབ་བྱ་དང་ཐུན་མོང་གི་བསླབ་བྱ་གཉིས་ལས། སོ་སོའི་བསླབ་བྱ་ནི་སངས་རྒྱས་ལ་སྐྱབས་སུ་སོང་བས་ལྷ་གཞན་ལ་ཕྱག་མཆོད་མི་བྱ། ཆོས་ལ་སྐྱབས་སུ་སོང་བས་སེམས་ཅན་ལ་གནོད་འཚེ་སྤོང་། དགེ་འདུན་ལ་སྐྱབས་སུ་སོང་བས་གྲོགས་མུ་སྟེགས་ཅན་དང་མི་འགྲོགས། ཐུན་མོང་གི་བསླབ་བྱ་ནི་སྐྱེས་བུ་དམ་པ་ལ་བརྟེན་པ། དམ་པའི་ཆོས་མཉན་པ། ཚུལ་བཞིན་ཡིད་ལ་བྱ་བ། ཆོས་ཀྱི་རྗེས་སུ་

མཐུན་པའི་ཆོས་བསྒྲུབ་པ་སྐྱེ་བཞི་དང་། དབང་པོ་མི་ཚོད་པ་དང་། སྡོམ་པ་ཅི་ནུས་སུ་ལེན་པ་དང་། སེམས་ཅན་ལ་(༨ན)སྙིང་བརྩེ་བ་དང་། དཀོན་མཆོག་མཆོད་པ་ལ་བརྩོན་པ་ལ་བསླབ་པོ། །དགེ་བསྙེན་གྱི་སྡོམ་པའི་ཡན་ལག་མི་གསོད་པ། རིན་ཐང་ཚང་བའི་དངོས་པོ་རྐུ་བ། རང་གི་ཆུང་མ་ལས་གཞན་པའི་བུད་མེད་ལ་འདོད་པ་སྤྱོད་པ། མི་ཆོས་བླ་མའི་བརྫུན་སྨྲ་བ་བཞི་བྱུང་ན་སྡོམ་པ་གཏོང་བས་བསྐྱར་ནས་ལེན་དགོས། མི་མ་ཡིན་པའི་སྲོག་ཆགས་གཞན་གསོད་པ་དང་། རིན་ཐང་མ་ཚང་བའི་དངོས་པོ་ཕྲན་ཚེགས་རྐུ་བ་དང་། ལོག་གཡེམ་དངོས་གཞི་མ་ཡིན་པ་དེའི་ཆར་གཏོགས་ཀྱི་ཉེས་པ་དང་། མི་ཆོས་བླ་མའི་བརྫུན་ལས་གཞན་པའི་བརྫུན་ཕྲ་མོ་སྨྲ་བ་དང་། སྨྱོས་འགྱུར་འཐུང་བ་ལྟ་བྱུང་ན་སྡོམ་ལྡན་ཞིག་ལ་བཤགས། ཕྲ་མ་ལ་སོགས་པ་མི་དགེ་བ་དྲུག་པོ་ཕྱོགས་མཐུན་ཡིན་པས་ཡིད་ཀྱིས་བསྡམས་ནས་ལེགས་པར་སྲུངས་ཤིག །ཅེས་བརྗོད་དོ། །

གསུམ་པ་དགེ་ཚུལ་གྱི་བརྟུལ་ཞུགས་བླང་བའི་ཕྱིར་རབ་བྱུང་དུ་སྒྲུབ་པའི་ཚུལ་ལ་སྦྱོར་བ་དང་། དངོས་གཞིའི་གཉིས། དང་པོ་རབ་བྱུང་སྒྲུབ་པའི་སྦྱོར་བ་ལ་གསུམ། བར་ཆད་དང་སྐྲར་པ་སྤྱང་ཞིང་ངོ་ཚ་ཁྲེལ་ཡོད་བསྐྱེད་པའི་ཕྱིར་དགེ་འདུན་ལ་རབ་བྱུང་ཞུ་བ། རབ་བྱུང་གི་མེད་ན་མི་འབྱུང་བའི་རྒྱུ་བསྒྲུབ་པའི་ཕྱིར་མཁན་པོར་གསོལ་བ་གདབ་པ། བར་ཆད་བརྟག་ཅིང་ཆོས་འདི་པའི་ཆ་ལུགས་སུ་བསྒྱུར་བའི་ཕྱིར་དང་པོར་བྱ་བའོ། །དང་པོ་ནི། མཁན་པོས་དགེ་འདུན་ལ་ཞུ་བ་བྱེད་པའི་དགེ་སློང་བསྙེན་པར་རྫོགས་པའི་སྡོམ་པ་དང་ལྡན་པ། ལྔ་བ་དང་མཚན་མཐུན་པ། ཐ་སྙད་གསུམ་དང་ལྡན་པ། ས་རང་བཞིན་དུ་གནས་པ། བྱེ་བ་ན་ཆོས་མ་ཡིན་པའི་ཕྱོགས་སུ་མ་སོང་བ། གཟུགས་གཞན་དུ་བསྒྱུར་ཅིང་མི་སྣང་བར་བྱས་པ་མ་ཡིན་པ། མཚམས་གཞན་ན་གནས་པ་མ་ཡིན་པ། རབ་བྱུང་ཞུ་བའི་ཆོ་ག་ལ་(༨བ)མཁས་པ་ཞིག་ལ་དགེ་སློང་དགེ་བའི་བཤེས་གཉེན་ཆེ་གེ་མོས། ཚེ་དང་ལྡན་པ་འདི་དགེ་འདུན་

ལ་རབ་ཏུ་འབྱུང་བའི་ཞུ་བ་མཛོད་ཅིག་ཅེས་བསྒོ། དགེ་སློང་དེས། ཅི་ཚེ་དང་ལྡན་པ་འདི་བར་ཆད་ཀྱི་ཆོས་རྣམས་ཡོངས་སུ་དག་གམ་ཞེས་དྲི། མཁན་པོས་ཡོངས་སུ་དག་གོ་ཞེས་ཁོ་ན་ཉིད་མཆི་ཡིན་གདའོ། །ཞེས་ལན་གདབ། མ་དྲིས་པར་ཞུ་ན་ཉེས་བྱས་སོ། །དེ་ནས་དགེ་སློང་དེས་གནས་མལ་བཤམས། གཎྜི་བརྡུངས་དྲིས་པའི་ཚིག་གིས་ཡང་དག་པར་བསྒོ་ནས། དགེ་འདུན་ཐམས་ཅད་གནས་གཅིག་ཏུ་འདུས་པ་ལ་ཡང་ཞུ་ཙུ་ཙུང་། གནས་ཁང་སོ་སོར་སོང་ནས། གནས་ཁང་སོ་སོའི་དགེ་འདུན་དུ་གྱུར་པའི་དགེ་འདུན་ལའང་ཞུ་ཙུ་ཙུང་བས། བསྒྲུབ་བྱ་དེ་རྒན་རིམ་ནས་ཕྱག་གསུམ་གསུམ་འཚལ་དུ་བཅུག །རྒན་པའི་མཐའ་ཡོགས་སུ་ཙོག་ཙོག་པུར་འདུག་ཏུ་བཅུག་སྟེ་ཐལ་མོ་སྦྱོར་དུ་བཅུག་ནས། རང་རྒན་པའི་མཐའ་ཡོགས་སུ་འགྲེང་སྟེ་འདུད་པ་དང་བཅས་པས། དགེ་འདུན་བཙུན་པ་རྣམས་གསན་དུ་གསོལ། ཚེ་དང་ལྡན་པ་མིང་འདི་ཞེས་བགྱི་བ་འདི། མཁན་པོ་མིང་འདི་ཞེས་བགྱི་བ་ལས་རབ་ཏུ་འབྱུང་བར་འཚལ་ཏེ། ཁྱིམ་པ་གོས་དཀར་པོ་ཅན་སྐྲ་དང་ཁ་སྤུ་མ་བྲེགས་པ་ལས། ལེགས་པར་གསུངས་པའི་ཆོས་འདུལ་བ་ལ་རབ་ཏུ་འབྱུང་བར་འཚལ་ཏེ། མིང་འདི་ཞེས་བགྱི་བ་འདི་རབ་ཏུ་འབྱུང་བར་འཚལ་ཞིང་སྐྲ་དང་ཁ་སྤུ་བྲེགས་ནས་གོས་ངུར་སྨྲིག་བགོས་ཏེ་ཡང་དག་པ་ཁོ་ནར་དད་པས་ཁྱིམ་ནས་ཁྱིམ་མེད་པར་མཁན་པོ་མིང་འདི་ཞེས་བགྱི་བ་ལས་རབ་ཏུ་འབྱུང་སྟེ། དེ་ཡང་བར་ཆད་ཀྱི་ཆོས་རྣམས་ཡོངས་སུ་དག་གོ་ཞེས་ཁོ་ན་ཉིད་མཆི་ན། ཅི་དེ་རབ་ཏུ་དབྱུང་ངམ། དགེ་སློང་ཐམས་ཅད་ཀྱིས་གལ་ཏེ་ཡོངས་སུ་དག་ནའོ། །ཞེས་(༧ན)བརྗོད། མི་བརྗོད་ན་ཉེས་བྱས་སོ། །འདིར་ཞུ་བའི་དགེ་སློང་གིས་མཁན་པོ་མིང་འདི་ཞེས་བགྱི་བ་ཞེས་སྨོས་དགོས་པ་དེ་ཞུ་བ་པོ་རང་གི་མཁན་པོ་ཡིན་ན། དོན་གྱི་སྐད་དུ་མཚན་ནས་སྨོས་ཏེ་མཁན་པོ་མིང་འདི་ཞེས་བགྱིས་པ་ཞེས་བརྗོད། སློབ་དཔོན་ཡིན་ན་སློབ་དཔོན་མིང་འདི་ཞེས་བགྱི་བ་ཞེས་བརྗོད། མཁན་སློབ་མིན་པའི་ཆེས་རྒན་པའི་དགེ་སློང་ཡིན་ན་གནས་བརྟན་ཞེས་

སམ། ཡོངས་ཀྱི་དགེ་བའི་བཤེས་གཉེན་ཞེས་ཉེ་ཚིག་གིས་བརྗོད། བསྒྲུབ་བྱ་འང་གཉིས་ཡོད་ན་སྔར་འདི་ཞེས་པ་འདི་དག །དེ་ཡང་ཞེས་པ་དེ་དག་ཀྱང་། ཅི་དེ་ཞེས་པ་ཅི་དེ་དག །གསུམ་ཡོད་ན་འདི་རྣམས། དེ་རྣམས་ཀྱང་། ཅི་དེ་རྣམས་ཞེས་དང་། ཁོ་ན་ཉིད་མཆི་ན་ཞེས་པ་ཁོང་དག་ཉིད་མཆི་ན། ཁོང་རྣམས་ཉིད་མཆི་ན་ཞེས་རྣམ་དབྱེ་དང་། ཚིག་ཕྲད་བསྒྱུར་བ་ནི་གོང་འོག་ཐམས་ཅད་དུ་ཤེས་པར་བྱའོ། །ཡང་བསྒྲུབ་བྱ་དེ་ཞུ་བ་པོ་རང་གི་མཁན་པོ་ཡིན་པ་ལ་བར་སྐབས་སུ་བསླབ་པ་ཕུལ་ཏེ་བབས་ནས་ཡང་རབ་བྱུང་ཞུ་བར་བྱེད་པ་ཡིན་ན་དགེ་འདུན་ལ་ཞུ་བའི་ཚེ། དགེ་འདུན་བཙུན་པ་རྣམས་གསན་དུ་གསོལ། དོན་གྱི་སྐད་དུ་མཚན་ནས་སྨོས་ཏེ་མཁན་པོ་མིང་འདི་ཞེས་བགྱི་བ་འདི་མཁན་པོ་མིང་འདི་ཞེས་བགྱི་བ་ལས་རབ་ཏུ་འབྱུང་བར་འཚལ་ཏེ་ཞེས་སོགས་གོང་ལྟར་ཞུ་ཞིང་། དེ་བཞིན་དུ་བསྒྲུབ་བྱ་དེ་རང་གི་སློབ་དཔོན་ཡིན་ན་སློབ་དཔོན་ཞེས་བརྗོད་དགོས་པ་གོང་ལྟར་ཤེས་པར་བྱའོ། །

གཉིས་པ་རབ་བྱུང་གི་མེད་ན་མི་འབྱུང་བའི་རྒྱུ་བསྒྲུབ་པའི་ཕྱིར་མཁན་པོར་གསོལ་བ་གདབ་པ་ནི། བསྒྲུབ་བྱ་དེ་མཁན་པོ་རང་ཉིད་ལ་ཕྱག་གསུམ་འཚལ་དུ་བཙུག་ནས་མདུན་དུ་ཙོག་ཙོག་པུར་ཐལ་མོ་སྦྱོར་དུ་བཅུག་ལ་འདི་ལྟར་བརྗོད་པར་བྱ་སྟེ། ཚེ་དང་ལྡན་པ་ཁྱོད་རབ་ཏུ་འབྱུང་(༧བ)བར་འདོད་པ་ཤིན་ཏུ་ལེགས། ད་ལྟར་གྱི་ཚོ་ག་ཉེས་མེད་ཕུན་ཚོགས་ཀྱི་སྒོ་ནས་རབ་ཏུ་འབྱུང་བར་བྱེད་པ་ལ་མཁན་སློབ་ལ་བརྟེན་དགོས། མཁན་པོ་ཡང་གང་ཡུང་ཡུང་གིས་མི་ཆོག་བརྟན་མཁས་ཀྱི་ཡོན་ཏན་གཉིས་དང་ལྡན་པ་སོགས་ཆོས་བདུན་ལྡན་ཞིག་དགོས། དེ་ལའང་གསོལ་བ་མ་བཏབ་ན་དེའི་དྲུང་དུ་བསྡད་པ་ཙམ་གྱིས་མཁན་པོར་མི་འགྱུར་བས་བསྒྲུབ་བྱས་གསོལ་བ་བཏབ་པ། དེ་ལ་མཁན་པོས་ཁས་བླངས་པ་ཞིག་དགོས་པས་གསོལ་བ་འདེབས་དགོས་པ་ཡིན། མཁན་པོ་ཞེས་བྱ་བའི་དོན་ཡང་འདུལ་བ་ནས་བཤད་པའི་དགག་སྒྲུབ་གནང་གསུམ་གྱི་བསླབ་པ་རྣམས་ཉེ་བར་བསྟན་ཏེ་ཕས་བུ་སྐྱོང་

བ་བཞིན་དུ་དམ་པའི་ཆོས་འདུལ་བ་ལ་ཁྲིད་ནས་ཁམས་གསུམ་གྱི་འཁོར་བ་སྡུག་བསྔལ་གྱི་རང་བཞིན་ཅན་འདི་ལས་ངེས་པར་འབྱུང་བའི་རབ་བྱུང་དུ་སྒྲུབ་པར་མཛད་མཁན་ཡིན་པས་ན་མཁན་པོ་ཞེས་བརྗོད་པ་ཡིན་པས། དོན་དེ་བསམས་ནས་ངེད་ལ་མཁན་པོར་གསོལ་བ་འདེབས་པ་འདིའི་རྗེས་ཟློས་ཀྱིས། ཞེས་བརྡ་སྤྲད་ནས་འདི་སྐད་ཅེས་བརྗོད་པར་བྱ་སྟེ། སློབ་དཔོན་དགོངས་སུ་གསོལ། བདག་མིང་འདི་ཞེས་བགྱི་བ་སློབ་དཔོན་ལ་མཁན་པོར་གསོལ་གྱིས། སློབ་དཔོན་བདག་གི་མཁན་པོ་མཛད་དུ་གསོལ། སློབ་དཔོན་མཁན་པོས་བདག་རབ་ཏུ་དབྱུང་བར་བགྱིའོ། །ཚིག་འདི་ལན་གསུམ་བྱ་དགོས་པ་ཡིན་པས། གཉིས་པའི་ཡང་རྗེས་ཟློས་ཀྱིས། ཞེས་བརྡ་སྤྲད་ལ་གཉིས་པ་བྱ། གསུམ་པ་འདི་ལ་བརྗོད་པ་གསུམ་ཡོད་པ་ལས་བརྗོད་པ་གཉིས་པ་མཁན་པོ་མཛད་དུ་གསོལ་ཞེས་པ་རྫོགས་པ་དང་མཉམ་དུ་ངེད་མཁན་པོར་གྱུར། ཁྱེད་རང་ངེད་ཀྱི་མཁན་བུར་གྱུར་པ་ཡིན་པས། དེ་ནས་སློབ་དཔོན་ཞེས་མི་(འན)བརྗོད་པར་མཁན་པོ་ཞེས་བརྗོད་དགོས་པས་དེ་སེམས་ལ་ཞོག་ལ་གསུམ་པའི་རྗེས་ཟློས་ཀྱིས་ཞེས་བྱས་ལ། སློབ་དཔོན་དགོངས་སུ་གསོལ། བདག་མིང་འདི་ཞེས་བགྱི་བ་སློབ་དཔོན་ལ་མཁན་པོར་གསོལ་གྱིས། སློབ་དཔོན་བདག་གི་མཁན་པོ་མཛད་དུ་གསོལ། མཁན་པོ་མཁན་པོས་བདག་རབ་ཏུ་དབྱུང་བར་བགྱིའོ། །ཞེས་རྗེས་ཟློས་པའོ། །དེ་ནས་མཁན་པོས་ཐབས་ཡིན་ནོ། །སློབ་མས་ལེགས་སོ་ཞེས་བརྗོད། དེ་ནས་འདི་ལྟར་བརྗོད་པར་བྱ་སྟེ། མཁན་པོར་གསོལ་བ་བཏབ་པ་ཙམ་གྱིས་མི་ཚོག །དེའི་བསླབ་བྱ་ལ་གནས་པར་བྱ་དགོས་པས། ད་ཕྱིན་ཆད་མཁན་པོ་ལ་ཕའི་འདུ་ཤེས་དང་སྟོན་པའི་འདུ་ཤེས་བསྐྱེད་ནས་གུས་པར་བྱ་བ། ཡོན་དབུལ་བ། བསྙེན་བཀུར་བྱ་བ། བྱ་བ་ཐམས་ཅད་མཁན་པོ་ཉིད་ལ་ཞུས་ནས་དེའི་བཀའ་བཞིན་དུ་བསྒྲུབ་པར་བྱ་དགོས་ཏེ། དེ་ལྟར་མ་བྱས་ན་མཁན་པོར་གསོལ་བ་བཏབ་པ་ཉམས་པའི་ཉེས་པར་འགྱུར། སྒོ་གསུམ་གྱི་བྱ་བ་ཐམས་ཅད་མཁན་པོ་ཉིད་ལ་

ཞུས་ཏེ་བྱས་ན་ཉེས་སྤྱོད་མཐའ་དག་རིམ་གྱིས་འགག་ཅིང་ཡོན་ཏན་མཐའ་དག་རིམ་གྱིས་རྒྱས་པར་འགྱུར་རོ། །ཞེས་བརྗོད་དོ། །

གསུམ་པ་བར་ཆད་བརྟག་ཅིང་ཆོས་འདི་པའི་ཆ་ལུགས་སུ་བསྒྱུར་བའི་ཕྱིར་དང་པོར་བྱ་བ་ནི་སྐྲ་དང་ཁ་སྤུ་འདྲེག་པའི་དགེ་སློང་ལ་བཅོལ་བར་བྱ་ཞིང་། དེས་ཀྱང་གཙུག་ཕུད་མ་གཏོགས་པའི་སྐྲ་དང་ཁ་སྤུ་བྲེགས་ནས། དེའི་འོག་ཏུ། མཁན་པོས་བསྒྲུབ་བྱ་དེ་ལ་ཚེ་དང་ལྡན་པ་ཁྱོད་ཅི་གཙུག་ཕུད་འདྲེག་པར་སྤྲོའམ་ཞེས་དྲི། མ་བྲེག་ཅེས་ཟེར་ན་འོ་ན་སོང་ཤིག་ཅེས་བརྗོད། སྤྲོ་ལགས་ཟེར་ན་བྲེགས་ལ། གྲང་དུས་ཡིན་ན་ཆུ་དྲོན་མོ། ཚ་དུས་ཡིན་ན་ཆུ་གྲང་མོས་ཁྲུས་བྱེད་དུ་གཞུག །གྲུབ་(༨བ)ན་ལུས་རིལ་པོ་བཀྲུ། རྣས་པའམ་ན་བའམ་ཆུ་མ་འཁོར་ན་ཡན་ལག་ལྔ་ཁྲུས་བྱས་ལ་མཁན་པོའི་ཞབས་གཉིས་ལ་གཏུགས་པའི་ཕྱག་བྱས་ཏེ་མདུན་དུ་ཙོག་ཙོག་པུར་འདུག་པ་ལ་མཁན་པོས་བསྒྲུབ་བྱ་དེ་ལ་བླ་གོས་གཏད་དེ་གཉིས་ཀས་བཟུང་ལ། འདི་སྟོད་དུ་གྱོན་པར་བྱེད་པའི་ཆོས་གོས་བླ་གོས་ཞེས་བྱ་བ་ཁྲིམ་པ་དང་མུ་སྟེགས་ཅན་ལས་རྟགས་ཁྱད་པར་དུ་འགྱུར། དགེ་སྦྱོང་གི་དྲན་པ་གསོ། སྦྲང་བུ་དང་། ཤ་སྦྲང་དང་། རླུང་དང་ཉི་མ་ལ་སོགས་པའི་ཚ་གྲང་གི་རེག་པ་ལས་སྐྱོབ་པའི་གོས་སུ་གནང་བ་ཡིན་པས་རྒྱུན་དུ་སྟོད་གཡོགས་འདི་ལྟ་བུ་རེ་འཆང་དགོས་སོ། །ཞེས་བརྗོད། མཐང་གོས་གཏད་ལ། གཉིས་ཀའི་ལག་པས་བཟུང་ནས་འདི་སྨད་དུ་གྱོན་པར་བྱེད་པའི་མཐང་གོས་ཞེས་བྱ་བ། སྨད་གཅེར་བ་དང་ངོ་ཚ་བའི་གནས་ལས་སྐྱོབ། སྦྲང་བུ་ལ་སོགས་པའི་རེག་པ་བསྲུང་། ཁྲིམ་པ་དང་མུ་སྟེགས་ཅན་ལས་རྟགས་ཁྱད་པར་དུ་འགྱུར། དགེ་སྦྱོང་གི་དྲན་པ་གསོ་བའི་གོས་ཡིན། རྒྱ་གར་ན་ཙང་བའི་ཚོན་གསུམ་སྐྱེ་སྔོན་པོ་དང་བཙག་དང་ངུར་སྨྲིག་རྣམས་ཁ་དོག་ངན་པར་བྱེད་པས་ཚོན་དེ་དག་གིས་ཁ་བསྒྱུར་བའི་གོས་འཆང་བ་ནི་རྒྱུགས་པ་དང་། དྲེགས་པ་འཇོམས་པའི་དོན་ཡིན་ཞིང་། སྟོན་པས་ཀྱང་སྟོད་གཡོགས་སྨད་གཡོགས་འདི་ལྟ་

བུ་བསྐམས་ནས་ལམ་ལ་བསླབས་ཤིང་། སངས་རྒྱས་ནས་རྗེས་འཇུག་རྣམས་ལའང་གོས་འདི་ལྟ་བུ་གནང་བ་ཡིན་པས། སྟོད་གཡོགས་སྨད་གཡོགས་འདི་ལྟ་བུ་གྱོན་ནས་སེམས་དུལ་བ་དང་ཞི་བར་བྱེད་དགོས་པ་ཡིན་ནོ། །ཞེས་བརྗོད། ལྷུང་བཟེད་གཏད་ལ་གཉིས་ཀའི་ལག་པས་བཟུང་ནས་འདི་ལྷུང་བཟེད་ཅེས་བྱ་བ། ཁྱིམ་པའི་ཁ་ཕོར། མུ་སྟེགས་ཀྱི་སློང་ཕོར། རབ་བྱུང་དམན་པ་གཞན་ལས་སྣོད་སྤྱད་ཀྱི་རྟགས་ཁྱད་པར་ཅན་དུ་གྱུར་པ་ཡིན། འདི་ཟས་(༩ན)ཀྱིས་འགེངས་པ་བཞིན་དུ་རང་གི་ཤེས་རྒྱུད་ཡོན་ཏན་གྱིས་འགེངས། འདིའི་ནང་ནས་ཟས་ལ་ལོངས་སྤྱོད་པ་བཞིན་དུ་ཆོས་ལ་ལོངས་སྤྱོད། མཐའ་གཉིས་སྤངས་པའི་བསོད་སྙོམས་སྤྱོད་པའི་སྣོད་དུ་སྟོན་པས་གནང་བ་ཡིན་པས་རྒྱུན་དུ་ལྷུང་བཟེད་འདི་ལྟ་བུ་རེ་བཅང་དགོས་སོ། །ཞེས་བརྗོད། གདིང་བ་གཏད་ལ་གཉིས་ཀའི་ལག་པས་བཟུང་ནས་འདི་གདིང་བ་ཞེས་བྱ་བ། ཁྱིམ་པའི་དཀར་པོ། གང་ཟག་གི་ཁྲ་བོ། ཕལ་ཆེར་མ་ཉམས་པ་དང་། དགེ་འདུན་གྱི་རྩའི་གདན་མ་གཏོགས་པ་གནས་མལ་ལ་ལོངས་སྤྱོད་པའི་དུས་སུ་འདིས་བསྐྱབས་ནས་ལོངས་སྤྱོད་དགོས་པ་ཡིན་པས་རྒྱུན་དུ་གདིང་བ་འདི་ལྟ་བུ་རེ་འཆང་དགོས་སོ། །ཞེས་བརྗོད། ཆུ་ཚགས་གཏད་ལ་གཉིས་ཀའི་ལག་པས་བཟུང་ནས་འདི་ཆུ་ཚགས་ཞེས་བྱ་བ། སངས་རྒྱས་ཀྱི་བསྟན་པ་སྙིང་རྗེས་རབ་ཏུ་ཕྱེ་བ་ཡིན་ཞིང་། སོ་སོར་ཐར་པའི་སྡོམ་པ་གཞན་ལ་གནོད་པ་གཞི་བཅས་ལས་ལྡོག་པ་ཡིན་པས། སེམས་ཅན་ཐམས་ཅད་ལ་གནོད་པ་སྤང་དགོས། ཁྱད་པར་དུ་ཆུ་འདི་འབྲེལ་ཆེ། འབྱུང་ཉེ། ནངས་དང་ནུབ་ཏུ་དགོས་པས་ཆུ་ལ་སྲོག་ཆགས་ཡོད་མེད་ལེགས་པར་བརྟགས་ནས། སྲོག་ཆགས་མེད་པ་མ་རྙེད་ན་འདིས་བཙགས་ནས་ལོངས་སྤྱོད་པའི་དོན་དུ་གནང་བ་ཡིན་པས། རྒྱུན་དུ་ཆུ་ཚགས་འདི་འདྲ་རེ་འཆང་དགོས་ཤིང་དེས་མཚོན་ནས་གང་ལ་ལོངས་སྤྱོད་ཀྱང་སྲོག་ཆགས་ལ་མི་གནོད་པར་བྱ་དགོས་སོ། །ཞེས་བརྗོད་ལ་སྦྱིན། དེ་ནས། ཐར་པའི་རྒྱལ་མཚན་བཏན་པར་གྱུར་ཅིག །ཚངས་པར་སྤྱོད་པ་

ཚེའི་མཐར་ཕྱིན་པར་གྱུར་ཅིག །ཚུལ་ཁྲིམས་ཀྱི་ཕུང་པོ་ཡོངས་སུ་རྫོགས་པར་གྱུར་ཅིག །ཚེ་རབས་ཐམས་ཅད་དུ་རབ་ཏུ་འབྱུང་བ་ཐོབ་པར་གྱུར་ཅིག །(༦༩བ)ཅེས་བརྗོད་ལ་བླ་གོས་དང་མཐང་གོས་གཉིས་བསྒོན། དེ་ལ་མཁན་པོ་རང་གིས་བསྒོན་ན། སྨད་གཡོགས་སྐྱོན་དྲུག་དང་བྲལ་ཞིང་། ཡོན་ཏན་ལྷུམ་པོར་བགོ་བ་དང་། སྟོད་གཡོག་སྐྱོན་གཉིས་དང་བྲལ་ཞིང་། ཡོན་ཏན་ལྷུམ་པོར་བགོ་བ་ལ་བསླབ། ཞར་ལ་མཚན་མ་ཆོར་བར་བརྟག །གཞན་ལ་འཚོལ་ན། ཆེ་གེ་མོས་འདིའི་གོས་ཚགས་ལེགས་པར་སློབ་པ་དང་བདག་གི་བྱ་བ་ཡང་སྐྱབས་མཛོད་ཅིག །ཅེས་བསྒོ །དེས་ཀྱང་སྔར་ལྟར་གྱོན་ལུགས་ལེགས་པར་བསླབ་ཅིང་། ཞར་ལ་མཚན་གཉིས་པ་ལ་སོགས་པ་ཡིན་མིན་བརྟགས་ལ། མིན་ན། བར་ཆད་དང་མི་ལྡན་པར་གདའོ། །ཞེས་བརྗོད་དོ། །

གཉིས་པ་དངོས་གཞི་རབ་བྱུང་དུ་སྒྲུབ་པའི་ཚུལ་དངོས་ནི། བསྒྲུབ་བྱ་དེ་ཐོག་མར་སྟོན་པ་ལ་ཕྱག་གསུམ་འཚལ་དུ་བཅུག །དེ་ནས་མཁན་པོ་རང་ཉིད་ལ་ཕྱག་གསུམ་འཚལ་དུ་བཅུག་ལ། མདུན་དུ་ཙོག་ཙོག་པུར་འདུག་ཏུ་བཅུག་ཅིང་ཐལ་མོ་སྙིང་ཁར་སྦྱོར་དུ་བཅུག་ལ་འདི་སྐད་བརྗོད་པར་བྱ་སྟེ། ཁྱོད་རབ་ཏུ་འབྱུང་བའི་བསམ་པ་སྐྱེས་པ་དེ་ཤིན་ཏུ་ལེགས། ལེགས་པའི་རྒྱུ་མཚན་འདུལ་བ་ལུང་ལས་ཕན་ཡོན་ལྔ་མཐོང་བའི་མཁས་པས་རབ་ཏུ་འབྱུང་བར་མོས་པར་འོས་ཏེ། ལྔ་ནི་རང་གི་དོན་མ་འདྲིས་པར་ཐོབ་པར་འགྱུར་བ་དང་། བྲན་དང་མངག་གཞུག་དང་བཀོལ་བ་དང་རང་དབང་མེད་ཅིང་དགའ་མགུར་འགྱོར་མེད་པ་དག་གིས་མཆོད་པ་དང་བསྟོད་པར་བྱ་བར་འགྱུར་བ་དང་། མྱ་ངན་ལས་འདས་པ་འགྲུབ་པ་དང་བདེ་བ་བླ་ན་མེད་པ་འཐོབ་པ་དང་། མྱང་འདས་དེ་མ་ཐོབ་ཀྱང་ལྷར་སྐྱེ་བ་དང་། སངས་རྒྱས་ཀྱི་ཉན་ཐོས་སྐྱེས་བུ་དམ་པ་ཡང་དག་པར་སོང་བ་མཆོག་རྣམས་ཀྱིས་རྣམ་གྲངས་དུ་མར་རབ་ཏུ་འབྱུང་བ་བསྔགས་པར་མཐོང་བའི་མཁས་པས་རབ་ཏུ་འབྱུང་(༧༠ན)བར་མོས་པར་བྱ་བར་འོས་པ་ཉིད་ཅེས་གསུངས་པས། རབ་ཏུ་བྱུང་བ་དོན་ཆེ་ཞིང་། རབ་

ཏུ་བྱུང་བའི་བསོད་ནམས་ནི་སྟོང་གསུམ་གྱི་སེམས་ཅན་ཐམས་ཅད་ཀྱིས་བསྐལ་པའི་བར་དུ་བུ་དང་ཆུང་མ་སྦྱིན་པར་བཏང་བའི་བསོད་ནམས་པས། རབ་ཏུ་འབྱུང་བའི་བསམ་པས་དགོན་པར་གོམ་པ་གཅིག་བོར་བ་བསོད་ནམས་ཆེ། ཟས་སྐོམ་དང་མེ་ཏོག་སོགས་ཀྱིས་སངས་རྒྱས་ལ་མཆོད་པ་བས་རབ་ཏུ་འབྱུང་བའི་སེམས་ཀྱིས་དགོན་པར་གོམ་པ་བདུན་བོར་བ་བསོད་ནམས་ཆེ་བར་གསུངས། རབ་ཏུ་འབྱུང་ཚུལ་ཡང་འོ་སྐོལ་གྱི་སྟོན་པ་ཐུགས་རྗེ་ཅན་དེས་འཁོར་ལོས་བསྒྱུར་བའི་རྒྱལ་སྲིད་ཀྱི་དཔལ་དང་འབྱོར་པ་ཐམས་ཅད་མཆིལ་མའི་ཐལ་བ་བཞིན་དུ་སྤངས་ནས། དབུ་སྐྲ་བྲེགས་ན་བཟའ་ངུར་སྨྲིག་གསོལ་ཏེ་རབ་ཏུ་བྱུང་བ་ཡིན་པས། བདག་ཀྱང་སྟོན་པ་ཐུགས་རྗེ་ཅན་དེའི་རྗེས་སུ་བསླབས་ཏེ་འཁོར་བའི་ཕུན་ཚོགས་གང་ལའང་མ་ཆགས་པར་ཁྱིམ་པའི་རྟགས་ཆ་ལུགས་རྣམས་སྤངས། རབ་ཏུ་བྱུང་བའི་རྟགས་ཆ་ལུགས་རྣམས་བླངས། འདོད་པ་ལ་རྒྱབ་ཀྱིས་ཕྱོགས་འཁོར་བའི་ཉེས་དམིགས་ཤེས་ནས། དེ་ལས་ངེས་པར་ཐར་བར་འདོད་པའི་ངེས་འབྱུང་དང་། ཐར་པའི་ཕན་ཡོན་ཤེས་ནས་སེམས་ཅན་ཐམས་ཅད་ཀྱི་དོན་དུ་ཐར་པ་མི་གནས་པའི་མྱང་འདས་ཐོབ་པར་འདོད་པའི་བསམ་པས་ཀུན་ནས་བསླངས་ཏེ་དཀོན་མཆོག་གསུམ་ལ་སྙིང་ཐག་པ་ནས་སྐྱབས་སུ་བཟུང་སྟེ། སེམས་ཅན་ཐམས་ཅད་ཀྱི་དོན་དུ་སངས་རྒྱས་ཐོབ་པའི་ཆེད་དུ་རབ་ཏུ་བྱུང་བའི་ཚུལ་ཁྲིམས་རྣམ་པར་དག་པ་བླངས་ཏེ། ཇི་སྲིད་འཚོའི་བར་དུ་མ་ཉམས་པར་བསྲུང་སྙམ་པའི་བསམ་པ་བརྟན་པོ་ཡིས། དེ་ལྟར་རྟགས་ཆ་ལུགས་བརྗེ་བ་དང་བསམ་པ་(༧༠བ)བརྗེ་བ་གཉིས་པོ་དེ་ནམ་ཡང་མི་ཉམས་པར་བྱ་བའི་བརྗེད་ཐོ་ལྟ་བུར་མིང་བརྗེ་བ་ཡིན་པས། མིང་འདི་བཞིན་དུ་གྱིས་ཞེས་མིང་འདོགས། མིང་འདོགས་ཚུལ་ནི་སྔ་པའི་མིང་གི་མཐའ་ཅན་དུ་འདོགས་པ་དང་། མཁན་པོའི་མིང་གི་མཐའ་ཅན་དུ་འདོགས་པ་ལས། སྔ་པའི་མིང་གི་མཐའ་ཅན་དུ་འདོགས་ན་རང་རེ་བོད་ཀྱི་རབ་ཏུ་བྱུང་བ་རྣམས་ནི་མཁན་ཆེན་ཞི་བ་འཚོ་ནས་བརྒྱུད་པ། ཐམས་

ཅན་ཡོད་པར་སྨྲ་བའི་སྡེ་པ་འཛིན་པ་ཡིན་པས། ཐམས་ཅད་ཡོད་སྨྲ་བའི་སྡེ་པའི་ལུགས་ལ་དཔལ་དང་འོད་དང་བློ་གྲོས་དང་གྲགས་པ་དང་བཟང་པོའི་མཐའ་ཅན་དུ་འདོགས་པར་གསུངས་པས་མིང་དེ་བཞིན་དུ་འདོགས་པའམ། མཁན་པོའི་མིང་གི་མཐའ་ཅན་དུ་འདོགས་པ་གང་འོས་བྱ། དེ་ནས་འདི་ལྟར་བརྗོད་དེ། ཚེ་དང་ལྡན་པ་ཁྱོད་ཀྱིས་རྟགས་ཆ་ལུགས་བརྗེ་བ། བསམ་པ་བརྗེ་བ་དེ་གཉིས་ཀྱི་བརྗེད་ཐོར་མིང་སྤྱོས་པ་རྣམས་དྲན་པར་གྱིས་ལ། ངེད་ཀྱིས་བཏགས་པའི་མིང་དེ་ནས་སློས་ལ་འདིའི་རྗེས་ཟློས་ཀྱིས་བྱས་ལ། མཁན་པོ་དགོངས་སུ་གསོལ། བདག་མིང་འདི་ཞེས་བགྱི་བ་དུས་འདི་ནས་བཟུང་སྟེ་ཇི་སྲིད་འཚོའི་བར་དུ། རྐང་གཉིས་རྣམས་ཀྱི་མཆོག་སངས་རྒྱས་ལ་སྐྱབས་སུ་མཆིའོ། །འདོད་ཆགས་དང་བྲལ་བ་རྣམས་ཀྱི་མཆོག་ཆོས་ལ་སྐྱབས་སུ་མཆིའོ། །ཚོགས་རྣམས་ཀྱི་མཆོག་དགེ་འདུན་ལ་སྐྱབས་སུ་མཆིའོ། །བཅོམ་ལྡན་འདས་དེ་བཞིན་གཤེགས་པ་དགྲ་བཅོམ་པ་ཡང་དག་པར་རྫོགས་པའི་སངས་རྒྱས་ཤཱཀྱ་ཐུབ་པ། ཤཱཀྱ་སེངྒེ། ཤཱཀྱའི་རྒྱལ་པོ་གཙོ་བོ་དེ་རབ་ཏུ་བྱུང་བའི་རྗེས་སུ་བདག་རབ་ཏུ་འབྱུང་སྟེ། ཁྱིམ་པའི་རྟགས་སྤོང་ངོ་། །རབ་ཏུ་བྱུང་བའི་རྟགས་ཡང་དག་པར་ལེན་ཏོ། །ཞེས་ལན་གསུམ་བཟླས། མཁན་པོས་ཐབས(77ན)ཡིན་ནོ། །བསྒྲུབ་བྱས་ལེགས་སོ། །ཞེས་བྱའོ། །དེ་ནས་འདི་ལྟར་བརྗོད་དེ། ཚེ་དང་ལྡན་པ་ཁྱོད་ཀྱིས་དེ་ལྟར་རབ་ཏུ་བྱུང་ནས་ཁྱིམ་པའི་རྟགས་སྤོང་བར་ཁས་བླངས་པ་ཡིན་པས་ད་ཕྱིན་ཆད་གོས་དཀར་པོ་དང་ནག་པོ་དང་ཁ་ཚར་དང་ཕུན་ཚར་ཅན་སོགས་ཁྱིམ་པའི་གོས་ནམ་ཡང་མི་བགོ་ཞིང་། སྐྲ་དང་ཁ་སྤུ་རིང་པོར་འཇོག་པ་དང་། ཁུར་ཆེན་པོ་འཁུར་ཏེ་འགྲོ་བ་དང་། ཚོང་དང་སོ་ནམ་སོགས་ཁྱིམ་པའི་སྤྱོད་པ་རྣམ་པ་ཀུན་ཏུ་སྤོང་དགོས་སོ། །ཁྱོད་ཀྱིས་ཇི་སྲིད་འཚོའི་བར་དུ་རབ་ཏུ་བྱུང་བའི་རྟགས་ལེན་པར་ཁས་བླངས་པ་ཡིན་པས་ད་ཕྱིན་ཆད་རབ་ཏུ་བྱུང་བའི་རྟགས་དང་ཆ་ལུགས་ནམ་ཡང་མ་ཉམས་པར་བྱ་དགོས་སོ། །ཞེས་བརྗོད་དོ། །

གཉིས་པ་དགེ་ཚུལ་དུ་སྒྲུབ་པའི་ཆོ་ག་དངོས་གཞི་ནི། མཁན་པོས་དགེ་ཚུལ་དུ་ཉེ་བར་སྒྲུབ་པར་བྱེད་པའི་དགེ་སློང་། སྔར་དགེ་འདུན་ལ་རབ་བྱུང་ཞུ་བའི་དགེ་སློང་ལ་བཤད་པ་ལྟ་བུའི་ཆོས་བཅུ་ལྡན་དགེ་ཚུལ་དུ་སྒྲུབ་པའི་ཆོ་ག་ལ་མཁས་པ་ཞིག་ལ། དགེ་སློང་ཆེ་གེ་མོས་ཚེ་དང་ལྡན་པ་འདི་དགེ་ཚུལ་དུ་ཉེ་བར་སྒྲུབས་ཤིག་ཅེས་བརྗོད་ལ་གཏད་དོ། །དེས། ཅི་ཚེ་དང་ལྡན་པ་འདིའི་བར་ཆད་ཀྱི་ཆོས་རྣམས་ཡོངས་སུ་དག་གམ་ཞེས་དྲིས། མཁན་པོས། ཡོངས་སུ་དག་གོ་ཞེས་ཁོ་ན་ཉིད་མཆི་ཡིན་གདའ་འོ། །ཞེས་ལན་བཏབ་དེ་ནས། བསྒྲུབ་བྱ་དེ་སྟོན་པ་དང་། སློབ་དཔོན་ལ་ཕྱག་གསུམ་གསུམ་འཚལ་དུ་བཅུག་ལ་མདུན་དུ་ཙོག་ཙོག་པུར་འདུག་ཏུ་བཅུག་ཅིང་ཐལ་མོ་སྙིང་ཁར་སྦྱོར་དུ་བཅུག་ནས། ཁྱོད་དགེ་ཚུལ་གྱི་སྡོམ་པ་ལེན་པ་ལ། དགག་པའི་ཚུལ་གྱིས་འགལ་རྐྱེན་བར་ཆད་བཞི་སྤངས་པ། སྒྲུབ་པའི་ཚུལ་གྱིས་མཐུན་རྐྱེན་ལྔ་ཚང་བ་དགོས་པ་ལས། འགལ་(༧༧བ)རྐྱེན་སྡོམ་པ་སྐྱེ་བ་ལ་བར་དུ་གཅོད་པ་དང་། གནས་པ་ལ་བར་དུ་གཅོད་པ་དང་། ཁྱད་པར་དུ་འགྱུར་བ་ལ་བར་དུ་གཅོད་པ་དང་། མཛེས་པ་ལ་བར་དུ་གཅོད་པ་སྟེ་བར་ཆད་བཞི་མེད་པ་ཞིག་དགོས་ཏེ། མཁན་པོ་བས་བར་ཆད་དྲིས། ཁྱོད་རང་གིས་བར་ཆད་དེ་དག་དང་མི་ལྡན་ནོ་ཞེས་ལན་བཏབ་པས་དག་པར་རྟོགས་པས་གྲུབ་པ་ཡིན། མཐུན་རྐྱེན་ལ་ཡུལ་དང་། རྒྱུད་དང་། རྟགས་དང་། བསམ་པ་དང་། ཆོ་ག་མཐུན་པའི་རྐྱེན་དང་ལྔ་ལས། ཡུལ་སྟོན་པ་སངས་རྒྱས་ཀྱི་སྐུ་གཟུགས་དང་། ཆོས་བསྟན་པ་ལ་ནན་ཏན་དུ་བྱེད་པ་དང་ལས་ཀྱི་ཆོ་ག་ཡོད་པ། དམ་པའི་ཆོས་མ་ནུབ་པ་དགོས་ན་དེའང་ཚང་། དགེ་ཚུལ་གྱི་སྡོམ་པ་གང་ཟག་ལས་སྐྱེ་བས། དགེ་འདུན་མེད་ཁ་མེད་མིན་ནའང་། ཞུ་བའི་དུས་སུ་དགེ་འདུན་དུ་ཡོངས་པས་དགེ་འདུན་ཡང་ཚང་། མཁན་པོ་ཆོས་བདུན་ལྡན་ལ་མཁན་པོར་གསོལ་བ་བཏབ་པས་ཁས་བླངས་པ་ཞིག་དགོས་ན། མཁན་པོ་པ་ཡོན་ཏན་ཕུན་སུམ་ཚོགས་པ་དང་ལྡན་པར་བཞུགས་ཤིང་། དེ་ལ་

ཁྱེད་རང་གིས་གསོལ་བ་བཏབ་པས་ཞལ་གྱིས་བཞེས་པ་དེས་གྲུབ་པ་ཡིན། སློབ་དཔོན་བསྙེན་རྫོགས་ཀྱི་སྡོམ་པ་རྣམ་དག་དང་ལྡན་པ། ལྟ་བ་མཐུན་པ། མཚན་མཐུན་པ། ཐ་སྙད་གསུམ་དང་ལྡན་པ། ས་རང་བཞིན་དུ་གནས་པ། བྱེ་བ་ན་ཆོས་འདི་པ་ལས་གཞན་པའི་ཕྱོགས་སུ་མ་སོང་བ། གཟུགས་གཞན་དུ་བསྒྱུར་ཅིང་མི་སྣང་བར་བྱས་པ་མ་ཡིན་པ། མཚམས་གཞན་ན་གནས་པ་མ་ཡིན་པ། དགེ་ཚུལ་དུ་སྒྲུབ་པའི་ཆོ་ག་ལ་མཁས་པ། མཁན་པོའི་ཚིག་གིས་བསྐོས་པ་ཞིག་དགོས་ཏེ། ཁྱོད་ལ་དགེ་ཚུལ་གྱི་སྡོམ་(༧༢ན)པ་སྐྱེད་པའི་ཆོ་གའི་བརྗོད་པ་དེ་བདག་གིས་སྒྲུབ་པ་ཡིན་པས་ཡུལ་དུ་གང་དགོས་ཚང་། རྒྱུད་ལ་ཚོགས་སུ་མ་ཚང་བ། སྔར་དགེ་ཚུལ་གྱི་སྡོམ་པ་དང་མི་ལྡན་པ། ཉེས་མེད་ཀྱི་སྡོམ་པ་སྐྱེ་བ་ལ་དགེ་བསྙེན་ནས་བར་མ་རབ་བྱུང་ཡན་ཆད་ཐོབ་ལ་མ་ཉམས་པ་ཞིག་དགོས་ཏེ། ཁྱེད་རང་གསུམ་མན་ཆད་དུ་གནས་ཤིང་། སྔར་དགེ་ཚུལ་མ་ཐོབ་པ། ད་ཅི་ནས་རབ་ཏུ་བྱུང་བ་བྱས་མ་ཐག་པ་མ་ཉམས་པ་ཡིན་པས་མཐུན་རྐྱེན་ཐམས་ཅད་ཚང་། རྟགས་ལ་ལུས་ཀྱི་བྱེ་བྱད་ཀྱི་རྟགས་སྐྲ་དང་ཁ་སྤུ་བྲེགས་ཤིང་། བྲེག་ཏུ་མ་གནང་བའི་ཕྱོགས་མ་བྲེགས་པ། ཁྲུས་བྱས་པ། གོས་ཀྱི་རྟགས་སླ་གོས་མཐང་གོས་རུང་བ་ཚད་ལྡན་མཁན་པོས་གནང་ཞིང་བསྔོན་པ། གདིང་བ་ཆུ་ཚགས་རུང་བ་ཚད་ལྡན་མཁན་པོས་གནང་བ། སྣོད་སྤྱད་ལྷུང་བཟེད་རུང་བ་ཚད་ལྡན་མཁན་པོས་གནང་བ། མདོར་ན་རབ་ཏུ་བྱུང་བའི་རྟགས་ཆ་ལུགས་དང་ལྡན། ཁྱིམ་པ་དང་མུ་སྟེགས་ཀྱི་རྟགས་ཆ་ལུགས་དང་མི་ལྡན་པ་ཞིག་དགོས་ཏེ། རབ་ཏུ་བྱུང་བའི་རྟགས་ཆ་ལུགས་རྣམས་ཚང་བར་ཡོད་པ་ཡིན། བསམ་པ་ལ་བསམ་པ་འཁྲུགས་པ་ལ་མི་སྐྱེ་བར་བཤད་པས་བསམ་པ་རང་བཞིན་དུ་གནས་པ་ཞིག་དགོས། བསམ་པ་ཐག་པ་ནས་དགེ་ཚུལ་གྱི་སྡོམ་པ་ལེན་འདོད་དགོས་ཏེ། ཁྱེད་རང་གིས་དོན་དུ་གཉེར་ནས་བསྒྲུབས་པས་ཚང་། དགེ་ཚུལ་གྱི་སྡོམ་པ་ཐོབ་པ་ལ་ཐོབ་པར་ཤེས་པའི་བསམ་པ་སྐྱེ་རུང་ཞིག་དགོས་ཏེ། དེ་ཡང་

ཁྱོད་ལ་སྐྱེ་རུང་དུ་ཡོད་པས་ཚང་བ་ཡིན། མི་མཐུན་པའི་སེམས་མ་སྐྱེས་པ་དགོས་ཏེ། མཁན་སློབ་དགེ་སློང་མ་ཡིན་པར་ཤེས་པའམ། དེ་དག་ཕྱིར་ཕྱོང་བའི་སེམས(༧༢བ)སྐྱེས་ན་མི་སྐྱེ་བར་བཤད་པས། ཁྱོད་ལ་མཁན་སློབ་དགེ་འདུན་དང་བཅས་པ་ལ་མ་དད་པའི་སེམས་མེད་པས་དེ་ཡང་ཚང་། དགེ་ཚུལ་གྱི་བསླབ་བྱ་ཇི་སྙེད་གསུངས་པ་རྣམས་ཀྱི་ནང་ནས་གཞན་རྣམས་བསྲུང་ནུས་ཀྱང་ཆང་དང་ཕྱི་དྲོའི་ཁ་ཟས་ཕྱོང་མི་ནུས་སྙམ་པ་ལྟ་བུ་ཡན་ལག་ངེས་པ་དང་། ལོ་གཅིག་ཙམ་བསྲུང་ནུས་ཀྱང་དེ་ནས་བསྲུང་མི་ནུས་སྙམ་པ་ལྟ་བུ་དུས་ངེས་པ་དང་། དུས་གཞན་གྱི་ཚེ་བསྲུང་ནུས་ཀྱང་དགའ་སྟོན་གྱི་ཚེ་བསྲུང་མི་ནུས་སྙམ་པ་ལྟ་བུ་ཚེ་ངེས་པ་དང་། སེམས་ཅན་གཞན་ལ་གནོད་འཚེ་ཕྱོང་ནུས་ཀྱང་རང་ལ་གནོད་པ་བྱེད་པ་ལ་གནོད་འཚེ་མི་ཕྱོང་སྙམ་པ་ལྟ་བུ་གང་ཟག་ངེས་པ་དང་། དགེ་འདུན་གྱི་སྡེའི་ནང་དུ་གནས་པའི་ཚེ་བསླབ་པ་བསྲུང་ལ་ཡུལ་ཕྱོགས་གཞན་དུ་མི་བསྲུང་སྙམ་པ་ལྟ་བུ་ཡུལ་ངེས་པ་སྟེ་ངེས་པ་ལྔ་དང་བྲལ་བ་ཞིག་དགོས་ཤིང་། གཙོ་ཆེར་ངེས་འབྱུང་གི་བསམ་པ་རྣམ་པར་དག་པས་ཀུན་ནས་བསླངས་ཏེ་དགེ་ཚུལ་གྱི་སྡོམ་པ་རྣམ་པར་དག་པ་ཞིག་བླངས་ལ་ཚུལ་བཞིན་དུ་བསྲུང་སྙམ་པའི་བསམ་པ་བརྟན་པོ་ཤིན་ཏུ་གལ་ཆེ་བ་ཡིན་པས་བསམ་པ་འདི་བཞིན་དུ་གྱིས། ཇི་སྐད་དུ་མདོ་དྲན་པ་ཉེར་གཞག་ལས། སེམས་ཅན་དམྱལ་བ་དམྱལ་མེས་ཉམས། །ཡི་དྭགས་བཀྲེས་ཤིང་སྐོམ་པས་ཉམས། །དུད་འགྲོ་གཅིག་ལ་གཅིག་ཟས་ཉམས། །མི་དག་འཚོ་བ་ཐུང་བས་ཉམས། །ལྷ་དག་བག་མེད་པ་ཡིས་ཉམས། །འཁོར་བ་ཁབ་ཀྱི་རྩེ་ཙམ་ན། །བདེ་བ་ནམ་ཡང་ཡོད་མ་ཡིན། །ཞེས་གསུངས་པ་ལྟར། ཁམས་གསུམ་འཁོར་བ་གང་དུ་གནས་ཀྱང་སྡུག་བསྔལ་གྱི་གནས། སུ་དང་འགྲོགས་ཀྱང་སྡུག་བསྔལ་གྱི་གྲོགས། ཅི་ལ་ལོངས(༧༣ན)སྤྱོད་ཀྱང་སྡུག་བསྔལ་གྱི་ལོངས་སྤྱོད་ལས་མ་འདས་པས། འཁོར་བའི་སྡུག་བསྔལ་མཐའ་དག་ལས་ཐར་པའི་སྐྱབས་དམ་པ་རྫོགས་པའི་སངས་རྒྱས་ཀྱི་གོ་འཕང་སེམས་ཅན་ཐམས་ཅད་ཀྱི་

དོན་དུ་ཐོབ་པར་བྱ། དེའི་ཕྱིར་དུ་སངས་རྒྱས་ལ་སྐྱབས་སྟོན་པ། ཆོས་ལ་སྐྱབས་དངོས། དགེ་འདུན་ལ་སྐྱབས་སྒྲུབ་པའི་གྲོགས་ཞུས་ཏེ་དགེ་ཚུལ་གྱི་སྡོམ་པ་བླངས་ལ་བསླབ་པའི་གཞི་བཅུ་པོ་ཡུལ་དུས་གནས་སྐབས་ཐམས་ཅད་དུ་མ་ཚང་བ་མེད་པ་ལེགས་པར་བསྲུང་། དེས་ན་བདག་སྤྱང་བྱ་བཅུ་སྤོང་བའི་དགེ་ཚུལ་དུ་གཟུང་དུ་གསོལ་སླམ་པའི་སྒོ་ནས་འདིའི་རྗེས་ཟློས་ཀྱིས་ཞེས་བརྗ་སྤྲད་ལ། དགེ་ཚུལ་གྱི་སྡོམ་པ་འབོགས། སྡོམ་པའི་ལས་ཆོག་དངོས་གཞི་ལ་འདུལ་བ་ནས་ཇི་ལྟར་གསུངས་པ་ལྟར་བྱ་བ་ལས་ཚིག་གཅིག་ལའང་བསྒྱུར་བཀོད་བྱར་མི་རུང་ལ། ཀུན་སློང་གི་བསམ་པ་ཇི་ལྟར་བྱ་བ་སོགས་བླ་མའི་མན་ངག་གིས་བརྡ་སྤྲོད་པ་ལ་རྒྱས་བསྡུས་བྱར་རུང་བས་གདུལ་བྱའི་ཁྱད་པར་འགའ་ཞིག་ལ་སྟར་བརྗོད་པའི་བརྡ་སྤྲོད་དེ་ལས་བསྡུས་པ་བྱེད་ན་འདི་ལྟར་བྱ་སྟེ། བསྒྲུབ་བྱས་སྟོན་པ་དང་རང་ལ་ཕྱག་གསུམ་གསུམ་བཙལ་ནས་མདུན་དུ་ཐལ་མོ་སྙིང་གར་སྦྱར་ཏེ་ཙོག་ཙོག་པུར་འདུག་པ་ལ་འདི་ལྟར་བརྗོད་དེ། ཁྱོད་དགེ་ཚུལ་དུ་བསྒྲུབ་པ་ལ་འགལ་རྐྱེན་བར་ཆད་ཐམས་ཅད་དང་བྲལ་ཞིང་། མཐུན་རྐྱེན་ཐམས་ཅད་ཚང་བ་ཞིག་དགོས་ལ། འགལ་རྐྱེན་བར་ཆད་དང་བྲལ་བ་ནི་སྔར་མཁན་པོས་དྲིས་པའི་ཚེ་དག་པར་ཁྱོད་རང་གིས་ཁས་བླངས། མཐུན་རྐྱེན་གཞན་ཐམས་ཅད་ཕུན་སུམ་ཚོགས་པའི་ཚུལ་གྱིས་(༧༣བ)ཚང་། ངེས་འབྱུང་གི་བསམ་པས་ཀུན་ནས་བསླངས་ཏེ་དགེ་ཚུལ་གྱི་སྡོམ་པ་ལེན་འདོད་ཀྱི་བསམ་པ་བརྟན་པོ་ཞིག་ཁྱོད་རང་གིས་བསྒྲུབ་དགོས་པས་བསམ་པ་འདི་བཞིན་དུ་གྱིས། ཇི་སྐད་དུ། མདོ་དྲན་པ་ཉེར་གཞག་ལས། སེམས་ཅན་དམྱལ་བ་དམྱལ་མེས་ཉམས། །ཡི་དྭགས་བཀྲེས་ཤིང་སྐོམ་པས་ཉམས། །དུད་འགྲོ་གཅིག་ལ་གཅིག་ཟས་ཉམས། །མི་དག་འཚོ་བ་ཐུང་བས་ཉམས། །ལྷ་དག་བག་མེད་པ་ཡིས་ཉམས། །འཁོར་བ་ཁབ་ཀྱི་རྩེ་ཙམ་ན། །བདེ་བ་ནམ་ཡང་ཡོད་མ་ཡིན། །ཞེས་གསུངས་པ་ལྟར། ཁམས་གསུམ་འཁོར་བ་གང་དུ་གནས་ཀྱང་སྡུག་བསྔལ་གྱི་གནས། སུ་དང་འགྲོགས་ཀྱང་སྡུག

བསྔལ་གྱི་གྲོགས། ཅི་ལ་ལོངས་སྤྱོད་ཀྱང་སྡུག་བསྔལ་གྱི་ལོངས་སྤྱོད་ལས་མ་འདས་པས་འཁོར་བའི་སྡུག་བསྔལ་མཐའ་དག་ལས་ཐར་བའི་སྐྱབས་དམ་པ་རྫོགས་པའི་སངས་རྒྱས་ཀྱི་གོ་འཕང་སེམས་ཅན་ཐམས་ཅད་ཀྱི་དོན་དུ་ཐོབ་པར་བྱ། དེའི་ཕྱིར་དུ་སངས་རྒྱས་ལ་སྐྱབས་སྟོན་པ། ཆོས་ལ་སྐྱབས་དངོས། དགེ་འདུན་ལ་སྐྱབས་སྒྲུབ་པའི་གྲོགས་ཞུས་ཏེ་དགེ་ཚུལ་གྱི་སྡོམ་པ་སླངས་ལ་བསླབ་པའི་གཞི་བཅུ་པོ་ཡུལ་དུ་དུས་གནས་སྐབས་ཐམས་ཅད་དུ་མ་ཆང་བ་མེད་པ་ལེགས་པར་བསྲུང་། དེས་ན་བདག་སྐྱང་བྱ་བཅུ་སྤོང་བའི་དགེ་ཚུལ་དུ་གཟུང་དུ་གསོལ་སྙམ་པའི་སྒོ་ནས་འདིའི་རྗེས་ཟློས་ཀྱིས། ཞེས་བརྗོད་སྦྱད་ལ། འདི་ལྟར་བརྗོད་དེ། བཙུན་པ་དགོངས་སུ་གསོལ། བདག་མིང་འདི་ཞེས་བགྱི་བ་དུས་འདི་ནས་བཟུང་སྟེ་ཇི་སྲིད་འཚོ་བའི་བར་དུ་རྐང་གཉིས་རྣམས་ཀྱི་མཆོག་སངས་རྒྱས་ལ་སྐྱབས་སུ་མཆིའོ། །འདོད་ཆགས་དང་བྲལ་བ་རྣམས་ཀྱི་མཆོག་(༧༨ན)ཆོས་ལ་སྐྱབས་སུ་མཆིའོ། །ཚོགས་རྣམས་ཀྱི་མཆོག་དགེ་འདུན་ལ་སྐྱབས་སུ་མཆིའོ། །བདག་ཇི་སྲིད་འཚོའི་བར་དུ་དགེ་ཚུལ་དུ་བཙུན་པས་གཟུང་དུ་གསོལ། སྔར་ནས་ཆོས་འབྲེལ་ཡོད་པའི་སློབ་དཔོན་ཡིན་ན་སློབ་དཔོན་དགོངས་སུ་གསོལ། སྔར་གྱི་མཁན་པོ་ཡིན་ན་མཁན་པོ་དགོངས་སུ་གསོལ་ཞེས་བརྗོད་དགོས་སོ། །འདི་རང་དོན་དུ་བརྗོད་པའི་སྐབས་ཡིན་པས་ལན་གསུམ་བྱ་དགོས་པས་གཉིས་པའི་ཡང་རྗེས་ཟློས་ཀྱིས། ཞེས་བརྗོད་སྦྱད་ལ་གཉིས་པ་བྱ། གསུམ་པ་འདི་ལ་སྐྱབས་བརྗོད། བདག་བརྗོད། གཞན་བརྗོད་གསུམ་ཡོད་པ་ལས། སྐྱབས་བརྗོད་དང་བདག་བརྗོད་གཉིས་སོང་བ། དགེ་ཚུལ་དུ་ཞེས་པའི་ཚིག་རྫོགས་པ་དང་མཉམ་དུ་ཁྱོད་ལ་དགེ་ཚུལ་གྱི་སྡོམ་པ་སྐྱེ། ངེད་ཁྱོད་ཀྱི་སློབ་དཔོན་དུ་གྱུར་པ་ཡིན་ཞིང་། དགེ་ཚུལ་དུ་ཞེས་པའི་སྐབས་སུ་ངེད་ཀྱིས་སྐད་གཟེངས་མཐོ་བ་དང་སེ་གོལ་གྱི་བརྡ་སྦྱོར་བས། དེ་དུས་བདག་གི་རྒྱུད་ལ་དགེ་ཚུལ་གྱི་སྡོམ་པ་སྐྱེས་པའི་དུས་འདི་ཁོ་ན་ཡིན་སྙམ་པའི་ཐབ་བློ་སྐྱེས་པ་ཤིན་ཏུ་གལ་ཆེ་བ་དང་། སློབ་དཔོན་དུ་གྱུར་

ནས་བཙུན་པ་ཞེས་མི་བརྗོད་པར་སློབ་དཔོན་ཞེས་བརྗོད་དགོས་པ་ཡིན་པས་མ་ཡིངས་པར་ཡིད་ལ་ཞོག་ལ་གསུམ་པའི་ཡང་རྗེས་ཟློས་ཀྱིས་ཞེས་བརྗོད་ལ་གསུམ་པ་བྱ། མཇུག་ཏུ་སློབ་དཔོན་གྱིས་ཐབས་ཡིན་ནོ་ཞེས་བརྗོད། སློབ་མས་ལེགས་སོ་ཞེས་བརྗོད་དོ། །དེ་ནས་བསྒྲུབ་བྱ་དེ་ལ་འདི་སྐད་བརྗོད་པར་བྱ་སྟེ། དེ་ལྟར་སྦྱོར་བ་དང་དངོས་གཞི་གཉིས་ཀྱི་སྒོ་ནས་ཁྱོད་དགེ་ཚུལ་དུ་སྒྲུབ་པའི་དངོས་གཞིའི་ཆོ་ག་ལེགས་པར་གྲུབ་ཁྱོད་ཀྱིས་དགེ་ཚུལ་གྱི་སྡོམ་པ་ཐོབ་པ་ཡིན་པས་ཡིད་དགའ་བ་སྒོམས་ཤིག །ཅེས་(༧~ཁ)བརྗོད།

གསུམ་པ་དགེ་ཚུལ་དུ་སྒྲུབ་པའི་མཇུག་གི་ཆོ་ག་ལ་གཉིས། བསྙེན་བཀུར་གྱི་གནས་དང་གནས་མ་ཡིན་པ་ཤེས་པར་བྱ་བའི་ཕྱིར་དུ་དུས་གོ་བར་བྱ་བ་དང་། ཐོབ་པ་མི་ཉམས་ཤིང་འཕེལ་བར་བྱ་བའི་ཕྱིར་བསླབ་པ་བརྗོད་པའོ། །དང་པོ་བསྙེན་བཀུར་གྱི་གནས་དང་གནས་མ་ཡིན་པ་ཤེས་པར་བྱ་བའི་ཕྱིར་དུ་དུས་གོ་བར་བྱ་བ་ནི། མཁན་པོ་དང་སློབ་དཔོན་ལས་གཞན་པའི་དགེ་སློང་གཞན་ཞིག་ལ་བསྒྲུབ་བྱ་འདིའི་དགེ་ཚུལ་གྱི་སྡོམ་པའི་ཐོབ་དུས་གོ་བ་དེ་མང་དུ་ཐོས་པའི་འདུལ་བ་འཛིན་པ་ཆེ་གེ་མོས་མཛོད་ཅིག །ཅེས་བསྒོ། དེ་ཡང་མི་མོ་ཡོས་ལོའི་ཟླ་བ་བཞི་པའི་ཡར་ཚེས་བརྒྱད་ཀྱི་སྔ་དྲོ་དགེ་ཚུལ་དུ་སྒྲུབ་པ་ལྟ་བུ་ལ་དུས་གོ་བརྗོད་ཚུལ་འདི་ལྟར་བྱ་སྟེ། དུས་གོ་བརྗོད་པའི་དགེ་སློང་གིས་ཉི་མ་རྫོགས་པའི་སར་ཕྱིན་ལ་ཐུར་མ་སོར་བཞི་པས་གྲིབ་ཚོད་གཞལ་ཏེ། ཐུར་མ་དེའི་གྲིབ་མ་སོར་བཞི་ལ་སླེབས་བུ་དང་། སོར་གསུམ་མན་ཆད་སོར་རེ་རེ་ལ་རྐང་པའི་ཐ་སྙད་བྱས་པའི་དུས་ཚོད་ངེས་ངེས་བྱས་གྲལ་ལ་འཁོད་ནས་འདི་ལྟར་བརྗོད་དེ། ཁྱོད་དགེ་ཚུལ་དུ་སྒྲུབ་པ་ལ་ཆོ་ག་སྦྱོར་དངོས་རྗེས་གསུམ་ཡོད་པའི་སྦྱོར་བ་དང་དངོས་གཞི་གཉིས་ཀྱི་སྒོ་ནས་ཁྱོད་ཀྱིས་དགེ་ཚུལ་གྱི་སྡོམ་པ་ལེགས་པར་ཐོབ་པ་ཡིན། མཇུག་གི་ཆོ་ག་ལ་བསྙེན་བཀུར་གྱི་གནས་དང་གནས་མ་ཡིན་པ་ཤེས་པར་བྱ་བའི་ཕྱིར་དུ་དུས་གོ་བར་བྱ་བ་དང་། སྡོམ་

པ་ཐོབ་པ་མི་ཉམས་པར་བྱ་བའི་ཕྱིར་བསླབ་པ་བརྗོད་པ་གཉིས་ལས། དང་པོ་བསྙེན་བཀུར་གྱི་གནས་དང་གནས་མ་ཡིན་པ་ཤེས་པའི་ཕྱིར་དུ་དུས་གོ་བ་ལ། ཁྱོད་ཀྱི་རྒྱུད་ལ་དགེ་ཚུལ་གྱི་སྡོམ་པ་ཐོབ་པའི་དུས་ནི་ལོ་སྐོར་བཅུ་གཉིས་ཡོད་པ་ལས་ལོ་འདི་མེ་མོ་ཡོས་ལོ་ཡིན། དེ་ལ་དུས་ཚིགས་(༧༥ན)ལྔ་ཡོད་པ་ལས་དཔྱིད་དུས་ཡིན། དེ་ལ་ཟླ་བ་བཞི་ཡོད་པ་ལས་དཔྱིད་ཟླ་ཐ་ཆུང་ས་ག་ཟླ་བ་ཡིན། དེ་ལ་ཡར་ངོ་དང་མར་ངོ་གཉིས་ཡོད་པ་ལས་ཡར་ངོ་ཡིན། དེ་ལ་ཚེས་གྲངས་བཅོ་ལྔ་ཡོད་པ་ལས་ཚེས་བརྒྱད་ཡིན། དེ་ལ་ཉིན་མཚན་གྱི་ཆ་ཉི་ཤུ་རྩ་གཉིས་ཡོད་པ་ལས་སྔ་དྲོའི་ཆ་གྲིབ་ཚོད་སྐྱེས་བུ་འདི་དང་། ཆང་པ་འདིའི་དུས་སུ་གཙུག་ལག་ཁང་ཆེ་གེ་མོར་དགེ་བའི་བཤེས་གཉེན་ཆེ་གེ་མོས་མཁན་པོ་དང་། ཆེ་གེ་མོས་སློབ་དཔོན་མཛད་དེ་ཁྱོད་ཀྱིས་དགེ་ཚུལ་གྱི་སྡོམ་པ་ཐོབ་པ་ཡིན་པས་དེ་རྣམས་ཡིད་ལ་བཞག་ནས། བསྙེན་བཀུར་གྱི་གནས་དགེ་སློང་རྣམས་དང་། རང་ལས་རྒན་པའི་དགེ་ཚུལ་རྣམས་གྲལ་གོང་དུ་འོག །ཆེད་པ་དང་པོར་ཕྱུལ། ཕྱག་དང་སྟོན་དུ་ལྡང་བ་སོགས་གུས་པའི་ལས་ཀྱིས། དེ་ལྟར་བྱས་པས་གཞན་རྒྱུད་ཀྱི་བསླབ་པ་ལ་གུས་པར་བྱས་པའི་ཕན་ཡོན་ཡོད། དགེ་སློང་མ་དང་དགེ་སློང་མའི་ཕྱག་མ་ལེན། རང་ལས་བསླབ་པ་གཞོན་པའི་དགེ་ཚུལ་དང་། དགེ་ཚུལ་མ་རྒན་གཞོན་ཐམས་ཅད་དང་། དགེ་བསྙེན་ཕ་མ་སོགས་ཀྱི་ཕྱག་དང་བསྙེན་བཀུར་དང་དུ་ལོངས། དེ་ལྟར་བྱས་པས་རང་རང་རྒྱུད་ཀྱི་བསླབ་པ་ལ་གུས་པར་བྱས་པའི་ཕན་ཡོན་ཡོད། དུས་མཉམ་པ་བྱུང་ན་གཅིག་གིས་གཅིག་ལ་ཕྱག་བྱ་མི་དགོས། གྲལ་མགྱོགས་གྲལ་དུ་བྱས་པས་ཆོག །དེ་ལྟར་སྡོམ་པ་ཐོབ་པའི་དུས་ཤེས་པ་དང་དེའི་བསླབ་བྱ་ལ་གནས་པར་བྱས་པས་དངོས་སུ་སྡོམ་པ་ཐོབ་པའི་དུས་ཤེས་ཤིང་། དེ་ལ་བརྟེན་ནས་བསྙེན་བཀུར་གྱི་གནས་ལ་བསྙེན་བཀུར་བྱས། གནས་མ་ཡིན་པའི་བསྙེན་བཀུར་སྟོབ་པ་དང་དུ་བླངས་(༧༥བ)པས་སྟོན་པའི་བཅས་པ་དང་མཐུན་ཞིང་། དེ་ཐམས་ཅད་མི་གནས་པའི་ལྟུང་འདས་ཀྱི་བསམ་པས་ཟིན་པར་བྱས་

པས་སངས་རྒྱས་ཐོབ་པའི་ཕན་ཡོན་ཡོད་པས་དེ་རྣམས་སེམས་ལ་བཞག་ནས་ལག་ལེན་ལ་ཐེབས་པར་མཛོད། དེ་མཇུག་ཆོག་དང་པོ་ལགས། མཇུག་ཆོག་གཉིས་པ་དགེ་བའི་བཤེས་གཉེན་ཆེ་གེ་མོས་གསུང་བར་འགྱུར་བས་དེ་ལ་སྙན་གཏོད་མཛོད། ཅེས་བརྗོད། ལོ་དང་ཟླ་བ་དང་ཆོས་གྲངས་གཞན་དང་གཞན་ལ་དགེ་ཚུལ་སྒྲུབ་པའི་ཚེ་དུས་གོ་བརྗོད་ཚུལ་གོང་གི་དེས་རིགས་འགྲེ་ཤེས་པར་བྱ། དུས་ཚིགས་ཀྱི་རྣམ་གཞག་ཞིབ་པར་བསྙེན་རྫོགས་ཀྱི་ཆོ་གའི་སྐབས་སུ་འཆད་དོ། །

མཇུག་ཆོག་གཉིས་པ་སྡོམ་པ་ཐོབ་པ་མི་ཉམས་ཤིང་འཕེལ་བར་བྱ་བའི་ཕྱིར་བསླབ་པ་བརྗོད་པ་ནི། སློབ་དཔོན་གྱིས་བསྒྲུབ་བྱ་དེ་ལ་འདི་ལྟར་བརྗོད་པར་བྱ་སྟེ། དགེ་བའི་བཤེས་གཉེན་པས་གསུངས་པ་དེ་རྣམས་ཀྱང་སེམས་ལ་བཞག་ནས་ལག་ལེན་ལ་ཐེབས་པར་བྱེད་དགོས་པ་ཡིན། ད་མཇུག་ཆོག་གཉིས་པ་ཐོབ་པ་མི་ཉམས་ཤིང་འཕེལ་བར་བྱ་བའི་ཕྱིར་བསླབ་པ་བརྗོད་པ་ནི། སྡོམ་པ་ཐོབ་པ་ཙམ་གྱིས་མི་ཆོག་བསྲུང་དགོས། བསྲུང་ལུགས་ནི། དགྲ་བཅོམ་པ་རྣམས་ཀྱིས་སྤང་བྱ་བཅུ་པོ་ཡིད་ཀྱིས་སྤངས་ཤིང་ལུས་ངག་གིས་དེ་ལས་སླར་ལོག་པ་དེ་བཞིན་དུ་བདག་གིས་ཀྱང་དུས་འདི་ནས་ཇི་སྲིད་འཚོའི་བར་དུ་སྤང་བྱ་བཅུ་པོ་འཁོར་དང་བཅས་པ་ཡིད་ཀྱིས་སྤངས་ནས་ལུས་ངག་གིས་སླར་ལྡོག་སྙམ་པ་གྱིས་ལ་འདིའི་རྗེས་ཟློས་གྱིས། སློབ་དཔོན་དགོངས་སུ་གསོལ། ཇི་ལྟར་འཕགས་པ་དགྲ་བཅོམ་པ་དེ་དག་གིས། ཇི་སྲིད་འཚོའི་བར་དུ་སྲོག་གཅོད་པ་སྤངས་ཏེ། སྲོག་གཅོད་པ་ལས་སླར་ལོག་པ་དེ་བཞིན་དུ། བདག་(༧༤ན)མིང་འདི་ཞེས་བགྱི་བས་ཀྱང་དུས་འདི་ནས་བཟུང་སྟེ། ཇི་སྲིད་འཚོའི་བར་དུ་སྲོག་གཅོད་པ་སྤངས་ཏེ། སྲོག་གཅོད་པ་ལས་སླར་ལྡོག་པར་བགྱིའོ། །ཡན་ལག་དང་པོ་འདིས་བདག་འཕགས་པ་དགྲ་བཅོམ་པ་དེ་དག་གི་བསླབ་པ་ལ་རྗེས་སུ་སློབ་བོ། །རྗེས་སུ་བསྒྲུབ་བོ། །རྗེས་སུ་བགྱིད་དོ། །གཞན་ཡང་ཇི་ལྟར་འཕགས་པ་དགྲ་བཅོམ་པ་དེ་དག་གིས་ཇི་སྲིད་འཚོའི་བར་དུ་མ་བྱིན་

པར་ལེན་པ་དང་། མི་ཚངས་པར་སྤྱོད་པ་དང་། བརྫུན་དུ་སྨྲ་བ་དང་། འབྲུའི་ཆང་དང་། བཅོས་པའི་ཆང་མྱོས་པར་འགྱུར་བ་བག་མེད་པའི་གནས་དང་། གླུ་གར་དང་རོལ་མོའི་སྒྲ་དང་། ཕྲེང་བ་དང་། སྤོས་ཞུག་པ་དང་། རྒྱན་དང་ཁ་དོག་འཆང་བ་དང་། ཁྲི་སྟན་མཐོན་པོ་དང་། ཁྲི་སྟན་ཆེན་པོ་དང་། དུས་མ་ཡིན་པའི་ཁ་ཟས་དང་། གསེར་དངུལ་ལེན་པ་སྤངས་ཏེ། གསེར་དངུལ་ལེན་པ་ལས་སླར་ལོག་པ་དེ་བཞིན་དུ། བདག་མིང་འདི་ཞེས་བགྱི་བས་ཀྱང་དུས་འདི་ནས་བཟུང་སྟེ། ཇི་སྲིད་འཚོའི་བར་དུ་མ་བྱིན་པར་ལེན་པ་དང་། མི་ཚངས་པར་སྤྱོད་པ་དང་། བརྫུན་དུ་སྨྲ་བ་དང་། འབྲུའི་ཆང་དང་། བཅོས་པའི་ཆང་མྱོས་པར་འགྱུར་བ་བག་མེད་པའི་གནས་དང་། གླུ་གར་དང་རོལ་མོའི་སྒྲ་དང་། ཕྲེང་བ་དང་། སྤོས་ཞུག་པ་དང་། རྒྱན་དང་ཁ་དོག་འཆང་བ་དང་། ཁྲི་སྟན་མཐོན་པོ་དང་། ཁྲི་སྟན་ཆེན་པོ་དང་། དུས་མ་ཡིན་པའི་ཁ་ཟས་དང་། གསེར་དངུལ་ལེན་པ་སྤངས་ཏེ། གསེར་དངུལ་ལེན་པ་ལས་སླར་ལྡོག་པར་བགྱིའོ། །ཡན་ལག་བཅུ་པོ་འདིས་བདག་འཕགས་པ་དགྲ་བཅོམ་པ་དེ་དག་གི་བསླབ་པ་ལ་རྗེས་སུ་སློབ་བོ། །རྗེས་སུ་བསྒྲུབ་བོ། །རྗེས་སུ་བགྱིད་དོ། །ཞེས་ལན་ཅིག་རྗེས་ཟློས་བྱ། དེ་ནས་སློབ་དཔོན་གྱིས་ཐབས་ཡིན་ནོ། །དགེ་ཚུལ་གྱིས་(༧༨བ)ལེགས་སོ་ཞེས་བརྗོད་པར་བྱའོ། །དེ་ནས་འདི་ལྟར་བརྗོད་པར་བྱ་སྟེ། དེ་ལྟར་དངོས་སུ་བླངས་པའི་བསླབ་པ་བཅུ་ལས་རྩ་བ་བཞི་ལས་འདས་ན་ཕམ་པ་དང་འདྲ་བའི་ཉེས་བྱས་འབྱུང་བར་གསུངས་པས་མི་གསོད་པ་སོགས་ཕམ་འདྲ་བཞི་པོ་གང་རུང་བྱུང་ན་སྡོམ་པ་གཏོང་བ་ཡིན། ཡན་ལག་དྲུག་ལས་འདས་ན་བཤགས་བྱའི་ཉེས་བྱས་ཡིན་པས་ཆང་འཐུང་བ་སོགས་ཡན་ལག་གི་ཉེས་པ་དྲུག་པོ་གང་རུང་བྱུང་ན་ཇི་མི་སྙམ་པར་མི་འཇོག་པར་དེ་མ་ཐག་ཏུ་དགེ་སློང་རྣམ་དག་གི་དྲུང་དུ་བཤགས་པ་བྱ། སྡོམ་པ་བླངས་པའི་ཕྱོགས་མཐུན་ལས་འདས་ན་བསྡམ་བྱའི་ཉེས་བྱས། འཆང་འབྲལ་ལ་སོགས་པ་ཉེས་མེད་དུ་གནང་བ་རྣམས་ལ་ཉེས་པ་

མེད་པར་ཤེས་པར་གྱིས་ལ་ལེགས་པར་སྲུངས་ཤིག །དེ་ལྟར་དགེ་ཚུལ་དུ་གྱུར་ནས་ཁྲིམ་པ་ཡིན་ན་འཕགས་པ་ཐུན་ཆད་ཀྱིས་ཀྱང་ཕྱག་བྱ་བའི་གནས་སུ་གྱུར་པ་ཡིན་པས་དགའ་སྤྲོ་ཆེན་པོ་གྱིས། དེ་ལྟར་ཁྱོད་ཀྱིས་དགེ་ཚུལ་གྱི་སྡོམ་པ་ཐོབ་པ་དེ་ཡང་མཁན་པོའི་བཀའ་དྲིན་ལས་བྱུང་བ་ཡིན་ཏེ། མཁན་པོ་རང་གིས་མཛད་དགོས་པ་རྣམས་རང་གིས་མཛད། གཞན་ལ་བསྐོས་ནས་མཛད་དགོས་པ་རྣམས་གཞན་ལ་བསྐོས་ནས་མཛད་པས་བཀའ་དྲིན་ཤིན་ཏུ་ཆེ་བ་ཡིན་པས་ཡོངས་ལ་ཕྱག་གསུམ་འཚལ་ལ་བཀའ་དྲིན་ཆེ། ཞེས་བརྗོད་ཅིག །ཅེས་བརྗོད། དེ་ནས་དགེ་ཚུལ་གྱིས་ཕྱག་བཙལ་ནས་བཀའ་དྲིན་ཆེ་ཞེས་བརྗོད་པ་ན། མཁན་པོས་དགེ་འདུན་རྣམས་སྔོན་ལམ་གསུང་བར་ཞུ། ཞེས་བརྗོད་ནས་མཁན་སློབ་དགེ་འདུན་དང་བཅས་པས་མི་ཏོག་འཐོར་བཞིན་དུ། ཐར་པའི་རྒྱལ་མཚན་བརྟན་པར་གྱུར་ཅིག །ཚངས་པར་སྤྱོད་པ་ཆེའི་མཐར་(༧༧ན)ཕྱིན་པར་གྱུར་ཅིག །ཚུལ་ཁྲིམས་ཀྱི་ཕུང་པོ་ཡོངས་སུ་རྫོགས་པར་གྱུར་ཅིག །ཚེ་རབས་ཐམས་ཅད་དུ་དགེ་ཚུལ་གྱི་སྡོམ་པ་རྣམ་པར་དག་པ་དང་ལྡན་པར་གྱུར་ཅིག ཅེས་སྨོན་ལམ་གདབ་བོ། །

གཉིས་པ་བསྙེན་པར་རྫོགས་པའི་ཆོ་ག་ལ་གསུམ། སྦྱོར་བ། དངོས་གཞི། མཇུག་གི་ཆོ་གའོ། །དང་པོ་བསྙེན་པར་རྫོགས་པའི་སྦྱོར་བ་ལ་དྲུག །ཡོ་བྱད་ཚགས་སུ་གཞུག་ཅིང་། དཀོན་མཆོག་གསུམ་དང་སློབ་དཔོན་མངོན་དུ་འགྱུར་བར་བྱ་བའི་ཕྱིར་དང་པོར་བྱ་བ། མཁན་པོ་མངོན་དུ་འགྱུར་བར་བྱ་བའི་ཕྱིར་མཁན་པོར་གསོལ་བ་གདབ་པ། ཡོ་བྱད་མངོན་དུ་འགྱུར་བར་བྱ་བའི་ཕྱིར་ཆོས་གོས་གསུམ་དང་ལྷུང་བཟེད་བྱིན་གྱིས་བརླབས་ནས་སྦྱིན་ཞིང་གདིང་བ་དང་ཚ་ཚགས་སྦྱིན་པ། ཡོངས་སུ་དག་པ་མངོན་དུ་འགྱུར་མི་འགྱུར་བརྟག་པའི་ཕྱིར་གསང་སྟོན་བསྐོས་ནས་ཕྱོགས་སུ་བར་ཆད་དྲིས་ཏེ་དག་པར་གོ་བར་བྱས་ནས་འོང་བར་ཞུ་བ། བསྙེན་པར་རྫོགས་པར་འདོད་པར་བརྟན་ཅིང་གསོལ་བ་མངོན་དུ་འགྱུར་བར་བྱ་བའི་ཕྱིར་གསོལ་བ

གདབ་པ། ཡོངས་སུ་དག་པར་དགེ་འདུན་ཐུགས་ཆེས་པ་ལ་སོགས་པའི་དོན་དུ་ནང་དུ་བར་ཆད་དྲི་བའོ། །

དང་པོ་ནི། བསྙེན་རྫོགས་སུ་སྒྲུབ་པར་བྱེད་པ་ལ་སྔོན་གྱི་ཆོ་ག་དང་། ད་ལྟར་གྱི་ཆོ་ག་གཉིས་གསུངས་པ་ལས། སྔོན་གྱི་ཆོ་ག་ནི་སྔོན་པ་མངོན་པར་རྫོགས་པར་སངས་རྒྱས་ནས་རིང་པོ་མ་ལོན་པ་ན་བཟང་སྡེའི་ཚོགས་དྲུག་ཅུ་སྐྱབས་འགྲོ་ཙམ་གྱིས་བསྙེན་པར་རྫོགས་པ་དང་། ཤྲཱ་རིའི་བུ་ལ་སོགས་པ་ཚུར་ཤོག་གིས་བསྙེན་པར་རྫོགས་པ་དེ་རྣམས་སྲིད་པ་ཐ་མ་པའི་གང་ཟག་དགེ་བའི་རྩ་བ་བསགས་པ་རྣམས་ཀྱི་དབང་དུ་མཛད་ནས། དགེ་སློང་ཚུར་ཤོག་ཚངས་པར(༡༧བ)སྤྱོད་པ་སྤྱོད་ཅིག་ཅེས་བཀའ་སྩལ་བ་ཙམ་གྱི་མཇུག་ཐོ་ནར་སྐྲ་དང་ཁ་སྤུ་བྲེགས་ནས་ཞག་བདུན་ལོན་པ་ཙམ་དང་། ལག་ན་ལྷུང་བཟེད་དང་བྱ་མ་བུམ་ཐོགས་པ་དང་། བསྙེན་པར་རྫོགས་ནས་ལོ་བརྒྱ་ལོན་པའི་སྤྱོད་ལམ་ལྟ་བུར་གནས་པར་གྱུར་ཏེ། ཛྷ་རྣམས་ཀྱིས། བཅོམ་ལྡན་འདས་ཀྱིས་ཚུར་ཤོག་བཀའ་སྩལ་པས། །སྐྲ་ཡི་ སྐམ་སྤྱུར་གྱོན་པའི་ལུས་ལྡན་ཞིང་། །སོད་ལ་དབང་པོ་རབ་ཞི་གནས་གྱུར་ཏེ། །སངས་རྒྱས་དགོངས་པས་ལུས་གཟུགས་བཀབ་པར་གྱུར། །ཅེས་ཆེད་དུ་བརྗོད་པར་བྱེད་དོ། །དེའི་ཚེ་བསྙེན་རྫོགས་དོན་དུ་གཉེར་བ་རྣམས་ཡུལ་ཐག་རིང་པོ་ནས་འདས་པས་འགའ་ཞིག་བཅོམ་ལྡན་འདས་ཀྱི་དྲུང་དུ་མ་ཕྱིན་པར་ཤི་ནས་བསྙེན་རྫོགས་ཀྱི་བར་ཆད་དུ་གྱུར་པའི་སྐབས་དེ་གསོལ་བས། ཀྱེ་མ་ངའི་ཉན་ཐོས་རྣམས་ཡུལ་ཐག་རིང་པོ་ནས་འོང་བ་ངལ་བར་འགྱུར་རོ་སྙམ་དུ་དགོངས་ནས། དགེ་འདུན་གྱིས་རབ་ཏུ་དབྱུང་བ་དང་བསྙེན་པར་རྫོགས་པར་བྱ་བར་གནང་ངོ་། །ཞེས་གསོལ་བཞིའི་ལས་ཀྱིས་ཅིག་ཅར་རབ་ཏུ་དབྱུང་བ་དང་བསྙེན་པར་རྫོགས་པའི་ཆོ་ག་གནང་ནས། དེར་དགེ་སློང་རྣམས་ཀྱིས་དེ་དག་རབ་བྱུང་བསྙེན་རྫོགས་བྱས་པ་ན། དེ་དག་ལ་མཁན་སློབ་མེད་པས་ལེགས་པར་མ་སྲུངས་ཤིང་སྤྱོད་ལམ་རྐྱེན་བག་ཅན་དུ་གྱུར་པས། ཁྱིམ་པ་མ་དད་ཅིང་མུ་

སྡིགས་ཅན་འཕྲོ་བར་གྱུར་ལ། དགེ་སློང་འགའ་ཞིག་ནད་གཡོག་མེད་པར་ཤི་བར་གྱུར་པའི་སྐབས་དེ་གསོལ་བས། ངས་ཉན་ཐོས་རྣམས་གཅིག་གིས་གཅིག་བསྟུ་བར་བྱ་བའི་ཕྱིར་དང་། ནད་པ་རྣམས་ལ་རིམ་གྲོ་བྱ་བའི་ཕྱིར་མཁན་སློབ་གནང་བར་བྱའོ་སྙམ་དུ་དགོངས་ནས། ད་ཕྱིན་ཆད་(༧༨ན)མཁན་པོ་དང་སློབ་དཔོན་དག་གིས་རབ་ཏུ་དབྱུང་བར་བྱ། བསྙེན་པར་རྫོགས་པར་བྱ་བར་གནང་ངོ་། །ཞེས་ད་ལྟར་གྱི་ཆོ་ག་བཅས། དེའི་རྒྱུ་མཚན། སྲིད་པ་ཐ་མ་པ་རྣམས་དགེ་བའི་རྩ་བ་རྒྱ་ཆེན་པོ་སྔོན་དུ་སོང་བས་རང་བཞིན་གྱིས་དབང་པོ་དུལ་བ་དང་། ནད་ལ་སོགས་པ་ཆེར་མི་འབྱུང་། བྱུང་ཡང་ནད་གཡོག་དང་སྨན་ལ་སོགས་པ་རྙེད་སླ། ཤེས་རབ་སྨིན་པས་སྟོན་པས་གསུངས་པའི་ཆོས་རྣམས་གཞན་གྱིས་བཀྲོལ་བ་ལ་བརྟེན་མི་དགོས་པས་འཁྲིད་ཅིང་སྐྱོང་བར་བྱེད་པའི་མཁན་སློབ་མ་བཅས་ལ། ད་ལྟར་གྱི་གདུལ་བྱ་རྣམས་དེ་ལས་ལྡོག་པས། འཁྲིད་ཅིང་སྐྱོང་བར་བྱེད་པའི་མཁན་སློབ་གནང་། དེ་ཡང་ཅི་དགར་གནང་བ་མ་ཡིན་གྱི་སྒྲུབ་པའི་བསླབ་པ་ཡིན་པས་མཁན་པོ་དགོས་ཤིང་། མཁན་པོ་ཡང་གང་རུང་རུང་གིས་མི་ཆོག་བསྙེན་པར་རྫོགས་ནས་སྡོམ་རྒྱུན་བར་མ་ཆད་དུ་ལོ་བཅུ་ལོན་པ། ལྷན་ཅིག་སྦྱར་བ་ཉི་ཤུ་རྩ་གཅིག་ལས་གང་ཡང་རུང་བ་དང་ལྡན་པ། ཁ་སྐོང་གི་ཆོས་བཅུ་གསུམ་དང་ལྡན་པ། བསྒྲུབ་བྱ་དེ་ལ་བརྩེ་བ་དང་ལྡན་པ། བསྒྲུབ་བྱ་དད་པ་སོང་བ་ཞིག་དགོས་ལ། ལས་ཀྱི་སློབ་དཔོན་ཡང་གང་རུང་རུང་གིས་མི་ཆོག །བསྙེན་རྫོགས་ཀྱི་སྡོམ་པ་རྣམ་དག་དང་ལྡན་པ་སོགས་ཁ་སྐོང་གི་ཆོས་བཅུ་གསུམ་ཚང་བ། བསྒྲུབ་བྱ་དད་པ་སོང་བ། བསྒྲུབ་བྱ་དེ་ལ་བརྩེ་བ་དང་ལྡན་པ། དགེ་འདུན་གྱི་དབུས་སུ་ལས་ཀྱི་ཆོ་ག་ཚིག་ཕྲེད་ཀྱང་མ་འཁྲུལ་བར་བློ་ལས་ཐོན་པ། མཁན་པོའི་ཚིག་གིས་ལས་སློབ་ཏུ་བསྐོས་པ་ཞིག་དགོས་པ་ཡིན། གསང་སྟེ་སྟོན་པའི་སློབ་དཔོན་ཡང་གང་བྱུང་བྱུང་གིས་མི་ཆོག་བསྙེན་རྫོགས་ཀྱི་(༧༨བ)སྡོམ་པ་རྣམ་དག་དང་ལྡན་པ་སོགས་ཁ་སྐོང་གི་ཆོས་བཅུ་གསུམ་དང་ལྡན་

པ། བསྒྲུབ་བྱ་དད་པ་སོང་བ། བསྒྲུབ་བྱ་དེ་ལ་བརྩེ་བ་དང་ལྡན་པ། འགྲོ་བ་བཞི་དང་བྲལ་བ། བྱས་པ་དང་མ་བྱས་པ་དྲན་པར་ནུས་པ། ཕྲོག་ཏུ་བར་ཆད་དྲི་བ་དང་ནང་དུ་འོང་བར་ཞུ་བའི་ཚིག་ལ་མཁས་པ། མཁན་པོའི་ཚིག་གིས་བསྐོས་པ་ཞིག་དགོས་པ་ཡིན། ཁ་སྐོང་གི་དགེ་འདུན་ཡང་གྲངས་ཚང་བ། ཁ་སྐོང་དུ་འོས་པའི་ཆོས་ཐམས་ཅད་དང་ལྡན་པ་ཞིག་དགོས། གྲངས་ནི་ཡུལ་དབུས་སུ་དགེ་སློང་ཉུང་མཐའ་བཅུ་ཡན་ཆད་ཚང་བ། མཐའ་འཁོབ་ཏུ་གཞན་ཡེ་མ་འབྱོར་ན་འདུལ་བ་འཛིན་པ་ལས་བྱེད་པ་པོ་དང་ལྔ་ཡན་ཆད་དུ་ཚང་བ་ཞིག་དགོས། མཐའ་འཁོབ་ཏུ་ཡང་ཁ་སྐོང་དུ་འོས་པའི་དགེ་སློང་ལྔ་ལས་ལྷག་པ་འབྱོར་བཞིན་ལྔས་བསྙེན་རྫོགས་བྱས་ན་བྱེད་པ་པོ་ལ་ཉེས་པ་འབྱུང་བར་ལུང་ཞུ་བ་ལས་གསུངས་ཤིང་། འདུལ་བའི་རྒྱ་ཆེར་འགྲེལ་ལས་ཀྱང་གསུངས། དེས་ན་མཐའ་འཁོབ་ཏུ་ཡང་ཁ་སྐོང་དུ་འོས་པ་ཉེད་ན་བཅུའི་ཚོགས་བྱ་དགོས་པར་གསུངས་སོ། །བསྙེན་རྫོགས་ཀྱི་ལས་ཀྱི་ཁ་སྐོང་དུ་རུང་བ་ལ་ཁ་སྐོང་གི་ཆོས་བཅུ་གསུམ་དང་ལྡན་པ། མི་མཐུན་པ་གཉིས་དང་བྲལ་བ་ཞིག་དགོས་ལ། ཁ་སྐོང་གི་ཆོས་བཅུ་གསུམ་ནི། མི་འདུག་པར་འགྲེང་བ་མ་ཡིན་པ། གང་ལ་བྱ་བ་མ་ཡིན་པ། འདུན་པ་དང་ཡོངས་སུ་དག་པའི་ཚིག་ལས་མ་ཡིན་པ། བསྙེན་རྫོགས་ཀྱི་སྡོམ་པ་རྣམ་དག་དང་ལྡན་པ། ཉམས་པ་མ་ཡིན་པ། མཚམས་མེད་བྱས་པ་མ་ཡིན་པ། སྡིག་ལྟ་ཅན་མ་ཡིན་པ། སྤོ་མགུ་སྤྱོད་པ་སོགས་ས་གཞན་ན་གནས་པ་མ་ཡིན་པ། འཕྲུལ་བཅས་མ་ཡིན་པ། མཚམས་གཞན་ན་གནས་པ་མ་ཡིན་པ། དཀོན་མཆོག་གཞན་མ་ཡིན་(༧༨ན)པ། རང་བཞིན་དུ་མི་གནས་པ་མ་ཡིན་པ། མཚན་མི་མཐུན་པ་མ་ཡིན་པ་རྣམས་སོ། །འདིའི་འཕྲུལ་བཅས་མ་ཡིན་པ་ཞེས་པ་བསྡམ་བྱའི་ཉེས་བྱས་ཕྲ་མོ་ཞིག་གིས་ཀྱང་མ་གོས་པ་ཞིག་དགོས་པ་སྟེ། ལྟུང་བ་བཤགས་པར་འོས་པ་རྣམས་བཤགས། བསྡམ་པར་འོས་པ་རྣམས་བསྡམས། བྱིན་གྱིས་བརླབ་པར་འོས་པ་རྣམས་བྱིན་གྱིས་བརླབས་ཏེ་ལས་བྱེད་པའི་རང་དུས་ན་

རྒྱུད་རྣམ་པར་དག་པ་ཞིག་དགོས་པའོ། །མི་མཐུན་པ་གཉིས་དང་བྲལ་བ་ནི། མ་འདུས་པའི་མི་མཐུན་པ་དང་། འདུས་པ་ཕྱིར་བཟློག་གི་མི་མཐུན་པ་གཉིས་དང་བྲལ་བ་ཞིག་དགོས་པ་སྟེ། མ་འདུས་པའི་མི་མཐུན་པ་དང་བྲལ་བ་ནི། མཚམས་ནང་དེ་ན་ཁ་སྐོང་དུ་འོས་པ་ཐམས་ཅད་འདུས་པའོ། །འདུས་པ་ཕྱིར་བཟློག་གི་མི་མཐུན་པ་དང་བྲལ་བ་ནི། ལས་གྲལ་དུ་འདུས་ནས་ལས་འདི་བྱ་བར་མི་འོས་སོ་ཞེས་བཟློག་པ་བྱུང་ན་ལས་མི་ཆགས་པས་དེ་ལྟ་བུའི་མི་མཐུན་པ་མེད་པར་ཁ་སྐོང་དུ་འདུས་པའི་དགེ་སློང་ཐམས་ཅད་བསྙེན་རྫོགས་ཀྱི་ལས་དེ་བྱེད་པ་ལ་ཐུགས་འདུན་གཅིག་པར་སྒྲིལ་བཞིན་དུ་བཞུགས་པ་ཞིག་དགོས་སོ། །

དེ་ལྟར་མཁན་སློབ་དགེ་བདུན་དང་བཅས་པ་མཚན་ཉིད་ཚང་བ་ཞིག་དགོས་ཤིང་། བསྙེན་རྫོགས་བྱེད་པའི་ཚེ་འདུག་ལུགས་ཀྱང་གང་བྱུང་བྱུར་མི་རུང་བར་ཚོ་གའི་གཞུང་ལས་གསལ་བ་བཞིན་སྤྱོད་ལམ་མཐུན་པ་ཞིག་དགོས་སོ། །སྤྱོད་ལམ་མཐུན་པ་ནི་ལས་གྲལ་དུ་འདུལ་བའི་དགེ་སློང་ཐམས་ཅད་ཀྱིས་ཕྲག་པ་གཡས་པ་གོས་ཀྱིས་མ་བསྒྲིབས་པར་བྱས། ཐལ་མོ་བསྣོལ་ལུས་འདུད་པའི་ཚུལ་གྱིས་འདུག་ལ་སེམས་མ་ཡེངས་པར་ཚོ་ག་ལ་གཏོད་དགོས་པ་ཡིན་ལ། (༧༨ཁ)དེ་ལྟ་མིན་པར་སྤྱོད་ལམ་མི་མཐུན་པ་ལ་ལ་འདུག །ལ་ལ་འགྲེང་བ་ལྟ་བུ་མི་མཐུན་པ་བྱས་ན་ལས་མི་ཆགས་ཤིང་། ཁ་ཅིག་ལས་གྲལ་དུ་བསྡད་ནས་གཉིད་ལོག །ཁ་ཅིག་ཚོ་ག་ལ་རྣ་བ་མ་གཏོད་པར་གླིང་མོ་ཤབ་ཤུབ་ཏུ་བྱེད་པ་སོགས་བྱུང་ན་ལས་མི་ཆགས་པར་གསུངས་པས་བསྒྲུབ་བྱ་ལ་སྡོམ་པ་སྐྱེ་བའི་གེགས་སུ་འགྱུར་བས་དགེ་འདུན་གྱིས་ཀྱང་བསྒྲུབ་བྱ་ཁོ་པ་མ་སླུས་པ་ཞིག་དགོས་སོ་ཞེས་འདུལ་འཛིན་དམ་པ་གོང་མ་མང་པོའི་གསུང་སྒྲོས་ལས་འབྱུང་བས་བསྟན་པའི་རྩ་བ་སོ་སོར་ཐར་པའི་སྡོམ་པ་འཕོགས་པའི་སྐབས་འདིར་བསྟན་པ་ལ་གཅེས་པའི་བསམ་པས་གང་བྱུང་མི་བྱ་བར་འདུལ་བ་ནས་གསུངས་པའི་ཕྱག་ལེན་ཆེ་ཕྲ་མཐའ་དག་ཅུང་ཟད་ཀྱང་མ་འཁྲུགས་

པ་ཞིག་ཅི་ནས་ཀྱང་མཛད་དགོས་སོ། །དེ་ལྟར་ངེས་པར་བྱས་ནས་མཁན་པོར་འོས་པའི་དགེ་སློང་འདུལ་བ་འཛིན་པ་ལ་བསླེན་རྫོགས་ཀྱི་སྡོམ་པ་དོན་དུ་གཉེར་བ་འགའ་ཞིག་བྱུང་ན་བསྒྲུབ་བྱ་དེ་ལོ་ཉི་ཤུ་ལོན་མ་ལོན་ལེགས་པར་བརྟག་ཅིང་། ལོ་ཉི་ཤུ་ལོན་ཡང་སྡོམ་པ་སྐྱེ་བ་དང་གནས་པ་དང་གོང་འཕེལ་དུ་འགྱུར་བའི་བར་ཆད་རྣམས་དང་ལྡན་མི་ལྡན་ལེགས་པར་བརྟགས་ཏེ། བར་ཆད་དང་མི་ལྡན་པ་ཞེ་ཐག་པ་ནས་བསླེན་རྫོགས་ཀྱི་སྡོམ་པ་ཐོབ་པར་འདོད་པ་ཞིག་བྱུང་ན་རྗེས་སུ་གཟུང་དགོས་པས་བསྒྲུབ་བྱ་དེའི་ཆོས་གོས་གསུམ་དང་། ལྷུང་བཟེད་གདིང་བ་ཚ་ཚགས་ཏེ་ཡོ་བྱད་རྣམས་ཚགས་སུ་གཞུག །ལས་སློབ་དང་། གསང་སྟོན་དང་། ཁ་སྐོང་བར་འོས་པའི་དགེ་སློང་རྣམས་ལ་ཚིག་གིས་གསོལ་བ་གདབ། དེ་ཐམས་ཅད་ཀྱང་རང་རང་གི་རྒྱུད་ལ་སོ་སོར་བརྟགས་ནས། ལྟུང་བ་བཤགས་པར་འོས་པ་རྣམས་མཐོལ་ཞིང་(༢༠ན)བཤགས། བསྡམ་པར་འོས་པ་རྣམས་བསྡམས། བྱིན་གྱིས་བརླབ་པར་འོས་པ་རྣམས་བྱིན་གྱིས་བརླབས་ཏེ་རྒྱུད་དག་པར་བྱས་ནས་འདུ་དགོས་པས། ལས་གྲལ་དུ་འདུ་བར་འོས་པའི་དགེ་སློང་རྣམས་ཚོགས་ཏེ་ཕན་ཚུན་གཅིག་ལ་གཅིག་ཕྱག་གསུམ་རེ་བཙལ་ལ། ཐམས་ཅད་འགྲེང་སྟེ། འདུད་ཅིང་ཐལ་མོ་སྦྱར་བས། ཕྱོགས་བཅུ་ན་བཞུགས་པའི་སངས་རྒྱས་དང་བྱང་ཆུབ་སེམས་དཔའ་ཐམས་ཅད་དང་། དགེ་འདུན་བཙུན་པ་རྣམས་ལྟུང་བ་ཕམ་པའི་སྡེ་དང་། ལྷག་མའི་སྡེ་དང་། ལྟུང་བྱེད་ཀྱི་སྡེ་དང་། སོར་བཤགས་ཀྱི་སྡེ་དང་། ཉེས་བྱས་ཀྱི་སྡེ་ལ་སོགས་པ་གཞི་བཅུ་བདུན་དང་། ལུང་རྣམ་འབྱེད་དང་། ལུང་ཕྲན་ཚེགས་དང་། གཞུང་དམ་པ་རྣམས་ཀྱི་སྐབས་ནས་འབྱུང་བའི་ཉེས་ལྟུང་བྱུང་བ་བཅབས་པ་རྣམས་ཕྱིར་བཅོས་པའི་ཚེ་ག་ལ་ཐུགས་གཏད་པར་ཞུ། ཕྱོགས་བཅུ་ན་བཞུགས་པའི་སངས་རྒྱས་དང་བྱང་ཆུབ་སེམས་དཔའ་ཐམས་ཅད་དང་། དགེ་འདུན་བཙུན་པ་རྣམས་ལྟུང་བ་དངོས་གཞི་ཕྱིར་བཅོས་པའི་ཚེ་ག་ལ་ཐུགས་གཏད་པར་ཞུ། ཕྱོགས་བཅུ་ན་བཞུགས་པའི་སངས་

རྒྱས་དང་བྱང་ཆུབ་སེམས་དཔའ་ཐམས་ཅད་དང་། དགེ་འདུན་བཙུན་པ་རྣམས་ལྟུང་བ་བྱིན་རླབས་ཀྱི་ཆོ་ག་ལ་ཐུགས་གཏད་པར་ཞུ། ཞེས་སྔན་གསན་བྱས་ནས་ཐམས་ཅད་འདུད་པ་དང་བཅས་ཏེ་འདུག་ནས། ལྟུང་བ་བཅབས་པ་ཕྱིར་བཅོས་ལན་གསུམ་བྱས་ལ་མཐོང་སྔོམ་དྲི། དེ་ནས་ལྟུང་བ་དངོས་གཞི་ཕྱིར་བཅོས་ལན་གསུམ་བྱས་ལ་མཐོང་སྔོམ་དྲི། དེ་ནས་ལྟུང་བ་ཐུན་མོང་བ་རྣམས་བྱིན་གྱིས་བརླབས་པ་འདི་ལྟར་བྱ་སྟེ། དགེ་འདུན་བཙུན་པ་རྣམས་གསན་དུ་གསོལ། དེང་དགེ་འདུན་(༢༠བ)གྱི་བསྙེན་པར་རྫོགས་པའི་འཕྲིན་ལས་ལགས་ལ་བདག་དགེ་སློང་མིང་འདི་ཞེས་བགྱི་བའི་ཡང་བསྙེན་པར་རྫོགས་པའི་འཕྲིན་ལས་ལགས་ཏེ། བདག་དགེ་སློང་མིང་འདི་ཞེས་བགྱི་བ་ལ་ལྟུང་བ་ཕམ་པའི་སྡེ་དང་། ལྷག་མའི་སྡེ་དང་། ལྟུང་བྱེད་ཀྱི་སྡེ་དང་། སོར་བཤགས་ཀྱི་སྡེ་དང་། ཉེས་བྱས་ཀྱི་སྡེ་ལ་སོགས་པ་གཞི་བཅུ་བདུན་དང་། ལུང་རྣམ་འབྱེད་དང་། ལུང་ཕྲན་ཚེགས་དང་། གཞུང་དམ་པ་རྣམས་ཀྱི་སྐབས་ནས་འབྱུང་བའི་ཉེས་ལྟུང་དཔག་ཏུ་མེད་པ་བྱུང་བ་རྣམས་དགེ་འདུན་གྱི་མདུན་དུ་བྱིན་གྱིས་བརླབས་ཏེ། དེང་བསྙེན་པར་རྫོགས་པའི་འཕྲིན་ལས་བགྱིའོ། །སླད་ཀྱིས་དགེ་སློང་གི་མདུན་དུ་ལྟུང་བ་དེ་དག་ཆོས་བཞིན་དུ་སླར་བགྱིའོ། །ཞེས་ལན་གསུམ་བྱས་ལ། ཐབས་ལེགས་བྱའོ། །དེ་ནས་ལངས་ལ་པན་ཚུན་ཕྱག་གསུམ་བྱས་འགྲེང་སྟེ་འདུད་པ་དང་བཅས་པས་ཐལ་མོ་སྦྱར་ཏེ། ཕྱོགས་བཅུ་ན་བཞུགས་པའི་སངས་རྒྱས་དང་བྱང་ཆུབ་སེམས་དཔའ་ཐམས་ཅད་དང་། དགེ་འདུན་བཙུན་པ་རྣམས་ལྟུང་བ་ཕམ་པའི་སྡེ་དང་། ལྷག་མའི་སྡེ་དང་། ལྟུང་བྱེད་ཀྱི་སྡེ་དང་། སོར་བཤགས་ཀྱི་སྡེ་དང་། ཉེས་བྱས་ཀྱི་སྡེ་ལ་སོགས་པ་གཞི་བཅུ་བདུན་དང་། ལུང་རྣམ་འབྱེད་དང་། ལུང་ཕྲན་ཚེགས་དང་། གཞུང་དམ་པ་རྣམས་ཀྱི་སྐབས་ནས་འབྱུང་བའི་ཉེས་ལྟུང་བྱུང་བ་བཅབས་པ་རྣམས་ཕྱིར་བཅོས་པའི་ཆོ་ག་ལ་ཐུགས་གཏད་པ་བཀའ་དྲིན་ཆེ་ལགས། ཕྱོགས་བཅུ་ན་བཞུགས་པའི་སངས་རྒྱས་དང་བྱང་ཆུབ་སེམས་དཔའ་ཐམས་

ཅད་དང་། དགེ་འདུན་བཙུན་པ་རྣམས་ལྷུང་བ་དངོས་གཞི་ཕྱིར་བཅོས་ཀྱི་ཚོ་ག་ལ་ཐུགས་གཏད་པ་བཀའ་དྲིན་ཆེ་(༢༧ན)ལགས། ཕྱོགས་བཅུ་ན་བཞུགས་པའི་སངས་རྒྱས་དང་བྱང་ཆུབ་སེམས་དཔའ་ཐམས་ཅད་དང་། དགེ་འདུན་བཙུན་པ་རྣམས་ལྷུང་བ་བྱིན་རླབས་ཀྱི་ཚོ་ག་ལ་ཐུགས་གཏད་པ་བཀའ་དྲིན་ཆེ་ལགས། ཞེས་བརྗོད། དེ་ལྟར་རྒྱུད་དག་པར་བྱས་ནས་ལས་གྲལ་དུ་འདུ་བར་བྱའོ། །དེ་ནས་མཁན་པོའམ། དེས་བསྐོས་པ་ཞིག་གིས་གནས་མལ་བཤམ། རྣན་པའི་མཐའ་ཡོགས་སུ་སྟོན་པ་ཐུབ་པའི་དབང་པོའི་སྐུ་གཟུགས་རབ་གནས་ཅན་ཞིག་དང་འདུལ་བའི་ལས་ཆོག་གི་གླེགས་བམ་བཞུགས་སུ་གསོལ། འཁོར་ན་འཕགས་པའི་གནས་བརྟན་བཅུ་དྲུག་གི་བྲིས་སྐུ་སོགས་སྐུ་གསུང་ཐུགས་རྟེན་ལེགས་པར་བཀྲམ། དེའི་སྤྱན་སྔར་མཆོད་པ་ཅི་འབྱོར་བ་བཤམ། བསྒྲུབ་བྱའི་ཆོས་གོས་གསུམ་རྒྱུ་དང་ཁ་དོག་དང་ཚེ་ཚུང་གི་སྒོ་ནས་དངོས་ཀྱི་བྱིན་རླབས་འཆགས་མི་འཆགས་ལེགས་པར་བརྟགས་ལ། མགོ་མཇུག་དང་ཕྱི་ནང་མ་ལོག་པར་བཞི་བལྟབ་ཏུ་བྱས་ཏེ། མཁན་པོ་དང་ཉེ་བར་བརྒྱུད་ལ་བཞག །ལྷུང་བཟེད་དང་གདིང་བ་དང་ཆུ་ཚགས་རྣམས་ཀྱང་དེའི་ཉེ་ཡོགས་སུ་བཞག །མཁན་པོའི་མདུན་དུ་མེ་ཏོག་དང་། བསྒྲུབ་བྱའི་སྔན་དུ་ཙྪ་ཕ་གུ་དང་བཅས་པ་སྤྲ་གོན་བྱའོ། །དགེ་སློང་ཐམས་ཅད་འདུས་པ་དང་བསྒྲུབ་བྱ་དེ་རྣན་པའི་མཐའ་ཡོགས་སུ་བཞག །མཁན་པོས་ཐམས་ཅད་ཀྱི་ཕྱག་ཏུ་མེ་ཏོག་ཕུལ་ནས། འགྲེང་སྟེ་འདུད་པ་དང་བཅས་པས་དགེ་འདུན་བཙུན་པ་རྣམས་གསན་དུ་གསོལ་ཚེ་དང་ལྡན་པ་མིང་འདི་ཞེས་བགྱི་བ་འདི་དགེ་འདུན་ལས་བསྙེན་པར་རྫོགས་པར་འཚལ་ནས། དགེ་འདུན་ལ་བསྙེན་པར་རྫོགས་པར་གསོལ་ན། དགེ་སློང་དགེ་བའི་གཤེས་གཉེན་ཆེ་གེ་མོས་ལས་ཀྱི་སློབ་དཔོན་བཀས་གནང་བར་ཞུ། ཆེ་གེ་མོས་གསང་སྟེ་སྟོན་པའི་སློབ་(༢༧བ)དཔོན་བཀས་གནང་བར་ཞུ། ཆེ་གེ་མོས་དབུ་མཛད་པ་རྣམས་ཀྱིས་ལས་ཀྱི་ཁ་སྐོང་མཛད་ནས་ཚེ་དང་ལྡན་པ་འདི་ལ་བསྙེན་པར་རྫོགས་པའི་སྡོམ་པ་བཀས་གནང་བར་

ཞུ། དངོས་དེ་ལྟར་གཡར་ངོ་འཕྱར་ཞིང་མཆིས་ལགས། ཞེས་གསོལ་བ་བཏབ། དེ་ནས་མཁན་པོ་སྟན་ལ་འདུག་ནས། བསྒྲུབ་བྱ་ལ་སྟོན་པའི་སྐུ་གཟུགས་འདི་ལ་སྟོན་པ་དངོས་ཀྱི་འདུ་ཤེས་ཞོག་ལ་ཕྱག་གསུམ་གྱིས། བདག་ཉིད་དགེ་སློང་གི་དགེ་འདུན་གྱི་ནང་དུ་འཇུག་པའི་བསམ་པ་དྲག་པོས་དགེ་སློང་རེ་རེ་ལ་ཕྱག་གསུམ་གསུམ་གྱིས་ཞེས་བརྗོད། ཕྱག་བྱ་ཚུལ་ཡང་པུས་མོའི་ལྷ་ང་གཉིས། ལག་མཐིལ་གཉིས། མགོ་བོ་སྟེ་ཡན་ལག་ལྔ་ས་ལ་རེག་པའི་ཕྱག་གམ། དགེ་སློང་རྣམས་ཀྱི་སྐྱིད་པ་ནས་འཁྱུད་ཅིང་མགོ་བོས་རྐང་པ་ལ་གཏུགས་པའི་ཕྱག་བྱ་སྟེ། ཕྱག་གཞན་གྱིས་གོ་མི་ཆོད་དོ། །ཕྱག་འཚལ་བའི་ཚེ་དགེ་སློང་རེ་རེས་ཀྱང་། བསྙེན་པར་རྫོགས་པ་དགེ་སློང་གི་སྡོམ་པ་ཕྱུར་དུ་ཐོབ་པར་གྱུར་ཅིག །ཅེས་སྨོན་ལམ་གདབ་བོ། །

གཉིས་པ་མཁན་པོ་མངོན་དུ་འགྱུར་བར་བྱ་བའི་ཕྱིར། མཁན་པོར་གསོལ་བ་གདབ་པ་ནི། བསྒྲུབ་བྱ་དེ་སྟའི་སྟེང་ནས་མཁན་པོ་ལ་ཕྱག་གསུམ་འཚལ་དུ་བཅུག་ནས། མཁན་པོའི་མདུན་དུ་པ་གུའི་སྟེང་དུ་སྟ་བཏིང་བ་ལ་རྟིང་པ་གཉིས་ཀྱིས་མནན་ནས་ཙོག་ཙོག་པུར་འདུག་ཏུ་བཅུག་སྟེ་ཐལ་མོ་སྙིང་ཁར་སྦྱོར་དུ་བཅུག་ནས། ཁྱོད་བསྙེན་པར་རྫོགས་པ་དགེ་སློང་གི་དངོས་པོ་དོན་དུ་གཉེར་བ་ནི་ཤིན་ཏུ་ལེགས། ལེགས་པའི་རྒྱུ་མཚན་དགེ་སློང་ལ་རབ་ཏུ་གཅེས་པའི་མདོ་ལས། དགེ་སློང་ཞེས་བྱ་ཆོས་ཀྱི་རྒྱལ་མཚན་ཏེ། །དགེ་སློང་ཞེས་བྱ་རྡོ་རྗེའི་སྲོག་ཤིང་ཡིན། །དགེ་སློང་ཞེས་བྱ་སྡུག་བསྔལ་སྤོང་བ་ཡིན། །དགེ་སློང་ཞེས་བྱ་རྒྱལ་བའི་(༢༢ན)སྲས་པོའོ། །དགེ་སློང་ཞེས་བྱ་ཉོན་མོངས་སྲོག་གཅོད་དེ། །དགེ་སློང་ཞེས་བྱ་ཐར་པའི་ལམ་འགྲོ་ཡིན། །དགེ་སློང་རང་གི་ངོ་བོ་བསྡམས་པ་སྟེ། །ཞེས་གསུངས་ཤིང་། ཇོ་བོ་རྗེས་ཀྱང་། སོ་སོར་ཐར་པ་རིགས་བདུན་དུ། །དེ་བཞིན་གཤེགས་པས་བཤད་པ་ལ། །ཚངས་སྤྱོད་དཔལ་ནི་མཆོག་ཡིན་ཏེ། །དགེ་སློང་སྡོམ་པ་དག་ཏུ་བཞེད། །ཅེས་གསུངས་སོ། །ད་ལྟར་གྱི་ཆོ་ག་ཉེས་མེད་ཕུན་ཚོགས་འདིའི་སྒོ་ནས་བསྙེན་རྫོགས་སྒྲུབ་པ་ལ་

མཁན་སློབ་ལ་བརྟེན་དགོས་ཤིང་། མཁན་པོ་ཞེས་བྱ་བའི་དོན་ཡང་མྱ་ངན་ལས་འདས་པའི་གོ་འཕང་མྱུར་དུ་ཐོབ་པའི་ཐབས་དགེ་སློང་གི་དངོས་པོ་སྐྱབ་པར་བྱེད་མཁན་ཡིན་པས་ན་མཁན་པོ་ཞེས་བྱ་བ་ཡིན་པས་དོན་དེ་སེམས་ལ་ངེད་ལ་མཁན་པོར་གསོལ་བ་འདེབས་པ་འདིའི་རྗེས་ཟློས་ཀྱིས། ཞེས་བརྡ་སྤྲད་ནས། བཙུན་པ་དགོངས་སུ་གསོལ། བདག་མིང་འདི་ཞེས་བགྱི་བ། བཙུན་པ་ལ་མཁན་པོར་གསོལ་ཀྱིས། བཙུན་པ་བདག་གི་མཁན་པོ་མཛད་དུ་གསོལ། བཙུན་པ་མཁན་པོས་བསྙེན་པར་རྫོགས་པར་བགྱིའོ། །ཞེས་རྗེས་ཟློས་བྱ། འདི་ལན་གསུམ་དུ་བྱ་དགོས་པས་གཉིས་པའི་ཡང་རྗེས་ཟློས་ཀྱིས། ཞེས་བརྡ་སྤྲད་པ་གཉིས་པ་བྱ། གསུམ་པ་འདི་ལ་ཚིག་དུམ་བུ་གསུམ་ཡོད་པའི་དུམ་བུ་གཉིས་རྫོགས་པ་མཛད་དུ་གསོལ། ཞེས་པའི་མཐར་ངེད་མཁན་པོར་འགྱུར་བ་ཡིན་ཞིང་། མཁན་པོར་གྱུར་ནས་བཙུན་པ་ཞེས་མི་བརྗོད་པར་མཁན་པོ་ཞེས་བརྗོད་དགོས་པས། དེ་ལྟར་ཡིད་ལ་ཞོག་ལ་གསུམ་པའི་རྗེས་ཟློས་ཀྱིས། ཞེས་བརྡ་སྤྲད་ལ་གསུམ་པ་བྱ། མཇུག་ཏུ་ཐབས་ལེགས་བྱའོ། །སྐར་ནས་ཆོས་འབྲེལ་(༢༢བ)ཡོད་པའི་སློབ་དཔོན་ཡིན་ན་བཙུན་པ་ཞེས་མི་བརྗོད་པར། སློབ་དཔོན་དགོངས་སུ་གསོལ། བདག་མིང་འདི་ཞེས་བྱ་བགྱི་བ། སློབ་དཔོན་ལ་མཁན་པོར་གསོལ་ཀྱིས། སློབ་དཔོན་བདག་གི་མཁན་པོ་མཛད་དུ་གསོལ། སློབ་དཔོན་མཁན་པོས་བསྙེན་པར་རྫོགས་པར་བགྱིའོ། །ཞེས་བརྗོད། ཡང་སྐར་དགེ་ཚུལ་གྱི་མཁན་པོ་ཡིན་ན། བཙུན་པ་དང་སློབ་དཔོན་ཞེས་མི་བརྗོད་པར། མཁན་པོ་དགོངས་སུ་གསོལ། བདག་མིང་འདི་ཞེས་བགྱི་བ། མཁན་པོ་ལ་མཁན་པོར་གསོལ་ཀྱིས། མཁན་པོ་བདག་གི་མཁན་པོ་མཛད་དུ་གསོལ། མཁན་པོ་མཁན་པོས་བསྙེན་པར་རྫོགས་པར་བགྱིའོ། །ཞེས་བརྗོད་དགོས་སོ། །

གསུམ་པ་ཡོ་བྱད་མངོན་དུ་འགྱུར་བར་བྱ་བའི་ཕྱིར་ཆོས་གོས་གསུམ་དང་ལྷུང་བཟེད་བྱིན་གྱིས་བརླབས་ནས་སྦྱིན་ཞིང་གདིང་བ་དང་ཚྭ་ཚགས་སྦྱིན་པ་

ཏེ། མཁན་པོས་བསྒྲུབ་བྱ་དེ་ལ་ཕྱག་གསུམ་ཚོལ་ལ་ངེད་ཀྱི་མདུན་དུ་ཤོག་ཅིག །ཅེས་བསྒོ། གྲོགས་བྱེད་པས་ཆོས་གོས་གསུམ་པོ་སོ་སོར་བལྟབ་པ་ཕྲག་པ་གཡོན་པ་ལ་བཀལ་ནས། འདི་ལ་དངོས་དང་། འདི་ལ་རྒྱུའི་བྱིན་རླབས་འཆགས་པར་གདའ་བྱས་ལ་བཟར་སྦྲད། མཁན་པོས་ཀྱང་དེ་ལ་ཚེ་དང་ལྡན་པ་འདིའི་ལྷུང་བཟེད་དགེ་འདུན་ལ་སྟོན་ཅིག །ཅེས་བསྒོ། དེ་ནས་མཁན་པོ་དང་སློབ་མ་གཉིས་ཀ་འཁྲིད་སྟེ། གཉིས་ཀའི་ལག་པ་གཡོན་པ་འོག་དང་གཡས་པ་སྟེང་དུ་བྱས་ཏེ་སྣམ་སྦྱར་བཟུང་ནས་འདི་སྣམ་ཕྲན་དང་གླེགས་བུ་དུ་མ་སྦྱར་བས་ན་སྣམ་སྦྱར་ཞེས་བྱ་བ། ཁྲིམ་པ་དང་མུ་སྟེགས་ཅན་དང་། རབ་ཏུ་བྱུང་ནས་བསྙེན་པར་མ་རྫོགས་པ་དགེ་ཚུལ་མན་ཆད་ལས་རྟགས་ཁྱད་(༢༣ན)པར་ཅན་དུ་འགྱུར་བ་ཡིན་ཞིང་། ངོ་ཚ་དང་ཁྲེལ་ཡོད་སྐྱེད། དགེ་སྦྱོང་གི་དྲན་པ་གསོ་བའི་ཕྱིར་དུ་སྟོན་པས་གནང་བ་ཡིན་པས། འདི་དགེ་སློང་གི་འཚོ་བའི་ཡོ་བྱད་སྣམ་སྦྱར་དུ་བྱིན་གྱིས་བརླབ་སླམ་པ་གྱིས་ལ་རྗེས་ཟློས་གྱིས། མཁན་པོ་དགོངས་སུ་གསོལ། བདག་མིང་འདི་ཞེས་བགྱི་བའི་ཆོས་གོས་བགྱིས་ལགས་པ་ཉུང་བ་སྤྱད་པར་འོས་པ་འདི་ཆོས་གོས་སྣམ་སྦྱར་དུ་བྱིན་གྱིས་བརླབ་བོ་ཞེས་ལན་གསུམ་བཟླས་ལ་ཐབས་ལེགས་བྱས་ཏེ་ཕྲག་པ་གཡས་ངོས་སུ་སྤོས་ལ་བཞག །དེ་ནས་གཉིས་ཀས་བླ་གོས་སྔར་ལྟར་བཟུང་ནས། འདི་སྟོད་དུ་རྒྱན་དུ་གྱོན་པར་བྱེད་པའི་ཆོས་གོས་བླ་གོས་ཞེས་བྱ་བ། ཁྲིམ་པ་དང་མུ་སྟེགས་ཅན་ལས་རྟགས་ཁྱད་པར་ཅན་དུ་འགྱུར་བ་ཡིན་ཞིང་། དགེ་སློང་གི་དྲན་པ་གསོ། རླུང་དང་ཉི་མ་ལ་སོགས་པའི་ཚ་གྲང་དང་། སྦྲང་བུ་ལ་སོགས་པའི་འཚེ་བ་ལས་སྐྱོབ། སེམས་ཀྱི་སྐྱོན་སྤོང་བའི་གོས་ཡིན་པས་འདི་བླ་གོས་སུ་བྱིན་གྱིས་བརླབ་སླམ་པ་གྱིས་ལ་རྗེས་ཟློས་གྱིས། མཁན་པོ་དགོངས་སུ་གསོལ། བདག་མིང་འདི་ཞེས་བགྱི་བའི་ཆོས་གོས་བགྱིས་ལགས་པ་ཉུང་བ་སྤྱད་པར་འོས་པ་འདི་ཆོས་གོས་བླ་གོས་སུ་བྱིན་གྱིས་བརླབ་བོ། །ཞེས་ལན་གསུམ་བཟླས་ལ་ཐབས་ལེགས་བྱས་ཏེ་ཕྲག་པ་གཡས་སུ་སྤོས། དེ་ནས་གཉིས་ཀས་

མཐང་གོས་སྟར་ལྷར་བཟུང་སྟེ། འདི་སྨད་དུ་གྱོན་པའི་མཐང་གོས་ཞེས་བྱ་བ། སྨད་གཅེར་བ་དང་ངོ་ཚ་བ་དང་གནོད་པ་ལས་སྐྱོབ། དགེ་སྦྱོང་གི་དྲན་པ་གསོ་བའི་གོས་སུ་སྟོན་པས་གནང་བ་ཡིན་པས། དོན་དེ་སེམས་ལ་འདི་མཐང་གོས་སུ་བྱིན་གྱིས་བརླབ་སྙམ་པ་གྱིས་ལ་(༢༣བ)རྗེས་ཟློས་གྱིས། མཁན་པོ་དགོངས་སུ་གསོལ། བདག་མིང་འདི་ཞེས་བགྱི་བའི་ཆོས་གོས་བགྱིས་ལགས་པ་རུང་བ་སྤྱད་པར་འོས་པ་འདི་ཆོས་གོས་མཐང་གོས་སུ་བྱིན་གྱིས་བརླབ་བོ། །ཞེས་ལན་གསུམ་བཟླས་ལ་ཐབས་ལེགས་བྱ། དེ་ནས་བླ་གོས་དང་སྣམ་སྦྱར་སྦྲགས་ལ་མཁན་པོས་བསྐོན་ཞིང་། དེའི་དུས་སུ་སློབ་ལམ་བཞི་ཐམས་ཅད་ཀྱིས་གདབ་བོ། །སྣམ་སྦྱར་བསྐོན་མ་ཐག་ཏུ་མྱུར་དུ་བསླེབ་པར་ཇོགས་པའི་ཆེད་དུ་རྩྭའམ་གདིང་བའི་སྟེང་ནས་དགེ་འདུན་ལ་ཕྱག་གསུམ་བྱའོ། །གལ་ཏེ་སྣམ་སྦྱར་དངོས་ཀྱི་བྱིན་རླབས་འཆགས་པ་མེད་པར་རྒྱུ་རུང་བ་ཞིག་ལ་བྱིན་རླབས་བྱེད་ན་སྣམ་སྦྱར་གྱི་རྒྱུ་རུང་བ་དེ་བལྟབ་སྟེ་སློབ་མའི་ཕྲག་པ་གཡོན་པར་བཀལ། གཉིས་ཀས་སྣམ་སྦྱར་གྱི་རྒྱུ་སྟར་ལྷར་བཟུང་ལ། འདི་སྣམ་སྦྱར་གྱི་རྒྱུར་བྱིན་གྱིས་བརླབ་སྙམ་པ་གྱིས་ལ་རྗེས་ཟློས་གྱིས། མཁན་པོ་དགོངས་སུ་གསོལ། བདག་མིང་འདི་ཞེས་བགྱི་བའི་ཆོས་གོས་འདི་སྣམ་སྦྱར་དུ་བྱིན་གྱིས་བརླབ་བོ། །འཚལ་ན་སྣམ་ཕྲན་དགུ་པ་ལ་སོགས་པར་བགྱི་སྟེ། གླེགས་བུ་ཕྱེད་དང་གསུམ་པ་ལ་སོགས་པར་བགྱིའོ། །བར་ཆད་མ་བྱུང་ན་བགྲུའོ། །བརྒྱང་ངོ་། །དྲའོ། །ཚེབ་བོ། །བྲང་གདབ་བོ། །གྲུབ་བོ། །ཁ་བསྒྱུར་རོ། །ཡང་ན་འདི་ལ་ལྷན་ཐབས་སུ་གླན་ནོ། །ཀྲེན་ཇི་ལྟ་བ་བཞིན་དུ་བགྱི་སྟེ། ཆོས་གོས་འདི་ནི་རུང་བ། སྤྱད་པར་འོས་པའོ། །ལན་གསུམ་བཟླས་ལ་ཐབས་ལེགས་བྱའོ། །ཕྱིར་ན་བླ་གོས་དང་མཐང་གོས་ལ་ཡང་རྒྱུའི་བྱིན་རླབས་བཤད་ཀྱང་བསླེབ་ཇོགས་སྒྲུབ་པའི་ཚེ་ན་ཆོས་གོས་གསུམ་ག་ལ་རྒྱུའི་བྱིན་རླབས་བྱས་ན་དེང་སང་བསྟན་པ་སྙིགས་པའི་དུས་སུ་སོང་བས་འདུལ་བའི་བཅས་པ་རྣམས་རས་སུ་བོར་ཏེ། རས་ཁ་གང་བ་རེ་ལ་ཆོས་གོས་གསུམ་གའི་

བྱིན་རླབས་བྱས་ཏེ་(༢༨ན)རབ་ཏུ་བྱུང་བའི་རྟགས་ཆ་ལུགས་གང་ཡང་མེད་པར་ཁྱིམ་པའི་ཆ་ལུགས་གོས་ཕུ་དུང་ཅན་གྱོན་ཏེ་དགེ་སློང་ཡིན་ཞེས་བསྟན་པ་ལ་རྒྱ་འབྱིན་པ་དག་འབྱུང་བར་འགྱུར་བས། དོན་གྱི་དབང་འདི་གཟིགས་ནས་བླ་མ་དམ་པ་རྣམས་ཀྱིས་བསླེན་རྫོགས་བྱེད་པའི་ཚེ་ཆོས་གོས་གསུམ་ག་འཕྲོར་བ་ཞིག་བྱེད་པ་དང་། མ་ཐའང་སྣ་གོས་དང་མཐང་གོས་གཉིས་ཙང་བ་ཚད་ལྡན་ངེས་པར་འཕྲོར་བ་ཞིག་མཛད་པས། བསྟན་པ་ལ་གཅེས་པར་འཛིན་པ་རྣམས་ཀྱིས་གཞན་གྱི་ངོ་འཛིན་དུ་སྣ་གོས་དང་མཐང་གོས་ཙམ་ཡང་མེད་པར་དར་མཐོ་གང་བ་རེ་ལ་ཆོས་གོས་ཀྱི་བྱིན་རླབས་བྱས་ཏེ་བསླེན་རྫོགས་བསྒྲུབས་ན་བསྟན་པ་རྟགས་ཙམ་ཡང་ནུབ་པའི་རྒྱུན་དུ་ཆེ་བས་བསྟན་པའི་རྩ་བ་འཛུགས་པའི་སྐབས་འདིར་སྣ་བཅོས་མི་བྱ་བར་འདུལ་བ་ནས་བཤད་པ་ཇི་བཞིན་ཅི་འགྲུབ་བྱ་དགོས་སོ། །དེ་ནས་ལྷུང་བཟེད་སྟོན་པའི་དགེ་སློང་གིས། ལྷུང་བཟེད་ཀྱི་ནང་དུ་མེ་ཏོག་གམ་སྨན་ཟུང་ཟད་བཙུག་ལ་ལྷུང་བཟེད་ལག་པ་གཡོན་པར་བཞག །ལག་པ་གཡས་པས་ཁ་བཀབ། ཀན་པའི་མཐའ་ནས་བཙམས་ཏེ། དགེ་སློང་རེ་རེའི་མདུན་དུ་འགྲེང་སྟེ་འདུད་པ་དང་བཅས་པས་ཀན་གཞོན་གྱི་བྱེ་བྲག་གིས། བཙུན་པའམ་ཚེ་དང་ལྡན་པ་དགོངས་སུ་གསོལ། ཚེ་དང་ལྡན་པ་མིང་འདི་ཞེས་བགྱི་བའི་ལྷུང་བཟེད་འདི་མི་ཆུང་ངམ། མི་ཆེའམ། མི་སྐྱའམ། ཞེས་དྲི། ལྷུང་བཟེད་དེ་ལྟ་བུ་ཉིད་མ་ཡིན་ན་རེ་རེ་ནས་ལྷུང་བཟེད་བཟང་ངོ་ཞེས་བརྗོད། གལ་ཏེ་དེ་ལྟར་མི་བརྗོད་ན་ཉེས་བྱས་སོ། །མཁན་པོས་ལེགས་པར་བརྟགས་ནས་འབྲིམ་དུ་བཙུག་པ་ཡིན་ན་མཁན་པོ་ལ་བསྟན་མི་དགོས། དེ་ལྟ་མ་ཡིན་ན་དགོས་གསུང་ངོ་། །དེ་ནས་ལྷུང་བཟེད་དེ་མཁན་སློབ་གཉིས་ཀ་འགྲེང་(༢༨བ)བའི་ལག་པ་གཡོན་པར་བཞག །གཡས་པས་སྟེང་ནས་བཀབ་ལ། འདི་བསོད་སྙོམས་ཀྱི་ཟས་ལྷུང་བ་འདིའི་ནང་དུ་བཟེད་པར་བྱེད་པས་ལྷུང་བཟེད་ཅེས་བྱ་བ། ཁྱིམ་པའི་ཁ་ཕོར་མུ་སྟེགས་ཀྱི་སློང་ཕོར་ལས་རྟགས་ཁྱད་པར་དུ་གྱུར་པ། རབ་ཏུ་བྱུང་བའི་

རྟགས། འདི་ཁ་ཟས་ཀྱི་སྣོད་དུ་ཉུང་བ་བཞིན་དུ་རང་རྒྱུད་ཡོན་ཏན་གྱི་སྣོད་དུ་ཉུང་བར་བྱེད་ཅིང་། འདིའི་ནང་ནས་ཟས་ལ་ལོངས་སྤྱོད་པ་བཞིན་ཆོས་ལ་ལོངས་སྤྱོད་པའི་དོན་དུ་བརྟུལ་ཞུགས་ཀྱི་ཡན་ལག་ཏུ་གནང་བ་ཡིན་པས། འདི་དགེ་སློང་གི་འཚོ་བའི་ཡོ་བྱད་ལྷུང་བཟེད་དུ་བྱིན་གྱིས་བརླབ་སྐམ་པ་ཀྱིས་ལ། རྗེས་ཟློས་ཀྱིས། མཁན་པོ་དགོངས་སུ་གསོལ། བདག་མིང་འདི་ཞེས་བགྱི་བའི་ལྷུང་བཟེད་ཟས་ལ་སྤྱད་པར་འོས་པ་དྲང་སྲོང་གི་སྣོད་འདི་བསླང་བའི་སྣོད་དུ་བྱིན་གྱིས་བརླབ་བོ། །ལན་གསུམ་བཟླས། ཐབས་ལེགས་བྱའོ། །དེ་ནས་གདིང་བ་གཏད་ལ། འདི་ཆོས་གོས་གདིང་བ་ཞེས་བྱ་བ། ཁྲིམ་པའི་དཀར་པོ། གང་ཟག་གི་ཁྲ་བོ་ཕལ་ཆེར་མ་ཉམས་པ་དང་། དགེ་འདུན་གྱི་རྩྭའི་གདན་མ་གཏོགས་པ་ལ་འདིས་བསྐྱབས་ལ་ལོངས་སྤྱད་དགོས་པས། གདིང་བ་འདི་ལྟ་བུ་བྱིན་གྱིས་བརླབས་ནས་གནས་མལ་ལ་ལོངས་སྤྱོད་པའི་དུས་སུ་འདིས་སྐྱབས་ནས་ལོངས་སྤྱད་དགོས། དེས་མཚོན་ནས་གཞན་གྱི་ལོངས་སྤྱོད་ལ་ཕངས་པ་མེད་པར་སྤྱོད་པ་ཐམས་ཅད་སྤང་དགོས་སོ། །ཞེས་བརྗོད། དེ་ནས་ཆུ་ཚགས་གཏད་ལ་གཉིས་ཀས་སྔར་ལྟར་བཟུང་སྟེ། འདི་ཆུ་ཚགས་ཞེས་བྱ་བ་སངས་རྒྱས་ཀྱི་བསྟན་པ་སྙིང་རྗེས་རབ་ཏུ་ཕྱེ་བ་ཡིན་པས་སེམས་ཅན་ཐམས་ཅད་ལ་གནོད་པ་གཞི་བཅས་ལས་ལྡོག་དགོས། ཁྱད་པར་དུ་ཆུ་འདི་འཕྲལ་ཆེ། འབྱུང་ཉེ། ནངས་དང་ནུབ་ཏུ་(༣༥ན)དགོས་པས་ཆུ་ན་གནས་པའི་སྲོག་ཆགས་ལ་མི་གནོད་པར་བྱ་བའི་ཕྱིར། ཆུ་ཚགས་འདི་ལྟ་བུ་བྱིན་གྱིས་བརླབས་ནས་བཅང་། དེས་མཚོན་ནས་ལོངས་སྤྱོད་གང་ཡང་སྲོག་ཆགས་ལ་མི་གནོད་པར་སྤྱད་དོ། །དེས་ཁྱོད་བསྙེན་པར་རྫོགས་པར་བྱེད་པའི་ཡོ་བྱད་མངོན་དུ་གྱུར་པར་བྱས་པ་ཡིན། རེ་ཞིག་དགེ་སློང་འདིའི་ཕྱི་ལ་སོངས་ཤིག །ཅེས་བརྗོད། གྲོགས་བྱེད་པའི་དགེ་སློང་དེས་ཀྱང་བསྒྲུབ་བྱ་ཁྲིད་དེ་ལས་མི་ཐོས་པའི་ས། ལས་གྲལ་ནས་མཐོང་སར་གདིང་བ་བཏིང་བའི་སྟེང་དུ་ཁ་ཚུར་བསྟན་ནས་འགྲེང་སྟེ་འདུད་པ་དང་བཅས་པའི་ཚུལ་གྱིས་བཞག་ལ། རང་

ཉིད་ལས་གྲོལ་དུ་འཚོད་པར་བྱའོ། །

བཞི་པ་ཡོངས་སུ་དག་པ་མངོན་དུ་འགྱུར་མི་འགྱུར་བརྟག་པའི་ཕྱིར་གསང་སྟོན་བསྐོས་ནས་ལྐོག་ཏུ་བར་ཆད་དྲིས་ཏེ་དག་པ་གོ་བར་བྱས་ནས་འོང་བར་ཞུ་བ་ལ། གསང་སྟོན་བསྐོ་བའི་ཐོག་མར་ལྷུང་ཐུན་ཕྱིན་ལྷབས་དང་གནས་ཀྱི་བློ་མཐུན་གཉིས་བྱ་བར་འདུལ་འཛིན་སྤྱི་མ་རྣམས་ཀྱི་ཕྱག་བཞེས་སུ་སྣང་བས་ལས་བྱེད་པས་འདི་ལྟར་བརྗོད་པར་བྱ་སྟེ། ལས་ཐམས་ཅད་ཀྱི་སྔོན་དུ་འགྲོ་བ་གཉིས་ལས་ཐོག་མར་ཡུལ་དུས་ཀྱི་སྟོབས་ཀྱིས་བཤགས་པར་མ་ནུས་པའི་ལྷུང་བ་ཐུན་མོང་བ་ཐམས་ཅད་ལས་ལ་མི་སྒྲིབ་པར་བགྱི་བའི་སླད་དུ་གསོལ་བའི་ལས་ཀྱིས་བྱིན་གྱིས་བརླབ་པར་བགྱི་བས། དགེ་འདུན་རྣམས་སྙིད་ལམ་བསྟུན་ནས་གསོལ་བའི་ལས་ལ་ཐུགས་གཏད་པར་ཞུ། དགེ་འདུན་བཙུན་པ་རྣམས་གསན་དུ་གསོལ། དེང་དགེ་འདུན་གྱི་བསྙེན་པར་རྫོགས་པའི་འཕྲིན་ལས་ལགས་ལ། བདག་ཅག་དགེ་འདུན་ཐམས་ཅད་ནི་ལྷུང་བ་དང་བཅས་པར་གྱུར་ན། གང་གི་མདུན་དུ་བདག(༢༥བ)ཅག་ལྷུང་བ་དེ་ཆོས་བཞིན་དུ་སླར་བགྱི་བ་བདག་ཅག་ལས་དགེ་སློང་གནས་གཞན་དུ་མཆིས་ལ་དགེ་སློང་གི་མདུན་དུ་ལྷུང་བ་དེ་ཆོས་བཞིན་དུ་སླར་བགྱི་བར་སྤྲོ་བ་སུ་ཡང་མ་མཆིས་ན། གལ་ཏེ་དགེ་འདུན་གྱི་དུས་ལ་བབ་ཅིང་བཟོད་ན་དགེ་འདུན་གྱིས་གནང་བར་མཛོད་ཅིག་དང་། དགེ་འདུན་གྱིས་དེང་ལྷུང་བ་དེ་བྱིན་གྱིས་བརླབས་ཏེ་བསྙེན་པར་རྫོགས་པའི་འཕྲིན་ལས་མཛད་ལ། སླད་ཀྱིས་དགེ་སློང་གི་མདུན་དུ་ལྷུང་བ་དེ་ཆོས་བཞིན་དུ་སླར་མཛད་དོ། །འདི་ནི་གསོལ་བའོ། །གནས་ལ་བློ་མཐུན་གྱི་གསོལ་གཉིས་ཀྱི་ལས་བགྱི་བས། ལས་མཛད་པའི་གནས་འདི་ཉེ་འཁོར་དང་བཅས་པ་ཚུན་ཆད་བསྙེན་པར་རྫོགས་པའི་འཕྲིན་ལས་ཀྱི་གནས་སུ་ཐུགས་བསྟུན་པ་གསོལ་བའི་ལས་ལ་ཐུགས་གཏད་པར་ཞུ། དགེ་འདུན་བཙུན་པ་རྣམས་གསན་དུ་གསོལ། གནས་ཐམས་ཅད་གྲུབ་པའམ། བགྱིས་པའམ་ལགས་པ་ནང་མཚམས་དང་ཕྱི་རོལ་ཉེ་འཁོར་

འདོམ་གང་དང་བཅས་པ་འདི་དགེ་འདུན་གྱི་བསྙེན་པར་རྫོགས་པའི་འཕྲིན་ལས་ཀྱི་གནས་སུ་བཞེད་ན། གལ་ཏེ་དགེ་འདུན་གྱི་དུས་ལ་བབ་ཅིང་བཟོད་ན་དགེ་འདུན་གྱིས་གནང་བར་མཛོད་ཅིག་དང་། དགེ་འདུན་གྱི་གནས་ཐམས་ཅད་གྲུབ་པའམ། བགྲིས་པའམ། ལགས་པ་ནང་མཚམས་དང་ཕྱི་རོལ་ཉེ་འཁོར་འདོམ་གང་དང་བཅས་པ་འདི་དགེ་འདུན་གྱི་བསྙེན་པར་རྫོགས་པའི་འཕྲིན་ལས་ཀྱི་གནས་སུ་བློ་མཐུན་པར་བགྱིའོ། །འདི་ནི་གསོལ་བའོ། །གསོལ་བ་ཐལ། བརྗོད་པ་མཇུག་སྡུད་དང་བཅས་པ་ལ་ཐུགས་གཏད་པ་ཞུ། དགེ་འདུན་བཙུན་པ་རྣམས་གསན་དུ་གསོལ། གནས་ཐམས་ཅད་གྲུབ་པའམ། བགྲིས་པའམ། ལགས་པ་ནང་མཚམས་དང་ཕྱི་རོལ་ཉེ་འཁོར་འདོམ་གང་དང་བཅས་པ་འདི་དགེ་འདུན་གྱི་བསྙེན་པར་རྫོགས་པའི་འཕྲིན་ལས་ཀྱི་གནས་སུ་བཞེད་དེ། དེའི་སྐད་དུ་དགེ་(༢༧ན)འདུན་གྱིས། གནས་ཐམས་ཅད་གྲུབ་པའམ། བགྲིས་པའམ། ལགས་པ་ནང་མཚམས་དང་ཕྱི་རོལ་ཉེ་འཁོར་འདོམ་གང་དང་བཅས་པ་འདི་དགེ་འདུན་གྱི་བསྙེན་པར་རྫོགས་པའི་འཕྲིན་ལས་ཀྱི་གནས་སུ་བློ་མཐུན་པར་བགྱི་ན། ཚེ་དང་ལྡན་པ་གང་དག་གནས་ཐམས་ཅད་གྲུབ་པའམ། བགྲིས་པའམ། ལགས་པ་ནང་མཚམས་དང་ཕྱི་རོལ་ཉེ་འཁོར་འདོམ་གང་དང་བཅས་པ་འདི་དགེ་འདུན་གྱི་བསྙེན་པར་རྫོགས་པའི་འཕྲིན་ལས་ཀྱི་གནས་སུ་བློ་མཐུན་པར་བགྱི་བར་བཟོད་པ་དེ་དག་ནི་ཅང་མ་གསུངས་ཤིག་གང་དག་མི་བཟོད་པ་དེ་དག་ནི་གསུངས་ཤིག །དགེ་འདུན་གྱིས་བཟོད་ཅིང་གནང་ནས་དགེ་འདུན་གྱིས་གནས་ཐམས་ཅད་གྲུབ་པའམ། བགྲིས་པའམ། ལགས་པ་ནང་མཚམས་དང་ཕྱི་རོལ་ཉེ་འཁོར་འདོམ་གང་དང་བཅས་པ་འདི་དགེ་འདུན་གྱི་བསྙེན་པར་རྫོགས་པའི་འཕྲིན་ལས་ཀྱི་གནས་སུ་བློ་མཐུན་པར་བགྱིས་ལགས་ཏེ། འདི་ལྟར་ཅང་མི་གསུང་བས་དེ་དེ་བཞིན་དུ་འཛིན་ཏོ། །འདིའི་གྲུབ་པ་ཞེས་པ་སྐྱེས་བུའི་རྩོལ་བས་བཅོས་པ་མིན་པའི་རང་གྲུབ་པའི་གནས་སོ། །བགྲིས་པ་ཞེས་པ་ནི་སྐྱེས་བུའི་

རྩོལ་བས་བཙོས་པའི་གནས་སོ། །ལགས་པ་ཞེས་པ་ནི་ཟིན་པའི་བྱ་བ་བྱེད་པའི་གནས་སུ་རུང་བའོ། །ཚོ་གའི་ཚེ་གང་ཡིན་བརྟགས་ནས་གཅིག་བརྗོད་དགོས་ཀྱི་ཐམས་ཅད་བརྗོད་མི་དགོས་སོ། །དེ་ནས་ལས་བྱེད་པས་མཁན་པོ་མིང་འདི་ཞེས་བགྱི་བས། ཚེ་དང་ལྡན་པ་མིང་འདི་ཞེས་བྱ་བའི་གསང་སྟེ་སྟོན་པར་གསོལ་བ་བཏབ་པ་གང་ཡིན་ཞེས་དྲི། དེས་བདག་དགེ་སློང་མིང་འདི་ཞེས་བྱ་བའོ། །ཞེས་ལན་གདབ། མིང་འདི་ཞེས་བྱ་བ་ཁྱོད་མཁན་པོ་མིང་འདི་ཞེས་བྱ་བས་མིང་འདི་ཞེས་བྱ་བ་ལ་གསང་སྟེ་སྟོན་པར་སྤྲོའམ་ཞེས་དྲི། དེས་ཀྱང་སྤྲོའོ་ཞེས་ལན་གདབ། འདིར་གསང་སྟེ་སྟོན་པས་ལྐོག་ཏུ་བར་ཆད་དྲི་བའི་ཕྱིར་གསང་སྟེ་སྟོན་པ་བསྐོ་བ་ལ་ཐུགས་བསྐྱུན་པ་གསོལ་བའི་ལས་ལ་ཐུགས་གཏད་པར་ཞུ། དགེ་འདུན་བཙུན་པ་རྣམས་གསན་དུ་གསོལ། དགེ་སློང་མིང་འདི་ཞེས་བགྱི་བ་འདི་མཁན་པོ་མིང་འདི་ཞེས་(༢༧༨བ)བགྱི་བས། མིང་འདི་ཞེས་བགྱི་བ་ལ་གསང་སྟེ་སྟོན་པར་སྤྲོ་ན། གལ་ཏེ་དགེ་འདུན་གྱི་དུས་ལ་བབ་ཅིང་བཟོད་ན་དགེ་འདུན་གྱིས་གནང་བར་མཛོད་ཅིག་དང་། དགེ་སློང་མིང་འདི་ཞེས་བགྱི་བ་འདི་མཁན་པོ་མིང་འདི་ཞེས་བགྱི་བས། མིང་འདི་ཞེས་བགྱི་བ་ལ་གསང་སྟེ་སྟོན་ཏོ། །འདི་ནི་གསོལ་བའོ། །དེ་ནས་གསང་སྟོན་དེས་བསྒྲུབ་བྱ་ཁྲིད་དེ་ཕྱི་རོལ་ཏུ་ཕྱིན་ནས། རང་ལ་ཕྱག་གསུམ་འཚལ་དུ་བཅུག །མདུན་དུ་ཙོག་ཙོག་པུར་འདུག་ཏུ་བཅུག་སྟེ་ཐལ་མོ་སྙིང་གར་སྦྱར་དུ་བཅུག་ནས། ཁྱོད་བསྙེན་པར་རྫོགས་པར་བྱེད་པ་ལ་མངོན་དུ་གྱུར་པ་བཅུ་ཚང་བ་དགོས་ཤིང་། དེའི་ནང་ནས་ཡོངས་སུ་དག་པ་མངོན་དུ་གྱུར་པ་ཞེས་བྱ་བ་བར་ཆད་ཀྱི་ཆོས་དང་མི་ལྡན་པ་ཞིག་དགོས། བར་ཆད་ཡོད་མེད་ངས་དྲིས་པས་ཤེས་པས་དྲི་བ་འདི་རྣམས་ལ་ལན་ལེགས་པར་ཐོབ་ཅིག །ཚེ་དང་ལྡན་པ་ཁྱོད་ཉོན་ཅིག །འདི་ནི་ཁྱོད་ཀྱི་བདེན་པའི་དུས། འདི་ནི་འབྱུང་བའི་དུས་ཏེ། ཁོ་བོས་ཁྱོད་ལ་ཅུང་ཟད་ཅིག་དྲི་ཡི། ཁྱོད་མ་འཛེམ་པར་ཁྱོས་ལ་ཡིན་པ་ལ་ཡིན་ཞེས་སྨྲོས་ཤིག །མ་ཡིན་པ་ལ་མ་ཡིན་ཞེས་

ལན་ཐོབ་ཅིག །ཁྱོད་སྐྱེས་པ་ཡིན་ནམ། དེས་སྐྱེས་པ་ཡིན་ལགས་ཞེས་བརྗོད་པར་བྱའོ། །སྐྱེས་པའི་དབང་པོ་དང་ལྡན་ནམ། དེས་ལྡན་ལགས་ཞེས་བརྗོད་པར་བྱའོ། །ལོ་ཉི་ཤུ་ལོན་ནམ། དེས་ལོན་ལགས་ཞེས་བརྗོད་པར་བྱའོ། །ཁྱོད་ཀྱི་ཆོས་གོས་གསུམ་དང་ལྷུང་བཟེད་ཚང་ངམ། དེས་ཚང་ལགས་ཞེས་བརྗོད་པར་བྱའོ། །ཁྱོད་ཕ་མ་གསོན་པས་མ་གནང་བ་མ་ཡིན་ནམ། དེས་མ་ཡིན་ལགས་ཞེས་བརྗོད་པར་བྱའོ། །ཁྱོད་བྲན་མ་ཡིན་ནམ། བཀྲུས་པ་མ་ཡིན་ནམ། ཉེད་བཙོན་མ་ཡིན་ནམ། རྩོད་པ་ཅན་མ་ཡིན་ནམ། བཙོངས་པ་མ་ཡིན་ནམ། རྒྱལ་པོས་བཀྲབས་པ་མ་ཡིན་ནམ། རྒྱལ་པོ་ལ་བསྡིགས་པ་མ་ཡིན་ནམ། རྒྱལ་པོ་ལ་གནོད་(༢༧ན)པའི་ལས་བྱེད་པ་མ་ཡིན་ནམ། ཁྱོད་རྒྱལ་པོ་ལ་གནོད་པའི་ལས་བྱས་སམ་བྱེད་དུ་བཅུག་པ་མ་ཡིན་ནམ། ཆོམ་རྐུན་པར་གྲགས་པ་མ་ཡིན་ནམ། ཟ་མ་མ་ཡིན་ནམ། མ་ནིང་མ་ཡིན་ནམ། དགེ་སློང་མ་སུན་ཕྱུང་བ་མ་ཡིན་ནམ། རྐུ་ཐབས་སུ་གནས་པ་མ་ཡིན་ནམ། ཐ་དད་དུ་གནས་པ་མ་ཡིན་ནམ། གནས་པར་མི་བྱ་བ་མ་ཡིན་ནམ། མུ་སྟེགས་ཅན་མ་ཡིན་ནམ། མུ་སྟེགས་ཅན་ཞུགས་པ་མ་ཡིན་ནམ། ཕ་བསད་པ་མ་ཡིན་ནམ། མ་བསད་པ་མ་ཡིན་ནམ། དགྲ་བཅོམ་པ་བསད་པ་མ་ཡིན་ནམ། དགེ་འདུན་གྱི་དབྱེན་བྱས་པ་མ་ཡིན་ནམ། དེ་བཞིན་གཤེགས་པ་ལ་ངན་སེམས་ཀྱིས་ཁྲག་ཕྱུང་བ་མ་ཡིན་ནམ། སྤྲུལ་པ་མ་ཡིན་ནམ། དུད་འགྲོ་མ་ཡིན་ནམ། ཞེས་དྲི་བར་བྱའོ། །དྲི་བ་དེ་དག་སོ་སོར་བསྒྲུབ་བྱ་དེས་མ་ཡིན་ལགས་ཞེས་བརྗོད་པར་བྱའོ། །ཁྱོད་ལ་ལ་ལའི་བུ་ལོན་མང་ཡང་རུང་ཉུང་ཡང་རུང་བསྐྱིན་པར་ཛོགས་ནས་འཛལ་མི་ནུས་པ་ཙུང་ཟད་ཆགས་པ་མེད་དམ། ཞེས་དྲི། བསྒྲུབ་བྱ་དེས་མེད་ལགས་ཞེས་བརྗོད། གལ་ཏེ་བུ་ལོན་ཆགས་ཤིང་དེ་འཛལ་མི་ནུས་སོ་ཞེས་ཟེར་ན། འོ་ན་བསྐྱིན་ཛོགས་བྱ་མི་རུང་བས་སོང་ཤིག །ཅེས་བརྗོད་པར་བྱའོ། །ཁྱོད་སྔོན་རབ་ཏུ་བྱུང་ནས་ཕམ་པར་འགྱུར་བ་བཞི་ལས་ལྟུང་བ་གང་ཡང་རུང་བ་ཞིག་བྱུང་བ་མ་ཡིན་ནམ། ཞེས་དྲི་བར་

བྱའོ། །དེ་ལྟར་རབ་ཏུ་བྱུང་ནས་ཕམ་པ་བཞི་གང་རུང་བྱུང་བ་མིན་ན་བསྒྲུབ་བྱ་དེས་མ་ཡིན་ལགས་ཞེས་བརྗོད་པར་བྱའོ། །གལ་ཏེ་སྔོན་རབ་ཏུ་བྱུང་ནས་ཕམ་པ་བཞི་གང་རུང་བྱུང་ངོ་ཟེར་ན་འོ་ན་བསྙེན་རྫོགས་བྱ་མི་རུང་བས་སོང་ཤིག་ཅེས་བརྗོད་པར་བྱའོ། །ཇི་ལྟར་ཁྱོད་ད་ལྟར་རབ་ཏུ་བྱུང་བ་ཡིན་ནམ། (༢༧བ)ཞེས་དྲི་བར་བྱའོ། །བསྒྲུབ་བྱ་དེས་ཡིན་ལགས་ཞེས་བརྗོད། ཁྱོད་ཀྱིས་ཚངས་པར་སྤྱོད་པ་ལེགས་པར་སྤྱད་དམ། ཞེས་དྲི། དེས་ལེགས་པར་སྤྱད་ལགས་ཞེས་བརྗོད། ཁྱོད་ཀྱི་མིང་ཅི་ཞེས་དྲི། དེས་བདག་གི་མིང་འདི་ཞེས་བརྗོད། ཁྱོད་ཀྱི་མཁན་པོ་ལ་མིང་ཅི་ཞེས་དྲི། དེས་དོན་གྱི་སྐད་དུ་མཚན་ནས་སྨོས་ཏེ་བདག་གི་མཁན་པོའི་མིང་ནི་འདི་ཞེས་བགྱི་ཞེས་བརྗོད་པར་བྱའོ། །འདི་ལ་བསྒྲུབ་བྱ་དེའི་རབ་བྱུང་གི་མཁན་པོའི་མིང་བརྗོད་དགོས་སོ། །ཚེ་དང་ལྡན་པ་ཁྱོད་ཉོན་ཅིག །མི་རྣམས་ཀྱི་ལུས་ལ་ལུས་ཀྱི་ནད་རྣམ་པ་འདི་ལྟ་བུ་འདི་དག་འབྱུང་བ་འདི་ལྟ་སྟེ། མཛེ་དང་། འབྲས་དང་། ཕོལ་མིག་དང་། འབྲུམ་ཕྲན་དང་། ཤ་བཀྲ་དང་། ཕྱི་ཇོ་དང་། གཡའ་བ་དང་། སྐྱིག་པ་དང་། རྐང་ཤུ་དང་། སྐེམ་ནད་དང་། སྐེམ་པ་དང་། བརྗེད་བྱེད་དང་། བཀྲིས་རྫབ་དང་། སྐྲ་ཐབ་དང་། རྐང་བམ་དང་། མཚན་པར་རྗོལ་བ་དང་། རིམས་དང་། རིམས་དྲག་པོ་དང་། ཉིན་གཅིག་པ་དང་། ཉིན་གཉིས་པ་དང་། ཉིན་གསུམ་པ་དང་། ཉིན་བཞི་པ་དང་། འདུས་པ་དང་། རིམས་ཉིན་རེ་བ་དང་། རྟག་པའི་རིམས་དང་། རིམས་ལྡང་དུབ་པ་དང་། ཤུ་བ་དང་། གསུད་པ་དང་། སྐྱིགས་བུ་དང་། ལུད་པ་དང་། དབུགས་མི་བདེ་བ་དང་། ལྷོག་པ་དང་། ཡན་ལག་ཏུ་ཟུག་པ་དང་། སྐྲན་དང་། ཁྲག་ནད་དང་། མཁྲིས་ནད་དང་། གཞང་འབྲུམ་དང་། སྐྱུག་བྲོ་བ་དང་། ཆུ་འགགས་པ་དང་། ངལ་བ་དང་། ལུས་ཚ་བ་དང་། རྩིབ་ལོགས་ཚ་བ་དང་། རུས་པ་ལ་ཟུག་པ་སྟེ་ལུས་ཀྱི་ནད་འདི་ལྟ་བུ་འདི་དག་ལས་གང་ཡང་རུང་བ་དང་། འདི་ལྟ་བུ་གཞན་དག་ཀྱང་ཁྱོད་ཀྱི་ལུས་ལ་མེད་དམ། དེས་མེད་ལགས་ཞེས་བརྗོད་པར་

བྱའོ། །(༢༨༨ན)ཚེ་དང་ལྡན་པ་ཁྱོད་ཉོན་ཅིག །དེ་ལྟར་ན་ཁྱོད་བར་ཆད་ཀྱི་ཆོས་དང་མི་ལྡན་པ་འདུག་ཅིང་། ཁྱོད་ལ་ད་ལྟ་ངས་གང་དྲིས་པ་དེ་དགེ་འདུན་གྱི་དབུས་སུ་ཡང་ཚངས་པ་མཚུངས་པར་སྤྱོད་པ་མཁས་པ་རྣམས་ཁྱོད་ལ་འདྲི་ཡིས་དེར་ཡང་ཁྱོད་ཀྱིས་མ་འཛེམ་པར་བྱོས་ལ། ཡིན་པ་ལ་ཡིན་ཞེས་སྨྲོས་ཤིག །མ་ཡིན་པ་ལ་ཡང་མ་ཡིན་ཞེས་ལན་དྲང་པོར་ཐོབ་ཅིག །ཕོ་བོས་དགེ་འདུན་ལ་ཞུས་ལ་འོང་གི །ཁྱོད་མ་བོས་ཀྱི་བར་དུ་མ་འོང་བར་སྡོད་ཅིག །ཅེས་བརྗོད་ལ། དེས་དགེ་འདུན་གྱི་ནང་དུ་འོངས་ཏེ། ཀྲན་པའི་མཐའ་ཡོགས་སུ་འགྲེང་སྟེ་འདུད་པ་དང་བཅས་པས། དགེ་འདུན་བཙུན་པ་རྣམས་གསན་དུ་གསོལ། བདག་གིས་མཁན་པོ་མིང་འདི་ཞེས་བགྱི་བས་ཚེ་དང་ལྡན་པ་མིང་འདི་ཞེས་བགྱི་བ་ལ་བར་ཆད་ཀྱི་ཆོས་རྣམས་གསང་སྟེ་རྗེས་སུ་བསྟན་ན། དེ་ཡང་བར་ཆད་ཀྱི་ཆོས་རྣམས་ཡོངས་སུ་དག་གོ་ཞེས་ཕོ་ན་ཉིད་མཆི་ན། ཅི་མཆི་ཞིག་གམ། ཐམས་ཅད་ཀྱིས་གལ་ཏེ་ཡོངས་སུ་དག་ནའོ། །ཞེས་བརྗོད། གལ་ཏེ་མ་བརྗོད་ན་ཉེས་བྱས་སོ། །དེ་ནས་བསྒྲུབ་བྱ་ལ་དགེ་འདུན་གྱིས་གནང་གི་ཤོག་ཅིག ཅེས་བརྗོད་ནས། དགེ་འདུན་གྱི་ནང་དུ་གདིང་བའི་སྟེང་ནས་རྣན་པའི་མཐའ་ཡོགས་སུ་ཕྱག་གསུམ་འཚལ་དུ་བཅུག་ལ། རང་ཉིད་གྲལ་དུ་འཁོད་དོ། །

ལྷ་པ་བསྙེན་པར་རྫོགས་པར་འདོད་པར་བསྟན་ཅིང་གསོལ་བ་མངོན་དུ་འགྱུར་བར་བྱ་བའི་ཕྱིར་གསོལ་བ་གདབ་པ་ནི། བསྒྲུབ་བྱ་དེ་དང་པོར་སྟོན་པ་ལ་ཕྱག་གསུམ་འཚལ་དུ་གཞུག །དེ་ནས་དགེ་འདུན་ལ་ཕྱག་གསུམ་འཚལ་དུ་གཞུག །དེ་ནས་ལས་(༢༨༨བ)སློབ་ཀྱིས་བསྒྲུབ་བྱ་དེ་ལ་ངེད་ལ་ཕྱག་གསུམ་ཚོལ་ལ། ངེད་ཀྱི་མདུན་དུ་ཕ་གུའི་སྟེང་དུ་རྩྭ་བཏིང་བ་ལ་རྗེང་པ་གཉིས་ཀྱིས་མནན་ནས་ཙོག་ཙོག་པུར་འདུག་ཅིང་ཐལ་མོ་སྦྱིང་གར་སྦྱོར་ལ་འདུག་ཅིག་ཅེས་བསྒོ་ལ། ཁྱོད་བསྙེན་པར་རྫོགས་པ་དོན་དུ་གཉེར་བར་འདོད་པ་དེ་དགེ་འདུན་གྱི་ལས་ཀྱིས་སྒྲུབ་དགོས་ཤིང་། དེ་ལ་

དགེ་འདུན་ལ་གསོལ་བ་ལན་གསུམ་གྱི་བར་དུ་འདེབས་དགོས་པས་དགེ་འདུན་མཐའ་དག་གིས་གསན་པའི་རྗེས་ཟློས་གྱིས་ཤིག །ཅེས་བརྗ་སྤྲད་ནས། འདི་ལྟར་བརྗོད་དེ། དགེ་འདུན་བཙུན་པ་རྣམས་གསན་དུ་གསོལ། བདག་མིང་འདི་ཞེས་བགྱི་བ། དོན་གྱི་སྐད་དུ་མཚན་ནས་སྨོས་ཏེ། མཁན་པོ་མིང་འདི་ཞེས་བགྱི་བས་དགེ་འདུན་ལས་བསྙེན་པར་རྫོགས་པར་འཚལ་ཏེ། བདག་མིང་འདི་ཞེས་བགྱི་བ་དོན་གྱི་སྐད་དུ་མཚན་ནས་སྨོས་ཏེ། མཁན་པོ་མིང་འདི་ཞེས་བགྱི་བས་དགེ་འདུན་ལ་བསྙེན་པར་རྫོགས་པར་གསོལ་ན། དགེ་འདུན་བཙུན་པ་རྣམས་ཀྱིས་བདག་བསྙེན་པར་རྫོགས་པར་མཛད་དུ་གསོལ། དགེ་འདུན་བཙུན་པ་རྣམས་ཀྱིས་བདག་དྲང་དུ་གསོལ། དགེ་འདུན་བཙུན་པ་རྣམས་ཀྱིས་བདག་རྗེས་སུ་གཟུང་དུ་གསོལ། དགེ་འདུན་བཙུན་པ་རྣམས་ཀྱིས་བདག་ལ་རྗེས་སུ་བསྟན་དུ་གསོལ། ཐུགས་བརྩེ་བ་ཅན། དགེ་འདུན་བཙུན་པ་རྣམས་ཀྱིས་ཐུགས་བརྩེ་བའི་སྐད་དུ་བདག་ལ་ཐུགས་བརྩེ་བར་མཛད་དུ་གསོལ། འདི་ལན་གསུམ་བྱ་དགོས་པས། གཉིས་པའི་ཡང་རྗེས་ཟློས་མཛོད། ཅེས་བརྡ་སྤྲད་ནས་གཉིས་པ་བྱ། གསུམ་པའི་ཡང་རྗེས་ཟློས་མཛོད། ཅེས་བརྡ་སྤྲད་ནས་གསུམ་པའི་རྗེས་ཟློས་བྱའོ། །

དྲུག་པ་ཡོངས་སུ་(༢༥་ན)དག་པར་དགེ་འདུན་ཐུགས་ཆེས་པ་ལ་སོགས་པའི་དོན་དུ་ནང་དུ་བར་ཆད་དྲི་བ་ནི། དེ་ལ་སྔོན་དུ་གསོལ་བའི་ལས་བྱ་དགོས་པས་ཁྱེད་རང་རྗེས་ཟློས་བགྱི་མི་དགོས། དགེ་འདུན་རྣམས་སྤྱོད་ལམ་བསྡུན་ནས་གསོལ་བའི་ལས་ལ་ཐུགས་གཏད་པར་ཞུ། དགེ་འདུན་བཙུན་པ་རྣམས་གསན་དུ་གསོལ། ཚེ་དང་ལྡན་པ་མིང་འདི་ཞེས་བགྱི་བ་འདི་མཁན་པོ་མིང་འདི་ཞེས་བགྱི་བས་དགེ་འདུན་ལས་བསྙེན་པར་རྫོགས་པར་འཚལ་ཏེ། མིང་འདི་ཞེས་བགྱི་བ་འདི་མཁན་པོ་མིང་འདི་ཞེས་བགྱི་བས་དགེ་འདུན་ལས་བསྙེན་པར་རྫོགས་པར་གསོལ་ན། གལ་ཏེ་དགེ་འདུན་གྱི་དུས་ལ་བབ་ཅིང་བཟོད་ན་དགེ་འདུན་གྱིས་གནང་བར་མཛོད་

ཅིག་དང་། བདག་གིས་དགེ་འདུན་གྱི་ནང་དུ་མཁན་པོ་མིང་འདི་ཞེས་བགྱི་བས་མིང་འདི་ཞེས་བགྱི་བ་ལ་བར་ཆད་ཀྱི་ཆོས་རྣམས་དྲི་བར་བྱའོ། །འདི་ནི་གསོལ་བའོ། །དེ་ནས་བསྒྲུབ་བྱ་ལ། ངེད་ལ་ཕྱག་གསུམ་ཚོལ་ལ་སྔར་བཞིན་ཕ་གུའི་སྟེང་དུ་འདུག་ཅིག་ཅེས་བསྒོ་ལ། ཁྱོད་བསྙེན་པར་རྫོགས་པར་བྱེད་པ་ལ་རྒྱུད་བར་ཆད་ཀྱི་ཆོས་དང་མི་ལྡན་པའི་ཡོངས་སུ་དག་པ་ཞིག་དགོས། བར་ཆད་ཅན་བསྙེན་པར་རྫོགས་ན་སྡོམ་པ་མི་སྐྱེ་བའམ། སྐྱེས་ཀྱང་རྒྱུན་མི་གནས་པ་ལ་སོགས་པའི་ཉེས་དམིགས་ཡོད་པས་ཁྱེད་ལའང་ཕན་མི་ཐོགས། བསྙེན་པར་རྫོགས་པར་བྱེད་མཁན་ལའང་ཉེས་པ་འབྱུང་བ་ཡིན། བར་ཆད་མེད་ན་ཁྱེད་རང་ལའང་སྡོམ་པ་སྐྱེ་བས་དོན་ཆེན་པོ་འགྲུབ། ངེད་ཀྱིས་ཀྱང་ཆོས་ལྡན་གྱི་འཕྲིན་ལས་བྱས་པས་བསྟན་པ་ལ་བྱ་བ་བྱས་པར་བཤད་ཅིང་བསྟན་པ་ལ་ཕན་པ་ཡིན། བར་ཆད་གསང་སྟོན་གྱིས་དྲིས་པས་ཆོག་མོད་སྙམ་ན། བར་ཆད་སློ་བུར་དུ་བྱུང་བའང་སྲིད། སྔར་མ་དྲན་པ་ད་ལྟ་དྲན་པ་སྲིད་པ་ལ་སོགས་པ་དགོས་ཆེད་འགའ་ཞིག་ཡོད་ཀྱང་། གཙོ་ཆེར་(༥་བ)
དགེ་འདུན་ཐུགས་ཆེས་པའི་དོན་དུ་ནང་དུ་དྲི་བ་ཡིན་པས་ལན་དྲང་པོར་ཐོབ་ཅིག །ཚེ་དང་ལྡན་པ་ཁྱོད་ཉོན་ཅིག །འདི་ནི་ཁྱོད་ཀྱི་བདེན་པའི་དུས། འདི་ནི་འབྱུང་བའི་དུས་ཏེ། ཁོ་བོས་ཁྱོད་ལ་ཅུང་ཟད་ཅིག་དྲི་ཡིས། ཁྱོད་མ་འཛེམ་པར་ཕྱིས་ལ་ཡིན་པ་ལ་ཡིན་ཞེས་སྨྲོས་ཤིག །མ་ཡིན་པ་ལ་ཡང་མ་ཡིན་ཞེས་ལན་ཐོབ་ཅིག །ཁྱོད་སྐྱེས་པ་ཡིན་ནམ། དེས་སྐྱེས་པ་ཡིན་ལགས་ཞེས་བརྗོད་པར་བྱའོ། །སྐྱེས་པའི་དབང་པོ་དང་ལྡན་ནམ། དེས་ལྡན་ལགས་ཞེས་བརྗོད་པར་བྱའོ། །ལོ་ཉི་ཤུ་ལོན་ནམ། དེས་ལོན་ལགས་ཞེས་བརྗོད་པར་བྱའོ། །ཁྱོད་ཀྱི་ཆོས་གོས་གསུམ་དང་ལྷུང་བཟེད་ཚང་ངམ། དེས་ཚང་ལགས་ཞེས་བརྗོད་པར་བྱའོ། །ཁྱོད་ཕ་མ་གསོན་པས་མ་གནང་བ་མ་ཡིན་ནམ། དེས་མ་ཡིན་ལགས་ཞེས་བརྗོད་པར་བྱའོ། །ཁྱོད་བྲན་མ་ཡིན་ནམ། བཀུས་པ་མ་ཡིན་ནམ། ཉེད་བརྙོན་མ་ཡིན་ནམ། རྫོད་པ་ཅན་མ་ཡིན་ནམ། བཙོངས་པ་

མ་ཡིན་ནམ། རྒྱལ་པོས་བཀྲབ་པ་མ་ཡིན་ནམ། རྒྱལ་པོ་ལ་བསྡིགས་པ་མ་ཡིན་ནམ། རྒྱལ་པོ་ལ་གནོད་པའི་ལས་བྱེད་པ་མ་ཡིན་ནམ། ཁྱོད་རྒྱལ་པོ་ལ་གནོད་པའི་ལས་བྱས་སམ་བྱེད་དུ་བཅུག་པ་མ་ཡིན་ནམ། ཆོམ་རྐུན་པར་གྲགས་པ་མ་ཡིན་ནམ། ཟ་མ་མ་ཡིན་ནམ། མ་ནིང་མ་ཡིན་ནམ། དགེ་སློང་མ་སུན་ཕྱུང་བ་མ་ཡིན་ནམ། རྐུ་ཐབས་སུ་གནས་པ་མ་ཡིན་ནམ། ཐ་དད་དུ་གནས་པ་མ་ཡིན་ནམ། གནས་པར་མི་བྱ་བ་མ་ཡིན་ནམ། མུ་སྟེགས་ཅན་མ་ཡིན་ནམ། མུ་སྟེགས་ཅན་ཞུགས་པ་མ་ཡིན་ནམ། ཕ་བསད་པ་མ་ཡིན་ནམ། མ་བསད་པ་མ་ཡིན་ནམ། དགྲ་བཅོམ་པ་བསད་པ་མ་ཡིན་ནམ། དགེ་འདུན་གྱི་དབྱེན་བྱས་པ་མ་ཡིན་ནམ། དེ་བཞིན་གཤེགས་པ་ལ་ངན་སེམས་ཀྱིས་ཁྲག་ཕྱུང་བ་མ་ཡིན་ནམ། སྤྲུལ་པ་མ་(༣༠ན)ཡིན་ནམ། དུད་འགྲོ་མ་ཡིན་ནམ་ཞེས་དྲི་བར་བྱའོ། །དྲི་བ་རྣམས་རེ་རེ་ལ་མ་ཡིན་ལགས་ཞེས་བརྗོད་པར་བྱའོ། །ཁྱོད་ལ་ལ་ལའི་བུ་ལོན་མང་ཡང་རུང་ཉུང་ཡང་རུང་བསྐྱེན་པར་རྗོགས་ནས་འཇལ་མི་ནུས་པ་ཙུང་ཟད་ཆགས་པ་མེད་དམ་ཞེས་དྲི། བསྒྲུབ་བྱ་དེས་མེད་ལགས་ཞེས་བརྗོད། གལ་ཏེ་བུ་ལོན་ཆགས་ཤིང་དེ་འཇལ་མི་ནུས་སོ་ཟེར་ན། འོ་ན་བསྐྱེན་རྗོགས་བྱ་མི་རུང་བས་སོངས་ཤིག་ཅེས་བརྗོད། ཁྱོད་སྟོན་རབ་ཏུ་བྱུང་ནས་ཕམ་པར་འགྱུར་བ་བཞི་ལས་ལྷུང་བ་གང་ཡང་རུང་བ་ཞིག་བྱུང་བ་མ་ཡིན་ནམ། ཞེས་དྲི། བསྒྲུབ་བྱ་དེས་མ་ཡིན་ལགས་ཞེས་བརྗོད། གལ་ཏེ་སྟོན་རབ་ཏུ་བྱུང་ནས་ཕམ་པ་བཞི་གང་རུང་བྱུང་ངོ་ཟེར་ན། འོ་ན་བསྐྱེན་རྗོགས་བྱ་མི་རུང་བས་སོངས་ཤིག་ཅེས་བརྗོད། ཇི་ལྟར་ཁྱོད་ད་ལྟར་རབ་ཏུ་བྱུང་བ་ཡིན་ནམ་ཞེས་དྲི། དེས་རབ་ཏུ་བྱུང་བ་ཡིན་ལགས་ཞེས་བརྗོད་པར་བྱའོ། །ཁྱོད་ཀྱིས་ཚངས་པར་སྤྱོད་པ་ལེགས་པར་སྤྱད་དམ་ཞེས་དྲི། དེས་ལེགས་པར་སྤྱད་ལགས་ཞེས་བརྗོད་པར་བྱའོ། །ཁྱོད་ཀྱི་མིང་ཅི་ཞེས་དྲི། དེས་བདག་གི་མིང་འདི་ཞེས་བགྱི་ཞེས་བརྗོད། ཁྱོད་ཀྱི་མཁན་པོའི་མིང་ཅི་ཞེས་དྲི། དེས་དོན་གྱི་སྐད་དུ་མཚན་ནས་སྨོས་ཏེ། བདག་གི་

མཁན་པོའི་མིང་འདི་ཞེས་བགྱི། ཞེས་བརྗོད་དོ། །ཚེ་དང་ལྡན་པ་ཁྱོད་ཉོན་ཅིག །མི་རྣམས་ཀྱི་ལུས་ལ་ལུས་ཀྱི་ནད་རྣམ་པ་འདི་ལྟ་བུ་འདི་དག་འབྱུང་བ་འདི་ལྟ་སྟེ། མཛེ་དང་། འབྲས་དང་། ཕོལ་མིག་དང་། འབྲུམ་ཕྲན་དང་། ཤ་བཀྲ་དང་། ཁྱི་རྗེ་དང་། གཡའ་བ་དང་། སྐློག་པ་དང་། རྐང་ཤུ་དང་། སྐེམ་ནད་དང་། སྐེམ་པ་དང་། བརྗེད་བྱེད་དང་། བགྲེས་རབ་དང་། སྐྱ་རབ་དང་། རྐང་བམ་དང་། མཚན་བར་རྟོལ་བ་དང་། རིམས་དང་། རིམས་དྲག་པོ་དང་། ཉིན་གཅིག་པ་དང་། ཉིན་གཉིས་པ་དང་། ཉིན་གསུམ་པ་དང་། ཉིན་བཞི་པ་དང་། (༣༠བ)འདུས་པ་དང་། རིམས་ཉིན་རེ་བ་དང་། རྟག་པའི་རིམས་དང་། རིམས་ལྡང་དུབ་པ་དང་། ཤུ་བ་དང་། གསུད་པ་དང་། སྐྱིགས་བུ་དང་། ལུད་པ་དང་། དབུགས་མི་བདེ་བ་དང་། ལྐོག་པ་དང་། ཡན་ལག་ཏུ་ཟུག་པ་དང་། སྐྲན་དང་། ཁྲག་ནད་དང་། མཁྲིས་ནད་དང་། གཞང་འབྲུམ་དང་། སྐྱུག་བྲོ་བ་དང་། ཆུ་འགགས་པ་དང་། ངལ་བ་དང་། ལུས་ཚ་བ་དང་། རྩིབ་ལོགས་ཚ་བ་དང་། རུས་པ་ལ་ཟུག་པ་སྟེ། ལུས་ཀྱི་ནད་འདི་ལྟ་བུ་འདི་དག་ལས་གང་ཡང་རུང་བ་དང་། འདི་ལྟ་བུ་གཞན་དག་ཀྱང་ཁྱོད་ཀྱི་ལུས་ལ་མེད་དམ་ཞེས་དྲི། བསྒྲུབ་བྱ་དེས་མེད་ལགས་ཞེས་བརྗོད་པར་བྱའོ། །གཉིས་པ་བསྙེན་པར་རྫོགས་པའི་ཆོ་ག་དངོས་གཞི་ནི། ལས་སློབ་ཀྱིས་བསྒྲུབ་བྱ་དེ་ལ་འདི་ལྟར་བརྗོད་དེ། ཁྱོད་བསྙེན་པར་རྫོགས་པར་བྱེད་པ་ལ་སངས་རྒྱས་མངོན་དུ་གྱུར་པ། ཆོས་མངོན་དུ་གྱུར་པ། དགེ་འདུན་མངོན་དུ་གྱུར་པ། མཁན་པོ་མངོན་དུ་གྱུར་པ། སློབ་དཔོན་མངོན་དུ་གྱུར་པ། ཡོ་བྱད་མངོན་དུ་གྱུར་པ། ཡོངས་སུ་དག་པ་མངོན་དུ་གྱུར་པ། བསྙེན་པར་རྫོགས་པར་འདོད་པ་མངོན་དུ་གྱུར་པ། གསོལ་བ་མངོན་དུ་གྱུར་པ། ལས་མངོན་དུ་གྱུར་པ་སྟེ་མངོན་གྱུར་བཅུའི་སྒོ་ནས་སྒྲུབ་དགོས་ཤིང་། མངོན་གྱུར་གཞན་ཐམས་ཅད་ཕུན་སུམ་ཚོགས་པའི་ཚུལ་གྱིས་ཚང་། བསྙེན་རྫོགས་ཀྱི་སྡོམ་པ་སྐྱེ་བ་ལ་བསྙེན་པར་རྫོགས་པར་འདོད་པ་མངོན་དུ་གྱུར་པ་ཞིག་དགོས་པ་ནི་ཁྱོད་རང་གིས་

སྒྲུབ་དགོས་པ་ཡིན། དེ་ཡང་རྒྱུའི་ཀུན་སློང་བསྐྱེད་རྫོགས་ཀྱི་སྒོམ་པ་ཐོབ་འདོད་ཤུགས་དྲག་པོ་དང་། དུས་ཀྱི་ཀུན་སློང་བསྐྱེད་རྫོགས་ཀྱི་སྒོམ་པ་ཐོབ་དུས་ཤེས་པ་དང་། འགལ་རྐྱེན་ཚེ་ངེས་པ་འཐབ་མོའམ་དགའ་སྟོན་གྱི་ཚེ་བསླབ་པ་བསྲུང་མི་ནུས། དུས་གཞན་གྱི་ཚེ་བསྲུང་སྙམ་པ་ལྟ་བུ་དང་། དུས་ངེས་པ་བསྐྱེད་རྫོགས་ཀྱི་སྒོམ་པ་བླངས་ནས་ཟླ་བ་གཅིག་གམ་ལོ་གཅིག་(༣༧ན)ཙམ་གྱི་བར་བསླབ་པ་རྣམས་བསྲུང་དེ་ནས་མི་བསྲུང་སྙམ་པ་ལྟ་བུ་དང་། ཡུལ་ངེས་པ་ཡུལ་ལམ་དགོན་པ་འདིར་སྡོད་རིང་བསྲུང་ཡུལ་ཕྱོགས་གཞན་དུ་ཕྱིན་ནས་མི་བསྲུང་སྙམ་པ་ལྟ་བུ་དང་། གང་ཟག་ངེས་པ་གང་ཟག་གཞན་ལ་གནོད་འཚེ་སྤྱོད་ནུས་ཀྱང་རང་གི་དགྲ་ལ་གནོད་འཚེ་མི་སྤྱོད་སྙམ་པ་ལྟ་བུ་དང་། ཡན་ལག་ངེས་པ་བསླབ་པ་གཞན་རྣམས་བསྲུང་ནུས་ཀྱང་ཕྱི་དྲོའི་ཁ་ཟས་མི་བསྲུང་སྙམ་པ་ལྟ་བུ་ལྔ་པོ་གང་རུང་བྱུང་ན་སྒོམ་པ་མི་སྐྱེ་བས་ངེས་པ་ལྔ་པོ་དེ་དག་དང་བྲལ་བ་ཞིག་དགོས་ཤིང་། དེ་ཡང་གཙོ་བོར་ངེས་འབྱུང་གི་བསམ་པས་ཟིན་པ་ཞིག་ངེས་པར་གལ་ཆེ་བས་བསམ་པ་འདི་བཞིན་དུ་གྱིས། ཇི་སྐད་དུ་མདོ་དྲན་པ་ཉེར་གཞག་ལས། སེམས་ཅན་དམྱལ་བ་དམྱལ་མེས་ཉམས། །ཡི་དྭགས་བཀྲེས་ཤིང་སྐོམ་པས་ཉམས། །དུད་འགྲོ་གཅིག་ལ་གཅིག་ཟས་ཉམས། །མི་དག་འཚོ་བ་ཐུང་བས་ཉམས། །ལྷ་དག་བག་མེད་པ་ཡིས་ཉམས། །འཁོར་བ་ཁབ་ཀྱི་རྩེ་ཙམ་ན། །བདེ་བ་ནམ་ཡང་ཡོད་མ་ཡིན། །ཞེས་གསུངས་པ་ལྟར། ཁམས་གསུམ་འཁོར་བ་གང་དུ་གནས་ཀྱང་སྡུག་བསྔལ་གྱི་གནས། སུ་དང་འགྲོགས་ཀྱང་སྡུག་བསྔལ་གྱི་གྲོགས། ཅི་ལ་ལོངས་སྤྱོད་ཀྱང་སྡུག་བསྔལ་གྱི་ལོངས་སྤྱོད་ལས་མི་འདུག་པས། འཁོར་བའི་སྡུག་བསྔལ་མཐའ་དག་ལས་ཐར་བ་ཞིག་ཅི་ནས་ཀྱང་བྱེད། དེ་ཡང་རང་གཅིག་པུ་འཁོར་བ་ལས་ཐར་བས་མི་ཆོག །སེམས་ཅན་ཐམས་ཅད་ཀྱང་རང་གི་ཕ་མ་དྲིན་ཅན་ཤ་སྟག་ཡིན་པས་སེམས་ཅན་ཐམས་ཅད་ཀྱི་དོན་དུ་རྫོགས་པའི་སངས་རྒྱས་ཀྱི་གོ་འཕང་ཐོབ་པར་བྱ། དེའི་ཕྱིར་དུ་བསྟན་པའི་གཞི

མ་ཚུལ་ཁྲིམས་ཀྱི་བསླབ་པའི་གཙོ་བོ་སོ་སོར་ཐར་པའི་སྡོམ་པ་མཆོག་བསྙེན་རྫོགས་ཀྱི་སྡོམ་པ་རྣམ་པར་དག་པ་བླངས་ལ་དུས་དེ་ནས་བཟུང་སྐྱེ་མ་ཤི་ཚུན་(༣༧བ)ཆད་ཀྱི་ཡུལ་དུས་གནས་སྐབས་ཐམས་ཅད་དུ་ཡན་ལག་རྣམས་མ་ཆང་བ་མེད་པར་ལེགས་པར་བསྲུང་སྙམ་པ་གྲིས་ལ་ཡིད་གཞན་དུ་མ་ཡེངས་པར་སྡོད་ཅིག་ཅེས་བསྙེན་རྫོགས་ཐོབ་པའི་རྒྱུར་ངེས་འབྱུང་གི་བསམ་པ་བརྟན་པོ་དགོས་ཚུལ་བརྗོད་ངེས་བྱས་ལ་འདི་ལྟར་བརྗོད་དེ། དགེ་འདུན་རྣམས་སྤྱོད་ལམ་བསྟུན་ཐུགས་དགོངས་གསུམ་པོ་གསལ་བཏབ་ནས་གསོལ་བའི་ལས་ལ་ཐུགས་གཏད་པ་ཞུ་ཞིང་ཆད་ལྷག་བྱུང་ན་གསོ་བར་ཞུ། དགེ་འདུན་བཙུན་པ་རྣམས་གསན་དུ་གསོལ། མིང་འདི་ཞེས་བགྱི་བ་འདི་མཁན་པོ་མིང་འདི་ཞེས་བགྱི་བས་དགེ་འདུན་ལས་བསྙེན་པར་རྫོགས་པར་འཚལ་ནས་མིང་འདི་ཞེས་བགྱི་བ་འདི་མཁན་པོ་མིང་འདི་ཞེས་བགྱི་བས་དགེ་འདུན་ལས་བསྙེན་པར་རྫོགས་པར་གསོལ་ཏེ། སྐྱེས་པ་ཡང་ལགས། སྐྱེས་པའི་དབང་པོ་དང་ཡང་ལྡན། ལོ་ཉི་ཤུ་ཡང་ལོན། འདིའི་ཆོས་གོས་གསུམ་དང་ལྷུང་བཟེད་ཀྱང་ཚང་། བར་ཆད་ཀྱི་ཆོས་རྣམས་ཀྱང་ཡོངས་སུ་དག་གོ་ཞེས་ཁོ་ན་ཉིད་མཆི་སྟེ། མིང་འདི་ཞེས་བགྱི་བ་འདི་མཁན་པོ་མིང་འདི་ཞེས་བགྱི་བས་དགེ་འདུན་ལས་བསྙེན་པར་རྫོགས་པར་གསོལ་ན། གལ་ཏེ་དགེ་འདུན་གྱི་དུས་ལ་བབ་ཅིང་བཟོད་ན་དགེ་འདུན་གྱིས་གནང་བར་མཛོད་ཅིག་དང་། དགེ་འདུན་གྱིས་མིང་འདི་ཞེས་བགྱི་བ་མཁན་པོ་མིང་འདི་ཞེས་བགྱི་བས་བསྙེན་པར་རྫོགས་པར་མཛད་དོ། །འདི་ནི་གསོལ་བའོ། །གསོལ་བ་ཐལ། བརྗོད་པའི་ལས་ལ་ཐུགས་གཏད་པར་ཞུ། དགེ་འདུན་བཙུན་པ་རྣམས་གསན་དུ་གསོལ། མིང་འདི་ཞེས་བགྱི་བ་འདི་མཁན་པོ་མིང་འདི་ཞེས་བགྱི་བས་དགེ་འདུན་ལས་བསྙེན་པར་རྫོགས་པར་འཚལ་ནས་མིང་འདི་ཞེས་བགྱི་བ་འདི་མཁན་པོ་མིང་འདི་ཞེས་བགྱིས་དགེ་འདུན་ལས་བསྙེན་པར་རྫོགས་(༣༢ན)པར་གསོལ་ཏེ། སྐྱེས་པ་ཡང་ལགས། སྐྱེས་པའི་དབང་

པོ་དང་ཡང་ལྡན། ལོ་ཉི་ཤུ་ཡང་ལོན། འདིའི་ཆོས་གོས་གསུམ་དང་ལྷུང་བཟེད་ཀྱང་ཚང་། བར་ཆད་ཀྱི་ཆོས་རྣམས་ཀྱང་ཡོངས་སུ་དག་གོ་ཞེས་ཕོ་ན་ཉིད་མཆི་སྟེ། མིང་འདི་ཞེས་བགྱི་བའི་འདི་མཁན་པོ་མིང་འདི་ཞེས་བགྱི་བས་དགེ་འདུན་ལས་བསྙེན་པར་རྫོགས་པར་གསོལ་ན། དེའི་སྐད་དུ་དགེ་འདུན་གྱིས་མིང་འདི་ཞེས་བགྱི་བ་འདི་མཁན་པོ་མིང་འདི་ཞེས་བགྱི་བས་བསྙེན་པར་རྫོགས་པར་མཛད་ན། ཚེ་དང་ལྡན་པ་གང་དག་མིང་འདི་ཞེས་བགྱི་བ་མཁན་པོ་མིང་འདི་ཞེས་བགྱི་བས་བསྙེན་པར་རྫོགས་པར་མཛད་པར་བཟོད་པ་དེ་དག་ནི་ཅང་མ་གསུང་ཞིག །གང་དག་མི་བཟོད་པ་དེ་དག་ནི་གསུངས་ཤིག །བརྗོད་པ་དང་པོ་ཐལ། བརྗོད་པ་གཉིས་པ་ལ་ཐུགས་གཏད་པར་ཞུ་བྱས་ལ་གཉིས་པ་བྱ། གསུམ་པའི་སྐབས་སུ་ལས་འཆགས་པ་ཡིན། དེ་ཡང་མཆི་སྟེ་ཡན་ཆད་ངོ་བོ་བརྗོད་པ། དེ་ནས་གསོལ་ནའི་བར་བྱ་བ་བརྗོད་པ། དེའི་སྐད་དུ་མན་ཆད་བྱེད་པ་བརྗོད་པ་ཡིན་པས། ངོ་བོ་བརྗོད་པ་དང་། བྱ་བ་བརྗོད་པ་གཉིས་རྫོགས་པ་གསོལ་ན་ཞེས་པ་འགགས་པ་དང་མཉམ་དུ་ཁྱོད་ལ་བསྙེན་རྫོགས་ཀྱི་སྡོམ་པ་སྐྱེ། ངེད་ཁྱོད་ཀྱི་སློབ་དཔོན་དུ་འགྱུར་བ་ཡིན་པས་གསོལ་ན་ཞེས་པའི་སྐབས་སུ་ངེད་ཀྱིས་སྐད་གཟེངས་མཐོ་བ་དང་། སེ་གོལ་གྱི་བརྡ་སྦྱོར་བས་དེའི་དུས་ངའི་རྒྱུད་ལ་བསྙེན་རྫོགས་ཀྱི་སྡོམ་པ་སྐྱེས་པའི་དུས་འདི་ཡིན་སྙམ་པའི་ཐོབ་བློ་སྐྱེས་པ་ཤིན་ཏུ་གལ་ཆེ་ཞིང་། དེའི་སྐད་དུ་ཞེས་པའི་ཚིག་བྱུང་བ་དང་སྡོམ་པ་སྐྱེས་ཚར། དགེ་སློང་དུ་གྱུར་སྙམ་དུ་མ་ཡེངས་པར་སེམས་ཤིག །དགེ་འདུན་རྣམས་བརྗོད་པ་གསུམ་པ་ལ་ཐུགས་གཏད་པར་ཞུ་བྱས་ལ་གསུམ་པ་བྱ། ལས་ཀྱི་མཇུག་སྡུད་(༣༢༢བ)ལ་ཐུགས་གཏད་པར་ཞུ། དགེ་འདུན་གྱིས་བཟོད་ཅིང་གནང་ནས་དགེ་འདུན་གྱིས་མིང་འདི་ཞེས་བགྱི་བ་མཁན་པོ་མིང་འདི་ཞེས་བགྱི་བས་བསྙེན་པར་རྫོགས་པར་མཛད་ལགས་ཏེ། འདི་ལྟར་ཅང་མི་གསུང་བས་དེ་དེ་བཞིན་དུ་འཛིན་ཏོ། །གལ་ཏེ་ཆོ་ག་ནོར་བའམ། ལས་གྲལ་བའི་དགེ་སློང་ལངས་ནས་སོང་བ་ལ་སོགས་

པས་ལས་འཁྲུགས་ནས་སྐྱར་དགོས་ན། གསོལ་བ་སྐྱོར་ན། བཙུན་པ་དག་ཡང་གསོལ་བ་བགྱིའོ། །ཞེས་བྱས་ལ་སྐྱར། བརྗོད་པ་སྐྱོར་ན། བཙུན་པ་དག་ཡང་རྗེས་སུ་བསྒྲག་གོ །བྱས་ལ་སྐྱར། གཉིས་ཀ་སྐྱོར་ན། བཙུན་པ་དག་ཡང་གསོལ་བ་བགྱི་ཞིང་རྗེས་སུ་ཡང་བསྒྲག་གོ་བྱས་ལ་སྐྱར་རོ། །དེ་ལྟར་གསོལ་བཞིའི་ལས་ཀྱིས་ཁྱོད་ཀྱི་རྒྱུད་ལ་བསྙེན་པར་རྫོགས་པའི་སྡོམ་པ་འཆལ་ཚུལ་གྱི་རྒྱུན་སྡོམ་ཞིང་འགོག་པར་བྱེད་པའི་ཆ་ཡོན་ལྟ་བུ་ཐོབ། དགེ་སློང་དུ་གྱུར་པས་དགའ་བ་སྒོམས་ཤིག །དེས་བསྙེན་རྫོགས་ཀྱི་ལས་དངོས་གཞི་གྲུབ་པ་ཡིན་ནོ། །

གསུམ་པ་བསྙེན་པར་རྫོགས་པའི་མཇུག་གི་ཆོ་ག་ལ་གཉིས་བསྙེན་བཀུར་གྱི་གནས་དང་གནས་མ་ཡིན་པ་ཤེས་པར་བྱ་བའི་ཕྱིར་དུ་དུས་གོ་བར་བྱ་བ་དང་། ཐོབ་པ་མི་ཉམས་ཤིང་འཕེལ་བར་བྱ་བའི་ཕྱིར་གདམས་ངག་བརྗོད་པའོ། །དང་པོ་བསྙེན་བཀུར་གྱི་གནས་དང་གནས་མ་ཡིན་པ་ཤེས་པར་བྱ་བའི་ཕྱིར་དུས་གོ་བར་བྱ་བ་ནི། མཁན་པོ་དང་ལས་སློབ་ལས་གཞན་པའི་དགེ་སློང་གཞན་ཞིག་ལ་བསྒྲུབ་བྱ་འདིའི་དགེ་སློང་གི་སྡོམ་པའི་ཐོབ་དུས་གོ་བ་དེ་མང་དུ་ཐོས་པའི་འདུལ་བ་འཛིན་པ་ཆེ་གེ་མོས་མཛོད་ཅིག །ཅེས་བསྒོ། དེ་ཡང་མེ་མོ་ཡོས་ལོའི་ཟླ་བ་བཞི་པའི་ཡར་(༣༣༨)ཚེས་བརྒྱད་ཀྱི་ཐ་དྲོ་བསྙེན་རྫོགས་སྒྲུབ་པ་ལྟ་བུ་ལ་དུས་གོ་བརྗོད་ཚུལ་འདི་ལྟར་བྱ་སྟེ། དུས་གོ་བརྗོད་པའི་དགེ་སློང་གིས་ཉི་མ་རྫོགས་པའི་སར་ཕྱིན་ལ་ཐུར་མ་སོར་བཞི་པས་གྲིབ་ཚོད་གཞལ་ཏེ། ཐུར་མ་དེའི་གྲིབ་མ་སོར་བཞི་ལ་སྐྱེས་བུ་དང་། སོར་གསུམ་མན་ཆད་སོར་རེ་རེ་ལ་ཀང་པའི་ཐ་སྙད་བྱས་པའི་དུས་ཚོད་ངེས་ངེས་བྱས་ནས་གྲལ་ལ་འཁོད་ནས་འདི་ལྟར་བརྗོད་དེ། ཁྱོད་བསྙེན་པར་རྫོགས་པར་སྒྲུབ་པའི་ཆོ་ག་ལ་སྦྱོར་དངོས་མཇུག་གསུམ་ཡོད་པའི་མཇུག་གི་ཆོ་ག་ལ་གཉིས་ལས། དང་པོ་བསྙེན་བཀུར་གྱི་གནས་དང་གནས་མ་ཡིན་པ་ཤེས་པའི་ཕྱིར་དུ་བསྙེན་པར་རྫོགས་པའི་དུས་གོ་བར་བྱ་བ་ནི། ཁྱོད་ཀྱི་རྒྱུད་ལ་དགེ་སློང་གི་སྡོམ་པ་ཐོབ་པའི་དུས་ནི་ལོ་

སྐར་བཅུ་གཉིས་ཡོད་པ་ལས་ལོ་འདི་མེ་མོ་ཡོས་ལོ་ཡིན། དེ་ལ་དུས་ཚིགས་ལྔ་ཡོད་པ་ལས་དཔྱིད་དུས་ཡིན། དེ་ལ་ཟླ་བ་བཞི་ཡོད་པ་ལས་དཔྱིད་ཟླ་ཐ་ཆུང་ས་ག་ཟླ་བ་ཡིན། དེ་ལ་ཡར་ངོ་དང་མར་ངོ་གཉིས་ཡོད་པ་ལས་ཡར་ངོ་ཡིན། དེ་ལ་ཚེས་གྲངས་བཅོ་ལྔ་ཡོད་པ་ལས་ཚེས་བརྒྱད་ཡིན། དེ་ལ་ཉིན་མཚན་གྱི་ཆ་ཉི་ཤུ་རྩ་གཉིས་ཡོད་པ་ལས་སྔ་དྲོའི་ཆ་གྲིབ་ཚོད་སྐྱེས་བུ་འདི་དང་རྐང་པ་འདིའི་དུས་སུ་གཙུག་ལག་ཁང་ཆེ་གེ་མོར་དགེ་བའི་བཤེས་གཉེན་ཆེ་གེ་མོས་མཁན་པོ་དང་། ཆེ་གེ་མོས་ལས་སློབ་མཛད་དེ་ཁྱོད་བསྙེན་པར་རྫོགས་པ་ཡིན་པས་བསྙེན་བཀུར་གྱི་གནས་རང་བས་གྲིབ་མ་སོར་གཅིག་ཡན་ཆད་ཀྱིས་རྒན་པའི་དགེ་སློང་རྣམས་གྲལ་འགོར་ཐོངས། ཕྱག་དང་བསྙེན་བཀུར་ཡར་ལ་སྟོབས། ཉིད་པ་དང་པོར་འབུལ། ལས་སུ་བྱ་བ་མཇུག་ལ་བསྐོས། བསྙེན་བཀུར་གྱི་གནས་མ་ཡིན་པ་བསྙེན་པར་མ་རྫོགས་པ་ཐམས་ཅད་དང་། དུས་ཀྱིས་གཞོན་པའི་དགེ་སློང་རྣམས་(༣༣བ)དང་། རྗེན་དམན་པ་དགེ་སློང་མ་སོགས་བསྙེན་བཀུར་གྱི་གནས་མ་ཡིན་པ་རྣམས་གྲལ་འོག་ཏུ་ཞོག །ཕྱག་དང་བསྙེན་བཀུར་སྟོབ་པ་བྱུང་ན་ཕལ་ཆེར་ལ་དང་དུ་ལོངས། དུས་རང་དང་མཉམ་པ་རྣམས་གཅིག་གིས་གཅིག་ལ་ཕྱག་བྱ་མི་དགོས། གྲལ་ལ་གནས་དེར་འོངས་པ་སྔ་རིམ་ནས་འགོད། ཉིད་པའང་སྔ་རིམ་ནས་འབུལ་ལས་སུ་ཕྱི་རིམ་ནས་བསྐོ། དེ་ལྟར་བྱས་པས་དངོས་སུ་སྡོམ་པ་ཐོབ་པའི་དུས་ཤེས། སྟོན་པའི་བཅས་པ་དང་མཐུན་ཞིང་། དེ་ཐམས་ཅད་མི་གནས་པའི་མྱང་འདས་ཀྱི་བསམ་པས་ཟིན་པར་བྱས་པས་སངས་རྒྱས་ཐོབ་པའི་ཕན་ཡོན་ཡོད་པས་དེ་རྣམས་སེམས་ལ་བཞག་ནས་ལག་ལེན་ལ་ཐེབས་པར་མཛོད། དེ་མཇུག་ཆོག་དང་པོ་ལགས། མཇུག་ཆོག་གཉིས་པ་དགེ་བའི་བཤེས་གཉེན་པས་གསུང་བར་འགྱུར་བས་དེ་ལ་སྙན་གཏོད་མཛོད། ཅེས་བརྗོད། འདིར་མེ་མོ་ཡོས་ལོའི་ཟླ་བ་བཞི་པའི་ཡར་ཚེས་བརྒྱད་ལ་བསྙེན་རྫོགས་སྒྲུབ་ཚུལ་དཔེར་བཀོད་པ་ཡིན་གྱི། དེས་མཚོན་ནས་ལོ་དང་། ཟླ་བ་དང་། ངོ་དང་། ཚེས་གྲངས

དང་། ཉིན་མཚན་གྱི་ཆ་རྣམས་ཀྱི་བརྗོད་ཚུལ་མཐའ་དག་ཤེས་དགོས་ལ། རྒྱ་གར་འཕགས་པའི་ཡུལ་དུ་མེ་ཡོས་ལ་སོགས་པའི་ཟླ་སྐད་རྣམས་མེད་ཀྱིས། རྒྱལ་པོའི་ལོ་བཙོས་ཀྱི་རྗེས་སུ་འབྲང་ནས་དེའི་ལོ་ཚིགས་ལྟར་རྫོགས་དུས་གོ་བར་བྱེད་དེ། དགེ་ཚུལ་གྱི་ལོ་དྲི་བར། རྒྱལ་པོ་ཤཀ་བྱུང་བའི་དུས་ནས་ལོ་དགུ་བརྒྱ་བཞི་བཅུ་རྩ་ལྔ་ལོན་པའི་འོག་ཏུ་དཔལ་ལྡན་ས་སྐྱོང་ལྷ་རྣམ་པར་རྒྱལ་བས་རྒྱལ་སྲིད་མཛད་ནས་ལོ་བཅུ་འདས་པ་ན། དབྱར་ཟླ་ར་བའི་མར་ངོའི་ཚེས་གསུམ་ལ་ཡུལ་མ་ག་དྷའི་དཔལ་སེང་གེ་ཚ་ག་འབྱུང་བའི་གཙུག་ལག་ཁང་ཆེན་པོར་རབ་ཏུ་བྱུང་བ་བདག་ཉིད་ནི་ཤཱཀྱའི་དགེ་ཚུལ་མཐའ་ཡས་དཔལ་སྐྱོང་ངོ་། །ཞེས་གསུངས་པ་ལྟར་རྒྱལ་པོའི་བྱུང་རབས་(༣༤ན)དང་བསྟུན་ནས་ལོ་བརྗོད་པ་ཡིན་ལ། བོད་འདིར་ལོ་སྐོར་བཅུ་གཉིས་སུ་གྲགས་པ་ནི། ཡོས། འབྲུག་སྦྲུལ། རྟ། ལུག །སྤྲེལ། བྱ། ཁྱི། ཕག །བྱི་བ། གླང་། སྟག་སྟེ་ལོ་བཅུ་གཉིས་སོ། །

ལོ་རེ་དུས་ཚོད་ལྔ་ཡོད་པ་ནི། དགུན་དང་། དཔྱིད་དང་། དབྱར་དང་། དབྱར་ཐུང་ངུ་དང་། དབྱར་རིང་པོ་སྟེ་ལྔའོ། །དེ་ལ་དགུན་ཟླ་བ་བཞི། དཔྱིད་ཟླ་བ་བཞི། དབྱར་ཟླ་བ་བཞི་ཡོད་པ་ལས། དབྱར་ཕྱི་མའི་ཁས་ལེན་དུས་ཤེས་པར་བྱ་བའི་ཕྱིར་དབྱར་དང་། དབྱར་ཐུང་ངུ་དང་། དབྱར་རིང་པོ་ཞེས་དབྱར་ལ་གསུམ་དུ་ཕྱེ་བ་ཡིན་ནོ། །དགུན་ཟླ་བ་བཞི་ནི་སྐར་མའི་དབང་གིས་མར་ངོ་སྟོན་འགྲོ་བྱས་ན། མགོ་ཟླ་བ། རྒྱལ་ཟླ་བ། མཆུ་ཟླ་བ། དབོ་ཟླ་བ་བཞིའོ། །ར་བ་ཐ་ཆུང་གི་དབང་དུ་བྱས་ན། དགུན་ཟླ་ར་བ། དགུན་ཟླ་འབྲིང་པོ། དགུན་ཟླ་ཐ་ཆུང་། དགུན་ཟླ་ར་བ་བཞིའོ། །དཔྱིད་ཟླ་བཞི་ནི་མར་ངོ་སྟོན་འགྲོའི་དབང་དུ་བྱས་ན། ནག་པ་ཟླ་བ། ས་ག་ཟླ་བ། སྣྲོན་ཟླ་བ། ཆུ་སྟོད་ཟླ་བ་བཞིའོ། །ར་བ་ཐ་ཆུང་གི་དབང་དུ་བྱས་ན། དཔྱིད་ཟླ་འབྲིང་པོ། དཔྱིད་ཟླ་ཐ་ཆུང་། དབྱར་ཟླ་ར་བ། དབྱར་ཟླ་འབྲིང་པོ་བཞིའོ། །དབྱར་ལ་དུམ་བུ་གསུམ་དུ་ཕྱེ་བའི་དབྱར་གྱི་དུས་ནི་གྲོ་བཞིན་ཟླ་བ

གཅིག་གོ །ར་བ་ཐ་ཆུང་གི་དབང་དུ་བྱས་ན། གྲོ་བཞིན་གྱི་ཟླ་བ་དེ་ནི་དབྱར་ཟླ་ཐ་ཆུང་ཡིན་ནོ། །དབྱར་ཐུང་དུ་ནི་ཁྲིམས་སྟོད་ཟླ་བའི་མར་ངོའི་ཚེས་གཅིག་གི་ཉིན་ཞག་གཅིག་སྟེ། ཧོར་ཟླའི་དབང་དུ་བྱས་ན་ཧོར་ཟླ་བདུན་པའི་ཚེས་བཅུ་དྲུག་གི་ཉིན་ཞག་གཅིག་པོ་དེའོ། །དབྱར་རིང་པོ་ནི་དབྱར་ཐུང་དུའི་ཉིན་ཞག་གཅིག་པོ་དེས་ཟླ་བ་གསུམ་དུ་མ་ཚོག་པའི་ཁྲིམས་སྟོད་ཟླ་བ། ཐ་སྐར་ཟླ་བ། སྨིན་དྲུག་ཟླ་བ་གསུམ་མོ། །ར་བ་ཐ་ཆུང་གི་དབང་དུ་བྱས་ན། ཉིན་ཞག་གཅིག་གིས་མ་ཚོག་པའི་སྟོན་ཟླ་ར་བ། སྟོན་ཟླ་འབྲིང་པོ། སྟོན་ཟླ་ཐ་ཆུང་གསུམ་མོ། །ཧོར་ཟླའི་དབང་དུ་བྱས་ན་ཧོར་ཟླ་བདུན་པའི་ཚེས་བཅུ་བདུན་ནས། ཧོར་ཟླ་(༣༨བ)བཅུ་པའི་ཚེས་བཅོ་ལྔའི་བར་ཉིན་ཞག་གཅིག་གིས་མ་ཚོག་པའི་ཟླ་བ་གསུམ་མོ། །ངོ་ནི་ཟླ་བ་རེ་རེ་ལ་ཡར་ངོ་མར་ངོ་གཉིས་སོ། །ཉིན་ཞག་རེ་ལ་ཉིན་མཚན་གྱི་ཆ་ཉི་ཤུ་རྩ་གཉིས་ཡོད་པ་ནི་སྔ་དྲོ་དང་། གུང་དང་། ཕྱི་དྲོ་དང་། མཚན་མོའི་ཐུན་དང་པོ་དང་། ཐུན་དང་པོའི་ཕྱེད་དང་། གུང་ཐུན་དང་། གུང་ཐུན་གྱི་ཕྱེད་དང་། ཐུན་ཐ་མ་དང་། ཐུན་ཐ་མའི་ཕྱེད་དང་། སྐྱ་རེངས་མ་ཤར་བ་དང་། སྐྱ་རེངས་ཤར་བ་དང་། ཉི་མ་མ་ཤར་བ་དང་། ཉི་མ་ཤར་བ་དང་། ཉི་མ་བརྒྱད་ཆ་ཤར་བ་དང་། ཉི་མ་བཞི་ཆ་ཤར་བ་དང་། གུང་ཚིགས་མ་ཡོལ་བ་དང་། ཉི་མ་བཞི་ཆ་ལུས་པ་དང་། ཉི་མ་བརྒྱད་ཆ་ལུས་པ་དང་། ཉི་མ་མ་ནུབ་པ་དང་། ཉི་མ་ནུབ་པ་དང་། རྒྱུ་སྐར་རྣམས་མ་ཤར་བ་དང་། རྒྱུ་སྐར་རྣམས་ཤར་བ་སྟེ་ཉི་ཤུ་རྩ་གཉིས་སོ། །དེ་ལ་སྔ་དྲོ་དང་། གུང་དང་། ཕྱི་དྲོ་གསུམ་ནི་ཉི་མ་ཤར་བ་ནས་ནུབ་པའི་བར་གྱི་ཡུན་ཚད་ལ་ཆ་གསུམ་དུ་བྱས་པའི་གསུམ་ཆ་སྔ་མ་ལ་སྔ་དྲོ། གསུམ་ཆ་བར་མ་ལ་གུང་། གསུམ་ཆ་ཕྱི་མ་ལ་ཕྱི་དྲོ་ཞེས་བརྗོད་པ་ཡིན་པས་དུས་བརྗོད་པའི་ཚེ་དེ་གསུམ་གང་ལ་བབ་བརྟགས་ནས་བརྗོད། མཚན་མོའི་ཐུན་དང་པོ་དང་། ཐུན་དང་པོའི་ཕྱེད་དང་། གུང་ཐུན་དང་། གུང་ཐུན་གྱི་ཕྱེད་དང་། ཐུན་ཐ་མ་དང་། ཐུན་ཐ་མའི་ཕྱེད་རྣམས་ནི་མཚན་མོ་ལ་

དུམ་བུ་དྲུག་ཏུ་བྱས་པའི་དྲུག་ཆ་རེ་ལ་རིམ་བཞིན་བརྗོད་པ་ཡིན་པས། མཚན་མོ་བསྙེན་རྫོགས་བྱེད་པ་བྱུང་ན་དུས་དྲུག་པོ་དེ་གང་ལ་བབ་བརྟགས་ནས་དུས་བརྗོད་དོ། །སྐྱ་རེངས་མ་ཤར་བ་ནི་མཚན་མོ་ལ་དུམ་བུ་དྲུག་ཏུ་བྱས་པའི་དུམ་བུ་ཐ་མ་དེ་ནས་སྐྱ་རེངས་མ་ཤར་བའི་བར་རོ། །སྐྱ་རེངས་ཤར་བ་ནི་སྐྱ་རེངས་འཆར་བའི་འགོ་ཚུགས་པ་ནས་རྒྱུ་སྐར་མ་མཐོང་བའི་བར་རོ། །ཉི་མ་མ་ཤར་བ་ནི་རྒྱུ་སྐར་མི་མཐོང་བ་ནས་ཉི་མ་ཤར་བའི་བར་རོ། །(༣༥ན)ཉི་མ་ཤར་བ་ནི་ཉི་མ་ཐོག་མར་ཤར་བ་ནས་ཉིན་མོའི་རིང་ལ་དུམ་བུ་བརྒྱད་དུ་བྱས་པའི་བརྒྱད་ཆ་གཅིག་མ་འདས་ཀྱི་བར་རོ། །ཉི་མ་བརྒྱད་ཆ་ཤར་བ་ནི་ཉིན་མོའི་བརྒྱད་ཆ་སོང་ནས་བཞི་ཆ་མ་སོང་གི་བར་རོ། །ཉི་མ་བཞི་ཆ་ཤར་བ་ནི་ཉིན་མོའི་རིང་ལ་དུམ་བུ་བཞིར་བྱས་པའི་དུམ་བུ་གཅིག་སོང་བ་དེའོ། །གུང་ཚིགས་མ་ཡོལ་བ་ནི་ཉིན་མོའི་བཞི་ཆ་སོང་ནས་ཉི་མ་ཕྱེད་ཀྱི་བར་རོ། །ཉི་མ་བཞི་ཆ་ལུས་པ་ནི་གུང་ཡོལ་བ་ནས་ཉིན་མོའི་བཞི་ཆ་གསུམ་པ་འདས་པའི་བར་རོ། །ཉི་མ་བརྒྱད་ཆ་ལུས་པ་ནི། ཉིན་མོ་ལ་དུམ་བུ་བརྒྱད་དུ་བྱས་པའི་བརྒྱད་ཆ་ལུས་ཀྱི་བར་རོ། །ཉི་མ་ནུབ་པ་ནི་ཉི་མའི་བརྒྱད་ཆ་ལུས་པ་ནས་ཉི་མ་ནུབ་རིར་མ་ཡོལ་གྱི་བར་རོ། །ཉི་མ་ནུབ་པ་ནི་ཉི་མ་ནུབ་རིར་ཡོལ་བ་ནས་སྣང་ཐག་མ་ཆོད་ཀྱི་བར་རོ། །རྒྱུ་སྐར་མ་ཤར་བ་ནི་སྣང་ཐག་ཆོད་ནས་སྐར་མ་རགས་པ་རྣམས་མ་ཤར་གྱི་བར་རོ། །རྒྱུ་སྐར་རྣམས་ཤར་བ་ནི་རྒྱུ་སྐར་རགས་པ་ཤར་བ་ནས་སྐར་མ་རྣམས་རྫོགས་པར་ཤར་བའི་བར་རོ། །དུས་ཚོད་དེ་དག་གང་ལ་བབ་ལེགས་པར་བརྟགས་ནས་དུས་བརྗོད་པའི་ཚེ་ཉིན་མཚན་གྱི་ཆ་ཉི་ཤུ་རྩ་གཉིས་ལས། འདི་དང་འདིའི་དུས་སུ་ཞེས་བརྗོད་ཚུལ་ཤེས་པར་བྱའོ། །དེ་ལྟར་ལོ་དང་། ཟླ་བ་དང་། ངོ་དང་། ཚེས་གྲངས་དང་། ཉིན་མཚན་གྱི་ཆ་ཉི་ཤུ་རྩ་གཉིས་པོ་དེ་དག་ངེས་པར་བྱས་ནས་དུས་གོ་བརྗོད་པའི་ཚེ་ལོ་སྐོར་བཅུ་གཉིས་ཀྱི་ནང་ནས་ལོ་འདི་ཡིན། ལོ་དེ་ལ་དུས་ཚོད་ལྔ་ལས་དུས་ཚོད་འདི་ཡིན། དགུན་དུས་ཡིན་ན་དགུན་ཟླ་བཞི་ལས་

བླ་བ་འདི་ཡིན། བླ་བ་དེ་ལ་ཡར་ངོ་མར་ངོ་གཉིས་ལས་ངོ་འདི་ཡིན། ངོ་དེའི་ཚེས་གྲངས་བཅོ་ལྔའམ་བཅུ་བཞི་ལས་ཚེས་འདི་ཡིན། དེ་ལ་ཉིན་མཚན་གྱི་ཆ་ཉི་ཤུ་རྩ་གཉིས་(༣༧བ)ཡོད་པ་ལས་ཆ་འདི་ཡིན། དེ་ཡང་ཉིན་མོ་ཡིན་ན་གྲིབ་ཚོད་གཞལ་ཏེ་སྐྱེས་བུ་འདི་དང་རྐང་པ་འདིའི་དུས་ཞེས་བརྗོད་ཅིང་། མཚན་མོ་ཡིན་ན་སྐར་ཁུངས་ལ་བརྟགས་ཏེ། མཚན་མོའི་ཐུན་དང་པོའམ། ཐུན་དང་པོའི་ཕྱེད་ལ་སོགས་པ་འདིའི་དུས་ཞེས་བརྗོད་པར་བྱའོ། །དུས་ཀོ་ཧོར་ཟླས་བརྗོད་པ་ནི་ཆོས་འདུལ་བ་འདི་ལ་བརྗོད་པ་སྐྱོན་ཅན་ཡིན་པར་འདུལ་འཛིན་མཁས་པ་རྣམས་ཀྱིས་གསུངས་པས་ན། དུས་ཀོ་བརྗོད་པའི་ཚེ་ཧོར་ཟླ་འདི་ལ་ཞེས་བརྗོད་དུ་མི་རུང་ཞིང་། ཚེས་བཅུ་དྲུག་ལ་སོགས་པའི་ཐ་སྙད་ཀྱང་བརྗོད་དུ་མི་རུང་བས་འཇིག་རྟེན་ཡོངས་གྲགས་ཀྱི་ཟླ་བ་བཅུ་པའི་ཚེས་བཅུ་དྲུག་ལ་བསྙེན་རྫོགས་བྱེད་ན། དུས་ཀོ་བརྗོད་པའི་ཚེ་ཟླ་བ་བཅུ་པ་ཞེས་པ་དང་། ཚེས་བཅུ་དྲུག་ཅེས་མི་བརྗོད་པར་མགོ་ཟླ་བའི་མར་ངོའི་ཚེས་གཅིག་ཅེས་བརྗོད་དགོས་སོ། །དེས་མཚོན་ནས་ཟླ་བ་དང་པོ་དང་ཚེས་གྲངས་ཀྱི་བརྗོད་ཚུལ་རྣམས་འདུལ་བ་ནས་ཇི་ལྟར་གསུངས་པ་ལྟར་བྱ་དགོས་སོ། །

མཐུག་ཚིག་གཉིས་པ་ཐོབ་པ་མི་ཉམས་ཤིང་འཕེལ་བར་བྱ་བའི་ཕྱིར་གདམས་ངག་བརྗོད་པ་ནི། དུས་ཀོ་བརྗོད་པའི་དགེ་སློང་གིས་དུས་ཀོ་བར་བྱས་ནས། མཐུག་ཚིག་གཉིས་པ་དགེ་བའི་བཤེས་གཉེན་པས་གསུང་བར་འགྱུར་བས་དེ་ལ་སྙན་གཏོད་མཛོད། ཅེས་བརྗོད་པའི་མཐུག་ཏུ། ལས་སློབ་ཀྱིས་བསྒྲུབ་བྱ་དེ་ལ་འདི་ལྟར་བརྗོད་དེ། དགེ་བའི་བཤེས་གཉེན་པས་གསུངས་པ་དེ་རྣམས་ཀྱང་ཤེས་པར་བྱས་ནས་ལག་ལེན་ལ་གདབ་འཚལ། མཐུག་ཚིག་གཉིས་པ་ཐོབ་པའི་སྡོམ་པ་མི་ཉམས་ཤིང་འཕེལ་བར་བྱ་བའི་ཕྱིར་གདམས་ངག་བཅུ་གཅིག་བརྗོད་པ་ནི། འདི་ལྟར་བརྗོད་པར་བྱ་སྟེ། ཚེ་དང་ལྡན་པ་མིང་འདི་ཞེས་བྱ་བ་ཁྱོད་ཉོན་ཅིག །བཞི་པོ་འདི་དག་ནི། བཅོམ་ལྡན་འདས་དེ་བཞིན་གཤེགས་པ་དགྲ་བཅོམ་པ་ཡང་(༣༨ན)དག་པར་རྫོགས་པའི་

སངས་རྒྱས་མཁྱེན་ཅིང་གཟིགས་པ་དེས། དེ་ལྟར་རབ་ཏུ་བྱུང་བ་དང་བསྙེན་པར་རྫོགས་པའི་དགེ་སློང་གི་གནས་སུ་གསུངས་ཏེ། དེ་ལ་གནས་ན་དགེ་སློང་ལེགས་པར་གསུངས་པའི་ཆོས་འདུལ་བ་ལ་རབ་ཏུ་བྱུང་བ་དང་བསྙེན་པར་རྫོགས་པ་དགེ་སློང་གི་དངོས་པོར་འགྱུར་རོ། །བཞི་གང་ཞེ་ན། གོས་ཀྱི་ནང་ན་ཕྱུག་དར་ཁྲིད་ནི་ཅུང་བ་ཉེད་ཀྱང་སླ་བ་སྟེ། དེ་ལ་གནས་ན་དགེ་སློང་ལེགས་པར་གསུངས་པའི་ཆོས་འདུལ་བ་ལ་རབ་ཏུ་བྱུང་བ་དང་བསྙེན་པར་རྫོགས་པ་དགེ་སློང་གི་དངོས་པོར་འགྱུར་རོ། །མིང་འདི་ཞེས་བྱ་བ་ཁྱོད་ཇི་སྲིད་འཚོའི་བར་དུ་ཕྱུག་དར་ཁྲིད་ཀྱི་གོས་ཀྱིས་འཚོ་བར་སྤྱོའམ། ཞེས་བརྗོད། བསྒྲུབ་བྱ་དེས་སྤྱོ་ལགས་ཞེས་བརྗོད། ལྷག་པར་ཉེད་ན་དར་རས། རས་ཡུག་ཆེན་ནམ། བེའུ་རས་སམ། དར་ལའམ། སྨན་དར་རམ། བེའུ་རས་ཡུག་ཆེན་ནམ། བེའུ་རས་དམར་པོའམ། བེའུ་ཕྲུག་གམ། ལ་དམར་རམ། ཡུལ་ག་ཤིའི་རས་ཕྲན་ནམ། ཁ་དོག་རན་པའམ། ཁ་དོག་ངན་པའམ། བལ་གོས་སམ། ཤ་ནའི་རས་སམ། ཟར་མའི་རས་སམ། རས་གོས་སམ། དུ་གུ་ལའི་རས་སམ། ཀོ་ཏམ་པའི་རས་སམ། ཉི་འོག་གི་རས་སམ། གཞན་ཡང་གོས་ཅུང་བ་གང་དགེ་འདུན་ནམ་གང་ཟག་ལས་ཉེད་ན། དེ་ཡང་ཁྱོད་ཀྱིས་ལོང་ལ་ཚོད་ཟིན་པར་གྱིས་ཤིག །ཇི་ལྟར་ཁྱོད་གནས་འདི་ལྟ་བུ་ལ་དམ་འཆའམ། དེས་དམ་འཆའོ་ཞེས་བརྗོད་པར་བྱའོ། །མིང་འདི་ཞེས་བྱ་བ་ཁྱོད་ཉོན་ཅིག །ཟས་ཀྱི་ནང་ན་བསོད་སྙོམས་ནི་ཅུང་བ་ཉེད་ཀྱང་སླ་བ་སྟེ། དེ་ལ་གནས་ན་དགེ་སློང་ལེགས་པར་གསུངས་པའི་ཆོས་འདུལ་བ་ལ་རབ་ཏུ་བྱུང་བ་དང་བསྙེན་པར་(༤༨བ)རྫོགས་པ་དགེ་སློང་གི་དངོས་པོར་འགྱུར་རོ། །མིང་འདི་ཞེས་བྱ་བ་ཁྱོད་ཇི་སྲིད་འཚོའི་བར་དུ་བསོད་སྙོམས་ཀྱི་ཟས་ཀྱིས་འཚོ་བར་སྤྱོའམ། དེས་སྤྱོ་ལགས་ཞེས་བརྗོད་པར་བྱའོ། །ལྷག་པར་ཉེད་ན། འབྲས་ཆེན་ནམ། སྐྱོ་མའམ། ཐུག་པའམ། ལྔ་སྟོན་ནམ། བརྒྱད་སྟོན་ནམ། བཅུ་བཞི་སྟོན་ནམ། ཉ་སྟོན་ནམ། རྟག་རེས་འཁོར་རམ། མགྲོན་དུ་བོས་པའམ། འཕྲལ་

ལ་བོས་པའམ། སྤགས་པའམ། གཞན་ཡང་ཟས་ཅུང་བ་གང་དགེ་འདུན་ནམ་གང་ཟག་ལས་ཉེད་ན། དེ་ཡང་ཁྱོད་ཀྱིས་ལོང་ལ་ཚོད་ཟིན་པར་གྱིས་ཤིག །ཇི་ལྟར་ཁྱོད་གནས་འདི་ལྟ་བུ་ལ་དམ་འཆའ་འམ། དེས་དམ་འཆའ་འོ་ཞེས་བརྗོད་པར་བྱའོ། །མིང་འདི་ཞེས་བྱ་བ་ཁྱོད་ཉོན་ཅིག །གནས་མལ་གྱི་ནང་ན་ཤིང་དྲུང་ནི་ཅུང་བ་ཉེད་ཀྱང་སླ་བ་སྟེ། དེ་ལ་གནས་ན་དགེ་སློང་ལེགས་པར་གསུངས་པའི་ཆོས་འདུལ་བ་ལ་རབ་ཏུ་བྱུང་བ་དང་བསྙེན་པར་རྫོགས་པ་དགེ་སློང་གི་དངོས་པོར་འགྱུར་རོ། །མིང་འདི་ཞེས་བྱ་བ་ཁྱོད་ཇི་སྲིད་འཚོའི་བར་དུ་ཤིང་དྲུང་གི་གནས་མལ་གྱིས་འཚོ་བར་སྤྲོའམ། དེས་སྤྲོ་ལགས་ཞེས་བརྗོད་པར་བྱའོ། །ལྷག་པར་ཉེད་ན་ཁང་པའམ། སྟེ་ཁང་ངམ། ཁང་པ་བརྩེགས་པའམ། བསིལ་ཁང་ངམ། སབ་མོས་བསྐོར་བའམ། བ་གམ་མམ། ཁང་བཟང་ངམ། སྒོ་ཁང་ངམ། སྒོ་ཁང་གི་སྟེང་གི་བསིལ་ཁང་ངམ། ཁང་སྟེང་གི་ཡོལ་ཁང་ངམ། ཡོལ་ཁང་ངམ། པང་ལེབ་ཁང་ངམ། ས་ཕུག་གམ། བྲག་ཕུག་གམ། རི་ཕུག་གམ། རྩྭའི་སྤྱིལ་བུའམ། ལོ་མའི་སྤྱིལ་བུའམ། འཆག་སར་བྱས་པའམ། འཆག་སར་མ་བྱས་པའམ། བྱ་སྐྱིབས་སུ་བྱས་པའམ། བྱ་སྐྱིབས་སུ་མ་བྱས་པའམ། གཞན་ཡང་གནས་མལ་ཅུང་བ་གང་དགེ་འདུན་ནམ་གང་ཟག་ལས་ཉེད་ན། དེ་ཡང་ཁྱོད་ཀྱིས་ལོང་ལ་ཚོད་ཟིན་པར་གྱིས་ཤིག །ཇི་ལྟར་ཁྱོད་གནས་འདི་ལྟ་བུ་ལ་དམ་འཆའ་འམ། དེས་དམ་(༣༧ན)འཆའ་འོ་ཞེས་བརྗོད་པར་བྱའོ། །མིང་འདི་ཞེས་བྱ་བ་ཁྱོད་ཉོན་ཅིག །སྨན་གྱི་ནང་ན་བཀུས་ཏེ་བོར་བ་ནི་ཅུང་བ་ཉེད་ཀྱང་སླ་བ་སྟེ། དེ་ལ་གནས་ན་དགེ་སློང་ལེགས་པར་གསུངས་པའི་ཆོས་འདུལ་བ་ལ་རབ་ཏུ་བྱུང་བ་དང་བསྙེན་པར་རྫོགས་པ་དགེ་སློང་གི་དངོས་པོར་འགྱུར་རོ། །མིང་འདིས་ཞེས་བྱ་བ་ཁྱོད་ཇི་སྲིད་འཚོའི་བར་དུ་བཀུས་ཏེ་བོར་བའི་སྨན་གྱིས་འཚོ་བར་སྤྲོའམ། དེས་སྤྲོ་ལགས་ཞེས་བརྗོད་པར་བྱའོ། །ལྷག་པར་ཉེད་ན་ཞུན་མར་རམ། འབྲུ་མར་རམ། སྦྲང་རྩིའམ། བུ་རམ་གྱི་དབུ་བའམ། དུས་སུ་རུང་བའམ། ཐུན་ཚོད་དུ་

ཉུང་བའམ། ཞག་བདུན་པའམ། འཚོ་བའི་བར་དུ་བཅང་བའམ། རྩ་བའི་སྨན་ནམ། སྡོང་བུའི་སྨན་ནམ། ལོ་མའི་སྨན་ནམ། མེ་ཏོག་གི་སྨན་ནམ། འབྲས་བུའི་སྨན་ནམ། གཞན་ཡང་སྨན་ཉུང་བ་གང་དགེ་འདུན་ནམ་གང་ཟག་ལས་རྙེད་ན། དེ་ཡང་ཁྱོད་ཀྱིས་ཡོང་ལ་ཚོད་ཟིན་པར་གྱིས་ཤིག ཇི་ལྟར་ཁྱོད་གནས་འདི་ལྟ་བུ་ལ་དམ་འཆའ་འམ། དེས་དམ་འཆའ་འོ་ཞེས་བརྗོད་པར་བྱའོ། །མིང་འདི་ཞེས་བྱ་བ་ཁྱོད་ཉོན་ཅིག །བཞི་པོ་འདི་དག་ནི། བཅོམ་ལྡན་འདས་དེ་བཞིན་གཤེགས་པ་དགྲ་བཅོམ་པ་ཡང་དག་པར་རྫོགས་པའི་སངས་རྒྱས་མཁྱེན་ཅིང་གཟིགས་པ་དེས། དེ་ལྟར་རབ་ཏུ་བྱུང་བ་དང་བསྙེན་པར་རྫོགས་པའི་དགེ་སློང་གི་ལྟུང་བར་འགྱུར་བའི་ཆོས་སུ་གསུངས་ཏེ། དགེ་སློང་གིས་དེ་བྱས་ན་བྱས་མ་ཐག་ཏུ་དགེ་སློང་དུ་མི་རུང་བར་འགྱུར། དགེ་སྦྱོང་དུ་མི་རུང་། ཤཱཀྱའི་སྲས་ཀྱིར་མི་རུང་། དགེ་སློང་གི་དངོས་པོ་ལ་ཉམས་པར་འགྱུར་ཏེ། དེའི་དགེ་སྦྱོང་གི་ཚུལ་ཞིག་པར་འགྱུར་ཞིང་། ཉམས་པ་བཅོམ་པ་ལྟུང་བ་ཕམ་པར་གྱུར་པ་སྟེ། དེའི་དགེ་སྦྱོང་གི་ཚུལ་ཕྱིར་བླང་དུ་མེད་པར་འགྱུར་རོ། །འདི་ལྟ་སྟེ་དཔེར་ན་ཤིང་ཏ་ལའི་(༣༧བ)མགོ་བཅད་ན་སྔོན་པོར་འགྱུར་དུ་མི་རུང་ལ། འཕེལ་ཞིང་རྒྱས་པ་དང་ཡངས་པར་འགྱུར་དུ་མི་རུང་བ་བཞིན་ནོ། །བཞི་གང་ཞེ་ན། འདོད་པ་དང་། འདོད་པ་ལ་ཞེན་པ་དང་། འདོད་པ་ལ་འཆུམས་པ་དང་། འདོད་པ་ལ་ལྷག་པར་ཞེན་པ་ནི་བཅོམ་ལྡན་འདས་ཀྱིས་རྣམ་གྲངས་དུ་མས་སྨད་དོ། །འདོད་པ་སྤངས་པ་ནི་བསྔགས་ཏེ། བོར་བ་དང་། བསལ་བ་དང་། ཟད་པ་དང་། འདོད་ཆགས་དང་བྲལ་བ་དང་། འགོག་པ་དང་། ཉེ་བར་ཞི་བ་དང་། ནུབ་པ་ནི་བསྔོད་དོ། །བཀུར་རོ། །བསྔགས་སོ། །སྙན་པར་བརྗོད་དོ། །ཚེ་དང་ལྡན་པ་ཁྱོད་དེང་ཕྱིན་ཆད་ཆགས་པའི་སེམས་ཀྱིས་བུད་མེད་ཀྱི་ཡུལ་ལ་མིག་གཏད་དེ་མིག་གིས་བལྟ་བར་ཡང་མི་བྱ་ན་གཉིས་ཀྱིས་གཉིས་སྤྲད་དེ་མི་ཚངས་པར་སྤྱོད་པ་འཁྲིག་པའི་ཆོས་བསྟེན་པ་ལྟ་སྨོས་ཀྱང་ཅི་དགོས། ཚེ་དང་ལྡན་པ་བཅོམ་ལྡན་འདས་

དེ་བཞིན་གཤེགས་པ་དགྲ་བཅོམ་པ་ཡང་དག་པར་རྫོགས་པའི་སངས་རྒྱས་མཁྱེན་ཅིང་གཟིགས་པ་དེས། ཡང་དགེ་སློང་གང་དགེ་སློང་རྣམས་དང་ལྷན་ཅིག་བསླབ་པ་མཚུངས་པར་གྱུར་པས་བསླབ་པ་མ་ཕུལ། བསླབ་པ་ཉམས་པར་མ་བྱས་པར་མི་ཚངས་པར་སྤྱོད་པ་འཁྲིག་པའི་ཆོས་བསྟེན་ན། ཐ་ན་དུད་འགྲོའི་སྐྱེ་གནས་སུ་སྐྱེས་པ་དང་ལྷན་ཅིག་ཀྱང་རུང་སྟེ། དགེ་སློང་དེ་ཡང་ཕམ་པར་གྱུར་པ་ཡིན་གྱིས་གནས་པར་མི་བྱའོ། །ཞེས་བྱ་བ་འདི་བཀའ་སྩལ་ཏེ། དགེ་སློང་གིས་གནས་དེ་ལྟ་བུ་བྱས་ན། བྱས་མ་ཐག་ཏུ་དགེ་སློང་དུ་མི་རུང་བར་འགྱུར། དགེ་སྦྱོང་དུ་མི་རུང་། ཤཱཀྱའི་སྲས་ཀྱིར་མི་རུང་། དགེ་སློང་གི་དངོས་པོ་ལས་ཉམས་པར་འགྱུར་ཏེ། དེའི་དགེ་སྦྱོང་གི་ཚུལ་ཞིག་པར་འགྱུར་ཞིང་། ཉམས་པ་བཅོམ་པ་ལྟུང་བ་ཕམ་པར་གྱུར་པ་སྟེ། དེའི་དགེ་སྦྱོང་གི་ཚུལ་ཕྱིར་(༡༨༨)བླང་དུ་མེད་པར་འགྱུར་རོ། །འདི་ལྟ་སྟེ། དཔེར་ན་ཤིང་ཏ་ལའི་མགོ་བཅད་ན་སྔོན་པོར་འགྱུར་དུ་མི་རུང་ལ། འཕེལ་ཞིང་རྒྱས་པ་དང་ཡངས་པར་འགྱུར་དུ་མི་རུང་བ་བཞིན་ནོ། །དེང་ཕྱིན་ཆད་ཁྱོད་སྤྱད་པ་མ་ཡིན་པ་དང་། བྱ་བ་མ་ཡིན་པ་དང་། སྤྱད་པ་མ་ཡིན་པ་སྤྱང་བ་དེ་ལ་དྲན་པ་དང་བག་ཡོད་པས་སེམས་ཤིན་ཏུ་བསྲུང་བར་བརྩོན་པར་གྱིས་ཤིག །ཇི་ལྟར་གནས་འདི་ལྟ་བུ་ལ་མི་སྤྱོད་དམ། དེས་མི་སྤྱོད་ལགས་ཞེས་བརྗོད་པར་བྱའོ། །ཚེ་དང་ལྡན་པ་ཁྱོད་ཉོན་ཅིག །མ་བྱིན་པར་ལེན་པ་ནི་བཅོམ་ལྡན་འདས་ཀྱིས་རྣམ་གྲངས་དུ་མས་སྨད་དོ། །མ་བྱིན་པ་ལེན་པར་སྤངས་པ་ནི་བསྔགས་སོ། །བཀུར་རོ། །བསྟགས་སོ། །སྔན་པར་བརྗོད་དོ། །ཚེ་དང་ལྡན་པ་ཁྱོད་དེང་ཕྱིན་ཆད་བཀྲུ་སེམས་ཀྱིས་གཞན་གྱི་ཏིལ་གྱི་ཕུབ་མ་ཡང་མ་བྱིན་པར་མི་བླང་ན། མ་ཤ་ཀ་ལྔའམ་མ་ཤ་ཀ་ལྔ་ལས་ལྷག་པ་མ་བྱིན་པར་བླང་བ་ལྟ་སྨོས་ཀྱང་ཅི་དགོས། ཚེ་དང་ལྡན་པ་བཅོམ་ལྡན་འདས་དེ་བཞིན་གཤེགས་པ་དགྲ་བཅོམ་པ་ཡང་དག་པར་རྫོགས་པའི་སངས་རྒྱས་མཁྱེན་ཅིང་གཟིགས་པ་དེས། ཡང་དགེ་སློང་གང་གཞན་དག་གི་གྲོང་ན་འདུག་པའམ་དགོན་པ་ན་འདུག

པ་མ་བྱིན་པ་རྐུ་བའི་གྲངས་སུ་གཏོགས་པ་བླངས་ན། ཇི་ཙམ་མ་བྱིན་པར་བླངས་པས་དེ་རྒྱལ་པོའམ་བློན་པོ་ཆེན་པོས་བཟུང་ནས་དེ་ལ་འདི་སྐད་ཅེས་ཀྱེ་མི་ཁྱོད་ནི་རྐུན་མའོ། །བྱིས་པའོ། །གླེན་པའོ། །རྐུ་བའོ་ཞེས་ཟེར་ཞིང་། གསོད་དམ་འཆིང་ངམ་སྤྱུགས་ཀྱང་རུང་སྟེ། དགེ་སློང་དེ་ལྟར་མ་བྱིན་པར་ལེན་ན། དགེ་སློང་དེ་ཡང་ཕམ་པར་གྱུར་པ་ཡིན་གྱིས་གནས་པར་མི་བྱའོ་ཞེས་བྱ་བ་འདི་བཀའ་སྩལ་ཏེ། དགེ་སློང་གིས་གནས་དེ་ལྟ་བུ་བྱས་ན་བྱས་མ་ཐག་ཏུ་དགེ་སློང་དུ་མི་རུང་བར་འགྱུར། དགེ་སློང་དུ་མི་རུང་། ཤཱཀྱའི་སྲས་ཀྱིར་མི་རུང་། དགེ་སློང་གི་(༣༨བ)དངོས་པོ་ལས་ཉམས་པར་འགྱུར་ཏེ། དེའི་དགེ་སྦྱོང་གི་ཚུལ་ཞིག་པར་འགྱུར་ཞིང་། ཉམས་པ་བཅོམ་པ་ལྟུང་བ་ཕམ་པར་གྱུར་པ་སྟེ། དེའི་དགེ་སྦྱོང་གི་ཚུལ་ཕྱིར་བླང་དུ་མེད་པར་འགྱུར་རོ། །འདི་ལྟ་སྟེ། དཔེར་ན་ཤིང་ཏ་ལའི་མགོ་བཅད་ན་སྔོན་པོར་འགྱུར་དུ་མི་རུང་ལ། འཕེལ་ཞིང་རྒྱས་པ་དང་ཡངས་པར་འགྱུར་དུ་མི་རུང་བ་བཞིན་ནོ། །དེང་ཕྱིན་ཆད་ཁྱོད་སྤྱད་པ་མ་ཡིན་པ་དང་། བྱ་བ་མ་ཡིན་པ་དང་། སྤྱོད་པ་མ་ཡིན་པ་སྤང་བ་དེ་ལ་དྲན་པ་དང་བག་ཡོད་པས་སེམས་ཤིན་ཏུ་བསྲུང་བར་བརྩོན་པར་གྱིས་ཤིག །ཇི་ལྟར་གནས་འདི་ལྟ་བུ་ལ་མི་སྤྱོད་དམ། དེས་མི་སྤྱོད་ལགས་ཞེས་བརྗོད་པར་བྱའོ། །ཚེ་དང་ལྡན་པ་ཁྱོད་ཉོན་ཅིག །སྲོག་གཅོད་པ་ནི་བཅོམ་ལྡན་འདས་ཀྱིས་རྣམ་གྲངས་དུ་མས་སྨད་དོ། །སྲོག་གཅོད་པ་སྤངས་པ་ནི་བསྔོད་དོ། །བཀུར་རོ། །བསྔགས་སོ། །སྙན་པར་བརྗོད་དོ། །དེང་ཕྱིན་ཆད་ཚེ་དང་ལྡན་པ་ཁྱོད་ཀྱིས་བསམས་བཞིན་དུ། སྲོག་ཆགས་གྲོག་སྦུར་ཡང་བསད་པར་མི་བྱ་ན། མིའམ་མིར་ཆགས་པ་ལྟ་སྨོས་ཀྱང་ཅི་དགོས། ཚེ་དང་ལྡན་པ་བཅོམ་ལྡན་འདས་དེ་བཞིན་གཤེགས་པ་དགྲ་བཅོམ་པ་ཡང་དག་པར་རྫོགས་པའི་སངས་རྒྱས་མཁྱེན་ཅིང་གཟིགས་པ་དེས། ཡང་དགེ་སློང་གང་མིའམ་མིར་ཆགས་པ་ལ་བསམས་བཞིན་དུ་རང་གི་ལག་བདར་ཏེ་སྲོག་བཅད་དམ། དེ་ལ་མཚོན་བྱིན་ནམ། དེ་ལ་མཚོན་ཐོགས་པ་

གཉེར་ཏམ། དེ་འཆིར་བཙུག་གམ། དེ་ལ་འཆི་བའི་བསྔགས་པ་བརྗོད་ཀྱང་རུང་སྟེ། དེ་ལ་འདི་སྐད་ཅེས་ཀྱེ་མི་ཁྱོད་འཚོ་བ་སྡིག་པ་མི་གཙང་བ་ངན་པ་འདིས་ཅི་ཞིག་བྱ། ཀྱེ་མི་ཁྱོད་གསོན་པ་བས་ཤི་བླའོ་ཞེས་ཟེར་ཞིང་། སེམས་ཀྱི་འདོད་པ་དང་། སེམས་ཀྱི་ཀུན་ཏུ་རྟོག་པ་དག་གིས། རྣམ་གྲངས་དུ་མས་དེ་འཆིར་བཙུག་གམ། དེ་ལ་འཆི་བའི་བསྔགས་པ་བརྗོད་དེ། དེ་ཡང་རྗེས་པ་དེས་དུས་བྱས་ན་དགེ་སློང་དེ་ཡང་ཕམ་པར་གྱུར་པ་ཡིན་གྱིས་གནས་པར་མི་བྱའོ། །ཞེས་བྱ་བ་འདི་བཀའ་སྩལ་ཏེ་(ལྔ་ན)དགེ་སློང་གིས་གནས་དེ་ལྟ་བུ་བྱས་ན་བྱས་མ་ཐག་ཏུ་དགེ་སློང་དུ་མི་རུང་བར་འགྱུར། དགེ་སྦྱོང་དུ་མི་རུང་། ཤཱཀྱའི་སྲས་ཀྱིར་མི་རུང་། དགེ་སློང་གི་དངོས་པོ་ལས་ཉམས་པར་འགྱུར་ཏེ། དེའི་དགེ་སྦྱོང་གི་ཚུལ་ཞིག་པར་འགྱུར་ཞིང་། ཉམས་པ་བཅོམ་པ་ལྷུང་བ་ཕམ་པར་གྱུར་པ་སྟེ། དེའི་དགེ་སྦྱོང་གི་ཚུལ་ཕྱིར་བླང་དུ་མེད་པར་འགྱུར་རོ། །འདི་ལྟ་སྟེ། དཔེར་ན་ཤིང་ཏ་ལའི་མགོ་བཅད་ན་སྔོན་པོར་འགྱུར་དུ་མི་རུང་ལ། འཕེལ་ཞིང་རྒྱས་པ་དང་ཡངས་པར་འགྱུར་དུ་མི་རུང་བ་བཞིན་ནོ། །དེང་ཕྱིན་ཆད་ཁྱོད་སྤྱད་པ་མ་ཡིན་པ་དང་། བྱ་བ་མ་ཡིན་པ་དང་། སྤྱད་པ་མ་ཡིན་པ་སྤང་བ་དེ་ལ་དྲན་པ་དང་བག་ཡོད་པས་སེམས་ཤིན་ཏུ་བསྲུང་བར་བརྩོན་པར་གྱིས་ཤིག །ཇི་ལྟར་གནས་འདི་ལྟ་བུ་ལ་མི་སྤྱོད་དམ། དེས་མི་སྤྱོད་ལགས་ཞེས་བརྗོད་པར་བྱའོ། །ཚེ་དང་ལྡན་པ་ཁྱོད་ཉོན་ཅིག །བཙུན་དུ་སྨྲ་བ་ནི་བཅོམ་ལྡན་འདས་ཀྱིས་རྣམ་གྲངས་དུ་མས་སྨད་དོ། །བཙུན་དུ་སྨྲ་བ་སྤངས་པ་ནི་བསྔོད་དོ། །བཀུར་རོ། །བསྔགས་སོ། །སྔན་པར་བརྗོད་དོ། །ཚེ་དང་ལྡན་པ་ཁྱོད་དེང་ཕྱིན་ཆད་ཐ་ན་བཞད་གད་བྱ་བར་བསམས་ཏེ། ཤེས་བཞིན་དུ་བཙུན་དུ་སྨྲ་བར་ཡང་མི་བྱ་ན། བསམས་བཞིན་དུ་མིའི་ཆོས་བླ་མ་སྨྲ་བ་ལྟ་སྨོས་ཀྱང་ཅི་དགོས། ཚེ་དང་ལྡན་པ་བཅོམ་ལྡན་འདས་དེ་བཞིན་གཤེགས་པ་དགྲ་བཅོམ་པ་ཡང་དག་པར་རྫོགས་པའི་སངས་རྒྱས་མཁྱེན་ཅིང་གཟིགས་པ་དེས། ཡང་དགེ་སློང་གང་མངོན་པར་མི་

ཤེས་ཤིང་ཡོངས་སུ་མི་ཤེས་ལ། མིའི་ཆོས་བླ་མ། མཐའ་དང་། འཕགས་པ་དང་། བྱེ་བྲག་ཐོབ་པ་དང་། ཤེས་པ་དང་། མཐོང་བ་དང་། རེག་པར་སྤྱོད་པ་མེད་ལ། མེད་བཞིན་དུ་འདི་ཤེས་སོ། །འདི་མཐོང་ངོ་། །ཞེས་ཁས་འཆེས་པ་ལས། དེ་ལྟུང་བ་བྱུང་བ་རྣམ་པར་དག་པར་འདོད་ནས། དུས་གཞན་ཞིག་ན་དྲིས་ཀྱང་རུང་མ་དྲིས་ཀྱང་རུང་། འདི་སྐད་ཅེས་ཚེ་དང་ལྡན་པ་དག་བདག་གིས་ནི་མི་ཤེས་པར་ཤེས་སོ་ཞེས་(༣༥་བ)སྨྲས། མ་མཐོང་བར་མཐོང་ངོ་ཞེས་སྨྲས་ཏེ། གསོབ་གསོག་བརྫུན་དུ་སྨྲས་སོ་ཞེས་ཟེར་ན་མངོན་པའི་ང་རྒྱལ་མ་གཏོགས་ཏེ། དགེ་སློང་དེ་ཡང་ཕམ་པར་གྱུར་པ་ཡིན་གྱིས་གནས་པར་མི་བྱའོ་ཞེས་བྱ་བ་འདི་བཀའ་སྩལ་ཏེ། ཅི་ཞིག་ཤེས་ཤེ་ན། སྡུག་བསྔལ་ཤེས་སོ། །ཀུན་འབྱུང་བ་དང་འགོག་པ་དང་ལམ་ཤེས་སོ། །ཅི་ཞིག་མཐོང་ཞེ་ན། ལྷ་རྣམས་མཐོང་ངོ་། །ཀླུ་རྣམས་དང་། གནོད་སྦྱིན་རྣམས་དང་། ནམ་མཁའ་ལྡིང་རྣམས་དང་། དྲི་ཟ་རྣམས་དང་། མིའམ་ཅི་རྣམས་དང་། ལྟོ་འཕྱེ་ཆེན་པོ་རྣམས་དང་། ཡི་དྭགས་རྣམས་དང་། ཤ་ཟ་རྣམས་དང་། གྲུལ་བུམ་རྣམས་དང་། སྲུལ་པོ་རྣམས་དང་། ལུས་སྲུལ་པོ་རྣམས་དང་། རྡུལ་ཕྲོད་ཀྱི་ཤ་ཟ་རྣམས་མཐོང་ངོ་། །ལྷ་རྣམས་ཀྱིས་ཀྱང་བདག་མཐོང་ངོ་། །ཀླུ་རྣམས་དང་། གནོད་སྦྱིན་རྣམས་དང་། ནམ་མཁའ་ལྡིང་རྣམས་དང་། དྲི་ཟ་རྣམས་དང་། མིའམ་ཅི་རྣམས་དང་། ལྟོ་འཕྱེ་ཆེན་པོ་རྣམས་དང་། ཡི་དྭགས་རྣམས་དང་། ཤ་ཟ་རྣམས་དང་། གྲུལ་བུམ་རྣམས་དང་། སྲུལ་པོ་རྣམས་དང་། ལུས་སྲུལ་པོ་རྣམས་དང་། རྡུལ་ཕྲོད་ཀྱི་ཤ་ཟ་རྣམས་ཀྱིས་ཀྱང་བདག་མཐོང་ངོ་། །ལྷ་རྣམས་ཀྱི་སྒྲ་ཐོས་སོ། །ཀླུ་རྣམས་དང་། གནོད་སྦྱིན་རྣམས་དང་། ནམ་མཁའ་ལྡིང་རྣམས་དང་། དྲི་ཟ་རྣམས་དང་། མིའམ་ཅི་རྣམས་དང་། ལྟོ་འཕྱེ་ཆེན་པོ་རྣམས་དང་། ཡི་དྭགས་རྣམས་དང་། ཤ་ཟ་རྣམས་དང་། གྲུལ་བུམ་རྣམས་དང་། སྲུལ་པོ་རྣམས་དང་། ལུས་སྲུལ་པོ་རྣམས་དང་། རྡུལ་ཕྲོད་ཀྱི་ཤ་ཟ་རྣམས་ཀྱི་སྒྲ་ཐོས་སོ། །ལྷ་རྣམས་ཀྱིས་ཀྱང་བདག་གི་སྒྲ་ཐོས་སོ། །ཀླུ་རྣམས་དང་།

གནོད་སྦྱིན་རྣམས་དང་། ནམ་མཁའ་ལྡིང་རྣམས་དང་། དྲི་ཟ་རྣམས་དང་། མིའམ་ཅི་རྣམས་དང་། ལྟོ་འཕྱེ་ཆེན་པོ་རྣམས་དང་། ཡི་དྭགས་རྣམས་དང་། ཤ་ཟ་རྣམས་དང་། གྲུལ་བུམ་རྣམས་དང་། སྲུལ་པོ་རྣམས་དང་། ལུས་སྲུལ་པོ་རྣམས་དང་། རྟུལ་ཕྲོད་ཀྱི་ཤ་ཟ་(༥༠ན)རྣམས་ཀྱིས་ཀྱང་བདག་གི་སྣ་ཐོས་སོ། །ལྷ་རྣམས་བལྟ་བའི་ཕྱིར་འགྲོའོ། །ཀླུ་རྣམས་དང་། གནོད་སྦྱིན་རྣམས་དང་། ནམ་མཁའ་ལྡིང་རྣམས་དང་། དྲི་ཟ་རྣམས་དང་། མིའམ་ཅི་རྣམས་དང་། ལྟོ་འཕྱེ་ཆེན་པོ་རྣམས་དང་། ཡི་དྭགས་རྣམས་དང་། ཤ་ཟ་རྣམས་དང་། གྲུལ་བུམ་རྣམས་དང་། སྲུལ་པོ་རྣམས་དང་། ལུས་སྲུལ་པོ་རྣམས་དང་། རྟུལ་ཕྲོད་ཀྱི་ཤ་ཟ་རྣམས་བལྟ་བའི་ཕྱིར་འགྲོའོ། །ལྷ་རྣམས་བདག་བལྟ་བའི་ཕྱིར་འོང་ངོ་། །ཀླུ་རྣམས་དང་། གནོད་སྦྱིན་རྣམས་དང་། ནམ་མཁའ་ལྡིང་རྣམས་དང་། དྲི་ཟ་རྣམས་དང་། མིའམ་ཅི་རྣམས་དང་། ལྟོ་འཕྱེ་ཆེན་པོ་རྣམས་དང་། ཡི་དྭགས་རྣམས་དང་། ཤ་ཟ་རྣམས་དང་། གྲུལ་བུམ་རྣམས་དང་། སྲུལ་པོ་རྣམས་དང་། ལུས་སྲུལ་པོ་རྣམས་དང་། རྟུལ་ཕྲོད་ཀྱི་ཤ་ཟ་རྣམས་བདག་བལྟ་བའི་ཕྱིར་འོང་ངོ་། །ལྷ་རྣམས་དང་ལྷན་ཅིག་གཏམ་འདྲེ་བར་བྱེད། ཐེབས་པར་སྨྲ་བར་བྱེད། སོ་སོར་ཀུན་དགའ་བར་བྱེད། རྟག་ཏུ་ཡང་ལྷན་ཅིག་གནས་པར་བྱེད་དོ། །ཀླུ་རྣམས་དང་། གནོད་སྦྱིན་རྣམས་དང་། ནམ་མཁའ་ལྡིང་རྣམས་དང་། དྲི་ཟ་རྣམས་དང་། མིའམ་ཅི་རྣམས་དང་། ལྟོ་འཕྱེ་ཆེན་པོ་རྣམས་དང་། ཡི་དྭགས་རྣམས་དང་། ཤ་ཟ་རྣམས་དང་། གྲུལ་བུམ་རྣམས་དང་། སྲུལ་པོ་རྣམས་དང་། ལུས་སྲུལ་པོ་རྣམས་དང་། རྟུལ་ཕྲོད་ཀྱི་ཤ་ཟ་རྣམས་དང་ལྷན་ཅིག་གཏམ་འདྲེ་བར་བྱེད། ཐེབས་པར་སྨྲ་བར་བྱེད། སོ་སོར་ཀུན་དགའ་བར་བྱེད་། རྟག་ཏུ་ཡང་ལྷན་ཅིག་གནས་པར་བྱེད་དོ། །ལྷ་རྣམས་བདག་དང་ལྷན་ཅིག་གཏམ་འདྲེ་བར་བྱེད། ཐེབས་པར་སྨྲ་བར་བྱེད། སོ་སོར་ཀུན་དགའ་བར་བྱེད། རྟག་ཏུ་ཡང་ལྷན་ཅིག་གནས་པར་བྱེད་དོ། །ཀླུ་རྣམས་དང་། གནོད་སྦྱིན་རྣམས་དང་། ནམ་མཁའ་

ལྷིང་རྣམས་དང་། དྲི་ཟ་རྣམས་དང་། མིའམ་(༨༠བ)ཅི་རྣམས་དང་། ལྟོ་འཕྱེ་ཆེན་པོ་རྣམས་དང་། ཡི་དྭགས་རྣམས་དང་། ཤ་ཟ་རྣམས་དང་། གྲུལ་བུམ་རྣམས་དང་། སྲུལ་པོ་རྣམས་དང་། ལུས་སྲུལ་པོ་རྣམས་དང་། རྟུལ་ཕྱིད་ཀྱི་ཤ་ཟ་རྣམས་བདག་དང་ལྷན་ཅིག་གཏམ་འདྲི་བར་བྱེད། ཞབས་པར་སྨྲ་བར་བྱེད། སོ་སོར་ཀུན་དགའ་བར་བྱེད། རྟག་ཏུ་ཡང་ལྷན་ཅིག་གནས་པར་བྱེད་དོ། །མ་ཐོབ་བཞིན་དུ་བདག་གིས་མི་རྟག་པའི་འདུ་ཤེས་དང་། མི་རྟག་པ་ལ་སྡུག་བསྔལ་བའི་འདུ་ཤེས་དང་། སྡུག་བསྔལ་བ་ལ་བདག་མེད་པའི་འདུ་ཤེས་དང་། ཟས་ལ་མི་མཐུན་པའི་འདུ་ཤེས་དང་། འཇིག་རྟེན་ཐམས་ཅད་ལ་མངོན་པར་མི་དགའ་བའི་འདུ་ཤེས་དང་། ཉེས་དམིགས་ཀྱི་འདུ་ཤེས་དང་། སྤོང་བའི་འདུ་ཤེས་དང་། འདོད་ཆགས་དང་བྲལ་བའི་འདུ་ཤེས་དང་། འགོག་པའི་འདུ་ཤེས་དང་། འཆི་བའི་འདུ་ཤེས་དང་། མི་སྡུག་པའི་འདུ་ཤེས་དང་། རྣམ་པར་སྔོས་པའི་འདུ་ཤེས་དང་། རྣམ་པར་རྣག་པའི་འདུ་ཤེས་དང་། རྣམ་པར་བམ་པའི་འདུ་ཤེས་དང་། རྣམ་པར་འབུས་གཞིགས་པའི་འདུ་ཤེས་དང་། རྣམ་པར་ཟོས་པའི་འདུ་ཤེས་དང་། རྣམ་པར་དམར་བའི་འདུ་ཤེས་དང་། རྣམ་པར་འཐོར་བའི་འདུ་ཤེས་དང་། རུས་གོང་གི་འདུ་ཤེས་དང་། སྟོང་པ་ཉིད་དུ་སོ་སོར་རྟོག་པའི་འདུ་ཤེས་ཐོབ་པོ། །མ་ཐོབ་བཞིན་དུ་བདག་གིས་བསམ་གཏན་དང་པོ་དང་། གཉིས་པ་དང་། གསུམ་པ་དང་། བཞི་པ་དང་། བྱམས་པ་དང་། སྙིང་རྗེ་དང་། དགའ་བ་དང་། བཏང་སྙོམས་དང་། ནམ་མཁའ་མཐའ་ཡས་སྐྱེ་མཆེད་དང་། རྣམ་ཤེས་མཐའ་ཡས་སྐྱེ་མཆེད་དང་། ཅི་ཡང་མེད་པའི་སྐྱེ་མཆེད་དང་། འདུ་ཤེས་མེད་འདུ་ཤེས་མེད་མིན་སྐྱེ་མཆེད་དང་། རྒྱུན་དུ་ཞུགས་པའི་འབྲས་བུ་དང་། ལན་ཅིག་ཕྱིར་འོང་བའི་འབྲས་བུ་དང་། ཕྱིར་མི་འོང་བའི་(༨༧ན)འབྲས་བུ་དང་། དགྲ་བཅོམ་པ་ཉིད་ཀྱི་འབྲས་བུ་དང་། རྫུ་འཕྲུལ་གྱི་ཡུལ་དང་། ལྷའི་རྣ་བ་དང་། སེམས་ཀྱི་རྣམ་གྲངས་དང་། སྔོན་གྱི་གནས་དང་། འཆི་འཕོ་བ་དང་སྐྱེ་བ་དང་། ཟག་པ་

ཟད་པ་ཐོབ་བོ། །བདག་ནི་དགྲ་བཅོམ་པ་རྣམ་པར་ཐར་པ་བརྒྱད་ལ་བསམ་གཏན་པ་དང་། གཉིས་ཀའི་ཆ་ལས་རྣམ་པར་གྲོལ་བ་ཡིན་ནོ་ཞེས་བྱ་བ་སྟེ། དགེ་སློང་གིས་གནས་འདི་ལྟ་བུ་བྱས་ན། བྱས་མ་ཐག་ཏུ་དགེ་སློང་དུ་མི་རུང་བར་འགྱུར། དགེ་སྦྱོང་དུ་མི་རུང་། ཤཱཀྱའི་སྲས་ཀྱིར་མི་རུང་། དགེ་སློང་གི་དངོས་པོ་ལས་ཉམས་པར་འགྱུར་ཏེ། དེའི་དགེ་སྦྱོང་གི་ཚུལ་ཞིག་པར་འགྱུར་ཞིང་། ཉམས་པ་བཅོམ་པ་ལྟུང་བ་ཕམ་པར་གྱུར་པ་སྟེ། དེའི་དགེ་སྦྱོང་གི་ཚུལ་ཕྱིར་བླང་དུ་མེད་པར་འགྱུར་རོ། །འདི་ལྟ་སྟེ། དཔེར་ན་ཤིང་ཏ་ལའི་མགོ་བཅད་ན་སྔོན་པོར་འགྱུར་དུ་མི་རུང་ལ། འཕེལ་ཞིང་རྒྱས་པ་དང་ཡངས་པར་འགྱུར་དུ་མི་རུང་བ་བཞིན་ནོ། །དེང་ཕྱིན་ཆད་ཁྱོད་སྤྱོད་པ་མ་ཡིན་པ་དང་། བྱ་བ་མ་ཡིན་པ་དང་། སྤྱོད་པ་མ་ཡིན་པ་སྤྱང་བ་དེ་ལ་དྲན་པ་དང་བག་ཡོད་པས་སེམས་ཤིན་ཏུ་བསྲུང་བར་བརྩོན་པར་གྱིས་ཤིག །ཇི་ལྟར་གནས་འདི་ལྟ་བུ་ལ་མི་སྤྱོད་དམ། དེས་མི་སྤྱོད་ལགས་ཞེས་བརྗོད་པར་བྱའོ། །ཚེ་དང་ལྡན་པ་ཁྱོད་ཉོན་ཅིག །བཞི་པོ་འདི་དག་ནི། བཅོམ་ལྡན་འདས་དེ་བཞིན་གཤེགས་པ་དགྲ་བཅོམ་པ་ཡང་དག་པར་རྫོགས་པའི་སངས་རྒྱས་མཁྱེན་ཅིང་གཟིགས་པ་དེས། དེ་ལྟར་རབ་ཏུ་བྱུང་བ་དང་བསྙེན་པར་རྫོགས་པ་དགེ་སློང་གི་དགེ་སྦྱོང་དུ་བྱེད་པའི་ཆོས་སུ་གསུངས་ཏེ། བཞི་གང་ཞེ་ན། ཚེ་དང་ལྡན་པ་ཁྱོད་ཀྱིས་དེང་ཕྱིན་ཆད། གཤེ་ཡང་སླར་མི་གཤེ་བར་བྱ་བ་དང་། ཁྲོས་ཀྱང་སླར་མི་ཁྲོ་བར་བྱ་བ་དང་། བརྡེགས་ཀྱང་སླར་མི་བརྡེག་པར་བྱ་བ་དང་། མཚང་བྲུས་ཀྱང་སླར་མཚང་མི་འབྲུ་བར་བྱའོ། །ཇི་ལྟར་གནས་འདི་ལྟ་བུ་ལ་སྤྱོད་དམ། དེས་སྤྱོད་(༦༧བ)ལགས་ཞེས་བརྗོད་པར་བྱའོ། །ཚེ་དང་ལྡན་པ་ཁྱོད་ཉོན་ཅིག ཁྱོད་སྟོན་བདག་ལེགས་པར་གསུངས་པའི་ཆོས་འདུལ་བ་ལ་རབ་ཏུ་བྱུང་བ་དང་། བསྙེན་པར་རྫོགས་པ་དགེ་སློང་གི་དངོས་པོ་ཐོབ་ན་ཅི་མ་རུང་སྙམ་དུ་སྨོན་པ་གང་ཡིན་པ་དེ་ད་ཁྱོད་མཁན་པོར་འོས་པ་དང་། སློབ་དཔོན་དུ་འོས་པ་གཉིས་དང་། དགེ་འདུན་མཐུན་པ་དང་།

གསོལ་བ་དང་བཞིའི་ལས་མི་གཡོ་བ་བཞག་པར་མི་འོས་པས་རབ་ཏུ་བྱུང་ཞིང་བསྙེན་པར་རྫོགས་སོ། །ཚེ་དང་ལྡན་པ་ཁྱོད་ཉོན་ཅིག །བསྙེན་པར་རྫོགས་ནས་ལོ་བརྒྱ་ལོན་པའི་དགེ་སློང་གིས་བསླབ་པ་གང་ལ་བསླབ་པར་བྱ་བ་དེ་ལ་དེ་རིང་བསྙེན་པར་རྫོགས་པས་ཀྱང་བསླབ་བོ། །དེ་རིང་བསྙེན་པར་རྫོགས་པའི་དགེ་སློང་གིས་བསླབ་པ་གང་ལ་བསླབ་པར་བྱ་བ་དེ་ལ། བསྙེན་པར་རྫོགས་ནས་ལོ་བརྒྱ་ལོན་པས་ཀྱང་བསླབ་བོ། །དེ་ལྟར་ན་ཚུལ་ཁྲིམས་ཉིད་ཀྱིས་མཉམ་པ་དང་། བསླབ་པ་ཉིད་ཀྱིས་མཉམ་པ་དང་། སོ་སོར་ཐར་པའི་མདོ་འདོན་པ་ཉིད་ཀྱིས་མཉམ་པ་དེ་ཁྱོད་ཀྱིས་དེང་ཕྱིན་ཆད་བསྒྲུབ་པར་བྱ་ཡི། མི་བསྒྲུབ་པར་མི་བྱའོ། །དེང་ཕྱིན་ཆད་ཁྱོད་ཀྱིས་མཁན་པོ་ལ་ཕའི་འདུ་ཤེས་ཉེ་བར་བཞག་པར་བྱའོ། །མཁན་པོས་ཀྱང་ཁྱོད་ལ་བུའི་འདུ་ཤེས་ཉེ་བར་བཞག་པར་བྱའོ། །ཁྱོད་ཀྱིས་དེང་ཕྱིན་ཆད་མཁན་པོ་ལ་ཇི་སྲིད་འཚོའི་བར་དུ་བསྙེན་བཀུར་བྱའོ། །མཁན་པོས་ཀྱང་ཁྱོད་ཤི་བའམ་སོས་ཀྱི་བར་དུ་ནད་གཡོག་བྱའོ། །དེང་ཕྱིན་ཆད་ཁྱོད་ཀྱིས་ཚངས་པ་མཚུངས་པར་སྤྱོད་པ་རྣམས་དང་། གནས་བརྟན་རྣམས་དང་། བར་མ་རྣམས་དང་། གསར་བུ་རྣམས་ལ་གུས་པ་དང་བཅས་པ་དང་། ཞེ་ས་དང་བཅས་པ་དག་འཇིགས་པ་དང་བཅས་པའི་དབང་དུ་འགྱུར་བར་གནས་པར་བྱའོ། །དེང་ཕྱིན་ཆད་ཁྱོད་ཀྱིས་ལུང་ནོད་པར་བྱ། བཟླག་པར་བྱ། ཁ་ཏོན་དུ་བྱའོ། །ཕུང་པོ་ལ་མཁས་པ་དང་ཁམས་ལ་མཁས་པ་དང་། སྐྱེ་མཆེད་ལ་མཁས་པ་དང་། རྟེན་ཅིང་འབྲེལ་བར་འབྱུང་བ་ལ་མཁས་(༧༨ན)པ་དང་། གནས་དང་གནས་མ་ཡིན་པ་ལ་མཁས་པར་བྱའོ། །མ་ཐོབ་པ་ཐོབ་པར་བྱ་བ་དང་། མ་རྟོགས་པ་རྟོགས་པར་བྱ་བ་དང་། མངོན་དུ་མ་བྱས་པ་མངོན་དུ་བྱ་བའི་ཕྱིར་ཁྱོད་ཀྱིས་བརྩོན་པ་མི་འདོར་བར་བྱའོ། །འདི་དག་ནི་ཁོ་བོས་ཁྱོད་ལ་བསླབ་པའི་གཞི་ཆེ་ལོང་ཆེ་ལོང་ཙམ་ཞིག་བརྗོད་པར་ཟད་དེ་གཞན་དག་ནི་ཟླ་བ་ཕྱེད་ཕྱེད་ཅིང་སོ་སོར་ཐར་པའི་མདོ་གདོན་པ་འདོན་པའི་ཚེ་ཐོས་པར་འགྱུར་རོ། །གཞན་དག་ཀྱང་

སློབ་དཔོན་དང་། མཁན་པོ་དང་། མཁན་པོ་གཅིག་པ་དང་། སློབ་དཔོན་གཅིག་པ་དང་། གཏམ་འདྲིས་པ་དང་། ཕེབས་པར་སྨྲ་བ་དང་། སྨོས་འདྲིན་དང་། འགྲོགས་ཤེས་རྣམས་ཀྱིས་ཀྱང་རྒྱ་ཆེར་སྟོན་པར་འགྱུར་རོ། །ཤེས་རབ་མཆོག་གི་བསྟན་པ་ལ། །ཁྱོད་ནི་བསྙེན་པར་རྫོགས་པར་གྱུར། །དལ་དང་འབྱོར་བ་རྙེད་དཀའ་བས། །འདི་དག་ཇི་ལྟ་བཞིན་དུ་སྒྲུབས། །མཛེས་པ་རབ་ཏུ་དབྱུང་བ་དང་། །ཡོངས་སུ་དག་པ་བསྙེན་རྫོགས་པར། །རྫོགས་སངས་རྒྱས་ཀྱིས་རབ་མཁྱེན་ཏེ། །བདེན་པའི་མཚན་གྱིས་བཀའ་སྩལ་ཏོ། །ཚེ་དང་ལྡན་པ་ཁྱོད་བསྙེན་པར་རྫོགས་ཟིན་གྱིས། བག་ཡོད་པར་སྒྲུབས་ཤིག །དེ་ལྟར་སྦྱོར་དངོས་མཇུག་གསུམ་གྱིས་ཁྱོད་བསྙེན་པར་རྫོགས་པར་སྒྲུབ་པའི་ཆོ་ག་ལེགས་པར་གྲུབ་པ་ཡིན། དེའང་གཙོ་བོར་མཁན་པོའི་བདག་རྐྱེན་ལས་བྱུང་བ་ཡིན་ཏེ། རང་གིས་མཛད་དགོས་པ་རྣམས་རང་གིས་མཛད། གཞན་ལ་བསྒོ་དགོས་པ་རྣམས་བསྒོས་ནས་མཛད་པས་དྲིན་ཆེ་བ་ཡིན་པས། ཕྱག་གསུམ་ཚོལ་ལ་བཀའ་དྲིན་ཆེ་ལགས་ཞེས་བརྗོད་ཅིག །དེ་ནས་བསྒྲུབ་བྱས་ལངས་ནས་ཕྱག་གསུམ་བཙལ་ཏེ་བཀའ་དྲིན་ཆེ་ལགས། ཞེས་བརྗོད་པ་ན། མཁན་པོས་དགེ་འདུན་རྣམས་སྨོན་ལམ་གསུང་བར་ཞུ་ཞེས་བརྗོད་ནས་མཁན་སློབ་དགེ་འདུན་དང་བཅས་པས་བསྒྲུབ་བྱ་དེ་ལ་མེ་ཏོག་འཐོར་བཞིན་དུ། ཐར་པའི་རྒྱལ་མཚན་(༤༧བ)བརྟན་པར་གྱུར་ཅིག །ཚངས་པར་སྤྱོད་པ་ཆེའི་མཐར་ཕྱིན་པར་གྱུར་ཅིག །ཚུལ་ཁྲིམས་ཀྱི་ཕུང་པོ་ཡོངས་སུ་རྫོགས་པར་གྱུར་ཅིག །ཚེ་རབས་ཐམས་ཅད་བསྙེན་རྫོགས་ཀྱི་སྡོམ་པ་རྣམ་པར་དག་པ་དང་ལྡན་པར་གྱུར་ཅིག །ཁྲིམས་ཀྱི་ཚུལ་ཁྲིམས་སྐྱོན་མེད་ཅིང་། །ཚུལ་ཁྲིམས་རྣམ་པར་དག་དང་ལྡན། །རློམ་སེམས་མེད་པའི་ཚུལ་ཁྲིམས་ཀྱིས། །ཚུལ་ཁྲིམས་ཕ་རོལ་ཕྱིན་རྫོགས་ཤོག །ལུས་ལ་ཆོས་གོས་གསུམ་གྱི་བཀྲ་ཤིས་ཤོག །ངག་ལ་སྡེ་སྣོད་གསུམ་གྱི་བཀྲ་ཤིས་ཤོག །ཡིད་ལ་བསླབ་པ་གསུམ་གྱི་བཀྲ་ཤིས་ཤོག །བསླབ་གསུམ་རྒྱན་གྱིས་མཛེས་པའི་བཀྲ་ཤིས་ཤོག །ཅེས་བརྗོད། དེ་ལྟར་བསྙེན་

རྫོགས་བསྒྲུབས་མ་ཐག་མཁན་པོས་དེ་ལ་འདུལ་བའི་བསླབ་བྱ་ཞིགས་པར་བསྟན་ཏེ་ཚུལ་ཁྲིམས་རྣམ་པར་དག་པ་ལ་སྦྱོར་བར་བྱའོ།། །།

བུད་མེད་རབ་ཏུ་བྱུང་ནས་དགེ་ཚུལ་མར་སྒྲུབ་པའི་ཆོ་གའི་ཁྱད་པར་ནི། སྔོན་རྒྱ་གར་འཕགས་པའི་ཡུལ་དུ་ནི་བུད་མེད་རབ་ཏུ་འབྱུང་བ་དང་དགེ་ཚུལ་མར་སྒྲུབ་པ་དགེ་སློང་མས་མཁན་མོ་བྱས་ཏེ་སྒྲུབ་པ་ལས་དགེ་སློང་གིས་སྒྲུབ་པ་མེད་པས། ལུང་དང་གཙྰ་ཤ་ཏམ་དུ་བུད་མེད་རབ་ཏུ་འབྱུང་བ་དང་དགེ་ཚུལ་མར་སྒྲུབ་པའི་ཆོ་ག་མཁན་མོར་འོས་པའི་དགེ་སློང་མ་ཞིག་ལ་མཁན་མོར་གསོལ་བ་བཏབ་ནས་དེས་བུད་མེད་རབ་ཏུ་འབྱུང་བ་དང་དགེ་ཚུལ་མར་སྒྲུབ་པའི་ཆོ་ག་ཡོན་གསུངས་ལ། བོད་འདིར་སྔོན་ནས་བླ་མ་གོང་མ་རྣམས་ཀྱིས་རིམ་པར་བུད་མེད་རབ་ཏུ་འབྱུང་བ་དང་དགེ་ཚུལ་མར་སྒྲུབ་པ་དར་ཆ་ཆེ་བར་བྱུང་འདུག་ཅིང་། དེང་སང་ཡང་དེ་ལྟར་བྱེད་པ་དར་ཆ་ཆེ་ཡང་ཆོ་གའི་ཁྱད་པར་ཞིབ་ཏུ་ཤེས་པ་ཤིན་ཏུ་དཀོན་པས། བུད་མེད་རབ་ཏུ་འབྱུང་བ་དང་དགེ་ཚུལ་མར་སྒྲུབ་པ་སྐྱེས་པ་རབ་ཏུ་འབྱུང་བ་དང་དགེ་ཚུལ་དུ་སྒྲུབ་པའི་ཆོ་ག་ལྟར་བྱེད་པ་ཤིན་ཏུ་མང་སྟེ། དེ་ལྟར་བྱེད་པ་ནི་མི་རུང་སྟེ་ཕོ་མོའི་ཁྱད་(༧༣ན)པར་གྱིས་ཆོ་གའི་ཚིག་མི་འདྲ་བ་དང་། བར་ཆད་དྲི་བ་ལ་ནི་བུད་མེད་ཀྱི་ཐུན་མོང་མ་ཡིན་པའི་བར་ཆད་དྲི་དགོས་པ་མང་བས་ཆེས་མི་འདྲའོ། །དེས་ན་འདི་ལྟར། བུད་མེད་རབ་ཏུ་འབྱུང་བར་འདོད་པ་ལ་བར་ཆད་འདི་ལྟར་དྲི་བར་བྱ་སྟེ། ཁྱོད་མུ་སྟེགས་ཅན་མོ་མ་ཡིན་ནམ། ལོ་བཅོ་ལྔ་མ་ལོན་པ་མ་ཡིན་ནམ། ལོ་བཅོ་ལྔ་ལོན་པ་བྱ་རོག་སྐྲོད་མི་ནུས་པ་མ་ཡིན་ནམ། བྱ་རོག་སྐྲོད་ནུས་པ་ལོ་བདུན་མ་ལོན་པ་མ་ཡིན་ནམ། བྲན་མོ་མ་ཡིན་ནམ། བུ་ལོན་ཆགས་པ་མ་ཡིན་ནམ། ཕ་མས་མ་གནང་བ་མ་ཡིན་ནམ། ཕ་མས་མ་གནང་བ་ཡུལ་ཐག་མི་རིང་བ་མ་ཡིན་ནམ། ཁྱིམ་ཐབ་ཀྱིས་མ་གནང་བ་མ་ཡིན་ནམ། ཁྱིམ་ཐབ་ཀྱིས་མ་གནང་བ་ཡུལ་ཐག་མི་རིང་བ་མ་ཡིན་ནམ། ནད་པ་མ་ཡིན་ནམ། དགེ་སློང་སུན་ཕྱུང་བ་མ་

ཡིན་ནམ། ཤཱ་ཐབས་སུ་གནས་པ་མ་ཡིན་ནམ། ཟ་མ་མ་ཡིན་ནམ། མ་ནིང་མ་ཡིན་ནམ། སྤྲུལ་པ་མ་ཡིན་ནམ། དུད་འགྲོ་མ་ཡིན་ནམ། མུ་སྟེགས་ཅན་ཞུགས་པ་མ་ཡིན་ནམ། ཕ་བསད་པ་མ་ཡིན་ནམ། མ་བསད་པ་མ་ཡིན་ནམ། དགྲ་བཅོམ་པ་བསད་པ་མ་ཡིན་ནམ། དགེ་འདུན་གྱི་དབྱེན་བྱས་པ་མ་ཡིན་ནམ། དེ་བཞིན་གཤེགས་པ་ལ་ངན་སེམས་ཀྱིས་ཁྲག་ཕྱུང་བ་མ་ཡིན་ནམ། འཐབ་ཀྲོལ་ཅན་མ་ཡིན་ནམ། མྱ་ངན་གྱིས་གཟིར་བ་མ་ཡིན་ནམ། སྨྲུམ་མ་མ་ཡིན་ནམ། མཚན་གཉིས་པ་མ་ཡིན་ནམ། གློ་འདམས་པ་མ་ཡིན་ནམ། རྟག་ཏུ་ཟླ་མཚན་འཛག་པ་མ་ཡིན་ནམ། ཟླ་མཚན་མི་འཛག་པ་མ་ཡིན་ནམ། མཚན་མ་ཙམ་ཡོད་པ་མ་ཡིན་ནམ། སྡོན་རབ་ཏུ་བྱུང་བ་མ་ཡིན་ནམ། ལག་རྡུམ་ལ་སོགས་པ་མ་ཡིན་ནམ། སྐྲ་སེར་ལ་སོགས་པ་མ་ཡིན་ནམ། སེན་མོ་གཅིག་པ་ལ་སོགས་པ་མ་ཡིན་ནམ། (༦༣བ)རྒྱལ་པོས་བཀྲབས་པ་ལ་སོགས་པ་མ་ཡིན་ནམ། རྒྱལ་པོས་མ་གནང་བ་མ་ཡིན་ནམ། རྒྱལ་པོས་མ་གནང་བ་ཡུལ་ཐག་མི་རིང་བ་མ་ཡིན་ནམ། ཆོམ་རྐུན་མར་གྲགས་པ་མ་ཡིན་ནམ། ཕུང་ཁྲོལ་མ་མ་ཡིན་ནམ། ལྷམ་མཁན་མ་མ་ཡིན་ནམ། གདོལ་པ་མོ་མ་ཡིན་ནམ། གཡུང་མོ་མ་ཡིན་ནམ། མི་མ་ཡིན་པའི་འགྲོ་བ་པ་མ་ཡིན་ནམ། བྱང་གི་སྒྲ་མི་སྙན་པ་མ་ཡིན་ནམ། མཚན་ལན་གསུམ་དུ་འགྱུར་བ་མ་ཡིན་ནམ། བུད་མེད་འདྲ་བའི་སྐྱེས་པ་མ་ཡིན་ནམ། སྡིག་སྡིག་ལྔ་བུའི་མཚན་ཉིད་ཅན་མོ་མ་ཡིན་ནམ། གླིང་གཞན་ནས་སྐྱེས་པ་ཚུལ་བྱད་མི་འདྲ་བ་མ་ཡིན་ནམ། ཞེས་དྲི་བར་བྱ། དེ་ནས་དགེ་བསླེན་གྱི་སྡོམ་པ་སྦྱིན་པའི་ཆེ་དངོས་གཞིའི་ཆོ་ག་དང་བསླབ་པ་བརྗོད་པ་བྱིངས་རྣམས་དགེ་ཚུལ་དང་འདྲ་བ་ལ། དགེ་བསླེན་མར་བཙུན་པས་གཟུང་དུ་གསོལ་ཞེས་བརྗོད་དགོས་སོ། །

དེ་ནས་མཁན་པོར་གསོལ་བ་བཏབ་ནས་རྟགས་ཆ་ལུགས་བསྒྱུར་བ་དང་། དགེ་ཚུལ་མའི་སྡོམ་པ་བསླབ་པ་བརྗོད་པ་དང་བཅས་པ་བྱིངས་རྣམས་དགེ་ཚུལ་དང་འདྲ་བ་ལ། དགེ་ཚུལ་མར་སློབ་དཔོན་གྱིས་གཟུང་དུ་གསོལ། ཞེས་བརྗོད་དགོས་སོ། །ཕུད་

མེད་ལ་ཆོས་བཤད་པ་དང་སྡོམ་པ་སྦྱིན་པ་སོགས་ཀྱི་ཚེ་ཁྲིམས་གྲོགས་མཚན་ཉིད་ཚང་བ་དགོས་ཀྱི་དེ་ལྟ་མིན་པར་དབེན་པ་སྐབས་ཡོད་དུ་ཁྲིམས་གྲོགས་མེད་པར་བུད་མེད་ལ་ཆོས་བཤད་བྱས་ན་དགེ་སློང་ལ་ལྟུང་བྱེད་ཀྱི་ཉེས་པ་འབྱུང་ཞིང་། མ་ངེས་པ་གཉིས་པོ་གང་རུང་ཡང་འབྱུང་ཉེ་ལ། དེ་ལྟར་བྱུང་ན་རང་ལ་ཕམ་པའི་ཉེས་པ་མེད་(༤༤ན)ཀྱང་མཐོང་ཐོས་དོགས་གསུམ་འབྱུང་བའི་ཉེན་ཆེ་བས་རང་ལ་མི་སྙན་པ་འབྱུང་བ་དང་། བསྟན་པ་ལ་རྒྱ་འཁྱིན་པའི་དགག་བྱ་ཆེའོ། །ཡང་བུད་མེད་རབ་ཏུ་འབྱུང་བའི་ཚེ་དགེ་སློང་གིས་བུད་མེད་ཀྱི་སྐྲ་བཞར་བ་དང་། མཐང་གོས་བསྒོན་པ་སོགས་བྱར་མི་རུང་སྟེ། བུད་མེད་ལ་ལག་པ་རེག་པའི་ཚེ་ཆགས་སེམས་སྐྱེས་ན་དགེ་སློང་ལ་རེག་པའི་ལྷག་མ་འབྱུང་བས་དགག་བྱ་ཤིན་ཏུ་ཆེའོ། །

འདུལ་བ་ལུང་ལས་བུད་མེད་གཞོན་ནུ་མ་རབ་ཏུ་འབྱུང་བའི་ཚེ་མཁན་མོས་བུད་མེད་ཀྱི་ཐུན་མོང་མ་ཡིན་པའི་བར་ཆད་རྣམས་དྲིས་པ་ན་ངོ་ཚ་བས་བརྗོད་མི་ནུས་པ་བྱུང་ན་བུད་མེད་རབ་བྱུང་མ་གཞན་ཞིག་གིས་གྲོགས་བྱས་ཏེ་བརྗོད་དགོས་པར་གསུངས་ཤིང་། མཐང་གོས་བསྒོན་པ་སོགས་ཀྱང་རབ་བྱུང་མ་གཞན་གྱིས་གྲོགས་བྱས་ཏེ་བསྒོན་པར་གསུངས། འདི་ལྟར་དགེ་སློང་རྣམས་ལ་དབེན་པ་སྐབས་ཡོད་དུ་ཁྲིམས་གྲོགས་མེད་པར་བུད་མེད་དང་ལྷན་ཅིག་སེ་གོལ་གྱི་ཡུན་ཙམ་ཞིག་ཀྱང་མི་འདུག་པ་དང་། དེ་ལ་ཆོས་སྟོན་པ་སོགས་མི་བྱ་བའི་བཅའ་བ་ཤིན་ཏུ་དམ་པ་མཛད་པའི་དགོས་པ་ནི་ངེས་འབྱུང་གི་བསམ་པ་རྣམ་པར་དག་པས་ཀུན་ནས་བསླངས་ཏེ་ཚུལ་ཁྲིམས་རྣམ་པར་དག་པ་ལ་གནས་ནས་ཐར་ལམ་བསྒྲོད་པ་ལ་གེགས་ཀྱི་གཙོ་བོ་ཉོན་མོངས་པ་ཡིན་ཞིང་། ཉོན་མོངས་པ་རྣམས་ཀྱི་ནང་ནས་ཀྱང་འཁོར་བར་འཆིང་བྱེད་ཀྱི་རྒྱུའི་གཙོ་བོ་ནི་འདོད་ཆགས་སྲེད་པ་འདི་ཡིན་པས་ན་འདུལ་བའི་བསླབ་ཁྲིམས་ཐམས་ཅད་སྤྱིར་ཉོན་མོངས་པ་མཐའ་དག་གི་གཉེན་པོ་དང་། དེའི་ནང་ནས་ཀྱང་འདོད་ཆགས་ཀྱི་གཉེན་པོར་གསུངས་པས་ན་འདོད་

ཆགས་སྲིད་པ་སྤོང་བའི་ཡན་ལག་ཏུ་དེ་ལྟ་བུའི་བཅའ་བ་དམ་པོ་མཛད་པ་ཡིན་པར་གསུངས་སོ། །

ཞར་བྱུང་(༨༨བ)ཁྲིམ་པ་དད་པ་ཅན་དག་ལ་ཕན་འདོགས་ཇི་ལྟར་བྱ་བའི་ཚུལ་བརྗོད་པ་ནི། འགའ་ཞིག་གི་གན་དུ་སྐྱབས་གསུམ་འཛིན་པའི་དགེ་བསྙེན་དོན་དུ་གཉེར་བ་བྱུང་ན། སྟོན་པའི་སྐུ་གཟུགས་སོགས་སྐུ་གསུང་ཐུགས་རྟེན་ལེགས་པར་བཀྲམ་པའི་མདུན་དུ་མཆོད་པ་ཅི་འབྱོར་བ་བཤམས་ལ་དབུལ། བསླབ་བྱ་དེས་ཁྲུས་བྱས་ཤིང་མཆིལ་ལྷམ་ཕུད་གོས་གཙང་མ་བགོས་ཏེ་སྟོན་པ་དང་ཆོས་དང་དགེ་འདུན་དུ་ཡོངས་པ་ཡོད་ན་དགེ་འདུན་དང་རང་ལ་ཕྱག་གསུམ་གསུམ་འཚལ་དུ་བཅུག །དེ་ནས་མདུན་དུ་ཙོག་ཙོག་པུར་འདུག་ཏུ་བཅུག་ཅིང་ཐལ་མོ་སྙིང་གར་སྦྱོར་དུ་བཅུག་ལ། ཁྱོད་དཀོན་མཆོག་གསུམ་ལ་སྐྱབས་སུ་འགྲོ་ཞིང་སྐྱབས་འགྲོའི་བསླབ་པ་ལེན་པར་འདོད་པ་ཤིན་ཏུ་ལེགས། ཞེས་སྤྲོ་བ་བསྐྱེད་ལ་དལ་འབྱོར་རྙེད་དཀའ་ནམ་འཆི་ཆ་མེད་ལས་འབྲས་བསླུ་མེད་འཁོར་བའི་ཉེས་དམིགས་རྣམས་བསླབ་བྱའི་བློ་གྲོས་དང་བསྟུན་ནས་ཇི་ལྟར་འཚམ་པ་བཤད་དེ་ངེས་འབྱུང་གི་བསམ་པ་བསྐྱེད། སེམས་ཅན་ཐམས་ཅད་ཀྱང་ཚེ་རབས་སྔོན་མའི་ཕ་མ་དྲིན་ཅན་ཡིན་པས་བྱམས་སྙིང་རྗེ་བྱང་ཆུབ་ཀྱི་སེམས་བསྐྱེད་དགོས་ཚུལ་བཤད་ནས། མདོར་ན་མ་སེམས་ཅན་ཐམས་ཅད་ཀྱི་དོན་དུ་སངས་རྒྱས་ཀྱི་གོ་འཕང་ཐོབ་པར་བྱ། དེའི་ཕྱིར་དུ་དཀོན་མཆོག་གསུམ་ལ་སྙིང་ཐག་པ་ནས་སྐྱབས་སུ་བཟུང་སྟེ་སྐྱབས་འགྲོའི་བསླབ་བྱ་ཚུལ་བཞིན་དུ་བསྲུང་སྙམ་པ་གྱིས་ལ་འདིའི་རྗེས་ཟློས་གྱིས་བྱས་ལ་སྟར་ནས་ཆོས་འབྲེལ་ཡོད་ན་སློབ་དཔོན་ཞེས་བརྗོད་ཅིང་མེད་ན། བཙུན་པ་དགོངས་སུ་གསོལ། བདག་མིང་འདི་ཞེས་བགྱི་བ་དུས་འདི་ནས་བཟུང་སྟེ་ཇི་སྲིད་འཚོའི་བར་དུ། རྐང་གཉིས་རྣམས་ཀྱི་མཆོག་སངས་རྒྱས་ལ་སྐྱབས་སུ་མཆིའོ། །འདོད་ཆགས་དང་བྲལ་བ་རྣམས་ཀྱི་མཆོག་ཆོས་ལ་སྐྱབས་སུ་མཆིའོ། །ཚོགས་རྣམས་ཀྱི་མཆོག་དགེ་འདུན་ལ་སྐྱབས་སུ་

མཆིའོ། །(༥༥ན)བདག་ཇི་སྲིད་འཚོའི་བར་དུ་སྐྱབས་གསུམ་འཛིན་པའི་དགེ་བསྙེན་དུ་བཟུང་བས་གཟུང་དུ་གསོལ། འདི་ལན་གསུམ་བརྗོད་དགོས་པས་གཉིས་པའི་ཡང་རྗེས་ཟློས་ཀྱིས་བྱས་ལ་གཉིས་པ་བྱ། གསུམ་པ་འདི་ལ་བརྗོད་པ་གསུམ་ཡོད་པའི་སྐྱབས་བརྗོད་བདག་བརྗོད་གཉིས་ཀྱི་རྗེས་སུ་ཁྱོད་ལ་སྐྱབས་གསུམ་འཛིན་པའི་དགེ་བསྙེན་གྱི་སྡོམ་པ་སྐྱེ་བ་ཡིན་ཞིང་ངེད་སློབ་དཔོན་དུ་འགྱུར་བས་དེའི་ཚེ་སློབ་དཔོན་གྱིས་ཞེས་བརྗོད་ཅིག །ཅེས་བྱས་ལ་གསུམ་པ་བྱ། སློབ་དཔོན་གྱིས་ཐབས་ཡིན་ནོ། །སློབ་མས་ལེགས་སོ་ཞེས་བྱའོ། །དེ་ནས་འདི་ལྟར་བརྗོད་དེ། ད་ཕྱིན་ཆད་ཁྱོད་ཀྱིས་དཀོན་མཆོག་གསུམ་ལ་སྐྱབས་སུ་སོང་བའི་བསླབ་བྱ་ལ་གནས་པ་ཞིག་བྱ་དགོས་པས། སངས་རྒྱས་ལ་སྐྱབས་སུ་སོང་བའི་བསླབ་བྱར་འཇིག་རྟེན་གྱི་ལྷ་འདྲེ་ལ་གཏན་གྱི་སྐྱབས་མི་འཚོལ་ཞིང་ཕྱག་མཆོད་དང་བཀུར་སྟི་མི་བྱ། འཇིག་རྟེན་པའི་ལྷ་རྟེན་ཡོད་སར་སེ་གོལ་གཏོག་པ་སྔོན་དུ་བཏང་ནས། དགེ་བར་ཟུངས་ཤིག །སྐར་མ་རབ་རིབ་མར་མེ་དང་། །ཞེས་སོགས་རྒྱལ་བའི་བཀའ་ལས་འབྱུང་བའི་ཚིགས་བཅད་གང་འོས་བརྗོད་དེ་ཆོས་བཤད་ནས་ལྷ་དང་འདྲེ་དེ་དག་ལ་ཕན་གདགས་པར་བྱ། སངས་རྒྱས་ཀྱི་སྐུ་གཟུགས་རྒྱུ་བཟང་ངན་དང་ཆེ་ཆུང་ལ་མ་ལྟོས་པར་སྐུ་གང་མཐོང་ཡང་འདི་ནི་བདག་འཁོར་བ་ལས་སྒྲོལ་བའི་སྟོན་པ་ཐུགས་རྗེ་ཅན་དེའི་སྐུའོ། །སྙམ་དུ་གུས་པ་བསྐྱེད་ཅིང་ཅི་ནུས་ཅི་འོས་སུ་མཆོད་པ་བྱའོ། །ཆོས་ལ་སྐྱབས་སུ་སོང་བའི་བསླབ་བྱར་སེམས་ཅན་ལ་གནོད་འཚེ་སྤོང་། །དམ་པའི་ཆོས་ལ་འགོམ་ཡུག་དང་ཁྲིད་གསོད་རྣམ་པ་ཀུན་ནས་མ་ཤོར་བར་འདི་ནི་སྟོན་པ་ཐུགས་རྗེ་ཅན་དེས་བདག་འཁོར་བ་དང་ངན་སོང་གི་སྡུག་བསྔལ་ལས་སྒྲོལ་བའི་ཐབས་སུ་གསུངས་པའི་ཆོས་སོ་སྙམ་(༥༥བ)དུ་གུས་པ་བསྐྱེད་ཅིང་ཅི་ནུས་ཅི་འོས་སུ་མཆོད་པ་བྱའོ། །

དགེ་འདུན་ལ་སྐྱབས་སུ་སོང་བའི་བསླབ་བྱར་རྒྱལ་བའི་བཀའ་ལ་ཡིད་མི་ཆེས་པའི་གྲོགས་ངན་དང་མི་འགྲོགས་ཤིང་དགེ་འདུན་རབ་ཏུ་བྱུང་བའི་རྟགས་ཙམ་

འཛིན་པ་ཡན་ཆད་ལ་འདི་ནི་བདག་འཁོར་བ་ལས་སྒྲོལ་བའི་གྲོགས་བསོད་ནམས་ཀྱི་ཞིང་གི་མཆོག་གོ་སྙམ་དུ་གུས་པ་བསྐྱེད་ལ་ཅི་ནུས་ཅི་འོས་སུ་མཆོད་ཅིང་། རབ་ཏུ་བྱུང་བའི་ན་བཟའ་དུར་སྨྲིག་གི་ཚལ་བུ་ལའང་མི་འགོམ་པ་གུས་པ་བསྐྱེད། དེ་དག་གིས་མཚོན་ནས་དཀོན་མཆོག་གསུམ་ལ་སྐྱབས་སུ་སོང་བའི་སྐྱབས་འགྲོའི་བསླབ་བྱ་མཐའ་དག་ཤེས་པར་བྱས་ལ་ཉམས་སུ་བླངས་ཏེ་དལ་བ་ཐོབ་པ་དོན་དང་ལྡན་པར་གྱིས་ཤིག །དེ་ལྟར་ཁྱོད་ཀྱིས་སྐྱབས་གསུམ་འཛིན་པའི་དགེ་བསྙེན་གྱི་སྡོམ་པ་ལེགས་པར་ཐོབ་པ་ཡིན་པས་དགའ་སྤྲོ་ཆེན་པོ་གྱིས་ལ་ལོངས་ལ་ཕྱག་གསུམ་ཚོལ་ལ་བཀའ་དྲིན་ཆེ་ཞེས་བརྗོད་ཅིག །བསྒྲུབ་བྱ་དེས་ལངས་ནས་ཕྱག་གསུམ་བཙལ་ཏེ་བཀའ་དྲིན་ཆེ་ལགས་ཞེས་བརྗོད་པ་ན་སློབ་དཔོན་གྱིས་བསྒྲུབ་བྱ་ལ་མེ་ཏོག་འཐོར་བཞིན་དུ་སྨོན་ལམ་དང་བཀྲ་ཤིས་གང་འོས་བྱའོ། །

ཡང་ཁྱིམ་པ་དད་པ་ཅན་དཀོན་མཆོག་གསུམ་ལ་སྐྱབས་སུ་འགྲོ་ཞིང་བསླབ་པ་གཞན་བསྲུང་མི་ནུས་པར་སྲོག་གཅོད་ཙམ་སྤོང་བ་སྣ་གཅིག་སྤྱོད་པའི་དགེ་བསྙེན་སྒྲུབ་པར་འདོད་པ་བྱུང་ན་དེ་ཇི་ལྟར་བྱ་བའི་ཚུལ་ནི། ཀུན་སློང་གི་བསམ་པ་དང་། སྦྱོར་ལམ་དང་ཡུལ་ལ་ཕྱག་འཚལ་བ་སོགས་སྔར་ལྟར་བྱས་ལ། བཙུན་པ་དགོངས་སུ་གསོལ། བདག་མིང་འདི་ཞེས་བགྱི་བ་དུས་འདི་ནས་བཟུང་སྟེ་ཇི་སྲིད་འཚོའི་བར་དུ་རྐང་གཉིས་རྣམས་ཀྱི་མཆོག་སངས་རྒྱས་ལ་སྐྱབས་སུ་མཆིའོ། །འདོད་ཆགས་དང་བྲལ་བ་རྣམས་ཀྱི་མཆོག་ཆོས་ལ་སྐྱབས་སུ་མཆིའོ། །(༩༨ན)ཚོགས་རྣམས་ཀྱི་མཆོག་དགེ་འདུན་ལ་སྐྱབས་སུ་མཆིའོ། །བདག་ཇི་སྲིད་འཚོའི་བར་དུ་སྣ་གཅིག་སྤྱོད་པའི་དགེ་བསྙེན་དུ་བཙུན་པས་གཟུང་དུ་གསོལ། ཞེས་པ་ལན་གསུམ་དང་ཐབས་ལེགས་བྱ། བསླབ་པ་བརྗོད་པའི་ཚེ་བཙུན་པ་དགོངས་སུ་གསོལ། ཇི་ལྟར་འཕགས་པ་དགྲ་བཅོམ་པ་དེ་དག་གིས་ཇི་སྲིད་འཚོའི་བར་དུ་སྲོག་གཅོད་པ་སྤངས་ཏེ་སྲོག་གཅོད་པ་ལས་སླར་ལོག་པ་དེ་བཞིན་དུ། བདག་མིང་འདི་ཞེས་བགྱི་བས་ཀྱང་དུས་འདི་ནས

བཟུང་སྟེ་ཇི་སྲིད་འཚོའི་བར་དུ་སྲོག་གཅོད་པ་སྤངས་ཏེ་སྲོག་གཅོད་པ་ལས་སླར་ལྡོག་པར་བགྱིའོ། །ཡན་ལག་གཅིག་པུ་འདིས་བདག་འཕགས་པ་དགྲ་བཅོམ་པ་དེ་དག་གི་བསླབ་པ་ལ་རྗེས་སུ་སློབ་བོ། །རྗེས་སུ་བསྒྲུབ་བོ། །རྗེས་སུ་བགྱིད་དོ། །ཞེས་བརྗོད་ཅིང་ཐབས་ལེགས་བྱའོ། །དེ་བཞིན་དུ་མ་བྱིན་ལེན་གཅིག་པུ་སྤོང་བ་ཡིན་ན་ཀུན་སློང་གི་བསམ་པ་དང་སྦྱོད་ལམ་དང་ཡུལ་ལ་ཕྱག་འཚལ་བ་དང་སྔ་གཅིག་སྦྱོད་པའི་སྡོམ་པ་ལེན་པའི་ཚིག་སྔར་ལྟར་བྱས་ལ་བསླབ་པ་བརྗོད་པའི་ཚེ་སྲོག་གཅོད་པ་ཞེས་པའི་ཚབ་ཏུ་མ་བྱིན་པར་ལེན་པ་ཞེས་བརྗོད། དེ་བཞིན་དུ་འདོད་ལོག་སྤོང་བ་དང་། བརྫུན་སྤོང་བ་ལ་ཡང་ཚིག་དེ་བཞིན་དུ་བྱའོ། །ཡང་དཀོན་མཆོག་གསུམ་ལ་སྐྱབས་སུ་འགྲོ་ཞིང་རྩ་བ་བཞི་ལས་སྲོག་གཅོད་དང་མ་བྱིན་ལེན་གཉིས་ཙམ་སྤོང་བ་སྔ་འགའ་སྦྱོད་པའི་དགེ་བསྙེན་སྒྲུབ་པར་འདོད་པ་བྱུང་ན། ཕྱག་དང་མཆོད་པ་བྱ་བ་དང་། ཆོས་བཤད་དེ་བརྫ་སྦྱོད་ཚུལ་སྔར་ལྟར་བྱས་ལ་ཚིག་དངོས་གཞི་ནི་སློབ་དཔོན་ནམ། བཙུན་པ་དགོངས་སུ་གསོལ། བདག་མིང་འདི་ཞེས་བགྱི་བ་དུས་འདི་ནས་བཟུང་སྟེ་ཇི་སྲིད་འཚོའི་བར་དུ་རྐང་གཉིས་རྣམས་ཀྱི་མཆོག(༨༨བ)སངས་རྒྱས་ལ་སྐྱབས་སུ་མཆིའོ། །འདོད་ཆགས་དང་བྲལ་བ་རྣམས་ཀྱི་མཆོག་ཆོས་ལ་སྐྱབས་སུ་མཆིའོ། །ཚོགས་རྣམས་ཀྱི་མཆོག་དགེ་འདུན་ལ་སྐྱབས་སུ་མཆིའོ། །བདག་ཇི་སྲིད་འཚོའི་བར་དུ་སྔ་འགའ་སྦྱོད་པའི་དགེ་བསྙེན་དུ་བཙུན་པས་གཟུང་དུ་གསོལ། ཞེས་པ་ལན་གསུམ་དང་ཐབས་ལེགས་བྱ་བསླབ་པ་བརྗོད་པའི་ཚེ་བཙུན་པ་དགོངས་སུ་གསོལ། ཇི་ལྟར་འཕགས་པ་དགྲ་བཅོམ་པ་དེ་དག་གིས་ཇི་སྲིད་འཚོའི་བར་དུ་སྲོག་གཅོད་པ་སྤངས་ཏེ། སྲོག་གཅོད་པ་ལས་སླར་ལོག་པ་དེ་བཞིན་དུ། བདག་མིང་འདི་ཞེས་བགྱི་བས་ཀྱང་དུས་འདི་ནས་བཟུང་སྟེ་ཇི་སྲིད་འཚོའི་བར་དུ་སྲོག་གཅོད་པ་སྤངས་ཏེ། སྲོག་གཅོད་པ་ལས་སླར་ལྡོག་པར་བགྱིའོ། །ཡན་ལག་དང་པོ་འདིས་བདག་འཕགས་པ་དགྲ་བཅོམ་པ་དེ་དག་གི་བསླབ་པ་ལ་རྗེས་སུ་སློབ་བོ། །རྗེས་སུ་

བསྒྲུབ་བོ། །རྗེས་སུ་བགྱིད་དོ། །གཞན་ཡང་ཇི་ལྟར་འཕགས་པ་དགྲ་བཅོམ་པ་དེ་དག་གིས་ཇི་སྲིད་འཚོའི་བར་དུ་མ་བྱིན་པར་ལེན་པ་སྤངས་ཏེ། མ་བྱིན་པར་ལེན་པ་ལས་སླར་ལོག་པ་དེ་བཞིན་དུ། བདག་མིང་འདི་ཞེས་བགྱི་བས་ཀྱང་དུས་འདི་ནས་བཟུང་སྟེ་ཇི་སྲིད་འཚོའི་བར་དུ་མ་བྱིན་པར་ལེན་པ་སྤངས་ཏེ། མ་བྱིན་པར་ལེན་པ་ལས་སླར་ལྡོག་པར་བགྱིའོ། །ཡན་ལག་གཉིས་པ་འདིས་བདག་འཕགས་པ་དགྲ་བཅོམ་པ་དེ་དག་གི་བསླབ་པ་ལ་རྗེས་སུ་སློབ་བོ། །རྗེས་སུ་བསྒྲུབ་བོ། །རྗེས་སུ་བགྱིད་དོ། །ཞེས་བརྗོད་ཅིང་ཐབས་ལེགས་བྱ། ཡང་རྩ་བ་བཞི་ལས་གསུམ་ཙམ་སྲུང་བ་ཡིན་ནའང་སྣ་འགའ་སྤྱོད་པའི་དགེ་བསྙེན་དུ་ཞེས་དང་། བསླབ་པ་བརྗོད་པའི་ཚེ་གང་དང་གང་སྲུང་བ་དེ་དག་བརྗོད་ཚུལ་(༦༧ན)ཤེས་པར་བྱའོ། །

ཡང་དཀོན་མཆོག་གསུམ་ལ་སྐྱབས་སུ་འགྲོ་ཞིང་རྩ་བ་བཞི་ག་སྲུང་བར་བྱེད་ལ། ཚང་སྲུང་མི་ནུས་པ་ཕལ་ཆེར་སྤྱོད་པའི་དགེ་བསྙེན་སྒྲུབ་པར་འདོད་པ་བྱུང་ན། སྟོན་པའི་སྐུ་གཟུགས་ཀྱི་མདུན་དུ་མཆོད་པ་བཤམ་པ་དང་། བསྒྲུབ་བྱས་ཕྱག་བྱ་བ་དང་། དེ་ལ་སྒྲོ་བ་བསྐྱེད་ཅིང་ཆོས་བཤད་དེ་ངེས་འབྱུང་དང་སེམས་བསྐྱེད། སྔོམ་པ་ལ་ཐོབ་འདོད་རྣམས་གསལ་འདེབས་ཚུལ་སྔར་ལྟར་བྱས་ལ་དངོས་གཞིའི་ཆོ་ག་ནི། སློབ་དཔོན་ནམ་བཙུན་པ་དགོངས་སུ་གསོལ། །བདག་མིང་འདི་ཞེས་བགྱི་བ་དུས་འདི་ནས་བཟུང་སྟེ་ཇི་སྲིད་འཚོའི་བར་དུ། རྐང་གཉིས་རྣམས་ཀྱི་མཆོག་སངས་རྒྱས་ལ་སྐྱབས་སུ་མཆིའོ། །འདོད་ཆགས་དང་བྲལ་བ་རྣམས་ཀྱི་མཆོག་ཆོས་ལ་སྐྱབས་སུ་མཆིའོ། །ཚོགས་རྣམས་ཀྱི་མཆོག་དགེ་འདུན་ལ་སྐྱབས་སུ་མཆིའོ། །བདག་ཇི་སྲིད་འཚོའི་བར་དུ་ཕལ་ཆེར་སྤྱོད་པའི་དགེ་བསྙེན་དུ་བཙུན་པས་གཟུང་དུ་གསོལ། འདི་ལན་གསུམ་བྱ་དགོས་པས་གཉིས་པའི་ཡང་རྗེས་ཟློས་ཀྱིས་བྱས་ལ་གཉིས་པ་བྱ། གསུམ་པའི་སྐབས་སུ་ཆོ་ག་གསུམ་པ་འདིའི་དགེ་འདུན་ལ་སྐྱབས་སུ་མཆིའོ་ཞེས་པ་ཡན་ཆད་སྐྱབས་བརྗོད། དགེ་བསྙེན་དུ་ཞེས་པ་ཡན་ཆད་བདག

བརྗོད། བཙུན་པས་གཟུང་དུ་གསོལ་ཞེས་པ་གཞན་བརྗོད་དེ་སྐབས་བརྗོད་དང་བདག་བརྗོད་གཉིས་ཛོགས་པ་དང་ཁྱོད་ལ་སྡོམ་པ་སྐྱེ་བས་དེ་དུས་སྡོམ་པ་སྐྱེས་པར་ཤེས་པ་དང་། སྡོམ་པ་སྐྱེས་པ་དང་ངེད་སློབ་དཔོན་དུ་གྱུར་པས། དེ་ནས་བཙུན་པ་ཞེས་མི་བརྗོད་པར་སློབ་དཔོན་ཞེས་བརྗོད་དགོས་པས་དེ་ཡིད་ལ་ཞོག་ལ་གསུམ་པའི་རྗེས་ཟློས་གྱིས་བྱས་ལ་གསུམ་པ་བྱ། མཇུག་ཏུ་སློབ་དཔོན་གྱིས་(༤༧བ)ཐབས་ཡིན་ནོ། །ཞེས་དང་། སློབ་མས་ལེགས་སོ་ཞེས་བརྗོད་དོ། །དེ་ནས་འདི་ལྟར་བརྗོད་དེ། དེས་ཁྱོད་ཀྱི་རྒྱུད་ལ་ཕལ་ཆེར་སྤྱོད་པའི་དགེ་བསྙེན་གྱི་སྡོམ་པ་ལེགས་པར་ཐོབ་པ་ཡིན། སྡོམ་པ་ཐོབ་པས་མི་ཆོག་བསླབ་བྱ་རྣམས་མཉན་ཏེ་ཚུལ་བཞིན་དུ་བསྲུང་དགོས། བསྲུང་ལུགས་དགྲ་བཅོམ་པ་རྣམས་ཀྱིས་སྲོག་གཅོད་སོགས་བཞི་པོ་ཡིད་ཀྱིས་སྤངས་ནས་ལུས་ངག་གིས་ཡང་དག་པར་བསྡམས་པ་དེ་བཞིན་དུ་བདག་གིས་ཀྱང་བསྲུང་སྙམ་པ་ཀྱིས་ལ་རྗེས་ཟློས་ཀྱིས། སློབ་དཔོན་དགོངས་སུ་གསོལ། ཇི་ལྟར་འཕགས་པ་དགྲ་བཅོམ་པ་དེ་དག་གིས་ཇི་སྲིད་འཚོའི་བར་དུ་སྲོག་གཅོད་པ་སྤངས་ཏེ་སྲོག་གཅོད་པ་ལས་སླར་ལྡོག་པ་དེ་བཞིན་དུ་བདག་མིང་འདི་ཞེས་བགྱི་བས་ཀྱང་དུས་འདི་ནས་བཟུང་སྟེ་ཇི་སྲིད་འཚོའི་བར་དུ་སྲོག་གཅོད་པ་སྤངས་ཏེ་སྲོག་གཅོད་པ་ལས་སླར་ལྡོག་པར་བགྱིའོ། །ཡན་ལག་དང་པོ་འདིས་བདག་འཕགས་པ་དགྲ་བཅོམ་པ་དེ་དག་གི་བསླབ་པ་ལ་རྗེས་སུ་སློབ་བོ། །རྗེས་སུ་བསྒྲུབ་བོ། །རྗེས་སུ་བགྱིད་དོ། །གཞན་ཡང་ཇི་ལྟར་འཕགས་པ་དགྲ་བཅོམ་པ་དེ་དག་གིས་ཇི་སྲིད་འཚོའི་བར་དུ་མ་བྱིན་པར་ལེན་པ་དང་། འདོད་པས་ལོག་པར་གཡེམ་པ་དང་། བརྫུན་དུ་སྨྲ་བ་སྤངས་ཏེ་བརྫུན་དུ་སྨྲ་བ་ལས་སླར་ལོག་པ་དེ་བཞིན་དུ། བདག་མིང་འདི་ཞེས་བགྱི་བས་ཀྱང་དུས་འདི་ནས་བཟུང་སྟེ་ཇི་སྲིད་འཚོའི་བར་དུ་མ་བྱིན་པར་ལེན་པ་དང་། འདོད་པས་ལོག་པར་གཡེམ་པ་དང་། བརྫུན་དུ་སྨྲ་བ་སྤངས་ཏེ། བརྫུན་དུ་སྨྲ་བ་ལས་སླར་ལྡོག་པར་བགྱིའོ། །ཡན་ལག་བཞི་པ་འདིས་བདག་འཕགས་པ་དགྲ

བཅོམ་པ་དེ་དག་གི་བསླབ་པ་ལ་རྗེས་སུ་སློབ་བོ། །རྗེས་སུ་བསྒྲུབ་བོ། །རྗེས་སུ་བགྱིད་དོ། །སློབ་དཔོན་གྱིས་ཐབས་ཡིན་ནོ། །ཞེས་(༤༨ན)བརྗོད། སློབ་མས་ལེགས་སོ་ཞེས་བྱའོ། །དེ་ནས་བསྒྲུབ་བྱ་དེ་ལ་སྐྱབས་འགྲོའི་བསླབ་བྱ་དང་ཕན་ཡོན། རྩ་བ་བཞི་སོ་སོའི་ངོས་འཛིན་དང་བསྲུངས་པའི་ཕན་ཡོན། མ་བསྲུངས་པའི་ཉེས་དམིགས་རྣམས་ལེགས་པར་བཤད་དེ་བསླབ་བྱ་ལས་འདས་པའི་ཉེས་པ་རྣམས་ལ་ཧ་མི་སླམ་པར་མི་འཇོག་པར་འགྱོད་སེམས་དྲག་པོས་འཕྲལ་འཕྲལ་དུ་བཤགས་བསྡམས་ཀྱིས་དག་པར་བྱས་ཏེ་དལ་བ་ཐོབ་པ་དོན་དང་ལྡན་པར་གྱིས་ཤིག་ཅེས་བརྗོད། དེ་ནས་བསྒྲུབ་བྱས་ལངས་ནས་ཕྱག་བཙལ་ཏེ་བཀའ་དྲིན་ཆེ་ལགས་ཞེས་བརྗོད། སློབ་དཔོན་གྱིས་བསྒྲུབ་བྱ་དེ་ལ་མེ་ཏོག་འཐོར་བཞིན་དུ་སྨོན་ལམ་དང་ཤིས་བརྗོད་བྱའོ། །ཕལ་ཆེར་སྤྱོད་པའི་དགེ་བསྙེན་གྱི་ངོས་འཛིན་དང་། ཆོ་ག་ལ་བཤད་སྲོལ་མི་འདྲ་བ་ཅི་རིགས་འདུག་ཀྱང་འདིར་ནི་ཆོས་རྗེ་བུ་སྟོན་རིན་པོ་ཆེས་ལས་ཆོག་ཏུ་ཇི་ལྟར་གསུངས་པ་ལྟར་བཀོད་པ་ཡིན་ནོ། །

ཡང་ཡོངས་རྫོགས་དགེ་བསྙེན་དོན་དུ་གཉེར་བ་བྱུང་ན་སྔར་དགེ་ཚུལ་གྱི་ཆོ་གའི་སྐབས་སུ་སྟོན་འགྲོ་དགེ་བསྙེན་གྱི་ཆོ་ག་ཇི་ལྟར་བཤད་པ་དེ་བཞིན་དུ་བྱའོ། །ཡང་ཁྱིམ་པ་དད་པ་ཅན་དཀོན་མཆོག་གསུམ་ལ་སྐྱབས་སུ་འགྲོ་ཞིང་རྩ་བ་བཞི་ཆང་དང་བཅས་པ་སྤོང་ཞིང་། མི་ཚངས་སྤྱོད་ཀྱང་སྤོང་བ་ཚངས་སྤྱོད་དགེ་བསྙེན་དོན་དུ་གཉེར་བ་བྱུང་ན། རྟེན་ལ་མཆོད་པ་དང་ཕྱག་བྱ་བ་དང་ཆོས་བཤད་པ་རྣམས་སྔར་ལྟར་བྱས་ལ། བཙུན་པ་དགོངས་སུ་གསོལ། བདག་མིང་འདི་ཞེས་བགྱི་བ་དུས་འདི་ནས་བཟུང་སྟེ་ཇི་སྲིད་འཚོའི་བར་དུ་རྐང་གཉིས་རྣམས་ཀྱི་མཆོག་སངས་རྒྱས་ལ་སྐྱབས་སུ་མཆིའོ། །འདོད་ཆགས་དང་བྲལ་བ་རྣམས་ཀྱི་མཆོག་ཆོས་ལ་སྐྱབས་སུ་མཆིའོ། །ཚོགས་རྣམས་ཀྱི་མཆོག་དགེ་འདུན་ལ་སྐྱབས་སུ་མཆིའོ། །བདག་ཇི་སྲིད་འཚོའི་བར་དུ་ཚངས་སྤྱོད་དགེ་(༤༨བ)བསྙེན་དུ་བཙུན་པས་གཟུང་དུ་གསོལ། ཞེས་

ལན་གསུམ་དང་ཐབས་ལེགས་བྱ། བསླབ་པ་བརྗོད་པའི་ཚེ་སློབ་དཔོན་དགོངས་སུ་གསོལ། ཇི་ལྟར་འཕགས་པ་དགྲ་བཅོམ་པ་དེ་དག་གིས་ཇི་སྲིད་འཚོའི་བར་དུ་སྲོག་གཅོད་པ་སྤངས་ཏེ་སྲོག་གཅོད་པ་ལས་སླར་ལོག་པ་དེ་བཞིན་དུ་བདག་མིང་འདི་ཞེས་བགྱི་བས་ཀྱང་དུས་འདི་ནས་བཟུང་སྟེ། ཇི་སྲིད་འཚོའི་བར་དུ་སྲོག་གཅོད་པ་སྤངས་ཏེ་སྲོག་གཅོད་པ་ལས་སླར་ལྡོག་པར་བགྱིའོ། །ཡན་ལག་དང་པོ་འདིས་བདག་འཕགས་པ་དགྲ་བཅོམ་པ་དེ་དག་གི་བསླབ་པ་ལ་རྗེས་སུ་སློབ་བོ། །རྗེས་སུ་བསྒྲུབ་བོ། །རྗེས་སུ་བགྱིད་དོ། །གཞན་ཡང་ཇི་ལྟར་འཕགས་པ་དགྲ་བཅོམ་པ་དེ་དག་གིས་ཇི་སྲིད་འཚོའི་བར་དུ་མ་བྱིན་པར་ལེན་པ་དང་། མི་ཚངས་པར་སྤྱོད་པ་དང་། བརྫུན་དུ་སྨྲ་བ་དང་། འབྲུའི་ཆང་དང་བཅོས་པའི་ཆང་མྱོས་པར་འགྱུར་བ་བག་མེད་པའི་གནས་སྤངས་ཏེ། འབྲུའི་ཆང་དང་བཅོས་པའི་ཆང་མྱོས་པར་འགྱུར་བ་བག་མེད་པའི་གནས་ལས་སླར་ལོག་པ་དེ་བཞིན་དུ། བདག་མིང་འདི་ཞེས་བགྱི་བས་ཀྱང་དུས་འདི་ནས་བཟུང་སྟེ་ཇི་སྲིད་འཚོའི་བར་དུ། མ་བྱིན་པར་ལེན་པ་དང་། མི་ཚངས་པར་སྤྱོད་པ་དང་། བརྫུན་དུ་སྨྲ་བ་དང་། འབྲུའི་ཆང་དང་བཅོས་པའི་ཆང་མྱོས་པར་འགྱུར་བ་བག་མེད་པའི་གནས་ལས་སླར་ལྡོག་པར་བགྱིའོ། །ཡན་ལག་ལྔ་པ་འདིས་བདག་འཕགས་པ་དགྲ་བཅོམ་པ་དེ་དག་གི་བསླབ་པ་ལ་རྗེས་སུ་སློབ་བོ། །རྗེས་སུ་བསྒྲུབ་བོ། །རྗེས་སུ་བགྱིད་དོ། །ཞེས་རྗེས་ཟློས་བྱ་ཞིང་ཐབས་ལེགས་བྱའོ། །འདི་དག་ལ་སྡོམ་པ་དངོས་གཞིའི་ཚེ་བརྗོད་པ་གསུམ་ལས་བརྗོད་པ་གཉིས་པའི་མཇུག་ཏུ་སྡོམ་པ་ཐོབ(༤༨ན)དུས་འདི་ལྟར་རོ་ཞེས་གོ་བར་བྱེད་པ་དང་། ཚེ་ག་ལན་གསུམ་པའི་ཚེ་བཙུན་པས་གཟུང་དུ་གསོལ་ཞེས་པ་སློབ་དཔོན་གྱིས་གཟུང་དུ་གསོལ་ཞེས། བསྒྱུར་དགོས་པ་རེ་རེར་བརྡ་འཕྲོད་ངེས་བྱའོ། །དགེ་བསྙེན་གྱི་སྡོམ་པ་བླངས་ནས་རབ་བྱུང་མི་སྒྲུབ་པར་དགེ་བསྙེན་ཉིད་དུ་སྡོད་པ་ཡིན་ན་དུས་གོ་བརྗོད་དགོས་པར་ཆོས་རྗེ་བུ་སྟོན་རིན་པོ་ཆེས་ལས་བརྒྱ་རྩའི་ཊཱིཀྐར་གསུངས་སོ། །

ཡང་ཁྱིམ་པ་དད་པ་ཅན་བསྙེན་གནས་ཀྱི་སྡོམ་པ་དོན་དུ་གཉེར་བ་བྱུང་ན། སྟོན་པའི་སྐུ་གཟུགས་ཀྱི་སྤྱན་སྔར་མཆོད་པ་ཅི་འབྱོར་བཤམས་ལ་སྔ་དྲོ་ལག་རིས་མཐོང་ཙམ་ལ་མཆིལ་ལྷམ་ཕུད། ཁྲུས་བྱས་ཤིང་གཙང་སྦྲ་དང་ལྡན་པས་གོས་གཙང་མ་བགོས་ཏེ། ཐོག་མར་སྟོན་པ་ལ་ཕྱག་གསུམ་བཙལ། དེ་ནས་བླ་མ་ལ་ཕྱག་གསུམ་བཙལ་ཏེ། བླ་མའི་མདུན་དུ་པུས་མོ་གཡས་པའི་ལྷ་ང་ས་ལ་བཙུགས་པའམ། ཙོག་ཙོག་པུ་གང་བདེར་འདུག །ཐལ་མོ་སྙིང་གར་སྦྱར་ཏེ་གནས་པ་ལ། བླ་མས་དལ་འབྱོར་རྙེད་དཀའ་འཆི་བ་མི་རྟག་པ་ལས་རྒྱུ་འབྲས་འཁོར་བའི་ཉེས་དམིགས་རྣམས་བློ་ཁུལ་ངེས་སུ་བཤད་ནས་ངེས་འབྱུང་གི་བསམ་པ་བརྟན་པོ་བསྐྱེད། དལ་འབྱོར་ལ་སྙིང་པོ་བླང་བའི་ཐབས་མཆོག་ཏུ་གྱུར་པ་དམ་པའི་ཆོས་ཁོ་ན་ཡིན་ཚུལ་དང་། ཆོས་ཀྱི་ནང་ནས་ཀྱང་སྟོན་པ་ཐུགས་རྗེ་ཅན་དེས་ཁྱིམ་པ་རྣམས་ལ་ཆེད་དུ་གནང་བ་ནི་བསྙེན་གནས་ཡན་ལག་བརྒྱད་པའི་ཁྲིམས་འདི་ཡིན་ཚུལ་དང་། ཁྱིམ་པས་བསྙེན་གནས་ཡན་ལག་བརྒྱད་པའི་ཁྲིམས་འདི་བསྲུངས་ན་ཕན་ཡོན་ཚད་མེད་པ་ཡོད་ཚུལ་རྣམས་བཤད་ནས་ངེས་འབྱུང་དང་སྤྱོ་བ་ཆེན་པོའི་སྒོ་ནས་བསྙེན་གནས་ཀྱི་སྡོམ་པ་ལེན་འདོད་དང་། རང་གཅིག་པུའི་ཆེད་ཙམ་མིན་པར་མཁའ་ཁྱབ་ཀྱི་སེམས་ཅན་(༤༠བ)ཐམས་ཅད་ཀྱི་དོན་དུ་སངས་རྒྱས་ཀྱི་གོ་འཕང་སྒྲུབ་འདོད་དང་། དེའི་ཕྱིར་དུ་དཀོན་མཆོག་གསུམ་ལ་སྙིང་ནས་སྐྱབས་སུ་སོང་སྟེ་བསྙེན་གནས་ཡན་ལག་བརྒྱད་པའི་སྡོམ་པ་བླངས་ལ་དེའི་སྲུང་བྱ་མཐའ་དག་སྲུང་། གཉེན་པོ་རྣམས་རྒྱུད་ལ་བསྐྱེད་ནས་ལེགས་པར་བསྲུང་སྙམ་པ་གྱིས་ལ་རྗེས་ཟློས་གྱིས་ཞེས་བརྗོད་ནས་སྔར་ནས་ཆོས་འབྲེལ་ཡོད་ན་སློབ་དཔོན་ཞེས་བརྗོད། མེད་ན་བཙུན་པ་དགོངས་སུ་གསོལ། བདག་མིང་འདི་ཞེས་བགྱི་བ་དུས་འདི་ནས་བཟུང་སྟེ་ཇི་སྲིད་འཚོའི་བར་དུ་རྐང་གཉིས་རྣམས་ཀྱི་མཆོག་སངས་རྒྱས་ལ་སྐྱབས་སུ་མཆིའོ། །འདོད་ཆགས་དང་བྲལ་བ་རྣམས་ཀྱི་མཆོག་ཆོས་སྐྱབས་སུ་མཆིའོ། །ཚོགས་རྣམས་ཀྱི་མཆོག

དགེ་འདུན་ལ་སྐྱབས་སུ་མཆིའོ། །བདག་མིང་འདི་ཞེས་བགྱི་བ་དུས་འདི་ནས་བཟུང་སྙེ་ཊེ་སྲིད་སང་ཉི་མ་མ་ཤར་གྱི་བར་དུ་བསྙེན་གནས་ཡན་ལག་བརྒྱད་པར་བཙུན་པས་གཟུང་དུ་གསོལ། ཞེས་ལན་གསུམ་བརྗོད། གསུམ་པ་ལ་སྐྱབས་བརྗོད་དང་། བདག་བརྗོད་དང་། གཞན་བརྗོད་གསུམ་ལས། སྐྱབས་བརྗོད་དང་བདག་བརྗོད་གཉིས་རྫོགས་པ་དང་མཉམ་དུ་བསྙེན་གནས་ཀྱི་སྡོམ་པ་སྐྱེ་བ་ཡིན་པས་དེ་ལྟར་དུ་བརྡ་སྤྲོད་ལ་གསུམ་པའི་མཇུག་ཏུ་སློབ་དཔོན་གྱིས་གཟུང་དུ་གསོལ་ཞེས་བརྗོད། དེ་ནས་ཐབས་ལེགས་བྱའོ། །

བསྙེན་གནས་ཀྱི་སྡོམ་པའི་ཚིག་ལ་བརྗོད་པ་གསུམ་དུ་བྱེད་ལུགས་ནི་བཙུན་པ་དགོངས་སུ་གསོལ་ཞེས་པ་ནས་དགེ་འདུན་ལ་སྐྱབས་སུ་མཆིའོ་ཞེས་པའི་བར་སྐྱབས་བརྗོད་པ་དང་། དུས་འདི་ནས་ཞེས་པ་ནས་ཡན་ལག་བརྒྱད་པར་ཞེས་པའི་བར་བདག་བརྗོད་དང་། བཙུན་པས་གཟུང་དུ་གསོལ་ཞེས་པ་གཞན་བརྗོད་པའོ། །སྡོམ་པའི་ཚིག་བྱེད་པའི་ཚེ་སློབ་དཔོན་གྱི་རྗེས་སུ་ཚིག་མ་ནོར་བར་ལྷག་ཆད་མེད་པར་རྗེས་ཟློས་བྱ་དགོས་ཀྱི་སློབ་དཔོན་གྱི་སྔོན་ལ་(༥༠ན)བརྗོད་པ་དང་མཉམ་དུ་བརྗོད་པ་སོགས་བྱས་ན་སྡོམ་པ་མི་སྐྱེའོ། །སྡོམ་པ་རྣམ་དག་སྐྱེ་བ་ལ་ལེན་པའི་སྔོན་དུ་ངེས་འབྱུང་གི་བསམ་པ་དང་། ལེན་དུས་སུ་ཚིག་ལྷག་ཆད་མེད་པར་རྗེས་ཟློས་བྱས་པ་དང་། ཚིག་ལན་གསུམ་པའི་བདག་བརྗོད་རྫོགས་པ་དང་མཉམ་དུ་སྡོམ་པ་ཐོབ་བློ་སྐྱེས་པ་ཤིན་ཏུ་གལ་ཆེ་བས་དེ་ལྟར་དུ་བརྡ་འཕྲོད་ངེས་སུ་བྱ་དགོས་སོ། །དེ་ནས་སྡོམ་པ་ཐོབ་པས་མི་ཆོག་བསྲུང་དགོས། བསྲུང་ལུགས་ཀྱང་སྔོན་གྱི་དགྲ་བཅོམ་པ་རྣམས་ཀྱིས་སྲུང་བྱ་བརྒྱད་པོ་ཡིད་ཀྱིས་སྲུངས་ཏེ་ལུས་ངག་གིས་སླར་ལོག་པ་དེ་བཞིན་དུ་བདག་གིས་ཀྱང་སྲུང་བྱ་ཡན་ལག་བརྒྱད་ཆར་གཏོགས་དང་བཅས་པ་དེ་རིང་ཉིན་ཞག་ཕྲུགས་འདི་ལ་ཡིད་ཀྱིས་ཚུལ་བཞིན་དུ་སྲུང་ཞིང་ལུས་ངག་གིས་སླར་ལྡོག་པར་བྱའོ་སྙམ་པའི་བློ་ནས་རྗེས་ཟློས་ཀྱིས་ཞེས་བརྡ་སྤྲོད་ལ། སློབ་དཔོན་

དགོངས་སུ་གསོལ། ཇི་ལྟར་འཕགས་པ་དགྲ་བཅོམ་པ་དེ་དག་གིས་ཇི་སྲིད་འཚོའི་བར་དུ་སྲོག་གཅོད་པ་སྤངས་ཏེ་སྲོག་གཅོད་པ་ལས་སླར་ལོག་པ་དེ་བཞིན་དུ། བདག་མིང་འདི་ཞེས་བགྱི་བས་ཀྱང་དུས་འདི་ནས་བཟུང་སྟེ་ཇི་སྲིད་སང་ཉི་མ་མ་ཤར་གྱི་བར་དུ་སྲོག་གཅོད་པ་སྤངས་ཏེ། སྲོག་གཅོད་པ་ལས་སླར་ལྡོག་པར་བགྱིའོ། །ཡན་ལག་དང་པོ་འདིས་བདག་འཕགས་པ་དགྲ་བཅོམ་པ་དེ་དག་གི་བསླབ་པ་ལ་རྗེས་སུ་སློབ་བོ། །རྗེས་སུ་བསྒྲུབ་བོ། །རྗེས་སུ་བགྱིད་དོ། །གཞན་ཡང་ཇི་ལྟར་འཕགས་པ་དགྲ་བཅོམ་པ་དེ་དག་གིས་ཇི་སྲིད་འཚོའི་བར་དུ་མ་བྱིན་པར་ལེན་པ་དང་། མི་ཚངས་པར་སྤྱོད་པ་དང་། བརྫུན་དུ་སྨྲ་བ་དང་། འབྲུའི་ཆང་དང་བཅོས་པའི་ཆང་མྱོས་པར་འགྱུར་བ་བག་མེད་པའི་གནས་དང་། གླུ་གར་དང་། རོལ་མོའི་སྒྲ་དང་། ཕྲེང་བ་དང་། སྤོས་ཞུག་པ་དང་། རྒྱན་དང་ཁ་དོག་འཆང་བ་དང་། ཁྲི་སྟན་མཐོན་པོ་དང་། ཁྲི་སྟན་ཆེན་པོ་(༥༠བ)དང་། དུས་མ་ཡིན་པའི་ཁ་ཟས་སྤངས་ཏེ། དུས་མ་ཡིན་པའི་ཁ་ཟས་ལས་སླར་ལོག་པ་དེ་བཞིན་དུ། བདག་མིང་འདི་ཞེས་བགྱིས་བས་ཀྱང་དུས་འདི་ནས་བཟུང་སྟེ་ཇི་སྲིད་སང་ཉི་མ་མ་ཤར་གྱི་བར་དུ་མ་བྱིན་པར་ལེན་པ་དང་། མི་ཚངས་པར་སྤྱོད་པ་དང་། བརྫུན་དུ་སྨྲ་བ་དང་། འབྲུའི་ཆང་དང་བཅོས་པའི་ཆང་མྱོས་པར་འགྱུར་བ་བག་མེད་པའི་གནས་དང་། གླུ་གར་དང་། རོལ་མོའི་སྒྲ་དང་། ཕྲེང་བ་དང་། སྤོས་ཞུག་པ་དང་། རྒྱན་དང་ཁ་དོག་འཆང་བ་དང་། ཁྲི་སྟན་མཐོན་པོ་དང་། ཁྲི་སྟན་ཆེན་པོ་དང་། དུས་མ་ཡིན་པའི་ཁ་ཟས་སྤངས་ཏེ། དུས་མ་ཡིན་པའི་ཁ་ཟས་ལས་སླར་ལྡོག་པར་བགྱིའོ། །ཡན་ལག་བརྒྱད་པ་འདིས་བདག་འཕགས་པ་དགྲ་བཅོམ་པ་དེ་དག་གི་བསླབ་པ་ལ་རྗེས་སུ་སློབ་བོ། །རྗེས་སུ་བསྒྲུབ་བོ། །རྗེས་སུ་བགྱིད་དོ། །ཞེས་ལན་ཅིག་བརྗོད་ཐབས་ལེགས་བྱའོ། །ཡང་ཟླ་བ་བྱུང་ངོ་ཙོག་གི་ཉ་སྟོང་ཚེས་བརྒྱད་གསུམ་ལ་བསྙེན་གནས་ཡན་ལག་བརྒྱད་པའི་སྡོམ་པ་བསྲུང་བར་འདོད་པ་བྱུང་ན་རྟེན་གྱི་སྤྱན་སྔར་མཆོད་པ་དང་ཕྱག་བྱ་བ་དང་ཆོས་

བཤད་པ་རྣམས་སྔར་ལྟར་བྱས་ལ། སྔ་དྲོ་ལག་རིས་མཐོང་ཙམ་ལ་སྡོམ་པ་ལེན་པའི་ཚིག་དངོས་གཞི་འདི་ལྟར་བྱ་སྟེ། བཙུན་པ་དགོངས་སུ་གསོལ། བདག་མིང་འདི་ཞེས་བགྱི་བ་དུས་འདི་ནས་བཟུང་སྟེ་ཇི་སྲིད་འཚོའི་བར་དུ། རྐང་གཉིས་རྣམས་ཀྱི་མཆོག་སངས་རྒྱས་ལ་སྐྱབས་སུ་མཆིའོ། །འདོད་ཆགས་དང་བྲལ་བ་རྣམས་ཀྱི་མཆོག་ཆོས་ལ་སྐྱབས་སུ་མཆིའོ། །ཚོགས་རྣམས་ཀྱི་མཆོག་དགེ་འདུན་ལ་སྐྱབས་སུ་མཆིའོ། །བདག་ཇི་སྲིད་འཚོའི་བར་དུ་ཟླ་བ་བྱུང་ངོ་ཅོག་གི་ཉ་དང་གནམ་སྟོང་དང་ཚེས་བརྒྱད་ལ་བསྙེན་གནས་ཡན་ལག་བརྒྱད་པར་བཙུན་པས་གཟུང་དུ་གསོལ། འདི་ལན་གསུམ་བྱ་དགོས་པས་གཉིས་པའི་ཡང་རྗེས་ཟློས་ཀྱིས་བྱས་ལ་གཉིས་པ་བྱ། གསུམ་(༥༢ན)པ་འདི་ལ་དགེ་འདུན་ལ་སྐྱབས་སུ་མཆིའོ་ཞེས་པ་ཡན་ཆད་སྐྱབས་བཟློད་པ། བསྙེན་གནས་ཡན་ལག་བརྒྱད་པར་ཞེས་པ་བདག་བཟློད་པ། བཙུན་པས་གཟུང་དུ་གསོལ་ཞེས་པ་གཞན་བཟློད་པ་སྟེ། ཚིག་དུམ་བུ་གསུམ་ལས་སྐྱབས་བཟློད་དང་བདག་བཟློད་གཉིས་རྫོགས་པ་དང་ཁྱོད་ཀྱི་རྒྱུད་ལ་སྡོམ་པ་སྐྱེ། ངེད་སློབ་དཔོན་དུ་གྱུར་པས་དེ་དུས་སྡོམ་པ་སྐྱེས་པར་ཤེས་པ་དང་། སློབ་དཔོན་དུ་གྱུར་ནས་སློབ་དཔོན་ཞེས་བཟློད་དགོས་པས་དེ་རྣམས་ཡིད་ལ་ཞོག་ལ་གསུམ་པའི་ཡང་རྗེས་ཟློས་ཀྱིས་བྱས་ལ་གསུམ་པ་བྱ། མཇུག་ཏུ་ཐབས་ལེགས་བྱའོ། །དེས་ཁྱོད་ཀྱི་རྒྱུད་ལ་བསྙེན་གནས་ཀྱི་སྡོམ་པ་ལེགས་པར་ཐོབ་པ་ཡིན། ཐོབ་པས་མི་ཆོག་བསྲུང་དགོས། བསྲུང་ལུགས་དགྲ་བཅོམ་པ་རྣམས་ཀྱིས་སྤང་བྱ་བརྒྱད་པོ་ཡིད་ཀྱིས་སྤངས་ཏེ་ལུས་ངག་གིས་སླར་ལོག་པ་དེ་བཞིན་དུ་བདག་གིས་ཀྱང་ཉ་སྟོང་ཚེས་བརྒྱད་ནམ་བྱུང་ལ་བསྙེན་གནས་ཀྱི་སྤང་བྱ་བརྒྱད་ཆར་གཏོགས་དང་བཅས་པ་ཡིད་ཀྱིས་སྤངས་ཏེ་ལུས་ངག་གིས་སླར་ལྡོག་པར་བྱའོ་སྙམ་པའི་སྒོ་ནས་རྗེས་ཟློས་ཀྱིས། སློབ་དཔོན་དགོངས་སུ་གསོལ། ཇི་ལྟར་འཕགས་པ་དགྲ་བཅོམ་པ་དེ་དག་གིས་ཇི་སྲིད་འཚོའི་བར་དུ་སྲོག་གཅོད་པ་སྤངས་ཏེ་སྲོག་གཅོད་པ་ལས་སླར་ལོག་པ་དེ་བཞིན་དུ་བདག་མིང་འདི་ཞེས་བགྱི་

བས་ཀྱང་དུས་འདི་ནས་བཟུང་སྟེ་ཇི་སྲིད་འཚོ་བའི་བར་དུ་ཟླ་བ་ཕྱུང་ངོ་ཅོག་གི་ཉ་དང་གནམ་སྟོང་དང་ཆོས་བརྒྱད་ལ་སྲོག་གཅོད་པ་སྤངས་ཏེ་སྲོག་གཅོད་པ་ལས་སླར་ལྡོག་པར་བགྱིའོ། །ཡན་ལག་དང་པོ་འདིས་བདག་འཕགས་པ་དགྲ་བཅོམ་པ་དེ་དག་གི་བསླབ་པ་ལ་རྗེས་སུ་སློབ་བོ། །རྗེས་སུ་བསྒྲུབ་བོ། །རྗེས་སུ་བགྱིད་དོ། །གཞན་ཡང་ཇི་ལྟར་འཕགས་པ་(༥༧བ)དགྲ་བཅོམ་པ་དེ་དག་གིས་ཇི་སྲིད་འཚོའི་བར་དུ་མ་བྱིན་པར་ལེན་པ་དང་། མི་ཚངས་པར་སྤྱོད་པ་དང་། བརྫུན་དུ་སྨྲ་བ་དང་། འབྲུའི་ཆང་དང་བཅོས་པའི་ཆང་མྱོས་པར་འགྱུར་བ་བག་མེད་པའི་གནས་དང་། སླུ་གར་དང་། རོལ་མོའི་སྒྲ་དང་། ཕྲེང་བ་དང་། སྤོས་ཞུག་པ་དང་། རྒྱན་དང་ཁ་དོག་འཆང་བ་དང་། ཁྲི་སྟན་མཐོན་པོ་དང་། ཁྲི་སྟན་ཆེན་པོ་དང་། དུས་མ་ཡིན་པའི་ཁ་ཟས་སྤངས་ཏེ་དུས་མ་ཡིན་པའི་ཁ་ཟས་ལས་སླར་ལོག་པ་དེ་བཞིན་དུ། བདག་མིང་འདི་ཞེས་བགྱི་བས་ཀྱང་དུས་འདི་ནས་བཟུང་སྟེ་ཇི་སྲིད་འཚོའི་བར་དུ་ཟླ་བ་ཕྱུང་ངོ་ཅོག་གི་ཉ་དང་གནམ་སྟོང་དང་ཆོས་བརྒྱད་ལ་མ་བྱིན་པར་ལེན་པ་དང་། མི་ཚངས་པར་སྤྱོད་པ་དང་། བརྫུན་དུ་སྨྲ་བ་དང་། འབྲུའི་ཆང་དང་བཅོས་པའི་ཆང་མྱོས་པར་འགྱུར་བ་བག་མེད་པའི་གནས་དང་། སླུ་གར་དང་། རོལ་མོའི་སྒྲ་དང་། ཕྲེང་བ་དང་། སྤོས་ཞུག་པ་དང་། རྒྱན་དང་ཁ་དོག་འཆང་བ་དང་། ཁྲི་སྟན་མཐོན་པོ་དང་། ཁྲི་སྟན་ཆེན་པོ་དང་། དུས་མ་ཡིན་པའི་ཁ་ཟས་སྤངས་ཏེ། དུས་མ་ཡིན་པའི་ཁ་ཟས་ལས་སླར་ལྡོག་པར་བགྱིའོ། །ཡན་ལག་བརྒྱད་པ་འདིས་བདག་འཕགས་པ་དགྲ་བཅོམ་པ་དེ་དག་གི་བསླབ་པ་ལ་རྗེས་སུ་སློབ་བོ། །རྗེས་སུ་བསྒྲུབ་བོ། །རྗེས་སུ་བགྱིད་དོ། །སློབ་དཔོན་གྱིས་ཐབས་ཡིན་ནོ། །ཞེས་བརྗོད། སློབ་མས་ལེགས་སོ་ཞེས་བྱའོ། །ཡང་ཆོ་འཕྲུལ་ཆེན་པོ་ལ་བསྲུང་ན། ཆོ་འཕྲུལ་ཆེན་པོའི་ཟླ་བའི་ཚེས་རེ་རེ་ལ་ཞེས་བརྗོད་དོ། །ཡང་ཁྱིམ་པ་དད་པ་ཅན་རྒྱུད་རིམ་གྱིས་སྦྱངས་ནས་ཇི་སྲིད་འཚོའི་བར་དུ་བསྙེན་གནས་ཡན་ལག་བརྒྱད་པའི་ཁྲིམས་བསྲུང་བར་འདོད་པ་ཕྱུང་

ན་ཚ་གའི་ཡན་ལག་རྣམས་སྔར་ལྟར་ལ་ཚ་ག་དངོས་གཞི་ནི། བཙུན་པ་དགོངས་སུ་གསོལ། བདག་མིང་འདི་ཞེས་བགྱི་བ་དུས་འདི་ནས་བཟུང་སྟེ་ཇི་(༥༢ན)སྲིད་འཚོའི་བར་དུ་རྐང་གཉིས་རྣམས་ཀྱི་མཆོག་སངས་རྒྱས་ལ་སྐྱབས་སུ་མཆིའོ། །འདོད་ཆགས་དང་བྲལ་བ་རྣམས་ཀྱི་མཆོག་ཆོས་ལ་སྐྱབས་སུ་མཆིའོ། །ཚོགས་རྣམས་ཀྱི་མཆོག་དགེ་འདུན་ལ་སྐྱབས་སུ་མཆིའོ། །བདག་ཇི་སྲིད་འཚོའི་བར་དུ་གོཾ་མིའི་དགེ་བསྙེན་དུ་བཙུན་པས་གཟུང་དུ་གསོལ། ཞེས་ལན་གསུམ་བརྗོད་ཅིང་ཐབས་ལེགས་བྱ། བསླབ་པ་བརྗོད་པ་ནི། སློབ་དཔོན་དགོངས་སུ་གསོལ། ཇི་ལྟར་འཕགས་པ་དགྲ་བཅོམ་པ་དེ་དག་གིས་ཇི་སྲིད་འཚོའི་བར་དུ་སྲོག་གཅོད་པ་སྤངས་ཏེ་སྲོག་གཅོད་པ་ལས་སླར་ལོག་པ་དེ་བཞིན་དུ། བདག་མིང་འདི་ཞེས་བགྱི་བས་ཀྱང་དུས་འདི་ནས་བཟུང་སྟེ། ཇི་སྲིད་འཚོའི་བར་དུ་སྲོག་གཅོད་པ་སྤངས་ཏེ་སྲོག་གཅོད་པ་ལས་སླར་ལྡོག་པར་བགྱིའོ། །ཡན་ལག་དང་པོ་འདིས་བདག་འཕགས་པ་དགྲ་བཅོམ་པ་དེ་དག་གི་བསླབ་པ་ལ་རྗེས་སུ་སློབ་བོ། །རྗེས་སུ་བསྒྲུབ་བོ། །རྗེས་སུ་བགྱིད་དོ། །གཞན་ཡང་ཇི་ལྟར་འཕགས་པ་དགྲ་བཅོམ་པ་དེ་དག་གིས་ཇི་སྲིད་འཚོའི་བར་དུ་མ་བྱིན་པར་ལེན་པ་དང་། མི་ཚངས་པར་སྤྱོད་པ་དང་། བརྫུན་དུ་སྨྲ་བ་དང་། འབྲུའི་ཆང་དང་བཅོས་པའི་ཆང་མྱོས་པར་འགྱུར་བ་བག་མེད་པའི་གནས་དང་། གླུ་གར་དང་། རོལ་མོའི་སྒྲ་དང་། ཕྲེང་བ་དང་། སྤོས་ཞུག་པ་དང་། རྒྱན་དང་ཁ་དོག་འཆང་བ་དང་། ཁྲི་སྟན་མཐོན་པོ་དང་། ཁྲི་སྟན་ཆེན་པོ་དང་། དུས་མ་ཡིན་པའི་ཁ་ཟས་སྤངས་ཏེ་དུས་མ་ཡིན་པའི་ཁ་ཟས་ལས་སླར་ལོག་པ་དེ་བཞིན་དུ། བདག་མིང་འདི་ཞེས་བགྱི་བས་ཀྱང་དུས་འདི་ནས་བཟུང་སྟེ་ཇི་སྲིད་འཚོའི་བར་དུ་མ་བྱིན་པར་ལེན་པ་དང་། མི་ཚངས་པར་སྤྱོད་པ་དང་། བརྫུན་དུ་སྨྲ་བ་དང་། འབྲུའི་ཆང་དང་བཅོས་པའི་ཆང་མྱོས་པར་འགྱུར་(༥༢བ)བ་བག་མེད་པའི་གནས་དང་། གླུ་གར་དང་། རོལ་མོའི་སྒྲ་དང་། ཕྲེང་བ་དང་། སྤོས་ཞུག་པ་དང་། རྒྱན་དང་ཁ་དོག་འཆང་བ་དང་།

ཁྲི་སྟན་མཐོན་པོ་དང་། ཁྲི་སྟན་ཆེན་པོ་དང་། དུས་མ་ཡིན་པའི་ཁ་ཟས་སྤངས་ཏེ། དུས་མ་ཡིན་པའི་ཁ་ཟས་ལས་སླར་ལྡོག་པར་བགྱིའོ། །ཡན་ལག་བརྒྱད་པ་འདིས་བདག་འཕགས་པ་དགྲ་བཅོམ་པ་དེ་དག་གི་བསླབ་པ་ལ་རྗེས་སུ་སློབ་བོ། །རྗེས་སུ་བསྒྲུབ་བོ། །རྗེས་སུ་བགྱིད་དོ། །སློབ་དཔོན་གྱིས་ཐབས་ཡིན་ནོ། །ཞེས་བརྗོད། སློབ་མས་ལེགས་སོ་ཞེས་བྱའོ། །འདི་ལའང་མཇུག་ཏུ་བསླབ་བྱ་རྣམས་བསྒྲུངས་པའི་ཕན་ཡོན་དང་། མ་བསྲུང་བའི་ཉེས་དམིགས། ཇི་ལྟར་བསྲུང་བའི་ཚུལ་རྣམས་ཞིབ་ཏུ་བཤད་དོ། །དེ་ནས་བསྒྲུབ་བྱས་ལངས་ཏེ་ཕྱག་བཙལ་ནས་བཀའ་དྲིན་ཆེ་ལགས་ཞེས་བརྗོད་པ་ན། སློབ་དཔོན་གྱིས་མེ་ཏོག་འཐོར་ཞིང་སྨོན་ལམ་དང་ཤིས་བརྗོད་བྱའོ། །

མཇུག་བྱང་།

སྨྲས་པ། འཁོར་བའི་སྡུག་བསྔལ་མ་ལུས་སེལ་བྱེད་ཅིང་། །ཉོན་མོངས་ནད་ཀུན་འཇོམས་པའི་སྨན་གྱི་ཕུལ། །ཐར་པའི་གོ་འཕང་སྒྲུབ་པའི་ཐབས་མཆོག་ནི། །སོ་ཐར་ཚུལ་ཁྲིམས་ཉིད་དུ་རྒྱལ་བས་གསུངས། །དེ་ཕྱིར་སོ་ཐར་སྡོམ་པའི་འབོགས་ཆོག་ནི། །བརྒྱུད་ལྡན་བླ་མ་དམ་པའི་ཕྱག་བཞེས་དང་། །འདུལ་བ་ལུང་གི་དགོངས་པ་ཇི་བཞིན་དུ། །རང་བཟོ་མེད་པར་འདིར་ནི་རབ་གསལ་བྱས། །འདི་ཡི་དགེ་བས་མཁའ་མཉམ་འགྲོ་བ་ཀུན། །རྣམ་དག་ངེས་འབྱུང་བསམ་པས་རྒྱུད་བསྐུལ་ནས། །བསླབ་གསུམ་ལམ་བཟང་ཉམས་ལེན་མཐར་ཕྱིན་ཏེ། །ཐམས་ཅད་གཟིགས་པའི་གོ་འཕང་ཐོབ་གྱུར་ཅིག །

ཅེས་འདུལ་བའི་ལས་ཀྱི་ཆོ་ག་རིན་པོ་ཆེའི་ཕྲེང་བ་ཞེས་བྱ་བ་འདི་ནི་སྟ་མོ་ནས་བཀྲ་ཤིས་བསམ་གཏན་གླིང་གི་དབུ་མཛད་དགེ་སློང་ཡེ་ཤེས་ལྷུན་གྲུབ་དང་། ཡོངས་ཀྱི་དགེ་བའི་བཤེས་གཉེན་དཀའ་ཆེན་ཡེ་ཤེས་ཚེ་རིང་སོགས་དོན་གཉེར་ཅན་(༥༣༧)མང་པོ་ཞིག་གིས་འདུལ་བའི་ལས་ཀྱི་ཆོ་ག་ཁྲུངས་བཙུན་ཞིང་ཕྱག་ལེན་

ཐམས་ཅད་གསལ་བར་བཀོད་པ་བསླུགས་པས་ཚོག་པ་ཞིག་དགོས་ཞེས་ཡང་ཡང་བསྐུལ་མ་བྱུང་ཞིང་། དུས་ཕྱིས་བསྟན་པའི་གསལ་བྱེད་འབི་ལུང་བླ་མ་དཀའ་ཆེན་དགེ་འདུན་བཟང་པོས་འདུལ་བའི་ལས་ཆོག་གསར་བསྒྲིགས་ཤིག་ཅིས་ཀྱང་དགོས་ཞེས་ཡང་ཡང་བསྐུལ་བ་དང་། ཉེ་ཆར་གངས་ཅན་འགྲོ་བའི་མགོན་པོ་རྗེ་བཙུན་བློ་བཟང་བསྟན་པའི་དབང་ཕྱུག་འཇམ་དཔལ་རྒྱ་མཚོ་དཔལ་བཟང་པོས་དགེ་བསྙེན། དགེ་ཚུལ། དགེ་སློང་རྣམས་ཀྱི་སྡོམ་པའི་འབོགས་ཆོག་དང་། ཁྱིམ་པ་དག་ལ་ཕན་གདགས་པའི་ཕྱིར་སྣ་གཅིག་སྤྱོད་པ་དང་། སྣ་འགའ་སྤྱོད་པ་དང་། ཕལ་ཆེར་སྤྱོད་པ་དང་། ཡོངས་རྫོགས་དགེ་བསྙེན་དང་། བསྙེན་གནས་ཀྱི་སྡོམ་པའི་ཆོ་ག་སོགས་འདུལ་བའི་ལས་ཆོག་ཁྲུངས་བཙུན་ཞིང་ལག་ཏུ་བླང་བདེ་བ་ཤིན་ཏུ་གསལ་བ་ཞིག་བགྱི་དགོས་སོ་ཞེས་བཀས་བསྐུལ་བ་ལ་བརྟེན་ནས་འདུལ་བ་འཛིན་པ་དགེ་སློང་ཡེ་ཤེས་རྒྱལ་མཚན་གྱིས་རབ་བྱུང་བཅུ་གསུམ་པའི་སྣ་ཚོགས་དབྱིག་ཅེས་པ་ཤིང་མོ་སྦྲུལ་གྱི་ལོའི་ཆོ་འཕྲུལ་ཟླ་བའི་ཡར་ཚེས་ལ་ཕོ་བྲང་ཆེན་པོ་པོ་ཏ་ལའི་གཟིམ་ཚུང་བདེ་བ་ཅན་དུ་སྦྱར་བའོ། །འདིས་ཀྱང་བསྟན་པའི་ནང་མཛོད་དམ་པའི་ཆོས་འདུལ་བ་མི་ནུབ་པའི་རྒྱལ་མཚན་དུ་གྱུར་ཅིག། ༎

༄ ཨོཾ་སྭ་སྟི། བསྟན་པའི་རྩ་བ་འདུལ་བའི་ལས་ཆོག་འདི། །ཆོས་སྦྱིན་རྒྱ་ཆེར་སྤེལ་ཕྱིར་པར་ཆལ་དུ། །པར་དུ་བསྒྲུབས་པའི་དགེ་བས་འགྲོ་བ་ཀུན། །ཐུབ་དབང་བསྟན་ལ་ཞུགས་ནས་གྲོལ་གྱུར་ཅིག །སརྦ་མངྒ་ལཾ། ལན་གསུམ་ཞུས་དག །

ཕོ་བྲང་པོ་ཏ་ལར་བཞུགས་པའི་དགེ་ལུགས་པའི་དཔེ་དཀོན་ཕྱོགས་བསྒྲིགས་འདོན་ཐེངས་དང་པོ།

༼༡༽

ལོ་རྒྱུས་ཆོས་འབྱུང་གི་སྐོར།

༄། །གནས་བརྟན་བཅུ་དྲུག་གི་རྟོགས་བརྗོད་དང་འདུལ་བའི་ཆོས་འབྱུང་།

རྩོམ་པ་པོ།	ཡོངས་འཛིན་ཡེ་ཤེས་རྒྱལ་མཚན།
རྩོམ་སྒྲིག་འགན་འཁུར་བ།	ལྷག་པ་བཀྲ་ཤིས།
མཐའ་ཞུས་པ།	བསོད་ནམས་དབང་རྒྱལ།
ཁ་ཤོག་བྲིས་འགོད་པ།	སྐལ་ཚེ།
པར་སྒྲིག་པ།	སྔོན་བཟང་དཔེ་རྙིང་འཚོལ་བསྡུ་ཁང་། སེར་གཙུག་ནང་བསྟན་དཔེ་རྙིང་འཚོལ་བསྡུ་ཕྱོགས་སྒྲིག་ཁང་།
དཔེ་སྐྲུན་འགྲེམས་སྤེལ།	བོད་ལྗོངས་བོད་ཡིག་དཔེ་རྙིང་དཔེ་སྐྲུན་ཁང་།
པར་འདེབས་ཚན་པ།	ཁྲིང་ཏུའུ་ཤིན་ཁའེ་ཅང་པར་འདེབས་ཚད་ཡོད་ཀུང་སི།
རེབ་ཚད།	787×1092 1/16
པར་ཤོག	51.25
ཡིག་གྲངས།	ཁྲི་55.7
པར་གྲངས།	01–2,000
པར་གཞི།	2024ལོའི་ཟླ་བཅུ་པར་པར་གཞི་དང་པོ་བསྒྲིགས།
པར་ཐེངས།	2024ལོའི་ཟླ་བཅུ་པར་པར་ཐེངས་དང་པོ་བཏབ།
དཔེ་རྟགས།	ISBN 978-7-5700-0936-7
རིན་གོང་།	སྒོར། 117.00